AARDRIJKSKUNDIG
WOORDENBOEK
DER
NEDERLANDEN,

BIJEENGEBRAGT

DOOR

A. J. van der Aa,

onder medewerking van eenige Vaderlandsche Geleerden.

TIENDE DEEL.

S.

Te **Gorinchem**, bij
JACOBUS NOORDUYN
1847.

AARDRIJKSKUNDIG

WOORDENBOEK

DER

NEDERLANDEN.

S.

SAAFTINGE (DE), voorm. riv. in *Staats-Vlaanderen*, prov. *Zeeland*. Zie Saeftinge (De) (1).

SAAKMA, voorm. state, prov. *Friesland*, kw. *Oostergoo*, griet. *Dantumadeel*, arr. en 5½ u. N. O. van *Leeuwarden*, kant. en ruim 1 u. van *Dockum*, onmiddellijk W. van het d. *Akkerwoude*, waartoe zij behoort.

SAAKSUM, Saaxum of Saxum, d. in het *Westerkwartier*, prov. *Groningen*, arr. en 3 u. N. W. van *Groningen*, kant. en 1½ u. N. ten O. van *Zuidhorn*, gem. en ½ u. N. N. O. van *Oldehove* op eene wierde of hoogte, van omstreeks 10 bund. in omvang, en hoog 5 ell. 2 palm. 6 duim.

Men telt er 58 h. en 320 inw., die meest in landbouw en veeteelt hun bestaan vinden. De bodem bestaat er, op sommige plaatsen, uit eene laag zware klei van 5 palmen: daaronder treft men eene laag roodoorn aan, daarna gemengde zandige klei of zand; en op andere plaatsen, reeds op de diepte van 7 duim, gemengde klei en daarna zand.

De Hunse of het Reitdiep stroomt ten Noorden voorbij Saaksum, en maakt hier de grensscheiding tusschen Hunsingo uit: ten Zuiden loopt het nieuwe kanaal, dat in 1826 gegraven werd en van Oldehove komt. Aan de westzijde vindt men eene waterlossing de S a a k s u m e r - R ij t e en een stroompje het S a a k s u m e r z ij l d i e p genoemd (Zie die woorden).

---

(1) Evenzoo zoeke men alle de art. elders wel eens met SAA gespeld, en welke hier niet gevonden worden, op Sae of Sa.

Ten Noorden van dit d. worden de voetgangers en rijtuigen in eene ruime pont of schouw over het Reitdiep gezet, bij het huis de *Roode Haan* geheeten, welk huis echter in Hunsingo, onder Warfhuizen, staat.

De Herv., die er 260 in getal zijn, onder welke 40 Ledematen, maken eene gem. uit, welke tot de klass. van *Groningen*, ring van *Zuidhorn*, behoort. Deze gem. was in 1609 nog met *Esinge* vereenigd, maar bekwam, in het jaar 1610, tot eersten afzonderlijken Leeraar JACOBUS JANICULI, die in het jaar 1612 naar Noorddijk vertrok. De kerk is een zeer smal en laag gebouw, zonder orgel, doch met eenen stompen toren, welke, volgens een opschrift, in 1550, onder opzigt van COPPEN JARGES gesticht is.

De Doopsgez., die hier zijn, worden tot de gem. van *Noordhorn* gerekend. — De R. K., welke men er aantreft, behooren tot de stat. van *Zuidhorn*. — Men heeft hier eene school, welke gemiddeld door een getal van 70 leerlingen bezocht wordt.

Te onregte heeft men den naam des dorps willen afleiden van de Saksers, die in het begin der zestiende eeuw genoegzaam meesters van het land waren: want in het overoude Humsterlandsche landregt, behoorende tot de dertiende eeuw, wordt reeds opgenoemd een REMBARTUS LAWKINGA DE SAXUM. Vermoedelijk is SAAKSUM van een zeer oude oorsprong, eveneens als Saaksumburg, Saaksumhuizen, Lutje-Saaksum, Sasma, Sassen, Sassenheim, enz. SAAKSUM of SAAKSHEEM, het heem van SAAK of SAX, zou door de Quaden in het midden der vierde eeuw gebouwd zijn, welke stichters van burg of dorp in het jaar 359 door de Saksen, afkomstig uit de omstreken van den Donau, nadat deze het eiland der Batavieren ingenomen hadden, van hier verdreven zouden zijn en er den naam aan hebben gegeven.

De familie van JARGES had hier voormaals den burg Heeralma, op welken COPPEN JARGES en naderhand EISO JARGES gewoond hebben: eene boerenplaats aldaar heet nog Almaheerd. De familie van JARGES bezat hier oudtijds meer goederen, dan deze. De genoemde EISO JARGES, zoon van COPPEN JARGES en EVE THOMA, hoveling te SAAKSUM, deelde zeer in den strijd tegen Spanje, en teekende, benevens EGBERT CLANT, wegens de Ommelanden, de Unie van Utrecht. Hij was gehuwd aan LUICKE ENTENS VAN MENTHEDA, woonde doorgaans hier en stierf in 1584. De ridder SCHELTE JARGES, beroemd wegens zijne dapperheid en geleerdheid, sneuvelde in 1581 bij eene stoutmoedige verdediging der Aduarderzijl (1).

In het vonnis van den Hertog VAN ALBA of van zijnen bloedraad te Brussel, in 1570 tegen eenige Ommelander vlugtelingen geveld, vindt men ook POPKO UFKENS van *Appingedam*, als beschuldigd, dat hij, niet alleen in dienst van Graaf LODEWIJK VAN NASSAU zich gesteld, maar ook het beeldenbreken in de kerk van SAAKSUM begaan had. Deze, die te Appingedam woonde, alwaar Ufkens-gasthuis nog in wezen is, wordt bij den historieschrijver BOR beschreven, als een Ommelander edelman, die toen en vervolgens met andere Nederlandsche bondgenooten voor de vrijheid van het Vaderland en tot afweering van het geweld der Spaanschgezinden ook heeft geijverd. Na de reductie vindt men bij EMMIUS dien naam vermeld op de lijst der Gedeputeerde Staten dezer provincie in 1611, 1612 en 1613.

---

(1) De laatste mannelijke afstammeling der familie van JARGES is in den voorleden zomer te Onderdendam overleden. Men bewaart te Baflo nog onderscheidene familiewapens van de JARGESSEN, afkomstig van doodkisten uit den grafkelder in de kerk.

SAAKSUM (LUTJE-), Lutje-Saaksum of Klein-Saaksum, geh. in *Hunsingo*, prov. *Groningen*, arr. en 3 u. N. W. van *Appingedam*, kant. en 1½ u. N. W. van *Onderdendam*, gedeeltelijk gem. en 10 min. W. van *Baflo*, gedeeltelijk onder *Maarhuizen*, gem. *Winsum*, op eene aanmerkelijke en uitgebreide wierde. Thans bestaat dit geh. uit twee boerderijen, bewoond door 22 inw., behoorende eene dezer boerderijen, die namelijk op de wierde ligt, tot *Baflo*, en de andere aan den voet daarvan of ten Z. W., tot *Maarhuizen*.

Deze wierde heeft eene hoogte van 5 ellen, en is, binnen den weg, welke oudtijds, gelijk bij vele zoodanige, op wierden gelegene, dorpen, om den terp heen liep, zeventien jukken (ruim 8 bund.) groot. Er loopen op dit oord vijf wegen uit, als: een van Mensingeweer over Ernstheim, een van Eenrum, een van Saaksumhuizen, een van Baflo en een van Maarhuizen. Men vond er, bij onderscheidene opdelvingen, ophoopingen van menschelijke beenderen en verspreide geraamten in onderscheidene rigtingen, sterke sporen van brand, zoo wel hooger als lager scherven van urnen, en op 1½ ell. diepte puin van zware gebakken steenen, alsmede van blaauwe en gele zerken, en, gelijk gewoonlijk, meststof, waaruit blijkt, dat ook deze groote wierde door menschenhanden is daargesteld. De overlevering wil zelfs, dat hier een *kerkhof* geweest zij; iets, hetgeen wij gaarne aannemen, want eertijds stond hier eene kerk, welke bediend werd door en behoorde aan de Broeders en Zusters van St. Jan, te Wijtwerd, bij Uskwert, die haar, na bekomene toestemming van broeder Bernardus van Scheblack, Balief in Westfalen, Kommandeur van het huis van Steinford en Meester der huizen van den H. Johannes *den Dooper* in Oost-Friesland, omtrent het jaar 1466, hebben afgebroken en de steenen naar hun konvent vervoerd. Aan de oostzijde van deze wierde stond voorheen een groote boom, waaronder men wil, dat oudtijds regt werd gehouden.

In dit oord is mede een overoude dijk opgespoord, welke gaat van Rottingeweer door Mensingeweer over den grond van het huis Mathenesse en van Ernstheim tot Lutje-Saaksum. Daarna verliest men hem een oogenblik, doch vervolgens loopt hij op Dingen aan. Een andere tak van dezen ouden dijk volgt het trekdiep van Mensingeweer tot door Maarhuizen, bij welke laatste plaats men het spoor bijster wordt. Alle de op den dijk aangelegde boerderijen hebben binnen deze omdijking, het Meer genaamd, hare landerijen liggen. De boerderij, geheeten de Meeren, ligt er buiten, maar grenst aan Lutje-Saaksum.

SAAKSUMBORG, geh. in *Hunsingo*, prov. *Groningen*. Zie Eest (De).

SAAKSUMBORG, voorm. burg in *Hunsingo*, prov. *Groningen*, arr. en 3 u. N. W. van *Appingedam*, kant. en 1½ u. N. W. van *Onderdendam*, gem. en 10 min. W. van *Baflo*, in het geh. Lutje-Saaksum.

Ter plaatse, waar hij gestaan heeft, ziet men thans eene nette boerderij, rondom van breede grachten en boschrijke singels omgeven. De daartoe behoord hebbende gronden, beslaande eene oppervlakte van 16 bund. 73 v. r. 40 v. ell., worden thans in eigendom bezeten door den Heer Mr. Anthonius Beckeringh, Kantonregter van het kanton Onderdendam, woonachtig te Middelstum.

SAAKSUMER-POLDER of Saaksumer-uitersdijk, pold. in het *Westerkwartier*, prov. *Groningen*, arr. *Groningen*, kant. *Zuidhorn*, gem. *Oldehove*; palende N. en O. aan het Reitdiep, Z. aan den Provincialezeedijk, W. aan de Saaksumer-rijt.

In 1652 ontwierp men zekere willekeur, in het belang van deze buitendijksche landen.

SAAKSUMER-RIJT (DE), waterloosing in het *Westerkwartier*, prov. *Groningen*, gaande, vóór 1826, van Oldehove noordoostelijk tot voorbij Saaksum in het Noorden naar den Zeedijk, in welken dijk eene zijl of sluis lag, waardoor het water in het Reitdiep stroomde. Bij het dempen van deze sluis, in het jaar 1826, heeft het water echter, door het graven van het Nieuwe-kanaal, eene andere rigting ter ontlasting gekregen; thans loopt het in eene noordelijke en vervolgens oostelijke rigting langs het Nieuwe-kanaal, voorbij Ferwerd, naar het Aduarder-diep.

SAAKSUMER-UITERDIJK, buitendijksche landen in het *Westerkwartier*, prov. *Groningen*. Zie SAAKSUMER-POLDER.

SAAKSUMER-ZIJL, voorm. sluis in het *Westerkwartier*, prov. *Groningen*, in den provincialen zeedijk, dienende tot ontlasting van een groot gedeelte water van Humsterland, en van geheel den Saaksumer-polder.

Deze sluis is in het jaar 1826 weggebroken en de zijlput gedempt. Op sommige kaarten vindt men deze zijl nog aangewezen, hebbende een weinig ten Westen van de schouw of het ponteveer van de Roodehaan gelegen.

SAAKSUMER-ZIJLDIEP, voorm. water in het *Westerkwartier*, prov. *Groningen*, dat, van den burg *Jensema* afkomende, zich met eene bogtige, noordelijke rigting, langs Selwerd en Saaksum, door de Saaksumer-zijl in het *Reitdiep* ontlastte, doch in 1826 gedempt en, door het leggen van eenen Kaaidijk, van het Reitdiep afgeschut werd.

Ook had dit water eenen zijtak naar Oldehove. In vroegeren tijd was het SAAKSUMER-ZIJLDIEP, behalve naar Oldehove, ook tot aan Jensema bevaarbaar. Het liep verder met eene groote bogt nabij Ter-Horn naar Barwerd en van hier naar Suttem, waar men denkt, dat eene sluis zal gelegen hebben, of althans, dat men voorbij Suttem de gemeenschap van Oldehove met Aduard onderhield. Thans is deze oude vaart, voor zoo verre deze zijde van den Ezinger-Oudendijk betreft, eene waterloozing voor het Humsterland, het water, bij of door de Boventil, in de vaart, nu het Nieuwe-kanaal, stortende.

SAAKSUMHUIZEN, SAAXUMHUIZEN of SAXUMHUIZEN, d. in *Hunsingo*, prov. *Groningen*, arr. en 6 u. W. ten N. van *Appingedam*, kant. en 2¼ u. N. W. van *Onderdendam*, gem. en 1 u. W. N. W. van *Bafle*.

Men telt er, in de kom van het d., 12 h. en 80 inw., en met de daartoe behoorende boerderijen 26 h. en 180 inw., die meest in den landbouw hun bestaan vinden.

Dit d., hetwelk oudtijds SAKSUM heette, is door eenen weg verbonden met *Lutje-Saaksum*, hetwelk men voor ouder houdt.

Hier vindt men, in de rigting van Oost en West, gelijk die der zeedijken hier is, eene keten van kleine heuvels, die naar den Andel loopen, en van eenen overouden tijd schijnen te zijn overgebleven.

De Herv. gem. van SAAKSUMHUIZEN is met *Wester-Nieland* vereenigd geweest tot in 1628, toen zij tot afzonderlijken Leeraar bekwam JOHANNES FREDERICUS HOORNENBORG, die er in 1652 overleed. Aan zijnen opvolger CORNELIS WOLDRING, die er in 1654 kwam en in 1698 overleed, werd in 1687 *Wester-Nieland* weder toegevoegd, sedert welken tijd die gem. steeds gecombineerd zijn gebleven, zoo dat thans ook nog SAAKSUMHUIZEN kerkelijk tot *Wester-Nieland* behoort, en de Predikant er om de veertien dagen eene predikbeurt moet waarnemen. De kerk werd in 1468 onderhoorig gemaakt aan de kommanderij van Wijtwerd. Hierdoor vervalt de meening derzulken, die den naam des dorps hebben afgeleid van de Saksers, die eerst in het begin der zestiende eeuw alhier eenen tijd lang meester zijn geweest. Deze kerk heeft geen orgel. Zij is in 1829 aanmerkelijk verbeterd en verfraaid en in 1846 uit- en inwendig geheel vernieuwd, met blaauwe pannen gedekt en van eenen fraai gebeeldhouwden kansel, banken enz. voorzien, zoo dat het thans een net en zindelijk gebouw is. De lage stompe toren staat afgezonderd ten N. W. van de kerk, doch zal in 1848 door eenen nieuwen, aan het westeinde der kerk te bouwen, spitsen toren worden vervangen.

De 7 Doopsgez., die er worden gevonden, behooren tot de gem. van *Heusingeweer*. — De 12 R. K., die men er aantreft, behooren tot de stat. van *den Hoorn*.

Men heeft in dit d. geen school, maar de kinderen genieten meest onderwijs in het *Wester-Nieland*, doch ook sommige te *Andel* of te *Benrum*.

SAAMSPOORT, voorm. hoofdleen in *Staats-Vlaanderen*, in het *Vrije van-Sluis*, *Land-van-Kadzand*, thans prov. *Zeeland*, distr. *Sluis*.

Het was afhankelijk van het prinselijk leenhof den Burgt-van-Brugge, begiftigd met eenige achterleenen. Het werd vernietigd bij den inval der *Franschen* in 1794. De laatste Leenheer was de Heer C. van Arvelen van Saamspoort.

SAARD, geh., prov. *Friesland*, kw. *Westergoo*, griet. *Wonseradeel*, arr. en 2 u. W. ten N. van *Sneek*, kant., gem. en ½ u. Z. O. van *Bolsward*.

SAAROE, droogte in *Oost-Indië*, in de riv. de *Goligoli*, aan de zuidkust van het *Amboinsche* eil. *Ceram*, tusschen Kai-Bobo en Laäla.

SAASFELD, geh. in *Twenthe*, prov. *Overijssel*, arr. en 2 u. Z. O. van *Almelo*, kant. en 1½ u. N. W. van *Oldenzaal*; gem. en ½ u. ten Z. W. van *Weerselo*; met 48 h. en 270 inw.

De R. K., die hier wonen, maken, met die uit de buurs. *Dulder*, eene par. uit, welke tot het aartspr. van *Twenthe* behoort en 920 zielen, onder welke 630 Communikanten telt. De kerk, aan den H. Plechelmus toegewijd, is, in het jaar 1819, op den grond van de voorm. hier gestaan hebbende haves. Saasfeld (zie het volgende art.), gesticht, en in het jaar 1838 aanmerkelijk hersteld, zijnde thans een goed gebouw, zonder toren, doch van een orgel voorzien.

Men heeft ook eene school, welke gemiddeld door een getal van 100 leerlingen bezocht wordt.

SAASFELD of Satersloo, voorm. haves. in *Twenthe*, prov. *Overijssel*, arr. en 2 u. Z. O. van *Almelo*, kant. en 1½ u. N. W. van *Oldenzaal*, gem. en ½ u. ten Z. W. van *Weerselo*.

Deze haves. moet reeds in en vóór 1360 aan de Heeren van Reede behoord hebben. Zij had aan de noordzijde eene sterke poort en ruim binnenplein alles met geboomte en eene breede gracht omgeven en door moerassen omringd, behalve aan genoemde zijde, alwaar een hoog terrein was. Ter plaatse, waar zij gestaan heeft, ziet men thans de R. K. kerk, welke met de daartoe behoorende gronden, eene oppervlakte van 41 v. r. 74 v. ell. beslaat.

SABA, een der drie *Nederlandsche-Antillen*, 5½ m. W. ten N. van St. Eustatius, 8½ m. Z. W. van Bartholomeus, 7 m. Z. W. ten Z. van St. Marten; 17° 39′ 20″ N. B., 45° 58′ W. L.

Dit eiland is eigenlijk een zamenstel van rotsen, welke met eene laag tuinaarde bedekt zijn, en zich van alle zijden steil uit zee verheffen, zoodat het eiland, dat eene ronde gedaante heeft en ééne vierkante mijl groot is, door de natuur tot een onwinbaar versterkingspunt schijnt bestemd te zijn. Aan de westzijde is de ankerplaats, en op dit punt is het eiland alleen genaakbaar, als zijnde het door de zandbanken en ondiepten der klippige kust, elders ontoegankelijk.

SABA vertoont zich in de verte als een eenige berg, en kan op eenen afstand van 15 geographische mijlen gezien worden. Aan de noordwestzijde ligt, op een geweerschot van den wal, een hooge zeer steile naaldvormige klip, *de Diamant* genaamd. Z. en Z. Z. W. van het eiland strekt zich vijf en drie vierde mijlen van den wal af, een rif of bank uit, waarop 12 tot 17 vademen water staat.

Het eiland is in zes divisiën afgedeeld, welke genoemd worden: Palmata-punt, de Vallei, Crispijn, St.-Jan, Helpoort en de Piek.

Op vier Engelsche mijlen afstands zuidwaarts van SABA ligt eene kleine droogte, op welke men 3 à 4 vademen water vindt, en waarop de zee, bij sterken wind, geweldig breekt. Men gelooft, dat in 1794 een Engelsch schip, van Jamaika naar Martinique stevenende, op deze droogte is gebleven. De juiste ligging daarvan is nog niet naauwkeurig bekend. Deze bank, welke 100 tot 120 Rijnlandsche roeden breed is, bestaat uit onregelmatige koraalsteen, van eene witte en zwarte kleur, en graauw klipsteengruis. Men vindt haar op de kaart van NOIRI aangeteekend, doch op meerdere diepte.

De bergen op SABA zijn ongemeen steil, en leveren slechts hier en daar eenige weide voor het vee op. Men kan het geheele eiland beschouwen als eenen enkelen berg, met eenige valeijen. De hoogste top wordt de Piek genoemd en verheft zich 1043 ell. boven de zee. De huizen van Crispijn staan 760 ell. en de kerk in de vallei 427 ell. boven de oppervlakte der zee verheven. De voornaamste vallei wordt de Bodem geheeten, en bevat, behalve de kerk, eenige verspreid staande huizen, hetgeen gezamenlijk het Dorp genoemd wordt, hoewel de b. Windwarssy meer huizen bevat.

Rivieren, beken, baaijen of havens worden op dit eiland niet gevonden. Er zijn drie zoet water bronnen, en vijf heetwatersprongen. Het drinkwater moet ook hier in regenbakken worden vergaderd, welke, wanneer zij droog zijn, voor gevangenissen dienen.

Men vindt hier slechts twee ladingplaatsen. Een aan het zoogenaamde fort Road-Stead, naar het Zuiden, en de andere, dat de voornaamste is, de Ladder genaamd, ligt N. W. ten N. van het dorp.

De wegen of liever de paden, welke van de gemelde landingsplaatsen naar de vallei leiden, zijn ongemeen steil en moeijelijk, en elk nagenoeg één uur gaans lang, daarbij zoo smal en naauw; tusschen schrikbarende kloven opgaande, dat geen twee personen naast elkanderen gaan kunnen. Alles wat men op of af wil brengen moet bij kleine hoeveelheden van of naar de vallei worden getorscht.

De Negers brengen evenwel, met ongeloofelijke vaardigheid, de geraamten van booten, welke op den Bodem gebouwd zijn, op hunne hoofden naar beneden, hetgeen den vreemdeling, bijaldien hij het niet zag, ondoenlijk zoude voorkomen.

Men heeft hier van half Junij tot half October de zoo gevreesde orkaanmaanden. Gewoonlijk komen zij uit het noorden op, en loopen vervolgens westwaarts het compas, tot weder naar het noorden, rond. Zelden duren zij langer dan 24 uren achtereen. Niettegenstaande de Piek weinig anders dan in de maand Februarij onbewolkt is, valt hier minder regen dan de landlieden wel verlangen.

Epidemische ziekten zijn hier genoegzaam onbekend, dat aan de verfrisschende zeewinden wordt toegeschreven, waarom het dan ook niet te verwonderen is, dat de lieden oud worden, en de bevolking toeneemt. Slechts zeer weinige *lepra* zieken worden hier gevonden en de *Jaws* en *Elephantiasis* zijn hier geheel onbekend. Op het geheele eiland is geen Doctor in de geneeskunde.

De eenige Godsdienstleeraar, die zich hier bevindt, verkondigt de Presbyteriaansche godsdienst. Methodisten worden hier niet gedoogd. Het kerkgebouw is, na den orkaan van 1772, geheel vernieuwd, waarvoor op de naburige eilanden eene collecte is gedaan. In 1821 werd het hertimmerd en aanmerkelijk verbeterd. Het is een niet groot langwerpig vierkant gebouw, wier zware muren van klipsteenen zijn getrokken. Het dient tevens voor raadhuis en school.

De huizen zijn over het algemeen niet groot, maar in eenen zindelijken wel onderhouden staat, zelfs hiervan niet uit te zonderen de daar tusschen staande strochutten, met hunne tuinen en voorgronden. Nergens ziet men puinhoopen van verwoeste en niet herbouwde huizen.

De zuidpunt van het eiland wordt het Fort geheeten. Men vindt daar echter niet anders dan vier onbruikbare stukken geschut. Bezetting van *militairen is hier* niet, maar de burgers zijn goede schutters, en *ongerekend de onbelangrijkheid*, zoude het bij de minste tegenweer genoegzaam ongenaakbaar zijn.

In 1816 bestond de geheele bevolking uit 1145 zielen, van welke 656 blanken, allen Creolen, 27 vrije kleurlingen en zwarten en 462 slaven. In 1829 bedroeg de bevolking 1200 zielen.

Men vindt hier slechts eene enkele suikerplantaadje, welke in den Bodem gelegen is. Zij heeft 20 à 25 akkers in kultuur, en eene slavenmagt van 60 koppen, doch waarvan de helft kinderen zijn. De opbrengst hangt geheel en al af van de meerdere of mindere mate van regen of droogte. De oogst van 1828 bedroeg 150 vaten. Die van 1829 werd op niet meer dan 30 vaten berekend.

Men berekent, dat er, behalve eenige strohutten, 150 huizen zijn. Ieder huis heeft eenen eigen tuin, met suiker en katoen beplant, benevens eenige bananen (*bacoves*). In de bergkloven vindt men eenige zeer welig groeijende koffijboomen, van eene edele soort, aan de hellingen der bergen, eenig maïs benevens eene grootere hoeveelheid Guinea-koorn. Ieder huis van eenig aanbelang heeft eenen handsuikermolen, uit twee horizontale cilinders bestaande, welke door twee Negers tegen elkander rond gedraaid worden. De vrouwen, die de katoen planten, maken zelven spinnewielen, en breiden zeer fraaije sokken en handschoenen, welke fijn en sterk zijn.

De hier gebezigde taal is verbasterd Engelsch, en geen enkel ingezeten verstaat een woord Hollandsch. Hoezeer over het algemeen arm, leven de bewoners van Saba onderling zeer vreedzaam en eensgezind, waarvan als een bewijs kan worden aangevoerd, dat, sedert de overname van het eiland in 1816, niet eene eenige actie voor den Regter is gebragt. Hiertoe brengt mogelijk niet weinig bij, de onderlinge huwelijken, waardoor bijna de geheele blanke bevolking aan elkander vermaagschapt is. De inboorlingen zijn zoo zeer aan hunnen geboortegrond verknocht, dat zij zich elders, al is het ook op een der naburige eilanden, nederzettende, aan het heimwee sterven. De verhuizing naar St. Eustatius is bij enkelen nog wel eens met goed gevolg gelukt. Men beweert, dat de vrouwen van Saba de schoonsten van alle onze West-Indische bezittingen zijn, aangezien zij, bij eene wel besnedene leest, blanke en bloozende kleur, een gezond Europisch voorkomen hebben. Over het algemeen zijn zij zachtaardig en huishoudelijk. De slaven worden hier met bijzondere menschlievendheid behandeld, en gevoelen naauwelijks hunne slavernij. Ook ten opzigte van vreemdelingen, oefenen de ingezetenen eene ongemeene gastvrijheid uit, en ofschoon hunne taal, zoo als gezegd is, een basterd Engelsch is, zijn zij echter op verre na zoo bevooroordeeld tegen de Nederlanders niet, als de bewoners van St.-Eustatius. Over het geheel zijn zoowel hunne eenvoudige leefwijze, als hunne zeden en gewoonten, allen lofwaardig.

Het dierenrijk levert op dit eiland niets merkwaardigs op. In de orkaanmaanden alleen, vindt men eenige wilde duiven. Ongedierten en insecten zijn hier even ruimschoots en van dezelfde soorten als te St.-Eustatius. Men heeft er zeer schoon en vet rundvee, schapen, geiten en varkens, welke er ruim en goed voedsel vinden. Onder de varkens worden er van meer dan 300 pond zwaar gevonden. Hoenders en poelepintaden zijn hier veel, maar geene eenden of doskies. Tuinvruchten zijn er mede veel, zoo als taijers, aardappelen en andere aardvruchten, alsmede kool en groenten. Het brood wordt hier veel van cassave-meel gebakken, hetgeen een zeer droog, meer gezond dan smakelijk, voedsel geeft. Leveren nu de landbouw en veeteelt weinig meer op, dan voor eigene nooddruft vereischt wordt, ook de handel is zeer gering. De mannen, veelal visschers, vangen eene groote hoeveelheid schilpadden en andere soorten van visch, welken zij op de naburige eilanden gaan verkoopen, terwijl ook op dit eiland uitmuntende en zeer gezochte, snelzeilende roeibooten en kanoo's worden vervaardigd. De vrouwen spinnen en breiden verschillende katoenen kleedingstukken, terwijl de verdere uitvoer in eenig vee en tuingroenten bestaat. De geheele uitvoer van de vermelde voorwerpen bepaalt zich evenwel grootendeels tot eenen ruilhandel met St. Thomas, waarvan alsdan meel, gezouten spek en vleesch, katoen, koffij, wijn en gedisteleerd, in ruiling worden terug ontvangen, alsmede kleedingstukken, schoenen en kleeden; want men vindt op Saba noch kleeder-, noch schoen-, noch hoedenmaker.

Behalve de hierbovengenoemde planten, zijn er in de bergkloven in den vruchtbaren, maar door klippen en steilten moeijelijk te bewerken, grond, eenige cacao en kokos-boomen, en eene menigte Vienca's-cactus- en Aloë-planten.

In het gebergte van Crispijn, is eene grot, waarin wit krijt, zwavel en pluim-aluin gevonden wordt. Ook aan den top der piek zijn twee dergelijke mijnen, dan de moeite en kosten, welke met de bewerking zouden gepaard gaan, zouden in de geringe opbrengst geen belooning vinden. Aan de oostzijde der Piek vindt men eene put van misschien meer dan 3000 voeten diepte. Een daarin geworpen steen kan men niet hooren nedervallen. Vroeger heeft men hier ook arsenicum (rattenkruid) gevonden, dan de vrees, dat de Negers daarvan misbruik zouden maken, heeft de plaats, wáár men het vond, geheim doen houden, en thans is zij verloren geraakt.

De inkomende regten zijn zeer gering en ten gevolge van den weinigen invoer, is de heffing daarvan van bijzonder weinig belang, en kan over een geheel jaar naauwelijks 80 gulden bedragen,

De Bevelhebber van Saba voert den titel van Vice-Kommandeur; aan hem zijn drie of vier ambtenaren toegevoegd, en hij is verantwoordelijk aan den Kommandeur van St. Eustatius.

De eenige het eiland opgelegde belasting is de opbrengst van het tractement van den Vice-Kommandeur, dat 800 gulden 's jaars bedraagt. Het wordt gevonden uit de inkomende regten, uit de opbrengst der belasting op de verkoopingen en uit eenige andere geringe emolumenten. Bedraagt dit alles meer dan de gemelde som, dan is zulks ten voordeele van den Vice-Kommandeur; bedraagt het echter minder, dan wordt het te kort over de ingezetenen omgeslagen. De Secretaris heeft geen andere belooning dan het genot van eenige emolumenten, die ongeveer 100 gulden 's jaars kunnen opleveren.

SABA werd door COLUMBUS in 1492 ontdekt, op eenen Zondag of *Sabbath*, bij de Spanjaarden DOMINGO of SABA geheeten, het was toen onbewoond. Men beweert dat de eerste bevolking bestond uit uitgewekenen van St. Eustatius en St. Kitts, Nederlanders, Schotten en Ieren, die zich hier in 1665 nedersettieden, en eerst een weinig katoen en koffij, en later ook suiker verbouwden, terwijl een en ander over St. Eustatius naar Nederland werd uitgevoerd. Zeiden wij vroeger, dat het eiland door de natuur versterkt is, door zijne naauwe, steile en moeijelijk te beklimmen bergpaden, de Franschen, die dit eiland bij verrassing zochten te bemagtigen, ondervonden dit tot hunne schade. *De eilanders* verdedigden zich eenvoudig door steenen naar *beneden te rollen*, waardoor de onderneming geheel en al mislukte.

De verschrikkelijke orkaan van 1772 heeft SABA bijna geheel verwoest. Behalve de kerk werden er 100 huizen verpletterd, katoen- en koffijboomen stormden in zee, en de grond werd door het overslaande zeewater onvruchtbaar gemaakt. Dit had bittere armoede en verhuizing der ingezetenen naar elders ten gevolge. Sedert dien tijd is de hier geteeld wordende koffij en katoen niet toereikende geweest voor eigen gebruik, en werdt het ontbrekende van St. Thomas aangevoerd. Ook de orkaan van 1819 rigtte hier veel schade aan, hoewel in ongelijk mindere mate dan te St. Marten. Van minder belang was die van 1821. In het jaar 1779 leden de bewoners van dit eiland veel last van de Engelsche kapers, die zich niet ontzagen een Noord-Amerikaansche brik, ofschoon met touwen aan den wal vastgemaakt, uit de baai te halen en toen de bewoners zulks beletten wilden, ontzag de moedwil niet op hen los te branden.

SABAN, voorm. kon. in *Oost-Indië*, in den *Moluksche-Archipel*, op het eil. *Sangir*, dat later onder *Taroena* en *Kalongan* gekomen is.

SABAOK, of TANDJONG SABAOK, kaap in *Oost-Indië*, in de *Zee-van-Carimata*, aan de Noordkust van het *Sundasche* eil. *Borneo*.

SABBINGE, voorm. ambacht op het eil. *Wolphaarsdijk*, prov. *Zeeland*.

Dit ambacht was 1450 gemeten (665 bund. 78 v. r. 90 v. ell.) groot en heeft zijne eigene Heeren gehad. ÆGIDIUS VAN SABBINGE was, reeds in 1208, een van de onderteekenaren van den brief, bij welken Graaf WILLEM aan den Abt van Middelburg tienden op Noord-Beveland gaf. De laatste Heeren van dien naam komen voor in 1449. Eene Jonkvrouw VAN SABBINGE bragt het goed ten huwelijk aan WOLFERT VAN CATS, zoon van Heer LAZARUS, die reeds in het bezit was van *Oostkerke*, waarmede het sedert vereenigd was. Daarin lag het voorm. d., thans geh., Sabbinge, nog onder den naam van het Oudedorp bekend; distr., arr., kant. en 1½ u. N. W. van *Goes*, gem. *Wolphaarsdijk*, 20 min. W. ten N. van Oostkerke.

Men telt er thans, de rondomliggende hoeven er onder begrepen, 90 h. en 400 inw., die meest in den landbouw hun bestaan vinden.

De inw., die, op een twintigtal Afgescheidenen na, allen Herv. zijn, behooren tot de gem. van *Wolphaarsdijk*, die hier vroeger eene vrij ruime kerk met eenen tamelijk hoogen toren had, welke beide, eerst in het jaar 1806, zijn afgebroken.

De 20 Afgescheidenen, die er wonen, behooren tot de gemeente van *Wolphaarsdijk*. — Men heeft hier ook geene school, maar de kinderen genieten onderwijs te *Oostkerke*. — Men had er voorheen een oud adell. h., het Huis-te-Sabbinge. Zie het volgende artikel.

Bij den watervloed van 23 November 1334 ging, aan de Zuidzijde, een goed gedeelte van het ambacht verloren, dat later herwonnen is. Zie hieronder.

Het wapen van Sabbinge bestond oudtijds in een veld van zilver, met drie golvende balken (*fasces ondées*) van azuur. Het is merkwaardig als grondwapen van Walcheren, Schouwen en geheel Zeeland zelve, die alle in de onderste helft *trois fasces ondées* op een zilveren veld voeren, en alleen in het bovenste gedeelte onderling onderscheiden zijn. Het azuur is door sommigen veranderd in of aangezien voor keel en in het wapen van Wolphaarsdijk door sinopel vervangen.

SABBINGE (HUIS-TE-), voorm. adell. h. op het eil. *Wolphaartsdijk*, prov. *Zeeland*, distr., arr., kant. en 1½ u. N. W. van *Goes*, gem. *Wolphaarsdijk*, ¼ u. W. van *Oostkerke*, onmiddellijk tegen het oude dorp Sabbinge.

Men ziet daarvan nog een overblijfsel, in de hooge, gedeeltelijk nog door grachten omringde, hofstede, welke, met de daartoe behoorende gronden, thans in eigendom bezeten wordt door den Landman J. Tolhoek.

SABBINGE (NIEUW-), pold. in het eil. *Wolphaarsdijk*, prov. *Zeeland*, distr., arr., en kant. *Goes*, gem. *Wolphaarsdijk*; palende N. W. aan den Westerlandsche-polder, N. aan den Zuidlandsche-polder, O. aan den Heeren-polder, Z. en W. aan de schorren tegen de Schengen.

Deze pold., welke in 1691 bedijkt is, vloeide in 1808 onder, doch werd in 1821 weder beverscht. Hij beslaat, volgens het kadaster, eene oppervlakte van 129 bund. 84 v. r. 35 v. ell.; telt 7 h., waaronder eene zware boerderij, en wordt door de sluis, in den Westkerke-polder bij de Kolk van het overtollige water ontlast. Het polderbestuur is het zelfde met dat van *Oostkerke*.

Onder den zuidoosthoek van den pold. Nieuw-Sabbinge, tegen den Heeren-polder, is in het jaar 1846 de Perponcherpolder bedijkt, in de Schengen.

SABBINGE (OUD-), pold. in het eil. *Wolphaarsdijk*, prov. *Zeeland*, distr., arr. en kant. *Goes*, gem. *Wolphaarsdijk*; palende N. aan de schorren tegen de Zuidvliet, O. aan den Oosterlandsche-polder, Z. aan den Zuiderlandsche-polder, W. aan den Westerlandsche-polder.

Deze pold., welke sedert meer dan duizend jaren bestaat, zonder overstroomd te zijn geweest, beslaat, volgens het kadaster, eene oppervlakte van 154 bund. 54 v. r. 39 v. ell.; telt, buiten den kring van het Oude dorp, 4 boerderijen, en wordt door de sluis in den Oostkerke-polder van het overtollige water ontlast. Het polderbestuur is het zelfde met dat van *Oostkerke*.

SABELEWA (DE), Way Sabelewa, riv. in *Oost-Indië*, op het *Amboinsch-eil. Boero*, aan de Oostkust, welke zich met eenen oostelijken loop, [illegible] uitstort.

[illegible] (HOEK-VAN-) of Hoek-van-[illegible], kaap in *Oost-Indië*, aan [illegible] kust van *Nieuw-Guinea*.

SABIE (DE), riv. in *Oost-Indië*, in het *Sundasche* eil. *Java*, in de *Bataviasche-Ommelanden;* welke in de *Tjidanie* uitloopt.

SABINA-HENRICA-POLDER, pold. in het markgr. van *Bergen-op-Zoom*, prov. *Noord-Braband*, *Vierde* distr., arr. *Breda*, kant. *Zevenbergen*, gem. *Fijnaart-en-Heyningen;* palende N. aan de haven van de Hel, O. aan Beaumond of den West-Heyningen-polder, den Oude-Heyningen-polder en aan den Elisabeths-polder, Z. en Z. W. aan de Dintel, W. aan de voorgronden tegen het Volkerak.

Deze pold., welke zijnen naam ontleent van de mede bedijkster Mevrouw Sabina Henrica van den Sandheuvel, is in het jaar 1787 bedijkt, en beslaat, volgens het kadaster, eene oppervlakte van 680 bund. 21 v. r. 10 v. ell., waaronder 435 bund. 4 v. r. 30 v. ell. schotbaar land; telt 13 h., waaronder 9 boerderijen en eene meestoof. Hij heeft eene steenen sluis beneden het Prinselandsche veer, voorzien van een paar puntdeuren en eene schuif, wijd 2,54 ell., welke dient om hem op de Dintel van het overtollige water te ontlasten. Het zomerpeil is 0,07 ell. beneden A. P. De hoogte der dijken is 4,60 ell. tot 4,80 ell. boven A. P. Aan de west- en noordzijde des polders is de bedijking aan de zeevloeden bloot gesteld. Tot dezen polder behooren de daar langs gelegen buitengronden, welke doorgaans 1,10 ell. boven A. P. liggen. Het polderbestuur bestaat uit eenen Dijkgraaf, drie Gezworenen en eenen Penningmeester. In den noordwesthoek van dezen polder vindt men het fort de Ruyter.

SABOE, klein rijk in *Afrika*, in *Opper-Guinea*, aan de *Goudkust;* palende N. aan de Bogt-van-Guinea, O. aan het rijk Fetu, Z. aan Acani, W. aan Fantijn. Ofschoon zeer vruchtbaar is het van weinig beteekenis.

Het heeft in den oorlog met die van Adou veel geleden en is destijds daaraan dienstbaar geworden.

Het land is rijk aan granen, yams, zuidvruchten enz. Men heeft er het d. Saboe en het Nederlandsche fort Nassau.

SABOE, d. in *Afrika*, in *Opper-Guinea*, aan de *Goudkust*, rijk *Saboe*, waarvan het de hoofdplaats is.

SABOE, st. in *Oost-Indië*, in den *Moluksche-Archipel*, aan de westkust van het eil. *Gilolo*, 1° 6′ N. B. 135° 7′ O. L.

SABOEBOE, eil. in *Oost-Indië*, in de *Straat-der-Molukkos*, O. van *Celebes*.

SABOEDA, Poeloe Saboeda, klein eil. in *Oost-Indië*, in den *Molukschen-Archipel*, 10 min. W. van *Nieuw-Guinea*. De Noordpunt is op 2° 38′ Z. B. 148° O. L.

SABOEDDA, Poeloe-Saboedda, klein eil. in *Oost-Indië*, in de *Indische-Zee*, aan de westkust van het *Sundasche* eil. *Sumatra*, 3° 37′ N. Br. 116° 57 O. L.

SABOEGO, st. in *Oost-Indië*, op het *Molukschen* eil. *Gilolo*.

De Spanjaarden ontnamen deze stad, in het jaar 1611, aan de Nederlanders, maar moesten die later weder aan hen afstaan.

SABOEKO, eil. in *Oost-Indië*, in de *Indische-zee*, Z. van het *Sundasche* eil. *Sumatra*.

SABOEL, groote zandbank in *Oost-Indië*, in de *Indische-zee*, ten Z. van het eil. *Timor*, en ten Z. O. van dat van *Rotti;* ten Z. daarvan ligt eene kleinere zandbank van den zelfden naam.

SABOEN, Poeloe Saboen, eil. in *Oost-Indië*, in den *Sundasche-Archipel*, Z. van de *Straat-van-Malakka*, O. van het eil. *Sumatra*, 0° 42′ N. B.

SABOEN (KUST-VAN-), dus noemt men de eilanden Groot-Karimon, Saboen en eenige andere eilandjes in *Oost-Indië*, in de *Indische-zee*, welke de Oostzijde van de straat Saboen vormen.

SABOEN (STRAAT), zeeëngte in *Oost-Indië*, in de *Indische-zee*, langs de kust van Saboen.

SABOENGA-BOENGA, kaap in *Oost-Indië*, in de *Straat-van-Malakka*, aan de Oostkust van het *Sundasche* eil. *Sumatra*.

SABOERI (DE), riv. in *Oost-Indië*, op het *Sundasche* eil. *Bangka*, die zich te Tandjong-Goening met de Tjoeroetsjoet vereenigt.

SABOONG, distr. in *Oost-Indië*, op het *Sundasche* eil. *Java*, resid. *Bezoeki*, reg. *Poerbolingo*.

SABORA, kaap in *Oost-Indië*, in de *Zee-van-Java*, aan de Noordkust van het *Sundasche* eil. *Lombok*.

SABRAGAN, d. in *Oost-Indië*, op het *Sundasche* eil. *Java*, resid. *Soerabaya*.

SABRAO, eil. in *Oost-Indië*. Zie Adanara.

SACCOMO (DE) of de Saboue, riv. in *Afrika*, in *Opper-Guinea*, aan de *Goudkust*, rijk *Assianti*, die Zuidoost loopt en, na eenen loop van 15 uren, op de grenzen der rijken Agnapim en Tante, in de *Golf van Guinea* valt.

SACCONDI of Sakondi, d. in *Afrika*, in *Opper-Guinea*, aan de Goudkust, op de oostelijke grenzen van het rijk *Ahanta*, 3½ u. van Chama, 12 u. N. O. van Cabo-de-Tres-Puntas. — In de nabijheid ligt het fort Oranje.

SACLE-AYER, d. in *Oost-Indië*, op het *Sundasche* eil. *Sumatra*, resid. *Padang*.

SACRUM-NEMUS (Heilig-bosch), bosch, betwelk men vermeld vindt bij Tacitus (1), en waarin hij zegt, dat Claudius Civilis, een Opperhoofd der Batavieren, de grooten en voornaamsten van het volk deed bijeen komen.

Velen (2) zijn van gedachten, dat dit bosch gelegen heeft tusschen Leyden en Delft, omdat omtrent Voorburg, nog geen eeuw geleden, het Schakenbosch bekend was, hetgeen ligt mogelijk het Sacrum Nemus van Tacitus zou kunnen zijn, daar toch de klanken der namen wel eenigzins naar elkander zweemen. Men kan ook dit Sacrum voor *vervloekt* nemen, als een vervloekt bosch, omdat er zoo veel kracht en geweld in geschiedde, gelijk het woord *Sacrum* zoo wel *vervloekt*, als *geheiligd* beteekent. Ook is niet geheel te verwerpen, hetgeen men in de oude historiën van het Woud zonder genade verhaald vindt, dat het namelijk zijne palen verder naar het Zuiden, Noorden, ja over den Rijn, en tot het uiterste van ons land heeft uitgestrekt, als wanneer niet slechts het Schakenbosch maar ook het Haagschebosch daarvan een deel zou hebben uitgemaakt. Het heeft voortijds groote schade door stormwinden geleden; daarna door het vernielen, verwoesten, omhakken, en wat dies meer zij, in het begin van den Spaanschen oorlog.

Pontanus (3) wil het Sacrum Nemus zoeken in het Nederrijksche Wald, in de nabijheid van Nijmegen (Zie Nederrijksche-Wald).

Cluverius (4) meent, dat het bosch Sacrum Nemus niet ver van Batenburg, in het midden van het land tusschen Maas en Waal, moet

---

(1) *Hist.* lib. IV.

(2) Onderzoekers S. van Leeuwen, *Batavia illustrata*, fol. 155.

(3) *Geldersche Geschiedenissen*, D. I, bl. 37.

(4) *De* 3 *Rh. alv.* c. 16.

gezocht worden. Er zijn ook nog schrijvers (1), die het bij Scherpenisse, niet ver van Tholen, in Zeeland, plaatsen.

SADANG (DE), riv. in *Oost-Indië*, op het *Sundasche* eil. *Celebes*. Zij ontspringt uit het gebergte *Timodjong*, komt, in haren loop omstreeks het meer Taparary en stort zich in de *Parepare-baai*.

SADASARIE, onderdistr. in *Oost-Indië*, op het *Sundasche* eil. *Java*, resid. *Bantam*, reg. *Serang*, afd. en distr. *Pandeglang*.

SADDLE, eil. in *Oost-Indië*, in de *Chinesche Zee*, W. van Borneo, 1° 46′ N. B., 124° 51′ O. L.

SADDLE, eil. in *Oost-Indië*, in de *Chinesche-zee*, tot de groep *Anambas* behoorende, 2° 28′ N. B., 123° 24′ O. L.

SADDLE, eil. in *Oost-Indië*, in de *Indische-zee*, bij de Westkust van het *Sundasche* eil. *Sumatra*, 5° N. B., 115° 14′ O. L.

SADENG, baai in *Oost-Indië*, in de *Indische-zee*, aan de Zuidkust van het *Sundasche* eil. *Java*, resid. *Djocjokarta*, O. van de Vogelnestklip te Rongkil, twee dagreizen van de hoofdplaats der residentie, over het Zuidergebergte en Goenong-Seloe, gelegen.

SADJIRA, distr. in *Oost-Indië*, op het *Sundasche* eil. *Java*, resid. *Bantam*, reg. en afd. *Lebak*. Het is verdeeld in de onderdist. Sadjira, Senang en Tjiang-Gasa.

SADJIRA, onderdistr. in *Oost-Indië*, op het *Sundasche* eil. *Java*, resid. *Bantam*, reg. en afd. *Lebak*, distr. *Sadjira*.

SADING-DJAMBOE, landg. in *Oost-Indië*, op het *Sundasche* eil. *Java*, resid. *Buitenzorg*, distr. *Djasinga*.

SADING-OOST, landg. in *Oost-Indië*, op het *Sundasche* eil. *Java*, resid. *Buitenzorg*, distr. *Parang*, aan den voet van den berg Salak. Op dat landg. stort de Tjiapoer, welke uit eene kloof ontspringt, door eene opening uit de rots, met eene waterkolom van 12 voet breed en 3 tot 4 voet dik en eene diepte van honderd vijftig voet, en vormt eene prachtige en ontzagverwekkende waterval.

SAEUL, gem., deels heerl. *Siekenbornen*, deels heerl. *Hessenfelts*, deels heerl. *Pettingen*, grooth. *Luxemburg*, kw. en arr. *Diekirch*, kant. *Reding*; palende N. W. en N. aan de gem. Useldingen, O. aan Boevingen en Tuntingen, Z. aan Siebenbornen, Z. W. aan Beckerich.

Deze gem. bevat het d. Saeul, benevens de geh. Calmus, Capweiler, Colmar, Ehner en Schwebach, alsmede de groote hoeve Misère.

Men telt er 700 inw., die meest hun bestaan vinden in den akkerbouw en de veeteelt. De jaarlijksche productie van den landbouw beloopt 2380 zak rogge en tarwe, 1980 zak gerst en haver en 5200 zak aardappelen. De veestapel beloopt 200 paarden, 420 runderen en 150 varkens. Ook is er een korenmolen.

De inw. zijn alle R. K. en maken de par. van Sauel uit, welke tot het apost. vic. van *Luxemburg*, dek. van *Osperen*, behoort.

Het d. Saeul ligt 3½ u. N. W. van Luxemburg, 3½ u. Z. Z. W. van Diekirch, ruim 1½ u. O. Z. O. van Redingen, in een boschachtig oord.

SAEFTINGE, Saaftinge of Saftinge, voorm. d. in *Staats-Vlaanderen*, prov. *Zeeland*, dat volgens sommigen moet gelegen hebben op den linkeroever en bij de monding van het Saeftinger gat en in het jaar 1532 door het zeewater zoude zijn bedekt geworden; terwijl anderen het geheele bestaan van dit d. betwijfelen.

---

(1) Zoo als H. van den Houve, *Hondsoost Kroniek*, D. II, bl. 51.

SAEFTINGE (DE), voorm. riv. in *Staats-Vlaanderen*, prov. *Zeeland*, welke in eene noordelijke rigting door het thans verdronken *Land-van-Saeftinge* liep en zich door het Saeftinger-gat in de *Schelde* ontlastte.

SAEFTINGE (HET LAND-VAN-) of LAND-VAN-CHAEFTINGE, in 1248 CHAVETINGE genoemd, voorm. streek lands, in *Staats-Vlaanderen*, prov. *Zeeland;* palende N. aan de Schelde, O. aan de Landen-van-den-Doel-en-Ketenisse thans tot België behoorende, Z. en W. aan Hulster-Ambacht. Er lagen daarin een paar dorpen.

Het LAND-VAN-SAEFTINGE of CHAEFTINGE was een grafelijk domein, buiten de Vier-Ambachten gelegen, en behoorende, gelijk Doel en Ketenisse, tot het *Land-aan-de-Schelde*, waarvan sommige oude charters spreken als onderscheiden van de Vier-Ambachten en het Land-van-Waas. Deze heerl. ontleende haren naam van de Saefting-Ee, naderhand het Gat-van-Saeftinge, welke haar in de twee kerspelen schifte, van St. Laurens en de Heilige Maagd. Ook vond men er twee kasteelen het eerste gebouwd door de Gravin MARGARETHA en zeer hecht; het laatste op den hoek van deze heerlijkheid, bij den Kloppersdijk in 1484 door MAXIMILIAAN opgeworpen.

Deze streek lands werd reeds, door Gravin MARGARETA VAN VLAANDEREN en haren zoon GUY van eene bijzondere, uit 82 artikelen bestaande, keure voorzien. Het bezat, overeenkomstig daarvan, zijn digen Baljuw, Burgemeesters, Schepenen, eene eigene vierschaar enz. Het wordt evenwel als een afzonderlijk ambacht reeds genoemd in 1248. De St. Laurens-kapel, in 1281, in den Westpolder gebouwd, werd in 1357 eene parochiekerk. In 1350 bedijkte men er nog eenen polder, waarschijnlijk de Leyspolder.

Dit land ligt reeds sedert de jaren 1574 en 1585 door het zeewater bedekt. Zie voorts nopens den tegenwoordigen toestand het hier volgende art. SAEFTINGER-SCHORREN.

SAEFTINGE (POLDER VAN), pold. in *Staats-Vlaanderen*, prov. *Zeeland*, arr. *Goes*, kant. en distr. *Hulst*, gem. *Clinge;* palende N. aan den in 1846 nieuw bedijkten Prosper-polder, O. aan den Nieuw-Aremberg-polder op Belgisch grondgebied, Z. aan den Polder van Nieuw-Kieldrecht en den Hollandsche-Kauter, W. aan den evengenoemden Prosper-polder en den zeedijk van dezen polder tegen de Saeftinger-schorren.

Deze pold., in 1805 bedijkt door een vennootschap de compagnie Blemont genaamd, maakt eene vruchtbare streek lands uit, welke eene kadastrale uitgestrektheid heeft van 275 bund. 15 v. r. 27 v. ell. en is schotbaar groot 133 bund. 68 v. r. Hij ontleent zijnen naam van de schorren van het verdronken land van Saeftinge, waarvan de gronden, vóór de bedijking, deel maakten. Daarin staan slechts 2 bijzondere woningen en de uitwatering heeft plaats door eene sluis in den Belgischen polder Konings-Kieldrecht. Het beheer wordt uitgeoefend door eenen Dijkgraaf en eenen Ontvanger-Griffier.

SAEFTINGER-GAT (HET), water in *Staats-Vlaanderen*, prov. *Zeeland*, tusschen het verdronken Land-van-Saeftinge en de gem. Graauw-en Langendam, in de Westerschelde uitloopende.

SAEFTINGER-SCHORREN, ook wel het DROOGE-LAND-VAN-SAEFTINGE of het VERDRONKEN-LAND-VAN-SAEFTINGE genoemd, schorren in *Staats-Vlaanderen*, zich uitstrekkende van het noordelijkste punt van den op Belgisch grondgebied gelegen polder de Doel, tot aan den noordoostelijken hoek van den Meloo-polder, in *Hulster-ambacht*, en vormende eenen inham of soort van baai, begrensd ten N. en N. O. door de Westerschelde, ten O. door den genoemden pold. de Doel, ten Z. door den mede op Belgisch grondgebied gelegen Nieuw-Arembergsche-polder, zoo mede door den Polder-van-Saeftinge en dien van Nieuw-Kieldrecht (gem. *Clinge*), en ten O. door den Willem-Hendrik-polder, den Meloo-polder (gem. *Graauw-en-Langendam*) en den Kruis-polder (gem. *Hontenisse*).

Deze schorren zijn gedeeltelijk ontstaan door het ondervloeijen van het Land-van-Saeftinge (zie Saeftinge [Het Land-van-]), alsmede van het dorp Namen en de schans St. Anna (zie die woorden), welke door den gedachten zoogenaamden Kersvloed van 1717 mede verdronken, zoo dat van dit alles niets is overgebleven dan het zoogenaamde Verdronken-Land-van-Saeftinge, geheel bestaande uit schorren en blikken, die bij vloedtijd meest onderloopen en doorsneden zijn met een aantal kreken en geulen, waarin het zoutwater elk getij op- en afloopt, in welke kreken mosselbanken zijn aangelegd, die aan de geconcessioneerden, tegen eene zekere jaarlijksche retributie, worden afgestaan, en waarvan de mosselen geraapt en te Hulst en elders in het ambacht verkocht worden; terwijl de kustbewoners ook alikruiken *in de schorren rapen*, en in het voorjaar de zoogenaamde zeekoraal, een in Zeeland zeer gezocht en gezond voedsel, snijden en verkoopen, hetgeen aan de schamele gemeente nog eenige voordeelen verschaft.

Behalve eene vroegere bedijking van eenigen schorregrond uit het Drooge-Land-van-Saeftinge, thans deel makende van den *Meloo-polder*, den *Willem-Hendriks-polder* en dien van *Nieuw-Kieldrecht*, zijn een gedeelte van die schorren, ten jare 1805 ingedijkt, onder den naam van den Polder-van-Saeftinge (zie dat art.); zoo dat er, na die bedijking, nog van deze schorren op Nederlandsch grondgebied is overgebleven eene kadastrale uitgestrektheid van 1242 bund. 48 v. r. 5 v. ell., waarvan 801 bund. 56 v. r. 87 v. ell. onder de gem. *Clinge* en 440 bund. 91 v. r. 16 v. ell. onder de gem. *Graauw-en-Langendam*, zijnde dit uitgestrekt terrein allerwege met wel onderhoudene dijken omringd. Het aangroeijen van dezen schorregrond neemt van jaar tot jaar toe, zoo dat de tijd niet meer ver af is, dat het geheele Verdronken-Land-van-Saeftinge in vruchtdragenden grond zal herschapen en alzoo weder aan de heerschappij der zee zal kunnen ontwoekerd worden. Zoo heeft Willem II., Koning *der Nederlanden*, bij besluit van den 15 Julij 1846, no. 79, octrooi verleend aan den Notaris Goossens, te Callo (België), als Beheerder der goederen van den huize van Aremberg, te Brussel, om ruim 951 bund. schorren van Saeftinge in te dijken, welke indijking, zich ook uitgestrekt hebbende op Belgisch grondgebied, reeds in het zelfde jaar heeft plaats gehad en thans bekend is onder den naam van Prosper-polder, zoo dat de landen, desen polder uitmakende, ook dadelijk voor het eerst zijn bezaaid. Daarin staan tot heden geene gebouwen; alleen op den polderdijk is eene woning voor den Opzigter getimmerd. De uitwatering geschiedt door eene afzonderlijke sluis, liggende op Belgisch grondgebied, in de schorren en zoo verder op de Schelde. Tot heden is daarvoor geen bestuur benoemd, zijnde daarvan de familie van Aremberg eenig en alleen eigenaar.

SAFFYN, naam, welken de Negers geven aan de koffijplant. Bodenberg en de katoenpl. Herstelling, in *Nederlands-Guiana*, kol. *Suriname*. Zie Bodenberg en Herstelling (De).

SAFFYN (PIKIEN-), naam, welken de Negers geven aan den verl. kostgr. LAND-VAN-BOORTBURG-EN-KARELSDEEL. Zie BODENBURG-EN-KARELSDEEL (GROND-VAN-).

SAFFINAFF, groep eilandjes in *Oost-Indië*, in de *Indische-zee*, tusschen 5 en 6° Z. B., op 133° 59' O. L.

SAGARA-NOEKAN, baai in *Oost-Indië*, in de *Indische-zee*, aan de Zuidkust van het eil. *Java*, 7° 33' N. B., 126° 7' O. L.

SAGARA-WIDA of SAGARA-WIT, d. in *Oost-Indië*, op het *Sundasche* eil. *Java*, resid. *Madion*, land. *Loedaya*, waarvan het de hoofdplaats is, aan eene baai van den zelfden naam, die hier eene goede haven vormt.

SAGARAWIDA of SAGARAWIT, baai in *Oost-Indië*, in de *Indische-zee*, aan de Zuidkust van het *Sundasche* eil. *Java*, resid. *Madion*, 8° 15' Z. B., 130° 46' O. L.

SAGEWEIN, eil. in *Oost-Indië*, aan de Noordwestkust van *Nieuw-Guinea*; de noordwestpunt is 0° 56' 45" Z. B., 148° 15' O. L.

SAGEWEIN (STRAAT) of PITTSTRAAT, zeeëngte in *Oost-Indië*, tusschen de Noordwestkust van Nieuw-Guinea en het eil. Sagewein.

SAGO, GOENOES-SAGO, bij de Engelschen verkeerdelijk MOUNT-KASSOMBA geheeten, berg in *Oost-Indië*, op het *Sundasche* eil. *Sumatra*, resid. *Padangsche-Bovenlanden*; 0° 17' Z. B.

Deze berg heeft eene naaldvormige spits, holen en spleten, en is door rotspunten omgeven, welke zich mede als naalden verheffen. Hij is digt met bosch bezet, en aan de helling is de oorsprong van de Sibayong.

SAGOGALTI of SAJOGALTI, d. in *Oost-Indië*, op het *Sundasche* eil. *Java*, resid. *Batavia*, aan den oostelijken oever van de Tangerang.

SAHARIE (TANDJONG-), dist. in *Oost-Indië*, op het *Sundasche* eil. *Java*, resid. *Preanger-Regentschappen*, reg. *Soemedang*.

SAHARIE-GOENONG, wijk in *Oost-Indië*, op het *Sundasche* eil. *Java*. — Het is een der vier en twintig wijken van de stad Batavia.

SAHOERO (DE), riv. in *Oost-Indië*, op het *Moluksche* eil. *Amboina*, aan de Zuidkust van het schiereil. *Hitoe*. Zij valt met eenen zuidwaartschen loop in de *Binnenbaai*, tusschen de schiereil. Hitoe en Leytimor.

SAHON, groep kleine eilandjes in *Oost-Indië*, in den *Archipel-van-St.-Lazarus*, N. van het *Ambonsche* eil. *Ceram*.

SAIDIJK of SAAIDIJK, voorm. dijk op het eil. *Zuid-Beveland*, prov. *Zeeland*, loopende van den Wester-Schelde-dijk, benoorden langs den Oost-Hinkelen-polder, in de gem. Kruiningen en verder zuidoostwaarts, bezuiden langs den Oude-Krabbedijke-polder, in de gem. Waarden c. a. tot aan Gawege. In eerstgenoemde gem. is bij geheel tot eenen rijweg vergraven en in laatstgemelde nog grootendeels in eenen verwaarloosden toestand aanwezig en slechts kleine gedeelten daarvan geslecht.

SAJING-SANGIT, bergrug in *Oost-Indië*, op het *Sundasche* eil. *Borneo*, uit het noordergebergte voortkomende.

SAILLÉ, naam, welken de Negers geven aan de koffijplant. LUSTRIJK, in *Nederlands-Guiana*, kol. *Suriname*. Zie LUSTRIJK.

SAJOGALTI, d. in *Oost-Indië*, op het *Sundasche* eil. *Batavia*. Zie SAGOGALTI.

SAITHER, meer, prov. *Friesland*, kw. *Oostergoo*, griet. *Iduarderadeel*. Zie SAYTHER.

SAKANO, eil. in *Oost-Indië*, tot de *Banda-eilanden* behoorende. Zie SEYTHAAN.

SAKATOK, d. in *Oost-Indië*, op het *Sundasche* eil. *Sumatra*, resid. *Ayer-Bangies*, afd. *Rau*.

SAKETE (DE), WAY-SAKETE, riv. in *Oost-Indië*, op het eil. *Amboina*, schiereil. *Hitoe*, met eene westelijke rigting in den *Archipel-van-St.-Lazarus* uitloopende.

SAKIT, POELOE-SAKIT, eil. in *Oost-Indië*, op de *Reede-van-Batavia*. Zie PURMEREND.

SAKKA, d. in *Oost-Indië*, op het *Sundasche* eil. *Sumatra*, in de *Battalanden*.

In den omtrek van dit dorp werden den 28 Junij 1835 de Noord-Amerikaansche Zendelingen HENRY LYMAN en SAMUËL MUNSON, door eene gewapende bende Batta's overvallen, vermoord en opgegeten.

SAKKA-WATIE, bosch in *Oost-Indië*, op het *Sundasche* eil. *Java*, resid. *Tegal*.

SAKOEMPANG, gebergte in *Oost-Indië*, op het *Sundasche* eil. *Borneo*, resid. *Banjer-Masing*.

SAK-POLDER (DE), pold. in het eil. *Zuid-Beveland*, prov. *Zeeland*, distr. en arr. *Goes*, kant. *Heinkenszand*, gedeeltelijk gem. *Driewege-en-Couderpe*, gedeeltelijk gem. *Overzande*; palende N. W. aan West-*Blaaskop*, N. aan den Calange-polder en den Oud-Overzande-polder, W. aan den Nieuw-Overzande-polder, Z. aan den Lange-Mare-polder.

SAK-POLDER (DE), pold. in het eil. *Zuid-Beveland*, prov. *Zeeland*, distr. en arr. *Goes*, kant. *Heinkenszand*, gedeeltelijk gem. *Nisse*, gedeeltelijk gem. *Oudelande*, gedeeltelijk gem. *Overzande*; palende N. aan het Nieuw-Landeken, N. O. aan den Willeuts-polder, O. en Z. O. aan den Nisse-Stelle-polder, Z. W. aan den Nieuw-Overzande-polder, W. aan den Verlorenkost-polder en den Vrouwe-polder.

Van deze pold. ligt slechts 1 bund. onder *Oudelande*. Hij wordt door eene sluis, op de Schelde, van het overtollige water ontlast. Het polderbestuur bestaat uit eenen Dijkgraaf en drie Gezworenen.

SAKPOLDER (NOORD-), pold. in het eil. *Zuid-Beveland*, prov. *Zeeland*, distr. en arr. *Goes*, kant. *Heinkenszand*, gedeeltelijk gem. *Heinkenszand*, gedeeltelijk gem. *'s Heer-Arendskerke*; palende N. W. aan den Oude-Nieuwland-polder-van-'s Heer-Arendskerke, N. aan den Oude-polder-van-'s Heer-Arendskerke, O. aan den St. Pieters-polder en den Daniël-polder, Z. aan den Zuid-Sak-polder en den Plate-polder, W. aan den Oosterland-polder, den pold. Noordland en den Stelle-polder.

Deze pold., behoort tot de *Watering van Heinkenszand* en staat met deze onder het bestuur van eenen Dijkgraaf, eenen Gezworene en eenen Penningmeester.

SAK-POLDER (ZUID-), pold. in *Zuid-Beveland*, prov. *Zeeland*, distr. en arr. *Goes*, kant. *Heinkenszand*, gedeeltelijk gem. *Heinkenszand*, gedeeltelijk gem. *Nisse*; palende N. aan den Noord-Sakpolder, N. O. aan den Daniël-polder; O. aan den Zuid-Daniël-polder, den Prooijen-polder en den Noten-dijk, Z. aan den Loyve-polder, Z. W. aan het Nieuwlandeke, W. aan den Oud-Kamer-polder en den Platen-polder.

Deze pold., behoort tot de *Watering van Heinkenszand*, en staat met deze onder het bestuur van eenen Dijkgraaf, eenen Gezworene en eenen Penningmeester.

SALA, kaap in *Oost-Indië*, op het *Sundasche* eil. *Bangka*. Zie RYAH.

SALA (DE), oude naam van de riv. DE IJSSEL, prov. *Gelderland* en *Overijssel*. Zie IJSSEL (DE).

SALABANTAR, oud d. in *Oost-Indië*, op het *Sundasche* eil. *Java*, resid. *Preanger-Regentschappen*, reg. *Tjanjor*, distr. *Djampang-Wetam*, nabij de Sandal.

SALADAN, kaap in *Oost-Indië*, in de *Zee-van-Java*. Zie SALATAN.

SALADE-VAART (DE) of DE SLAVAART, water in *Schieland*, prov. *Zuid-Holland*.

Het neemt zijnen oorsprong in de gem. *Kralingen*, bij het verlaat aan de Molenvliet, en loopt van daar in eene zuid-zuidwestelijke rigting in de kolk van Schielands hoogen boezem te *Rotterdam*. Aan de oostelijke zijde dezer vaart is nabij de stad eene volkrijke b. de *Saladekade* of *Salakaai* genoemd, welke vroeger tot de gem. *Kralingen*, doch nu, sinds 1810, tot de gem. *Rotterdam* behoort, en 183 h. en ruim 600 inw. telt.

SALADJAMBE, d. in *Oost-Indië*, op het *Sundasche* eil. *Java*, resid. *Cheribon*, reg. *Koeningan*, nabij den berg Hoeriep.

SALAK, gebergte in *Oost-Indië*, op het *Sundasche* eil. *Java*, gedeeltelijk resid. *Buitenzorg*, gedeeltelijk resid. *Preanger-Regentschappen*.

De hoogste toppen zijn de Salak, de Megamendong en de Gadongan.

SALAK (DE), berg in *Oost-Indië*, op het *Sundasche* eil. *Java*, resid. *Preanger-Regentschappen*, op de grenzen van *Buitenzorg*. Het is een der hoogste toppen van het gebergte *Salak*.

Op dezen berg is eene vlakte, met eene graftombe van eenen kluizenaar, die, bij de religieoorlogen er zich op heeft teruggetrokken; zij is 500 ell. boven Kapandongan verheven en door geboomte omringd. Op den hoogsten of westelijken top is een uitgebrande krater, en aan de helling ontspringt de Tapoes (zie dat woord).

De Salak is bezet met zwaar bosch, uit onderscheidene boomsoorten bestaande, die, hoe hooger men komt, van gedaante en grootte veranderen. De bergkruin is, even bij het afhellen, voorzien van eene bron van zoet water. Volgens de waarnemingen van den Hoogleeraar REINWARDT, teekende de baromether van FAHRENHEIT er den 5 Mei 1817, 55½ graad en den volgenden dag 52 graden.

De laatste uitbarstingen van dezen berg hebben in 1761 en den 5 Januarij 1780 plaats gehad. Twee minuten na deze laatste uitbarsting, werd een hevige naar de losbranding van vele stukken zwaar geschut gelijkende, slag gehoord.

SALAKAR, volkplanting der Chinezen, in *Oost-Indië*, op het *Sundasche* eil. *Borneo*.

SALAM, d. in *Oost-Indië*, op het *Sundasche* eil. *Java*, resid. *Djocjokarta*.

SALAMADONGA, berg in *Oost-Indië*, op het *Sundasche* eil. *Celebes*, op den Noordoostelijken uithoek, resid. *Menado*, nabij het koningrijk Boelan.

SALAMADONDA, d. in *Oost-Indië*, op het *Sundasche* eil. *Celebes*, op den Noordoostelijken uithoek, resid. *Menado*.

SALAMAMA, POELOE-SALAMAMA, eil. in *Oost-Indië*, in den *Sundasche-Archipel*, aan de Oostkust van *Sumatra*, in de *Straat-van-Malakka*, 3° 37′ N. B., 116° 57′ O. L.

SALAMANGA, HOEDJONG-SALAMANGA, kaap in *Oost-Indië*, op het *Sundasche* eil. *Sumatra*, aan de Oostkust.

SALAMPARANG, naam, welken de Inlanders geven aan het eil. LOMBOK, in *Oost-Indië*, tot de *Kleine-Sunda-eilanden* behoorende. Zie LOMBOK.

SALAN, distr. in *Oost-Indië*, op het *Sundasche* eil. *Sumatra*, resid. *Palembang*. De bewoners leven in de bosschen als wilden, en behooren mogelijk tot de Papoea's.

SALAND, d. in *Oost-Indië*, op het *Sundasche* eil. *Java*, resid. *Preanger-Regentschappen*.

SALANG, d. in *Oost-Indië*, op het *Sundasche* eil. *Java*, resid. *Rembang*.

SALANG (DE), riv. in *Oost-Indië*, op het *Sundasche* eil. *Bangka*, met eene westelijke rigting in de *Straat-van-Bangka* uitloopende.

SALANGOER, berg in *Oost-Indië*, in den *Moluksche-Archipel*, resid. *Amboina*, op het *Ambonsche* eil. *Ceram*, aan den Oosthoek. — Deze berg is zeer hoog en van boven plat.

SALANKEN, baai in *Oost-Indië*, aan de Zuidkust van het *Sundasche* eil. *Celebes*, in de *Baai-van-Boni*.

SALARANG, bosch in *Oost-Indië*, op het *Sundasche* eil. *Java*, resid. *Tagal*.

SALARONG, berg in *Oost-Indië*, op het *Sundasche* eil. *Java*, resid. *Djocjokarta*.

SALARONG, d. in *Oost-Indië*, op het *Sundasche* eil. *Java*, resid. *Djocjokarta*, aan den voet van den berg van den zelfden naam.

Den 4 October 1725, had hier een hevig gevecht plaats, tusschen den Generaal-Majoor VAN GEEN en de muitelingen, waarbij deze laatsten, met een aanmerkelijk verlies, werden op de vlugt geslagen.

SALAT, klein rijk in *Oost-Indië*, op het *Sundasche* eil. *Borneo*, aan de Westkust.

SALAT (DE), riv. in *Oost-Indië*, op het *Sundasche* eil. *Borneo*, met eene westelijke rigting in de *Straat-van-Carimata* uitloopende.

SALATAN, SELATAN, OEDJONG-SALATAN of ZUIDHOEK, kaap in *Oost-Indië*, in de *Zee-van-Java*, aan de Zuidkust van het *Sundasche* eil. *Borneo*, resid. *Banjermasing*; 4° 10′ N. B., 131° 46′ O. L.

SALAT-BOERA, eil. in *Oost-Indië*, in de *Straat-van-Malakka*, W. van het eil. Sumatra.

SALATJAHOE, distr. in *Oost-Indië*, op het *Sundasche* eil. *Java*, resid. *Preanger-Regentschappen*, reg. *Soekapoera*.

SALATIGA, distr. in *Oost-Indië*, op het *Sundasche* eil. *Java*, resid. en reg. *Samarang*.

De grond in dit distr. wordt algemeen voor vruchtbaar gehouden. In het jaar 1836 zijn er kleine waterleidingen aangelegd, waardoor 250 bouw voor de natte rijstteelt zijn geschikt gemaakt.

Dit distr. behoort tot de verrukkelijkste oorden van geheel Java. Het klimaat kan in het zuidelijke van Frankrijk, niet aangenamer, noch gezonder zijn. Ook vindt men er schier alle vruchten der gematigde luchtstreken van Europa. De landstreek vertoont hier eenen bewonderenswaardigen rijkdom van plantengroei, eene bekoorlijke en schilderachtige schoonheid met stoute partijen en verrukkelijke gezigten. Men bewondert hier de bloeijende uitgestrekte koffijtuinen, welke aan de hellingen der bergen een zeer vrolijk en liefelijk voorkomen geven; elders boeijen de heldergroene rijstvelden de aandacht van den opgetogen reiziger, die vruchteloos Europa doorkruisen zal, om eene zoo paradijsachtige landstreek op te sporen. Geen winter derhalve dat de Europeanen aldaar bij voorkeur hun verblijf trachten te vestigen.

SALATIGA, eigenlijk SELA-TIGA, st. in *Oost-Indië*, op het *Sundasche* eil. *Java*, resid. en reg. *Samarang*; distr. *Salatiga*, 30 palen O. van Samarang, 240 palen W. van Soerabaya, 29 palen N. van

Magelang, aan den grooten weg naar Solo, bijna op even grooten afstand van den N. W. gelegen berg Oenarang of Oengarang, als van den zuidwaards liggenden berg Merbaboe.

Deze stad ligt ruim 600 ell. boven de oppervlakte der zee. Bij de landen des Keizers is de lucht en warmte zoo aangenaam als bij ons in de maand Mei; vele vruchten, ook Europesche groenten, peulvruchten, bloemkool enz. heeft men hier; ook maakt men er goede boter.

Er loopt een militaire weg, van hier over Kopping naar Magelang, die voor lastdieren zoowel als voor geschut te gebruiken is.

Men heeft er een fort en een Gouvernementshuis, ook wordt er gewoonlijk nachtverblijf gehouden. De Assistent-Resident, houdt zijn verblijf in het Gouvernementhuis, aan het fraaije plein van het goed onderhouden fort de Hersteller.

Uithoofde van de ligging en de omringende bergen, is er de warmte gematigd, en men zendt veelal de jongst uit Europa aangekomene troepen naar deze plaats, om van de zeereis uit te rusten en aan het luchtgestel te gewennen.

Hier was het, dat de Gouverneur-Generaal Janssens, den 18 September 1811, de capitulatie teekende, waarbij Java en onderhoorigheden aan de Engelschen overgingen.

SALATIGA, buit. in het *Overkwartier* der prov. *Utrecht*, arr., kant., gem. *Utrecht*, aan de Bildstraat. — Dit buit. wordt thans in eigendom bezeten door den Heer Bisx.

SALATIGA (DE), berg in *Oost-Indië*, op het *Sundasche* eil. *Java*, resid. en reg. *Samarang*. — Het is eene vulkaan, welke reeds voor lang uitgebrand is.

SALATTI, oud d. in *Oost-Indië*, resid. *Amboina*, op het *Ambonsche* eil. *Amblau*, aan den Zuidwesthoek.

SALATTI, oud d. in *Oost-Indië*, resid. *Amboina*, op het *Ambonsche* eil. *Kelang*, aan de oostzijde des eilands, in het hangen van eenen hoogen berg, en ten Oosten van den berg, zoodanig geplaatst, dat het zich ten deele ook beneden nog wijd uitstrekte. Dit was het vermogendste van alle de dorpen op Kelang, en de ingezetenen waren vrij trotsch op eenige vastigheid, die zij boven op dien berg hadden, waarop zij, in tijden van oorlog, hunne schatten plagten te bergen, tot welke vastigheid de Ternataansche Stadhouders ook wel toevlugt namen, om hunne kostbaarste goederen in veiligheid te brengen, verzekerd, dat die berg als men het van boven beletten wilde, niet dan met het uiterste gevaar, kon beklommen worden. De tijd heeft echter geleerd dat de Nederlanders er raad toe wisten, alzoo er de Landvoogd Demmer, en na hem nog een Duitscher (hoewel met veel gevaar) op geweest zijn, en deze vesting der inlanders aldaar toen afgebrand hebben.

Men heeft aan den voet van dezen berg, omtrent Salatti, eene fraaije groote rivier, waarin de inlanders hunne vaartuigen en zelfs jonken ophalen, en zoo wel verbergen konden, dat er de onzen met geene vaartuigen wisten bij te komen, omdat men vooraan die rivier onderscheidene rifjes heeft, welke den ingang voor onkundigen zeer gevaarlijk maken.

Men vindt er ook veel witte damar- of harsboomen, welke voor den inlander van eene groote nuttigheid zijn, en waarvan zij goede flambouwen voor eigen gebruik maken; ook verhandelen zij die wel of verkoopen de hars in mandjes.

SALAWANE, oud d. *Oost-Indië*, resid. *Amboina*, op het *Sundasche* eil. *Ceram*, op *Groot-Ceram*, aan de *Zuidkust*.

SALAWATTA, eil. in *Oost-Indië*, in den *Moluksche-Archipel*, een der *Goram-eilanden*.

SALAWATTY of SALLAWATTI, ook wel SELWATTY gespeld, eil. in *Oost-Indië*, in de *Stille-Zuidzee*, N. W. van *Nieuw-Guinea*, tot de *Papoesche-eilanden* behoorende, 1° 6′ Z. B. 149° 1′ O. L. — Het wordt van Nieuw-Guinea door de Straat Gallewo gescheiden.

SALAWAY, kaap in *Oost-Indië*, in den *Moluksche-Archipel*, op het Noordoostelijk schiereiland van het eil. *Gilolo*, 1°24′N.B. 149°37′O.L. — Op den top is eene natuurlijke vesting, met huizen en tuinen.

SALEKAT of RAMAOE, baai in *Oost-Indië*, in de *Indische-Zee*, aan de westkust van het eil. *Sumatra*.

SALELA, oud d. in *Oost-Indië*, op het *Sundasche* eil. *Java*, resid. *Krawang*.

SALEM, voorm. houtgr. in *Nederlands-Guiana*, kol. *Suriname*, aan de *Catiapoerakreek*.

SALEMPARANG, naam, welken sommige geven aan het eil. LOMBOK, in *Oost-Indië*, tot de *Zuidwester-eilanden-van-Banda* behoorende. Zie LOMBOK.

SALENTEIN, landg. op de *Neder-Veluwe*, prov. *Gelderland*, distr. *Veluwe*, arr. en 9 u. N. W. van *Arnhem*, kant., gem. en ½ u. N. O. van *Nijkerk*.

Dit landg. beslaat, met de daartoe behoorende gronden, eene oppervlakte van ongeveer 46 bund., en wordt tegenwoordig in eigendom bezeten door Jonkheer VAN WEEDE, woonachtig des winters te Amsterdam en des zomers op SALENTEIN.

SALEYER, SALAYER, SELEYER of SALEYER-GROEP, groep eil. in *Oost-Indië*, in de *Zee-van-Java*, Z. van het *Sundasche* eil. *Celebes*.

Het grootste eil. van deze groep heet mede Saleyer of Groot-Saleyer. Ook behooren tot deze groep: Kalaura, Boneratta, het Varkens-eiland en de Boegeroneś. — Deze groep maakt eene afdeeling uit van het gouv. *Makassar*.

SALEYER, GROOT-SALEYER, eil. in *Oost-Indië*, in de *Zee-van-Java*, Z. van het *Sundasche* eil. *Celebes*, in de groep *Saleyer*.

Het is door een smal kanaal van Celebes gescheiden, heeft eene lengte van ongeveer 8 en eene breedte van 1½ mijl en is met bergen bedekt, welke overal met goede bosschen bezet zijn.

De voornaamste voortbrengselen zijn: eene soort van gerst, ooby genaamd, waarvan de inwoners brood maken; batta, een wortel; katoen en vele zuidvruchten. Ook heeft men er eene menigte herten in de bosschen en de zelfde huisdieren als op Celebes, benevens 60,000 inwoners, die als zeer kruipend geschetst worden en welke fijn katoen en gestreepte stoffen weten te maken maar ook eenen uitgebreiden handel op Batavia en de Moluksche kusten drijven. Het eiland is onder 12 Opperhoofden verdeeld, die jaarlijks naar Makassar gaan, om den Nederlander hunne schattingen, in katoenen stoffen bestaande, te betalen. De Nederlanders hebben hier een fort Constantia.

De bewoners schijnen eenen hoogeren graad van beschaving bereikt te hebben dan vele andere eilanders in den Sundasche-Archipel. Hunne woonhuizen zijn goed gebouwd en er bestaat veel welvaart onder de ingezetenen.

Rijke bewoners van SALEYER, die van de eene plaats naar de andere willen reizen, laten zich in bamboezen draagstoelen over het gebergte dragen; paarden worden alleen in de vallei jen of op het vlakke land gebezigd. Het gebergte is hier te steil voor deze dieren, zelf de *koedapoenag* of bergpaarden van Java zouden hier bezwaarlijk voort kunnen.

De Makassaren, die dit eiland bezaten, stonden het aan den Koning van Tanette af, en van dezen Vorst is het in het bezit der Nederlanders overgegaan.

In het jaar 1775 werd dit eiland door vier en zeventig Regenten bestuurd, die zich eenmaal, en wel in de maand October, naar het fort Rotterdam op Celebes begaven, om aldaar de gebruikelijke hulde aan de Nederlandsche compagnie te bewijzen, die er eenen koopman geplaatst hield. Thans bevindt zich op dit eiland een Nederlandsche Resident. De naam SALEYER is die van zekeren visch, die lang en smal van gedaante en in de wateren, welke dit eiland bespoelen, zeer overvloedig is. Van daar de naam POELOE-SALEYER of SALEYER-EILAND.

SALEYER-STRAAT, zeeëngte in *Oost-Indië*, Z. van het *Sundasche* eil. Celebes, tusschen de noordpunt van Groot-Saleyer en den hoek van Biera of Lassoa, op Celebes.

Zij wordt door het Noorder-, het Middel- en het Zuidereiland in twee vaarwaters verdeeld, dewijl er tusschen het Noorder-eiland en Celebes als ook tusschen het Zuider-eiland en SALEYER, geen doortogt is.

Het vaarwater tusschen het Middel- en het Zuider-eiland wordt voor het veiligste geacht, hoewel ook dat benoorden het Middel-eiland gebruikt wordt, wanneer men kort langs het Middel-eiland, dat steil uit de diepte oprijst, moet houden.

STRAAT-SALEYER wordt steeds voor gevaarlijk gerekend, maar nog altijd verkozen boven het vaarwater bezuiden Saleyer, dat van wege de klippen nog veel gevaarlijker te achten is.

SALI, naam, welken de Negers geven aan de koffijplant. WELGELEGEN, in *Nederlands-Guiana*, kol. *Suriname*. Zie WELGELEGEN.

SALIA, kaap in *Oost-Indië*, in den *Archipel-van-St.-Lazarus*, aan de Zuidkust van het *Ambonsche* eil. *Boero*.

SALIA-VETUS, Lat. naam van het stadje OLDENZAAL, in *Twenthe*, prov. *Overijssel*. Zie OLDENZAAL.

SALIBABO, SALIBABO-EILANDEN of TALAUTSCHE-EILANDEN ook MEANGI'S genoemd, groep eil. in *Oost-Indië*, in de *Zee-van-Celebes*, Z. O. van de *Sangir-eilanden*, tusschen 3 en 4° N. B. en 145 en 144° O. L.

Deze eilanden zijn dertien in getal, doch slechts van zeven zijn de namen bekend, als: Noessa, Karotta, Karkarottang, het zuidelijke Noessa, Karhalang, Lirong en Rabroewang; vier daarvan zijn bewoond als: Noessa, dat het noordelijkste ligt, Karhalang, Lirong en Rabroewang. De Salibabo-eilanden staan gedeeltelijk onder de Vorsten van Sangir en gedeeltelijk onder den Radja van Sjauw en onder dien van Pangasara of Tagoelande. De bewoners der twee laatste eilanden zijn nog zeer ruw, hebben geene kennis van God en gelooven aan eenen geest, dien zij meer vreezen dan beminnen. In sommige woningen leven twintig huisgezinnen, schier als het redelooze vee te samen; te lui en te dierlijk om den landbouw te beoefenen of kokosboomen te planten, generen zij zich met eene slechte aardvrucht, Foetoe-Foetoe genaamd, benevens wat visch. De bevolking dezer eilanden beloopt elf duizend zielen. Zij staan onder bijzondere Opperhoofden, Kolanos genoemd, van welke zij lijfeigen zijn. Zij zijn met zwaarden, knodsen en sagaaijen gewapend. Sommigen achten Karkarottang en de daaromstreeks gelegene eilandjes Meangis, Namosa, Karotta enz. tot de SALIBABO-GROEP te behooren, anderen weder geven aan deze den naam van Meanges of Méhangis-eilandjes.

De eilanden zijn gedeeltelijk bergachtig, goed van water voorzien, veel rijst, aardappelen, geiten, varkens en visch voortbrengende. Alhoewel de Nederlanders deze eilanden niet bezitten, hebben zij er evenwel veel invloed. De levensmiddelen zijn er zoo goedkoop, dat men er voor een slecht mes 500 kokosnoten kan inruilen.

SALIBABO, ook Lirong genaamd, eil. in *Oostindië*, in de zee van *Celebes*, tot de groep van *Salibabo* behoorende. Het is vrij wel bewoond en aan eenen hoogen Tafelberg kenbaar.

SALIBABO-ZEE, naam, welken men veelal geeft aan dat gedeelte der Zee van Celebes, waarin de *Salibabo-groep* gelegen is.

SALIE, Perloe-Salie, eil. in *Oost-Indië*, in de *Indische-zee*, 5° 30′ N. B., 125° 42′ O. L.

SALIELOEBOEDE, ook wel de Haven van Lirong genaamd, d. in *Oost-Indië*, op het *Moluksche* eil. *Salibabo*, aan de Zuidoostkust.

Het heeft eene reede, met goeden ankergrond. — Er is eene kerk en school. — Vele gezinnen houden doorgaans hun verblijf in het zelfde gebouw, dat in een aantal kleine woningen is afgedeeld, terwijl zij aan de eene zijde in de lengte eene gemeenschappelijke galerij hebben.

SALIERS of Salische-Franken, eene volkstam, van welken men geen gewag gemaakt vindt, zoo lang de naam Cheruskers nog voorkomt, terwijl de Cheruskers uit de geschiedenis verdwijnen, zoodra de Saliërs optreden. Deze laatsten schijnen, eertijds omtrent de rivier de Saale, gewoond en van deze hunnen naam ontleend te hebben, maar het is nog in geenen deele beslist, of deze rivier de Frankische- dan wel de Saksische-Saale geweest zij. Misschien droegen zij dien naam wel naar de beide genoemde rivieren; want het is in het geheel niet onwaarschijnlijk, dat de Merovingers uit Franken zich weder vereenigd hadden met hunne andere broeders. Immers de Koningen der Salische Franken (later ook de Koningen van alle Franken) behoorden oorspronkelijk tot den Merovingischen stam, zooals de Wandalen voortgesproten zijn uit den Astingischen stam. Misschien ook ontving de Frankische-Saale het eerst haren naam van de Merovingers, tot een aandenken aan de rivier van den zelfden naam in het oude vaderland, en wegens de zoutbronnen, welke aan beide stroomen gevonden werden. Hoe dit zij, de Saliërs, door hunne naburen, de Saksers, omstreeks 351, uit hunne woonstede verdreven zijnde, sloegen zich, op het *Eiland der Batavieren* neder. Zij kwamen naderhand over de Maas, op den Romeinschen bodem en zettede zich in Taxandrië met der woon neder. Begerig, om deze hunne woningen te behouden, zonden zij, in het jaar 358 onzer tijdrekening, Gezanten aan den Romeinschen Veldheer Julianus, dien zij nog in de winterlegering meenden aan te treffen, doch wiens leger reeds tot omtrent Tongeren genaderd was. Het verzoek was, dat zij, zich gerust houdende, door niemand in hunne bezittingen mogten worden gestoord, hetwelk Julianus en zijn Raad te dubbelzinnig oordeelden, om niet met gelijke munt betaald te worden. Hij vaardigde dan de Gezanten met onzekere hoop en geschenken af, doch zond hun eenig volk, onder geleide van Severus, langs den oever der Maas achterna, terwijl hij, met eene vloot van zes honderd schepen, de Maas afzakte, om den vijand in zijn eigen land aan te tasten. De Saliërs werden eerlang, het zij door hem, of door Severus, of wel door beide, zoo onverhoeds overvallen, dat zij van verbaasdheid radeloos, eer smekende, dan weerstand biedende, zich met vrouwen en kinderen, en al wat zij hadden, overgaven. JULIANUS stond hun daarna eenige landen af, waarschijnlijk de zelfde, welke zij reeds bezaten, en onder deze ook een gedeelte van het eiland Batavia.

Niet lang behielden zij het gerust bezit van het land hunner inwoning. De Quaden, eene soort van Saksers, reeds in het volgende jaar eenige schepen hebbende toegerust, en den Rijn daarmede zijnde afgezakt, stapten aan land in het Eiland der Batavieren, om vervolgens de SALIËRS met geweld aan te tasten en uit hunne woningen te verdrijven. Nu ondervonden de SALIËRS een nieuw bewijs der edelmoedigheid van JULIANUS. Naauwelijks had hij den inval der Quaden vernomen, of hij gaf bevel aan een gedeelte zijner benden, om deze met geweld te keer te gaan, doch den SALIËRS geen nadeel te doen; maar veeleer toe te laten, dat zij, aan de overzijde des Rijns, op den Romeinschen bodem, eene wijkplaats zochten, alwaar zij niet als vijanden, maar als vrienden moesten ontvangen worden, aangezien hunne overkomst geen anderen grondslag had, dan lijfsberging tegen de vijanden der Romeinen. Door zulk eene heusche aanbieding volkomen vertrouwen stellende op JULIANUS, trokken de meesten, met al wat zij hadden, en met hunnen Koning aan het hoofd, over den Rijnstroom, terwijl anderen, naar den zeekant de vlugt genomen hebbende, in de duinen eene schuilplaats zochten. Hunne dankbaarheid aan den Veldheer betoonden zij kort daarna, door zich te scharen onder de banieren van zekeren CHARIËTTO, eenen dapperen Frank, die JULIANUS zijne dapperheid en kracht had aangeboden, ter beteugeling van de Quaden, van welke de Romeinen veel overlast hadden.

Van dezen tijd, tot aan het overlijden van JULIANUS, bleven de Saliërs den Romeinen onderdanig. Weinige jaren, evenwel, verliepen er, of het bleek duidelijk, dat hunne stille onderwerping meer uit ontzag of eerbied voor dien Keizer, dan uit hoogachtig voor den Romeinschen naam, haren oorsprong nam. Want toen, eenige maanden slechts na zijnen dood, de Germaansche volken, die voor de Romeinsche overmagt hadden moeten bukken, eene verbindtenis aangingen, om het juk af te schudden, namen de SALIËRS deel aan dit verbond. Met verschillende kans voerden zij, nevens anderen, van dien tijd af, den oorlog tegen de Romeinen, die hun, evenwel, omtrent het jaar 427, onder den Veldheer FLAVIUS GOUDENTIUS AËTIUS, eene zoo zware nederlaag toebragten, dat hun de moed tot verderen opstand schijnt te zijn ontzonken: vooral nadat, tusschen hen en de Romeinen, een verdrag was getroffen. Als Koning regeerde toen over de SALIËRS KLODIUS of KLODIO. Deze zond, eenige jaren na het gemelde gevecht, zijnen zoon naar Rome, om eenen bestendigen vrede te bewerken. Zoo diep stond deze Prins in de gunst van AËTIUS, dat deze hem tot zoon aannam, en, met geschenken overladen, aan Keizer VALENTINIANUS zond, met welken hij een verbond van vriendschap sloot. Van dien tijd af schijnen de SALIËRS, even als de Batavische volken, den Romeinen, met de wapenen, te dienste gestaan te hebben. Koning KLODIO hield, te dien tijde, zijn verblijf op eene plaats, welke men DISPARGUM vindt genoemd, van welken naam eenige kundige geschiedschrijvers een overblijfsel meenen te vinden in de stad Diest, aan den Demer, in Braband. Grond voor deze gissing zoeken zij in de namen *Saalbeemden* en *Saleheim*, zoowel als de beemden en het verblijf of heem der SALIËRS, welke men in deze oorden aantreft. Ongegrond schijnt intusschen het gevoelen der zulken, die aan KLODIO eene uitgebreidheid van gebied toeschrijven, hetwelk zich tot diep in Frankrijk zou hebben uitgestrekt. Meer schijn van waarheid heeft het, dat deze Koning ook over het eiland der Batavieren het gebied gevoerd heeft.

Niet zeer vele jaren daarna verdween de naam der SALIËRS. Zij kwamen, nevens andere volken, omtrent het einde der vijfde eeuw, onder het gebied van CLOVIS, eersten Christen Koning der Franken. Even gelijk die van andere stammen, is hunne naam sedert in dien der Franken versmolten. Volgens PICARDT (1) en anderen, voor en na hem, zouden deze SALIËRS geweest zijn ZALLANDERS, uit *Zalland*, in Overijssel, herkomstig, van welke de Franken, de *Lex-Salica* en zelfs de Franschen afstammen. Wij meenen echter, dat er meer grond voor het door ons hier boven opgegeven gevoelen bestaat. Hoezeer het daarom wel mogelijk is, dat de benaming ZALLAND eene herinnering kan zijn aan een korter of langer verblijf van de SALIËRS, of een gedeelte van hen, in Overijssel.

SALILA of NOORDPUNT, kaap in *Oost-Indië*, in den *Moluksche-Archipel*, aan de Noordkust van het eil. *Gilolo*.

SALING, distr. in *Oost-Indië*, op het *Sundasche* eil. *Sumatra*, resid. *Padangsche-Bovenlanden*.

SALLA (DE), riv. in *Oost-Indië*, op het *Ambonsche* eil. *Ceram*, op *Hoewamohel*, met eene westelijke rigting in het *Nassausche gat* uitloopende.

SALLAGA, SALLAGHA, SALLAGH of SAREH, st. in *Afrika*, in *Opper-Guinea*, aan de *Goudkust*, rijk *Assiantie*.

Het is de hoofdst. van het rijk Inta, dat zich uitstrekt van de linkerzijde der Rio Volta (Adezzie) of 70 u. N. O. van Coumassie. De inw., meest Mohhammedanen, zijn in beschaving die van Assiantie zeer vooruit, en drijven sterken handel met het eigenlijk Sudan.

SALLAND-EN-TWENTHE, R. K. dek. van het aartspr. *Holland-en-Zeeland*.. Zie ZALLAND-EN-TWENTHE (2).

SALLANDIA, Lat. naam van het voorm. kw. ZALLAND, prov. *Overijssel*. Zie ZALLAND.

SALLAT, d. in *Oost-Indië*, op het eil. *Dammer*, een der Zuidwester-eilanden van *Banda*, dat eertijds bloeijend was, doch waarop thans niet meer dan een twintigtal huizen staan.

Door eene romanesk wilde vallei reist men van dit dorp, langs een smal voetpad, dat zich naar de geaardheid van den grond in allerlei bogten slingert, naar de Wilhelmus-baai, aan de noordzijde van het eiland.

SALLEE, straat in *Oost-Indië*, in den *Sundasche-Archipel*, welke tusschen de eilanden Sumbawa en Majoe doorloopt.

SALLEE (HOEK VAN-), kaap in *Oost-Indië*, in den *Sundasche-Archipel*, aan de Noordkust van het eil. Sumbawa, een der *Kleine-Sunda-eilanden*.

SALLELAUVO, oud d. in *Oost-Indië*, op het eiland *Solor*, een der *Kleine-Sunda-eilanden*.

SALLIE, naam, welken de Negers geven aan de suikerplant. SCHOONOORD in *Nederlands-Guiana*, kol. *Suriname*. Zie SCHOONOORD.

SALMIO (DE), riv. in *Oost-Indië*, op het *Sundasche* eil. *Celebes*, aan de Zuidkust, eene grensrivier van Bonie.

SALMANNINC, erve in *Twenthe*, prov. *Overijssel*, vermeld in 1188, als onder *Haaksbergen* gelegen.

---

(1) *Korte Beschrijvinge van eenige vergetene en verborgene Antiquiteiten in Drenthe*, bl. 76–83.

(2) Evenzoo zoeke men alle de overige woorden, welke elders wel eens met S gespeld worden op Z.

SALNE of ZALNE, buurs. in *Zalland*, prov. *Overijssel*, arr., kant., gem. en ¼ u. Z. O. van *Zwolle*.

Deze buurs. is bij den watervloed van Februarij 1825 geheel overstroomd en daarin ligt de buit. Boschwijk. Zie dat woord.

SALO, lands. in *Oost-Indië*, op het *Sandelhout-eiland*, een der *Zuidwester-eilanden-van-Banda*, aan de Zuidwestkust van dat eiland.

SALOE, berg in *Oost-Indië*, resid. *Amboina*, op het *Ambonsche* eil. *Ceram*, op *Hoewamohel*, aan de Oostkust.

Deze berg doet zich in zee, als een kasteel of borstwering van rotsen voor.

SALOEKOE, oud d. in *Oost-Indië*, resid. *Amboina*, op het *Ambonsche* eil. *Ceram*, op *Hoewamohel*, aan de Oostkust.

SALOEMAH, d. in *Oost-Indië*, op het *Sundasche* eil. *Sumatra*, aan de Zuidwestkust, rijk *Redjang*, 10 u. Z. van Bengkoelen; 4° 12′ Z. B., van waar veel papier verzonden wordt.

SOLOERANG of SALOERANG, oud d. in *Oost-Indië*, op het *Moluksche* eil. *Sangir*, omtrent twee mijlen van Manna.

Het was vroeger een der grootste dorpen van het geheele eiland, dat, in het jaar 1709, omtrent 1500 inwoners telde en 500 mannen met schild en zwaard uitleveren kon.

SALOMA, eil. in *Oost-Indië*, in de *Indische-Zee*, Z. van de Straat-van-Lombok. — Het is onbewoond.

SOLOMAR, oud d. in *Oost-Indië*, op het *Sundasche* eil. *Java*, resid. *Cheribon*, ads. resid. *Indramayoe*, tusschen de Tjimanoek en de Tjipeles.

SALOMBO, groep klein eil. in *Oost-Indië*, in de *Indische-Zee*; 5° 30′ Z. B., 130° 50′ O. L.

SALON, kwartier, waarvan gewag gemaakt wordt in den giftbrief van Keizer OTTO *den Groote*, bij welken hij aan het stift te Elten, den zelfden rang geeft, die de stiften Quedlenburg, Essen en Ganderheim hadden. Men meent dat hier door het voorm. kwartier Zalland verstaan werd.

SALONKETA, kaap in *Oost-Indië*, aan de Zuidkust van het *Sundasche* eil. *Celebes*.

SALOOMAH, plaats in *Oost-Indië*, op het *Sundasche* eil. *Sumatra*. Zie SOEBDSJEILANO.

SALOWAKKI, eil. in *Oost-Indië*, tot de *Zuidooster-eilanden-van-Banda* behoorende; 3° 50′ N. B., 131° 43′ O. L.

Het is vier mijlen lang en twee mijlen breed, en heeft eene baai in het Oosten en een rif in het Zuiden.

SALOWAY, baai in *Oost-Indië*, in den *Archipel-van-St.-Lazarus*, aan de Noordkust van het *Ambonsche* eil. *Ceram*.

Zij is groot, maar meest droog en met riffen bezet. Van daar af tot aan den hoek van Hatilen, heeft men een vlak, moerassig strand, met vele sagoboomen, hier en daar eene kleine drooge plaats vertoonende, als een klein eilandje.

SALSINGAR, kl. eil. in *Oost-Indië*, in den *Sundasche-Archipel*, tusschen de Chinesche-Zee en de Solo-Zee, aan den noordoosthoek van het eil. Borneo, niet ver van het eil. Banggi.

SALTZHALEN, koffijplant. in *Nederlands-Guiana*, kol. *Suriname*, aan de *Commelewana-kreek*, ter linkerzijde in het afvaren; palende bovenwaarts aan het verlaten Land-van-Fortuin, benedenwaarts aan het verlaten Land-van-Hoogland; 600 akk. groot. De Negers noemen haar Bossé.

SALVATOR-KLOOSTER-VAN-EEMSTEIN (ST.), voorm. kl. van Reguliere Kanunniken, in den *Groote-Zuidhollandsche-waard*, prov. *Zuid-Holland*. Zie EEMSTEIN.

SALWATTY, eil. in *Oost-Indië*, in de *Indische-Zee*. Zie SALAWATTY.

SALWERD, b., prov. *Friesland*, kw. *Westergoo*, arr. en 2 u. W. van *Leeuwarden*, kant. en 2 u. O. van *Harlingen*, gem. en ¼ u. O. van *Franeker*: met 5 h. en 30 inw., en het buit. van den zelfden naam. Zie het volgende art.

SALWERD, buit., prov. *Friesland*, kw. *Westergoo*, arr. en 2¼ u. W. van *Leeuwarden*, kant. en 2 u. O. van *Harlingen*, gem. en ¼ u. O. van *Franeker*.

Deze state beslaat, met de daartoe behoorende gronden, eene oppervlakte van 3 bund. 84 v. r. 40 v. ell., en wordt thans in eigendom bezeten, door den Heer ABRAHAM VAN DER HOOP, woonachtig te Amsterdam.

SALWERT, d. in *Hunsingo*, prov. *Groningen*. Zie SAUWERT.

SAMABO, strand in *Oost-Indië*, op het *Ambonsche* eil. *Manipa*, aan de Zuidkust. Het is eene smalle streek land. Weleer plagt hier een d. te liggen, Sela genaamd. Zie dat woord.

SAMABOE, d. in *Oost-Indië*, op het *Sundasche* eil. *Sumatra*, resid. *Padang*.

SAMADANG, d. in *Oost-Indië*, op het *Prinsen-eiland*, een der *Sunda-eilanden*, in het Zuidwesten van het eiland, aan de Kasuaris-baai.

Van tijd tot tijd diende dat dorp, tot verblijfplaats voor visschers, die schildpad, tripang en schelpen vingen of inzamelden; eenige bewoners van Tjeringin hebben er zich als landbouwers gevestigd, doch het om de gewelddenarijen van de zeeroovers verlaten. Thans zou het onbevolkt zijn.

SAMADANG, reg. en d. in *Oost-Indië*, op het *Sundasche* eil. *Java*. Zie SOEMADANG.

SAMADANG, d. in *Oost-Indië*, op het *Sundasche* eil. *Java*, resid. *Bantam*.

SAMADE, d. in *Oost-Indië*, resid. *Ternate*, op het eil. *Xoela-Taljabo*.

SAMAHOEKO (DE), riv. in *Oost-Indië*, op het *Moluksche* eil. *Amboina*, aan de Zuidkust van *Hitoe*, met eene zuidwestelijke rigting in zee uitloopende.

SAMALA (DE) of DE SAMALLA, riv. in *Oost-Indië*, op het *Ambonsche* eil. *Boero*, aan de Oostkust, welke zich met eene oostelijke rigting in den *Archipel-van-St.Lazarus* ontlast.

SAMANA (DE) WAY-SAMANA, riv. in *Oost-Indië*, op het *Ambonsche* eil. *Boero*, aan de Oostkust, welke zich met eenen oostelijken loop in zee uitstort.

SAMALANGA, haven in *Oost-Indië*, in de *Indische-Zee*, aan de Noordkust van het *Sundasche* eil. *Sumatra*, rijk en 30 u. O. Z. O. van *Atsjieh*, het middelpunt van aanzienlijken handel.

SAMANGI, eil. in *Oost-Indië*, aan de oostzijde van het *Sundasche* eil. *Java*, door twee armen van de Samangi gevormd wordende.

SAMANGI, d. in *Oost-Indië*, op het *Sundasche* eil. *Java*, resid. *Soerabaya*, nabij de uitwatering van de Rivier van Solo, op het eil. *Samangi*.

SAMANGI (DE), riv. in *Oost-Indië*, op het *Sundasche* eil. *Java*. Het is dat gedeelte van de Solo, hetwelk in zee valt.

SAMANGKA Samanka of Keizersbaai, baai in *Oost-Indië*, in den *Sundasche-Archipel*, aan den zuidoosthoek van het eil. *Sumatra*, 5° 4′ N. B., 122° 24′ O. L.

SAMAR, eil. in *Oost-Indië*, in den *Sundasche-Archipel*, tot de *Kleine-Sunda-eilanden* behoorende.

SAMARAKKA, Negerkolonie in *Nederlands-Guiana*, kol. *Suriname*, aan de *Boven-Suriname*; met 5000 inw., die met de kolonie in de grootste vriendschap leven, en onder hoofden staan, die zij zelve verkiezen.

SAMARANG, resid. in *Oost-Indië*, op het *Sundasche* eil. *Java*; palende N. aan de Zee-van-Java, O. en N. O. aan Djapara, Z. aan Soerakarta en Rembang, W. aan Pekalongang.

Deze residentie is een ongelijkvormig vlak met vele hoeken en bogten; haar vlakke inhoud bedraagt 80 kwadraat-mijlen. Zij strekt zich van 6° 38′ tot 7° 32′ Z. B. en van 127° 48′ tot 128° 46′ O. L. uit. De graad van warmte is er aan de stranden buitengewoon en zelfs teekent de thermometer in de stad Samarang des nachts zelden minder dan 80°, op sommige dagen kan hij er tot 90 en meer graden rijzen.

Zij wordt verdeeld in vier regentschappen; als: Samarang, Demak, Grobogan en Kendal, welke weder in 27 distrikten verdeeld zijn.

De voornaamste rivieren zijn: de Boegelwaroe, de Bodrie, de Kendal, de Kalie-Woengo, de Samarang, de Torbaya, de Kelayran, de Boeloessar, de Demak en de Tedoenan. Zij wateren aan de oostelijke kust uit, maar zijn alleen bevaarbaar aan haren mond, zoodat het binnenlandsch vervoer onmogelijk anders dan per as kan geschieden.

Buiten deze rivieren heeft men nog twee gegravene kanalen in deze residentie. Het eerste, langs den grooten weg van Samarang, strekt zich, in eene rigting van het westen naar het oosten, tot de rivier Tedoenan, zijnde de oostelijke grensscheiding van Samarang, uit, en ontvangt zijn water van de Demak en de Tedoenan, waarmede het in verband staat, gelijk ook met de vele spruiten, welke uit deze rivieren haren oorsprong nemen en zich tusschen Samarang en Pangoelangen met vele armen in zee storten. Dit kanaal, in het jaar 1808 gegraven, is in den Oostmousson op onderscheidene plaatsen droog; doch in den Westmousson van veel nut, daar de gemeenschap over zee naar Djapara, Rembang en Samarang, alsdan moeijelijk is, en de handel inmiddels daardoor kan worden levendig gehouden. — Het tweede kanaal langs den grooten weg van Demak naar Poorwodadie, in de rigting van het noorden naar het zuidoosten voortloopende, is mede slechts in den Westmousson bevaarbaar en ontvangt zijn water deels uit de rivier van Poormodadie en deels uit de rijstvelden.

Tot de verdere waterwerken te Samarang behooren nog twee sluizen, zijnde de Vrijmanssluis achter den kruidmolen, en eene andere achter de militaire school (tegenwoordig het nieuwe hospitaal). De eenige haven in deze residentie, welke met dien naam kan bestempeld worden, is die van Samarang. De inhammen of baaijen langs het strand, welke door de monding der rivieren gevormd worden, zijn eeniglijk voor kleine vaartuigen geschikt.

De groote postweg loopt in deze residentie langs het strand van de westelijke grensscheiding Welherie tot Kendal in eene noordelijke rigting, en van daar genoegzaam zuidoostelijk tot Samarang en verder naar de Tangoelangien. Om de Zuid loopt deze weg van Samarang tot Bedjolalie genoegzaam zuidelijk, en van de drie armen, nabij den twee en twintigsten paal, in eene zuidwestelijke rigting naar Kadoe.

Tusschen den een en twintigsten en twee en twintigsten paal van den grooten postweg, in de afdeeling Kendang, springt een rijweg uit, welke, in eene zuidelijke rigting, op de oude afdeeling Perboeän aanvoert; terwijl in het zelfde regentschap nog een andere rijweg, noordwaarts langs de Bedrie, naar de dessa Korwolang leidt. Voorts heeft men nog eenen rijweg, beoosten de hoofd-negorij Kendal, loopende noordwaarts naar Soending en van daar langs het strand in eene westelijke, daarna zuidelijke, rigting naar de genoemde hoofd-negorij terug; — eenen weg, loopende westwaarts van het gouvernementshuis *Bodjong*, nabij Samarang, door het landgoed van wijlen den Heer Johannes en van daar noordwaarts door het voormalig land van den Heer Muller, waarna hij zich, even boven den vierden paal, bewesten de hoofdplaats, met den grooten postweg vereenigt; — en eindelijk eenen weg van het gouvernementshuis, op twee palen afstand van Samarang, in eene zuidelijke rigting naar Petehrongan, welke beneden den derde paal ten zuiden van Samarang weder op den postweg uitkomt. In het regentschap Demak is, behalve de groote postweg slechts één andere rijweg van de hoofdnegorij Demang in eene zuidoostelijke rigting naar de distrikten Poorwodadie, Grobogan en Wirosarie; terwijl het regentschap Samarang nog verschillende, naar het zuiden loopende binnenwegen heeft. De nieuwe militaire wegen loopen van Welebrie naar het zuidelijk gedeelte van Kedoe, van Demak over Poerwodadie naar Blora, resid. Rembang, van daar naar Madion, en van Salatiga over Kopping naar Magelang. Zij zijn alle voor lastdieren zoowel als voor geschut te gebruiken. Bovendien zijn in de laatste jaren eene menigte binnenwegen door de geheele residentie aangelegd, waardoor het onbelemmerde verkeer tusschen de belangrijkste punten veel heeft gewonnen en de kleine binnenlandsche handel aanmerkelijk gemakkelijker is gemaakt.

De grond voor een groot gedeelte aangespoeld, is heuvelachtig maar de kusten moerassig en laag, behalve alleen de Oostelijkekust. Naar het midden rijst de grond aanmerkelijk, zoo dat hij, tien uren zuidwaarts van de zee verwijderd, zich ongeveer drie honderd tachtig ellen hoog verheft.

In het zuidelijke gedeelte zijn eenige bergen, waaronder de uitgebrande vuurberg Oengarang, aan de grenzen van de residentie Kadoe, de voornaamste is. Het Djamboesgebergte bij de watergrenzen en de Liembangen, in het distrikt van dien naam, welke hier nog dienen genoemd te worden, zijn eigenlijk niets anders dan een gedeelte van die lange reeks van bergen, welke alle tot den Oenarang behooren en bijna zoo vele benamingen dragen, als er dorpen op of in hunne nabijheid gelegen zijn.

De Boejolali, beter bekend onder den naam van Merapi (Brandende berg), heeft in December 1822 en Januarij 1823, ontzettende vuurkolommen en lavastroomen uitgeworpen, waardoor de landerijen toenmaals groote schade hebben geleden; ook heeft men daarbij eenige menschenlevens te betreuren gehad.

In de nabijheid van den zoo even genoemden vulkaan Oengarang zijn zwavel- en mineraalbronnen, waarvan eene om hare bijzondere genezende kracht zeer geroemd wordt, zoodat, volgens de Javanen, het gebruik van rijst, in het water dier bron gekookt, alle ziekten doet wijken. Belangrijk zijn de modderwellen of de slijkvulkanen, nabij Wierosarie, in het landschap Grobogan. Drie dier bronnen vindt men op eene dorre vlakte, waar de hitte steeds van 95° tot 100° teekent, als een kegel stijgt de heete modder met veel gedruisch veelal 6½ ja 7 ell. hoog; de grootste hoogte bereikt hebbende, zinkt de zuil, na genen korten stilstand met eenen zwaren dreun ineen, waarna eene der andere wellen weder rijst en zinkt, zoodat steeds afwisselend de drie modderwellen tot eene zuil oprijzen en weder instorten. De lucht wordt door de ziedende massa, met waterdampen vervuld, deze dampen vallen als stofregen neder, worden in goten opgevangen en in bakken verzameld, daarna in holle bamboesen aan de lucht en de zon blootgesteld en tot zout gekristaliseerd. Op deze wijze verkrijgt men jaarlijks ongeveer 200 tonnelast zout. De bodem is niet overal even vruchtbaar, en er zijn zelfs onderscheidene onvruchtbare gronden, terwijl er nog velen onbebouwd liggen; aan de stranden is de grond vlak, moerassig en voor den rijstbouw geschikt.

Het getal landbouwers in deze residentie werd in 1832 op nagenoeg 66,900 geschat, en de uitgestrektheid der bebouwde velden op 34,319½ jonken, ieder jonk op 2,000 vierkante roeden berekend, waarvan 32,645 jonken sawa- en 1874½ jonken tegalvelden, van welke die in de afdeelingen Salatiga en Kendal voor de vruchtbaarste werden gehouden.

Bosschen worden door de geheele residentie in menigte en vooral in de distrikten Grobogan en Demak van eene wijde uitgestrektheid aangetroffen, en leveren overvloed van hout tot allerlei doeleinden op. Die van Singen-Kiedool, van Mangar, van Poorwodadio, van Wiresarie en van Grobogan worden onder deze voor de belangrijkste gehouden.

Aan de kusten is het er buitengemeen heet, doch gelukkig door zeewinden eenigzins getemperd, meer binnenlands gezond en op het gebergte heerscht eene Europesche zuivere lucht. Deze residentie wordt veeltijds gekozen tot de verblijfplaats der militairen, uit hoofde van de gezonde en voordeelige ligging van het land.

De bosschen leveren veel djatihout, ook heeft men er veel rijst, djagong, koffij, suiker, tabak en indigo, tot de bereiding waarvan de meeste zorg wordt aangewend; tevens telt men er onderscheidene Europesche vruchten, als perziken, aardbeziën, enz. Er zijn in de bosschen eene menigte tijgers en andere wilde dieren. Ook is er geen gebrek aan wild en tam gevogelte, buffels, zee- en riviervisch. In het distrikt Demak vindt men kwikzilver, ofschoon weinig.

De bevolking bedroeg in 1832, 435,977 zielen, waaronder 1,652 Europeanen of afstammelingen van hen, 425,724 Javanen en Madurezen, 364 Arabieren, 1667 Boeginezen en Maleijers en 6570 Chinezen. In de hoofdplaats alleen telde men 1535 Europeanen, 19,317 Javanen en Madurezen, 349 Arabieren, 1590 Boeginezen en Maleijers, en 3957 Chinezen.

Vroeger vond men hier eenige forten en vestingwerken, welke men aldaar had aangelegd, om de Javaansche Opperhoofden in bedwang te kunnen houden; sedert men echter deze niet meer te vreezen heeft, worden er niet meer dan de overblijfselen van die forten en vestingwerken gevonden.

Tot de merkwaardigheden, welke het Samarangsche oplevert, behooren eenige Bramasche beelden, welke op den berg Onarang verspreid liggen en waarvan sommige door de inlanders in hoogachting worden gehouden. De drie voornaamste worden de Genesa, de

Madewa en de Sewa geheeten, van welke de beide laatste echter niet weinig beschadigd zijn. Ook zes of zeven palen van de dessa Banjoekoening, op den bergrug Kroesroengrau, zijnde de zuidelijkste van het groote gebergte Oengarang, liggen op eenige afstanden zeven oude tempels, bij den Javaan Gedong-Batoe, Dingen-Redjo genaamd, benevens eenige beelden verspreid, welke alle kenteekenen dragen van aan de godenleer van BRAHMA ontleend te zijn. In eenen dezer tempels vooral treft men eene menigte beelden aan, welke over het geheel vrij goed bewerkt zijn en waaronder een kolossaal, in den muur gewerkt mannenbeeld aan de eene, benevens een dergelijk, op eenen buffel gezeten vrouwenbeeld met vier armen aan de andere zijde van den ingang, de opmerkzaamheid der bezoekers vooral tot zich trekken. Verder benedenwaarts, aan de andere zijde van dien zelfden tempel, ziet men nog eenen Barone Gane met vier armen, alsmede eene andere figuur, door de inboorlingen MAHADEWA genaamd, welke weinig door den tijd geleden hebben en waaraan de Bengalezen, die geen Mohhammedanen zijn, nog van tijd tot tijd hunne offerhanden opdragen. Op ½ paal afstands, boven eenen dezer tempels, vindt men drie bronnen, Telogenipa, Soember-Gedong-pitoe en Soember-Kamen geheeten, wier water eenen zwavelachtigen smaak heeft en geacht wordt, eene heilzame geneeskracht te bezitten.

Onder de rampen, welke deze residentie in de laatste jaren geteisterd hebben, behoort de brand, welke in den morgen van den 28 April 1827 te Oenarang ontstond, het huis van den Demang en dat van MAAS-ROSSO, benevens nog 35 andere woningen en 27 stallen en loemboengs in asch legde, doch de mesigiet en de nieuwe opgebouwde kazerne gelukkigerwijze nog verschoonde. Het vuur werd ontdekt op een uur, toen de gezamenlijke inwoners, bij gelegenheid van het nieuwejaar, de graven hunner voorouders bezochten en alleen ouden, zwakken en kinderen in de onbewaakte woningen waren achter gebleven.

Den 25 Februarij 1833 werd SAMARANG door eene overstrooming bezocht, welke zoo hevig was, dat in den omtrek van Bodjong een honderdtal Javaansche woningen weggespoeld of vernield werden. Bij menschen geheugen was het water in deze streken nog nimmer tot zulk eene ontzettende hoogte gerezen, daar het aan het hoofdgebouw van Bodjong tot ongeveer 7 en in de bijgebouwen tot meer dan 8 palm. steeg. De door dezen hoogen watervloed veroorzaakte schade kon niet anders dan zeer aanmerkelijk zijn, terwijl twintig menschen en eene menigte vee daardoor het leven verloren.

Den 24 Maart van dat zelfde jaar, werd ook de dessa Djamboe-Koelon, distr. Ambarawa, door eene zware overstrooming geteisterd, welke de eigendommen van de ingezetenen dier plaats bijna geheel vernielde en daarbij aan acht menschen het leven kostte.

SAMARANG, reg. in *Oost-Indië*, op het *Sundasche* eil. *Java*, resid. *Samarang*.

Dit reg. wordt verdeeld in tien distrikten: Samarang, Serindol, Grogol, Oenarang, Ambarawa, Salatiga, Tinker, Singen-Lor, Singen-Wettan en Singen-Koelon.

SAMARANG, distr., in *Oost-Indië*, op het *Sundasche* eil. *Java*, resid. en reg. *Samarang*.

SAMARANG, st. in *Oost-Indië*, op het *Sundasche* eil. *Java*, resid. reg. en distr. *Samarang*, 367 palen O. van Batavia, 210 palen W. van Soerabaya, niet ver van den mond der Samarang, welke hare haven vormt.

Het is de hoofdplaats der residentie en eene zeer volkrijke stad, doorgaans de tweede stad van Java genoemd, doch in belangrijkheid mag men haar niet boven, noch zelfs gelijk, met Soerabaya stellen, en moet haar derhalve slechts den derden rang toekennen. De stad is niet zoo fraai, noch ruim gebouwd als Soerabaya en dat is de reden dat men er meer last van de warmte heeft, hetwelk sommigen aan de nabijheid van het gebergte hebben toegeschreven, welke de hitte der zon zoude terugkaatsen. De sonneschijn is in de veelal naauwe straten van Samarang, tusschen de wit bepleisterde muren der huizen, op zich zelve zoo drukkend, dat men de oorzaak van de benaauwde hitte, in sommige gedeelten van de stad, niet in het gebergte behoeft te zoeken, hetwelk veeleer de hitte van den dampkring matigt, tenzij de stad, gelijk Bantam, van alle zijden door het gebergte, als in eene kom ingesloten, ware, hetwelk te Samarang het geval niet is. Een ander nadeelig uitwerksel van de enge, witte muren, der huizen is eene zoo sterke overprikkeling der oogen, dat men nergens meer dan hier heele en halve blinden ontwaart. Een verdienstelijk geneesheer heeft in der tijd hierover een vertoog in de Bataviasche courant doen plaatsen, doch dit heeft niet verhinderd, dat de muren nog even helder wit bepleisterd worden als voorheen. Tot afkeering van de hitte der zon uit het binnenste der woningen, is voorzeker deze kleur zeer dienstig, even als de drie en vierdubbele daken der Chinesche gebouwen.

Overigens overtreft Samarang de stad Soerabaya in talrijkheid van bevolking, en dit schijnt de eenige reden te zijn, waarom men Samarang de tweede, en Soerabaya de derde stad noemt, tenzij men hierin de geographische ligging oostwaarts in het oog hield, want in alle andere opzigten is Soerabaya eene meer aanzienlijke stad dan Samarang.

Hier is de zetel van een Geregtshof en van het tweede Militair Kommando; beide strekken zich uit over het middelste gedeelte des eilands. Er is een Adsistent Resident voor de Comptabiliteit en een voor de Policie, ook een Haven- en Equipagiemeester. Een fort met vijf bastions beschermt de reede; de bouw der citadel: *De Prins van Oranje*, is in 1837 begonnen.

De reede voor deze stad ligt geheel open. Op eene mijl afstand van den wal heeft men niet boven de drie vademen water. Ook is zij tijdens de westmousson zeer gevaarlijk, zoodat de meeste groote schepen terwijl deze waait genoodzaakt zijn, bij Torbaya op den modder te liggen, dewijl de ondiepte verbiedt, digter dan eene mijl uit den wal te ankeren. De bank voor de rivier is zeer moeijelijk te vermijden, ook gebeurt het in den westmousson dikwijls, dat de booten door de zware branding worden omgeslagen. Voorts is het getij hier en op andere plaatsen aan de kust zoo ongeregeld, dat het moeijelijk is, er eenige vaste berekening op te maken. De inhammen in baaijen langs het strand, welke door de monding der rivieren gevormd worden, zijn eigenlijk voor kleine vaartuigen geschikt.

De stad is met muren en grachten omringd. Men vindt er vele publieke, doch weinig merkwaardige gebouwen. De van eenen toren voorziene Protestantsche Koepelkerk, met consistoriekamer en kosterswoning, in de achttiende eeuw gebouwd, is inwendig met smaak versierd. De gemeente, welke 1300 zielen, en onder deze 900 Ledematen, telt, wordt door twee Predikanten bediend. Nog merkt men op: Gouvernementsgebouw in de stad, binnen hetwelk alle bureaux van het algemeen bestuur van administratie en van policie vereenigd zijn; het Stadhuis, een nog uit de voorgaande eeuw herkomstig, hecht en sterk gebouw, waar de raad van justitie en de weeskamer hunne zittingen houden, en ook de gouvernements archiven bewaard worden; het Hospitaal, even buiten de stad, op eene gezonde en verhevene plaats gebouwd, in hetwelk 550 lijders opgenomen en verpleegd kunnen worden; het Oude-Mannen- of zoogenaamde Proveniershuis, waarin 62 oude en gebrekkige Europeanen gehuisvest en gevoed worden; de Gouvernements-pakhuizen, voor het tegenwoordige aan de faktorij der Handelmaatschappij afgestaan; de zoogenoemde Wurtembergsche-kazerne met ééne verdieping, waarin gedurende den oorlog meermalen duizend man behoorlijk gehuisvest zijn en die, behalve vier groote zalen voor de manschappen, ook afzonderlijke kamers voor officieren bevat; het op eenigen afstand van de stad gelegen Kruidmagazijn en de Kruidmolen.

De voormalige Militaire school, enkel voor artillerie en marine, werd in 1818 hersteld, doch toen algemeen ingerigt voor de Land- en Zeemagt en den Waterstaat. De Kadets, ten getale van 60, waren in een ruim en luchtig gebouw gehuisvest. In 1827 is die school weder opgeheven.

*Het aangename Resi*dentiehuis staat, met onderscheidene andere Gouvernementsgebouwen, te Bodjong, op korten afstand achter Samarang. *Het is een ruim*, deftig en aanzienlijk verblijf, weleer gebouwd voor den toenmaligen Gouverneur van Java's Noord-Oostkust die zijnen zetel te Samarang had. Langs den weg derwaarts zijn onderscheidene buitenverblijven.

Ook de Societeit en de Liefhebberij Schouwburg vermeerderen het genoegen van de zamenleving in deze stad, waarvan de inwoners overigens gul en vriendelijk jegens vreemdelingen zijn, iets waardoor de Europeanen zich in *Indië* vrij algemeen onderscheiden, ofschoon men wil dat de gezellige omgang thans op verre na zoo ongedwongen en belangloos niet meer is als voor eenige jaren.

Men heeft er ook eene R. K. kerk; onderscheidene Moskeeën, eene Openbare school; een Observatorium (buiten de stad); een Loge der Vrijmetselaars: *La Constante Fidelité* genaamd, en eene woning van den Inlandschen Regent. De huizen zijn zeer goed gebouwd en die van de Europeanen zijn van steen.

De te Samarang te huis behoorende zeeschepen waren op 1 Januarij 1841 twee fregatten, twaalf barken, vier brikken, tien schoners, een kotter en een stoomschip.

Het getal inwoners beloopt, die der voorsteden mede gerekend, ongeveer 26—30,000. Men vindt onder de bevolking eene groote menigte *Chinezen*, Europeanen en andere vreemdelingen.

Onder de Chinezen, die zich te Samarang, zoowel als in alle Oost-indische handelplaatsen, in menigte hebben nedergezet, zijn vele zeer vermogende, of liever schatrijke lieden. Daar de Chinezen bijzonder geslepen in alle handelsverrigtingen, en ervaren in allerlei winstgevende ondernemingen zijn, weten zij de voor den handel bijzonder gunstige ligging van Samarang meesterlijk tot hun voordeel aan te wenden. De stad ligt bijna regt tegenover den zuidhoek van Borneo, zoodat de vaart derwaarts in de beide moussons kan plaats hebben, hetwelk voor de Chinezen van Samarang de gelegenheid geeft, om met hunne talrijke landgenooten, die de goud- en diamantgroeven van Borneo bearbeiden, eene onafgebroken gemeenschap te onderhouden en de stad tot de stapelplaats van den geheelen binnenlandschen handel maakt. Men vindt er ook eenige looijerijen, katoenweverijen en andere fabrijken.

Op eenen geringen afstand van de stad bereikt men reeds bergachtigen grond, en geniet spoedig eene veel koelere en krachtigere lucht dan tusschen hare bedompte muren. In de omstreken vindt men vele begraafplaatsen van de Javaansche Vorsten, welke de bezigtiging ten volle waardig zijn.

Den 15 Januarij 1836 had het rivierwater te SAMARANG, eenen zoo hoogen stand bereikt, dat de gouvernementspakhuizen onder water stonden, iets waarvan tot dus verre geen voorbeeld bestond.

Den 4 Januarij 1840 werd aldaar eene aardbeving gevoeld, ten gevolge waarvan de in aanbouw zijnde citadel, op eenige plaatsen gescheurd en daardoor eene ontzetting van omstreeks eenen Nederlandschen duim veroorzaakt werd, ook werd na de aardbeving eenige scheuring in het R. K. weeshuis, en in de Wurtembergsche kazerne ontdekt.

Den 20 Julij 1844 is het korrelhuis te SAMARANG, nabij den kruidmolen, benevens eene opene loods, gesprongen, waardoor drie Europesche Artilleristen, benevens 6 koelies, zoo zwaar gewond werden, dat sommige daarvan terstond, en de overige kort daarna, bezweken.

SAMARANG, huis op den *Veluwen-zoom*, prov. *Gelderland*. Zie WELGELEGEN.

SAMARANG (DE), riv. in *Oost-Indië*, op het *Sundasche* eil. *Java*, resid. *Samarang*, zij heeft hare bronnen in het gebergte van Oenarang en Kroenroengan, en stroomt van het Zuiden naar het Noorden, door de distrikten Oenarang, Serondol en Samarang. Deze rivier is ongeveer drie palen landwaarts in bevaarbaar.

SAMASOEROE, d. in *Oost-Indië*, resid. *Amboina*, op het *Ambonsche* eil. *Ceram*, aan de zuidkust, deel *Selan*, gesp. *Elipapoeteh*.

SAMAT (OEDJONG-), kaap in *Oost-Indië*, in de *Zee-van-Java*, aan de noordkust van het *Sundasche* eil. *Java*, resid. *Djapara*.

SAMATINGA, distr. in *Oost-Indië*, op het *Sundasche* eil. *Sumatra*, in de *Padangsche-Bovenlanden*.

SAMAU, d. in *Oost-Indië*, op het eil. *Wokan*, een der *Aroe-eilanden*. Het is door Mohhammedanen bewoond, die aan de inw. van Wokan, de hoofdplaats van het eiland, ondergeschikt zijn.

SAMAUW, eil. in *Oost-Indië*, tot de *Kleine-Sunda-eilanden* behoorende. Zie SIMAO.

SAMAWANG, d. in *Oost-Indië*, op het *Sundasche* eil. *Sumatra*, resid. *Padangsche-Bovenlanden*.

SAMBA, eil. in *Oost-Indië*, in de *Indische-Zee*. Zie SANDELHOUT-EILAND.

SAMBA (KARANG-), d. in *Oost-Indië*, op het *Sundasche* eil. *Java*. Zie KARANG-SAMBA.

SAMBAKONG, eil. in *Oost-Indië*, in de *Zee-van-Celebes*, O. van Borneo voor de Baai van St.-Lucia.

SAMBAR, SAMBARAR of SAMBHAR, kaap in *Oost-Indië*, in de *Zee-van-Java*, aan de Zuidwestkust van het *Sundasche* eil. *Borneo*, 2° 52′ Z. B., 127° 36′ O. L.

SAMBARANG, vl. in *Oost-Indië*, op het *Prinsen-eiland*, dat in den *Sundasche-Archipel* ligt.

SAMBAROA, eil. in *Oost-Indië*, in den *Sundasche-Archipel*, O. van het eil. Java.

SAMBAS, kon. in *Oost-Indië*, aan de westkust van het *Sundasche* eil. *Borneo*, tusschen Succadana en eigenlijk Borneo van 126 tot 128° O. L., ten W. door de Indische-Zee bespoeld.

Dit rijk schijnt omstreeks het jaar 1600, alsmede nog omstreeks 1780, zeer aanzienlijk te zijn geweest, en zijn gebied tot ver in het binnenland te hebben uitgestrekt. Onderscheidene rivieren stroomen er door, waaronder de Sambas, de Mampawa, de Pontianak, de Sedang en de Selat de voornaamste zijn. Het luchtgestel wordt er voor niet ongezond gehouden en de grond is er zeer vruchtbaar.

Het land dat zeer volkrijk is, wordt door eenen Mohhammedaanschen Sultan geregeerd, die in de distrikten zijne Opperhoofden benoemd. Het land is rijk, vruchtbaar en gedeeltelijk zeer goed bevolkt, maar voor het overige zeer onbekend. In het district Montanadak vindt men de voornaamste goudmijnen van *Borneo*, welke door eene kolonie Chinezen, voor eigene rekening bewerkt worden.

Ook zijn hier in de staten van den Rajah van Mattan de voornaamste diamant-groeven, welke de Dayaks bewerken.

Sambas, is het eerste rijk, met hetwelk de Nederlanders op Borneo een uitsluitend verdrag van handel hebben aangegaan.

SAMBAS, stad in *Oost-Indië*, op het *Sundasche* eil. *Borneo*, kon. Sambas, 10 u. gaans landwaarts aan de rivier van den zelfden naam, 150 u. Z. W. van *Borneo*, in een laag en moerassig land.

Het is de zetel van den Nederlandschen Resident en van den Sultan van het rijk. Er ligt eene Nederlandsche bezetting tot handhaving der regten van het Nederlandsch Gouvernement.

De huizen staan op palen boven den grond verheven. Het paleis van den Sultan is een ruim gebouw, door een soort van vesting omgeven. Hier worden jaarlijks wel 500 kisten opium verhandeld, doch, uit hoofde van de zeerooverijen, waaraan bijna al de inwoners deel hebben, die aanhoudend op de kusten zwerven, is het moeijelijk hier aan wal te komen. In 1812 werd een rijk geladen Portugeesch schip hier genomen, en in de stad opgebragt. De Engelschen namen deze gelegenheid waar, om zich tegen den Sultan te wapenen, maar zij konden eerst bij eenen tweeden aanval er in slagen om daarover wraak te nemen.

In October 1817, werd een gedeelte van het Chinesche-kamp, door het volk van Sambas in brand gestoken, waardoor vier honderd huizen eene prooi der vlammen werden.

SAMBAS, Tandjong-Sambas, kaap in *Oost-Indië*, in de *Zee-van-Karimata*, aan de Westkust van het *Sundasche* eil. *Borneo*, kon. *Sambas*.

SAMBAS (DE), riv. in *Oost-Indië*, op het *Sundasche* eil. *Sumatra*, welke na eenen loop van 50 uren, met eene westelijke rigting op 1° 12′ 5″ N. B., 126° 54′ 45″ O. L., in de *Zee-van-Karimata* uitloopt.

Deze rivier is rijk in stofgoud, vóór de monding ligt eene groote modderbank, welke zich vier of vijf mijlen ver uitstrekt. Bij laag water staat er 2.70 ell., bij hoog water 3.90 ell. in de Sambas, zoo dat men haar tot aan de stad Sambas met pantjallans en andere praauwen kan bevaren. — Door haar worden de landschappen of staten Montrado, Tayang, Leway en Sambas bespoeld.

SAMBAYAT, plaats in *Oost-Indië*, op het *Sundasche* eil. *Java*, resid. *Soerabaya*, ads. res. *Grissé*, 28 palen W. van Soerabaya, 344 palen O. van Batavia, aan den grooten postweg.

SAMBEEK, gem. in het *Overambt* van het *Land-van-Cuyck*, prov. *Noord-Braband*, *Eerste* distr., arr. *'s Hertogenbosch*, kant. *Boxmeer* (2 k. d., 22 m. k., 3 s. d. 1e ged.); palende N. aan de gem. Boxmeer, O. aan de Maas, Z. aan de gem. Vierlingsbeek en Bakel-en-Milheeze, O. aan Oploo-St.-Antonis-en-Lede-acker,

Deze gem. bevat de d. Sambeek en Mullem, benevens de geh. Sambeeksche-hoek en Heikant. Zij beslaat, volgens het kadaster eene oppervlakte van 3064 bund. 64 v. r. 29 v. ell., waaronder 2966 bund. 89 v. r. 85 v. ell. belastbaar land. Bij besluit van 8 November 1833, zijn 8 bund. 38 v. r. 48 v. ell. van deze gem. aan die van *Oploo-St.-Antonis-en-Lede-acker* overgegaan, en bij besluit van 14 Augustus 1834, zijn er 64 bund. 72 v. r. 84 v. ell. van de gem. *Vierlingsbeek* bijgevoegd. Men telt er 233 h., bewoond door 270 huisgez., uitmakende eene bevolking van 1290 inw., die meest in den landbouw hun bestaan vinden. Ook heeft men er eenen korenmolen, twee bierbrouwerijen, eene leerlooijerij en eene steen- of pottenbakkerij.

De R. K., die er 1250 in getal zijn, onder welke 900 Communikanten, maken eene stat. uit, welke tot het apost. vic. gen. van *'s Hertogenbosch*, dek. van *Cuyk*, behoort, door eenen Pastoor en eenen Kapellaan bediend wordt, en eene kerk te Sambeek, alsmede eene kapel te Mullem, heeft.

De Herv., die er 35 in getal zijn, behooren tot de gem. van *Boxmeer-Sambeek-en-Beugen*, welke te Sambeek ook ééne kerk heeft Vroeger maakte Sambeek eene afzonderlijken gem. uit, welke tot eerste Predikant gehad heeft Samuël Neomagus, die in het jaar 1648 herwaarts kwam, en in het jaar 1684 overleed. Nadat de Predikant Andreas Moritz Reichart, in het jaar 1806, zijn dienst had nedergelegd, is het echter eerst gecombineerd met *Vierlingsbeek*, doch naderhand met *Boxmeer*.

De 6 Isr., die men er aantreft, worden tot de bijkerk te *Cuyk* gerekend. — Men heeft in deze gem. ééne school, welke gemiddeld door een getal van 45 leerlingen bezocht wordt.

Het d. Sambeek, ook wel Santbeek genoemd, doch eigenlijk St. Jansbeek ligt 9 u. O. ten Z. van 's Hertogenbosch, 20 min. Z. Z. O. van Boxmeer. Het komt ook voor onder den naam Sanbeke in 1400, en daarbij wordt ook het huis Ter Hatendonck genoemd. Men telt er in de kom van het d. 121 h. en 720 inw.

De kerk, aan den H. Johannes *den Dooper* toegewijd, was weleer eene der fraaiste en grootste dezes lands en praalde met eenen dikken, hoogen toren. Men had dezen toren, nadat de kerk reeds voltooid was, beginnen te bouwen in 1486 en hij was, na verloop van zes en veertig jaren, namelijk in 1532, eerst volbouwd. Hiervan strekt ten bewijs, een oud opschrift, hetwelk op den gewitten binnenmuur der kerk is te zien geweest, doch waarvan de letters nu meerendeels onleesbaar zijn geworden. Dit opschrift luidde:

Heer Johan zijn zoon / Hendrik Hack /
doe hij onnogel was /
Doe leyt hij den eersten steen van desen Toorn.
Ao. 1486 / wert dat werk van deu Toorn begtaan /
Ao. 1532 waart 't voldaan.
Sint Jansbeek.

In den nacht tusschen den 11 en 12 Maart 1702, geraakte deze toren en kerk door den bliksem in brand en werd met sommige nabijstaande huizen, vernield. Thans is niets dan het muurwerk der kerk staande gebleven, zonder dak. Doch de toren is, in 1738 en 1739, weder hersteld en daar beneden is eene bekwame plaats, ter oefening van den godsdienst, ingerigt.

In het jaar 1843 is hier eene nieuwe Herv. kerk gebouwd, die den 15 October van dat jaar ingewijd is.

De kermis valt in den laatsten Zondag in Augustus.

Het wapen van SAMBEEK bestaat uit een gedeeld schild; regts het wapen van het Land-van-Cuyk, zijnde van goud met twee fascen vergezeld van acht meerlen, geplaatst, drie, twee en drie, alles van keel; links een leeuw op een veld bezaaid met blokjes.

SAMBEEKSCHE-HOEK, geh. in het *Overambt-van-Cuyk*, prov. *Noord-Braband*, *Eerste* distr., arr. en 8 u. O. Z. O. van *'s Hertogenbosch*, kant. en 1½ u. Z. W. van *Boxmeer*, gem. en 1½ u. Z. W. van *Sambeek*; met 82 h. en 590 inw.

SAMBERT, naam onder welke het geh. SANDBEUR, in het dingspil *Noordenveld*, prov. *Drenthe*, wel eens voorkomt. Zie SANDBEUR.

SAMBILAN, POELOE-SAMBILAN, eil. in *Oost-Indië*, in den *Sundasche-Archipel*, aan de Oostkust van *Sumatra*, in de *Straat-van-Malakka*.

SAMBILANG-KOTTA'S (DE), landstreek in *Oost-Indië*, op het *Sundasche* eil. *Sumatra*, resid. *Padangsche-Bovenlanden*.

Dit lands. is, in het begin van het jaar 1838, door de Nederlandsche troepen tot onderwerping gebragt.

SAMBI-ROTTE, d. in *Oost-Indië*, op het *Sundasche* eil. *Java*, resid. *Djocjokarta*.

SAMBOEPO, stad in *Oost-Indië*, op het *Sundasche* eil. *Celebes*, op de Zuidelijke landtong, kon. *Makassar*. Men heeft er een sterk kasteel, dat, den 24 Junij 1669, door den Gouverneur-Generaal CORNELIS SPEELMAN stormenderhand werd ingenomen.

SAMBOET, berg in *Oost-Indië*, op het *Sundasche* eil. *Java*, resid. *Buitenzorg*, distr. *Tjibaroesa*.

SAMBONG, oud d. in *Oost-Indië*, op het *Sundasche* eil. *Java*, resid. *Preanger-Regentschappen*, res. *Soemadang*, Z. van de *Indramaijoe*.

SAMBONG (KARANG-), stad in *Oost-Indië*, op het *Sundasche* eil. *Java*. Zie KARANG-SAMBONG.

SAMBOONG, distr. in *Oost-Indië*, op het *Sundasche* eil. *Java*, resid. *Samarang*, reg. *Demak*.

SAMBRANG, plaats in *Oost-Indië*, op het *Sundasche* eil. *Borneo*, rijk *Sambas*.

SAMEN, voorm. d. in *Oost-Indië*, op het *Sundasche* eil. *Java*, resid. *Djocjokarta*.

Het was een zeer schoon dorp, waarin, onder anderen, twee ruime en wel gebouwde inlandsche woningen stonden, eene daarvan werd gewoonlijk door de Prinsen bewoond, die het bevel om de Zuid van Djocjokarta voerden, terwijl de andere de woning was van den Tommongong der muitelingen, DJONOSOLL, die hier eene groote uitgestrektheid land onder zich had.

Den 18 October 1827 had hier eene ontmoeting plaats tusschen den kolonel COCHIUS en de Muitelingen, welke laatste, met verlies van 20 man, werden op de vlugt gedreven, terwijl ook onderscheidene wapens den onzen in handen vielen. Den volgenden dag werd het door de Nederlandsche troepen in de asch gelegd.

SAMET, kaap in *Oost-Indië*, in den *Archipel-van-St.-Lazarus*, aan de kust van het eil. *Oma*, van welke zij de zuidwestelijke punt uitmaakt, waarom zij ook wel de ZUIDWESTHOEK genaamd wordt.

SAMET, d. in *Oost-Indië*, resid. *Amboina*, op het *Ambonsche* eil. *Oma*, aan de zuidwestkust.

SAMPOE, land. in *Oost-Indië*, op het *Sundasche* eil. *Java*, resid. *Djocjokarta*.

SAMPOEAN, bergketen in *Oost-Indië*, op het *Sundasche* eil. *Sumatra*, op de Westkust, in het Land der Batta's. — Men vindt er veel kamfer en benzoë.

SAMPOERAN, d. in *Oost-Indië*, op het *Sundasche* eil. *Java*, resid. *Buitenzorg*, aan de Tjidoerian.

Door de aardbeving, die zich den 4 Januarij 1840 heeft doen gevoelen, is het westelijke gedeelte van het groote koffijpakhuis ingestort.

SAMPOR, Poeloe-Sampor, eil. in *Oost-Indië*, in de *Indische-zee*, aan de Zuidkust van het eil. *Java*; 8° 23′ Z. B.

SAMRIAN, d. in *Oost-Indië*, op het *Sundasche* eil. *Java*, resid. *Bagleu*.

SAMSO, vl. in *Oost-Indië*, op het *Sundasche* eil. *Celebes*, aan de westkust, 0° 11′ N. B.

SAMSOU, st. in *Afrika*, in *Opper-Guinea*, aan de *Goudkust*, rijk *Asiantie*, ten Z. van de hoofdstad.

SAND (HET), zathe, prov. *Friesland*, kw. *Westergoo*, griet. *Hennaarderadeel*, arr. en 1½ u. N. van *Sneek*, kant. en 2¼ u. O. N. O. van *Bolsward*, ¼ u. N. O. van Ytens.

Deze zathe beslaat, met de daartoe behoorende landen, eene oppervlekte van 30 bund. 28 v. r. 34 v. ell., welke thans in eigendom toebehooren aan F. S Wijnen, c. s.

SANDAKAN, baai in *Oost-Indië*, in de *Solo-Zee*, aan de noordoostkust van het eil. *Borneo*, distr. *Pahitan*, 5° 42′ N. B., 136° 6′ O. L.

Deze baai levert eene der beste reeden van de geheele wereld op. Men zoude het zelfs eene verzameling van havens kunnen noemen. Daaraan liggen de steden Towsoem, Doejom, Loe, Boekean, Domandoung, Seagallis en Tongloe-ly-loekoe, welke allen door Datoe's van Solo bestuurd worden, die zich hier gevestigd hebben, om er de overvloedig vallende vogelnestjes in te zamelen.

SANDAKAN (DE) of de Sapantsia, riv. in *Oost-Indië*, op het *Sundasche* eil. *Borneo*, aan de Noordkust in de baai *Sandakan* uitloopende. Zij is niet meer dan vier engelsche vademen breed.

SANDALI (DE), riv. in *Oost-Indië*, op het *Sundasche* eil. *Java*, resid. *Preanger-Regentschappen*.

SANDANA, kaap in *Oost-Indië*, in de *Straat-Baly*, aan de kust van het eil. *Java*, de Noordoost-punt van dat eiland uitmakende, 7° 46′ N. B., 132° 21′ O. L.

SANDANAON (DE), riv. in *Oost-Indië*, op het *Sundasche* eil. *Borneo*, aan de Noordkust, met eene noordelijke rigting, in de *Solo-zee* uitloopende.

SANDAPOERA (DE), riv. in *Oost-Indië*, op het *Sundasche* eil. *Java*, resid. *Soerabaya*.

SANDBEKE, oude naam van het d. Sambeek, in het *Overambt-van-Cuyk*, prov. *Noord-Braband*. Zie Sambeek.

SANDBERG (DE), berg in *Oostermoerder-dingspil*, prov. *Drenthe*, gem. en N. O. van *Gieten*.

SANDBRAAK, wiel, binnendijks in *Waterland*, prov. *Noord-Holland*, bij het d. *Warder*, welke bij eenen doorbraak ontstaan en 11 bund. 71 v. r. groot is. Men vangt daarin veel karper en baars.

SANDBREKKEN (DE), meer, prov. *Friesland*, kw. *Oostergoo*, griet. *Dantumadeel*, ¼ u. Z. van *Sybrandahuizen*, welke N.W. met het *Klaarkampster-meer*, N. met de trekvaart naar *Rinsumageest*, Z. O. met die zelfde vaart en ten Z. met de *Murk* in verbinding staat.

SANDBRINK, voorm. adell. h. in *Eemland*, prov. *Utrecht*, arr., kant. en 1½ u. Z. O. van *Amersfoort*, gem. en 1½ u. O. van *Leusden*.

Ter plaatse, waar het gestaan heeft, ziet men thans eene boerenhofstede. De daartoe behoord hebbende gronden, beslaande eene oppervlakte van 63 bund. 94 v. r. 30 v. ell., worden tegenwoordig in eigendom bezeten, door den Heer Jonkheer Mr. M. M. van Asch van Wijck, woonachtig te Utrecht.

SANDBUUR of Sandebuur, ook wel bij verkorting Sandert, geh. in het dingspil *Noordenveld*, prov. *Drenthe*, arr., adm. en judic. kant. en 3½ u. N. N. W. van *Assen*, gem. en 1½ u. N. O. van *Roden*, ½ u. N. van *Roderwolde*; waartoe het kerkelijk behoort.

Het bestaat uit eenige boerenwoningen, waarvan de landerijen zich tot het Leekstermeer uitstrekken. Men telt er 8 h. en 50 inw.

SANDE, oude naam van het dorp s' Gravezande in *Delfland*, prov. *Zuid-Holland*. Zie 's Gravezande.

SAND-EE, voorm. water in *Zuid-Holland*, hetwelk, sedert den watervloed van 18 November 1421, een binnenstroom is door welke het polderwater van Goudswaard zich, zonder behulp van eenen watermolen, door eene sluis ontlast.

SANDEELE, gedeelte gronds, prov. *Zeeland*, dat in het jaar 1353, met een gedeelte van Oosterland, aan Duiveland bedijkt is (1).

SANDELHOUT-EILAND, Poeloe-Tjendana, ook wel Sumba, Sumbe of Sandelbosch genoemd, eil. in *Oost-Indië*, in de *Indische-zee*, tot de *Kleine-Sunda-eilanden* behoorende, Z. W. van Flores, tusschen 9° 4′ en 10° Z. B., 132° 55′ en 136° 59′ O. L.

Het is 236 vierkante mijlen groot, en heeft eene driehoekige gedaante.

Het is in verschillende landschappen verdeeld, die al of niet gemeenschap met elkander hebben, en waarvan de bewoners op sommige plaatsen onderling in oorlog leven. Men telt aan de Noordkust: Bembira, Komodo, Loera, Manilla en Palmeldo. Aan de Zuid-oostkust: Ambona, Goembola en Koda. Aan de Zuid-westkust: Kondonira, Molebau, Salo en Tomie. Aan de Noord-westkust: Kodie, Lobo, Lagoara, Labaya, Patjalang, Mankwéa en Roewa. Over deze landschappen regeren geene Koningen of Radja's, want Opperhoofden over provinciën bestaan er niet: men erkent er alleen welgegoede ingezetenen, die landerijen en vee bezitten, en bij de aartsvaders kunnen vergeleken worden. Er bestaat echter een adelstand, die erfelijk is, en de leden daarvan zijn de sprekers of volksvertegenwoordigers, die door een hunner bij buitengewone omstandigheden worden bijeen geroepen; de oudsten worden *Anachoda* en de edellieden *Merabo* genoemd.

Ongeveer drie mijlen van de zuidpunt zijn twee kleine eilandjes. Het grootste daarvan is hoog en steil, heeft aan de westzijde goeden ankergrond, zand en koraal en 10 tot 6 vademen water. Het kleinste en zuidelijkste is laag en met vooruitstekende riffen omgeven.

De inwendige gesteldheid van dit eiland is zeer weinig bekend. Het water van onderscheidene rivieren is, zegt men, zwaar met kalkdeelen bezwangerd, ten gevolge van de kalkrotsen, welke inzonderheid in het zuiden gevonden worden. Op de Zuidkust, welke veelal steil is, heeft men hier en daar hoog kalkgebergte; in het midden is de grond minder bergachtig en noordwaarts wordt hij door diepe zandvlakten doorsneden. In het noorden vindt men tevens uitgestrekte bosschen en langs

---

(1) Zie Reygersbergen, *Chronijk* bl. 132.

de kust aldaar eenige goede havens, waaronder als de voornaamste, de Willems- en Berings-baai genoemd worden.

Het plantenrijk levert rijst, djagong, katjang, oebie, mangas en klapperolie, maar vooral komt het sandelhout in aanmerking hetwelk aan het eiland zijnen naam gegeven heeft, hoe wel oneigenlijk, daar dat hout hier niet bijzonder overvloedig is, en ook de inwoners het niet kappen, zij laten dit evenwel enkel uit vooroordeel, en beletten dit aan vreemdelingen niet. De voornaamste sandelhoutbosschen zijn aan de Noordkust, ook valt aldaar veel schamoniehout. Katoen, rijst, kokos, turksche tarwe, inlandsche aardappelen en vruchten zijn er voldoende om in de behoefte der bevolking te voorzien. De bodem bevat marmer, dat tot ringen gevormd en gepolijst wordt, voorts vulkanische stoffen, kalk, en over het algemeen eene zwarte opperkorst. Het water is hier zuurachtig en voor hen, die er niet aan gewoon zijn, zeer nadeelig.

De voornaamste dieren zijn de karbouwen, zeer fraaije paarden, geiten, varkens en honden. Het gevogelte is als dat van de naburige eilanden. In de bosschen worden vele hagedissen en slangen gevonden, welke laatste echter niet vergiftig zijn; ratten zijn op dit eiland zeer menigvuldig en maken een geliefkoosd voedsel van de bevolking uit. De zee en de kleine riviertjes zijn zeer vischrijk, doch de eilanders zijn slechte visschers.

Het eiland wordt bewoond door sterk gespierde en kloeke menschen. Zij zijn bruin van kleur en hebben geen gunstig gelaat, zijn spoedig ter nedergeslagen en benemen zich zelven somtijds het leven, iets, dat in *Indië* onder de zeldzaamheden behoort. Onder elkander zijn zij eerlijk, doch den vreemdeling, ofschoon zij dien gastvrij ontvangen, bestelen zij gaarne. In den oorlog zijn zij zeer lafhartig, zoodat er zelden gevochten wordt, en zij, wanneer een hunner gewond wordt, spoedig van het slagveld vlieden. Zij zijn arbeidzaam, bebouwen hunne akkers, breijen netten, slaan touw en vlechten matten. Ofschoon door geen licht van eene geopenbaarde godsdienst bestraald, leven zij zeer ingetogen en zedig, zoodat het schenden van de wet der zedelijkheid bij hen eene groote zeldzaamheid is. Hunne godsdienst schijnt alleen op overleveringen gegrond te zijn, want, daar zij Priesters, tempels, noch boeken hebben, worden de offeranden door de oudsten des volks, en de godsdienst door de huisvaders in hunne woningen verrigt. Zij gelooven in eenen goeden Geest, die zij als een almagtig God vereeren, in eenen Beschermgeest, in eenen boozen geest en in een volgend leven, hetwelk volgens hun gevoelen een lusthof, of paradijs zal zijn.

De offeranden geschieden met groote plegtigheid, doorgaans aan den oever der zee, onder eenen geheiligden boom, in de nabijheid van, of somtijds op de graven der voorvaderen, en wel bij voorkeur des nachts onder het geraas van bekkens, trommen, fluiten, krijgsdansen en luidruchtig geschreeuw. Het offerdier wordt op eenen gewijden steen gebragt en de omtrek door vuren verlicht, die de woeste groepen der feestvierende Sumbawers, welke allerlei afschuwelijke gelaatstrekken aannemen, en bij den dans het ligchaam verdraaijen, als bewoners van helsche gewesten voorstellen.

De ingewanden worden bezigtigd, ten einde heil of onheil te voorspellen. Het offer wordt niet door vuur verteerd, maar door de menigte gegeten, en een gedeelte daarvan voor den goeden Geest overgelaten. Bij plegtige verbonden, gewigtige ondernemingen, sterfgevallen en bij den oogst hebben zulke offeranden plaats, welke aan de gebruiken van de oudste volken der aarde herinneren. Aan de schimmen der afgestorvenen wordt door hen dagelijks eenige spijs geofferd. Kleeding en wapening zijn bij deze volken schier aan die der Alfoeren gelijk en behoeven geen afzonderlijke vermelding. Hunne lijken begraven en dekken zij met groote steenen. De godsdienst der Sumbawers verschilt geheel en al van die der Braminen, Buddisten en Chinezen, maar heeft zeer veel overeenkomst met die der Aartsvaderen. Het is opmerkelijk, dat zonder priesterstand, het geloof aan God onder dit volk is bewaard gebleven; weshalve het, als uit Azië afkomstig, mag beschouwd worden.

De Boetonnezen, Endenezen en Makassaren, voeren er geweer, linnen en doeken in, waarvoor zij katoen terug ontvangen.

SANDELINGEN-AMBACHT, SANDELINGS-AMBACHT of ADRIAAN-PIETERS-AMBACHT, gem. in den *Zwijndrechtsche-waard*, prov. *Zuid-Holland*, arr. en kant. *Dordrecht* (11 k. d., 6 m. k., 5 s. d.); palende N. aan Ridderkerk, O. aan Hendrik-Ido-Oostendam-en-Schildmanskinderen-Ambacht, Z. aan Heer-Oudelands-Ambacht en Kijfhoek, W. aan Rijsoord.

Deze gem. bestaat uit aanzienlijke bouwerijen, bij elkander gelegen, te zamen een welvarend dorp uitmakende. Zij beslaat, volgens het kadaster, eene oppervlakte van 332 bund. 21 v. ell., waaronder 330 bund. 43 v. r. 51 v. ell. belastbaar land. Men telt er 34 h., bewoond door 65 huisgez., uitmakende eene bevolking van ruim 380 inw., die meest in landbouw en vlasserij hun bestaan vinden.

De inw., die hier, op 3 na, allen Herv. zijn, hebben eene kerk in gemeenschap met de naburige gem. van *Hendrik-Ido-Oostendam-en-Schildmanskinderen-Ambacht*. — De 3 R. K., die er wonen, worden tot de stat. van *Dordrecht* gerekend. — Deze gem. heeft mede eene school in gemeenschap met de gem. *Hendrik-Ido-Oostendam-en-Schildmanskinderen-Ambacht*.

Zij ontleent haren naam van zekeren ADRIAAN PIETERS SANDELING, wiens beeltenis vroeger gevonden werd op de deuren van eene uitmuntende schilderij, welke de Jezus-kapel, in de groote kerk te Dordrecht, versierde en naderhand onder zijne nakomelingen bewaard geweest is.

SANDELINGS-AMBACHT is eene heerl., welke in het laatst der vorige eeuw in eigendom bezeten werd, door den Heer XAVERIUS SCHELTUS, en thans toebehoort aan den Heer FRANCISCUS JOANNES Baron VAN WIJCKERSLOOTH VAN WEERDESTEYN, woonachtig te Brussel.

Het wapen dezer gem. bestaat uit een schild van keel, met drie hanen van zilver, geplaatst twee en een.

SANDELINGEN-AMBACHT, onbehuisde pold. in den *Zwijndrechtsche-waard*, prov. *Zuid-Holland*, arr. en kant. *Dordrecht*, gem. *Sandelingen-Ambacht*; palende N. aan Ridderkerk en de gem. Sandelingen-Ambacht, O. aan Hendrik-Ido-Ambacht, Z. aan Heer-Oudelands-Ambacht en Kijfhoek, W. aan Rijsoord.

Deze polder beslaat, volgens het kadaster, eene oppervlakte van 296 bund. 42 v. r. 44 v. ell., alles schotbaar land, en wordt door eenen watermolen en eene sluis, op de Waal, van het overtollige water ontlast. Het polderbestuur bestaat uit Polderschout en Dijkgraven.

SANDEN (DE), geh. in *Fivelgo*, prov. *Groningen*, arr. en 5 u. W. van *Groningen*, kant. en 2½ u. Z. van *Hoogezand*, gem. en 1 u. Z. van *Slochteren*, 20 min. N. W. van Siddeburen, nabij het Schiltmeer; met 9 h. en 40 inw.

SANDENBURG, eertijds SANDE genoemd, ridderhofst. in het *Overkwartier* der prov. *Utrecht*, arr. en 4 u. Z. ten W. van *Amersfoort*, kant. en 1 u. N. van *Wijk-bij-Duurstede*, gem. *Over-en-Neder-Langbroek*, ½ u. Z. van Neder-Langbroek, langs de Neder-Langbroeksche-wetering, 2 u. van den straatweg van Utrecht naar Arnhem.

Dit huis, hetwelk reeds in 1320 bekend was, is een vrij aanzienlijk, onderwetsch gebouw, staande in een ruim water, en, door eenen steenen brug, gehecht aan eenen voorhof, welke ook met water omvangen is, en met eene houten brug, door een afgezonderd voorgebouw, eenen uitgang heeft. Buiten den vijver vindt men eenig hoog geboomte. Waarschijnlijk is dit huis eerst bezeten, door het geslacht van VAN SANDE, zijnde naderhand gekomen aan dat van VAN ZIJL, en vervolgens door onderscheidene handen overgegaan in het geslacht van PALLAES, die het bezaten, toen het, in den jare 1538, bij de Staten der provincie Utrecht, voor riddermatig aangenomen werd. Sedert is SANDENBURG, door het huwelijk van Jonkvrouwe ELIZABETH VAN PALLAES met den Heer DIRK BORRE VAN AMERONGEN, aan het geslacht van dien naam gekomen, en daardoor meer dan anderhalve eeuw bezeten, zijnde de eerste, WILLEM BORRE VAN AMERONGEN, in den jare 1583 en de laatste, Vrouwe ELEONORA SOPHIA BORRE VAN AMERONGEN, in het jaar 1711 er mede verleid, door het Domkapittel van Utrecht, waaraan het leenroerig was. Vier Heeren uit dit geslacht zijn, wegens deze hofstad, in het Ridderschap van dit gewest beschreven geweest. De laatste was de Heer COENRAAD TRAJECTINUS BORRE VAN AMERONGEN, die in het jaar 1717 overleed. In hem is het mannelijk oir van dit adellijk en aanzienlijk geslacht uitgestorven. De laatste beleening van dit huis is in 1766 geschied op den Heere MATTHIAS JAN SIRGENDORCK. Thans wordt het met de daartoe behoorde gronden, beslaande eene oppervlakte van 145 bund. 20 v. ell., in eigendom bezeten, door den Heer GIJSBERT CAREL CORNELIS JAN Baron VAN LIJNDEN VAN SANDENBURG, woonachtig te Utrecht.

Het wapen van dit adell. goed is een veld van azuur met drie arenden van goud.

SANDENBURG, thans veelal ZANDENBURG gespeld, voorm. kast. op het eil. *Walcheren*, prov. *Zeeland*, arr., kant. en 1 u. N. van *Middelburg*, gem. *Vere-en-Zandijk-binnen*, 10 min. Z. W. van Vere, in het geh. *Zandijk-binnen*.

Het was oudtijds een der uitmuntendste gebouwen en sterkten van Walcheren, en de zetel der Heeren van Vere. Het was gesticht door Heer WOLFERT VAN BORSSELE en SIBILLE, zijne vrouw, omtrent 1280.

Gebrek van aanteekening, vernielende brand en de Nederlandsche onlusten, welke het eerste in Walcheren tot oorlog uitbarstten, zijn te zamen oorzaak, dat men weinig van dit kasteel geboekt vindt. Het was onder de heerschappij van Heer WOLFERT IV, en wel in 1483, dat SANDENBURG veel vertimmering onderging; het schijnt niet weinig herstelling en verbetering noodig gehad te hebben, gelijk men uit vele fragmenten van rekeningen niet onduidelijk heeft bespeurd. Gelijke vernieuwing en herstelling geschiedde in 1485, toen WILLEM SCHEGERS, timmerman te Mechelen, er alleen 31 pond Vlaamsch (186 guld) aan verdiend had, zoo aan eene nieuwe poort, als aan de gaanderij en het torentje, van welke reparatie de kwitantie nog voorhanden is. Had geen vijand of overstrooming dit kasteel nog kunnen ontsieren, de al vernielende brand bragt het eenen gevoeligen slag toe. Het was den 2 Maart 1505, dat de gaanderij er van tot asch werd verteerd. REYGERSBERGEN zegt, dat deze brand des morgens onder de preek eenen aanvang nam, waardoor het grootste deel van dit huis verteerd werd, en vele antiquiteiten verloren gingen.

Dit laatste was een onherstelbaar verlies, vele natuurlijke zeldzaamheden, welke de Zeeuwsche gewesten in onderscheidene tijden, hadden opgeleverd, afbeeldingen van landen en heerlijkheden, welke de Bersselsche Heeren uit zoute- in korenlanden hadden herschapen, en vele zeldzame oude handschriften zullen hierdoor voor altoos te niet zijn gegaan. Van dezen ramp is SANDENBURG nimmer hersteld geworden. Het overlijden van Heer LODEWIJK VAN MONTFOORT, dat nog in dit zelfde jaar voorviel; de zorg welke vrouw ANNA moest dragen voor de opvoeding van hare onmondige kinderen, en de geldverspillingen, welke naderhand de Heeren ADOLF en MAXIMILIAAN, hetzij al of niet gedwongen, aanwendden om hunne eer en aanzien te handhaven, zijn zoo vele beletselen geweest, dat SANDENBURG nimmer zijnen eersten en ouden luister herkregen heeft. Ja zelfs mag men gelooven, dat de vele gebouwen, waaruit dit kasteel was te zamengesteld, onder Heer MAXIMILIAAN VAN BOURGONDIË, niet naar behooren hebben kunnen worden onderhouden; terwijl zijne schulden, discredit en het vooruitzigt van geen leenvolger uit hem voortgesproten, te zullen achterlaten, zoo veel redenen hebben uitgemaakt, waardoor deze Ridderhofstad in verval kwam.

Het eenige dat men deswege vindt aangeteekend, is, dat in het jaar 1547 aangenomen is te maken: » der mueren in 't parck, beginnende » achter den hof van den voetbogen tot aen den bogaert van wijlen » den Heere VAN LAVERNAL, ende dat alle Jaeren XXV of XXX of » XL roeden alzoo 't mynen Heere van Beueren believen sal, de » Roede voor thien gulden ende X stuyvers, gelyck als de muer dye » voor de poort van 't Casteel begonst es, van al sulcke hoochde, » dicte met pilaren . . . ende gedect met tichelen anderhalue Zeeuschen » steen dicke met goede Dortsche calcke ende Brahants sant gemets, » oick gefondeert lancx de grachten tot op ten gront van de zelve » grachten naer vuytwysen van den houck van den muer achter 't » Schuttershof bij de gracht, in zulcker vougen als meesters meteers » daer op geroupen sullen seggen goet en de deuchdelick werck te » wesen etc."

Heer MAXIMILIAAN VAN BOURGONDIË, den 4 Junij 1551, het sterfelijke op dit huis afgelegd hebbende, liet het gebruik daarvan, met al wat er toe behoorde, aan zijne gemalin Vrouw LOUISE DE CROY; dan kort daarna ontstond er twist over dezen boedel. Heer JAN DE HENNIN, Graaf van *Bossu*, stelde zich voor zijnen zoon MAXIMILIAAN DE HENNIN in het bezit van het markgraafschap van Vere, en van de geheele nalatenschap van zijnen zwager, die, bij uitersten wil van 30 October 1553, zijnen opgemelden neef, als zoon zijner zuster, Vrouwe ANNA VAN BOURGONDIË tot zijnen universelen erfgenaam had verklaard; dan hij had tevens gewild, dat zijne voorgemelde gemalin, haar leven lang het vruchtgebruik VAN SANDENBURG zoude genieten. Zij bleef daarvan dan in het bezit, en zal de inkomsten van dit goed noodig hebben gehad tot haar bestaan; gevolgelijk weinig of niets tot eenige verbetering of voor het noodig onderhoud te koste hebben kunnen leggen. Daarbij kwam dat deze dame later in nader huwelijk trad met JAN VAN BOURGONDIË, Heer van *Froymont*, die het er scheen op toe te leggen, om alles, wat van dit goed te halen was, naar zich te slepen, zoodat, uit eene verklaring van Jonkheer JERONYMUS DE ROLLÉ, baljuw, en HENDRIK ZOMER, Burgemeester van Vere, den 29 December 1571, ter requisitie van Jonkheer AREND VAN DORP, Curator in den boedel van den overledenen Heere Markgraaf, gegeven, blijkt, dat sedert de Heer van Froymont hier bewind had gekregen, het wild in de bosschen was uitgeroeid, vele boomen, zoo in het park, als rondom het huis, waren afgehouwen, de stallen in verval gekomen; zoodat dit kasteel meer dan voor twee duizend gulden aan inkomsten had verloren. Dan, dit was nog maar het begin; het volgende jaar 1572, toen Vere het Spaansche juk afwierp, werd op Sandenburg Fransch krijgsvolk gelegerd, zeker om tot eenen voorpost der stad te dienen, en den vijand van dien kant te verwijderen Hoedanig die daar huis hielden, kan men nagenoeg opmaken, dewijl met den aanvang der onlusten de kapel van dit kasteel is afgebroken en ten jare 1573 alle de boeken, rekeningen en andere charteren, in dit kasteel bewaard geweest, van daar gehaald, en binnen de kerk van Vere gebragt zijn, » alsoo » de Soldaten de Rekencamer op 't voorn. Casteel opgebroken hadden." Het rooven en verwoesten van boomen en materialen scheen intusschen meer en meer toe te nemen, zoodat van wege de stad Vere zelve, tot het versterken tegen den gemeenen vijand, vele boomen en steenen van dit huis werden afgevoerd en gebezigd, waarover door den Heer van Froymont, bij missive van 14 Februarij 1577, aan de Regering dier stad werd geklaagd, en deswege vergoeding verzocht, waarop, den 18 Maart van dat zelfde jaar, werd geantwoord, dat men zulks wel niet ontkende, doch moest toeschrijven aan de algemeene rampen van den oorlog, en men zich in den uitersten nood van zulke, anders ongewone, middelen bediend had. Wat de vergoeding betrof, de zware kosten, welke dagelijks ter handhaving der pas geborene vrijheid, en tot wering van de dwingelandij moesten worden aangewend, gedoogden zulks niet, waarom men verzocht daarvan verschoond te blijven. Dit schijnt bij den Heer van Froymont weinig ingang te hebben gevonden, want deze moet zich daarna aan het hof van Justitie gewend hebben, waarschijnlijk om eenige vergoeding te verkrijgen; hierop deed echter de Regering van Vere door haren Advokaat, Mr. Maximiliaan de Potter, den 12 November 1584, een berigtschrift opmaken, waarnaar hij zich, in het verdedigen hunner zaak, voor Commissarissen van den Hove moest gedragen, welk berigtschrift hoofdzakelijk behelsde:

» Dat het huis en kasteel van Sandenburg door den oorlog zoo ontramponeerd was geworden, dat het niet bewoonbaar zynde, omtrent den jare 1575 by laste zyner Princelyke Excellentie diversche Materialen van daar waren gehaald en naar *Geertruidenberg* gevoerd."

» Dat hetzelfde Kasteel daarna geheel verruineerd, en tot eenen Steenhoop liggende, by zyne Excellentie en de Staten bevonden was grootlyks te prejudicieren aan de zekerheid der Stad Vere alzoo de Vyand, daarvan meester zynde, ligtlijk de stad konde overvallen en verrasschen."

» Dat de Heer van Froymont in allen gevalle in dezen niet tegen de Magistraat konde handelen, overmits zij daarvan geene Materialen hadden doen vervoeren, dan bij last van hare Princelyke Excellentie, die alle dezelve geschonken hadde, tot opmaken van de Bolwerken en andere Vestingwerken der stad."

» Dat men considereren moest dat de Voorpoorte van dit Huis, waarop een dienaar van den Heer van Froymont woonde, de Stad en hare Vestingwerken zeer hinderlyk was, dat indien die Voorpoorte niet geslecht wierd, de Stad en het geheele Land in gevaar zoude komen, waarom op de Demolitie daarvan mogt geinsteerd worden enz."

Wat hiervan de uitslag geweest zij, blijkt niet; dit is zeker, dat toen Willem I, Prins van *Oranje*, de Grondvester van ons gemeenebest, den 29 Junij 1581, eigenaar van de stad en het markgraafschap van Vere geworden is, in de Koopsvoorwaarde en decreetbrief was gesteld, » soo » sal den Cooper oock volgen 't Casteel oft Huys van Sandenborch met » alle syne toebehooren gelyckt nu is, metten graften, cingelen, 't Landt » dat den Boomgaert plach te wesen, Weyden, die Dreve, Hoff, Bleyck- » velt, neffens die Schuters Hoff metten huyse daer op staende, 't Schaaps- » weyken, die Hoffweyde ende alle anderen alsulcke partyen van Wey- » den ende Saeylanden beplant ende onbeplant, als wylen die voornoemde » Heere Marquis aen ende ontrent den voorsz. Casteele, ende sunder- » linge binnen den districte der Jurisdictie van de voorsz IIJ C. geme- » ten competerende ofte mochte competeren, niet uitgesondert, behoudens » daer uyt voor den Heere van Fronoyt als man ende voecht van vrouwe » Loyse van Croy 't gebruyck van alsulcke Parceelen als sy sal doen blyc- » ken by sententie van den grooten Raide hem in qualiteit als boven te » competeeren, 't leven van synen voorsz. huysvrouwe ende langer niet."

Gevolgelijk was Prins Willem dadelijk met den koop grondeigenaar van dit kasteel geworden en kon dus over dat gene beschikken, waarvan de vruchtgebruiker geen voor- of nadeel te wachten had. Wat te veren op zijnen last was geschied, moet men aan den nood en verwarde omstandigheden van dien tijd toegeven.

Het verval nam nu hand over hand toe, zoodat Gwilliam Wandelaer, Kastelein en pachter van dit heerlijk goed, ten jare 1585, genoodzaakt was zich, bij requeste, te vervoegen aan Heeren Gecommitteerde Raden van Zeeland, klagende, hoe hij, door het afbreken, halen en nemen van het steen van 't Hof Sandenburg, tot het opmaken der Zandijksche-poort te Vere, groote schade aan beesten en gehuurde weilanden had geleden, dat men desniettegenstaande hem lastig viel over de voldoening der dijk- en waterpenningen, waarvan dit hof van oude tijden vrij was geweest, verzoekende, bij die vrijdom te worden gehandhaafd, welk verzoekschrift, in handen der Regering van Vere gesteld werd, doch men vindt den uitslag hiervan niet aangeteekend, welke waarschijnlijk gunstig is geweest, alzoo nog heden ten dage geene waterpenningen van de landen, tot dit hof behoorende, worden voldaan. Aangezien dit goed onbewoonbaar en in verval gekomen was, zal de verwoesting eerst regt eenen aanvang hebben genomen na het overlijden van Vrouwe Louise de Croy, wanneer de bosschen geheel zullen uitgeroeid, de gebouwen, eene prooi van ieder geworden zijnde, waarschijnlijk stuksgewijze tot afbraak verkocht, en alles, wat voortijds tot vermaak van tuinen, wandeldreven, vischrijke vijvers en sieraad had gediend, veranderd zijn in zaai- en weilanden, welke den Heer Markgraaf een zeker inkomen en geene lasten aanbragten; zoo gesloopt en ontluisterd, vertoonde Sandenburg echter nog bij den aanvang der achttiende eeuw vele bewijzen van hetgeen het eertijds geweest was, tot dat het eindelijk geheel te niet geraakte.

Ten jare 1701 vervoegden zekere Arnoldus Ryck en zijne huisvrouw Appolonia Hissekens zich bij requeste aan die van den Raad en rekening zijner Koninklijke Majesteit van Groot-Brittanje, en verzochten op den grond van dit kasteel te mogen stichten en bouwen zoodanige huizingen als tot eene stijfselmakerij en het houden van varkens noodig was, op welk verzoek het berigt der Regering van Vere ingekomen zijnde, de suppliauten is vergund: » te mogen innemen de eerste parthye van 't Heerlijk Erfleen of geruïneerde kasteel Zandenburg — omme daer op te bouwen soodanige huisinge als zij tot stichtinge van een Styfselmakerye en het houden van Swynen sullen vinden te vereisschen etc." Dit is ook werkelijk geschied, zulk eene fabrijk is daar opgerigt geweest, eenige jaren staande gehouden, en wederom te niet geloopen; terwijl het bekwaam maken van den grond tot zulk een bedrijf, het bouwen van loodsen, huizingen en wat tot het houden van een aantal zwijnen noodig was, oorzaak is geworden, dat hetgeen van SANDENBURG nog te zien was, of ten minste de ontwijfelbare plaats aanwees, waar het kasteel, de kapel, het benedenhof en stallingen gestaan hadden, nu genoegzaam geheel is verdwenen.

Op dit kasteel zijn voormaals vele gekroonde hoofden gehuisvest geweest, als de Koning CHRISTIERN VAN DENEMARKEN, met zijne Gemalin en drie kinderen; naderhand Keizer KAREL V, met zijne zuster de Koningin van Hongarijen, en anderen.

Het diende ook tot eene gevangenis, voor allen die te Vere of in eenige heerlijkheden der Borsselsche en Bourgondische Heeren aangetast, en van lijfstraffelijke misdaden beticht waren, daar men vindt, dat op den 11 Julij 1514, door Heer ADOLF VAN BOURGONDIË, in tegenwoordigheid van ANDRIES ANDRIESZ., Rentmeester van Bewester-Schelde, last is gegeven aan Heer HENDRIK VAN BORSSELE Ridder, Heer *van Laterdale*, Baljuw van Vere, Mr. JACOB HOUTMAN en JOOS CORNELISSEN, Raden van voorgemelden Heer ADOLF, om uit de gevangenis van dit kasteel te ontslaan, CORNELIS COELE, COPPEN COELE, JAN VAN CATS en WILLEM GEYSE, alle poorteren van Brouwershaven. Men zou ook van andere heerlijkheden, eigendommen der Heeren van Vere, kunnen bewijzen, dat gevangenen op dit slot zijn overgebragt, en waarschijnlijk gevonnisd. Dit is zeker, dat, in het jaar 1298, Heer JAN VAN RENESSE hier is gedaagd, en op zijn niet verschijnen uit Holland en Zeeland gebannen. Ja het is te denken, dat zij die om de waarheid des Evangeliums te Vere en daaromtrent vervolgd werden, ook hier gekerkerd zijn geweest.

Er was aldaar eene begraafplaats der Heeren VAN BORSSELE, welke men, in het jaar 1679, bij het opdelven der grondslagen van het slot, op de plaats der gewezene kapel, ontdekt heeft.

Ter plaatse, waar het gestaan heeft, ziet men thans zaai- en weiland. De daartoe behoord hebbende gronden, beslaande eene oppervlakte van 22 bund. 82 v. r. 10 v. ell., worden thans in eigendom bezeten, door verschillende eigenaren.

SANDESTEIN, adell. h. op de *Middel-Veluwe*, prov. *Gelderland*, distr. *Veluwe*, arr. en 6½ u. N. van *Arnhem*, kant. en 3 u. O. ten Z. van *Apeldoorn*, gem. *Voorst*.

SANDEVELD, voorm. buit. in *Delfland*, prov. *Zuid-Holland*, arr. en 2½ u. Z. van *'s Gravenhage*, kant. en 1 u. N. W. van *Naaldwijk*, gem. *'s Gravezande-en-Zand-Ambacht*, onmiddellijk achter het dorp *'s Gravezande*, westwaarts.

Thans is het eene boerderij, beslaande, met de daartoe behoorende gronden, eene oppervlakte van 4 bund. 44 v. r. 30 v. ell, en wordt in eigendom bezeten door Mevrouw MARIA WILHELMINA HUYGENS, geb. DE LA FAILLE, woonachtig te 's Gravenhage.

SANDFIRDE, SANTFIRDE, ZANDFIRDE of ZANDVOORT, d. prov. *Friesland*, kw. *Westergoo*, griet. *Wymbritseradeel*, arr. kant. en 3 u. W. Z. W. van *Sneek*.

Men telt er, met het buurtje de Ryp, ook wel ter onderscheiding de Sandfirder-Ryp genoemd, ongeveer 70 inw., die meest in de veeteelt hun bestaan vinden. Dit dorpje is zeer waterrijk. In het oosten heeft men een watertje, dat den naam draagt van de

Genden-Poel, en in het Westen een groot ondiep water de **Vlakke-Brekken** genoemd.

De Herv., die er wonen, behooren tot de gem. van *Oudega-Idsega-en-Sandfirde*, die hier eene kerk heeft, welke vóór de Reformatie 100 goudguld. (150 guld.) opbragt, terwijl er nog eene prebende van 30 goudguld. (45 guld.) bestond. Deze kerk heeft toren noch orgel.

De R. K., welke men er aantreft, worden tot de stat. van *Sneek* gerekend.

SANDFIRDER-RYP (DE), b., prov. *Friesland*, kw. *Westergoo*, griet. *Wijmbritseradeel*. Zie Ryp (De).

SANDGAAST, geh., prov. *Friesland*, kw. *Westergoo*, griet. *Wymbritseradeel*, arr., kant. en 1 u. Z. W. van *Sneek*, bij *Hommerts*, waartoe het behoort.

SANDGI-AWAR, d. der Chinezen in *Oost-Indië*, op het *Sundasche* eil. *Sumatra*, resid. en niet ver van *Palembang*, aan eene kleine rivier van den zelfden naam.

Men telt er 700 huisgezinnen, meest kunstenaars of kooplieden. Digt hierbij is eene kolonie van Arabieren, onder welke zeer rijke kooplieden zijn.

SANDGI-AWAR (DE), riv. in *Oost-Indië*, op het *Sundasche* eil. *Sumatra*, resid. *Palembang*, met eene westelijke rigting in *de Straat-van-Malakka* uitloopende.

SANDHORST, buit. in *Rijnland*, prov. *Zuid-Holland*, arr., kant. en 2 u. N. O. van *'s Gravenhage*, gem. *Wassenaar-en-Zuidwijk*, ½ u. O. van *Wassenaar*, aan den straatweg van 's Gravenhage op Leyden; palende Z. aan het landgoed de Paauw.

Deze buit. ontleent haren naam van het een weinig meer oostelijk gelegen hebbende Huis-te-Sandhorst. Zie het volgende art.

SANDHORST (HET HUIS-TE-), voorm. adell. h. in *Rijnland*, prov. *Zuid-Holland*, arr., kant. en 2 u. N. O. van *'s Gravenhage*, gem. *Wassenaar-en-Zuidwijk*, 20 min. O. van Wassenaar.

Dit adell. h. was gebouwd door Heer Dirk van Wassenaar, jonger zoon van Heer Filips, Burggraaf van Leyden, die, omtrent het jaar 1300, de goederen van Sandhorst geërfd hebbende, dit slot daarop bouwde, en den naam van Sandhorst aannam, nalatende Heer Dirk van Sandhorst, Ridder, in het jaar 1345, kinderloos gesneuveld in den slag van Staveren, in Friesland. Heer Filips van Sandhorst (een andere dan de reeds genoemde Filips) liet na Heer Dirk van Sandhorst, in het jaar 1405, getrouwd met de bastaardzuster van Hertog Willem van Beijeren, Graaf van *Holland*, achterlatende Heer Dirk van Sandhorst, Ridder, die, in het jaar 1440, ter gemalinne nam Vrouwe Isabella van Assendelft. Na hem wordt het geslacht, bij gebrek van mannelijk oir, gerekend te zijn uitgestorven.

Op dit adell. h., hetwelk in het jaar 1819 gesloopt is, is de beroemde Latijnsche Dichter Petrus Burmannus Secundus den 24 Junij 1778 overleden.

De plaats waar het gestaan heeft, wordt met de daartoe behoorende gronden, eene oppervlakte beslaande van 30 bund. 76 v. r. 58 v. ell., thans in eigendom bezeten door Jonkheer Nicolaas Johan Steengracht van Duivenvoorde, woonachtig te 's Gravenhage.

Het wapen van het voorm. geslacht van Sandhorst, was van zilver met drie halve manen van keel.

SANDHUIZEN, geh., prov. *Friesland*, kw. *Zevenwouden*, griet. *Stellingwerf-Westeinde*, arr. en 4 u. O. Z. O. van *Heerenveen*, kant. en

1 u. Z. O. van *Oldeberkoop*, ½ u. N. W. van *Bevil*, waartoe het behoort; met 9 h. en ruim 60 inw.

SANDIKI, naam, welken de Negers geven aan de suikerplant. Rozenburg, in *Nederlands-Guiana*, kol. *Suriname*. Zie Rozenburg.

SANDING, d. in *Oost-Indië*, op het *Sundasche* eil. *Java*, res. *Kadoe*, ads. res. *Magalang*, aan de Progo.

SANDING, Poelo-Sanding of Sandiang, ook wel Blaak-eiland genoemd, twee eil. in *Oost-Indië*, in de *Indische-Zee*, ten W. van het *Sundasche* eil. *Sumatra*. Zij zijn onbewoond, doch er groeijen lange muskaatnooten.

SANDING (DE), meer, prov. *Friesland*, kw. *Oostergoo*, griet. *Tietjerksteradeel*, ten Z. van Garyp. Het strekt zich van dit d. tot ¼ uur meer zuidwaarts uit en heeft eene aanmerkelijke breedte.

SANDING (DE ESUMER-), voorm. meertje, prov. *Friesland*, kw. *Oostergoo*, griet. *Smallingerland*, dat, door de Zoete met de *Wijbe-Sanding* in verbinding stond, doch reeds voorlang in de *Oude-gaaster-sanding* versmolten is.

SANDING (DE OUDEGAASTER-), meer, prov. *Friesland*, kw. *Oostergoo*, griet. *Smallingerland*, dat door de Wopkes-sloot met de *Smalle-eester-sanding* en door het Ouddiep en de Zetsloot, met de *Monnike-Ee*, in verbinding staat.

SANDING (DE SMALLE-EESTER-) of Smalle-Gaaster-Sanding, meer, prov. *Friesland*, kw. *Oostergoo*, griet. *Smallingerland*, dat door de Wopkes-sloot, met de *Oudegaaster-sanding*, en door de Monniken-gruppen, met de *Monnike-Ee*, in verbinding staat.

SANDING (DE WESTER-), meer, prov. *Friesland*, kw. *Oostergoo*, griet. *Smallingerland*, dat ten W. door de Geeuw met het *Kruiswater* in verbinding staat.

SANDING (DE WYBE-), voorm. meer, prov. *Friesland*, kw. *Oostergoo*, griet. *Smallingerland*, dat door de Zoete, met de *Esumer-Sanding*, in verbinding stond, doch reeds voorlang in de *Oudegaaster-Sanding* versmolten is.

SANDMEER (HET), meertje, prov. *Friesland*, kw. *Zevenwouden*, griet. *Gaasterland*, ½ u. N. N. O. van *Sondel*.

SANDMEER (HET GROOTE-), meer, prov. *Friesland*, kw. *Oostergoo*, griet. *Tietjerksteradeel*, ½ u. Z. van *Suameer*, op de grenzen van Smallingerland.

SANDMEER (HET KLEINE-), meer, prov. *Friesland*, kw. *Oostergoo*, griet. *Tietjerksteradeel*, ½ u. Z. van *Suameer*, op de grenzen van Smallingerland.

SANDOEL ('T), eigenlijk Zand-doelen, geh. in de *Langestraat*, prov. *Noord-Braband*, *Vierde* distr., arr. en 3 u. N. van *Breda*, kant. en 1 u. N. ten O. van *Oosterhout*, gem. en 40 min. W. van *Raamsdonk*; met 93 h. en 520 inw.

SANDOELSCHE-POLDER (DE), pold. in de *Langestraat*, prov. *Noord-Braband*, *Vierde distr.*, arr. *Breda*, kant. *Oosterhout*, gem. *Raamsdonk*; palende N. aan het gehucht Sandoel en den Boterpolder, O. aan den Grooten-weg der eerste klasse No. 3, Z. aan den Goedenaards- of Eendragts-polder, W. aan den Karthuizer-polder.

Deze pold., is met den *Nieuwe-polder*, den *Oude-polder*, den *Binnen-Kuren-polder* en den *Gecombineerde-Groot-Waspiksche-en-Raamsdonksche-Binnen-polder*, denkelijk kort na den doorbraak van den Zuidhollandsche-waard, in 1421, als wanneer Raamsdonk reeds bestond, en in de overstrooming deelde, kapitaal bedijkt. Hij beslaat, met de dijken, volgens het kadaster, eene oppervlakte van 61 bund., doch zonder de dijken, met inbegrip van de huizen en erven van Sandoel, 51 bund. 65 v. r. 12 v. ell.; telt 8 boerderijen, en wordt op het Zuidergat van de rivier de Donge van het overtollige water ontlast, door eenen steenen sluis, gelegen in het geh. Sandoel, wijd in den dag 1,67 ell. en hoog 1,6 ell., voorzien van eene vloeddeur en schuif. In den Langdonksche-dijk van dezen polder, vindt men nog eene steenen sluis, wijd 0.63 en hoog 0,74, voorzien van eene schuif, waardoor deze polder weleer ook op de Donge plegt uit te wateren; doch na de indijking van den Goedenaards- of Eendragts-polder, heeft zij in bijzondere gevallen meer gestrekt om laatstgemelden polder door den Sandoelschen te doen ontlasten. Het zomerpeil is 5 duim beneden A. P. De hoogte der dijken is 3 ell. tot 3 ell. 50 palm. boven A. P. Het onderhoud der dijken, sluis- en verdere werken van dezen polder is, volgens verkoopsvoorwaarde van het gewezen Karthuizers-klooster, met het zoogenaamde Klaverweike, d. d. 17 October 1724, ten laste van de gezamenlijke ingelanden des polders.

Hij wordt bestuurd door drie Poldermeesters en eenen Penningmeester.

Aan den noordelijken dijk van dezen polder vindt men het zuidelijke gedeelte van het gehucht Sandoel, en in den zuidwesthoek het gewezen klooster thans buiten Chartroise. Het is door eenen ringdijk van den polder afgesloten, en binnendijks groot 3 bund. 51 v. r. 90 v. ell., en watert door een afzonderlijk sluisje, wijd 3 palm 7 duim, hoog 7 palm, voorzien van eene vloeddeur en schuif, op eenen arm der Donge uit.

Door den stormvloed van den 4 en 5 Februarij 1825, viel in den zuidelijken dijk van den Sandoelschen-polder eene doorbraak, waardoor hij grootendeels werd overstroomd; het gat was op den 20 Februarij eerstvolgende tot de volle dijkshoogte gesloten. Bij deze zelfde gelegenheid is de dijk aan de noordzijde van dezen polder, in het gehucht Sandoel, op onderscheidene plaatsen moeten worden opgekist.

SANDPOEL (DE), meer, prov. *Friesland*, kw. *Zevenwouden*, griet. *Gaasterland*, ½ u. O. ten N. van Sondel, hetwelk met de *Rykeltspoel* in verbinding staat.

SANDRABONI, landstreek in *Oost-Indië*, op het *Sundasche* eil. *Celebes*, op de zuidelijke landtong, gouvernement *Makassar*.

SANDT, voorm. klooster, prov. *Friesland*, kw. *Westergoo*, griet. *Wonseradeel*, bij Pingjum. — Het werd door geestelijken van de orde van Premonstreit bewoond.

SANDTDIJK, naam, onder welken, in den ouden Blaffert der Utrechtsche Bisschoppen, het voorm. d. ZANDIJK, op het eil. *Walcheren*, prov. *Zeeland*, voorkomt. Zie ZANDIJK.

SANDVOORDE, moerassige streek in het *Westerkwartier*, prov. *Groningen*, gem. en ¼ u. N. O. van de *Leek*, N. W. van Lettelbert.

SANDVOORDE, meer, prov. *Friesland*, kw. *Zevenwouden*, griet. *Gaasterland*, 20 min. Z. van *Sondel*, dat ten O. door de Hoeybergster-wijk, met de *Sondeler-Leijen* in verbinding staat.

SANDVOORDER-HOOFD (HET), vooruitstekende hoek van de kust der griet. *Gaasterland*, kw. *Zevenwouden*, prov. *Friesland*, in de Zuiderzee, ½ u. Z. O. van Sondel.

SANDVOORT, d., prov. *Friesland*, kw. *Westergoo*, griet. *Wymbritseradeel*. Zie SANDFORDE.

SANDWATER (HET), voorm. meertje, prov. *Friesland*, kw. *Oostergoo*, griet. *Smallingerland*, 1½ u. Z. O. van *Oudega*, waarin de Monnike-Ee, de Kletstervaart, en de Dreit, uitliepen. Het is thans droog.

SANDWEILER, een der meijerijen, waarin het voorm. balj. *Luxemburg*, grooth. *Luxemburg*, is geplitst geweest.

Het bestond uit de volgende d. en geh.: Sandweiler, Ober-Anven, Nieder-Anven, Senningen, Rammeldingen, den hof Ernzdorf, Contern (ten deele), Syren, Oetern, Mühlenbach, den hof Hamm, den hof Brouch en den hof Ingelhaus.

SANDWEILER, gem., deels in het balj. van *Luxemburg*, deels in de heerl. *Munster*, grooth. *Luxemburg*, kw., arr. en kant. *Luxemburg*, palende N. aan Nieder-Anven, O. aan Schuttringen, Z. aan Contern en Hesperingen, W. aan Hollerich, Luxemburg en Eich.

Deze gem. bevat de d. Sandweiler en Hamm, benevens de geh. Birel, Grevelscheuer, Pulvermuhl en Tavion.

Men telt er 150 h. en ruim 1000 inw., die meest in den landbouw hun bestaan vinden. De voortbrengselen van den grond bestaan in rogge, tarwe, mastelluin, haver, aardappelen, duiven- en andere boonen, erwten en hooi. De veestapel wordt berekend op 120 paarden, 260 runderen en 230 varkens. Te Pulvermuhl is eene beroemde katoenspinnerij en verwerij, het eigendom der Heeren Kessler en Comp. Ook zijn er in deze gem. twee door water gedreven korenmolens en eenige bewerkt wordende steengroeven. De gem. Sandweiler bezit vele onverdeelde bosschen, zoo als het Fleckenbosch en anderen.

De inw., die allen R. K. zijn, maken eene par. uit, welke tot het vic. apost. van *Luxemburg*, dek. van *St. Pieter*, te *Luxemburg*, behoort, en door eenen Pastoor bediend wordt.

Het d. Sandweiler ligt 1¼ u. O. van Luxemburg, 2¾ u. W. N. W. van Remich, aan den weg van Remich, naar Luxemburg.

De kerk is een goed gebouw. Het in 1827 gestichte prachtige schoolgebouw, is een waar sieraad van het d. In 1814 was hier het hoofdkwartier der Hessische troepen.

In de diepte, tusschen dit dorp en Hostert, stichtte Graaf Hendrik *de Blinde*, een klooster, hetwelk hij den naam Godsthal (Val-Dieu) gaf. Daar van is niets meer aanwezig.

SANDWIJK, buit. in het *Nederkwartier* der prov. *Utrecht*, arr., kant. en ½ u. N. van *Utrecht*, gem. en 7 min. Z. van *de Bildt*.

Deze buit. beslaat, volgens het kadaster, eene oppervlakte van 89 bund. 99 v. r. 8 v. ell., en wordt thans in eigendom bezeten door den Heer Mr. W. J. Both Hendriksen, lid van de Provinciale Staten en van den Raad der stad Utrecht.

SANDWIJK, buit. in den *Purmer*, prov. *Noord-Holland*, arr. en 4 u. Z. W. van *Hoorn*, kant. en 1 u. Z. van *Edam*, gem. en ½ u. N. van *Monnickendam*, aan den Oosterweg.

Deze buit., de fraaiste uit de Purmer, wordt thans in eigendom bezeten, door den Heer A. N. van Saren Tesnos, woonachtig te Edam.

SANE (DE), oude naam van de riv. *de Zaan*, prov. *Noord-Holland*. Zie Zaan (De).

SANEM, d. in de heerl. *Soleuvre*, grooth. *Luxemburg*. Zie Sassenheim.

SANGAN, oud d. in *Oost-Indië*, op het *Sundasche* eil. *Java*, resid. *Buitenzorg*, aan de Tjilowang.

SANGAO, staat in *Oost-Indië*, op het *Sundasche* eil. *Borneo*, op de *Westkust*, bij en ten O. van Pontianak.

SANGAR, ook wel verkeerdelijk Sanger of Sangor genoemd, rijk op het *Sundasche* eil. *Sumbawa*, een der *Kleine-Sunda-eilanden*.

Dit rijk grenst W. aan Papekat en O. aan Dompo. Het is de kleinste staat op het eil. Sumbawa en heeft een eigen Opperhoofd, die echter, bij de overige Koningen weinig in aanzien is.

Het land is arm in voortbrengselen, en heeft bij de uitbarsting van den Tambora meer dan Dompo geleden, en het gebrek aan voedsel is er zoo nijpend geweest, dat eene van 's Konings dochters, in 1815, den hongerdood gestorven is. Die Vorst heeft, aangaande de natuurverschijnselen van 10 April 1815, medegedeeld, dat de vreesselijke uitbarsting in den morgen van dien dag, na negen ure, in dat gedeelte van Sanggar, hetwelk aan Tambora grenst, de zwaarste boomen ontworteld, en die, benevens huizen en menschen, in het luchtruim opgeheven en even als strooihalmen roodgeslingerd heeft, hetwelk een uur aanhield. Te gelijker tijd verhief de zee zich ongeveer 4 ell. hooger dan zij immer gezien was, verwoestte de rijstvelden en nam huizen en boomen weg.

SANGAR, voorm. st. in *Oost-Indië*, op het eil. *Flores*; een der *Kleine-Sunda-eilanden*. — Zij is in 1815 in de asch gelegd.

SANGARON, riv. in *Oost-Indië*, op het *Sundasche* eil. *Java*. Zie Losarie.

SAGAYEN, kaap in *Oost-Indië*, in den *Moluksche-Archipel*, aan de kust van *Nieuw-Guinea*; 0° 52′ 32″ Z. B., 151° 44′ 42″ O. L.

SANGIANG-SIRA, Tandjong-Sangiang-Sira, kaap in *Oost-Indië*, op het *Sundasche* eil. *Java*, aan de Zuidkust.

SANGIANG of Brandende-berg, eil. in *Oost-Indië*, in de *Indische zee*, tot de *Kleine-Sunda-eilanden* behoorende, nabij Sumbawa, waaraan het onderhoorig is.

SANGIR of Groot-Sangir, ook wel Sangihe gespeld, eil. in *Oost-Indië*, in de *Zee-van-Celebes*, benoorden den noordoostelijken uithoek van *Celebes*, tusschen 3° en 4° N. B. en op 143° O. L.

Het is door eene groep van zes en veertig eilandjes omringd, welke de Sangir-eilanden genaamd worden, waarvan sommigen bewoond zijn. Het is zeven mijlen lang, twee mijlen breed, heeft zwaar gebergte en digte wouden. Aan de Noordkust is de brandende berg Aboe, welke steeds rookt, en in 1711 verschrikkelijk gewoed, vele menschen gedood en geheele streken verwoest heeft.

Op dit eiland regeerden van ouds twee Koningen, namelijk een te Taboekan, aan de Oost- en een te Kalongan, aan de Westkust, beide in de nabijheid van den vulkaan. Tusschen 1670 en 1680 hebben er zich zeven inlandsche Grooten tot Koning opgeworpen, te weten: van Kandahar, Taroena, Mangenitoe, Kajoehis, Tamakko, Limau en Saban. Naderhand is dit getal op vier gebragt; daar Kajoehis onder Magenitoe, Limau verdelgd en Saban onder Taroena en Kalongan gekomen is. De voornaamste rijken zijn Taboekan en Kandahar. Taroeka en Kandahar hebben ieder eene haven; de Solo-eilanders en de Boeginezen drijven er voornamelijk handel op; ook wordt Sangir door de Chinezen bezocht.

De grond is hier vruchtbaar en goed van bergwater voorzien. De uitvoer bestaat in de voortbrengselen des eilands, zoo als: timmerhout, sago, kokosolie, vruchten, buffels, varkens, geiten, gevogelte en visch.

Bij Taboekan hadden de Nederlanders voormaals eene sterkte, met eene bezetting en eenen Posthouder. In 1709 maakte het Christendom er eenige vorderingen, en destijds bestonden er eene kerk en eene school; later zijn de pogingen tot zedelijke verbetering der ingezetenen, door de toenemende kwijning der Oostindische Compagnie, gestaakt, zoo dat de aanvankelijke beschaving weder door de vroegere ruwheid vervangen is.

De bevolking bedraagt 12,000 zielen, en de Sultan van Ternate heeft het regt, om over de strijdbare mannen te beschikken.

SANGIR-EILANDEN of Sangir-eilanden, groep eilanden in *Oost-Indië*, in de *Zee-van-Celebes*, N. van de Noordwestpunt van het *Sundasche* eil. *Celebes*.

Zij strekken zich uit van de Banka-eilanden tot in de nabijheid der Salibabo-groep, en bestaan uit het eiland Sangir of Groot-Sangir en zes en veertig daar rondom liggende eilandjes, van welke de grootste zijn: Bejaren, Tagolanda en Siao, met eenen vuurberg, welke laatste drie eilanden echter door sommigen niet onder de Sangir-eilanden gerekend worden.

De Sangir-eilanden leveren ververschingen, gevogelte, sago, aardvruchten, vogelnestjes, was en karet.

SANGIRAN, d. in *Oost-Indië*, op het *Sundasche* eil. *Java*, resid. *Soerakarta*. — Er ontspringt aldaar eene rijke zoutbron.

SANGOEI, rijk in *Oost-Indië*, op het *Sundasche* eil. *Borneo*. Zie Sesangoei.

SANGOONG (DE), riv. in *Oost-Indië*, op het *Sundasche* eil. *Java*, resid. *Soerakarta*, distr. *Padjong*. — Zij is niet bevaarbaar.

SANGSUE (LA), verl. kostgr. in *Nederlands-Guiana*, kol. *Suriname*, aan de *Orleanakreek*, ter regterzijde in het afvaren; palende bovenwaarts aan de verl. koffijplant. Patientie, benedenwaarts aan de verl. koffijplant. Tulpenburg; 250 akk. groot.

SANIANE, kaap in *Oost-Indië*, in den *Archipel-van-St-Lazarus*, aan de Zuidwestkust van het *Ambonsche* eil. *Kelang*.

SANJAN-TIKORO, plaats in *Oost-Indië*, op het *Sundasche* eil. *Java*, resid. *Preanger-Regentschappen*, alwaar eene tusschen Oost en West voortloopende rij bergen door de Tjitarum als het ware doorsneden wordt.

SANJOOR, oud d. in *Oost-Indië*, op het *Sundasche* eil. *Java*, resid. *Krawang*.

SANIRI (DE), Way-Saniri (d. i. Water der vergadering), riv. in *Oost-Indië*, op het *Moluksche* eil. *Amboina*, schiereil. *Leytimor*.

Het is eene fraaije rivier, die de grensscheiding tusschen Erna en Hoekorila uitmaakt.

SANKALANG, d. in *Oost-Indië*, op het *Sundasche* eil. *Java*, resid. *Soerabaya*, ads. resid. *Grissée*.

SANKANG, d. in *Oost-Indië*, op het *Sundasche* eil. *Java*, resid. *Preanger-Regentschappen*.

SANKOELANG, st. in *Oost-Indië*, op het *Sundasche* eil. *Java*, resid. *Madion*, door een fraai bosch omgeven.

In het begin der vorige eeuw, bevatte deze stad, welke een kleine halve mijl groot is, ruim 2500 huisgezinnen, die zich meest met den rijst- en houthandel geneerden.

SANNGALA, d. in *Oost-Indië*, op het *Sundasche* eil *Java*, resid. *Baglen*.

SANNIKIE, naam, welken de Negers geven aan de suikerplant. Rosenburg, in *Nederlands-Guiana*, kol. *Suriname*. Zie Rosenburg.

SANOEMBANG, gebergte in *Oost-Indië*, op het *Sundasche* eil. *Borneo*, resid. *Banjermasing*. — Dit gebergte verheft zich tot 3500 voet boven de oppervlakte der zee.

SANRABONI of Sandrabone, kon. in *Oost-Indië*, op het *Sundasche* eil. *Celebes*, op de Zuidelijke landtong, tusschen de gouvernementslanden Galissong en Poelonbankoeng.

Het heeft eenen Radja, die een bondgenoot van het Nederlandsche Gouvernement is.

SANSSOUCI, koffijplant. in *Nederlands-Guiana*, kol. *Suriname*, aan de *Orleana-kreek*, ter linkerzijde in het afvaren; palende bovenwaarts aan de verl. plant. Mariëndal, benedenwaarts aan de koffijplant. La Retraite en Grond-van-mijn-Geluk; 200 akk. groot, met 109 slaven. De Negers noemen haar Rosaloo.

SANTANG, staat in *Oost-Indië*, op het *Sundasche* eil. *Borneo*. Zie Sentang.

SANTBERGEN, buit. in *Eemland*, prov. *Utrecht*, arr., kant. en 2 u. Z. W. van *Amersfoort*, gem. *Soest*, aan den weg van Amersfoort naar Utrecht. — Dit buit. wordt thans in eigendom bezeten door den Heer J. Keyzer.

SANTBERGEN, landg. in *Gooiland*, prov. *Noord-Holland*, arr. en 4 u. O. van *Amsterdam*, kant. en ¼ u. O. van *Naarden*, gem. en ¼ u. W. van *Huizen*. — Dit landg. wordt thans in eigendom bezeten door den Heer van Reenen.

SANTDORP, voorm. d. in het Noordoosten der prov. *Groningen*, ten Westen der Ee en Tjamme, hetwelk in het jaar 1277 door den Dollart verslonden is.

SANTFORT, geh. in het vorst *Thorn*, prov. *Limburg*, arr. en 2½ u. Z. W. van *Roermond*, kant. en 3 u. Z. O. van *Weert*, gem. en 20 min. N. van *Thorn*; met 12 h. en 70 inw.

SANTFURDE, d., prov. *Friesland*, kw. *Westergoo*, griet. *Wymbritseradeel*. Zie Sandfirden (1).

SANTE, naam, welken de Negers geven aan de koffijplant. Constantia, in *Nederlands-Guiana*, kol. *Suriname*. Zie Constantia.

SANTIA, d. in *Oost-Indië*, op het *Sundasche* eil. *Java*, resid. *Preanger-Regentschappen*, aan den voet van den Goenong-Prahoe, geheel overschaduwd door talloze toppen van kokos- en arecaboomen.

SANTIGRON, naam, welken de Negers geven aan den houtgr. Catharina-Frederica, aan de koffijplant. Cornelia's Burg en aan de suikerpl. Voorburg, in *Nederlands-Guiana*, kol. *Suriname*. Zie Catharina-Frederica, Cornelia's Burg en Voorburg.

SANTOERS, naam, welken men in de wandeling geeft aan de b. Zand-Oerle, in de *Meijerij van 's Hertogenbosch*, kw. *Kempenland*, prov. *Noord-Braband*. Zie Oerle (Zand-).

SANTVOORT, buit. in het *Gooregt*, prov. *Groningen*, arr., kant., gem. en ½ u. van *Groningen*.

Dit buit., voormaals het eigendom van en bewoond door den beroemden Schroeder, Hoogleeraar in de Oostersche talen te Groningen, wordt thans in eigendom bezeten door Mevrouw de wed. wijlen den Rendsheer Mr. J. H. Nauta, woonachtig te Groningen.

SAOUY, land in *Afrika*, in *Opper-Guinea*, bij de *Goudkust*, W. van het rijk Assiantie en N. W. van dat van Dankam.

SAPALEWA (DE), riv. in *Oost-Indië*, op het *Ambonsche* eil. *Ceram*, op *Groot-Ceram*, die met eene noordelijke rigting in den *Archipel-van-St.-Lazarus* uitloopt.

SAPANDJANG, oud d. in *Oost-Indië*, op het *Sundasche* eil. *Java*, resid. en reg. *Soerabaya*, 2 mijlen van het strand, aan de Kedirie, welke daar den naam van Sapandjang aanneemt.

---

(1) Evenzoo zoeke men alle woorden elders Sant gespeld, die hier niet gevonden worden op Sand of op Zand.

[illegible] in Oost-Indië, op het Sundasche eil. Java, [illegible] behoort van Se-[illegible]

[illegible] in Oost-Indië, op het Sundasche eil. Borneo. [illegible]

[illegible], in Oost-Indië, in [illegible] de eil. Honimoa, Noessa-[illegible] Ceram.

[illegible] adsistent-residentie wordt berekend [illegible] Noessa-Laut, bevatten te zamen [illegible] Mohhammedaansche en [illegible] van deze negorijen liggen op [illegible] en onder deze laatsten zijn [illegible] Sirie-Sorio en Koelor.

[illegible], welken men doorgaans, [illegible] het eil. [illegible], in Oost-Indië, in den [illegible]

[illegible] of [illegible], d. in Oost-Indië, resid. Am-[illegible], op het Molukische eil. Honimoa, een der [illegible] met Tyouw en Paparoewa, ééne [illegible] volteoide Hervormde kerk, werd in [illegible] vernield. Het is de hoofdplaats [illegible], in de zeventiende eeuw, eenen [illegible] het eenen Krankbezoeker, nog later was [illegible] er weder een vaste Predikant, die ook de [illegible] Haroeka, Noessa-Laut en de kust van Ceram [illegible] is er eene kerk en school.

[illegible] Duurstede, aan de baai, op eene uitspringende rots gesticht, [illegible] van den Adsistent-Resident. Zie het art. Duurstede. [illegible] eene fraaije residentieplaats. De nabijheid van [illegible] derwaarts, hetwelk voor den Resident [illegible] de toeloop te groot was.

[illegible] is een luchtig en ruim gebouw van gabba-gabba. Ter [illegible] tegen over het fort, is eene overdekte en ruime [illegible] deze gebouwen staan, gelijkt veel naar een [illegible] op het eiland Java. Achter de bazar aan de landzijde ligt [illegible], dat zeer groot en in onderscheidene straten verdeeld [illegible] de Regenten en aanzienlijken, maar ook eene menigte [illegible] lieden, maar hun rijkdom strekt hun tot [illegible], want zij zijn gewoon hun geld onder den grond te [illegible] nutteloos aldaar te laten liggen.

[illegible] en wordt gedreven door Cerammers en Am-[illegible], ook wel door Chinezen, die zich op Ceram en Amboina [illegible]. De eerste brengen amber, schildpad, houtwerk, [illegible] derwaarts; de laatste lijnwaden, rijst, zout en [illegible]. De retouren bestaan in geld en de gooderen, [illegible] aangebragt hebben.

[illegible] 1817, de opstand van Matulesia, met den moord [illegible] en de zijnen gepleegd. Ook was Saparoea, [illegible], welke in handen der muitelingen bleven. Zie [illegible] het art. [illegible]

SAPATSH, st. in Oost-Indië, op het Sundasche eil. Sumatra, aan de Westkust van dit eiland, in het Land-der-Batakhs, land Baroes.

SAPEN, d. in *Oost-Indië*, op het *Sundasche* eil. *Java*, resid. *Djocjokarta*.

SAPELLALE (XOELA-), eil. in *Oost-Indië*, in den *Molluksche-Archipel*. Zie MANGOLI (XOELA-).

SAPHIR, kostgrond in *Nederlands-Guiana*, kol. *Suriname*, aan de *Beneden-Commewijne*, ter regterzijde in het afvaren; palende bovenwaarts aan het Chirurgijns etablissement Beproefde Vriendschap, benedenwaarts aan de koffijplant. Klein-Bellevue; 500 akk. groot; met 4 slaven. De Negers noemen haar VISSZA.

SAPI, klein eil. in *Oost-Indië*, in den *Sundasche-Archipel*, tusschen Sumbawa en Floris.

SAPI (DE), riv. in *Oost-Indië*, op het *Sundasche* eil. *Java*, resid. *Banjoemas*, met eene zuidelijke rigting in de Indische-Zee uitloopende.

SAPI (STRAAT), zeeëngte in *Oost-Indië*, tusschen de Kleine-Sunda-eilanden, Sumbawa en Komobo door, uit de Indische-Zee in de Zee-van-Java loopende, 8° 4′ Z. B., 137° 6′ O. L.

Het noordereinde van deze straat wordt ook wel verdeeld in Straat-Sapi en Straat-Giliebante. De voornaamste plaats is Sapi-baai, op Sumbawa. Zie het volgende art.

SAPI-BAAI, baai in *Oost-Indië*, in *Straat-Sapi*, aan de Oostkust van het eil. *Sumbawa*, een der *Kleine-Sunda-eilanden*. — Er liggen daarin onderscheidene eilanden.

SAPISANG, distr. in *Oost-Indië*, op het *Sundasche* eil. *Sumatra*. — Het is een der voorname afdeelingen van het *Land der Batakhs*.

SAPISANG, d. in *Oost-Indië*, op het *Sundasche* eil. *Sumatra*, in het *Land der Batakhs*, distr. *Sapisang*.

SAPMA, voorm. adell. h. in het *Westerkwartier*, prov. *Groningen*, arr. en 3½ u. W. ten N. van *Groningen*, kant. en 2 u. W. van *Zuidhorn*, gem. en 1 u. N. van *Grootegast*, ½ u. N. ten O. van *Lutkegast*. — Het is thans eene boerderij.

SAPMATIL, houten brug in het *Westerkwartier*, prov. *Groningen*, in den weg van Lutkegast naar Grijpskerk, liggende over de Vischvlieter-vaart.

Hier zal vermoedelijk vroeger eene sluis gelegen hebben, zijnde daarvan nog sporen aanwezig.

SAPMEER, naam, welken men meestal geeft aan het d. SAPPEMEER, prov. *Groningen*. Zie SAPPEMEER.

SAPMEER (HET), voorm. meer in het balj. van de *Nieuwburgen*, prov. *Noord-Holland*, arr. *Hoorn*, kant. *Purmerende*, gem. *Graft*.

Dit meertje maakt thans eenen polder uit, palende N. W. aan het Noorder-meer, O. aan den Binnendijks-polder, Z. en W. aan den Grafter-ban.

Deze pold. beslaat, volgens het kadaster, eene oppervlakte van 27 bund., waaronder 20 bund. 32 v. r. 30 v. el. schotbaar land; en wordt door eenen molen, op den Eilands-polder, van het overtollige water ontlast.

SAPODI, eil. in *Oost-Indië*, in den *Sundasche-Archipel*, aan de Oostkust van het eil. *Madura*. Dit eiland behoort tot het rijk van *Sumanap*, en telt 7400 inw.

SAPOK, d. in *Oost-Indië*, op het *Sundasche* eil. *Celebes*, op het *Zuidelijke Schiereiland*, gouv. *Makassar*, gebied *Boelekomba-en-Bonthain*, lands. en distr. *Bonthain*, niet ver van de stad Bonthain, in het gebergte.

Nabij dit d. is een waterval, waarvan het gedruisch op aanmerkelijken afstand gehoord wordt. In éénen straal stort het water, ter hoogte van ruim 500 voet, genoegzaam loodregt in eenen waterkom van peillooze diepte neder.

SAPOEBAROE, d. in *Oost-Indië*, op het *Sundasche* eil. *Java*, resid. *Batavia*, aan den oostelijken oever van de *Tangerang*.

SAPONDA-EILANDJES, eil. in *Oost-Indië*, in de *Straat der Molukkos*, O. van het *Sundasche* eil. *Celebes*, voor de Bogt van Tomeikoe.

SAPON-SOJASSOE, oud d. in *Oost-Indië*, resid. *Amboina*, op het *Sundasche* eil. *Ceram*, op *Groot-Ceram*, aan de zuidkust.

SAPPEMAHEERD, voorm. heerd in *Fivelgo*, prov. *Groningen*, arr., kant. en 2 u. N. ten W. van *Appingedam*, gem. en 20 min. W. van *Bierum*, nabij *Losdorp*, waarvan men thans niets meer weet aan te wijzen.

SAPPEMEER, voorm. regtstoel, prov. *Groningen*, palende N. aan Slochteren, O. aan Zuidbroek, Z. aan Kleine-meer, W. aan Hoogezand.

Deze regtstoel heeft zijnen oorsprong te danken aan het vergraven der hooge veenen sedert het begin der zeventiende eeuw, en is thans eene zeer volkrijke plaats, bevattende drie groote kerkdorpen, te weten: het Hoogezand, Windeweer-en-Lula en het eigenlijke Sappemeer. Daar deze hooge veenen het eigendom geworden waren van de stad Groningen, en de aanleg tot veenkoloniën op hare kosten geschiedde, was het natuurlijk, dat zij die nieuwe dorpen beschouwde als onderhoorig aan hare heerlijkheid. Maar alzoo Sappemeer gedeeltelijk in het Gooregt en gedeeltelijk in het Oldambt lag, ontstond er verschil, tot welke van die beide landstreken deze regtstoel te brengen zoude zijn; waarvan het besluit was, om er eenen afzonderlijken regtstoel van te maken. Hiertoe benoemde men den Ambtman van Selwert of het Gooregt, hoewel niet in die betrekking, en zulks is tot aan het jaar 1804 alzoo gebleven, hebbende die Ambtenaar zich daarom geschreven: *Ambtman van het gerigt van Selwert, en Regter van Sappemeer*. In de uitoefening van het regt was er ook een aanmerkelijk onderscheid, want, daar in het Gooregt bijzitters waren, was de Regter hier alleen, in het burgerlijke en in het lijfstraffelijke; daar in het Gooregt geoordeeld werd naar het Selwerder landregt, gold hier alleen het Oldambtster landregt, terwijl de regtdag voor Sappemeer ook op eenen anderen dag werd gehouden, namelijk, des Zaterdags.

De kerkelijke begevingen in deze dorpen, waarvan de Predikanten mede onder de klassis van *Groningen* behooren, staan, (even als in het Gooregt) aan de mannelijke hoofden der huisgezinnen, die ledematen der gemeente zijn, en eigen goed en huis bezitten, of zesjarige meijeren zijn. Maar sedert de Heeren van Groningen, als landeigenaars buiten het kerspel woonachtig, naar de bepaalde evenredigheid van grastallen ook hunne stemmen lieten inbrengen, en daardoor eene groote meerderheid verkregen, werd de medestemming der ingezetenen van zeer weinig belang. Ook had de stad deze heerlijkheid tot haar afzonderlijk jagtveld verordend, waarin niemand dan de Regering en hare Ministers mogt jagen.

In het begin der zeventiende eeuw kwamen hier onderscheidene personen uit het Sticht van Utrecht over, onzeker echter door welke aanleiding. Deze lieten eenen veenkundige, Cornelis Pessen, de hooge veenen bij Foxhol of Voshol en daaromtrent opnemen en peilen, met dat gevolg, dat zij (te weten Jonker Gillis van Stoutenburg, Hendrik Cornelis van Amerongen, Burgemeester van Rhenen, Cornelis Clercq, Marcus Christiaans en Evert Dekes) van de provincie in pacht namen de Esser- en andere kloosterveenen, aldaar gelegen. Om die nu behoorlijk te kunnen aansteken en ter geschikter plaatse met hoofddiepen en zijdwijken te voorzien, verwierven zij van de eigengeërfden des kersspels Kropswolde een opstrek van vier roeden breedte door de veenen van laatstgemelden, te beginnen bij den Looidijk tot aan de gepachte Esser- en andere kloosterveenen. Met de stad Groningen handelden zij over den impost der turf, waarin zij ook naar genoegen schijnen geslaagd te zijn. Niettegenstaande dit alles ging het hun als velen, dat de eersten de moeite en kosten hebben, maar anderen de vruchten plukken. Immers zij geraakten, na verloop van eenige jaren, dermate ten achteren, dat zij hunne aangestoken veenen aan meervermogenden moesten overdoen. Daarover had de Regering der stad Groningen reeds meermalen hare gedachten laten gaan, waarom zij van dit tijdstip thans gebruik maakte, en den 1 Mei 1613 en 15 Maart 1616 van Hendrik Cornelis van Amerongen *en Compagnie* aankocht al dat regt, hetwelk zij door pachting van de provincie op die veenen verkregen hadden. De grootste swarigheid, welke de eerste pachters in den verderen opleg stuitte en verlegen maakte, was het groote uitgestrekte meer in deze hooge veenen, het Sappemeer of ook, om het geraas der wateren, het Duivelsmeer genoemd, waarvan de diepte op de meeste plaatsen van 5, 4, 3 en op de waadbaarste plaatsen van 2 ellen was. De aftapping echter van dit meer werd door de stad Groningen, aan welke deze streken zoo groote verpligting hebben, in het jaar 1618, ondernomen en slaagde naar wensch. In het volgende jaar werd daar eene vaart door gegraven van ruim 1140 ellen lengte; waarna die is doorgezet tot Zuidbroek, tot groot gemak en voordeel dier landstreek, welke, bevorens, alle hare waren over Slochteren, Kolham en verder langs eenen lagen veengrond, naar de stad moest vervoeren; iets dat des winters veeltijds ondoenlijk was.

SAPPEMEER, gem. in den voorm. regtstoel van *Sappemeer*, prov. *Groningen*, arr. *Groningen*, kant. *Hoogezand* (1 k. d., 9 m. k., 1 s. d.); palende N. aan de gem. Slochteren, O. aan Noordbroek, Zuidbroek en Muntendam, Z. aan Muntendam en het Hoogezand, W. aan het Hoogezand.

Deze gem. bevat, behalve het d. Sappemeer, de veenkolonie Kleine-Meer, de b. Achterdiep en Jagerswijk, benevens gedeelten van de Borger-kompagnie en van de Trips-kompagnie. Zij beslaat, volgens het kadaster, eene oppervlakte van 1320 bund. 40 v. r. 32 v. ell. Men telt er 487 h., bewoond door 636 huisgez., uitmakende eene bevolking van ongeveer 3150 inw. Landbouw, veeteelt, koophandel, scheepsbouw en scheepvaart brengen hier groote welvaart aan. Het aantal schepen, dat op 1 Januarij 1845 hier te huis behoorde, beliep 40, meest kofschepen. Men heeft er 8 scheepstimmerwerven, 3 touwslagerijen, 10 grofsmederijen, 2 kalkbranderijen, 1 moutwijnstokerij, 1 distilleerderij, 1 leerlooijerij, 1 tabakskerverij, 1 koren-, pel- en mout-, 1 run-, pel- en olie-, 2 houtzaag- en 2 oliemolens.

De Herv., die er 1900 in getal zijn, onder welke 330 Ledematen, maken eene gem. uit, welke tot de klass. van *Groningen*, ring van *Hoogezand*, behoort. De eerste, die hier het leeraarambt aanvaardde, was Johannes Hermanni, die er in 1632 beroepen werd en in 1637 werd opgevolgd door Johannes van Vullen, die er in 1638 overleed. Het beroep geschiedt door de Regering der stad Groningen, die er het primaire en bijna eenige collatieregt toekomt.

De Christelijke Afgescheidenen, die er 80 in getal zijn, maken, met die uit de burgerlijke gem. het Hoogezand, eene gem. uit, welke te *Sappemeer*, in een partikulier huis, hunne godsdienst uitoefenen.

De Evang. Luth., die er 70 in getal zijn, maken, met die uit de burgerlijke gem. Slochteren, Noorbroek, Zuidbroek en het Hoogezand, eene gem. uit, welke tot de ring van *Groningen* behoort, en 180 zielen telt, onder welke ongeveer 100 Ledematen. De eerste, die in deze gem. het leeraarambt heeft waargenomen, is geweest C. Th. Smidt, die in het jaar 1714 herwaarts kwam. Bij vacature ontvangt men eene nominatie van het Amsterdamsch consistorie, waaruit de kerkeraad een beroep doet.

De Doopsgez., van welke men er 800 aantreft, maken, met die van het Hoogezand, Kolham, Zuidbroek en Muntendam, eene gem. uit, welke ruim 1150 zielen telt, onder welke 380 Ledematen. Vroeger waren het zes gem., welke zich langzamerhand vereenigd hebben, en eerst te Kleine-Meer in de aldaar, ten jare 1775 gestichtte, kerk, thans in het, ten jare 1846 te Sappemeer gestichtte, kerkgebouw hunne godsdienstige bijeenkomsten houden.

De R. K., die er 510 in getal zijn, maken, met die uit de naburige gem. Hoogezand, Slochteren, Noordbroek, Zuidbroek en Muntendam, benevens een gedeelte van Veendam de stat. het Kleine-Meer uit, welke mede in deze burg. gem. eene kerk heeft.

De Isr., van welke er 70 wonen, behooren tot de ringsynagoge van *het Hoogezand*. — Men heeft in deze gem. twee scholen, als ééne te Sappemeer en ééne te Kleinemeer, welke gezamenlijk gemiddeld door 420 leerlingen bezocht worden.

Het d. Sappemeer, meestal Sapmeer genoemd, ligt aan het Winschoterdiep, dat er doorvloeit, en wel 3½ u. O. Z. O. van Groningen, grenzende O. aan het Hoogezand. Men telt er in de kom van het dorp 324 h. en ongeveer 2200 inw.

Het was nog vóór 1618 toen het afgetapt werd, een meer, van hooge veenen omgeven. Door het graven van het kanaal en droogmaken werd het in een welvarend dorp herschapen; een toonbeeld van hetgeen menschelijke vlijt en volharding kunnen daarstellen.

De Herv. kerk staat ten N. van de trekvaart en is eene fraaije achtkante koepel, gesticht in het jaar 1655. Het dak was op het laatst der voorgaande eeuw nog met koperen platen gedekt, maar, bouwvallig zijnde geworden, is het sedert 1791 in een pannendak veranderd, terwijl het muurwerk toen ook anders werd opgetrokken, waardoor het uiterlijke fraaije dezer kerk zeer is vermeerderd. Zij heeft op het dak eenen kleinen, open toren, doch is van geen orgel voorzien. Op ongeveer 25 ellen van de kerk staat een zeer lage dikke steenen toren, waarin de luiklok hangt. Vóór het bouwen dezer kerk deed de Predikant dienst in een bijzonder huis of schuur, tot dat het schielijk opnemen dezer aanzienlijke kolonie ook een geschikt openbaar kerkgebouw noodig maakte.

De Evang. Luth. kerk is een net ingerigt gebouw, zonder toren, doch van een orgel voorzien.

De in 1846 geheel nieuw gebouwde Doopsgez. kerk is een fraai langwerpig gebouw, ten Noorden van de vaart, met het front naar het Zuiden, met eenen toren en orgel. De pastorie werd er reeds in 1838 nieuw gebouwd.

De in 1838 geheel nieuw gebouwde en ruime dorpschool, ten Noorden van de vaart, telt gemiddeld 330 leerlingen.

Men heeft hier, met *het Hoogezand*, een Departement der Maatschappij: *Tot Nut van 't Algemeen*, dat den 11 Januarij

1825 opgerigt is en vijftig leden telt, alsmede een Zeemans-collegie, opgerigt den 27 December 1827, tellende ruim vijftig effective leden, en hebbende tot signaal eene roode vlag, onder en boven met eenen blaauwen band, ter breedte van de helft der vlag, en met een wit nommer in het rood. Voorts eene Onderlinge brandwaarborg compagnie, eene zee-assurantie compagnie en eene onderling zee-assurantie compact.

SAPPEWERF, pold. in den *Heer-Hugowaard*, prov. *Noord-Holland*, arr. *Alkmaar*, kant. *Schagen*, gem. *Heer-Hugowaard*; palende N. aan den Veenhuizergrond en voorts van alle zijden door den Heer-Hugowaard omgeven.

SAPPI, oud d. in *Oost-Indië*, op het *Sundasche* eil. *Java*, resid. *Preanger-Regentschappen*, reg. *Sockapoera*. Zie voorts RAPPESOLLA.

SARABOSCH, voorm. hofstede, prov. *Friesland*, kw. *Oostergoo*, griet. *Achtkarspelen*, arr. en 6 u. O. van *Leeuwarden*, kant. en 3¼ u. O. N. O. van *Bergum*, ½ u. N. O. van Gerkesklooster, 20 min. N. van Stroobos, nabij de grenzen van de Friesche griet. Kollumerland-en-Nieuw-Kruisland. Deze hofstede bestaat niet meer; de vroeger daartoe behoord hebbende gronden, zijn thans weilanden, en behooren aan onderscheiden eigenaren.

SARAH, katoenplant. in *Nederlands-Guiana*, kol. *Suriname*, in *Opper-Nickeri*; palende N. aan den Atlantische-Oceaan, O. aan de katoenplant. Leasowes, Z. aan onuitgegeven bosch, W. aan de katoenplant. Burnside; 500 akk. groot.

SARAI, d. in *Oost-Indië*, op het eil. *Lettie*, een der *Kleine-Sunda-eilanden*.

Er is aldaar sedert onderscheidene jaren een Zendeling gevestigd, wiens huisvrouw ook aan de meisjes onderrigt in het naaijen en breijen geeft. De kerk alhier is, in het jaar 1835, door het Godsdienstig kindergenootschap te Soerabaya, met eene klok beschonken.

SARAKREEK (DE), kreek in *Nederlands-Guiana*, kol. *Suriname*, welke uit het hoog bergachtige land voortkomt, en met eene noordelijke rigting, over den gewezen militaire post Hughesburg, op den regteroever in de *Suriname* valt.

SARAMACCA, div. in *Nederlands-Guiana*, kol. *Suriname*; palende N. aan den Atlantische-Oceaan, O. aan de Coppename, die haar van Opper- en Neder-Nickeri scheidt, Z. aan hooge en bergachtige landen, W. aan de divisie Para.

Deze div. is de uitgestrektste van de geheele kolonie. Zij bevat de plantaadjen en gronden, welke ter wederzijden zoo van de Boven- als van de Beneden-Saramacca liggen, benevens die van de Wanica-kreek en de Tawajari-kreek en verder die van het gedolven Kanaal-van-Wanica.

Daarin liggen alzoo de koffijplant.: Anna-Maria, Broederschap, Caledonia, Concordia, de Dankbaarheid, de Eendragt, Frederici's-Gift, Hildesheim, Huwelijkszorg, Kweeklust, Margaretha's-Gift, Mijn-Vermaak, Monitor, de Morgenster, la Poula, la Prevoyance, Sara-Maria, Smitfield en Tyrol; de koffij en cacaoplant.: de Goede-Hoop, de Herstelling en Johannes-hoop; de suikerplant.: Catharina-Sophia, Hamburg, Johanna-Catharina en Kent; de houtgr.: Albion, de Beproeving, Carelsburg, Catharina-Frederika, Curaçao, de Dankbaarheid, Frankfort, Goede-Moed, Nieuw-Goedens-Hoop, Haarlem, de Nieuwe-Hoop, Johanna-Petronella, Izaäks-Hoop, Maria's-Lust (aan de

Saramacca), **Maria's-Lust** (aan de Wanica-kreek), **Nooit-Gedacht, Rachels-Hoop, la Ressourse, Rust-en-Rust, Sonnette, Vier-Gezusters; Vier-Hendrikken, Voorzorg, Waterloo, Welgevonden, Willemshoop, Windsor, Forest-en-Sara's-Lust** en **Zorg-en-Hoop**; de kostgr. **Eigenbelang**, de **Goede-Onderneming, Kweeklust, Mon-Plaisir, Nooit-Gedacht, Voorzorg, Weltevreden** en **Zonhoop**, benevens de kweek- en kostgrond **Aitnoch-en-Elizabetshoop**.

SARAMACCA (DE), riv. in *Nederlands-Guiana*, kol. *Suriname*, bezuiden de kolonie, uit hooge en bergachtige landen voortkomende en zich, met eenen noordelijken, zeer bogtigen loop, in den *Atlantische-Oceaan* ontlastende, na zich, even boven hare monding, met de *Coppename* vereenigd te hebben. Aan de bovenrivier Saramacca wonen de vrije Becoe- en Moesinga-Negers in boschrijke dorpen.

Deze riv., in welke onderscheidene kreken uitwateren, heeft bovenwaarts van 4 tot 10 ell. water, en kan derhalve, om de ondiepten en banken, niet dan met kleine vaartuigen bevaren worden. Zij onderscheidt zich door haren snellen loop en is tot aan de Wanica voor zeeschepen bevaarbaar.

SARAMACCA-KREEK (DE), kreek in *Nederlands-Guiana*, kol. *Suriname*, welke uit de besschen en zwampen in het zuiden der kolonie voortkomende, met eene noordwestelijke rigting in de *Para-kreek* uitloopt.

SARA-MARIA, koffijplant. in *Nederlands-Guiana*, kol. *Suriname*, aan de *Beneden-Saramacca*, ter regterzijde in het afvaren; palende bovenwaarts aan de koffijplant. de Eendragt, benedenwaarts aan de koffijplant. Broederschap; 1000 akk. groot; met 70 slaven De Negers noemen haar OLANTI.

SARANG, d. in *Oost-Indië*, op het *Sundasche* eil. *Java*, resid. *Rembang*, 469 palen O. van Batavia, 102 palen W. van Samarang, 30 palen, W. van Rembang.

SARANG, d. in *Oost-Indië*, op het *Sundasche* eil. *Java*, resid. *Madion*, lands. *Panaroga*.

SARA'SLUST, voorm. houtgr. in *Nederlands-Guiana*, kol. *Suriname*, aan de *Boven-Saramacca*, ter regterzijde in het afvaren; palende bovenwaarts aan den houtgr. Windsor-forest, met welke hij nu vereenigd den houtgr. *Windsor-forest-en-Sara'slust* uitmaakt, benedenwaarts aan den houtgr. Haarlem; 500 akk. groot; met 2 slaven.

SARA'SLUST, verl. houtgr. in *Nederlands-Guiana*, kol. *Suriname*, aan de *Suriname*, ter linkerzijde in het afvaren; palende bovenwaarts aan den houtgr. Worsteling-Jacobs, benedenwaarts aan het verl. Land-van-Auka; 800 akk. groot. Het is thans de werkplaats van *Quamaba*.

SARBITE, eil. in *Oost-Indië*, tot de *Kleine-Sunda-eilanden* behoorende. Zie SABRAO.

SARDAM, naam, welken men veeltijds geeft aan de st. ZAANDAM, prov. *Noord-Holland*, en welke de Franschen mede aan die stad geven. Zie ZAANDAM.

SARDAM, suikerplant. in *Nederlands-Guiana*, kol. *Suriname*, aan de *Cottica*, ter linkerzijde in het afvaren; palende bovenwaarts aan de suikerplant. Hamburg, benedenwaarts aan de verl. plant. Constantia; 1619 akk. groot; met 55 slaven. Zij wordt bewerkt door eenen watermolen. De Negers noemen haar FAITI.

SARDIJNSWATER (HET), water in *Oost-Indië*, op het *Moluksche* eil. *Amboina*. Zie LATERY.

SARDINGEN, b., prov. *Friesland*, kw. *Zevenwouden*, griet. *Stellingwerf-Oostzijde*. Zie JAARSBERN.

SAREJ, HOMBJONE-SAREJ of SEMBON-PUNT, kaap in *Oost-Indië*, op het *Sundasche* eil. *Sumatra*, aan de Westkust.

SAREM, naam, welken men ook gaf aan een gedeelte van de *Kust-van-Guinea*, in *Afrika*, in *Opper-Guinea*, vooral aan het noordelijke deel van de Goudkust.

SAREM, st. in *Afrika*, in *Opper-Guinea*, aan de *Goudkust*. Zie SALLAGA.

SARIBA of SARIBE, staat in *Oost-Indië*, op het *Sundasche* eil. *Borneo*, aan de westkust, resid. *Pontianak*.

Deze staat behoort tot het rijk van Sambas en is afhankelijk van het Nederlandsche Gouvernement. Onder de aanzienlijken van dezen staat vindt men velen, die, wanneer zij de gelegenheid gunstig oordeelen, vaartuigen tot zeeroof uitrusten, met het oogmerk, om de inlandsche schepen te plunderen en de bemanning te vermoorden of tot slaven te verkoopen.

SARIE (DE), riv. in *Oost-Indië*, op het *Sundasche* eil. *Sumatra*, in de *Padangsche-Bovenlanden*.

SARIE-BODJON-KELOK, bosch in *Oost-Indië*, op het *Sundasche* eil. *Java*, resid. *Tegal*.

SARIKBOE, GEBONG-SARIKBOE of DUIZEND-GEBERGTE, gebergte in *Oost-Indië*, op het *Sundasche* eil. *Java*, gedeeltelijk resid. *Bantam*, gedeeltelijk resid. *Buitenzorg*.

SARISSA (DE), WAY-SARISSA, riv. in *Oost-Indië*, op het *Ambonsche* eil. *Ceram*, op *Hoewamohel*, met eene oostelijke rigting in den *Archipel-van-St.-Lazarus* uitloopende.

SARMATTA, eil. in *Oost-Indië*, in de *Indische-Zee*, 8° 10′ Z. B. 124° 21′ O. L.

SARO, kaap in *Oost-Indië*, in de *Indische-Zee*, aan de noordwestkust van het eil. *Timor*, een der *Zuidwester-eilanden* van *Banda*, 8° 21′ 6″ Z. B. 144° 24′ 18″ O. L.

SAROKA (DE), riv. in *Oost-Indië*, op het *Sundasche* eil. *Madura*.

SARON, militaire post, in *Nederlands-Guiana*, kol. *Suriname*, aan de *Boven-Saramacca*, ter regter zijde in het afvaren; palende bovenwaarts aan den verl. houtgr. Hermitage, benedenwaarts aan den houtgr. Philippines-Ruhe.

SARRASOU, vlek in *Afrika*, in *Opper-Guinea*, rijk *Assiantie*, 3 u. Z. van Coumassie. De omtrek wordt met zorg bebouwd, en geeft veel bananen, cachou en andere planten.

SARTI (DI), naam, welken de Negers geven aan de verl. katoenpl. MARIA'S-RUST, in *Nederlands-Guiana*, kol. *Suriname*. Zie MARIA'S-RUST.

SAS (HET), geh. op het eil. *Oost-Beveland*, prov. *Zeeland*. Zie SAS-VAN-GOES.

SASAK of SASSAK, eil. in *Oost-Indië*, in den *Sundasche-Archipel*, N. van het eil. *Flores*.

SASAK of SASSAK, kaap in *Oost-Indië*, in den *Sundasche-Archipel*, aan de Noordkust van het eil. *Flores*.

SASARIWICHI, kaap in *West-Indië*, op het eil. *Aruba*, waarvan het de Noordwestelijke punt uitmaakt.

SASBERGEN, hofstede in *Rijnland*, prov. *Zuid-Holland*, arr. en 3 u. N. ten W. van *Leyden*, kant. en ½ u. N. ten O. van *Noordwijk*, gem. *Noordwijkerhout*, in het Duin.

SASI, st. in *Oost-Indië*, op het *Moluksche* eil. *Ternate*.

SASI, meer in *Oost-Indië*, op het *Moluksche* eil. *Ternate*.

SASKERA, voorm. state, prov. *Friesland*, kw. *Oostergoo*, griet. *Ferwerderadeel*, arr. en 3½ u. N. van *Leeuwarden*, kant. en 1½ u. ten Z.W. van *Holwerd*, 10 min. N. van *Nykerk*, waartoe het behoort.

De plaats, waar zij gestaan heeft, is thans een stuk bouwland. De daartoe behoord hebbende gronden, beslaande eene oppervlakte van 28 v. r. 60 v. ell., worden thans in eigendom bezeten, door Sjoukje Klazes Hogendijk, weduwe Johannes Meekma, woonachtig te Ferwerd.

SASKERLEY, eil. in het *Alkmaarder-meer*, in *Kennemerland*, prov. *Noord-Holland*, arr. en kant. *Alkmaar*, gem. *Akersloot*.

SASMA, voorm. h. in *Hunsingo*, prov. *Groningen*, arr. en 5. u. W. ten N. van *Appingedam*., kant. en 1 u. W. ten N. van *Onderdendam*, gem. en 10 min. Z. Z. O. van *Baflo*, aan de westzijde van den breeden weg, loopende van Baflo naar Obergum, N. O. van de Dingen, thans veelal Oud-Sasma-bij-de-Dingen genoemd, alwaar men in het weiland nog hoogten en laagten ziet, met de sporen der voormalige singels en grachten.

De daartoe behoord hebbende gronden, worden thans in eigendom bezeten door den Heer H. Stelma, woonachtig te Baflo.

SASMA (OUD), stuk bouwland in *Hunsingo*, prov. *Groningen*, gem. *Baflo*, waar het huis Sasma-bij-de-Dingen gestaan heeft.

SASMA-BIJ-DE-DINGEN, voorm. h. in *Hunsingo*, prov. *Groningen*, gem. *Baflo*, tusschen dit dorp en het geh. de Dingen.

Het is reeds voor onheugelijke jaren gesloopt. Ter plaatse, waar het gestaan heeft, ziet men thans weidelanden, in welker hoogte veel puin gevonden wordt; ook zijn hier nog kenbaar de singels en de breede beddingen der voormalige grachten.

SAS-POLDER (DE), eigenlijk Klein-Bettewaarde, pold. in het eil. *Duiveland*, prov. *Zeeland*, distr., arr. en kant. *Zierikzee*, gem. *Nieuwerkerk-Kapelle-en-Botland*; palende N. aan den Jonge-polder, O. aan den pold. Bettewaarde, Z. en W. aan het Dijkwater.

Deze pold., welke den naam van Sas-polder ontleent van het Tweede- of Verste Sas van Zierikzee, aan het Noordeinde van dezen polder, in het Dijkwater liggende, is bedijkt in het jaar 1646, en beslaat, volgens het kadaster, eene oppervlakte van 91 bund. 66 v. r. 39 v. ell., waaronder 90 bund. 41 v. r. 70 v. ell. schotbaar land; bevat 1 h., zijnde eene boerderij en wordt door ééne sluis, op Groot-Bettewaarde, van het overtollige water ontlast. Het polderbestuur bestaat uit eenen Dijkgraaf, eenen Gezworen en eenen Ontvanger-Griffier

SASPUT, geh. in *Staats-Vlaanderen*, in het *Vrije-van-Sluis*, prov. *Zeeland*, distr. en 4 u. N. O. van *Sluis*, arr. en 3½ u. Z. van *Middelburg*, kant. en 2 u. N. O. van *Oostburg*, gem. en 1 u. N. O. van *Schoondijke*, aan het einde van den grooten watergang; met 14 h. en omtrent 70 inw.

Op dit geh. heeft men, behalve eene herberg, smederij, wagemakerij en korenwindmolen, ook eene school, welke mede voor Nommer-Een en Zandplaat, gem. *Hoofd-plaat*, en voor den Roodenhoek, gem. *IJzendijke*, dient en die gemiddeld ruim 80 leerlingen telt. De naam van het gehucht stamt af van eene schutsluis of sassing, die aldaar gelegen heeft voor de vaart naar Oostburg (Zie Oostburger-vaart).

SASSA-GANDAVUM, Lat. naam van de plattelandst. Sas-van-Gent, in *Staats-Vlaanderen*, in *Assenede-Ambacht*, prov. *Zeeland*. Zie Sas-van-Gent.

SASSCHE-GAT, voorm. vaarwater in *Staats-Vlaanderen*, prov. *Zeeland*, arr. *Goes*, kant. *Axel*, gedeeltelijk onder de gem. *Sas-van-Gent*, gedeeltelijk onder die van *Westdorpe*.

Het Sassche-gat was voorheen de haven van Sas-van-Gent en werd nog als zoodanig gebruikt, vóór hét graven van het kanaal van Neuzen naar Gent, in 1826, waardoor het ten eeneumale vervallen en voor de scheepvaart onbruikbaar geworden is, vooral ook door de opvolgende indijking van de na te meldene polders, welke bevorens deel maakten van de gronden van het Sassche-gat.

Na dat reeds in 1805 eenige schorren, in het evengemelde vaarwater liggende, onder den naam van Polder-van-Sas-van-Gent (zie Sas-van-Gent [Polder-van-]) waren ingedijkt, zijn, ten gevolge der verlanding van het Sassche-gat, nog twee partijen schorregrond bepolderd, onder den naam van Nieuwe-polder-van-Sas-van-Gent (zie dat art.) en Eugenia-polder. Deze laatste is bedijkt, in den zomer van 1846, op bekomen octrooi van Willem II, Koning *der Nederlanden*, in dato 7 December 1845, No. 58, verleend aan Theodorus Willem Baron van Zuylen van Nijevelt, Ontvanger der Domeinen te Sas-van-Gent, ten behoeve van het bestuur der Domeinen, A. E. Gheldolff, Grondeigenaar, wonende te Gent, *en* Jan Francis Pusseneir, te Assenede, Dijkgraaf van den Polder-van-St.-*Albert*, onder Sas-van-Gent, ten behoeve van genoemden polder, en is in dat zelfde jaar voor een gedeelte reeds bezaaid geworden. Deze polder, welke zijnen naam ontleent van de echtgenoote van een der bedijkers, heeft eene uitgestrektheid, met inbegrip van den zeedijk, van 80 bund. 11 v. r. 50 v. ell. hemelsbreedte en is schotbaar groot 66 bund. 44 v. r. 80 v. ell., zijnde de kadastrale grootte nog niet met juistheid bekend. Daarin staan nog geene gebouwen en hij ligt gedeeltelijk onder de gem. *Sas-van-Gent* en gedeeltelijk onder die van *Westdorpe*; palende N. aan den-Polder-van-Sas-van-Gent of Klein-St.-Albert en het overige gedeelte van het nog vloeijende Sassche-gat, O. aan het Papeschorre, Z. aan den Nieuwen-polder-van-Sas-van-Gent, W. aan den Polder-van-St.-Albert en dien van Sas-van-Gent of Klein-St.-Albert. Over de Eugenia-polder is nog geen bestuur aangesteld en de uitwatering heeft plaats door middel van eene sluis op het Westelijk-Stroomkanaal, ten gevolge van het met België gesloten tractaat van den 19 April 1839 en den 5 November 1842, daargesteld.

Het geen thans nog van het Sassche-gat overblijft, wordt begrensd N. door den Polder-van-Westdorpe, den Zuid-Westenrijk of Oud-Vogelschorre-polder, en de schorren op de hoogte van Philippine, alwaar het zich in den *Braakman* verliest, O. door het Papeschorre, Z. door de polders van S. Albert, Eugenia, Sas-van-Gent of Klein-St.-Albert, W. door den Polder-van-St.-Albert en dien van Sas-van-Gent of Klein-St.-Albert.

SASSEL, geh. in de heerl. *Reuland*, meijerij van *Asselborn*, grooth. *Luxemburg*, kw., arr. en 6 u. N. W. van *Diekirch*, kant. en 1 u. N. N. W. van *Clerff*, gem. en 20 min. O. van *Asselborn*, aan de Troynes.

SASSELA of Zuidoosthoek, kaap in *Oost-Indië*, in den *Archipel-van-St.-Lazarus*, aan de Zuidoostkust van het eil. *Ceram*.

SASSELBACH, geh. in het balj. van *Diekirch*, grooth. *Luxemburg*, kw., arr., kant. en ½ u. O. van *Diekirch*, gem. en ⅞ u. W. van *Bettendorff*.

SASSELBACH (DE), beek in het grooth. *Luxemburg*. Zij ontspringt te *Stegen*, doorkronkelt het dorp Gilsdorff of Guilsdorff, en werpt zich, een weinig lager, in de *Sure*.

SASSENHEIM, gem., deels in de heerl. *Soleuvre*, deels in het balj. van *Luxemburg*, grooth. *Luxemburg*, arr. en kw. *Luxemburg*, kant. *Esch-aan-de-Alzette*; palende N. aan Nieder-Kerschen en Dippach, O. aan Reckingen, Monnerich en Esch-aan-de-Alzette, Z. aan het Fr. dep. van de Moezel, W. aan Differdingen en Petingen.

Deze gem. bevat de d. Sassenheim, Soleuvre, Belvaux en Ehleringen, benevens het geh. Arsdorff. Men telt er 175 h., bewoond door eene bevolking van bijna 1200 inw., die meest hun bestaan vinden in den landbouw. De jaarlijksche productie van den grond bedraagt 5000 mudden rogge en tarwe, 3000 mudden haver en gerst, 900,000 ponden hooi enz. De veestapel beloopt 370 paarden, 500 runderen en 500 zwijnen. — Het dorp Soleuvre heeft beroemde markten.

De inw., die allen R. K. zijn, maken de par. van Belvaux, Sassenheim, Soleuvre en Ehleringen uit.

Het d. Sassenheim, bij verkorting veelal Sanem genoemd, ligt 3½ u. W. Z. W. van Luxemburg, 1½ u. N. W. van Esch-aan-de-Alzette.

De inw. maken, met die van het geh. Arsdorf, de par. Sassenheim uit, welke tot het vic. apost. van *Luxemburg*, dek. van *Bettemburg*, behoort, en door eenen Pastoor bediend wordt.

Voor de school wordt thans (1847) een geheel nieuw gebouw gesticht, waarvan de kosten op 4579 franks zijn geraamd.

Men heeft er een fraai kasteel van den Baron de Tornaco, Lid der Staten van Luxemburg, dat in 1794 door de Franschen verwoest, doch sedert weder opgebouwd is.

SASSENHEYM, gem. in *Rijnland*, prov. *Zuid-Holland*, arr. *Leyden*, kant. *Noordwijk* (2 k. d., 21 m. k., 2 s. d., 2 afd.); palende N. O. aan Lisse, Z. O. aan Warmond, Z. W. aan Oegstgeest-en-Poelgeest en N. W. aan Voorhout.

Deze gem., met welke in den Franschen tijd *Voorhout* vereenigd was, welke sedert weder daarvan gescheiden is, bestaat uit de volgende polders: den Beekpolder, den Mottige-polder, den Bontekriel-polder, den Lisserpoel-polder, den Hellegats-polder, benevens gedeelten van den Florisschouten-Vrouwen-polder, den Roode-Molen-polder, den Elsgeester-polder, den Klinkenberger-polder en den Warmonderdamsche-en-Alkemader-polder. Zij bevat het d. Sassenheym, benevens eenige verstrooid liggende h. en beslaat, volgens het kadaster, eene oppervlakte van 654 bund. 19 v. r. 7 v. ell., waaronder 649 bund. 14 v. r. 47 v. ell. belastbaar land, telt 212 h., uitmakende eene bevolking van 1000 inw., behalve de bewoners der buitenplaatsen, die elders zijn gedomicilieerd. De inw. vinden meest hun bestaan in den landbouw. Ook kweekt men er vele vruchtboomen en bloemen, vooral hyacinten en andere bloembollen, van welke laatsten er velen naar buitenslands verzonden worden. Men treft er mede heerlijke buitenplaatsen en zeer schoone boerenwoningen aan.

De Herv., die er 380 in getal zijn, onder welke 210 Ledematen maken eene gem. uit, welke tot de klass. van *Leyden*, ring van *Noordwijk*, behoort. De eerste, die in deze gemeente het leeraarambt heeft waargenomen, is geweest David Jacobi Reverset, die in 159[illegible] herwaarts kwam, en in het jaar 1599 naar Katwijk vertrok. Het beroep geschiedt door den kerkeraad.

De 2 Remonstranten, de 2 Doopsgezinden en de 6 Evang. Luth., die men er aantreft, behooren tot hunne respective gem. te *Leyden*; d[illegible] enkele Herst. Evang. Luth., die er woont, behoort tot de gem. van *Amsterdam*.

De R. K., die er ongeveer 560 gevonden worden, onder welke 470 Communikanten, maken eene stat. uit, welke tot het aartspr. van *Holland-en-Zeeland*, dek. van *Kennemerland*, behoort, door eenen Pastoor en eenen Kapellaan bediend wordt. Men weet met geen zekerheid te bepalen, welke Priesters hier vóór het jaar 1461 dienst gedaan hebben. Destijds stond aldaar Bartholomeus Simons van Schiedam, die tevens de pastorij van Lisse gecombineerd bediende, doch in het gezegde jaar werden, nog onder zijne dienst, die beide pastorijen gescheiden. Ten tijde der Reformatie waren de R. K. stat. van Sassenheym, Warmond, Lisse en Voorhout altoos gecombineerd geweest, doch tusschen de jaren 1659 en 1667 verkreeg de gemeente van Lisse eenen eigen Pastoor, zoo als die van Warmond, in het jaar 1798, en die van Voorhout, in 1845, mede ieder een' Pastoor verkregen hebben. De eerste Pastoor sedert de Reformatie, wiens naam wij vinden aangeteekend, was Kornelis Johanneszoon, een Sassenheymer van geboorte. Het schijnt uit vele omstandigheden, dat de Pastoors van deze plaats altoos op Warmond zijn woonachtig geweest, en daarom meestentijds Pastoors van Warmond genoemd werden.

Men heeft in deze gemeente eene school, welke gemiddeld door een getal van 100 leerlingen bezocht wordt, en eene kostschool voor Katholijke Jonge Jufvrouwen, ingerigt voor 16 leerlingen, hoewel er thans slechts 6 gevonden worden. Ook is er een Departement van de Nederlandsche Maatschappij ter bevordering van Nijverheid.

Het d. Sassenheym of Sassenheim, vroeger Saxenheim, daarna en nog meestal *bij* verkorting Sassen of Sassem geheeten, ligt 1½ u. N. van Leyden, 1½ u. O. van Noordwijk, aan den straatweg van Leyden op Haarlem, waardoor het vrij levendig en niet onaanzienlijk is. Melis Stoke noemt het Zassenem en Graaf Dirk V, in eenen brief van het jaar 1084, Sassem.

Sassenheym of Saxenheym, wil zooveel zeggen als woning, of liever omtuining der *Saxers*, want dit is de eigenlijke beteekenis van het aloude woord *heim*, waarvan men nog de sporen vindt in het Friesche woord, bij omzetting van de middelste letters, *hiem*, beteekenende die plek gronds, op welke het huis staat, tot eene boerderij behoorende, en welke *meestal*, door middel van eene sloot, gracht of vijver, van de overige landerijen is afgescheiden. Men meent alzoo, in de benaming van *dit dorp*, een overblijfsel te vinden van het verblijf der Saxers hier te lande; die, volgens de berigten der tijden, zich omtrent het midden der vierde eeuw, in Rijnland hadden nedergeslagen.

De Herv. *kerk*, was vóór de Reformatie aan den H. Pancratius toegewijd. Zij stond destijds ter bediening van den Abt van Egmond. Volgens de oude aanteekeningen der Egmondsche kerk zou hier ook lang eene kapel, onder den naam van Heer-Diederikskapel, bekend geweest zijn. Deze kerk is een schoon en ruim gebouw, tot eene aanzienlijke hoogte opgebouwd; het koor of achterste gedeelte is hooger dan het voorste deel. De toren, welke mede een goed aanzien heeft, is tot boven den klokkezolder en het kerkdak vierkant opgetrokken, van waar wederom eene met leijen bedekte spits oprijst; voorts is zij van binnen met een goed uurwerk voorzien. In het jaar 1837 is in deze kerk een orgel geplaatst, dat door de gemeenteleden bekostigd en den 1 October van dat jaar ingewijd is.

De R. K. kerk, aan den H. PANCRATIUS toegewijd, staat een eind wegs ten Z. van het dorp, aan de oostzijde van den straatweg. Zij had, tot in 1828, het voorkomen eener schuur; toen is zij herbouwd en heeft thans een tamelijk goed aanzien. Hiertoe verschaften de provinciale fondsen eene bijlage; het daaraan ontbrekende werd, als ook, in 1845, de houten lantaarntoren met het uurwerk en het kerkhof (den 19 November van dat jaar ingewijd) en in 1847 het nieuwe orgel, door de leden der gemeente bekostigd.

Er is hier ook een distributiekantoor voor de brievenposterij. — In de nabijheid van het d., niet ver van den straatweg, treft men de bouwvallen van het Huis-te-Teilingen aan. Zie dat woord.

De kermis valt in den eersten Zondag in September.

De gem. SASSENHEIM is eene heerl., welke thans aan het domein behoort.

Het wapen dezer gem. bestaat in een veld van goud, met vier banden van keel (rood), gedekt met eene graafelijke kroon.

SASSENPOORTE, b. in *Zalland*, prov. *Overijssel*, arr., kant., gem. en even buiten de poort der stad *Zwolle*, van welke het eene voorstad uitmaakt.

SASSING (AXELSCHE-), buurs. in *Staats-Vlaanderen*, in *Axeler-Ambacht*, prov. *Zeeland* Zie AXELSCHE-SASSING.

SASSINGA, voorm. state, prov. *Friesland*, kw. *Westergoo*, griet. *Hennaarderadeel*, arr. en 2 u. N. van *Sneek*, kant. en 2 u. O. N. O. van *Bolsward*, 5 min. N. van *Hennaard*, waartoe zij behoorde.

Ter plaatse, waar zij gestaan heeft, ziet men thans eene boerenhuizing. De daartoe behoord hebbende gronden, beslaande eene oppervlakte van 26 bund. 30 v. r. 27 v. ell., worden thans in eigendom bezeten door Freule C. J. VAN EYSINGA, woonachtig te Leeuwarden.

SASSINGA-RYD of SASSINGA-RIET, water, prov. *Friesland*, kw. *Westergoo*, griet. *Hennaarderadeel*, hetwelk van Spannum afkomende, in eene zuidelijke strekking voortloopt, en zich tegenover de voormalige state Sassinga in de Bolswarder trekvaart ontlast.

SAS-VAN-DINTEL (HET), sluizen aan den mond van den Dintel, onder de gem. *Dinteloord-en-Prinseland*, prov. *Noord-Braband*, 20 min. N. ten O. van *Dinteloord*, welke aldaar in het jaar 1825 gelegd zijn, ter vervanging van eene, welke in 1808 gelegd en den 8 Februarij 1810 weder bezweken was.

Dit SAS is eene versterkte stelling, bestaande uit eenige batterijen in vervallen staat op de toegangen derwaarts. Aldaar is eene sasmeesterswoning en eene sluiswachterswoning. Het SAS bestaat uit een paar vloed- en een paar ebdeuren.

SAS-VAN-GENT, gem. in *Staats-Vlaanderen*, in *Asseneder-ambacht*, prov. *Zeeland*, arr. *Goes*, kant. *Axel*, distr. *Hulst* (11 m. k., 5 k. d., 5 s. d.); palende N. en O. aan de gem. Westdorpe, Z. aan de Belgische gem. Zelzaete, W. aan de Belgische gem. Assenede.

Deze gem. bestaat uit de plattelandst. Sas-van-Gent, de b. de Stuiver en het Tolleken of Boerenhol, benevens uit den Polder-van-Sas-van-Gent; voorts uit gedeelten van den Poelpolder, den St. Alberts-polder, den Antonie-polder, den Nieuwenpolder-van-Sas-van-Gent en van den nieuw ingedijkten Eugenia-polder. Zij beslaat, volgens het kadaster, eene uitgestrektheid van 1432 bund. 56 v. r. 14 v. ell., waaronder 1431 bund. 86 v. r. 66 v. ell. belastbaar land; telt 199 h., bewoond door 232 huisgez., uitmakende eene bevolking van ongeveer 1100 zielen, die hun bestaan vinden, gedeeltelijk in het uitoefenen van onderscheidene neringen en bedrijven, gedeeltelijk in de scheepvaart op het Kanaal van Neuzen naar Gent en gedeeltelijk in den landbouw. Ook heeft men hier eenen windkorenmolen, tevens moutmalende en oliestande, eenen waterkorenmolen, twee bierbrouwerijen, twee stijfselmakerijen en eene aardappelen-meelfabrijk. — De kermis valt in den tweeden Zondag in September.

De Hervormden, die er 260 in getal zijn; onder welke ongeveer 140 Ledematen, maken, met het naburig *Philippine*, eene gem. uit, onder den naam van gemeente van *Sas-van-Gent-en-Philippine* (zie dat woord).

Voormaals bestond ook te dezer stede eene Waalsche gemeente, welke echter, zoo veel wij hebben kunnen nagaan, nimmer eene eigene vergaderplaats heeft gehad, maar hare godsdienstoefeningen in het kerkgebouw der Nederduitsche gemeente hield. Den 21 October 1634 verleenden de Algemeene Staten autorisatie tot het beroepen van eenen Waalschen Predikant, welk beroep werd uitgebragt op den Proponent JEAN CHARDEVIN, die te SAS-VAN-GENT zijne dienst heeft aanvaard den 20 December deszelfden jaars en aldaar in 1685 is overleden. Deze gem. heeft bestaan tot in 1795, als wanneer PIERRE MONNET, in 1768 alhier als Predikant bevestigd, den 4 April overleed, zijnde, ten gevolge van de in bezitneming van Staats-Vlaanderen in 1794, door de Franschen, de Waalsche-Gemeente geheel te niet gegaan. Als eene bijzonderheid vinden wij nog aangeteekend dat de vier laatste Waalsche Predikanten alhier, verpligt waren, om zich van tijd tot tijd, ten minsten viermaal 's jaars, naar Gent te begeven, ten einde onderzoek te doen of aldaar ook Protestanten waren, die onderrigt of vertroosting noodig hadden, voor welke buitengewone dienst zij jaarlijks eene te gemoetkoming van ƒ 150 ontvingen.

De 3 Evangelische-Lutherschen, die te SAS-VAN-GENT wonen, behooren tot de gem. van *Vlissingen*.

Vóór het jaar 1700 waren er geen R. K. te SAS-VAN-GENT (1), doch nadat, sedert het begin der achttiende eeuw, eenigen uit het naburige Vlaanderen zich aldaar met der woon gevestigd hadden en dit getal, in korte jaren, aanmerkelijk toegenomen was, is er omstreeks het jaar 1720 eene kerkschuur gebouwd, waarin de dienst door twee Paters uit het Minderbroeders-klooster te Gent werd verrigt. Later heeft men hier echter eenen wereldlijken Pastoor bekomen, zoodat de R. K., die men er ruim 810 telt, onder welke 620 Communikanten, eene par. vormen, behoorende tot het apost. vic. van *Breda*, dek. van *Hulst*, welke door eenen Pastoor bediend wordt.

De 15 Israëliten, die men er aantreft, behooren tot de ringsynagoge van *Middelburg*.

Men heeft hier eene school, door een gemiddeld getal van 80 leerlingen bezocht wordende, benevens een distributie-kantoor van de brievenposterij.

De stad SAS-VAN-GENT, in het Lat. AGGER-GANDAVENSIS, CATARACTA-GANDAVENSIS, of SASSA-GANDAVUM, ligt 10 u. Z. O. van Middelburg, 3 u. Z. ten W. van Goes, 2 u. Z. W. van Axel, 4 u. Z. W. van Hulst, 2½ u. Z. van Neuzen, 4 u. van Gent, met welke twee laatstgemelde steden zij, door middel van het Kanaal-van-Neuzen, gemeenschap heeft.

Met vergunning van FILIPS II, Koning van *Spanje*, hebben de Gentenaars, in het midden der zestiende eeuw, op hunne kosten eene vaart

---

(1) Zie *Zeeuwsch Plakkaatboek*, D. II, bl. 550.

gegraven naar de Honte, ten einde de gemeenschap met de zee, welke anders door de Schelde, langs Dendermonde en Antwerpen, met veel moeite plaats had, te verkorten, en om tevens meerdere veiligheid aan hunne scheepvaart te verschaffen, wanneer de stad Antwerpen, zoo als meer dan eens het geval was, de zijde der Staten hield. Het water in dit, ruim drie uren lange, Kanaal werd afgeleid uit de Leije, die, binnen Gent, met de Schelde zamenvloeit, en daar in vervolg van tijd, ter plaatse, waar naderhand SAS-VAN-GENT is gebouwd, voor de uitwatering dezer vaart eene sluis of sas is aangelegd, zoo heeft de sterkte, die naderhand tot dekking dezer sluis gebouwd is, den naam van het SAS-VAN-GENT, hetwelk zoo veel beteekende als de sluis van Gent, gekregen, zijnde dat gedeelte, alwaar de sterkte gebouwd was, om zijne hoogere ligging, het hooge SAS-VAN-GENT genoemd, in tegenstelling van het lagere gedeelte, hetwelk den naam van het lage SAS-VAN-GENT voerde. Van deze sterkte zijn thans geene sporen meer voorhanden. Vermoedelijk heeft zij gestaan op de hoogte van het huis en erve, thans bewoond door den Heer Oud-Burgemeester WILLEM JAN JACOB VAN FRANCKENBERG EN PROSCHLITZ.

De gemelde sluis of sas, als schutsluis gediend hebbende, is, in het jaar 1769, op 's Landskosten met nieuwe schutdeuren voorzien geworden. In den beginne waren bij deze sluis, ten gerieve der schippers, eenige woningen gebouwd, die van tijd tot tijd vermeerderden en, bij den aanvang der Nederlandsche beroerten met Spanje, in de zestiende eeuw, de gedaante van een open vlek verkregen, doch zonder eenige versterking. Die van Gent echter, begrijpende dat het in hun belang was, om maatregelen te nemen, ten einde ten allen tijde meester van deze vaart te blijven, legden aldaar eenige verdedigingswerken aan, waaronder twee schansen, welke tevens nog als een middel van defensie voor hunne eigene stad verstrekken konden.

De vestingwerken van SAS-VAN-GENT waren, vóór de komst der Franschen in 1794, van eene groote uitgestrektheid en voortreffelijk aangelegd. Zij bestonden uit eenen bekleeden hoofdwal, met zeven bolwerken, welke hooge en lage gebogene flanken hadden; was omringd door eene breede hoofdgracht, zes ravelijnen, eenen bedekten weg met glacis en reduits in de inspringende wapenplaatsen, al hetwelk door eene voorgracht was ingesloten. De wal had omtrent één uur gaans in zijnen omtrek. Het geheele ommeland kon, door het openen der sluizen, onder water gezet worden. Aan de oostzijde der vaart lagen nog drie schansen te weten: de Pas, ten oosten tegenover de stad, welke de gedaante had van een hoornwerk; de naam dezer schans wordt nog bewaard in de Passluis (zie dat woord), voorts ½ u. ten zuiden van de stad St. Anthony of St. Anthoon, zijnde eene achthoekige sterreschans, omringd door eene gracht, bedekten weg met glacis en voorgracht, welke het in eene vierhoekige gedaante insloten. Deze schans lag nabij den regter oever van den Kanaaldijk, schuins over de buurt de Stuiver, en had, waarschijnlijk ten gevolge van zijne ligging aan de uiterste grenzen, eenen bijzonderen Kommandant, die echter aan den Generaal-Kommandeur van het SAS-VAN-GENT ondergeschikt was. De derde schans St. Steven, lag ten oosten van laatstgenoemde. Overigens bestonden alhier drie poorten, als de Gentsche-poort, de Axelsche-poort en de Philippine-poort, alle in 1826 afgebroken.

Dat geen, wat van de vestingwerken nog aanwezig en thans in handen is van particulieren en van 's Rijks Domein, kan den opmerkzamen beschouwer eenigermate doen oordeelen over den schoonen aanleg uitgebreidheid en sterkte dezer gewigtige grensvesting, welke in de dagen van haren bloei door een Regiment voetvolk van 600 man, met de noodige artillerie, bezet werd.

Ofschoon de vestingwerken nog grootendeels aanwezig, doch buiten onderhoud zijn, wordt SAS-VAN-GENT echter niet meer als vesting beschouwd en zoude, in tijd van oorlog, slechts voor zooverre daarvan kunnen gebruikt gemaakt worden, als zulks als veldwerken zoude nuttig zijn.

Bij de afsluiting van het zoogenaamde Sassche-gat (zie dat woord), in 1826, hebben de, te SAS-VAN-GENT toen bestaande, oude schutsluizen die veranderingen ondergaan, welke noodig waren, om ze met het nieuwe kanaal in verband te brengen, waarvan dan ook voor de stad zoo veel mogelijk partij is getrokken, wordende zij in hare geheele lengte door dat kanaal doorsneden, terwijl ook de twee, aldaar vroeger bestaan hebbende, houten ophaalbruggen, vervangen zijn door eene fraaije dubbele houten draaibrug, waarover de gemeenschap met het oostelijk en westelijk gedeelte der stad, anders door het Kanaal vaneen gescheiden, onderhouden wordt. Deze brug heeft eene opening in den dag van 13 ell., het vaste gedeelte van den oostkant is lang 17.25 ell. en aan den westkant 5.70. Zij rust op vier jukken, draait aan iedere zijde met eene klep, en is in 1827 volbouwd.

De te SAS-VAN-GENT, in 1826 en volgende jaren, aangelegde water- en sluiswerken, op het meergemelde Kanaal, zijn bezienswaardig en trekken te regt de aandacht van deskundigen tot zich. Er liggen hier twee kapitale sluizen. De bovensluis heeft twee openingen, de ééne wijd in den dag 11.70 ell. en gesloten met een paar puntdeuren, van ijzeren schoften voorzien, die tevens voor waterlozing dienen kunnen en met de noodige sponden, voor vijftien schotbalken, ieder lang 12.70 ell. Aan de oostzijde bestaat er een middelpenant, op de dikte van 4.75 ell., zoo mede eene zijkoker, wijd in den dag 5.98 ell., gesloten door eene drijfdeur met 4 schoven, te zamen eene opening vormende van 5.44 v. ell., terwijl echter voor de waterlozing de geheele drijfdeur kan geopend worden, die alsdan eene opening daarstelt van 17.51.20 ell. In dien koker zijn twee sponden aangebragt, waarvoor 18 schotbalken bestaan van 4.45 ell. lengte. Het peil der slagbalken van de drijf- en ebdeuren is 4.40 ell. boven A. P.

De benedensluis heeft almede twee openingen van de zelfde wijdte en afmetingen als die aan de bovensluis. Aan de westzijde bestaat ook en gelijk middenpenant en zijkoker, gesloten met eene zoogenaamde toldeur. In den koker vindt men twee sponden voor achttien schotbalken, lang 4.94 ell. Het peil der slagbalken van de tol- en ebdeuren is 4.80 *ell.* boven A. P.

De kom heeft eene lengte van 116 ell. van punt tot punt der ebdeuren, op eene breedte van 40 ell. Het midden en de vleugels der beide sluizen, zoo wel als de regtstandige muren en de geheele oppervlakte, mitsgaders de slagbalken van de ebdeuren, zijn van arduinsteen opgehaald, uitgezonderd dat gedeelte van de vloer, hetwelk tusschen de koppeldeuren ligt, hetgeen van Rupelmondschen steen is opgemetseld. Voorts is de geheele kom met ijzeren leuningen en alle de deuren met dubbele ijzeren leuningen versierd.

In het jaar 1830 zijn de sluizen van de linkerwaterleiding of het zoogenaamde Molenwater mede geheel hersteld en met schotbalken voorzien; ook heeft toen de ontgraving plaats gehad, van de sluis bij den watermolen af, door de voormalige vestingwerken, tot in het hoofdkanaal. Over die waterleiding is eene vaste brug gelegd. — In het zelfde jaar is ook de vroeger bestaan hebbende regterwaterleiding weder in werking gebragt, de bij het arsenaal gelegen hebbende sluis uitgebroken en eene geheele nieuwe gelegd, de koker verwijd en de ontgraving voortgezet van de sluisface af tot in het hoofdkanaal. Aan de kom, tusschen de schutsluizen, is voor 's Rijks rekening eene nette woning gebouwd voor den Ontvanger der vaartgelden. Het geheel dezer werken brengt niet weinig tot verfraaijing van deze plaats bij.

Er bestaat te Sas-van-Gent wekelijks gelegenheid, om, met eene doelmatig ingerigte barge, des Dingsdags van daar naar Neuzen en vice versa, en des Donderdags naar Gent te varen en van daar den volgenden dag weder te keeren.

Men telt binnen Sas-van-Gent 180 h., bewoond door 210 huisgez., uitmakende eene bevolking van ruim 900 zielen. De stad heeft, behalve eene groote en kleine markt, vijf straten, welke echter het min aanzienlijk gedeelte daarvan uitmaken. De kaaijen langs het Kanaal met lindeboomen beplant, leveren daarentegen een fraai gezigt op, niet weinig verlevendigd door eene gestadige doorvaart van zee- en binnenschepen, welke te Sas-van-Gent doorgeschut moeten worden, hetgeen, bij veel bedrijvigheid, ook aan lieden uit de mindere volksklassen nog al eenig middel van bestaan verschaft.

Er zijn aldaar, behalve de na te noemen kerken, geene andere gebouwen dan het Stadhuis, aan de *Westkaai*; een, hoewel niet zeer aanzienlijk, echter doelmatig ingerigt gebouw, waarvan de toegang langs eenen dubbelen arduinsteenen trap plaats heeft. Het jaar van stichting, 1648, is in den gevel te zien.

Vroeger had men er zeer fraaije militaire gebouwen, als het Kommandement (zijnde de woning van den Kommandant der vesting), gestaan hebbende nabij de sluis en bij gelegenheid van het graven van het Kanaal in 1826, afgebroken; een Kruidmagazijn en een zeer fraai Arsenaal, zijnde naar het ontwerp van den Luitenant Generaal Creutznach, in 1769, gebouwd, welk Arsenaal, in 1826 met nog andere gebouwen publiek verkocht en den 14 Februarij 1846 geheel is afgebrand, nadat daarin 's jaars te voren eene door stoom gedreven kurkenfabrijk was opgerigt. Bovendien waren hier nog onderscheidene andere gebouwen, als een fraai Hospitaal, hetwelk in tijden van oorlog wel eens tot een veld-hospitaal is gebruikt geworden, goede woningen voor Officieren, Kasernen, Barakken, Hoofdwacht, Provoost enz.

De Hervormde kerk staat aan de oostzijde van het Kanaal. Het is eene kruiskerk met eene koepelvormige zoldering, prijkende met een koepeltorentje van slaguurwerk voorzien. De kerk is zonder orgel. Nadat de Hervormde gemeente van Sas-van-Gent zich aanvankelijk met een bekrompen lokaal had moeten behelpen, hetwelk door bouwvalligheid met vergunning van den Raad van State werd afgebroken, ten einde het daardoor ontstane plein tot een drilveld in te rigten, verleenden de Algemeene Staten, zoo mede de Raad van State, in het begin van het jaar 1648, consent tot het stichten van eene nieuwe grootere kerk, en wel in dat gedeelte der vesting, hetwelk destijds Nieuw-Rapenburg werd genoemd, van welk gebouw de eerste steen is gelegd door den kerkeraad, op den 23 Julij van evengemeld jaar. De Algemeene Staten verleenden te dien einde, den 27 October 1648, octrooi, tot verhooging van den impost op wijn en bier voor vijftien achtereenvolgende jaren, mitsgaders tot heffing van eenen halven stuiver, op te brengen door elken passagier, die alhier te water aankwam of afvoer, ten einde daar uit goed te maken de intresten der opgenomene kapitalen, terwijl Prins Willem II, in 1649, eene som van duizend gulden, in contanten, schonk, tot voortzetting van den bouw, zoo mede een kerkglas, beschilderd met zijne wapens. Niettegenstaande, door onderscheidene personen, belangrijke sommen, op renten, waren voorgeschoten tot den opbouw van deze kerk, zoo bleek het echter, dat die niet toereikende tot de voltooijing waren. Ook de bovenvermelde impositiën beantwoordden niet aan de verwachting, uithoofde van den minderen doortogt, dewijl men met Spanje geene overeenkomst had kunnen treffen over de gelijkstelling der tollen, welke te Sas-van-Gent hooger waren dan te Ostende; werwaarts dus de schepen heenvoeren. In deze gesteldheid besloot men de aanzienlijke kerk- of geestelijke goederen van Aardenburg of Oostburg, ingevolge een gemotiveerd advies door zes kundige regtsgeleerden te 's Gravenhage, den 14 Julij 1663, uitgebragt, aan te spreden (1). Met behulp van deze middelen, gelukte het eindelijk, om het gebouw tot stand te brengen, hetwelk echter eerst den 20 Januarij 1658 tot zijne bestemming werd ingewijd (2), ofschoon boven den ingang het jaartal 1649 te lezen staat. De Staten Generaal verleenden, den 1 November 1726, een subsidie in eens van *f* 2500 en voorts jaarlijks, tot reparatie en onderhoud van deze, toen reeds bouwvallige, kerk, *f* 200. Bij de belegering van Sas-van-Gent door de Franschen, in 1747, waarvan hierna opzettelijk wordt gehandeld, is dat bedehuis in brand geschoten. Daar het alzoo grootendeels verwoest was, werd er tot den herbouw, in Junij 1749, door geheel Nederland eene algemeene collecte gedaan, ten gevolge waarvan dit heiligdom in zijnen tegenwoordigen toestand hersteld werd, zoo dat de godsdienstoefeningen daarin, den 3 September 1752, door de Waalsche en den 17 dier zelfde maand door de Nederduitsche gemeente werden hervat; terwijl men, staande den opbouw dezer kerk, godsdienstig vergaderde in de groote kamer van het zoogenaamd Kostershuis, thans de Hervormde pastorie, waarvan men andermaal gebruik maakte, in het jaar 1809 en 1810, toen de kerk door de Franschen gerequireerd werd voor een militair magazijn. In 1810 echter aan de gemeente teruggegeven zijnde, met drie honderd franken (141 guld. 75 cents) schadevergoeding, had er nog eene inzameling van penningen bij de gemeenteleden plaats, om dit gebouw, door de Franschen aanmerkelijk beschadigd, op nieuw tot uitoefening van de eeredienst bekwaam te maken. Willem I, Koning *der Nederlanden*, verleende, in 1821, uit 's Rijks kas, eene subsidie van 1409 gulden, tot herstel van meergemeld kerkgebouw; ook werd de gemeente, tot reparatie van kerk en pastorij, in 1834, uit het fonds voor noodlijdende kerken, geholpen met 700 gulden, waarbij door het Rijk 500 gulden zijn gevoegd. Voorts heeft zij in 1839, uit 's Rijks kas, op nieuw eene subsidie van 1100 gulden en in 1841 eene som van 460 gulden, uit evengemeld fonds, genoten, waardoor de kerkelijke gebouwen thans in eenen redelijk goeden staat en doelmatig ingerigt zijn. Men vindt boven den ingang van dit bedehuis het in hardsteen uitgehouwen Statenwapen, door twee leeuwen vastgehouden, en in de kerk een wel uitgevoerd en goed onderhouden wapenschild van Jhr. Jan Frederik van Burmania, Generaal-Majoor, Kolonel-Kommandant van een bataillon en Kapitein van eene kompagnie Infanterie in dienst dezer landen, mitsgaders Kommandeur van het Hooge- en

(1) Zie Hurmius, *Zeeuwsche buise*, bl. 15-20 en bl. 301 en 302.

(2) Men vindt dat uitvoerig bij P. de la Rue, geletterd Zeeland, II Druk, bl. 188.

Lage-Sas-van-Gent en onderhoorige forten, overleden 1 Mei 1768 en in deze kerk begraven, welk wapenschild met krijgstrofeën en andere attributen van ridderlijk en militair gezag is verfraaid. Den 24 September 1726 vermaakte ANTHONY DE VOS, oud-Schepen en Ouderling van SAS-VAN-GENT, éénen grooten en twee kleinere zilveren schotels, benevens eene Samaritaansche kan van het zelfde metaal, alles voorzien van toepasselijke randschriften, aan de Hervormde gemeente aldaar en zulks voor de bediening des H. Avondmaals, waarvan nog gebruik wordt gemaakt, zoo mede van twee zilveren bekers, van onderen beschreven met de woorden: *de kercke van Sas-van-Gent.* 1685.

De hiervoor vermelde Roomsch-Katholijke kerkschuur stond op de *Kleine-Markt,* doch is in het jaar 1750 afgebroken en toen vervangen door een steenen gebouw, thans nog bij de R. K. in gebruik, welk bedehuis, aan de *H. Maagd* MARIA toegewijd, in 1840 belangrijke reparatiën heeft ondergaan, bij welke gelegenheid ook de pastorij, zoo mede des kosters woning, geheel is vernieuwd, waarvoor door het Gouvernement eene subsidie is verstrekt en het te kort komende uit den boezem der gemeente is gevonden. Deze uit- en inwendig wel ingerigte kerk is van een orgel voorzien, en heeft een houten torentje, met luiklok op den voorgevel. In de nabijheid van dit bedehuis is in 1846, op kosten der gemeente, eene nieuwe begraafplaats voor de R. K. aangelegd.

SAS-VAN-GENT is de geboorteplaats van den Graveur KAREL FREDERIK BENDORP, die er in 1736 het licht zag, † te Dordrecht in 1814.

Eenige, tot muiterij overgeslagene, Engelsche soldaten maakten zich in het jaar 1572 meester van SAS-VAN-GENT, slechtten de vestingwerken geheel en al en verbrandden de aldaar gebouwde huizen. Het leed echter niet lang, of de Gentenaars versterkten de plaats op nieuw, en voorzagen haar van vele buitenwerken.

In het jaar 1576 werd deze sterkte, nevens andere, aan WILLEM I, Prins *van Oranje,* toegekend, voor zijne bewezene hulp in Vlaanderen, tegen de oproerige Spaansche soldaten. Zij mogt zich echter niet lang verheugen in de vrijheid, welke haar onder dit bestuur ten deele viel, want reeds den 20 October 1583 kwam SAS-VAN-GENT, bij verrassing, gelijk tien dagen later Axel en Hulst (zie die artikelen) in handen van de Markgraven VAN ROUBAIX en MONTIGNY, door PARMA afgezonden, en die haar voor den Koning van Spanje in bezit namen, vooral, om dat de Gentenaren de zijde der Staten gekozen, de Unie van Utrecht onderteekend en den eed aan WILLEM I gedaan hadden. SAS-VAN-GENT moest dus deel nemen in het verdrag van verzoening, op Allerheiligendag van 1583, met gemelden Spaanschen Landvoogd gesloten.

Gelukkig echter werden de ingezetenen dezer plaats in 1644 van het Spaansche juk voor altijd verlost. FREDERIK HENDRIK, Prins *van Oranje,* vergezeld van zijnen schoonzoon WILLEM FREDERIK VAN NASSAU-DIETZ, ondernam den 28 Julij de belegering dezer vesting. Groot was de tegenstand, dien hij hier ontmoette; doch al aanstonds, op den 29, veroverde de Prins de schans St. Steven, welke bij verdrag overging, waarop de binnen de vesting bevelvoerende Spaansche Gouverneur, Don ANDREA DE PARADO, den volgenden dag eenige huizen en hoven in Rapenburg deed afbranden, welke hem in zijne verdediging hinderlijk waren. Deze Krijgsoverste verdedigde de plaats met eene zeldzame koelbloedigheid. Ook deden de Spanjaarden meer dan eens krachtdadige pogingen tot ontzet der benarde veste, zoodat de Prins, die in het dorp

Assenede zijn hoofdkwartier had, zich in de noodzakelijkheid gebragt zag, om zijne legerplaats van rondom zeer te versterken, ook door er eene dubbele gracht, van twaalf voet (3.76 ell.) breedte, om te laten graven. Op den dijk, loopende van Assenede naar Sas-van-Gent, werd eene batterij van zes stukken opgeworpen. Langs dezen dijk naderde men eindelijk de gracht der konterschap, op den rand waarvan de belegerden een werk hadden aangelegd, waaruit zij met twee honderd man op onze arbeiders vielen, die zij tot aan onze liniën terugdreven, van waar de vijand echter met verlies teruggeslagen werd. De Prins deed daarop eenen geduchten aanval op 's vijands werken, zoodanig dat die kort daarna verlaten werden. Men raakte vervolgens langs twee bruggen over de gracht en bemagtigde een groot gedeelte van de konterscharp, bij welke gelegenheid onderscheiden van de onzen gekwetst werden, onder welke ook een bevelhebber der timmerlieden, die eene wond aan de hand ontving, juist terwijl de Prins hem bij den arm hield en met hem sprak. Een van 's Prinsen Veldoversten maakte zich vervolgens meester van een ander werk, hetwelk de vijand op het glacis der konterscharp had opgeworpen en, na dat nog een dergelijk werk bemagtigd was, waren de onzen tot op den rand van de kapitale gracht der vesting genaderd. Om over deze gracht te geraken, deed de Prins terstond twee gaanderijen aanleggen, doch, terwijl men daaraan arbeidde, ontstond er des nachts zulk eenen vreesselijken storm uit het Noordwesten, bij nieuwe maan en springvloed, dat alle 's Prinsen werken onder water gezet werden. De soldaten waren door dit onverwacht toeval zeer ontmoedigd; doch de Prins, bij het aanbreken van den dag, tot over de knieën door het slijk wadende, sprak elk nieuwen moed in, en, binnen vier dagen, was de schade, door het water veroorzaakt, hersteld; doch toen werd er weder eene der gaanderijen door het geschut der belegerden vernield; ook dit nadeel werd in eenen dag weder verholpen. In dezen staat van zaken, verzochten de belegerden om te onderhandelen, en de plaats ging, na een beleg van ruim vijf weken, den 5 September bij kapitulatie over. De vermeestering dezer zoo digt aan de grenzen gelegene vesting, door het kloek beleid en de onverzaagdheid des Prinsen en in de nabijheid van een vijandelijk leger, werd door de Algemeene Staten van zoo veel belang beschouwd, dat zij deswege eenen algemeenen dankdag door geheel Nederland uitschreven, die, den 21 September daaraanvolgende, met levendige deelneming, door het luiden der klokken, het aansteken van vreugde vuren en het losbranden van het geschut gevierd werd (1). Ook is, den 7 September 1744, ter gedachtenis dezer gedenkwaardige verlossing, eene jubelpredikatie, door den toenmalige Predikant, Theodorus de Kemp, alhier gehouden.

Na dien tijd is Sas-van-Gent, zoo lang die plaats in Staten handen bleef, allengs meer en meer versterkt, in die mate, dat de Franschen, in 1678, met geweld niets daartegen durfden ondernemen, zoodat zij beproefden, om zich, door verraad, van deze vesting meester te maken. Zekere Lacnai, een Franschman in Staatsche dienst, trachtte heimelijk verstandhouding met Robert de Beacrau, Heer van *Renchamps*, die in de schans St. Anthoon bevel voerde, aan te knoopen, met oogmerk, hem het bemagtigen van Sas-van-Gent gemakkelijk te maken; doch Beacrau ontdekte dien toeleg aan den Prins van Oranje

(1) Men vindt de uitschrijvingsbrief van dezen dankdag bij J. Commelin, *Leven van Frederik Hendrik*, Deel II, bl. 163.

en hield LAUNAI intusschen zoo lang op, tot dat de bezetting van de plaats, door den Veldmaarschalk WIRTS, aanmerkelijk versterkt was, waarna hij alle onderhandelingen met hem afsneed, zoodat deze aanslag geheel mislukte.

In den Spaanschen successieoorlog, in het begin der achttiende eeuw, was deze vesting eene der eerste, welke met een beleg der Franschen bedreigd werd. Zij hadden begonnen, om te Zelzaete, onder het geschut van SAS-VAN-GENT, eene schans op te werpen, welke spoedig hevig uit de vesting beschoten werd, waarop wel de Maarschalk BOUFFLERS de plaats met een bombardement bedreigde, doch het ook hier bij liet blijven.

In 1747 gelukte het den Franschen beter. SAS-VAN-GENT was, even min als de andere steden in dit oord, bestand tegen de aanrukkende Fransche benden, zoodat zij, na eene belegering van slechts zes dagen, den 29 April, bij capitulatie overging, waarbij de bezetting krijgsgevangen gemaakt werd. Ten gevolge van het vredesverdrag, in 1748 te Aken gesloten, werd geheel Staats-Vlaanderen door den vijand ontruimd, die, tot aanmerkelijken last en nadeel der ingezetenen, een en twintig maanden in dat gedeelte van ons Vaderland verbleven hebben.

Eer nog deze eeuw ten einde was, overmeesterden de Franschen, in October 1794, op nieuw Staats-Vlaanderen en dus ook deze stad, waarna, bij het noodlottig Haagsche verdrag van den 16 Mei 1795, geheel Staats-Vlaanderen aan Frankrijk werd afgestaan, die het tot in het jaar 1814 behield, in welk jaar SAS-VAN-GENT, den 18 Februarij, door eenige Kosakken van den Don, onder bevel van den Russischen Graaf BETHALOFF, bezet werd, nadat de weinige Franschen, die alhier in bezetting lagen, met hem gecapituleerd hadden, ten gevolge van welk verdrag de Franschen, den volgenden dag, de stad uittrokken, na alvorens de wapens op het glacis te hebben nedergelegd. Uit erkentelijkheid, voor het goed onthaal door deze troepen alhier genoten, heeft de gemelde Graaf BETHALOFF, vóór zijn vertrek, aan de stad zijne beeldtenis ten geschenke gegeven, welke tegenwoordig nog in de raadzaal van het stadhuis hangt. Den zelfden 19 Februarij heeft het Bestuur van SAS-VAN-GENT, bij adres, aan den Souvereinen Vorst hulde bewezen, als de eerste plaats in dit oord, welke van de Fransche heerschappij bevrijd en voor Nederland gewonnen was.

Van den Belgischen opstand, in 1830, moest deze grensplaats eene treurige ondervinding hebben, toen den 17 October van dat jaar, des avonds ten 5 ure, eene ordelooze bende hier binnentrok, aangevoerd door zekere ERNEST GRÉGOIRE, zich noemende Kommandant en Chef van de expeditie in het Noorden van Vlaanderen, voorzien van een mandaat, den 1 dier zelfde maand, door het toenmalig provisioneel Belgisch bewind verleend. GRÉGOIRE zocht het Stedelijk Bestuur over te halen, om zijne functiën te blijven bekleeden, en in eed en dienst van het evengemeld bewind overtegaan. De toenmalige Burgemeester van SAS-VAN-GENT, WILLEM JAN JACOB VAN FRANCKENBERG EN PROSCHLITZ, weigerde stellig dit aanbod, hoewel men hem op alle mogelijke wijzen bedreigde, zoodat zelfs zijne veiligheid en leven gevaar liepen. Desniettegenstaande verklaarde hij, liever zich alle beleedigingen en mishandelingen te zullen getroosten, dan zijnen eed, aan Neerlands Koning gedaan, te verbreken en slechts door zijnen persoon en alle zijne bezittingen schriftelijk te verbinden, om SAS-VAN-GENT niet te verlaten, ontkwam hij eene geweldige gevangenneming en vervoer naar Gent. De overige leden van het Stedelijk Bestuur volgden het voorbeeld van hunnen waardigen Burgemeester, zoodat

Gateman genoodzaakt werd, eene nieuwe regering uit andere ingezetenen te kiezen. Na de publieke kas van den Agent van den Rijkskassier te hebben beroofd, verliet deze bende, den 29 October, Sas-van-Gent weder. Koning Willem I, de getrouwheid van den gemelden Magistraats-persoon willende beloonen, benoemde hem, in de maand October 1831, tot Ridder der Orde van den Nederlandschen Leeuw. Eerst den 30 November 1830 is het wettig gezag alhier hersteld, doch reeds den 20 te voren had zich tot bewaring der rust eene burgerwacht gevormd, welke, den 11 Januarij 1831, door Nederlandsche troepen werd vervangen, die, gedurende de Belgische onlusten, deze stad steeds hebben bezet gehouden, tot aan de eindschikking met dat Rijk.

Het wapen van Sas-van-Gent is een veld van zilver, met eene sluisdeur van keel, geplaatst op een golvend water van sinopel; boven op de deur staat de Hollandsche leeuw, zijnde van keel, gewapend in de regter klaauw met een zwaard en houdende in den linker een bos pijlen, beide van goud. Het schild gedekt met eene kroon van vijf fleurons, alles van goud.

SAS-VAN-GENT (DE NIEUWE-POLDER-BIJ-) of de Nieuwe-Sasschepolder, pold. in *Staats-Vlaanderen*, prov. *Zeeland*, arr. *Goes*, kant. *Axel*, distr. *Hulst*, gedeeltelijk gem. *Westdorpe*, gedeeltelijk gem. *Sas-van-Gent;* palende N. aan den Eugenia-polder, O. aan den Austricenpolder en aan het Papeschorre, Z. en Z. O. aan den Canisvliet-polder en aan de stad Sas-van-Gent, W. aan den St. Alberts-polder.

Deze pold. heeft eene kadastrale uitgestrektheid van 59 bund. 76 v. r. 6 v. ell. en is schotbaar groot 49 bund. 31 v. r. 99 v. ell. Hij is in het jaar 1828, bij het graven van het kanaal van Neuzen naar Gent, ingedijkt, door welk kanaal deze polder wordt doorsneden, die alzoo aan de Oost- en Westzijde daarvan gelegen is. Er staan daarin geene gebouwen, dan alleen een, in 1846 gesticht, zoogenaamd paviljoen, en de uitwatering heeft plaats door middel van een sluisje, op de nieuw gegravene Stroomkanalen naar Neuzen. De polder, als aan slechts twee eigenaren behoorende, wordt bestuurd door eenen Beheerder.

SAS-VAN-GENT (POLDER-VAN-) of Klein-St.-Albert, pold in *Staats-Vlaanderen*, prov. *Zeeland*, arr. *Goes*, kant. *Axel*, distr. *Hulst*, gem. *Sas-van-Gent.*

Deze polder, ten jare 1805, uit de schorren en blikken van het Sassche-gat ingedijkt, ligt aan den noordoostelijken hoek van den Polder-van-St.-Albert, en paalt N. O. en Z. aan het genoemd Sassche-gat en W. aan den Polder-van-St.-Albert. Hij heeft eene kadastrale uitgestrektheid van 82 bund. 23 v. r. 30 v. ell. De uitwatering geschiedt door een sluisje in de meergemelde schorren, en het beheer is toevertrouwd aan eenen Dijkgraaf, bijgestaan door eenen Ontvanger-Griffier.

SAS-VAN-GENT-EN-PHILIPPINE, kerk. gem. in *Staats-Vlaanderen*, prov. *Zeeland*, klass. van *IJzendijke*, ring van *Axel*. Deze gem. telt ruim 300 zielen, onder welke ruim 160 Ledematen, en wordt door éénen Predikant bediend.

Zoodra Sas-van-Gent, op den 7 Sept. 1644, tot den Staat der Vereenigde Nederlanden was overgegaan, werd al aanstonds door de klass. van Walcheren voor eenen Predikant der Hervormden gezorgd en werden door hare gecommitteerden onderhandelingen geopend met Commissarissen van H. H. M. bij het leger, hetwelk zich destijds nog te Assenede bevond. Deze onderhandelingen liepen toen, in zoo verre, vruchteloos af, dat aan de gewone Leger-predikanten de kerkelijke zorg voor de gemeente van Sas-van-Gent werd opgedragen. Nadat evenwel het leger opgebroken en dus ook de Leger-predikanten vertrokken waren, zorgde de gemelde klassis, dat tot tijd en wijle er een vaste Leeraar zoude zijn beroepen, de heilige dienst alhier verrigt werd, bij beurten, door Predikanten uit het eiland Walcheren, die maandelijks vervangen werden. Spoedig daarop werd de eerste kerkeraad gekozen, bestaande uit vier Ouderlingen en vier Diakenen, welke, op den 22 Januarij 1645 in hunne bedieningen bevestigd werden. Deze kerkeraad verkoos in eene Vergadering, met Gedeputeerden van den krijgsraad, op den 1 Maart des zelfden jaars, Cornelis Vincentius, toen Predikant te Serooskerke, tot Leeraar te *Sas-van-Gent*, die, als eersten Predikant alhier, den 27 Augustus 1645 bevestigd werd. Reeds in de volgende maand vergunden H. H. M. en de Raad van State aan deze Gemeente eenen tweeden Leeraar, waartoe den 6 October 1645 verkozen werd Daniël van Sonneveld, die nog op den 29 dier zelfde maand in dienst trad (1).

Geregeld is de gemeente van Sas-van-Gent door twee Predikanten bediend geworden tot op het einde der vorige eeuw. Toen echter Melchior Cammer, den 20 Oct. 1793, van hier naar Hulst vertrokken was, bleven, ten gevolge der toenmalige tijdsomstandigheden, de aangewende pogingen, om zijne plaats vervuld te krijgen, vruchteloos, zoodat van toen af, de Predikant Jonas Thomas Grinwis, deze gemeente alleen moest bedienen, tot dat hij in October 1797 naar Breskens vertrok.

Daar nu de gemeente geheel herderloos gebleven was, heeft het Nederlandsch Zendeling-genootschap, gedurende het Fransch keizerlijk bestuur, op eene loffelijke wijze voor de predikdienst in deze gemeente gezorgd en tot dat einde, al spoedig, na de oprigting van dat genootschap, de Zendeling Teunis van der Vlist herwaarts gezonden, om hier en in het naburig Philippine de predikdienst te vervullen, terwijl het herderlijk opzigt, over beide gemeenten, was opgedragen aan den Predikant van Axel, die tevens met andere naburige Predikanten, van tijd tot tijd, de sacramenten kwam bedienen. Met ijver en vrucht heeft gemelde Zendeling hier een aantal jaren gearbeid, en men is het aan zijne zorg en belangstelling in het welzijn der kleine aan hem toevertrouwde kudde verschuldigd, dat deze, gedurende de Fransche overheersching, niet geheel verloopen en in het bezit van haar kerkgebouw gebleven is, daar het niet aan krachtdadige pogingen heeft ontbroken, om haar daarvan te berooven.

Na de bevrijding van de Fransche heerschappij was het getal der Herv., zoo wel te Sas-van-Gent als te Philippine, dermate afgenomen, dat beide gemeenten, bij Besluit van den Souvereinen Vorst van den 9 Januarij 1815, werden gecombineerd, met bepaling: » dat de Predi» kant in deze combinatie, zijne woonplaats zou vestigen te Sas-van» Gent, en gedurende de zes zomermaanden, ten minste alle veertien » dagen te Philippine, eene predikbeurt, en gedurende de zes winter» maanden, ten minste éénen geheelen Zondag de dienst aldaar zal moe» ten verrigten." De eerste Predikant in deze combinatie was Petrus van Eck, die, den 19 Julij 1815, van Zaamslag beroepen zijnde, zijne dienst den 10 September des zelfden jaars aanvaardde, doch reeds, den 27 October 1816, naar Hontenisse vertrok.

---

(1) [illegible]: *Zeeuwsche Bouyse*, geeft in de, op bladz. 254 voorkomende, lijst van Predikanten, [illegible] hebben bediend, deze Daniel van Sonneveld, als eersten Predikant van Sas-[illegible], volgens de kerkelijke actebooken, welke wij bij de zamenstelling van dit [illegible] hebben, blijkbaar verkeerd is.

Als eene bijzonderheid vinden wij nog aangeteekend, dat aan den kerkeraad der Herv. gemeente van Sas-van-Gent, in het jaar 1719, door den toenmaligen kerkeraad van Gent in bewaring is gegeven een zilveren beker, gemerkt met den naam van J. Klaessen, benevens een damast tafellaken en de toen in kas zijnde armenpenningen der diaconie, met verzoek en aanbeveling tot teruggave aan de Herv. gemeente te Gent, wanneer aldaar te eeniger dage zoodanige gemeente zoude worden hersteld. Eerst bijna een eeuw later, heeft de gemeente te Sas-van-Gent zich van hare aangegane verbintenis kunnen kwijten en de genoemde voorwerpen, in 1815, aan de toen opgerigte Gentsche Hervormde gemeente teruggegeven.

SAS-VAN-GOES (HET) of het Goessche-sas, bij verkorting meestal enkel het Sas genoemd, geh. op het eil. *Zuid-Beveland*, prov. *Zeeland*, arr., kant., distr. en 1 u. N. N. O. van *Goes*, gem. *Kattendijke-en-Oost Beveland*, ¼ u. N. W. van *Kattendijke*, ¼ u. N. O. van *Wilhelminadorp*, waartoe het behoort; met 11 h. en ongeveer 80 inw.

Dit geh. ontleent zijnen naam van een sas aldaar in het kanaal van Goes (Zie Goes). Ten N. W. daarvan op den zeedijk staat eenen houten lantaarnsopstand, waarvan de, als menschlievende en onverschrokken loods, beroemde Frans Naerebout lantaarnontsteker geweest is.

SAS-VAN-STEENBERGEN (HET), sluis in de heerl. *Steenbergen*, prov. *Noord-Braband*, gem. *Steenbergen-en-Kruisland*, 1½ u. N. W. van *Steenbergen*, in den mond van de Steenbergsche-vliet, dienende vooreerst en voornamelijk tot ontlasting van het overtollig water van de polders onder Steenbergen, voorts van de gem. Rozendaal en Wouw, van een gedeelten van Rucphen-Vorenseinde-en-Sprundel, van een gedeelten van Halsteren en van een gedeelten der poorterij van Bergen-op-Zoom, mitsgaders van den Maria-polder, den Anna-polder en Koningsoort, onder de gem. Dinteloord. Deze landen beslaan te zamen eene oppervlakte van ruim 19,271 bund.

Dit sas, bestaat uit een paar eb- en een paar vloeddeuren, daarbij staat eene sasmeester-woning, eene sluiswachters-woning, eene herberg en een houten loods. Ook is hier een schuitenveer op de *Oude-Tonge* en andere overliggende plaatsen. Het geheel is eene versterkte stelling, met batterijen op de toegangen derwaarts, thans in niet onderhouden toestand.

SAS-VAN-STRIJEN (HET), d. in den *Hoeksche-waard*, prov. *Zuid-Holland*. Zie Strijen-sas.

SAS-VAN-WERKENDAM (HET), sluis in het *Land-van-Altena*, prov. *Noord-Braband*, gelegen op de haven te *Werkendam*, en dienende voor de gemeenschap te water, met de rivier de Merwede, alsmede tot inundatiesluis voor het Land-van-Altena.

Dit sas ligt in den Sasdijk en is, in 1738, voor 's lands rekening daargesteld en daarna ook onderhouden geworden. De Sasdijk is boven het sas lang 4.66 ell. en ligt daarbij 4.50 ell. boven A. P. en bij den Bandijk 4.75 boven A. P.; daar beneden is bij lang 675 ell. en de hoogte afdalende van 4.10 tot 2.91 ell. boven A. P. De sasmuren leggen 5.164 ell. boven A. P.

SAS-VAN-ZIERIKZEE (HET), sluis in het eil. *Schouwen*, prov. *Zeeland*, gem. en 8 min. O. buiten de stad *Zierikzee*, dienende tot spuijing van het dijkwater in de Nieuwe-haven.

Reeds in 1671 was hier een houten sas gelegd, om het verlanden der haven voortekomen, doch dit spui grootendeels vergaan zijnde, werd in 1725 de tegenwoordige steenen sas gebouwd, waarvan de kosten ten bedrage van 99,166 guld. gevonden werden, door den verkoop van de vierbannen van Duiveland. Vroeger bestond er nog een tweede sas, het *Verste-Sas* genaamd. Zie dat woord.

SATALAN, kaap in *Oost-Indië*, in de *Zee-van-Java*, aan de Zuidkust van het *Sundasche* eil. *Borneo*, 4° 15′ Z. B., 132° 56′ O. L.

SATANS-EILAND, eil. in *Oost-Indië*, tot de *Banda-eilanden* behoorende. Zie Sjithan.

SATAPA, st. in *Oost-Indië*, op het *Sundasche* eil. *Borneo*, aan de Zuidkust, kon. en 23 u. van de stad *Banjermasing*.

SATIE, naam, welken de Negers geven aan de koffijplant. Geertruidenberg, in *Nederlands-Guiana*, kol. *Suriname*. Zie Geertruidenberg.

SATOE, eil. in *Oost-Indië*, aan de westkust van het *Sundasche* eil. *Sumatra*, tot de *Zeven-eilandjes* behoorende.

SATTINAFF, groep kleine eil. en rotsen in de *Indische-zee*, 24° N. B. 136° 24′ O. L.

SATTY of Sattey, Tandjong-Sattey, kaap in *Oost-Indië*, op het *Sundasche* eil. *Borneo*, aan de westkust.

SAUIE (TANDJONG-), d. in *Oost-Indië*, op het *Sundasche* eil. *Sumatra*, gouv. *Sumatra's-Westkust*, resid. *Padangsche-Bovenlanden*, in de zoogenaamde *Tien-Kotta's*, aan den oostelijken arm van het meer Danau.

SAUJIER, st. in *Oost-Indië*, op het eil. *Sumbawa*, een der *Kleine-Sunda-eilanden*.

SAUNDANO, vlek in *Oost-Indië*, op het *Sundasche* eil. *Celebes*, resid. *Menado*. — In den omtrek heeft men koffijtuinen, waar de koffij zeer welig tiert.

Sedert den aanvang van het jaar 1830 werd derwaarts overgebragt de Javaansche Priester Kiay-Modjo; die, onder Diepo-Negoro, sedert 1825 tot aan zijne gevangenneming, een der hoofdleiders van den opstand op Java geweest was.

SAURLEAN, b., prov. *Friesland*, kw. *Westergoo*, griet. *Hennaarderadeel*, arr. en 1½ u. N. van *Sneek*, kant. en 2½ u. O. van *Bolsward*, ½ u. W. Z. W. van *Lutkewierum*, waartoe het behoort.

SAURLEANSTER-HUIZEN, b., prov. *Friesland*, kw. *Westergoo*, griet. *Hennaarderadeel*, arr. en 2 u. N. W. van *Sneek*, kant. en 2 u. N. O. van *Bolsward*, onder het dorp *Oosterend*, op het *Slypster-Vierendeel*; met 2 h. en 12 inw. In dit geh. liggen de voorm. staten Banga en Koyfenne, thans boerderijen.

SAUVA, eil. in *Oost-Indië*, in de *Indische-zee*. Zie Savo.

SAUVAGE (LA), kasteel en ijzerwerk in het voormalige hert. *Lotharingen*, thans grooth. *Luxemburg*, kw., arr. en 5 u. Z. W. van *Luxemburg*, kant. en 2½ u. W. ten N. van *Esch-aan-de-Alzette*, gem. en ½ u. W. van *Differdingen*, aan den Boerbach, in een zeer schoon, verrukkelijk oord. Met de bijgebouwen telt men er 7 h., bewoond door 35 inw.

Wijl te la Sauvage eene soort van puimsteen wordt gevonden, heeft men gemeend, dat hier eenmaal een vuurspuwende berg is geweest.

SAUW, d. in *Oost-Indië*, op het eil. *Wetter*, een der *Zuidwester-eilanden* van *Banda*, aan de Zuidkust.

Voor dit d. is eene kleine bogt, waarin men, op eene kabellengte afstands van het strand, door eene ver uitstekende landpunt, tamelijk beschut ligt tegen de zuidoostenwinden. In den tijd der Oost-Indische Compagnie, was hier eene Nederlandsche bezetting.

SAUWERT of Salwert, zoo men wil eigenlijk Sandwert, d. in *Hunsingo*, prov. *Groningen*, arr. en 5 u. W. van *Appingedam*, kant. en

¼ u. Z. W. van *Onderdendam*, gem. en ½ u. N. van *Aderp*, op eene wierde. Men telt er met de daartoe behoorende buurt Arwerd, 60 huizen en 340 inwoners, die meest in den landbouw hun bestaan vinden.

De bodem is er gedeeltelijk, en wel ten W., van boven zavelachtige kleiaarde, doch ten O. in de Meeden is hij eenigzints moerassig, en heeft daaronder knipklei en roodoorn. Dit dorp is in de geschiedenis dezer provincie zeer vermaard, wegens den ongemeenen sterken burg, zijnde eene belangrijke vesting, welke de oude en aanzienlijke familie der Onsta's, die langen tijd aan het hoofd van den Groninger adel en der Vetkoopers stond, hier bezat.

De Herv., die er 340 in getal zijn, behooren thans tot de gem. *Wetsinghe-en-Sauwert*. Na de Reformatie was Sauwert eene gem. op zich zelve, welke tot eersten Leeraar heeft gehad Henricus Bokelman, die, in het jaar 1595 herwaarts beroepen en afgezet zijnde, in het jaar 1601 opgevolgd werd door Johannes Conradi. Nadat Petrus de Jager, hier beroepen in 1721, in 1737 naar Westerwijtwerd vertrokken was, werd Sauwert met *Wetsinghe* vereenigd. De kerk, welke hier vroeger stond, was een eenvoudig langwerpig gebouw, met eenen niet hoogen stompen toren, welke ten Z. O. afgezonderd van de kerk stond. In het jaar 1679 werd in deze kerk bijgezet de Vrijheer van Russenstein, Generaal Majoor in dienst van den Koning van Denemarken en Noorwegen, hoogst waarschijnlijk te Sauwert geboren, die in de Deensche dienst tot hoogen rang geklommen en door den Koning van dat land met den adeldom begiftigd is, waarna hij te Sauwert, op het slot Onsta, destijds zijn eigendom, is overleden (1). Tot de omwenteling van 1795, hing in de Sauwerder kerk het wapen van Russenstein, alsmede een Turksch schild, aanduidende eene, gedurende zijne dienst, door de Denen, op de Turken behaalde overwinning. Het wapen werd sedert bij Pieter Klaassens Swieder te Sauwert zeer zorgvuldig bewaard, maar is, in het jaar 1844, na het overlijden van diens weduwe, namens eenen der afstammelingen des Generaals, aangekocht en naar Denemarken gezonden, benevens een kerkglas, waarop ook het wapenschild van dezen belangrijken veldheer geteekend stond (2). Op het wapen zijn twee forten geschilderd, waarvan de Deensche vlag waait. Tot op het laatst zag men nog in eenen hoek dezer kerk de overblijfselen van eene, uit hout gewerkte, groote zwaan, met eene vergulden kroon om haren hals. Zij maakte vele jaren op het voorportaal dezer kerk een zeldzaam figuur. De kerken en torens van Wetsinghe en Sauwert, werden in 1840 op afbraak verkocht, nadat vooraf van beide twee teekeningen waren gemaakt, die vervolgens in steendruk te Groningen zijn uitgegeven. In hetzelfde jaar is midden tusschen de dorpen Sauwart en Wetsinghe, een nieuw langwerpig kerkgebouw gesticht, met een spitstorentje, doch zonder orgel, waartoe de gemeente is in staat gesteld door bijdragen, zoowel van het Gouvernement, als uit het fonds voor noodlijdende kerken.

De 2 Doopsgez., welke hier wonen, worden tot de gem. van *Huizinge* gerekend.

---

(1) Zie verder over hem ons art. Onsta-burg.

(2) Dit kerkglas was in het bezit van Jonkheer Johan de Drews van der Feltz, Ontvanger van 's Rijks belastingen te Uithuizermeeden, en is door dien Heer, door tusschenkomst van den Heer Mr. H. O. Feith, Archivarius te Groningen, aan de familie ten geschenke gezonden.

Men heeft er ook eene erkende gem. van Afgescheidenen gehad, welke geen Predikant gehad heeft, en reeds voor lang heeft opgehouden te bestaan.

De in 1843 gebouwde dorpsschool wordt door een gemiddeld getal van 80 leerlingen bezocht. Er bestaat hier ook een Godshuis, onder bestuur der Diakonie.

Langs dit dorp loopt de straatweg van Wierum naar Groningen.

SAUWERT (HUIS-TE-), naam, welken men wel eens gaf aan het in 1723 afgebrokene slot Onstaborg, in *Hunsingo*, prov. *Groningen*. Zie Onstaborg.

SAVANNA of Savane, eigenlijk in het oorspronkelijke portugeesch Savanna, waardoor eene naakte, dorre vlakte verstaan wordt, plaats in *Nederlands-Guiana*, kol. *Suriname*, aan den regteroever der *Suriname*, 25 mijlen van den mond dier rivier, alwaar een etablissement is Joden-Savanna genaamd (zie dat woord).

Van dit etablissement af, heeft men een kordon van posten langs de geheele kolonie tot aan den zeekant en de rivier Marowyne, ten einde deze voor invallen der Indianen en Boschnegers te kunnen beveiligen; een groot gedeelte der koloniale bezetting is op deze posten verdeeld.

Op de hoogte van de Savanna wordt het water der Suriname zoet, is drinkbaar en kan zeer goed bewaard worden; hier wordt het water voor de schepen dus uit de rivier geschept en in vaten gedaan, hetwelk men dan met de pont zeer gemakkelijk aan boord krijgt; de huur voor zulk eene pont is 10 guld. daags.

SAVELBORN, ook de Sawelbornen-Höhe genaamd, groote toren in de heerl. *Felts*, grooth. *Luxemburg*, kw., arr., en 2½ u. Z. O. van *Diekirch*, gem. en ½ u. N. O. van *Medernach*.

SAVENDONK, geh. in de *Meijerij van 's Hertogenbosch*, kw. *Oisterwijk*, prov. *Noord-Braband*, *Tweede* distr., arr. en 1½ u. Z. ten O. van *'s Hertogenbosch*, kant. en gem. *Boxtel*. De inw., behooren kerkelijk onder *Gemonde*.

SAVO, Savoe ook Sauva, Sauvo, Saboe, Sawoe en Savi genaamd, groep eil. in *Oost-Indië*, in de *Indische-Zee*, Z. W. van het eil. *Timor*, O. van het eil. *Sombo*.

Deze eilanden zijn onderling met een rif vereenigd. De grootste daarvan zijn Savo of Groot-Savo en Benjowar.

SAVO, Savoe ook Sauva, Sauvo, Saboe, Sawoe en Groot-Savo genaamd, eil. in *Oost-Indië*, in de *Indische-Zee*, tot de groep *Savo* behoorende, 10° 38′ Z. B., 139° 45′ O. L.

Het is van het Z. naar het N. 4 mijlen lang, van het O. naar het W. 5 mijlen breed. De oevers zijn laag, doch het midden verheft zich en biedt in het algemeen, maar bijzonder aan de Zuidwestkust, een prachtig gezigt aan.

Het is in vijf vorstendommen verdeeld, als: Timo of Temo, Laai of Liae, Seba, Regekoewa en Massara, waarvan Timo het voornaamste is; over ieder rijkje regeert een Radja, en de vijf Radja's staan onder het bestuur van het Nederlandsche Gouvernement en bijzonder onder de leiding van den Resident van Timor-Koepang.

Ieder distrikt of klein koningrijk van dit eiland heeft eenen persoon, die te gelijk Priester (Panghoeloe), Regter en uitvoerder van het vonnis is; want de functiën van Fiskaal en die van Scherpregter worden beide door hem uitgeoefend. Deze Panghoeloe draagt bij plegtige gelegenheden altijd eenen zeer grooten klewang (sabel) in eene gouden schede, en wanneer iemand ter dood verwezen is, draagt hij dien klewang bloot, aan het hoofd van den optogt, en onthalst den schuldige in het open veld, in het midden van den kring der omstanders.

De lucht op Savo is gezond en de warmtegraad van 76° tot 88° des daags en van 68° tot 70° des nachts. De vruchtbare bodem, welke door beken en bronnen goed bevochtigd wordt, brengt gierst, Turksche tarwe, boonen, watermeloenen, suikerriet, boomwol, tabak, indigo, kokos, betel en kaneel voort. In de wouden vindt men kokos- en andere palmboomen, tamarinde-, mangga-, limoen- en oranjeboomen. Onder de dieren zijn de buffels, paarden, geiten, schapen, zwijnen, honden en katten talrijk; de schapen zijn van Bengaalsch ras. Ook heeft men er wilde zwijnen en herten, doch deze zijn er niet menigvuldig. Gevogelte, visch en schildpadden zijn er overvloedig. De inwoners behooren tot het Maleische ras, zijn klein van gestalte, bruin van kleur, welgemaakt en sterk; zij beprikken hunne huid en dekken zich met katoenen stoffen. Zij staan als zachtmoedig, getrouw, vernuftig en dapper bekend; ook moeten zij welvoegelijker in hunne zeden zijn dan de Rottineezen. De geheele bevolking zal ongeveer 25,000 zielen bedragen en kan 7000 man onder de wapenen brengen.

De Savoneezen verschillen in hunne kleeding van alle hunne naburen. De vrouwen bedekken nooit haren boezem en de mannen dragen enkel een smal stuk doek tusschen de beenen, voor en achter afhangende van eenen band, welke om het middel vastgemaakt is. Zij bestrijken hun ligchaam met oliën van welriekend hout en vooral met die van den notenmuskaatboom, van welks bereiding zij veel werk maken. Reeds met het achtste of tiende jaar laten de meisjes zich de tanden vijlen en de ooren doorboren, hetwelk het teeken is, dat zij huwbaar zijn. De Savonnezen onderscheiden zich op eene voordeelige wijze door meer zindelijkheid en eene meer ordelijke levenswijze dan de inwoners der meeste naburige eilanden.

De bevolking is in vorstelijke personen, grondbezitters, handwerkslieden en slaven verdeeld. Ofschoon Heidenen zijnde, hebben de Savonnezen eene godsdienst, welke louter door overgang van den vader op de kinderen en niet door onderrigt blijft bestaan. Zij offeren dikwerf en bij voorkeur honden, welke zij tevens als het edelste voedsel nuttigen, met uitzondering van de bevolking van Lioe, die, uit vrees voor ziekte, geen hondenvleesch eet. Als een eerbewijs worden de Koningen en helden in eene zittende houding begraven, zoo dat de kin op de knieën rust.

Cook, die in 1770 het eiland Savo aandeed, vond in de haven van Seba eenen Nederlandschen Korporaal als posthouder.

Het Nederlandsche Opperhoofd van Timor-Koepang heeft gewoonlijk eenige honderde Savonnezen in dienst, die in oorlog, door hunne dapperheid, voor gevaarlijke ondernemingen zeer geschikt zijn.

SAVO (KLEIN-) of Nieuw-Savo, eil. in *Oost-Indië*, in de *Indische-zee*, tot de *Savo-groep* behoorende, Z. O. van Groot-Savo; 10° 37′ N. B., 159° 56′ O. L.

Het is onbewoond, doch zeer onvruchtbaar en door eene merkwaardige rots bekend.

SAVOOIJAARDS-PLAAT, opwas in den *Braakman*, tusschen het vierde en vijfde-district van *Zeeland*, voor den Clara-polder, lang van het Oosten naar het Westen ongeveer 1½ u., breed van het Noorden naar het Zuiden ongeveer ¾ u.

Zij is, den 5 October 1846, voor 120,000 guld. door het domein verkocht, aan Augustinus Bonardus Thomaes *en comp.*, met regt om haar te bedijken. De beverschiug zal moeten geschieden met eenen ringdijk; zoodat tusschen het bedijkte land en den Clara-polder eene vaart zal moeten blijven voor de schepen van Biervliet. Het geheel bestaat uit de eigenlijk gezegde Savooijaards-plaat en de Izabelle-plaat, die ten oosten daaraan vast ligt. Het ingedijkte land zal een zeer vruchtbare polder opleveren, groot omtrent 240 bund., zijnde gedeeltelijk vierde distr. gem. *Biervliet*, gedeeltelijk vijfde distr. gem. *Philippine*.

SAVONET, plant. in *West-Indië*, op het eil. *Curaçao*, in de *West-Divisie*, aan de Noordkust, N. W. van den Tafelberg, St. Hieronimo, O. van de plant. Zorgvliet.

SAWA, berg in *Oost-Indië*, op het *Sundasche* eil. *Java*, resid. *Tagal*.

SAWA of Saway, d. in *Oost-Indië*, resid. *Amboina*, op het *Ambonsche* eil. *Ceram*, op de Noordkust, aan eene kleine baai. — De Nederlanders hadden hier vroeger eene factorij.

SAWA of Sawat, d. in *Oost-Indië*, op het eil. *Timor*, een der *Zuidwester-eilanden-van-Banda*, op de Zuidoostkust; 9° 10′ Z. B.

SAWAH-BATOEAN, d. in *Oost-Indië*, op het *Sundasche* eil. *Sumatra*, resid. *Bengkoelen*, 15 palen van Goenong-Agong.

De grond bestaat hier uit eene diepe laag van zeer fraaije, zwarte tuinaarde; doch van den landbouw wordt zeer weinig werk gemaakt, en de voornaamste voortbrengselen bepalen zich tot rijst en tabak.

SAWALAN, eil. in *Oost-Indië*, in de *Zee-van-Java*, N. van het eil. Java, tot de resid. *Rembang* behoorende, bij de hoofdpl. Rembang.

SAWALETTA, d. in *Oost-Indië*, resid. *Amboina*, op het *Ambonsche* eil. *Ceram*, aan de Zuidkust, deel *Selan*, onder den Koning van Soehoelan staande.

SAWANGA, landh. in *Oost-Indië*, op het *Sundasche* eil. *Java*, resid. *Batavia*, in de *Bataviasche-Ommelanden*.

SAWANG'AN, land in *Oost-Indië*, op het *Sundasche* eil. *Java*, resid. *Buitenzorg*, distr. *Parong*, met een tamelijk uitgestrekt woud, hetwelk de hoofdplaats voor een groot gedeelte van brandhout voorziet.

SAWANI, Orli-Sawani, gespans. in *Oost-Indië*, op het *Moluksche* eil. *Amboina*, naar den kant van het gebergte, tusschen Hitoe-Lama en Lima.

Het bestond vroeger uit de dorpen Wackal-Eli, Senalo, Pelissa en Hoekonaloe; doch toen de bevolking van het laatste dorp tot het Christendom overging, is zij van dit landschap afgezonderd en bij de drie huizen aan den inham tegenover de stad Amboina gevoegd.

SAWARNA, onderdistr. in *Oost-Indië*, op het *Sundasche* eil. *Java*, resid. *Bantam*, regents. *Lebak*, afd. *Tjilangkakan*, distr. *Madhoor*.

SAWARNA (DE), riv. in *Oost-Indië*, op het *Sundasche* eil. *Java*, resid. *Bantam*.

SAWIET, bosch in *Oost-Indië*, op het *Sundasche* eil. *Java*, resid. *Tagal*.

SAWITO, staat in *Oost-Indië*, op het *Sundasche* eil. *Celebes*, resid. *Makasser*, aan de Baai-van-Boni.

SAWOEDJODJAR of Sawoedjadjan, d. in *Oost-Indië*, op het *Sundasche* eil. *Java*, resid. *Tagal*, reg. en distr. *Brebes*, ongeveer 8 palen W. van Tagal, ter plaatse waar de Pamalie zich in de Zee-van-Java ontlast.

SAWOEDJODJAR (DE) of de Sawoedjadjan, naam, welken men veelal geeft aan dat gedeelte van de Pamalie, riv. in *Oost-Indië*, op het *Sundasche* eil. *Java*, hetwelk zich in het distr. Brebes noordwaarts wendt en langs Brebes loopende, bij Sawoedjodjar in zee valt.

SAWOENGAN, oud d. in *Oost-Indië*, op het *Sundasche* eil. *Java*, resid. *Soerabaya*, op een groot eiland, dat door twee armen der *Toemenn* gevormd wordt.

SAWOKO of Swarko, d. in *Oost-Indië*, resid. *Amboina*, op het *Ambonsche* eil. *Ceram*, aan de Zuidkust van Groot-Ceram. — Het is eigenlijk een wijk van het vl. *Amahei*.

SAWIJAH, baai in *Oost-Indië*, in de *Straat-van-Makassar*, aan de westkust van het *Sundasche* eil. *Celebes*, met het Stuurmans-eilandje, nabij haar noorder-uiteinde, en op haren noordoever, een weinig landwaarts in, aan een beekje, het vlek Sawijah.

SAWIJAH of Sawije, vl. in *Oost-Indië*, op het *Sundasche* eil. *Celebes*, aan de Westkust, in het vorstendom *Donggala*, aan de baai Sawijah. In de nabijheid groeit veel sago.

SAXEN, verl. koffij- en katoenplant. in *Nederlands-Guiana*, kol. *Suriname*, aan de *Tapoeripa-kreek*, ter linkerzijde in het afvaren; palende bovenwaarts aan de verl. koffij- en katoenplant. Bijgelegen, benedenwaarts aan de verl. plant. Louisiana-en-Rouzgift; 300 akk. groot. De Negers noemen haar Cannensi.

SAXEN (LAND-VAN-), verl. kostgrond in *Nederlands-Guiana*, kol. *Suriname*, aan de *Tapoeripa-kreek*, ter linkerzijde in het opvaren; palende bovenwaarts aan Klein-Onverwacht, benedenwaarts aan Klein-Charlottenburg. De Negers noemen haar Pikien-Cannensi.

SAXENBURG, voorm. buit. in *Kennemerland*, prov. *Noord-Holland*, arr., kant. en ½ u. N. W. van *Haarlem*, gem. *Bloemendaal-Tetterode-Aalbertsberg-en-de Vogelenzang*.

Deze buit. is, in het laatst der vorige eeuw, grootendeels aan *Wildhoef* getrokken.

SAXENOORD (GROOT-), voorm. state, prov. *Friesland*, kw. *Westergoo*, griet. *Wonseradeel*, arr. en 3 u. N. W. van *Sneek*, kant. en 1½ u. N. van *Bolsward*, ½ u. Z. W. van *Ruige Lollum*, waartoe zij behoorde.

SAXENOORD (KLEIN-), voorm. state, prov. *Friesland*, kw. *Westergoo*, griet. *Wonseradeel*, arr. en 3 u. N. W. van *Sneek*, kant. en 1½ u. N. van *Bolsward*, ½ u. Z. W. van *Ruige-Lollum*, waartoe zij behoorde, zeer nabij en Z. O. van de voorgaande state.

SAYANG (DE), riv. in *Oost-Indië*, op het *Sundasche* eil. *Java*, resid *Bezoeki*, met eene zuidelijke strekking in de *Indische-zee* uitloopende.

SAYFIE-MARDI, d. in *Oost-Indië*, op het *Ambonsche* eil. *Boero*, aan de Westkust.

SAYLANI, d. in *Oost-Indië*, op het *Ambonsche* eil. *Boero*, aan de Westkust.

SAYLESSIE, Oeli-Saylessie, gespans. in *Oost-Indië*, resid. *Amboina*, op het *Ambonsche* eil. *Amboina*, schiereil. *Hitoe*, in het noordelijkste en noordoostelijkste gedeelte, ten N. O. van Oeli-Helawan.

Dit gespans. bestaat uit vijf dorpen, als: Latoe of Mamalo, Poeloet, Hausihal, Lojen en Liën.

In dit landschap ligt de steile berg Capaha, waarop zich de inlanders in 1643 tegen de Hollanders verschansten, en zich onverwinnelijk waanden, tot dat de Kapitein Verheer hen van het tegendeel, in 1644 overtuigde. Oostwaarts van Capaha ligt het gebergte Tanita, dat voor het hoogste van het eiland gehouden wordt en vooral op de kruin vochtig en zeer koud is, op het midden van het gebergte, waar het warmer is, vindt men harsboomen, die veel hars opleveren.

De rivieren in dit landschap zijn: de Wayela of de Solopay, en de Wayoeme.

SAYTAN, baai in *Oost-Indië*, in de *Indische-zee*, aan de Westkust van het eil. *Sumatra*, op 1° 2' Z. B., 117° 41' O. L.

SAYTER (DE), meertje, prov. *Friesland*, kw. *Oostergoo*, griet. *Idaarderadeel*, Z. van *Wartena*, dat ten W. met de *Graft* en ten O. door de Naauwe-Sayter, met de *Lange-sloot* in verbinding staat.

SAYTER (DE NAAUWE-), water, prov. *Friesland*, kw. *Oostergoo*, griet. *Idaarderadeel*, hetwelk, met eene oostelijke strekking, uit de *Sayter* naar de *Lange-sloot* loopt.

SCAFFI, eil. in *Oost-Indië*, in den *Molukschen-Archipel*, bij het eil. *Gilolo*, in de *Baai-van-Ossa*.

SCAFTEKIJNSPOLRE of Stachtkijnspolre, pold., welke men vermeld vindt, in een charter van het jaar 1346, als gelegen in het eil. *Zuid-Beveland*, prov. *Zeeland*, in welk charter gewaagd wordt, onder andere goederen in *Zuid-Beveland*, van *tiende ende pacht toit Scaftekijnspolre*. In een ander stuk, van het jaar 1386 heet *Scaftekijns* of *Stachtskijnspolre*, *een goedekijn*, *dat ghelegen is in Zuutbevelant met sinen toebehoeren van Jeersekerpolre of van den nieuwenpolre*, hetgeen in ruil werd gegeven voor zekere goederen in het land van Heusden, welke ongeveer 400 guldens jaarlijks opbragten.

Men meent, dat dit de tegenwoordige Schaaps-polder of Buren-polder, gem. *Yerseken*, geweest zij. Zie Buren-polder.

SCAGEN, Scardam, Scarwoude enz., oude spelling en nog hedendaagsche benaming, die de inwoners geven aan het vl. Schagen, de d. Schardam, Scharwoude enz., prov. *Noord-Holland*. Zie Schagen, Schardam en Scharwoude.

SCALIA, Lat. naam van het eil. Schouwen, prov. *Zeeland*. Zie Schouwen.

SCALDIS, Lat. naam van de rivier de Schelde, prov. *Zeeland*. Zie dat woord.

SCARLAKEN, voorm. adell. h. in de st. *Utrecht*, in de voorm. *Lakensnijderstraat*, thans *Choorstraat*.

Dit h. werd in het jaar 1311, op eene opene plaats ten N. van Nijenhuis, gebouwd.

SCHAAIK, geh. in de *Meijerij-van-Hertogenbosch*, kw. *Kempenland*, prov. *Noord-Braband*. Zie Schadewijk.

SCHAALBERG, naam, welke men wel eens geeft aan het d. Zandberg, in het dingspel *Zuidenveld*, prov. *Drenthe*. Zie Zandberg.

SCHAALSMEER (DE) of de Schaalsmeer, voorm. meer in *Kennemerland*, prov. *Noord-Holland*, hetwelk, droog gemaakt zijnde, thans eenen polder vormt, welke, tot het arr. *Hoorn*, kant. *Purmerende*, gem. *Wormer*, behoort; ten N., O. en Z. door den banne van Wormer wordt begrensd en ten W. aan de Zaan ligt.

Deze pold., welke omstreekt 1630 bedijkt is, beslaat, volgens het kadaster, eene oppervlakte van 64 bund. 93 v. r. 20 v. ell., waaronder 54 bund. 40 v. r. 70 v. ell. schotbaar land; telt 2 h., zijnde boerderijen, en word door eenen watermolen, op den Wormer-ban, van het overtollige water ontlast. Het polderbestuur bestaat uit drie Heemraden en eenen Secretaris en Penningmeester.

SCHAALSMEER-DIJK (DE), dijk in *Kennemerland*, prov. *Noord-Holland*.

Het is de ringdijk van de Schaalsmeer langs de Zaan (zie het vorige art.). Deze dijk behoort aan en wordt onderhouden door de polders

Wormer, Jisp en Neck, daar hij ook tot waterkeering dient. Hij is een gedeelte van het oude dijkvak van den Wormer-ban, tusschen Wormerveer en Oost-Knollendam.

SCHAAPBULTEN, geh. in *Fivelgo*, prov. *Groningen*, arr., kant. en 1 u. O. ten Z. van *Appingedam*, gem. en 55 min. Z. Z. O. van *Delfzijl*, 3 u. Z. Z. O. van *Farmsum*, waartoe het behoort; met 4 h. en 25 inw.

SCHAAPENDOORN, voorm. buit., prov. *Noord-Holland*, arr. en 3 u. Z. van *Amsterdam*, kant. en ½ u. Z. O. van *Weesp*, gem. *Weespercarspel*.

Ter plaatse, waar het gestaan heeft, ziet men thans boomgaard- en weiland. De daartoe behoord hebbende gronden worden thans in eigendom bezeten door den Heer H. Galesloot, woonachtig te Weespercarspel.

SCHAAPHALSTER-ZIJL of veelal Schaphalster-zijl genaamd, sluis in *Hunsingo*, prov. *Groningen*, gem. en ½ u. W. van *Winsum*.

Deze sluis dient tot ontlasting van het overtollige water van het *Winsumer-* en *Schaaphalster-zijlvest* (zie op dat woord). Zij ligt ten Z. O. van en onmiddellijk naast de veel grootere Winsumer-zijl en dient uitsluitend tot waterlossing en niet voor het doorlaten van schepen.

SCHAAPHOK, geh. in *Fivelgo*, prov. *Groningen*. Zie Schaphok.

SCHAAPSBERG, naam, onder welken het d. Zandberg, in het dingspil van *Zuidenveld*, prov. *Drenthe*, wel eens voorkomt. Zie Zandberg.

SCHAAPSKUIL-MEER, voorm. meer in *Geestmer-Ambacht*, prov. *Noord-Holland*, arr. *Alkmaar*, kant. *Schagen*, gem. *Haringcarspel*.

Dit meer, betwelk te gelijk met den Heer-Hugowaard bedijkt is, is thans een polder, die dat gedeelte van die bedijking uitmaakt, hetwelk benoorden den Laanderweg ligt.

Deze pold. beslaat, volgens het kadaster, eene oppervlakte van 47 bund.; bevat 1 h., en wordt door eenen molen, op den Raaxmaats-boezem, van het overtollige water ontlast. Het polderbestuur bestaat uit eenen Dijkgraaf en twee Molenmeesters.

SCHAAPS-POLDER, pold. in het eil. *Zuid-Beveland*, prov. *Zeeland*. Zie Bones-polder.

SCHAAPSTAL, geh. in de *Meijerij van 's Hertogenbosch*, kw. *Peelland*, prov. *Noord-Braband*, *Derde* distr., arr. en 2 u. N. O. van *Eindhoven*, kant. en 2 u. N. W. van *Asten*, gem. *Bakel-en-Milheze*, ½ u. W. ten Z. van Bakel, aan de Bakelsche-Aa; met 5 h. en 30 inw.

SCHAAPSTALSCHE-AA, riviertje in de *Meijerij van 's Hertogenbosch*, prov. *Zeeland*. Zie Aa (Bakelsche-).

SCHAAPSTEDE, koffijplant. in *Nederlands-Guiana*, kol. *Suriname*, aan de *Beneden-Commewijne*, ter regterzijde in het afvaren; palende bovenwaarts aan de suikerpl. Rhijnberk, benedenwaarts aan het Chirurgijns-etablissement Goede-Vriendschap; 265 akk. groot; met 23 slaven. De Negers noemen haar Schapen of Zon.

SCHAAPWEI, pold. in *Rijnland*, prov. *Zuid-Holland*, arr. *'s Gravenhage*, kant. *Voorburg*, gem. *Rijswijk*; palende N. aan den Noordpolder, O. aan de Delfsche-vliet, die hem van den Binkhorst-polder scheidt, Z. aan de Delfsche-vliet, waardoor hij van den Nieuwe-Broekpolder gescheiden wordt en aan den Plaspoel-polder, Z. W. aan den Hoekpolder, W. aan den Wip-polder.

Deze pold., beslaat, volgens het kadaster, eene oppervlakte van 129 bund.

De rivieren in dit landschap zijn : d
en de Wayoeme.
SAYTAN, baai in *Oost-Indië*, in d
van het eil. *Sumatra*, op 1° 2' Z.
SAYTER (DE), meertje, prov. *Fr*
deradeel, Z. van *Wartena*, dat te
de Naauwe-Sayter, met de
SAYTER (DE NAAUWE-),
griet. *Idaarderadeel*, hetwelk
Sayter naar de *Lange-sloot* l
SCAFFI, eil. in *Oost-Ind*
eil. *Gilolo*, in de *Baai-van*
SCAFTEKIJNSPOLRE
meld vindt, in een chart
Zuid-Beveland, prov. Z
der andere goederen in
tekijnspolre. In een
of *Stachtskijnspolre*,
met sinen toebehoere
geen in ruil werd
den, welke ongev
Men meent, d
gem. *Yerseken*,
SCAGEN,
daagsche ben
SCHARDAM, S
DAM en SCH
SCALIA
SCHOUWEN.
SCAL
dat wo
SCA
Laken
Di
Nije

la

..., Z. W. van het
...*ker-polder* ingedijkt
...*Zeeland*, ten N. W. van Noord
... de Onrust. — Bij slecht weder
... vindt men daarover dadelijk meer

... ten N. van Philipsland, prov.

... in het eil. *Tholen*, prov. *Zeeland*,
... uitliep en waarvan de sporen
... en den Margaretha-polder gevonden

... *Veenhop*, prov. *Noord-Holland*. Zie

... gemeenlijk SCHAAS of naar de Maastricht-
... geh. vroeger tot een der *Banken van*
... prov. *Limburg*, distr., arr. en 15 min.
... 1¼ u. Z. van *Meerssen*, gem. en 10 min.

... gedeelte van den gemeenen landweg, tus-
... die veel betreden en bereden wordt, daarom
... van dit geh., welke 29 in getal zijn, eenige
... der voerlieden, die wegens den laten avond de
... kunnen en alsdan aldaar vernachten. Deze
... worden ook des zomers veelvuldig door de
... Het geh. SCHAARS bevat 190 inw.
...ESSE, plaat in het *Brouwershavensche-Zeegat*,
... van Renesse.
... in het *Land-van-Valkenburg*, prov. *Limburg*.

... en NIEUW-), twee pold. in het graafs. *Leer-*
... *Holland*. Zie SCHAIK (NIEUW-) en SCHAIK (OUD-).
...ACHTERKADE (DE) en DE SCHAAYKSCHE-WE-
... water in het graafs. *Leerdam*, prov. *Zuid-Holland*.
...KADE en SCHAIKSCHE-WETERING.
... het LAND-DER-JAKS, lands. in *Afrika*, in *Opper-Gui-*
... de *Goudkust*, met eenen eigen Vorst en de hoofdstad

... naam, welken de Negers geven aan de koffijplant.
...BEEN, in *Nederlands-Guiana*, kol. *Suriname*. Zie NUT-

... landh. in het *Nederkwartier* der prov. *Utrecht*, arr. en
... 0. van *Utrecht*, kant. en 2 u. O. ten N. van *Maarssen*,
... 1¼ u. Z. van *Maartensdijk*, ½ u. N. van *Blaauwcapel*, waar-
... het behoort.
...BADELIJKE-HOEK, kaap in *Oost-Indië*, op het *Sundasche* eil.
Zie KARANG-SONDALANA-TJILLIMAJA.

SCHADEWIJK of SCHAIK, geh. in de *Meijerij van 's Hertogenbosch*, kw. *Kempenland*, prov. *Noord-Braband*, *Derde* distr., arr., kant. en 3 u. Z. W. van *Eindhoven*, gem. en ½ u. O. van de kerk van *Bersel*, aan den weg van Bersel op Riethoven; met 30 h. en 160 inw.

SCHADEWIJK, geh. in de *Meijerij van 's Hertogenbosch*, kw. *Maasland*, prov. *Noord-Braband*. Zie SCHAYK.

SCHADEWIJK, op de kaarten veelal VOORST genoemd, adell. h. in het graafschap *Bergh*, prov. *Gelderland*, distr., arr. en 6 u. Z. van *Zutphen*, kant. en 2 u. Z. van *Doesborgh*, gem. *Didam*.

SCHADIJK, geh. in *Opper-Gelder*, prov. *Limburg*, distr., arr. en 6½ u. N. van *Roermond*, kant., gem. en ½ u. N. W. van *Horst*; met 16 h. en 30 inw.

SCHADRON, geh. in het *Land-van-Ravestein*, prov. *Noord-Braband*, *Eerste* distr., arr. en 4¼ u. O. ten Z. van *'s Hertogenbosch*, kant. en 1½ u. O. van *Vegchel*, gem. en ¾ u. Z. O. van *Uden*, ½ u. Z. van *Volkel*, waartoe het kerkelijk behoort.

SCHAEFERIJ, in het Fr. LA BERGERIE, geh. in de heerl. *Beffort*, grooth. *Luxemburg*, arr. en 2 u. O. ten Z. van *Diekirch*, kant. en 2 u. W. van *Echternach*, kw. en 5 u. N. van *Grevenmacher*, gem. *Beffort*.

SCHAESBERG, gem. in het *Land-van-Valkenburg*, prov. *Limburg*, arr. *Maastricht*, kant. *Heerlen*, (3. k. d., 2 m. k., 1 s. d.); palende N. aan Nieuwenhagen O. aan Nieuwenhagen en Kerkraede, Z. en W. aan Heerlen.

Deze gem. bevat de d. Schaesberg en Scheidt, benevens de geh. Lichtenberg en Palemberg.

Zij beslaat, volgens het kadaster, eene oppervlakte van 744 bund., 39 v. r. 75 v. ell., waaronder 727 bund. 86 v. r. 65 v. ell. belastbaar land; telt 214 h., bewoond door 224 huisgez., uitmakende eene bevolking van 1150 inw., die meest in den landbouw hun bestaan vinden.

De inw., die allen R. K. zijn, onder welke 890 Communikanten, maken eene par. uit, welke tot het apost. vic. van *Limburg*, dek. van *Kerkraede*, behoort, en door eenen Pastoor en eenen Kapellaan bediend wordt. — Men heeft in deze gem. eene school, welke door een gemiddeld getal van 75 leerlingen bezocht wordt.

Het d. SCHAESBERG of SCHAASBERG ligt 5 u. N. O. van Maastricht, ¼ u. N. van Heerlen. Men telt er in de kom van het d. 140 h. en 700 inw. De kerk aan de H. H. PETRUS en PAULUS toegewijd, is een steenen gebouw, met eenen spitsen toren en van een orgel voorzien.

Men heeft er twee kasteelen, het Kasteel-van-Schaesberg, en het Kasteel-van-Strijdhagen.

De kermis valt in in de maanden Junij en December.

Het wapen bestaat uit drie kogels met reehorens.

SCHAESBERG (KASTEEL-VAN-), of KASTEEL-VAN-SCHAASBERG, kast. in het *Land-van-Valkenburg*, prov. *Limburg*, distr., arr. en 5 u. N. O. van *Maastricht*, kant. en 4¼ u. N. van *Heerlen*, gem. en ¼ u. W. van *Schaesberg*.

Dit kast. beslaat, met de daartoe behoorende gronden, eene oppervlakte van 199 bund. 36 v. r. 35 v. ell., en wordt thans in eigendom bezeten door den Heer Graaf VAN SCHAESBERG.

De oude Heeren VAN SCHAESBERG zijn de stamvaders van het aanzienlijk geslacht VON SCHAESBERG, dat nog in Wurtemburg voortbloeit en sedert 1712 de rijksgrafelijke waardigheid bezit.

SCHAFFELAAR of SCHAFFELAER, havez. op de *Neder-Veluwe*, prov. *Gelderland*, distr. *Veluwe*, arr. en 6 u. N. ten W. van *Arnhem*, kant. en 2¼ u. Z. ten O. van *Nijkerk*, gem. en 5 min. N. O. van *Barneveld*.

Deze havez. beslaat, met de daartoe behoorende gronden, eene oppervlakte van 180 bund., en wordt thans in eigendom bezeten en bewoond door den Heer J. H. Baron VAN ZUYLEN VAN NIJEVELT.

SCHAFFERMEER (HET), meertje in het *Westerkwartier*, prov. *Groningen*, N. van het *Zuidlaarder-meer*.

SCHAFFERWOLDE, geh. in het *Gooregt*, prov. *Groningen*, arr. en 2¼ u. O. ten Z. van *Groningen*, kant., gem. en 1 u. Z. W. van *Hoogezand*, nabij *Kropswolde*, waartoe het behoort.

SCHAFT, d. in de *Meijerij van 's Hertogenbosch*, kw. *Kempenland*, prov. *Noord-Braband*, *Derde* distr., arr., kant. en 5½ u. Z. van *Eindhoven*, gem. *Borkel-en-Schaft*, 20 min. O. van Borkel, ¼ u. van de Limburgsche grenzen, nabij den Dommel, waarover hier een brug ligt, in den weg naar Borkel.

Men heeft er 35 h. en 180 inw., die meest in den landbouw hun bestaan vinden. De grond is er schraal en heeft gedurig mest noodig. De granen, welke er geteeld worden, zijn rogge, boekweit en haver.

De inw., die er allen R. K. zijn, behooren tot de par. van *Borkel*. Gedurende eenige jaren, na het veroveren van 's Hertogenbosch door de Staten, hebben de R. K. van SCHAFT, hunne godsdienst gaan oefenen te Achel, een dorp, op een uur afstands van daar, in de Belgische prov. Limburg; daarna is SCHAFT eenigen tijd vereenigd geweest met *Valkenswaard*, waarvan het in 1699 gescheiden is, als wanneer het onder Borkel met eenen Pastoor vereenigd werd; terwijl het sedert 1844 daarmede ééne parochie uitmaakt. Vroeger stond er te SCHAFT eene kerk, zijnde een klein gebouw, met eenen toren, doch zonder orgel. Zij was aan den H. PETRUS *in zijne banden* toegewijd. Gedurende de bitterste jaren der vervolging van de R. K., onder de Fransche Republiek, op het laatst der vorige eeuw, namen de inw. van Achel, in deze kerk hunne godsdienst waar. In het jaar 1844 is zij echter, even als die te Borkel, afgebroken en ter vervanging van die beide eene aanzienlijke kerk, met eenen toren, gebouwd, tusschen *Borkel* en SCHAFT, in de heide, ter plaatse, waar sedert onheugelijke tijden de school, geheel afgezonderd, stond, zelfs zonder woning van den meester. Deze kerk is aan den H. SERVATIUS toegewijd.

In de nabijheid van SCHAFT is eens zekere Generaal of Kolonel gelegerd geweest om het kasteel van Achel te beschieten, waarvan de werken nog zigtbaar zijn. De naam van den Generaal of Kolonel is niet meer bekend, maar wel de legende, dat men eenen geheelen dag was bezig geweest om de koffijboonen, die hij, waarschijnlijk ten geschenk, ontvangen had, te kooken.

SCHAFT (KLEIN-), geh. in de *Meijerij van 's Hertogenbosch*, kw. *Kempenland*, prov. *Noord-Braband*, *Derde* distr., arr., kant. en 5½ u. Z. ten O. van *Eindhoven*, gem. *Borkel-en-Schaft*, ½ u. O. N. O. van *Borkel*, 10 min. N. O. van *Schaft*, waartoe het vroeger kerkelijk behoorde; met 5 h. en ruim 20 inw.

SCHAGEN, kant., prov. *Noord-Holland*, arr. *Alkmaar*; palende N. aan het kant. den Helder en aan de Zuiderzee, O. aan de Zuiderzee en aan het kant. Medemblik, Z. aan het kant. Alkmaar, W. aan de Noordzee.

Dit kant. bevat de volgende twaalf gemeenten, als: Schagen-en-Burghorn, St.-Maarten-Eenigenburg-en-Valkoog,

Warmenhuizen, Haringkarspel-en-Dirkshorn, Oude-Niedorp-en-Zijdewind, Nieuwe-Niedorp, Winkel, Barsingerhorn-Kolhorn-en-Haringhuizen, Wieringerwaard, Zijpe-en-Haze-polder, Calandsoog en Petten. Het beslaat, volgens het kadaster, eene oppervlakte van 24,298 bund. 65 v. r. 61 v. ell., waaronder 23,965 bund. 17 v. r. 53 v. ell. belastbaar land. Men telt er 2445 h., bewoond door 2926 huisgez., uitmakende eene bevolking van 15,180 inw., die meest hun bestaan vinden in den landbouw en de veeteelt. Vroeger legde men er zich ook veel op de zwaneteelt toe, doch dit is thans zeer verminderd.

SCHAGEN, vrije heerl. in de *Schager-en-Niedorperkogge*, prov. *Noord-Holland*, arr. *Alkmaar*, kant. *Schagen*; palende N. aan den Wieringerwaard, O. aan de Zuiderzee, Z. O. aan Winkel, Oude-Niedorp en Nieuwe-Niedorp, Z. aan Haringkarspel, Z. W. aan Valkoog en St. Maarten, W. aan de Zijpe.

Het bevat de gem. Schagen-en-Burghorn en Barsingerhorn-Kolhorn-en-Haringhuizen, en beslaat, volgens het kadaster, eene oppervlakte van 3384 bund. 12 v. r. 96 v. ell., waaronder 3347 bund. 61 v. r. 5 v. ell. belastbaar land. Men telt er 662 h., bewoond door 750 huisgez., uitmakende eene bevolking van 3550 inw., die meest in landbouw en veeteelt hun bestaan vinden, en zich ook op de vlasteelt toeleggen.

De Herv., die er 2500 in getal zijn, onder welke 1200 Ledematen, maken de gem. Schagen, Barsingerhorn-en-Haringhuizen en Kolhorn uit, welke in deze heerl. vier kerken hebben, als ééne te Schagen, ééne te Barsingerhorn, ééne te Haringhuizen en ééne te Kolhorn, welke door drie Predikanten bediend worden.

De Doopsgez., die er 350 in getal zijn, behooren tot de gem. *Barsingerhorn-Kolhorn-en-Wieringerwaard*, welke eene kerk te Barsingerhorn heeft.

De 8 Evang. Luth., die er wonen, behooren tot de gem. *Alkmaar*.

De R. K., van welke men er 600 aantreft, onder welke 440 Communikanten, maken de stat. van *Schagen* uit, welke door eenen Pastoor bediend wordt en te *Schagen* eene kerk heeft.

De ongeveer 70 Isr., die men er aantreft, behooren tot de ringsynagoge van *den Helder*.

Men heeft in deze heerl., vijf scholen als twee te Schagen, ééne te Barsingerhorn, ééne te Haringhuizen, en ééne te Kolhorn, welke gemiddeld door een getal van 490 leerlingen bezocht worden.

Men wil dat deze heerl., weleer tot het balj. van *Kennemerland* behoord hebbe. De heerl. Schagen, werd, volgens alle waarschijnlijkheid, in den jare 1427, door Hertog FILIPS VAN BOURGONDIË geschonken aan WILLEM, natuurlijken zoon van ALBRECHT VAN BEIJEREN, verwekt bij MARIA of GIJSBERTA VAN BRONCKHORST. ALBRECHT, WILLEMS zoon, bekwam de heerlijkheid na hem. Zijne dochter JOSINA maakte de heerl. SCHAGEN, bij uitersten wil, aan haren neef JAN VAN SCHAGEN, in wiens geslacht de heerl. verbleven is, tot op den dood van WILLEM VAN SCHAGEN, die in het jaar 1658 overleed. Zij werd toen gekocht, door den Heer GEORGE VAN CATS, Heer *van de Coulster*, voor 265,000 guld. en den 11 Julij 1675 door PETRUS CORNELISZOON GROOT voor 56,000 guld. doch is den 24 Januarij 1676, wederom verkocht voor 170,000 guld. aan FLORIS KAREL VAN BEIJEREN, Graaf *van Warfusé* en Heer *van Goudriaan*, herkomstig uit het geslacht des eersten Heer van Schagen. Zijn zoon en opvolger, Dirk Floris van Beijeren, sneuvelde den 23 Mei 1706, in den veldslag bij Ramelies, nalatende eene dochter Maria Izabella, die, in het volgende jaar trouwde met Franciscus Paulus Emilius, Graaf d'Oultremont en Han. Maria Izabella overleed in het jaar 1732 en Franciscus Paulus Emilius in 1737, nalatende de heerl., aan hunnen oudsten zoon Floris, Grave d'Oultremont, in wiens geslacht zij tot nu toe verbleven is, zijnde thans eigenaar der heerl. Schagen de Graaf Charles d'Oultremont, woonachtig te Duras, in de Belgische prov. Limburg.

Het wapen dezer heerl. bestaat uit een veld verdeeld in zes banden van goud en keel, met een franc-quartier, gevierendeeld, het eerste en het vierde van Beijeren, zijnde gefuselleerd van zilver en azuur, het tweede en derde van Henegouwen, zijnde van goud en gevierendeeld, in ieder vierendeel een leeuw, waarvan twee van sabel en twee van keel overhoeks geplaatst.

SCHAGEN, in de wandeling Schaeg genoemd, vlek in de vrije heerl. *Schagen*, prov. *Noord-Holland*, arr. en 4 u. N. van *Alkmaar*, kant. *Schagen*, gem. *Schagen-en-Burghorn*, 52° 47′ 14″ N. B., 22° 27′ 39″ O.L.

Schagen is van eene zeer hooge oudheid, en mag onder de oudste plaatsen dezer landstreek geteld worden. Reeds in het jaar 1402 werd zij door Graaf Albrecht van Beijeren, met eene vrije jaar- en weekmarkt, en in 1415 door Willem VI, Graaf *van Holland*, met het poortregt of stads geregtigheden begiftigd. Ook zond zij, in 1572, Afgevaardigden ter Staatsvergadering, hetwelk echter van korten duur was. Waarschijnlijk zal zij dit voorregt, als eene heerlijkheid aan eenen afzonderlijken eigenaar behoorende, hebben verloren. Althans in 1583, werd door de Staten van Holland aan Schagen geoctroijeerd stederegt te hebben en bepaald, waarin dit voor die plaats bestaan zoude. Volgens oude overleveringen, zou Schagen reeds in het jaar 334 gebouwd geweest zijn. Doch dit is geheel onwaarschijnlijk, zoowel als alles wat men van Tjalle, Aaf, Nesa, Wijbe, Cresing, Hoipke en andere zoogenaamde stichters te vertellen weet. Uit echte brieven leidt men nogthans af, dat de plaats reeds in de tiende eeuw is bekend geweest. Ook blijkt, dat deze plaats oud is, onder anderen, daaruit, dat onder de regering van Floris III, Graaf *van Holland*, de Haarlemmers, in den jare 1168, tot vijandelijkheden met de bewoners van Schagen vervallen zijnde, in vereeniging met andere Kennemers, alsmede die van Alkmaar, in een verbond traden, en in den winter van gemeld jaar op de plaats eenen aanval deden en die deerlijk plunderden. Uit den vereenigden optogt der ingezetenen van twee steden en van vele bewoners van het platte land, mag dus te regt worden besloten, dat Schagen, reeds in de twaalfde eeuw, eenen niet onaanzienlijken trap van bloei en welvaart moet bereikt hebben, gelijk ook nog langen tijd daarna een aantal messenmakerijen, looijerijen en zilversmederijen aan vele ingezetenen een bestaan gaf. Sedert is echter die bloei aanmerkelijk verminderd. Men vond er in vroegeren tijd vele fabrijken en neringen, die bijna allen tot niet geloopen zijn, zoodat de landbouw thans het voorname middel van bestaan uitmaakt. Men telt er in de kom of besloten kring van het vlek 220 h. en 1330 inw.

Midden op de plaats is een ruim marktveld, op hetwelk drie buurten uitloopen. Hierop wordt des Donderdags, eene zeer druk bezochte weekmarkt gehouden, waarop, voornamelijk in het voorjaar, vele schapen en in het najaar vele runderen worden aangebragt. Voorts alle

Donderdagen het geheele jaar door, varkens, kippen, eenden en ander vee, boter en eijeren, in groote hoeveelheid, kaas in mindere. Ook heeft men in de maand Junij eene zeer vermaarde paarden- en in November eene van ouds zeer beroemde veulenmarkt, waarop echter thans weinig veulens, maar veel paarden worden aangebragt.

De Herv., van welke men er ongeveer 770 telt, maken, met de overige uit de burgerlijke gem. *Schagen-en-Burghorn*, eene gem. uit, welke tot de klass. van *Alkmaar*, ring van *Zijpe*, behoort. De eerste, die in deze gem. het leeraarambt heeft waargenomen, is geweest Gerardus Johannis, die in 1573 werd afgezet. Ruim een jaar heeft deze gem. twee Predikanten gehad, zijnde de eenige tweede Predikant, die hier gestaan heeft, geweest Arnoldus Borrius, die er in Januarij 1643 kwam en in 1644 naar Woerden vertrok.

Op het *Marktveld* staat het kerkgebouw der Hervormden, hetwelk vóór de Reformatie aan den H. Christoffel was toegewijd. Dit fraai gesticht rustende op vijftien ronde steenen pilaren, is ruim 46 ell. lang, ongeveer 21 ell. breed en 22 ell. hoog. De toren, welke geheel van steen is, stak van ouds 8.36 ell. boven de kerk uit, behalve eene kleine houten spits. In den jare 1617 begon men hier eene sierlijke spits op te bouwen, welke in 1619 voltooit werd, ter hoogte van ruim 14 ell., zoodat de toren tegenwoordig 21.50 ell. boven de kerk uitsteekt. De geheele toren is 43 ell. hoog en heeft drie omgangen, waarboven eene peer en gulden appel, met sierlijk lofwerk, geplaatst is. In het jaar 1660, werd in deze kerk een prachtige predikstoel van sakerdaan en ebbenhout gezet, waarvan inzonderheid de kap voor een meesterstuk van dien tijd gehouden wordt. Men vindt hier onderscheidene aanzienlijke grafsteden der Heeren en Vrouwen van Schagen; waaronder uitmunt de tombe van Heer Jan van Schagen en zijne gemalin Anna van Assendelft, geheel van zwart marmer, met hunne afbeeldsels levensgrootte en zestien wapens hunner heerlijkheden. Er is mede een goed orgel; ook zijn er zeven kerkkroonen. Vóór de Reformatie behoorde tot deze kerk ook eene kapel op de *Groote Keyns* (zie voorts Keyns [Groote-]). De laatste Pastoor dezer kerk, Sibrand Janszoon, ging tot de Hervormden over, doch werd met drie andere afvallige Pastoors gevangen genomen en te 's Gravenhage gewurgd.

De R. K., die hier 430 in getal zijn, maken, met de overige uit *Schagen-en-Burghorn*, eene stat. uit, welke 600 zielen, onder welke 440 Communikanten, telt. De kerk aan den H. Christophorus toegewijd, staat aan de *Hooge zijde* en is een hecht gebouw, zonder toren, doch van een orgel en eenen fraai bewerkten predikstoel voorzien. Van ouds was hier nog eene R. K. kerk op de *Lage zijde van het Noord*, doch deze is in het midden der voorgaande eeuw afgebroken, zonder dat men echter de plaats waar zij gestaan heeft, juist weet aan te wijzen.

Overigens wonen er nog in de kom van het vl., 50 Doopsgez., 8 Evang. Luth. en ruim 60 Israëliten, terwijl de weinigen overige inwoners tot geen der genoemde gezindheden behooren.

Het Raadhuis van Schagen plagt ook op het *Marktveld* te staan; doch is in het jaar 1731, om zijnen ouderdom afgebroken. In het zelfde jaar, werd door Burgemeesters een huis gekocht, aan de zuidzijde van het *Marktveld*, met onderscheidene boven- en benedenkamers en vertrekken, hetwelk tot een Raadhuis en voor de Waag bekwaam gemaakt is.

Ten Noorden van de kerk aan het *Marktveld*, staat het Vischhuis een klein, doch sterk steenen gebouw, met blaauwe gladde pannen gedekt, en van al het noodige voorzien tot het markten van zeevisch, welke hier overvloedig aangebragt wordt. Hier is ook nog een bijzonder vertrek tot eene wachtkamer.

Het Weeshuis stond vroeger achter aan het einde van de *Hoogezijde*. Het was weleer een klooster, doch werd in het jaar 1588 tot een weeshuis veranderd. Thans is het Hervormde Wees- en Armhuis, op *het Noord* en daarin worden 12 kinderen en 9 oude lieden verpleegd.

Ook heeft men er een Roomsch Katholijk Wees- en Armhuis in de *Molenstraat*, waarin 5 kinderen en 15 oude lieden zijn opgenomen.

Vroeger had men hier ook een Gasthuis, waarin zich in 1620, nog veertig proveniers bevonden, doch dit ging in 1640, reeds te niet.

De Waag wordt gehouden op de *Marktplaats*, doch heeft geen afzonderlijk gebouw, maar is thans onder het Raadhuis.

Er heeft te Schagen oudtijds ook eene Schuttersdoelen bestaan, die in 1605 te niet ging.

De twee dorpscholen worden gemiddeld door een getal van 220 leerlingen bezocht.

Men heeft er een Departement der Maatschappij *Tot Nut van 't Algemeen*, dat den 17 Januarij 1808 opgerigt is, ruim 40 leden telt, eene Spaarbank heeft opgerigt en tevens in het bezit is van eene Leesbibliotheek.

Vroeger heeft hier ook gestaan, ten Z. van het *Marktveld*, het thans geheel vervallen slot der Heeren van Schagen. Zie Schagen (Huis-te-).

Wat men vroeger van de Schager vrijstermarkt verhaald heeft, is zoo niet geheel verdicht, althans grootendeels overdreven en heeft welligt zijnen grond in de nog heerschende gewoonte van de meisjes der omliggende plaatsen, om op Schager kermis, welke op het kerkhof rondom de kerk gehouden wordt, zich aldaar te vereenigen en rond te wandelen, wanneer het haar aan eenen kermisvrijer ontbreekt, die haar alsdan ook meestal niet lang laten wachten. Zoo behoort het ook onder de verdichtselen dat de Heer van Schagen *het regt van bruiloftsavondkout* zoude gehad hebben.

De beestenmarkt valt in den tweeden Donderdag in October, de veulenmarkt op Donderdag na de laatste koemarkt in het laatst van November; de kermis op den derden Zondag in Junij, en de paardenmarkt 's Maandags daarna.

Schagen is waarschijnlijk de geboorteplaats geweest van den Schilder en Teekenaar Adriaan van Cronenburg, die in het laatst der zestiende eeuw leefde, en zich ook als een ijveraar voor de vrijheid heeft doen kennen, ten minste zijn vader Klaas van Cronenburg was hier met der woon gevestigd.

In het jaar 1168 werd deze plaats beroofd en verbrand door Allardus XI, Heer van *Egmond*, uit weerwraak op de West-Friezen, doch hij werd door de Schagers en anderen aangevallen, en daarbij, met onderscheidene andere Edelen gedood; terwijl de Schagers de buit terug namen.

In 1491 stelden de inwoners van Schagen zich aan het hoofd van het Kaas- en Broodvolk bij den optogt naar Alkmaar, ter plundering van het huis van Klaas Korf, Rentmeester-Generaal van Noord-Holland.

Deze plaats deelde in 1492 ook in het lot der dorpen, welke ten gevolge van oproer door belasting gedrukt werden.

Den 26 October 1785 sloeg de bliksem in de kerk en den toren te SCHAGEN, de brand, in den laatsten ontstaan, werd echter, na veel moeite betoon en moeite, weder gebluscht.

Het wapen van SCHAGEN bestaat uit een veld van keel, met eene roos, geplaatst in eenen cirkel of hoepel, omzet door vier lelien, geplaatst en santoir, alles van goud. Het schild werdt vastgehouden door een geharnast man.

SCHAGEN, een der zeven sectiën, waarin de gem. *Schagen-en-Burghorn*, prov. *Noord-Holland*, arr. *Alkmaar*, kant. *Schagen*, verdeeld is.

Zij is begrensd N. door den ouden West-Frieschen-zeedijk, tegen de gemeente Zijpe-en-Haze-polder, O. door Lasschoten en Kabelsloten tegen de sectie Nes, Z. door den gemeenen weg en Snevert, tegen de sectiën Groote-wal en Schagen-zuidzijde, W. door het Noorden van den Keinsmerweg, tegen de sectie Lagendijk.

Deze sectie bevat, volgens het kadaster, eene oppervlakte van 380 bund. 18 v. r. 61 v. ell., waaronder 322 bund. 2 v. r. 11 v. ell. schotbaar land, daarin staat de Hervormde kerk en 123 h., allen tot het vlek SCHAGEN behoorende, waaronder 29 boerderijen. Zij bevat in zich de volgende polders, als: den Polder-benoorden-den-Groenenweg, den Polder-beoosten-de-Vlietsloot, den Polder-tusschen-de-Lasschoten-en-de-Vlietsloot, den Polder-voor-het-westeinde-van-de-Nes, de Nieuwe-Koog, den Polder-benoorden-het-Nespad, den Polder-bezuiden-het-Nespad en den Polder-achter-de-Lagezijde.

SCHAGEN, voorm. klooster te *Leyden*, achter *Marendorp*, ter plaatse waar vroeger de wekelijksche beestenmarkt was. Het werd bewoond door Nonnen der derde orde van den H. FRANCISCUS.

Na de Reformatie is dit klooster afgebroken, en het plein, waar het gestaan heeft, is tot eene beestenmarkt ingerigt. Later zijn er burgerwoonhuizen opgebouwd.

SCHAGEN, geh. in het *Land-van-Montfoort*, prov. *Utrecht*, arr. en 3¼ u. W. van *Utrecht*, kant. en 2¼ u. N. W. van *IJsselstein*, gem. *Linschoten*.

SCHAGEN (HET HUIS-TE-), voorm. kast. in de vrije heerl. *Schagen*, prov. *Noord-Holland*, arr. en 4 u. N. O. van *Alkmaar*, kant. *Schagen*, gem. *Schagen-en-Burghorn*, in het vl. *Schagen*, aan de markt.

Dit h. was gebouwd door WILLEM, natuurlijke zoon van ALBRECHT VAN BEIJEREN, Graaf *van Holland*, die gezegde WILLEM in 1394, met de heerl. Schagen beschonk. Het stond midden in eenen vijver, was van onderscheidene torens voorzien en werd van ouds voor zeer sterk gehouden. De zuilen van marmer die den schoorsteenmantel in de groote zaal schraagden, zijn vervolgens in het koor der kerk overgebragt, doch in 1821 door den Heer opgeëischt en naar Brussel vervoerd. Volgens eene oude overlevering, bekrachtigd door een Latijnsch vers van den Hoogleeraar BARLAEUS, dat men voor den schoorsteen las, zouden die pilaren van Carthago afkomstig geweest, aldaar bij de opdelving der puinhopen gevonden, en herwaarts overgebragt zijn. Hoe vreemd deze afkomst ook klinken moge, is zij echter niet onwaarschijnlijk, wanneer men in aanmerking neemt, dat ook inwoners van SCHAGEN WILLEM I, Graaf *van Holland*, op zijnen togt naar Damiate verzeld hebben, en zij, op den terugtogt, mogelijk bij Tunis geland en eenig marmer van de aloude wereldstad ingescheept hebben. Gemeld Latijnsch vers luidde aldus:

Quicumque priscae bellicas Carthaginis
Miraris artes, alta Byrsae mœnia,
Didonis urbem: cerne queis olim stetit
Urbs illa fulcris: cerne quas vectas mari
Libico columnas belga noster possidet.
Quicumque eas tueris, disce celsas principum
Et sorte belli et seculo labi domos.

Hetwelk in het Nederduitsch den volgenden zin heeft:

Verwonderaars van oud Karthago's wallen
En Byrzâs hoog kasteel
Is Dido's hofstad lang door 't oorlogs lot vervallen,
Hier ziet ge een eeuwijk deel,
Twee zuilen van die stad, gevoerd van 't Libisch strand
Door Batavieren vlijt.
Leer hier uit het verval van huizen, rijk en land
Door oorlogs lot en tijd.

De eerste merkwaardige gebeurtenis, op dit kasteel voorgevallen, is die van het jaar 1477, wanneer ALBRECHT, tweede Heer van SCHAGEN, zoon van WILLEM (natuurlijken zoon van Hertog ALBRECHT VAN BEIJEREN Graaf *van Holland*, bij MARIA VAN BRONCKHORST) en van ALEID VAN HODENPEIL Heeren JANS dochter, langen tijd aan zijne halve broeders JAN en WILLEM VAN SCHAGEN, benevens vele anderen, niet alleen het hunne onthouden maar menigmalen zelfs geweld gepleegd hebbende, en deswege geregtelijk gedagvaard zijnde, echter even onverzettelijk zijne handelwijze vervolgde, met de vonnissen den spot dreef, zich binnen zijn slot onthield en aan niemand gehoor gaf; om deze reden vergaderden de Stadhouder van Holland WOLFERT VAN BORSSELE, Heer *van Vere*, FILIP VAN WASSENAER, Heer *van Voorburg*, JAN VAN KRUININGEN, Heer *van Pamelen* en andere Edelen aan het hoofd van vele gewapende burgers uit de steden Haarlem, Delft, Leyden, Amsterdam, Alkmaar, Hoorn en Medemblik, benevens eenige krijgsbenden te Egmond en Schoorl, in Kennemerland, bij elkander; vervolgens trokken zij, bij het naderen van den winter, naar SCHAGEN, en belegerden het slot, met dat gevolg dat ALBRECHT, geen middel ziende, om dit leger te wederstaan, zich, zonder eenig geweld te verwachten, aan den Stadhouder overgaf; deze liet hem naar 's Gravenhage vervoeren, waar hij in eene civiele gijzeling gezet werd, tot dat hij met zijne schuldeischers zoude zijn overeengekomen, in het volgende jaar bragt men hem op het Kasteel van Medemblik, waar hij tot aan zijnen dood gebleven is, welke op St. Bartholomeusdag in 1480 voorviel, waarna, zijn lijk naar SCHAGEN gevoerd, en in de kerk aldaar ter aarde besteld werd.

Veertig jaren later ondernamen de Geldersche Friezen, gemeenlijk de Zwarte Hoop toegenaamd, met ruim drie duizend mannen, eenen togt tegen Noord-Holland; om die af te weeren lag de Heer FLORIS VAN IJSSELSTEIN, in het jaar 1517, onder anderen een vaandel voetknechten op het SCHAGERSLOT; dit echter baatte niets. In het gezigt der bezettelingen, zonder dat zij eenen uitval durfden wagen, stroopten de Friezen in het vlek SCHAGEN, stelden het, benevens de verdere onderhoorige dorpen, op eene zware brandschatting, met bedreiging om alle de omliggende plaatsen en ook het vlek uit te plunderen en in kolen te leggen.

Een ander treurig geval had aldaar in het jaar 1534 plaats. WILLEM WIGGERSZ, zoon van WIGGER HENDRIKSZ, Schepen te Barsingerhorn, in de heerl. Schagen, volgende het gevoelen der Doopsgezinden, werd in den voorhof van het huis te Schagen onthalsd, tot aan zijn uiteinde toe, standvastig in zijn geloof blijvende volharden.

Negen en dertig jaren later, namelijk in het jaar 1573, werd de Kapitein Michael Knox, wegens zijne menigvuldige wreedheden in Noord-Holland aangerigt, in den voorhof van het Huis-te-Schagen het hoofd afgeslagen.

Dit slot was mede getuigen van de wreede mishandeling, welke men in het jaar 1575 eenige welgestelde Roomschgezinde huislieden uit Noord-Holland deed ondergaan, die, enkel op aantijging van eenig slecht volk, van verstandhouding met den vijand verdacht gebonden, en daarom hier gevangen gezet en op zulk eene onmenschelijke wijze gefolterd werden, dat een hunner Koppen Kornelisz. ten gevolge van de ongehoorde pijnigingen, den 2 Junij des genoemden jaars, in de tegenwoordigheid van zijne wreede Regters, den geest gaf en zijn zoon Nanning Koppensz. zich gedwongen zag, zich schuldig te bekennen, waarom hij te Hoorn werd ter dood gebragt; waar hij echter op het schavot nog zijne onschuld betuigde. De overige werden allen, den 15 Junij 1577, vrijgesproken en op vrije voeten gesteld.

Aangenamer voorwerpen van beschouwing ontmoette men op dit hoog adellijk huis in het jaar 1666, in de doorluchtige personen van den Keurvorst van Brandenburg en Willem III, Prins van *Oranje*, die, verzeld van de Vorsten van *Holstein* en *Anhalt*, Maurits, Graaf van *Nassau*, en de Graven van Solms, Dohna en Hoorn, benevens de Heeren van Beuningen, Gent, 's Gravenmoer en onderscheidene anderen, naar Texel reisden om 's Lands vloot te gaan bezigtigen en des nachts tusschen den 15 en 16 Mei op dit Slot te Schagen verbleven.

De grond waar het gestaan heeft is thans de begraafplaats. Men ziet er nog twee torens, zijnde de eene de woning van den cipier en de andere de gevangenis. De daartoe behoord hebbende gronden worden thans in eigendom bezeten door den Heer Charles Graaf d'Oultremont, woonachtig te Duras, in de Belgische provincie Limburg.

SCHAGEN (DE NIEUWE-POLDER-VAN-), pold. in de vrije heerl. *Schagen*, prov. *Noord-Holland*, arr. *Alkmaar*, kant. *Schagen*, gem. *Schagen-en-Burghorn*, in de sectie *Grootewal*; palende N. aan de Snevert, O. aan de Korte-Snevert, Z. aan den polder benoorden de Miederlaan, W. aan de Warmen-Kaag.

Deze pold., maakt een gedeelte uit van den polder Schagen, beslaat, volgens het kadaster, eene oppervlakte van 16 bund. 69 v. r. 50 v. ell. schotbaar land; telt 3 kleine boerderijtjes en 2 watermolens.

SCHAGEN (POLDER-VAN-), pold. in de vrije heerl. *Schagen*, prov. *Noord-Holland*, arr. *Alkmaar*, kant. *Schagen*, gem. *Schagen-en-Burghorn*; palende N. aan den West-Friesche-zeedijk-tegen-de-Zijpe, O. door den Wadsweg, de banscheiding en de Lutkewolder-weg, aan de gem. Barsingerhorn, Z. door den Zijdewinddijk en sloot, aan Haringcarspel en Valkoog, W. door den Ouden-dijk, aan den polder Burghorn en aan de Zijpe.

De tijd van bedijking van dezen polder, zoo die ooit heeft plaats gehad, moet van zeer oude dagteekening zijn, dewijl hij geheel tot het zoogenaamde oude land in die streeken behoort en hij ook slechts van drie zijden door dijken omringd is, als: ten N. door den Westfriesche-zeedijk, ten Z. en Z. W. door den Tolker-dijk en ten W. door den Ouden-dijk, door welke dijken hij vroeger beschut werd tegen het water van de Zijpe, den Schager-waard en Burghorn; terwijl ten O. in het geheel geen dijk bestaat. Deze pold. bevat alle de zoogenaamde poldertjes kagen enz., behoorende tot de sectiën Schagen, de Nes, Grootewal, de Kaag, Schagen-Zuidzijde en Langendijk; beslaat, volgens het kadaster, eene oppervlakte van 1694 bund. 20 v. r. 20 v. ell., waaronder 1661 bund. 97 v. r. 56 v. ell. schotbaar land; telt 355 h., waaronder 103 boerderijen, en wordt door 4 molens door de gem. Barsingerhorn-Haringhuizen-en-Kolhorn, op den algemeenen waterboezem van de Schager-kogge, van het overtollige water ontlast. Het polderbestuur bestaat uit eenen President, met zes Leden, eenen Secretaris en Penningmeester.

SCHAGEN-EN-BURGHORN, gem. in de vrije heerl. *Schagen*, prov. *Noord-Holland*, arr. *Alkmaar*, kant. *Schagen* (2 k. d., 12 m. k., 9 s. d.); palende W. en N. aan de gem. Zijpe-en-Haze-polder, O. aan Barsingerhorn-Haringhuizen-en-Kolhorn, Z. aan St.-Maarten-Eenigenburg-en-Valkoog en Haringcarspel.

Deze gem. wordt verdeeld in zeven sectiën, welke genoemd worden: Schagen, de Nes, Groote-wal; de Kaag, Schagen-Zuidzijde, Burghorn en Lagedijk. Zij bevat het d. Schagen, benevens de geh. de Dorpe, Groote-wal, Lollebrug, Lutjewal, de Miede, Korte-en-Lange-Snevert, de Nes, het Wadt, de Keins-en-Ruimte, Onderdijk, Lagedijk, de Haalen, Zeegebuurtje, Zandvenne, Valkoogerverlaat, Cornelissenwerf, 't Jaarsdorp, Avendorp, Tjallewal, Tolke-Tolkerbosch-en-dijk en Burghorn.

Zij beslaat, volgens het kadaster, eene oppervlakte van 2006 bund. 3 v. r. 14 v. ell., waaronder 1970 bund. 5 v. r. 84 v. ell. belastbaar land.

Men telt er 562 h., bewoond door 420 huisgez., uitmakende eene bevolking van ruim 2050 inw., die meest hun bestaan vinden in den landbouw, wordende hier veel boter en kaas gemaakt, terwijl er veel handel in rundvee en schapen, gedreven wordt. Ook heeft men er 1 touwslagerij, 1 kaaskopdraaijerij, 1 smeersmelterij, 1 wolkammerij en twijnderij en 1 korenmolen.

De Herv., die er 1300 in getal zijn, maken de gem. van *Schagen* uit. — De Doopsgez., die men er ruim 80 aantreft, behooren tot de gem. *Barsingerhorn-Kolhorn-en-Wieringerwaard*. — De Evang. Luth., die men er 8 telt, behooren tot de gem. *Alkmaar*. — De R. K., van welke men er 600 aantreft, maken de stat. van *Schagen* uit. — De ruim 60 Isr., die er wonen, worden tot de ringsynagoge van *den Helder* gerekend. — Men heeft in deze gem. twee scholen, eene herhalingschool en eene klein kinderschool, allen in de kom van het vlek Schagen, welke gezamenlijk, door ruim 300 leerlingen bezocht worden.

Het wapen is het zelfde als dat van het vlek Schagen.

SCHAGEN-EN-DEN-ENGH, heerl. in het *Land-van-Montfoort*, prov. *Utrecht*. Zie Esse (Den).

SCHAGEN-EN-DEN-ENGH, pold. in het *Land-van-Montfoort*, prov. *Utrecht*, arr. *Utrecht*, kant. *IJsselstein*, gem. *Linschoten*; palende N. W. aan de Lange-Linschoten, die haar van den Lage-polder en van de Hoogen-polder scheidt, O. aan Rappijnen en IJsselveld, Z. aan den IJssel, W. aan de Zuidzijde van Snelrewaard.

Het peil van dezen polder is 1,00 ell. boven A. P.

SCHAGEN-ZUID-ZIJDE, een der zeven sectiën, waarin de gem. *Schagen-en-Burghorn*, prov. *Noord-Holland*, arr. *Alkmaar*, kant. *Schagen*, verdeeld is. Zij is begrensd N. door den gemeenen weg tegen de sectiën

Schagen en Lagedijk, O. door de Meersloot tegen de sectie Grootewal, Z. door het Muggenburgerwegje tegen de sectie de Kaag, O. door den Zijdewinde-dijk tegen Valkoog.

Deze sectie beslaat, volgens het kadaster, eene oppervlakte van 284 bund. 26 v. r. 84 v. ell., waaronder 277 bund. 67 v. r. 37 bund. schotbaar land; bevattende in zich de navolgende polders, als: Buitendijk, Cornelissen-kaag, de Driesprong, de IJskaag, Breekom, Bezuiden-de-Brijsloot, Benoorden-de-Brijsloot, de Westermeer, Achter-de-Loet en de Loeterdijk.

In deze sectie staan twee torens, zijnde de overblijfsels van het Kasteel-van-Schagen, ten zuiden van de kerk aan de marktplaats, alsmede 81 huizen, waaronder 18 boerderijen en eenen korenmolen.

SCHAGERBOSCH, voorm. bosch, prov. *Noord-Holland*, hetwelk zich uitstrekte van Schagen tot voorbij Alkmaar. Een gedeelte daarvan, zoude thans nog het Alkmaarderhout zijn.

SCHAGERBRUG, d. in de *Zijpe*, prov. *Noord-Holland*, arr. en 4½ u. N. ten O. van *Alkmaar*, kant. en ½ u. N. W. van *Schagen*, gem. *Zijpe-en-Hazepolder*.

Het is het middelpunt en de hoofdplaats van de Zijpe, en ontleent zijnen naam van eene brug, welke in den Schager- of Lagedijker-weg over de Groote-sloot van de Zijpe ligt. Men telt er 86 h. en 400 inw., die meest in den landbouw hun bestaan vinden.

De Herv., die er 360 in getal zijn, behooren tot de gem. *Noord-Zijpe*, welke hier eene kerk heeft, zijnde een steenen gebouw, met eenen houten toren, doch zonder orgel. Men heeft er ook eene school, welke gemiddeld door een getal van 130 leerlingen bezocht wordt, alsmede aan het Noordhollandsche-kanaal, nabij de Schagerbrug, een distributie-kantoor van de brievenposterij.

SCHAGER-EN-NIEDORPER-KOGGEN, bedijking in *West-Friesland*, prov. *Noord-Holland*; palende N. aan de Zijpe en den Wieringer-waard, N. O. aan de Zuiderzee, O. en Z. O. aan Aartswoude-en-Hoogwoude, Z. aan Veenhuizen en den Heer-Hugowaard, Z. W. aan Haringcarspel, langs welk de omtrek der Schagerkogge met eenen elleboog omloopt, zoodat zij ook de heerl. van Haringcarspel ten Zuiden heeft, verder grenst zij ook Z. W. en wederom door eene bogt ten Zuiden aan Valkoog tot aan het d. St. Maarten, wijders grenst zij ten N. W. mede aan een gedeelte van de Zijpe.

Deze bedijking wordt verdeeld in de Schager-kogge en de Niedorper-kogge, en bevat de gem. Schagen-en-Burghorn, Barsinghorn-Haringhuizen-en-Kolhorn, Nieuwe-Niedorp, Oude-Niedorp-en-Zijdewind en Winkel. Zij beslaat, volgens het kadaster, eene oppervlakte van 7138 bund. 89 v. r. 69 v. ell., waaronder 7083 bund. 5 v. r. 14 v. ell. schotbaar land: telt 1088 h., en wordt door acht molens, strijkmolens genaamd, en door twee sluizen op de Zuiderzee, van het overtollige water ontlast. Het polderbestuur bestaat uit eenen Dijkgraaf, tien Waardschappen en twee Secretarissen.

SCHAGER-KOGGE, bedijking in *West-Friesland*, prov. *Noord-Holland*, arr. *Alkmaar*, kant. *Schagen*; palende N. W. aan de Zijpe, N. aan de Zijpe en den Wieringer-waard, N. O. aan de Zuiderzee, Z. O. en Z. aan de Niedorper-kogge, Z. aan Geestmer-ambacht.

Deze bedijking bevat de gem. Schagen-en-Burghorn en Barsingerhorn-Haringhuizen-en-Kolhorn. Zij beslaat, volgens het kadaster, eene oppervlakte van 3384 bund. 12 v. r. 95 v. ell.;

waaronder 3347 bund. 61 v. r. 5 v. ell. schotbaar land; telt 662 h., en wordt door drie molens, strijkmolens genaamd, en door ééne sluis, op de Zuiderzee, van het overtollige water ontlast. Het koggebestuur bestaat uit eenen President, vijf Waardschappen en eenen Secretaris.

SCHAGER-LAAN (OUDE-), b. in *Amstelland*, prov. *Noord-Holland*, arr., kant., gem. *Amsterdam*.

SCHAGER-MEER (HET), voorm. meer, prov. *Noord-Holland*, arr. *Alkmaar*, kant. *Schagen*, gem. *Schagen-en-Burghorn*, dat reeds, sedert onheugelijke tijden, drooggemaakt en thans een onbehuisde pold. is; palende N. aan Schagen, O. aan Grotewal, Z. aan de Bonkelerdijk, W. aan den polder Breekom.

Deze pold. beslaat, volgens het kadaster, eene oppervlakte van ongeveer 100 bund. en maakt een gedeelte van den polder *Schagen* uit.

SCHAGERSLOOT (DE), water in de vrije heerl. *Schagen*, prov. *Noord-Holland*, gem. *Schagen*, in eene zuidelijke rigting van Schagen, langs Tolke, naar de Schager-waard loopende.

SCHAGER-UITWERPEN (DE), pold. in de vrije heerl. *Schagen*, prov. *Noord-Holland*, arr. *Alkmaar*, kant. *Schagen*, gem. *Schagen-en-Burghorn*; palende N. O. aan de Tolkerdijk, Z. O. aan Haringcarspel, W. aan de gem. St. Maarten-Eenigenburg-en-Valkoog.

Deze pold. is een gedeelte van den *Schagerwaard*, dat gelegen is buiten de Tolkerdijk en beslaat, volgens het kadaster, eene oppervlakte van 44 bund. 83 v. r. schotbaar land; telt 6 h., alle boerderijen, en heeft hare uitwatering gemeen met den Schagerwaard, doch wordt beheerd door het Polderbestuur van Schagen.

SCHAGERWAARD (DE) of HET WITMEER, pold. in *Westfriesland*, prov. *Noord-Holland*, arr. *Alkmaar*, kant. *Schagen*, gem. *Haringcarspel*; palende N. aan de gem. St. Maarten-Eenigenburg-en-Valkoog, O., Z. en W. aan de gem. Haringcarspel.

Deze pold., welke in het jaar 1632 bedijkt is, beslaat, volgens het kadaster, eene oppervlakte van 527 bund., waaronder 503 bund. schotbaar land; telt 17 h., waaronder 11 boerderijen, en wordt door vier molens, op den Raaxmaats-boezem, van het overtollige water ontlast. Het polderbestuur bestaat uit Dijkgraaf en drie Molenmeesters.

SCHAGERWEG (DE), weg in de vrije heerl. *Schagen*, prov. *Noord-Holland*, welke van den Frieschen zeedijk, bij het geh. Lagedijk, in eene noord-noordwestelijke rigting door Schagerbrug naar den Zijperzeedijk loopt.

SCHAGERWIEL, poel in de vrije heerl. *Schagen*, prov. *Noord-Holland*, arr. *Alkmaar*, kant. *Schagen*, gem. *Schagen-en-Burgerhorn*, 15 min. Z. W. van het d. Schagen, aan den ouden dijk.

Deze poel is ontstaan door eene inbraak der zee, beslaat eene oppervlakte van 5 bund. 52 v. r. 40 v. ell. Men vangt er veel snoek en karper.

SCHAIDEL, geh. in de heerl. *Bourscheid*, grooth. *Luxemburg*. Zie SCHEIDEL.

SCHAIK, d. in de *Meijerij van 's Hertogenbosch*, kw. *Maasland*, prov. *Noord-Braband*. Zie SCHAYK.

SCHAIK (NIEUW-) of NIEUW-SCHAAYK, pold. in het graafs. *Leerdam*, prov. *Zuid-Holland*, arr. *Gorinchem*, kant. *Vianen*, gem. *Leerdam*; palende N. O. aan het Kortgeregt, Z. O. aan den Diefdijk, Z. aan Oud-Schaik, W. aan Loosdorp-en-Hoog-Middelkoop.

Deze pold. beslaat, met de daartegen aanliggende waterplas de K r u i t h o f, volgens het kadaster, eene oppervlakte van 264 bund. 39 v. r. 69 v. ell., waaronder 207 bund. 21 v. r. 45 v. ell. schotbaar land; telt 42 h., waaronder 18 boerderijen en wordt door eene sluis, met Kortgeregt en Oud-Schaik, op de Lingen, van het overtollige water ontlast. Het polderbestuur bestaat uit eenen Schout en eenen Secretaris over al de polders, eenen Waardsman over den geheelen polder en eenen Gezworen.

SCHAIK (OUD-) of OUD-SCHAYK, pold. in het graafs. *Leerdam*, prov. *Zuid-Holland*, arr. *Gorinchem*, kant. *Vianen*, gem. *Leerdam*; palende N. aan Nieuw-Schaik, O. aan den Diefdijk, welke hem van het voorm. graafs. Culenborg scheidt, Z. aan den buitenwaard tegen de Linge, W. aan de stad Leerdam en aan de Meent.

Deze pold. beslaat, volgens het kadaster, eene oppervlakte van 217 bund. 43 v. r. 76 v. ell., waaronder 120 bund. 28 v. r. 4 v. ell. schotbaar land; telt 21 h., waaronder 12 boerderijen, en wordt door vier watermolens en eene sluis, op de Lingen, van het overtollige water ontlast. Het polderbestuur is het zelfde als dat van Nieuw-Schaik.

SCHAIKSCHE-ACHTERKADE (DE) of DE SCHAAYKSCHE-ACHTERKADE, dijk in het graafs. *Leerdam*, prov. *Zuid-Holland*, gem. *Leerdam*, welke, in eene oostelijke rigting tusschen Nieuw-Schaik en Oud-Schaik door, van den Schaiksche-dijk naar den Diefdijk loopt.

SCHAIKSCHE-WATERING (DE) of DE SCHAAYKSCHE-WATERING, water in het graafs. *Leerdam*, prov. *Zuid-Holland*, in eene zuidwestelijke rigting door den polder Nieuw-Schaik, van de Kerksteeg, naar de Schaische-Achterkade loopende.

SCHAKENBOSCH, naam, welken men geeft aan sekere landen, ook wel eene heerl. geheeten, in *Rijnland*, prov. *Zuid-Holland*, arr. *'s Gravenhage*, kant. *Voorburg*, gem. *Veur-en-Leydschendam-Noordzijde*.

In het midden der vorige eeuw werden deze landen bezeten door Jonkvrouw ADRIANA CONSTANTINA SOMER, Vrijvrouwe van *Warmenhuizen-en-Bennebroek*, en na haar overlijden verkocht, als een onsterfelijk erfleen, aan Jonkvrouwe CATHARINA NOORTHEY, sedert gehuwd aan den Heer Mr. HENRIK GEVERS, Raad in de vroedschap der stad Rotterdam, voor eene som van 18,300 gulden. De heerlijke voorregten en geregtigheden van wild, konijnen en wildernissen, zijn aan deze landen verknocht. Ook zoude hier eene kapel gestaan hebben, behoort hebbende tot de parochiekerk van Voorschoten en gewijd aan ST. AGATHA. Zij stond op eene verhevene plaats, (doende de R. K. nog bedevaarten naar de bouwvallen). De ware naamsreden dezer landen is onbekend. Het bijvoegsel *bosch*, ontleent zijnen oorsprong van het bosch, hetwelk, volgens deskundigen, van ouds in dezen oord zoude gestaan hebben (Zie SAGARUM HERUS). FILIPS, Graaf van *Ligne*, Heer van *Wassenaar*, *Voorschoten*, alsmede van *Schakenbosch*, liet, in het jaar 1569, daarvan eene kaart maken. Volgens deze kaart, had het bosch, in dien tijd, eene uitgestrektheid van ruim 47 morgen (ruim 40 bund.). Gelijk elders in dien oord, dus heeft men ook hier sedert het geboomte uitgeroeid en den grond in open land veranderd. Tot eene gedachtenis leest men nog, in den voorgevel van de herberg in deze heerlijkheid, de woorden: DIT IS SCHAKENBOSCH.

SCHAKERLO of HET OUDELAND, heerl. op het eil. *Tholen*, prov. *Zeeland*, arr. *Zierikzee*, kant. en gem. *Tholen*; palende N. aan de heerl. Oud-Vossemeer, O. aan de stad Tholen en aan de Eendracht, Z. aan de Ooster-Schelde, W. aan de heerl. Nieuw-Strijen en Poortvliet.

Deze heerl. bestaat uit de volgende polders: den P e u k e - p o l d e r, den P u i t - p o l d e r, den N i e u w l a n d - p o l d e r, den D a l e m s c h e - p o l d e r, den P o l d e r - v a n - V i j f t i e n h o n d e r d - g e m e t e n, den pold.

het Oudeland, den Vrouw-Bely-polder, den Deurlo-polder en den Razernij-polder.

Zij beslaat, volgens het kadaster, eene oppervlakte van 1586 bund. 92 v. r. 90 v. ell., waaronder 1527 bund. 39 v. r. 30 v. ell. belastbaar land; men telt er 62 h., bewoond door 77 huisgez., uitmakende eene bevolking van ongeveer 470 inw.

Deze heerl., meent men, is allereerst en van onheugelijke tijden af bedijkt geweest, zijnde de overige gedeelten des eilands, het een vroeger, het ander later, daaraangegroeid en eindelijk er aan vast gedijkt. Immers werd, in 1220 of 1221, de helft van het land van Schakerloo, digst aan Braband gelegen, door Hendrik I, Hertog van *Braband*, ter leen gegeven aan Graaf Willem I en Maria zijne huisvrouw. Tien jaren daarna, werd Schakerlo, waarschijnlijk het ander gedeelte, aan Graaf Floris IV in erfpracht uitgegeven, door de kerk van Roden, voor vier ponden 's jaars, erfelijk te ontvangen bij de kerk van Schakerloo, volgens eenen Latijnschen brief den 2 Mei 1231 te Dordrecht geteekend en gezegeld. Volgens eenen brief, uitgegeven in 1256, door Koning Willem, Graaf van *Holland*, bekwam Allart van Duivenee ter leen, alle de uitdijken van Scakersloo en verlof deze te bedijken, verder nog de watermolen en het regt geen andere molen toe te laten dan met zijne toestemming; het veer (over de Schelde op Ruimerswaal) met alle de visscherijen binnen dien lande, en tien gemeten tienden daar binnen. Bij octrooi van de Heeren Staten van Zeeland, van het jaar 1526, werd aan de stad en het land van Tholen en dien van Schakerlo toegestaan, dat zij voortaan, in alle buitengewone beden, gesteld zouden worden zamen te zullen contribueren. Tegenwoordig behoort de heerl. van Schakerlo onder het regtsgebied van Tholen.

Daarin ligt het geh. Schakerlo, benevens eenige verstrooid liggende h. Men meent, dat er in vorige tijden nog een d., Westdorpe genaamd, zou geweest zijn, waarvan nog eenige overblijfsels gevonden worden.

De Herv., die er 440 in getal zijn, behooren tot de gem. van *Tholen*. — De R. K., van welke men er 30 aantreft, worden tot de stat. van *Tholen* gerekend. — Men heeft in deze heerl. eene in 1840 opgerigte bijschool, welke gemiddeld door een getal van 35 leerlingen bezocht wordt.

Het geh. Schakerlo, meestal het Oudeland genoemd, ligt 5 u. Z. O. van Zierikzee, ½ u. Z. W. van Tholen. Vroeger was het een dorp, met eene kerk, welke reeds voor lang afgebroken is, zoodat het thans slechts eene geringe buurt is, met 22 h., waaronder 3 boerderijen, en 170 inw.

Behalve het groot altaar, waren er in de kerk, welke aldaar gestaan heeft nog twee andere altaren, aan welke ook twee vikarijen gesticht waren, te weten: de vikarij der broederschap van de *H. Maagd* Maria en de vikarij van den H. Nikolaas. Deze kerk had haren eigen Regent of Bedienaar, die benoemd werd door den Heer der plaats. Behalve dezen Regent had ieder altaar nog twee Kapellanen. Ook plagt hier vroeger een kasteel te staan, het Hof-te-Schakerlo geheeten. Zie het volgende art.

Het wapen dezer heerl. was van keel met een patriarchaal kruis van goud.

SCHAKERLO, of het Oudeland, pold. in het eil. *Tholen*, prov. *Zeeland*, arr. *Zierikzee*, kant. en gem. *Tholen*; palende N. W. aan den Oud-Strijen-polder, N. en N. O. aan den Polder-van-Vijftienhonderd-Gemeten, Z. O. aan den Vrouw-Bely-polder, waarmede hij thans eene gemeene bedijking uitmaakt, Z. en Z. W. aan de Ooster-Schelde, W. aan den Nieuw-Strijen-polder.

Deze pold., welke omstreeks het jaar 850 bedijkt is, beslaat, volgens het kadaster, eene oppervlakte van 495 bund. 34 v. r. 56 v. ell., waaronder 469 bund. 6 v. r. 36 v. ell. schotbaar land, telt 28 h., waaronder 6 boerderijen en wordt door 3 sluizen, op den Polder-van-Vijftienhonderd-Gemeten, van het overtollige water ontlast. Het polderbestuur bestaat uit eenen Dijkgraaf, vier Gezworenen, eenen Penningmeester en eenen Boekhouder.

SCHAKERLO (HET HOF-TE-), voorm. adell. h. op het eil. *Tholen*, prov. *Zeeland*, arr. en 5 u. Z. O. van *Zierikzee*, kant., gem. en ½ u. Z. W. van *Tholen*, in het geh. Schakerlo.

De plaats, waar het gestaan heeft, weet men thans niet juist meer aan te wijzen.

SCHAKERLOSCHE-DIJK, zeedijk op het eil. *Tholen*, prov. *Zeeland*, Z. W. van den polder *Schakerlo*, langs de Ooster-Schelde.

Op dezen dijk heeft vroeger eene redoute gelegen ten Z. W. van het gehucht.

Toen den 29 Januarij 1574, een gevecht op de Ooster-Schelde plaats had, tusschen den Zeeuwschen Admiraal Boisot en den Spaanschen Admiraal De Glimes, had de Spaansche Veldheer, Don Louis de Requesens, eene zekere overwinning verwachtende, zich, ter aanmoediging van de zijnen met zijn hofgezin op dezen dijk geplaatst en was daar alzoo ooggetuige van hunne nederlaag.

SCHALIEHOEF (DE) of Schaliehoeve, groote boerderij in het markgraafs. van *Bergen-op-Zoom*, prov. *Noord-Braband*, *Vierde* distr., arr. en 8 u. W. Z. W. van *Breda*, kant. en ½ u. Z. Z. O. van *Bergen-op-Zoom*, gem. *Woensdrecht-Hoogerheide-en-Hinkelenoord*, 1 u. N. ten O. van Woensdrecht, aan den grooten weg van Bergen-op-Zoom op Antwerpen.

Deze hoeve, welke op sommige kaarten verkeerdelijk als een gehucht wordt aangetroffen, heeft echter eenige bekendheid, daar het woonhuis vroeger het regthuis der voorm. heerl. de Zuidgeest was, waarin zij gelegen is.

SCHALKEDAM of Schalkesdam, dam in de *Lauwers*, op de grenzen van de prov. *Friesland* en *Groningen*, ter plaatse, waar de *Oudevaart*, komende uit het *Kolonel-Roblesdiep*, een weinig Z. W. van *Gerkesklooster*, en door dit dorp als Zijldiep vloeijende, in de bevaarbare *Lauwers* valt; 1 u. W. ten Z. van *Grijpskerk*, 20 min. Z. W. van *Visvliet*, ½ u. N. O. van *Stroobos*.

Men gaat daarover uit de prov. *Groningen*, gem. *Grijpskerk*, kerspel *Visvliet*, in de prov. *Friesland*, griet. *Achtkarspelen*, kerspel *Gerkesklooster*. Oude lieden heugt nog, dat hier, aan de Friesche zijde, een huisje gestaan heeft, waar men denkt, dat vroeger een burgt prijkte.

Door de vereeniging van de Oude-vaart met de Lauwers werd het hoogere deel van deze onbruikbaar en daarom afgedamd, zijnde een pomp nog toereikend, om het overtollige water in het nog bevaarbare deel te loozen.

SCHALKE-PYP, water, prov. *Friesland*, kw. *Oostergoo*, griet. *Tietjerksteradeel*, Z. van *Bergum*, in eene oostelijke strekking van de Wijde-Ee naar het Noorder-meerdermeer loopende.

SCHALKWIJK, gem. in het *Overkwartier* der prov. *Utrecht*, arr. *Amersfoort*, kant. *Wijk-bij-Duurstede* (1 k. d., 9 m. k., 4 s. d.); palende N. aan de gem. Houten en Werkhoven, N. O. aan Cothen, O. aan Wijk-bij-Duurstede, Z. aan de Lek en aan Tull-en-'t Waal, W. aan Vreeswijk, N. W. aan Schonauwen.

Deze gem. bevat het d. Schalkwijk, benevens de geh. Pothuizen, Blokhoven en Rietveld, alsmede de Blokhovenschepolder den Beisten-polder en den Geeren-polder; beslaat, volgens het kadaster, eene oppervlakte van 1789 bund. 30 v. r. 68 v. ell., waaronder 1751 bund. 6 v. r. 99 v. ell. belastbaar land. Men telt er 156 h., bewoond door 178 huisgez., uitmakende eene bevolking van 1140 inw., die meest hun bestaan vinden in den landbouw.

De R. K., die er ruim 970 in getal zijn, maken met die van de gem. *Tull-en-'t Waal*, *Schonauwen* en *'t Gooi* eene stat. uit, welke tot het aartspr. van *Utrecht* behoort en door eenen Pastoor en eenen Kapellaan bediend wordt. Men telt in deze stat. ruim 1400 zielen, onder welke 1000 Communikanten.

De Herv., die er ongeveer 170 gevonden worden, behooren tot de gem. *Schalkwijk-en-'t Gooi*, welke in deze burgerlijke gem. eene kerk heeft. Men heeft er eene school, zijnde een nieuw gebouw, grootendeels door de medewerking van den Ambachtsheer daargesteld, welke door een gemiddeld getal van 75 leerlingen bezocht wordt.

De gem. Schalkwijk is eene heerl., welke thans in eigendom bezeten wordt door den Heer Cornelis Ludovicus, Baron van Wyckerslooth van Schalkwijk, Bisschop van Curium *in partibus infidelium*, woonachtig op den huize Duinzigt, bij Oegstgeest.

Het d. Schalkwijk ligt 6 u. Z. W. van Amersfoort, 2½ u. W. van Wijk-bij-Duurstede, 51° 59′ 29″ N. B., 22° 51′ 28″ O. L. Het is een groot d., dat zich met eene regte buurt, meer dan een uur gaans in de lengte, tot digt aan de Lek, uitstrekt, ter wederzijden van de Schalkwijksche-wetering. Men telt er in de kom van het d. ruim 820 inw.

De Herv. kerk was vóór de Reformatie aan den H. Michaël toegewijd. Men had er destijds vier vikarijen, waarvan eene aan het St. Nicolaas altaar; ook was er eene broederschap van St. Anna. De pastoriegoederen bragten 125 guld. 75 cent, die der vikarijen 97 guld op. Het was eene zware kruiskerk, met eenen spitsen toren, welke in het jaar 1804 vervangen is door een geheel nieuw kerkgebouw, hetwelk gesticht is uit eene aanzienlijke som gelds van den Ambachtsheer Andreas Cornelis de Normandie en de edelmoedige bijdragen van velen in deze gem., onder welke niet weinig Roomsch Katholijken hebben uitgemunt. In deze kerk, zijnde een gewoon gebouw, met eenen spitsen toren, doch zonder orgel, ziet men de fraaije tombe van den Heer Balthasar de Leeuw, voormalig Ambachtsheer dezer gemeente, overleden den 30 Junij 1751.

De R. K. kerk, aan den H. Michaël toegewijd, is een gewoon gebouw, met eenen koepeltoren en van een orgel voorzien.

Men heeft er nog het riddermatig goed Vuilcoop of Vuilcop. Zie dat woord. Ook had men er het kasteel en ridderhofstad Schalkwijk en het huis Merckenburg, welke beide afgebroken zijn.

Schalkwijk is de geboorteplaats van den Watergeus Hans Onversaagd.

In de vijftiende eeuw waren de Heeren van Culenborg ook Heeren van Schalkwijk, en werden beleend *met dat Gerecht tot* Schalkwijk, *ende dit Personaatschap mitter kercken gifte, ende hoeren toebehoeren, item*, enz., en dus heeft Hubert, Heer *van Culenborg*, in het jaar 1414, aan die van Schalkwijk bijzondere keuren gegeven, welke, in het jaar 1530, door Antonie de Lalaing, Graaf *van Hoogstraten*, en Heer *van Culenborg*, bevestigd zijn.

In het jaar 1523 brak de Lekdijk te Schalkwijk door, zoodat, onder anderen, ook het dorp toen veel schade leed, door overstrooming.

waardoor de provinciën Utrecht en Holland onder water geraakte en sommige landerijen wel een kniehoog met zand overdekt werden, zoodat het meeste koorn bedierf.

In de maand September des jaars 1527, viel Hopman CHRISTOFFEL DE LASSE met eenig volk in SCHALKWIJK, en dreef er vele menschen en vee uit: en HENDRIK VAN BEIJEREN, de acht en vijftigste Bisschop van Utrecht, had er, kort te voren, ook brandschattingen uitgeschreven.

De kermis te SCHALKWIJK valt in den 24 Junij.

Het wapen dezer gemeente bestaat uit een rood veld met drie zilveren balken gedekt met een gouden kroon.

SCHALKWIJK (DE GROOTE-POLDER-VAN-ZUID-), pold. in *Kennemerland*, prov. *Noord-Holland*, arr. en kant. *Haarlem*, gem. *Zuid-Schalkwijk-Vijfhuizen-en-Nieuwerkerk-aan-den-Drecht*; palende N. aan Noord-Schalkwijk, O. aan de ringvaart om het Haarlemmermeer, Z. aan den Kleine-Polder, W. aan het Spaarne.

Deze pold. beslaat, volgens het kadaster eene oppervlakte van 225 bund. 25 v. r. 27 v. ell., telt 6 boerderijen en wordt door 1 sluis, op het Spaarne van het overtollige water ontlast. Het polderbestuur bestaat uit den *Burgemeester* en drie Poldermeesters.

SCHALKWIJK (HUIS TE-), voorm. ridderhofst. in het *Overkwartier* der prov. *Utrecht*, arr. en 6 u. Z. W. van *Amersfoort*, kant. en 2¼ u. W. van *Wijk-bij-Duurstede*, gem. en een weinig bezuiden de kerk van *Schalkwijk*.

Deze ridderhofst. welke reeds in 1346 bekend was, was een groot doch onderwetsch gebouw, en schijnt eertijds aan een geslacht VAN SCHALCKWIJK den naam te hebben gegeven. Zekere WILLEM VAN SCHALCKWIJK komt voor in eenen brief van 1165; een EGIDIUS of GILLIS VAN SCHALCKWIJK, in eenen brief van 1128. ARNOLD VAN SCHALCKWIJK was Maarschalk in het jaar 1239 en 1240. GIJSBERT VAN SCHALCKWIJK, zoon van ARNOLD, komt voor in 1287, en 1294. HENDRIK en BERTHOLD VAN SCHALCKWIJK sneuvelden, met JAN VAN RENESSE, in het jaar 1304. HET HUIS-TE-SCHALKWIJK werd toen ook, ten gronde toe, geslecht. Naderhand is het weder opgebouwd en door onderscheidene voorname geslachten bezeten; zoo was DIRK VAN JUTPAAS er Heer van in het jaar 1536, toen het, door 's Lands Staten, voor riddermatig erkend werd. Onderscheidene bezitters van dit huis, dat aan niemand leenroerig, maar vrij eigen goed was, zijn in de Utrechtsche ridderschap beschreven geweest; als, in het jaar 1660, Heer FREDERIK VAN RENESSE VAN ELDERNEN: in 1687, Heer GERLACH VAN DER CAPELLEN: van 1691 tot 1707, Heer STEVEN FREDERIK VAN DER CAPELLEN: en, eindelijk, in 1745, Heer EVERT CORNELIS VAN DER CAPELLEN, Heer *van Houten*. Sedert het jaar 1750, werd het bezeten door den Heer DANIEL CORNELIS VAN DER CAPELLEN.

Dit huis is gesloopt. De daartoe behoord hebbende gronden, beslaande eene oppervlakte van 8 bund. 70 v. r., worden thans in eigendom bezeten door den Heer FREDERIK DE RIDDER.

Het wapen dezer ridderhofstad bestaat uit een veld, verdeeld in acht fascen, afwisselend van zilver en keel.

SCHALKWIJK (DE KLEINE-POLDER-VAN-ZUID), pold. in *Kennemerland*, prov. *Noord-Holland*, arr. en kant. *Haarlem*, gem. *Zuid-Schalkwijk-Vijfhuizen-en-Nieuwerkerk-aan-de-Drecht*; palende N. aan den Groote-Polder, O. en Z. aan de Ringvaart om het Haarlemmermeer.

Deze pold., beslaat eene oppervlakte van 48 bund. 82 v. r. 70 v. ell., en wordt door 1 sluis, op den Groote-Polder, van het overtollige water ontlast. Het polderbestuur bestaat uit Burgemeester en twee Poldermeesters.

SCHALKWIJK (NOORD-), voorm. afzonderlijke ambachts-heerlijkheid, in het baljuws. van *Brederode*, prov. *Noord-Holland*, arr. en kant. *Haarlem*, gem. *Haarlemmerliede-Noord-Schalkwijk-en-Hofambacht*; palende N. aan Haarlem, O. aan de ringvaart om het Haarlemmermeer, Z. aan Zuid-Schalkwijk, W. aan het Spaarne.

Deze ambachtsheerl. is sedert onheugelijke jaren met *Haarlemmerliede* en *Hof-ambacht* tot eene heerl. vereenigd.

Zij bevat noch d. noch geh. maar slechts eenige verstrooid liggende huizen, waaronder eene boerderij het Hof-ter-Weeuwen genoemd, dat het regthuis van Haarlemmerliede-Noord-Schalkwijk-en-Hofambacht is, en beslaat, volgens het kadaster, eene oppervlakte van 306 bund. 23 v. r. 97 v. ell., alles belastbaar land. Men telt er 15 h., bewoond door 17 huisgez., uitmakende eene bevolking van 90 inw., die meest hun bestaan vinden in den landbouw.

De Herv. die er 23 in getal zijn, worden tot de gem. *Spaarnwoude-en-Spaarndam* gerekend. — De R. K. van welke men er 70 aantreft, behooren tot de stat. van *Spaarnwoude-aan-de-Lie*.

Men heeft in deze heerl. geen school, maar de kinderen genieten onderwijs te *Spaarnwoude* of te *Haarlem*.

SCHALKWIJK (ZUID-), voorm. afzonderlijke ambachtsheerl. in *Kennemerland*, prov. *Noord-Holland*, arr. en kant. *Haarlem*, gem. *Zuid-Schalkwijk-Vijfhuizen-en-Nieuwerkerk-aan-de-Drecht*; palende N. aan Noord-Schalkwijk, O. aan Vijfhuizen, Z. O. en Z. aan het Haarlemmer-meer, W. aan het Spaarne, welke het van Heemstede scheidt.

Deze ambachtsheerl. is sedert onheugelijke jaren met *Vijfhuizen* en *Nieuwerkerk* vereenigd. Zij bestaat uit den Groote-Polder-van-Zuid-Schalkwijk en den Kleine-Polder-van-Zuid-Schalkwijk; bevat het geh. Zuid-Schalkwijk en eenige verstrooid liggende huizen, en beslaat eene oppervlakte van 274 bund. 7 v. r. 97 v. ell. De inw. vinden meest in den landbouw hun bestaan.

De Herv., die er wonen, behooren tot de gem. van *Spaarnwoude-en-Spaarndam*. — De R. K., welke men er aantreft, worden tot de stat. van *Spaarnwoude-aan-de-Lie* gerekend. — Men heeft in deze heerl. geen school, maar de kinderen genieten onderwijs te *Spaarnwoude* of te *Haarlem*. — Het geh. ZUID-SCHALKWIJK ligt 1 u. Z. van Haarlem.

• SCHALKWIJK-EN-'T GOOI, kerk. gem., prov. *Utrecht*, klass. en ring. *Wijk-bij-Duurstede*.

Men heeft er eene kerk, te Schalkwijk, en telt er 210 zielen, onder welke 80 Ledematen. De eerste, die in deze gem. het leeraarambt heeft waargenomen, is geweest CORNELIS VAN ECK, door den Heer van Culenborg als Collator aangesteld, niet om te prediken, maar om predikatiën van Roomschen inhoud voor te lezen. Hij ging tot de Hervorming over en werd hier in het jaar 1593 als Hervormd Predikant bevestigd. Het beroep is eene collatie van den Ambachtsheer van Schalkwijk.

SCHALKWIJK-VIJFHUIZEN-EN-NIEUWERKERK-AAN-DE-DRECHT (ZUID-), gem. in *Kennemerland*, prov. *Noord-Holland*, arr. en kant. *Haarlem*.

Deze gem. bestaat uit twee gedeelten, welke door de Hille of het Spierings-meer van een gescheiden zijn. Het grootste gedeelte, bestaande uit de voorm. afzonderlijke heerl. Zuid-Schalkwijk-en-Vijfhuizen; paalt N. aan de gem. Haarlemmerliede-Noord-Schalkwijk-en-Hofambacht, O. aan het Spieringmeer, Z. O. aan het Haarlemmermeer, W. aan het Spaarne, welke haar van de gem. Heemstede scheidt. Dit gedeelte wordt geheel door het Meerkanaal of de Ringvaart tot droogmaking van het Haarlemmermeer doorsneden en weder verbonden door een brugwerk en een pontveer. Het kleinste gedeelte paalt O. aan de gem. Slooten-Slooterdijk-Osdorp-en-de-Vrije-Geer en aan het Lutkemeer en is voorts aan de overige zijden door het Spieringmeer omgeven. Aan den hoek van Nieuwerkerk is men thans (1847) werkzaam met het oprigten van het stoomgemaal, genaamd van Lijnden. Zij beslaat, volgens het kadaster, eene oppervlakte van 877 bund. 84 v. r. 87 v. ell., waaronder 843 bund. 25 v. r. 7 v. ell. belastbaar land; telt 20 h., bewoond door 20 huisgez., uitmakende eene bevolking van ongeveer 150 inw., die meest hun bestaan vinden in den landbouw. Ook heeft men er eenen houtzaagmolen.

De inw., die op 11 na allen R. K. zijn, behooren gedeeltelijk tot de stat. van *Spaarnwoude-aan-de-Lie* en gedeeltelijk tot de stat. van *Osdorp*. — De 6 Herv., die er wonen, worden tot de gem. van *Spaarnwoude-en-Spaarndam* gerekend. — De 3 Evang. Luth. behooren tot de gem. *Haarlem*. — Men heeft in deze gem. geen school, maar de kinderen genieten onderwijs te *Haarlem*.

Deze gem. is eene heerl. welke in het jaar 1633 aangekocht werd, door Reinier Pauw, Baljuw van *Amstelland*, wiens dochter, Alida Pauw, haar naderhand bezeten heeft en van wie zij later gekomen is op Mr. Gaspar Rudolf van Kinschot, Baljuw, Schout en Dijkgraaf van Oudewater en Secretaris der stad Delft. De eigenaar van het heerlijk regt is tegenwoordig Mr. C. Dierkoet, te Amsterdam.

SCHALKWIJKSCHE-WETERING, water in het *Overkwartier* der prov. *Utrecht*, hetwelk, voortkomende uit wellen, in eene westelijke rigting langs Schalkwijk loopt, en zich in den *Vaartsche-Rijn* ontlast.

Bij het doorbreken van den Lekdijk, in het jaar 1823, geraakte deze wetering verzand, doch zij moet later weder uitgediept zijn; en is thans bevaarbaar.

SCHALLEGALLE-POLDER, onbekade pold. in *Staats-Vlaanderen*, in het *Vrije-van-Sluis*, prov. *Zeeland*, arr. *Middelburg*, kant. *Oostburg*, distr. *Sluis*, gem. *Groede*; palende N. W., N. en N. O. aan Oud-Breskens, Z. O. aan den Steene-polder, Z. W. aan den Heeren-polder.

Deze pold. is groot, volgens het kadaster, 5 bund. 27 v. r. 60 v. ell. en schotbaar 4 bund. 91 v. r. 25 v. ell. Hij behoort, even als de *Steene-polder* en de *Heeren-polder*, tot de *Watering-van-Baarzande*, en heeft dus geen eigen polderbestuur. De uitwatering is in Baarzande. De dijk, die dezen polder van Oud-Breskens scheidde, is sedert lang geslecht, zoo dat het met dien polder gemeen schijnt te liggen.

SCHALLUINEN of Schaluinen, geh. in de bar. van *Breda*, prov. *Noord-Braband*, *Vierde* distr., arr. en 4 u. Z. Z. O. van *Breda*, kant. en 3½ u. Z. Z. O. van *Ginneken*, gem. *Baarle-Nassau*, 20 min. Z. van het d. *Baarle*; met 6 h. en 60 inw.

SCHALM (DE), bosch in het *Overkwartier*, prov. *Utrecht*, gem. en ½ u. Z. O. van *Renswoude*.

SCHALMDIJK (DE), weg in het *Overkwartier* der prov. *Utrecht*, gem. *Renswoude*, in eene zuidwestelijke rigting zich uitstrekkende van den straatweg, ½ u. Z. O. van Renswoude, tot aan de batterij bij den Slaperdijk, bij den Rooden-Haan.

Deze weg, welke met boomen beplant en ongeveer 1000 ellen lang is, ontleent zijnen naam van het bosch de Schalm, waar hij langsloopt.

SCHALSMEER, voorm. meer in *Kennemerland*, prov. *Noord-Holland*. Zie SCHAALSMEER.

SCHALSUM, SCHALSUM, ook wel SCHALSEN gespeld, d., prov. *Friesland*, kw. *Westergoo*, griet. *Franekeradeel*, arr. en 3 u. W. van *Leeuwarden*, kant. en 2 u. O. ten N. van *Harlingen*, ¼ u. N. O. van Franeker, aan den rijweg van Franeker op Ried.

Dit d., hetwelk eertijds met *Zweins*, *Peins*, *Ried* en *Boer* de *Franeker Vijfga* uitmaakte, telt 20 h. en omtrent 120 inw., die meest in den landbouw hun bestaan vinden.

De landen van dit dorp zijn meerendeels laag, vooral in het Zuidoosten, Noordwesten en Noorden, doch de twee groote poldermolens, onder dit dorp bestaande, zijn overvloedig toereikende, om niet alleen de landen van SCHALSUM, maar ook vele landen van *Boer*, *Ried*, *Peins* en *Zweins* droog te houden.

De inw., die er, op 14 na, allen Herv. zijn, onder welke ruim 20 Ledematen, maken eene gem. uit, welke tot de klass. van *Harlingen*, ring van *Franeker*, behoort.

Na de Hervorming, tot in 1758, moest de Predikant van SCHALSUM de halve dienst te Boer vervullen en om den vierden Zondag aldaar prediken, doch na dien tijd is SCHALSUM niet meer gecombineerd geweest. De eerste, die hier het leeraarambt heeft waargenomen, is geweest zekere WIGERUS (vermoedelijk WIGERUS MIRLESIUS), die hier eerst Pastoor was, en in het jaar 1567 tot de Hervormden is overgegaan en in dat zelfde jaar naar Emden gevlugt is. Later was EBBRATUS SICKENS AMARIUS, in 1588, hier Predikant, doch werd in 1594 naar Groningen beroepen. Vóór de Reformatie had SCHALSUM ook eenen eigen Pastoor, die 100 goudguld. (150 guld.) en eenen Vicaris, die 80 goudguld. (120 guld.) inkomen had. De kerk behoorde onder den dekenstoel van Franeker en betaalde aan den Proost van St. Janskerk te Utrecht 's jaars 8 schilden of 18 gulden. In het jaar 1555 is de kerk te SCHALSUM bijna geheel vernieuwd, toen Heer RUARDI Pastoor en welligt JOHANNES GAUDA destijds vicaris was. Toen was JARICH VAN BOTNIA, te Franeker, Heerschap te SCHALSUM. Dit was weleer in een Latijnsch opschrift te lezen boven de deuren van het koor, doch dit geschrift is bij het verwen der kerk vernietigd. Van ouds was de toren te SCHALSUM geheel met eenen klimop-boom bewassen, waarin zoo vele musschen en ander schadelijk gevogelte huis hield, dat men meermalen, om de schade van het koren en andere veldvruchten te voorkomen, genoodzaakt was de vogelnesten er uit te scheuren, totdat men eindelijk den klimopboom geheel heeft weggenomen. Het spreekwoord: *to* SCHALSUM *ijnne klimmerbeam* (te SCHALSUM in den klimop-boom) herinnert nog aan dezen boom. De klok, welke van een helder geluid is, is gegoten in 1705, en men leest daarop den naam van SICKO VAN GOSLINGA, toenmaals Grietman van Franekeradeel. De kerk is in 1711 van binnen betimmerd en met den tegenwoordigen fraaijen predikstoel versierd. Er is daarin geen orgel, maar men heeft er nog eene nis en eenen watersteen. De toren, welke voorheen stomp was, is in 1803 met een net spitsje voorzien. Men heeft er ook eene ouderwetsche goede pastorij.

De 3 Doopsgez., die er wonen, worden tot de gem. van *Franeker* gerekend. — De 11 Christelijk Afgescheidenen, die men er aantreft, behooren tot de gem. van *Minnertsga*.

In dit d. is geboren Ulrik of Ulpius Cisgaeus (1), ook wel Trajanus toegenaamd, een vriend van den geleerden Erasmus van Rotterdam. Hij was zeer ervaren in de Grieksche taal en Professor te Erfurt; doch zijne gehechtheid aan de Roomsche godsdienst deed hem in ongunst bij de Lutherschen vallen, te meer daar hij ook eenige boeken tegen Luther en zijne leer had geschreven.

SCHAM (HET), polderland in het *Overkwartier* der prov. *Utrecht*, arr., kant., gem. en O. van *Amersfoort*, in den hoek, gevormd door de Flier en de Modderbeek. Het beslaat eene oppervlakte van 50 bund.

SCHANDEL, d., deels in de heerl. *Everlingen*, deels in de heerl. *Useldingen*, grooth. *Luxemburg*, kw., arr. en 3½ u. Z. W. van *Diekirch*, kant. en 1¼ u. O. N. O. van *Redingen*, gem. en ½ u N. van *Useldingen*.

De inw. vinden meest in den landbouw hun bestaan. Zij zijn allen R. K., behooren tot de stat. van *Everlingen* en hebben hier eene kapel, welke door eenen eigen Kapellaan bediend wordt.

SCHANDELO of Schandelen, geh. in *Opper-Gelder*, prov. *Limburg*, distr., arr. en 7 u. N. van *Roermonde*, kant. en 3 u. N. van *Venlo*, gem. *Arcen-en-Velden*, 10 min. N. O. van *Velden*, waartoe het behoort; met 39 h. en ruim 240 inw.

SCHANS (DE), geb. in het *Land-van-Altena*, prov. *Noord-Braband*, arr. en 7 u. W. N. W. van *'s Hertogenbosch*, kant. en 4 u. W. N. W. van *Heusden*, gem. *de Werken-en-Sleeuwijk*, ½ u. Z. van Sleeuwijk, langs den Werkensche-dijk, bij tol no. 1, van den grooten weg der eerste klasse no. 3 en heeft dien naam naar eenen post, welke aldaar gelegen heeft.

Thans (1847) wordt in de nabijheid, een weinig oostwaarts van den grooten weg, weder eene aarden redout met een bomvrij gemetseld reduit, benevens eene batterij op genoemden weg aan gelegd. — Ten zuiden daarvan ligt de Schanswiel en het Schansgat. Zie die woorden.

SCHANS (DE), alleenstaand h. in het *Klei-Oldambt*, prov. *Groningen*, arr. en 3 u. N. van *Winschoten*, kant. en 3½ u. N. O. van *Zuidbroek*, gem. en ½ u. Z. W. van *Termunten*, onder Woldendorp, aan de Binder-Es.

SCHANS (DE) of Oud-Meerestein, voorm. buitenp. in het baljuws. van *Blois*, prov. *Noord-Holland*, arr. en 2 u. N. van *Haarlem*, kant. gem. en aan het noordoosteinde der Breestraat te *Beverwijk*.

De benaming van de Schans heeft zij ontleend van de vreemde krijgsbenden, welke Hertog Albert van Saxen, Stadhouder wegens den Keizer Maximiliaan, ten getale van drie duizend man, naar deze gewesten zond in het jaar 1492, om het oproer van het kaas- en broodvolk te stillen en de medepligtige Kennemers nevens de West-Friezen (uitgenomen Enkhuizen, dat zich alleen daarmede niet bemoeid had) gestreng te straffen, want een groot aantal dezer krijgsknechten, in het begin der maand Mei met geweld meester van Beverwijk geworden zijnde, vestigde zich hier ter plaatse en bebolwerkte haar op het sterkste, van meening zijnde, zich aldaar eenen geruimen tijd op te houden, en alom eenen goeden buit in te zamelen; des anderen daags trok eene hoop uit naar Heemskerk en versloeg aldaar eene groote bende kaas- en broodvolk, en den 15 Mei, naar Velsen en Schoten en plunderde die beide plaatsen geheel uit, tot zelfs voor de poorten van Haarlem, alles wegroovende en in brand stekende, en eenen rijken buit van goederen en beesten naar hunne verschansing te Beverwijk medeslepende. Anderdeels is die benaming voortgekomen van de alhier door de Spanjaarden opgeworpen sterkte,

---

(1) Deze Cisgaeus ontleende zijnen naam van *Clivus* (klim).

welke gedurende het beleg van Alkmaar, in het jaar 1573, bezet was met omtrent veertig ruiters, tot beveiliging van den levensvoorraad voor het Spaansche leger, welke, zoo van Amsterdam, als van elders, herwaarts te water aangebragt werd, en sedert als eene zekere pas naar het Noorderkwartier versterkt en ingehouden is; het was ook van hier, dat GILLES VAN BARLAIMONT, Heer van *Hierges*, den 27 Mei 1575, met zes duizend man voetvolk en zeven honderd ruiters, Noord-Holland inrukte tot aan den meelmolen van Schoorl, welken hij, even als elders in zijnen weg onderscheidene huizen en kerken, plunderde en brandschatte, zonder echter, omdat hij de schansen alom wel bezet vond, zijn eigenlijk doel te bereiken, zoodat hij zonder eenig voordeel naar Beverwijk terug trok, alwaar hij veertien dagen uitrustte, in afwachting van de overige troepen zijns legers, welke den voorschreven togt niet mede gemaakt hadden, waarna hij naar Buren terugtrok, doch eene tamelijke bezetting achterliet, welke tot den 15 October des volgenden jaars hier stand hield en alstoen des avonds ten vijf ure Beverwijk en hare verschansing, te gelijk met het huis Assumburg, verliet, gelijk hunne makkers ten zelfden dage de schansen op den Diemerdijk en aan het Barnegat verlaten hadden. Wat den tweeden naam dezer hofstad, te weten OUD-MEERESTEIN, betreft, deze is haar aangekomen van het *Land-van-Meerestein*, hetwelk, voor een zeer groot gedeelte, in deze hofstede vergraven is, nadat het aldaar gestaan hebbende klooster afgebroken was en de aanhoorige landen en hoven verkocht zijn geworden.

Ter plaatse, waar zij gestaan heeft, ziet men thans nog een gedeelte van het tuinmanshuis, hetwelk tot eene herberg wordt ingerigt; terwijl de daartoe behoord hebbende gronden, beslaande eene oppervlakte van ongeveer 16 bund., thans in eigendom bezeten worden door onderscheidene eigenaren.

SCHANS (DE), voorm. schans op het eil. *Goedereede-en-Overflakkee*, gem. *Ouddorp*, ten Zuidoosten van het dorp, aan het Brouwershavensche zeegat.

Deze schans was in het jaar 1665 aangelegd, toen ons gemeenebest in oorlog was met Engeland. Ter plaatse, waar zij gelegen heeft, ziet men thans een stuk lands, dat nog dien naam draagt.

SCHANS (DE), geh. in de *Meijerij aan 's Hertogenbosch*, kw. *Oisterwijk*, prov. *Noord-Braband*, arr. en 4 u. Z. W. van *'s Hertogenbosch*, kant., gem. en ½ u. N. ten O. van *Tilburg*, 20 min. N. N. O. van Goirke.

SCHANS (DE), b. in de *Langestraat*, prov. *Noord-Braband*, *Vierde* distr., arr. en 3 u. N. O. van *Breda*, kant. en 1 u. N. O. van *Oosterhout*, gem. en 10 min. Z. Z. O. van de kerk van *Raamsdonk*, even ten O. van de kerkbuurt, aan den Langestraatsche-dijk.

SCHANS (DE GROOTE- en DE KLEINE-), voorm. schansen in de prov. *Noord-Braband*, ten Zuiden van de vesting *'s Hertogenbosch*, waartoe zij behoorde. Zie ISABEL en ST. ANTONIE.

SCHANS (DE NIEUWE- en DE OUDE-), schansen in de prov. *Groningen*. Zie NIEUWE-SCHANS en OUDE-SCHANS.

SCHANS (DE NOORDER- en DE ZUIDER-), schansen in de prov. *Noord-Braband*, tot de vesting *Bergen-op-Zoom* behoorende. Zie NOORDER-SCHANS en WATER-SCHANS.

SCHANS (DE OOSTER- en DE WESTER-), schansen der voorm. vesting *Goes*, op het eil. *Zuid-Beveland*, prov. *Zeeland*.

Deze vierhoekige gebastionneerde aarden schansen lagen ten N. en tegen den hoofdwal dier stad, ter wederzijden en bij de uitstrooming der haven in het voorm. Geessche-diep. Ter plaatse, waar zij gelegen hebben, zijn de wallen en grachten nog gedeeltelijk kenbaar (1).

SCHANSE-EN-DUCATONS-SLOOT, waterloop in *Zalland*, prov. *Overijssel*, dat in de buurs. *Ane*, gem. *Gramsbergen*, ontstaat en van daar zuidwaarts naar de grenzen van *Ambt-Hardenbergh* loopt.

SCHANSEGAT (HET), ook wel het ST. ANDRIESGAT of KANAAL-VAN-ST.-ANDRIES genaamd, water, prov. *Gelderland*, gegraven in het jaar 1599, ter vereeniging der rivieren de Maas en de Waal. Het loopt uit eerstgenoemde in eene noordelijke rigting naar laatstgenoemde rivier, tusschen het fort Willem of Nieuw-St.-Andries en het geb. Oud-St.-Andries, heeft eene gemiddelde breedte van 119 ellen en een vermogen van 229 cub. ell. water per sec. Er is hier een pontveer voor de gemeenschap tusschen Rossum en Heerewaarden.

SCHANSEN (DE), voorm. schansen, prov. *Friesland*, kw. *Oostergoo*, griet. *Tietjerksteradeel*, ½ u. W. van Ryperkerk, aan den Zwarteweg.

Deze schansen zijn in het jaar 1672 opgeworpen, ter beveiliging van Leeuwarden tegen de Munsterschen. Zij droegen de namen van Hendrik Casimir en Albertina Agnes. Ter plaatse, waar zij gelegen hebben, ziet men nog eenige hoogten.

SCHANSER-BRUG, brug, prov. *Friesland*, kw. *Oostergoo*, griet. *Tietjerksteradeel*, in den *Zwarte-weg*, ½ u. W. van Ryperkerk. — In de nabijheid lagen de bovenvermelde twee schansen.

SCHANSGAT (HET), watertje of vliet in het *Land-van-Altena*, prov. *Noord-Braband*, dat uit de *Schanswiel*, ½ u. Z. van Sleeuwijk, zijnen oorsprong neemt, vervolgens als polderwatering zuidelijk stroomende, de Nieuwendijk doorgaat, en zich door eene sluis, bij de punt van *Altena*, in de *Bakkerskil* ontlast.

SCHANSMEER, meertje, prov. *Friesland*, kw. *Zevenwouden*, griet. *Stellingwerf Oosteinde*, ½ u. N. O. van Donkerbroek, nabij de plaats waar de schans Broeberg gelegen heeft.

SCHANSSTRAAT, geh. in het graafs. *Horne*, prov. *Limburg*, arr. en 4 u. W. ten N. van *Roermonde*, kant. en 1½ u. N. ten O. van *Weert*, gem. en 20 min. N. O. van *Nederweert*; met 27 h. en ongeveer 140 inw.

SCHANSWIEL (DE), wiel of water in het *Land-van-Altena*, prov. *Noord-Braband*, in den *Uppelsche-polder*, ½ u. Z. van Sleeuwijk, nabij het geh. de Schans, waaruit het Schansgat ontspringt.

SCHANSWAARD (DE), pold. in den *Biesbosch*, prov. *Noord-Braband*. Zie PRIKWAARD.

SCHANSWAARD (DE), oude naam van den KARNEMELKS-POLDER, in den *Biesbosch*, prov. *Noord-Braband*. Zie KARNEMELKS-POLDER.

SCHAPEHOK (HET) of SCHAAPHOK, geh. in *Fivelgo*, prov. *Groningen*, arr. en 2 u. O. van *Groningen*, kant. en 1½ u. O. van het *Hoogezand*, gem. en ½ u. W. van *Slochteren*, waartoe het burgerlijk behoort; met 4 h. en ruim 20 inw. Kerkelijk behoort één huis onder *Slochteren* en de overige drie onder *Scharmer*. De Scharmer-Ee en de Slochter-Ee vereenigen zich daar in het Slochterdiep.

SCHAPENBOSCH (HET), bosch in het graafs. *Strijen*, prov. *Noord-Braband*, gem. *Oosterhout*. Het is een gedeelte van het *Bosch-van-Strijen*.

SCHAPENBOUT, b. in *Staats-Vlaanderen*, in *Axelerambacht*, prov. *Zeeland*, arr. en 7 u. Z. van *Goes*, distr. en 2½ u. W. van *Hulst*,

---

(1) De overige SCHANSEN, zoo als de SCHANS-OP-DONVEREN, de GEWANDE-SCHANS enz., zoeke men op de woorden van onderscheiding.

gem. en ruim 3 u. N. W. van *Axel*, in den *Koegorspolder*; met 6 h. bewoond door 7 huisgez., uitmakende eene bevolking van 30 zielen.

Het oostelijke stroomkanaal, tot afvoer der Belgische en andere polderwaters loopt door deze buurt, en daarover ligt hier eene kapitale vaste brug.

SCHAPENBRUGGETJE (HET), brug op den *Veluwenzoom*, prov. *Gelderland*, gem. en ¼ u. W. van *Doorwerth*, 5 min. N. O. van Heelsum, over de Heelsumer-beek.

SCHAPENBURG, buit. in *Gooiland*, prov. *Noord-Holland*, arr. en 5 u. Z. O. van *Amsterdam*, kant. en 1¼ u. Z. van *Naarden*, gem. en in het noorden van het d. *'s Graveland*.

SCHAPENGORS, pold. in het *Land-van-Voorne*, prov. *Zuid-Holland*, arr. en kant. *Brielle*, gem. *Rockanje-Strijpe-Lodderland-Stuifakker-St.-Anna-polder-en-het-Schapengors*; palende W. en N. aan de Zeeduinen, voorts nog N. aan Oud-Rockanje, O. aan St. Pancrasgors en aan den St. Anna-polder, Z. aan den Quack-polder.

Deze pold., sluit tegen de duinen, en beslaat, volgens het kadaster, eene oppervlakte van 99 bund. 22 v. r. 16 v. ell., waaronder 51 bund. 21 v. r. 50 v. ell. schotbaar land; telt 6 h. waaronder 1 boerderij, en wordt door ééne sluis, op de Noordzee van het overtollige water ontlast. Het polderbestuur bestaat uit eenen Dijkgraaf, drie Leden en eenen Secretaris.

SCHAPERS-POLDER, pold. in *Staats-Vlaanderen*, in *Hulster-ambacht*, prov. *Zeeland*, arr. *Goes*, kant. en distr. *Hulst*, gem. *Hontenisse*; palende N. aan den Zande-polder, O. aan den Kruis-polder, Z. aan den Oost-vogel (watering van Lamswaarde), Z. W. aan den polder van Groot-Hengstdijk.

Deze pold., waarvan het tijdstip der bedijking niet is kunnen worden opgespoord, is groot, volgens het kadaster, 104 bund. 32 v. r. 4 v. ell. en schotbaar 93 bund. 94 v. r. 29 v. ell. Daarin staan 21 hoefjes, allen in erfpacht uitgegeven op de eigendommen van Willem II, Koning der *Nederlanden*, die de grootste ingeland in dezen polder is. Het bestuur daarover wordt gemeenschappelijk uitgeoefend door de directie van de polders Groot-Hengst-dijk, Klein-Hengst-dijk en Rummersdijk, bestaande uit eenen Dijkgraaf, twee Gezworenen en eenen Ontvanger-Griffier. De Schapers-polder watert uit door de groote sluis van Campen, op het Hellegat.

SCHAPHALSTER-ZIJL, sluis in *Hunsingo*, prov. *Groningen*. Zie Schaaphalster-zijl.

SCHAPOE, naam, welken de Negers geven aan de koffijplant. Schaapstede, in *Nederlands-Guiana*, kol. *Suriname*. Zie Schaapstede.

SCHAR (DE), voorm. water in *Dregterland*, prov. *Noord-Holland*, waar langs de West-Friesche en Waterlandsche meeren voorheen hunnen uitloop in de Zuiderzee hadden.

In het jaar 1388 werd in dit water een dam gelegd, waarvan het dorp Schardam zijnen naam ontleent; zoo alsmede het dorp Scharwoude naar dit water geheeten is.

SCHARDAM, gem. in *Dregterland*, prov. *Noord-Holland*, arr. en kant. *Hoorn* (4 k. d., 18 m. k., 8 s. d.); palende N. aan Scharwoude en Oudendijk, O. aan de Zuiderzee, Z. aan Etersheim-en-Zuid-Schardam, W. aan Beets-en-Oudendijk.

Deze gem. behoorde vroeger tot dat gedeelte van de *Veenhoop*, dat in 1408 onder het regtsgebied van Hoorn kwam. Zij bevat het noordelijk gedeelte van het d. Schardam of Noord-Schardam, benevens eenige verstrooid liggende h., beslaat, volgens het kadaster, eene oppervlakte van 189 bund. 51 v. r. 44 v. ell., waaronder 186 bund. 36 v. r. 6 v. ell. belastbaar land; telt 18 h., bewoond door 22 huisgez., uitmakende eene bevolking van ruim 90 inw., die meest hun bestaan vinden in de kaasmakerij en de visscherij.

De inw., die, allen Herv. zijn, worden sinds 1587 tot de gem. *Etersheim-en-Schardam* gerekend, welke ook hier eene kerk heeft, terwijl de Predikant te Etersheim woont. Tot omstreeks 1586 was Schardam met *Oosthuizen* vereenigd. Alzoo in 1576 de gem. tot de Herv. overging, vertrok de laatste Pastoor Jonas Baarthouds en werd Schardam met *Etersheim* in 1577 kerkelijk aan *Oosthuizen* toegevoegd, tot 1587, wanneer Schardam en *Etersheim* te zamen een eigen leeraar kregen en sedert gecombineerd zijn gebleven.

Men heeft in deze gem. eene school, welke door een gemiddeld getal van 25 leerlingen bezocht wordt, onder welke ook de kinderen van *Etersheim*, als zijnde die beide gem., wat het onderwijs aangaat, gecombineerd.

SCHARDAM of Schaardem, oudtijds Scardam, d., gedeeltelijk in *Dregterland*, gedeeltelijk in *Waterland*, prov. *Noord-Holland*, arr. en 2 u. Z. Z. W. van *Hoorn*, gedeeltelijk gem. *Schardam*, gedeeltelijk gem. *Etersheim-en-Zuid-Schardam*, nabij de Zuiderzee aan den zeedijk. Men telt er 18 h. en 100 inw.

Het wordt onderscheiden in Noord-Schardam en Zuid-Schardam, waarvan het eerste tot de gem. *Schardam* en het laatste tot de gem. *Etersheim-en-Zuid-Schardam*, behoort.

De kerk, die te Noord-Schardam staat, was vóór de Reformatie *ter begeving* van de Graven en van het Domkapittel van Utrecht, doch had zeer geringe inkomsten. Het is nog een eenvoudig goed gebouw, met eenen spitsen toren, doch zonder orgel.

Men heeft in dit dorp drie uitwaterende sluizen, waarvan twee behooren aan het collegie der uitwatering te Alkmaar en eene onder de directie van de Beemster.

In 1388 werd hier de eerste sluis in den zeedijk gelegd ter uitwatering der opgemalen ringsloten in dit gedeelte van Noord-Holland. In 1508 brak hier een gat in den zeedijk die nog niet volkomen hersteld in 1509 andermaal te dezer plaatse doorbrak, waarbij verscheidene menschen omkwamen.

SCHARDAM (NOORD-), b. in *Waterland*, prov. *Noord-Holland*, arr. en 1½ u. Z. Z. W. van *Hoorn*, bevat het noordelijk gedeelte van Schardam; telt 7 h. en 30 inw. — De Hervormde kerk en de Beemster-sluis, vindt men in dit gedeelte van Schardam.

SCHARDAM (ZUID-), b. in *Waterland*, prov. *Noord-Holland*, arr. en 1½ u. Z. Z. W. van *Hoorn*, gem. *Etersheim-en-Zuid-Schardam*.

Deze b. bevat het zuidelijk deel van het kerkdorp Schardam, en wordt door de twee uitwaterende sluizen aan het Collegie der uitwatering te Alkmaar behoorende, van Noord-Schardam afgescheiden, zoodanig echter, dat het huis, tusschen deze twee bij elkander gelegen sluizen staande, tot Zuid-Schardam behoort. Men telt er 11 huizen en 70 inwoners.

SCHARDAMMERKOOG, pold. in *Dregterland*, prov. *Noord-Holland*, arr. en kant. *Hoorn*, gem. *Schardam*; palende N. aan de uitwatering van de Beemster, O. aan de Zuiderzee, Z. O. aan Floris-Koog, Z. aan de heerl. Etersheim, W. aan de Beets-Koog.

Deze pold. beslaat, volgens het kadaster, eene oppervlakte van 64 bund. 98 v. r. 22 v. ell., alles schotbaar land, en wordt, in vereeniging met de *Beets-Koog*, door twee molens, op de Ringsloot, van het overtollige water ontlast. Het polderbestuur bestaat uit drie Heemraden.

SCHARDAMSCHE-DIJK, dijk in *Dregterland*, prov. *Noord-Holland*, gem. *Schardam*, zich uitstrekkende van Zuid-Schardam naar den dijk van Dregterland.

SCHARENDIJKE, geh. op het eil. *Schouwen*, prov. *Zeeland*, arr. en 2 u. ten N. W. van *Zierikzee*, kant. en 1 u. W. ten N. van *Brouwershaven*, gem. en ¼ u. N. van *Elkerzee*, aan het Brouwershavensche-gat; met 34 h. en 240 inw., die allen Herv. zijn en te *Elkerzee* kerkelijk behooren. Allen vinden hun bestaan in den landbouw en dijkwerken. — Er is in dit geh. geene school maar de kinderen genieten onderwijs te *Elkerzee*.

SCHARHUIZEN, b., prov. *Friesland*, kw. *Zevenwouden*, griet. *Doniawarstal*, arr., en 4 u. Z. Z. O. van *Sneek*, kant. en 3 u. N. O. van *de Lemmer*, tot het d. *Oldouwer* behoorende.

SCHARL, voorm. d., thans geh., prov. *Friesland*, kw. *Westergoo*, griet. *Hemelumer-Oldephaert-en-Noordwolde*, arr. en 6 u. Z. W. van *Sneek*, kant. en 2 u. Z. van *Hindelopen*, ¼ u. Z. O. van *Stavoren*, 10 min. Z. W. van *Warns*, waartoe het behoort. Men telt er in de kom van het geh. 9 h. en 52 inw., en met de daartoe behoorende b. Laaxum 13 h. en 80 inw., die meest in den landbouw en veehandel hun bestaan vinden.

De Herv. die hier ruim 30 in getal zijn, behooren tot de gem. van *Warns-en-Scharl*. Vroeger had men hier eene kerk. Er was daarin een vikarisschap van 100 goudgulden (150 guld.) en eene prebende van 70 goudg. (105 guld.) gevestigd. — De 7 Doopsgez., die er wonen, behooren tot de gem. van *Warns*. — De 7 R. K., die men er aantreft, behooren tot de stat. van *Bakhuizen*. — Men heeft in dit geh. geen school, maar de kinderen genieten onderwijs te *Warns*.

Vroeger stond onder dit dorp de state Haukema. Ook vindt men hier aan de kust het Roode Klif (zie dat woord). Het in de geschiedenis zoo beroemde Vrouwenzand ligt niet ver van daar.

Scharl is de geboorteplaats van den Kronijkschrijver Occa Scarlensis of van Scharl, die omtrent 970 leefde.

In 1306 was Scharl met Warns in oorlog, en naar men zegt, bleven er in een hoofdtreffen van weerskanten ruim 150 menschen.

SCHARLAKEN, aanwas aan den dijk van den *Alblasserwaard*, prov. *Zuid-Holland*, arr. *Gorinchem*, kant. *Sliedrecht*, gem. *Alblasserdam*; palende N. aan den Ruigenhil, O. aan den Vinkelandsche-dijk, Z. aan Rapenburg, W. aan de Noord.

Deze aanwas heeft, volgens het kadaster, eene oppervlakte van 2 bund. 67 v. r. 90 v. ell., bosch, hakhout en rietland.

SCHARLAKENSPOLDER of Casteelpolder, voorm. pold., in *Staats-Vlaanderen*, in *Hulster-Ambacht*, prov. *Zeeland*, arr. *Goes*, kant. *Hulst*, welke moet gelegen hebben, waar thans de polder Groot-Cambron, gem. *Stoppeldijke*, ligt, waarmede hij is ingedijkt.

SCHARLO, geh. in de *Langestraat*, prov. *Noord-Braband*, *Tweede* distr., arr. en 5 u. W. van *'s Hertogenbosch*, kant. en 2 u. W. van *Waalwijk*, gem. en ½ u. N. van *Waspik*.

SCHARLO, naam, welken men in de wandeling veeltijds geeft aan het geh. Schoonlo, in *Rolderdingspil*, prov. *Drenthe*. Zie Schoonlo.

SCHARLO, plant. op het eil. *Curaçao*, in de *Middel-divisie*, aan de St. Annabaai, ten Z. van het fort Nassau, ten W. van de plant. Altena.

SCHARLUINEN, oude naam van het d. *Schelluinen*, in het *Land-van-Arkel*, prov. *Zuid-Holland*. Zie SCHELLUINEN.

SCHARMER of SCHARMER ook wel SCHARMERCARSPEL, en oudtijds SKIARMERE en SCIRAME, onder welken laatsten naam het in de kronijk van Emo en Menco voorkomt, d. in *Fivelgo*, prov. *Groningen*, arr. en 2 u. O. van *Groningen*, kant. en 1½ u. N. W. van *Hoogezand*, gem. en 1½ u. N. W. van *Slochteren*, ½ u. Z. O. van de Harkstede. Men telt er met de daartoe behoorende, verstrooid liggende buizen, 94 h. en 480 inw., die meest in den landbouw, veeteelt en veenderij hun bestaan vinden. Men heeft er vroeger eenen korenmolen gehad, en eene bierbrouwerij, welke echter beide zijn te niet gegaan.

De Herv., die hier 440 in getal zijn, behooren tot de gem. *Harkstede-en-Scharmer*. Na de Reformatie, maakte SCHARMER eene afzonderlijke gem. uit, waarvan de eerste Predikant, die hier in 1605 stond, niet bekend is. De tweede was JOHANNES SCHRANKENMULLER, die er zich in 1613 bevond, en in 1617 opgevolgd werd door ANTHONIUS WELLICAMUS. Dit d. had eene oude kerk, welke, volgens het schrijven van Emo, den 21 Mei 1231, op den Zondag van de H. Drievuldigheid, door de vermogendste Patronen gegeven werd aan de abdij van Werum. Maar omdat er alle de Patronen niet tegenwoordig waren geweest, is die gift op verzoek van eenige lieden, voornamelijk van den Deken, den 11 Julij nietig verklaard, doch den 29 Julij, als er de Deken en verdere belanghebbenden au bijgeroepen waren, wederom vernieuwd.

In het jaar 1296, zoo als men in het *Vervolg van* MENCO vindt, is er te SCHARMER eene nieuwe steenen kerk op eene gemaakte zandhoogte gebouwd, veel schooner dan de andere steenen kerk, welke vroeger op een andere plaats gebouwd was. Bij het wegnemen der fondamenten vond men onder op den vasten grond eene rij lijken en eene tweede rij daarboven. Met de derde rij was men reeds bezig, toen de nieuwe fondamenten gelegd werden, en deze rij strekte zich over het geheele kerkhof uit. Het was in die dagen de gewoonte de graven niet weder te openen, vóór dat men eene nieuwe rij begon. Men kan hieruit alleen reeds tot de oudheid van kerk en dorp besluiten. Deze, in 1296 gebouwde, kerk droeg, in haren bouwvalligen staat, met even bouwvallige pastorij en kosterij, alle de kenmerken van eene oude kloosterkerk. De muren waren buitengemeen zwaar en bij de afbraak nog hecht en sterk, uit zeer groote tigchelsteenen opgemetseld; doch groote gebreken aan de gewelven, de zijmuren en het dak vorderden, voor de beperkte fondsen van deze arme gemeente, te groote kosten, waarom men in 1824 besloot de kerk af te breken, en de kerkelijke gem. met *de Harkstede* te vereenigen, nadat de Predikant JOHANNES WILLEM BECKMANN EEL, hier gekomen in 1817, naar Garrelsweer vertrokken was in 1823.

De enkele Doopsgez., die er woont, behoort tot de gem. van *Sappemeer*. — De Evang. Luth., van welke men er 11 telt, worden tot de gem. van *Sappemeer* gerekend. — De R. K., van welke men er 26 aantreft, behooren tot de stat. van *Sappemeer*.

Bij de kerk stond weleer een klooster der Kruisbroeders of Kruisdragers, toegewijd aan de Keizerin HELENA, dat den naam droeg van *het Huis des Lichts*. Vele benamingen, aan dit klooster ontleend, zijn aldaar nog levende. Het was reeds in wezen in het jaar 1400, en stond ten N. W. van de nu afgebroken kerk. De boerenhofstede, het Eiland schijnt er toe behoord te hebben. — In de dertiende eeuw bloeide hier het geslacht der Smeers, zoo bekend in de oude veten dier streken, en later de geslachten van Clant en Rengers.

De menigvuldige veengronden en baggerijen hebben misschien aanleiding gegeven tot het stichten van eenige buitenverblijven alhier, gelijk Rozenburg, Tilburg, Overveen en Werk-en-Rust. Dit laatstgenoemde strekt thans tot pastorij, in plaats van de vorige in de Harkstede, welke in het jaar 1828, daartegen verruild werd.

De dorpschool wordt door een gemiddeld getal van 60 leerlingen bezocht.

SCHARMER-EE (DE), riv. in *Fivelgo*, prov. *Groningen*, welke bij Scharmer ontstaat, in eene noordoostelijke rigting, al draaijende en slingerende, naar het Schapehok loopt, daar de Slochter-Ee mede opneemt en vervolgens noordwaarts in eene bijkans regte rigting naar Woltersum stroomt en de Woltersumer-Ee genoemd wordt. Hier verdeelt zij zich weder in tweeën; de oostelijke tak loopt naar Wittewierum en bij Ten-Post in het Damsterdiep, terwijl de andere tak, het Lustige-Maar genoemd, met onderscheidene bogten naar Dijkshorn en zoo verder naar het Maarvliet gaat.

Vóór ruim 70 jaren was deze stroom nog zoo breed, dat hij door tjalkschepen bevaren werd, die van hier veel turf naar Hamburg afvoerden; het oude bed kan op eenige plaatsen wel 20 ell. breedte houden, doch thans bedraagt de wijdte algemeen niet meer dan 6 ell. Een tak der Scharmer-Ee, waar door zij zich met de Woltersumer-Ee vereenigde, werd de Smeerige-Ee genoemd; dit gedeelte is toegegroeid, omdat men in het laatst der vorige eeuw de rivier, door het graven van eenen nieuwen mond, meer regtstreeks in het Slochter-diep, en nader aan de Slochter-Ee gebragt heeft.

SCHARMERZIJL (DE), sluis in *Fivelgo*, prov. *Groningen*, in de *Delf*, te *Delfzijl*. Zij is eene der drie Delfzijlen en dient om, in gemeenschap met de Dorpsterzijl, het water onder de Drie-Delfzijlen behoorende te loozen. Zie nader het art. Delfzijlen (Zijlvest-der-drie-).

SCHARMOLEN of de Schermolen, b., voorheen tot het hert. *Cleve* behoord hebbende, prov. *Noord-Braband*, *Eerste* distr., arr. en 9 u. O. van *'s Hertogenbosch*, kant. en 1½ u. N. van *Boxmeer*, gem. en 10 min. Z. van *Oeffelt*.

Het heeft zijnen naam ontleend van eenen waterkoornmolen, welke hier vroeger gestaan heeft.

SCHARNEBUREN of Offerdenburen, b., prov. *Friesland*, kw. *Westergoo*, griet. *Wonseradeel*, arr. en 3¼ u. O. van *Sneek*, kant. en 2 u. Z. Z. W. van *Bolsward*, bij *Ferwolde*.

SCHARNEGOUTUM, gewoonlijk Goutum, en weleer Scharnum, en in het oud Friesch Scharnegoustra genoemd, d., prov. *Friesland*, kw. *Westergoo*, griet. *Wymbritseradeel*, arr., kant. en ½ u. N. O. van *Sneek*, aan den rijweg en de jaagvaart van Leeuwarden naar *Sneek*, op eene hooge en breede terp, daar oudtijds de Middelzee was, ten Z. van welke dit d. lag. Men telt er, met de daartoe behoorende buurt Nijeklooster, 260 inw., die meest in de veefokkerij en in den landbouw hun bestaan vinden. De landerijen zijn hier zeer vruchtbaar, en vooral de nieuw aangespoelde uit de Middelzee, welke tot goed bouwland dienen.

De Herv., die er wonen, behooren tot de gem. *Scharnegoutum-en-Loinga*. De kerk is een steenen gebouw, met eenen vierkanten toren en van een orgel voorzien.

De Doopsgez., welke men er aantreft, behooren tot de gem. van *Sneek*. — De R. K., die er wonen, worden tot de stat. van *Sneek* gerekend.

In het Oosten van dit dorp ligt de state Teppema of Tjeppema, en in het Noordoosten, aan de scheiding van Rauwerderhem, stond vroeger het Nijeklooster. Zie dat woord.

SCHARNEGOUTUM-EN-LOINGA, kerk. gem., prov. *Friesland*, klass. en ring van *Sneek*.

Men heeft er eene kerk, te SCHARNEGOUTUM en telt er 300 zielen, onder welke 70 Ledematen. De eerste, die in deze gem. het leeraarambt heeft waargenomen, is geweest PETRUS AMBROSIUS, die hier in het jaar 1585 was en naar Deersum vertrok, waar hij in Maart 1589 stond.

SCHARNEBUIZUM, voorm. hofstede, prov. *Friesland*, kw. *Oostergoo*, griet. *Achtkarspelen*, arr. en 6¼ u. O. ten N. van *Leeuwarden*, 3½ u. O. N. O. van *Bergum*, 1 u. O. ten N. van *Buitenpost*, waartoe zij behoorde, op de grenzen van Kollumerland, thans gesloopt.

SCHARPENOORT, oude naam der gorzen en slikken, ten N. van en tegen de heerl. St. *Annaland*, eil. *Tholen*, prov. *Zeeland*.

SCHARPENZEEL, d. op de *Neder-Veluwe*, prov. *Gelderland*. Zie SCHERPENZEEL.

SCHARPERSWIJK, naam, welken men geeft aan een gedeelte van den pold. *Leksmond*, dijksdistr. *Vianen*, prov. *Zuid-Holland*. Zie SCHERPERSWIJK.

SCHARREN (DE), geh., prov. *Friesland*, kw. *Zevenwouden*, griet. *Doniawerstal*, arr. en 2¼ u. ten Z. O. van *Sneek*, kant. en 2¼ u. ten N. O. van *de Lemmer*, ¾ u. ten N. W. van *Oldouwer*. Het bestaat uit onderscheidene boerenhuizen langs de Ryl.

SCHARRE-WIEL (DE), water, prov. *Friesland*, kw. *Zevenwouden*, griet. *Doniawerstal*, ¼ u. Z. Z. W. van *Goingarijp*. Het staat ten N. in verbinding met de *Ane-wiel* en ten W. met de *Broekster-ende-wiel*.

SCHARREZEE (DE), voorm. vaarwater in *Zuid-Holland*, tusschen de eilanden *Goedereede* en *Overflakkee*, of juister tusschen *Goedereede* en *het Stellegors*, eene gemeenschap tusschen het Haringvliet en de Bieningen daarstellende.

Dit vaarwater, welks naam waarschijnlijk afkomstig is van *Scharrenzee*, naar de menigte schorren of gorzen, waaruit het bestond, lag ten laatste vol platen en gorzen, die wel ondervloeiden, doch waar men bij laag water met kar en paard en soms zelfs te voet konde overgaan. Eindelijk werd in 1751 daardoor de Statendam gelegd en de aanwassen ten N. O. daarvan, in 1769, 1780 en 1803 ingedijkt in den Adriana-polder, den Eendragt-polder en den Scharrezee-polder. Hierdoor werd dit water in land herschapen, en de beide eilanden vereenigd.

SCHARREZEE-POLDER (DE) of het WESTPOLDERTJE, pold. in het eil. *Goedereede-en-Overflakkee*, arr. *Brielle*, kant. *Sommelsdijk*, gem. *Stellendam*; palende N. aan de gorzen tegen het Goereesche-zeegat, N. O. aan den Halspolder, O., Z. en W. aan den Eendragt-polder.

Deze pold., welke in het jaar 1803 bedijkt is, beslaat, volgens het kadaster, eene oppervlakte van 48 bund. 50 v. r. 61 v. ell. alles schotbaar land, en wordt door eene sluis op het Haringvliet van het overtollige water ontlast. Het polderbestuur bestaat uit eenen Dijkgraaf en twee Heemraden.

SCHARSENHOFF, naam, onder welken het geh. SCHARFENHOFF, in de heerl. *Heffingen*, grooth. *Luxemburg*, wel eens, doch verkeerdelijk, voorkomt. Zie SCHARFENHOFF.

SCHARTERBRUG, brug, prov. *Friesland*, kw. *Zevenwouden*, griet. *Doniawarstal*, ½ u. N. W. van *Oldouwer*, in het geh. de *Scharren*, over den Nieuwe-Rhyn, in de Ryl.

Bij deze brug staat eene herberg, zijnde een tolhuis, tot heffing van de doorvaartgelden, welke van ieder schip hier moeten betaald worden.

SCHARTHOFF, geh. in het graafs. *Wilts*, grooth. *Luxemburg*, arr. en 7 u. N. W. van *Luxemburg*, kant. en 1 u. N. van *Wilts*, gem. *Eschweiler*.

SCHARWOUDE, kerk. ring, prov. *Noord-Holland*, klass. van *Alkmaar*, bevattende de volgende 11 gem.: Zuid-Scharwoude-en-Broek-op-Langendijk, Noord-Scharwoude, Nieuwe-Niedorp, Oudcarspel, St. Pancras, Winkel, Koedijk, Warmenhuizen, Haringcarspel-en-Dirkshorn, Schoorl-Groet-en-Kamp en Oude-Niedorp-Zijdewind-en-Veenhuizen. In dezen ring zijn 16 kerken die door 11 Predikanten bediend worden en hij telt ruim 6000 zielen, onder welke 2800 Communnikanten.

SCHARWOUDE, gem. in *Dregterland*, prov. *Noord-Holland*, arr. en kant. *Hoorn* (4 k. d. 18 m. k. 8 s. d.); palende N. aan Berkhout-en-Baarsdorp, O. aan de Zuiderzee, Z. aan Schardam, W. aan Grosthuizen.

Deze gem. bevat het d. Scharwoude, benevens eenige verstrooid liggende h., beslaat eene oppervlakte van 226 bund. 34 v. r. 3 v. ell. waaronder 221 bund. 28 v. r. 90 v. ell., belastbaar land; telt 47 h., bewoond door 57 huisges., uitmakende eene bevolking van 290 inw., meest handwerkslieden, en die hun bestaan vinden in den landbouw.

De inw., die allen Herv. zijn, onder welke 160 Ledematen, maken eene gem. uit, welke tot de klass. en ring van *Hoorn* behoort. Van 1578 tot 1669 was Scharwoude kerkelijk toegevoegd aan *Berkhout*, doch heeft sedert dien tijd altijd een eigen Leeraar gehad. De eerste, die aldaar afzonderlijk het leeraarambt heeft waargenomen, is geweest Gerardus Lonius, die in het jaar 1669 herwaarts kwam, en in het jaar 1679 naar Schermerhorn vertrok. Het beroep geschiedt door den kerkeraad.

Men heeft in deze gem. eene school, welke gemiddeld door een getal van 40 leerlingen bezocht wordt.

Het d. Scharwoude, Schaarwoude of Schaarwoude, in de wandeling Skarwouw, voorheen ook Zwartkerke genoemd, ligt 1 u. Z. W. van Hoorn, aan den West-Friesche-Zeedijk. — Men telt er in de kom van het d. 47 h. en 290 inw.

Toen in het jaar 1394 de kerk, welke buitendijks stond, door eenen hoogen vloed omgestort was, zijn die van Scharwoude in de par. van *Hoorn* ingelijfd, en gaven daartoe hare klokken, kelken en andere ornamenten, welke zij uit den vloed behouden hadden, ook het groote Maria-beeld, dat sints op het hooge altaar gesteld werd, welk beeld daarvan nog altijd sedert *de Lieve vrouw van Scharwoude* genoemd is geweest. Deze voorzegde inlijving is geschied met consent van Hertog Albrecht en den Proost van West-Friesland (toen zekere Franciscus, die kardinaal was van de Roomsche kerk, met den titel van *Heilige Sucanna*) en van den Priester Cureet te *Hoorn*, en in 1408 kwam dit dorp onder het regtsgebied van *Hoorn*; maar in het jaar 1440, werd het kerkelijk weder van *Hoorn* afgezonderd en hebben de inwoners eene eigene parochiekerk getimmerd, welke, zoo als zeer waarschijnlijk is, aan de *H. Maagd* Maria was toegewijd. De pastorij stond ter begeving van de

GRAVEN; *de Proost van West-Friesland had het regt van bevestigen.* Heer ADRIAAN JACOBSZOON, 40 jaren oud, verklaarde in het jaar 1514, dat hij de *pastorij* gekregen had, bij regt van vervalling, en dat de Burgemeesters het regt van vergeving hadden. Maar de Burgemeesters, daarover ondervraagd, verklaarden dat zij zich zelven dat regt nooit aangematigd hadden. De pastorij trok jaarlijks van landrenten 30 Rijnsche guldens (42 guld.) en bragt in alles 36 Rijnsche guldens (50 guld. 40 cent.) op. Omdat het kosterschap geene inkomsten had, was er geen vaste koster. De kerk is een steenen gebouw, met eenen houten toren, doch zonder orgel.

De kermis valt in den laatsten Zondag der maand Mei.

Zware watervloeden hebben dit dorp geteisterd, zoo als die van 1508 *en 1514*, doch vooral die van 1 November 1675 als wanneer een *felle* storm en vloed den Zuiddijk bij SCHARWOUDE, ter lengte van *115 ell.* en ter diepte van 9½ ell., bezwijken deed. Den 17 daaraanvolgende drong een nieuwe storm en vloed het water dermate door deze breuk, dat er 18,500 bund. lands onderliepen, en er 24 kerken in stonden.

Den 5 April 1702 was deze dijk weder in het uiterste gevaar, doch werd *toen gelukkig* behouden.

Het wapen dezer gemeente is een dorre boom, waarop gezeten zijn drie vogels.

SCHARWOUDE (NOORD-), gem. in het balj. van de *Nieuwburgen*, prov. *Noord-Holland*, arr. en kant. *Alkmaar* (4 k. d., 20 m. k., 5 s. d.); palende W. en N. aan de gem. Oudcarspel, O. aan den Heer-Hugowaard, Z. aan Zuid-Scharwoude.

Deze gem. bevat het d. Noord-Scharwoude, benevens eenige verstrooid liggende h., beslaat, volgens het kadaster, eene oppervlakte van 508 bund. 75 v. r. 86 v. ell., waaronder 506 bund. 64 v. r. 55 v. ell. belastbaar land en telt 87 h., bewoond door 138 huisgez., uitmakende eene bevolking van ruim 670 inw., wier voornaamste middel van bestaan is landbouw en groenteteelt, vooral sluitkool, roode wortelen, bloemkool, ajuin en beetwortelen, welke groenten door vrachtschippers te Amsterdam ter markt werden gebragt. Ook heeft men er eenen windkorenmolen en eenen grutmolen door paarden bewogen.

Volgens contract van 15 April 1626 is de Heer-Hugowaardsdijk, in het jaar 1626—1627, over den grond gelegd aan deze gemeente behoorende, waardoor het komt, dat de pold. Noord-Scharwoude in *de Heer-Hugowaard* is ingedijkt.

De Herv., die hier 540 in getal zijn, onder welke 250 Ledematen, maken eene gem. uit, welke tot de klass. van *Alkmaar*, ring van *Scharwoude* behoort. NOORD-SCHARWOUDE werd in 1574 nevens *Zuid-Scharwoude*, *Oudecarspel* en *Haringcarspel* door eenen Leeraar bediend, daarna daarvan afgescheiden, ontving het in 1644, een eigen Leeraar. De eerste, die na de scheiding van *Zuid-Scharwoude* in deze gem. het leeraarambt heeft waargenomen, is geweest JESSUA REMBERTUS VLIETHAP, die in het jaar 1644 herwaarts kwam en in *1645* naar Naaldwijk vertrok. Het beroep geschiedt door den kerkeraad, onder agreatie van den Ambachtsheer.

De 4 Doopsgez., die er wonen, behooren tot de gem. *Broek-op-Langendijk*. — De R. K., die er 130 in getal zijn, behooren tot de stat. van *Langendijk*, welke in deze burg. gem. eene kerk heeft. — Men heeft *hier eene school*, welke gemiddeld door een getal van 90 leerlingen bezocht wordt.

Noord-Scharwoude is een heerl., welke in het jaar 1730, door de grafelijkheids domeinen voor eene som van 20,500 gulden verkocht is, aan Mr. Willem Vlaardingerwoud. Later is zij bezeten door Jan Nikolaas Christiaan van Kretschmar, Vroedschap der stad Delft. Voor eenige jaren was zij het eigendom van Mr. Willem Hendrik Teding van Berkhout en Vrouwe Maria Agatha van Kretschmar, daarna van zekeren Heer van Doorn van Mijdrecht. Thans is eigenares dezer heerl. Mevrouw Maria van Dijk, Weduwe Claus, woonachtig aan den Uithoorn.

Het d. Noord-Scharwoude of Noord-Scherwoude, in de wandeling Nosscherwouw, oudtijds St. Janskarspel genoemd, ligt 2¼ u. N. van Alkmaar. Het is een der vier dorpen van den Langedijk en in de lengte gebouwd en telt in de kom van het d. 75 h. en 600 inw.

De kerk, welke vóór de Reformatie aan den H. Johannes was toegewijd, werd destijds bij beurten vergeven door den Paus en door het kapittel van St. Jan te Utrecht. Deze kerk staat, even als alle de Hervormde kerken van den Langendijk, een weinig van het dorp af en aan de oostzijde van den dijk, heeft eenen lagen stompen toren en is van binnen versierd met eenen uitgesneden predikstoel, eene koperen kerkkroon, en een scheepje van 40 stuk kanon. In 1838 heeft dit gebouw eenige herstellingen ondergaan. Men heeft daarin geen orgel.

De R. K. kerk, aan den H. Johannes *den Dooper* toegewijd, is een langwerpig vierkant gebouw, zonder toren, doch van een orgel voorzien. — Het raadhuis is een doelmatig ingerigt gebouw.

De kermis valt in den eersten Zondag in de maand September.

Het wapen bestaat uit een veld van goud, met eenen leeuw, houdende in zijnen regter klaauw eenen staf.

SCHARWOUDE (NOORD-), pold. in *Geestmerambacht*, prov. *Noord-Holland*, arr. en kant. *Alkmaar*, gem. *Noord-Scharwoude*; palende N. aan Oudkarspel, O. aan Heer-Hugowaard, Z. aan Zuid-Scharwoude, W. aan Koedijk.

Deze pold. ligt oostwaarts in de gemeente, en is, in het jaar 1627, bij den pold. *Heer-Hugowaard* ingedijkt. Hij beslaat, volgens het kadaster, eene oppervlakte van 109 bund. 53 v. r. 3 v. ell., waaronder 75 bund. 18 v. r. 49 v. ell. schotbaar land; telt 2 h., waaronder ééne boerderij, en wordt door eenen molen en eene sluis, op de ringsloot van den Heer-Hugowaard, van het overtollige water ontlast. Het polderbestuur bestaat uit vier Poldermeesters.

SCHARWOUDE (ZUID-), gem. in *Geestmerambacht*, prov. *Noord-Holland*, arr. en kant. *Alkmaar* (4 k. d., 20 m. k., 3 s. d.); palende N. aan de gem. Noord-Scharwoude, O. aan den Heer Hugowaard, Z. aan Broek-op-Langendijk, W. aan Koedijk-en-Huiswaard.

Deze gem. bevat het d. Zuid-Scharwoude, benevens eenige verstrooid liggende h., beslaat, volgens het kadaster, eene oppervlakte van 522 bund. 76 v. r. 99 v. ell., waaronder 502 bund. 53 v. r. 96 v. ell. belastbaar land; telt 125 h., bewoond door 149 huisgez., uitmakende eene bevolking van ruim 700 inw., die voor het meerendeel hun bestaan vinden in den akkerbouw, het aankweeken van allerlei groenten, voornamelijk sluitkool, wortelen, ajuin, beetwortelen en rapen, welke groenten door de geheele provincie vervoerd worden en groote vermaardheid hebben; ook houdt men zich hier nog bezig met het aankweeken van papavers, hetwelk echter vroeger van meer belang was. Sommigen houden zich ook op, evenwel als eene bijzaak, met het aankweeken van alle soorten van angelieren, welke zaaibloemen zij in hunne koolschuiten overal mede nemen en aan de liefhebbers verkoopen.

De Herv., die er 480 in getal zijn, behooren tot de gem. van *Zuid-Scharwoude-en-Broek-op-Langendijk.*

De R. K., welke men er 220 aantreft, behooren tot de stat. van *Langendijk.* — Men heeft in deze gem. eene school.

Zuid-Scharwoude is eene heerl. welke in het jaar 1730, uit de Grafelijkheids domeinen, voor 19,100 guld. verkocht is aan Jacob Mispelblom Beijer, Raad in de vroedschap der stad Schiedam en Johanna Groenvis. Thans wordt zij in eigendom bezeten door den Heer Mr. A. J. C. Maas, van Zuid-Scharwoude, Regter in de arrondissements-Regtbank te Alkmaar.

Het d. Zuid-Scharwoude of Zuid-Scharwoude, in de wandeling Suscharwouw, oudtijds St. Pietersкarspel geheeten, ligt 1½ u. N. ten O. van Alkmaar. Het is een der vier dorpen van den Langendijk en in de lengte uitgebouwd.

De kerk, welke vóór de Reformatie aan den H. Petrus was toegewijd, was een pronkstuk der oudheid. Men vond er veel duifsteen aan. Het koor was van boven zeer oud en vreemd beschilderd. Zij had eenen fraaijen spitsen toren, doch was van geen orgel voorzien. Deze kerk is in 1820 door eene nieuwe vervangen, welke den 5 Maart door den Predikant Johannes Nieuwe werd ingewijd.

Het dorpshuis, dat in het jaar 1736 gebouwd werd, is zeer doelmatig ingerigt. Ook is hier eene werkplaats van liefdadigheid.

SCHARWOUDE (ZUID-), pold. in *Geestmer-ambacht*, prov. *Noord-Holland*, arr. en kant. *Alkmaar*, gem. *Zuid-Scharwoude.*

Deze polder beslaat, volgens het kadaster, eene oppervlakte van 19 bund. en wordt door eenen molen en eene sluis, van het overtollige water ontlast.

SCHARWOUDE-EN-BROEK-OP-LANGENDIJK (ZUID-), kerk. gem., prov. *Noord-Holland*, klass. van *Alkmaar*, ring van *Scharwoude;* met twee kerken, ééne te Scharwoude en ééne te Broek-op-Langendijk. Men telt er 1100 zielen, onder welke 500 Ledematen.

De eerste, die in deze gem. het leeraarambt heeft waargenomen, is geweest Frederik IJsbrands, die in het jaar 1574 herwaarts kwam en in het jaar 1575 naar Wervershoof vertrok. Het beroep geschiedt, voor Zuid-Scharwoude door den kerkeraad, onder approbatie van den Ambachtsheer; voor Broek-op-Langendijk is het beroep vrij. Noord-Scharwoude is hiermede vereenigd geweest tot 1644 en gedurende de dienst van Petrus Bard, hier gekomen in 1610 en emeritus geworden in 1649, er van afgenomen en met eenen eigen Predikant voorzien.

SCHASSI of Schassie, naam, welken de Negers geven aan de koffijplant. Anna'szong, aan de katoenplant. Esterbasst, en aan de suikerplant. Goedmijn, in *Nederlands-Guiana*, kol. *Suriname.* Zie Anna'szong, Esterbasst en Goedmijn.

SCHATSBURG, eigenlijk Scheepsborg, vroeger Bolsherema of Clinxwerd geheeten, voorm. burg in *Fivelgo*, prov. *Groningen*, arr., kant. en 2½ u. N. W. van *Appingedam*, gem. en 20 min. Z. O. van *'t Zandt*, 10 min. N. W. van *Leermens*, waartoe hij behoorde, Z. W. van het Zandster-maar.

De naam Scheepsborg of Borg-van-Scheep, is ontleend van de familie Scheep, in vroegeren tijd bezitters van den burg, welke nu gewoonlijk onder den naam van Schatsburg bekend is. Ter plaatse, waar hij gestaan heeft, ziet men thans eene boerderij, een houtstek en eene klakbranderij, welke met de daartoe behoorende gronden, eene oppervlakte beslaande van 31 bund. 50 v. r. 20 v. ell., in eigendom bezeten worden door den daarop wonenden koopman Jan Gerrits Kuiper.

SCHATSENBURG, landh., prov. *Friesland*, kw. *Westergoo*, griet. *Menaldumadeel*, arr. en 2 u. W. van *Leeuwarden*, kant. en 1½ u. Z. van *Berlikum*, 10 min. N. van *Dronrijp*, waartoe het behoort.

Dit landh., wordt thans in eigendom bezeten en bewoond door den Heer Mr. Assuerus Questius.

SCHATSENBURG, buit., prov. *Friesland*, kw. *Westergoo*, griet. *Barradeel*, arr. en 5 u. W. van *Leeuwarden*, kant. en 1½ u. N. O. van *Harlingen*.

Dit buit. wordt thans in eigendom bezeten en bewoond door Jonkh. Mr. A. J. R. Baron van Heemstra.

SCHATTERSUM, voorm. h. in *Fivelgo*, prov. *Groningen*, arr. en 4 u. O. ten N. van *Groningen*, kant. en 2 u. N. N. O. van het *Hoogezand*, gem. en ¾ u. N. ten O. van *Slochteren*, 5 min. Z. W. van *Schildwolde*, waartoe het behoorde.

Dit h., dat in grachten lag, werd in 1822 afgebroken, doch op eene andere plaats, tegen over den oprid, niet ver van het oude gebouw, een nieuw heerenhuis van den grond af opgebouwd, hetwelk thans Wychengsum heet. Zie dat woord. Ter plaats, waar het oude gebouw gestaan heeft, ziet men thans niets meer.

SCHAUPPEN, adell. h. in de heerl. *Useldingen*, grooth. *Luxemburg*, arr., kw. en 4½ u. Z. W. van *Diekirch*, kant. en 1½ u. O. van *Redingen*, gem. *Useldingen*.

SCHAVEREN, buurs. op de *Middel-Veluwe*, prov. *Gelderland*, distr. *Veluwe*, kw., arr. en 8 u. N. van *Arnhem*, kant. en 2½ u. N. ten O. van *Apeldoorn*, gem. en ½ u. Z. W. van *Epe*; met 22 huizen en 130 inwoners.

SCHAYK, gem. in het *Land-van-Ravestein*, prov. *Noord-Braband*, *Eerste* distr., arr., *'s Hertogenbosch*, kant. *Grave* (1 k. d., 8 m. k., 3 s. d.); palende N. aan de gem. Herpen, O. aan Reek, Z. aan Zeeland en Uden, W. aan Nistelrode en Berchem.

Deze gem. bestaat uit het d. Schayk, benevens de geh. Gaal, Mun, Schayksche-hoek en Zandstraat. Zij beslaat, volgens het kadaster, eene oppervlakte van 2927 bund. 66 v. r. 26 v. ell., alles belastbaar land; telt 236 h., bewoond door 284 huisgez., uitmakende eene bevolking van 1530 inw., die meest hun bestaan vinden in den landbouw. Ook heeft men er eenen wind-korenmolen en twee bierbrouwerijen.

De inw., die er allen R. K. zijn, onder welke ongeveer 1230 Communikanten, maken eene par. uit, welke tot het vic. apost. gen. van *'s Hertogenbosch*, dek. van *Ravestein-en-Megen*, behoort en door eenen Pastoor en eenen Kapellaan bediend wordt.

Men heeft in deze gem. eene school, welke gemiddeld door een getal van 100 leerlingen bezocht wordt.

Het d. Schayk of Schaik, ook wel Schijk gespeld, en ter onderscheiding van het geh. Schayk of Osser-schayk, weleens Herpen-Schayk genoemd, ligt 4½ u. O. N. O. van 's Hertogenbosch, 1½ u. W. ten Z. van Grave, 1½ u. Z. O. van Oss, 1½ u. Z. ten W. van Ravestein. Men telt er in de kom van het d. 22 h. en 130 inw.

De R. K. kerk, welke aan de H. H. Antonia en Lucia is toegewijd, is een nieuw gebouw, met eenen ouden vierkanten toren met scherpe spits en is van een orgel voorzien.

De kermis valt in den vierden Zondag in Augustus.

De gem. heeft, door den watervloed van Januarij 1820, zeer veel schade aan have en goed geleden.

Het wapen dezer gem. bestaat in een veld van goud, met eene raaf van sabel, zittende op eenen boomtak van natuurlijke kleur.

SCHAYK, SCHAIK of OSSER-SCHAYK, ook wel SCHEIK en SCHADEWIJK gespeld, geh. in de *Meijerij van 's Hertogenbosch*, prov. *Noord-Braband*, *Eerste* distr., arr. en 4½ u. N. O. van *'s Hertogenbosch*, kant, gem. en ½ u. O. N. O. van *Oss*; met 100 h. en 570 inw.

Er staat eene oude kapel aan den H. ANTONIUS toegewijd, waarin geen dienst meer gedaan wordt. Vroeger stond op deze kapel, een torentje, doch dit is later afgebroken. Volgens eene overlevering, welke echter weinig of liever geenen grond heeft, zou dit gehucht den naam van SCHADEWIJK ontvangen hebben, ten tijde der Romeinen, die hier hunne verliezen en schade, welke zij door de Batavieren onder CLAUDIUS CIVILIS geleden hadden, herstelden, en dus herwaarts de wijk namen.

In het jaar 1522 werdt dit geh., benevens de kapel, door de Gelderschen aan kolen gelegd.

Den 19 Mei 1831 ontstond hier een verschrikkelijke brand, waardoor 25 huizen in de asch gelegd werden en drie kinderen het leven verloren.

SCHAYKSCHE-HOEK, geh. in het *Land-van-Ravestein*, prov. *Noord-Braband*, *Eerste* distr., arr. en 4½ u. O. N. O. van *'s Hertogenbosch*, kant. en 1½ u. W. ten Z. van *Grave*, ½ u. Z. W. van *Schayk*, aan den straatweg van Grave op 's Hertogenbosch; men telt er 11 h. en 60 inw.

SCHEEFNEU, naam, welken de Negers geven aan de koffijplant.

SCHEVENHEUW, in *Nederlands-Guiana*, kol. *Suriname*. Zie SCHEVENINGEN.

SCHEELHOEK, plaat in het *Goereesche-Zeegat*, tusschen het Noorder-en-Zuiderdiep en het Noorder-en-Zuider-Pampus. Zij houdt 4 tot 25 palm water.

SCHEEMDA (DE), gem., prov. *Groningen*, arr. *Winschoten*, kant. *Zuidbroek* (2 k. d., 10 m. k., 5 s. d.); palende N. aan de gem. Nieuwwolde, O. aan Midwolde, Z. aan Oude-Pekela en de Meeden, W. aan Zuidbroek en Noordbroek.

Deze gem. bevat de d. de Scheemda, de Eexta, Nieuw-Scheemda en Westerlee, benevens de daartoe behoorende geh. Kloosterholt, Heiligerlee, Scheemderzwaag, Scheemdermeer, de Eexterzwaag, de Oudedijk, en een gedeelte van het Waar.

Zij beslaat, volgens het kadaster, eene oppervlakte van 4591 bund. 4 v. r. 9 v. ell., waaronder 4550 bund. 54 v. r. 22 v. ell. belastbaar land; telt 531 h., bewoond door 711 huisgez., uitmakende eene bevolking van ruim 3700 inw., die meest hun bestaan vinden in den landbouw. Ook wordt er handel in granen gedreven, wordende hier het graan van het korenrijke Oldambt en de polders grootendeels afgevoerd en ingescheept. De bodem dezer gem. is deels klei en deels zandgrond. Men heeft er mede vijf steen- en pannenbakkerijen, eene kalkbranderij, eene potaschmakerij, twee houtzaag-, eenen rogge- en drie pel- en roggemolens. Men heeft een distributie-kantoor van de brieven-posterij te Eexta.

De Herv. die er ruim 3550 in getal zijn, onder welke 540 Ledematen, maken de gem. Eexta, Scheemda, Nieuw-Scheemda en Westerlee uit, welke ieder in deze gem. eene kerk hebben.

De *Doopsgez.*, die er ruim 60 in getal zijn, behooren tot de gem. van *Noordbroek-en-Nieuw-Scheemda*. — De weinige Evang. Luth., die er wonen, worden tot de gem. van *Winschoten* gerekend. — De R. K., die er ruim 50 in getal zijn, behooren tot de stat. van *Winschoten*.

De Isr., van welke men er ongeveer 40 aantreft, worden tot de ringsynagoge van *Winschoten* gerekend.

Men heeft in deze gem. 5 scholen, als: eene in de Eexta, eene in de Scheemda, eene te Nieuw-Scheemda, eene op het Waar, en eene te Westerlee, welke gezamenlijk door een gemiddeld getal van 560 leerlingen bezocht worden.

Het d. de SCHEEMDA of SCHEEMTE, dat uit fraaije en groote boerderijen, en aanzienlijke gebouwen bestaat, ligt 1½ u. N. W. van Winschoten, 1¼ u. O. van Zuidbroek, aan het Zijldiep en tevens aan het trekdiep van Groningen op Winschoten, langs hetwelk honderden van schepen en houtvlotten hier langs varen, hetwelk veel vertier geeft. Dit dorp ligt daarenboven aan den hoofd- en griendweg van Groningen naar de Oost-Friesche grenzen, die in het jaar 1839 aangelegd en in volgende jaren geheel voltooid is. Vroeger stond het ongeveer 20 min. meer noordwaarts, doch, ten gevolge van eene doorbraak van den Dollart of andere onbekende redenen, is het op de tegenwoordige plaats gebouwd. Men telt er in de kom van het d. 138 h. en 960 inw., en, met de kerkelijk daartoe behoorende geh. Scheemderzwaag en Scheemdermeer, 150 h. en ruim 1000 inw.

Men houdt den naam SCHEEMDA of SCHEEMTE afkomstig te zijn van *Eexte-scheemte* (d. i. de heemen, heemsteden van Eexta). Eexta weggelaten zijnde, werd dat later SCHEEMTE.

Het behuisde gedeelte van dit kerspel ligt het hoogst. De bodem bestaat hier, voor een gedeelte, uit zand, ten noorden uit zware klei en ten noordoosten, langs het Koediep, hetwelk zich tusschen den oliemolen en de Scheemda in het Zijldiep ontlast, uit laag, uitgeveend groenland. Hier is eene steenbakkerij, eene kalkbranderij, eene potaschmakerij enz. en er wonen eenige grossiers.

Onmiddellijk ten W. en N. O. van het dorp beginnen de ingedijkte gronden van den Dollart. In het westelijk gedeelte van DE SCHEEMDA neemt het Zijldiep of het Termunterdiep eenen aanvang, hetwelk bij het begin door een verlaat van het Winschoterdiep gescheiden is.

De Herv., die er 950 in getal zijn, onder welke 210 Ledematen, maken eene gem. uit, welke tot de klass. en ring van *Winschoten* behoort. Tot deze gem. behoorde ook, tot in het jaar 1659, de gem. *Nieuw-Scheemda*. De eerste, die in de Scheemda, nadat het van de Eexta, waartoe het vroeger behoorde, gescheiden was, het leeraarambt heeft waargenomen, is geweest BERNARDUS DANIELIS, die in 1604 van Appingedam herwaarts beroepen en in 1615 opgevolgd werd door HENRICUS À FREDEN, na wiens overlijden, in 1658, Nieuw-Scheemda van de Scheemda werd afgescheiden, welk laatste dorp, in 1659, tot eersten afzonderlijken Leeraar bekwam DANIEL EILSHEMIUS, die er in 1666 overleed. Het beroep geschiedt door collatoren of stemgeregtigden en den kerkeraad. Onder de Leeraars, die hier gestaan hebben, verdient inzonderheid vermeld te worden GERARDUS KUYPERS, die in 1760 van Winschoten herwaarts beroepen en in 1765 tot Hoogleeraar in de Godgeleerdheid te Groningen bevorderd werd. De kerk, vroeger eene kapel, is vrij groot en heeft een goed orgel. De zware, doch niet hooge toren, met een kruisdak, op welks midden eene kleine spits, met eenen beugel, staat afgezonderd ten N. W. van de kerk.

Ongeveer 20 min. N. W. van het dorp, vindt men in het bouwland menigvuldige sporen van de fundamenten der kerk van het oude thans verdwenen dorp. — De dorpschool wordt door een gemiddeld getal van 170 leerlingen bezocht.

Het wapen bestaat uit de Profeet NEHEMIA, bij Groninger Stadsresolutie van 22 Januarij 1661, aan dit dorp, op zijn verzoek, toegestaan.

SCHEEMDA (NIEUW-) of SCHEEMDER-HAMRIK, d. in het *Oldambt*, prov. *Groningen*, arr. en 2½ u. N. W. van *Winschoten*, kant. en 2 u. N. O. van *Zuidbroek*, gem. en 1 u. N. ten W. van *de Scheemda*.

Men telt er in de kom van het d. 58 h. en 360 inw., en met het daartoe kerkelijk behoorende geb. het Waar 120 h. en 780 inw., die meest in den landbouw hun bestaan vinden. De bodem is uit den Dollart aangeslijkt en bestaat uit voortreffelijken kleigrond, welke hier vijf nederlandsche ellen en naar den kant van het *Waar* 8½ ell. diep zit; behalve aan de zuidoostzijde van het Zijldiep, waar men somwijlen een en twee ellen klei heeft. Het diep, dat tot aan den dam van Noordbroek komt, en dat zich hier in het Zijldiep ontlast, noemt men het Oude-diep. BECKERINC bragt op zijne kaart het bed van een oud droog kanaal, dat voorzeker meerdere oplettendheid verdient, dewijl het door de oude afgedijkte landen heeft heengestroomd.

De Herv., die er 720 in getal zijn, onder welke 130 Ledematen, maken eene gem. uit, welke tot de klass. van *Winschoten*, ring van *Midwolde*, behoort. Nadat deze gem. in 1659 kerkelijk van DE SCHEEMDA werd afgescheiden, bekwam zij tot eersten Leeraar JOHANNES HARDENBERG, die er in 1671 overleed. Het beroep geschiedt door collatoren of stemgeregtigden en den kerkeraad. De kerk heeft eenen toren, doch is van geen orgel voorzien.

De Doopsgez., die er ongeveer 50 in getal zijn, behooren tot de gem. *Noordbroek-en-Nieuw-Scheemda*, welke hier eene kerk heeft, zonder toren of orgel. — De R. K., van welke men er 7 aantreft, worden tot de *stat.* van *Winschoten* gerekend.

De dorpschool wordt gemiddeld door een getal van 60 leerlingen bezocht.

Het wapen van NIEUW-SCHEEMDA bestaat uit eenen man in wijde kleeding, houdende in de regter hand eenen troffel, in de linker hand een uitgetogen zwaard.

SCHEEMDERMEER (HET), geh. in het *Oldambt*, prov. *Groningen*, arr. en 1 u. N. ten W. van *Winschoten*, kant. en 2 u. O. van *Zuidbroek*, gedeeltelijk gem. en 15 min. Z. O. van *de Scheemda*, gedeeltelijk gem. en 30 min. W. van *Midwolde*; met 10 h., en 70 inw., van welke 6 h. en ongeveer 40 inw. onder *de Scheemda*, 4 h. en ruim 30 inw. onder *Midwolde*.

SCHEEMDERZWAAG, geh. in het *Oldambt*, prov. *Groningen*, arr. en 1½ u. N. W. van *Winschoten*, kant. en 1 u. W. N. W. van *Zuidbroek*, gem. en 20 min. N. W. van *de Scheemda*; met 11 h. en ongeveer 80 inw.

Dit geh. bestaat uit aangewassen land uit den Dollart, dat in het jaar 1599 is ingedijkt. — Men heeft er eene steenbakkerij.

SCHEENE (DE), watertje, prov. *Friesland*, kw. *Zevenwouden*, griet. *Stellingwerf-Westeinde*, hetwelk tusschen Sonnega en Nye-Lamer zijnen oorsprong neemt, van daar met eene westelijke rigting naar Monnikeburen loopt, en verder in eene zuidelijke strekking naar Spanga schiet, waar het zich met de *Padsloot* vereenigt en daarmede vervolgens, door de Spangerwetering, in de *Linde* valt.

SCHEEPLEDA, oude naam van het d. SCHIPLUIDEN, in *Delfland*, prov. *Zuid-Holland*. Zie SCHIPLUIDEN.

SCHEEPS-EILAND, eil. in *Oost-Indië*, tot de *Banda-eilanden* behoorende. Zie KAPAL.

SCHEEPS-EILAND, eil. in *Oost-Indië*, op de *Reede-van-Batavia*. Zie ONRUST.

SCHEERDIJK (DE), binnendijk in *Gelderland*, begint ¼ u. N. van Zoelmond aan den Bandijk. Deze dijk loopt zuidwaarts tot in genoemd dorp en verder zuidoostwaarts onder den naam van AALDIJK. Hij maakt een gedeelte der scheiding tusschen het graafs. *Buren* en de *Neder-Betuwe* uit.

SCHEERE (DE), haves. in *Zalland*, prov. *Overijssel*, arr. en 13 u. N. O. van *Deventer*, kant. en 4½ u. N. N. O. van *Ommen*, gem. en ½ u. N. van *Gramsbergen*, in het geh. *Holthone*; met 14 boerenerven en eene katerstede.

Deze haves. beslaat, met de daartoe behoorende gronden, eene oppervlakte van 1096 bund. 89 v. r. 47 v. ell., met 50 bund. hooge en beste veenen, waardoor eenmaal de vaart zal moeten gebragt worden om de Dedems-vaart met Koevorden en met de Eems in verbinding te brengen. DE SCHEERE wordt thans in eigendom bezeten door den Heer SAMUEL JOAN Baron SANDBERG VAN ESSENBURG, woonachtig te Zwolle.

SCHEET, naam, waaronder het geh. DE SCHEIDING, in de *Meijerij van 's Hertogenbosch*, kw. *Oisterwijk*, prov. *Noord-Braband*, bij het kadaster voorkomt. Zie SCHEIDING (DE).

SCHEEWATERING (DE), water in *Delfland*, prov. *Zuid-Holland*, hetwelk bij het adell. h. *Dorp* zijnen oorsprong neemt, en met eene zuidwestelijke rigting, door de gem. *St.-Maartensregt-en-Dorp-polder* en *Maasland* doorloopt en aan den Delflandsche-Maasdijk een einde neemt.

Het is eene kapitale molensloot, zoo van den Dorp-polder, als van den Kralinger-polder en den Oude-Kamps-polder, en diende van het jaar 1812 tot 1818 tot scheiding tusschen de gem. de Lier en Maasland, doch in het laatstgemelde jaar is die scheiding meer westwaarts verlegd. Dit water ontlast zich alleen door de molens van de gezegde polders.

SCHEI, geh. in *Opper-Gelder*, prov. *Limburg*. Zie SCHEY.

SCHEIBEEK, buit. in het balj. van *Blois*, arr. en 2 u. N. van *Haarlem*, kant. en 5 min. Z. van *Beverwijk*, gedeeltelijk gem *Beverwijk*, gedeeltelijk gem. en 20 min. N. van *Velsen*.

Deze buit., welke in eigendom bezeten en bewoond wordt door den Heer JAN JACOB DE BRUYN PRINCE, bestaat uit de voorm. buitenplaatsen Scheibeek, het Huis-te-Schulpen en Rozentree. Het eigenlijke Scheibeek of tegenwoordig de binnenplaats met de daartoe behoorende gebouwen, beslaat eene oppervlakte van 5 bund. 12 v. r. 40 v. ell. en behoort thans geheel tot de gem. *Beverwijk*; doch vóór de invoering van het kadaster liep de scheiding tusschen de gem. Beverwijk en Velsen midden door deze plaats en was bepaald door eene beek, welke het water van de Wijkerduinen ontvangt en niet alleen de plaats doorsnijdt, maar zelfs onder het huis doorloopt, zoodat het grootste gedeelte van het heerenhuis onder Velsen en alleen de estraad onder Beverwijk stond. Van deze bijzonderheid heeft deze buit. dan ook haren naam ontleend. Het overbosch, vroeger de buit. het Huis-te-Schulpen en Rozentree, ligt geheel onder de gem. *Velsen* en is groot 15 bund. 5 v, r. 70 v. ell.

Volgens overlevering moet de Nederlandsche puikdichter JOOST VAN DEN VONDEL, op deze plaats zijne *Palamedes* en andere gedichten hebben vervaardigd.

SCHEID (DE), geh. in *Dieverder-dingspil*, prov. *Drenthe*, arr., jud. en adm. kant. en 2½ u. Z. W. van *Assen*, gem. en ½ u. W. van de *Smilde*, aan den weg naar de prov. Friesland en aan de uiterste grens tegen die prov.; met 7 h. en 40 inw.

SCHEIDEL of SCHAIDEL, geh. in de heerl. *Bourscheid*, grooth. *Luxemburg*, kw., arr., kant. en 2½ u. W. N. W. van *Diekirch*, gem. en ½ u. Z. W. van *Bourscheid*.

SCHEIDGEN, geh. in de heerl. *Beffort*, grooth. *Luxemburg*, kw., arr. en 4 u. Z. O. van *Diekirch*, kant. en 1½ u. Z. W. van *Echternach*, gem. *Consdorf*. Men telt er 35 h. met 240 inw.

SCHEIDING (DE), bij het kadaster SCHEIT, geh. in de *Meijerij* van *'s Hertogenbosch*, kw. *Oisterwijk*, prov. *Noord-Braband*, *Tweede* distr., arr. en 2½ u. W. van *'s Hertogenbosch*, kant. en 1½ u. O. ten N. van *Waalwijk*, gem. en 20 min. N. O. van *Drunen*; met 18 h. en 120 inw.

Dit geh. wordt waarschijnlijk aldus genoemd, dewijl daar de grensscheiding tusschen de gem. Oudheusden-en-Elshout en Drunen daar digt voorbij gaat. Het is slechts eene rij huizen, rakende aan het geh. Wolfshoek.

SCHEIDINGSDIJK (DE), dijk in het balj. van *Blois*, prov. *Noord-Holland*. Zie KLAASDIJK.

SCHEIDINGSVLIET (DE), water in *Noord-Holland*, hetwelk in eene O. Z. O. strekking van den Zanddijk naar den Maritime-weg loopt.

SCHEIDT, geh. in het *Land-van-Valkenburg*, prov. *Limburg*, arr. en 4 u. O. N. O. van *Maastricht*, kant. en 1 u. N. ten W. van *Heerlen*, gem. *Schaesberg*.

SCHEIK (DE), riviertje, prov. *Noord-Braband*, dat zijn begin nemende in het *Land-van-Ravestein*, uit de *Peel*, eerst westwaarts vloeit, vervolgens ½ u. ten N. W. van Boekel, noordwaarts loopt en in die rigting voortstroomt tot bij Schayk, alwaar het weder zuidwaarts vloeit, en ondertusschen eerst eenen noordoostelijken en nogmaals eenen westelijken loop genomen hebbende, werpt het zich bij Teeffelen in de *Maas*.

SCHEITERHOF, groote hoeve in de heerl. *Berdorf*, grooth. *Luxemburg*, kw. en 3½ u. N. N. W. van *Grevenmacher*, arr. en 3½ u. O. van *Diekirch*, kant. en 1 u. W. van *Echternach*, gem. *Berdorf*.

SCHEIWIJK (KORT-), pold. in het *Land-van-Arkel*, prov. *Zuid-Holland*, arr. en kant. *Gorinchem*, gem. *Hoog-Blokland*; palende N. aan den polder de Lage-Giessen, N. O. aan het Oude-Land, O. aan den Arkelsche-polder, Z. W. aan Lang-Scheiwijk.

Deze pold. beslaat, volgens het kadaster, eene oppervlakte van 74 bund. 70 v. r. 04 v. ell., alles schotbaar land, en met den pold. *het Oudland*, 204 bund. Hij telt drie h., waaronder eene boerderij, en heeft noch afzonderlijk bestuur, noch eigen uitwateringsmiddelen, maar wordt beheerd door den Schout en Heemraden der polders onder Hoog-Blokland, en is wat de waterontlasting betreft, met de polders *Lang-Scheiwijk*, *Schelluinen*, *Hoornaar*, *Oud-Land* en *Arkel* vereenigd, onder den naam van het *Land-der-zes-Molens*, het water ontlastende op den boezem van den Overwaard, door vijf molens: de Nieuwe- of Windasmolen, de Oudendijksche-molen, de Essenmolen, de Welmolen en de Scheiwijksche-molen; de besturen der gezamenlijke polders bij deze vereeniging betrokken, oefenen te deze het gezag uit.

SCHEIWIJK (LANG-), pold. in het *Land-van-Arkel*, prov. *Zuid-Holland*, arr., kant. en gem. *Gorinchem*; palende N. O. aan Kort-

Scheiwijk, O. aan den Arkelsche-polder, Z. aan de Haar, W. aan den Schelluinsche-polder.

Deze polder beslaat, volgens het kadaster, eene oppervlakte van 167 bund., waaronder 158 bund. schotbaar land. Wat de waterontlasting betreft zie men het voorgaande art. Het polderbestuur is tevens dat van den Banne-van-Gorinchem.

SCHEI-ZWEN (DE), voorm. kreek op *Eijerland*, prov. *Noord-Holland*, welke vóór de indijking van het Eijerland zich in het dijkkanaal ontlastte, doch sedert, met het aanwezen, ook den naam verloren heeft.

SCHELDE (DE), naar men wil in zeer oude tijden SCHOUDE of SCHOUWE geheeten, in het Latijn SCALDIS, in het Fransch L'ESCAUT, riv., welke sommigen tot het gebied van den *Rijn* brengen, anderen echter als eene rivier op zich zelve beschouwen. Zij ontstaat uit de zamenvloeijing van drie meren in het Fransche departement *de l'Aisne*, bij le Catelet; stroomt in dat land voorbij de steden Kamerijk, Valenciennes, Bouchain en Condé, wordt bij deze laatste stad, waar zij de Haisne ontvangt, bevaarbaar, komt vervolgens in België, waar zij de steden Doornik, Oudenaarden, Gent, Dendermonde en Antwerpen bespoelt, wordt bij Antwerpen zeer breed en is van daar af voor zware zeeschepen bevaarbaar. Na de Senne, de Scarpe, de Leije, de Dender en de Rupel te hebben opgenomen, treedt deze rivier bij het fort Bath in ons Vaderland, waar zij, tegen het Zeeuwsche eiland Zuid-Beveland stuitende, sich in twee breede armen verdeeld, van welke de zuidelijke of linker de Hont of Wester-Schelde, bezuiden de Zeeuwsche eilanden heenstroomende, bij Vlissingen in de *Noordzee* valt. De noordelijke of regter arm, het Kreekerak geheeten, tusschen de provinciën Noord-Braband en Zeeland heenvlietende, scheidt zich, voorbij Bergen-op-Zoom, weder in twee armen, van welke de linker, de Ooster-Schelde, tusschen Tholen en Schouwen en de Bevelanden heenvloeijende, de tusschen deze eilanden en Walcheren vlietende stroomen vormt, en vervolgens door de Roompot, in de *Noordzee* valt; de regter, de Eendragt genoemd, blijft tusschen de provinciën Noord-Braband en Zeeland heenloopen, en ontlast zich door het Slaak, de Krabbe-, Rammegors- en Mosselkreken in het Krammer en het Mastgat. De aldus uit de SCHELDE ontstane wateren worden gezamenlijk gewoonlijk de Zeeuwsche Stroomen genaamd. Deze rivier heeft bijzonder weinig verval. Zij heeft in haar geheel genomen, eene regte afstand van den oorsprong of tot aan de monding der Hont van 23 geographische mijlen, eenen stroomdraad van 54 geographische mijlen en een stroomgebied van 400 vierkante geographische mijlen.

Reeds vóór het jaar 575 moet er langs de SCHELDE eene groote scheepvaart geweest en een aanzienlijke koophandel gedreven zijn. In genoemd jaar namelijk stond CHILPERIC, Koning *der Franken*, aan den Bisschop van Doornik den tol af, welke door den Fiscaal van Doornik geheven werd op alle goederen, de SCHELDE langs varende.

De Staten der Vereenigde Nederlanden, gedurende den Spaanschen oorlog, dezen stroom gesloten gehouden hebbende, door middel van het fort Lillo en anderen, hadden, bij den Munsterschen vrede bedongen, dat zij dit ook voortaan zouden mogen doen. Alle schepen, welke uit zee kwamen, moesten derhalve te Lillo vertollen, last breken en de lading met kleine vaartuigen naar Antwerpen laten brengen; doch de kosten, welke hierop liepen, belemmerden de vaart uit see naar Antwerpen, welke men zocht naar Holland en Zeeland te verleggen, en dit heeft alzoo stand gehouden tot op de inlijving van Vlissingen in het Fransche keizerrijk in 1809, als wanneer de vaart op de SCHELDE werd vrij gegeven, hoewel Antwerpen, uithoofde van den aanhoudenden oorlog met Engeland, daarvan geen voordeel trok vóór de vereeniging van België met de Noordelijke Nederlanden.

Den 11 April 1573 werd de Spaansche vloot, onder SANCHIO D'AVILA, honderd schepen sterk, op de SCHELDE, tusschen Vlissingen en Neuzen, door de Zeeuwen verstrooid en zes van 's vijands schepen te Vlissingen opgebragt.

SCHELDE (BEOOSTER-), een der twee kwartieren of deelen, waarin de prov. *Zeeland* vroeger, naar den loop der Schelde, verdeeld werd.

Het bevatte de eilanden Schouwen, Duiveland en Tholen, en bedroeg, in het jaar 1643, 72,134 bund. en 36 v. r.

Men vindt die verdeeling reeds in de oude grafelijke brieven vermeld, zoo als blijkt uit eenen brief van Graaf FLORIS V, van het jaar 1269, waarbij hij het regt bestrijdt, dat ALBERT VAN VOORNE en zijne nakomelingen in Zeeland, BEOOSTER-SCHELDE, zouden hebben, om te genieten het vijfde deel der beden, die den Graven en Gravinnen van Zeeland zouden worden toegestaan, wanneer zij in den echten staat traden. Over de twee gemelde deelen plagten de Graven oudtijds twee hooge Grafelijke ambtenaren aan te stellen, die Rentmeesters-Generaal genoemd werden, staande de eene over Bewester-Schelde en de andere over BEOOSTER-SCHELDE, van welken laatsten het kantoor te Zierikzee gehouden werd.

SCHELDE (BEWESTER-), een der twee kwartieren of deelen, waarin de prov. *Zeeland*, vroeger naar den loop der Schelde verdeeld werd.

Het bevatte de eilanden Walcheren, Zuid-Beveland, Noord-Beveland, Wolphaarsdijk, St. Joosland en Oost-Beveland. De Rentmeester over dit kwartier had zijn kantoor te Middelburg.

SCHELDE (DEPARTEMENT-VAN-DE), voorm. departement van het Fransche Keizerrijk, waartoe de distr. Sluis en Hulst (voorm. Staats-Vlaanderen), der prov. *Zeeland*, en ook eenigen tijd de stad Vlissingen behoorden. Het maakte een groot deel uit van het arr. Eecloo. In het gedeelte dat thans Zeeland is, lagen de kantons Sluis, Oostburg, Axel en Hulst. — Het overige van dit departement is thans prov. Oost-Vlaanderen, in België, en wordt dus hier niet behandeld.

SCHELDE (DEPARTEMENT-VAN-DE-MONDEN-DER-), voormalig departement van het Fransche keizerrijk; palende N. aan het Departement-van-de-Monden-van-de-Maas, O. aan dat van de Monden-van-den-Rijn, Z. aan het Departement-van-de-Schelde, W. aan de Noordzee.

Dit Departement bestond in drie arrondissementen, als: dat van Middelburg, verdeeld in drie kantons, dat van Goes, bevattende vier kantons en dat van Zierikzee, bestaande uit drie kantons. Het besloeg de tegenwoordige prov. Zeeland, behalve het vierde en vijfde district, welke deel maakten van het Departement-van-de-Schelde.

Bij het eerste besluit van inlijving der landen bezuiden de Waal, door Keizer NAPOLEON in 1810 genomen, was Zeeland gevoegd gedeeltelijk bij het departement van de Schelde (Gent) en gedeeltelijk bij dat van de monden van den Rijn ('s Bosch), doch ten gevolge van de nadrukkelijke vertoogen der Zeeuwen, over het bezwaar van deze vereeniging voor de ingezetenen, zijn de Zeeuwsche eilanden, op het einde van 1810, tot een afzonderlijk Departement gevormd, onder den naam van MONDEN-VAN-DE-SCHELDE.

SCHELDE (DE OOSTER-), riv. in *Zeeland*, het is een der armen van de *Schelde*.

Zij loopt van Bath eerst noordwaarts op, tusschen het verdronkene gedeelte van Zuid-Beveland en Noord-Braband, en vertoont voor Bergen-op-Zoom, bij vloed eene overstroomde vlakte van ruim twee uren breedte, op welke vlakte de ansjovisch-banken van die stad en van Tholen liggen. Een kleine tak, de Eendragt, gaat voort den zoom dier provincie te bespoelen en scheidt haar van het eiland Tholen. De voorname arm, nabij Kats de Zuid-vliet te hebben opgenomen, stroomt op deze hoogte door eene menigte platen, waarvan de Vondelingen, de Hompels, de Galge-plaat en de Middel-plaat de aanzienlijkste zijn en heeft daar eene grootste gemiddelde breedte en diepte van 4200 en 26 ell. Eene derde tak, het Keeten, stroomt een weinig meer noordelijk tusschen de eilanden Tholen en Duiveland, naar het *Krammer*, en de hoofdarm stroomt westelijk aan tusschen de eilanden Schouwen en Noord-Beveland, bezuiden de stad Zierikzee, alwaar zij eene grootste gemiddelde breedte en diepte heeft van 4100 en 43 ell., welke breedte door de gevaarlijke plaat de Vuilbaard, in twee vaarwaters gescheiden wordt, waarvan het noordelijke de Hammen en het zuidelijke de Roompot geheeten, de daar tusschen liggende Neeltje-, Jans- en Rogge-platen insluiten. Bewesten deze platen vormt zij de monding of het Zierikzeesche-zeegat, voor welke de platen en ondiepten van den Banjaard gelegen zijn, door welke zij door vier vaarwaters, de Roompot, het Westgat, de Keel of het Hondengat en het Krabbegat, in zee uitvloeit.

SCHELDE (DE WESTER-), riv. in *Zeeland*. Zie HONTE.

SCHELDE-EN-MAAS (DEPARTEMENT-VAN-DE-), volgens de staatsregeling van den 23 April 1798, het achtste departement der *Bataafsche republiek*.

Het paalde N. aan de Nieuwe-Maas, waardoor het van het departement van de Delf gescheiden werd, N. O. aan de Noord en de Merwede, die het van het departement van den Rijn scheidde, O. aan het departement van den Dommel, Z. aan de Schelde, die het van de Fransche republiek scheidde, W. aan de Noordzee.

Bij dit departement behoorde mitsdien de Biesbosch of verdronken waard van Zuid-Holland, met al de eilanden tusschen Dordrecht en Werkendam gelegen, het eiland Rozenburg, en voorts zoo ver het grondgebied van dezen staat zich op de Schelde uitstrekt, met al de wateren tusschen de eilanden gelegen.

Het was verdeeld in zeven ringen, welke tot hoofdplaatsen hadden; de eerste ring Middelburg, de tweede Goes, de derde Zierikzee, de vierde Steenbergen, de vijfde Breda, de zesde Dordrecht en de zevende Brielle; telde ruim 217,000 zielen en was zamengesteld uit de voormalige provincie Zeeland, het zuidwestelijke gedeelte van de voormalige provincie Holland, bestaande uit de eilanden Goedereede-en-Overflakké, Rozenburg, het Land-van-Voorne-en-Putten, het Eiland-van-Dordrecht, den Hoeksche-waard, den Zwijndrechtsche-waard, den Riederwaard, het Land-van-IJsselmonde, benevens de heerl. Niervaart of de Klundert, Zevenbergen, Hooge-en-Lage-Zwaluwe, Geertruidenberg, Made, Drimmelen en Standhaze, en het westelijke gedeelte van het voorm. Staats-Braband, bestaande uit de baronie van Breda, het markgr. Bergen-op-Zoom, de heerl. Steenbergen en Willemstad en bevatte alzoo de tegenwoordige prov. Zeeland (behalve het vierde en vijfde distrikt), het Zuidhollandsche arr. Brielle en het Noordbrabandsche arr. Breda.

SCHELDEVAARTSHOEK of SCHELFHOUTSHOEK, gemeenlijk SCHELVAARSHOEK, buurs. in *Staats-Vlaanderen*, in *Hulster-Ambacht*, prov. *Zeeland*, arr. en 6 u. Z. O. van *Goes*, kant., distr. en 1½ u. N. O. van *Hulst*, gem. *Graauw-en-Langendam*, ruim ½ u. W. van Graauw, met 13 h. en 80 inw.

SCHELD-WATER (HET) of HET SCHELD-MEER, naam, welken de vervolger van Menco geeft, aan het SCHELD-MEER in *Fivelgo*, prov. *Groningen*. Zie SCHELD-MEER.

SCHELFHORST, geh. in het dingspil *Noordenveld*, prov. *Drenthe*, arr., adm. en judic. kant. en 4½ u. N. van *Assen*, gem. en ½ u. N. W. van *Eelde*; met 6 h. en 36 inw.

SCHELKEMA of SCHELCKEMA, voorm. burg in *Hunsingo*, prov. *Groningen*. Zie NIJENSTEIN.

SCHELLACH of SCHELLAG, heerl. op het eil. *Walcheren*, prov. *Zeeland*, arr. en kant. *Middelburg*, gem. *Vrouwe-polder-Zandijk-buiten-en-Schellach*; palende N. aan de heerl. Gapinge en Zandijk, O. weder aan Zandijk, Z. aan de heerl. Noord-Munster, W. aan de heerl. Brigdamme.

Deze heerl. werd voortijds in Oud-Schellach, Heeren-ambacht, Beymare-ambacht en Poppekinderen-dorp onderscheiden.

Haar naam, oorsprong en oudheid zijn beiden niet te bepalen, zoo min als of het edel geslacht van SCHELLACH zijnen naam van deze heerlijkheid ontvangen, of het de zijne aan dat huis medegedeeld heeft.

Voor de Nederlandsche onlusten was hier een dorp met kerk en molen. Van de kerk waren, toen SMALLEGANGE zijne kronijk schreef, nog stukken muurs, verwelven en een gedeelte van den toren te zien. Dit alles is in de algemeene verwoesting des platten lands van Walcheren, in de jaren 1572 tot 1574, vernield, zoo dat niets dan het kerkhof overgebleven is; en in het jaar 1758, zijn de fondamenten der kerk, welke 16 roeden (6 v. r.) gronds in het vierkant bevatteden, uitgegraven, en is toen ook onder de puinhoopen de klok gevonden, welke ten deele vergaan was, als ook eenige oude muntspeciën. Aan welken Beschermheilige deze kerk toegewijd was, heeft men nergens gevonden: maar wel dat op den 22 Maart 1323 de Deken en Kapittel van St. Pieter te Middelburg het voorstanderschap daar van, en van eenige andere kerken in Walcheren, aan den Graaf hebben opgedragen. De kosterij en school stonden oudtijds ter begeving van den Graaf, volgens eenen brief van Hertog PHILIPS, geteekend 19 Mei 1436.

Deze kerk heeft in Zandijk 3 gemeten 150 roeden (1 bund. 92 v. r. 49 v. ell.) lands bezeten. Tegenwoordig zijn de opgezetenen dezer heerlijkheid in het kerkelijke aan Vere onderworpen, waarover in het midden der voorgaande eeuw verschil ontstaan was, doch zulks is bij een besluit van Heeren Gecommitteerde Raden der provincie Zeeland, dato 28 Augustus 1777 beslist: de armen van Vere genoten ook uit dien hoofde, eene groote te ponde van alle huisraad, hetwelk in het openbaar verkocht werd. Het getal der huizen binnen dit ambacht beliep in het jaar 1580 niet meer dan 15, hetwelk in het jaar 1597 tot 18, in het jaar 1598 tot 19, in het jaar 1642 tot 20 aangewassen was, waarvan de jaarlijksche schatting, in het jaar 1670,

16 ponden Vlaamsch 2 schellingen, (96 guld. 60 cents) bedroeg. Dat der opgezetenen zal nimmer zeer groot geweest zijn. Toen in het jaar 1572 de stad Middelburg een opontbod van 188 personen uit haar ressort deed, om aan de versterking van Arnemuiden te arbeiden, moest SCHELLACH daartoe drie man leveren. En toen in het jaar 1748 alle personen van wat ouderdom of sekse werden opgenomen, tot betaling van den vijftigsten penning, werden hier bevonden in het geheel te wezen 87 zielen: Thans telt men er 15 h. en 110 inw.

De molen, welke benoorden de kerk heeft gestaan, nimmer herbouwd zijnde, maken de opgezetenen gebruik van den molen te St. Laurens.

Dat SCHELLACH voortijds een eigen geregt, bestaande uit Schout en Schepenen, heeft gehad is ongetwijfeld. Dan deze hadden geen hoog regtsgebied; het werd door den Hoog-Baljuw en Rentmeester-Generaal Bewester-Schelde gehandhaafd, tot dat deze heerlijkheid, in het jaar 1475, onder het bekende ressort van Vere gekomen zijnde, die stad hier het hooge regtsgebied oefende, en in het burgerlijke is het toen gebragt onder de lands vierschaar binnen Vere, in welk collegie jaarlijks, door de Regering dier stad, een uit de opgezetenen van SCHELLACH tot Keurschepen op nieuws werd aangesteld of gecontinueerd naar welgevallen.

Het is zeker dat het edel geslacht van SCHELLACH de oudste bezitters dezer heerlijkheid zijn geweest. De oudste Heer van SCHELLACH die men vermeld vindt, was ARNOUT, die in het jaar 1356 getuige was over eenen brief, waarbij WILLEM RAPE van Oostkapelle, zekere gedeelten ambachts in Oostkapelle, aan den Abt en het convent van het Vrouweklooster in Middelburg heeft verkocht en afstaat.

Voorts vindt men van dit geslacht vermeld, zonder te bepalen, of zij al of niet bezitters dezer heerlijkheid zijn geweest, JAN HENDRIKSZOON VAN SCHELLACH, die op den 17 Maart 1424, door den Hertog van Braband, zijne voorspraak in het land van Zeeland werd gemaakt, op eene wedde van 24 nobelen (96 guld.) en eenen rok 's jaars. In het jaar 1474 leefde HENDRIK en JAN VAN SCHELLACH gebroeders, » die met BOUDIN VAN NISPEN ter cause van Jonkvrouw JACOB zijn Wijfe » roerende van de besterfte van PIETER VAN SCHELLACH voorsz. HENDRIK » en JANS broeder, een Comporis aangingen", waar bij zij hun onderling verschil aan de uitspraak van goede mannen stelden. In het jaar 1490 leefde PIETER VAN SCHELLACH, wiens zegel was *d'argent à 7 coquilles de gueules, 3, 3 et 1; au chef d'or, chargé d'un lion de sable,* (d. i. van zilver met zeven St. Jacobsschelpen van keel; geplaatst drie, drie en een; met een hoofd van goud, beladen met eenen leeuw van sabel). Het helmdeksel was een half te voorschijn komende (*issant*) leeuw.

In het jaar 1562 leefde te Vere MAGDALENA ADRIAANS VAN SCHELLACH, benevens hare broeders ADRIAAN VAN SCHELLACH en JAN VAN SCHELLACH. Jonkvrouwe ADRIANA VAN SCHELLACH was ten jare 1571 in huwelijk met ANTHOINE PAULLES, Baljuw van de bosschaadjen van Halle. Dit alles zijnde, wat men van het geslacht der SCHELLACHS heeft kunnen opspeuren, weet men zoo min wanneer het een einde heeft genomen, als hoe of wanneer deze heerlijkheid van hen is vervreemd, dit is zeker, dat zij het patrimonium van eenen basterdtak van den huize VAN BORSSELE, die onder den naam van BORSSELE VAN SCHELLACH of VAN LATERDALE bekend was, heeft uitgemaakt.

De laatste bezitter dezer heerlijkheid en ook het laatste mannelijk oir van evengemelden basterdtak van BORSSELE, was Heer MAXIMILIAAN VAN BORSSELE VAN LATERDALE. In het jaar 1577 zonder kinderen overleden zijnde, verzuimde die zijner erfgenamen, welke uitlandig waren, deze heerlijkheid te verheffen, waardoor zij in den boezem der Grafelijkheid wederkeerde, en van wegen 's Lands Staten in het jaar 1603 of 1604, met andere vervallen ambachten, tienden en landen is verkocht. Zij werd ter grootte als hiervoren is vermeld, met de gronden van 200 r. (15 v. r.) schotbaar land, in den Molenblok, daar de molen op plagt te staan, geveild, daarvan bleef kooper voor de stad Middelburg, de Burgemeester Johan Veth, voor 567 ponden Vlaamsch (3402 guld.), waarvan Heeren Gecommitteerde Raden brieven van verlij hebben gegeven, op naam van gemelden Heer Johan Veth, met *Ambachts Recht en de Ambachts gevolge, ende voorts al dat den voorsz. Ambachte toebehoort ende schuldich is te volgen*, in dato 16 Januarij 1604, tegen welke breede extensie in den verleidbrief die van Vere hebben geprotesteerd, *dat ingevalle in tyden en wylen uit cragte van dese breede extensie jegens hare gerechtigheyt daer van sy niet en verstaan te sulle wycken yetwes werde gepretendeert ende dat het Lant van Zeelant daer door zoude mogen comen in eenige schade, dat sy willen ontledicht ende onschuldich syn in alle 't voorsz., versouckende dat haer protestatie werde aangeteekend en hen daer van Acte gegeven naar behoeven.*

De stad Middelburg bleef hier van in het bezit tot het jaar 1680, wanneer zij deze heerlijkheid verkocht aan den Heer Hendrik Boddaert Coenyer, aan wiens geslacht en nazaten, dit goed nog behoort, wordende thans bezeten bij den Heer Boddaert van der Meulen, woonachtig te Amsterdam.

De zoogenaamde Veersche watergang en de straatweg, tusschen de steden Middelburg en Vere, doorsnijden dit ambacht, binnen welke ook twee vliedbergen of terpen gevonden worden, welke ten bewijze strekken hoe deze streek lands zelfs vóór de bedijking van Walcheren bevolkt is geweest, en voor de hooge zeevloeden te vreezen had.

Het wapen dezer heerlijkheid, zoo als Smallegange het in zijne wapenkaart der landen en heerlijkheden Bewesten-Schelde opgeeft, komt niet overeen met hetgeen men hier voren (bl. 132) gesteld heeft, dat Pieter van Schellach, die in het jaar 1490 leefde, heeft gevoerd; nog minder met hetgeen Smallegange in zijne kronijk in de plaat van Schellach op bladz. 662 heeft gesteld, waardoor er twijfel ontstaat, welke het eigenlijke wapenschild is geweest, waarvan het geregt dezer heerlijkheid zich oudtijds, ter bekrachtiging zijner publieke acten, bediend heeft.

SCHELLACH (HET HUIS-TE-), voorm. buit., op het eil. *Walcheren*, prov. *Zeeland*, arr., kant. en ¼ u. N. W. van *Middelburg*, gem. *Vrouwe-polder-Zandijk-Buiten-en-Schellach*, 1½ u. Z. O. van Vrouwenpolder.

Dit buit. is in de laatste helft der vorige eeuw gesloopt. Ter plaatse, waar het gestaan heeft, ziet men thans eene boerderij. De daartoe behoord hebbende gronden, beslaande eene oppervlakte van 37 bund. 85 v. r. 88 v. ell., worden thans in eigendom bezeten door de erven van den Heer Pieter Johan Boddaert, woonachtig te Middelburg.

SCHELLE, geh. in *Zalland*, prov. *Overijssel*, arr., kant. en ¼ u. Z. van *Zwolle*, gem. *Zwollerkarspel*.

Door den hevigen watervloed van Februarij 1799 en in 1825 is dit geh. geheel onder geloopen.

SCHELLENBERG, buit. in *Zalland*, prov. *Overijssel*, arr., kant. en ¼ u. Z. van *Zwolle*, gem. *Zwollerkarspel*, in het geh. *Schelle*.

SCHELLINCKWOUDE, d. in *Waterland*, prov. *Noord-Holland*. Zie Schellingwoude.

SCHELLING (TER-), eil. ten N. van de *Zuiderzee*, thans eene gem. uitmakende, en tot de prov. *Noord-Holland*, arr. *Hoorn*, kant. *Medemblik*, behoorende (1 k. d., 3 m. k., 9 s. d.). Het ligt op ruim 53° N. B. en ruim 22° O. L., 1½ u. N. O. van Vlieland, 2 u. W. ten Z. van Ameland en 3 u. N. W. van den vasten wal der prov. Friesland. Ten N. heeft dit eiland de Noordzee, ten O. de Amelander-zeegaten, ten Z. den Zuidwal en de Meep, ten W. de Oost-Vlielander-zeegaten.

Het heeft in eene zuidwestelijke en noordoostelijke strekking eene lengte van vier uren, op eene breedte van één uur, wanneer men de buitengronden daaronder begrijpt; doch het niet ondervloeijende gedeelte is in die strekking bijna drie uren lang en drie vierde uur breed. Het wordt verdeeld in Ooster-Schelling en Wester-Schelling, welke vroeger ieder hunne bijzondere regtbank hadden. Aan de noordzijde der duinen is een breed strand, waarop vele schepen verongelukken.

Het eiland beslaat, volgens het kadaster, eene oppervlakte van 10,776 bund. 77 v. r. 70 v. ell., waaronder 5645 bund. 96 v. r. 95 v. ell. belastbaar land.

Op TER-SCHELLING is goed wei- en bouwland, zoodat de ingezetenen voor zich zelven genoegzaam van koorn, melk, boter en leeftogt voorzien zijn. Op sommige plaatsen kunnen de landlieden turf delven tot hun eigen gebruik en men vindt er veel kreupelhout; terwijl hier ook de zoo nuttige helm groeit, welke op de duinen gepoot wordt, ten einde het verstuiven van het zand voor te komen.

Men telt er 388 h., bewoond door 558 huisgez., uitmakende eene bevolking van ruim 2700 inw. Een goed aantal dezer inw. zijn schippers, loodslieden en andere zeevarenden, behalve de visschers. Men heeft er mede 1 scheepstimmerwerf en 2 korenmolens. Er is op dit eiland ook eene paardenfokkerij, welke jaarlijks een honderdtal veulens uitvoert.

Het eiland heeft noord-, oost- en westwaarts zware duinen tegen de zee, doch moet aan de zuidzijde door stevige dijken beschermd worden. Vele duinen hebben een zeer fijn wit zand, dat krachtig wegstuift, waarom zij jaarlijks ter behoudenis met helm beplant worden. Buitendijks zijn vele verdronken landen, als: de Noordoosthoek, welke in die rigting eene lengte van ruim een uur heeft; het Nieuweland langs de zuidkust, en de Robbeplaat, langs de westkust. Ook zijn er nu en dan indijkingen geschied, zoo dat men met zekerheid kan stellen, dat het eiland weleer grooter geweest is; doch dat het immer tot de Friesche kust gereikt heeft, of dat het weleer zoo na aan Vlieland gelegen heeft, dat men van het eene eiland op het ander kon gaan, hiervan is geen zeker bescheid te vinden; hoewel het bekend is, dat het sedert onheuglijke tijden aan de westzijde of naar den kant van Vlieland aanmerkelijk is afgenomen. Aan den westkant van TER-SCHELLING ligt eene van ouds bekende reede, Maklijk-Oud genaamd.

Hertog FILIPS VAN BOURGONDIË bevestigde in het jaar 1428 aan die van TER-SCHELLING den inhoud der brieven, laatst door hen verkregen van de Hertogen WILLEM en JAN VAN BEIJEREN en JAN VAN BRABAND, dat zij van de ingezetenen van Holland, Zeeland en Friesland *onbeschadigd zouden blyven en van den Capitein van Stavoren onbestoket*. De zelfde Hertog verbood, den 21 Mei 1441, niet alleen aan die van Medemblik en Enkhuizen, om die van TER-SCHELLING en *Ameland* niet meer te beschadigen, alzoo zij, tot dien tijd toe, den Graaf betaald hadden, hetgeen zij jaarlijks schuldig waren te geven, maar wil ook dat de Kastelein, Burgemeesters, Schepenen en Raden van Medemblik en Enkhuizen, raad zouden vinden en zoo veel doen, dat die van TER-SCHELLING en *Ameland* van hunne schade, welke hun door de poorters en inweners der gemelde steden aangedaan was, *verrechtinge gecrygen, soe dat behoort.* Omtrent dien tijd, of later in de zelfde eeuw, vindt men dat de Heeren van TER-SCHELLING in aanzien moeten geweest zijn, zelfs bij magtige buitenlandsche Vorsten; alzoo EDWARD IV, Koning van *Engeland*, een verbond van vriendschap en onderlingen koophandel gesloten heeft, met FOLKERT REIERS, die zich Heer van het eiland TER-SCHELLING noemde. De heerlijkheid van TER-SCHELLING is naderhand bezeten door het huis VAN AREMBERG, waaruit zij door KAREL, Hertog van *Aarschot*, is verkocht en overgedragen aan de Staten van Holland en West-Friesland. TER-SCHELLING heeft voor dezen zijne eigen Rentmeesters gehad, doch, bij besluit der Staten van Holland van den 5 Mei des jaars 1728, werd vastgesteld, dat het Rentmeestersambt op TER-SCHELLING, bij het openvallen, zou uitsterven en aan het kantoor van het Noorderkwartier van Alkmaar toegevoegd worden.

Die van TER-SCHELLING beweerde vroeger, dat zij, volgens oude herkomsten, eene vrijplaats voor misdadigers hadden op hun eiland, doch hierop hebben 's Lands Staten, bij gelegenheid, dat er deze eilanders gebruik van wilden maken, geen acht geslagen.

De Herv., die er 2220 in getal zijn, onder welke 740 Ledematen, maken de gem. van Midsland-en-Hoorn en Wester-Schelling uit, welke drie kerken hebben, als eene te Hoorn, eene te Midsland en eene te Wester-Schelling.

De Doopsgez., die er 250 in getal zijn, onder welke ruim 130 Ledematen, maken de gem. van Westerend uit. — De R. K., die er omtrent 20 in getal zijn, parochiëren op *Ameland*. — Het tiental Isr., dat men er aantreft, behoort tot de ringsynagoge van *Amsterdam*. — Men heeft op het eiland drie scholen, als: ééne te Midsland, ééne te Hoorn en ééne te Wester-Schelling, welke gezamenlijk door een getal van 370 leerlingen bezocht worden. — Ook is er een distributiekantoor van de brievenposterij.

In 1841 is er van de haven gebruik gemaakt door 26 buitenschepen, 22 Rijks vaartuigen, 60 binnenschepen en 414 visschersvaartuigen, te zamen 522 schepen.

WILLEM VAN NAALDWIJK, Stadhouder van Holland, in het jaar 1378, tegen de West-Friezen ten strijde trekkende, viel in het eiland TER-SCHELLING, dat geplunderd en plat gebrand werd.

Den 20 Augustus 1666 staken de Engelschen, met elf kompagniën, onder HOLMES, op TER-SCHELLING geland zijnde, den brand in het westelijk gedeelte van het eiland, waardoor drie honderd vijftig huizen in de asch gelegd werden, doch de Engelschen maakten geen buit, alzoo deze streek meest door schamele lieden bewoond was, die de vlugt hadden genomen; ook werden de huizen in weinige jaren, zelfs in beteren stand, weder opgebouwd.

De woedende storm en buitengewoon hooge vloed van den 3 en 4 Februarij 1825, rigtten ook op dit eiland groote verwoesting aan. Reeds den eersten dag werd de schoeijing ten Zuiden en ten Zuidwesten van het dorp Wester-Schelling, op onderscheidene plaatsen aan stukken geslagen, en met paalwerk en al uit den grond gerukt; zoodat de openbare zee op het dorp afliep, waardoor de wal weldra geheel wegkolkte en de zuidwestelijke rij huizen geheel ondermijnd werd, naardien de zee tegen de grondvesten aansloeg. Het bestuur trachtte eerst door steenstorting en het stellen van stutten en daarna door het opwerpen van eene noodschoeijing eenigen wederstand te bieden; dan den volgenden morgen was de zee weder zoo geweldig hoog en brandende, dat het meeste dezer weringen werd omver gerukt. Hierop voerde men al het puin aan, dat te krijgen was, spande zeilen en belegde die met steen, ankers en verdere zwaarte, met het gewenschte gevolg, dat de verdere verwoesting werd voorgekomen. Nog meer had echter Ooster-Schelling te lijden, want dit was door de zee geheel overstroomd. Zij, die tot hulp van de dorpelingen aansnelden, bevonden den toegang tot de dorpen, door het zeewater, geheel afgesneden, en de inwoners van de gehuchten Hee en Stortum werden slechts met veel moeite gered. Gelukkig had men op Ter-Schelling geene menschen levens te betreuren, maar alle dijken om en binnen het eiland waren overgeloopen en op vele plaatsen doorgebroken, waardoor de, in 1817 aangelegde, binnendijk geheel overstroomd, op onderscheidene plaatsen tot aan den grondslag weggespoeld en zelfs op de voornaamste punten geheel vernield was; zoodat het zeewater zich met schrikbarende golfslagen en onweerstaanbaren aandrang, over het geheele land verspreid had. Meest alle de dorpen lagen hierdoor voor het gevaar van overstrooming bloot, geheele gehuchten liepen onder water, de schuren der landeigenaren werden verwoest, en zelfs onderscheidene huizen in de dorpen liepen vol, en stortten plotseling in, zoodat de landlieden naauwelijks het gevaar op de hoogten konden ontvlugten. Zelfs het rundvee op de stallen van het, anders zoo hoog gelegen, dorp. Midsland verdronk en bijna alle de schapen op de landerijen kwamen om. Men zag zich genoodzaakt, om het behouden vee, waarvoor geen versch water te bekomen was, in de kerk te verzamelen, waardoor dat gebouw aan eenen koestal gelijk, de steenen vertrapt, de grafzerken verlegd en de geheele vloer in de kerk, alsmede de benedenwanden aanmerkelijk beschadigd werden en de openbare godsdienstoefening geen plaats konde hebben. Wijders werden alle stekken, achterschuren en omheiningen in de dorpen geheel verwoest of beschadigd, terwijl de vloedwerken genoegzaam aantoonden, hoe groot het gevaar der dorpelingen was. Men kan geen denkbeeld maken van den algemeenen schrik, welke deze onverwachte ramp alhier baarde, daar de dijken met de grondslagen gelijk waren, en de zee haren verwoestenden invloed, bij elk hoog getij, kon vernieuwen. Men bleef echter hiervoor gelukkig bewaard, en de ramp was hier op zijn hoogst geweest; want den 4 Februarij des namiddags ten 3 ure, toen men weder eenen geweldigen vloed vreesde, nam het water op de landerijen zoo sterk af, dat de tot hulp gezondene jollen, op die landerijen, bezet bleven.

De vlag van dit eiland bestaat uit horizontale strepen van rood, blaauw, geel en groen; onder en boven met nog eenen band, bestaande uit de Hollandsche kleuren, alle van de zelfde breedte.

SCHELLING (OOSTER-), oostelijk gedeelte van het eil. *Ter-Schelling*, prov. *Noord-Holland*, arr. *Hoorn*, kant. *Medemblik*, gem. *Ter-Schelling*. Het bevat bijna het geheele eil., en daarin de d. Midsland en Hoorn, en de geh. of b. Oosterend, Lies, Formerum, Landerum en de Kleine-Buren; telt 155 h. en 1200 inw.

SCHELLING (OOSTER-), d. op het eil. *Ter-Schelling*, prov. *Noord-Holland*. Zie Hoorn.

SCHELLING (WESTER-), het westelijkste en zeer klein gedeelte van het eil. *Ter-Schelling*, prov. *Noord-Holland*, arr. *Hoorn*, kant. *Medemblik*, gem. *Ter-Schelling*. — Het bevat niets dan het d. Wester-Schelling. Zie voorts het volgende art.

SCHELLING (WESTER-), d. op het eil. *Ter-Schelling*, prov. *Noord-Holland*, arr. en 16 u. N. O. van *Hoorn*, kant. en 13 u. N. O. van *Medemblik*, gem. *Ter-Schelling*, op den uitersten westhoek van het eiland Ter-Schelling, waarvan het zijnen naam ontleent.

Het is het grootste der dorpen van het eiland, niettegenstaande het in het Zuiden en Zuidwesten genoegzaam tegen de zee staat en reeds veel door afspoeling heeft geleden. Men heeft tot behoud van dezen hoek en het dorp, dat in groot gevaar was om geheel weg te spoelen, en tot afkeering van den vloed, in het jaar 1749, twee zware rijsdammen gelegd aan den westelijken hoek van het dorp, en zwaar zinken beslagwerk aan den oostelijken kant, tegen het dorp aan. Ruim 400 roeden (1132 ell.) beoosten het dorp, omtrent ter plaatse daar in 1739 een zware inlaagdijk aangelegd was, is in 1750 ook ten zelfden einde een zwaar wierhoofd gelegd. Men telt er 225 h. en 1500 inw.

De Herv., die er ongeveer 1260 in getal zijn, onder welke 360 Ledematen, maken eene gem. uit, welke tot de klass. van *Alkmaar*, ring van *Burg-op-Texel*, behoort. Ooster- en Wester-Schelling zijn eerst door eenen Predikant bediend, Suffridus Pauli, daar beroepen in 1573, vertrokken naar Oosthuizen in 1577, was er de eerste Predikant. Gedurende de dienst van Franciscus Antonides, daar gekomen in 1645 en † in 1682, werden de plaatsen gescheiden, en wel in het jaar 1654; terwijl Franciscus Antonides te Ooster-Schelling bleef, waar hij 1682 overleed. De eerste, die Wester-Schelling alleen bediend heeft, is geweest Johannes Gastenius, die in het jaar 1654 herwaarts kwam, en in het jaar 1669 overleed. Het beroep geschiedt door den kerkeraad. De kerk, welke vóór de Reformatie aan den H. Johannes toegewijd was, moest destijds den Proost van St. Jan te Utrecht acht schilden (11 guld. 20 cents) betalen. De kerk heeft toren noch orgel. In het jaar 1842 heeft deze kerk een fraai bewerkte zilveren waterkan en doopbekken van eene hoogbejaarde weduwe ten geschenk ontvangen.

De Doopsgez., welke men er 230 telt, behooren tot de gem. *Westerend*. — De R. K., die men er aantreft, worden tot de stat. van *Burg-op-Texel* gerekend. — Men heeft in dit d. eene school, welke gemiddeld door een getal van 220 leerlingen bezocht wordt.

Aan het noordeinde van dit dorp staat de lichttoren Brandaris genoemd. Zie dat woord.

SCHELLINGHOUT, d. in *Dregterland*, prov. *Noord-Holland*. Zie Schellinkhout.

SCHELLINGWOUDE, gem. in *Waterland*, prov. *Noord-Holland*, arr. *Hoorn*, kant. *Edam* (7 k. d., 10 m. k., 6 s. d.); palende W. en N. aan de gem. Nieuwendam-en-Zunderdorp, O. aan Ransdorp-Holysloot-en-Durgerdam, Z. aan het IJ.

Deze gem. bevat niets dan het d. Schellingwoude en eenige verstrooid liggende huizen. Zij beslaat, volgens het kadaster, eene oppervlakte van 329 bund. 5 v. r. 55 v. ell., waaronder 328 bund. 93 v. r. 65 v. ell. belastbaar land. Men telt er 23 h., bewoond door 33 huisgez., uitmakende eene bevolking van 140 inw., die meest hun bestaan vinden in de boerderij, en er mede eene scheepstimmerwerf hebben.

De inw, die er allen Herv. zijn, behooren tot de gem. *Ransdorp-en-Schellingwoude*, welke in deze burg. gem. eene kerk heeft, en tot de klass. van *Edam*, ring van *Monnickendam*, behoort. Vroeger maakte Schellingwoude met Durgerdam eene gem. uit, welke tot eersten Leeraar had Jonas Stripe, die in het jaar 1623 herwaarts bij provisie kwam en in het jaar 1625 overleed. Gedurende de dienst van Henricus van der Lingen, hier gekomen in 1633 en emeritus geworden in 1652, werd Durgendam hiervan afgenomen, in 1648, en eenen eigen anderen Predikant gegeven, doch, na het vertrek van den Predikant Thomas Verweel, hetwelk in het jaar 1808 plaats had, is Schellingwoude met *Ransdorp* vereenigd. Zie verder Ransdorp-en-Schellingwoude.

Men heeft in deze gem. eene school, welke door nog geen 20 leerlingen bezocht wordt.

Schellingwoude is eene heerl., waarvan Ambachtsheeren zijn Burgemeesters en Bestuurders der zes hoofddorpen van Waterland.

Het d. Schellingwoude, ook Schellinckwoude, ligt 6 u. Z. ten W. van Hoorn, 3 u. Z. ten W. van Edam. Vroeger was het een aanzienlijk d., onder welks regtsgebied zelfs Buiksloot en een gedeelte van het geb. Kadoelen behoorde. Voorheen had het een haventje aan den dijk met palen uitgeslagen Men telt er in de kom van het d. 22 h. en 130 inw.

De huizen zijn er niet zeer aanzienlijk en staan, even als in de meeste dorpen aan den Waterlandsche dijk gelegen, in eene regte streek langs dezen dijk en naar den binnenkant.

De kerk stond vóór de Reformatie, ter vergeving van de Graven. De bevestiging geschiedde door den Aarts-Diaken van Utrecht. De Pastoor had een huis en omtrent 15 deimten (9 bund.) land, welke jaarlijks 58 Rijnlandsche guldens (81 guld. 20 cents) opbragten. Deze kerk, welke beneden aan den dijk staat, is niet zeer groot en schijnt ook van geen hoogen ouderdom te wezen. Zij heeft een spits torentje, doch is van geen orgel voorzien. In het jaar 1835 is de kerk vernieuwd en verbeterd.

In den Spaanschen oorlog hadden de onzen hier eene zware schans de Schellingwouder-schans genaamd. Zie dat art.

Toen, ten gevolge van den zwaren Elizabethsvloed in 1421, dit gedeelte van Waterland gevaar liep, tot de zee terug te keeren, legden de Schellingwouders, vereenigd met die van Ransdorp, in het jaar 1422, bij IJoord eenen dam aan, IJoorderdam, door naamsverandering nu Durgerdam. Den 5 December 1665 brak tusschen dat dorp en Durgerdam op twee plaatsen een gat in den dijk, waardoor genoegzaam geheel Waterland overstroomd geraakte.

Dit d. heeft door den watervloed van November 1775 veel schade geleden, zijnde de dijk aldaar ter lengte van ruim 1.20 ell. de kruin en binnenglooijing van 1 tot 2¼ ell. weggeslagen. Ook bij den watervloed van Februarij 1825 werd dit d. op eene aanmerkelijke diepte overstroomd, en is sedert nog meer in verval geraakt.

Het wapen dezer gem. bestaat uit een veld van zilver, met eenen essenboom van synopel, vergezeld van twaalf besantijnen van goud, boven het schild eene zwaan, met uitgespreide vlerken en gehalsband van keel. In *De Zoetstemmende Zwaan van Waterland* vindt men, bij de opgave van dit wapen, de volgende spreuk of beschrijving vermeld:

Het schoone boompje van Esschendouwe
Met negen penningkens van rooden gouwe
Dat is het wapen van Schellingwouwe.

SCHELLINGWOUDER-GAT (HET), water in *Waterland*, prov. *Noord-Holland*, binnen tegen den Zeedijk, ¼ u. N. W. van het dorp Schellingwoude, waarschijnlijk door eene doorbraak ontstaan.

SCHELLINGWOUDER-SCHANS (DE), voorm. schans in *Waterland*, prov. *Noord-Holland*, ¾ u. Z. O. van Schellingwoude, ter plaatse, waar de Waterlandsche-zeedijk eene uitspringende hoek in het IJ vormt.

Deze schans, welke in het jaar 1570 door de onzen was opgeworpen, werd den 12 September 1573, door den Spaanschen Onder-Admiraal JAN SIMONSZ. ROL van Hoorn, ingenomen. Deze overwinning bragt echter den Spanjaarden weinig voordeel aan, doordien de Spaansche Opper-Admiraal BOSSU, den 11 October des zelfden jaars, door CORNELIS DIRKSZOON van Monnickendam, op de Zuiderzee, werd geslagen en gevangen genomen.

Ter plaatse, waar deze schans lag, heeft bij de verdediging van Amsterdam in den Franschen tijd eene batterij gelegen.

SCHELLINKHOUT, gem. in *Dregterland*, prov. *Noord-Holland*, arr. en kant. *Hoorn*, (3 k. d., 17 m. k., 5 s. d.); palende N. aan Oosten-en-Wester-Blokker, O. aan Wijdenes en Oosterleek, Z. aan het Hoornsche-Hop, W. aan de gem. Hoorn.

Deze gem. bevat het d. Schellinkhout, benevens de geh. Munnikhei en de Gouw. Zij beslaat, volgens het kadaster, eene oppervlakte van 722 bund. 12 v. r. 36 v. ell., waaronder 716 bund. 15 v. r. 55 v. ell. belastbaar land. Men telt er 88 h., bewoond door 106 huisgez., uitmakende eene bevolking van ruim 520 inw., die meest hun bestaan vinden in de melkerij en het kaasmaken, welke kaas te Hoorn aan de markt wordt gebragt. Er wordt ook nu en dan handel in vee gedreven, doch van weinig beteekenis. De vischvangst (vooral in bot) levert deze plaats jaarlijks eene vrij aanzienlijke som gelds op. Ook heeft men er zeer vele welige appel- en peerenboomgaarden, die goede vruchten opleveren.

De Herv., die er ruim 490 in getal zijn, onder welke 230 Ledematen, maken eene gem. uit, welke tot de klass. en de ring van *Hoorn* behoort. De eerste, die in deze gem. het leeraarambt heeft waargenomen, is geweest zekere CORNELIS, die in het jaar 1574 herwaarts kwam, en in het jaar 1599 gestorven is. Het beroep geschiedt door den kerkeraad.

De 2 Doopsgez., die er wonen, behooren mede tot de gem. van *Hoorn*. — De R. K., die men er 25 à 30 telt, worden tot de stat. van *Blokker* gerekend. — Men heeft in deze gem. eene school, welke door een gemiddeld getal van 80 leerlingen bezocht wordt.

SCHELLINKHOUT is vroeger eene heerl. geweest, welke in het jaar 1741, door de Regenten van het dorp zelf ingekocht werd.

Het d. SCHELLINKHOUT of SCHELLINGHOUT, door oude schrijvers, soms verward met Schellingwonde en daarom ook wel SCHELLINGWOUD gespeld, ligt 1 u. O. van Hoorn; 52° 38′ 7″ N. B. 2° 2′ 47″ O. L. Men telt er in de kom van het d. 86 h. en 570 inw.

Dit d., hetwelk reeds in het jaar 1282 in de geschiedenis vermeld wordt, heeft eene lengte van 2200 ell., ter wederzijden van de kerk en ten deele aan den West-Frieschen zeedijk gebouwd.

Het heeft bij een handvest van ALBRECHT VAN BEIJEREN, Graaf van *Holland*, van den jare 1402, stederegt verkregen, benevens eene jaar- en weekmarkt en gelijke vrijheden als die van Medemblik hadden. Dat er *Wijdenes* en *Oosterleek* toen mede vereenigd waren, is waarschijnlijk, maar blijkt niet zeker; wel leest men dat in 1429 deze beide plaatsen om zekere oorzaak daarvan gescheiden werden.

De kerk, welke vóór de Reformatie ter gedachtenis van ST.-MAARTEN ingewijd was, werd bij beurten door den Paus en het Domkapittel van *Utrecht* vergeven. Het kosterschap, dat door de Graven vergeven moest worden, en twee en een kwart morgen (1 bund. 82 v. r. 89 v. ell.) lands bezat, bragt jaarlijks zeven Hollandsche ponden (5 guld. 25 cents) op. Deze kerk staat in het Lage, en is een kruisgebouw, met eenen steenen toren, welke eenen spits van hout heeft, die met leijen gedekt is, doch er is geen orgel. De pastorie is in 1845 nieuw gebouwd.

Omtrent in het midden van het dorp staat een hoog steenen gebouw, met zeer dikke muren en eenen groote gewelfden kelder. Dit gebouw, de Steenenkamer genoemd, is blijkbaar van hoogen ouderdom, doch men weet daarvan overigens noch den oorsprong, noch de bestemming niet.

Ook heeft men er een zeer goed Raadhuis en eene woning voor den Schoolmeester, wordende de school zelve in de kerk gehouden.

De kermis valt in den tweeden Zondag in Junij.

In den zomer van het jaar 1282 viel, nabij dit dorp, een hevig gevecht voor tusschen Floris V, Graaf van *Holland*, en de West-Friezen, dat ten nadeele van laatstgemelde uitviel.

In 1347 werd Schellinkhout ontheven van de boete, die vele Westfriesche dorpen waren opgelegd, voor hunne wederspannigheid. In 1508 hielpen die van Schellinkhout de stad Hoorn vergrooten en versterken, en ontvingen tot loon een halven stuiver daags.

Den 29 Januarij 1572 werd Jan Adriaans Luit, Schout van Schellinkhout, door de Geuzen, omtrent Marken, op den Hoornschen beurtman, gevangen genomen. Men eischte voor hem 1400 gulden losgeld en toen dit betaald was, werd hij evenwel, tegen alle regt en trouw, door hen ter dood gebragt.

In den slag, welke den 11 October 1573 op de Zuiderzee geleverd en waarin Bossu gevangen genomen werd, hielpen de burgers van Schellinkhout de Waterlandsche vloot, door het aanbrengen van versche manschappen en het terugvoeren van dooden en gekwetsten.

Het wapen bestaat uit een boom, waarin vijf eksters.

SCHELLINKHOUT (POLDER-VAN-), pold. in *Dregterland*, prov. *Noord-Holland*, arr., en kant. *Hoorn*, gem. *Schellinkhout*; palende N. aan de Zuiderzee, O. en Z. aan Ooster-en Wester-Blokker, W. aan Wijdenes, Hem en Venhuizen.

Deze polder, beslaat, volgens het kadaster, eene oppervlakte van 640 bund., waaronder 564 bund. schotbaar land; telt 85 h., waaronder 30 boerderijen, en wordt door twee molens en eene sluis, op de Zuiderzee, van het overtollige water ontlast. Het polderbestuur bestaat uit twee Poldermeesters.

SCHELLUINEN, gem. in het *Land-van-Arkel*, prov. *Zuid-Holland*, arr. en kant. *Gorinchem* (11 k. d., 9 m. k., 4 s. d.); palende N. aan de gem. Hoornaar, O. aan Arkel-en-Rietveld en Gorinchem, Z. aan de Merwede, W. aan Hardinxveld en Giessen-Nieuwkerk-en-Moesenbroek.

Deze gem. bestaat uit den Polder-van-Schelluinen, en den Kwakernaatsche-polder, bevat het d. Schelluinen en eenige verstrooid liggende h., beslaat, volgens het kadaster, eene oppervlakte van 300 bund. 89 v. r. 63 v. ell., waaronder 299 bund. 84 v. r. 30 v. ell. belastbaar land. Men telt er 48 h., bewoond door 60 huisgez., uitmakende eene bevolking van ongeveer 330 inw., die meest hun bestaan vinden in den landbouw, en in de melkerij.

De inw., die er allen Herv. zijn, maken, met 75 zielen, die in den banne van Gorinchem, en onder de burg. gem. Hardinxveld wonen, eene gem. uit, welke tot de klass. van *Dordrecht*, ring van *Gorinchem*, behoort, en telt 400 zielen, onder welke 130 Ledematen. De eerste, die in deze gem. het leeraarambt heeft waargenomen, is geweest Gellius Schotanus, die in het jaar 1594 van Beusichem herwaarts kwam, en in het jaar 1595 naar Wons-en-Engwier vertrok. Het beroep geschiedt door den kerkeraad. In het jaar 1617 werd te SCHELLUINEN Predikant ARNOLDUS GEESTERANUS, die in het jaar 1619, door de klass. van Gorinchem, wegens onzuiverheid in de leer is afgezet. Later was hij onder de gevangen Predikanten op Loevestein, en werd vermaard door zijn huwelijk, aldaar met SUZANNA OOSTDIJK aangegaan.

Men heeft in deze gem. eene school, welke gemiddeld door een getal van 45 leerlingen bezocht wordt.

Het d. SCHELLUINEN, oudtijds SCHELUINEN, SCALUNEN en ook SCHARLUINEN genoemd, ligt ½ u. W. van Gorinchem, aan de Schelluinsche-vliet, 51° 51′ 8″ N. B. 22° 56′ 4″ O. L.

Het moet een zeer oud dorp zijn, daar men er reeds van gewaagd vindt, tijdens de stichting van Gorinchem, welke men wil, dat in de dertiende eeuw zoude hebben plaats gehad. Daar het woord *Scharluin*, *Schaerluin* of *Scherluin* volgens KILIAAN, oudtijds een *potsenmaker*, *spotvogel* of *grappenmaker* beteekende, zoude het misschien zijnen naam kunnen ontleend hebben van den vrolijken aard zijner vroegere inwoners. Men telt er in de kom van het dorp 11 h. en ongeveer 80 inw.

Bij het aanleggen van het kanaal van Steenenhoek in 1818, is ter hoogte van dit dorp eene fraaije brug over dit kanaal gelegd.

De kerk, stond vóór de Reformatie ter begeving van de Heeren VAN ARKEL. De inleiding moest door den Deken van St. Maria'skerk te Utrecht of door diens Officiaal gedaan worden. Het is een oud gebouw, hetwelk reeds in het jaar 1220 vermeld wordt en waarop een spits torentje staat, doch heeft geen orgel. Zij heeft door de watervloeden veel geleden. Men verhaalt omtrent deze kerk het volgende sprookje: zekere godverzaker EVERWACH, Rentmeester van DIRK VAN ARK, den twee en dertigsten Bisschop van Utrecht, zou den duivel hulde en eed toegebragt hebben, waarvoor deze hem moest behulpzaam zijn, om Meester OLIVIER VAN KEULEN, dien hij haatte, te vermoorden. EVERWACH, na vele pijnen geleden te hebben, gestorven zijnde, zoude weder in het leven gekomen zijn, groote boetvaardigheid betoond en het kleine kerkje van SCHELUNEN (SCHELLUINEN) afgebroken hebben, om er eene groote in de plaats te bouwen. De pastorij is een oud heerenhuis, met eenen zeskanten toren, door eenen dergelijken platachtigen koepel gedekt. Misschien is het wel de voormalige kommanderij der Ridders van de Duitsche orde, welke hier bestaan heeft (1). In deze pastorij was in den jaren 1813 en 1814, gedurende het beleg van Gorinchem, de Pruissische Luitenant Kolonel Graaf VINKENSTEIN gehuisvest. Ook werd aldaar, den 4 Februarij 1814, het verdrag gesloten, volgens hetwelk de stad Gorinchem, den 20 van die maand, door den Franschen Bevelhebber RABPON, aan de bondgenooten zoude overgegeven worden..

In den nacht tusschen 31 Mei en 1 Junij 1841 is in dit dorp een geweldige brand ontstaan, waardoor zes huizen in de asch zijn gelegd, terwijl een meisje deerlijk in de vlammen is omgekomen.

De kermis valt in veertien dagen na Pinsteren.

Het wapen van SCHELLUINEN bestaat in het zelfde als dat van het Land-van-Arkel.

SCHELLUINEN (POLDER-VAN-), pold. in het *Land-van-Arkel*, prov. *Zuid-Holland*, arr. en kant. *Gorinchem*, gem. *Schelluinen*; palende

(1) Zie het art. DOYTECHE-HUIS, bl. 156.

N. aan den pold. Lage-Giessen, O. aan Kort-Scheiwijk en Lang-Scheiwijk, Z. aan Kwakernaak, W. aan Boven-Hardinxveld en aan Moesenbroek.

Deze polder beslaat, volgens het kadaster, eene oppervlakte van 190 bund. 67 v. r. 33 v. ell. schotbaar land; telt 22 boerderijen, en wordt op de Vliet, van het overtollige water ontlast. Het polderbestuur bestaat uit den Polderschout en twee Heemraden.

SCHELLUINSCHE-KADE (DE), kade in het *Land-van-Arkel*, prov. *Zuid-Holland*, van de Varkensheul, omtrent 5 min. N. van de stad Gorinchem, zich, aan de zuidzijde van de Schelluinsche-vliet, naar het d. Schelluinen uitstrekkende.

SCHELLUINSCHE-VLIET (DE), water in het *Land-van-Arkel*, prov. *Zuid-Holand*, dat zijn begin neemt buiten de Kanselpoort der stad Gorinchem, van daar noordwaarts oploopt naar de Varkensheul; voorts in eene west-noordwestelijke rigting naar Schelluinen schiet, waar zij, weder eene noordwaartsche rigting aannemende, naar de Appelmansbrug loopt, om zich daar in de *Giessen* te ontlasten.

SCHELLUINSCHE-WEG (DE), weg in het *Land-van-Arkel*, prov. *Zuid-Holland*, ter regterzijde van de Schelluinsche-Vliet, door het dorp Schelluinen naar de Appelmansbrug loopende.

SCHELM, geb. in de *Meijerij van 's Hertogenbosch*, kw. *Peelland*, prov. *Noord-Braband*, *Derde* distr., arr. en 6¼ u. O. Z. O. van *Eindhoven*, kant. en 1¼ u. Z. O. van *Asten*, gem. *Deurne-en-Liessel*, 1¼ u. Z. Z. O. *Liessel*, waartoe het kerkelijk behoort.

SCHELPPAD (HET), voorm. pad in *Amstelland*, prov. *Noord-Holland*, arr., kant., gem. en 2 min. Z. W. van *Amsterdam*; met weinige tuinen. Het bestaat sedert eenige jaren niet meer.

SCHELPVAARTSHOEK, geb. in *Staats-Vlaanderen*, in *Hulster-Ambacht*, prov. *Zeeland*. Zie SCHELDEVAARTSHOEK.

SCHELTAMA of SCHELTEMA, voorm. state, prov. *Friesland*, kw. *Oostergoo*, griet. *Ferwerderadeel*, arr. en 4 u. N. N. O. van *Leeuwarden*, kant. en ½ u. Z. W. van *Holwerd*, 5 min. O. van het d. *Blija*, waartoe zij behoorde.

Ter plaatse, waar zij gestaan heeft, ziet men thans een stuk bouwland, hetwelk eene oppervlakte van 56 v. r. beslaat, en thans in eigendom bezeten wordt door SYBE PALMA, woonachtig te Hoogebeintum.

SCHELTAMA of SCHELTEMA, voorm. state, prov. *Friesland*, kw. *Oostergoo*, griet. *West-Dongeradeel*, arr. en 5¾ u. N. O. van *Leeuwarden*, kant. en 2 u. O. ten N. van *Holwerd*, 5 min. Z. van *Wierum*, waartoe zij behoorde, aan den zeedijk.

SCHELTAMA of SCHELTEMA, voorm. adell. state, prov. *Friesland*, kw. *Westergoo*, griet. *Menaldumadeel*, arr. en 1 u. Z. W. van *Leeuwarden*, kant. en 2 u. Z. Z. O. van *Berlikum*, in het N. O. van het d. *Boxum*.

Een dezer staten was het stamhuis van het voorm. adellijke geslacht SCHELTEMA of SCHELTAMA, ook wel SCELTEMA gespeld, dat weleer in Friesland zeer bloeide, en waarvan drie leden, de gebroeders MENNO en SIBETH SCHELTEMA en SIPPE of SCIPIO SCHELTEMA, als teekenaars van het verbond der Edelen voorkomen. Dit geslacht schijnt echter, in de mannelijke linie, met de kinderen en kindskinderen van deze Edelen te zijn uitgestorven (1).

---

(1) Zie TE WATER, *Historie van het Verbond der Edelen*, D. III, bl 285–287.

SCHELTINGA, voorm. state, prov. *Friesland*, kw. *Oostergoo*, griet. *Achtkarspelen*, arr. en 5 u. O. ten N. van *Leeuwarden*, kant. en 3 u. O. N. O. van *Bergum*, in het d. Buitenpost.

SCHELTINGA, state, prov. *Friesland*, kw. *Oostergoo*, griet. *Idaarderadeel*. Zie FRIESMA.

SCHELTINGA, voorm. state, prov. *Friesland*, kw. *Oostergoo*, griet. *Kollumerland-en-Nieuw-Kruisland*, arr. en 5½ u. O. van *Leeuwarden*, kant. en 2 u. Z. W. van *Dockum*, nabij *Kollum*, waartoe zij behoorde.

SCHELTINGA, voorm. state, prov. *Friesland*, kw. *Zevenwouden*, griet. *Schoterland*, arr., kant. en in het vlek *Heerenveen*.

SCHELVERINGE (DE), water in het eil. *Schouwen*, prov. *Zeeland*, waardoor de duinkant van het overige gedeelte van dat eiland gescheiden werd.

Het liep in eene noordelijke rigting. De gronden daarin gewonnen, zijn onder den naam van Souten-Hayman, op de veldboeken bekend.

SCHELVERSHOEK, geh. in *Staats-Vlaanderen*, in *Hulster-Ambacht*, prov. *Zeeland*. Zie SCHELDEVAARTSHOEK.

SCHENERGRUNDWASSER (HET), beek in het grooth. *Luxemburg*.

Zij ontspringt ten Zuiden van het d. Differdingen, neemt de beek Kleingerburg op, vult den vijver van het voorm. abdijgebouw en valt, na korten loop in den *Kor*.

SCHENGE (HET), voorm. water in *Zeeland*, hetwelk vroeger uit de Zwake voortkomende, langs de West- en Noordkusten der Breede-watering van het eiland Zuid-Beveland stroomde en zijnen naam mededeelde aan den burg, welke op den noordwesthoek daarvan was opgetrokken, gelijk het slot Oostende den Noord-Oosthoek dekte. Nadat Heinkenszand door de bedijking der Noord- en Zuid-Sakpolders, aan het oostelijke land was vastgehecht, bleef de naam alleen aan de noordzijde aanwezig.

Dit water, hetwelk reeds op het einde der veertiende eeuw begon te verlanden, is in het jaar 1809 afgedamd en daardoor Wolfaarsdijk met *Zuid-Beveland* vereenigt. In 1845 is weder een gedeelte daarvan ingedijkt.

SCHENGEN, voorm. slot op het eil. *Zuid-Beveland*, prov. *Zeeland*, arr. en 1 u. W. van *Goes*, kant. en ½ u. N. van *Heinkenszand*, gem. en digt aan het d. *'s Heer-Arendskerke*.

Dit kast. had zeer dikke zware muren en daarin waren groote diepe verwulfde kelders.

Het was gebouwd door een der Heeren VAN SCHENGEN, die gesproten waren uit het edel geslacht van Heer ARENTS, stichter van 's Heer-Arendskerke en hebben den naam SCHENGEN gekregen bij de volgende gelegenheid: JAN ARENTS, Ridder, achterkleinzoon van den eersten Heer ARENT, was een frisch en dapper manspersoon. In Holland, te 's Gravenhage, gekomen, zag hem daar de Gravin van Holland, vrouw MACHTELD, echtgenoote van Graaf FLORIS IV, en deed vragen: wie hij was? Zijnen naam hoorende, zeide zij: Hij is een frisch en vroom persoon, heeft hij geenen anderen toenaam van de heerschappijen, daar hij Ambachtsheer van is, en worden zijne landen niet bespoeld van eenig water, gelijk hier de Lek of de Merwe, daar hij den naam van kan voeren? Haar werd geantwoord: Die Heeren zijn niet gewoon eenigen toenaam te voeren, maar langs zijne landen stroomt een armpje van de Schelde, dat de SCHENGE genoemd wordt; hier op sprak zij: laat hem dan Heer VAN SCHENGEN heeten, en dus heeft Heer JAN ARENDS, der Gravinne ten gevalle, dien stamnaam aangenomen en hem aan al zijne nakomelingen overgebragt, die zich altijd zeer beroemde Edelen en Ridders betoond hebben.

De plaats, waar het slot SCHENGEN gestaan heeft, is thans eene weide, groot 63 v. r. 30 v. ell., in eigendom toebehoorende aan GILLIAAN VAN DUUREN, wonende te 's Heer-Arendskerke.

Het wapen van dit kast. is van keel, met tien besantijnen van zilver, geplaatst vier, drie, twee en een.

SCHENGEN, een afgescheiden stuk van het balj. van *Luxemburg*, grooth. *Luxemburg*, kw. en 5¾ u. Z. Z. W. van *Grevenmacher*, arr. en 5¾ u. Z. O. van *Luxemburg*, kant. en 1¾ u. Z. van *Remich*, gem. en ¼ u. Z. Z. O. van *Remerschen*, aan den Moezel; met 65 h. en 380 inw., die in den land-, wijn-, tuin- en ooftbouw hun bestaan vinden.

De inw., die allen R. K. zijn, maken eene par. uit, welke tot het vic. apost. van *Luxemburg*, dek. van *Remich*, behoort, en door eenen Pastoor bediend wordt.

Er is hier een kasteel, dat tot 1810 zich als een zwaar gothisch gebouw vertoonde, doch in dat jaar door den toenmaligen eigenaar, den Heer COLLART werd gesloopt. Een der torens is echter als eene oudheid bewaard gebleven en op den grond van het vorige een fraai modern landhuis gesticht.

Te SCHENGEN is het dal der Moezel gesloten door eenen zeer hoogen berg, de Strumberg (Zie dat woord), aan wiens voet eene gezondheidsbron ontspringt, welke echter weinig of niet wordt gebruikt en zekerlijk ook moet achterstaan bij die, welke, in 1846, bij eene putboring te Monndorf is verkregen. Vroeger was te SCHENGEN een bureau voor de scheepvaartregt op de Moezel, maar sinds 1846 is dit opgeheven en vereenigd met Pruissische te Perl, hetwelk nu den naam van SCHENGEN-PERL voert.

SCHENK, fort in *Oost-Indië*, op het *Sundasche* eil. *Sumatra*, in de *Padangsche-Bovenlanden*, ten naastenbij in het middelste gedeelte van Banzar.

Op dit fort toont de barometer eene hoogte aan van 1692,2 Rijnl. voeten.

SCHENKEL-BINNENDIJK (DE) of DE GROENENDIJK, ook wel DE NOORD-SCHENKELDIJK geheeten, dijk in *Nieuw-Altena*, prov. *Noord-Braband*, welke in eene noordelijke rigting van den Nieuwendijk naar den Werkendamsche-dijk loopt, en den Vervoorne-polder van het Land-van-Altena scheidt.

In dezen dijk is eene inundatiesluis aan de *Bakkerskil*, alwaar eenen dijkpost met verdedigbare dekking zal gelegd worden.

SCHENKELDIJK, b. in het *Land-van-Strijen*, prov. *Zuid-Holland*. Zie SCHENKELDIJK.

SCHENKELDIJK (DE), dijk, in het *Land-van-Overflakkee*, prov. *Zuid-Holland*, gem. den *Bommel*, tot waterkeering van den Bommelsche-polder dienende.

SCHENKELDIJK (DE GROOTE-), pold. in de heerl. *Zevenbergen*, prov. *Noord-Braband*, *Vierde* distr., arr. *Breda*, kant. en gem. *Zevenbergen*; palende N. aan den Pelgrim, O. aan den Geldersche-polder, Z. en W. aan den Oude-polder-van-Zevenbergen.

Deze pold. beslaat, met de dijken, volgens het kadaster, eene oppervlakte van 159 bund. 33 v. r. 10 v. ell., en heeft eene steenen heul, waardoor het water in den Pelgrims-polder overgaat, wijd in den dag

1.00 ell.; tot in 1832 was deze eene sluis. Het ontlasten van het overtollige water geschiedt door den Pelgrims-polder in den Bruinings-polder, en vervolgens door opmaling van den watermolen aldaar op het Kanaal van Zevenbergen en voorts in het Hollands-diep.

Hij staat, met den Geldersche-polder, den Koekoek en den Pelgrim-en-Bruinings-polder, onder het bestuur van eenen Dijkgraaf, twee Gezworenen en eenen Penningmeester.

SCHENKELDIJK (DE KLEINE-), pold. of liever een gedeelte van den *Geldersche-polder*, in de heerl. *Zevenbergen*, prov. *Noord-Braband*, gem. *Zevenbergen*. Het is zonder bedijking, in het midden van dien polder, tegen den Noord-Zee-dijk, gelegen.

SCHENKELDIJK (DE NOORD-), dijk in *Nieuw-Altena*, prov. *Noord-Braband*. Zie Schenkel-Binnendijk (De).

SCHENKENSCHANS, voorm. state, prov. *Friesland*, kw. *Oostergoo*, griet. *Ferwerderadeel*, arr. en 3 u. N. N. O. van *Leeuwarden*, kant. en 2 u. Z. W. van *Holwerd*, ¼ u. W. N. W. van *Wanswerd*, waartoe het behoort, aan de Marrumer-vaart; zijnde thans eene boerenwoning met tuin, groot 40 v. r. 30 v. ell., toebehoorende aan Mej. Baudina Looxma, echtgenoot van den Heer Nicolaas IJpey, te Leeuwarden.

SCHENKENSCHANS, b., prov. *Friesland*, kw. *Westergoo*, griet. *Menaldumadeel*, arr. en 20 min. W. van *Leeuwarden*, kant. en 2¼ u. Z. O. van *Berlikum*, ¼ u. W. van *Deinum*, waartoe zij behoort. Deze b. is waarschijnlijk aldus genoemd naar eene voorm. schans of sterkte welke de Spaansche Stadhouder Georg Schenck van Toutenburg hier, op de grenzen van Oostergoo en Westergoo, liet aanleggen.

SCHENKINSMA, vroegere naam van de Wiarda-state, prov. *Friesland*, kw. *Oostergoo*, griet. *Leeuwarderadeel*. Zie Wiarda-state.

SCHEPPER, state, prov. *Friesland*, kw. *Oostergoo*, griet. *Achtkarspelen*. Zie Boelens.

SCHERBIER, naam, onder welken het geh. Scherpbier, in *Staats-Vlaanderen*, in het *Vrije-van-Sluis*, prov. *Zeeland*, wel eens voorkomt. Zie Scherpbier.

SCHERBIERSPOLDER, vermeld in den *Tegenwoordige staat van alle volken*, D. XII, bl. 475, als een voorm. pold. in *Staats-Vlaanderen*, in het *Vrije-van-Sluis*, prov. *Zeeland*, distr. *Sluis*, welke, bij den watervloed van 27 Januarij 1682, geheel onderliep, daar de dijken voor de kracht des waters bezweken. Men kent evenwel thans, zelfs bij overlevering, geen polder van dien naam, denkelijk is de Groote of de Kleine-Henricus-polder daardoor bedoeld.

SCHERFENHOFF of Scharfenhoff, geh. in de heerl. *Hoffingen*, grooth. *Luxemburg*, arr. en bijna 5 u. N. N. O. van *Luxemburg*, kant. en 1½ u. O. N. O. van *Mersch*, gem. en 20 min. van *Heffingen*. Het bestaat uit 2 h. met 16 inw.

SCHERMEER (BEDIJKTE) of Schermermeer, van ouds Schermer genoemd, mede wel eens Scheermeer geschreven, ook wel verkeerdelijk de Schermer genoemd, voorm. meer, grootendeels in het baljuws. van de *Nieuwburgen* en voor een klein gedeelte tot het baljuws. van *Kennemerland* behoord hebbende, prov. *Noord-Holland*.

Dit meer, volgens octrooi van 26 September, 1631, bedijkt zijnde, werd, in het jaar 1635, bij loting aan de bedijkers uitgedeeld. Deze bedijking behoort thans, gedeeltelijk tot het arr. *Alkmaar*, kant. *Alkmaar*, daarin deels tot de gem. *Alkmaar*, deels tot de gem. *Akersloot*, deels gem. *Oterleek*, deels gem. *Schermerhorn*, deels gem. *Zuid-en-Noord-Schermer*, gedeeltelijk tot het arr. *Hoorn* en daarin deels kant. *Hoorn*, gem. *Ursem-Rustenburg-en-Braak*, en deels kant. *Purmerende*, gem. *Graft*.

Zij paalt N. aan den HEER-HUGO-WAARD en de bannen van Oterleek en Ursem. Ten O. loopt zij langs de Mijzerkoog en Schermerhorn, ten Z. O. langs Zuid-en-Noord-Schermer, en meer westwaarts ten Z. langs Zuid-Schermer, hetwelk zij, met eene regte bogt omloopende, insgelijks zoowel als Graft ten O. heeft, tot aan den banne van Akersloot, welke ten Z. en Z. W. van de SCHERMEER ligt. Ten W. gaat de SCHERMEER mede langs een gedeelte van Akersloot, en verder langs Heilo, het grondgebied der stad Alkmaar, en den banne van Oudorp.

Deze bedijking beslaat, volgens het kadaster, eene oppervlakte van 4441 bund., waarvan onder *Zuid-* en *Noord-Schermer*, volgens het kadaster 973 bund. 77 v. r. 50 v. ell., waaronder 963 bund. 1 v. r. 65 v. ell. schotbaar land, onder *Ursem-Rustenburg-en-de-Braak*, volgens het kadaster, 347 bund. 94 v. r. 95 v. ell. Zij wordt door twee en vijftig molens en eene sluis te Nauwerna, op de Zuiderzee, van het overtollige water ontlast. De slagdrempel dier sluis ligt 2.956 ell. onder A. P. Het polderbestuur bestaat uit eenen Dijkgraaf, vier Heemraden en zestien Hoofd-Ingelanden.

Het opzigt over den ringdijk, togten, gemeene wegen, sluizen, slooten, bruggen, molens en dergelijke, staat aan eenen Dijkgraaf en zeven Heemraden. De rekening der gemeene dijkaadje geschiedt jaarlijks, op den tweeden Donderdag in April, op het stadhuis te Alkmaar, ten overstaan der Hoofdingelanden. Deze zijn achttien in getal. De Dijkgraaf wordt uit een drietal, hetwelk de Hoofdingelanden verkiezen, door den Koning aangesteld. De Heemraden worden insgelijks door de Hoofdingelanden verkoren.

Den 27 September 1509 brak de zeedijk tusschen Krabbedam en St. Maarten door, waardoor men in de SCHERMEER eenen tijdlang schelvisch vong.

Den 8 October 1573 vischten eenige Schermereilanders op dit meer in de nabijheid van Alkmaar; de Spanjaarden, die destijds Alkmaar belegerden, zagen de vischschuiten voor een gedeelte der Waterlandsche vloot aan, en dit werkte mede om het beleg te doen opbreken.

Van het Westen ten Noorden, naar het Zuiden ten Oosten wordt zij door de Noordervaart doorsneden, welke van de buurt den Overtoom, naar en nabij de brug van Schermerhorn loopt en over welke drie bruggen liggen, waarvan de westelijkste de Voetbrug wordt geheten. Van deze brug loopt in eene zuidwestelijke strekking de Zuidervaart. Langs de zuid- en westzijde tot aan den Overtoom loopt nu het groot Noord-Hollandsch-kanaal. De Schermeer wordt door regte wegen doorsneden, welke alle namen hebben; die, langs de Noorder-ringvaart, maakt den weg naar Hoorn uit, terwijl die vaart de trekvaart naar Hoorn is. Het polderhuis staat aan den dijk, een weinig ten Noorden de brug van Schermerhorn.

SCHERMEER (BEDIJKTE-), ook wel NOORD-SCHERMEER en, waar de kerkbuurt is, de BUURT- of de STOMPETOREN genoemd, d. in de *Schermeer*, prov. *Noord-Holland*, arr., kant. en 1½ u. O. van *Alkmaar*, gedeeltelijk gem. *Alkmaar*, gedeeltelijk gem. en 1 u. Z. van *Oterleek*, gedeeltelijk gem. *Zuid-en-Noord-Schermer*, gedeeltelijk gem. en 1 u. W. van *Schermerhorn*, gedeeltelijk gem. *Ursem-Rustenburg-en-de-Braak*, 2 u. Z. W. van Ursem.

De inw. vinden gedeeltelijk in de vetweiderij, gedeeltelijk in de melkerij en het kaasmaken hun bestaan.

De Herv., die er 875 in getal zijn, onder welke 480 Ledematen, maken eene gem. uit, welke tot de klass. van *Alkmaar*, ring van *de Rijp*, behoort. De eerste, die in deze gem. in vereeniging met *Driehuizen* het leeraarsambt heeft waargenomen, is geweest Cornelis Ressius, die in het jaar 1651 herwaarts kwam, en in het jaar 1675 overleed. Gedurende zijne dienst, en wel in het jaar 1656, werd *Driehuizen* hiervan afgenomen. Het beroep geschiedt door den kerkeraad. De kerk, welke aan de zuidzijde der Noordervaart staat, is een kruisgebouw, met eenen stompen toren, doch zonder orgel.

De R. K., welke men er aantreft, worden tot een der stat. van *Alkmaar* gerekend. — Men heeft aan de buurt eene school.

SCHERMEER (ZUID-), d. in de *Schermeer*, prov. *Noord-Holland*, arr., kant. en 1¼ u. Z. O. van *Alkmaar*, gedeeltelijk gem. en 1 u. N. O. van *Akersloot*, gedeeltelijk gem. en 1 u. W. van *Graft*, gedeeltelijk gem. *Zuid-en-Noord-Schermer*, aan de Zuidervaart.

De inw. vinden meest hun bestaan in de vetweiderij en het kaasmaken.

De Herv., die er wonen, behooren tot de gem. van *Driehuizen-en-Zuid-Schermeer*, welke hier eene kerk heeft, aan de oostzijde der vaart, in de wandeling het Zwart-kerkje geheeten, een eenvoudig gebouw, met een hoog spits dak, zonder toren, doch van een orgel voorzien.

De R. K., die men er aantreft, worden tot de stat. van *Alkmaar* gerekend.

SCHERMER, naam, welken men in den dagelijkschen wandel geeft aan het d. Scharmer, in *Fivelgo*, prov. *Groningen*. Zie Scharmer.

SCHERMER, ook wel, ter onderscheiding van Groot-Schermer, Oud-Schermer genoemd, voorm. d. op het *Schermer-eiland*, prov. *Noord-Holland*, arr., kant. en 2 u. O. Z. O. van *Alkmaar*, hetwelk zich in eene rigting van het noordoosten naar het zuidwesten langs dien polder uitstrekte en waarvan de tegenwoordige dorpen Groot-Schermer en Schermerhorn de uiteinden waren. Dit d., hetwelk reeds in het jaar 1062 bekend was, kreeg in 1456 Kennemer regt.

De kerk, welke hier stond, plagt door den Abt van Egmond begeven te worden. Deze kerk stond eerst in het veld, doch werd naderhand midden in het dorp verplaatst. Zij was aan den H. Georgius toegewijd en werd in het jaar 1504 vergroot, doch stortte, in het jaar 1612, door eenen hevigen storm in. In het begin dezer eeuw, stond nog een gedeelte van het koor dier kerk ter hoogte van 20 à 30 voet, als het eenigste overblijfsel van dit dorp, doch deze bouwval is in 1817 afgebroken. Ter plaatse, waar deze kerk gestaan heeft, ziet men thans een stuk grasland.

SCHERMER (DE BEDIJKTE-), naam, welken men meestal geeft aan de Bedijkte-Schermer, prov. *Noord-Holland*. Zie Schermer (De Bedijkte-).

SCHERMER (GROOT-), ook wel, ter onderscheiding van het d. Schermer, Nieuw-Schermer genoemd, d. in het balj. van de *Nieuwburgen*, op het *Schermer-eiland*, prov. *Noord-Holland*, arr., kant. en 2 u. O. Z. O. van *Alkmaar*, gem. *Zuid- en Noord-Schermer*.

Deze plaats, welke zich van het Noorden naar het Zuiden uitstrekt, bestond in overoude tijden uit twee dorpen, het eene genoemd Noord-Schermer, het andere genaamd Zuid-Schermer, welke ieder een afzonderlijk gemeentebestuur hadden. De beide raadhuizen staan er nog, het eene aan de noord-, het andere aan het zuideinde van het dorp Groot-Schermer. Men telt er 75 h. en ruim 410 inw. De inw. vinden meest hun bestaan in de veeteelt en hare voortbrengselen. Ook heeft men er eene lijnbaan voor dun werk.

De Herv., die er 390 in getal zijn, maken, met inbegrip van die in het *Noordeindermeer* en *Menigweer* eene gemeente uit, welke tot de klass. van *Alkmaar*, ring van *de Rijp*, behoort, en 480 zielen, onder welke 220 Ledematen, telt. De eerste, die in deze. gem. in vereeniging met Schermerhorn het leeraarambt heeft waargenomen, is geweest Simon Paulusz, die in het jaar 1574 herwaarts kwam, en in het jaar 1583 naar Uitgeest vertrok. Gedurende de dienst van Jan Jans Steengraft werd Schermerhorn hiervan afgescheiden, en wel in 1620. Toen werd Steengraft Predikant te Schermerhorn, terwijl Christophorus Somerhoff te Groot-Schermer werd beroepen. Het beroep geschiedt door den kerkeraad. De kerk was vroeger slechts eene kapel, welke, toen de kerk van Schermer, in 1612, omvergewaaid of ingestort was, tot eene nette kerk is verbouwd geworden, welke eenen spitsen toren, doch geen orgel heeft. Zij staat met de pastorij en het kerkhof, ten Oosten van het dorp, en is slechts door eene brug daarmede verbonden.

De R. K., die er 20 in getal zijn, worden tot de stat. van *de Rijp* gerekend. — De dorpschool wordt gemiddeld door een getal van 75 leerlingen bezocht.

De kermis valt in den eersten Zondag na 17 September.

SCHERMER (NOORD-), heerl. in het balj. van de *Nieuwburgen*, op het *Schermer-eiland*, prov. *Noord-Holland*, arr. en kant. *Alkmaar*, gem. *Noord-* en *Zuid-Schermer*; palende N. aan de gem. Schermerhorn, O. aan de Beemster, Z. aan de heerl. Zuid-Schermer, W. aan de Bedijkte-Schermeer.

Deze heerl. bestaat uit een gedeelte van het Schermer-eiland, en bevatte vroeger het d. Noord-Schermer, thans het noordelijk gedeelte van het d. Groot-Schermer uitmakende en het noordelijke gedeelte van de Bedijkte-Schermeer. De inw. vinden meest hun bestaan in den landbouw.

De Herv., die er wonen, behooren gedeeltelijk tot de gem. *Groot-Schermer* en gedeeltelijk tot de *Bedijkte-Schermeer*. — De R. K., welke men er aantreft, worden tot de stat. van *de Rijp* gerekend. — Men heeft er geen school, maar de kinderen genieten onderwijs te *Groot-Schermer*.

Deze heerl. wordt thans in eigendom bezeten door de stad Alkmaar. — Het wapen bestaat in eenen mol.

SCHERMER (ZUID-), heerl. in het baljuws. van de *Nieuwburgen*, op het *Schermer-eiland*, prov. *Noord-Holland*, arr. en kant. *Alkmaar*, gem. *Noord-en-Zuid-Schermer*; palende N. aan de Schermeer en de heerl. Noord-Schermer, O. aan de Beemster, Z. aan de Rijp en Graft, W. aan de Schermeer.

Deze heerl. bestaat uit een gedeelte van het Schermer-eiland en den pold. de Noordeindermeer en de Meningweer, en bevatte vroeger het d. Zuid-Schermer, thans het zuidelijke gedeelte van het d. Groot-Schermer uitmakende, terwijl daarin tegenwoordig tevens het d. Driehuizen gelegen is. De inw. vinden meest in den landbouw hun bestaan.

De Herv., die er wonen, behooren tot de gem. van *Groot-Schermer*. — De R. K., welke men er aantreft, worden tot de stat. van *de Rijp* gerekend. — Men heeft er twee scholen, als: éène te Groot-

Schermer en ééne te Driehuizen, welke gezamenlijk door een gemiddeld getal van 120 leerlingen bezocht worden.

Deze heerl. is in het jaar 1730, voor 8000 guld. door de Regering van Zuid-Schermer aangekocht, waaraan zij thans nog behoort.

Het wapen bestaat in een schild van azuur, met twee snoeken van goud, geplaatst en fasce.

SCHERMER (ZUID-EN-NOORD-), ook wel enkel ZUID-SCHERMER geheeten, gem. in het balj. van de *Nieuwburgen*, prov. *Noord-Holland*, arr. en kant. *Alkmaar* (6 k. d., 20 m. k., 3 s. d.); palende N. aan Oudorp, Oterleek en Schermerhorn, O. aan de Beemster, Z. aan Graft, W. aan Akersloot en Alkmaar

Deze gem. bestaat uit de heerl. Noord-Schermer en Zuid-Schermer. Zij bevat de d. Groot-Schermer en Driehuizen, benevens Noordeinder-meer, Menigweer, een gedeelte van Zuid-Schermeer en een gedeelte van Noord-Schermeer, en beslaat, volgens het kadaster, eene oppervlakte van 1962 bund. 60 v. r. 5 v. ell., waaronder 1951 bund. 88 v. r. 20 v. ell. belastbaar land. Men telt er 160 h., bewoond door 195 huisges., uitmakende eene bevolking van 990 inw., die meest hun bestaan vinden in landbouw en veeteelt. Ook heeft men er eene lijnbaan voor dun werk en eenen koornmolen.

De Herv., die er ruim 850 in getal zijn, maken gedeeltelijk de gem. van *Groot-Schermer* uit, en behooren gedeeltelijk tot de gem. *Driehuizen-en-Zuid-Schermeer*. —. De 6 Evang. Luth., die er wonen, worden, even als de 16 Doopsgez., die men er aantreft, tot hunne respective gem. te *Alkmaar* gerekend. — De R. K., die er ruim 120 gevonden worden, behooren tot de stat. van *de Rijp*. — Men heeft in deze gem. twee scholen, als eene te Groot-Schermer en eene te Driehuizen, welke gezamenlijk gemiddeld door een getal van 120 leerlingen bezocht worden.

De gem. ZUID-EN-NOORD-SCHERMER, heeft op zich zelven geen wapen.

SCHERMER-EILAND (HET), naam, welken men ook wel eens geeft aan den EILANDS-POLDER, in *Noord-Holland*. Zie EILANDS-POLDER.

SCHERMERHORN, d. in het balj. van de *Nieuwburgen*, op het *Schermer-eiland*, prov. *Noord-Holland*, arr., kant. en 2 u. O. van *Alkmaar*, gem. *Schermerhorn-en-West-Mijzen*, tusschen de Beemster en de Schermeer; 52° 36′ 7″ N. B., 22° 33′ 13″ O. L.

Het is een fraai welbebouwd en door den grooten doortogt zeer levendig en vrolijk d., waar men 130 h. en 700 inw. telt, die meest hun bestaan vinden in het kaasmaken en de behoeftige klasse in het hennipspinnen. Het ligt aan den korten bestraten weg, die de Beemster met de Schermeer verbindt.

De Herv., die er wonen, maken, met die van *West-Mijzen*, eene gem. uit, welke tot de klass. van *Alkmaar*, ring van *de Rijp*, behoort, en 450 zielen, onder welke 250 Ledematen, telt. De eerste, die in deze gem., na de scheiding van *Groot-Schermer*, het leeraarambt heeft waargenomen, is geweest JAN JANS STEENGRAFT, die in het jaar 1620 herwaarts kwam, en in het jaar 1625 emeritus werd. Het beroep geschiedt door den kerkeraad. Onder de hier gestaan hebbende Predikanten, vinden wij vermeld, de beroemde Godgeleerde FRANCISCUS RIDDERUS, die mede de Nederduitsche lier handteerde. Hij kwam aldaar in het jaar 1644, en vertrok in 1648 naar Brielle. In 1502, werd hier eene kapel gebouwd, welke in 1614 werd vergroot en in vier plaats men in het jaar 1634 de tegenwoordige, nog altijd fraaije kerk stichtte. Deze staat midden in het dorp, aan de noordzijde der buurt, en is een groot gebouw, dat met eenen netten predikstoel, zeven koperen kroonen en fraai geschilderde glazen pronkt. Hier hangen ook twee oorlogscheepjes, welke zeer wel bewerkt zijn. De kerk heeft eenen vierkanten toren met eene achtkante, met leijen gedekte spits, doch is van geen orgel voorzien. Ook vindt men in deze kerk eene schilderij, waarop de kerken van de verloren dorpen Schermer en West-Mijzen zijn afgebeeld.

Men heeft hier een Raadhuis, hetwelk een klein, doch doelmatig ingerigt gebouwd is.

In het Weeshuis, dat hier gevonden wordt, zijn eenige kinderen opgenomen, welke meestal tot dienstboden bij den boerenstand worden opgeleid.

De dorpschool wordt des zomers wel door 100 leerlingen bezocht. De ongunstige toestand der wegen in den omtrek vermindert het getal naar omstandigheden.

De kermis valt in op Zondag vóór 18 Julij.

Het pinksterbloemzingen, vroeger in Noord-Holland zoo zeer in gebruik, verboden te Amsterdam in 1635, te Enkhuizen in 1646, in Kennemerland in 1655, gaf aan dit dorp van de vroegste tijden af eenige vermaardheid, alwaar men deze gewoonte zeer voorstond, en misschien het langst tegen alle verbod aan heeft voorgestaan. Een jong meisje, staande op eene burrie, werd door vier andere meisjes gedragen; het staande meisje was omhangen met twintig zilveren tuigen, tien zilveren bellen, drie beugeltassen en vijf en twintig zoo barnsteenen als bloedkorale kettingen. In de regterhand had zij een zilveren kommetje en in de linkerhand een zilveren fluitje, waaraan eene bel en waarop zij, bij de inzameling der giften fluitte. Thans is deze gewoonte in onbruik geraakt; er is nog van overig, dat, zoo te Purmerende als op sommige andere plaatsen, eenige weesmeisjes op Pinksterdag aan de huizen rondloopen en zingen, terwijl zij in hun midden hebben een meisje in het wit gekleed, met bloemen versierd, met zilveren beugeltassen omhangen en met de Noordhollandsche gouden kap op; welke dan de pinksterbloem heet, of naar Noordhollandsche uitspraak pinksterblom.

In het jaar 1699, ontstond in dit d. brand, waardoor zeer schielijk drie en zestig huizen in de asch gelegd werden.

SCHERMERHORN-EN-WEST-MYZEN, gem. in het baljuws. van de *Nieuwburgen*, prov. *Noord-Holland*, arr. en kant. *Alkmaar* (4 k. d., 20 m. k., 4 s. d); palende N. aan de gem. Oterleek en Ursem-Rustenburg-en-Braak, O. aan Avenhorn-en-Oostmijzen en aan de Beemster, Z. aan Zuid-en-Noord-Schermer en Akersloot, W. aan Alkmaar en Oudorp.

Deze gem. bevat het d. Schermerhorn en de geh. West-Mijzen, het Zuid-end en Over-'t Zwet, benevens een gedeelte van de Schermeer. Zij beslaat, volgens het kadaster, eene oppervlakte van 1099 bund. 42 v. r. 32 v. ell., waaronder 1099 bund. 2 v. r. 64 v. ell. belastbaar land. Men telt er 175 h., bewoond door 227 huisgez., uitmakende eene bevolking van 1030 inw. In het jaar 1600 woonden hier wel vijf en twintig grootschippers, doch in het laatst der voorgaande eeuw, was van dezen nog slechts één overig.

De ingezetenen, onder welke velen zijn, die soberlijk hun bestaan vinden, generen sich hier met het karrel- of hennip spinnen voor de rolreederij.

De Herv., die er 800 in getal zijn, maken gedeeltelijk de gem. Schermerhorn uit en behooren gedeeltelijk tot de gem. *Bedijkte-Schermeer*. — De R. K., van welke men er 250 aantreft, worden tot de stat. van *de Beemster* gerekend.

Men heeft er ééne school, te Schermerhorn, welke gemiddeld door een getal van 80 à 90 leerlingen bezocht wordt.

Deze gem. is eene heerl., welke in het jaar 1700, met die van Noord-Schermer, aan de stad Alkmaar, voor 19,200 gulden verkocht werd. — Het wapen bestaat in eenen mol.

SCHERMERHORNER-WEG (DE), weg in *de Beemster*, prov. *Noord-Holland*, loopende van den Jisperweg, in eene west-noordwestelijke rigting, naar den dijk, nabij de brug naar Schermerhorn.

SCHERMINKELSGAT (HET), waterloop in het markgr. van *Bergen-op-Zoom*, prov. *Noord-Braband*, in de gem. *Halsteren*, loopende van het hoogeland in de *Lepelstraat*, in eene westelijke rigting door den *Oud-Glimes-polder*, door een sluisje, in de *Bendragt*.

SCHERMOLEN, b., voorheen tot het hert. *Cleve* behoord hebbende, thans prov. *Noord-Braband*. Zie Scharmolen.

SCHERNHEMSTRA, oud Friesche naam van het d. Scharnegoutum, prov. *Friesland*. Zie Scharnegoutum.

SCHERPBIER, gewoonlijk zegt en veeltijds schrijft men ook Sc[illegible] of Sch[illegible], geh. in *Staats-Vlaanderen*, in het *Vrije-van-Sluis*, prov. *Zeeland*, arr. en ruim 4 u. Z. ten W. van *Middelburg*, kant., gem. en ½ u. N. ten O. van *Oostburg*, distr. en 2½ u. N. O. van *Sluis*, waar de gem. *Oostburg*, *Schoondijke* en *Groede* aan elkander palen. Het heeft zijnen naam van een voorm. fort, 10 minu. Z. W. van daar gelegen (zie dat art). Het bestaat uit 5 arbeidershuisjes, beneden den dijk van den Henricus-polder, met 25 inwoners, doch daarbij staat op *Schoondijke* eene hofstede en op *Groede* eene hofstede, arbeidershuis en koren-windmolen, uitmakende, met de reeds gemelde huizen, 9 woningen en ruim 40 zielen.

SCHERPBIER, voorm. fort in *Staats-Vlaanderen*, in het *Vrije-van-Sluis*, prov. *Zeeland*, gem. *Oostburg*, tegen den Zuidoostdijk van den Henricus-polder, aangelegd bij het bedijken van dien polder, tot beveiliging der stad en dekking der vaart, en in het najaar van 1672 door den staat verkocht. Het beloop der wallen en vesten is nog zeer kenbaar. Het is thans een koehoudersbedrijf, staande de woning en het schuurtje in het midden van het voorm. fort, dat, volgens het kadaster, 77 v. r. 30 ell beslaat.

SCHERPENHERING, geh. in de *Meijerij van 's Hertogenbosch*, kw. *Kempenland*, prov. *Noord-Braband*, *Derde* distr., arr. en 1½ u. W. van *Eindhoven*, kant. en 1½ u. Z. Z. O. van *Oirschot*, gem. en ½ u. N. ten W. van *Oerle*, aan den straatweg van Oerle naar Oirschot.

SCHERPENHEUVEL, plaats in *Staats-Vlaanderen*, in het *Vrije-van-Sluis*, prov. *Zeeland*, arr. en 3½ u. Z. van *Middelburg*, kant. en 2 u. N. O. van *Oostburg*, distr. en 3½ u. N. O. van *Sluis*, gem. en 1½ u. N. van *IJzendijke*, op den noordelijken hoek van het gedeelte van den *Oranje-polder*, *Rooden-hoek* genaamd, tegen de Gaternisse-kreek, niet ver van het geh. Saspert.

Het is een hoog vooruitspringend stuk dijk, waarop twee arbeiderswoningen, met hunne schuurtjes staan. De oorsprong van den naam kan niet opgegeven worden.

SCHERPENHEUVEL, plant. in *West-Indië*, op het eil. *Curaçao*, Z. van de plant. Watervliet, N. van de plant. Zuurzak.

SCHERPENHOEK, voorm. plaats op het verdronken eil. *Zuid-Beveland*, prov. *Zeeland*, welke bij eenen watervloed ondergeloopen, en waarvan thans niets meer te vinden is.

SCHERPENHOF, landg. op den *Veluwenzoom*, prov. *Gelderland*, distr. *Veluwe*, kw., arr., kant. en 1¼ u. O. ten N. van *Arnhem*, gem. en 10 min. van *Rheden*, waartoe het behoort.

Dit landg. beslaat, met de daartoe behoorende gronden, eene oppervlakte van 90 bund. 43 v. r. 36 v. ell., en wordt thans in eigendom bezeten door den Heer A. C. VAN OUDYCK, woonachtig te Rheden.

SCHERPENISSE, heerl. op het eil. *Tholen*, prov. *Zeeland*, distr. en arr. *Zierikzee*, kant. *Tholen*, gem. *Scherpenisse-en-Westkerke*; palende N. en O. aan de heerl. Poortvliet, Z. aan de Ooster-Schelde, W. aan de heerl. Westkerke en den Pluimpot, die haar van de heerl. St. Maartensdijk scheidt.

Deze heerl. bestaat uit den Polder-van-Scherpenisse en den Zoute-polder, en bevat het d. Scherpenisse, benevens eenige verstrooid liggende huizen. Zij beslaat, volgens het kadaster, eene oppervlakte van 440 bund. 97 v. r. 52 v. ell., waaronder 392 bund. 98 v. r. 98 v. ell. belastbaar land. Men telt er 151 h., bewoond door 206 huisgez., uitmakende eene bevolking van ruim 970 inw., die meest in den landbouw hun bestaan vinden. Ook heeft men er eene meestoof.

De inw., die er, op 22 na, allen Herv. zijn, behooren tot de gem. *Scherpenisse-en-Westkerke*. — De 15 R. K., die men er aantreft, worden tot de stat. van *Tholen* gerekend. — De 7 Isr., die er wonen, behooren tot de ringsynagoge van *Zierikzee*. — Men heeft in deze heerl. eene school, welke gemiddeld door een getal van 90 leerlingen besocht wordt.

Deze heerl. werd, bij brieven van den laatsten Julij 1625, even als die van St. Maartensdijk, verleid op FREDERIK HENDRIK, Prins van *Oranje*, en behoort thans aan het Domein.

Het d. SCHERPENISSE ligt 4 u. Z. O. van Zierikzee, 2 u. W. N. W. van Tholen, aan den Pluimpot, welke het tot haven verstrekt en aan den grooten klinkerweg van Tholen naar Gorishoek.

Dit d. is zeer oud en komt reeds in 1206, met Poortvliet, als een afzonderlijk eiland voor. Het was toen gedeeltelijk in besit van den Burggraaf van Zeeland, HUGO VAN VOORNE, die er eenen burg bezat, welke, omdat HUGO de partij van Gravin ADA gevolgd was, in 1206, door den Domproost FLORIS VAN UTRECHT, ingenomen en verbrand werd.

Het dorp is zeer uitgebreid, zijnde de huizen aan regte elkander doorsnijdende straten en stegen gebouwd, en hoewel thans een armoedig voorkomen hebbende, draagt het nog sporen van vroegere welvaart en grootheid. Men telt er, in de kom van het d., 141 h. en 920 inw. Ten Noorden buiten het d. ligt een aarden dam of dijk met een spuisluisje op den Pluimpot, over welken de rijweg naar St. Maartensdijk loopt.

Het Gemeentehuis, in de kom van het dorp, is een hoog ouderwetsch gebouw, hebbende aan den voor en achterkant op de hoeken eenen achtkanten toren, met spits en het jaartal 1594 in den voorgevel.

De kerk, welke in het zuidelijkste gedeelte van het dorp staat, stond vóór de Reformatie ter begeving van den Deken en het kapittel der Utrechtsche kerk. Het is een oud en ruim, langwerpig gebouw, met leijen dak, hebbende ter wederzijden een lager gedeelte met pannen gedekt. Het onderste gedeelte van den toren is vrij zwaar en door groote schuinsche contreforten ondersteund en het bovenste deel, waarin men de klokken en een slaguurwerk aantreft, veel smaller en door een stomp dak gedekt, waarvan de spits nauwelijks boven de ook van het kerkdak uitsteekt; het geheele gebouw maakt eene wanstallige vertooning. Er is in deze kerk geen orgel, maar men heeft er eene eenvoudige marmeren plaat, door den Kapitein en Officieren van het Engelsch fregat *Amphion* opgerigt, ter gedachtenis van den Eerste Luitenant William Bayder, den 6 Maart 1814 overleden, aan zijne wonden te Lillo ontvangen, terwijl drie zijner manschappen aldaar sneuvelden.

Ook is er eene Confrerie of Gilde van Kloveniers, opgerigt, bij ordonnantie van 7 Maart 1594, door Maria van Nassau, dochter van Willem I, Prins van *Oranje*, en bestaande nog, volgens de eerste instelling, uit zes en vijftig personen, onder welke een Deken, vier Officieren, vroeger Gezworens geheeten, dertien Rotgezellen, een Vaandrig, vier Zwaarddragers, en een Boekhouder. 's Jaarlijks op den eersten Woensdag na Pinksteren tot Zaturdag daaraanvolgende, komt dit gilde op eene der bovenkamers van het Raadhuis, bekend onder den naam van gildekamer, te zamen, ten einde daar de in kas zijnde gelden te verteeren, nieuwe Leden in plaats van de afgestorvene of afgegane te verkiezen en in te halen, rekening en verantwoording te doen en voorts den tijd gezellig door te brengen. Ook zijn de Gildebroeders verpligt bij het ter aardebestellen der lijken hunner medebroeders en die hunner vrouwen de baar grafwaarts te volgen; ten opzigte van de kinderen kan dit voor 40 cents 's jaars worden afgekocht. Komt een der Gildebroeders te huwen dan betaalt hij voor een trouwnobel 2 guld. 40 cents. Sedert het jaar 1840, wordt, ter nagedachtenis van de stichteres, hare geboortedag, door eene onderlinge bijeenkomst en het uithangen van het vaandel, gevierd (1).

Men heeft aldaar eene distributiekantoor voor de brievenposterij, en een station voor de paardenposterij.

Drie kwartier. Z. W. van het d., vindt men het overzetveer van Gorishoek op Yerseckendam, over de Ooster-Schelde.

De kermis valt in op den tweede Pinsterdag.

Dit d. is in het jaar 1538, grootendeels afgebrand.

In het jaar 1811 en 1812, heerschte er te Scherpenisse eene kwaadaardige ziekte, welke vele ingezetenen ten grave sleepte. De hier bovenvermelde gilde-kamer, op het raadhuis, werd toen ingerigt tot eene tijdelijke ziekenzaal, alwaar de lijders, ook door van elders gezondene Geneesheeren, werden verpleegd. Het Fransch Gouvernement, is te dier tijd, zoo door geldelijken onderstand, als door de toezending van geneesmiddelen, de gemeente te gemoet gekomen.

Bij den watervloed van 4 en 5 Februarij 1825, die elders in onvaderland zoo vele onheilen heeft te weeggebragt, is ook Scherpenisse met een gedeelte van zijne omtrek, hijna geheel ondergevloeid en heeft de landman Cornelis Meerman, te paard van St. Maartensdijk komende en door het water willende waden, om zijne woning, in welks nabijheid hij zich bevond, te bereiken, door de golven van zijn paard geworpen zijnde, ellendig het leven verloren; terwijl het paard spoedig, al zwemmende, den wal bereikte (2).

Het wapen dezer heerl. bestaat in een veld van zilver, met eene fasce van azuur, het schild gedekt met eene kroon van goud.

---

(1) Men zie verder over deze confrerie *Iets over de confrerie of gilde van Cloveniers te Scherpenisse*, enz. door J. Wap Jr., medegedeeld in den *Zeeuwsche Volks-almanak* voor 1841, bl. 2-14.

(2) Dit ongeluk, zoomede de bijzonderheden nopens de veroorzaakte schade door dezen watervloed, vindt men omstandig geboekt bij J. C. Beyer *Gedenkboek van Neerlands watersnood in Februarij 1825*, bl. 503-507.

SCHERPENISSE (POLDER-VAN-), pold. in het eil. *Tholen*, prov. *Zeeland*, distr. en arr. *Zierikzee*, kant. *Tholen*, gem. *Scherpenisse-en-Westkerke*; palende N. W. aan den Pluimpot, N. aan den Zoutenpolder, N. O. en O. aan den polder van Oud-Poortvliet, Z. aan de gorzen tegen de Ooster-Schelde, W. aan den Polder-van-Westkerke, waarmede zij eene gemeene bedijking heeft.

Deze pold., welke tot de watering van *Scherpenisse* behoort, beslaat, volgens het kadaster, eene oppervlakte van 383 bund. 37 v. r. 42 v. ell., waaronder 335 bund. 52 v. r. 58 v. ell. schotbaar land; telt 34 h., waaronder 14 boerderijen, en wordt door eene sluis, op de Ooster-Schelde, van het overtollige water ontlast.

SCHERPENISSE (WATERING-VAN-), dijkhaadje in het eil. *Tholen*, prov. *Zeeland*, arr. en distr. *Zierikzee*, kant. *Tholen*, gem. *Scherpenisse-en-Westkerke*; palende W. en N. W. aan den Pluimpot, N. en O. aan den Polder-van-Poortvliet, Z. aan de schorren tegen de Wester-Schelde.

Deze watering bevat: den Polder-van-Scherpenisse, den Polder-van-Westkerke, den Zouten-polder en den Geertruida-polder. Zij beslaat, volgens het kadaster, eene oppervlakte van 961 bund. 26 v. r. 72 v. ell., waaronder 850 bund. 27 v. r. 92 v. ell. schotbaar land; telt 44 h., waaronder 21 boerderijen, en wordt door eene sluis, op de Ooster-Schelde, van het overtollige water ontlast. Het polderbestuur bestaat uit eenen Dijkgraaf, twee Gezworenen en eenen Penningmeester.

SCHERPENISSE-EN-WESTKERKE, gem. op het eil. *Tholen*, prov. *Zeeland*, distr. en arr. *Zierikzee*, kant. *Tholen* (2 k. d., 6 m. k., 2 s. d.); palende N. en O. aan de gem. Poortvliet, Z. aan de Ooster-Schelde, W. en N. W. aan den Pluimpot.

Deze gem. bevat de heerl. Scherpenisse en Westkerke, beslaat, volgens het kadaster, eene oppervlakte van 1041 bund. 85 v. r. 59 v. ell., waaronder 850 bund. 27 v. r. 92 v. ell. belastbaar land. Men telt er 185 h., bewoond door 243 huisgez., uitmakende eene bevolking van ruim 1200 inw., die meest hun bestaan vinden in den landbouw; ook is hier eene meestoof, eene grutterij en eene windkorenmolen.

De Herv., die er 1180 in getal zijn, maken eene gem. uit, welke tot de klass. van *Zierikzee*, ring van *Tholen*, gerekend wordt. Het beroep geschiedt door den kerkeraad.

De R. K., die men er 17 aantreft, worden tot de stat. van *Tholen* gerekend. — Het zevental Isr., dat er woont, behoort tot de ringsynagoge van *Zierikzee*.

Men heeft in deze gem. ééne school te Scherpenisse, vroeger was er ook eene te Westkerke, doch deze is afgebroken en wordt niet meer herbouwd.

SCHERPENZEEL, gem. op de *Neder-Veluwe*, prov. *Gelderland*, distr. *Veluwe*, arr. *Arnhem*, kant. *Wageningen* (1 k. d., 5 m. k., 11 s. d).; palende W. en N. aan de Utrechtsche gem. Woudenberg, O. aan Barneveld, Z. O. en Z. aan de Utrechtsche gem. Renswoude.

Deze gem. bevat het d. Scherpenzeel, benevens eenige verstrooid liggende huizen. Zij beslaat, volgens het kadaster, eene oppervlakte van 8735 bund. 70 v. r. 20 v. ell., waaronder 4505 bund. 40 v. r. 81 v. ell. belastbaar land. Men telt er 177 h., bewoond wordende door 228 huisgez., uitmakende eene bevolking van 1200 inw., die meest in den landbouw, de wolkammerijen en weverijen, hun bestaan vinden.

De Herv., die er ruim 1150 in getal zijn, onder welke 300 Ledematen, maken eene gem. uit, welke tot de klass. van *Arnhem*, ring van *Wageningen*, behoort. Ook behoort tot de kerkelijke gem. van Scherpenzeel nog eene aanzienlijke buurt, vroeger burgerlijk onder *Leusden*, thans onder *Woudenberg* gelegen, waarin ook nog een aantal zielen en Ledematen gevonden wordt. De eerste, die hier het leeraarambt heeft waargenomen, is geweest Hendrik Mom, vroeger Roomsch Priester alhier en later bij de Reformatie Predikant. Hij werd in het jaar 1600 opgevolgd door Johannes Fabricius. Eene steeg op het dorp wordt nog naar zijnen naam het Mommerssteegje genaamd. Het beroep is eene collatie van den Ambachtsheer.

De R. K., die er 40 in getal zijn, behooren tot de stat. van *Nieuwe-weg*, gem. *Renswoude*. — De 5 Isr., die er wonen, behooren tot de ringsynagoge van *Nijkerk*.

Men heeft in deze gem. eene school, welke gemiddeld door een getal van 100 leerlingen bezocht wordt.

Deze gem. is eene heerl., welke vroeger aan het geslacht van dien naam toebehoorde. Volgens eene oude overlevering, stamde het geslacht van Scherpenzeel af, van het aanzienlijk geslacht van Amersfoort; dit gevoelen wordt door de gelijkheid der wapens zeer waarschijnlijk. Dienovolgens kan men ook gissen, dat het gerigt van Scherpenzeel eene afscheuring der heerlijkheid Amersfoort geweest zij. Ten minste het dagelijks regtsgebied, het gerigt en het halve dorp Scherpenzeel was een erfgoed, een allodium, en werd, in 1675, door Borchard Willem van Westerholt, aan de Staten ter leen opgedragen, onder voorwaarde, dat die, gelijk mede de andere gedeelten, welke te voren leen ten Zutphensche regte waren, in het vervolg ten Stichtsche regten daar geen afgeeding plaats had, staan zouden. Het oude leen bestond alleen in het huis. Het is opmerkenswaardig, dat behalve Johan van Scherpenzeel, die in 1220 als leenman van den Abt van St. Paulus voorkomt, niemand van dat geslacht *vóór* 1368 gemeld wordt, wanneer Johan van Scherpenzeel uit de Veluwe, mede de huwelijksche voorwaarden van Hertog Eduard bezegelde. Dit stilzwijgen van bezitters van een gerigt, doet natuurlijk tot eene naamsverandering besluiten, en geeft meer gewigt aan de afstamming van Amersfoort. Deze Johan van Scherpenzeel werd, in 1380, door Willem I, Hertog van *Gelder*, en, in 1403, door diens opvolger Reinald IV, met het huis beleend. In zijn geslacht bleef het tot in het begin der zeventiende eeuw, toen Willem van Scherpenzeel, ongehuwd stervende, het naliet aan zijne zuster Aleyd, die het door haar huwelijk met Hendrik van Westerholt in diens geslacht overbragt, hetwelk deze heerl. bezeten heeft tot in het laatst der achttiende eeuw. Na den dood van Carel Willem Alexander van Westerholt, welke in 1783 plaats had, is in 1785, voor het hooge Leengerigt van het vorstendom, een proces ontstaan tusschen E. F. van Westerholt, zijn zusters zoon en R. F. W. van Westerholt, zijn broeders zoon, over den eigendom van Scherpenzeel, waarbij de laatste de overhand behaalde. Deze verkocht, in het jaar 1795, de heerlijkheid aan Johannes Sebastiaan van Naamen, wiens zoon Mr. Petrus Johannes van Naamen, sedert 1801, daarvan Heer is.

Het d. Scherpenzeel ligt 6¼ u. N. W. van Arnhem, 4 u. N. N. W. van Wageningen, omtrent 2 u. Z. W. van Amersfoort, aan den straatweg van Arnhem op Amersfoort. Het is een fraai in de lengte, digt aan een, gebouwd dorp, tellende in zijne kom 185 h. en 1260 inw.

De kerk, welke vóór de Reformatie aan den H. ANTONIUS was toegewijd, is een aanzienlijk gebouw, dat in de laatste jaren nog vergroot, uitgebreid en verfraaid is. In deze kerk vindt men eene schoone tombe, waarop men leest: *Hic requiescit Johannes Dynasta Scherpenzeel qui obdormivit in Domino Die* XXII *May* CIϽIϽCXIX. (d. i.: Hier rust JOHANNES, Heer van SCHERPENZEEL, in den Heere ontslapen den 22 Mei 1619.) De kerk heeft eenen hoogen toren, waarin drie klokken. In het jaar 1821 werd daaraan een orgel ten geschenke gegeven door den Heer PETRUS JOHANNES VAN NAAMEN, terwijl de gemeente het plaatsen daarvan bekostigd heeft, en in het jaar 1835 schonk eene Dame aan deze kerk twee zilveren avondmaalsbekers.

In dit dorp staat het Huis-te-Scherpenzeel; vroeger had men er nog het huis Langeler. — Langs dit dorp loopt de Linie van de Grebbe, waarvan men hier eenige veldwerken heeft.

De kermis valt in den 14 September. Ook worden hier onderscheidene jaarmarkten gehouden, als den 29 Julij, 5, 12, 19, en 26 Augustus en den 2, 9 en 16 September schapenmarkt, alsmede den 23 en 30 September, den 7, 14, 21 en 28 October en den 4 November varkensmarkt.

Het wapen bestaat in een veld van azuur, met zes leliën, staande drie, twee en eene, vergezeld ter wederzijden van eene aangesneden pen in eene schuinsche rigting.

SCHERPENZEEL, d., prov. *Friesland*, kw. *Zevenwouden*, griet. *Stellingwerf-Westeinde*, arr. en 4 u. Z. ten W. van *Heerenveen*, kant. en 5½ u. Z. W. van *Oldeberkoop*.

Dit dorp behoort onder de veertien dorpen, welke tusschen de rivieren de Linde en de Kuinder besloten zijn. De huizen, welke men er 29 telt, liggen door uitgestrekte wei- en hooilanden omringd, langs den weg. Men telt er 150 inw., die meest in den landbouw hun bestaan vinden.

De landerijen loopen van de Scheene tot aan de Kuinder. Aan de gemelde rivier behoort onder dit dorp gedeeltelijk eene lange streek huizen, welke bij de Oude-Schoterzijl begint en tot aan de scheiding van Munnekeburen en Oude-Lamer voortloopt, onder den naam van Lange-Lille.

De inw., die er allen Herv. zijn, behooren tot de gem. *Scherpenzeel-Spanga-Munnekeburen-en-Nyetrijne*, welke hier eene kerk heeft, met een spits torentje, doch zonder orgel. — De dorpschool wordt door een gemiddeld getal van 40 leerlingen bezocht.

Bij den watervloed van Februarij 1825 werd dit dorp, even als het naburig Spanga, deerlijk geteisterd. Des Vrijdags morgens, ten tien ure, stortte het water tot bijna vijf palmen hoogte over den Lindedijk en in vereeniging met dat uit het zuidwesten, overstroomde het al de landen onder Spanga gelegen en drie uren later die onder SCHERPENZEEL behoorende. De ingezetenen trachtten te bergen wat zij konden, doch zeer spoedig werden stroom en overvloeijing zoo sterk, dat elke poging al moeijelijker werd en, onder eene menigte drijfgoed, een groot getal dood vee, uit Overijssel derwaarts aangespoeld, zich vertoonde. Het water steeg dien dag tot de geweldige hoogte van twee el op het vlakke land, en dus acht palm hooger dan in het jaar 1776. Bijna alle de boerenwoningen werden ten deele vernield of zwaar beschadigd; honderden runderen verdronken en eene hoog bejaarde vrouw, HENDRIKJE BARTELDS OOSTERHOF genaamd, onder Spanga wonende, werd met hare woning eene prooi der golven, terwijl, tegen over SCHERPENZEEL, buitendijks een geheel huisgezin jammerlijk het leven verloor. Groot waren de verliezen hier geleden, daar menige boer dertig tot vijftig stuks hoornvee, waarvan hij niet een enkele redden kon, verdrinken en daarna zijn vermogen verdwijnen zag.

SCHERPENZEEL, voorm havez. in *Twenthe*, prov. *Overijssel*, arr. en 6 u. O. van *Deventer*, kant., gem. en 5 min. N. W. van *Goor*. — Deze havez. is gesloopt.

SCHERPENZEEL (GROOT-), buit. in *Zalland*, prov. *Overijssel*, arr., kant. en 2 u. N. van *Deventer*, gem. en ¼ u. N. van *Olst*, in de buurs. *Duur*, aan den straatweg naar Zutphen. Daaraan grenst Klein-Scherpenzeel, een boerenerf, hetwelk echter niet onder Groot-Scherpenzeel behoort.

SCHERPENZEEL (HET HUIS-TE), adell. h. op de *Neder-Veluwe*, prov. *Gelderland*, distr. *Veluwe*, arr. en 6½ u. N. W. van *Arnhem*, kant. en 4 u. N. N. W. van *Wageningen*, gem. en in het d. *Scherpenzeel*.

Het is een fraai gebouw, dat van alle zijden door water omringd is en eene vaste steenen brug heeft.

SCHERPENZEEL-SPANGA-MUNNEKEBUREN-EN-NIJETRYNE, kerk. gem., prov. *Friesland*, klass. van *Heerenveen*, ring van *Wolvega*. Men heeft er twee kerken, als: ééne te Scherpenzeel en ééne te Munnekeburen, en telt er 1070 zielen, onder welke 373 Ledematen. De eerste, die in deze gem. het leeraarambt heeft waargenomen, is geweest Balthazar Stuipsand, die in het jaar 1622 naar Berlikum vertrok. Op den 2den Junij 1654 is alhier overleden Ds. Obertus Mitsamerus, blijkende uit een grafsteen in de kerk te Scherpenzeel te vinden, op welke het volgende grafschrift te lezen is:

»Ick heb geleef en lebe nogh.
»Ick leef den Heer maar hoort my doch.
»Ick segh u nogh als Predikant
»Dat ick u wacht in 't eewigh lant."

SCHERPERSWIJK of Schaapersweik, naam, welken men geeft aan het zuidelijke en geheel onbewoonde gedeelte van den pold. *Leksmond*, in het dijk-distr. *Vianen*, prov. *Zuid-Holland*, arr. *Gorinchem*, kant. *Vianen*, gem. *Leksmond-Achthoven-en-Lakerveld*, wordende beheerd en van het water ontlast als bij het art. Leksmond is vermeld.

Scherperswijk heeft, volgens het kadaster, eene oppervlakte van 87 bund. 40 v. r. 84 v. ell., waaronder 86 bund. schotbaar land; palende N. O. aan de korte kade onder Lexmond, Z. O. aan het Zederik-kanaal, Z. W. gedeeltelijk aan het Zederik-kanaal en voorts aan Lakerveld, N. W. aan Lakerveld. Aan het zuidereind van Scherperswijk, staat een der beide watermolens van den polder Leksmond.

SCHERPIEN, naam, welken de Negers geven aan de koffijplant. Lust-en-Rust, in *Nederlands-Guiana*, kol. *Suriname*. Zie Lust-en-Rust.

SCHERREBIER, naam, onder welken het geh. Schaapbier, in *Staats-Vlaanderen*, in het *Vrije-van-Sluis*, prov. *Zeeland*, wel eens voorkomt. Zie Schaapbier.

SCHERWOLDE of Scheerwolde, buurs. in *Vollenhove*, prov. *Overijssel*, arr. en 8 u. N. van *Zwolle*, kant. en 1 u. N. van *Steenwijk*, gem. en 1½ u. Z. W. van *Steenwijkerwold*.

Vroeger stond hier eene kapel aan den H. Nikolaas toegewijd, welks Pastoor door het kapittel van Steenwijk benoemd werd. Deze kerk had eene vikarij, te weten, van den H. Antonius, welke haren bedienaar verpligtte, om alle feestdagen, en nog tweemaal in de week, als het hem best gelegen kwam, de heilige dienst te doen. Hij had ook het kosterschap waar te nemen en werd door den Pastoor en het broederschap van den H. ANTONIUS aangesteld.

SCHETTENS, d., prov. *Friesland*, kw. *Westergoo*, griet. *Wonseradeel*, arr. en 3 u. W. N. W. van *Sneek*, kant. en 1 u. N. W. van *Bolsward*, aan de Witmarsumer-vaart. Men telt er in de kom van het d. 18 h. en 88 inw., en met het daartoe behoorende buurtje Bruindijk, 26 h. en ruim 140 inw., die meest in de veeteelt hun bestaan vinden.

De Herv., die er 120 in getal zijn, behooren tot de gem. *Longerhouw-en-Schettens*, welke hier eene kerk heeft, met eenen toren, doch zonder orgel. Deze kerk, moest vóór de Reformatie aan den Proost van St.Janskerk te Utrecht, 8 schilden (11 guld. 20 cents) betalen.

De 10 Doopsgez., die er wonen, behooren tot de gem. van *Bolsward*. — De 15 R. K., die er gevonden worden, worden tot de stat. van *Bolsward* gerekend. — De dorpschool wordt gemiddeld door een getal van 30 leerlingen bezocht.

SCHEUKRHOF, geh. in de heerl. *Mersch*, grooth. *Luxemburg*, kw., arr. en 3 u. N. van *Luxemburg*, kant. en gem. *Mersch*.

SCHEUERHOFF, groote hoeve in het balj. van *Remich-en-Grevenmacher*, regtsg. *Grevemacher*, grooth. *Luxemburg*, kw. en 2¼ u. Z. van *Grevenmacher*, arr. en 3½ u. O. van *Luxemburg*, kant. en 1½ u. N. van *Remich*, gem. *Lenningen*; met 15 inw.

SCHEUERHOFF, groote hoeve in het graafs. *Vianden*, grooth. *Luxemburg*, kw., arr., kant. en 2 u. N. O. van *Diekirch*, gem. *Vianden*, ten Oosten van den Our.

SCHEUMERT (OP-), geh., voorheen tot het hert. *Gulick* behoord hebbende, thans prov. *Limburg*, arr. en 3 u. N. O. van *Maastricht*, kant. en 1 u. N. W. van *Gulpen*, gem. en 10 min. N. van *Schin-op-Geul*; met 6 h. en 20 inw.

SCHEURDIEP (HET), of HET SLUISSCHE-DIEP, vaarwater, prov. *Zuid-Holland*. Het is dat gedeelte van de Nieuwe-Maas, hetwelk tusschen Delfland en het eil. Rozenburg doorloopt en zich in den mond van de Maas ontlast.

SCHEURHEUVEL, b. in de *Meijerij van 's Hertogenbosch*, kw. *Maasland*, prov. *Noord-Braband*, *Eerste* distr., arr. en 3 u. N. N. O. van *'s Hertogenbosch*, kant. en 1 u. N. N. W. van *Oss*, gem. en ½ u. Z. Z. O. van de kerk van *Lithoijen*, grenzende ten Z. aan de kom van het dorp.

SCHEVEN, ook wel SCHIEVEN, geh. in het *Rolderdingspil*, prov. *Drenthe*, arr., jud. en adm. kant. en ½ u. Z. O. van *Assen*, gem. en ½ u. Z. W. van *Rolde*; met 2 h. en 16 inw.

SCHEVENINGEN of, gelijk men ook wel schrijft, SCHEVELINGEN, bij anderen ook SCHEVENINGEN of SCHEPENINGEN gespeld, d. in *Delfland*, prov. *Zuid-Holland*, arr., kant., gem. en ½ u. W. van *'s Gravenhage*, van welke gem. het de wijk G uitmaakt. Volgens sommigen zou het zijnen naam ontleend hebben van zijne ligging als ingesloten tusschen duinen, en in eene laagte gelegen, welke soortgelijke plaatsen in het Hebreeuwsch worden genoemd SCHEPELA, Deut. 1; 7 en welk woord met den nederduitschen uitgang *ing* in uitspraak, beteekenis en wortelletters geheel overeenkomt met de oude benaming van SCHEVELINGEN.. Anderen veronderstellen, dat de naam afkomstig is van *'s Graven-ingen* of *'s Graven-landen* of *velden*, in welke beteekenis het woord *ingen* meermalen voorkomt; terwijl *'s Graven* naar de oude uitspraak dikwijls in *'s Greven* veranderde, zoo als dit nog in 's Greveldnin-Capelle en andere namen van plaatsen blijkbaar is. Het ligt 52° 6' 27" N. B., 21° 56' 15" O. L.

Het was in vroegere tijden een tamelijk groot en aanzienlijk dorp, ja, volgens het gevoelen van sommigen, is dit dorp van een ouder oorsprong en grooter geweest dan 's Gravenhage en was in onderscheidene straten verdeeld, doch staat nu niet volstrekt op de zelfde plaats als in oude tijden. Want in het jaar 1470, werd het zoo geweldig door de zeegolven aangetast, dat er een groote streek lands wegspoelde, waardoor de kerk, welke er toen stond, wel twee duizend schreden ver in zee geraakte en het dorp meer dan de helft van zijne huizen verloor. Omtrent dien tijd was het, zoo door het gevangen nemen van zijne inwoners, als door het verongelukken ter zee, zoodanig ontvolkt, dat men er niet meer dan honderd en negentig personen telde, van welke veertig moesten gaan bedelen; honderd moesten op zee den kost zoeken.

Hoewel die van Scheveningen zich wel weder eenigermate hadden gedekt door het maken en ophoogen van de duinen aan den zeekant liggende, zoo werden zij echter na verloop van weinige jaren wederom bloot gesteld en gedreigd om ten eenemaal door de golven verslonden te worden, vermits de duinen door de winden en stormen telkens verliepen en wegstoven, en wel inzonderheid in den jare 1530, wanneer op den 5 November, des morgens ten 6 ure, zeer schielijk een zware storm uit het noordwesten ontstond, waardoor het water zeer hoog vloeijende alles in korten tijd wegrukte en Scheveningen met eenen algemeenen ondergang bedreigd werd. Om dit gevaar voor te komen en tevens te verhoeden, dat niet alleen dit dorp, maar ook geheel Delfland werd overstroomd, beval het Hof van Holland in het jaar 1531, het Hoogheemraadschap van Delfland, om daartegen te voorzien, door het maken, bepoten en beplanten van de duinen voor Scheveningen, daartoe Dijkgraaf en Hoogheemraden magtigende, om eenen omslag van vijf penningen Hollands op elken morgen te doen, over geheel Delfland en de dertien ambachten van dien.

Maar dewijl die fondsen niet toereikend waren om het geheele werk, naar eisch van zaken te herstellen, gaf het Hof andermaal bevel aan die van Delfland, om eenen tweeden omslag van vier penningen te doen en voorts dat die van 'sGravenhage en Scheveningen daartoe zouden betalen de som van dertig ponden (180 guld).

Alhoewel men nu meende Scheveningen met eenen steenen dijk en beplanting van de duinen als anderzins wel en naar behooren voorzien te hebben, leed het echter niet lang daarna, of alles werd, in den winter van het jaar 1538, wederom bij eenen zwaren storm weggerukt en afgespoeld, zoodat de inwoners dreigden, zoo zij niet werden geholpen en bijgestaan, hunne woonplaats te zullen verlaten, waarom dan het Hof, in aanmerking nemende het gevaar, dat geheel Delfland, bij verloop van tijd, daardoor lijden zoude, die van Delfland deed beschrijven. De gedeputeerden van de Oost- en West-ambachten van Delfland boden nu aan, om Scheveningen zooveel gelds te leenen als de omslag van een stuiver op het morgen zou bedragen, mits het hun dit zoude terug geven, zoodra het Hof kennen en verklaren zoude, dat het daartoe in staat was.

Als Scheveningen, in het jaar 1546, weder een gelijk onheil was overkomen, zoodat de planting en andere beschutselen, voorheen tot behoud van het dorp aan den zeekant gelegd, weder geheel en al door de zee waren weggeslagen, en dat die van Delfland onwillig, en de buren van SCHEVENINGEN onmagtig waren, om het weggespoelde te herstellen, zoo werd de Regering van 's Gravenhage, bij acte van 9 Junij van het zelfde jaar, door den Hove gelast, het gebroken werk te doen herstellen.

Naauwelijks waren er vijf jaren verloopen, of het woedende element rukte weder alles omver. Storm op storm moesten de Scheveningers in den winter van het jaar 1551 doorstaan, ja hun dorp werd ter zelfder tijd daardoor zoodanig aangetast, dat zij meer dan 40 huizen verloren.

Maar de verschrikkelijkste en gevaarlijkste vloed van alle, welke ooit SCHEVENINGEN heeft bezocht, was op Allerheiligen dag des jaars 1570. Daarbij werden niet alleen een zeker getal huizen omver gerukt, maar het geheele strand voor het dorp werd van gedaante veranderd; de huizen, welke eerst aan den zeekant en tusschen de zee en de kerk stonden, spoelden weg of werden vernield; de kerk, welke achter alle de huizen getimmerd was, geraakte daardoor aan den zeekant, waar zij nu nog staat. Omtrent het getal huizen, welke in dien storm, door het woedend element om verre gesmeten en ingezwolgen werden, is men het niet eens. HADRIANUS JUNIUS begroot het op zestig, doch het oude bord, hetwelk ter gedachtenis van dien schrikkelijken vloed te SCHEVENINGEN in de kerk is opgehangen, gewaagt van honderd acht en twintig huizen en uit het verzoekschrift, hetwelk de pachter van de wijnen en bieren over 's Gravenhage en Haagambacht aan de Staten van Holland, den 13 December des gemelden jaars, overgaf, om afslag van zijne pacht te bekomen, uithoofde van het ongeval het dorp SCHEVENINGEN ten zelfder tijd overkomen, blijkt, dat bij dezen storm meer dan het halve dorp, door de zee, is verslonden geworden. Deerlijk was het hier dus geschapen, zoo dat een ieder over den erbarmelijken toestand, zoo van het dorp als van de inwoners, met medelijden werd aangedaan, waarom Gecommitteerde Raden van Holland bewilligden in het doen van eene collecte te 's Gravenhage, om daardoor deze arme en ellendige menschen eenigermate te hulp te komen en te ondersteunen. Door dezen laatsten watervloed is ten tweedemaal de gelegenheid en standplaats van het dorp geheel veranderd, staande het dorp, gelijk wij zoo even hebben aangemerkt, vóór den vloed aan den zeekant, en de kerk aan de binnen zijde, daar integendeel nu naauwelijks één huis aan die zijde wordt gevonden, en de kerk aan den uitersten oever van den zeekant. De inwoners, om beter tegen dezen gevaarlijken nabuur beveiligd te zijn, hebben sedert hunne huizen meer binnenwaarts getimmerd, en daardoor als een nieuw dorp gebouwd, dat thans uit vrij goede huizen bestaat, van welke men er 1120 telt, welke bewoond worden door 1180 huisgez., uitmakende eene bevolking van 6100 inw.

De visscherij, zijnde het voornaamste middel van bestaan voor de ingezetenen en mede de bron van inkomsten voor de Hervormde kerk, wordt met 98 schuiten of pinken en 14 vischboten gedreven. Zij levert niet alleen eene keur van versche visch op, voor de vischmarkten van 's Gravenhage, Delft en Rotterdam, werwaarts de visch op het hoofd gedragen, of in hondenkarren en schuiten vervoerd wordt; maar deze handel in verschen visch strekt zich tegenwoordig, sedert de stoomvaart en de ijzeren spoorwegen bestaan, vooral in kabeljaauw en schelvisch, tot ver in Duitschland en België uit. Dan, niet alleen in den verschen visch vinden de ingezetenen hun bestaan, maar veel meer in den handel van gedroogden visch en gerookte bokking, waartoe, namelijk voor den gedroogden visch reeds, de schuiten in Februarij op de Noordvaart uitgaan, terwijl voor de bokking- of steurharingvangst een vijftigtal schuiten tegen September overloopen naar het zoogenaamde Diepwater. De gerookte bokking, alsmede de gedroogde schol wordt veelal naar België verzonden en levert bij gunstigen teelt eenen handel op, waarin wel drie tonnen gouds worden omgezet. Drie scheepstimmerwerven, eene lijnbaan, smits en zeilmakers vinden hierin ook hun bestaan. Er behoort hier mede eene haringbuis te huis. De Hagenaars hadden voorheen niet alleen het regt, om de visch te Scheveningen op het strand te komen mijnen, maar ook zelfs, om die tegen eene zekere geringe verhooging te naasten; thans echter heeft een iegelijk, wie hij ook zij, het regt, om, zonder eene bijzondere verhooging, de visch op den afslag te mijnen en te naasten.

Het veelvuldige gebruik der zeebaden geeft aan sommigen der ingezetenen, vooral die in de *Voorstraat* wonen, gelegenheid tot het verhuren van kamers, en verschaft aan het dorp eene zekere levendigheid, die, vereenigd met de bestendige bedrijvigheid der visscherij, Scheveningen, boven vele plaatsen, eenen aanzienlijken voorrang geeft, welke nog verhoogd wordt door hare vereeniging met en ligging nabij de residentie, werwaarts een statige en lommerrijke wandel- en rijweg henen voert.

De Scheveningers vervaardigen ook zoogenaamd grotwerk, bestaande uit papieren molentjes, huisjes, kapelletjes, kerkjes enz., welke, met gruis bestrooid, met schelpjes en horentjes belegd en van deuren en raampjes zeer bevallig voorzien zijn; allerlei soorten van schuitjes worden er, op de zelfde wijze, zeer aardig zamengesteld, als ook leeuwtjes, hondjes enz., al hetwelk vele liefhebbers vindt.

De *Herv.*, die er ruim 5640 in getal zijn, onder welke 1400 Ledematen, maken eene gem. uit, welke tot de klass. van *'s Gravenhage*, ring van *Voorburg*, behoort, en door twee Predikanten bediend wordt. De eerste, die hier het leeraarambt heeft waargenomen, is geweest Nicolaus Petri, die er in 1580 stond en in het jaar 1583 opgevolgd werd door Hieronimus Vorteliius, die in het jaar 1602 nog in leven en omtrent 80 jaren oud was, wordende hem als toen, als gewezen Predikant te Scheveningen, bij resolutie van 26 October, vergund te mogen ontvangen de vijftig gulden, den Dienaren ten platte lande jaarlijks toegestaan. De eerste tweede Predikant, die hier gestaan heeft, is geweest Gerardus Ernestus de Kock, die in 1820 herwaarts kwam van Renoy-en-Gellekom en in 1828 naar Meerssen, bij Maastricht, vertrok. Bij vacature wordt de predikantsplaats beurtelings vervuld door vrij beroep van den kerkeraad, uit een, door dezen gemaakt en bij het Departement voor de zaken der Hervormde Kerk enz. goedgekeurd, drietal; en door collatie van den Koning, uit een door den kerkeraad alphabetisch zamengesteld twaalftal. In 1836, bij het emeritaat van Petrus Faassen de Heer, is, bij een Koninklijk besluit, deze wijze van beroepen ingevoerd, ofschoon alle kerkelijke stukken, regten en privilegiën voor een vrij beroep van beiden Predikanten pleiten en zelfs de kerkeraad, in 1843, aan den Minister van Eeredienst, Baron van Zuylen van Nijevelt, in eene uitvoerige, geschiedkundige memorie het ongerijmde daarvan heeft aangetoond, doch zonder eenig gevolg, maar ook zonder eenig bondig tegenbewijs van de zijde des Ministers.

In den beginne stond te Scheveningen slechts een kapelletje, waarvan de buren het *jus patronatus* of regt van collatie aan Willem van Beijeren, als Graaf van *Holland*, met wiens bewilliging en toestemming zij het hadden gestiecht, opdroegen. Deze kapel behoorde onder den Pastoor of Cureet van 's Gravenhage, maar werd, omtrent het jaar 1468, of weinig tijds te voren, daarvan afgezonderd en tot eene parochiekerk op zich zelve verheven, voor welke afzondering de buren, volgens uitspraak van den Pastoor van 's Gravenhage, gedurende zijn leven, jaarlijks moesten uitkeeren vier en twintig ponden Hollandsch (18 guld.). De kerk te Scheveningen werd, zoo wel als die van 's Gravenhage, bediend door eenen Premonstreitsheer of Norbertijner-Kanunnik, uit de abdij van Middelburg, en had tot Patroon of Schutsheilige den Abt St. Antonius. Het kosterschap werd door den Graaf begeven. Antonis Barendsoon, hoewel afwezig, genoot in 1514 van dit ambt 60 Hollandsche ponden (45 guld.). Ook was in deze kerk eene vikarij gesticht ter eere van den H. Ewaldus en den H. Adrianus, alsmede een gild of broederschap ter eere van den H. Antonius, patroon dezer kerk, doch het was reeds vóór het jaar 1552 ten eenemaal verloopen, en de Broeders en Zusters daarvan uitgestorven, zoo dat de Hoofdmannen te rade werden de goederen van het gild aan de kerk over te geven, mits dat de kerk daartegen zoude onderhouden en laten verrigten zoodanige diensten als het gild gewoon was jaarlijks te doen, hetgeen Kerkmeesters aannamen.

Van ouds heeft de kerk van Scheveningen het regt van vijf cents van elke soort van visch, welke op het strand wordt afgeslagen. Dit regt, ontsproten in vroegeren tijd uit liefdegiften, werd in het jaar 1827, toen een der reeders weigerachtig was, door een vonnis der regtbank van 's Gravenhage, bevestigd. Vroeger had de kerk mede het regt van de vuurboet en het geld, dat bij de stuurlieden daarvoor betaald moest worden. Uit de inkomsten van de visscherij is, in het jaar 1595, eene nieuwe vuurbaak gebouwd. Nadat de eerste kerk in den voorverhaalden watervloed, omtrent het jaar 1470, door de golven was vernield en ver in zee gespoeld, werden de buren genoodzaakt eene andere kerk te stichten, welke zij dan bij die gelegenheid veel grooter, ruimer en meer binnen- en achterwaarts, achter de nog overgeblevene huizen, deden bouwen, daar zij dan niet zoo veel aan de woede des waters bloot stond. Omtrent eene eeuw daarna geraakte de kerk in het uiterste gevaar, om het zelfde lot als de voorgaande te ondergaan. Van dien tijd af stonden de bewoners van Scheveningen meer dan eens in beraad, om de kerk te verplaatsen en nog dieper landwaarts in te zetten. Zij heeft eenen toren, die in het grootste en benedenste gedeelte vierkant is, hooger met een achtkant metselwerk van ruim drie en een half el en daarboven eene spits van de zelfde gedaante; de slagklokken, welke duizend gulden gekost hebben, zijn er bij het herstellen van de kerk ingeplaatst, namelijk na den Spaanschen oorlog. Dit bedehuis, met een verhoogd koordak, waarop een klein spits torentje, is van binnen tamelijk ruim, rustende op pilaren, en pronkt met eenen uitmuntenden predikstoel. Tegen den toren staat een welluidend orgel. Dit orgel werd geheel vernieuwd in 1844, zijnde dit werk der vernieuwing reeds jaren vroeger begonnen door de gebroeders Lohman, te Groningen en te Leyden, maar later voltooid door van Dam en Zoon van Leeuwarden. Naast den ingang van den toren ziet men een wit marmeren gedenkstuk, aan het geslacht Heemskerk behoorende, bestaande uit eene fraaije vaas, waarop het wapen van het gemelde geslacht en daaronder deze woorden:

Ossa
Cornelii van Heemskerk.

(d. i. het gebeente van Cornelis van Heemskerk).

Ook ziet men er het bovenste gedeelte van eenen kasilot, welke, den 29 Januarij 1617, voor SCHEVENINGEN is komen aandrijven, zijnde 17.07 ell. lang, 2.51 ell. breed en 1.88 ell. hoog. Onder andere borden, waarmede deze kerk versierd is, hangen er tegen een der muren twee, die fraai beschilderd zijn. Het eene stuk is de afbeelding van het dorp vóór den vloed van 1 November 1570 en op het andere leest men de volgende regelen:

In 't jaar van seventig en vyftienhondert
Gebeurdet hier t' Scheveling op Alder-heyligen dag /
't Zeewater liep in deze kerk elks verwondert /
Drie voet en twee duym hoog / als men doen zag /
Ook mede aan den hoogen autaer / hoort dit gewag
En van de Sacristye en kerken-comptoir met list /
Omme werpende met des waters geslag
Eenen grooten swaeren yseren kist;
Men heefter wel hondert agt-en-twintig huysen gemist /
En weinig zynder ongeschent gebleven /
Die schepen waren door 't dorp gedreven /
Doende groote schade; elk maakt daaraf mentie;
Drie menschen verdronken gelaeten het leven /
Dus was hier grooten druk beleven /
Waarom het geschiedde / laet ik God die sententie.
Alderheyligen dag /
Schevelingen 't water beklagen magh /
Heere uwe wille geschiede.

Op een der zerken midden in het koor leest men:

Hier rusten onder deezen steen,
Vijf kindren al volmaakt van leen,
Ten eender dragt ook zaam geboren,
Uit KRIEKTJE GERBRANDS, *kan men hooren.*

17 $\frac{21}{3}$ 19.

De zeilwagen van SIMON STEVIN en een kleine zeilwagen zijn tot op het einde der achttiende eeuw, misschien nog later in deze kerk of elders in het dorp bewaard gebleven.

De R. K., van welke men er ongeveer 460 aantreft, onder welke 280 Communikanten, maken, sedert 1830, weder eene stat. uit, welke tot het aartspr. van *Holland-en-Zeeland*, dek. van *Delfland*, behoort, en door eenen Pastoor bediend wordt. De eerste Pastoor in deze stat. was ARNOLDUS CORNELIS QUANT, die in het jaar 1840 naar Oegstgeest vertrok. De kerk, aan den H. ANTONIUS toegewijd, is in het jaar 1834 gebouwd. Deze kerk heeft geenen toren, maar is van een nieuw orgel voorzien, terwijl zij inwendig prijkt met de marmeren beelden van de H. MARIA met het kind JEZUS en van den H. ANTONIUS, vervaardigd door den beeldhouwer ROYER. Ook heeft zij een fraai altaarstuk, voorstellende den Zaligmaker met zijne leerlingen te Emmaus, door JOHANNES VAN DEN BERG, Kunstschilder te 's Gravenhage.

Te SCHEVENINGEN is ook een Oude-Mannen- en Vrouwenhuis, waarin thans 20 oude mannen en vrouwen zijn opgenomen.

Er is aldaar, in het jaar 1697, een Weeshuis gebouwd, bij gelegenheid, dat de Scheveningers beweerden bevoegd te zijn, om hunne kinderen in het Haagsche weeshuis te laten opvoedén, waartegen de Regenten van dat huis opkwamen. Om deswege alle moeijelijkheden weg te nemen, bewilligde de Regering van 's Gravenhage, dat er een afzonderlijk weeshuis te Scheveningen zoude gesticht worden. Na het voltimmeren van dit huis werden er, op den 9 November des jaars 1698, veertien kinderen in ontvangen. In het jaar 1775 is dit huis aanmerkelijk vernieuwd. Thans bevinden er zich 11 kinderen in.

Vroeger had men er ook een Gasthuis, waarvan het locaal thans dient tot eene Stadsschool voor 800 kinderen; het werd daartoe ingerigt, wijl de dringende nood van het weeshuis, en de verminderde inkomsten van het oude gasthuis eene vereeniging van beide gestichten tot een oude mannen-, vrouwen- en weezenhuis noodzakelijk maakten.

De dorpschool wordt door een gemiddeld getal van ruim 100 leerlingen bezocht. Ook heeft men er eene Meisjes naaischool, onder bescherming van de Koningin, waar een getal van 50 kinderen onderrigt ontvangt.

Men heeft nabij Scheveningen, op een der duinen, ook een Paveljoen, dat in 1826 door Koning Willem I op eigen kosten, in den Toskaanschen stijl, is opgetrokken en aan zijne gemalin vereerd. Dit paveljoen, hetwelk thans aan Prins Frederik *der Nederlanden* behoort, is inwendig zeer eigenaardig met zeeschulpen versierd.

Het prachtige stadsgebouw der badinrigting, mede op het duin staande; is aan de landzijde, naar de Ionische bouworde, ingerigt. Men kan hier niet alleen het bad binnenshuis, maar ook in zee zelve nemen, waartoe men vele badkoetsen gereed vindt. Van deze plaats af loopt een nieuw bestrate weg door de duinen, gedeeltelijk langs het nieuw gegraven kanaal naar 's Gravenhage.

Behalve dit badhuis, heeft men er nog de badinrigting van den Heer Maas, die daartoe het van ouds genaamde Heeren-Logement van Harrakens heeft vergroot en uitgebreid, en alwaar baden zoo binnens huis als in zee genomen worden.

Ten Zuiden van het dorp op de duinen staat eene kustlantaarn.

Scheveningen is de geboorteplaats van den onverschrokken zeeman, den Admiraal Cornelis Jol, bijgenaamd Houtebeen, die in 1644 Loanda de St. Paul, op de kust van Afrika, innam.

Behalve door de reeds bovenvermelde watervloeden is Scheveningen ook geteisterd door die van November 1775. Des Dingdags den 15 sloeg het water, met zulk een geweld over de hoogte, langs welke men naar het strand afloopt, heen, dat het meer dan de helft van het dorp bedekte; ook werd een groot gedeelte van die hoogte weggeslagen, op sommige plaatsen waren de duinen meer dan 9 ell. aan de strandzijde afgespoeld, zoodat zij zich, na den vloed, in eene loodregte hoogte vertoonden, daar zij te voren glooijende afliepen. Ook was een goed gedeelte der kruinen van die zandheuvels afgeslagen. Van het groot aantal visscherspinken, welke hier aan het strand lagen, waren er niet meer dan vijf of zes onbeschadigd gebleven. Van de anderen waren onderscheidene in het zand ingeweld, zoodat zij, om dus te spreken, daaronder begraven raakten. De overigen waren tegen elkander geslagen, sommigen genoegzaam geheel vernield en anderen zoo beschadigd, dat men rekende 1800 of 2000 guldens te zullen noodig hebben om alles te herstellen. Eene pink geraakte tusschen dit dorp en Katwijk op strand, en de manschap, die er zich aan boord bevond, verongelukte.

In 1781 toen onze kusten niet weinig door de Engelsche kapers verontrust werden, hadden onze visschers vooral veel van hen te lijden. Een Vlaardinger hoeker, door eenen Engelschen kotter vervolgd, het schieten niet langer kunnende ontwijken, zette het bij SCHEVENINGEN op strand, hetgeen den Engelschen echter niet verhinderde, hem te vervolgen en sterk te beschieten: dit viel juist voor op eenen Zondag, toen de kerk uitging; ieder spoedde zich strandwaarts; eenige kogels bereikten het dorp, en vlogen door de daken van de huizen. Een der dorpelingen ijlde naar 's Gravenhage en verzocht den Stadhouder om hulp. Deze ging mede derwaarts; eene bende ruiters en grenadiers op de parade gereed staande, werd terstond afgezonden, en plaatste zich, met scherpe patroonen en handgranaten, gedeeltelijk aan strand, gedeeltelijk in de kerk van het dorp, hetwelk van dat gevolg was, dat de vijandelijke kotter, binnen weinig tijds, afdeinsde, en de ontsteltenis daarmede een einde nam. Men verhaalt, dat er, in die omstandigheid, met er haast eene batterij van twee stukken twaalfponders werd opgeworpen.

Groot waren ook de rampen en verliezen, geleden in 1798, toen in weinige dagen zeer vele schuiten door de Engelschen werden genomen en de visschers in de gevangenis werden gezet; eene ramp, die meest vele reeders van welgesteld dood arm maakte. Dit vond ook plaats onder de Fransche Regering, wanneer de visscherij maar gebrekkig kon worden uitgeoefend; 's morgens voeren de schuiten af en 's avonds moesten zij, vóór zonsondergang, weder aan zijn, na dien tijd kon niemand zonder levensgevaar zich op het strand vertoonen. Dit deed in 1803 en 1804 de armoede zoo hoog stijgen, dat men het geleden verlies op meer dan 140,000 gulden begrootte, en de toenmalige Predikant te SCHEVENINGEN, PETRUS FAASEN DE HEER, allerwege eene collecte verzocht te mogen doen, waardoor hij eene som van 30,000 gulden bijeenbragt, en door zijnen veel vermogenden invloed ook de in Engeland gevangen zittende Scheveningers wist vrij te krijgen.

In het jaar 1795 vertrok van het Scheveningsche strand de laatste Stadhouder WILLEM V met zijn gezin naar Engeland; maar wel nimmer was dit zelfde strand getuige van zoo vele volksvreugde en gejuich als den 30 November 1813, toen Koning WILLEM I, onder het luide welkom der toegestroomde volksmenigte, op nieuw den voet aan het vaderlandsche strand zette, en van daar naar 's Gravenhage, als op de handen des Nederlandschen volks werd gedragen. Van deze heugelijke terugkomst van den Prins VAN ORANJE heeft SCHEVENINGEN, in 1838 nog eene blijde herinnering gevierd, die met eenen vriendschappelijken maaltijd besloten is geworden. Wel waardig is daartoe nagelezen te worden het berigt van de Staats-Courant van 3 December 1838.

Het oude wapen van SCHEVENINGEN was drie gekroonde haringen, waarvan het veld niet wordt opgegeven; het nieuwere is een ooijevaar op een gouden veld, in tegenstelling van dat van 's Gravenhage, welks ooijevaar op een veld van sinopel staat.

SCHEVENINGEN, koffijplant. in *Nederlands-Guiana*, kol. *Suriname*, aan de *Wayamoekreek*, ter linkerzijde in het afvaren; palende bovenwaarts aan den verl. kostgrond Ongegund, benedenwaarts aan het Land-van-Kocqswoud; 342 akk. groot; met 86 slaven. De Negers noemen haar BLEY of SCHEEPRUG.

SCHEVENINGSCHE-KANAAL (HET), kanaal in *Delfland*, prov. *Zuid-Holland*, loopende van 's Gravenhage in eene westelijke rigting naar *Scheveningen*.

Dit kanaal, hetwelk men in 1822 is beginnen te graven, loopt van het noordwesteinde der stad 's Gravenhage tot op meer dan ½ u. afstands, en moest, volgens het plan, tusschen het badhuis en het dorp met eene sluis in zee loopen en tot spuijing van de stadsgrachten dienen. Het behoort tot de ondernemingen van den overleden Burgemeester van 's Gravenhage, Rabo Copes van Cattenburg. De voortzetting werd gestaakt bij een der eerste besluiten, welke de Prins van Oranje nam, als Koning Willem II. Aan het einde van het onvoltooide kanaal is voor twee jaren eene zwemschool opgerigt. Thans (1847) is het denkbeeld weder verlevendigd, om te Scheveningen eene zeehaven te maken. Het onderwerp maakt een punt van ernstige overweging bij de Hooge Regering uit.

SCHEVENINGSCHE-WEG (DE), thans ook wel de Oude-Scheveningsche-weg genoemd, in tegenstelling van den *Nieuwe*, straatweg in *Delfland*, prov. *Zuid-Holland*, in eene westelijke strekking van 's Gravenhage naar Scheveningen loopende.

Deze straatweg werd reeds in het jaar 1653 ontworpen, door den beroemde Constantijn Huigens, doch het werk zelve schijnt niet dan tien jaren later in overweging genomen te zijn, wanneer hiertoe octrooi verzocht werd van de Staten van Holland, en bij den Heer Huigens aanzoek gedaan, om kennis te nemen van zijn ontwerp, dat hij gaarne mededeelde. In den aanleg van dezen weg heeft men meest zijn plan gevolgd. Na het voltrekken dezer onderneming, zong hij den lof der zeestraat, op eene zoo bevallige wijze, dat de luister van dit werk, beide door zijne liefelijke toonen en den goeden uitslag, vermeerderd wordt. De weg, welke op den 1 Mei des jaars 1664 begonnen en den 5 December des volgenden jaars 1665 voltooid werd, heeft de lengte van ruim 3270 ell. van de Scheveningsche brug in 's Gravenhage af, tot tegen het duin te Scheveningen. Deze steenen brug is met gaslantaarnen voorzien. De breedte, met de buitenkanten van den dijk ter wederzijden, is van ruim 64 ell., van welke 7 ell. bestraat zijn. De hoogte van de straat uit het gewone water te 's Gravenhage werd bij den aanleg aan de hooge klift, of het Rond, omtrent ten halven wege, genomen op 3.54 ell. Men heeft overal op dezen weg geen gelijke vlakte van 's Gravenhage af tot aan het duin toe: maar men rijst meer en meer, hoe nader men aan Scheveningen komt. Ter wederzijden van de straat staan ijpenboomen, en daar neven loopen fraaije wandelpaden onder een bevallig lommer. Aan de duinzijde heeft men onderscheidene rijen boomen, meest wild of boschachtig geplant. Ook hebben de dijken hunne beplanting en zelfs de duinen op sommige plaatsen, zoodat men daar langs gaande, dikwijls als door een bosch wandelt.

Onder dit geboomte wandelde ook de beroemde Nederduitsche Dichter Jacob Cats, als hij de Scheveningsche vischvrouw tot onderwerp zijner gedichten koos, en, als de ware volksdichter, zoo vele lessen van wijsheid wist te trekken uit al, wat hij hoorde of zag.

Ter regterzijde loopt een ruime bestraten weg naar drie begraafplaatsen, namelijk: eene voor de Protestanten met een sierlijk gebouw en, onder meer andere schoone en edele gedenksteenen, een gedenkteeken ter eere van den, ten gevolge zijner op de citadel van Antwerpen bekomene wonden, overledenen Kolonel de Gumoens; eene voor de R. K., met eene fraaije kapel; en eene voor de Israëlieten. Ook hier vindt men onderscheidene nieuw aangelegde, bekoorlijke wandeldreven voorbij en om deze rustplaatsen der dooden.

Ter linkerzijde van den *Scheveningsche* straatweg, vindt men het beroemde Zorgvliet, dat eerwaardig verblijf van Cats, door hem zelven in deze duinen aangelegd en in eenen vruchtbaren grond herschapen, thans aan den Koning in eigendom toebehoorende, die mede een jagthuis, Klein-Zorgvliet geheeten, aan dezen weg bezit.

Aan de linkerzijde van den weg ligt het vóór weinige jaren nieuw aangelegde Nieuw-Plantlust, nabij Scheveningen, waar Doctor J. F. d'Aumerie, Geneesheer bij de badinrigting, vader Cats heeft nagevolgd, en de woeste duinen in een bekoorlijk oord heeft herschapen.

SCHEVENINGSCHE-WEG (DE NIEUWE-), klinkerweg, loopende langs den boschkant van 's Gravenhage, in eene westelijke rigting, door de duinen, naar het badhuis, en van daar, met eenen tak, zuidwaarts, langs het paviljoen, naar het dorp.

SCHEVE-TILLE of Scheeve-Tille, brug in het *Oldambt*, prov. *Groningen*, gem. en 1½ u. W. Z. W. van *Termunten*, ½ u. O. van Wagenborgen, over het Zijldiep.

SCHEVREMONT, beter Chevremont, geh. in de heerl. *'s Hertogenrade*, prov. *Limburg*, arr. en 5 u. O. van *Maastricht*, kant. en 1½ u. Z. O. van *Heerlen*, gem. en 24 min. N. van *Kerkrade*, met 73 h. en 396 inw.

SCHEY, geh. in de heerl. *Daalhem*, prov. *Limburg*, arr. en 2½ u. Z. O. van *Maastricht*, kant. en ½ u. Z. ten W. van *Gulpen*, gem. en 10 min. O. van *Noorbeek*; met 17 h. en ruim 70 inw.

SCHEY, geh. in *Opper-Gelder*, prov. *Limburg*, distr., arr. en 7 u. N. ten W. van *Roermonde*, kant. en 1½ u. N. W. van *Horst*, gem. en ½ u. Z. van *Venray*; met 60 h. en 310 inw.

SCHEYNG-WATERING (DE), water in *Rijnland*, prov. *Zuid-Holland*, dat bij het Huis-te-Zuidwijk ontstaat en, in eene zuidwestelijke rigting, door de gem. *Wassenaar-en-Zuidwijk*, naar 's Gravenhage loopt.

SCHEYSLOOT (DE), water in *Rijnland*, prov. *Zuid-Holland*, dat, ten N. van *Sassenheim* ontstaande, in eene zuidwestelijke rigting, die gem. en *Oegstgeest-en-Poelgeest* doorloopt, en zich met eene andere van Noordwijk komende Scheysloot vereenigende, bij Rijnsburg, in de *Vliet* valt.

SCHEYSLOOT (DE), water in *Rijnland*, prov. *Zuid-Holland*, dat 40 min. N. O. van *Noordwijk-Binnen* eenen aanvang neemt en, met eene zuidwestelijke rigting, naar de hierboven vermelde *Scheysloot* loopt, waarin het zich ontlast.

SCHIE (DE), oudtijds ook de Matlinge of de Mattine geheeten, vaart in *Delfland*, prov. *Zuid-Holland*, welke voor eenige eeuwen gegraven is, om daardoor het binnenwater van Delfland in de Maas te ontlasten.

Zij strekt zich, van de stad Delft, zuidwaarts uit tot aan den Schieveensche-polder, alwaar zij in twee vaarten verdeeld wordt: de oostelijke tak is de Schie zelve, welke zich verder zuidwaarts tot aan het dorp Overschie uitstrekt, west- en zuidwaarts loopende, de wallen der stad Schiedam bespoelt, en na het Frankeland afgescheiden te hebben van den Nieuw-Matenes-polder, hare wateren in de Maas ontlast. Oudtijds strekte de Schie zich niet verder dan tot den Oude-Maas- of Zeedijk uit, bij welken zij zich met de Maas vereenigde; intusschen spoelde er in den inham vóór de Schie gedurig veel land in de Maas aan, dat deze rivier nauwer doed worden en tevens de uitwatering van de Schie belemmerde. Ten gevolge van de aanslibbingen, die hooger werden dan de bodem der Schie, moest men alzoo aan deze rivier een verlengstuk graven, hetwelk men bij onderscheiding de Nieuwe-Schie noemde. De vaarten, die van Overschie naar

Rotterdam en Delftshaven leiden, dragen insgelijks den naam van Schie. Zie hieronder.

Het Schiepeil is gelijk aan het Rottepeil of 0,341 onder A. P. en wordt aangegeven in de regtstandsmuren van de sluis in de buitenhaven der stad Schiedam.

SCHIE (DE), voorm. meertje, prov. *Friesland*, kw. *Westergoo*, griet. *Wonseradeel*. Zie Schiemeer.

SCHIE (DE DELFTSHAVENSCHE-), water in *Schieland*, prov. *Zuid-Holland*.

Het is die tak van de Schie, welke in eene zuidoostelijke strekking, van Overschie naar Delfshaven loopt. Zij werd, in het jaar 1389, bij vergunning van Hertog Albrecht, gegraven, waarbij tevens vrijheid verleend werd, om in den Maasdijk, bij Schoonderloo, eene sluis te leggen en aldaar huizen te stichten, hetwelk moet aangemerkt worden als het begin van Delftshaven.

SCHIE (NIEUWE-), eene der oudste benamingen van de stad Schiedam, in *Schieland*, prov. *Zuid-Holland*. Zie Schiedam.

SCHIE (OUWER-), oude naam van het d. Overschie, in *Delfland*, prov. *Zuid-Holland*. Zie Overschie.

SCHIE (DE ROTTERDAMSCHE-), ook wel de Heul genaamd, water in *Schieland*, prov. *Zuid-Holland*, dat zich van de Schie, bij het d. Overschie, met eenen bogtigen oostelijken loop, naar Rotterdam uitstrekt, en zich aldaar in de Maas verliest.

Omtrent het jaar 1340 verzochten die van Rotterdam Graaf Willem van Henegouwen het noodige verlof tot graving van een kanaal tusschen de tegenwoordige Delfsche-poort te Rotterdam en Overschie, om daardoor de koopmansgoederen, met meer gemak en minder kosten, in de binnen steden te kunnen brengen. De Graaf bewilligde niet alleen in dat verzoek, maar beval ook aan de Hoogheemraden van Schieland, dat zij den burgers van Rotterdam eene opene vaart met eenen daarnevens strekkenden weg, van de stad af tot in de Schievaart, zouden verschaffen, wanneer zij dat zouden begeeren. De Hoogheemraden schijnen evenwel dit werk vertraagd te hebben, althans Jan van Henegouwen beval, in hoedanigheid van Stadhouder van dien zelfden Graaf, in het jaar 1343, aan den Baljuw van Delfland en Schieland, den Rentmeester van Noord-Holland, en de Heemraden van Schieland, dat zij, zonder uitstel, de gemelde vaart zouden doen graven, zoo als zij, ten meesten voordeele van het gemeene land, zouden bevinden te behooren en zou kunnen geschieden; terwijl zij tevens zorg moesten dragen, dat den ingelanden, welker land daartoe gebruikt werd, of eenige schade zouden lijden, behoorlijke vergoeding kregen; vervolgens beval hij ook den ingelanden, die van Rotterdam de zelfde vaart onverhinderd te laten graven. Op deze bevelen zal de uitvoering kort gevolgd zijn, naardien, in het jaar 1348, tusschen de Regering der stad en de Heemraden van Schieland, benevens de Ambachtsheeren van Broek, Bergpolder, Blommersdijk, en die verder aan de westzijde van den Rottestroom gelegen zijn, een accoord is gesloten, wegens het uitwateren door de sluis van deze vaart, welke gemeenlijk het Spui genaamd wordt, en destijds aan het Steiger gelegd is, ten einde het binnenkomen van het buitenwater te beletten.

Maar de Regering der stad Delft, vreezende, dat deze vaart Rotterdam te veel voordeel, en hare stad te veel nadeel zoude veroorzaken, in den aftrek van hare bieren als anders, diende Hertog Albrecht aan, dat het groot voordeel aan het gemeene land zoude veroorzaken, als deze vaart weder werd toegedempt. Zelfs hadden zij reeds, om de doorvaart te belemmeren, de heul, welke te Overschie, aan den weg van Delft, over de vaart gemaakt was, weggenomen en in plaats daarvan een windas gemaakt, daar men de vaartuigen, welke onder de heul of brug plagten door te varen, met rollen moest overwinden, om in de Schievaart te komen, zoodat niet dan alleen kleine vaartuigen over te brengen waren. Hertog ALBRECHT deed hierop het voorgeven der Delvenaars onderzoeken, doch bevond dat hun beweren ongegrond was. Hij vergunde dus, in 1380, aan de burgers van Rotterdam en aan hunne nakomelingen, de windazen in den dam te Overschie weg te nemen; daar weder eene open heul te maken, en die altoos open te houden. Tevens beval hij aan den Schout van Rotterdam, op de eerste aanmaning van de Regering dier stad, de windasen in den dam te Overschie weg te doen, en te zorgen, dat zij eene open heul hadden. Volgens het privilegie zelf, gaf de zelfde Graaf aan Rotterdam eene quitantie (tot bewijs dat dit geheele gat en de brug Rotterdam in eigendom toekwam), van 300 Frankrijksche franken (240 guld.), welke hij daarvoor van die stad had ontvangen. In lateren tijd is, in plaats van de heul, eene houten brug over het gat gelegd. Men wil zelfs, dat die van Rotterdam getracht hebben, daar eene ophaalbrug te krijgen. De stad Delft echter, in het bezit van Delfshaven zijnde, had veel belang dat de vaart door de heul van die van Rotterdam niet verbeterde. Toen nu de Regering van laatstgemelde stad, in het belang van hare ingezetenen daartoe eenig werk had laten verrigten, werd zij, nog in de vorige eeuw, bij vonnis van het Hof van Holland, verwezen, om de brug of heul selve weder te doen verlagen en een aantal schuiten grond weder in de doorvaart te doen werpen. De stukken van dit omslagtige regtsgeding, hetwelk meer dan honderd jaren is aanhangig geweest, zijn destijds in folio gedrukt en uitgegeven. Thans nu Delfshaven eene afzonderlijke gemeente is, hebben deze strijdige belangen opgehouden.

SCHIE (DE SCHIEDAMSCHE-), water in *Delfland*, prov. *Zuid-Holland*.

Het is die tak van de Schie, welke in eene zuid-zuidoostelijke rigting van Overschie naar Schiedam loopt. Zie voorts SCHIE (DE).

SCHIEBROEK, gem. in *Schieland*, prov. *Zuid-Holland*, arr. *Rotterdam*, kant. *Hillegersberg*, (5 k. d., 13 m. k., 8 s. d.); palende N. W. aan de gem. Berkel-en-Rodenrijs, N. O. aan Bergschenhoek, Z. O. aan Hillegersberg-en-Rotteban, Z. W. aan Overschie.

Deze gem. bestaat uit eenen Drooggemaakte-polder en eene kleine partij oud weiland en is gelegen in den Berg-en-Broekpolder. Zij bevat niets dan eene b. aan den Kleiweg en eenige bouwmanswoningen in den Drooggemaakten-polder en beslaat, volgens het kadaster, eene oppervlakte van 615 bund. 2 v. r. 8 v. ell., waaronder 614 bund. 85 v. r. 46 v. ell. belastbaar land; telt 40 h., bewoond door 45 huisgez., uitmakende eene bevolking van 260 inw., die meest in den landbouw hun bestaan vinden.

De Herv., die er ongeveer 210 in getal zijn, behooren tot de gem. van *Overschie*. — De R. K., van welke men er nagenoeg 50 aantreft, worden tot de stat. van *Bergschenhoek* gerekend. — Men heeft in deze gem. eene school, welke gemiddeld door een getal van ruim 30 leerlingen bezocht wordt.

Deze gem. is eene heerl., welke in eigendom bezeten wordt door den Heer JACOB SMITS DIRKZ., woonachtig te Rotterdam en door de erven VAN LANGEVELD, woonachtig te Berkel.

De buurt, aan den Kleiweg, ligt ½ u. N. van Rotterdam en ½ u. W. van Hillegersberg.

In deze gem. is den 25 Maart 1839 de bliksem in eenen watermolen geslagen, welke tot den grond is afgebrand.

Het wapen bestaat in een veld van goud, met eene star van azuur.

SCHIEBROEK (DROOGGEMAAKTE-POLDER-IN-), pold. in *Schieland*, prov. *Zuid-Holland*, arr. *Rotterdam*, kant. *Hillegersberg*, gem. *Schiebroek*.

Deze pold., tot welke indijking in Augustus 1772 octrooi verleend is en die in 1779 voltooid was, beslaat, volgens het kadaster, eene oppervlakte van 558 bund. 52 v. r. 21 v. ell. bouw- en weilanden, telt 40 h., waaronder 18 boerderijen en wordt door eene sluis en drie molens in het niet drooggemaakte gedeelte van den Berg-en-Broek-polder, van het overtollige water ontlast. Het polderbestuur bestaat uit eenen Dijkgraaf en twee Heemraden.

SCHIEDAM, kant., prov. *Zuid-Holland*, arr. *Rotterdam*; palende N. aan het kant. Hillegersberg, O. aan het kant. Rotterdam, Z. aan de Maas, W. aan het kant. Vlaardingen.

Dit kant. bevat de volgende 6 gem.: Schiedam, Delfshaven, Kethel-en-Spaland, Oud-en-Nieuw-Mathenes, Nieuwland-Korteland-en-'s Graveland en Overschie-en-Hoogeban. Het beslaat, volgens het kadaster, eene oppervlakte van 4609 bund. 16 v. r. 5 v. ell., waaronder 4363 bund. 94 v. r. 61 v. ell. belastbaar land. Men telt er 3108 h., bewoond door 4108 huisgez., uitmakende eene bevolking van ongeveer 19,500 inw., die meest hun bestaan vinden in fabrijken, trafijken en den landbouw.

SCHIEDAM, kerk. ring, prov. *Zuid-Holland*, klass. van *Rotterdam*, bestaande uit de volgende 7 gem.: Schiedam, Delfshaven, Kethel-Spaland-en-Nieuwland, Maasland, Maassluis, Rozenburg-en-Blankenburg en Vlaardingen.

Men heeft in dezen ring 9 kerken, welke bediend worden door 15 Predikanten, en telt er 20,000 zielen, onder welke 7100 Ledematen.

SCHIEDAM, gem. in *Schieland*, prov. *Zuid-Holland*, arr. *Rotterdam*, kant. *Schiedam* (25 m. k., 8 s. d.); palende N. aan de gem. Nieuwland-Korteland-en-'s Graveland, O. aan Oud-en-Nieuw-Mathenes, Z. aan de Maas, W. aan Vlaardinger-ambacht-en-Babbers-polder.

Deze gem. bevat de stad Schiedam, benevens de pold. Oost-Frankenland en West-Frankeland en daarin eenige verstrooid liggende huizen, en beslaat, volgens het kadaster, eene oppervlakte van 324 bund. 90 v. r. 47 v. ell., waaronder 299 bund. 30 v. r. 80 v. ell. belastbaar land. Men telt er 2067 h., bewoond door 2580 huisgez., uitmakende eene bevolking van ongeveer 12,670 inw.

Van de vroegste tijden af bestond SCHIEDAM voornamelijk door den handel. In de vijftiende eeuw was zulks nog het geval, gelijk onder anderen blijkt uit het voorgevallene te Londen, bij het uitbreken van den oorlog tusschen FILIPS, Hertog *van Bourgondië*, en HENDRIK VI, Koning *van Engeland*, ten jare 1435, als wanneer zich daar ook verscheidene ingezetenen van SCHIEDAM om handelszaken bevonden, die, gelijk de andere Nederlanders, door de Engelschen uitgeplunderd en gedeeltelijk vermoord werden, tot de Koning hen weder onder zijne bescherming nam. Voorts werden die van SCHIEDAM, even als die van alle andere steden, den 11 Augustus 1436, door den Stadhouder en den Raad van Holland en Zeeland vermaand, de Zeeuwen, bij het naderen der Engelsche vloot, te hulp te komen, waaruit blijkt, dat hier eenige scheepvaart van aanbelang gevoerd werd. Een belangrijk bewijs voor den toenmaligen handel van SCHIEDAM is nog eene vergunning van Koning CHRISTOFFEL van Denemarken, aan die van Brielle en SCHIEDAM, om vrijelijk en veilig te mogen varen op Bergen in Noorwegen en op Koppenhagen, doch niet op IJsland, waartoe alleen de Amsterdammers vergunning hadden. Ook leest men dat de Dordrechtenaars omtrent dezen tijd een schip uit de haven van SCHIEDAM weghaalden, dat met allerhande artikelen geladen en uit Pruissen gekomen was, omdat die van Dordrecht een privilegie van de Graven van Holland bezaten, waarbij alle schepen, van vreemde kooplieden behoorende en de Maas inkomende, verpligt waren, naar die stad op te zeilen en aldaar te lossen. Ofschoon het nu uit dit een en ander duidelijk blijkt, dat men hier in de vijftiende eeuw eenigen niet onaanzienlijken handel dreef, was die nogtans van weinig belang bij dien van Dordrecht, en ook reeds bij dien van Rotterdam vergeleken. De opkomst dezer laatste stad benadeelde SCHIEDAM zeer veel, en was oorzaak dat het, volgens de woorden van een privilegie van 1463 van Hertog FILIPS, in het midden der vijftiende eeuw, in korte jaren zeer verarmde, en in getal van inwoners, koophandel en neringen grootelijks verminderde.

Doch behalve in den eigenlijken handel vonden de Schiedammers, na de vijftiende eeuw, ook eene voorname bron van bestaan in de haringvangst, ofschoon deze later hier eerst haren grootsten bloei bereikte. Immers bij eene ordonnantie van den Raad en de steden van Holland en Zeeland op het lastgeld van den haring (van den 22 Augustus 1443), werd ook voor die van SCHIEDAM bepaald, dat zij voor elk last haring eenen zilveren rijder moesten betalen, tot onderhoud der convooijers, die de vloot op zee tegen de vijanden beveiligden.

Op het laatst der zestiende eeuw voeren er van SCHIEDAM meer dan honderd schepen ter zee en had de haringvangst aldaar haar hoogste toppunt van bloei bereikt. De vrouwen breidden netten of sponnen in de banen; ook had men er onderscheidene tijkwerkers. Destijds dreef men ook eenen belangrijken handel in hout voor scheepsbouw, hennep, zout, granen, levertraan enz. De zuinigheid en arbeidzaamheid der Schiedammers gaf stof tot spreekwoorden en schimpnamen, als: *praten en breijen zeggen de Schiedammers; Schiedammertje droogbrood* enz.

Later, en wel na de zeventiende eeuw, was het bijna uitsluitend de handel in granen, steenkolen en gedistilleerd, die aldaar bloeide.

In de zeventiende eeuw, toen men ook van SCHIEDAM ter walvischvangst voer, bestonden aldaar onderscheidene traanhuizen en bragt men den handel in traan tot eene aanzienlijke hoogte; destijds waren er ook te SCHIEDAM vele lijnbanen en enkele touwslagerijen.

Vóór en in de zeventiende eeuw had men te SCHIEDAM de navolgende fabrijken en trafijken: als: eenige zoutkeeten (men meent drie), die met veel voordeel schijnen gewerkt te hebben, alzoo, in het jaar 1665, een achtste deel in eene der keeten voor de aanzienlijke som van 6100 gulden verkocht werd; drie steenbakkerijen, waarvan de laatste, tegen het einde der vorige eeuw is te niet gegaan; onderscheidene zeepziederijen, van welke er, in 1659, ééne voor 6000 gulden verkocht werd; eene pottenbakkerij; eene tabakspijpmakerij; eene lakenfabrijk, eenige tijkfabrijken; eene olieslagerij; eenige weverijen; eene fabrijk van servetgoed; eene teerstoof; eene plateelbakkerij; eene snuif- en trasmolen; twee kopermolens; eenige papiermolens, waarvan twee tot volmolens en naderhand tot korenmolens ingerigt werden; onderscheidene scheepstimmerwerven en een aantal bierbrouwerijen. De meeste dezer fabrijken en trafijken hebben langzamerhand plaats moeten maken voor de alles verdringende korenwijnstokerijen, die voor het eerst in SCHIEDAM zijn opgerigt, tegen het einde der zestiende eeuw. In het begin der zeventiende eeuw beliep het getal niet meer dan twaalf. Op het einde dier eeuw namen zij sterk in aantal toe en wel gedurende de oorlogen met Frankrijk van 1672 — 1678 en van 1689—1697, toen de invoer van alle Fransche, zoo koele als brandewijnen verboden en het gebruik van den jenever in plaats daarvan algemeen werd.

Na den Rijswijkschen vrede, ten gevolge van het onmiddellijk daarop met Frankrijk gesloten verdrag van koophandel, waarbij de invoer van Fransche brandewijnen begunstigd werd, geraakten deze trafijken deerlijk in verval, zoodat men gewag gemaakt vindt van een vervallen branderijtje dat voor 17 guld. verkocht werd.

Na het jaar 1700 kwamen de branderijen weder op, ten gevolge der op nieuw gerezene oneenigheden en den daarop uitgebroken oorlog met Frankrijk. Sedert schijnt het aantal branderijen in SCHIEDAM gestadig te zijn toegenomen, zoodat men daarvoor in 1711, 1718, 1726 en 1727 nieuwe korenmolens moest bouwen en het getal in 1744 reeds meer dan honderd bedroeg, met honderd tachtig ketels. In 1774 telde men er 120; in 1780 154; in 1792 220 en in 1798 260, zijnde dit het grootste getal branderijen dat in SCHIEDAM bestaan heeft; want sedert dien tijd nam dit weder aanmerkelijk af, zoodat er in 1835 slechts nog 174, in 1842 172 en in 1844 165 branderijen in werking waren. Thans zijn deze trafijken en de graanhandel, met de daarmede in verband staande neringen en bedrijven, nog de voornaamste middelen van bestaan voor SCHIEDAM. Er wordt een zeer belangrijke handel gedreven in gedistilleerd, granen en steenkolen. De hoeveelheid gedistelleerd, welke jaarlijks wordt gefabriceerd is zeer aanzienlijk, zij bedroeg, in het jaar 1845, 185,156 vat 55 kan. Men berekent, dat hiervan ongeveer ⅗ gedeelten binnen 's lands gebruikt en ⅖ gedeelten voor buitenlandsche comsumtie verzonden worden. De aangevoerde granen en steenkolen, waarvan echter eene niet onaanzienlijke hoeveelheid wederom binnen en buiten 's lands verzonden wordt, beliepen in dat jaar: 17,855 lasten granen, waarvan 5278 weder uitgevoerd zijn en 1,331,737 halve mudden steenkolen, waarvan 373,519 halve mudden uitgevoerd zijn. In 1843 zijn binnen gekomen 228, uitgezeild 232, in 1844 binnengekomen 235 en uitgezeild 299 zeeschepen, en in 1846 binnengekomen 445 en uitgezeild 446 zeeschepen. Ook behoort hier nog eene haringbuis thuis.

De fabrijken en trafijken, thans te SCHIEDAM in werking, zijn: 162 korenwijnstokerijen; 4 distilleerderijen; 55 mouterijen; 13 branders-molens; 4 windkorenmolens; 1 water-branders-molen, welke onder de verpligting ligt, om, ingeval van nood, door langdurige windstilte veroorzaakt, uitsluitend voor de broodbakkers te malen; 2 houtzaagmolens; 3 azijnmakerijen; 2 bierbrouwerijen; 3 touwslagerijen; 2 scheepstimmerwerven, waarvan de eene hoofdzakelijk bestemd is voor schepen, geschikt voor de vaart op Oost-Indië; 1 koper- en metaalgieterij; 1 patentoliefabrijk; 1 loodwitmakerij, die door stoom werkt en waarin tevens het zoogenaamde goudglit of lithargirium wordt vervaardigd; 1 ijzergieterij, welke mede door stoommachines in werking gebragt wordt, en 1 linnenweverij en vlasspinnerij, welke laatste fabrijk te gelijk gedeeltelijk eene inrigting van weldadigheid is, vermits, tegen zekere jaarlijksche subsidie, daaraan van stadswege verstrekt, behoeftigen in het spinnen onderwezen worden en door de verdiende spinloonen voor een groot gedeelte in hun dagelijksch onderhoud trachten te voorzien.

De Hervormden, die er ongeveer 6830 in getal zijn, onder welke 2500 Ledematen, maken eene gem. uit, welke tot de klass. van *Rotterdam*, ring van *Schiedam*, behoort en door vier Predikanten bediend wordt. Van de eerste opkomst der Hervormde godsdienst schijnen reeds van tijd tot tijd Predikanten naar Schiedam te zijn gekomen, om de gemeente te stichten. De eerste was Jan IJsbrants van Rotterdam, die de leer van Luther aldaar in 1520 predikte. Later treft men Arend Fransz aan tot in 1567; vermoedelijk hebben van dat jaar af, tot in 1572 de predikatiën geheel opgehouden. Na de inneming der stad door de Watergeuzen zullen er waarschijnlijk wel weder geregelde godsdienstoefeningen bij de Hervormden hebben plaats gehad, doch met zekerheid blijkt daarvan niets. De eerste vaste Leeraar, die te Schiedam ordelijk beroepen werd, was Pieter Willemsz Carpentier, Carpentarius of Wagenmaker, die in 1581, volgens sommigen reeds vroeger, alhier bevestigd werd. Reeds in 1588, werd hem tot tweeden Predikant der Schiedamsche gemeente toegevoegd, Petrus Tacrinius, die reeds in het zelfde jaar van zijne komst overleed. Tot de beroeping van eenen derden Predikant ging men over in het jaar 1631, ten gevolge waarvan herwaarts kwam Johannes Peltius, die in het jaar 1642 overleed. Den 18 April 1668 werd door de Staten provisioneel consent verleend tot het aanstellen van eenen vierden Predikant, wordende als zoodanig herwaarts beroepen Jacobus Schaeck, die in het jaar 1678 naar Delft vertrok. Het beroep geschiedt door den breeden kerkeraad. Onder de alhier gestaan hebbende Predikanten verdient melding: de door zijne schriften bekende Godgeleerde en Taalkundige Ruardus Acronius, die er van 1599—1612 stond.

De Christelijk Afgescheidenen, van welke men er ruim 200 aantreft, maken eene gem. uit, welke in het jaar 1840 erkend is. In den beginne werd hier de dienst door Ds. Anthony Brummelkamp, slechts met wederkeerig goedvinden, zonder eigenlijke roeping waargenomen. In 1842 werd Ds Barend Fijnebuik beroepen, die de beroeping aannam, zonder zich echter van de Hervormden af te scheiden, door welke hij evenwel toen afgezet werd; hij werd bevestigd en hield zijne intreeleerrede den 16 Julij van dat jaar, hetwelk nog niet ten einde was, of hij verliet op het onverwachtst de gemeente, welke, sedert dien tijd, zonder vasten Leeraar bleef

Vroeger had men hier ook eene Waalsche gemeente, welke in het jaar 1684 is opgerigt. Deze gem. had aanvankelijk slechts eenen Predikant, doch in het jaar 1686 werden haar, bij resolutie van de Staten van Holland en Westfriesland van 25 Januarij, nog twee Predikanten toegevoegd uit de gevlugte Fransche Leeraars. Daarna kwam er, volgens resolutie van 21 en 22 December des zelfden jaars, nog een bij; zoo dat destijds te Schiedam vier Fransche Predikanten waren. Deze gem. in leden verminderende is het getal der Predikanten achtervolgens weder tot op één verminderd; zoo als het sedert gebleven is tot den 6 Maart 1825, toen de Predikant Vincent Elie Mesnil, die hier in 1818 beroepen was, overleed, waarna deze gemeente, ingevolge koninklijk besluit van 21 October 1827, bij de Nederduitsche Hervormden is ingelijfd.

De Evangelisch-Lutherschen maken, met die uit de burg. gem. Kethel en Vlaardinger-Ambacht-en Babberspolder, eene gem. uit, welke tot den ring van *'s Gravenhage* behoort.

Zij telt ruim 380 zielen en 200 Ledematen, waarvan binnen de stad ongeveer 330 zielen, onder welke 160 Ledematen, gevonden worden. Deze gemeente was eerst eene filiaal gemeente van *Rotterdam*, doch in getal aanzienlijk toenemende, heeft zij vergunning gevraagd en bekomen, om eene eigene gemeente te vormen. Deze gem. had tot eersten Predikant Julius Justus Meijer, die den 30 October 1757, als Proponent beroepen werd, en in 1760 naar Zwolle vertrok. Bij vacature ontvangt de kerkeraad nominatie van het Amsterdamsche consistorie. Onder de alhier gestaan hebbende Predikanten verdient melding Johannes Lucas Loggen, een der oprigters van de Maatschappij: *Tot Nut van 't Algemeen*, die er in 1804 beroepen en in 1830 emeritus werd.

Ook had men er voorheen eene vereenigde Vlaamsche en Waterlandsche Doopsgezinde gemeente, welke echter, in het midden der vorige eeuw, is te niet gegaan. De 6 Doopsgezinden, die er nog wonen, behooren tot de gem. dier gezindte te *Rotterdam*; zoo mede behoort de enkele Remonstrant, die te Schiedam woont, tot die gem. te *Rotterdam*.

De Roomsch-Katholijken, die te Schiedam ongeveer 5200 in getal zijn, onder welke 3400 Communikanten, maken eene stat. uit, welke tot het aartsp. van *Holland-en-Zeeland*, dek. van *Schieland*, behoort, en door eenen Pastoor en twee Kapellanen van de orde der Dominicanen bediend wordt. De eerste der Dominicanen, die te Schiedam toegelaten werd, was Gaspart Lutpaart, die, te gelijk met Govert van Vliet, de eigenlijke Pastoor der gemeente, in het begin der zeventiende eeuw, de dienst aldaar waarnam. Na hem volgden andere Dominicanen, en onder dezen was Andreas Melijn de eerste van die orde, die de waardigheid van Pastoor bekleedde, zijnde daartoe door den Pausselijken Nuntius te Brussel aangesteld. Hij overleed den 1 Mei 1711.

De vijfde R. K. Pastoor te Schiedam, na de Hervorming, was Johannes Tiberi, geboren te Utrecht, die Pausselijk Protonotarius en Keurder (Censor) der uitkomende boeken was en wiens godvrucht, geleerdheid en ijver zeer geprezen worden. In het jaar 1694 tot Pastoor beroepen, was het ten tijde, dat hij de R. K. statie te Schiedam bediende, dat die scheuring in de kerk plaats had, welke tot de afscheiding van de doorgaans zoogenaamde Jansenisten van de overige R. K. en tot de vestiging van de Roomsch-Katholijke statie van de Bisschoppelijke Clerezy aanleiding gaf, van welker leer en beginselen Tiberi een voorstander was en daarom veel van de tegenpartij te lijden had. Hij was alzoo de eerste Pastoor der statie van de Oude Bisschoppelijke Clerezij, welke nog te Schiedam bestaat. Deze statie, welke sedert eenen geruimen tijd reeds aan het verminderen is, telt thans 70 zielen, onder welke 45 Communikanten, en wordt door eenen Pastoor bediend. De vorige Pastoor Johannes van Santen is in April 1825 tot Aartsbisschop van Utrecht benoemd en in November van dat zelfde jaar als zoodanig gewijd.

De Israëlieten, van welke er ruim 30 gevonden worden, behooren tot de ringsynagoge van *Rotterdam*, en hebben te Schiedam eene bijkerk.

Men heeft in de gem. Schiedam, behalve de Latijnsche school, 15 middelbare en lagere scholen, welke gezamenlijk gemiddeld door een getal van 1800 leerlingen bezocht worden.

De stad Schiedam ligt 4 u. Z. van 's Gravenhage, 1¼ u. W. van Rotterdam, 2¼ u. Z. van Delft, ruim ¼ u. W. N. W. van Delfshaven, ruim ¼ u. O. van Vlaardingen, aan de Schie en aan de Maas; 51° 55' 8" N. B., 22° 3' 46" O. L.

Men vindt het eerst melding gemaakt van SCHIEDAM, in een stuk van het jaar 1264. Het schijnt zich destijds bepaald te hebben tot eene kerk, van slechts weinige woningen omgeven, welke den naam van *de kerk aan den nieuwen* SCHIEDAM droeg, in onderscheiding van eene andere kerk aan de Schie gelegen, welke die van Oud-Schiedam of van de Oude-Schie geheeten werd. Hieruit ontstond de naam *Ouderschie* of *Ouwerschie*, waarvan men later ten onregte *Overschie* gemaakt heeft.

In dezen tijd toen al het land, waar thans de stad SCHIEDAM op staat, nog Maas was, werd het Huis-te-Rivier of aan de Rivier gebouwd, nabij de plaats waar de Schie in de Maas kwam, hetwelk later het Huis-te-Mathenesse of de Burg genoemd werd. Gedurig spoelde er meer land aan, tot men op dat nieuwe land aan den *Nieuwen Schiedam*, eene tweede kerk stichtte, welke gunstiger gelegen, dan de kerk aan de Oude-Schie, weldra een tamelijk dorp rondom zich deed opkomen. De gevolgen hiervan waren, dat *Oud-Schiedam* of *Ouderschie* spoedig door NIEUW-SCHIEDAM verdrongen werd, welks kerk reeds in 1264 in de regten trad, welke de kerk en de Plebaan van *Oud-Schiedam*, op het NIEUW-SCHIEDAM, bezaten, mits daarvoor jaarlijks, ter vergoeding, overeenkomstig een verdrag, 12 *solidi* of stuivers aan den Plebaan van *Oud-Schiedam* betaald werden. Aanvankelijk was NIEUW-SCHIEDAM weldra bij verkorting DEN NIEUWENDAM of NIEUWENDAM genaamd, het eigendom deels van FLORIS *den Voogd*, oom van Graaf FLORIS V, deels van de Heeren VAN WASSENAER, Burggraven van Leyden. Het komt ons niet onwaarschijnlijk voor, dat FLORIS *de Voogd*, die Zeeland vooral beminde en beweldadigde, SCHIEDAM, als een punt van overtogt naar Zeeland, heeft aangelegd, of althans uitgebreid. Immers dat er oudtijds een naauw verband tusschen SCHIEDAM en Zeeland bestond, blijkt zoo wel uit de overeenkomst tusschen den Zeeuwschen tongval en den Schiedamschen, als uit de omstandigheid dat WOLFERT VAN BORSSELE, toen hij het raadzaam oordeelde met Graaf JAN I, naar Zeeland te trekken, zich de SCHIEDAM scheep begaf. Ook was hij gelegenheid van den optogt ter Hollandsche Edelen en poorters, onder WILLEM VAN OOSTERVANT, tegen de Vlamingen, in het jaar 1304, SCHIEDAM een der verzamelplaatsen des legers, van waar het naar Zierikzee scheep ging. Na den dood van 's Graven oom en voogd, ontstond er twist tusschen den jongen Graaf en zijne moei en voogdesse ALEID VAN HENEGOUWEN, weduwe van JAN VAN AVESNES, over de nalatenschap van zijnen oom haren broeder, en daaronder ook over SCHIEDAM, die echter, nadat de Graaf van de voogdijschap van Graaf OTTO VAN GELDER, den opvolger van ALEID, ontslagen was, in 1268, bij verdrag, aldus eindigde, dat ALEID aan Graaf FLORIS, onder anderen, afstand deed van hare woning ter NIEUWE SCHIE, en al het land tusschen *Ouderschie* en NIEUW-SCHIEDAM, dat zij daarbij gekocht had. Deze ALEID was degene, aan welke SCHIEDAM zijne eerste opkomst te danken heeft. Zij schijnt zeer aan deze plaats gehecht *te zijn* geweest, welke dikwijls, bij uitnemendheid, *hare stad* genoemd wordt. Het duurde echter tot 1270 en 1271 eer SCHIEDAM tot eenig aanzien geraakte, omstreeks welken tijd middelen werden te baat genomen, om het eenigermate uit het niet te verheffen. Tot deze middelen behoorden: in de eerste plaats, twee besluiten van Graaf FLORIS V; het eerste, met gemeen overleg van vrouw ALEID genomen, dat er voortaan, nevens de wekelijksche markten, eene jaarmarkt zoude gehouden worden, op welke de kooplieden de zelfde bescherming en voorregten van den Graaf zouden genieten, als dit elders plaats had; en het tweede, dat de inwoners van Nieuw-Schiedam vrij zouden zijn van de tollen te Ammers, Niemandsvriend, Moordrecht, Dubbelmonde, Dordrecht, Geervliet en Strienmonde. Hierbij breidde vrouw Aleid het gebied harer plaats aanmerkelijk uit, door den aankoop der goederen, welke Diederik, Heer *van Wassenaer*, daarbij, ten Westen en ten Noorden van de Schie en buiten den Maasdijk bezat, met het geregt, en de visscherij van den Oudendam tot in de Maas, voor al hetwelk zij hem de destijds belangrijke som van honderd pond Hollandsche penningen betalen moest. Dus kwam al het land van en om Schiedam, onder de zelfde heerschappij van Aleid van Henegouwen, onder wier bestuur de inwoners in 1273, van Graaf Floris V, ter gunste zijner moei, niet slechts van de boven vermelde, maar van alle tollen door alle zijne landen werden vrijgesteld.

Ofschoon Schiedam, even als de meeste andere steden, waarschijnlijk in den beginne slechts een dorp geweest zij, welks inwoners onbepaald afhankelijk waren van den Heer of Vrouw, blijkt het echter uit een stuk van Graaf Floris V van 1270, dat de inwoners destijds reeds vrije poorters waren, niettegenstaande zij nog geen eigene wetten en keuren bezaten, welke hun eerst, in 1274, door vrouw Aleid gegeven werden. In de stukken, welke daartoe dienden, noemde Aleid deze plaats: hare nieuwe stad by het Huis te Rivier, waaruit blijkt, dat dit huis ouder en aanzienlijker was, dan hare stad zelve, en dat zelfs de naam dezer plaats, hetzij Nieuwer-Schie, Nieuw-Schiedam of Nieuwendam nog niet stellig en algemeen genoeg was aangenomen, om in belangrijke stukken gebruikt te worden. Trouwens dat deze hare nieuwe stad nog van geen groot belang was, vindt men met duidelijke woorden in dat zelfde stuk vermeld, waar gezegd wordt, dat zij, te weten Aleid, de diensten welke men haar, om de verleende vrijheden, bewijzen moest, nog in *suspens* zoude houden, van wege de nieuwheid der planting (d. i. der stichting) en de armoede der stad.

De bedoelde vrijheden bestonden voornamelijk in het bezit van eigene, Schepenen en Raadslieden met eenen Regter, voor welke de ingezetenen teregt moesten staan, in gevallen van toegebragte verwondingen, doodslagen, vechtpartijen, inbraak, wanbetaling enz.

Het duurde niet lang of de aldus eenigzins opkomende stad, ondervond eenen belangrijken tegenspoed, door de vriendschapsbreuk, welke in 1277 plaats had, tusschen Graaf Floris V, en de beschermeresse en vrouwe van Schiedam, zijne moei Aleid van Henegouwen, waarvan het onmiddellijke gevolg was, dat de Graaf haar en hare kinderen uit Holland en Zeeland deed verhuizen. Het schijnt dat de poorters van Schiedam, hierbij eerst de partij van Aleid kozen, en dien ten gevolge hunnen vrijdom van de grafelijke tollen verloren, welken zij eerst in 1281, nadat de zaken tusschen den Graaf en Aleid's zoon, Floris van Avesnes, weder geschikt waren, terug kregen. Van dien tijd af bleef Aleid en later haar zoon Floris wel in het bezit der heerlijkheid van Schiedam, doch stond de stad niet meer onder het gemengd opperbestuur van den Graaf en zijne moei, maar alleen onder dat van eerstgenoemde. In twee onderscheidene stukken, welke op deze zaken betrekking hebben, en die in dagteekening slechts twee dagen van elkander verschillen, te weten in de uitspraak der zoensmannen, over den twist tusschen Graaf Floris en Floris van Avesnes, van den 3 Augustus 1281, en in het bevelschrift van Graaf Floris aan zijne tollenaren, om die van Schiedam tolvrij te laten varen, even als voor den twist, van 5 Augustus 1291, wordt deze plaats eens Schiedam en eens Nieuwerdam aan de Schie genaamd; zoodat het buiten allen twijfel is, dat deze namen, naar willekeur, gelijktijdig gebruikt werden, en de eene geenszins als ouder dan de andere moet worden aangemerkt. In het eerste der twee vermelde stukken werd ook bepaald, dat de wekelijksche markt voortaan op Vrijdag moest gehouden worden.

Niettegenstaande de aanmerkelijke vermindering van magt, welke Vrouw Aleid ondergaan had, behield zij nogtans, ofschoon zij destijds in Henegouwen woonde, hare genegenheid voor Schiedam en bepaalde zij, door bemiddeling van haren zoon Floris en onder approbatie van den *Graaf*, den 24 December 1289, dat er te Schiedam eene nieuwe kapel zoude worden gesticht.

Inmiddels nam de stad, door de visscherij en den destijds zeer bloeijenden handel op Engeland, allengs in welvaart toe, en werden er inrigtingen daargesteld ter verzorging van behoeftigen en lijdenden.

Na den moord van Graaf Floris V, bleef Schiedam niet geheel lijdelijk in de oneenigheden, welke er plaats grepen, tusschen Graaf Jan I, Floris zoon, met Wolfaart van Borsele en de Engelschgezinde partij aan de eene zijde en Jan van Avesnes, Graaf van *Henegouwen*, oudsten zoon der voormalige vrouw van Schiedam, ter andere zijde. In dezen twist toch, welke voornamelijk tusschen van Borsele en Avesnes gevoerd werd, die er beiden naar stonden, om den jeugdigen en zwakken Graaf naar hun begeeren te leiden, was Schiedam te meer gemengd, van wege de naauwe betrekking, waarin het tot Jan van Avesnes *stond*, den broeder van Floris van Avesnes, Heer van *Braine* en *Hal*, Prins van *Achaije* en van *Morea*, op wien de heerlijke regten van Schiedam, na den dood zijner moeder, waren overgegaan, overeenkomstig het verdrag tusschen hem en zijne moeder ter eenre en Graaf Floris V ter andere zijde, waarvan wij vroeger reeds gesproken hebben. Van hier ook dat Graaf Jan I, die in 1297 uit Engeland gekomen was, zich op raad van van Borsele, reeds in het volgende jaar, toen Jan van Avesnes naar Henegouwen vertrokken was, naar Schiedam begaf, ten einde van den Baljuw Jacob van Moordrecht en de Schepenen te vernemen, welke stukken zij onder zich hadden, betreffende het eigendom der landen en der heerlijke regten dezer stad, en, niet te vreden met hetgeen men hem vertoonde, dreigde zich in het bezit dier regten te zullen stellen, tenzij die uit het huis van Avesnes hunne aanspraken daarop nader aantoonden. Hierop gaven Baljuw en Schepenen berigt van hetgeen er voorgevallen was aan den Graaf van Henegouwen, wiens antwoord en verdere houding in dit geval wel niet bekend is, doch wiens geslacht ongetwijfeld zijne aanspraken en regten op Schiedam behield, blijkens een privilegie door hem, Jan van Avesnes, Graaf van *Henegouwen*, aan de poorteren van den Nieuwerdamme verleend, den 21 Julij 1299, en dus vóór den val van van Borsele in Augustus van dat zelfde jaar.

Bij gelegenheid, dat van Borsele van het bewind geraakte, vindt men, *bij* de meeste kronijkschrijvers, Schiedam voor de eerstemaal vermeld, *bij* het verhaal van diens vlugt naar Zeeland.

Inmiddels was de val van van Borsele en de herstelling van het gezag van Avesnes, die, ofschoon niet als voogd, echter als Raadsman, het geheele bestuur van den zwakken Graaf Jan I in handen kreeg, voor Schiedam ongetwijfeld gunstig, hetwelk onder de geliefde plaatsen van het geslacht der Avesnes behoorde, en, al ware het juist hierom alleen, bij van Borssele gehaat was.

Nog vóór zijne herstelling, gaf Jan van Avesnes eenige privilegiën aan Schiedam, waarschijnlijk als Heer, voor zijnen broeder Floris, aan wien eigenlijk de heerlijke regten, na den dood zijner moeder, in vrij eigendom gekomen waren. Jan van Avesnes bepaalde den 21 Julij 1299, dat de burgers zijner poorte van den Nieuwendamme, vrij zouden zijn van alle schatting of lot voor goederen, welke zij in andere steden hadden; dat zij in zaken van leengoederen, erfenissen, gelden of schulden, alleen voor hunne eigene wereldlijke en niet voor geestelijke regters, teregt behoefden te staan; — dat zij eene haven mogten graven met eene sluis, opdat de schepen tot binnen de stad zouden kunnen komen en dat tot dekking der daartoe te maken kosten, eene belasting zoude worden geheven op eens iederseigendommen, zoo roerende als onroerende, binnen de stad of hare jurisdictie; — en dat zij bij deze sluis eenen tol souden mogen heffen en de aarde, tot haren aanleg benoodigd, moesten nemen uit de plaats genaamd het Frankenland. Tevens ontsloeg hij hen van de belasting van 20 schellingen Hollandsch (6 guld.) 's jaars, waarvoor de stad den Grafelijken tol vroeger in pacht had. Vermoedelijk zijn dus omtrent dezen tijd de thans zoogenaamde Lange en Korte haven gegraven, en is het eerst eene sluis gemaakt aan het einde der eerste, bij de voormalige beestenmarkt. Wat nu de Plantaadje, het Frankenland en het Hoofd is, was toen nog land, dat dagelijks onder water liep, hoogstens eene plaat.

Bij een Grafelijk besluit van den 25 Julij 1301 werd bepaald, dat die van Schiedam den Graaf op zijne heervaarten dienen moesten, met eene kog van 25 mannen, waaronder 6 uit Schie-ambacht, 4 uit den Broek, 2 uit 's Heeren-Odgiers-ambacht en 1 uit Mathenesse, te zamen 13, zoodat er 12 koppen voor rekening der stad zelve bleven, hetwelk reeds eene tamelijk talrijke bevolking vooronderstelt.

Ook beschouwde men destijds Schiedam als de hoofdplaats van Schieland, want het werd, in 1306, aan de Schepenen en den Raad van Schiedam opgedragen, om de schade te begrooten, welke die tusschen Schie en Gouwe (d. i. Schieland) twee jaren vroeger van de Vlamingen geleden hadden. Het rapport, dat men daarvan opmaakte, werd met het segel van de gem. van Schiedam verzegeld, omdat Schieland geen gemeen zegel had. Hetzelfde was 20 jaren vroeger met Schiedam het geval. De gezegde schade werd begroot, behalve 15 gesneuvelden, op 86 pond Hollandsche penningen en 6 schellingen (517 guld. 80 cents).

Nog verdient te worden opgemerkt, dat de Graaf in 1305, ter bemiddeling van eenen twist, over het al of niet schuldig zijn van schot en lot, tusschen de welgeborene lieden en de gem. van Kennemerland, eenen grooten raad te 's Hage belegde, en daartoe, nevens de voornaamste Edelen, zijne Schepenen en mannen van Dordrecht, Zierikzee, Middelburg, Delft, Leyden, Haarlem, Alkmaar, Schiedam, Schoonhoven, Geertruidenberg, Gouda en Oudewater als Regters opriep, als zijnde dit toch eene juiste opgave der destijds aanzienlijkste steden.

Tot de Grafelijke besluiten, giftbrieven en dergelijke uit de regering van Willem III, welke zoo vele bewijzen voor het bestendig toenemend aanzien der stad Schiedam opleveren, behoort in de eerste plaats een besluit van den 9 Mei 1310, waarbij aan die van Schiedam de vrijheid verleend werd, om niet alleen op Vrijdag, maar ook op elken Maandag eene markt te houden, en een ander van den 21 December des zelfden jaars, waarbij een ieder vermaand werd, die van SCHIEDAM zoo veel mogelijk behulpzaam te zijn in het maken of het onderhouden der Spui, welke zij hadden aangelegd. Vermoedelijk wordt met deze Spui de sluis in den kapitalen Maasdijk bedoeld, ter plaatse, waar het nu achter de Beurs en de Oude-Sluis heet. Het is waarschijnlijk, dat de Schie vóór dezen tijd slechts door eene kleine sluis gemeenschap met de Maas had.

Omstreeks dezen tijd was de stad nu en dàn in moeijelijkheden gewikkeld met den Heer VAN WASSENAER, als Ambachtsheer van Kethel, van wien vrouw ALEID wel reeds eenige regten gekocht had, doch met wien men gedurig nog over de juiste grensscheiding twistte. Deze oneenigheden werden, den 18 Januarij 1315, door Graaf WILLEM III vereffend, bij een besluit te SCHIEDAM zelf genomen, bepalende dat de vrijheden van SCHIEDAM voortaan gaan en duren zouden tot den uitersten kant van de gracht ten Kethel waart, en dat niemand zich eenig regt daar binnen onderwinden mogt dan de Regter van Schiedam. Voorts werd er te SCHIEDAM toen een lombard opgerigt, en verleende de Graaf aan Burgemeester, Schepenen en Raden der stad vrijheid tot het heffen van eenen accijns daar binnen tot wederopzeggens toe. Vooral blijkt het toenemend aanzien der stad daaruit, dat de Graaf er somtijds zijn verblijf hield; want niet slechts het zoo even vermelde besluit, betrekkelijk den twist met den Heer van Kethel, was door den Graaf alhier genomen, maar ook achter de handvesten enz., den 2 April 1315, door WILLEM III aan Vlissingen gegeven, leest men: » Gedaan te SCHIEDAM, des Woensdags na beloken Paschen." enz. Ook is het opmerkelijk, dat de Rentmeester van Zeeland te SCHIEDAM woonde, gelijk blijkt uit eene overeenkomst tusschen den Graaf en de stad, van 21 April 1322, waarbij het Grafelijk Huis van den Rentmeester JAN DE KEIZER tegen een ander huis, dat stads eigendom was, verruild werd. Dit toch levert weder een bewijs op voor SCHIEDAMS aanzien boven andere naburige steden, en voor het reeds meermalen aangevoerde, dat het de plaats was, welke het meest met Zeeland in verband stond, en van waar het meest op Zeeland gehandeld werd. Ook zien wij duidelijk, dat het destijds boven Rotterdam uitblonk, uit eenen giftbrief van de school en het schrijfambacht te Rotterdam, aan zekeren PIETER MAKER, welke brief in het jaar 1328 gegeven is en door AERNT, Kanunnik te Premonstreit en Parochiepaap van SCHIEDAM en ANDRIES, Parochiepaap van Vlaardingen, geviseerd en met hunne zegels bekrachtigd werd. WILLEM IV verleende mede eenige voorregten aan de stad SCHIEDAM; bestaande in den biertol, de waag, de meteof moddepenning, de koornmaat en de sluis, mits die van SCHIEDAM: 1°. den Graaf op zijne heervaarten, overeenkomstig vroegere bepalingen, zouden volgen met eene kog met 25 man; 2°. hem en zijne echtgenoote, als zij te SCHIEDAM zouden zijn, op hunne kosten met eene kog in Holland en Zeeland zouden brengen, waar zij wilden, en 3° hunne sluis zouden houden alzoo gereed, dat de Graaf er met zijn leger ten allen tijde door kon varen.

Tot dezen tijd bleef SCHIEDAM niet slechts bestendig in bloei toenemen, door handel en visscherij, zoo van zalm als andersins, maar ook boven alles de overige in de nabijheid gelegene plaatsen aan de Maas uitmunten. Thans was het beslissend oogenblik gekomen, dat Rotterdam zich boven SCHIEDAM zoude verheffen, ofschoon deze laatste stad nog eenigen tijd lang meer in aanzien bleef.

Bij den dood van Graaf WILLEM IV, in September 1345, werd zijne zuster MARGARETHA, echtgenoote van Keizer LODEWIJK IV, gelijk elders, aanvankelijk ook te SCHIEDAM ingehuldigd; waarvoor zij de oude privilegiën der stad en het regt om accijns te heffen vernieuwde, en haar daarenboven eenige nieuwe voorregten schonk, welke bestonden in het regt der poorteren, om voortaan zelven, geheel vrij, de kosterij, de school en de makelaardij te vergeven, mits de thans bestaande beambten aanbleven; — en in het privilegie, dat wie eenen doodslag beging, nevens zijn ligchaam, slechts de helft zijner goederen zoude verbeuren, blijvende de andere helft aan de weduwe en kinderen, of andere naaste erfgenamen; alsmede dat een onmondig kind niet meer mogt verbeuren, dan zijn eigen ligchaam en 10 pond (60 guld.) van zijn vaders goed. Voorts gaf zij in dat zelfde jaar vrijheid, om de stad, van grachten en vesten te voorzien, gelijk men hieromtrent met WILLEM VAN DUIVENVOORDE, haren gevolmagtigde in dezen, zoude overeenkomen.

In het jaar 1351 gaf WILLEM V, Graaf van *Holland*, aan SCHIEDAM den wissel, om dien te gebruiken tot haar meeste nut, en bepaalde hij, dat al die tegen de stad, of tegen hem in oorlog geweest was, daar geen poorter zijn mogt, of eenig ambt mogt bekleeden; alsmede: dat de Baljuw voortaan de Schepenen en den Raad jaarlijks moest vernieuwen. In 1355 bevestigde hij alle de oude privilegiën, ook die van MARGARETHA, en verleende hij, in tegenstelling van het zoo even vermelde besluit van 1351, aan die van SCHIEDAM, welke Hoeksgezind geweest waren, even als aan de ingezetenen van andere plaatsen, volkomene kwijtschelding. Ook beloofde hij te gelijker tijd, aan de burgers van SCHIEDAM, de gelden terug te zullen geven, welke zij voor hem als borgen betaald hadden.

Gedurende het beleg van Delft door Hertog ALBRECHT VAN BEIJEREN, in 1359, waaraan die van SCHIEDAM hadden deelgenomen, achtte men het noodzakelijk, ook de stad zelve meer te versterken, en haar in staat te stellen, om eenen onvoorzienen aanval te kunnen afweren. Ten dien einde besloot men in plaats van de eenvoudige riviersloot, welke het Huis-te-Mathenesse van de stad scheidde, eene behoorlijke stads-gracht of vest te graven van de Rotterdamsche poort tot aan de burglaan van Mathenesse nabij de poort naar Overschie; en zulks uit de hofstede en de landen van Heer DANIËL VAN MATHENESSE, onder verbindtenis, overeenkomstig een gesloten contract, tusschen hem en den Schout, Schepenen en Raden van SCHIEDAM, dat de stad den Heer VAN MATHENESSE daarvoor naar behooren schadeloos zoude stellen.

Den 26 December 1390 gaf Hertog ALBRECHT aan die van SCHIEDAM den overtogt, met den windas en het scrodegeld (1) in erfpacht, en den 23 September 1394 gaf hij zijnen *luden* van SCHIEDAM, om *menigen trouwen dienst*, het regt om voortaan zelve het klerckambacht (d. i. den post van stads Secretaris), het bodeambacht, de school en kosterij naar vrijen wil te vergeven, zoodra deze posten mogten openvallen, door het overlijden dergenen, die haar toen bekleedden. Voorts gaf hij aan Schout en Schepenen van SCHIEDAM vrijheid tot de uitoefening van het regt langs de geheele haven tot in de Maas en tot op vijftig gaarden afstand aan beide zijden van het hoofd. Graaf WILLEM VI gaf aan zijne getrouwe stede van SCHIEDAM, om de bijzondere liefde en gunst, welke hij haar toedroeg, en om menige trouwe

(1) *Scrodegeld* is de opbrengst voor de moeite, die aangewend wordt tot het wegen, meten, branden en ijken van vaten, maten en gewigten.

dienst, welke zij hem bewezen had, den 27 Augustus des jaars 1412 eenige nieuwe privilegiën en bevestigde tevens alle de oude van zijne voorvaders.

Bij privilegie van Hertog FILIPS VAN BOURGONDIË, van 28 Augustus 1468, bekwam SCHIEDAM eenen Raad of Vroedmansligchaam, dat uit een en twintig leden bestond en het regt had om, met den Baljuw, of uit zich zelve, of uit de andere poorters jaarlijks, bij meerderheid van stemmen, twee Burgemeesters en twee Thesauriers te benoemen; terwijl na deze keuze de Baljuw alleen zeven Schepenen uit de overgeblevene Raadslieden aanstelde (1).

De stad SCHIEDAM is eigenares van de navolgende heerlijkheden als: de ambachtsheerl. van Oud-Mathenesse en de hooge heerl. van Nieuw-Mathenesse, ten Noorden en Oosten van de stad gelegen, beiden op den 22 Januarij 1688 voor eene som van 13,400 guld. door de stad gekocht van de Curators over den insolventen boedel van de Heeren van MATENESSE, die haar van de Graven van Holland in leen ontvangen hadden, blijkens oude daarvan bestaande handvesten; de ambachtsheerl. van Nieuwland-Kortland-en-'sGraveland, drie polders te zamen eene heerl. uitmakende, waarvan de stad de investiture, om die landen te behouden als een onversterfelijk leen, heeft verkregen in den jare 1663; de ambachtsheerl. van Poortugaal-Hoogvliet-en-Pernis, op den 7 Augustus 1731 van de Staten van Holland en West-Friesland gekocht voor eene som van 37,000 guld.; de ambachtsheerl. van Lokhorsterland of Oud- en Nieuw-Engeland en die van Langebakkersoort, met Smallant en *Deiffelsbroek*, in den jare 1739 van de Staten van Holland en *West-Friesland* gekocht, voor eene som van 38,000 guld.

SCHIEDAM heeft vier poorten, als de Overschiesche-poort, van een torentje met slaguurwerk voorzien, en de Rotterdamsche-poort, ten O.; de Vlaardinger-poort, die in 1580 gebouwd en in 1710 vernieuwd is, en de Kethel-poort, ten W., welke laatste, in het jaar 1726, fraai vernieuwd is. Vroeger had men er nog eene, de St. Christoffel- of Hoofdpoort, welke echter, na het uitleggen der stad aan den zuidkant, vervallen is.

De stad is zeer regelmatig gebouwd, bevat eenige ruime straten en grachten, voorzien van een aantal sierlijke huizen. Zij wordt doorsneden door eene breede gracht of haven, welke de Maas met de Schie vereenigt en heeft eene aangename en sierlijke wandelplaats, de Plantaadje genaamd, loopende langs de Tuinlaan, welke voor het eerst is daargesteld in het jaar 1767 en op nieuw, in den tegenwoordigen trant, in het jaar 1826, door den Architect JAN DAVID ZOCHER van Haarlem, is aangelegd. De stad was voorheen met muren, in welke men hier en daar ronde torens zag, omringd; doch thans is er niet meer dan een oude toren aan de zuidzijde der stad in wezen. Bij toewijzing van het Hof van Holland, op den 2 Junij des jaars 1485, verkreeg de stad, tot het aanleggen van vestingwerken, naar de wijze van dien tijd, twee boomgaarden, aan de stads muren gelegen, welke WOUTER VAN MATENESSE van de grafelijkheid ter leen hield, mits, dat hem daarvoor eene jaarlijksche rente van 24 ponden

---

(1) Wij hebben gemeend niet beter te kunnen doen dan, om zoo omtrent de opkomst van SCHIEDAM als betrekkelijk de later volgende geschiedenis der stad, hoofdzakelijk te volgen de *Geschiedenis en Beschrijving der stad Schiedam*, voorkomende in den *Vriend des Vaderlands* D. XII bl. 187–207, 240–247, D. XIII, bl. 663–686, D. XIV, bl. 621–636 en D. XV, bl 630–676.

Hollandsch (18 guld.) betaald werd. Langs de vesten der stad staan zeventien fraaije steenen koren-en mout-molens.

Niettegenstaande er waarschijnlijk altijd gemeenschap tusschen de Schie en de Maas bestaan hebbe, en deze door de in 1299 gegravene haven, en de in 1310 verbeterde sluis hersteld was, schijnt zij echter, van wege de smalte der sluis en der haven, als ook van wege hare ondiepte, door het gedurig aanslibben der rivier veroorzaakt, zeer onvolledig te zijn geweest; waarom de Graaf den 10 April 1336, aan Baljuw en Heemraden van Rijnland, van Woerden, van Delfland en van Schieland beval, in het belang van Schie- en Delfland, eene nieuwe waterkeering te maken, van 24 roeden (80.40 ell.) breedte, en aan die van Schiedam een verlengstuk aan de haven te graven door het Frankenland, zoo lang en wijd en voor zoo veel geld, ten koste des lands, als genoemde Baljuwen en Heemraden goed zouden keuren. Derhalve strekte zich de Maas toen niet meer tot den mond der oude haven uit, dat is tot bij de sluis aan het eind der *Lange-Haven*, want met gemeld verlengstuk wordt buiten eenigen twijfel, dat gedeelte der haven verstaan, hetwelk tusschen den weg naar het Ooster Hoofd en het Kolenpad loopt en de Buitenhaven genoemd wordt. Destijds toch werd dat, wat nu Plantaadje is, ook bij het Frankenland gerekend, dewijl het nog niet door de Nieuwe-Haven, van veel lateren oorsprong, daarvan afgescheiden was.

Het Frankenland werd, op den 27 Februarij 1483 (1484), door Maximiliaan en Filips, der stad, tot onderhoud harer haven, in erfpacht gegeven voor zestig ponden, van veertig grooten ieder (60 guld.) in het jaar. In 1594, den 4 November, kocht de stad, om den boezem harer spui te vergrooten en daardoor de havens diep te houden, een stuk gronds van honderd en zestien roeden (436.94 ell.) lang en zes roeden en drie voeten (23.54 ell.) breed.

Schiedam heeft drie sluizen; de grootste is op den Dam, in 1778, niet ver van de oude, welke men zegt in het jaar 1311 gegraven te zijn, aangelegd. Men roemt haar als de voortreffelijkste, welke in ons land gevonden wordt, en zij heeft de stad, zoo door aankoop van aanzienlijke huizen als anderzins, eene aanmerkelijke som gekost; bij het graven heeft men eenen gemetselden doortogt en zelfs een anker met een touw gevonden. Ook heeft men er eene menigte zoogenaamde Jacobakannetjes, dolken, penningen enz. uitgehaald. Op het hoofd heeft men mede eene schoone sluis en eene bij de Rotterdamsche-poort; door middel dezer sluizen is Schiedam zoodanig voor hooge vloeden beveiligd, dat die van Rotterdam meermalen eene aanzienlijke premie beloofd hebben aan hem, die hunne stad eveneens voor overstroomingen konde behoeden. Behalve de stad zelve, worden mede de daarachter liggende waterschappen van Delfland en Schieland door deze sluizen voor overstrooming en hooge vloeden van de Maas beveiligd.

Men heeft eene driehoekige markt te Schiedam. De Aartshertogen Maximiliaan en Filips hebben der stad, op den 27 Februarij 1483 (1484), eene vrije jaarlijksche paardenmarkt vergund, welke thans op den tweeden Vrijdag in Maart gehouden wordt. Voorts heeft men er eene wekelijksche beestenmarkt op Woensdag en nog eene varkenmarkt den tweeden Vrijdag in November, terwijl de wekelijksche markt, volgens de hier boven vermelde privilegiën, des Vrijdags gehouden wordt. Vroeger had men er nog eene paardenmarkt den 7 Julij, eene beestenmarkt den derden Vrijdag in October en eene kaasmarkt den 5 Julij. — De kermis begint met de eerste week van de maand Julij.

Het Stadhuis, op de *Grootemarkt*, werd in het jaar 1606 van nieuws wederom opgebouwd. Het vorige, dat, naar men gist, reeds in 1286 zoude gesticht zijn, was op den 4 Mei 1604 afgebrand, bij welke gelegenheid vele oude stads archieven en documenten vernietigd zijn. Het tegenwoordige is een ruim en deftig gebouw, dat in 1782 met hardsteenen kozijnen en borstweringen voorzien is. De voorgevel prijkt met een hardsteenen bordes en dubbele trap. Boven op den voorgevel stond vroeger het beeld van Keizer Karel V, Graaf van *Holland*, uit hardsteen gehouwen; thans ziet men aldaar het beeld der geregtigheid, vermoedelijk zinspelende op de vierschaar van Schepenen, die vroeger op het Raadhuis gespannen werd. In de puije van den voorgevel zijn de beide wapens der stad, benevens dat der provincie Zuid-Holland, gebeeldhouwd. Op het leijen dak staat een houten toren, met eene luiklok. In de onderste of benedenverdieping heeft men het bureau van policie, de stads secretarie en de charterkamers of bewaarplaatsen der stedelijke archiven. Op de middelste en voornaamste verdieping zijn de ruime en sierlijke vergaderzaal van den stedelijken Raad, eene vergaderkamer voor Burgemeester en Wethouders, het locaal der teregtzittingen van het kantongeregt, het bureau van den stadsontvanger, eene bodeskamer en een spreekvertrek, ter plaatse waar vroeger de vierschaar gespannen werd. De zolder of bovenverdieping is ingerigt tot een kantonnaal huis van bewaring.

De eerste Koopmansbeurs te Schiedam was gesticht in het jaar 1718 en stond aan de *Lange-Haven*. Het was een langwerpig op houten pilaren rustend en overdekt gebouw, van voren en van achteren afgesloten met een houten hekwerk. In het laatst der vorige eeuw stichtte men een beursgebouw, aan *den Dam*, ter plaatse, waar de oude gedempte sluis gelegen heeft; dit werd naar het bestek en de teekening van den bekwamen Rotterdamschen Architect Junci in eenen gemengden Dorischen en Ionischen stijl gebouwd en was in 1792 voltooid. Deze koopmansbeurs, welke algemeen gehouden werd voor een sieraad van bouwkunde en voor een der fraaiste gebouwen van Schiedam, is op den 2 September 1840, ten gevolge van eenen fellen brand, geheel vernield, zoodat alleen de muren, en deze nog in zeer geschonden staat, waren staande gebleven. Eerst kort te voren, te gelijk met onderscheidene andere stedelijke gebouwen, tegen brandschade verzekerd zijnde, is het dadelijk in den zelfden staat weder opgebouwd en was ruim een jaar daarna weder voltooid. Het heeft thans, even als vroeger, eene lengte van ongeveer 35 ell. en eene breedte van ruim 24 ell., en is voorzien van eenen houten toren, met slaande uurwerk. Het middenplein is open en omringd van ruime overdekte gaanderijen, boven welke men eenige ruime zalen aantreft, die meerendeels bij de stadsteekenschool in gebruik zijn.

De Stads Waag was eerst onder het Stadhuis geplaatst, doch werd, in het jaar 1579, in het Artilleriehuis, op de *Grootemarkt*, bezijden den toren der Grootekerk, overgebragt, alwaar ze nog is. Zij is in het jaar 1748 met eenen fraaijen voorgevel vernieuwd.

De Stads- of St. Joris-Doelen, *op de Schie*, achter uitkomende op de Vest, is een aanzienlijk gebouw, voor en achter van een groot plein voorzien. Het is gebouwd in het jaar 1742. In 1598 stond reeds op de zelfde plaats een Doelen, doch kleiner dan de tegenwoordige; zij wordt tot een logement verhuurd, en heeft het voorregt, dat aldaar de meeste publieke verkoopingen van vaste goederen gehouden worden. De groote zaal was vroeger ten dienste der Regering, doch werd bijna altijd aan den krijgsraad of tot het houden van klassikale vergaderingen of maaltijden vergund; ook is er eene kamer, die vroeger ten dienste der stads heerlijkheden was, gemeenlijk het Mathenesse-kamertje genoemd.

Vroeger bestond er te SCHIEDAM nog een St. Sebastiaans of Handboogsdoelen, welke in het zoogenaamde *Land-van-Belofte*, bij de Rotterdamsche-poort, stond, doch deze is in het jaar 1610 reeds afgebroken; ter plaatse, waar zij gestaan heeft, ziet men thans een burgerhuis.

Het gebouw Musis Sacrum, aan de *Lange-Haven*, van een sierlijk en fraai uitwendig voorkomen, is hoofdzakelijk bestemd en ingerigt tot het houden der bijeenkomsten van genootschappen, die zich op de beoefening der kunsten en wetenschappen toeleggen. De gelden tot den opbouw daarvan benoodigd, werden grootendeels uit vrijwillige bijdragen van eenige beoefenaars en begunstigers der schoone kunsten gevonden. De eerste steen van dit gebouw werd gelegd op den 10 Mei 1842 en op den 11 October van dat zelfde jaar werd het plegtig en feestelijk ingewijd. Aan den voorkant vindt men, op de tweede verdieping, eene ruime koffijkamer en onlangs bijgebouwde biljardkamer, welke vertrekken, voor zoo verre er geene vereenigingen van de vorenvermelde genootschappen in het gebouw plaats vinden, tot eene sociëteit gebruikt worden. Aan het einde van eenen breeden gang beneden, komt men in eene vestibule of portaal, hetwelk tot toegang verstrekt naar de concertzaal, nevens welke een tweede gang, naar eene afzonderlijke stemkamer leidt, die, met het, aan het eind der zaal gevonden wordende, orchest, door eene dubbele deur gemeenschap heeft. De zaal zelve heeft eene lengte van ruim 25 ell., eene breedte van bijna 8½ ell. en eene hoogte van ongeveer 8 ell., en loopt aan het einde ovaal rond toe; zij kan ruim 400 menschen bevatten, is inwendig eenvoudig, doch zeer net en doelmatig ingerigt, en is, bovenal uit het oogpunt der acoustiek beschouwd, voortreffelijk gebouwd, zoo dat, volgens getuigenis van bevoegde deskundigen, die vaak hunne bewondering hierover te kennen gaven, slechts zeer weinige localen van dien aard in ons Vaderland, in dit opzigt, met de zaal in Musis Sacrum wedijveren kunnen. Dit locaal dient, behalve tot concertzaal, ook tot vergaderplaats van de Leden des Schiedamschen Departements der Maatschappij: *Tot Nut van 't Algemeen*, en voorts tot het houden der bijeenkomsten van verschillende leesgezelschappen, tot locaal voor de zangschool, zijnde een uitvloeisel van het Departement der evengemelde Maatschappij, en meerdere soortgelijke vereenigingen en instellingen. In 1845 is de groote zaal mede tot schouwburg ingerigt, zijnde ten behoeve daarvan een uitmuntend tooneel en volledig stel decoratiën vervaardigd door den bekwamen Rotterdamschen Kunstschilder BEKKERS.

De Bank van Leening, over het *Oude-kerkhof*, ter plaatse waar vroeger het Beggijnhof stond, is van eenen ouden oorsprong. Men vindt daarvan reeds gewag gemaakt in het jaar 1316; zij wordt, te gelijk met een deftig woonhuis, door de stad verpacht.

Ook heeft men er eene Vleeschhal, aan het begin der *Boterstraat*, iets achterwaarts van het Raadhuis, waarboven de Heelmeesters vroeger hunne gildekamer hadden, welke kamer thans buiten gebruik is; eene Groote zeevischmarkt, aan de *Lange-Haven*, eenigzins binnenwaarts, zijnde een langwerpig, aan alle zijde open, houten gebouw, dat op pilaren rust en rondom met baliën van de straat is afgescheiden; eene kleine of Scheveningsche zeevischmarkt, aan de breede *Marktsteeg*; een fraai Zakkedragers huisje, met een torentje en luiklok voorzien, op de *Schie*; een ruim Exercitiehuis, gewoonlijk de Drilschuur genoemd, in het *Groenwegje*, ten dienste der schutterij, in 1775 gebouwd, met een koepel voor de Officieren en een groot plein, later gediend hebbende tot kazerne, thans ingerigt tot bergplaats; het Wachtlokaal, dienende tot verblijf voor de policiewacht en staande op den hoek van het *Marktplein*; het Magazijn van Wapenen en kleeding voor de dienstdoende Schutterij aan de *Hoogstraat* niet ver van de *Kruisstraat*, ter plaatse waar vroeger het Stads-Boterhuis was, waarachter de stads Graanwijk gevonden werd, welke thans gesloopt en verkocht is en tot eene branderij behoort.

De Stadstimmerwerf is bij de *Vlaardinger-poort*, en aan den *Maas-dijk* heeft men een Kruidmagazijn. Het Postkantoor is in de *Overmaassche-steeg*.

De Hervormden hebben te SCHIEDAM twee kerken: de Grootekerk en de Gasthuiskerk. De Grootekerk of St. Janskerk staat aan de *Nieuwstraat* en *Lange-Kerkstraat*. Tot den opbouw werd besloten, dewijl de eerste parochiekerk, waarvan hiervoor melding is gemaakt, naar het schijnt klein en gebrekkig was. Vóór de Reformatie was zij aan de gedachtenis van den H. JOHANNES *den Dooper* toegewijd. Aan haren opbouw heeft men, vermoedelijk door gebrek aan geld, om haar te kunnen voltooijen, 90 jaren gearbeid; hare eerste grondslagen werden reeds gelegd in het jaar 1335, doch zij werd niet voor den 24 Junij 1425 plegtig ingewijd. Behalve een hoog altaar, ter eere van de H. *Drievuldigheid*, bestonden er in deze kerk ten minste drie vikarijen, als die van de *Veertig Martelaren*, die van den H. *Apostel* PETRUS, de H. URSULA en alle de *Heiligen*. Voorts was er een altaar van *Onze Lieve Vrouw*, door het Onze Lieve Vrouwen gilde gesticht, een altaar van St. OSMERUS en een van den H. *Geest*. In het koor der kerk stonden eertijds twee kapellen; in de eene was eene prachtige marmeren tombe, ter eere van de H. Maagd LIDWINA, alhier in 1433 overleden; zij was begraven aan den voet van een altaar aan de H. Drievuldigheid gewijd, onder eene zerk, met hare beeldtenis, en de vier zinnebeelden der evangelisten in de hoeken, versierd; de tombe is reeds lang vernield, en de kapel in eene consistoriekamer veranderd, terwijl de zerk, elders in de kerk is verplaatst. De andere kapel was op de begraafplaats der Heeren VAN SPANGEN. Tot aan den opstand der Hollanders en Zeeuwen, ter afschudding van het Spaansche juk, bleef deze kerk in het bezit der R. K. Eerst in 1572, toen de stad door de troepen van LUMEY in bezit genomen werd en de meeste R. K. haar dien ten gevolge verlaten hadden, had de eindelijke overgang der kerk aan de Hervormden plaats. Zij heeft eene lengte van ongeveer 48 ell. en eene breedte van nagenoeg 24 ell. Zij is van eene gothische bouworde, bedekt met een driedubbel dak, hetwelk, behalve op de muren, op twee rijen, ieder van twaalf pilaren, rust. De glazen der kerk waren vroeger fraai beschilderd met de wapens van Dekens en Hoofdlieden der gilden, Officieren der burgerij enz., doch die aan de noordzijde zijn door eene geweldige hagelbui verbrijzeld en die aan de zuidzijde wegens bouwvalligheid der ramen weggenomen. Het koor is van den beuk der kerk afgescheiden door een houten beschot, waarin twee groote dubbele deuren zijn. De predikstoel is fraai gebeeldhouwd en versierd met de beelden der vier Evangelisten. Het orgel, dat oud en van eenen onbekenden maker is, heeft een fraai en krachtig geluid, en een sierlijk uiterlijk voorkomen; vroeger hingen daarnevens vele gilden en wapenborden, welke in het jaar 1795 zijn opgeruimd. Aan ieder der drie transen hing eene rij fraaije koperen kroonen, waarvan die in den middentrans, zijnde de grootste, bij onderscheidene gelegenheden aan de kerk ten geschenk waren gegeven. Deze kroonen zijn onlangs weggenomen en vervangen door toestellen om olielampen aante-hangen. Behalve onderscheidene gebeeldhouwde zerken op de oude familiegraven, leest men aan eenen pilaar, nabij het orgel, een sierlijk in hardsteen uitgehouwen grafschrift, ter eere van Mr. Cornelis Haga, den eersten Afgezant van den Staat bij de Ottomanische Porte, die alhier, benevens zijne gemalin, ten jare 1655, begraven is, welk grafschrift aldus luidt:

Deo Triuno s. *Cornelii Hagae Viri illustris qui Constantinopoli annos* XXVIII *Legatione fungens post in suprema Hollandiae Selandiaeque curia Praeses Foris ac domi et de patria bene meritus fuit et Alethae Brasseriae Spectatae Virtutibus matronae quae cum conjuge* XXXII *annos pie et peramanter vixit Haghae defunctorum intra eundem annum animabus coelo redditis. Hic ubi a sacro Baptismate primum ille spiritum hausit ex utriusque voto mortales conduntur exuviae, dum immortales resurgant. Nat. Ille* XIↃLXXVIII *Jan* XXVIII *Haec* XIↃLXXIX. *Denat. Ille* XIↃCLIV *Aug.* XII *Haec* XIↃCLV *Julii* XXIV *Terra utrisque levis sit qui graves nemini fuerunt omnibus benigni memoriae p. p. communes amborum Haeredes A. D.* XIↃCLVI.

(d. i. Den drieëenigen God gewijd. Van Cornelis Haga, een beroemd man, die acht en twintig jaren te Konstantinopel, als Gezant, naderhand als President van den Hoogen Raad van Holland en Zeeland, zoo buiten- als binnenslands, het vaderland aan zich verpligt heeft, en van Aletha Brasser, eene vrouw voortreffelijk door hare deugden, die met haren echtgenoot twee en dertig jaren vroom en liefdevol geleefd heeft, binnen het jaar te 's Gravenhage zalig ontslapen, is hier, waar hij den heiligen doop ontving, op beider verlangen, het sterfelijk overschot begraven tot zij onsterfelijk herleven. Hij was geboren den 28 Januarij 1578, zij in 1579. Hij overleed den 12 Augustus 1654, zij 24 Julij 1655. De aarde drukke beide zacht, die voor niemand hard, maar voor allen weldadig waren. Beider gemeenschappelijke erfgenamen hebben dit gedenkteeken opgerigt).

De hoofdingang tot deze kerk is door de torendeur, onder den grooten stadstoren, welke ten westen tegen de kerk aangebouwd is. Deze is een niet zeer sierlijk vierkant gebouw, in Gothischen stijl; vooral de spits, welke de kenteekenen draagt van later aangebragt of vernieuwd te zijn, is zeer smakeloos en in verhouding tot het ligchaam van den toren, veel te klein. Op den toren zijn een goed, slaande en spelend uurwerk en een uitmuntend klokkenspel van 38 klokken; voorts drie groote luiklokken, stemmende in het accoord van *ut mineur*, de grootste slaat op het heele uur, stemt in groot C, weegt omtrent 5600 ponden en is gegoten in 1519, de tweede, zijnde de brandklok, stemt in groot E mol, weegt ruim 3500 pond en is vervaardigd in 1455; de derde, zijnde de werkklok, slaat op het half uur in groot G, weegt 2000 pond en is gegoten te Amsterdam in 1710. De toren heeft eene hoogte van 38.29 ell. van den beganen grond tot den omloop en van 15.69 ell. van den omloop tot het uiterste einde van den bal, boven de spits. Ter wederzijden van den toren staan de Stadswaag en de woning van den klokkenluider. Het kerkhof achter de kerk, wordt thans niet meer gebruikt, hebbende de stad een stuk gronds buiten de Overschiesche-poort, op de zoogenaamde Burg-van-Mathenesse tot een nieuw kerkhof aangelegd.

De Gasthuiskerk op de *Hoogstraat*, vroeger de St. Jakobskapel geheeten, is gesticht, naar men meent, in 1250, tot eene kapel of bedehuis van het Gasthuis van dien naam. Toen Schiedam in 1274, tot eene stad verheven werd, deed vrouw Aleid van Henegouwen, weduwe van Jan van Avesnes, hare leenvrouw, die kapel tot eene kerk inrigten, welke daarna in 1288, door haren zoon, Graaf Floris V, als zoodanig nader bevestigd en met onderscheidene voordeelen en inkomsten begiftigd is. In deze kerk, werd tot in 1572 de R. K., doch sedert dien tijd de Hervormde godsdienst geoefend. Bij het ontstaan eener afzonderlijke Waalsche gemeente, werd zij door Burgemeesteren aan deze ten gebruike afgestaan, om daarin des Zondags morgens godsdienstoefening te houden. Nadat deze gemeente echter, in 1827, opgeheven is, wordt zij door de Nederduitsche Hervormde en de Evangelisch-Luthersche gemeente gebruikt. De Hervormden verrigten daarin alleen hunne avondgodsdienstoefening en houden er, gedurende een gedeelte van het jaar, hunne vroegpredikatiën; terwijl de Evang. Luth. er des morgens gebruik van maken. Deze kerk was vroeger slechts eene zaal van het gasthuis, met eene gaanderij. Na de verbouwing van dit gasthuis, welke in het jaar 1786 plaats had, is deze zaal een fraai kerkgebouw geworden, hetwelk 21.97 ell. lang en 17.57 ell. breed is. De kerk is inwendig zeer net en zindelijk en voorzien van eene, langs drie kanten rondgaande, vrij ruime gaanderij, op pijlaren rustende; op de gaanderij aan den westkant, is een tamelijk goed orgel, met één handklavier en een aangehangen pedaal, twee blaasbalken, twaalf stemmende en twee stomme registers, vervaardigd in 1775, door H. H. Hess, Orgelmaker te Gouda. Het dak rust op vier zware Corinthische zuilen en de voorgevels zijn bijna geheel van arduinsteen; zij is voorzien van eenen houten toren met een slaand uurwerk. Vóór het gebouw is een ruim vierkant plein, door een ijzeren hekwerk van de straat afgescheiden. Eene der belendende kamers van het gasthuis is tot consistoriekamer ingerigt.

Ook de Christelijke Afgescheidene gemeente heeft te Schiedam hare eigene kerk gehad, het eerst, in den jare 1839, in een daartoe ingerigt gebouw aan de *Westvest*. In 1840 kocht men het locaal van den voormaligen schouwburg, met den aangrenzenden tuin, waarop een predikantshuis, gebouwd werd; in 1841, werd in de onmiddellijke nabijheid van dit huis eene kerk gebouwd; deze werd, zoo als men zegt, ligt en digt opgetrokken; zeer breed en hoog, bestond zij alleen uit zijmuren van één steen dik, met steunpilasters, waarop een dak van ééne spanning rustte zonder pilaren. Het gevolg hiervan was, dat, even nadat de romp voltooid, de muren van binnen bepleisterd en de zolder behoorlijk gestucadoord was, bij eenen harden oostenwind, den 29 October 1841, des avonds te half 10 ure, de geheele achtergevel met groot gedruisch naar binnen stortte; de zijmuren hadden hierbij dermate geleden, dat men die, den volgenden dag, met houten schoren begon te ondersteunen. Weldra werd de achtermuur weder opgetrokken, ter dikte van twee steenen; toen men ter halve hoogte gevorderd was, woei, den 18 November daaraanvolgende, weder een gedeelte van den zijmuur af; den 29 der zelfde maand was alles weder hersteld. De kerk bleef bij voortduring sporen van hare slechte bouwing vertoonen, zoodat, in den zomer van 1842, de reeds twee malen opgebouwde achtergevel, die zeer begon te scheuren, afgebroken en andermaal versterkt moest worden. Eindelijk is de kerk, te gelijk met het voormalige predikantshuis, in 1845, in het openbaar verkocht, en eerstgemelde onmiddellijk daarna gesloopt, en de grond tot tuin aangelegd.

De gemeente, die, in den laatsten tijd, eerder af dan toegenomen is, houdt thans hare godsdienstoefeningen in de groote zaal van het Proveniershuis, daartoe door Regenten van dit gesticht verhuurd.

De Evangelisch-Lutherschen verrigtten vroeger bunne godsdienst in eene kleine kerk, aan de *Schie-* of *Koningstraat*, weleer door de vereenigde Vlaamsche en Waterlandsche Doopsgezinden gebruikt. Doch deze gem. ten eene male vervallen zijnde, is de kerk, na eenige jaren te hebben ledig gestaan, door de stads Regering aan de Evangelisch-Lutherschen ten gebruike aangewezen. Deze kerk werd, den 8 Mei 1757, door den Haarlemschen Predikant Christianus Carolus Henricus van der Aa, tot een bedehuis der Evangelisch-Lutherschen plegtig ingewijd. In 1759, hebben eenige leden der Amsterdamsche gemeente aan deze kerk eenen nieuwen predikstoel geschonken, en heeft de Schiedamsche gemeente een kerkorgel aangekocht. Sedert het jaar 1827, verrigt zij echter hare godsdienstoefeningen in de Gasthuiskerk, terwijl de voormalige Doopsgezinde kerk thans dient tot eene linnenweverij.

De allereerste geheime zamenkomsten der R. K. te Schiedam, na de Reformatie, hadden plaats, zoo men zegt, onder Nieuwland; kort daarop in een huis op de *Korte-Haven* en in de kapel van het St. Lidewij-konvent, het Huis-te-Poort genaamd, aan *den Dam*, en daarna, bij de afscheiding van de doorgaans zoogenaamde Jansenisten, welke in het bezit van het Huis-te-Poort bleven, in een ruimer lokaal, insgelijks op de *Korte-Haven*, iets nader bij de sluis, aan hetwelk het pastoorshuis grensde, dat zijnen voorgevel op den Dam, regt tegen over het Huis-te-Poort, had. Ten gevolge van het steeds toenemen der gemeente, vooral door vele Duitschers uit de kwartieren van Munster en Paderborn, welke zich hier met der woon nederzetteden, en destijds, bij voorkeur, gebruikt werden, om in de branderijen te werken, werd de kerk aan de *Korte-Haven* te klein, weshalve deze, in 1775, zoo veel de plaats zulks toeliet, vergroot en uitgebreid werd, en men eindelijk, in het jaar 1822, besloot tot de bouwing van de tegenwoordige Roomsch-Katholijke kerk, staande aan de *Lange-Haven*. De kosten voor den opbouw dezer nieuwe kerk zijn grootendeels door de Leden der R. K. gemeente bijeengebragt, hoewel ook door aanzienlijke Leden van andere gezindten geldelijke bijdragen daartoe gedaan zijn. Het is een trotsch, ruim en sierlijk gebouw, aan de voorzijde prijkende met eene kolonnade en frontispice in Dorischen stijl, gedekt met een Italiaansch leijen dak, voorzien van eenen houten vierkanten toren in Ionischen stijl, hebbende twee luiklokken en een slaand uurwerk. De eerste steen aan deze kerk werd gelegd den 7 Maart 1822. Zij was voltooid en werd ingewijd ter gedachtenis van den H. Joannes *den Dooper*, den 15 November 1824. De inwendige vorm is langwerpig vierkant, bestaande uit twee zijbeuken met kruiswelven en eenen middelbeuk met groot welf, gedragen door 14 kolommen in Ionischen stijl. De kerk heeft eene lengte van 45, eene breedte van ongeveer 25 en eene hoogte van omtrent 19 ell. binnenwerks. In de kerk zijn geplaatst drie altaren, twee kleine in de zijbeuken, waarvan het eene is toegewijd aan de H. Maria, het andere aan den H. Josefh. Het groot altaar, zijnde een op kolommen rustende boog in Corinthischen stijl, is geplaatst in den middenbeuk, en heeft eene mahonijhouten tabernakel, waarin rust een prachtig venerabile, voorstellende de arke des verbonds, door vier Levieten gedragen en opgeluisterd door eenen kostbaren, met smaak aangebragten, krans van brillanten. Boven de kleine altaren zijn geplaatst twee schilderijen van ANTONIUS VAN IJSENDIJCK, voorstellende de *Geboorte van den Zaligmaker* en de *Opdragt in den tempel*; deze stukken worden door kunstkenners zeer geroemd. Voorts vindt men in de kerk, welke door seventien groote toogramen ruim verlicht is, onderscheidene beelden en eenen mahonijhouten predikstoel, waarop het beeld van den H. JOHANNES geplaatst is, en een zeer welluidend orgel, in 1825 vervaardigd door W. REEKERS, te Utrecht. Aan den ingang der kerk vindt men, op eene verhevenheid met steenen trappen, een marmeren doopvont, afgesloten door een sierlijk ijzeren hekwerk, waarop men in vergulde letteren de tekst van MARCUS 16, vs. 16 leest. Tegen den achtergevel der kerk, aan de *Hoogstraat*, is in 1845 eene nieuwe pastorij gebouwd, die fraai en doelmatig is ingerigt; de oude pastorij, staande aan de *Lange-Haven*, is sedert ingerigt tot een R. K. liefdehuis en bewaarschool.

De Roomsch-Katholijken van de Bisschoppelijke Clerezy, bij de scheuring, in het jaar 1694, in het bezit zijnde van de kapel van het konvent van St. Lidewij, genaamd het Huis-te-Poort, hebben deze kerk steeds behouden; zij staat aan *den Dam*, ingaande in de zoogenaamde *Papensteeg*. Deze kerk, welke aan God is toegewijd onder de bescherming van den H. JOHANNES *den Dooper*, wiens beeld, benevens dat van de H. LIDEWIJ, daarin gevonden wordt, heeft eene lengte van 19½ ell. en eene breedte van 6½ ell. en is van tijd tot tijd vernieuwd en hersteld, zoo dat zij in- en uitwendig een net en zindelijk aanzien heeft. Men vindt daarin een altaar, en een klein, doch vrij goed orgel, in 1784 vervaardigd door J. P. RUNCKEL, te Rotterdam.

Vóór dat de St. Janskerk gebouwd was, hadden de R. K. hier nog eene kerk, onder de bescherming van de H. MARIA *de Moeder Gods*, van de H. MARIA MAGDALENA en van *Alle Heiligen* gesteld. Het is onbekend waar zij gestaan heeft, maar men vindt opgeteekend, dat EZONDUS, Bisschop van Tours, in het jaar 1271, aflaat van één jaar verleende, aan diegenen, welke voortaan op Zondag voor ST. JAN *den Dooper*, en in de daaraan volgende week, aldaar ter kerk zouden komen, en aalmoezen geven, ter voltooijing der kerk, welke op eenen kostbaren voet was aangelegd, en, zonder dezen geldelijken bijstand, onvoltooid zou hebben moeten blijven. Van hier ontstond er jaarlijks eene groote toeloop van menschen, welke met vermakelijkheden eindigde, en tot de kermis aanleiding gaf, gelijk die nog kort geleden steeds in de week na ST. JAN gehouden werd. Ten gevolge van eene plaats gehad hebbende verschikking, wordt deze kermis, sedert het jaar 1845, gehouden in de eerste week van de maand Julij.

Ook bestond hier vroeger in de dertiende eeuw nog eene kapel, gesticht door vrouw ALEID VAN HEEMSKERK, moei van FLORIS V, Graaf van *Holland*. Zij toch bepaalde, door bemiddeling van haren zoon FLORIS, en onder approbatie van den Graaf, den 24 December 1283, dat er te SCHIEDAM eene nieuwe kapel zoude worden gesticht, even als de kerk aldaar onder de bescherming van MARIA MAGDALENA en *Alle de Heiligen* gesteld, waarin zij eenen Priester zoude bezoldigen, uit de opbrengst harer landerijen en regten, met 10 ponden Hollandsch (7 guld. 50 cents) 's jaars, mits deze, na haar overlijden, nevens eenige andere plegtigheden, jaarlijks op haren geboortedag, eenige zielmissen voor haar zoude lezen. De plaats, waar deze kapel gestaan heeft is niet bekend.

Men had te SCHIEDAM oudtijds ook vijf vrouwenkloosters, als het St.-Ursula-klooster op het *Kerkhof*, thans de Latijnsche school;

het St.-Lidewij-konvent, op den *Dam*, thans de kerk der Roomsch Katholijken van de Oude Clerezij; het St.-Annaklooster, bij de *Noord-Molenstraat* in de daarnaar genoemde *St.-Anna-Zusterstraat*, dat thans dient tot pakhuis; het konvent-van-Liliëndaal, op den *Achterweg*, nu het Hervormde-Weeshuis, en het Begijnhof, ten zuiden van de St.-Janskerk, ter zijde van het Oude-klooster van St.-Ursula, zich zuidwaarts uitstrekkende tot aan de zoogenaamde *Laan* over het siekenhuis, welke gebouwen thans gedeeltelijk zijn ingerigt tot Bank van leening, gedeeltelijk tot woonhuizen.

Nog had men te SCHIEDAM een Kruisbroedersklooster, hetwelk, volgens het vroeger vrij algemeen aangenomen gevoelen, zoude gestaan hebben buiten de *Kethel-poort*, ofschoon het waarschijnlijker is, dat het in het zoogenaamde *Land-van-Belofte*, in het *Broersveld*, nabij de Broersvest gestaan heeft, en dat deze straten daarvan hunnen naam hebben ontleend; ter plaatse, waar het alzoo zoude gestaan hebben, ziet men thans burgerhuizen.

Tot Israëlietische bijkerk is thans ingerigt de bovenverdieping van het Wachtlocaal, op den hoek van de *Markt*, aan de stad in eigendom toebehoorende en door deze daartoe afgestaan; vroeger oefenden de Israëlieten hunne godsdienst in een burgerhuis in het *Broersveld*, dat in de vorige eeuw tot dit gebruik was ingerigt. Het was een klein, eenvoudig gebouw, dat niets opmerkenswaardigs bevatte en thans weder tot burgerhuis dient.

Onder de weldadige gestichten noemen wij vooreerst het St. Jacobs-gasthuis, op de *Hoogstraat*, zijnde een der oudste gestichten van SCHIEDAM, zelfs wil men, dat het ouder is dan de stad zelve. In het jaar 1286 stelden Schepenen van SCHIEDAM of, zoo als het destijds heette, van den NIEUWENDAM of SCHIEDAM, eene opzettelijke belasting in, daarin bestaande, dat van elken poorter, die stierf, hetzij binnen of buiten de stad, het beste kleed aan het gasthuis moest komen. Deze belasting, welke onder de benaming van het *Opperste kleed* bekend was, is sedert dien tijd in stand gebleven, hoewel niet zonder vaak aanleiding te geven tot hooggaande geschillen met hen, die zich daaraan wilden onttrekken. Aangezien echter ten laatste de welgezinden de belasting, voor eene door hen naar willekeur te bepalen som, afkochten en de onwilligen er zich geheel aan onttrokken, is zij in het jaar 1843, op verzoek van Regenten over het gesticht, van regeringswege voor goed afgeschaft. Dit gasthuis was oorspronkelijk vooral ten behoeve van zieke, verarmde of bejaarde zeelieden opgerigt, maar diende weldra, even als de gasthuizen op andere plaatsen, tot velerlei einden. Het werd een toevlugt voor allen, dien het aan een geschikt verblijf ontbrak. In de zestiende eeuw ontaarde het gedeeltelijk in een Proveniershuis. Tegenwoordig is het grootendeels een Bestedelingshuis, waarin oude of gebrekkige menschen van beide kunnen, tegen betaling van eene bepaalde wekelijksche toelage, opgenomen, gevoed en verpleegd worden. Thans bevinden er zich een en negentig bestedelingen in, doch er is plaats voor honderd tien. Dit gasthuis is in het jaar 1786 afgebroken en in de plaats daarvan een veel fraaijer gebouw, naar de Corinthische bouworde, gesticht. Het hoofdgebouw is de reeds beschrevene gasthuiskerk en de zijvleugels zijn de zalen en vertrekken van het huis; het open plein, tusschen de zijvleugels en vóór de kerk, is door een ijzeren hek aan de Hoogstraat gesloten en dient tot wandelplaats voor oude lieden en zieken. Op de kerk staat een torentje, met klok en uurwerk.

Het vorige Stads-ziekenhuis stond buiten de stad, aan den *Singel*, tusschen de Rotterdamsche en Overschiesche poorten. Daar dit echter zeer gebrekkig was en bouwvallig begon te worden heeft het stedelijk bestuur, in het jaar 1837, het tegenwoordige Ziekenhuis, op den grond van de voormalige Algemeene begraafplaats, tegen over de *Laan*, doen bouwen. Het gebouw, waarin men komt door eenen gang, met eene poort aan den *Achterweg*, naast het Hervormde weeshuis, is uitwendig zeer sierlijk en inwendig doelmatig ingerigt en kan zeventig zieken bevatten.

Het Hervormde Weeshuis, op den *Achterweg*, dat, in het jaar 1605, was gebouwd op de plaats, waar vroeger het konvent van Liliëndaal gestaan had, is afgebroken en in het jaar 1779 geheel nieuw opgebouwd. De zalen zijn ruim, en daarachter is een groote tuin. In de kamer van Regenten is eene fraaije schilderij, de vier Regenten en den binnenvader van het huis verbeeldende, in het jaar 1700, door eenen wees, Jan Patmr genaamd, geschilderd. Men heeft in dit huis een locaal, vroeger tot kerk ingerigt en thans dienende tot schoolvertrek voor de weezen, van welke er thans zeven en veertig verpleegd worden. Dit ruime en luchtige gebouw is van eenen toren met slaguurwerk voorzien.

Het R. K. Weeshuis, ook veeltijds het Armhuis genaamd, en staande aan de Noordzijde van de *Hoogstraat*, niet ver van de Rotterdamsche-poort is den 7 Mei 1774 gesticht. Het gebouw is uitwendig zeer eenvoudig, en inwendig, hoezeer eenigzins bekrompen, vrij doelmatig ingerigt. Het getal der daarin verpleegd wordende weezen is thans 33. Vóór dat dit gebouw gesticht was werden de behoeftige weezen van R. K. ouders, even als de Hervormden in het Weeshuis van deze laatsten geplaatst en te gelijk met de anderen in de godsdienst onderwezen of zij werden hier en elders besteed.

Het Proveniershuis, even buiten de *Overschiesche-poort*, was vroeger een Leprozenhuis. In het jaar 1635, werd het, door bijvoeging van een stuk lands, van de stad ten geschenke ontvangen, vergroot en in 1758, door de toenmalige Regenten, geheel vernieuwd en tot het tegenwoordige ruime en schoone gebouw ingerigt. Het bestaat uit een achterhuis en een dertigtal woningen, langs de Schie en de straat gebouwd, welke door een voorgebouw, waarin de poort gevonden wordt, en dat, gelijk het achterhuis, drie verdiepingen hoog is, aan elkander gehecht worden. In het achtergebouw vindt men eene Regentenkamer, keuken enz., benevens eene groote eetzaal voor de Provenieren, welke thans tot kerk voor de Christelijke Afgescheidene gemeente gebruikt wordt. Het middelplein, vroeger een tuin, is nu tot bleek ingerigt. Dit gesticht is, even als de meeste van dien aard hier te lande, in de laatste halve eeuw zeer achteruitgegaan en heeft, vooral door de beruchte tiercering der Hollandsche Staatsschuld, in zijne financiele aangelegenheden veel te lijden gehad, zoodat het al spoedig daarna aan de aangegane voorwaarden niet meer kon voldoen. De laatste commensaal is daarin opgenomen den 1 November 1808. Thans zijn er geene Provenieren meer in en is het beheer over het gesticht, ingevolge het deswege door de Regenten gedaan verzoek, in het begin van 1846, overgegaan aan het algemeen armbestuur. De woningen worden op den gewonen voet bij de week verhuurd en de opbrengst daarvan besteed tot aflossing der schuld, welke het gesticht nog aan de stad heeft.

Het Hofje-van-Belois, in de *Noord-Molenstraat*, werd in 1501 (volgens anderen in 1589) gesticht door Huybrecht Korsse of Corstiaanse.

burger van SCHIEDAM en Ambachtsheer van *Belois*. Het bestaat uit een twintigtal woningen of huisjes, rondom een vierkant bleekveld gebouwd, waarop zij het uitzigt hebben. Dit gebouw werd gesticht voor oude vrouwen, aan welke, behalve vrije woning, op gezette tijden van het jaar eenige levensmiddelen en brandstoffen gegeven werden. Later kocht men zich in dit hofje voor eene grootere of kleinere som gelds, naar gelang van den ouderdom, waarvoor men, gedurende zijn leven, vrije inwoning in een der huisjes en de zelfde voorregten genoot. Toen zich eindelijk geene genoegzame koopers voor de openvallende huisjes opdeden, begon men die eenvoudig bij de week te verhuren. De zelfde HUYBRECHT KORSSE schijnt later eene tweede dergelijke inrigting gesticht te hebben, bestaande uit vijf huisjes in de *Kreupelstraat*, welke nog bestaat, en in onderscheiding van het hiervoren gemelde Hofje, het Buitenhofje-van-Belois wordt genoemd. In dit laatste werden zoo wel mannen als vrouwen geplaatst. Men meent op vrij goede gronden, dat het zoogenaamde Oude-Vrouwenhuis, dat te SCHIEDAM zoude bestaan hebben, en waarvan in zekere oude documenten melding wordt gemaakt, niet anders is geweest, dan het hiervoren gemelde Binnen-Hofje van Belois, door HUYBRECHT KORSSE gesticht.

Behalve de hiervoren gemelde thans nog aanwezige, hebben in SCHIEDAM vroeger nog de navolgende Godshuizen en inrigtingen van Liefdadigheid bestaan, als het Heilige-Geesthuis, het Leprozenhuis, het Oude-Mannenhuis, het Pesthuis en het Blaauwhuis of Vrouwen-Verbeterhuis.

Het Heilige-Geesthuis is een der oudste Godshuizen van SCHIEDAM geweest, heeft gestaan *Achter den Raam* zoogenaamd, *Achter de Stoof*. Waarschijnlijk was het een gebouw, dat door de Heilige-Geestmeesters gebruikt werd ter plaatsing van armen en weezen. Reeds in 1405 vindt men van deze instelling gewag gemaakt, het blijkt niet tot wanneer zij bestaan heeft, men gist tot in 1598, als wanneer de eerste pogingen tot het oprigten van een weeshuis zijn aangewend, aan hetwelk de bezittingen en inkomsten van het Heilige-Geesthuis meestendeels zijn overgegaan. Ter plaatse, waar het voormalige Heilige-geesthuis gestaan heeft, ziet men thans burgerhuizen.

Het Leprozenhuis heeft gestaan buiten *de Overschiesche-poort*, ter plaatse, waar men het tegenwoordig Proveniers-huis vindt. Het is vermoedelijk vóór of in 1482 gesticht, omdat de lijst der Leproosmeesteren, welke nog bestaat, met dat jaar begint. Tot het jaar 1620 diende dit huis tot herberging der zoogenaamde of ware melaatschen. Na dien tijd, dewijl de melaatschheid geheel ophield te bestaan, is het ingerigt tot een Proveniers-huis.

Sommigen hebben aangenomen, dat er te SCHIEDAM een tweede Leprozenhuis zoude bestaan hebben en wel ter plaatse van het St.-Anna-zusterhuis, op het *Slootje*, doch dit schijnt eene dwaling te zijn, welligt daaruit voortgesproten, dat het beheer van het St-Annaklooster, in 1594, aan Leproosmeesteren vervallen is.

Het Oude-Mannenhuis werd gesticht in den jare 1564, krachtens testamentaire beschikking van zekeren MR. SERVAAS PIETERSZ. FABRI VAN DE HOOGEWERFF, die de benoodigde gelden tot oprigting van dit gasthuis uit zijnen boedel had besproken. Daarin moesten verpleegd worden, in de eerste plaats: de tot armoede vervallene bloedverwanten des stichters; voorts, de schamele reeders der stad SCHIEDAM en eindelijk, in geval van geen genoegzaam getal van dezen, de schamele stuurlieden en bootsgezellen of andere burgers dier stad. Het gesticht stond in de *Lange-Kerkstraat*, tegen over het koor der groote kerk en was een zeer eenvoudig gebouw, zonder eenig uitwendig aanzien. De toestand schijnt vroeger zeer gunstig geweest te zijn, zoodat het zelfs eens gelden aan de stad verstrekt heeft tegen den penning 12. Langzamerhand en vooral na de tiercering der staatsschuld is dit gesticht achteruitgegaan, zoodat het, om in stand te kunnen blijven, belangrijke subsidiën en geldelijke voorschotten van de stad genoten heeft. In 1835 is de laatste bestedeling daarin overleden en op den 18 Februarij 1843 is het gebouw, bij publieken verkoop, aan de stad in eigendom overgegaan, die het kort daarop, uithoofde van bouwvalligheid, heeft doen sloopen. Ter plaatse, waar het gestaan heeft, ziet men thans een open grond. Het nagenoeg levensgroote afbeeldsel van den stichter Mr. Servaas Pietersz. Fabri van de Hoogewerff, in olieverw geschilderd, wordt op het raadhuis bewaard.

Het Pesthuis aan de *Noord-Molenstraat*, ten Westen van het Hofje van Belois, was gesticht in 1570, in een huis, van het St. Annaklooster gekocht. Tot onderhoud daarvan bestond zekere belasting, door alle herbergiers, slijters, tappers enz. en door de koornwijnbranders voor iederen ketel te betalen, welke belasting in de vorige eeuw afgeschaft is. Na het verdwijnen der pestziekte hier te lande, is dit gesticht van bestemming veranderd; in het laatst der vorige eeuw diende het tot eene wolspinnerij en is naderhand als bijzonder eigendom tot verschillende einden gebruikt.

Het Blaauwhuis of Vrouwen Verbeterhuis, was vroeger bestemd tot opsluiting van krankzinnige en zedelooze vrouwen en stond aanvankelijk in de *St. Anna-zuster-straat*. Uit hoofde van bouwvalligheid werd het in 1765 verkocht en afgebroken en bouwde men een nieuw ruim, prachtig Blaauwhuis aan de *Lange-Nieuwstraat*, waar dit gebouw thans nog gevonden wordt. Vroeger is ten behoeve van dit gesticht eene speciale belasting geheven geworden van de botervaatjes en van de tapperijen en slijterijen, welke belasting in den jare 1795 is afgeschaft geworden. Dit gesticht heeft zijne bestemming behouden tot in het jaar 1841, als wanneer het, ingevolge de bepalingen der wet van 29 Mei van dat jaar, als gesticht voor krankzinnigen is opgeheven moeten worden. Het is daarna ingerigt tot een Verbeterhuis of verblijf voor dezulken, die, wegens wangedrag als anderzins, krachtens een regterlijk gewijsde, geconfineerd moeten worden. Aan deze bestemming, uithoofde van het weinige gebruik dat daarvan gemaakt werd, niet beantwoordende, hebben Regenten van het gesticht, na daartoe bekomene magtiging van de hooge Regering, het gebouw, met alle aanhoorigheden, op den 1 Mei 1846, bij onderhandschen verkoop aan de stad in eigendom overgedaan, welke een gedeelte van het achtergebouw tot eene nieuwe Stadsarmenschool heeft doen inrigten, in afwachting om aan de ruime localen van het voorgebouw insgelijks eene nadere bestemming ten algemeenen nutte te geven.

Verdere liefdadige inrigtingen zijn: de Magistraats armenkamer, dienende tot bedeeling der Algemeene Armen; de Commissie tot uitdeeling van soep in den winter; eene Commissie tot uitdeeling van levensmiddelen, brandstoffen enz.; Dorkas, zijnde eene in 1840 door eenige vrouwen uit den fatsoenlijken stand opgerigte vereeniging, ten doel hebbende, om aan hulpbehoevenden de noodige kleedingstukken uit te reiken, met ruim 70 leden; eene Afdeeling van het Nederlandsch-Bijbelgenootschap, met 65 leden, en 40 begunstigers; eene Afdeeling van het Nederlandsch-Zendelinggenootschap, met 15 leden; eene Afdeeling van het Nederlandsch-Traktaatgenootschap, met 35 leden, en eene Subcommissie der Maatschappij van Weldadigheid, met 66 leden; eene werkplaats van liefdadigheid en tien zieken- en begrafenisbussen.

Onder de wetenschappelijke inrigtingen, welke te SCHIEDAM bestaan, verdient melding de Latijnscheschool, tot welker oprigting, bij giftbrief van ALBRECHT VAN BEIJEREN, Graaf van *Holland*, van 20 Mei 1394 (volgens anderen reeds in 1346 door Keizerin MARGARETHA), vergunning is verleend. Het is een ruim gebouw, staande ten Oosten van de Groote of St.-Janskerk, ter plaatse, waar vroeger het st. Ursulaklooster stond. In het jaar 1734 is, zoowel de school als het woonhuis van den Rector, dat van onderscheidene vertrekken voorzien is, geschikt om kostscholieren te huisvesten, aanmerkelijk verbeterd en vernieuwd. Boven den afzonderlijken ingang naar de school vindt men in hardsteen uitgehouwen:

Qui bene paruerit
Imperabit melius.
Ao. 1634.
Vernieuwd 1734. A. v. D. B..

(d. i.: die wel heeft gehoorzaamd, zal te beter bevelen. In het jaar 1634. Vernieuwd 1734. AREND VAN DEN BERG). De school verkeert thans in geen bloeijenden staat. Er wordt door eenen Rector en eenen Onderwijzer in de wiskunde aan zes leerlingen onderwijs gegeven.

Ook heeft men er eene Stads Teekenschool, op de *bovenzaal van de koopmansbeurs*, opgerigt den 1 Maart 1820, waar twee Onderwijzers aan 90 leerlingen onderwijs geven in de handteekenkunde en 25 in de bouwteekenkunde, deels tegen betaling eener geringe geldelijke bijdrage, deels geheel kosteloos.

Er bestaat mede een Departement der Maatschappij: *Tot Nut van 't Algemeen*, dat den 30 November 1797 is opgerigt en ongeveer 150 gewone en 5 honoraire leden telt. De daartoe behoorende Volks-Leesbibliotheek is opgerigt in het jaar 1801, en na door den brand van het beursgebouw, waar zij vroeger bewaard werd, in September 1840 geheel vernield te zijn, in 1841 op nieuw geopend. Zij bezit thans 626 boekdeelen, meerendeels door de leden des Departements, na den bewusten brand ten geschenke gegeven, of uit de daartoe door hen geleverde bijdragen aangekocht. Van dit Departement zijn nog uitgegaan eene Spaarbank, opgerigt den 4 Januarij 1820; eene Bewaarschool, geopend den 6 November 1843, door een getal van 120 kinderen bezocht wordende, en eene Zangschool, den 4 Januarij 1845 geopend, op welke thans ruim 80 leerlingen onderwijs genieten.

Voorts heeft men nog te SCHIEDAM een Physisch Genootschap, opgerigt den 26 Januarij 1825, bestaande uit 13 leden, en een Toonkunstig Genootschap, onder den naam van *Overeenstemming uit kunstgevoel*, opgerigt den 15 November 1831, en ruim 60 leden tellende. Voorheen was er ook eene Vrijmetselaarsloge, de *Rijzende zon* genaamd, die voor ongeveer veertig jaren is te niet gegaan; het destijds tot loge ingerigte locaal, in de *Lange-Nieuwstraat*, is thans een burgerhuis.

Vroeger hebben te SCHIEDAM ook bestaan twee Rederijkkamers of Kamers van Rhetorica, welke in het begin der achttiende eeuw, te gelijk met de meeste dier instellingen hier te lande, zijn te niet gegaan. De eene had tot blazoen **eene roode roos**, met het devies: *Aanziet de jonkheid;* de andere had tot blazoen **een vijgenboom**, met het omschrift: *'t Soet vergaren.* De eerste schijnt onder de wetenschappelijke inrigtingen van dien aard, hier te lande, eene eerste plaats bekleed te hebben en dikwerf de prijzen, op de door andere kamers uitgeschrevene prijsvragen en gehouden wedstrijden, behaald te hebben.

Men heeft te Schiedam eene **Stads-Hollandsche-, Fransche-, Engelsche- en Hoogduitsche-Kostschool** voor jonge heeren, met 40 leerlingen; eene **Stads-Hollandsche- en Fransche Kostschool** voor jonge jufvrouwen, met 50 leerlingen; eene **Stads-Tusschenschool**, met 300 leerlingen; eene **Stads-Armenschool** met 700 leerlingen; zes bijzondere **scholen**, met 400 leerlingen; twee **Bewaarscholen**, met 300 kinderen; eene **Zondagsschool**, met 40 leerlingen, zijnde deze laatste een uitvloeisel van de alhier gevestigde afdeeling van het Nederlandsche Bijbelgenootschap.

Schiedam is de geboorteplaats van de H. Lidewy of Liduina, welke beroemd was om de wonderen, die zij zoude verrigt hebben. Zij was geb den 15 Maart 1380, † in 1433 en werd heilig verklaard in 1616. Voorts heeft Schiedam de volgende beroemde mannen zien geboren worden:

De Godgeleerden: Jan van Schiedam, † in 1378, als Collator Praebendarii en Kanunnik van de Lieve-Vrouwenkerk te Dordrecht, Martinus van Schiedam, † in 1400, als Prior in een Karthuizer-klooster nabij Utrecht; Gerardus van Schiedam, † in 1445, als Prior van het Karthuizer-klooster der *H. H. Apostelen* nabij Luik en Johannes Claessen, gedoopt 21 October 1770, † 29 November 1846, als emeritus Hoogleeraar in de Godgeleerdheid te Leyden.

Den Kruidkundige: Florentius Schuyl, geb. 15 Maart 1619, † September 1669, als Hoogleeraar in de Genees- en Kruidkunde aan de Hoogeschool te Leyden.

Den Latijnsche Letterkundige: Jan Marius Hoogvliet, geb. 6 Mei 1800, † 26 Julij 1855, als Rector der Latijnsche school te Delft.

De Nederduitsche Dichters: Mr. Pieter Leonard den Beer, geb. 3 October 1771, † 5 Januarij 1850, en diens broeder Mr. Jacobus Catharinus Cornelis den Beer Poortugael, gedoopt 12 Februarij 1775, † in 1815

De Staatsmannen: Barend Pieter Gulderkerst, een der onderteekenaars van de acte, waarbij Filips II, Koning van *Spanje*, den 26 Maart 1581, als Regent dezer landen werd afgezworen; Mattheus Willemsz Muylwijk, die in 1596 in Gezantschap naar Christiern IV, Koning van *Denemarken* werd gezonden; Pieter Maartensz Croy, die in 1609 als Zaakgelastigde van de Staten Generaal der Vereenigde Nederlanden naar Salé vertrok; Cornelis Haga, geb. den 28 Januarij 1578, † den 12 Augustus 1654, als Voorzitter van den Hoogen Raad van Holland en Zeeland, na Ambassadeur aan de Hoven van Stokholm en Konstantinopel te zijn geweest, en Mr. Willem Nieupoort, geb. 1607, † 2 Mei 1678, in 1653 Afgevaardigde tot den Vredehandel met Cromwel en later Ambassadeur in Engeland.

De Krijgs- en Zeehelden: Salomon van der Hoeven, Kapitein op een der schepen van de Watergeuzen, welke, den 1 April 1572, Brielle innamen; Adriaan Maartensz Carman, Boekhouder op een Groenlandsvaarder, die, in 1636, met zeven matrozen zich vrijwillig aanbood, om op Groenland te overwinteren, ten einde aldaar, ten dienste

[illegible] vischerij naauwkeurige onderzoekingen in het
[illegible] in [illegible] met alle zijne lotgenooten omkwam; Kornе-
[illegible] die als Scheepskapitein in den driedaagschen zee-
[illegible] tegen de Engelschen, in 1652, wonderen van dapperheid verrigtte;
[illegible] die in 1666, als Gezagvoeder van het schip de
[illegible] een groot Engelsch oorlogschip van 54 stukken veroverde en
[illegible] binnen bragt, en in het zelfde jaar in den zeeslag tus-
[illegible] Bois, die, in 1672,
[illegible] sneuvelde; Klaas de Bois, die, in 1672,
[illegible] aanval der Engelschen op de rijk beladen Smirnasche
[illegible] hielp afslaan; Gerard Bruyne van der Dusse, Vice-
[illegible] Holland en West-Friesland, waartoe hij in 1705 werd
[illegible] de Luitenant ter zee Pieter Brekmer, geb. 30 Oc-
[illegible] 19 October 1825, na, bij onderscheidene gelegenhe-
[illegible] moed te hebben aan den dag gelegd.
[illegible] Johannes Petrus Heyligers, geb. 8 Augustus
[illegible] Schilder [illegible]
[illegible] 23 Januarij 1836.

[illegible] de geschiedenis niet onvermaard gebleven. De
[illegible] welke men onder het bestuur van Jan II,
[illegible] vermelding, welke men onder het bestuur van Jan II,
[illegible] van Schiedam gemaakt vindt, is bij gelegenheid
[illegible] Hollandsche Edelen en poorters tegen de Vlamin-
[illegible] 1304, onder 's Graven zoon Willem van Oostervant,
[illegible] bestuur dezer landen was opgedragen, nadat de Graaf
[illegible] vertrokken was. De verzamelplaatsen des legers waren
[illegible] Vlaardingen, van waar het naar Zierikzee scheep ging,
[illegible] de Vlamingen bloot lag.
[illegible] tegen de Vlamingen liep ongelukkig af: zij behaalden de over-
[illegible] geheel Zeeland en ook geheel Holland, met uit-
[illegible] van Dordrecht en Haarlem, die, getrouw aan Graaf
[illegible] en de Brabanders buiten hielden. Doch het was
[illegible] slechts, welke Schiedam, nevens de andere steden, de
[illegible] had doen innemen, want naauwelijks was, na
[illegible] Witte van Haamstede te Zandvoort en na zijne over-
[illegible] Manpad aan den Haarlemmerhout, het teeken tot den
[illegible] of die van Schiedam betoonden zich niet achterlijk in
[illegible] den vijand, tegen welken hier ter stede, als bijzonder
[illegible] van Avesnes gehecht, zulk een haat bestond, dat
[illegible] de Vlamingen hielpen doodslaan en verdrijven. Toen,
[illegible] van zaken, de Vlamingen andermaal eenen inval in
[illegible] en Zierikzee belegerden, zond Koning Filips *de Schoone*
[illegible] belangrijke vloot herwaarts, tot bijstand der Hol-
[illegible] onder het bevel van den Admiraal Reinier Gar-
[illegible] en den Onderbevelhebber Jan Paydroge, welke uit
[illegible] andere schepen bestond. Intusschen riep Willem
[illegible] een aanzienlijk leger uit Holland, Utrecht en Friesland
[illegible] en met de Fransche hulp tegen den vijand op
[illegible] bij Schiedam weder voor de verzamelplaats. Spoe-
[illegible] krijgslieden van alle plaatsen herwaarts en waren deze
[illegible] vóór er nog iets van de Fransche hulptroepen
[illegible] Daar Willem het echter niet raadzaam oordeelde
[illegible] hij zich met zijne bondgenooten vereenigd had,
[illegible] te Schiedam wachten, terwijl inmiddels aldaar ook
[illegible] van Holland bijeenkwam, welligt om den nieuwen
[illegible] en met hem over de belangen van het Vader-
[illegible] Nadat men drie weken gewacht had, verscheen
[illegible]

eindelijk Grimaldi met de zijnen op de Maas, tot groote vreugde der te Schiedam vergaderde menigte. Zoodra men de Fransche vloot zag, begaf men zich aanstonds scheep, en liet de Bevelhebber, den 25 Julij 1304, alle zeilen bijzetten om spoedig met zijne troepen over de Maas te komen. Een hevige westenwind belette hen aanvankelijk voort te komen, en dreef de vaartuigen met zulk eene woede terug, dat eene Haarlemsche kage daarbij verging. Willem hield echter vol, en bereikte Geervliet na verloop van driemaal vier en twintig uren. Hier vereenigde hij zich met de Franschen, met wie hij, den volgenden dag, gezamenlijk naar Zierikzee stevende.

Toen Jonker Frans van Brederode aan het hoofd der Hoekschen, in November 1588, Rotterdam had bemagtigd, liet hij, den 4 December, onder Cornelis van Treslong, eenen uitval naar de zijde van Schiedam doen. Met 150 man trok deze, in den vroegen morgen, tot onder de vesten dier stad, als om de burgers tot den strijd uit te dagen. Naauwelijks hadden de Schiedammers het Hoeksche krijgsvolk van de wallen ontwaard, of zij oordeelden het pligtmatig, zoo veel mogelijk, den verderen voorgang te beletten, en den vreedzamen landman tegen de Rotterdamsche stroopers te beschermen. Aanstonds maakte men zich dus tot eenen uitval gereed, en, na verloop van eenige oogenblikken, trok eenig krijgsvolk de poort uit. Niettegenstaande den spoed, welke de Schiedammers gemaakt hadden, waren de Rotterdammers, toen eerstgemelden buiten de stad kwamen, reeds tot op eenen grooten afstand terug geweken, en werden alleen de laatste hunner nog, bij het slot Starrenburg, op den dijk, welke een gedeelte van den Ouden-Maasdijk uitmaakte, bespeurd. Die van Schiedam snelden ijlings derwaarts en vielen met luid geschreeuw op de vijanden aan, die na eenige worsteling langzaam langs den dijk terug weken tot voorbij Starrenburg. De Schiedammers volgden hen, en waanden den vijand weldra geheel te zullen verslaan, toen zij plotseling door eenen troep Hoekschen, die zich in de boomgaarden van Starrenburg verscholen had, in den rug werden aangetast. Nu hervatteden ook de gewaande vlugtelingen den strijd met nieuwen moed, zoodat de Schiedammers, bemerkende dat zij in eene hinderlaag gelokt waren, zich genoodzaakt vonden, over heggen en sloten, het naar Schiedam te ontvlugten. Zij lieten hierbij zes dooden en twaalf gevangenen achter, terwijl men zegt, dat de Hoekschen, wier list had gezegevierd, slechts zeven gekwetsten hadden. Deze oordeelden het overbodig de vlugtenden achter na te jagen, maar keerden in vreugde met de gevangenen en eenen grooten buit, welken zij op de weerlooze landlieden gemaakt hadden, naar Rotterdam terug.

Het hinderde den Schiedammers zeer, dat zij in dit gevecht, onder hunne wallen, door list verschalkt en geslagen waren. Geen wonder dus dat zij er steeds op bedacht waren, om den geledenen hoon uit te wisschen en den vijand wederkeerig eenen slag toe te brengen. Toen dus 300 man der Hoekschen, na het slot IJsselmonde te hebben ingenomen, met 24 schepen de Maas afzakten, voorbij Schiedam en Vlaardingen tot voor Maasland, om daar hunne gewone bezigheid van moord en plundering te hervatten, meenden de Schiedammers andermaal tegen de onruststokers de kans te moeten wagen. Nikolaas van Wittenhorst werd dus, met eenig volk, dat hier in bezetting lag, doch van een groot getal burgers vergezeld, in de noodige vaartuigen afgezonden, om de Hoekschen op de Maas den terugkeer te beletten, en hun zoo mogelijk het geroofde weder te ontnemen. Tusschen Schiedam en Vlaardingen ontmoetteden de vijandelijke schepen elkander. Er ontstond een allerhevigst gevecht, waarin van beide zijden met grooten moed gestreden werd. Gedurende twee uren bleef de kans onbeslist, doch na dien tijd kregen de Rotterdammers de overhand. Nogmaals trof het ongeluk de Kabeljaauwschen, die, met de bitterste teleurstelling over het mislukken hunner lofwaardige pogingen, en met verlies van twee schuiten, naar de haven van SCHIEDAM de wijk moesten nemen. Het getal hunner dooden wordt niet genoemd, doch de Rotterdammers verloren twaalf manschappen en een roeijagt, dat in den grond geboord was. Des namiddags ten vier ure kwamen de plunderaars met eenen aanzienlijken buit, in hun roofnest terug.

Gedurende al deze onrust zat MAXIMILIAAN niet stil. Terwijl de Hoekschen roofden en brandschatteden, verzamelde hij eenig Geldersch en Cleefsch krijgsvolk, trok daarmede naar Holland, en hield te Leyden eene vergadering van alle de steden en Edelen, waarop hij, in welsprekende taal, ten dringendste vermaande, eendragtig met hem aan de gruwelen der Rotterdammers paal en perk te stellen. Onmiddellijk hierop werd er eene algemeene heervaart over geheel Holland beschreven en Delft voorloopig tot vergaderplaats bestemd. Om strijd kwamen de burgers van alle steden daar met den meesten spoed bijeen. Die van SCHIEDAM echter bleven natuurlijk in hunne stad, om haar tegen de Rotterdammers te beveiligen, altijd brandende van verlangen, om zich over de geledene nederlagen te wreken. Het verwoeste Delfshaven kwam hun thans voor, een geschikt punt op te leveren, om de Rotterdamsche troepen te verschalken, en hen, die zich door list hadden gevreesd gemaakt, met gelijke munt te betalen. Tusschen de verbrande huizen door, baanden zij eenen gelijken weg en groeven daarin eenige diepe kuilen, welke zij zorgvuldig met dunne latten, rijzen, riet en stroo bedekten. Hierover strooiden zij eenig ligt puin, om ter gelegener uur den vijand in deze lagen te lokken. Tevens bereidden zij, achter de overgeblevene muren en tusschen de puinhoopen, eenige plaatsen, geschikt ter verberging van eenig krijgsvolk. Terwijl men hiermede bezig was, verspreidde zich spoedig het gerucht te Rotterdam, dat er Schiedamsch volk te Delfshaven lag, om de Rotterdammers, die zich buiten de stad waagden, te overvallen en op te ligten. Men moest hen verjagen en zond daartoe den Hoofdman GERARD ROOFTAS, met honderd vijftig man, in vier roeijagten, de Maas af, om dit ten uitvoer te brengen. Toen zij te Delfshaven kwamen, zagen zij niemand; voeren zorgeloos de haven binnen en stapten aan wal. Het scheen hun toe, dat de plaats verlaten was, toen zij zes of zeven mannen gewaar werden, die, op hunne verschijning, langs de haven de vlugt namen. Gretig op buit, joegen zij hen onverwijld achterna, weinig vermoedende, dat het hun hier even zoo vergaan zou, als vroeger den Schiedammers op den dijk, bij Starrenburg. Alzoo tot aan de sluis of de kolk voortgespoed, stortte op eenmaal de Hoofdman ROOFTAS in eenen diepen kuil en dertig der zijnen trof op den zelfden oogenblik een gelijk lot op andere plaatsen. De vlugtenden hadden de overdekte putten altijd weten te vermijden en vielen nu, te gelijk met de troepen, welke achter de bouwvallen verscholen waren, op de Rotterdammers aan, die, voor zoo veel zij nog op vrije voeten waren, ijlings naar de schepen terug vlugtten, maar die niet bereikten, dan met verlies van vele manschappen, die door het gedurig schieten der vervolgende Schiedammers getroffen werden. Behalve den Bevelhebber ROOFTAS, verloren de Hoekschen hierbij 60 dooden of gekwetsten. Die in de putten gevallen waren, en ten halve lijve in den modder staken, werden er met veel moeite uitgetrokken en gebonden met de gekwetsten naar Schiedam gevoerd. Roostas werd naar Delft aan Maximiliaan gezonden.

Niettegenstaande deze nederlaag waren de Rotterdammers weldra, door de behoefte aan levensmiddelen, genoodzaakt, nieuwe strooptogten te ondernemen. Thans waren het de dorpen van Overmaas, welke men zich tot prooi had uitgekozen, waar men het dan ook niet bij het plunderen en berooven van de dorpen Rhoon, Poortugaal en het huis te Valkenstein liet, maar bij den terugtogt nog vele huizen en schuren in brand stak. Door de vlammen der brandende huizen en schuren verwittigd van de plaats, waar de vijand zich bevond, staken eenige schepen, met krijgsvolk, de Maas over, en overvielen de jagten, bij welke slechts weinig volk ter bewaking was achtergebleven. Vier van deze vielen den Schiedammers in handen, terwijl de bewakers zich op de overige vijf redden, door aanstonds, zoodra zij zagen, dat er te Schiedam eenige schepen van wal staken, sterk roeijende naar Rotterdam te vlugten. Nu stapten ook de Schiedammers aan land en ontmoetten de roovers met den buit weldra op den dijk. Er ontstond een hevig gevecht; de Rotterdammers werden van den dijk gedrongen en op de vlugt gejaagd, doch thans kon geen hunner de wel verdiende straf ontkomen, want die het staal des krijgsvolks ontweek viel in de handen der boeren. Allen sneuvelden of worden doodgeslagen of gevangen genomen, en er ontkwamen er geene, dan de weinigen, die met de jagten het gevecht ontvloeid waren.

Men ziet uit het vermelde, dat zich destijds, behalve de burgers, ook vreemd krijgsvolk van Maximiliaan in Schiedam ophield. Het is ons niet bekend, wanneer het hier gekomen zij, doch het is zeker, dat het zich slecht met de burgerij verstaan kon. De zeden en gewoonten der vreemdelingen kwamen zoo weinig met die der Hollanders overeen, dat zij zich moeijelijk naar elkander schikken konden; daarbij bestond er, bij het Nederlandsche volk, een natuurlijke haat tegen alle vreemde soldaten, en waren deze mede zeer ontevreden, dat alle de beste huizen door de burgers tot verblijfplaatsen werden ingenomen, en zij zich bekrompen behelpen moesten. Het kwam dus spoedig tot wederzijdsche oneenigheden, scheldwoorden, vechtpartijen en verwondingen, ja zelfs tot doodslagen en eindelijk tot verraad. Drie ruiters, met namen: Jan van Nijmegen, Gerard van Houten en Albert van Kleef speelden hierbij eene hoofdrol. Zij namen het vaste besluit, niets onbeproefd te zullen laten, om de stad den Rotterdammers in handen te spelen. Het scheen hun niet geraden toe, ten einde met den vijand in verstandhouding te treden, regtstreeks over te loopen. Het kwam hun beter voor, gehechtheid aan de zaak der Kabeljaauwschen voor te wenden, en inmiddels met de Hoekschen te beraadslagen. Daarom wisten zij eene of andere zending buiten de stad te bekomen, en lieten zich, bij gelegenheid daarvan, in schijn door die van Rotterdam gevangen nemen. Toen zij zich namelijk op den weg tusschen Overschie en Delfshaven bevonden, kwam hun een troep Rotterdammers, onder Willem Willemsz., te gemoet, die hen aanhield, en, zonder eenigen tegenstand te ondervinden, gevangen nam. Te Rotterdam gekomen, werden de gevangenen aanstonds voor den Stadvoogd gebragt, die begeerig was eenige bijzonderheden, aangaande de krijgstoerustingen van Maximiliaan, te vernemen. Hierdoor bevonden zij zich in de gelegenheid, aan Brederode, in het geheim, hun voornemen en hunne bereidvaardigheid, om hem te dienen, bekend te maken. Zij verhaalden, dat

Maximiliaan des morgens veel volk naar Schiedam had gezonden, dat Overschie reeds zwaar bezet en versterkt was, en dat er, den volgenden dag, vele burgers der Hollandsche steden uit Delft naar Schiedam zouden trekken. Eindelijk verzekerden zij hem, dat, indien Brederode hen weder op vrije voeten wilde stellen, zij hem de gelegenheid zouden verschaffen, Schiedam en de bezetting in zijne magt te krijgen. Omdat hun verhaal overeenkwam met hetgeen eenige verspieders berigt hadden, en om het belang van het voorstel, meende Brederode hun alle geloof niet te mogen weigeren. Hij liet hen gaan, beval hun de stipste geheimhouding aan, en gelastte zijn volk hen goed te behandelen, en den avond kosteloos, op eene vrolijke wijze, met hen door te brengen. Den volgenden morgen, tot een tweede verhoor toegelaten, gaven de drie ruiters aan Brederode de stellige verzekering, dat de meesten hunner makkers even zoo gezind waren als zij, en zetteden zij hem hunne plannen breedvoeriger uiteen. Inmiddels verzochten zij, dat men hen in geen kwade verdenking bij die van Schiedam zoude brengen. Zij stelden daarom voor, opdat hun wegblijven en hunne wijze van terugkomst geen argwaan zouden verwekken, dat eenige Hoeksche ruiters op zouden stijgen, en zich met hen, als gevangenen gebonden, op den weg tusschen Schiedam en Overschie zouden plaatsen, op den tijd, waarop het volk van Delft naar Schiedam kwam, dat deze ruiters dan in allerijl de vlugt moesten nemen, en hen alzoo in de verwarring in den loop laten. Zoo zouden zij, als gelukkig ontkomen, met het Delftsche volk, naar Schiedam terugkeeren, en hun uitblijven, met de gewaande gevangenschap, verschoonen. Voorts beloofden zij, dat één hunner aan Brederode telkens tijding zoude brengen van hetgeen er te Schiedam omging. Brederode nam natuurlijk groot genoegen in deze voorstellen, teekende de namen, de geboorteplaatsen en den ouderdom der verraders op, en liet hen op de verlangde wijze in vrijheid stellen. Twee hoofdlieden, met dertig ruiters, bragten de gewaande gevangenen over Delfshaven, achter langs het slot van Spangen, op den Overschiesche-weg, en wezen, te Delfshaven, zekeren hoek van een afgebrand huis aan, waar zij beloofden, den derden dag, een geschreven berigt van het voorgevallene te zullen nederleggen. — Nadat zij eenigen tijd op den weg naar Overschie vertoefd hadden, kwam een troep van honderd krijgsknechten op hen aan. De ruiters boden eenen geringen tegenstand, vloden weldra met eenen geveinsden schrik, en lieten, in de wanorde van hunne vlugt. de gevangenen achter. Aanstonds ontsloeg men hen van de boeijen, en de bevrijders en bevrijden vertoonden beide de grootste vreugde over deze verlossing. Te Schiedam was toen alles in beweging. Alle eenigzins geschikte huizen, kamers, schuren en stallen werden gereed gemaakt, tot herberging der burgers van de Hollandsche steden en der krijgsknechten, die nu dagelijks in menigte aankwamen, dewijl de stad, bij een later besluit, tot de algemeene vergaderplaats der krijgsmagt was bestemd geworden. In deze drukte werden alle de vreemdelingen, in het geheim, door de drie ruiters, tot verraad aangespoord, en vermeerderde hun verborgen aanhang dagelijks. De schutters, die hier in bezetting lagen, waren die van Haarlem, Leyden, Amsterdam, 's Gravenhage, Naarden, Muiden en Weesp, alle met de landlieden uit de omstreken hunner steden en onder hunne eigene plaatselijke banieren. Het opperbevel over hen was aan Willem van Boschuizen, Baljuw van Rijnland en eertijds Slotvoogd van Woerden, opgedragen. Ter verdediging der haven, en ter blokkering van Rotterdam, lagen er nog drie Lands oorlogschepen vóór de stad op de Maas. Het spreekt van zelven, dat, naarmate het misnoegen der vreemdelingen, door van Nijmegen en de andere heethoofden meer opgewekt, en de bezetting talrijker werd, ook de vechtpartijen tusschen burgers en soldaten toenamen. De Hoplieden der burgers beklaagden zich gedurig daarover bij de Bevelhebbers der soldaten, doch kregen slechts ten antwoord, dat men zulk ruitervoer zoo zwaar niet op moest nemen. Door deze handelwijze der Hoofden, liepen de twisten van hooger tot hooger, totdat er eenmaal zeven of acht schutters van Haarlem en Leyden door de ruiters vermoord werden. De stadgenooten der gedooden oordeelden het meer dan tijd, om zich over deze gruwelen bij Maximiliaan zelven te beklagen, die toen te Dordrecht was. Zij zonden eene deputatie derwaarts, met dringend verzoek, dat eene voorbeeldige strafoefening aan de ongeregeldheden der Gelderschen en Cleefschen een einde mogt maken. Maar ook de vreemde krijgslieden zonden eenen gezant naar Maximiliaan, en wel den reeds vroeger vermelden Nikolaas van Wittenhorst, die aan het hof in groot aanzien stond. Deze wist de slechte zaak der zijnen zoo schoon te verdedigen, dat de burgers met het antwoord, dat het krijgsvolk doorgaans ruw is, dat de zaak later onderzocht en de schuldigen gestraft zouden worden, werden teruggezonden. 's Hertogs uitspraak deed de baldadigheden der soldaten slechts toenemen. Nogtans men verdroeg die, niet vermoedende, dat het kwaad, hetwelk in het duister schuilde, het openbare zoo verre te boven ging. Eenmaal viel een troep van vijftig man der Schiedamsche bezetting, door het verraad der drie bovengenoemde ruiters, zonder slag of stoot, den Hoekschen, onder Beukelsdijk, in handen. Zoodra de gevangenen, die alle vreemdelingen waren, te Rotterdam kwamen, verklaarden zij zich bereid de partij der Hoekschen te helpen verdedigen. Van deze gelegenheid maakten van Nijmegen en van Houten, die onder de gevangenen waren, gebruik, om Brederode met den uitslag hunner kuiperijen bekend te maken. Zij berigtten hem, dat al de Cleefsche en andere buitenlandsche krijgslieden, die te Schiedam lagen, overeengekomen waren, om hem, op den 13 Februarij, des avonds ten negen ure, in de gelegenheid te stellen, de stad te overmeesteren. Alsdan zouden zij de poorters plotseling van binnen overvallen, en hen met de Rotterdammers, die tegelijk van buiten de stad moesten overrompelen, geheel ten onder brengen. Hiertoe was het noodig, dat eenige der gevangenen, onder eenen goeden schijn, weder werden losgelaten. Opdat echter deze loslating den oningewijden niet zonderling mogt voorkomen, liet Brederode aan al de gevangenen de keuze, om, of in zijne dienst te blijven, of zich vrij te koopen. De meesten, die van het verraad wisten, kozen toen het laatste, doch bleven natuurlijk in gebreke het bedongen losgeld te voldoen. Tot deze behoorde van Nijmegen, die de zaken te Schiedam, ter voltrekking van het plan, verder regelen moest; terwijl van Houten, met vier anderen van de zaak onderrigt, verkozen bij Brederode te blijven, om hem, bij den aanval, de zwakste punten der vestingwerken van Schiedam aan te wijzen, en het binnenrukken gemakkelijk te maken. Terwijl dus alles in gereedheid gebragt werd, oordeelde men het raadzaam, Brederode nogmaals van den juisten staat van zaken te Schiedam naauwkeurig berigt te geven, opdat de aanslag toch niet mislukken mogt. Ten einde sulks in het geheim te bewerkstelligen, moest men weder list te baat nemen. Een der slimste soldaten moest zich krankzinnig houden, en door dit middel, in het diepste geheim, aan Brederode eenen brief bezorgen. De ruiter, die deze rol moest spelen en daarin veel behagen schepte, werd des nachts voor den dag, welke tot de overrompeling van SCHIEDAM bestemd was, de stad uitgelaten. Des morgens ten vijf ure, toen het nog duister was, kwam hij in volle wapenrusting voor de Delftsche poort te Rotterdam, met een geschreeuw en geraas, alsof er een geheele troep voor de poort stond. Eerst lieten de wachten zulks onopgemerkt, doch toen hij onophoudelijk bleef razen, en daarenboven gedurig met zware steenen tegen de poort wierp, werden er twaalf manschappen uitgezonden, om naar de oorzaak van dit geweld onderzoek te doen. Deze vatteden zijn paard bij den toom en namen hem gevangen. Men bragt hem in het wachthuis, maar de ruiter gedroeg zich altijd even uitzinnig, sloeg allen, die hij bereiken kon, om de ooren, lachte nu eens, dat hij schaterde, en schuimbekte dan weder als een woedende. Hierbij riep hij, zonder ophouden, niets dan: „FRANS VAN BREDERODE wil ik zien! Ik wil *Jonker* FRANS spreken." Men trachtte hem te bedaren, doch te vergeefs; zijn geroep om den Stadvoogd hield aan, en wilde men zijne woede niet gestadig doen toenemen, zoo oordeelde men het noodig, aan zijn verlangen te voldoen. — Daar dit zonderlinge voorval, bij het aanbreken van den dag, de geheele bevolking uit nieuwsgierigheid in beweging bragt, beval BREDERODE, dat men den gevangene voor hem zoude brengen, en hem, overeenkomstig zijn verzoek, voor eenige oogenblikken met hem alleen laten. Zoodra de ruiter met BREDERODE alleen was, gaf hij hem te kennen, dat hij zich slechts krankzinnig geveinsd had, en dat hij hem berigt van zijne vrienden te SCHIEDAM bragt. Hij herinnerde hem aan den tijd, welke voor het begin van den opstand en den gelijktijdigen aanval van buiten bestemd was, en verzocht, dat GERARD VAN HOUTEN en de vier andere ruiters, die te Rotterdam gebleven waren, als wegwijzers den aanslag op SCHIEDAM zouden helpen ten uitvoer brengen, door het krijgsvolk, langs geheime wegen, tot digt onder de stad te leiden, om op het hooren van het afgesproken teeken, met het bestemde veldgeschreeuw, te gelijk van binnen en van buiten te kunnen aanvallen. Hierop openbaarde BREDERODE het geheim, waarin tot nu toe slechts zeer weinigen gedeeld hadden, aan alle zijne Krijgshoofden, en las hun den zoo even ontvangen brief voor. Acht honderd man werd daarop in gereedheid gebragt, die zich, omstreeks 8 ure in den avond van St. Valentijnsdag, in twee troepen verdeeld, de eene aan de Overschiesche en de andere aan de Rotterdamsche-poort, onder de wallen van SCHIEDAM moesten bevinden. Terwijl BREDERODE zich bij voorraad in de aanstaande uitbreiding van zijn gezag verheugde, waren de gemoederen der vreemdelingen te SCHIEDAM, wien het geheim steeds ongeduldiger maakte, geweldig aan het gisten. Met brandend verlangen wachtten zij den oogenblik af, waarop het oproer moest uitbarsten, en waarop zij hun gemoed aan de gehate burgers zouden bekoelen. Deze, die niets kwaads vermoedden, waren kalm en bedaard, doch vol moed, om iederen vijand, van waar die mogt opdagen, met kracht weerstand te bieden. Reeds naderde de avond, en naarmate de duisternis toenam, wies ook het ongeduld der verraders te sterker aan. Hunne Bevelhebbers trachtten hen te bedaren, voor de ontdekking des geheims schroomende, doch hunne pogingen, welke door geene openlijke daden, tot handhaving van hun gezag, konden ondersteund worden, baatten hun weinig. Zij, die aan de zaak, welke zij eenmaal voorstonden, ontrouw waren, kenden ook geen gehoorzaamheid aan Bevelhebbers, van wie zij geene straffen te duchten hadden. Ten 9 ure moest de aanval beginnen. Reeds waren er eenige der zamengezworenen op de wallen geplaatst, om, zoodra zij het Rotterdamsche krijgsvolk vernamen, met een zeker geschreeuw het teeken tot den opstand te geven. Daar worden zij ten 8 uren eene stem van buiten gewaar. Het ongeduld hoort daarin het veldgeschreeuw der naderende krijgslieden, en ijlings beantwoorden zij het met het afgesproken geroep. Nu was het teeken gegeven. Met dolle woede valt een groote troep ruiters, onder het geschreeuw van *al gewonnen! al gewonnen!* op de verblijfplaats der Haarlemmers aan. Zij beschieten hen van alle zijden met haakbussen en klovers, dringen er binnen, en in weinige oogenblikken greep er een hevig gevecht plaats, waaraan spoedig ook die Haarlemmers deelnamen, welke elders hun verblijf hadden, doch met den meesten spoed de hunnen ter hulpe snelden. Aanvankelijk meenden de ruiters in het welslagen van dezen eersten aanval alles gewonnen te hebben, doch weldra veranderde de kans. De Haarlemmers boden eenen moedigen tegenstand, en drongen hen hunne verblijfplaats weder uit. Intusschen waren de burgerijen van Leyden, Amsterdam, Delft en Schiedam, onder aanvoering van Willem van Boshuizen, mede op de been gekomen, en vielen onder het geroep van *Holland! Holland!* met zulk eene kracht op de onruststokers aan, dat spoedig de geheele opstand gedempt was. De verwachte hulp van buiten daagde niet op, zoodat niets hun ter redding overig bleef, dan de vlugt te kiezen. Gedurende deze woeling had van Nijenrode de beide gevangenen Joris van Brederode en Lapeltak uit hunne gevangenis geholpen, om zich bij de Bevelhebbers der opstandelingen te voegen. Met het mislukken der onderneming vlugtten zij de hoofdpoort uit, en verborgen zich daar buiten in eene schuur onder het hooi. Nadat zij daar den geheelen nacht in de grootste angst hadden doorgebragt, trachtten Brederode en Lapeltak, in den vroegen morgen, met een schuitje over de Maas naar Rotterdam te ontvlugten, doch werden, even buiten de haven, door den Bevelhebber der op de Maas geposteerde schepen, Barthold Ruyter, aangehouden en andermaal gevangen gezet. Van Nijenrode zelf hield zich, den geheelen volgenden dag, in zijnen schuilhoek verborgen, tot hij des avonds, door den bijstand eener boerin, in vrouwen kleederen vermomd, in een bootje over de haven werd gezet, en verder te voet naar Rotterdam ontkwam. Vele der oproerlingen waren dadelijk de Rotterdamsche-poort uitgevlugt, welke zekere Aalbert van der Kolk met buskruid had laten openspringen. Toen te Schiedam het oproer ten 8 in plaats van ten 9 ure uitbrak, hadden de Hoekschen Rotterdam nog naauwelijks verlaten. Te Delfshaven gekomen, hoorden zij een geweldig en aanhoudend schieten, en vermoeden daaruit, dat de aanslag ontdekt was. Zij zonden dus eenen der Schiedamsche ruiters op verkenning vooruit, die spoedig met de vlugtenden het berigt terug bragt, dat de zaak verloren was, dat hij zelfs, een groot getal heftig vervolgde ruiters van den stadswal in de gracht had zien springen. Men besloot dus terug te trekken, en nadere tijding af te wachten, welke hun eerst den volgenden avond gewerd, bij monde van den loozen van Nijenrode. Het is niet bekend, hoevele ruiters in dezen opstand gesneuveld, verdronken of gewond zijn. Zeker echter was het getal aanmerkelijk. De gekwetsten, zegt men, stierven meestendeels in de gasthuizen, ten gevolge van hunne onachtzame verzorging. De gevangenen, van wien het bewezen werd, dat zij kennis van het verraad hadden gedragen, werden openlijk met het zwaard onthoofd. De Haarlemmers hadden zeven dooden, waaronder de vaandeldrager; van de andere schutters waren er zes gesneuveld. Nikolaas van Wittenhorst, Hoofdman van

moest spelen en daarin veel behagen schepte, werd de[illegible]cht voor
den dag, welke tot de overrompeling van Schiedam be[illegible]ad, ge-
stad uitgelaten. Des morgens ten vijf ure, toen het [illegible]an waar
kwam hij in volle wapenrusting voor de Delftsche poo[illegible] naar Delft
met een geschreeuw en geraas, alsof er een geheele t[illegible] den hoogen
stond. Eerst lieten de wachten zulks onopgemerkt,
ophoudelijk bleef razen, en daarenboven gedurig [illegible]n de Rotter-
tegen de poort wierp, werden er twaalf mansc[illegible]ad, dat deze
om naar de oorzaak van dit geweld onderzoek te [illegible] onder beschut-
zijn paard bij den toom en namen hem gevang[illegible]n. Zoodra toch
het wachthuis, maar de ruiter gedroeg zich al[illegible]a de lucht kro-
allen, die hij bereiken kon, om de ooren, [illegible] den weg tusschen
schaterde, en schuimbekte dan weder als e[illegible]rtgaande en zwaar-
hij, zonder ophouden, niets dan: » Frans [illegible] dan na hunne be-
Ik wil *Jonker* Frans spreken." Men tra[illegible] werd dapper gevoch-
te vergeefs; zijn geroep om den Stadvo[illegible]esten daarvan werden
zijne woede niet gestadig doen toenemen [illegible] ware het niet, dat de
dig, aan zijn verlangen te voldoen. — [illegible] op het gestadig schie-
bij het aanbreken van den dag, de ge[illegible] gekomen en dapper geheid in beweging bragt, beval Brede[illegible]gelijk met de wagens
hem zoude brengen, en hem, overe[illegible] hierop trokken zij met
oogenblikken met hem alleen la[illegible] hadden, naar Over-
rode alleen was, gaf hij hem te [illegible] van Schiedam, tot een
zinnig geveinsd had, en dat hij [illegible] hadden in brand gestoken.
dam bragt. Hij herinnerde hem [illegible] uit Rotterdam, op
den opstand en den gelijktijdi[illegible] tweeden aanslag te kunnen
verzocht, dat Gerard van Ho[illegible] onderrigt, dat de stad
terdam gebleven waren, als [illegible] was, zoowel om de slechte
helpen ten uitvoer brengen, [illegible] ver van de huizen stond
tot digt onder de stad te le[illegible] was. Op St. Albert, d. i.
teeken, met het bestemde [illegible] Rotterdammers, onder beleid
buiten te kunnen aanva[illegible] van Brederode, Hendrik
waarin tot nu toe slee[illegible] van Wittenhorst en Willem van
Krijgshoofden, en las[illegible]ternis, hunne stad uit, lieten
derd man werd daar [illegible] over de Schie zetten, en ver-
in den avond van S[illegible]jk, tot het slot Spieringshoek,
aan de Overschiese[illegible] met nieuwe krachten Schiedam,
de wallen van Sc[illegible] tasten. Toevallig kwam er met het
voorraad in de [illegible]sch paardenvolk, dat gedurende den
de gemoederen d[illegible] zelfde plaats aan. Op het zien
ongeduldiger m[illegible]ngs naar Schiedam en kondigde daar
wachtten zij [illegible] werden alle de posten bezet, en
waarop zij h[illegible]thelpoort uitgezonden, om de Hoek-
niets kwa[illegible]speurende, dat hunne aanslag ont-
iederen [illegible] der Schiedammers weder langs den
bieden. [illegible] De Schiedammers zetteden hen ach-
wies [illegible] gewaar werden sloten zij zich digt bij-
tracht[illegible]heid af. Er had daarop een hard-
doch [illegible] veel bloed kostte, doch eindelijk ten
havi[illegible] de minsten in getal waren, afliep. Zij
nig [illegible] Rotterdammers, die hen nu op hunne
wa[illegible]ijfeld, te gelijk met de vlugtenden,
zij [illegible] indien de Schiedamsche burgerschut-
g[illegible], door van de wallen, met haken en

bussen, dapper op hen vuur te geven. Het getal der dooden was van beide zijden zeer groot, dat der gevangene Schiedammers, die naar Overschie werden gevoerd, bedroeg tachtig. Kort daarna werden de Schiedammers van hunne lastige buren verlost, door dien Brederode, den 26 Junij, Rotterdam verliet, om zich naar Sluis in Vlaanderen te begeven.

Salomon van der Hoeven, Baljuw van Schiedam, moest, omdat hij de meer gezuiverde leerbegrippen was toegedaan, in het jaar 1560, zijne dus genaamde ketterij boeten, met verlies van zijn ambt en eene zevenjarige gevangenis op de voorpoort van Holland, in 's Gravenhage. Sedert, hetzij door de vlugt, of op eenige andere wijze, zijne vrijheid bekomen hebbende, rustte hij een schip uit, hielp daarmede de Watergeuzen, de stad Brielle bemagtigen, en vond in het einde zijne vrijheidsliefde beloond, met het Baljuwschap van 's Gravenhage.

Na het bemagtigen van den Briel, gevolgd van dat van Delfshaven, lag Schiedam het eerst aan de beurt, als wordende het genoegzaam ingesloten gehouden, te meer, sinds ook de stad Delft Staatsche bezetting had ingenomen. Zonder slag of stoot ging Schiedam in 's Prinsen belangen over, nadat de Hertog van Alva de Spaansche bezetting daar uit geligt had, om die tot de belegering van Bergen in Henegouwen te gebruiken. Filips van Marnix, Heer *van St. Aldegonde*, voerde er, van 's Prinsen wege, in het volgende jaar bevel. Na het overgaan der stad aan de Staatsche zijde, begon men er ook aanstonds op de belangen van de Hervormde godsdienst bedacht te zijn. Het krijgsvolk van Barthold Entes had reeds eenen aanvang gemaakt met het beeldenstormen. Nog vóór het einde des jaars 1572 verzochten de Hervormden aan den Prins van Oranje, dat de kerken, van de nog overgebleven beelden, geheel mogten gezuiverd worden. Van den zelfden kant kwam aan Zijne Doorluchtigheid een verzoek, om onderhoud der Predikanten uit de geestelijke goederen der stad. Hierover ontstond eenig geschil, waarvan de afloop niet gebleken is, doch wel, dat de Hervormden, sedert in het ongestoord genot der oefening van hunne godsdienst zijn gebleven; alsmede, dat Willem I, reeds vroeg bevel gaf tot het onderhoud van twee Predikanten, uit de geestelijke goederen, uit welke zij jaarlijks vier honderd Jakobs guldens moesten trekken. Van dollen godsdienstijver, kort na de bekomene vrijheid, zag men in Schiedam, eerlang een aanstootelijk voorbeeld. Zekere Gerrit Jakobszoon van Vlaardingen, Roomsch Priester, meer dan zestig jaren oud, hield, na de nederlaag van het Roomsch geloof, zijn verblijf nog binnen Schiedam. Eenige baldadige soldaten kregen hiervan de lucht, in de maand Februarij des jaars 1574. Het zij uit eigen beweging, of door opstoken van anderen, vallen zij op zekeren nacht, in 's mans huis, slaan en mishandelen hem wreedaardiglijk, en laten hem voor dood liggen. Hij bekwam nogtans en des anderen daags, met een schuitje naar Delft gevoerd zijnde, overleed hij aldaar aan zijne wonden, na verloop van weinige dagen.

In de maand Augustus des jaars 1574 openden die van Schiedam hunne sluizen, om, door de overstrooming der landen, het ontzet der belegerde stad Leyden te helpen bevorderen. Omtrent anderhalf jaar later, te weten op den zeven en twintigsten Januarij 1576, kochten Burgemeester en Regeerders, in naam en ten behoeve der stad, van de Staten van Holland en Westfriesland, het baljuw- en schoutambt, nevens een jaar tollen van de varken- en paardenmarkten der stad. Drie maanden daarna bewilligde Schiedam in de unie of nadere vereeniging tusschen Holland en Zeeland, en gaf last aan CORNELIS JACOBSZOON FABRY, om die van stadswege te onderteekenen.

Soortgelijk een last werd, op den 5 Julij 1581, opgedragen aan BARENT PETERSZOON, Burgemeester, LEENDERT JORISZOON BETS, Vroedschap en Mr. WILLEM VAN DER MEER, Pensionaris, ter gelegenheid van de opdragt der hooge overheid van den Lande van Holland aan WILLEM, Prins *van Oranje*.

Het voorgevallene te Zutphen en Deventer, in het jaar 1586, veroorzaakte ginds en elders aanmerkelijk wantrouwen in het bewind van den Engelschen Landvoogd, Graaf VAN LEICESTER. Ter verhoeding, om niet even eens door verraad in de handen der Spanjaarden geleverd te worden, verzochten en verkregen die van SCHIEDAM van 'sLandsStaten verlof, om ter hunner verzekering, honderd waardgelders te mogen aannemen.

Omtrent dezen tijd was het onzinnig begrip, wegens het bestaan van heksen, tooverkollen en waarzegsters, ook tot SCHIEDAM doorgedrongen, en tot oneere en schande van die stad, stroomde te eenigen tijd, binnen hare muren het onschuldig bloed van sommige ongelukkigen, die onder verdenking van duivelskunstenarij vielen, of wier gekrenkt hersengestel hun deed gelooven, dat zij, met het hun aangetijgde vermogen, met er daad begaafd waren. Vijf vrouwspersonen, bij vonnis van den 25 Mei des jaars 1585, veroordeeld om gepijnigd te worden, beleden, met den duivel een verbond aangegaan, en, uit kracht daarvan, tooverij gepleegd te hebben, tot beschadiging van menschen en beesten. Ingevolge deser bekentenis, werden twee dier ongelukkigen levende, en twee andere, na alvorens geworgd te zijn, verbrand; de vijfde werd in de gevangenis geworgd gevonden. Behalve deze tooverkollen, van de ergste soort, vond men, onder de Schiedamsche wijven, velerhande waarzegsters, en zoogenaamde teemsdraaisters, die, uit het draaijen van eene teems of zeef, goed geluk wisten te voorspellen. Alle deze werden uit de stad gebannen. Eene der gewaande duivelskunstenaressen, in het einde van het jaar 1590, gevangen zittende, werd in den kerker, verworgd gevonden. Op rekening van den boozen geest werd dit feit gesteld, en het lijk der rampzalige dienvolgens, waardig gekeurd om tot asch verbrand te worden. De volvoering van dit belachgelijk vonnis geschiedde in de maand Februarij des jaars 1591. Gelukkiger voor de belanghebbenden was de uitslag van soortgelijk eene beschuldiging in den jare 1592, ingebragt tegen zekere MARIJTJE AARNDS, huisvrouw van JAKOB ADRIAANSZOON, die, om gewaande tooverij in hechtenis was genomen. De Baljuw der stad MELCHIOR WILLEMSZOON VAN WELBORE, nevens den Procureur-Generaal, veroordeelden haar om verbrand te worden. Van dit vonnis beriep zich de ongelukkige op het Hof, hetwelk vervolgens, op den 29 Februarij des jaars 1592, een vonnis streek, volgens hetwelk de gemelde MARIJTJE AARNDS, tot scherper onderzoek op de pijnbank moest gebragt worden. Doch dit vonnis had insgelijks geenen voortgang; na nog ruim drie maanden zittens, werd het volgens uitspraak van den Hoogen Raad, vernietigd, de gevangene op vrije voeten gesteld en de Baljuw van SCHIEDAM, nevens de Procureur-Generaal, verwezen in de kosten. Sedert hoorde men niet meer van het vangen en straffen van tooverkollen, door de Regering van SCHIEDAM.

Aanmerkelijke beweging ontstond er, in het jaar 1672, te SCHIEDAM, om de verheffing van Prins WILLEM III te bewerken. De Vroedschap WILLEM NIEUWPOORT, verdacht van 's Prinsen bevordering te willen tegenhouden, werd door het gemeen gevat en smadelijk gehandeld.

Men dreef de zaak door en liet welhaast de oranjevlag van den toren waaijen.

In den befaamden twist, over de werving van zestien duizend man troepen, in het jaar 1684, was SCHIEDAM de eenige stad, welke de zijde van Amsterdam hield. Zij deed eene aanteekening ter staatsvergadering, bij welke zij verklaarde, » het besluit op de werving te » houden voor nietig en krachteloos, als tegen het aloude gebruik » genomen zijnde, protesterende, wijders van al het onheil, hetwelk » er, in tijd en wijle, uit zoude kunnen rijzen, en de toestemming » niet kunnende geven, dat het ter Algemeene Staatsvergadering zoude » worden ingeleverd."

Eindelijk teekenen wij nog aan, dat de burgers van SCHIEDAM, even als van andere steden, gedurende de jaren 1747 en 1748, hunnen ijver betoonden, in het opstellen en ter teekening aanbieden van verzoekschriften over burgerlijke bezwaren, hoewel men later, dan in eenige andere steden, daarmede eenen aanvang maakte. De uitslag was hier de zelfde als elders. 's Prinsen Gemagtigden ontsloegen er de geheele Regering, doch herstelden haar wederom, op één lid na, hetwelk van zijnen post ontzet bleef. Tevens werd de vroedschap weder op vier en twintig vermeerderd.

Bij den hoogen vloed van November 1775 heeft SCHIEDAM en zijne omstreken ook veel van het water geleden. Even na tien ure des morgens, van den veertienden, moest het aldaar, volgens de gewone rekening hoog water zijn, doch het bleef bij aanhoudendheid wassen tot omtrent een uur na den middag, wanneer het de hoogte van zes voet boven het peil van hoog water, dat men hier gemeenlijk met bestendig weder heeft, bereikte. Daarop volgde eene ebbe, welke zoo tragelijk voortging en zoo kort van duur was, dat het water niet meer dan eenen voet zakte en dus nog vijf voet boven het gemelde peil bleef staan. — Men was alzoo hier, even als in onderscheidene andere plaatsen, ten uiterste bekommerd tegen den avondvloed, en het bleek dat men reden had, om zulk eene vrees te voeden, want het water wies daarbij nog een voet en anderhalve duim hooger dan het des morgens geweest was, zoodat het zeven voet en anderhalve duim boven het gewone hoog waterpeil stond. Het stroomde toen over de vloeddeuren van de buiten sluis en over de Frankenlandsche en Mathenesse dijken heen, zoodat er eene aanmerkelijke hoeveelheid waters in die polders stortte, waarbij nog kwam, dat de poort, naast de woning van zekeren JORIS HOOGENDAM, op het Schiedamsche Hoofd, door de kracht van het water verbroken zijnde, wegspoelde, waarna het zich door deze opening eenen weg baande, en in weinig tijds het geheele Nieuw-Frankenland overstroomde. — De dijk van Nieuw-Mathenes tusschen deze stad en Delfshaven, brak op zes onderscheidene plaatsen door, welke doorbraken te zamen eene lengte van 60 ell. hadden, en 2 ell. of 2½ ell. diep waren. Ook brak er in den Schinkeldijk, een gat van 11 ell. lang, en tusschen 2 en 3 ell. diepte, beneden den kruin van den dijk, waardoor de laatstgemelde polder en Oost-Frankenland, dermate overstroomd werden, dat het water tot aan de stad vloeide, en de tuinen, gelijk ook de Plantaadje onderliepen, zoodat men er met schuiten konde doorvaren. De oudste lieden konden zich niet herinneren, zulk eene overstrooming beleefd te hebben, dewijl het water toen 2 palm hooger was dan in het jaar 1682, en 5 duim hooger dan in het jaar 1717.

SCHIEDAM heeft ook rijkelijk gedeeld in de onlusten van de jaren 1786 en 1787; niemand is daar echter eenig aanmerkelijk leed wedervaren dan den Heer BERNARD JOHAN PIELAT VAN BULDERSW, eertijds Secretaris en naderhand Vroedschap dier stad, die der Patriottische gevoelens toegedaan, bij de omwenteling van het laatstgemelde jaar, voor eenen korten tijd het land ontweken zijnde, te SCHIEDAM wedergekeerd, dermate blootgesteld was aan de mishandelingen van het tegen hem opgeruide gemeen, dat hij ter naauwernood zijn leven in een naburig huis redde. Daar kreeg hij van de Regering last, om de stad onverwijld te verlaten; in welk geval zij hem vrij geleide zoude bezorgen, en zijn huis, vrouw en kinderen voor overlast beveiligen. Vruchteloos riep hij de bescherming der wetten in, met aanbod om de voornaamste belhamels op te geven, vruchteloos toonde hij aan, dat men, met die zelfde hem toegezegde magt, om zijn vertrek te beveiligen en de zijnen, nevens zijne goederen, te beschermen, ook in staat was, hem persoonlijke veiligheid te verschaffen en zekerheid, om zijne zaken in zijn huis waar te nemen. Anderwerf liet men hem aanzeggen, dat hij vertrekken moest. Onder het geleide eener ruiterbende werd hij veilig ter stad uit en naar het Hoofd gebragt, doch men weigerde volstrekt eenig onderzoek in het werk te stellen, naar hen die hem moeite wilden aandoen. Even vruchteloos riep deze van have en huis verwijderde burger, na zijne afzetting, bij eenen brief, de bescherming in, welke den Stadhouder, bij de volmagt der regeringsverandering door de Staten, gelast was aan de afgezette Regenten te verleenen. Zonder met eenig antwoord verwaardigd te worden, of daaromtrent iets te vernemen, moest hij nog twee volle jaren, uit zijne geboortestad verwijderd blijven.

In het jaar 1795, wilden de Schiedammers de komst der Franschen niet afwachten, maar bewerkten zelven de omwenteling. Acht aanzienlijke burgers vereenigden zich tot een committé revolutionnair, en ontwierpen een plan van omwenteling. Ondersteund door eenige gewapende burgers en verzeld van de bloem der burgerij, gingen zij, op den 20 Januarij, terwijl de Vroedschap vergaderd was, naar het stadhuis, eischten de wapens, welke hun in 1787 gegeven waren, terug; benevens de ontwapening der tegenwoorige schutterij; het ophalen der geweren; orde aan den militairen Kommandant van zich niet tegen de burgerij te verzetten, en zijn volk in de kazerne te houden. Na een kort beraad nam de Regering een beluit, waarbij de Officieren, Onderofficieren en schutters van de bestaande schutterij, uit de dienst werden ontslagen, met last, om tevens hunne geweren en verdere wapenrusting, uiterlijk binnen den tijd van vier en twintig uren, aan het stads Boterhuis te bezorgen. Alle de verdere eischen werden insgelijks toegestaan. Daarop werd het Raadhuis door gewapende burgers, met twee stukken geschut bezet, en, na gehouden ruggespraak van het Committé revolutionair met de burgers, trad gemeld Committé andermaal ter raadzaal in, verklarende, dat de Vroedschap het vertrouwen der burgerij verloren had, en de leden daarvan van hunne posten vervallen waren. Nadat de Vroedschap de raadzaal verlaten had, maakte het gemelde Committé het volk met de omwenteling bekend. Des anderendaags verkoos de burgerij de nieuwe Municipaliteit en gaf er kennis van aan het volk, het Committé revolutionair eindigde zijne verrigtingen, onder gelukwenschingen met de gedane keuzen.

Na dien tijd, vinden wij niets meldenswaardigs omtrent SCHIEDAM opgeteekend, dan dat de stad, den 29 Julij 1814, met een bezoek van den toenmaligen Souvereinen Vorst der Nederlanden, en den 31 Julij 1846 met een dergelijk bezoek van Koning WILLEM II vereerd werd.

Het wapen der stad bestond vroeger uit drie bruine zandloopers op een veld van goud, met het omschrift: *Fluit arena, ruit hora* (d. i.: het getij verloopt, het uur vervliegt), waarschijnlijk doelende op het voormalige geliefkoosde bedrijf der Schiedammers als visschers en varensgezellen, dat hen noopte wel op de verschillende getijen van de rivier te letten en geen tijd verloren te laten gaan. Anderen meenen, dat het zoude doelen op het tijdstip, toen de Schiedammers den Hertog Willem van Beijeren, in den strijd tegen zijne moeder, de Keizerin Margaretha, met hunne schepen, op de rivier de Maas, allezins tijdig te hulp kwamen. Het tegenwoordige wapen der stad, zoo men wil, aan haar geschonken door een der Graven uit het huis van Henegouwen, is, van goud, met eenen leeuw van sabel, en eene cotisse gecomponeerd van keel en zilver, brocherende over het geheel; het wapen gedekt met eene grafelijke kroon.

De vlag van de stad Schiedam bestaat uit ses horizontale strepen van geel en zwart.

SCHIEDAM (POELOE-OEBI-) of Aardappelen-eiland, eil. in *Oost-Indië*, op de *Reede-van-Batavia*, 1 m. N. van Onrust, ½ m. Z. O. van Amsterdam.

SCHIEDAM (OUD-), naam, welke wel eens aan het d. *Overschie*, in *Schieland*, prov. *Zuid-Holland* gegeven wordt. Zie Overschie.

SCHIEDAMS-EILANDEN (DE), eil. in *Oost-Indië*, in de *Zee-van-Java*, 4 m. bezuiden Kalauro's Zuidhoek.

Zij zijn drie in getal en hebben ieder naauwelijks twee mijlen in omvang.

SCHIEKAMP, pold. in het *Land-van-Putten*, prov. *Zuid-Holland*, arr. en kant. *Brielle*, gem. *Simonshaven-en-Biert*; palende N. W. aan den Geervlietsche-polder, N. O. aan den Spijkenisse-polder, waarmede hij eene gemeene bedijking uitmaakt, Z. O. en Z. aan den Simonshavensche-polder, W. aan Fikkershil.

SCHIELAND, voorm. balj., prov. *Zuid Holland*, arr. *Rotterdam*; palende N. aan het balj. van Rijnland, N. O. aan de Gouwe, die het van het balj. van Gouda scheidde, O. aan den IJssel, waardoor het van den Crimpenrewaard gescheiden wordt, Z. aan de Maas, die het van het Land-van-IJsselmonde scheidt, en W. aan Delfland.

Het bevatte de steden Schiedam en Rotterdam, benevens de dorpen, ambachten en heerlijkheden, Hoogeban, Overschie, Kool, Schoonderloo, Kralingen, Cappelle-op-den-IJssel, Nieuwerkerk, Moordrecht, Zevenhuizen, Moercapelle-en-Wildeveenen, Hillegersberg, Schiebroek, Mathenesse, het Slot-te-Cappelle en Delfshaven; thans uitmakende de steden Schiedam, Rotterdam en Delfshaven, benevens de plattelandsgemeenten Bergschenhoek, Cappelle-op-den-IJssel-en-het-Slot-te-Cappelle, Hillegersberg-en-Rotteban, Kralingen, Oud-en-Nieuw-Mathenesse, Moercapelle-en-de-Wilde-Veenen, Moordrecht, Nieuwerkerk-op-den-IJssel, Overschie-en-Hoogeban, Schiebroek, Zevenhuizen en Zuid-Waddinxveen, welke gezamenlijk, volgens het kadaster, eene oppervlakte beslaan van 21,791 bund. 98 v. r. 41 v. ell., waaronder 21,188 bund. 86 v. r. 47 v. ell. belastbaar land, uitmakende het kant. Rotterdam geheel, het grootste gedeelte van het kant. Hillegersberg, ongeveer de helft van het kant. Schiedam en kleine gedeelten van de kant. Delft en Gouda. Men telt er 12,318 h., bewoond door 26,155 huisgez., uitmakende eene bevolking van ongeveer 113,500 inw.

Men heeft er 72,500 Herv., waaronder 25,000 Ledematen, uitmakende vijftien kerk. gem., met 21 kerken, welke door 35 Predikanten bediend worden, onder welke 1 Waalsche gem., met 1 kerk en 3 Predikanten, 1 Engelsche, met 1 kerk en 1 Predikant, en 1 Schotsche, met 1 kerk en 1 Predikant. — Ook zijn er ruim 32,800 R. K., onder welke 20,000 Communikanten, die 8 stat. uitmaken en door even zoo veel Pastoors en 4 Kapellaans bediend worden. — Voorts heeft men er 3950 Evang. Luth., in twee gem., met 1 kerk en 4 Predikanten, wordende er voor de Evang. Luth. gem. te Schiedam in eene der Herv. kerken dienst gedaan; ongeveer 1000 Remonstranten, met 3 kerken en 5 Predikanten; 250 Doopsgez., met 1 kerk en 1 Predikant; 150 Engelsche Episcopalen, met 1 kerk en 1 Predikant, en 2850 Isr., met 1 hoofd- en 1 ringsynagoge.

Aan den IJssel en de Maas wordt Schieland tegen het water beschermd door stevige dijken. Aan de Gouwe, de Schie en de Rotte is het met goede kaden omringd. Inwendig heeft het ongemeene groote veenplassen, alzoo de grond hier veelal veenland en meerendeels tot turf uitgedolven is. Hierdoor zijn vele polderkaden weggespoeld, waarvan aan oude lieden, in het begin der vorige eeuw, niets meer heugde dan alleen, dat zij in hunne jeugd maar weinig akkers gezien hadden in de plas tusschen Waddinxveen en Zevenhuizen. Naar den kant der Maas is de grond meer kleiachtig, en deze landen zijn zeer waarschijnlijk uit de aanspoelende slib dezer rivier aangewonnen. Men heeft er veel bouwland. Het wei- en hooiland wordt meest langs 's Gravenweg, die van Rotterdam naar Gouda loopt, aan den kant van de Maas en den IJssel gevonden.

Er zijn 32 scheepstimmerwerven; 45 touwslagerijen; 1 katoenspinnerij; 2 haarwasscherijen; 2 wolkammerijen; 1 aardwasscherij; 3 lijmkokerijen; 4 zeepziederijen; 1 vernisfabrijk; 11 verwfabrijken; 19 loodwitmakerijen; 2 loodsuikerfabrijken; 2 lakmoesfabrijken; 2 hagelgieterijen; 1 gasfabrijk; 1 glasblazerij; 19 leerlooijerijen; 3 zeemwewerijen, 12 steen-, pannen- en pottenbakkerijen; 1 chocolaadfabrijk; 7 suikerraffinaderijen; 3 siroopfabrijken; 1 aardappelensiroopfabrijk; 22 bierbrouwerijen; 239 branderijen; 50 mouterijen; 30 houtzaag-, 5 olie-, 1 tras-, 1 ros-, 1 run-, 4 pel-, 10 snuif-, 3 papier-, 1 potlood-, 2 fineer-, 1 marmerzaag- en 51 korenmolens.

De Rotte, aan sommige plaatsen ook de Oude-Leede en het Nieuwe-Diep geheeten, deelt Schieland van het Noorden naar het Zuiden in twee ongelijke deelen.

De naam van Schieland moet gewisselijk afgeleid worden van het water *de Schie*, dat van Delft naar Overschie en door Schiedam loopt, welke de oudste vaart is, die de Schie genoemd wordt; zij besproeit echter Schieland slechts voor een klein gedeelte aan de scheiding van het hoogheemraadschap. Wanneer men het eerst van Schieland, als van eene bijzondere landstreek gewag gemaakt vindt, is niet met zekerheid te bepalen. Graaf Floris V spreekt in eenen brief, gegeven in het jaar 1273, van den Baljuw tusschen de Schie en de Gouwe. Zijn zoon Graaf Jan I meldt insgelijks, in het jaar 1299, van den *Baeliuschepe tussche de Schie en de Gouwe*. Hierdoor wordt ongetwijfeld niet anders dan het baljuwschap van Schieland verstaan. Te meer, dewijl Graaf Willem III, in twee brieven van het jaar 1316, waarvan de een gewag maakt van de Heemraden en de andere van den Baljuw, duidelijk van Schieland spreekt. Uit de begrenzing, welke de oudste dezer brieven aan deze landstreek geeft, kan men afnemen, dat hare uitgestrektheid toen weinig van de tegenwoordige verschilde.

In Schieland stonden de meeste ambachten, in het crimineel, teregt onder het baljuwschap of de hooge vierschaar van Schieland, en in het civiele hadden zij hunnen bijzonderen Schout en Schepenen. Het baljuwschap behoorde, sedert het jaar 1576, aan de stad Rotterdam, welke het in dien tijd, benevens het dijkgraafschap met beider eeren, hoogheden, voordeelen en gevolgen, voor 4000 ponden (3000 gulden), gekocht heeft van de Staten van Holland en West-Friesland. Uit krachte van dezen koop stelden Burgemeesters en Regeerders van Rotterdam een der Leden van hunne Vroedschap tot Baljuw en Dijkgraaf van Schieland, voor eenen tijd van vijf jaren, aan, op eenen breeden lastbrief, welke door hem in handen van Burgemeesters beëedigd werd. De Baljuw had ook de magt om eenen burger of inwoner van Rotterdam tot Substituut aan te stellen, met toestemming van Burgemeesters, van welke hij zijnen lastbrief ontving.

De Baljuw van Schieland spande de Hooge Vierschaar met zes Schepenen en zes Welgeborene mannen, die alle gekozen werden door de Staten van Holland en West-Friesland of door hunne gecommitteerde Raden. Schepenen werden in dubbel getal benoemd door Burgemeesters van Rotterdam, uit de aanzienlijkste burgers dier stad. Van het dubbel getal ter verkiezing van Welgeborene mannen, werd de helft mede door Burgemeesters en de andere helft door den Baljuw opgegeven. Deze Hooge Regtbank voerde den titel van den Edele Hove en Hooge Vierschaar van Schieland, en zat tot het afdoen van criminele zaken, het maken van gemeenelands keuren en ordonnantiën, welke het Heemregt niet betroffen. De regtsgedingen over civile zaken, in de lagere regtbanken onder Schieland voor Schepenen der bijzondere ambachten verloren, konden, bij hooger beroep, mede voor deze Hooge Vierschaar getrokken worden.

SCHIELAND, hoogheemr., prov. *Zuid-Holland*.

De omvang van dit hoogheemraadschap is als volgt: Van de Rotterdamsche-poort te Schiedam, langs de Maas, door de steden Delfshaven en Rotterdam, tot voor IJsselmonde; voorts langs den IJssel, door Cappelle-op-den-IJssel en Moordrecht, tot aan de stad Gouda, van daar langs de Gouwe tot nabij de Waddinxveensche-brug, langs de Dorre-kade, door het dorp Waddinxveen, met eenen dijk achter om Moercapelle, benoorden de dorpen Bleiswijk, Bergschenhoek, Hillegersberg en Overschie, sluitende aldaar aan den Delfschen rijweg, van daar zuidwaarts op door het dorp Overschie, langs de Schie, tot aan Schiedam. Omstreeks de tiende eeuw, is men begonnen den eersten dijk, ter beveiliging van Schieland, aan te leggen en deze liep, volgens het algemeene gevoelen van het slot Honingen, langs Kroeswijk, de ambachten Blommersdijk en Beukelsdijk, het slot van Spangen en het huis Starrenburg tot aan de muren der stad Schiedam. Deze oude dijk, echter slechts eene zomerkade zijnde, scheen niet voldoende te zijn, om het land tegen de overstroomingen der rivier te beschutten; weshalve men, in het jaar 1280, zoo als uit een handvest van Floris V, Graaf van *Holland*, te dier tijd gegeven, blijkt, eenen nieuwen dijk begon aan te leggen, welke van de stad Gouda, door Rotterdam tot Schiedam liep; tot het leggen van welken dijk de ingezetenen der ambachten Zevenhuizen, Bleiswijk, van het Rotte-ambacht, het Schie-ambacht, de onderdanen van den Heer Alewijn van

Rossum, Heer Ernst van Welven in Baoek en den Heer Gilles van
Voorschoten, alsmede de ingezetenen van het ambacht Beukelsdijk,
niet slechts met geld, maar ook met arbeid, behulpzaam waren. Dit
was die dijk, welke nog bestaat en de Hooge-Zeedijk genoemd
wordt. Van later tijd is de Wierickerdijk, die, in het jaar 1674,
door de hoogheemraadschappen van Delfland, Rijnland en Schieland is
aangelegd; zoo als hij nog tot heden door hen onderhouden wordt en
onder hun toezigt gebleven is. Deze laatste dient tot eenen slaperdijk,
om, bij doorbraak van den Noorder-Lekdijk-Bovendams, het inundatie-
water te keeren. Doch niet slechts tegen de kracht des waters van
buiten, maar ook tegen het overtollige binnenwater zijn onderscheidene
middelen uitgedacht. Een groote overvloed van water in Schieland is
ontstaan door het slagturven of veenen. De door het alzoo uitveenen
van landen, ontstane meren, worden plassen genoemd, van welke
reeds weder een groot gedeelte droog gemalen en aan den landbouw
terug gegeven is. Tot de middelen om zich van het overtollige binnenwater te ontlasten, behooren vooral de watermolens, welke het
water op de Rotte, de Schie, de IJssel en de Gouwe uitwerpen en
de sluizen, van welke eenige tot het terughouden van het water,
anderen tot uitlozing dienen, sommige worden tot beide einden aangewend. De sluizen tot het hoogheemraadschap van Schieland behoorende zijn: de Delfshavensche-sluis, de Rotterdamsche-
sluis, de Keizerinne-sluis, de Dubbele-sluis, de Don-
kere-sluis, de Kralingsche-sluis, de Hoogeboezem-
sluis, de Keetensche-sluis, de Middelmolen-sluis, de
Hoogdorpsche-en-Blaardorpsche-sluis, de Essen-sluis,
de Uitlozende-sluis-van-den-Zuid-Plas-polder te
Kortenoord en de Schutsluis-onder-Moordrecht. Vroeger
had men er nog de Kortlandsche-sluis; doch deze bestaat niet meer.

Men rekent dat het hoogheemraadschap zoo oud is als dat van Delfland, doch de tijd der oprigting is geheel onbekend. Indien de brief
van Graaf Floris V, hier boven aangehaald en waarvan het uittreksel
alleen het begin en het slot behelst, over het heemraadschap spreekt,
gelijk hij onder eene verzameling van dien aard gevonden wordt, kan
men naauwelijks twijfelen, of er was reeds in 1273, eenig geregeld bestuur over het waterschap van Schieland. Naderhand heeft Graaf Jan I,
bij handvest van het jaar 1299, aangekondigd: *Dat hy den Hiemraders*
van denbedryve van den Dycke, ende van den Watergangen van den bae-
lnwcepe tusschen Schie ende Goude had genomen op zijn gelede. Graaf
Willem van Henegouwen noemt hen, in het jaar 1316 *onse Welgeboren*
Heemraders van Schieland. Hertog Albrecht van Beijeren heeft in de
jaren 1390 en 1395, de handvesten zijner voorzaten, ten nutte van
het Heemraadschap bevestigd en vermeerderd. Het algemeen oppergezag van Dijkgraaf en Hoogheemraden van Schieland gaat over alle
gemeene wegen, wateren, dijken en sluizen. Uit hoofde van den
Maasdijk en de sluizen te Rotterdam hebben zij ook regtsgebied in
die stad. Hierover zijn tusschen Burgemeesters van Rotterdam en
Dijkgraaf en Hoogheemraden van Schieland voormaals onderscheidene
geschillen gerezen, welke, op den 19 Februarij des jaars 1571, bij
minnelijke overeenkomst zijn afgedaan. Men bepaalde toen, op welke
hoefslagen de dijk in de stad zou worden verdeeld, hoe de sluizen
en zijlen zouden worden beheerd en gehandhaafd, het diepen der wateren, en hoe verre het keuren en schouwen van Dijkgraaf en Hoogheemraden zou gaan.

Eer de stad Rotterdam het dijkgraafschap van Schieland met het baljuwschap en aldus het aanstellen van den Dijkgraaf, gekocht had, is het, omtrent het jaar 1512, bij de stad Delft, in pacht bezeten, om hierdoor vele nieuwigheden en moeite te schuwen, welke aan die van Delft, gelijk men zeide, door toedoen der Rotterdammers, van den Baljuw als Dijkgraaf, en van Heemraden geschiedde. Maar dewijl dit de onlusten niet deed ophouden, en in tegendeel nieuwe geschillen veroorzaakte, hebben die van Delft en Rotterdam, om verderen twist te ontgaan, de uitspraak hunner geschillen onderworpen aan de bemiddeling van goede mannen, die, onder anderen, uitspraak deden, dat die van Delft hunne pacht aan het baljuwschap van Schieland zouden afstaan aan eenen persoon, die ter wederzijden niet verdacht was, mits, dat aan hen de uitgeschotene penningen zouden uitgekeerd worden.

In den brief van Hertog Albrecht van Beijeren, van het jaar 1390, wordt het getal de Hoogheemraden op vijf bepaald, waarvan er een uitvallende, voor hem een anderen gekozen wordt, door de overblijvende Hoogheemraden. Volgens zijn handvest van het jaar 1395, wil hij, dat de overige Hoogheemraden sullen mogen schouwen en keuren, ingeval een van hun Collegie balling 's lands uitlandig mogt zijn. Bij afwezen van den Dijkgraaf op de Schouwe, nadat hem behoorlijke weet gedaan is, mogen Hoogheemraden een uit hun getal kiezen, om zijne plaats te bekleeden, behoudens des Dijkgraafs bevel en magt in alle andere zaken, welke hen van den Dijkregter bevolen zijn. Een Hoogheemraad moet, volgens gemeld handvest, in Schieland, alle liggende erven en renten duizend ponden Hollandsch (750 guld.) gegoed zijn, hetwelk vervolgens, bij besluit van de Staten van Holland en West-Friesland, van den 8 December des jaars 1655, bepaald is op tien duizend gulden. Het getal van vijf Hoogheemraden heeft stand gehouden tot den jare 1671, wanneer er een zesde werd bijgevoegd. Van de reden dezer vermeerdering is ons niets gebleken. Men schijnt, in of omtrent het jaar 1593, de stad Gouda uit het collegie van Hoogheemraden te hebben willen uitsluiten, hetwelk zoo hoog genomen werd, dat die van het geregt dier stad, op den 16 Junij des gemelden jaars, besloten, om Dijkgraaf en Hoogheemraden van Schieland niet toe te laten om de gewone schouw binnen de stad te doen, en voor hen de Dijkspoort te sluiten. Zij vergunden echter aan Dijkgraaf en Hoogheemraden, om, als bijzondere personen, buiten hunne waardigheid, door de Potterspoort ter stad in te komen, indien zij verzochten, aldaar te mogen keeren. Dit verschil werd in de statsvergadering gebragt, en goedgevonden, dat zoodanig eene inbreuk in de voorregten zou geweerd en hersteld worden, of dat anderzins ter begeerte der Regeerders van ter Goude, ten hunnen genoegen, voor dezen maal, doch zonder eenige regtsbeneming of gevolg, orde zou gesteld worden, om een bekwaam en beambt persoon uit de stad, als boventallig Hoogheemraad te benoemen en te magtigen. Prins Maurits stelde, in het jaar 1600, Emilius van Roozendaal, Schepen der stad Gouda, op de rol der Hoogheemraden, waarop het geschil beslecht werd, het vorige in vergetelheid gesteld, en Hoogheemraden als voorheen, door die van de stad, werden verwelkomd en onthaald.

Thans bestaat het collegie van Dijkgraaf en Hoogheemraden uit eenen Dijkgraaf, vijf Hoogheemraden, eenen Secretaris en Penningmeester, eenen eersten gezworen klerk en eenen Fabriek en Landmeter.

[illegible] jaarlijks zes en twintigmaal [illegible]; behalve dat ook eenige [illegible] vergadering hebben. [illegible] Heemraadschap; welke op of [illegible] kerk geschieden moet: als [illegible] op den 22 Februarij invalt, [illegible] April. De andere schouwen [illegible] St. Laurens, den 10 Augustus, [illegible] echter niet gewoon den juisten [illegible] Ook heeft men nog eene schouw [illegible] vertoonden de steden Gouda, [illegible] Overheid, dat er hoe langer zoo [illegible] van Dijkgraaf en Hoogheemraden, [illegible] werden en dat zij op het maken [illegible] Zij vonden zich ook bezwaard [illegible], hetwelk alleen door Dijk- [illegible]. Tot wegneming dier klagten, [illegible] aan deze steden een privilegie ver- [illegible] waarbij haar vergund werd, [illegible] in de handen van Schieland, ge- [illegible] op het hooren en sluiten der rekeningen [illegible] door Dijkgraaf en Hoogheemraden. [illegible] van Hoofd-Ingelanden van Schiedam [illegible] door den Dijkgraaf en Hoogheemraden be- [illegible] Hoofd-ingelanden is zes, uit ieder der ste- [illegible] Schiedam, twee. Zij worden door [illegible] heeft de stad, waartoe dat lid be- [illegible] Hoofd-Ingelanden vergaderen op het gemeene- [illegible] te Rotterdam.

[illegible] worden bemalen door vijf en vijftig water- [illegible] uit den gemeenen boezem werpen in de Schie- [illegible] en Rotterdamsche-Schie, alsmede [illegible] uit welke het water door de sluizen gevoerd [illegible] den IJssel. Acht en twintig molens malen op de [illegible] naar de sluizen op den IJssel en [illegible] dit getal worden de zoodanige niet begrepen, [illegible] andere molens opmalen, hetwelk in som- [illegible] geschiedt. Zegwaard, hetwelk eigenlijk [illegible] van Schieland ligt, heeft drie molens, [illegible] malen. Die van Zegwaard verkregen in het [illegible] van [illegible], het voorregt om [illegible], waartoe alvorens, in het zelfde jaar, [illegible] en de gemeene heren van het ambacht, [illegible] om den watergang te leggen door [illegible] het jaar 1488, bij nadere overeenkomst en bij [illegible] en de watergang gelegd door Rotterdam [illegible] gelijk de brief van overeenkomst luidt. [illegible], voorm. waterplas in *Schieland*, [illegible] Rotterdam.

[illegible] eene oppervlakte beslag van ruim 4000 bund., [illegible] en Rotterdam, of eigenlijk tusschen de [illegible], Hillegersberg en Zuid-Waddinxveen, [illegible] en maakt alzoo eene droogmakerij uit, [illegible] Rotterdam, gedeeltelijk kant. *Gouda* en daarin ten deele gem. *Broek-Thuil-en-'t Weegje*, ten deele gem. *Moordrecht*, ten deele gem. *Zuid-Waddinxveen*, gedeeltelijk kant. *Hillegersberg*, ten deele gem .*Zevenhuizen*, en ten deele gem. *Nieuwerkerk-aan-den-IJssel*. Zij wordt begrensd ten N. door de gem. Moer-Capelle-en-de-Wilde-Veenen en door Noord-Waddinxveen, O. door Broek-Thuil-en-'t Weegje en Moordrecht, Z. door Nieuwerkerk en W. door Zevenhuizen.

Met de droogmaking van den Zuidplas is men in 1825 begonnen en was daarmede tijdens den opstand der Belgen reeds vrij ver gevorderd. Toen echter bleef zij tot in 1835, met aanmerkelijk geldelijk nadeel voor de ondernemers, stil staan, doch werd in het laatstgemelde jaar weder opgevat.

In 1837 waren daarop twee en dertig watermolens werkende, terwijl in dat zelfde jaar nog 8 vijzelmolens, van de benedenste rij, waren aanbesteed geworden, welke het water van den bodem moesten opvoeren; terwijl een eerste stoomwerktuig sedert den 11 Maart van dat zelfde jaar onafgebroken in werking, en het gebouw voor een tweede bereids aanbesteed was. Men achtte destijds de waterspiegel reeds ruim een ell. gedaald te zijn, en in 1838 werd berigt, dat men reeds tot 1,73 ell. gevorderd was, zoodat men toen rekenen kon bijna ¾ te hebben uitgemalen. Thans wordt de Zuidplas in het geheel door dertig windmolens en twee stoomwerktuigen bemalen.

In het jaar 1841 was deze belangrijke arbeid grootendeels voltooid. Te Zevenhuizen werd op den 10, 11 en 12 Julij 1843 het laatste gedeelte der landen, gelegen in den drooggemaakten Zuidplas-polder van Schieland, uitmakende 1295 bund. 76 v. r., ten overstaan van den Heer W. A. van Gennep, Lid van en representerende de commissie van beheer en toezigt over gemelde droogmakerij, door den Notaris D. Kley, te Capelle op den IJssel, verkocht voor 294,265 guld., bedragende 227 guld. per bunder; hebbende alsnu, met inbegrip van de koopprijzen der twee laatst voorgaande jaren, de geheele massa van 4143 bund. opgebragt 762,115 guld., bedragende per bunder nagenoeg 184 guld.; de hoogst besteede prijs heeft bedragen 483 guld. en de laagste p. m. 40 guld. per bunder. In 1843 had men dagelijks 200 percelen verkocht. Na aftrek van den opbrengst der landen, bleek het dat de onderneming nog gekost had 2,123,374,94 guld., waaronder eene som van 320,000 guld., welke als provinciale bijdrage gestort was geworden.

Van 1840—1843 bragten de toen nog voor Rijks rekening, in mindering der aanzienlijke voorschotten, geheel of gedeeltelijk bebouwde gronden eene som van 434,836,37½ guld. op.

Deze droogmakerij staat onder het bestuur van eenen Dijkgraaf en vier Heemraden.

SCHIELANDSCHE-HOOGE-ZEEDIJK, dus noemt men veelal dat gedeelte van den zeedijk, hetwelk van Schiedam door Rotterdam tot aan den mond van den IJssel, langs den regteroever der Merwede loopt. Zie voorts Zeedijk.

SCHIELEVEN, voorm. buit. in *Delfland*, prov. *Zuid-Holland*, arr. en 1 u. N. W. van *Schiedam*, kant. en ½ u. N. van *Schiedam*, gem. *Overschie-en-Hoogeban*. — Dit buit. is in 1813 afgebroken.

SCHIELUST, buit. in *Delfland*, prov. *Zuid-Holland*, arr. en 1 u. N. W. van *Rotterdam*, kant. en ½ u. N. van *Schiedam*, gem. *Overschie-en-Hoogeban*. — Dit buit. is, in het begin dezer eeuw, gesloopt.

SCHIEMEER, voorm. meertje, prov. *Friesland*, kw. *Westergoo*, griet. *Wonseradeel*, ten Z. W. van *Exmorra* en ten N. O. van

Allingawier, dat ten N. met de **Buirepoel**, ten Z met het **Piersmeer** en ten Z. O. met het **Kerkmeer**, in verbinding stond.

Dit meertje, in 1835 drooggemaakt zijnde, is thans een polder, welke tot het arr. *Sneek*, kant. *Bolsward* behoort.

SCHIEREN (NIEDER-) of NIEDER-SCHIEREN, ook wel enkel SCHIEREN, d. in de heerl. *Feltz*, grooth. *Luxemburg*, kw., arr., kant. en 1½ u. Z. W. van *Diekirch*, gem. en 20 min. Z. van *Ettelbruck*, op den regteroever der Alzette. Men telt er met Ober-Schieren 140 huizen. De inw. vinden meest hun bestaan in den landbouw. Zij zijn allen R. K., maken met die van de daartoe behoorende geh. Ober-Schieren en Schierenmuhl eene par. van ruim 750 zielen uit, welke tot het vic. apost. van *Luxemburg*, dek. van *Diekirch* behoort. De kerk is aan den H. BLASIUS toegewijd.

SCHIEREN (OBER-), geh. in de heerl. *Feltz*, grooth. *Luxemburg*, kw., arr., kant. en 1½ u. ten Z. W. van *Diekirch*, gem. en ¼ u. Z. ten W. van *Ettelbruck*, ¼ u. Z. ten W. van *Nieder-Schieren*, waartoe het behoort.

SCHIERENMUHL, geh. in de heerl. *Feltz*, grooth. *Luxemburg*, kw., arr., kant. en 1½ u. ten Z. W. van *Diekirch*, gem. en ½ u. Z. van *Ettelbruck*, nabij *Nieder-Schieren*, waartoe het behoort.

SCHIERMONNIKOOG, eil. tot de prov. *Friesland* behoorende, thans eene grietenij daarvan uitmakende, en tot het arr. *Leeuwarden*, kant. *Dockum* (1 k. d., 6 m. k., 3 s. d.) gerekend wordende. Het ligt op 53° 28′ 47″ N. B., 23° 29′ 33″ O. L., 1½ u. ten N. van de Friesche kust, ongeveer 3 u. O. van Ameland en 3 u. N. W. van de prov. Groningen. Ten N. heeft dit eil. de Noordzee, ten O. de Lauwers, ten Z. de Wadden en ten W. het Groninger-diep of den uitloop der Hunse.

Het Groninger-diep, zich met de uitwateringen van de Dockumer-Nieuwezijlen, de Munnekezijl en de Ezumazijl, te Oostmahorn, vereenigende, loopt tusschen het eiland en Friesland, door het zeegat, het Friesche-gat genaamd, in de Noordzee; het is op sommige plaatsen wel zes vademen diep, en er vloeit zulk eenen sterken stroom, dat het met de strengste winters niet digt vriest. Het tegendeel heeft plaats ten opzigte van Groningerland en dit eiland, zijnde daartusschen niets anders dan wadden, welke met bestendig weder, telkens bij laag water, bijna geheel droog liggen, zoodat men somtijd den doortogt te voet kan doen, waarvan echter, om den verren afstand, benevens de losheid en slijkerigheid van den grond op eenige plaatsen, geen gebruik wordt gemaakt, maar wel bij harde winters over het ijs. Het eiland heeft met zijn vast zeestrand het Oosterstrand genaamd, 2½ uren gaans in de lengte en 1½ uur in de breedte, doch het eigenlijke vaste land, dat hoofdzakelijk uit duingronden bestaat, is slechts 1 uur lang en ruim ½ uur breed.

Waarschijnlijk heeft dit eiland zijnen naam ontleend van zeker konvent van Monniken, die er in vroegere tijden eigenaars van zijn geweest, doch of zij hier een klooster gehad hebben, dan of het onder eenig klooster, in Friesland gelegen, behoord hebbe, is met volle zekerheid niet te bepalen. Van ouds was dit eiland alleen bekend bij den naam van MONNIKOOG, in het Latijn MONICOGA; naderhand heeft men er het woordje SCHIER bijgevoegd, doch omtrent de beteekenis er van denkt men zeer verschillende. Volgens sommigen, zou het niet onwaarschijnlijk zijn, dat de Monniken, bezitters van dit oog of eiland zijnde, in de bekende onlusten en binnenlandsche beroerten tusschen de Schieringers en Vetkoopers mede deel genomen hebben, en van de partij der eerstgenoemden zijn geweest, hetwelk genoeg was om hun den naam van *Schieringer Monniken*, en bij verkorting dien van *Schiermonniken* te geven. Dat die van MONNIK-OOG tot de partij der Schieringers behoord hebben, blijkt uit een oud handschrift, waaruit men ziet, dat, op zekeren tijd, wanneer er een verdrag tusschen de Scheringers en Vetkoopers zoude gesloten worden, op de daartoe bestemde plaats, onder de Gecommitteerden van beide partijen, van den kant der eerstgenoemden, onder anderen ook verschenen die van MONNIK-OOG en Rottumer-oog, welke, bij dit vredesverdrag, aan de Vetkoopers vergunden de vrije en ongehinderde visscherij op hunne kusten. Ons komt het echter minder twijfelachtig voor, dat het bijvoegsel *schier* voortkomt van de *schiere* of graauwe kleederen, welke de kloosterlingen droegen.

Het geheele eil. beslaat eene oppervlakte van 1087 bund. 98 v. r. 65 v. ell., waaronder 1079 bund. 34 v. r. 36 v. ell. belastbaar land. Vroeger bestond dit eiland uit drie gebuurten, genaamd: Westerburen, Binnendijken en Oosterburen. Tot *Westerburen* behoorde ook de buurtschap Dompen, welke omtrent het midden der vorige eeuw ten gevolge van afslag en overstuiving afgebroken is, ook Binnendijken is dien ten gevolge te niet gegaan, en zelfs heeft een gedeelte van Oosterburen in dit lot gedeeld.

Tot aan het jaar 1720 was er alzoo geen dorp op het eiland, doch slechts drie buurten van ongeveer 180 huizen, wijd en zijd van elkanderen verspreid, en dus een groot veld beslaande; doch sedert de geweldige watervloeden van Kersnacht 1717 en van Nieuwejaarsdag 1720, waardoor de duinen, welke de buurten tegen de woede der zee beveiligden, op sommige plaatsen geheel waren weggespoeld, werden eenige ingezetenen genoodzaakt, hunne huizen af te breken, en meer naar het Oosten te verplaatsen, waardoor van tijd tot tijd, in de buurt Oosterburen een nieuw dorp is ontstaan van twee rijen huizen, zeer regelmatig aangelegd. De Achter- of Westerstraat is het langste en het meest bevolkt; de Ooster- of Voorstraat is door ruimere en fraaije heerenhuizen aanzienlijker, in welke ook het logement gevonden wordt, de woningen van den Geneesheer, Ontvanger enz. Dit dorp heet men thans OOSTERBUREN, buiten welke geene huizen op het eiland gevonden worden. Men telt er 180 h., bewoond door 224 huisgez., uitmakende eene bevolking van 900 inw. De huizen zijn van gele mopsteenen opgetrokken en staan met de gevels naar de straat die meerendeels met klimop of eiloof bedekt zijn.

In vroegere tijden was dit eiland zeer beroemd, wegens het getal schepen, welke aldaar te huis behoorden, en tot 110 waren aangegroeid; varende alle voor eigen rekening der ingezetenen. Het waren meest visscherschuiten, *snikken* genaamd, want het bestaan der ingezetenen was toen meest gelegen in de zeevisscherij, en dit eiland was destijds zeer beroemd wegens de gedroogde schol, welke aldaar nog tegenwoordig best gedroogd en behandeld wordt; doch wegens het wijken der schol van deze kusten, en de daardoor toenemende vermindering der scholvangst, is die hier op verre na zoo menigvuldig niet als voorheen; ook valt de schol, welke men nog vangt, veel kleiner en magerder, en heeft, gedroogd zijnde, dien aangenamen smaak niet, welke zij anders heeft, als zij vet en groot is. In weinige jaren is deze zeevisscherij zoodanig afgenomen, dat men daar thans doorgaans schaarscher van zeevisch voorzien is dan aan de vaste kust. Sedert deze vermindering der zeevisscherij, hebben vele ingezetenen zich van hunne vischschuiten ontdaan, en in plaats daarvan zulke schepen laten timmeren of aangekocht, waarmede zij in staat zijn, om allerhande koopwaren over zee te vervoeren. Thans behooren hier nog tusschen de 40 en 50 schippers te huis. Hunne voornaamste vaart bestaat op de zoogenaamde Kleine-Oost, of liever Ditmarssen, en de verdere kusten van het Holsteinsche, van waar zij allerlei granen naar Amsterdam vervoeren; ook varen zij heen en weder met stukgoederen, of andere koopwaren, op Hamburg, Bremen en Amsterdam, en sedert het midden der zeventiende eeuw bezoeken zij met hunne schepen zelfs de Oostzee, alsmede de Fransche en Engelsche kusten. Op 1 Januarij 1845 waren er 33 zeeschepen, meest smakken en tjalken, voor deze vaart aanwezig. Sedert dat de Heer van het eiland, door eene onvermoeide vlijt en zorg, zijne landen aanmerkelijk heeft doen verbeteren, vindt men daar ook eenige weinigen onder de ingezetenen, die zich met den landbouw ophouden; de landen, welke hiertoe gebruikt worden, zijn sedert het midden der vorige eeuw met kadijken tegen de hooge zeevloeden voorzien, en het is in den zomer een lust om te zien, hoe daar de schoonste boom-, tuin, veld- en graangewassen groeijen, op gronden, welke vroeger niets anders dan mos en andere dorre duingewassen voortbragten. Men vindt er grasrijk weiland, alsmede goed rundvee. Ook is er een korenmolen.

De inw. zijn zeer eenvoudig, en wegens goede zeden en braafheid geacht, ofschoon de meesten thans in zeer verarmden toestand verkeeren, ten gevolge van verminderde welvaart en rampen.

De inw., die allen Herv. zijn, onder welke 270 Ledematen, maken eene gem. uit, welke tot de klass. van *Dockum*, ring van *Holwerd*, behoort. In deze gem. werd vroeger, bij wege van combinatie, door den Predikant van *Nes*, in Friesland, gepredikt, en dit heeft geduurd tot aan het jaar 1617; zijnde de gemeente van dien tijd af tot aan 1640 bediend geworden door den Predikant van *Peasens*, Cornelis Poppii, die op zijne terugreis van Schiermonnikoog, bij kwaad weder, ongelukkig omkwam. Sedert is de plaats vakant gebleven tot in het laatst van den jare 1644, wanneer de gemeente voor het eerst haar eigen Predikant heeft gekregen in Cornelis Pieters, die in het jaar 1649 overleed. Het beroep is sedert eenige jaren eene koninklijke collatie. In het begin der zeventiende eeuw was er eene kerk met eenen steenen toren, hebbende eene met pannen gedekte kap. Deze kerk heeft gestaan tot het jaar 1715, wanneer zij, wegens het overstuiven der duinen, moest afgebroken worden. Later is er, meer landwaarts in, eene nieuwe kerk gebouwd; doch hoe veilig men deze plaats te dier tijde ook oordeelde te zijn, is deze nieuwe kerk echter, nadat zij slechts vijf en veertig jaren gestaan had, in het jaar 1760, door de zee weggespoeld. In 1762 werd meer oostwaarts, de tegenwoordige kerk tusschen de voor- en achterstraat van Oosterburen op een ruim plein gebouwd, zijnde een langwerpig vierkant gebouw met eenen zeszijdigen groen geverwden en spitsen toren op het midden van het dak, doch zonder orgel. In deze kerk hangen vijf borden, met de wapens van de leden van het geslacht Stachouwer. De tegenwoordige pastorie is Duinenburg, vroeger eene buitenplaats, met bosch, tuinen en grachten, thans een doelmatig woonhuis met tuin.

Wie op dit eiland onderstand van de Diaconie verzoekt, is genoodzaakt, om zich geheel aan haar over te geven, wanneer hij aan eene gemeene tafel, even als in een gasthuis, onderhouden en gehuisvest wordt; doch die in staat is om te werken, is gehouden om dagelijks naar het werkhuis te gaan, alwaar garen van hennep voor de rolreederij wordt gesponnen. Dit werkhuis heeft de Heer van het eiland, in het laatst der vorige eeuw, te dien einde op zijne kosten laten timmeren. Aan geene moedwillige lediggangers wordt eenige onderstand vergund.

De dorpschool wordt gemiddeld door een getal van 100 leerlingen bezocht. Men vindt in de nabijheid der kerk eene loots met eene welingerigte boot van de Zuid- en Noordhollandsche reddingsmaatschappij.

In het jaar 1638, werd het eiland Schiermonnikoog, eene vrije heerlijkheid, door de Staten van Friesland, met de landen, zeeregten, impositiën, civiele en crimineele justitie, onder voorbehoud van het regt van souvereiniteit en hommage te erkennen en te praesteren, bij solemneelen eede van getrouwheid aan hunne provincie in het bijzonder, en in gevolge van dien aan de geheele Unie, voor eene som van 18,151 guld., in vollen eigendom overgedragen aan Johan Stachouwer, Heer van *Rijsbergen*, *St. Anna* en *Isselietes*, wiens nazaten het nog tegenwoordig bezitten; zijnde daarvan tegenwoordig eigenaar Jonkheer Eduard Tjaard van Starkenborg Stachouwer tot Wehe, Lid van de Ridderschap der provincie Groningen, wonende te Maarssen, prov. Utrecht. Bij eene boedelscheiding, in het jaar 1761 was de waarde dezer heerl. tot 88,800 guld. gestegen, door de groote ontwikkeling der vruchtbaarheid, door bemesting enz.

Te Binnendijken stond weleer een buitengoed, mede Binnendijken genoemd, zijnde het stamhuis der Heeren en Vrouwen. Nadat dit later, door het afnemen van het eiland, verwoest was, hebben de Heeren en Vrouwen zich op Rijsbergen, eenen burg ten Oosten van het dorp, gevestigd; later evenwel heeft de familie Stachouwer eene reeks van jaren verblijf gehouden op het door haar gestichte, meer westelijk gelegen, Patmos, waar thans de Grietman van Schiermonnikoog woont.

In het jaar 1756 bespeurde men, door het verloopen der zeegaten en der stroomen, dat het strand, op het Zuidwesten van dit eiland, aanmerkelijk begon af te nemen, met dat droevig gevolg, dat men sedert het jaar 1756, de inkortingen van dien kant wel op één uur gaans, mag bepalen, terwijl de weggespoelde grond in zee is veranderd. Volgens de waarnemingen in de jaren 1814–1825 had dit eiland van den zuid- en zuidwestkant bijna zoo veel grond in de breedte verloren, als er toen nog land van de zee tot aan de duinen op het breedste aanwezig was, zoodat het te vreezen was, dat binnen weinige jaren, indien niet de loop des strooms, door het verscheuren der gronden, eene andere rigting verkreeg, de vaste grond tot aan het dorp zou zijn afgebrokkeld. Dit kon ook nu te spoediger plaats hebben, uithoofde de vaste kleigrond verloren en er alleen zandige grond overig was. De duinen waren op vele plaatsen reeds weggeslagen, en de volle Noordzee rolde nu op het vlakke land aan, terwijl de gestadige overstuiving van het zand al het overige land bedierf. Van tijd tot tijd, bij storm en vloed, hadden er verhuizingen plaats, zoo als bijzonder in de helft der vorige eeuw; doch daar men bij de overstrooming van 1825 had ondervonden, dat de huizen van het dorp op het hoogste gedeelte des eilands staan, waren de vooruitzigten alzoo hier kommervol en treurig: want bij eene gelijke voortgaande afspoeling, daar de aanwinst zeer gering was, moest dit eiland eindelijk in eene zandbank verkeeren. In de laatste drie of vier jaren is echter deze vrees geweken, alzoo aan het westeinde, in de rigting van het Zuiden, eene bank is gespoeld, welke zich thans op een gezigtsafstand naar Peazens uitstrekt. Deze bank, welke zich gevormd heeft zonder dat men de natuur daarbij is te hulp gekomen, ligt in den stroom, bekend onder den naam van Noorman, die zeer diep in het Friesche-gat uitloopt, en zal, door het dooden van dezen stroom, de vermindering van het eiland door afspoeling voorkomen.

De dijken op dit eiland zijn van buiten bevestigd door eene dubbele rij overeindstaande planken, langs welke balken liggen, die ondersteund worden door palen, welke ongeveer 1½ voet van elkander langs den geheelen dijk staan. Overigens is de dijk niet zeer breed, en loopt aan de binnenzijde glooijend af. Deze kostbare waterkeering is, even als zoo vele anderen, ook in het jaar 1825 te zwak bevonden. In den avond van den 5 Februarij steeg aldaar het zeewater met zulk eene snelheid, dat het te zeven ure twee palmen hooger was, dan bij den hoogsten vloed in de maand November des vorigen jaars. Nu ontdekte men reeds in het dorp den geweldigen aandrang van het vloedwater, dat over den dijk henenstortte, waardoor elk, die op den eersten aanval lag, met zijn gezin de vlugt nam, en, zoo veel hij kon, zijn vee op de hoogten trachtte te bergen; hetgeen hun ook gelukte. Daarna werd de wind heviger en het weder onstuimiger, zoodat het water, tot den hoogsten stand gekomen, meer dan ééne el hoog over de dijken, welke de landen omringden, sloeg, na zich door de zuiderduinen met geweldigen golfslag eenen doortogt gebaand, en die hier en daar geheel weggescheurd te hebben. Vele boerenhuizen, schuren en andere gebouwen werden beschadigd en de landen met zand als geheel overdekt; het hooi en koren spoelden weg en al de levensvoorraad werd bedorven.

Toen de Engelschen in 1799 in Noord-Holland geland waren, kwam er een Engelsch korvet van twintig stukken, eene brik van achttien en twee kotters van twaalf stukken het Friesche-gat binnen werken, terwijl vóór het gat nog twee vijandelijke fregatten ten anker lagen. De aldaar geposteerd liggende Bataafsche brik *the Crash*, onder bevel van den Luitenant Bissel, raakte slaags met de kotters, welke hem het eerste naderden, vervolgens met de brik, en eindelijk ook met de korvetten; houdende de vijand hem gestadig tusschen drie vuren. Na eenen dapperen en hardnekkigen tegenweer, zag men de Bataafsche vlag strijken, hebbende intusschen de kanonneer-galei, de *Weerwraak*, onder Schiermonnikoog de wijk genomen. Dan aldaar zag deze zich mede, op den 14 Augustus, door eene vijandelijke brik, een kotter en negen gewapende barkassen, sloepen en andere vaartuigen aangetast. De Kommandant dezer galei, de eerste Luitenant van Maaren, met reden beducht, voor zulk eene overmagt te zullen moeten bezwijken, besloot zijn vaartuig, liever dan het in handen der vijanden te zien vallen, des noods in brand te steken. Hij schoot ten dien einde zoo lang mogelijk met zijne voorste stukken; zond zijne geheele equipagie, drie man uitgenomen, naar wal, en op den oogenblik, dat de vijandelijke brik hem de volle laag gaf en de voorschreven vaartuigen al varende tot op een snaphaanschoot genaderd waren, gelukte het hem, al vechtende het zoo verre te brengen, dat de vlam het voorluik der galerij uitbarstte, wanneer de vijandelijke sloepen, welke reeds zoo goed als aan boord waren, op het zien van rook en vlam, met allen mogelijken spoed afhielden; waardoor, behalve dat ten minste het nemen der galei belet werd, ook tevens de Luitenant en zijne drie manschappen, ofschoon onder eene hagelbui van kogels, gelegenheid kregen, om met de jol naar land te wijken, alwaar zij ook behouden aankwamen. Den 15 Augustus vertoonden zich te Schiermonnikoog verscheidene Engelsche oorlogschepen, welke eenige gewapende en sterk bemande vaartuigen naar wal zonden. De verdediging van dit eiland bestond uit op strand geplaatste veldstukjes en een detachement van zes en twintig man, onder bevel van den Luitenant Broers. Door het hevig vuur, hetwelk de vijand, zoo uit de sloepen als uit een zwaar gewapend brikschip, op het vlakke strand maakte, was deze manschap verpligt naar het dorp de wijk te nemen, hetwelk zij echter niet deed, dan na de beide stukken vernageld te hebben, daar het onmogelijk was, die te redden, wijl zij, die de paarden met de voorwagens bewaarden, lafhartig of verraderlijk gevlugt waren. De Engelschen toen aan land gekomen, maakten zich van deze stukjes meester, welke zij vervolgens met zich voerden, na twee uren lang vruchteloos op de onzen gevuurd te hebben, wier moed en wel gekozene stelling het dorp behield. Het gedrag der ingezetenen was overeenkomstig hunne denkwijze; eenigen wilden met den vijand capituleren, hetwelk door de braafheid van den Officier en zijne manschap belet werd, met te verklaren: *veel liever het geheele dorp in brand te zullen steken, dan te dulden, dat men het overgave of capituleerde*. Ongelukkiglijk kon deze kordaatheid geene hulp toebrengen aan de weerlooze Bataafsche vaartuigen in de haven; negen tjalken, door het volk verlaten, werden door de Engelschen mede gevoerd en een tiende door hen in brand geschoten, terwijl twee anderen nog bij tijds ontkomen waren.

Het wapen van Schiermonnikoog bestaat uit een veld van zilver, met eene barrevoeter monnik houdende eene rozenkrans in zijne regterhand.

SCHIERMONNIKOOG, voorm. landh., prov. *Friesland*, kw. *Oostergoo*, griet. *Dantumadeel*, arr. en 3 u. O. N. O. van *Leeuwarden*, kant. en 2½ u. Z. Z. W. van *Dockum*, ¼ u. Z. W. van *Veenwouden*, waartoe zij behoorde.

SCHIERSLOOT (DE), water, prov. *Friesland*, kw. *Oostergoo*, griet. *Dantumadeel*, in de *Lits* zijnen oorsprong nemende en met eene zuidzuidoostelijke strekking naar de *Houten-wielen* loopende.

SCHIERSTINS, stins, prov. *Friesland*, kw. *Oostergoo*, griet. *Dantumadeel*, arr. en 3¼ u. O. N. O. van *Leeuwarden*, kant. en 2 u. Z. ten W. van *Dockum*, in *Veenwouden*.

Deze stins, welke vroeger aan het Klaarkampster-klooster behoorde en een lusthof der Abten van dit klooster was, heeft fraaije plantsoenen. Laatstelijk is zij bewoond en verbouwd door wijlen den Heer T. Feenstra, Burgemeester van Leeuwarden.

SCHIETEKOVEN, geh. in het *Land-van-Overmaas*, prov. *Limburg*, distr., arr. en 2¼ u. N. ten O. van *Maastricht*, kant. en 1 u. N. van *Meerssen*, gem. en 20 min. Z. W. van *Ulestraeten*; met 14 h. en ongeveer 60 inw.

SCHIETHOEK of Vierde-polder, pold. in den *Biesbosch*, prov. *Noord-Braband*, *Tweede* distr., arr. *'s Hertogenbosch*, kant. *Heusden*, gem. *Dussen-Munster-en-Muilkerk*; palende N. aan den Nathals-polder, O. aan den Nieuw-Dussensche of Zuid-Hollandsche-polder, Z. aan den grooten weg No. 3, W. aan den groote Kure-polder.

Deze pold. beslaat, met de kade, volgens het kadaster, eene oppervlakte van 24 bund. 38 v. r. 70 v. ell., waaronder 22 bund. 71 v. r. 80 v. ell. schotbaar land, zijnde het overige gedeelte ter grootte van 1 bund. 66 v. r. 90 v. ell. wilgebosch. Zij heeft eene steenen sluis in de kade, tusschen dezen polder en Nathals, wijd één el, voorzien van eene schuif. In de kade, aan den zuidwesthoek van dezen polder, ligt een houten duiker, wijd 0,30 ell., voorzien met eene klep, dienende om het water tusschen de Reesloot en gemelde kade vallende, in den polder over te brengen, wordende van het overtollige water ontlast, door den Nathals-polder op het Wijdvlietsche-gat, en vervolgens op het Oude-Maasje. Hij staat met den *Nathals-polder* of *Derden-polder* en den *Nieuw-Dussensche* of *Zuid-Hollandsche-polder*, onder het bestuur van eenen Dijkgraaf, vijf Heemraden en eenen Secretaris-Penningmeester. Het zomerpeil is 2 palm boven A. P.

Ten gevolge van het aanleggen van den grooten weg der eerste klasse no. 3, van Breda naar Gorinchem, in de jaren 1811 en 1812, is een gedeelte van den Perenbooms-polder, groot 6 bund. 30 v. r. 30 v. ell., hetwelk in de eerstgemelde grootte is begrepen, met den Scheerhoek gecombineerd geworden, zijnde de kade tot dat einde geslecht en de uitwateringssloot geopend geworden.

In de zuidelijke kade van dezen polder op 15 ell. uit den teen des buitenberms van den grooten weg no. 3, wordt, in geval van overstrooming der Landen van Hensden, Altena en Dussen, een hulpgat gegraven, ter lengte van 115 ell.

SCHIEVEEN, voorm. heerl. in *Schieland*, prov. *Zuid-Holland*, arr. *Rotterdam*, kant. *Schiedam*, gem. *Overschie-en-Hoogeban*; palende N. aan de heerl. Rodenrijs en den Tempel, O. aan Overschie, Z. aan het Hof van Delft, W. aan Ackersdijk.

Deze heerl., die sedert onheugelijke jaren met die van *Overschie en-Hoogeban* vereenigd is, bestaat uit den Ouden-of-Boven-polder-van-Schieveen, en den Drooggemaakte-polder-van-Schieland en bevat noch d. noch geh., maar alleen eenige verstrooid liggende woningen.

Zij beslaat, volgens het kadaster, eene oppervlakte van 819 bund.

De inw., die meest in den landbouw hun bestaan vinden, behooren kerkelijk onder *Overschie*. — Men heeft in deze voorm. heerl. geen school maar de kinderen genieten onderwijs te *Overschie*.

SCHIEVEEN (BOVEN-POLDER-VAN-) of OUDE-POLDER-VAN-SCHIEVEEN, pold. in *Delfland*, prov. *Zuid-Holland*, arr. *Rotterdam*, kant. *Schiedam*, gem. *Overschie-en-Hoogeban*; palende N. aan de Zwed, waardoor hij van den Ackerdijksche-polder gescheiden wordt, O. aan den Berkelsche-polder en aan den Drooggemaakte-Polder-van-Schieveen, Z. aan den Zestienhovensche-polder, W. aan de Schie, welke hem van den Oost-Abts-polder en den Noord-Kethel-polder scheidt.

Deze pold., beslaat, volgens het kadaster, eene oppervlakte van 556 bund.; telt 14 h., waaronder 7 boerderijen, en wordt door twee molens, op de Delfsche-Schie, van het overtollige water ontlast. Het polderbestuur bestaat uit Ingelanden.

SCHIEVEEN (DROOGGEMAAKTE-POLDER-VAN-), pold. in *Delfland*, prov. *Zuid-Holland*, arr. *Rotterdam*, kant. *Schiedam*, gem. *Overschie-en-Hoogeban*; palende W. en N. aan den Boven-polder-van-Schieveen, O. aan Berkel, Z. aan den pold. Zestienhoven.

Deze pold., welke in het jaar 1786 bedijkt is, beslaat, volgens het kadaster, eene oppervlakte van 263 bund.; telt 8 boerderijen, en wordt door éénen molen, op de Boven-polder, van het overtollige water ontlast. Het polderbestuur bestaat uit drie Ingelanden.

SCHIEVEENSCHE-KADE, dijk in *Delfland*, prov. *Zuid-Holland*, welke, in eene oostelijke strekking, ten Noorden van den Schieveensche-polder heenloopt.

SCHIEVEN, geh. in *Rolderdingspel*, prov. *Drenthe*. Zie SCHEVEN.

SCHIEVEN, buit. in het graafs. *Zutphen*, prov. *Gelderland*, distr., arr. en 4¼ u. Z. Z. W. van *Zutphen*, kant. en 20 min. N. van *Doetinchem*, gem. *Ambt-Doetinchem*.

SCHIEWACHT, pold. in den *Crimpenerwaard*, prov. *Zuid-Holland*. Zie SCHUWACHT.

SCHIFFLINGEN, d. in het balj. van *Luxemburg*, landmeijerij van *Luxemburg*, grooth. *Luxemburg*, kw., arr. en 3½ u. Z. W. van *Luxemburg*, kant., gem. en ¼ u. O. N. O. van *Esch-aan-de-Alzette*.

Men telt er bijna 100 huizen met 650 inw., die alle R. K. zijn, en eene par. uitmaken, welke tot het apost. vic. van *Luxemburg*, dek. van *Bettemburg*, behoort, en door eenen Pastoor bediend wordt.

SCHIJF (HET), geh. in het markgr. van *Bergen-op-Zoom*, prov. *Noord-Braband*, *Vierde* distr., arr. en 3 u. Z. W. van *Breda*, kant. en 2 u. Z. ten O. van *Oudenbosch*, gem. *Rucphen-Vorenseinde-en-Sprundel*, ½ u. Z. van Rucphen, aan den weg van Groot-Zundert naar Roosendaal; met 40 h. en ruim 200 inw.

SCHIJF (HET) of het ROOSAEN, geh in de bar. van *Breda*, prov. *Noord-Braband*, *Vierde* distr., arr. en 3½ u. Z. W. van *Breda*, kant. en 3½ u. Z. W. van *Ginneken*, gem. *Zundert-en-Wernhout*, 1½ u. N. W. van Groot-Zundert; met 16 h. en 90 inw., die kerkelijk tot de par. van *Rucphen* behooren.

Dit geh. maakt oogenschijnlijk met het voorgaande slechts één geh. uit, hetwelk door de grensscheiding tusschen de gem. *Zundert-en-Wernhout* en *Rucphen-Vorenseinde-en-Sprundel* wordt in tweeën gedeeld.

SCHIJNDEL, gem. in de *Meijerij van 's Hertogenbosch*, kw. *Peelland*, prov. *Noord-Braband*, *Tweede* distr., arr. *'s Hertogenbosch*, kant. *Boxtel* (3 k. d., 26 m. k., 1 s. d.); palende N. aan de gem. Berlicum-en-Middelrode, Heeswijk en Dinther, O. aan Veghel, Z. aan St. Oedenrode, Z. W. aan Liempde, W. aan Boxtel, St. Michiels-gestel en den-Dungen.

Deze gem. bevat het d. Schijndel en de geh. Borne, Broekstraat, Op-Oetelaar, Eld, Hermalen, Keur, Plein, Voort, Elschot, Heuvel, Lissenheiken of Lieseind, Houtert en Weibosch. Zij beslaat, volgens het kadaster, eene oppervlakte van 4258 bund. 1 v. r. 52 v. ell., waaronder 4136 bund. 57 v. r. 63 v. ell., belastbaar land; telt 780 h. bewoond door 850 huisgez., uitmakende eene bevolking van 4070 inw., die meest hun bestaan vinden in den landbouw en den verkoop van boter.

Daar de landerijen over het geheel genomen niet toereikende zijn, om daarvan (eenige boerderijen uitgezonderd) te kunnen bestaan, wordt het tweede bestaanmiddel gewoonlijk gezocht in het drijven van eenen kleinen koophandel in hop, haver en spek, het houden van bijen en het maken van hoepels en klompen, zijnde de Schijndelsche akkers dan ook overvloedig van houtgewas voorzien. De gronden zijn hier voor ruim een derde leemachtig, de overige zandig, maar behoeven voor geene andere zandgronden in de Meijerij te wijken, nogtans zijn zij onderscheiden, en men vindt hier zeer goede, middelbare en slechte gronden: ook heeft men hier zeer goede broeklanden. De granen en veldgewassen, welke hier verbouwd worden, bestaan in rogge, tarwe, garst, veel haver, weinig boekweit, ook erwten, boonen, vlas, aardappelen en hop. Men heeft er drie brouwerijen, drie steenen windkorenmolens, waarvan de eene tevens tot pel- en schorsmolen ingerigt is, twee ros-oliemolens en negen leerlooijerijen.

De R. K., die er 4020 in getal zijn, onder welke 2640 Communikanten, maken eene par. uit, welke tot het apost. vic. gen. van *'s Hertogenbosch*, dek. van *Orthen*, behoort, en door eenen Pastoor en drie Kapellaans bediend wordt. Behalve de parochiekerk te Schijndel, staat in deze parochie nog eene kapel op het Weibosch, welke echter niet meer gebruikt wordt en bouwvallig is.

De Herv., die er ongeveer 30 in getal zijn, behooren tot de gem. van *St. Michielsgestel-den-Dungen-en-Schijndel*. Schijndel had eerst eenen eigen Predikant, in het jaar 1648 werd daar beroepen Rosarius Immers, die in het jaar 1659 naar Oirschot c. a. werd verroepen. Henricus Blankert volgde hem in het jaar 1659 op, tijdens wiens dienst Liempden daarbij gevoegd werd, en wel in het jaar 1668. Na het overlijden van den Predikant Petrus Grootveld, hetwelk in het jaar 1773 plaats had, is Schijndel eene afzonderlijke gem. geworden, en Liempde bij Boxtel gevoegd. Schijndel bekwam toen tot afzonderlijken Predikant Mauritius Gronewe, die in 1794 naar Oostel-Middel en Westel-Beers vertrok. In het jaar 1824 toen de Predikant Adrianus Slingsbie emeritus werd, is Schijndel met *St.-Michielsgestel* en *Den-Dungen* vereenigd.

Het tiental Isr., dat er woont, wordt tot de bijkerk van *Veghel* gerekend. — Men heeft in deze gem. eene school, in het d. *Schijndel*.

Deze gem. werd sedert 1559 onder de heerlijkheden gerekend, zijnde voor 2350 guldens verpand aan Edzard II, Graaf van *Oost-Friesland*: doch toen de ingezetenen in 1612 deze pandpenningen aflosten, werd het weder een Hertogs- en naderhand een Statendorp. In het jaar 1505 verpandde Hertog Filips III, voor de eerste maal, dit dorp met het hoog en laag regtsgebied, benevens de jagt en andere domeinen, aan zekeren Cornelis van Zevenbergen, doch het werd daarna weder ingelost.

Het d. Schijndel of Schindel, ook wel Scherdel, eertijds Schijnle en Scheyndele genoemd, en in eenen oorspronkelijken brief van 1299, onder den naam van Skinle voorkomende, ligt 2½ u. Z. O. van 's Hertogenbosch, 1½ u. N. O. ten O. van Boxtel. Het is een schoon en groot dorp, in welks kom men 110 h. en 570 inw. telt.

De oude parochiekerk van Schijndel, ingewijd onder de bescherming van den Bisschop van Tongeren, Servatius, die sedert den vrede van Munster door de Hervormden bezeten was, werd aan de R. K. weder hergeven, in het jaar 1812, en was door hunne zorg aanmerkelijk hersteld, en tot behoorlijke oefening van hunne godsdienst ingerigt. Deze kerk is echter in 1840 afgebroken, en vervangen door een geheel nieuw gebouw, mede aan den H. Servatius toegewijd, staande tegen den ouden toren, die met eenen lagen kap gedekt is. Ook is de kerk van een orgel voorzien. In deze kerk wordt een merkwaardige gothische kelk bewaard, waaraan een geëmailleerd plaatje gevoegd is, bevattende behalve het wapen van den Aarts-Bisschop van Besançon, Franciscus van Busleiden, het volgende omschrift: *Rm9 in Xro Pr. Dns Fracisc9 de Busleide Archieps Bisoting me ded ecclie i Sundel a°* 1502 (1).

(d. i. *De zeer eerwaarde vader in Christus*, *heer* Franciscus de Busleiden, *Aartsbisschop van Besançon heeft mij aan de kerk te Schijndel geschonken*, *in het jaar* 1502). De R. K. hebben hier mede eene

---

(1) De verkortingen aldus te lezen; Reverendissimus in Christo (X is grieksch voor ch) Pater Dominus Franciscus de Busleiden Archiepiscopus Bisontinus me dedit ecclesiae in Schijndel anno 1502.

eigen begraafplaats. Na den vrede van Munster, moesten de R. K. hunne godsdienst oefenen op onderscheidene plaatsen buiten het gebied van den Staat. Uit aanteekeningen blijkt, dat zij onder Pastoor Henricus van Geldrop, omtrent het jaar 1666, op het gehucht den Haen, bij de hooge heide, onder Uden, Land-van-Ravestein, eene kapel of bidplaats, hadden opgerigt. Naderhand hebben zij eene kerkschuur gebouwd, ten zuiden van de parochiekerk in de straat *den Heikant* genaamd, welke kerkschuur, bij het betrekken der oude parochiekerk, is afgebroken. In het jaar 1545 werden de tienden en het personaat der parochie van Schijndel, door den Deken van 's Hertogenbosch, Philippus de Spina, verleend aan en vereenigd met de theologische faculteit te Leuven; zoodat alle de inkomsten dier tienden moesten besteed worden tot beurzen van Studenten in de godgeleerdheid, en deze schikking werd door Paus Paulus III en door Keizer Karel V bekrachtigd. Door deze stichting zijn vele Studenten van ons vaderland in hunne godgeleerde studiën ondersteund geworden, tot geestelijke voorziening van het bisdom, tot op de Fransche omwenteling, wanneer alle dergelijke stichtingen zijn vernietigd.

Schijndel heeft het schoonste Raadhuis van de geheele Meijerij; het werd voor weinige jaren gebouwd, en het voorste gedeelte bestaat uit blaauwen zerk- en arduinsteen: ook zijn er eender dit dorp nog twee kasteeltjes geweest, welke, naar men wil, te voren jagthuizen waren van de oude Hertogen van Braband.

Men heeft in dit dorp vier beesten- en paardenmarkten, als: één Woensdag voor den laatsten Maandag in April, één Maandag na St. Jan Baptist, één Dingsdag vóór St. Bavo en één den tweeden Maandag in November. De kermis heeft plaats Maandag na den laatsten Zondag in September.

Dit dorp is de geboortepl. van den Godgeleerde Philippus van de Ven, geb. 21 December 1787, † 13 November 1837, als Hoogleeraar aan het Seminarium te Herlaar, en van den dapperen Zeeheld Jan van Amstel, die er in het begin der zeventiende eeuw het eerste licht zag. Hij was de zoon van eenen boer, die uit vrees voor straf wegens het kreupel rijden van zijns vaders paard het dorp verliet, en te Amsterdam dienst genomen hebbende, binnen weinige jaren tot den rang van kapitein opklom. In 1669 overleden zijnde, werd hij in de kerk van zijne geboorteplaats begraven, en zijn graf met eenen steen gedekt, waarop men dit vers van den grooten Vondel las:

Hier rust de eer der Amstelheeren,
Die turken won en ook den Zweed,
Hielp met kracht de Funen keeren,
En Gustavus *zeemagt sleet.*
Tromp *de hand bood twee paar dagen,*
In den slag met Brittenland
Zwaar gewond, maar nooit verslagen,
Stierf voor de eer van 't Vaderland.
Looft dien vroomen Zeebeschermer!
Schrijft zijn naam in duurzaam marmer.

Toen deze kerk, aan de R. K. afgestaan werd, is deze grafsteen, bij gelegenheid van het verhoogen des vloers, onder de aarde bedolven, zoodat er in den laatsten tijd niets meer van te zien was. Bij den opbouw der kerk in het jaar 1840 is deze grafsteen weder opgehaald, en geplaatst in den gang aan den zuidkant voor het kleine altaar.

Sedert zeven jaren bestaat er een Liefdehuis, waarin de Geestelijke zusters zich bezig houden, met het onderwijs der kinderen van het vrouwelijk geslacht en het verplegen van gebrekkige en oude vrouwen. Een der Kapellanen neemt de dienst van Rector waar.

In het jaar 1512 werd dit dorp tweemalen door de Gelderschen in brand gestoken, zoodat het na de tweede reize geheel in de assche gelegd was, en de inwoners dusdanig verarmd waren, dat zij zich buiten staat bevonden, om hunne kerk, welke almede eene prooi der vlammen geworden was, te herbouwen. Maar Leo de Medicis, die onder den naam van Leo X te dier tijde op den pausselijken stoel zat, redde de Schijndelaren uit hunne verlegenheid, want toen hij vollen aflaat verleende aan elk, die tot den herbouw der Schijndelsche kerk medewerkte, zagen zij zich aldra door milde giften in staat gesteld, om handen aan het werk te slaan, en de kerk herrees uit hare asch.

In het jaar 1583 werd dit dorp door de Staatsche krijgsbenden geheel vernield.

In 1721 regeerden hier zeer kwaadaardige koortsen, waardoor vele menschen ten grave werden gesleept.

Door den storm, welken den 29 November 1836 gewoed heeft, is de standaard-windkorenmolen bezweken en nedergestort.

Het wapen dezer gem. bestaat uit een veld, waarop het aangezigt van den H. Servatius.

SCHIJTELVEN, meertje of poel in de *Meijerij van 's Hertogenbosch*, kw. *Oisterwijk*, prov. *Noord-Braband*, gem. en ½ u. N. W. van *Hilvarenbeek*.

SCHIJVE (DE), tiendklamp in de *Meijerij van 's Hertogenbosch*, kw. *Kempenland*, prov. *Noord-Braband*, *Derde* distr., arr. en 4 u. W. Z. W. van *Eindhoven*, kant. en 3 u. Z. ten W. van *Oirschot*, gem. *Bladel-en-Netersel*, welke somtijds wel eens als geh. voorkomt.

SCHILBERG, geh. in de heerl. *Daalhem*, prov. *Limburg*, arr. en 2¼ u. Z. O. van *Maastricht*, kant. en 1¼ u. Z. ten W. van *Gulpen*, gem. van *Noorbeek*; met 12 h. en ruim 80 inw.

SCHILD (HET), of Schildmaar, afwatering in *Fivelgo*, prov. *Groningen*, ontstaande aan de grenzen van het d. Slochteren, en loopende in eene noordoostelijke rigting op ¼ uur afstand achter Schildwolde en een klein gedeelte van Hellum. Zij ontlast zich in het *Schildmeer*, en dient thans bijna alleen om het water van eenige molens te ontvangen en in het *Schildmeer* af te voeren.

SCHILD (HET), hoeve in *Zuid-Beveland*, prov. *Zeeland*, distr., arr. en 2¼ u. Z. ten W. van *Goes*, kant. en 2 u. Z. Z. O. van *Heinkenszand*, gem. en 20 min. W. van *Oudelande*, welke op sommige kaarten als een geh. voorkomt.

Deze hoeve beslaat eene oppervlakte van 40 bund., en behoort tot den onverdeelden boedel van Jonkvrouw C. J. Rademaker, in 1846 te 's Gravenhage overleden.

SCHILD (HET OUDE-), d. op het eil. *Texel*, prov. *Noord-Holland*. Zie Oude-Schild.

SCHILD (OVER-), geh. in *Fivelgo*, prov. *Groningen*, arr. en 4¼ u. O. van *Groningen*, kant. en 3 u. N. N. O. van het *Hoogezand*, gem. en 1¼ u. N. N. O. van *Slochteren*, en 1 u. ten N. van *Hellum*, waartoe het in het kerkelijke behoort, met 25 h. en 130 inw. De huizen staan zeer onregelmatig N. en N. W. van het Schildmeer in het land. Het geh. ontleent zijnen naam van de ligging. De inw. onderhouden op eigen kosten eene school en onderwijzer.

SCHILDHUIZERSBEEK (DE), beek in *Twenthe*, prov. *Overijssel*, welke zich met eene oostelijke strekking, benoorden het dorp Losser, in de *Dinkel* ontlast.

SCHILDIEP, watertje aan de westkust van het eil. *Vlieland*, hetwelk met eenen zuidelijken loop in de Hors inschiet. Het is ontstaan door eene doorbraak in 1755 en kreeg dien naam naar genoemde Hors, vroeger het Schil genoemd.

SCHILDMANSKINDEREN-AMBACHT, heerl. in den *Zwijndrechtsche-waard*, prov. *Zuid-Holland*, arr. en kant. *Dordrecht*, gem. *Zwijndrecht*; palende N. aan Hendrik-Ido-Ambacht, O. aan de Noord, Z. aan Zwijndrecht, W. aan Oudeland-Ambacht.

Deze heerl. bevat noch d., noch geh., maar slechts eenige verstrooid liggende huizen. Ook heeft men er zoutkeeten.

De inw., die allen Herv. zijn, behooren tot de gem. van *Zwijndrecht*. Men heeft in deze heerl. geen school, maar de kinderen genieten onderwijs te *Zwijndrecht*.

SCHILDMEER (HET), ook wel enkel HET SCHILD, oudtijds HET SKELD genoemd, meer in *Fivelgo*, prov. *Groningen*, gem. en 1½ u. N. N. O. van *Slochteren*, ½ u. N. W. ten N. van *Schildwolde*, onmiddellijk ten W. van *Steendam*.

Dit meer, hetwelk tusschen Siddeboren, Hellum en Schildwolde verdeeld is, en door den vervolger van MENCO, het SCHELD-WATER of SCHELD-MEER genoemd wordt, is twee uren gaans in omtrek en loopt langs de Groeve in het Damster-diep uit. Dit water is zeer vischrijk en beroemd door de voortreffelijke baars, welke het oplevert en voor de beste in de prov. Groningen gehouden wordt. Ook vangt men er snoek en paling in.

In de nabijheid biedt het zoogenaamde Schildhuis, thans het Heerenhuis genaamd, voor de liefhebbers van visschen, eene geschikte gelegenheid aan, om zich te vermaken.

SCHILDPADDEN-EILAND of DJALA-BOETINO, eil. in *Oost-Indië*, in de *Zee-van-Java*, nabij het *Sundasche* eil. *Madura*.

SCHILDPADS-EILAND (HET), eil. in *Oost-Indië*, tot de *Zuid-Wester-eilanden-van-Banda* behoorende, op 8° 18′ Z. B., 145° 14′ O. L. Het is eene halve mijl lang en eene halve mijl breed.

SCHILDPADS-EILANDEN (DE) of DE TOGIAS, groep eil. in *Oost-Indië*, in de *Straat-der-Molukkos*, beoosten de Golf van Tomini.

Zij zijn door klippen en riffen omringd, welke het vaarwater zeer gevaarlijk maken en menig schip hebben doen vergaan. De grond is er meestal rotsachtig en met hout bezet. De eil. zijn onbewoond en worden slechts door Boeginezen en Badjoe's bezocht, die in de nabijheid veel visch, tripang en schildpadden vangen. Men telt er 23, waarvan Tagia en Tawen de grootste zijn, en Rond-eiland het oostelijkste is.

SCHILDPADS-EILANDJES (DE), eil. in *Oost-Indië*, in de *Indische-Zee*, aan de kust van *Nieuw-Guinea*, nabij Missowal. Zij zijn door een rif met Moestique of Moestika vereenigd.

SCHILDWOLDE of SCHIETWOLDA, oudtijds SKELWALDA of SCALTWOLDE, d. in *Fivelgo*, prov. *Groningen*, arr. en 3½ u. O. van *Groningen*, kant. en 2 u. N. N. O. van het *Hoogezand*, gem. en ⅝ u. N. N. O. van *Slochteren*, Z. en N. van den rijweg, de Groenedijk genoemd.

Emo van Wierum heeft het, in zijne kronijk, een kerspel genoemd, waarin ook een Vrouwen-klooster was, en hen, die onder die parochie woonden, noemde hij *Skelder-woudtlieden*.

Het is een aanzienlijk dorp, dat in zijnen kom 70 h. en 380 inw., en met de geh. het Klooster, de Zanden, Uiterburen, Akkereinden, Denemarken en de Hammen, 196 huizen, en ruim 1110 inw. telt, welke meest hun bestaan vinden in den landbouw.

Men teelt er rogge, boekweit, aardappelen, zeer smakelijke knollen, vlas, haver enz. — De grond is, van de kerk van Siddeburen naar en door Hellum en SCHILDWOLDE, nagenoeg van gelijksoortigen aard. De rijweg loopt midden door het dorp. De bodem bestaat meestal uit tamelijk vruchtbaren zandgrond, welke zich, digt achter de huizen, heuvelachtig van 15 tot 30 palmen hoogte verheft, ter lengte van 100 tot 200 ellen, en, tamelijk regelmatig doorloopende, zich van de kerk van Siddeburen tot die van SCHILDWOLDE uitstrekt; achter deze hoogte heeft men terstond gemengde zand- en veengronden, welke mede zeer geschikt zijn voor den roggebouw en waarin het zoogenaamde kienhout in ontzettende hoeveelheid aanwezig is. Verder zuidwaarts verkrijgt men veen, waaruit voor eigen nooddruft nog al veel turf gegraven en gebaggerd wordt. Aan de Zijpe heeft men, achter Hellum en Siddeburen, eenen droogen oergrond en achter SCHILDWOLDE goede klei. Aan de noordzijde der genoemde dorpen, daalt de zandgrond al ras sterker of langzamer af en verandert lager in zand- en moergronden, zeer geschikt voor den grasbouw; de zandgrond verheft zich wel eens achter dezen, maar gaat in laag derrieachtig land over, welke voor de bebouwing in eenen verzuurden staat verkeeren en het zoogenaamde blaauwgras voortbrengen. Aan het Schild heeft men knipklei, over het meer is de grond doorgaans van de zelfde hoedanigheid, doch hier worden ook vele stukken gevonden, waarin goede witte klei voorhanden is.

Dit d. heeft zijnen naam ontleend van het groote nabij gelegen Schildmeer.

Een weinig ten Noorden van het geh. het Klooster, loopt de Groenedijk, welke zich door de landen van Slochteren heen uitstrekt naar de Scharmer, en zich sluit aan het kerkhof te Schildwolde. Verder oostelijk was hij, uit hoofde van de meerdere hoogte, overbodig. Uit dit dorp gaan twee wegen noordwaarts, waardoor de gemeenschap met Fivelgo gemakkelijk wordt gemaakt; de eene geleidt naar Woltersum en de andere naar den Graauwen-dijk en naar Hoeksmeer.

De Herv., die er 850 in getal zijn, waaronder 80 Ledematen, maken eene gem. uit, welke tot de klass. van *Appingedam*, ring van *Slochteren*, behoort. De eerste, die hier het leeraarsambt heeft waargenomen, is geweest THEODORUS FOLKERI, die er in 1611 stond en in 1636 overleed. Sedert de reductie dezer provincie is, volgens de beroepsbrieven der Predikanten, het Patronaatregt hier geweest bij de huizen van Slochteren, Schildwolde, Hellum, Oosterwijtwerd, Farmsum en andere Collatoren. Onder de hier gestaan hebbende Predikanten verdienen melding de door hunne schriften bekenden: ARIUS ADRIANI, die hier in 1783 kwam, den 15 October 1786 eene eeuwrede op de stichting der kerk hield, welke ook dat zelfde jaar werd in het licht gegeven en in 1795 naar Dockum vertrok, en GERARDUS BENTHEM REDDINGIUS, die hier in 1796 kwam en in 1807 naar Waardenburg en Neer-IJnen vertrok.

De kerk, gebouwd in 1686, heeft slechts éénen ingang ten W., een van alle zijden aanvallend dak, en den predikstoel aan den zuidermuur, bijna in het midden der kerk. Het is een nieuw gebouw, zonder orgel. De schoone hooge naaldvormige toren, welke op eenen afstand noordwaarts van de kerk, aan den publieken weg staat, is, volgens de volksverhalen, met de gelijksoortige steenen torens van Onstwedde en Holwierde, waarvan de laatste niet meer bestaat, door eene van de drie Juffers, die elk een dezer torens deden oprigten, gebouwd. Ook de spits, geheel van gebakken steen opgemetseld en 32½ ell. hoog, door den bliksem getroffen en vernield, heeft in 1829 eene aanzienlijke en kostbare herstelling ondergaan. Deze kerk ontving, in October 1845, eenen tweeden nieuwen zilveren avondmaalsbeker ten geschenke van vrouwe HILLEGONDA LOUISA WYCHGEL VAN SCHILDWOLDE, welke hier eene kleine, doch nette buitenplaats heeft, waarop vóór eenige jaren een geheel nieuw huis is gebouwd.

De Christelijk Afgescheidenen, bouwden hier in 1841 eene nieuwe kerk, zonder toren of orgel.

De R. K. die er 40 in getal zijn, worden tot de stat. van *Sappemeer* gerekend. Vroeger stond hier eene Proostdij, in het begin der dertiende eeuw, door HENRICUS, Proost in de Marne, gebouwd, zijnde een Nonnengesticht van de Premonstreiterorde, gewoonlijk de Parochie-van-het-Schild genoemd, welke in der tijd bediend en beschermd werd door zekeren ROBBATUS. In het jaar 1261 stond deze ROBBATUS aan het hoofd der Fivelgoërs, in de onlusten, welke er toen bestonden tusschen de inwoners van deze zijde der Eems, en die der overzijde, ten gevolge waarvan ROBBATUS huis, en eenige huizen van zijne familie (afhankelijk van hem), door het gemeen, welks genegenheid hij niet kon verwerven, verbrand werden. In den tijd, dat deze Proostdij bloeide, beraamde EMO, Abt te Wittewierum, het plan, om te Schildwolde een Nonnenklooster op te rigten, hetwelk dan ook bereids onder afwisselenden voorspoed, in het begin der dertiende eeuw, zijn beslag kreeg.

De twist, in 1225 gerezen tusschen de Proosten van Schildwolde en Wierum, waarin het volk zoo veel deel nam, dat het de kerk en het klooster te Schildwolde in brand stak, was hieruit ontstaan, dat HENDRIK VAN SCHILDWOLDE, des Bisschops van Munster officiaal, een man van eene allerslechtste inborst, door het bevorderen van des Bisschops eischen, zich aldaar zocht te verzekeren van de bescherming, welke hij, wegens zijne verregaande schenddaden, tegen 's volks ongenoegen noodig had. Dit konde EMO, een vaderlandlievend en godvruchtig geestelijke, niet dulden, maar bood hem wakkeren tegenstand. Hij wist zelfs bij het Premonstreiter kapittel te bewerken, dat HENDRIK opgelegd werd, ingevolge de wetten der orde, zich te begeven onder de vaderlijke magt van een hunner Abten in Friesland. Deze, wetende waarop zulks uitliep, weigerde dit, en beriep zich, toen hij daarop in den ban gedaan werd, op den Paus. Inmiddels klaagde hij EMO bij den Munsterschen Kerkvoogd zoo hoog aan, dat hij door dezen, met zijn geheele klooster, onder een allerstrengst banvonnis gelegd werd, nadat men de Dekens van Loppersum, Farmsum en Middelstum door beloften, brasserijen en bedreigingen overgehaald had, dit gewijsde mede ten uitvoer te brengen. Hier tegen stelde EMO beroep in op het kapittel te Keulen en op den Paus; en sloot inmiddels, met de andere kloosters der orde, een verbond van onderlinge hulp tegen des Bisschops geweld. Het geschil nam toen eenen gunstigen keer, dewijl de Paus het gedrag des Munsterschen Kerkvoogds afkeurde; maar HENDRIK bleef halstarrig. Want, toen het algemeen kapittel der Premonstreiters, om den wortel des kwaads weg te nemen, hem verbood den post van 's Bisschops officiaal langer waar te nemen, weigerde hij volstrekt daaraan te gehoorzamen, en drong zijne boosheid met geweld door, zich zelven met verdrijving van den Priester in het bezit van de kerk te Schildwolde stellende. Dit nam echter het landvolk zeer kwalijk en, op de been geraakt, verwoestte het onderscheidene landgoederen van Hendrik. Terwijl deze daarover met gewapend volk wraak zocht te nemen, kwamen 's lands Rigteren met die van den Upstalboom tusschen beide, om eenen vrede te bewerken, maar, terwijl men hierover onderhandelde, werd een voornaam man van Minterwolde, door het volk van den Proost, met eenen werpspies aan het hoofd getroffen, waardoor hij sneuvelde. Alstoen was de woede van het gemeen niet te temmen; alle de huizen, welke aan den Proost of de zijnen behoorden, werden vernield, vervolgens het klooster zelf geplunderd en in brand gestoken. De tijding hiervan bewoog den Munsterschen Kerkvoogd, om schielijk een einde aan dezen twist, welke te ver liep, te maken, en, Eno van Proost tot Abt verheffende, sloot hij met dezen een verdrag. Hij slaagde ook, ofschoon met zeer veel moeite, om het vertoornde gemeen met den Proost van Schildwolde te verzoenen. De voorwaarden kwamen hierop uit: de kerk zou voor altoos vrij zijn en niet onderworpen aan 's Proosten magt, daartegen zoude deze tot betering der brandschade genieten 1600 en de Bisschop voor vergiffenis der heiligschennis 900 mark.

Toen de opperste Abt in 1290 een naauwkeurig onderzoek, door de Proosten van Wittewierum en Schildwolde, liet doen naar den staat en het getal der Monniken in de onderscheidene kloosters, aan welke, door den rampvollen vloed van 1287, zulke nijpende slagen waren toegebragt, was het getal Monniken te Schildwolde nog 160. Twisten en verdeeldheden deden dit klooster, vroeger dan vele anderen, op zijne grondvesten wankelen, tot dat het meer gelukkige *Huis des Lichts* te Scharmer het Schildwolder-klooster, in 1401, met zijne lusten, lasten, servituten enz. overnam en de Monniken onder de Kruisbroeders van dat huis, gelukkiger dagen bezorgde (1). In het jaar 1576 werd hier mede ingelijfd het Nonnenklooster van Barthe, in Oost-Friesland, welke vereeniging ten jare 1587 door 's Konings Raad te Brussel bevestigd werd. Ter plaatse, waar het klooster van Schildwolde gestaan heeft, ziet men thans nog een ruim, vierkant stuk gronds, door breede grachten omgeven, waarop twee boerenplaatsen staan, aan eene van welke de zware kloostersteenen nog in menigte zigtbaar zijn.

De dorpschool wordt gemiddeld door een getal van 150 leerlingen bezocht.

Bezienswaardig is het hiervoren reeds gemelde, geheel uit den grond opgebouwde, huis en in den nieuwsten smaak aangelegde buitengoed Schattersum, nu Wychgelsheim.

SCHILK (DE KORTE-), ook wel Schilck geschreven en op eene oude kaart van 1575 Schillyck gespeld, pold. in *Rijnland*, prov. *Zuid-Holland*, arr. *Leyden*, kant. *Woubrugge*, gem. *Nieuwveen-met-de-Uiterbuurt*; palende N. en O. aan de droogmakerij onder Nieuwveen, Z. aan de Lange-Schilk, W. aan de Aar.

Deze pold. maakt eigenlijk het noorder gedeelte van den *Schilkerpolder* uit.

SCHILK (DE LANGE-), pold. in *Rijnland*, prov. *Zuid-Holland*, arr. *Leyden*, kant. *Woubrugge*, gem. *Ter-Aar*; palende N. aan de Korte-Schilk, O. aan Schoot, Z. aan den Bloklandsche-polder, W. aan de Aar.

Deze pold. maakt eigenlijk het zuider gedeelte van den *Schilkerpolder* uit.

---

(1) Zie *Oudheden en Gestichten van Groningen*, bl. 403 en volg.

SCHILKAMPEN, b., prov. *Friesland*, kw. *Oostergoo*, griet. *Leeuwarderadeel*, arr., kant., gem. en 20 min. O. van *Leeuwarden*, aan het einde van de Vliet, ter plaatse waar de Kurkmoer en de Tijnje zich vaneen scheiden. Men heeft er twee oliemolens en eene scheepstimmerwerf.

SCHILKERPOLDER (DE), ook gevonden wordende onder den naam van Schilkerpolder, pold. in *Rijnland*, prov. *Zuid-Holland*, arr. *Leyden*, kant. *Woubrugge*, gedeeltelijk gem. *Ter-Aar*, gedeeltelijk gem. *Nieuwveen-met-de-Uiterbuurt*; palende N. aan de Nieuwveensche-droogmakerij, O. aan Schoot, Z. aan den Bloklandsche-polder, W. aan de Aar.

SCHILLAARD, d., prov. *Friesland*, kw. *Westergoo*, griet. *Baarderadeel*, arr. en 3 u. Z. Z. W. van *Leeuwarden*, kant. en 1¼ u. N. W. van *Rauwerd*. Men telt er 5 h. en 30 inw., die allen in den landbouw hun bestaan vinden.

De inw., die allen Herv. zijn, behooren tot de gem. van *Mantgum-en-Schillaard*, welke hier eene kerk heeft. Deze kerk was vóór de Reformatie eene kapel, welke altoos aan de kerk van Mantgum onderhoorig, en aan de H. Maria toegewijd was. Zij heeft eenen stompen toren.

SCHILLAARD (PROOSDIJ-VAN-), voorm. kloost., prov. *Friesland*, kw. *Westergoo*, griet. *Wonseradeel*. Zie Oldeklooster.

SCHILLAARDERVAART, vaart, prov. *Friesland*, kw. *Westergoo*, griet. *Baarderadeel*, loopende van de *Sneeker-trekvaart*, in eene noordwestelijke rigting, langs Oosterwierum en Schillaard, naar de *Jaanvaart*.

SCHILLIGEHAM, geh. in *Hunsingo*, prov. *Groningen*, arr. en 6 u. W. van *Appingedam*, kant. en 1½ u. W. ten Z. van *Onderdendam*, gem. en ½ u. W. ten Z. van *Winsum*; en ten N. en N. O. van den zoogenaamden Hoek, ten Z. van het Winsumerzijldiep, tusschen de kromme beddingen en voormalige bogten van het oude Reitdiep; met 9 h. en 70 inw.

Vóór de doorgraving van het Reitdiep in 1638, behoorde dit geh. onder *Feerwerd*, waar de Rippenda's oudtijds twee burgen bezaten, welke later aan Groningen zijn gekomen. Het land bestaat uit zware klei en uitmuntende vetweiderijen.

SCHILT (DE) of het Schilt, voorm. adell. goed in *Bemland*, prov. *Utrecht*, arr., kant. en 2 u. Z. O. van *Amersfoort*, gem. en W. en Z. van en aan het dorp *Woudenberg*.

Men ziet er thans niets meer van dan de grachten. De daartoe behoord hebbende gronden, beslaande eene oppervlakte van 8 bund. 50 v. r. 40 v. ell., worden thans in eigendom bezeten door verschillenden.

De Schilt is waarschijnlijk hetzelfde als het Huis-Woudenberg, dat reeds in 1353 door Bisschop Jan van Arkel werd gesloopt. — Ten minste de Schild heet eene streek lands ten Z. en W. van het dorp, grenzende aan de plaats, waar het slot Woudenberg stond, terwijl men aldaar nog vele steenen opdelft, waaronder zeer ouden. — Zoo bezit de Heer Burgemeester van Woudenburg er een, eene soort van vierschaar voorstellende, die zeer oud schijnt te zijn.

De vroegere bezitters van dit voorm. adell. goed, moeten zeer magtig geweest zijn, alzoo, volgens de overlevering, een hunner den Bisschop van Utrecht durfde uittarten. De overlevering bestaat ook dat de Heer van de Schilt durfde schrijven op zijne poort:

Ik ben Heer van de Schildt
Bisschop van Utrecht, doe wat gij wilt.

SCHILTZHAUS, huis in de heerl. *Rosport*, grooth. *Luxemburg*, kw. en 3½ u. N. ten O. van *Grevenmacher*, arr. en 5¼ u. O. Z. O. van *Diekirch*, kant. en 1½ u. Z. O. van *Echternach*, gem. en 25 min. Z. O. van *Rosport*, aan de *Sure*, door welke rivier het van het Pruissische dorp *Wintersdorf* is gescheiden. — Van 1822 tot 1829 behoorde dit huis tot de gem. *Born*.

SCHIMMERT, gem. in het *Land-van-Valkenburg*, prov. *Limburg*, arr. *Maastricht*, kant. *Meerssen* (6 k. d., 4 m. k., 1 s. d.); palende N. aan Beek, O. aan Nuth en Hulsberg, Z. aan Houthem en Meerssen, W. aan Ulestraten.

Deze gem. bevat het d. Schimmert, de b. Bies en de geh. Groot-Haasdal, Klein-Haasdal, Kruys en Oenzel. Zij beslaat, volgens het kadaster, eene oppervlakte van 907 bund. 40 v. r., waaronder 887 bund. 29 v. r. 45 v. ell. belastbaar land; telt 257 h., bewoond door 269 huisgez., uitmakende eene bevolking van 1350 inw., die meest hun bestaan vinden in den landbouw en eenigen handel in granen. Vroeger werd er ook de wolspinnerij met spoelen gedreven, doch deze is sedert de oprigting der fabrijken, die met machines werken, allengs te niet gegaan.

De inw., die er op 22 na, allen R. K. zijn, onder welke 960 Communikanten, maken eene par. uit, welke tot het vic. apost. van *Limburg*, dek. van *Meerssen*, behoort, en behalve de kerk te Schimmert, ook nog een kapelletje te Groot-Haasdal en een te Klein-Haasdal hebben, welke gezamenlijk door eenen Pastoor en eenen Kapellaan bediend worden.

De enkele Protestant, die er woont, behoort tot de gem. van *Meerssen-en-Schimmert*. Vroeger hadden de Hervormden hier eene gem., doch deze aanmerkelijk verminderd zijnde, is, in 1684, met *Meerssen* vereenigd. — De 21 Isr., die er wonen, worden tot de rings. van *Meerssen* gerekend.

Men heeft in deze gem. eene school, welke gemiddeld door een getal van 60 leerlingen bezocht wordt.

Het d. Schimmert of Schummert, ligt 3 u. N. O. van Maastricht, 1½ u. N. O. van Meerssen. Het is een redelijk groot dorp, dat in zijne kom 38 h. en 220 inw. telt.

De kerk, aan den H. Remigius toegewijd, is een nieuw gebouw, met eenen nieuwen toren, doch zonder orgel.

SCHIMPACH, geh. in het balj. van *Bastogne*, kw., arr. en 4½ u. N. W. van *Diekirch*, kant. en 2 u. N. W. van *Wiltz*, gem. en ¾ u. van *Oberwampach*. Men telt er 9 h. met ruim 60 inw.

SCHINGEN, in het oud Friesch Schene, d., prov. *Friesland*, kw. *Westergoo*, griet. *Menaldumadeel*, arr. en 2 u. W. van *Leeuwarden*, kant. en 1 u. Z. Z. W. van *Berlikum*.

Zoo men meent zoude dit dorp van Dronrijp zijn afgescheurd, wegens het oude en eertijds hevige geschil over het voorgaan ten offer, en dus Schingen, bij verkorting van Scheidingen, geheeten zijn.

Men telt er 16 h. en 113 inw., die meest in den landbouw hun bestaan vinden.

De inw., die er allen Herv. zijn, behooren tot de gem. van *Schingen-en-Slappeterp*, welke hier eene kerk heeft, vóór de Reformatie aan den H. Stephanus toegewijd, en destijds 100 goudgulden (150 guld) opbrengende en het vikarisschap 90 goudguld. (135 guld.). Na de vertimmering van 1838, is deze kerk een klein, doch zeer net, langwerpig vierkant gebouw, met eenen hoogen stompen toren, doch zonder orgel.

De dorpschool wordt gemiddeld door een getal van 25 leerlingen bezocht.

Weleer had men hier de state Wobbema, ten Zuiden der kerk, doch zij is reeds sedert lang geheel vernietigd, en in eene boerenplaats veranderd. Deze state werd, te gelijk met het Blaauwhuis, in het zelfde jaar, namelijk in 1548, gesticht. Ook had men hier voorheen nog eene andere plaats van aanzien, Stedehouders genoemd. Van dit dorp loopt eene binnenvaart naar de trekvaart; doch met rijtuigen kan men van Sweins, Peins, Dronrijp en Menaldum in dit dorp alleen komen door de landen en menigvuldige hekken.

Schingen is de geboorteplaats van den Kerkelijken Geschiedschrijver Christiaan Schotanus, geb. in 1603, † in 1671.

SCHINGEN-EN-SLAPPETERP, kerk. gem., prov. *Friesland*, klass. van *Harlingen*, ring van *Franeker*, die twee kerken heeft, als eene te Schingen en eene te Slappeterp. De eerste, die in deze gem. het leeraarambt heeft waargenomen, is geweest Bernardus Schotanus, die in het jaar 1603 hier in dienst was, en in het jaar 1608 vervangen werd door Christophorus van Hardenberg, die in 1612 de plaats schijnt verlaten te hebben. Men telt er 230 zielen, onder welke ruim 50 ledematen.

SCHINKEL (DE), water in *Amstelland*, prov. *Noord-Holland*, hetwelk met eene zuidelijke strekking van den Overtoom, met eene breede monding in het Nieuwe-meer uitloopt en, de grensscheiding tusschen de gem. Nieuwer-Amstel en Sloten-Sloterdijk-Osdorp-en-de-Vrije-geer, uitmaakt.

Het is eene verlenging van de Kostverloren-vaart, waarvan het door eenen dam afgescheiden is.

SCHINKEL (DE NOORD-), dijk in *Kennemerland*, prov. *Noord-Holland*, gem. en ½ u. N. O. van *Calandsoog*, in eene strekking van het N. W. naar het Z. O., langs de noordzijde van den Uitlandschepolder, zich uitstrekkende van de duinen tot aan den ringdijk van de Zijpe.

SCHINKEL (DE ZUID-), dijk in *Kennemerland*, prov. *Noord-Holland*, gem. *Calandsoog*, in eene zuidoostelijke strekking van het dorp Calandsoog, langs de zuidzijde van den Uitlandsche-polder naar den ringdijk van de Zijpe loopende.

SCHINKELBRAAK (DE), meertje of braak in *Waterland*, prov. *Noord-Holland*, tegen den Waterlandschen-zeedijk, gem. en ⅛ u. Z. O. van Schellingwoude, door eene doorbraak ontstaan.

SCHINKELDIJK (DE), weg in *Amstelland*, prov. *Noord-Holland*, gem. *Nieuwer-Amstel*, in eene oost-zuidoostelijke rigting van de Noord-dammerbrug naar de Hand-naar-Leyden loopende.

SCHINKEL-DIJK of Schenkeldijk, b. in het *Land-van-Strijen*, prov. *Zuid-Holland*, arr. en 1½ u. Z. W. van *Dordrecht*, kant. en 3½ u. Z. W. van *Oud-Beijerland*, gem. *'s Gravendeel-en-Leer-ambacht*.

SCHINKELDIJK (DE) of de Schenkeldijk, dijk in het balj. der *Loosdrechten*, voorheen prov. *Holland*, thans prov. *Utrecht*, in eene zuidelijke rigting van de Bloklaan naar de Weere loopende.

SCHINKEL-DIJK (DE), weg in het *Nederkwartier* der prov. *Utrecht*, welke in eene noordelijke rigting, van het d. de Meern, over den zoogenaamden Woerd, naar den kantonnalen zandweg op Maarssen loopt.

SCHINKELENBURCH, voorm. adell. h. in de stad *Utrecht*, aan de westzijde van de *Oude-Gracht*, nabij de *Bakkerbrug*. — Dit huis werdt bezeten en bewoond door den Heer Kors.

SCHINKEL-POLDER (DE), pold. in *Amstelland*, prov. *Noord-Holland*, arr. *Amsterdam*, kant. en gem. *Nieuwer-Amstel;* palende N. aan den Overtoom, W. aan den Buitenveldersche-weg, die hem van den Binnendijksche-Buitenveldersche-polder scheidt, Z. aan de Koenenkade, waardoor hij van den Buitendijksche-Buitenveldersche-polder gescheiden is, W. aan het Nieuwe-Meer en den Schinkel.

Deze polder beslaat, volgens het kadaster, eene oppervlakte van 417 bund., en wordt door twee molens en eene sluis, van het overtollige water ontlast.

SCHINKEL-SLUISJE (HET), sluisje in *Kennemerland*, prov. *Noord-Holland*, gem. *Aalsmeer-en-Kudelstaart*, 5 min. N. W. van de Noorddammerbrug.

SCHINKEL-VEEN, geb. in *Schieland*, prov. *Zuid-Holland*, arr. en 1½ u. O. ten N. van *Rotterdam*, kant. en 2½ u. O. ten Z. van *Hillegersberg*, gem. *Cappelle-en-het-Slot-te-Cappelle-op-den-IJssel*, Z. W. van Cappelle-op-den-IJssel.

SCHINNEN, dek. in het vic. apost. van *Limburg*, bestaande uit de volgende dertien parochiën: Amstenrade, Bingelrade, Brunssum, Hoensbroek, Jabeek, Merkelbeek, Nuth-en-Vaesrade, Oirsbeek, Op-Geleen, Schinnen, Schinveld, Spaubeek en Wynandsraede.

Men heeft er 13 kerken, 1 bijkerk en 2 kapellen, welke door even zoo veel Pastoors, 1 Vikaris Desservant en 9 Kapellanen bediend wordt. Men telt er ruim 12,700 zielen, onder welke 9400 Communikanten zijn.

SCHINNEN, gem. in het *Land-van-Valkenburg*, prov. *Limburg*, arr. *Maastricht*, kant. *Sittard* (5 k. d., 5 m. k., 2 s. d.); palende N. aan Munster-Geleen, O. aan Bingelrade-en-Oirsbeek, Z. aan Nuth, W. aan Spaubeek en Geleen.

Deze gem. bevat de d. Schinnen, Puth en Sweykhuysen, benevens de geh. Wolfhagen, Thulle, Hommert, Heisterbrug, Daniken, Hegge, Breinder en Nagelbeck, beslaat eene oppervlakte, volgens het kadaster, van 1462 bund., waaronder 1426 bund. belastbaar land; telt er 399 h., bewoond door 406 huisgez., uitmakende eene bevolking van 2030 inw, die zich deels op den akkerbouw en veeteelt toeleggen en deels in eenige fabrijken, als 2 brouwerijen, 2 looijerijen, 1 azijnfabrijk, 1 olie- en 2 korenmolens, werkzaam zijn.

De inw., die allen R. K. zijn, onder welke ongeveer 1420 Communikanten, maken eene par. uit, welke eene kerk te Schinnen, eene bijkerk te Sweykhuyen heeft.

Men heeft in deze gem. 3 scholen, als eene te Schinnen, eene te Puth en eene te Sweykhuysen.

Het d. Schinnen, ligt 4 u. N. O. van Maastricht, 1½ u. Z. van Sittard, aan de Geleen. Men telt er 58 h. en 280 inw.

De kerk aan den H. Dionysius toegewijd, is een oud gebouw, met eenen toren en van een orgel voorzien.

De kermis valt in den Zondag na Allerheiligen.

Het wapen dezer gemeente, bestaat uit St. Dionisius en St. Gertrudis.

SCHIN-OP-GEUL, gem. in het *Land-van-Valkenburg*, prov. *Limburg*, distr. en arr. *Maastricht*, kant. *Gulpen* (6 k. d., 7 m. k., 1 s. d.); palende N. aan de gem. Klimmen, O. aan Voerendaal, Z. aan Strucht, W. aan Oud-Valkenburg.

Deze gem. bevat het d. Schin-op-Geul, benevens de geh. Waebem, Ransdaal, Op-Scheumert en St. Pieter, zij beslaat, volgens het kadaster, eene oppervlakte van 386 bund. 75 v. r. 15 v. ell., waaronder 374 bund. belastbaar land; telt 68 h., bewoond door 69 huisgez., uitmakende eene bevolking van 370 inw., die meest hun bestaan vinden in den landbouw.

De inw., die allen R. K. zijn, maken met die van de gem. *Strucht*, waar geen kerk is, eene par. uit, welke tot het vic. apost. van *Limburg*, dek. van *Gulpen*, behoort; door eenen Pastoor bediend wordt en 460 Communikanten telt. — Men heeft in deze gem. eene school, te Schin-op-Geul, welke gemiddeld door een getal van 30 leerlingen bezocht wordt.

Het d. Schin-op-Geul, in het Fr. Schin-sur-Geulle, ligt 2¼ u. O. ten N. van Maastricht, 1 u. N. van Gulpen, aan de Geul. Men telt er in de kom van het d. 20 h. en 100 inw.

De kerk, aan den H. Mauritius toegewijd, is een gewoon gebouw, met eenen toren en van een orgel voorzien.

De kermis valt in den laatsten Zondag van Junij.

SCHINVELD, gem. in het *Land-van-Valkenburg*, prov. *Limburg*, arr. *Maastricht*, kant. *Sittard* (5 k. d., 5 m. k., 2 s. d.); palende N. en O. aan de Pruissische prov. Rijnland, Z. aan de gem. Brunssum, W. aan Merkelbeek.

Deze gem. bevat niets dan het d. Schinveld, benevens drie huizen, waarvan een, genaamd den Hering, hetwelk 3890 ell. O. van het d. staat. Zij beslaat, volgens het kadaster, eene oppervlakte van 1178 bund. 7 v. r. 65 v. ell., waaronder 1146 bund. 15 v. r. 40 v. ell. belastbaar land; telt 180 h., bewoond door 190 huisgez., uitmakende eene bevolking van 820 inw., die meest in den landbouw hun bestaan vinden. Ook heeft men er twee water-graanmolens, waarvan een tevens water-oliemolen is, eene branderij en eene brouwerij.

De inw., die allen R. K. zijn, onder welke 600 Communikanten, welke tot het vic. apost. van *Limburg*, dek. van *Schinnen*, behoort. en door eenen Pastoor en eenen Kapellaan bediend wordt.

Men heeft in deze gem. eene school, welke door een gemiddeld getal van 70 leerlingen bezocht wordt.

Het d. Schinveld ligt 5 u. N. O. van Maastricht, 1½ u. Z. O. van Sittard. De kerk, aan den H. Eligius toegewijd, is een nieuw gebouw, met eenen ouden lagen toren, doch zonder orgel.

De kermis valt in op den 1 December, zijnde het feest van den H. Eligius.

Het wapen betsaat in het beeld van den H. Eligius.

SCHIPBEEK (DE), vaart in *Overijssel*, van Deventer naar de Regge loopende, van welke rivier zij, ten O. van Schipbeekshuizen, onder Diepenheim, haar water ontvangt en voorts westwaarts door de gem. *Holten* en *Bathmen*, naar Deventer loopt, waar zij zich in den *IJssel* ontlast.

In 1353 vindt men de eerste melding gemaakt van deze vaart in eene rekening. In 1366 en 1368 heet zij: »*die Weteringhe, die men ter Hunnepe grauen solde*" In 1399 maakte de Regering van Deventer plan, om ze van Ter-Hunnepe tot Arkelstein en van daar tot in de Regge door te zetten. Op het jaar 1402 vindt men reeds aangeteekend, dat men getracht heeft, de Schipbeek tusschen Diepenheim en Holten door graven te verbeteren en het blijkt, uit geloofwaardige stukken, dat de gemelde stad reeds in vroege tijden zich de zoogenaamde landweeren, welke eenigzins lager de oevers der beek uitmaken, in eigendom had verkregen. Zij schijnt, in 1404, van Diepenheim tot Deventer voltooid of tot stand gekomen te zijn, tot groot nadeel van Zwolle en andere plaatsen aan de Vecht, en heeft later den naam van SCHIPBEEK bekomen. Zij was evenwel in het jaar 1422 nog niet geheel voltooid, zijnde het tijdstip, wanneer zij het eerst gebruikt werd, onbekend. Uit kracht van eenen openen brief van Koning FILIPS, op den 17 Maart des jaars 1576 geteekend, waarbij aan die van Deventer het regt gegeven wordt niet alleen om de SCHIPBEEK naar goedvinden te verwijden en te verdiepen, maar ook om er eene schouw op te leggen, stelde de Regering vroeger jaarlijks uit haar midden eenen Dijkgraaf en twee Heemraden aan, die, benevens eenen der Stads-Secretarissen, eens in het voorjaar en eens in den herfst, die schouwe verrigten. Deze begon op de hoogte van de kleine stad Diepenheim en ging tot aan de stad Deventer. In het kerspel van Markelo had de Erf-Markenregter, in het schoutambt van Holten en Bathmen de Schout, het regt, om zich als Heemraad bij de schouwe te voegen, gelijk de Burgemeesters van Goor en Diepenheim de zoogenaamde Goorsche-beek, zijnde eene streng van de SCHIPBEEK, welke van het Westerflier naar Goor loopt, mede door hunnen afgevaardigde hielpen bezigtigen. Het zelfde regt genoten de eigenaren van de huizen Weldam, Diepenheim en Westerflier, ieder in hunnen kring. De schouw, geene bijzondere keuren gehad hebbende, regelde zich in hare uitspraken naar het dijkregt van Zalland. Thans wordt de schouw daarover door de besturen der aanbelendende gemeenten gevoerd. De SCHIPBEEK is alleen in het voor- en najaar door schuiten bevaarbaar, en kan 's zomers op vele plaatsen droogvoets doorgegaan worden.

SCHIPBEEKHUIZEN, buurs., prov. *Overijssel*, arr. en 4½ u. O. ten Z. van *Deventer*, kant. en 5¼ u. W. ten Z. van *Enschede*, gem. en 2¾ u. Z. van *Diepenheim*; met 6 h. en 40 inw.

SCHIPBORG, ook SCHIPBORK, geh. in *Oostermoerderdingspil*, prov. *Drenthe*, arr., kant. en 2¼ u. N. N. O. van *Assen*, gem. en ½ u. N. N. W. van *Anloo*; met 10 h. en 80 inw. — Dit geh. had vroeger eene marke, groot 451 bund. 65 v. r., doch deze is onlangs gescheiden en bestaat niet meer.

SCHIPBORGER-AA (DE) of HET SCHIPBORGER-DIEP, riv. in *Drenthe*. Zie AA of AHA.

SCHIPHOL (HET), b. in *Amstelland*, prov. *Noord-Holland*. Zie RIETWIJKEROORD.

SCHIPHOLSLOOT (DE), waterleiding in *Amstelland*, prov. *Noord-Holland*, loopende van de grens of scheisloot van *Nieuwer-Amstel*, in eene westelijke rigting naar de *Ringvaart-van-het-Haarlemmermeer*. Zij is de grensscheiding tusschen de gem. *Rietwijkeroord* en *Aalsmeer-en-Kudelstaart*.

SCHIPHORST, geh. in *Dieverderdingspil*, prov. *Drenthe*, arr. en 9¼ u. Z. Z. W. van *Assen*, judic. en adm. kant. en 1½ u. O. ten Z. van *Meppel*, gem. en 1½ u. W. van *de Wijk*; met 40 h. en 320 inw.

SCHIPIBO, verl. plant. in *Nederlands-Guiana*, kol. *Suriname*, aan de *Boven-Commewijne*, ter regterzijde in het afvaren; palende bovenwaarts aan bosschen en zwampen, benedenwaarts aan het verl. Land-van-Jokkomomo.

SCHIPLUIDEN, gem. in *Delfland*, prov. *Zuid-Holland*, arr. 's *Gravenhage*, kant. *Delft* (3 k. d., 24 m. k., 9 s. d.); palende N. aan de gem. Hodenpijl, O. aan het Hof-van-Delft, St. Maartensregt-en-Dorp-polder-en-Zouteveen, Z. aan St.-Maartensregt-en-Dorp-polder, W. aan St.-Maartensregt-en-Dorp-polder-en-de-Lier.

Deze gem. bevat het d. Schipluiden en de Klaas-Engelbregts-polder, benevens gedeelten van den Kerk-polder en van den Dorp-polder en eenige verstrooid liggende huizen. Zij beslaat eene oppervlakte, volgens het kadaster, van 449 bund. 81 v. r. 81 v.ell., waaronder 445 bund. 97 v. r. 45 v. ell. belastbaar land; men telt er 93 h., bewoond door 101 huisgez., uitmakende eene bevolking van 580 inw., die meest hun bestaan vinden in het maken van boter en kaas. Ook heeft men er eene leerlooijerij en eene scheepstimmerwerf.

De Herv., die er 210 in getal zijn, maken met die van de naburige burg. gem. Hodenpijl en St.-Maartensregt-en-Dorp-polder, alsmede eenige uit de gem. Zouteveen en van Abstregt eene gem. uit, welke 390 zielen telt, onder welke 180 Ledematen. De eerste, die in deze gem. het leeraarambt heeft waargenomen, is geweest Johannes Laurentii van Velsen, die in het jaar 1591 herwaarts kwam en in het jaar 1603 overleed. Bij vacature maakt de kerkeraad een twaalf-, zes- en drietal, uit welk laatste de Ambachtsheer eene keus doet.

De R. K., die er 290 in getal zijn, maken met die uit de naburige gem. Hodenpijl, St.-Maartensregt-en-Dorppolder, de Lier, Hof-van-Delft, Groeneveld en Zouteveen eene stat. uit, welke tot het aartspr. van *Holland-en-Zeeland*, dek. van *Delfland*, behoort, en waarvan de kerk onder *Hodenpijl* staat. Deze stat. telt 1100 zielen, onder welke 675 Communikanten, wordt door eenen Pastoor bediend, en heeft eene eigen begraafplaats.

Men heeft in deze gem. eene school, welke gemiddeld door een getal van 100 leerlingen bezocht wordt.

Deze gem. is eene heerl., welke vroeger bezeten werd, door het Overijsselsche adellijke geslacht van Hoffel, doch later een eigendom is geworden van het geslacht Bachman, door wien het nog tegenwoordig bezeten wordt, zijnde daarvan tegenwoordig eigenaar Mr. F. D. Cau van Stellendam, woonachtig te 's Gravenhage.

Het d. Schipluiden ligt 2 u. Z. van 's Gravenhage, 1 u. Z. W. van Delft, aan de vaart naar Vlaardingen en Maassluis.

Men vindt den naam van dit dorp op de volgende onderscheidene wijzen gespeld, als: Schijpliede, Sciepleda, Schiepleda en Scheepleda, onder welken laatstgemelden naam het reeds in den jare 900 bekend was. Graaf Dirk V noemde het in den jare 1083, bij zekere opene brieven, Schipleden: in brieven van Hertog Filips van Bourgondië, aan de stad Delft enz. verleend, in 1450, wordt het Schipluyden, geschreven. Sommige beweeren, ter staving van den oorsprong dezer benaming, dat de Maas weleer tot aan dit dorp zoude gevloeid hebben, en dat de zeevarenden zich derhalve aldaar aan boord hunner schepen begaven, even als nu te Vlaardingen en Maassluis geschiedt, dat men voorts, bij die gelegenheid, gewoon was te roepen, *scheeplui!*, *scheeplui!* en dat het dorp van dat geroep zijnen naam zoude ontleend hebben; dit zoude zeker niet onwaarschijnlijk voorkomen, indien er niet tegen bedacht werd, dat het dorp zeer ver van de Maas gelegen en het derhalve onwaarschijnlijk is, dat men van daar op gezegde rivier te scheep zoude gegaan zijn; doch weder anderen opperen daaromtrent weder: dat, vaststellende, zoo als algemeen aangenomen wordt, dat het dorp Maasland, deze zijne benaming gekregen heeft van zijne ligging op eene gorze, uit de Maas aangewassen, het dan ook zeer mogelijk kan zijn, dat gezegde rivier, vóór dat de gemelde gorze aangewassen is geweest, tot of niet verre van dit ambacht gespoeld heeft; dat dus het zeevolk, de gorze nu daar wezende, en zich van daar moetende te scheep begeven, op dit dorp, als de laatste plaats, welke zij moesten doortrekken, verzameld is, en dat hun aldaar gewoonlijk kan toegeroepen zijn: *scheeplui! scheeplui!* Op alle plaatsen werden zij slechts aangemaand tot den verderen voorttogt, maar op deze altoos tot het dadelijk aan boord gaan. Anderen leiden den naam af van een water, Lede geheeten, dat voorheen van Vlaardingen door dit dorp stroomde, en daar dit woord zoo veel als leiding beteekend heeft, wil men dat SCHEEPLEDE of SCHEEPLEDA, beteekend hebbe de plaats, of water dat de schepen naar de Maas leidde (de klankverbastering zou er SCHIPLUIDEN van gemaakt hebben). Eene der beschrijvingen van Delft, schijnt te stellen, dat men onder den naam van SCHEEPLEDA of SCHEEPLEDE, moet verstaan schipleiders dat is: » menschen die met de lijn om den hals een schuit of scheepje « trekken;" mogelijk moet men daarbij vooronderstellen, dat de bewoners van dit dorp zich voornamelijk met die bezigheid geneerd hebben, waardoor derhalve dan ook de naamsoorsprong van SCHIPLUIDEN ontleend zoude wezen.

Men telt er in de kom van het dorp 81 h. en 350 inw. Het dorp bestaat voornamelijk uit twee aan een gebouwde rijen huizen, ter wederzijde van de vaart, die door twee bruggen met elkander gemeenschap hebben; het is, ruim en luchtig, begint van naast de kerk af, als men van Delft komt, en strekt tot nabij den korenmolen aan den weg, daar men naar Maasland gaat; de huizen zijn doorgaans goede en wel onderhonden gebouwen.

De Herv. kerk staat aan den ingang van het dorp, wanneer men van Delft komt, met het achterste gedeelte of de koorzijde naar den weg en de toren naar de landzijde gebouwd, omdat de toren, zoo als vroeger algemeen het geval was, aan de westzijde van de kerk staat, waardoor deze den voorbijganger als verkeerd gebouwd voorkomt. Het jaar der stichting, of aan wie zij vóór de Reformatie was toegewijd, hebben wij nergens kunnen ontdekken: zeker is het, dat deze kerk reeds in het jaar 1313 aanwezig geweest is, ingevolge eene uitspraak van Graaf WILLEM VAN HENEGOUWEN, gedaan tusschen den Heer ARNOUD VAN HODENPIJL, en zijne broeders ter eenre, en JAN CAPPAERTSZOON, ter andere zijde. Het gebouw zelf, dat van buiten er goed onderhouden uitziet, draagt alle kenteekenen van oudheid: het is langwerpig vierkant en van eene tamelijke hoogte, zijnde het dak met leijen gedekt. In het jaar 1810 werd de vrij hooge toren, die boven het dak der kerk uitstak en waarin twee klokken hangen, wegens den bouwvalligen toestand afgebroken en vervangen door een net houten torentje, dat op de kerk gebouwd en van een uurwijzer voorzien is, welke door een goed uurwerk gedreven wordt. Van binnen is de kerk vrij ruim, doch geheel zonder pijlaren. Op het lijstwerk van den predikstoel leest men met groote vergulde letters: » *Maar hij seyde, ja » salig zijn degene, die het woord Gods hooren en datselve bewaren,"* Luc. 11 vs. 28: aan de regterzijde van den predikstoel, tegen den torenmuur, hangt een fraai bord, waarop de Wet des Heeren geschreven is. Aan de linkerzijde ziet men eenen trap, die naar den toren geleidt. Aan de zuidzijde van het koor hangt een bord, waarop de namen der Predikanten, die sedert 1600 aldaar gestaan hebben. Onder deze merkt men mede op den beroemden ANTONIUS HAMBROEK, die in 1647 van SCHIPLUIDEN naar Oost-Indië vertrok en in 1663 op het eiland Formosa, als een andere REGULUS, vrijwillig zijn leven ten offer bragt, om het aan den vijand gegeven woord niet te breken. In het jaar 1788 werd aan het einde van het koor een uitmuntend kunststuk opgehangen, ter gedachtenis van den Heer WILHELM HENDRIK STEENBEECK, overleden te Kenenburg, den 8 December van dat jaar. Het bestaat voornamelijk uit eene kast, verbeeldende eene nis, waarin op een voetstuk gesteld is, eene oude Romeinsche urne, in welke de asch der overledenen, die verbrand werden, plagt bewaard te worden: van het gezegde voetstuk rijzen twee fraaije pilasters, waarop aan iedere zijde vier kwartieren van het wapenschild des overledenen gesteld, welke van boven met een fraai lijstwerk samengevoegd zijn. Op dat lijstwerk staat het jaartal MDCCLXXXVIII; daar boven ziet men een fraai verzilverd doodshoofd, en onder toepasselijk bijwerk; onder op het voetstuk, leest men in vergulde kapitale letteren het volgende: »*Den Wel-Edelen-Geboren Heer* WILHELM HENDRIK STEENBEECK, *in* »*leven Heer van Schipluiden*, *Hodenpijl*, *St. Maartensrecht*, *Dorp* »*en Kenenburg*, *Oud-Raad van de Crimineele en Civiele Justitie* »*in de colonie van Surinamen*, *geboren te Venlo*, *op den* 19 *April* »1725. *Obiit te Kenenburg*, *den* 8 *December* 1788." Onderaan hangt eene wel dooreengewerkte strik van lauwrieren en andere bladen en bloemen, alles zeer konstig, zoo van hout als marmersteen, bewerkt.

In plaats van het kerkhof, hetwelk voorheen door eenen muur met eene poort omgeven was, is in het jaar 1828 eene burgerlijke begraafplaats aangelegd, welke door een niet hoog, maar net, hekwerk omgeven is.

Sedert jaren staat het pastoriehuis der Hervormde gemeente als spookhuis bekend, een bedaard en gezet onderzoek door den tegenwoordigen Predikant, LEONARDUS JOHANNES LAMBERTUS VAN NECK, daaromtrent gedaan, heeft bewezen, dat al hetgeen men hoorde aan natuurlijke oorzaken moet worden toegeschreven, zoo werd, onder anderen, het zooveel geruchtmakende geluid en nu en dan het akelige geklaag veroorzaakt door de toevallige speling van zeer fellen wind op eene bij den grond, in den muur van het huis, bijkans toegeroesten rooster, nadat deze echter, voor omtrent twaalf jaren, weggenomen is, wordt het geluid niet meer gehoord, zoodat men er sedert jaren in de gemeente niet meer van spreekt, en wordt er soms nog door eenen vreemdeling naar gevraagd, dan is het eenstemmig antwoord van de dorpelingen: »Onze Domine heeft de spoken verdreven". De molen ten Noorden van het dorp stond sedert onheugelijke tijden als tovermolen bekend; sedert de vrouw van den vorigen molenaar, in 1839, overleden is, spreekt men er echter niet meer van.

De kermis valt in den 28 Julij.

Het wapen dezer burg. gem. bestaat in een voor anker liggend schip op een stil water; dat van de kerk. gem. is een zeilend schip op een woelend water, met het omschrift: *Jesus in 't Schip syn all de scheepsluy vylig.* Mat. 8 : 23—27, 14 : 24—32.

SCHIPLUIDENSCHE-SLUIS, sluis in *Delfland*, prov. *Zuid-Holland.* Zij is een der acht westsluizen van Delfland en dient tot uitwatering van de gem. Schipluiden en Hodenpijl, benevens de pold. Woudharnas en Aalkeet.

SCHIPSLOOT (DE), water in *Fivelgo*, prov. *Groningen*, meerendeels onder *Siddeburen*, eenen aanvang nemende bij het dorp Schildwolde en met eene noordelijke rigting naar het westeind van het Schild loopende.

Dit water, hetwelk een particulier eigendom is, dient tot af- en aanvoer van allerlei goederen (1).

SCHIPSLOOT (DE), vaartje in het dingspil van *Noordenveld*, prov. *Drenthe*, in eene strekking van het Zuiden naar het Noorden loopende, uit het middelpunt van het dorp Peize naar het Peizerdiep, waardoor gemeld dorp gemeenschap heeft met de stad en provincie Groningen.

SCHIPSLOOT (DE), vaart, prov. *Friesland*, kw. *Zevenwouden*, griet. *Haskerland*, uit de *Overspitting* bij de Joure, in eene noordoostelijke rigting naar het *Groot-Hornstermeer* loopende.

SCHIPSLOOT (BROER-JAN-KLAASSENS-), vaart, prov. *Friesland*, kw. *Zevenwouden*, griet. *Opsterland*, beginnende nabij Lippenhuizen, aan den Buiten-Hoogenweg en noordelijk naar het *Koningsdiep* loopende.

SCHIPSLOOT (DE OUDE-), onderscheidene vaarten, prov. *Friesland*, kw. *Zevenwouden*, griet. *Opsterland*, welke in de zelfde rigting als de *Broer-Jan-Klaassens-Schipsloot* naar het Koningsdiep loopen.

SCHLACHTMAAT, geh. in het *Overkwartier* der prov. *Utrecht*. Zie Slagtmaat.

SCHLEIDER, Schleiderhof, Schleitershoff of Schlyterhoff, afzonderlijk huis in de heerl. *Felts*, grooth. *Luxemburg*, arr. en 4½ u. N. ten O. van *Luxemburg*, kant. en 1¼ u. N. O. van *Mersch*, gem. *Nomeren*.

SCHLEIDMÜHL, geh. in de heerl. *Useldingen*, grooth. *Luxemburg*, kw., arr. en 4½ u. N. N. W. van *Luxemburg*, kant en 1½ u. W. van *Mersch*, gem. *Boevingen*.

SCHLEIFMUHL, in het Fr. l'Aiguiserie, geh. in het balj. van *Luxemburg*, grooth. *Luxemburg*, kw., arr., kant. en ½ u. Z. O. van *Luxemburg*, gem. *Hesperingen*.

Er is hier eene belangrijke wolspinnerij en lakenweverij der Heeren gebroeders Godchaux en Comp.

SCHLEIFMUHL, in het Fr. l'Aiguiserie, geh. in het balj. van *Luxemburg*, heerl. *Roussy*, grooth. *Luxemburg*, kw. en 5½ u. Z. W. van *Grevenmacher*, arr. en 2½ u. Z. O. van *Luxemburg*, kant. en 1½ u. W. van *Remich*, gem. *Dalheim*.

SCHLERBACH (DE), beek in het grooth. *Luxemburg*. Zij ontspringt in de bosschen ten N. van het d. Buderscheid en valt met eene zuidelijke strekking bij den Heiderscheidermuhl in de *Sure*.

SCHLEWENHOFF, geh. in het balj. van *Luxemburg*, grooth. *Luxemburg*, kw., arr. en 2 u. Z. W. van *Luxemburg*, kant. en 1½ u. N. van *Esch-aan-de-Alzette*, gem. *Reckingen*.

SCHLEWENHOFF, geh. in de heerl. *Soleuvre*, grooth. *Luxemburg*, kw., arr. en 3 u. Z. W. van *Luxemburg*, kant. *Esch-aan-de-Alzette*, gem. en ½ u. Z. O. van *Sanem*.

SCHLIKER-POLDER, pold. in *Rijnland*, prov. *Zuid-Holland*. Zie Schilker-polder.

SCHLIMMüHLEN of Schlimmuhl, geh. in het balj. van *Echternach*, grooth. *Luxemburg*, arr. en 4 u. O. ten Z. van *Diekirch*, kant., gem. *Echternach*.

SCHLINDER (DE), beek in het grooth. *Luxemburg*. Zij ontspringt bij het d. Holstum, loopt in eene zuidelijke strekking en valt bij het d. Schlindermanderscheid in de *Sure*.

---

(1) In de Ommelanden zijn vele dorpen, die eene *Schipsloot* hebben, vermits zulks in zeer oude tijden, toen de wegen bijna onbruikbaar waren, vooral des winters, soms het eenigste middel van vervoer was, zelfs voor de begraving der lijken uit ver van het kerkhof afgelegen huizen.

SCHLINDER (OBER-), geh. in de heerl. *Clerff*, grooth. *Luxemburg*. Zie SCHLINDER (OVER-).

SCHLINDER (ONDER-), Hoogd. UNTER-SCHLINDER of NIEDER-SCHLINDER, geh. in de heerl. *Bourscheid*, kw., arr., kant. en $2\frac{1}{4}$ u. N. van *Diekirch*, deels gem. *Bourscheid*, deels gem. *Consthum* en deels gem. *Hoscheid*.

SCHLINDER (OVER-), Hoogd. OBER-SCHLINDER, geh. in de heerl. *Bourscheid*, kw., arr., kant. en $2\frac{1}{4}$ u. N. van *Diekirch*, gem. *Hoscheid*; met 6 h. en 20 inw.

SCHLINDER (OVER-) of OBER-SCHLINDER, geh. in het balj. van *Diekirch*, grooth. *Luxemburg*, kw., arr. en $2\frac{1}{4}$ u. N. N. W. van *Diekirch*, kant. en $2\frac{1}{4}$ u. Z. van *Clerf*, gem. *Constumb*; met 9 h. en 45 inw.

SCHLINDERMANSCHEID, d. deels in de heerl. *Clerf*, deels in het balj. van *Diekirch*, kw., arr., kant. en ruim 2 u. N. W. van *Diekirch*, gem. en ruim $\frac{1}{4}$ u. N. van *Bourscheid*, op een schiereil. door de *Sure* en den *Schlinder*, gevormd, hoog boven beide stroomen, wier oevers hier ontzettend steil zijn.

De inw., die er allen R. K. zijn, maken eene par. uit, welke tot het vic. apost. van *Luxemburg*, dek. van *Diekirch*, behoort en door eenen Pastoor bediend wordt.

SCHMA, lands. en d. in *Afrika*, in *Opper-Guinea*, aan de *Goudkust*. Zie CHAMA.

SCHMITENWEHR of SCHMITTENWEHR, geh. in de heerl. *Beffort*, grooth. *Luxemburg*, arr. en $2\frac{1}{4}$ u. O. van *Diekirch*, kw. en 4 u. N. W. van *Grevemacher*, kant. en $1\frac{3}{4}$ u. W. ten N. van *Echternach*, gem. en 25 min. O. van *Beffort*, aan de Sure.

SCHOBBELANDS-AMBACHT, heerl. in den *Zwijndrechtsche-waard*, prov. *Zuid-Holland*. Zie ZWIJNDRECHT.

SCHOCKMUHL, geh. in het balj. van *Luxemburg*, grooth. *Luxemburg*, kw., arr. en $3\frac{1}{4}$ u. W. van *Luxemburg*, kant. en 3 u. Z. van *Capellen*, gem. *Küntzig*.

SCHODDE, voorm. d. op het eil. *Zuid-Beveland*, prov. *Zeeland*. Zie SCHOUDÉE.

SCHOELIEBERG of SCHOELIBERG, geh. in het markgr. van *Bergen-op-Zoom*, prov. *Noord-Braband*, *Vierde* distr., arr. en 9 u. Z. W. van *Breda*, kant. en 2 u. Z. O. van *Bergen-op-Zoom*, gem. en 10 min. O. van *Huibergen*, aan de Belgische grenzen; met 9 h., allen boerderijen, en ruim 60 inw.

SCHOENDELEN, eigenlijk SCHÖNDELEN, kast. in het voorm. hert. *Gulick*, prov. *Limburg*, distr., arr., kant. en $\frac{1}{4}$ u. Z. W. van *Roermonde*, gem. *Herkenbosch-en-Melick*, 10 min van *Herkenbosch*, in het geh. *Schoendelen*.

Dit kast., hetwelk met de daartoe behoorende gronden eene oppervlakte beslaat van ongeveer 200 bund., wordt thans in eigendom bezeten door den Heer Baron LODEWIJK VAN BOINEBURG LENGSFELD, woonachtig te Lengsfeld, groothertogdom Saksen-Weimar.

SCHOENFELTZ, voorm. heerl. in het grooth. *Luxemburg*, kw., arr. *Luxemburg*, kant. *Mersch*.

Zij bevatte het d. SCHOENFELTZ en een deel van het d. Rollingen-bei-Mersch, en bragt ten tijde van het Oostenrijksch bestuur, van elke 1000 flor., 17 sol. en 1 den. op.

SCHOENFELTZ (SCHÖNFELTZ), d. in de heerl. *Schoenfeltz*, grooth. *Luxemburg*, kw., arr. en 3 u. N. van *Luxemburg*, kant., gem. en 25 min. Z. van *Mersch*, aan den Mamer.

SCHOORSTRAAT, geh. in het graafs. *Horne*, prov. *Limburg*, distr., arr. en 1¼ u. W. van *Roermonde*, kant. en 2¼ u. O. van *Weert*, gem. en ½ u. Z. O. van *Nederweert*; met 24 h. en 160 inw.

SCHOIRT, verkorte naam van het geh. Schoordijk, in de *Meijerij van 's Hertogenbosch*, kw. *Peelland*, prov. *Noord-Braband*. Zie Schoordijk.

SCHOKLAND, eil. in de *Zuiderzee*, prov. *Overijssel*, thans eene gem. uitmakende, welke tot het arr. *Zwolle*, kant. *Kampen* (6 k. d., 13 m. k., 1 s. d. 2 afd.) behoort.

Het ligt 2 u. ten O. van Urk, tusschen dit eil. en de kusten van Overijssel, waarvan het zuid-oostwaards slechts een uur verwijderd is. Het strekt met zijne geheele lengte van het Zuiden naar het Noorden, voor het Zwolsche-diep, en met den zuidoostelijksten hoek voor Kamper-diep. De geheele uitgestrektheid, van het Zuiden naar het Noorden, bedraagt slechts 5200 ellen bijna een uur gaans, en de breedte is zeer gering, en op sommige plaatsen naauwelijks 300 ellen.

Het is onzeker, of dit eiland te voren aan het oostelijk gelegen land is gehecht geweest, en eerst in de dertiende eeuw, bij de geweldige inbraak der Zuiderzee, daarvan is afgescheiden; ofschoon er in dien tijd, door de woede der zee, een aanmerkelijk gedeelte, der Westkust van Overijssel, door de wateren verzwolgen is. Men wil ook, dat dit eiland nog in 1352 aan het vaste land gehecht was en leidt dit af uit een charter van dat jaar, van Jan van Arkel, den zeven en veertigsten Bisschop van Utrecht, waarin het huis te Holthoen (Holten), Nienstede (thans Hardenbergh) en Emelwerden (Emmeloord) als uiterste punten van Zalland aangemerkt worden.

Men telt er 3 buurten Emmeloord of de Noorderbuurt, Ens of de Molenbuurt, ook de Middelbuurt genoemd en Oudekerk of de Zuiderbuurt. Deze drie buurten zijn gelegen, op drie afzonderlijke, daartoe opgeworpene hoogten, en de huizen, welke geen aanmerkelijke hoogte hebben, zijn bijna allen van hout, met een puntig toeloopende gevel, waarop bij de R. K. een houten kruis staat. Door planken op schragen of jukken gelegd, heeft men met elkander gemeenschap.

Het land is hier zeer laag en wordt bij de minste rijzing der zee, voor het grootste gedeelte overstroomd; aan de westzijde werd het gedurig, door de werkingen der zeegolven afgeslagen, doch dit is sedert eenige jaren, door het leggen van eenen dijk, verhinderd.

Het eiland beslaat, volgens het kadaster, eene oppervlakte van 143 bund. 15 v. r. 93 v. ell. Men telt er 148 h., bewoond door 154 huisgez., uitmakende eene bevolking van 700 inw., die meest in de vischvangst hun bestaan vinden. Ook zijn er twee calicotfabrijken opgerigt. Er is geen handel, dan in het klein voor de behoeften der inwoners en aankomende schippers.

De R. K., die er ruim 500 in getal zijn, maken de stat. van *Ens-en-Emmeloord* uit, met eene kerk te Emmeloord.

De Herv., die men er ongeveer 190 telt, vormen de gem. van *Ens-en-Emmeloord*, met eene kerk te Ens. De R. K. wonen grootendeels in het noordelijke en de Hervormde in het zuidelijke gedeelte van het eiland.

Men heeft er twee scholen, welke gemiddeld door een getal van 130 leerlingen bezocht worden.

Nevens het aloude bedrijf der eerste Batavieren, hebben deze eilanders hunne gebruiken en eene soort van kleederdragt overgehouden, welke door niets veranderd wordt. De kleeding der mannen bestaat uit een rood baaijen hemdrok met zilveren knoopen; — over dezen, een donker blaauw kamisooltje, met een rood passement omboord en met drie of vier zilvere knoopen van onderen vastgemaakt; — over deze beide een' wijden pijen rok. Verder eene zeer wijden broek van de zelfde stof, grijze wollen kousen en wit geschuurde klompen; het hoofd gedekt met eene soort van muts of calot, van digt in elkander gebreidde wolle. Aldus uitgedoscht tarten zij de ruwe baren en de woedende stormen. De veelverwige kleeding der vrouwen is des te merkwaardiger, omdat deze sedert eeuwen op het eiland in zwang en nergens anders in gebruik is. Zij zijn gekleed met eenen scharlaken borstrok met mouwen, die onder de elleboog met eenen knoop toegemaakt zijn, en, wanneer zij omgeslagen worden, eene damaste voering vertoonen. Op den schouder is een roode lap, met geel passement opgesierd, de borstrok is mede langs de kanten met een geel passement omtrokken en een geel streepje is in de naden der mouwen ingenaaid. Deze roode borstrok, welke van voren rond uitgesneden is en eene wijde ovale opening voor de borst maakt, is van boven en van onderen met haken gesloten; — in het midden van deze opening is de borst met eenen scharlaken lap gedekt. Over den borstrok, draagt de vrouw een donkerblaauw rompje zonder mouwen; dit laatste, hetwelk voor de borst zoo wijd open is, dat men den geelen boord van den onderborstrok zien kan, is onder de kin met een eenvoudig wit lintje vastgemaakt maar onderaan, door middel van een geel lintje, met eene roode streep in 't midden, driehoekswijze geregen. Om den hals heeft zij vier of vijf strengen roode bloedkoralen, met een breed zilveren slot, dat altijd achter in den nek gedragen wordt, en hierboven, onder de kin, eenen paars en blaauw geruiten doek, zoodanig toegeknoopt, dat de beide slippen over de schouders nederhangen. De muts is van fijn linnen, maar door veel stijfsel, en vooral blaauwsel, hard en blaauw gemaakt; deze muts is niet met kant, maar van voren met ingenaaide gaatjes versierd en op de kruin van het hoofd met plooijen te samen getrokken. Zij dragen de bekende oorijzers nooit van goud, maar van zilver of van blik. Rondom de muts steekt overal het door kunst geel geverwde hoofdhaar door; boven het voorhoofd als kleine vlokjes, aan de zijden als langwerpig neerhangende lokken en van achteren vrij en golvend langs den rug. Het overige der kleeding bestaat in eenen donkergrijzen wollen rok, een voorschoot van de zelfde stof, doch blaauw en met groote plooijen geperst, parelkleurde kousen, donkerblaauwe sokken en wit geschuurde klompen of zwarte lederen muilen.

Schokland, oudtijds waarschijnlijk alleen onder den naam van Ennewarde bekend, vormde met *Urk* eene heerlijkheid. In 968 schonk Otto het eiland Schokland en het gebied van *Urk* aan de abdij van Elten. Deze heerlijkheid werd, in de veertiende eeuw, door Heer Zweder van Voorst van de graafelijkheid van Holland ter leen gehouden, en later door de Heeren van Kuinre bezeten. In 1417 was het in het bezit der Kennemers en Jacoba, Gravin van *Holland*, beleende het toen aan Herman, Heer van *Kuinre*. Vóór het jaar 1795 behoorde alleen het zuidelijke deel van dit eiland tot Overijssel, terwijl het noordelijke gedeelte, eene bezitting der stad Amsterdam, die zij in het jaar 1660 aankocht, tot Holland werd gerekend. Tot aan het jaar 1804 was het eiland, langs de westelijke kust, voor meer dan ¾ der lengte door kistpaalwerk eenigzins tegen de hooge vloeden beschermd, waarvan nog een gedeelte overig is. Dan in dat jaar maakte men eenen aanvang met het aanleggen van eenen dijk, die echter door den watervloed van het jaar 1825 bijna geheel werd vernietigd, zoodat sedert dien tijd een nieuw oeverwerk is moeten aangelegd worden. De oostkant van het eiland heeft eene zeewering uit eene enkele rij, meestal eiken, palen bestaande, over welk paalwerk eene loopplank ligt van ongeveer ½ el breedte, welke voor de bewoners der onderscheidene buurten tot voetpad dient. Door de lage ligging des lands en het ongenoegzame der bestaande bedijkingen, wordt SCHOKLAND, bij de minste verheffing der zee boven den dagelijkschen waterstand, onder water gezet, en het vee genoodzaakt eene schuilplaats op het zuideinde van het eiland te zoeken.

Zeer vele overleveringen (door zulk eene afgezonderde ligging des eilands van veel gewigt) stemmen daarin overeen, dat SCHOKLAND oudtijds veel ruimer van omvang is geweest, en de bouwvallen der zoogenaamde oude kerk strekken daarvan tot een overtuigend bewijs.

In het jaar 1802 ontdekte men, bij eenen hevigen aanhoudenden oostenwind, op den drooggeloopen bodem der zee, eene dubbele rij boomstammen, die op den 30 October 1839 op nieuw zijn gezien. Deze boomstammen, vóór eeuwen nog met takken en bladeren gekroond, beslaan, zoo veel men opmerken kon, eene uitgestrektheid van ongeveer 3000 ellen in het vierkant. Op laatstgemelden dag bemerkte men nog ten Z. van de stad Vollenhove, aan den uithoek van de Voorst, eene lange smalle streep, bij de schippers, onder den naam van de Steente bekend, en bestaande uit eene digte laag van middelbare keisteenen. Zoover men konde nagaan, strekte deze streep zich uit tot aan Ens. Nog heden verhalen de visschers, dat er tusschen dit eiland en Urk eene plaats in zee is, welke zij vermijden moeten, opdat er hunne netten niet vastraken. Zij noemen deze plaats het kerkhof. In 1772, werd aldaar een kerkkandelaar opgevischt en het doopvont, dat thans nog in de R. K. kerk aanwezig is, werd van daar gehaald. De grond van het eiland dient tot eene gemeene weide voor een dertigtal koeijen en 150 schapen.

Dit eiland heeft bij den watervloed van Februarij 1825 veel geleden. Door den storm van 14 October 1824 was reeds groote schade aan de werken van het eiland toegebragt. Het water had de hoogte van 2.67 ell. bereikt, en de wind had toen mogelijk meerdere kracht dan bij eenen der volgende stormen. De paalwerken aan de oostzijde des eilands, zoo als ook die aan de westzijde der buurten, waren zwaar beschadigd; een geheel nieuw geheid werk aan de oostzijde, bij de Zuiderbuurt, sloeg uit den grond en spoelde weg. De zeedijk, welke genoegzaam volkomen hersteld was, werd ter lengte van meer dan 2000 ellen bijna geheel vernield, en het Rijks magazijn zeer beschadigd. De vloed van den 14 en 15 November vergrootte deze schade niet, of slechts zeer weinig; maar die van den 4 en 5 Februarij voltooide, als ware het de verwoesting. Uit de paalwerken aan de oostzijde, en die aan de westzijde van Emmeloort en Ens, werden geheele vlakken geslagen en door den stroom weggevoerd, zoodat het getal der uitgespoelde palen wel op 1800 begroot kan worden, welke op het Kampereiland en elders veel nadeel veroorzaakt hebben. De grond der buurten werd daardoor mede weggeslagen en verlaagd, vooral langs de paalwerken, aan den westkant. De vuurtoren was zoodanig geteisterd, dat hij geheel vernieuwd moest worden. Uit de kerk der R. K. op Emmeloord, sloegen de muren weg, zoodat het altaar, de banken, enz., door de golven werden weggevoerd. Het schoolgebouw aldaar en het Lands magazijn troffen het zelfde lot. Ook werden, in de onderscheidene buurten, 26 huizen geheel weggespoeld en ruim 70 zwaar beschadigd. Het ongelukkigste van alles was, dat één man, vier vrouwen en acht kinderen in den vloed zijn omgekomen. Vele visch-schuiten werden weggevoerd, en zijn meestal, door en over de dijken, op het vaste land geworpen; zoo werd een Lands jagt, door Mastenbroek en over den dijk, tusschen het Frankhuis en de Rademakerszijl, niet verre van Zwolle, geworpen, waar het, door de boomen gestuit zijnde, bleef liggen, zonder aanmerkelijke schade geleden te hebben.

SCHOLBALG (DE), plaat in de *Lauwerszee*, welke tusschen de prov. *Friesland* en *Groningen*, gedurende de zestiende eeuw, tot herhaalde twisten, over het regt van betonning, aanleiding heeft gegeven.

SCHOLER, groote hoeve in de heerl. *Felts*, grooth. *Luxemburg*, kw. en arr. *Luxemburg*, kant. *Mersch*, gem. *Nomeren*.

SCHOLTE, geh. in het graafs. *Zutphen*, prov. *Gelderland*. Zie Schoolte.

SCHOLVERENBOSCH, bosch in het graafs. *Strijen*, prov. *Noord-Braband*. Zie Schotverenbosch.

SCHONAUWEN, gem. in het *Overkwartier* der prov. *Utrecht*, arr. *Amersfoort*, kant. *Wijk-bij-Duurstede* (2 k. d., 8 m. k., 4 s. d.); palende N. aan de gem. Houten, O. en Z. aan Schalkwijk, W. aan de gem. Vreeswijk en Oud-Wulven.

Deze gem. bestaat uit de pold. Groot-Vuylkoop en de Knoest, benevens andere landerijen buiten die polders gelegen, en bevat noch d. noch geh, maar alleen eenige verstrooid liggende hofsteden en huizen. Zij beslaat, volgens het kadaster, eene oppervlakte van 680 bund. 8 v. r. 95 v. ell., alles belastbaar land; telt 34 h., bewoond door 39 huisgez., uitmakende eene bevolking van ongeveer 240 inw., die meest hun bestaan vinden in den landbouw.

De R. K., die er ongeveer 210 in getal zijn, behooren gedeeltelijk tot de stat. van *Houten*, gedeeltelijk tot de stat. van *Schalkwijk*. — De Herv., die men er 30 aantreft, worden tot de gem. van *Houten* gerekend. — In deze gem. heeft men geen school, maar de kinderen genieten onderwijs te *Houten*.

Men treft er nog, in het Zuiden der gem., de bouwvallen van het kast. Schonauwen aan, en in het Noorden een stukje gronds en eene gracht, waarop vroeger het huis Leijenburg heeft gestaan.

Deze gem. is eene heerl., welke vroeger leenroerig was aan het grafelijk huis van Culenborg. Zij werd in 1754 verleid op den Heer Daniel Willem Leestevenon. Thans wordt zij in eigendom bezeten door Jonkheer Mr. Antonie Warin, woonachtig te Amsterdam.

In het jaar 1757, verkregen die van Schonauwen het regt, om, in plaats van buurregt, schepenregt te gebruiken, te bedienen door eenen Schout en vijf Heemraden.

De gem. Schonauwen of Schonaauwen, ligt 6 u. Z. W van Amersfoort, 3½ u. W. ten N. van Wijk-bij-Duurstede, en ongeveer 2 u. Z. van Utrecht.

SCHONAUWEN of Schonaauwen, voorm. adell. h. in het *Overkwartier* der prov. *Utrecht*, arr. en 6 u. Z. W. van *Amersfoort*, kant. en 3½ u. W. ten N. van *Wijk-bij-Duurstede*, 2 u. Z. van Utrecht, in het Zuiden der gem. *Schonauwen*, aan de Houtensche-wetering, omtrent in het midden tusschen de dorpen Houten en Schalkwijk, doch digt bij Houten. Men denkt, dat het reeds in het jaar 1240, onder den naam van de Wetering, bekend geweest, en door Jan II, Heer van *Culenborg* gesticht, of immers vertimmerd en verbeterd zij. In het jaar 1358 vindt men, dat Hubert van Schonauwen, nevens andere Stichtsche Edelen, met Willem V, Graaf *van Holland*, zich verbond tegen Jan van Arkel, den zeven en veertigsten Bisschop van Utrecht. In het jaar 1357 wordt zekere Heer Otto van Schonauwen, die zich op zijn zegel Otto van Leijenburg noemde, vermeld, als Maarschalk van het Sticht en Kastelein van het Huis Vreeland. Jan van Schonauwen komt voor in het jaar 1261. In het laatst der vijftiende eeuw was Willem van Zuylen van Nijevelt, Heer *van* Schonauwen, en hij stond dit huis, in het jaar 1497, af aan zijnen neef Roelof van Baarn. Diens zoon, Joost van Baarn, was er bezitter van, toen het, in het jaar 1536 *voor riddermatig* erkend werd. In 1594 was er een Cornelis de Ridder tot Schonauwen. In het jaar 1631 werd er de Heer Johan van Renesse van der Aa, en, door afstand van diens kleinzoon, in het jaar 1667, de Heer Hendrik van Reede tot Renswoude mede beleend, die ook, in het zelfde jaar, wegens Schonauwen, in de Ridderschap der provincie Utrecht beschreven werd; even als in het jaar 1674, de Heer Adam van Lochorst. In het jaar 1721 werd er de Heer Adam Wittert en eindelijk in 1759 de Heer Gerlach Theodorus van der Capelle, die ook in het jaar 1769 in het Lid der Edelen van de provincie Utrecht beschreven is, mede verleid. Het was vroeger leenroerig aan het grafelijk huis van Culenborg en was een aanzienlijk gebouw, dat vóór eene vierkante voorburg en achter eenen ronden toren had. Over de gracht lag eene steenen brug van drie bogen. Het bezat een fraai park. Ter plaatse, waar het gestaan heeft, ziet men thans nog den bouwval van den toren; terwijl de voorburg is ingerigt en bestemd geworden tot eene begraafplaats van den vorigen eigenaar den Heer Hendrik Ravié *van den Engh*. De daartoe behoord hebbende gronden, beslaande eene oppervlakte van 7 bund. 78 v. r. 29 v. ell., worden thans in eigendom bezeten door den Heer Mr. Hendrik Bernard Nieuwenhuis, woonachtig in een op dien grond nieuw gebouwd huis.

Het wapen was van goud, met drie bandes van keel en een francquartier van goud, met drie zuilen van keel, zijnde eigenlijk het wapen van Beusichem, gebroken met het wapen van Culenborg.

SCHONAUWEN, verl. plant. in *Nederlands-Guiana*, kol. *Suriname*, aan de *Perika-kreek*, ter regterzijde in het afvaren; palende bovenwaarts aan de koffijplant. Nieuw-Altona, benedenwaarts aan de koffijplant. Corisana; 683 akk. groot. — Deze plant. is, in het jaar 1776, door de Boschnegers uitgeplunderd.

SCHÖNBRON, geh. in het *Land-van-Valkenburg*, prov. *Limburg*, arr. en 3½ u. O. van *Maastricht*, kant. en 1 u. N. van *Gulpen*, gem. en ½ u. N. van *Wijlre*; met 25 h. en 150 inw.

Aldaar bestaat eene zuivere bron, waarvan het den naam draagt van Schönbron, en welke de scheiding tusschen de gemeenten Wijlre en Schin-op-Geul maakt.

SCHONFOIRT, voorm. kast. in de *Meijerij van 's Hertogenbosch*, kw. *Oisterwijk*, prov. *Noord-Braband*, *Tweede* distr., arr. en 3 u. Z. ten W. van *'s Hertogenbosch*, kant. en 1½ u. W. ten N. van *Boxtel*, gem. en ½ u. N. van *Esch*.

SCHOOLE of Tweebergen, voorm. geregt in het *Land-van-Overmaze*, prov. *Limburg*, gedeeltelijk in en gedeeltelijk buiten Maastricht.

Daardoor werd, naar het schijnt, verstaan het grondgebied van twee kloosters: namelijk van *St. Servaas* en van *den Beyard*, anders gezegd *St. Jozaphatsdal*, hetwelk aan den Hoogproost onderhoorig was, dewijl deze beide kloosters, elk op eenen afzonderlijken berg, nabij elkander lagen : het eerste binnen en het andere weleer buiten de oude stad; eer zij, namelijk, in het jaar 1459, aan die zijde verder uitgelegd was. Daarom werd de Brusselsche binnenpoort, die aan den ingang der Brusselschestraat gestaan heeft, maar in 1734 afgebroken is, de Tweebergschepoort genoemd. Dit Tweebergen was toen de voorstad van Maastricht, bevattende in zich dat alles, waar nu de Brusselschestraat loopt, zelfs tot een eind wegs buiten de poort, daar het zich van den Vroenhof afscheidt. Deze grond was toen eene vrije heerlijkheid op zich zelve, waarover niet het kapittel, maar alleen de Hoogproost het gebied had, zelfs in geval van lijfstraffelijke misdaden, die namelijk, binnen den omtrek van St. Servaas- en Beijards-klooster, alsmede van het Tweebergs grondgebied buiten de stad, gepleegd werden: zijnde de plaats, waar de criminele justitie, hoewel die zeer zelden voorviel, werd uitgevoerd, bij de ruiterwacht geweest, alwaar, ten teeken daarvan, eene justitie-zuil met eenen sleutel daarboven opgerigt was.

SCHOOLTE, Scholte of Scholtmen, geh. in het graafs. *Zutphen*, prov. *Gelderland*, *Derde* distr., arr., kant. en 3 u. N. O. van *Zutphen*, gem. en 1½ u. N. O. van *Gorssel*, in de Kring-van-Dorth, aan de grenzen der prov. Overijssel.

SCHOOL-POLDER (DE) of de Schoolmolen-polder, pold. in *Amstelland*, prov. *Noord-Holland*, arr. *Amsterdam*, kant. *Weesp*, gem. *Diemen-en-Diemerdam*; palende W. en N. aan den Diem, O. aan den Hopmans-polder, Z. aan de Muidertrekvaart, die hem van den Oude-Stammerlandsche-polder scheidt.

Deze pold. wordt door eenen molen, de Schoolmolen genaamd, op den Diem, van het overtollige water ontlast.

SCHOONDERBEEK, voorm. adell. h. op de *Neder-Veluwe*, prov. *Gelderland*, distr. *Veluwe*, arr. en 7 u. N. N. O. van *Arnhem*, kant. en 2 u. Z. van *Harderwijk*, gem. en ½ u. N. van *Putten*.

Dit adell. h. is gesloopt. Hetgeen van het gebouw nog is overgebleven, ligt in lommerrijk geboomte en binnen eene gracht besloten. De daartoe behoord hebbende gronden, beslaande eene oppervlakte van 100 bund., worden thans in eigendom bezeten door de erven van den Heer Gijsbertus Arentse, woonachtig te Putten.

SCHOONDERBEEK (DE), naam onder welke de Schoonderbeeksche-grift, op de *Veluwe*, prov. *Gelderland*, wel eens verkeerdelijk voorkomt. Zie Schoonderbeeksche-grift.

SCHOONDERLOO, heerl. in *Schieland*, prov. *Zuid-Holland*, arr. *Rotterdam*, gedeeltelijk kant. en gem. *Rotterdam*, gedeeltelijk kant. *Schiedam*, gem. *Delfshaven-en-Schoonderloo*; palende N. W. aan Beukelsdijk, N. O. aan Oost-en-West-Blommersdijk, Z. O. aan Delfshaven, en Z. W. aan de Maas.

Deze heerl. bevat de b. Schoonderloo, benevens eenige verstrooid liggende huizen. Ook heeft men er eene traankokerij.

De Herv., die er zijn, behooren tot de gem. van *Delfshaven*. — De Evang. Luth., die er wonen, worden tot de gem. van *Rotterdam* gerekend. — De R. K., die men er aantreft, behooren tot de stat. van *Delfshaven*. — De Isr., die er zijn, worden tot de ringsynagoge van *Rotterdam* gerekend. — Men heeft in deze heerl. eene school.

De heerl. is een eigendom van de stad Delft; doch men is het er niet over eens, hoe lang die stad in het bezit daarvan geweest zij. Zeker is het dat Keizer Karel V, den 19 October 1555, deze heerl., met eenige andere domeinen, aan de stad Delft heeft opgedragen, voor eene somme van 19,000 ponden munt (14,250 guld.)

De b. SCHOONDERLOO ook wel SCHOONERLOO, ligt ½ u. W. van Rotterdam, ½ u. O. van Schiedam, ¼ u. O. van Delfshaven.

Deze b. is zeer aangenaam gelegen, door de verrukkelijke wandel- en rijwegen, welke er gevonden worden. Behalve den dijk, welke van Rotterdam naar Delfshaven loopt, heeft men er den zoogenaamde Binnenweg, welke tusschen schoone weilanden, langs de bouwvallen van de gewezene kerk of kapel heenloopt, zoodat een wandelaar van Rotterdam afkomende, namelijk de Schiedamsche-poort uit, en langs den dijk gaande tot aan SCHOONDERLOO, voorts terug, langs den Binnenweg, de Delfhavensche-poort weder in, het genoegen van land- en watergezigten heeft, en in één uur wandelens weder te Rotterdam kan wezen.

Hier plagt vroeger eene kerk of kapel te staan. Wanneer deze verlaten is blijkt niet duidelijk; doch bij het bouwen van de St. Antoni-kapel, nu de kerk te Delfshaven, hetwelk omstreeks de jaren 1416 en 1417 moet geschied zijn, heeft men de steenen der kerk en ook de klok van SCHOONDERLOO ten nutte dezer nieuwe stichting gebezigd.

SCHOONDERLOO werd den 12 December 1488 door de Hoekschen in brand gestoken, zoodat er bijna geen enkel huis staan bleef.

In 1390 verleende ALBRECHT VAN BEIJEREN privilegie aan SCHOONDERLOO tot het maken van sluizen.

In het jaar 1693 brandde hier bij nacht eene traankookerij af, met zooveel snelheid, dat alles in kolen lag eer de spuiten van Rotterdam ter hulpe konden komen.

Het wapen van SCHOONDERLOO is een schild van zilver met een pal van sabel.

SCHOONDERLOO, pold. in *Schieland*, prov. *Zuid-Holland*, arr. *Rotterdam*, kant. *Schiedam*, gem. *Delfshaven-en-Schoonderloo*; palende N. W. aan den pold. Beukelsdijk, N. O. aan den pold. West-Blommersdijk, Z. O. aan de stad Delfshaven, Z. W. aan de Maas.

Deze pold. beslaat eene oppervlakte van 55 bund. 15 v. r.

SCHOONDERWOERD, naam, welken men meestal verkeerdelijk geeft aan het d. SCHOONREWOERD in het graafs. *Leerdam*, prov. *Zuid-Holland*. Zie SCHOONREWOERD.

SCHOONDIJKE, gem. in *Staats-Vlaanderen*, in het *Vrije-van-Sluis*, prov. *Zeeland*, arr. *Middelburg*, kant. *Oostburg*, distr. *Sluis* (4 k. d., 10 m. k., 4 s. d.); palende N., voor een klein gedeelte aan de Hont of Wester-Schelde, N. O. aan de Hoofdplaat, O. en Z. O. aan IJzendijke, Z. aan Waterland-kerkje, W. aan Oostburg, N. W. aan Groede.

Deze gem., waarin, behalve het d. Schoondijke, ook de geh. Sasput en Steenhove, en de buurt de Trachel liggen, bestaat uit de volgende polders, bijna het geheele Tweededeel-van-Prins-Willems-polder met de Brugsche-dijklanden c. a., behoorende van beide slechts een klein gedeelte tot Oostburg, den Magdalena-polder en den Nieuwerhaven-polder. Volgens de statistieke tabel, uitgegeven te Middelburg bij J. J. BEUCKERS, in 1830, is de gemeente groot hemelsch breedte 2380 bund., volgens het kadaster 2358 bund. 4 v. r. 36 v. ell. Zij telt 312 huizen, bewoond door 338 huisgez., uitmakende eene bevolking van ruim 1870 zielen, die meest hun bestaan in den landbouw vinden. De grond is vette kleiaarde, zeer geschikt voor garst, tarwe en paardenboonen. Behalve 2 koren-windmolens zijn er in de gem. geene fabrijken of trafijken.

Het getal Herv., bedraagt ruim 1440, hiervan echter behooren ruim 80 tot de Herv. gem. van Oostburg (zie dat art.), zoo dat de Herv. gem. van SCHOONDIJKE, die tot de klass. en ring *IJzendijke* behoort, ongeveer 1380 zielen bedraagt, onder welke 710 Ledematen. De eerste Predikant, was BALDUINUS DE KANNEMAKER, die den 13 Junij 1655 in dienst kwam. Hij schijnt echter in 1653 in de gem. te zijn gekomen, maar het is niet bekend van waar. Den 15 Februarij 1671 vertrok hij naar Oosterland. Het kerkelijk zegel is eene zonnebloem, met het bijschrift: » *Wend U naar de zon der geregtigheid.*"

Men telt er ongeveer 420 R. K., behoorende tot drie verschillende gemeenten, namelijk, allen die langs de trachels van de voorm. vaart naar Saspnt of noordwaarts daarvan wonen, van Scherpbier tot Saspnt, behooren tot de gemeente van *Groede;* de overigen, voor zoover zij Oost van den Ossmans-weg wonen tot *IJzendijke*, en die ten Westen van gemelden weg tot *Oostburg*. Er behooren dus 150 zielen tot *Groede*, 110 tot *IJzendijke* en 160 tot *Oostburg*.

Voorts zijn er 2 Evang. Luth. en 5 Afgescheidenen, die tot hunne respective gem. te *Groede* behooren.

Men heeft in deze gem. twee scholen, als: de dorpschool te Schoondijke en eene bijschool te Saspnt, welke gezamenlijk gemiddeld door een getal van 170 leerlingen bezocht worden.

Het dorp SCHOONDIJKE, ligt 3½ u. Z. van Middelburg, 3 u. N. O. van Sluis, ruim 1 u. N. O. van Oostburg, in het midden van het Tweede gedeelte van Prins-Willems-polder. Het werd bij de stichting, na het bedijken des polders, in 1651, WILLEMSDORP genaamd, onder welke naam het nog op vele kaarten voorkomt. De naam van het, in 1570, verdronken dorp en parochie van SCHOONDIJKE, was nog niet vergeten, de titels der grondeigendommen herinnerden steeds daaraan, en het nieuwe dorp, ofschoon op eene andere plaats, dan het oude, gelegen, werd spoedig algemeen met den naam van SCHOONDIJKE bestempeld, die dan nu ook aangenomen is; terwijl de naam van WILLEMSDORP alleen bij de beoefenaars der geschiedenis bekend blijft. Het ligt zeer gunstig; juist, waar de wegen van Oostburg naar Saspnt en van IJzendijke naar Breskens (de Heerenweg en de Willemsweg) zich kruisen, en waar de straatwegen van Oostburg en van IJzendijke te zamenkomen. Het is eene zeer nette welvarende plaats; de huizen zijn stadsgewijze aan elkander gebouwd. Er bestaat eene graanmarkt, die wekelijks, des Zaturdags gehouden wordt. Het bevat 87 huizen, daaronder niet gerekend de huizen van den nabijliggende Schoondijkschen dam, waar de buurt den Trachel begint (zie art. SCHOONDIJKSCHEN-TRACHEL), het telt ruim 400 inwoners.

De kerk, die in 1656 is gebouwd, is een net langwerpig vierkant ruim gebouw, koepelswijze met hout beschoten; op het midden daarvan staat een sierlijk torentje, met klok en uurwerk voorzien.

Het schoollokaal der openbare school is in 1836 even als de onderwijzerswoning geheel vernieuwd; het is een groot, ruim en zeer geschikt gebouw, dat gemiddeld door een getal van 120 leerlingen bezocht wordt.

Andere openbare gebouwen van eenig belang bestaan er in dit dorp niet.

SCHOONDIJKE komt op oude kaarten en in stukken van de twaalfde eeuw voor onder den naam van VULENDIJKE; al wat echter tot deze naamsverwisseling betrekking heeft ligt zeer in het duister. Het was in oude tijden eene heerlijkheid, in vele opzigten afhankelijk van en ten naauwsten verbonden met de hooge heerlijkheid van *Gaternisse*. Tot den inval der Franschen in 1794, die de vernietiging van alle heerlijke regten ten gevolge had, waren deze regten nog grootendeels aanwezig, ofschoon toen verbonden aan een zeer beperkt grondeigendom, liggende in het Veertiende begin, van het Tweede gedeelte van den Prins-Willems-polder. Zie het art. GATERANISSE.

SCHOONDIJKE is meermalen door de zee overstroomd geweest, eerst, voor zoo ver de berigten luiden, door den vloed van 1377. Het werd in de volgende eeuw wel herwonnen, doch leed dikwijls door overstroomingen tot het, in 1570, weder geheel door het zeewater bedolven werd, om eerst in 1651 herdijkt te worden. Het d., dat bij laatstgemelde overstrooming bestond, lag ruim ½ u. zuidoostelijker, dan het tegenwoordige, aan den *Schoondijksche-weg*, gewoonlijk de *Groeneweg* genoemd. De plaats, waar het lag, is vrij algemeen bekend, en nog slechts weinige jaren geleden, zijn er vele fondamenten van huizen, grafkelders enz. opgegraven geworden. Een groot gedeelte der Watering van Baarzande wordt nog veel met den naam van Oud-Schoondijke bestempeld. Het schijnt, vóór de overstrooming, tot het kerspel SCHOONDIJKE behoord te hebben (1), doch werd vroeger, dan het overige deel herdijkt, zoo dat de inwoners reeds kerkelijk te Groede waren voor dat SCHOONDIJKE herrees en die Hervormde gemeente ontstond. — De inwoners van Baarzande konden zich echter naar verkiezing tot de eene of andere gemeente voegen. Dit is eerst voor eenige jaren veranderd, en is Baarzande thans ook kerkelijk aan Groede.

De kermis te SCHOONDIJKE valt op den vijfden Donderdag na Pinksteren.

Het wapen der oude heerlijkheid van SCHOONDIJKE is niet meer bekend, het tegenwoordige wapen der gemeente is verleend door den Raad van adel, bij acte van den 8 December 1819, en bestaat in een schild van silver, met eenen balk van azuur, loopende van den regter boven naar den beneden linker hoek, en verzeld in den linker bovenhoek van de letter S.

SCHOONDIJKSCHE-DAM, naam, welken men geeft aan eene plaats in *Staats-Vlaanderen*, in het *Vrije-van-Sluis*, prov. *Zeeland*, arr. en 5¾ u. Z. van *Middelburg*, kant. en ruim 1¼ u. N. O. van *Oostburg*, distr. en 3¼ u. N. O. van *Sluis*, gem. en 10 min. ten N. van *Schoondijke*.

Zij is het begin van eene buurt die zich wel 20 minuten westelijk uitstrekt en bekend is onder den naam van *den Trachel;* (zie het volgende art.), het is echter onbepaald waar de naam van DAM eigenlijk eindigt en die van Trachel begint, daarom kan ook het getal huizen en inw. niet opgegeven worden.

SCHOONDIJKSCHE-TRACHEL, b. in *Staats-Vlaanderen*, in het *Vrije-van-Sluis*, prov. *Zeeland*, arr. en ruim 5½ u. Z. van *Middelburg*, kant. en ½ u. N. O. van *Oostburg*, distr. en 3 u. N. O. van *Sluis*, gem. en bijna ¼ u. W. van *Schoondijke*, zijnde hier het westelijk en voornaamste deel bedoeld. De buurt heeft, met inbegrip van *den Dam*, waar heen zij zich oostelijk uitstrekt (zie het voorgaande art.), 61 h. en 280 inw. De naam heeft zijnen oorsprong van den zuidelijken dijk of trachel der vaart van Oostburg naar Saspnt, aan welken de huisjes gebouwd zijn.

SCHOONDONK, landg. in de bar. van *Breda*, arr. en 1¼ u. Z. van *Breda*, kant. en ½ u. Z. van *Ginneken*, gem. *Ginneken-en-Bavel*, ¼ u. Z. Z. W. van *Ulvenhout* op den linkeroever der Mark.

SCHOONDORPE, geh. van vier boerderijen, op eene smalle strook lands, op het eil. *Tholen*, prov. *Zeeland*, distr., arr. en 4 u. O.

---

(1) Misschien lag het dorp, dat in 1377 verdronk, ook op eene andere plaats dan dat, hetwelk in 1570 verzwolgen werd. De oude kaarten kunnen hieromtrent weinig inlichting geven, omdat deze slechts figuratief en zonder meetkundige juistheid gemaakt zijn.

van *Zierikzee*, kant. en 1½ u. W. van *Tholen*, gem. en ½ u. Z. van *Poortvliet*, aan den dijk, welke de polder van Oud-Poortvliet van dien van Scherpenisse scheidt. Men telt er 30 inw.

Het maakte vroeger een afzonderlijk gedeelte van de heerl. *Westkerke* uit, dat bij de inlijving van die heerl. bij Scherpenisse aan Poortvliet gekomen is. Het had oudtijds zijne bijzondere kermis of jaarmarkt, waardoor het waarschijnlijk is, dat het eene eigen kapel of kerk gehad heeft.

SCHOONEBEEK of Schoonebeek, oudtijds Schoonebecke, d. in het dingspil *Zuidenveld*, prov. *Drenthe*, arr. en 10½ u. Z. O. van *Assen*, judic. kant. en 5½ u. O. ten Z. van *Hoogeveen*, adm kant., gem. en 2 u. O. Z. O. van *Dalen*, 2 u. O. van Koevorden, nabij het Schoonebekerdiep, zeer bevallig gelegen.

Men telt in het d. 79 h. en 650 inw, en, met de kerkelijk daartoe behoorende buurs. Nieuw-Schoonebeek, 141 h. en ruim 1000 inw., die meest in landbouw en veeteelt hun bestaan vinden.

Eigenlijk is, naar men meent, Schoonebeek oorspronkelijk niets dan eene volkplanting van Zuid-Barge. Een volksvertelsel zegt, dat dit dorp zijnen naam heeft ontvangen van zeker meisje, dat om hare uitstekende schoonheid in de wandeling de *Schoone* Bekke (Rebecca) werd geheeten. Zij zou al te vrijgevig met hare gunsten geweest zijn, en daardoor in moeijelijkheid geraakt, uit Zuid-Barge, hare woonplaats, zich met der vlugt naar de plaats hebben begeven, welke later naar haar Schoonebeek genoemd werd.

De ruimte tusschen de verspreid liggende woningen is met rijk en welig geboomte van allerlei aard aangevuld. Picardt (1) zegt: » Omtrent tot desen tijd toe (tot in het laatst der vijftiende eeuw) is al » dat Landt, dat nu tegenwoordigh Hoy- en Weydlandt is, ko» mende van *Schonebeke*, en loopende rontom *Covorden*, en alsoo » voorts naer *Gramsbergo*, geweest een dick, duyster en quab» bigh kreupel-bos van Bercken, Elst en Vuchten, krielende van » wilde Gansen, Reygers, Eyndtvogels, Kranen- en Koer-hoenderen. » Doch van dese tijdt af is dit kreupel-bos verhouwen, en van de om» gesetene Inwoonders wegghehaalt en tot brandhout ghebruykt. En » sedert dit weghhouwen deser struwellen en ander geboomte, is dit Landt » alleenlick in Groen- en Hoyland verandert, overmits de sonne windt » en regen door het vernielen van dit onprofijtelick Kreupel-bosch, hare » operatie beter hebben konnen doen op de Landerijen als te voren."

De Herv., die er 680 in getal zijn, onder welke 330 Ledematen, maken eene gem. uit, welke tot de klass. en ring van *Koevorden* behoort. De eerste die hier het leeraarambt heeft waargenomen, is geweest Hermannus Bernewech (Latvianus), die er vroeger R. K. Priester was en in 1607 werd opgevolgd door Joannes ab Holle. Vroeger behoorde het collatieregt, met dat van *Emmen* gecombineerd, aan zekeren Baron Slort, later aan het geslacht Ennes, thans is het eene koninklijke collatie. De kerk is een eenvoudig gebouw, met een stomp torentje, doch zonder orgel. In het jaar 1833 is dit gebouw, dat toen zeer vervallen was, aanmerkelijk hersteld en verbeterd.

De R. K., van welke men er 150 telt, behooren tot de stat. van *Koevorden*. — De dorpschool wordt door een getal van 90 leerlingen bezocht.

---

(1) *Korte Beschrijving van eenige vergetene en verborgene Antiquiteiten der provincie Drenthe*; bl. 297.

Voorheen heeft er tusschen SCHOONEBEEK en de stad Koevorden, nabij het gehucht Weijerswold eene abdij gestaan, welke in het jaar 1259 nog aanwezig was. Deze abdij is in oude oorkonden bekend onder den naam van 't Convent der Heilige Maria ten Kampen bij Koevorden. De Nonnen die er woonden, behoorden tot de Cistercienser-orde. Later werd dit klooster opgeheven en naar Assen verplaatst, waartoe HENDRIK VAN VIANDEN, de acht en dertigste Bisschop van Utrecht, in het jaar 1252, en GUIDO VAN AVESNES, de twee en veertigste Bisschop, in het jaar 1312, de vereischte toestemming gaven. De kastelein van Koevorden trok insgelijks zijne voordeelen van het convent. De kloosterlingen waren altans verpligt jaarlijks van Padhuis een pot boter; van eene zekere weide, Burchmad geheeten, drie jonge hanen, en van Veenhuizen, onder Dalen liggende, almede drie jonge hanen aan het kasteel te Koevorden op te brengen. Daarentegen genoten de kloosterzusters, toen het convent reeds naar Assen verplaatst was, ook weder andere voordeelen, voortspruitende uit de landerijen en veenen, welke zij nog in den omtrek van SCHOONEBEEK bezaten; b. v. zij zouden niet voor den wereldlijken regter te Koevorden worden gedaagd; zij behoefden ten dienste van de Heeren van Koevorden geene jagthonden te voeden of aan te fokken, noch hunne knechten van spijs en drank te voorzien, geen hooi te maaijen of in te zamelen, geene paarden te leenen, runderen noch varkens te houden en waren bovendien vrij van de hoender- en boterpacht. Dit een en ander werd haar toegestaan in het jaar 1341.

Tusschen SCHOONEBEEK en Zuid- en Noord-Barge is sedert de laatste dertig jaren een pleitgeding over de grensscheiding hangende geweest, dat, om zijnen langen duur, en om de ontelbare daar uitgeborene processtukken en akten, inderdaad den naam van monsterproces verdiend heeft.

Historische herinneringen heeft SCHOONEBEEK zeer weinige. Alleen vindt men van dit plaatsje opgeteekend, dat de Spaansche Veldoverste VERDUGO, in Junij van het jaar 1593, met eenige ruiterij er doortrok, toen hij Koevorden wilde insluiten. Daartoe had hij eenen ouden weg laten opmaken en in bruikbaren staat brengen. Deze weg werd weinig tijds later, door CASPAR VAN EWSUM, Bevelhebber der Staatschen binnen Koevorden, vernield en bedorven. Van eenen tweeden doortogt van Spanjaarden, onder aanvoering van Graaf FREDERIK VAN DEN BERGH, ten zelfden jare, gewaagt de geschiedenis ook nog met een enkel woord.

Of zekere HERMAN VAN SCHONEBEEKE, welke in den brief van verdrag tusschen FREDERIK VAN BLANKENHEIM, den een en dertigsten Bisschop van Utrecht, en REYNOLD VAN KOEVORDEN, in 1397, voorkomt, in betrekking staat met dit dorpje is ons niet duidelijk gebleken.

SCHOONEBEEK (NIEUW-), buurs. in het dingspil van *Zuidenveld*, prov. *Drenthe*, arr. en 12 u. Z. O. van *Assen*, judic. kant. en 7 u. O. Z. O. van *Hoogeveen*, adm. kant., gem. en 4 u. O. Z. O. van *Dalen*, 2 u. O. van Schoonebeek.

Deze buurs. is eigenlijk eene van jaar tot jaar zich uitbreidende en ontwikkelende kolonie, welke van belangrijk nut voor deze streeken moet geoordeeld worden, indien wegen of kanalen den afvoer der produkten naar Koevorden of elders met der tijd gemakkelijker maken. Deze buurs. bestond oorspronkelijk uit zoogenaamde boeën of veestallen, doch in het jaar 1815 is men begonnen een groot deel der omgelegene veengronden, in de *Schoonenbeker-Markte*, te ontginnen en aldaar een aantal huizen, alsmede een schoolgebouw te stichten. De buurt heeft daardoor een geheel nieuw aanzien gekregen, zoodat men er thans reeds 62 h., met 390 zielen, telt. De inw., meestal uit het nabij gelegene Hannover afkomstig, hebben door nijverheid en vlijt een gedeelte der weeste veenen zoodanig bearbeid, dat zij daarop reeds goed koren en vooral boekweit, door veenbranding, winnen. Zij zijn meest R. K., en tellen 230 Communikanten, welke door den Pastoor van het Hannoversche d. Adorf of de Twist bediend worden.

De hier gevestigde twee bijscholen, worden gemiddeld door een getal van 70 leerlingen bezocht.

SCHOONEBEKERDIEP (HET), water in het dingspil *Zuidenveld*, prov. *Drenthe*.

Het ontspringt in Hannover, maakt voor een gedeelte de grensscheiding uit, tusschen dat rijk en Drenthe; loopt, steeds in eene westelijke rigting, op eenigen afstand langs het dorp Schoonebeek en ontlast zich in de grachten van de vesting Koevorden. Aan de oevers van dit stroompje worden vruchtbare weilanden gevonden.

Bij deze groenlanden hebben de Schoonebeker boeren hunne boeën, zijnde hutten of stallen voor jong vee, ligt en digt van ruwe boomstammen en plaggen of heideschalen opgeslagen. In of bij deze boeën blijft het vee gedurende het geheele jaar, met uitzondering van eenige weken midden in den winter. Het wordt bewaakt door éénen man voor iederen stal, welke tot zijn levensonderhoud mede eene melkkoe bij zich heeft en eenmaal in de week naar zijnen boer of heerschap gaat om zich van brood, spek en verdere benoodigdheden te voorzien.

SCHOONEBERGH (KLEIN-), buit. in *Schieland*, prov. *Zuid-Holland*. Zie Portzgalen.

SCHOONEGGE, voorm. adell. h. in de stad *Utrecht*, op de *Oude-Gracht*, nabij de *Backersteinebrug*.

SCHOONENBERG, buurs. in het *Land-tusschen-Maas-en-Waal*, prov. *Gelderland*, distr., arr. en 2¼ u. Z. van *Nijmegen*, kant. en 1¼ u. Z. O. van *Wijchen*, gem. en 10 min. N. W. van *Over-Asselt*; met 35 h. en ruim 200 inw.

SCHOONENBERG, voorm. kast. in het *Land-tusschen-Maas-en-Waal*, prov. *Gelderland*, distr., arr. en 2¼ u. Z. van *Nijmegen*, kant. en 1¼ u. Z. O. van *Wijchen*, gem. en ½ u. N. W. van *Over-Asselt*, in de buurs. *Schoonenberg*.

Ter plaatse, waar dit kasteel gestaan heeft, ziet men thans tuin, boomgaard, vijver, bosch, gracht en boerenhuis. De daartoe behoord hebbende gronden, beslaande eene oppervlakte van 1 bund. 29 v. r. 40 v. ell., worden thans in eigendom bezeten, door den Heer D. L. Baron van Brakell tot den Brakell, woonachtig te Zoelmond.

SCHOONENBERG, voorm. buit. in het balj. van *Brederode*, prov. *Noord-Holland*, arr. en 1¼ u. N. van *Haarlem*, kant. en ¾ u. Z. W. van *Beverwijk*, gem. en ¼ u. Z. W. van *Velsen*.

Deze buit. is in het jaar 1827 gesloopt, de daartoe behoord hebbende gronden zijn in onderscheidene handen geraakt, doch behooren thans grootendeels aan den Heer Jacob 't Hoen, woonachtig te Amsterdam.

SCHOONENBURG of Schoonenberg, voorm. kast. in den *Alblasserwaard*, prov. *Zuid-Holland*, arr. en 4¼ u. W. N. W. van *Gorinchem*, kant. en 2¼ u. W. van *Sliedrecht*, gem. en 20 min. O. Z. O. van *Nieuw-Lekkerland*.

Men meent dat dit h. reeds sedert het jaar 1456 vervallen en sedert verdwenen is. Ook zegt men, dat het door de steden Dordrecht,

Rotterdam, Gouda en Schoonhoven verwoest zoude zijn, nadat men er eenige roovers, die zich hier genesteld hadden en de wateren tusschen die steden, onveilig maakten, had uitgedreven. Daar het opperhoofd dier roovers, naar men wil MELANEN zoude geheeten hebben, noemen sommigen dit kasteel ook het HUIS-MELANEN.

Ter plaatse, waar dit kasteel gestaan heeft, ziet men thans nog eene hoogte de Schoonenburger-heuvel geheeten. De daartoe behoord hebbende gronden, beslaande eene oppervlakte van 7 bund. 74 v. r. 80 v. ell., worden thans in eigendom bezeten, door den Heer F. SMIT Cz., woonachtig te Nieuw-Lekkerland.

Niet onwaarschijnlijk is het gevoelen van sommigen, die meenen, dat deze burg geweest is de aloude verblijfplaats der Heeren VAN DE LECK, om reden, dat, in dezen oord, geene overblijfsels van een soortgelijk gesticht gevonden werden, terwijl het hoogst waarschijnlijk is, dat dit aanzienlijk en vermogend geslacht zekerlijk wel een kasteel zal bezeten hebben. Hetgeen van het vervallen kasteel tot bouwstoffen of andere oogmerken, konde verbruikt worden, is, na de geheele afbraak, zoo men zegt tot weder opbouw van den toren, naar Streefkerk en ook naar elders gevoerd.

SCHOONENBURGER-HEUVEL, hoogte in den *Alblasserwaard*, prov. *Zuid-Holland*, gem. en 20 min. O. Z. O. van *Nieuw-Lekkerland*.

Deze, geheel uit zand bestaande, heuvel, welke zijnen naam ontleent van het vroeger daarop gestaan hebbende kasteel Schoonenburg, is thans met gras en planten begroeid en heeft geheel het voorkomen van eene lage zeeduin.

SCHOONENDONCK, voorm. achterleen van het huis VAN BREDA, dat moet gelegen hebben in de gem. *Ginneken-en-Bavel*, in de bar. van *Breda*, prov. *Noord-Braband*. Thans echter is het in die gem. niet meer bekend.

SCHOONERBEEKSCHE-GRIFT (DE), ook wel enkel, hoewel verkeerdelijk, DE SCHOONERBEEK of de SCHOONEBEEK genoemd, water op de *Veluwe*, prov. *Gelderland* en in *Eemland*, prov. *Utrecht*.

Dit water ontspringt op de *Veluwe* en vloeit door den Slaperdijk, waardoor zij in de prov. Utrecht komt. Het liep vroeger voorts door Woudenberg; ontving daar den naam van Lichtenbergsche of Woudenbergsche-grift; liep vervolgens door de Lensbroeksche buurt, en ontlastte zich, bij het goed den Heiligenberg, in de *Heiligenberger-beek*.

Het werd gegraven door GILBERT VAN SCHOONBEKE, een Antwerpenaar, op vergunning van Keizer KAREL V, om daardoor den turf uit 200 morgen (170 bund. 31 v. r. 31 v. ell.) veenland, die hij op de Veluwe had gekocht, naar Amersfoort en zoo vervolgens door de Eem te vervoeren, werd, op verzoek van Woudenberg, op last der Staten van Utrecht, in 1599 reeds bij het begin van dat dorp gedempt, doch voert nog het water van een gedeelte onder Maarsbergen en Maarn af, tot aan de brug in den straatweg van Woudenberg naar Zeyst, alwaar ook dat van de Heigraaf door eenen duiker daarin uitwatert.

SCHOONEVELD, groot boerenerf in *Dieverder-dingspil*, prov. *Drenthe*, arr. en 9 u. Z. W. van *Assen*, kant. en 1½ u. O. van *Meppel*, gem. en ½ u. N. O. van *de Wijk*, ¼ u. Z. van *Coekange*; waartoe het behoort.

SCHOONEVELD, strook lands in het *Overkwartier* der prov. *Utrecht*, arr. *Amersfoort*, kant. *Wijk-bij-Duurstede*, gem. en 1 u. Z. W. van *Houten*.

SCHOONEVELDE, voorm. eil. in den mond van de *Hont* of *Westerschelde*, prov. *Zeeland*. Zie SCHOONEVELT.

SCHOONEVELDS-BANK, zandbank in de *Noordzee*, aan de *Zeeuwsche kusten*, voor den mond der Hont, het overblijfsel van een voorm. eil. Zie SCOREVELT.

SCHOONEWALLE, voorm. burg in *Staats-Vlaanderen*, prov. *Zeeland*, arr. en 3 u. Z. W. van *Middelburg*, kant. en 1½ u. N. van *Oostburg*, distr. en 2¼ u. N. O. van *Sluis*, gem. en tegen den westelijken uitgang van het d. *Groede* aan de zuidzijde.

Deze burg is door de overstroomingen in de zestiende eeuw of vroeger vernietigd. Ter plaatse, waar zij gestaan heeft, ziet men eene hofstede, welke, met de daartoe behoorende gronden, eene oppervlakte beslaat van ruim 40 bund., en thans in eigendom bezeten wordt door den Heer MARINUS MASSAR, Burgemeester van Groede.

De gronden, welke voormaals tot den burg en de heerlijkheid behoord hebben, schijnen van veel grooter uitgestrektheid te zijn geweest. De naam van SCHOONEWALLE is alleen op de kaarten en in de polderregisters bekend. De hofstede, op welke een vliedberg is, wordt thans de Meijenberg genoemd.

SCHOONEWALLE, streek lands in *Staats-Vlaanderen*, prov. *Zeeland*, gem. *Groede*, even ten Z. W. van het dorp, N. van den *Bazen-of IJvendijk*, een gedeelte van letter L der watering van *Groede* uitmakende, en tot den burg van dien naam behoord hebbende. Zie het voorgaande art.

SCHOONHETEN, adell. havez. in *Zalland*, prov. *Overijssel*, arr. en 3 u. N. O. van *Deventer*, kant., gem. en 1½ u. Z. van *Raalte*.

Deze havez., eene der schoonste van Overijssel, beslaat, met de daartoe behoorende gronden, eene oppervlakte van 385 bund. 32 v. r. 30 v. ell., en wordt thans in eigendom bezeten en bewoond door den Heer R. T. C. Baron BENTINCK TOT SCHOONHETEN.

Op deze havez. zijn geboren de Staatsmannen HANS WILLEM Baron BENTINCK, Graaf van *Portland* en BERND HENDRIK Baron BENTINCK TOT BORKHORST alsmede de Schout bij Nacht WOLTER JAN GERRIT, Baron BENTINCK. Zie verder het art. RAALTE.

SCHOONHOVEN, kant., prov. *Zuid-Holland*, arr. *Rotterdam*; palende N. aan den IJssel, welke het van de kant. Gouda en Woerden scheidt, O. aan het Utrechtsche kant. IJsselstein, Z. aan de Lek, waardoor het van de kant. Gorinchem en Sliedrecht gescheiden wordt, W. aan den IJssel, die het van het kant. Hillegersberg scheidt.

Het bestaat uit de volgende 15 gem.: Schoonhoven, Oudewater, Ammerstol, Lekkerkerk, Krimpen-aan-de-Lek, Krimpen-op-den-IJssel, Berkenwoude-en-Achterbroek, Zuidbroek, Stolwijk, 's Heeraartsberg-en-Berg-ambacht, Haastrecht, Vlist-en-Bonrepas, Ouderkerk-aan-den-IJssel, Stormpolder, en de Lek, welke gem. te zamen eene oppervlakte beslaan, volgens het kadaster, van 15,657 bund. 53 v. r. 66 v. ell. waaronder 14,937 bund. 47 v. r. 89 v. ell. belastbaar land. Men telt er 2645 h., bewoond door 3457 huisgez., uitmakende eene bevolking van ruim 16,300 inw., die zich meest met landbouw, hennipteelt, zalmvisscherij en het maken van hoepels generen; terwijl in dit kant. ook de zoogenoemde Stolksche kaas vervaardigd wordt.

SCHOONHOVEN, kerk. ring, prov. *Zuid-Holland*, klass. van *Gouda*.

Deze ring bevat de volgende 11 gem.: Schoonhoven, Ammerstol, Berg-ambacht, Berkenwoude-en-den-Achterbroek, Gouderak, Haastrecht, Krimpen-aan-de-Lek, Lekkerkerk, Ouderkerk-en-Krimpen-op-den-IJssel, Stolwijk, en Willige-Langerak-en-Zevender. Men heeft er 11 kerken, welke door 12 Predikanten bediend worden en telt er 15,300 zielen.

SCHOONHOVEN, gem. tusschen de *Crimpenrewaard* en den *Lopikerwaard*, prov. *Zuid-Holland*, arr. *Rotterdam*, kant. *Schoonhoven*, (17 m. k. 3 s. d., 2 afd.); palende N. aan de gem. Vlist-en-Bonrepas, en de Utrechtsche gem. Zuid-Polsbroek, O. aan de Utrechtsche gem. Willige-Langerak, Z. aan de Lek, W. aan 's Heeraartsberg-en-Berg-ambacht.

Deze gem. bevat de stad Schoonhoven, benevens den Kikvorsche-polder. Zij beslaat eene oppervlakte van 92 bund. 83 v. r. 59 v. ell. waaronder 71 bund. 51 v. r. 36 v. ell. belastbaar land.

Men telt er 506 h., bewoond door 565 huisgez., uitmakende eene bevolking van 2660 inw. De handel te SCHOONHOVEN was oudtijds tamelijk bloeijend. Voor de Nederlandsche beroerten in de zestiende eeuw werd hij op Cleefsland en Bergsland sterk gedreven. Omstreeks het jaar 1600 werden er ook vele Brabandsche en Vlaamsche tapijtwerkers naar SCHOONHOVEN gelokt; doch deze fabrijken zijn sedert van daar weder verplaatst. Men ziet nog eenige stukken van de Schoonhovensche tapijtwerkers in de vergaderplaats der Staten van Holland te 's Gravenhage, en op het stadhuis te SCHOONHOVEN. Ook had men er voorheen pijpenfabrijken en pottenbakkerijen. Thans zijn de voornaamste middelen van bestaan de goud- en zilver smederijen, en koperslagerijen; zijnde er behalve de kooplieden en inlandsche kramers in goud en zilver, hier 47 goud- en zilverwerkers, waarvoor in 1837 een kantoor van waarborg is opgerigt; voorts 8 koperslagerijen en blikwerkerijen en 6 grof- en hoefsmeden. Ook is hier veel handel in hennip, van welk product hier jaarlijks eenige millioenen ponden ter waag worden gebragt, en in granen, terwijl ook nog eenigen zich met de zalmvisscherij op de Lek en anderen zich met het bakken van de vermaarde Schoonhovensche fonteinkoek generen; bovendien heeft men er 1 loodwitmakerij; 1 boekdrukkerij; 1 leerlooijerij en zeemfabrijk; 1 scheepstimmerwerf; 1 bierbrouwerij; 1 azijnmakerij; 1 korenmolen. Voor eenige jaren had men er nog 1 leerlooijerij, 1 touwslagerij en 1 aardappel-siroopfabrijk, welke thans echter te niet zijn.

De Herv. die er 1960 in getal zijn, onder welke 790 Ledematen, maken eene gem. uit, welke tot de klass. van *Gouda*, ring van *Schoonhoven*, behoort en vroeger drie Predikanten had, doch thans door twee bediend wordt. De eerste, die hier het leeraarambt heeft waargenomen is geweest PETRUS JOHANNES UYTENBOGAARD, die eerst R. K. Priester was, en na gevlugt te zijn geweest, als Hervormd leeraar naar SCHOONHOVEN terugkeerde, vanwaar, hij in 1575 naar Delft vertrok. In 1574 bekwam hij tot ambtgenoot NICOLAAS LARENIUS, die tevens Rector was. De eerste derde Predikant was JOSUA SANDERUS, die in 1641 van Heer-Jansdam herwaarts beroepen werd en in 1656 emeritus werd. Na CONSTANT VAN DER KERKHOVEN, hier beroepen in 1795 en CHRISTIANUS DE GROOT STIFFEIJ, hier beroepen in 1797, beide emeriti verklaard in 1814, is slechts één Predikant weder beroepen en alzoo de derde Predikantsplaats ingetrokken. Het beroep geschiedt door den kerkeraad.

De Christelijke-Afgescheidenen, die er ruim 50 in getal zijn, maken een gem. uit, welke den 8 November van het jaar 1841 erkend is, tot eersten leeraar gehad heeft Ds. F. M. LUTTER, en thans herderloos is.

De Remonstranten hadden hier vroeger mede eene kleine gem. en een kerkgebouw, hetwelk in het jaar 1670 gesticht, doch in het begin dezer eeuw is afgebroken. De 14 Remonstranten die er thans nog wonen behooren tot de gem. van *Nieuwpoort*.

De 2 Evangelische-Lutherschen, die men er aantreft, worden tot de gem. van *Gouda* gerekend.

De R. K., die er ruim 600 in getal zijn, onder welke 390 Communikanten, maken eene stat. uit, welke tot het aartspr. van *Utrecht* behoort, en door eenen Pastoor bediend wordt. Deze stat. was weleer zeer talrijk, als behoorende daaronder mede die van Langerak, Jaarsveld, Lopik, Cabauw, Zevender, en Bonrepas en werd als toen door twee Pastoors bediend, doch in het jaar 1680 werd er te Cabauw eene tweede kerk voor de buitenlieden gebouwd, en toen werd de stat. van Schoonhoven in tweeën gesplitst, van welke die te Schoonhoven later door R. K. Priesters van de Oude Clerezij bediend is, zoodat de andere R. K. te Cabauw parochieerden, tot dat, in het jaar 1784, te Schoonhoven de thans daar nog bestaande R. K. stat. is opgerigt.

De R. K. van de Oude Clerezij, van welke men er ruim 20 telt, en onder deze 18 Communikanten, maken mede eene stat. uit, welke door eenen Pastoor bediend wordt.

De Israëlieten, die men er ongeveer 100 telt, hebben hier eene bijkerk, welke tot de ringsynagoge van *Gouda* behoort.

Men heeft in deze gem. vier scholen, als ééne Fransche kostschool, ééne Volksschool en ééne Armenschool, welke allen in hetzelfde gebouw gehouden worden en onder den zelfden Hoofdonderwijzer geplaatst zijn, en eene Jonge Jufvrouwenschool. Zij worden te zamen gemiddeld door een getal van 280 leerlingen bezocht.

De stad Schoonhoven ligt ongeveer 6 u. O. van Rotterdam, 3 u. O. Z. O. van Gouda, 2 u. Z. ten O. van Oudewater, aan den regteroever van de Lek, 51° 46′ 49″ N. B. 22° 30′ 54″ O. L.

Eenige willen dat deze stad eertijds Schoonhaven geheeten zou hebben, welken naam zij bij schrijvers van de zestiende eeuw draagt en welke zij zoude ontleend hebben van de schoone nieuwe haven, welke men er, na het afdammen der oude haven, heeft aangelegd. Anderen zijn van gedachten dat de stad, eertijds een hof of verblijfplaats der Hollandsche Graven geweest zijnde, hiervan haren naam zoude verkregen hebben, waarom zij, door den Kronijkschrijver Heda, Bella-Curia of Schoonhof genoemd wordt. Het meest algemeen gevoelen is echter, dat Schoonhoven zoo genaamd zij naar de fraaije hoven, boomgaarden en landerijen, nabij de stad gelegen, uit welken hoofde eenige willen dat de stad ook Schoone-Ouwen, dat is *schoone landerijen*, kan genaamd zijn geweest. Zeker gaat het, dat Schoonhoven ten O., N. en W. schoon weiland heeft. Ook heeft men bezuiden deze stad, over de Lek, eene aangename landouwe. Van hare eerste stichting vindt men geen gewag gemaakt. Sommigen verzekeren, dat de stad reeds in het jaar 787 bestaan heeft en bekend was, doch op wat grond vindt men nergens geboekt. De eerste vermelding van Schoonhoven, waarvan men weet, dagteekent van het jaar 1234, bij gelegenheid, dat Floris V, Graaf *van Holland*, ten verzoeke van Otto van Holland, den zes en dertigsten Bisschop van Utrecht, zekeren zwaren dijk langs de Lek, van Amerongen tot Schoonhoven, deed aanleggen. Schoonhoven was toen eene heerlijkheid, die, nevens Gouda, in het jaar 1280, aan Heer Nicolaas van Kats toebehoorde. Jan van Nassau, de negen en dertigste Bisschop van Utrecht, verleende Heer Nicolaas en *zijne Mannen, binnen zijne stad* Schoonhoven *wonende*, in het gezegde jaar, vrijheid van tollen door het geheele Sticht van Utrecht. Naderhand zijn de Graven van Blois, gesproten uit het huis van Avesnes, Heeren van Schoonhoven en van *Gouda* geweest. Zij hebben eerstgemelde stad met onderscheidene voorregten begiftigd, en voerden, in hunne opene brieven, altoos den naam van Schoonhoven vóór die van *Gouda*, waaruit men kan opmaken, dat Schoonhoven destijds aanzienlijker dan Gouda moet geweest zijn. Na den dood van Guy van Châtillón, Grave van *Blois*, die, in het jaar 1397, zonder kinderen, overleed, is de heerlijkheid van Schoonhoven, zoowel als die van Gouda, aan den Graaf van Holland vervallen.

De gelegenheid maakte Schoonhoven tamelijk sterk, doordien het omliggende land, door middel van onderscheidene sluizen, kan onder water gezet worden. Zij schijnt weleer, in hare eerste opkomst, slechts met eenen aarden wal en smalle grachten te zijn omringd geweest; tot dat Jan van Herscouwen, Heer *van Schoonhoven*, omtrent het jaar 1320 de gracht heeft verbreed en den aarden wal door eenen steenen muur heeft doen vervangen, van welken muur lang een toren bestaan heeft, gemeenlijk de Blaauwentoren genaamd, welke echter sedert een aantal jaren afgebroken is. Omtrent het jaar 1418, deed Jacoba van Beijeren, Gravin van *Holland*, de muren verbeteren. Nadat Schoonhoven eenige jaren de zijde der Staten gehouden had, verstrekte de provincie Holland, in het jaar 1582, geld om het te versterken, doch onder voorwaarde, dat de vestingwerken, ten eeuwigen dage, door de stad moesten onderhouden worden. In het jaar 1588 werd het steenen bolwerk, waarop thans de korenmolen staat, gebouwd en omtrent dien zelfde tijd zullen ook waarschijnlijk de drie bolwerken aan de Oostzijde der stad aangelegd zijn. Het is waarschijnlijk dat de stad, toen er geen vijand te vreezen was, te weinig de hand aan de vestingwerken zal gehouden hebben, waardoor zij zeer vervallen en slecht te verweeren waren, toen de Franschen, in het jaar 1672, onverhoeds in ons land vielen, en tot binnen eene maand nabij Schoonhoven genaderd waren. Men heeft toen de vestingwerken aanmerkelijk verbeterd; nog vijf bolwerken bij de vorige drie gevoegd; eene zeer breede en diepe gracht doen graven, en nieuwe wallen doen aanleggen. De gedachtenis dezer verbetering wordt door het volgende opschrift boven de Kruispoort bewaard:

Prosperitati Reipublicae nostrae
Invidis Galliae Angliaeque Regibus
Cum Coloniae ac Monasterii Episcopis
Aliisque Principibus unitis,
Pulsantibus repentino Bello Provinciae
Hujus Limites, urbs haec novis
Amplioribus Moenibus Fossisque Munita;
Curantibus
D. D. Adriano à Bosvelt, et Hermano van der Meer, Domino de Hoogeveen,
D. D. Ordinum Hollandiae, Westfrisiaeque *deputatis.*
Anno MDCLXIII.

(d. i. Toen de Koningen van Frankrijk en Engeland, wangunstig over den voorspoed van ons gemeenebest, met de Bisschoppen van Keulen en Munster en andere Vorsten te zamen vereenigd, met eenen onverwachten oorlog op de grenzen van dit gewest aanvielen, is deze stad met nieuwe en breedere wallen en grachten voorzien, onder het opzigt van Adrianus van Bosvelt en Hermanus van der Meer, Heer van *Hoogeveen*, als Afgevaardigden der Heeren Staten van Holland en West-Friesland, in het jaar 1673).

Later is de stad op onderscheidene tijden gebragt in den staat, waarin men haar in het laatst der vorige eeuw zag, zijnde omringd door eenen aarden wal, bevattende aan de landzijde zes heele en aan de rivierzijde twee halve bolwerken, doch geene andere buitenwerken dan een klein ravelijn of halve maan vóór de Lopikerpoort en een dergelijk vóór het regts daarop volgende front, hetwelk door eenen steenen beer met den hoofdwal verbonden is, langs de Lek had de stad eenen aarden wal, welke thans echter met plantsoen bezet en tot eene wandeling ingerigt is. Door het later aangenomen verdedigingsstelsel, waarbij deze vesting beschouwd werd, als het regter steunpunt tegen de Lek van de Oude-Hollandsche-waterlinie, kwam alleen in aanmerking dat gedeelte begrepen tusschen den Lopiker-dijk en de rivier, zijnde alzoo de oostelijke fronten, bevattende de drie heele en een halve bastion; bovendien werd er nog een dijkpost aangelegd op den Lekdijk, bij Willige-Langerak. Door de thans bepaalde Linie van de Vecht, is de vroeger genoemde linie voor zoo verre vervallen, dat zij niet anders dan bij noodzakelijkheid zal hersteld worden, waarbij alsdan de voorschreven oostelijke fronten in aanmerking komen en diensvolgens in hunne tegenwoordigen toestand moeten blijven. De wal, die de stad omringt, is van buiten omgeven door eene breede en diepe gracht en van binnen beplant met fraaije ijpenboomen, welke eene aangename wandeling opleveren.

Men had te Schoonhoven drie landpoorten en eene waterpoort. De drie landpoorten zijn: de Lopikerpoort ten O., welke het jaartal 1591 in haren gevel droeg, als zijnde waarschijnlijk in dat jaar vernieuwd; thans echter is zij afgebroken, en door een hek vervangen; de Vrouwenpoort ten W., welke in het jaar 1575 vernieuwd is, en de Kruispoort ten N., waarvan de grondslag, den 17 October 1673, gelegd is door Hendrik van Arkel, zoo als blijkt uit het volgende opschrift, dat aan de binnenzijde gelezen wordt:

Excitatae Portae Fundamentum
Jecit Henricus Arcelius
Anno MDCLXXIII. xvi. *Cal. Novemb.*

De Waterpoort, langs welke men ten zuiden naar de Lek gaat, wordt de Veerpoort genoemd, en is in 1601 gebouwd. Buiten deze poort, die zeer sierlijk van blaauwen steen is opgetrokken, heeft men een pontveer over de Lek op Gelkenes, onder Groot-Ammers, en bij de Vrouwepoort eene bekwame haven voor kleine schepen.

Schoonhoven beslaat binnen zijne wallen, volgens het kadaster, eene oppervlakte van 92 bund. 45 v. r. 59 v. ell., waaronder 71 bund. 36 v. r. 51 v. ell. belastbaar land. Men telt er 506 h. en ruim 2660 inw.

Er zijn weinige voorname gebouwen. Het slot, hetwelk hier vroeger stond, en reeds in de jaren 1300 en 1301 vermeld wordt, is in het jaar 1577 afgebroken. Zie het art. Schoonhoven (Slot-te-).

Het Stadhuis, op de *Steenenbrug*, is een sierlijk en oud gebouw van grijsachtig gehouwen steen opgetrokken, en heeft eenen fraaijen toren, met een konstig speel- en uurwerk, hetwelk gegoten is van een stuk kanon, dat men aan Olivier van Noort, toen hij eenen togt rondom de wereld deed, heeft te danken. In de voormalige Vroedschapskamer (tegenwoordig gebruikt wordende voor de zittingen van het kantongeregt) hangen zeer fraai bewerkte tapijten, welke vroeger alhier vervaardigd zijn. In die zelfde kamer voor den schoorsteen is eene afbeelding van Willem III, Prins *van Oranje;* ook vindt men daar Vrouwe Jacoba van Beijeren, Gravin *van Holland,* naar het leven geschilderd, afgebeeld, daar naast staat te lezen: *Op den 7 April 1452 leyde Heer* Gerrit van Poelgeest *den eersten steen van het Stadhuis.* Men bewaart op het stadhuis nog een tapijt, zoo men zegt, door Jacoba van Beijeren bewerkt, en eene halskraag, die mede als door die Gravin gebruikt zijnde wordt uitgegeven. Voor het Stadhuis is een ronde kring in de straat te zien, waarin, volgens de overlevering, zekere Marrigje Ariens, den 4 October 1597, wegens tooverij geworgd en tot stof verbrand zoude zijn. Volgens anderen zoude die steen echter, zooals op meer andere plaatsen gediend hebben, om er eenen nieuwen Heer op te huldigen.

De Stadswaag, op den *Dam,* is gebouwd of liever geheel vernieuwd in het jaar 1758. Op deze waag worden jaarlijks eenige duizenden ponden hennep gewogen.

De Stads-Doelen, in het *Plantsoen,* is een luchtig en sierlijk gebouw, dat in het jaar 1618 gebouwd, doch in 1656 vergroot werd. Het is van achteren van een ruim erf en fraaijen tuin voorzien, en was later het voornaamste Logement der stad, doch is nu een Instituut voor Jongeheeren. Men ziet er een fraai afbeeldsel van Maurits, Prins *van Oranje.*

Het voormalig Magazijn, op de *Oude-Haven,* is gebouwd van een gedeelte van het Vrouwenklooster, en schijnt in het jaar 1627 gesticht te zijn. Het dient thans tot Hennippakhuis, terwijl de bovenverdieping tot Schoollokalen, zoo voor het instituut als voor de daaraan verbonden stadsschool is ingerigt.

Men heeft hier nog een Postkantoor, op de *Haven.*

De Hervormde kerk, aan den *Dam,* is een oud gebouw, dat vóór de Reformatie aan den H. Bartholomeus was toegewijd. De Pastoor werd destijds door de Duitsche Ridders, te Utrecht, benoemd. De Koster en de Schoolvoogd werden door de Graven van Holland aangesteld. De kerk was van onderscheidene altaren voorzien, waarvan wij er, behalve het hoofdaltaar, aan den H. Bartholomeus toegewijd, elf vinden opgenoemd, aan ieder van welk eene vikarij verbonden was, die ter begeving stonden van de Heeren van Schoonhoven, als: het altaar van de *H. Maagd* en *Moeder Gods* Maria, aan hetwelk de Reguliere Kanunniken in den Hem jaarlijks zeven groot moesten betalen; dat van den H. Nicolaas; dat van den *H. Geest;* dat van den H. Eligius, hetwelk onderscheidene en groote inkomsten had; dat van den H. Christinus, ook wel van den H. Jodocus genaamd; dat van den H. Ewaldus, anders St. Ouwens; dat van St. Crispijn en Crispiniaan of het Schoenmakersgild; dat van den H. Laurentius en Barbara, dat van den H. Theobaldus; dat van den H. Johannes *den Dooper* en dat van de H. Anna. In het jaar 1657 is deze kerk voor een groot gedeelte veranderd en verbeterd. Het koor heeft de lengte van 21.34 ell. en eene breedte van 24.48 ell.; de kerk is lang 37.04 ell. en breed 30.15 ell. Zij is twee malen, namelijk in de jaren 1375 en 1518, als genoegzaam de geheele stad door eenen fellen brand verteerd werd, verschoond gebleven; zij is van een orgel voorzien, en in het jaar 1827 ontving zij van Vrouwe S. F. van den Bosch, wed. C. Carnier, in leven Burgemeester van Schoonhoven, eenen kostbaren zilveren schotel voor de bediening van het H. Avondmaal ten geschenke. In deze kerk ligt begraven de Heer Jan van Wijnbergen, op wiens zerk men een groot grafschrift vindt uitgehouwen. Merkwaardiger is het graf van Olivier van Noort, de eerste die eenen togt rondom den aardkloot gedaan heeft. Deze vereerde aan de stad, bij zijne terugkomst, in het jaar 1601, een schoon stuk metaal geschut, in het jaar 1578 te Utrecht gegoten, hetwelk, volgens zijn grafschrift, de reis met hem om de wereld gedaan had. Dit stuk geschut, dat aan de oostmuur der kerk gestaan heeft, is naar men wil, vóór het klokkenspel op het raadhuis gebruikt. Op het graf van gezegde VAN NOORT ziet men een schip, alsmede een kleed met starren bezaaid, waarop een aardbol en daaronder zijn wapen; onder het wapen en kleed leest men dit opschrift:

Hic ille est, totum velis qui circuit orbem,
A Magellano quartus Oliverius.

(d. i. Hier rust OLIVIER VAN NOORT, de vierde na Magellaan,
die de geheele aarde is omgezeild.)

en daaronder

Hier rust de Ed. Heer OLIVIER VAN NOORT, *in zijn Leven Capitein-Admiraal, ende Capitein-Generaal over de eerste Vloot, die uyt deze Nederlanden door de straat Magellanes de geheele wereld heeft omgezeylt; sterft den 22 Februarij 1627.*

Ook ligt in deze kerk nog begraven KLAAS LOUWERENSZE BLOM, die in het jaar 1549 de eerste windmolen uit Holland naar Spanje heeft overgebragt, als blijkt uit het volgende grafschrift op zijn zerk uitgehouwen:

Hier legt begraven KLAAS LOUWERENSZE BLOM,
Schipper van Gorcom,
Toen hy was oudt jaaren,
Toen is hy met een Want-Schip naar Spanje gevaaren,
En hy bragt uyt Hollandt aldaar
Den eersten Moolen, in het vijftien-hondert negen-en-veertigste jaar,
Sterft Anno 1615.

Verder is op de zerk uitgehouwen zijn wapen met een schip en eenen molen.

De toren dezer kerk is omtrent het jaar 1659 bijna geheel vernieuwd zijnde de voorgaande slechts zeer laag geweest. In den bekenden storm van 1747 is het spits van dezen toren gewaaid, doch in het volgende jaar weder hersteld. Deze toren is zeer sierlijk van Bentheimersteen opgehaald; doch, hetzij door zijne zwaarte of door de zwakke grondslagen der kerk, waarop hij staat, aan de oostzijde overgezakt en binnen in de kerk door eenen dikken pilaar onderschraagd. In dezen toren hangen drie klokken, bekend onder den namen van de Groote, de Kleine en de Wachtklok. Ook vindt men daarin een uurwerk, waarop het jaartal 1592 te lezen staat. In den rand der groote klok, BARTHOLOMEUS geheeten, leest men:

St. Bartholomeus is mynen naam /
Tot gelup van Gode ben ik bequaam /
Willem Moer en Jasper zyn Broer
hebben my gemaakt /
in het jaar 1570.

Op deze klok ziet men het wapen van Henegouwen en dat van SCHOONHOVEN. Zij is omtrent het jaar 1757 gebarsten, hetwelk men op den jaarlijksche bededag eerst ontdekte, bij gelegenheid van de verbazende aardbeving, welke door geheel Holland gevoeld werd. Uit den toren nedergelaten, woog zij 3396 ponden (ruim 1677 Ned. pond). Zij werd naar Aarle gevoerd, waar zij door den klokgieter ALEXIS PETIT vergoten is, hebbende bijna het zelfde gewigt behouden. Op de kleine klok staat

Maria Maria en het jaartal MCCCCX, zijnde de overige letters onleesbaar. Op het wachtklokje leest men:

St. Salvador is mynen naam /
Myn geluy zy Gode bequaam.
Anno 1540.

Vroeger hadden de Hervormden hier nog eene kerk, de Gasthuiskerk, op den *Dijk*, zijnde een klein gebouw, met een torentje, doch zonder orgel. Doch dit is reeds sedert het midden der vorige eeuw niet meer tot godsdienstoefening gebruikt en voor eenige jaren afgebroken; de grond is tot een fraai plantsoen aangelegd.

De kerk der Christelijk Afgescheidenen, op de *Voorhaven*, is een steenen gebouw, zonder toren of orgel.

De voorm. Remonstrantsche kerk, in de *Weistraat*, was mede een klein, doch zeer fraai gebouw, zonder toren of orgel en is thans afgebroken.

De Roomsch-Katholijke kerk, aan den H. Bartholomeus toegewijd is een vrij groot gebouw, dat in het jaar 1784 gesticht is, en geen toren heeft, doch van een orgel voorzien is.

De kerk van de Roomsch-Katholijken der Oude Clerezij, in de *Nes*, aan den H. Bartholomeus toegewijd, is een steenen gebouw, zonder toren, doch van een orgel voorzien.

Voor de Reformatie telde men te Schoonhoven vier kloosters, als twee voor Monniken en twee voor Nonnen; als: het Karmelietenklooster in de *Karmelietenstraat*, later tot woonhuizen verbouwd; het Cellebroedersklooster, aan de oostzijde van de *Oudehaven*, naderhand verbouwd tot een Proveniershuis, het Oudemannenhuis genaamd; het St. Elizabeth-klooster of Zusterenklooster, op de *Oudehaven*, later het Magazijn of Tuighuis, en gedeeltelijk een Oudevrouwen- of Proveniershuis, doch thans tot Hennippakhuis dienende, en het Agnietenklooster, aan de westzijde van de *Koestraat*, later grootendeels tot woonhuizen verbouwd.

De Israëlitische bijkerk, op de *Haven*, is een klein doch net gebouw.

Het Burger-Weeshuis, in de *Koestraat*, is vermoedelijk in het jaar 1581 gesticht en werd van tijd tot tijd met verscheidene dotatiën en legaten begiftigd. Daarin worden thans door de beperkende bepalingen bij de stichting, slechts zeldzaam weezen verpleegd. Zoodat het tevens tot andere nuttige einden als de ijk, de spijskokerij, de vergaderingen van het algemeen armbestuur enz., gebruikt wordt. Men ziet er eene schilderij, voorstellende het Nijmeegsche raadsel.

Vroeger had men hier nog een Gasthuis, een Oude Mannenhuis, en een Leprozenhuis.

Het Gasthuis werd later een Proveniershuis, doch als de inwonenden voor een gedeelte uitgestorven waren, heeft men de overigen in het jaar 1726 naar het Oude Mannenhuis overgebragt en het Gasthuis bleef ledig tot in het jaar 1731, wanneer het tot een Armhuis werd ingerigt. Het gebouw is in deze eeuw gesloopt.

Hoewel het schijnt dat er reeds vroeger te Schoonhoven een Oude-Mannenhuis aanwezig was, is dat, hetwelk later in de *Cellebroedersstraat* gevonden werd, in de zeventiende eeuw eerst gesticht, zijnde daartoe de gebouwen van het voormalige Cellebroedersklooster herbouwd, waarmede men in Januarij 1657 begonnen is, terwijl het eerst in 1689 voltooid was. Het werd later bewoond door Provenieren, doch bestaat thans niet meer

Het Leprozenhuis buiten de Kruispoort, waarvan men in het jaar 1518 gewag gemaakt vindt, moet waarschijnlijk in het jaar 1572 met de voorstad verbrand zijn. Het is later verkocht en in eene Stadsherberg veranderd.

Men heeft te SCHOONHOVEN een Departement der Maatschappij: *Tot Nut van 't Algemeen*, dat den 25 Maart 1825 opgerigt is, en ruim dertig leden telt; eene Afdeeling van het Nederlandsch Bijbelgenootschap; eene Vereeniging van het Zendelinggenootschap, welke bedestonden houdt; eene Bank van leening; eene Spaarbank en eene Commissie tot uitdeeling van levensmiddelen en brandstoffen.

SCHOONHOVEN is de geboorteplaats:

Van de Godgeleerden: ANSIANUS VAN SCHOONHOVEN, † in 1292, als Bisschop van Asaph; JOHAN VAN SCHOONHOVEN, † in 1431, als Onder-Prior van het klooster Groenendaal bij Brussel, onderscheidene schriften nalatende; BERNARD VAN SCHOONHOVEN, Landcommandeur der Duitsche Ridderorde te Utrecht, † in 1615;

Van den Ontleedkundige REINIER DE GRAAF, uit de zeventiende eeuw, die de ontdekking deed, om de vaten bij de ontleding op te spuiten;

Van den Letterkundige CHRISTOFFEL LONGOLIUS, geb. in 1488, † in 1522;

Van den Nederduitsche Dichter JOHANNES HAZEU CORNELISZ., geb. in 1754, † 25 November 1835;

Van de Schilders: HENDRIK NAUWINX en JONAS VAN DER MEER, beide uit de zeventiende eeuw;

Van den Zeereiziger OLIVIER VAN NOORT, die de eerste Nederlander was, welke den aardbol heeft rondgevaren, † den 22 Februarij 1617, en

Van KLAAS LOUWERENSZ BLOM, die, in 1540, den eersten windmolen uit Holland naar Spanje overbragt. Hij overleed in 1613.

In het jaar 1375 is de geheele stad SCHOONHOVEN, benevens het Karmeliten-klooster, hetwelk eerst in het jaar 1330, door JAN VAN HEUSDEN, gesticht was, door eenen schielijken en onverwachten brand ten eenemale vernield geworden, zijnde, ter gedachtenis van dit treurig ongeval, het volgende Latijnsche vers vervaardigd, waarvan de groote talletters het jaargetal aanwijzen:

sChoonhoVen InsIgnIs,
CVMCLaVstro deVorat IgnIs.

(d. i. Het vuur heeft het uitmuntende SCHOONHOVEN, met het klooster, verslonden.)

Een dergelijk ongeluk trof de stad ten tweede male op St. Margaretedag, in het jaar 1518, ter vergoeding van welke laatste ramp, KAREL, Graaf *van Holland*, later Keizer KAREL V, haar, op den 22 Augustus van het gemelde jaar, het voorregt vergund heeft, » om (gelijk hij zich in een handvest ten voordeele van SCHOONHOVEN uitdrukt) » te verleenen en te » consenteeren, dat alle die genen, die binnen de limieten van Kraai» jestein en van de Vlietbrugge gezeten zijn, en namaals zitten zullen, » Accynze tot onze steede profyte en behoef voortaan gelden en beta» len zullen, in alle manieren, of dezelve binnen onze voorschreve » steede woonachtig waaren." enz. Uit het begin dezer handvest blijkt ook, dat die brand drie honderd twintig huizen, drie kloosters, eene poort en eenen toren vernield heeft, en dat onder het getal der verbrande huizen gerekend werden negen oliemolens, alle de smeden, alle de bouwlieden, alle de radermakers en schuitenmakers met hun huisraad, en meestendeel allen, die ambachten en neringen deden.

Ook door den oorlog heeft die stad niet weinig te lijden gehad. JAN VAN RENESSE, in het jaar 1300, eene vloot met Zeeuwen bemand hebbende, met het voornemen om JAN II, Graaf *van Henegouwen* en *Holland*, van het graafschap van Holland te ontzetten, kwam voor SCHOONHOVEN, alwaar Heer NICOLAAS VAN KATS zelf het slot bewaarde. Deze, den Zeeuwen gunstig, poogde hen ter stad in te laten, doch naauwlijks werd dit door de burgers ontwaard, of zij weerden de Zeeuwen af. Zelfs belegerden zij Heer NIKOLAAS op het Slot te SCHOONHOVEN, en noodzaakten hem eerlang, met hulp van eenen hoop Friezen, hun door Graaf JAN toegezonden, tot de overgaaf. Hij bedong niet meer dan het leven, en werd, nevens zijnen zoon, op het slot Nieuwburg, bij Alkmaar, in hechtenis gezet. De Zeeuwen begaven zich meest allen, met achterlating van hunne schepen, welke sedert den Graaf in handen vielen, naar Vlaanderen, van waar zij, van tijd tot tijd, op de Zeeuwsche kusten stroopten.

NICOLAAS VAN KATS, door den inval der Vlamingen in het volgende jaar weder uit zijne gevangenis verlost en aan het bewind geraakt zijnde, ondersteunde, op het slot van Gouda, waarvan hij vroeger, voor SOPHIA de laatste erfdochter van het geslacht VAN DER GOUDA, Kastelein of Slotvoogd was geweest, andermaal den vreemdeling tegen zijn Vaderland. Dan zich hier niet veilig achtende, wilde hij zich naar het slot te SCHOONHOVEN begeven, hetwelk zijn zoon bezet hield; doch werd andermaal door de Schoonhovenaars gevangen genomen. De oude VAN KATS werd naar Dordrecht gevoerd, waar inmiddels ook WITTE VAN HAAMSTEDE, met zijne zegevierende Haarlemmers, Kennemers en West-Friezen, was aangekomen. Nu trok men naar SCHOONHOVEN en belegerde het slot, hetwelk hevigen weerstand bood, zoodat van de belegeraars zeer velen gekwetst werden. Eindelijk kwam men tot besluit, om, ten einde het schieten uit het slot te doen ophouden, en den jongen VAN KATS tot de overgaaf te dwingen, den vader uit de gevangenis te halen, en hem te binden aan eene *kat* of *evenhoog*, zoodat hij aan het schieten der belegerden was blootgesteld. De jonge VAN KATS, om geen vadermoord te begaan, en waarschijnlijk wel inziende, dat verdere wederstand nutteloos zoude zijn, gaf zich op genade over, en kwam bij zijnen vader in 's Graven gevangenis.

In het jaar 1359 vergaderde JAN VAN ARKEL, de zeven en dertigste Bisschop van Utrecht, een zwaar leger, en trok er mede naar SCHOONHOVEN; die van de stad daarvan kennis gekregen hebbende, trokken hem te gemoet en leverden hem slag; maar tot hun ongeluk, want zij werden geslagen, en onderscheidene van hunne Ridders, als GIJSBERT VAN LANGERAK, HERPERTUS VAN LIESVELD en COENRAAD VAN OOSTERWIJK, benevens vele burgers, gevangen.

JACOBA VAN BEIJEREN, Gravin *van Holland*, zich in het jaar 1424 in Henegouwen bevindende, kreeg daar berigt, dat haar gemaal, Hertog JAN VAN BRABAND, van wien zij gescheiden was, overal in Holland, Zeeland en Friesland, gehuldigd en ingehaald werd. Hierop besloot zij, zich van eenige steden in Holland meester te maken, en zond daarom FLORIS VAN KIJFHOEK, met eenig gewapend volk, naar SCHOONHOVEN, welke stad hem door de burgers, die JACOBA gunstig waren, goedwillig werd overgegeven. Maar WILLEM VAN DER COULSTER, de Slotvoogd, en ALBRECHT BEYLING, met vijftig kloeke soldaten, op het kasteel in bezetting liggende, wilden zich niet overgeven; waarom FLORIS VAN

Kijfhoek het slot belegerde, doch zulken sterken tegenstand vond, dat hij er zes weken voor lag. Eindelijk veroverde hij den voorburg en sommige bolwerken, waaruit hij het kasteel met stormtuig nog meer benaauwde. De bezetting ten laatste, door gebrek aan levensmiddelen, geperst, gaf zich over, behoudens lijf en goed: behalve Albrecht Beyling, die aan de bescheidenheid van vrouw Jacoba werd overgelaten. Hij kreeg vervolgens eene maand tijd, om orde op zijne zaken te stellen, moetende met eede belooven, dat hij dan zoude wederkeeren. Hij vertrok, kwam ter bestemder tijd terug, en werd toen, op eene molenwerf buiten Schoonhoven, bij nacht, levende in de aarde bedolven.

In het jaar 1426, bande Jonkheer Jacob van Gaasbeek, als Stadhouder van *Holland*, alle de tegenstrevers van Hertog Jan van Braband, uit geheel Holland, waarna hij veel krijgsvolk vergaderde, en de stad Schoonhoven belegerde, met hulp van de gemeene poorters der steden van Holland, Zeeland en Friesland, uitgezonderd Gouda, Oudewater, Brielle en Zierikzee, die zich met dezen oorlog niet wilden bemoeijen. Schoonhoven, dus ingesloten, werd met grof geschut beschoten, en bleef vier en twintig weken belegerd. De burgers hadden vijf ridders en twintig Jonkheeren, alle dappere oorlogshelden, bij zich in de stad, die haar hielpen verdedigen, vele uitvallen deden, en dikwijls met eenen grooten buit en vele gevangenen terugkeerden. Gedurende deze belegering trok eens eene uitgelezene bende dappere knechten van de bezetting bij nacht uit de stad, voer de Lek af naar Rotterdam, en maakte zich aldaar meester van vele schepen, waarmede zij de Lek op naar Schoonhoven terugvoeren. De Rotterdammers zulks vernemende, vergaderden aanstonds de weerbaarste burgers, en zetteden die van Schoonhoven achter na, met groot geluid van trompetten, met vaandels en stadsbanieren, om hun den geroofden buit weder afhandig te maken, en daartoe eenen bloedigen slag te wagen. Nadat zij de Schoonhovenaars ingehaald hadden, werd men welhaast handgemeen. Van weerskanten werd hevig gestreden, de Rotterdammers kregen de nederlaag en leden het grootste verlies van volk, en de overige namen de vlugt, met bebloede koppen naar huis keerende; zoodat de Schoonhovenaars eene volkomen overwinning behaalden, en de Rotterdammers en hunne stadsbanier met groote vreugde en zegepraal in hunne stad bragten.

Toen in 1477 de Hoeksgezinde burgerij te Schoonhoven, van de Kabeljaauwsche Regenten, rekening van de inkomsten der stad vorderde, weken deze laatste, geen kans ziende, om die rekening te doen, ter stad uit, waardoor de Hoekschen hier op het kussen geraakten, doch zij werden, in 1481, weder door de Kabeljaauwschen, die inmiddels terug gekomen waren, verdrongen. Frederik van Zevender, Baljuw van Schoonhoven, die door de Kabeljaauwschen van zijn ambt ontzet was, kwam, in December 1488, te Rotterdam, hetwelk de Hoekschen, onder Jonkheer Frans van Brederode, destijds bezet hadden, en bewoog deze, tot het ondernemen van eenen aanslag op Schoonhoven. Men bemande terstond tien Rijnschepen, negentien kromstevens, zeventien roeijagten en zes buizen, met omtrent duizend man, welke, onder bevel van Joris, bastaard van Brederode, den Lekstroom zijnde opgezeild, in den donkeren avond, voor Schoonhoven aan land kwamen; doch van de burgerij zoo wel ontvangen werden, dat zij, met verlies van meer dan twee honderd man, terug deinzen moesten, en, met achterlating van het meeste stormgereedschap en eenige vaartuigen, naar Rotterdam keerden. De regering besloot, in het jaar 1492, den dag dezer verlossing jaarlijks door eenen plegtigen omgang, te vieren.

binnen en buiten de stad, zoude moge strekken, in het werk te stellen, zelf des noods door het sluiten van hunne poorten. Intusschen was het plakaat der Algemeene Staten, tegen het houden van Remonstrantsche vergaderingen, ook te SCHOONHOVEN afgekondigd. Eenige ijverige Remonstranten, zich daaraan niet storende, begaven zich, den 21 Julij, naar de Nieuwpoort, buiten de stad, om er eenen der afgezette Predikanten te hooren prediken; doch verstaande, dat er niet zoude gepredikt worden, keerden zij terug naar de stad. Twee van deze, Mr. GILBERT VAN WIJNBERGEN, zoon van Jonkheer JOHAN VAN WIJNBERGEN, Oud-Schepen der stad, en een burger, JOHAN NAAUWIJKS, des anderen daags op het stadhuis ontboden, werden beschuldigd, in de Nieuwpoort eene verboden vergadering bijgewoond, en, daar buiten, met anderen te hebben zitten drinken, en voorts gevraagd, wie daarbij tegenwoordig geweest waren en welke redenen zij onderling gevoerd hadden. Zij ontkenden het eerste, en weigerden op het andere te antwoorden. NAAUWIJKS hield men vervolgens op het stadhuis, doch liet den andere gaan. Het gerucht hiervan baarde merkelijke bekommering in de stad. Eenige Remonstrantsche burgers, met anderen de zaak overlegd hebbende, besloten, op staanden voet, bij de Heeren op het stadhuis, om het ontslag van den vastgehoudene te verzoeken en zich zelven tot gijzelaars te stellen. Intusschen vergaderden voor het Stadhuis eenige andere Remonstranten, en vervolgens sommige burgers, ook ettelijke jongens. Dit baarde bekommering bij de Regering, of deze lieden veelligt iets kwaads mogten in den zin hebben, weshalve men, in allen spoed, drie vaandelen soldaten, in alle stilte, op de been bragt. De eerstgenoemden, van dit alles onkundig, naar het stadhuis gegaan zijnde, vonden de deur van de voorzaal gesloten, en in het wederkeeren, onverwacht, zich van soldaten omringd. Eerst schoten deze met los kruid, en toen de bevreesde burgers de vlugt namen, met scherp. Gelukkiglijk werd niemand getroffen. Om te vernemen, of elders vergaderingen of zamenrottingen werden gehouden, deed de Majoor DE LEU, met een korporaalschap Musketiers, de ronde door de stad. Overal daar hij eenige menschen bijeen zag, deed hij onder den hoop schieten. Zekeren wever staande in zijne deur, met een stuk brood in de hand, kostte dit het leven, twee anderen bekwamen eene zware wond. Zekere kleermaker, zich tegen zijne buren latende ontvallen: *zal men dus met de burgers leven? dat moet God verhoeden*, werd van eenen Contraremonstrant gehoord, en met het zeggen: *Dat is uwe schuld, gij schelmsche Armeniaan!* beantwoord. Het woord was er naauwelijks uit, of hij griefde den kleermaker dermate, dat hij voor dood bleef liggen en zeer langzaam genas. Reeds des anderen daags was de zaak ruchtbaar in 's Gravenhage, ten nadeele der Remonstranten, die men, bij het hof aanklaagde van oproerigheid tegen de Wethouderschap en als ten oogmerk hebbende, om verborgene vergaderingen te willen houden, ondanks en met verachting van de plakaten der Algemeene Staten. Ingevolge dit berigt, zond het Hof den Raadsheer Mr. HENDRIK ROSA naar SCHOONHOVEN, om de waarheid der zaak te onderzoeken, de Wethouderschap, in het vervolgen der schuldigen, de behulpzame hand te bieden en van alles verslag te doen. NAAUWIJKS werd hierop in eene boete van vijftig gulden en in de vergoeding der regtskosten verwezen, welke moesten worden voldaan, eer hij op vrije voeten mogt gesteld worden. Voorts leverde de Baljuw, aan Schepenen, eene lijst van de namen der burgers, beschuldigd van ter preek gegaan te zijn, en eischte de boete, daarop gesteld. Zijn eisch werd ingewilligd en den verwezenen des anderen daags, door stadsboden, aangezegd, dat zij op staande voet betaling moesten doen. Volgens sommigen werd van hun gevorderd, eene beëedigde verklaring, dat zij, op 21 Julij, met geen opzet, om de verbodene predikatie bij te wonen, in de Nieuwpoort geweest waren, of, indien zij dit weigerden, de boete te betalen. Eenige opgeroepene burgers verklaarden hierop, Predikant noch voorlezer gezien te hebben; sommigen, dat zij in de Nieuwpoort om andere zaken, anderen dat zij elders geweest waren. Van twee Schepenen, den Secretaris en twaalf muskettiers verzeld, deed de Baljuw, den volgenden dag, de stadswagen door Schoonhoven rijden, om de panden uit de huizen te halen. Eerst kwam hij ten huize van den gewezen Predikant Jan van Galen, wiens huisvrouw nog te Schoonhoven woonde, doch thans afwezig, en, ten gemelden 21 Julij, naar buiten was gegaan, om haren man te Waalwijk te gaan bezoeken. Hier wilde hij het bed uit het huis halen; vergeefs verzocht men hem tot op de wederkomst der vrouw te wachten; de Baljuw bleef onverbiddelijk, tot dat men het geld bij de buren leende, om het bed te behouden. Op sommige plaatsen ontving de Baljuw terstond geld, en waar het niet was, of men weigerde het te geven, nam hij goederen of kleederen. Onder de beschuldigden bevond zich ook zekere lakenkooper, Kornelis Janszoon Pelt genaamd; deze werd verwezen in eene boete van vijf en twintig gulden. Pelt ontkende niet alleen, de vergadering te hebben bijgewoond, maar bood aan, zich deswegen met eede te willen zuiveren. Vergeefs. Men vorderde, integendeel, eene opgave, welke bekenden hij in de vergadering in de Nieuwpoort had gezien; en, als hij zulks weigerde, verwees men hem in eene boete van tweemaal vijf en twintig gulden. Op des mans weigering van betaling, uit hoofde zijner onschuld, kwam de Schout, met de stadswagen, ook ten zijnen huize, en greep een stuk blaauw laken, ruim zestig gulden waardig, en bragt het op het stadhuis. Thans bragt Pelt de zaak voor het hof, doch zijn partij wist het pleitgeding twee jaren slepende te houden, terwijl, intusschen, het laken van de mot werd aangetast. Eindelijk verkreeg Pelt van de Wethouderen, dat hij het laken zou mogen ligten, mits borg stellende voor zulk eene som, als het thans waardig zoude gekeurd worden. Ten overstaan van twee Schepenen, waardeerden het twee lakenkoopers op twaalf gulden. Pelt haalde nu het laken thuis, en deelde het uit aan behoeftigen. Onder dit alles kwam de Baljuw tot andere gedachten, en begon de Remonstranten zachter te behandelen; tot groot ongenoegen van de Schepenen, die allengskens weigerden met hem te zitten, en hem eindelijk van zijn ambt vervallen verklaarden. Hij had tot opvolger Rutger Huigens, een ijverige Contraremonstrant, die, om zijne wederhoorigheid tegen de voorgaande Regering, ontpoorterd en in eene geldboete was verwezen. Hoewel deze, bij de aanvaarding van zijn ambt verklaarde, zich als een *Vader der Gemeente te zullen gedragen,* klaagden echter eerlang de Remonstranten, dat zij in hem eenen harden stiefvader hadden, die hen ongenadig drukte en plaagde. Doch met de verandering der tijden werd ook de toestand van zaken te Schoonhoven voor de Remonstranten allengs gunstiger.

Toen men, in Junij 1672, in Holland voor de Franschen beducht was, werd Schoonhoven, in allerijl, in eenigen staat van tegenweer gesteld, hetwelk van dat gevolg was, dat een aanslag der Franschen op de stad, welke den 9 Augustus moest ten uitvoer gebragt worden, geheel vruchteloos afliep.

Ten gevolge van de onlusten des jaars 1748, begaven zich 's Prinsen Gemagtigden naar SCHOONHOVEN, daar men zeer in de weer geweest was, met het teekenen en inleveren van verzoekschriften, waartoe twee leden van de Vroedschap de ingezetenen de hand geboden hadden. De regering had, op een dezer verzoekschriften, beschikt; doch het antwoord op de twee anderen verbleef aan de Gemagtigden van Zijne Hoogheid, die den 16 in de stad kwamen, en den 21 de geheele Regering ontsloegen; doch, op drie leden na, wederom aanstelden. Voorts werd het getal leden der Vroedschap, van zeventien tot een en twintig, en dat der Electeuren of Kiezers, van een en twintig tot zes en twintig vermeerderd. Ook maakten de Gemagtigden schikking op eenige punten, door de burgerij begeerd: de overigen werden gelaten aan de beslissing der Vroedschap.

Toen, in het jaar 1786, de genootschappen van wapenhandel uit de onderscheidene steden gewapende manschappen naar Utrecht zonden, bleef dat van SCHOONHOVEN ook niet achterlijk. Bij een dezer uittogten, vergezeld van Beijerlandsche vrij-corporisten, hadden zij te Benschop, in de baronie van IJsselstein, vele mishandelingen te verduren, eerst van soldaten, vervolgens van meer dan honderd, met stokken gewapende, boeren, buiten het dorp. Om dit geweld te ontgaan keerden zij naar Benschop terug, en verzochten bijstand van den daar bevelvoerenden officier. Deze beloofde hulp, welke zij in het regthuis afwachtten. Doch welhaast moesten zij deze schuilplaats verlaten, door een aantal boeren er uit gedrongen. Maar een Serjant en eenige soldaten boden hun de beloofde hulp, en begeleidden de vervolgde manschap naar IJsselstein, welk geleide hun zeer te stade kwam: naardemaal zij onder weg niet weinig andere boeren, met stokken en hooivorken, aantroffen, die blijkbaar ten oogmerk hadden, hun op eene onzachte wijze te bejegenen.

Bij het inrukken der Pruissen in Holland, in het jaar 1787, werd SCHOONHOVEN met een bezoek van den Hertog van Brunswijk zelven vereerd. Doch juist deze eer kwam de stad zeer duur te staan, daar hij van zulk eenen stoet huzaren en jagers gevolgd werd, behalve nog het Regiment Infanterie van WALDEK, dat de kleine stad door bezetting overkropt werd. Inzonderheid trof de huizen der Patriotten het jammerlijkst lot. Sommigen hadden inkwartiering van 28, anderen van 34 man. Een zelfs herbergde 24 man, 5 pakknechts en 16 paarden. De schade daardoor aan den Vroedschap DE WEILLE alleen toegebragt werd op 40,000 gulden begroot. Bij deze inkwartiering voegde zich eene oogenblikkelijke vordering van behoeften voor volk en paarden, voor het aanleggen van een magazijn van fouragering, voor het timmeren van eene schipbrug over de Lek, voor het plaatsen van het hoofdkwartier en krijgscommissariaat in de stad. Hier mede niet voldaan, beschouwden zij de verlaten huizen, te regt of onregt, als huizen van Patriotten, wier goederen, als van vijanden, buit verklaard waren, en schaamden zich ook niet die geheel ledig te dragen en van alles te berooven. Sommigen werden geheel tot kazernen ingerigt, en als zoodanig deerlijk gehavend en uitgebroken. Zelfs was het kantoor van stads thesaurie van den honderdsten en twee honderdsten penning geheel verwoest en uitgeplunderd, zoodat de schade der stad onberekenbaar hoog liep.

Bij de omwenteling van het jaar 1794, die te SCHOONHOVEN na het inrukken der Franschen plaats had, viel aldaar niets meldingswaardig voor.

Eer de heugelijke omwenteling van 1813 aldaar tot stand kwam, hadden de inwoners van SCHOONHOVEN niet weinig angst te verduren. Reeds den 18 November legden de dorpelingen van het nabnrige Berg-Ambacht, van de Goudsche markt teruggekeerd, hunnen ijver in het dragen van oranje en het uitsteken van vlaggen aan den dag, en dreigden, indien men hen niet spoedig volgde, tot eenen hevigen opstand te komen. De aanzienlijkste ingezetenen, deze beweging willende verhoeden, stelden terstond eene provisionele Vaderlandsche Regering aan, welke, reeds op den volgenden morgen, onder het uitsteken der oranjevlag en het afkondigen der verordeningen van het Algemeen Bestuur in 's Gravenhage, met een algemeen gejuich werd gehuldigd. Dit berigt, bij den Franschen Generaal MOLITOR te Utrecht zeer euvel opgenomen, en gevolgd wordende door bedreiging van Fransch garnizoen, tot stuiting dezer zoogenoemde oproerigheden, baarde geene geringe bekommering, waarom dan ook het godsdienstig dankfeest, op Zondag den 21 daaraanvolgende alreeds bepaald, verschoven, en de vlag zelve, op het meer en meer bevestigd gerucht dat de Franschen herwaarts in aantogt waren, van den toren werd afgenomen. Hoezeer nu het binnenrukken van eenige gewapende mannen van het opgerigt oranjekorps van Krimpen de algemeene verslagenheid poogde op te beuren, veroorzaakte hunne komst en spoedig daarop gevolgd vertrek meer schrik dan bemoediging, daar het te wachten stond, dat de Franschen, bij het op handen zijnde verlaten van Utrecht, zeker op deze stad zouden aantrekken. Ook dit lang met angst verbeidde tijdstip verscheen den 30. De Fransche Kommandant GROBY rukte, met eene bende van ruim drie honderd man, binnen, en eischte allerlei leeftogt en krijgsbehoeften, onder voorgeven van de stad te bezetten en tegen allen aanval te zullen verdedigen. Doodelijke stilte heerschte allerwege. Door de onverwijlde voldoening alleen van alle eischen, hoopte men de gevreesde ellende te zullen matigen. Zelfs het vertrek op den eigen middag zoude deze hope op ontzetting hebben kunnen bevestigen, zoo dit niet ware gepaard geweest met de stellige bedreiging, om op den eerst volgenden dag terug te keeren, en, even als te Woerden, wraak te nemen over de gewaande schennis. Dan, gelukkig was het berigt van der Kozakken aantogt genoegzaam, om alle Franschen, op dien eigen dag, te verjagen. Over de rivier getrokken, mogten zij, aan den veerkant, daags daarna de Russische bende met musketschoten begroeten; doch ook deze bleef geenzins nalatig in dit te beantwoorden, en het roeren van de trom, door een klein getal inrukkende soldaten, veroorzaakte zulk eenen schrik onder de Franschen, dat zij in allerijl naar het nabijgelegen Nieuwpoort weken, waarna SCHOONHOVEN niet meer verontrust werd, maar onder het vreedzaam bestuur van den Souvereinen Vorst der Nederlanden bleef.

Het oude wapen van SCHOONHOVEN was het slot. Het tegenwoordige is een zilveren veld, met vier leeuwen, van welke de eerste en vierde van sabel en de tweede en derde van keel zijn. Het is door de Hollandsche Graven uit den huize van Henegouwen aan de stad geschonken.

SCHOONHOVEN (HET SLOT-TE-), voorm. kasteel of slot in den *Crimpenrewaard*, prov. *Zuid-Holland*, arr. en 5¼ u. O. van *Rotterdam*, kant., gem. en in de stad *Schoonhoven*.

Van dit slot weet men de juiste standplaats niet meer aan te wijzen, ofschoon het niet onwaarschijnlijk is, dat de Kruidtoren, die nog lang in het Oosten der stad gestaan heeft en sedert eenige jaren door plantsoen vervangen is, er een overblijfsel van geweest zij; nog minder weet men den tijd, wanneer het gesticht is, te bepalen. Allereerst vindt men het vermeld op het jaar 1303, tijdens de oorlogen tusschen Holland en Vlaanderen, toen Schoonhoven nog geene bemuurde stad, maar alleen een vlek was, met een slot. Doch ten tijde, dat JAN VAN BRABMONT, Graaf *van Blois*, van zijnen broeder WILLEM *den Goede*, Graaf *van Holland*, enz. de steden Gouda en Schoonhoven, met de dorpen daaromtrent, bekomen had, heeft hij het gedachte SLOT-TE-SCHOONHOVEN, in het jaar 1312 doen verbouwen, om daar zijn hof te houden.

Dit slot, hetwelk weleer gediend heeft tot eene verblijfplaats van de Heeren en Vrouwen van Schoonhoven, is naderhand geworden de woonplaats van de Slotvoogden of Kasteleinen van die stad. De slotvoogdij, welke door de voornaamsten van den Hollandschen adel bekleed werd, was van groot aanzien, zoodat, in het jaar 1436, Haastrecht, Berg-Ambacht, Stolwijk, Vlist, Bonrepas, Ammers, het Land-van-Liesveld en de halve Nieuwpoort gerekend werden onder het bestuur van den Slotvoogd te staan. Het gebouw is in 1577, waarschijnlijk door de inwoners zelven afgebroken.

SCHOONHUIS, landg in de bar. van *Breda*, prov. *Noord-Braband*, arr., kant. en 1 u. N. ten O. van *Breda*, gem. en ¼ u. O. Z. O. van *Teteringen*.

SCHOONHUIS (HET), h. in de stad *Utrecht*, op de *Oudegracht*, waarin, vóór dat het tegenwoordige stadhuis bestond, de vergaderingen der Raden gehouden werden, welke in 1537 van daar op het stadhuis werden overbragt. Het is geheel afgebroken en tot onderscheidene woningen verbouwd.

SCHOONLOO, ook wel SCHAALO of SCHAALLO, geb. in *Rolderdingspil*, prov. *Drenthe*, arr., judic., adm. kant. en 2¼ u. Z. O. van *Assen*, gem. en 2 u. Z. van *Rolde*; met 10 h. en 90 inw.

In de nabijheid van dit geb. ontspringt het *Andersche-diep*, lager het *Gastersche-diep*.

In het jaar 1748 hielden de lieden van de toenmalige bewegingspartij in dit gehucht onderscheidene zamenkomsten, welke in de geschiedenis van Drenthe merkwaardig zijn.

SCHOONOORD, buit. in het balj. van *Brederode*, prov. *Noord-Holland*, arr. en ¾ u. Z. van *Haarlem*, kant. en 1¼ u. Z. van *Beverwijk*, gem. en ¾ u. W. van *Velsen*, in het geh. *Zandpoort*, aan den straatweg van Haarlem op Alkmaar.

Dit buit. beslaat eene oppervlakte van 48 v. r. 47 v. ell., en behoort in eigendom aan Vrouwe CATHARINA AGNES MARIA HOOFT, echtgenoote van den Heer JAN ADOLF HESHUIZEN, te Amsterdam.

SCHOONOORD, buit. in *Delfland*, prov. *Zuid-Holland*, arr. en 1 u. N. O. van *'s Gravenhage*, kant., gem. en ¼ u. O. van *Voorburg*.

Het beslaat, met de daartoe behoorende gronden, eene oppervlakte van 1 bund. 9 v. r. 20 v. ell., en wordt thans in eigendom bezeten en bewoond door Mevrouw A. BOELE, wed. W. VAN DEN PAAUWERT.

SCHOONOORD, buit. in *Delfland*, prov. *Zuid-Holland*, arr. en ¼ u. Z. ten O. van *'s Gravenhage*, kant. en ½ Z. W. u. van *Voorburg*, gem. *Rijswijk*.

Dit buit., bestaande, behalve in het heerenhuis en verdere getimmerten, uit vijvers, boomgaarden, brocijerijen en moestuinen, beslaat eene oppervlakte van 4 bund. 52 v. r. 45 v. ell.

SCHOONOORD, buit. in *Eemland*, prov. *Utrecht*, arr., kant. en 1¼ u. W. van *Amersfoort*, gem. en 40 min. N. van *Soest*, aan den groote weg van Amersfoort op Amsterdam.

Deze buit., beslaande, met de daartoe behoorende gronden, eene oppervlakte van 46 v. r. 10 v. ell., wordt thans in eigendom bezeten door den Heer JAN JACOB KLUPPELL, woonachtig te Amsterdam.

SCHOONOORD, hofstede in *Gooiland*, prov. *Noord-Holland*, arr. en 5 u. Z. O. van *Amsterdam*, kant. en 1½ u. Z. van *Naarden*, gem. *'s Graveland*.

SCHOONOORD, buit. in de *Meijerij van 's Hertogenbosch*, kw. *Kempenland*, prov. *Noord-Braband*, arr. en 2¼ u. N. W. van *Eindhoven*, kant., gem. en ¼ u. O. van *Oirschot*.

Dit buit., bestaande in een huis en tuin, wordt thans in eigendom bezeten door den Heer ODDS OENES VAN DEN BERG, Heer *van Oirschot en Best*, woonachtig op den huize Groot-Bijsterveld, nabij Oirschot.

SCHOONOORD, buit. in het *Nederkwartier* der prov. *Utrecht*, arr. en 3 u. Z. W. van *Amersfoort*, kant. en 2½ u. N. W. van *Wijk-bij-Duurstede*, gem. *Zeyst*, in de heerl. *Stoetwegen*, aan den straatweg van Utrecht op Arnhem.

Dit buit. wordt thans in eigendom bezeten door Mevrouw de wed. OTTO VAN ROZONDT, woonachtig te Utrecht.

SCHOONOORD, landg. in het *Overkwartier* der prov. *Utrecht*, arr. en 3 u. Z. van *Amersfoort*, kant. en 1½ u. N. van *Wijk*, gem. en 5 min. Z. O. van *Doorn*.

Dit landg. beslaat, met de daartoe behoorende gronden, eene oppervlakte van 85 bund. 93 v. r. 70 v. ell., en wordt thans in eigendom bezeten door den Heer SAMUEL JOHN Graaf VAN LIMBURG STYRUM, woonachtig te Doorn.

SCHOONOORD, buit. in *Rijnland*, prov. *Zuid-Holland*, arr. en 1½ u. W. van *Leyden*, kant. en ½ u. Z. O. van *Noordwijk*, gem. en in het d. *Voorhout*, langs de Haarlemmervaart.

Deze buit. beslaat, met de daartoe behoorende gronden, eene oppervlakte van 11 bund. 39 v. r. 34 v. ell., en wordt thans in eigendom bezeten door het aartspriesterschap van Holland-en-Zeeland, hetwelk, in 1846—1847, op die gronden een ruim gebouw heeft doen stichten, waarin de afdeeling van het seminarie van Warmond, tot dus verre op de hofstede Hageveld, onder *Velsen*, prov. *Noord-Holland*, gevestigd, in October 1847, zal worden overgebragt.

SCHOONOORD, buit. op het eil. *Walcheren*, prov. *Zeeland*, distr., arr., kant. en 2 u. N. W. van *Middelburg*, gem. en 15 min. N. W. van *Oostkapelle*.

Het beslaat, met de daartoe behoorende gronden, eene oppervlakte van 6 bund. 9 v. r. 99 v. ell., en wordt thans in eigendom bezeten door Jonkheer P. D. VAN CITTERS, woonachtig te Middelburg.

SCHOONOORD, buit. in het graafs. *Zutphen*, prov. *Gelderland*, distr., arr., kant. en ½ u. N. O. *Zutphen*, gem. en 1 u. Z. O. van *Gorssel*.

Dit buit., bestaande uit heerenhuis, bouwland en tuin, beslaat eene oppervlakte van 59 v. r. 40 v. ell., en wordt thans in eigendom bezeten door den Heer J. A. DE VULLER, woonachtig te Gorssel.

SCHOONOORD, suikerplant. in *Nederlands-Guiana*, kol. *Suriname*, aan de *Beneden-Commewijne*, ter linkerhand in het afvaren; palende bovenwaarts aan de suikerplant. Hooiland, benedenwaarts aan de verl. plant. Nieuw-Roeland; 1670 akk. groot; met 146 slaven. De suikermolen wordt door water gedreven. De Negers noemen de plant. SALLÉS.

SCHOONOORD (KLEIN-), buit. in het *Overkwartier* der prov. *Utrecht*, arr. en 5 u. Z. W. van *Amersfoort*, kant. en 2½ u. N. W. van *Wijk-bij-Duurstede*, gem. *Zeyst*.

SCHOONREWOERD, gem. in het graafs. *Leerdam*, prov. *Zuid-Holland*, arr. *Gorinchem*, kant. *Vianen* (10 k. d., 2 m. k., 4 s. d.); palende N. aan de gem. Everdingen-en-Zijderveld, O. aan den Diefdijk, die haar van de Geldersche gem. Beest scheidt, Z. aan Leerdam, W. aan Leerbroek.

Deze gem. bestaat uit de pold.: Over-Heikop, Over-Boeikop en Kortgeregt, en bevat het d. Schoonrewoerd, benevens eenige verstrooid liggende huizen.

Zij beslaat eene oppervlakte, volgens het kadaster, van 927 bund. 5 v. r. 80 v. ell., waaronder 925 bund. 36 v. r. 15 v. ell. belastbaar land; telt 123 h., bewoond door 138 huisgez., uitmakende een bevolking van 760 inw., die meest hun bestaan vinden in landbouw en veeteelt.

De inw., die er op 6 na, allen Herv. zijn, onder welke 260 Ledematen, maken eene gem. uit, welke tot de klass. van *Gouda*, ring van *Leerdam*, behoort. De eerste, die in deze gem. het leeraarsambt heeft waargenomen, is geweest Johannes Henrici Croon, die in het jaar 1606 herwaarts kwam, en, in het jaar 1612, naar Goudriaan vertrok.

De 6 R. K., die er wonen, worden tot de stat. van *Leerdam* gerekend. — Men heeft in deze gem. eene school, welke door een gemiddeld getal van 70 leerlingen bezocht wordt.

De gem. Schoonrewoerd was vroeger eene heerl. der Heeren van Arkel, doch is later gekomen aan de Prinsen van Oranje, die haar nog op het laatst der vorige eeuw bezaten. Thans behoort zij aan het Domein.

Het dorp Schoonrewoerd, ook wel Schoonderwoerd of Schoonerwoerd, van ouds Sconrewomde en ook wel Schoonrewaerd gespeld, is een niet onaardig plaatsje, dat 3½ u. N. O. van Gorinchem, 2 u. Z. Z. O. van Vianen, 1 u. N. van Leerdam gelegen is. Het werd reeds in 1025, door Heer Jan van Arkel gesticht.

De kerk heeft eenen vierkanten toren, doch geen orgel. In den toren wordt, naar men zegt, nog eenen stok bewaard, vroeger gediend hebbende tot strafoefening voor misdadigers. De Pastoor werd vóór de Reformatie aangesteld door de Heeren van Arkel, terwijl de inlijving, door den Proost van Maria'skerk te Utrecht geschiedde. Tusschen dezen Proost en Otto, Heer van *Arkel*, ontstond in het jaar 1363, een zwaar geschil over de gezegde vergeving. De kerk namelijk, opengevallen zijnde, vergaf Otto die aan een goed Priester. De Proost echter, beweerende dat die begeving hem toekwam, gaf die aan een ander, en deed, den door Arkel aangestelden Priester van Bisschopswege dagen. Otto, hierover vertoornd, schreef den Proost, dat hij, zoo hij zijn leven lief had, er zich niet verder mede zoude bemoeijen, want, dat hij in zijn land geen begeving door een ander dulden wilde. De Proost sloeg dit in den wind, en deed niet slechts den Priester, maar ook Otto, in den ban. Otto, ongewoon tegenstand te ondervinden, gebood, alle de genen, die met banbrieven in zijn land kwamen, gevangen te nemen, en deed hen, die hem aldus in handen vielen, in eenen zak steken en verdrinken. De Proost, die Arkel voor het geestelijk hof te Rome dagen deed, begaf zich kort daarna naar Vianen, om er de kerkdienst waar te nemen. Otto, te Hagestein zijnde, had dit naauwelijks vernomen, of hij begaf zich heimelijk naar Vianen en sloeg er den Proost dood. De opvolger van dezen laatste zond van zijne lieden naar Rome, om

Arkel nog meer te bezwaren, doch deze zond mede zijne dienaars derwaarts, en deed die beklagers dood slaan. Nu had Otto zeker 's Pausen gramschap te vreezen, doch daar zijn zwager, Reinier van Baar, Kardinaal was, verzocht bij dien bij den Paus eene algemeene vergiffenis, van al wat geschied was, te verzoeken. Dit werd hem toegestaan, zijn Priester bleef in dienst en niemand durfde zich dienaangaande meer tegen hem verzetten.

De kermis te Schoonrewoerd valt in Zondags voor St. Jan Baptist.

In 1479 werd dit dorp door de Gorinchemmers in brand gestoken en uitgeplunderd. De aanleiding daartoe was het volgende: *Leerdam*, Schoonrewoerd en eenige andere dorpen hadden geweigerd Maximiliaan van Oostenrijk te erkennen voor hunnen wettigen Heer, en waren te vergeefs door die van Gorinchem daartoe aangemaand. Die van Schoonrewoerd hadden bij het dorp Leerbroek reeds eene schans opgeworpen en deden veel kwaads. De Gorinchemmers goed Maximiliaans gezind, konden zulks niet dulden, rukten met een deel volks op de verschansing aan, overweldigden haar en dreven de zwakke bezetting tot in het dorp Schoonrewoerd terug, waar zij hare toevlugt nam in de kerk en den toren. Daar de Gorinchemmers ook op de kerk aanvielen, werden de belegerden bevreesd, en lieten door den Pastoor het H. Sacrament ten toon stellen, waarop die van Gorinchem uit eerbied ophielden. Toen echter daarop, door die van Schoonrewoerd op de belegeraars geschoten werd, zoo dat eenigen gewond werden, staken deze het dorp in brand en plunderden het uit.

In het jaar 1482 waren eenige soldaten, die op den toren te Schoonrewoerd lagen, in het Land-van-Culenborg gevallen en hadden eenen burger van de stad, genaamd Hendrik van Maurik, gevangen en op tweehonderd Rijnsche guldens (280 guld.) gerantsoeneerd; ook kwamen zij omtrent Everdingen en schoten twee huislieden dood, waarop alles op de been kwam en hen deed wijken. Tien werden gedood en de overigen meest gevangen genomen. Hierop liep al het landvolk van Culenborg naar den Schoonrewoerdschen toren. Heer Jasper zond de Culenborgsche burgers ook daarheen met groote bussen en schermen, en kwam des anderen daags met zijnen oom Jonker Everwijn van Culenborg mede daarvoor. De belegerden, geen ontzet ziende, kwamen tot verdrag. Veertien knechten gingen van den toren, behoudende lijf en goed en moesten den Heer van Culenborg oorvede (1) doen. Jan van Heemstede werd gevangen genomen.

Het wapen van deze gem. is van goud, met twee gebrittesseerde en gecontrabrittesseerde fasces van keel; het schild gedekt met eene grafelijke kroon en vastgehouden door twee leeuwen, alles van goud.

SCHOONZIGT, buit. in *Delfland*, prov. *Zuid-Holland*, arr. en ½ u. Z. O. van *'s Gravenhage*, kant. en ½ u. Z. W. van *Voorburg*, gem. *Rijswijk*, nabij de Geestbrug.

SCHOONZIGT, buit. in *Delfland*, prov. *Zuid-Holland*, arr., kant. gem. en 5 min. N. van *'s Gravenhage*, aan de noordzijde van den Bezuiden-Houtsche-weg.

Dit buit., bestaande uit heerenhuis en verdere getimmerten, bloem- en moestuinen, fraai opgaand hout en slingerende vijvers, beslaat eene oppervlakte van 77 v. r. 16 v. ell.

SCHOONZIGT, buit. in het *Land-van-Arkel*, prov. *Zuid-Holland*, arr., kant. en 1 u. N. van *Gorinchem*, gem. *Arkel-en-Rietveld*, 40 min. N. van de kerk van Arkel.

---

(1) *Oorvede* was eene verklaring, dat men van den vede (vijandschap) afstand deed en verzoend was.

Dit buit., beslaande eene oppervlakte van 16 bund. 56 v. r. 86 v. ell., wordt in eigendom bezeten en des zomers bewoond door den Heer Mr. ABRAHAM VAN HOEY, JAN JACZ., Oud-Burgemeester van Gorinchem.

SCHOONZIGT, landg. in *Oost-Indië*, op het *Sundasche* eil. *Java*, resid. *Buitenzorg*, 22 palen O. van Batavia.

SCHOOR, b., prov. *Friesland*, kw. *Oostergoo*, griet. *West-Dongeradeel*, arr. en 5 u. N. O. ten O. van *Leeuwarden*, kant. en 1 u. O. N. O. van *Holwerd*, ¼ u. N. O. van *Ternaard*, waartoe het westelijke gedeelte en ¾ u. W. van Wierum; waartoe het oostelijke gedeelte behoort, aan den Ouden-zeedijk; met 15 h. en 80 inw.

SCHOOR, geh. in het graafs. *Horne*, prov. *Limburg*, arr. en 5¼ u. W. N. W. van *Roermond*, kant. en ¾ u. O. N. O. van *Weert*, gem. en ¼ u. Z. Z. O. van *Nederweert*; met 24 h. en 160 inw.

SCHOOR, eigenlijk HEERE-SCHOOR of HEER-SCHOOR, geh. in de *Meijerij van 's Hertogenbosch*, kw. *Peelland*, *Derde* distr., arr. *Eindhoven*, kant. en 1¾ u. Z. W. van *Helmond*, gem. en ¼ u. W. N. W. van *Mierlo*; met 4 h. en 20 inw.

SCHOORDIJK, dijk in den *Alblasserwaard*, prov. *Zuid-Holland*. Het is dat gedeelte van den *Zuider-Lek-dijk*, hetwelk zich uitstrekt van Nieuwpoort naar Tienhoven.

SCHOORDIJK, bij verkorting ook wel enkel SCHOIAT of SCHORIK genoemd, geh. in de *Meijerij van 's Hertogenbosch*, kw. *Peelland*, prov. *Noord-Braband*, *Derde* distr., arr. en 4½ u. Z. Z. O. van *Eindhoven*, kant. en 5¼ u. Z. W. van *Asten*, gem. en ¼ u. Z. O. van *Budel*, ¾ u. van de Belgische grenzen; met 41 h. en ruim 200 inw.

SCHOORL, volgens anderen SCHOORLE of ook wel SCHORRL, volgens de uitspraak SCOORL, d. in het balj. van *Brederode*, prov. *Noord-Holland*, arr., kant. en 1¼ u. N. W. van *Alkmaar*, gem. *Schoorl-Groet-Hargen-en-Camp*, digt tegen de Schoorlsche duinen. Zie dat art.

Het is een zeer oud dorp, hetwelk onder den naam van SCHORONLO bekend is in de lijst der goederen van de Utrechtsche kerk, in het jaar 868 opgesteld, en in een ander boek van de zelfde kerk SCHORLA genoemd wordt.

De landstreek in den omtrek van dit dorp overtreft in schoonheid die van Haarlems omstreken. Hier vindt men het hoogste duin van de geheele westkust onzes vaderlands, van waar men een uitmuntend vergezigt over West-Friesland heeft, alsmede eenige heuvelen en bevallige boschjes, aangename vlakten, met één woord, men kan zich hier niet verbeelden, dat men zich in het anders zoo vlakke Noord-Holland bevindt.

De oorsprong, welke sommigen aan den naam van dit dorp geven, is bijna te beuzelachtig om dien mede te deelen. De oude benaming, verdichten zij, zou geweest zijn REL. De oude Friesche Koningen, reeds vóór de geboorte des Zaligmakers, hier eene school hebbende opgerigt, zouden daaraan den naam van SCHOOL-TE-REL, bij verkorting SCHOORRL, en naderhand SCHOORL hebben gegeven.

Voor het midden der vorige eeuw bespeurde men in dit dorp een aanmerkelijk verval, als zijnde, toen in een tijdsverloop van zeventien jaren, te weten van 1732 tot 1749, bijkans dertig huizen gesloopt en dus van twee honderd twintig tot op honderd een én negentig verminderd. Thans telt men er 85 h. en 540 inw., en met de daartoe behoorende b. Aagtendorp en een gedeelte van de b. Schoorldam, 110 h. en 650 inw., die meest in den landbouw en de veeteelt hun bestaan vinden.

De Herv., die er 490 in getal zijn, behooren tot de gem. *Schoorl-Groet-en-Camp*. SCHOORL was eerst met *Bergen* vereenigd en toen was aldaar Leeraar ADRIAAN KLAASZ RAEPHORST, voormaals R. K. Priester, die er in 1578 kwam en in het jaar 1618 werd afgezet. In 1644 werd het echter daarvan gescheiden en maakte sedert eene afzonderlijke gem. uit, doch in het jaar 1805 werd *Groet-en-Camp* hiermede vereenigd. De kerk, aan welke JAN ADRIAANSZ ROOS, den 29 Mei 1595, den eersten steen gelegd had, was een zeer oud en eenvoudig gebouw, hetwelk vóór de Reformatie aan de *H. Maagd* en aan JOHANNES *den Dooper* was toegewijd. Destijds waren daarin vier kapellen, welke, even als de kerk, in het jaar 1094 door KONRAAD, den twee en twintigsten Bisschop van Utrecht, aan de St. Janskerk te Utrecht gegeven werden. Deze kerk, welke eenen tamelijk zwaren toren, geheel van duifsteen, met eene lage spits had, doch van geen orgel voorzien was, is op het eind der vorige eeuw ingestort, en kort daarna, in 1785, weder opgebouwd. Deze kerk heeft eenen toren, doch geen orgel.

De R. K., van welke men er 240 aantreft, maken, met de overige uit de gem. Schoorl-Groet-Hargen-en-Camp, eene stat. uit, welke tot het aartspr. van *Holland-en-Zeeland*, dek. van *Noord-Holland*, behoort, en ruim 400 zielen, onder welke 260 Communikanten, telt, en door eenen Pastoor bediend wordt. De kerk, aan den H. JOHANNES *den Dooper* toegewijd, heeft geen toren, doch is van een orgel voorzien.

De dorpschool wordt gemiddeld door een getal van 80 leerlingen bezocht.

Voorheen stond onder dit dorp het huis Poelenburg, vroeger Aagdorp en Eechtrop genoemd. — In of nabij dit dorp heeft voorheen ook gestaan een klooster of eene abdij, waarvan nog sporen in den grond voorhanden zijn.

De kermis valt in op H. Drievuldigendag, de beestenmarkt op 10 en 24 November.

SCHOORL is de geboorteplaats van den Latijnsche dichter ADRIANUS SCHOORLIUS, eigenlijk ADRIAAN VAN SCHOORL, wiens verzamelde dichtstukken, in het jaar 1566, te Antwerpen, bij PLANTIJN, zijn uitgegeven, en van den beroemden Schilder JAN VAN SCHOREL, geb. 1 Augustus 1495, † 1 December 1562.

In den harden winter van het jaar 1168 verzamelde Graaf FLORIS III bij dit dorp een leger, om daarmede tegen de Friezen op te trekken, met oogmerk, om die te straffen over hunne geweldenarijen, tegen Alkmaar gepleegd, hetwelk zij driemalen hadden in brand gestoken. Eenige Edellieden van FLORIS III verlieten, tegen 's Graven wil, van een aantal goed gewapende krijgers vergezeld, het legerkamp, om het land te verkennen en plunderden het dorp Schagen; doch, met den buit terug trekkende, werden zij, omtrent Burghorn, overvallen door de Friezen, die zich in de rietbosschen verscholen hadden, en grootendeels afgemaakt.

Toen, in 1422, den Schoorlschen dijk aangelegd werd, moest SCHOORL daartoe honderd man leveren, doch geholpen worden van de omliggende dorpen.

In 1473 waren de eetwaren hier zoo goedkoop, dat men een zak tarwe kocht voor 12 stuivers, een zak rogge voor 8 stuivers, 33 eijeren voor 5 stuivers, 3 kop boter voor 5 stuivers en de rest naar evenredigheid; een landbouwer verdiende 3 groot en een kleedermaker een stuiver daags.

In het jaar 1477 diende dit zelfde dorp tot eene verzamelplaats voor het leger van KAREL *den Stoute*, Hertog *van Bourgondië* en Graaf *van Holland*, om vervolgens op te trekken naar Schagen, om Heer ALBRECHT VAN SCHAGEN gevangen te nemen en voor zijne ongehoorzaamheid te straffen.

Den 6 October 1573 werd SCHOORL door de Spanjaarden verbrand.

In het jaar 1574 werd den onzen berigt, dat de Spanjaarden voor hadden eenen inval in het Noorderkwartier te doen, zonder dat men juist wist wat hun doel was. Eindelijk bleek het echter, want den 27 Mei kwam GILLES VAN BARLAYMONT, met zes duizend man te voet en zeven honderd ruiters, meenende daarmede de schansen te Schoorldam en te Krabbendam onvoorziens in te nemen, en daardoor zich eenen weg te openen naar Noord-Holland, om het platteland af te loopen en aan kolen te leggen. Naar men meent hadden zij heimelijke verstandhouding met onderscheidene ingezetenen, van welke zekere PIETER VAN HOEF of VAN HOEF, destijds binnen Hoorn wonende, het hoofd en de voornaamste aanlegger was, en het gerucht liep, dat hij wel vier honderd medepligtigen had. Deze zouden, zoodra de vijand aankwam, den brand hier en daar in de dorpen steken en daardoor de landlieden uit de schansen huiswaarts trekken, opdat men minder wederstand vinden en die alzoo te gemakkelijker innemen mogt, terwijl zij, om door den vijand onderkend te worden, roode zijden banden zouden dragen. Maar de Gouverneur van het Noorderkwartier DIEDRIK SONNOY, waarschuwde het rondom gelegen krijgsvolk, dat zij goed wacht zouden houden, en wel op hare hoede zijn en deed de gezegde schansen met meer volk bezetten. De vijand kwam ter bestemde tijd en stak den Schoorler molen in brand, hetwelk, naar men meent, het sein wezen moest, waarop de verraders hun werk zouden beginnen. Maar uithoofde van het naauwe toezigt, door SONNOY overal gehouden, dorst niemand iets te ondernemen, waarop de vijand wel begreep dat de toeleg ontdekt was, en weder aftrok zonder iets verder uit te rigten.

Bij het gevecht, dat den 19 September 1799 tusschen de Anglo-Russen en Gallo-Bataven in deze streken geleverd werd, verloren zes en dertig menschen van dit dorp het leven.

SCHOORLDAM, b., gedeeltelijk in het balj. van *Brederode*, gedeeltelijk in *Geestmer-Ambacht*, prov. *Noord-Holland*, arr. en 1½ u. N. O. van *Alkmaar*, gedeeltelijk kant. *Alkmaar*, gem. *Schoorl-Groet-Harger-en-Camp*, ½ u. N. O. van *Schoorl*, gedeeltelijk kant. en 2½ u. Z. van *Schagen*, gem. en ½ u. Z. W. van *Warmenhuizen*; met 32 h. en 230 inw., van welke 6 h. en 50 inw., onder *Schoorl* en 26 h. en 180 inw., onder *Warmenhuizen*.

Deze buurt is zeer aangenaam gelegen aan het Noordhollandsche-kanaal, welke haar doorloopt, zoo dat het oostelijk deel van *Warmenhuizen* en het westelijk deel aan *Schoorl* behoort, terwijl er eene vlotbrug over dat kanaal ligt. Het draagt den naam naar den dam, die hier aan den Rekerdijk, door de vaart van Zijpe naar Alkmaar, nu het Groot-Noordhollandsche-kanaal, gelegd werd.

In 1570 werd hier een verlaat gelegd in den Rekerdijk. In 1573 liet DIEDERIK VAN SONNOY, zoo hier als te Krabbendam, eene schans maken, waarop de Spanjaarden, twee jaren later, eenen vergeefschen aanslag maakten.

Bewesten Schoorldam wijst men op een hoog stuk land de plaats aan, waar het Tolhuis van Vroonen zoude gestaan hebben, aan de vaart van Vroonen naar Petten. In 1531 is de nieuwe vaart van Alkmaar naar Schoorldam gegraven, om die met de vaart op Petten te vereenigen. — Men heeft hier mede eene school, welke gemiddeld door een getal van 50 leerlingen bezocht wordt.

In 1573 werd hier eene schans opgeworpen. Zie het volgende artikel.

SCHOORLDAMMER-SCHANS, schans in het balj. van *Brederode*, prov. *Noord-Holland*, gem. *Schoorl-Groet-Hargen-en-Camp*, te Schoorldam. — Deze schans werd in het jaar 1573 door Sonnoy tegen de Spanjaarden opgeworpen.

SCHOORL-EN-CAMP, heerl. in het balj. van *Brederode*, prov. *Noord-Holland*, arr. en kant. *Alkmaar*, gem. *Schoorl-Groet-Hargen-en-Camp*; palende N. aan de heerl. Hargen en Groet, O. aan de Oude-Hondsbosscher-vaart, die haar van Warmenhuizen en Koedijk scheidt, Z. aan Bergen, W. aan de Noordzee.

Deze heerl. bevat het d. Schoorl, benevens het voorm. d. thans geh. Camp. De inw., vinden meest in den landbouw en veeteelt hun bestaan.

De Herv., die er zijn, behooren tot de gem. *Schoorl-Groet-en-Camp*. — De R. K., welke men er telt, worden tot de stat. van *Schoorl* gerekend. — Men heeft in deze heerl. eene school te Schoorl.

De heerl. Schoorl-en-Camp werd in het jaar 1722, bij resolutie van de Staten van Holland, voor 13,000 guld. verkocht aan Jonkheer Abraham van Egmond van der Nijenburg, en werd, in het midden der vorige eeuw, bezeten, door Mr. Cornelis van Foreest, in wiens geslacht zij tot nu toe gebleven is, zijnde daarvan thans eigenaresse, Mevrouw J. P. van der Palm, douairière Jonkheer Mr. Dirk van Foreest, woonachtig te Heilo.

Het wapen dezer heerl. bestaat uit eenen leeuw van keel.

SCHOORL-EN-GROET, heemraadschap, prov. *Noord-Holland*, arr. en kant. *Alkmaar*, gem. *Schoorl-Groet-Hargen-en-Camp*; palende N. aan de Zijpe, N. O. en O. aan den Hamme-dijk, Z. aan den Ouden-Burger-polder, Z. W. aan de Duinen, W. aan de Hargerban.

Dit heemraadschap bevat de polders: Aagdorp, Grootdam, Groet en Hargen, en beslaat, volgens het kadaster, eene oppervlakte van 1292 bund., en wordt door 4 sluizen, op het Schermerboezem-water, van het overtollige water ontlast. Het bestuur bestaat uit eenen Dijkgraaf en zes Heemraden.

SCHOORL-GROET-EN-CAMP, kerk. gem., prov. *Noord-Holland*, klass. van *Alkmaar*, ring van *Scharwoude*.

Men heeft in deze gem. twee kerken, als éene te Schoorl en éene te Groet en telt er 680 zielen, onder welke 300 Ledematen.

SCHOORL-GROET-HARGEN-EN-CAMP, gem., gedeeltelijk in het balj. van *Brederode*, gedeeltelijk in *Kennemerland*, prov. *Noord-Holland*, arr. en kant. *Alkmaar*; palende N. aan de gem. Zijpe, O. aan Warmenhuizen, Z. aan Bergen, W. aan de Noordzee.

Deze gem. bevat de d. Schoorl en Groet, benevens de b. Hargen en het geh. Camp. Zij beslaat, volgens het kadaster, eene oppervlakte van 3014 bund. 31 v. r. 6 v. ell., waaronder 2977 bund. 84 v. r. belastbaar land. Men telt er 182 h., bewoond wordende door 214 huisgez., uitmakende eene bevolking van 1070 inw., die meest in melkerij en akkerbouw hun bestaan vinden. Ook heeft men in deze gem. eenen korenmolen. Vroeger bestond er mede een papiermolen, doch deze heeft sedert eenige jaren opgehouden te werken.

Het zoogenaamde schuurzand, zijnde wit, fijn en scherp — geschikt om te schuren, te strooijen, te gebruiken bij het steenzagen, in de glasblazerijen en voor fijn metselwerk — wordt hier uit de duinen gevoerd, en door het geheele land gebruikt. Vroeger gebruikte men ook van dit zand in Engeland; doch sedert de afsluiting van het vasteland, door Keizer NAPOLEON, niet meer.

De Herv., die er 680 in getal zijn, maken de gem. van *Schoorl-Groet-en-Camp* uit. — De R. K., van welke men er 390 aantreft, maken de stat. van *Schoorl* uit. — Men heeft in deze gem. twee scholen, als: eene te Schoorl en eene te Groet, welke gezamenlijk door een getal van 175 leerlingen bezocht worden.

Den 19 September 1799 werden de, in deze gem. staande, voorposten van het Gallo-Bataafsche leger door de Anglo-Russen aangevallen. Ofschoon met veel beleid en dapperheid verdedigd, moesten zij echter door eerstgenoemden, die tegen den hevigen aanval eener zoo groote overmagt niet bestand waren, ontruimd worden.

SCHOORLSCHE-DIJK, dijk in het balj. van *Brederode*, prov. *Noord-Holland*, gem. *Schoorl-Groet-Hargen-en-Camp*. — Deze dijk is in het jaar 1422 aangelegd.

SCHOORLSCHE-DUINEN, duinstreek in het balj. van *Brederode*, prov. *Noord-Holland*, gem. *Schoorl-Groet-Hargen-en-Camp*, zich langs het d. Schoorl uitstrekkende.

Deze duinen worden voor de hoogste en breedste van Holland gehouden.

SCHOORSTRAAT, geh. in de *Meijerij van 's Hertogenbosch*, kw. *Oisterwijk*, prov. *Noord-Braband*, *Tweede* distr., arr. en 3 u. Z.W. van *'s Hertogenbosch*, kant. en 1½ u. N. N. O. van *Tilburg*, gem. en ½ u. N. W. van *Udenhout*.

SCHOOS, ook wel CHOOS, in het Fr. CHOSSE of CHOUSSE en op sommige kaarten CHOUFFE genoemd, geh. in de heerl. *Felts*, grooth. *Luxemburg*, kw., arr. en 2¼ u. N. ten O. van *Luxemburg*, kant. en 1 u. O. ten Z. van *Mersch*, gem. en ¼ u. W. van *Fischbach*; met 36 h. en 120 inw.

SCHOOT, voorm. hooge heerl. in *Rijnland*, prov. *Zuid-Holland*, arr. *Leyden*, kant. *Woubrugge*, gem. *Nieuwkoop-en-Noorden*; palende N. aan de heerl. Nieuwveen, O. aan Zevenhoven, Z. en W. aan Korter-Aar.

Deze heerl. is geheel uitgeveend, zoodat er geen het minste spoor meer van aanwezig is. Het grondgebied, waarop volgens de overlevering deze heerl. is gevestigd geweest, maakt thans een gedeelte van de Nieuwkoopsche droogmakerij uit. In de oude lijst der verpondingen van 1632, stond SCHOOT nog aangeteekend voor 477 morgen 415 roed. (400 bund. 12 v. r. 39 v. ell.) Daarin lag het geh. Schooterdijk, aan den Middenweg. Bij octrooi van 27 October 1708, is de geheele verponding over SCHOOT, bij de Staten van Holland en West-Friesland kwijtgescholden, en deze post geheel en al vernietigd. Op of bij de plaats, waar de heerl. heeft gelegen, is thans eene togtsloot gegraven, welke, even als de brug, die daarover ligt, de naam draagt van Schootsche-togt en Schootsche-brug.

Het hooge en minder regtsgebied over deze heerl. behoorde in het midden der vorige eeuw aan vrouwe ELIZABETH PAUW, douairière van BORTSELAAR LANGERAK enz.

SCHOOT, geh. in de *Meijerij van 's Hertogenbosch*, kw. *Kempenland*, prov. *Noord-Braband*, *Derde* distr., arr., kant. en 1½ u. Z. W. van *Eindhoven*, gem. *Veldhoven-en-Mereveldhoven*, 8 min. W. ten Z. van *Veldhoven*, waartoe het behoort; met 12 h. en 70 inw.

SCHOOT, geh. in de *Meijerij van 's Hertogenbosch*, kw. *Kempenland*, prov. *Noord-Braband*, *Derde* distr., arr., kant. en ½ u. N. W. van *Eindhoven*, gem. en 10 min. N. van *Strijp*.

SCHOOT, geh. in de *Meijerij van 's Hertogenbosch*, kw. *Peelland*, prov. *Noord-Braband*, *Derde* distr., arr. en 4 u. Z. ten O. van *Eindhoven*, kant. en 3½ u. Z. Z. W. van *Asten*, gem. en ½ u. Z. ten W. van *Budel*; met 38 h. en 210 inw. Ook heeft men er eene brouwerij, waar wit bier gebrouwen wordt, dat door de geheele Meijerij vermaard is.

Men onderscheidt het in de b. Groot-Schoot en Klein-Schoot, welke ieder een afzonderlijk gedeelte van dit geh. uitmaken.

SCHOOT (EINDE-), geh. in de *Meijerij van 's Hertogenbosch*, kw. *Peelland*, prov. *Noord-Braband*. Zie Eind.

SCHOOT (GROOT-), b. in de *Meijerij van 's Hertogenbosch*, kw. *Peelland*, prov. *Noord-Braband*, *Derde* distr., arr. en 4 u. Z. ten O. van *Eindhoven*, kant. en 3½ u. Z. Z. W. van *Asten*, gem. en ½ u. Z. ten W. van *Budel* en slechts 10 min. van de Limburgsche grenzen; met 20 h. en 130 inw. — Het is het zuidelijke gedeelte van het geh. *Schoot*.

SCHOOT (KLEIN-), b. in de *Meijerij van 's Hertogenbosch*, kw. *Peelland*, prov. *Noord-Braband*, *Derde* distr., arr. en 4 u. Z. ten O. van *Eindhoven*, kant. en 3½ u. Z. Z. W. van *Asten*, gem. en ½ u. Z. van *Budel*, 5 min. N. ten O. van Groot-Schoot; met 18 h. en 80 inw. — Het is het noordelijke gedeelte van het geh. *Schoot*.

SCHOOT (NIJE- en OLDE-), twee d., prov. *Friesland*, kw. *Zevenwouden*, griet. *Schoterland*. Zie Nieuwe-Schoot en Oude-Schoot.

SCHOOTEIND, b. in de *Meijerij van 's Hertogenbosch*, prov. *Noord-Braband*, *Derde* distr., arr. en 4 u. W. van *Eindhoven*, kant. en 1 u. N. van *Asten*, gem. en 10 min. W. N. W. van *Vlierden*, met 10 h. en 60 inw.

SCHOOTEN, heerl. in het balj. van *Brederode*, prov. *Noord-Holland*, arr. en kant. *Haarlem*, gem. *Schooten-en-Gehuchten*.

Deze heerl. bevat niets dan het geh. Schooten, benevens eenige verstrooid liggende huizen.

De Herv. die hier zijn, behooren tot de gem. *Spaarndam*.

De R. K., welke men er aantreft, werden vroeger tot de stat. van *Velsen* gerekend, doch maken, sedert het jaar 1844, met de overige uit de gem. Schooten-en-Gehuchten en de omliggende woningen eene afzonderlijke stat. uit, welke door eenen Pastoor bediend wordt, 650 zielen, onder welke men ruim 480 Communikanten, telt en eene eigen begraafplaats heeft. De eerste, die in deze stat. als Pastoor gestaan heeft, is geweest Nicolaas van Gastel, die in het jaar 1844 herwaarts kwam en er nog staat.

Men heeft in deze heerl. eene school, welke door een gemiddeld getal van 60 leerlingen bezocht wordt.

Deze heerl. heeft tot in het jaar 1720 onder de Grafelijkheids domeinen behoord, doch werd toen, met *Akendam*, *Haarlemmerleede* en *Hof-Ambacht*, in eenen koop verkocht, aan Paulus Loot, Heer van *Zandvoort*, voor 9600 gulden. Naderhand werd Mr. Paulus Loot, de zoon van den Heer van Zandvoort, hiermede verleid in het jaar 1731, na wiens overlijden op den 31 Augustus des jaars 1745, zijne oudste dochter, Jonkvrouw Margaretha Elizabeth Loot, in het laatstgemelde jaar, met deze ambachtsheerlijkheid verleid is, doch, door de stad Haarlem aangekocht zijnde, wordt de heerl. Schooten nog door deze in eigendom bezeten.

Het d. SCHOOTEN ligt 1 u. N. van de stad Haarlem, ½ u. Z. W. van Sparendam, 1 u. Z. van Velsen, aan den straatweg van Haarlem op Alkmaar.

In dit geh. heeft weleer eene kapel gestaan, welke later tot eene regthuis verbouwd is; terwijl het thans tot een gemeentehuis dient. Dit huis is met een torentje voorzien waarin eene klok hangt. De R. K. kerk, welke men hier aantreft, was vóór 1844 eene bijkerk van de kerk te Velsen en als zoodanig aan den H. BAVO toegewijd. Thans is die bijkerk tot parochiekerk verheven en heeft tot patroon den H. ENGELMUNDUS bekomen.

Ook stond hier vroeger een oud adellijk huis, het Huis-van-Schooten genoemd. Zie het volgende art.

SCHOOTEN (HET HUIS-VAN-), voorm. adell. h. in het balj. van *Brederode*, prov. *Noord-Holland*, arr., kant. en 1 u. N. van *Haarlem*, gem. *Schooten-en-Gehuchten*, in de heerl. *Schooten*.

Dit slot was het stamhuis der Edelen, die den naam van SCHOOTEN voerden. De eerste, dien wij van dat geslacht vermeld vinden, was DIRK VAN SCHOOTEN, Schildknaap, die op het jaar 1163 onder de Hollandsche Edelen voorkomt. Dit aanzienlijke geslacht, van het welk onderscheidene leden gewigtige ambten en posten bekleed hebben, is in het laatst der zestiende eeuw uitgestorven met GERRIT VAN SCHOOTEN, zoon van JAN VAN SCHOOTEN en CORNELIA VAN EGMOND. Het slot of huis moet echter reeds vroeger uit dit geslacht vervreemd zijn, dewijl wij vinden, dat CATHARINA VAN KLEEF het ten jare 1434 bezeten heeft, en het, te gelijk met de heerl. *Sloten*, *Amstelveen* en andere, verkocht heeft aan HENDRIK VAN BORSSELE, Heer *van Veere*, die hiermede den 10 October des zelfden jaars verleid werd.

Dit slot is in den Spaanschen oorlog verwoest. Ter plaatse, waar het gestaan heeft, ziet men thans de hofst. Sparenrijk. Zie dat woord.

SCHOOTEN-EN-GEHUCHTEN, gem., gedeeltelijk in het balj. van *Brederode*, gedeeltelijk in *Kennemerland*, prov. *Noord-Holland*, arr. en kant. *Haarlem* (10 k. d., 5 m. k., 2 s. d.); palende N. aan de gem. Velsen, O. aan Spaarndam en Haarlemmerliede-Noord-Schalkwijk-en-Hof-Ambacht, van welke laatste gem. zij door het Spaarn gescheiden is, Z. aan Haarlem, W. aan Bloemendaal-Aalbertsberg-en-de-Vogelenzang en aan Velsen.

Deze gem. bestaat uit de heerl. Schooten, Zanen, Schootervlieland, Zuid-en-Noord-Akendam, Schooterbosch en Hoogerwoerd. Zij beslaat, volgens het kadaster, eene oppervlakte van 712 bund. 86 v. r. 63 v. ell., waaronder 671 bund. 74 v. r. 57 v. ell. belastbaar land. Men telt er 58 h., bewoond door 76 huisgez., uitmakende eene bevolking van ruim 400 inw., die meest in den landbouw hun bestaan vinden.

De R. K., die er ruim 350 in getal zijn, behoorden vroeger gedeeltelijk tot de stat. van *Haarlem*, gedeeltelijk tot de stat. van *Velsen*, maar maken thans de stat. van Schooten uit.

De Herv., van welke men er ruim 40 telt, worden gedeeltelijk tot de gem. *Haarlem*, gedeeltelijk tot de gem. *Spaarndam* gerekend. — Het tiental Evang. Luth., dat er woont, behoort tot de gem. van *Haarlem*. — Men heeft in deze gem. eene school, welke door een getal van ruim 60 leerlingen bezocht wordt.

In deze gem. ziet men nog de bouwvallen van het Huis-te-Kleef, alsmede de hofsteden Sparenhoven en het Clooster.

SCHOOTERBEEK (DE), water in *Kennemerland*, prov. *Noord-Holland*, arr. en kant. *Haarlem*, gem. *Schooten-en-Gehuchten*.

SCHOOTERBOSCH, heerl. in *Kennemerland*, prov. *Noord-Holland*, arr. en kant. *Haarlem*, gem. *Schooten-en-Gehuchten*; palende N. aan Zanen, O. aan het Spaarne, Z. aan Hoogewoerd, W. aan Bloemendaal.

Deze heerl. bevat niets dan het geh. Schooterbosch, bestaande uit eenige verstrooid liggende huizen. De inw. vinden meest in den landbouw hun bestaan.

De Herv., die er zijn, behooren tot de gem. van *Haarlem*. — De R. K., die men er aantreft, worden tot de stat. van *Schooten* gerekend. — Men heeft in deze gem. geen school, maar de kinderen genieten onderwijs te *Schooten*.

De heerl. SCHOOTERBOSCH werd vroeger bezeten door het geslacht VAN OOSTERWIJK. Naderhand ging zij in andere geslachten over en kwam, door het uitsterven van het geslacht VAN OVERRIJN, hetwelk den naam van SCHOOTERBOSCH aannam, aan de stad Haarlem, die haar nu nog bezit.

Het geh. SCHOOTERBOSCH ligt ½ u. N. van Haarlem, ½ u. Z. van Schooten. — Vroeger stond daarin een slot van dien naam. Zie het volgende art.

SCHOOTERBOSCH, voorm. slot in *Kennemerland*, prov. *Noord-Holland*, arr., kant. en 1½ u. N. van *Haarlem*, gem. *Schooten-en-Gehuchten*, ½ u. Z. van *Schooten*.

Dit slot, met het onderhoorige land, werd, in het jaar 1383, door KOEN VAN OOSTERWIJK, WILLEM KUSSERSOON, leenroerig gemaakt aan de grafelijkheid. Ter plaatse, waar het gestaan heeft, ziet men thans eene boerderij..

SCHOOTERDIJK, voorm. geh. in *Rijnland*, prov. *Zuid-Holland*, gem. *Nieuwkoop-en-Noorden*, in de voorm. heerl. *Schoot*, ter wederzijden van den middenweg, welke deze heerl. doorsneed.

SCHOOTERVEEN, pold. in *Kennemerland*, prov. *Noord-Holland*, arr. en kant. *Haarlem*, gedeeltelijk gem. *Haarlem*, gedeeltelijk gem. *Schooten-en-Gehuchten*.

SCHOOTER-VLIELAND, heerl. in *Kennemerland*, prov. *Noord-Holland*, arr. en kant. *Haarlem*, gem. *Schooten-en-Gehuchten*; palende N. aan Noord-Akendam. O. aan Sparendam, Z. aan Schooten, W. aan Velsen.

Deze heerl. bevat niets dan het geh. Schooter-Vlieland, bestaande in eenige verstrooid liggende huizen.

De Herv., die er zijn, behooren tot de gem. van *Spaarndam*. — De R. K., die men er aantreft, worden tot de stat. van *Velsen* gerekend. — Men heeft in deze heerl. geen school, maar de kinderen genieten onderwijs te *Schooten*.

ALBRECHT VAN ASSENDELFT droeg, in het jaar 1470, de ambachtsheerlijkheid van de buurschap van Vlieland over aan Heer GERRIT VAN BREKERODE, in wiens geslacht zij gebleven is tot het jaar 1640, toen Heer DIRK VAN BREKERODE, zonder mannelijk oir na te laten, overleed, waardoor de ambachtsheerlijkheid verviel. Zij was echter voorheen een onversterfelijk erfleen, doch de leenvolger van GERRIT VAN BREKERODE, de verheffing verzuimd hebbende, kwam in het jaar 1525 met de grafelijkheid overeen, om ze aan te houden als een regtleen. De Staten van Holland en West-Friesland hebben de ambachtsheerlijkheid, in het jaar 1730, uit de grafelijkheidsdomeinen verkocht voor acht honderd en vijftig gulden, aan den Heer FILIPS VAN der Giessen, Representant van Zijne Doorluchtige Hoogheid, als Opper-Directeur van de Oostindische Compagnie der Vereenigde Nederlanden.

Het geh. Schooterevlieland ligt 1½ u. N. van Haarlem, ¾ u. Z. van Velsen, ½ u. W. van Spaarndam, ½ u. N. van Schooten.

SCHOOTER-VLIET (DE), water in *Kennemerland*, prov. *Noord-Holland*, gem. *Schooten-en-Gehuchten*, in de heerl. *Schooten*, uit de *de Delft* voortkomende, en in eene oostelijke strekking naar het *Noorder-Spaarne* loopende, waarin het zich ontlast.

SCHOOTER-WEG (DE), weg in *Kennemerland*, prov. *Noord-Holland*, in eene noordelijke rigting van de stad Haarlem, door de gem. *Schooten-en-Gehuchten*, naar den Slaperdijk loopende.

SCHOOTSCHE-HOEK, op sommige kaarten Schotsche-hoeve gespeld, gedeelte bouwland in de *Meijerij van 's Hertogenbosch*, kw. *Peelland*, prov. *Noord-Braband*, *Tweede* distr., arr. *'s Hertogenbosch*, kant. *Veghel*, gem. *Schijndel*, dat wel eens als geh. voorkomt. De aldaar staande huizen behooren tot het geh. *Keur*.

SCHOOTVAART (DE), vaart in *Rijnland*, prov. *Zuid-Holland*, gem. *Zevenhoven*, van het d. Zevenhoven in eene westelijke rigting naar het Schootwater loopende.

SCHOOTWATER (HET), water in *Rijnland*, prov. *Zuid-Holland*, van het d. Nieuwveen eerst in eene zuidelijke en voorts in eene zuidzuidoostelijke rigting naar *de Aar* loopende.

SCHOPPENSTEDE, geh. in *Twenthe*, prov. *Overijssel*, arr., kant. en 2 u. Z. van *Almelo*, kant., gem. en 5 min. W. van *Delden*; met 12 h. en ongeveer 90 inw.

SCHORE, heerl. op het eil. *Zuid-Beveland*, prov. *Zeeland*, distr., arr. en kant. *Goes*, gem. *Schore-en-Vlake*; palende N. W. en N. O. aan de heerl. Vlake, Z. O. aan de heerl. Kruiningen, Z. W. aan de schorren tegen de Westerschelde.

Deze heerl. bevat het d. Schore, benevens eenige verstrooid liggende huizen. Zij beslaat, volgens het kadaster, eene oppervlakte van 412 bund. 22 v. r. 60 v. ell., waaronder 400 bund. 69 v. r. 85 v. ell. belastbaar land; telt 42 h., bewoond door 60 huisgez., uitmakende eene bevolking van 290 inw., die meest hun bestaan vinden in den landbouw.

De inw., die er allen Herv. zijn, behooren tot de gem. van *Schore-en-Vlake*.

Men heeft in deze gem. eene school, welke door een gemiddeld getal van 60 leerlingen bezocht wordt.

Deze heerl., welke, sedert eenen geruimen tijd, met die van Vlake vereenigd is, werd, in het midden der vorige eeuw, bezeten door Frederik Hendrik Baron van Wassenaer, Heer *van beide de Katwijken en het Zand*. Thans is zij het eigendom van de Heeren Catharinus Forrerbinus Stokmans, te Heinkenszand, de wed. Jacobus Geense, te St. Philipsland, Adriaan Cornelis Rottier, de Erven Johannes Zuidweg en Jan Pieterse Geluk, te Schore, de Erven Matthijs Rottier, te Nisse, Dignus Dominicus te Yerseke, Foort Dominicus en Johannes Lindenbergh, te Wemeldingen, Mr. Martinus Pieter Blaubeen, Mr. Pieter Johannes van Voorst Vader en Jan Dobbelsenoner, te Goes, de Erven Laurens Jan van de Spiegel, te Middelburg, de erven Uitwerf Sterling te Dordrecht en Jacobus Rottier, te Bieselinge.

Het d. Schore of Schoore, ligt 2 u. Z. O. van Goes, ½ u. N. W. van Kruiningen; ½ u. gaans van de Schelde. Men telt er in de kom van het d. 34 h. en 260 inw.

De kerk, werd vóór de Reformatie door het klooster van Jeruzalem vergeven. Men had daarin eene vikarij aan St. Nicolaas altaar. Het is een fraai gebouw met eenen hoogen toren, doch zonder orgel.

Het wapen bestaat uit een veld van sabel, met drie kepers van zilver. In het hoofd een lambel van keel.

SCHORE-EN-VLAKE, gem. op het eil. *Zuid-Beveland*, prov. *Zeeland*, arr. en kant *Goes* (3 k. d., 8. m. k., 3 s. d.); palende W. en N. W. aan de gem. Kapelle-Bieselinge-en-Eversdijk, N. aan Yerseke, O. aan Kruiningen, Z. aan de Hont of Wester-Schelde.

Deze gem. bestaat uit de heerl. Schore en Vlake, en beslaat, volgens het kadaster, eene oppervlakte van 1140 bund. 60 v. r. 86 v. ell., waaronder 1123 bund. 14 v. r. 21 v. ell. belastbaar land; telt 65 h., bewoond door 86 huisgez., uitmakende eene bevolking van 400 inw., die meest hun bestaan vinden in den landbouw.

De inw., die er, op 4 na, allen Herv. zijn, maken eene gem. uit welke tot de klass. van *Goes*, ring van *Kruiningen*, behoort, en te Schore eene kerk heeft. De eerste, die in deze gemeente het leeraarambt heeft waargenomen, is geweest JOHANNES DAMBRINUS (DE JONGE), die in het jaar 1619 herwaarts kwam, en in het jaar 1638 naar elders vertrok of overleed. Onder de Predikanten dezer gemeente is meest vermaard geweest GOSUIN VAN BUITENDIJK, die, om zijne verkleefdheid, aan de gevoelens van PONTIAAN VAN HATTEM, in den jare 1711, eerst door het collegium qualificatum, daarna, door de klass. van Zuid-Beveland, en eindelijk door de zoogenoemde Zeeuwsche Coetus, van zijne dienst is afgezet. Het beroep geschiedt door den kerkeraad, met medestemming van de Ambachtsheeren.

De 4 R. K., die hier wonen, behooren tot de stat. van *Goes*. — Men heeft in deze gem. eene school, in het d. Schore.

Het wapen dezer gemeente is het zelfde als dat van de heerl. SCHORE.

SCHOREL, d. in het balj. van *Brederode*, prov. *Noord-Holland*. Zie SCHOORL.

SCHORIK, verkorte naam van het geh. SCHOORDIJK, in de *Meijerij van 's Hertogenbosch*, prov. *Noord-Braband*. Zie SCHOORDIJK.

SCHORREDIJK (DE), dijk in het eil. *Duiveland*, prov. *Zeeland*, gem. *Oosterland* en *Ouderkerk*.

Deze dijk neemt een begin aan den Middendijk bij het Zwartewiel en loopt in eene noordoostelijke en daarna noordelijke rigting langs het Keeten naar den Oudendijk in Oosterland en tot aan den dijk van Bruinisse en den hoek van Zonneschijn.

SCHORREN (NOORDER-), heerl. in het eil. *Goedereede-en-Overflakkée*, prov. *Zuid-Holland*. Zie NOORDER-SCHORREN.

SCHORREN-VAN-HET-HELLEGAT, schorren in *Staats-Vlaanderen*, prov. *Zeeland*, in het bijna opgedroogde Hellegat (zie dat woord). Eenige dezer schorren, toebehoorende aan ettelijke eigenaren, en voor een gedeelte aan het Rijk en aan de burgerlijke godshuizen van Gent, zijn in het najaar van 1845 en in het voorjaar van 1846, op bekomen octrooi van Z. M. den Koning van 7 Sept. 1843, ingedijkt en tot eenen polder gemaakt, onder den naam van CATHARINA-POLDER, ter eere van de medeeigenares Mejufvrouw CATHARINA CORNELIA SEYDLITZ, jongste dochter van den Heer WILLEM SEYDLITZ, Wethouder der stad Hulst.

Deze polder, liggende gedeeltelijk onder de gemeenten *Axel*, *Boschcapelle* en *Zaamslag*, is schotbaar groot 251 bund. 59 v. r. 46 v. ell. en kadastraal opgemeten op 411 bund. 29 v. r. Hij paalt N. aan het nog onbedijkte gedeelte van het Hellegat, O. aan den pold.

Stoppeldijk en aan den pold. Riet- en Wulfsdijk, Z. aan den pold. Beoosten-en-Bewesten-Blij en aan den pold. Beoosten-Blij-benoorden, en W. aan laatstgenoemden polder en aan den Polder-van-Zaamslag. Over den Catharina-polder is dezer dagen een Dijkgraaf, een Gezworene en een Ontvanger-Griffier benoemd. Daarin staan nog geene gebouwen en bij watert uit door de voormalige inundatiesluis bij Reigersbosch op het onvoltooide zijkanaal van Axel naar Hulst.

SCHORVERT, geh. in de *Meijerij van 's Hertogenbosch*, kw. *Oisterwijk*, prov. *Noord-Braband*, *Tweede* distr., arr., kant. en ½ u. Z. van *'s Hertogenbosch*, gem. en ½ u. Z. W. van *Vught*; met 31 h. en 190 inw.

SCHOT, een der zestien hoeven, welke vroeger het d. IJHORST, prov. *Overijssel*, arr. en kant. *Zwolle*, gem. *Staphorst* uitmaakten.

Deze hoeve, welke 4 u. N. O. van Zwolle, en 40 min. N. O. van Staphorst ligt, was oudtijds het schapenschot van het sticht van *Uckeninge* en daarom ook het CONVENTSCHOT genoemd. Zij bestaat thans nog in hare oorspronkelijke grootte, beslaande eene oppervlakte van 60 bund. en wordt in eigendom bezeten door den Heer W. R. VAN SCHOT, woonachtig te IJhorst.

SCHOT (HET), water in *Dregterland*, onder de *Veenhoop*, prov. *Noord-Holland*.

Het ontstaat een weinig bezuiden de grensscheiding tusschen *Avenhorn* en *Grosthuizen*, en loopt met eene kronkelende oostelijke strekking naar Scharwoude, bezuiden welk d. het in de *Zuiderzee* valt.

SCHOT (HET), ook OSSENSCHOT genoemd, geh. in *Westerwolde*, prov. *Groningen*, arr. en 7 u. Z. van *Winschoten*, kant. en 8 u. Z. ten O. van *Pekel-Aa*, gem. en 3½ u. Z. van *Vlagtwedde*, 20 min. Z. Z. O. van *Ter-Apel*, waartoe het behoort; met 30 inw.

SCHOTDEUREN, herberg in het *Land-van-Arkel*, prov. *Zuid-Holland*, arr., kant. en 1½ u. N. ten O. van *Gorinchem*, gem. *Arkel-en-Rietveld*, ½ u. N. van *Arkel*, aan den straatweg van Gorinchem op Utrecht, in welks nabijheid vroeger een overtoom bestond, om de vaartuigen, welke naar Gorinchem moesten, uit de Zederik in de Schotdeursche-vliet over te brengen. Deze overtoom is echter, na het graven van het Steenenhoeksche-kanaal in het jaar 1818 te niet gegaan.

SCHOTDEURENSTREEK, onbebouide streek lands in *Bemland*, prov. *Utrecht*, arr. en kant. *Amersfoort*, gem. *Bunschoten*; palende N. aan het Heenland, O. aan den Nieuwweg, Z. aan de Togtsloot of grens der gem. Duits, W. aan den Bunschoter straatweg.

Deze streek beslaat eene oppervlakte van 18 bund. 75 v. r. 80 v. ell.

SCHOTDEURSCHE-KADE, weg in het *Land-van-Arkel*, prov. *Zuid-Holland*, in eene westelijke rigting van het geh. Schotdeuren, langs de voorm. Schotdeursche vliet, naar Gorinchem loopende.

SCHOTDEURSCHE-VLIET, voorm. water in het *Land-van-Arkel*, prov. *Zuid-Holland*, welke in eene noordoostelijke strekking, van het huis Schotdeuren, door het geh. de Haar, naar de stad Gorinchem liep. Langs deze vaart kwamen vroeger vele vaartuigen, vooral op de wekelijksche marktdagen, naar en tot binnen Gorinchem. Doch aangezien door het graven van het Steenenhoeksche-kanaal, in het jaar 1818, die Vliet bij de stad afgesneden is, heeft die doorvaart opgehouden en is de Vliet tusschen Schotdeuren en de Haar bijna geheel gedempt.

SCHOTELINGEKERKE, voorm. d. op het eil. *Noord-Beveland*, prov. *Zeeland*. Zie SCHOTELINGEKERKE.

SCHOTELVEN (HET), poel in de heide, in de *Meijerij van 's Hertogenbosch*, kw. *Oisterwijk*, prov. *Noord-Braband*, gem. en 25 min. van *Hilvarenbeek*.

SCHOTENBURG, voorm. adell. h. op de *Over-Veluwe*, prov. *Gelderland*. Zie SCHOUWENBURG.

SCHOTERBROEK, voorm. adell. h. op de *Over-Veluwe*, prov. *Gelderland*, distr. *Veluwe*, kw., arr. en 10 u. N. ten W. van *Arnhem*, kant. en ½ u. Z. ten W. van *Elburg*, gem. *Doornspijk*.

SCHOTERBRUG, geh., prov. *Friesland*, kw. *Zevenwouden*, griet. *Schoterland*, arr., kant. en 1½ u. Z. O. van *Heerenveen*, 10 min. Z. van *Oudeschoot*, waartoe het behoort.

Dit geh. ontleent zijnen naam van eene brug in den straatweg, welke aldaar over de Kuinder ligt. Daarbij lag vroeger de Schoterschans. Zie dat woord.

SCHOTERLAND, griet., prov. *Friesland*, kw. *Zevenwouden* (3 k. d., 10 m. k., 6 s. d.); palende N. aan de griet. Haskerland, Aengwirden en Opsterland, O. aan Stellingwerf-Oosteinde, Z. aan de Kuinder, die haar van Stellingwerf-Oosteinde en Stellingwerf-Westeinde scheidt, Z. W. aan het Tjeukemeer, waardoor zij van Lemsterland gescheiden wordt, W. aan Doniawarstal.

Deze griet., die, van het W. naar het O., 8½ u. lang en, van het N. naar het Z., 1½ u. breed is, bevat, behalve het grootste gedeelte van het vlek Heerenveen, waar het grietenijhuis staat, de volgende elf kerkdorpen: Hornsterzwaag, Schurega, Oudehorn, Nyehorn, Katlijk, Nieuw-Brongerga of de Knijpe, Oudeschoot, Nijeschoot, Rottum, St. Jansga en Delfstrahuizen, en de volgende acht geh., welke vroeger mede dorpen waren: Jubbega, Mildam, de Kleine-Gaast, Rotster-Haule, Rohel of Nijega, Ondega, Schoter-Uiterdijken en het Meer. Zij beslaat, volgens het kadaster, eene oppervlakte van 15,249 bund. 35 v. r. 17 v. ell., waaronder 14,153 bund. 43 v. ell. belastbaar land; men telt er 1525 h., bewoond door 1712 huisgez., uitmakende eene bevolking van 8580 inw., die meest in den landbouw en het turfgraven hun bestaan vinden. In het westelijk gedeelte dezer grietenij vindt men vele lage veen- en hooilanden, doch het oostelijke en grootste gedeelte bestond weleer uit hooge veenen en heidegronden, welke dor en onvruchtbaar waren. Deze dorre en onvruchtbare gronden zijn daar evenwel veel verminderd, zoodat de grietenij SCHOTERLAND thans, meer dan eenige andere streek van Friesland, een uitstekend voorbeeld oplevert, hoe de menschelijke vlijt en arbeid een woest oord in eene schoone en rijkbebouwde landstreek kan herscheppen. Men begon daarmede omstreeks het jaar 1550. Toen kochten de Ridder en Raadsheer PIETER VAN DEKAMA en eenige andere Heeren de uitgestrekte veenen, omstreeks het tegenwoordige vlek Heerenveen, dat hiervan den naam ontleende, ja zelfs zijn ontstaan, welvaart en uitbreiding daaraan verschuldigd is. De zoogenaamde klijn of veenstof werd toen van die landen afgegraven en tot turf gemaakt, waartoe vele menschen naar deze oorden kwamen. Maar om dien turf te vervoeren en in Friesland, Holland en elders te verkoopen, was men genoodzaakt, om die twee lange en regte vaarten te graven, bij den hoek waarvan Heerenveen is gebouwd. Van dit vlek af loopt de eene vaart, de Heeresloot in het Deel en zoo noordwaarts naar Akkrum.

De andere loopt oostwaarts door de Knijpe, langs de grenzen van Aengwirden en Opsterland, tot aan Hornster-zwaag of de zoogenoemde Compagnie. Zij wordt de Compagnonsvaart genoemd en heeft ontelbare zijtakken, opslooten of zoogenoemde wijken, welke bij het turfgraven ontstaan zijn. Daar de grond naar het Oosten steeds hooger wordt, zoo zijn er in deze vaart vier schutsluizen of verlaten aangelegd, om het water op te keeren, en, ten behoeve van de scheepvaart, op eene bepaalde hoogte te houden. Sedert dien tijd zijn die afgeveende of afgegraven landen in vrij goede weiden veranderd, en langs de hoofdvaart geregeld met nette huizen bebouwd.

De Herv., die hier 7550 in getal zijn, onder welke 1650 Ledematen, maken de volgende zes gem. uit: Heerenveen, Oudeschoot-Nijeschoot-Mildam-Rottum-en-Katlijk, Nieuw-Brongersga, gezegd de Knijpe, Hornsterzwaag-Jubbega-en-Schurega, Oude-en-Nijehorn en St. Jansga-en-Delfstrahuizen, welke alle tot de klass. van *Heerenveen*, en, behalve St. Jansga-en-Delstrahuizen, ook tot den ring van *Heerenveen* behooren, wordende deze laatste tot den ring van *de Lemmer* gerekend. Men heeft er elf kerken, welke door zes Predikanten bediend worden.

De 5 Evang. Luth., behooren tot de gem. van *Leeuwarden*. — De Doopsgez., die men er telt, maken de gem. van *Heerenveen* en *Boven-Knijpe* uit. — De 420 R. K., die men er aantreft, worden tot de stat. van *Heerenveen* gerekend. — Het dertigtal Israëliten, dat er woont, behoort tot de bijkerk te *Heerenveen*. — Men telt in deze griet. 14 scholen.

Behalve de rivier de Kuinder of Tjonger, welke langs de zuidelijke grenzen vloeit, heeft deze grietenij bijna geene andere vaarten of wateren dan de Compagnonsvaart, welke aan de noordzijde nagenoeg de grens uitmaakt, benevens de zoogenoemde Veenscheiding of vaart van Oudehaske over Rottum naar het Tjeukemeer, dat de westkust dezer grietenij bespoelt, en waaruit twee vaarten naar de Kuinder loopen. Ook heeft zij geen meren dan een derde gedeelte van het Tjeukemeer.

Er loopt in de lengte midden door deze grietenij een hooge zandrug, welke van tijd tot tijd ontgonnen of vruchtbaar gemaakt en met geboomte beplant is, en waarvan een gedeelte thans, onder den naam van het Oranjewoud, als eene der schoonste boschrijke streken van Friesland bekend is.

Langs dezen rug loopt ook door de geheele lengte der grietenij een weg, die door den straatweg, welke dwars door deze grietenij loopt, en door andere wegen van eene gelijke strekking op verschillende plaatsen gesneden of gekruist wordt.

Weleer werd Schoterland, Schoterwerf genoemd, zoo als blijkt uit een verbond, door de bewoners van deze grietenij gemaakt met de Groningers in 1355, behelzende, dat men elkander tegen allerlei buitenlandsch geweld bijstand zoude bieden.

Tijdens de Saksische en Geldersche besturen, toen Leonard, Heer tot Schwartzenberg en Hendrik de Graaf, Erfheer *van Erkelens*, in naam van Karel, Hertog *van Gelder*, Gouverneurs over Friesland waren, was deze grietenij aan of met *Stellingwerf* vereenigd. De ingezetenen van Schoterland en die van *Stellingwerf* hadden van ouds den roem, dat zij zich, zoo in de oorlogen tegen de Bisschoppen van Utrecht, in 1371, als bij andere gelegenheden, manmoedig gedragen en hunne vrijheid voorgestaan en verdedigd hebben, zij bewilligden ook niet dan schoorvoetend in het huldigen van de Saksische en Bourgondische Heeren, uitziende naar gelegenheid, om van die overheersching verlost te worden.

In het jaar 1408 hadden de Friezen van SCHOTERLAND, *Stellingwerf* en *Oostzimgerland* oorlog met FREDERIK VAN BLANKENHEIM, den een en vijftigsten Bisschop van Utrecht, doch deze werd door zoenslieden bijgelegd.

Men wil dat in het jaar 1594 in deze griet. een meer van nagenoeg 36 bunders lands werd droog gemalen, en dat bij deze gelegenheid aldaar penningen zijn gevonden van zeer ouden muntslag en twee witte kannetjes. In het jaar 1618 vond men in dien grond weder eenige muntstukken, tot opschrift hebbende LUDOVICUS, op de keerzijde eenen klimmenden leeuw en een kruis. De overigen waren van de grootte van eenen ouden schelling, en gemunt op last van ARNOLD VAN HOORN, die in het jaar 1371 den negen en veertigste Bisschop van Utrecht werd. Op den laatsten stond aan de eene zijde: ARNOLDUS DEI GRATIA EPISCOPUS TRAJECT. (d. i.: ARNOLDUS, door Gods genade, Bisschop van Utrecht.)

Het westelijke gedeelte dezer grietenij werd in Februarij 1825 zoo geweldig geteisterd door den watervloed, dat men in de dorpen aan of nabij het Tjeukemeer gelegen eene geheele vernieling en eenen volkomen endergang te gemoet zag. De dorpen, die in den meest beklagenswaardigen toestand verkeerden, waren Delfstrahuizen en St. Jansga. Veertien boeren verloren hier twee honderd zes en zeventig stuks hoornvee. Vele boeren-achterhuizen gingen geheel te niet, en in laatstgenoemde plaats alleen werden wel zestig mindere woningen onbruikbaar. Het water steeg hier tot 2.35 ell.; allen moesten vlugten, sommige naar de kerk, andere naar het naburige vlek Joure, en zelfs vond men er wel honderd in een schip bijeengeschoold, die daarin onderscheidene dagen doorbragten. Twee mannen, den 7 Februarij hier door varende en nasporing doende, of er zich nog menschen in de overstroomde huizen bevonden, hooren op hun geroep, uit de kap van eenen watermolen, onder Delfstrahuizen, eene flaauwe stem antwoorden, en vinden er, ingeklommen zijnde, man, vrouw, kind en eene hoogbejaarde moeder in den bittersten nood. Zij hadden al dien tijd geleefd van raauw meel, aangemengd met het zilt water dat den molen omspoelde, sneeuw van het dak was hun drank geweest, en eene uije, onder den neus gehouden, moest van tijd tot tijd de sluimerende geesten opwekken. De overige dorpen hier omtrent deelden, naar mate van hunne meer of min lage ligging, natuurlijk in de ramp. In de geheele grietenij waren daarbij 241 koeijen, 37 vaarsen, 72 hokkelingen, 3 kalveren, 7 paarden, 17 varkens, 125 schapen en 4 geiten verdronken; terwijl tevens 27 bijenkorven verloren gingen.

Het wapen van SCHOTERLAND is een veld van azuur met eene lelie van zilver, verzeld in de bovenhoeken van eene ster en in de benedenhoeken regts van een rad en links van een zwaard, alles van goud.

SCHOTERSCHANS, voorm. schans, prov. *Friesland*, kw. *Zevenwouden*, griet. *Schoterland*, ¼ u. Z. van *Oudeschoot*, nabij de *Schoterbrug*, nevens den straatweg en aan de Kuinder. — Er zijn thans nog eenige sporen van over.

SCHOTER-UITERDIJKEN, streek lands, prov. *Friesland*, kw. *Zevenwouden*, griet. *Schoterland*, tot het dorp *Delfstrahuizen* behoorende.

Het is eene smalle strook lands, die zich langs de Kuinder zuidwestwaarts, tusschen die rivier en den Echterdijk, tot aan de

Oude Scholerzijl, tusschen Lemsterland en Stellingwerf-Westeinde, uitstrekt. Weleer lag hier het voorm. d. Oudega. Zie dat woord.

SCHOTERWERF, oude naam van de griet. Schoterland, prov. *Friesland*, kw. *Zevenwouden*. Zie Schoterland.

SCHOTERWOUD, algemeene naam der bosschen van *Scholerland*, prov. *Friesland*, bij Oranjewoud.

SCHOTERZIJL (DE), doorgaans de Oude-Schoterzijl genoemd, sluis, prov. *Friesland*, op de grenzen van de grietenijen Schoterland en Zevenwouden in den Kuinderdijk, 1 u. W. van Spanga. Een groot gedeelte der Zevenwouden wordt daardoor van zijn overtollig water ontlast. Dit kan ook zeer gemakkelijk geschieden, dewijl de Kuinder van daar naar Slijkenburg stroomt, zich aldaar met de Linde vereenigt, en vervolgens bij het vlek of stadje Kuinre in zee valt. Deze zijl wordt nu op kosten van het Rijk onderhouden. Het peilmerk ligt 3,333 ell. boven A. P.

In de nabijheid van deze sluis viel in het jaar 1398 een hevig gevecht tusschen de Friezen en Hollanders voor, in hetwelk de eerstgenoemde de nederlaag bekwamen, en waarbij, onder anderen Juw Juwinga, de elfde Potestaat van Friesland, sneuvelde.

Ten westen van deze zijl is in den jare 1703 een stuk of hoek lands buiten gedijkt, hetwelk tegenwoordig verlaten land is zijnde een gedeelte van het zoogenaamd Oosterzeesch veld, hetgeen ten Zuidoosten door de Werst, de scheiding tusschen Friesland en Overijssel, bepaald wordt.

SCHOTHORST, landg. in *Eemland*, prov. *Utrecht*, arr., kant. en ¼ u. N. van *Amersfoort*, gem. *Hoogland*, 5 min. ten O. van *den Ham*.

Dit landg. beslaande met de daartoe behoorende gronden, eene oppervlakte van 3 bund. 95 v. r. 4 v. ell., wordt thans in eigendom beseten door den Heer P. Craeybeckx, woonachtig te Amsterdam.

SCHOTKAMPSWIJK (DE), waterleiding in *Zalland*, prov. *Overijssel*, gem. *Ommen*, die in eene noordoostelijke rigting van het huis de Pol naar de Reest loopt en dat riviertje met de Dedemsvaart in verbinding stelt; terwijl het zoo aan de Reest als aan de Dedemsvaart door eene sluis is afgesloten.

SCHOTLING-EE, voorm. water, prov. *Zeeland*, hetwelk Kampen van Wissekerke scheidde, en waarvan nog eene sprank in den Geersdijksche-polder en den Toren-polder, op het eil. *Noord-Beveland*, aanwezig is.

SCHOTLINGE-KERKE of Schotlinge-kerke, ook Sortelinxkerke of Sortelingskerke, voorm. d. op het eil. *Noord-Beveland*, prov. *Zeeland*.

Dit d. lag bewesten Wijtvliet, Z. van Wissekerke, en is in het jaar 1208 onder geloopen. Later is echter een gedeelte herdijkt onder den naam van Soelekerke-polder. Zie dat woord.

SCHOTSCHE-HEUVEL (DE), geh. in de *Meijerij van 's Hertogenbosch*, kw. *Maasland*, prov. *Noord-Braband*, *Eerste* distr. arr. en 2 u. O. N. O. van *'s Hertogenbosch*, kant. en 1¼ u. W. Z. W. van *Oss*, gem. *Nuland*.

SCHOTSCHE-HOEVEN, naam, onder welken de Schootsche-hoek in de *Meijerij van 's Hertogenbosch*, kw. *Peelland*, prov. *Noord-Braband*, op sommige kaarten voorkomt. Zie Schootsche-hoek.

SCHOTSMAN (DE), ondervloeijende zandplaat in de prov. *Zeeland*, in het *Veersche-gat*, O. van het d. *Vrouwen-polder*. Zie verder Veersche-gat.

SCHOTTERSHUIZEN, geh. in *Dieverder-dingspil*, prov. *Drenthe*; arr. en 8 u. Z. ten W. van *Assen*, jud. en adm. kant. en 2 u. Z. W.

van *Hoogeveen*, gem. *Zuidwolde*, 1½ u. Z. van *Kerkenbosch* het middelpunt der gem.; met 20 h. en 125 inw.

SCHOTVERENBOSCH (HET) of SCHOLVERENBOSCH, bosch in het graafs. *Strijen*, prov. *Noord-Braband*, gem. *Oosterhout*. Het maakt een gedeelte van het *Bosch-van-Strijen* uit.

SCHOUDE of SCHOUWE, naam, onder welken, naar men wil, de riv. de Schelde, in zeer oude tijden bekend was. Zie SCHELDE (DE).

SCHOUDEE, voorm. amb. en d. in het verdronken *Zuid-Beveland*, prov. *Zeeland*. Zie SCOUDEE.

SCHOUTEKAAP, houten kaap aan de *Noordzee*, op de Zeeduinen in de gem. *den-Helder-en-Huisduinen*, nabij en O. N. O. van het fort Kijkduin.

SCHOUTEN-POLDER, pold. in *Rijnland*, prov. *Zuid-Holland*, arr. *Leyden*, kant. *Woubrugge*, gem. *Ter-Aar*; palende N. aan de Schoutevaart, welke hem van den Korter-Aar-polder scheidt, O. aan Schoot, Z. aan de Vrijehoef, W. aan de Aar.

SCHOUTENRUG, duinheuvel of hoogte in het voorm. *Buitenveld* of *Koegras*, prov. *Noord-Holland*, gem. *den Helder-en-Huisduinen*, ¾ u. Z. O. van den Helder, nabij het fort Admiraal-Dirksz.

SCHOUTEN-VAART, water in *Rijnland*, prov. *Zuid-Holland*, dat, uit de veenen voortkomende, met eene zuidwestelijke rigting de gem. Ter-Aar doorloopt en zich door een verlaat in de Aar ontlast.

SCHOUW (HET), geh. in de *Meijerij van 's Hertogenbosch*, kw. *Peelland*, prov. *Noord-Braband*, *Derde* distr., arr. en 4 u. N. O. van *Eindhoven*, kant. en 2 u. N. ten W. van *Asten*, gedeeltelijk gem. *Bakel-en-Milheze*, gedeeltelijk gem. *Deurne-en-Liessel*, ½ u. Z. W. van Bakel, 1 u. N. W. van Deurne, aan de Bakelsche-Aa; met 7 h. en 40 inw., als 4 h. en 25 inw. onder *Bakel*, en 3 h. en 15 inw. onder *Deurne*.

SCHOUW (HET) of BROEKER-SCHOUW, b. in *Waterland*, prov. *Noord-Holland*, arr. en 5 u. Z. ten W. van *Hoorn*, kant. en 2 u. Z. ten W. van *Edam*, gem. *Broek-in-Waterland-Zuiderwoude-en-Uitdam*, ¾ u. W. ten Z. van *Broek-in-Waterland*, ½ u. N. ten O. van Buiksloot. Met het tolgaardershuis telt men er 3 h. met 15 inw. Men heeft er eene tol, alleen voor rijtuigen, en eene brug over de Broekervaart, welke zich hier met het kanaal vereenigt. Vóór dat het kanaal gegraven is, waarmede men in 1816 begon, was hier eene schouw over de trekvaart van Purmerende naar Amsterdam, waarvan deze b. haren naam ontleende; daarna kwam er eene vlotbrug, die weggebroken is, toen de rijweg van de westzijde naar de oostzijde van het kanaal verlegd is. Thans is er nog eene overhaal voor voetgangers.

SCHOUW (HET HAAGSCHE-), voorm. schouw of overvaart over den Rijn, in *Rijnland*, prov. *Zuid-Holland*. Zie DUIVENBRUGSCHE-BRUG.

SCHOUW (DE NIEUWE-), voorm. pontveer, prov. *Friesland*, kw. *Zevenwouden*, griet. *Utingeradeel*. Zie NIEUWESCHOUW. (DE)

SCHOUW (DE OUDE-), overzetveer, prov. *Friesland*, kw. *Zevenwouden*, griet. *Haskerland*. Zie OUDESCHOUW.

SCHOUWBROEK, onbehuisde pold. in *Kennemerland*, prov. *Noord-Holland*, arr. en kant. *Haarlem*, gem. *Heemstede*; palende N. aan den weg, O. aan het Spaarne, Z. en W. aan de Zandvaart.

Deze pold., welke in het jaar 1625 bedijkt is, beslaat, volgens het kadaster, eene oppervlakte van 115 bund. 51 v. r. 32 v. ell. alles schotbaar land; en wordt door eenen windmolen, op het Spaarne, van het overtollige water ontlast. Het land ligt A. P. Het polderbestuur bestaat uit den Burgemeester der gemeente en vier Poldermeesters.

SCHOUWBROEK of Schouwenbroek, geh. in de *Meijerij van 's Hertogenbosch*, kw. *Peelland*, prov. *Noord-Braband*, *Derde* distr., arr., kant. en ½ u. W. ten N. van *Eindhoven*, gem. en 5 min. O. Z. O. van *Strijp*; nabij de Gender.

SCHOUWBRUGGE, naam, welken vroeger de dorpelingen gemeenlijk gaven aan de brug, welke te Leyderdorp over den Rijn ligt, uithoofde van de schouw, welke hier in het jaar 1664 door die brug vervangen is.

SCHOUWEILER of Schuweiler, d. in het baljuws. van *Luxemburg*, regtsgeb. van *Küntsig*, grooth. *Luxemburg*, kw., arr. en 2½ u. Z. W. van *Luxemburg*, kant. en ¼ u. Z. Z. W. van *Capellen*, gem. en ¼ u. Z. W. van *Dippach*. Men telt er 57 h. met 350 inw.

De inw., die allen R. K. zijn, hebben hier eene kerk aan den H. Simon toegewijd, welke tot de par. van *Sprinkingen*, apost. vic. van *Luxemburg*, dek. van *Bettemburg*, behoort, en door den Pastoor van *Sprinkingen* bediend wordt.

SCHOUWEN, in de wandeling veelal het Land-van-Zierikzee, genaamd, eil., prov. *Zeeland*, thans het noordelijkste der Zeeuwsche eilanden. Ten Z. wordt het bespoeld door de Ooster-Schelde, die het van het eil. Noord-Beveland scheidt, ten W. door de Noordzee, ten N. door het Brouwershavensche-zeegat en de Grevelingen, door welke het van het eil. Goedereede-en-Overflakkee gescheiden wordt. Ten O. wordt het gedeeltelijk van Duiveland gescheiden, door het Dijkwater, gedeeltelijk door de Nieuwe-haven van Zierikzee, ofschoon men den pold. Zuidhoek, die onmiddellijk met laatstgenoemde eil. verbonden is, ook tot het eil. Schouwen rekent.

Het geheele eiland, doorgaans het Land-van-Schouwen genaamd, voert dezen naam van het alleroudste en uitgestrektste deel, hetwelk nog heden, in onderscheiding van de later aangedijkte polders, in het bijzonder Schouwen, het Land-van-Schouwen, en de Polder-van-Schouwen wordt genoemd en van waar men ook doorgaans zegt Schouwen-met-de-annexe-polders. Deze naam heeft zijnen oorsprong waarschijnlijk van de rivier de Schelde, welke dit, benevens de andere, oostwaarts gelegene, eilanden van de eilanden Beneden-Schelde afscheidt, ten minste de tweeklank *ou* of *au* werd [illegible] veel met *al* verwisseld en Schouwen heet in het Latijn [illegible], gelijk de Schelde oudtijds ook den naam van Scoude droeg. Het oude en eigenlijke Schouwen in het bijzonder zoo genaamd, is zekerlijk een der oudste eilanden van Zeeland. Volgens het geen men [illegible] vindt aangeteekend is het reeds in den jare 838 een bewoond eiland geweest. Wanneer en door wien het eerst bevolkt zij, kan [illegible] weinig zekerheid gezegd worden.

De gedaante van dit eiland is langwerpig. Aan de zuidzijde heeft [illegible] grooten boezem, de Bogt-van-Schouwen genaamd, [illegible] ieder einde veel breeder is dan het midden. Zijne lengte [illegible] het Oosten tot het Westen weinig minder dan 4½ uur gaans. [illegible], van het Zuiden naar het Noorden, is zeer verschillende, [illegible] van ruim één tot bijna 2½ uur. Aan de west- en gedeeltelijk [illegible] noordzijde, wordt het door aanzienlijke duinen tegen de zeegolven [illegible] beveiligd, en voorts met dijken voor overstroomingen gedekt.

In de duinen houden zich duizenden van konijnen op, wier vleesch en [illegible] handel der duinmeijers is. Het strand van de duinen, zich uitstrekkende van den zuidwesthoek des eilands de Zuidduinen genaamd, [illegible] en vervolgens oostwaarts op, tot aan den Repart, is lang omtrent drie en een half uur gaans. De grootste breedte der duinen van het dorp Haamstede tot aan het strand is niet veel meer dan een half uur, en naarmate men verder zuid-, noord- of oostwaarts komt, worden zij allengs smaller, tot dat zij weder te niet loopen en met de dijken vereenigd worden. Voormaals zijn de duinen veel breeder geweest en hebben verder zeewaarts in gelegen, maar het afnemen der stranden en het overwaaijen van het duinzand, heeft ze dermate ingekort, dat onderscheidene hofsteden en landen, niet alleen overzand, maar zelfs ver in zee verdronken liggen. Het verstuiven der duinen houdt van tijd tot tijd aan, onaangezien men zulks, met het stellen van rietschuttingen en het planten van helmpooten, zorgvuldig tracht te verhoeden. Ten welken einde jaarlijks, omtrent het laatst van October of in het begin van November, eene openbare aanbesteding van de helmpooting, aan den minst aannemende, wordt gedaan.

Langs den duinkant, van Westen-Schouwen tot Renesse, vooral ook onder Haamstede en langs den Hoogen en Lagen-zoom is over eene aanmerkelijke uitgestrektheid, zwaar houtgewas, en er zijn hier zeer aangename oorden.

Op het uiterste punt der duinen, die het eiland Schouwen aan de westzijde omzoomen, vond men lang twee vuurhaarden op het duin geplaatst, in welke, gedurende de wintermaanden, des nachts door het branden van steenkolen, twee kustvuren onderhouden werden. In vroeger tijd, toen de duinen zich nog veel verder in zee uitstrekten, stond aldaar op een der hoogste dier zandheuvels of hillen een steenen vuurtoren. Bij het langzamerhand voortgaande afnemen der duinen vereischte het moeite en kosten, om dit gebouw te behouden; doch dit alles baatte niet, en er bestond gegronde vrees, dat de toren zou nederstorten, zoodat men het voorzigtigst oordeelde, dien af te breken. Meer achterwaarts bouwde men, in plaats daarvan, een houten vuurtoren, die, in het jaar 1744, tot den grond toe afgebrand zijnde, als toen vervangen werd door de vuurhaarden, vuurboeten genoemd (van het boeten of bijstoken des vuurs), welke tot in het jaar 1839 in de lange winternachten tot verkenning van Schouwen hebben gediend. Behalve dat men, door het afnemen van het strand, deze vuurhaarden reeds meermalen achterwaarts heeft moeten plaatsen, zoo was ook overigens deze wijze van kustverlichting zeer gebrekkig en stond te veel achter bij de voortreffelijke inrigtingen langs onze kusten, b. v. op Terschelling, Westkapelle, Goedereede en elders, dan dat zulks de aandacht der Regering niet zou hebben getrokken, inzonderheid uit hoofde van het hooge belang, hetwelk de zeevaart heeft bij eene juiste verkenning dezer kust, bij het binnenkomen der zeegaten, in dezen omtrek, waarom in het jaar 1840 deze haarden vervangen zijn door eenen kustlichttoren, waarvan wij reeds in ons art. Haamstede eene beschrijving hebben gegeven. In 1846 zijn nog op de duinen geplaatst, aan de Noordkust van het eiland, langs het Brouwershavensche-zeegat, niet ver van Renesse, twee licht-opstanden, tot geleimerken, om dat zeegat aan te doen. Zij staan nagenoeg W. N. W. ¼ W. en O. Z. O. ¼ O. (miswijzend) van elkander. De westelijkste of kleinste is van hout en voorzien met schermen; de andere is een steenen toren, hebbende aan het boveneinde ook schermen. Beiden zullen in den loop van dit jaar (1847) ontstoken worden.

De zeedijken van dit eiland, inzonderheid aan de zuid- en noordzijde van Schouwen, zijn zwaar en vereischen een zeer kostbaar onderhoud. De kramwerken aan deze dijken welke dienen om het wegspoelen van

SCHOUWBROEK of Schouwenbroek, geh. in de *Meijerij*
togenbosch, kw. *Peelland*, prov. *Noord-Braband*, *Derde*
kant. en ½ u. W. ten N. van *Eindhoven*, gem. en 5 mi
van *Strijp*; nabij de Gender.

SCHOUWBRUGGE, naam, welken vroeger de dorpelin
lijk gaven aan de brug, welke te Leyderdorp over den Ri
hoofde van de schouw, welke hier in het jaar 1664 door
vangen is.

SCHOUWEILER of Schuweiler, d. in het baljuws
burg, regtsgeb. van *Küntzig*, grooth. *Luxemburg*, kw.
u. Z. W. van *Luxemburg*, kant. en ½ u. Z. Z. W. van *C*
en ½ u. Z. W. van *Dippach*. Men telt er 57 h. met
De inw., die allen R. K. zijn, hebben hier eene ker
Simon toegewijd, welke tot de par. van *Sprinkingen*, ap
Luxemburg, dek. van *Bettemburg*, behoort, en door de
Sprinkingen bediend wordt.

SCHOUWEN, in de wandeling veelal het Land-van-
naamd, eil., prov. *Zeeland*, thans het noordelijkste
eilanden. Ten Z. wordt het bespoeld door de Ooster-S
van het eil. Noord-Beveland scheidt, ten W. door de
N. door het Brouwershavensche-zeegat en de Grevelinge
het van het eil. Goedereede-en-Overflakkee gescheide
O. wordt het gedeeltelijk van Duiveland gescheiden,
water, gedeeltelijk door de Nieuwe-haven van Zierikzee
den pold. Zuidhoek, die onmiddellijk met laatstgenoe
den is, ook tot het eil. Schouwen rekent.

Het geheele eiland, doorgaans het Land-van-Schouwen
dezen naam van het alleroudste en uitgestrektste de
heden, in onderscheiding van de later aangedijkte
bijzonder Schouwen, het Land-van-Schouw
der-van-Schouwen wordt genoemd en van waar
gaans zegt Schouwen-met-de-annexe-polders. Deze n
oorsprong waarschijnlijk van de rivier de Schelde,
vens de andere, oostwaarts gelegene, eilanden van
westen-Schelde afscheidt, ten minste de tweeklank
oudtijds veel met *al* verwisseld en Schouwen he
Scaldia, gelijk de Schelde oudtijds ook den naam
Het oude en eigenlijke Schouwen in het bijzonder
zekerlijk een der oudste eilanden van Zeeland. Vo
er van vindt aangeteekend is het reeds in den jare
eiland geweest. Wanneer en door wien het eerst
met weinig zekerheid gezegd worden.

De gedaante van dit eiland is langwerpig. Aan
het eenen grooten boezem, de Bogt-van-Sch
waardoor ieder einde veel breeder is dan het mi
is van het Oosten tot het Westen weinig minder
De breedte, van het Zuiden naar het Noorden,
omtrent van ruim één tot bijna 2½ uur. Aan de
aan de noordzijde, wordt het door aanzienlijke dui
ven beveiligd, en voorts met dijken voor overstro

In de duinen houden zich duizenden van konijner
vellen een handel der duinmeijers is. Het strand va
strekkende van den zuidwesthoek des eilands de Zui
eerst noord- en vervolgens oostwaarts op, tot aan

[illegible]

..., welke tot in het jaar 1839 in de ... van Scheveningen hebben gediend. ... van het strand, deze voorbaarden ... moeten plaatsen, zoo was ook ... zeer gebrekkig en stond te veel ach... ... eene kusten, b. v. op Terschel... ...ders, dan dat zulks de aandacht ...zoeken, inzonderheid uit hoofde ... zeevaart heeft bij eene juiste ver... ...men der zeegaten, in deszen om... ...baarden vervangen zijn door eenen ... art. Haamstede eene beschrij... ... op de duinen geplaatst, aan ... Brouwershavensche-zeegat, niet ..., tot geleimerken, om dat zeegat ... N. W. ¼ W. en O. Z. O. ¼ O. ...ijkste of kleinste is van hout en ... steenen toren, hebbende aan ... zullen in den loop van dit jaar

...erheid aan de zuid- en noordzijde ...en een zeer kostbaar onderhoud. ...e dienen om het wegspoelen van

[illegible] ... ook ... wa... ...alle ...age. ...gen, dat ... ver... ...en te ... putten ... paling ... brengt, ... gezien er ... zout, ..., en de ... meest van ... van den ..., te droo...

... laag ge... ...en grond, ... te groeijen, ...men gewassen ... Vlaamsch (120 ...staadje, vooral ...trook lands aan ... twee uren ver uit, door en om de dorpen Renesse, Haamstede, Burgh en Westen-Schouwen, tot aan de zandbergen tegen de zee. Het water van deze aangename landstreek is ook in zoetheid het Hollandsche water gelijk. Zelfs treft men bij Renesse eene altijd wellende bron van levend water aan. De burgers van Zierikzee en Brouwershaven, die in den zomer spelen rijden, gebruiken daarom die streek tot uitspanning en vermaak. In de polders van Dreischor, Zonnemaire en Bommenede, zijn de meeste wegen ook goed beplant; maar Noordgouwe is vooral, wegens de menigte van geboomte en de zoetheid van den grond, terwijl het ook onderscheidene buitenplaatsen bevat, als het lustoord van SCHOUWEN aan te merken en wordt deswege, als ook om de nabijheid, door de ingezetenen van Zierikzee veel bezocht.

In het eil. SCHOUWEN liggen de navolgende heerlijkheden, als: Bommenede, Bloois, Brijdorpe, Burgh, Duivendijke, Elkerzee, Ellemeet, Haamstede, Kerkwerve, Klaaskinderenkerke, Looperskapelle, Nieuwerkerke, Noordwelle, Renesse, Rengerskerke, Serooskerke, Zuidland en Zuidwelle. De drie heerlijkheden Dreischor, Noordgouwe en Zonnemaire, maakten voorheen een eiland op zich zelven uit, onder den naam van Zonnemaire of eigenlijk Sonnemaere, dan door verloop van stroomen aan de westzijde, is dit eil., door lengte van tijd, zoo verre aangewassen, dat het aan het eil. SCHOUWEN gehecht werd, zoo dat het thans daarmede één eil. uitmaakt, zoodanig echter, dat het grondgebied dezer drie heerlijkheden in afzonderlijke polders verdeeld is, geheel afgescheiden en onafhankelijk van den Polder-van-Schouwen.

Het eil. SCHOUWEN bevat alzoo de steden Zierikzee en Brouwershaven en de plattelands gem. Bommenede-en-Bloois, Burgh-en-Westenschouwen, Dreischor, Duivendijke-Klaaskinderenkerke-Brijdorpe-en-Looperskapelle, Elkerzee, Ellemeet, Haamstede, Kerkwerve-Nieuwerkerke-Rengerskerke-en-Zuidland, Noordgouwe, Noordwelle, Renesse, Serooskerke en Zonnemaire.

Met betrekking tot het dijkbestuur van het eigenlijke SCHOUWEN, wordt het eiland verdeeld in vier vierendeelen of kwartieren te weten: het Westervierendeel, waarin de dorpen Burgh, Haamstede, Renesse, Noordwelle, Serooskerke en de geh. Westen-Schouwen en Koudekerke; het Oostervierendeel, bevattende het d. Elkerzee en de geh. en b. Ellemeet, Duivendijke, Klaaskinderenkerke, Brijdorpe, Looperscapelle en den Oudendijk; het Zuidervierendeel, waarin het d. Kerkwerve, het geh. Nieuwerkerke, de b. Rengerskerke en het Poortambacht, bestaande in het ommeland der stad Zierikzee, aldus genoemd om dat de ingezetenen van dat ambacht het poorterregt der stad genoten. In dat kwartier lagen weleer de d. Borrendamme, Weldamme en Zuidkerke en de geh. 's Heer-Arendshaven en Lauwendorp.

Het geheele eil. beslaat eene oppervlakte, volgens het kadaster, van 15,784 bund., waaronder 15,451 bund. 79 v. r. 79 v. ell. schotbaar land. Men telt er 2547 h., bewoond door 3075 huisgez., uitmakende eene bevolking van 15,000 inw., die meest in den landbouw hun bestaan vinden.

Op dit eil. bestaan de navolgende fabrijken en trafijken: twee scheepstimmerwerven; eene zoutkeet; eene zeepziederij; eene bierbrouwerij; eene leerlooijerij; zestien meestoven; eene garancinefabrijk, dienende om de meekrap, nadat zij de gewone bereiding in de meestoven heeft ondergaan, door eene geheime kunstbewerking meer deugdzaam en hooger van kleur te maken; eene callicotfabrijk; vijftien korenmolens; drie grutmolens; een oliemolen, tevens gort pellende, en twee oesterputten.

Men heeft er nog de volgende buitenplaatsen: Buitenlust, Grol, het Slot-te-Haamstede, de Haan, Heesterlust, Kort-Beraad, Kraaijestein, het Slot-Moermont, Mon-Plaisir, Rozegaard, Rustenburg, Weelzigt, Welgelegen en Zorgvliet.

De Herv., die er 12,800 in getal zijn, onder welke 4800 Ledematen, maken de volgende 11 gem. uit: Zierikzee, Brouwershaven, Burgh, Dreischor, Elkerzee, Haamstede, Kerkwerve, Noordgouwe, Renesse-en-Noordwelle, Serooskerke en Zonnemaire, welke 12 kerken tellen en door 14 Predikanten bediend worden.

De Evang. Luth., die men er bijna 200 aantreft, onder welke ruim 100 Ledematen, maken de gem. van *Zierikzee* uit, welke aldaar een kerk heeft.

De R. K., die men er 1900 telt, onder welke 1230 Communikanten, maken de stat. van *Zierikzee* uit, welke aldaar eene kerk heeft.

De 60 Isr., die er wonen, behooren tot de rings. van *Zierikzee*.

Men telt er drie en twintig gewone lagere scholen, welke gemiddeld door een getal van 2100 leerlingen bezocht worden. De beide bewaarscholen, even als de Latijnsche school en andere inrigtingen van onderwijs te Zierikzee, zijn daaronder echter niet begrepen.

Het is bekend, dat het eil. Schouwen aan de noord- en bijzonder aan de zuidzijde, waar het zich in oude tijden tot digt bij Noord-Beveland uitstrekte, wanneer het Oud-Faal, tusschen dat eiland en Orizant, den loop van de Ooster-Schelde uitmaakte, zoo veel gronds verloren heeft, dat er mogelijk niet minder van dat eiland buitengedijkt en in zee verzonken ligt, dan de Polder-van-Schouwen thans nog groot is. Daarenboven is de Polder-van-Schouwen (om nu van onderscheidene overstroomingen van andere polders niet te spreken), meer dan eens, door het doorbreken der dijken geheel van het zeewater overstroomd geweest. Op St. Aagtendag, in het jaar 1288, vloeide Schouwen aan de noordzijde onder, en in het jaar 1530, door twee gaten in den zeedijk, aan de Zuidzijde.

Dit ongeval was het naauwelijks te boven gekomen, wanneer, in het jaar 1532, wederom onderscheiden gaten in den zuiddijk vielen en het land geheel overstroomd werd.

Dat zelfde lot trof het ook in het jaar 1553 en bij den Allerheiligenvloed van het jaar 1570, waarin, behalve veel vee, meer dan 300 menschen jammerlijk in de golven omkwamen.

Vijf jaren na dien tijd werd het, om den Spanjaard te weren, met het doorsteken van den Oostdijk aan het Dijkwater, bij de Leverhuizen der stad Zierikzee, en van den Zuiddijk, bij Borrendamme, onder water gezet, en eerst in den zomer des jaars 1578 wederom beverscht.

In het jaar 1682 ontstond niet alleen eene doorbraak in den Oosthavendijk van Zierikzee, waardoor de Zuidhoek invloeide, maar ook brak de Oostdijk, bij de Leverhuizen, weder door, omtrent ter plaatse, daar die in 't jaar 1575 was doorgestoken geweest.

Dit laatste viel ook voor in den hoogen vloed van 3 Maart 1715, omtrent 113 ell. nader aan de stad, dan de breuke van 1682 was geweest : door welke breuken SCHOUWEN telkens geheel invloeide. In den laatstgemelden vloed van 1715, was het water te Zierikzee ongeveer 4 palm. hooger geweest dan in dien van 1682.

Onder de grootste rampen van SCHOUWEN, zijn vooral te stellen de schrikkelijke val en daarop gevolgde doorbraak van den Zuidhoek, liggende aan de oostzijde der haven van Zierikzee, hetwelk in het jaar 1720 gebeurde. Den 19 October, des namiddags, was, met schoon weder en lage ebbe — bij welke gelegenheid de vallen het meest plaats grijpen, om dat de ondermijnende grond dan zijn steun mist — na eenen sterken storm en hoogen vloed van daags te voren, de dijk beoosten het Sluishoofd weggevallen, ter lengte van tachtig roeden, en van omtrent 115 ell. door de kruin, zoodat er niet meer dan de hoogte van 2.50 ell. boven den binnen berm overbleef. Deze overgeblevene zoom of kant was zoo steil en scherp afgebroken, dat er geen mensch of dier kon overgaan; echter werd hij, buiten alle verwachting, nog tegen den vloed behouden met zeilen, die, tot dat einde door eenige manschappen, met eene boot in zee gestoken, van buiten over de afgekalfde zijde werden overgehaald, en met ankers in de aarde vastgeheid, door eenige mannen, buitenwaarts hangende in een touw, hen onder de armen om het lijf gebonden, hetwelk van anderen aan den binnenkant werd vastgehouden. De overgeblevene kant dijks werdt daarna met aarde verzwaard. Omtrent vijftig duizend gulden, en zeer veel moeite en arbeid, zijn daar toen tot verzekering besteed. Maar naauwelijks was men hier mede zoo ver gevorderd, dat het werk scheen buiten gevaar te zijn, of tusschen 1 en 2 December van het zelfde jaar joeg een vliegende storm, uit het Westen opstekende, het zeewater dermate op, dat er een geweldige doorbraak door veroorzaakt werd, die den Zuidhoek in een oogenblik vervulde, onderscheidene menschen in doodsgevaar bragt en veel vee het leven kostte. Het zeewater stond tot aan de poorten van Zierikzee. De Meel- of Middeldijk van het Zuider-Nieuwland, tegen het water niet bestand, brak op drie plaatsen door, zoodat ook die polder overstroomd werd. De Ruige- of Goude-Veersche-dijk werd ter naauwernood voor eene deorbraak bewaard. In den val van den Zuidhoek, bevond men naderhand een diepte van 11 ell. beneden het oude dijkstaal, ter wijdte van omtrent 150 ell. Om den Zuidhoek en 't Zuider-Nieuwland weder droog te krijgen, werd in 't volgende jaar een nieuwe dijk gelegd, van den hoek van Kaas-en-Brood, tot aan de Kolk. 250,626 gulden, werden daaraan besteed. Sedert zijn de twee dijkhouten van den ouden dijk, van tijd tot tijd, bijna geheel weggevallen, zoodat men genoodzaakt is geworden, om de hoeken te bewaren, en er zeer kostbare zinkwerken te maken. Door deze en dergelijke ongelukken, zoude het Land-van-Schouwen, met de stad Zierikzee, en welligt ook alle de overige polders van dit eiland, reeds lang eene prooi der zee geworden zijn, indien aan den Polder-van-Schouwen, van tijd tot tijd, door de Graven van Zeeland geen vrijheid van schot en bede, en daarna ook geene aanmerkelijke vrijdommen en onderstanden, uit des gemeenen lands inkomsten, door de Staten van Zeeland, waren verleend geworden. Het land is ook gestadig, dermate, aan grond- en dijkbreuken onderworpen, dat het onmogelijk zoude zijn, zonder zulke vrijdommen en onderstanden het lang te kunnen behouden, in dien staat, in welken wij het hier beschouwd hebben.

Bij den storm en watervloed van Januarij 1808 heeft het eiland SCHOUWEN mede veel geleden. Door het eerst overstroomen en vervolgens bezwijken van den Westhaven-dijk der stad Brouwershaven, ter lengte van ruim 80 ell. bij eene diepte van ongeveer 5 ell. beneden de kruin des dijks, werd het zoogenaamd Jongkind-Poldertje geheel door de golven bedekt, zoodat het zeewater, met geweld voortgestuwd, doordrong tot tegen den beer van het Geest-Nieuwland-Poldertje, zijnde een zeer zwak dijkje, dat op zich zelve volstrekt niet geschikt noch bestand is, om de kracht van zoodanig eene hoogte van water af te weren. Deze gebeurtenis scheen, naar alle menschelijke berekening, van de noodlottigste gevolgen te zullen zijn voor geheel Schouwen. Immers, wanneer, gelijk men alle reden had te verwachten, dit geringe dijkje voor den aandrang van het water bezweek, dan kon het niet anders, of geheel het eiland, althans het grootste gedeelte daarvan, dat is, eene uitgestrektheid van ten minste 8500 bund. vruchtbaar land, werd eene prooi der woedende baren en de geheele ondergang van zoo vele opgezetenen voltooid. Dan ook hier weerde het hooge Albestuur, door de dienst van eenen stouten en kloekmoedigen man, wiens naam bij allen, maar bijzonder bij Schouwens in- en opgezetenen, in gezegend aandenken behoort te blijven, het nabij zijnde gevaar gunstig af. Zekere Koenraad Rijsenberg, burger en stalhouder te Zierikzee, bevond zich, juist op het noodlottig tijdstip, te Brouwershaven. Deze, terwijl alle anderen, door schrik bevangen, niet wisten, wat te doen, raadde den President van den Raad, om van alle de daar liggende schepen de noodige zeilen op te eischen, hetgeen terstond werd in het werk gesteld. Hij zelf sleepte, met hulp van eenige andere lieden, eene boot, door de stad, naar het gezegde dijkje; begaf zich, alles gereed zijnde, allereerst moedig daarin, in welk stout bestaan hem nog twee andere personen volgden, en hielp dus, met het grootste gevaar van zijn eigen leven, daar elken oogenblik de verbolgene golven de boot, met de zich daarin bevindende personen, in de zee dreigden te bedelven, met ingespannen krachten en de hoogst mogelijke tegenwoordigheid van geest, het zoo gevaarlijke en, in dit geval, belangrijke dijkje met zeilen beslaan, waardoor het ook dadelijk bestand bleef. Hij verrigtte dus eene even zoo edele als moedige daad, waaraan Schouwen zijn behoud alleen schuldig was. Op dit eiland liepen evenwel de onderscheidene andere polders onder, en in het algemeen hadden de dijken aan de Noordzijde van Schouwen, als ook de paalhoofden en staketwerken op het noorderstrand, voor en ten westen van den Zoutenhaard, zeer veel geleden, terwijl, door het afnemen en wegspoelen van de voetgronden der duinen, het verband der paalwerken daarmede op de meeste plaatsen gebroken was. Op sommige punten spoelde de zee tusschen de eerste en tweede rij der duinheuvels door, en beroofde deze niet weinig aan den voet, zoodat zij, aan die zijde, loodregt afstortten.

Ook bij den watervloed van Februarij 1825 hebben de zeeweringen der polders van het eiland Schouwen zeer veel geleden. De duinvoeten werden van tien tot achtien ellen ingekort. De Westhavendijk van Zierikzee brak door, hetwelk een gedeelte van Schouwen deed ondervloeijen. De nieuw aangelegde buitenzeedijk aan Borrendamme was bijna, over zijne geheele lengte, aan de buitenglooijing, tot in en door de kruin, weggeslagen. Nog braken door: de Groote St. Jacobspolder, bij Brouwershaven. Voorts de polders: de Verbrande-Man, de St. Jacobs- en de Galge-polder, alle drie gelegen aan het Dijkwater. Bij overvloeijing overstroomde de polder Goukens-Nieuwland, in het geheel uitmakende 28½ bund. oppervlakte. Zeer beschadigd waren ook de dijken der polders van Bommenede en

Kijknit; door onvermoeide pogingen werd echter eene doorbraak voorgekomen. De Polder-van-Dreischor en de Nieuwe-polder-van-Dreischor, liepen mede veel gevaar. Ook te Zierikzee steeg de vloed van den 4 Februarij over de stads vloedplanken; doch door dadelijk aangewende voorzorgen, werden aldaar geene onheilen van belang veroorzaakt. Op den Visschersdijk, buiten de Zuidhavenpoort, werden eenige huizen en de straat door de overstorting van het water, aanmerkelijk beschadigd.

Te Brouwershaven brak de Oosthavendijk door. De voortstrooming van het water spoelde de houten beschoeijing, aan de noordzijde van het Spui, weg. Al het land aan den wal en den polder St. Jacobs-Nieuwland waren ondergevloeid; de laatste was echter daardoor niet beschadigd. De Oostmeestoof geraakte tot aan het dak toe vol water, en alleen met de grootste mogelijke inspanning gelukte het nog, 55 vaten bereide meede uit de stoof op den dijk te brengen. De gedroogde meede, en die men bezig was te bereiden kon niet gered worden.

Ook in den winter van 1845—1846 heeft dit eiland door storm en hooge vloeden, vooral aan de Noord- en Westzijden, nog al geleden en was men niet zonder vrees. Bij Brouwershaven vloeiden twee poldertjes in en een onder Renesse bij de oude hoeve.

Mede had en heeft Schouwen veel te lijden van de grondbraken of dijkvallingen. Het gebeurt somtijds, meestal bij schoon en stil weder, dat aanzienlijke stukken van den buiten kant des dijds in de diepte op eenmaal wegzinken, hetwelk dan hersteld wordt door aaneen gevlochten rijs van genoegzame dikte en uitgestrektheid, die met een aanzienlijke hoeveelheid kleigrond worden beladen en alzoo tot winning van eenen nieuwen bodem dienen, te doen zinken. Meermalen heeft zich deze ramp aan de zuidzijde des eilands herhaald; het laatste ongeval van dien aard heeft vóór korten tijd aan de noordzijde des eilands plaats gehad, toen een nieuw aangelegd gedeelte, waarmede men den Noordzeedijk, aan de binnenzijde verzwaard had, door den dreun van den golfslag afzakte. Dit alles veroorzaakte vele kosten en inspanning, maar in dien tijd gelukkig ook veel werk voor de mindere volksklasse.

Schouwen heeft mede niet zelden tot een tooneel des oorlogs verstrekt. Zoo viel Hugo van Voorne, in het jaar 1204, in dat eiland, om er zich van te verzekeren voor Lodewijk Graaf van Loon. Willem I, Graaf *van Holland*, ontvlood ter naauwernood de gevangenis, zich bergende in eene visschersschuit, alwaar hij onder de natte netten verborgen, van zijne vervolgers gezocht, doch niet gevonden werd. Hugo van Voorne gedroeg zich echter zoo slecht in Zeeland, dat hij er weldra door de Zeeuwen uitgedreven werd. De Graaf van Loon kon evenwel niet besluiten, van zijnen eisch op Holland en Zeeland af te zien. Hij trok dus tegen het volgend voorjaar wederom eenige benden te Utrecht bijeen, en bewoog Filips van Namen, om eenen inval in het eiland Schouwen te doen. Graaf Willem hiervan verwittigd, begaf zich, bij tijds, naar Zeeland. Hij kon de landing der Vlamingen niet beletten: doch stelde zich in staat, om hun slag te leveren, indien zij voorttrokken. Onze kronijken melden eenparig, dat er een verdrag getroffen werd, eer men handgemeen raakte; doch alzoo dit verdrag, van welk nog afschriften voorhanden zijn, in het geheel niet voordeelig voor Graaf Willem geweest is, schijnt men veeleer te moeten vermoeden, dat hij door eenig aanmerkelijk geleden nadeel, hetzij in Zeeland of in Holland, tot het verdrag gedwongen geworden is. De Vlaamsche kronijken geven hier omtrent ook geen licht. Zij gewagen alleen van eene voorgenomen belegering van Zierikzee door de Vlamingen. Misschien heeft men Graaf WILLEM, in die stad, weten te benaauwen en tot het aangaan van een schadelijk verdrag te noodzaken. Wat er van zij, het verdrag is in wezen en op den feestdag van ST. DONAAS, in October des jaars 1206, te Brugge in de proostdij geteekend.

Bij den opstand van de Zeeuwsche Edelen tegen JAN II, Graaf van *Holland*, maakte JAN VAN RENESSE zich meester van geheel SCHOUWEN, uitgezonderd Zierikzee. De Graaf ontbood hierop eene vloot uit Holland, die, onder geleide van den Heere VAN REIMERSWAALE en van GUY VAN HENEGOUWEN, in Walcheren landen moest. Doch eene schielijke donderbui verstrooide de vloot, die den misnoegden Zeeuwen, gedeeltelijk in handen viel. GUY zelf werd, bij deze gelegenheid, gevangen genomen; doch kort daarna uitgewisseld tegen de zonen van Heer WOLFERT VAN BORSSELE, die Graaf JAN, van wege den Koning van Frankrijk, eenigen tijd in hechtenis gehouden had.

's Konings krijgsvolk, dat voor Zierikzee gelegen had, was bij het overgaan dier stad, in 1576, wel twee en twintig maanden soldij ten achteren en men had hun voldoening beloofd, na dat de stad bemagtigd zijn zou. Doch de honderd duizend gulden, door de burgerij opgebragt, waren niet toereikend. De Spanjaarden, in SCHOUWEN liggende, sloegen aan het muiten, roepende, om volle betaling en dreigende het land in vuur en vlam te zullen zetten: waarvan zij den 13 Julij een staal toonden aan het dorp Nieuwerkerk, hun voorbeeld werd gevolgd, door de Waalsche bezetting van Zierikzee, die MONDRAGON niet tot stilstand wist te brengen. De Spanjaarden, eindelijk het platteland kaal gestroopt hebbende, verlieten SCHOUWEN en begaven zich naar Braband. Nog in het zelfde jaar werd dit eiland door den Prins van Oranje bezet en is sedert in zijne magt gebleven.

De geest van oproerigheid, welke in volgende tijden in Zeeland zich allergeweldigst vertoonde, begon in het jaar 1787 reeds het hoofd op te steken in het eiland SCHOUWEN. In November hadden eenige boeren uit dat eiland, met oranje versierd, zich in Zierikzee vertoond. Op het gezigt van den Baljuw met zijne dienaars hadden zij zich nogthans van dien tooi ontdaan. Dan eenige uren later schoolde een aantal, door den drank verhit, zamen, en toonde alle teekens van een aangroeijend misnoegen. De Schout, hulp der bezetting verzocht hebbende, om twee boeren te vatten, werd zelf op den grond geworpen, onder het zeggen, dat men geene militairen tegen burgers mogt gebruiken; dat dit den Prins in het geval van Hattem en Elburg tot eene misdaad was gerekend. Welhaast echter kwam er hulp, en twee der oproerigen werden gevat. Verre dat dit doortasten het vuur dempte, stookte het dit nog meer aan. Men kreeg berigt, dat eene bende van drie honderd boeren naar de stad optrok, om hunne medeburgers te verlossen en het dragen van zwarten cocardes te doen verbieden. Groot was de onrust in de stad op deze tijding. Zich niet sterk genoeg oordeelende, om met de schutterij, het genootschap en de krijgsbezetting dien hoop te verdrijven, verzocht men krijgsvolk van Gecommitteerde Raden ter hulp. Echter bleek bij de uitkomst, dat de vrees het gevaar vergroot had, alzoo, zonder deze hulp, de oproerige bewegingen gestild werden.

De gesteldheid des lands en zijne gedurige worstelingen met de zee, in wier midden het moet staande gehouden worden, schijnt de inwoners weleer bewogen te hebben, om tot wapen te nemen eenen meerman en eene meermin van natuurlijke kleur, dobberende op eene zee, voorgesteld door zes golvende fascen, afwisselend van azuur en zilver, alles op een goud schild, zoo als het thans nog gevoerd wordt.

SCHOUWEN, geh. in *Hunsingo*, prov. *Groningen*, arr. en 7 u. W. van *Appingedam*, kant. en 3 u. W. van *Onderdendam*, gem. en ¾ u. Z. O. van *Leens*, ¼ u. Z. O. van *Warfhuizen*; op eene wierde ten zuiden van welke eene vruchtbare polder (zie Schouwenster-polder). Men telt er 5 h. en 30 inw.

SCHOUWEN (DE DRIE), buit. in de bar. van *Breda*, prov. *Noord-Braband*. Zie Drie-Schouwen.

SCHOUWEN (GROOTE-POLDER-VAN-), pold. in het eil. *Schouwen*, prov. *Zeeland*, distr. en arr. *Zierikzee*, gedeeltelijk kant. *Zierikzee*, gedeeltelijk kant. *Brouwershaven*.

In dezen pold. liggen geheel de gem. Burgh-en-Westen-Schouwen, Duivendijke-Klaas-Kinderenkerke-Brijdorpe-en-Loopers-kapelle, Elkerzee, Ellemeet, Haamstede, Kerkwerve-Nieuwerkerke-Rengerskerke-en-Zuidland, Noordwelle, Renesse en Serooskerke, gedeeltelijk die van Zierikzee en Brouwershaven. Hij paalt N. aan het Brouwershavensche-zeegat, O. aan den St.-Christoffel-polder, den Noorder-Nieuwland-polder, den Willem-Gijssen-polder, de stad Brouwershaven, den Zuider-Nieuwland-polder, den Polder van Zonnemaire, den Polder van Noordgouwe-bewesten-steene, den Goukens-Nieuwland-polder, het Dijkwater en de Nieuwe-haven van Zierikzee, Z. aan de Ooster-Schelde, W. aan Burgh-en-Westland.

Deze pold. beslaat, volgens het kadaster, eene oppervlakte van 9341 bund. 67 v. r. 65 v. ell., waaronder 7503 bund. 9 v. r. schotbaar land. Hij watert uit door drie sluizen, aan de Zuidzijde twee, in de haven van Zierikzee en aan de Noordzijde ééne, bij Brouwershaven. De aanvoer van water geschiedt door eenen watermolen, terwijl er een tweede in aanbouw is. Het polderbestuur wordt uitgeoefend door dat van *Schouwen-Burgh-en-Westland*.

SCHOUWEN (WESTEN-), heerl. op het eil. *Schouwen*, prov. *Zeeland*. Zie Westenschouwen.

SCHOUWENBROEK, geh. in de *Meijerij van 's Hertogenbosch*, kw. *Peelland*, prov. *Noord-Braband*. Zie Schouwbroek.

SCHOUWENBURG of Schotsenburg, landg. op de *Over-Veluwe*, prov. *Gelderland*, distr. *Veluwe*, kw., arr. en 11 u. N. van *Arnhem*, kant. en 1 u. O. van *Elburg*, gedeeltelijk gem. en 1 u. Z. W. van *Oldebroek*, gedeeltelijk gem. *Doornspijk*.

Dit landg., bestaande uit heerenhuis en verdere getimmerten, twee bouwhoeven, moestuinen, bosschen van zware boomen en akkermaalshout, aanleg, dreven, wandelingen, wei-, bouw-, schaap- en plaggelanden, te zamen eene oppervlakte van ruim 75 bund. uitmakende, wordt thans in eigendom bezeten en bewoond door de Freules van Spaan van den Schouwenburg.

SCHOUWEN-BURGH-EN-WESTLAND, dijkaadje in het eil. *Schouwen*, prov. *Zeeland*; palende N. aan het Brouwershavensche-Zeegat, O. aan Duiveland, Z. aan de Ooster-Schelde, Z. W. aan de Keel of mond van de Ooster-Schelde, W. aan de Noordzee.

Deze dijkaadje bestaat uit den Polder-Schouwen, benevens het daartoe behoorende Burgh-en-Westland, alsmede den Zuidhoek; terwijl het beheer over de tot Brouwershaven behoorende poldertjes: den Willem-Gijssen-polder, den Christoffel-polder, den

Noorder-Nieuwland-polder, den Groot-St.-Jacobs-polder, den Nieuwland-en-Keetpolder, ten deele door het bestuur van Schouwen-Burgh-en-Westland, ten deele door de regering van Brouwershaven uitgeoefend wordt.

Zij beslaat, volgens het kadaster, eene oppervlakte van 9836 bund. 40 v. r. 70 v. ell., waaronder 7873 bund. 70 v. r. 3 v. ell. schotbaar land.

Deze dijkaadje, welke door vijf sluizen, op de Ooster-Schelde en ééne op het Gat-van-Brouwershaven, van het overtollige water ontlast wordt, staat onder een bestuur genoemd de *Centrale Directie van Schouwen-Burgh-en-Westland*, bestaande uit eenen Président en vier Heemraden, aan wie eenen Opper-Commies, eenen Secretaris en eenen Penningmeester is toegevoegd.

SCHOUWENSCHE-DIJK (DE OUDE-), dijk op het eil. *Schouwen*, prov. *Zeeland*, loopende van Brouwershaven, in eene zuid oostelijke strekking, langs de grenzen der gem. *Brouwershaven*, *Zonnemaire* en *Noordgouwe* ten eenre, en *Duivendijke-Klaaskinderenkerke-Brijdorpe-en-Looperskapelle* en *Kerkwerve-Nieuwerkerke-Rengerskerke-en-Zuidland* ter andere zijde, en verder langs de westzijde van den Goukens-Nieuwland-polder, naar en langs het Dijkwater.

SCHOUWENSCHE-NOLLE, uitstekend dijkhoofd op het eil. *Schouwen*, prov. *Zeeland*, in de heerl. *Koudekerke*, nabij Burghsluis.

SCHOUWENSTER-POLDER, onbehuisd binnengedijkt land in *Hunsingo*, prov. *Groningen*, arr. *Appingedam*, kant. *Onderdendam*, gem. en 1 u. Z. O. van *Leens*, op den regteroever van de Hunse, ten Zuiden van Schouwen, 39 bund. 29 v. r. 20 v. ell. groot.

SCHOUWERSMEEL, pold. in het eil. *Zuid-Beveland*, prov. *Zeeland*, arr. *Goes*, kant. en gem. *Heinkenszand*; palende N. W. aan den Noord-Sak-polder, N. O. aan den Daniels-polder, O. aan den Zuid-Daniels-polder, Z. aan den Zuid-Sak polder, W. aan den Plate-polder.

Deze pold. maakt het westelijke gedeelte van den polder *Schouwersmeel-en-Zuid-Daniëls-polder* uit.

SCHOUWERSMEEL-EN-ZUID-DANIELS-POLDER, pold. in het eil. *Zuid-Beveland*, prov. *Zeeland*, arr. *Goes*, kant. *Heinkenszand*, gedeeltelijk gem. *Heinkenszand*, gedeeltelijk gem. *'s Heer-Abtskerke-Sinoutskerke-en-Baarsdorp*; palende N. W. aan den Noord-Sak-polder, N. aan den Daniels-polder, die er met eene punt inschiet, N. O. aan Baarsdorp, O. aan Sinoutskerke, Z. aan den Proijen-polder en den Zuid-Sak-polder, W. aan den Plate-polder.

SCHOUWERZIJL, geh. in *Hunsingo*, prov. *Groningen*, arr. en 7 u. W. van *Appingedam*, kant. en 3 u. W. van *Onderdendam*, gem. en 1 u. Z. O. van *Leens*, 20 min. Z. O. van Warfhuizen en 5 min. Z. W. van Maarslagt; met 40 h. en ongeveer 290 inw., waarvan 17 huizen en 130 zielen onder het kerspel *Maarslagt* en 23 huizen en 160 zielen onder dat van *Warfhuizen* behooren.

Men heeft hier ook eene school, welke gemiddeld door een getal van 80 leerlingen bezocht wordt.

Bij Schouwerzijl bestaat eene houten sluis, waardoor het water van onderscheidene kerspelen in het Reitdiep loopt. In den zijlbrief van Schouwerzijl van 1371 treft men de volgende deelnemers aan: de Hofmeester in Hammen van zijne landerijen onder de Hunse; de Hofmeester in Luttekehuizen; die van de Sijdewere; de Kerspellieden van Maarslagt, van Warfhuizen, van Mensingeweer, van Wehe, met het nieuwe [illegible] van Wehe en Eenrum; de kerspellieden van het oude konvent, [illegible] en van Werahusen. Onder deze sluis behoorden in [illegible] landen van Oldeklooster en Nijeklooster, Lutkeburen (anders [illegible]), Warfhuizen, Wehe, Kloosterburen, Wierhuizen, Pie[illegible], Eenrum, Maarslagt en Mensingeweer: doch in 1680 schijnen [illegible] en Westernieland, maar niet Maarslagt, mede [illegible] te hebben.

SCHAPHALSTERZIJLVEST, zijlvest in *Hunsingo*, prov. *Groningen*.

Dit zijlvest bestaat uit vier schepperijen, als: uit die van Oldenklooster, van Ter-Borg, van het Huis-ten-Dijke en van Saaksumhuizen-en-Westernieland. Elke schepperij heeft eenen Schepper, [illegible] die van Oldeklooster President-Schepper. Voorts heeft Oldenklooster vier, Ter-Borg vijf, het Huis-ten-Dijke vier en Saaksumhuizen-en-Westernieland drie Scheppers. Dit zijlvest heeft daarenboven eenen Secretaris en eenen Bode, benevens eenen Waarman.

De landen onder dit zijlvest grenzen N. aan den ouden, in 1717 doorgebroken, zeedijk, O. aan het Winsumer-zijlvest, Z. aan den provincialen rivierdijk, W. aan het Houwer-zijlvest.

SCHOUWTJES-BRUG, brug in *Kennemerland*, prov. *Noord-Holland*, gem. en ¼ u. Z. W. van *Heemstede*, over de Leydsche trekvaart.

SCHRAALJAMMER, h. in het *Land-van-Maas-en-Waal*, prov. *Gelderland*, kw., distr., arr. en 5¼ u. W. ten Z. van *Nijmegen*, kant. en 2¼ u. Z. ten W. van *Druten*, gem. en 1 u. N. van *Appeltern*, onder *Maasbommel*, dat op sommige kaarten als een geh. voorkomt.

SCHRAALLOO, geh. in *Rolder-dingspil*, prov. *Drenthe*. Zie Schoonloo.

SCHRAARD, in het oud Friesch Schraderwart, Scardauwert, Scaraart of Schadowaert, d., prov. *Friesland*, kw. *Westergoo*, griet. *Wonseradeel*, arr. en 5¼ u. N. W. van *Sneek*, kant. en 1¼ u. N. W. van *Bolsward*. Men telt er 42 h. en 250 inw., die meest in veeteelt hun bestaan vinden.

De inw., die allen Herv. zijn, onder welke 60 Ledematen, maken eene gem. uit, welke tot de klass. van *Harlingen*, ring van *Makkum*, behoort. De eerste, die in deze gem. het leeraarambt heeft waargenomen, is geweest Godefridus Sopingius, die in het jaar 1597 herwaarts kwam, en in het jaar 1603 naar Bolsward vertrok. De pastorie plagt 100 goudgulden (150 guld.) en het vikarisschap 70 goudgulden (105 guld.) op te brengen. Aan den Proost van St. Janskerk te Utrecht werden 12 schilden (16 guld. 80 cents) betaald. De kerk heeft eenen toren, doch geen orgel. Vóór aan de kap van een oud vervallen gestoelte in deze kerk, eertijds aan het geslacht van Atlva toebehoord hebbende, leest men dit zonderlinge Latijnsche opschrift:

In patria Bacchus puerili aetate triumphum
Ducit, et ex hederâ serta virente gerit;
Nec portatur equis, sed onus matresque virique
Dum subeunt, late tympana rauca sonant.

(d. i. Bacchus kwam in zijne jeugd in zegepraal in zijn vaderland, en droeg een krans van groene veil; hij werd niet door paarden gedragen, maar de vrouwen en mannen gingen onder hem gebukt, terwijl de klank der schorre trompetten heinde en verre gehoord werd).

Weleer lag hier eene state Atlva, waarop woonde Sjoerd Atlva, die benevens Tjerk Walta van Tjerkwerd, Douwe Hiddema van Pingjum, en Dooitse Bonga van Kimswerd, het Friesche leger voor Franeker gebood, toen, in het jaar 1500, aldaar de jonge Hertog van

Saksen belegerd ward. In het jaar 1808 verdronk deze hier ter plaatse in eenen hoogen watervloed, op den 20 September, den vierdag der beroemde overwinning weleer door de Friezen, in den jare 1345, op de Hollanders, bij Stavoren, behaald. Doch deze vierdag, door de Saksers afgeschaft zijnde, meenden de, wel godsdienstige, doch bijgeloovige Friezen, dat hun die watervloed, om het afschaffen van dat jaarfeest, als eene straffe ware overgekomen, waarom zij van de Saksen de vernieuwing daarvan verzochten, en ook verkregen.

SCHRAARDER-VAART (DE) of DE OUDE-VAART, water, prov. *Friesland*, kw. *Westergoo*, griet. *Wonseradeel;* loopende van het d. Schraard in eene zuidoostelijke rigting naar Bolsward.

SCHRAARDER-ZIJL, sluis, prov. *Friesland*, kw. *Westergoo*, griet. *Wonseradeel*, 20 min. Z. van Schraard. — Door deze sluis komt eene vaart door den Binnendijk in het Makkumer-meer.

SCHRAAUWEN of HET EILAND, uiterwaard aan den *Bemmelsche-polder*, op de *Over-Betuwe*, prov. *Gelderland*, arr. *Nijmegen*, kant. *Elst*, gem. *Bemmel*. — Deze uiterwaard beslaat, volgens het kadaster, eene oppervlakte van 10 bund. 85 v. r. 70 v. ell.

SCHRABBEKERKE, naam, welken men bij verkorting veelal geeft aan het d. 's HEER-ABTSKERKE, in *Zuid-Beveland*, prov. *Zeeland*. Zie HEER-ABTSKERKE ('s).

SCHRADIJK (DE), weg, prov. *Friesland*, kw. *Oostergoo*, griet. *Leeuwarderadeel*, arr., kant. en 1½ u. N. ten W. van *Leeuwarden*, loopende van den Herndijk, tusschen Cornjum en Britsum westwaarts tot den hoek van het Bildt, of het punt genaamd Schradijks-end.

SCHRADIJKS-END, b., prov. *Friesland*, kw *Oostergoo*, griet. *Leeuwarderadeel*, arr., kant. en 1½ u. N. ten W. van *Leeuwarden*, ½ u. Z. W. van *Stiens*, waar de Swette zich aan den Bildtdijk sluit; met 3 h. en ruim 20 inw.

SCHRAM (POLDER-VAN-), pold. buiten het *Eiland-van-Dordrecht*, prov. *Zuid-Holland*. Zie DORDRECHT (STAART-POLDER-VAN-).

SCHRAMEN, duinvalei in *Rijnland*, prov. *Zuid-Holland*, arr. *Leyden*, kant. *Noordwijk*, gem. *Noordwijk-binnen-en-buiten-Langeveld-en-Offem*. — Deze duinvallei is met wallen omgeven en wordt meest tot weide voor eenig jong vee gebruikt.

SCHRANS (DE), b., prov. *Friesland*, kw. *Oostergoo*, griet. *Leeuwarderadeel*, arr., kant. en ¼ u. Z. van *Leeuwarden*, 1½ u. N. W. van *Huizum*, waartoe zij behoort.

Deze nette b. aan den straatweg heeft, zoo nabij Leeuwarden, het voorkomen van hare zuidelijke voorstad te zijn.

SCHRANS (DE), watertje, prov. *Friesland*, kw. *Oostergoo*, griet. *Leeuwarderadeel*, loopende van de trekvaart van Franeker op Leeuwarden, in eene oostelijke rigting naar het Potmarge-diep.

SCHRANSGAT (HET), voorm. kreek of vaarwater, komende uit de *Pluimpot*, in het eil. *Tholen*, prov. *Zeeland*, en loopende, in eene noordwestelijke rigting, door de Dorstmansplaat, naar de *Schelde*.

SCHRAPPINGA of SCHRAPINGA, voorm. landh., prov. *Friesland*, kw. *Zevenwouden*, griet. *Stellingwerf-Oosteinde*, arr. en 6 u. O. van *Heerenveen*, kant. en 3 u. N. O. ten O. van *Oldeberkoop*, ½ u. N. ten O. van *Oosterwolde*, waartoe zij behoorde, nabij het Groote-Diep.

Ter plaatse, waar het gestaan heeft, ziet men thans eene boerderij.

SCHRASSIG, geh. in de heerl. *Zolver* (*Soleuvre*), grooth. *Luxemburg*, kw., arr., kant. en 1½ u. O. van *Luxemburg*, gem. en ½ u. Z. van *Schuttringen*, aan de Syren; met 17 h. en 135 inw.

SCHRAVEHOLT, eene bezitting, voorkomende op de naamlijst der goederen van de Utrechtsche kerk. Zie GRAVENHOLT ('s).

SCHRAVENHOEF, eigenlijk 's GRAVENHOEF, voorm. zwaar kast. en jagthuis van de Graven VAN LYNDEN in de *Neder-Betuwe*, prov. *Gelderland*, distr. en 6 u. N. W. van *Nijmegen*, arr., kant. en 2 u. N. ten O. van *Tiel*, gem. en ½ u. Z. van *Lienden*.

In het midden der vorige eeuw was er nog alleen de voorpoort van overig, waarom het ook wel DE POORT genoemd werd, onder welke naam het thans alleen bekend is. Het werd later tot eene buitenplaats aangelegd, en lag toen in breede grachten. Ter plaatse, waar het gestaan heeft, ziet men thans een boerenhuis; de grachten zijn nog aanwezig. De daartoe behoord hebbende gronden, beslaande eene oppervlakte van 4 bund. 37 v. r. 80 v. ell., worden thans in eigendom bezeten door W. VAN HATTEM, woonachtig te Lienden.

SCHREGELS-GEREGT, voorm. d. in *Rijnland*, prov. *Zuid-Holland*, dat door het Haarlemmermeer verzwolgen is.

SCHREIDIJK (DE), voorm. dijk in *Staats-Vlaanderen*, prov. *Zeeland*.

Door het leggen van dezen dijk werd in de dertiende eeuw Copwijk met Zaamslag verbonden.

SCHREIJERS-TOREN, toren in *Amsterdam*, prov. *Noord-Holland*, aan den IJkant, aan de zijde van de oude Teertuinen en van het Kamperhoofd.

De benaming van dit gebouw is haren oorsprong verschuldigd aan de plaats, waar het staat. Sedert het jaar 1482 namelijk, tot in den aanvang der zeventiende eeuw, was daar ter plaatse de stijger, van welken de meeste zeevarenden, inzonderheid naar Oost- of West-Indië, te scheep gingen, en hunne vrouwen en verdere aanverwanten vaarwel zeiden, hetwelk meestal met schreijen vergezeld ging. Men verhaalt zelfs dat eene vrouw, in het jaar 1566, van haren man ter dezer plaatse afscheid nemende, zich zijn vertrek zoodanig aantrok, dat zij geheel zinneloos werd. Ter gedachtenis van dit zonderling geval, zoude men in den muur des torens, boven den ingang, op eenen witten steen, de beeldtenis van eene schreijende vrouw met eenen neusdoek hare tranen afwisschende, gemetseld hebben; welk gedenkstuk nog heden in den muur te zien is.

Toen men Amsterdam in het jaar 1482 met eenen ringmuur, sterke poorten en wachttorens omringde, bouwde men aan de oostzijde der stad in dezen uitersten hoek dien SCHREIJERS-TOREN, zoo wel om den waterkant met geschut te kunnen bestrijken, als om de scheepswal, die voormaals daar ter plaatse alleen was, en de lastaadje aan de andere zijde, te beschermen. De toren is, naar den toenmaligen, zeer hechten, bouwtrant, van boven met eenen omgang, sterke borstwering en schietgaten voorzien; voor het overige is hij uit het water geheel rond, met moppen opgehaald, en met eene twaalfhoekige torenspits gedekt.

Sedert dat de stad ook hier is uitgelegd geworden, heeft men deze sterkte ingerigt tot eene vergaderplaats voor de Commissarissen der Walen, ook gedeeltelijk voor de tinnegieters en kannegieters gildekamer; alsmede heeft men haar tot eene woning voor den havenmeester bekwaam gemaakt, en ten zijnen behoeve aan de binnen- of stadszijde nog eenige kamers tegen dit gebouw aangetimmerd, nadat zijn ambt van tijd tot tijd aanzienlijker en voordeeliger werd.

Den 12 September 1573 stak de Graaf van Bossu, met achttien vaartuigen, zoo zware schepen als jagten, van hier af, om de Noord-Hollanders, welke de partij van den Prins van Oranje omhelsd hadden, te bedwingen, bij welke gelegenheid de Hertog van ALVA met zeer veel pracht en vergezeld van eene groote menigte zijner Bevelhebbers en de Regeerders van Amsterdam, het afzeilen der vloot van deze plaats in oogenschouw nam, terwijl vele Geestelijken en Monniken met kruisen en vanen den schepelingen eenen gelukkigen uitslag toewenschten en hen zegenden.

Tot het jaar 1780 zag men nog in den torentrans schietgaten in eene borstwering; doch toen besloot men die, wegens bouwvalligheid, weg te nemen. De ronde gedaante en het spitse torentje zijn nu bijkans de eenige kenteekenen der aanmerkelijke oudheid.

SCHREVELDUIN-KAPELLE, verkeerde naamspelling van het d. 's GREVELDUIN-CAPELLE, in de *Langstraat*, prov. *Noord-Braband*. Zie GREVELDUIN-CAPELLE ('S).

SCHREVENHOUT, landgoed op de *Middel-Veluwe*, prov. *Gelderland*, distr., arr. en 7 u. N. van *Arnhem*, kant., gem. en 3 u. W. van *Apeldoorn*, onder de buurs. *Millingen*, in het *Hoog-Soerenschebosch*, aan den straatweg.

Dit landgoed, bestaande in eene steen- en pannenfabrijk, arbeiderswoning, bergplaatsen, steenoven, dennen- en akkermaalsbosch, benevens ander houtgewas en heide, is groot 56 bund. 58 v. r. 10 v. ell.

SCHRICK of SCHRIJK, buurs. in het graafs. *Bergh*, heerl. *Gendringen*, prov. *Gelderland*, kw., arr. en 6¾ u. Z. Z. O. van *Zutphen*, kant. en 4¾ u. O. Z. O. van *Ter-Borg*, gem. en ½ u. Z. Z. O. van *Gendringen*.

SCHRIJVERS-DIJK, voorm. dijk in het *Land-van-Voorne*, prov. *Zuid-Holland*, langs de noordzijde van den *Ruggepolder*, thans geslecht en een gedeelte van den rijweg van Oostvoorne naar Brielle uitmakende.

SCHRIJVERSHOEF, ook wel SCHRIJVERSHOEVEN en SCHRIJVERHOEVE gespeld, hofstede in de *Meijerij van 's Hertogenbosch*, kw. *Peelland*, prov. *Noord-Braband*, *Tweede* distr., arr. en 2 u. O. ten Z. van *'s Hertogenbosch*, kant. en 1¾ u. O. N. O. van *Boxtel*, gem. en ½ u. Z. W. van *Schijndel*, in het geh. *Keur*

Deze hofstede, welke soms als een geh. voorkomt, beslaat, met de daartoe behoorende gronden, eene oppervlakte van 7 bund. 73 v. r. 38 v. ell., en wordt thans in eigendom bezeten, door den Heer F. A. MANDERS, woonachtig te Schijndel.

SCHRING-KAAG, pold. in de *Schager-kogge*, prov. *Noord-Holland*, arr. *Alkmaar*, kant. *Schagen*, gem. *Barsingerhorn-Kolhorn-en-Haringhuizen*; palende N. aan den Wieringer-waard en aan den Ooster-waard, O. aan het d. Kolhorn, Z. aan den Weeren-polder, W. aan de Ooster-kaag.

Deze polder beslaat, volgens het kadaster, eene oppervlakte van 103 bund. 9 v. r. 28 v. ell., waaronder 89 bund. 90 v. r. 2 v. ell. schotbaar land; telt 45 h., waaronder 2 boerderijen, en wordt door eenen molen, van het overtollige water ontlast. Het polderbestuur bestaat uit zeven leden.

SCHRINS, geh., prov. *Friesland*, kw. *Westergoo*, griet. *Baarderadeel*, arr. en 3 u. Z. W. van *Leeuwarden*, kant. en 1¼ u. W. N. W. van *Rauwerd*, ¼ u. Z. van *Oosterlittens*, waartoe het behoort; met 6 h. en ongeveer 40 inw.

SCHROBBERSVEN, groot ven in de bar. van *Breda*, in de *Ostaijensche heide*, 1 u. Z. W. van Groot-Zundert. Daaruit loopt eene turfvaart eerst W. en daarna N. O. door deze gem. naar den ijzermolen, onder Rijsbergen, nabij de Rith.

SCHROEHOE, d. in *Oost-Indië*, op het *Sundasche* eil. *Java*, resid. *Kadoe*, ads. res. *Magelang*.

... , prov. *Friesland*, ... u. Z. O. van *Leeuwarden*, ... , waartoe zij behoorde.

... in de heerl. *Meysenburg*, ... *Luxemburg*, kant. en 1½ u. ... ½ u. N. W. van *Nomeren*.

... hier eene kapel, aan den ... par. van *Nomeren* behoort, en ... wordt.

... in het groath. *Luxemburg*. ... het Merschdal ten Oosten be- ... te Cruchten in de *Alzette*. ... geven aan de Militaire hoofd- ... , kol. *Suriname*. Zie GRONINGEN. ... , prov. *Zuid-Holland*.

... heerl. in het *Land-van-* ... en kant. *Brielle*, gedeeltelijk gem. ... een klein gedeelte gem. *Heke-* ... W. aan de heerl. Biert, N. aan Si- ... , Z. aan het Spui, W. aan de

... gelijke jaren met die van *Simons-* ... de pold. Oud-Schuddebeurs, ... Klein-Schuddebeurs, en beslaat, ... oppervlakte van 418 bund. Men telt er 9 h., ... die meest in den landbouw hun bestaan

... , behooren tot de gem. van *Simons-* ... heerl. geen school, maar de kinderen ...

... in het markgr. van *Bergen-op-Zoom*, prov. ... , arr. *Breda*, kant. *Bergen-op-Zoom*, ... N. aan den Mattemburgsche-polder, ... polder, Z. W. aan den Eendragts-polder. ... heerschappen uit, te bedijken *al sulck* ... is tusschen den Polder-van-Kijkuit en Bra- ... , nadat in het jaar 1514 of 1515 de ... geworden.

... volgens het kadaster, eene oppervlakte van ... en wordt door eene steenen heul, wijd in ... Mattemburg, Nieuw-Vossemeer en den Een- ... overtollige water ontlast. Het zomerpeil is ... A. P.

... *Eendragts-polder*, den *Heeren-polder*; ... *Nieuw-Vossemeer-en-de-Nieuwe-Heide* ... het bestuur van eenen Dijkgraaf, drie Ge- ... en Penningmeester.

... in de heerl. *Hooge-en-Lage-Zwaluwe*, prov. ... , arr. *Breda*, kant. *Zevenbergen*, gem. ... palende N. aan de Buitengronden tegen den ... , Z. aan het Nieuwland en den Berkum,

Deze pold., die in het jaar 1650 bedijkt is en het westelijke gedeelte van den pold. *Schuddebeurs-en-Vegetas* uitmaakt, beslaat, volgens het kadaster, eene oppervlakte van 109 bund. 86 v. r., waaronder 52 bund. 30 v. r., schotbaar land; bevat eene boerderij, zijnde het huis van den molenaar, en den watermolen, en wordt door drie sluizen, op den Amer, van het overtollige water ontlast. Hij staat onder het bestuur van den Roijalen-polder.

SCHUDDEBEURS, geh. op het eil. *Schouwen*, prov. *Zeeland*, prov. *Zeeland*, distr., arr. en ½ u. N. O. van *Zierikzee*, kant. en 1½ u. Z. O. van *Brouwershaven*, gem. en ¼ u. Z. ten O. van *Noordgouwe*.

Dit geh. ontleent zijnen naam van eene herberg, waar men eenen aangenamen tuin en schoon uitzigt heeft, waarom zij een druk bezocht uitspanningsoord voor de inwoners der nabij gelegene plaatsen en vooral voor die van Zierikzee is. — Er wordt hier jaarlijks op den derden Paaschdag kermis gehouden.

SCHUDDEBEURS, geh. in *Staats-Vlaanderen*, in *Hulster-Ambacht*, prov. *Zeeland*, arr. en 5 u. Z. O. van *Goes*, kant., distr. en 2 u. N. van *Hulst*, gem. *Hontenisse*, liggende op den zandweg van Hulst naar Lamswaarde.

Dit geh. ontleent zijnen naam van eene aldaar staande herberg, welke veel door ingezetenen van Hulst wordt bezocht. Er staan 7 huizen, bewoond door 40 zielen.

SCHUDDEBEURS (KLEIN-), onbehuisde pold. in het *Land-van-Putten*, prov. *Zuid-Holland*, arr. en kant. *Brielle*, gem. *Simonshaven-en-Schuddebeurs*; palende N. aan Vriesland, O. aan den Oude-Uitslag-van-Putten, Z. aan het Spui, W. aan Oud-Schuddebeurs. Hij staat onder het polderbestuur van *Hekelingen-Vriesland-en-Klein-Schuddebeurs*.

SCHUDDEBEURS (NIEUW-), onbehuisde pold. in het *Land-van-Putten*, prov. *Zuid-Holland*, arr. en kant. *Brielle*, gem. *Simonshaven-en-Schuddebeurs*; palende N. W. aan Nieuw-Stompert, O. aan Oud-Schuddebeurs, Z. aan de gorzen tegen het Spui, W. aan de Bernisse.

SCHUDDEBEURS (OUD-), pold. in het *Land-van-Putten*, prov. *Zuid-Holland*, arr. en kant. *Brielle*, gedeeltelijk gem. *Simonshaven-en-Schuddebeurs*, en voor een klein gedeelte gem. *Hekelingen-en-Vriesland*; palende N. aan den Simonshavensche-polder, Vriesland en Hekelingen, O. aan den Oude-Uitslag-van-Putten en Klein-Schuddebeurs, Z. aan het Spui, W. aan Nieuw-Schuddebeurs en het dorp Simonshaven.

Deze pold. beslaat, volgens het kadaster, 379 bund. 66 v. r. 16 v. ell. Men telt er 9 h., waaronder 2 boerderijen. Hij wordt door twee watermolens, op het Spui, van het overtollige water ontlast.

SCHUDDEBEURS-EN-VEGETAS, pold. in de heerl. *Hooge-en-Lage-Zwaluwe*, prov. *Noord-Braband*, *Vierde* distr., arr. *Breda*, kant. *Zevenbergen*, gem. *Hooge-en-Lage-Zwaluwe*; palende N. aan de Buitengronden-tegen-den-Amer, O. aan het d. de Lage-Zwaluwe, Z. aan het Nieuwland en den Berkum, W. aan het Oostgors.

Deze pold., die een gedeelte van den *Royalen-polder* uitmaakt, is met *dezen* in het jaar 1650 bedijkt, en beslaat, volgens het kadaster, eene oppervlakte van 125 bund. 9 v. r., waaronder 54 bund. schotbaar land. Er staat daarin ééne boerderij. Hij wordt van het overtollige water ontlast op den Amer, door drie steenen sluizen, als: eene in den buitendijk, op den boezem van den watermolen, wijd 1.57 ell. en hoog 1.25 ell., voorzien van een paar puntdeuren en eene schuif;

eene, waardoor het water in den molenboezem wordt opgemalen, wijd 1.50 ell., voorzien van eene drijfdeur en met het jaartal 1794, en eene bewesten den watermolen, wijd 1.54 ell., voorzien van eene drijfdeur, waardoor het water van SCHUDDEBEURS zich, bij lagen boezem, zonder hulp van den watermolen ontlast. Het zomerpeil is 1 ell. beneden A. P.; het maalpeil 0.40 ell. boven A. P., en de hoogte der dijken 3 ell. 9 palm. boven A. P.

Ten gevolge der verlamming van de uitwatering op den Amer heeft men, in 1794, den thans bestaanden watermolen gebouwd, hebbende ongeveer 29½ ell. vlugt en een scheprad, welks schoepen 0.50 ell. breed zijn. Deze molen bemaalt ook het Oudland en het Nieuwland, alsmede, sedert 1831, ook tijdelijk den polder de Berkum; het onderhoud van den watermolen echter, wordt gedragen door Schuddebeurs, het Oudland en het Nieuwland, terwijl de polder Berkum, zoo lang hij door dezen molen bemalen wordt, in de kosten met 2.50 guld. per bunder jaarlijks deelt.

Het water van dat gedeelte van dezen pold., hetwelk de *Vegetas* genoemd wordt, stort zich in den boezem van Schuddebeurs, door een afzonderlijk sluisje wijd 0.90, voorzien van een drijfdeurtje en dragende het jaartal 1794

SCHUDDEBORS, voorm. afzonderlijke pold. in het markgr. van *Bergen-op-Zoom*, prov. *Noord-Braband*, *Vierde* distr., arr. *Breda*, kant. *Zevenbergen*, gem. *Fynaart-en-Heyningen*. — Deze pold. maakt thans een gedeelte van den *Oude-Appelaar* uit.

SCHUDDEBORS-OUDE-APPELAAR-EN-DORPSGORS, pold. in het markgr. van *Bergen-op-Zoom*, prov. *Noord-Braband*. Zie APPELAAR (OUDE-).

SCHUDER-BEEK (DE), beek in *Eemland*, prov. *Utrecht*. Zie SCHUURE-BEEK.

SCHUIF-SLOOT (DE), water in *Dregterland*, prov. *Noord-Holland*, dat in eene westelijke rigting van Schardam naar de Beemster loopt.

SCHUILENBURG, voorm. hofstede, in *Delfland*, prov. *Zuid-Holland*, arr. en 2½ u. Z. van *'s Gravenhage*, kant. en gem. *Naaldwijk*.

SCHUILENBURG, buurs., prov. *Friesland*, kw. *Oostergoo*, griet. *Tietjerksteradeel*, arr. en 3¼ u. O. van *Leeuwarden*, kant. en 1 u. O. ten N. van *Bergum*, ½ u. Z. van *Eestrum*, aan den weg van Eestrum naar Oostermeer, aan het Kolonels- of Robles-diep, nabij en even ten O. van het Bergumer-meer.

Hier was vroeger eene naauwe schutsluis of verlaat. Zie Schuilenburger-Vallaat (De). — Ook is hier eene bekende herberg van dien naam.

SCHUILENBURG, huis, prov. *Friesland*, griet. *Hemelumer-Oldephaert-en-Noordwolde*, tusschen Hindeloopen en Molkweerum, aan den Zeedijk, zijnde de zetel van het dijksbestuur van Wymbritseradeel enz.

SCHUILENBURG, voorm. havez. in *Zalland*, prov. *Overijssel*. Zie SCHUYLENBURG.

SCHUILENBURG, aanzienlijke hofstede in *Kennemerland*, prov. *Noord-Holland*, arr., kant. en 1 u. W. van *Alkmaar*, gem. *Wimmenum*, niet ver van de plaats, waar vroeger eene kapel pleeg te staan, tusschen deze kapel en Egmond-op-den-Hoef.

SCHUILENBURGER-VALLAAT (HET), voorm. schutsluis of verlaat, prov. *Friesland*, kw. *Oostergoo*, griet. *Tietjerksteradeel*, ½ u. Z. van Eestrum, in het Kolonelsdiep.

Deze sluis, welke zeer naauw was, bragt eene groote belemmering in de drukke vaart, waarover de schippers algemeen klagten aanhieven. Voor weinige jaren is zij echter weggeruimd.

SCHUILER of SCHULLER, geh. in het *Land-van-Valkenburg*, prov. *Limburg*, arr. en 2½ u. O. van *Maastricht*, kant. en 1 u. N. W. van *Gulpen*, gem. en 30 min. W. van *Wijlre*; met 24 b. en 140 inw.

Er is hier eene kapel, aan de H. BARBARA toegewijd, welke tot de par. van *Wijlre* behoort, en door eenen Kapellaan bediend wordt.

SCHUILKERK of SCHUYLKERK, adell. h. in den *Tielerwaard*, prov. *Gelderland*, *Benedendistrikt*, arr. en 3½ u. W. van *Tiel*, kant. en 1¼ u. Z. van *Geldermalsen*, gem. en achter de kerk van *Waardenburg*, N. van den Waaldijk.

Dit adell. h. is bijna geheel vernieuwd; alleen aan de steenen van het oude gedeelte kan men ontwaren, dat op de zelfde plaats een oud gebouw gestaan heeft. Het beslaat, met de daartoe behoorende gronden, eene oppervlakte van 1 bund. 21 v. r. 80 v. ell., en wordt thans in eigendom bezeten en bewoond door den Heer B. G. VERSTEEGH.

SCHUINJA-BUURT, b., prov. *Friesland*, kw. *Zevenwouden*, griet. *Gaasterland*, arr. en 4 u. Z. W. van *Sneek*, kant. en 3 u. W. van *de Lemmer*, ¾ u. N. W. van *Mirns*, waartoe zij behoort.

SCHUITEL-MEERTJE of SCHUTTEL-MEERTJE, meertje, prov. *Friesland*, kw. *Westergoo*, griet. *Wymbritseradeel*, O. van Oudega, dat ten W. met de *Geeuw* en ten O. met de *Palsepoel* in verbinding staat.

SCHUITENDIEP (HET), water, prov. *Groningen*, dat van de Nieuweschans, bij de Oostfriesche grenzen, in eene doorgaans westelijke rigting naar de stad Groningen loopt. Veelal echter verstaat men onder den naam van SCHUITENDIEP slechts dat gedeelte van het water of diep, dat van het Kleinpoortje loopt tot aan de Spilsluizen in de stad Groningen, wordende het buiten de stad meer algemeen het WINSCHOTERDIEP genoemd. Zie voorts dat woord.

SCHUITENGAT (HET), vaarwater ten N. van de *Zuiderzee*, ten N. O. van de Vlie-reede en Z. W. van de zuidwestelijke punt van Ter-Schelling.

Dit vaarwater staat met de hoofdvaarwaters en met de zeewaters van het Vlie en Ter-Schelling in verbinding, en men komt daardoor in de haven van Ter-Schelling.

SCHUITENGAT (HET), water in de *Wadden*, dat met eene noordwestelijke rigting in de schorren, ten Z. W. van Ameland inschiet.

SCHUITENZAND, zandbank in de *Zuiderzee*, ten W. voor de haven van Harlingen. Het is het oostelijke gedeelte van het *Langezand*.

SCHUIT-SLOOT (DE), grift in *Zalland*, prov. *Overijssel*, gem. *Stapborst*, zich, in eene noordwestelijke rigting, uitstrekkende van Rouveen naar Zwartsluis.

Op deze grift, welke thans in verval is, vaart een veerschip van Rouveen naar Hasselt. Zij dient ook, met nog meer anderen, om te beter bij de hooilanden te kunnen komen en de geregelde waterlozing in de Rechterens-gracht te bevorderen.

SCHULLER, geh. in het *Land-van-Valkenburg*, prov. *Limburg*. Zie SCHUILER.

SCHULPBRUG (DE), brug in *Amstelland*, prov. *Noord-Holland*, over de Ringsloot van het Diemermeer, ½ u. Z. van Amsterdam.

Deze brug ontleent haren naam van de herberg de Schulp, welke, op den hoek van het meer, in de nabijheid staat.

SCHULPBRUG (AAN-DE-), b. in *Amstelland*, prov. *Noord-Holland*, arr. en ¼ u. Z. van *Amsterdam*, kant. en gem. *Nieuwer-Amstel*, 2¼ u. N. O. van *Amstelveen*.

Deze b. begint reeds op den Weesperweg, aan den gebiedpaal van Amsterdam en heeft onderscheidene dwarspaden, naar den Oetewaler-weg strekkende; derhalve is ook daaronder begrepen, het blokjen de Vier-huizen, op den Weesperweg, alzoo genaamd, omdat het uit vier huizen bestaat; de buurt ligt voorts voor het grootste gedeelte zeer vermakelijk, namelijk aan de schoone riv. den Amstel en nabij de verrukkelijke Diemer-meer, gedeeltelijk zelfs langs de ringsloot daarvan.

Deze buurt heeft, zegt men, haren naam van Buurt aan de Schulpbrug gekregen, door dat zij aan de brug van dien naam haar begin neemt. Zij bevat onderscheidene, aangename lustplaatsen en tuinen, die een bevallig gezigt opleveren, zoo onder het wandelen langs den Weesper-weg, als langs den ringdijk van het meer, en het bevaren van de ringsloot: er worden ook eenige fabrijken gevonden; de bewoners zijn van den Herv. of van de R. K. godsdienst, die, daar er geene kerk in de buurt is, de Herv. te Amsterdam en de R. K. aan de overzijde van den Amstel moeten te kerk gaan.

Ook andere godsdienstige gestichten zijn in deze buurt, hoe groot in haar bevang, niet voorhanden, de kinderen van beiderlei gezegde godsdiensten, gaan in de school van Watergraafsmeer onderwijs genieten; de weezen worden door de gem. Nieuwer-Amstel besteed, meestal, ten minste zooveel mogelijk, bij de bewoners der buurt zelve; de armen worden mede door gezegde gem. onderhouden.

SCHULPEGAT (HET), een der zeegaten, ten N. W. van den *Helder*, dat tusschen de Bollen van de Zuider-Haaks en den vasten wal van Noord-Holland heenloopt, noordwaards naar de Helsdeur.

Vroeger konden onze linieschepen dit gat niet dan met gunstige getijen bevaren, uithoofde van de daarin liggende bank den Drempel, daar deze echter sedert eenige jaren geheel verdwenen is, zoo is dit gat voor alle schepen bevaarbaar en heeft binnen de tonnen 90 tot 200 en meer palmen diepte.

SCHULPEN (HET HUIS-TE-), voorm. buit. in het balj. van *Blois*, prov. *Noord-Holland*, arr. en 2 u. N. van *Haarlem*, kant. en 10 min. Z. van *Beverwijk*, gem. en 20 min. N. van *Velsen*.

Het heerenhuis van deze buit., is reeds in het laatst der vorige eeuw gesloopt en de verder daarvan overgebleven gebouwen en gronden maken thans een gedeelte uit van het overbosch der buit. *Scheibeek*, waarmede zij in eigendom worden bezeten door den Heer Jan Jacob de Bruyn Prince, woonachtig op Scheibeek, te Beverwijk.

SCHULPSLOOT (DE), breed vaarwater in *Rijnland*, prov. *Zuid-Holland*, dat uit het Haarlemmermeer voorkomt, in eene noordwestelijke rigting langs Hillegom naar de Haarlemmer-trekvaart loopt, waarin het zich, bij de *Kalkovens*, ontlast.

SCHULPVAART (DE), vaart in *Kennemerland*, prov. *Noord-Holland*, welke bij het Boschlaantje aan den Zanddijk, onder *Backum*, eenen aanvang nemende; in eene oostelijke rigting de gem. *Castricum-en-Backum* doorloopt; in de gem. *Limmen* eene zuidoostelijke rigting aanneemt, en, met de Dije vereenigd, in de *Koog-vaart* uitloopt.

Langs deze vaart worden alle schulpen vervoerd, welke op de stranden van Castricum en Backum worden opgevischt en over het Uitgeester- en Langemeer, in grooter vaartuigen overgeladen wordende, naar elders worden vervoerd. Ook ontvangt deze SCHULPVAART door een duiker in de Backummer-zwaag, het water van de voormalige Hoefbeek, en het afwaterings kanaal van het Koningsduin. Zie dat woord.

SCHULPVELD (HET), duinvallei in *Kennemerland*, prov. *Noord-Holland*, arr. en kant. *Haarlem*, gem. en ¼ u. Z. O. van *Zandvoort*, digt aan den Zandvoorder-weg.

Deze vallei, welke eene oppervlakte beslaat van ongeveer 70 bund., is van houtgewas ontbloot; eene enkele vlierstruik of eene waterwilg moge er zich vertoonen, doch iets, dat naar bosch gelijkt vindt men er niet.

SCHUREGA of SCHURINGA, voorm. d., thans geh., prov. *Friesland*, kw. *Zevenwouden*, griet. *Schoterland*, arr., kant. en 3 u. Z. O. van *Heerenveen*.

De inw. vinden meest in den landbouw hun bestaan. — De huizen van het westelijke gedeelte van dit d. zijn langs den binnenweg in het geboomte gelegen; terwijl de overige, even als de voorgaande, wel in het geboomte en in de bouwlanden, doch zuidelijker en nader aan den buiten- dan aan den binnenweg gelegen zijn.

De Herv., die er zijn, behooren tot de gem. *Hornsterzwaag-Jubbega-en-Schurega*. De kerk, welke weleer in het veld en bijna op de scheiding van Jubbega stond, is sedert lang niet meer in wezen, en daarvan slechts alleen het kerkhof overgebleven.

De R. K., welke men er aantreft, worden tot de stat. van *Heerenveen* gerekend. — Men heeft in dit geh. geen school, maar de kinderen genieten onderwijs te *Hornsterzwaag*.

SCHURENBEEK (DE), beek op de *Neder-Veluwe*, prov. *Gelderland*. Zie SCHUURENBEEK.

SCHUREN, b. in het *Land-van-Valkenburg*, distr., arr. en 3½ u. N. O. van *Maastricht*, kant. en ½ u. N. van *Heerlen*, gem. en 17 min. W. van *Hoensbroek*; met 16 h. en 70 inw.

Het is een gedeelte van het geh. *Schuren-en-Schurenberg-Vaasraad*.

SCHURENBERG-VAASRAAD, b. in het *Land-van-Valkenburg*, distr., arr. en 3½ u. N. O. van *Maastricht*, kant. en ½ u. N. van *Heerlen*, gem. en 20 min. Z. W. van *Hoensbroek*; met 12 h. en 70 inw. — Deze b. is een gedeelte van het geh. *Schuren-en-Schurenberg-Vaasraad*.

SCHUREN-EN-SCHURENBERG-VAASRAAD, geh. in het *Land-van-Valkenburg*, distr., arr. en 3½ u. N. O. van *Maastricht*, kant. en ½ u. N. van *Heerlen*, gem. en 17 min. Z. W. van *Hoensbroek*; met 28 h. en 140 inw. — Dit geh. bestaat in de b. Schuren en Schurenberg-Vaasraad.

SCHURING, geh. in den *Hoeksche-waard*, prov. *Zuid-Holland*, arr. en 4 u. Z. W. van *Dordrecht*, kant. en 3 u. Z. Z. O. van *Oud-Beijerland*, gem. en ½ u. O. van *Numansdorp*; met 20 h., 3 boerenwoningen en 200 inw. Er is eene haven de SCHURINGSCHE-HAVEN geheeten. Zie het volgende art.

SCHURINGSCHE-HAVEN (DE), kreek in den *Hoeksche-waard*, prov. *Zuid-Holland*, welke, in eene zuidelijke rigting, van het geh. Schuring afkomende, tusschen den Schuringsche-polder en den Hoogelandsche-polder ter eener zijde en den Torenstee-polder, den Nieuw-Oostersche-polder en de Bekade-gorzen ter andere zijde doorloopt en zich in het *Hollands-diep* ontlast; terwijl de gezegde polders daar ook op uitwateren. Zij dient mede tot legplaats van kleine vaartuigen.

In het jaar 1823 is aan het einde van deze haven eene houten uitwateringssluis gelegd, ter voorkoming van aanslijking der haven, welke uitmuntend aan het doel heeft beantwoord, deze houten sluis is in den jare 1847 door eene steenen vervangen.

SCHURINGSCHE-POLDER (DE); zomerpold. in den *Hoeksche-waard*, prov. *Zuid-Holland*, arr. *Dordrecht*, kant. *Oud-Beijerland*, gem. *Numansdorp;* palende N. aan den Numanspolder, O. aan de Klemse-Laagjes, Z. aan den polder het Hoogezand, W. aan de Schuringsche-haven, die haar van den Torenstee-polder scheidt.

Deze pold. welke een gedeelte is van de *Laagjes-van-Numansdorp*, beslaat, volgens het kadaster, eene oppervlakte van 143 bund. 50 v. r. 50 v. ell., alles belastbaar land, en wordt door eene sluis, op de Schuringsche-Haven en voorts op het Hollands-diep, van het overtollige water ontlast.

SCHUTBURG, groote pachth. in het graafs. *Wiltz*, grooth. *Luxemburg*, arr. en 3 u. N. W. van *Diekirch*, kant. en 1¼ u. O. van *Wiltz*, gem. en ½ u. O. van *Altscheid*, aan de *Woltz;* met 2 h. en 15 inw.

SCHUTLAKENSCHE-DAM (DE), dijk in het graafs. *Megen*, prov. *Noord-Braband*, gem. *Oijen-en-Teeffelen;* in eene noordelijke rigting van de Weerschut, langs den Polder-van-Teeffelen, naar de Luttersteeg loopende en alzoo eenen dam vormende door de oostelijk aanloopende weteringen.

SCHUTSBOOM, b. in de *Meijerij van 's Hertogenbosch*, kw. *Maasland*, prov. *Noord-Braband*, *Eerste* distr., arr. en 3¼ u. O. ten N. van *'s Hertogenbosch*, kant. en 3¼ u. Z. ten O. van *Oss*, gem. *Heesch*, een gedeelte van de kom van het d. *Heesch* uitmakende.

SCHUTSBOOM, geh. in de *Meijerij van 's Hertogenbosch*, kw. *Peelland*, prov. *Noord-Braband*, *Derde* distr., arr. en 4 u. N. O. van *Eindhoven*, kant. en 2 u. N. ten O. van *Asten*, gem. *Bakel-en-Milheze*, 25 min. O. ten Z. van *Bakel*, aan de Bakelsche-Aa.

SCHUTSBOOM, buurt in de *Langstraat*, prov. *Noord-Braband*, *Tweede* distr., arr. en 1 u. W. van *Hertogenbosch*, kant. en 2¼ u. O. van *Waalwijk*, gem. en ¼ u. W. van *Vlijmen*, aan den straatweg van 's Bosch op Waalwijk. Men heeft er een ruim marktveld, waarop kermis gehouden wordt.

SCHUTS-HOOI-POLDERTJE (HET), onbehuisde pold. in de heerl. *Hooge-en-Lage-Zwaluwe*, prov. *Noord-Braband*, *Vierde* distr. arr. *Breda*, kant. *Zevenbergen*, gem. *Hooge-en-Lage-Zwaluwe;* palende N. aan het Oude-Gat, Z. aan den Beneden-polder.

Deze pold., welke in 1815 bezomerkaad, en sedert zeer door afspoeling verminderd is, beslaat, volgens het kadaster, eene oppervlakte van 3 à 4 bund. Het bestuur berust bij den eigenaar.

SCHUTSLOOT, b. in *Vollenhove*, prov. *Overijssel*, arr. en 4¼ u. N. van *Zwolle*, kant. en 2 u. Z. O. van *Vollenhove*, gem. en 1 u. Z. W. van *Wanneperveen;* met 250 inw.

Deze b. is een gedeelte van het geh. *Schutsloot-en-Zandbelt*. — Er bestaat hier eene school, mede voor de b. Zandbelt, welke gemiddeld door een getal van 50 leerlingen bezocht wordt.

SCHUTSLOOT-EN-ZANDBELT, geh. in *Vollenhove*, prov. *Overijssel*, arr. en 4¼ u. N. van *Zwolle*, kant. en 2 u. Z. O. van *Vollenhove*, gem. en 1 u. Z. W. van *Wanneperveen;* met 94 h. en 542 inw., die genoegzaam alleen hun bestaan vinden in de verveeningen en de visscherij.

Dit geh. bestaat uit de buurten Schutsloot en Zandbelt. In de nabijheid van dit geh., waar de verveeningen eerst begonnen zijn, heeft de eerste kerk en pastorie van Wanneperveen gestaan; geringe overblijfselen van grind en eenig struikgewas, in het tegenwoordige Belterwijde, duiden nog hare standplaats aan.

SCHUTSMA, landhoeve, prov. *Friesland*, kw. *Oostergoo*, griet. *Idaarderadeel*, arr. en 1¼ u. Z. O. van *Leeuwarden*, kant. en 2 u. N. N. O. van *Rauwerd*, bij *Warrega*, waartoe zij behoort.

SCHUTTENDAAL, adell. h. in de ambtmannij *Colmschate*, prov. *Overijssel*, arr., kant. en 1 u. N. van *Deventer*, gem. *Diepenveen*.

SCHUTTRINGEN, voorm. landmeijerij in het balj. van *Luxemburg*, grooth. *Luxemburg*, zijnde het oostelijkst deel van dit balj.

Deze landmeijerij bevatte Schuttringen, den Robertsmuhl, Munsbach, den Hof van Ober-Syren en Beyren.

SCHUTTRINGEN, gem. in het balj. van *Luxemburg*, landmeijerij van *Schuttringen*, grooth. *Luxemburg*, kw., arr. en kant. *Luxemburg*; palende N. aan Nieder-Anven en Betzdorf, O. aan Flaxweiler en Lenningen, Z. aan Contern, W. aan Sandweiler.

Deze gem. bevat het d. Schuttringen, benevens de geh. Behmuhl, Munsbach, Neunhausgen, Schrassig en Ober-Syren, en telt 120 h. en 1000 inw. De jaarlijksche productie der gem. Schuttringen begroot men op 1600 zak tarwe, 600 zak rogge, 2200 zak haver, 60 zak gerst, 40 zak erwten, 50 zak raapzaad en 4 zak linzen. Het grasgewas, klaverzaad en ander beestenvoeder is hier schaars. De veestapel beloopt 210 paarden, 125 stuks hoornvee en 200 zwijnen. Men houdt te Schuttringen vele bijenkorven. Er zijn 2 korenmolens, 1 gipsmolen en 1 houtzaagmolen.

De inw., die allen R. K. zijn, maken eene par. uit, welke tot het vic. apost. van *Luxemburg*, dek. van *Betzdorff*, behoort en door eenen Pastoor bediend wordt.

Het d. Schuttringen, in het fr. Schuttrange, ligt 1½ u. O. ten N. van Luxemburg, aan de Syren. Men telt er in de kom van het d. 55 h., en 370 inw. — De kerk is aan den H. Petrus toegewijd.

SCHUTWIJK, vaarwater in *Dieverder-dingspil*, prov. *Drenthe*, gem. *Hoogeveen*. Het is een der voornaamste zoogenaamde wijken of kleinere kanalen, waardoór de turf uit de meer verwijderde veenen naar het hoofdkanaal wordt afgevoerd.

SCHUURE (TER), b. op de *Over-Veluwe*, prov. *Gelderland*, distr. *Veluwe*, arr. en 8¼ u. N. W. van *Arnhem*, kant. en 1¼ u. Z. van *Nykerk*, gem. en 20 min. N. O. van Hoevelaken, aan den grooten weg van Deventer op Amersfoort; met een voorm. slot. Zie het volgende art.

SCHUURE (TER-), voorm. slot op de *Over-Veluwe*, vroeger behoorende aan de Graven van Groesbeek, prov. *Gelderland*, distr. *Veluwe*, arr. en 8¼ u. N. W. van *Arnhem*, kant en 1¼ u. Z. van *Nykerk*, gem. en 20 min. N. O. van *Hoevelaken*, aan den grooten weg van Deventer naar Amersfoort.

Later had het de gedaante van een landhuis. Nevens dit h. stond een tolboom, de Tol-van-Ter-Schuure genoemd, alwaar de bessen- en andere karren eenen zwijgenden tol betalen moesten.

Ter plaatse, waar het gestaan heeft, ziet men thans een heerenhuis. De daartoe behoord hebbende gronden, beslaande eene oppervlakte van 110 bund. 10 v. r. 7 v. ell., worden in eigendom bezeten door den Heer Mr. F. C. H. de Wolff van Westerrode, woonachtig aldaar.

SCHUURE-BEEK of Schuren-beek, ook wel Schoren-beek gespeld, beek, welke op de *Neder-Veluwe*, prov. *Gelderland*, uit de *Barneveldsche-beek* ontspringt, waarvan het een afzonderlijke tak is. Zij loopt voorts voorbij het huis Ter Schauwe, onder *Hoevelaken*; ontvangt de Hoevelakensche-beek, en ontlast zich weder in de *Vlier* of *Barneveldsche-beek*.

SCHUWAGT, pold. in den *Crimpenrewaard*, prov. *Zuid-Holland*, arr. *Rotterdam*, kant. *Schoonhoven*, gem. *Lekkerkerk*; palende N. aan de Loet, O. aan den pold. den Hoek, Z. aan de Lek en W. aan de gem. Crimpen-aan-de-Lek.

Deze pold., welke tegelijk met den geheelen Crimpenrewaard bedijkt is, beslaat, volgens het kadaster, eene oppervlakte van 856 bund. 70 v. r. 21 v. ell.; telt 112 h., waaronder 34 boerderijen en wordt door twee lage molens op den IJssel van het overtollige water ontlast, doch hij heeft bovendien, met den pold. den Hoek, nog eenen watermolen, welke mede aan den IJssel staat. Het polderbestuur bestaat uit drie Heemraden; terwijl hij met den pold. den Hoek, welke vier Heemraden heeft, onder eenen Polderschout behoort.

SCHUWEILER, d. in het balj. van *Luxemburg*, grooth. *Luxemburg*. Zie SCHOUWEILER.

SCHUYLENBURCH (DEN), adell. h. in het graafs. *Zutphen*, prov. *Gelderland*, distr. *Doesborg-en-Zevenaar*, arr. en 6 u. Z. O. van *Zutphen*, kant. en ½ u. Z. O. van *Ter-Borg*, 4½ u. O. Z. O. van *Doesborg*, 3½ u. O. ten Z. van *Zevenaar*, gedeeltelijk gem. en ½ u. N. O. van *Gendringen*, gedeeltelijk gem. *Wisch*, bij den Onden-IJssel, op eene hoogte.

Het was een oud gebouw, met eenen dikken vierkanten toren. De Heeren van de Rekenkamer waren, namens het landschap Zutphen, Heeren van SCHUYLENBURCH en hielden daarop eenen Rentmeester, die ook het ambt van Regter over de onderhoorige landerijen bekleedde.

In het jaar 1528 werd dit huis, waarop te dier tijd DIEDERIK VAN DORT met een vaandel knechten lag, door den Admirant van Arragon ingenomen.

Ter plaatse, waar het gestaan heeft, ziet men thans een fraai landhuis, met twee torens op de flanken. De daartoe behoorende gronden beslaan, voor zoo ver zij onder *Wisch* liggen, eene oppervlakte van 26 bund. 35 v. r., en worden thans in eigendom bezeten door Mevrouw J. P. Baronesse VAN HEERZELE, donairière van SCHUYLENBURCH VAN BOMMENEDE EN RENESSE.

SCHUYLENBURG, geh. in *Zalland*, prov. *Overijssel*, arr. en 5 u. N. O. van *Deventer*, kant. en 2½ u. O. van *Raalte*, gem. en 25 min. N. O. van *Hellendoorn*. Men heeft er eenen watermolen.

SCHUYLENBURG (DEN), voorm. havez. in *Zalland*, prov. *Overijssel*, arr. en 5 u. N. O. van *Deventer*, kant. en 2½ u. O. van *Raalte*, gem. en 25 min. N. O. van *Hellendoorn*. Op de plaats, waar vroeger het kast. Ter-Mollen gestaan heeft. Zie dat woord. Ook de havez. DEN SCHUYLENBURG is jaren geleden gesloopt.

Ter plaatse, waar zij gestaan heeft, ziet men thans vruchtboomen. De grond heeft, volgens het kadaster, eene oppervlakte van 26 v. r. 30 v. ell., en wordt thans in eigendom bezeten door den Heer WILLEM REINHART ADOLF CAREL Grave VAN RECHTEREN LIMPURG, woonachtig te Kampen.

SCHUYLENBURGSCHE-VEEN (HET), veen in *Zalland*, prov. *Overijssel*, gem. en 25 min. N. O. van *Hellendoorn*.

SCHWANENBACH (DE), beek in het grooth. *Luxemburg*.

Zij ontspringt in het noordelijkste deel van het Grünwald en valt, na eenen westelijken loop, bij Lorentsweiler, in de *Alsette*.

SCHWANENTHAL, geh. in de heerl. *Heisdorff*, grooth. *Luxemburg*, kw., arr. en 2 u. N. van *Luxemburg*, kant. en 1½ u. Z. van *Mersch*, gem. en ½ u. Z. van *Lorentzweiler*.

SCHWANTENHOFF, in het Fr. PLETCHETTE, geh. in de heerl. *Feltz*, groot. *Luxemburg*, kw., arr., kant. en 1½ u. Z. O. van *Diekirch*, gem. *Medernach*.

SCHWARTZENBERG, voorm. landh., thans eene hofstede, prov. *Friesland*, kw. *Oostergoo*, griet. *Smallingerland*, arr. en 4½ u. O. N. O. van *Heerenveen*, kant. en ¼ u. N. ten O. van *Beetsterzwaag*, ½ u. N. O. van *Dragten*, waartoe zij behoort, aan de Noorder-Dwarsvaart.

Deze hofstede is waarschijnlijk gesticht door GEORG FREDERIK VRIJ SCHWARTZENBERG, die in 1607 geboren is.

SCHWARTZENBERGS-BOSCH, voorm. bosch, prov. *Friesland*, kw. *Oostergoo*, griet. *Tietjerksteradeel*, 1 u. N. O. van Bergum.

SCHWARTZENBERGS-SLOOT, water, prov. *Friesland*, kw. *Zevenwouden*, griet. *Gaasterland*, uit een gedeelte van het Fluessermeer in de griet. Hemelumer-Oldephaert-en-Noordwolde, Z. O. loopende naar het landgoed Rys.

SCHWARTZENHOFF, geh in de heerl. *Elter*, grooth. *Luxemburg*, voorm. kw. en ¼ u. O. Z. O. van *Arlon*, kw., arr. en 3 u. W. N. W. van *Luxemburg*, kant. en gem. *Steinfort*.

SCHWATGEN of SCHWATGESHOHL, molen in de heerl. *Linster*, grooth. *Luxemburg*, arr. en 2½ u. N. O. van *Luxemburg*, kw., kant. en 2½ u. W. ten N. van *Grevenmacher*, gem. *Junglinster*.

SCHWEBACH, geh. in de heerl. *Siebenborn*, grooth. *Luxemburg*, arr. en ruim 4½ u. Z. W. van *Diekirch*, kant. en 1 u. O. Z. O. van *Redingen*, gem. *Saeul*, aan de Schwebach; met 9 h. en ongeveer 100 inw.

SCHWEBACH (DE), water in de heerl. *Siebenborn*, grooth. *Luxemburg*, dat zich, met eenen noordelijken loop, in de *Attert* ontlast.

SCHWEBSINGEN, d. in het balj. van *Remich-en-Grevenmacher*, regtsgeb. *Remich*, grooth. *Luxemburg*, kw. en 4½ u. Z. van *Grevenmacher*, arr. en 4 u. Z. O. van *Luxemburg*, kant. en ½ u. Z. van *Remich*, gem. en 25 min. Z. van *Wellenstein*, aan de Moezel; met 65 h. en 370 inw.

De inw., die er allen R. K. zijn, maken eene par. uit, welke tot het vic. apost. van *Luxemburg*, dek. van *Remich*, behoort, en door eenen Pastoor bediend wordt.

SCHWEIBERG of SCHWEYBERG, geh. in het *Land-van-Valkenburg*, prov. *Limburg*, arr. en 3 u. Z. van *Maastricht*, kant. en ¼ u. O. Z. O. van *Gulpen*, gem. en 1 u. Z. van *Wittem*; met 14 h. en 110 inw.

SCHWEICH of SCHWEICH, geh. in de heerl. *Siebenborn*, grooth. *Luxemburg*, kw., arr. en 5 u. W. van *Diekirch*, kant. en 1½ u. O. Z. O. van *Redingen*, gem. en 40 min. O. Z. O. van *Beckerich*, 15 min. O. van *Elvingen*, waartoe het behoort; met 32 h. en 260 inw.

SCHWIEDELBRUCH, geh. in de heerl. *Boudorff*, meijerij van *Roth*, grooth. *Luxemburg*, kw., arr. en 5 u. W. van *Diekirch*, kant. en 1½ u. N. W. van *Redingen*, gem. en 50 min. W. van *Folscheid*; met 72 h. en 350 inw.

SCHWINDT, landhoeve in het balj. van *Luxemburg*, grooth. *Luxemburg*, kw., arr. en 2½ u. Z. W. van *Luxemburg*, kant. en ½ u. N. van *Esch-aan-den-Alzette*, gem. *Monerich*.

SCAGEN, SCARDAM, SCARWOUD, SCORREL enz., oude spelling en nog hedendaagsche uitspraak van SCHAGEN, SCHARDAM, SCHARWOUDE, SCHOORL enz. Zie die woorden.

SCIE (DE) of DE SCYE, water betwelk genoemd wordt in eenen giftbrief van FLORIS V, Graaf *van Holland*, van het jaar 1281, als loopende tusschen Delft en Schiedam, welke thans nog DE SCHIE heet.

SCIEPLEDA, oude naam van het d. SCHIPLUIDEN, in *Delfland*, prov. *Zuid-Holland*. Zie SCHIPLUIDEN.

SCIPLUDEN-GILDEHUIS, oud h. te *Elburg*, in de *Groenstraat*, thans de *Kerkstraat*, op de plaats waar AREND THOE BOECOP in 1393, drie paardenstallen had laten bouwen, tegenover het tegenwoordige stadhuis of hertogelijke burg, in 1583 tot een burgerweeshuis, en in 1806, door bemiddeling van den Luitenant-Admiraal VAN KINSBERGEN, vergroot, uitgebreid en tot een instituut voor jongelingen ingerigt en in 1841 nogmaals met eenen vleugel vergroot.

SCIRMERE, oude naam van het voorm. meer DE BEDIJKTE SCHERMEER, in het balj. van de *Nieuwburgen*, prov. *Noord-Holland*. Zie SCHERMEER (BEDIJKTE-).

SCLAVEN, SKLAVEN of SLAVEN, voormalige duitsche volkstam uit de Scythen of Celten afkomstig, welke aan den Donau tehuis behoorde en zich in het begin der vijfde eeuw met de West-Gothen herwaarts begaven, als wanneer misschien eenigen hier te lande gebleven zijn. Sommige kronijkschrijvers toch verzekeren, dat zij aan de Maas een kasteel of vastigheid SCLAVENBORG (zie het volgende art.) zouden gebouwd hebben (1). Anderen verhalen, dat de SCLAVEN of WILTEN geheel Holland gewonnen hebben (2). Ook leest men, in schriften der tiende eeuw, van eene vermaarde koopstad aan den mond der Maas, zoo het schijnt, naar deze WILTEN WITLAM genoemd (3). Misschien hebben de Wiltsveenen, in Rijnland, ook hunnen naam naar dit volk bekomen (4).

SCLAVENBURG, SCHLAVENBURG, SLAVENBURG of SLAVEBURGUM, voorm. slot of burg, dat volgens sommigen door de Sclaven omstreeks het jaar 410, zoude gesticht zijn, doch thans vergaan is en zoo men wil zoude gestaan hebben, ter plaatse, waar nu Vlaardingen ligt, en waarvan nog zeker steenwerk, Slavenburch genaamd, het eenige zigtbare overblijfsel zijn zoude.

SCODDE, voorm. d. in *Zeeland*, in het verdronken *Zuid-Beveland*. Zie SCOUDEE.

SCOENEVELD, voormalig eil. in het N. W. van *Staats-Vlaanderen*, prov. *Zeeland*, in den mond van de *Hont* of *Wester-Schelde*, waar, naar men wil, eene stad en heerlijkheid zouden geweest zijn, die, vóór het jaar 1377, door de zee verzwolgen werden en welker naam nog in eene bank is overgebleven. Zie SCHOONEVELD.

Volgens MONTANUS was het ten tijde van GUI VAN DAMPIERE nog aanwezig en daarop een huis, kerk, kasteel en tuin van plaisance. Het verdronk in de veertiende eeuw. In de St. Janskerk te Sluis vond men de graftombe van THOMAS VAN SCOENEVELD fs. WILLEM, overleden 7 Julij 1417.

SCONROLE, naam, onder welken op de blaffert van de goederen der Utrechtsche kerk het d. SCHOORL in *Kennemerland*, prov. *Noord-Holland*, voorkomt. Zie SCHOORL.

SCOONREWOERDE, oude naam van het d. SCHOONREWOERD, in het graafs. *Leerdam*, prov. *Zuid-Holland*. Zie SCHOONREWOERD.

---

(1) *Chronica de Trajecto*, p. 310, edit. MATTH. in *Analect.* Tom. V.

(2) Ongenoemde Klerk, bl. 7.

(3) *Annal Fuldens* ad annum 836.

(4) Zie G. VAN LOON, *Aloude Hollandsche Histori*, D. I, bl. 232.

SCOTA, plaats, welke mede voorkomt op den blaffert van de goederen der Utrechtsche kerk, en waaronder ongetwijfeld het gehucht Schooten, in *Kennemerland*, prov. *Noord-Holland*, bedoeld wordt. Zie Schooten.

SCOUDÉE, ook wel Schoudee, Schodde en Scodde geschreven, voorm. amb. en d. in *Zuid-Beveland*, prov. *Zeeland*, hetwelk, vóór zijnen ondergang, gelegen heeft tusschen de Mosselkreek en het Vinkenisse-gat.

Het dorp en de heerl. was, bij den aanvang der vijftiende eeuw, een eigendom van Heer Gerard van Maldegem, aan wien Hertog Albrecht van Beijeren, den 4 October 1403, de vrijheid verleende, om in zijn ambacht en parochie, iedere week, op Donderdag te mogen onderhouden eene vrije weekmarkt, en verder alle jaren eene vrije jaarmarkt, in te gaan op den laatsten Zondag van April, en te duren tot op Donderdag daaraanvolgende, op welke men allerhande koopmanschappen zoude mogen ter markt brengen; veroorloovende verder aan voornoemden Heer, om alhier zoodanige keuren en boeten te zetten, als zouden kunnen dienen om voorschreven markten te beteren en in rust te houden, en zoo als in andere Zuid-Bevelandsche dorpen op zulke begunstigde markten plaats had; met last aan Schepenen dezer parochie, om over het inwinnen der voorzeide boeten te staan en regt te spreken, als behoorde.

Verdere lotgevallen vindt men van deze heerlijkheid niet aangeteekend, alleen, dat zij ook in den ramp deelde, dien de vloed van 1 November 1530, alomme aanbragt en nimmer sedert het hoofd opstak.

Het is zeker, dat een adellijk geslacht van deze heerlijkheid den naam gedragen heeft, als Pieter van Scoudée, wiens wapenschild was een lelie; hij bezegelde in het jaar 1276, den brief, waarbij met die van Antwerpen een accoord werd getroffen, over den tol of het vrij geleide over geheel de Honte. Smallegange (1) wil ook, dat het geslacht der Edelen van Scoudée, uit een jonger zoon der Edelen van Schengen zoude voortgesproten zijn, en dat die van Scoudée een schild van azuur voerden, met tien bollen van goud.

Deze heerlijkheid zal, even als vele anderen, door huwelijken, verbeurdverklaringen, giften als anderzins, door onderscheidene geslachten bezeten en gesmaldeeld zijn geworden, althans toen Smallegange zijn *Cronijk* schreef waren daarvan als eigenaars bekend Maria Soetens, voor 54 gemeten en 48 roeden 6 voet. 6 duim. (26 bund. 97 v. r. 11 v. ell.); de erfgenamen van Cornelis Musch voor even zoo veel; Jhr. Joan van Reygersberch, Heer van *Couwerve*, voor 469 gemeten 120 roeden 11 voeten (215 bund. 52 v. r. 98 v. ell.); Pieter de Huybert, Heer van *Burgh*, voor 262 gem. 295 roeden 6 voet (120 bund. 74 v. r. 94 v. ell.); Jr. Pieter van Cats, Heer van *Veenhuizen*, 63 gem. 56 roeden 1 voet 10½ duim (28 bund. 22 v. r. 15 v. ell.); Jhr. Gillis van Helle, Heer van *Piershil*, voor 9 gem. 8 roeden 1 voet (4 bund. 14 v. r. 48 v. ell.); Antonij de Huybert, Heer van *Kruiningen*, voor 72 gem. 63 roeden 9 voet (31 bund. 82 v. r. 75 v. ell.); Jhr. Josephus Adrianus van der Gracht, Baron van Vrempden en Olmen, Heer van *Batenbrouch*, voor 22 gemeten 246 roeden 6 voeten (10 bund. 20 v. r. 4 v. ell.); Jhr. Johan Hieronimus Huyssen, Heer in *Vossemeer*, voor 85 gemeten 96 roeden (39 bund. 17 v. r. 86 v. ell.). In het geestelijke was men hier den Utrechtschen Bisschop en het dekenschap van Zuid-Beveland onderworpen.

---

(1) *Nieuwe Cronijk van Zeeland*, bl. 470.

SCRABBEKERKE, naam, welken men in de wandeling veelal geeft aan het d. 's Heer-Abtskerke, in het eil. *Zuid-Holland*, prov. *Zeeland*. Zie 's Heer-Abt-kerke.

SCRANAHOLT, voorm. bezitting der Utrechtsche kerk. Zie Graveholt ('s).

SCULENBURG, oud kast. in *Twenthe*, prov. *Overijssel*, op een eil. van de rivier Reccla of Regge, waarvan de steenen door Wilbrand van Oldenburg, den vijf en dertigsten Bisschop van Utrecht, in 1228, naar den Hardenbergh zijn overgebragt. Echter behoudt de plaats nog den naam.

SCULINGBEKE (DE), naam, welken Dirk, Graaf van *Holland*, in zijnen giftbrief van het jaar 1083 geeft aan een stroompje, tusschen het welke en Huuslede zijn betovergrootvader aan de kerke van Egmond geschonken had vier hoeven (mansae), benevens de visscherij. Melis Stoke verhaalt het aldus:

Tusschen Sulen den Vloet
In Huuslede vier morgen vrie
Ende daertoe die visscherie.

Het eene dorp, Lede genaamt, dat in den giftbrief door het bijwoord Huus of Hues, onderscheiden wordt van het andere, dat naar het woord Schip, Scieplede (Schipluy) genoemd is, is geen klein bewijs, dat deze beide dorpen, naast aan elkanderen gelegen hebben; zoodat dit riviertje niet verre van Schipluy gezocht en opgespoord moet worden. Of dit nu het water is dat hedendaags de Gaag genoemd wordt, bij de stad Delft, of een ander de Slink genaamd, valt niet te bepalen, Sculingbeke vindt men geteekend in de kaart van Alting, Tab. V Pars II, zoo als dit stroomptje van de Liora (Liere) loopt, tot in een watertje daar genaamt Harga. Maar dewijl de Gaag, voorbij het dorp Schipluiden loopende naar Maasland en Maaslandsluis hiervan te ver schijnt verwijderd te zijn, zou men de andere gissing van Alting liever mogen toevallen en stellen, dat de Slink of Slinksloot, een gedeelte van de Sculingbeke geweest is. Het is zelfs niet onwaarschijnlijk, dat de naam van Slink door verbastering zijnen oorsprong heeft van Sculing en dat Sulen den Vloet, zoo als Melis Stoke schrijft van sommigen Sculen en met een anderen uitgang Sculing genoemd is.

SEA, kaap in *Oost-Indië*, in den *Archipel-van-St.-Lazarus*, aan de Westkust van het *Ambonsche* eil. *Borneo*.

SEA, d. in *Oost-Indië*, resid. *Amboina*, op het eil. *Bonoa*, op de kaap *Sea*.

SEAGALLIS, st. in *Oost-Indië*, op het *Sundasche* eil. *Borneo*, aan de Noordoostkust, aan de baai *Sandakan*.

SEALAND, katoenplant. in *Nederlands-Guiana*, kol. *Suriname*, in *Opper-Nickeri*; palende N. aan den Atlantische-Oceaan, O. aan de katoenplant. Gloucester, Z. aan den rijweg, W. aan de katoenplant. Providence; 1000 akk. groot.

SEAVIAN, oud d. in *Oost-Indië*, op de Westkust van het eil. *Timor*, in eene baai, 3 of 4 m. N. van Amabre.

SEBA, vorst. in *Oost-Indië*, op het eil. *Savo*. — Dit vorstendom wordt door eenen Radja, benevens eenige Felters en Tomongons geregeerd.

SEBA, d. in *Oost-Indië*, op het eil. *Savo*, vorst. *Seba*, met eene haven.

Cook, die in het jaar 1770 het eiland Savo aandeed, vond in de haven van Seba een Hollandsch Korporaal als posthouder. La Peyrouse en d'Entrecasteaux hebben dit eiland mede bezocht.

In het d. Seba is een groote steen, die door hem, welke een eed doet, wordt aangeraakt. De overlevering zegt, dat onderscheidene personen, die valschelijk op dien steen gezworen hebben, onder het doen van den eed zijn dood gebleven en dat die steen bij eene dergelijke gelegenheid van een gebarsten is.

SEBALDEBUREN, Sybaldabuurren of Sibaldebuuren, d. in het *Westerkwartier*, prov. *Groningen*, arr. en 4 u. W. van *Groningen*, kant. en 2 u. Z. W. van *Zuidhorn*, gem. en ½ u. O. ten N. van *Grootegast*.

Men telt er in de kom van het d. 34 h. en 210 inw. en met het daartoe behoorende geh. de Jouwer of Cusemerbalk, benevens het Westerzand, 76 h. en 410 inw., die meest hun bestaan vinden in den landbouw en veenderijen.

De bodem bestaat op sommigen plaatsen uit zandgrond, waarop Sebaldeburen, de Jouwer, de Balk en het Zandt grootendeels gebouwd zijn; doch men heeft er ook vele lage landen, waarvan de ondergrond swart zand en ook veen en roodoorn bevat. Daarenboven bezit het ten Z. een aanzienlijk gedeelte veenlanden, welke reeds aanmerkelijk uitgebaggerd zijn. De lage landen ten N. worden drooggemalen. Op de zandgronden bouwt men, zoo wel hier als elders in deze burgerlijke gemeente, veel rogge, boekweit, vlas enz. Men baggert er insgelijks, hoezeer de lage landen thans met meer voordeel, dan voorheen, tot den landbouw worden gebruikt. Weleer plagt Sebaldeburen de hoofdplaats van geheel Ooster- en Westerdeel-Langewold te zijn en werd aldaar regtdag gehouden. Op het Westerzand vindt men nog de burgstede van den gesloopten burg Boekstede. Oudtijds was het kerspel zeer uitgestrekt en aanzienlijk en verdeeld in Sebaldeburen-boven en Sebaldeburen-beneden; het laatste heeft zich in lateren tijd bij Grijpskerk gevoegd. Aan de oostzijde wordt dit dorp door het Wolddiep van Oldekerk gescheiden. Het Kolonelsdiep, afkomstig van den Spaanschen Kolonel Caspar Robles, is hier afgedamd en strekt thans tot een molendiep.

De inw., die er allen Herv. zijn, onder welke 40 Ledematen, maken eene gem. uit, welke tot de klass. van *Groningen*, ring van *Grootegast*, behoort. Sebaldeburen en *Grijpskerk* werden van 1602 tot in 1605 bediend door den Predikant Nicolaas Petri, die in laatstgenoemd jaar naar Visvliet vertrok. Toen werd Sebaldeburen met *Grootegast* vereenigd, tot in 1616 of 1617, en daarop met *Oldekerk*. Johannes Frederici Hooarbbee werd voor beide gemeenten in 1616 of 1617 beroepen en vertrok in 1622 naar Saaksumhuizen. Na het overlijden van Henricus Swem, hetwelk in 1680 plaats had, werden die beide plaatsen gescheiden en Sebaldeburen bekwam, tot in 1683, haren eersten afzonderlijken Predikant in Georgius Placius, die in 1690 naar Holwerd in Friesland vertrok. Het collatieregt is hier, nevens andere collatoren, bij den huize Nijenoort. Onder de Predikanten van naam, die te Sebaldeburen gestaan hebben verdient melding de Oudheidkundige Nicolaas Westendorp, die hier in 1797 kwam en in 1812 naar Losdorp vertrok, waar hij in 1836 overleden is.

De kerk, welke hier vroeger stond, en vóór de Reformatie aan den H. Sebaldus was toegewijd en met drie torentjes prijkte, is in 1806 afgebroken en in 1807 vervangen door de tegenwoordige kerk met een koepeltorentje, doch die van geen orgel voorzien is. Zij staat op een hoog zandig kerkhof, ten Z. van den rijweg en werd den 22 November 1807 ingewijd door den toenmaligen predikant, Nicolaas Westendorp (1).

---

(1) De bij deze inwijding uitgesprokene Leerrede werd, door Westendorp, met oudheidkundige aanteekeningen, uitgegeven te *Groningen* 1809. Ten aanzien van dit dorp en het afgescheiden gedeelte, dat nu tot *Grijpskerk* behoort, kan men naslaan: Mr H. O. Feith, *over de kerspellasten van Grijpskerk, met eene bijlage over het collatieregt van Grijpskerk en eene kleine verhandeling over de oude jaartalsteen en de voormalige verponding in deze Provincie*, *Groningen* 1840.

De dorpschool wordt gemiddeld door een getal van 60 leerlingen bezocht.

Er wordt hier op *Hemelvaartsdag* eene markt gehouden, welke vroeger zeer aanzienlijk was, doch thans weinig meer wordt bezocht.

SEBALDEBUREN-BENEDEN, naam, welke men vroeger gaf aan dat gedeelte van SEBALDEBUREN, dat nu behoort tot de gem. *Grijpskerk*, in het *Westerkwartier*, prov. *Groningen*. Zie GRIJPSKERK.

SEBALDEBUREN-BOVEN, naam, welken men vroeger gaf aan dat gedeelte van *Sebaldeburen*, dat nu behoort onder de burgerlijke gem. *Grootegast*, in het *Westerkwartier*, prov. *Groningen*, thans enkel SEBALDEBUREN geheeten. Zie SEBALDEBUREN.

SEBAJAM, lands. in *Oost-Indië*, op het *Sundasche* eil. *Borneo*, resid. *Banjermasing*, N. van Mondawi.

SEBASTIAAN (ST.), ook wel eens fort CHAMA genoemd, fort in *Afrika*, in *Opper-Guinea*, aan de *Goudkust*, stranddistr. *Adon*, landstr. *Chama*, aan de Chama. Het is door de Portugezen gebouwd, die het ook zijnen naam gegeven hebben.

SEBASTIAAN (ST.), fort in *West-Indië*, op het eil. *Curaçao*, in de West-divisie, Z. van de plant. Verlaten, Z. W. van Siberien, N. W. van Zevenhuizen en N. O. van Fort-Marie.

Dit fort ligt op eene kleine hoogte en is geen van de slechtste forten aan de Goudkust. Het heeft twee kleine bolwerken en twee kleine ronde batterijen, en is waarschijnlijk, omtrent het jaar 1638, den Portugezen ontnomen. Wat het fort op zich zelve aanbelangt, het was welaangelegd; het kan zich echter niet anders verweren dan tegen de Inlanders of wat van de landzijde mogt worden ondernomen, dewijl van de zeezijde niets is te vreezen, aangezien er, van het land af, een rif van rotsen in zee steekt, dat door groote schepen, op eenen genoegzamen afstand moet worden vermeden; terwijl men met eenen Afrikaansche roeischuit of kanoe daar tusschen en in den links uitloopende oever, gerustelijk, het zij links of regts, waar men zich naar toe begeven wil, in zee loopt.

Het vlek Chama is gelegen onder het geschut der sterkte. De Negers te dezer plaatse vervaardigen kanoos, welke voor den handel langs de kust zeer geschikt zijn; ook ontmoet men onder de Negers te Chama bekwame roeijers of scheppers, om die vaartuigen, op eene handige wijze, dwars door de branding te brengen. Gewoonlijk voorzien dan ook de Europesche schepen, tot den handelstogt langs de Goudkust, zich te dezer plaatse van de noodige kanoos en scheppers.

SEBASTIAANSLAND (ST.), pold. in de heerl. *Zevenbergen*, prov. *Noord-Braband*. Zie BLOKEN (KORTE-).

SEBASTIAANS-POLDER (DE ST.), naam van dat gedeelte van den TILLE-POLDER in het *Land-van-Overflakkée*, prov. *Zuid-Holland*, dat onder de gem. *Oude-Tonge* behoort, ook wordt de geheele polder wel eens onder dien naam begrepen. Zie TILLE-POLDER.

SEBATIE, eil. in *Oost-Indië*, in de *Zee-van-Celebes*, aan de oostkust van het *Sundasche* eil. *Borneo*, tegenover den mond der Tawa.

SEBAUW (TONGGONG-), eil. in *Oost-Indië*, tot de *Riouwsche-eilanden* behoorende. Zie TONGGONG-SEBAUW.

SEBEKORI, strand in *Oost-Indië*, op het *Ambonsche* eil. *Ceram*, schiereil. *Hoewamohel*, aan de Westkust.

SEBIANO, d. in *Oost-Indië*, op de Noordwestkust van het eil. *Vorstate*, een der *Tenimber-eilanden*. Het bevat een twintigtal huizen, aan den zeekant gelegen.

SEBOETI, oud d. in *Oost-Indië*, op het *Sundasche* eil. *Java*, resid. *Cheribon*, ads. res. *Indramayoe*.

SEBRAA, eil. in *Oost-Indië*, een der *Kleine-Sunda-eilanden*. Zie ADANARA.

SECELLO, d. in *Oost-Indië*, op het *Sundasche* eil. *Java*, resid. *Kadoe*, ads. res. *Magalang*.

SECONDPOINT, Engelsche naam van de TWEEDE-PUNT, kaap in *Oost-Indië*, op het *Sundasche* eil. *Java*. Zie TWEEDE-PUNT.

SEDANG, staat in *Oost-Indië*, op het *Sundasche* eil. *Borneo*, resid. *Pontianak*, omstreeks kaap *Datoe*.

SEDANG, stad in *Oost-Indië*, op het *Sundasche* eil. *Borneo*, resid. *Pontianak*, staat *Sedang*, 2° 15′ N. B., 128° 34′ O. L.

SEDANG (DE), riv. in *Oost-Indië*, op het *Sundasche* eil. *Borneo*, resid. *Pontianak*, die met eene westelijke rigting in de *Straat-van-Karimata* uitloopt.

SEDANG (DE BAAI-VAN-), baai in *Oost-Indië*, in de *Straat-van-Karimata*, aan de Westkust van het eil. *Borneo*.

SEDANGLOENING, d. in *Oost-Indië*, op het *Sundasche* eil. *Java*, resid. *Baglen*.

SEDANPETOEL, d. in *Oost-Indië*, op het *Sundasche* eil. *Java*, resid. *Kadoe*, ads. res. *Magalang*.

SEDAWERIK, oud d. in *Oost-Indië*, op het *Sundasche* eil. *Java*, resid. *Preanger-Regentschappen*.

SEDA-RATOE, berg in *Oost-Indië*, op het *Sundasche* eil. *Java*, ads. res. *Buitenzorg*.

Het is de hoogste top van de Gede, zijnde 11,500 voeten hoog. De krater ligt op 10,550 voet hoogte, in zijn bekken is eene kom, met witachtig ziedend water, waaruit zich eene dampzuil verheft; die kom is omringd door vijf kloven of spleten, waaruit met dof gerucht en hevige kracht dikke zwaveldampen worden uitgeworpen.

SEDARI, oud d. in *Oost-Indië*, op het *Sundasche* eil. *Java*, ads. res. *Krawang*.

SEDARI (HOEK-VAN-), kaap in *Oost-Indië*, in de *Zee-van-Java*, aan de Noordkust van het *Sundasche* eil. *Java*, resid. *Krawang*.

SEDARIO, kaap in *Oost-Indië*, in de *Straat-van-Madura*, aan de kust van het eil. *Java*, resid. *Bezoeki*. — Deze kaap maakt de Noordoosthoek van Java uit.

SEDARIPITOEL, d. in *Oost-Indië*, op het *Sundasche* eil. *Java*, resid. *Kadoe*, ads. res. *Magalang*.

SEDAWERIK, oud d. in *Oost-Indië*, op het *Sundasche* eil. *Java*, res. *Preanger-Regentschappen*.

SEDJATIE, bosch in *Oost-Indië*, op het *Sundasche* eil. *Java*, resid. *Pekalongan*, reg. *Batang*, distr. *Soeba*, 24 palen van Batang.

Het beslaat eene lengte van 6 palen, en is rijk in waroe-, rangas- en soerenhout.

SEDEKARIE (DE), riv. in *Oost-Indië*, op het *Sundasche* eil. *Java*, resid. *Soerabaya*.

Het is een arm van de *Kedirie*, welke zich in eenen westelijken loop in de *Straat-van-Madura* ontlast.

SEDJOO, d. in *Oost-Indië*, op het *Sundasche* eil. *Billiton*; met 400 inw.

SEDRE, zeeëngte in *Oost-Indië*, in de *Indische-zee*, N. van het *Sundasche* eil. *Sumatra*, tusschen Poeloe-Nancy en Koningspunt. Zij is zeer naauw.

SEE-AMOL, eil. in *Oost-Indië*, in de *Zee-van-Celebes*, bij de Oostkust van het *Sundasche* eil. *Borneo*; 5° 27′ N. B., 136° 34′ O. L.

SEE-BANGOG, eil. in *Oost-Indië*, in de *Zee-van-Celebes*. Zie BANG'OER (SI).

SEE-BEEROE, eil. in *Oost-Indië*, in den *Sundasche-Archipel*. Zie BIROE.

SEELNSTRIE, d. in *Oost-Indië*, op het *Sundasche* eil. *Java*, resid. *Kadoe*, ads. res. *Magelang*.

SEERAARTSKERKE en SEERAETSKERKE, namen, welke men veelal in de wandeling geeft aan het d. 's HEER-ARENDSKERKE, op het eil. *Zuid-Beveland*, prov. *Zeeland*. Zie HEER-ARENDSKERKE ('s).

SEER-APSKERKE, naam, welken men in de wandeling veelal geeft aan het d. 's HEER-ABTSKERKE, op het eil. *Zuid-Beveland*, prov. *Zeeland*. Zie HEER-ABTSKERKE ('s).

SEERIJP, ook wel ZEERIJP en SIRIP geschreven, geh. op het eil. *Ter-Schelling*, prov. *Noord-Holland*, arr. en 20 u. N. van *Hoorn*, kant. en 15 u. N. van *Medemblik*, gem. *Ter-Schelling*; met 5 h. en 40 inw.

SEERIJPER-POLDER of SIRIPER-POLDER, pold. in het eil. *Ter-Schelling*, prov. *Noord-Holland*, arr. *Hoorn*, kant. *Medemblik*, gem. *Ter-Schelling*.

SEGALA of SEGALO, distr. in *Oost-Indië*, op het *Sundasche* eil. *Java*, resid. *Baglen*.

Den 22 Maart 1826 heeft een detachement der onzen, op Wonosobo gekampeerd, eene talrijke troep muitelingen, die zich in het Segalasche had verzameld, verdreven, na hun een verlies te hebben toegebragt van vele dooden, een metalen lela, een vaandel en onderscheidene geweren.

SEGALA of SEGALO, d. in *Oost-Indië*, op het *Sundasche* eil. *Java*, resid. *Baglen*, distr. *Segala*, waarvan het de hoofdplaats is, aan de Serayo.

SEGALA-HERAN, distr. in *Oost-Indië*, op het *Sundasche* eil. *Java*, ads. res. *Krawang*.

Dit distr. is zeer bergachtig. Het geniet al het voordeel van het klimaat en de vruchtbaarheid der Preanger-Regentschappen. De termometer van FAHRENHEIT klimt er des daags zelden boven de 80° en daalt des nachts tot 68°, 66° zelfs tot 50°.

SEGAR, d. in *Oost-Indië*, op het *Kleine-Sundasche* eil. *Lombok*, aan den Oostkant.

SEGARA-ANAKAN (KINDER-ZEE), baai in *Oost-Indië*, in de *Indische-zee*, Z. van het *Sundasche* eil. *Java*, tusschen dat eil. en Noesa-Kambangan; met ondiepen moddergrond en geheel ongeschikt voor zeeschepen.

SEGARA-WEDI of ZANDBAAI, baai in *Oost-Indië*, in de *Indische-zee*, aan de zuidzijde van het *Sundasche* eil. *Java*

SEGERIE, lands. in *Oost-Indië*, op het *Sundasche* eil. *Celebes*, gouv. *Makassar*, tot de *Badjoe-Keke* behoorende.

SEGGELIS (HET), HET SEGLIS of HET ZEGLIS, water in *Kennemerland*, prov. *Noord-Holland*, dat van Alkmaar in eene westelijke strekking naar de ringsloot van het Schermeer loopt, en thans een gedeelte van het *Groote-Noordhollandsch-kanaal* uitmaakt.

SEGHERWILGHE, volgens sommigen een voorm. d. in *Staats-Vlaanderen*, prov. *Zeeland*, dat in 1377 zoude verdronken en later niet weder boven gekomen zijn.

SEGNIERS (DE), naam van een der drie kleine volken, welke omstreeks Christus geboorte, het latere hertogdom *Luxemburg* bewoond hebben.

SEGON, bosch in *Oost-Indië*, op het *Sundasche* eil. *Java*, resid. *Pekalongang*, distr. *Soeba*. Het bestaat meestal uit djatieboomen.

SEGORO-ALOON en SEGORO-LOERANG, riv. in *Oost-Indië*, op het *Sundasche* eil. *Java*, resid. *Passaroewang*. Zie KORBANG-SEGORO-ALOEN (DE) en KORBANG-SEGORO-LOERANG (DE).

SEGROEDI, eil. in *Oost-Indië*, in de *Indische-zee*, op de kust van het lands. *Panaraga*, resid. *Madion*, op het *Sundasche* eil. *Java*.

SEGUILLO, d. in *Oost-Indië*, op het *Sundasche* eil. *Java*, resid. *Baglen*.

In December 1828 ontwaarde de zesde mobile kolonne van het Nederlandsche leger, onder bevel van den Kapitein REBIA VAN NAUTA, welke van Gombar was opgetrokken, om over Tjinkawa en Paësan eenen overtogt over de Lerang te zoeken, bij dit dorp den vijand, die vier vaandels voor zich had geplant, doch door eenige, door den Luitenant RUTTER, wel gerigte kanonschoten, weldra uiteen stoof. Inmiddels had de vijandelijke Tommongong PRAWIRO KOESOEMO het oogenblik afgewacht, dat de helft der kolonne hier een ravijn was overgetrokken, om zich te vertoonen, en kwam nu met ongeveer 400 man geregeld aanrukken. De door den Kapitein VAN NAUTA intusschen bevolene bewegingen, werden zoo snel en zoo goed uitgevoerd, dat de vijand, met achterlating van vele dooden en gewonden, spoedig op de vlugt werd gejaagd.

SEGWAARD, gem. in *Rijnland*, prov. *Zuid-Holland*. Zie ZEGWAARD.

SEHLEM, naam onder welke het d. ZELHEM, in het graafs. *Zutphen*, prov. *Gelderland*, in het jaar 1255 voorkomt. Zie ZELHEM.

SEHLEN, groote pachth. in de heerl. *Feltz*. Zie SEILERHOFF.

SEILAN, POELOE-SEILAN, eil. in *Oost-Indië*, in de *Indische-zee*. Zie PRINSEN-EILAND.

SEILASSI, oud d. in *Oost-Indië*, op het *Ambonsche* eil. *Amblau*; het telde in het begin der achttiende eeuw bijna 500 zielen.

SEILERHOFF of SEHLEN, groote pachth. in de heerl. *Feltz*, grooth. *Luxemburg*, kw., arr. en 5 u. N. van *Luxemburg*, kant. en bijna 2 u. N. van *Mersch*, gem. en 50 min. W. N. W. van *Nomeren*.

SEIN (HET GROOT-), meertje, prov. *Friesland*, kw. *Westergoo*, griet. *Hemelumer-Oldephaert-en-Noordwolde*, 10 min. O. ten Z. van Warns, dat met het *K l e i n - S e i n*, de *L u t k e w i e l* en *L a n g e d a m* in verbinding staat.

SEIN (HET KLEIN-), meertje, prov. *Friesland*, kw. *Westergoo*, griet. *Hemelumer-Oldephaert-en-Noordwolde*, 5 min. O. van *Warns*, dat met het *G r o o t - S e i n* en met de *G e e u w* in verbinding staat.

SEINGRAVE, hoeve, in *Twenthe*, prov. *Overijssel*. Zie SINGRAVE.

SEISDAM, voorn. dam of dijk, op het eil. *Walcheren*, prov. *Zeeland*, ten Noorden van *Middelburg*.

Door dezen dam werden de West- en Zuidwateringen aan Middelburg vastgehecht, nadat Beverens-Ambacht, in de Wijtvliet opgekomen, beide gezegde deelen had vereenigd door den Sutburg- of Zandburgdijk. Eene gracht in het Noorden der stad Middelburg wordt nog SEISDAM genoemd.

SEISJESBERG (DE), heuvel in *Gooiland*, prov. *Noord-Holland*, 10 min. Z. ten W. van het d. *Huizen*, een der hoogste heuvelen in Gooiland.

Men heeft van dezen berg een fraai gezigt over het naburige land, en over de Zuiderzee, benevens de dorpen aan geene zijde daarvan gelegen.

SEITAART of SEITERT, geh. in de *Meijerij van 's Hertogenbosch*, kw. *Peelland*, prov. *Noord-Braband*. Zie SEYTERT.

SEITAN, POELOE-SEITAN, eil. in *Oost-Indië*, tot de *Banda-eilanden* behoorende.

SEITERT, bosch. in het balj. van *Diekirch*, grooth. *Luxemburg*, arr., kant. en gem. *Diekirch*.

In 1668 kwam een meisje, dat door de pest was besmet van Vianden te Diekirch, welke laatste stad tot nog toe vrij was gebleven. Hare ouders zagen het gevaar, waarin zij verkeerde, waarop de vader — het was juist Zondag — bij het uitgaan der kerk, zijne medeburgers waarschuwde. Bijna allen verlieten nu hunne huizen en trokken, eenigen naar het bosch *Seitert*, anderen over de rivier naar den Hart, waar zij zich langs de Sure tot in de maand December ophielden. Vele geboorten hadden toen op het veld plaats, bijzonder in de streek *Astloch*, van waar zij hun linnen gingen wasschen in eene bron, welke op eene hoogte bij *Ettelbruck* ontsprong, en wegens de vele windels (luijers) nog heden Windelbrunnen heet. Onder anderen zijn in den *Astloch* de Notaris SPRINGENFELD en de Priester APPERT geboren. Beide zijn op de brug te Ettelbruck gedoopt.

SEIVENHAREN, oude naam, waaronder het stadje ZEVENAAR, op de *Lijmers*, prov. *Gelderland*, in 1200 voorkomt. Zie ZEVENAAR.

SEKADOE, rijk in *Oost-Indië*, op het *Sundasche* eil. *Borneo*, aan de Westkust.

SEKADOE, d. in *Oost-Indië*, op het *Sundasche* eil. *Borneo*, rijk *Sekadoe*, aan de Pontianak.

SEKAMPONGHALAM, d. in *Oost-Indië*, op het *Sundasche* eil. *Sumatra*, resid. *Lampong*, distr. *Semangka*.

Dit d. is den 29 Julij 1846 door de onzen vernield, omdat de inwoners bijstand verleend hadden aan zekeren DALAM MANGKOE NEGARA, die tegen het Nederlands Gouvernement in opstand was.

SEKAPOOK, d. in *Oost-Indië*, op het *Sundasche* eil. *Java*, resid. *Soerabaya*, reg. *Sidayoe*, distr. *Tambanga*.

In de nabijheid van dit dorp is, den 23 April 1843, eene grot ingestort, waarin zich 23 menschen bevonden, bezig om kalksteen bij een te verzamelen. Met alle mogelijke moeite heeft men slechts vier dier ongelukkigen levend kunnen opgraven, doch in zulk eenen verwonden staat, dat er weinig hoop op hun behoud overbleef. Acht hunner werden levenloos uit den grond opgedolven, terwijl het, in weerwil van alle krachtsinspanning, niet is mogen gelukken, om de lijken der overigen te voorschijn te brengen, hoezeer men daaraan tot op den 26sten gearbeid had. Na een zoo lang verloop van tijd, was alle hoop op hun behoud vervlogen en is het doorgraven gestaakt geworden; terwijl de nabestaanden der nog vermiste personen verzochten, dat de plaats, waar het ongeluk was voorgevallen, ter herinnering daaraan, tot eene begraafplaats mogt worden ingerigt, welk verzoek hun is ingewilligd geworden.

SEKAR, d. in *Oost-Indië*, op het *Sundasche* eil. *Java*, resid. *Soerakarta*. Men heeft eene bron in de nabijheid.

SEKARANG, distr. in *Oost-Indië*, op het *Sundasche* eil. *Java*, resid. *Kadoe*.

SEKARWOJO, d. in *Oost-Indië*, op het *Sundasche* eil. *Java*, resid. *Soerabaya*, ads. res. *Grissé*, dist. *Palambokan*.

In dit d. is, in den nacht van 16 September 1845, een hevige brand ontstaan, waardoor ondanks de aangebragte hulp, binnen den tijd van één uur, negen en tachtig woonhuizen zijn vernield geworden. De schade veroorzaakt door dezen ramp, welke aan onvoorzigtigheid werd toegeschreven, werd op 6830 guld. berekend.

SEKAT, TANDJONG-SEKAT of DAEGOE-RIJSTHOEK, kaap in *Oost-Indië*, in den *Archipel-van-St.-Lazarus*, aan de Westkust van het eil. *Ceram*.

SELA, voorm. d. in *Oost-Indië*, resid. *Amboina*, op het *Ambonsche* eil. *Manipa*, op de kust *Samabo*.

Het was slechts een klein dorpje, waarvan, in het begin der vorige eeuw, de inwoners meest uitgestorven waren.

SELAGADANG, d. in *Oost-Indië*, op het *Sundasche* eil. *Java*, resid. *Preanger-Regentschappen*, reg. *Soemedang*, lands. *Selagodon*.

SELAGODON, lands. in *Oost-Indië*, op het *Sundasche* eil. *Java*, resid. *Preanger-Regentschappen*, reg. *Soemedang*, O. van Pondajang.

SELAKON, lands. in *Oost-Indië*, op het *Sundasche* eil. *Borneo*, aan de Westkust, resid. *Pontianak*.

Men heeft er mijnen. De Chinesche mijnwerkers, in maatschappijen en onder hoofden vereenigd, bewerken de mijnen voor eigene rekening. Zij leven bijna onafhankelijk in hunne dorpen, waar de gehuwden afzonderlijke kleine woningen hebben en de ongehuwden bij elkander wonen. Deze staan aldaar onder het toezigt der Opperhoofden, en worden door dezen gevoed. Dewijl de mijnwerkers zout en andere benoodigheden van de kust krijgen, onderhouden zij betrekking met de daar wonende Chinezen, en deze zijn, op hunne beurt, met het gezamenlijke vaderland in aanraking, werwaarts, door middel der af- en aanvarende jonken of wankangs, jaarlijks een gedeelte der winsten wordt overgemaakt.

SELAMA, d. in *Oost-Indië*, resid. *Amboina*, op het *Ambonsche* eil. *Ceram*, aan de Sawa-baai; 2° 56′ Z. B.

SELAN of SEILAN, gedeelte van het *Ambonsche* eil. *Ceram*, in *Oost-Indië*, resid. *Amboina*, en wel dat gedeelte, hetwelk zich van Wenlnama-Winauwer naar Elipapoeteh uitstrekt.

SELAN, d. in *Oost-Indië*, op het *Ambonsche* eil. *Ceram*, aan de Zuidkust, nabij eene baai.

SELAN-BINAUWER of SEILAN-BINAUWER, gedeelte van het *Ambonsche* eil. *Ceram*, in *Oost-Indië*, resid. *Ambon*. Het is dat gedeelte hetwelk zich van Kellemeer tot Weninama-Winauwer uitstrekt.

SELANG, eil. in *Oost-Indië*, in den *Moluksche-Archipel*, resid. *Ternate*, aan de Zuidpunt van het eil. *Batsjan*, waarmede het twee goede havens vormt; 0° 50′ Z. B., 141° 46′ O. L.

SELANGADONG, lands. in *Oost-Indië*, op het *Sundasche* eil. *Java*, resid. *Preanger-Regentschappen*, reg. *Soekapoera*.

SELANGIS (DE), riv. in *Oost-Indië*, op het *Sundasche* eil. *Sumatra*, resid. *Palembang*.

Zij besproeit het geheele land van Pasoemah-Lebar en dat van Lamatang en stort zich als eene aanzienlijke rivier in de *Moesie* uit. Op sommige plaatsen is zij zeer smal, hare oevers bestaan uit een zwart, fijn zand. Haar water is met zwavel bezwangerd. Zij heeft eenen grooten waterval.

SELA-PADJANG, land. in *Oost-Indië*, op het *Sundasche* eil. *Java*, resid. *Batavia*.

SELA-PARANG, plaats in *Oost Indië*, op het eil. *Lombok*, een der *Kleine-Sunda-eilanden*, aan de Westkust. Naar deze plaats wordt het geheele eiland weleens bij verbastering *Salemparang* geheeten.

SELAR, d. in *Oost-Indië*, resid. *Ambon*, op het eil. *Manipa*, een der *Banda-Eilanden*

SELARONG, berg in *Oost-Indië*, op het *Sundasche* eil. *Java*, resid. *Djocjokarta*.

SELARONG, d. in *Oost-Indië*, op het *Sundasche* eil. *Java*, resid. *Djocjokarta*, aan den voet van eenen berg van dien zelfden naam.

Den 5 October 1825 werden de muitelingen, onder DIEPO-NEGORO, die zich in dit dorp genesteld hadden, door den Generaal Majoor VAN GEEN, daaruit gedreven. Op den moedigen aanval van de onzen, kozen zij eene overhaaste vlugt, latende ruim vijftig der hunnen, onder welke twee Hoofden, op het slagveld.

SELASSI, d. in *Oost-Indië*, op het *Sundasche* eil. *Sumatra*, resid. *Padang*, in de *Padangsche-Bovenlanden*.

SELASTZI, d. in *Oost-Indië*, op het *Sundasche* eil. *Java*, resid. *Kadoe*, ads. res. *Magelang*.

Den 20 Mei 1838 werden de muitelingen, nabij dit dorp, door den Majoor BUSCHKENS, kommandant der achtste mobiele kolonne, aangetroffen en voornamelijk door vijf wel aangebragte schoten uit een éénponder, in de grootste verwarring, op de vlugt gejaagd, nadat zij zich reeds eenmaal met eene tweede troep muitelingen vereenigd hadden.

Op den verderen marsch van dien dag naar Jeboes, werd de vijand nogmaals aangetroffen, en spoedig verdreven.

SELATIEN, kaap in *Oost-Indië*, in de *Zee-van-Java*. Zie SALATAN.

SELA-TIGA, eigenlijke naam van het d. SALATIGA, in *Oost-Indië*, op het *Sundasche* eil. *Java*. Zie SALATIGA.

SELCHETTE, Fr. naam van het geh. SELSCHEIDT, in het graafs. *Wiltz*, grooth. *Luxemburg*. Zie SELSCHEIDT.

SELDAM of ZELDAM, geh. in *Twenthe*, prov. *Overijssel*, arr. en 2 u. Z. van *Almelo*, kant. en 1 u. N. ten W. van *Delden*, gem. *Ambt-Delden*. — Dit geh. heeft met *Wiene* eene school.

SELDAMMER-BROEK, heideveld in *Twenthe*, prov. *Overijssel*, gem. *Ambt-Delden*.

SELDERIJVOOR, naam, welken men te Helmond prov. *Noord-Braband*, uit afgunst, schimpenderwijs geeft aan het, in 1846 geopend, kanaal van Eindhoven naar de Zuid-Willemsvaart.

SELDERT (HEER-), pold. in *Eemland*, prov. *Utrecht*, arr. en kant. *Amersfoort*, gem. *Bunschoten*; palende N. en O. aan de Haar, Z. aan Neder-Seldert, W. aan Eemland.

SELDERT (NEDER-), pold. in *Eemland*, prov. *Utrecht*, arr. en kant. *Amersfoort*, gem. *Bunschoten*; palende N. aan Heer-Seldert, O. aan de Haar, Z. aan Over-Seldert, W. aan de Slaag.

SELDERT (OVER-), pold. in *Eemland*, prov. *Utrecht*, arr. en kant. *Amersfoort*, gem. *Bunschoten*; palende N. aan Neder-Seldert en de Haar, O. aan Kalveen, Z. aan Keulhorst.

SELDERTSCHE-DIJK (OVER-), dijk in *Eemland*, prov. *Utrecht*, welke in eene kronkelende oostelijke rigting van Dronkelaar, tusschen Over-Seldert en Kalveen ter eenre zijde en Keulhorst en het Hooge ter andere zijde door, naar de Geldersche grenzen loopt.

SELDIJCKE, voorm. heerl., op het eil. *Zuid-Beveland*, prov. *Zeeland*, niet ver van Scoudée.

Deze heerl., die van geen groote uitgestrektheid was, beslaande slechts eene oppervlakte van 260 gem. 215 roed. 2 voet (119 bund. 55 v. r. 78 v. ell.), is met den vloed van 5 November 1530 verdronken, zonder immer weder bedijkt te wezen. In het jaar 1653 werd zij, of een deel daarvan verheven ten name van NICOLAAS STAVENISSE, doch ten tijde van SMALLEGANGE vindt men er onderscheidene deelhebbers van vermeld.

SELEBACH, oude plaats op de *Veluwe*, prov. *Gelderland*.

In het jaar 839 gaf zekere MEGENFRID aan de Abdij Lauresham, eene halve hoeve in SELEBACH in de Fouwgeloue. Hierdoor kan niets anders verstaan worden, dan de Hof te SAALBEEK bij den *Dorenweerdt*.

SELEHEM, naam, onder welken het d. ZELHEM, in het graafs. *Zutphen*, prov. *Gelderland*, in het jaar 1131, voorkomt. Zie ZELHEM.

SELEMA of SAMEMAN, d. in *Oost-Indië*, in den *Archipel-van-St.-Lazarus*, resid. *Amboina*, op het *Ambonsche* eil. *Ceram*, aan de Noordkust van Hatoeve, aan de baai van Sawa.

SELESOELI (KLEIN-), oud d. in *Oost-Indië*, resid. *Amboina*, op het *Ambonsche* eil. *Ceram*.

SELEYER, groep eil. in *Oost-Indië*, in de *Zee-van-Java*. Zie SALEYER.

SELHORST, voorm. landh. op de *Veluwe*, prov. *Gelderland*, bij Harderwijk.

Zij was onderscheiden in *Groot-Selhorst*, ook *Seurhoven* genoemd en *Klein-Selhorst*. WALTERUS, Proost van St. Marie, gaf in 1250 de kerkgifte van horst aan het kapittel, welke kerk thans onbekend is, hoewel zij onder het aartsdiakenschap van den Proost van St. Pieter behoorde.

Buiten twijfel moet daardoor verstaan worden de kerk van St. Nicolai, de oude parochiekerk van Harderwijk, die weleer buiten de Luttekepoort stond, en in 1415 afgebrand is, als wanneer men eene nieuwe kerk binnen de stad bouwde. De Proost van St. Marie had hiervan de gifte. Dit wordt nog nader bevestigd door het verdrag, in 1266, tusschen het Kapittel en de Burgers van Harderwijk, over de thinsgeregtigheden binnen de stad, gesloten, waaruit men zich verzekert, dat de hof SELHORST binnen of zeer nabij de stad lag. Naderhand, in 1310, is de kerkgift van Harderwijk door den Proost aan het kapittel van St. Marie afgestaan, waarvoor hij de kerken van Muiden en Diemen ontving. De hof SELHORST is telkens door het kapittel in pacht uitgegeven.

SELIA (DE), WAY SELIA, riv. in *Oost-Indië*, op het *Ambonsche* eil. *Boero*, aan de Oostkust, welke zich met eenen oostelijken loop in zee uitstort.

SELIBAR, distr. in *Oost-Indië*, op het *Sundasche* eil. *Sumatra*, lands. *Sumatra's-Westkust*, ads. res. *Bengkoelen*.

SELIMBAUW, rijk in *Oost-Indië*, op het *Sundasche* eil. *Borneo*, aan de Westkust.

SELIMBAUW, d. in *Oost-Indië*, op het *Sundasche* eil. *Borneo*, aan de Westkust, rijk *Selimbauw*, aan de Pontianak.

SELIMPAWANG, plaats in *Oost-Indië*, op het *Sundasche* eil. *Sumatra*, rijk *Menangkabau*.

SELINAY (DE), WAI SELINAY, riv. in *Oost-Indië*, op het *Sundasche* eil. *Boero*, aan de Noordwestkust. — Zij valt met eenen noordelijken loop in zee.

SELINDANG, kleine straat in *Oost-Indië*, op het *Sundasche* eil. *Sumatra*, resid. *Ayer-Bangies*, in de *Batahklanden*.

SELIPON, oud d. in *Oost-Indië*, op het *Sundasche* eil. *Java*, resid. *Preanger-Regentschappen*, reg. en 1 m. Z. van *Soemedang*.

SELISSEN, ZEILISSE, ZELISSEN, CELISSE of CELOSSEN, geh. in de *Meijerij van 's Hertogenbosch*, kw. *Oisterwijk*, prov. *Noord-Braband*, *Tweede* distr., arr. en 1¾ u. Z. van *'s Hertogenbosch*, kant., gem. en ¾ u. N. van *Boxtel*, aan den straatweg van 's Hertogenbosch op Eindhoven.

Volgens sommigen, zoude de eigenlijke naam zijn SELISHEIM, dat is heim of woning van SELIS, een bekende voornaam, in deze streken gebruikelijk.

SELLEDA, d. in *Oost-Indië*, op het *Sundasche* eil. *Sumatra*, gouv. *Sumatra's-Westkust*, adს. res. *Padang*. — Achter dit d. vindt men goudmijnen.

SELLEGORS (HET), door de wandeling genaamd het STELLEGORS, schorren aan de Zuidoostkust van het eil. *Goedereede-en-Overflakkee*, prov. *Zuid-Holland*, onder de gem. *Goedereede*, *Stellendam* en *Melissant*.

SELLEM, d. in het graafs. *Zutphen*, prov. *Gelderland*. Zie ZELHEM.

SELLEMUIDEN, geb. in *Zalland*, prov. *Overijssel*. Zie CELLEMUIDEN.

SELLINGEN, ook SELLINGE en ZELLINGEN gespeld, d. in *Westerwolde*, prov. *Groningen*, arr., kant. en 5 u. Z. ten O. van *Winschoten*, gem. en 2 u. Z. van *Vlagtwedde*, aan den regteroever der Ruiten-Aa. Men telt er in de kom van het d. 40 h. en 220 inw., en met de daartoe kerkelijk behoorende geb. Ter-Borg, Zuidveld of Sellinger-Zuidveld, Laude, Boekhorst, het Veldhuis of het Veerste-Veldhuis, Ter-Walslage, Ter-Wisch, Ter-Haar, Rijsdam en Luppenhuis, 87 h. en 460 inw., die meest in den landbouw hun bestaan vinden. De bodem is zand, veen, leem en oergrond. Men vindt er rood, zwart en blaauw leem.

Overal groeit hier veel eikenhout, vooral bij Ter-Borg. De Hasseberg, welke in het veen op eenen afstand van ongeveer 300 roeden oostwaarts ligt, waarop een enkele hooge boom met breeden kruin staat, en waarover de scheidslinie tusschen Groningen en Munsterland loopt is merkwaardig als de eenige, vrij hooge, zandige verhevenheid, te midden van het oude, zeer uitgestrekte Bourtanger-Moeras. Hij heeft eene oppervlakte van nagenoeg 2 bund. In het moeras of veen ziet men hier overal nog de sporen van den dijk, die voormaals tot eene communicatie tusschen Ter-Apel en de Bourtange langs SELLINGE was opgeworpen, hebbende eene lengte van 3½ uren en op vele plaatsen thans nog eene hoogte van 1½ ell.

De Herv., die er 430 in getal zijn, onder welke 110 Ledematen, maken eene gem. uit, welke tot de klass. van *Winschoten*, ring van *Bellingewolde*, behoort. Van den eersten Leeraar, die hier moet gestaan hebben, en voor wien in 1607 bij 's lands hooge magten onderstand werd verzocht, vinden wij den naam niet vermeld. Na hem stond hier ADOLPHUS MOLANUS, die in 1644 nog in leven was, maar reeds in 1659 opgevolgd werd door zijnen zoon JOHANNES MOLANUS, die hier in 1680 overleed. De kerk, is een oud gebouw, zonder toren of orgel. De klok hangt in een houten klokkenhuisje.

De R. K., van welke men er 12 telt, worden tot de stat. van *Oude-Pekela* gerekend.

De dorpschool wordt gemiddeld door een getal van 60 leerlingen bezocht.

SELLINGER-BEETSE (DE), groote uitgestrektheid hooiland in *Westerwolde*, prov. *Groningen*, arr., kant. en 4½ u. O. van *Winschoten*, gem. en 2¼ u. Z. van *Vlagtwedde*, ½ u. N. van Sellinge, nabij het Zevenmeersveer, waarvan het gebruik niet vast verdeeld is, maar jaarlijks tusschen de Sellinger-markgenooten verdeeld wordt.

SELLINGER-DIEP (HET) en DE SELLINGER-SLOOT, namen, welke men veelal geeft aan het kanaal van afwatering, in *Westerwolde*, prov. *Groningen*, uit de Nieuwe-Ruiten-Aa naar de Bourtange, langs de Sellinger-dijk, loopende, veelal het MODDERMANS-DIEP genoemd.

SELLINGER-DIJK (DE), dijk in *Westerwolde*, prov. *Groningen*, welke in eene zuidwestelijke rigting van de Bourtange, langs de Sellinger-sloot, naar Sellinge loopt.

SELLINGER-MEERTJE (HET), meertje in *Westerwolde*, prov. *Groningen*, gem. en 1½ u. Z. Z. O. van *Vlagtwedde*, 1 u. N. van Sellinge. Het is 32 bund. 28 v. r. 60 v. ell. groot.

SELLO, vlek in *Oost-Indië*, op het *Sundasche* eil. *Java*, res. *Soerakarta*.

Dit oord ligt in eene luchtstreek, welke misschien de aangenaamste van den geheelen aardbol is. De thermometer blijft er, gedurende het geheele jaar, zonder ophouden tusschen 40 en 60 graden Fahrenheit. Een ander belangrijk voordeel is, dat de stortregens hier niet zoo menigvuldig zijn als in de overige gewesten van Java, omdat de wolken, die van het Zuidoosten aandrijven door de bergen worden tegen gehouden. Alle planten en vruchten van Europa, met uitzondering van zeer weinigen (waarvan echter de aankweeking nog in het geheel niet, of maar zeer onvolkomen beproefd is geworden), groeijen hier even goed als in hun oorspronkelijk vaderland en de lucht heeft hier al het vermogen, dat tot het volkomen herstel vereischt wordt van zoodanige Europeanen, wier gezondheid minder dan bij anderen tegen eene voortdurende warmte bestand is geweest. Menigvuldige voorbeelden van verzwakte ligchaamsgestellen, die hier in korten tijd eene volmaakte gezondheid herkregen hebben, strekken hiervan tot een afdoend bewijs.

SELLON, d. in *Oost-Indië*, op het *Sundasche* eil. *Java*, resid. *Soerakarta*.

SELMA (NEW-), eil. in *Oost-Indië*, in den *Sundasche-Archipel*, tot de *Koraal-eilanden* behoorende, waarvan het het grootste is, op 12° zuiderbreedte, met eene vesting, door den Engelschen Kapitein Ross Fort-Albion geheeten.

SELMIEN of SILMIEN, geh., prov. *Friesland*, kw. *Oostergoo*, griet. *Opsterland*, arr. en 3½ u. N. O. van *Heerenveen*, kant. en 1½ u. N. O. van *Beetstersweaag*, 20 min. W. ten Z. van *Ureterp*, waartoe het behoort.

Het is eene welvarende, aangename en vruchtbare streek. Men vindt er 9 h., waaronder 5 aanzienlijke boerderijen; met 60 inw.

SELMUIDEN, b. in *Zalland*, prov. *Overijssel*. Zie CELLEMUIDEN.

SELNISSE, voorm. schor, prov. *Zeeland*, nabij de Schelde.

In eenen brief door ALBRECHT VAN BEIJEREN, Graaf *van Holland*, in 1393 uitgegeven, werden de Heeren van 's Heer-Aréntskerke, onder anderen in het bezit van SELNISSE bevestigd. Keizer KAREL V, vergunde den 20 November de bedijking van den SELNISSE-POLDER, welks gronden in dat octrooi genoemd worden, » schorren en uitgorsingen die nooit tot » genen tijden bedijkt en zijn geweest." Men schijnt dezen polder te moeten zoeken ter plaatse, waar nu de OUDE-CRAIJERT-POLDER gevonden wordt, welke ook onder dien naam op de kaart van HATTINGA voorkomt.

SELOEKAN (DE), DE SEROEKAN of DE SLOEKAN, kanaal in *Oost-Indië*, op het *Sundasche* eil. *Java*, ads. resid. *Buitenzorg*, distr. *Tibaroesa*.

Het wordt ook KALI-BAROE (NIEUWE-RIVIER) genoemd, daar het dient, om de voortbrengselen van deze assistent-residentie naar Batavia te vervoeren, tot welk einde, als ook tot het aanleggen van nieuwe rijstvelden, nog verscheidene vaarten gegraven worden.

Het ontvangt zijn water uit de *Tjikias* en de *Tjiliwong*, heeft vele zijtakken tot bewatering der daaraan grenzende landen; loopt noordwaarts naar de resid. Batavia, alwaar het zich in het gegraven kanaal de *Sonthar* ontlast en heeft eene lengte van 40 palen of 16,000 Rijnlandsche roeden.

Het aanleggen van dit kanaal is een der werkzaamste middelen geweest, om de geheele ads. res. Buitenzorg van eene wildernis in eene der vruchtbaarste en bekoorlijkste landstreken der wereld te herscheppen, terwijl zij daarenboven het afvoeren der produkten naar de hoofdstad Batavia gemakkelijk maakt, en ook hierdoor werkzaamheid, leven en welvaart verspreidt.

De eerste aanleiding tot het aanleggen van dit kanaal was zeker besluit der Indische Regering, van den 20 Maart des jaars 1739, waarbij aan het toenmalige dorpshoofd van Kampong-Bahroe, den Demang Marta Wongso eene doorgraving uit de rivier Tjiliwong werd toegestaan, tot besproeijing en vruchtbaarmaking van de Sawah's van Kampong-Bahroe. Het was de Gouverneur-Generaal van Imhoff, die, nadat de Indische Regering het distrikt Buitenzorg tot een buitenverblijf voor dezen hoogsten Ambtenaar en zijne opvolgers bestemd had, het eerst opmerkzaam was op het onberekenbare nut, welke uit de vergrooting van zulk eene doorgraving moest ontstaan. Op zijn bevel en aanmoediging werd met het eigenlijke kanaal te Kampong-Bahroe een aanvang gemaakt, in het jaar 1749, en in weerwil van zeer groote moeijelijkheden, werd het vier jaren daarna, tot aan Weltevreden voortgezet. Het kanaal had diensvolgens, even als dat van Drusus niet oneigenlijk Kali-Imhoff kunnen genoemd worden; ofschoon de kosten gezamenlijk werden goed gemaakt door de landheeren, wier landen dit kanaal verbeterde en vruchtbaar maakte. Vermits het echter door de Tjiliwong, aan dit kanaal, medegedeelde water, in de drooge moesson niet toereikend was, om Batavia genoegzaam daarvan te voorzien, leidde men eene tweede rivier, de Tji-Kias, in het kanaal, door middel van eenen dam, die echter bij het begin van den regentijd overtollig zijnde, jaarlijks moet weggebroken worden. Het aanmaken en wegnemen van dezen dam moet door het landvolk van het naburige Soeka-Radja verrigt worden, en geschiedt eenvoudig door eene opeenstapeling van groote klipsteenen, waarvan de tusschenruimten door kleinere steenen en aarde worden opgevuld; welke gebrekkige manier van werken, oorzaak is, dat deze dammen, bij elken banjar (plotselinge aanzwelling der rivier) gevaar loopen van door den snellen stroom uit elkander gerukt te worden en weg te spoelen. Doch het is moeijelijk eene meer duurzame bewerking door de inlanders tot stand te brengen, althans het behoorlijk onderhouden van dit kanaal, zoowel als van de zijdelingsche waterleidingen tot besproeijing der omliggende rijstvelden, is altijd een bijzonder voorwerp van zorgvuldig toezigt der Indische Regering geweest, en werd eertijds door haar aan het collegie van Heemraden, en later aan de plaatselijke overheid opgedragen, waarbij het onmiddellijk opzigt over het groote kanaal aan een opzettelijk daartoe benoemden en daarvoor bezoldigden Landmeter werd toevertrouwd.

De Gouverneur-Generaal Daendels vormde het ontwerp om het kanaal van Imhoff, ook in de residentie Buitenzorg bevaarbaar te maken, hetwelk door den klipachtigen grond en de menigte van steenbrokken, welke door den stroom medegesleept worden, eene zeer moeijelijke, zoo niet onuitvoerlijke onderneming is, welke nogtans het reeds gemelde nut van dit kanaal, dat nu op deze hoogte alleen door vlotten getaks bevaren wordt, zeer aanmerkelijk vermeerderen zoude, alzoo de koffij, in stede van zoo als nu plaats heeft, met buffelkarren (pedaties), alsdan met praauwen gemakkelijker, spoediger, op eene minder kostbare en voor den inlander minder drukkende wijze zoude kunnen afgevoerd worden. Te Tji-Loewar was onder het toezigt van de Heeren Tracy en van der Poel reeds een der daartoe benoodigde sluiswerken aangelegd, van welke sluizen, tusschen Buitenzorg en Batavia, ruim een dertigtal volstrekt noodzakelijk tot bereiking van het doel werden geacht. Dit groote plan schijnt evenwel voor onuitvoerlijk gehouden te zijn, alzoo het werk gestaakt en niet wederom hervat is geworden. De evengemelde sluis, die in 1809 gebouwd was, is in 1818 wederom afgebroken, en de afbraak daarvan tot het aanleggen van eene nieuwe brug bij Gedong-Badak gebruikt. Bij de onmogelijkheid om dit kanaal, in dit landschap, voor groote praauwen bevaarbaar te maken, is het ook, voor zoo ver de ads. res. Buitenzorg betreft, ontbloot van metselwerk tot beschoeijing gebleven, en men heeft zich vergenoegd met aan de bezitters van de landgoederen, welke daardoor besproeid worden, de verpligting op te leggen, om de oevers schoon te houden, en van struiken en allang-allang te zuiveren, hetwelk allezins billijk is, alzoo deze landerijen voornamelijk aan dit kanaal en aan de daaruit afgeleide wateren hunne vruchtbaarheid te danken hebben; doch het is er verre af, dat alle landheeren aan deze billijke verpligting voldoen.

Gedurende het droogе saizoen moeten de greppen of afleidingen gesloten worden gehouden, om aan het water, dat alsdan niet in groote massa voorhanden is, eenen vrijen loop naar Batavia te laten, ten einde de onmiddellijke omstreken van die hoofdstad niet aan gebrek van water ten prooi te laten.

Nadat het groote kanaal of de Kali-Bahroe voltooid was, ontwaarde men, dat de daarin gemaakte afleiding uit de rivier Tjiliwong deze laatstgemelde rivier te veel verzwakt, en daardoor zelfs de vaart bij Batavia benadeeld had. Hierin werd door nieuwe waterwerken voorzien, voornamelijk door het graven van een kanaal, waardoor de Tjidanie een gedeelte van hare wateren aan de Tjiliwong mededeelde. Deze nieuwe doorgraving neemt eenen aanvang bij het dorp Empang, in de nabijheid van de hoofdplaats Buitenzorg, en ontlast zich in de Tjiliwong, nabij het heerenhuis van het landgoed Gedong-Badak. Het nut van deze nieuwe waterleiding heeft naderhand door verplaatsing der koffij-pakhuizen grootendeels opgehouden en het kanaal is daarop spoedig in verval geraakt, zoodat er thans weinig meer van aanwezig is. Doch de Kalie-Bahroe heeft door nieuwe waterleidingen uit de Tjidani wederom eene aanwinst van water ontvangen en is en blijft een onvergetelijk gewrocht van onze vaderlandsche waterbouwkunst, in een land, waar zulk een werk met duizend hinderpalen te worstelen had.

SELOEMAH, distr. in *Oost-Indië*, op het *Sundasche* eil. *Sumatra*, ads. res. *Bengkoelen*.

SELO-GRIO, tempel in *Oost-Indië*, op het *Sundasche* eil. *Java*, resid. *Kadoe*, ads. resid. *Magelang*, distr. *Bandongan*.

Deze tempel, welke piramidaal gebouwd is, bevat hoezeer van geringen omvang, evenwel eenige beelden en onder deze dat van Ganesa, en een vrouwenbeeld met acht armen, op eenen liggenden karbouw staande.

SELOH, d. in *Oost-Indië*, op het *Sundasche* eil. *Java*, resid. *Soerakarta*. Bij de aardbeving, die den 27 December 1822 eenen aanvang nam, werd dit d. door de derwaarts voortgedrevene vulkanische uitwerpselen in vlam gezet, en hadden eenige inboorlingen zware wonden bekomen.

SELOH (VALLEI VAN), vallei in *Oost-Indië*, op het *Sundasche* eil. *Java*, resid. *Soerakarta*.

In deze vallei werden den 3 Januarij 1823 zware aardbevingen gevoeld, ook had den avond van dien dag eene aanmerkelijke lozing van water en slijk plaats gevonden, waardoor de brug over de Tingal, op den grooten weg bij Klatten, met al haar paal- en muurwerk, was weggespoeld. Den volgenden dag herhaalden zich de schokken, kort daarna gevolgd door uitbrakingen van asch en zand; terwijl sommigen meenden, gedurende den nacht, insgelijks veel geraas in den aangrenzenden berg Marbaboe gehoord te hebben. De doortogt tusschen dien berg en den Marapic naar de residentie Kedoe was inmiddels geheel verstopt, ten gevolge van het in die bergen uitstorten, splijten en hervormen van verschillende vallcijen. Ook de onder Selok behoorende gehuchten, Telogotelli, Kedoong, Kadiseppoe, Joember, Benjaar, Jarakag, Joerang, Jero en Tjietrang waren ongenaakbaar geworden, doordien de vallei Grimmirig, welke bij de 300 vademen diep was in eene rotshoogte werd herschapen, die, door de hitte der opgeworpene steenen en den daartusschen brandenden zwavel, langen tijd ontoegankelijk bleef.

SELOKATAN of Sillokatan, distr. in *Oost-Indië*, op het *Sundasche* eil. *Java*, resid. *Samarang*, reg. *Kendal.*

SELOMANEK, landstr. in *Oost-Indië*, op het *Sundasche* eil. *Java*, resid. *Baglen*, reg. *Ledok.*

SELO-MERTO, d. in *Oost-Indië*, op het *Sundasche* eil. *Java*, resid. *Djocjokarta.*

Dit d. was in September 1825 eene verzamelplaats der muitelingen, welke den 21 dier maand daaruit verdreven werden door den Majoor Sollewijn.

SELONDA, eil. in *Oost-Indië*, in de *Zee-van-Floris*, tot de *Kleine Sunda-eilanden* behoorende, bij de Noordkust van *Sumbawa*, 8° 5′ Z. B., 135° 20′ O. L.

SELOTIANG, plaats in *Oost-Indië*, op het *Sundasche* eil. *Java*, resid. *Soerakarta.*

SELSCHEIDT, in het Fr. Selchette, geh. in het graafs. *Wiltz*, grooth. *Luxemburg*, kw., arr. en 4½ u. N. W. van *Diekirch*, kant. en 1½ u. N. O. van *Wiltz*, gem. en ¾ u. N. van *Eschweiler;* met 22 h. en ongeveer 150 inw.

SELS-HAM, landg. in het graafs. *Zutphen*, arr. en 1½ u. Z. O. van *Zutphen*, kant. en 2¼ u. Z. W. van *Lochem*, gem. en ¼ u. N. W. van *Vorden*, aan den straatweg van Zutphen naar Winterswijk.

Dit landg., bestaande uit heerenhuis, tuinen, akkermaalsbosch en boerenwoning met hof, bouw-, wei- en heidelanden, beslaat eene oppervlakte van 51 bund. 75 v. r. 29 v. ell., en wordt thans in eigendom bezeten door Jonkheer Storm van 's Gravesande, woonachtig te Vorden.

SELTORAK, d. in *Oost-Indië*, op het *Sundasche* eil. *Java*, resid. *Passaroewang*, reg. *Malang.*

SELWERD of Zylwert, oudtijds Silowerte, voorm. landstreek, ten N. der stad Groningen, prov. *Groningen*, welks Heeren hier een sterk slot hadden, en zich schreven Heeren van Selwert; zijnde onder dien naam als een geslachtsnaam bekend.

Dan ten jare 1283 werd het vereenigd met het Gooregt en wel ten tijde, dat de Heeren van Groenenberg Ambtmannen van het Gooregt waren. Zie hier, wat daartoe aanleiding gaf. Op eene der warven of vergaderingen klaagde men over twee gebroeders en ridders van Selwerd, Egbert en Ludolph, omdat zij eenen Twentenaar op eigen gezag gevangen hadden genomen. In het eerst kon men het niet eens worden, wie daarover vonnissen moest, dewijl het niet zeker was, waartoe het grondgebied van Selwert, gelegen tusschen Groningen, Hunsingo en 't Gooregt behoorde. Aangezien men echter niet gaarne daarover in onmin wilde geraken, werd de keus des regters aan de beklaagden gelaten, die toen verkooren Egbert van Groenenberg, als Ambtman van 't Gooregt, en van dien tijd werd, bij eene gemeene overeenkomst, Selwerd steeds onder dien regtstoel gerekend.

Daar vervolgens de Heeren van Selwerd die van Groenenberg in alle hunne goederen en waardigheden opvolgden, gaven zij ook den naam van Selwerd aan de geheele uitgestrektheid van het Gooregt, zoo dikwerf de beide landstreken als één geheel voorkomen, blijvende echter territoriaal gescheiden, zoodat iemand in Selwerd of in het *Gooregt* gezegd werd te wonen, naar dat hij zich in eene dier beide landstreken gevestigd had. Dit is tot aan de omwenteling van het jaar 1795 in wezen gebleven, daar nog de Ambtman over de vereenigde landstreken den titel voerde van Ambtman des gerigts van Selwerd; de Gezworene bijzitteren dien van Gezworene bijzitters van het gerigte van Selwerd; het landregt dien van het landregt des gerigts van Selwerd. Hoe ver oudtijds dit eigenlijke Selwerd zich heeft uitgestrekt, valt thans moeijelijk te bepalen, waarschijnlijk is het echter, dat het zich over de tegenwoordige trekvaart naar Onderdendam, ongeveer bij de Noorder-Hoogebrug, een groot einde in het Ooster-Stads-Hamrik heeft uitgebreid. Langs en door dezen regtsban stroomde voorheen de Hunse, die zich bij de voormalige Wierumer kerk met de Aa vereenigde, maar naderhand, men weet niet wanneer, door de Groningers naar hunne stad is afgeleid, ten einde hunnen handel en hunne scheepvaart te bevorderen, en misschien ook, om daardoor meester van den Hunse-stroom te worden.

Nadat in het jaar 1040, door Keizer Hendrik III, aan de kerk van Utrecht geschonken was een zeker landgoed (praedium), in of bij Groningen gelegen, stelde die kerk daarover vervolgens eenen ambtenaar, wiens benaming niet altoos eveneens opgegeven wordt; hetgeen geduurd heeft tot dat deze waardigheid in een vast leen uitgedaan werd, waarin, na Lenvert en de Lippeerotten, de Groenenbergen en Selwerden elkanderen opgevolgd hebben, doch hetwelk eindelijk door het huwelijk van Ida van Selwerd, de laatste van haar geslacht, met Herman van Coevorden, in 1360 overgebragt is in het bezit der Heeren van Coevorden.

Jan van Virneburg, de acht en veertigste Bisschop van Utrecht, wist echter, in het jaar 1371, eene gewigtige verandering te bewerken in het huwelijks verdrag tusschen Ida van Selwerd en Herman van Coevorden, want in het genoemde huwelijksverdrag was bedongen, dat, bij Ida's kinderloos versterf, hare goederen terug zouden keeren tot hare naaste erven, onder vergoeding der onkosten en verbeteringen, die Herman mogt aangewend hebben, maar in 1371 gingen Herman, voor zich en zijnen zoon Hendrik, benevens Johan van Coevorden, voor zich en zijnen zoon Reynald, en Godevaart van den Oldenhoven, anders geheeten van Haaren, met het Domkapittel te Utrecht eene overeenkomst aan, om het wereldlijk gerigt en de heerlijkheid te Groningen en te Selwerd in pacht en huur te ontvangen, doch met bepaling, dat na hunner aller dood het gemelde gerigt weder aan het Kapittel zou vervallen. De reden, waarom Herman van Coevorden zijnen broeder Johan, benevens Godevaart, in deelgenootschap toeliet en met hen pachter werd, is onbekend. Maar omdat gemelde brief geene melding maakt van de kinderen van Godevaart, schijnt dit de reden te zijn, waarom zijne weduwe Swaneld de vernieuwing van dien pachtbrief voor zich en hare twee onmondige zonen,

Godevaart en Johan van der Hove, verzocht. Zij verkreeg ze ook, doch niet langer, dan een van drieën zou leven.

Dat nu dit wereldlijk gerigt of heerlijk regt medebragt, dat de bezitter regtsgebied oefende over het tegenwoordige Gooregt en naderhand mede over Selwerd, wordt door niemand in twijfel getrokken; maar of en in hoever het zich uitstrekte over Groningen, is door velen, naar een ieders opvatting van den giftbrief, niet zelden met veel partijdigheid, vóór of tegen de stad, hevig betwist geworden, zonder dat men elkander heeft kunnen overreden; zijnde het ook, wegens het verloren gaan van oude bescheiden, ondoenlijk de grenzen daarvan, met eenige zekerheid, te omschrijven. Wij gelooven, dat men het naast aan de waarheid komt, door te stellen, dat de eerste bisschoppelijke Landvoogden, Stedehouders, Ambtmannen, Rigters, of hoe men ze ook noemen wil, genoegzaam geene magt in de stad hebben gehad. In allen gevalle, zoo zij over de stad zelve eenig gezag mogten hebben uitgeoefend, blijft het onzeker, of zij zulks deden met of zonder regt, en alleen uit hoofde van den giftbrief van 1040 en uit krachte van een regt des Bisschops, dan of zij ook tevens met keizerlijk gezag van afgezondenen (*missi*) bekleed waren. Toen echter de geschillen tusschen de Gelkingen en Groenenbergen, waarvan de bisschoppelijke Stedehouder Egbert van Groenenberg het hoofd was, tot die hoogte geklommen waren, dat, in het jaar 1255, de vreemde adel, vereenigd met de Ommelanders, de rust in de stad moest herstellen, en ten dien einde eenen Raad van zestien personen aanstelde, aan wien de regering werd toevertrouwd, ofschoon Egbert in zijne waardigheid gelaten werd, schijnt het gezag der bisschoppelijke ambtenaren binnen de stad spoedig afgenomen te zijn, en, door verloop van tijd, tot het Gooregt alleen bepaald te zijn gebleven; waartegen de Bisschoppen zich voorshands niet schijnen verzet te hebben, hetzij bij gebrek van magt, of wegens het weinige voordeel, dat zij er van trokken (1).

In het jaar 1400 eischte met dat al Frederik van Blankenheim, de een en vijftigste Bisschop van Utrecht, het ambtmanschap en het gerigt van Selwerd van de stad Groningen terug, als onwettig door haar verkregen. Deze verzocht den Bisschop het oog te willen vestigen op de onbillijkheid, om iets, hetwelk op eene wettige wijze van het kapittel verkregen was, terwijl hij aan de stad nog onlangs zijne vriendschap plegtig beloofd had, zonder eenige gegronde reden weder af te nemen. Dan Blankenheim was geen man, die voor deze reden stond.

Onderwijlen gebeurde het, dat de Reiderlanders en de Eemslanders, benevens de Proost Hisco van Emden, zich nader verbonden met de Schieringers, die, daardoor gesterkt met eenen wakkeren hoop volks, onder bevel van den Stads-Burgemeester Albert Wigbolds, optrokken naar het kasteel der Onstena's te Sauwert, en dit huis, hoewel na langen tegenstand, om dat het uitermate sterk was, tot overgave dwongen. Afko Onstena, dien men hier gevangen kreeg, werd naar de stad gebragt, alwaar hij langen tijd in hechtenis moest zitten. De mare hiervan verbitterde den Bisschop dermate, dat hij besloot de Groningers te straffen voor hunnen moedwil, in het verachten zijner voorspraak voor de Vetkoopers. Hij bragt daarom haastelijk eene groote magt bijeen, en sloeg daarmede, het beleg voor de stad, maar moest het, dewijl hij niets vorderde, na eenige

---

(1) Bij Ypey en Feith, *Oudheden van het Gooregt en Groningen*, Groningen 1836, is dit onderwerp breedvoerig behandeld, met mededeeling van den beroemden Giftbrief van 1040 die ook gevonden wordt in de *Monumenta van* Driessen, en op 's Rijks-Archivenkamer te 's Gravenhage in het oorspronkelijke (ten minste waarschijnlijk) bewaard wordt, zijnde dit stuk het oudste charter op die kamer.

weken opbreken; doch liet later eene genoegzame bezetting in Blankeweer, een sterk blokhuis tusschen Noordlaren en Haren, dat hij inmiddels opgeworpen had, om daardoor meester te blijven van den doortogt tusschen het Zuidlaarder-meer en het Hoornsche-diep, en tevens om Drenthe te dekken tegen de strooperijen der stedelingen. Gedurende de belegering zelve was er niets merkwaardigs gebeurd, dan dat Johan ten Hove, bij eenen uitval, door des Bisschops volk gevangen genomen werd. Deze nu was de zelfde, die in 1392, benevens zijnen broeder Godevaart, met een derde deel des bezits van Selwerd beleend was. Die gunstige gelegenheid nam de Bisschop te baat, na dat hij uit het antwoord der Groningers bespeurd had, dat die zich aan de handeling, met het kapittel daarover aangegaan, wilden houden: om Johan te noodzaken, ter verkrijging van zijn rantsoen, afstand van dat derde deel te doen, waarna hij Jonker Hendrik van Selwerd ligtelijk bewoog de twee andere deelen van dit gerigt, die hij slechts in naam bezat, mede aan hem over te dragen. Tot meerdere geldigheid van die overdragten nam hij van het kapittel, het regt over, hetwelk dit al bij de gedane verpachting aan Groningen, behouden had en bezat.

In het jaar 1405, zag de stad Groningen zich dus genoodzaakt, den Bisschop weder ter hand te stellen de geregten en heerlijkheden van Selwerd, gelijk haar die door het kapittel waren overgedragen. Zelfs dwong hij in 1419 de stad, om hem als haren Heer te huldigen en dus zichzelve mede onder den giftbrief van 1040 te laten betrekken; maar het was alleen het gevolg van eenen benaauwden tijd en van de inlandsche partijschappen, die toen zoo hevig woedden, terwijl dan eens de Schieringers en dan eens de Vetkoopers de overhand hadden. Het duurde dan ook maar kort, want in 1425 maakte de stad haar eigen wetboek, zonder niet alleen den Bisschop daarin te kennen, maar zelfs door openlijk ter verklaren, dat » de raed tot allen tijden van » vrijheit ende van older woenheit dat mach hoghen en de sijden", en wel » also hit sunderling ne ghenen manne an ne gaet." Het bisschoppelijk gezag nam er dus spoedig een einde en de stad bekwam hare heerlijkheid ook, in het jaar 1460, weder terug van David van Bourgondië, den vijf en vijftigsten Bisschop, die met haar een verdrag sloot, waarbij hij haar het geregt van Selwerd verkocht, met volle maat en magt, om naar willekeur te handelen, in het aan of afstellen van den Ambtman en het beuren der inkomsten, voor zestien honderd gewone Rhijnsche guldens (2200 guld.) in eens, en eene jaarlijksche betaling van honderd Rijnsche guldens (140 guld.), welke hoofdsom van zestien honderd Rijnsche guldens zijn opvolger aan de stad moest wedergeven, indien deze haar dit regt niet wilde laten behouden.

Toen Karel, Hertog van Gelder, het oppergebied in de provincie Groningen voerde, bekrachtigde hij de vorige landregten en oude gewoonten van het geregt van Selwerd, ten versoeke van de ingezetenen, maar hij ontnam willekeurig aan de stad alle gezag over deze landstreek, waarover deze, hoewel te vergeefs, klaagde (1).

Toen Juriaan Schenck, Heer van Tautenburg en Stadhouder van Friesland, van wege Keizer Karel V, in het jaar 1536, een verdrag met Groningen sloot, onder goedkeuring van zijn Hof, werd het volgende bedongen: » dat Stad en Lande den Keizer en zijne erven, in betrekking

(1) Zie Feith, over het Gooregt, in het VI. deel der werken van Pro excolendo jure patrio, tevens bevattende het Selwerder landregt van Karel van Gelre, van 1529, verscheidene vroegere constitutiën over deze aloude landstreek, benevens eene lijst der ambtmannen tot aan den laatsten toe.

» van Hertog van Braband, Graaf van Holland en Heer van Friesland, » zouden aannemen en erkennen voor Erf-Vorst en Heer; waartegen » zij zouden gelaten worden in het bezit van hunne welverkregene voor- » regten, herkomsten, wetten en gewoonten; en in het bijzonder de » stad in haar regtsgebied over Selwerd, het *Gooregt* en het *Old-* » *ambt*."

SELWERD, voorm. slot in het *Gooregt*, prov. *Groningen*, niet ver van den vorigen oever der Hunse.

Het was een allersterkst slot, dat, om de nabijheid van de stad door de Groningers steeds met een ijverzuchtig oog beschouwd werd. Bij gelegenheid van het huwelijk der edele jongvrouwe Ida, de laatste telg van het Selwerder geslacht, met Herman van Coevorden, wiens broeder Drost van Drenthe was, werden daarom de sterke huisen van dit geslacht door de Groningers en Ommelanders gekocht en ten gronde toe geslecht.

Ter plaatse, waar het gestaan heeft ziet men thans nog eenige verheffing van den grond.

SELWERD, geh. in het *Gooregt*, prov. *Groningen*, arr. en 3¼ u. N. W. van *Groningen*, kant. en 1½ u. N. van *Zuidhorn*, gem. en ½ u. Z. van *Oldehove*; met 3 h. en 24 inw.

Het ligt op eene wierde aan een stroompje, dat bij Jensema zijnen oorsprong neemt, voorbij Selwerd in eene noordoostelijke rigting loopt, en, vóór de demping in 1826, bij Saaksum in het Reitdiep uitloosde.

SELWERD (HET KLOOSTER) (1), eertijds Sylawert, Silewert en volgens Driessen (2) ook Syloe, voorm. kloost. in het *Gooregt*, prov. *Groningen*, aan den oever der oude *Hunse*.

Het was eene abdij gesticht in 1216 door den Groninger Priester Theodorus. Er komt reeds een Abt van Selwerd ten jare 1254 voor, als getuige bij eene uitspraak van den Abt van Rottum, tusschen den Abt en het konvent van Ruinen (in Drenthe), en Hermannus met zijne zonen van Noordlaren, over eenige tienden in Anderne, welke uitspraak, te Groningen gedaan, gevonden wordt in de *Monumenta* van Driessen, bl. 26—28. Het klooster was oorspronkelijk ingerigt voor Nonnen van de orde van Benedictus, maar nam in volgende tijden tevens Monniken op, sedert welken tijd over deze beide afdeelingen een afzonderlijk bestuur van Abten en Priorinnen wordt aangetroffen. In het jaar 1444 is dit klooster door Augustyner Monniken of Reguliere Kanunniken betrokken geworden, hebbende Ulricus, Graaf van *Oost-Friesland*, de Nonnen toen naar elders verplaatst.

Door de gunstige ligging in de nabijheid van Groningen, alsmede om met het klooster van Aduard, door middel van eene brug over het Reitdiep, in verbinding te treden, was het, met Aduardsklooster, niet zelden de schuilplaats van Groningens vijanden, ten tijde der vreesselijke oorlogen, die vooral van het laatste der vijftiende tot het einde der zestiende eeuw gevoerd werden, eerst tusschen de Saxen, Graaf Edzard van Oost-Friesland, de Gelderschen en de stad, — later tusschen de Bondgenooten en Spaanschgezinden. Zij werden uit dien hoofde somtijds met een niet onaanzienlijk getal krijgsknechten opgevuld, die de inkomsten en gebouwen der abdij vernielden, de rust en veiligheid van het kloosterleven wegnamen, en zelfs op den vrijen loop

(1) Hierdoor wordt nader gewijzigd het art. Maria-te-Syloe.

(2) *Monum. Gron.* pag. 131.

van den handel een voor de stad hoogst nadeeligen invloed uitoefenden.

Men vindt aangaande dit klooster bij eenige geschiedschrijvers onnaauwkeurige aanwijzingen, deels ontstaan doordien men het verwisselde met het, eenigzins gelijknamige, Zijlmonniken-klooster in OostFriesland (Silo, ook wel Sijle, genaamd), deels door dat de eens begane misslag door anderen getrouwelijk overgenomen werd. Blijkbaar heeft hierin gefaald de schrijver van de *Oudheden en Gestichten van Groningen*, die op het klooster van SELWERD toepast, hetgeen met het Zijlmonniken klooster plaats had en zich te onregte op het gezag van UBBO EMMIUS beroept. Het klooster van SELWERD werd eindelijk, ten jare 1585, door de Groningers, wien het sinds langen tijd mishaagde door de gedurige innesteling des vijands, afgebroken. Een gedeelte daarvan is nog overig in eene boerenbehuizing, thans nog genoemd » het Groot-klooster", ter onderscheiding van eene behuizing, meer noordwaarts gelegen en onder den naam van » het Kleine-klooster" bekend. In den gevel van het gemelde huis, zijnde de voormalige kloosterpoort, welker bogen voor en achter digt gemetseld, en als zoodanig nog heden zigtbaar zijn, vindt men het volgende opschrift:

Año 1522 heft Henric Kol aňt deze porte up latē timerē.

In het jaar 1837 is de grond, waarop weleer het klooster stond, door den eigenaar omgegraven, ten einde dien van de groote menigte puin en steenen te zuiveren, die aldaar nutteloos verborgen lagen. Bij gelegenheid dezer omgraving heeft men tevens nog eenige muntstukjes gevonden, alsmede eenige gemetselde graven aangetroffen. Onder deze muntstukjes is er een, hetwelk nadere vermelding verdient. Het wordt gevonden in de belangrijke verzameling van den Heer Mr. J. H. QUINTUS, Rentmeester der stads veenen, terwijl men in het provinciale Muntkabinet te Groningen er eene naauwkeurige afbeelding van bezit. In het werkje van den Heer P. BOELES, *het twee honderd vijftig jarig bestaan der Hervormde Gemeente te Noorddijk*, uitgegeven te Groningen 1846, vindt men op ééne plaat de teekening van dit muntje, alsmede van het zegel der abdij van SELWERD, vertoonende een vrouw, waarschijnlijk MARIA, en van eenen, bij de voormelde uitgraving van het puin, gevonden steen, waarop twee leeuwen staan. Het muntje is van zilver en heeft aan de eene zijde eenen staanden leeuw, met het omschrift: *Moneta Zelwordensis*, terwijl de keerzijde in vier vakken, door schuinsche lijnen, is afgedeeld. In het bovenste en onderste dezer vakjes ziet men eenen leeuw en in elk der zijvakken eenen arend met uitgespreide vleugelen. Is welligt het eene dezer wapens dat van KAREL VAN EGMOND, Hertog *van Gelder*, en het andere dat van zijn Hertogdom en dus deze Selwerder munt geslagen tusschen 1514 en 1536, gedurende welk tijdvak hij door Groningen als beschermheer aangenomen was? Maar Gelderland had reeds veel vroeger twee tegen elkander opklimmende leeuwen met eene scheiding tusschen beide, terwijl er in KARELS wapen in het geheel geen arend te vinden is, doch de beide leeuwen op den steen zijn in vorm geheel gelijk aan de beide leeuwen in het eerste en hoofddeel van KARELS wapen, met dat onderscheid dat daarin die leeuwen boven elkander staan met het gezigt naar het tweede deel des schilds, terwijl op den steen de leeuwen met het gezigt naar elkander toe staan en eene scheiding tusschen beide hebben, zoodat de steen twee deelen heeft.

Tevens vindt men in het bovengemelde Muntkabinet eenen, aldaar gevonden, koperen penning, voorzien met een stift, waarin een gaatje, en dus naar het schijnt bestemd, om door middel van een snoer om den hals gedragen te worden, misschien als amulet, tot afwending van gevreesde onheilen of verkrijging van gehoopte voordeelen. Dat toch een dergelijk doel met dit voorwerp zal beoogd zijn, laat zich gissen uit het opschrift: M. A. J. A. op de voor- en J. H. U. S op de keerzijde geplaatst.

Toen de Groningers dit klooster afbraken, hadden de Nonnen, volgens het getuigenis van eenen schrijver van dien tijd, het klooster reeds verlaten en zich begeven in het Jufferen-klooster te Groningen.

SELWERDERDIEP, breede bogtige waterloozing in het *Gooregt* en *Selwerd*, prov. *Groningen*, dat ten Noorden om de stad Groningen heenloopt.

Dit diepje, de Oost-Aa of de Hunse, zoo als sommigen dit bed volstrekt willen genoemd hebben, maakte vroeger de scheiding tusschen Noorddijk, Dorkwerd, Wierum en Adorp en dus hier van het voormalige Ubbega en het Gooregt. Volgens de *Beschrijving van Groningen* door den Burgemeester Hummes vloeide dit water eertijds langs de Vischmarkt, de Breedemarkt en de Ebbingestraat noordwaarts, doch wordt thans eerst 10 min. buiten de Boteringepoort zigtbaar en slingert digt langs den straatweg op meerderen en minderen afstand naar *Adorp*, welk dorp naar dit stroompje aldus genoemd werd. In 1469 werd deze A-stroom, van de oude Ebbinge-poort, langs de oude Noorder- en Westerstadsgracht geleid, voorbij de Hoen-til naar Donghorn, in den, uit het Schuitendiep en het Horensche-diep nieuw gevormden loop van het Reitdiep, tot aan de oude bedding van het Reitdiep of den Hunsestroom beneden Wierum.

SEMA of Sjimaar, eil. in *Oost-Indië*, tot de *Zuid-Wester-eilanden-van-Banda* behoorende, Z. W. van het eil. Timor.

SEMANE, d. in *Oost-Indië*, op het *Sundasche* eil. *Java*, resid. *Kadoe*, ads. res. *Magelang*.

SEMANGKA, distr. in *Oost-Indië*, op het *Sundasche* eil. *Sumatra*, resid. *Lampong*.

De inw. van dit distr. waren in het jaar 1846 tegen het Nederlands gezag in opstand gekomen. Nadat alle door den Gezaghebber in de Lampongsche districten aangewende pogingen om door zachte maatregelen de onrustige bewegingen te stuiten, vruchteloos waren afgeloopen, heeft hij door kracht van wapenen de rust hersteld.

SEMANGKA (DE), riv. in *Oost-Indië*, op het *Sundasche* eil. *Sumatra*, in de *Lampongs*, welke met eene zuidoostelijke rigting in de Straat-van-Bangka uitloopt.

SEMANGKEN, voorm. d. in *Oost-Indië*, op het *Sundasche* eil. *Java*, res. *Kadoe*, ads. res. *Magelang*.

Dit dorp is in Mei 1827 wegens trouwloosheid en aanhoudende zamenspanningen met de muitelingen door onze troepen, onder de bevelen van den Kapitein Ten Have, vernield.

SEMANPEER, d. in *Oost-Indië*, op het *Sundasche* eil. *Java*, resid. *Soerabaya*, nabij het zeestrand.

Den 14 Augustus 1845, ontstond er in dit d. brand, waardoor 67 bamzoezen huizen zijn in de asch gelegd.

SEMANPIR, d. in *Oost-Indië*, op het *Sundasche* eil. *Sumatra*, res. *Palembang*, aan de Moese.

SEMANTEN, distr. in *Oost-Indië*, op het *Sundasche* eil. *Java*, ads. resid. *Patjietan*.

SEMANTEN, d. in *Oost-Indië*, op het *Sundasche* eil. *Java*, ads. resid. *Patjietan*, distr. *Semanten*.

SEMAU of SEMAUW, eil. in *Oost-Indië*, tot de *Kleine-Sunda-eilanden* behoorende. Zie SIMAO.

SEMAUWANG, d. in *Oost-Indië*, op het *Sundasche* eil. *Sumatra*, in de *Padangsche-Bovenlanden*, aan den oever van het meer Dano, ter plaatse, waar eene rivier daarin uitwatert.

Deze rivier heeft hier eenen zeer sterken stroom en goede breedte, doch is zeer ondiep en loopt over een bed van klipsteenen, meer oostelijk is zij voor praauwtjes bevaarbaar. Zij wordt gezegd bij Indragirie in zee te vallen, na zich met andere riviertjes te hebben vereenigd.

De Engelschen hebben in het jaar 1819 te SEMAUWANG eene bezetting gehad, welke door de onzen is afgelost, doch sedert door den Overste RAAFF, uithoofde van de zeer ongunstige positie, is ingetrokken.

SEMAWIE, inlandsche naam van de resid. *Samarang*, in *Oost-Indië*, op het *Sundasche* eil. *Java*. Zie SAMARANG.

SEMBILAN, POELOE-SEMBILAN, eil. in *Oost-Indië*, in den *Sundasche-Archipel*, Z. van de Straat-van-Malakka, O. van het eil. Sumatra.

SEMBIANO (HOEK-), kaap in *Oost-Indië*, op het eil. *Balie*, een der *Kleine-Sunda-eilanden*.

SEMBRENG, baai in *Oost-Indië*, in de *Indische-Zee*, aan de Zuidkust van het eil. *Java*.

SEMEN, d. in *Oost-Indië*, op het *Sundasche* eil. *Java*, resid. *Kadoe*, ads. resid. *Magelang*.

Den 8 Maart 1828, ontving de Kommandant der vesting te Kaliedjenking de Luitenant KEER, van den Kommandant te SEMEN en door een zijner spions berigt, dat 700 muitelingen op SEMEN in aantogt waren; die Officier gaf hiervan dadelijk aan den Majoor BAUER, Kommandant der vierde kolonne te Tempel, alsmede aan den Eersten Luitenant SCHNEIDER, welke naauwelijks van de morgen expeditie was ingerukt, kennis. Deze laatste stelde zich onverwijld weder in beweging, zijnen marsch over SEMEN naar Karangkapet nemende, alwaar hij den vijand in bataille geschaard vond, en hem, met dat gevolg aanviel, dat deze, zonder den Majoor BAUER, met de huzaren, en de kolonne, die oprukte, af te wachten, in de rigting van Lenkon de vlugt nam.

SEMENDERY, st. in *Oost-Indië*, op het *Sundasche* eil. *Java*, resid. *Djocjokarta*, aan de Zuidkust; 7° 1′ Z. B., 128° 32′ O. L.

SEMIL-POLDER, naam, onder welken de ZEMEL-POLDER in *Rijnland*, prov. *Zuid-Holland*, wel eens verkeerdelijk voorkomt. Zie ZEMEL-POLDER.

SEMIROE, berg in *Oost-Indië*, op het *Sundasche* eil. *Java*, resid. *Passaroewam*.

SEMOEGIL, st. in *Oost-Indië*, op het *Sundasche* eil. *Java*, resid. *Djocjokarta*, lands. *Mataram*.

SEMOETRA, eil. in *Oost-Indië*, in den mond van de *Limandoe*, welke in de resid. *Banjermasing*, op het eil. *Borneo*, in de Kotta-Ringen ontlast.

SEMPKE, geh. in de *Meijerij van 's Hertogenbosch*, kw. *Oisterwijk*, prov. *Noord-Braband*, *Tweede* distr., arr. en 2½ u. W. van *'s Hertogenbosch*, kant. en 1¼ u. O. van *Waalwijk*, gem. en ¼ u. Z. O. van *Drunen*; met 4 h. en 20 inw.

SEMPOE, eil. in *Oost-Indië*, in de *Indische-zee*, aan de Zuidkust van het *Sundasche* eil. *Java*, resid. *Passaroewan*.

Het is omstreeks een vierde van eene Duitsche mijl lang en even breed en beslaat 12 vierkante palen in oppervlakte. Het is onbewoond en de kust slechts voor kleine schepen te naderen.

Aan de zuidwestzijde vindt men, op eenen korten afstand van den wal, eene menigte groote, boven het water uitstekende, rotsen; aan de zuidzijde, welke zeer steil is, een groot vogelnesthol, Goa-Siebantem genaamd; de Oostkust is insgelijks zeer steil, doch aan de noordzijde treft men in het kanaal, hetwelk tusschen dit eiland en den Javaschen wal loopt, eene goede ankerplaats voor eene menigte schepen, door het rondom liggend gebergte tegen alle winden beschut. Men kan zich op dit eiland van uitmuntend water voorzien uit eene zoete bron, die echter, wanneer de zee hoog is, met zout water overdekt wordt.

Hoezeer SEMPOE met vele vogelklippen bezet is, leveren deze weinig nesten op, inzonderheid omdat zij moeijelijk weg te halen zijn, hetgeen meest door het volk van Panganglélé geschiedt

SEMPONG, d. in *Oost-Indië*, op het *Sundasche* eil. *Java*, resid. *Banjoemas*, reg. *Poerboliengo*.

Den 7 Januarij 1827 werden de muitelingen in dit dorp, door den Majoor DE LEEUW, aangetroffen. Zij marcheerden op onze kolonne in. Het geweervuur deed hen niet terugdeinzen, maar het vuur uit het geschut van den Majoor DE LEEUW, aan de eene zijde, en dat van den Heer DEZENTJE, aan eene andere zijde, was van zeer goed gevolg. De muitelingen trokken met hunnen gewonen spoed af, en werden nog eenen geruimen tijd door den Kapitein ERRENBAULT DE DUDZEELE vervolgd.

SENA (DE), WAY-SENA, riv. in *Oost-Indië*, op het *Ambonsche* eil. *Borneo*, aan de Oostkust, welke zich met eenen oostelijken loop in den *Archipel-van-St.-Lazarus* uitstort.

SENALO, oud d. in *Oost-Indië*, resid. *Amboina*, op het *Moluksche* eil. *Amboina*, gesp. *Oeli-sawani*.

Het lag eertijds een groote mijl beoosten Hila en wel een mijl in het gebergte boven de Wakkahoeli, op eenen zeer steilen en scherpen heuvel, doch later lag het omtrent de vesting van Hila. Het was, in het begin der zeventiende eeuw, sterk 116 zielen, 45 weerbare mannen en 28 dati's.

SENANG, onderdistr. in *Oost-Indië*, op het *Sundasche* eil. *Java*, resid. *Bantam*, reg. en afd. *Lebak*, distr. *Sadjira*.

SENANOY of SENAY, kaap in *Oost-Indië*, resid. *Amboina*, op het *Ambonsche* eil. *Bonoa*.

SENAPPANG, d. in *Oost-Indië*, op het *Sundasche* eil. *Java*, resid. *Baglen*, ads. resid. *Karang-Anjer*.

SENDANA, oud d. in *Oost-Indië*, op het *Sundasche* eil. *Java*, resid. en reg. *Rembang*, aan de Noordkust, W. van de Troepen.

SENDORO (DE), berg in *Oost-Indië*, op het *Sundasche* eil. *Java*. Zie SINDORO (DE).

SENDWENEN, oude naam van de b. ZENNEWIJNEN, in den *Tielerwaard*, prov. *Gelderland*. Zie ZENNEWIJNEN.

SENGALANG, gebergte in *Oost-Indië*, op het *Sundasche* eil. *Sumatra*, gouv. *Sumatra's-Westkust*, resid. *Padangsche-Bovenlanden*.

Dit gebergte is de scheiding tusschen de ads. res. *Padang* en de resid. *Padangsche-Bovenlanden*, en doorgaans 950 ell. hoog. De hoogste top is de Sengalang. Uit dit gebergte loopen, in verschillende rigtingen, ravijnen (holle wegen), waarvan de eene, noordwaarts gaande, eene lengte heeft van omtrent 100 en eene breedte van 30 ell.

SENGALANG (DE), berg in *Oost-Indië*, op het *Sundasche* eil. *Sumatra*, gouv. *Sumatra's-Westkust*, resid. *Padangsche-Bovenlanden*. Hij is 2936.53 ell. hoog.

SENGALLA (MADIKA-), staat in *Oost-Indië*, op het *Sundasche* eil. *Celebes*. Zie Madika-Raso.

SENGA-PARNA, distr. in *Oost-Indië*, op het *Sundasche* eil. *Java*, resid. *Preanger-Regentschappen*, reg. *Soemadang*.

SENGELSBROEK, geh. in de *Meijerij van 's Hertogenbosch*, kw. *Peelland*, prov. *Noord-Braband*. Zie Singelsbroek.

SENIAH, st. in *Afrika*, in *Opper-Guinea*, aan de *Goudkust*, rijk *Fantee*, lands. *Agonna*, waarbij een Nederlandsch fort ligt.

SENNAAR (DE), water, prov. *Friesland*, kw. *Oostergoo*, griet. *Kollumerland-en-Nieuw-Kruisland*. Zie Zwemmer (De).

SENNINGEN, ook wel Sennengen gespeld, geh. in het balj. van *Luxemburg*, landmeijerij van *Bettemburg*, grooth. *Luxemburg*, kw., arr., kant. en bijna 2 u. O. ten N. van *Luxemburg*, gem. en ½ u. Z. ten W. van *Neder-Anven*; met 88 h. en 700 inw.

Aldaar is eene aanzienlijke papierfabriek, eene der eerste van het vaste land, waar dusgenoemd papier zonder einde is gemaakt geworden.

SENNY (DE), riv. in *Afrika*, in *Opper-Guinea*, aan de *Goudkust*, die in het N. O. van Assiantee ontspringt, het kon. *Bousaum* doorloopt, en, na eenen oostelijken loop van 50 uren, in de *Volta* valt.

SENSMEER of Sensterhuizen, geh., prov. *Friesland*, kw. *Westergoo*, gedeeltelijk griet. *Wonseradeel*, en voor een klein deel *Wymbritseradeel*, arr. en 2 u. W. van *Sneek*, kant. en 1 u. Z. van *Bolsward*, ½ u. N. van *Greonterp*, waartoe het behoort op den Hemdijk; met 21 h. en 110 inw.

De inw., die er allen R. K. zijn, maken, met die van Greonterp, Hieslum, Parrega, Dedgum, Tjerkwerd, Wolsum, Westhem, Abbega, Oosthem, Oudega, Idsega en Sandfirde eene stat. uit, welke tot het aartspr. van *Friesland* behoort, door eenen Pastoor bediend wordt, en nagenoeg 880 zielen, onder welken ongeveer 600 Communikanten, telt. De kerk, aan den H. Vitus toegewijd, is een met gracht en poort verzekerd gebouw, met eenen pastorie en gemeentehuis annex, gezamentlijk ingesloten het Blaauwhuis genoemd. De kerk heeft geen toren, maar is van een orgel voorzien.

SENSMEER (HET), voorm. meer, prov. *Friesland*, kw. *Westergoo*, griet. *Wonseradeel*, 5 min. N. van *Greonterp*.

Dit meer, in het jaar 1633 bedijkt zijnde, is nu een pold., arr. *Sneek*, kant. *Bolsward*, en paalt N. aan den Hemdijk, O. aan de Atzeboerster-meer en den Sensmeers-dijk, Z. aan Greonterp en den Hemdijk, W. aan Spake-zijl, Krabdijk en den Dedgummer-polder. Men telt daarin 24 h., waaronder 9 boerderijen. De pold. wordt door eenen water-windmolen, waarbij een molenaarshuis staat, van het overtollige water ontlast, en staat onder het bestuur van eenige landeigenaren in dezen polder.

Bij den watervloed van Februarij 1825 liep deze polder, in den morgen van den 7 omstreeks vier uren, geheel onder. De toestand van dit oord was toen ten uiterste noodlottig, daar deze geheele polder, tot zelfs de hooge of oude landen, onder water stonden, zijnde alleen eenige hoog gelegen boerenhuizen uitgezonderd. De schade, welke de boeren en eigenaars trof, was onberekenbaar groot, want, hoewel het verlies aan vee slechts uit weinige schapen en varkens bestond, had geen der landlieden, die de ramp zoodanig teisterde, eenig vooruitzigt, gedurende dat jaar en misschien nog veel langer tijd, iets van zijne landerijen te genieten, daar er voor dien lagen en dus ongunstig gelegen polder, bijna geen middel overbleef om het water te lozen.

SENTOEL, d. in *Oost-Indië*, op het *Sundasche* eil. *Java*, resid. *Soerabaya*, ads. res. *Grissé*, 531 palen O. van Batavia, 251 palen W. van Banjoewangi.

SENTOL of Sentoel, plaats in *Oost-Indië*, op het *Sundasche* eil. *Java*, resid. en O. van *Kediri*, waar te midden van een oud bosch, een klein vreemd gebouw staat, onder hetwelk eene bergplaats schijnt geweest te zijn; van binnen zijn de muren fraai en met zorg gebeeldhouwd, boven, als op het dak, is geplaatst eene ruime vijver, en onder het gebouw zelf is eene kapel, dat eene begraafplaats schijnt geweest te zijn.

SENTOLO, d. in *Oost-Indië*, op het *Sundasche* eil. *Java*, resid. *Kadoe*, reg. *Magelang*.

Den 18 April 1829 werden de onzen onder den Luitenant-Kolonel Lebel, door eenen troep van ongeveer 500 man, onder welke 100 man ruiterij, die men voor de bende van Prawiro Dirdjo hield, in de nabijheid van dit dorp, aangevallen. De vijand had daartoe de gelegenheid waargenomen, dat een gedeelte onzer kolonnes, ter ontmoeting van een convooi levensmiddelen, hetwelk door de vierde kolonne, tot aan het gebergte Kienjien, geëscorteerd werd, afwezig was. De intusschen, door den Majoor Lonneux genomene, maatregelen hielden den vijand tot de terugkomst van den Oversten Lebel in bedwang, die nu de kavallerie vooruitzond, om den vijand te bespieden, en de Tidorezen, door een peloton infanterie ondersteund, gereed hield, om hem aan te vallen, voorts zijne overige magt vereenigd houdende. De muitelingen kwamen gedeeltelijk geregeld opzetten, doch eenige, door den Luitenant Buschas, in hunne flank wel aangebragte kanonschoten, verpligtten hen weldra terug te trekken, van welk oogenblik de opgemelde troepen gebruik maakten, om hen, met zoodanigen goeden uitslag, te vervolgen, dat, ongerekend een twintigtal dooden, de vijand ook nog eenen Temmongong, den Ali-Bassa Prawiro Rono namelijk, daarbij verloor, die door eenen lanssteek, hem door den Radin Tommongong Malang Negora, van het gevolg van den Djocjokartaschen Pangerang Poerwo Kesoemo, toegebragt, omkwam, terwijl zijn gouden kris en lans, benevens zijn paard, in handen der onzen viel. De Overste had naauwelijks zijne troepen terug getrokken, of de vijand kwam andermaal opzetten; hij dacht dat dit alleen geschiedde, met het voornemen, om de dooden op te halen, waarmede de vijand zich dan ook bezig hield, maar dien onverminderd ook bleef voortrukken. De Luitenant-Kolonel liet hem toen zeer nabij komen, en zijne flank intusschen door eenen tweeponder hevig beschieten; hem op den oogenblik, dat hij begon te aarzelen, met zoo veel kracht aanvallende, dat hij in de grootste haast de vlugt nam. De huzaren drongen hem zeer digt op het lijf, zoodat de vijand zich tot eene massa formeerde, en nu het zwakke peloton kavallerie op zijne beurt krachtdadig aanviel, dat alzoo verpligt werd op de infanterie te repliëren. Een zware stortregen had het infanterievuur reeds eenigen tijd onmogelijk gemaakt, de vijand werd niettemin door de, met gevelde bajonetten, aanrukkende colonne, zoo hevig aangetast, dat hij in de sawa-velden geworpen en zoo veel mogelijk vervolgd werd.

SENTONG (DE), riv. in *Oost-Indië*, op het *Sundasche* eil. *Java*, ads. resid. *Buitenzorg*. — Zij loopt in eene noordelijke rigting en ontlast zich in de *Tjiliwong*.

SEPANG (DE) of Goenong-Sepang, berg in *Oost-Indië*, op het *Sundasche* eil. *Java*, ads. resid. *Patjietan*.

Deze berg, waar langs de groote weg naar Pronorogo, in de res. Madioen, loopt, is van eene kegelvormige gedaante en welligt 200 tot 250 ell. hoog.

SEPARRAN, eil. in *Oost-Indië*, in de *Zee-van-Celebes*, N. O. van het *Sundasche* eil. *Borneo*.

SEPOEKARANG, d. in *Oost-Indië*, op het *Sundasche* eil. *Java*, resid. *Soerakarta*.

SEPOERANG, d. in *Oost-Indië*, op het *Sundasche* eil. *Java*, resid. *Baglen*.

Den 3 Mei 1829 werden de Nederlandsche troepen, onder bevel van den Luitenant-Adjudant KRAFFT, aldaar door de muitelingen aangevallen. Deze laatsten waren reeds op een geweerschot genaderd, alvorens de Eerste Luitenant RUTTEN begon te vuren; dadelijk trok de Tweede Luitenant GILLY DE MONTELA, met zijne jagers, met de sabel in de vuist, op hen aan; hierdoor werd er eene groote slagting onder hen aangerigt. Een Tommongong en een veertigtal bulkios vielen door de jagers, ook bleef er geen gering getal door de welgerigte schoten, hierdoor zag de vijand zich verpligt met alle haast de vlugt te nemen. De elfde mobiele kolonne, welke hem regts den weg afsneed, maakte, dat de muitelingen weder in massa kwamen opzetten. Hierop werden de Luitenant GILLY en een peloton, onder den Adjudant-Onder-Officier VAN VLIET, op hen afgezonden, welke hen in de groote ravijn aantroffen, waar zij nogmaals een vijftigtal afmaakten, daar de muitelingen geweren en lansen wegwierpen en de paarden in de steek lieten. Bij deze gelegenheid werden door de jagers twee vaandels genomen, een rood zijden en en een blaauw met wit, en vele geweren, alsmede een groot getal lansen, krissen en gouden klewangs buitgemaakt.

SEPT-FONTAINES, ook wel, hoewel zelden, SIEBENBRUNNEN genoemd, geh. in het balj. van *Luxemburg*, grooth. *Luxemburg*, kw., arr., kant. en ½ u. N. van *Luxemburg*, gem. *Eich*; met 27 h. en 150 inw.

SEPT-FONTAINES was eene woeste vallei tot op het jaar 1761, toen de Heeren Gebroeders BOCH er eene aardewerk- en porcelein-fabrijk opregtten, die in 1795, gedurende de blokkade van Luxemburg, door de Franschen veel te lijden had. Voortbrengselen dezer aanzienlijke inrigting hebben in 1820 te Gent, en in 1825 te Haarlem op de algemeene tentoonstellingen de zilveren medailje verworven, gelijk zij ook in 1835 op de algemeene belgische tentoonstelling de gouden erlangden.

SEPT-FONTAINES, heerl., gem. en d. in het *Waalsche-kwartier* van *Luxemburg*. Zie SIEBENBORNEN.

SEPT-FONTAINES, beek in het grooth. *Luxemburg*.

Zij ontspringt in de rotsen ten Westen van het Merschdal, bij het geh. Sept-Fontaines, bespoelt verder Muhlenbach, Papierberg en Eich, en valt bij laatstgenoemd d. in de Alzette.

SEPT-ISLES, naam, welken de Fransche geven aan de groep eilanden TORVOU, in *Oost-Indië*, in de *Straat-van-Malakka*. Zie TORVOU.

SEPULCHRINEN-KLOOSTER of GOEDE-KINDEREN, voorm. kloost. te *Maastricht*, in de *Goede-Kinderenstraat* bij de *Ezelenmarkt*.

Dit klooster werd bewoond door Kanunnikessen van het H. Graf, die naar den regel van den H. FRANCISCUS leefden. Zij zijn allereerst te Maastricht gekomen, in het jaar 1627, door toedoen van de Aartshertoginne CLARA ISABELLA EUGENIA, die haar uit Viset, een stadje aan de Maas, 2 uren zuidwaarts van Maastricht gelegen, derwaarts mede bragt, en bezorgde dat aan haar die erve geschonken werd, op welke dit klooster en kerk gesticht zijn. Dit klooster strekte mede tot een kosthuis, niet alleen voor bejaarde vrouwen, maar ook voor meisjes, die daar te gelijk in handwerken onderwezen werden. Boven de voorpoort van dit klooster, was de verrijzenis uit het graf in steen uitgehouwen, met de woorden: ERIT SEPULCHRO DOMINI GLORIA (d. i. Aan het graf des Heeren zal eere bewezen worden.) De kerk was aan den H. JOSEPH VAN ARIMATHEA, aan wien het graf van CHRISTUS behoorde, toegewijd. De gebouwen van dit klooster bestaan nog en dienen tot KAZERNE VOOR DE ARTILLERIE.

SERAGIE, distr. in *Oost-Indië*, op het *Sundasche* eil. *Java*, resid. en reg. *Pekalongan*.

Zij vormt gedeeltelijk de grensscheiding tusschen de resid. *Tagal* en *Pekalongan*.

SERAGIE (DE), riv. in *Oost-Indië*, op het *Sundasche* eil. *Java*.

SERAKOT, eil. in *Oost-Indië*, in de *Straat-van-Malakka*, aan de Oostkust van het *Sundasche* eil. *Sumatra*.

SERAMPEJ, lands. in *Oost-Indië*, op het *Sundasche* eil. *Sumatra*, resid. *Palembang*.

SERAMPLI, distr. in *Oost-Indië*, op het *Sundasche* eil. *Sumatra*, rijk *Djambi*; van welks Sultan het opperhoofd van SERAMPLI afhankelijk is.

Het heeft vijftien versterkte en verscheidene opene dorpen, en brengt goed vee, kokospalm en quassi voort. De vrouwen worden aldaar voor zeer leelijk gehouden. De bevolking is zeer sterk van ligchaamsgestel en Mohhammedaansch.

SERANG, reg. in *Oost-Indië*, op het *Sundasche* eil. *Java*, resid. *Bantam*. — Het bevat de afd. Serang-Anjer, Tjakondie en Pandeglang.

SERANG, afd. in *Oost-Indië*, op het *Sundasche* eil. *Java*, resid. *Bantam*, reg. *Serang*. — Het is verdeeld in de distrikten Tjiroeas, Serang en Bintam.

SERANG, distr. in *Oost-Indië*, op het *Sundasche* eil. *Java*, resid. *Bantam*, reg. en afd. *Serang*. — Het bestaat uit de onderdistr. Kalodran, Serang en Tjibening.

SERANG, onderdistr. in *Oost-Indië*, op het *Sundasche* eil. *Java*, resid. *Bantam*, reg., afd. en distr. *Serang*, met eene stad van denzelfden naam.

SERANG, st. in *Oost-Indië*, op het *Sundasche* eil. *Java*, resid. *Bantam*, reg., afd., distr. en onderdistr. *Serang*, 2 u. gaans van de kust, in eene hooge en gezonde ligging.

Zij is thans de hoofdplaats van de residentie Bantam en het verblijf van den Resident. Er is een fort met eene kazerne, eene Hervormde kerk, eene moskee en eene steenen gevangenis, terwijl de langs dit vlek loopende rivier zich ontlast in de *Baai-van-Bantam*. Op het plein levert het gezigt op den berg Karang een schoon schouwspel op.

SERANG, d. in *Oost-Indië*, op het *Sundasche* eil. *Java*, resid. en reg. *Pekalongan*, distr. *Wonosobo*.

Dit d. werd in den morgenstond van den 9 Februarij 1828 door de muitelingen aangevallen en op vier huizen na verbrand, even als de aldaar geplaatste Passangrahan, waarop de aldaar gestationneerde Barissan terugweek. De Regent van Pekalongang, in den namiddag met een detachement der nieuw opgerigte Padjoerits, dertig man Barissan en een detachement Djayang-sekars alhier aangekomen en zijnen marsch naar Wonosobo willende voortzetten, ontmoette even voorbij SERANG de muitelingen, ruim drie honderd in getal, in drie kolonnes geschaard, voorzien van vele payongs en vlaggen. Het terrein ongunstig zijnde, trok de Regent met zijne magt eenigzins achterwaarts, ten einde van een ruimer veld gebruik te kunnen maken, en rigtte een niet onbeduidend vuur op den vijand, die het even zoo beantwoordde. Doch door den hevigen aanval van den Wachtmeester Waaren, met zijne Kavallerie, namen de muitelingen met zulk eene overhaasting de vlugt, dat zij twaalf dooden op het slagveld achterlieten, en verscheiden andere hunnen dood vonden in de rivier Serayoe; van onze zijde was niemand gesneuveld, noch gewond.

SERANG (DE), riv. in *Oost-Indië*, op het *Sundasche* eil. *Java*, resid. *Soerakarta*, in de *Solo* uitloopende.

Deze riv. is in den Oostmoeson bijna droog, doch levert in den regentijd, eenen overvloed van water op. Zij is voor den landbouw zeer nuttig, maar voor vaartuigen ontoegankelijk.

SERANG (KARANG-), landg. in *Oost-Indië*, op het *Sundasche* eil. *Java*. Zie Karang-Serang.

SERANGE, oud d. in *Oost-Indië*, op het *Sundasche* eil. *Java*, resid. *Krawang*, distr. *Tjiassen*.

SERANG-KAMONIE, d. in *Oost-Indië*, op het *Sundasche* eil. *Java*, resid. *Djocjokarta*.

SERAPSKERKE, d. op het eil. *Zuid-Beveland*, prov. *Zeeland*. Zie Heer-Arendskerke.

SERARNOUTSKERKE, oude naam van het d. 's Heer-Arendskerke, in *Zuid-Beveland*, prov. *Zeeland*. Zie 's Heer-Arendskerke.

SERAS, Nossa-Seras, eil. in *Oost-Indië*, in de *Zee-van-Java*, aan de Noordkust van het *Sundasche* eil. *Java*, 5° 15′ Z. B., 129° 45′ O. L.

SERAUW, bosch in *Oost-Indië*, op het *Sundasche* eil. *Java*, resid. *Tagal*.

SERAYOE (DE), riv. in *Oost-Indië*, op het *Sundasche* eil. *Java*, resid. *Baglen* en *Banjoemas*.

Deze riv. heeft haren oorsprong tusschen de gebergte Prahoe en Djing, is aanvankelijk zeer onbeduidend, doch ontvangt weldra door het toestroomen van ettelijke spruitjes eene meerdere breedte; doorsnijdt in eene zuidwestelijke rigting een gedeelte der afdeeling Ledok en zet eindelijk haren loop door de rijke distrikten van Banjoemas voort en valt op eenen geringen afstand, ten O. van Tjilatjap, in zee.

De Serayoe heeft eene aanmerkelijke diepte, zoodat zij in alle jaargetijden, tot op eenen afstand van 48 mijlen van haren mond, bevaarbaar is, doch aan hare uitwatering door zware banken belemmerd en uithoofde van de hevige branding der zee is het binnenloopen zoo gevaarlijk, dat niemand het nog heeft durven wagen met gewone roeivaartuigen in en uit te loopen.

In het jaar 1836 is een vereenigingskanaal tusschen deze rivier en den Donau ondernomen, hetwelk niet slechts voor den binnenlandschen handel dient, maar ook aan de rijstkultuur bevorderlijk is.

Door eenen stortregen, welke van den 24 tot den 26 October 1837 aanhoudend geduurd heeft was de Serayoe zoo hoog gerezen, dat men zich niet kon herinneren, die immer te voren die hoogte had bereikt. De lage landen, langs die rivier gelegen, waren dan ook alle overstroomd, zoodanig dat de bewoners verpligt waren, hunne woningen te verlaten en de vlugt naar de hooger gelegen dorpen te nemen; onderscheidene huizen waren weggespoeld, twee bruggen langs den Oosterweg en verscheidene in het district Soekaradja onbruikbaar gemaakt. Gelukkig had echter de overstrooming aan niemand het leven gekost.

SERBETTE of Serbitte, voorm. naam van het eil. Adanara, een der *Kleine-Sunda-eilanden.* Zie Adanara.

SERBOUDINSSERKE en SER-BOUDEWIJNSKERKE, oude namen van de heerl. Boudewijnskerke, op het eil. *Walcheren*, prov. *Zeeland.* Zie Boudewijnskerke.

SERDANG of Sardang, onderdistr. in *Oost-Indië*, op het *Sundasche* eil. *Java*, resid. *Bantam*, reg. en afd. *Serang*, distr. *Bantam.*

SERDANG of Sardang, d. in *Oost-Indië*, op het *Sundasche* eil. *Java*, resid. *Bantam*, reg. en afd. *Serang*, distr. *Bantam*, onderdistr. *Serdang*; met eene haven.

SEREJ, Tandjong-Serej, eil. in *Oost-Indië*, in den *Sundasche-Archipel*, aan de Oostkust van *Sumatra*, in de *Straat-van-Malakka.*

SEREMATANG, eil. in *Oost-Indië*, tot de *Zuidooster-eilanden-van-Banda* behoorende. Zie Sermatta.

SERENGSING, bosch in *Oost-Indië*, op het *Sundasche* eil. *Java*, resid. *Tagal.*

SERGIL of SERGIEL, lands. in *Oost-Indië*, op *Papoewa.*

Het ligt ten Noorden van het rijk Onin, en strekt zich van Hoek-Sabelo langs straat Gallowa en verder ten Noordoosten tot omstreeks de Kaap-de-Goede-Hoop uit.

SERI, voorm. d. in *Oost-Indië*, resid. *Amboina*, op het *Moluksche* eil. *Amboina*, op de Zuidoostkust van het schiereil. *Leytimor*, aan het strand bij den Hoek van Seri.

SERI (HOEK VAN), kaap in *Oost-Indië*, in den *Archipel-van-St. Lazarus*, aan de Zuidoostkust van het eil. *Amboina.*

SER-JANSLAND, d. en pold. in het eil. *Schouwen*, prov. *Zeeland.* Zie 's Heer-Jansland.

SERIGNY, zeehaven in *Oost-Indië*, op het *Sundasche* eil. *Java*, resid. *Bantam*, aan de straat Sunda.

SERIN, oud d. in *Oost-Indië*, op de Noordkust van het eil. *Timor*, een der *Kleine-Sunda-eilanden.*

SERINDO, oud d. in *Oost-Indië*, op het *Sundasche* eil. *Java*, adsresid. *Krawang.*

SERISEK, d. in *Oost-Indië*, op het *Sundasche* eil. *Java*, resid. *Soerakarta*, niet ver van het Zuiderstrand, aan den oever van de Progo.

Door het zwellen der rivieren, ten gevolge van de zware regens, welke hier van 3 Januarij tot 5 Januarij 1823 aanhoudend nedervielen, zijn nabij dit dorp twintig inlanders verdronken.

SERLIPPENS-POLDER, pold. in *Staats-Vlaanderen*, prov. *Zeeland.* Zie Sheerlippens-polder.

SERMATTA, Sermatte, Serematang of Serematten, eil. in *Oost-Indië*, tot de *Zuidooster-eilanden-van-Banda* behoorende.

Het is, van het W. naar het O., 7 of 8 m. lang, van het N. naar het Z., 5 m. breed en heeft in het W. een klein eilandje vóór eene vlakke baai liggen, en bewesten den noordoosthoek, op 1 m. afstand, nog een eiland, met 2 kleindere daar tusschen, terwijl bezuiden deze, op 1 m. afstands, nog twee zeer kleine gevonden worden, tegen een groot rif, dat op 1 m. afstands van Sermata ligt.

Het bestaat bijna geheel uit eenen hoogen bergrug, die zich Oost en West strekt; loopt aan alle kanten steil in zee af; is moeijelijk door schepen aan te doen, en heeft weinig bewoners, zoodat dit eiland zeer weinig aanlokselen voor het verkeer met andere volken en vooral met Europeanen aanbiedt. De inwoners zijn ondergeschikt aan die van Loean, en brengen derwaarts een weinig roode rijst, aardwortelen, turksch koren en andere produkten, als ook eenig vee, waartegen zij zich van lijnwaden en verdere benoodigheden voorzien.

SERMOND, oude naam van het d. ZEELMOND, in het graafs. *Buren*, prov. *Gelderland*. Zie ZOELMOND.

SEROELAN, oud d. in *Oost-Indië*, resid. *Amboina*, op het *Ambonsche* eil. *Ceram*, op *Hoewamohel*, aan de Oostkust.

SEROELAN, droogte in *Oost-Indië*, in de *Goligolo*, aan de Zuidkust van het eiland *Ceram*, tusschen Kai-Bobo en Laäla.

SEROELAW, oud d. in *Oost-Indië*, resid. *Amboina*, op het *Ambonsche* eil. *Ceram*, op de landengte, welke Klein-Ceram aan Groot-Ceram verbindt.

SEROEMAHOE, heuvel in *Oost-Indië*, op het *Moluksche* eil. *Amboina*, op het schiereil. *Leytimor*, van waar men, over het land van Hitoe, de kust van Ceram zien kan.

SEROENEI, d. in *Oost-Indië*, op het *Sundasche* eil. *Sumatra*, lands. *Batakh*.

SEROET, berg in *Oost-Indië*, op het *Sundasche* eil. *Java*, resid. *Krawang*. — Hij wordt tot de *Kegelbergen* gerekend en heeft vogelnestgrotten.

SEROEWA, eil. in *Oost-Indië*, tot de *Zuidoostelijke-eilanden-van-Banda* behoorende. Zie SIAO.

SEROEWAWAN, d. in *Oost-Indië*, op het *Ambonsche* eil. *Ceram*, onder den Radja van *Somoki-it* staande.

SEROEWOLO, d. in *Oost-Indië*, op het *Ambonsche* eil. *Ceram*, onder den Radja van *Somoki-it* staande.

SEROK, kaap in *Oost-Indië*, resid. *Amboina*, op het *Ambonsche* eil. *Ceram*, op *Groot-Ceram*, aan de Zuidkust.

SEROKA (DE), riv. in *Oost-Indië*, op het *Sundasche* eil. *Sumatra*, gouv. *Sumatra's-Oostkust*, resid. *Palembang*.

Deze riv. heeft, vijftien palen van de hoofdplaats, binnenslands haren oorsprong, en is tot eene aanmerkelijke hoogte bevaarbaar. De pakhuizen, waarin het zout bewaard wordt, liggen aan den over.

SERONDOL, distr. in *Oost-Indië*, op het *Sundasche* eil. *Java*, resid. en reg. *Samarang*.

SEROOSKERKE, gem. op het eil. *Schouwen*, prov. *Zeeland*, arr. *Zierikzee*, kant. *Brouwershaven* (2 k. d., 5 m. k., 2 s. d.); palende N. aan de gem. Noordwelle en Ellemeet, O. aan Ellemeet en Kerkwerve-Rengerskerke-Nieuwerkerke-en-Zuidland, Z. aan de Oosterschelde, W. aan Haamstede.

Deze gem. bevat het d. Serooskerke en eenige verstrooid liggende h., alsmede een gedeelte van Heertjes-Inlage, en beslaat, volgens het kadaster, eene oppervlakte van 332 bund. 7 v. r. 27 v. ell., waaronder 319 bund. 45 v. r. 99 v. ell. belastbaar land. Men telt er 55 h., bewoond door 69 huisgez., uitmakende eene bevolking van 310 inw., die hun bestaan vinden in den landbouw, veeteelt, palingvisscherij, dagloonersarbeid aan den nabij gelegen zeedijk en in het voorjaar in het rapen van zeevogeleijeren.

De inw., die er op 2 na allen Herv. zijn, maken met die van een gedeelte der gem. Ellemeet een kleine gedeelte der gem. Duivendijke-Klaaskinderenkerke-Brijdorpe-en-Looperskapelle, Kerkwerve-Nieuwerkerke-Rengerskerke-en-Zuidland en Haamstede een gem. uit, welke tot de klass. van *Zierikzee*, ring van *Brouwershaven*, behoort, eene kerk te Serooskerke heeft en 470 zielen, onder welke 180 Ledematen, telt. De eerste die in deze gem. het leeraarambt heeft waargenomen, is geweest LUCAS SPIERING, die er in het jaar 1611 kwam, en in het jaar 1614 naar Brouwershaven vertrok. Het beroep geschiedt door den kerkeraad, onder medestemming van den Ambachtsheer.

De 2 R. K., die men er aantreft, behooren tot de stat. van *Zierikzee*. — Men heeft er eene school, welke gemiddeld door een getal van 60 leerlingen bezocht wordt.

Deze gem. is eene heerl., welke van ouds geweest is in het geslacht van VAN TUYLL, dat zich sedert lang, naar deze heerl., VAN TUYLL VAN SEROOSKERKE schrijft. Zoo vinden wij reeds, dat den 30 Mei 1571 overleed HIERONYMUS TUYLL VAN SEROOSKERKE, die onder ALVA, Luitenant-Admiraal en Gouverneur van Bergen-op-Zoom was (1). In dit geslacht is de heerl. tot nu toe verbleven, wordende thans nog in eigendom bezeten, door Mevrouw ELIZABETH HENRIETTE EMILIE COLLOT D'ESCURY, douairière van CAREL EMANUEL Baron VAN TUYLL VAN SEROOSKERKE, woonachtig te 's Gravenhage.

Het d. SEROOSKERKE, door de landlieden veelal STROSKERKE geheeten, ligt 2½ u. N. W. van Zierikzee, 2 u. Z. W. van Brouwershaven, aan den zamenloop van onderscheidene vaarten op Zierikzee. Men telt er in de kom van het d. 34 h. en 170 inw.

In de naamlijst der kerken, onder het dekenschap van Schouwen gestaan hebbende, bij BOXHORN te zien, worden wel Noord- en Zuidwelle, maar niet SEROOSKERKE opgenoemd. Dit schijnt eenige aanleiding te geven, om te denken dat dit dorp welligt eerst na den ondergang van Zuidwelle zijn begin gekregen heeft.

De kerk is een langwerpig vierkant gebouw, met eenen spitsen toren, van uur- en slagwerk voorzien. Zij is vrij net, doch heeft geen orgel.

De dorpschool is, vóór eenige jaren, in plaats van de oude vervallene aan de oostzijde der kerk, geheel nieuw opgebouwd.

Toen de Spanjaarden, in den jare 1575, het beleg om de stad Zierikzee hadden geslagen, staken de Staatschen, den 14 December, dit dorp in brand, om hen te beletten zich daarin te bevestigen. Naderhand heeft men het wederom veel fraaijer opgebouwd.

De kermis valt in des Zaturdags na ST. JOHANNES *den Dooper*.

Het wapen dezer gem. bestaat uit een veld van zilver, met drie brakskoppen, met uithangende tongen, van keel (rood).

SEROOSKERKE, heerl. op het eil. *Walcheren*, prov. *Zeeland*, arr. en kant. *Middelburg*, gem. *Serooskerke-Rijnsburg-en-Hondegems-Ambacht*; palende N. W. aan de heerl. Rijnsburg, N. en N. O. aan Onze-Lieve-Vrouwen-polder, O. aan Gapinge, Z. O. en Z. aan St. Laurens en Hondegems-Ambacht, welke laatste heerl. sedert onheugelijke jaren met haar vereenigd is, N. W. aan Oost-Kapelle.

Deze heerl. bevat het d. Serooskerke, benevens eenige verstrooid liggende huizen en beslaat, volgens het kadaster, eene oppervlakte van 1325 bund., waaronder 1298 bund. belastbaar land. Men telt er 177 h. en ruim 920 inw., die meest in den landbouw hun bestaan vinden.

De Herv., die er wonen, maken met die van de heerl. Rijnsburg en Hondegems-Ambacht eene gem. uit, welke tot de klass. van *Middelburg*, ring van *Veere*, behoort en ruim 890 zielen telt, onder welke 380 ledematen. De eerste, die in deze gem. het leeraarambt heeft waargenomen is geweest CORNELIS STEENTSZ, die er in het jaar

(1) Zie over hem en zijne zonen verder TE WATER, *Historie van het Verbond der Edelen*, St. I, bl. 193, 194, 200, 201, 207, 208 en 2151.

1775 in dienst was. Het beroep geschiedt door den kerkeraad, onder medestemming van den Ambachtsheer.

Men heeft in deze heerl. eene school, welke gemiddeld door een getal van 100 leerlingen bezocht wordt.

De heerl. SEROOSKERKE werd vroeger bezeten door het oude Zeeuwsche geslacht VAN TUYLL, betwelk, behalve de beide Serooskerken, vele andere aanzienlijke goederen in Zeeland bezat; doch, sedert de Ridders dezer provincie van het regt der beschrijving in 's Lands Staten werden uitgesloten, hebben de leden van dit geslacht zich van deze heerlijkheid ontdaan, en, ter woon begeven naar de provincie Utrecht, waar zij reeds, sedert het jaar 1640, in de ridderschap aangenomen zijn, zijnde de eerste Heer van dit geslacht, welke dien post in de provincie Utrecht bekleed heeft, geweest, HIERONYMUS VAN TUYLL VAN SEROOSKERKE. In een dier beide dorpen (*Serooskerke* in Schouwen, of SEROOSKERKE in Walcheren) zal ongetwijfeld het stamhuis zijn geweest van dit adellijk geslacht, alhoewel men, bij gebrek van aanteekeningen, niet zeker durft bepalen, in welk dier beiden.

In het jaar 1684 werd de heerl. SEROOSKERKE in Walcheren bij koop overgeteekend op Mr. ABRAHAM BISSCHOP PHILIPSZ., Waterbaljuw van Zeeland, en in het midden der vorige eeuw werd zij aangekocht door den Heer Mr. DIRK MACARÉ, Baljuw van Middelburg. Thans wordt zij sedert het jaar 1817 in eigendom bezeten door den Heer JACOB NOËLS VAN SEROOSKERKE, woonachtig te Dordrecht.

Het d. SEROOSKERKE, in de wandeling veelal STRAASKERKE geheeten, ligt 1 u. N. van Middelburg, van welke stad naar dit dorp een straatweg loopt, die de Noordweg wordt genoemd, en voor eenige jaren tot Domburg is voortgezet. Op de lijsten der dekenschappen onder Walcheren wordt het ARNOUTSKERKE gespeld, waarvan men wil, dat het bij verkorting STRAASKERKE en later SEROOSKERKE genoemd zij.

Het is een aanzienlijk d., in welks kom men 75 h. en 500 inw. telt.

De kerk is een goed gebouw, met eenen vierkanten toren doch zonder orgel. In deze kerk is in den zuidelijken muur een zerksteen gemetseld, waarop men leest:

Den WelEdelen Gestrengen Jonckeer PHILIBERT VAN TUYLL VAN SEROOSKERCKE, *Heere van Serooskercke, Popkensbuyck, Ridder etc. ende de WelEdele Vrouw* VINCENTIA MAGDALENA VAN SWIETE, *dochter wyle Jonckeer* ADRIAEN, *Heer* VAN SWIETEN, *in syn leven Balliov en Dycgraaf van Rynland, en van Vrouw* ANNA MARIA CLOERT, *storff den 26 September Ao. 1629 ende hier begraven.*

Vroeger stond in de nabijheid van dit d. het voorm. kloost. Soetendale. Later had men er het Huis-te-Serooskerke, nu de buit. Noord-Hout, en behalve deze treft men er nog de buit. La-Retraite, Buitenlust en Ter-Linden aan; vroeger bestond hier mede de buitenplaats Om, thans eene boerenhoeve.

De kermis valt in Dingsdag na Pinksteren.

Het wapen dezer heerl. is een veld van azuur (blaauw), met drie brakskoppen van zilver, met uithangende tong van keel (rood).

SEROOSKERKE (HET HUIS-TE-), voorm. adell. h. in het eil. *Walcheren*, prov. *Zeeland*, distr., arr., kant. en 1 u. N. van *Middelburg*, gem. *Serooskerke-Rijnsburg-en-Hondegems-Ambacht*, ten Z. van en onmiddellijk tegen het d. Serooskerke aanpalende.

Dit huis, hetwelk in het laatst der zeventiende eeuw gebouwd is, door den toenmaligen Heer van Serooskerke Mr. ABRAHAM BISSCHOP, is thans een buit. NOORDHOUT geheeten. Zie dat woord.

[illegible]-RIJNSBURG-EN-HONDEGEMS-AMBACHT, gem. in [illegible] *Walcheren*, prov. *Zeeland*, distr., arr. en kant. *Middelburg*, [illegible] 1 m. k. 1 s. d.); palende N. en N. O. aan de gem. Onze-Lieve-[illegible]-polder, O. aan Gapinge, Z. aan Popkensburg-en-St.-Laurens, W. aan [illegible]kerke.

[illegible] gem. bevat de drie voormalige heerl. Serooskerke, Rijns-[illegible] en Hondegems-Ambacht, en beslaat, volgens het kadaster, [illegible] van 1325 bund., waaronder 1298 bund. 19 v. r. [illegible] land.

[illegible] 139 h., bewoond door 178 huisgez., uitmakende eene [illegible] van ruim 850 inw., welke meest in landbouw en veeteelt [illegible]. Ook is er een windkorenmolen.

[illegible], die er 830 in getal zijn, maken de gem. van *Seroos-*[illegible] — De Christelijke Afgescheidenen, van welke men [illegible] behooren tot de gem. van *Middelburg*. — De 2 Doops-[illegible], die er wonen, worden tot de gem. te *Middelburg* gere-[illegible] — Men heeft in deze gem. eene school te Serooskerke.

[illegible] deze gem. is het zelfde als dat van de heerl. Serooskerke.

[illegible], land in *Oost-Indië*, op het *Sundasche* eil. *Java*, resid. [illegible]

[illegible]KERKE, voorm. heerl. op het eil. *Walcheren*, prov. [illegible] Zie [illegible] (Sin-).

[illegible], eil. in *Oost-Indië*, in den *Moluksche-Archipel*, tot de *Te-*[illegible]*-eilanden* behoorende, het grootste der *Serra-eilandjes*.

[illegible] slechts eene geringe bevolking, en is moeijelijk met vaar-[illegible] te doen. De inwoners zijn geheel op zich zelven staande [illegible]kelijke heidenen. Zij komen jaarlijks in de kentering der [illegible] met hunne djonkoos naar Banda, om varkens en geiten te-[illegible] in te ruilen.

[illegible]-EILANDJES, groep eil. in *Oost-Indië*, in den *Moluksche-*[illegible], tot de *Tenimber-eilanden* behoorende.

[illegible] (ABDIJ-VAN-ST.), voorm. abdij te *Maastricht*.

[illegible] abdij was zeer oud, daar de Chronijkschrijvers vermelden, dat [illegible] Koning van *Lotharingen*, haar, in het jaar 889, aan Radboud [illegible] van *Trier*, in leen gaf. Diens opvolger Zwentibold, [illegible] daar mede later Raginaus Hertog *van Neder-Lotharingen* [illegible] beleend, doch in 898 de abdij aan den voornoemden Aarts-[illegible] hebben terug gegeven. De voormelde Raginaus of Raginaris, [illegible] zich kort daarop weder met geweld van dit leen meester, [illegible], in 919, door Karel *den Eenvoudigen*, nogmaals werd [illegible] en weder onder het Aartsbisdom van Trier gebragt. Bij een [illegible] van Keizer Hendrik de IV, werd zij eindelijk voor vrij Rijks-[illegible] verklaard. Dit had plaats in het jaar 1087. Door vele Vorsten [illegible] en verrijkt klom zij al meer en meer in aanzien, verwisselde [illegible] herhaling van meester, tot dat zij, in 1530, door Keizer Ka-[illegible] goed onder het Hertogdom Braband werd gebragt.

[illegible] aanvang leefden de leden van dit kapittel zeer eenvoudig [illegible] den naam van *die gebruderen van de Wal*, welke zich [illegible] met het geven van onderwijs aan jeugdige kweekelingen [illegible]stand, onledig hielden. Vermogend geworden en tot [illegible] verheven, woonden de Kanunniken rondom de kerk van [illegible], ieder afzonderlijk in deftige gebouwen, gelegen in eene [illegible] nog onder den naam van *het Klooster* bekend; zij bezaten [illegible] eigene bakkerij, brouwerij en wijntapperij; gebouwen, die nog heden aanwezig zijn. Het kapittel telde veelal 40 leden, en werd, omstreeks het jaar 1795, door het toenmalig Fransch Gouvernement opgeheven.

SERVAAS (ABDIJ-VAN-ST.-), voorm. abdij te *Utrecht*, aan de oostzijde van de Nieuwegracht.

Zij was bewoond door adellijke Nonnen van de Cistersienserorde, en moet reeds vóór het jaar 1137 in Abstede gesticht zijn, doch werd, omtrent het jaar 1227, door Willebrordus van Oldenborg, den vijf en dertigsten Bisschop van Utrecht, in de stad overgebragt en rijkelijker van inkomsten voorzien, in het jaar 1233. Deze Bisschop heeft gemelde kerk tot zijne begraafplaats verkozen.

Als Keizer Karel V, door de overdragt van Henricus van Beijeren, den acht en vijftigsten Bisschop van Utrecht, Heer van het Stift geworden was, heeft hij van den Paus het regt verkregen om eene Abdis te benoemen.

Daar was eene vikarij aan het altaar van St. Jan *den Evangelist* en van St. Jodocus. Als deze vikarij openstond, door den afstand van Cornelis Bremont, is zij, in het jaar 1574, na voorgaande afkondiging, begeven aan Daniel Bremont.

Deze abdij is, in het jaar 1678, afgebroken, en men heeft er niets van laten staan dan het koor der kerk, hetwelk zeer klein is, en waarin eenige graven en wapenen van Edellieden gezien werden. Later heeft men er huizen, met tuinen, gebouwd, welke thans vervangen zijn door aangename wandelingen.

SERVING, vlek in *Oost-Indië*, op het *Sundasche* eil. *Sumatra*, aan de Noordkust, 50° 31′ N. B., 114° 4′ O. L.

SESAK, eil. in *Oost-Indië*, in de *Indische-zee*, Z. van *Batavia*, tot de resid. *Kedirie* behoorende. — De lucht is er gezond.

SESAN, berg in *Oost-Indië*, op het *Sundasche* eil. *Java*, resid. *Krawang*. — Hij wordt tot de kegelbergen gerekend en heeft vogelnest grotten.

SESANGOEI, Sangoei of Sangouw, lands. in *Oost-Indië*, op het *Sundasche* eil. *Borneo*, resid. *Pontianak*.

Het is een der landen, waar men de voornaamste mijnen heeft, en men vindt er van de beste diamanten, alsmede vogelnestjes, paarlen, tin, ijzer en sago, doch weinig rijst.

SESANGOEI, d. in *Oost-Indië*, op het *Sundasche* eil. *Borneo*, resid. *Pontianak*, lands. *Sesangoei*, waarvan het de hoofdplaats is.

SESELOH, d. in *Oost-Indië*, op het *Sundasche* eil. *Java*, resid. *Banjoemas*. — Er ontspringen aldaar rijke zoutbronnen.

SESIA (DE), Way Sesia, riv. in *Oost-Indië*, op het *Ambonsche* eil. *Boero*, aan de Oostkust, welke zich met eenen oostelijken loop in zee uitstort.

SESIAL, vlek in *Oost-Indië*, op het eil. *Timor*, een der *Kleine-Sunda-eilanden*, aan de Noordwestkust, 8° 54 N. B., 143° 12′ O. L.

SET ('T), h. in het *Westerkwartier*, prov. *Groningen*, arr. en 1¼ u. W. van *Groningen*, kant. en 1½ u. Z. O. van *Zuidhorn*, gem. en 2 u. N. N. O. van *Leek*, ½ u. Z. van *Leegemeeden*, 5 min. Z. van de trekvaart van Groningen naar Stroobos.

SETANG, Poeloe Setang, eil. in *Oost-Indië*, in de *Zee-van-Java*, Z. van het eil. Celebes.

SETERS, Soeters of misschien beter Ceters, geh. in de bar. van *Breda*, prov. *Noord-Braband*, *Vierde* dist., arr. en 1½ u. O. N. O. van *Breda*, kant., gem. en ¾ u. Z. ten O. van *Oosterhout*.

[illegible] Zeeuw van dat gehucht [illegible] Zie het volgende art.

[illegible] prov. Noord-Braband [illegible] Gastel en Gilze-en-Rijen [illegible]

[illegible] van Breda, prov. [illegible] Z. van Setten, tusschen [illegible] den grooten weg

[illegible] in het Boschkwartier der

[illegible] eil. Java, resid.

[illegible] in de Zee-van-Java, op de

[illegible] een der Kleine-Sunda-eilanden, bij

[illegible] 5° 8' Z. B., 135° 27' O. L.

[illegible] Oost-Indië, in den mond van de [illegible],

[illegible], op het eil. Borneo, in de [illegible]

[illegible] later Sennis en thans ook wel [illegible] prov. Gelderland, distr., arr. en 2 u. [illegible] 2 u. W. ten Z. van Elst, gem. en [illegible] — De inw. vinden meest in den landbouw

[illegible] want Graaf [illegible] en zijne [illegible] van Duits, den XVII Kal. [illegible] in villa quae dicitur [illegible] van den Bisschop van Utrecht, [illegible] was eene moederkerk, welke [illegible]

[illegible] van en de giften aan [illegible] aldaar opgesteld, wordt [illegible] of [illegible], gedurende [illegible] Duits gegeven heeft, onder [illegible] heeft, [illegible] in den eigendom van [illegible]

[illegible] tot de gem. van Andelst-Setten-en- [illegible] Setten heeft eertijds eenen [illegible] beroepen in 1601, was [illegible] door [illegible]. [illegible] beroepen in 1617 en over- [illegible] Andelst vereenigd.

[illegible] werden tot de stat. van Nij- [illegible] bij dit d. het adell. h. Setten.

[illegible] 1809 heeft dit dorp veel geleden. [illegible] vijf huizen werden geheel ver- [illegible] onbewoonbaar; behalve het huis [illegible] onbeschadigd. Niet minder dan [illegible] hunne toevlugt in de kerk van dit dorp genomen, waaronder zich eenige zieken en lieden, die van hun verstand beroofd waren, bevonden. Deze kerk had eerst tot eene wijkplaats voor het vee gediend, en meer dan zes vuren werden in dit kleine gebouw onderhouden, waarvan de rook door eenige gebrokene glazen moest worden afgeleid.

De kermis te SETTEN valt in den 21 Junij.

SETTEN, voorm. adell. h. in de *Over-Betuwe*, prov. *Gelderland*, distr., arr. en 2 u. N. W. van *Nijmegen*, kant. en 2 u. W. ten Z. van *Elst*, gem. en 1 u. W. van *Valburg*.

SETTENSCHE-WOERD (DE), heuvel op de *Over-Betuwe*, prov. *Gelderland*, nabij het d. *Setten*.

Deze woerd, vermoedelijk eene oude Bataafsche begraafplaats, heeft eene driehoekige gedaante en is, met het Hofken, op het uiterste punt gelegen, 24 morg. (20 bund. 45 v. r. 75 v. ell.) groot.

SETTRO, d. in *Oost-Indië*, op het *Sundasche* eil. *Java*, resid. en reg. *Soerabaya*, aan de zee, in den mond van de *Settro*.

SETTRO (DE) of de JESO-SLOWZE, riv. in *Oost-Indië*, op het *Sundasche* eil. *Java*, resid. en reg. *Soerabaya*.

Deze riv. ontspringt bij het d. Kedong-Poetjang, distr. *Lingher*, neemt haren loop door de distr. Grisch, Goenong-Kendang en Jaba-Kota, waar zij eenen tak van de Kalie-Mas in hare bedding opneemt en stort zich bij het d. Settro in zee. Zij kan van het zeestrand tot het d. Wonosari met praauwen bevaren worden.

SEULEN, verl. plant. in *Nederlands-Guiana*, kol. *Suriname*, aan de *Saramacca*, ter linker zijde in het afvaren; palende bovenwaarts aan de verl. plant. Groningerland, benedenwaarts aan de verl. plant. Boston; 500 akk. groot.

SEUMEREN, buurs. op de *Neder-Veluwe*, prov. *Gelderland*. Zie SOMEREN.

SEUPAT, berg in *Oost-Indië*, op het *Sundasche* eil. *Java*, resid. *Preanger-Regentschappen*, reg. *Tjanjor*, eene der hoogste toppen van het gebergte *Galoengoeng*.

SEVANT (DE), riv. in *Oost-Indië*, op het *Sundasche* eil. *Java*, resid. *Banjoewangi*.

SEVENINGEN, streek lands in *Zalland*, prov. *Overijssel*, arr. *Zwolle*, kant., gem. en 5 min. N van *Kampen*, van welke laatste stad het eene der algemeene burgerweiden is. Zij beslaat eene oppervlakte van 180 bund. 77 v. r. 90 v. ell.

SEVENAAR of SEVENHA, voorm. landb., prov. *Friesland*, kw. *Zevenwouden*, griet. *Schoterland*, arr., kant. en 2 u. Z. O. van *Heerenveen*, ½ u. Z. O. van *Nijehorne*, aan de Sevenaarswijk, die uit de Compagnonsvaart tot in de Kuinder loopt.

Ter plaatse, waar zij gestaan heeft, ziet men thans eene boerderij.

SEVENBRUNNEN, watertje in het *Land-van-Valkenburg*, prov. *Limburg*. Zie DIJK (DEN).

SEVEN-CARSPELEN-ZIJL (DE), sluis in *Westerwolden*, prov. *Groningen*. Zie TIEN-CARSPELEN-ZIJL.

SEVENHOVEN, heerl. in den *Lopikerwaard*, prov. *Utrecht*, arr. *Utrecht*, kant. *IJsselstein*, gem. *Lopik*; palende N. aan de bar. van IJsselstein, O. aan den IJsel, Z. aan de Lek, W. aan de heerl. Jaarsveld en Lopik.

Deze heerl. bevat het d. Sevenhoven, benevens eenige verstrooid liggende huizen. De inwoners vinden meest in den landbouw en handel hun bestaan.

De Herv., [illegible], behooren tot de gem. *Lopikerkapel*, welke in het d. Sevenhoven eene kerk heeft. — De R. K., die men er aantreft, [illegible] tot de stat. van *IJsselstein*. — Men heeft in deze heerl. eene school, welke gemiddeld door een getal van 50 leerlingen bezocht wordt.

Het d. [illegible], ligt 2½ u. Z. W. van Utrecht, ¾ u. Z. van IJsselstein, [illegible] van Lopik.

De kerk is [illegible]gebouw, met eenen spitsen toren, doch zonder orgel. [illegible] is gebouwd ter vervanging van eene kapel, welke in het [illegible]-*Lopik* gestaan heeft en onder de parochiekerk van *Lopik* [illegible], waarom zij de Lopiker-kapel genoemd werd, onder [illegible] de kerk te Sevenhoven dan ook nog bekend staat (1). — [illegible] ziet men de ridderhofstad het Huis-te-Vliet.

De heerl. Sevenhoven werd in het jaar 1746 verleid op Mr. Justus [illegible], [illegible]schalk van het Overkwartier. Thans wordt zij in eigendom [illegible], door Jonkheer Mr. Jacob Constantijn Martens van Sevenhoven, Vice-President van het Provinciaal Geregtshof te Utrecht en Hoogheemraad van den Lekdijk-Bovendams en van den IJsseldam.

SEVENTER, st. op de *Lijmers*, prov. *Gelderland*. Zie Zevenaar.

SEVENUM, gem. in *Opper-Gelder*, prov. *Limburg*, distr. en arr. [illegible], kant. *Horst* (10 k. d., 12 m. k., 8 s. d.); palende N. aan de gem. Horst, O. aan Grubbenvorst, Z. aan Maasbree, W. aan de [illegible]-Brabandsche gem. Deurne-en-Liessel.

Deze gem., welke eerst ten tijde der Belgische overheersching van Horst is gescheiden, bevat het d. Sevenum, benevens de geh. Rooskenskant, Voorste-steeg, Achterste-steeg, Voorste-Hees, Achterste-Hees en Ulfterhoek. Zij beslaat, volgens het kadaster, eene oppervlakte van 4933 bund. 94 v. r. 70 v. ell. Men telt er [illegible] h., bewoond door 304 huisgez., uitmakende eene bevolking van ruim [illegible] inw., die meest hun bestaan vinden in den landbouw. Men heeft er twee roggemolens in de nabijheid van het dorp; ook zijn er vier branderijen en vier brouwerijen.

De inw., die allen R. K. zijn, onder welke ongeveer 1300 Communikanten, maken eene par. uit, welke tot het vic. apost. van *Limburg*, dek. van *Venray*, behoort, en door eenen Pastoor en twee Kapellanen bediend wordt. — Men heeft in deze gem. eene school, welke gemiddeld door een getal van 160 leerlingen bezocht wordt.

Het d. Sevenum ligt 5 u. N. van Roermonde, 1 u. Z. van Horst. Men telt er in de kom van het d. 43 h. en 310 inw.

Zoo men wil zou de omweg, dien men van deze plaats door den Peel naar Meijel moest maken, het spreekwoord van *het is van Meil op Sevenum*, hebben doen ontstaan.

De kerk aan den H. H. Fabianus en Sebastianus toegewijd, is, vooral het koor, een oud gebouw, met eenen fraaijen toren, waarvan het muurwerk tot aan het spits 34.21 ell. en het spits tot aan den koperen bol 34.84 ell. hoog is, en van een orgel voorzien.

Men heeft er twee armhuizen, waarin een getal van 11 oude lieden en 2 weezen is opgenomen.

De kermissen vallen in: de eerste den eersten Zondag na 20 Januarij, en de tweede den eersten Zondag na Pinksteren.

---

(1) Dit is dan ook de oorzaak, dat men van het dorp Lopiker-Kapel spreekt, zoo als door ons op dat woord mede abusief gedaan is; terwijl Lopiker-Kapel eigenlijk niets dan eene kerkelijke gemeente is.

Het wapen dezer gem. bestaat uit een St. Sebastiaansbeeld, met drie leliën.

SEVERYN (ST.) of St. Severinus, voorm. geestelijk gesticht, in de *Meijerij-van-'s Hertogenbosch*, kw. *Kempenland*, prov. *Noord-Braband*, gem. en 20 min. O. ten N. van *Zeelst*.

Het was eene voorname kapel, onder aanroeping van den H. Bisschop Severinus ingewijd, met eenen priesterlijken titel of beneficie voorzien. Het gebouw dier kapel is nu geheel verdwenen. Ter plaatse, waar zij gestaan heeft, ziet men eene boerderij, welke, bij het kadaster, Zevenhuis gespeld wordt, en met de daartoe behoorende gronden, beslaande eene oppervlakte van 12 bund., in eigendom bezeten wordt door den Heer Arnoldus Coppelmans, woonachtig te Gestel, bij Eindhoven.

SEWA, naam, welken de inlanders geven aan het rijk Boni, in *Oost-Indië*, op het *Sundasche* eil. *Celebes*. Zie Boni.

SEWA, kaap in *Oost-Indië*, in de *Zee-van-Java*, aan de Zuidkust van het eil. *Celebes*.

SEWO (DE), riv. in *Oost-Indië*, op het *Sundasche* eil. *Java*, ads. res. *Krawang*.

SEWOE of Tjandi-Sewoe, kleine tempels in *Oost-Indië*, op het *Sundasche* eil. *Java*. Zie Duizend-Tempels.

SEWOEAN, landstr. in *Oost-Indië*, op het *Sundasche* eil. *Java*, resid. *Kedoe*, reg. *Magelang*.

Bij de aardbeving, welke den 27 en 28 December 1822 plaats had, liet de berg Merah-api eenen zwaren slag hooren en wierp eene menigte gloeijende steenen, met eene groote hoeveelheid zand, uit, waardoor er vier dorpen verbrandden en vier bedolven werden. Aan twintig menschen kostte deze uitbarsting het leven; terwijl een veel grooter aantal hunne voeten verbrandden; zijnde er daar en boven eene menigte menschen door de hoogte van het water, aangezien de rivier verstopte, verdronken of in den heeten modder gesmoord.

SEWOERAN, d. in *Oost-Indië*, op het *Sundasche* eil. *Java*, resid. en reg. *Pekalongang*, distr. *Wonosobo*.

Den 1 Februarij 1828, hadden de muitelingen dit d. in de asch gelegd en den Demang dier plaats, op eene wreedaardige wijze, om het leven gebragt. De Majoor Michiels zond onverwijld een detachement Infanterie, onder den Luitenant Leonhard, derwaarts, op wiens aannadering de muitelingen ijlings de vlugt namen in de hooge gebergten ten Zuidwesten, houdende verder de overige muitelingen, onder aanvoering van onderscheidene Tommongongs, zich op den berg Gemantong, één paal bezuiden Sepoerang, op.

SEXBIERUM, in oude schriften als Sixtibarra, Sixtibierum, Sixtusbierum en Sixbierum voorkomende, d., prov. *Friesland*, kw. *Westergoo*, griet. *Barradeel*, arr. en 4½ u. W. van *Leeuwarden*, kant. en 1¼ u. N. N. O. van *Harlingen*.

Het is het hoofddorp der grietenij, omdat aldaar het grietenijhuis staat, waarin het grietenijbestuur zijne zitting houdt. Het behoort onder de groote landbouwende dorpen der provincie Friesland en heeft eene groote, welbebouwde en bestrate binnenbuurt, en in het geheel 136 h. en 940 inw., die meest in den landbouw hun bestaan vinden. Men heeft er goede bouwgronden, die echter sterke bemesting vorderen, ook hooge en vruchtbare terpen; doch ten Zuiden, naar den kant van de Ried, is veel laag land. Om dat van het overtollige water te ontlasten, heeft men eenen grooten watermolen gesticht, waardoor ook het laagst gelegene land bruikbaar is. Ook heeft men hier eenen goeden korenmolen, ten Noordoosten nabij de buurt; oudtijds, ten [illegible] in het jaar [illegible], stond hij ten Westen van de buurt. De behoorende [illegible] en de meeste boerenplaatsen en landerijen hebben door publieke en particuliere opvaarten goede gelegenheid tot af- en aanvoer te water. De haringvisscherij is hier aan den Zeedijk nog in wezen, doch veel geringer dan vóór een aantal jaren.

Het dorp ligt wel ter reed, door drie rijwegen, die van Harlingen, Franeker, [illegible] en Minnertsga hier doorloopen; ook wel ter vaart, om van hier naar Franeker en Harlingen te komen, zijnde er ook nog eene Vaart naar den zeedijk.

De Herv., die er 940 in getal zijn, onder welke 190 Ledematen, maken eene gem. uit, welke tot de klass. en ring van *Harlingen* behoort. De eerste, die hier het leeraarambt heeft waargenomen, is geweest zekere FREDERICUS, die in 1582 geheel Barradeel schijnt bediend te hebben. ALLERD TJEERDS was hier in 1585 Leeraar, ook nog in 1588, hoeveel vroeger of later is, wegens gebrek aan bescheiden, onzeker. Onder de hier gestaan hebbende Leeraren verdient melding de, om zijne menigvuldige schriften, met roem bekende HERO SIBERSMA, die er in 1671 kwam; in 1677 naar Ternaard vertrok, en in 1728 *als* emeritus Predikant van Amsterdam overleed.

Oudtijds had dit dorp eene kruiskerk, welke vóór de Reformatie aan den H. SIXTUS was toegewijd. Zij bragt jaarlijks voor den Pastoor 140 goudguld. (210 guld.) op, de Vicaris genoot 80 (120 guld.) en dan waren er nog twee prebenden, die ieder 100 goudguld. (150 guld.) opbragten. Eene derde prebende was ten voordeele van den Koster. Aan den Proost van ST. JAN te Utrecht moest SEXBIERUM jaarlijks 12 schilden (27 guld.) betalen. In 1404 werd SJAARDUS en in 1429 *Heer* MENRICUS REINERUS van Pastoor alhier tot Abt van Lidlum benoemd. In 1470 was hier Pastoor JACOB DE LEEUW, die mede ten laatste Abt in Lidlum werd. Vier Pastoors van SEXBIERUM, van welke THEODORUS, die hier in 1536 stond, de eerste was, zijn alzoo Abten van Lidlum geworden.

Het noordelijke kruispand der kerk is reeds vroeger en het zuidelijke in of omstreeks het jaar 1774 weggebroken, bij welke gelegenheid men, in den noordermuur, in eene bemetselde nis, het beeld van den H. SIXTUS; den Patroon van dit dorp, gevonden heeft, hetwelk waarschijnlijk ten tijde der Reformatie daarin was verborgen. Naar dezen Heilige is dit dorp genoemd SIXTISBEREN, en bij verkorting SIXBEREN of SIXBIEREN. Onder de fraaije grafsteenen, waarmede deze kerk rijkelijk voorzien is, zijn er onderscheidene met Latijnsche grafschriften hoewel niet allen even leesbaar. Op een dezer steenen, die voorheen in een der uitspringende hoeken lag, doch na het wegbreken daarvan in het ligchaam der kerk verplaatst is, heeft men een grafschrift, dat ten bewijze der hooge afkomst van het geslacht VAN ADELEN verstrekt en dus luidt:

SERAPHIUS GENITOR, PROLES NICOLAUS ADELAR
HIC RECUBANT, STIRPIS REGIA NOBILITAS.

(d. i.: SERAPIUS, de vader, en NICOLAUS, een afstammeling der ADELEN uit koninklijken stam, rusten hier.)

De ruime kerk, welke fraai betimmerd is, prijkt met een sierlijk doophek en uitmuntend bewerkten predikstoel, staande in eenen kunstig gehouwen boom. In het koor is nog te zien de voet van het altaar en het hostiekastje, aan de noordzijde der kerk van binnen. Het welluidend kerkorgel is gemaakt in de jaren 1766 en 1767, door A. HINSCH, orgelmaker te Groningen, vernieuwd in 1837 en bevat twee handklavieren, een aanhangend pedaal en twintig stemmen. De vrij zware steenen toren, met korte scherpe spits, heeft ééne klok, doch zeer groot en van een sterk geluid; het opschrift daarop, afschoon zonder jaartal, bewijst, dat ze zeer oud en reeds vóór de Hervorming is gegoten. Het luidt aldus:

Astra tenentis opé bene grandisono tibi Sixte Ψ
Sum decori et Bierum, diva Maria vocor.
Convoco Christicolas, Jovis horrida fata revolvo Ψ
Fulmina quid peryam diffugo flammioma.

Fusum a Gerardo von Schoenenborch *et* Johanni.
Anno Domini MCCCCCXIII.

(d. i.: Door het gezegend werk van Hem, die de starren regeert, ben ik u, o Sixtus, ten sieraad in Bierum; Goddelijke Maria is mijn naam. Ik roep de Christenen op, wendt het verschrikkelijk noodlot van Jupiter af. Wat zal ik meer zeggen? Ik bescherm tegen de vuurspuwende bliksemschichten. Gegoten door Gerard von Schoenenborch en Johannes in het jaar des Heeren 1513).

Voor omtrent zeventig jaren werd de oude pastorie afgebroken en de tegenwoordige, staande op de Oude-Buren, aangekocht, welk huis vroeger bewoond werd door den Heer Johannes Gerlofsma, toenmaals Secretaris van Barradeel, eertijds Schoolmeester te Oosterbierum. Het heeft uit de achtervertrekken een goed uitzigt over het veld.

De 15 Doopsgez., die men er aantreft, behooren tot de gem. van *Franeker*. — De 15 R. K., die er wonen, worden tot de stat. van *Franeker* gerekend. — De Christelijk-Afgescheidenen, die er 90 in getal zijn, hebben hier een in 1840 erkende gemeente. De kerk, staande Achter de Nieuwe-Buren, aan de terp, is, in het jaar 1840, door gedeeltelijke verbouwing van eene schuur daargesteld. De daarbij behoorende woning, aan de Nieuwe-Buren uitkomende, maakte de pastorie uit. Beide zijn zeer geschikt.

In 1829 is de oude dorpschool afgeschaft en eene nieuwe in de buurt gebouwd, welke schoon en ruim en voor de tegenwoordige behoefte van het lager onderwijs beter voldoende is. Deze school wordt des zomers gemiddeld door 90 en des winters door 130 leerlingen bezocht.

Het grietenijhuis van Barradeel is mede te Sexbierum, waardoor dit dorp, als de vergaderplaats van het grietenijbestuur, ook de hoofdplaats der grietenij is, waartoe het, als bijna in het midden gelegen, wel gekozen schijnt. — Onder dit dorp behoorden voorheen vele adellijke staten, als: Adelen, Hiddema, Latsma, Elinge en Liauckama, welke alle nu verdwenen en vernietigd zijn, nadat Liauckama in het jaar 1824 afgebroken is.

De kermis valt in na den afloop van den koolzaadoogst en wordt dan door het bestuur bepaald.

Sexbierum is de geboorteplaats van den H. Fredericus, den achtsten Bisschop van Utrecht, die, in 834, tot die waardigheid verkoren werd, en van Sjoerd Liauckama, den twaalfden Abt van Lidlum, die, in 1332, door de Monniken op het uithof te Bozum, Terpoorte genaamd, verraderlijk vermoord werd; terwijl hij als Abt van Lidlum derwaarts gegaan was, om hen tot goede zeden aan te sporen. Ook Ausco, de zes en twintigste Abt van Lidlum, was hier geboren. Nog zagen hier het eerste licht: de teekenaar van het verbond der Edelen Jelte Eelsma, een der hoofden van de Watergeuzen, geboren in 1539, die den 13 Junij 1574, bij eenen mislukten aanval op Friesland, in de golven omkwam, en de Luitenant Admiraal Tjerk Hiddes de Vries, alhier den 6 Augustus 1622 geboren, die in een gevecht tegen de Engelschen, den 4 Augustus 1666, voor de eer en vrijheid des vaderlands strijdende, sneuvelde.

De invallende Noormannen brandden in 806 dit dorp geheel af, uitgenomen de kerk, de state Liauckama en nog een ander huis.

In 1315 was er in Friesland eene groote duurte van levensmiddelen, ja zelfs hongersnood, ter oorzake van eenen zeer natten zomer, waardoor de oogst bijna geheel verijdeld werd en er groot gebrek ontstond. Te Sexbierum woonde zekere weduwe, met name Tjal, met hare twee kinderen. Deze vrouw leefde in groote armoede, en die niet willende openbaren, sloot zij zich, zonder eten te hebben, met hare kinderen in haar huis op en werd na weinige dagen met deze dood gevonden. Zij was te voren zeer vermogend geweest, doch haar man had, in de partijschappen der Schieringers en Vetkoopers, al zijn vermogen verspild. Het treurige uiteinde van deze weduwe en hare kinderen bewoog de edelen Liauckama, Adelen en Eelsma zoozeer met het lot der armen, dat zij, behalve eigene onbekrompene giften, ook de Geestelijken van Lidlum, Ludingakerk en Almenum tot milddadigheid aanspoorden. Op dezen duren tijd volgde de pest, die vele duizenden ten grave sleepte; terwijl de oude geschiedenissen verzekeren, dat niemand der genoemde Edelen of van de hunnen werd weggerukt.

De Spaansche regering hier te lande beloofde eene premie van 50 gulden aan dengenen, die Laurens Coster, gewezen schoolmeester te Sexbierum en voortvlugtig ter zake van vervolging van de Hervormden, hetzij levend of dood in handen der justitie zou leveren.

In het jaar 1672, toen ons vaderland te lande en ter zee werd aangevallen, geraakte Sexbierum in groot gevaar, en zulks alleen wegens ligtgeloovigheid. Eenige lieden zagen twee scheepjes, geladen met stroo, in de Wadden varende, voor een deel der Engelsche vloot aan, en men vreesde, dat er eene landing zou ondernomen worden. Dit gerucht verspreidde zich heinde en ver; men luidde de klok, en vreesde het ergste. Men verbeeldde zich te gelijk, dat het slot Liauckama, toen bewoond wordende door de Heeren van der Laan en Merckten, Roomschgezinden, met oorlogstuig en zelfs met krijgsvolk voorzien was, om, in geval de vijand mogt landen, met hen tot verderf des lands zamen te spannen. Van alle kanten verzamelde zich veel volks om Liauckama-state, waar men veiligheidshalve de valbrug had opgehaald. Bij nader onderzoek van den moedigen Balthazar Bekker, destijds Predikant te Franeker, bleek het evenwel, dat de landing van den vijand aan deze kust en de wapening van Liauckama-state beide even ongegrond waren, en zoo liep dit onheilspellend gerucht op enkel dwaze ligtgeloovigheid uit.

SEXBIERUMER-HORN, geh., prov. *Friesland*, kw. *Westergoo*, griet. *Barradeel*. arr. en 5 u. N. W. van *Leeuwarden*, kant. en 2 u. N. O. van *Harlingen*, ¼ u. N. van Sexbierum, in eenen uitstekenden hoek van den nieuwen zeedijk, aan de Zuiderzee.

SEXBIERUMER-VAART (DE), water, prov. *Friesland*, kw. *Westergoo*, griet. *Barradeel*, van het dorp Sexbierum zuidwaarts naar de Ried loopende.

SEYLALA, oud d. in *Oost-Indië*, op het *Moluksche* eil. *Amboina*, op het schiereil. *Leytimor*, aan de *Noordwestkust*.

SEYPELE (DE), riv. in *Oost-Indië*, op het *Moluksche* eil. *Amboina*, aan de Zuidkust van *Hitoe*, met eene zuidwestelijke rigting in zee loopende.

SEYS-AMBACHT, voorm. amb. op het eil. *Walcheren*, prov. *Zeeland*, distr., arr., kant. en gem. *Middelburg*; palende N. aan Overdamme-ambacht, O. aan de stad Middelburg, Z. aan de heerl. Koudekerke, W. aan de heerl. Buttinge.

Dit ambacht bevat noch d. noch geh., maar alleen eenige verstrooid liggende huizen. De inw., die meest hun bestaan vinden in den landbouw, behooren kerkelijk onder *Middelburg*.

Men heeft in dit amb. geene school maar de kinderen genieten onderwijs te *Middelburg*.

SEYSE of ZEESE, buurs. in *Zalland*, prov. *Overijssel*, arr. en 6½ u. N. O. van *Deventer*, kant. *Ommen*, gem. *Ambt-Ommen*.

SEYTERT SEITERT of SIJTERT en bij het kadaster SEITAART, geh. in de *Meijerij van 's Hertogenbosch*, kw. *Peelland*, prov. *Noord-Braband*, *Eerste* distr., arr. en 4 u. Z. O. van *'s Hertogenbosch*, kant., gem. en 40 min. Z. Z. O. van *Veghel*, nabij den linkeroever van de Zuid-Willems-vaart.

SHAGGY, rots in *Oost-Indië*, W. van het *Moluksche* eil. *Wagioe*. — De noordelijkste punt ligt op 0° 25″ Z. B., 147° 53′ 10″ O. L.

SHERLIPPENS-POLDER, onbeh. pold. in *Staats-Vlaanderen*, in *Neuzen-Ambacht*, prov. *Zeeland*, arr. *Goes*, kant. *Axel*, distr. *Hulst*, gem. *Neuzen*; palende N. aan de Wester-Schelde, O. aan den Polder-van-Zaamslag, Z. aan den Zuid-polder, W. aan den Noord-polder.

Deze polder, bedijkt in 1725, heeft eene schotbare grootte van 42 b. 78 v. r. 97 v. ell., na aftrek van de ingenomene landen voor het oostelijk stroomkanaal tot afvoer der Belgische en andere polderwateren, hetwelk door dezen polder heen loopt, en waarvan de juiste opmeting nog niet is geschied, zoodat ook de kadastrale uitgestrektheid niet kan worden opgegeven. Hij ontleent, zoo het schijnt, zijnen naam van den eersten bedijker, zekeren Heer SHERLIPPENS.

De uitwatering geschiedt door twee duikersluisjes in het gemelde kanaal en de polder wordt beheerd door eenen Directeur.

SHOAL (HOEK-), kaap in *Oost-Indië*, in de *Straat-van-Makassar*, aan de Oostkust van het eil. *Borneo*, straat *Passier*.

SHOE, eil. in *Oost-Indië*, in de *Stille-Zuidzee*, bij het Moluksche eil. *Wagioe*, 1′ Z. B., 148° 59′ O. L.

SIA (DE), WAY-SIA, riv. in *Oost-Indië*, op het *Molluksche* eil. *Amboina*, op de Noordkust van het schiereil. *Hitoe*.

SJAARDA, voorm. state, prov. *Friesland*, kw. *Westergoo*, griet. *Hennaarderadeel*, arr. en 2 u. N. N. W. van *Sneek*, kant. en 1½ u. O. N. O. van *Bolsward*, 10 min. Z. Z. O. van *Oosterend*.

Ter plaatse, waar zij gestaan heeft, ziet men thans eene boerenplaats. De daartoe behoord hebbende gronden*, beslaande eene oppervlakte van 50 bund. 51 v. r. 31 v. ell., worden in eigendom bezeten en bewoond door EELTJE YBES SJAARDA.

SJAARDAHUIS, voorm. stins, prov. *Friesland*, kw. *Westergoo*, griet. *Wymbritseradeel*, arr., kant. en 1 u. W. N. W. van *Sneek*, te *Folsgara*. — Deze stins is in het jaar 1498 afgebrand.

SJAARDAHUIS (FOPPE-), voorm. stins, prov. *Friesland*, kw. *Westergoo*, griet. *Wymbritseradeel*, arr., kant. en 1½ u. W. van *Sneek*, 10 min. N. W. en onder het beheer van *Abbega*, in de b. *Morra*.

Deze stins werd den 16 September 1490, door DOUWE TIETES HETTINGA en zijnen broeder EPE, ingenomen en verbrand, waardoor de eigenaar, een vreedzaam man, na verloop van drie dagen, van droefheid stierf.

SJAARDASLOOT (DE), water, prov. *Friesland*, welke van de Sneeker-trekvaart, in eene zuidoostelijke rigting, tusschen Gauw, in Wymbritseradeel, en Sybrandaburen, in Rauwerderhem, naar den Hemdijk en het Sneeker-meer loopt, en aldaar de scheiding tusschen

Wymbritseradeel en Rauwerderhem en alzoo tusschen Oostergoo en Westergoo uitmaakt. Dit water is thans grootendeels droog.

SJAARDEMA, voorm. kast., prov. *Friesland*, kw. *Westergoo*, arr. en 5¼ u. W. van *Leeuwarden*, kant. en 2¼ u. O. van *Harlingen*, gem. en ¼ u. O. van *Franeker*.

Ter plaatse, waar nog in de eerste helft der vijftiende eeuw dit kasteel stond, ziet men thans eene buitenplaats van den zelfden naam, welke, met de daartoe behoorende gronden, eene oppervlakte van 40 bund. 30 v. r. 20 v. ell. beslaat, en in eigendom bezeten wordt door den Heer Frank Fontein, woonachtig te Harlingen.

SJAARDEMA-HUIS, voorm. kast. te *Franeker*, in het westen der stad, tusschen de *Noorder*- en *Westerpoorten*.

Dit kast., hetwelk uit het water was opgehaald, bestond uit een groot huis met twee achterhuizen in het westen, benevens eenen zwaren steenen toren in het Zuidwesten, en eenen die wat kleiner was in het Noordoosten stadwaarts ziende. In lateren tijd viel dit gebouw in het bezit van de Burmania's, doch werd, wegens zijne bouwvalligheid, in het begin der vorige eeuw, afgebroken. Voordezen stond het vermaarde Sjaardemahuis ten Oosten van de stad, doch omtrent het jaar 1515 wilde Sicke-Sjaardema, op aanraden van zijn zoon Douwe, het huis naar het westen verplaatsen; doch het werk bleef toen steken wegens de volgende prophetie van Schelte Liauckema.

So Siaerdema in 't Aest bliouwet/ Schelt prosperérye/
En graet acht wesse/ en weer mogga comma to Potestaet.
In 't West steende/ schelt declinerye/
Nimmermeer comma to zoo hegen graat.

(d. i. Indien Sjaardema in het Oosten blijft, zal het voorspoedig zijn en groot wezen en weder aan eenen Potestaat komen. In het Westen staande, zal het vervallen en nimmer tot zulk eenen hoogen rang komen.)

In het jaar 1449 was Sjaardema-huis, ten Oosten van Franeker eenigzins door ouderdom bouwvallig, hetwelk den toenmaligen eigenaar, Douwe Sjaardema, met zijne vrouw Edgarda Sjaardema, bewoog, het oude huis te verlaten, en het nieuwe, zoo even beschreven, in het Westen van Franeker te bouwen, op de plaats toen *Kalehei*, en nog heden, ter gedachtenisse van het oude gebouw, het *Steenslot* genoemd. Bij die gelegenheid werd wederom de volgende voorzegging gedaan:

All is kale hey dus heeg fonbeere/
Het sill weer wirde rageere;
Soodat Kale hey hier ney
Wirda sill in Molck Wey.

(d. i. Al is Kalehei dus hoog verheven, het zal weder worden vernederd, zoodat Kalehei hierna eene melkweide zal worden).

Dit oude slot was het stamhuis van het vermaarde geslacht van Sjaardema, hetwelk daardoor de stad Franeker geheel bedwingen konde.

In de eerste helft der dertiende eeuw werd het bewoond door Sicke Sjaardema, den achtsten Potestaat van Friesland, een man van groote magt en aanzien en een echt voorstander van de Friesche vrijheid, welke hij voor geene aanbiedingen van eer of goud aan Graaf Willem II wilde verraden. Een andere Sicke Sjaardema, die een weinig na het jaar 1400 alhier bloeide, was een groot en ijverig voorstander van de Schieringer partij en alzoo een geslagen vijand van de Abten van Lidlum, die tot de andere hoofdpartij behoorden, waaruit wel dikwijls wederzijds de hevigste feitelijkheden ontstonden, zoo zelfs, dat SJAARDEMA de kloostergoederen grootendeels verbrandde en den Abt op het slot te Franeker gevangen zette, doch dien daarna, op voorspraak van sommige Edelen, weder ontsloeg. Een derde SICKE SJAARDEMA leefde in het laatste der vijftiende eeuw en nam, als voorganger en hoofd der Schieringers, niet weinig deel aan de inlandsche onlusten in Friesland.

Ter plaatse, waar vroeger het slot SJAARDEMA stond, ziet men thans een stuk weiland, waarin weleer een diepe vijver was, welke dit slot omgaf.

SIAKH of SIAK, rijk in *Oost-Indië*, op het *Sundasche* eil. *Sumatra*, aan de Oostkust, tusschen de Baai-van-Rakan, Kamper en Indragirie. Het grenst N. O. aan Straat-Malakka, O. aan de Chinesche-Zee, Z. aan Indragirie en W. aan Menangkabau.

Het staat onder eenen Sultan, aan wiens heerschappij Deli en Raua mede onderworpen zijn en die geheel willekeurig regeert, zoodat hij zich zelfs tegen de Grooten, wreede strafoefeningen veroorlooft, wanneer het namenlijk den Vorst gelukt zich te bevrijden van de banden waarin de Groote Leenmannen hem trachten gekneld te houden. Zoo niet, dan zijn het deze erfelijke Stamopperhoofden of Pangliemas, die de eigenlijke magt in handen hebben, en die den Vorst dwingen te doen wat zij goedvinden. Aan de Pangliemas staat de keuze van des Sultans opvolger; doch zij kiezen niet altijd den oudsten zoon; zelfs vrouwen kunnen aan de regering komen. — Bij de Batakhs is het gezag in handen van Opperhoofden en Oudsten, die verpligt zijn zich in alles aan de adats of gebruiken te houden. De oudste zoon is hier de opvolger zijns vaders en bij ontstentenis van dezen de jongste zoon, doch somwijlen nemen allen den titel aan, door den vader gevoerd.

Voor eenige jaren onttroonde een vertrouweling van den regerenden Vorst dezen laatsten, welks zoons RAJAH AMIL, met een aantal andere uitgewekene Siakhers, zich later onder de Nederlandsche vanen zoo uitnemend kweet.

De lucht is er gezond en vruchtbaar. Men heeft er geene bergen van aanbelang. Het land heeft vele inhammen aan de kusten, waar ook vele eilanden liggen. De Siakh is de voornaamste rivier. De hofst. Siakh is de zetel van den Vorst.

De vruchtbare grond brengt: rijst, katoen, velerlei groenten, hennip, zuidvruchten, maar vooral sago voort, wordende die van SIAKH voor de beste gehouden. Verder komt uit het binnenland zeer goed timmer- en fijn hout, was, honing, ivoor en bamboes; terwijl er overvloed van wild en vee is. De inw. zijn Maleijers, en belijden de Mohhammedaansche godsdienst. De zeemagt, die tusschen de eil. zeer goede havens heeft, is altijd gevreesd geworden. De geheele staat is door de Kapers onveilig, en de landingen, welke de Maleijers op de kusten van Malabar doen, geschieden meestal uit Siakhsche-havens.

De factorij of het fort der Nederlanders, was voormaals gelegen op een klein eiland in de Siakh, niet ver van de zee.

SIAKH, st. in *Oost-Indië*, op het *Sundasche* eil. *Sumatra*, rijk *Siakh*, aan de rivier van dien naam, 13 mijlen van den mond.

Het is eene vrij goede stad, waar de Sultan zijn verblijf houdt. Zij ligt aan de beide oevers der Tabong, ook Siakh genoemd, en drijft langs de rivier veel handel met de binnen- en bovenlanden.

Er is veel uitvoer van kamfer, koffij, was, dammer, ivoor enz. naar Sinkapoera en Riouw.

Thans handelen er op de stad SIAKH schepen van Coromandel, die er, benevens hunne eigenlijke lading van stukgoederen, op Poelo-Pinang ingenomene ruwe zijde, opium enz. aanbrengen, en met goud, was, sago, zoute visch, vinnen, ivoor, kamfer, rotting enz. terug komen.

SIAKH (DE) of DE TABONG, riv. in *Oost-Indië*, op het *Sundasche* eil. *Sumatra*, die, op 1° 40′ N. Br., in de *Straat-van-Malakka* uitloopt.

Deze riv. ontstaat uit het lands. *Menangkabau*, stroomt tot aan de stad Siakh in eene noordoostelijke en van daar in eene noordelijke rigting naar zee, alwaar zij zich, tusschen de eilanden Tandjong-Serej en Pangkalis, in de *Straat-van-Malakka* uitstort. De breedte dezer rivier is van 300 tot 600 ell.; aan hare monding heeft zij bij laag water slechts 4.70 ell. Bij de stad Siakh is het verval van het water, bij de eb, 3.45 ell. Langs het lagere gedeelte van deze rivier zijn de gronden aangespoeld, die dan ook, vooral tijdens den afloop van het water, zeer ongezond zijn.

Zij laat groote koopvaarders toe, daar zij, wel is waar op eene, van andere ondiepten omgevene, bank in haren mond, bij laag water slechts 4.70 ell., doch meer naar binnen tusschen 6.60 en 14.10 *ell.* diep is. Zij heeft, twee en twintig uren van haren mond, aan zich eene eveneens genoemde stad, en vijf en vijftig uren verder naar binnen eene plaats die Pakanbharoe heet. Nog veel verder binnenwaarts ligt aan hare oevers Patapahan, waar de inlanders veel gouds te koop komen brengen. Een sterke vloed overstroomt er de lage oevers, die met uitnemend timmerhout bezet zijn, zoodat de Nederlanders, die op een eil., even binnen den mond der rivier, eene faktorij plagten te hebben, er voormaals in handelden.

SIAKH (DE BAAI VAN), zeeboezem in *Oost-Indië*, in de *Straat-van Malakka*, aan de Oostkust van het eil. *Sumatra*.

SJAL, naam, welke men wel eens geeft aan het noordoostelijke gedeelte van het eil. KELANG, in *Oost-Indië*, resid. *Amboina*. Zie KELANG.

SJALLEMA, voorm. burg in het *Westerkwartier*, prov. *Groningen*, arr. en 4½ u. W. van *Groningen*, kant. en 2¼ u. W. van *Zuidhorn*, gem. en 1 u. W. ten Z. van *Grootegast*, 5 min. W. van *Opende*, ten Z. van den zandigen, boschrijken rijweg.

Ter plaatse, waar hij gestaan heeft, ziet men thans slechts eenige kastanjeboomen. De daartoe behoord hebbende gronden, beslaande eene oppervlakte van 117 bund. 87 v. r. 70 v. ell., worden in eigendom bezeten, door den Heer Mr. A. BECKERINGH, Kantonregter van Onderdendam, woonachtig te Middelstum.

SJALLEMA, buitenplaats in het *Westerkwartier*, prov. *Groningen*, arr. en 2¼ u. W. N. W. van *Groningen*, kant., gem. en 20 min. N. ten W. van *Zuidhorn*, 10 min. Z. van *Noordhorn*, waartoe zij behoort.

Deze buit. heeft lang behoort aan de familie GEERTSEMA, zich schrijvende GEERTSEMA VAN SJALLEMA.

SI-AMEI, eil. in *Oost-Indië*, in den *Sundaschen-Archipel*. Zie AMEI (SI-) (1).

SIAMAO, eil. in *Oost-Indië*, in de *Indische-Zee*, Z. W. van het eil. *Timor*.

(1) Eveneens zoeke men de overige met SI beginnende Oost-Indische namen, welke hier niet gevonden worden, op de woorden van onderscheiding.

SIAMPOER, d. in *Oost-Indië*, op het *Sundasche* eil. *Sumatra*, gouv. *Sumatra's-Westkust*, resid. *Padangsche-Bovenlanden*, aan het meer Danao.

Het land nabij dit d. is vrij effen en rijk in vruchtbare sawa-velden, door welke zich een riviertje vrolijk henen kronkelt, aan welks regter oever, vlak aan het meer, Siampoer zeer aangenaam gelegen is.

SIANGE, oud. d. in *Oost-Indië*, op het *Sundasche* eil. *Java*, resid. *Preanger-Regentschappen*, lands. *Pondajang*.

Dit d. was in het begin der vorige eeuw met de dorpen *Regermetjang*, *Tjikondang*, *Hadomorang*, *Pondajang*, *Nunari*, *Tjimawara* en *Lomilalik*, 1100 huisgez. sterk.

SJANPÉE-EILANDEN, groep eilandjes in *Oost-Indië*, in den *Moluksche-Archipel*, nabij Gilolo.

SIAO, eil. in *Oost-Indië*, in den *Moluksche-Archipel*. Zie Sjauw.

SIARINGI, oud d. in *Oost-Indië*, op het *Sundasche* eil. *Java*, resid. *Preanger-Regentschappen*, reg. *Sumadang*, Z. van de *Indramayoe*.

SIASSE, plaats in *Oost-Indië*, resid. *Amboina*, op het *Amboonsche* eil. *Boero*, aan de Boero.

In het jaar 1655 hadden de onzen hier een pagger van palissaden, waar zij de rivier met touwen, voor de Ternatanen, die nog wel een dag varens hooger lagen, toesloten, om te beletten dat hunne vaartuigen ontsnapten.

SJAUW, Siauw of Siao, eil. in *Oost-Indië*, in den *Moluksche-Archipel*, bezuiden de *Sangirsche-eilanden*, waartoe het ook wel gerekend wordt, aan de Noordoostpunt van het *Sundasche* eil. *Celebes*, 2° 48′ N. B. 142° 39′ O. L.

Het is 12 mijlen in den omtrek, en heeft aan de Noordoostkust eene vulkaan, die nog van tijd tot tijd woedt. De gedaante van dit eiland komt met die van Ternate overeen. Aan de oostzijde is vóór het dorp Oeloe eene goede ankerplaats, die door de eilandjes Boegiassoe, Pandang, Labeang, Massare en Mahono omringd is. Aan de Oostkust houdt de Vorst zijn verblijf te Pehe, en in de nabijheid ligt het eilandje Mahalehe, dat zoet water bevat en pinang, kokos, soorsak en andere vruchten oplevert.

Aan de oostzijde van Sjauw liggen nog de dorpen Ondor en Lehe. De bevolking wordt op 3000 zielen geschat.

Men heeft er eene vulkaan, die zelfs soms de naburige eilanden met asch bedekt. Voor het overige is het vruchtbaar en rijk aan voortbrengselen.

De Nederlanders hadden in de zeventiende eeuw eene sterkte aan de Oostkust van dit eiland, die Doornenburg genoemd was en eene bezetting had. De Koning van Sjauw is Heer van het Talautsche eiland Kahroewang; dat verpligt is hem hulptroepen te leveren. Ofschoon het eiland als vruchtbaar beschouwd wordt, levert het door de luiheid der bewoners niets dan kokosnoten, olie en eene soort van groote, slechte aardakers op. Bij gebrek aan andere visschen eten de inlanders gedroogde haaijen, een onaangenaam en ongezond voedsel.

In 1568 heeft de Spaansche Geestelijke Didacus Magellanus den Koning van Sjauw, met onderscheidene zijner onderdanen, gedoopt, welke laatstgenoemden echter, van het Christendom niets verstaande, het verlieten en hunnen Koning dwongen, het eiland te ruimen, zoodat hij naar Ternate vlugtte; doch door de tusschenkomst des Landvoogds werd hij weder in zijn rijk hersteld. Naderhand is het Christendom door Spaansche Priesters op Sjauw verkondigd, doch de inlanders beleden het slechts in naam en de pogingen aangewend, het stichten van vier scholen, hebben op dit eiland schier geene vruchten gedragen. De inwoners zijn er vadzig, onverschillig en staan op eenen lagen trap van zedelijkheid. Thans is er geen zweem van Christendom of onderwijs meer overig.

SIBADA, voorm. state, prov. *Friesland*, kw. *Westergoo*, griet. *Hennaarderadeel*, arr. en 2½ u. N. ten W. van *Sneek*, kant. en 2 u. N. O. van *Bolsward*, 20 min. N. van *Oosterend*, waartoe zij behoorde.

Ter plaatse, waar zij gestaan heeft, ziet men thans eene boerenplaats. De daartoe behoord hebbende gronden, beslaande eene oppervlakte van 30 bund. 91 v. r. 40 v. ell., worden thans in eigendom bezeten, door den Heer S. R. Sybrandy, woonachtig te Itens.

SI-BAGAU, d. in *Oost-Indië*, op het eil. *Si-Porah*, dat tot den *Sundasche-Archipel* behoort.

SIBALDEBUREN, d. in het *Westerkwartier*, prov. *Groningen*. Zie Sebaldeburen.

SIBALDEWEER, voorm. burg in *Fivelgo*, prov. *Groningen*. Zie Siebelweer.

SI-BATOOR, d. in *Oost-Indië*, op het *Sundasche* eil. *Java*, resid. *Pekalongan*, distr. *Kalie-Beber*.

Den 27 Mei 1828, in den nacht, hebben eenige roovers dit d. in de asch gelegd en eenige goederen der inwoners geroofd. Op de spoedige nadering echter van eenige hulptroepen van den Regent van Batang hadden de roovers met overhaasting de vlugt genomen naar de ontoegankelijke bosschen van het Praauw-gebergte, zonder dat men iets naders van hen heeft kunnen ontdekken.

SIBAYONG (DE), riv. in *Oost-Indië*, op het *Sundasche* eil. *Sumatra*.

Deze riv. ontspringt aan de helling van den berg Sago, neemt, na eenen loop van ongeveer 28 mijlen, de oostelijk ontsprotene Sienjienjie, bij de handelplaats Lipat op, om, na nogmaals eenen even grooten weg ten Oosten te hebben afgelegd, zich bij Langang-Kitjil, met de *Kampar* te vereenigen.

SIBBE, geh. in het *Land-van-Valkenburg*, prov. *Limburg*, distr., arr. en 2 u. O. van *Maastricht*, kant. en 1½ u. N. N. W. van *Gulpen*, gem. en 40 min. Z. van *Oud-Valkenburg*; met 60 h. en ruim 280 inw.

Men heeft in dit geh. eene kapel, aan de H. Rosa toegewijd, welke tot de par. van *Oud-Valkenburg* behoort.

Er bestaat onder dit gehucht eene mergelgroeve, welke eene veel hardere steensoort dan de groeven van den St. Pietersberg oplevert, bijzonder dienstig voor lijstwerken aan groote gebouwen, waarom zij ook door de metselaars bij voorkeur wordt gebruikt; terwijl zelfs veel daarvan naar Keulen, Aken, Luik, Brussel enz. wordt vervoerd.

SIBCULO of Sipkelo, buurs. in *Zalland*, prov. *Overijssel*, arr. en 9 u. N. O. van *Deventer*, kant. en 3 u. van *Ommen*, gem. *Ambt-Hardenbergh*, 2 u. Z. ten O. van Hardenbergh; met 42 h. en 250 inw.

Men ziet er thans nog de bouwvallen der grondvesten van het voormalige klooster Sibculo. Zie het volgende art.

Ook is er eene school, welke gemiddeld door een getal van 45 leerlingen bezocht wordt.

SIBCULO, voorm. kloost. in *Zalland*, prov. *Overijssel*, onder *Ambt-Hardenbergh*, 3 u. Z. ten O. van de plattelandstad Hardenbergh.

De eigenlijke naam van dit klooster was Onze-Lieve-Vrouw-van-Galilea, maar later werd het naar de plaats, waarop het gesticht was Zibeke-loo, Sibkelo en Sibculo genoemd.

Deze plaats was verre van alle omliggende dorpen en buurten afgezonderd, en nimmer bewoond geweest. Daarbij was zij woest, onvruchtbaar, waterachtig en scheen ter bewoning en bebouwing ten eenemaal ongeschikt. Sommige wereldlijke Monniken, onder welke genoemd worden JONAS KLEMME, een Priester uit Hessen, en een ander persoon, die weleer koster van St. Nicolaaskerk, te Deventer, was geweest, verkozen in het begin der vijftiende eeuw, om aldaar gemeenschappelijk als Kluizenaars, een eenzaam en, zoo als men dit noemde, godsdienstig leven te lijden. Deze plaats werd hun in het jaar 1405, door Jonkheer HENDRIK VAN GRAESBEEK en onderscheidene andere personen afgestaan. De Geestelijken begonnen terstond eene vaart te graven, om het overtollige water naar de Vecht af te tappen, welke vaart nog heden te zien is. Vervolgens stichtten zij er een huis; waarbij zij eene kapel bouwden, welke den 23 October 1406 plegtig werd ingewijd. Door de liefdegaven, welke van alle kanten aan dit huis werden toegereikt, is het met der tijd een klooster geworden, hetwelk vele goederen bezat. Naderhand heeft zekere BOTHEUS, Abt van het Cistertiencerklooster te Termunten, in Groningen, die door het algemeen kapittel tot Visitator en Commissaris-Generaal in alle de kloosters dezer orde was aangesteld, dit klooster, te SIBCULO, mede onder deze orde gebragt. De goederen, die voorheen daaraan behoord hebben, zijn ten tijde der Reformatie door de provincie in beslag genomen.

Ter plaatse, waar het gestaan heeft, ziet men nog eenige bouwvallen.

SIBENALER, geh. in de heerl. *Clerff*, grooth. *Luxemburg*. Zie SIEBENALER.

SIBERIEN, plant. in *West-Indië*, op het eil. *Curaçao*, in de *Midden-Divisie*, N. van de plant. Zevenhuizen, N. ten O. van de plant. St. Sebastiaan.

SIBERONG (DE), riv. in *Oost-Indië*, op het *Sundasche* eil. *Java*, resid. *Preanger-Regentschappen*, reg. *Tjanjor*.

SIBE-SLOOT (DE), water, prov. *Friesland*, kw. *Zevenwouden*, griet. *Doniawarstal*, hetwelk uit de *Goingarijpster-poelen* in eene noordwestelijke rigting naar het *Sneeker-meer* loopt.

SIBETSMA, voorm. state, prov. *Friesland*, kw. *Oostergoo*, griet. *West-Dongeradeel*, arr. en 5¼ u. N. O. van *Leeuwarden*, kant. en 1 u. O. N. O. van *Holwerd*, ½ u. N. O. van *Ternaard*.

Thans is het eene aanzienlijke boerenplaats, welke met de daartoe behoorende gronden, eene oppervlakte beslaat van ongeveer 30 bund. en bezeten en bewoond wordt door den bekwamen landbouwer WOPF VAN PEIMA, Broeder der orde van den Nederlandschen Leeuw, Assessor der griet. West-Dongeradeel, en lid van onderscheidene wetenschappelijke instellingen.

SIBKELO, voorm. klooster in *Twenthe*, prov. *Overijssel*. Zie SIBCULO.

SIBOEKO, st. in *Oost-Indië*, op het *Sundasche* eil. *Borneo*, aan de Oostkust; 4° 24′ N. B., 134° 58′ O. L.

SIBOESANG, oud. d. in *Oost-Indië*, op het *Sundasche* eil. *Java*, resid. *Preanger-Regentschappen*, reg. *Soekapoera*.

Het bevatte in het begin der vorige eeuw, met de d. Wating, Mora, Labayang, Bidomma, Tjadjoe, Tjilamoes en Tjikalong, 1150 huisgez.

SIBRANDABUREN, d., prov. *Friesland*, kw. *Oostergoo*, griet. *Rauwerderhem*. Zie SYBRANDABUREN (1).

---

(1) Evenzoo zoeke men de overige woorden met Si beginnende, welke hier niet gevonden worden op Sy.

SICAMBREN, voorm. bewoners van een gedeelte dezer landen. Men plaatst hen aan de regterzijde van den Rijn in *Gelderland en Zutphen*; misschien hebben zij zich tot aan de Vecht in de prov. *Utrecht* uitgebreid, want zij waren vrij talrijk en zeer ondernemend.

Toen CAESAR bij zijne aankomst hier te lande eene brug over den Rijn had geslagen, ging hij, nadat hij zijnen terugtogt wel verzekerd had, op de SICAMBREN af. Deze hadden, zoodra zij hoorden, dat de brug over den Rijn begon geslagen te worden, op raad der Tencteren en Usipeten, alles bij een gepakt en in wouden en bosschen de wijk genomen. CAESAR liet alle hunne dorpen en huizen in brand steken, en hun koren vernielen.

Toen hij later de Eburonen vogelvrij en hunne goederen prijs verklaard had, trokken de SICAMBREN, twee duizend man sterk, die rivier, met schepen en schuiten over, dertig duizend schreden beneden de brug, die CAESAR achter gelaten had. Aanstonds vallen zij in de landpalen der Eburonen, vangen eene menigte vlugtelingen op en een groot getal vee, hetwelk bij hen de beste buit was. Hierdoor aangemoedigd trekken zij, die voor geen moerassen of bosschen stonden, daar CAESAR van de hand was, al verder voort, tot dat een gevangene, hun raadt naar Atuataca te gaan, dat drie uren van daar en opgepropt was met al den rijkdom der legioenen, onder eene zwakke bezetting, slechts voor zeven dagen van leeftogt voorzien.

De SICAMBREN, die daardoor gelegenheid kregen, om zich te wreken en te verrijken, trekken er, onder geleide van dezen man, terstond op af. De zevende dag was reeds verschenen en CICERO, die er het bevel voerde, vreesde, dat zijn Veldheer niet stipt zijn woord zoude kunnen nakomen. Tot dusver had zelfs geen zoetelaar het hoofd buiten de poort mogen steken; maar CICERO, het gemor van het volk moede en bevreesd voor gebrek, geeft eene groote menigte van legerknechten verlof, om met hunne lastdieren in het naaste veld op leeftogt uit te gaan, en aan drie honderd herstelde zieken vrijheid, om de ruime lucht te scheppen, daar CAESAR, met eene magt van omtrent zestig duizend man in het veld getrokken, alles schoon gemaakt had, en er geen vijand drie mijlen in het ronde te duchten was. De legerplaats was in de nabijheid van eenen heuvel en van een boschje, achter welke het graan op de akkers stond. Hierdoor was het vrije uitzigt belemmerd en de beste gelegenheid voor de SICAMBREN, die toen juist kwamen aanrennen, om de Romeinen, die zoo even hun volk hadden uitgelaten, te overvallen en, door de zelfde poort in hunne legerplaats in te dringen. Alles geraakte op deze onverwachte verschijning in de uiterste wanorde. Men verbeeldde zich, dat CAESAR geslagen was en de voorhoede der Barbaren dit overschot van het Romeinsche leger kwam overvallen. Men bragt zich het ongelukkig noodlot van de vorige bezetting te binnen en vreesde de zelfde ramp te moeten ondergaan. De SICAMBREN, die, dit merkten, hielden zich te meer verzekerd, dat alleen eene zwakke bezetting in deze sterkte was achter gelaten en drongen des te onversaagder aan, zoo dat de wacht hen naauwelijks kon afweren. Had de kranke BACULUS, Hoofdman in een der voorste benden, zoodra hij het gevaar bemerkte, een der verbijsterde krijgsknechten het geweer niet afgenomen; — was hij de andere Bevelhebbers niet voorgegaan, de SICAMBREN zouden het ver gebragt hebben. Ofschoon hij schielijk door vermoeidheid en wonden bezweek, hadden de anderen daardoor gelegenheid, zich te herstellen. De uitgetogen bende kwam intusschen terug. Het krijgsrumoer deed eenige Romeinsche ruiteren voor uit, en de aanvallers terug trekken, wijl zij meenden, dat de legioenen naderden. Dan het klein getal, dat zich vertoonde, deed hen besluiten, het aan te tasten. De voorhoede, die uit nieuw geworven manschappen bestond, wist niet wat te doen, noch werwaarts te wijken, daar de legerplaats, hun eenigste beschutting in dezen oord, afgesneden was. Zij week terug naar de Bevelhebbers, terwijl de legerknechten eene hoogte bereikten, of door den onverwachten vijand schielijk onder de andere benden gedreven, de verwarring verdubbelden. Hier was goede raad duur. Sommigen wilden zich op den heuvel bijeen scharen en de uitkomst afwachten, maar de anderen, onder welke de geoefende benden, besloten in de gedaante van eenen driehoek door den vijand heen te slaan, hetwelk zij onder het bevel van Fabronius gelukkig volbragten, zoodat zij behouden in het leger kwamen. Zelfs raakten de legerjongens met de ruiterij binnen; maar de eersten die op den heuvel wilden blijven, berouw hebbende van hun verkeerd overleg, mislukte het, en zij zouden allen in de pan gehakt zijn, zoo eenige dappere Bevelhebbers niet, ten koste van hun leven, aan weinigen ruimte gemaakt hadden, om te ontkomen. De Sicambren togen met den buit, dien zij verkregen hadden, over den Rijn. En juist te regter tijd, dewijl Volusenus, in den zelfden nacht, met de geheele ruiterij terug kwam; maar de schrik had het volk van Cicero in zoo verre overmeesterd, dat het niet wilde gelooven, dat Caesar met de zijnen behouden naderde.

In lateren tijd besloten de Sicambren, verbonden met de *Usipeten* en *Tencteren*, over den Rijn, eenen inval in Gallië en de Romeinen ook daar afbreuk te doen. Lollius zond hun eene aanzienlijke ruiterbende tegen; maar zij vielen de Romeinen uit eene hinderlaag zoo onverhoeds en fel op het lijf, dat dezen de vlugt kozen. De Sicambren en hunne bondgenooten vervolgden hen zoo lang, dat zij Lollius zelfs achterhaalden en versloegen. Augustus rekende deze zaak van zoo veel belang, dat hij, met eene aanzienlijke magt, derwaarts afzakte. De afbreuk die Lollius geleden had, werd door nieuwe manschap geboet, en het zou nu deze Germanen gelden; dan zij dorsten den kans niet wagen; zij keerden weder naar hunne grenzen, verzochten om herstelling van vrede en gaven gijzelaars.

De Romeinsche veldheer Drusus viel later in hun land, verwoestte het grootendeels en verbrandde hunne woningen. Dit dappere volk was echter niet uit te roeijen. In hunne bosschen en moerassen waren zij ongenaakbaar voor den Romeinschen krijgsknecht, en geleden schade konden zij ligt herstellen. Weinig hadden zij te verliezen, die met weinig te vreden waren, en hunne woningen konden zij in eenen grooten dag weder in zoo verre herstellen, dat zij onder dak konden komen. Drusus nam evenwel naderhand de gelegenheid waar, dat zij, met hunne geheele magt, eenen inval deden in het land der Katten, en stroopten hun gansche land af. Vervolgens groote overwinningen op de Katten en Marcomannen en op deze laatste grooten buit gemaakt hebbende, wilde hij daarvan op zekeren heuvel een segeteeken oprigten. Dan, terwijl hij zich hiermede onledig hield, hadden de Germanen tijd, om zich te herstellen en weder te vereenigen. De magtigste onder de Germaansche stammen, de *Cherusken*, *Sueven* en Sicambren namen Drusus, op zijnen terugtogt naar de winterlegering bij zijne bondgenooten, waar. In eenen engen en hollen weg valt hij, die te onregte waande, dat deze volken zich niet zouden durven laten zien, in eene hinderlaag en wordt door een verbazende magt rondom ingesloten. Hun vertrouwen op de overwinning was zoo sterk, dat zij reeds eene schikking onder elkanderen over den buit gemaakt hadden en ketenen met zich voerden, om de gevangenen aan te sluiten. De *Cheruscen* zouden de paarden, de *Sueven* het goud en zilver en de Sicambren de gevangenen hebben. De jonge Drusus toonde zich in dezen hagchelijken toestand even moedig als bedaard. Hij verliet zich beurtelings op de geoefendheid zijner benden en op de liefde die zij hem toedroegen. Hij deed hun de gelederen digt ineen sluiten en achter hunne schilden de eerste aanvallen afkeeren. Toen hij merkte, dat de vijanden te vergeefs hunne krachten hadden gespild, en meer en meer in wanorde geraakten, borst hij eensklaps op hen los, en dreef ze op de vlugt, maakte zich alzoo ruimte; terwijl de aanvallen die de Sicambren van verre deden hem weinig hinder toebragten.

De Romeinsche Keizer Tiberius, die hier later gebied voerde, schijnt de Sicambren door list in zijne magt te hebben gekregen, althans wij vinden opgeteekend, dat zij door hem aan gene zijde van den Rijn, in Belgisch Gallië, zijn overgebragt.

SICCAMA, voorm. staten, prov. *Friesland*. Zie Sickema.

SICHENGRUND, geh. in het balj. van *Luxemburg*, grooth. *Luxemburg*, kw., arr., kant. en ½ u. ten N. van *Luxemburg*, gem. *Eich*; met 83 h. en 300 inw.

SICHUIT-POLDER, pold., in *Zuid-Beveland*, prov. *Zeeland*. Zie Sieuit-Polder.

SICKE-BENINGE-STEDE, voorm. plaats, waar vroeger eene borg gestaan had, en die, volgens het klaauwregister, moet gelegen hebben onder *Noordhorn*, in het *Westerkwartier*, prov. *Groningen*, arr. en 2¼ u. W. N. W. van *Groningen*, kant., gem. en ½ u. N. van *Zuidhorn*, doch waarvan thans niets meer te vinden is.

SICKEMA, Sickama of Siccama, state, prov. *Friesland*, kw. *Oostergoo*, griet. *Achtkarspelen*, arr. en 5 u. O. van *Leeuwarden*, kant. en 2¼ u. O. ten N. van *Bergum*, ten Z. W., even buiten het d. *Augustinusga*, waartoe zij behoorde. — Op deze state hebben onderscheidene Grietmannen, uit het geslacht van Harinxma, gewoond.

SICKEMA, Sickama of Siccama, voorm. state, prov. *Friesland*, kw. *Oostergoo*, griet. *Dantumadeel*, arr. en 2¾ u. N. O. van *Leeuwarden*, kant. en 2 u. Z. W. van *Dockum*, ¼ u. N. W. van *Roodkerk*, waartoe zij behoorde. — Ter plaatse, waar zij gestaan heeft, is nog de heuvel of wier overig.

SICKEMA, Sickama of Siccama, vroeger waarschijnlijk Walta Waltinga geheeten, voorm. state, prov. *Friesland*, kw. *Westergoo*, griet. *Franekeradeel*, arr. en 3¼ u. W. van *Leeuwarden*, kant. en 1 u. O. ten N. van *Harlingen*, 5 min. O. van *Herbaaijum*, waartoe zij behoorde.

Ter plaatse, waar zij gestaan heeft, ziet men thans eene boerenplaats, vóór welke nog de steenen poort der state aanwezig is.

Op dit Siccama is de voortreffelijke Staatsman Sicco van Goslinga, in 1664 geboren. Hij overleed den 18 September 1731, na Ambassadeur aan het hof van Frankrijk enz. te zijn geweest.

SICKEMA, Sickama of Siccama, ook Sickinga genoemd, voorm. state, prov. *Friesland*, kw. *Westergoo*, griet. *Wymbritseradeel*, arr., kant. en 1 u. N. N. O. van *Sneek*, bij *Goinga*, waartoe zij behoorde.

SICKEMA, Sickama of Siccama, voorm. state, prov. *Friesland*, kw. *Zevenwouden*, griet. *Utingeradeel*, arr., kant. en 2½ u. N. N. W. van

Heerenveen, onder *Akkrum*, waarvan men zelfs niet meer weet, waar zij gestaan heeft.

SICKEMAHEERD, SICKAMAHEERD of SICCAMAHEERD, voorm. huis in *Fivelgo*, prov. *Groningen*, arr., kant. en 2 u. N. ten W. van *Appingedam*, gem. *Loedorp*, waarvan men de juiste standplaats niet meer weet aan te wijzen.

SICKEMAHEERD, SICKAMAHEERD of SICCAMAHEERD, voorm. h. in *Hunsingo*, prov. *Groningen*, arr. en 6 u. N.W. van *Appingedam*, kant. en 3 u. N. W. van *Onderdendam*, gem. en 1 u. N. van *Eenrum*, 10 min. Z. van Westernieland, aan de zuidoostzijde van den rijweg naar Pieterburen.

Ter plaatse, waar het gestaan heeft, ziet men thans eene nette boerenhuizing, bezeten en bewoond wordende door den landbouwer ADAM TELLENS VAN DER LEY.

SICKEMAHEERD, SICKAMAHEERD of SICCAMAHEERD, voorm. huis in het *Westerkwartier*, prov. *Groningen*, arr. en 1 u. W. van *Groningen*, kant. en ½ u. Z. O. van *Zuidhorn*, gem. en ½ u. Z. van *Hoogkerk*, waartoe dit h. behoorde.

Het geheugenis van deze heerd is zoodanig in vergetelheid geraakt, dat men zelfs de plaats, waar hij gelegen heeft, niet meer weet aan te wijzen.

SICCAMA-HUIS, SICKAMAHUIS of SICCAMAHUIS, naam, welke men ten onregte wel eens gegeven heeft aan den burg KLINCKEMA in het *Westerkwartier*, prov. *Groningen*. Zie KLINCKEMA.

SICKEMAHUISTER-KLUFT, geh. in het *Westerkwartier*, prov. *Groningen*, arr. en 3½ u. N. W. van *Groningen*, kant. en 1½ u. N. van *Zuidhorn*, gem. en ½ u. N. N. O. van *Oldehove*, nabij *Saaksum*, waartoe het kerkelijk behoort.

SICKEMASTEDE, voorm. huis in het *Westerkwartier*, prov. *Groningen*, arr. en 3½ u. N. W. van *Groningen*, kant. en 1½ u. N. van *Zuidhorn*, gem. en ½ u. N. N. O. van *Oldehove*, nabij *Saaksum*, waaronder deze stede behoorde.

SICKINGA of SICKINGE, voorm. state, prov. *Friesland*, kw. *Zevenwouden*, griet. *Schoterland*, arr., kant. en bij *Heerenveen*, waartoe zij behoorde.

SICKINGA of SICKINGE, voorm. state, prov. *Friesland*, kw. *Zevenwouden*, griet. *Stellingwerf-Oosteinde*, arr. en 5 u. O. van *Heerenveen*, kant. en 2½ u. O. N. O. van *Oldeberkoop*, 20 min. O. ten Z. van *Oosterwolde*, waartoe zij behoorde.

Ter plaatse, waar zij gestaan heeft, ziet men thans hooiland. De daartoe behoord hebbende gronden, beslaande eene oppervlakte van 1 bund., worden thans in eigendom bezeten door de erven van Z. BAUIRSMA, woonachtig te Leeuwarden.

Een dezer beide staten was het stamhuis van het geslacht van SICKINGA, waartoe behoorde IMARD VAN SICKINGA, Raad in den Hove van Friesland, die in 1575 overleed, na zich zeer verdienstelijk gemaakt te hebben door eene vrije taal te voeren tegen CASPAR DE ROBLES, die het Hof wilde gebruiken tot invordering van, voor de Friezen, zeer onaangename belastingen (1).

SICKINGEBURGH, naam, welken men gegeven heeft aan den burg WARFFUMBURG, in *Hunsingo*, prov. *Groningen*, nadat deze aan de familie SICKINGE was overgegaan. Zie WARFFUMBURG.

SIDAJOE of SIDAJOE, reg. in *Oost-Indië*, op het *Sundasche* eil. *Java*, resid. *Soerabaya*, afd. *Grissee*. — Door dit reg. stroomt de Solo oostwaarts aan.

---

(1) Men zie over hem SCHELTEMA, *Staatkundig Nederland*, D. II, bl. 200

SIDAJOE of Sidayoe, distr. in *Oost-Indië*, op het *Sundasche* eil. *Java*, resid. *Pekalongan*, reg. *Bantong*.

SIDAJOE, distr. in *Oost-Indië*, op het *Sundasche* eil. *Java*, resid. *Soerabaya*, afd. *Grissee*, reg. *Sidajoe*.

In dit dist. zijn steengroeven, waaruit zekere zachte steen, batoekombong, gehaald wordt, die, bij het bouwen, vooral tot bouwsieraden gebruikt wordt. Deze steensoort wordt hard door de buitenlucht, en verkrijgt, door den invloed van wind en regen, eene donkere kleur. Er zijn grovere en fijnere soorten; de fijnste is inzonderheid geschikt om tot bouwkundige versierselen, kroonlijsten enz. bewerkt te worden.

SIDAJOE of Sidayoe, d. in *Oost-Indië*, op het *Sundasche* eil. *Java*, resid. *Pekalongan*, reg. *Batang*, distr. *Sidajoe*.

SIDAJOE of Sidayoe, d. in *Oost-Indië*, op het *Sundasche* eil. *Java*, resid. *Soerabaya*, afd. *Grissee*, reg. en distr. *Sidajoe*, 544 palen O. van Batavia, 38 palen W. van Soerabaya.

Het is eene groote welbevolkte plaats, welke veel door inlandsche handelaren bezocht wordt en hierdoor eene meer dan gewone welvaart geniet. Ook hebben de inlanders groote en aanzienlijke woningen met ruime pleinen, waarop zij hunne tournooispelen houden. Dit oord, of liever het groote witte huis van den Posthouder aldaar, is een uitmuntend merk voor de zeelieden, bekend onder den naam van het Huis-van-Sidajoe. Ook praait men, door middel van een kanonschot, van hier den loods, die nog altijd noodzakelijk wordt geacht, om de schepen in de voortreffelijke, maar moeijelijk in te loopen, haven van Soerabaya binnen te sturen.

In December 1596 kwam de eerste vloot, welke door de Nederlanders naar Oost-Indië was gezonden voor deze plaats ten anker. De Sjah-Bendar of Havenmeester kwam den 5 December, onder schijn van vriendschap, met eenen grooten stoet aan boord van het schip *Amsterdam* en vermoordde onder het schreeuwen van » Amokh" de Kapitein Jan Schellinger en den matroos Vrawel. Dadelijk werd het gevecht algemeen, daar ook van de andere schepen op de praauwen gevuurd werd. Van de Nederlanders verloren twaalf en van de Javanen honderd vijftig man het leven, onder welke laatsten de Sjah-Bendar was. De Javanen deinsden deerlijk geteisterd terug, en de Maduresen, die ook eenen verradelijken aanval op het schip *Amsterdam* waagden, werden door het volk van alle de schepen dermate geslagen, dat hun Vorst, benevens verscheidene Grooten en volgelingen er het leven bij verloren.

SIDAMMER, lands. in *Oost-Indië*, op het *Sundasche* eil. *Java*, resid. *Preanger-Regentschappen*, reg. *Bandong*.

Het is meest met zware en hooge bergen bedekt, op welke men schoone en lommerrijke bosschen heeft, terwijl de bewoners zich vooral met den rijstbouw bezig houden.

SIDANGOLI, lustplaats in *Oost-Indië*, op het *Moluksche* eil. *Gilolo*, op de Westkust, aan de baai van den zelfden naam.

Het is een lusthof van den Sultan van Ternate. Men vermaakt er zich met jagt en visscherij. De hertenjagt, een Vorstelijk vermaak, is eene drijfjagt, waarbij de herten door Alfoeren met honden opgejaagd worden. De visscherij in de baai geschiedt veelal, met eenen grooten vischstaak of bamboezen fuik, sero genoemd, waarbij men een gedeelte der baai met staken afzet. In die afgezette ruimte wordt de visch gejaagd, en daar deze ruimte zich steeds vernaauwd; zoo is de visch eindelijk als in eene kom besloten en wordt, geen uitweg meer vindende, met kleine netten geschept.

SIDANGOLI-BAAI (DE), baai in *Oost-Indië*, in de *Straat-der-Molukkos*, aan de Westkust van het *Moluksche* eil. *Gilolo*.

Deze baai is door een aantal eilandjes voor alle winden gedekt, het inwendige is echter gevaarlijk voor groote schepen, van wege de veelvuldige eilandjes en klippen, hoewel er voor het overige van drie tot vijf vademen diepte gepeild wordt. Door de eilandjes en de belommerde partijen, welke men er aantreft, levert SIDANGOLI-BAAI eene groote verscheidenheid van schilderachtige gezigten op. De Nederlanders hadden hier voormaals eene timmerwerf voor kleine vaartuigen.

SIDANO, kaap in *Oost-Indië*, in de *Straat-van-Madura*, aan het Noordoostelijk uiteinde van het *Sundasche* eil. *Java*, resid. *Bezoeki*.

SIDAPAKSA, oud d. in *Oost-Indië*, op het *Sundasche* eil. *Java*, res. *Passaroewang*.

SIDAPOERA, oud d. in *Oost-Indië*, op het *Sundasche* eil. *Java*, res. *Passaroewang*.

SIDATON, d. in *Oost-Indië*, op het *Sundasche* eil. *Java*, resid. *Soerakarta*.

SIDDEBUREN, oudtijds ook SYDDESERT en SIDDESERT, d., prov. *Groningen*, arr. en 3 u. O. van *Groningen*, kant. en 2½ u. N. O. ten N. van *het Hoogezand*, gem. en 1½ u. N. O. van *Slochteren*, op eenen boogen, zandachtigen grond.

Men telt er in de kom van het d. 45 h. en ruim 220 inw., en met de geh. Tjuchem, de Hole, de Veendijk en Oostwolde, alsmede een gedeelte van Laskwerd 327 h. en 1600 inw., die meest in den landbouw hun bestaan vinden.

Onder den bovengrond zit hier doorgaans veen, hetwelk echter door het droogmalen, zeer in elkander is gezakt; nog lager treft men zand of leem en vele wortels van boomen aan. Men heeft er ook goede weilanden, waarvan echter de bodem roodachtig en knikachtig is. Aan de oostzijde van SIDDEBUREN, ten Zuiden van den onden weg, vindt men eenen vruchtbaren en sterk bebouwden gemengden zand- en veengrond, en achter dezen, naar de Zijpe toe afhellend, eenen redelijk goeden grond, maar veel oer of roodoorn. Ten Zuiden van SIDDEBUREN ziet men nog vele veenlanden, waarvan de veenspecie voor vrij zuiver wordt gehouden.

Er vaart van dit dorp over het Schildmeer en aan de ter wederzijden bedijkte Groeve een dorpschip naar Appingedam, hetwelk ook passagiers medeneemt, en ook eenmaal in de week naar Groningen vaart.

Het aanleggen van den Elsweg is eene gelukkige verbetering en nuttig voor de onderlinge gemeenschap.

De inw., die er, op 10 na, allen Herv. zijn, onder welke 160 Ledematen, maken eene gem. uit, welke tot de klass. van *Appingedam*, ring van *Slochteren*, behoort. De eerste, die hier het leeraarambt heeft waargenomen, is geweest JOHANNES A LAXTEN, die voorheen R. K. Priester was, en in 1599 naar Holwierda vertrok. Het collatieregt, waarover, in de laatste helft der zeventiende eeuw, hier hevige twisten plaats hadden, is sedert lang, bij onderscheidene collatoren geweest, doch meest bij de adell. huizen van Farmsum en Oosterwijtwert.

Aan de kerk merkt men nog duifsteenen op, waaronder er zijn van 30 duim lengte, 21 duim breedte en 13 duim hoogte. In 1622 was er nog een altaar, een overblijfsel uit de Roomsche tijden aanwezig. Men ziet in den noorder kerkmuur eene kleine toegemetselde deur, welke aan de Noormannen wordt toegeschreven. De kerk heeft in 1802 aan de banken en zitplaatsen, in 1807 aan het dak en eindelijk in 1832 belangrijke herstellingen ondergaan, zoodat zij inwendig thans een net aanzien heeft. Sedert het jaar 1821 is deze kerk van een zeer goed orgel voorzien; het oude onbruikbaar geworden zijnde, is het bijna geheel vernieuwd en den 5 Augustus 1821 ingewijd. Vroeger vond men hier ook eenen zeer hoogen stompen toren, doch daar die bouwvallig werd, en de kerk geen fondsen tot eene goede herstelling bezat, heeft men hem gedeeltelijk, ongeveer 7 Nederl. ellen, afgebroken en in de plaats daarvan eene spits geplaatst. Deze toren is aan de kerk verbonden, waarvan de hoofdingang er onder doorgaat. Voorheen hing er eene klok in, van welke men, ofschoon zonder grond, vertelt, dat reeds in de achtste of negende eeuw zou gegoten zijn. Zij heeft in 1832 moeten hergoten worden. In den toren vindt men van binnen nog sporen van schietgaten, waaruit men zou besluiten, dat hij oudtijds tot een verdedigings-punt is gebezigd geworden, te meer daar hij zoo geplaatst is, dat men daaruit den publieken weg met schietgeweer kon bestrijken.

De Doopsgez., die er 5 in getal zijn, behooren tot de gem. van *Noordbroek*. — De R. K., van welke men er 5 aantreft, worden tot de stat. van *Sappemeer* gerekend. — De dorpschool wordt gemiddeld door een getal van 190 leerlingen bezocht. Op den Veendijk heeft men eene bijschool.

Van den voorm. burg, waarop weleer de geslachten van Ufkens, Ripperda, Entens, Passevaal en anderen woonden, is nog alleen de burgstede te zien.

Siddebuuren, *Hellum* en *Schildwolde* genieten het bijzondere voorregt, om door de sluizen der drie Delfzijlen, aan de Delf, voorheen eigenlijk door de vóór 1412 reeds toegedamde Slochterzijl aldaar, uit te wateren, zonder er schot voor te betalen. Hierover zijn zware pleitgedingen gevoerd, welke ten voordeele dezer karspelen, tegen het zijlvest der drie Delfzijlen, zijn beslist door Burgemeesteren, Raad en Hoofdmannen in Groningen, en de gemeene Regters van Hunsingo, Fivelgo en de *gemeene Ommelanden*, bij vonnis van 1412, te vinden in de *Monumenta Gron.* van Driessen, bl. 387. Ook maken zij een geheel afzonderlijk beheer op zich zelve uit, onder den naam van het Woldzijlvest. Zie dat woord.

In 't gehucht Oostwolde heeft men een stuk land, nog bekend onder den naam van het Kerkhof, waar, bij het omdelven van den grond, nog doodsbeenderen en andere voorwerpen gevonden worden, als bewijzen dat hier vroeger eene begraafplaats is geweest. Het is gelegen in de nabijheid van Eelshuis, waar sommigen te onregte een klooster plaatsen, wier Monniken de stichters en bedienaars zouden geweest zijn van de kerken te Oostwolde en te Siddebuuren; de oorspronkelijke benaming van laatstgenoemde plaats is welligt naar hare ligging Zuiderbuuren geweest.

Siddebuuren is de geboorteplaats van den Godgeleerde Johannes Henricus Janssonius, geb. 3 September 1701, † 1 Maart 1780 als Predikant bij de Hervormden te Groningen.

SIDDO, plaats in *Oost-Indië*, op het *Sundasche* eil. *Sumatra*, aan de Westkust, 5° N. B., 113° 13′ O. L.

SIDDON, d. in *Oost-Indië*, op het *Sundasche* eil. *Java*, resid. *Soerakarta*.

SIDENRING, kon. in *Oost-Indië*, op het *Sundasche* eil. *Celebes*, op het midden des eilands, grenzende N. aan Poeradja, O. aan Wadjoe,

Z. aan Boni en Sopeng en W. aan Mandhar. De Koning van dit rijk is een zeer getrouw bondgenoot, die in de toegenegenheid van het Nederlandsche Gouvernement deelt.

Het is van weinig belang voor den handel, terwijl het land niet veel oplevert, en ook nog weinig bekend is. Para-Para alleen is eene der plaatsen, waar een nog al vrij levendige handel gedreven wordt; zijnde deze plaats reeds door de Engelschen aan den Koning van Sidenring om te beheeren, afgestaan. Door de ligging en buitengewone gehechtheid aan het Nederlandsche bestuur, verlamt het in zekeren zin de kracht van het rijkje des Konings van Soepa, die vroeger een getrouw aanhanger van de belangen der Bonische Vorsten was, en in 1825 door de overwinnende wapenen van den Generaal VAN GEEN, voor langen tijd is gedwongen geworden, om tot de voorwaarden van het gewijzigde Bongaysche contract toe te treden.

SIDJEROOK, d. in *Oost-Indië*, op het *Sundasche* eil. *Java*, resid. *Pekalongan*, distr. *Kawang-Keboer*.

SIDJOE, baai in *Oost-Indië*, in de *Straat-van-Carimata*, aan de Noordkust van het eil. Bangka.

SIDOKARI, d. in *Oost-Indië*, op het *Sundasche* eil. *Java*, resid. *Soerabaya*, 592 palen O. van Batavia, 15 palen O. van *Soerabaya*, en 15 palen W. van *Samarang*.

SIDONDO, d. in *Oost-Indië*, op het *Sundasche* eil. *Celebes*, op den Noordelijken landtong, resid. *Menado*, aan de *Bogt-van-Catsjeli*.

SIEAWOE, tuinen in *Oost-Indië*, op het *Sundasche* eil. *Sumatra*, gouv. *Sumatra's-Westkust*, resid. *Padangsche-Bovenlanden*, aan het pad van het fort van den Bosch naar Panggalan-Kotaberoe.

SIE-BATOK (DE), *riv.* in *Oost-Indië*, op het *Sundasche* eil. *Java*, resid. *Passaroewan*, met de vogelnestklip *Sitawoe*.

SIEBELWEER, voorm. burg, thans eene boerderij in *Fivelgo*, prov. *Groningen*, arr., kant. en 1½ u. N. ten W. van *Appingedam*, gem. en ¼ u. W. ten Z. van *Bierum*, 20 min. Z. O. van Godlinze.

Deze boerderij, welke men wel eens verkeerdelijk als geb. vermeld vindt, beslaat eene oppervlakte van 27 bund. 2 v. r. 90 v. ell., en behoort aan T. B. BAAAN. Men merkt aan het huis nog oude kloostersteenen en eenige geschilderde glazen van 1589 op.

Voorheen behoorde deze burg, met *Katmis*, *Krewerd* en *Nes*, tot een der twee vierendeelen van het Wijtwerder-regt, het Ondervierendeel namelijk, en kwam daarin voor 214½ grazen (107 bund. 14 v. r. 91 v. ell.).

SIEBENALER of SIBENALER, geb. in de heerl. *Clerff*, grooth. *Luxemburg*, kw., arr. en 4½ u. N. ten W. van *Diekirch*, kant. en 1 u. Z. Z. O. van *Clerff*, gem. en ruim ½ u. Z. van *Munshausen*, aan de Pinsch; met 16 h. en ongeveer 130 inw.

SIEBENBORNEN, in het FR. SEPT-FONTAINES, voorm. heerl. in het Waalsche-kwartier van het toenmalig hertogdom *Luxemburg*, thans grooth. *Luxemburg*, deels kant. *Capellen*, deels kant. *Redingen*.

Zij bevatte de navolgende plaatsen met hare onderhoorigheden Siebenbornen, Calmus, Schweich (ten deele), Koerich (ten deele), Capweiler, Ripweiler (ten deele), Ell (ten deele), Platen (ten deele), Reimerich (ten deele), Redingen-auf-der-Attert (ten deele), Nerenhausen, (ten deele), Schwebach (ten deele), Schwarsenhoff en Ehner. Ten tijde van het Oostenrijksche bestuur bragt de heerl. 4 flor. 5 sols en 8 den. op, van elke 1000 flor., die van het hert. Luxemburg werden ingevorderd.

SIEBENBORNEN, gem. in de heerl. *Siebenbornen*, grooth. *Luxemburg*, kw., arr. *Luxemburg*, kant. *Capellen*; palende N. aan de gem. Beckerich en Saeul, O. aan Tuntingen en Kehlen, Z. aan Koerich, W. aan Hobscheid.

Deze gem. bevat het d. Siebenbornen, de geh. Greisch en Rodt, benevens het ijzerwerk St. Michiel; en telt 180 h. en ruim 1100 inw., die meest in den landbouw hun bestaan vinden. Ook heeft men er 8 likeurstokerijen; 3 looijerijen; 1 brouwerij; 2 olie-, 1 runen 2 graanmolens. De jaarlijksche productie der gem. SIEBENBORNEN klimt tot 700 mud rogge, 1200 mud haver en 2400 mud aardappelen. Men teelt er echter ook gerst, koolzaad, vlas en hennip. De veestapel beloopt 120 paarden, 350 runderen en 100 zwijnen.

De inw., die er alle R. K. zijn, maken eene par. uit, welke tot het vic. apost. van *Luxemburg*, voorm. dek. van *Arlon*, behoort, en door eenen Pastoor bediend wordt.

Het d. SIEBENBORNEN of SIEBENBORN, bij de landlieden veelal SIMMERN en in het Fr. SEPT-FONTAINES, ligt 3 u. N. W. van Luxemburg, 1 u. N. ten W. van Capellen, aan de Eischen. Het is een groot dorp, met 126 h. en 750 inw. Men heeft er een gemeentehuis, eene kerk en eene ruime dorpschool.

SIEBENBORNERHUTTE, alleenstaand h. in de heerl. *Siebenbornen*, grooth. *Luxemburg*, kw., arr. en 3 u. N. W. van *Luxemburg*, kant. en 1 u. N. ten W. van *Capellen*, gem. *Siebenbornen*.

SIEBENBRUNNEN, geh. in de heerl. *Heistorf*, groot. *Luxemburg*. Zie SEPT-FONTAINES.

SIEBENGEWALD, geh. in *Opper-Gelder*, prov. *Limburg*, distr., arr. en 10½ u. N. van *Roermonde*, kant. en 2¼ u. Z. O. van *Gennep*, gem. en 2 u. N. O. van *Bergen*; met 48 h. en ruim 310 inw.

SIE-BLOEBOEK, bosch in *Oost-Indië*, op het *Sundasche* eil. *Java*, resid. *Tagal*.

SIEDANTOELAR, st. in *Oost-Indië*, op het *Sundasche* eil. *Borneo*, rijk *Sambas*.

SIEDATEN, d. in *Oost-Indië*, op het *Sundasche* eil. *Java*, resid. *Kadoe*, ad. res. *Magalang*.

Den 27 Julij 1829 ontdekte de Majoor BAUER, Kommandant der mobiele kolonne No. 4, bij het dorp Domen eenen troep muitelingen van ongeveer 150 man, die, na eenige schoten gedaan te hebben, naar SIEDATEN terugtrokken. De Majoor zond dadelijk de kavallerie, door de divisie jagers ondersteund, daarop af, met last om bezuiden het dorp om te trekken, terwijl de Majoor TER HAVE eene divisie Alfoeren benoorden het dorp omzond. Door deze manoeuvres werd de vijand gedeeltelijk in de rawa gedrongen, waar hij door den Tweede Luitenant RIETVELD, die zich met een twintigtal beschutters der jagers in de rawa wierp, op den voet gevolgd werd. De lansiers, die nu, in den diepen modder, te paard niets meer uitrigten konden, verloren hun geduld, gaven hunne paarden aan hunne kameraden over, en wierpen zich met twaalven, aan wier hoofd zich de Ritmeester GOLLONFOO bevond, met de lans in de hand, te voet in de rawa, met dat gevolg, dat door hen, zoowel als door de beschutters, eenen Vaandeldrager en tien Pradjoerits op de plaats werden afgemaakt, terwijl zich nog onderscheidene gekwetsten, door het water en het moeras, gered hebben. Bij deze gelegenheid viel den onzen een vaandel, met een zeer schoone piek van drie takken, die door de muitelingen in 1826, bij Delanggoe, op de Solosche troepen veroverd was, en waaraan DIPO NEGORO, zoo men zegt, veel waarde hechtte, benevens onderscheidene wapenstukken, in handen.

SIEGERSKLOOSTER, naam, onder welken het klooster, dat vroeger te *Sigerswolde*, prov. *Friesland*, kw. *Oostergoo*, griet. *Tietjerksteradeel*, gestaan heeft, wel eens voorkomt. Zie SIEGERSWOLDE.

SIE-JANTEN (DE), riv. in *Oost-Indië*, op het *Sundasche* eil. *Balie-Kambang*, dat tot de resid. *Passaroewang* behoort; met de vogelnestklip Panda-Beka.

SIEJANTJIE, vogelnestklip, in *Oost-Indië*, op het *Sundasche* eil. *Balie-Kambang*, in de riv. *Wedie-Aloe*.

SIEKEPAN, d. in *Oost-Indië*, op het *Sundasche* eil. *Java*, resid. *Kadoe*, ads. res. *Magelang*, 2 palen O. van Kalie-Djenking.

SIEKER-WOEJA, oud d. in *Oost-Indië*, op het *Sundasche* eil. *Java*, resid. *Soerabaya*, afd. *Grissee*, niet ver van de stad Grissee.

SIEL, oud d. in *Oost-Indië*, resid. *Amboina*, op het *Ambonsche* eil. *Ceram*, op *Hoewamohel*, aan de Oostkust.

SIELAN of SELAN, deel van het eil. *Ceram*, in *Oost-Indië*, resid. *Amboina*, aan de Zuidkust van het eiland.

Dit SIELAN is het eigenlijke CERAM, waarvan het geheele eiland zijn naam ontleent, hoewel anderen Ceram-Laut daarvoor houden, dat echter niet waarschijnlijk is, alzoo Ceram-Laut zijnen naam van een ander, dat reeds te voren moet bestaan hebben, hetgeen dit SIELAN was, schijnt bekomen te hebben.

SIEMENPOEN, berg in *Oost-Indië*, op het *Sundasche* eil. *Java*, resid. *Pekalongan*.

SIENGLANGOEK (DE), riv. in *Oost-Indië*, op het *Sundasche* eil. *Balie-Kambang*, dat tot de resid. *Passaroewang* behoort, met de vogelnestklip Boke.

SIENJIENJIE (DE), riv. in *Oost-Indië*, op het *Sundasche* eil. *Sumatra*, rijk *Kwantan*.

SIEP (DE), water in *Fivelgo*, prov. *Groningen*. Zie SIJP (DE).

SIEPEN (DE TER-OELSTER- en DE WESTER-), meren, prov. *Friesland*, kw. *Zevenwouden*, griet. *Doniawarstal*. Zie SYPEN (DE TER-OELSTER-) en SYPEN (DE WESTER-).

SIEPSISOE, oud d. in *Oost-Indië*, op het *Sundasche* eil. *Java*, resid. *Preanger-Regentschappen*.

SIER, voorm. d. op het eil. *Ameland*, prov. *Friesland*, op het westeinde van het eiland, dat in de vorige eeuw moet zijn te gronde gegaan, en waar nog, bij hoogen vloed en bij afstuiving der duinen, verschillende grondvesten van gebouwen zigtbaar worden en ook geldspeciën gevonden zijn.

SIERAWATTI (DE), riv. in *Oost-Indië*, op het *Sundasche* eil. *Java*, resid. *Passaroewang*.

SIERCKSMA, SIERXMA of SIRXMA, ook wel SIERSMA geschreven, voorm. state, prov. *Friesland*, kw. *Oostergoo*, arr., kant., gem. en 10 min. N. W. van *Leeuwarden*, op het *Nieuwland*.

Van de plaats, waar deze state gestaan heeft, ziet men thans geen spoor meer. — Zij was het stamhuis der SIERCKSMA's (ook SIERKSMA, SYRKSMA, SIBIKSMA en SIERXMA gespeld), die in de vijftiende eeuw als Leden van het stedelijk bestuur te Leeuwarden in groot aanzien waren.

SIERCKSMAHUIS, twee voorm. aanzienlijke huizen, prov. *Friesland*, te *Leeuwarden*, het eene in de *Groote-Hoogstraat*, naast het gebouw, hetwelk in de zestiende eeuw tot Raadhuis diende; het andere in de

Begijnestraat, waarvan, door het verbouwen in verschillende huizen, de juiste standplaats niet meer is aan te wijzen.

SIERDSWIEL (HET), meertje, prov. *Friesland*, kw. *Oostergoo*, griet. *Tietjerksteradeel*, 8 min. Z. van Giekerk, dat Z. met de Houtwielen en O. met de *Ryd* in verbinding staat.

SIERELSDORP, geh. op het eil. *Zuid-Beveland*, prov. *Zeeland*. Zie SIRRELSDORP.

SIERIE-SORRY, vlek in *Oost-Indië*, resid. *Amboina*, op het *Ambonsche* eil. *Honimoa*, op eene landpunt.

De meeste woningen alhier staan onder hoog geboomte, aan den oever. De kerk is een fraai gebouw, met lakwerk, vergulds els enz. versierd. Ook heeft men er eene school. Deze plaats was, tijdens den opstand in 1817, door negen verschansingen van klipsteen verdedigd, welke alle, door de Nederlandsche troepen, onder den Majoor MEIJER en den Kapitein VERMEULEN KRIEGER, met den Eersten Luitenant der Genie BROUWER, en den Luitenant ter zee 'T HOOFT, achtervolgens, stormenderhand overmeesterd werden. Den 12 November kreeg men, in de nabijheid van SIERIE-SORRY, door de onversaagdheid van den Amboneeschen Luitenant PIETERSEN en den Radja van Roy, de voornaamste Hoofden der muitelingen, THOMAS MATULESIA, ANTONIE REBBOK en THOMAS PATTYWAAL, gevangen, waardoor de opstand een einde nam.

SIEROEKAM, d. in *Oost-Indië*, op het *Sundasche* eil. *Sumatra*, gouv. *Sumatra's-Westkust*, resid. *Padangsche-Bovenlanden*.

SIERSMA, voorm. state, prov. *Friesland*, kw. *Westergoo*, griet. *Menaldumadeel*, arr. en 1 u. W. ten Z. van *Leeuwarden*, kant. en 1½ u. Z. O. van *Berlikum*, te *Deinum*, waartoe zij behoorde.

Op deze state, thans eene boerderij, was SIARDUS SIERSMA, de vierde Abt van Lidlum, geboren. Na eenigen tijd Priester te Sexbierum geweest te zijn, ging hij in het klooster, en werd daarna tot Abt verkoren. Hij stierf in het jaar 1232, na alvorens zijne geestelijke waardigheid te hebben nedergelegd.

SIERSMA of SIERKMA, voorm. state, prov. *Friesland*, kw. *Oostergoo*. Zie SIERCKSMA.

SIETHAN, POELOE SJETHAN, ook POELOE SOEWANGGI, eil. in *Oost-Indië*, tot de *Banda-eilanden* behoorende, 5½ m. N. W. van Goenong-Api.

Het is onbewoond, woest en schier ongenaakbaar. De inlandsche zeelieden vermijden en schuwen het, waarvan het zijne namen SATANS-EILAND en TOOVER-EILAND heeft ontvangen. Men wil dat er zeer groote slangen zijn.

SIE-TJIENTJING, d. in *Oost-Indië*, op het *Sundasche* eil. *Sumatra*, gouv. *Sumatra's-Westkust*, res. *Padangsche Bovenlanden*.

SIEUBED, meertje, prov. *Friesland*, kw. *Oostergoo*, griet. *Tietjerksteradeel*, ¼ u. N. W. van Giekerk, eene verwijding van het stroomkanaal de *Murk*.

SIEUWENT (HET), voorm. bosch in het graafs. *Zutphen*, prov. *Gelderland*, nabij *Ruurlo*, dat sedert een paar eeuwen niet meer bestaat en waarvan het geh. HET ZIEUWENT zijnen naam ontleent. Zie dat woord.

SIGALO, d. in *Oost-Indië*, op het *Sundasche* eil. *Java*, resid. *Kadoe*, reg. *Magelang*.

Den 26 September 1825, werd onze post aldaar, onder bevel van den Luitenant SCHENK, door de muitelingen aangevallen en overmeesterd. De Kapitein MICHIELS, die zich te *Wonosobo* bevond, eenige verontrustende tijding van dien Officier ontvangen hebbende, stelde zich den 25 in beweging en werd, even voorbij Siwang, met eenige lilla-schoten begroet, doch de vijand, die zich op eene hoogte geplaatst had, werd spoedig op de vlugt gedreven. Voor Sigalo komende, zag hij den vijand in slagorde staan. Eenige goed gemikte schoten en het stormloopen der flankeurs, joeg hem echter op de vlugt, met achterlating van een stuk geschut en zestien dooden, hetwelk ten gevolge had, dat hij van zijn vroeg behaald voordeel geen nut kon trekken, en de rust in die omstreken weder spoedig hersteld was.

SIGANDANG (BOEKIT-), plaats in *Oost-Indië*, op het *Sundasché* eil. *Sumatra*, gouv. *Sumatra's-Westkust*, resid. *Padangsche-Bovenlanden*.

Hier is een fortje, hetwelk in Maart 1833 door de muitelingen werd ingenomen, terwijl de bezetting op eene wreedaardige wijze vermoord werd. Den 28 Mei daaraanvolgende werd het echter door den Kapitein Veltman, met zijne kompagnie, bestormd en hernomen.

SIGELDRECHT, zekere plaats welke in den giftbrief van Keizer Hendrik IV van het jaar 1006 voorkomt, als gelegen aan den Westkant van den Rijn, en zijnde eene grenspaal van zekere streek lands tegen over Rhinesnuthen. Zie dat art.

SIGERA, voorm. state, prov. *Friesland*, kw. *Oostergoo*, griet. *Ferwerderadeel*, arr. en 2½ u. N. van *Leeuwarden*, kant. en 2½ u. Z. W. van *Holwerd*, ¼ u. Z. van *Hallum*, waartoe zij behoorde.

SIGERDACHURKA, plaats, welke men vermeld vindt bij Emo van *Wierum*, op het jaar 1226, die verhaalt, dat te Fermesheim, in eene vergadering des volks, uit baldadigheid doodgeslagen zijn de zonen van den Scholtes van Sigerdachurka, van welke plaats in die kwartieren geen blijk of geheugenis overig is; hoewel men vermoeden mag, dat zij in *Fivelgo* of in het *Oldambt* lag, en misschien wel de zelfde was met Sierdakirka, die de vervolger van Menco stelt digt bij Broek en Oostwolde in het *Oldambt*.

SIGERSWOLDE, Sigerswolde of Sigersswouder, d., prov. *Friesland*, kw. *Zevenwouden*, griet. *Opsterland*, arr. en 5¼ u. N. O. van *Heerenveen*, kant. en 2½ u. O. N. O. van *Beetsterzwaag*. Men telt er in de boerenstreek, of het oude dorp, 18 h. en ruim 110 inw.

Ten Noorden van het dorp, aan de vaart, ligt het gehucht de Friesche-Palen. Nog iets noordelijker de Friesche-paalster-Schans, half in de grietenij Opsterland en half in de provincie Groningen. In het Oosten vindt men de veenkolonie de Wilp, die zich mede in Groningerland uitstrekt, en nog verder oostelijk het voormalige Uithof van den Abt van Smalle-Ee, het Voorwerk genaamd, tegen de Nieuwmeerswijk en Bakkeveen. Met deze uithuurten telt het dorp Sigerswolde 70 h. en 420 inw., die hun bestaan vinden in den landbouw en in veenarbeid.

De inw., die er allen Herv. zijn, behooren tot de gem. van *Ureterp-en-Sigerswolde*. De kerk, vóór de Reformatie aan den H. Jacobus toegewijd, is een onaanzienlijk gebouw, zonder toren of orgel.

SIGERSWOLDE of Sigerswolde, voorm. kloost., prov. *Friesland*, kw. *Oostergoo*, griet. *Tietjerksteradeel*, ¼ u. Z. van Garijp.

Men vindt omtrent dit klooster het volgende aangeteekend. In de Hoeksche en Kabeljaauwsche tweespalt in Holland hadden de laatstgenoemden de stad Hoorn, waar vele Hoeksgezinden woonden, stormenderhand ingenomen, en hielden er op eene gruwelijke wijze huis, zoodat vele Geestelijken, hun leven niet zeker, liever verkozen have en goed te verlaten, dan langer aan de genade en ongenade van die barbaren blootgesteld te zijn. Vijf Witte zusters, namen ook de vlugt, en kwamen, na veel omzwervens, in Friesland aan, om in andere kloosters kost en huisvesting te zoeken. Eindelijk, omstreeks 1485, te Garijp gekomen, oordeelden zij dat SIGERSWOLDE, hetwelk vroeger een dorp geweest, maar thans zoodanig vervallen was, dat er geene huizen meer stonden, en van de kerk niets dan de muren overgebleven waren, eene geschikte plaats voor haar zoude zijn. Tegen de muren van de, van het dak beroofde, kerk bouwden zij een hutje van sparren en riet, om vooreerst voor koude en regen beschermd te zijn. Spoedig werd dit geval door het geheele gewest bekend, en onderscheidene milddadige lieden sloegen de handen ineen, om deze Kloosterzusters, wier strenge, eenvoudige en zedige leefwijze hun behaagde, behulpzaam te zijn in het herstellen van de kerk en het opbouwen van eene geschikte woning. Met algemeene toestemming van geheel Friesland en door de bevestiging van den Bisschop van Utrecht, werd het gesticht tot een Vrouwenklooster van Reguliere Kanonikessen verheven, en was gedurende zijn aanwezen beroemd wegens de nederige godsdienstigheid der Nonnen, terwijl het meerendeel der overige Friesche Geestelijkheid, om hare brooddronkenheid en brasserij, bekend stond. Bijna honderd jaren zijn de Kloosterlingen in het rustig bezit van het gebouw gebleven, en hadden waarschijnlijk allengskens hunne bezittingen vermeerderd, door het aankoopen van landerijen, in den omtrek gelegen, zoo als het gebruik der Geestelijken van dien tijd medebragt.

Ook in andere oorden waren zij bezitters van vastigheden, doch deze hadden zij grootendeels bij testament van godvruchtige personen verkregen: als, onder anderen, in 1504, veertien mad maden, de Gherren genaamd, welke zij als een legaat ontvingen van TETRODZE, dochter van WOPKE, te Oudega, en vrouw van zekeren REINHART, die evenwel bedong, dat zij daarvan tot haar onderhoud jaarlijks zoude genieten acht Hornsche postulaten (eene munt van dien tijd); en in 1532 nog veertien andere dergelijke mad, gelegen onder Suameer, bij den zoogenaamden Koekoeksboom van SJOUCK VAN CAMMINGA, zonder bezwaar. Toen door de Hervorming de kloosters werden afgeschaft, waren de Zusters genoodzaakt het hare te verlaten, en elders een beenkomen te zoeken. Ofschoon eene ordonnantie van den Graaf VAN MEGONS, Stadhouder, van wege den Prins VAN ORANJE, in Friesland, in 1583, de onbewoonde kloostergebouwen prijs gaf, en iedereen verlof bekwam die af te breken, en de materialen voor zich te behouden, waarop eene maand later zelfs een bevel aan alle geregtspersonen volgde, om het overgeblevene geheel af te breken, ten einde den vijand te beletten daarin te nestelen, en het hout en de steenen tot dijken en dammen te verbruiken, schijnt men, ten opzigte van dit gesticht, van deze vergunning geen gebruik gemaakt te hebben: mogelijk, om de afgelegenheid van steden en groote wegen; althans volgens overlevering stond het nog in 1632. Ter plaatse, waar het gestaan heeft, ziet men thans weiland.

Nadat de Nonnen zich genoodzaakt zagen het klooster te verlaten, schijnen zij, die nog ouders of nabestaanden hadden, dezen te hebben opgezocht. Van eenige anderen, zoo als van den Prior of Opperste van het klooster, WILHELMUS JOHANNES, en van MARIJKE WIJBOLTS, de eerste toen vijf en zestig, de andere dertig jaren oud, is bekend, dat hun, bij besluit van de Staten van Friesland van 28 Mei 1595, toegestaan is een jaarlijksch pensioen van tachtig en dertig gulden, terwijl anderen uit de fondsen van het Ritske Boelema-Gasthuis te Leeuwarden eene jaarlijksche toelaag van vijf goudgulden (7 guld. 50 cents) ontvingen; de laatste van deze aldus bedeelden is overleden in het jaar 1637.

SIGGIN, kaap in *Oost-Indië*, in de *Indische-Zee*, aan de Westkust van het *Sundasche* eil. *Sumatra*.

SIGI, d. in *Oost-Indië*, op het *Sundasche* eil. *Celebes*, op de Noordelijke landtong, resid. *Menado*, aan de bogt *Castjeli*.

SIGNAL-HILL, berg in *West-Indië*, op het eil. *St. Eustatius*, 650 roeden N. O. van het fort Hollandia.

Deze berg is 360 ellen hoog. Het gebergte, waarvan hij een gedeelte uitmaakt, heeft eene menigte hooge naakte punten, welke door ontoegankelijke kloven van elkander zijn gescheiden.

SIGNEDA, voorm. state, prov. *Friesland*, kw. *Oostergoo*, griet. *West-Dongeradeel*, arr., en 4 u. N. O. van *Leeuwarden*, kant. en 5 min. W. van *Holwerd*, waartoe zij behoorde.

Ter plaatse, waar het gestaan heeft, ziet men thans een boerenhuis. De daartoe behoord hebbende gronden, beslaande eene oppervlakte van 30 bund., worden in eigendom bezeten door de Wed. A. G. DE BOER, woonachtig te Holwerd.

SIGNEDA, voorm. state, prov. *Friesland*, kw. *Oostergoo*, griet. *Achtkarspelen*, arr. en 5 u. O. van *Leeuwarden*, kant. en 2½ u. O. ten N. van *Bergum*, niet ver van *Augustinusga*, waartoe zij behoorde.

SIGUIT-POLDER of SIGHUIT-POLDER, pold. in het eil. *Zuid-Beveland*, prov. *Zeeland*, distr. en arr. *Goes*, kant. *Heinkenszand*, gedeeltelijk gem. *Hoedekenskerke*, gedeeltelijk gem. *Baarland*; palende N. aan den pold. Oud-Vreeland, N. O. aan den Stabbekoerne-polder, O. aan den Polder-van-Hoedekenskerke, Z. O. aan den Groote-Reinouts-polder, Z. aan den Kleine-Reinouts-polder, Z. W. aan den Quistkost-polder, W. aan den Nieuw-Baarland-polder.

Deze pold. beslaat, volgens het kadaster, eene oppervlakte van 68 bund. 72 v. r. 99 v. ell., waaronder 68 bund. 55 v. r. 39 v. ell. schotbaar land, als onder *Hoedekenskerke*, volgens het kadaster, 55 bund. 30 v. r. 49 v. ell., en daaronder 55 bund. 15 v. r. 14 v. ell. schotbaar land; onder *Baarland*, volgens het kadaster, 13 bund. 42 v. r. 50 v. ell., en daaronder 13 bund. 40 v. r. 25 v. ell. schotbaar land. Men telt er 7 h., waaronder 3 boerderijen, als: 6 h. en 3 boerderijen onder *Hoedekenskerke*, en een huis onder *Baarland*. Hij wordt door eene sluis, in de watering Hoedekenskerke, van het overtollige water ontlast. Het polderbestuur is onder de directie van Hoedekenskerke.

In den SIGUIT-POLDER ligt het gedeelte van het dorp Kwadendamme, waarin de kerk staat.

SIHAMPAN, d. in *Oost-Indië*, op het *Sundasche* eil. *Java*, resid. *Preanger-Regentschappen*, reg. *Soekapoera*.

SIHEL, kaap in *Oost-Indië*, in den *Archipel-van-St.Lazarus*, aan de Zuidkust van *Klein-Ceram*.

Het is de zuidelijkste punt van dit schiereiland en ligt op twee mijlen afstand van Hitoe.

SIHOPERA, d. in *Oost-Indië*, op het *Sundasche* eil. *Java*, resid. *Preanger-Regentschappen*, afd. res. *Soekapoera*.

SIJAWIER, geh., prov. *Friesland*, kw. *Oostergoo*, griet. *Dantumadeel*. Zie SIJSWIER.

SIJBALDEBUREN, d. in het *Westerkwartier*, prov. *Groningen*. Zie SEBALDEBUREN.

SIJBEKARSPEL, d. in de *Vier-Noorder-koggen*, prov. *Noord-Holland*. Zie ZIJBEKARSPEL.

SIJDEBERT, oude naam van het d. SIDDEBUREN, prov. *Groningen*. Zie SIDDEBUREN.

SIJENWEDE, oude naam van het geh. HET ZIEUWENT, in het graafs. *Zutphen*, prov. *Gelderland*. Zie ZIEUWENT (HET).

SIJEWIER of SIJAWIER, hoeve, prov. *Friesland*, kw. *Oostergoo*, griet. *Dantumadeel*, arr. en 2 u. N. O. van *Leeuwarden*, kant. en 2 u. Z. W. van *Dockum*, ¾ u. N. W. van Roodkerk.

SIJLLEMANSPUNT, naam, welken de inboorlingen geven aan den VLAKKENHOEK, eene kaap in *Oost-Indië*, in de *Straat-Sunda*. Zie VLAKKENHOEK (DE).

SIJOE (DE), riv. in *Oost-Indië*, op het *Sundasche* eil. *Java*, adsres. *Krawang*.

SIJONGADIJK, b. prov. *Friesland*, kw. *Westergoo*, griet. *Wonseradeel*. Zie SIJONGADIJK.

SIJONS, voorm. state, prov. *Friesland*, kw. *Westergoo*, griet. *Hennaarderadeel*, arr. en 2 u. N. ten W. van *Sneek*, kant. en 1¼ u. O. N. O. van *Bolsward*, 20 min. O. van *Wommels*, waartoe het behoort.

Ter plaatse, waar zij gestaan heeft, ziet men thans eene boerderij, welke, met de daartoe behoorende gronden, eene oppervlakte beslaande van 16 bund. 38 v. r. 40 v. ell., een eigendom is van de kerk van Oosterend, en bewoond wordt door JACOB DIJKSTRA.

SIJONSBERG, voorm. uithof van het klooster *Sion*, prov. *Friesland*, kw. *Oostergoo*. Zie SIONSBERG.

SIJORDA, voorm. stins, prov. *Friesland*, kw. *Oostergoo*, griet. *Kollumerland-en-Nieuw-Kruisland*. Zie SJORDA.

SIJP (DE) of DE SIJPE, oude schipsloot, in *Fivelgo*, prov. *Groningen*, in eene zuidelijke strekking van Nansum naar het Uitwierdermeer loopende.

SIJP (DE), water in *Fivelgo*, prov. *Groningen*, gem. *Slochteren*, dat eerst in eene noordelijke rigting de grensscheiding tusschen die gem. en Noordbroek uitmaakt, en vervolgens in eene oost-noordoostelijke strekking naar het *Rengersdiep* loopt, waarin het zich verliest.

SIJP (DE), water in het *Wold-Oldambt*, prov. *Groningen*, gem. *Scheemda*, dat, uit de *Meedenerveenen* voortkomende, in eene noordelijke rigting langs Mastenbroek loopt.

SIJP (DE), heerenhuis, op den *Veluwenzoom*, prov. *Gelderland*, distr. *Veluwe*, arr., kant. en gem. *Arnhem*.

SIJPESTEIN of SYPESTEIN, voorm. slot in het balj. der *Loosdrechten*, prov. *Utrecht*, arr. en 2¼ u. N. ten W. van *Utrecht*, kant. en 1¾ u. O. Z. O. van *Loenen*, gem. *Oud-en-Nieuw-Loosdrecht*, nabij de kerk van *Nieuw-Loosdrecht*.

Dit slot, hetwelk, met de daartoe behoorende gronden, eene afzonderlijke heerl. uitmaakte, was een zwaar vierkant gebouw, met vierkante spitsen op de hoeken; terwijl het gebouw door twee breede grachten, met houten ophaalbruggen, omringd was. Vóór iedere brug was eene sterke voorpoort, zijnde de buitenste poort nog door een grachtje met steenen brug omgeven. Van dit slot ontleende het oud adellijke geslacht VAN SIJPESTEIN zijnen naam. De eerste, dien wij van dit geslacht vermeld vinden, was WILLEM VAN SIJPESTEIN NICOLAASSOON, geb. in 1261, † in 1343, en de laatste van dit geslacht, die het slot beseten heeft, was AART VAN SIJPESTEIN, van wien het in 1589 (hoewel toen reeds een bouwval zijnde) overging op GIJSBERT VAN AREYN. Vervolgens kwam het aan verschillende geslachten en eindelijk aan JOHAN FREDERIK GODFRIED Baron VAN FRISHEIM, wiens nageslacht het verkocht aan eenen landbouwer, die op den grond eene boerderij heeft gebouwd; terwijl van het voorm. slot bijna niets meer zigtbaar is.

Het wapen der voorm. heerl. SIJPESTEIN was van keel met drie meerlen van zilver.

SIJSSELT; bosch op de *Neder-Veluwe*, prov. *Gelderland*, gem. en ¼ u. Z. O. van *Ede*. — Het is 237 bund. groot, en meest beplant met dennenboomen en akkermaalsbosch.

SIJTERT, geh. in de *Meijerij van 's Hertogenbosch*, kw. *Peelland*, prov. *Noord-Braband*. Zie SEYTERT.

SIJUNGADIJK. SIJONGEDIJK of SJUNGADIJK, ook wel SCHIUNGADIJK gespeld, b., prov. *Friesland*, kw. *Westergoo*, griet. *Wonseradeel*, arr. en 2¼ u.. N. W. van *Sneek*, kant. en ¾ u. N. N. O. van *Bolsward*, ¼ u. W. van *Burgwerd*, waartoe het behoort.

SIJWEN-CONVENT (VROUW-), voorm. zusterenhuis in de stad *Groningen*, in de *Broerenstraat*.

Dit convent, hetwelk bewoond werd door adellijke maagden, levende naar den derden regel van den H. FRANCISCUS *de poenitentia*, was reeds vóór het jaar 1300 gesticht. Het werd verlaten omstreeks het jaar 1570, en in 1585, terwijl het ledig stond, betrokken door Nonnen van de abdij van Selwerd, die haar klooster, van wege den aanhoudenden binnenlandschen krijg, moesten verlaten en een heenkomen zoeken.

Ter plaatse, waar dit en het naburige *Menolda-convent* hebben gestaan, ziet men thans het nieuwe akademiegebouw stichten.

SIKADO, d. in *Oost-Indië*, op het *Sundasche* eil. *Celebes*, aan de Zuidkust van de Noordoostelijke landtong, in de landstreek *Tomini*, aan de *Baai-van-Tomini*.

SIKAKAP, zeeëngte in *Oost-Indië*, in de *Indische-Zee*.

Deze straat, welke de Nassau-eilanden van elkander scheidt, is twee mijlen lang en ½ m. breed, en biedt eene zeer veilige ankerplaats aan. Zoowel in, als buiten, deze straat liggen onderscheidene eilanden, op rotsen gegrond

SIKALING, bosch in *Oost-Indië*, op het *Sundasche* eil. *Java*, res. *Tagal*.

SIKAP, d. in *Oost-Indië*, op het *Sundasche* eil. *Java*, res. *Preanger-Regentschappen*, reg. *Soekapoera*, heerl. *Gadja*, aan de Kalie-Sondo.

SIKARAIJA, oud d. in *Oost-Indië*, op het *Sundasche* eil. *Java*, resid. *Preanger-Regentschappen*, reg. *Soekapoera*, lands. *Pondajang*.

SIKARRA, plaats in *Oost-Indië*, op het *Sundasche* eil. *Sumatra*, staat *Passoman*.

SIKEVOE, eil. in *Oost-Indië*, een der *Zuidooster-eilanden-van-Banda* uitmakende, 7° 36′ N. B. 148° 16′ O. L. — Het is ½ m. lang, ½ m. breed en door riffen omgeven.

SIKKA, vlek in *Oost-Indië*, op het *Sundasche* eil. *Sumatra*, aan de Noordkust; 1° 32′ N. B., 106° 47 O. L.

SIKKEMAAR, water in *Hunsingo*, prov. *Groningen*, onder de schepperij van *Innersdijk*.

SIKOEPAN, oud d. in *Oost-Indië*, op het *Sundasche* eil. *Java*, resid. *Krawang*, distr. *Tjiassem*.

SIKOLO, oud d. in *Oost-Indië*, op het *Sundasche* eil. *Java*, resid. *Krawang*, distr. *Pamanoekan*.

SILA, d. in *Oost-Indië*, resid. *Amboina*, op het *Ambonsche* eil. *Noesa-Laut*.

De grond bevat hier eene vette grijsachtige aarde, welke, in het water smeltende, eene soort van zeep schijnt te zijn. Sommige inlandsche vrouwen eten die met smaak. De bevolking bestond in 1825 uit 78 zielen, onder welke 39 Ledematen en 15 schoolkinderen.

SI-LABAH, d. in *Oost-Indië*, op het *Sundasche* eil. *Si-Porah*.

SILADING, eil. in *Oost-Indië*, in de *Zee-van-Celebes*, aan de Noordkust van het *Sundasche* eil. *Celebes*, 1° 21′ N. B., 142° 11′ O. L.

SILAMBOE, st. in *Oost-Indië*, op het *Sundasche* eil. *Java*, resid. *Preanger-Regentschappen*, aan de Zuidkust, 7° 33 N. B. 125° 1′ O. L.

SILASJON, oud d. in *Oost-Indië*, op het *Sundasche* eil. *Java*, resid. *Preanger-Regentschappen*, reg. *Bandon*, tusschen den zuidelijken oever van de Tji-melajoe en het gebergte.

SILATANG (DE), riv. in *Oost-Indië*, op het *Sundasche* eil. *Java*, resid. *Buitenzorg*, welke, zich met eenen noordelijken loop, in de *Tangerang* ontlast.

SILBERIE, plant. in *West-Indië*, op het eil. *Curaçao*, in de *Oost-divisie*, N. van de plant. Nijd-en-Rust, N. O. van Uilenburg, Z. W. van Montagne.

SILEHOE, oud d. in *Oost-Indië*, op het *Ambonsche* eil. *Amblau*, aan de Noordwestzijde van dat eiland.

Het was een der vijf Oelilimasche dorpen, die naderhand zoodanig in bevolking verminderd zijn, dat zij gezamenlijk slechts één dorp uitmaakten.

SILENSAK, d. in *Oost-Indië*, op het *Sundasche* eil. *Celebes*, aan de Zuidkust van de Oostelijke landtong, aan de Baai-van-Tomini.

SILIBAR, SILLABAR of SILLEBAR, st. in *Oost-Indië*, op het *Sundasche* eil. *Sumatra*, aan de Westkust, resid. en 10 u. Z. Z. O. van *Bengkoelen*, aan de Patoebaai, met eene goede haven.

SILIBAR (DE BAAI-VAN-), de BAAI-VAN-SILLIBAR of de BAAI-VAN-SELLEBAR, baai in *Oost-Indië*, in de *Indische-Zee*, aan de Westkust van het *Sundasche* eil. *Sumatra*, resid. *Bengkoelen*.

SILIMPAUWA, d. in *Oost-Indië*, op het *Sundasche* eil. *Sumatra*, resid. *Aijer Bangies*, afd. *Rau*.

SILLAARDERMEER, ook ZYLAARDERMEER, voorm. meer, prov. *Friesland*, kw. *Westergoo*, griet. *Wonseradeel*, 5 min. N. van Engwier, dat vroeger door de Kornwerder-vaart met de *Zuiderzee* en met de *Wonzer-vaart* in verbinding stond. — Dit meer drooggemaakt zijnde, vormt thans eenen polder.

SILLERINGAN, kaap in *Oost-Indië*, in de *Zee-van-Java*, aan de Noordkust van het *Sundasche* eil. *Java*, resid. *Djapara*.

SILLERSHOEK, d. in het *Land-van-Strijen*, prov. *Zuid-Holland*. Zie CILLAARTSHOEK.

SILLEVAN, oud d. in *Oost-Indië*, op het eil. *Timor*, eene der *Kleine-Sunda-eilanden*, aan de Noordkust.

SILLEVOLDE of SILVOLDE, d. in het graafs. *Zutphen*, prov. *Gelderland*, distr., arr. en 6 u. Z. Z. O. van *Zutphen*, kant. en ½ u. Z. O. van *Ter-Borg*, gem. *Wisch*.

Men telt er 103 h. en ruim 730 inw., die meest in den landbouw hun bestaan vinden.

De Herv., die er 160 in getal zijn, maken met die van de buurs. Sillevolde en Lichtenberg eene gem. uit, welke tot de klass. van *Zutphen*, ring van *Doetinchem*, behoort en 390 zielen, onder welke 200 Ledematen, telt. De eerste, die in deze gemeente, na van *Ter-Borg* afgescheiden te zijn, het leeraarambt heeft waargenomen, is geweest JOHANNES WOLTERS, die in het jaar 1602 herwaarts kwam en in het jaar 1607 overleed of vertrok, in welk jaar het weder bij *Ter-Borg* werd gevoegd, hetwelk duurde tot in 1613, toen het met *Etten* werd vereenigd, waarvan het weder werd afgenomen in 1655, als wanneer het eenen eigen Predikant bekwam in PETRUS STEVART, die er in 1668 overleed.

De kerk was vóór de Reformatie in de bescherming van den H. Martelaar MAURITIUS aanbevolen; de Pastorie stond ter begeving van den Bisschop van Deventer. De kerkdienst van den H. ANTONIUS, de eenigste die er was, is naderhand met het kosterschap vereenigd. Deze kerk is een fraai gebouw, met eenen grooten koepeltoren, en van een fraai orgel voorzien.

De 2 Evang. Luth., die men er aantreft, worden tot de gem. van *Doetinchem* gerekend.

De R. K., die er 460 in getal zijn, behooren tot de stat. van *Terborg-en-Sillevoldé*, welke hier eene kerk heeft, aan de H. H. JACOBUS en PHILIPPUS toegewijd, en in het jaar 1836 nieuw gebouwd, ter vervanging van die, welke in 1825 was afgebrand. De tegenwoordige kerk is een gebouw met eenen netten toren, en van een orgel voorzien.

De dorpschool wordt gemiddeld door een getal van 120 leerlingen bezocht.

De kermis valt in den tweeden Zondag in September.

SILLEVOLDE, buurs., in het graafs. *Zutphen*, prov. *Gelderland*, distr., arr. en 6 u. Z. Z. O. van *Zutphen*, kant. en ½ u. Z. O. van *Terborg*, gem. *Wisch*, 20 min. van het d. *Sillevolde*, waartoe het kerkelijk behoort, met 100 h. en 720 inw.

SILLIBOE, distr. in *Oost-Indië*, op het *Sundasche* eil. *Sumatra*, resid. *Lampong*, aan de Zuidoostkust van het eiland.

SILLIBOE (DE), riv. in *Oost-Indië*, op het *Sundasche* eil. *Sumatra*, resid. *Lampong*, met eene zuidoostelijke rigting in de *Straat-Sunda* uitloopende.

SILLO, d. in *Oost-Indië*, op het *Sundasche* eil. *Java*, resid. *Djoojokarta*, in het gebergte *Salarong*.

In September 1829 hield DIPO NEGORO zich in dit d. op, en werd, den 16 dier maand, aldaar, door 80 man kavallerie, overvallen, doch het gelukte hem, hoewel met veel moeite, te ontsnappen.

SILMIEN, voorm. state, prov. *Friesland*, kw. *Oostergoo*, griet. *Opsterland*. Zie SELMIEN.

SILOEDA of SAYONDA, eil. in *Oost-Indië*, tot de *Kleine-Sunda-eilanden* behoorende, N. van Sumbawa.

SILOEKIE, d. in *Oost-Indië*, op het *Sundasche* eil. *Java*, resid. *Rembang*, 454 palen O. van *Batavia*, 18 palen O. van *Rembang*, 123 palen W. van *Soerabaya*, aan den grooten postweg.

SILOK (DE), riv. in *Oost-Indië*, op het *Sundasche* eil. *Java*, die zich in *de Angkee* ontlast.

SILOOME, eil. in *Oost-Indië*, in de *Straat van Madura*, in een zeer groot rif, hetwelk het eil. Madura aan Java hecht.

SILOWERTH, oude naam van het voorm. gerigt SELWERD, prov. *Groningen*. Zie SELWERD.

SILVAE-AUSTRALES (DE ZUIDERWOUDEN), naam, dien EMO geeft aan een gedeelte van *Fivelgo*, prov. *Groningen*, hetgeen in latere tijden DUURSWOLDE genoemd werd; thans zegt men gemeenlijk de WOLDSTREEK. Het paalt aan Drentherwolde en het Oldambt, en heeft over het algemeen eenen schralen grond.

SILVAE-DUCIS, Lat. naam van de stad 's HERTOGENBOSCH, prov. *Noord-Braband*. Zie 's HERTOGENBOSCH.

SILVANI (d. i. BOSCHLIEDEN, WOUDLIEDEN), naam, welken MENCO geeft aan hen, die in het *Groot-Oldambt*, prov. *Groningen*, wonen.

Zij noemen zichzelven Wold-Oldambsters. Bij den vervolger van Menso wordt deze landstreek Orientalis Brocca, Oosterbroek, genoemd.

SILVEN, buurs. op de *Middel-Veluwe*, prov. *Gelderland*, distr. *Veluwe*, arr. en 4 u. N. O. van *Arnhem*, kant., gem. en 2 u. Z. O. van *Apeldoorn*; met 50 h. en 400 inw.

SILVENDA, plaats vermeld in 838, als gelegen in de gouw *Felue*. Misschien wordt hier mede wel bedoeld, de tegenwoordige buurs. Silven, op de *Middel-Veluwe*, prov. *Gelderland* (zie het voorgaande art., of de buurs. Zilven, op den *Veluwenzoom*.) Zie Zilven.

SILVOLDE, d. en buurs. in het graafs. *Zutphen*, prov. *Gelderland*. Zie Sillevolde.

SILWOLDE, buurs. op de *Veluwenzoom*, prov. *Gelderland*. Zie Zilven.

SIMA, voorm. d. in *Oost-Indië*, resid. *Amboina*, op het *Moluksche* eil. *Amboina*, op de Zuidoostkust van het schiereil. *Leytimor* omtrent het strand, op den rug van eenen afgaanden berg, tusschen Awaham en Rappa.

SIMAAS, d. in *Oost-Indië*, op het *Sundasche* eil. *Java*, resid. *Djocjokarta*.

SIMABOE, distr. in *Oost-Indië*, op het *Sundasche* eil. *Sumatra*, gouv. *Sumatra's-Westkust*, in de *Padangsche-Bovenlanden*.

SIMADAI, eil. in *Oost-Indië*, in den *Sundasche-Archipel*, aan de Noordoostkust van het *Sundasche* eil. *Borneo*, voor de Bogt van Pahitan.

SI-MALOE, eil. in *Oost-Indië*, in de *Indische-zee*. Zie Babi.

SIMAMORE, kon. in *Oost-Indië*, op het *Sundasche* eil. *Sumatra*, lands. Batakh. — Het bevat vele dorpen. Kotta Tinga is de verblijfplaats des Konings.

SIMANROE, zeeëngte in *Oost-Indië*, in den *Sundasche-Archipel*, O. van het eil. Solor, tusschen dat eiland en het eil. Lomblem loopende.

SIMANTJIE (DE), riv. in *Oost-Indië*, op het *Sundasche* eil. *Sumatra*, welke zich in de *Djambi* ontlast.

SIMAO, Semao, Samauw, Semauw of Samaw, eil. in *Oost-Indië*, tot de *Kleine-Sunda-eilanden* behoorende, W. van en in de nabijheid van Timor, waarvan het door eene zeeëngte van twee mijlen breed gescheiden is.

Het is 6 mijlen lang en 3 mijlen breed en heeft aan de Oostkust twee baaijen, van welke de zuidelijkste de grootste is. De grond is er vruchtbaar, laag, en bevat hier en daar zwavel.

Te Uyassa is eene bron, die water oplevert, dat ijzer en vitrioldeelen bevat; onder het wasschen van linnen schuimt het.

Er is op dit eiland, tot nu toe, weinig ontgonnen grond, maar overal treft men wilde bosschaadjen en ondoordringbare wouden aan. De landbouw is er nog geheel verwaarloosd, zoodat er schier niets anders dan maïs of djagong groeit. Men bewondert er eenen zeer grooten waringaboom, welke, naar men meent, wel 3000 stammen of loten telt, en onder welke wel 1000 menschen kunnen schuilen. De inboorlingen noemen hem Noenoek (de Heilige). Het eiland is eene onderhoorigheid van de Radja van *Koepang*, die er in de goede moesson veelal bij voorkeur verblijf houdt. Het luchtgestel wordt evenwel niet gezond geacht.

SIMAUWANG, lands. in *Oost-Indië*, op het *Sundasche* eil. *Sumatra*, gouv. *Sumatra's-Westkust*, resid. *Padangsche-Bovenlanden*.

SIMAUWANG, meer in *Oost-Indië*, op het *Sundasche* eil. *Sumatra*. Zie Singkara.

SIMIN, d. in *Oost-Indië*, op het *Sundasche* eil. *Java*, resid. *Kadoe*, ads. res. *Magelang*, aan den grooten postweg, 428 palen O. van Batavia, 13 palen O. van Magelang, 271 palen W. van Soerabaya.

SIMO, d. in *Oost-Indië*, op het *Sundasche* eil. *Java*, resid. *Soerabaya*, aan den grooten postweg, 875 palen O. van Batavia, 4 palen W. van Soerabaya.

SIMON, d. in *Oost-Indië*, op het *Sundasche* eil. *Java*, resid. *Madion*.

SIMON-JANSE-POLDER, pold. in *Rijnland*, prov. *Zuid-Holland*, arr. *Leyden*, kant. *Alphen*, gem. *Hazerswoude*.

SIMONSHAVEN, voorm. afzonderlijke heerl. in het *Land-van-Putten*, prov. *Zuid-Holland*, arr. en kant. *Brielle*, gem. *Simonshaven-en-Schuddebeurs*; palende N. aan de heerl. Geervliet, O. N. O. aan Spijkenisse, O. aan Braband en Vriesland, Z. aan Schuddebeurs, W. aan Biert en Abbenbroek.

Deze heerl., bestaad uit den Simonshavensche-polder, de pold. Fikkershil en Schiekamp, en bevat het d. Simonshaven, benevens eenige verstrooid liggende huizen.

Zij beslaat, volgens het kadaster, eene oppervlakte van 512 bund. 30 v. r. 78 v. ell.; telt 33 h., bewoond door eene bevolking van 200 inw., die meest in den landbouw en veeteelt hun bestaan vinden.

De inw., die er allen Herv. zijn, behooren tot de gem. van *Simonshaven-en-Biert*, welke in deze heerl. eene kerk heeft.

Men heeft in deze heerl. eene school, welke gemiddeld door een getal van 40 leerlingen bezocht wordt.

De heerl. Simonshaven, welke sedert onheugelijke jaren met die van *Schuddebeurs* tot ééne heerl. vereenigd is, werd in het midden der vorige eeuw bezeten door Adriaan Baarts Jakobszoon, Heer van *Geervliet*. Kort daarna schijnt zij echter gekomen te zijn aan Mr. Okker Gevaerts, oud-Raad der stad Dordrecht, die haar ten minste in 1773 bezat en in wiens geslacht zij tot nu toe verbleven is, zijnde thans een eigendom van Vrouwe Wilhelmina Cornelia van Hoorn, douairière van Jonkheer Mr. Paulus Gevaerts van Geervliet, woonachtig te Dordrecht.

Het d. Heer-Simonshaven, meestal enkel Simonshaven gespeld, ligt 2¼ u. Z. O. van Brielle. Sommigen meenen, dat het zijnen naam ontleent van den eersten bedijker, welke Simon zal geheeten hebben, en dat deze Simon hier eene haven zal hebben aangelegd, welke op de Bernisse uitliep, en waarnaar bij deze ambachtsheerlijkheid zal hebben genoemd. Meer waarschijnlijk is echter de volgende naamsoorsprong: Graaf Willem I werd op zijne vlugt, in het jaar 1203, door Simon, den veerman der haven, in eene boot naar Zeeland overgebragt, voor welke daad de Graaf den veerman, naderhand, bij zijne terugkomst, met den titel van *Heer* Simon begiftigde, er bijvoegende eenige landerijen, waarin naderhand dit dorp gebouwd is. Men telt, in de kom van het d. Simonshaven, 31 h. en 190 inw.

Het heeft, volgens de oude brieven van Geervliet, oudtijds eene parochiekerk, Pastoor en Koster gehad. De kerk was aan den H. *Aartsengel* Michaël toegewijd en stond ter begeving van de Graven. De Pastoor, in zijne parochie wonende, had 's jaarlijks twaalf gulden, maar daar buiten niet meer dan drie gulden inkomen. Ook was de Pastoor dezer parochie, volgens eene ordonnantie van Heer Zweder van Abcoude, Heer van *Putten en Strijen*, gemaakt in het jaar 1376, verpligt, om jaarlijks aan den Proost van Geervliet veertig ponden Hollands (30 guld.) op te brengen. Het tegenwoordige kerkgebouw is oud, met plantsoen omgeven. Men gaat van het dorp derwaarts langs een laantje. De eenvoudige, niet zeer hooge, vierkante toren heeft sedert het laatst der vorige eeuw eene spits, en op het vierkant leest men een in steen uitgehouwen jaartal, 1110. Vóór de kerk ziet men eene fraaije rij boomen geplant, hetgeen een aangenaam gezigt oplevert; buiten het huis van den Predikant en van den Dorpsschoolmeester, beide goede gebouwen, zijn hier geene anderen.

De stichting van SIMONSHAVEN moet van zeer hoogen ouderdom zijn, alzoo uit de oude papieren en manuscripten van het kapittel van Geervliet blijkt, dat hier, in het jaar 1376, eene parochiekerk heeft gestaan en dat deze heerl. te dier tijde zeer aanzienlijk moet geweest zijn; dan, den juisten tijd, op welken het dorp gesticht is, kan met geen zekerheid bepaald worden, even min als men weet wie de eerste stichter of stichteresse daarvan was. Naar alle waarschijnlijkheid zal dit echter iemand uit het geslacht VAN PUTTEN geweest zijn.

Het wapen van SIMONSHAVEN bestaat uit een gedeeld schild, ter regterzijde van zilver, waarop een boom met eenen ontblooten wortel in natuurlijke kleur; ter linkerzijde van goud, met drie St. Andrieskruisen van sabel (zwart).

SIMONSHAVEN-EN-BIERT, kerk. gem., prov. *Zuid-Holland,* klass. van *Brielle*, ring van *Geervliet.*

Men heeft in deze gem. twee kerken, als: ééne te Simonshaven en ééne te Biert, en telt er 320 zielen, onder welke ruim 100 Ledematen. De eerste, die in deze gem. het leeraarambt heeft waargenomen, is geweest JACOB JANSZ LOUFF, die in het jaar 1574 herwaarts kwam en denkelijk in deze plaats eerst Pastoor geweest is. In het jaar 1588 werd hij emeritus. Het beroep geschiedt door den kerkeraad, onder agreatie van den Ambachtsheer van Simonshaven.

SIMONSHAVEN-EN-SCHUDDEBEURS, gem. in het *Land-van-Putten*, prov. *Zuid-Holland,* arr. en kant. *Brielle* (17 k. d., 11 m. k., 7 s. d.); palende N. aan de gem. Geervliet, N. O. en O. aan Spijkenisse-en-Braband, voorts nog O. aan Hekelingen-en-Vriesland, Z. aan het Spui, W. aan Zuidland-en-Velgersdijk en aan Biert-en-Stompert. Zij bevat de voorm. afzonderlijke heerl. Simonshaven en Schuddebeurs; beslaat, volgens het kadaster, eene oppervlakte van 1213 bund. 88 v. r. 89 v. ell., waaronder 1171 bund. 32 v. r. 71 v. ell. belastbaar land, en telt 42 h., bewoond door 55 huisgez., uitmakende eene bevolking van 240 inw., die meest in den landbouw en de veeteelt hun bestaan vinden.

De inw., die er allen Herv. zijn, behooren tot de gem. van *Simonshaven-en-Biert.* — Men heeft in deze gem. eene school, te Simonshaven.

Deze gem. maakt eene heerl. uit, welke, zoo als wij hierboven gezien hebben, in eigendom bezeten wordt door Vrouwe WILHELMINA CORNELIA VAN HOORN, douairière van Jonkheer Mr. PAULUS GEVAERTS VAN GEERVLIET, woonachtig te Dordrecht.

Het wapen dezer gem. is hetzelfde, als dat van de heerl. Simonshaven.

SIMONSHAVENSCHE-POLDER (DE), pold. in het *Land-van-Putten*, prov. *Zuid-Holland*, arr. en kant. *Brielle*, gem. *Simonshaven-en-Schuddebeurs;* palende N. aan Fikkershil, waarmede hij eene bedijking uitmaakt, en aan Schiekamp, O. aan den Brabandsche-polder en aan Vriesland, Z. aan Oud-Schuddebeurs, Z. W. aan Nieuw-Stompert en Oud Stompert, W. aan den Biertsche-polder.

SIMONSKERKE, voorm. d. en heerl. op het eil. *Schouwen*, prov. *Zeeland*, W. van Zierikzee, in het, thans verdronken, Zuidland. — Dit dorp, overstroomd zijnde, werd in het jaar 1496 buitengedijkt.

Deze heerl. had tot wapen eene kerk met toren van keel, met dak en spits van azuur, staande op eenen grond van sinopel, alles op een veld van zilver.

SIMONSLUIS, voorm. sluis in *Kennemerland*, prov. *Noord-Holland*. in de buitenkade van het *Spaarnwoude-Buiten-Hofambacht*, gem. en ½ u. N. N. O. van *Spaarnwoude*, aan het IJ.

SIMONSPOLDER (DE), pold. in *Rijnland*, prov. *Zuid-Holland*. Zie Werf-polder (De).

SIMONS-POLDER of Simontjes-polder, voorm. pold. in *Rijnland*, prov. *Zuid-Holland*, onder *Warmond*, thans een gedeelte van den *Broek-en-Simons-polder* uitmakende.

Deze pold. werd, in het jaar 1639, met den *Broek-polder* vereenigd. Zie voorts Broek-en-Simons-polder.

SIMONS-POLDER, voorm. pold. in het eil. *Zuid-Beveland*, prov. *Zeeland*, distr., arr. en kant. *Goes*, gem. *Kappelle-Buzelingen-en-Eversdijk*; palende N. aan de gem. Kapelle, O. en Z. aan de Schelde, W. aan de gem. 's Graven-polder.

In het jaar 1352 werd aan Simon van Bruelis, neef van Hertog Willem van Beijeren, Graaf van *Holland en Zeeland* enz., tot een regt erfleen uitgegeven eene schor, in Vlaken-ambacht, voor Vlakensluis, zoo groot als die gelegen was, Simons-polder genaamd; die hij, Heer Simon voornoemd, weder heeft uitgegeven te bedijken, om die te hebben en te bezitten ten eeuwigen dage, mits betalende jaarlijks, voor ieder gemet, een kapoen en elf grooten Vlaamsch (27½ cents), met de tienden daarop vallende; mits dat het land vrij wezen zou van alle andere kosten en ongelden, zonder dat het zou kunnen belemmerd of bekommerd worden enz.

Deze polder is thans begrepen in den *Willem-Anna-polder*. De gronden, de vroegere Simons-polder uitmakende, beslaan, volgens het kadaster, eene oppervlakte van 52 bund. 72 v. r. 40 v. ell.

SIMONSWAARD, pold. in den *Biesbosch*, prov. *Noord-Braband*. Zie Louw-Simonswaard.

SIMPANG, plaats in *Oost-Indië*, op het *Sundasche* eil. *Java*, resid. en 4 palen van *Soerabaya*, waar men fraaije buitenplaatsen en landhuizen van sommige ingezetenen van Soerabaya aantreft.

Ook heeft men hier een uitmuntend en bij uitstek fraai en groot militair hospitaal, waarin ten minste vier honderd zieken een ruim verblijf en eene voortreffelijke verzorging genieten. Te Simpang is ook het residentiehuis opgerigt, hetwelk voor menig paleis in Europa niet behoeft te wijken. Twee palen van daar is eene uitgestrekte en zeer goede kazerne en fraaije stalling voor de huzaren.

De weg van Soerabaya naar Simpang is geheel vlak en effen, aan beide zijden met huizen en tuinen versierd.

SIMPANG, st. in *Oost-Indië*, op het *Sundasche* eil. *Borneo*, resid. *Pontianak*, aan de Mattam, ter plaatse, waar deze zich met de Simpang vereenigt en niet ver van den mond der eerstgenoemde.

Op vier of vijf mijlen afstands van de zee, is deze plaats in het Westen gedekt door het gebergte Sukkadana; ook is hier de grond veel hooger dan omstreeks Pontianak. De stad Simpang behoort tot het rijk *Nieuw-Brussel*, het eenige overblijfsel van het vroeger zoo groote en uitgestrekte rijk *Sukkadana*.

SIMPANG (DE), een der monden van de *Pontianak*, in *Oost-Indië*, op het *Sundasche* eil. *Borneo*. Zie voorts Pontianak.

SIMPAY, berg in *Oost-Indië*, op het *Sundasche* eil. *Java*, resid. *Preanger-Regentschappen*, reg. *Sumedang*, op de scheiding der distr. *Baloeboer* en *Dermaradja*, 10 palen O. van Tjitjalengka en 56½ paal N. van Limbangan.

SIMPELVELD, gem. in het *Land-van-Valkenburg*, prov. *Limburg*, arr. *Maastricht*, kant. *Gulpen*, (2 k. d., 1 m. k., 1 s. d.); palende N. aan de gem. Kerkraede, O. aan de Pruissische prov. Rijnland, Z. aan Bocholtz en Wittem, W. aan Wijlre.

Deze gem. bevat het d. Simpelveld, benevens de geh. Bosschenhuizen, Huls-en-Lauvenberg, Molsberg-Poeschenheide-en-Hondsruck, en Broek, beslaat volgens het kadaster 816 bund. 97 v. r. alles belastbaar land, entelt 227 h., bewoond door 240 huisgez., uitmakende eene bevolking van ruim 1140 inw. die meest in den landbouw hun bestaan vinden.

De inw., die allen R. K. zijn, onder welke 920 Communikanten, maken eene par. uit, welke tot het vic. apost. van *Limburg*, dek. van *Kerkraede*, behoort, en door eenen Pastoor en eenen Kapellaan bediend wordt.

Men heeft in deze gem. eene school, welke gemiddeld door een getal van 50 leerlingen bezocht wordt.

Het d. Simpelveld ligt 4 u. O. van Maastricht, 1 u. O. van Gulpen. Men telt er in de kom van het d. 110 h. en 580 inw.

De kerk, aan den H. Remigius toegewijd, is een schoon gebouw, met eenen fraai grooten toren, en van een orgel voorzien.

De kermis valt in den eersten Zondag in de maand October.

SIMPELVELDSCHE BEEK (DE), water in het *Land-van-Valkenburg*, prov. *Limburg*, dat zijnen oorsprong neemt in de gem. *Bocholtz*, met eene westelijke rigting de gem. *Simpelveld* doorloopt en zich onder *Gulpen* in de *Geul* ontlast.

SIMPLICITAS of Lebak-Boelos, landg. in *Oost-Indië*, op het *Sundasche* eil. *Java*, resid. *Batavia*, in de *Bataviasche-Ommelanden*, aan den Westerweg. — Op dit landg. is den 27 Maart 1751 de bazaar Gebroek opgerigt.

SIMPLICITÉ (LA), suikerplant in *Nederlands Guiana*, kol. *Suriname*, aan de *Suriname*, ter linkerzijde in het afvaren; palende bovenwaarts aan de verlaten plant Crommenie, benedenwaarts aan de verl. plant. Urapanica-en-Berzeba, 2000 akk. groot; met 87 slaven. De molen wordt door water gedreven. De Negers noemen haar Varenhorson.

SIMPOL, naam, welken men veelal gaf aan den grooten, zwaren toren van het slot *Batestein*, in het *Land-van-Vianen*, prov. *Zuid-Holland*. Zie Batestein.

SIMPSONS-BAAI, een der zeven divisiën van het Nederlandsch kwartier van het *West-Indische* eil. *St. Marten*.

SINABO, voorm. suikerplant. in *Nederlands-Guiana*, kol. *Suriname*, aan de *Commetewane-kreek*, ter regterzijde in het afvaren, palende bovenwaarts aan het Land-van-Nieuwzorg, benedenwaarts aan de voorm. suikerplant. Gelre, met welke zij nu vereenigd de suikerplant. *Gelre-en-Sinabo* uitmaakt. Sinabo alleen was 2742 akk., groot en heette bij de Negers Ganda.

SINAI (DE BERG-), voorm. naam van het klooster Heiligerlee, gelegen in eene streek, welke oudtijds heette *Oosterlee*, prov. *Groningen*.

Op de archivenkamer van Groningen, ligt nog een brief van het jaar 1482 met het conventszegel. Ook zijn aldaar de afdruksels van onderscheidene kloosterzegels en daaronder dat van Heiligerlee. Het randschrift van het langwerpig conventszegel (met veel moeite ontcijferd) is letterlijk: *S. Couentus in asterloo mōte Cynai.*

SINAI (BERG-), verl. plant. in *Nederlandsch-Guiana*, kol. *Suriname*. Zie Tranquilité (La).

SINALANGHANG, gebergte in *Oost-Indië*, op het *Sundasche* eil. *Java*, resid. *Kadoe*, reg. *Magelang*.

SINAMANG (DE), Batang-Sinamang, riv. in *Oost-Indië*, op het *Sundasche* eil. *Sumatra*, gouv. *Sumatra's-Westkust*, resid. *Padangsche-Bovenlanden*. Zij doorloopt het geheele landschap *Rana-lima-poelo*, van het N. W. naar het Z. O.

SINCFALA (DE), welke naam sedert in Singfalliu, Singwallum, Sinkafallum, Sincval, Cincval, Cuicval enz. veranderd of bedorven is, water in *Staats-Vlaanderen*, prov. *Zeeland*.

Het was de zuidelijke tak der *Wester-Schelde* en schoot langs het Oude land van Vlaanderen in de rigting van den Graaf-Jansdijk, nam ten Westen van Aardenburg nog den Budanvliet op, en stortte zich eindelijk, na zich däár, waar thans de stad Sluis ligt, met de zuidelijke tak der Schelde vereenigd te hebben, in zee, zoodat het tegenwoordige Zwin nog een gedeelte van den loop der Sincfala aanwijst, zooals men dan ook dien naam daarvan wil afleiden (1).

SINDANG-BARANG, landg. in *Oost-Indië*, op het *Sundasche* eil. *Java*, ads. res. *Buitenzorg*. — Het is ruim 5100 bund. groot.

SINDANG-KASSI, gouvernements distr. in *Oost-Indië*, op het *Sundasche* eil. *Java*, ads. res. *Krawang*.

SINDANG-KASSIE, distr. in *Oost-Indië*, op het *Sundasche* eil. *Java*, resid. *Cheribon*, reg. *Madja-Lengka*.

SINDANG-LAYA, d. in *Oost-Indië*, op het *Sundasche* eil. *Java*, resid. *Preanger-Regentschappen*, reg. *Bandong*, aan den grooten postweg, 130 palen O. van Batavia, 7 palen O. van Bandong, 237 palen W. van Samarang.

SINDAWANI of Soendawani, oud d. in *Oost-Indië*, op het *Sundasche* eil. *Java*, resid. *Preanger-Regentschappen*, reg. *Sumadang*.

SINDEL, d., prov. *Friesland*, kw. *Zevenwouden*, griet. *Gaasterland*. Zie Sondel.

SINDELDORP, naam, onder welken het d. Zunderdorp, in *Waterland*, prov. *Noord-Holland*, op sommige kaarten wel eens voorkomt. Zie Zunderdorp.

SINDELRA, oud Friesche naam van het d. Sondel, prov. *Friesland*, kw. *Zevenwouden*, griet. *Gaasterland*. Zie Sondel.

SINDEREN of Sinder, geh. op de *Over-Veluwe*, prov. *Gelderland*, arr. en 4 u. N. ten O. van *Arnhem*, kant. en 7 u. ten Z. O. van *Apeldoorn*, gem. en ½ u. O. van *Voorst*.

Men heeft er ook een adell. h. van den zelfden naam. Zie het volgende art.

SINDEREN of Sinder, adell. h. op de *Over-Veluwe*, prov. *Gelderland*, arr. en 4 u. N. ten O. van *Arnhem*, kant. en 7 u. Z. ten O. van *Apeldoorn*, gem. en ½ u. O. van *Voorst*, in het geh. *Sinderen*.

SINDERHOEK, buurs. in het graafs. *Zutphen*, prov. *Gelderland*, distr., arr. en ruim 6 u. Z. O. van *Zutphen*, kant. en ½ u. ten Z. O. van *Ter-Borg*, gem. *Wisch*, ruim 1 u. Z. ten W. van *Varsseveld*, waartoe zij kerkelijk behoort.

Men telt er 56 h. en 420 inw., en heeft er eene kapel, waarin viermalen 's jaars door eenen der Predikanten van Varsseveld dienst wordt gedaan, en welke tevens tot school dient. Deze school wordt gemiddeld door een getal van 150 leerlingen bezocht.

---

(1) Men zie over deze riv. verder J. ab Utrecht Dresselhuis, *de provincie Zeeland, in hare aloude gesteldheid, en geregelde vorming beschouwd*, bl. 76–79.

[illegible] op den *Veluwezoom*, prov. *Gelderland*, distr. [illegible] en gem. *Arnhem*, aan den straatweg naar [illegible]

[illegible] bestaat, behalve uit het heerenhuis en andere ge-[illegible] wel aangelegden voorgrond door een ijzeren ras-[illegible] weg gescheiden, tuin en wandelingen, uit-[illegible] weg. Het beslaat eene oppervlakte [illegible]

[illegible] in *Oost-Indië*, op het *Sundasche* eil. *Java*, [illegible] afd. *Ledok*, gedeeltelijk resid. *Kadoe*, reg. [illegible] en *Lempoeyang*. Hij is 10,000 voet hoog, [illegible] sommigen nog rook uitbraken. [illegible] tot dusverre het grootste verschil in den [illegible] opgeleverd. De Luitenant Heylaerts, die [illegible] 1833 beklom, bevond, dat in den voornacht [illegible] nachts 36° en 44°, en bij den dageraad 26° [illegible] terwijl een tweede thermometer 30° aanwees. [illegible] gelegen meer des morgens ijs ter dikte van [illegible] duim; hij vermoedde, dat het laatste [illegible] was. Het water in een bord was des [illegible] en het ijs een duim dik.

[illegible], resid. *Ternate*, op het eil. *Xoela-Taljabo*.

[illegible] in *Oost-Indië*, op het *Sundasche* eil. *Sumatra*, [illegible] tusschen onze *Benedenlandsche* en *Bovenlandsche* [illegible] Westkust van dit eil. uitmaakt. De hoogste top-[illegible] en de *Singalang*.

[illegible] Singalang, d. in *Oost-Indië*, op het *Sun*-[illegible] gouv. *Sumatra's-Westkust*, ads., res. *Padang*, [illegible] Singalang, 530 ellen boven de oppervlakte der zee. [illegible] September 1834 de bekwame Teekenaar en [illegible] Nederlandsche Natuurkundige commissie in Oost-[illegible]

[illegible] berg in *Oost-Indië*, op het *Sundasche* eil. *Sumatra*. [illegible] toppen van het gebergte *Singalang* en zelfs [illegible] eiland, zijnde 2936 Nederlandsche ellen [illegible] voeten hoog. [illegible] bergschakel getuigt van eene oude, pri-[illegible] formatie bestaat voornamelijk uit sijenitachtig [illegible], op vele plaatsen, overgangskalk is opgelegd. [illegible] eene gemiddelde hoogte van 940 ell. boven [illegible] Zij is zeer ruwhoekig, door vele valleijen en [illegible] gescheurd en alom met groote, digte, oorspron-[illegible] gedekt.

[illegible] in *Oost-Indië*, op het *Sundasche* eil. *Java*, [illegible], reg. *Sumadang*.

[illegible] uitbarsting van den Galoengoeng, welke den [illegible] had, was dit distr. tot den 17 dier maand on-[illegible] ofschoon minder door den lavastroom geteis-[illegible] en ten gevolge van de verstopping der [illegible] overstroomd en in eene onafzienbare zee was [illegible] tusschen de zestig en tachtig menschen, die op [illegible] waren, om den dood in de golven te ontgaan, [illegible] stroom overweldigd en wegge-[illegible] het geweld van den stroom [illegible] van Radja-Polla en Tjiawie waren [illegible] de meesten zeer beschadigd en sommigen geheel vernield. Er waren in dit distr. 55 dorpen, 26 waterleidingen, 1775 tjams padie van 500 pond en 863,490 koffijboomen geheel vernield, 28 waterleidingen, 2234 tjams padie en 825,550 koffijboomen beschadigd, 1528 menschen 48 paarden, 122 koeijen en 321 buffels omgekomen.

SINGARADJA, d. in *Oost-Indië*, op het *Sundasche* eil. *Bali* in het binnenland.

Dit d. was, bij den opstand van 1845, door de muitelingen versterkt, doch werd den 29 Junij van dat jaar door de onzen ingenomen en verbrand.

SINGARADJA, d. in *Oost-Indië*, op het *Sundasche* eil. *Java*, resid. *Cheribon*.

SINGA-YOEDANG, d. in *Oost-Indië*, op het *Sundasche* eil. *Java*, resid. *Soerabaya*.

Den 7 October 1835 ontstond aldaar brand, welke, ten gevolge van eenen fellen oostenwind, in korten tijd, zoodanig toenam, dat meer dan zeventig huizen, onder welke een viertal steenen gebouwen eene prooi der vlammen zijn geworden; terwijl twee menschen bij dit ongeluk het leven verloren.

SINGEL (DE), stuks gronds in den *Bommelerwaard*, prov. *Gelderland*, onder het d. Bruchem, waar men wil, dat vroeger het kasteel der Heeren van Bruchem gestaan heeft.

SINGEN-KIEDOOL, distr. in *Oost-Indië*, op het *Sundasche* eil. *Java*, resid. *Samarang*, reg. *Demak*.

SINGEN-KIEDOOL (BOSCH-VAN-), bosch in *Oost-Indië*, op het *Sundasche* eil. *Java*, resid. *Samarang*, reg. *Demak*, distr. *Singen-Kiedool*. — Het levert overvloed van hout tot allerlei doeleinden op.

SINGEN-KOELON, distr. in *Oost-Indië*, op het *Sundasche* eil. *Java*, resid. en reg. *Samarang*.

SINGEN-LOR, distr. in *Oost-Indië*, op het *Sundasche* eil. *Java*, resid. en reg. *Samarang*.

SINGEN-WETTAN, distr. in *Oost-Indië*, op het *Sundasche* eil. *Java*, resid. en reg. *Samarang*.

SINGINGING, eil. in *Oost-Indië*, in de *Indische-zee*, aan de Oostkust van het eil. Nassau, 3° 5′ Z. B., 117° 41′ O. L.

SINGKALAN, d. in *Oost-Indië*, op het *Sundasche* eil. *Java*, resid. en 29 palen van *Soerabaya*, alwaar het Hoofd der waterleidingen woont.

Dit plaatsje is zeer aangenaam aan den oever van de rivier van Soerabaya gelegen, door groote boomen beschaduwd, en een goed oord voor liefhebbers van de jagt.

SINGKANJAJA, bosch in *Oost-Indië*, op het *Sundasche* eil. *Java*, resid. *Tagal*.

SINGKARA, SINKARA of SIMAUWANG, meer in *Oost-Indië*, op het *Sundasche* eil. *Sumatra*, gouv. *Sumatra's-Westkust*, resid. *Padangsche-Bovenlanden*, 12 m. N. van Padang.

Het is 6 mijlen lang en van 1½ tot 2 mijlen breed, ligt, door een vrij laag gebergte, als in eene kom besloten, en moet eene aanmerkelijke diepte hebben. Rondom het meer zijn eenige dorpen aangenaam gelegen.

SINGKAT, d. in *Oost-Indië*, op het *Sundasche* eil. *Java*, resid. *Kedirie*.

SINGKEB, SINKEP of SINKIP, eil. in *Oost-Indië*, in den *Sundasche-Archipel*, tot de *Riouwsche-eilanden* behoorende, Z. van het eil. Lingga.

Het is rijk aan tin en na Lingga het grootste der groep.

SINGKEL, distr. in *Oost-Indië*, op het *Sundasche* eil. *Sumatra*, in het rijk *Atjeh*, met eene stad van denzelfden naam.

SINGKEL, kaap in *Oost-Indië*, in de *Indische-zee*. Zie Sitoe.

SINGKEL, st. in *Oost-Indië*, op het *Sundasche* eil. *Sumatra*, rijk *Atsjieh*, distr. *Singkel*, 2° 15′ N. B., 115° 48′ O. L., aan eene rivier van den zelfden naam.

Men heeft er eene goede haven, welke echter dikwijls aan de zeeroovers is blootgesteld. Er is handel, ook veel met Poeloe-Banjak, in benzoën, kamfer, peper, stofgoud, tripang, was, rottan en klappernoten. Kustvaartuigen worden gebouwd van het timmerhout, dat langs de rivier uit het binnenland aangevoerd wordt. De Radja schijnt zich sedert lang als onafhankelijk van Atsjeen te handhaven; hij had zich in de zeventiende eeuw vrijwillig aan de Oostindische Maatschappij onderworpen. Men heeft in de nabijheid parelbanken.

SINGKEL (DE), riv. in *Oost-Indië*, op het *Sundasche* eil. *Sumatra*, rijk *Atsjieh*.

Zij ontspringt uit het binnenlandsche gebergte, loopt zuidoostwaarts naar den Oceaan en heeft volgens sommige eene lengte van 80 tot 100 mijlen, neemt onderscheidene rivieren op en is tot zeer verre binnenslands bevaarbaar.

De noordelijke mond der rivier is door eene bank gesloten. De zuidelijke mond, die zich bezuiden den Hoek-van-Singkel in zee ontlast, is breed en heeft, bij vloed, diepte genoeg voor vrij groote schepen; op eene bank, die aldaar van den Noorderwal in zee uitstrekt, gaat eene zware branding.

SINGKEL (DE HOEK-VAN-), kaap in *Oost-Indië*, in de *Indische-Zee*. Zie Sitoe.

SINGKOEAN, st. in *Oost-Indië*, op het *Sundasche* eil. *Sumatra*, aan de Westkust; 1° 12′ N. B., 45° 59′ O. L.

SINGOLOPO, d. in *Oost-Indië*, op het *Sundasche* eil. *Java*, ads. res. *Buitenzorg*, dist. *Tjibaroesa*.

SINGORITTI, d. in *Oost-Indië*, op het *Sundasche* eil. *Java*, resid. *Passaroewang*, reg. *Malang*, 3 palen van Batoe.

Men heeft er eene zwavelbron; verscholen tusschen hooge gebergten, levert het badhuisje aldaar een schilderachtig gezigt op. Daarnevens staat een vervallen klein Braminsch tempeltje, om hetwelk onderscheiden heete bronnenopborrelen, waarvan het water de kracht van versteening bezit.

SINGO-SARIE, d. in *Oost-Indië*, op het *Sundasche* eil. *Java*, resid. *Passaroewang*, reg. *Malang*, aan den dertigsten paal, regts van den weg.

Men vindt hier overblijfselen van een der beroemdste afgodstempelen op Java.

Deze tempel, hier tjoemkoop, dat is bedehuis, geheeten, is 9.41 ell. hoog, vierkant gebouwd en heeft zijnen ingang aan den westkant. In een van de nissen ziet men een beeld zonder hoofd, liggende op den grond. Langs eenige trappen, begeeft men zich naar het midden gedeelte, alwaar men slechts eene ruimte ziet, waarin eenige brokken steen verspreid liggen.

Aan de noordzijde van den tempel was vroeger een gat in den muur gemaakt, door hetwelk men het binnenste van den tempel kon bereiken, doch waarvoor thans steenen gelegd zijn. Men verhaalde, dat daardoor zekere Prinses, dochter van den Prins van Singo-Sarie, Lembou Amijato, die hier door haren vader gevangen was gehouden, gevlugt is. Alle de beelden zijn uit de nissen genomen, slechts vindt men twee kleine wachters voor den tempel.

Van het hoofdgebouw zijn niet meer dan twee groote hoopen steen met loofwerk voorhanden, waarvan de steenen zelve 1.25 tot 1.50 voeten lang en evenredig dik zijn.

De twee groote steenhoopen, welke tusschen de 5.60 en 6.30 ell. hoog zullen geweest zijn, liggen op eenen goeden afstand van elkander en schijnen gediend te hebben, om twee zeer kolossale wachters te schragen, welke daarvan afgevallen zijn. Een van deze kolossale, zeer bezienswaardige, beelden staat voor den noordelijken hoop, was ongeveer 4 ell. hoog, naar evenredigheid breed en uit een stuk gehouwen. Het beeld wordt zittende op zijne hak voorgesteld, de handen, waarin eenig voorwerp schijnt besloten geweest te zijn, rusten op de knieën.

Onder de steenen welke hier gevonden zijn, treft men er zes wel bewaard geblevene van 1.90 tot 2.50 ell. hoog, met kawische letters beschreven, aan.

Zoo uit deze wachters, als uit de in deze streken verspreide hoogten en steenen is op te maken, dat aldaar het voornaamste gebouw moet gelegen zijn geweest. Zuidwaarts in het bosch doordringende, vindt men nog verscheiden vervallen tempels, welke allen met het hoofdgebouw schijnen in verband te hebben gestaan. Op onderscheiden plaatsen, ziet men op den grond bewerkte steenen, met loofwerk en stukken van beelden, die Mahadewa en Doerga voorstellen. Aan een voetpad treft men een der fraaist bewerkte nandis aan, welke men nog van dien aard gezien heeft. Deze stier is 2 ell. lang en in voorstelling zoowel als in uitvoering meesterlijk vervaardigd. Nevens dat beeld vindt men eenen steen, het bovenste gedeelte van Brama voorstellende, mede fraai bewerkt. De zonnewagen met zeven paarden, ligt daar digt bij; het is te bejammeren, dat de hoofden der paarden zijn afgeslagen. Men verzekert dat de inboorlingen zulks gedaan hadden, uit vrees, dat, ingeval de beelden onbeschadigd bleven, die naar de hoofdplaats zouden vervoerd worden. De luwte in dit statig bosch; de plegtige stilte, alleen door het gefluit van eenige vogelen afgebroken; de herinnering aan de tijden, toen deze, thans zoo eenzame, verlaten plaats, het tooneel van beweging en woeling was, brengen den peinzenden bezoeker onwillekeurig in eene zwaarmoedige stemming, en hechten hem tevens onwederstaanbaar lang aan dit oord. Achter het nu verwoeste hoofdgebouw, loopt een klein voetpad naar eene opening welke tot een dorp geleidt, alwaar men de overblijfselen van eenen muur vindt, alsmede een streek hoog land, dat thans beplant is, doch welke alle de sporen van eene vernielde stad dragen. Bij deze tempels zijn vele oude Balische (Chinesche) munten gevonden; in 1829, onder anderen, 4000 stuks.

SINGRAVEN (HET) of Singravе, havez. in *Twenthe*, prov. *Overijssel*, arr. en 4½ u. O. van *Almelo*, kant. en 1½ u. O. ten Z. van *Ootmarsum*, gedeeltelijk gem. en ½ u. Z. W. van *Denekamp*, gedeeltelijk gem. en 2½ u. N. van *Losser*, gedeeltelijk gem. en 2 u. O. ten N. van *Weerselo*, aan den grooten weg van Oldenzaal naar Noordhoorn.

Dit goed aangenaam gelegen aan het riviertje de Dinkel, en rijkelijk voorzien van hoog geboomte, welige bouw- en groenlanden, is van overouden oorsprong. Wanneer en door wien het is gestichτ, kan met geene zekerheid worden bepaald. In de dertiende eeuw werd het bezeten door het adellijk geslacht van Awic, genaamd Singraven, zoo als blijkt uit de *Beitrage zur Geschichte Westphalens* van von Raesf von Bösselscamp.

In 1486 werd daarmede beleend Roelof Hondebeeg, van welken het, in 1494, overgegaan is op zijne dochter Johanna Hondebeeg, gehuwd met Johan van Langen, welke vervolgens, in plaats van zijne echtgenoot, met Singraven beleend werd. In 1506 ontving Frederik van Twickelo het in leen, die het echter in het zelfde jaar overdroeg aan het klooster te Oldenzaal. Op den 26 December 1506 maakte Frederik van Baden, de zes en vijftigste Bisschop van Utrecht, deze overdragt goedkeurende, het Singraven tot een edel, vrij en eigen goed, en onthief het van alle leenregten. Hij legde daarbij aan het voorzeide klooster de verpligting op, om ten eeuwigen dage aan de Bisschoppen te Utrecht jaarlijks op Sint Maartensavond, in den winter, *aan handen van den tijdelijken Rentmeester van Twenthe voor tijnspennink daar uit te reiken vijf overlandsche Rijnsche gulden, goed in golde en zwaar van gewigte.* Voorts werd door voorzeiden Bisschop de vergunning verleend, om het klooster te Oldenzaal, des verkiezende, te verplaatsen naar het Singraven, doch onder voorwaarde, dat de muren der gebouwen, welke te dien einde voor het vervolg op Singraven mogten worden opgerigt, niet dikker wierden gemaakt dan twee en een halve voet (0.78 ell.), om reden, zoo als het heet bij den leenbrief, *dat onzen lande in toekomende tijden geen hinder geschiede.* Het klooster te Oldenzaal maakte echter geen gebruik van de voornoemde vergunning, maar verkocht het Singraven in 1515, ten overstaan van den Drost van Twenthe, Johan van Twickelo tot Bögelscamp, aan Heer Everwijn, Grave *tot Bentheim en Steinfort*, in wiens geslacht het bleef tot in de helft der seventiende eeuw.

Ter eere van de Graven von Bentheim en in de hoop, dat de Overijsselsche domeingoederen in het graafschap Bentheim gelegen, des te beter zouden worden behandeld, hebben Ridderschap en steden, de Staten van Overijssel aan Singraven het regt van havez. en verdere vrijheden geschonken. Graaf Ernst Wilhelm van Bentheim, hiermede nog niet te vreden, verlangde daarenboven volkomene vrijheid van belastingen, en, volgens overleveringen, eenen eigenen gravenbank onder de Overijsselsche Ridderschap. Het weigeren van dat verlangen, zware oneenigheden met het naburige huis Bögelscamp, en eindelijk het aannemen van het R. K. geloof, welks belijders van de beschrijving in de Ridderschap waren uitgesloten, waren de oorzaken, dat Graaf Ernst Wilhelm, den 6 December 1651 het huis Singraven verkocht aan Jonkheer Gerhardt Sloet tot den Oldenhoff, Landrentmeester van Twenthe, en diens echtgenoote Johanna Florentina van Oer, met welke hij, ter zake van dezen verkoop in eene zware en langdurige procedure werd gewikkeld, welke gevoerd werd eerst voor den Landrigter te Ootmarsum Reinhardt von Kloster, en vervolgens in appel of klaringe, en grootendeels in des Graven voordeel werd beslist.

Het goed Singraven bleef aan het geslacht van Sloet tot den jare 1774, als wanneer Marc Antoine le Vasseur de Cagny, Marquis *de Thouars*, daarvan eigenaar is geworden.

Na den dood van dezen, in 1829, werd Singraven door zijne erfgenamen verkocht aan den tegenwoordigen eigenaar, Mr. Johannes Theunis Rossingh Udink, Lid van Gedeputeerde Staten van Overijssel, die het huis aanmerkelijk heeft verfraaid en het goed vergroot, zoodat het, met het naderhand door hem bij gekochte en aan Singraven grenzende goed Hasseveld, beslaat ongeveer 725 bund. grond, bewoond door 52 huisgez.

Vóór de Hervorming stond op deze havez. eene kapel, waarin de bedienaar der vikarij van H. H. Catharina, Agnes en Barbara in de kerk te Denekamp, gehouden was wekelijks eene misse te lezen.

SINGULARITÉ (LA), suikerplant. in *Nederlands Guiana*, kol. *Suriname*, aan de *Beneden-Commewijne*, ter regterzijde in het afvaren;

palende bovenwaarts aan de suikerplant. Zorg-en-Hoop, benedenwaarts aan de koffijplant. Hecht-en-Sterk; 1000 akk. groot; met 133 slaven. De molen wordt door stoom gedreven. — De Negers noemen haar Nové.

SINJAN, d. in *Afrika*, in *Opper-Guinea*, aan de *Goudkust*. Zie BESKOE.

SINJANO, d. in *Afrika*, in *Opper-Guinea*, aan de *Goudkust*, rijk *Assiantee*, land *Agonna*, 1 u. O. van *Berkoe*.

Dit d. voorziet alle forten op de kust van Guinea, van schelpen voor de kalkbranderijen, welke schelpen door de Negers en de Negerinnen, met schepnetten bij het afloopen van het water opgevischt worden.

SINJAY, kleine staat in *Oost-Indië*, op het *Sundasche* eil. *Celebes*, gouv. *Makassar*, afhankelijk van Boni.

SINJOK, oud d. in *Oost-Indië*, op het *Sundasche* eil. *Java*, resid. *Krawang*.

SINKARA, meer in *Oost-Indië*, op het *Sundasche* eil. *Sumatra*. Zie SINGKARA.

SINKEL, distr., st. en riv. in *Oost-Indië*, op het *Sundasche* eil. *Sumatra*. Zie SINGKEL.

SINKEL (HOEK-VAN-), kaap in *Oost-Indië*, in de *Indische-zee*. Zie SIVOE.

SINKIP, eil. in *Oost-Indië*, in den *Sundasche-Archipel*. Zie SINKEP.

SINNEVELDSCHE-POLDER (DE) of DE OUD-SINNIGVELDSCHE-POLDER; thans meer bekend onder den naam van GEMEENSCHAPS-POLDER, pold. in *Amstelland*, prov. *Noord-Holland*, arr. *Amsterdam*, kant. *Weesp*, gedeeltelijk gem. *Diemen-en-Diemerdam*, gedeeltelijk gem. *Muiden-en-Muidenberg*; palende N. aan de trekvaart van Amsterdam op Muiden, O. aan den Bloemendaalsche-polder, Z. aan den Kostverloren-Weipolder, de Hooge-Weipolder en den Boternesse-polder, Z. W. aan den Gaasper-polder, W. aan den Stammerlandsche-polder.

Deze pold. beslaat, volgens het kadaster eene oppervlakte van 740 bund.; als: 604 bund. onder *Diemen-en-Diemerdam* en 136 bund. 1 v. r. 60 v. ell. onder *Muiden-en-Muiderberg*; en telt onder deze laatste gem. 3 boerderijen (1).

SINOUTSKERKE, heerl. op het eil. *Zuid-Beveland*, prov. *Zeeland*, arr. *Goes*, kant. *Heinkenszand*, gem. *'s Heer-Abtskerke-Sinoutskerke-en-Baarsdorp*; palende N. W. aan de heerl. Baarsdorp, N. O. aan de jurisdictie van Goes, O. aan 's Heer-Abtskerke, Z. aan Nisse, W. aan Heinkenszand.

Deze heerl. bevat het d. Sinoutskerke en eenige verstrooid liggende huizen. Zij beslaat, volgens het kadaster, eene oppervlakte van 451 bund. 4 v. r. 41 v. ell. en daaronder 442 bund. 71 v. r. 98 v. ell. belastbaar land. Men telt er 13 h., bewoond door 15 huisgez., uitmakende eene bevolking van 50 inw., die meest in den landbouw hun bestaan vinden, hebbende men er zeer schoon en welig bouwland.

De inw., die er allen Herv. zijn, behooren tot de gem. van *'s Heer-Abts-en-Sinoutskerke*.

Men heeft in deze heerl. eene school, welke gemiddeld door een getal van 30 leerlingen bezocht wordt.

In het jaar 1555 heeft MAXIMILIAAN VAN BOURGONDIË, zijne zuster JACOBA, die met den Heer *van Kruiningen* getrouwd was, bij uitersten

---

(1) Dit art. dient tevens tot verbetering van het, bij gebrek van noodige inlichtingen, zeer onvolledig gebleven art. GEMEENSCHAPS-POLDER.

wille aangesteld tot vrouw van Sinoutskerke, *Ter-Nisse*, *Schoebekerke*, *Duiveland* en *St.-Jansland*. Thans wordt Sinoutskerke in eigendom bezeten door de erven van Cornelis Baron de Perponcher, te 's Gravenhage en elders; Jonkheer Pieter D. van Citters, te Middelburg; Herman de Leeuw van Coolwijk en L. de Fouw Jz., te Goes; de wed. Cornelis van Citters, te Heinskenszand, en Mr. Martinus Pieter Blaauwbeen, te Goes.

Het d. Sinoutskerke, eigenlijk Heer-Sinoutskerke, ligt 1 u. Z. Z. W. van Goes, ½ u. O. ten N. van Heinkenszand, ¼ u. W. ten N. van 's Heer-Abtskerke. Het is een geringe plaats, die des winters meest door water omringd is. Men telt er in de kom van het d. 9 h. en ongeveer 40 inw.

De kerk is een redelijk groot gebouw, waarvan echter alleen het oostelijk gedeelte gebruikt wordt, makende dit nu eene nette kerk uit. Zij heeft eenen spitsen toren, doch is van geen orgel voorzien. Aan den koepel van het ongebruikte of westelijke gedeelte der kerk, vindt men nog een tiental vrij groote geschilderde beelden, als herinneringen aan den vorige eeredienst.

SINTANG of Santang, staat in *Oost-Indië*, op het *Sundasche* eil. *Borneo*, aan de Westkust, gouv. en O. van *Pontianak*.

SINTANG (DE), riv. in *Oost-Indië*, op het *Sundasche* eil. *Borneo*, gouv. *Pontianak*. Zij is eene der monden van de Pontianak. Zie voorts dat woord.

SINT-ANNA-TER-MUIDEN, d. in *Staats-Vlaanderen*, prov. *Zeeland*. Zie Anna-ter-Muiden (St.) en Muide (Stad van der) (1).

SINTOEDOE, groep eilanden in *Oost-Indië*, tot de *Kleine-Sunda-eilanden* behoorende.

SJOEPAN, st. in *Oost-Indië*, op het *Sundasche* eil. *Madura*, rijk *Sumanap*.

SJOERDA, voorm. state, prov. *Friesland*, kw. *Oostergoo*, griet. *Oost-Dongeradeel*, arr. en 6 u. N. O. van *Leeuwarden*, kant. en 2 u. N. O. van *Dockum*, ¼ u. N. W. van *Lioessens*, waartoe zij behoorde.

SJOERDA of Sijoerda, voorm. stins, prov. *Friesland*, kw. *Oostergoo*, griet. *Kollumerland-en-Nieuw-Kruisland*, arr. en 5 u. O. N. O. van *Leeuwarden*, kant. en 2½ u. Z. O. van *Dockum*, ½ u. W. Z. W. van *Kollum*, waartoe zij behoorde.

SJOERDA, voorm. state, prov. *Friesland*, kw. *Oostergoo*, griet. *Tietjerksteradeel*, arr. en 1½ u. N. O. van *Leeuwarden*, kant. en 2½ u. N. W. van *Bergum*, niet ver van *Giekerk*, waartoe zij behoorde. — Ter plaatse, waar zij gestaan heeft ziet men thans eene buitenplaats.

SJOERDA-SLOOT, water, prov. *Friesland*, op de grenzen der griet. *Rauwerderhem* en *Wymbritseradeel*, loopende in eene Z. O. rigting ten Z. van Sybrandaburen naar den Hemdijk en door eene zijl in het Sneekermeer.

SJOESWERD, wierde of heuvel in het *Westerkwartier*, prov. *Groningen*, gem. en 1 u. O. ten Z. van *Ezinge*, 30 min. Z. Z. W. van *Garnwerd*, W. van het *Aduarderdiep*.

Zij is 4.8 ell. hoog, en beslaat eene oppervlakte van 3 bund. 17 v. r. 40 v. ell.

SIOMBEL, oud d. in *Oost-Indie*, op het *Sundasche* eil. *Java*, resid. *Rembang*.

---

(1) Evenzoo zoek. men alle de met Sint beginnende artikelen, welke hier niet gevonden worden, op de woorden van onderscheiding.

SION, voorm. kloost. te *Beverwijk*, prov. *Noord-Holland*. Zie MARIA'S-KONVENT.

SION, voorm. kloost. bij *Rijswijk*, in *Delfland*, prov. *Zuid-Holland*, Dit kloost., waarin de beroemde ERASMUS van Rotterdam zijne eerste school gehad heeft, schijnt reeds in het jaar 1438 in aanzien te zijn geweest, blijkens zekeren brief van 6 Augustus van dat jaar, gegeven door WALRAVEN VAN MEURS, die, na het overlijden van ZWEDER VAN CULENBORG, den twee en vijftigsten Bisschop van Utrecht, door een gedeelte der Kanunniken tot Bisschop benoemd was.

Den 30 Januarij 1544, des avonds tusschen 6 en 7 ure, is het door een Priester van Schoonhoven in brand gestoken; daarna weder opgebouwd zijnde, is het op bevel van de Regering van Delft verbrand en gesloopt, uit vrees dat de Spanjaarden zich daarin mogten verbergen.

Ter plaatse waar dit kloost. gestaan heeft, ziet men thans eene buitenplaats mede SION geheeten. Zie het volgende art.

SION, buitenpl. in *Delfland*, prov. *Zuid-Holland*, arr. en 1 u. Z. O. van *'s Gravenhage*, kant. en 1 u. Z. van *Voorburg*, gem. en ¼ u. Z. O. van *Rijswijk*.

Deze buit. in het jaar 1507 aangelegd, ter plaatse waar vroeger het klooster SION gestaan had, is in het zelfde jaar weder afgebrand, doch daarna met meer pracht herbouwd. Men meent, dat zij aangelegd is, ter plaatse waar de gebroeders MARCUS AURELIUS de Philosooph en L. COMODUS VERUS een landhoeve zouden hebben gehad, om redenen, dat daar ter plaatse een marmeren pilaar is opgegraven, waarop het volgende omschrift stond:

IMP. CAES
M. AUREL. ANTO.
NINO AUG. PONT.
COS. III ET.
IMP. CAES.
L. COM. VERO AUG.
FR. PONT. II. COS. II.
A. M. A. E. C.
M. P. XII.

Niet lang voor het einde der vorige eeuw, werd in den boomgaard, aan de westzijde een grafzerk gevonden, waarop te lezen stond: **In het jaar 1479. 28 dagen in Februarij / stierf Heer Jacob Dirkzoon van Leyden / God heb zijn ziel.** Midden op den zerk stond uitgehouwen, een kelk tusschen twee pullen, en een rondeeltjen, waaronder, op een wimpeltje, bij verkorting deze woorden te lezen stonden: **Orate pro me homines** (d. i. Menschen bidt voor mij).

SION, voorm. kloost. te *Doetinchem*, prov. *Gelderland*. Het stond eerst binnen de stad, waar het nog in 1444 aanwezig was; maar heeft zijne uitbreiding onder den stadsban gekregen. Het stond onder de bescherming van de H. H. ANTONIUS en AGNES.

IJSBRAND VAN WIERINGE, Proost van Bethlehem, had in eenen brief verlof gegeven, om in dit klooster eene kapel te timmeren, welke vergunning door WALRAVEN VAN MEURS, die, na het overlijden van ZWEDER VAN CULENBORG, door diens aanhangelingen tot Bisschop van Utrecht verkozen was, in het jaar 1439, goedgekeurd is. In den zelfden brief wordt JOHANNA, weduwe van GERAARD VAN HEKEREN, de stichtster van dit klooster genoemd. De eerste inwoonsters, waren aan geene kloostergeloften gebonden, maar hebben nog in het jaar 1444, onder de bestiering van de

Broeders of Klerken van het gemeene leven gestaan, en de oefeningen van het kloosterlijk leven behartigd, want in het gemelde jaar wordt Broeder REINIER VAN NEER, als haar Proost en Biechtvader vermeld. Doch naderhand hebben zij zich onder den regel van den H. AUGUSTINUS begeven, en is het gebruik van kloostergeloften bij haar ingevoerd, zoo dat zij Reguliere Kanonnikkessen geworden zijn Buiten de stad is er nog eenig vervallen muurwerk van overig.

SION, voorm. kloost., prov. *Friesland*, kw. *Oostergoo*, griet. *Oost-Dongeradeel*, even ten W. van Nijewier.

Dit klooster, hetwelk later ONZE LIEVE VROUW TEN BERGE genoemd werd, was bewoond door Monniken van de Premonstratenser orde. Het werd in het jaar 1560 afgebroken.

SION (DE BERG-), voorm. kloost. op het eil. *Schouwen*, prov. *Zeeland*. Zie ZION.

SIONGADIJK, b., prov. *Friesland*, kw. *Westergoo*, griet. *Wonseradeel*. Zie SIJUNGADIJK.

SION-POLDER, pold. in het *Eiland-van-Dordrecht*, prov. *Zuid-Holland*. Zie DORDRECHT (SION-POLDER-VAN-).

SIONS, geh., prov. *Friesland*, kw. *Westergoo*, griet. *Hennaarderadeel*. Zie SIJONS.

SIONSBERG, voorm. uithof van het Premonstratenser-Nonnenklooster *Sion*, prov. *Friesland*, kw. *Oostergoo*, griet. *Dantumadeel*, ½ u. O. Z. O. van *Dockum*.

Voor dezen werd hier jaarlijks op Palmzondag met veel plegtigheden een Mariabeeld, van was gemaakt, omgedragen, met zulk eenen toeloop van menschen, dat te Dockum naauwelijks bier of brood te bekomen was. Te gelijkertijd werd dan aan de Heilige Maagd was en vlas geofferd, waaruit het spreekwoord ontstond: » de Lieve Vrouwe van ten Berge heeft alzoo lief vlas als garen." In later tijd werd dit heiligdom in eene boerenplaats herschapen, die nog heden SIONSBERG of DE BERG-PLAATS wordt genoemd. Zij beslaat eene oppervlakte van 48 bund. 80 v. ell., en wordt in eigendom bezeten door Mejufvrouw A. C. DE VRIES, woonachtig te Dockum.

SIORDA, voorm. stat., prov. *Friesland*, kw. *Oostergoo*, griet. *Kollumerland-en-Nieuw-Kruisland*. Zie SJORDA.

SJOUKESLOOT, water, prov. *Friesland*, kw. *Zevenwouden*, dat in de grietenij *Utingeradeel*, te *Oldeboorn*, uit de Boorn voorkomt, eerst met eene oostelijke rigting achter dit dorp heen loopt, vervolgens, eene noordelijke en dan weder eene oostelijke strekking aannemende, tot bij Poppenhuizen voortloopt. Van hier vliet het met eene noordoostelijke rigting naar Warniahuizen; aldaar, weder een noordelijke rigting aannemende, scheidt het *Utingeradeel* van *Smallingerland*, en ontlast zich daar in de *Kromme-Ee*.

SIPA of SEPA, d. in *Oost-Indië*, in den *Moluksche-Archipel*, op het *Ambonsche* eil. *Ceram*, op de Zuidkust van *Groot-Ceram*, aan de bogt van *Haja*.

SIPADAWA, oud d. in *Oost-Indië*, op het *Sundasche* eil. *Java*, ads. resid. *Krawang*.

SIPANAHI, oud d. in *Oost-Indië*, op het *Sundasche* eil. *Java*, resid. *Preanger-Regentschappen*, reg. *Soekapoera*.

SIPANGOU, eil. in *Oost-Indië*, in de *Zee-van-Celebes*, aan d. Oostkust van *Borneo*; 4° 25′ N. B., 136° 8′ O. L. Het is 2 u. lang.

SIPANPAMLANG; oud. d. in *Oost-Indië*, op het *Sundasche* eil. *Java*, resid. *Djapara*, ads. res. *Djawana*.

SIPARAN, eil. in *Oost-Indië*, in de *Zee-van-Celebes*, aan de Noordoostkust van het eil. *Borneo*, nabij het eil. Gadja.

SIPARIBOBO, verl. suikerplant. in *Nederlands-Guiana*, kol. *Suriname*, aan de *Boven-Commewijne*, ter linkerzijde in het afvaren; palende bovenwaarts aan de suikerplant. Nieuwhoop, benedenwaarts aan de suikerplant. Carnawappibo, 2911 akk. groot. De Negers noemen haar Marika.

SIPARIBOBO (LAND VAN), verl. kostgr. in *Nederlands-Guiana*, kol. *Suriname*, aan de *Boven-Commewijne*, ter regterzijde in het afvaren; palende bovenwaarts aan de suikerplant. Arends-rust, benedenwaarts aan de suikerplant. Penoribo; 1034 akk. groot.

SIPAT, bosch in *Oost-Indië*, op het *Sundasche* eil. *Java*, resid. *Tagal*.

SIPATJAR, vogelnestklip in *Oost-Indië*, op het *Sundasche* eil. *Java*, resid. *Passaroewang*, in de *Koelang-Galas*.

SIPEL, rots in *Oost-Indië*, op het *Moluksche* eil. *Amboina*, nabij het d. Thealaä.

SIPINANG, distr. in *Oost-Indië*, op het *Sundasche* eil. *Sumatra*, gouv. *Sumatra's-Westkust*, resid. *Padangsche-Bovenlanden*.

SIPKELO, buurs. in *Zalland*, prov. *Overijssel*. Zie Sibculo.

SIPKEMEER, meer, prov. *Friesland*, kw. *Westergoo*, griet. *Wymbritseradeel*, 1½ u. N. W. van *Oudega*, ten Z. met de *Oudegaster-Brekken*, O. met het *Riedmeer* en W. met de *Vliet* in verbinding staande.

SIPOETI, oud d. in *Oost-Indië*, op het *Sundasche* eil. *Java*, resid. *Cheribon*, adsi. res. *Indramayoe*.

SIPOTTEN, bosch in *Oost-Indië*, op het *Sundasche* eil. *Java*, resid. *Tagal*.

SIPPENS, geh., prov. *Friesland*, kw. *Westergoo*, griet. *Hennaarderadeel*, arr. en 2 u. N. W. van *Sneek*, kant. en 1½ u. N. O. van *Bolsward*, ¼ u. Z. W. van *Wommels*, waartoe het behoort; met 2 h. en 13 inw.

SIRADJOE (DE) of de Siratoe, riv. in *Oost-Indië*, op het *Sundasche* eil. *Java*. Zie Seratoe.

SIRA-GALOE, baai in *Oost-Indië*, in de *Indische-zee*, aan de Zuidkust van het *Sundasche* eil. *Java*, resid. *Preanger-Regentschappen*, aan de Westelijke kant van den hoek Pamanboera, tusschen de kust Tjikomboelan, en die van Noesa-Rembangan gelegen. Zij wordt door het eilandje Noesawoeh tegen den zuidewind beveiligd, en biedt aan de visscherspraauwen eene goede schuilplaats aan. De breedte bedraagt 1½ mijl, de diepte is niet juist bekend, soodat het twijfelachtig is, of deze baai of kreek schepen zoude kunnen opnemen.

SIRANG, reg., afd., distr., onderdistr. en stad in *Oost-Indië*, op het *Sundasche* eil. *Java*, resid. *Batam*. Zie Serang.

SIR-BOUDIJNSKERKE, oude naam van de heerl. Boudewijnskerke, op het eil. *Walcheren*, prov. *Zeeland*. Zie Boudewijnskerke.

SIREMALA, oud d. in *Oost-Indië*, in den *Moluksche-Archipel*, op het *Ambonsche* eil. *Ceram*, aan de Zuidkust van *Groot-Ceram*.

SIRESEK, d. in *Oost-Indië*, op het *Sundasche* eil. *Java*, resid. *Kadoe*, aan de Progo, niet ver van het Zuider strand.

SIRHELSDORP, gemeenlijk Sierelsdorp genoemd, geh. op het eil. *Zuid-Beveland*, prov. *Zeeland*, distr., arr., kant. en ½ u. O. van *Goes*, gem. en ½ u. N. ten W. van *Kloetinge*.

SIR-JANSLAND, naam, welken men gemeenlijk geeft aan de heerl. en het d. 's Heer-Jansland, op het eil. *Duiveland*, prov. *Zeeland*. Zie Heer-Jansland ('s).

SIRIP, geh. op het eil. *Ter-Schelling*, prov. *Noord-Holland*. Zie Sexbalp.

SIRI-SORI, d. in *Oost-Indië*, op het *Ambonsche* eil. *Honimoa*, een der *Uliassers*.

Het bestaat in twee afdeelingen Siri-Sori Serani en Siri-Sori-Isalama, waarvan het eerste door Christenen, zoo als ook het woord *Serani* aanduidt en het laatste door Mohhammedanen, gelijk uit het woord *Islam* blijkt, bewoond wordt. Men telt er 1000 inw. Zie de beide volgende artikelen.

SIRI-SORI-ISALAMA, afdeeling van het d. Siri-Sori, in *Oost-Indië*, op het *Ambonsche* eil. *Saparoea*, een der *Uliassers*.

Het is bewoond door vier honderd Mohhammedaansche ingezetenen, welke onder eenen Mohhammedaansche Orang-kaja staan.

SIRI-SORI-SERANI, afd. van het d. Siri-Sori, in *Oost-Indië*, op het *Ambonsche* eil. *Saparoea*, een der *Uliassers*.

Het is bewoond door zes honderd Christen ingezetenen, die onder een Christen Radja staan.

Siri-Sori-Serani bezit eene fraaije ruime kerk, waar men een aantal grafzerken van vroegere Radjas, met hunne wapens en grafschriften daarin gebeiteld, opmerkt. Voor de kerk staat eene ongemeen groote balibali of vergaderzaal voor de Hoofden en Oudsten (Orang-Toea) des volks. Dit gebouw schijnt in verval geraakt te zijn. Ook is hier eene school, die niet groot is, hoewel men er niet minder dan honderd vijftig scholieren telt.

SIRMADA, oud d. in *Oost-Indië*, op het *Sundasche* eil. *Java*, resid. *Krawang*, dist. *Pamanoekan*.

SIRMEI of Tjiaboa, berg in *Oost-Indië*, op het *Sundasche* eil. *Java*, resid. *Krawang*.

SIRO of Seroewa, eil. in *Oost-Indië*, tot de *Zuidooster-eilanden-van-Banda* behoorende, 18 m. N. van Babber, op een rif, dat zich rondom het eil. wel 1 m. buiten den wal uitstrekt, en aan welks noordkust men kan ankeren 6° 12′ Z. B., 148° 2′ O. L. Het eiland is bijna rond, 4 m. lang en omtrent even zoo breed. Ten W. liggen nog twee kleine eilanden.

SIRONDO, d. in *Oost-Indië*, op het *Sundasche* eil. *Java*, resid. *Preanger-Regentschappen*, reg. *Sumedang*, lands. *Selagadon*.

SIR-PAULS-POLDER, d. in *Staats-Vlaanderen*, prov. *Zeeland*. Zie Paulus-polder.

SIR-POPPEKERKE, d., op het eil. *Walcheren*, prov. *Zeeland*. Zie Poppekerke.

SIRTEMA, oude naam van de voorm. stins Groevestins, te *Englum*, prov. *Friesland*, kw. *Westergoo*, griet. *Menaldumadeel*. Zie Groevestins.

SIRXMA, voorm. state, prov. *Friesland*, kw. *Oostergoo*. Zie Sierckema.

SISAR, Tandjong-Sisar of Tandjong-Sisor, kaap in *Oost-Indië*, in de *Chinesche-zee*, aan de Noordwestkust van het *Sundasche* eil. *Borneo*, rijk *Borneo-Proper*; 3° 60′ N. B., 130° 6′ O. L.

SISBOELOE, oud d. in *Oost-Indië*. Zie Koboloewe.

SISODOL, oud. d. in *Oost-Indië*, op het *Sundasche* eil. *Java*, resid. *Preanger-Regentschappen*, reg. *Soekapoera*, lands. *Pondajang*.

SISOEBANG, oud. d. in *Oost-Indië*, op het *Sundasche* eil. *Java*, resid. *Preanger-Regentschappen*, reg. *Soekapoera*, lands. *Pondajang*.

SISSENAROE, d. in *Oost-Indië*, op het *Ambonsche* eil. *Ceram*, onder den Radja van Sohomi-it staande.

SITANOE, vogelnestklip in *Oost-Indië*, op het *Sundasche* eil. *Java*, resid. *Passaroewang*, in de *Sie-Batok*.

SITIO, buit. in het *Overkwartier* der prov. *Utrecht*, arr. en 3 u. Z. van *Amersfoort*, kant. en 1¼ u. N. van *Wijk-bij-Duurstede*, gem. en 1 min. ten Z. van *Doorn*.

Dit buitenhuis maakt een gedeelte uit van de buitenplaats Schoonoord, waarvan het vroeger een jagthuis was, maar later is het tot een buitenhuis ingerigt dat, met de daartoe behoorende gronden, eene oppervlakte beslaat van ongeveer 1 bund., en in eigendom bezeten wordt door den Heer ANDRIES CORNELIS WILLEM MUNTER VAN SLEEBURG, woonachtig te Doorn.

SITLUM, voorm. stat., prov. *Friesland*, kw. *Westergoo*, griet. *Franekeradeel*, arr. en 4 u. W. Z. W. van *Leeuwarden*, kant. en 1¼ u. O. Z. O. van *Harlingen*, ¼ u. W. ten Z. van *Tjum*, waartoe zij behoorde. — De plaats, waar zij gestaan heeft, is thans niet meer te vinden.

SITOE of SINGKEL, kaap in *Oost-Indië*, in de *Indische-zee*, aan de Westkust van het *Sundasche* eil. *Sumatra*, rijk *Atsjich*, dist. *Singkel*; 2° 12′ N. B.

SITOE, oud d. in *Oost-Indië*, op het *Sundasche* eil. *Java*, resid. *Krawang*, dist. *Tjiassem*.

SITONDA, eil. in *Oost-Indië*, in den *Sundaschen-Archipel*, in de *Zee-van-Flores*, aan de Noordkust van *Sumbawa*.

SITTARD, kant., prov. *Limburg*, arr. *Maastricht*; palende N. aan het kant. Roermonde, O. aan de Pruisische prov. Rijnland, Z. aan de kant. Heerlen en Meerssen, W. aan de Maas, die het van de Belgische prov. Limburg scheidt.

Dit kant. bevat de volgende 20 gem.: Sittard, Amstenrade, Bingelrade, Born, Broek-Sittard, Brunssum, Geleen, Grevenbicht, Jabeek, Limbricht, Merkelbeek, Munstergeleen, Nieuwstadt, Obbicht-en-Papenhoven, Oirsbeek, Schinnen, Schinveld, Spaubeek, Susteren en Urmond.

Het beslaat, volgens het kadaster, eene oppervlakte van 17,002 bund., waaronder 16,261 bund. belastbaar land; telt 4206 h., bewoond door 4435 huisgez., uitmakende eene bevolking van 23,200 inw., die meest hun bestaan vinden in den landbouw en veeteelt.

SITTARD, dek., in het apost. vik. van *Limburg*, bestaande uit de volgende 18 pastorijen: Sittard, Berg, Born, Broek-Sittard, Bruchten, Dieteren, Holtum, Limbricht, Munster-Geleen, Nieuwstadt, Obbicht, Papenhoven, Susteren en Urmond. Men telt er 14 kerken en 4 bijkerken, als: eene te Einighausen, eene te Grevenbicht, eene te Guttekoven en die van St.-Dominicus-te-Sittard en eene kapel, zijnde de kapel van St.-Michiel-te-Sittard, welke gezamenlijk bediend worden door 14 Pastoors eenen Rector en 9 Kapellanen. Men telt er ruim 13,000 zielen en ruim 10,000 Communikanten.

SITTARD, gem. voorheen tot het hert. *Gulick* behoord hebbende, thans prov. *Limburg*, arr. *Maastricht*, kant. *Sittard* (9 m. k., 2 s. d.); palende N. aan Limbricht en Nieuwstadt, O. aan Broek Sittard, Z. aan Munster-Geleen, W. aan Urmond.

Deze gem. bevat de st. Sittard, benevens de geh. Leijenbroek, Ophoven, Overhoven, Stadsbroek, en Voorstad. Zij beslaat, volgens het kadaster, eene oppervlakte van 2000 bund.

waaronder 1950 bund., belastbaar land. Men telt er 650 h., bewoond door 800 huisgez., uitmakende eene bevolking van 4200 inw., die meest in den handel in manufacturen en koloniale waren, benevens den landbouw, veeteelt en kousenweverij hun bestaan vinden. De handel in eijeren is er uitgebreider dan in eenige andere stad van ons rijk. Voorts heeft men er 4 looijerijen, 4 water-korenmolens, 1 water-oliemolen, 2 hoedenfabrijken, 6 bierbrouwerijen en 3 jeneverstokerijen. Vroeger had men er nog 2 lakenfabrijken en 7 hoedenfabrijken doch deze hebben opgehouden te bestaan.

De Roomsch-Katholijken, die er 3900 in getal zijn, onder welke 3060 Communikanten, maken eene past. uit, welke tot het vic. apost. van *Limburg*, dek. van *Sittard*, behoort. Deze pastorij heeft twee kerken en eene kapel, welke door eenen Pastoor, eenen Rector en eenen Kapellaan bediend wordt.

De Hervormden, van welke men er 70 aantreft, maken met die uit de naburige gem. eene kerkelijke gem. uit, welke tot de klass. van *Maastricht*, ring. van *Heerlen*, behoort, 80 zielen en 60 Ledematen telt. De eerste, die in deze gem. het leeraarambt heeft waargenomen, is geweest Paulus Chimawhaus, die in het jaar 1556 herwaarts kwam. Het beroep is eene koninklijke collatie.

De Israeliten, die er 140 in getal zijn, maken eene ringsyn. uit, welke tot het synagogaal-ressort van *Maastricht* behoort, en door eenen Voorlezer bediend wordt.

Men heeft in deze gem. drie scholen, alle drie binnen de stad, welke gezamenlijk gemiddeld door een getal van 530 leerlingen bezocht worden.

De stad Sittard of Sitteat ligt 4 u. N. O. van Maastricht, 5 u. Z. van Roermond, aan de Geleen en op den straatweg van Maastricht naar Roermond; 50° 59′ 56″ N. B., 23° 32′ 51″ O. L.

Het is eene zeer oude plaats. In de negende eeuw moet het reeds een kerkdorp of parochie, onder het bewind van Koning Swentibold (Sondebbout) geweest zijn, en in het jaar 1000 behoorde het tot het gebied van den Hertog van Limburg. Walram, Graaf van *Monjoie*, en Hendrik, Vorst van *Limburg*, verhieven het, in 1248, tot een vlek. Eenige jaren later was het reeds eene stad met forten, muren, wallen en grachten omgeven. De acht forten heetten, Collenberg, Steenenmuurtje, La Cats, Louis, Picard, Lalanca, Monpa en Ehrenbreitstein. In het jaar 1676, zijn echter de vestingwerken geslecht en de forten, muren en poorten afgebroken. Eenige overblijfselen daarvan bestonden nog tot in het jaar 1691, doch thans zijn die geheel verdwenen, zoo dat Sittard nu eene open stad is, die binnen hare muren 400 h. en 2000 inw. telt.

Het Stadhuis op de *Oudemarkt*, is een gewoon gebouw.

De Gevangenis, op de *Oudemarkt*, is een doelmatig ingerigt gebouw, dat echter niets merkwaardigs bevat.

De Roomsch-Katholijke kerk, aan den H. Petrus toegewijd, was vroeger de collegiale en is thans de parochiekerk. Het is een kruisgebouw, met altaren, een orgel en eenen buitengemeen fraaijen toren, welke 100 Ned. ellen hoog, en om zijne regelmatige bouworde merkwaardig is, waardoor hij de opmerking van elken vreemdeling tot zich trekt; in deze kerk wordt de dienst door eenen Pastoor en twee Kapellanen waargenomen.

De kerk van het voormalige klooster der Dominikanen, op de *Markt*, aan den H. Michiel toegewijd, is een fraai gebouw, met een klein torentje en van een orgel voorzien. De Geestelijke, die de dienst in deze kerk verrigt, heeft den titel van Rector.

De gewezen Beggijnen kerk, in de *Plak-straat*, aan de H. Begga toegewijd, is een fraai gebouw, met een klein torentje, doch zonder orgel. Zij wordt in de week bediend door de Geestelijken der stad, ten dienste van de stads schoolkinderen.

Vóór de jaren 1798, hadden de R. K. hier ook een klooster van Dominikaner Monniken, waarvan de gebouwen thans dienen tot Raadhuis en een van Urseliner-Nonnen, hetwelk tegenwoordig is ingerigt tot eene Jongeheeren kostschool.

De Hervormde kerk, in de *Guiserstraat*, welke in het jaar 1637 gebouwd is, is een klein doch net gebouw, met een klein torentje en van een orgel voorzien.

De Synagoge, in de *Meelebokstraat*, is een gewoon huis.

De scholen, welke te Sittard gevonden worden, zijn een collegie pensionaat voor Jongeheeren, met 60 leerlingen; een Ursulinen-pensionaat voor Jongejufvrouwen, met 50 leerlingen, welk gesticht eene eigen huiskapel heeft, en eene Stadschool voor de Burger- en Armenkinderen, welke door ruim 420 kinderen bezocht wordt.

De kermis te Sittard valt in Zondag na het octaaf van het H. Sacrament en den laatsten Zondag van Augustus. De weekmarkt wordt des Donderdags gehouden.

Sittard is de geboorteplaats van F. Gall, Hoogleeraar in de Geneeskunde.

Sittard werd, in 1300, door Jan II, Hertog *van Limburg*, ten deele verwoest. Achttien jaren later ging het, na een beleg van tien dagen, aan Johann III, Hertog *van Braband*, bij verdrag over.

In het jaar 1400, werd Sittard door Jan, Jonggrave *van Salm*, aan Willem I, Hertog *van Gelre*, verkocht.

In 1540 werd het door brand verwoest, en in 1572 door Johann Willem, Hertog *van Gulik*, herbouwd. Frederik Hendrik, Prins *van Oranje*, had deze stad, den 8 Junij 1632, naauwelijks opgeëischt of het gaf zich aan hem over.

In 1677 is Sittard door de Franschen in brand gestoken, en het stadhuis met bijna alle de huizen afgebrand.

In 1841 ontdekte men een kwartier uurs van deze stad, te Broek-Sittard, eene Romeinsche houten brug, om van daar over het moeras naar Tudder te kunnen komen, waar men heden nog Romeinsche oudheden, als urnen, lansen enz., uitgraaft.

Sedert vijf en twintig jaren is de Graatheide, ½ uur ten Westen en Noordwesten van hier gelegen, groot 6000 bunders, gedeeltelijk aan deze gem. behoorende, geheel tot bouwland gemaakt.

Het wapen dezer gem. bestaat uit acht slangekoppen met eene kroon.

SITTARD (BROEK-), gem. en d., voorheen tot het hert. *Gulick* behoord hebbende, thans prov. *Limburg*. Zie Broek-Sittard.

SITTENS of Stittens, b., prov. *Friesland*, kw. *Westergoo*, griet. *Hennaarderadeel*, arr. en 2 u. N. ten W. van *Sneek*, kant. en 2 u. N. O. ten O. van *Bolsward*, 5 min. N. van *Oosterend*, waartoe het behoort, dat somtijds weleens als geh. voorkomt.

SITTERT of Sitterd, bij het kadaster Zittard, geh. in de *Meijerij van 's Hertogenbosch*, kw. *Kempenland*, prov. *Noord-Braband*, *Derde* distr., arr., kant. en 1½ u. Z. W. ten W. van *Eindhoven*, gem. en 12 min. Z. ten W. van *Oerle*; met 10 h. en 60 inw.

SIWARAH, distr. in *Oost-Indië*, op het *Sundasche* eil. *Java*, resid. *Kediri*, reg. *Berbek*.

S[illegible]KEMA of S[illegible], voorm. state, prov. *Friesland*, kw. *Oostergoo*, griet. *Oost-Dongeradeel*, arr. en 4¾ u. N. O. van *Leeuwarden*, kant. en ½ u. O. van *Dockum*, onder Oostrum.

S[illegible]GABUIJK, h., prov. *Friesland*, kw. *Westergoo*, griet. *Wonseradeel*. Zie S[illegible].

S[illegible]KEMA, voorm. state, prov. *Friesland*, kw. *Oostergoo*, griet. *West-Dongeradeel*, arr. en 5 u. N. O. van *Leeuwarden*, kant. en ½ u. Z. O. van *Holwerd*, N. W. van Waaxens.

Ter plaatse, waar zij gestaan heeft, ziet men thans eene boerderij, voor welke de oude poort der state nog staat.

SIWALON, Poeloe-Siwalon, eil. in *Oost-Indië*, in de *Zee-van-Java*, aan de Noordkust van het *Sundasche* eil. *Java*, tot de resid. *Samarang* behoorende.

SIWANGAN, d. in *Oost-Indië*, op het *Sundasche* eil. *Java*, resid. *Kadoe*, reg. *Magelang*.

SIWAR; oud d. in *Oost-Indië*, resid. *Amboina*, op het *Ambonsche* eil. *Amblau*, aan den Zuidwestkant, op eenen smallen klippigen hoek, welke van verre een bijzonder eiland gelijkt.

SIXBIERUM, d., prov. *Friesland*, griet. *Barradeel*. Zie Sexbierum.

SIXMA, voorm. state, prov. *Friesland*, kant. *Oostergoo*, gem. *Leeuwarden*. Zie Siebcksma.

SIXMA, voorm. state, prov. *Friesland*, kw. *Oostergoo*, griet. *Rauwerderhem*, arr. en 3¾ u. Z. Z. W. van *Leeuwarden*, kant. en ¾ u. Z. W. van *Rauwerd*, 5 min. W. van *Terzool*, waartoe zij behoorde.

SIXMA, voorm. state, prov. *Friesland*, kw. *Oostergoo*, griet. *Tietjerksteradeel*, arr. en 3 u. Z. O. van *Leeuwarden*, kant. en 1 u. Z. W. van *Bergum*, ¼ u. N. W. van *Garijp*, waartoe zij behoord had.

Deze state was reeds in het jaar 1622 weggebroken.

Een der beide voorgaande staten was het stamhuis van het adell. geslacht Sixma, waarvan onder anderen afstamde de bekwame Staatsman Tjalling Aebo Hessel Rooarda van Sixma, Burgemeester van Staveren, die, in het midden der vorige eeuw, de voornaamste staatsambten en commissiën met lof van wijsheid bekleedde en in 1776 als Lid van de Vergadering der Staten Generaal overleed; terwijl hij ook als Curator van de Akademie te Franeker zich had beroemd gemaakt door het bevorderen van geleerdheid en gematigdheid in Godgeleerde zaken (1).

SIXMA of Sixma-van-Andla, voorm. state, prov. *Friesland*, kw. *Westergoo*, griet. *Barradeel*, arr. en 3¼ u. W. N. W. van *Leeuwarden*, kant. en 2¼ u. N. O. van *Harlingen*, ¼ u. O. van *Tjummarum*; waartoe zij behoorde.

SIXMASTATE, naam, welken men weleens geeft aan het landhuis Burmania, prov. *Friesland*, kw. *Oostergoo*, griet. *Leeuwarderadeel*, in de Schrans, onder Huizum. Zie Burmania.

SIXMA-VAN-ANDLA of Sixma-van-Andala, voorm. state, prov. *Friesland*, kw. *Westergoo*, griet. *Barradeel*, arr. en 3 u. N. W. van *Leeuwarden*, kant. en 3 u. N. O. van *Harlingen*, 20 min. Z. ten O. van *Minnertsga*, waartoe zij behoorde.

SIXTABARA, oude naam van het d. Sexbierum, prov. *Friesland*, kw. *Westergoo*, griet. *Barradeel*. Zie Sexbierum.

---

(1) Men zie verder over hem Mr. J. Scheltema, *Staathundig Nederland*, D. II, bl. 318.

SIXTH-EILANDEN, eil. in *Oost-Indië*, in de *Indische-zee*, aan de Zuidkust van het *Sundasche* eil. *Java*.

SIZEL-WEG (DE), weg in *Hunsingo*, prov. *Groningen*, onder Usquerder-Wester-eed.

SKARANG, d. in *Oost-Indië*, op het *Sundasche* eil. *Java*, resid. *Madion*, 18 à 19 palen Z. O. van Padangang.

SKELWOLDA, d., weleer aanzienlijk door eene proostdij, in de Zuidwouden van Fivelgo, gemeenlijk genoemd de Woldstreek. Emo, de Abt van Wierum noemde het een kerspel, waarin ook een vrouwenklooster was; en zij die onder dese parochie hoorden, heette hij de Skelder-Woudlieden. Tegenwoordig wordt het Schildwolde geheeten. Zie dat woord.

SKIRAMERE, oude naam van het d. Scharmer in *Fivelgo*, prov. *Groningen*, zoo als het altijd bij Emo van Wierum en in zeer vele oude schriften voorkomt. Zie Scharmer.

SKYTEN, Scythen of Scythiers, oud volk, dat, naar men wil, van Japhet, den zoon van Noach afstamde, en volgens sommigen kort na den Zondvloed herwaarts zoude zijn gekomen. Na zich in Batavia, althans in een deel daar van, te hebben nedergeslagen, zouden zij den naam van Skyten met die van Celten of Kelten hebben verwisseld: het bewijs daarvan is niet wel te vinden, hoewel het niet onmogelijk is, dewijl het in dien tijd onder alle de Aziatische volken eene gewoonte was, van de eene plaats naar de andere te trekken, mogelijk dat daarom ook wel eenigen van de Skyten of Kelten zich omtrent deze plaatsen en landen zullen nedergeslagen hebben, en welligt in dit ons Nederland; maar het zijn niet dan gissingen.

SLAAG (DE), pold. in *Eemland*, prov. *Utrecht*, arr. en kant. *Amersfoort*, gem. *Hoogland*; palende N. aan Eemland, O. aan Neder-Zeldert, Z. aan Keulhorst, W. aan de Eem.

Deze pold., die alleen aan de Eem bedijkt is, welke dijk, bij buitengewonen vloed, tot verlaat dient, beslaat, volgens het kadaster, eene oppervlakte van 219 bund. 20 v. r. 30 v. ell., waaronder 217 bund. 20 v. r. 70 v. ell. schotbaar land; telt 3 h., allen boerderijen, en wordt door twee sluizen, op de Eem, van het overtollige water ontlast. Het polderbestuur bestaat uit twee Heemraden en eenen Penningmeester tevens Secretaris.

SLAAK (HET) of het Slaak van Maarlo, vaarwater tusschen het Zeeuwsche eil. *St. Philipsland* en den vasten wal van Noord-Braband. Zie Meerlo (het Slaak-van-).

SLAAPWERF (DE), plaat in de *Lek*, prov. *Zuid-Holland*, tusschen Tienhoven en Langerak.

SLABBECORNE, Slabbecoorne of Slabbekoorne, ook wel, hoewel verkeerdelijk Slappekoorden genoemd, pold. in het eil. *Tholen*, prov. *Zeeland*, distr. en arr. *Zierikzee*, kant. *Tholen*, gem. *St. Maartensdijk*; palende N. aan de Kleine-Landjes en den Pluimpot-polder, O. en Z. aan den nog niet bedijkten Pluimpot, W. aan den Molenpolder-van-St.-Maartensdijk en aan den pold. het Oudeland-van-St.-Maartensdijk. — Deze pold., behoort tot de dijkaadje van *St. Maartensdijk*.

SLABBECORNE, Slabbecoorne of Slabbekorne, ook wel, hoewel verkeerdelijk Slappekoorde genoemd, onbehuisde pold. in het eil. *Tholen*, prov. *Zeeland*, distr. en arr. *Zierikzee*, kant. *Tholen*, gem. *Oud-Vossemeer* en *Vrijberge*; palende N. aan den Oudkijkuit-polder, O. aan de Eendragt, Z. aan den Dalems-polder, W. aan den Polder-van-Oud-Vossemeer.

Deze polder, welke tot de dijkaadje van *Oud-Vossemeer* behoort, en reeds vóór het jaar 1410 bedijkt is, overstroomde in het jaar 1682 en in 1715 brak de dijk door. Hij beslaat, volgens het kadaster, eene oppervlakte van 55 bund. 75 v. r. 20 v. ell., waaronder 34 bund. 28 v. r. 46 v. ell, schotbaar en 11 bund. 55 v. r. 76 ell. vroonland; en wordt door een binnenheul in Oud-Kijkuit van het overtollige water ontlast. Het polderbestuur bestaat uit eenen Dijkgraaf en drie Gezworenen.

SLABBEKOORNE-POLDER, pold. in het eil. *Zuid-Beveland*, prov. *Zeeland*, distr. en arr. *Goes*, kant. *Heinkenszand*, gem. *Hoedekenskerke*; palende N. aan den Swake-polder, aan den Oude-Hoondert-polder en aan den Fierens-polder, O. aan den Noord-polder en aan den Polder-van-Hoedekenskerke, W. aan den Oud-Vreelands-polder en den Caneel-polder.

Deze pold., welke tot de *Watering van Hoedekenskerke* behoort, beslaat, volgens het kadaster, eene oppervlakte van 109 bund. 41 v. r. 42 v. ell., waaronder 108 bund. 28 v. r. 32 v. ell. schotbaar land; telt 18 h., waaronder 5 boerderijen, en wordt door eene sluis, in de Wateringe van Hoedekenskerke, van het overtollige water ontlast. Het polderbestuur is de directie van Hoedekenskerke.

SLABROEK, veelal de SLAPERT genoemd, geh. in het *Land-van-Ravestein*, prov. *Noord-Braband*, *Eerste* distr., arr. en 5 u. O. van *'s Hertogenbosch*, gem. en 1 u. N. van *Uden*; met 12 h. en ongeveer 70 inw.

SLACH-POLDER, pold. in *Rijnland*, prov. *Zuid-Holland*, arr. en kant. *Leyden*, gem. *Leyderdorp*.

Deze pold., welke uit den Groote-Stadspolder en den-Kleine-Stads-polder is zamengesteld, beslaat eene oppervlakte van 151 bund. en wordt door eenen molen, op den Rhijn, van het overtollige water ontlast.

SLACHTEDIJK (DE), binnendijk, prov. *Friesland*, kw. *Westergoo*. Zie SLAGTEDIJK (DE).

SLACHTMAET of SLAGTMAAT, heerl. in het *Overkwartier* der prov. *Utrecht*, arr. *Amersfoort*, kant. *Wijk-bij-Duurstede*, gem. *Oud-Wulven*, in *Vechtensbroek*; palende N. O. aan de heerl. Bunnik en Vechten, Z. aan Houten, W. aan Oud-Wulven.

Deze heerl., welke vroeger tot de gem. *Bunnik* behoorde, doch later bij *Oud-Wulven* is ingedeeld, bevat niets dan het geh. Slachtmaet. Zij beslaat eene oppervlakte van 62 bund. 59 v. r. 2 v. ell., alles belastbaar land; telt 2 h., bewoond door 2 huisgez., uitmakende eene bevolking van 20 inw., die meest in den landbouw hun bestaan vinden.

De Herv., die er 9 in getal zijn, behooren tot de gem. *Houten*. — De R. K., van welke men er 11 aantreft, worden tot de stat. van *Bunnik* gerekend.

Men heeft in deze heerl. geene school, maar de kinderen genieten onderwijs te *Houten* en te *Bunnik*.

Het geh. SLACHTMAET, SLAGTMAAT of SCHLACHTMAAT ligt 5 u. Z. van Amersfoort, 3½ u. N. W. van Wijk-bij-Duurstede.

Deze heerl. behoort aan de Heeren Kanunniken van St. JAN te Utrecht, als Ambachtsheeren, en uit dien hoofde was de Secretaris van dat Kapittel vroeger tevens Schout en Secretaris van deze ambachtsheerl., voor welken, met twee Kanunniken, als Schepenen, de transporten der vaste goederen gedaan werden; doch de ongelden, zoo reëel als personeel, werden door den Schout van Oud-Wulven gegaderd.

SLAGEN (DE), voorm. pold. in het *Land-van-Heusden*, prov. *Noord-Braband*, *Tweede* distr., arr. *'s Hertogenbosch*, kant. *Heusden*, gem. *Veen*; palende N. aan den Achterdijk of den Op-Andelsche-polder, O. aan den Zwaanshenvel, Z. aan den Biesheuvel, W. aan den Mostaard-dijk tegen het Pompveld.

Deze voorm. pold., welke thans het westelijke gedeelte van den polder de *Slagen-en-Zwaansheuvel* uitmaakt, en waarvan de grootte niet afzonderlijk bekend is, wordt door den watermolen van den Polder-van-Veen van het overtollige water ontlast.

SLAGEN-EN-ZWAANSHEUVEL (DE), pold. in het *Land-van-Heusden*, prov. *Noord-Braband*, *Tweede* distr., arr. *'s Hertogenbosch*, kant. *Heusden*, gem. *Veen*; palende N. aan den Achterdijk of den Op-Andelsche-polder, O. aan den Zouten-dijk, Z. aan het Hakkeveld en den Biesheuvel, W. aan den Mostaard-dijk, tegen het Pompveld.

Deze pold., welke uit de Slagen en den Zwaansheuvel bestaat; beslaat, volgens het kadaster, eene oppervlakte van 103 bund. 15 v. r. 32 v. ell., alles schotbaar land, en wordt van het overtollige water ontlast, op den Alm, door eenen watermolen, welke tevens den Polder-van-Veen uitmaalt en 24.40 ell. vlugt heeft; terwijl het waterrad over kruis 5.58 ell. heeft en de breedte der schoepen 0.48 ell. is. Het land ligt 2 palm. beneden A. P. Het maalpeil is 0.78 ell. boven A. P. Hij staat onder het bestuur van den Polder-van-Veen, bestaande in eenen Voorzitter, vier Leden en eenen Penningmeester, tevens Secretaris.

Ofschoon deze polder met den Veensche-polder, door eenen zelfden watermolen wordt droog gehouden, zoo is echter, uithoofde dat in hunne zomerpeilen een verschil van 30 duimen bestaat, het plaatsen van twee wachters aan den watermolen noodzakelijk geweest.

SLAGHAREN, geh. in *Zalland*, prov. *Overijssel*, arr. en 8 u. N. O. van *Deventer*, kant. en 3 u. O. van *Ommen*, gem. *Ambt-Hardenbergh*, 2 u. N. van Heemse; met 101 h. en ruim 530 inw.

SLAGTEDIJK (DE), DE SLAGTEDIJK of DE SLAGDIJK, binnendijk, prov *Friesland*, kw. *Westergoo*.

Deze dijk werd waarschijnlijk allereerst aangelegd, toen het zeegat tusschen Vlieland en Ter-Schelling zich begon te verwijden, en Westergoo dus den meesten aanstoot van het zeewater had te lijden, vooral na dat de Middelzee door opstopping reeds een groot deel van hare kracht verloren had.

Hij begint aan den Vijfdeelen-of-Nieuwe-zeedijk ½ u. N. W. van Oosterbierum, en loopt van daar tusschen dat dorp en Sexbierum, door Barradeel, zuidwaarts aan naar de Ried, en van daar over de Getswerder-zijl, liggende op de scheiding van Barradeel en Franekeradeel, door laatstgemelde grietenij, naar Kiester-zijl en alzoo over de trekvaart van Harlingen op Franeker, kronkelend, tot nabij de grensscheiding van Franekeradeel en Wonseradeel, een weinig ten Westen van het dorp Achlum. Hier verdeelt zich deze dijk in twee armen: de eene daarvan strekt zich ten Noorden, voorbij Achlum, naar Pay-zijl in den hoek van de Arumer-vaart; van daar oostelijk, naar Tolzumer-zijl, en voorts tusschen Kubaard en Waaxens, in Hennaarderadeel, naar Littenser-zijl over de Bolswarder-trekvaart; van daar wederom voorbij Hidaard, Lutkewierum en Bozum, in de grietenij Baarderadeel, loopende, vereenigt hij zich bij Dijkshorn met den ouden dijk der Middelzee, ten Zuidwesten van laatstgenoemd dorp, en loopt van daar, ten Noorden van de Sneeker-trekvaart op Leeuwarden, tot op de hoogte van Krinzerarm of de Dille, onder Oosterwierum, (waar hij met eenen arm tot voorbij Bauwerd schiet en aan eenen der Hemdijken aansluit), verder voorbij Mantgum, Weidum, Beers en Jellum tot in Menaldumadeel; waar hij, Bozum, Blessum en Deinum voorbij schietende, over Ritsumasijl of de Trekvaart van Leeuwarden op Franeker, wat meer noordwaarts, voorbij Marssum en Englum, en verder westwaarts, onder den naam van Oude-Zeedijk, langs Beetgum en Berlikum loopt, totdat hij, na ook Wier en Minnertsga ter linkerhand gelaten en eene scheiding tusschen het Bildt en Barradeel gemaakt te hebben, zich bij Dijkshoek, en dus naauwelijks een uur gaans boven de plaats, waar hij zijn begin neemt, weder met den zeedijk vereenigt. De andere tak van den Slaperdijk loopt door Wonseradeel en scheidt die grietenij in twee deelen, Binnen- en Buitendijk genoemd. Vooreerst behoudt hij nog den naam van Slaperdijk, doch daarna neemt hij andere en vervolgens dien van Hemdijk aan. Zie Hemdijken (De). Het gedeelte van den zeedijk af tot in Rauwerderhem is in 1840 gemeten op 42.884 ell., doch sedert, door den aanleg van den straatweg in Rauwerderhem iets verkort.

SLAGTEDIJK (DE), of de Slaedijk, dijk, prov. *Friesland*, kw. *Zevenwouden*.

Deze dijk loopt door de griet. *Utingeradeel*, van den Leppedijk bij Oldeboorn, in eene noordoostelijke rigting, naar de grens van *Smallingerland*.

SLAGVELDEN (DE), streek lands in *Zuid-Beveland*, prov. *Zeeland*, ten Z. van het d. Kruiningen.

Sommigen willen, dat deze plaats haren naam zoude ontleenen van den veldslag, in het jaar 1258 voorgevallen, tusschen de legers van Vrouwe Aleid, moei van Floris V, Graaf van *Holland*, en Otto III, Graaf van *Gelder*, waarbij de laatste overwinnaar bleef.

SLAKENBURG, eil. in *Oost-Indië*, in de *Chinesche-Zee*, aan de Noordwestkust van het *Sundasche* eil. *Borneo*, tot de *Slakenburger-groep* behoorende. — Het bestaat uit eene steeds werkzame vulkaan.

SLAKENBURGER-GROEP (DE), groep eil. in *Oost-Indië*, in de *Chinesche-zee*, aan de Noordwestkust van het *Sundasche* eil. *Borneo*.

SLAMAT (DE), berg in *Oost-Indië*, op het *Sundasche* eil. *Java*, resid. *Tagal*, tot het gebergte *Gedé* behoorende.

Hij is in het Zuiden der gezegde residentie, wier zuidelijke grenslijn over zijnen kruin heenloopt; terwijl zijn voet zich van het Zuidoosten naar het Zuidwesten over de distrikten Boengas, Mandiradja, Gantoengan, Lebaksioe en Boeniayoe uitstrekt. Behalve op zijnen hoogsten top is hij met bosschen bezet en overdekt met eene laag zwarte, vruchtbare aarde, welke bij uitnemendheid geschikt is voor de koffijteelt. Deze berg brengt hier door zijne hoogte niet weinig tot verkoeling van het luchtgestel toe, daar de wolken, welke zijn kruin steeds naar zich trekt, niet zelden eenen verkwikkenden regen over de omliggende heuvelen uitgieten, wanneer men in de beneden landen van hitte en dorst bijna versmacht.

SLAMATTAN, d. in *Oost-Indie*, op het *Sundasche* eil. *Java*, resid. *Soerakarta*. Men heeft er eene bron in de nabijheid.

SLANGENBURG, landg. in het graafs. *Zutphen*, prov. *Gelderland*, kw., distr., arr. en 4½ u. Z. Z. O. van *Zutphen*, kant. en 1 u. O. van *Doetinchem*, gem. *Ambt-Doetinchem*, in de buurs. *IJsselvoorde*.

Dit landg. beslaat eene oppervlakte van 547 bund. 49 v.r. 48 v. ell., en is beplant met 300,000 boomen, zoo eiken als sparren en anderen, die in verbonden lanen de heerlijkste wandelingen opleveren. Het huis is groot en ruim, van twee zijvleugels voorzien en van eene dubbele gracht omgeven. Bezienswaardig vooral is de groote zaal, waar men, behalve een uitmuntend schilderwerk, hetwelk geborduurd is, in drie vakken, even zoo vele tafereelen voorgesteld vindt uit den bekenden roman van Don Quichot. Het landgoed, hetwelk, zoo men wil, zijnen naam ontleent van eenige slangen, welke vroeger daarop werden gevonden, behoorde voorheen aan eene adellijke Roomsch-Katholijke familie, welke den naam van het landgoed voerde. Uit dit geslacht was de dappere Generaal van Slangenburg afkomstig, die zich, in den aanvang der achttiende eeuw, bij den oorlog tegen Frankrijk zoo zeer heeft beroemd gemaakt. De tegenwoordige eigenaar is de Luitenant-Generaal Graaf Frederik Adriaan van der Goltz, woonachtig te 's Gravenhage.

SLANGENBURGERBOSCH (HET), bosch in het graafs. *Zutphen*, prov. *Gelderland*, in het *Ambt-Doetinchem*, 70 min. ten Z. O. van Doetinchem.

Het beslaat eene oppervlakte van 52 bund. 10 v. r. 70 v. ell., en is doorsneden met lanen, welke fraaije uitsigten hebben.

SLANGEN-EILAND (HET), eil. in *Oost-Indië*, in de *Zee-van-Java*, bij de *Baai-van-Boni*, Z. van het eil. *Celebes*.

SLANGEN-RIVIER (DE), riv. in *Afrika*, in *Opper-Guinea*, aan de *Goudkust*. Zie Ankobar.

SLANGEVEÇHT, hofstede in het *Nederkwartier* der prov. *Utrecht*, arr. en 3 u. N. ten W. van *Utrecht*, kant. en 1 u. Z. van *Loenen*, gem. *Breukelen-Nijerodes*, niet ver van Breukelen.

Deze hofstede wordt in eigendom bezeten door Mevrouw de wed. M. C. de Witt.

SLANGEWORTEL, bouwhoeve in de *Meijerij van 's Hertogenbosch*, kw. *Oisterwijk*, prov. *Noord-Braband*, arr., kant. en ½ u. Z. van *s' Hertogenbosch*, gem. en 25 min. Z. van *Vught*.

Deze bouwhoeve beslaat, met de daartoe behoorende gronden, eene oppervlakte van 13 bund. 33 v. r. 91 v. ell., en wordt in eigendom bezeten door Mejufvrouw A. A. van Weelde, woonachtig te s' Hertogenbosch

SLANGWIJK, onbehuisde pold. in de bar. van *Breda*, prov. *Noord-Braband*, *Vierde* distr., arr. en kant. *Breda*, gem. *'s Princenhage*; palende N. aan Buitendijks Slangwijk, O. aan de Mark, Z. aan Astert, W. aan Lange-Bunders.

Deze pold., welke eigenlijk een gedeelte van de *Lange-Bunders-Slangwijk-en-de-Hillen* uitmaakt, beslaat, volgens het kadaster, eene oppervlakte van 16 bund. 59 v. r. 4 v. ell. alles schotbaar land; en wordt, door eene sluis op de Mark, van het overtollige water ontlast. Het polderbestuur bestaat uit eenen Dijkgraaf, twee Leden en Secretaris-Penningmeester.

SLANGWIJK (HET BUITENDIJKS-), onbehuisde pold. in de bar. van *Breda*, prov. *Noord-Braband*, *Vierde* distr., arr. en kant. *Breda*, gem. *'s Princenhage*; palende N. O. aan de Mark, Z. aan de Lange-Bunders, W. aan de Hillen en Kraaijenest.

Deze pold., beslaat, volgens het kadaster, met de kaden, eene oppervlakte van 29 bund. 50 v. r. 9 v. ell., alles schotbaar land, en wordt door een houten sluisje, wijd 0.84 ell. en hoog 0.82 ell., voorzien van eene drijfdeur en schuif, op de Mark, van het overtollige water ontlast. Het zomerpeil is 0.45 ell. boven A. P. Deze pold., welke tot de *Haagsche-Beemden* gerekend wordt, staat, met de overige, daartoe behoorende, polders, onder het bestuur van eenen Dijkgraaf twee Leden en eenen Secretaris-Penningmeester.

SLAPERDIJK (DE), dijk in *Kennemerland*, prov. *Noord-Holland*, gem. *Schoorl-Groet-Hargen en-Kamp*, nabij de zeewering van de *Hondsbossche;* hij neemt zijn begin aan den Schoorlsche-Zeedijk en loopt zuidwestwaarts tot aan de duinen van Hargen.

Deze dijk is aangelegd in 1526 ter lengte van 207 roed. (779 ell.) en in 1694 verhoogd met 6 voet (1.88 ell.) en verlengd met 58 roed. (218 ell.), tot aan de Schoorlsche duinen.

SLAPERDIJK (DE), dijk in *Rijnland*, prov. *Noord-Holland*. Zie RIJNLANDSCHE-SLAPERDIJK (DE).

SLAPERDIJK (DE), dijk in *Eemland*, prov. *Utrecht*, en in de *Geldersche vallei*, op de *Neder-Veluwe*, prov. *Gelderland*, zich uitstrekkende van de Amerongsche bergen naar de grensscheiding tusschen de gem. Renswoude en Barneveld.

Deze dijk belet bij eene doorbraak, dat het water van de oostzijde door het dal naar Amersfoort loopt. Toen in 1650 de Grebbedijk doorbrak, werd het maken van dezen dijk, van de Amerongsche bergen af tot aan Emmickhuizen en vandaar weder tot aan de Veluwsche hoogten, besloten en volvoerd. De hoogte is 10,117 ell. boven A. P., zoodat, de waterstand te Veenendaal 6,267 boven A. P. zijnde, zij 4,050 hooger is en ongeveer 6 ell. boven de vloer der heulen aan den Roodenhaan ligt, alwaar thans (1847) eene inundatiesluis voor de Linie van de Grebbe is aanbesteed. De gecommitteerden der directie van den SLAPERDIJK bestaan uit acht Leden en eenen Secretaris.

SLAPERDIJKEN (DE KOUDUMER- en SURIGER-), dijken, prov. *Friesland*, kw. *Westergoo*. Zie KOUDUMER-SLAPERDIJK (DE) en SURIGER-SLAPERDIJK (DE).

SLAPERSCHANS (DE), voorm. schans in *Kennemerland*, prov. *Noord-Holland*. Zie SCHOORLDAMMER-SCHANS.

SLAPERSHAVEN, voorm. haven in *Staats-Vlaanderen*, in het *Vrije-van-Sluis*, prov. *Zeeland*, aan de zuidzijde van Prins-Willemspolder en O. van den Bakkers-polder, ½ u. Z. van Oostburg aan het einde van den weg naar Bakkers-polder, waar het water der linie in het Coxysche gat valt. Zij diende van 1684 tot 1788 tot haven van Oostburg, doch verviel toen door het leggen van den Bakkersdam. Zie het art. OOSTBURG.

SLAPERT (DE), geb. in het *Land-van-Ravestein*, prov. *Noord-Braband*. Zie SLABROEK.

SLAPPEKOORDEN, naam, onder welken de polders SLABBECORNE, op het eil. *Tholen*, prov. *Zeeland*, weleens verkeerdelijk voorkomen. Zie SLABBECORNE.

SLAPPETERP, in het oud friesch SLEPPERDORP, d., prov. *Friesland*, kw. *Westergoo*, griet. *Menaldumadeel*, arr. en 2¼ u. W. N. W. van *Leeuwarden*, kant. en 1 u. Z. Z. W. van *Berlikum*.

Men telt er 16 h. en 120 inw., die meest in den landbouw hun bestaan vinden.

De inw., die er allen Herv. zijn, behooren tot de gem. *Schingen-en-Slappeterp*, welke hier eene kerk heeft, die vóór de Reformatie aan den H. DIONYSIUS was toegewijd. De pastorie bragt 100 goudguld. (150 guld.) op, het vikarisschap 70 goudguld. (105 guld.). De Proost van St. Janskerk te Utrecht moest er 6 schilden (8 guld. 40 cents.) trekken. Deze kerk is een klein langwerpig vierkant gebouw, met den predikstoel aan het eind en een aan alle kanten spits toeloopend torentje, doch zonder orgel. In het jaar 1826 is deze kerk, uit eene geheel vervallen toestand herbouwd.

Men heeft in dit d. geen school, maar de kinderen genieten onderwijs te *Schingen*.

SLAVANTE, voorm. kloost. der Minderbroeders, te *St. Pieter*, prov. *Limburg*, 25 min. Z. van *Maastricht*, op de helling van den St. Pietersberg, nabij de Maas. Men wil dat het zijnen naam ontleent van Observanten, waaruit door verbastering Slavante zou zijn ontstaan. Het wordt bij sommigen ook genoemd het klooster van LICHTENBERG; naar het nabij gelegen oud en vervallen slot Lichtenberg: gelijk men wil, dat de Heer van dit Lichtenberg, in der tijd zijnen grond tot den bouw van dit klooster afgestaan zoude hebben. Ook heeft dit klooster zijnen oorsprong uit Maastricht; als gebouwd, ten verblijfplaats der Minderbroeders, die in 1638, ter oorzake van het beproefde verraad, die stad moesten ruimen. FERDINAND VAN BEIJEREN, Bisschop van Luik, verleende hun vrijheid, om dit klooster binnen zijn bisdom te mogen stichten. De Monniken hielden ook veel gemeenschap, met het nieuwe Minderbroeder-klooster, hetwelk daarna binnen de stad gesticht was: gelijk zij ook van de aalmoezen die zij in de stad vergaderden hun voornaamste onderhoud hadden. Geen vermakelijker oord, zou men, elders in den omtrek hebben kunnen uitdenken, dan de plaats, op welke dit klooster stond. Men heeft van daar een ruim gezigt, over een groot gedeelte der Maas-stroom, boven- en benedenwaarts; op de stad Maastricht; over alle de dorpen en omgelegen vruchtbare velden, in de vlakte aan de overzijde der gemelde rivier; gelijk ook de dorpen: Heugem, Kadier, Ekkelrade, Gronsveld, Eysden, Heer, St. Geertruid, Meer en andere, die een weinig verder op het gebergte liggen.

Het kloostergebouw was zeer fraai en in het midden der vorige eeuw veel vergroot en verbeterd. Het had, naar den buitenkant langs de Maas, eenen voortreffelijken tuin, in onderscheidene verdiepingen verdeeld, welke door boog muurwerk ondersteund werd. De kerk was met schilderijen, verbeeldende het leven van den H. FRANCISCUS, den insteller hunner orde, versierd. Daarin was de begraafplaats der Weduwe van den Heer VAN BOSDAAL, geboren Gravin VAN HORN, die Vrouw van *Oost* was.

Dit klooster had het voorregt van een professie-klooster, waarin zij die tot Geestelijken, in deze orde wilden aangenomen worden, als Novitiën, hunne inlijving ontvangen konden, hoedanige niet meer dan drie in de Oostenrijksche Nederlanden waren. Ook was het aan dames vergund in de tuinen te wandelen en hadden hier dikwijls partijen van beide sexen plaats. Zij waren de eenige hunner orde die dit voorregt genoten.

Voorheen plagten de Heeren Commissarissen Deciseurs des Bisschops van Luik, op dit klooster, door de Maastrichtsche Regering ontvangen te worden, bij welke gelegenheid, daar allerlei ververschingen werden aangeboden, doch in het laatst der vorige eeuw was die gewoonte reeds buiten gebruik geraakt.

Na de inlijving van Limburg in de Fransche Republiek, in 1797, werd ook dit klooster vernietigd. Ter plaatse, waar het gestaan heeft, zag men voor eenige jaren eene herberg. In 1845 is dit gebouw meerendeels afgebroken. Een fraai gebouw voor het *Casino*, staat thans, (in 1847) voltooid, iets westelijker dan het voormalige klooster. Aan de Maaszijde was een bedekte galerij geschikt tot eene wandelplaats bij slecht weder; nu dient zij tot zitplaatsen voor de Maastrichtenaars, die zich hier komen verlustigen en het schoone gezigt genieten. Men kan de grondslagen van het gebouw en de verschillende afdeelingen nog zien. Aan het einde van het voormalige kerkhof, gedeeltelijk in eenen moestuin herschapen, vindt men nog een kapelletje, waarin een Christus in het graf, twee beelden, vermoedelijk St. Franciscus en Maria, zitten aan zijne voeten. Het is met twee houten traliedeuren afgesloten, doch heeft als kunstwerk weinig waarde. In het kleine gedeelte van het oude gebouw dat nog bestaat is eene zeer diepe put, welks water zeer helder en koud is. Het waren kloosterlingen van dit convent, die, bij gelegenheid dat zij zonder leidsman door middel van een koord de onderaardsche wegen in den berg wilden leeren kennen, omkwamen; het beeld van een dezer Paters ziet men in eenen gang nabij het klooster. Ook is de hoofdingang tot den St. Pietersberg digt bij Lichtenberg of Slavante.

SLAVEN, oude volkstam. Zie Sclaven.

SLAVENBURG, oude naam van de stad Vlaardingen, in *Delfland*, prov. *Zuid-Holland*. Zie Vlaardingen.

SLEBERG, geh. in het *Rijk-van-Nijmegen*, prov. *Gelderland*, distr., arr. en 2 u. Z. van *Nijmegen*, kant. en 2 u. Z. O. van *Wijchen*, gem. en ¼ u. N. O. van *Over-Asselt*; met 2 h. en 9 inw.

SLEBESE, Slyebe of Tamarinde-eilanden, eil. in *Oost-Indië*, in de *Straat-van-Sunda*, Z. van het *Sundasche* eil. *Sumatra*, 5° 54′ Z. B., 123° 10′ O. L.

SLEAT, oud Friesche naam van de stad Slooten, prov. *Friesland*. Zie Slooten.

SLECHTEWEG (DE), weg in *Kennemerland*, prov. *Noord-Holland*, gem. *Castricum*, dienende om de schelpen uit zee naar de schelpkarren aan te voeren.

SLEEN, gem. in het dingspil *Zuidenveld*, prov. *Drenthe*, jud. kant. *Hoogeveen*, adm. kant. *Dalen* (1 k. d., 4 m. k., 3 s. d.); palende N. W. aan de gem. Zweelo, O. aan Emmen, Z. aan Oosterhesselen.

Deze gem. bestaat uit het d. Sleen of Zuid-Sleen, de buurs. Noord-Sleen, Diphoorn, Erm, de Haar en de Hool, liggende in eene strekking van het N. naar het Z. groepswijze in het geboomte van elkander gescheiden, door heidevelden en koreneschen.

Zij beslaat, volgens het kadaster, eene oppervlakte van 6908 bund. 26 v. r. 58 v. ell., waaronder 6866 bund. 89 v. r. 61 v. ell. belastbaar land.

Men telt er 192 h., bewoond door 240 huisgez., uitmakende eene bevolking van 1330 inw., die meest in den landbouw hun bestaan vinden. Er is ook een weinig handel.

De Herv., die er 1240 in getal zijn, onder welke 570 Ledematen, maken eene gem. uit, welke tot de klass. en ring van Koevorden behoort. Deze gem. was de eerste, waar, in de zestiende eeuw, de Hervormde leer in Drenthe werd gepredikt en wel door den beroemden Menso Altine. Dit had plaats in 1566 of 1567, toen hij van de hoogeschool te Heidelberg als geordend Geestelijke in zijn Vaderland terug kwam. Alva's benoeming tot Landvoogd der Nederlanden en de bloedplakkaten door hem tegen de Hervormers uitgevaardigd, maakten echter voor Altine het verblijf te Sleen niet lang raadzaam, zoodat hij zich in 1567 van hier naar de Paltz begaf. Na hem heeft sedert de invoering van de Hervorming in Drenthe, ten jare 1598, hier van 1600 tot 1613 het Evangelie verkondigd, Hermannus à Swollis, die tevens Oosterhesselen bediende. De eerste, die te Sleen alleen het leeraarambt heeft waargenomen, is geweest Henricus Huisman, die er in 1616 kwam en in 1619 naar Oude-Niedorp vertrok. Het beroep geschiedt door de eigengeërfden.

De 30 R. K., die er wonen, behooren tot de stat. van *Koevorden*.

De 40 Isr., die men er aantreft, worden tot de ringsynagoge van *Koevorden* gerekend.

Men heeft in deze gem. twee scholen, als eene te Sleen en eene te Erm, welke gemiddeld door een getal van 180 leerlingen bezocht worden.

Men treft in deze gem. drie hunnebedden aan, als twee tusschen Zuid-Sleen en Noord-Sleen, in den Esch, welke reeds grootendeels vernield en gesloopt zijn en het derde in den weg naar Schoonloo op eene kleine hoogte.

Het d. Sleen of Zuid-Sleen ligt 6 u. Z. O. van Assen, ruim 4 u. O. ten N. van Hoogeveen, 2 u. N. van Dalen. Men telt er in de kom van het d. 54 h. en 370 inw.

De kerk is zeer oud. In het jaar 1781 hadden er herstellingen plaats gehad, aan het zware muurwerk, waaruit zij is zamengesteld en ook vroeger reeds was men daartoe genoodzaakt, toen de toren, welke weleer nog een vierde hooger was, en in 1705 van eene nieuwe spits voorzien werd, op het dak der kerk nederstortte en een gedeelte der gewelven verpletterde. Twee zware klokken hangen in den toren, de oudste in 1400 gegoten, is aan St. Maria, de jongste van 1532, aan St. Nicolaas gewijd. In de kerk is geen orgel, doch er ligt nog een zware zerken doopvont; terwijl overigens de predikstoel, hoe naakt en ongeverwd anders, nog van een tweetal bijbelsche spreuken voorzien is. De dorpschool wordt gemiddeld door een getal van 100 leerlingen bezocht.

Weleer was Sleen de hoofdplaats van het dingspil Zuidenveld en uit dien hoofde komen zijne schulten in oude charters als Bannerschulten voor.

Sleen is de geboorteplaats van den Geneeskundige Gualtherus Forsten Verschuir, geb. in 1739, † 15 November 1793 alsHoogleeraar in de beschouwende en beoefenende Genees- en in de Scheikunde aan de Hooge school te Groningen.

SLEEN (NOORD-), buurs. in het dingspil *Zuidenveld*, prov. *Drenthe*, arr. en 5½ u. Z. O. van *Assen*, judic. kant. en 4 u. O. N. O. van *Hoogeveen*, adm. kant. en 2¼ u. van *Dalen*; met 55 h. en 360 inw.

Het hunnebed, dat hier gevonden wordt, is, volgens het erfgerucht, gebouwd door den geest, die op het Ellertsveld zou spoken, bij den euvel, welke den naam draagt van Papelooze kerk.

SLEEN (ZUID-), d. in het dingspil *Zuidenveld*, prov. *Drenthe*. Zie Sleen.

SLEEUWIJK, heerl. in het *Land-van-Altena*, prov. *Noord-Braband*, *Tweede* distr., arr. *'s Hertogenbosch*, kant. *Heusden*, gem. de *Werken-en-Sleeuwijk*; palende N. aan de Merwede, O. aan Woudrichem, Z. en Z. W. aan de Werken, W. aan Werkendam.

Deze heerl. bevat het d. Sleeuwijk, waaronder het Sleeuwijksche-veer en eenige verstrooid liggende huizen. Zij beslaat eene oppervlakte, volgens het kadaster, van 865 bund. 9 v. r. 21 v. ell., waaronder 607 bund. 1 v. r. 21 v. ell. belastbaar land; telt 131 h., bewoond wordende door 160 huisgez., uitmakende eene bevolking van ruim 800 inw., die meest in den landbouw en veeteelt hun bestaan vinden.

De inw., die er op 19 na allen Herv. zijn, onder welke 150 Ledematen, maken eene gem. uit, welke tot de klass. van *Heusden*, ring van *Woudrichem*, behoort. De eerste, die in deze gem., nadat zij van *Schelluinen* was afgescheiden, het leeraarambt heeft waargenomen, is geweest JOHANNES COPERUS, die in het jaar 1631 herwaarts kwam, en in het jaar 1653 overleden is. Het beroep geschiedt door den kerkeraad, onder agreatie van den Ambachtsheer. — De R. K., die er 16 in getal zijn, worden tot de stat. van *Woudrichem* gerekend. — De 3 Isr., die men er aantreft, behooren tot de bijkerk te *Werkendam*.

Men heeft in deze heerl. eene school, welke gemiddeld door een getal van 60 leerlingen bezocht wordt.

Deze heerl. werd in het midden der vorige eeuw in eigendom bezeten door Mr. JACOB VAN BELLE, Secretaris der stad Rotterdam, later behoorde zij aan Mr. ADRIAAN REEPMAKER, Raad in de Vroedschap te Rotterdam. Thans is Heer van SLEEUWIJK de Heer HERMANUS ELIZA VERSCHOOR, Burgemeester van de Werken-en-Sleeuwijk.

Het d. SLEEUWIJK ligt 7¼ u. N. W. van 's Hertogenbosch, 4¼ u. N. W. van Heusden, 3 u. N. van Geertruidenberg, aan de Merwede, schuins over Gorinchem. De huizen zijn aan de binnenglooijing van den dijk gebouwd.

De kerk is een langwerpig vierkant gebouw, zonder orgel. De toren, welke op de kerk staat, is vierkant en heeft eene dergelijke spits. Om zijne laagte en het geboomte, dat digt aan de kerk en op het kerkhof staat, kan hij in het voorbijvaren weinig gezien worden.

De kermis valt in den eersten October.

In het jaar 1805 werd in de nabijheid van dit d. een koperen medaille van den Romeinschen Keizer CONSTANTINUS, welke zeer beschadigd en op vele plaatsen afgesleten is, gevonden.

Bij den watervloed van Januarij 1809, werden hier zeventien huizen en schuren door het water vernield, vele deerlijk geteisterd en bleef er niet een onbeschadigd; terwijl de meeste inwoners met hun vee in hutten op de dijken of bij anderen moesten inwonen.

Dit d. is vooral door het beleg van Gorinchem in 1813 en 1814 bekend geworden.

SLEEUWIJK (DE BANNEN-VAN-), pold. in het *Land-van-Altena*, prov. *Noord-Braband*. Zie SLEEUWIJKSCHE-POLDER (DE).

SLEEUWIJK-EN-WOUDRICHEM (DE POLDER-NIEUWENBAN-ONDER-), pold. in het *Land-van-Altena*, prov. *Noord-Braband*, *Tweede* distr., arr. *'s Hertogenbosch*, kant. *Heusden*; gedeeltelijk gem. de *Werken-en-Sleeuwijk*, gedeeltelijk gem. *Woudrichem-en-Oudendijk*, palende N. aan den dijk tegen de rivier de Merwede en den Sleeuwijksche-polder, O. aan den zoogenaamden Oudendijk, aan de Bannen-van-Honswijk en den Zevenbansche-boezem, W. aan gemelden boezem en den Sleeuwijksche-polder. Het beslaat, volgens het kadaster, met den dijk aan de binnenzijde zamen, eene oppervlakte van 245 bund. 12 v. r. 92 v. ell., alles schotbaar land; als: onder *de Werken-en-Sleeuwijk*, 115 bund. 52 v. r. 42 v. ell., onder *Woudrichem-en-Oudendijk*, volgens het kadaster, 129 bund. 60 v. r. 50 v. ell., alles schotbaar land. Men telt er 7 h., waaronder 4 boerderijen; als: onder *de Werken-en-Sleeuwijk*, 6 h. en 3 boerderijen, onder *Woudrichem*, een huis en eene boerderij. Hij wordt door eenen watermolen in den Zevenbansche-boezem, en vervolgens door de Oostkil en de Bleek-kil, op den Amer, van het overtollige water ontlast. Deze watermolen heeft 25.75 ell. vlugt, zijn waterrad is 5.50 ell. over het kruis en de schoepen hebben de breedte van 0.41 ell. Het is de zoogenaamde Peilmolen van alle de watermolens, welke, gezamenlijk met dezen, hun water op de Oostkil ontlasten, dus van de molens van Jannisseland, van den Sleeuwijksche-polder, van de Oude-Bannen, van de Bannen-van-Rijswijk, van de Bannen-van-Uppel, van de Bannen-van-Zandwijk, van de Bannen-van-Honswijk en van de Bannen-van-Uitwijk. Wat de hoogte van opmaling betreft, zijn alle de voorzegde molens aan het zelfde boezempeil, en van 0.59 boven A. P., gehouden, zoodat men, wanneer de Jannisse-Sleeuwijksche boezem, waarop alleen de twee eerst gemelde molens malen, mitsgaders de Zevenbansche-boezem (van de vorige boezem door den grooten weg der 1° klasse no. 3 afgescheiden) waarop de overige molens werken, op voorzegd peil vervuld zijn, het sein doet, van de molens tot stilstand te brengen. De grondslag van dezen polder is zeer ongelijk gelegen, zijnde van omtrent 0.50 onder tot ruim 1 el boven A. P. gelegen. Het aan dezen molen geplaatste zomerpeil van dezen polder, staat vermoedelijk te hoog, dewijl, wanneer het water op die hoogte komt, de laagste landen door het water beloopen worden, de molen maalt het water ook dikwijls 30 à 40 duimen onder het aangeduide zomerpeil weg. De gemiddelde hoogte van den grondslag van den hierboven genoemden Sleeuwijksche- en Jannisse-boezem, is doorgaans 0.10 beneden, en die van den Zevenbansche-boezem 0.10 boven A. P., zijnde alzoo, vermits de polderlanden in den omtrek van deze boezems tot ruim 0.50 beneden A. P. gelegen zijn, en de boezemlanden met deze vermoedelijk gelijke hoogte zullen gehad hebben, door aangroeijing van 0.40 tot 0.60 verhoogd geworden.

Het zomerpeil van den Polder-Nieuwenban-onder-Sleeuwijk-en-Woudrichem is 0.58 ell. onder A. P. Het maalpeil is 0.59 ell. boven A. P., doch vóór het jaar 1800, was het maalpeil slechts, 0.49 ell. boven A. P. welk laatste peil door eene streep op eenen in den molen ingemetselden steen aangeduid en met dit opschrift voorzien is: *Peilsteen van de 7 Bannen anno* 1761. De hoogte der dijken van dezen pold. is 0.58 ell. tot 0.61 ell. Het polderbestuur bestaat uit eenen Waarsman, vier Heemraden en eenen Secretaris.

SLEEUWIJKSCHE-BOEZEM (DE), waterboezem in het *Land-van-Altena*, prov. *Noord-Braband*, 20 min. Z. van *Sleeuwijk*.

Deze boezem ontvangt door twee molens het water van de polders het Jannisseland en den Sleeuwijksche-polder, terwijl zijn water zich door de Sleeuwijksche sluis met dat van den Zevenbansche-boezem en den Buiten-boezem of zoogenaamde Oostkil vereenigt.

SLEEUWIJKSCHE-POLDER (DE), of de Bannen-van-Sleeuwijk, pold. in het *Land-van-Altena*, prov. *Noord-Braband*, *Tweede* distr. arr. *'s Hertogenbosch*, kant. *Heusden*, gem. de *Werken-en-Sleeuwijk*; palende N. aan den rivierdijk tegen de Merwede, O. aan de Nieuwe-Bannen, Z. aan de Vijsie, den Zevenbansche-boezem en de Nieuwe-Bannen, W. aan den Werkensche-polder of de Binnenbanne-van-de-Werken.

Deze pold., is in de algemeene bedijking van het Oudland-van-Altena begrepen, en beslaat, volgens het kadaster, eene oppervlakte van 433 bund. 77 v. r. 82 v. ell., met den rivierdijk aan de binnenzijde, alles schotbaar land; telt 80 h., waaronder 21 boerderijen, en wordt door eenen watermolen, door de Oost-kil en de Bleek-kil, op den Amer, van het overtollige water ontlast. Deze watermolen heeft 27.30 ell. vlugt, het waterrad 6.10 diameter en de schoepen zijn 0.52 breed. Het zomerpeil is 0.6 ell. onder A. P. Het maalpeil is 0.59 ell. boven A. P. De hoogte van den rivierdijk is 5.36 ell. tot 6 ell. boven A. P. Het gedeelte van den waterkeerenden dijk tegen de Merwede van dezen polder, was reeds vroeg boven de kerk van Sleeuwijk, over eene aanzienlijke lengte, door den stroom sterk aangevallen; zoo dat die dijk, den 17 Julij 1382, over ongeveer 60 ell. lengte, meestal tot het zandpunt toe, tot beneden het laag water der rivier neder zonk. Van 's Rijks wege is zonder verwijl in deze ramp voorzien geworden, en men heeft dat dijkvak op vooraf gelegde zinkwerken hersteld, terwijl het tot hiertoe door drie zoogenaamde triangel-kribben beschut wordt. Even beneden gemelde kerk vindt men, binnen den dijk, de zoogenaamde Robijnskil, welke, volgens de kaart door N. Cruquius in 1729 vervaardigd, reeds vóór 1421 bekend was.

Aan de Noordzijde van dezen polder, is het ponte- en booteveer op de stad Gorinchem; terwijl door dezen polder loopt de groote weg der eerste klasse no. 3, van Breda naar Gorinchem, die eene hoogte van 0.50 tot ruim 1 ell. boven A. P. heeft. Even beneden het bovengemelde veer lag, vóór 1730, tegen den rivierdijk, eene batterij, genaamd de Muggenschans. Aan de Noordoostzijde tegen de rivierdijk, is het zoogenaamde Kraaivelds-wiel, onder de gemeenten de Werken-en-Sleeuwijk en Woudrichem-en-Oudendijk gelegen. In den dijk van dezen polder, tegen de Merwede, op ongeveer 500 ell. boven de kerk van Sleeuwijk, is in 1795 eene coupure gegraven geworden, om het Oudland-van-Altena onder water te zetten.

De hoogte van de landen in dezen polder, zijn aanmerkelijk verschillende, zoodat tusschen de laagste en de hoogste een verschil van meer dan 1.50 ell. zal bestaan. De boezemlanden van den Sleeuwijksche-polder zijn het eigendom van particulieren; het ontvangen van opgemalen water uit de polders is een servituut, hetgeen sints onbeugelijke tijden daarop rust. Het polderbestuur bestaat uit eenen Waarsman, tevens Secretaris en vier Heemraden.

SLEEUWIJKSCHE-SLUIS (DE), sluis in het *Land-van-Altena*, prov. *Noord-Braband*, in den *Oud-Altenasche-zeedijk*.

Door deze sluis, vereenigt zich het water uit den Sleeuwijkscheboezem, met het water van den boezem der Zevenbannen, in den Buitenboezem of zoogenaamde *Oostkil*. Zij is wijd 1.94 ell. en voorzien van eene drijfdeur en draagt het jaartal 1666.

SLEEUWIJKSCHE-VEER (HET), b. in het *Land-van-Altena*, prov. *Noord-Braband*, *Tweede* distr., arr. en 7½ u. N. W. van *'s Hertogenbosch*, kant en 4½ u. N. W. van *Heusden*, gem. *de-Werken-en-Sleeuwijk*, ½ u. O. ten Z. van Sleeuwijk; met 37 h. en 220 inw.

Deze b. ontleent haren naam van het hier gevonden wordende veer, van waar men naar Gorinchem wordt overgezet, betwelk, voor voetgangers met booten en hengsten en, alzoo de rivier hier zeer breed is, voor rijtuigen en paarden met eene zeilpont geschiedt. Dit veer is een eigendom van de stad Gorinchem, die het verpacht.

Den 2 Februarij 1522 werd omtrent dit veer eene overeenkomst gesloten tusschen Gorinchem en het Land-van-Altena; en den 16 April 1407 maakte Burgemeesteren en Schepenen van Gorinchem eene order op het jaarlijks verhuren van dit veer.

SLEK, geh. in *Opper-Gelder*, ambt *Montfoort*, prov. *Limburg*, distr., arr., kant. en 2½ u. Z. van *Roermonde*, gem. en ¼ u. Z. O. van *Echt*; met 48 h. en 240 inw.

SLENAKEN, gem. in het *Land-van-Valkenburg*, prov. *Limburg*, distr. en arr. *Maastricht*, kant. *Gulpen* (2 k. d., 1 s. d., 1 m. k.); palende N. aan de gem. Wittem, O. aan Epen, Z. aan de Belgische prov. Limburg, W. aan Noorbeek.

Deze gem. bevat het d. Slenaken, benevens de geh. Heienrath en Beseilberg. Zij beslaat, volgens het kadaster, eene oppervlakte van 722 bund. 56 v. r., waaronder 704 bund. 20 v. r. 35 v. ell. belastbaar land; telt 120 h., bewoond door 124 huisgez., uitmakende eene bevolking van 600 inw., die meest in den landbouw hun bestaan vinden.

Het grondgebied dezer gem. is ten deele het hoogst gelegen oord van het koningrijk der Nederlanden.

De inw., die allen R. K. zijn, onder welke ruim 400 Communikanten, maken eene par. uit, welke tot het vic. apost. van *Limburg*, dek. van *Gulpen*, behoort en door eenen Pastoor en eenen Kapellaan bediend wordt. — Men heeft in deze gem. eene school te Slenaken.

Het d. Slenaken, ligt 3 u. Z. O. van Maastricht, 1 u. Z. van Gulpen, aan de Gulp. Men telt er in de kom van het dorp 26 h. en 123 inw.

De kerk, aan den H. Remigius toegewijd, is een sterk gebouw, met eenen lagen toren en van een orgel voorzien.

De kermis valt in in de maand October.

SLENK (DE) of het Tweede-Gat, ook genoemd de Blaauwe Slenk, vaarwater, ten N. van de *Zuiderzee*, tusschen de eilanden Vlieland en Ter-Schelling.

Het ligt beoosten Stortemelk, loopt tusschen den Grinderwaard en de Hendrik-Tjaards-plaat door en wordt thans (door het verloopen der gronden in de Jetting) als vaarwater naar Harlingen gebruikt, zijnde sedert 1846 behoorlijk betond en bebakend. Het is een lang verlaat en vereischt kundige Loodsen, voornamelijk in het waarnemen der watergetijden, alzoo de schepen hier anders gevaar loopen van door den stroom, die met de voorvloeden dwars over het gat valt, tegen de banken gezet te worden. Evenwel is het voor de scheepvaart van Harlingen van groot belang, en de betonning daarvan eene zeer belangrijke verbetering te achten.

SLEPENDAM, voorm. geh. of d. in *Staats-Vlaanderen*, in het *Vrije-van-Sluis*, prov. *Zeeland*. Zie Slependam.

SLEPPERDORP, oude naam van het d. Slappeterp, prov. *Friesland*, kw. *Westergoo*, griet. *Menaldumadeel*. Zie Slappeterp.

SLIBBROEK, geh. in de *Meijerij van 's Hertogenbosch*, kw. *Oisterwijk*, prov. *Noord-Braband*, *Derde* distr., arr. en 5 u. W. ten N. van *Eindhoven*, kant. en 2¼ u. W. ten Z. van *Oirschot*, gem. en 10 min. N. van *Hilvarenbeek*; met 10 h. en 75 inw. Er is in dit geh. een water, genaamd het Raak (zie dat woord). Vroeger stond in de nabijheid een slotje of zoogenaamd kasteeltje, hetwelk door grachten en vijvers omgeven was, doch in de voorgaande eeuw gesloopt is; terwijl de grachten en vijvers gedempt zijn. De steenachtige gronden die men hier aantreft, doen ook nog aan twee brouwerijen denken, welke hier vroeger aanwezig waren.

SLICHTENHORST, buurs. op de *Neder-Veluwe*, prov. *Gelderland*. Zie Sligtenhorst.

SLICKENBURG, eil. in *Oost-Indië*, in de *Chinesche-zee*, aan de Noordwestkust van het *Sundasche* eil. *Borneo*, 3° 59′ N. B., 140° 17′ O.L.

SLIEDRECHT, kant., prov. *Zuid-Holland*, arr. *Gorinchem*; palende N. aan de Lek, die het van het kant. Schoonhoven scheidt, O. aan het kant. Gorinchem en het Noord-Brabandsche kant. Heusden, Z. aan de Groote-Hel of West-kil, welke het van het Noord-Brabandsche kant. Oosterhout scheidt en aan het kant. Dordrecht, W. aan de Noord,

... nderkerk gescheiden wordt
...drecht-en-Naaldwijk, ...
...-en-Matena, Alblas-
...-en-Gijbeland, Mole-
...nigbroek, Giessendam-
..., Oud-en-Nieuw-Goudri-
...ngeland met Minkeloos,
...land, Bleskensgraaf, Hof-
Aksland, Laag-Blokland,
...mmers, Graveland-Achter-
...oort, Langerak, Giessen-
..., beslaat eene oppervlakte van
..., waaronder 20,544 bund. 64 v. r.
... 2730 h., bewoond door 3761 huisgez.,
... 9,000 inw., die meest hun bestaan vin-

... Zuid-Holland, klass. van Dordrecht.
...: Sliedrecht, Oud-Alblas, Al-
...af-en-Hofwegen, Brandwijk-en-
..., Nieuw-Lekkerland, Molenaars-
...adrecht, Streefkerk en Wijngaar-
... kerken, welke bediend worden door der-
... er 14,000 zielen, onder welke ongeveer

... n den *Alblasserwaard*, prov. *Zuid-Holland*,
... *Sliedrecht* (11 k. d., 9 m. k., 5 s. d.); palende
...gaarden-en-Ruigbroek, O. aan Giessendam-en-
... aan de Noordbrabandsche gem. Werkendam,
... Papendrecht-en-Matena.
... de voorheen afzonderlijke heerl. Sliedrecht,
...oorst. Zij beslaat, volgens het kadaster, eene
... bund. 4 v. r. 34 v. ell., waaronder 2362 bund.
...baar land.
... bewoond door 900 huisgez., uitmakende eene
... 3130 zielen, die hoofdzakelijk hun bestaan vin-
... droogen van biezen, tot gebruik voor matten
... annemen van uitgebreide werken; in de visscherij
... hadbouw; in de veeteelt en in de grienderijen.
... 25 na, allen Herv. zijn, onder welke 1140 Le-
... gem. van *Sliedrecht* uit. — De enkele R. K.,
... behoort tot de stat. van *Gorinchem*. — De 22 Isr.,
... tot de ringsynagoge van *Gorinchem* gerekend. —
... drie scholen, welke gezamenlijk gemiddeld door
... lingen bezocht worden.
... in den *Alblasserwaard*, prov. *Zuid-Holland*,
... *Sliedrecht*, gem. *Sliedrecht-en-Naaldwijk*; pa-
... Wijngaarden, O. aan de heerl. Naaldwijk,
... of West-kil, Z. W. aan de gem. Dubbeldam,
...hberst.
... dan het d. Sliedrecht, en beslaat, volgens
... oppervlakte van 3044 bund. 72 v. r. 34 v. ell.
... bewoond door 900 huisgez., uitmakende eene
... 3120 inw., die meest in het aannemen van publicke
... rijs, hoepels en biezen, hun bestaan vinden.

De inw., die er, op 21 na, allen Herv. zijn, maken met de overige uit de burgerlijke gem. *Sliedrecht*, eene gem. uit, welke tot de klass. van *Dordrecht*, ring. van *Sliedrecht*, behoort en door twee Predikanten bediend wordt. De eerste, die in deze gemeente het leeraarambt heeft waargenomen, is geweest Wilhelmus Lontius, die in het jaar 1582 herwaarts kwam en in het jaar 1584 naar de Paltz vertrok. De eerste tweede Predikant is geweest Gerardus Leonardus van der Kuyp, die in het jaar 1832 herwaarts kwam en er nog in dienst is. Het beroep, zoowel van den eersten als van den tweeden Predikant, geschiedt door den kerkeraad, onder agreatie van den Ambachtsheer.

Er wordt slechts één R. K. aangetroffen. — Men heeft in deze heerl. drie scholen, welke gemiddeld door een getal van 500 leerlingen bezocht worden.

Deze heerl. is zoodanig met de voorheen afzonderlijke heerl. *Naaldwijk* en *Lokhorst* verheeld, dat men de grensscheiding tusschen haar niet meer weet aan te wijzen en zij alzoo gezamenlijk ook thans slechts als ééne heerlijkheid beschouwd worden, welke in eigendom bezeten wordt door Vrouwe E. H. E. Baronesse Collot d'Escury, douairière van den Heer Karel Emanuel Baron van Tuyll van Serooskerke, woonachtig te 's Gravenhage.

Het d. Sliedrecht, ook wel Slijdrecht gespeld, ligt 3½ u. W. van Gorinchem, 2 u. O. N. O. van Dordrecht, aan den hoogen Merwededijk, 51° 49′ 21″ N. B., 22° 26′ 9″ O. L.

Het is het grootste en aanzienlijkste d. van den geheelen *Alblasserwaard*, met vrij goede huizen betimmerd. Het is geheel langs den dijk gebouwd, en strekt zich ruim 1½ uur gaans uit.

Sommigen maken gewag van nog een ander Sliedrecht in den Grooten Waard gelegen, ten O. van Riede, regt tegen over het tegenwoordig Sliedrecht. De kerk hiervan zoude gestaan hebben waar thans het Merwerder-Diep is, zijnde de plaats nog bij den naam van het kerkhof bekend. Eene oude overlevering wil dat twee gezusters deze kerken gebouwd hebben, en dat de eene zeer prachtig, en de andere zeer gering was. Zij, die de deftigste had, smaalde derhalve op de slechtheid van haar zusters kerkje, die haar als uit een geest van voorzegging te gemoet voerde: Mijn kerk zal staan, en uw kerk zal vergaan. Dit zoude gebeurd zijn door den watervloed van het jaar 1421, maar de echtheid der voorzegging strijdt met de geschiedenis dier overstrooming. Het is eerder te vermoeden, dat er door eenen watervloed vroeger een gedeelte van het dorp, waarop ook eene kapel stond van het overige is afgescheurd. Het tegenwoordige Sliedrecht vindt men reeds genoemd in eenen brief van Keizer Hendrik IV, van het jaar 1064.

De thans nog bestaande kerk en toren zijn zeer fraai en nog nieuw. Men heeft in deze kerk geen orgel.

De in het jaar 1806 eerst nieuwgebouwde dorpschool, wordt door een gemiddeld getal van 200 leerlingen bezocht. De tweede in 1836 en de derde in 1846 gebouwde school tellen ieder 150 leerlingen. Men heeft er ook een departement der Maatschappij *Tot Nut van 't Algemeen*, hetwelk den 26 Januarij 1810 is opgerigt en ruim 70 leden telt.

In het jaar 1785 ontstond te Sliedrecht, alwaar de landlieden in de kerk vergaderd waren, om de manschappen in den wapenhandel te oefenen, op een oogenblik eene geweldige beweging en geschreeuw, » dat zij niet wilden of zouden exerceren, maar wel voor den Prins, hij » moet er boven", riep men, » de Staten onder, de Patriotten weg." Men dwong den Schout het oranje-vaandel te geven, sloeg op ketels, die tot trommen dienden, en schreeuwde langs den dijk, de Prins er boven, enz. De toestand van zaken was daar akelig en men vreesde niet zonder reden de droevigste gevolgen; onderscheidene lieden namen de vlugt. Door de rustige houding evenwel, welke de Regering aan nam, kwam alles weldra weder tot stilte.

De kermis te Sliedrecht valt in den eersten Zondag in Augustus.

SLIEDRECHT (DE POLDER-VAN-), pold. in den *Alblasserwaard*, prov. *Zuid-Holland*, arr. *Gorinchem*, kant. *Sliedrecht*, gem. *Sliedrecht*; palende N. aan den Polder-van-Wijngaarden, O. aan den Polder-van-Giessendam, Z. aan de Merwede, W. aan Matena.

Deze pold., welke in 1366 bedijkt is, beslaat, volgens het kadaster, eene oppervlakte van 1300 bund. 62 v. r. 42 v. ell., en wordt door drie molens, op den Graafstroom, van het overtollige water ontlast. Het polderbestuur bestaat uit eenen Polderschout en Secretaris en zeven Heemraden.

SLIEDRECHTSCHE-DIJK (DE), naam, welken men in de wandeling geeft aan den hoogen Merwede-dijk, welke in eene westelijk strekking, ten noorden van den *Alblasserwaard*, prov. *Zuid-Holland*, van Gorinchem naar Papendrecht loopt.

Op en aan dezen dijk liggen de dorpen Hardinxveld, Giessendam, Sliedrecht en Papendrecht.

SLIEF (DE), voorm. naam van de buitenplaats Zorgvliet, in *Zalland*, prov. *Overijssel*. Zie Zorgvliet.

SLIEVEN, geh. in de *Meijerij van 's Hertogenbosch*, kw. *Peelland*, prov. *Noord-Braband*, *Derde* distr., arr. en 4 u. Z. W. van *Eindhoven*, kant. en ½ u. W. Z. W. van *Asten*, gem. *Someren*; met 76 h. en 390 inw.

Het is eigenlijk geen geh., maar eene straat of liever onderscheidene straten, die van het Noordwesten tot in het Zuidwesten van de kom des dorps gelegen zijn.

SLIFFERT, geh. in *Meijerij-van-'s Hertogenbosch*, kw. *Kempenland*, prov. *Noord-Braband*, *Derde* distr., arr., kant. en ¾ u. W. van *Eindhoven*, gem. en ¼ u. W. ten Z. van *Strijp*.

SLIGTENHORST of Slichtenhorst, buurs. op de *Neder-Veluwe*, prov. *Gelderland*, distr. *Veluwe*, arr. en 8 u. N. W. van *Arnhem*, kant. en gem. *Nijkerk*; met 60 h. en 390 inw.

SLIJDRECHT, d. in den *Alblasserwaard*, prov. *Zuid-Holland*. Zie Sliedrecht.

SLIJKENBURG, geh. in het markgr. van *Bergen-op-Zoom*, prov. *Braband*. Zie Slikkenburg.

SLIJK-EWIJK, d. in de *Neder-Betuwe*, prov. *Gelderland*, distr., arr. en 1 u. W. N. W. van *Nijmegen*, kant. en 2 u. Z. W. van *Elst*, gem. en 1 u. Z. van *Valburg*, 51° 52′ 56″ N. B., 23° 27′ 1″ O. L. Men telt er 60 h. en ongeveer 380 inw., die meest in den landbouw hun bestaan vinden.

De Herv., die er ongeveer 220 in getal zijn, behooren tot de gem. van *Slijk-Ewijk-en-Oosterhout*, welke te Slijk-Ewijk eene kerk heeft. Deze kerk, die in het jaar 1826 hersteld is, heeft eenen toren, doch geen orgel.

De R. K., welke men er ruim 160 aantreft, worden tot de stat. van *Oosterhout-Lent-en-Slijk-Ewijk* gerekend, welke hier ééne kerk heeft, met eenen toren en van een orgel voorzien.

De dorpschool wordt gemiddeld door een getal van 60 leerlingen bezocht.

De kermis valt in den derden Zondag in September.

Den 17 Januarij 1809, werd de Burgemeester van Nijmegen, van wege het Ambt van Over-Betuwe aangezocht, om brood en andere behoeften met karren langs den bandijk van het Rijk-van-Nijmegen te doen overbrengen naar beneden, ten einde die op de hoogte van Slijk-Ewijk over de rivier te doen voeren, om daardoor des te eerder de noodlijdenden aldaar, die gebrek aan alles hadden, te ondersteunen. Dit te verrigten was echter ten uiterste moeijelijk, daar de rivier, tegenover dit dorp, met ijs opgestopt en men er tot dat oogenblik nog niet overgetrokken was. De persoon van H. Teunissen, liet zich nogthans hiertoe bewegen en volvoerde zulks ook des nachts ten twee ure, met gevaar van zijn leven, ten einde de ongelukkige noodlijdenden des te spoediger van het noodige te verzorgen, eene daad, die welligt in hare gevolgen van groot belang was. Bij dien watersnood, zijn te Slijk-Ewijk twee kinderen verdronken. Zij bevonden zich, met hunne moeder, op den zolder harer woning, en vonden door het instorten van den binnenmuur en het daarop gevolgd invallen van den zolder hun graf in het water. De moeder werd evenwel nog gered.

SLIJK-EWIJK-EN-OOSTERHOUT, kerk. gem. in de *Over-Betuwe*, prov. *Gelderland*, klass. van *Nijmegen*, ring van *Elst*.

Vroeger waren het twee afzonderlijke gem., van welke Slijk-Ewijk, in vereeniging met *Hervelt*, tot eersten Predikant had Johannes Bachusius, die in het jaar 1602 herwaarts kwam en in het jaar 1606 naar Krimpen-aan-de-Lek vertrok. Sedert het jaar 1610, zijn echter die beide gem. gecombineerd; terwijl Hervelt eenen eigen Predikant bekwam. De eerste, die in deze combinatie het leeraarambt heeft waargenomen, is geweest Conradus Heckes, die in het jaar 1625 naar Schenkenschans vertrok. Het beroep van Slijk-Ewijk is eene collatie van den Heer. Voor Oosterhout staat het beroep aan den kerkeraad, waarom hier om den anderen keer een Predikant door den Heer en een door den kerkeraad van Oosterhout beroepen wordt. Men heeft in deze gem. ééne kerk te Slijk-Ewijk. Men telt er 320 zielen, onder welke 100 Ledematen.

SLIJK-EWIJKSCHE-WOERD, heuvel op de *Over-Betuwe*, prov. *Gelderland*, onder *Slijk-Ewijk*, van welke men, als eene legende, verhaalt, dat er eenmaal eene oude legerplaats aanwezig was. Ook vindt men er nog steeds penningen van onderscheidene soort en waarde. Bij de overstrooming van het jaar 1809, onder anderen, haalde men er, op meer dan eene plaats, potten met munten uit den ontblooten grond op. Deze woerd is het hoogste punt van Slijk-Ewijk, ruim 3 bund. groot, en ligt tegenover den Hoogen-Hof, die ruim 5 bund. grond beslaat. Van alle zijden loopen de wegen op dit punt uit; de zwarte grond is er in overvloed; de kapel verheft zich aan de regterzijde van den Hoogen-Hof; de duifsteen en de scherven van de schoonste urnen zijn ook hier veel voor handen.

SLIJKGAT (HET), een der vaarwaters van het *Goereesche-Zeegat*, loopende tusschen de Hompels, de Bol en de uiterste ton van den Hinder in het *Westgat* uit. Het heeft ten minsten 35 palm. water.

SLIJKHOEK, kaap in *Oost-Indië*. Zie Kijvershoek.

SLIJKPLAAT, b. in *Staats-Vlaanderen*, prov. *Zeeland*, arr. en 3¾ u. Z. van *Middelburg*, kant. en 2¼ u. N. O. van *Oostburg*, distr. en 4½ u. N. O. van *Sluis*, gem. en 1 u. W. van *Hoofdplaat*, zich uitstrekkende van het geh. Nummer-Een tot het geh. Sas-put; met 38 h. en ruim 190 inw.

Het geh. ontleent zijnen naam van de slijkgronden en moerassen, welke aldaar tot 1802 werden gevonden, en is onregelmatig, langs den zoogenoemden molenweg, gebouwd. — Deze eenvoudigheid komt voort uit het op- en afgraven van de gronden, doordien de ingelanden, aan wie deze gronden in eigendom toebehoorden, aan ieder, die verzocht, hier eene woning te bouwen, zulks toestonden. Daar dit bouwen besloten dan ook de ingelanden (zijnde tien grondeigenaren) in het jaar 1783 alhier eenen molen te stichten, en ook eenen weg daar te stellen, welke met den hoofdweg naar de Hoofdplaat, tot op den openbaren weg, naar IJzendijke gemeenschap heeft. Van 1783—1812 heeft die molen aldaar gestaan, en is toen door den eigenaar en bewoner overgevoerd, naar den Saspot.

De bewoners van dit gehucht behooren allen tot de arbeidende klasse, en zijn voor het meerendeel dijkwerkers.

Veel leden deze bewoners, bij zware regens, door de gebrekkige waterlosing, tot dat in 1836 eene afwateringssluis is gelegd, welker uitwatering verder door de zeesluis van Nummer-Een in de Schelde geschiedt.

SLIJK-PLAAT (DE), droogе plaat, in het Z. van de prov. *Zuid-Holland*, liggende tusschen het Haringvliet en het Zuider-diep aan de eene en het Aardappel-gaatje en den Zuidwal aan de andere zijde.

SLIJK-TOREN, voorm. toren, in het markgr. van *Bergen-op-Zoom*, prov. *Noord-Braband*, gem. en ½ u. W. van *Halsteren*, ¼ u. W. van het geh. Slikkenburg, waarvan voor eenige jaren nog de grondslagen opgegraven zijn.

SLIJK-WELL, b. van het d. Well, in den *Bommeler-Waard*, prov. *Gelderland*. Zie WELL (SLIJK-).

SLIJMSIEP, voorm. adell. h. in het *Land-tusschen-Maas-en-Waal*, prov. *Gelderland*, distr., arr. en 2¼ u. Z. W. van *Nijmegen*, kant. en 1½ u. Z. O. van *Wijchen*, gem. en 10 min. N. van *Over-Asselt*.

SLIJP-PAD, b. in *Amstelland*, prov. *Noord-Holland*, arr., kant., gem. en 5 min. W. van *Amsterdam*.

SLIJPENDAM, voorm. geh. of d. in *Staats-Vlaanderen*, prov. *Zeeland*. Zie SLIPPENDAM.

SLIK, naam, welken men in de wandeling geeft aan den WIERINGER-WAARD, eene bedijking in *Noord-Holland*. Zie WIERINGER-WAARD.

SLIK-GAT (HET), geh. in de bar. van *Breda*, prov. *Noord-Braband*, *Vierde* distr., arr. en 2¼ u. N. W. van *Breda*, gem. en ¼ u. N. van *Etten-en-Leur*; met 6 h. en 40 inw.

SLIK-GAT (HET), in de wandeling veelal de NOORD genoemd, geh. in de bar. van *Breda*, prov. *Noord-Braband*, arr., kant. en 2¼ u. N.W. van *Breda*, gem. en 1½ u. N. W. van *Terheyden*, aan den weg van Zevenbergen op Breda; met 52 h. en 370 inw.

SLIKKENBURG, b., prov. *Friesland*, kw. *Zevenwouden*, griet. *Stellingwerf-Westeinde*. Zie SLYKENBURG.

SLIKKENBURG, eigenlijk SLIJKENBURG, geh. in het markgr. van *Bergen-op-Zoom*, in den *Auvergne-polder*, prov. *Noord-Braband*, *Vierde* distr., arr. en 7 u. W. van *Breda*, kant. en ¾ u. N. W. van *Bergen-op-Zoom*, ½ u. W. van *Halsteren*, aan den grooten weg tusschen Tholen en Bergen-op-Zoom, en aan het Langewater, waarover hier eene houte brug ligt; met 10 h. en 60 inw. — Onder de huizen is eene bekende herberg, het Palinghuis genoemd, waar de inwoners van Bergen-op-Zoom paling gaan eten, die in genoemd water wordt gevangen.

SLIKKENBURG, voorm. kroonwerk, in het markgr. *Bergen-op-Zoom*, in den *Auvergne-polder*, prov. *Noord-Braband*, ¼ u. van het geh. Slikkenburg, behoord hebbende tot de voorm. vesting Tholen, waarover het tegen de Eendragt, als een bruggenhoofd gelegen was. Thans ziet men nog duidelijk de aarden wallen en natte grachten daarvan, ter plaatse, waar de groote weg van Bergen-op-Zoom op Middelburg genoemde rivier overgaat, door een pontveer op Tholen.

Ten westen en nabij dit werk, moet de voorm. Slijktoren gestaan hebben, en op eene oude kaart, vervaardigd in 1555 door den Landmeter PIETER RESEN, dus vóór de overstrooming van den Auvergne-polder (in 1693 herdijkt), vindt men daar ter plaatse aangegeven, *het Dorp den Polder genaempt onder Berghen*; met eene kerk of kapel en eenen houten windmolen, op den rivierdijk ten Noorden daarvan.

SLIKKENBURG, voorm. schans, zijnde een gebastioneerde vierhoek, in *Staats-Vlaanderen*, prov. *Zeeland*, distr. *Sluis*, aan het noordoostelijk punt der voorm. wallen van Oostburg, en daarmede in 1673 verkocht.

In het begin dezer eeuw was deze schans nog vrij kenbaar; maar door het leggen van den straatweg op Breskens, het aanleggen en weder slechten van veldverschansingen in 1830 enz., als ook door het afgraven en gelijkmaken van de gronden tot bouwland, is zij nu bijna onkenbaar. De naam is bewaard gebleven in eenen uitweg naar den Henricus-polder langs de voorm. glacis, aan welken 10 huisjes gebouwd zijn, gedeeltelijk aan elkander, gedeeltelijk met tuintjes omringd, welke eene straat vormen, die eene verlenging der stad Oostburg uitmaakt.

SLIKKENDAM, geh. in *Rijnland*, prov. *Zuid-Holland*, arr. en 4 u. O. van *Leyden*, kant. en 1 u. N. W. van *Woerden*, gem. *Nieuwkoop-en-Noorden*, ¼ u. Z. O. van Nieuwkoop, bij het Woerdensverlaat.

SLIKKER-VEER (HET), geh. in den *Riederwaard*, arr. en 2 u. N. W. van *Dordrecht*, kant., gem. en ¼ u. N. O. van *Ridderkerk*, prov. *Zuid-Holland*, tegenover de mond van de Lek. — Er is hier een veer op Krimpen-aan-de-Lek en Elshout en eenen scheepstimmerwerf voor zeeschepen.

SLIK-POLDER (DE), pold. in de prov. *Noord-Braband*, arr. *Breda*, kant. en gem. *Oosterhout*; palende N. aan den Oranje-polder, O. aan het Noorder-poldertje, Z. aan den Republiek-polder en den Oost-polder, W. aan den Oost-polder en het Visschers-gat.

Deze pold. beslaat, volgens het kadaster, eene oppervlakte van 28 bund. 51 v. r. 80 v. ell., met de kaden, heeft, in gemeenschap met een gedeelte van den Oost-polder, eene steenen sluis aan het einde van het Visschers-gat, wijd 1.66 ell., voorzien van eene drijfdeur en schuif, dragende het jaartal 1749, en waardoor hij zich op Gooikens-gat en door de haven van Oosterhout, op de river de Donge, van het overtollige water ontlast. Het zomerpeil is 0.05 ell. onder A. P. Het bestuur over dezen polder, welke geheel aan het Domein behoort, berust bij den Rentmeester van het Domein te Oosterhout.

SLIKPOLDER (DE), pold. in de heerl. *Zevenbergen*, prov. *Noord-Braband*, *Vierde* distr., arr. *Breda*, kant. en gem. *Zevenbergen*.

Van dezen pold., welke een gedeelte van den *Kleine-Noord-en-Slikpolder* uitmaakt, is de afzonderlijke grootte niet bekend.

SLIKVENDER-POLDER (DE), pold. in *Geestmer-ambacht*, prov. *Noord-Holland*, arr. *Alkmaar*, kant. *Schagen*, gem. *Haringcarspel*.

SLIKSLOOT (DE), water aan het westeinde van den *Crimpenrewaard*, prov. *Zuid-Holland*, hetwelk in eene noord-noordwestelijke rigting tusschen den Storm-polder en den gezegden waard doorloopt. Er ligt over dit water een pontveer, het IJsselsche-veer geheeten.

SLIKSTRAAT (DE), b. van het d. *Ooltgensplaat*, op het eil. *Goedereede-en-Overflakkee*, prov. *Zuid-Holland*, arr. en 8 u. Z. O. van *Brielle*, kant en 3½ u. O. ten Z. van *Sommelsdijk*, gem. *Ooltgensplaat*.

Bij den watervloed van 1715 zijn de meeste huizen in deze b. onbruikbaar geworden en afgebroken. Op de plaats, waar zij gestaan hebben, vindt men thans bouwschuren en eene meestoof.

SLIMME-WEG (DE), weg in *Kennemerland*, prov. *Noord-Holland*, gem. *Sloten-Sloterdijk-Osdorp-en-de-Vrije-Geer*, loopende in eene zuidzuidoostelijke strekking van Osdorp naar Sloten. — Aan dezen weg ligt eene batterij.

SLIM-PAD (HET), weg in de *Vier-Noorder-koggen*, prov. *Noord-Holland*, gem. *Spanbroek*, loopende van het noordeinde van den Poepenweg, in eene noordoostelijke rigting, tot nabij den Waterkant, eene b. onder Spanbroek.

SLIM-PAD (HET), landpad in de *Vier-Noorder-koggen*, prov. *Noord-Holland*, gem. *Hoogwoud-en-Aartswoud*, loopende van den Hoogwoudermeelmolen in eene noordwestelijke rigting naar de Langereis-brug.

SLIM-TOGT (DE), water in *Dregterland*, prov. *Noord-Holland*, gem. *Berkhout-en-Baarsdorp*.

Het komt uit de ringsloot van het Baarsdorpermeer en loopt, met eene zuidoostelijke strekking, in de *Burggracht* uit.

SLIMTOGT-BRUG (DE), brug in *Dregterland*, prov. *Noord-Holland*, gem. *Berkhout-en-Baarsdorp*, ¼ u. N. O. van Berkhout, over de Slimtogt.

SLINGE (DE), de SLINK of de SLINK, beek in het graafs. *Zutphen*, prov. *Gelderland*.

Deze beek ontspringt, onder den naam van SLINGE, even boven *Winterswijk*, neemt in den regteroever de Hunneker-beek op, welke door twee, uit Pruissen komende, beekjes, de Borger-beek en de Ratumsche-beek, gevormd is, en verder insgelijks op den regteroever, de Beurser-beek, met de daarin uitloopende Bolders-beek, opneemt. — De overige zijtakken der SLINGE zijn: de Roeten-beek, op den regteroever; de Leurdijks-beek, op den linkeroever; de Wissink-beek, op den regteroever; de Steen-beek, op den regteroever, en op den linkeroever het water uit het zuidelijk gedeelte van Groenlo, door de stadsgracht aangevoerd. Beneden Groenlo loopt de SLINGE langs den grindweg van Zutphen naar Winterswijk, en verdeelt zich dan in twee armen, waarvan de westelijke, onder den naam van Meibeek, den grindweg blijft volgen en dan op de Ruurlosche kooi aanloopt, alwaar zij op den linkeroever het water opneemt, dat langs de Belaarsdijk door de Koekoeksbrug wordt aangevoerd. De oostelijke arm draagt den naam van Greven-gracht en beneden den mond der Elsbeek, die van Goorbeek.

Door dit water werd het Ruurlosche-Broek vroeger dikwijls onder water gezet, maar thans is het opgedamd, en stroomt nu niet anders uit, dan bij buitengewoon hoog water en doorbraak.

SLINGE (DE), watertje in het graafs. *Zutphen*, prov. *Gelderland*, dat tusschen de grenspalen no. 776 en 777 op Nederlandsch gebied treedt, en de gemeente Winterswijk, Aalten, Wisch en Ambt-Doetinchem doorsnijdt. Zij verdeelt zich in de gemeente Wisch in twee armen, waarvan den zuidelijken de naam van Bielheimerbeek draagt, en zich, beneden de Pol, in den *Ouden-IJssel* ontlast, terwijl de noordelijke arm SLINGE blijft heeten, door den Slangenburg loopt, de grachten van dat huis van water voorziet en eindelijk door de gracht en den watermolen te Doetinchem, zich mede in den *Oude-IJssel* ontlast.

Het landgoed Slangenburg heeft het regt van opstuwing van het water, acht dagen in October en Maart van ieder jaar.

SLINGELAND, voorm. heerl. in den *Alblasserwaard*, prov. *Zuid-Holland*, arr. *Gorinchem*, kant. *Sliedrecht*; palende N. aan Goudriaan, O. en Z. O. aan de Giessen, die haar van Hoornaar scheidt, Z. aan de Giessen, waardoor zij van Giessen-Nieuwkerk gescheiden wordt, W. aan Peursum en Ottoland.

Deze voorm. heerl. is thans in twee deelen *Neder-Slingeland* en *Over-Slingeland* gescheiden, welke ieder eene afzonderlijke heerl. uitmaken, en waarvan de eerste eene gem. op zich selve is en de andere tot de gem. *Noordeloos-en-Over-Slingeland* behoort.

Zij bevat de b. Neder-Slingeland en Over-Slingeland, benevens eenige verstrooid liggende huizen; beslaat eene oppervlakte, volgens het kadaster, van 493 bund. 49 v. r. 62 v. ell., waaronder 476 bund. belastbaar land; telt 31 h. en 245 inw., die meest in den landbouw hun bestaan vinden.

De inw., die er allen Herv. zijn, behooren gedeeltelijk tot de gem. *Giessen-Nieuwkerk-en-Neder-Slingeland*, gedeeltelijk tot de gem. *Noordeloos-en-Over-Slingeland*.

Men heeft in deze heerl. geen school, maar de kinderen genieten onderwijs te *Giessen-Nieuwkerk*, te *Hoornaar* of te *Noordeloos*.

Het wapen dezer heerl. bestaat uit een veld van sabel, met twee gebretesseerde fascen van zilver.

SLINGELAND (NEDER), gem. in den *Alblasserwaard*, prov. *Zuid-Holland*, arr. *Gorinchem*, kant. *Sliedrecht* (10 k. d., 2 m. k., 5 s. d.); palende N. aan de gem. Oud-en-Nieuw-Goudriaan, O. aan Noordeloos-en-Over-Slingeland, Z. aan de Giessen, die het van Giessen-Nieuwkerk scheidt, W. aan Peursum.

Deze gem. bevat de pold. Neder-Slingeland, en daarin de b. Neder-Slingeland, benevens eenige verstrooid liggende huizen.

Zij beslaat, volgens het kadaster, eene oppervlakte van 243 bund. 86 v. r. 86 v. ell., alles belastbaar land.

Men telt er 15 h., bewoond door 21 huisgez., uitmakende eene bevolking van 130 inw., die meest in den landbouw hun bestaan vinden, ook heeft men er eene touwslagerij.

De inw., die er allen Herv., zijn, behooren tot de gem. van *Giessen-Nieuwkerk-en-Neder-Slingeland*. — Men heeft in deze gem. geen school, maar de kinderen genieten onderwijs te *Giessen-Nieuwkerk*.

Deze gem. is eene heerl., welke in het midden der vorige eeuw in eigendom bezeten werd door Mr. Govert van Slingelandt Barthoutsz. Oud-Raad en Burgemeester der stad Dordrecht, Ontvanger der gemeene middelen en collaterale successie te Breda, Raad-Ordinaris en Generaalmeester van de munt der Vereenigde Nederlanden enz. enz., in wiens geslacht zij tot nu toe verbleven is, zijnde thans Heer van Neder-Slingeland, de Heer Mr. Hendrik Baron van Slingelandt van Geinschalxoort, woonachtig te 's Gravenhage.

De b. Neder-Slingeland, ligt 1½ u. N. W. van Gorinchem, 2½ u. N. O. van Sliedrecht.

Deze b. werd, zegt men, in den jare 1025 gebouwd, door Heer Jan van Arkel, *den vierde* van dien naam, uit welk geslacht dat van Slingelandt afstamt. Hier was ook eene kapel, die reeds, vóór het jaar 1672 is weggeraakt. Aldaar is nog een zeer zware steen voorhanden, met eenen ring, welke ten tijde dat deze heerl. eigen regtsmagt uitoefende, diende om de gevangenen vast te sluiten.

Er is in deze gem. een veer over de Giessen voor den doortogt naar Gorinchem het Pinkeveer geheeten.

SLINGELAND (NEDER-), pold. in den *Alblasserwaard*, prov. *Zuid-Holland*, arr. *Gorinchem*, kant. *Sliedrecht*, gem. *Neder-Slingeland*, palende N. aan den pold. Nieuw-Goudriaan, O. aan den pold. Over-Slingeland, Z. aan de Giessen, W. aan den Polder-van-Peursum.

Deze pold., welke in het jaar 1025 bedijkt is, beslaat, volgens het kadaster, eene oppervlakte van 232 bund. 5 v. r. 60 v. ell., waaronder 220 bund. 90 v. r. 80 v. ell., schotbaar land, telt 15 h., waaronder 11 boerderijen, en wordt door twee molens op de *Giessen*, van het overtollige water ontlast. Het polderbestuur bestaat uit vijf Leden behalve den Schout.

SLINGELAND (OVER-), heerl. in den *Alblasserwaard*, prov. *Zuid-Holland*, arr. *Gorinchem*, kant. *Sliedrecht*, gem. *Noordeloos-en-Over-Slingeland;* palende N. W. aan de Noordzijde-van-Noordeloos, O. en Z. O. aan de Voor-Giessen, W. aan Neder-Slingeland, waarmede deze heerl. als polder vereenigd is.

Deze heerl. bevat niets dan den pold Over-Slingeland, en daarin het geh. Over-Slingeland. Zij beslaat eene oppervlakte van 249 bund. 87 v. r. 24 v. ell., alles belastbaar land, en telt 16 h., bewoond door 19 huisgez., uitmakende eene bevolking van 125 inw., die allen hun bestaan vinden in den landbouw. Ook is er eene goede linnenweverij.

De Herv., die er 105 in getal zijn, en de 20 Christelijke Afgescheidenen, die men er aantreft, behooren tot hunne respectieve gem. te *Noordeloos*.

Men heeft in deze heerl. geen school, maar de kinderen genieten onderwijs, hetzij te *Hoornaar* of te *Noordeloos*.

De heerl. Over-Slingeland, wordt tegenwoordig in eigendom bezeten door den Heer Mr. Jacob van Dam van Noordeloos-en-Overslingeland, woonachtig te Rotterdam.

Het geh. Over-Slingeland ligt 1¼ u. N. van Gorinchem, 1 u. O. van Sliedrecht.

Dit geh. heeft eene eigene uitmuntend werkende brandspuit. Vroeger stond aan het uiteinde van het geh. eene fraaije kapel, waarvan nog overblijfselen te zien zijn.

SLINGELAND (OVER-), pold. in den *Alblasserwaard*, prov. *Zuid-Holland*, arr. *Gorinchem*, kant. *Sliedrecht*, gem. *Noordeloos-en-Over-Slingeland;* palende N. W. aan Nieuw-Goudriaan, N. aan de Noordzijde van Noordeloos, O. en Z. O. aan de Voor-Giessen, W. aan Neder-Slingeland.

Deze pold., welke in het jaar 1025 bedijkt is, beslaat, volgens het kadaster, eene oppervlakte van 249 bund. 87 v. r. 24 v. ell., waaronder 235 bund. 62 v. r. 76 v. ell., schotbaar land, telt 16 h., waaronder 11 boerderijen.

In dezen pold. staat de Linksche molen, met ijzeren as, die, gelijk de naam aanduidt, links maalt, waardoor het overtollige polderwater ontlast wordt in het waterschap de Voor-Giessen, beginnende de eigenlijke Giessen eerst bij den Wiel-molen, tegenover Neder-Slingeland. Het bestuur over dezen polder bestaat uit eenen Polderschout en twee Heemraden.

SLINGER (DE), waterloop in *Rijnland*, prov. *Zuid-Holland*, O. van *Zevenhuizen*.

SLINGER-BEEK (DE), watertje in het graafs. *Zutphen*, prov. *Gelderland*. Zie Aaltensche-beek.

SLINGERBOSCH, vroeger adell. h., thans eene burgerwoning in den *Tielerwaard*, prov. *Gelderland*, *Benedendistrikt*, arr. en 1 u. Z. W. van *Tiel*, kant. en 2 u. Z. O. van *Geldermalsen*, gem. en 8 min. O. van *Op-Hemert*.

Dit h. beslaat, met de daartoe behoorende gronden, eene oppervlakte van 50 v. r. 30 v. ell., en wordt thans in eigendom bezeten door den Heer J. C. P. Adriaanse, woonachtig te Tiel.

SLINGERVLIET, landg. in het graafs. *Zutphen*, prov. *Gelderland*, kw., distr., arr. en 5 u. Z. Z. W. van *Zutphen*, kant. *Doetinchem*, gem. *Ambt-Doetinchem*.

SLINGS-TOGT (DE), naam onder welken op de meeste kaarten de Zevenbergen-togt, in *Kennemerland*, prov. *Noord-Holland*, voorkomt. Zie Zevenbergen-togt (De).

SLINK (DE), beek in het graafs. *Zutphen*, prov. *Gelderland*. Zie Slinge (De).

SLINK-SLOOT, water in *Delfland*, prov. *Zuid-Holland*, gem. *Zouteveen*, dat, van de Breevaart afkomende, in eene noordoostelijke strekking, door den *Zouteveensche-polder* naar de Tanthofskade loopt.

SLIPPENDAM, Sleppendam of Slijpendam, eertijds de Zeedam, voorm. geh. of d. in *Staats-Vlaanderen*, in het *Vrije-van-Sluis*, prov. *Zeeland*, niet ver ten O. van *Sluis*, dat door de zee verzwolgen werd; doch waarvan de naam nog in eene watering overig is (zie het volgende art.)

SLIPPENDAMME (WATERING-VAN-) of Watering-van-Slijpendam, watering gedeeltelijk in *Staats-Vlaanderen*, prov. *Zeeland*, gedeeltelijk in de prov. *Oost-Vlaanderen*, kon. België. De landerijen daartoe behoorende, te zamen 1970 bund. 87 v. r. 3 v. ell., liggen eigenlijk in *België*, en worden verdeeld in twee deelen, Eecloo en Lembeke. De uitwatering is thans, met die van eenige Zeeuwsche polders, door de Oostsluis, bij de stad Sluis, in het Vierde distr. van Zeeland. Zie het art. Oostsluis.

In 1243 gaf Thomas, Graaf *van Vlaanderen*, vergunning tot het graven van eene vaart van Aardenburg naar den Zeedam, naderhand Slippendam; hier was ook eene spuije of uitwateringsluis. » Volgens autentike » acte wettelijk onder prestatie van solemnelen eede, gegeven voor de » Magistraat der stad Sluis, den 5 September 1651, bij Jan Gevaart, » wonende in den Biesen, oud omtrent 86 jaar, is in den jare 1582 » of 1583, naar zijn beste geheugen, door die van de stad Sluis — » ter oorzaak van het apparente beleg der stad door den Hertog van » Parma — de spuije van Slippendamme doorgesteken, waardoor Be» oester-Eede en Bewester-Eede met de zee is gemeen gemaakt, zijnde » volgens dezelve attestatie de sluis van Slippendamme omtrent 1588 of » 1589 gelegd omtrent Aardenburg, ten tijde der herdijking (zeker » der achter gelegen landen) door Jan Heyse en Jan Verselge." (1). De sluis der Watering-van-Slippendamme lag sinds achter in de kaai van Aardenburg, naast die van Ooster-Eede, want » in 1659 was op » order van den Raad van State, door den polder Beooster-Eede gedol» ven deszelfs watergang tot aan de kaai van Aardenburg, hebbende » te voren de wateren gemeen geloopen met die van Slippendamme, » welker watergang in dezen jare ook is betracheld."

In 1813, toen de Aardenburgsche haven bedijkt werd, werd de sluis gelegd in den dijk, die den mond dier haven sloot; maar spoedig moest men, wegens de opslijking, uitwatering door de Oostsluis zoeken.

---

(1) Overgenomen uit eenen *Ouden Omlooper van Beooster-Eede*.

Bij de overeenkomst met België van 20 Maart 1843 (Staatsblad 1844, no. 11) werd ook het beheer dier sluis vastgesteld; doch de gelanden van Bewester-Eede maakten swarigheid haar aan de benoemde Directie over te geven (zie art. Oostsluis.) Dit geschiedde echter den 14 Januarij 1847, waarbij de Gemagtigden der nieuwe Directie op zich genomen hebben, om het noodige in het werk te stellen, tot teruggave der voorschotten, sedert het in werking zijn der bepalingen van gemelde overeenkomst met België, en beloofd hebben zich spoedig onledig te zullen houden, tot het onderzoek der pretensiën van Bewester-Eede, wegens de uitschotten sedert 1816, zich ook verbindende, om, zoo zij zelve die zaak niet tot een gewenscht einde mogten kunnen brengen, den stand van zaken aan het provinciaal bestuur kenbaar te maken.

In 1831 werden de trachels der Watering-van-Slippendamme op militair gezag doorgegraven, ten einde, tot beveiliging des lands, den polder Beooster-Eede met het uit België afloopend water te inunderen (zie art. Eede [Ooster-]). Als het nieuwe kanaal, dat de Belgen naar Heyst graven, voltooid zal zijn, zal waarschijnlijk de uitwatering van Slippendamme daardoor geleid worden en door Zeeland ophouden.

SLOBBEGORS, pold. in het markgr. van *Bergen-op-Zoom*, prov. *Noord-Braband*. Zie Elizabeths-polder (St.).

SLOBBEGORS, pold. in de *Langestraat*, prov. *Noord-Braband*, *Vierde* distr. en arr. *Breda*, kant. *Oosterhout*, gem. *Raamsdonk*; palende N. en W. aan het Holletje of Holleke, O. aan den Overdiepsche-Hooipolder, Z. aan het Oude-Maasje.

Deze pold., welke vóór het jaar 1798 bedijkt is, beslaat, volgens het kadaster, met de kaden, eene oppervlakte van 9 bund. 51 v. r. 40 v. ell., en wordt door eenen houten duiker, wijd 0.54 ell., voorzien met een deurtje, op het Oude Maasje, van het overtollige water ontlast. Het polderbestuur bestaat uit eenen Poldermeester.

SLOBBEN (DE), pold. in de *Langestraat*, prov. *Noord-Braband*, *Tweede* distr., arr. *'s Hertogenbosch*, kant. *Waalwijk*, gem. *Capelle*; palende N. aan de Gantel, O. aan den pold. de Groote Oudestraat, Z. aan de Vrijhoevensche of Labbegatsche-vaart, W. aan de vereeniging van die vaart met het Oude Maasje.

Deze polder beslaat, volgens het kadaster, met de kaden, eene oppervlakte van 5 bund. 98 v. r. 32 v. ell., en wordt door eenen houten duiker, aan den Zuidoosthoek in de kade, tegen de Vrijhoevensche-vaart of het Labbegat, wijd 0.25 ell. en voorzien van eene klep, op de gezegde vaart en vervolgens op het Oude Maasje, van het overtollige water ontlast. Het zomerpeil is 0.35 ell. boven A. P. De hoogte der dijken is 1.75 ell. à 1.85 ell. Het polderbestuur bestaat uit eenen President, vier Poldermeesters en eenen Secretaris.

Aan de Noordzijde van dezen pold. zijn de landen aanmerkelijk hooger dan aan de zuidzijde.

SLOBBERDOEZEN (DE), pold. in de *Langestraat*, prov. *Noord-Braband*, *Vierde* distr., arr. *Breda*, kant. *Oosterhout*, gem. *Raamsdonk*; palende N. aan den Bedlaarts-polder, O. aan de uitgegraven gronden aan de westzijde van den grooten weg der 1e klasse no. 3, Z. aan de groote Buiterbos, W. aan de Kwestieuse of Krakeellanden.

Deze polder beslaat, volgens het kadaster, eene oppervlakte van 10 bund. 64 v. r. 70 v. ell., en wordt door eenen houten duiker, aan de oostzijde des polders, wijd 0.61 ell. voorzien met eene klep en schuif, op het Krommegat en vervolgens op de Donge van het overtollige water ontlast. Het zomerpeil is 0.15 ell. boven A. P. De hoogte der dijken is 1.51 ell. à 1.60 ell. Het polderbestuur bestaat uit eigen administratie.

Het gat tusschen dezen pold. en den **Beelaarts-polder**, hetwelk in 1778 nog open was, is thans geheel verland. Aan het benedeneinde daarvan, bij de Donge, vindt men eenen houten wachter, dienende om het water tusschen de bekadingen in de Donge te loozen. Ook op het oostelijk einde van dit verlande gat, nabij den grooten weg, is een houten duiker ten zelfden einde geplaatst.

SLOBOOK, bosch in *Oost-Indië*, op het *Sundasche* eil. *Java*, resid. *Tegal*.

SLOCHTER (DE), water in *Amstelland*, prov. *Noord-Holland*. Zie Dijk (Kortz-).

SLOCHTER (DE), water, in *Kennemerland*, prov. *Noord-Holland*. Het is eigenlijk de voorm. uitwatering van het Sloterdijkermeer in het IJ, doch thans is de uitwatering gedempt. Ook wordt het door den straatweg van Amsterdam op Haarlem in tweeën gedeeld. Het is zeer bogtig.

SLOCHTER (DE), voorm. water in *Waterland*, prov. *Noord-Holland*. Zie Slootsa (Het).

SLOCHTER-AE (DE), water in *Fivelgo*, prov. *Groningen*, dat bij Sappemeer zijnen oorsprong neemt, in eene noordwestelijke rigting, tusschen Kolham en Slochteren door, naar het Schapenhok loopt. Na zich met de **Scharmer-Ae** en het **Slochterdiep** vereenigd te hebben, loopt het langs de Woltersumer-Ae, bij Oud-Tuwenga in het *Damsterdiep*.

SLOCHTER-DIEP (HET), of het Rengers-diep, kanaal in *Fivelgo*, prov. *Groningen*, dat, in 1652, door Osebrand Johan Rengers, Heer van *Slochteren*, gegraven is. Het begint bij het Hoogehuis ten Noordoosten van het dorp Slochteren, en loopt vandaar in eene noordelijke strekking naar het Schapenhok, alwaar de Slochter-Ee en de Scharmer-Ee in het kanaal vallen, hetwelk dan verder noordelijk oploopt tot op 1 u. O. van Groningen, waar zich het kanaal ten O. van Ruischerbrug met het **Damsterdiep** vereenigt.

Het regt van eene trekschuit van Slochteren op Groningen en visa versa werd aan den Heer van Slochteren gegeven door de Staten der Provincie bij octrooi van den 26 Maart 1659 en bestaat nog.

SLOCHTEREN, kerk. ring, prov. *Groningen*, klass. van *Appingedam*.

Deze ring bestaat uit de volgende 11 gem.: **Ten-Boer**, **Garmerwolde**, **de Harkstede-en-Scharmer**, **Hellum**, **Kolham**, **Schildwolde**, **Siddeburen**, **Slochteren**, **Thesinge**, **Wittewierum** en **Woltersum**. Men heeft er 11 kerken, bediend wordende door 11 Predikanten, en telt er bijna 10,000 zielen, onder welke 1070 Ledematen zijn.

SLOCHTEREN, gem. in *Fivelgo*, prov. *Groningen*, arr. *Groningen*, kant. *Hoogezand* (1 k. d., 9 m. k., 2 s. d.); palende N. aan de gem. Ten-Boer, Loppersum en Ter-Munten, O. aan Noordbroek, Z. aan Sappemeer en het Hoogezand, W. aan Noorddijk.

Deze gem. bevat de d.: **Slochteren**, **Schildwolde**, **Kolham**, **de Harkstede**, **Scharmer**, **Siddeburen** en **Hellum**, benevens de daartoe behoorende geh.: **Foxham**, **Tjuchum**, **Veendijk**, **Oostwold**, **Laskwerd**, **de Hole**, **het Klooster**, **Schildhuizen**, de **Akkereinden**, de **Huisweeren**, **Bortenhuizen**, **Bovenhuizen**, **Gaarveen**, de **Zanden**, **Denemarken**, het **Schapenhok**, de **Ruten** en enkele huizen van **Martenshoek**. Zij beslaat, volgens het kadaster, eene oppervlakte van 14,589 bund. 28 v. r. 53 v. ell., waaronder 14,500 bund. 41 v. r. 26 v. ell. belastbaar land. Men telt er 1253 h., bewoond door 1380 huisgez., uitmakende eene bevolking van ongeveer 6700 inw., die meest in landbouw, veeteelt en veenderij hun bestaan vinden; de bodem bestaat er deels uit zand, deels uit veengrond en deels uit lage derrijachtige landen; andere soort van aarde, b. v. knipklei en gemengde grond, doet er zich ten Zuiden, doch niet veel, voor. Men heeft er 1 mouterij, 1 brandewijnstokerij uit aardappelen en 4 korenmolens, waarvan drie tevens pelmolens zijn. Vroeger moeten er wel 10 of 12 bierbrouwerijen bestaan hebben, welke echter allen zijn te niet gegaan.

De Herv., die er ongeveer 6500 in getal zijn, onder welke 770 Ledematen, maken de gem. van **Slochteren**, **Schildwolde**, **Kolham**, de **Harkstede-en-Scharmer**, **Siddeburen** en **Hellum** uit, welke in deze burgerlijke gem. zes kerken hebben.

De R. K., die er ongeveer 170 in getal zijn, behooren tot de stat. van *Sappemeer*. — De 40 Isr., die er wonen, worden tot de ringsynagoge van *Appingedam* gerekend.

Men heeft in deze gem. 8 scholen, als: ééne in de **Harkstede**, ééne te **Hellum**, ééne te **Kolham**, ééne te **Scharmer**, ééne te **Schildwolde**, ééne te **Siddeburen**, ééne te **Slochteren** en ééne te **Veendyk**, welke gezamenlijk gemiddeld door een getal van ruim 900 leerlingen bezocht worden.

Het d. SLOCHTEREN, in het Lat. SLOCHTRAA en bij den vervolg-schrijver van MENCO's *kronyk* altijd SLOTERA genoemd, ligt 3 u. O. van Groningen en 1½ u. N. ten O. van het Hoogezand. Men telt er in de kom van het d. 243 h. en 1370 inw. en, met de daartoe behoorende geh. de **Ruten**, het **Schapenhok**, en **Denemarken**, 267 h. en 1500 inw. Men treft er aanzienlijke boerderijen en vele partikuliere huizen aan, welke digter bij elkander staan, dan in de overige dorpen dezer gem. Van SLOCHTEREN gaat een weg op Noordbroek, welke in 1846 begrind is, en een diep of kanaal, het Slochter- of Rengersdiep genaamd, naar Ruischerbrug. Aan de zijde van dit diep is een, meest over derrijgronden loopende, en dus moerige weg, welke vroeger bijna geheel aan de natuur werd overgelaten en, wegens zijne laagte, in den winter nimmer kon worden gebruikt. Men heeft dan ook, mede daarom, langs het gemelde kanaal, een vast en geregeld veer op Groningen aangelegd, hetgene de gemeenschap gemakkelijk maakt. Het vaarwater of diep, de trekschuit, en het regt van veer behooren, met de sluisgelden en den wegtol op het Schapenhok, aan den Heer van SLOCHTEREN of eigenaar van Fraeylumaborg.

Dit dorp werd in de oorlogen der vijftiende en zestiende eeuwen zeer bekend, door dien de oorlogvoerende partijen er gedurig doortrokken en in het bezit daarvan veel belang stelden; want de weg van Westerwolde, Bellingewolde, Winschoten en het Oldambt ging hierover naar Groningen en naar Fivelgo. Van den Wold-weg, welke voor een zeer aanzienlijk gedeelte door de zeven kerspelen van Duurswold en overigens door Wolde, Barge, Westerbroek, Engelbert en Middelbert werd onderhouden, bestaat nog eene door de Hoofdmannen gemaakte verdeeling. Hij loopt van Henkemahorn naar Noorderhooge-brug. Men vindt er nog de sporen van het diep, dat, in het jaar 1584, door de ingezetenen van Fivelgo en Hunsingo in veertien dagen tijds moest worden gegraven, van Slochteren naar Noordbroek, Heiligerlee en Winschoten, tot aanvoer van granen en levensmiddelen en ter bevordering van den handel op Groningen. De stad ontzag daarbij geen land, weg, houtgewas of bosch, en spaarde noch de kerken noch de kloosters van Duurswold, ter verkrijging van het noodige hout voor verlaten en bruggen.

In dit dorp is weinig zuivere zandgrond; hij is meerendeels gemengd met veen, en bestaat uit dallanden van vergravene veenen; het veen is er dan ook grootendeels vergraven of weggebaggerd, evenwel wordt er, naar den kant van het Schapenhok, nog jaarlijks een weinig turf gebaggerd.

De Herv., die er 1460 in getal zijn, onder welke 250 Ledematen, maken eene gem. uit, welke tot de klass. van *Appingedam*, ring van *Slochteren*, behoort. De eerste, die hier het leeraarambt heeft waargenomen, is geweest Simon Johannes Philaeus, die in 1596 van Hellum beroepen werd en in 1598 naar Haren vertrok. Het patroonregt heeft, sedert eenige jaren na de reductie, hier alleen gestaan bij de Heeren van Slochteren, want in de beroepschriften der Predikanten vindt men als Unici Collatores de volgende Heeren vermeld: Osebrand Johan Rengers van Slochteren, Henric Piccardt, Syndicus der Ommelanden en Heer dezer plaats, Jan Piccardt, Hendrik Occo Piccardt Janszoon, Hendrik de Sandra Veldtman, bij wiens dochter, de tegenwoordige eigenares van het huis Fraeylemaborg, het collatieregt nog berustende is.

De kerk, in het laatst der vorige eeuw vernieuwd, staat aan den weg, maar op eenige ellen afstand daarvan verwijderd, de vloer is eenige trappen verheven. Het is een langwerpig vierkant gebouw, hoewel oud, tamelijk wel gesteld, heeft de predikstoel in het midden tegen den westermuur, daar tegen over het gestoelte van het huis Fraeylemaborg, hetwelk, in het laatst der vorige eeuw, van buiten tegen de kerk aan de oostzijde is aangebouwd, en ook eenen eigen, vrijen ingang buiten de kerk heeft. Bovendien heeft men eenen ingang ten N. en W. en een aan alle kanten aanvallend dak met pannen gedekt. Er is in deze kerk geen orgel. De toren, welke in de nabijheid, aan den rijweg, staat, is hoog, stomp en zwaar, met opgaande gevels en huisdak. Hij is sedert weinige jaren met een uurwerk voorzien, en heeft aan de noord- en zuidzijde uurwijzers. Er hangt eene klok in, welke vroeger te Wittewierum gediend heeft en 1650 Nederl. ponden weegt. De oude pastorij is in 1833 geheel afgebroken en nagenoeg op dezelfde plaats, heeft men eene gansch nieuwe en fraaije pastorij gebouwd, welke een overheerlijk uitzigt heeft over het land.

De dorpschool wordt gemiddeld door een getal van ruim 200 leerlingen bezocht.

Slochteren was tot 1795 met *Kolham* en half *Schildwolde* en *Foxham*, eene staande heerl. in het kerkelijke en in schepperijzaken van het huis Fraylema, alhier gelegen. Diens eigenaar is ook thans nog Voorzitter in het Wold-Zijlvest, uit hoofde van het bezit des voormaligen klooster-eeds.

Vóór dat de veenen bij Foxhol en om het Sappemeer aangestoken waren, en door dezen eene vaart tot in het Oldambt was gebragt, liep de groote weg van Westphalen naar Groningen over Slochteren. Die oude weg, zoo ver Slochteren betrof, ofschoon grootendeels vervallen, is nog duidelijk na te sporen en liep westelijk langs de kerk, uitkomende ten noorden van die kerk, op den tegenwoordigen grooten weg.

Voorheen werd dit dorp nog opgeluisterd en versterkt door den Voorburg, nabij de kerk en de burg, op de Ruten (Ruthe), welke in het jaar 1619 door Haico Froma werd bezeten.

Er worden hier jaarlijks twee paarden- en beestenmarkten gehonden: de eene op den eersten Woensdag en Donderdag in Mei, en de tweede den eersten Woensdag en Donderdag in October. Zij worden onder de voornaamste in de prov. Groningen gerekend.

Gedurende den zomer komt men in dit d. uit alle oorden der provincie, inzonderheid uit de stad Groningen, om zich in het schoone der natuur te verlustigen. De beminnaars van baars en snoek vinden hier in het uitmuntend ingerigte logement, het Hoogehuis, de beste gelegenheid om hunnen smaak te streelen; terwijl de liefhebbers van schoone wandelingen het bosch van Fraeylumaborg, toebehoorende aan de echtgenoote van Jonkheer W. Hora Siccama van Slochteren, kunnen doorkruisen, hetwelk, door de menigvuldige kosten daaraan besteed, een bosch heeten mag, waar kunst en smaak met de natuur hebben gewedijverd, om den wandelaar te bekoren.

In het jaar 1505 wilde Edzard, Graaf van *Oost-Friesland*, bij dit dorp eene schans aanleggen, ter benaauwing van de stad Groningen, dan, dewijl de losse veengrond destijds geene bolwerken dragen kon, moest dit werk gestaakt worden, weshalve hij zich vergenoegde met het kerkhof te omwallen, hetwelk daardoor de gedaante eener schans verkreeg. Daarna kwam deze sterkte in handen van de Spanjaarden.

Toen Maurits, Prins van *Oranje*, in het jaar 1594, Groningen belegerd had, wendde hij allereerst pogingen aan, om deze verschansing te vermeesteren, waardoor een vrije toevoer van levensmiddelen en andere noodwendigheden naar zijne legerplaats geopend werd.

Het wapen dezer heerl. hebben wij opgegeven onder het art. Fraeylumaborg. De gem. heeft geen wapen of zegel.

SLOCHTRA, oude naam, onder welken het d. Slochteren, in *Fivelgo*, prov. *Groningen*, nog dikwijls, bij den vervolger van Menco's *Kronyk* en in oude charters, als van 1317 en volg., voorkomt.

SLOE (HET), water, prov. *Zeeland*.

Het is eene tak van de Wester-Schelde, welke de westzijde van het eil. *Zuid-Beveland* bespoelt en het van *Walcheren* afscheidt. Het is het overblijfsel van eene uitgestrekte waterplas, welke tusschen St. Joosland, Walcheren, Borssele, Zuid-Beveland en Noord-Beveland besloten lag, en waarin men, sedert het jaar 1505, ten minste 3800 bund. en de Craijert-polders, Nieuwland enz. heeft aangewonnen.

In vroegere tijden werd het onbruikbaar voor schepen geacht en bevoeren deze doorgaans door het *Arnemuider-gat*, den thans afgedamden tak van de Schelde, tusschen Walcheren en St. Joosland. Frans van Brederode toonde echter, in het jaar 1488, dat het zeer bruikbaar was en sedert droeg het langen tijd den naam van Jonker Fransen-gat. Deze stroom herinnert ons dus aan de laatste poging der Hoekschen, om zich van het bewind meester te maken. Genoemde edelman, een jong man, vol van moed en van eenen ondernemenden geest, had zich aan hun hoofd geplaatst. Zijne vloot bestond uit 48 heuschepen (d. i. huifschepen, even als huifwagens), welke als transportschepen gebruikt werden, en toen 2000 mannen in hadden. Zij vormde dus een geheele sleep, zoodat het in het eerst niet snel vooruitging, vooral daar men zich ook zoo ver mogelijk van de Walchersche kusten afhield. Inzonderheid was van Brederode beducht voor het blokhuis van Arnemuiden, waaruit hij vreesde, dat men zijne schepen in den grond zoude schieten. Hij zocht dus eenen anderen doortogt in de Slikken, vond er eenen ter dezer plaatse, voor dien den 18 November 1488 door, en twee dagen later was Rotterdam verrast door den twee en twintigjarigen jongeling.

SLOE (HET GROOT-), voorm. overzetveer, tusschen de *Zeeuwsche-eilanden Walcheren* en *Zuid-Beveland*, over het vaarwater het Sloe, van Arnemuiden op de noordwestelijke punt van den Noord-Crayertpolder, hetwelk echter sinds lang niet meer bestaat.

SLOE (HET KLEINE-), thans enkel het SLOEVEER genoemd, overzetveer, tusschen de *Zeeuwsche-eilanden Walcheren* en *Zuid-Beveland*, over het vaarwater het Sloe, ter plaatse, alwaar de groote klinkerweg van Middelburg op Goes over dit water loopt. Het veerhuis staat op het eil. Walcheren met nog twee woningen daarbij.

Dit veer wordt van de Walchersche zijde met zeilponten en roeibooten bediend en men zet er ten alle tijde over. Vroeger vertrok men best van één uur vóór tot één uur na het hoog water, dewijl men anders door de slikken en schorren voor den Zuid-Bevelandschen wal moest wandelen. In den winter was het echter, wanneer het eenigen tijd gevroren had, dikwerf verkieslijker het laag water ter overvaart te kiezen, omdat de veerschuiten de kil als dan niet konden inkomen, en door drijfijs belemmerd worden. Sedert aldaar de postroute gelegd is, wordt men met een hoogaarts of bij stil weder met eene roeiboot overgezet, van dam op dam. Daardoor wordt er van de killen geen gebruik meer gemaakt, want is men op den dam dan is men tevens op den straatweg. Ook zijn de dammen ter wederzijden zeer ver in het vaarwater gelegd, waardoor dit zoo veel is vernaauwd, dat men met eenen geringen kijker nagenoeg elkander kan onderscheiden.

SLOEIJERD (DE), naam, welken men in de wandeling geeft aan den pold. en het geh. SLOOTGAARD, in *Geestmer-ambacht*, prov. *Noord-Holland*. Zie SLOOTGAARD.

SLOEKIE, d. in *Oost-Indië*, op het *Sundasche* eil. *Java*, resid. *Rembang*.

SLOFTER (HET) of DE SLOCHTER, water in *Waterland*, prov. *Noord-Holland*.

Het is een gedeelte van het groot *Noordhollandsch-kanaal*, loopende van het Schouw (zie dat woord), in eene zuidelijke rigting naar de Slofterbrug, waar het kanaal eene kromming verkrijgt de Meer geheeten en in eene zuidwestelijke rigting naar den kruidmolen bij Buiksloot loopt. In het SLOFTER is het kanaal een vierde wijder dan elders, welke wijdte reeds vóór de graving van het kanaal bestond. Aan het zuidelijk einde van HET SLOFTER is de bogt, waar de Meer begint.

SLOFTER-BRUG (DE) of de SLOCHTER-BRUG, brug in *Waterland*, prov. *Noord-Holland*, in den kanaalweg, oostzijde, tusschen het Schouw en den kruidmolen bij Buiksloot.

SLOKHAN (DE), gegraven kanaal in *Oost-Indie*, in het *Sundasche* eil. *Java*. Zie SELOKKAN.

SLOOT, oude naam van het stadje SLOOTEN, prov. *Friesland*, kw. *Zevenwouden*. Zie SLOOTEN.

SLOOT (DE), reede en vaarwater, loopende Z. O. uit het *Amsteldiep*, tusschen den *Wieringerwaard* en de *Kooltuinen* naar de *Meer*, en heeft minstens 18 à 20 palm. diepte.

SLOOT (DE MONNIKE-), reede ten N. van de *Zuiderzee*, W. van den Vliestroom.

Deze reede was vroeger zeer geschikt voor zeeschepen, om er winterlage in te houden; doch sedert ongeveer vijf en twintig jaren is zij reeds zoodanig verzand, dat er met moeite en wel alleen met half getij-vloed, of liever met hoog water, visschers vaartuigen kunnen binnen komen, doch voor groote schepen is zij onbruikbaar, en des noods wordt er in den winter, door de bekwaamheid der loodsen, wel een groot schip in behouden. Zij is aan de noord-zijde gedekt door het eiland Vlieland, en verder rondom door platen en droogten. Het is nog een overblijfsel van de door de konversen van Ludingakerk gegraven *Monnikesloot*. Zie dat woord.

SLOOT (DE BOSSCHE-), water, prov. *Noord-Braband*. Zie Bossche-sloot.

SLOOTDIJK, geb. in het *Nederkwartier* der prov. *Utrecht*, arr en 4¼ u. N. W. van *Utrecht*, kant. en ½ u. N. W. van *Loenen*, gem. *Loenersloot-Oucoop-en-Ter-Aa*, ¼ u. O. Z. O. van *Loenersloot*.

In dit geb. staat de R. K. kerk van de stat. *Slootdijk-Loenersloot*, aan den H. Laurens toegewijd, zijnde een net gebouw, met een torentje. Ook hebben de R. K. hier eene afzonderlijke begraafplaats.

SLOOTDIJK-LOENERSLOOT, R. K. stat. prov. *Utrecht*, aartspr. van *Utrecht*. Zij wordt door eenen Pastoor bediend, en telt 730 Communikanten.

SLOOTEN, kerk. ring, prov. *Friesland*, klass. van *Sneek*.

Deze ring bestaat uit de acht volgende gem. Slooten, Balk, Harig, Hemelum-Mirns-en-Bakhuizen, Nijega-en-Elahuizen, Oude-en-Nieuwe-Mirdum-en-Sondel, Oudega-en-Kolderwolde en Wijkel.

Men heeft er 9 kerken, welke door acht Predikanten bediend worden, en telt er 3100 zielen, onder welke 1200 Ledematen.

SLOOTEN, gem. prov. *Friesland*, kw. *Zevenwouden*, arr. *Sneek*, kant. *Lemmer* (12 m. k., 7 s. d); palende N. aan het Slootermeer, O. aan de griet. Doniawarstal, Z. aan Lemsterland, W. aan Gaasterland.

Deze gem. bevat de stad Slooten, en de Klokslag dier stad.

Zij beslaat, volgens het kadaster, eene oppervlakte van 225 bund. 40 v. r. 68 v. ell., waaronder 223 bund. 97 v. r. 2 v. ell., belastbaar land.

Men telt er 147 h., bewoond door 184 huisgez., uitmakende eene bevolking van 900 inw., van welke eenige in de veeteelt hun bestaan vinden. De landen rondom de stad zijn over het algemeen laag, en waren voor dezen van weinig waarde; doch zijn, door de allengskens toenemende inpolderingen in zoo verre, vooral aan den westkant, door den Coehoorns-polder enz. verbeterd, dat zij thans zeer schoone en vruchtbare weilanden bevatten.

Ook heeft men er 1 looijerij; 2 scheepstimmerwerven; 1 bokkingdroogerij, en 1 korenmolen.

De Herv., die er 800 in getal zijn, onder welke ruim 200 Ledematen, maken eene gem. uit, welke tot de klass. van *Sneek*, ring van *Slooten*, behoort. Volgens synodale akte van 1584 was hier toen Predikant Acarius of Ace, die in 1586 opgevolgd werd door Antonius Nicolaus van Wassenaar, die in dat jaar herwaarts kwam, en in het jaar 1589 naar Leeuwarden vertrok. Hij was Priester te Hoogebeintum, werd Predikant der Hervormden, toen onder het kruis, en predikte het Evangelie in Braband, Holland en Zeeland. Het beroep geschiedt thans door den kerkeraad.

De R. K., die men er ruim 100 telt, maken met eenigen uit den omtrek, eene stat. uit, welke tot het aartspr. van *Friesland* behoort, 130 zielen, en onder deze 90 Communikanten telt, en door eenen

Pastoor bediend wordt. — Men heeft in deze gem. eene school, welke gemiddeld door een getal van 100 leerlingen bezocht wordt.

Het stadje Slooten of Sloten, in het Lat. Slota, in het Friesch Sleat, in vroegere tijden Slootharringa en Sloothannia, ook Sloot en Slute genaamd, ligt 3½ u. Z. ten W. van Sneek, 1½ u. N. W. van de Lemmer. — Men telt er binnen den wal 140 h., en ruim 850 inw.

De stad is genoegzaam eirond van gedaante, loopende haar grootste lengte van het Noorden naar het Zuiden; zij is omringd met eenen aarden wal, die wel op zich zelven weinig sterkte heeft, doch, uit aanmerking van de laagte der omliggende landen, die men door het zeewater kan doen onderloopen, zonder groote kosten bijna onwinbaar is te maken. Deze wal bestaat uit drie redelijk welaangelegde, en twee ongeregelde bastions. In de oostelijkste courtine vindt men de Koepoort, waardoor men uit Doniawarstal binnen de stad rijdt, en daar tegenover in het Westen de Wykelerpoort, door welke men in Gaasterland komt: tevens vindt men in het Noordeinde der stad bij het bastion, Harinxma-Schans genaamd, de Sneeker-Waterpoort, en aan het Zuideinde de Lemster-Waterpoort. De wal der stad is beplant met schoone ijpenboomen, zoodat zij, indien men tevens in aanmerking neemt het fraaije gezigt op de naburige velden, vooral het schoone Gaasterland, en de steeds aan- en afvarende schepen, voor eenen zeer aangenamen wandelweg mag gehouden worden.

Geen der Friesche steden is met Slooten te vergelijken, ten opzigte van de drukke doorvaart van schepen. De Friesche turf wordt door de stad naar buiten gevoerd, om niet van vele andere binnenschepen te gewagen, die hier door naar de naburige Provinciën varen, en door hare vertolling veel toebrengen tot het in stand houden der stads financiën. Daarenboven komen die schepen meest wederom ledig of geladen door Slooten terug; doch de vaart door dit stadje is inzonderheid toegenomen na het verdiepen van het Kolonelsdiep, dewijl na dien tijd de Groninger schepen veel menigvuldiger, dan voor dezen, door de provincie Friesland varen. Ja, men heeft meermalen op eenen dag 40 of 50, en eens 70 Groninger schepen door en langs deze stad zien varen, meerendeels geladen met turf en granen. De Friesche schepen hierbij gerekend, kan men gemakkelijk opmaken, dat hier op een dag wel eens 100 en meer schepen door moeten komen. Ondertusschen varen alleen de kleine schepen door de binnengracht der stad, terwijl de grootere de stads buitengracht moeten bevaren: door de binnengracht wordt betaald 10 cents, door de buitengracht heen 65 cents, terug 75 cents.

Het water is hier altijd zoet, en stroomt door de stad, naarmate de winden van streek veranderen, en de nabij gelegen groote wateren ginds en weder drijven. Dit voorregt geeft hier eene groote zuiverheid aan de lucht en het water, die op de gezondheid der inwoners een aanmerkelijken invloed heeft, wordende hierom in deze stad, doorgaans weinige, en nooit besmettelijke, ziekten waargenomen. De naburige ruime en zuivere wateren geven ook veel meervisch, door welke te vangen en te verkoopen hier eenige lieden hun bestaan vinden.

De groote toevloed van allerlei schepen en vaartuigen heeft dit stadje vroeger zeer neringrijk gemaakt, en zoo volkrijk, dat vele huizen door twee en meer huisgezinnen werden bewoond. De menigvuldige veerschepen, die door Slooten dagelijks van en naar de Lemmer voeren, veroorzaakten hier eenen drukken doortogt en aanmerkelijke vertering. Ook woonden hier destijds eenige kooplieden, die grooten handel dreven in boter, vleesch, spek en andere gelijksoortige waren, wordende hier jaarlijks eene groote menigte beesten geslagt, wier vleesch in tonnen gekuipt, en naar buiten verzonden werd. Voorts bloeide hier de binnen- en buitenlandsche scheepvaart, waardoor de ingezetenen, in het algemeen, vrij vermogend waren. Dit is thans echter grootendeels veranderd; tegenwoordig toch staan er onderscheiden van de beste huizen ledig; de handel in boter en kaas is onbeduidend; die in vleesch en spek niet noemenswaardig; het naar buiten verzenden van vleesch in tonnen heeft geheel opgehouden. Op een gering getal na, zijn de bewoners van SLOOTEN tegenwoordig minvermogende burgers of armen.

Het stadje, hoewel klein, is echter net gebouwd, en naarmate van hare grootte volkrijk. Het voornaamste gedeelte bestaat uit eene met lindeboomen beplante gracht, ter wederzijden met eene rij huizen bebouwd, van de Sneeker- tot aan de Lemster-waterpoort, en uit eene dubbele straat, die haar [illegible] regthoekig snijdt, en van de Koepoort naar de Wyckeler-poort loopt. Ook zijn er nog eenige achterom-straatjes, doch die hier geen aanmerking verdienen. Over de binnengracht ligt eene breede houten rijbrug, de platte brug genaamd; ten Zuiden van welke er nog eene kleinere is. De voornaamste huizen staan aan den oostkant der binnengracht, benevens de twee merkwaardigste openbare gebouwen der stad, het Stadshuis en de Kerk.

Het Stadshuis, ten Noorden der kerk, is, naar evenredigheid der stad, groot van omtrek, in het jaar 1757 geheel vernieuwd, en is [illegible] opgebouwd. Daar achter is eene nieuwe en groote [illegible].

De Hervormde kerk, aan de oostzijde der *Binnengracht*, is geen [illegible] gebouw, [illegible] in 1647 geheel nieuw opgetrokken. De klokkentoren, die van eene spits is voorzien, staat boven op de kerk niet verre van den gevel, die naar het westen ziet. In de kerk is een zeer fraai orgel; ook heeft men er vele wapens van oude adellijke Friesche familiën die [illegible] wapens vroeger de kerk versierden. SLOOTEN [illegible] eene kapel te hebben, staande onder de [illegible], want de ingezetenen behoorden ten deele onder de parochie van *Wyckel*, ten deele onder die van *Tjerkgaast*. [illegible] eeuw heeft CUNERUS PETRI, [illegible], de gemelde kapel tot eene parochiekerk verheven, en eenen Pastoor voor de nieuwe parochiekerk aangesteld. De kerk is [illegible] ingewijd, en dit is de reden [illegible] van SLOOTEN, die [illegible] is, daags na ST. JANS [illegible]. In de parochiekerk was een vikarisschap [illegible] prebende werd St. Nicolaas-[illegible] voor den Koster [illegible] 156 goudgulden (165 gulden) op, het vi[illegible] eerste prebende had een inkomen van [illegible], de tweede, dat is St. Nicolaas prebende, [illegible] en de laatste 40 goudgulden (60 gulden) [illegible].

[illegible], zoowel van SLOOTEN als van de na[illegible] door twee Priesters bediend, die hun [illegible]. De eerste van die twee [illegible] volkomen Baccalaureus in de God[illegible], ADAMS volle Broeder. Onder [illegible] die van SLOOTEN [illegible]; zijnde de eerste geweest JOHANNES [illegible]

De tegenwoordige **Roomsch-Katholijke kerk**, aan den H. Fabricius toegewijd en in het jaar 1818 gesticht, is een klein, langwerpig vierkant gebouw, zonder toren doch van een orgel voorzien. — Volgens een oud handschrift hebben de Augustiner-Monnikken hier ook eene kerk gehad, doch, waar die gestaan heeft; weet men niet meer aan te wijzen. — Men heeft in dit stadje geene godshuizen.

Gedurende de ongelukkige verdeeldheid der Schieringers en Vetkoopers werden de eerste hier door de laatsten, in het jaar 1420, belegerd, doch wederom door Hertog Jan van Beijeren, ontzet. Bij die gelegenheid sneuvelde eene groote menigte Vetkoopers. In 1486 werden de Schieringers hier nogmaals door de Vetkoopers aangetast, doch de aanvallers kloekmoedig teruggedreven.

Tijdens den oorlog van Karel, Hertog van *Gelder*, tegen de Saksers, en daarna tegen de Bourgondiërs, was Slooten in handen van de Gelderschen, dan werd, in 1522, door de Bourgondiërs veroverd, na een zwaar beleg, hetwelk aan Heer Johan van Wassenaar, die daarover het bevel had, het leven kostte. Van toen af is die stad eenige jaren van hare vestingwerken, die in het gemeld beleg te veel geleden hadden, ontbloot geweest. Nadat zij, in het jaar 1582, aan der Staten zijde was overgegaan, hebben deze, in aanmerking nemende hare bekwame gelegenheid, ter dekking dezer geheele provincie, haar met eenige dwingers of bolwerken tegen de Spaanschen versterkt. Gedurende den geheelen Spaanschen oorlog heeft Slooten daarom ook weinig of geen vijandelijken overlast geleden. Den 13 Mei 1588 was het echter in groot gevaar, om door verrassing te worden ingenomen. Zekere Dotto Sybles, uit het dorp Grouw oorspronkelijk, smeedde eenen aanslag, om een schip, waarin van onderen soldaten verborgen waren, en dat boven met ledige tonnen bedekt was, tegen het vallen van den avond in de stad te brengen. Hij had heimelijk verstandhouding van binnen, met zekeren Pier Lupckes, van Tjerkgaast, die ter zelver tijd, wanneer het schip zou binnen geraakt zijn, de stad aan onderscheiden hoeken zou aan brand steken, ten einde, door de daaruit ontstane verwarring, den aanslag te begunstigen. Daar echter het schip, ter oorzake van eenen zwaren storm, niet kon voortkomen, werd de zaak ontdekt, waarop Pier Lupckes gevat, op den 26 dier maand onthoofd werd, en zijn hoofd op het Noorderbolwerk op eenen staak gezet.

Toen de Engelschen, in 1799, in Noord-Holland en Friesland geland waren, hadden in deze stad en te Balk eenige oproerigheden plaats, en werden er onderscheidene baldadigheden gepleegd; maar het kloekmoedig besluit van het Departementaal Bestuur, om den vijand eenen krachtdadigen wederstand te bieden, verijdelde de hoop der muitelingen, die door de gewapende burgers beteugeld werden. In de twee zoo even gemelde plaatsen werden er vijf ter neder geveld en twee gekwetst, terwijl eenigen van de schuldigsten gevat werden.

Het wapen van Slooten bestaat in een veld van goud, met een kasteel, uit welks dak de vlam slaat, met toren en poort van keel, geplaatst op twee kruislings liggende sleutels van azuur.

SLOOTEN, d. in *Kennemerland*, prov. *Noord-Holland*. Zie Sloten.

SLOOTEN (DE KLOKSLAG-VAN-), streek lands, prov. *Friesland*, kw. *Zevenwouden*, arr. *Sneek*, kant. *Lemmer*, gem. *Slooten*, zijnde dat gedeelte der gem. Slooten, hetwelk buiten de stad van dien naam gelegen is.

SLOOTEN-EN-HAGEN, voorm. havez. in *Vollenhove*, prov. *Overijssel*, arr. en 3½ u. N. ten W. van *Zwolle*, kant., gem. en in de stad *Vollenhove*; thans de Oranjerie van Oldruitenborg uitmakende.

SLOOTERBEEK, snelvlietende beek in *Limburg*, die in eene noordelijke rigting naar de stad Venlo loopt, alwaar zij zich door eenen duiker in de stadsgrachten ontlast.

SLOOTERLEIJE-SLUIS, sluis in den *Waterlandschen-Zeedijk*, prov. *Noord-Holland*, N. van Uitdam, waardoor de Gouw in de Zuiderzee uitloopt.

SLOOTER-MEER (HET), meer, prov. *Friesland*, kw. *Zevenwouden*, tusschen de griet. *Wymbritseradeel*, *Doniawerstal* en *Gaasterland* ingesloten, dat voor een gelijk gedeelte tot ieder der drie genoemde grietenijen behoort.

Op onderscheidene kanten heeft het gemeenschap met andere wateren, als: ten Noorden met het *Heeger-meer*, door de Fockesloot; ten Zuiden door de Be, die het stadje Slooten bespoelt, met de *Zuiderzee*, en ten Oosten met het *Koevorder-meer*, door de Writs, de Fokkegraf en de Welle.

De voornaamste plaatsen, die nabij de oevers liggen, zijn de stad Slooten, waarvan het meer zijn naam ontleend heeft; het dorp Woudsend en het veen Balk. — Dit meer heeft omtrent twee en een halve mijl in omtrek.

SLOOTERUOORD, voorm. d. in den *Grooten-Zuid-Hollandschen-waard*. Zie CLOOSTERHOORT.

SLOOTERVAR, meertje, prov. *Friesland*, kw. *Zevenwouden*, griet. *Gaasterland*, dat door de Be, ten N. met het *Slootermeer* en ten O. met het *Gaaster-Var* en de *Hoyte-Brekken* in verbinding staat.

SLOOTER-ZIJL (HET) of HET ZIJL-DIEP, water in het *Westerkwartier*, prov. *Groningen*.

Het ontspringt uit het *Leekster-meer*, loopt bij Scheeftil uit het Hoendiep noordwaarts ten Oosten voorbij Niezijl, eertijds ook de Opslagter-zijl genaamd, naar Kommer-zijl, door welke zij zich, langs de Reit, in het *Reitdiep* ontlast, makende van het Ruige-Zand een eiland, dat later, bij de bedijking en doordamming van het Oude-kanaal, aan den Ruige-waard is verbonden geworden.

SLOOTGAARD, in de wandeling de SLOBJERD geheeten, geh. in *Geestmer-Ambacht*, prov. *Noord-Holland*, arr. en 3 u. N. van *Alkmaar*, kant. en 1½ u. Z. van *Schagen*, gem. en 35 min. O. van *Haringcarspel*.

SLOOTGAARD (DE), DE SLOOTGERT of HET SLOOTGAARDER-MEER, voorm. meer in *Geestmer-Ambacht*, prov. *Noord-Holland*, dat bedijkt is en thans eenen polder uitmakende, de Oude-en-Nieuwe-Slootgaard geheeten. Zie het volgende art.

SLOOTGAARD (DE OUDE-EN-NIEUWE-), pold. in *Westfriesland*, prov. *Noord-Holland*, arr. *Alkmaar*, kant. *Schagen*, gedeeltelijk gem. *Haringcarspel*, gedeeltelijk gem. *Oude-Niedorp*.

Deze polder beslaat, volgens het kadaster, eene oppervlakte van 231 bund.; als: onder *Haringcarspel*, volgens het kadaster, 201 bund. en onder *Oude-Niedorp*, volgens het kadaster, 70 bund. Men telt er, onder *Haringcarspel*, 12 h. en 9 boerderijen. Hij wordt door eenen molen op den Raaxmaats-boezem, van het overtollige water ontlast. Het polderbestuur bestaat uit eenen Dijkgraaf en drie Molenmeesters.

SLOOTKREEK (DE), watertje in den *Hoeksche-waard*, baljuwschap *Beijerland*, prov. *Zuid-Holland*, in den *Nieuw-Beijerlandsche-polder*. Het neemt een begin aan den Zuidsijdsche-dijk, loopt met eene noordoostelijke strekking naar den Zinkwegsche-dijk en voorts in eene noordelijke rigting langs dien dijk, welken zij ongeveer ter hoogte van den

Zinkweg weer verlaat, om in eene noordelijke rigting den Nieuw-Beijerlandschen-polder door te loopen en zich bij het Brakelveer in *het Spui* te ontlasten.

SLOOTMANNINGA en SLOOTMANNIA, vroegere namen van het stadje SLOOTEN, prov. *Friesland*, kw. *Zevenwouden*. Zie SLOOTEN.

SLOOTSHORN, naam, onder welken het geh. STOOTSHORN, in het *Oldambt*, prov. *Groningen*, weleens verkeerdelijk voorkomt. Zie STOOTSHORN.

SLOOT-VAN-WIERINXWAL, sloot in den *Biesbosch*, prov. *Noord-Braband*.

Zij gaat, bij het Gat-van-de-Palen, uit de *Bakkers-kil*, loopt tusschen de gem. de Werken-en-Sleeuwijk ter eenre en Dussen-Munster-en-Muilkerk en Werkendam ter andere zijde door, en komt, beneden den Burcharen-polder, weder in de gemelde kil uit.

Zij maakt, in eene regte lijn, aldaar de westelijke grens van het d. de Werken tegen de gem. Dussen-Munster-en-Muilkerk en Werkendam uit, en was vroeger het gescheid of de ree tusschen Zuid-Holland en het Land-van-Altena.

SLOOTWIJK, buit. in het *Nederkwartier* der prov. *Utrecht*, arr. en 4½ u. N. W. van *Utrecht*, kant. en ¼ u. N. W. van *Loenen*, gem. *Loenersloot-Oucoop-en-Ter-Aa*, niet ver van Loenersloot.

SLOOTWIJK, suikerplant. in *Nederlands-Guiana*, kol. *Suriname*, aan de *Commetewana-kreek*, ter regterhand in het afvaren; palende bovenwaarts aan de suikerplant. Fortuin, benedenwaarts aan de verl. plant. Carramawipibo; 1310 akk. groot, met 112 slaven. Deze plant. wordt door eenen watermolen bewerkt. De Negers noemen haar BAGERI.

SLOOTWIJK (LAND-VAN-), verl. kostgr. in *Nederlands-Guiana*, kol. *Suriname*, aan de *Boven-Commewijne*, ter linkerzijde in het afvaren, palende bovenwaarts aan de suikerpl. Vossenburg, benedenwaarts aan den mond van de Commetewane-kreek.

SLOPHOOS, geh. in de *Meijerij van 's Hertogenbosch*, kw. *Peelland*, prov. *Noord-Braband*, *Tweede* distr., arr. en 3 u. Z. van *'s Hertogenbosch*, kant. en 40 min. O. ten Z. van *Boxtel*, gem. en 25 min. N. N. O. van *Liempde*; met 3 h. en ongeveer 20 inw.

SLOPPENBRUGGE, voorm. brug, in *Kennemerland*, prov. *Noord-Holland*, gem. *Aalsmeer-en-Kudelstaart*; ½ u. Z. W. van de kerk van het d. Aalsmeer, 50 roed. van het Groote gat.

Deze brug lag aan het einde van den Uiterweg en den Groeneweg, welke laatste mede geheel is weggespoeld.

In het jaar 1616 bestond nog voor deze brug omtrent 640 roeden voorland, in 1666 275 roed., in 1695 150 roed., in 1707 nog slechts 100 roed. en in 1722 lag zij in de onmiddellijke nabijheid van het Haarlemmermeer; doch in 1727 was niet alleen het voorland, benevens eenige rietbosschen, maar tevens ook de brug zelve door het Haarlemmermeer weggespoeld.

SLOT (HET), geh. in de *Meijerij van 's Hertogenbosch*, kw. *Maasland*, prov. *Noord-Braband*, *Tweede* distr., arr., kant. en 1 u. N. O. van *'s Hertogenbosch*, gem. *Empel-en-Meerwijk*, ½ u. Z. O. van *Empel*; met 10 h. en 60 inw. Er is mede een voetveertje over de Uppersloot, in het binnenpad van 's Hertogenbosch naar Driel, het Muddekensveer, gewoonlijk het Duitjesveer genoemd. Dit geh. heeft dien naam, naar het voorm. Slot of kasteel Meerwijk, dat aldaar heeft gestaan, waarvan de grondslagen en gracht nog zigtbaar zijn.

SLOT (HET), huis in de *Meijerij van 's Hertogenbosch*, kw. *Peelland*, prov. *Noord-Braband*, *Derde* distr., arr. en 5 u. O. van *Eindhoven*, kant. en 1 u. O. van *Asten*, gem. *Deurne-en-Liessel*, 1½ u. Z. van *Deurne*, ½ u. Z. O. van *Liessel*, waartoe het behoort, aan den rijweg van het dorp naar Meijel, prov. Limburg.

SLOT (HET), voorm. buitenpl. in de *Beemster*, prov. *Noord-Holland*, arr. en 3 u. Z. W. van *Hoorn*, kant. en ½ u. N. W. van *Purmerende*, gem. de *Beemster*, aan de zuidzijde van den Volgerweg, tusschen den Purmerenderweg en den Neekerweg.

Het is een der voornaamste buitenplaatsen en een der eerst opgetrokkene gebouwen in den Beemster geweest, thans eene warmoeziers-woning, welke, met de daartoe behoorende gronden, eene oppervlakte beslaande van 8 bund. 98 v. r. 90 v. ell., thans in eigendom bezeten wordt door Mejufvrouw de Wed. Christiaan Prisér, te Purmerende.

SLOT (HET), b., prov. *Friesland*, kw. *Oostergoo*, arr., kant. en gem. *Leeuwarden*. Het maakt een gedeelte van het *Vliet* eene voorstad van Leeuwarden uit.

SLOT (HET), voorm. state, prov. *Friesland*, kw. *Zevenwouden*, griet. *Doniawarstal*, arr. en 3 u. Z. O. ten Z. van *Sneek*, kant. en 2 u. N. O. van de *Lemmer*, 5 min. Z. O. van *St. Nicolaasga*.

Ter plaatse, waar zij gestaan heeft, ziet men thans eene boerenhuizinge en eenen watermolen. De grootte der daartoe behoord hebbende gronden is niet op te geven, daar zij allen aan verschillende eigenaren behooren. Ook is de omtrek van de gronden, welke daartoe hebben behoord, niet meer zigtbaar.

SLOTA, Lat. naam van de stad Slooten, prov. *Friesland*. Zie Slooten.

SLOTBOGT, meertje, prov. *Friesland*, kw. *Zevenwouden*, gedeeltelijk griet. *Doniawarstal*, gedeeltelijk griet. *Wymbritseradeel*, ½ u. Z. van Uitwellingergá, dat door de Geeuw met het *Oude-Hof*, door het Stobbe-Rak met de *Padde-Polle* en door het Slinger-Rak met het *Fetse-Hol* in verbinding staat.

SLOTBOSCH (HET), bosch in het graafs. *Strijen*, prov. *Noord-Braband*, gem. *Oosterhout*. Het maakt een gedeelte van het *Bosch-van-Strijen* uit.

SLOTEN, voorm. afzonderlijke ambachtsheerlijkheid in *Kennemerland*, prov. *Noord-Holland*, arr. en *Vierde* kant. *Amsterdam*, gem. *Sloten-Sloterdijk-Osdorp-en-de-Vrije-Geer*; palende N. aan Sloterdijk, O. aan de Kostverloren-vaart en den Schinkel, die haar van Nieuwer-Amstel scheiden, Z. O. aan het Nieuwe-Meer, Z. aan Rietwijkeroord, W. en N. W. aan Osdorp.

Deze heerl. bestaat uit een gedeelte van den Sloter-Binnen-en-Middelveldsche-Gecombineerde-polders en den Sloter-Buitenpolder en daarin ligt het dorp Sloten, benevens de b. den Overtoom.

Zij beslaat, volgens het kadaster, eene oppervlakte van 884 bund. 55 v. r. 17 v. ell., waaronder 877 bund. 60 v. r. 73 v. ell. belastbaar land.

Men telt er 152 h., bewoond door 225 huisgez., uitmakende eene bevolking van ongeveer 1000 inw., die meest hun bestaan vinden in den landbouw en in handwerken.

De Herv., die er 530 in getal zijn, maken met die van Osdorp en de Vrije-Geer eene gem. uit, welke tot de klass. van *Amsterdam*, ring van *Weesp*, behoort, en 790 zielen, onder welke ruim 300 Ledematen, telt.

Nadat de Hervorming in deze landen algemeen geworden was, werden in het jaar 1583 door SLOTEN en Sloterdijk, zamen eenen Leeraar beroepen, zijnde geweest ARNOLD NICOLAI. Beide gemeenten bleven vereenigd tot in het jaar 1613, toen zij, zeker reeds talrijk genoeg geworden, om twee Leeraars te onderhouden, zich van elkander scheidden, en ieder eenen bijzonderen Leeraar verkregen. Destijds was in deze combinatie, sedert het jaar 1611, Predikant PETRUS HARRITIUS, die van toen af SLOTEN alleen bleef bedienen tot aan zijnen dood, in het jaar 1616. Het beroep geschiedt door den kerkeraad, onder agreatie van de regering van Amsterdam.

De 15 Evang. Luth., welke men er aantreft, en de 6 Doopsgez., die er wonen, behooren tot hunne respective gem. te *Amsterdam*. — De R. K., die er 445 in getal zijn, worden gedeeltelijk tot de stat. van *Osdorp*, gedeeltelijk tot die van *Buitenveldert* gerekend. — Men heeft in deze voorm. heerl. ééne school te Sloten, welke gemiddeld door een getal van 70 leerlingen bezocht wordt.

Deze heerl. behoorde weleer aan de Heeren VAN AMSTEL, daarna aan de Hollandsche Graven en nog later aan de Heeren VAN BREDERODE, doch REINOUD III, oudste zoon van WALRAVEN VAN BREDERODE en Vrouwe MARGARETHA VAN BORSSELE, dochter van WOLFAARD, verkocht deze heerl., met alles wat daartoe behoorde, zoo wel leen als eigen goed, in het jaar 1519, voor eene zekere somme gelds aan de stad Amsterdam, onder voorwaarde van eene jaarlijksche rente, waartoe het dorp SLOTEN, bij wijze van staande renten, zes ponden en tien schellingen heerengeld (39 guld.) opbragt; daarentegen hield het dorp alle jaren een kroon ter waarde van vier en twintig stuivers, van deze belasting terug, hetgeen des heeren jaarschot genoemd en op het voorgemeld heerengeld gekort werd. Keizer KAREL V bevestigde dezen koop, in het jaar 1531, onder beding, dat door de Overigheid van Amsterdam, een der Raden van gemelde stad tot Ambachtsheer zou worden gekozen; welk beding altoos stiptelijk is nagekomen, hoewel later SLOTEN met *Sloterdijk*, *Osdorp* en *de Vrije-Geer*, wier landen in en door elkander gelegen zijn, steeds eene onafscheidelijke heerl. hebben uitgemaakt.

Het d. SLOTEN of SLOOTEN, volgens sommigen vroeger ST. PANCRAS geheeten, ligt 1½ u. Z. W. van Amsterdam, van welke stad, of liever van den Overtoom, men derwaarts gaat langs eenen weg, welke in de veertiende eeuw reeds is aangelegd, en in het jaar 1818 met klinkers bestraat. Aan beide zijde met boomen beplant, levert deze weg eene aangename wandeling op. Men wil, dat dit dorp zijnen naam zoude ontleend hebben van de menigvuldige slooten, die men er aantreft. Het is zeer oud en was reeds in het jaar 1063 bekend. Het ligt midden in het geboomte, aan het einde eener vaart de Kerksloot geheeten, welke naar de Slotervaart loopt. Men telt er in de kom van het d. 35 h. en ongeveer 490 inw.

De tegenwoordige kerk van SLOTEN, is niet die, welke er van ouds, en wel reeds in den jare 1063, gestaan heeft, doch waarvan de afbeelding nergens voorhanden is; wel vindt men drie verschillende afteekeningen van hare bouwvallen, vervaardigd door ROELOF ROGHMAN, doch daaruit blijkt niet anders, dan dat dit gebouw veeleer veel grooter en hooger geweest is, ja zelfs stelt men, dat de tegenwoordige kerk naauwelijks half zoo groot zoude zijn, als de vroegere geweest is; onder anderen had de oude kerk ook een ruim koor, dat naast de kerk gebouwd, zeer ruim en buitengemeen hoog was, daar de tegenwoordige kerk geheel geen koor heeft. Deze kerk was weleer aan St. PANCRAS toegewijd, waarom het dorp somtijds ook ST. PANCRAS schijnt genoemd te zijn geweest: aldaar werd vóór de Hervorming op St. Pancrasdag door den Pastoor van het dorp, aan het volk, dat dan in groote menigte derwaarts kwam, een doodshoofd getoond; hetwelk hij zeide het hoofd van den heiligen PANCRAS te zijn. De eerste kerk had nu reeds zoo lang gestaan, dat zij, in het begin der zestiende eeuw, met eene volkomene instorting dreigde, en derhalve niet zonder gevaar en vrees gebruikt konde worden; de herbouwing daarvan moet evenwel niet spoedig ter hand genomen zijn, waarschijnlijk wegens gebrek aan penningen, want men vindt aangeteekend, dat de herbouw geschied is door tusschenkomst van Keizer KAREL V, die het inkomen van het Sloterdijker-meer, ter vergoeding van de kosten tot den herbouw vereischt, afstond; onder anderen blijkt zulks uit het volgende versje.

De Keizer doet de kerk hermaken
Uit de uitkomst van het Slooter-meer,
Zoo steigert men na 's Hemels daken,
De deugd verstrekt ons tot een leer.

In de Spaansche beroerten, en wel gedurende het beleg van Haarlem, nabij het einde van het jaar 1572, staken eenige Staatsche krijgsknechten de kerk te SLOTEN in den brand, en namen de klokken daaruit mede. Later werd zij weder opgebouwd. De tegenwoordige kerk is een zeer net en zindelijk gebouw, waarin echter niets bijzonders te zien is, zelfs geen orgel. De pastorie is in het voorleden jaar veel verbeterd geworden.

Het vroegere Diaconiehuis te SLOTEN is een zeer net en zindelijk gebouw; en thans ingerigt met meerdere daartoe door de gemeente aangekochte perceelen tot een Algemeen Wees- en Armhuis, waarin ongeveer 60 behoeftigen van alle gezindheden onderhouden worden.

In het d. SLOTEN staat eene der mijlpalen die den afstand aanduidden, waar binnen, volgens privilegie van Keizer KAREL V, de stad Amsterdam het ban- en vangregt uitoefende.

Het wapen dezer voormalige heerl. bestaat in een veld van keel, met drie hangsloten van zilver staande een en twee.

SLOTEN, st., prov. *Friesland*, kw. *Zevenwouden*. Zie SLOOTEN.

SLOTEN-SLOTERDIJK-OSDORP-EN-DE-VRIJE-GEER, gem. in *Kennemerland*, prov. *Noord-Holland*, arr. en vierde kant. *Amsterdam* (10 k. d., 5 m. k., 1 s. d.); palende N. aan het IJ, O. aan de gem. Amsterdam en Nieuwer-Amstel, Z. aan het Haarlemmermeer, W. aan Houtrijk-en-Polanen.

Deze gem. bevat de d. Sloten, Sloterdijk en Osdorp, de b. de Overtoom, benevens de geh. Spieringhorn en de Drie Baarsjes. Zij beslaat, volgens het kadaster, eene oppervlakte van 4313 bund. 64 v. r. 47 v. ell., waaronder 4254 bund. 84 v. r. 60 v. ell. belastbaar land. Men telt er 358 h., bewoond door 437 huisgez., uitmakende eene bevolking van ongeveer 2300 inw., die meest hun bestaan vinden in den landbouw, vooral zijn het veehouders, die hunne melk dagelijks naar Amsterdam brengen, mitsgaders warmoeziers, welke de hoofdstad van tuinvruchten voorzien. Handel wordt er niet gedreven. Men heeft er 1 katoendrukkerij en klanderij, 1 koren-, 1 schulp-, tras- en verw-, 1 mostaard- en chocolade- en 1 volmolen. Vroeger had men er eene loodwitfabrijk, welke nu geheel gesloopt is. Vóór ongeveer 30 jaren is er ook een kruidmagazijn in den Osdorper-Binnenpolder gesloopt.

De Herv., die er nagenoeg 1400 in getal zijn, onder welke 450 Ledematen, maken de gem. Sloten en Sloterdijk uit, welke in deze burgerlijke gem. ieder eene kerk hebben. — De Evang. Luth. en de Doopsgez., die er niet veel zijn, behooren tot hunne respective gem. te *Amsterdam*. — De R K., van welke men er 890 aantreft, behooren gedeeltelijk tot de stat. van *Osdorp*, gedeeltelijk tot die van *Buiten-Veldert* en gedeeltelijk te *Amsterdam*. — Men heeft in deze gem. drie scholen, als: ééne te Sloten, ééne te Sloterdijk en ééne aan den Overtoom. Ook heeft men er een departement der Maatschappij *Tot Nut van 't Algemeen*, dat den 8 October 1795 opgerigt, echter door het te niet gaan der buitenplaatsen en welvaart in verval geraakt is, doch nu den 10 September 1844 weder is opgerigt, thans 38 leden telt, en te Sloterdijk zijne vergaderingen houdt.

In deze gem. treft men nog aan: eene batterij aan den Slimmeweg, bij den Uitweg; eene batterij aan het Haarlemmermeer en eenige kleine buitenplaatsen.

Deze gem. is eene heerl., welke thans in eigendom bezeten wordt door de stad Amsterdam.

Toen in de jaren 1598 en 1599 Maurits, Prins van *Oranje*, bij rade van Gecombineerde Raden bevel gaf, om, indien de vijand binnen deze landen viel, door het openbijten van de Zuiderzee, stroomen en binnenwateren, de landen te beschermen, en de dijken en bruggen met schansen en schanskorven te dekken en die gedurende de vorst door behoorlijk gewapende huislieden, allen tusschen de 18 en 60 jaren te doen bewaken, kwamen de huislieden dezer gemeenten daar tegen op, schreeuwende den Schout en het geregt toe: » Wat willen deze sa» cramentsche geuzen ons alhier kwellen met bijlen en wapenen aan » te nemen tegen onze vrienden, het ware beter dat men deze schelm» sche geuzen, die hier maar tien of twaalf zijn, en elders ook een deel, » zelf dood sloeg en dan voort na den Haag trok en sloeg de Staten » daar ook dood." Het hielp in het eerst niet, dat de Schout hen wedersprak, want de een den rooster en de ander iets anders grijpende riep men te luider stem, » slaat, of wij slaan; slaat gij den eersten slag, wij zullen den tweeden slaan". Het bleef echter bij deze onhebbelijke woorden; doch de gecommitteerde Raden, hiervan onderrigt en vermoedende, dat, welligt deze lieden de zelfde waren, welken voorheen waren aangeklaagd, van met den vijand over vrijwaring te handelen, gelastten den Baljuw van Kennemerland, de hoofden der oproerigen te vatten en gevankelijk naar 's Gravenhage te voeren. Sedert bragt men aldaar twee Kerkmeesteren der plaatse, die dadelijk vergiffenis en ontslag vroegen, bij handtasting, voorgevende alles uit dronkenschap en onbedachtheid gezegd en gedaan te hebben. De Staten sloegen het ditmaal af en gelastten nader verhoor. Het schijnt echter dat zij daarna ontslagen zijn, althans er komt niets naders omtrent hen voor.

Het Haarlemmermeer, door den orkaan van 29 November 1836, zoodanig opgestuwd, dat de waterspiegel daarvan op sommige plaatsen tot op 150 ell. was verbroken, had zich eenen weg gebaand, waardoor alles onder Sloten en *Osdorp* van den Overtoom af tot Halfweg Haarlem en langs den geheelen Haarlemmer-weg, was overstroomd. Vijf uitgestrekte doorbraken waren in den weg van Sloten naar Osdorp en in dien van Osdorp naar den Haarlemmer-weg gevallen. Waterkeeringen en wegen waren vernield. De verwoesting was groot, zoodat de Communicatie aanvankelijk was afgebroken. Hier en daar was de weg slechts op de breedte van eene el en minder blijven zitten. De gevolgen van dit alles waren, dat meer dan 2500 bund. wei- en teelland onder water werden gezet; waaronder was begrepen het Sloterdijker-meer, waarin het water ter hoogte van ongeveer 4½ el liep, terwijl de overige landerijen 0.40 à 0.50 ell., onder water geraakten. En dit noodzaakte de menschen have en goed te verlaten, wilden zij het leven bergen. Velen mogt het dan ook gelukken, hoewel met achterlating van voorraad, gereedschappen, huisraad, kleeding en wat des meer zij, maar toch met behoud van kinderen en vee den dood te ontkomen. Anderen daarentegen waren zoo gelukkig niet, doch werden ook later gered, zoodat geen mensch hierbij het leven verloor; slechts eenig goed, dat men poogde mede te voeren en een hoornbeest geraakten daarbij verloren. Maar betreurenswaardig was niettemin het lot dier menschen. Velen, welke in het warmoezieren hun bestaan vonden, werden in een oogenblik van alles beroofd, even als de veehouders, die hunne woningen en stallingen zagen verwoesten. Voor de laatsten echter was de ramp zoo gevoelig niet, want zij hadden, uitgezonderd eenige schapen, hun vee behouden, dat door particulieren binnen de gemeente en door de stad Amsterdam, in localen, door de stedelijke Regering kosteloos afgestaan, werd opgenomen en gevoed en alzoo dadelijk weder inkomsten opleverde. Maar voor de warmoeziers, die van de opbrengst hunner veldvruchten moesten bestaan, was het vooruitzigt donker. Het land bleef ook gedurende het geheele jaar 1836 blank liggen.

Het wapen dezer gem. bestaat uit een gevierendeeld schild; zijnde het eerste van keel, met drie hangsloten van zilver, staande een en twee; het tweede van azuur, met eene ster van zilver, omgeven van eenen cirkel van sabel; het derde van zilver; met eenen grond van synopel, waarop een zwart bonte os, en het vierde van keel, met eene geer van zilver, uit de regterzijde voortkomende.

SLOTER-BINNEN-POLDER, pold. in *Kennemerland*, prov. *Noord-Holland*, arr., en kant. *Amsterdam*, gem. *Sloten-Sloterdijk-Osdorp-en-de-Vrije-Geer;* palende N. aan de Haarlemmer-trekvaart, O. aan den Kostverloren-vaart en de Schenkel, Z. aan den Sloter-Buiten-polder, W. aan de Vrije-Geer en den Middelveldsche-polder.

Deze pold., welke met den *Middelveldsche-polder*, de *Sloter-binnen-en-Middelveldsche-Gecombineerde-polders* uitmaakt, beslaat, volgens het kadaster, eene oppervlakte van 1646 bund. 96 v. r. 59 v. ell. en telt 107 h., waaronder 63 boerderijen.

SLOTERBINNEN-EN-MIDDELVELDSCHE-GECOMBINEERDE-POLDERS, dijkaadje in *Kennemerland*, prov. *Noord-Holland*, arr. en vierde kant. *Amsterdam*, gem. *Sloten-Sloterdijk-Osdorp-en-de-Vrije-Geer;* palende N. aan de Haarlemmer-vaart, O. aan de Kostverlorenvaart en de Schenkel, Z. aan den Sloter-Buitenpolder, W. aan den Middelveldsche-Akerpolder en den Osdorper-Binnen-polder.

Deze dijkaadje, welke uit de Sloter-Binnen-polder en den Middelveldsche-polder bestaat, welke eerst ieder afzonderlijk bestaan hebben, doch later vereenigd zijn geworden, beslaat, volgens het kadaster, een oppervlakte van 1779 bund. 40 v. r. 52 v. ell., waaronder 1764 bund. 26 v. r. 27 v. ell., schotbaar land; telt 110 h., waaronder 65 boerderijen, en wordt door drie molens, op de Kostverloren- en Haarlemmervaart, van het overtollige water ontlast. Het polderbestuur bestaat uit vijf leden.

Door den storm van 29 November 1836 is deze polder geheel ondergeloopen. Zie daaromtrent nader hierboven op het art. Sloten-Sloterdijk-Osdorp-en-de-Vrije-Geer.

SLOTERBUITEN-POLDER, of den BOVENWEGS-POLDER, pold. in *Kennemerland*, prov. *Noord-Holland*, arr. en vierde kant. *Amsterdam*, gem. *Sloten-Sloterdijk-Osdorp-en-de-Vrije-Geer*; palende N. aan den Sloter-binnen-polder, O. aan de Schinkel, Z. O. aan de Nieuwe-Meer, Z. W. aan het Haarlemmer-meer, W. aan den Middelveldsche-Aker-polder.

Deze pold. beslaat, volgens het kadaster, eene oppervlakte van 465 bund. 38 v. r. 84 v. ell., waaronder 440 bund. 97 v. r. 76 v. ell. schotbaar land; telt zes h., waaronder ééne boerderij, en wordt door éénen molen, op het Nieuwe-Meer, van het overtollige water ontlast. Het polderbestuur bestaat uit drie Leden.

SLOTERDIJK, voorm. afzonderlijke heerl. in *Kennemerland*, prov. *Noord-Holland*, arr. en vierde kant. *Amsterdam*, gem. *Sloten-Sloterdijk-Osdorp-en-de-Vrije-Geer*; palende N. aan het IJ, O. aan de jurisdictie van Amsterdam, Z. aan de voorm. afzonderlijke heerl. Sloten, W. aan Osdorp.

Deze heerl. bestaat uit den Over-Braker-Binnen-polder, den Over-Braker-Buiten-polder, den Venner-polder, en een gedeelte van den Sloter-Binnen- en Middelveldsche-gecombineerde-polders, en bevat het d. Sloterdijk, benevens het geh. de Drie Baarsjes. Zij beslaat, volgens het kadaster, eene oppervlakte van 746 bund. 70 v. r. 52 v. ell., waaronder 740 bund. 23 v. r. 6 v. ell., schotbaar land. Men telt er 177 h., bewoond door 221 huisgez., uitmakende eene bevolking van ongeveer 1000 inw., welke hun bestaan vinden in den landbouw, handwerken enz. De stoomloodwitfabrijk, die er bestaan heeft, is voor eenigen tijd, geheel vernietigd.

De Herv., die er 550 in getal zijn, maken eene gem. uit, welke tot de klass. van *Amsterdam*, ring van *Weesp*, behoort. Na de Reformatie was deze gem. met die van *Sloten* vereenigd, tot in het jaar 1613, als wanneer SLOTERDIJK tot zijnen eersten afzonderlijken Predikant bekwam PETRUS PLANTIUS *Junior*, die in het zelfde jaar nog naar Heesselt vertrok, en opgevolgd werd door THEODORUS PETRI TULPIUS of DIDERICUS PETREJUS, bevestigd 4 Augustus 1613, die in 1617 opgevolgd werd door MATTHIAS MEURSIUS. Het beroep geschiedt door den kerkeraad, onder agreatie van de Regering van Amsterdam.

De Evang. Luth., die er ruim 50 in getal zijn, en de Doopsgez., van welke er slechts weinige wonen, behooren tot hunne respective gem. van *Amsterdam*. — De R. K., van welke men er ruim 330 aantreft, behoorden vroeger tot de stat. van *Osdorp*, doch nu tot die van *Amsterdam*. — Men heeft in deze voorm. afzonderlijke heerl. eene school.

Het d. SLOTERDIJK of SLOOTERDIJK, ligt ½ u. W. van Amsterdam, tusschen en langs den Spaarndammer-dijk en de trekvaart op Haarlem, waarover hier eene steenen tolbrug ligt, terwijl de Hollandsche Spoorweg dwars door dit dorp loopt.

Het is wel bebouwd en had vroeger vele vermakelijke tuinen en buitenplaatsjes. De huizen en tuinen der Westzijde liggen van achteren aan het water de Slochter, dat hier met een bevallige kom tot aan den dijk stroomt, en een aangenaam gezigt oplevert. Van dit water willen eenigen dat dit ambacht SLOCHTERDIJK zou geheeten zijn; doch SLOTERDIJK heeft van de oudste tijden te veel gemeenschap met Sloten gehad om van de gemeene benaming af te wijken; weshalve men eer mag vooronderstellen, dat het in den beginne SLOTEN-AAN-DEN-DIJK zal genoemd wezen, om het van elkander te onderscheiden, hetgeen later in Sloterdijk zal veranderd zijn, doch er valt niets zekers van te bepalen. — Men telt er in de kom van het d. 74 h. en ruim 600 inw.

De Herv. kerk, welke vóór de Reformatie aan den H. Petrus was toegewijd en waarin destijds een altaar van *Onze Lieve Vrouw* gevonden werd, was een oud, doch zeer goed gebouw, gesticht in het jaar 1479, door zekeren Jan Claasz van Dijk, volgens hetgeen men las op eene marmeren plaat, in eenen der kerkmuren, boven een van de graven die rondom de kerk gevonden worden. Op gemelde plaat stonden, behalve een doodshoofd, enz. de volgende woorden:

Jan Claasz van Dijk
stichter van
deze kerk.

Zoo als wij dit kerkje thans zien, is het echter eerst niet gesticht: de eerste kerk te Sloterdijk, is in het jaar 1572 of 1573, door het Staatsche krijgsvolk aan de vlammen opgeofferd geworden. In 1664 werd de tegenwoordige gebouwd, het geen te kennen gegeven wordt, door de talletters, in de woorden die, boven den ingang, in eenen steen zijn uitgehouwen, zijnde de volgende:

ChrIstIano
VIgILanDVM.

Het tegenwoordig kerkje is van binnen net ingerigt en onderhouden en van een goed orgel voorzien; zij wordt onder de avonddienst verlicht door middel van twee fraaije koperen kroonen, welke in 1762, door Mejufvrouw Catharina Kuit, wed. van den Heer J. van Ankom, aan de kerk zijn vereerd geworden.

Van buiten is het gebouw omgeven met een ruim kerkhof, voorzien van eenige graven met zerken: tegen den kerkmuur zijn elf tomben, met hunne graven er onder, en de wapens der bezitteren er boven; Op den staanden voorsteen van eene dezer tomben leest men de volgende woorden:

Ter gedachtenisse van
Maria van Thiel
Huisvrouw van
Evert de Milde
Hier rust een kind van God, de Huisvrouw mijner Jeugd,
De troost mijns ouderdoms, een voorbeeld van de deugd.
Gestorven den 12den, en hier ingelegd den 18den van Hooimaand *A*o. 1785, in den ouderdom van 61 Jaren 1 maand en 20 dagen.

Vóór een andere dezer tombes, welke versierd is met eene kleine, maar fraaije spits, waarop een zandlooper, voorts met een doodshoofd, doodsbeenderen, enz. leest men:

Vrouwe, Engeltje Westerborgh, *Weduwe van den Heer* Gerrit Luyken,
Geboren 27 *October* 1722,
Overleden 23 *Mei* 1792.

Door een lid der Hervormde kerk, die des zomers hier verblijf hield, is in het jaar 1828 een rijk bewerkt zilveren doopbekken en daarbij behoorende zilveren waterkan ten geschenke gegeven.

Sloterdijk heeft eigenlijk geen kermis, doch op den dag van den Haarlemmer-paardenmarkt, komt men gewoonlijk Sloterdijk druk bezoeken en dit wordt Sloterdijker kermis genoemd.

Voor het grootste gedeelte heeft deze plaats haar vroeger voordeel gevonden door het graven der trekvaart van Amsterdam op Haarlem, voorbij dit dorp loopende en toen zoo gerieflijk voor reizenden als bevorderlijk voor den koophandel van beide deze steden. Sedert dien tijd werden eene menigte buitenplaatsen en tuinen in den omtrek van dit dorp aangelegd, die voor een groot gedeelte met bekwame en zelfs prachtige huizen pronkten. De burgerij van Amsterdam, genoot hier, om zoo te spreken onder de rook der stad, de aangenaamste uitspanning, en kon van 's morgens tot 's avonds alle uren van en naar de stad komen, het getal dezer buitenplaatsen en tuinen is wel omtrent honderd geweest, doch sedert ongeveer 40 jaren is men die echter beginnen te sloopen, zoodat er nu geen zes meer van over zijn.

Het d. SLOTERDIJK is niet weinig beroemd door het vroeg verkondigen der Hervormde leer. De Predikant JAN ARENDSZOON van Alkmaar, deed aldaar, den laatsten Julij 1566, zijne vierde openbare predikatie, op den zoogenaamde Rietvink, zijnde een laag stuk lands buiten dijks, tegen over het Karthuizer-klooster gelegen, en onder den Sloterdijker banne behoorende. Eene tweede leerrede hield deze zelfde Leeraar, weinige dagen daarna, in het dorp SLOTERDIJK zelf, en dus een weinig meer buiten het oog van den bitteren Schout PIETER PIETERSZ., die, wegens zijne voorbeeldelooze gestrengheid, door zijne Amsterdamsche tijdgenooten, *Drakenbloed* werd bijgenaamd. Bij beide deze leerredenen zag men eene zeer groote menigte der Amsterdamsche burgerij bijeengevloeid, doch niet een eenig oud vaderlandsch geschiedschrijver, niet een eenig echt gedenkstuk, wijst ons de eigenlijke plaats aan, waar deze godsdienstoefening in het dorp gehouden werd.

Het dorp heeft deerlijk moeten lijden, door twee inlegeringen; als: eene in het jaar 1567 en eene tweede in 1573, door welken een groot gedeelte van zijne welvaart verloren ging. De eerste inlegering was van korten duur, en viel voor op den 28 April, als wanneer het misnoegd en slecht gewapend volk van den uit het land geweken HENDRIK VAN BREDERODE derwaarts trok, maar den volgenden dag deze plaats moest verlaten, door het aanrukken van eenige Spaansche benden, die hen vervolgden. De laatste inlegering bewerkte, in den volsten zin, het verderf van dit dorp; want de Graaf VAN DER MARK, Stedehouder van den Prins VAN ORANJE, Amsterdam met eene tamelijke magt belegerd hebbende, doch geen kans ziende om die stad te bemagtigen, brak in den nacht tusschen 22 en 23 Augustus het beleg op, maar stak te gelijker tijd geheel SLOTERDIJK en het Karthuizersklooster in den brand, zoodat er in het dorp zeer weinige huizen onbeschadigd bleven, in welken echter, in de jaren 1577 en 1578, de benden van den Staat, bestemd ter belegering van Amsterdam, voor een gedeelte moesten huisvesten.

Het wapen van SLOTERDIJK bestaat in een veld van azuur met eene ster van zilver, omgeven van eenen cirkel van sabel.

SLOTERDIJKER-MEER (HET), ook wel het SLOTER-MEER, voorm. meer, in *Kennemerland*, prov. *Noord-Holland*, arr. en kant. *Amsterdam*, gem. *Sloten-Sloterdijk-Osdorp-en-de-Vrije-Geer*, 10 min. Z. ten W. van Sloterdijk, ½ u. N. van Sloten.

Dit meer is in het jaar 1479 door MAXIMILIAAN VAN OOSTENRIJK en zijne Gemalinne MARIA, in eigendom gegeven aan Schepenen en Kerkmeesters van SLOTERDIJK, om het ten voordeele van hunne kerk te mogen bevisschen; welke giften FILIPS VAN OOSTENRIJK, in het jaar 1501, bevestigd heeft. Maar aangezien dit meer van tijd tot tijd verdroogde, en daardoor het voordeel der visscherij te niet liep, hebben Schepenen en Kerkmeesters, met goedvinden van den Ambachtsheer ANDRIES BICKER, het, in het jaar 1639, in erfpacht uitgegeven en verkocht aan

Cornelis Gerritszoon van Dijk en Steeven Kort, om droog gemalen en tot land gemaakt te worden. Daarna de bedijking bij de Staten van Holland verzocht zijnde, is dit den verzoekers, op den 7 December 1641, gunstig toegestaan, en hun vrijdom verleend van alle schattingen, verpondingen, middelen van sleete, en andere zoo gewone als ongewone lasten, voor den tijd van 20 jaren; waarop men eerlang de droogmaking begon.

Wel achttien jaren had dit meertje, nu in eenen polder met klaverrijke landerijen herschapen, de oogen der beschouwers verlustigd, als het, op den 28 Februarij 1662, door eenen zwaren springvloed, weder onder water geraakte. Een zelfde ramp onderging het, omtrent 13 jaren daarna, door het bezwijken van den zeedijk tusschen Halfweg Haarlem en Amsterdam, veroorzaakt door eenen ongemeenen vloed, die door zijnen aandrang den zeedijk ter dier plaatse deed bezwijken. Een dergelijk lot trof den polder, in het jaar 1703, wanneer op den 8 December een felle stormwind uit het Zuid-Zuidwesten het Haarlemmermeer zoodanig deed zwellen, dat het de kade op den Osdorper weg voor zijn geweld deed zwichten, waardoor het water eenen ruimen teugel gegeven werdt, en ook dit meertje ten derdemaal overstroomde doch door gemeene vlijt en de zorg van zijnen Dijkgraaf Elland Ditelaar, werd het allengs wederom in zijnen vorigen staat gebragt.

Door den storm van 29 November 1836 liep deze polder op nieuw onder. Zie daaromtrent het art. Sloten-Sloterdijk-Osdorp-en-de-Vrije-Geer.

In dezen pold., beslaande eene oppervlakte van 107 bund. 30 v. r. 80 v. ell., staat ééne boerderij, en hij wordt door eenen molen, op den Sloter-binnen-en-Middelveldsche-gecombineerde-polder, van het overtollige water ontlast. Het polderbestuur bestaat uit drie leden.

SLOTERDIJKSCHE-POLDER (DE ACHTER-), naam, onder welken op sommige kaarten de Venner-polder in *Kennemerland*, prov. *Noord-Holland*, voorkomt. Zie Venner-polder (De).

SLOTER-KERKVAART, vaart in *Kennemerland*, prov. *Noord-Holland*, welke, in eene zuidelijke rigting, van de ringsloot van het Sloterdijker-meer naar het d. Sloten loopt.

SLOTER-MEER (HET), prov. *Friesland*, kw. *Zevenwouden*. Zie Slooter-meer (Het).

SLOTER-MEER (HET), voorm. meer in *Kennemerland*, prov. *Noord-Holland*. Zie Sloterdijker-meer (Het).

SLOTERVAART (DE), vaart in *Kennemerland*, prov. *Noord-Holland*, gem. *Sloten-Sloterdijk-Osdorp-en-de-Vrije-Geer*, in eene westelijke rigting loopende van den Overtoom, naar de Sloter-kerkvaart.

SLOTERWEG (DE), weg in *Kennemerland*, prov. *Noord-Holland*, gem. *Sloten-Sloterdijk-Osdorp-en-de-Vrije-Geer*, zich, in eene westelijke rigting, uitstrekkende van den Overtoom naar het d. Sloten.

SLOTERZIJL (DE), de Oxwerder-zijl of de Vredewolder-zijl, voorm. sluis in het *Westerkwartier*, prov. *Groningen*, onder Noordhorn, ter plaatse, waar nu de Kleine kolk is. In eenen brief van 1469 wordt zij de Oxwerder-zijl genoemd. Er is ook nog een vonnis voorhanden van de zijlvesten van Sloter-zijl van 1518. Men heeft zelfs nog in handschrift een berigt van het toelijken of stofworden van de Oxwerder- of Sloter-zijl van het jaar 1554.

SLOTHRA, oude naam, waaronder het d. Slochteren in *Fivelgo*, prov. *Groningen*, vrij dikwijls, bij den vervolger van Menco's kronijk en in oude charters, als van 1317 en volg., voorkomt. Zie Slochteren.

SLOT-TE-CAPPELLE-OP-DEN-IJSSEL (HET), slot in *Schieland*, prov. *Zuid-Holland*. Zie Cappelle-op-den-IJssel.

SLOTZIGT, buit. in het *Nederkwartier* der prov. *Utrecht*, arr. en 4 u. N. W. van *Utrecht*, kant. en 1 u. N. van *Loenen*, gem. *Vreeland*.

Dit buit., wordt thans in eigendom bezeten door Jonkvrouwe H. M. Voombrug.

SLOUER, d. in *Oost-Indië*, op het *Sundasche* eil. *Java*, resid. *Soerabaya*, 15 palen W. van Soerabaya, 563 palen O. van Batavia.

SLOWER (DE), riv. in *Oost-Indië*, op het *Sundasche* eil. *Java*. Zie Settae (de).

SLUFTER (DE WIJDE), kreek op *Eyerland*, prov. *Noord-Holland*, van Koebultszand af, noordoostwaarts loopende en zich in de nabijheid van het dijkskanaal in de *Hooyezands-kil* ontlastende.

SLUFTERBOLLEN (DE), voorm. geringe zandheuvels op *Eijerland*, prov. *Noord-Holland*, gem. *Texel*, vormende gebroken land, nabij den Zanddijk, ten Oosten de palen no. 8—10.

SLUIPWIJK, gem., in *Rijnland*, prov. *Zuid-Holland*, arr. *Rotterdam*, kant. *Gouda*, (6 k. d., 16 m. k., 3 s. d., 1e afd.), palende N. aan de gem. Zwammerdam, O. aan Lange-en-Ruige-weide, Z. aan het Land-van-Stein-Kort-Haarlem-en-Willes, W. aan Reeuwijk.

Deze gem. bestaat uit de heerl. Sluipwijk, Ravensberg en Wiltenburg. Zij beslaat, volgens het kadaster, eene oppervlakte van 966 bund. 87 v. r. 48 v. ell., waaronder 966 bund. 24 v. r. 55 v. ell., belastbaar land; Men telt er 151 h., bewoond door 169 huisgez., uitmakende eene bevolking van ruim 890 inw., die meest hun bestaan vinden in de veenderij, den handel in turf en in den landbouw. Men heeft er eene scheepstimmerwerf.

De Herv., die hier 800 in getal zijn, behooren tot de gem. van *Sluipwijk-en-Oukoop*, welke in deze burg. gem. eene kerk heeft. — Het twintigtal Christelijk Afgescheidenen, dat men er aantreft, wordt tot de gem. van *Gouda* gerekend. — De enkele Evang. Luth., en de eenige Remonstrant die er wonen, behooren tot hunne respective gem. te *Gouda*. — De R. K., van welke men er 70 aantreft, behooren tot de stat. van *Gouda* en *Randenburg*. — Men heeft in deze gem. eene school, welke gemiddeld door een getal van 70 leerlingen bezocht wordt.

Het wapen dezer gem. is van azuur, met eenen uil, met uitgespreide vleugelen van zilver.

SLUIPWIJK, heerl. in *Rijnland*, prov. *Zuid-Holland*, arr. *Rotterdam*, kant. *Gouda*, gem. *Sluipwijk*; palende N. aan de Broekvelden van Zwammerdam, O. aan Vettebroek en Vogelezang, Z. aan 's Gravenbroek.

Deze heerl. bevat den Polder-van-Sluipwijk en daarin het d. Sluipwijk, benevens eenige buurten genaamd: Platteweg, Reede, Laixdijk, Blindeweg, Tocht, Oudeweg en Kerkeweg; beslaat, volgens het kadaster, eene oppervlakte van 683 bund. 69 v. r. 30 v. ell., en telt 820 inw., die meest in veehandel en landbouw hun bestaan vinden.

Er zijn 740 Herv., 20 Christelijk Afgescheidenen, en 64 R. K. — Men heeft er eene school in het dorp *Sluipwijk*.

Deze heerl. werd in het midden der vorige eeuw bezeten, door den Heer Hendrik Grave van Hoorn, thans is zij het eigendom van Mr. Jacobus Johannes van Halteren, Ambachtsheer van *Sluipwijk en de Vrije Nes*, woonachtig te Rijswijk, bij 's Gravenhage.

Het d. Sluipwijk, oudtijds Slupwic, en in de wandeling meestal Sluipik geheeten, ligt 3½ u. N. O. van Rotterdam, 1½ u. N. N. O. van Gouda, nabij uitgestrekte veenplassen.

[illegible] Sluipwijk, Ravensberg, [illegible] Schraveubroek. [illegible] eene oppervlakte van 686 bund. [illegible] Het pol- [illegible] Schout, vijf Heemraden, [illegible] Vreijenhof, en [illegible]

SLUIPWIJK-EN-OUKOOP, kerk gem. in *Rijnland*, prov. *Zuid-Holland*, klass. en ring van *Gouda*.

De eerste, die in deze gemeente het leeraarambt heeft waargenomen is geweest Nicolaas Rutt, die in het jaar 1588 herwaarts kwam, en in het jaar 1599 opgevolgd werd door Ambrosius Novesius, die in 1601 naar Nieuwland vertrok. — Men heeft er ééne kerk te Sluipwijk, en telt er 830 zielen, onder welke 230 Ledematen.

SLUIPWIJKSCHE-SLUISVLIET (DE), water in *Rijnland*, prov. *Zuid-Holland*. Zie Sluisvliet.

SLUIS, distr., prov. *Zeeland*, gemeenlijk het Vierde distrikt van Zeeland geheeten; palende N. aan de Noordzee en aan de Hont of Wester-Schelde, O. aan den Braakman, en, in den Clara-polder, aan het distr. Hulst, Z. aan de Belgische prov. Oost-Vlaanderen, W. aan de Belgische prov. West-Vlaanderen en het Zwin. Van den mond van het Zwin af tot digt bij Breskens is dit distrikt door duinen tegen de zee beveiligd, die alleen ontbreken aan de westzijde, aan de Watering-van-Groede, waar te voren de ingang van het Zwarte-gat was. Aan de Wester-Schelde is het door dijken beschermd.

Het distr. Sluis bestaat uit de voorm. ambachten van Aardenburg, Oostburg, IJzendijke, te zamen, met een klein deel van Oostkerker-ambacht, uitmakende het Vrije-van-Sluis en geënclaveerde steden; voorts uit een gedeelte van het Committimus, en bevat de stad Sluis, de plattelandsteden Aardenburg, Oostburg en IJzendijke, benevens de navolgende 14 gem.: St. Anna-ter-Muiden, Biervliet, Breskens, Eede, Groede, Heille, Hoofdplaat, Kadzand, St. Kruis, Nieuwvliet, Retranchement, Schoondijke, Waterlandkerkje en Zuidzande; verdeeld in twee kantons: Sluis en Oostburg.

Het telt 4070 h., bewoond door 4580 huisgez., uitmakende eene bevolking van ruim 24,000 inw., die meest in den landbouw, scheepvaart en kleinhandel hun bestaan vinden, en bovendien de volgende fabrijken hebben: 4 brouwerijen, onder welke eene, die tevens azijnmakerij is; 1 zout- en zeepziederij; 3 stijfselfabrijken; 1 olie- en blaauwselfabrijk; 1 leerlooijerij; 1 tabaksfabrijk; 3 steenbakkerijen; 1 meestoof; 1 ijzergieterij; 2 koren- en pel- en 26 windkorenmolens.

Dit te voren zoo welvarend land is thans zeer verarmd, omdat hier, niet alleen de zelfde redenen en oorzaken van achteruitgang van den middelstand bestaan, die ook elders heerschen, maar daarbij nog komt, dat, sinds het verval van Sluis, vele vermogende lieden vertrokken zijn en alzoo de landeigenaars en geldschieters grootendeels buiten het district, meest in België, wonen, waarheen dus alle de winsten, die de landbouw oplevert moeten verzonden worden.

Geen bodem heeft misschien achtervolgens meer veranderingen ondergaan, dan die van het Vierde district van Zeeland. In overoude tijden moet het land met digte bosschen bezet zijn geweest, want bijna overal vindt men, bij het diep graven, onder de derrie, boomstammen in de strekking van het Noordwesten naar het Zuidoosten. Toen bij den Cimbrischen of dergelijken vloed Engeland van Frankrijk gescheiden werd, schijnt het dat de eb der zee wel lager daalde, maar ook de vloed hooger liep, zoodat alles verdelgd werd, veel voorland wegspoelde en de Schelde en het Zwin zich meer regtstreeks naar zee begonnen te ontlasten; de eerste langs de Honte, het laatste West van Kadzand, in plaats van Zuid- en Oostwaarts daarvan. Zoo verloor men steeds grond tusschen dit land en Walcheren of moest het door dijken houden en herwinnen. Zoo zullen de Franken, Saksen, Friezen en vooral de Denen hier gedijkt hebben; welke gewonnen landen nu en dan weder vloeiden; doch de oudste bepaalde oorkonden nopens indijkingen zijn uit de tiende eeuw. Een groote zeeboezem lag tusschen Aardenburg en Damme, ook hier bedijkte men van wederzijden. Van deze oude bedijkingen is weinig stelligs bekend. Op het einde der twaalfde eeuw braken de dijken aan Damme door en werden door Hollandsche, Friesche en Zeeuwsche dijkwerkers, op verzoek van den Graaf van Vlaanderen overgekomen, hersteld; terwijl zij daarvoor bezittingen in die landen kregen en er zich met der woon vestigden; ook aan de oostzijde van dien zeeboezem zullen de Vijfhonderd, Dierkensteen enz. gewonnen zijn geweest. In het midden der dertiende eeuw werd die zeeboezem geheel in land herschapen, onder den naam van Ooster-Eede en Wester-Eede en schijnen overal de door dit land loopende vlieten en zeearmen door dijken en schatsluizen te zijn bedwongen geweest, zelfs tusschen het tegenwoordige vierde en vijfde distrikt, was alles land, zoodat men, volgens overlevering, te land van Brugge naar Antwerpen over Biervliet reisde. Door den vloed van 1377 verdronken echter ruim 20 dorpen, zoodat niet alleen Biervliet weder van den vasten wal gescheurd werd en de Braakman ontstond; maar de zee doorbrak tot Elmare bij Oostburg. Volgens eene oude kaart, bij den Raad van Vlaanderen, te Gent, berustende, was Wulpen op het einde van de dertiende eeuw aan Vlaanderen vast, zijnde de banken, nu onder den naam van Paardenmarkt bekend, toen land. Volgens eene andere kaart op de griffie van het Vrije te Brugge aanwezig, was zelfs Kadzand aan Wulpen en zoo aan het vaste land gehecht. De keure van 1168—1191 *Homines de Wlpia Sive de Caadsont* etc. zoude alzoo gegeven zijn, omdat de plaats, die naderhand geheel doorstroomde, toen reeds, bij zeer hooge vloeden, onder water stond en men er niet over varen konde, aangezien het bij gewone vloeden droog was en er dus geene vaartuigen in lagen (1). Het Zwin had zijn loop door het Zwartegat. Zoo deze kaarten echt zijn, hetgeen door bevoegden echter betwijfeld wordt, dan konde Wulpen in dien vloed van 1377 wel van Vlaanderen afgescheiden zijn. Naderhand komt het als eiland voor, dat, aan het Westen afnemende en aan het Oosten aanwassende, zich van voor Kadzand tot voor Groede verplaatste, waar het eindelijk in de zestiende eeuw verdween. Daar het zeewater nu uit de Honte tot bij Oostburg ingebroken was en Gaternisse en IJzendijke verzwolgen had, moest men, door eenen zijtak van den Graaf-Jansdijk, van St. Laurens tot Slippendamme, van achteren de Ooster-Eede beschermen, ten einde het zeewater niet tot Sluis doorliep. Nu begonnen nieuwe indijkingen; de IJve-watering, zooals die tot 1570 was, ontstond, Noord begrensd door de IJve of Bazendijk bij Groede, Zuid begrensd door eenen dijk nu de Statendijk genoemd: zoodat Nieuwerkerk, dat vroeger aan Groede gehecht schijnt geweest te zijn, nu in de IJvewatering lag. De Passegeule en vele daaromliggende polders werden door Hieronymus Laurijns bedijkt en tot heerlijkheid van Waterland verheven; ook Nieuwvliet en andere streken werden beverscht; eene tweede gesteldheid des lands, die ons bekend is, ontstond; het district was uit de wateren herrezen. De Bruggelingen groeven in 1502 eene vaart, om uit het Zwin in het water te komen, dat tusschen de IJve-watering en de Waterlanden was gebleven, zelfs door het stedelijk gebied van

(1) Zie de plaats bij Dresselhuis, *district Sluis in Vlaanderen*, bl. 17.

Oostburg, waartoe zij den grond kochten, en zoo ontstond de Brugsche-vaart.

Nu en dan hadden doorbraken plaats en geschiedden herdijkingen, doch de vloed van 1570, de verwarringen en moedeloosheid door de Spaansche onlusten, en het opzettelijk doorsteken van dijken tegen den vijand, bewerkten weder, dat het geheele land eene prooi der golven werd, waaruit alleen de steden Sluis, Aardenburg, Oostburg, Biervliet, St. Anna-ter-Muiden en het dorp Kadzand, ieder met slechts weinige bunders lands omgeven, zich verhieven; oude kanalen stroomden weder open, nieuwe werden door de zee geschuurd, onder welke laatste voornamelijk het Corysche-gat, dat van omtrent Sluis tot bij Bouchaute doorschoot. Eerst na den Munsterschen vrede begon men weder met kracht te beverschen, en is daarmede voortgegaan tot den huidigen dag toe. Zoo is eene derde gesteldheid des lands tot stand gekomen, en van dat tijdvak dagteekenen de meeste der tegenwoordige polders. Alles is nu weder vereend en aan den vasten wal gehecht; zelfs in den Braakman worden groote polders aangewonnen, het Zwin veranderd in vruchtbaar land, en eerlang zal van deze wateren misschien niets meer overgebleven zijn dan de naam.

In 1830 en 1831 hebben de landlieden en stedelingen in dit distrikt veel gehechtheid aan het Vaderland getoond en stonden steeds gewapend tot ondersteuning van de krijgsmagt, zelfs tegenover de voorposten der opstandelingen.

Gedurende den tiendaagschen veldtogt had men hier dagelijks vrij hevige gevechten, en bleven er betrekkelijk meer dooden en gekwetsten in dit oord, dan bij het leger, vooral wanneer men de magt, die op de een of andere plaats werkzaam was, met elkander vergelijkt. De voornaamste gevechten hadden plaats, op den 2 Augustus 1831, bij het nemen van den Kapitalendam, en het nemen en verdedigen van het Verlaat; den 3 te Eede en Stroobrugge; den 5 bij het ontzetten van en bijstand bieden aan de kanonneerboten van Bouricius en van Maldeghem, in de kil bij het Hazegras, nu te gelijker tijd met een gevecht aan den Oranjedijk te St. Kruis. Den 7 (Zondag) had er een scherp en hardnekkig gevecht plaats langs de geheele linie van achter Sint-Anna-ter-Muiden tot aan het Hazegras, waarbij vele Officieren en manschappen gewond werden en de Kommandant van Sluis, Kapitein Hoefnagel, veel roem behaalde, daar men aan zijnen personelen moed de bewaring van Sint-Anna meende te mogen danken en dit naderhand, door het schenken van eenen eeredegen, deed blijken. Den 11 had weder een scherp gevecht, boven Aardenburg, plaats, waarbij de Belgen uit Eede verdreven werden en Stroobrugge genomen werd. Ook hierbij werden velen Officieren en manschappen gekwetst. Voor het overige hangt de staatkundige geschiedenis van dit district te zaam met die der steden Sluis, Oostburg en Aardenburg (zie die artikelen).

SLUIS, kant., prov. *Zeeland*, arr. *Middelburg*; palende N. aan de Noordzee, O. aan het kant. Oostburg, Z. aan de Belgische prov. Oost-Vlaanderen, W. aan de Belgische prov. West-Vlaanderen en het Zwin.

Het bevat de navolgende 10 gem.: Sluis, Aardenburg, St. Anna-Ter-Muiden, Eede, Heille, Kadzand, St. Kruis, Nieuwvliet, Retranchement en Zuidzande. Het beslaat, volgens het kadaster, eene oppervlakte van 12,080 bund., waaronder 10,722 bund. 45 v. r. 23 v. ell. belastbaar land, en telt 1557 h., bewoond door 1831 huisgez., uitmakende eene bevolking van ruim 9750 inw., die meest in den landbouw en graanhandel hun bestaan vinden.

SLUIS, kerk. ring, prov. *Zeeland*, klass. van *IJzendijke*.

Deze ring. bevat de volgende 8 gemeenten: Sluis, Aardenburg, St. Anna-Ter-Muiden, Kadsand, St. Kruis, Oostburg, Retranchement en Zuidzande.

Men heeft er 8 kerken, bediend wordende door even zoo vele Predikanten, en telt er ruim 6900 zielen, onder welke ruim 3200 Ledematen.

SLUIS, gem. in *Staats-Vlaanderen*, prov. *Zeeland*, arr. *Middelburg*, kant. en distr. *Sluis* (9 m. k., 4 s. d.); palende N. aan het Zwin, die haar van het Retranchement scheidt, O. en Z. aan Heille, W. aan Sint-Anna-Ter-Muiden.

Deze gem. strekt zich niet verder uit, dan tot de stad Sluis met zijne wallen en buitenwerken, die aan de overzijde der haven er onder begrepen. — Alleen ligt aan de Noordzijde eene vrij groote lap schorre, welke als aanwas tot de gemeente behoort; binnen de wallen liggen echter uitgestrekte weilanden, van welke eenige onlangs tot bouwland gebragt zijn: Voorts ligt in de haven zelve het opgewassen Maria-poldertje (Zie dat art.)

Volgens de statistieke tabel uitgegeven in 1830 bij Brokzas te Middelburg, is de gemeente groot (hemels breedte) 230 bund., waaronder 224 bund. 63 v. r. 49 v. ell. belastbaar land. Men telt er 331 gebouwen, waaronder 264 h., bewoond door 430 huisgez., uitmakende eene bevolking van ruim 1600 zielen. De inw. hebben hun bestaan van de scheepvaart en den handel; eenigen generen zich met de visscherij van garnalen en bot. Slechts enkele leven van den landbouw en de moezerij. Voorts zijn er te Sluis, behalve een wind-, korenen pelmolen, eene zout- en zeepziederij, eene bierbrouwerij, tevens azijnmakerij, en eene ijzersmelterij.

Het getal Hervormden bedraagt ongeveer 930. De Hervormden gem. te Sluis, die tot de klass. van *IJzendijke*, ring van *Sluis*, behoort, en door eenen Predikant bediend wordt, is echter grooter, daar zij zich ook over de gem. Heille uitstrekt. Van die gem. behooren tot Sluis de Krabbe, de Blaauwe-Hofstede en de Kruisschans, mitsgaders alle de Hervormden, die tusschen deze schans en Sluis woonachtig zijn. Zij telt alzoo ruim 1000 zielen, onder welke 540 Ledematen. De hervorming werd te Sluis, ten gevolge van den religionsvrede, zoo als uit alles schijnt te blijken, algemeen, zonder opschudding of botsingen, omtrent October 1578, ingevoerd. Als eerste Predikant staat bekend en was tot ordening der gemeente werkzaam Johannes Arcerius, onder wiens leiding, den 14 October, Ouderlingen gestemd en gekozen werden. Hij was te voren in Zuid-Holland Predikant en vertrok in het laatst van 1580 naar Oost- en Wester Schelling. Te gelijk met Arcerius was te Sluis als Predikant zekere Hazart. In de akten van 30 April 1579 staat: » Is besloten, dat Arcerius schriven zal, beyde aan Hazart en Oudenburg (eene stad » in West-Vlaanderen) ten eerste, dat Hazart vrij is van ons, en » zoo hem belieft, dat hij mogt met die van Oudenburg handelen; » doch zoo hij ook wil bliven, dat zijn huis hem ter eere bewaert » wezen zal en hij 't allen tijde welkom. Aan die van Oudenburg, » dat zij liefst maar met Hazart souden handelen en besien, wat zij » aan hem verwinnen kunnen, dewijl hij in ons gebiet niet en is." Men zonde hieruit mogen opmaken, dat Hazart reeds de predikdienst, vóór de organisatie, bij de Sluissche Hervormden had waargenomen, maar bij de organisatie afwezig was, en zijne betrekking tot de gemeente, en van deze tot hem alzoo twijfelachtig was. Naderhand komt hij als dienstdoende Predikant te Sluis voor, maar hij vertrok reeds in het begin van 1580, waarheen blijkt niet. Hij werd vervangen door Gillis van Haute, een' Gentenaar, die er bleef, tot de overgave der stad aan Parma 1587. In plaats van Arcerius kwam, ter leen van Dixmuiden in West-Vlaanderen, in 1583, Willem Comantius, hij bleef te Sluis tot 1586, als wanneer hij naar Noordwijk vertrok, zijnde Dixmuiden, zijne eigenlijke standplaats, toen reeds Spaansch. Nog werd den 24 Augustus 1584, na geexamineerd te zijn, en daarover met de Waalsche consistorie te Middelburg gecorrespondeerd te hebben, tot Waalsch Predikant bevestigd Christiaan du Blocq, te voren Waalsch Schoolmeester te IJperen, die vandaar, gelijk vele andere Walen, had moeten vlugten. Hij bleef in dienst tot de overgave der stad in 1587 en heeft toen, volgens de capitulatie, vrij geleide gehad tot Breskens, om zich in te schepen naar Walcheren. Na het uitdrijven der Spanjaarden in 1604, was de eerste Predikant Lodewijk Dierix, die als zoodanig door de Algemeene Staten gezonden werd en den 27 September 1604 in dienst trad, doch reeds in Februarij 1605 naar Koudekerke, in het land van Walcheren, vertrok. De predikdienst werd nu tijdelijk vervuld door eenen Predikant van Rotterdam, Daniel van Keulen of Colonius en door Gillis Boas van Middelburg. De opvolger van Lodewijk Dierix was Job du Rieu: hij werd beroepen, op voorwaarde, om ook soms in het Fransch te prediken *van wege de fransche soldaten en om eene fransche kerk aantekweeken*. Hij kwam als Proponent van Utrecht den 22 Mei 1605, en vertrok naar Bergen-op-Zoom den 26 Junij 1619. De eerste, die als tweede Predikant in dienst kwam, was Florentius Marci ab Halle, die van Oestgeest herwaarts kwam, den 3 December 1606 in dienst trad en den 24 December 1622 te Sluis overleed. De eerste, die als derde Predikant in dienst kwam, was Lodewijk van der Eyken. Deze kwam van Oostburg, trad in dienst 17 Januarij 1616, overleed te Sluis 30 April 1642. Van 1619, toen Job du Rieu vertrok tot 1656 waren er slechts twee Predikanten; doch op eenen hunner rustte de verpligting, om soms in het Fransch te prediken. In laatstgenoemd jaar werd weder tot derde Predikant beroepen Henricus Beaddens, met verpligting, om geregeld de predikdienst in het Fransch waar te nemen, doch ook buitendien in de Nederduitsche predikbeurten behulpzaam te zijn. Hij werd den 18 Julij bevestigd, en vertrok naar Vollenhove den 16 September 1664. Op alle zijne opvolgers rustte de zelfde verpligting; doch slechts weinige voldeden aan laatstgenoemde voorwaarde eenigermate, de meesten in het geheel niet. Het is opmerkelijk, dat te Sluis steeds geregeld in een afzonderlijk kerkgebouw in het Fransch gepredikt werd, zonder, dat er eene eigenlijke Waalsche gemeente, of afzonderlijke kerkeraad bestond: — Alleen was er altijd een zoogenoemd Duitsch-fransch Ouderling en Diaken. De Predikant stond ook in geene betrekking tot het Waalsche synode. Dit alles bleef voortduren tot den inval der Franschen in 1794, toen de betaling der traktementen uit 's lands kas ophield. De Predikant Dionysius Barbeau, den 10 November 1795 naar Dirksland vertrokken zijnde, werd niet vervangen en evenmin de Predikant voor de Fransche taal Jean Maurel, toen hij den 29 November 1806 overleed. Sedert dien tijd heeft de predikdienst in de Fransche taal opgehouden, en is de gemeente slechts door eenen Predikant bediend geworden.

Onder de Predikanten van naam, die te Sluis gestaan hebben, waren: Jodocus van Lodenstein, bekend wegens de door hem uitgegevene *Geestelijke Liederen*, die er den 18 September 1650 kwam, en den 10 Mei 1652, naar Utrecht vertrok, en Jacobus Koelman wiens menigvuldige schriften bij de ernstige Hervormden nog in groote achting zijn, die zeer geliefd was bij de gemeente en geacht door zijne ambtsbroeders, doch door Hun Hoog Mog., uit SLUIS en Staats-Vlaanderen gebannen werd, voornamelijk omdat hij de formulieren bij den doop, het avondmaal enz. niet wilde lezen. Hij kwam van Brussel, waar bij Predikant bij den Resident was, den 13 Augustus 1662, werd uit SLUIS weggebragt den 17 Junij 1675, bleef voorts buiten vaste bediening en stierf in 1695. Men zie over deze zaak het stukje getiteld *Iets over* JACOBUS KOELMAN, *en zijne schriften door* H. A. CALLENFELS, Med. Doctor en Schoolopziener, te vinden in den *Vriend des Vaderlands*, en afzonderlijk overgedrukt.

Onder het Gemeenebest der Vereenigde Nederlanden en naderhand, tot de instelling der consistoriale kerkvergaderingen onder het Fransch bestuur, behoorde de kerk van SLUIS, even als alle de kerken in dit district tot de klassis van Walcheren, waartoe reeds in 1584 den grond gelegd was, als wanneer, bij het te niet gaan der Vlaamsche klass., de kerk van SLUIS, daartoe uitgenoodigd, afgevaardigden naar de klass. van Walcheren zond. COMARTIUS teekende, ten gevolge van dien, op de synodale acten te 's Hage, in 1586, onder de afgevaardigden van Walcheren, met bijvoeging boven zijnen naam *van Vlaanderen of van* SLUIS. Het kerkelijk wapen is een lam met een vaantje (*agnus dei*) zijnde het kenmerk van JOHANNES *den Dooper*, aan wien de afgebrande kerk gewijd was. In den Franschen tijd was de Sluissche kerk eene consistoriale, tot welke, behalve SLUIS zelve, Aardenburg, Breskens, Groede, Kadzand, Nieuwvliet, Retranchement, Sint-Anna, Sint-Kruis en Zuidzande behoorde.

Het getal Roomsch-Katholijken te SLUIS bedraagt 640, onder welke ruim 400 Communikanten. De par., die tot het apost. vic. gen. van *Breda*, dek. van *Aardenburg*, behoort, is echter grooter, daar zij zich over Heille uitstrekt en ook die van Sint-Anna-ter-Muiden tot haar behooren, zijnde alzoo het getal zielen in het geheel 920, met 620 Communikanten. De Roomschgezinden hadden ook, onder de Generaliteit, te SLUIS eene huiskerk, in welke de dienst door eenen Missionaris verrigt werd; bij de invoering van het Concordaat onder het Fransch bestuur, bekwamen zij eenen Pastoor; staande toen onder het Bisdom van Gent: De eerste, die als zoodanig den 24 Januarij 1803, geïnstalleerd werd, was J. J. VAN DE POORTEN. Sedert eene halve eeuw is de gemeente veel aangegroeid, vooral door inwoners, die uit Vlaanderen herwaarts komen en de oude bewoners vervangen.

Er zijn 4 Christelijke Afgescheidenen en 2 Evangelisch-Lutherschen, die tot de gemeenten dier gezindten te *Groede*, en 7 Doopsgezinden, die tot de gemeente te *Aardenburg* behooren. Voorts zijn er ruim 20 Hoogduitsche Joden, behoorende tot de ringsynagoge van *Middelburg*.

De stad SLUIS, oudtijds SLUUS, gedurende het bestaan van de Republiek der Vereenigde Nederlanden meest SLUYS-IN-VLAANDEREN, in het Fransch L'ECLUSE, oudtijds ook LES CLUSES, in het Latijn SLUSA, soms ook FLANDRORUM CLAUSULÆ en CLUSA IN FLANDRIA genoemd, komt in de dertiende en veertiende eeuw meest onder den naam van LAMMERSVLIET, of LAMMENSVLIET, eigenlijk LAMBERTUSVLIET voor. Het ligt 6¼ u. Z. W. van Middelburg, 9½ u. W. van Hulst; op 51° 18′ 30″ N. B., 21° 3′ O. L.; aan eenen kleinen zeeboezem het Zwin geheeten, waardoor zij van het Land-van-Kadzand gescheiden wordt. Tot in 1386 was zij eene heerlijkheid, behoorende aan de Heeren van Namen, als wanneer FILIPS VAN

Bourgondië, Graaf van *Vlaanderen*, de stad van Willem van Namen inruilde tegen de stad en het kasteel van Bethune. In het jaar 1566 verkocht Filips II, Koning van *Spanje*, de stad aan Brugge, voor de som van 24,000 pond tot 40 groot (24,000 guld) en 300 pond renten bij jaren.

Gewoonlijk stelt men dat Sluis eerst omtrent 1290 zoude gesticht zijn geweest, door Jan van Namen, zoon van Graaf Gui van Dampierre, aan welken Jan in 1282 de schorren, op welke de stad ligt, ter bedijking geschonken waren. Zij zoude eerst den naam van Lammensvliet gedragen hebben naar een daarbij liggend water; naderhand zoude de naam veranderd zijn in dien van Sluis. Er zijn echter vele redenen, om te stellen dat de stad ouder is en zelfs wordt de naam Sluis in oudere oorkonden gevonden, dan de naam Lammensvliet. Richard Leeuwenhart ging, na uit zijne gevangenis verlost te zijn, in het Zwin bij Sluis scheep, en kwam in het jaar 1194 in Engeland (1). Willem van IJperen nam in het jaar 1132 de haven in en versterkte die (2). Reeds in het begin der veertiende eeuw waren er ook te Sluis vele inrigtingen, die aan eenen ouderen oorsprong doen denken. Zelfs werd, gelijk de kundige Meesters uit de stads archiven heeft opgespoord, in dien tijd de St. Janskerk reeds bouwvallig. Ook Sanderus stelt, dat Sluis vroeger bestond, en meent, dat de Gravin Margaretha, die in 1279 overleed, aan de mannen van Lammensvliet het eerste regt verleende, om Schepenen aan te stellen, doch de jongste opsporingen, in de archiven van Vlaanderen en van Parijs, hebben stukken aan het licht gebragt, waaruit blijkt, dat Gravin Johanna van Constantinopel, wier man Ferdinand, van 1214 tot 1227, te Parijs gevangen gehouden werd, aan Schepenen van Sluis liet verzoeken, dat de stad zich mede borg zoude stellen voor het losgeld van haren Gemaal, even als die van andere Vlaamsche steden gedaan hadden (3); dat, omstreeks het jaar 1280, Graaf Gui de bemiddeling van den Paus verzocht, tot wegneming der grieven, die hij van de Franschen ondervond, onder anderen, dat zij het kasteel van Sluis bezet hielden. Het strijdt dus niet met de geschiedenis, als de Heer J. de Saint-Genois, in zijnen roman *Bertrand van Rains*, de stad Sluis in het jaar 1225 aanwezig stelt. Waarschijnlijk waren de schorren, die Jan van Namen om te bedijken kreeg, reeds te voren geheel of ten deele bedijkt geweest, en werd de stad, welke er op stond, en misschien door overstrooming veel geleden had, door hem hersteld. Men heeft niet lang geleden binnen de wallen van Sluis, niet ver van het Gelderlooze-padje, bij het graven onder de derrie, boomstammen gevonden, waaruit men besluiten kan, dat de bodem reeds vóór den Cimbrischen vloed aanwezig was. Het is bekend, dat de sluis van Slippendamme in het jaar 1243 gebouwd is; hetgeen aan bedijkt land doet denken. Eerst toen vindt men den naam Lammensvliet (door verkeerde spelling op vele plaatsen zeer gewijzigd). In het jaar 1316, zoo niet vroeger, komt de naam van Sluis weder voor, echter wordt tot 1331 den naam Lammensvliet bij afwisseling aangetroffen. Narigten van vroegere dagteekening, dan het einde der twaalfde eeuw zijn omtrent Sluis niet gevonden.

---

(1) van Kampen, *Kruistogten*, D. III, bl. 121.

(2) Janicon *Etat. Présent de la République des Provinces Unies*, Tom. II, pag 322.

(3) Zoo als blijkt uit L. A. Warnkönig, *Flandrische Staats- und Rechtsgeschichten*, III Band., Nachtrag., zeite. 55.

De haven van Sluis werd voor dezen onder de vermaardste Nederlandsche zeehavens gerekend. Men zegt, dat er vijf honderd schepen in liggen konden, en dat men in het jaar 1468 hier gelijktijdig honderd en vijftig schepen uit alle oorden der wereld bijeen zag. Naderhand is deze haven verzand, en thans is zij, door de zandbanken vóór het Zwin, de Paardenmarkt geheeten, voor vreemde schippers niet binnen te komen, ook kunnen er geene andere, dan kleine vaartuigen in havenen. De lengte van deze haven is van de kaai tot aan de ketenpoort in eene regte lijn 1200 ellen, doch zal als men de kromme bogt volgt wel 1400 ell. zijn. Hare breedte wordt op 375 ell. begroot. Zij ligt buiten de stad, benoorden den wal, en was hier vroeger gedekt door de werken van het Groote Pas. Deze haven moet echter niet verward worden met de kaai, die binnen de stad ligt, waarin zich de Eede uitstort, en die, aan drie zijden met arduin opgetrokken en van woningen omgeven, een der fraaiste gedeelten van de stad uitmaakt. De bekleeding met arduinsteen geschiedde in 1729—1759. Deze haven van Sluis wordt gewoonlijk het Pas-Water genoemd, zie dat art. Met de verlenging door het Schorre is de lengte bijna ½ u. gaans (2777 ell.).

Wat de blaam van ongezondheid, die op Sluis rust, aangaat, alles bepaalt zich tot de gewone najaarskoortsen, die in vele streken van ons Vaderland en vooral in Zeeland heerschen. Toevallige omstandigheden maakten, dat zij voor de bezetting in vroegere tijden somtijds een kwaadaardig karakter aannamen (1).

In 1585 verzochten die van Sluis, om tot de Geunieerde Provinciën te mogen behooren, hetwelk hun, bij resolutie van de Staten-Generaal, d.d. 5 Februarij 1586, toegestaan werd, waarna de Staten de stad, van tijd tot tijd, hebben doen versterken. De vestingwerken, zoo als zij nu nog gezien worden, zijn in 1702 door den beroemden Coehoorn aangelegd, die daartoe ook de Eede afleidde, ten einde de vesten gedeeltelijk met zoet water te vullen en de kleine inundatie met zoet water te kunnen bewerkstelligen. Zij waren zeer uitgebreid, doordat er van tijd tot tijd verbeteringen en vermeerderingen zijn aangebragt. De haven deelde deze werken in twee afzonderlijke deelen, waarvan het oostelijke deel de eigenlijke stad omgaf, bestaande aan de landzijde uit eenen dubbelen hoofdwal, met zes heele en twee halve bastions, zeven ravelijnen en eenige contrefacen vóór de geheele bastions, alles voorzien van natte grachten en besloten binnen eenen bedekten weg met glacis, welke ook de met 5 bastions voorziene linie aan de waterzijde dekte en bovendien ten Zuiden nog eene lunette (Groningen) insloot. Nog drie buitenwerken, als: Coquelet ten N., eene lunette tot dekking der Oostsluis en de lunette Vriesland ten Z, lagen buiten dien bedekten weg. De westelijke werken, dienende tot dekking der haven en stad, waren zeer onregelmatig aangelegd en bestonden ten N. uit het hoornwerk Kleine-Pas, de gebastionneerde linie Groote-Pas, daarop volgende, en de dubbele tenaille 't Spijtuw-Bakhuis, ten Z. daarvan, welke, met eenige lunetten en andere afzonderlijke werken, een zamenhangend geheel uitmaakten, dat met eenen bedekten weg met glacis en voorgracht voorzien was. De

---

(1) Zie G. W. Callenfels en J. Hargot *over de najaarskoortsen in de garnizoensplaatsen van Staats-Vlaanderen*, in de *Werken van het Zeeuwsch Genootschap*, Deel. X. Veel dat alle aandacht bij dit onderwerp verdient, vindt men in het werkje van Hentiy Haykens. *Bewijs dat de stadt Sluys in Staats-Vlaanderen een zeer gezonde lucht heeft*. Te *'s Hage* bij J. Berkoske 1756.

voornaamste sterkte van SLUIS bestond in een goed gebruik van het water te maken. Aan den landkant van de Westsluis af, een goed stuk veldwaarts in, liep een trachel, die aan den straatweg sloot, doch aan de overzijde van de vaart, naast den straatweg, voortliep tot aan de Oost-sluis. Men kon, door middel van deze twee sluizen, het Ooster- en Wester gedeelte van den polder Bewester-Eede, tot tegen gemelden trachel, onder zeewater zetten. De Aardenburgsche-vaart, eigenlijk de door COEHOORN afgeleide Eede, voorzag de grachten der stad van water. Men kon er zelfs het land, tot tegen den trachel, door onder zoetwater zetten, en het overige water door middel van eenige sluizen, langs zijnen gewonen weg, in de Zoute laten loopen. Dit was men gewoon de kleine inundatie te noemen, terwijl het onder water zetten buiten de trachels met zeewater de grootte inundatie heette. Aan de overzijde van de Zoute, kon het land, van St.-Donaas af, langs de linie van gemeenschap en het Groot- en Klein-Pas, tot tegen den zeedijk van het Zwin aan, onder zout water gezet worden. Alle welke inundatiën SLUIS zeer sterk maakten. De oude hoofdwal had bijkans één uur in den omtrek. De vestingwerken zijn nog aanwezig, doch de vesten groeijen van lieverlede toe met riet, de bruggen zijn afgebroken, de poorten gedeeltelijk verdwenen of tot andere einde bestemd, zoodat men langs dammen en doorgravingen in de hoofdwal binnen de stad komt; — het werk *Spijt uw bakhuis* en de wapenplaats *Bekaf* zijn ook voor den straatweg op Brugge en eenen zijweg naar de aanlegplaats der barge, geheel geslecht; voorts zijn de borstweringen der hoofdwal op vele plaatsen, afgeworpen, en eindelijk is het kasteel, dat op de Noordpunt lag en dat de Franschen in 1795 gedeeltelijk hadden doen springen, in 1818 geheel afgebroken: waardoor hier in de werken een ledig ontstaan is, dat, ingeval de vestingwerken weder gebruikt zouden moeten worden, aangevuld diende te zijn (1). De vestingwerken van SLUIS zijn, gedurende de Belgische onlusten in 1830 en later, weder in zoodanigen staat gebragt, dat zij tegen eenen onverwachten aanval verzekeren konden; doch alles is in 1839 weder geslecht. Zij zijn nog steeds een eigendom van den Staat, maar aan de stad tot nader opzeg in pacht gegeven.

In oude tijden was SLUIS in muren besloten, vooral naar den kant der haven. In de westbatterij ziet men er nog een overblijfsel van. Het is door opgravingen ook gebleken, dat zij nog, voor het minst op sommige plaatsen, in de wallen aanwezig en slechts met aarde bedekt zijn.

Door onderscheidene belegeringen geteisterd, is de stad thans bijna van allen luister ontdaan. Nogthans herwint zij in bevalligheid, door het wegruimen der bouwvallen, en het optrekken van nieuwe gebouwen. Ook is hare levendigheid vermeerderd door den grooten weg der tweede klasse no. 1, welke haar doorsnijdt en door de nieuwe trekvaart naar Brugge.

Sedert de verandering der vestingwerken van 1702 had men slechts drie poorten, de Zuid-poort, de Keten-poort en de Paspoort. Ook daar of daarbij zijn nog de ingangen der stad. De Zuid-poort dient thans tot pakhuis; de beide andere zijn afgebroken. Te voren had men buitendien de Oostpoort, van welke een weg liep naar het voormalige dorp Heinkenswerve, waarvan men nog de sporen vindt in den polder Bewester-Eede, in eene daar liggende menne of landweg.

---

(1) Men zie omtrent het kasteel het volgende artikel.

Deze poort bestaat nog, maar werd tot 1794 tot sortie gebruikt, en het water er door naar eene uitwatering geleid. Verder had men de Brugsche-poort, waarvan de boog nog in het muurwerk der west-batterij te zien is, naar welke ook de Brugsche straat van de Garenmarkt heenliep, het geen doet vermoeden, dat voor de Spaansche bemagtiging het [illegible]-Gat zoo smal was, dat er voegzaam bruggen over konden gelegd worden. Eindelijk had men nog de West-poort, die later, even als de Oost-poort, tot sortie naar de buitenwerken gebruikt werd. Sluis heeft nog twaalf straten, ofschoon sommige slechts enkele huizen bevatten. Bovendien heeft men de kaai, aan welks inkomen ter linkerhand eene plaats tot Visch-markt is afgezonderd; terwijl er buitendien drie markten zijn: de Groote-markt, de Beesten-markt, een middelmatig plein met boomen omringd, en de Garen-markt, aan den zuidwestelijken hoek der kaai. Op de Groote markt wordt des Dingsdags de wekelijksche graanmarkt gehouden. Voorts zijn er nog steegjes en thans geheel onbebouwde straten, waarvan echter de namen nog overig zijn. Indien de stad, zoo als de overlevering zegt, overal tot aan de wallen bebouwd geweest is, dan heeft zij eene aanmerkelijke grootte gehad, daar de binnenwal eenen omtrek van een uur gaans uitmaakt. Volgens de afbeelding van den platten grond in de zestiende eeuw, te vinden bij Guicciardini, was zij te dier tijd nog, naar den kant der Oost-poort, tot tegen den wal bebouwd, doch stonden ten Zuiden en Zuidwesten achter de Maria-kerk slechts verspreide huizen. Dit gedeelte, schijnt reeds vroeger door brand en oorlogen vernield te zijn geweest. In den oorlog met Spanje geraakten nog vele straten, ten Oosten en Zuidoosten van het bebouwde gedeelte, geheel weg. Het Pas, eene voorstad, is thans op 6 huizen verminderd (zie dat artikel).

De kermis valt in den tweeden Dingsdag na Pinksteren. Tot aan het einde der vorige eeuw, was er nog eene kleine kermis, die in September inviel, doch te niet geloopen is.

Het Stadhuis, dat aan de *Groote-markt* staat, doch welks puije en ingang aan de *Kapelle-straat* gevonden wordt, is een oud aanzienlijk gebouw. Het werd op het einde der veertiende eeuw gebouwd; in plaats van een ouder gebouw, waaraan eene kapel verbonden was, en dat in de archiven van dien tijd, onder den naam van het Poortershuis bekend staat. De toren is van een zonderling maaksel, de bouwmeester schijnt daarop een kasteel met zes torens, dat ook op de oude noodmunten der stad voorkomt, te hebben willen nabootsen. Hij is met een uurwerk en eene soort van speelwerk voorzien, het geen echter meer schijnt te dienen tot waarschuwing, dat de klok zal slaan, dan ter veraangenaming; daarbij staat een houten beeldje van omtrent een el groot, gewoonlijk Jantje van Sluis geheeten, in Spaansche kleeding, dat bij het spelen in beweging komt en met eenen hamer op eene der klokken slaat: men wil dat het ter eere van eenen tromslager, die bij den aanval der Spanjaarden, in 1606, door het slaan van vele marschen door elkander, den vijand verschrikte en alzoo de stad redde, daar geplaatst zij. Zinspelende op dit poppetje, zegt men te Sluis van iemand, die door de najaarskoorts wordt aangetast, dat Jantje van Sluis hem bij den neus heeft gepakt. Op het Stadhuis is eene ruime voorzaal, in welke, onder anderen, in eenen beugel bewaard wordt de steen, met welke zekere Mevrouw Wilschut, in het begin der vorige eeuw, vermoord werd, alsmede — het geen als eene bijdrage tot de geschiedenis van der oudere regtspleging de aandacht waardig schijnt — eene metalen vuist, boven welke een metalen plaat, die gesprongen is, toen men die er wilde uitligten, om de letters te beter te lezen. Daarop staat: **Up den XXIIden dach Wed XV^c LXVIII. Zoe was bey schepenen des Stede Jã pauwels Cornelissen onder andere amende ghecondempneerdt te doen maken eñ alhier doen stellẽ desen buyt uit causen dat hij gesmeten hadde met buyte eenẽ officier / ter cause van zijn officie.**

Men bewaarde vroeger een keten op het Stadhuis, die voorheen van het Groote naar het Kleine Kasteel gespannen werd, om de haven af te sluiten: waarom ook de poort aldaar de Keten-poort heette.

Het Stadhuis is voorts van eenige ruime vertrekken voorzien, onder welke onderscheiding verdienen: de groote raadkamer, eene ruime nette en aanzienlijke zaal, en de oude griffie, ruim genoeg om tot raadzaal voor eene plattelandsstad te kunnen dienen; aan deze grenst een ruim gebouw, de Roode Leeuw genaamd, te voren stadsherberg en conciergerie, thans nog tot woning van den Concierge dienende; doch tevens tot huis van bewaring ingerigt: onder dit alles zijn ruime en sterk gewelfde kelders. Te voren ging men van de groote voorzaal nog in een groot vertrek, dat uitzigt op de markt had, hetgeen onder een afzonderlijk dak was, en waaronder men de vleeschhal had; dit, in het beleg van 1794, zwaar beschadigd en niet zeer noodig zijnde, is weggebroken, waardoor echter het Stadhuis, dat thans geene ramen naar den kant der Markt heeft, minder sierlijk is.

Het voormalig Landhuis of Huis van den Vrije, in de *Kuiper-straat*, gewoonlijk *Vrijstraat* genoemd, was een groot oud gesticht, voor dezen door het adellijk geslacht der Heeren van Barist gebouwd, en bewoond. Daar vóór was een tamelijk groot plein, dat met boomen beplant, en met een ijzeren hek afgeschoten was. Het huis had onderscheidene vertrekken, en de kelders dienden tot plaatsen voor de gevangenen. De herberg de Gouden Kroon was naast het Huis van den Vrije. Dit gebouw was door het bombardement van 1794 onherstelbaar beschadigd, en daar dat collegie toen vernietigd werd, is de bouwval allengs meer ingevallen, tot dat in den winter van 1845, om de arme lieden werk te geven, de fundamenten en kelders uitgebroken zijn. De plaats, waar het stond, is thans aan de erve van een particulier huis getrokken, terwijl de daarbij staande herberg de Kroon reeds vroeger tot stalling en koetshuis werd ingerigt.

Er is te Sluis een Postkantoor in de *Kapellestraat*. Van alle de aanzienlijke Gouvernementsgebouwen, Magazijnen, Commandantshuizen, Barakken enz., is alleen de Hoofdwacht op de *Groote-markt*, staande gebleven, en in 1819 door het Rijk aan de stad voor 250 guld. verkocht. Zij wordt thans gebezigd voor de burger- of politiewachten, in geval die plaats hebben. Zonder groote ontsiering der markt zou dit gebouw niet kunnen weggebroken worden.

De overige militaire gebouwen zijn, in 1815, toen zij meestal niets dan bouwvallen waren, door het Rijk verkocht, en tot tuinen aangelegd. Het Commandement, in de *Steenstraat*, gewoonlijk de *Commandeurstraat* genoemd, had door het bombardement niet meer geleden dan vele particuliere huizen, die kort daarna weder hersteld zijn, evenmin het Huis en de lokalen van den Lands Commies, staande in de *Wolstraat*, gewoonlijk de *Commies-* of *Kanonnenstraat* genoemd, maar de Franschen lieten alles vervallen, en de andere magasin braken van tijd tot tijd, zolders, gebindten, ja, al wat meer houtwerk was, af, om het tot brandhout te gebruiken.

Sluis was van ouds in twee parochiën verdeeld, en had alzoo twee hoofdkerken: de Mariakerk en de St. Janskerk.

De Mariakerk of Lievevrouwekerk stond digt bij den zuidwesthoek der *Beesten-markt*. Zij werd ongetwijfeld reeds bij de stichting der stad gebouwd, en was langen tijd de hoofdkerk. Den 30 Mei 1393, was de Bisschop van Doornik, die tot de partij behoorde welke den Paus van Avignon, Clemens VII, erkende, te Sluis om Priesters te wijden, doch op den oogenblik, dat de plegtigheid zou beginnen, barstte een hevige brand in de Lievevrouwekerk uit, hetgeen de inwoners beschouwden als eene straf des Hemels tegen den Schismatieken Bisschop, doch meer waarschijnlijk uit wraakzucht door de tegenpartij was gesticht. Den 9 September 1412 werd die kerk door den bliksem getroffen, en brandde toen gedeeltelijk af, waardoor ook de omliggende gebouwen veel moeten geleden hebben; daar de vlammen zelfs het Schepenhuis in de *Kapellestraat*, genaakten. Zij werd echter weder hersteld, en in 1443 werd aan de Oosterlingen, tot boete wegens den moord aan hunne landgenooten gepleegd (zie hieronder bl. 470), eene kapel in deze kerk afgestaan en fraai versierd. De toren dezer kerk werd den 23 Januarij 1493 weder door het onweder getroffen. Tijdens de Reformatie schijnt de Mariakerk niet meer tot godsdienstoefening gebruikt te zijn geworden, doch in de stadsrekening van 1580 vindt men melding van den verkoop van het zilver van deze kerk. Dat zij bij de herovering der stad in 1604 een bouwval was, blijkt stellig. In het resolutieboek van Diakonen, van 13 Julij 1606, vindt men gewag gemaakt van eene verkooping van onderscheidene stukken hout en ijzerwerk in de oude kerk liggende; en den 3 Augustus 1608 klaagde de Ontvanger der kerk in den kerkeraad, dat de soldaten vele steenen groot en klein uit de oude kerk, genaamd Onze Lieve Vrouw, wegvoerden: waarop in de notulen van den kerkenraad van dien dag, als ook van 20 daaraanvolgende en van 22 December des zelfden jaars, gewaagd wordt van maatregelen die er genomen werden, om den grond te ontblooten, en de materialen naar de kerk van St. Jan over te brengen. De plaats waar de kerk stond is een moestuin; tot 1820 stond in het midden daarvan nog een kolossaal stuk metselwerk omtrent 5 el hoog, zijnde een gedeelte der muren die het midden der kerk uitmaakten, en waarop de toren rustte. Het huis waar achter die moestuin ligt, wordt nog de Plompe toren genoemd. *In de Jaarboeken van het Vrije* van Beaucourt de Noordvelde vindt men D. III, bl. 153, »tot Sluis in de O. L. Vrouwekerk, »in de kapelle van de Baenst aldaar staet bij de vonte eene tombe.

»Hier ligt Jonc vrouwe Anna Filia Jan Filips, geselnede van Jan de »Baenst, Filius Jans, Raed ons geduchte Heere Hertoghe van Bourgogne »Graef van Vlaenderen, en zijnen Hoog baillu van de stede Brugge en »Brugsche vrije, obiit 1424, den 1 August."

De St. Janskerk, die tot het begin dezer eeuw in wezen bleef, was aan den H. Johannes *den Dooper* toegewijd; zij werd in de laatste helft der veertiende eeuw gesticht, hoewel, uit de opsporingen, door wijlen den kundigen P. Meesters in het stads archief gedaan, blijkt, dat er te voren ter zelfder plaatse reeds een kerkgebouw bestaan had, mede aan den H. Johannes toegewijd. Die, van welke wij hier spreken, was een der fraaiste gebouwen, welke de stad in vorige tijden versierden en de grootste kerk, die in Staats-Vlaanderen gevonden werd, zijnde lang 104 ell., breed ruim 30 ell., en in het kruis 50 ell. Het was eene kruiskerk, waarvan het schip en het koor uit drie buiken bestond, die door pijlaren gescheiden werden, onder den toren was een portaal tot ingang, rijkelijk met nissen voorzien, die vóór de Reformatie met eene menigte van beelden prijkten. De toren aan de voorzijde geplaatst, scheen bestemd te zijn, om hooger opgetrokken te worden; daar in hing eene zeer zware welluidende klok, om welke te luiden vier man noodig was. Van binnen was het gebouw niet somber maar licht en luchtig; het koor was, na de Reformatie, door deuren en door een zeer zuiver klinkend orgel van het overige der kerk afgescheiden, en werd niet voor de godsdienst gebruikt. Zelfs was van het overige der kerk slechts een gedeelte met zitplaatsen bezet. Deze kerk, die bij alle belegeringen en oorlogsverwoestingen gespaard bleef, werd door de onvoorzigtigheid van eenen loodgieter eene prooi der vlammen op den 26 September 1811 en is ten gronde afgebroken in het jaar 1823.

In geene kerk van Zeeland waren zoo vele praalgraven als in deze. Onderscheidene groote mannen hadden er hunne rustplaatsen. Vele dezer gedenkteekenen waren door den brand vernietigd; de overigen zeer geschonden. Het prachtigste was dat van Jhr. WILLEM DE SOETE VAN LAKEN, gezegd HAUTHAIN, Ridder van St. Michiel, Admiraal van Zeeland, enz. overleden 26 September 1637. Onder eene, op gedraaide kolommen rustende, kap, in welker frontispies het wit marmeren wapenschild stond, lagen de wit marmeren beelden des Admiraals en zijne gade, OLIMPIA DE HERTAING, met een hondje aan de voeten. Op den achtergrond dezer nis zag men op eenen zwarten steen de namen der gestorvenen enz. met gouden letters. Ook dat van Jonkheer CHARLES VAN DER NOOT, Gouverneur van SLUIS, overleden 30 Augustus 1614, was bij uitstek fraai. Dit monument van graauw arduin was gedekt met eene kap op vier kolommen rustende, onder welke het beeld lag van VAN DER NOOT, met een leeuwtje aan de voeten, terwijl Geloof, Hoop en Liefde met eenige geniën en andere zinnebeeldige sieraden het geheel versierden (1).

Na het verbranden der St. Janskerk, hielden de Hervormden hunne godsdienstoefening in de Fransche kerk, tot dat zij zelven weder in het bezit van een geschikt bedehuis waren. De tegenwoordige kerk der Hervormden, is in het jaar 1823 en 1824 gebouwd op een plein, waar te voren huizen stonden, welke door het bombardement van 1794 vernield werden. Dit is met boomen beplant, en wordt aan de achterzijde begrensd door erven van nog bestaande huizen, aan de drie andere zijden door de *Hoogstraat*, het *Windgat*, zijnde eene verlenging der *Nieuwekerk-straat* en de *Commiesstraat*. De kerk is een ruim, net en sierlijk, hecht en sterk, regelmatig kruisgebouw, op welks midden de toren staat en die met eene luiklok voorzien is. Van binnen is de kerk net geblafonneerd en met een fraai en welluidend orgel versierd. Bij avondgodsdienst wordt zij door lampen verlicht. Jammer, dat de muren bijna een el minder hoog zijn, dan zij ontworpen waren, waarom men tot plaatsing van het orgel den grond heeft moeten doen zakken, zoodat men bij de intrede een paar trappen afgaat. De eerste predikdienst had daarin den 21 Augustus 1825 plaats. Voor de Nederduitsche Hervormde gemeente te SLUIS, was, vóór het jaar 1794, een volledig stel zilver ten gebruike bij

(1) Eene naauwkeurige beschrijving van alle deze tombes met opgave der opschriften, die er op gevonden werden, gepaard met belangrijke berigten, nopens de personen zelven, vindt men in het *Maandblad voor het distrikt Sluis*, Jaargang 1814, bl. 187 en volgende, Jaargang 1816 bl. 177 en volgende.

het Avondmaal voorhanden. De vier bekers, waren in 1619 door de Meesteres Maria van de Kasteele aan de kerk geschonken, de drie schotels werden in 1757 aan haar bij Testament gemaakt door den Heer Izaäk Cornelis de Jonge, Schepen van het Vrije. Dit zilver was in het jaar 1794 in eene der kelders van het stadhuis (de muit) geborgen, en is daaruit met nog andere goederen, aan partikulieren behoorende, ontvreemd. Daar de twee bekers, in 1717 door den Generaal Baron Fagel aan de Fransche kerk vereerd, niet voldoende waren voor de Nederduitsche Avondmaalgangers, zoo werd in 1837 de gemeente door eene gift van den Heer Notaris en President Kerkvoogd Mattheus Hennequin, in staat gesteld, er nog twee bij te voegen, terwijl in 1843 uit een legaat van wijlen den Districts-Commissaris Jacob Hennequin weder nieuwe schotels zijn aangeschaft geworden; eindelijk is de gemeente in 1847 ook door een legaat van Mevr. Anna van Oosterwijk wed. van den Heer Mr. Gerardus Steen, Notaris te Sluis, in het bezit gekomen van een fraai zilveren doopbekken en deksel.

Tot Fransche kerk werd de voormalige kapel van het gasthuis gebruikt, het was een net ingerigt gebouw, dat door eene galerij, welke zich boven den ingang van het gasthuis uitstrekte, vrij wat volk bevatten kon. Vóór 1794 was zij voorzien van een orgel, doch dit was tijdens het beleg onbruikbaar geworden en is daarna weggenomen. In het jaar 1830 werd deze kerk door den Plaatselijken Kommandant tot verblijf der troepen ingenomen en naderhand, met de overige lokalen van het Gasthuis en eene daarbij staande Stadsschool, tot Infirmerie ingerigt. Thans dient zij tot eene Concertzaal.

De Roomschgezinden hadden te voren eene Huiskerk in de *Brugschestraat*, welke, daar zij met twee galerijen boven elkander voorzien was, vrij wat menschen kon bevatten. Deze echter zeer bouwvallig geworden zijnde, is door eene vervangen, die in 1828 en 1829, gebouwd werd, voor eene som van 14,200 gulden. Deze, aan den H. Johannes toegewijd, in de *Oudekerk-straat*, is een langwerpig vierkant, ruim en sierlijk gebouw, van binnen voorzien met pilaren, die het gebouw niet alleen verfraaijen en een eerwaardig voorkomen geven, maar ook tot ondersteuning van het dak dienen. De voorgevel is met smaak gebouwd en daarop staat een sierlijk torentje, voorzien van eene luiklok: in het gebouw is een welluidend orgel. Nadat deze kerk afgebouwd was, werd er zwarigheid gemaakt, die over te nemen en bleef zij dus bijna twee jaar voor rekening van den aannemer staan. Intusschen werd de voorn. huiskerk allengskens meer en meer bouwvallig: men kon de buitenlucht door de scheuren in den muur zien, en vreesde soms voor instorting. Toen nu, in 1830, de stad militaire bezetting kreeg, maakte de Commandant zwarigheid zijne manschappen op de galerijen van dat zwakke gebouw te zien plaatsen, en drong zeer krachtig aan, om de nieuwe kerk te openen: hetgeen dan ook spoedig geschiedde, wordende de eerste dienst daarin verrigt den 12 December 1830, nadat zij alvorens door den toenmaligen Pastoor P. J. Pilaet geconsacreerd was.

De voormalige kerk is in 1840 afgebroken, en op hare standplaats is eene bergplaats voor de daarnaast staande pastorie gebouwd.

Er waren vóór de Hervorming te Sluis drie kloosters, namelijk: een mannen- en een vrouwenklooster beide, van de orde der Franciscanen; voorts had men nog het gasthuis met de Religieusen van den gasthuize: hetgeen echter een aanhangsel van het laatstgenoemde schijnt geweest te zijn, rustende op die Nonnen de verpligting, om het gasthuis te bedienen. Het mansklooster komt voor onder den naam van Observanten-klooster, Recolletten of Minderbroeders-klooster, het vrouwenklooster werd het Penitenten-klooster of Magdalena-klooster genoemd. Tot het oprigten van het klooster der Minder-broeders-Observanten werd de goedkeuring van Paus Eugenius IV gegeven in het jaar 1435, het duurde echter tot het jaar 1443, eer Sluis gemelde Broeders konde ontvangen. Dit klooster schijnt gestaan te hebben op den oostelijken hoek der Commandeursstraat, waar thans het woonhuis van Mevrouw de wed. Blanckaert is. Bij besluit van den Magistraat van 29 November 1579 werd bepaald, het klooster der Observanten af te breken, den grond te verkoopen, en de bouwstoffen te gebruiken tot versterking van de stad. Het blijkt dat het toen ledig stond, en van alle kanten open was. volgens de stadsrekening van 1580 bragt de verkoop op 430 ponden vlaamsch (2580 guld.)

Het Magdalena-klooster stond bij de Oostpoort. Dat het door de belegering van Prins Maurits, in 1604, en ook niet door vroegere was verwoest, blijkt daaruit, dat bij de capitulatie bedongen werd, » dat de Religieusen van het Magdalena-klooster als van den gasthuize souden vermogen te blijven wonen in haarlniden kloosters of konvent enz." Daar dit klooster afgescheiden was van hetgeen als bebouwd gedeelte der stad was overgebleven, is het naderhand tot geen ander einde gebruikt maar afgebroken. De vierkante plaats, waarop het stond, en die met eene gracht omgeven is, kan men nog genoeg kennen. De kapel van dit klooster was reeds in 1572 afgebroken en in de acte van consent daartoe wordt het gesticht genoemd Convente van St. Katherijna, geseyt de Magdalena.

Vroeger had men hier een Gasthuis en een Weeshuis, ieder in een afzonderlijk gebouw, doch deze stichtingen zijn onder het Fransch bestuur vereenigd en in het jaar 1830 overgebragt in een partikulier huis, aan het einde der *Nieuwe-kerkstraat,* dat ook tot Loge der Vrijmetselaars gediend had. Dit gebouw is volkomen voldoende voor de tegenwoordige behoefte, ook voor de enkele weezen, die er verpleegd worden.

Het voormalige Gasthuis, staande in de *Kapellestraat,* was reeds vóór de Reformatie tot dat einde bestemd, doch was toen tevens een Nonnenklooster, in de capitulatie van 1604 Religieusen van den Gasthuize genoemd. Het is een groot kolossaal, nu eenigzins vervallen, gebouw, voorzien van eene binnenplaats, rond welke aan de voorzijde de kloosterkapel, die na de Reformatie tot Fransche kerk gebruikt werd; en aan de Noordzijde en van achteren begrensd door lokalen, die tot ziekenzalen, Regentenkamers en woning voor den binnenvader en de binnenmoeder dienden. Thans is dit Gasthuis tot eene Kazerne van de Marechaussée ingerigt.

Het voormalige Weeshuis, op de *Hoogstraat,* digt bij het Kogelhof (thans eene weide) was een vrij groot en geschikt gebouw; het werd door het Fransch bestuur domein verklaard; ging als zoodanig aan het Nederlandsch bewind over; werd in 1815 door den Staat verkocht; is sedert gedeeltelijk afgebroken en verbouwd; dienende thans tot eenen partikuliere woning.

Bij de Groote kerk stonden eenige huisjes de Rentjes genaamd, welke gesticht waren door zekeren Heer Vlaminc, om tot woning voor behoeftige lieden te dienen. Deze zijn door den brand gespaard, en nog in wezen.

Te Sluis bestaat: Een Departement der Maatschappij *Tot Nut van 't Algemeen,* dat den 19 April 1820 opgerigt is, ruim 40 leden telt, eene Leesbibliotheek heeft tot stand gebragt, en vroeger een Maandblad uitgaf, dat door de onlusten van 1830 gestaakt is. Door de destijds hier gebloeid hebbende, doch thans zoo goed als te niet zijnde Bijbelvereeniging, welke tot de in Zeeuwsch-Vlaanderen gevestigde afdeeling van het Bijbelgenootschap behoorde, is in het jaar 1818 eene Zondagsschool opgerigt, voor alle behoeftigen zonder onderscheid van gezindte. Deze nam van den beginne af zeer wel op; doch is mede door de onlusten van 1830 in verval geraakt.

Er is ook eene Bank van Leening en eene Spaarbank.

Het Schuttershof, dat bij een der bolwerken tusschen de Zuid- en Oostpoort afgezonderd van het bebouwd gedeelte der stad stond, waarheen een bestrate weg (een overblijfsel der oude *Zilversmidsstraat*) leidde, was door het bombardement niet beschadigd. Nog eenigen tijd na 1794 bleef het gebouw in wezen, en werd het tot verlustiging, om naar het wit te schieten en te kolven gebruikt, maar is daarna afgebroken.

Men had in oude tijden te Sluis eene menigte van gilden en er werd sterken handel, vooral op de Oostzee en den Levant gedreven, waartoe ook aanzienlijke magazijnen en kelders voorhanden waren. In het begin dezer eeuw waren nog eenige gebouwen uit dat tijdvak op de *Hoogstraat* aanwezig, doch die zijn sinds verkleind, zoodat er slechts weinig meer van overig is.

Er was reeds vóór 1441 eene Kamer van Rederijkers, hebbende tot blazoen de Distelbloem en tot zinspreuk: *van het Oude Nieuw.* In gemeld jaar toch behaalde de kamer van Kortrijk hier prijzen. In 1498 deed de kamer van Sluis, met die van Ostende, Bergen-op-Zoom, Reimerswaal en Amsterdam, te water hare plegtige intrede in Antwerpen; alwaar toen de broederschap van twee en twintig kamers bijeenkwam (1).

De Stadsschool, welke ook voor een gedeelte van Heille, waar geen school bestaat, dienen moet, is eene vereeniging der te voren afzonderlijk bestaan hebbende Nederduitsche en Fransche scholen, waarom er ook in de Fransche taal onderwezen wordt. Zij wordt gemiddeld door een getal van 160 leerlingen bezocht.

Onder de Sluizenaars, wier moedige daden geboekt zijn, behooren: Wouter Jansen, die als Kapitein op een klein schip met slechts 40 koppen bemand, den 22 Mei 1406, uit het midden der Engelsche vloot een schip weghaalde, waarin het geroofde altaarstuk der kerk van St. Anna-ter-Muiden gevonden werd; Willem de Coppelaere, die in 1487 met zijn schip, eene prijs, door twee schepen van Maximiliaan van Oostenrijk gemaakt, heroverde, de beide keizerlijke schepen daarbij vermeesterde en naar Sluis opbragt; Gerrit van Merckeren, die zijn bijna reddeloos geschoten schip, in 1528, voor Dieppe, tegen de Franschen zeer dapper verdedigde en te Sluis binnenbragt; Jacques Henneberg, die tot de Watergeuzen behoorde, en Gerrit van Hoecke, een beurtschipper, die met zijn ongewapend schip, den 20 Maart 1695, eenen Franschen kaper van Duinkerken veroverd een te Sluis binnenbragt.

Voorts is Sluis de geboorteplaats van den Regtsgeleerde en Staatsman Mr. Frans Hemsrius, geb. 13 September 1753, † te

(1) W. Kops, *Schets eener geschiedenis der Rederijkeren* in de *Werken van de Maatschappij der Nederlandsche Letterkunde te Leyden*, D. II, bl. 211 en 318.

Middelburg den 19 Maart 1840, na het Vaderland, gedurende de staatsstormen van 1794—1814, in onderscheidene gewigtige betrekkingen te hebben ten dienst gestaan; van ANTONIE VAN DEINSE, die veel tot verbetering van het schoolwezen in Walcheren heeft bijgedragen, geb. 11 Mei 1764, † 19 November 1829 als Predikant te Middelburg, en van den Schilder JACOB VAN LOO, geb. in 1614, † in 1670.

In 1132 werd de haven veroverd door WILLEM VAN IJPEREN, die deze plaats deed versterken, doch zij werd door den Prins van *Elsas* belegerd en genomen.

Reeds in 1295 werd de stad in de woelingen tusschen Vlaanderen en Holland, bij gelegenheid van eenen strooptogt van JAN VAN RENESSE eene prooi der vlammen. Intusschen werd deze schade spoedig hersteld en beijverde JAN VAN NAMEN, als Heer van SLUIS, zich, om den handel te doen bloeijen en voor de stad voorregten te verkrijgen, onder welke het regt, dat de Baljuw van SLUIS ook op het Zwin regtsgebied zoude mogen oefenen, hetgeen onder den naam van het waterregt bekend is, en dat te voren te Damme door eenen poorter van Brugge werd uitgeoefend. Dit werd, in 1323, door Graaf LODEWIJK VAN NEVERS verleend, doch de Bruggelingen, over dit alles verstoord, liepen te wapen, berenden SLUIS, kregen Heer JAN VAN NAMEN gevangen en namen de stad in, waarbij zij de bijna volbouwde kraan verbrandden en vele andere verwoestingen aanrigtten, terwijl tevens onderscheidene voor SLUIS zeer nadeelige bepalingen gemaakt werden en de stad in vele opzigten afhankelijk van Brugge werd. Deze afhankelijkheid is vele eeuwen lang een twistappel tusschen SLUIS en Brugge geweest. Eerst na den overgang der stad aan de Vereenigde Nederlanden is zij geheel vernietigd (1).

Gedurende de veertiende eeuw was SLUIS ook dikwijls gewikkeld in de woelingen die de Engelschen en Franschen in Vlaanderen stichtten. In 1340 had voor SLUIS eene geweldige zeeslag tusschen die beide Mogendheden plaats in welke men wil, dat toen voor het eerst van kanonnen op vaartuigen gebruik gemaakt werd.

De groote krijgstogt naar Engeland werd in 1386 hier uitgerust, zij bestond uit 1287 vaartuigen, maar liep te niet. Omstreeks 1385 deed WILLEM VAN NAMEN aan FILIPS VAN BOURGONDIË, die Graaf *van Vlaanderen* was, afstand van zijne regten op SLUIS, daarvoor Bethune in Artois in ruil aannemende. FILIPS toen, wegens krankzinnigheid van den Koning van Frankrijk, Medebestuurder van dat Rijk, versterkte SLUIS met zware muren en bouwde, op kosten van Frankrijk, het kasteel. Zie het art. SLUIS (HET GROOTE-KASTEEL-TE-).

Ten jare 1406 werd SLUIS belegerd door de Engelschen, die, den 22 Mei, met eene geduchte vloot, aangevoerd door den broeder van Koning HENDRIK, het Zwin binnen geloopen waren. Het sneuvelen van den Admiraal THOMAS PEMBROKE, die te St. Anna ter Muiden begraven ligt, sloeg den moed neder, en maakte een einde aan het beleg. Toen was JAN VAN BOURGONDIË, bijgenaamd *Zonder vrees*, zijnen vader FILIPS als Graaf *van Vlaanderen* opgevolgd. Hij liet aan de overzijde der haven het kleine kasteel bouwen (zie het art. Sluis [het Kleine-Kasteel-van-]). In den algemeenen opstand der Vlamingen tegen FILIPS bleef SLUIS steeds des Graven zijde houden, ofschoon deswege dikwijls zwaar berend. Uit de stadsarchiven blijkt, dat in de eerste helft dezer eeuw de stad door eenen zwaren brand geteisterd werd, waardoor vele

(1) Zie ROELIJN DE HOOGHE *Spiegel van Staat*, bl. 114 enz.

[illegible]; [illegible], dat de stad, door schulden be-
[illegible] verlaten werd. Door de ijverige
[illegible] van den Graaf, met het verleenen
[illegible] het hoofd weder op, en de koop-
[illegible] midden dier eeuw eene nooit gekende
[illegible] 130 koopvaardijschepen in de
[illegible] zijn, indien de woelingen van
[illegible] dit niet tegengewerkt hadden,
[illegible] binnen de stad en ontzaggelijke
[illegible]; waarbij nog kwam de naijver
[illegible] zelen op Sluis gemunt hadden en
[illegible], maar afgeslagen werden door
[illegible] bevelhebber Roeland van Uytkercke,
[illegible] Westpoort, de Burgemeester der stad
[illegible] de vuist, sneuvelde.

[illegible] waren die van Brugge voornemens eenen
[illegible] af, op de krachtige houding, die
[illegible] beval daarop, dat men alle de
[illegible] een solderventster uitwerpen zoude.
[illegible] vonden, om uit de stad te

[illegible] was ook een oploop tegen de Duit-
[illegible] der Hanzeesteden aan de Oostzee (Ooster-
[illegible] jaar 1436, op Zondag na Pinksteren (Tri-
[illegible] gedood werden. De Regering deed wel alle
[illegible] te geven over het geen geschied was; maar de
[illegible] (1). Ook bleef de stad, niettegenstaande
[illegible] met schulden bezwaard, dat de poorters soms
[illegible] te begeven, om niet daarvoor gevangen

[illegible] voornaamste haven van Vlaanderen. Isabella
[illegible] Hertog Filips de Goede, toen Graaf van Vlaan-
[illegible] 1429 te Sluis aan, en werd door haren
[illegible] volgens sommigen werd ook het huwelijk te
[illegible] voorbeeldeloos kostbaar was de kleeding des Gra-
[illegible] versierd met de drie kostbaarste diamanten,
[illegible] in de kroon van Frankrijk, een in den mijter
[illegible] in de kroon van Rusland gevonden worden. Ook
[illegible] Zuster des Konings van Engeland, bruid van
[illegible] 29 Junij 1468, met 16 schepen, te Sluis bin-
[illegible] en begroet, behalve door den Graaf, ook door
[illegible] van Portugal, en door zijne eenige dochter uit
[illegible] van Bourgondië. De ondertrouw geschiedde
[illegible] door den Bisschop van Doornik: de
[illegible] in het huis van Gui de Baenst (dat
[illegible] den Vrije gediend heeft). De koophan-
[illegible] omtrent dezen zelfden tijd, ter gele-
[illegible], door het Sluische graauw, in een

(1) [illegible]. Volgens de aanteekeningen van P. [illegible], ter
[illegible] meer dan 70, vóór dat het openbaar gezag de overige
[illegible] en ook vele burgers en andere inwoners onder het

In 1488, werd SLUIS door het Duitsche krijgsvolk van den Aartshertog MAXIMILIAAN te vergeefs belegerd. In deze plaats voerde FILIPS VAN CLEVE het bevel. Een der gijzelaars van MAXIMILIAAN voor de onderhouding van het jongste verdrag zijnde, had hij zich, verbitterd over diens trouweloosheid, aan de zijde zijner vijanden gevoegd. Door Keizer FREDERIK hierom in den rijksban gedaan, maakte hij met de rondom verdreven Hoekschen gemeene zaak en bood hun de belangrijke zeehaven, in welke hij zich bevond, ter wijk en wapenplaats aan. Deze verzamelden zich nu hier, onder den twee en twintigjarigen Jonkheer FRANS VAN BREDERODE, schuimden van daar onophoudelijk langs de Zeeuwsche en Vlaamsche kusten, voeren meermalen met 40 à 50 schepen tevens uit, om landingen in Holland te doen, en vonden er, ofschoon dikwijls geslagen, telkens eene schuilplaats, om er hunne krachten te herstellen en met vernieuwden moed hunne vijanden te bestoken.

Intusschen was ook in Vlaanderen de krijg hevig voortgezet, doch den 1 October 1489 met een verdrag geëindigd, waarbij de Overheden van Gent, Brugge en Iperen, op eene vernederende wijze, vergeving moesten vragen en de inwoners eene zware geldboete opbrengen. Alleen VAN CLEVE was daarin niet begrepen en versterkte zich dus te SLUIS met vernieuwde inspanning. Het kapen ging onverhinderd zijnen gang, tot dat, in Julij 1492, de stad werd ingesloten. FILIPS VAN BOURGONDIË, Heer van *Beveren*, benaauwde haar te water met eene vloot van drie en veertig oorlogschepen, dertig platbodems en dertien hulken, waarbij HENDRIK VII, Koning van Engeland, nog twaalf schepen, onder het beleid van EDUARD POININGS, had gevoegd. ALBRECHT, Hertog van *Saxen*, belegerde haar met een daaraan geëvenredigd heir te lande. De stad werd een tijdlang sterk beschoten. Doch FILIPS VAN CLEVE verdedigde haar zoo dapper, dat hij eerst na een beleg van twee maanden, door het springen van een kruidmagazijn, bewogen werd, op voorwaarde van vrijen aftogt enz., de plaats over te geven. In dezen tijd werden te SLUIS gouden en zilveren noodmunten geslagen van welke wel afbeeldingen, maar misschien geene exemplaren meer voorhanden zijn.

Door dit beleg was een groot gedeelte der stad vernield, dat nooit meer hersteld is geworden en de reeds geknakte handel op de Oostzee enz. geraakte hierdoor geheel te gronde; ook had de pest in de stad gewoed en eene menigte menschen weggenomen: dit een en ander, waarbij nog kwam, dat het Zwin reeds ondieper begon te worden, maakte dat SLUIS, in de zestiende eeuw, van minder beteekenis was en te zwak werd, om zich tegen Brugge te verzetten, zoodat het eindelijk geheel onder de magt van die stad kwam.

In 1565 kocht de stad het terrein, waarin het Pas ligt, en waar gebouwen stonden, welke in de krijgsverrigtingen dikwijls hinderlijk waren en meer dan eens daarom verbrand waren geworden. Deze grond, toen bekend onder den naam van Nieuw-Muiden, werd alzoo eene voorstad van SLUIS (Zie NIEUW-MUIDEN).

SLUIS werd weder belangrijker in de onlusten met FILIPS II, vooral door de krijgstoerustingen binnen de stad en het kasteel, eerst ten einde het tegen de Geuzen te dekken, daarna om het Spaansche geweld af te keeren; ook vielen er scherpe zeeslagen in het gezigt der stad en onder de muren voor; in een van welke, in Junij 1572, de Hertog VAN MEDINA CELLI, die uit Spanje herwaarts kwam, naauwlijks het gevaar ontkwam van gevangen genomen te worden en in SLUIS vlugtte.

[illegible] Spanje ontwikkelde zich te SLUIS ook meer [illegible] [illegible] bij de Vereenigde Nederlanden voegde, verklarende [illegible] alles te willen lijden dan *eenigzints te verliezen de* [illegible] *Religie ende te scheiden van de* [illegible] de Algemeene Staten, in 1585, de stad vrij [illegible] afhankelijkheid van Brugge. Kort daarna, den [illegible] PARMA voor de stad en belegerde die. Zeven- [illegible] kanonschoten werden volgens de berekening [illegible] de Bevelhebber GROENEVELD verdedigde zich dap- [illegible] komende, had hij tot het allerlaatste [illegible] een verdelgend vuur prijs te geven en [illegible] overgeblevene manschappen, het zwaard [illegible] heen te slaan, toen hij voor [illegible] kapitulatie sloot, welke ooit be- [illegible] den 4 Augustus, aan de Spanjaarden over- [illegible] een groot gedeelte van het be- [illegible] te zijn, zonder naderhand hersteld [illegible] die grenzen geraakte, waarin [illegible] is. Onder het Spaansch [illegible], de handel moet dus ge- [illegible] eene geduchte krijgsmagt en [illegible] bestaande in galleijen, op [illegible] dienden; welke vloot echter [illegible] meestal ongelukkig slaagde, [illegible] handen viel.

[illegible] tot in het jaar 1604. [illegible] Ostende, en wel op het [illegible] meer scheen te zullen [illegible] nam, om SLUIS te be- [illegible], benevens Aarden- [illegible] vermeesterd te hebben, zijn [illegible] om den Spaanschen Veld- [illegible] af te trekken; ten minste om [illegible] eenige lucht te ver- [illegible] de Prins veel geweld, ten einde [illegible] te dwingen: dan, uit de [illegible] voetvolk, maar van weinig [illegible] haar door eene naauwe [illegible] kwam toen de nood het hoogst [illegible], als hij van het beleg [illegible] te ontzetten, en deed onderschei- [illegible] eindelijk, na groot ver- [illegible] Ostende terugkeeren; waarna, [illegible] drie maanden was belegerd ge- [illegible] overgeven, bedingende eenen vrijen [illegible] 18 Augustus [illegible]

[illegible] binnen SLUIS, behalve eene Spaan- [illegible] man, ook 1400 Turksche-, of eigen- [illegible]; welke de Spaansche Gouverneur, [illegible] dienden, gaarne zou behouden [illegible] der artikelen der overgave, werden deze [illegible] en de galeijen raakten in der Staten handen. [illegible] zijn eerste plan, om Ostende te be- [illegible] September daaraanvolgende aan de Spanjaarden [illegible] overging); dan, door het winnen van Sluis werd het verlies der andere stad genoegzaam vergoed, want daardoor behielden de Staten niet te min eenen vasten voet in Vlaanderen, en hadden mitsdien gelegenheid, om den oorlog, buiten hunne eigene grenzen, in deze provincie over te brengen. Ter oorzake van het groot belang dezer overwinning, ongelet dat het verlies van Ostende gelijk samenliep, werden in de Vereenigde Nederlanden, ter eeuwiger gedachtenis daarvan, onderscheidene penningen geslagen, met geestige opschriften, waaronder een, op welks eene zijde de stad Ostende en op de andere de steden Sluis, IJzendijke, Grave en Rhijnberk waren afgebeeld; met dit randschrift; *Plus Triennio Obsessa Hosti Rudera, Patriae Quatuor, Ex Me, Urbes Dedi:* 1604, hetwelk aanduidde, dat de stad Ostende, die dus sprekende werd ingevoerd, meer dan drie jaren belegerd, aan den vijand niet dan steenhoopen, maar aan het vaderland vier steden, uit zich zelve, gegeven had; alzoo namelijk, behalve Sluis, ook de drie andere genoemde steden, ter zelfder tijd door den Staat vermeesterd waren. Op eenen anderen penning zag men op de eene zijde weder de stad Ostende en op de andere Sluis alleen, en op de beide zijden las men dit opschrift: *Jehova Prius Dederat Plus Quam Perdidimus:* 1604 (dat is: de Heer had, reeds vooraf, aan ons meer gegeven dan wij verloren hadden): ziende op de vermeestering van Sluis, welke het verlies van Ostende eene maand tijds voorafgegaan was. Het verdient opmerking, dat Sluis destijds grootendeels schijnt bevolkt geworden te zijn door de voormalige inwoners der stad Ostende, onder welke vele Zeeuwen waren (1).

Middelerwijl werd Frederik Hendrik, Prins van *Oranje*, door de Staten tot Gouverneur, niet alleen van Sluis, maar ook van al wat van Vlaanderen door de Staten reeds vermeesterd was, aangesteld. Deze had tot Luitenant-Gouverneur onder zich Charles van der Noot, Heer van *Hoogwoude en Aartswoude*, die de stad had helpen winnen en daar gestorven is.

Deze afwisselende onderwerping aan Staatsch of Spaansch bewind keerde niet alleen de burgerlijke, maar ook de godsdienstige instellingen gestadig om, ja bewerkte telkens voor een groot deel eene verandering van bevolking, die alzoo tot op schaars 2000 verminderde en daar nooit weder boven gekomen is. Ofschoon de plaats voor 1587, even als het Vrije, tot de Unie behoorde en nog door hare afgevaardigden bij de beëediging van Leycester vertegenwoordigd was, konde zij evenwel niet verwerven weder daarin opgenomen te worden, maar bleef, even als alles, wat van Vlaanderen heroverd werd, onderworpen aan de Generaliteit. De stad, nu op eene kleinere schaal terug gebragt, nam toe in welvaart, en bloeide zoo wel door de bezetting, bij welke de staf der krijgsmagt in Staats-Vlaanderen, als door het collegie van den Vrije daar binnen gevestigd, en ook door den handel van Holland op Vlaanderen in drooge en gezouten visch, kaas enz. en terug in lijnwaad, wollen stoffen en granen.

Zekere de Terrail, een Fransch balling in Spaansche dienst, in het jaar 1606 vernomen hebbende, dat men, aan de oostzijde van

(1) Zie Swaluwen, *de Heldendaden der Zeeuwen*, bl. 188.
Hieruit is af te leiden, waarom de spraak en gewoonten te Sluis zoo geheel met die der Zeeuwsche steden overeenkwam; waartoe ook bijdroeg, dat vele inwoners die in 1586 de stad hadden verlaten en die nu met hunne kinderen terug kwamen, voornamelijk te Middelburg hunne schuilplaats hadden gevonden.

SLUIS, buiten de stad, geene wacht hield, aangezien de wachthuizen aldaar verbrand en nog geene anderen opgerigt waren, toog in Junij, met twaalf honderd man, over het verdronken land van Kadzand derwaarts, en kwam er zonder ontdekt te worden. Graaf FREDERIK VAN DEN BERGH had aangenomen hem met een sterker getal troepen uit Damme te volgen, en, na het bemagtigen der stad, het beleg te slaan voor het kasteel. CHARLES VAN DER NOOT, Bevelhebber van SLUIS, had de lugt gekregen van eenen aanslag des vijands, en de Bevelhebbers der naaste vestingen gewaarschuwd; doch nooit was hem in den zin geschoten, dat iemand zou hebben durven ondernemen de stad SLUIS, omringd van zoo vele schansen en wachthuizen, te bespringen. De onderneming scheen in het eerst te zullen gelukken. Daar twee valbruggen en eene poort, door middel van petarden, losgesprongen waren, kreeg de binnenste poort door den slag zulk een gat, dat er twee man te gelijk door konden. Het was nu geen werk den wal, die eene geringe hoogte had, te beklimmen. Van binnen was alles zorgeloos: de Bevelhebber en de andere Oversten lagen te bed. Maar deze ongewone stilte verschrikte allereerst den ingekomen vijand, beducht, dat men op zijne luimen lag, om hem te overvallen. Hier kwam nog bij, dat een gedeelte der vijandelijke soldaten, gelast, om aan eenen anderen oord der stad, ter bestemder ure, een looze wapenkreet aan te heffen, daarvan in gebreke gebleven was, doordien de klok dien nacht niet geslagen had, aangezien het groote uurwerk der stad bij geval overwonden was. De bespringers, door den schrik overmand, draalden nu, om door de gemaakte opening in te dringen, terwijl eenige manschappen der bezetting, door den slag der petarden gewekt, half naakt en half gewapend, de binnenste poort kwamen bezetten, en zoo fel op de vijandelijke pieken, die men, bij misslag, in plaats van musketten, vooraan gezet had, schoten, dat deze terug weken. Dit wijken vermeerderde den schrik in de anderen, die, in groote verbaasdheid, op de brug stonden en elkander al deinzende verdrongen. VAN DER NOOT, nu ook bij de hand, deed het geschut dwars over de brug lossen, en veroorzaakte eene vreesselijke slagting onder de digt opeen gepakte menigte, zoo dat er omtrent vijf honderd sneuvelden. Ook werden er, in het wederkeeren, nog velen geveld, doordien de bezettelingen der naaste schansen, van alle kanten uitgevallen, den vijand in den rug vielen. Te SLUIS werd kort hierna, tot beveiliging tegen dergelijk gevaar, eene halve maan voor de poort gelegd.

In het jaar 1621 ondernam DON INIGO DE BORGIA, Bevelhebber van Antwerpen, eenen aanslag op SLUIS, op welke stad, hij langs twee wegen, aantrok: doch het geschut der naaste sterkten, van den eenen en de aankomst van eenen hoop Zeeuwsche schutters, van den anderen kant, en bovenal de zware regen, verijdelden den toeleg.

Vijf jaren later deden de Spanjaarden eenen aanval op de sterkte het Pas, daar men de stad hield gewonnen te zijn, wanneer die sterkte bemagtigd was. Doch de onzen waren op hunne hoede. De aanvallers werden moedig afgeweerd, SPINOLA, die zich het geheele jaar, uit het veld gehouden had, was hier bij tegenwoordig, en zou, indien de aanslag gelukt was, terstond orde gesteld hebben om SLUIS aan te tasten. Nu keerde hij onverrigter zake terug.

In April 1690 werd er een heimelijke toeleg ontdekt, om SLUIS aan de Franschen over te leveren, en eenige Zeeuwsche eilanden, nevens Kadzand, onder brandschatting te brengen, of af te loopen. De

Hoofdbeleider van dezen slinkschen aanslag was JACOB MARTINET, een Franschman van herkomst, en Oud-Schepen te SLUIS. Hij had ook zekere CORNELIS ROELANDTS., schipper aldaar, in den aanslag weten in te wikkelen. Daarna zocht hij ANTONI REGNAULT, Franschen Schoolmeester aldaar, mede in zijn belang over te halen; doch deze gaf er den Bevelhebber der stad kennis van. MARTINET werd betrapt met eenen brief bij zich aan den Heer. DE LOUVOIS, waarin hij over den toeleg handelde, doch deze brief was door REGNAULT geschreven en met MARTINETS naam onderteekend: hetwelk deze van hem begeerd had, opdat hij zijn handschrift daarna zoude kunnen loochenen. ROELANDSZ. raakte ook in hechtenis. MARTINET en ROELANDSZ. werden te regt gesteld voor den krijgsraad, MARTINET werd veroordeeld, om geworgd en gevierendeeld, ROELANDSZ. om gehangen te worden; welk vonnis, den 16 Mei werd uitgevoerd. REGNAULT, die het stuk uitgebragt had, verwierf een jaargeld van drie honderd gulden van de Staten.

Sedert al dien tijd, is SLUIS onaangeroerd gebleven, tot den jare 1747, toen de Fransche Generaal, Grave VAN LÖWENDAL, eene onverwachte inval in Staats-Vlaanderen doende, deze stad het eerst opeischte, binnen welke de Kolonel LAMBRECHTSE, bij afwezigheid van den Gouverneur, Graaf MAURITS VAN NASSAU OUDERKERK, het gebied voerde. De krijgsbezetting bestond uit drie, doch zeer onvoltallige bataillons voetvolk, te zamen evenwel 1600 man uitmakende. Naauwelijks vertoonde zich de Franschen voor de stad, of de overgave volgde; na een beleg van slechts vijf dagen, den 22 April, zonder dat er nog een schot, anders dan uit klein geweer, door de vijanden gedaan was. De inundatie met zoutwater reeds in 1745, toen de vruchten nog te veld stonden, tot groote schade der ingezetenen, gezet, strekte zich naar de zijde van Aardenburg één uur en naar den kant van St.-Anna-ter-Muiden ½ uur ver uit. Bij de overgave werd de bezetting krijgsgevangen gemaakt en naar Brugge gevoerd, terwijl de burgerij zich aan de genade van Frankrijks Koning moest aanbevelen. De gevulde magazijnen werden nu geledigd, en den burger zooveel geld afgeperst, als maar mogelijk was, zoodat de stad, ofschoon de gebouwen onbeschadigd bleven, hierdoor, en nog meer door het stilstaan van den handel, geweldig leed. Dit geval is daardoor des te merkwaardiger, omdat de Zeeuwen, en vooreerst de burgers van Veere, uit de zoo schielijke overgave van eene stad, die door natuur en kunst zoo zeer versterkt was, eenig vermoeden opvattende, dat de zaken niet wel gingen, den derden dag daarna, bij de Regering aandrongen, om Prins WILLEM IV, tot Stadhouder, eerst wegens hunne stad, en vervolgens wegens de geheele Provincie, te verkiezen, hetwelk hun werkelijk gelukte. De Franschen behielden de stad, tot in 1749, toen ze, den 28 Januarij, uit kracht van de vrede te Aken, weder aan den Staat werd terug gegeven (1).

In 1786 werd SLUIS in eenen geduchten staat van tegenweer tegen de Oostenrijkers gebragt en de inundatie gesteld, het kwam echter tot geen aanval of belegering, alleen werd het fort St. Donaas bij verrassing ingenomen, en dit is bij den vrede aan Oostenrijk gebleven.

Roemrijk en steeds gedenkwaardig is de verdediging van SLUIS tegen de Franschen, die, in 1794, onder bevel van den Generaal MOREAU, de stad aanvielen en den 4 Augustus opeischten en insloten. Toen

(1) Vele belangrijke bijzonderheden, omtrent deze schandelijke overgaaf, vindt men in de schoone kerkelijke redevoering van den Predikant JOHANNES BAGELAAR, getiteld: *SLUIS in Vlaanderen, eersten dank- en gedenkdag enz., Dordrecht* 1749.

de Generaal-Majoor WILLEM HENDRIK Baron VAN DER DUYN, den 20 Junij van dat jaar, het opperbevel over deze vesting op zich nam, met het vooruitzigt, om eerlang eene belegering te zullen moeten doorstaan, bevond zich die vesting als in staat van vrede. Op de wallen lagen eenige weinige ijzeren kanonnen, maar de noodzakelijkste artillerie-behoeften ontbraken; deze werden achtervolgens met schepen aangevoerd tot aan de geheele insluiting der vesting. Om die insluiting te bewerkstelligen moest de vijand in het bezit zijn van het Land-van-Kadzand, hetwelk hij, in den avond van den 27 Julij, bij den post van Turkijë binnendrong. Ook de verdediging van dezen post, een half uur van IJzendijke gelegen en door 200 man bezet, ging met moedbetooning gepaard. De Kapitein WILLEM CORNELIS DE VRIES werd het offer zijner dapperheid. De Vaandrig D. GORDON hield eenen tijd lang, met eenen enkelen soldaat, het vuur eener batterij in werking, tot dat hij ook dezen getrouwe aan zijne zijde zag sneuvelen. Op eene andere batterij zag de Luitenant ter Zee MUSQUETIER, alle zijne kanonniers dood of gekwetst en de ammunitie verschoten, en evenwel, ofschoon zelfs gewond, vervoerde hij met de handlangers de stukken naar IJzendijke. Op den oogenblik dat, door de bemagtiging van Kadzand, SLUIS was ingesloten, bestond de bezetting uit negentien honderd acht en dertig man, onder welke slechts honderd negen en zeventig artilleristen. Doch welk getal voor den omvang der werken zoo gering was, dat zij, van den dag der insluiting tot op dien der overgaaf, zijnde een tijdverloop van acht en twintig dagen, zonder eenige aflossing, op de batterijen moesten post houden. Dit deden zij dan ook met den lofwaardigsten ijver, onder het onophoudelijk vuren, zoowel bij nacht als bij dag, niettegenstaande het herstellen der batterijen en het verwisselen van het beschadigde geschut gestadigen arbeid vorderde; even lofwaardig gedroeg zich de geheele bezetting, ofschoon de landziekte hare krachten ondermijnde. Toen de Generaal VAN DER DUYN, van den eenen kant bereid, om zich tot het uiterste te verdedigen, van den anderen, wetende, dat hij eenmaal zou moeten zwichten, het goeddunken verlangde te kennen van den Stadhouder, boden zich de Luitenant J. C. VRUGEN en den Luitenant ter Zee JAN VAN DEN VELDEN aan, om met behulp van MAARTEN en WILLEM VISSER schippers van SLUIS, te trachten, door de belegeraars heen, zich eenen weg te banen. In den nacht na den 17 Augustus in eene kleine sloep, door een naauw water, tusschen de vijandelijke posten heenroeijende, volbragten zij de stoute daad, welke verdienstelijk genoeg geacht werd, dat VAN DEN VELDEN terstond tot Kapitein-Luitenant bevorderd, en door den Vice-Admiraal VAN KINSBERGEN met een eeredegen begiftigd werd. VRUGEN mogt zijne zending niet volbrengen; hij voerde de kiem mede der ziekte, welke in de vesting woedde en waaraan hij, vóór dat hij 's Gravenhage bereiken kon, op het ziekbed geworpen, te Rotterdam bezweek. De beide kloeke schippers en hun moedig feit waren, door de verandering der staatszaken, onbeloond gebleven en bijna vergeten, tot Z. M. Koning WILLEM I hun op hun request, in 1828 ingediend, bij besluit van 10 Februarij 1829 no. 15 eene gratificatie in eens heeft toegestaan *gezamenlijk* ter somme van honderd gulden. Twee dagen na het vertrek der genoemde Officieren werd er in de belegerde vesting een sein gezien op een van 's Lands vaartuigen, bestaande in eene blaauwe vlag, boven welke eene witte wapperde, en aanduidende, dat er na eenige tijd hulp te wachten was. Maar inmiddels was de ziekte onder de bezetting dagelijks geklommen, en had in het hospitaal door de menigte kranken, die daar als opeen gestapeld lagen, een allerkwaadaardigst aanzien gekregen. Niet meer dan negen honderd zeven en vijftig personen waren in staat, met inspanning hunner uiterste krachten, nog eenige dienst te doen, maar ook daarvan had naauwelijks de helft meer de kracht het geweer te dragen. De gebouwen der stad lagen door het bombardement grootendeels verwoest. De vijandelijke loopgraven langs den Oostdijk waren genaderd tot aan den steenen beer van de Oostsluis, en voor de vuurmonden van vier en twintig tot achttien pond waren niet meer dan twintig schoten voorhanden, terwijl voor elk der kleindere kalibers nog slechts twee honderd kogels in voorraad waren. Eindelijk werd in den morgen van den 24 Augustus het vroeger gegeven sein van een van 's lands vaartuigen vervangen door eene enkele blaauwe vlag, ten teeken, dat de belegerden geen hulp te wachten hadden. Toen besloot van der Duyn, met eenparig goedvinden van alle Hoofd-Officieren der bezetting, aan den Generaal Moreau de voorwaarden voor te stellen, op welke hij de vesting wilde overgeven. Het antwoord van den Franschen Generaal was de betuiging van zijn leedwezen, dat hij niet, door deze voorstellen graaf aan te nemen, zijne hulde kon bewijzen aan eene verdediging, waardoor de bezetting de achting van al wat krijgsman was verdiende, en hij liet niet na, bij de bepaling, dat de bezetting met krijgseer zou uittrekken, in het geschreven verdrag nog bij te voegen, dat zulks geschiedde, tot eene getuigenis van de schoone verdediging, welke zij had uitgevoerd. Toen op den middag van den 26 Augustus de bezetting van Sluis de Zuidpoort uit en den staf van het Fransche Leger voorbij trok, trad de even onversaagde als onvermoeide Kapitein Frederik Lodewijk Berr uit de gelederen; en, vervuld met dat gevoel van zijn pligt gedaan te hebben, dat niet kan onderdrukt worden, rigtte hij zijnen tred naar den Generaal Moreau en zeide: » Generaal, gij denkt eene vesting in te ne» men, en gij neemt maar een puinhoop in; gij denkt een garnizoen » te overwinnen, en gij overwint maar een hospitaal."

Hoe roemrijk echter deze verdediging, uit een krijgskundig oogpunt beschouwd, ware, zij was een doodsteek voor de stad, die onbarmhartiger geteisterd werd, dan eene plaats in het vaderland gebavend is geweest. Op haar tochwerden door de kundigste artilleristen 6000 kogels van 24 en 16 pond geschoten; en 3000 bommen met 2050 houwitser-granaten geworpen. De stad was dus op vele plaatsen slechts een puinhoop. Thans ziet men daarom, in de straten, muren of beplantingen, waar te voren huizen of magazijnen stonden; terwijl de nieuwe Hervormde kerk een gedeelte heeft aangevuld. De achteraf liggende straten zijn vooral deerlijk vervallen gebleven. Een grootere slag voor de burgerij was de afstand der stad aan de Fransche republiek. Bij het herstel van Nederland werd Staats-Vlaanderen als deel daarvan erkend en de Heer Jacob Hennequin uit Sluis als lid der vergadering van Notabelen te Amsterdam benoemd, ofschoon de plaats, even als sommige andere in Nederland, tot het voorjaar van 1814, in de magt der Franschen bleef. Deze hereeniging bragt echter weinig stoffelijk voordeel aan, daar de stad wegens veranderde inzigten, nopens de wijze van defensie, niet meer als vesting behouden werd en dus volstrekt zonder bezetting bleef, terwijl de handel kwijnde, vooral wegens het sterk opslikken van het Zwin.

De dagen van 3, 4 en 5 Februarij 1825 waren voor de Ingezetenen der stad Sluis mede dagen van grooten angst en bekommering. De storm uit het noordwesten dreef het water zoo geweldig aan, dat reeds op den namiddag de kaai tot aan de boorden was vervuld, terwijl kort daarna het water eene el op het laagste gedeelte der kaai stond en de belende straten bereikte en overweldigde, stortende het de oude kerkstraat met zooveel geweld in, dat de steenen opgenomen en een eind weegs medegesleept werden. Deze straat, benevens de Beestenmarkt, Ridder- en andere straten daaraan gelegen, alsmede de huizen, kelders, en tuinen werden dadelijk overstroomd, zoo zelfs, dat men zich niet dan met moeite en gevaar op straat kon begeven, kunnende men met schuiten er door varen. De afdamming der Zoute-Vest, tegen het sluisje, aan den ingang der kaai bezweek, doordien de kruin ten minste 3 à 4 palmen beneden de omliggende was, en in een oogenblik was zij in eene zee veranderd. Akelig was het gezigt aan de Oostpoort, dewijl de bedekte weg, welke ook daar tot zeedijk dient, mede 4 palmen lager dan de dijkaadje van den Bewester-Eede-polder was, viel het water daar overheen; vulde de Zoete-Vest met zout water; drong weder over den bedekten weg, die haar van den pold. Bewester-Eede scheidt, en zette die onder water. Het water stortte dus over de borstwering van den bedekten weg, ter geheele lengte van een half uur.

Den 30 October 1830 had de Overste Ledel een voorpost van 80 man te Sluis gelaten; deze moest echter, daar alles open lag, des avonds voor de Belgen wijken, die alzoo Sluis bezetteden en hunne vlag op den toren deden plaatsen. Des anderen daags, had de merkwaardige aanval op Oostburg plaats; waarbij de Belgen geslagen werden. Dit maakte de te Sluis overgeblevenen ongerust. Des nachts was er een buitengewoon hooge springvloed, waardoor het zeewater, zoo als meermalen gebeurt, door eene riool op de groote markt vloeide. Dit meenden zij, dat opzettelijk en kunstmatig tegen hen gerigt was, waarom zij de trom lieten roeren en ten één ure in den nacht in allerijl aftrokken. De Regering was in geene gemeenschap met eenige Belgische autoriteit geweest, en de vlag werd spoedig daarop door eenige burgers van den toren genomen. Den 21 November daaraanvolgende, werd de stad weder van Nederlandsch krijsvolk bezet, en door doorgravingen en opgeworpen veldwerken tegen onverhoedsche aanvallen verzekerd (1).

In de Belgische onlusten toonden de burgers van Sluis, even als in het jaar 1814 en vroeger, veel gehechtheid aan de zaak des Vaderlands.

Het wapen der stad is van keel, met twee golvende fascen van zilver. Het schild gedekt met eene kroon van goud.

De oude titel van de Regering was: Baljuw, Burgemeesters en Schepenen van Sluis, Waterregt en Nieuw-Muyden.

SLUIS, verkorte naam, waaronder de stad Maassluis, in *Delfland*, prov. *Zuid-Holland*, in de wandeling meestal voorkomt. Zie Maassluis.

SLUIS, geh. op het eil. *Goedereede-en-OverFlakkee*, prov. *Zuid-Holland*. Zie Galathesche-Sluis.

SLUIS (HET GROOTE-KASTEEL TE), voorm. kast. in *Staats-Vlaanderen*, prov. *Zeeland*, in het Noorden van de stad *Sluis*, aan de oostzijde der haven.

---

(1) Door wijlen den Heer P. Meesters, Onderwijzer te Sluis, is, na onderzoek van het archief der stad, met raadpleging van andere bescheiden, ook uit het archief van Brugge, in 1829, eene *Geschiedenis der stad Sluis* afgewerkt, met eene militaire kaart van het beleg van Prins Maurits, van welke het origineel in het stads archief aanwezig is; doch door gebrek aan inteekenaars in dit werk niet gedrukt kunnen worden, maar door den schrijver, kort voor zijnen dood, in 1837, aan de Regering van Sluis geschonken en berust alzoo in het Stads-archief.

Dit inderdaad reusachtige gebouw werd, ten koste van het Fransche rijk, in het jaar 1385, gegrondvest door FILIPS *den Stoute*, Hertog van *Bourgondië*, gemaal van MARGARETHA, Gravin van *Vlaanderen*, die Frankrijk, in naam van den kranksinnigen Koning KAREL IV, bestuurde. Hij gaf het de zelfde gedaante als de door hem mede gebouwde Bastille te Parijs. Wanneer de muren van het kasteel bij den eersten aanleg regt doorgetrokken waren geweest, dan zou het geheel een vierkant hebben gevormd, welks buitenzijden binnen de grachten, van het Westen naar het Oosten ongeveer 86 ellen lengte bezaten. De regte muur werd intusschen naar de sterke bouwing der zestiende eeuw, op geregelde afstanden door ronde torens vervangen. Uit de vier hoekpunten waren, met eene straal van 9 ellen, cirkels getrokken, en op die kringen zware torens gebouwd. Op 11.3 ellen afstand van die hoektorens verrezen er andere, die met eenen straal van 8.5 naar buiten vielen en aan de noord- en zuidzijde wederom 11.3 ell. van elkander stonden. Aan de west- en oostzijde was de ruimte tusschen de beide middentorens slechts 5 ell., omdat aldaar de poorten of toegangen waren aangebragt, welke 3.5 ellen wijdte hadden en derhalve wel gedekt waren.

Het muurwerk had over het geheel de dikte van 3.8 ell. Aan de binnenzijde liepen, langs den wal en de torens beide, twee rijen gewelfde gangen boven elkander en verschaften alzoo eene veilige gemeenschap van het eene punt naar het andere. De benedenste gang 1 ell. breed, 2.8 ell. hoog en ongeveer 1 el beneden den beganen grond van het plein, voerde tot de kelders of onderste gewelven in de torens, tot welke men met trappen afdaalde. De bovenste gang, meer dan 1 ell. breed en 3 ell. hoog, gaf toegang tot de eerste verdieping of de kamers der torens. De vertrekken in de bovenste of derde verdieping der torens werden langs de overdekte gallerijen op de muren bezocht. Die muren hadden, van den grondslag af, eene hoogte van 15 ell. Het muurwerk der torens was 5 ell. hooger; overigens waren deze van puntige daken voorzien. De drie gewelven, kelders of kamers daarin, hadden gemiddeld 7.5 ell. diameter, en de hoogte van den eenen vloer boven den anderen was desgelijks 7.5 ell. Het geheel bevatte dus 36 zoodanige kelders en kamers, terwijl er daarenboven, aan de zuidzijde van het binnenplein, dat groot genoeg was, om een aanzienlijk marktplein voor eene landstad te wezen, nog bijzondere gebouwen waren opgetrokken, die als stallingen enz. gebruikt werden.

In de zestiende eeuw, onder de regering van Keizer KAREL V, werd het gebouw vergroot. De veranderde krijgskunst had het kleine kasteel of den Bourgondischen toren (zie het volgende art.) nutteloos, maar tevens eene uitbreiding der vestingwerken van het groote kasteel noodzakelijk gemaakt. Het eerste werd dus afgebroken en, misschien wel met de bouwstoffen van dit, de laatste daargesteld ter bedekking der beide poorten, die te zeer bloot lagen voor het grof geschut, dat meer en meer in gebruik kwam. Voor iedere poort werd een belangrijk voorwerk aangebragt, rondom kleiner pleinen van ongeveer 120 vierkante ellen. De muren waren nagenoeg even zwaar als de ouden, en op de buitenhoeken verrezen nieuwe torens, die evenwel van buitenmuur tot buitenmuur 11 ell. diameter hadden, en dus aanmerkelijk kleiner waren dan de eersten. Zij bezaten daarenboven geene kelders beneden den grond, maar alleenlijk twee gewelfde kamers boven elkander. De muren of galerijen, door welke zij aan de buitenzijden met elkander verbonden waren, waren daarentegen met meer aarde aangevuld en dus dikker. Bovendien werd de Oostelijke uitgang gesloten, en werden ook de torens bij beide ingangen, die nu hunne oorspronkelijke bestemming grootendeels verloren, tot ruime woningen verbouwd, en bij de bovenverdiepingen alleen de buitenmuren behouden. Aan de oostzijde verrees nu het verblijf des Gouverneurs, een stout gevaarte, welks gevelmuur, op het plein uitziende, bij eene breedte van 37,5 ell., eene hoogte van 20 ell. had en dus zelfs boven de andere torens uitstak. Het gebouw, hetwelk daartegen over werd opgetrokken, was, ofschoon minder hoog, toch almede zeer ruim. Beiden waren ook van boven gewelfd. Zoo ook de tusschen dit laatste gebouw en den Zuidwest hoektoren tegen den muur aangebragte kapel, die inwendig ongeveer 100 vierkante ellen vlakte bezat. Door de poort, onder het westelijk gebouw, kwam men op het voorplein en daarover aan de buitenpoort en den noordmuur van het nieuwe werk, en buiten deze, langs eene kromme brug, binnen de stadswallen. Midden op het plein stond een kunstig gebouwde regenbak, waarin het water van de gebouwen door buizen geleid werd.

Het kasteel deelde in alle de lotgevallen der stad, zoo bleef het ook in het jaar 1584, toen de stad Brugge en eenigen van het Vrije onder den Prins van Chimay besloten hadden met den Hertog van Parma te handelen, voor de Staten behouden, tot aan de overgave der stad in 1587 (zie art. Sluis). In 1604 kwam het met de stad weder in de magt der Staten en bleef daarin, doch verviel tevens van lieverlede meer en meer, zoodat het er in het jaar 1622 reeds zeer gehavend uitzag, en men later besloot van alle de torens, tot op één na, de bovenverdiepingen te doen afbreken; het verdere muurwerk tot op de zelfde hoogte 4.7 ell. boven de waterlijn neder te werpen, en eindelijk, om daarna het geheel, ter beveiliging der kelders, met eene rollaag te dekken, zoodat de torens toen voor ronddeelen en de muren als borstweringen voor deze en de walgangen dienden.

In het jaar 1794 hebben de Franschen dit sterke kasteel gedeeltelijk doen springen, en in het jaar 1818 zijn de bouwvallen voor afbraak verkocht, waarna dit reusachtig gebouw werd afgebroken door eenen arbeid van drie honderd man, die, omdat men de groote menigte steenen niet spoedig genoeg vervoeren kon, eenige maanden daaraan bezig waren, en vervolgens vervangen werden door een kleiner getal, dat eenige jaren achter elkander bezig bleef. De meeste steenen van dit voorbeeldeloos gevaarte zijn naar de Hoofdplaat gevoerd, en hebben tot zinksteen aan de zeewerken gediend. Het nog overige van de afbraak en de sporen des gebouws doen eenig denkbeeld van dit weergalooze gewrocht erlangen.

De plaats, waar het gestaan heeft, is thans door opslijken zoo wel als door het steengruis en de aarde, die men op de bolwerken vond, in een moerassig rietveld veranderd. Oudtijds had dit kasteel bijzondere voorregten en Opperhoofden; werd in vredestraktaten met name genoemd, en bij den verkoop der stad Sluis, door Filips II, aan die van Brugge, in 1566, bepaaldelijk uitgezonderd.

Meer dan eenen aanzienlijken man strekten zijne muren tot gevangenis. Wij noemen onder hen den Hertog van Bouillon, in 1553; den edelen Admiraal de Coligny, in 1557, en Lamoraal van Egmond, zoon van den onthoofden Graaf van dien naam, in 1582 (1).

(1) Hen, die begeerig zijn meer nopens dit kasteel te weten, verwijzen wij naar *het Kasteel van Sluis in Vlaanderen*, door Dr. H. A. Callenfels en J. ab Utrecht Dresselhuis, medegedeeld in den *Zeeuwsche Volks-Almanak*, voor het jaar 1842, bl. 9-37.

SLUIS (HET KLEINE-KASTEEL-TE-), ook wel DE TOREN-VAN-BOURGONDIË genoemd, voorm. sterkte in *Staats-Vlaanderen*, prov. *Zeeland*, aan het Noorden der stad Sluis, aan de westzijde der haven.

Het was gesticht in het begin der vijftiende eeuw ter verdediging der haven van Sluis, door JAN *zonder vrees*, Hertog *van Bourgondië*, die tevens Graaf *van Vlaanderen* was, waarvan het zijnen naam ontleende. Dit kasteel, dat wel kleiner, maar, naar men wil, nog sterker dan het groote kasteel was, heeft slechts anderhalve eeuw bestaan, en is, daar het vaarwater opslikte en alzoo de sterkte geen dienst meer deed, in de zestiende eeuw, onder de regering van Keizer KAREL V, gesloopt.

SLUIS (HET VRIJE-VAN-), landstreek in *Staats-Vlaanderen*, prov. *Zeeland*. Zie VRIJE-VAN-SLUIS (HET).

SLUISBUURT, b. in *Kennemerland*, prov. *Noord-Holland*, arr., kant. en 2½ u. Z. van *Alkmaar*, gem. en ¼ u. Z. O. van *Akersloot*.

SLUISCHE-GAT (HET), naam, welken men meestal geeft aan de geul tusschen de banken aan den mond van HET ZWIN, een water in *Staats-Vlaanderen*, prov. *Zeeland*. Zie ZWIN (HET).

SLUISCHE-PAD (HET), voorm. pad in *Staats-Vlaanderen*, in het *Vrije-van-Sluis*, prov. *Zeeland*, distr. *Sluis*, loopende van Breskens op Sluis.

Het was de gewone weg voor voetgangers, ook voor den brievenpost die tweemaal 's weeks van Middelburg op Brugge en terug reisde, en liep van Breskens over Groede op Nieuwvliet langs den gewonen weg; voorts dwars door den Mettenye-polder, den St. Jans-polder en den Antwerpen-polder op den Ambachts-dijk; verder langs dien dijk voorbij Potjes-herberg, waar de brieven voor Oostburg, Kadzand, Retranchement en Zuidzande, werden afgegeven en opgenomen; vandaar door de Drie-Noormannen en den Vierhonderd Beoosten Ter-Hofstede, tot aan het veer. Het maakte toen de scheiding tusschen de parochien Kadzand en Zuidzande. Op de kaart van MOGGE van 1656, staat het reeds aangeduid; in 1816 is men begonnen het te dempen, daar het door het indijken van den Sophia-polder van minder belang was geworden.

SLUISCHE-VRIJE (HET), landstreek in *Staats-Vlaanderen*, prov. *Zeeland*. Zie VRIJE-VAN-SLUIS (HET).

SLUIS-DIJK (DE), dijk in het *Land-van-Cuyk*, prov. *Noord-Braband*, welke in eene noordelijke rigting langs de westzijde van den Sluis-polder-van-St.-Agatha loopt.

SLUIS-EN-HOEF, buit. in het *Overkwartier*, prov. *Utrecht*, arr., kant. en 40 min. N. O. van de stad *Utrecht*, gem. en 10 min. W. van de *Bilt*.

Deze buit. beslaat, met heerenhuis en verder getimmerten, tuin, bosch en moesgronden, 10 bund. 55 v. ell. 12 v. r., en wordt thans in eigendom bezeten en bewoond door Jonkheer D. J. MARTENS.

SLUISJE (HET), geh. in *Waterland*, prov. *Noord-Holland*, arr. en 4 u. Z. Z. W. van *Hoorn*, kant. en ½ u. Z. van *Purmerende*, gem. *Ilpendam-Purmerland-en-den-Ilp*, ½ u. N. van *Ilpendam*, waartoe het behoort; aan het Noordhollandsche-kanaal; ter plaatse waar, vóór de graving van het kanaal, een schutsluisje lag in de toenmalige trekvaart, waar naar dit geh. nog altijd het SLUISJE genoemd wordt. Men telt er 2 h. en 13 inw.

SLUISJESBEEK (DE), beek op de *Over-Veluwe*, prov. *Gelderland*, die uit de heuvels onder Molecaten, gem. *Oldebroek*, ontspringt, en met eene zuidoostelijke rigting voortloopende, zich door twee steenen sluizen in het *Apeldoornsche-kanaal* stort

SLUISINGER-DIEP (HET), naam, welken men wel eens geeft aan het MEPPELER-DIEP, voor zoo verre dit door de prov. Overijssel loopt. Zie MEPPELER-DIEP (HET).

SLUISINGER-VAART (DE), minder gebruikelijke naam van het benedenste gedeelte van het MEPPELER-DIEP. Zie MEPPELER-DIEP.

SLUISKIL (DE), kreek in het eil. *Noord-Beveland*, prov. *Zeeland*, loopende uit den *Maria-polder*, door eene sluis en verder noordwaarts door de schorren in *de Roompot*.

SLUISKILLE, geh. in *Staats-Vlaanderen*, in *Axeler-Ambacht*, prov. *Zeeland*, arr. en 6 u. Z. van *Goes*, kant. en 1½ u. N. W. van *Axel*, distr. en 3½ u. W. van *Hulst*, gem. en ruim 1 u. Z. van *Neuzen*, omtrent half weg tusschen Sas-van-Gent en Neuzen, op het punt, alwaar het Zijkanaal-van-Axel zich uitstort in het Groot-kanaal-van-Neuzen-naar-Gent, waarover alhier eene kapitale draaibrug is gelegd en waarbij eene brugwachterswoning is gebouwd.

In dit geh. staan, behalve een in 1841 nieuw gebouwde steenen windkorenmolen, 20 huizen, bewoond door ruim 110 zielen, ten W. van het kanaal, en 2 huizen bewoond door 7 zielen, ten O. van het kanaal. Langs dit geh. is ook het oostelijk stroomkanaal tot afvoer van de Belgische wateren, ingevolge het met Belgie gesloten tractaat, van 5 November 1842, geleid. Gedurende de onlusten met dat land, is SLUISKILLE, als een belangrijk militaire punt beschouwd, tot dekking van de vesting Neuzen aan de landzijde, zoodat aldaar ook destijds eenige verdedigingswerken zijn aangelegd, welke door eene vrij talrijke militaire magt werden bezet. Van deze werken, die, na de eindschikking met België, alle zijn gesloopt, zijn geene sporen meer voorhanden.

SLUIS-POLDER (DE), pold. in *Delfland*, prov. *Zuid-Holland*, arr. *Rotterdam*, kant. *Vlaardingen*, gem. *Maasland*; palende N. aan den Foppenpolder, O. aan den Aalkeet-binnen-polder, Z. aan het Taanschuur-poldertje, W. aan den Dijk-polder.

Deze polder beslaat, volgens het kadaster, eene oppervlakte van 88 bund. 62 v. r., en wordt door eenen molen van het overtollige water ontlast.

SLUISPOLDER (DE), pold. in het balj. van *Kennemerland*, prov. *Noord-Holland*, arr. en kant. *Alkmaar*, gem. *Bergen*; palende N. aan den Zuurvensche-polder en den Zuider-Reker-polder, O. aan de Koedijkerban en het Noordhollandsche-kanaal, Z. aan den Weesen-polder, W. aan het Berger-meeren den Dammelander-polder.

Deze pold. welke oud land is, beslaat, volgens het kadaster, eene oppervlakte van 208 bund., alles schotbaar land; bevat 1 boerderij, en wordt door eenen molen, op het Noordhollandsche-kanaal van het overtollige water ontlast. Het polderbestuur bestaat uit eenen Dijkgraaf en vier Poldermeesters.

SLUIS-POLDER (DE), pold. in het *Land-van-Cuyk*, prov. *Noord-Braband*, *Eerste* distr., arr. *'s Hertogenbosch*, kant. *Boxmeer*, gem. *Cuyk-en-St.-Agatha*; palende N. aan het Prentel-en-Nieuw-Winkelsdijkje, O. aan den Maas-dijk en de Groote-straat in het dorp Cuyk, Z. aan de hooge gronden tegen de gem. Haps en het d. St.-Agatha, W. aan de Nieuw-Winkelsche en Vlieringsche dijken en de hooge Heide.

Deze polder beslaat, volgens het kadaster, 880 bund. 39 v. r. 92 v. ell., en heeft eene steenen sluis, in den Nieuw-Winkelsche-dijk, gebouwd in den jare 1841, wijd in den dag 0.90, hoog 1.00 ell., voorzien van eene schuif en drijfdeur, en watert door de Groot-Lindensche-sluis op de Maas uit. De hoogte van het Zomerpeil is 9.30 ell. boven A. P., die van den dijk in het d. Cuyk 13 ell. boven A. P. De uitgestrektheid van dezen polder, welke aan de kosten van onderhoud der sluis en dijken onderworpen is; bedraagt slechts 340 bund. 41 v. r. en 18 v. ell. Het overige gedeelte is meestal zoo hoog gelegen, dat het noch uitwatering noch bescherming tegen de rivier noodig heeft. Een gedeelte van het dorp Cuyk ligt buiten en een gedeelte binnen dezen polder. In de jaren 1798 en 1820 is de bedijking van dezen polder aan de zijde van de rivier de Maas, te zamen ongeveer 3 palmen verhoogd. Het polderbestuur bestaat uit het gemeentebestuur van *Cuyk-en-St.-Agatha*.

SLUISPOLDER (DE), pold. in *Staats-Vlaanderen*, *in Neuzen-Ambacht*, prov. *Zeeland*, arr. *Goes*, kant. *Axel*, distr. *Hulst*, gem. *Neuzen*; palende N. aan den Vlooswijk-polder, O. aan het Kanaal-van-Neuzen en den Oud-Zevenaar-polder, Z. aan den Kleine-Zevenaar-polder, W. aan den Goesche-polder.

Deze pold., heeft eene kadastrale uitgestrektheid van 65 bund. 60 v. ell., en is schotbaar groot 41 bund. 44 v. r. 7 v. ell. Daarin staat slechts ééne hofstede.

Het westelijk stroomkanaal tot afvoer der Belgische wateren loopt door den Sluispolder, welke zijn overtollig water, door eenen duiker in de Vlooswijk-polder-sloot ontlast. De Sluis-polder wordt bestuurd dooreenen Beheerder.

SLUISPOLDER-VAN-ST.-AGATHA, pold. in het *Land-van-Cuyk*, prov. *Noord-Braband*, *Eerste* distr., arr. *'s Hertogenbosch*, kant. *Boxmeer*, gem. *Cuyk-en-St.-Agatha*; palende N. aan de Maas, O. aan de gem. Oeffelt, Z. aan den Maasdijk tegen St. Agatha, W. aan den Sluis-dijk.

Deze polder beslaat, volgens het kadaster, eene oppervlakte van 74 bund. 41 v. r. 69 v. ell., en wordt door eene steenen sluis, gelegen in den Sluisdijk, nabij het klooster St. Agatha, wijd 0.93, voorzien met eene drijfdeur en schuif, op de Maas. van het overtollige water ontlast. De hoogte van het zomerpeil is 10 ell. boven A. P. die der dijken 12 ell. boven A. P. Het Polderbestuur bestaat uit het gemeentebestuur van *Cuyk-en-St.-Agatha*.

SLUISSCHE-DIEP (HET), vaarwater, prov. *Zuid-Holland*. Zie Schenkdiep (Het-).

SLUIS-VAN-CLAAS-JACOB, sluis of liever duiker, in den *Diemerdijk*, in *Amstelland*, prov. *Noord-Holland*. Zie Diemerdammer-sluis.

SLUIS-VAN-GENT, st. in *Staats-Vlaanderen*, prov. *Zeeland*. Zie Sas-van-Gent.

SLUITERHOEK, geh. in *Twenthe*, prov. *Overijssel*, arr., kant., gem. en N. O. van *Almelo*.

SLUITERSVELD, geh. in *Twenthe*, prov. *Overijssel*, arr., kant. en ½ u. van *Almelo*, gem *Ambt-Almelo*. — Men had vroeger in dit geh. eene school, doch deze is, na het bouwen van eene nieuwe school voor de geheele gem., nabij de stad Almelo, vervallen.

SLUPWIC, oude naam van het d. Sluipwijk, in *Rijnland*, prov. *Zuid-Holland*. Zie Sluipwijk.

SLURF (DE), voorm. schor, prov. *Zeeland*, welke in het jaar 1809 is ingedijkt en thans een gedeelte van het eil. *Oost-Beveland* uitmaakt.

SLUSA, Latijnsche naam van de stad Sluis, in *Staats-Vlaanderen*, prov. *Zeeland*. Zie Sluis.

SLYKENBURG, b., prov. *Friesland*, kw. *Zevenwouden*, griet. *Stellingwerf-Westeinde*, arr. en 4½ u. Z. Z. W. van *Heerenveen*, kant. en 5½ u. Z. W. van *Oldeberkoop*, ¾ u. W. Z. W. van *Spangen*, waartoe het behoort, buitendijks aan den Staten-dijk en den Linde-dijk, bij de vereeniging van de Kuinder of Tjonger en de Linde gelegen. In 1843 en 1844 is er ten Z. W. van Slykenburg, op kosten van de prov. Overijssel, een nieuwe zeedijk gelegd, loopende van de Kuinder, prov. Overijssel, tot aan de Staten-Zeedijk, prov. Friesland, en is Slykenburg sedert binnendijks. Weleer lag hier eene sluis, om, bij stormweder, het zeewater uit de Kuinder te keeren, doch na den storm van het jaar 1702, is hier een nieuwe dijk binnen doorgelegd, die, van Schoterland zuidoostwaarts loopende, bij Slykenburg, aan den Lindedijk sluit, en de schutsluis, thans de Nieuwe-Schoterzijl genaamd, hooger gelegd. Het getal h. in deze buurt is, sedert het begin der vorige eeuw, aanmerkelijk verminderd, thans telt men er nog 10 h. en 60 inw.

Vroeger lag hier mede eene schans, doch deze bestaat sinds lang niet meer. Ter plaatse, waar zij gelegen heeft, ziet men thans eene bergplaats voor hooi, turf, enz., alsmede eene schuur voor den landbouw.

De kermis te Slykenburg valt in den tweeden Paaschdag.

Bij den watervloed van Februarij 1825 had deze buurt veel te lijden. Den 3 dier maand begon het water aanmerkelijk te wassen en in den nacht steeg het met sterken aandrang, zoowel door de opzetting uit de Linde, als door den aanwas over de buitendijkslanden, tot 1.20 ell. in de straten, terwijl de harde wind en het ruwe weder niet weinig tot de aldaar aangerigte verwoestingen mede werkten. Deze toevloed en aanwas waren zoo sterk, dat de bewoners al dadelijk op hunne zolders de wijk moesten nemen, en daar er aan geen ontkomen te denken was, hun lot aldaar angstig moesten afwachten. Die angst vermeerderde ook van tijd tot tijd, daar van vele woningen muur-en dakwerk begonnen te scheuren en in te storten. Maar wat was deze benaauwde nacht in vergelijking met den ontzettenden morgen en dag van den 4 Februarij? Met woest geweld stroomde het zeewater des morgens te acht ure tegen en over den Linde-dijk, waardoor het de hier voren vermelde doorbraak veroorzaakte, eene kolk sloeg van 80 el lang en 7 el diep en aldaar den geheelen dijk vernielde; terwijl omstreeks dezen tijd het zuidwestelijk en daarna het noordelijk gedeelte der grietenij Stellenwerf-Westeinde onder water werd gezet. Toen ontstond er tevens een zwaar onweder, dat den inwoneren van dit geh. alle de ijsselijkheden des geduchten vloeds nog heviger deed gevoelen. Alle de huizen werden zwaar beschadigd en twee spoelden geheel weg, waarbij drie personen in de golven omkwamen.

SLYP, h., prov. *Friesland*, kw. *Westergoo*, griet. *Hennaarderadeel*, arr. en 1 u. N. W. ten N. van *Sneek*, kant. en 1¼ u. O. ten N. van *Bolsward*, ½ u. Z. O. ten O. van *Hydaard*, waartoe het behoort.

SMAALSIE-POLDER, pold. in het eil. *Tholen*, prov. *Zeeland*, arr. en distr. *Zierikzee*, kant. *Tholen*, gem. *Poortvliet*, palende N. aan den Pluimpot-polder-onder-St.-Annaland, O. aan Malland, Z. en W. aan den Pluimpot-polder-onder-Poortvliet.

Deze polder, welke omstreeks het jaar 1512 bedijkt is, beslaat, volgens het kadaster, eene oppervlakte van 40 bund. 26 v. r. 60 v. ell., alles schotbaar land, en wordt door eene sluis, aan de oostzijde van het overtollige water ontlast. Het polderbestuur bestaat uit dat van Poortvliet.

SMACHT (DE), streek veld of gemeente-weide in het *Oldambt*, prov. *Groningen*, arr., kant. en ½ u. N. W. van *Winschoten*, gem. en ½ u. Z. van *Scheemda*, tot *Westerlee* behoorende.

Deze weide is thans verdeeld en wordt gedeeltelijk ontgonnen. Het is vermoedelijk een gedeelte van het veld, waar, den 23 Mei 1568, de slag geleverd is, in welke Graaf ADOLF VAN NASSAU sneuvelde; ten minste er worden aldaar nog wel eens overblijfselen van wapentuig en munten van dien tijd gevonden.

SMAGT, hofst. in de souvereine heerl. *Gemert*, prov. *Noord-Braband*, *Derde* distr., arr. en 3½ u. N. O. van *Eindhoven*, kant. en 1½ u. N. van *Helmond*, gem. en 40 min. Z. O. van *Gemert*, 5 min. Z. O. van Mortel.

SMAGTSTEDE (DE), bouwplaats in het graafs. *Zutphen*, prov. *Gelderland*, kw., distr., arr. en 6 u. Z. O. van *Zutphen*, kant. en 25 min. W. van *Terborgh*, gem. *Wisch*, op den *Heuven*, grenzende aan den Oude-IJssel.

Deze bouwhoeve, welke, met erf, hof, boomgaard-, bouw- en weilanden, eene oppervlakte beslaat van 70 bund 89 v. r. 10 v. ell., wordt in eigendom bezeten door de erfgenamen van den Heer ANSELMUS VAN BRINK, woonachtig te Sillevolde.

SMAKKERIJ, boerenbuizing in *Fivelgo*, prov. *Groningen*, arr., kant. en 1½ u. N. ten W. van *Appingedam*, gem. en ½ u. W. ten Z. van *Bierum* 10 min. Z. van *Godlinze*.

Deze boerderij beslaat, met de daartoe behoorende gronden, eene oppervlakte van 16 bund. 21 v. r. 40 v. ell., en wordt bewoond en gebruikt door den Heer P. F. Vos.

SMAKKER-POLDER (DE), onbehuisde pold. in *Rijnland*, prov. *Zuid-Holland*, arr. *Leyden*, kant. *Alphen*, gem. *Hazerswoude*; palende N. aan den Rijn, O. en Z. aan den Rijnenburgsche-polder, W. aan den Gemeenewegsche-polder.

Deze pold., welke het westelijke gedeelte van den *Rijnenburgsche-en-Smakker-polder* uitmaakt, is, in de achttiende eeuw, met den Rijnenburgsche-polder vereenigd, en beslaat, volgens het kadaster, eene oppervlakte van 50 bund., alles schotbaar land. Hij wordt door eenen molen op den Rijn van het overtollige water ontlast, en staat onder het bestuur van den Rijnenburgsche-en-Smakkerpolder.

SMAKT, geh. in *Opper-Gelder*, prov. *Limburg*, distr., arr. en 8 u. N. ten W. van *Roermonde*, kant. en 1½ u. N. W. van *Horst*, gem. en ½ u. N. van *Venray*. Men telt er 9 h., en 60 inw.

SMAL-ACHT (DE), bank in de *Noordzee*, onmiddellijk bij het strand der Noord-Hollandsche kust, ter hoogte van Egmond-aan-Zee.

SMALBRUGGE, voorm. d., thans eene b. prov. *Friesland*, kw. *Westergoo*, griet. *Wymbritseradeel*. Zie SMALLEBRUGGE.

SMALENA, oude naam, onder welken de griet. *Smallingerland*, prov. *Friesland*, kw. *Oostergoo*, op het perkamentboek van het bisdom van Utrecht, op het jaar 1230, voorkomt. Zie SMALLINGERLAND.

SMALKAAP, kaap in *Oost-Indië*, in de *Straat-Sunda*. Zie TOPPERSHOEDJE.

SMALKALDEN, verlaten plant. in *Nederlands-Guiana*, kol. *Suriname*, aan de *Suriname*; ter linkerzijde in het afvaren; palende bovenwaarts aan de verlaten plant. Vigilantia, benedenwaarts aan de Suikerplant. Accaribo; 300 akk. groot.

SMALLAND, heerl. in het *Land-van-Putten*, prov. *Zuid-Holland*, arr. *Dordrecht*, kant. *Ridderkerk*, gem. *Pernis*.

Deze heerl. bestaat uit de pold. Nieuw-Smalland en Oud-Smalland. Zij bevat geen d. of geh., maar eenige verstrooid liggende huizen, en beslaat, volgens het kadaster, eene oppervlakte van 94 bund. 37 v. r. 74 v. ell., wier bewoners meest in den landbouw hun bestaan vinden.

De Herv., die er zijn, behooren tot de gem. van *Pernis*. — De R. K., welke men er aantreft, worden tot de stat. van *Rhoon* gerekend. — Men heeft in deze heerl. geene school, maar de kinderen genieten onderwijs te *Pernis*.

De heerl. Smalland wordt in eigendom bezeten door de stad Schiedam.

SMALLAND (NIEUW-), pold. in het *Land-van-Putten*, prov. *Zuid-Holland*, arr. *Dordrecht*, kant. *Ridderkerk*, gem. *Pernis*.

Deze polder beslaat, volgens het kadaster, eene oppervlakte van 22 bund. 10 v. r. 80 v. ell.

SMALLAND (OUD-), pold. in het *Land-van-Putten*, prov. *Zuid-Holland*, arr. *Dordrecht*, kant. *Ridderkerk*, gem. *Pernis*.

Deze polder beslaat, volgens het kadaster, eene oppervlakte van 52 bund. 27 v. r. 14 v. ell.

SMALLAND-EN-OOSTBROEK, dijkaadje in het *Land-van-Putten*, prov. *Zuid-Holland*, arr. *Dordrecht*, kant. *Ridderkerk*, gem. *Pernis*; palende N. aan het Domein, O. aan den pold. Madroel, Z. aan den Rosandsche- of Hooge-dijk en W. aan den pold. Langebakkersoord.

Deze dijkaadje bestaat, uit de pold. Nieuw-Smalland en Oud-Smalland, en beslaat, volgens het kadaster, eene oppervlakte van 74 bund. 37 v. r. 94 v. ell., waaronder 49 bund. schotbaar land; er staan daarin geene boerderijen, doch slechts twee arbeiderswoningen. Zij wordt door eene sluis van het overtollige water ontlast. Het polderbestuur bestaat uit eenen Dijkgraaf en twee Heemraden.

SMALLEBRUGGE of Smalbrugge, voorm. d., thans eene b., prov. *Friesland*, kw. *Westergoo*, griet. *Wymbritseradeel*, arr., kant. en 2 u. W. Z. W. van *Sneek*, digt aan de grenzen van Doniawarstal, ongeveer ½ u. N. O. O. van *Woudsend*, ten O. van de *Wymers*. Men telt er 2 h. en 20 inw., die hun bestaan vinden in den landbouw.

De Herv., die er 10 in getal zijn, behooren tot de gem. van *Woudsend-Ypekolsga-en-Indijk*. Deze b., welke thans geen kerk heeft, moet er vóór de Reformatie eene bezeten hebben; althans wij vinden, dat de pastorie destijds aan inkomsten had 130 goudg. (195 guld.), het vikarisschap 100 goudg. (150 guld). De Proost van St. Janskerk te Utrecht trok van de pastorie drie schilden (4 guld. 20 cents). Op de begraafplaats staat een klokkestel, en men vindt er een grafsteen van 1569 van eene Hylke B. Bruynsma, van welke familie men ook grafsteenen te Ypekolsga vindt.

De 10 R. K., die men er aantreft, worden tot de stat. van *Woudsend* gerekend. — Men heeft te Smallebrugge geen school, maar de kinderen genieten onderwijs te *Woudsend*. — Vroeger stond hier de sterke stins Hepkehuis.

SMALLE-EE of Smalle-Ie, ook wel Smalbie geheeten, geh., prov. *Friesland*, kw. *Oostergoo*, griet. *Smallingerland*, arr. en 4 u. N. O. ten N. van *Heerenveen*, kant. en 1 u. N. W. van *Beetsterzwaag*, 20 min. N. W. van *Boornbergum*, waartoe het behoort, aan de Smalle-Eester-zanding; met 17 h. en 90 inw.

Dit geh. was nog in 1617 de hoofdplaats der griet. Smallingerland. — Vroeger stond hier eene abdij van Benediktijner Nonnen, mede Smalle-Ee genaamd. Zie het volgende art.

Te SMALLE-EE bereidt men sedert jaren een geneesmiddel, hoofdzakelijk uit kinabast bestaande, ter verdrijving van de koorts. Die *Smalle-Eester-koorts-potjes* zijn door de prov. Friesland en Groningerland beroemd, van welke dan ook jaarlijks voor duizende guldens verkocht worden.

SMALLE-EESTER-KONVENT, voorm. abdij, prov. *Friesland*, kw. *Oostergoo*, griet. *Smallingerland*, ¼ u. N. W. van *Boornbergum*.

Het werd bewoond door Benediktyner Nonnen en had zijnen naam van het water de Ee gekregen. Deze Nonnen stonden onder het opzigt van Benediktyner Abten, die de Nonnen door Priors bestierden. PIETER VAN GRONINGEN stond hier, omtrent het midden der zestiende eeuw als Prior. Hij bekwam van GEORGIUS VAN EGMOND, toenmaligen Bisschop van Utrecht, bij eenen brief van den 16 Maart 1548, de magt, om de kloosterlijke geloften der maagden aan te nemen, die zich in het Konvent te SMALLEN-EE begaven, en het kloosterlijke leven, als ook de orde van gemelde konvent, aanvaarden wilden; alsmede om haar het wiel (of de Nonnensluijer), volgens den regel der meergemelde orde, op te zetten. In dit klooster is, ten tijde van de Schieringers en Vetkoopers, eene zamenkomst gehouden tusschen de afgezondenen van Friesland en Groningen.

Ter plaatse, waar dit klooster gestaan heeft, ziet men nog eenen lindeboom, die, op het dunst van den stam, eene el boven den grond, eenen omtrek heeft van 4.40 ell.

SMALLE-EESTER-LAND, volgens sommigen de eigenlijken naam van de griet. *Smallingerland*, prov. *Friesland*, kw. *Oostergoo*. Zie SMALLINGERLAND.

SMALLE-EESTER ZANDING (DE), op de kaart van SCHOTANUS à STERRINGA, onder den naam van SMALLENEESTER-SANDING voorkomende, meer, prov. *Friesland*, kw. *Oostergoo*, griet. *Smallingerland*, 20 min. N. van Boornbergum, dat ten W. door de Monniksgruppen, met de *Monnike-Ee*, ten N. door de Wopkesloten, met de *Oudegaster Zanding* in verbinding staat.

SMALLEGANGE, voorm. ridderhofst. op het eil. *Zuid-Beveland*, prov. *Zeeland*, arr., kant., distr. en 20 min. Z. O. van *Goes*, gem. en ¼ u. Z. van *Kloetinge*.

Deze ridderhofst. was het stamhuis van het oude geslacht VAN SMALLEGANGE, waaruit onder anderen voortgesproten zijn MATTHEUS CORNELISSE VAN SMALLEGANGE, Burgemeester van Goes, en Rentmeester der Heeren Staten van Zeeland, die den 28 Januarij 1594 overleed, en zijn kleinzoon de Kronijkschrijver MATTHEUS SMALLEGANGE.

Dit huis is in het jaar 1560 door brand verteerd en sedert wel weder opgebouwd, doch nu vervallen, zoodat men, ter plaatse, waar het gestaan heeft, niets ziet dan eene hoogte, waarop een boomgaard.

Het wapen van SMALLEGANGE bestond in een veld doorsneden in drie deelen van azuur, sabel en zilver, beladen met drie gouden sterren, geplaatst twee op het deel van azuur en een op dat van sabel.

SMALLE-NEESTER-SANDING (DE), meer, prov. *Friesland*, kw. *Oostergoo*, griet. *Smallingerland*. Zie SMALLE-EESTER-ZANDING (DE).

SMALLINGER-EE, geh., prov. *Friesland*, kw. *Oostergoo*, griet. *Smallingerland*. Zie SMALLE-EE.

SMALLINGERLAND, griet., prov. *Friesland*, kw. *Oostergoo*, arr. *Heerenveen*, kant. *Beetsterzwaag* (1 k. d., 9 m. k., 5 s. d.,); grenzende N. aan Tietjerksteradeel, waarvan zij door den Zuster-weg en het

Deze heerl. bestaat uit de pold. land. Zij bevat geen d. of geh. zen, en beslaat, volgens het 37 v. r. 74 v. ell., wier bev vinden.

De Herv., die er zijn, welke men er aantreft. Men heeft in deze he onderwijs te *Pernis*.

De heerl. SMALLAND

SMALLAND (ME

Holland, arr. *Dord*

Deze polder bes

22 bund. 10 v.

SMALLAND

Holland, arr. D

Deze polder

52 bund. 27 v.

SMALLAND

prov. *Zuid-Ho*

palende N. a

Rosandsche-

Deze dijk

Smalland

74 bund.

er staan

gen. Z

polderb

SMA

Friesla

W. Z.

½ u.

2 h.

eno

er

d

v

l

…rtje deze grietenij …, van waar de ver… …en scheidgruppel, in …et Smallingerland aan …van gescheiden door den …, doch thans geheel is …ekte tot aan het oude … Zuiden ligt Opsterland, …gescheiden wordt door … eindelijk nog Utingeradeel

… Westen 5 u. lang en van het … de navolgende zes dorpen, … …eernbergum met Smal…, …laega, en Opeinde, bene…

… …nster, eene oppervlakte van … 11,756 bund. 43 v. r. 86 v.ell. … …nij van Oostergoo. Van waar … schijnt aan smal te moeten … dat woord hier niet zeer … beteekenis juist niet smaller … alleen naar den kant van Gro… … Zoo men het woord nam in … Engelschen hun *smal* bezigen … , zou het zeer wel aanleiding heb… … te noemen. In oude tijden toch, … hier, in het Noorden en Oosten, … struiken; terwijl de lage landen … het afloopende veenwater plas … waren. Ondertusschen zou het … zoo veel gezegd ware, als SMAL… *Waterland* zou te kennen geven, … water heeft.

… 1420 huisgez., uitmakende eene be… … meest hun bestaan vinden in land… … schoone bouw- en weilanden. Vroe… …och deze zijn vergraven en herscha… … dat de ingezetenen van de koren… … helpt de vischvangst hier ook me… … verscheidene vischrijke wateren zoo … het midden der griet. gevonden wor… … dorpen Nijega en Opeinde de landen … Drachtbergum.

… van het land, een gedeelte van Oos… … zeer op die van Zevenwouden, dat … *Friesland*, zich niet wederhouden … lichtregelen aan den dag te leggen.

… *deprimit agros*
… *Osterogoa tuis?*
… *in corpore nostro,*
… *splendet ab opposito.*

… akkers, wier voorkomen gelijk is aan … tot uw gebied? (zeker!). In ons ligchaam strekken de leden niet alle ten zelfden gebruike, terwijl de voortreffelijkheid van verschillende zaken des te meer uitkomt, als zij naast elkander zijn geplaatst.)

Men heeft in deze griet. 3 scheepstimmerwerven, 2 lijnbanen, 7 looijerijen, 7 kalkovens, 1 branderij, 1 mostaard-, 2 houtzaag- en 4 korenmolens.

De Herv., die er 5350 in getal zijn, onder welke 660 Ledematen, maken 3 gem. uit, zijnde die van Dragten, Boornbergum-en-Kortehemmen en Oudega-Nijega-en-Opeinde, welke zes kerken hebben.

De Afgescheidenen, die er ruim 1180 bedragen, behooren tot de gem. van *Dragten* en *Oudega*.

De Doopsgez., die men er 700 telt, behooren tot de gem. *Dragten* en *Rottevalle*, alwaar zij eene kerk hebben.

Men heeft in deze griet. 7 scholen; als: vier te Dragten, ééne te Boornbergum, ééne te Opeinde en ééne te Oudega, welke gezamenlijk door een getal van 1280 leerlingen bezocht worden.

De wateren, welke men in deze griet. vindt, zijn: de Kromme-Ee, de Wijde-Ee, de Monnike-Ee, de Wester-Zanding, de Oudegaaster-Zanding, de Smalle-Eester-Zanding, de Dragtstervaart enz.

De rijwegen zijn in deze griet. zeer aangenaam, wegens het menigvuldige houtgewas, hetwelk hen, gelijk ook de naast gelegen erven omzoomt. De voornaamste dezer wegen zijn de Lykweg, die van Nijega, door Opeinde, naar Noorder- en Zuider-Dragten, en van daar naar Opsterland loopt; de Hoogeweg, die van Oudega, ten Zuiden van Nijega en Opeinde, naar de Kletten loopt, en voorts in het Westen van de Dragten, naar Kortehemmen, het naaste dorp aan Opsterland, van waar hij in het Noordwesten verder westwaarts naar Boornbergum leidt, gaande van daar weder een andere rijweg noordwestwaarts naar Smalle-Ee. Ook gaat van Dragten een rijweg derwaarts, die, eerst langs de Dragtster-vaart heen schietende, zich eerlang met den ouden Slingeweg vereenigt, en daarmede zuidwestwaarts voortloopt, tot dat hij in den Zuidelijke-Slingeweg valt, die insgelijks van den Hoogeweg voortkomt, en na deze vereeniging verder westwaarts schietende, eerst de Postlaan, en daarna de Dragtster Hooiweg heet. Van de bijzondere hooiwegen maken wij geene melding. Wegens meergemelden Hoogeweg merken wij nog maar alleen aan, dat hij zich, ten Oosten van Kortehemmen, eerst westwaarts en vervolgens noordwestwaarts buigt, en alzoo, voorbij gemelde dorp, naar Smalle-Ee schiet, zich tusschen beiden vereenigende met den reeds gemelden Dragtster-hooiweg.

Ten tijde der inlandsche twisten, tusschen de Schieringers en Vetkoopers, en naderhand in de Spaansche oorlogen, heeft deze grietenij veel moeten lijden. Ook ging zij, naar het voorbeeld van Achtkarspelen en Opsterland, in het jaar 1420, een verbond aan met de Groningers, om zich te verzekeren tegen de onderdrukkingen van den Hertog Jan van Beijeren, toenmaals Voogd van Holland.

Bij den watervloed van Februarij 1825, werd het westelijke gedeelte dezer grietenij, alwaar men in den morgen van den vijfden den vloed vernam, mede door het zoute water overstroomd, en wel van de grensscheiding van Idaarderadeel tot oostwaarts op de lage landen van het dorp Oudega, en het buitenste verlaat van de Dragten, terwijl het opgestuwde binnenwater zich uitstrekte over het noordelijk gelegen Nijega, en nabij de dorpen Noorder- en Zuider Dragten, benevens Boornbergum. De hoogste stand des waters was ongeveer zes palmen boven gewoon winterwater, zijnde niet te min het geh. Smalle-Ee vrij gebleven. Gering evenwel was de schade door de overstrooming aangerigt, en slechts eene koe was verdronken; geene gebouwen waren er vernield en geene ongelukken voorgevallen.

Het wapen der griet. SMALLINGERLAND bestaat uit een veld van zilver, met vijf groene boomen, staande op eenen natuurlijken voorgrond, langs welke heen springt een hert van keel. Het schild gedekt met een gouden kroon.

SMALLINGER-OPEINDE, naam, onder welken het d. OPEINDE, prov. *Friesland*, kw. *Oostergoo*, griet. *Smallingerland*, ter onderscheiding van *Groninger-Opeinde* wel eens voorkomt. Zie OPEINDE.

SMALNIE, naam, welken men ook wel geeft aan het geh. SMALLE-EE, prov. *Friesland*, kw. *Oostergoo*, griet. *Smallingerland*. Zie SMALLE-EE.

SMAL-WEESP (DE), water in *Gooiland*, porv. *Noord-Holland*. Zie WEESP (DE SMAL-).

SMARADOEKOE, naam, welken de Negers geven aan de Indigoplant. A-LA BONNE-HEURE in *Nederlands-Guiana*, kol. *Suriname*. Zie A-LA BONNE-HEURE.

SMAST, geh. in de souvereine heerl. *Gemert*, prov. *Noord-Braband*, *Derde* distr., arr. en 4 u. N. O. van *Eindhoven*, kant. en 2 u. N. van *Helmond*, gem. *Gemert*.

SMAU, POELOE-SMAU, eil. in *Oost-Indië*, tot de *Kleine-Sunda-eilanden* behoorende. Zie SIMO.

SMEDEKENSBRUG, voorm. brug in *Staats-Vlaanderen*, in *Aardenburger-Ambacht*, prov. *Zeeland*. Zie SMEETJESBRUG.

SMEDINC, voorm. erve in *Twenthe*, prov. *Overijssel*, dat in het jaar 1188 reeds bekend was.

SMEERIGE-EE, voorm. water in *Fivelgo*, prov. *Groningen*.

Het was een tak der *Scharmer-Ee*, waardoor deze zich met de Woltersumer-Ee vereenigde, maar die toegegroeid is, sedert er een nieuwe en korte uitloop, om in het Slochter-diep te komen, gegraven is.

SMEERDIKE, naam, welken de landlieden veelal geven aan het d. ST. MAARTENSDIJK, op het eil. THOLEN, prov. *Zeeland*. Zie MAARTENSDIJK (ST.).

SMEERLING, ook wel SMEERLINC gespeld, geh. in *Westerwolde*, prov. *Groningen*, kant. en 3 u. Z. Z. O. van *Winschoten*, gem. en ½ u. Z. O. van *Onstwedde*; uit drie boerderijen met 20 inw. bestaande.

Het is een romanesk boschrijk gehucht, dat zeer bevallig ten Zuiden van de *Ruiten-Aa* ligt.

SMEERMAAS, geh., vroeger behoord hebbende tot de gem. *Lanaken*, kon. *België*, doch, in het jaar 1839, ten gevolge van het tusschen Nederland en België gesloten traktaat, gedeeltelijk ingelijfd in de gem. *Vroenhoven*, prov. *Limburg*, arr. en kant. *Maastricht*.

Het ligt ½ u. N. W. van Maastricht, 10 min. N. O. van Caberg en telt 20 h. en 130 inw., van welke 10 h. en 50 inw. tot de gem. *Oud-Vroenhoven* en de overige 10 h. en 80 inw. tot de Belgische gem. *Lanaken* behooren.

SMEERPOT (DE), water, prov. *Friesland*, kw. *Zevenwouden*, griet. *Utingeradeel*, 10 min. Z. van Akkrum.

SMEERSUM, aanzienlijke boerenhofstede in *Hunsingo*, prov. *Groningen*, arr. en 4½ u. W. ten N. van *Appingedam*, kant. en 1 u.

N. N. W. van *Onderdendam*, gem. en 20 min. W. N. W. van *Warfum*.

Deze boerderij heeft aanzienlijke landerijen, langs welker westzijde de breede togt, de *Oude-weer*, heen slingert. Zij beslaat eene oppervlakte van 43 bund. 10 v. r. 80 v. ell., en wordt in eigendom bezeten en bewoond door den landbouwer JACOB JACOBS RITZEMA.

SMEETIE, naam, welken de Negers geven aan de verl. plant. SMITHSFIELD, in *Nederlands-Guiana*, kol. *Suriname*. Zie SMITHSFIELD.

SMEETJESBRUG of SMEDEKENSBRUG, voorm. brug in *Staats-Vlaanderen*, in *Aardenburger-Ambacht*, prov. *Zeeland*, niet ver van *Aardenburg*, welke sedert de veranderingen, door het leggen van den straatweg op Gent, niet meer bestaat.

SMEETSLAND (DIRK-), pold. in het *Land-van-IJsselmonde*, prov. *Zuid-Holland*. Zie DIRK-SMEETSLAND.

SMEHROE of SMERO, gebergte en berg in *Oost-Indië*, op het *Sundasche* eil. *Java*. Zie MAHAMEROE.

SMELLINGERA-LANDT, oude naam van de griet. SMALLINGERLAND, prov. *Friesland*, kw. *Oostergoo*. Zie SMALLINGERLAND.

SMERIAN, d. in *Oost-Indië*, op het *Sundasche* eil. *Java*, resid. *Krawang*.

SMERP, geh. op het eil. *Wieringen*, prov. *Noord-Holland*, arr. en 11 u. N. O. van *Alkmaar*, kant. en 2 u. O. Z. O. van *den Helder*, gem. *Wieringen*, 1 u. N. N. O. van *Hypolitushoef*, 5 min. Z. O. van *Stroe*, waartoe het behoort; met 4 h. en 20 inw.

SMETHS-RANDE, naam, welken men doorgaans geeft aan het buit. *Rande*, in de ambtmannij *Colmschate*, prov. *Overijssel*. Zie RANDE.

SMETIE, naam, welken de Negers geven aan de koffijplant. SMITHSFIELD en TWISTRUST, in *Nederlands-Guiana*, kol. *Suriname*. Zie SMITHSFIELD en TWISTRUST.

SMEUGEL (DE), pold. in *West-Friesland*, prov. *Noord-Holland*. Zie SMUIGEL (DE).

SMIDS-HORNE, geh. in het *Westerkwartier*, prov. *Groningen*. Zie HORNE (DE).

SMIDS-EILANDEN, eil. in *Oost-Indië*, in de *Zee-van-Java*. Zie TOKKANG-BESIE.

SMIERLING, geh. in *Westerwolde*, prov. *Groningen*. Zie SMEERLING.

SMILDE, gem. in *Beilerdingspil*, prov. *Drenthe*, arr., adm. en jud. kant. *Assen* (4 k. d., 1 m. k., 2 s. d.); palende N. aan de gem. Norg, O. aan Assen en Beilen, Z. aan Dwingeloo en Diever, W. aan de prov. Friesland, 2 u. Z. W. van Assen, 7 u. N. O. van Meppel.

Deze gem. bestaat uit eene veenkolonie, welke grootendeels van na 1771 dagteekent en reeds in 1821, dus in een tijdsbestek van 50 jaren, werd gerekend, aan beschrevene en onbeschrevene middelen, aan het Rijk op te brengen, de aanzienlijke som van nagenoeg 30,000 gulden. Zij heeft vier onderdeelen. Het zuidwestelijkste deel heet de Oude-Smilde of Hooger-Smilde, het volgende Hijker-Smilde, het derde deel Kloosterveen en het vierde of noordoostelijkste deel de Boven-Smilde. Dit laatste deel wordt veelal in het derde deel begrepen en daarmede Kloosterveen genoemd, als hebbende beide vroeger tot de bezittingen van het klooster Assen behoord. Zij beslaat, volgens het kadaster, eene oppervlakte van 7077 bund. 27 v. r. 28 v. ell., waaronder 7017 bund. 82 v. r. 97 v. ell. belastbaar land. Men telt er 632 h. of woningen, bevattende eene bevolking van ongeveer 4120 inw., die hoofdzakelijk door de veenderijen, den handel in turf,

nabij de dorpen Noorder- en Zuider Dragten, beneve
De hoogste stand des waters was ongeveer zes palm
winterwater, zijnde niet te min het geh. Smalle-
Gering evenwel was de schade door de overstroomi
slechts eene koe was verdronken; geene gebouwen wa
geene ongelukken voorgevallen.

Het wapen der griet. SMALLINGERLAND bestaat uit ee
met vijf groene boomen, staande op eenen natuur
langs welke heen springt een hert van keel. Het
een gouden kroon.

SMALLINGER-OPEINDE, naam, onder welken he
Friesland, kw. *Oostergoo*, griet. *Smallingerland*,
van *Groninger-Opeinde* wel eens voorkomt.

SMALNIE, naam, welken men ook wel geeft a
LE-EE, prov. *Friesland*, kw. *Oostergoo*, griet. S
SMALLE-EE.

SMAL-WEESP (DE), water in *Gooiland*, prov. N
WEESP (DE SMAL-).

SMARADOEKOE, naam, welken de Negers geve
A-LA BONNE-HEURE in *Nederlands-Guiana*, kol. *Surin*
HEURE.

SMAST, geh. in de souvereine heerl. *Gemert*, pr
Derde distr., arr. en 4 u. N. O. van *Eindhoven*
van *Helmond*, gem. *Gemert*.

SMAU, POELOE-SMAU, eil. in *Oost-Indië*, tot
landen behoorende. Zie SIMO.

SMEDEKENSBRUG, voorm. brug in *Staats-V*
denburger-Ambacht, prov. *Zeeland*. Zie SMEETJE

SMEDINC, voorm. erve in *Twenthe*, prov. C
jaar 1188 reeds bekend was.

SMEERIGE-EE, voorm. water in *Fivelgo*, pr
Het was een tak der *Scharmer-Ee*, waardoor d
tersumer-Ee vereenigde, maar die toegegroeid is,
en korte uitloop, om in het Slochter-diep te

SMEERDIKE, naam, welken de landlieden
ST. MAARTENSDIJK, op het eil. THOLEN, prov. Z
DIJK (ST.).

SMEERLING, ook wel SMIERLING gespeld, geh
Groningen, kant. en 3 u. Z. Z. O. van *Win*
Z. O. van *Onstwedde*; uit drie boerderijen me
Het is een romanesk boschrijk gehucht, dat
den van de *Ruiten-Aa* ligt.

SMEERMAAS, geh., vroeger behoord hebbe
ken, kon. *België*, doch, in het jaar 1839, t
schen Nederland en België gesloten traktaat,
de gem. *Vroenhoven*, prov. *Limburg*, arr. en
Het ligt ¼ u. N. W. van Maastricht, 10 mi
telt 20 h. en 130 inw., van welke 10 h. en 50
Vroenhoven en de overige 10 h. en 80 inw.
Lanaken behooren.

SMEERPOT (DE), water, prov. *Friesland*,
Utingeradeel, 10 min. Z. van Akkrum.

SMEERSUM, aanzienlijke boerenhofstede in
ningen, arr. en 4½ u. W. ten N. van *App*

die in het
t beroep is
, welke ge

den Ridder
van Hollan
eene heer
at, als bl
daargest

1 u. Z
wad is, h

el, van
SILOS

, kw.
Appel

-Ho

weste
an da
n ver
over e
het M
rt, vo
aar 178
avelter-
in het
dom van
gen van
bruik gem
maal aanw
onen stan
en gevolge
n vroeger b
; zoodat m
n dikwijls
eidene weken
oeken te ver
de sluizen v
loopt, uit de
. Intusschen
schutsluis bij
doen, zoodat m
n. De klagten
in echter in de
toe overgegaan i
voor de aardenbaar
welke langs het
zand uit de vaart
els verdwenen, doo
in het jaar 1842 v

alsmede van den landbouw en eenige
brijken heeft men: 2 scheepstimmerwe
molens, 4 grutmolens, 1 bierbrouwer
senmakerij, 2 hout- en steenkooper
drukkerij.

De Herv., zijn er 3790 in getal
en-Kloosterveen en Hooge
gem. drie kerken hebben als tw
ger-Smilde. Zie Hijkersmi
De groote- of hoofdkerk,
ten Z. den rijweg en de
met koepeltoren en fraai
schaps Regering en voll
tijd daargesteld uit een
dat aangevuld is uit

De Christelijk Afg
treft, onder welke
de kerk op het Kloo
kant gebouw, met
die er wonen beh
men er ruim 140
ringsynagoge van

Men heeft in
om in de bu
huurpenning
Kloosterv
dan 8000
pios usus

Men h
terveen
éëne te
zamen

Er b
gemee
Men

H
turf
heb

pr

... met te veel water

... eenen weg te openen
... ontstaan van de welva-
... doorzigt dit werk is
... landschapsbestuur was
... kanalen noodig zijn,
... veranderen. Zij is daar-
... gemeenschap met de Zui-
... delijk en Oostelijk gedeelte

... heeft aangeraden, en de uit-
... worden den Heer Wes-
... dienst van den Staat,
... Secretaris van het landschap
... volvoering van het belangrijke
... terug gedeinsd zijn, ware
... door de voorbeelden
... in de Provincie Groningen.
... straatweg van Assen naar Meppel,
... Hooger-Smilde, Hijker-Smilde
... rij gelegen zijn.
... hare werken; ten laste der pro-
... van het afvaartsgeld, hetwelk een
... de provincie uitmaakt. Ten einde
... grijkheid van dit kanaal te kunnen
... opgave, aanwijzende het getal sche-
... dat gedurende de jaren 1829 tot
... hever afvaartsgeld hebben betaald:

in 1837, 5024 schepen.
» 1838, 4757 »
» 1842, 3427 »
» 1843, 5367 »
» 1844, 4367 »
» 1845, 4306 »
» 1846, 5557 schepen (1).

... wordt bevaren, zijn meestal groote
... welke tevens de Zuiderzee bevaren, zijn
... 4 ell. en laden 20 à 22 last, op eene
... kleine pramen lang zijn 17 ell., breed
... op eenen diepgang van 0 74 ell.
... veengronden in *Beilerdingspil*, prov.
... Assen, strekken zich in eene zuidwes-
... gebied van de gemeente *Norg* en de
... gronden van Assen, ten Z. aan de
... Zij loopen ten Z. W. langs de
... en dwarsvaarten, zijnde zij reeds voor
... en door bouw- en graslanden vervan-
... W. over de Friesche grenzen uit.
... *Friesland*, kw. *Oostergoo*, griet.
... ten O. van *Leeuwarden*, kant. en

(1) ... niet kunnen te weten komen.

… u. Z. van *Holwerd*, ½ u. N. van *Ferwerd*, waartoe zij …

…tse, waar zij gestaan heeft, ziet men thans eene boerenwo… …ke met de daartoe behoorende gronden, beslaande eene opper… …van 62 v. r. 70 v. ell., in eigendom wordt bezeten door Jonk… …eer HOBBE BAERDT VAN SMINIA, woonachtig te Bergum.

SMINIA, voorm. state, prov. *Friesland*, kw. *Oostergoo*, griet. *Tietjerksteradeel*. Zie AYSMA.

SMINIA, state, prov. *Friesland*, kw. *Westergoo*, griet. *Hennaarderadeel*, arr. en 2 u. N. N. W. van *Sneek*, kant. en 1½ u. N. O. van *Bolsward*, in *Wommels*.

Het is thans eene heerenhuizing, welke, met de daartoe behoorende gronden, eene oppervlakte beslaande van 2 bund. 55 v. r. 30 v. ell., in eigendom bezeten en bewoond wordt door Jonkheer Mr. CORNELIS VAN EYSINGA, Oud-Grietman van Hennaarderadeel.

SMINIA, voorm. state, prov. *Friesland*, kw. *Zevenwouden*, griet. *Utingeradeel*, arr., kant. en 2¼ u. N. N. W. van *Heerenveen*, niet ver van *Akkrum*, waartoe zij behoorde.

SMITH (VADER-), eil. in *Oost-Indië*, op de *Reede-van-Batavia*. Zie VADER-SMITH.

SMITHSFIELD of SMITFIELD, verl. koffijplant. in *Nederlands-Guiana*, kol. *Suriname*, aan de *Saramacca*, ter linker zijde in het afvaren; palende bovenwaarts aan de verl. plant. Gruttie, benedenwaarts aan de koffijplant. Anna-Maria; 1600 akk. groot, met 6 slaven, ter bewerking van eenen kleinen kostgrond. De Negers noemen haar SMIFTIE of SMITTIE.

SMITS-SCHORRE, pold. in *Staats-Vlaanderen*, prov. *Zeeland*, arr. *Goes*, kant. *Axel*, distr. *Hulst*, gem. *Axel*; palende N. aan het zijkanaal naar Axel en de nieuw bedijkte schorren van den Koegors-polder, O. aan den pold. Beoosten-en-Bewestenblij, Z. aan den Polder-van-Canisvliet, W. aan het Kanaal-van-Neuzen-op-Gent.

De schorren, waaruit thans deze polder bestaat, zijn, in 1827, door het leggen van den Slotdijk voor het evengemeld kanaal, nabij het geb. Sluiskille, drooggevallen, daardoor ingedijkt en tot eenen vruchtbaren polder gemaakt, van eene kadastrale uitgestrektheid van 137 bund. 40 v. r. 47 v. ell., en eene schotbare grootte van 68 bund. 70 v. r. 30 v. ell. Daarin staat slechts eene boerenhofstede, en hij watert uit door eenen duiker in den trageldijk, en zoo, door de sluis bij het voormalig fort Zwarten-Hoek, in Canisvliet. Het polderbestuur wordt uitgeoefend door eenen Dijkgraaf, eenen Gezworene en eenen Ontvanger-Griffier.

SMITTENBERG (DEN), buiteng. op de *Over-Veluwe*, prov. *Gelderland*, distr. *Veluwe*, arr. en 7 u. N. van *Arnhem*, kant. en 3 u. N. O. van Apeldoorn, gem. en 1½ u. N. van *Voorst*, in het d. Wilp, aan den straatweg van Deventer op Zutphen.

Dit buit. beslaat, met de daartoe behoorende gronden, eene oppervlakte van 89 v. r. 10 v. ell.

SMOKER (DE), pold. in het eil. van *Dordrecht*, prov. *Zuid-Holland*. Zie DORDRECHT (POLDER-DE-SMOKER-VAN-).

SMOOKERIJ (DE), h. in *Westerwolde*, prov. *Groningen*, arr., kant. en 2 u. Z. van *Winschoten*, gem. en ½ u. N. O. van *Wedde*, dat men wel eens verkeerdelijk als geb. vermeld vindt.

SMOORDOODSKWARTIER, voorm. schans op het eil. *Zuid-Beveland*, prov. *Zeeland*, gem. en 20 min. W. van *Kruiningen*, nabij het geb. Hanswest, aan de Schelde.

Van deze plaats, waar zij vroeger gelegen heeft, ziet men thans niets meer. Het volksverhaal zegt : dat eene wacht bij de schans, door den vijand verschalkt, in hun wachthuis gesmoord is.

SMUIGEL (DE) of DE SMEUGEL, pold. in *Westfriesland*, prov. *Noord-Holland*, arr. *Alkmaar*, kant. *Schagen*, gem. *Haringcarspel*; palende N. aan de ringsloot van den Heer-Hugowaard, O., Z. en W. aan den Heer-Hugowaard.

Deze pold. telt 4 h., waaronder 1 boerderij, en wordt door de molens van den Heer-Hugowaard bemalen, waarbij DE SMUIGEL is ingedijkt. Het polderbestuur bestaat uit eenen Dijkgraaf en drie Molenmeesters.

SMUIGELKEET of SMEUGELKEET, het sluiswachtershuis van de Smuigel, in *West-Friesland*, prov. *Noord-Holland*, arr. en 3 u. N. van *Alkmaar*, 1½ u. Z. ten W. van *Schagen*, gem. en 40 min. Z. O. van *Haringcarspel*, hetwelk men weleens verkeerdelijk als geh. vermeld vindt.

SNAAFBURG of SNAVELENBURG, oud adell. h. in het *Nederkwartier* der prov. *Utrecht*, arr. en 2 u. N. W. van *Utrecht*, kant. gem., en in het d. *Maarssen*, achter de kerk.

Dit adell. h. wordt gezegd door eenen Ridder uit Hongarijen gebouwd te zijn.

SNACKERBUURT, voorm. b., prov. *Friesland*, kw. *Westergoo*, N. van *Workum*, later aan die stad getrokken.

SNAKKEBUREN, buurs. in *Hunsingo*, prov. *Groningen*, arr. en 8 u. W. van *Appingedam*, kant. en 4 u. W. van *Onderdendam*, gem. en onmiddellijk ten Z. van het d. *Ulrum*, welks zuiderkluft daartoe behoort; met 19 h. en 100 inw. — Hier is de legplaats der trekschuit (snik) en eene in 1847 nieuw aangelegde begraafplaats.

SNAKKEBUREN, geh. in het *Westerkwartier*, prov. *Groningen*, arr. en 2½ u. W. N. W. van *Groningen*, kant., gem. en ¼ u. N. ten W. van *Zuidhorn*, niet ver van *Noordhorn*, waartoe het behoort.

SNAKKERBUREN, geh., prov. *Friesland*, kw. *Oostergoo*, griet. *Leeuwarderadeel*, arr., kant. en ¾ u. N. O. van *Leeuwarden*, 10 min. Z. W. van *Lekkum*, waartoe het behoort; met 31 h. en 110 inw.

SNAKKERBUREN, geh., prov. *Friesland*, kw. *Oostergoo*, griet. *Tietjerksteradeel*, arr. en 4 u. O. Z. O. van *Leeuwarden*, kant. en 1 u. Z. O. ten O. van *Bergum*, 20 min. Z. W. van *Oostermeer*, waartoe het behoort.

SNAPHANEN-POLDERTJE, onbehuisde pold. in den *Biesbosch*, prov. *Noord-Braband*. Zie KEKKENHOEK.

SNAP-IN-DE-KAST, kil in den *Biesbosch*, prov. *Noord-Braband*, onder *Werkendam*, in eene noordwestelijke rigting, tusschen den Oostelijke Opslag en den Middelste-Kivitswaard loopende.

SNATERGAT, erve in *Zalland*, prov. *Overijssel*, arr., kant. en 3 u. N. O. van *Deventer*, gem. *Bathmen*, ter plaatse, waar de Boterbeek in de Schipbeek valt.

Zij beslaat, volgens het kadaster, eene oppervlakte van 16 bund. 4 v. r. 60 v. ell., en wordt in eigendom bezeten door de Erven van wijlen den Heer B. J. KRONENBERG, woonachtig te Deventer.

SNAU, naam, welken de Negers geven aan de koffijplant. GOOSEN, in *Nederlands-Guiana*, kol. *Suriname*. Zie GOOSEN.

SNAVELENBURG, oud adell. h. in het *Nederkwartier* der prov. *Utrecht*. Zie SNAAFBURG.

SNECA, Lat. naam van de stad SNEEK, prov. *Friesland*, kw. *Oostergoo*.. Zie SNEEK.

SNEEK, arr., prov. *Friesland*; palende N. en N. O. aan het arr. Leeuwarden, O. aan het arr. Heerenveen, Z. en W. aan de Zuiderzee.

Dit arr. bestaat uit het vroegere kwartier Westergoo, behalve de griet. Menaldumadeel, Franekeradeel, Barradeel, Baarderadeel en het Bildt, en met toevoeging, uit Zevenwouden, van de griet. Lemsterland, Doniawarstal en Gaasterland.

Het bevat de vier kant. Sneek, Bolsward, Lemmer en Hindeloopen, en beslaat, volgens het kadaster, eene oppervlakte van 70,059 bund. 29 v. r. 23 v. ell., waaronder 66,865 bund. 83 v. r. 25 v. ell. belastbaar land. Men telt er 8720 h., bewoond door 10,554 huisgez., uitmakende eene bevolking van ongeveer 50,000 inw., die meest hun bestaan vinden in landbouw en veeteelt.

SNEEK, kant., prov. *Friesland*, arr. *Sneek*; palende W. en N. aan het kant. Bolsward, O. aan het kant. Rauwerd, Z. O. aan het kant. Lemmer, Z. W. aan het kant. Hindeloopen.

Dit kant. bevat de gem. Sneek en Ylst en de griet. Wymbritseradeel en beslaat, volgens het kadaster, eene oppervlakte van 18,148 bund. 88 v. r. 22 v. ell., waaronder 15,713 bund. 93 v. r. 28 v. ell. belastbaar land. Men telt er 2826 h., bewoond door 3244 huisgez., uitmakende eene bevolking van ruim 17,000 inw., die meest hun bestaan vinden in landbouw, fabrijken, handel, scheepvaart en visscherij.

SNEEK, klass., prov. *Friesland*, verdeeld in vier ringen als: Sneek, Ylst, Workum en Slooten. Men heeft er 37 gem., welke door 40 Predikanten bediend worden en telt er 25,000 zielen, onder welke 7700 Ledematen.

SNEEK, kerk. ring, prov. *Friesland*, klass. van *Sneek*.

Deze ring bestaat uit de volgende elf gem.: Sneek, Bozum, Britswerd-en-Wieuwerd, Deersum-en-Poppingawier, Goinga-Gauw-en-Offingawier, Lutkewierum, Oosterwierum, Rauwerd-en-Irnsum, Scharnegoutum-en-Loinga, Sybrandaburen-en-Terzool en Ysbrechtum-Tirns-en-Tjallebuizum, welke door 13 Predikanten bediend worden en 18 kerken hebben. Men telt er 10,000 zielen, onder welke 3000 Ledematen.

SNEEK, gem., prov. *Friesland*, kw. *Oostergoo*, arr. en kant. *Sneek* (16 m. k., 8 s. d.). Zij wordt geheel en al door de griet. Wymbritseradeel ingesloten, behalve ten Z. W., waar zij aan de gem. Ylst grenst.

Deze gem. bevat de st. Sneek en den zoogenaamden Klokslag-van-Sneek. Zij beslaat, volgens het kadaster, eene oppervlakte van 892 bund. 48 v. r. 47 v. ell., en daaronder 847 bund. 76 v. r. 76 v. ell. belastbaar land. Men telt er 1100 h., bewoond door 1490 huisgez., uitmakende eene bevolking van 7800 inw., die meest hun bestaan vinden in den handel, en de volgende fabrijken hebben: 1 dekenvolmolen en wolspinnerij, 5 lijnbanen, 4 scheepstimmerwerven, 3 geelgieterijen, 1 tichelwerk, 1 kalkbranderij, 2 leerlooijerijen, 1 calicotweverij, 1 lijmziederij, 1 bierbrouwerij, 4 pottebakkerijen, 2 zeepziederijen, 2 bloterijen, linnen en katoenweverijen, 6 grutterijen, 4 wagenmakerijen, 4 olie-, 2 houtzaag-, 1 leer-, 2 eek- of run-, 1 specerij-, 2 pel-, 1 kalander- en 3 korenmolens, benevens het stadswerkhuis, bestemd tot het doen pluizen van touw tot kalfaatwerk, het spinnen van hede tot zaklinnen en het spinnen en weven van dweillinnen.

De Hervormden, die er 5560 in getal zijn, onder welke 1400 Ledematen, maken ééne gem. uit, welke tot de klass. en ring van *Sneek* behoort en door drie Leeraren bediend wordt. De eerste, dien wij hier als Leeraar vermeld vinden, is geweest zekere Gellius Hotzenus of Jelle Hotzes, ook Gellius Snecanus genaamd, die naar Leeuwarden vertrok. Na hem stonden hier in 1566 Andreas Castricomius of van Kastricum en Cornelis Rotsterbaulius ook van Rotsterbaule, die, in gevolge bevel van den Koning van Spanje van 11 Januarij 1567, op verbeurte van lijf en leven, het land moesten ruimen. Na het verdrijven van de Spanjaarden en het herstellen van de Hervormde godsdienst, predikte Menso Poppius, geboren te Oosterzee, in Lemsterland, vroeger Predikant te Manslagt, in Oost-Friesland, allereerst in de maand October 1567 in de Groote kerk te Sneek. Hij schijnt tot ambtgenoot te hebben gehad Andreas Cornelis Hagius, die in het jaar 1572 herwaarts beroepen werd, doch reeds in het volgende jaar weder de vlugt moest nemen, en eerst, na de aanneming van de Pacificatie van Gend in dit gewest, in 1578 van Brielle, alwaar hij intusschen het predikambt had waargenomen, naar Sneek is wedergekeerd. Van toen af is de gem. te Sneek steeds door twee Predikanten bediend, tot in het jaar 1802, toen zij tot eersten derden Predikant bekwam Marten Adriaan de Jongh, die in het jaar 1807 naar Nijmegen vertrok. Onder de Predikanten van naam, die hier gestaan hebben, verdienen melding: Johannes Bogerman van 1599 tot 1602, die in 1618 en 1619 Voorzitter van het nationale Synode te Dordrecht geweest is; Florentius Johannes van 1603 tot 1634, die Afgezondene wegens Friesland op dat Synode was, en David Flud van Giffen van 1681—1688, door zijne schriften bekend. Het beroep geschiedt door den kerkeraad.

Ten gevolge van het herroepen van het Edict van Nantes, heeft men te Sneek ook eenige jaren eene Fransche gemeente gehad.

De Doopsgezinden hebben te Sneek nog lang aan vervolging ten doel gestaan. In de lente van het jaar 1600 begaven zich de Predikanten Gosuinus Geldorp en Johannes Bogerman, gesterkt door de Regering der stad, drie onderscheidene malen naar de vergadering der Doopsgez., om de eenvoudigen te onderwijzen, zoo als zij zeiden. Zij kregen echter geen gehoor. Kort hierna werd aan de Doopsgezinde Leeraars, op zekere straf, verboden, om hunne leer te verkondigen, weshalve deze zich nu van de vergadering onthielden, ofschoon de gemeente voortging zamen te komen. Beide genoemde Predikanten meenden dus de kans schoon te zien, om de gemeente, welke in zekeren zin herderloos was, tot hunne gevoelens over te halen, en begaven zich met dit oogmerk dikwijls naar de plaats, waar zij zamen kwamen, maar hunne pogingen waren vruchteloos. Het was blijkbaar dat zij door Pieter van Ceulen, die zich thans te Sneek had nedergezet, niet weinig in hare trouw aan het Doopsgezind geloof werden versterkt. Men begon dan nu met dezen man zelven over geloofspunten te spreken, waarvan men trouwens den ongunstigen uitslag wel had kunnen verwachten. De daarbij tegenwoordig zijnde Regeringsleden verklaarden van Ceulens woorden wel voor nietig en onschriftmatig, maar dit hielp niet, om den man tot bekeering te brengen. Wat zij echter daarbij voegden: » dat zij, als Overheid, geene andere leer wilden dulden dan » Christus zuivere leer, niet achtende op de kindsche redenen van » 't exempel der anderen of naburige steden," gaf te kennen, dat er meer kwaad broeide. Het duurde ook niet lang, of het onweder barstte los. In 1601 vertaalden Geldorp en Bogerman een stukje van

Beza, over het ketterstraffen, uit het Latijn in het Nederduitsch, waarin zelfs het ketterdooden verdedigd werd, en droegen dat met eene voorrede op aan de Wethouderschap van Sneek. Zij betuigden in deze voorrede, dat men, om staatkundige redenen en om vrede te bewaren, tusschen 's Lands ingezetenen en de burgers eener stad, de ketters niet moest verschoonen; dit was vrede houden met den Satan. Men moest slechts ééne godsdienst in den Staat dulden. Zij wilden alzoo niet zelve over de conscientiën heerschen, maar God door zijn gebod daarover heerschappij doen voeren. Wat het verlies van nering en handtering in de stad betrof: » het was beter eene woeste en onbe» woonde stad te hebben, dan eene neringrijke vol ketters: want be» ter was het weinig te bezitten met eene goede en geruste conscientie, » dan te hebben landen en steden vol nering, met een knagenden » worm en bevend gemoed." Men zag spoedig, welk een indruk dit werk op de Regering der stad maakte, daar zij weldra een plakkaat liet afkondigen, waarbij den Doopsgezinden, op geldstraffe alle bijeenkomsten en predikatiën werden verboden. Er was echter een onder de Doopsgezinden, Barend Jacobsz, die, in weerwil van dit plakkaat, in zijn huis liet prediken, en weigerde de afgeëischte boete te betalen, zoodat er stukken van zijn huisraad openlijk werden verkocht.

In den beginne bestond er reeds eene gem. van Doopsgezinden te Sneek. Deze behoorde tot de Waterlandsche, maar er woonden te Sneek ook onderscheidene leden, die tot de Oud-Vlaamsche behoorden. Deze vonden het wegens den afstand te moeijelijk om te Ylst geregeld de godsdienstoefeningen bij te wonen, en konden zich ook niet met de Waterlanders te Sneek vereenigen. Zij besloten dus, in 1746, hier eene nieuwe gem. te stichten, waartoe zij met een getal van 17 Leden, alle te Sneek of onder het beheer der stad woonachtig, overgingen, met overleg en goedvinden van de broeders en susters te Ylst. Van de Leden der nieuwe gem. schijnen zich Wouter Beerents, Klaas Gosses en Andries Wouters, bij de oprigting, bijzonder verdienstelijk gemaakt te hebben, en de eerste Prediker was zekere Yme Rienks, die den 30 Maart van dat jaar door den oudsten en algemeenen Opziener bij de Oud-Vlamingen, Pieter Folkers, Leeraar (in de Boteringe-straat) te Groningen, in de dienst werd aangesteld en bevestigd. Beide gemeenten leefden te zamen steeds in vriendschappelijke betrekking; terwijl die der Waterlanders het meest in getal van Leden toenam. De gemeente van Oude-Vlamingen verloor, den 18 Mei 1838, door den dood, haren hoogbejaarden Leeraar Jelle Siedsma, nadat hij drie en zestig jaren lang het werk der Evangeliebediening onder haar had waargenomen. Het geringe aantal der overgeblevene leden, zoowel als inzonderheid de Christelijke eensgezindheid, welke deze met de andere gemeente, vroeger op het Singel genoemd, verbond, maakte eene vereeniging van beide wenschelijk. Dit werk der vereeniging was bij zulk eene stemming der gemoederen gemakkelijk en verkreeg dan ook reeds den 4 Julij, tot tevredenheid en genoegen van alle belanghebbenden, zijn beslag. De kleine gemeente ging met 15 Leden en een niet onaanzienlijk fonds tot de grootere over, terwijl de Leeraar der laatste Pieter Wijtzes Feenstra, in de alzoo vereenigde gemeente, die thans eenvoudig den naam van Doopsgezinde gemeente te Sneek draagt, als Evangeliedienaar werkzaam bleef, tot dat hij in 1842, om zijne hooge jaren, zich gedrongen gevoelde zijne betrekking neder te leggen. Toen werd hij opgevolgd door Isaac de Stoppelaar Blijdesteyn. Het beroep geschiedt door de leden der gemeente uit een zestal, hetwelk de kerkeraad, benevens eene hiertoe benoemde commissie uit de leden, zamenstelt. Het getal leden bedroeg, op den 1 Januarij 1847, 350 en het getal zielen omtrent 800.

De 9 Evangelisch-Lutherschen, die te Sneek wonen, behooren tot de gem. te *Workum*.

De Roomsch-Katholijken, welke 1480 in getal zijn, onder welke 940 Communikanten, maken eene stat. uit, welke tot het aartspr. van *Friesland* behoort en door eenen Pastoor en eenen Kapellaan bediend wordt. De eerste Pastoor, die hier na de Reformatie de dienst heeft waargenomen, is geweest Gellius Ylstanus, Kommandeur van het Hospitaal van St. Johannes. De Pastoor te Sneek is mede Aartspriester van *Friesland*.

De Israeliten, van welke men er 180 aantreft, maken eene ringsynagoge uit, welke tot het synagogaal ressort van *Leeuwarden* behoort, en waarin de dienst door eenen Voorlezer verrigt wordt.

Men heeft in de gem. Sneek zeven middelbare en lagere scholen, welke gezamenlijk gemiddeld door een getal van 1150 leerlingen bezocht worden.

De stad Sneek, in het oud Friesch Snits, in het Latijn Sneca, geheeten, ligt 4 u. Z. Z. W. van Leeuwarden, 2 u. Z. O. van Bolsward, 1 u. N. O. van Ylst, 4 u. Z. Z. O. van Franeker; op 53° 1′ 57″ N. B., 23° 19′ 23″ O. L., ten grooten deele op eenen lagen bodem.

Hoogst vermoedelijk was zij weleer eene zeeplaats, daar de Heemdijk of vroegere zeewering thans nog door de stad loopt. De lage ligging veler landerijen in de nabuurschap der stad, maakt deze tot den akkerbouw wel onbekwaam, doch zij zijn, vooral bepolderd, zeer uitnemende weilanden.

De stad is zoo oud, dat men nergens van den tijd harer eerste stichting of begin eenig gewag vindt gemaakt. In 1268 was zij nog maar een gehucht, en in 1294 reeds eene kleine stad, met wallen en grachten voorzien en met stedelijken voorregten begiftigd. Een jaar daarna werd deze bemuurde stad door eigen vuur, op twee huizen na, geheel afgebrand. In 1328 was echter deze schade gedeeltelijk hersteld; want toen beschonk Hertog Albrecht van Beyeren, Hije Reynarda met het schoutambt van Sneek.

Binnen de wallen beslaat de stad eene oppervlakte van 17 bund. 61 v. r. 15 v. ell., waaronder 13 bund. 70 v. r. 31 v. ell. belastbaar land. Men telt er 880 h., 1230 huisgez. en 6580 inw.

Sneek, genoegzaam hartvormig van gedaante zijnde, is het breedst in het Zuidoosten en smalst in het Noordwesten, en omringd met eenen aarden wal waarvan een gedeelte afgegraven en tot plantsoen aangelegd is, hetgeen eene aangename wandeling oplevert. Men komt binnen de stad door twee voormalige landpoorten, thans eenvoudige bruggen en vier waterpoorten; de landpoorten waren: de Noorder-poort, afgebroken in 1843, door welke men naar Ysbrechtum, en voorts naar Hennaarderadeel, Bolsward, enz. gelijk ook naar Ylst kon rijden; de Ooster-poort, afgebroken in 1842, door welke de Heemdijk, na door de Noorder-poort binnen Sneek gekomen te zijn, wederom uitliep naar Rauwerderhem, Leeuwarden enz.; bovendien heeft men er de Hoogeindster-brug, leidende naar de straatweg tusschen Sneek en de Lemmer. De waterpoorten zijn: de Leeuwarder-pijp, voor de trekvaart op Leeuwarden; de Klein-Zandster-pijp, leidende naar het Sneeker-meer enz.; de Klein-Paalster-pijp, waardoor men uitvaart naar de Witte-Brekken, de Koevoet, Langweer enz. en eindelijk de Hoog-eindster-pijp, waardoor men langs de Geeuw naar Ylst vaart.

Even buiten de Hoogeindster-brug of pijp, zuidwestwaarts, had men, vóór den aanleg van den straatweg naar de Lemmer, in 1845 een boschje, beplant met velerlei soort van geboomte. Voorheen was dit een open veld, en de speelplaats voor de jeugd, het Kaatsland genoemd. Deze wandelplaats, bijna geheel door eene sloot omringd en, bij den ingang, met een hek afgesloten, was aangelegd in het jaar 1809; doch is door het aanleggen van den gezegden straatweg te niet geraakt. Ook kan men vrij en onbelemmerd buiten om de stad wandelen, uitgezonderd buiten de Hoogeindster-pijp. Niet ver van het voormalig boschje is naar alle waarschijnlijkheid nog eene zeer oude begraafplaats ontdekt, blijkbaar uit opgegravene stukken van kruiken, lijkbussen of urnen, veel overeenkomst hebbende met de afbeeldingen, welke men daarvan in het *Oudheidkundig Tijdschrift* van N. Westendorp, vinden kan. De scherven, die men hier vindt, zijn meestal, bij eene naauwkeurige beschouwing eenigzins glinsterend, en als met goud zand bestrooid; overigens zonder eenig ander glazuur en zeer bros. Ook vindt men er stukken rood gebakken steen, eene geelachtige aarde en roode asch; waarvan eenige overblijfsels bij den Heer Jan Foppes Bakker, te Sneek, bewaard worden. De plaatselijke gelegenheid van dezen grafberg, de *hooge Wier* genaamd en thans grootendeels reeds afgegraven, aan eenen nu gedeeltelijk verstopten stroom, misschien nog een arm of tak van het Boerdiep, maakt dit gevoelen nog aannemelijker; naardien de oude volkeren van begrip waren, dat de zee de benedenwereld of woning der Goden was, waarom zij, bij gebrek hiervan, toch altoos aan stroomen, meren, moerassen, of ook in geheiligde bosschen, hunne grafheuvels aanlegden.

De nieuwe begraafplaats, aangelegd in 1828, om welks hooge oppervlakte eene diepe gracht is, en naar welke een lijnregte nieuw aangelegde weg en vaart leidt, treft men op eenigen afstand van de stad, buiten de voormalige Noorderpoort, aan. Deze is met een ijzeren hek afgesloten, en de opmerksame beschouwing van den vreemdeling overwaardig. De grond, waarop zij is aangelegd, is die, waar voorheen het oude Hospitaler-klooster stond. Dit veld is in vier gelijke deelen afgemeten en door breede middelpaden en een algemeen pad er om heen, afgedeeld. Zoowel de genoemde weg als de begraafplaats zijn fraai beplant.

De stad Sneek, van buiten om de wal, met eene vrij breede gracht omringd, is van binnen ook grootendeels met water doorsneden, waarom men er ook zeer vele houten bruggen aantreft, om de gemeenschap der buurten gemakkelijk te maken.

De straat, die zich van de voormalige Noorderpoort door de stad naar de voormalige Oosterpoort, langs den Hemdijk, uitstrekt, wordt eerst Achter de Kruisebroeders, en daarna het Oosterdijk genaamd. Uit deze loopt, in het Noordwesten, zuidwaarts de Naauwe Noorderhorn, uitkomende op de *Marktstraat*, die zich door de *Peperstraat*, wederom vereenigt met het Oosterdijk, en voorts zuidwaarts de straten het klein Zuidereind en de Scharn vormt; terwijl tusschen deze straten besloten ligt de Groote Kerk en het kerkhof. Ten Oosten van deze straten vindt men de twee grachten, het Groot-Zand en het Singel, van welke de eerste in het Zuiden in de Nieuwestad overgaat. Eindelijk, om van min aanzienlijke waters en straten niet te spreken, loopt van de Stads Waag, Oostwaarts door de stad, de fraaije gracht, het Klein-Zand, waardoor het Singel, bij de Potstraat, Noordwaarts loopt naar de Leeuwarderpijp.

Onder de openbare gebouwen te Sneek verdient vooral melding het Stadhuis, aan de Noordzijde der *Marktstraat*. Wanneer het gesticht is, blijkt niet, doch allengskens vervallen zijnde, is het tusschen de jaren 1730 en 1736, aanmerkelijk verbeterd, en, daarna, in 1760 en volgende jaren, naar den toenmaligen smaak, zeer fraai verbouwd. De voorgevel is versierd met eene blaauwe zarksteenen borstwering, zijnde boven den ingang het stadswapen in hardsteenen boogwerk uitgehouwen. Het gebouw is niet groot, doch met eene dubbele verdieping, zoo hoog opgetrokken, dat het verre boven de andere huizen der stad uitsteekt. Negen groote schuiframen telt men in den voorgevel, met hardsteenen kompaanstukken er onder, en eene breede hardsteenen lijst er boven, die door fraaije uitgehouwen kardoezen ondersteund wordt. Op het gebouw staat een torentje met fraai snijwerk versierd, waarin eene klok hangt, die te Sneek in 1628 gegoten werd. Ten jare 1745 werd, tot meerder sieraad, vóór het stadhuis een fraai hardsteenen bordes gemaakt, versierd met onderscheidene wapens en sinnebeelden; ter deure intredende, komt men op een ruim portaal. Binnen in het gebouw treft men onderscheidene ruime en fraaije kamers aan. Vooral is de groote bovenzaal een schoon vertrek. Met het Stadhuis, dat sedert aanmerkelijk is verfraaid, is in 1842 vereenigd het aan de oostzijde belende gebouw, tot 1840 gediend hebbende tot vergaderplaats van de regterlijke magt, thans hoofdzakelijk bestemd tot Stads Secretarie en bewaarplaats van het stedelijk archief.

Het Paleis van Justitie of wel het gebouw der Arrondissements- en Kantons-Regtbanken, in 1839 aan de *Markt* gesticht, waar achter thans het Huis van Arrest, in 1841 gesticht, gevonden wordt, zet aan deze stad geen gering sieraad bij. Boven de deur leest men, in arduinsteen gebeiteld: Jus suum Cuique (d. i. elk zijn regt).

Het voorm. Huis-van-Verzekering ten dienste van de Arrondissementsregtbank in de *Hof-* of *Kleine-Kerkstraat*, was vroeger de Kleine of Broere-kerk, en werd in het jaar 1845 afgebroken.

De Kaak, die op het einde van de *Wipvaart*, op *Kroonenburg*, plag te staan, en in 1572 vernieuwd was, heeft men in 1751 weggebroken en den grond geslecht.

De Stadswaag, staande op den hoek van de *Marktstraat* en *Kroonenburg*, is een oud, doch hecht gebouw, en niet onwaarschijnlijk omtrent het jaar 1427 gebouwd, dewijl Sneek toen reeds het regt der waag had. Bij deze waag is dikwijls, vooral des Dingsdags met eene voordeelige weekmarkt, eene groote drukte, wordende er doorgaans op zulk eenen dag, in den besten tijd des jaars, achttien à negentien honderd vierendeelen boter gewogen; hebbende men er zelfs weleens meer dan 1900 ter waag zien brengen, benevens ruim 30,000 à 45,000 ponden kaas, buiten alle andere koopmanschappen. In 1706 is deze weekmarkt voornamelijk in aanzien gekomen, dewijl de Burgemeesters toen eene vrije weekmarkt verleenden, die van tijd tot tijd zoodanig toenam, dat er in 1725 voor deze waag een luifel werd gemaakt, rustende op elf pilaren, om daaronder de boter veilig voor de hitte der zonnestralen te kunnen beschutten. Daarenboven werden de waag en luifel, in den jare 1756, nog aanmerkelijk vergroot, door het aankoopen van een naburig huis, zoodat de geheele luiffel toen op negentien pilaren rustte. In het jaar 1839 is de luifel anderwerf aanmerkelijk vergroot, tot groot gemak, zoo van land- als van kooplieden (1).

De Vischmarkt, vroeger tegenover de *Waag*, is in 1827 verplaatst aan de *Stadsgracht*, bij de Leeuwarderpijp. Zij is van boven overdekt en verder zeer doelmatig ingerigt.

Sneek had voor dezen twee jaarmarkten waarvan eene inviel op den 14 Mei en de andere in het laatst van October, 14 dagen vóór St. Marten; doch deze zijn afgeschaft, blijvende alleen de veemarkten op de gewone tijden. Om evenwel de stad niet geheel van eene vrolijke jaarmarkt te versteken, wordt er jaarlijks eene algemeene op den tweeden Dingsdag van Augustus gehouden, staande dan de kramen, niet op de *Botermarkt* gelijk voorheen, noch in de *Marktstraat*, gelijk sedert 1771, maar ter wederzijden van het *Groot-Zand*. Alle weken houdt men hier des Dingsdags eene weekmarkt, die, wegens den grooten toevoer van boter, voor eene der beste van de geheele provincie te houden is.

Het Postkantoor is aan het *Achter-om*. In deze stad staat ook het Grietenijhuis van Wymbritseradeel aan de *Nauwe-Burgstraat*.

Weleer had Sneek onderscheidene aanzienlijke partikuliere gebouwen, welke nu niet meer in vorigen bloei zijn; te weten: het huis, staande op den hoek van de *Nauwe-Noorderhorn*, thans eene herberg, waarop voor deze een torentje was; het Muntjehuis, achter het *Kruisbroederskloster*, alwaar men meent, dat weleer eene Munt geweest is; het Huis-op-Leeuwenburg, staande nevens den hoek van *Kroonenburg*, hetgeen eertijds een ruim voorplein had, doch zoodanig door verbouwing is veranderd, dat de muur, die weleer de voorgevel was, thans de achtergevel uitmaakt, hebbende Louw Donia, weleer vermaard Grietman van Wymbritseradeel, aldaar in 1492 gewoond. Het huis op den Zuidoosthoek der *Kleine Kerkstraat*, later eene herberg, de Witte Arend geheeten, thans het Paleis van Justitie, voormaals gebouwd en bewoond door eenen Edelman met name Sickinga. Nog had men hier in 1709 het zoogenaamde Withuis op *Kroonenburg*, en Frittemahuis op de *Breedeplaats*, benevens een huis van de Dekama's afkomstig, op het *Singel*, naast de Roomsche Kerk, alwaar na 1685 de uit Frankrijk gevlugte Protestanten, te dezer stede, zich op de boven-voorzaal vereenigden, om hunne godsdienstoefeningen in de fransche taal te houden; terwijl Dekama'shuis of Stins, volgens de meeste waarschijnlijkheid gestaan heeft aan de *Marktstraat*.

De Groote kerk, in de *Nieuwe* of *Groote Kerkstraat*, was vóór de Reformatie aan den H. Martinus, Bisschop van Tours, toegewijd, en plagt destijds 200 goudguld. (300 guld.) op te brengen, en het vikarisschap 50 goudguld. (75 guld.). Daar waren vijf prebenden: twee van honderd goudguld. (150 guld.) in het jaar, een derde van 80 goudguld. (120 guld.), en twee andere van 70 goudguld. (105 guld.). De Proost van Utrecht genoot 16 schilden (12 guld.) De Ridders van Maltha hadden een klooster bij Sneek staan, in de wandeling genaamd het Hospitaal van St. Jansberg. Uit dit klooster plagt de Parochiekerk hare

(1) In het jaar 1846 zijn hier 2,182,180 ponden boter en 846,888 ponden kaas ter markt gebragt. Dat de hoeveelheid kaas betrekkelijk zoo veel minder was, is daaraan toe te schrijven, dat vele landbouwers de kaas niet ter markt brengen, maar aan kooplieden, in hunne dorpen of in hunnen omtrek wonende, verkoopen, zonder die aan eenige publieke waag te laten wegen.

Pastoors' te krijgen, volgens het regt van patronaatschap, hetwelk die St. Jans-heeren over onderscheidene kerken, als die van Oppenhuizen, van Bolsward, en van Sneek, plagten te hebben. Deze kerk is een zeer schoon gebouw, onzeker wanneer gesticht, doch in het jaar 1503 met een ruim koor vermeerderd. De tegenwoordige lengte van dit bedehuis is ruim 57, de breedte 27 en de hoogte tot in de naald ruim 30 ell; doch in 1682 was het nog ruim 4 ell. hooger en ongeveer 6 ell. langer. Weleer stond bij deze kerk, een dikke toren, die er ver boven uitstak, en midden op het gebouw eene spits van buitengewone hoogte; dan dit alles werd in 1682, wegens bouwvalligheid van het bovenwerk, afgebroken, en om de zelfde reden het dak ruim 4 ell. verlaagd. Nog heden leest men in eenen steen, boven het westelijk portaal.

Hersteld den 14 Augustus 1682.
Ten derde maale zeeg Sint Martens tempel neder,
En zag haar toorne kroon vertreden met den voet;
De Burgerij van Sneek, *ontstoken door den gloet*
Van Godesdienst, Herstelt 't bouwvallig Godshuis weder.
Vrouw Heemstra *leyt hier eerst den grondsteen in 't verband,*
En op haar zegen houd de kerk nu eeuwig stand.

Midden op de kerk was voor dezen een koepeltoren gebouwd, en daarin geplaatst een slaguurwerk met eenige kleinere klokjes, die, in het jaar 1710, werden vergroot tot een speelwerk van veertien klokjes, gedreven door eene houten ton met ijzer beslagen; dan dewijl dat werk, op den duur niet goed kon blijven, en het, in 1770, genoegzaam bedorven was, besloot men, in dat jaar, het oude klokkenspel geheel weg te doen, en daarvoor een grooter van beter en duurzamer hoedanigheid aan te leggen. Vermits het gemelde torentje daartoe te klein, en daarenboven reeds meer of min bouwvallig was, oordeelde men, dat ook te moeten afbreken, en daarvoor op de zelfde plaats, een nieuw en breeder torentje, koepelswijze, te maken, zoo als in het jaar 1771 geschiedde. Dit klokspel heeft zes en twintig slagklokken, die te zamen 2540 ponden wegen, en in den nieuwen koepel, met koper gedekt, geplaatst zijn. De koperen trom is zwaar 345 ponden en heeft 4680 gaten, tot verandering der pennetjes voor allerlei psalmen en gezangen; daarenboven is er een handklavier bijgemaakt, om dus den klokkenist daarop allerhande muzijkstukjes te kunnen doen spelen. Men treedt in de kerk door vier ingangen, waarvan de eerste is in het Oosten, alwaar men in het koor gaat; en boven den ingang, in hardsteen uitgehouwen, ziet men eene menigte doodshoofden en andere doodsbeenderen, tot een teeken van de broosheid des menschelijken levens. De Westerdeur is in het nieuwe muurwerk, en ook met een voorportaal voorzien. De Zuiderdeur is de kleinste, doch daar boven aan den binnenkant, staat met vergulden letters te lezen:

Die door dees poort kwam om mijn woord hier aan te hooren,
Zij dit gezeid, eer hij weer scheidt; ik heb verkooren,
Dat in mijn tent, zij zonder end, op mijne zoons bede,
Die mijnen Raad en wel verstaat, en vlijtig deede.

De Noorderdeur eindelijk heeft ook een portaal, en daarboven stond voorheen het oude orgel, hetwelk in 1610 werd verkocht aan de kerk van Wieuwerd, alwaar men het nog heden gebruikt. Sedert het laatst der vorige eeuw prijkt dit Noorder portaal met eenen zeer fraaijen voorgevel in de Dorische bouworde. Ter zelfder tijd en in het volgende jaar werd deze kerk versierd met een geheel nieuw orgel, hetwelk geplaatst werd in het oosten der kerk, voor het koor op vier zware houten gedraaide pilaren; daar het eene uitnemend fraaije vertooning maakt, vooral nadat het, in het midden der vorige eeuw, aanmerkelijk verbeterd, en ook versierd is door het groen en wit te verwen, en met goud af te zetten. De predikstoel, met het doophek, is van den jare 1626, en zeer fraai, naar den smaak van dien tijd. Hij is geplaatst tegen den middelsten pilaar aan den zuidkant der kerk. Ook pronkte de kerk, tot in 1818, met fraai geschilderde glazen, waarvan eenige door de Hooge Collegien, andere door Vorsten uit het Huis van Nassau, en de overige door de Regering en de Gilden waren vereerd, pronkende met fraaije wapens en opschriften. Eindelijk is deze kerk versierd met zeer schoone gestoelten, onder welke dat van de Regering uitmunt, als opgaande met tien trappen en met veel snijwerk aan de kap versierd. Het gestoelte van de Leden der Vroedschap, gemaakt in het jaar 1683, staat in het Westen der kerk, vlak tegen over het orgel, in het zoogenoemde Nieuwe- of Westerkoor; de kap of luifel rust op acht kunstig slangswijze gedraaide pilaren, en pronkt van boven met eenige versierselen. Het voormalig gestoelte der Bevelhebbers, thans dienende voor zitplaats van partikulieren, is insgelijks fraai, en ook met eenen doorgang in het midden voorzien; het staat ten Oosten onder het orgel. In het midden der kerk hing voordezen een schip, en daarbij eenen vreemde opgevulde visch. De reden, waarom er die gehangen waren, is onbekend, en daarom heeft men zoowel het schip als den visch weggenomen. Zeven koperen kaarskroonen, meest alle geschenken van Gilden der stad, versierden vroeger mede deze fraaije kerk. Deze kroonen zijn later vervangen door drie gebronsd geschilderde ijzeren kroonen met lampen. Groote Pier, zoo vermaard in de Friesche Historie, en binnen Sneek overleden, ligt in deze kerk, aan den noordkant, begraven. Aan den zuidkant der kerk heeft men de kosterij; voorheen was dit vertrek zonder eenig sieraad, doch in het jaar 1759 is het met schuiframen, snijwerk, eenen engelschen schoorsteenmantel, welke voor weinige jaren in eene nis is veranderd enz. versierd, en dient ter vergadering, zoo van de klassis van Sneek, als van den kerkeraad der stad, gelijk ook van de Diakenen, om er de giften aan de armen in uit te deelen. Aan den zelfden kant der kerk, nabij de kosterij, staat het stads klokhuis, waarin thans twee luidklokken hangen; welke eertijds, waarschijnlijk, in den zwaren kerktoren gehangen hebben. Rondom de kerk en kosterij had men tot 1828 een ruim kerkhof, dat weleer met onderscheidene poorten voorzien was; van deze is die in het Noorden wel het langst in wezen gebleven, doch later ook weggebroken, en daarvoor een ijzeren hek, met twee zware kolommen, en op ieder daarvan eene kostelijke lantaarn, gemaakt. Sedert den aanleg van de nieuwe begraafplaats buiten de stad is het oude kerkhof in eene aangename wandelplaats herschapen, met boomen, heesters en bloemen beplant en versierd. In Julij 1842 heeft deze kerk een fraai gewerkt zilveren doopbekken ten geschenke ontvangen van de Doopsgezinden te Sneek met dit opschrift:

De Doopsgezinde gemeente te Sneek *heeft dit doopbekken, op den 6 Julij 1842, aangeboden aan de Gereformeerde gemeente aldaar, als een blijk van erkentelijkheid voor het liefderijk verleend en ruim een jaar genoten vrij gebruik van hare kerk tot openbare godsdienstoefening, ten tijde dat voor eerstgenoemde gemeente eene nieuwe kerk gebouwd werd.*

Vroeger hadden de Herv. hier nog eene kerk, de Broere-kerk of Kleine-kerk geheeten. Wanneer dit gebouw gesticht was, valt niet geen zekerheid op te geven; zeker weet men, dat het reeds vóór het jaar 1390 bekend was en toen aan St. Antonius gewijd, doch in het jaar 1462 aan de Kruisbroeders gegeven, waarvan het zijnen naam ontleende. Het was lang 25.11, wijd 11.90, en hoog tot in den naald 21.34 ell., staande daar nog boven een torentje van 10.67 ell. In het jaar 1756 werd deze kerk, die toen geheel vervallen was, zeer schoon verbouwd, en het uurwerk met fraaije wijzers voorzien: hebbende de kosten van een en ander te zamen bedragen de somme van 9604 guldens. In het jaar 1766 bekwam dit gebouw, den, tot in het jaar 1845 daarvoor nog prijkenden, gevel met eenen spitsen toren. Het werd, zoo als wij hier boven gezien hebben, na tot een Huis van verzekering gediend te hebben, in 1845 afgebroken.

De Doopsgezinde kerk, op het *Singel*, die in het jaar 1842 gebouwd is, is zeer doelmatig voor de behoefte der gemeente ingerigt, en in 1847 van een uitmuntend orgel voorzien, doch heeft geen toren. Zij dient ter vervanging van die, welke, in het jaar 1654, door de Waterlandsche Doopsgezinden ter zelfder plaatse gesticht was. Vroeger hadden de Oude Vlaamsche Doopsgezinden hier ook eene kerk, op het *Klein-Zand*, doch deze dient thans tot een pakhuis.

De Roomsch-Katholijken moesten zich, na het doordringen der Kerkhervorming, gelijk alomme, eerst op zolders en in achterhuizen behelpen; doch door den tijd eenige meerdere vrijheid verkregen hebbende, lieten zij eerst een huis, staande op het *Singel*, inrigten, om daarin hunne eeredienst te kunnen houden, en in 1695 deden zij eene inzameling van liefdegaven, om het tot eene kerk te verbouwen. Doch ook deze, bij het aanwassen der gemeente, te klein en daarenboven bouwvallig geworden zijnde, werd, in het jaar 1766, geheel afgebroken, en daarvoor eene nieuwe en fraaijere, op de zelfde plaats, weder opgebouwd, die niet alleen met ruime kraken of hangzolders voorzien was, en dus zeer vele menschen kon bevatten, maar ook daarenboven versierd met een schoon orgel, fraai gewerkt altaar, communiebank, met een kunstig gesneden hek, gegipsten zolder en daar aan hangende glazen kaarskroon, benevens velerlei schoone beelden, schilderijen, enz. Deze kerk, aan den H. Martinus toegewijd, is, na in het jaar 1834 geheel vernieuwd te zijn, een groot, inwendig zeer fraai bezienswaardig gebouw, met eenen toren en van een orgel voorzien.

Vóór de Hervorming bestond er te Sneek een Kruisbroedersklooster, thans het Burger-Weeshuis, en even buiten de stad eene kommanderij der Ridders van Malta. Zie het art. Jans-Hospitaal (St.)

De Jezuiten hadden in het jaar 1564 van Filips II verlof gekregen om hier een collegie te bouwen, waarin zij de jeugd in de Latijnsche taal zouden onderwijzen. Maar alzoo zij den Raad en de burgerij van Sneek tegen zich hadden, zijn ze naar Ylst getrokken. Als zij aldaar ongeveer drie jaren gevestigd waren, hebben zij Friesland, om de beroerten tegen de Roomsch Katholijke godsdienst, verlaten.

De Synagoge, in de *Burg-straat*, in het jaar 1836 gebouwd, is een fraai gebouw, met eenen kleinen toren.

Onder de liefdadige gestichten verdient vooral melding het Burger-Weeshuis, in de *Kruisbroeders-straat*. Dit was weleer het Kruisbroeders-klooster; het werd gesticht in den jare 1462; doch is in den jare 1580, bij het doordringen der Kerkhervorming, in een Weeshuis veranderd, en in het volgende jaar met kinderen voorzien. Voor vele jaren vond men hier., bij verbouwing van het huis, in den grond, eene kas van een bijzonder maaksel met zeven pijlaren, en daarin eenige kunstige schilderijen, die men nog heden in de groote zaal van het huis ten toon ziet hangen. Dit huis, niet onbemiddeld en later fraai verbouwd, is van eenen schoonen tuin en een plein voorzien. Voordezen nam men in dit huis alleen de jongste kinderen aan van lieden, die hier als burgers overleden waren; terwijl de overige in het Diakonie-Weeshuis geplaatst werden. Doch hierin heeft men, om gewigtige redenen, eene aanmerkelijke verandering gemaakt, en de twee weeshuizen tot één gebragt: zoodat tegenwoordig in het reeds gemelde huis allerlei kinderen, zoowel van de Diakonie als van de stads-armen, opgenomen worden. De inkomsten van landerijen enz., welke dit huis bezit, maken het onderhoud der kinderen gemakkelijk, hetwelk dan ook zoo verre is van schaars te zijn, dat zij hier veeleer als treffelijke burgerkinderen verzorgd en onderwezen, en, bij hun ontslag uit dit huis, met een ruim uitzet beschonken worden. Men telt er thans (in 1847) een getal van 53 weezen.

Ook heeft men er een Weeshuis voor de Roomsch Katholijken, aan de *Oude-Koemarkt*, zijnde een zeer doelmatig ingerigt gebouw, waarin 14 kinderen verpleegd worden.

Het oude Diakonie-Weeshuis, naderhand het Armenhuis, aan de zuidzijde van het *Kerkhof*, werd in het jaar 1675 gebouwd, nadat men hier reeds in 1616 eenige kamers tot onderhoud der Diakonie-Armen had gesticht. In 1688 troffen de voogden der Stads-huiszitten-Armen een vergelijk met de Diakenen, om hunne ouderlooze kinderen ook in dit huis te plaatsen, mits daarvoor eene behoorlijke somme betalende, hetwelk tot op den tijd der zoo even gemelde verandering heeft plaats gehad; hebbende men het sedert meest tot arme woningen verbouwd. Ondertusschen hielden de stads Armvoogden hier nog hunne vergaderingen, en deelden er des Maandags brood aan hunne armen uit. Doch sedert 1840 is er een aanzienlijk en ruim Algemeen-Armenhuis gebouwd, aan de *Oude-Koemarkt*, waarin ook de Soepkokerij gevestigd is, en de Voogden der onderscheidene administratiën en andere collegiën hunne vergaderingen houden; terwijl het voormalig Armenhuis in het jaar 1845 is afgebroken, en de plaats, waar het gestaan heeft, tot eene Nieuwe-Koemarkt ingerigt.

Het Gasthuis, in het *Groote-Zuidend* of *de Oude Koemarkt*, is van eenen onzekeren oorsprong, doch weleer aan St. Antonius toegewijd, en verdeeld in Mannen- en Vrouwenkamertjes. Vóór vele jaren vond men hier nog ongeveer 50 personen, die er, voor hun leven, den kost in hadden gekocht, en hier zeer aangenaam woonden, dewijl bijkans voor ieder kamertje een bloemperk is, en zij alle hun uitzigt hebben op de plaats en het bleekveld. Dan alzoo dit huis voor de stadskas nooit zeer voordeelig geweest is, heeft men het laten uitsterven, terwijl het westelijk gedeelte is gebruikt tot het bouwen van het Algemeen-Armenhuis, hierboven genoemd, en de overig gebleven kamertjes ten dienste staan der Stads Algemeene Armvoogden.

In het jaar 1746 werd in het *Klein-Zuidend*, bij het Diakonie Weeshuis, een Stads Spin- of Werkhuis gebouwd, en daarin vooreerst zeildoek en garen gesponnen; doch in 1769 werden de hier ter stede wonende bond- en boezel-reeders verzocht, hunne wollen garens in dit huis te laten spinnen, om daardoor werk te verschaffen aan zoodanige lieden, die anders door de stads Armbezorgers gevoed zouden moeten worden. Na dien tijd bragt men in dit huis, waarover een Spinbaas het bestuur bad, alle bedelaars en ledigloopers van de straat op, om hier hun kost te verdienen; terwijl het opperbestuur over dit huis waargenomen werd door drie voorname reeders in voornoemde fabrieken, mits daarvan jaarlijks, ten voordeele van het armboek, rekenschap doende aan de Regering. Dan, dewijl het werkvolk niet verkoos zoo naauw onder den band te staan, als noodig was, om dit huis ter bereiking van het bedoelde oogmerk te doen dienen, heeft het, op het laatst der vorige eeuw, eenen geruimen tijd ledig gestaan. In 1784 vond de Regering goed, het tot eene bekwame Exercitieplaats voor de Schutterij en het Exercitie-Genootschap te doen inrigten. Alzoo had de schutterij eene zeer geschikte plaats, om zich des winters, zoowel bij avond als bij dag, in den wapenhandel te oefenen en bekwaam te maken. Later is dit huis ingerigt tot een Stads-Werkhuis of Werkplaats van Liefdadigheid.

Voorts heeft men er eene Spaarbank, die sedert het jaar 1818 bestaat, en eene Bank van Leening.

De welingerigte Concertzaal en daaraan verbondene Societeit in het gebouw Leeuwenburg, staande aan de straat van daar Leeuwenburg genaamd, (zie bl. 503), is eene voortreffelijke inrigting.

Men heeft er ook een Departement der Maatschappij: *Tot Nut van 't Algemeen*, hetwelk den 25 April 1798 opgerigt is en 80 Leden telt.

De Latijnsche School, aan het westeinde van het vorige Kerkhof, aan den Stadswal, aan welke door eenen Rector en eenen Conrector wordt onderwijs gegeven, wordt gemiddeld door een getal van 18 leerlingen bezocht.

De Fransche School telt een gemiddeld getal van 30 leerlingen; de Eerste Burgerschool 220 leerlingen; de Tweede Burgerschool 150 leerlingen; de Tusschenschool 330 leerlingen; de Armenschool ruim 380 leerlingen en de Israëlitische School ruim 30 leerlingen.

Sneek heeft onderscheidene vermaarde mannen binnen hare muren zien geboren worden; als: De Godgeleerden: Gellius Snecanus, † vermoedelijk te Leeuwarden in het laatst der zestiende eeuw; Dominicus Benedictus of Benedictus, † 14 Januarij 1586 als Kanunnik te Dusseldorp; Albertus Hero, geb. in 1549, † in 1589 als Pastoor te Gerytshum bij Dusseldorp; David Flud van Giffen, † in 1701 als Predikant te Dordrecht; en Johannes à Marck, geb. 31 December 1655 (of volgens de nieuwe of Gregoriaansche stijl 10 Januarij 1656), † 30 Januarij 1731, als Hoogleeraar in de Godgeleerdheid aan de Hoogeschool te Leyden.

Den Regtsgeleerde Pieter Frittama.

Den Staatsman Joachimus Hopperus of Joachim Hoppers, geb. 10 November 1523, † te Madrid 25 December 1576, na Raadsheer in den Hoogen Raad te Mechelen en vervolgens in den geheimen Raad des Konings van Spanje, te Brussel, te zijn geweest.

De Geneeskundigen: Regnerus Breitsma, die, in het begin der zeventiende eeuw, Geneesheer der heerlijkheid Mechelen was en zich, door zijne schriften, niet slechts als ervaren arts maar tevens als Latijnsch dichter, heeft doen kennen, en Siboldus Hemsterhuis, † vermoedelijk in 1695.

De Geschiedschrijvers: Alvinus Frisius, die een *kort begrip der Friesche Historie van 't begin des volks af tot de tijden van Karel den Groote* beschreven heeft, geb. in 1400, en Volkerus Simonis, die op het einde der vijftiende eeuw leefde, en eene *Chronyk van Friesland* in de Latijnsche taal beschreven heeft.

Den Grieksche Taalgeleerde Petrus Mol, geb. 28 November 1596, † 29 October 1669, als Hoogleeraar in de Grieksche taal aan de Hoogeschool te Franeker.

Den Nederlandsche Dichter Henricus Geldorp, geb. 1 December 1600, † 11 October 1652 als Predikant te Amsterdam; en

De Romanschrijfster Fenna Mastenbroek, † 3 October 1836.

In het begin der voorgaande eeuw woonde te Sneek een man van buitengewone grootte, lange Jacob van *Sneek* genoemd, die eene lengte van ruim 2.50 ell. had. Deze lange Jacob was gehuwd met Jannetje van Waddinxveen, die nog geen 0.95 ell. lang was en den bijnaam van de *Kleine* had. Beider portret werd hier lang bewaard. Onder het portret van Jacob stond het zonderlinge rijmpje:

'k Ben Jakob buiten groot en onbesuisd van leden,
Dog binnen is 't gedarmte groot en wijd;
Dus, als mij spijs en wijn vereenigd tegen treden,
Blijf ik verwinnaar in den strijd.

Onder dat der Vrouw:

't Is korte Jannetje, aan een langen vent getrouwd;
Een wijze karel die de guldenspreuk onthoud:
Een vrouw is kwaad, een pest in huis, en wil je mallen,
Of liever moet je, kies het kleinste kwaad van allen.

Sneek is onderscheidene malen door brand geteisterd, want nadat het, zoo als wij hierboven (bl. 500) gezien hebben, in 1295 op twee huizen na was afgebrand, en vervolgens weder herbouwd, werd in 1417 andermaal een aanzienlijk gedeelte dier stad door het vuur vernield, en men meent, dat vele stedelijke archieven toen mede zijn verbrand. In 1427 moet deze brandschade reeds grootendeels hersteld zijn geweest, want toen was Sneek de vergaderplaats der Schieringer heerschappen, bevoorregt met eene waag en eigen regtspleging.

Den 13 October 1456 werden er zes en twintig huizen een prooi der vlammen en naauwlijks een half jaar daarna, op Witten Donderdag van het jaar 1457, brandde wederom het grootste deel der stad af, zoo dat er niets staan bleef dan het Klein-Zand, het Oosterdijk en de Nieuw-Stad over het water; doch kort daarna werd de stad fraaijer dan ooit voorheen herbouwd en nam tevens zoodanig in aanzien toe, dat haar, in het jaar 1464, het regt der munt werd vergund; hebbende Winsemius nog eenen penning gezien, die te Sneek gemunt was.

Doordien de koophandel in het midden der vijftiende eeuw te Sneek aanmerkelijk toenam, vooral door de onvoorzigtigheid der Leeuwarders, die de buitenlieden te veel bezwaarden, zochten die van Leeuwarden de rondsom wonende boeren het zenden hunner waren naar Sneek op allerlei wijzen te beletten, waardoor er eene droevige verbittering ontstond, die openbare vijandelijkheden ten gevolg had. Zoo nam Pieter Harinxma, Olderman van Sneek, in het jaar 1480, met zestig Sneekers en eenige anderen, het huis te Tjerkwerd in, en bragt daarop Juw Jongema, terwijl hij het huis wel van leeftogt voorzag.

Die van Leeuwarden hadden onder hare wetten ook schadelijke ordonnantiën: onder anderen eene, dat niemand in hare stad ofte Jurisdictie, Haarlemmer kuite (dat is bier) mogt drinken; sommige huislieden gaven echter op zulke wetten en geboden geen acht, zoo dat de brouwers hen daarover bij de regering beklaagden, waarover een groot gevecht tusschen de huislieden, brouwers en burgers ontstond.

De huislieden vlugtten op het huis van PIETER KAMMINGA, en werden daar, door de Leeuwarders, belegerd, die het echter niet terstond konden winnen, vermits het sterk was. Hierop trokken alle Schieringers, met de Franekers en Sneekers, naar Barrahuis, nabij het dorp Wirdum, alwaar zij met malkander besloten de stad Leeuwarden te overvallen en in te nemen; doch twee weduwen, met name FROUK UNIA en DOED HEMINGA, in het leger gekomen zijnde, smeekten dat men de stad voor dit maal mogt sparen; terwijl zij aanboden haar best te willen doen, om de vrede te herstellen. De Schieringers, hierdoor bewogen, lieten de Leeuwarders door brieven vermanen, om zoodanige schadelijke ordonnantiën, wetten enz. in te trekken; maar daarentegen alle handel en neringen vrij en ongehinderd te laten bedrijven. De beide weduwen bragten die brieven naar Leeuwarden, aan den Olderman PIETER SYBRANDS, die met den Raad besloot het voorstel der Schieringers in te willigen, en daardoor de stad van het gevaar dat haar dreigde te bevrijden; doch het gemeene volk, niet willende gedoogen, dat hierdoor hare stadsprivilegiën, vrijheden en voordeelen zouden worden gekrenkt, dreigde de leden der Regering met den dood, indien zij er in toestemden. De Schieringers trokken hierop terstond naar de stad, die zij, na eenen vruchteloozen aanval, innamen, waarbij zij genoemden Olderman doodsloegen. Velen uit de voornaamste burgers werden gevangen naar SNEEK en op sommige Schieringer heerschapshuizen gebragt; waarna de stad geplunderd werd. Sommige Leeuwarders, die ontkomen waren, vlugtten naar YGO GALAMA, in Noordwolde, bij Gaasterland, een zeer stout en doordrijvend man en Kapitein der Vetkoopers, die altijd goed Leeuwardergezind was geweest. Van hier roofden en plunderden zij alles, wat zij op het Sneeker-meer en elders konden in handen krijgen; ook wilden zij niets van hetgeen zij rootden weder laten rantsoeneren, zoo dat de haat tusschen de Leeuwarders en de Sneekers hoe langer hoe grooter werd, hetwelk YGO GALAMA met de Leeuwarder ballingen zeer kwalijk bekwam: want die van Franeker en andere Schieringers kwamen, op uitnoodiging van PIETER HARINXMA, Heerschap en Olderman te SNEEK, met magt van volk bij hem; togen met de Sneekers naar Koudum, voor het sterk huis van YGO GALAMA, dat zij innamen, even als een ander zeer sterk huis dat YGO te Oudega had. YGO GALAMA, die toen uitlandig was, in het jaar 1491, met drie honderd vreemde knechten, over het ijs, wederom in het land gekomen zijnde, nam Workum in en plunderde het. BOKKE HARINXMA trok hierop, met de Sneekers en andere Schieringers, over het ijs naar Workum, alwaar zij in den avond van den 14 Januarij, nat en koud aankwamen, zoo dat zij besloten de stad 's anderendaags vroeg in den morgen aan te vallen; doch YGO GALAMA en de andere Vetkoopers vielen nog dien zelfden avond, met zeven honderd man, de Schieringers aan, die ten laatste de overhand behielden; terwijl er vele Vetkoopers sneuvelden, gevangen genomen werden of verdronken. YGO GALAMA zelf, die doodelijk gewond was, werd, nadat hij gebiecht had, door de knechten van LIEUWE BETHA dood geslagen. Zijn broeder DOUWE en de andere Vetkoopers vlugtten vermomd naar Bolsward en andere plaatsen; doch zochten hulp bij de Woudlieden en de Leeuwarders, op hoop van den dood van YGO te wreken, en hetgeen verloren was weder te winnen. Zij trokken onder den Leeuwarder Hopman SYMON RECALF, op. De Sneekers echter bragten spoedig veel volk van de Schieringer partij op de been, hetwelk wel toegerust uit SNEEK naar Wommels trok. Omtrent Bozum, werden zij door DOUWE GALAMA, met de Vetkoopers en de Leeuwarders, ontmoet, op wie zij, na dat er van wederzijden hardnekkig gevochten was, wederom de overwinning behaalden; terwijl er vele hunner vijanden sneuvelden en vele gevangen mede naar Sneek gevoerd werden. Douwe Galama zelf werd van eenen Sneeker burger gevangen genomen; doch Douwe gaf hem een stuk gelds en zijnen zilveren gordel daar zijn zwaard aanhing, waarop de burger hem losliet en weghielp. Den 12 Mei trok Bokke Harinxma van Sneek naar Bolsward, en bragt Goslik Jongama, met toestemming van de burgers, aldaar weder in de stadsregering en in het bezit van Jongamahuis; doch zijn neef Jow Jongama, hierover zeer ontevreden zijnde, vermits hij sedert den dood van Gosliks vader aan de regering geweest was, trok met zijn volk heimelijk naar Sneek; maar moest, aangezien zijn aanslag door verspieders ontdekt was, met schande wijken.

Tjaard Mokkama, Heerschap der stad Dockum, door de Groningers en hunne vrienden dagelijks zeer benadeeld en gedreigd wordende, zocht in 1492 hulp bij Bokke Harinxma en de Sneekers, welke met die van Wymbritseradeel en Gaasterland naar Dockum trokken; daar de Groningers echter in onderscheidene dagen niet opkwamen, trokken de Sneekers wederom naar huis, doch lieten eenige Heerschappen, tot hulp van Tjaard Mokkama, te Dockum leggen. Zoodra de Groningers vernamen, dat de Sneekers en Schieringers vertrokken waren, togen zij, sterk zes honderd man, terstond naar Dockum, en beschoten Mokkamahuis zoodanig, dat zij, die er op lagen, het, behoudens lijf en goed, aan de Groningers overgaven.

De Leeuwarders hadden, ten einde den vrede in Vriesland te bevorderen en te bewaren, kort te voren te Workum met de Friezen, zoo Schieringers als Vetkoopers, een verbond gesloten. Toen zij echter den voorspoed der Groningers zagen, gingen zij met deze een verdrag aan, en vielen van het verbond met de Friezen af. Die van Sneek en andere Schieringers werden hierdoor bevreesd, en namen Friesche knechten aan, die zij in hunne stad legden. Bokke Harinxma ontbood terstond die van Wymbritseradeel, Sneeker-Vijfga en Gaasterland, zoo dat toen wel twee duizend man te Sneek bijeen was, met welke hij, benevens andere Schieringer Heerschappen, naar Barrahuis trok, in verwachting, dat de Franekers en Workumers zouden nakomen; doch die hadden, buiten weten van Bokke Harinxma en de Sneekers, afzonderlijk, met de Groningers en de Vetkoopers, een verdrag gesloten, en kwamen alzoo niet opdagen. De Groningers, die nu Leeuwarden bezet hadden, wel zeven duizend man sterk zijnde, en door verspieders wetende, dat de Sneekers en Schieringers bij Barrahuis lagen, trokken met de Vetkoopers ook derwaarts, en sloegen het leger der Schieringers, van welke er wel zestig omkwamen en honderd gevangen werden gemaakt, die naar Groningen gezonden en aldaar op eene vreemde wijze gepijnigd werden, waardoor vijf in de gevangenis overleden.

De Sneekers en Schieringers, zich door hunne Bondgenooten zoo trouweloos verlaten ziende, zagen zich gedrongen, met de Groningers, die hen met een beleg dreigden, te onderhandelen, waarop dan ook den 14 October 1492 een verbond gesloten werd.

In het jaar 1494 trokken de Sneekers onder Bokke Harinxma, met andere Schieringers naar Bolsward, hetwelk door de Vetkoopers belegerd was, en behielden, na een hardnekkig gevecht, de overhand. Zij bragten sommige Vetkoopers en Edelen gevangen naar Sneek op Harinxma-Huis, om aldaar bewaard te worden. In het begin van

September belegerden die van GALAMA, het huis van JELMER SYTZAMA te Warns, die toen bij BOKKE HARINXMA te Sneek was; zoodra deze zulks hoorden, trokken zij met eenige Schieringers daar heen, om het Huis te ontzetten, doch BOKKE bleef op zijn nieuw gemaakt huis te Hemelum en JELMER SYTZAMA trok met de anderen voort, en waagde, den 6 September, eenen slag tegen die van GALAMA en de Vetkoopers, die, ofschoon de Schieringers veel sterker waren, de overhand behielden. Kort hierop werd door tusschenkomst van Priesters en andere goede mannen een verdrag gemaakt en de gevangenen aan beide zijden tegen elkander uitgewisseld. Deze vrede duurde echter niet lang, want die van GALAMA, in 1495 wetende, dat BOKKE HARINXMA's sterk huis te Hemelum niet wel bezet, en WYBE JARICHS er maar alleen met zestien knechten op was, namen het met de Bolswarders in, en bragten WYBE JARICHS en zijn volk gevankelijk naar Bolsward. JUW JONGAMA, te Leeuwarden in ballingschap zijnde, zond een Bolswarder burger, naar Gelderland, om vreemde knechten. Hierop kwamen 600 soldaten in Friesland, over welke NITTART FOX, uit Frankenland van geboorte, Kapitein was. Deze namen met JONGAMA dadelijk Bolsward in. Fox trok voorts met zijn knechten naar Workum, brandschatte en beroofde vele Heerschappen en huislieden. De Sneekers besloten den moedwil dier knechten spoedig te stuiten, en geen schatting te geven, of men moest hen met geweld daartoe dwingen. Fox, dit vernemende, liet de stad SNEEK in vrede, maar hielp, nadat hij met JUW JONGAMA, over het overgeven van Bolsward, in twist was geraakt, dan de eene en dan de andere partij. Na den geheelen winter heen en weder te hebben getrokken en de buitenlieden veel overlast te hebben aangedaan, verzocht hij aan BOKKE HARINXMA, LOUW DONIA en den Raad van SNEEK, dat hij met zijne knechten binnen die stad mogt komen, tot er weder ijs in het water kwam, of het weder geheel dooide, opdat hij alsdan Bolsward mogt aanvallen, terwijl hij beloofde en zwoer, dat hij, noch zijne knechten, de burgers hinder, letsel, noch overlast zoude aandoen, en alles wel betalen, op dat het de stad tot voordeel mogt wezen, ook zouden zij, zoodra de burgers het begeerden weder vertrekken. Op deze schoone woorden en doordien hij zich reeds als een ervaren oorlogsman gevreesd had gemaakt, werd hij, den 17 December, met zijn volk binnen de stad gelaten, hoewel niet zonder tegenspraak van vele voorname burgers, die de aanslagen van Fox wel begrepen.

Als de Woudlieden, in 1496, dagelijks den moedwil der vreemde knechten in Friesland zagen, besloten om ze allen te gelijk uit het land te jagen. Zij kwamen te dien einde ten getale van 8000 man bijeen, met het voornemen om eerst Slooten en daarna SNEEK te belegeren; de Sneekers trokken intusschen, ten einde hunne vrienden te hulp te komen, die te Slooten door de Woudlieden belegerd waren, met Fox en GOSLIK JONGAMA naar die stad, en stelden zich over het meer bij het Galgeveld in slagorde, om hunne vijanden af te wachten; de Woudlieden trokken hen zeer moedig tegen, maar toen zij binnen schoots kwamen liet GOSLIK JONGAMA, de Sneeker, groote busse met het ander geweer losgaan, waardoor vele Woudlieden sneuvelden en gekwetst werden. Hierdoor verschrikt geworden, maar tevens zeer verbitterd op de vreemde knechten, kwamen de Woudlieden andermaal op het ijs in den mond van het Slootermeer bijeen, doch liepen er met zulk eene groote menigte op, dat het hen niet kon dragen, maar onder hen bezweek, waardoor zeer velen verdronken. Sommigen dit ziende namen de vlugt, anderen, die zulks tot schande rekenden, bleven tot den laatsten man staan en werden allen dood geslagen, zoo dat aldaar meer dan 4600 Woudlieden verdronken en sneuvelden. In het laatst van Februarij maakten de knechten, die binnen SNEEK lagen, veel moeite om hunne bezolding. De burgers en de Raad, die daardoor veel te lijden hadden, schreven aan die van HOTTINGA en de Franekers, welke hunne vrienden waren, dat men toch eene schatting over Westergoo wilde heffen, tot betaling der binnen SNEEK liggende knechten, opdat die hoe eer hoe liever uit het land kwamen. Hierop besloten de Franekers en die van HOTTINGA, dat onder hun regtsgebied van iedere koe eenen penning (vuurijzer genaamd), doende vijf stuivers, zoude betaald worden, en even zooveel van iedere floreen; terwijl ook gelijke schatting in Sneeker-Vijfga en in Wymbritseradeel zou geheven worden. Toen echter de knechten het geld ontvangen hadden, wilden zij evenwel niet uit SNEEK vertrekken, ten zij men hun drie maanden vooruit betaalde. Daar de burgers dit niet wilden doen, maar zeiden, dat zij die hen in het land hadden gehaald, hun moesten betalen, leden zij groote schade en overlast, zoodat vele rijke burgers heimelijk de stad verlieten, hetwelk BORKE HARINXMA en LOUW DONIA insgelijks meenden te doen. Maar FOX nam, den 21 Februarij, beiden gevangen, en eischten van hen de voorschreven betaling, hetwelk zij weigerden. SYTSE HARINXMA, Heerschap tot Ylst, werd mede door de knechten gevangen genomen en naar SNEEK gebragt; zij werden alle drie in het huis van LOUW DONIA (die met BORKES zuster gehuwd was) gepijnigd. De burgers van SNEEK smeekten dat men hen zou los laten, doch te vergeefs; zoodat zij van den nood eene deugd maakten, en aan die van Groningen, hunne vijanden, verzochten hen eenige duizenden te willen opschieten, ter betaling van de binnen hunne stad liggende vreemde knechten, op dat zij die kwijt mogten geraken, als wanneer zij mede in hun verbond wilden komen en bovendien nog gijzelaars geven, tot zoo lang de geleende penningen betaald waren. De Groningers, hierover verblijd, zonden eenigen uit hun midden naar Leeuwarden, waar ook uit SNEEK kwamen de Kapiteins JAN VAN MOERS en *Lange* KOERT. Van wederzijden kwam men men met elkander overeen, dat de krijgslieden binnen tien dagen van de Groningers zouden ontvangen 8000 goudg. (12,000 guld.), en dan terstond uit SNEEK en Slooten en voorts uit het land vertrekken; mits BORKE en SYTSE HARINXMA en LOUW DONIA als gijzelaars naar Groningen kwamen, tot zoolang die van Westergoo die penningen zouden hebben terug betaald. De Kapiteins eischten hierop eenen eed van de Groningers, dat zij de gijzelaars in hunne stad vrij en veilig zouden laten gaan, hen niet in gevangenis of banden werpen en veel minder hen pijnigen, hetwelk de Groningers onder eede beloofden. Dienvolgens kwamen, den 18 April, eenige Afgevaardigden van Groningen en Leeuwarden binnen SNEEK, om de gijzelaars af te halen. Nadat men de Groningers, kort hierop, de beloofde 8000 goudg. betaald hadden, trokken de vreemde krijgslieden, onder FOX, den 6 Mei, uit SNEEK naar Slooten en zoo voorts uit het land. Eer zij SNEEK verlieten, schreven zij aan alle de poorten en aan vele huizen, spottender wijze, de navolgende rijmregels tot afscheid:

Die van Sneek, wezen dit wel gedachtig,
Geen meer knechten in te laten, of zij zijn ze magtig,
Want wat haar daar van is overkomen,
Zal men van hier weten te Romen.

September belegerden die van Galama, het huis van Jel
te Warns, die toen bij Bokke Harinxma te Sneek was;
zulks hoorden, trokken zij met eenige Schieringers daar
Huis te ontzetten, doch Bokke bleef op zijn nieuw gem
Hemelum en Jelmer Syyzama trok met de anderen voort,
den 6 September, eenen slag tegen die van Galama e
pers, die, ofschoon de Schieringers veel sterker waren, de
hielden. Kort hierop werd door tusschenkomst van Pries
goede mannen een verdrag gemaakt en de gevangenen a
tegen elkander uitgewisseld. Deze vrede duurde echter
die van Galama, in 1495 wetende, dat Bokke Harinxma's
Hemelum niet wel bezet, en Wybe Jarichs er maar alle
knechten op was, namen het met de Bolswarders in, en
Jarichs en zijn volk gevankelijk naar Bolsward. Ju
Leeuwarden in ballingschap zijnde, zond een Bolswarde
Gelderland, om vreemde knechten. Hierop kwamen G
Friesland, over welke Nittart Fox, uit Frankenland van
tein was. Deze namen met Jongama dadelijk Bolsward in.
met zijn knechten naar Workum, brandschatte en ber
schappen en huislieden. De Sneekers besloten den moed
ten spoedig te stuiten, en geen schatting te geven,
hen met geweld daartoe dwingen. Fox, dit vernemen
Sneek in vrede, maar hielp, nadat hij met Jow Jon
overgeven van Bolsward, in twist was geraakt, dan
de andere partij. Na den geheelen winter heen en w
getrokken en de buitenlieden veel overlast te hebben
zocht hij aan Bokke Harinxma, Louw Donia en den
dat hij met zijne knechten binnen die stad mogt kom
der ijs in het water kwam, of het weder geheel do
alsdan Bolsward mogt aanvallen, terwijl hij beloofde er
noch zijne knechten, de burgers hinder, letsel, noc
aandoen, en alles wel betalen, op dat het de stad
wezen, ook zouden zij, zoodra de burgers het begee
trekken. Op deze schoone woorden en doordien hij
een ervaren oorlogsman gevreesd had gemaakt, werd
cember, met zijn volk binnen de stad gelaten,
der tegenspraak van vele voorname burgers, die de a
wel begrepen.

Als de Woudlieden, in 1496, dagelijks den moed
knechten in Friesland zagen, besloten om ze allen te
te jagen. Zij kwamen te dien einde ten getale van
met het voornemen om eerst Slooten en daarna Sn
de Sneekers trokken intusschen, ten einde hunne v
komen, die te Slooten door de Woudlieden belegerd
en Goslik Jongama naar die stad, en stelden zich ove
Galgeveld in slagorde, om hunne vijanden af te wa
lieden trokken hen zeer moedig tegen, maar toen
kwamen liet Goslik Jongama, de Sneeker, groote bus
geweer losgaan, waardoor vele Woudlieden sneuve
werden. Hierdoor verschrikt geworden, maar te ve
op de vreemde knechten, kwamen de Woudlieden
ijs in den mond van het Slootermeer bijeen,
zulk eene groote menigte op, dat het hen niet
onder hen bezweek, waardoor zeer velen verdronke

t, anderen, die zulks tot schade rekenden, blo-
me stane en werden allen dood geslagen, zoo
00 Voetknechten verdronken en sneuvelden. In
mukten de knechten, die binnen Sneek lagen,
muiting. De burgers en de Raad, die daar-
en, schreven aan die van Hemmema en de Fra-
eden waren, dat men toch eene schatting
fen, tot betaling der binnen Sneek liggende
ar hoe liever uit het land kwamen. Hierop
r van Hemmema, dat onder hun regtgebied
ming (vuurijzer genaamd), deende vijf stui-
, en even zooveel van iedere floreen; terwijl
ker-Vijfga en in Wymbritseradeel zou gede knechten het geld ontvangen hadden,
innen vertrekken, ten zij men hun drie
ar de burgers dit niet wilden doen, maar
t land hadden gehaald, hun moesten be-
n overlast, zoodat vele rijke burgers bei-
dk Bokke Harinxma en Louw Donia inge-
Fox nam, den 21 Februarij, beiden gede voorschreven betaling, hetwelk zij
Heerschap tot Ylst, werd mede door de
naar Sneek gebragt; zij werden alle
na (die met Bokke's zuster gehuwd was)
 smeekten dat men hen zou los la-
ij van den nood eene deugd maakten,
mme vijanden, verzochten hen eenige
ter betaling van de binnen hunne
, op dat zij die kwijt mogten gera-
hun verbond wilden komen en be-
t zoo lang de geleende penningen be-
ierover verblijd, zonden eenigen uit
waar ook uit Sneek kwamen de Ka-
Kenay. Van wederzijden kwam men
de krijgslieden binnen tien dagen
en 8000 goudg. (12,000 guld.), en
en voorts uit het land vertrekken;
Louw Donia als gijzelaars naar Gro-
van Westergoo die penningen zou-
Kapiteins eischten hierop eenen eed
zelaars in hunne stad vrij en veilig
gevangenis of banden werpen en
de Groningers onder eede beloofden.
il, eenige Afgevaardigden van Gro-
eek, om de gijzelaars af te halen.
ierop, de beloofde 8000 goudg. be-
krijgslieden, onder Fox, den 6 Mei,
rts uit het land. Eer zij Sneek ver-
oorten en aan vele huizen, spotten-
els tot afscheid:

wel gedachtig,
laten, of zij zijn ze magtig,
is overkomen,
te Romen.

...rtoe
...e de
...en,
...tus-
...ge-
...war-
...r de
...halve
...daar
...huis-

...door
...werd
...Stad-

...e in
...hoop
...erde,
...or de
...ver-
...ronk-
...neek,
...k van
...in de
...ver en
...ze van
...chtenis
...uwarder
...och de
...in, en
...terug te
...en Baten-
...na hem
...h hij zat
...t uit een
...ter Vrouw
...manschap-
...den Snee-
...handelwijs
...een spreer,
Kolonel Robles
dat hij met de
...ad zoude trekken
...tiger zijnde, na-
hadden, de sleu-
op geheime plaat-
, ieder met negen
...n Billy, met den
aan het behoud der
. volk en nog andere
komende, zond hij
...n was, vooruit, om
een boer, die in het
...an ziende aankomen,

liet zijn werk staan, nam den kortsten weg naar SNEEK, en boodschapte het aldaar, waardoor het voornemen van FAITTAMA verijdeld werd. Deze verzocht toen den Burgemeester te mogen spreken, die destijds juist bij de vier Kapiteins der stad in gezelschap was. De Burgemeester, niet willende voorkomen, liet de Raadsheer hem weten, dat de Kolonel voor de poort was, hetwelk de Kapiteins, die het hoorden, deed zeggen: » hier komt uwe schelmerij en verraderij al uit." Zij liepen dadelijk ieder naar zijne poort, roepende door de stad: » alarm, alarm." De Raadsheer, meenende zulks te beletten, riep daarentegen: » lieve burgers houd uwe deuren en vensters toe." Maar de vier Kapiteins riepen ieder in het geweer, om de stad te verdedigen. Eenigen liepen naar de Ooster-poort, waar de Kolonel, met zijne met volk geladen wagens, reeds op de valbrug was; terwijl er nog wel honderd man verborgen waren, om den aanslag te helpen uitvoeren. De Kolonel ging op de brug van den wagen af, om met de burgers tespreken, doch een burger rigtte zijn roer op hem, hetwelk echter weigerde; de Kolonel moest dus met de zijnen terugkeeren. Men zeide, dat er onderscheidene Sneekers bij den Kolonel aangeteekend waren, die eerst zouden gehangen worden. De Raadsheer FAITTAMA was intusschen in levensgevaar, en zijne landen, die aan den westkant der stad, tegen de stadsgracht, lagen, werden tot versterking der stadsbolwerken vergraven. In dezen oploop deed groote dienst TIETE HETTINGA van Ylst, die te voren in het dorp Hommerts gewoond had. Deze, eenige benden soldaten onder het gebied van AEDO GABBEMA beschreven hebbende, voegde zich, na met een Sneeker burger over den toestand der stad en de gezindheid der burgers in onderhandeling te zijn geweest, met dit volk bij dat van JOHAN BONGA, een Friesch Edelman, die, den 17 Augustus, van wege den Prins VAN ORANJE, met eenige schepen met volk van Enkhuizen gekomen was, om eenen aanslag op Friesland te ondernemen. Den 20 daaropvolgende te SNEEK komende, werden zij door de burgers ingelaten. Niet lang daarna veranderde de Stadhouder BRONKHORST de Regering te SNEEK, en nam de stad, als Gouverneur-Generaal van wege den Prins VAN ORANJE, in den eed. De Sneekers haalden toen ook al het koren en andere eetwaren uit de kloosters: het Hospitaal, Groendijk en Tabor, en bragten het binnen de stad, ten einde, in geval van aanval, geen gebrek aan mondbehoeften te hebben. Men besloot ook het Hospitaler-klooster af te breken, opdat de vijand zich daarin niet zoude nestelen. Te dien einde zond de Regering eenige timmerlieden derwaarts, en men wendde de afbraak daarvan tot versterking van de stad aan.

In 1635 ontving SNEEK, op haar verzoek, tevens met nog acht andere Friesche steden, eene nieuwe Raadsbestelling van de Heeren Staten. Dit voorregt was echter niet van langen duur, want in het jaar 1637 ontving SNEEK een ander reglement.

In 1651, of daaromtrent, zou KAREL STUART, zoon van den onthoofden Koning KAREL I, die voortvlugtig uit Engeland was, en de wijk naar de Nederlanden genomen had, hier eenigen tijd gehuisvest zijn geweest, bij den Heer CORNELIS HAUBOIS, Burgemeester te SNEEK, en wegens Friesland Gecommitteerd ter vergaderinge van de Staten-Generaal, wonende aan de noordzijde der Marktstraat; voor deze dienst zou hem KAREL, toen hij naderhand Koning was geworden, tot Ridder hebben geslagen.

In 1672, werd hier, uithoofde der verdeeldheid die onder 's Lands-Staten was ontstaan, eene Staatsvergadering van vele, doch niet van alle volmagten ten landsdage gehouden. Ook werd hier toen een Reglement Reformatoir ontworpen, hetwelk echter nimmer is bekrachtigd of ten uitvoer gebragt.

Door het water heeft Sneek herhaalde malen te lijden gehad. In het jaar 1570 op Allerheiligenavond, stormde het zoo ontzaggelijk, dat daardoor de dijken op vele plaatsen doorbraken, zoodat er een aantal menschen, en ook veel vee verdronken. Te dier tijd is te Sneek komen aandrijven eene wieg, waarin een levend kind was, dat gerust lag te slapen, met eene kat, die van de eene zijde op de andere springende, de wieg alzoo in evenwigt hield.

In 1825 maakte men, in den namiddag en vooral in den avond van 5 Februarij, te Sneek, uit de spoedige en hevige rijzing des waters op, dat er iets buitengewoons bij de zeedijken voorgevallen moest zijn. In den volgenden nacht waren vele inwoners werkzaam, om hunne goederen op zolders te bergen, en den volgenden morgen stond het water, in de straten en zelfs hier en daar in de huizen. Vele bewoners uit de laagste gedeelten der stad waren dus genoodzaakt naar de bovenste verdiepingen hunner huizen, of naar de hoogere straten te vlugten. Dien dag en den daarop volgenden kwamen verscheidene huisgezinnen met schuiten en bootjes binnen, en men zond pramen van daar af, welke vol beesten uit de naburige dorpen terug kwamen. Des morgens van den 6 Februarij konden de sluizen te Sneek en in den omtrek, den aanvoer van het water niet langer wederstand bieden, terwijl aan de oostzijde de Steenen- en Groenedijk tot aan de Schoow, en aan de westzijde de Hemdijk overliepen, waardoor het overige gedeelte van Wymbritseradeel, hetwelk tot hiertoe geen overlast van den vloed had, geheel overstroomd werd, en de rijzing van het water tot den morgen van den 8 aanhield.

De stad Sneek heeft tot wapen een gedeeld schild regts van goud, met eenen uit de linkerzijde half te voorschijn komenden arend van sabel, en links van azuur met drie kroonen van goud, geplaatst *en pal*. Boven het schild eenen open helm met kroon en eenen oranjeboom tot helmteeken. Alles vastgehouden door een Herculesbeeld met eenen knods gewapend aan de linkerzijde en ondersteund door eenen leeuw ter regterzijde Daaronder staan de letters S. P. Q. S. Oudtijds zegt men, dat het wapen tot omschrift had, de woorden *plomp en slegt*, en sommigen meenen, dat daar nog bij behoort *Vroom en opregt*, gelijk men zulks uit een schilderstuk, dat nog in wezen is en op het stadhuis kan gezien worden, als mede uit eenige oude geschilderde glazen, heeft opgemaakt.

SNEEK (DE KLOKSLAG-VAN-), dat gedeelte van de gem. *Sneek*, prov. *Friesland*, kw. *Westergoo*, hetwelk buiten de poorten dier stad gelegen is.

SNEEKER-MEER (HET), meer, prov. *Friesland*, grootendeels kw. *Zevenwouden*, griet. *Doniawarstal*, hoewel het ook voor een klein gedeelte tot het kw. *Oostergoo*, griet. *Rauwerderhem* behoort, 1 u. O. van Sneek.

Waarschijnlijk heeft dit meer zijn naam ontleend van de stad Sneek, ofschoon het die stad niet bespoelt en daarmede alleen gemeenschap heeft door de Houke-sloot. Het heeft omtrent twee en eene halve mijl in den omtrek, en maakt door inhammen onderscheidene andere meren, van welke de Goingarijpster-poelen de voornaamste zijn.

Dit meer, beslaat eene oppervlakte van 446 bund. 47 v. r., als onder *Doniawarstal*, 423 bund. 47 v. r. 10 v. ell. en onder *Rauwerderhem*,

22 bund. 99 v. r. 90 v. ell. Het heeft eene lengte van 1½ en eene breedte van 1 u., en wordt bevaren door alle groote schepen, welke uit het binnenland of uit Groningen naar de zuidelijke havens stevenen. Zoo deze schepen de haven van Stavoren willen uitvaren, moeten zij buitendien nog twee groote meeren over steken, namelijk: het Heeger-meer, hetwelk bij het d. Heeg begint, en het daarmede verbondene Fljuesser-meer.

SNEEKER-OUD-KERKHOF, hoek lands ten noordwesten van het Sneeker-meer, prov. *Friesland*, kw. *Westergoo*, griet. *Doniawarstal*.

SNEEKER-VAART (DE), vaart, prov. *Friesland*, welke te Schenkenschans, op de grenzen van *Leeuwarderadeel*, kw. *Oostergoo*, en *Menaldumadeel*, kw. *Westergoo*, uit de trekvaart van Leeuwarden op Franeker, een begin neemt, en in eene zuidwestelijke strekking over de Dille en Scharnegoutum, naar Sneek loopende, tevens gedeeltelijk de grensscheiding tusschen *Oostergoo* en *Westergoo* uitmaakt. Vóór deze vaart bestond, voer men van Leeuwarden naar Sneek, door de *Oude-Leeuwarder-vaart*, welke van Warrega zuidwestwaarts, voorbij Idaard en Roordahuizum, naar Rauwerd strekte en voorts langs de Oude-Sneeker-vaart. Zie het volgende art.

SNEEKERVAART (DE OUDE-), vaart, prov. *Friesland*.

Deze vaart liep van Rauwerd, voorbij Poppingawier en Gauw naar Sneek. In de vijftiende eeuw, toen deze vaart meer bestendig voor de scheepvaart tusschen Leeuwarden en Sneek gebruikt werd, lag daarin en in den Hemdijk, bij de buurt van Rauwerd, eene sluis of verlaat, welke door de kerk van dat dorp werd onderhouden. Op den landsdag van het jaar 1529 werd dit dorp echter door Oostergoo, *zo veel alst hem int generael anghaet*, toegestaan, om die sluis te mogen dammen. Een bewijs, dat deze vaart toen vervallen en dat de gemeenschap met Sneek door een ander kanaal vervangen was. Daar de tijd van het graven van de tegenwoordige Sneeker trekvaart geheel onbekend is, mogen wij dus hieruit opmaken en vooronderstellen, dat, niet lang na het graven (1507) van de vaart tusschen Leeuwarden en Franeker, die van Sneek, Wymbritseradeel, Baarderadeel en Rauwerderhem, van Sneek af tot aan Krinserarm of de Dille eene nieuwe vaart hebben doen graven, en verder, van het laatstgenoemde punt tot aan Schenkenschans de Swette-sloot beter bevaarbaar hebben gemaakt. Van toen af kon men de veel langere vaart over Rauwerd, Idaard en Warrega ontberen, en van hier welligt de magtiging van Oostergoo, dat zich bovendien voorzeker gaarne van het invloeijende water van Westergoo bevrijd zag. Blijkens processtukken in het archief van de stad Leeuwarden bewaard, kwamen de Sneekers, omstreeks het jaar 1560, hier tegen op, begeerende de herstelling van deze sluis en doorvaart. Deze poging schijnt echter toen buiten gevolg gebleven te zijn, even als de latere (1).

SNEEKER-VIJFGA, naam, welken men oudtijds gaf aan de dorpen Scharnegoutum, Goinga, Loinga, Gauw en Offingawier, prov. *Friesland*, kw. *Westergoo*, griet. *Wymbritseradeel*.

SNEEN, naam, welken men weleens geeft aan de bazaar Weltevreden, in *Oost-Indië*, op het *Sundasche* eil. *Java*. Zie Weltevreden.

SNEEPKIL (DE), kil in den *Biesbosch*, prov. *Noord-Braband* en *Zuid-Holland*, die uit het *Oude-Wiel* voortkomt; in eene westelijke

---

(1) Zie W. Eekhoff, *Geschiedkundige Beschrijving van Leeuwarden*, D. I, bl. 48, welk belangrijk werk dezer dagen, door de uitgave van het tweede deel, kompleet is geworden.

rigting, tusschen Kraaijenest en Louw-Simons-waard ter eenre en het Breedweer-van-Floris-van-den-Tempel, Bijland, Colsterweer, Aard-Kloijembosch en Engelbregts-Plekske, ter andere zijde, doorloopende, in de Zoetemelks-kil uitloopt.

SNEEUWBERG (DE), berg in *West-Indië*, op het eil. *Aruba*, in het westelijke gedeelte.

SNEEVLIET (DE), water in *Oosterland*, in het eil. *Duiveland*, prov. *Zeeland*, in eene zuidoostelijke rigting van de Hooge-heul naar den Zuidzeedijk loopende, tot bij het wachthuis aldaar, tegenover het vaarwater het Keeten.

SNEINSDAM, hoeve, prov. *Friesland*, kw. *Westergoo*, griet. *Wonseradeel*, arr. en 3 u. N. W. van *Sneek*, kant. en 1¼ u. N. van *Bolsward*, 1¼ u. Z. W. van *Lollum*, waartoe zij behoort.

SNEL, geh. in het balj. van *Woerden*, prov. *Zuid-Holland*, arr. en 3¾ u. O. van *Leyden*, kant., gem. en 10 min. Z. O. van *Woerden*.

SNEL (DE), pold. in het grootwaterschap van *Woerden*, prov. *Zuid-Holland*, arr. *Leyden*, kant. en gem. *Woerden*; palende N. aan den Rijn en aan de Nes, O. aan Breeveld, Z. aan Polanen, W. aan Middelland.

Deze pold., beslaat, volgens het kadaster, eene oppervlakte van 153 bund. 57 v. r. 11 v. ell.

SNELGERSMA, voorm. sterke burg in *Fivelgo*, prov. *Groningen*, arr., kant. en gem. *Appingedam*.

Deze burg behoorde aan en droeg den naam van het geslacht der Heeren SNELGERSMA, die tot de partij der Vetkoopers behoorden, waardoor in 1401 de burg werd aangevallen en veel leed (1). Hij is in 1727 afgebroken.

SNELLE (DE), weleer steenplaats, later buit., thans boerderij in *Schieland*, prov. *Zuid-Holland*, arr. en 3 u. N. O. van *Rotterdam*, kant. en 1 u. Z. W. van *Gouda*, gem. en ½ u. W. van *Moordrecht* aan den IJssel.

Deze boerderij beslaat eene oppervlakte van 10 bund. 25 v. r. 10 v. ell., waarbij nog behooren 11 bund. 52 v. r. 40 v. ell binnenland, en wordt in eigendom bezeten door den Heer J. SMITS VAN DER GOES, woonachtig te Bergambacht.

SNELLENBRUG (DE), brug in het balj. van *Woerden*, prov. *Zuid-Holland*, gem. en 5 min. O. van *Woerden*, over den Rijn.

SNELLENBURG, landg. in de bar. van *IJsselstein*, prov. *Utrecht*, arr. en 3 u. W. N. W. van *Utrecht*, kant. en ½ u. W. van *IJsselstein*, gem. en ½ u. O. van *Benschop*.

Dit landg. beslaat eene oppervlakte van 9 bund. 62 v. r. 6 v. ell. Het is eene riddermatige hofstad, hoewel in 1536 door den toenmaligen eigenaar niet ter erkenning aangeboden. Het wordt in eigendom bezeten en bewoond door den Heer GIJSBERT FRANCO Baron VAN DERFELDEN VAN HINDERSTEIN.

SNELLEN-DIJK (DE), dijk in het balj. van *Woerden*, prov. *Zuid-Holland*, ten Z. van den Rijn loopende en zich van de stad Woerden af in eene oostelijke rigting langs de Snel uitstrekkende.

SNELLE-LOOP (DE), water in de *Meijerij van 's Hertogenbosch*, kw. *Peelland*, prov. *Noord-Braband*. — Het is dat gedeelte van de *Esper-loop*, hetwelk de grensscheiding tusschen de gem. *Beek-en-Donk* en *Gemert* vormt.

SNELLENS-POLDERTJE (HET), pold. in het *Land-van-Strijen*, prov. *Noord-Braband*, arr. *Breda*, kant. en gem. *Oosterhout*; palende

(1) Zie *Tegenw. Staat van Stad en Lande*, D. 1, bl. 121.

N. aan den pold. Oliesand, O. aan het Kromme-Gat, Z. aan den Oranje polder, W. aan de haven van Oosterhout.

Deze polder beslaat, volgens het kadaster, eene oppervlakte van 13 bund. 98 v. r. 51 v. ell., en wordt door eenen houten duiker, aan de zijde van de Oosterhoutsche haven, en door eenen aan het Kromme-Gat, beide wijd 0.60 ell. en voorzien van eene klep, op de Oosterhoutsche haven en op het Kromme-Gat, en vervolgens op de rivier de Donge, van het overtollige water ontlast. De hoogte van het somerpeil is gelijk A. P. De kaden van dit poldertje zijn, hoewel 1.80 ell. boven A. P. gelegen, op sommige punten echter niet veel boven de landen verheven. Het bestuur berust bij de Eigengeërfden.

SNELLINGEHEM, ook Snellinghem, voorm. plaats in *Staats-Vlaanderen*, prov. *Zeeland*. Zie Snetselinghem.

SNELREWAARD, gem. in het balj. van *Oudewater*, voorheen prov. *Zuid-Holland*, thans prov. *Utrecht*, arr. *Utrecht*, kant. *IJsselstein* (5 k. d., 3 m. k., 1 s. d.); palende N. W. aan de gem. Papekop-en-Diemerbroek, N. O. en O. aan Linschoten, Z. aan den Rijn, W. aan Oudewater en Hekendorp.

Deze gem. bestaat uit de pold. Noord-Linschoten, Zuid-Linschoten en Snelrewaard; bevat, behalve het geh. Snelrewaard, eenige verstrooid liggende h. Men telt er 54 h., bewoond door 61 huisgez., uitmakende eene bevolking van 390 inw., die meest in den landbouw hun bestaan vinden.

De R. K., die er ruim 230 in getal zijn, behooren tot de stat. van *Oudewater*. — De Herv., van welke men er ongeveer 160 aantreft, worden tot de gem. van *Oudewater* gerekend. — Men heeft in deze gem. eene school.

Het geh. Snelrewaard, Snellerwaard of Snelderwaard ligt 3½ u. W. van Utrecht, 2 u. N. W. van IJsselstein.

SNELREWAARD, pold. in het balj. van *Oudewater*, voorheen prov. *Zuid-Holland*, thans prov. *Utrecht*, arr. *Utrecht*, kant. *IJsselstein*, gem. *Snelrewaard*; palende N. aan Zuid-Linschoten, O. aan den Engh, Z. aan den IJssel, W. aan de stad Oudewater.

SNELREWAARD, pold. in den *Crimpenrewaard*, prov. *Zuid-Holland*, arr. *Rotterdam*, kant. *Schoonhoven*, gem. *Haastrecht*; palende N. aan den IJssel, O. aan de uitwaterig van den pold. Roozendaal, Z. aan den IJsseldijk, W. aan de uitwatering van den pold. Honkoop.

Deze polder beslaat, volgens het kadaster, eene oppervlakte van 13 bund. 93 v. r. 29 v. ell., waaronder 13 bund. 50 v. r. 18 v. ell. schotbaar land; telt 3 h., waaronder ééne boerderij, en wordt door eenen duiker, op den pold. Roozendaal, van het overtollige water ontlast. Het polderbestuur bestaat uit eenen Schout, twee Poldermeesters en eenen Bode.

SNELREWAARD (BUITENDIJKS-), pold. in den *Crimpenrewaard*, prov. *Zuid-Holland*, arr. *Rotterdam*, kant. *Schoonhoven*, gem. *Haastrecht*; palende N. aan den IJssel, O. aan de uitwatering van Honkoop, Z. aan den IJsseldijk, W. aan den pold. Groot-Keulevaart-buitendijks.

Deze polder beslaat, volgens het kadaster, eene oppervlakte van 14 bund. 10 v. r. 35 v. ell., waaronder 12 bund. 87 v. r. 10 v. ell. schotbaar land; en wordt door eenen duiker op den pold. Roozendaal, van het overtollige water ontlast. Het polderbestuur bestaat uit eenen Schout, twee Poldermeesters en eenen Bode.

SNELREWAARD (DE NOORDZIJDE-VAN-), pold. in het balj. van *Oudewater*, voorheen prov. *Zuid-Holland*, thans prov. *Utrecht*. Zie LINSCHOTEN (NOORD-).

SNELREWAARD (DE ZUIDZIJDE-VAN-), pold. in het balj. van *Oudewater*, voorheen prov. *Zuid-Holland*, thans prov. *Utrecht*. Zie LINSCHOTEN (ZUID-).

SNETHLINGEHEM, SNELLINGHEM, ook SNELLINGON, wordt veelal gehouden voor eene voormalige parochie (1), in het *Vrije-van-Sluis*, prov. *Zeeland*, distr. *Sluis*, in de nabuurschap van *Oostburg*, in *Staats-Vlaanderen*, en zulks, omdat het, in het charter van AARNOUD *den Groote*, van 939 en de onderscheidene latere stukken, daartoe betrekkelijk, te gelijk met Oostburg wordt genoemd. In dat charter geeft AARNOUD » *In pago flandrensi juxta castrum Osborch pastoraliae* » etc. et *in ipso pago medietatem fisci, qui vocatur* SNETHLINGHEM". Nu was Oostburg wel een pagus, maar in *ipso pago* ziet waarschijnlijk op *pagus flandrensis* en geenszins op Oostburg. De tol van SNETHLINGHEM keerde later aan den Graaf terug. In een boek waarin voorkomen en verantwoord worden de inkomsten van Ghistele in Westvlaanderen, welk boek, men weet niet hoe, nog in het stedelijk archief van Oostburg voorhanden is, wordt verantwoord de *toolhe t'Ettelghem*, misschien de zelfde plaats. Overigens is er niets van deze plaats bekend; ook niet wanneer en waardoor die heeft opgehouden te bestaan.

SNEVERT (KORTE-EN-LANGE-), geh. in de *Schagerkogge*, prov. *Noord-Holland*, arr. en 5 u. N. O. van *Alkmaar*, kant. en ¼ u. O. van *Schagen*, gem. *Schagen-en-Burghorn*; met 3 h. en 20 inw.

SNIEP (DE), DE SNIP of HET VARKENS-EILAND, eil. in *Amstelland*, arr. *Amsterdam*, kant. *Weesp*, gem. *Diemen-en-Diemerdam*; palende N. O. aan de Muider-vaart, O. aan den Korten-Diem, Z. W. aan de Weesper-vaart. — Het behoort in eigendom aan de stad Amsterdam.

Het midden gedeelte bestaat uit weiland, het ooster gedeelte uit eene boerderij en het Vinkenbosch en het westelijke gedeelte uit rietland.

Op dit driehoekig eiland heeft vroeger een post of batterij gelegen, behoorende tot de linie van Amsterdam. De fonderingen voor het kruidmagazijn van dien post zijn nog aanwezig.

SNIJDELWIJK, streek lands in den *Voorofsche-polder*, in *Rijnland*, prov. *Zuid-Holland*, arr. *Rotterdam*, kant. *Gouda*, gem. *Noord-Waddinxveen-en-St.-Hubertsgeregt*, palende N. aan den Boter-polder en Laag-Boskoop, O. aan de Gouwe. Z. aan Peulijen, W. aan de Bakwatering.

Het gedeelte van SNIJDELWIJK, dat in den drooggemaakten polder onder Noord-Waddinxveen ligt, maakt met *Peuleijen* en *Groenswaard* de *Droogmakerij* uit.

SNIJDELWIJKER-KADE, kade in *Rijnland*, prov. *Zuid-Holland*, in eene oostelijke strekking van de Hazerswoudsche landscheiding naar Boskoop loopende, en de limietscheiding tusschen de gem. *Boskoop* en *Noord-Waddinxveen-en-St.-Hubertsgeregt* uitmakende.

SNIJDERS-CHAAM, geh. in de bar. van *Breda*, prov. *Noord-Braband*. Zie CHAAM (SNIJDERS-).

SNIKZWAAG, ook SNIKSWAGE, voorm. d., thans geh., prov. *Friesland*, kw. *Zevenwouden*, griet. *Haskerland*, arr., kant. en 2 u. W. N. W. van *Heerenveen*, 20 min. N. ten W. van de Joure, tegen den Slagtedijk. Men telt er 14 h. en 80 inw., die meest in den landbouw en veeteelt hun bestaan vinden.

(1) Zie BEAUCOURT DE NOORTVELD *Jaarboeken, van het land van de Vrije*, D. I. bl. 68.

De Herv., die er wonen, behooren tot de gem. *Joure.* — De R. K., welke men er aantreft, worden tot de stat. van *de Joure* gerekend. — Men heeft in dit d. geen school, maar de kinderen genieten onderwijs te *Joure.*

Onder dit d. liggen Zwaagmanne-vaart, Ripkema-sloot, een gedeelte der Dolte en der uitgedroogde wateren de Oude- en de Nieuwe-Geeuw. — Onder Snikzwaag stond vroeger ook de state Solkama.

SNIKZWAGER-POLDER, pold., prov. *Friesland*, kw. *Zevenwouden*, griet. *Haskerland*, arr. en kant. *Heerenveen*, onder Snikzwaag.

SNIKZWAGER-VAART (DE), vaart, prov. *Friesland*, kw. *Westergoo*, griet. *Haskerland.*

SNIN, Pasar-Snin, marktplaats in *Oost-Indië*, op het *Sundasche* eil. *Java*, resid. en bij *Batavia.*

SNIPPELINGSDIJK (DE), dijk in *Zalland*, prov. *Overijssel*, zich van Deventer langs de Schipbeek uitstrekkende.

Deze dijk is vroeger veel aan dijkbreuken onderhevig geweest, zoo als onder anderen bij den hoogen vloed van Januarij 1799, als wanneer daarin een gat van 40 à 50 voet (12.55 à 15.96 ell.) wijd was gespoeld.

SNIPPELINGS-OVERLAAT (DE), overlaat in *Zalland*, prov. *Overijssel*, O. van Deventer.

SNIPPENRUST, buit. in het balj. van *Schieland*, prov. *Zuid-Holland*, arr. en 2½ u. N. van *Rotterdam*, kant. en ½ u. N. van *Hillegersberg*, gem. en Z. van *Bleiswijk.*

Dit buit. beslaat, met de daartoe behoorende gronden, eene oppervlakte van 2 bund. 4 v. r. 4 v. ell. en wordt in eigendom bezeten door den Heer Gerrit Visser Dz., woonachtig te Schiedam.

SNIPPERIJ, geh. in het *Westerkwartier*, prov. *Groningen*, arr. en 4½ u. W. van *Groningen*, kant. en 2½ u. Z. W. van *Zuidhorn*, gem. en 1½ u. Z. Z. W. van *Grootegast*, ½ u. W. van *Doezum*, waartoe het behoort; met 21 h. en ongeveer 90 inw., alle armoedige turfgravers en dagloonners.

SNITS, oud Friesche naam van de stad Sneek, prov. *Friesland*, kw. *Westergoo.* Zie Sneek.

SNOECK-HURGRONJE-POLDER, pold. in *Staats-Vlaanderen*, in het *Vrije-van-Sluis*, prov. *Zeeland*, arr. *Middelburg*, kant. *Oostburg.* Zie Hurgronje-polder.

SNOIJEN-TOREN, ridderhofstad in het *Nederkwartier* der prov. *Utrecht.* Zie Gein (Het Huis-te-).

SNOLLEVEEN (HET), poel in de heide in de bar. van *Breda*, prov. *Noord-Braband*, gem. *Roosendaal-en-Nispen*, ½ u. Z. O. van Roosendaal, even zoover N. O. van Nispen, 97 bund. 63 v. r. 40 v. ell. groot.

SNOODIJKS-POLDER (DE) of de Verdrief-polder, onbehuisde pold. in het eil. *Zuid-Beveland*, prov. *Zeeland*, arr. en kant. *Goes*, gem. *Wemeldinge*; palende N. W. en N. O. aan de Ooster-Schelde, O. aan den Koude-polder, W. aan de heerl. Wemeldinge.

Deze pold. beslaat, volgens het kadaster, eene oppervlakte van 11 bund. 56 v. r. 61 v. ell., waaronder 5 bund. 82 v. r. 85 v. ell. schotbaar land, en wordt door eene heul, op de Breedewatering van het overtollige water ontlast. Het polderbestuur bestaat uit dat der Breedewatering.

SNOOIJENTOREN (DE), ridderhofstad in het *Nederkwartier* der prov. *Utrecht.* Zie Gein (Het Huis-te-).

SNOR (DE), voorm. slot in de *Neder-Betuwe*, prov. *Gelderland*, distr., arr., kant. en 3 u. O. van *Tiel*, gem. en ¼ u. W. van *Dodewaard*.

Ter plaatse, waar het gestaan heeft, ziet men thans het Hooge zer. De daartoe behoord hebbende gronden, beslaande eene oppervlakte van 6 bund. 68 v. r. 82 v. ell., worden in eigendom bezeten door den Heer D. Slingervoet, woonachtig te Dodewaard.

SNORRENHOF, geh. in *Eemland*, prov. *Utrecht*, arr., kant. en 1¾ u. Z. O. van *Amersfoort*, gem. en 1¼ u. O. van *Leusden*; met 8 h. en ruim 40 inw.

SNOUCK-HURGRONJE-POLDER (DE), pold. in *Staats-Vlaanderen*, in het *Vrije-van-Sluis*, prov. *Zeeland*. Zie Hurgronje-polder.

SNOUW, naam, welken de Negers geven aan de koffijplant. Goossen, in *Nederlands-Guiana*, kol. *Suriname*. Zie Goossen.

SNOYSHOF, voorm. kloost. te *Alkmaar*, bewoond geweest zijnde door Begijnen van de Witte-orde.

Dit kloost., door armoede vervallen zijnde, is, met toestemming van den Bisschop van Haarlem, aan de stad Alkmaar verkocht, die het aan Jonker Diderik van Sonoi weder overliet. Daarna is het bij koop aan Mr. Willem Bardesius gekomen, wiens zoon Jonker Arnold Bardesius, Heer *van Warmenhuizen*, het in het jaar 1644 verkocht heeft aan Jonker Engelbrecht Ramp, *cum sociis*, waarna de boomgaard ten deele weder verkocht is aan particulieren en met huizen betimmerd, ten deele aan de Regering, die daar van hebben gemaakt de Zuidoosthoek tot de Nieuwe markt en de uitgang naar de Lombert steeg tot eene gemeene straat, thans de *Heerenstraat*. Het overige van voornoemden hof, heeft Jonker Ramp aan zich behouden. Thans is dit gedeelte nog een partikulier huis.

SNYMAN, naam, welken de Negers geven aan de suikerplantaadje Cannawappibo, in *Nederlands-Guiana*, kol. *Suriname*. Zie Cannawappibo.

SOAKKONORRA, d. in *Oost-Indië*, op het *Moluksche* eil. *Tidor*, in het zuidelijkste gedeelte des eilands.

SOBAT, d. in *Oost-Indië*, op het eil. *Bima*, een der *Zuidwester-eilanden-van-Banda*, aan het Zeestrand.

SOBBENHOF, voorm. landg. op de *Over-Veluwe*, prov. *Gelderland*, distr. *Veluwe*, arr. en 10 u. N. ten W. van *Arnhem*, kant. en ½ u. Z. ten W. van *Elburg*, gem. en 10 min. Z. van *Doornspijk*.

Deze buit. was gesticht door den Heer Hanius, wiens echtgenoote Sobbe heette, hetgeen aanleiding gegeven heeft om de plaats aldus te noemen. De erfgenamen hebben haar verkocht aan den Heer Bisman, wiens weduwe het huis heeft laten afbreken. Dit aanzienlijk buiten was voorzien met vele uitgestrekte wandelingen en vijvers, alsmede eene eendenkooi, en met lanen aan het Karmeliten-Hull verbonden, zich oostwaarts uitstrekkende tot aan de Papenbeek; — op de oude huisplaats staat thans eene boerenwoning, die wegens de nabijheid der Zuiderzee Zeezorg genoemd wordt. Zie dat woord.

SOBBURG, oude naam van Souburg, op het eil. *Walcheren*, prov. *Zeeland*. Zie Souburg (Oost-) en Souburg (West-).

SOCHDIJK (DE) of de Soeddijk, dijk in het *Nederkwartier* der prov. *Utrecht*, van de Tienhovensche-sluis in eene Noordelijke strekking naar de Kwakel loopende.

Deze dijk dient om de polders van Breukelen-Proostdij en Breukelerveen van elkander te scheiden.

SOCHWETERING (DE), of DE SOCHWETERING, water, in het *Nederkwartier* der prov. *Utrecht*, dat uit de Tienhovensche-vaart een begin nemende, met eene noordelijke rigting in de Weere uitloopt.

SOCIETEITS-LAND, voorm. houtgr. in *Nederlands-Guiana*, kol. *Suriname*, aan de *Parakreek*, ter linkerzijde in het afvaren. Zij is met de plant. Makkawabo en Leerenberg vereenigd en behoort thans aan de plant. *Hannover*.

SODJO-TABAN, d. in *Oost-Indië*, op het *Sundasche* eil. *Java*, resid. *Rembang*.

Men heeft er eene zwavel- of modderwel, welke door onderaardsch vuur in eenen bestendig gelijken graad van hitte wordt gehouden.

SOEBA, berg in *Oost-Indië*, op het *Sundasche* eil. *Java*, resid. *Buitenzorg*, distr. *Tjibaroesa*.

SOEBA, distr. in *Oost-Indië*, op het *Sundasche* eil. *Java*, resid. *Pekalongan*, reg. *Batang*. — Het wordt door de Kalie-Roban, welke er met twee takken doorloopt, bespoelt.

SOEBA, bosch in *Oost-Indië*, op het *Sundasche* eil. *Java*, resid. *Pekalongan*, reg. *Batang*, distr. *Soeba*. — Het bevat meest djatiehout.

SOEBANG, berg in *Oost-Indië*, op het *Sundasche* eil. *Java*, resid. *Buitenzorg*, distr. *Tjibaroesa*.

SOEBANG, oud d. in *Oost-Indië*, op het *Sundasche* eil. *Java*, resid. en reg. *Cheribon*, distr. *Gebang*.

SOECKE, voorm. d. op het eil. *Noord-Beveland*, prov. *Zeeland*, door REYGERSBERGEN vermeld (1); waarschijnlijk zal die naam evenwel slechts eene verkorting van SORTELINGSKERKE zijn. Zie dat woord.

SOEDAKEBOEM, d. in *Oost-Indië*, op het *Sundasche* eil. *Java*, resid. *Pekalongan*, reg. *Batang*, distr. *Keboemen*.

SOEDARA-SOEDARA of de TWEE-GEBROEDERS, gebergte in *Oost-Indië*, op het *Sundasche* eil. *Java*, resid. *Madion*, lands. *Kadoewan*.

SOEDOEWARA, oud d. in *Oost-Indië*, op het *Sundasche* eil. *Java*, ads. resid. en distr. *Krawang*.

SOEGIAN, d. in *Oost-Indië*, op het *Sundasche* eil. *Java*, resid. *Rembang*, afd. *Toeban*.

SOEGOET (DE), riv. in *Oost-Indië*, in het *Sundasche* eil. *Borneo*, die uit het meer Kini-Baloe ontspringt.

SOEGYAN, d. in *Oost-Indië*, op het eil. *Lombok*, een der *Kleine-Sunda-eilanden*, aan de Oostkust.

SOEKABOEMI, d. in *Oost-Indië*, op het *Sundasche* eil. *Borneo*, resid. *Pontianak*, rijk Kotta-Ringa, waarvan het de hoofdplaats is.

SOEKADODOE, oud d. in *Oost-Indië*, op het *Sundasche* eil. *Java*, resid. *Cheribon*, ads. resid. *Indramayoe*, aan den westelijken oever der Indramayoe.

SOEKAH, d. in *Oost-Indië*, op het *Sundasche* eil. *Java*, resid. *Soerakarta*.

Er zijn aldaar Braminsche tempels, deels nog in goeden staat te vinden, het geene van bouw- en beeldhouwkunst daaraan nog zigtbaar is, is in zuiveren stijl en voortreffelijk bewerkt.

SOEKALELA, oud d. in *Oost-Indië*, op het *Sundasche* eil. *Madura*, rijk. *Madura*.

SOEKA-MANTRIE, d. in *Oost-Indië*, op het *Sundasche* eil. *Java*, resid. *Preanger-Regentschappen*, reg. *Tjanjor*, 77 palen O. van Batavia, 299 palen W. van Samarang, 4 palen O. van Tjanjor.

---

(1) CHRONIJK, bl. 88.

SOEKAO, berg in *Oost-Indië*, op het *Sundasche* eil. *Sumatra*, adš. resid. *Bengkoelen*, in welks nabijheid de Makoko, uit een meer, haren oorsprong neemt.

SOEKAPOERA, reg. in *Oost-Indië*, op het *Sundasche* eil. *Java*, resid. *Preanger-Regentschappen*.

Dit reg., hetwelk zich langs het zuiderzeestrand uitstrekt, en tevens een ads. res. uitmaakt, is in het jaar 1811 verruild tegen eenige landen door den Sultan van Djocjokarta afgestaan, maar door de Engelschen, gedurende hun bestuur, weder aan het gouvernement getrokken. Het beslaat 513 vierk. palen, is bevolkt met ongeveer 25,000 zielen en wordt verdeeld in de acht volgende distrikten: Pandjeredan, Batoe-Wangi, Tradjoe, Salatjahoe, Soekapoera, Paroeng-Karang, Nagara en Kadang-Wessie.

Het is er zeer warm en door de uitwasemingen der menigvuldige moerassen doorgaans ongezond.

SOEKAPOERA, distr. in *Oost-Indië*, op het *Sundasche* eil. *Java*, resid. *Preanger-Regentschappen*, reg. *Soekapoera*.

SOEKA-RADJA, landg. in *Oost-Indië*, op het *Sundasche* eil. *Java*, resid. *Buitenzorg*, distr. *Tjibinong*.

SOEKAWATTIE, lands. in *Oost-Indië*, op het *Sundasche* eil. *Java*, resid. *Soerakarta*, waarvan het het oostelijke gedeelte en ten deele ook de noordelijke en middelgedeelten inneemt.

SOEKOE, plaats in *Oost-Indië*, op het *Sundasche* eil. *Java*, resid. en 26 palen O. van *Soerakarta*, distr. *Djagaraga*, op den top van eenige heuvels, die van het Lawoe-gebergte afhangen.

Men vindt er overblijfsels van oude tempels. Het voornaamste gebouw heeft eene pyramidale gedaante. Men ziet er de overblijfselen van twee obelisken en onderscheidene zuilen. De lengte der terrassen bedraagt 42.90 ell., het eerste heeft eene hoogte van 2.50 ell., het tweede van 9.50 ell. en het bovenste van 40.80 ell. De ingang is 2.45 ell. hoog en ruim 9 palm. breed, en prijkt met een tamelijk bewaard gebleven gorgonenhoofd. De voorgevel bevat eene menigte beelden: aan de regterzijde een reusachtig menschenbeeld, een kind verslindende, aan wiens regterhand een zittende hond, waarvan het hoofd is afgeslagen; wijders een reiger of ooijevaar, eene duif en een arend. Boven eene tweede menschengedaante, die den staart eener slang in den mond houdt, vertoont zich eene sphynx, met den staart van eene hagedis en klaauwen met zwemvliezen, terwijl het aangezigt en de overige leden naar die van eenen mensch gelijken. Boven het hoofd van dezen sphynx is eene gekronkelde kleine slang of welligt een adder. Aan de noordzijde is een kolossale arend met uitgestrekte vleugelen, die eene verbazend groote slang in zijne klaauwen houdt; het hoofd der slang is naar den arend gekeerd en met eene kroon versierd.

SOEKOKADJANG, oud d. in *Oost-Indië*, op het *Sundasche* eil. *Java*, resid. *Preanger-Regentschappen*, reg. *Sumedang*, tusschen de *Tjimanock* en de *Tjipelen*.

SOEKOREDJO, distr. in *Oost-Indië*, op het *Sundasche* eil. *Java*, resid. en reg *Kedirie*.

Door de zware stortrègens, welke in het laatst van October 1837 gevallen zijn, heeft dit distr. veel geleden, zijnde er onderscheidene huizen weggespoeld en bruggen onbruikbaar geworden.

SOEKO-MERGA, d. in *Oost-Indië*, op het *Sundasche* eil. *Sumatra*, resid. *Bengkoelen*, distr. *Benkoenat*. — Dit d. is in de eerste dagen van September 1846 geheel afgebrand.

SOEKROEGRON, naam, welken de Negers geven aan de suikerplant. Catharina-Sophia, in *Nederlands-Guiana*, kol. *Suriname*. Zie Catharina-Sophia.

SOELA (DE), Way-Soela, riv. in *Oost-Indië*, in het *Amboneesche* eil. *Boero*, aan de Noordwestkust. — Zij valt met eenen noordelijken loop in zee.

SOELAMOE, d. in *Oost-Indië*, op het eil. *Timor*, een der *Kleine Sunda-eilanden*.

SOELA-BESSIE, eil. in *Oost-Indië*, in de *Straat-der-Molukkos* Zie Besi, Xoela-Besi.

SOELA-EILANDEN, eilandengroep in *Oost-Indië*, in de *Straat-der-Molukkos*. Zie Xoela-eilanden.

SOELASI, berg in *Oost-Indië*, op het *Sundasche* eil. *Java*, resid. *Buitenzorg*, distr. *Tjibaroesa*.

SOELAT (DE), Way-Soelat, riv. in *Oost-Indië*, aan de *Zuidkust* van het *Ambonsche* eil. *Boero*, met eenen zuidwestelijken loop in zee vallende.

SOELATOE (DE), Way-Soelatoe, riv. in *Oost-Indië*, in het *Ambonsche* eil. *Boero*, aan de Zuidkust, die met eene zuidelijke rigting in den *Archipel-van-St.-Lazarus* uitloopt.

SOELEKERKE-POLDER, pold. in het eil. *Noord-Beveland*, arr. en distr. *Goes*, kant. *Kortgene*, gem. *Wissekerke-Geersdijk-'s Gravenhoek-en-Kampens-Nieuwland*; palende N. aan den Heer-Jans-polder en den Geersdijksche-polder, Z. O. en Z. aan de Schorre van de Zuidvliet en van het Veersche-gat, W. aan de haven van het Kamperlandsche-veer.

Deze pold., welke in het jaar 1818 bedijkt is, beslaat, volgens het kadaster, eene oppervlakte van 444 bund. 43 v. r. 54 v. ell. Hij ontleent zijnen naam van het aldaar vroeger gelegen hebbende Soetelingskerke, bij verkorting Soelekerke genaamd. Zie Soetelingskerke.

SOELEMATTA, Oeli-Soelematta, gespan. in *Oost-Indië*, resid. *Amboina*, op het *Moluksche* eil. *Amboina*, kust van *Hitoe*, oostwaarts van den Pas-van-Baguala.

Het bestaat uit de d. Tolehoe, Thiel en een gedeelte van Teng'ahtengah, heeft vijf riviertjes en eene goede hartenjagt. Van Tolehoe naar Thiel moeten de roeijers voorzigtig zijn, om niet te digt bij de kust te komen, dewijl aldaar eene scherpe hoek is, langs welken een snelle stroom gaat, die dikwerf kleine praauwen omver slaat.

SOELI, d. in *Oost-Indië*, resid. *Amboina*, op het *Moluksche* eil. *Amboina*, op de *Pas van Baguala*, bewesten Thiel, aan de Noordzijde der Golf van Baguala; de weg, die van daar naar Tolehoe loopt, biedt allerlei afwisselingen van bergen en dalen, vlakten en zeegezigten aan; terwijl men zich hier met de herten- en wilde zwijnenjagt kan vermaken. In deze streken groeit de kajoepoeti-boom, waarvan de beroemde Kajoepoeti-olie bereidt wordt.

SOELING, berg in *Oost-Indië*, op het *Sundasche* eil. *Java*, resid. *Buitenzorg*, distr. *Parong*.

SOELOE, kaap in *Oost-Indië*, in de *Indische-Zee*, aan de Westkust van het *Sundasche* eil. *Sumatra*.

SOELOESIE, berg. in *Oost-Indië*, op het *Sundasche* eil. *Java*, resid. *Buitenzorg*, distr. *Tjibaroesa*.

SOEMADANGAN, land in *Oost-Indië*, op het *Sundasche* eil. *Java*; ads. res. *Buitenzorg*, distr. *Tjibaroesa*.

SOEMBANG, oud d. in *Oost-Indië*, op het *Sundasche* eil. *Java*, resid. *Madion*, aan de Golf-van-Padjitan.

SOEMBEJ-BESAR, onafhankelijke volksstam in *Oost-Indië*, op het *Sundasche* eil. *Sumatra*, land *Pasumah-Lebar*.

De Paswah of het Opperhoofd van dat volk heeft over hen de uitgestrektste magt. Zij zijn sterk, moedig en goede werklieden.

SOEMBEJ-OLOE-LAKA, onafhankelijke volksstam op het *Sundasche* eil. *Sumatra*, land *Pasumah-Lebar*.

Dit volk is sterk, stout en over het algemeen werkzaam. Het Opperhoofd van dezen stam is zeer gevreesd en heeft eenen grooten invloed op de naburige stammen. Hij bezit een oud zwaard, hetwelk, naar men zegt, wonderdoende eigenschappen heeft en door het volk zeer vereerd wordt.

SOEMBER, d. in *Oost-Indië*, op het *Sundasche* eil. *Java*, resid. *Djocjokarta*.

In de nabijheid van dit dorp had den 27 Junij 1828 een scherp gevecht tusschen de onzen en de muitelingen plaats. De Kommandant der eerste mobiele kolonne vernomen hebbende, dat de vijand voornemens was onzen militairen post ten zuiden van Goenping aan te vallen, zond den Majoor VAN GANZEN derwaarts. Deze had naauwelijks het dorp Patikan bereikt, of de vijand, ter sterkte van nagenoeg acht honderd man, opende een hevig vuur. Het onze, dat veel doelmatiger werd aangebragt, deed hen spoedig terug trekken, doch alleen om zich met eene andere bij de dorpen SOEMBER en Gamal post gevat hebbende kolonne, waarbij veel volk te paard werd opgemerkt, te vereenigen. Eene derde vijandelijke kolonne trachtte zich nu, uit het dorp Godean, ook nog bij die magt te voegen, zoodat de Majoor VAN GANZEN het geraden oordeelde, zich op dat oogenblik in geen nader gevecht in te laten, maar den terugtogt aan te nemen. De vijand vervolgde hem nogthans met zoo veel woede, dat hij verpligt was zich weder in slagorde te stellen; en het mogt hem niet gelukken den vijand met het infanterie- en kanonvuur uit een te drijven. De Overste SOLLEWIJN, die, op eene voordeelige hoogte, de bewegingen zijner troepen konde gadeslaan, nam intusschen een geschikt oogenblik waar, om eene sterke divisie infanterie, onder bevel van Kapitein KRUSEMAN, te doen aanrukken, en gaf aan deze zoodanig eene rigting, dat de vereeniging der derde vijandelijke kolonne met de overige daardoor verijdeld werd. De Majoor VAN GANZEN zond toen zijne jagers en scherpschutters terstond in de rijstvelden tegen de massa aan. Vele vijanden te paard wilden dit tegengaan, doch werden daarin door den onverhoedschen aanval van Kapitein KRUSEMAN verhinderd. De muitelingen moesten alzoo met veel verlies het veld ruimen, hoewel zij zich tegen de dorpen SOEMBER en Gamal weder posteerden. Tegen eenige andere dorpen vertoonden zich alstoen ook nog een 400tal muitelingen, die, even als alle overige, ons vuur overal moedig wederstand boden. Om hieraan nogthans een einde te maken, plaatste de Majoor VAN GANZEN zich aan het hoofd van het peloton kavallerie en deed daarmede eenen hevigen aanval. Hierop geraakte de vijand in verwarring, terwijl de infanterie, die toen met den stormmarsch kwam aanrukken, hem verder overhoop wierp. Het verlies van den vijand kan niet bepaald worden, maar moet vrij aanzienlijk zijn geweest; aan onze zijde waren een Europeesch en een Amboneesch soldaat zwaar gekwetst geworden.

In het begin van Augustus 1829 bevond zich de hoofdmuiteling DIEPO NEGORO in dit dorp, doch hij verliet dit weder, spoedig op aannadering van onze troepen.

SOEMBERAN, d. in *Oost-Indië*, op het *Sundasche* eil. *Java*, resid. *Besoeki*, afd. *Probolingo*.

Den 31 December 1846 zijn in dit dorp, door eene hevige noordwestewind, eenige woningen omvergerukt.

SOEMBER-GEDONG-PITOE en SOEMBER-KAMEN, twee bronnen in *Oost-Indië*, op het *Sundasche* eil. *Java*, resid. *Samarang*, op den berg *Kroemoeyang*, waarvan het water eenen zwavelachtigen smaak heeft en gezegd wordt eene heilzame geneeskracht te bezitten.

SOEMBING, berg in *Oost-Indië*, op het *Sundasche* eil. *Java*, gedeeltelijk resid. *Kadoe*, in de distr. *Djetties* en *Bandongan*, en gedeeltelijk resid. *Baglen*, afdeeling *Ledok*.

Hij maakt met de *Ssendoro*, de *Twee-Gebroeders* uit. Op zijnen kruin is een heilig graf, dat nog somwijlen door de inboorlingen bezocht wordt. In de nabijheid ontspringt de Bogowonto.

SOEMBOENG of SOEMBONG, berg in *Oost-Indië*, op het *Sundasche* eil. *Java*, resid. *Preanger-Regentschappen*, op de scheiding van het *Bandongsche* distr. *Tjipendjeu* met het *Tjandjorsche* distr. *Tjidamar*.

Het is een der hoogste toppen van het westelijk Kendang-gebergte. — De Tjitaroem ontspringt uit een moeras aan den voet van dezen berg.

SOEMBRING, baai in *Oost-Indië*, in de *Indische-zee*, aan de Zuidkust van het eil. *Java*, resid. *Kederi*.

SOEMBRING, distr. in *Oost-Indië*, op het *Sundasche* eil. *Java*, resid. *Kedirie*, reg. *Trengalek*.

SOEMBRING, vogelnestklip in *Oost-Indië*, op het *Sundasche* eil. *Java*, aan de zuidelijke kust van de resid. *Kedirie*.

SOEMEREN, d. in de *Meijerij van 's Hertogenbosch*, kw. *Peelland*, prov. *Noord-Braband*. Zie SOMEREN.

SOEMIA, berg in *Oost-Indië*, op het *Sundasche* eil. *Java*, resid. *Buitenzorg*, distr. *Tjibaroesa*.

SOEMOEN, d. in *Oost-Indië*, op het *Sundasche* eil. *Java*, resid. *Kadoe*.

In Januarij 1827 hield zich in dit dorp eene troep muitelingen op, met het voornemen, om levensmiddelen te verzamelen. Den 28 dier maand werden zij echter door den tweeden Luitenant VAN KEMPEN, met een detachement van 60 man, uiteen gejaagd, waarbij de muitelingen eenige dooden en gekwetsten achterlieten; terwijl eenige wapenen, eenig vee en eene groote hoeveelheid padie, in de handen der onzen vielen.

SOEMO-GEDÉ, d. in *Oost-Indië*, op het *Sundasche* eil. *Java*, resid. *Kadoe*, ads. res. *Magellang*.

SOEMOLI of SOMOLI, oud d. in *Oost-Indië*, resid. *Amboina*, op het *Ambonsche* eil. *Ceram*, op *Groot-Ceram*, in het westelijke gedeelte.

Dit d. had in het begin der vorige eeuw, 70 zielen 30 weerbare mannen en 9 dati's.

SOEMOR (DE), riv. in *Oost-Indië*, in het *Sundasche* eil. *Java*, resid. *Pekalongan*, met eene noordelijke rigting, in de *Zee-van-Java* uitloopende.

SOEMOROTTI, reg. in *Oost-Indië*, op het *Sundasche* eil. *Java*, resid. *Madion*.

SOEMOWONO, distr. in *Oost-Indië*, op het *Sundasche* eil. *Java*, resid. *Kadoe*, ads. res. *Temangong*.

SOEMOWONO, d. in *Oost-Indië*, op het *Sundasche* eil. *Java*, resid. *Kadoe*, ads. res. *Temangong*, distr. *Soemowono*. — Men vindt er overblijfselen van Braminschen oorsprong.

SOEMPING, berg in *Oost-Indië*, op het *Sundasche* eil. *Java*, resid. *Pekalongan*, distr. *Bandar*. — Een tak van de Kalie-Paingan ontspringt uit dezen berg.

SOENA, Way-Soena, riv. in *Oost-Indië*, in het *Ambonsche* eil. *Boero*, aan de Oostkust, die zich met eene oostelijke rigting in de zee ontlast.

SOENBONG (DE), berg in *Oost-Indië*, op het *Sundasche* eil. *Java*. Zie Soembong (De).

SOENDAWANI, ond d. in *Oost-Indië*, op het *Sundasche* eil. *Java*. Zie Sindawani.

SOENDENG, d. in *Oost-Indië*, op het *Sundasche* eil. *Java*, resid. *Samarang*, reg. *Kendal*, aan eenen rijweg, die van Kendal noordwaarts naar dit dorp loopt en van daar langs het strand in eene westelijke, daarna zuidelijke, rigting naar Kendal terug.

SOENDORO (DE), gebergte in *Oost-Indië*, op het *Sundasche* eil. *Java*, de grensscheiding tusschen de resid. *Pekalongan*, *Kadoe* en *Baglen* uitmakende.

In dit gebergte ontmoet men groote en kleine kommen of meertjes, ook heete bronnen, waarvan het water meer of minder met zwavel bezwangerd en ten deele witachtig van kleur is. Ook bestaat op enkele plaatsen de bodem uit heeten zwavelmodder, slechts met eene dunne korst bedekt.

SOENDRABONG, kleine staat in *Oost-Indië*, op het *Sundasche* eil. *Celebes*, op de zuidelijke landtong, aan de grenzen van Makassar.

SOENDRABONG, st. in *Oost-Indië*, op het *Sundasche* eil. *Celebes*, op de zuidelijke landtong, staat *Soendrabong*, waarvan het de hoofdplaats is, op een eiland.

SOENDSJEILANO, d. in *Oost-Indië*, op het *Sundasche* eil. *Sumatra*. Zie Salobhan.

SOENGEJ, eil. in *Oost-Indië*, aan de Noordkust van het *Sundasche* eil. *Java*, door twee armen van de *Indramaijoe* gevormd, tot de resid. *Cheribon* behoorende.

SOENGEJ-ABOE, distr. in *Oost-Indië*, op het *Sundasche* eil. *Sumatra*, rijk *Kwantan*.

SOENGEJ-BABIERIK (DE), riv. in *Oost-Indië*, in het *Sundasche* eil. *Borneo*, resid. *Banjermasing*. — Het is eigenlijk dat gedeelte van de *Soengej-Nagara*, hetwelk van haren oorsprong tot naar het dorp Amoentai loopt.

Aan beide zijden dier rivier ziet men talrijke plantsoenen van katoenstruiken, met bosschaadjen van kokos-perang en sago-palmen, pisang en andere vruchten afgewisseld. De hier en daar steil afgebrokkelde oevers vertoonen meestal eenen steenloozen, leemachtigen grond, van rood- of geelachtige kleur; op enkele plaatsen echter is dezen leembodem meer zandig en grijs, en weder op andere nagenoeg wit en van eene mergelachtige hoedanigheid.

SOENGEJ-BALANGAN (DE), riv. in *Oost-Indië*, in het *Sundasche* eil. *Borneo*, resid. *Banjermasing*, welke zich bij het d. *Amoentai* met de *Soengej-Nagara* vereenigt.

Langs de boorden dezer rivier zijn, op den afstand van vier of vijf dagen opvarens, onderscheidene gebuchten verspreid.

SOENGEJ-BANKO (DE), riv. in *Oost-Indië*, in het *Sundasche* eil. *Java*, resid. *Cheribon*, die, met eene oostelijke rigting, in de *Zee-van-Java* uitloopt.

SOENGEJ-BATANG en SOENGEJ-DJAWIE, twee d. in *Oost-Indië*, op het *Sundasche* eil. *Sumatra*, gouv. *Sumatra's-Westkust*, resid. *Padangsche-Bovenlanden*, in de zoogenaamde *Tien-Kotta's*, aan den oostelijken oever van het meer Danau.

SOENGEJ-BEJADJOE (DE) of DE DAJAK, kleine riv. in *Oost-Indië*, in het *Sundasche* eil. *Borneo*, resid. *Banjermasing*, welke in de *Soengy-Doeson* uitloopt. — In deze riv. wonen Pekoempatjers op rakits.

SOENGEJ-BENAR, d. in *Oost-Indië*, op het *Sundasche* eil. *Borneo*, resid. *Banjermasing*, aan de *Soengej-Nagara*.

SOENGEJ-BENAR (DE), riv. in *Oost-Indië*, in het *Sundasche* eil. *Borneo*. Zie BENAR (1).

SOENGEJ-DJAMBOE, d. in *Oost-Indië*, op het *Sundasche* eil. *Sumatra*, gouv. *Sumatra's-Westkust*, resid. *Padangsche-Bovenlanden*.

SOENGEJ-DJAWIE, d. in *Oost-Indië*, op het *Sundasche* eil. *Sumatra*. Zie SOENGEJ-BATANG.

SOENGEJ-DOERIAN, d. in *Oost-Indië*, op het *Sundasche* eil. *Sumatra*, gouv. *Sumatra's-Westkust*, resid. *Padangsche-Bovenlanden*.

SOENGEJ-DOESON (DE), riv. in *Oost-Indië*, in het *Sundasche* eil. *Borneo*, resid. *Banjermasing*.

In deze rivier loopen de Soengej-Laloeniauw, de Soengej-Patakej, de Soengej-Hieang, de Soengej-Mantalat, de Soengej-Nagara, de Soengej-Bejadjoe en de Soengej-Tewej uit.

De oevers zijn laag en vlak, en men ziet er hier en daar open plekken van oude en ook enkele van nieuwe ladangs, achter welke zich vrij hooge bosschen verheffen; terwijl deze op andere plaatsen de boorden der rivier bezoomen.

Men treft in deze riv., bij sommige groote bogten, ondiepe en zandige plaatsen aan, op welke, gedurende den regentijd, stukken bruine damar of hars door den stroom worden aangespoeld, die, bij lagen waterstand, als deze sandbanken droogvallen, door de inlanders worden ingezameld. Deze banken maken echter de vaart op de DOESON, voor hen die er niet goed op bekend zijn, gevaarlijk. Er komen jaarlijks de SOENGEJ-DOESON vele rottingvlotten afzakken, welke dikwerf van veertig tot zestig vademen lengte en somtijds nog meer hebben.

SOENGEJ-HIEANG (DE) of de SOENGEJ-HIZONG, riv. in *Oost-Indië*, op het *Sundasche* eil. *Borneo*, resid. *Banjermasing*, welke niet ver boven het d. Troesan, in de *Soengej-Doeson* uitwatert.

SOENGEJ-KALIOUW en SOENGEJ-LOEBANG, twee d. in *Oost-Indië*, op het *Sundasche* eil. *Sumatra*, gouv. *Sumatra's-Westkust*, resid. *Padangsche-Bovenlanden*.

Deze dorpen werden, den 27 Maart 1820, door den Luitenant-Kolonel RAAF, met al wat den vijand van eenige dienst kon zijn, verbrand en vernield.

SOENGEJ-KARAUW (DE), riv. in *Oost-Indië*, op het *Sundasche* eil. *Borneo*, resid. *Banjermasing*, welke zich in het meer *Lampoer* ontlast.

Omstreeks de uitwatering van deze riv. treft men eenige, hier anders zeldzaam voorkomende, tampoeraaboomen (*diptera-carpus-tampuraa*) aan, aan wier takken de bijën, bij voorkeur, hunne nesten hechten.

SOENGEJ-KAWATAN (DE), riv. in *Oost-Indië*, op het *Sundasche* eil. *Borneo*, resid. *Banjermasing*, welke zich in de *Pontianak* ontlast.

---

(1) Eveneens zoeke men alle de met SOENGEJ beginnende namen, welke hier niet gevonden worden, op de woorden van onderscheiding.

SOENGEJ KRIK, distr. in *Oost-Indië*, op het *Sundasche* eil. *Sumatra*, ads. resid. *Bengkoelen*.

SOENGEJ-LALOENIAUW (DE), riv. in *Oost-Indië*, op het *Sundasche* eil. *Borneo*, resid. *Banjermasing*, welke bij het dorp Laloeniauw in de *Soengej-Doeson* uitloopt.

SOENGEJ-LAWOENG (DE), riv. in *Oost-Indië*, op het *Sundasche* eil. *Borneo*, resid. *Banjermasing*.

SOENGEJ-LIMAT, d. in *Oost-Indië*, op het *Sundasche* eil. *Sumatra*, gouv. *Sumatra's Westkust*, resid. *Padangsche-Bovenlanden*

SOENGEJ-LOEBANG, d. in *Oost-Indië*, op het *Sundasche* eil. *Sumatra*. Zie SOENGEJ-KALIOUW.

SOENGEJ-MAMBANEN (DE), riv. in *Oost-Indië*, in het *Sundasche* eil. *Borneo*, resid. *Banjermasing*, welke in de *Soengej-Doeson* uitloopt.

Deze riv. levert ijzer op, hetwelk voor zeer deugdzaam gehouden wordt.

SOENGEJ-MANTALAT (DE), riv. in *Oost-Indië*, in het *Sundasche* eil. *Borneo*, resid. *Banjermasing*, welke bij het d. Mantalat in de *Doeson* valt.

De boorden van den benedenloop dezer rivier zijn laag, doch, op den afstand van omtrent eene halve dagreis, naar binnen schijnt het land ter wederzijden van die rivier allengskens hooger te worden.

SOENGEJ-MARGASARI (DE), riv. in *Oost-Indië*, in het *Sundasche* eil. *Borneo*. Zie SOENGEJ-NAGARA (DE).

SOENGEJ-MAROMPIEAUW (DE), kleine riv. in *Oost-Indië*, in het *Sundasche* eil. *Borneo*, resid. *Banjermasing*, welke, in de nabijheid van het d. Margasari, in de *Soengej-Nagara* uitloopt.

SOENGEJ-MEDSJID (DE), riv. in *Oost-Indië*, op het *Sundasche* eil. *Sumatra*, met eene oostelijke rigting, in de *Straat-van-Malakka* uitloopende.

SOENGEJ-NAGARA (DE), SOENGEJ-MOEWARA-BAHAN of SOENGEJ-MARGASARI, riv. in *Oost-Indië*, in het *Sundasche* eil. *Borneo*, resid. *Banjermasing*.

Deze riv., welke eerst den naam van SOENGEJ-BAMBEIK draagt, neemt bij het d. Amoentai den naam van SOENGEJ-NAGARA aan. Zij neemt voorts, zoo wel aan de Oost- als aan de Westzijde, onderscheidene spruiten op, en heeft reeds ver boven het dorp Nagara eene vrij diepe bedding; vloeit voorts langs het dorp Margasari, en loopt regt over het fort Marabahan, met eenen meer dan honderd ellen wijden mond, in de *Soengej-Doeson* uit.

De oevers der Nagara zijn laag en vlak, vertoonen hier en daar opene plekken, waarachter men vrij hooge bosschen ontwaart, welke zich op andere plaatsen tot aan de oevers der rivier uitstrekken. In de nabijheid van Soengej-Benar, Amoentai en andere, hooger liggende, dorpen, ziet men aan beide zijden der rivier, talrijke plantsoenen van katoenstruiken, met bosschaadjen van kokos-, pinang- en sagopalmen, pinang- en andere boomen afgewisseld, leggende de bewoners dier dorpen zich bijzonder op het aankweeken en weven van katoen toe.

SOENGEJ-PAGO, distr. in *Oost-Indië*, op het *Sundasche* eil. *Sumatra*, rijk *Kwantan*.

SOENGEJ-PAGO, berg in *Oost-Indië*, op het *Sundasche* eil. *Sumatra*, rijk *Kwantan*.

SOENGEJ-PAHIT (DE) of DE BITTERE-RIVIER, beek in *Oost-Indië*, in het *Sundasche* eil. *Java*, resid. *Bezoekie*, zich met de *Kalie-Poetik* vereenigende.

In den droogen tijd is het eene onbeduidende beek, doch ze welt in den regentijd tot groote watermassa's aan.

SOENGEJ-PAMINTANGAN (DE), riv. in *Oost-Indië*, in het *Sundasche* eil. *Borneo*, resid. *Banjermasing*, die in het meer *Talaga-Kalima* ontspringt. en met eene oostelijke rigting in de *Soengej-Nagara* uitloopt.

SOENGEJ-PATAKEJ (DE), riv. in *Oost-Indië*, in het *Sundasche* eil. *Borneo*, resid. *Banjermasing*, welke, ongeveer één uur beneden Siekan, in de *Soengej-Doeson* valt.

SOENGEJ-POEA, d. in *Oost-Indië*, op het *Sundasche* eil. *Sumatra*, gouv. *Sumatra's-Westkust*, resid. *Padangsche-Bovenlanden*.

In 1832, hadden de Padries hier eene versterkte linie aangelegd, welke, den 29 Mei van dat jaar, door de onzen in twee kolonnen werd aangevallen. De Kapitein Tette Baukes Veldman, die aan het hoofd van den linkervleugel optrok, drong stormenderhand de linie binnen; terwijl de regter kolonne, bijna gelijktijdig, den anderen vleugel overmeesterde.

SOENGEJ-POETIE (DE), riv. in *Oost-Indië*, in het *Sundasche* eil. *Java*. Zie Kalie-Poetie (De).

SOENGEJ-ROENTIE, d. in *Oost-Indië*, op het *Sundasche* eil. *Borneo*, rijk *Succadana*, distr. *Landak*, O. van de Banjer. — Men vindt in den omtrek de meeste diamantmijnen.

SOENGEJ-TAMPOERAN (DE), riv. in *Oost-Indië*, in het *Sundasche* eil. *Java*, resid. *Bezoeki*, met eene noordelijke rigting in de *Straat-van-Madura* uitloopende.

SOENGEJ TANDOENANG (DE), riv. in *Oost-Indië*, op het *Sundasche* eil. *Java*, resid. *Djapara*, welke uit de Djawana voortkomende, met eene westelijke rigting, in de *Zee-van-Java* uitloopt.

SOENGEJ-TARAP, d. in *Oost-Indië*, op het *Sundasche* eil. *Sumatra*, gouv. *Sumatra's-Westkust*, resid. *Padangsche-Bovenlanden*, rijk *Menangkabau*. — Het is de zetel van eenen Vorst.

SOENGEJ-TENANG, lands. in *Oost-Indië*, op het *Sundasche* eil. *Sumatra*, gouv. *Sumatra's-Oostkust*, resid. *Palembang*, tusschen 2° en 3° Z. B.

Het staat onder eenen Pangerang, die Onder-Regenten onder zich heeft, welke den titel van Kalippah voeren. Het is door hooge bergen met bosschen omringd en wordt door de Anak-Soergi of Moko-Moko bespoeld. De voortbrengselen zijn: maïs, padi, zoete aardappelen, tabak en suiker.

SOENGEJ-TEWEJ (DE), riv. in *Oost-Indië*, in het *Sundasche* eil. *Borneo*, resid. *Banjermasing*, bij het d. Lontentoer, in de *Soengej-Doeson* uitloopende.

SOENGEJ TJILANGJIAN (DE), riv. in *Oost-Indië*, in het *Sundasche* eil. *Java*, resid. *Cheribon*, welke zich met eene oostelijke rigting in de *Zee-van-Java* ontlast.

SOENGSANG, d. in *Oost-Indië*, op het *Sundasche* eil. *Sumatra*, gouv. *Sumatra's-Oostkust*, resid. *Palembang*, bij den mond van de Soengsang.

Het is de residentie van den Demang of het kleine Opperhoofd, die aan den Sultan van Palembang de aankomst der schepen boven de tachtig ton moet berigten, en loodsen tot Palembang moet bezorgen.

SOENGSANG (DE) of de Soensang, riv. in *Oost-Indië*, in het *Sundasche* eil. *Sumatra*, gouv. *Sumatra's-Oostkust*, resid. *Palembang*.

Het is een der armen van de rivier van Palembang, welke met eene oostelijke rigting in de *Straat-van-Bangka* uitloopt.

SOENGSING, berg in *Oost-Indië*, op het *Sundasche* eil. *Sumatra*, ads. res. *Tjibaroesa*.

SOENIA-WENANG, distr. in *Oost-Indië*, op het *Sundasche* eil. *Java*, resid. *Preanger-Regentschappen*, ads. res. *Tjanga*.

SOENKAR (BATOE-), fort in *Oost-Indië*, op het *Sundasche* eil. *Sumatra*. Zie Çapelle (Van-der-).

SOENOER, oud d. in *Oost-Indië*, op het *Sundasche* eil. *Sumatra*, gouv. *Sumatra's-Westkust*, resid. *Padang*.

SOENSANG (DE), riv. in *Oost-Indië*, in het *Sundasche* eil. *Sumatra*. Zie Soensang.

SOENS-POLDER (WILLEM-), voorm. pold., in *Staats-Vlaanderen*, in het *Vrije-van-Sluis*, prov. *Zeeland*, distr. *Sluis*, in *Baarzande*, nu gem. *Groede*; palende N. aan den Vogellust-polder, O. aan eenen polder, waarvan de naam verloren is, nu den Elizabeth-polder, Z. aan den, nog onder dien naam bekenden, Gistelaar-polder, W. aan den Desmuspolder (nu Zuidkerke-polder).

Deze pold. komt voor in het accoord van den Abt van St. Pieter, te Gent, met het kapittel van Doornik, van Maart 1350—1357 als behoorende tot St. Pieter: thans is hij bekend onder den naam van Golf-polder. (Zie dat art.).

SOEPA, Soping of Soppeng, klein koningrijk in *Oost-Indië*, op het *Sundasche* eil. *Celebes*, midden aan de Westerstranden en oevers van de Bogt-van-Boni.

Ten Noorden bepaalt het zich aan het meer Tamparanglaba, ten Zuiden grenst het aan Lamoeroe, hetgeen oudtijds, nevens onderscheidene andere kleine rijkjes, daaraan cijnsbaar was, doch die later op zich zelven of onder Boni gekomen zijn. De Koningen van dit rijk zijn, van oude tijden af, door wederzijdsche huwelijken, met die van Boni verbonden geweest. De Sopingers beweren, dat hun eerste Koning uit den Hemel afkomstig is.

Het is van ouds een der vermogendste rijken van Celebes geweest. Het land is vruchtbaar en goed bebouwd; waardoor dit rijk als de voorraadschuur der naburige Staten beschouwd wordt, doch de bevolking bedraagt slechts 18,000 zielen.

Het bewind van Soepa was ons bestendig vijandig, en liet zich, vooral in deze eeuw, meestal door de Staatkunde van het Hof van Boni leiden. In Junij 1825, echter werd Soepa door den Generaal-Majoor van Geen, in weerwil van de buitengewone versterking der stad, tot onderwerping gedwongen, eenige daaraan verbonden, naburige Radja's hebben zich insgelijks onderworpen.

SOEPAYONG, d. in *Oost-Indië*, op het *Sundasche* eil. *Sumatra*, rijk *Menangkabau*. — Men treft er goudmijnen aan.

SOER (DE) of de Zoer, ook wel de Kleine- of Strijper-Aa geheeten, riviertje in de *Meijerij van 's Hertogenbosch*, prov. *Noord-Braband*, dat ½ u. van de Limburgsche grenzen uit het *Soerendonksche-Goor* ontspringt, voorts, noordwaarts aanstroomende, zich ½ u. bezuiden Leende in den *Groote-Rul* ontlast.

SOERABANG, oud d. in *Oost-Indië*, op het *Sundasche* eil. *Java*, resid. en reg. *Cheribon*, distr. *Gebang*, Z. van de Lassari.

SOERABANG, oud d. in *Oost-Indië*, op het *Sundasche* eil. *Java*, resid. *Preanger-Regentschappen*, lands. *Gabbang*.

SOERABAYA, Soerobojo, Soerobanggi, Soerohestei of Soeropringgo, resid. in *Oost-Indië*, op het *Sundasche* eil. *Java*, tusschen 6° 44' en 7° 43' Z. B. en 149° 41' en 129° 88' O. L.; palende N. en O. aan de

Zee-van-Java, Z. aan de Straat-van-Madura en de resid. Passaroewang, Z. W. aan de resid. Kediri, W. aan de resid. Rembang.

Deze resid., welke ook het eil. Madura bevat, is verdeeld in de twee afd. Soerabaya en Grissee en de adsc. res. Modjokerto of Djapara, Madura, Sumanap en Bawean, en in de distr. Sidayoe, Lamongan, Grissee, Soerabaya en Djiepang. Het is van het Westen naar het Oosten 55 palen lang en van het Noorden naar het Zuiden 45 palen breed, en beslaat eene oppervlakte van omstreeks 2,475 palen.

De voornaamste plaatsen zijn Soerabaya, Grissee en Oedjang Panka. De twee aanzienlijkste rivieren van Java de Kedirie en de Solo loopen door deze residentie en ontlasten er zich in de Straat-van-Madura. Behalve deze heeft men er nog de Jono Slover of Settro, de Kedemangan en de Kalie Goenting. Voorts is deze residentie rijk in waterleidingen ten dienste van den landbouw, van welke men er 157 telt; terwijl er 310 houten bruggen gevonden worden. Nabij het d. Bointasan is op den top van eenen heuvel eene modderwel, welke als van eenen kegel afvloeit; de modder is met vele zoutdeelen bezwangerd. Ook meent men hier omtrent bronnen van aardpek of aardolie (*naphta*) ontdekt te hebben.

De groote postweg loopt in deze residentie om de West naar Grissee en om de Oost naar Passaroewang. Verder heeft men eenen anderen hoofdweg, in het midden der residentie, welke in eene zuidwestelijke rigting en door de distrikten Djengollo, Djiepang en Wierosobo naar de grenzen van Kedirie heen leidt; — eenen anderen beginnende 17 palen van SOERABAYA bij de brug Tangoelangan, welke mede zuidwaarts loopt en zich bij den een en dertigsten paal met den eerstgenoemden vereenigt; — eenen derden van de grenzen van Passaroewang uitgaande en met de twee voorgaande ineenloopende; — en eindelijk eenen weg, die langs de rivier Soerabaya naar de distrikten Goenoeng, Kendang en Kabo voert. Over het algemeen zijn deze rijwegen in eenen goeden staat, ofschoon die in de westelijke distrikten Goenoeng, Kendang, Kabo en Lengking in den West-Moesson veel te lijden hebben en ook in den droogen tijd door de breede scheuren, die er invallen, eenigzins moeijelijk te berijden zijn. De wegen om de Zuid gelegen zijn nogtans breeder en ten alle tijde voor rijtuigen bruikbaar, te meer, daar ook aan het onderhoud der bruggen en overvaarten alle mogelijke zorg en moeite wordt te koste gelegd. Daarenboven zijn in de hoofdplaats SOERABAYA, te Kedoong, te Sidokari en te Brandjagan behoorlijke posterijen aangelegd, waar altijd de noodige paarden zoo voor rijtuigen als brievenpostiljons gereed staan, zoodat de gemeenschap met de naburige residentiën met veel spoed en regelmatigheid onderhouden wordt.

De gesteldheid van den dampkring is aan de stranden heet en in hoogere streken zeer koel, doch in het algemeen zeer gezond. De warmtegraad is des morgens en des avonds aan de stranden 70° à 73° en des middags 83 à 84°; in de hooge streken, zooals te Trawassis, des nachts 60°.

De grond is deels vlak, deels heuvel- en deels bergachtig.

Van de bergen in deze residentie verdienen slechts drie vermeld te worden: de Ardjoeno of Welierang, een vulkaan, die zich omtrent 310 of 380 ell. boven den spiegel der zee verheft; de eenigzins minder hooge Penangoengan en de Broebook, welke alle blijken draagt van voor een groot gedeelte te zijn ingestort.

De vlakke streken zijn meerendeels van rivieren, kreken en waterleidingen in alle rigtingen doorsneden, zeer vruchtbaar en uitnemend voor den rijstbouw geschikt; de heuvelachtige grond is eenigzins minder vruchtbaar, en de bergachtige slechts ter voortbrenging van enkele produkten, waaronder de koffij, berekend. Bij deze gesteldheid van den grond is de landbouw een der voornaamste bestaanmiddelen der inboorlingen, die zich hoofdzakelijk op het aankweeken van rijst, suikerriet, tabak, indigo, koffij, kapas, djagong, djarak, obies, ketellas en onderscheidene soorten van katjang toeleggen. Terwijl men, in 1812, in het regentschap Soerabaija nog slechts 1795 jonken sawavelden bebouwde, was dat getal in 1832 reeds tot 19,384 en dat der tegalvelden, in het zelfde tijdvak van 103 tot 610 vermeerderd. Ook het getal landbouwers is sedert de laatste jaren in dit regentschap, op eene verwonderlijke wijze, aangegroeid, daar men er in 1815 nog slechts 32,618, in 1827 83,599 en in 1832 reeds 98,839 telde. Alleen in het fraaije regentschap Djapang is een groot gedeelte van den grond tot hiertoe nog woest en onbebouwd gebleven.

In de binnenlanden dezer residentie zijn digte, weinig bezochte bosschen, waarin zwaar djati en ander duurzaam hout gevonden wordt. Verder heeft men er rijst, koffij, indigo, suiker, katoen, buffels, paarden en huisdieren, gevogelte en zout. Daar de zee langs de stranden dezer residentie eenen rijken overvloed van allerlei visch oplevert, is de visscherij mede eene voorname tak van bestaan voor de inboorlingen. De strandbewoners, die zich dagelijks met de vangst bezig houden, gebruiken daartoe werp-, trek-, kruis- en schepnetten, benevens seero's (eene soort van fuiken, als staketsels opgesteld) en harpoenen, doch de riviervisch wordt meestal met aalkorven en den hengel gevangen.

De bedrijven van nijverheid en volksvlijt, in deze residentie uitgeoefend, zijn het trekken van olie uit de klappernoot, de katjang, de djarakplant of wel uit de vruchten der kasambie en kamiriboomen; het bereiden van boomsuiker en van trassie, een mengsel, waarmede de inlandsche bevolking nagenoeg al hare spijzen kruidt, en dat door de vrouwen uit allerlei soorten van verlegen en half verrotten visch, uit garnalen en schelpvisschen wordt getrokken; het batakken en verwen; de bereiding van natte indigo, het garenspinnen, het weven van lijnwaad, het bereiden van leder, het touwslaan, het bakken van pannen en steenen, het kalkbranden, het ijzer-, goud- en zilver smeden, het koper- en blikslaan, het geweer-, sloten- en horologiemakerswerk, het draaijen, schrijnwerken, metselen, zadel-, kleeder- en schoenmakerswerk enz. Ten gerieve der kooplieden zijn buiten eene menigte andere ook drie fraaije steenen bazaars, Pabean, Noebong en Madjet, opgerigt, welke dagelijks geopend en waar alle soorten van levensmiddelen voor zeer billijke prijzen te bekomen zijn.

In het lands. Sidayoe en verder op in het landschap Toeban zijn steengroeven, waaruit zekere zachte steen batoe-kombong, gehaald wordt, die, bij het bouwen, vooral tot sieraden gebruikt wordt. Deze steensoort wordt hard door de buitenlucht, en verkrijgt door den invloed van wind en regen, eene donkere kleur. Er zijn grovere en fijnere soorten; de fijnste is inzonderheid geschikt, om tot bouwkundige versierselen, kroonlijsten enz. bewerkt te worden.

De bevolking bedroeg in 1832, 363.227 zielen, te weten: 1945 Europeanen, 2110 Maleijers en Boeginezen, 2812 Chinezen, 368 Arabieren en Mooren, benevens 355,902 oorspronkelijke Javanen.

Onder de merkwaardigheden, welke in deze resid. bijzonder de aandacht verdienen, tellen wij de bouwvallen van de prachtige en uitgestrekte hoofdstad Madjapahit; eenige beelden te Ketanen; een gemetseld bad te Djotto-Toendo; vijf vervallen tempels te Djedong en een groot steenen beeld te Soerabaya. Tot de vestiging van de godsdienst van Mohammed hebben betrekking: eene kleine moskee op den berg achter Grissee, welke men beweert, door Sheik Moelana gesticht te zijn; hierheen gaat men ter bedevaart, om den Profeet van den Islam voor herstel van zware ziekten en anderen uitredding te danken; eenige grafsteden in het dorp Leerang, welke door de Javanen in hooge eere gehouden worden, en alwaar, onder andere, het graf is van Poetrie Dewie Lanarie, ook Ratoe Agong genoemd, eene vrouw, die met Ibn Moelana veel tot uitbreiding van den Islam heeft bijgedragen. Het graf van Radien Panos, met de wonderdadige kris, ligt mede niet ver van daar.

Het land is overdekt met vele bosschen van meerderen of minderen omvang, welke negen en zestig verschillende soorten van hout opleveren, waarvan vier en twintig alleen tot brandhout kunnen dienen, terwijl van de overige allerlei soorten van meubelen, siriedoozen, piekstokken, krisheften en krisscheeden vervaardigd worden. De uitgestrekte wouden zijn in het regentschap Djiepang en in het distrikt Lingker gelegen, ofschoon geen hunner bijzonder zwaar hout oplevert, terwijl dit, waar het nog gevonden wordt, meestal op zulke ontoegankelijke plaatsen groeit, dat het niet dan met de grootste moeite en onkosten geveld en vervoerd kan worden.

SOERABAYA, Soerobojo, Soerobanggi, Soerobestri of Soeropringgo, st. in *Oost-Indië*, op het *Sundasche* eil. *Java*, aan den mond der riv. van dien naam, ook wel de Kalie-maas of de Kedirie geheeten; en aan den groten postweg, 577 palen O. van Batavia, 205 palen W. van Banjoewanggi.

De Soerabaya doorsnijdt de stad in twee deelen, en scheidt alzoo het inlandsche en Chinesche gedeelte van elkander. In het inlandsche hebben de meeste Europeanen zeer fraaije woningen. Door eene sierlijke ophaalbrug zijn de beide oevers aan elkander verbonden. De uitgestrekte vestingwerken, welke de stad vroeger tot eene der sterkste van het eiland maakten, zijn thans alle afgebroken, alhoewel men, even als te Batavia, weder ijverig met het aanleggen van nieuwe forten en werken bezig is; zoo is er eene citadel gebouwd, welke ter gedachtenis van Prins Hendrik der Nederlanden, die in Junij 1837, de stad met een bezoek vereerd heeft Citadel Prins Hendrik genoemd wordt. Aan den ingang van den Trechter, is de stad krachtig versterkt door het, onder het bestuur van den Gouverneur-Generaal Daendels, aangelegd fort Oranje (zie dat woord). De haven, welke aan de Oost- en Westzijde een ruim binnenkomen heeft, biedt zelfs voor groote oorlogschepen eene uitgestrekte en tegen alle winden beschutte legplaats aan, welke tevens als een marine depot van het uiterste gewigt is. Zoo wel op het fort, als in de stad zelve ligt een sterk garnizoen, tot welks huisvesting de benoodigde gebouwen, als: kazerne, hospitaal en afzonderlijke woningen voor Officieren voorhanden zijn. Behalve 9000 particuliere woningen, waaronder 1132 van steen, heeft de stad een aantal openbare en gouvernements-gebouwen, onder welke het Stadhuis, de Hervormde kerk, de Roomsch Katholijke kerk, het Weeshuis, strekkende ter opneming der ouderlooze en behoeftige kinderen, welke vroeger naar Samarang werden opgezonden, de Stadsschool, de Munt, 's Lands-pakhuizen, het

Bureau van In- en Uitgaande Regten, de Pletmolen, de gebouwen behoorende tot de Constructie-winkel, de Marine-pakhuizen, de Woning voor den Kommandant der troepen, de Kogelgieterij en het Kruidmagazijn, de voornaamste zijn. Daar voorts de Scheepstimmerwerven en Marine-magazijnen alles opleveren, wat tot den aanbouw en het herstellen van schepen noodig is, komen zoowel 's lands oorlogsbodems, als die in koloniale dienst zijn, zich hier ter plaatse tot eene volgende reis gereed maken, waartoe de ligging van Soerabaya, gedurende de beide moessons, meer dan eenige andere haven op het eiland geschikt is. Handel en scheepvaart verkeeren er in eenen bloeijenden staat, in 1832 zijn 54 Europesche schepen, waaronder 39 Nederlandsche, 11 Engelsche, 1 Fransch, 1 Amerikaansch, 1 Spaansch en 1 Portugeesch, ladende gezamenlijk 6.983 lasten te Soerabaya ten handel gekomen, en vertrokken daarentegen 81 bodems, met 9.753 lasten. Op 1 Januarij 1841, behoorden hier te huis 4 fregat-, 3 bark-, 8 brik- en 8 schoonerschepen. Rijst, suiker, koffij, specerijen, peper, kurkema, thee, verfwaren, huiden, rotting, schildpad, confituren, tamarinde, indigo, vogelnesten, manilla sigaren en verfhout, de voornaamste artikelen, welke naar Europa worden uitgevoerd. Daarbij worden nog aanzienlijke hoeveelheden amphioen, lijnwaden, Europesche provisiën, ijzer, staal, koper enz., verder al wat Java oplevert of van het moederland ontvangt, naar de tot deze residentie behoorende eilanden Madura en Bawean uitgevoerd, en kan Soerabaya met regt de algemeene stapelplaats voor China, de Molukken en den geheelen Archipel genoemd worden.

Onder de nuttige inrigtingen behoort eene School voor de stuurmanskunst, het Godsdienstig Kindergenootschap en een Departement der Maatschappij: *Tot Nut van 't Algemeen*; terwijl men er werkzaam deel neemt aan de verrigtingen van het Nederlandsch Bijbel- en Zendeling-Genootschap.

Deze stad kan met *Samarang* en *Batavia* voor de drie voornaamste zeesteden van Java gehouden worden, terwijl sommigen haar, naar aanleiding der verschillende voordeelen, welke zij aanbiedt, de eerste zeestad van Java willen genoemd hebben. Zij was voorheen het verblijf van den Gouverneur van Java's oostkust, wiens betrekkingen zich ook tot het eiland Madura en de beide vorstenhoven uitstrekten. Het is de zetel van een der drie geregtshoven, het derde militair kommando en het grootste maritime etablissement.

De Herv. gem. te Soerabaya telt omtrent 1000 zielen, onder welke omtrent 400 Ledematen. Deze gem. heeft twee Predikanten en eene kerk.

Den 12 Augustus 1842 ontstond er te Soerabaya brand in een der, aldaar in 1839 nieuw opgerigte, Gouvernements-pakhuizen, hetwelk sedert eenige maanden tot entrepot diende en waarin tevens onderscheiden gouvernements-goederen geborgen waren, deze brand bepaalde zich enkel tot dit pakhuis. Veel heviger echter woedde die, welke den 26 dier zelfde maand, ten noorden van den bazaar Pabean, ontstond, als zijnde daardoor 144 huizen, waaronder 15 steenen en 31 houten een prooi der vlammen geworden.

Den 9 September van dat zelfde jaar ontstond er ten derdemale brand te Soerabaya en wel aan de zuidzijde van den bazaar Pabean, door welk ongeval er 95 steenen en 559 bamboezen woningen door het vuur vernield zijn.

In den avond van den 3 Februarij 1847 werd Soerabaya nogmaals door brand geteisterd. Deze barstte uit in het meest volbouwde gedeelte der plaats en daardoor werden 29 met pannen gedekte opstallen en twee bamboezen huizen in de asch gelegd.

SOERABAYA (DE), riv. in *Oost-Indië*, in het *Sundasche* eil. *Java*, resid. *Soerabaya*.

Het is dat gedeelte van de *Kederie*, hetwelk bij Soerabaya in de *Zee-van-Java* uitloopt.

SOERABAYA (DE REEDE-VAN-), reede in *Oost-Indië*, aan de Noordkust van het *Sundasche* eil. *Java*. — Het is eene zeer veilige ankerplaats.

SOERA-DJAYA, bosch in *Oost-Indië*, in het *Sundasche*. eil *Java*, resid. *Tagal*.

SOERAKARTA, resid. in *Oost-Indië*, op het *Sundasche* eil. *Java*; tusschen 7° 5' en 8° 8' Z. B. en 128° 6' en 129° 9' O. L.; palende N. W. en N. aan de resid. Samarang, O. aan de resid. Madion, Z. en Z. W. aan de resid. Djocjokarta, W. aan de resid. Kadoe.

Deze resid. laat zich het gevoegelijkste verdeelen in een Oost-, een West-, een Noord-, een Zuid- en een Middel-gedeelte, waarvan het eerstgemelde het landschap Soekawattie, het Westelijk en Zuidelijk Padjang, en het Noordelijk en Middelgedeelte Padjang en een ander deel van Soekawattie bevatten. In de binnenlanden heeft men de reg. Klatten, Boyolalie en Sokowinangon. De voornaamste plaatsen dezer residentie zijn: Soerakarta of Solo, Klatten en Sello.

Uit de verschillende gebergten in deze resid. storten een aantal rivieren in de vallei neder, welke alle voor den landbouw nuttig, maar de Solo alleen uitgezonderd, voor vaartuigen ontoegankelijk zijn. De Denking, de Ngloesah, de Goendang, de Merboeng, de Karangwoeni-Nongo, de Ngladjoen, de Djebal, de Sangoong, en de Djemis in het Padjangsche, en de Samin, de Sroyo, de Grompol, de Mongkoong, de Bonromo, de Kedoong, de Banting, de Serang en de Ngariboyo, welke genoegzaam alle in de Solo uitloopen, worden voor de voornaamste gehouden. Voorts vindt men hier nog de Oepak. Alle deze bergstroomen zijn in den oostmoesson bijna droog, doch leveren in den regentijd eenen overvloed van water op. Van de meren welke men hier aantreft, zijn die van Telogo-pienian, Tenting, Klegan, Modjorogo en Kartoesono, in het Padjangsche, en die van Nglanson, Pedaugan en Djembangan in het Soekowatiesche gelegen, doch geen van alle van aanmerkelijke uitgestrektheid. Onder de bronnen, aan welke dit gewest zeer rijk is, zijn die van Kapoeran, Ploeming, Karang-Geming, Sekar, Ngoepit, Deren, Djolotoendo, Ngoemboel, Halit, Tjokio, Gedang, Derkilo, Ngendo, Penking-Kapat, Djiembong, Slamattan en Pingok de voornaamste, terwijl te Soerakarta, te Sangiran, te Seseloh en te Karang-Pandan ook nog rijke zoutbronnen ontspringen.

De wegen zijn in dit gewest over het algemeen in goeden staat, en behalve de groote weg van Samarang naar Soerakarta, die ongeveer 19 ell. breed is en zes en zestig palen lengte heeft, loopen er andere van de hoofdplaats naar de voornaamste afdeelingen en distrikten. Vooral de rijweg van Soerakarta naar Djocjokarta is zeer fraai en van dezen gaan een aantal bruikbare wegen zijdelings het land in., waaronder die naar Megirie of de begraafplaats der Javaansche Prinsen, wel de voornaamste is.

Deze geheele residentie ligt, als het ware, in eene kom van bergen besloten, waarvan de Marbaboe en de Merapie ten Westen, de Lawoe ten Oosten en een uitgestrekte tak van het Zuider-gebergte ten Zuiden gelegen zijn. Het Zuidergebergte is een breede bergrug, die van het Zuiden naar het Oosten voortloopt in eene woeste onbewoonde streek, welke, behalve timmerhout, noch uit het planten-, noch uit het delfstoffelijk rijk iets merkwaardigs oplevert. Dit gedeelte des lands is zoo weinig bekend en wordt zoo zelden bezocht, dat Diepo Negoro zich aldaar in 1829 en 1830 eenen geruimen tijd ophield, en zich in de onherbergzame wildernis ten volle veilig kon achten.

Hoewel de bergen en vooral het Zuider-gebergte ook djatiehout opleveren, heeft deze residentie geene eigenlijk gezegde djatiebosschen, en wordt er door de Javanen alleen timmerhout geveld voor eigen gebruik tot den huisbouw, waartoe meestal djatie gebezigd wordt. De uitgestrekte djatiebosschen van Blora, welke vroeger aan Soerakarta behoorden, zijn aan het gouvernement afgestaan.

De grond is vruchtbaar en wel bebouwd; rijst, djagong, koffij, suiker, thee, tabak, djarak, waaruit olie geperst wordt, zijn de voornaamste producten; ook zijn er veel boomvruchten, buffels, paarden en huisdieren. Voor het vervoeren der voortbrengselen is de rivier Solo van groot nut.

Te voren, toen alles meer aan dwingelandij onderworpen was en de Vorstenlanden minder in aanraking met de Europeanen kwamen, bestond hier geen handel hoegenaamd; doch thans nu de Europesche bevolking is toegenomen, beginnen de Chinezen er zich meer en meer op toe te leggen. Gedurende de laatste jaren bepaalde de uitvoer zich hoofdzakelijk tot koffij, peper, indigo, suiker, rijst, olie en ruwe en gesponnen katoen; terwijl lakens, lijnwaad, goud en zilver galon, meubelen, rijtuigen, glaswerk, porselein, ijzer, staal, was, specerijen, gedroogde visch, gambier, geestrijke dranken, tabak, paarden en hoornvee worden ingevoerd.

Sedert eenige jaren hebben onderscheidene Europeanen zich in de binnenlanden nedergezet ter ontginning van landerijen, welke met voorkennis van het Gouvernement hun, tegen betaling van zekeren pachtschat, door de Rijksgrooten voor eenen bepaalden tijd zijn afgestaan, en waarop door hen met goed gevolg belangrijke koffijplantaadjen en suikerfabrijken zijn aangelegd. De inboorlingen leggen zich met goed gevolg op onderscheidene kunsten en handwerken toe, zoo dat men thans in de hoofdplaatsen vrij goede ijzer-, goud- en zilversmeden, koper- en blikslagers, geweer- en slotemakers, schrijnwerkers, timmerlieden, metselaars, kleer- en schoenmakers, draaijers, zadelmakers enz. vindt.

Het klimaat is in dit gewest zeer gunstig, zoodat het verblijf er voor Europeanen, zoowel als voor de inboorlingen, doorgaans gezond en aangenaam is, alhoewel er bij de afwisseling van den moesson, weleens koortsen en huidziekten heerschen, die nogthans zeldzaam van eenen kwaadaardigen aard zijn.

Deze residentie is tevens een keizerrijk. De Keizer is alleen heerschend in zijn rijk, met dien verstande echter, dat hij leenman van het Gouvernement is, hetwelk hij als Opperheer huldigt. Volgens de inlandsche wetten vonnis vellende, mag hij echter niemand verminkende straffen of folteringen doen ondergaan; wijders is hij door verbondschriften verpligt, in sommige zaken met den Resident te raadplegen.

De staat der bevolking werd in 1834 opgegeven: Europeanen en hunne afstammelingen 572, Javanen 457,899, Chinezen 1,404, van verschillenden landaard en Slaven 109, uitmakende een geheel van 460,100 zielen.

De Javaan bezit hier eenen zekeren hoogmoed, die uit het denkbeeld dat zijn Vorst Keizer is, zijnen oorsprong schijnt te nemen; daar hij zich boven de overige Javanen, die niet onder hem staan, verheven waant. In beschaving en kennis staat hij bij vele strandbewoners ten achteren; niet te min gelooft hij, dat in het rijk van Soerakarta de zetel van kunde en geleerdheid gevestigd is, hij is verwaand en soms onverdragelijk. Voor zijne Vorsten is hij kruipend en gehoorzaamt hen op hunne wenken; echter weet hij, wanneer hij eenmaal onderdaan van het Nederlandsche Gouvernement is geworden, het voordeel, dat hij onder een billijk bestuur geniet, weldra te waarderen.

De residentie wordt versterkt door drie forten, welke alle Europeesch garnizoen hebben. Dat bij de hoofdplaats Soerakarta, hetwelk door de kompagnie in 1755 gebouwd werd is regelmatig vierkant, met vier bolwerken en een dertigtal vuurmonden van het zwaarste kaliber gewapend. Het ligt in de onmiddellijke nabijheid van de kraton, aan den mond der Pepeh, ter plaatse, waar deze in de Solo valt. Het fort Boyolalie, aan den weg van Samarang naar de Vorstenlanden, is slechts zes uren gaans van het fort Salatiga in het Samarangsche gelegen; terwijl het fort Klatten in eene meer zuidelijke strekking is aangelegd. Voorts zijn gedurende den oorlog op de voornaamste punten en bergpassen nog verschillende bentings of gepalissadeerde verschansingen opgeworpen.

Zoowel in het distrikt Brambanon als in de nabijheid van Soerakarta, zijn zulke heerlijke tempels en bouwvallen, dat zij den oudheidkenner met verbazing vervullen; deze tempels waren in vroegere eeuwen aan de Hindoesche godheden toegewijd.

SOERAKARTA of Solo, st. in *Oost-Indië*, op het *Sundasche* eil. *Java*, resid. *Soerakarta*.

Deze stad die eene ontzaggelijke uitgestrektheid heeft, telt eene bevolking van ruim 100,000 zielen. Zij is de zetel des rijks, waar de Keizer of Soesoehoennan, ook wel, bij verkorting Soenan genoemde zijn verblijf houdt, zoowel als vele Prinsen, aanzienlijke Leenmannen en andere Grooten. Alle die voorname mannen hebben groote dalems; doch de keizerlijke kraton beslaat, met tuinen en vijvers binnen hare muren, eene grootere oppervlakte en bevat, volgens sommigen, eene bevolking van 10,000 zielen, tot de hofhouding en de dienst van het paleis behoorende.

Het Nederlandsch kasteel, dat den Resident tot woning verstrekt, is zeer sterk. De Europesche wijk is grooter dan te Djokjo, dewijl er veel meer Europeërs wonen; onderscheidene hunner hebben fraaije steenen huizen. Eene Protestantsche kerk, grootendeels gebouwd uit de bijdragen der gemeente te Solo, en waartoe verschillende Javaansche grooten gelden hebben geschonken, is den 24 Augustus 1832 ingewijd. De gem. telt 600 zielen, onder welke 280 Ledematen en heeft eenen Predikant. Ook is hier in 1832 opgerigt het Javaansch Instituut, waarin jongelingen van Europesche ouders met de Javaansche zeden, taal en regtspleging worden bekend gemaakt, en zoo doende opgeleid, tot Ambtenaren voor de dienst van het eiland Java, in staat, zich in onmiddellijke aanraking met den inlander te stellen. Bovendien is er nog eene Gouvernementsschool met 80 en eene partikuliere meisjesschool met 40 leerlingen.

Te Soerakarta legt de Javaan groote nijverheid aan den dag. Fraai lederwerk, zadels en paardentuigen worden er vervaardigd; ook zijn de Solosche kleedjes zeer gezocht, terwijl weverij en verwerij er zeer deugdzaam geacht wordt.

Zekere Tommongong Wongso di Poero, die, ten tijde van den Soesoehoenang Bagoes, een man van aanzien en veel invloed was, kwalijk gezind zijnde jegens het Gouvernement, had in de maand April 1828 besloten, om, met behulp van een zijner zonen, Maas Rongo Warsito, eenen aanval op het fort te Soerakarta te ondernemen. Door middel van zijne talrijke aanverwanten had hij daartoe reeds, met de meeste geheimhouding, eene aanzienlijke menigte krijgsbehoeften bijeengebragt in de dorpen Klewong en Penging. Aangezet door Dipo Negoro en Kiay-Modjo, hadden de aanleggers van dit komplot het voornemen, om te gelijker tijd, dat door Warsito de aanval op het fort zou gedaan worden, tevens ook in het Padjangsche te vallen en de bevolking van die streken in opstand te brengen. Hoe geheimzinnig dit boosaardig opzet ook gevoerd werd, ontsnapte het echter aan de waakzaamheid der Nederlandsche Regering niet. Met de meeste bedaardheid en het grootste overleg, werden door den Resident alle de gangen der kwaadwilligen nagegaan en alle hunne slechte bedoelingen verijdeld. Op het oogenblik, dat zij zich het zekerste waanden, werden Warsito en zijne voornaamste medestanders gevat en in verzekerde bewaring gesteld, waarna zij hunne verdiende straf ontvingen.

SOERALABANG, oud d. in *Oost-Indië*, op het *Sundasche* eil. *Java*, resid. *Batavia*.

SOERA-NENGALA, distr. in *Oost-Indië*, op het *Sundasche* eil. *Java*, resid. en reg. *Cheribon*.

SOERAT, berg in *Oost-Indië*, op het *Sundasche* eil. *Java*, resid. *Pekalongan*, distr. *Worosobo*. Uit dezen berg ontsprong een der vijf takken van de Kalie-Oeloe-Djamie.

SOERAWASA, d. in *Oost-Indië*, op het *Sundasche* eil. *Sumatra*. Zie Soeroasso.

SOERDI, naam, welken de Negers geven aan de koffijplant. de Nieuwe-Eendragt in *Nederlands-Guiana*, kol. *Suriname*. Zie Eendragt (Nieuwe-).

SOEREL, eertijds Suren, bij Alting, onder de *quatuor foreste*, in den Giftbrief van Keizer Otto III van het jaar 996 en van Lotharius II het jaar 1134, van Soerst genoemd, deftige boerenwoning en herberg op de *Veluwe*, prov. *Gelderland*, distr. *Veluwe*, arr. en 10 u. N. van *Arnhem*, kant. en 2½ u. N. ten O. van *Elburg*, gem. en 2 u. Z. O. van *Doornspijk*, aan den voet der Woldbergen en den driesprong der groote veldwegen van Nunspeet, Elburg, en Epe op Gortel, Nierze en Apeldoorn, met ruime bijgebouwen en paardenstallen, waar jaarlijks meer dan 1200 koppel paarden van paardenkoopers gestald worden.

Hier is ook de plaats waar men, op gezette tijden, jaarlijks, van heinde en ver, de Veluwsche schapen en lammeren aanbrengt, om die den kooplustigen aan te bieden, welke schapenmarkt over de geheele Veluwe beroemd is, en druk bezocht wordt.

Mede is hier nog het Eerdgat aanwezig, zijnde de vroegere verblijfplaats der zwervende Heidens op de Veluwe, welke kuil volmaakt gelijk is aan de zoogenaamde Bommelskuil bij het Gortelerbosch, ook het Heidensche-gat of de Davidsboom genoemd.

Voor het woonhuis ziet men eene meer dan 30 ell. diepe put met zeer smakelijk en helder water, alsmede een buitengewoon dikke oude lindeboom. Deze boom heeft boven den wortel ruim 6 ell. in omtrek, en ter manshoogte ongeveer 5 ell. Hij is met eene zitbank omringd, welke den wandelaar als het ware tot rusten schijnt uit te noodigen. De bijl, welke bijna altijd de natuurlijke dood der boomen belet, heeft hier eene uitzondering gemaakt en vermoedelijk heeft alleen de eenzame ligging van het SOEREL, den lindeboom aan het algemeen lot onttrokken; terwijl hier in de barre heide, waar de schaduw meer noodig is, een groote boom door de inwoners, vooral wanneer hij in de nabijheid hunner woning staat, voor een kostbaar voorwerp gehouden wordt. Gelukkig schijnen het aanwezen van den lindeboom op het SOEREL, welke den reiziger door de naakte Veluwsche heidevelden ook tot baak versterkt, zijne nuttige bestemming en de eerbied der bewoners zijn vreedzaam bestaan te verzekeren, tot dat hij natuurlijk zijnen tol betalen zal, aan het algemeene lot van alle zaken, die bestaan. Aan de, tot deze plaats behoorende, uitgebreide akkermaalsbosschen en verdere landerijen, welke laatstgenoemde alle tiendvrij zijn, en zich sedert jaren in eenen verwaarloosden staat bevonden, zijn door den tegenwoordigen eigenaar, den Heer J. G. SCHELTUS VAN IJSSELDIJK, te Elburg, als het ware een nieuw leven gegeven, zoo, door die geheel te omringen met wel onderhouden wordende aardwallen en singels, als met het aanleggen van uitgestrekte lanen, kweekerijen en plantsoenen. SOEREL beslaat, met de daartoe behoorende gronden, eene oppervlakte van 72 bund. 20 v. r. 80 v. ell.

SOEREL (HOOG-), hooge vierkante toren, met eene spits en een met leijen gedekt dak in den Westelijken regthoek der stads ringmuur te *Elburg* op de Elle. Deze toren is in 1841 gedeeltelijk afgebroken en tot eene woning ingerigt.

SOEREN (HOOG-), buurs. op de *Middel-Veluwe*, prov. *Gelderland*, distr. *Veluwe*, arr. en 7 u. N. van *Arnhem*, kant., gem. en 1½ u. W. van *Apeldoorn*, te midden van het *Soerensche-bosch*; met 17 h. en 160 inw.

SOEREN (LAAG-), buurs. op de *Middel-Veluwe*, prov. *Gelderland*, arr. en 7 u. N. van *Arnhem*, kant. en gem. *Apeldoorn*. Er is hier een papiermolen, welke door het water gedreven wordt.

SOERENDONK, ZOERENDONK of SUERENDONK, d. in de *Meijerij van 's Hertogenbosch*, kw. *Peelland*, prov. *Noord-Braband*, *Derde* distr., arr. en 4 u. Z. O. van *Eindhoven*, kant. en 4 u. Z. W. van *Asten*, gem. *Soerendonk-Sterksel-en-Gastel*, tusschen de Soer en de Rul.

Het is een der meest zuidelijke plaatsen der prov. Noord-Braband, en bestaat uit 113 h. met ruim 600 inw.; die meest hun bestaan vinden in den landbouw. De grond is ligt zand, dat bij de minste regen slijk wordt, en bij de geringste droogte aanmerkelijk veel stof opgeeft, en uit den aard dorre heide en zure broeklanden. De granen en veldvruchten welke hier gebouwd worden, zijn rogge, boekweit en haver, een weinig garst en erwten, voor eigen gebruik, maar veel spurrie tot beestenvoeder, bij mangel van weiden.

De inw., die er allen R. K. zijn, onder welke 440 Communikanten, maken eene par. uit, welke tot het vic. apost. van *'s Hertogenbosch*, dek. van *Helmond*, behoort, en door eenen Pastoor bediend wordt.

In geene oude schriften vindt men, dat SOERENDONK oudtijds eene afgezonderde parochie zou zijn geweest, maar de R. K. inwoners zijn, naar het schijnt, ten alle tijde met die van *Maarheze* en *Sterksel*, door eenen Pastoor en eenen Kapellaan, bediend geweest. In het jaar 1819 is SOERENDONK tot eene parochie, onder eenen eigen verblijvenden Pastoor, verheven; en blijft den H. Johannes Baptist, onder wiens aanroeping de oude kapel aldaar gesticht was, als Patroon der parochie vieren. Omtrent het jaar 1684, werd aldaar eene kerkschuur opgerigt en bij deze kerkschuur is later eene behoorlijke pastoorswoning gebouwd. Doch in het jaar 1837 werd deze schuur vervangen door eene steenen kerk, zijnde een schoon gebouw, met eenen steenen toren en van een orgel voorzien.

De dorpschool, welke, even als de onderwijzerswoning, in 1846 nieuw gebouwd is, wordt in den zomer gemiddeld door een getal van ongeveer 100 leerlingen bezocht, in den winter is echter dit getal grooter.

Dit d. maakte, met *Maarheze* en *Gastel*, vroeger de baronnie van Kranendonk uit, ook worden in de nabijheid nog de bouwvallen van het oude kasteel van Kranendonk gevonden.

De kermis valt in den tweeden Zondag in Julij.

SOERENDONKSCHE-DIJK (DE), dijk in de *Meijerij van 's Hertogenbosch*, kw. *Peelland*, prov. *Noord-Braband*, zich in eene noordnoordwestelijke rigting uitstrekkende van Budel naar Leende. — Hij is 3800 ell. lang.

SOERENDONKSCHE-GOOR (HET), moeras in de *Meijerij van 's Hertogenbosch*, kw. *Peelland*, prov. *Noord-Braband*. Zie Gxoor.

SOERENDONK-STERKSEL-EN-GASTEL, gem. in de *Meijerij van 's Hertogenbosch*, kw. *Peelland*, prov. *Noord-Braband*, arr. *Eindhoven*, kant. *Asten* (7 k. d., 10 m. k., 4 s. d.).

Deze gem. bestaat uit twee geheel afzonderlijke deelen, welke door de gem. Maarheze gescheiden worden. Het zuidelijkste deel grenst N. W. en N. aan de gem. Leende, O. aan Maarheze, Z. en Z. W. aan Budel en W. met een punt bij de grenspaal de Kattenput aan de Belgische gem. Achel. Dit deel hetwelk vroeger tot de bar. Kranendonk behoorde, bevat het d. Soerendonk, het geh. Gastel en verspreid liggende h., en bevat eene oppervlakte volgens het kadaster van 1613 bund. 57 v. r. 73 v. ell., waaronder 625 bund. 88 v. r. 89 v. ell. belastbaar land.

Het noordelijkste deel grenst W. aan de gem. Leende, N. W. aan Heeze, N. met een punt bij de paal de Hoenderboom aan Mierlo en Lierop, O. aan Someren en Z. en Z. W. aan Maarheze. Dit deel bestaat enkel uit de heerl. Sterksel, en bevat de geh. Sterksel en Braak, benevens eenige verspreid liggende h., bij besluit van 9 November 1841 van de gem. *Maarheze* afgescheiden en bij de voorm. gem. *Soerendonk-en-Gastel* gevoegd. Het beslaat, volgens het kadaster, eene oppervlakte van 1637 bund. 47 v. r. 97 v. ell., waaronder 51 bund. 22 v. r. 20 v. ell. belastbaar land.

De geheele gem. bevat alzoo het d. Soerendonk, benevens de geh. Sterksel, Gastel en Braak, en beslaat eene oppervlakte, volgens het kadaster, van 3250 bund. 89 v. r. 80 v. ell., waaronder 625 bund. 85 v. r. 89 v. ell. belastbaar land. Men telt er 152 h., bewoond door 167 huisgez., uitmakende eene bevolking van 910 inw., die meest in den landbouw hun bestaan vinden, wordende er in deze gem. weinig handel gedreven.

De inw., die er, op 7 na, allen R. K. zijn, maken gedeeltelijk de stat. van *Soerendonk* uit en behooren gedeeltelijk onder de par. van *Maasheze* en gedeeltelijk onder de par. van *Budel*. — De 7 Herv., die men er aantreft, worden tot de gem. van *Budel-en-Gastel* gerekend. — Men heeft in deze gem. twee scholen, welke gemiddeld door een getal van 140 leerlingen bezocht worden. – Het wapen dezer gem. bestaat in eenen kraanvogel.

SOESOEPUNT, kaap in *Oost-Indië*, op het *Sundasche* eil. *Sumatra*. Zie SABEI.

SOESOERI, oud d. in *Oost-Indië*, op het *Sundasche* eil. *Java*, resid. *Djapara*, reg. *Djawana*.

Dit dorp bevatte, in het begin der vorige eeuw, met de d. *Aliang*, *Kalang* en *Panangwan* omtrent 5000 huisgezinnen.

SOESOEROE, oud d. in *Oost-Indië*, op het *Sundasche* eil. *Java*, resid. *Kedirie*, reg. *Berbek*, distr. *Kerto-sono*, aan de Kedirie.

SOEST, gem. in *Eemland*, prov. *Utrecht*, arr. en kant. *Amersfoort* (6 k. d., 5 m. k., 3 s. d.); palende N. W. aan de gem. Baarn, N. O. aan de Eem, die haar van de gem. Hoogland scheidt, O. aan de gem. Amersfoort, Z. en Z. O. aan de gem. Zeyst.

Deze gem. bevat het d. Soest, benevens de geh. den Berg of Soesterberg, Hees, de Birkt en Isselt, ook liggen daar in de Middelwijksche-polder en de Isseltsche-polder. Zij beslaat, volgens het kadaster, eene oppervlakte van 4699 bund. 57 v. r. 55 v. ell., daaronder 4683 bund. 73 v. r. 48 v. ell. belastbaar land. Men telt er 420 h., bewoond door 542 huisgez., uitmakende eene bevolking van ongeveer 2800 inw., die meest in landbouw, veeteelt, turfveenderij en handel in hout hun bestaan vinden. De rapen, die men er teelt, zijn om hare aangenaamheid, onder den naam van Soesterrapen, algemeen bekend en gezocht. Vroeger was het katoenspinnen er onder de landlieden, in algemeen gebruik, waardoor de vrouwen en de vrouwelijke dienstboden in het wintersaisoen van 60 tot 70 guld. konden verdienen. Het haarspinnen wordt nu nog slechts door enkele arme gezinnen voor een klein loon gedaan. Voor eenige jaren bestond er te Isselt nog eene glasblazerij, doch deze is, in het jaar 1834, afgebroken.

De Herv., die er 940 in getal zijn, maken eene gem. uit, welke tot de klass. en ring van *Amersfoort* behoort. De eerste, die in deze gem. het leeraarambt heeft waargenomen, is geweest CHRISTIANUS LINDEPPIUS, die in het jaar 1588 herwaarts kwam, doch slechts voor eenen zeer korten tijd. Na hem stond er PAULUS LINDEBUS, die in het jaar 1618 herwaarts kwam, en in de Remonstrantsche tijd, ten jare 1619 zijne dienst heeft verlaten. Het beroep is eene collatie van Z. M. den Koning.

De R. K., welke er 1810 in getal zijn, onder welke 1030 Communikanten, maken de stat. van Soest en Soesterberg uit.

Men heeft in deze gem. twee leer- en twee meisjes-werkscholen, allen in het dorp SOEST, welke gezamenlijk des zomers door een getal van 289 à 300 leerlingen bezocht worden. Des winters is het getal echter grooter.

Deze gem. maakt met de gem. Baarn en Ter-Eem eene heerl. uit, zijnde een privatief domein, aan Z. M. den Koning toebehoorende.

Het d. SOEST ligt 1 u. W. van Amersfoort, aan den straatweg op Naarden, rondom van hooge bouwlanden en akkers omgeven.

Het is een oud dorp, waarvan men reeds op het jaar 1012 gewag vindt gemaakt in eenen brief van Keizer CONRAAD. Het werd toen ten tijde SOYSE, ZOYS en SUYS, naderhand ook SOSE, en in het Latijn ZOSATUM genoemd. Het was een welvarend en vermaard dorp, waarin veel nering gedreven werd. De inwoners waren beroemd wegens hunne dapperheid en vaardigheid in het boogschieten, zoodat men er zelfs een schuttersgilde van St. AGATHA vond, welke van eene zeer oude instelling was; doch de plaats onderging reeds vroeg zware rampen, waardoor zij grootelijks verviel. Het is echter nog eene welbebouwde plaats, in welks kom men 262 h. en 1720 inw. telt.

De kerk der Herv. was vóór de Reformatie eene parochiekerk, die den naam van de Apostelen PETRUS en PAULUS droeg. Zij prijkt met eenen aanzienlijken toren, en is sedert het jaar 1819 van een orgel voorzien, zijnde een geschenk van onzen tegenwoordigen Koning, destijds nog Prins VAN ORANJE.

De R. K., die er 1813 in getal zijn, onder welke 1030 Communikanten, maken eene stat. uit, welke tot het aartspr. van *Utrecht* behoort, en door twee Pastoor en eenen Kapellaan bediend wordt. De kerk, aan den H.H. PETRUS en PAULUS toegewijd, is een redelijk groot gebouw, dat met een kloktorentje prijkt; ook deze kerk is van een orgel voorzien en heeft eene eigene begraafplaats. In den jare 1838, is voor het gehucht den Berg, eene nieuwe R. K. kerk gesticht. Zie SOESTERBERG.

Behalve het oude kast. Hamelenberg, hebben in vroegere eeuwen in de parochie van SOEST gestaan, het Brigittenklooster Mariënhof en de abdij Birkt. Zie dat woord.

In het jaar 1818 is in de gem. SOEST eene inrigting van weldadigheid door Hare Majesteit de Koningin ingesteld, uit welk fonds alle behoeftige zieken en gekwetsten te SOEST geboren en woonachtig, geneeskundige hulp wordt verleend, bejaarden van levensonderhoud voorzien en een getal van 140 kinderen ter school gaan, van welke de meisjes in alle vrouwelijke handwerken worden onderwezen. Des winters wordt aan behoeftige dagbuurders ook arbeid of hulp verleend.

Dit dorp is de geboorteplaats van den Schilder en Graveur HENDRIK ALDEGRAAF, ook ALBERT VAN WESTFALEN genaamd, geb. in 1502, † in 1568.

In het jaar 1356 werd SOEST aan kolen gelegd, door GIJSBRECHT VAN NIJENRODE, op bevel van Hertog WILLEM VAN BEIJEREN, uit wederwraak, dat de Stichtschen de steden Weesp en Muiden in brand gestoken hadden. In het jaar 1481 onderging zij een dergelijk lot, met het nabijgelegen Eemnes en Baarn.

Toen MAARTEN VAN ROSSUM, in het jaar 1543, de stad Amersfoort belegerde, werden SOEST en eenige andere dorpen door hem geheel uitgeplunderd. In het jaar 1629 moest het dorp ook veel lijden van de keizerlijke troepen, die Amersfoort hadden ingenomen.

Den 13 October 1833 ontstond er te SOEST een hevige brand, waardoor vijf woningen, benevens eene smederij en eene herberg eene prooi der vlammen zijn geworden.

De kermis te SOEST valt in den 19 October, doch is van weinig beteekenis.

Het wapen dezer gem. bestaat in een veld van sinopel, met een golvende fasce van zilver *en chef* met eene ploeg, en *en pointe* met eenen berg van hooi, alles van goud, gedekt door eenen zilveren helm en eenige landbouwersgereedschappen.

SOEST-BAARN-EN-TER-EEM, heerl. in *Eemland*, prov. *Utrecht*, arr. en kant. *Amersfoort;* palende N. aan de heerl. Eemnes en de Eem, O. aan de Vrijheid-van-Amersfoort, Z. aan de heerl. Leusden, de heerl. Zeyst-en-Driebergen en het geregt van de Bildt, W. aan de Oostveensche landen en Gooiland.

Deze heerl. bevat de gem. Baarn, Soest en Ter-Eem. Zij beslaat eene oppervlakte, volgens het kadaster, van 5419 bund. 57 v. r. 55 v. ell., waaronder 5393 bund. 73 v. r. 48 v. ell. belastbaar land. Men telt er 740 h., bewoond door 934 huisgez., uitmakende eene bevolking van 4600 zielen, die meest in den landbouw hun bestaan vinden.

De Herv., die er 1650 in getal zijn, onder welke 1000 Ledematen, maken de gem. van Baarn-en-Eembrugge en Soest uit.

De R. K., die men er ruim 2900 aantreft, maken de gem. van Baarn-en-Zandvoort en Soest uit.

Men heeft in deze heerl. zeven scholen, welke gezamenlijk gemiddeld door een getal van ongeveer 600 leerlingen bezocht worden.

Ook ligt in deze heerl. het koninklijk lustslot Soestdijk.

Van deze heerl. is geen wapen bekend dan het koninklijke, hebbende tot randschrift: » *Particulier domein des Konings, Soestdijk.*"

SOESTBERGEN of DE GANSSTEEG, voorm. laag geregt, thans eene b. of straat van de buitenwijk *K* of *Tollesteeg* der stad *Utrecht*, in het *Overkwartier* der prov. *Utrecht*, arr., kant., gem. en even buiten de *Tollesteegbarrière* van *Utrecht*, aan den weg naar Houten.

In deze b. is het algemeene kerkhof der stad Utrecht, zijnde een ruim veld met eene gracht omgeven. Aan de zuidzijde is een rond gebouw als een grafheuvel gesticht, omringd door grafkelders in drie rijen, hetwelk alles eene deftige vertooning oplevert. Veel is er gedaan, om aan dit uitgestrekte veld een gepast aanzien te geven, door het beplanten met boomen en wat dies meer zij. Het naast gelegen huis Soestbergen is met den tuin en de erve, eene oppervlakte van 19 v. r. 30 v. ell. beslaande, tot eene woning voor den opzigter der begraafplaats aangekocht en verbouwd, en daarbij onderscheidene inrigtingen in het belang van dezen Godsakker.

SOESTDIJK, geh. in *Eemland*, prov. *Utrecht*, arr., kant. en 1½ u. W. van *Amersfoort*, gedeeltelijk gem. en ¼ u. Z. van *Baarn*, gedeeltelijk gem. en ¾ u. W. van *Soest*, ter wederzijden van de brug over de Pijnenburger-grift, aan de zuidelijkste punt van het Soestdijkerbosch en aan den straatweg van Amersfoort naar Naarden; met 18 h. en 100 inw., van welke 10 h. en 70 inw. onder *Baarn* en 8 h. en 30 inw. onder *Soest*. Ook heeft men er het koninklijk lustslot van dien naam (zie het volgende art.), benevens onderscheidene buitenplaatsen en aanzienlijke hofsteden.

Dit geh. ontleent zijnen naam van eenen dijk, welke in eene noordelijke rigting van Soest naar Gooiland loopt, en is een veel bezocht uitspanningsoord, met drie logementen. Aan het begin van den weg naar den Dolder, met den rug naar het slot, staat een houten monument, ter gedachtenis van een militair in den jare 1787 aldaar op zijnen post gesneuveld. Te SOESTDIJK ligt over de Praamgracht eene fraai gemetselde brug, welke in 1833 op kosten van Z. M. Koning WILLEM II, destijds Prins van Oranje, als een geschenk, onder directie van den Burgemeester der gemeente SOEST, G. VAN STEYN VAN HENSBROEK is gebouwd.

SOESTDIJK, koninklijk lustslot in *Eemland*, prov. *Utrecht*, arr. kant. en 1½ u. W. van *Amersfoort*, gem. en ¼ u. Z. van *Baarn*.

Het was voorheen een lustslot, door WILLEM III, Prins van *Oranje*, in het jaar 1674 aangelegd en gebouwd. Om dien Vorst het verblijf alhier aangenaam te maken, werd in het zelfde jaar door die van de stad Utrecht, ter staatsvergadering ingebragt, dat zij, uit aanmerking van de overgroote diensten, getrouwe voorzorgen en heldhaftige daden, ter bevordering van de algemeene welvaart, door den Prins, bewezen en gedaan, eenparig goedgevonden hadden, te bewerken, dat hem, eeuwiglijk en erflijk, opgedragen werd het vrije hooge middelbare en lage regtsgebied in de heerlijkheden van Soest, Baarn en ter Eem; in welk voorstel de Geëligeerden, gelijk ook het Lid der Edelen, benevens den Pensionaris van Amersfoort, bewilligden, welke, tevens verklaarden, daarbij te willen voegen de heerlijkheden van Eemnes-Binnen- en Buitendijks, om het regtsgebied wat verder uit te breiden.

De Geëligeerden en de stad Utrecht, in dit nader voorstel bewilligd en de Vorst de aanbieding aangenomen hebbende, werd er, in de gemelde heerlijkheden, een Collegie van Jurisdictie, of hoog Geregt, met de bedienden daartoe behoorende, opgerigt. Doch na den dood van Willem III, Koning *van Groot-Brittanje*, die, zonder wettige nakomelingen, overleed, verklaarden de Staten van Utrecht, het gemelde regtsgebied en heerlijkheden wederom vervallen te zijn in den schoot der provincie en ter hunner vrije beschikking. Zij werden toen onder den Maarschalk van Eemland hersteld in dien staat, waarin zij, vóór de vergunning van het jaar 1674, geweest waren. De lustplaats Soestdijk kwam toen, bij uitersten wil van den overledenen Koning aan Johan Willem Friso, Prins *van Oranje* en Stadhouder van Friesland, en na diens dood aan zijnen zoon Willem IV, wien, in het jaar 1749, door 's lands Staten insgelijks en om de zelfde redenen, als aan Willem III geschied was, het hooge, vrije, middelbare en lage regtsgebied, opgedragen werd over de heerlijkheden Soest, Baarn en Ter-Eem, die den Prins toebehoorden, met het erfelijk regt, om op zijne wettige nakomelingen te kunnen vervallen; zoo als ook, na het overlijden van dien Vorst, geschied is op zijnen zoon Prins Willem V. In 1795 werd het een domein van den Staat en korten tijd een logement, doch in 1816 door de Staten-Generaal als eene openbare hulde van het dankbare Vaderland aan den held van Quatre-bras en Waterloo, thans onzen geëerbiedigden Koning, aangeboden. Het slot is een fraai nieuwerwetsch gebouw van drie verdiepingen, met uitspringende vleugels ter wederzijden, en heeft een prachtig voorkomen. Van het ruime voorplein, welk door zware boomen aan de kanten beschaduwd wordt, klimt men, met een trotschen opgang van twaalf trappen, onder een balkon, naar het voorportaal; van waar men door eene groote dubbele deur in de voorzaal treedt en vervolgens in de andere vertrekken. Van achteren ligt het huis in vijvers en is van schoone tuinen en bekoorlijke wandeldreven omringd; aan de eene zijde ziet het uit op den Amersfoortschen straatweg en op eene pronknaald, welke ter vereeuwiging van den 18 Junij 1815 opgerigt is; aan de andere zijde op eenen vijver, waarin een eilandje ligt met populieren beplant en op de boschrijke hoogten van de Vuursche. Tot de bezienswaardigheden van dit koninklijk goed behooren nog de beide, geheel in den Chineschen smaak gebouwde huizen Peking en Canton, het groote en fraaije bosch en de onderscheidene kostbare schilderijen, waaronder dat van den slag bij Quatre-bras door den vermaarden Pieneman. Van de hoogte van het paleis of uit de Belvedère heeft men een verrukkend uitzigt op het schoone park en op de naburige bosschen van Pijnenburg, de Vuursche en Hilversum. Minder echter voldoet van daar het gezigt naar den kant van Baarn, als te veel beperkt door het hoog gewelfde bosch. Ter linkerhand is, tusschen groenend lover, bevallig eene kleine landhoeve gelegen, welke aan 's Konings dochter Prinses Sophia toebehoort; terwijl ter regterhand eene grootere landhoeve, genaamd Willemshoeve, wordt gezien. Dit goed beslaat, met de daartoe behoorende gronden, eene oppervlakte van 683 bund. 62 v. r. 91 v. ell.

SOESTERBERG, R. K. stat. in het aartspr. van *Utrecht*. Men heeft er eene kerk in het geh. den Berg (zie dat woord), gesticht in 1839 en aan den H. Karel Borromeus toegewijd. Dit gebouw is in den Gothischen stijl met ijzeren ramen voorzien, heeft een zeer bevallig uiterlijk en maakt met de pastorie een geheel uit. De stat. wordt bediend door eenen Pastoor en telt ruim 400 zielen, onder welke ook eenige uit de burgel. gem. Zeyst mede gerekend worden. Het getal Communikanten, beloopt 230. De stat. van Soesterberg heeft ook eene afzonderlijke begraafplaats.

SOEST-WETERING (DE) of de Zoest-wetering, riv. of waterleiding in *Overijssel*, welke een begin neemt omtrent het geh. Okkenbroek, onder *Diepenveen*, noordwestwaarts door Linden, Averlo en Vulik, onder *Olst* tot bij den Dingshof loopt, alwaar zij zich naar het Noorden wendt; de gem. *Wijhe* doorloopen hebbende, in *Zwollerkerspel* valt, en nagenoeg een uur boven Zwolle de Zandwetering opneemt; zich een half uur lager met de *Nieuwe-Wetering* vereenigt; voorts naar Zwolle loopt en aldaar het *Zwarte-Water* heet.

SOETA, d. in *Oost-Indië*, op het *Sundasche* eil. *Java*, resid. *Baglen*, Z. W. aan de rivier Koedil.

SOETELAERSGEULE (DE), voorm. water in *Staats-Vlaanderen*, in het *Vrije-van-Sluis*, prov. *Zeeland*, distr. *Sluis*, liggende voor den St. Margarieten-polder, tegen het Coxijsche-Gat. Het was de mond van de Brandkreek, thans is het bedijkt in den Brandkreek-polder; (zie dat art.) en wordt nog somtijds, ter onderscheiding van andere gedeelten des polders, met den ouden naam des vaarwaters aangeduid.

SOETELINGEKERKE of Soetelinkerke, van ouds waarschijnlijk ook Soecke genaamd, voorm. heerl. en d. op het eil. *Noord-Beveland*, prov. *Zeeland*. Het d. lag in den Zuidwesthoek van het tegenwoordige eil. Noord-Beveland, ter plaatse alwaar nu de Soelekerke-polder ingedijkt is, welke daarnaar dien verkorten naam draagt. — Het wapen der heerl. was van keel met drie ronde gespen van zilver.

SOETENDALE, Soetendaal of Zoetendaal, voorm. klooster op het eil. *Walcheren*, prov. *Zeeland*, arr., kant. en 1 u. N. N. W. van *Middelburg*, gem. *Serooskerke-Rijnsburg-en-Hondegems-ambacht*, ¼ u. Z. W. van Serooskerke.

Dit klooster werd bewoond door Nonnen van de orde van Premonstreit en was, naar men wil, door Willem I, Roomsch Koning en Graaf *van Holland* gesticht, die eene zijner bastaarddochteren daarin tot eerste Priorin zoude gesteld hebben: indien dit waar is, moet die fundatie tusschen de jaren 1233 en 1256 hebben plaats gehad. De naamsoorsprong willen sommigen afleiden, van de lustige en welige landsdouwe, daar het in gelegen was (1), doch wij zijn van een ander gevoelen. De abdij te Middelburg die eene succursale was van de abdij van St. Michiel te Antwerpen, was door eene gift van Guido, Graaf *van Vlaanderen*, eigenares geworden van zekere streek lands in het kerspel van Heille, in Aardenburger-ambacht, waar de Monniken eene stad stichtten, die zij, naar hunne residentie ook Middelburg heetten, thans nog bekend onder den naam van Middelburg-in-Vlaanderen. Hier stichtten zij in het jaar 1215 eene abdij of klooster van Reguliere Kanonniken, genaamd Soetendale, hetwelk in de Nederlandsche beroerten verwoest is, zoodat er alleen bosschen van zijn overgebleven, welke nog ten huidige dage den naam van Bosschen van Soetendaal dragen. Het is dus zeer waarschijnlijk, dat daar de bewoners der abdij te Middelburg stichters waren van een mansklooster in Vlaanderen,

(1) *Oudheden en gestichten van Zeeland*, D. I, bl. 286.

SOETENDALE genaamd, zij, toen Koning WILLEM dit klooster onder hunne voogdij stelde, het mede SOETENDALE naar hun Vlaamsch gesticht, zullen genoemd hebben.

Men weet niets van den ouden toestand van dit gesticht te vermelden; maar het zal ongetwijfeld in luister boven andere gebouwen ten platten lande, uitgestoken hebben; althans zeker zal het er aan geen sierlijke tuinen en aangename wandeldreven ontbroken hebben. Alleen weet men dat het gebouw met zijne grachten en singels te zamen acht gemeten (3 bund. 67 v. r. 87 v. ell.) lands besloeg, en dat er verder nog 104 gemeten 130 roed. (51 bund. 66 v. r. 44 v. ell.) land toebehoorden, die waarschijnlijk zoo niet al, ten minsten grootendeels bosschen zullen geweest zijn. In de omkeering van 's lands regering kon het de algemeene verwoesting niet ontgaan, en werd afgebrand, dan door wien en wanneer, is onzeker. Het werd vervolgens, nevens andere geestelijke goederen, ten behoeve van de gemeene zaak aangeslagen, en in 1576 verkocht aan Hopman OUDAERT VAN SONNEVELT, voor 4 pond vlaamsch 1 schelling (24 guld. 30 cents) per gemet, dat over voorgenoemde 112 gemeten 130 roed. bedroeg 455 pond vlaamsch 7 schellingen 1 groot (2438 guld. 12½ cents). SONNEVELT bezat dit goed nog in 1581, want toen verbond hij het tot een speciaal hypotheek aan de stad Vere, voor eene schuld van 481 pond vlaamsch 6 schellingen 8 groot (2888 guld.), spruitende uit overbetaling aan zijn vendel in 1576 gedaan. Het is later in een lustplaats veranderd, en in de zeventiende eeuw een eigendom geweest van de Heeren van het geslacht STEENGRACHT. Sedert is het meermalen van eigenaars verwisseld, in verval geraakt en in het laatst der vorige eeuw het heerenhuis en wat er nog aanzienlijk aan was, afgebroken, en in eene gewone boerenplaats of hoeve veranderd, zoo dat niets daarvan overgebleven is, dat eenig denkbeeld van oudheid of grootheid kan inboezemen. De boerenplaats, welke nog den naam SOETENDALE draagt en met de daartoe behoorende gronden eene oppervlakte beslaat van omtrent 42 bund., wordt in eigendom bezeten en bewoond door den landman WISSE WILLEMSE.

SOETERBEEK of ZOETERBEEK, voorm. klooster in de *Meijerij-van-'s Hertogenbosch*, kw. *Peelland*, prov. *Noord-Braband*, *Derde* distr., arr. en 1 u. N. O. van *Eindhoven*, kant. en 1¼ u. W. Z. W. van *Helmond*, gem. *Nunen-Gerwen-en-Nederwetten*, 1½ u. W. ten Z. van Nunen, ter plaatse, waar de Rul zich in den Dommel ontlast.

Omtrent het jaar 1449 of 1450 heeft dit klooster zijn begin genomen, door het beleid van zekeren Priester HENDRICUS ALEXANDRI of HENDRIK SANDERS, Pastoor te Nederwetten. Deze had aldaar een eigen huis, dat hij, nevens eenige andere goederen, schonk tot het oprigten van eene geestelijke woning. De eerste Nonnen werden ontboden uit het Ursulinen-klooster, te Leuven. De overblijfselen van dit huis worden nog in het dorp Nederwetten gevonden, en de plaats, daar het gestaan heeft, nog heden ten dage het Beggijnenkerkhof genoemd. Doch aldaar is dit klooster niet lang gebleven, want de Geestelijke Zusters zagen zich door bijgekomene en opgevolgde giften, inzonderheid van zekeren rijken huisman en Schepen van Nunen, HENDRIK DIRKS genoemd, die de Zusteren eenig land aan den Dommel schonk, weldra in staat, het fraaije klooster te laten bouwen, hetwelk zij den naam van SOETERBEEK gaven, wegens de aangename gelegenheid aan een der vermakelijkste stroompjes en in eene der schoonste streken van de geheele Meijerij. Zij gingen in dit nieuwe gesticht over, met goedkeuring van den Luikschen Bisschop, JOHAN VAN HEERSBERGEN, die ook de kloosterkerk aan de *Moedermaagd van des Heiligen Engels Boodschap* heeft ingewijd.

SOETERBEEK is een der kloosters geweest, die nog vele jaren na de Hervorming in ons land zijn in stand gebleven, met hoop zelfs van er voor altijd gevestigd te blijven; doch omtrent het jaar 1725 zagen de Geestelijke Zusters zich eindelijk genoodzaakt hare kloostergemeente over te brengen naar Deursen, bij Ravestein. Hier hebben zij met er tijd wederom een behoorlijk klooster in aanzijn gebragt, waar zij, bijzonder in het zedelijke, veel dienst bewezen door de godsdienstige en bekwame opvoeding der jeugd van haar geslacht. Doch onder de overheersching van den Franschen Keizer NAPOLEON werden de Geestelijke Maagden verjaagd en haar klooster te niet gedaan, welke vernietiging in het jaar 1815, toen de Nonnen weder naar SOETERBEEK dachten terug te keeren, bevestigd is.

Ter plaatse, waar het klooster SOETERBEEK gestaan heeft, ziet men thans eene buitenplaats, welke, met de daartoe behoorende gronden, in eigendom bezeten wordt door den Heer JOSEPHUS SMITS, Heer van *Otjen* en Wethouder van Eindhoven.

SOETERMEER, gem. in *Rijnland*, prov. *Zuid-Holland*, arr. *'s Gravenhage*, kant. *Voorburg* (8 k. d., 27 m. k., 1 s. d.); palende N. aan Soeterwoude, O. aan Zegwaart, Z. aan Pijnacker, W. aan Stompwijk-en-Wilsveen.

Deze gem. bestaat uit den Nieuwe Drooggemaakte-polder-van-Soetermeer, benevens gedeelten van den Soetermeersche-Meer-polder en van den Driemans-polder. Zij bevat het d. Soetermeer, en onderscheidene kapitale bouwmanswoningen geregeld aan den Voorweg in de Meerpolder, met nog verdere huizen, gelegen, en beslaat, volgens het kadaster, eene oppervlakte van 1885 bund. 48 v. r. 43 v. ell., waaronder 1883 bund. 50 v. r. 97 v. ell. belastbaar land. Men telt er 122 h., bewoond door 174 huisgez., uitmakende eene bevolking van 1010 inw. Vroeger vonden de inwoners een ruim bestaan in de veenderij; thans leggen zij zich op de graan- en veeteelt toe, hebbende men er bijzonder goede vruchtbare bouwlanden, alsmede zeer goede weilanden, die zeer smakelijke boter opleveren en tevens uitmuntend voor de vetweiderij geschikt.

De Herv., die er ongeveer 480 in getal zijn, onder welke 170 Ledematen, behooren tot de gem. van *Soetermeer-en-Zegwaart*, waarvan de kerk te Zegwaart staat.

De Remonstranten, van welke men er 10 telt, behooren mede tot de gem. *Soetermeer-en-Zegwaart*, welke te Zegwaart eene kerk heeft, waar mede de Predikant woont.

De 11 Evang. Luth., die men er vindt, worden tot de gem. van *'s Gravenhage* gerekend.

De R. K., van welke men er 500 aantreft, behooren tot de stat. van *Soetermeer-en-Zegwaart*, van welke de kerk te *Soetermeer* staat.

De 5 Isr., die er wonen, behooren tot de ringsynagoge van *Alphen*.

De school dezer gem. is gecombineerd met *Zegwaart* en staat in die gemeente.

SOETERMEER is eene heerl., welke in de zestiende eeuw, door het huwelijk van SANDRINA KROEZING, erfdochter van den Heer van Benthuizen en SOETERMEER, met GERRIT OEM VAN WIJNGAARDEN, President van den Hove van Holland, in diens geslacht kwam, door hetwelk het nog bezeten werd tot in het jaar 1741, als wanneer zij voor

43,000 gekocht werd door den Heer KORNELIS VAN AALST, Predikant te Kalslagen, die, bij zijn overlijden haar heeft nagelaten aan de Heeren Mr. HENRICUS VAN AALST SCHOUTEN en SEVARDUS VAN AALST SCHOUTEN, welke daarmede zijn verleid ter leenkamer van Holland, den 23 Junij 1759. De helft der eerste, is aan den laatste, den Heer Mr. G. VAN AALST SCHOUTEN afgestaan, den 17 April 1776, die met het geheel verleid is, den 3 October 1776. Deze Heer is in den jare 1816 overleden, en het eigendom is tot hiertoe onder zijne erfgenamen of hunne representanten, onverdeeld gebleven.

Het d. SOETERMEER ligt 2½ u. O. van 's Gravenhage, 1½ u. O. van Voorburg, in het Noorden der gemeente, ter wederzijde van drooggemaakte polders. Men telt er, in de kom van het d., 38 h. en 270 inw.

Men meent, dat dit d. zijnen naam ontleent van eene rivier, het Zoetewater genaamd, welke uit het *Soetermeersche-meer* naar dit ambacht stroomde, en daarom ook den naam van het Zoetemeer of de Soetemeer voerde. Anderen meenen weder, en dit heeft eenigen meerderen grond, dat men den naam van SOETERMEER, even als *Soeterwoude*, moet afleiden van een water, de Zwet genaamd, dat waarschijnlijk mede langs SOETERMEER heeft geloopen; dit nu zoo zijnde, dan moet de naamsoorsprong aldus aangemerkt worden, dat de Zwet, bij het Huis-te-Zwieten in den Rijn vallende, ook alhier in de Meer viel en daarom de Zwetter-meer werd genaamd. Dit woord *Zwet* is naar alle waarschijnlijkheid naderhand, door taalsverandering, in *Zoet* veranderd geworden, en om deze reden dus zal het ambacht den naam van SOETERMEER hebben behouden.

Van ouds had SOETERMEER eene kerk of misschien ook maar eene kapel, welke aan den Broekweg bij de Zwaarsloot stond en waarschijnlijk omstreeks het midden der vijftiende eeuw afgebroken is. Het kerkhof zelf of het plein, waar zij gestaan had, is omtrent het begin der zeventiende eeuw, door het uitdelven van het veen, in eene plas veranderd. Toen die kerk of kapel afgebroken is, werd in het dorp, onder Zegwaart, eene andere gebouwd, welke aan den H. NICOLAAS was toegewijd, en eenen hoogen en schoonen toren had. Aan deze kerk waren reeds sedert het jaar 1476, zoo door de ingezetenen van SOETERMEER als door die van Zegwaart, hetzij bij testament of anderzins, onderscheidene giften en geschenken besproken. Dit kerkgebouw heeft waarschijnlijk in den Spaanschen oorlog zeer veel geleden; men heeft reden om te gelooven, dat het daardoor zoodanig is gehavend en vervolgens vervallen is geweest, dat men het later, denkelijk in het jaar 1590, wederom heeft hersteld: dit meenen wij te moeten veronderstellen, omdat men op het koor in de oude kerk een zwart bord met witte letters vond, hetwelk in het jaar 1590 gemaakt en in 1660 vernieuwd was, en waarop men deze merkwaardige woorden las:

Met believe des Eedlen Heer zeer hoog geleerd,
Meester GERARD VAN WIJNGAARDEN *grootelijks moet hij zijn geëerd,*
Heer van Benthuizen, ook Ambachts Heer tot Soetermeer bekend,
En van 't Graafschap van Holland vermaard zijnde President.
Door WIJNANT VAN BEEK, GERRITSZOON *Dienaar des woords,*
CORNELIS MICHIELZOON *Ouderling op dat pas,*
FRANCK LENARTSZOON, *een goed Broeder hoort aan voorts,*
Hebben eerst begonnen dees liberie ras.
CORNELIS JANSZOON ROBOL *best bekent,*
ADRIAAN ADRIAANSZOON *Diakens hier,*
LEENAERT DIRRICK, JAN KOCK *helpt dit Testament*

Oprichten end' ontsteeken dit Godlijk vier.
Uitgenomen een geboren al in Holland triumphant
Aanbiedende malkanderen hulpe ter hand Valjant,
In Zoetermeer en Zegwaart zijnde eendragtig woonachtig
God geeft hun alle 't kwaad tegen te staan kragtig managtig.
Door Raat van Schouten CLAAS JACOBS ZOETERMEER
Ook WOUTER CORNELIS BIJL *in Zegwaart begeer,*
En ADRIAAN DIRRICKS KUYPER *in zijn jaar,*
INGEN ADRIAANS VAN DER CRUS, *kerkmeesters een paar*
Is besteed te doen maken alhier in deze kerk
Tot een eeuwig Godlijk Testament dit werk
HEYNDRIK JACOBS DWALING *Kerkmeester op dit pas,*
Heeft dit werk doen oprigten 't geen bijna vervallen was.

Aangezien dit oude kerkgebouw, in het jaar 1784, bijna geheel vervallen was, werd op gedaan verzoek octrooi verleend tot den herbouw; nadat men dus tot het houden der godsdienstoefening te voren eene goede en geschikte plaats in gereedheid had gebragt, werd deze kerk tot den grond toe afgebroken en de opbouw van eene nieuwe begonnen, waaraan den 13 April 1785 den eersten steen gelegd werd, ter gedachtenis van welke gebeurtenis men in den muur eenen blaauwen steen gemetseld heeft, met dit opschrift:

De hand dees drietal Jonglingschap
Heeft d' eerste steen aan dit gebouw
Gelegt tot Fondament en trap
Voor 's Menschenheil, en Godsdienst trouw.
Den 13 *April* 1785
THOMAS VAN LEEUWEN, *oud* 11 *jaar.*
HUGO MAASKANT, *oud* 10 *jaar.*
ADRIANUS OVERVLIET, *oud* 10 *jaar.*

In het jaar 1787 was dit kerkgebouw, hetwelk op vier pijlaren rust en van een koor voorzien is, geheel voltooid en met een uitmuntend fraai gebeeldhouwden predikstoel voorzien, op welks drie zijden, de Wetgeving van MOZES op den berg Sinai, eene afbeelding van MOZES voor den Brandenden Braambosch en de Druiventros van Escol uitgehouwen zijn. In het tegenwoordige koor vindt men den grafkelder van den Heer en Vrouw van SOETERMEER. In de vorige kerk vond men eene kleine tombe, welke bij het herbouwen der kerk vervallen is, en waarin ter dier tijd eene looden doodkist werdt gevonden, staande op eenen ijzeren rooster, op welks deksel men het volgende opschrift vond:

Dit is 't Ligchaam van Louisa Cust
Marquisine van Cerveere/ Vrouwe van
Fromont
den 23 Augustus
1590.

Voorts hebben de Heeren en Vrouwen van SOETERMEER mede eenige graven in deze kerk in eigendom. Van buiten maakt de kerk ook eene goede vertooning, pronkende met een voorportaal naar de Dorische bouworde, met twee ronde kolommen van blaauwe Ecosynsche steen, waar achter weder twee vierkante kolommen zijn geplaatst, die mede met dit zelfde soort van steen overdekt zijn, terwijl op alle vier uitgehouwen vazen staan; aan de voorzijde boven de deur is een wit marmeren gedenksteen geplaatst, vastgehouden wordende door vier kopere knoppen, waarop de tijd der bouwing en de voltooijing, nevens de namen der Regenten, onder wiens opzigt de bouwing geschied is, staat uitgedrukt. Voorts prijkt deze kerk met een orgel. Met den herbouw dezer kerk is echter de oude toren nog staan gebleven; deze gaat van onderen af vierkant op, tot aan den omloop, welke met eene ballustrade voorzien is, boven welke hij wederom achtkantig opgaat, tot aan een open koepeltje, waaruit de windwijzer oprijst. Binnen heeft men een vrij goed uurwerk en drie kerkklokken. Volgens oude aanteekeningen, zouden er omtrent het jaar 1620 vergunning zijn gegeven, tot weder opbouwing van dezen toren, doch andere oude berigten zeggen, dat de toren in 1644 weder opgebouwd en geheel vernieuwd is, nadat hij weinige jaren te voren door eenen sterken wind was omgewaaid. Thans is hij in zeer goeden staat. Het kerkhof, dat mede in alle opzigten wel onderhouden wordt, is door eenen muur met een ijzeren hek tot eenen doorgang geschikt van den weg afgescheiden. De Herv. kerk van Soetermeer, is tevens dienstbaar voor die van *Zegwaart*, daar die beide dorpen kerkelijk eene gemeente uitmaken. En hoezeer de kerk onder Zegwaart staat, behoort het *jus patronatus* uitsluitend aan de ambachtsheerl. van Soetermeer, die het, zonder tusschenkomst van Zegwaart, uitoefent. Dit regt is de kerk — die, zoo als wij hierboven (bladz. 553) gezien hebben, onder Soetermeer stond — gevolgd. Vroeger was het de Kerk van Soetermeer, ook door de parochianen van Zegwaart wordende gebruikt, thans wordt zij genaamd de Kerk van Soetermeer en Zegwaart.

De R. K. kerk, vroeger staande aan den *Voorweg*, is in 1819 afgebroken, nadat in 1817 eene nieuwe kerk in het dorp Soetermeer was gebouwd, welke met een orgel was voorzien en eenen kleinen koepeltoren heeft. Ook hebben de R. K. achter de kerk eene eigene begraafplaats.

Vóór de Reformatie heeft, op ¼ u. afstands van dit dorp, op het eind der Delfsche wallen, een klooster van de orde der Regulieren gestaan.

Te Soetermeer is weleer eene kamer van Rhetorica geweest, welke de *Witte-Meerbloemen* ten wapen voerde en tot zinspreuk had: *Met zoetheid meer.*

De kermis valt in den tweeden Maandag na het feest van Maria *geboorte* (8 September).

Als eene bijzonderheid, welke te Soetermeer heeft plaats gehad, vindt men opgeteekend, dat zeker Cornelitje Jansz. Cocken, sedert 1574 weduwe van Dirck Jonge Jansz., bij haar overlijden, in het jaar 1602, 181 nakomelingen naliet, onder welke men telde 7 zoons, 6 dochters, 52 kleinzoons, 37 kleindochters, 52 achterkleinzoons en 47 achterkleindochters.

Toen de Spanjaarden de stad Leyden belegerden is ook Soetermeer door hen bezet geweest. Toen de Zeeuwsche Admiraal Boisot tot ontzetting der Leydenaren de landscheiding tusschen Delft en Rhijnland doorstak, werd hij door de Spanjaarden bij de Soetermeersche brug gekeerd; Boisot daarop met zijne vloot naar den Zegwaartsche weg wendende, stak alstoen de landscheiding tusschen Benthuizen en Zegwaart door, en kwam alzoo gelukkig tot hulp en ontzet van Leyden aan.

Tusschen den 28 en 29 October 1701 werd Soetermeer door eenen zwaren brand deerlijk geteisterd, deze brand zoude zoo men opgeeft bij het eerste huis in Zegwaart aan de zoogenaamde Leydsche-wallen-Watering en eene herberg zijnde, doch welke thans niet meer aanwezig is, gestuit zijn geworden: terwijl er eene schuur of stal ter bewaring of bescherming der kerk geheel omver werd gerukt.

In 1793 brandde aan den Voorweg eene zeer groote bouwmanswoning met bergen, schuren en verdere aanhoorigheden tot den grond toe af, welke echter daarna wederom in haren vorigen staat is herbouwd geworden.

Op den 1 September van het jaar 1798 ontstond er onder deze gemeente andermaal brand aan den Broekweg, welke in korten tijd een geheele boerderij, met daarop zijnde gebouwen en bergen, in de asch legde; doch ook deze heeft men spoedig wederom herbouwd, tot welke herbouwing men de onkosten uit de liefdegaven en andere inzamelingen bij die gelegenheid ten voordeele der ongelukkigen gedaan, gevonden heeft.

Het wapen van Soetermeer is een schild van azuur, waarop drie korenbloemen met steel en bladen alles van goud en staande op een terras van sabel. Het schild gedekt met eene kroon van goud en vastgehouden door twee leeuwen.

SOETERMEER (NIEUWE-DROOGGEMAAKTE-POLDER-VAN-), pold. in *Rijnland*, prov. *Zuid-Holland*, arr. *'s Gravenhage*, kant. *Voorburg*, gem. *Soetermeer;* palende N. aan den Soetermeersche-Meerpolder, O. aan den Palensteynsche-polder onder Zegwaart, Z. aan den Driemans-polder en het dorp, W. aan den Stompwijksche-Groote-polder.

Deze pold., welke in het jaar 1768 bedijkt is, beslaat, volgens het kadaster, eene oppervlakte van 684 bund. 13 v. r., 18 v. ell., waaronder 673 bund. schotbaar land; telt 40 h., waaronder 7 boerderijen, en wordt door vijf molens, welke op de Vliet uitmalen, drooggehouden. Het bestuur bestaat uit eenen President en vier Heemraden.

SOETERMEER-EN-ZEGWAART, kerk. gem., prov. *Zuid-Holland*, klass. van *'s Gravenhage*, ring van *Delft*. Men heeft in deze gem. eene kerk te Zegwaart, en telt er 1250 zielen, onder welke 410 Ledematen. De eerste die in deze gem. het leeraarambt heeft waargenomen is geweest Wijnand van Beek, die in het jaar 1575 herwaarts kwam, en in het jaar 1605 overleed, nadat hij in 1595 emeritus was geworden. Het beroep is eene collatie van den Ambachtsheer van Soetermeer.

SOETERMEER-EN-ZEGWAART, Remonstrantsche kerk. gem., prov. *Zuid-Holland*, tweede klasse. Men heeft eene kerk te Zegwaart, en telt er ruim 30 zielen, onder welke ruim 20 Ledematen. De Predikant nam van 1815 tot 1846 tevens de dienst waar met Zevenhuizen, thans met Berkel. De eerste, die in deze gemeente het leeraarambt hebben waargenomen, zijn geweest Albertus Huttenus en anderen, die in het jaar 1626 herwaarts kwamen. Het beroep geschiedt door den kerkeraad.

SOETER-MEER-EN-ZEGWAART, R. K. stat. in het aartspr. van *Holland-en-Zeeland*, dek. van *Rijnland*.

Men heeft in deze stat. eene kerk te Soetermeer, welke door eenen Pastoor bediend wordt en telt er 1100 zielen, onder welke 790 Communikanten.

SOETERMEERSCHE-MEER (HET), voorm. meer in *Rijnland*, prov. *Zuid-Holland*, tusschen Soetermeer, Wilsveen, Stompwijk en Soeterwoude.

Dit meer, hetwelk eene oppervlakte van ongeveer 680 bund. besloeg, was door de gedurige uitveeningen van den veengrond ontstaan, en het stond, uithoofde van zijne uitgestrektheid, diepte en ligging in eenen zeer ligten en hollen veengrond, te vreezen, dat het eenmaal bij hoog water en stormwinden met vele nabij gelegen dobben en andere uitgetrokkene veenlanden zoude vereenigd worden, zoo dat het voor de naburige ambachten gevaarlijk werd, waarom men reeds in het begin der vorige eeuw te rade werd het te bedijken en droog te maken. Met dat oogmerk wendde Jonkheer Jacob Orm van Wijngaarden, Heer van *Benthuizen*, Vrijheer *van Wijngaarden-en-Ruybroek*, Ambachtsheer *van Soetermeer* en *Zegwaart*, zich, met eenige anderen zijner medestanders, tot de Heeren Staten van Holland en West-Friesland, met kennisgeving van hun ontworpen plan, om dit meer te bedijken, droog te maken en tot vruchtbaar land te brengen, tot groot nut en voordeel van het gemeene land en van alle de ingezetenen; aangezien het te midden in het land en in de nabijheid van zoo vele aanzienlijke steden en dorpen was gelegen, zoodat het, tot land geworden zijnde, eene groote menigte vruchten, tot gerief van het algemeen, stond voort te brengen; terwijl zij tevens verzochten, om, aangezien deze bepoldering en droogmaking aan zeer groote kosten, gevaren en zwarigheden onderhevig waren, door hooggemelde Heeren Staten met eenige voorregten en vrijdommen begunstigd en op deze wijze in deze haggelijke onderneming ondersteund te worden. Hierop werd aan welgemelden Heer Orm van Wijngaarden en zijne medestanders door Hun Ed. Groot Mog., op den 15 Maart 1614, verleend zeer gunstige brieven van octrooi, waarbij hun werd toegestaan dit Soetermeersche-meer geheel en ten eenenmaal te bedijken; terwijl hun ook tevens vele groote en aanzienlijke voordeelen en vrijdommen werden vergund, en wel inzonderheid dit opmerkelijk voorregt, dat aan hen en hunne nakomelingen de eigen beheering van dezen te bedijken polder zoude blijven, met magt, om tot bestiering daarvan de noodige Ambtenaren aan te stellen, welke, benevens de ondernemers, zoodanige keuren en ordonnantiën betreffende de dijkwerken zouden mogen maken, als zij tot bevordering der gemeene zaak dienstig zouden vinden; met deze bepaling nogthans, dat het oppergezag over dezen polder zoude zijn en blijven aan Dijkgraaf en Hoogheemraden van Rijnland Naardien nu bij het zelfde octrooi was bepaald, dat, alvorens deze bedijking mogt worden ondernomen, aan de stad Leyden, als bezittende den eigendom der ambachtsheerlijkheden van Soeterwoude, Stompwijk en Wilsveen, zoude moeten worden voldaan alle schade, hinder en letsel, welke deze stad wegens die te doene bedijking zoude komen te lijden, en ook aan haar op eene redelijke wijze zoude behooren genoegen gegeven te worden, wegens zoodanig regt, als Heeren Burgemeesters en Regeerders van die stad, als Ambachtsheeren der voorzeide heerlijkheden, op het genoemde meer te vorderen hadden; zoo zijn welgemelde Heeren Burgemeesters en Regeerders der stad Leyden en de Heer Orm van Wijngaarden, op den 4 April van het zelfde jaar 1614, met elkander deswege in der minne overeengekomen, dat aan de stad Leyden ten eeuwigen dage zal volgen, en zulks onder de leenbrieven van de ambachtsheerl. van Soeterwoude en Stompwijk verstaan werden begrepen te zijn, het regt van de ambachtsheerl., met alle de gevolgen en aankleven van dien, over de twee honderd morgen (ruim 170 bund.) van de voorgenoemde Soetermeersche-meer, welke doorgaans het allernaast grenzen aan Stompwijk; als ook over de kaden, dijken, dammen, wateringen en wegen daaronder begrepen, met alle zulke regten, als door welgemelde Heeren Burgemeesters en Regeerders, als Ambachtsheeren, in alle andere oorden van Stompwijk worden geoefend; en mede met zoodanig regt van tienden, als in de opgemelde twee honderd morgen zullen komen te vallen, en waartoe de

Ambachtsheeren van Stompwijk mogten zijn geregtigd. Vervolgens hebben de gezamenlijke ingelanden en gehuisden van Stompwijk, onder deze Soetermeersche bepoldering, tot hun bijzonder gerief, en op hunne eigene kosten, met voorkennis en goedkeuring van Dijkgraaf en Hoogheemraden van Rijnland, in den Stompwijksche-weg, aan de herberg de Schenkkan doen steken een verlaat, om hen te dienen voor een vrije doorvaart naar de andere landen, onder deze banne, buiten de gezegde bepoldering liggende; gelijk dan ook deze gezamenlijke ingelanden en gehuisden verpligt zijn dit verlaat ten hunnen bijzonderen last te onderhouden. Toen er in het jaar 1653, onderscheidene geschillen over het verlaat gerezen waren, zoo heeft de vierschaar van Dijkgraaf en Hoogheemraden van Rijnland, ingevolge hun gewijsde van den 2 Julij van gezegd jaar, ter voorkoming van verdere diergelijke twisten, bij eene duidelijke keure aan allen en een ieder, wie hij ook zijn mogt, verboden, dit verlaat te gebruiken of door te varen, op zoodanige straffen, als zijn de gemelde keure in vervat; wordende dus de doorvaart en het gebruik van dat verlaat alleen vergund aan de ingelanden en gehuisden van Stompwijk, onder deze Soetermeersche-bepoldering. Nog zijn die van den Soetermeerschemeerpolder, volgens zekere overeenkomst tusschen hen en die van Soeterwoude gemaakt, verpligt jaarlijks aan het ambacht van Soeterwoude te betalen zekere gelden voor hun aandeel in het onderhoud der bruggen en sluizen, waardoor het water zich in den Rijn ontlast.

Deze pold. behoort thans tot het arr. *'s Gravenhage*, kant. *Voorburg*, gedeeltelijk gem. *Soetermeer*, gedeeltelijk gem *Stompwijk*; palende N. aan den Westeinder-polder en den Zwet-polder, O. en Z. aan den Nieuwe-Drooggemaakte-polder-van-Soetermeer, W. aan den Starrevaarts-polder.

Hij is in het jaar 1612 bedijkt, en beslaat eene oppervlakte, volgens het kadaster, van 522 bund. 50 v. r., waaronder 516 bund. 5 v. r. 69 v. ell. schotbaar land; als: onder *Soetermeer*, volgens het kadaster, 348 bund. 24 v. r. 35 v. ell. en onder *Stompwijk*, 174 bund. 25 v. r. 65 v. ell. Hij telt 14 h., zijnde alle boerderijen, van welke 6 onder *Soetermeer* en 8 onder *Stompwijk*, en wordt door vier molens droog gehouden. Het bestuur bestaat uit eenen Dijkgraaf en drie Heemraden.

SOETERS, geh. in de bar. van *Breda*, prov. *Noord-Braband*. Zie Seters.

SOETERWOUDE, gem. in *Rijnland*, prov. *Zuid-Holland*, arr. en kant. *Leyden* (2 k. d., 19 m. k., 2 s. d., 2de afd.); palende N. aan de gem. Leyden en Leyderdorp, O. aan de gem. Hazerswoude, Z. aan Soetermeer en Benthuizen, W. aan Voorschoten.

Deze gem. bestaat uit den Groote-Polder, den Oost-Broekpolder, den West-Broek-polder, den Geer-polder, den Oost-Vliet-polder, den Boshuizer-en-Gasthuis-polder, den Roomburger-polder, den Oude-Gelderswoudsche-polder, den Zwet-polder, den Hof-polder, den Kronesteinsche- of Knotter-polder en den Drooggemaakte-Gelderswoudsche-polder en gedeelten van den Groote-Westeind-polder en van den Barre-en-Oude-Groenendijksche-polder, den Kleine-Kronensteinsche-polder en den Kleine-Roomburger-polder. Zij bevat het d. Soeterwoude, benevens de geh. en b. Hoogstraat, Westeind, Zuidbuurt, Noorda, Noordbuurt, Miening, Vrouwe-vaart, Kronestein, Vliet,

Voorschoterweg, de **Hoogen-Rijndijk** (buiten de witte poort te Leyden), het **Studenten-pad**, de **Hoogen-Rijndijk** (buiten de Hooge-Woerdsche-poort te Leyden), **Weipoort** en **Geldersworde**. Zij beslaat, volgens het kadaster, eene oppervlakte van 3248 bund. 56 v. r. 9 v. ell., waaronder 3220 bund. 30 v. r. 53 v. ell. belastbaar land. Men telt er 387 h., bewoond door 467 huisgez., uitmakende eene bevolking van ruim 2500 inw., die meest in den landbouw hun bestaan vinden, wordende hier, naar men wil, de beste Leydsche boter gemaakt. Ook heeft men er 2 scheepmakerijen, 1 zeilmakerij, 1 leerlooijerij, 1 azijnmakerij, 2 pottenfabrijken, 2 kalkbranderijen, 2 vernisstokerijen, 1 zeemvol-, 1 olie-, 1 koren- en 6 houtzaagmolens. Voorheen bestond hier ook eene papiermakerij, alsmede nog eene scheepstimmerwerf en eene kalkbranderij, welke echter niet meer in werking zijn.

Door eenen landman van deze gemeente werd, in het jaar 1350, het bemesten der landen uitgevonden en daardoor voor den akkerbouw eene rijke bron van voorspoed geopend.

De Herv., die er 780 in getal zijn, onder welke 250 Ledematen, maken gedeeltelijk eene gem. uit, welke tot de klass. van *Leyden*, ring van *Alphen*, behoort, en behooren gedeeltelijk tot de gem. van *Leyderdorp*.

De Evang. Luth., die er wonen en de Remonstranten, van welke men er 7 aantreft, behooren tot hunne respective gemeenten te *Leyden*.

De R. K., die er ruim 1580 in getal zijn, onder welke 1000 Communikanten, maken gedeeltelijk de stat. van *Soeterwoude* uit en worden gedeeltelijk tot de stat. van *Groenendijk* gerekend.

Men heeft in deze gem. eene school, welke gemiddeld door een getal van 100 à 150 leerlingen bezocht wordt.

Soeterwoude is eene heerl., welke vroeger van de graaflijkheid als een onversterflijk leen gehouden werd. Zij betaalde de verheergewaden met een paar wapen handschoenen, of daarvoor twintig schellingen (6 guld.) in geld. Zij werd, den 17 Februarij 1305, door Willem III Graaf *van Holland en Henegouwen*, in erfleen, zoowel voor dochters als zonen, gegeven aan Heer Filips van Santhorst, Ridder. Vervolgens kwam zij aan Jan van Egmond en ging daarna over aan den Ridder Bartholomeus, Heer *van Raaphorst*, wien Hertog Albrecht, door afstand van Jonkvrouw Lisbeth, wed. van Tetrode, dochter van gemelden Heer Jan van Egmond, daarmede, op den 14 Februarij 1376, heeft verleid en beleend voor hem en zijne nakomelingen Door het overlijden van Bartholomeus van Raaphorst, is deze heerl. gekomen in 1470, op zijnen zoon Jonkheer Adriaan van Raaphorst, vervolgens op diens neef Jonkheer Aalbrecht van Raaphorst. Na hem is dit leen gekomen op Heer Floris van Alkemade, die het gekocht heeft van de voogden van Jonkheer Adriaan van Zwieten; vervolgens op Jonkvrouwe Agatha van Alkemade, gehuwd geweest zijnde met den Ridder Jan van Culemborg, Heer *van Renswoude*, *Van der Veurze* enz.; van haar is zij overgegaan op Jonkheer Isbrand van Merode, zoon van Maria van Culemborg. Deze heeft de heerlijkheid, den 2 September van het jaar 1610, verkocht aan Burgemeesteren van Leyden, welke stad ook nog heden daarvan bezitter is.

De heerl. Soeterwoude, welke gezegd werd een kwaad leen te zijn, is met het overlijden van den Heer Maurits van der Aa, Burgemeester der stad Leyden, op wien de heerl. van wege die stad, als

Ambachtsheer van Soetermeer verleid was, doordien hij geene kinderen naliet, voor eene zekere erkentenis aan de Graafelijkheid, van een kwaad tot een goed leen gemaakt.

Volgens Simon van Leeuwen zoude de burgwal binnen Leyden, Rapenburg genaamd, welke voor het uitleggen der stad, gedeeltelijk in Soeterwoude gelegen was, zijnen naam van de Heeren van Raaphorst ontvangen en daarop een burg of ander gebouw van die Heeren gestaan hebben.

Het d. Soeterwoude, Zoeterwoude of Zoeterwoude, bij verkorting Soeterwou, ligt ½ u. Z. van Leyden. Het is op zich zelf niet groot, maar zeer net bebouwd en zindelijk bestraat; zijnde de voornaamste straat, die welke van voren langs de kerk loopt. — Men telt er in de kom van het d. 47 h. en 350 inw.

Men wil dat het eigenlijk Swetterwoude of Soeterwoude zou heeten, naar een watertje, dat de Zwet genoemd wordt en niet ver van het dorp loopt. Nogtans vindt men in zekeren brief van Ada, Markgravin *van Brandenburg*, ten behoeve van de abdij van Rijnsburg in het jaar 1205 verleend, eenen getuige vermeld, met den naam van Florentius van Soeterwoldt, zoodat de naam van het dorp in dien tijd ten minste met den hedendaagsche overeenkomt.

De Herv. gemeente van Soeterwoude telt ongeveer 390 zielen, onder welke 180 Ledematen, en behoort tot de klass. van *Leyden*, ring. van *Alphen*. De eerste, die hier het leeraarambt heeft waargenomen, is geweest Levinus Cabeljouw, die hier in het jaar 1588 beroepen werd en in het jaar 1591 opgevolgd werd door Johannes Hermanni. Het beroep geschiedt door den kerkeraad, welke daarvan kennis geeft aan de regering van Leyden. De kerk, welke vóór de Hervorming aan den H. Johannes *den Dooper* was toegewijd, moet hier zeer vroeg aanwezig geweest zijn, zoo als blijkt uit de kopie van zeker testament, gemaakt door Pieter van Leyden, Kanunnik van St. Pieterskerken, zoo van Leyden, Utrecht als Middelburg, en Pastoor van Soeterwoude, in welk testament hij, op Dingsdag voor St. Maarten, in den winter, in het jaar 1316 belooft en sticht vier vikarijen in de St. Pieterskerk te Leyden, benevens zijn huis en eenige vikarijen en nog drie honderd gulden jaarlijks, als ook eene kelk en zijne brevieren, ter gedachtenis; onder voorwaarde, dat een der Vikarissen verpligt zoude zijn dagelijks, in de kapel, in welke zijne moeder begraven lag, misse te lezen; — ofschoon wij nu uit het bovenstaande de juiste tijd der stichting niet kunnen opmaken, zien wij echter dat de kerk reeds in het jaar 1316 een eigen Pastoor heeft gehad, en gevolgelijk reeds vroeg gebouwd is geweest. Wanneer men de bouworde van de tegenwoordige kerk oppervlakkig beschouwt, zoude men van gedachten zijn, dat dit de zelfde is, welke in de eerste dagen hier gesticht werd; dan daar wij lezen dat de kerk te Soeterwoude in het jaar 1574 of 1575 door de Spanjaarden, die Leyden belegerd hielden, verbrand is, hebben wij reden, hier aan te twijfelen. De eerste kerk, welke vóór de Reformatie te Soeterwoude is gebouwd geweest, was aan den H. Johannes *den Dooper* toegewijd. Het tegenwoordig kerkgebouw is zeer ruim en groot, zijnde, benevens het koor, aan iedere zijde met eene kapel uitgebouwd, waardoor de kerk de gedaante van een kruis heeft. De kapel ter regter zijde van het koor is voor eene kerkeraadskamer afgezonderd. De toren is in dier voege gebouwd, dat men daar onder door middel van een portaal den ingang der kerk heeft. Boven eene armbus

In de kerk is vroeger een houten bordje geplaatst geweest, waarop men las:

O Menschen wil u ontfarmen,
Terwijl gij leeft op d' Aard.
Gedenkt aan den Armen,
Als of gij zelfs arm waard.
Anno 1730.

Boven de torendeur is een fraaije uurwijzer geplaatst; tegen over den predikstoel, hangt een kunstig geschilderd houten bord, waarop de twaalf artikelen des geloofs, benevens het jaartal 1795, ter linkerzijde is een dergelijk bord geplaatst, waarop de wet des Heeren, met het jaartal 1693. Naast den toren, aan de regterzijde, is eene plaats tot berging van verdwaald vee. Op eene zerk welke vlak voor den predikstoel ligt, leest men:

Gelukkig die zich voorbereid,
Ter zaalige ontsterflijkheid,
Met Jezus *werd zijn ziel vereend,*
Schoon 't Graf bewaard zijn koud gebeent."
1777. Jan Liekelaan.

In vroegere dagen pronkte deze kerk met bijzonder fraaije geschilderde glazen, op welke de wapens zoo van de steden Haarlem, Leyden, als andere, benevens die der familiën van Burgemeesters van Leyden, als Ambachts-Heeren van Soeterwoude geschilderd waren; bijzonder muntte in fraaije schildering een der achterglazen van het koor uit, zijnde daarop een op zijne achterste pooten staande leeuw afgebeeld, houdende in zijne eene poot eene speer, waarop de vrijheidshoed, en in de andere poot het wapen der stad Leyden; onder den leeuw las men: dat de Heeren Burgemeesteren der stad Leyden de Ambachts-Heerlijkheden van Soeterwoude, Stompwijk, Tedingerbroek en den Leidschendam, in den jare 1610, gekocht hadden van Jonkheer IJsbrand van Merode; verder stonden op dit glas de wapenen der Burgemeesteren van het bovengenoemde jaar, enz., dan alle deze sieraden zijn meest vervallen. De kerktoren pronkt met eene fraaije spits, en heeft van binnen een zeer goed uurwerk en klok. Op het midden van het kerkdak, is een zeer schoon, doch klein open koepeltorentje geplaatst, waarin mede een klokje hangt. In het jaar 1817 hebben eenige gemeenten in Zuid- en Noord-Holland, benevens twee ongenoemde weldoeners, door hunne liefdegiften de gemeente van Soeterwoude in staat gesteld, tot opbouw en herstel van hare vervallen kerk en predikantswoning, en in 1839 heeft zij uit het fonds van noodlijdende kerken tot dringend herstel van het kerkgebouw 600 guld. genoten. Het kerkhof, het welk aan de achterzijde met huizen is gebouwd, is van voren met eenen muur omringd, en met een houten hek van den weg afgescheiden.

De R. K., die er 1000 in getal zijn, onder welke 700 Communikanten, maken eene stat. uit, welke door eenen Pastoor en eenen Kapellaan bediend wordt. De kerk, die aan den H. Johannes *den Dooper* is toegewijd, staat in de *Zuiderbuurt*, en is een zeer schoon gebouw, van binnen tot de godsdienst zeer wel ingerigt. Zij prijkt met eenen toren en is van een orgel voorzien. Ook hebben de R. K. hier eene afzonderlijke begraafplaats. Sedert de Reformatie waren de R. K. van *Benthuizen*, Soeterwoude, *Zoetermeer* en *Stompwijk* in eene statie vereenigd, maar sinds het jaar 1658 zijn die van Soeterwoude daarvan afgescheiden en hebben eene afzonderlijke statie uitgemaakt.

De Ridders van Maltha of de St. Jansheeren, hebben in dezen omtrek welcer zeer vele goederen bezeten en een Kommandeurschap gehad, behoorende onder het Landkommandeurschap van Haarlem. Dewijl in het jaar 1445 tusschen de Duitsche Ridders als Pastoors van de St. Pieterskerk te Leyden en de St. Jans Ridders, over de palen van hun geestelijk regtsgebied een proces gerezen was, zoo hebben de Burgemeesters, de Schout, de Schepenen en de Raad der stad Leyden in eenen brief van het zelfde jaar verklaard, dat zij onderscheidene getuigen van het mannelijk en het vrouwelijk geslacht gehoord hadden, die allen verklaarden dat de Duitsche Ridders, zoo lang het de menschen heugen konde, de kerkelijke bedieningen tot de Weipoort toe, achter het slot Zwieten verrigt hadden. Het schijnt echter dat de St. Jansridders de kerk van Soeterwoude als Pastoors bediend hebben. Immers blijkt het uit zekeren brief, dat Graaf Willem van Henegouwen enz. als Graaf van *Holland*, het regt van voorstelling tot de kerk van Soeterwoude en Hazerswoude aan den Kommandeur der Malthezer Ridders te Haarlem heeft gegeven, doch onder zekere voorwaarden. Te Soeterwoude is nog een gedeelte der huizing dezer Ridders in wezen gebleven, hetwelk hedendaags door den Predikant der Hervormden bewoond en door Haarlem onderhouden wordt, welke het patronaatregt aldaar plagt uit te oefenen.

Onder Soeterwoude lagen van ouds onderscheidene adellijke huizen, als: Meerburg, Rijnegom, Koebel, Boshuizen, Rodenburg, Roomburg en Zwieten. Thans staat er nog een huis op den grond van Kronestein en men treft er eene menigte buitenplaatsen en tuinen aan.

Tijdens het beleg der stad Leyden lag onder deze gem. ook nog de schans Lammen. Zie dat woord.

De kermis valt in den 24 Junij.

Het wapen dezer gem. bestaat uit een veld van azuur, met drie klaverbladeren, met hunne stelen naar boven gekeerd, en *en chef* met twee takjes, geplaatst *en sautoir*, alles van goud.

SOETERWOUDE (GROOTE-POLDER-VAN-), pold. in *Rijnland*, prov. *Zuid-Holland*, arr. en kant. *Leyden*, gem. *Soeterwoude*; palende N. aan den Kronenburgsche-polder, N. O. aan den Barre-en-Oude-Groenendijksche-polder, Z. aan den Broek-polder, W. aan den Zwetpolder en aan den Westeinder-polder.

Deze polder beslaat, volgens het kadaster, eene oppervlakte van 470 bund., alles schotbaar land; telt 3 h., waaronder 2 boerderijen, en wordt door ééne sluis, op den Rijn, van het overtollige water ontlast. Het polderbestuur bestaat uit den Burgemeester, twee Molenmeesters en eenen Secretaris.

SOETI-DJAJA, d. in *Oost-Indië*, op het *Sundasche* eil. *Sumatra*, lands. *Lampong*, aan den oever der Toelang-Bawang.

SOETJEN, groote indigofabrijk, in *Oost-Indië*, op het *Sundasche* eil. *Java*, resid. *Baglen*, reg. en 4 palen van *Poerworedjo*.

Door de aardbeving, die zich den 4 Januarij 1840 heeft doen gevoelen, is deze fabrijk zwaar beschadigd, het pakhuis op vele plaatsen gescheurd, het dak uit het verband gerukt, de schoorsteen voor een voornaam gedeelte ingestort, en de steenen kolommen, waarop de daken der fermenteer- en klopbakken rusten, alle, ten getal van 30, even boven den grond afgebroken.

SOETJIE, d. in *Oost-Indië*, op het *Sundasche* eil. *Java*, resid. *Soerabaya*, afd. *Grissee*, 5 palen van Grissee.

Het is de eenige plaats in deze geheele afdeeling, waar men goed drinkwater heeft, waarom de Europesche ingezetenen het dan gewoonlijk van hier laten halen.

SOETRANA, d. in *Oost-Indië*, op het eil. *Timor*, een der *Kleine-Sunda-eilanden*. — Het Nederlandsche Gouvernement heeft hier eenen Posthouder.

SOEWANGGI, d. in *Oost-Indië*, op het *Sundasche* eil. *Celebes*, gouv. *Menado*, dist. *Tonsea*.

SOEWANGGI, Poeloe-Soewanggi, eil. in *Oost-Indië*, tot de *Kleine-Sunda-eilanden* behoorende. Zie Sjetman.

SOEWITARI-MALI, d. in *Oost-Indië*, op het *Sundasche* eil. *Sumatra*, in het *Land-der-Batakhs*, rijk *Simamore*.

SOFFELT, gebruikelijke naam van het geh. Sonsveld, in de *Meijerij van 's Hertogenbosch*, kw. *Peelland*, prov. *Noord-Braband*. Zie Sonsveld.

SOFIA-POLDER (DE), pold. in het *Vrije-van-Sluis*, prov. *Zeeland*. Zie Sophia-polder.

SOGGEL, geh. in de *Meijerij van 's Hertogenbosch*, kw. *Maasland*, prov. *Noord-Braband*, *Eerste* distr., arr. en 2¼ u. O. N. O. van *'s Hertogenbosch*, kant. en 1 u. Z. Z. O. van *Oss*, gem. en 40 min. W. Z. W. van *Heesch*.

SOGHDIJK (DE), dijk in het *Nederkwartier* der prov. *Utrecht*. Zie Socadijk.

SOGIE, eil. in *Oost-Indië*, in den *Sundasche-Archipel*, Z. van de Straat van Malakka.

SOGOSINAN, distr. in *Oost-Indië*, op het *Sundasche* eil. *Java*, resid. *Kedirie*, reg. *Trengalek*.

SOGUILLO, d. in *Oost-Indië*, op het *Sundasche* eil. *Java*. Zie Sogoillo.

SOHOKAN, oud d. in *Oost-Indië*, op het *Sundasche* eil. *Java*, resid. en reg. *Cheribon*, distr. *Gebang*.

SOKA, oud. d. in *Oost-Indië*, resid. *Soerabaya*, reg. *Djapan*.

SOKKAWATIE, bosch in *Oost-Indië*, op het *Sundasche* eil. *Java*, resid. *Tagal*.

SOKKOS, eil. in *Oost-Indië*, op de kust van *Nieuw-Guinea*, bij de Tritons-baai.

SOKO ANTJAR, d. in *Oost-Indië*, op het *Sundasche* eil. *Java*, resid. *Rembang*.

SOKOLA (DE), Way Sokola, riv. in *Oost-Indië*, resid. *Ambon*, op het *Moluksche* eil. *Amboina*.

SOKOMILLO, d. in *Oost-Indië*, op het *Sundasche* eil. *Java*, resid. *Kadoe*, ads.-res. *Magelang*.

SOKROE, d. in *Oost-Indië*, op het *Sundasche* eil. *Java*, resid. *Djocjokarta*.

SOL ('T), geh. op de *Middel-Veluwe*, prov. *Gelderland*, distr. *Veluwe*, arr. en 7 u. N. van *Arnhem*, kant., gem. en 3 u. W. van *Apeldoorn*; met 2 h., zijnde twee boerenplaatsen, het Groot-Sol en het Klein-Sol geheeten.

SOLA D'AVES, eilandjes in *West-Indië*, O. Z. O. van Bonaire. Zie Aves.

SOLAMA, voorm. burg in het *Westerkwartier*, prov. *Groningen*, arr. en 3½ u. N. W. van *Groningen*, kant. en 1½ u. N. van *Zuidhorn*, gem. *Oldehove*.

SOLAND-BINADANA, oud. d. in *Oost-Indië*, op het *Sundasche* eil. *Java*, resid. *Preanger-Regentschappen*, reg. *Sumadang*.

SOLBORCH (OOSTER- en WESTER-), oude namen van de dorpen Oost- en West-Souburg, op het eil. *Walcheren*, prov. *Zeeland*. Zie Souburg (Oost-) en Souburg (West-).

SOLDATENWIEL (HET), water in de *Meijerij van 's Hertogenbosch*, kw. *Maasland*, prov. *Noord-Braband*, gem. en ¼ u. W. van *Lith*.

SOLDKAMP, d. in *Hunsingo*, prov. *Groningen*. Zie Zoltkamp.

SOLE, oud d. in *Oost-Indië*, op het *Moluksche* eil. *Ceram*, op de Oostkust van *Hoewamohel*.

SOLE, zeeëngte in *Oost-Indië*, in den *Archipel-van-St.-Lazarus*, tusschen Kelang en Hoewamohel. — In deze straat ligt het Varkens-eiland.

SOLEUVRE, SOLEURE en SOLEUVE, Fransche namen van de heerl. en het d. Zolver of Zolwer, in het grooth. *Luxemburg*. Zie Zolver.

SOLEUVRE (MONT-), Fransche naam van den Zolver-berg, in het grooth. *Luxemburg*. Zie Zolver-berg.

SOLITAIRE, houtgr. in *Nederlands-Guiana*, kol. *Suriname*, aan de *Suriname*, ter regterzijde in het afvaren; palende bovenwaarts aan den houtgr. Remoncour, benedenwaarts aan den kostgr. Moederzorg.

SOLITUDE (LA), suikerplant. in *Nederlands-Guiana*, kol. *Suriname*, aan de *Pericakreek*, ter linkerzijde in het afvaren; palende bovenwaarts aan de suikerplant. de Eendracht, benedenwaarts aan den verl. kostgrond Land-van-Onvergenoegd; 2023¼ akk. groot; met 70 slaven. — De suikermolen wordt met water gedreven. De Negers noemen haar Pistorsi.

SOLITUDE (LA), verl. houtgr. in *Nederlands-Guiana*, kol. *Suriname*, aan de *Saramacca*, ter linkerzijde in het afvaren; palende bovenwaarts aan de verl. plant. Toevlugt, benedenwaarts aan den houtg. Frankfort; 1000 akk. groot.

SOLKAMA of Solkema, voorm. state, prov. *Friesland*, kw. *Oostergoo*, griet. *Tietjerksteradeel*, arr. en 3 u. Z. O. van *Leeuwarden*, kant. en 1 u. Z. W. van *Bergum*, niet ver van *Garyp*, waartoe zij behoorde.

Ter plaatse, waar zij gestaan heeft, ziet men thans eene boerenplaats, Hoogtens genaamd, waarvan de huizinge in de bouworde nog blijken draagt, dat zij aan voorname lieden heeft toebehoord.

SOLKAMA of Solkema, voorm. state, prov. *Friesland*, kw. *Westergoo*, griet. *Wymbritseradeel*, arr. en 2 u. Z. Z. W. van *Sneek*, ¼ u. N. O. van *Heeg*, waartoe zij behoorde.

SOLKAMA of Solkema, voorm. state, prov. *Friesland*, kw. *Zevenwouden*, griet. *Doniawarstal*, arr. en 2 u. Z. W. van *Sneek*, kant. en 2¼ u. N. van de *Lemmer*, onder *Indijken*. — De plaats, waar zij gestaan heeft, is niet bekend.

SOLKAMA of Solkema, b., prov. *Friesland*, kw. *Zevenwouden*, griet. *Doniawarstal*, arr. en 3 u. Z. van *Sneek*, kant. en 1¼ u. N. ten W. van de *Lemmer*, 5 min. N. O. van *Tjerkgaast*, waartoe zij behoort, aan den rijweg van Slooten naar den straatweg. Ook stond hier vroeger eene state van den zelfden naam. Zie het volgende art.

SOLKAMA of Solkema, voorm. state, prov. *Friesland*, kw. *Zevenwouden*, griet. *Doniawarstal*, arr. en 2 u. Z. van *Sneek*, kant en 1¼ u. N. ten W. van de *Lemmer*, 5 min. N. O. van *Tjerkgaast*, aan den rijweg van Slooten naar den straatweg.

Een dezer staten, is vermoedelijk het stamhuis geweest van het oude Friesche geslacht van Solkama of Solckema, van hetwelk afstamde

Reinert van Solckema, die doorgaans gehouden wordt voor den opsteller van de *Conscriptio exulum Frisiae*, door te Water vermeld (1).

SOLLENBURG, voorm. buskruidmolen in *Amstelland*, prov. *Noord-Holland*, arr., kant. no. 2 en gem. *Amsterdam*, aan den Overtoomsche-weg, buiten de Leydsche-poort dier stad.

Den 14 Augustus 1758, vatte het kruid in een der pakhuizen van deze kruidmakerij vuur, juist op den oogenblik dat het volk te werk kwam, om den dagelijkschen arbeid te beginnen; niet alleen stond het pakhuis dadelijk in volle vlam; maar alles sprong met eenen zoo geweldigen slag, als bij het lossen van een zwaar stuk geschut gehoord wordt, aan stukken, en verspreidde zich wijd en zijd. Hier door werd het digt daarbij staande magazijn ook aangestoken, en dit gebouw, vloog met eenen veel zwaarder slag, in de lucht, ten minste drie arbeiders mede voerende. Alle gebouwen, omtrent twee honderd schreden in het ronde, werden geweldig geschokt en zeer beschadigd. De grond, waar de pakhuizen gestaan hadden, was in een poel veranderd, de boomen, daar rondom, lagen uit den grond geslagen, stukken en balken der gebouwen op de landen gesmeten, zelfs was het water zoodanig over de digst bij gelegene landen geperst, dat ze in een moeras veranderd schenen. De meeste huizen waren van de pannen, sommigen der naastbij staande voor het grootste gedeelte van het geheele dak, beroofd, de muren gescheurd, deuren en vensters aan stukken geslagen. Zelfs binnen Amsterdam zag men op de Baangracht en het Spiegelplein vele huizen zwaar beschadigd. Ter plaatse, waar deze kruidmakerij gestaan heeft, ziet men thans een klein buitenverblijf, hetwelk nog altoos de vroegere benaming heeft behouden. De in 1758 meerendeels verwoeste kruidfabrijk is destijds, op verlangen van het stedelijk bestuur van Amsterdam, verplaatst naar de gem. Ouderamstel, tusschen Ouderkerk en de Nesse, in den Ronden-Hoeps-polder, en bestaat aldaar nog ten huidigen dage, onder den zelfden naam, zijnde molen No. 1.

SOLLER, in het Fr. Soller of Sonles, d. in het balj. van *Bastenach* (*Bastogne*), meijerij van *Duncols*, grooth. *Luxemburg*, kw., arr. en 5¼ u. W. ten N. van *Diekirch*, kant. en 1½ u. W. ten Z. van *Wiltz*, gem. en ¼ u. W. ten Z. van *Winseler*. — Het bestaat uit eene R. K. kerk en 13 h., met 95 inw.

SOLLEURE, heerl. en d. in het grooth. *Luxemburg*. Zie Zolver.

SOLMS (HET HOF-VAN-), huis in de *Meijerij van 's Hertogenbosch*, kw. *Kempenland*, prov. *Noord-Braband*, arr. en 3 u. N. N. W. van *Eindhoven*, kant., distr. en gem. *Oirschot*, in de *Koestraat*.

Dit huis, hetwelk waarschijnlijk in het jaar 1668 (welk jaartal nog in den gevel staat) gebouwd is door iemand uit het aanzienlijke geslacht van Solms, wordt in eigendom bezeten en bewoond door den Heer Mr. H. J. A. van Baar.

SOLO, st. in *Oost-Indië*, op het *Sundasche* eil. *Java*. Zie Soerakarta.

SOLO (DE), riv. in *Oost-Indië*, op het *Sundache* eil. *Java*. Zie Bengawan.

SOLOK, d. in *Oost-Indië*, op het *Sundasche* eil. *Sumatra*, gouv. *Sumatra's Westkust*, resid. *Padangsche Bovenlanden*.

SOLOKROMO, d. in *Oost-Indië*, op het *Sundasche* eil. *Java*, resid. *Baglen*.

---

(1) Zie *Historie van 't Verbond en de Smeekschriften der Edelen*, D. IV. bl. 412-414.

SOLOMBO (GROOT-), eil. in *Oost-Indië*, in de *Zee-van-Java*, Z. van het *Sundasche* eil. *Borneo*. — Het wordt door zeeroovers bewoond.

SOLO-MEIRA, d. in *Oost-Indië*, op het *Sundasche* eil. *Java*, resid. *Kadoe*, ads. resid. *Magelang*.

SOLOPA (DE), riv. in *Oost-Indië*, op het *Ambonsche* eil. *Ceram*, op *Hoewamohel*, met eene westelijke rigting, in het *Nassausche-gat* uitloopende.

SOLOPAY (DE), riv. in *Oost-Indië*, op het *Moluksche* eil. *Amboina*. Zie Ela.

SOLOR, eil. in *Oost-Indië*, tot de *Kleine-Sunda-eilanden* behoorende, Z. O. van *Floris*, aan de Straat-van-Solor, 1° 50′ Z. B. 140° 57′ O. L.

Het is acht mijlen lang en vier mijlen breed, en heeft eene oppervlakte van negentien vierkante mijlen, is bergachtig en deels steenachtig; er is veel bamboes, doch de grond wordt weinig bebouwd. De bevolking bestaat uit twee stammen, als: de Lawatjang, zijnde eene soort van Maleijers die de kusten bewonen, en de Alfoeren of binnenlandsche volkeren.

De Maleijers zijn Mohhammedanen, ruw, maar vreesachtig, en zeer verzot op sterken drank; zij hebben een onaangenaam voorkomen, en staan, om hunne onreinheid, bij de bewoners der naburige eilanden in minachting. Deze kustvolkeren leven genoegzaam enkel van de vischvangst, en zijn goede matrozen. De vrouwen weven eenige ruwe stof, waarvan zij tot kleeding gebruik maken. Zij zouten en droogen de visch, om ze te verkoopen, ook vangen zij karet en haaijen, om de vinnen en traan, vooral walvisschen. Ook de spermaceti-visch wordt door hen gevangen; doch zij verstaan de bereiding der spermacetie niet. De Solorezen vinden in de ingewanden der walvisschen ook wel eens ambergrijs, waarvoor zij een hoogen prijs maken.

De Alfoeren leven nog in eenen woesten staat. Zij zijn krijgshaftig en bedienen zich van pijl en boog, schild en zwaard, en zelfs ook van vuurwapens; hun buskruid vervaardigen zij zelven. Hunne huizen bouwen zij van bamboes, en zij leven zeer eenvoudig. Aan de zuidzijde des eilands houden zich dikwerf noordkapers op, waarvan zij traan en amber trekken, die zij tegen ijzerwerk, zijden en andere stoffen, maar vooral tegen olifants-tanden verruilen, welke zij zoo hoog vereeren, dat zij die bij plegtige gelegenheden voor zich uit laten dragen.

Zuidwestwaarts van Solor, liggen op eene mijl afstands vier eilandjes, die het invaren van de Straat-van-Floris aan die zijde zeer moeijelijk maken. Aan de zuidoostzijde is eene zeer groote baai, waar het Nederlandsche fort Frederik-Hendrik ligt; in de nabijheid, aan de Straat Simanro is eene goede reede.

Op de Oostkust van Solor hadden de Portugezen zich reeds vroeg gevestigd en in een fort bijzonder versterkt. In Januarij 1613 verscheen de Hollandsche zeekapitein Apollonius Schot met het schip *Terveer*, het jagt de *Halve Maan* en eene Ternataansche kora-kora voor het Portugesche kasteel, en beschoot het op den 17 zoo hevig, dat een van die batterijen vernield en een nabij gelegen dorp verbrand werd. De belegering werd van tijd tot tijd ook van de landzijde ondernomen, doch leidde tot geene beslissing, vóór dat Schot een versterking van twee schepen ontving, waardoor hij in staat werd gesteld, het kasteel op te eischen, met bedreiging dat hij het, in geval van weigering, stormenderhand innemen en de geheele bezetting over den kling jagen zou.

Dien ten gevolge ging deze sterkte, die door acht honderd kanonschoten zwaar geteisterd was, bij verdrag, aan de Hollanders over. De Portugezen en hunne afstammelingen, ten getale van zeven honderd, benevens eenige Dominikaner-Monniken, vertrokken naar Malakka, en twee honderd vijftig inlanders kozen de zijden der overwinnaars. In het kasteel werd, behalve vier vaten buskruid en twintig stukken geschut, niets van belang gevonden. Met de Mohhammedaansche Opperhoofden van SOLOR sloot SCHOT een verbond. In het overwonnen fort werd een Posthouder geplaatst, om de belangen van den handel te behartigen. In latere tijden werd door den Posthouder van Koepang mede het oog over SOLOR gehouden, alwaar het fort Frederik-Hendrik reeds spoedig moet vervallen zijn, daar de Vorstin van SOLOR, in het jaar 1660, aan TRUITMAN en VAN DAM, die aldaar met eene vloot ten anker kwamen, verzocht, met haar in vriendschap te willen leven en eene nieuwe vesting op SOLOR te bouwen, ten einde haar tegen de Portugezen te beschermen, aan welk verzoek echter niet voldaan is, hetwelk aan de onbelangrijkheid van dit eiland is toe te schrijven. Aan de noordkust hebben de Nederlanders gewoonlijk eenen Posthouder te Lawayang.

SOLOTHAY, klip in *Oost-Indië*, aan de zuidkust van het *Ambonsche* eil. *Ceram*, ½ mijl van *Goeli-Goeli*.

Er stond hier vroeger eene vesting, waarin de inboorlingen zich, in 1660, zeer versterkt hadden, doch zij werden welhaast door den Landvoogd MUSTAART belegerd, en de vesting veroverd en vernield.

SOLWERD of SOLWERT, d. in *Fivelgo*, prov. *Groningen*, arr. kant., gem. en 10 min. O. ten N. van *Appingedam*, ten N. van het Damsterdiep. Men telt er 22 h. en 125 inw., die hoofdzakelijk hun bestaan vinden in den landbouw. Ook heeft men er eene kalkbranderij en eenen aanzienlijken windmolen, waarin tarwe-, rogge- en pelsteenen liggen. De bodem bestaat, bij een groot gedeelte der landerijen, uit roodoorn of vaalachtigen grond; en heeft op de diepte van 30 tot 40 Ned. duimen knik, behalve eene streek gronds, kort langs het Damsterdiep, welke uit vruchtbaren bovengrond bestaat en van onderen bij afwisseling leem en klei heeft.

De naam van SOLWERD zoude, volgens sommigen, haren oorsprong hebben, omdat aldaar, vóór de invoering van het Christendom, de zon vereerd en aangebeden werd, zoodat het, naar dit sprookje, eigenlijk ZON-WIERDE zoude moeten zijn. Anderen willen lezen SILO-WERD, als of er een Silo-klooster of Siloe-klooster zou gestaan hebben. Ons komt het echter waarschijnlijk voor, dat SOLWERD beteekent *soute-wierde;* en als men aanneemt, dat er voorheen een breed water tusschen SOLWERD en *Marsum* liep, zoo als op bladz. 372 van de *Geschied- en Aardrijkskundige Beschrijving van Groningen*, gezegd wordt, dan laat zich de naam SOLWERD, als eene in het zilte nat liggende wierde, zeer wel verklaren; want het gevoelen van ALTING, als of het dorp ZOUTE-WIERDE of ZOUT-WIERDE zoude genoemd zijn, omdat men uit den grond aldaar zout brandde, wordt door de ongeschiktheid van den grond daartoe wedersproken.

De Herv., die hier 110 in getal zijn, maakten vroeger eene afzonderlijke gem. uit, welke tot eersten Leeraar had REGNERUS WOLFIUS, eerst Rector of Conrector der Latijnsche school te Appingedam, die in 1614 herwaarts beroepen werd en in 1618 naar Weiwerd vertrok; doch in 1644, terwijl ANDREAS BERNARDI OLLERSHEMIUS hier in dienst was, werd zij met *Marsum* vereenigd, alwaar vroeger door den Predikant van Uitwierda en daarna van Holwierde de dienst was waargenomen.

Vóór de Hervorming had men hier tevens eene kerk en eene kapel; dan, bij de belegering van Appingedam, ten jare 1536, werd de kerk, die gestaan heeft op het kerkhof der tegenwoordige kerk, in brand geschoten en met de daar nevens staande huizen in de asch gelegd; maar de kapel bleef in wezen, en daarin werd, tot op het jaar 1783, de godsdienst gedaan, doch toen is zij afgebroken. Die kapel stond in eene weide en had hare stichting te danken aan het wedervinden van eenen gewijden ouwel, welke in eene zilveren kast gelegen had, en uit de kerk te SOLWERD gestolen was. De dieven hadden de hostie op eenigen afstand van de kerk weggeworpen, waar zij, niet lang daarna, ongeschonden in het water van eene gracht weder gevonden werd. Deze gracht werd geheiligd. De mare van dit wonder verspreidde zich heinde en ver, en gaf aanleiding tot menigvuldige bedevaarten. Uit de opbrengst der aanzienlijke giften, welke aldaar geofferd werden, werd weldra eene kapel gebouwd, die *de Capelle des werdighen hilligen Sacraments* en ook *ten hilgen grave* (heilige gracht) genoemd werd. In deze kapel was een waterput, aan welks water men eene bijzondere genezende kracht toeschreef, en die daarom door vele kranken vlijtig bezocht werd. Zij lag op 4 min. afstand W. N. W. van de tegenwoordige kerk, ter plaatse, alwaar men nog eene verhevenheid ziet. Het schijnt, dat de kerk van SOLWERD uit de groote menigte bedevaartgangers belangrijke en in het oogloopende inkomsten had, uit giften van herstelde lijders voortkomende, hetwelk haar de Appingedammers en Groningers benijdden, waaruit vele geschillen rezen, welke eindelijk door Paus CLEMENS VII, in 1525, en bij eene compromissale uitspraak van 1526 gestild werden. Op de Archivenkamer te Groningen liggen nog onderscheidene stukken, betrekkelijk deze kapel, hare goederen, en twistgedingen. In 1668 zochten de Hervormde Predikanten, aan welke deze put hinderlijk was, den Collator van SOLWERD en Marsum te bewegen, om de verwoeste kerk te verplaatsen en de wonderdoende bron te dempen, en zulks (*Quocunque modo*) dadelijk in het werk te stellen. Dan eerst in het voorjaar van 1682 werd de put door den Predikant OLLENSNERIUS op hoog gezag gedempt, waardoor de bedevaarten van zelve ophielden. In stede van deze kapel, door ouderdom geheel vervallen, is in 1783 een geheel nieuwe kerk gesticht, zijnde een langwerpig, eenvoudig gebouw, zonder toren of orgel, dat uiterlijk bijna geheel het aanzien van een particulier huis heeft, in het midden met eene groote portebrisée, waarboven een frontespies. O. H. SWAN, Predikant te Tjamsweer, heeft de leerrede, welke hij bij gelegenheid der inwijding op den 29 Junij 1783 hield, te Groningen in dat jaar uitgegeven met belangrijke aanteekeningen en 3 oude charters, onder welke ook de bul van Paus CLEMENS VII van 1525 en eene uitspraak van RUDOLPHUS MEPSCHE van 1526, beide betrekkelijk de kapel *des werdighen hilligen sacraments in den carspell van Solwert*. De kerkklok hangt ten Westen van de kerk in eenen klokkestoel.

Herwaarts gaat ook de weg der heilige graven, gelijk hij nog genoemd wordt en de grindweg naar Delfzijl loopt mede over dit dorp.

SOLWERD-EN-MARSUM, kerk. gem., prov. *Groningen*, klass. van *Appingedam*, ring van *Delfzijl*.

De eerste, die in deze gecombineerde gem. het leeraarambt heeft waargenomen, is geweest ANDREAS BERNARDI OLLENSNERIUS, die reeds sedert 1637 te SOLWERD Predikant was en in 1683 overleed. Hoewel, volgens de beroepsbrieven der Predikanten, het collatieregt hier bij onderscheidene Collatoren schijnt geweest te zijn, vindt men ze nogthans door de Heeren van Stedum, als Collatores of Collatores Primarii geteekend; bijzonder door het adellijke geslacht van CLANT van Stedum, door den Baron VAN LINTELO van Stedum en door J. H. en T. A. GEALACIUS van Stedum. Het collatieregt behoorde eigenlijk, volgens den schrijver van *Stad en Lande*, aan het huis Ringenum toe. Thans is Collator Mr. RENSENIUS TJAARDA MEES, te Appingedam. Men telt in deze gem. 180 zielen, onder welke 20 Ledematen.

SOMAT, d. in *Oost-Indië*, op het eil. *Rima*, een der *Zuidwester-eilanden-van-Banda*.

SOMBA of SOMBO, eil. in *Oost-Indië*, een der *Kleine-Sunda-eilanden*. Het is 55 mijlen lang en 12 breed. Het wordt ook dikwerf Sandelbosch-eiland genoemd, doch zonder eenige reden, want ofschoon er wel Sandelhout groeit, is dit hier op verre na zoo overvloedig niet als op Timor, en wordt ook niet gekapt, om daarmede handel te drijven.

De onderscheidene Radja's of kleine Vorsten van Somba zijn van ouds leenpligtig aan het Nederlandsch Gouvernement geweest, doch zij hebben zich grootendeels aan de verschuldigde gehoorzaamheid onttrokken. Het is echter te denken, dat het Gouvernement, bij eerstkomende gunstige gelegenheid, zijn gezag op dit en eenige andere eilanden, die zich in hetzelfde geval bevinden, op nieuw zal vestigen en duurzaam handhaven. Overigens is het eiland Somba zeer bergachtig. Het voornaamste, wat het oplevert, is ruwe katoen of kapok, dat een eigenaardig voortbrengsel van dit land schijnt te zijn, en er vooral zoo overvloedig voorkomt, dat men het bijna voor niet van de inlanders bekomen kan.

De inboorlingen zijn hier woester dan op de omliggende eilanden. Merkwaardig is het dat, terwijl de Indianen, over het algemeen, zich zelden of nooit aan zelfmoord schuldig maken, de bewoners van SOMBA, integendeel, aan deze wandaad zeer onderhevig zijn. Wanneer zij misnoegd zijn, nemen zij niet zelden zeer onberaden het wanhopig besluit, om zich te verhangen, of op eene andere wijze om het leven te brengen. Niet minder opmerkelijk, in verband met dezen karaktertrek, is het, dat zij in den oorlog veel lafhartiger zijn dan alle hunne naburen, en, bij het eerste schot uit klein geweer, in allerijl het hazenpad kiezen. Niettemin zijn zij goede ruiters, en weten behendig hunne wapenen te gebruiken, die voornamelijk uit pieken, schilden en sabels bestaan.

Men vindt op dit eiland eene groote menigte paarden, buffels, wilde varkens en herten. Onder meer ander gevogelte mag men hier eene fraaije soort van fazanten opmerken, als ook de zoogenaamde jaarvogel, waaraan men dien naam geeft, omdat de jaren van zijnen ouderdom kennelijk zijn aan het getal knobbels op zijnen snavel.

SOMBEEK (DE), beek in *Twenthe*, prov. *Overijssel*, welke in *Noord-Deuringen*, onder *Denekamp*, ontstaat en zich, in *Lattrop*, met de *Rammelbeek* vereenigt, om de Gele-Beek te vormen.

SOMBONG (DE), berg in *Oost-Indië*, op het *Sundasche* eil. *Java*, resid. *Preanger-Regentschappen*.

SOMBOR, oud d. in *Oost-Indië*, op het *Sundasche* eil. *Java*, resid. *Tagal*, reg. *Pamalang*.

SOMERDIJK (AAN-DE-), vroegere streek van omtrent veertig meestal visscherswoningen, op de *Veluwe*, prov. *Gelderland*, N. van *Elburg*, langs den dijk gelegen, die door stormen, in de vorige eeuw, bijna allen zijn verdwenen, zoo dat er thans nog slechts twee bestaan.

Aan de bewoners dezer streek was door de instelling van het weduwenhofje te Elburg, in 1592, de voorrang gegeven, om de weduwen van deze buurt, bij voorkeur voor andere in dat gestieht op te nemen.

SOMEREN, gem. in de *Meijerij van 's Hertogenbosch*, kw. *Peelland*, prov. *Noord-Braband*, *Derde* distr., arr. *Eindhoven*, kant. *Asten* (6 k. d., 28 m. k., 4 s. d.); palende N. aan de gem. Lierop, O. aan Asten, waarvan zij door de Aa gescheiden is, Z. aan de Limburgsche gem. Neder-weert, W. aan Soerendonk-Maarheeze-en-Sterksel en met eene punt aan paal Hoenderboom, aan de gem. Heeze-en-Meerlo.

Deze gem. bevat het d. Someren, benevens de geh. Slieven, Eindeschoot en Hut. Zij beslaat, volgens het kadaster, eene oppervlakte van 5863 bund. 89 v. r. 65 v. ell., waaronder 5789 bund. 11 v. r. 83 v. ell. belastbaar land. Men telt er 539 h., bewoond door 598 huisgez., uitmakende eene bevolking van ruim 3000 inw., wier bestaanmiddel is de landbouw en wijders de veefokkerij, vooral het vetmesten van kalveren en het verkoopen van turf, die hier niet gegraven, maar even als in Holland gebaggerd wordt. Deze turf wordt ter onderscheiding Somerschen bagger genaamd en is beter dan de gewone peelklot.

Men heeft in deze gemeente 89 bund. 2 v. r. 92 v. ell. dennenbosschen, 6 bund. 79 v. r. 57 v. ell. opgaande boomen en 9 bund. 25 v. r. 55 v. ell. hakhout. De lucht is hier gezond, maar de grond uit den aard zandig en schraal, en vruchtbaar naar gelang hij bemest wordt, de granen die hier gezaaid worden zijn rogge, boekweit, garst en haver.

Men heeft in deze gem. drie bierbrouwerijen, 1 koussenfabrijk, 2 leerlooijerijen, 2 wind-koren- en 3 ros-oliemolens.

De R. K., die er 2740 in getal zijn, onder welke 2200 Communikanten, maken eene gem. uit, welke tot het apost. vic. gen. van *'s Hertogenbosch*, dek. van *Helmond*, behoort en door eenen Pastoor en twee Kapellanen bediend wordt.

De Herv., die er ruim 50 in getal zijn, behooren tot de gem. van *Someren-en-Lierop*. — Men heeft in deze gem. twee scholen, als: ééne te Someren en ééne in het geh. Eindeschoot, welke te zamen gemiddeld door een getal van 130 leerlingen bezocht wordt.

Het d. Someren, Zomeren; Sommeren, Zommeren, Summeren of Zummeren, ligt 4 u. Z. O. van Eindhoven, ½ u. Z. W. van Asten, ½ u. W. van de Zuid-Willems-vaart, met eene losplaats bij sluis No. 11.

Men wil, dat het zijnen naam ontleend heeft van een moeras, in de Peel, waarin de Aa ontspringt, de Zeven-Moeren geheeten, en dat dit dorp in oude tijden dertig welbebouwde straten gehad zou hebben; ook plagt men er omtrent tien duizend menschen, beroemd wegens hunne dapperheid en krijgskunde, te tellen; doch de gedurige oorlogen met Gelderland hebben dit dorp zeer verarmd en verkleind, ook is het getal der inwoners zeer verminderd.

Dit dorp is, bij brieven van Zondag na St. Pieter en Paulusdag na den 29 Junij 1301, door Jan II, Hertog van *Braband*, tot eene vrijheid verheven. Onderscheidene voorregten werden daarbij aan die plaats verleend, waarvoor zij jaarlijks dertig ponden zwarte Tournoizen moest opbrengen, hetwelk in 1646 werd bepaald op zeven en zeventig guldens, doch op verzoek der Regeerders van Someren, in den jare 1788, is dit verminderd op dertig gulden, hoezeer Someren geene meerdere voorregten dan andere plaatsen geniet, alzoo hetgeen in 1301 aan dit dorp, onder den last dier uitkeering, werd vergund, naderhand aan alle dorpen is gemeen geworden. Het is eene bijzonderheid, dat de Proost van Wassenberg de gem. of gemeene gronden te Someren, in 1327, van de kerk van St. Lambert te Luik ter leen hield, onder eenen jaarlijkschen cijns, en die in dat jaar op St. Thomas den 29 December aan de ingezetenen van Someren uitgaf, welke uitgift Jan III, Hertog van *Braband*, ten zelfden dage bevestigde, volgens den inhoud der brieven, waarvan de afschriften nog voorhanden zijn.

De R. K. van Someren hebben na den vrede van Munster hunne godsdienst moeten oefenen binnen de grenzen van het Oostenrijksche Gelderland, onder Weert, en aldaar eene kerkschuur of bidplaats gebouwd, omtrent 1¼ uur van Someren ten Zuiden, en 2 uren van Asten. Bij deze kerkschuur werd eene hut of kleine herberg opgerigt, welke nog in wezen is en Lammershut genaamd wordt. In het vervolg is in het geh. de Postel, onder Someren, eene kerkschuur gebouwd, zie daaromtrent het art. Postel.

De Herv. zijn hier nog altijd in het bezit van de oude parochiale kerk, welke vóór de reformatie aan den H. Lambertus was toegewijd, want hoezeer zij, bij dekreet van het vertegenwoordigend ligchaam der Bataafsche Republiek, van 21 April 1800, aan de R. K. was toegewezen, hebben dezen daarvan echter geen gebruik gemaakt, maar die bij overeenkomst, in het jaar 1809, weder aan de Hervormde gemeente afgestaan, onder beding, dat alle de inkomsten of bezittingen, behalve het kerkgebouw zelve, onderling tusschen de beide gemeenten, ieder voor de helft, moesten gedeeld worden. Deze kerk, die in het Noorden van het dorp, in de b. Speelheuvel, staat, is een schoon en groot kruisgebouw, met een klein spits torentje, met een uurwerk op de westzijde, doch zonder orgel. Het koor, in hetwelk gepredikt wordt, is in het midden der vorige eeuw van binnen versierd met eenen uitnemend fraaijen predikstoel.

De dorpschool wordt gemiddeld door een getal van 100 leerlingen bezocht.

Uit de nog voorhanden, met grachten omgevene, plaatsen, blijkt, dat hier vroeger zeven kasteelen of adellijke huizen gestaan hebben, welke thans geheel zijn afgebroken en waarvan niets dan eenig steengruis overig is. Zij waren geheeten: Vladraken, den Edelenburg, de Wolfsnest, de Witvrouwenberg, de Donk, de Grimberg en een, waarvan de naam onbekend is.

Men wil, dat dit dorp zijnen naam gegeven hebbe aan een oud adellijk geslacht. Zeker gaat het, dat men, in gedenkschriften der twaalfde eeuw, zekere Belassa van Someren vermeldt vindt, die met eenen Graaf van Teisterband gehuwd was.

De vermaarde Henricus van Someren, die eerst Hoogleeraar te Parijs en te Leuven, later Deken van Antwerpen, geweest en in 1472 overleden is, was hier geboren.

Someren heeft altijd, dewijl het op de grenzen van Opper-Gelderland ligt, veel geleden door de invallen der Gelderschen in de Meijerij.

Op den 2 October 1506 werd dit dorp door den Hertog Karel van Gelder geheel uitgeplunderd. Maarten van Rossum eischte er in 1543 eene zware brandschatting van.

Men heeft er jaarlijks twee beestenmarkten, de eene invallende Maandag voor St. Marcus, de andere Maandag voor St. Maarten.

Het wapen dezer gem. bestaat uit een veld, met kruis, gecantonneerd door vier klimmende leeuwen.

SOMEREN of Seumeren, b. op de *Neder-Veluwe*, prov. *Gelderland*, distr. *Veluwe*, arr. en 7 u. N. W. van *Arnhem*, kant. en 3 u. O.

ten Z. van *Nijkerk*, gem. en 1½ u. N. ten O. van *Barneveld*, 1 u. O. van *Voorthuizen*, waartoe het kerkelijk behoort; met 30 h. en ruim 180 inw.

SOMEREN-EN-LIEROP, kerk. gem., prov. *Noord-Braband*, klass. van *Eindhoven*, ring van *Hees*.

De eerste, die in deze gem. het leeraarambt heeft waargenomen, is geweest Jacobus Blokkius, die in het jaar 1648 herwaarts kwam en in het jaar 1671 emeritus werd. Het beroep geschiedt door den kerkeraad.

Men heeft er eene kerk te Someren, en telt er ruim 60 zielen, onder welke 40 Ledematen.

SOMERSZORG of Zomerszorg, koffijplant. in *Nederlands-Guiana*, kol. *Suriname*, aan de *Tapoeripakreek*, ter regterzijde in het opvaren; palende bovenwaarts aan de verl. plant. Philipsdal, benedenwaarts aan de koffijplant. Mislukt-Bedrog; 400 akk. groot; met 41 slaven. De Negers noemen haar de Horn.

SOMIET, d. in *Oost-Indië*, op het *Ambonsche* eil. *Ceram*, onder den Radja *Sohomi-it* staande.

SOMMELSDIJK, kant., prov. *Zuid-Holland*, arr. *Brielle*; palende N. aan het Haringvliet, Z. O. aan het Volkerak, Z. aan het Krammer en de Grevelingen, W. aan de Noordzee.

Het bevat de volgende vijftien gem.: den Bommel, Dirksland, Goedereede, Oud-en-Nieuw-Herkingen, Melissant-Noorder-Schorren-en-Wellestrijpe, Middelharnis, Onwaard-Oud-en-Nieuw-Kraaijer-polder-en-Kraaijenisse, Ooltgensplaat, Ouddorp, Roxenisse, Sommelsdijk, Stad-aan-'t Haringvliet, Stellendam, Nieuwe-Tonge-en-Klinkerland, Oude-Tonge, beslaat volgens het kadaster eene oppervlakte van 22,359 bund. 61 v. r. 59 v. ell., bevat 2823 h. en telt ongeveer 20,000 inw.

SOMMELSDIJK, kerk. ring, prov. *Zuid-Holland*, klass. van *Brielle*, zij bevat de volgende 13 gem.: den Bommel, Dirksland, Goedereede, Herkingen, Middelharnis, Ooltgensplaat, Ouddorp, Sommelsdijk, Stad-aan-'t Haringvliet, Stellendam, Nieuwe-Tonge en Oude-Tonge.

Men heeft er 12 kerken, die door 12 Predikanten bediend worden en telt ruim 16,000 zielen, onder welke 5500 Ledematen.

SOMMELSDIJK, heerl. op het eil. *Goedereede-en-Overflakkee*, prov. *Zuid-Holland*, arr. *Brielle*, kant. *Sommelsdijk*; palende N. aan het Haringvliet, O. aan het regstgeb. van Middelharnis, Z. aan de heerl. Grijsoord, W. aan de heerl. van St. Michiel-in-Putten, Dirksland, Onwaard, Oude-Kraaijers en Kraaijestein; terwijl een afzonderlijk klein gedeelte begrensd wordt W. en N. door de heerl. van St. Michiel-in-Putten; voorts N. aan de heerl. Stad-aan-'t Haringvliet, O. van de heerl. van St. Adolfsland, Z. aan Grijsoord.

Deze heerl. bevat de gem.: Sommelsdijk, benevens gedeelten van de gem. Middelharnis en den Bommel; bestaat uit de pold. het Oudeland, het Nieuweland, St. Christoffels-polder, eenige landerijen in de polders Onwaard, de Oude-Plaat, den Ouden-Oostmoer, den Nieuwen-Oostmoer, de Nieuwe-Stad en de Tille; voorts den Everdina-polder, de Westplaat; eindelijk eenige Bezomerkade-weiden-ten-noorden-van-de-Westplaat, en eenigen grond, met Middelharnis gemeen, in de Tille en den Uitslag-van-den-Bommel.

De Herv., die er wonen, maken gedeeltelijk de gem. van *Sommelsdijk* uit, en behooren gedeeltelijk tot de gem. *den Bommel en Dirksland*.

Weleer bestond te SOMMELSDIJK eene gem. van Doopsgezinden, welke bediend werd door den Predikant der Doopsgezinden te *Middelharnis*, doch deze gemeente heeft opgehouden te bestaan.

De R. K., die men er aantreft, behooren tot de stat. van *Middelharnis-en-Sommelsdijk*.

De naam dezer heerl. willen sommigen afleiden van de bedijking als die te kennen zouden geven, somtijds dijk en somtijds geen, of des zomers dijk en niet des winters. Doch hoe waarschijnlijk dit moge zijn, men vindt den naam van SOMMELSDIJK eerder gemeld, dan er van eene geheele bedijkinge dier landen gesproken wordt.

Vrouw JACOBA VAN BEIJEREN deed in den jare 1417, aan hare moeder, vrouw MARGARETHA VAN BOURGONDIË, uitgifte van eene uitgorse, genaamd Sommelsdijk, om die te bedijken; welke in het jaar 1430 wederom verkocht en opgedragen werd aan FLORIS VAN BORSSELE.

Omtrent het jaar 1431 werden eenige polders aan het land van SOMMELSDIJK bedijkt door Heer ADRIAAN VAN BORSSELE, zoo als in het jaar 1417, door Heer JAKOB VAN BORSSELE gedaan was. Doch de geheele bedijking dezer heerlijkheid schijnt in wat later tijd geschied te zijn, volgens de brieven van uitgifte, op den 13 Junij 1464, verleend door Heer ADRIAAN VAN BORSSELE, en wel in gemeenschap met die van Middelharnis en die van Duivenwaart, in het regtsgeb. van Nieuwe-Tonge gelegen. Na verloop van tijd zijn er onderscheidene nieuwe polders aangedijkt, waaronder de laatste door den Heer CORNELIS VAN AERSSEN van SOMMELSDIJK, als Ambachtsheer in het jaar 1668.

De heerl. SOMMELSDIJK, is in het jaar 1417, toen het nog slechts uit gorsen en slikken bestond, door Vrouwe JACOBA VAN BEIJEREN als Gravin van Zeeland, uitgegeven, op voorwaarden, om die te houden, van haar en hare nakomelingen, tot een onbesterfelijk erfleen, ter eerste lede niet te versterven. Zij is altijd voor Zeeuwschen bodem en ambacht bekend en gerekend geweest. Ook plagt de pacht altoos ten voordeele der graaflijkheid van Zeeland, in de rekeningen van Beooster-Schelde verantwoord te worden. Het regt daarop is evenwel door de Staten van Holland dikwijls aan die van Zeeland betwist geworden: tot dat eindelijk, na verschillende conferentiën, tusschen de Gedeputeerden van de Staten van Zeeland met de Gecommitteerden van de provincie Holland, de Saten van Holland, bij eene acte van 19 Julij 1578, hebben bewilligd, dat de landen van SOMMELSDIJK en hunne inkomsten zouden blijven onder het bewind van de Staten van Zeeland. In het jaar 1805 is SOMMELSDIJK echter bij Zuid-Holland gevoegd.

Deze heerl., in het jaar 1619 aangekocht zijnde door FRANÇOIS VAN AERSSEN, is in dat geslacht gebleven tot in het jaar 1825, als wanneer zij door de erven van ANNA MARGARETHA Baronesse VAN AERSSEN, douairière van ARNOLD JOOST VAN DER DUYN, Heer van *'s Gravenmoer en Maasdam*, verkocht is aan den Heer DAVID VAN WEEL, Lid van de Provinciale Staten van Zuid-Holland, woonachtig te Dirksland, die haar thans nog bezit

Het wapen dezer heerl. bestaat uit een schild van goud, met drie bandes van azuur.

SOMMELSDIJK, gem. in de heerl. *Sommelsdijk*, op het eil. *Goedereede-en-Overflakkee*, prov. *Zuid-Holland*, arr. *Brielle*, kant. *Sommelsdijk* (15 k. d., 12 m. k., 6 s. d.); palende N. aan het Haringvliet,

O. aan de gem. Middelharnis, Z. aan Nieuwe-Tonge-en-Klinkerland, W. aan Melissant-Noorder-Schorren-en-Wellestrijpe, Onwaard-Oud-en-Nieuw-Kraaijer-polder-en-Kraaijenstein en aan Stellendam.

Deze gem. bestaat uit de pold.: het Oudeland-van-Sommelsdijk, het Nieuwland-van-Sommelsdijk, den St. Christoffels-polder, den Everdina-polder, de Westplaat en de Bezomerkade-Weiden-en-Gorsen-ten-Noorden-van-de-Westplaat, benevens een gedeelte van de Oude-Plaat. Zij bevat het d. Sommelsdijk, benevens eenige verstrooid liggende huizen, en beslaat, volgens het kadaster, 2520 bund. 14 v. r. 1 v. ell., waaronder 2508 bund. 43 v. r. 41 v. ell. belastbaar land. Men telt er 355 h., bewoond door 543 huisgez., uitmakende eene bevolking van 2530 inw. Vroeger vonden de inw. hun bestaan in de zalm- en elftvangst op de rivier, of door het vervoer van visch; welke zij van de visschers van het nabij gelegen Middelharnis kochten, naar Braband, Vlaanderen en zelfs wel naar Engeland. De gaffelschepen, hiertoe gebezigd, werden gebouwd op de hier destijds bestaande scheepstimmerwerf.

Tot vervoer der voortbrengselen van den landbouw, en tot aanvoer van koopwaren uit Holland, bezigde men hier vier marktschepen op Rotterdam en een op Dordrecht. Ook had men er voormaals twee zilverkashouderswinkels, eene bierbrouwerij en twee branderijen, alsmede eene kweekerij van vruchtboomen, welke zelfs naar elders verzonden werden. Thans is het hoofdbedrijf de landbouw en graanhandel, en men heeft er eene boekdrukkerij, eene branderij, eene meestoof, eenen korenmolen en sedert 1843 eene fabrijk van linnen-, servet- en damastweverij.

De Herv., die er 2380 in getal zijn, onder welke 700 Ledematen, maken eene gem. uit, welke tot de klass. van *Brielle*, ring van *Sommelsdijk*, behoort. De eerste, die in deze gem. het leeraarambt heeft waargenomen, is geweest Johan Cornelisz. Kempe, die er in 1578 kwam, en in 1589 naar Haamstede vertrok. Onder de hier gestaan hebbende Predikanten verdient melding de door zijne schriften bekende Petrus Haack, die er van 1777—1782 stond, en den 27 Julij 1825 als Predikant, met titel van Hoogleeraar, te Amsterdam overleed. Het beroep geschied door den kerkeraad, onder medestemming van den Ambachtsheer, die twee stemmen heeft.

Het dertigtal Christelijke Afgescheidenen, die men er telt, worden tot de gem. van dit eiland gerekend. — De R. K., die er ongeveer 110 in getal zijn, behooren tot de stat. van *Middelharnis-en-Sommelsdijk*. — De 15 Isr., die er wonen, worden tot de ringsynagoge van *Middelharnis* gerekend. — Voorheen had men er eene Doopsgez. gem., welke door den Predikant van *Middelharnis* bediend werd, maar deze is te niet gegaan.

Men heeft in deze gem. eene school, welke gemiddeld door een getal van 350 leerlingen bezocht word.

Het d. Sommelsdijk, ook wel Zommelsdijk gespeld, ligt 3½ u. Z. van Brielle, en heeft eene haven, die op het Haringvliet uitloopt, en bekwame gelegenheid verschaft om de voortbrengselen van den grond alom te verzenden. Het dorp is waarschijnlijk in het jaar 1430, misschien ook wel in 1464 of 1465, gesticht. Echter was deze grond vóór de bedijking reeds bewoond, want, den 6 Februarij 1430, verleende Jacoba van Beijeren vrijheid van alle tollen voor de inwoners van deze uitgors. Het is eene groote, wel bestrate plaats, bijna even als *Middelharnis* gebouwd, waarvan het slechts door eene kleine onbebouwde ruimte gescheiden is. Men telt er in de kom van het d. 345 h. en 2340 inw. Vroeger liep de haven van SOMMELSDIJK in eene noordwestelijke rigting, benoorden Dirksland, in de haven van dat dorp. Zij is, na 1811, gedeeltelijk gedempt en gedeeltelijk digt gegroeid, en ontlast zich nu door eene sluis in die van Middelharnis.

In het midden van het dorp, aan het einde van de *Voorstraat*, stond vroeger eene schoone groote kerk, gebouwd, volgens de bepaling, gemaakt bij de uitgifte van 18 Junij 1464, dat de bedijkers tot eere Gods en der *Maagd* MARIA eene kerk maken en onderhouden souden, en van elke 100 gemeten dijkersland één gemet aan de kerk geven. Zij had eene kapel ten Noorden en ten Zuiden, die het gebouw tot eene kruiskerk maakte. Deze kerk, welke vóór de Reformatie aan de *H. Maagd* was toegewijd, was, volgens het register der Utrechtsche kerk, ingelijfd in het kapittel van Souburg en werd bediend door eenen Pastoor en eenen Kapellaan. Behalve het hoogaltaar waren er nog andere altaren als van ST. GEERTRUID, van ST. BARBARA, van ST. JORIS enz. Daarenboven was er eene vikarij aan St. Geertruidsaltaar en eene aan het altaar van St. Joris. Ook had men er nog verschillende andere stichtingen, ten behoeve van den Pastoor, den Kapellaan en den Koster. Bovendien waren er eenige broederschappen ingesteld, zelfs zouden er, volgens oude brieven, wel veertig stichtingen in deze kerk geweest zijn. Luidens een opschrift in den muur, werd deze kerk overdekt in de maand Mei des jaars 1499; naderhand is er een portaal aangebouwd. Op het kruis der kerk stond weleer een spitse toren, doch deze brandde in het jaar 1625 met het dak af. Sedert werd de nieuwe toren aan den gevel in het Westen gebouwd, in eene vierkante gedaante, ter hoogte van 35 ell., alwaar eene gaanderij is gemaakt van witten hardsteen. Op dit vierkant metselwerk stond weleer eene houten achtkante spits met eene peer, waarop een kruis met eenen weerhaan prijkte. In het midden der spits stonden vier uurwijzers, en van binnen hingen twee klokken: Aan het fraaije uitwendige voorkomen der kerk was het inwendige geëvenredigd. Men vond daarin twee rijen pilaren, een fraai orgel, gestigt uit eenige fondsen daartoe, bij uiterstewilbeschikking, aangewezen door den Baljuw HOMMUS DE KRIJGER, welke erfmaking tevens voldoende was, ter bestrijding der kosten van het onderhoud, en tot bezolding van den organist met *f* 200 's jaars. Voorts was deze kerk voorzien van eenen fraaijen predikstoel, bijzondere gestoelten voor den Ambachtsheer en de Regering. Het schoone koor, door een sierlijk hek afgesloten, werd opgeluisterd door geschilderde glazen, en de wapens van het adellijk geslacht der VAN AERSSEN, als Heeren en Vrouwen van SOMMELSDIJK. Boven sommige wapenschilden waren vlaggetjes geplaatst, en in het midden van het koor hing een groot fluweelen vaandel, waarop een liggende hermelijn was afgebeeld. Bij de omwenteling van het jaar 1795 werden alle deze adellijke gedenkstukken vernietigd. Het aanzienlijk geslacht van VAN AERSSEN had hier zijne begraafplaats, met eenen ingang op het kerkhof, in het jaar 1744 omgeven met een hardsteenen portaal, pronkende met de geslachtwapens, welke echter in 1795 werden weggebeiteld. Boven dezen grafkelder in het koor, stond eene keurig bewerkte praaltombe, met twee knielende beelden, uit wit marmer vervaardigd. Deze stelden voor den Heer FRANÇOIS VAN AERSSEN VAN SOMMELSDIJK en zijne gemalin Vrouwe PETRONELLA VAN BORRE, met het volgende opschrift:

FRANÇOIS VAN AERSSEN, *Ridder van de Orde van St. Michiel, Heer van* SOMMELSDIJK, *Plaat, Bommel en Spijk; in zijn leven eerste*

O. aan de gem. Middelbarnis, Z. aan Nieuwe-Tonge-en-Kl… …den;
W. aan Melissant-Noorder-Schorren-en-Wellestrijpe, Onwaar …e aan
Nieuw-Kraaijer-polder-en-Kraaijenstein en aan Stellendam. … Staat
Deze gem. bestaat uit de pold.: het Oudeland-van- …telyk ter
dijk, het Nieuwland-van-Sommelsdijk, den S… … Holland
fels-polder, den Everdina-polder, de West… …cheiden, en
Besomerkade-Weiden-en-Gorsen-ten-Noor… …derlande had
Westplaat, benevens een gedeelte van de Oude-…
vat het d. Sommelsdijk, benevens eenige verstro… …t geslacht der
zen, en beslaat, volgens het kadaster, 2520 bund. … douairière van
waaronder 2508 bund. 43 v. r. 41 v. ell. belastbaar …f kelder bijgezet.
355 h., bewoond door 343 huisgez., uitmakende …staan, verwoestte,
2530 inw. Vroeger vonden de inw. hun bestaan …rk, met dit schoone
vangst op de rivier, of door het vervoer van vis… …elder der van Ams-
visschers van het nabij gelegen Middelharnis ko… …hof. Na dit ongeval
Vlaanderen en zelfs wel naar Engeland. De gaff… : daarin de godsdienst
zigd, werden gebouwd op de hier destijds besta… …gezinde kerk, tot
Tot vervoer der voortbrengselen van den la… …gebrande kerk over-
van koopwaren uit Holland, bezigde men h… … bij inschrijving, door
Rotterdam en een op Dordrecht. Ook ha… …d en den 7 Julij van
zilverkashouderswinkels, eene bierbrouwerij … …der met klok en uur-
mede eene kweekerij van vruchtboomen, … …heeft eene aanmerkelijke
zonden werden. Thans is het hoofdbedrij… …gelijk aan die van Middel, en men heeft er eene boekdrukkerij… …waardoor deze schier aan-
stoof, eenen korenmolen en sedert 1843 … …hts een half uur van el-
en damastweverij. … …t orgel, uit vrijwillige gif-
De Herv., die er 2380 in getal zijn… …17 Januarij 1821 ingewijd
maken eene gem. uit, welke tot de kl… …beide einden, is een aan-
melsdijk, behoort. De eerste, die in… …
waargenomen, is geweest Jonas Corne… … in de *Krakeelstraat*, dient
en in 1589 naar Haamstede vertrok. …
Predikanten verdient melding de … …Sommelsdijk, een huis, staande
Haack, die er van 1777—1782 st… …kerk ingerigt, welke echter
dikant, met titel van Hoogleeraa… …grond vervangen is. De voorm.
roep geschied door den kerkeraad… …smidshuis en wagenmakerij.
bachtsheer, die twee stemmen … …verdient nog vermeld te wor-
Het dertigtal Christelijke Af… …midden van de *Voorstraat*, het
tot de gem. van dit eiland ge… …voorzien van zeer geschikte ver-
110 in getal zijn, behooren t… …het Kantongeregt zijne zittingen,
dijk. — De 15 Isr., die er … …daarvan geplaatst is. De bovenzaal
Middelharnis gerekend. — V… …vergaderplaats voor het departement
welke door den Predikant va… …maatschappij: *Tot Nut van 't Alge-*
is te niet gegaan. … …klein torentje, voorzien van eene
Men heeft in deze gem. … …, in de *School-straat*, zijnde een
tal van 350 leerlingen be… …verdeeld in drie ruime en afgezon-
Het d. Sommelsdijk, ook… …daarvan werd gelegd den 29 Junij
Brielle, en heeft eene ha… …plegtig ingewijd den 21 Januarij 1856.
kwame gelegenheid versc… …gestichten, zoo als: het Gasthuis,
alom te verzenden. Het … …Latijnsch opschrift boven de deur,
schien ook wel in 1461 … …verpleging van kranken en afgeleef-
vóór de bedijking reeds … …in het jaar 1604.
leende Jacoba van Beie… …*Kerkstraat*, is een ruim en doelmatig in-
van deze uitgors. Het … …de weezen van Hervormde ouders,
als *Middelharnis* g…

…e KAIJSER, in het …steen boven de deur

…estIgt

…nUt

…e berijmde opschriften.
…er eene Fundatie van …r met een tuintje, gesticht …r zes behoeftige huisgezinnen …artoe aangewezen fonds, nog …oest eenige jaren onder eene …a aan het Diakonie-armbestuur …rt.

…aat uit zeven woonhuizen, ge… schrift op eenen steen:

…rmenhuis.
…noot beroofd,
…t gezegend in dit leven;
… het werken afgesloofd,
… drank in dit gebouw gegeven.

… is gelegd, op den 21 Julij 1779, door … en YILLES HAACK, zoon van den Predi…

…taat binnen deze gem. eene Commissie …h ten doel stelt, om de armen in den …an warme spijs. Bovendien is er nog … Weldadigheid, uit zes Leden bestaande, …0. Het doel dezer weldadige vereeniging is: …itdeeling van kleedingstukken, deksel, brand… …me spijzen.

…tiende eeuw werd te SOMMELSDIJK ook eene Rede…, welke tot zinnebeeld had de *Bloem hoe langer* … Patrones de H. ANNA. Nadat deze kamer der Rede… …d jaren had bestaan, schijnt zij in verval te zijn ge… te hebben gemaakt voor eene nieuwe Vereeniging …, om zich te oefenen in het schieten naar een doel. … werd in het jaar 1632 of vroeger opgerigt. Zij bleef …nder alle wisseling der tijden, en was in de tweede …gaande eeuw nog zoo bloeijende, dat men in eene ver… 22 Januarij 1768 besloot, de oude vergaderingkamer, …n de schutsmuren, door den tijd in verval geraakt, door …ebouw te doen vervangen. Men opende eene inschrijving …den, bij wijze van tontine; de bestuurders verbonden zich …lijke jaarlijksche bijdragen, en zoo bragt men eene som … ruim *f* 4800, waarvan het tegenwoordige gebouw, de Doe… …amd, staande aan de *St.-Joris-Doelstraat*, gesticht werd. …jaar 1803 werden voor de laatste maal de Deken en Hoofd… …erkozen, vermits in het volgende jaar de schutterijen in de …sche republiek, werden vernietigd; de vereeniging bleef echter …houden, en hoewel de bussen en geweren rusten, en er niet …op het doel wordt geschoten, houden de opvolgers der vroegere …rijkers en latere Schutters hunne geregelde zamenkomsten, gewijd aan het gezellig verkeer, en jaarlijks worden de armen op flora- (Kopper-) maandag nog verblijd door eene uitdeeling van brood gebakken van de zak tarwe, welke de molenaars, volgens het twee en veertigtigste artikel van het instrument der Rederijkers aan de vereeniging verschuldigd is.

Sommelsdijk is de geboorteplaats van den Landhuishoudkundige Gualtherus Jacobus van den Bosch, geb. 12 Mei 1767, † 11 Augustus 1836.

De kermis valt in op den tweede Pinksterdag.

Dit dorp is tweemalen door brand geteisterd, als eens in het jaar 1625 zoo als blijkt uit het opschrift op eene houten lijst, boven de deur van een huis aan het einde van den *Enkele ring*, in verhevene schoone gothische letters:

Dit Huys werd gestelt in Godes hant/
Door de victorie van Westindie zijn de andere afgebrand 1625.

Ten tweeden male trof dit dorp eene dergelijke ramp den 23 September 1799, als wanneer, behalve kerk en toren, twaalf huizen en vier schuren in de asch gelegd werden.

Het wapen dezer gem. is het zelfde als dat van de heerl. Sommelsdijk.

SOMMELSDIJK (HET NIEUWE-LAND-VAN-), pold. in het eil. van *Goedereede-en-Overflakkee*, prov. *Zuid-Holland*, arr. *Brielle*, kant. en gem. *Sommelsdijk*; palende N. W. aan den Oude-Kraaijer-polder, waarmede zij eene gemeene bedijking uitmaakt, N. O. aan den Everdina-polder, Z. O. aan het Oudeland-van-Sommelsdijk, Z. aan den Christoffel-polder en Onwaard.

Deze pold., welke in het jaar 1669 bedijkt is, beslaat volgens het kadaster, eene oppervlakte van 61 bund., en wordt door ééne sluis, op de haven van Sommelsdijk van het overtollige water ontlast. Er staat daarin eene boerderij.

SOMMELSDIJK (HET OUDE-LAND-VAN-), pold. in het eil. *Goedereede-en-Overflakkee*, prov. *Zuid-Holland*, arr. *Brielle*, kant. en gem. *Sommelsdijk*; palende Z. aan den pold. Duivenwaarde, W. aan de Oude-plaat en den Christoffel-polder, N. O. aan het Nieuwe-land-van-Sommelsdijk, N. aan den Everdina-polder en de Westplaat, O. aan het Oude-Land-van-Middelharnis, waarmede zij een gemeene grond is, even als Duivenwaarde, (zie verder het art. Middelharnis [het Oude-land-van-]).

Deze pold. beslaat, volgens het kadaster, eene oppervlakte van 828 bund.; telt 11 h., waaronder 9 boerderijen, en wordt door eene sluis, op de haven van Sommelsdijk van het overtollige water ontlast.

SOMMELSDIJK, voorm. fort in *Nederlands-Guiana*, kol. *Suriname*, 16 mijlen O. van het fort Amsterdam, ter plaatse waar de Cottica en de Boven-Commewijne zich in de Beneden-Commewijne vereenigen, en ter verdediging van die rivieren dienende. Het was eerst Cottica geheeten en werd, in het jaar 1685, door den Gouverneur Cornelis van Aerssen van Sommelsdijk, onder het beleid van den Ingenieur Robert van Paon, herbouwd en vergroot. Nadat dit fort vervallen was, werd het door Hernhutters bewoond, die er een gesticht hadden en handel dreven; deze verlieten het echter weder en zetteden zich te Paramaribo neder. In 1819 was er een Chirurgijns-etablissement, en het werd toen bewoond door eenen Geneesheer die alle omliggende plantaadjen bediende. De Negers noemden het destijds Anitzi (Hernhutters). Thans is het verlaten.

SOMMELSDIJK (LAND-VAN-), verl. kostgr. in *Nederlands-Guiana*, kol. *Suriname*, aan de *Cottica*, ter linkerzijde in het afvaren; palende bovenwaarts aan het Land-van-Breukelwaard, benedenwaarts aan de punt gevormd door de zamenvloeijing der rivieren Cottica en Boven-Commewijne, aan welke laatste rivier het aan het verlaten land van Klein-Polen palende is.

SOMMELTJESBERG (DE), heuvel op het eil. *Texel*, prov. *Noord-Holland*, even ten O. van het d. *de Waal*, bij en ten Z. van den Heerenweg, welke van dit d. naar Oosterend loopt.

In dezen heuvel zijn, in het jaar 1777, oudheden van Romeinschen oorsprong gevonden.

SOMMELTJESKUIL, voorm. boerenhofstede, op het eil. *Wieringen*, prov. *Noord-Holland*, arr. en 9 u. N. O. van *Alkmaar*, kant. en 3 u. Z. O. van *den Helder*, gem. *Wieringen*, 15 min. N. O. van Hypolitushoef.

Ter plaatse, waar deze boerderij gestaan heeft, is vroeger een heidensch kerkhof geweest, waar men nog vele scherven vindt, welke in walletjes en omliggende velden gevonden worden.

De tot deze hofstede behoord hebbende gronden, beslaan eene oppervlakte van ongeveer 5 bund. en worden thans in eigendom bezeten door den Heer Nan Schellte en anderen, woonachtig te Wieringen.

SOMOERI, oud d. in *Oost-Indië*, resid. *Amboina*, op het *Ambonsche* eil. *Ceram*, aan de Noordkust van *Groot-Ceram*.

SOMOIET, d. in *Oost-Indië*, resid. *Amboina*, op het *Ambonsche* eil. *Ceram*, onder den Radja van *Sohomi-it* staande.

SOMOWONO, distr. in *Oost-Indië*, op het *Sundasche* eil. *Java*. Zie Sommowono.

SOMPAH (AYER-), riv. in *Oost-Indië*, op het eil. *Manipa*, een der *Moluksche-eilanden*.

De eilanders waren voorheen gewoon hunne plegtige eedzwering bij dit riviertje te verrigten.

SOMPOE, Nossa-Sompoe, eil. in *Oost-Indië*, in de *Indische-zee*, Z. van het *Sundasche* eil. *Java*, op de kust van de resid. *Patjietan*.

SON, oulings Sonne, d. in de *Meijerij van 's Hertogenbosch*, kw. *Peelland*, prov. *Noord-Braband*, *Derde* distr., arr., kant. en $1\frac{1}{2}$ u. N. ten O. van *Eindhoven*, gem. *Son-en-Breugel*, 8 min. W. van Breugel, aan den weg van St. Oedenrode op Eindhoven, op den linkeroever van den Dommel, waarover hier eene schoone brug ligt, door welke het met Breugel gemeenschap heeft.

Het is een tamelijk groot, doch geen fraai d., aan de Plaats of het Marktveld tamelijk digt betimmerd. Men telt er in de kom van het d. 80 h. en 275 inw. en met de daartoe behoorende geh. Heuvel, Bokt, Aanschot, Esp, Hoeven, Eikersrijt en een gedeelte van Wolfswinkel, zamen 120 h., bewoond wordende door 200 huisgez., met ongeveer 1070 inw., die meest in den landbouw hun bestaan vinden. De grond is niet zeer vruchtbaar, maar levert nogthans rogge, haver, boekweit en gerst op. Op sommige plaatsen wordt oer of ijzererts gevonden, vooral in den zoogenaamden Potjesberg, een der heuvels, welke men ten noordwesten van dit dorp aantreft en die zich als een lage bergketen aan het oog voordoen. (Zie voorts het art. Potjesberg). Uit sommige dier heuvelen wordt ook turf gestoken, die zeer goed brandt. Men heeft er mede eenen korenmolen en eenen oliemolen.

Dit d. is over het algemeen vrij welvarende en zeer levendig door den doortogt, die er is, van de dorpen zuidoostwaarts van 's Hertogenbosch naar Eindhoven.

De inw., die hier op 5 na allen R. K. zijn, onder welke 780 Communikanten, maken eene par. uit, welke tot het apost. vic. gen. van *'s Hertogenbosch*, dek. van *Eindhoven*, behoort, door eenen Pastoor en eenen Kapellaan bediend wordt en eene eigen begraafplaats heeft.

De R. K. van Son hadden eertijds twee schuurkerken, eene aan het dorp, en de andere aan het gehucht den Heuvel, onder de bescherming van den H. Petrus staande. Den 21 October 1753 werd van de Staten verlof bekomen, om eene dier schuurkerken te vernieuwen. In 1809 hebben de Roomsch Katholijken de oude parochiekerk weder tot hun gebruik bekomen en daarin alleen wordt nu godsdienst verrigt. Zij was van ouds gesteld onder de bescherming van den H. Petrus. Het Kanoniken-kapittel van Cortesheim, in het bisdom van Luik, benoemde eertijds de Pastoors dezer parochie. De kerk is groot en schoon, en rust van binnen op onderscheidene pilaren. Zij ligt in het midden van het dorp, digt bij het marktplein, de toren is hoog en zwaar van eene schoone bouworde, en voorzien van eene zeer hooge en fraaije spits. Deze kerk en toren leden veel door den storm van 9 November 1800, doch bleven echter staande. In den toren hangen twee groote en eene kleine klok, op welker tweede men leest:

Katharina is mijnen naam
Mijn geluit zij Gode bekwaam
Jan moor maakte mij in het jaar ons heeren
MCCCCCV.

De Herv., die er 5 in getal zijn, behooren, sedert 1807, tot de gem. van *St. Oedenrode-en-Son*, vóór dien tijd was Son met *Breugel* vereenigd.

Men heeft er een tamelijk net, doch geen groot, Raadhuis, dat op het laatst der vorige eeuw gebouwd is.

De dorpschool, welke in 1836 gebouwd is, wordt gemiddeld door een getal van 120 leerlingen bezocht.

De beesten- en linnenmarkten te Son, vallen in Donderdag na halfvasten, Maandag na 15 Augustus, en Woensdag daarna, Maandag na 15 October en Woensdag daarna.

Son is de geboorteplaats van den Godgeleerde Henricus de Campo (Hendrik van der Velde), geb. omtrent 1382, † in 1460 als Hoogleeraar in de godgeleerdheid te Leuven en Frans van der Velde, beter bekend onder den naam van Franciscus Sonnius, † 29 Junij 1575, als eerste Bisschop van Antwerpen, na tot in 1569 de eerste Bisschop van 's Hertogenbosch te zijn geweest, en van den Regtsgeleerde Antonius Baenken, Hoogleeraar in de Regten te Leuven, † 20 Januarij 1470.

De gemeente of de gemeene gronden te Son zijn aan de ingezetenen aldaar uitgegeven, in het jaar 1355, door Jan III, Hertog van *Braband*.

In 1702 werd de Hervormde Leeraar Johannes Mina 's avonds door eenige R. K. zoodanig met eenen stok op het hoofd geslagen, dat hij nederviel, en voor dood bleef liggen. Hij bekwam echter weder, de dader bleef, ofschoon de Staten den gemelden Leeraar in hunne bescherming namen en dit feit streng lieten onderzoeken, verborgen.

In 1794 leed dit dorp veel door de Franschen en Engelschen.

Den 23 Augustus 1802 stormde, donderde en bliksemde het hier geweldig, het was een noodweer; den volgenden dag was het 's namiddags het zelfde weder, verzeld van zwaren hagel, die de boekweit en haver (de rogge was reeds in de schuren) vernielde, en zelfs vogels die in de boomen eene schuilplaats gezocht hadden, doodde.

SON (VAN-), naam, welken de Negers geven aan de suikerplant. Kroonenburg, in *Nederlands-Guiana*, kol. *Suriname*. Zie Kroonenburg.

SONABAY, rijk in *Oost-Indië*, op het eil. *Timor*, eene der *Zuidwester-eilanden-van-Banda*. — Het telt eene bevolking van 20,000 zielen en staat onder eenen Radja.

SONARO, Poeloe-Sonaro, eil. in *Oost-Indië*, in de *Indische-Zee*, aan de westkust van het *Sundasche* eil. *Sumatra*; 0° 53′ N. B., 117° 28′ O. L.

SON-CASA, plant. in *Oost-Indië*, op het eil. *Curaçao*, in de *Midden-divisie*, N. van den Priesterberg, O. van den Veerisberg.

SONDALANG-TJILLIMAJA (KARANG-), kaap in *Oost-Indië*, op het *Sundasche* eil. *Java*. Zie Karang-Sondalang-Tjillimaja.

SONDEL of Sindel, in het oud Friesch Sindelaa, d., prov. *Friesland*, kw. *Zevenwouden*, griet. *Gaasterland*, arr. en 4 u. Z. Z. W. van *Sneek*, kant. en 2 u. W. N. W. van *de Lemmer*. Het is een net dorpje, bestaande uit eenen hoogen grond, die het tegen overstrooming beveiligt. Men telt er 48 h. en 250 inw., die meest in landbouw en veeteelt hun bestaan vinden.

De Herv., die er 220 in getal zijn, behooren tot de gem. *Oudemirdum-Nyemirdum-en-Sondel*, welke hier eene kerk heeft. De kerk, bragt vóór de Reformatie 120 goudg. (180 guld.) op. Van het vikarisschap kwamen 90 goudg. (135 guld.); voorts waren er twee vikarijen; de eene 80 goudg. (120 guld.) de andere 45 goudguld. (67.50 guld.) waardig. Deze kerk was een zeer groot gebouw met eenen swaren toren; thans echter heeft men er maar een klein kerkje, met een spits torentje, doch zonder orgel.

De Doopsgez., die er wonen, worden tot de gem. van *Balk* gerekend. — De dorpschool wordt gemiddeld door een getal van 30 leerlingen bezocht.

In het Noorden van dit d. ligt het geh. Sondeler-Ybert en in het Noordwesten lag weleer een buurtje, met name Wallentrog, doch waarvan thans niets meer overig is. Men heeft er nog het nette buit. Beukenswijk.

Ook ligt Z. van Sondel een hooge dijk, die zuidoostwaarts naar zee loopt, en bij het Zandvoorder hoofd in den zeedijk overgaat; dienende die dijk om, bij onverhoopt hoog water, te beletten, dat het zeewater, over het strand van Nyemirdum, niet in de lage landen loopt; waarom ook deze dijk, met eenen anderen tak, eerst Zuidwest aan loopt tot aan Nijemirdum. In het jaar 1846 zijn de vaart en de weg van Sondel naar Tako-zijl veel verbreed en verbeterd.

De kermis valt in den 25 Julij.

SONDELER-BERGEN (DE), hooge en zandige bouwlanden, prov. *Friesland*, kw. *Zevenwouden*, griet. *Gaasterland*, tusschen Sondel en Wykel.

SONDELERLAAN (DE), weg, prov. *Friesland*, kw. *Zevenwouden*, griet. *Gaasterland*, in eene zuidoostelijke rigting van Sondel naar de Zandvoorde loopende.

SONDELER-LEIJEN (DE), meertje, prov. *Friesland*, kw. *Zevenwouden*, griet. *Gaasterland*, ½ u. Z. O. van Sondel, dat ten Z. O. door de Jolling-sloot met de *Oude-Ee*, ten W. door de Hooibergsterwijk met de *Zandvoorde* in verbinding staat.

SONDELER-YBERT, geh., prov. *Friesland*, kw. *Zevenwouden*, griet. *Gaasterland*, arr. en 4 u. Z. Z. W. van *Sneek*, kant. en 2 u. W. N. W. van de *Lemmer*, 10 min. N. van Sondel.

... in de heer. van Bra...
...-Nassau en de beide ...
...ch bij Klein-Zundert, onder
... in de Mark uitmet.

... h., prov. Friesland,
... arr. en 1½ u. N. ten W. van
... Ameland, ½ u. W. Z. W. van
... een geh. voorkomt.
... VEENHOVEN, in de Meijerij
... Zie VEENHOVEN.
... Sundasche eil. Celebes, distr.

... Meijerij van 's Hertogenbosch,
... derde distr., arr. en kant.
...; palende N. aan de gem.
...-Gerwen-en-Nederwetten, W.

... Breugel, benevens de geh. Ac...
... Esp, Heuvel en Her...
..., Stad-van-Gerwen en
... er 314 h., bewoond door
... van 1550 inw., die meest in
... heeft er tamelijk goed bouw...
... opLevert, alsmede eenen

... zijn, onder welke ruim 1200 Com...
... Breugel en Son uit. — De 5 Herv.,
... gem. St. Oedenrode-en-Son. —
..., als: ééne te Son en ééne te

... een veld van azuur (blaauw), met

... Oost-Indië, in het Sundasche eil.
... 1).
..., op het Sundasche eil. Sumatra,

... het Sundasche eil. Java, resid.

... in Oost-Indië, op het Su...

... het Sundasche eil. Java, resid. Se...
...
... het d. SOLLER, in het balj. van
... SOLLER.
...-Indië, op het eil. Timor, een der
... het Binnenland, onder het opper...
... staande. — Men telt er

..., voorm. d., thans geh., prov.
... Stellingwerf-Westeinde, arr.
... kant. en 3 u. Z. W. van Olde...
... telt er 54 h. en 210 inw. Het

... kunnen vermengeld worden, op SOERABA...

ligt aan den Middelweg naar Oude-Tryne, langs welke de huizen zeer aangenaam in het geboomte liggen. Weleer was hier ook eene kerk, met een spits torentje, doch deze is reeds vóór vele jaren afgebroken; zijnde echter het klokhuis met de klok en het kerkhof nog in wezen. Nader bij Wolvega aan den buitenweg, was voor dezen ook nog een oud kerkhof bekend, hetwelk tot SONNEGA behoorde, doch reeds voor langen tijd in een bouwkamp is veranderd.

Men heeft er ook nog de overblijfsels van een gewijd gesticht.

De Herv., die hier 190 in getal zijn, behooren tot de gem. *Wolvega*. — De R. K., die men er 20 aantreft, worden tot de stat. van Oldeholtpade gerekend. — De kinderen uit dit dorp gaan te Wolvega en Oldetrijne ter school.

SONNEMAAR, oude naam van het d. ZONNEMAIRE, op het eil. *Schouwen*, prov. *Zeeland*. Zie ZONNEMAIRE.

SONNETTE, houtgrond in *Nederlands-Guiana*, kol. *Suriname*, aan de *Boven-Saramacca*, ter regterzijde in het afvaren; palende bovenwaarts aan den houtgrond de Vier-Hendrikken, benedenwaarts aan den verl. houtgrond Libanon; 1500 akk. groot; met 17 slaven.

SONNEVELDT (HET HUIS-), voorm. adell. h. in *Rijnland*, prov. *Zuid-Holland*, arr. en 1 u. ten W. van *Leyden*, kant. en ½ u. ten Z. van *Noordwijk*, gem. en 10 min. Z. van *Valkenburg*.

Het was een graaflijkheidsleen van Holland, werd in het jaar 1396, bij gifte van Hertog ALBERT VAN BEIJEREN, verleid op JORGEL ARWIJNS; in het jaar 1429 op zijnen zoon PIETER JORGELS, en bij overgifte van hem in het jaar 1434, op FLORIS PAETS VAN SONNEVELDT; is bij den dood en makinge van Jufvrouw HESTER VAN SONNEVELDT, in het jaar 1626, verleid op Heer KORNELIS CUYK VAN NIEROP en in het jaar 1632, op Jonker PIETER CUYK VAN NIEROP, Heer van *Kalslagen*, *Bilderdam* en SONNEVELDT, die het nog in het jaar 1668 bezat.

Van dit huis wordt gemeld, dat het door de oorlogen is verwoest; zonder dat men den tijd, wanneer het plaats had, vindt opgeteekend. Het is echter naderhand weder opgebouwd, want in het midden der vorige eeuw was het nog in tamelijk aanzien, doch begon kort daarna bouwvallig te worden.

Ter plaatse, waar het gestaan heeft, ziet men thans eene boerenhofstede.

Van den ouden luister, die het gehad heeft, kan men nog de teekenen bespeuren in eenige overblijfselen van de watergrachten en vijvers, zware muren en grove steenen, waarmede het opgemetseld was.

De daartoe behoord hebbende gronden, beslaande eene oppervlakte van 31 bund. 83 v. r. 39 v. ell., worden thans in eigendom bezeten door de erven van wijlen PIETER VAN EGMOND, woonachtig te Valkenburg.

Het wapen van dit huis was een veld van goud met drie leliën van keel.

SONNEVELDTSCHE-POLDER (DE), pold. in *Rijnland*, prov. *Zuid-Holland*. Zie ZONNEVELDSCHE-POLDER (DE).

SONSBEEK, landg. op den *Veluwenzoom*, prov. *Gelderland*, distr. *Veluwe*, arr., kant., gem. en 10 min. N. O. van *Arnhem*.

Dit landg., hetwelk door den Baron THEODORUS DE SMETH, Heer van *Deurne-en-Liessel*, in het jaar 1817, is aangelegd, heeft, vereenigd met het naburige *Hartgensberg*, dat te voren een afzonderlijk landgoed uitmaakte, eene uitgestrektheid van ruim 425 bund., alles thans tot bosch aangelegd. De eerste voetstap binnen het hek van dit buitengoed doet reeds iets groots verwachten. De bevallig gebouwde tuinmanswoning, waar men zich, ter bekoming van geleide, behoort te vervoegen, ligt, aan de regterzijde, half verscholen achter eenige fraai opgewassen populieren, aan den voet van eenen ruw begroeiden heuvel; terwijl, aan de linkerhand, het oog tegen een digt lommer rust, achter hetwelk zich eene mengeling van dof geklots en zacht gemurmel van waterwerk doet hooren. Weinige schreden verder en onverwachts vertoont zich eene buitengemeen schoone fontein, wier helder witte stralen tegen het donkere loof der fijne dennen en bruine beuken de bevalligste werking doen, en weldra ook een hooge zware waterval, boven welken het zich verwijderde geboomte het schilderachtigste vergezigt laat aanschouwen, dat men zich voorstellen kan. Van hier komt men door eene laan van tulpenboomen aan eenen vijver, die, in den meest kieschen ongekunstelden smaak aangelegd, in zijnen omtrek de grootste verscheidenheid van bevallige natuurtooneelen vereenigt. Hier ziet men, aan de overzijde van den breeden plas, vruchtbare heuvels met goudgele graanvelden verrijzen; dáár de steile glooijing van aangelegde bosschen. Hier omzoomen zware boomen, op verschillenden afstand, den zacht glooijenden vijver; dáár zien wij hen vervangen door bloeijende heesters; terwijl treurwilgen en treuresschen hunne takken over het water neigen en de bruine beuk daarachter zijne kruin verheft. Hier verlevendigt een troepje schapen den oever; dáár zwemmen zwanen en eenden op de oppervlakte. Hier herinnert het geruisch van eenen molen aan werkzaamheid en leven; dáár wekt een waterval, met zijn eenzelvig geklots, tot stil gepeins. Bij den grooten waterval is het gezigt allertreffendst: hij ligt digt bij den weg, die *Zijpendal* van Sonsbeek scheidt; men ziet er aan de eene zijde, over den grooten waterplas van Zijpendal, door zwaar geboomte ingesloten, en, aan de andere zijde, over de geheele lengte van den Sonsbeekschen vijver, in welks midden een eilandje ligt, voorzien van sierlijk boomgewas en statige beelden. De aanlokkelijke wandeling rondom den vijver volbragt hebbende, gaat men langs langzaam opgaande belommerde paden naar de hoogte. Na een weinig klimmens vindt men eene door kunst aangelegde weide, waar eenige schapen van het Spaansche ras grazen; grootere, wel beplante hoogten, daar rondom gelegen, beschutten haar tegen koude winden, waaraan anders deze ligging haar blootstellen zoude. Ongemerkt klimt men, onder het lommer, al hooger en hooger, en bereikt weldra het hoogste punt; terwijl hier echter de boomen het vrije uitzigt beletten, beklimt men, langs eenen gemakkelijken wenteltrap, eenen kunstig vervaardigden toren op welks plat en omgang men de zoo even verlatene hooge weide, met de geheele plaats en verder de stad, ja den ganschen omtrek, met al zijne hoogten en laagten, bijna als een vlak veld voor zich ziet. Aan de zijde der Betuwe vertoonen zich tallooze torens in het verschiet; alleen aan de zijde der Veluwe wordt het uitzigt door de hoogten bepaald. Nopens de geschiedenis van dit goed, zie men ons art. Hartgerasbaag, hetwelk gezamentlijk met Sonsbeek in eigendom bezeten wordt door den Heer H. J. C. J. van Heeckeren van Enghuizen.

SONSBRUG, brug in het graafs. *Leerdam*, prov. *Zuid-Holland*, 20 min. O. ten N. van *Schoonrewoerd*, over de Culenborgsche-Vliet.

SONSVELD, bij het kadaster Zondveld en in de wandeling Sonveld gespeld, geh. in de *Meijerij van 's Hertogenbosch*, kw. *Peelland*, prov. *Noord-Braband*, *Eerste* distr., arr. en 4 u. Z. O. van *'s Hertogenbosch*, kant., gem. en 70 min. Z. van *Veghel*; met 27 h. en 160 inw.

SONTHAR, wijk in *Oost-Indië*, op het *Sundasche* eil. *Java*. Het is eene der vier en twintig wijken van de stad *Batavia*.

SONTHAR (DE), riv. in *Oost-Indië*, op het *Sundasche eil. Java*, welke haren oorsprong neemt in de resid. Buitenzorg, daarna de wateren der Tjipinang ontvangt en, na de oostelijke grens van de resid. Batavia bespoeld te hebben, zich in de *Toegoe* verliest.

SOO, gebergte in *Oost-Indië*, op het *Sundasche* eil. *Java*, resid. *Kadoe*, ads. res. *Magelang*.

Den 13 December 1827, vielen de Nederlandsche troepen onder het bevel van den Luitenant Kolonel Leeuw, de muitelingen aan, die dit gebergte bezet, en ook in de naastaan gelegene vlakte post gevat hadden. Toen onze troepen op dit gebergte kwamen, zagen zij den vijand uit de vlakte geregeld aanmarcheren; maar middelerwijl was de Luitenant Klaassen, met de voorwacht en de Tidoresen, ongemerkt door een dorp, 's vijands regter vleugel genaderd, viel dien zoo hevig aan, dat deze beweging den vijand tot den aftogt verpligtte. Daar het terrein ongunstig was en de Overste een gedeelte zijner magt te Mingier had achtergelaten, vond hij het ongeraden den vijand verder te vervolgen.

SOOL (DE), vaart, prov. *Friesland*, kw. *Zevenwouden*, griet. *Doniawarstal*, loopende uit de *Wymers*, in eene westelijke rigting, langs Indijken naar het *Koevoetermeer*.

SOOL (TER-), d., prov. *Friesland*, kw. *Oostergoo*, griet. *Rauwerderhem*. Zie Terzool.

SOPELE, d. in *Oost-Indië*, resid. *Amboina*, op het *Moluksche* eil. *Amboina*, schiereil. *Hitoe*, gesp. *Oeli-Holawan*.

SOPENG of Sopeng, staat in *Oost-Indië*, op het *Sundasche* eil. *Celebes*. Zie Soppa.

SOPHIA-POLDER, pold. in het eil. *Noord-Beveland*, prov. *Zeeland*, arr. *Goes*, kant. *Kortgene*, gem. *Wissekerke-Geersdijk-Kampens-Nieuwland-en-'s Gravenhoek*.

Deze pold., welke in het jaar 1770 bedijkt is, beslaat, volgens het kadaster, eene oppervlakte van 85 bund. 22 v. r. 11 v. ell.

SOPHIA-POLDER, pold. in *Staats-Vlaanderen*, in het *Vrije-van-Sluis*, prov. *Zeeland*, arr. *Middelburg*, kant. en gem. *Oostburg*; palende N. aan den Prins-Willems-polder Eerste gedeelte, O. aan den Nieuwe-Passegeule-polder, Z. aan den Groote-Boom-polder, den Goosvliet-polder en den Izabelle-polder, W. aan den Diomedepolder.

Deze pold., welke in het jaar 1807 bedijkt is, beslaat, volgens het kadaster, eene oppervlakte van 328 bund. 72 v. r. 29 v. ell., waaronder 222 bund. 45 v. r. 95 v. ell. schotbaar land; telt 6 h., waaronder 3 boerderijen, en het Paviljoen (zie dat art.). Het overtollige water plagt door den Sophia-polder, langs de Oost-sluis, in het Zwin te lozen, thans ontlast het zich door eene sluis in de Linie en verder door de sluis van den Kapitalen Dam, in den Braakman. De polder behoort tot de concessie aan den Generaal Graaf van Damme verleend, en wordt door de gezamenlijke erfgenamen bestuurd. De plaats, waar de polder ligt, was oudtijds *Beooster-Bede*, *Aardenburger-ambacht* en voor een klein deel aan de oostzijde *Dierkensteen*, *Oostburger-ambacht*. Deze polders in de Spaansche onlusten gevloeid zijnde, ontstond hier het Coxijsche-gat, dat weder opslikte en eindelijk onder den tegenwoordigen naam bedijkt werd.

SOPHIA'S-LUST, verl. plant. in *Nederlands-Guiana*, kol. *Suriname*, aan de *Motkreek*, ter regterzijde in het afvaren; palende bovenwaarts aan de verl. plant. Zeewijk, benedenwaarts aan de katoenplant. de Lemmert; 300 akk. groot. Thans behoort zij aan de plant. *de Lemmert.*

SOPSUM, geh., prov. *Friesland*, kw. *Westergoo*, griet. *Franekeradeel*, arr. en 4 u. Z. W. ten W. van *Leeuwarden*, kant. en 1 u. Z. W. van *Franeker*, onder *Achlum*, waartoe het behoort; met 6 h. en 30 inw.

SORAPERANG, d. in *Oost-Indië*, op het *Sundasche* eil. *Ceram*, ads. res. *Maros*, 140 ell. van het fort Valkenberg.

SORDIA, naam, welken de Negers geven aan de koffijplant. Welgelegen, in *Nederlands-Guiana*, kol. *Suriname*. Zie Welgelegen.

SORGVLIET, buit. in *Delfland*, prov. *Zuid-Holland*, arr., kant., gem. en 10 min. W. van *'s Gravenhage*, 20 min. O. ten Z. van Scheveningen.

Dit buit. werd omstreeks het jaar 1637 of 1638, door den bekenden Staatsman en Volksdichter Jacob Cats, in het barste, onvruchtbaarste zand, te midden der duinen, nabij de Noordzee, aangelegd, bebouwd, beplant, met lanen, dreven en wandelwegen voorzien en door de ongemeene zorg en vlijt van den Stichter tot eene buitengewone fraaiheid en vruchtbaarheid gebragt. Op deze lustplaats zocht en vond die eerwaardige man, gedurende zijne veelvuldige staatsverrigtingen, een nuttig tijdverdrijf. Hier rustte hij eindelijk in zijnen hoogen ouderdom van de staatszorgen, schreef er zijn *Tachtigjarig leven* en andere zijner werken en bragt er zijne aardsche loopbaan ten einde. Kort na zijnen dood, werd Sorgvliet het eigendom van Willem III, Prins van *Oranje*, die het, als een bewijs zijner vorstelijke genegenheid, aan Hans Willem Bentinck, Graaf van *Portland*, ten geschenke gaf. Deze verfraaide het buitengoed aanmerkelijk en versierde het met vijvers en fonteinen. In zijn geslacht bleef het tot in het laatste der voorgaande eeuw. Daarna heeft het onderscheidene malen van eigenaars verwisseld, onder welke de Staatsman Joannes Franciscus Rudolphus van Hooff, die onder Koning Lodewijk, Minister van Justitie geweest is. Sedert 1838 is het een eigendom van den Kroonprins der Nederlanden, thans Koning Willem II, die mede zeer ver uitgestrekte landerijen en duingronden in den omtrek aangekocht en de plaats zelve ongemeen verfraaid heeft. Een weinig verder van 's Gravenhage, ter regter zijde van den weg, treft men het bevallig gelegen paviljoen *Klein-Zorgvliet*, een jagthuis van den Koning, aan.

Hoezeer het huis zelf, dat Cats eerst tien jaren na den aanleg der plaats begon te bouwen, in het tijdsverloop van twee eeuwen, belangrijke veranderingen onderging, bleef het toch gedeeltelijk, zoo als het door den stichter gebouwd was. Het is niet zeer aanzienlijk maar laag bij den grond. Toen de Graaf van *Portland* dit goed in bezit had, was deze voornemens het huis te verbeteren en hooger op te trekken, doch bij het onderzoeken van de fondamenten vond men, dat deze niet sterk genoeg waren, om een zwaarder gebouw te kunnen dragen. Meer opmerking, dan het huis zelf, verdient het buitengoed, dat ten volle bewijst, wat kunde en geduld bij landontginning vermogen. Doelmatig gebruik makende van eigen ondervinding en die van andere landhuishoudkundigen, beplantte de stichter van Sorgvliet het zandige duin, met wel tierend hout, en wist van den heuvelachtigen grond gepast partij te trekken. Het blijkt dat Sorgvliet al terstond zoo ingerigt werd, om die keur van heesters en bloemgewassen te bevatten, die het in latere tijden onderscheidde, daar Cats, als Curator der Leydsche hoogeschool, in de gelegenheid was, zich de in den plantentuin aldaar overtollige zaden aan te schaffen, en met deze op zijne nieuwe lustplaats welslagende proeven te nemen (1).

SORIBO, suikerpl. in *Nederlands-Guiana*, kol. *Suriname*, aan de *Pericakreek*, ter regterzijde in het afvaren; palende bovenwaarts aan den militaire post Honkoop, benedenwaarts aan de verl. plant. Nieuw-Timotibo; 2108 akk. groot; met 74 slaven. — De molen wordt door beesten in beweging gebragt.

SORIBO (LAND-VAN-), verl. kostgr. in *Nederlands-Guiana*, kol. *Suriname*, aan de *Pericakreek*, ter linkerzijde in het afvaren; palende bovenwaarts aan de suikerplant. Le Mat-rouge, benedenwaarts aan het verl. land van Nieuw-Timotibo.

SORPA (DE), riviertje in *Oost-Indië*, op het *Sundasche* eil. *Java*, dat zich in de *Angkee* ontlast.

SORMORRE, geh., prov. *Friesland*, kw. *Zevenwouden*, griet. *Utingeradeel*, arr., kant. en 2½ u. N. van *Heerenveen*, ½ u. N. N. W. van *Oldeboorn*, waartoe het behoort.

SORSITOE, d. in *Oost-Indië*, op het *Sundasche* eil. *Java*, resid. *Preanger-Regentschappen*, reg. *Sumadang*.

SOSAKARTI, oud d. in *Oost-Indië*, op het *Sundasche* eil. *Java*, resid. *Preanger-Regentschappen*, reg. *Soekapoera*.

SOSE, oude naam van het d. SOEST in *Eemland*, prov. *Utrecht*. Zie SOEST.

SOTIA, oud d. in *Oost-Indië*, op het *Sundasche* eil. *Madura*.

SOTTEGHEM, landhoeve, op het eil. *Walcheren*, prov. *Zeeland*, arr. en 1¼ u. Z. ten O. van *Middelburg*, kant., gem. en 10 min. N. W. van *Vlissingen*, bij den rijweg naar Koudekerke.

SOTTERUM, b., prov. *Friesland*, kw. *Westergoo*, griet. *Wonseradeel*, arr. en 5 u. W. N. W. van *Sneek*, kant. en 2½ u. W. N. W. van *Bolsward*, 10 min. Z. van *Cornwerd*, waartoe het behoort, aan den Zeedijk; met 3 h. en 20 inw.

SOUBURG, meest bekend onder den naam van het HOF-TE-SOUBURG, adell. h. in den *Alblasserwaard*, prov. *Zuid-Holland*, arr. *Gorinchem*, kant. *Sliedrecht*, gem. *Alblasserdam*, aan den Alblas. Het ontleent zijnen naam van zijnen stichter NIKOLAAS SOUBURG, Heer van *Alblas*.

Men zag hier weleer nog de grondslagen van een oud zwaar gebouw uit het water oprijzen, waarvan evenwel thans niets meer te vinden is.

Het tegenwoordige huis beslaat, met de daartoe behoorende gronden, eene oppervlakte van 36 bund. 19 v. r. 32 v. ell., en wordt in eigendom bezeten door den Heer B. VAN DER STAR, woonachtig te Dordrecht.

SOUBURG (HET KASTEEL-VAN-WEST-), voorm. kast. op het eil. *Walcheren*, prov. *Zeeland*. Zie ALDEGONDE.

SOUBURG (OOST-), voorm. afzonderlijke heerl., prov. *Zeeland*, arr. *Middelburg*, kant. *Vlissingen*, gem. *Oost-en-West-Souburg*; palende N. aan de heerl. Koudekerke en de Abeele, N. O. en O. aan de heerl. Welsinge, Z. O. aan de heerl. Nieuw-Erve en Ritthem, Z. W. aan de jurisdictie van Vlissingen, W. aan West-Souburg.

Deze heerl., welke, tot in het jaar 1834, met de heerl. *Abeele* eene afzonderlijke gem. uitmaakte, bevat het d. Oost-Souburg, benevens eenige verstrooid liggende huizen. Zij beslaat, volgens het

(1) Eene meer omstandige beschrijving, vergezeld van eene afbeelding vindt men in *Oud-Nederland in de, uit vroegere dagen, overgeblevene Burgen en Kasteelen geschetst en afgebeeld*, door Mr. C. P. E. ROBIDÉ VAN DER AA.

kadaster, eene oppervlakte van 498 bund. 45 v. r. 73 v. ell.; telt 112 h., bewoond door 113 huisgez., uitmakende eene bevolking van 620 inw., die meest in den landbouw hun bestaan vinden. Ook heeft men er eenen korenmolen.

De inw., die er op 15 na allen Herv. zijn, maakten vroeger eene afzonderlijke gem. uit, welke tot eersten Leeraar had HENRICUS BROUWERIUS, in 1583. Deze had tot opvolger GULIELMUS CORNARTIUS; die in het jaar 1594 overleed; doch in het jaar 1834, toen BERNARDUS LOOSE hier Predikant was, is deze gem. met *West-Souburg* vereenigd, zoo dat zij nu te zamen de gem. Oost-en-West-Souburg uitmaken.

De 5 Doopsgez., die hier wonen, behooren tot de gem. van *Middelburg*. — De 4 R. K., die men er aantreft, worden tot de par. van *Middelburg* gerekend. — De 6 Isr., die er zijn, behooren tot de rings. van *Middelburg*. — Men heeft in deze heerl. eene school, welke gemiddeld door een getal van 80 à 100 kinderen bezocht wordt.

Ook treft men er eenige fraaije buitenplaatsen aan, als: Schoonenburg, Vlugtenburg, Welgelegen, Poelwijk en Vierwegen.

Deze voorm. heerl. is een der oudste gedeelten van het eil. Walcheren, en met regt kan men veronderstellen, dat op dezen grond, het eerste christelijk bedehuis van Walcheren heeft gestaan en wel reeds in de tiende eeuw. Ook zoude het Mariaklooster (dat in 1150 naar Middelburg werd overgebragt en gezegd werd bij Walcheren te zijn) volgens grondige veronderstellingen hier moeten gezocht worden.

De heerl. OOST-SOUBURG werd nog in het laatst der zeventiende eeuw afzonderlijk bezeten door Mr. ALEXANDER DE MOINCK, Burgemeester van Middelburg; doch was reeds op het midden der vorige eeuw met *West-Souburg* vereenigd, toen van beide deze heerl. eigenaar was Mr. ADRIAAN STEENGRACHT, Schepen en Raad der stad Middelburg.

Het d. OOST-SOUBURG, OOSTER-SOUBURG, OOST-ZOUBURG of, zoo als in het handschrift der Utrechtsche Domkerk staat, OESTER-SOLBORCH, ligt ¾ u. Z. van Middelburg, ½ u. N. van Vlissingen, aan den rijweg tusschen die beide plaatsen.

Het is een fraai dorp, welks huizen langs een langwerpig, ter wederzijden met drie rijen boomen beplant plein staan. Men telt er, in de kom van het d., 42 h. en 260 inw.

De kerk was vóór de Hervorming toegewijd aan de *H. Maagd* MARIA. In den toren is nog eene nis, waarin vroeger hare beeldtenis stond, daarom *Onze Lieve Vrouwe van den toren* genaamd. Dit beeld heette wonderen te doen en was in groote vereering, zoo zelfs dat ADRIAAN VAN BORSSELE Heer *van Brigdamme, Duiveland*, enz., in 1461, bij testament daaraan vermaakte, 20 nobels (18 guld.) voor eene lamp, die ter harer eere altoos moest branden. In 1566 werd het door de beeldstormers naar beneden gehaald en verbrijzeld. Deze kerk, gebouwd door PETRUS VAN SOUBURG, in het jaar 1250, is ten jare 1575 tot eene Ned. Herv. verbouwd. Het is een groot gebouw, met eenen hoogen vierkanten toren, met hooge spits, en prijkt thans met een orgel, geschonken door wijlen den Heer Mr. JOHAN ASSUERUS BECIUS, in leven lid der Gedeputeerde Staten van Zeeland, en van den Raad der stad Middelburg. Het werd ingewijd den 30 November 1817.

De kermis valt in den derden Pinksterdag.

Het wapen van OOST-SOUBURG bestaat in een veld van sabel, met eene burg van goud.

SOUBURG (OOST-EN-WEST-), gem. op het eil. *Walcheren*, prov. *Zeeland*, distr. en arr. *Middelburg*, kant. *Vlissingen* (1 k. d., 1 m. k., 1 s. d.); palende N. aan de gem. Koudekerke en Middelburg, O. en Z. O. aan Rithem-Nieuw-Erve-en-Welsinge, Z. aan de gem. Vlissingen, W. aan de gem. Koudekerke.

Deze gem. bestaat uit de voorm. heerl. Oost-Souburg, West-Souburg en Abeele, bevat de dorpen Oost-Souburg en West-Souburg, benevens het geh. den Abeele. Zij beslaat, volgens het kadaster, eene oppervlakte van 826 bund. 70 v. r. 65 v. ell., belastbaar land.

Men telt er 148 h., bewoond door 188 huisgez., uitmakende eene bevolking van 990 inw., die meest in den landbouw hun bestaan vinden en twee korenmolens hebben.

De inw., die er op 15 na alle Herv. zijn, onder welke 390 Ledematen, maken eene gem. uit, welke tot de klass. van *Middelburg*, ring van *Vlissingen*, behoort. De eerste, die in deze combinatie het leeraarambt heeft waargenomen, is geweest Bernardus Loose, die in het jaar 1824 te Oost-Souburg kwam, en in het jaar 1840 emeritus werd, zijnde toen opgevolgd door C. A. Kam. Het beroep geschiedt door den kerkeraad, onder medestemming van den Ambachtsheer.

De 10 Doopsgez., die men er aantreft, behooren tot de gem. van *Middelburg*. — De 4 R. K., die er wonen, worden tot de par. van *Middelburg* gerekend. — De 6 Isr. die er verblijf houden, behooren tot de rings. te *Middelburg*. — Men heeft in deze gem. eene school, te Oost-Souburg.

Deze gem. is eene heerl., welke thans in eigendom bezeten wordt door Jonkheer Mr. Johan Cornelis Schorer, Lid der Provinciale Staten van Zeeland, woonachtig te Koudekerke.

Het wapen dezer gem. bestaat in een in tweeën gedeeld schild, waarop ter linkerzijde het wapen van Oost-Souburg ter regterzijde dat van West-Souburg

SOUBURG (WEST-), voorm. afzonderlijke heerl. op het eil *Walcheren*, prov. *Zeeland*, distr. en arr. *Middelburg*, kant. *Vlissingen*; palende N. en O. aan de heerl. Oost-Souburg, Z. O. en Z. aan de heerl. Oud-Vlissingen en Bonendijke, W. aan Koudekerke.

Deze heerl. bevat het d. West-Souburg, benevens eenige verstrooid liggende huizen, en beslaat, volgens het kadaster, eene oppervlakte van 328 bund. 24 v. r. 73 v. ell. Men telt er 36 h., bewoond door 75 huisgez., uitmakende eene bevolking van 375 inw., die meest in den landbouw hun bestaan vinden en eenen korenmolen hebben.

De inw., die er, op 5 na, allen Herv. zijn, maakten vroeger eene afzonderlijke kerkelijke gem. uit. De eerste, die in deze gem. het leeraarambt heeft waargenomen, is geweest Lodovicus de Heeder, die in het jaar 1595 herwaarts kwam. Deze gem. werd den 1 Januarij 1835 met *Oost-Souburg* vereenigd, en ten gevolge hiervan werd de Predikant Jacobus de Rochefort emeritus verklaard. Zoodat zij nu tot de gem. *Oost-en-West-Souburg* behoort.

De 5 Doopsgez., die hier wonen, behooren tot de gem. te *Middelburg*. — Men heeft in deze heerl. geen school, maar de kinderen genieten onderwijs te *Oost-Souburg*.

Deze heerl. werd in het jaar 1679 verheven op den Heer Isaacq van de Perre, regerend Burgemeester van Vlissingen, doch in het midden der vorige eeuw was zij reeds met *Oost-Souburg* vereenigd, gelijk zulks van 1583 tot 1595 kerkelijk en burgerlijk mede het geval was.

Het d. West-Souburg, Wester-Souburg, West-Zouburg, in het handschrift der Utrechtsche kerk Westen-Souburg en in eenen brief van Keizer Karel V Zoubburch genoemd, ligt ¾ u. Z. ten W. van Middelburg, ½ u. N. van Vlissingen. De kom van het dorp bestaat in een breed en lang plein met boomen beplant en ter wederzijden met huisen bezet. Er is een tijdperk geweest, waarin dit d. *Oost-Souburg* overtrof, niettegenstaande dit het jongste van het aloude *Souburg* was en slechts uit eene afzonderlijk bedijking bestond van verschillende op en aanwassen in de *Wijtvliet*, zooals: Etzinge, Souburgdijk enz. Het was toen een der fraaiste dorpen van het geheele eiland Walcheren, doch is zoo zeer vervallen, dat het thans niet meer dan eene buurt is.

De kerk, welke hier vroeger stond, was vóór de Reformatie eene kollegiale- en kapittelkerk, waarin een altaar van St. Maarten en een van den H. Nicolaas stond. Zij was door Adriaan van Borssele en zijne huisvrouw Anna gesticht, in het jaar 1454, opdat daar dagelijks de kerkelijke getijden zouden opgezegd worden. Volgens het handschrift der Utrechtsche kerk, is de kerk van Sonnemare vereenigd geweest met het kapittel van West-Souburg. Als de kerk van West-Souburg, in het jaar 1547, in verval was en verbeterd moest worden, gaf Georgius van Egmond, de zestigste Bisschop van Utrecht, den 7 September van dat jaar, aan den Deken, het kapittel, mitsgaders aan den Schout, Schepenen en Kerkmeesters, verlof, om te dien einde eenige goederen van de kerk te verkoopen. Zij was versierd met schoone altaren, tomben en gedenksteenen, doch in de zestiende eeuw verviel zij en werd een puinhoop in den krijg. Een klein gedeelte werd, in 1595, door Philips van Marnix hersteld en tot een bedehuis ingerigt, en bleef alzoo nog twee eeuwen bestaan. Deze kerk, welke een vrij groot gebouw was, met een klein torentje, is, in 1833, met de pastorie, tot afbraak verkocht. Thans ziet men, ter plaatse, waar zij gestaan heeft, een met hout beplant kerkhof.

Vroeger stond nabij deze kerk het Huis-te-West-Souburg, ook wel Aldegonde geheeten (zie dat woord). Thans heeft men er nog de buit. het Park.

De kermis te West-Souburg viel vroeger in op den derden Pinksterdag, doch is thans te niet.

Uit West-Souburg is gesproten Philippus de Hont, door wien het collegie der Kruisbroeders te Leuven allereerst gesticht is. Hij overleed aldaar den 12 Maart 1493.

Het wapen bestaat uit een veld van goud, met eenen burg van keel.

SOUBURGDIJK, voorm. aanwas in het *Wijtvliet*, prov. *Zeeland*, welke later is ingedijkt en thans een gedeelte van *West-Souburg* uitmaakt.

SOUDENBALCH of Zoudenbalch, voorm. adell. h. in de stad *Utrecht*, aan de westzijde van de *Oudegracht*, tusschen de Vie- en Jansbruggen.

Dit huis, later Oudaan genoemd, was het stamhuis van het geslacht van Soudenbalch of van Zoudenbalch, dat sedert de helft der veertiende eeuw in het Sticht zeer bekend was, en van hetwelk een, met name Everardt van Soudenbalch, onder de teekenaars van het Verbond der Edelen voorkomt (1). In het jaar 1758 werd het door de diakonie der Nederduitsche Hervormde gemeente tot een Oude Mannen- en Vrouwenhuis ingerigt, waartoe het nog dient.

---

(1) Zie over hem nader J. W. te Water, *Historie van het Verbond en de Smeekschriften der Nederlandsche Edelen*, St. III, bl. 297 en 298.

SOUMOURAM, d. in *Oost-Indië*, op het *Sundasche* eil. *Java*, resid. *Kadoe*, ads. res. *Magelang*.

SOUNAPPAN, d. in *Oost-Indië*, op het *Sundasche* eil. *Java*, resid. *Djocjokarta*, aan de Progo.

SOUPA, klein rijk in *Oost-Indië*, op het *Sundasche* eil. *Celebes*. Zie SOEPA (1).

SOURE (DE), riv. in het grooth. *Luxemburg*. Zie SURE (DE).

SOUS, plaats in het *Overkwartier* der prov. *Utrecht*, welke men vermeld vindt als liggende naast aan Hesis.

HALMA heeft getwijfeld, of men daaronder het tegenwoordige SOEST of ZEIST verstaan moest (2). Daar echter het in gezegden brief vermelde Hesis niet anders zijn kan, dan het tegenwoordig Hees, een geh. onder SOEST, zoo is het ook niet twijfelachtig of het oude Sous zal het tegenwoordige SOEST geweest zijn, zoo als dan ook de naam genoegzaam schijnt aan te duiden.

SOUSSO, d. in *Oost-Indië*, op het *Sundasche* eil. *Celebes*, resid. *Menado*, distr. *Goenongtalo*. — Men heeft er eene goudmijn.

SOUTE (DE), voorm. water in *Staats-Vlaanderen*, prov. *Zeeland*, dat in eene Noordoostelijke rigting van Damme naar Sluis liep en daar in het *Zwin* stortte. Een overblijfsel daarvan wordt nog DE ZOUTE genoemd. Zie dat woord.

SOUTERIK (DE), voorm. water in *Staats-Vlaanderen*, prov. *Zeeland*, dat gevormd werd uit den regter tak van het Hellegat, de Papiale-kreeken onderscheidene andere wateren, die in de omliggende streken der stad Axel doorvloeiden, zich vereenigden en zich vervolgens weder afscheidden. Het liep tusschen den Westenrijksche-polder en den Albertuspolder, onderscheidene eilandjes vormende, en ontlastte zich in de *Hont*, tusschen de toenmalige stad Biervliet, die het bespoelde en den Vreemdijke-polder.

SOUWENT ('T), buurs. in de heerl. *Lichtenvoorde*, prov. *Gelderland*. Zie ZIEUWENT.

SOVENHAREN, oude naam waaronder de *Zevenaar*, op de *Lijmers*, prov. *Gelderland*, in 1046 voorkomt. Zie ZEVENAAR.

SOUWERD, d. in *Hunsingo*, prov. *Groningen*. Zie SAUWERD.

SOWAYD, oud d. in *Oost-Indië*, op het eil. *Solor*, een der *Zuidwester-eilanden-van-Banda*.

SOXUM en **SOXUMERWOLDE**, twee voorm. d. in het noordoosten der prov. *Groningen*, ten Westen de Ee en de Tjamme, welke, in het jaar 1277, door den Dollart verslonden zijn.

SOYA, gebergte in *Oost-Indië*, op het *Moluksche* eil. *Amboina*, op het schiereiland *Leytimor*, waarvan het het hoogste gebergte is.

SOYA-DIATAS, d. in *Oost-Indië*, op het *Moluksche* eil. *Amboina*, op het schiereiland *Leytimor*.

SOYNOMI, eil. in *Oost-Indië*, in den *Archipel-van-St.-Lazarus*, aan de Noordkust van het eil. *Amboina*, nabij den hoek Hatoewe.

SOYSE, oude naam van het d. SOEST in *Eemland*, prov. *Utrecht*. Zie SOEST.

SPAAN, naam, welken de Negers geven aan de koffijplant. MARIA-PETRONELLA-EN-JOHANNA-MARIA, in *Nederlandsch-Guiana*, kol. *Suriname*. Zie MARIA-PETRONELLA-EN-JOHANNA-MARIA.

---

(1) Eventueel zoeke men de woorden, die elders wel eens Sou gespeld worden, op SOU.

(2) *Tooneel der Vereenigde Nederlanden*, D. II, bl. 199.

Het d. West-Souburg, Wester-S
schrift der Utrechtsche kerk W.
Keizer Karel V Zuidburg genoem
burg, ¼ u. N. van Vlissingen.
breed en lang plein met boom
zen bezet. Er is een tijdperk
overtrof, niettegenstaande dit
slechts uit eene afzonderlijk
aanwassen in de *Wijtvliet*,
Het was toen een der fraaist
doch is zoo zeer vervallen.

De kerk, welke hier vr
kollegiale- en kapittelkerk
een van den H. Nicolaas
sele en zijne huisvrouw A
dagelijks de kerkelijke
het handschrift der Ut
vereenigd geweest met
van West-Souburg, in
moest worden, gaf G
Utrecht, den 7 Septe
pittel, mitsgaders aan
lof, om te dien ein
Zij was versierd m
doch in de zestiende
Een klein gedeelte
en tot een bedehu
Deze kerk, welke
is, in 1833, met
ter plaatse, was

Vroeger stond
ook wel Alde
nog de buit. h

De kermis
dag, doch is

Uit West-S
collegie der K
leed aldaar

Het wapen

SOUBURG
land, welk
burg uitmunt

SOUDEN
aan de we

Dit hu
van Soube
ceuw in h
Everardt
Edelen vo
der Nederl
wenhuis in

(1) Zie me
Nederlandsche

…, ten N. van Urk.
…*oord-Holland*, arr.
…, *L.* van *Naarden*,

…uw gronden, eene op-
… wordt in eigendom
…, woonachtig te Am-

…*Hertogenbosch*, kw. *Kem-*
… en 4½ u. Z. W. van
…, gem. en 1 u. W. ten
…*-en-Wilreyt*; met 3 h.

… op het eil. *Tholen*,
…hoek van den *Hikke-*
… gelegen heeft ziet men
… de kennelijke sporen

… of Spaanschehuisken,
… *Limburg*, distr., arr.,
… 15 min. Z. O. van *Echt*;

… 1598, toen deze landen nog
… van Spanje; daar het
…, toen Gulicks grondgebied
… gebouwde huis het Spaansche
… geh. behouden heeft.

…*Indië*, in de *Zee-van-Java*, bij

… *Schieland*, prov. *Zuid-Hol-*
… gem. *Overschie-en-Hoogeban*.

…*Indië*, op het eil. *Curaçao*, in
…putbaai, W. van de St. Mar-

…*West-Indië*, aan de Zuidwestkust

… in *Kennemerland*, prov. *Noord-*
…, dat met eene Oostelijke rig-

… het graafs. *Zutphen*, prov. *Gel-*
… *Zutphen*, kant. en 2 u. N. van
… *Steenderen*.

… oude Spanna. Zie dat woord.
… ziet men thans een klein opstrekje.
… beslaande eene oppervlakte van
…, door den Heer Mr. M. J. van

…*erland*, prov. *Noord-Holland*,
… kant. en 1 u. Z. W. ten Z. van
… *Velsen*, aan het Spaarne.
… in 1840, geheel nieuw is her-
…ende gronden, eene oppervlakte
… wordt thans in eigendom bezeten
…, woonachtig te Amsterdam, die

,aren aldaar alle zorg aan het bijeenbrengen van zeld-
,gewassen besteed, welke door den Hoogleeraar DE
rtis *Spaarnbergensis* in geregelde orde beschreven zijn.
hebben aldaar twee aloës (*agave americana*) gebloeid,
zeldzaamheid door vele nieuwsgierigen zijn bezigtigd ge-
otste had een stengel van 8.46 ell. en in September 1847,
loei geweest de *cycas circinalis*, met mannelijke bloemen,
dusverre in Nederland geen voorbeeld was.

N-HOUT, buit. in *Kennemerland*, prov. *Noord-Holland*,
en ½ u. Z. van *Haarlem*, gem. en ½ u. N. van *Heemstede*,
uider-Spaarne.

t. beslaat, met de daartoe behoorende gronden, eene opper-
n 14 bund. 46 v. r. 16 v. ell., en wordt thans in eigendom
door Jonkvrouw M. J. en de Heeren J. en D. M. DE NEUFVILLE,
htig te Amsterdam.

AR-EN-HOVE, buit. in *Kennemerland*, prov. *Noord-Holland*,
kant. en 21 min. N. van *Haarlem*, gem. *Schooten-en-Gehuchten*,
u. Z. van *Schooten*, aan den straatweg op Alkmaar.

buit. beslaat, met de daartoe behoorende gronden, eene opper-
te van 79 bund. 69 v. r. 2 v. ell., en wordt in eigendom bezeten
de erven HIERONYMUS SILLEM, woonachtig te Amsterdam.

SPAARNDAM, gem. in *Kennemerland*, prov. *Noord-Holland*, arr.
kant. *Haarlem* (10 k. d., 5 m. k., 2 s. d.); palende N. aan de
m. Velsen en het IJ, O. aan Spaarnwoude, Z. aan het Spaarne,
W. aan de gem. Schooten-en-Gehuchten.

Deze gem. bevat het d. Spaarndam, benevens enkele verstrooid liggende huizen. Zij beslaat, volgens het kadaster, eene oppervlakte van 89 bund. 81 v. r. 15 v. ell., waaronder 62 bund. 65 v. r. 54 v. ell. belastbaar land. Men telt er 73 h., bewoond door 104 huisges., uitmakende eene bevolking van ruim 450 inw. Doordien deze gem. aan het IJ en het Spaarne ligt, en er dus vele schepen doorvaren, zoo vinden onderscheidene ingezetenen hun bestaan in het verleenen van hulp bij de doorschutting, zoo ook in het voorzien van ontbrekend en beschadigd scheepstuigaadje en materieel, en in het leveren van levensmiddelen voor de schippers en hunne huisgezinnen. Ook wordt de visscherij hier uitgeoefend en deze strekt enkele tot een voldoend, andere tot een gedeeltelijk middel van bestaan; terwijl mede vele werklieden en arbeiders bij het hoogheemraadschap van Rijnland aan de sluizen en dijken werken. De vroeger hier bestaan hebbende scheepmakerijen, welke tevens aan andere ambachten vertier gaven, zijn geheel te niet.

De Herv., die er ruim 300 in getal zijn, behooren tot de gem. *Spaarnwoude-en-Spaarndam*.

De enkele Evang. Luth., die er woont, en de Doopsgez., die er 3 in getal zijn, behooren tot hunne respective gem. te *Haarlem*.

De R. K., van welke men er ongeveer 130 telt, behooren tot de stat. van *Spaarnwoude-aan-de-Lie*, ofschoon ook eenige te *Schooten* te kerk gaan.

Men heeft in deze gem. eene school, welke gemiddeld door een getal van 60 à 70 leerlingen uit deze gem. en door een klein getal uit de b. van Spaarnwoude, welke aan deze gem. grenst en als het ware daarmede vereeld is, bezocht wordt.

Het d. SPAARNDAM of SPAARENDAM, doorgaans, doch verkeerdelijk, SPARENDAM genoemd, ligt ½ u. N. O. ten N. van Haarlem, en, langs den dijk gerekend, bijna 1½ u. van Halfweg Haarlem; 52° 24' 58" N.B., 22° 20' 28" O.L. Deze weg is zeer aangenaam, en men schept er eene ruime en frissche lucht; ter eener zijde heeft men bestendig een onbepaald gezigt over het ruime IJ en ter andere zijde wei- en hooiland. De weg van Spaarndam naar Haarlem is sedert 1842 het jaagpad langs het Spaarne, waar men hier en daar eene fraai gelegen boerderij ziet; wordende daardoor het voetpad door de weilanden, vroeger de gewone meest in gebruik zijnde weg, thans minder bewandeld, doch nu meerendeels gebruikt door R. K. ingezetenen der gem. Spaarndam, welke te *Schooten* ter kerk gaan.

Men telt er in de kom van het d. 63 h. en 410 inw.

De huizen, die voor het meerendeel van steen opgebouwd zijn, staan binnen en tegen den Spaarndammer Zee- of IJdijk; een gedeelte daarvan hetwelk langs den dijk gebouwd is, heeft een schoon en vermakelijk uitzigt over het IJ; terwijl een ander gedeelte, in eenen driehoek, grachtswijze gebouwd, rondom een water, in het midden des dorps liggende en de Kolk genaamd, mede een fraai uitzigt heeft. Deze Kolk, welke gemiddeld 35 ell. breed en 65 ell. lang is, heeft eene houten beschoeijing, waarnevens kaden, welke met boomen zijn beplant, en daar die kolk, bij de doorschutting, ruim een twintigtal schepen kan bevatten, levert dit een en ander afwisselend eene ongemeene bevallige vertooning op. De gemeenschap van de eene tot de andere zijde der kolk heeft plaats over eene draaibrug in den dijk, over de kolksluis liggende, alsmede over eene zoogenaamde, met leuningen voorziene balk, aan den mond van het Spaarne, over het Spui der sluis gelegen; doch deze laatste is alleen voor voetgangers dienstbaar.

Ook heeft men er eene haven, welke eene veilige legplaats voor kleine schepen aanbiedt, en met het IJ eene opene gemeenschap heeft.

Het d. is zijn naam verschuldigd aan eenen dam en eene sluis die, volgens octrooi van Koning Willem, gegeven in het jaar 1253, hier gelegd is, om den vloed van het IJwater te stuiten: naderhand, en wel in het jaar 1285, is dit octrooi vermeerderd door Graaf Floris V, de naam der gemeente en van het dorp zal dus beteekenen de dam bij het Spaarne gelegen. In vervolg van tijd zijn, bij gezegde sluis, nog vier andere in dezen dijk gelegd; zoo dat er nu zijn drie schutsluizen, de Groote-sluis, de Kleine- of Haarlemmer-sluis en de Kolk-sluis, en twee ontlastingssluizen, de Uitwaterings-sluis en de Woerder-sluis. Deze sluizen zijn waard bezigtigd te worden, wegens hare sterkte, die ook hoog noodig is, daar zij een genoegzaam geweld van water moeten keeren, en de bijzondere zorg, waarmede zij onderhouden worden (1). Door de drie sluizen te Spaarndam en *Spaarnwoude*, zijn, gedurende de tien laatste jaren, jaarlijks gemiddeld een getal van 21,000 schepen gevaren.

De smalle strook of landengte, waarop Spaarndam en een gedeelte van *Spaarnwoude* alzoo gebouwd is, wordt door alle die waterleidingen in vier eilandjes verdeeld, welke door houten bruggen, dijken en kaden met elkander vereenigd zijn.

Te Spaarndam heeft reeds in 1328 eene kapel gestaan, behoorende onder de hoofdkerk van St. Bavo, te Haarlem. Als de kerk door ouderdom vervallen en, den 12 Januarij 1626, door eenen storm omver geworpen was, hebben de ingezetenen, den 20 April 1627, eene nieuwe

(1) Zie nader over deze sluizen de vijf volgende artikelen.

kerk beginnen te bouwen, als wanneer de volgende regelen, ter gedachtenis, vóór de nieuwe kerk geplaatst werden:

De oude zware kerk is 's nachts door zware slagen,
Van harden Noorden storm gestort en ingeslagen.
Dirck, Pieter, Abraham van Beaumont *leggen 't werk*
Een, twee en derden steen 't beginsel deser kerck.

Dit opschrift is er echter thans niet meer te vinden; later las men boven den ingang:

Komt laat ons opgaan tot den berg des Heeren, tot den huise des Gods Jacobs, *opdat Hij ons leere van zijne wegen, en dat wij wandelen in zijne paden.* Jesaia 2, vers 3.

Toen echter in 1844 de kerk belangrijke herstellingen en vernieuwingen vorderde, en er eene andere ingang gebouwd werd, is ook dat opschrift vervallen. Dit kerkje, hetwelk ten W. van de *Kolk* staat, is een luchtig en net half kruisgebouw, en heeft een spits torentje met uurwerk, benevens eene groote en eene kleine klok. Van binnen vond men er vroeger eenige glazen in met wapens beschilderd; onder anderen was er een, waarop men het wapen zag van Koning Willem, Graaf van *Holland*, door hem, in het jaar 1256, aan de kerk van Spaarndam vereerd en uit de oude kerk in de tegenwoordige overgebragt. In de kerk hangen voorts twee scheepjes, door een der dorpelingen aldaar gemaakt en aan de kerk vereerd. Er is geen orgel in deze kerk. Aan de noordzijde onder het raam, dat vroeger met het wapen van Koning Willem, Graaf van *Holland*, prijkte, wordt nog tegenwoordig in den besten staat gevonden de grafkelder van den beroemden Nicolaas Cruquius, denzelfden, naar wien het in aanbouw zijnde stoomwerktuig aan den mond van het Zuider-Spaarn genoemd is, en die den 2 December 1671 geboren en den 5 Februarij 1754 als Opziener van Rijnland en Schout van Spaarndam overleden is, zijnde deze Cruquius, zoo als het opschrift van de zerk, die deze grafkelder dekt, aanwijst, de zestiende afstammeling en naneef van Willem Graaf van *Holland*, Roomsch Koning, en insteller van het Collegie van Dijkgraaf en Hoogheemraden van Rijnland, ten jare 1255. Van hier dan ook dat Cruquius onder dat kerkglas begraven ligt.

Ten O. buiten het dorp, aan den dijk, doch onder de gem. Spaarnwoude, staat het zoogenaamde Gemeenelandshuis van Rijnland. Zie hieromtrent nader het art. Spaarnwoude.

Zoo wel uit hoofde van de belangrijkheid van dit punt, tot uitwatering van Rijnlands waterboezem, als van de gemeenschap daar langs met de hoofdstad des rijks, is het reeds, in het jaar 1809, van verdedigingswerken voorzien, welke nog jaarlijks onderhouden worden; de destijds gemaakte brug en steenen beer zijn echter, in het jaar 1825, vernietigd en de dijk weder gedigt en aangevuld. Het maakte vroeger, even als thans, een gedeelte der zoogenaamde Amsterdamsche Waterlinie uit. Deze werken bestaan of zullen bestaan uit: 1°. eene schans, met bomvrij reduit, in de verlenging van den Slaperdijk, ten N. en nabij de havenkom, met ééne batterij op dien dijk; 2°. eenen post of redoute, Z. W. van de kerk, aan het Spaarne en nabij de monding van het Slok, en 3°. eenen keelpost, op den regter oever van het Spaarne, 180 ell. Z. van den Zeedijk. Binnen het in het jaar 1843 opgerigte gebouw aan het Spaarne, is sedert het scheprad-stoomwerktuig gevestigd, hetwelk mede dienstbaar zal moeten zijn tot de opmaling en afvoering van het water uit het droog te maken Haarlemmer-meer. De vervaardiging van dit werktuig is, in Mei 1842, aan de Heeren Dixon en Comp., te Amsterdam, aanbesteed, en het gebouw in Januarij 1843. Het werktuig heeft eenen liggenden cylinder, vier ketels en tien schepraden, waarmede het bij laag buitenwater te gelijk kan malen; doch die ook naar willekeur gedeeltelijk buiten werking kunnen gesteld worden, wanneer, door te hoogen stand van het IJ, de last te zwaar mogt worden voor het volle werk.

Vroeger bestond te SPAARNDAM een schuitenveer over het IJ op Assendelft, en was buitendijks, in den tegenwoordigen zoogenoemden Gruiterspolder, een veerhuis geplaatst, wordende de strook lands, dáár ter plaatse, nog het Veerhuisland genaamd. Thans bestaat er door het Spaarne een jaagschuiten-veer op Haarlem.

Dit dorp is vermoedelijk de geboorteplaats van den vermaarden beeld- en loofwerksnijder ALBERT VINKENBRINK, die aldaar in het midden der zeventiende eeuw leefde.

De kermis valt in Dingsdag na Pinksteren. Vroeger werd, te dier gelegenheid, deze gem. zeer druk bezocht, doch al meer en meer vermindert zulks.

In het jaar 1517 werd dit dorp door den zoogenaamden Zwartenhoop in de asch gelegd. Tot dien tijd toe had hier een grafelijkheids tolhuis gestaan, aan de Kolk; maar sedert dien brand is die tol naar Haarlem verlegd, tot dat zij, in 1795, is afgeschaft geworden.

In den Spaanschen oorlog werd SPAARNDAM wel eerst, in 1573, door de Haarlemsche burgers bezet, maar zij werden, na weinig tijds, door de Spanjaarden daaruit gedreven, en toen bleef het drie jaren in de magt der laatsten, en bezet door Kapitein HELLING. Van toen af is dit dorp altijd versterkt geweest.

Ook was SPAARNDAM in het jaar 1787, toen de Pruissische legermagt in Holland kwam, de laatste plaats van Noord-Holland, tot welke zij doordrong. Eene bezetting van 350 man heeft er zes weken gelegen, doch dit heeft er zich over het algemeen zeer bescheiden gedragen, welk gedrag waarschijnlijk ook veroorzaakt is door de verstandige en heusche wijze, op welke de toenmalige Schout van het dorp den Officier en zijne manschap bij de aankomst ontving.

Den 26 Februarij 1791 stak er, 's morgens vroeg, een noordoostelijke storm op, en hield tot den avond aan. Hier door werd het IJ voor SPAARNDAM tot 1.18 ell. en, gedurende eenige uren, tot 1.44 ell. boven A. P. opgezet. Die hoogte des waters kon op zich selve geen hinder baren aan eenen dijk, welke, nog in die zelfde maand, een vloed van 2.28 ell. boven A. P. had moeten keeren; doch de strekking van de wallen tusschen de Woerder-, de Kolk- en de Kleine-sluizen, welke tegen den Noordoosten wind, onbeschermd lagen, stelde hen bloot aan de volle kracht der golven, die door den fellen wind opgejaagd, den dijk en de voorliggende houten beschoeijingen op het allergeweldigst beukten. — Hierdoor werden de ondergronden voor de schoeiwerken losgemaakt, en aanmerkelijk verdiept. In den wal tusschen de Kolk- en Woerdersluizen, hoe zeer door diep geheid wel gegordingd paalwerk verzekerd, geraakte de schoeiplanken voor een groot gedeelte los, en werden uitgeslagen, de aarde daar achter kolkte uit, en hoe veel zorg men daartegen aanwendde, kon men niet beletten, dat te gemelder plaatsen, hier meer daar minder, een sleuf in den wal kwam. Het Rijnlands werkvolk, en den meesten ingezetenen van SPAARNDAM gaat den lof na, ten dien dage aan eenen zwaren, langdurigen en gevaarlijken arbeid de hand geleend te hebben.

Verschrikkelijk was het ongeval, dat de dorpen SPAARNDAM en *Spaarnwoude* in den kersstorm van het jaar 1836 trof. Het IJwater, dat door den Oost-noordoosten storm tot 2.26 en 2.34 ell. boven A P. aan de onderscheidene peilschalen te SPAARNDAM was opgezet, beschadigde niet alleen den dijk en de waterwerken aldaar, maar was vooral hoogst noodlottig voor de aanzienlijke vloot binnenschepen, welke voor den wal lag en uit 42 vaartuigen bestond, behalve de grootere en kleinere visschuiten van het dorp. Van deze vloot lagen er slechts 14 schepen in de jongst voltooide haven, welke aan de andere schippers nog niet genoeg bekend was; de andere 28 schepen hadden geen bescherming tegen den geweldigen, en hier in dien graad zonder voorbeeld zijnden golfslag uit het Noordoosten en Oosten, waardoor de treurigste gevolgen ontstonden. Acht schepen werden tegen de beschoeijingen en sluizen geheel verbrijzeld; drie andere zonken ten gevolge van bekomene schade en lekkaadje; een werd op den wal gezet; drie werden zwaar beschadigd en zaten later, met de overigen zeer gevaarlijk in het ijs bezet, zoo als ook de vaartuigen in de haven bezet waren. Van deze laatsten leden een tweetal schepen veel schade, en werden twee andere op den wal gezet. Van de verbrijzelde schepen werden de menschen door den ijver der dorpbewoners, gered, behalve eene vrouw en vier kinderen, die daarbij ongelukkig omkwamen. Zoo ook een schippersknecht, die, bij het aan boord springen, tusschen het schip en den wal gerakende, een been is afgeslagen, ten gevolge waarvan hij overleden is; terwijl WILLEM KOSTER, een ingezeten der gemeente, het slachtoffer van zijne hulpvaardigheid is geworden, doordien hij insgelijks tusschen het schip en den wal beklemd geraakte.

Het wapen van SPAARNDAM is een veld van zilver met drie baarsjes van goud boven elkander: uit dit wapen zou men mogen besluiten dat de visscherij, van vroegere tijden af, een der voornaamste takken van bestaan der Spaarndammers geweest is. Sommige willen dat het zilveren wapenveld, weleer het figuur van een ham gehad heeft, en dit schijnt bewaarheid te worden door een voorhanden zijnde rijmpje, hetwelk zegt:

Drie baarsjes en een ham,
Is het wapen van Sparendam.

SPAARNDAM (DE GROOTE-SLUIS-VAN-), de meest oostelijke der zeesluizen te *Spaarndam*, in *Kennemerland*, prov. *Noord-Holland*, gem. *Spaarnwoude*, in den zeedijk, met eene dubbele ophaalbrug, waardoor het Spaarne in het IJ vloeit en welke ook voor de scheepvaart dient.

Het leggen van deze sluis was aan de stad Haarlem vergund, bij handvest van MAXIMILIAAN VAN OOSTENRIJK en MARIA VAN BOURGONDIË, van 15 Februarij 1478; zij werd echter eerst volgens accoord van Rijnland, van 9 April 1566, gelegd op eene plaats, waar toen eene sluis van minder belang lag. HADRIANUS JUNIUS (1) schrijft, dat, om het verrotten van de balken en het vervallen van de grondslagen, een der oude sluizen moest hermaakt worden. Dit gaf aanleiding, dat men in overweging nam, om ze zoo groot te maken, dat er zware schepen met hunne lasten konden doorvaren en met volle zeilen in de stad Haarlem komen. Dit werk werd bij velen, als ware het ondoenlijk, beschimpt. Men ondernam het echter, in gemeld jaar 1566, met toestemming van Hoofdingelanden van Rijnland, die voor omtrent een derde deel in de onkosten droegen.

Het voornitzigt, dat deze sluis zoude worden gelegd en daardoor meer scheepvaart en alzoo binnen de stad meer vertier zou ontstaan, heeft zeer veel bijgepragen, om het volk ten tijde der beeldstormerij

(1) Batavia, cap. XVII. pag. 411.

te Haarlem in rust te houden. In de lente van het jaar 1569, was alles met zoo goeden uitslag volvoerd, dat den 16 April, de eerste boeijer, door de nieuwe sluis, met een vaar-zeil te Haarlem invoer; doch zonder lading. Deze boeijer werd, den 8 Mei gevolgd door eenen anderen, die beladen uit Noorwegen kwam. Van dit vaartuig behoorden de meeste goederen te Rotterdam te huis. Den 25 Augustus, kwam de eerste boeijer binnen Haarlem, die voor rekening van kooplieden dier stad met rogge beladen was. Derhalve werd de schipper met eenen rozenhoed begiftigd en met den wijn der stad beschonken. Deze sluis pronkte met de wapens van Holland en Haarlem, benevens het jaartal 1568. Zij had de wijdte van 7.84 ell. en drie paar deuren. Behalve tot het doorschutten van groote schepen, werd er ook de doortogt aan kleiner toegestaan, doch met leggende mast, en mits het regt der kolksluis betaald werd. De brug aan den dijk, over het gat der groote sluis, was van zonderlinge uitvinding. Zij werd, bij doorschutting, aan de eene zijde op den dijk gehaald en aan de andere zijde daarin weggeschoven. — In 1585 kwam het onderhoud daarvan, na eenige verschillen daaromtrent, bij overeenkomst, ten laste van Rijnland.

In het jaar 1806 is de, in het jaar 1568 gebouwde, sluis geheel geamoveerd en de dijk weder doorgetrokken, nadat in de jaren 1804 en 1805, ongeveer 30 ellen westwaarts, eene nieuwe sluis gebouwd was, zoo als zij zich nog thans in den besten staat bevindt. Zij is 30.50 ell. lang en 7.89 ell. breed. Daarover ligt eene dubbele ophaalbrug en zij is voorzien van drie paar deuren. Behalve dat zij zeer nuttig is voor de uitwatering van Rijnlands boezem op het IJ, is zij zeer geschikt voor de doorvaart van schepen. Gedurende de laatste tien jaren zijn hier jaarlijks 8000 à 9000 schepen doorgelaten. In den oostmuur prijkt zij met het wapen van Rijnland en in den westmuur met eenen steen, waarop men leest:

Op order van Dijkgraaf en Hoog Heemraden van Rhijnland is deze sluis op de zelfde plaats als die-welke in het jaar 1568 gebouwd was, maar bouwvallig was geworden, meer naar het Westen maar toch op dezelfde breedte gelegd, en van vasten steen gebouwd en heeft een der Hoog Heemraden J. Willem Druyvesteyn, *in de tegenwoordigheid der anderen den eersten steen van dit werk gelegd, op den 13 Augustus* 1804.

Het peil aan deze sluis is 0.65 ell. onder A. P.

SPAARNDAM (DE KLEINE-SLUIS-TE-) of de Haarlemmer-Sluis, de meest westelijke der vijf sluizen te *Spaarndam*, in *Kennemerland*, prov. *Noord-Holland*, waardoor een kanaaltje, breed 12 en lang 615 ell. zich uit het Spaarne in eene noord-noordoostelijke rigting in de Havenkom stort.

Deze sluis ligt in den zeedijk en heeft de wijdte van 3.29 ell., en twee paar deuren. Twee vaste bruggen leggen er over. Behalve tot uitwatering, dient zij tot doorlating van kleine vaartuigen met leggende masten, die hier, zoo wel bij nacht als bij dag, mogen doorschutten. De stad Haarlem heeft deze sluis gelegd, in de plaats van eenen aldaar toen aanwezigen overtoom. Zij wordt bij voortduring voor stadsrekening onderhouden, volgens eene overeenkomst van den 16 Mei 1519, met het Hoogheemraadschap van Rijnland, voor Commissarissen van den Hove van Holland aangegaan. De laatste vernieuwing aan deze sluis heeft plaats gehad in het jaar 1807.

SPAARNDAM (DE KOLK-SLUIS-TE-), een der vijf sluizen te *Spaarndam*, in *Kennemerland*, prov. *Noord-Holland*, in den zeedijk, ter plaatse waar de eerste spui, volgens handvest van Graaf Floris, gemaakt is.

Deze sluis had de lengte van 5.65 ell. en werd, in den jare 1492, naar den kant van het Spaarne, 2.48 ell. verlengd, hetwelk 4444 Fransche schilden en 8 stuivers (9332 guld. 80 cent) gekost heeft. De laatste vernieuwing aan deze sluis, waardoor de kolk in het dorp Spaarndam gemeenschap heeft met het IJ, geschiedde in het jaar 1571, wanneer de eerste steen gelegd werd door Hendrik van Broeckhoven, zoon van Jan van Broeckhoven, Rentmeester van Rijnland. Zij bestaat uit twee afzonderlijke waterkeeringen, die vereenigd worden door twee kaden of wallen, met houten beschoeijingen voorzien, hetwelk eene ruime legplaats of kolk vormt en te zamen eene schutsluis uitmaakt, welke Kolksluis genoemd wordt en waar 20 tot 25 schepen te gelijk kunnen doorgeschut worden. De doorschutting heeft hier op gezette tijden plaats, des zomers vier- en des winters driemalen daags; hetwelk door het luiden van een klokje, zoowel in het belang der schippers als der sluisbedienden wordt aangekondigd. Buiten deze gewone schuttingen worden ook nog extra schuttingen toegestaan, zoowel bij dag als nacht, mits daarvoor het bepaalde hoogere sluisregt betaald wordt. Over de laatste tien jaren zijn door deze sluis negen tot tien duizend schepen jaarlijks gevaren.

De buitenste of voorste waterkeering dezer sluis ligt in den Spaarndamsche dijk, is in haar geheel lang 18.80 ell. en wijd 6.90 ell. Zij heeft twee paar deuren en kan op zich zelven eene schutsluis genoemd worden, en wordt ook als zoodanig wel eens gebezigd. De deuren staan echter zoo digt bij elkander, dat er alleen korte of kleine vaartuigen door geschut kunnen worden en dienen ook voornamelijk tot meerdere zekerheid bij hooge vloeden, waarom dan ook het tweede paar deuren nooddeuren genoemd en bij hoog water digt gezet wordt.

Over deze sluis ligt eene draaibrug in de rigting des dijks. De bovenkanten dezer sluis zijn afgedekt met blaauwe hardsteen. Zij prijkt met het wapen van Rijnland aan de oostzijde, en aan de westzijde vindt men het volgende opschrift:

Dijkgraaf en Hoog-Heemraden van Rhijnland hebben deze sluis, die op bevel van Floris, *Graaf* van Holland, *in het jaar* 1285 *gebouwd, in het jaar* 1492 *uit den bouwval hersteld en in het jaar* 1571 *naar het Spaarne verlegd en met vasten steen bevestigd was, in het jaar* 1778 *vernieuwd; terwijl dit werk* 10 *voeten zeewaarts is vooruitgezet.*

De binnenste waterkeering ligt aan het Spaarne en heeft slechts een paar deuren, zoodat de geheele kolksluis bestaat uit drie paar deuren. Zij is 7 ellen wijd en in haar geheel 10.25 ellen lang. Daarover ligt eene gewone balk of draaiplank voor voetgangers.

SPAARNDAM (DE UITWATERINGS-SLUIS-TE-), een der vijf sluizen te *Spaarndam*, in *Kennemerland*, prov. *Noord-Holland*.

Deze sluis ligt in den zeedijk, is gebouwd in 1815 en 1846, en is gemetseld, met twee openingen, ieder wijd 7 ell. en ieder voorzien van twee paar vloed- en een paar ebdeuren. Zij wordt door het gemeene land van Rijnland onderhouden en dient tot uitvloeijing van het water, dat door een kanaal, breed 40 en lang 462 ell., door eene stoommachine aan het Spaarne, noordwaarts wordt opgestuwd naar het IJ.

SPAARNDAM (DE WOERDER-SLUIS-TE-), een der vijf sluizen te *Spaarndam*, in *Kennemerland*, prov. *Noord-Holland*, welke eertijds uit twee pijpen bestond, en in het jaar 1611, tot ééne sluis gemaakt werd, met steen overwelfd. Zij draagt dien naam, dewijl zij is gebouwd en nog onderhouden wordt door het grootwaterschap van Woerden, en dient, om het water van genoemd grootwaterschap, op Rijnlands boezem gebragt, in het IJ te doen lozen, zij heeft de wijdte van 6.27 ell., met twee paar deuren, en dient alleen tot uitwatering, niet tot doorvaart, die verhinderd wordt door vaste balken van buiten en van binnen.

SPAARNDAMMER-POLDER (DE), pold. in *Kennemerland*, prov. *Noord-Holland*, arr. en kant. *Haarlem*, gem. *Spaarndam*; palende N. O. aan den Spaarndammer-dijk, O. aan het Spaarne, W. aan Schooter-Vlieland.

Deze pold., welke weleens onder den naam van het SPAARNLAND voorkomt, en waarvan de tijd van bedijking niet juist bekend is, was vroeger 55 bund. 35 v. r. 11 v. ell. groot, door de werken, wegens de droogmaking van het Haarlemmer-meer, zijn 12 bund. 34 v. r. 30 v. ell., aan de commissie van beheer over die droogmaking overgegaan, dat gedeelte echter belastbaar gebleven zijnde, zoo worden de grondlasten alsnog geheven van 54 bund. 86 v. r. 77 v. ell. In den polder zelfs staan geene boerderijen. Hij wordt door eenen molen, op het Spaarne, van het overtollige water ontlast. Het polderbestuur bestaat uit twee Poldermeesters en eenen Secretaris.

SPAARNDAMSCHE-ZEEDIJK, ook wel DE HAARLEMMER-DIJK of DE RIJNLANDSCHE-ZEEDIJK, in de wandeling HOOGENDIJK genoemd, dijk in *Rijnland*, prov. *Noord-Holland*.

Deze dijk strekt zich uit van de Zandpoort tot Amsterdam en is drie en een half uur lang. Van Zandpoort tot nabij Spaarndam draagt hij den naam van SLAPERDIJK. Vóór het jaar 1806 had hij eene hoogte van 1.36 ell.; was alzoo niet in staat de hooge vloeden te keeren en liep alsdan over. In het jaar 1806 is hij verhoogd en wordt thans, even als den geheelen dijk, op eene hoogte van 3 ellen boven A. P. gehouden. Van Zandpoort tot Spaarndam wordt hij SCHEPELDIJK, en van Spaarndam tot Sloterdijk SPAARNDAMSCHE- of HOOGENDIJK en verder tot Amsterdam HAARLEMMERDIJK genoemd. Hij ligt geheel in Rijnland, uitgenomen een klein gedeelte bij de Zandpoort van ongeveer drie minuten gaans, hetwelk onder de *Hondsbosschen* ligt.

SPAARNE (HET) of HET SPAREN, riv. in *Kennemerland*, prov. *Noord-Holland*.

Deze riv. komt, omtrent het Huis-te-Heemstede, bij het dorp van dien naam, uit het Haarlemmermeer. Zij valt in de stad Haarlem, ten O. van de Eendjes-poort; doorstroomt die stad, met eene kronkelende bogt, eenigermate in de gedaante van eenen S. Na voorts tot aan Spaarndam te zijn voortgevloeid, ontlast zij zich in het IJ, door drie schut- en twee uitwaterende sluizen.

Sommigen willen dat de oude naam van dat water SPIERNE geweest zij, naar de spieren of rietwortels, die er de jeugd plagt te gaan plukken, te meer, om dat, in oude brieven, Spaarnwoude onder den naam van Spirnewalt voorkomt; en dat men, tusschen Haarlem en Amsterdam, nog een Spieringsmeer en een Spieringshorn heeft, welk meer en land dan niet naar den visch, spiering, maar naar het watertje de Spierne; dat misschien eertijds hieromtrent geloopen heeft, hunnen naam zouden hebben. Van ouds is het Spaarne bedijkt geweest. De Achterstraat te Haarlem draagt hierom, in oude brieven, den naam van Dijkstraat. Ook zegt Graaf FLORIS V, in eenen brief van den jare 1285, dat de Wilde zee in het Spaarne vloeide, en veel lands plagt te bederven. Hieruit is af te nemen, dat dit water eertijds met meer geweld langs zijne oevers gestroomd heeft, dan tegenwoordig.

Doch dat het gemeenschap met den Rijn gehad zou hebben, zoo als eenigen beweren, heeft geen genoegzamen grond. Het zuideinde van het Spaarne, dat aan het meer grenst, plagt eertijds des Gravensloot genoemd te worden, waaruit sommigen afleiden, dat het SPAARNE van ouds niet tot aan het Haarlemmermeer toe gereikt heeft. Wat hier van zij, het SPAARNE, Haarlem met eenen kronkelenden arm in twee deelen doorsnijdende, veroorzaakt aanmerkelijke doorvaart door die stad; ook levert het velerlei riviervisch op. Men rekent, dat het SPAARNE omtrent twee uren gaans lang is, liggende de stad omtrent in het midden. De ingezetenen van Haarlem hebben langs het Buiten-Spaarne een goed getal fraaije lustplaatsen en tuinen aangelegd, waarvan echter van tijd tot tijd weder eenigen gesloopt zijn.

SPAARNE (HET BUITEN-), de riv. *het Spaarne*, in *Kennemerland*, prov. *Noord-Holland*, voor zoo ver zij niet binnen Haarlem vloeit.

Men onderscheidt het BUITEN-SPAARNE in het Noorder-Spaarne en het Zuider-Spaarne.

SPAARNE (HET NOORDER-), dat gedeelte van het *Buiten-Spaarne*, in *Kennemerland*, prov. *Noord-Holland*, hetwelk van Haarlem naar Spaarndam loopt.

SPAARNE (HET ZUIDER-), dat gedeelte van het *Buiten-Spaarne*, in *Kennemerland*, prov. *Noord-Holland*, hetwelk van het Haarlemmermeer naar de stad Haarlem loopt.

SPAARNLAND (HET), naam onder welke de SPAARNDAMMER-POLDER, in *Kennemerland*, prov. *Noord-Holland*, weleens voorkomt. Zie SPAARNDAMMER-POLDER (DE).

SPAARNLOMMER, buit. in *Kennemerland*, prov. *Noord-Holland*, arr. en kant. *Haarlem*, gem. *Haarlemmerliede-Noord-Schalkwijk-en-Hof-Ambacht*, aan het Zuider-Spaarne.

SPAARNRIJK, voorm. buit. in *Kennemerland*, prov. *Noord-Holland*, arr., kant. en ½ u. N. van *Haarlem*, gem. *Schooten-en-Gehuchten*, 10 min. Z. van *Schooten*, aan het Noorder-Spaarne. — Van dit buit. zijn de gebouwen gesloopt en de gronden getrokken aan *Spaar-en-Hove*.

SPAARNVREUGD, voorm. buit. in *Kennemerland*, prov. *Noord-Holland*, arr., kant. en 3 min. N. van *Haarlem*, gem. *Schooten-en-Gehuchten*, 1 u. Z. van *Schooten*, aan het Noorder-Spaarne. — Dit buit. is gesloopt, en de grond tot land gemaakt.

SPAARNWOUDE, gem. in het balj. van *Blois*, prov. *Noord-Holland*, arr. en kant. *Haarlem* (10 k. d., 8 m. k., 2 s. d.); palende N. aan het Wijker-meer, O. aan de gem. Houtrijk-en-Polanen, Z. aan het Spieringmeer, W. aan het Spaarne, het dorp Spaarndam en aan de Lede, die het van Haarlemmerliede scheidt.

Deze gem. was vroeger, tot in het jaar 1817, met de amb. *Haarlemmerliede*, *Hof-ambacht*, *Houtrijk*, *Polanen* en *Zuid-Schalkwijk* vereenigd, en, hoewel die ambachten toen administratief van SPAARNWOUDE gescheiden zijn, is de combinatie met alle bovengenoemde ambachten blijven bestaan, zoo ten aanzien van de nationale militie, als ter zake van de burgerlijke begraafplaats, doch met *Haarlemmerliede*, *Hof-ambacht*, *Houtrijk* en *Polanen*, alleen voor het kerkelijke en de bepoldering.

De bepoldering van SPAARNWOUDE dagteekent reeds van de veertiende eeuw, en is, in de vijftiende eeuw, bij het graven van de trekvaart van Amsterdam op Haarlem, langs de zuidzijde dezer gem., doorsneden en ten gevolge daarvan verdeeld in twee polders, te weten: de

Vereenigde-Binnenpolder-van-Spaarnwoude-Hof-ambacht-en-Noord-Houtrijk, ter linkerzijde van die vaart, en de Rotte-polder of Zuider-polder-van-de-gemeenten-Spaarnwoude-en-Houtrijk-en-Polanen, ter regterzijde van de trekvaart. Zij bevat het dorp Spaarnwoude, benevens eenige huizen langs den Spaarndamsche-dijk aansluitende tegen het dorp Spaarndam en bovendien eenige verstrooid liggende huizen, en beslaat, volgens het kadaster, eene oppervlakte van 832 bund. 13 v. r. 74 v. ell., waaronder 794 bund. 33 v. r. 16 v. ell. belastbaar land. Men telt er 44 h., bewoond door 61 huisgez., uitmakende eene bevolking van 330 inw., die meest in den landbouw en de veeteelt en den daaruit voortkomenden handel in kaas, boter, melk, hooi en vee hun bestaan vinden. Men heeft er eenen lagen moerassigen grond, die met menigvuldige binnenwateren en poelen doorsneden is.

De R. K., die er ongeveer 250 in getal zijn, behooren tot de stat. van *Spaarnwoude-aan de-Lie*. — De Herv., van welke men er omstreeks 80 telt, behooren tot de gem. *Spaarndam-en-Spaarnwoude*, welke ook hier eene kerk heeft. — Men heeft in deze gem. eene school, welke gemiddeld door een getal van 60 leerlingen bezocht wordt.

In het jaar 1843 is men begonnen met de herstelling van de fortificatiewerken, welke sedert het jaar 1807 op vier punten in de gem. Spaarnwoude zijn aangelegd, en thans tot de Linie van Amsterdam behooren. Deze werken zijn nu nog vermeerderd met een aanzienlijk bomvrij fort, gebouwd in den Zuider- of Rotte-polder, ter plaatse, waar de Lede in het Haarlemmermeer uitwatert.

Het d. Spaarnwoude ligt 3 u. W. van Amsterdam, 2 u. N. O. van Haarlem, nabij den Spaarndamsche-dijk. Het is eene zeer oude plaats, die reeds in de twaalfde eeuw bekend was, en al vroeg in de geschiedenis onder den naam van Sparnwoude voorkomt. In de oude brieven der Utrechtsche kerk heet dit d. Spirnewalt, Spiarnewalt of Spirnarwald, en in een oud verdrag komt het als Spernewalt voor.

De parochiekerk, welke vóór de Hervorming aan den H. Geertruida toegewijd was, stond ter vergeving van de Graven: doch de bevestiging kwam den Domproost van Utrecht toe. In het jaar 1514 bragt zij, met lasten en al, 80 Rijnsche guldens (112 guld.) op, doch om de rampen van de dijken schoot er voor den Pastoor, die er niet woonde, weinig over. Daar was voor den Pastoor eene Pastorij en 25 morgen (20 bund. 25 v. r. 95 v. ell.) land, welke jaarlijks 25 Rijnsche guldens (35 guld.) opbragten. De ingezetenen zorgden voor den Pastoor en gaven hem een jaarlijksch inkomen. Deze kerk plagt vrij groot te zijn, maar is, na de verwoesting in den Spaanschen oorlog, zeer vervallen; een klein gedeelte daarvan heeft men tot de kerkdienst bekwaam gemaakt. Er is in deze kerk geen orgel. De toren was vóór het jaar 1844 vrij hoog, zoodat zij in vroeger tijd, voor de langs de kust varende schippers in de Noordzee, ten baak strekte, doch in dat jaar is wegens bouwvalligheid de kap aanmerkelijk verlaagd. Er wordt hier slechts vier malen 's jaars gepredikt.

De R. K. kerk, welke aan de Lede staat, is, in het jaar 1836, door aanzienlijke subsidiën, zoo van het Rijk als van de provincie, vernieuwd. Het is een eenvoudig gebouw zonder toren of spits, doch is van een orgel voorzien.

De dorpschool werd in 1837 door ouderdom en bouwvalligheid afgekeurd en is, bij gebrek aan eigene middelen tot wederopbouw, gesloopt; terwijl de kinderen te Spaarndam ter school gingen. Bij een toenemend getal van schoolpligtige kinderen werd, in het jaar 1845, door de zorg van het gewestelijk bestuur, uit bijdragen van partikulieren en uit eigen middelen in deze behoefte voorzien, zoodat de gemeente nu, sedert het vorige jaar (1846), met eene nieuwe school en onderwijzerswoning prijkt.

Op ½ u. afstand ten Noorden van dit dorp, aan den dijk, digt bij Spaarndam, staat het Gemeenelandshuis-van-Rijnland, zijnde een lang gebouw met twee rijen boomen er voor. Het dient voornamelijk tot een magazijn, waarin de behoeften voor de dijkwerken geborgen worden en wordt tegenwoordig bewoond door eenen der Opzieners van Rijnland.

Klaas van Kijten heeft van dit dorp, waar hij woonde, de naam van Spaarnwouder-reus ontleend. Naar men wil zoude hij, in het begin der dertiende eeuw, geboren zijn, in een huisje, nog staande aan en beneden den Hoogen- of Slaper-zeedijk, in deze gemeente. Hij was zoo groot, dat de langste man, met gemak, onder zijnen uitgestrekten arm kon doorgaan. De schrijver der Egmonder Kronijk verhaalt, dat hij, nog een schooljongen zijnde, dezen Klaas, met verwondering van achteren (van voren durfde hij niet) plagt te beschouwen. De Edelen, die na den moord van Floris V, Graaf van *Holland*, naar Engeland trokken, zouden hem, als eene zeldzaamheid, derwaarts hebben medegenomen. Bij den nog levenden landbouwer Dirk Dijkzeul Jansz, wonende nabij de Hervormde kerk, wordt bewaard een paternoster van eene verbazende grootte, en zoo men beweert van dien reus afkomstig. Aan den buitenmuur der Hervormde kerk vindt men zijne vadem, namelijk den afstand, welke er tusschen zijne linker en zijne regterhand was, wanneer hij met uitgestrekte armen tegen den muur stond, aangeduid.

Op den 6 December van het jaar 1572, viel op den Hoogendijk, omtrent dit dorp, eene hevige schermutseling voor, tusschen eenige Spanjaarden en de bezetting van Spaarndam. Den volgenden dag zonden die van Haarlem, de groote aangelegenheid der Spaarndammer-schans volkomen kennende, drie honderd man voetvolk derwaarts, onder bevel van Gerrit van der Laan en den Kapitein Maarten Paus, tot versterking der bezetting. Den 8 van dezelfde maand, trokken eenige burgers en soldaten, onder Dirk Mattheusz, een der zeven Stads-Kapiteinen, met schoppen, graven, houweelen en andere werktuigen naar den Hoogendijk, om dien tusschen Spaarnwoude en Spaarndam door te steken, en dus, door het land aan die zijde van de stad onder water te zetten, de aannadering van den vijand te verhinderen. Deze aanslag gelukte ten deele; reeds was er een groot stuk dijks doorgegraven, eer de vijand zulks gewaar werd; doch toen bemerkte de Spanjaard het voornemen der belegerden, waarop zij ijlings kwamen toeschieten, om het oogmerk der Haarlemmers te verijdelen, hetwelk hun gelukte, doordien het opgedolven gat nog niet diep en wijd genoeg was en dus dien zelfden dag nog door den vijand gestopt werd. De Spanjaarden, den 26 Julij 1572, met hun leger van voor Haarlem opbrekende, voerden niet alleen eenen grooten roof en buit van de ongelukkige landzaten mede, maar zelfs verbrandden deze roekeloozen de dorpen, die hun reeds brandschatting betaald hadden, niets verschoonende, van Albrechtsberg of Bloemendaal af tot aan Spaarnwoude toe. De kerk te Spaarnwoude verbrandde tot op een klein gedeelte, hetwelk met eenig riet overdekt was; de kerktoren bleef onbeschadigd; doch de rampen en het gebrek aan geld, in het jaar 1577, in ons vaderland aanmerkelijk toegenomen zijnde, dwongen den Admiraal der Staten, den Heer van Warmond, JOHAN VAN DUIVENVOORDE, beide de klokken uit dezen toren 'te doen halen, ten einde, benevens meer anderen, tot geschut te doen vergieten, onder belofte nogthans van ze te zullen wederleveren, of de zuivere waarde daarvoor te betalen. Doch deze belofte is niet nagekomen; gelijk zulks blijkt uit een request door de ingezetenen van SPAARNWOUDE, den Staten van Holland en West-Friesland, in het jaar 1615, aangeboden, waarin zij verzoeken, ter weder aankooping van de twee klokken, eene belasting van acht stuivers te mogen leggen op iedere ton bier, welke door de tappers bij hen zoude worden gesleten. Dit verzoek is hen, den 13 Maart van het gemelde jaar, gedurende zeven achtereenvolgende jaren, toegestaan, onder voorwaarde, van de penningen, uit deze belasting ingezameld, tot geen ander einde te gebruiken. Dit octrooi werd in het jaar 1621, voor nog zes, en den 24 Junij 1627 andermaal, nog voor zeven achtereenvolgende jaren vernieuwd, doordien den Staten gebleken was, dat de voorschrevene heffing niet alleen nog minder dan negen gulden jaarlijks opgebragt had, maar dat anderdeels de verzoekers deze weinige penningen tot andere benoodigdheden, ter verbetering van het dorp, hadden moeten aanwenden, en wel inzonderheid ter herstelling hunner kerk, alsmede tot het leggen van eenen geheel nieuwen vloer, nieuwe banken en tot ander noodzakelijk onderhoud en verbetering van het geheele gebouw.

Dit dorp heeft vroeger veel door geweldige doorbraken geleden, en laatstelijk stond het daarvoor nog in het jaar 1836 bloot, zoo als men zulks omstandig op het art. SPAARNDAM (bl. 596 en 597) kan vermeld vinden.

SPAARNWOUDE (HET SLOT-TE-), voorm. kast. in het balj. van *Blois*, prov. *Noord-Holland*, arr., kant. en ¾ u. N. W. van *Haarlem*, gem. en in het d. *Spaarnwoude*, benoorden de kerk.

Dit kast. was het stamhuis van het edele geslacht van SPAARNWOUDE, van hetwelk GERARD VAN SPARNWOUDE voorkomt in eenen verzoenbrief, van het jaar 1413, tusschen dezen GERARD VAN SPARNWOUDE en GERARD VAN POELGEEST; welke verzoening bewerkt werd door tusschenkomst van FILIPS en DIDERIK VAN BLOOT; ter oorzake van den doodslag aan ALEID VAN POELGEEST gepleegd. AMPZING maakt gewag van WILLEM VAN SPAARNWOUDE FLORISZ., welke zijn eigen zegel gebruikte, deze leefde in het jaar 1554, alsmede van JAN VAN SPAARNWOUDE, Klerk, welke in het jaar 1492 bij den Heer SIMON VAN DER HORST, Priester te Haarlem, woonde. Een ander met name JAN VAN SPARNEWOUDE, heeft volgens de archiven der gebeneficieerden van Holland, in het jaar 1488, de heerlijkheid van Spaarnewoude verbeterd. YSBRAND VAN SPAARNEWOUDE bezegelde in het jaar 1491 met zijn eigen zegel, als borg van WILLEM VAN ADRICHEM, eenen brief binnen Leyderdorp. Op de lijst der Edelen, welke ten tijde van Hertog KAREL VAN BOURGONDIË, van zijne erfdochter MARIA en den Aartshertog MAXIMILIAAN VAN OOSTENRIJK, namelijk sints de jaren 1477 tot 1500, bekend waren, vindt men KLAAS VAN SPAARWOUDE mede opgeteekend. WILLEM en IJSBRAND VAN SPAARNWOUDE waren beiden op het jaar 1497 Leenmannen van de grafelijkheid van Holland; en in later tijd, namelijk in het jaar 1520, komt GERRIT VAN SPAARWOUDE, welke in het jaar 1548 Deken van het St. Jorisgilde te Haarlem was, als Leenman voor. Nog vinden wij bij AMPZING en SCHREVELIUS eenen anderen IJSBRANT VAN SPAARWOUDE, op den 22 Augustus 1572, tot Schepen te Haarlem, en na het overgaan dier stad, op den 9 December 1573, tot Burgemeester gekozen; en eindelijk vinden wij op de geslachtslijst der Heeren van AMSTEL VAN MIJNDEN, eene JOZYNE VAN SPAARWOUDE, die in het jaar 1600 overleed, als weduwe van Heer WOUTER VAN MIJNDEN, Heer van Ruweel, na den dood van zijnen vader, CORNELIS benoemd, ook nog eene MARIA, erfdochter van GERRIT VAN SPAARWOUDE, in het jaar 1615, te Vianen gehuwd, met JACOB VAN AMSTEL VAN MIJNDEN, Heer van Loenersloot, waarbij zij kinderen gewonnen heeft. Doch omstreeks dien tijd is dit geslacht uitgestorven.

Er moeten nog onderaardsche kelders van het slot bestaan.

SPAARNWOUDE-AAN-DE-LIE, R. K. stat., prov. *Noord-Holland*, dek. van *Kennemerland*.

Tot deze stat. behooren niet slechts de R. K. van de gem. Spaarnwoude, maar ook die van Spaarndam, Haarlemmerliede, Hofambacht, Houtrijk en gedeeltelijk die van Polanen. Zij wordt door eenen Pastoor bediend, en telt 500 zielen en ruim 350 Communikanten.

SPAARNWOUDE-EN-HOUTRIJK-EN-POLANEN (DE ZUIDER-POLDER-VAN-) of DE ROTTE-POLDER, pold. in het balj. van *Blois*, prov. *Noord-Holland*, arr. en kant. *Haarlem*, gedeeltelijk gem. *Spaarnwoude*, gedeeltelijk gem. *Houtrijk-en-Polanen*; palende N. aan den Hoogendijk, O. aan den Houtrijkerweg, Z. O. aan den Hollandsche-Spoorweg, W. aan de Binnen-Liede-en-Mooije-Hel.

Deze pold., wordt des zomers doorgaans door eenen molen, van het overtollige water ontlast; des winters naar vordering van den waterstand.

Door dezen pold. is men in 1841 begonnen te graven de in 1844 voltooide kanaalvaart tot droogmaking van het Haarlemmer-meer.

SPAARNWOUDE-EN-SPAARNDAM, kerk. gem., prov. *Noord-Holland*, klass. en ring van *Haarlem*.

Tot deze gem. behooren, behalve die van de burg. gem. Spaarnwoude en Spaarndam, ook die van Haarlemmerliede, Hofambacht, Houtrijk en gedeeltelijk Polanen. Men telt er 520 zielen, onder welke bijna 300 Ledematen. en heeft er twee kerken, als: eene te Spaarnwoude en eene te Spaarndam, terwijl de Predikant te Spaarndam woont. De eerste, die in deze gem. het leeraarambt heeft waargenomen, is geweest AREND ARENTZ., beroepen van Uitgeest, in Mei 1580, vertrokken naar Broek-en-Zuiderwoude in Julij 1595, zoo althans luidt de opgave van een geschilderd bord, in de kerk alhier voorhanden, ofschoon uit eene naamlijst van Predikanten, die te Haarlem gestaan hebben, te vinden achter een oud psalmboek, blijkt, dat reeds voor het jaar 1568 zekere MAARTEN DIRKSZ. te Spaarndam zijne predikatiën heeft doen hooren en daarom, 21 Mei 1568, door den Hertog VAN ALVA verbannen is geworden. Teruggekeerd schijnt hij ook in Haarlem gepredikt te hebben, in 1572 en 1573, en daarom als Predikant te Haarlem uitgesloten te zijn uit het afgekondigd pardon, 6 Junij 1574. Onder de hier gestaan hebbende Predikanten verdient melding JOHANNES VAN DER WAEYEN, die er van 1662—1665 stond, en later als Hoogleeraar te Franeker, den 4 November 1701, overleed.

Vroeger werden er te Spaarnwoude veel meer Hervormden gevonden dan te Spaarndam, daarom woonde de Predikant ook te Spaarnwoude. Nadat echter het getal Hervormden te Spaarndam meerder was geworden is dit veranderd, hetwelk in het jaar 1648 schijnt plaats gehad te hebben. Uit de kerkelijke acten der gemeente blijkt namelijk, dat ten jare 1672 aan zekeren GERRIT JANSEN, Kerkmeester van

Spaarnwoude, bij gelegenheid van eenen twist over het verhuren van de ledige predikantswoning aldaar tusschen de Hervormden en Roomschgezinden, is voorgelezen eene acte van contract, gesloten in het jaar 1648, ten overstaan van de eerw. classis van Haarlem, tusschen die van Spaarndam en Spaarnwoude, wegens het overzetten (dat is verplaatsen) van de ordinaire woning van den Predikant van Spaarnwoude naar Spaarndam. Van dit contract berustte destijds een authentiek afschrift bij den Predikant Samuel Egyssius, te Haarlem.

SPAARNWOUDE-HOFAMBACHT-EN-NOORD-HOUTRIJK (VEREENIGDE-BINNENPOLDER-VAN), pold. in het balj. van *Blois*, prov. *Noord-Holland*, arr. en kant. *Haarlem*, gem. *Spaarnwoude*, gedeeltelijk gem. *Haarlemmerliede-Noord-Schalkwijk en-Hof-Ambacht*, gedeeltelijk gem. *Houtrijk-en-Polanen*.

In 1837 is men begonnen de Hollandsche ijzeren spoorweg, door en langs de zuidzijde van dezen polder, ten N. van de trekvaart te leggen.

SPAARNWOUDER-VEER (HET), voorm. veer in het balj. van *Blois*, prov. *Noord-Holland*. Zie Penningsveer (Het).

SPAKENBURG, b. in *Eemland*, prov. *Utrecht*, kant. en 2¼ u. van *Amersfoort*, gem. en ¼ u. N. van *Bunschoten*, ½ u. O. van den mond der Eem, aan den mond der haven van Bunschoten; met 72 h. en ruim 580 inw.

Er ligt hier eene zeesluis, welks slagdorpel 1.027 onder A. P. ligt. Uithoofde der daar te stellene inundatie, op de linkervleugel der zoogenaamde Linie van de Grebbe, welke hiertegen de Zuiderzee steunt, is deze sluis door veldwerken beschermd.

SPAKENBURGER-DIJK (DE), dijk in *Eemland*, prov. *Utrecht*, welke beoosten Spakenburg begint, om Dijkhuizen heenloopt, en verder langs den Eem, onder de namen van den Veen-en-Velddijk, den Eemdijk, en den Slaag- of Vuchdijk, naar de bijzondere plaatsen, die, tot Amersfoort toe, daaraan liggen. Van ouds her, zijn er vele verschillen over het onderhoud van dezen dijk geweest. Hij werd vóór of omtrent het jaar 1409, door die van Amersfoort, Eembrugge, Opper-en-Neder-Zeldert, Duyst en de Haar, bij Spakenburg aangelegd, en toen de Spakenburgsche-Zeedijk genoemd.

Rudolf van Diepholt, den drie en vijftigste Bisschop van Utrecht, ontsloeg, naderhand, de aanleggers van het onderhoud, waarmede hij die van Bunschoten belastte, aan welks Schout en Schepen de schouw werd opgedragen. Naardien vele burgers van Amersfoort, en eenigen van Utrecht, onder dezen dijk geland waren, werden zij mede tot het onderhoud verpligt, en kregen, nevens die van Bunschoten, deel aan de schouw. Door dezen werd de dijk wel onderhouden, tot aan den watervloed, die, op St. Gallendag, in of omtrent het jaar 1459, voorviel. Toen liepen de kosten te hoog, zoodat, in den jare 1467, de uitspraak over de wijze, waarop de dijk hersteld zou worden, door de gelanden en geërfden, gesteld werd aan den Maarschalk van Eemland en acht Zeggers, of Zegsluiden, welken genomen werden uit de burgers van Utrecht, Amersfoort en Bunschoten. Door dezen werd dan ook het verschil beslist en uit den weg geruimd.

In het jaar 1501, werd bij de Regeringen der steden Utrecht, Amersfoort en Bunschoten, met de landgenooten van Bunschoten, eene overeenkomst getroffen, op het beheer, schouwen en onderhoud van den Veen-en-Velddijk, zooals de dijk van Spakenburg af tot aan Eembrugge destijds genoemd werd. Ingevolge daarvan zou de schouw en beheering van den dijk geschieden door zes Landgenooten, die onder het Geregt van Bunschoten geland, en ieder aldaar twaalf dammaten gegoed waren, van welken een door die van Utrecht, twee door die van Amersfoort, en drie door die van Bunschoten, jaarlijks, op St. Pietersdag, verkooren zouden worden. De schouw echter, die van ouds bij den Burgemeester, Schout of Geregt van Bunschoten pleeg gedaan te worden, zou niettegenstaande deze nieuwe schouw in waarde blijven. Dan, hierin moet naderhand verandering gekomen zijn, dewijl, bij eene nadere overeenkomst, tusschen die van Utrecht, Amersfoort en Bunschoten, in het jaar 1530 gemaakt, het doen van de schouw gesteld wordt aan Schout en Schepenen zoo van Bunschoten, als van ter Eem, elk in zijn Geregte, naar oude gewoonte. Maar in het volgende jaar 1534, werd er van 's Keizers wege, door den Stadhouder en Hove Provinciaal van Utrecht, een Collegie van eenen Dijkgraaf en vijf Heemraden ingesteld, hetwelk sedert in stand gebleven is. Men stelde toen drie schouwdagen vast, en bepaalde de keuren en boeten. Maar als die van Bunschoten, en van alle de landen, aan de Eem gelegen, in het jaar 1532, door het inbreken van den Veen- en Velddijk, groote schaden geleden hadden, werden er, tot herstelling van den dijk, nieuwe keuren gemaakt, en tevens bepaald, dat van de Heemraden, een van Utrecht, een van Amersfoort, twee uit Bunschoten en een uit Eemnes, Baarn of Eembrugge, bij beurten zouden moeten gekozen worden. Zij moesten, volgens eene ordonnantie van Keizer Karel, in het zelfde jaar vastgesteld, ieder vijftien dammaten lands bezitten. Nopens de herstelling van den Veendijk, waartoe sommigen weigerden aarde te leveren, werd in het jaar 1535, bij den Hove van Utrecht, eene nieuwe ordonnantie gemaakt. In den aanvang der voorgaande eeuw, werd de Velddijk, strekkende van bewesten Spakenburg af tot aan den Eemlanderdijk, bij het Huis-ter-Eem, bij zware watervloeden, inzonderheid bij dien van Allerheiligendag des jaars 1570, te laag en te ligt bevonden. Aangezien er nu, over de verzwaring sedert vele jaren, tusschen de eigenaars der vrije en die der dijkpligtige landen, in en omtrent Bunschoten, geschil was geweest voor den Hove van Utrecht, zoo werd hierover, in het jaar 1603, bij de Staten dier provincie eene beslissende uitspraak gedaan, volgens welke de dijk in het volgende jaar verhoogd en verzwaard moest worden. De kosten zouden voor de eerste reize gedragen worden door de dijkpligtige landen voor de eene helft, ter vrijkooping van de belastingen, waarmede zij tot onderhoud van den dijk bezwaard waren geweest, en door alle de polders, vrije en onvrije landen, dammet en dammetsgelijk, voor de andere helft, behoudens dat alle gemelde polders, vrije en onvrije landen, den dijk, na de eerste volmaking, gezamenlijk zouden onderhouden, zonder eenige verdere eischen op de oude dijkpligtige landen. Wijders werd bij die uitspaak eene waarschappij of heemraadschap opgerigt van vijf personen, te weten, drie uit de gelanden van Bunschoten, als: een van Utrecht, een van Amersfoort en een van Bunschoten, en twee uit de beide polders, bij beurten, welke Heemraden met meerderheid van stemmen eenen Dijkgraaf verkiezen zouden. Dit collegie zou het beheer hebben, zoo over den Velddijk bewesten, als van den Veendijk beoosten Spakenburg tot den Gelderschen dijk toe. Ook werden Dijkgraaf en Heemraden gelast zorg te dragen, dat de Slaag- en Eemdijken aan de zelfde order werden onderworpen, als op den Veen- en Velddijk gesteld was; doch, dewijl het collegie zich daartoe onmagtig bevond, naardien die dijken niet onder een algemeen opzigt, maar door bijzondere ingezetenen ieder voor zijn land, opgemaakt en onderhouden werden, zoo is, in het jaar 1667, bij de Gedeputeerden van de Staten der provincie Utrecht, op de klagten van Dijkgraaf en Heemraden verstaan, dat de dijk van Eembrugge af, strekkende naar de zee, zoo verre die onder het opzigt van het geregt van Eembrugge behoort, overeenkomstig de uitspraak van 1603 zou moeten worden verzwaard en verhoogd, en die van Eembrugge naar Amersfoort op zekere breedte gehouden; zullende het gemelde geregt en de verdere belanghebbenden in de polders moeten zorgen, dat ieder, die daartoe verpligt was, daartoe ook naar behooren werd gehouden en, bij gebreke, Dijkgraaf en Heemraden sulks, ten koste van de nalatigen, op gewin van den derden penning, mogen doen.

SPAKEZIJL, sluis, prov. *Friesland*, kw. *Westergoo*, griet. *Wonseradeel*, 10 min. Z. O. van *Dedgum* en dienende om het water van den Sensmeer-polder, op de Dedgumer-vaart te ontlasten.

SPALAND, heerl., gedeeltelijk in *Delfland*, gedeeltelijk in *Schieland*, prov. *Zuid-Holland*, arr. *Rotterdam*, kant. *Schiedam*, gem. *Kethel-en-Spaland*; palende N. aan Zouteveen, O. aan Kethel, Z. aan Babberspolder, W. aan de Vlaardingsche-vaart.

Deze heerl. bevat het geh. Spaland, benevens eenige verstrooid liggende h. en beslaat, volgens het kadaster, 1186 bund. 5 v. r. 70 v. ell. belastbaar land. Men telt er 125 h., bewoond door 128 huisgez., uitmakende eene bevolking van 840 inw., die meest in veenderij en landbouw hun bestaan vinden.

De Herv., die er 360 in getal zijn, behooren tot de gem. van *Kethel*. — De R. K., van welke men er 480 aantreft, worden tot de stat. van *Kethel* gerekend. — Men heeft in deze heerl. eene school, alwaar 80 tot 100 kinderen, waarvan 40 voor rekening van de gemeente gratis, onderwijs genieten.

Deze heerl. maakte vroeger een afzonderlijk ambacht uit, maar sedert de inlijving met Frankrijk zijn *Kethel* en *Spaland* tot eene gem. vereenigd onder een bestuur.

Het geh. Spaland ligt 2½ u. N. W. van Rotterdam, ¾ u. N. N. W. van Schiedam. Men telt er 11 h. en 54 inw.

De kermis te Spaland valt in Zondags na St. Jacob.

Deze heerl. werd in het midden der vorige eeuw bezeten, voor de helft, welke onder Delfland ligt, door Mr. Hugo Abraham de Braauw, Heer *van de Kethel*, en voor de helft, onder Schieland behoorende, door Hendrik Ter Smetten. Later schijnt zij door aankoop geheel in het geslacht van Gevers te zijn overgegaan; althans in het laatst der vorige eeuw vinden wij als ambachtsvrouw van Spaland opgegeven Vrouwe Catharina Wilhelmina van der Staal, douairiere van den Heer A. Gevers, en thans wordt zij nog door het zelfde geslacht bezeten, zijnde thans een eigendom van Jonkheer Mr. Marinus Bernardus Helenus Wilhelm Gevers, woonachtig op het Huis te Werve onder Rijswijk.

Het wapen van Spaland is een veld van sinopel met eene spade van sabel, vergezeld van twee rozen van keel.

SPAN, naam, welke de Negers geven aan de voorm. koffijplant. Maria-Petronella, in *Nederlands-Guiana*, kol. *Suriname*. Zie Maria-Petronella.

SPANBROEK, kerk. ring, prov. *Noord-Holland*, klass. van *Hoorn*.

Zij bevat de volgende 10 gem.: Aartswoud, Benningbroek-en-Nibbixwoud, Hauwert, Hensbroek, Hoogwoud, Obdam, Spanbroek-en-Opmeer, Sijbecarspel, Ursem en Wognum-en-Wadway.

Deze ring telt ruim 3050 zielen, onder welke 1380 Ledematen, heeft 13 kerken, waarin de dienst gedaan wordt, door 10 Predikanten.

SPANBROEK, gem. in de *Vier-Noorder-koggen*, prov. *Noord-Holland*, arr. *Hoorn*, kant. *Medemblik* (2 k. d., 14 m. k., 3 s. d.); palende N. O. aan de gem. Opmeer, N. aan Zijbecarspel, O. aan Wognum-en-Wadway, Z. O. aan Berkhout-en-Baarsdorp, W. aan Obdam.

Deze gem. bevat het d. Spanbroek, de geh. Zandwerve en de Kaag, benevens gedeelten van Spierdijk en Zuidermeer. Zij beslaat, volgens het kadaster, eene oppervlakte van 1311 bund. 20 v. r. 16 v. ell., waaronder 1297 bund. 83 v. r. 97 v. ell. belastbaar land. Men telt er 164 h., bewoond door 208 huisgez., uitmakende eene bevolking van ruim 1000 inw., die meest hun bestaan vinden in het boter en kaas maken. Den 7. Februarij 1844 verbrandde hier den zaagmolen, die in Augustus 1844 is herbouwd. De korenmolen, eenige jaren vroeger verbrand, is toen al aanstonds herbouwd.

De Herv., die er ruim 50 in getal zijn, behooren tot de gem. *Spanbroek-en-Opmeer*, welke in deze burgerl. gem. eene kerk heeft. — De R. K., die men er 950 telt, maken gedeeltelijk de stat. van *Spanbroek* uit; terwijl die van Spierdijk en Zuidermeer de stat. van *Spierdijk-en-Zuidermeer* uitmaken, en die van de Kaag, tot de stat. van *Obdam* behooren. — Men heeft in deze gem. ééne school, welke gemiddeld door een getal van 90 leerlingen bezocht wordt; terwijl de kinderen van Spierdijk en Zuidermeer ter school gaan in de bijschool staande op Spierdijk, in de *Wogmeer*, gem. *Obdam*, welke school behoort aan de gemeente *Obdam*, *Berkhout* en Spanbroek.

Deze gem. is eene heerl., welke langen tijd behoord heeft aan de familie van Greel. In het midden der vorige eeuw werd zij in eigendom bezeten door Jan Metz, Heer *van Spierdijk en Zuidermeer* enz. Later behoorde zij aan den Heer Kasper de Jonk en thans is Heer van Spanbroek de Baron van Wassenaer, woonachtig te 's Gravenhage.

Het d. Spanbroek ligt 2 u. Z. O. van Hoorn, 3 u. N. O. van Medemblik. Men telt er in de kom van het d. 97 h. en 450 inw.

De Herv. kerk, was vóór de Reformatie aan den H. Bonifacius, Apostel van Duitschland, toegewijd. De pastorie werd bij beurten door den Paus en den Abt van Egmond begeven: de bevestiging moest bij den Proost van West-Friesland gehaald worden, zoo als in het jaar 1514 verklaard heeft Mathijs Pietersz., Pastoor van Spanbroek. Daar was eene kapellanij aan St. Nicolaas outaar, staande ter begeving van den Proost van West-Friesland. Het kosterschap, hetwelk de inkomsten van twee morgen (1 bund. 67 v. r.) lands genoot, werd door de Graven vergeven. Het is een fraai doch ouderwets gebouw, met eenen dikken vierkanten toren, waarop eene achtkante spits, welks uiteinde, eenige voeten beneden het kruis, meer stomp toeloopt, en daardoor van alle torens in Noord-Holland is te onderkennen. De kerk is voorzien van een goed orgel, met een klavier en aanhangend pedaal, sterk en schoon van toon. In het koor der kerk is eene grafstede der vroegere Heeren.

De R. K. maken, met die van het geh. Zandwerve en een gedeelte uit de gem. Wognum-en-Wadway, eene stat. uit, welke tot het aartspr. van *Holland-en-Zeeland*, dek. *West-Friesland*, behooren, door eenen Pastoor bediend wordt, en 700 zielen, onder welke 400 Communikanten, telt. Zij hebben hier eene, voor weinige jaren vernieuwde, nette kerk, zijnde een houten gebouw, met een orgel, doch zonder toren, deze kerk staat in het Oosteinde van het dorp.

De kermis valt in den eersten Zondag van September en de paardenmarkt Dingsdags daaraanvolgende.

Het schoolvertrek en de onderwijzerswoning zijn, in het jaar 1842, geheel nieuw gebouwd en staan aan de Zuidzijde van den weg, die door het dorp loopt, regt over het voormalige schoolhuis, dat thans tot woonhuis dient.

In het jaar 1492 werd ook SPANBROEK veroordeeld tot het betalen van boeten, als hebbende deel genomen aan het kaas- en broodspel.

In 1583 toonden die van SPANBROEK zich mede zeer oproerig en namen deel aan de groote vergaderingen, die de omliggende plaatsen hielden, tot het beramen van een plan van opstand, hetwelk echter door DIDERIK SONOY nog tijdig gedempt werd.

Het wapen dezer gemeente is van zilver, met eenen leeuw van keel.

SPANBROEK-EN-OPMEER, kerk. gem., prov. *Noord-Holland*, klass. van *Hoorn*, ring van *Spanbroek*.

De eerste, die in deze combinatie, welke sedert het jaar 1573 bestaat, het leeraarambt heeft waargenomen, is geweest KLAAS ALBERTS, die in het jaar 1573 herwaarts kwam, en in het jaar 1574 door eenen anderen opgevolgd werd.

Men telt er ruim 300 zielen, onder welke 170 Ledematen en heeft er twee kerken, als: ééne te Spanbroek en ééne te Opmeer. De pastorij staat te Spanbroek. Het beroep geschiedt door den kerkeraad, onder agreatie van den Ambachtsheer van SPANBROEK. Den eenen Zondag wordt er 's morgens te Spanbroek en 's namiddags te Opmeer en den anderen Zondag 's morgens te Opmeer en 's namiddags te Spanbroek gepredikt.

SPANBROEKER-DIJK (DE), dijk in de *Vier-Noorder-koggen*, prov. *Noord-Holland*, in eene oostelijke rigting, van Spanbroek naar Wadway loopende.

Aan dezen dijk zijn, in het jaar 1594, de eerste kribben of bekribbingen gemaakt door den uitvinder JELLE ADRIAANSZ. WIJNGA. en aangebragt nabij de Twiskerbrug.

SPANBROEKER-KOGGE, dijkaadje in de *Vier-Noorder-koggen*, prov. *Noord-Holland*. Zie WOGNUMER-KOGGE.

SPANGA of SPANGEN, d., prov. *Friesland*, kw. *Zevenwouden*, griet. *Stellingwerf-Westeinde*, arr. en 4¼ u. Z. ten W. van *Heerenveen*, kant. en 5 u. Z. W. van *Oldeberkoop*, waarvan de huizen, door uitgestrekte weien en hooilanden omringd, langs den weg en den Lindedijk liggen. Men telt er 57 h. en 312 inw. en met de buurt Slykenburg en het Blaauwhof 68 h. en 367 inw., die meest in den landbouw hun bestaan vinden.

De Herv., die er ruim 320 in getal zijn, behooren tot de gem. *Scherpenzeel-en-Spanga* en *Nijetrijne-en-Munnekeburen*. Voormaals heeft alhier eene kerk gestaan, doch deze is in den jare 1820 afgebroken.

De R. K., die men er aantreft, worden tot de stat. van *Kuinre* gerekend. — Men heeft in dit d. geen school, maar de kinderen genieten onderwijs te *Scherpenzeel* of te *Slykenburg*.

Bij den watervloed van het jaar 1825 had dit dorp veel te lijden (1).

SPANGEN (HET SLOT-VAN-), voorm. slot in *Schieland*, prov. *Zuid-Holland*, arr. en 2 u. W. van *Rotterdam*, kant. *Schiedam*, gem. *Overschie-en-Hoogeban*, ½ u. Z. W. van *Overschie*, in den daarnaar genoemden Spaansche-polder.

---

(1) Men zie daaromtrent nader het art. SCHERPENZEEL, bl. 130.

Het oud en adellijk geslacht VAN SPANGEN is afkomstig uit een jongeren zoon der *Burggraven van Leyden*. Ridder JACOB, zoon van ALEWIJN Burggraaf *van Leyden*, Heer *van Rijnland en Britten*, trad in het huwelijk met NICOLA VAN TELLINGEN, en leefde in het jaar 1190. De vierde en jongste zoon van dezen Heer, FILIPS, genaamd UITTERNESSE, Heer *van Mathenesse* enz., leefde tusschen de jaren 1204 en 1256, en was gehuwd met de dochter van den Heer VAN MERWEDE. Zijn zoon, DIRK UITTERNESSE, huwde met eene dochter uit het oud adellijk geslacht VAN POLANEN. Uit dit huwelijk sproot de Ridder FILIPS UITTERNESSE, welke de goederen en het land van SPANGEN, bij Overschie, ervende, in het jaar 1307, bij dit dorp een slot bouwde met vijf sterke torens, het HUIS-TE-SPANGEN genaamd, hetwelk zoo schoon en groot was, dat het voor een der aanzienlijkste sloten van Holland gehouden werd, daarenboven stichtte hij eene kapel in de oude kerk binnen de stad Schiedam. De zoon van dezen FILIPS UITTERNESSE nam den geslachtnaam VAN SPANGEN aan, welken zijne nakomelingen sedert behouden hebben; terwijl sommige zich ook VAN DER SPANGEN schreven. Zoo vinden wij op de lijst der Verbondene Edelen FILIPS VAN DER SPANGEN, Heer *van Spangen* (1). Nadat dit kasteel gedurende de Hoeksche en Kabeljaauwsche verdeeldheden, in het jaar 1359, door die van Delft deerlijk beschadigd was, heeft de Ridder FILIP VAN SPANGEN het, in het jaar 1384, weder herbouwd.

In 1426, ten tijde van den Heer ENGELBRECHT VAN SPANGEN, is het SLOT-VAN-SPANGEN door de Kennemerlanders, onder aanvoering van hunnen Kapitein WILLEM NAGEL, ten eenemale verwoest. Doch ENGELBRECHTS zoon, FILIP VAN SPANGEN, heeft het, in het jaar 1455, hoewel niet zoo groot als weleer, wederom doen herbouwen. Door den oorlog en het veroveren der stad Rotterdam, door Jonker FRANS VAN BREDERODE, in het jaar 1488, heeft het HUIS-TE-SPANGEN wederom zeer veel nadeel geleden, zoodat de bezitter FILIPS VAN SPANGEN zich, na het eindigen van den oorlog, genoodzaakt vond een geding voor het Hof, tegen de grafelijkheid van Holland, te voeren, waarbij hij eene som van 1700 ponden Hollandsch en 5 grooten (1700 guld. 12½ cents) eischte, tot vergoeding der schade, welke hij van de Rotterdammers geleden had. Hierop ontving hij, bij vonnis des Hofs in 1501, de som van 600 ponden Hollandsch (600 guld.)

In het jaar 1572 werd het huis te SPANGEN door de Watergeuzen, onder bevel van den Graaf VAN DER MARK, bezet, en vervolgens door die van Delft geheel verwoest, uit vrees, dat de vijand zich daarin mogt nestelen.

Volgens de *Beschrijving van Rotterdam*, door GERARD VAN SPAAN, heeft weleer de oude dijk van Blommersdijk naar Beukelsdijk voorbij het huis te SPANGEN geloopen, alwaar hij zich met den Schiedamsche-dijk weder vereenigde.

Van de overblijfselen van dit slot is thans niets meer te vinden; de grachten zijn bijna toegegroeid; alles daar rondom draagt de treurige kenteekenen der verwoesting. De daartoe behoord hebbende gronden, eene oppervlakte beslaande van 35 bund. 70 v. r. 78 v. ell., worden tegenwoordig in eigendom bezeten door het R. K. weeshuis te Rotterdam.

Het wapen van het aloude geslacht VAN SPANGEN was van goud, met eene fasce van azuur.

---

(1) Zie TE WATER *Historie van het Verbond der Edelen*. St. III, bl. 315 en 316.

SPANGA-WETERING (DE) of SPANGER-WATERING, water, prov. *Friesland*, kw. *Zevenwouden*, griet. *Stellingwerf-Westeinde*, dat, bij Spanga uit de *Scheen* voortkomende, in eene zuidelijke rigting naar de *Linde* loopt.

SPANHEIM, eigenlijke naam van het dorp SPANNUM, prov. *Friesland*, kw. *Westergoo*, griet. *Hennaarderadeel*. Zie SPANNUM.

SPANJAARDSBERG (DE), heuvel in *Westerwolde*, prov. *Groningen*, gem. en 3¼ u. Z. van *Vlagtwedde*, niet ver van *Ter-Apel*.

SPANJAARDSBRUG, brug in de heerl. *Heusden*, prov. *Noord-Braband*, gem. en 20 min. Z. O. van *Hedikhuizen*, over de Zeggelaarsche-wetering.

Bij deze brug is, in 1589, een gevecht voorgevallen tusschen de troepen van Prins MAURITS en die van den Graaf van MANSVELDT, welke laatsten, Heusden ingesloten hebbende, beletten wilden, dat er van 's Prinsen zijde versterking binnen de vesting geworpen werd, hetwelk den onzen echter gelukte, niettegenstaande zij veel volk verloren.

SPANJAARDSBRUG (DE), brug in *Rijnland*, prov. *Zuid-Holland*, ¼ u. O. van *Leyden*, over de Zijl, ter plaatse, waar deze in den Rijn valt. Zij ontleent haren naam van eene schans, welke de Spanjaarden aldaar, tijdens het beleg van Leyden, in 1572, hadden opgeworpen.

SPANJAARDSDIEP (HET), voorm. water in *Westerwolde*, prov. *Groningen*, bij de *Bourtange*, doch thans toegegroeid.

SPANJAARDSDIJK (DE) of DE SPANJAARSWEG, weg, vroeger de LEPROOSWEG, en nog vroeger de FISWERDERWEG geheeten, prov. *Friesland*, kw. *Oostergoo*, gem. *Leeuwarden*, welke, benoorden die stad, naar en voorbij de stedelijke begraafplaats leidt en in 1831 bestraat is.

Deze weg was eerst een hooiweg, daarna de toegang naar het klooster Fiswerd en later eene verbinding tusschen den Hoogendijk en den Zwarteweg. Hij ontleent zijnen tegenwoordigen naam van de volgende omstandigheid. Tien vaandelen Spaansche soldaten, uit Holland naar Friesland gezonden, waren in den morgen van den 19 Mei 1568 te Harlingen ontscheept, en namen hunnen weg op Leeuwarden, met het oogmerk, om, onder het geleide van den Stadhouder, den Graaf VAN ARENBERG, naar Groningerland te trekken, en daar het Nassausche leger op te zoeken en slag te leveren. De Regering van Leeuwarden begreep duidelijk, dat die woeste benden op den middag gaarne door deze stad zouden willen trekken, ten einde zich, ten koste van den stillen burger, van verversching en leeftogt ruim te voorzien. De Raad, dit gevaar willende afwenden, voorkwam dit wijsselijk, door het besluit, om de poorten gesloten te houden, en de Spaansche Hoplieden te verzoeken, om met de knechten de Noordzijde der stad om te trekken, ten einde op den LEPROOSWEG van stadswege gespijzigd te worden. Dit gebeurde, en terwijl de vermoeide Spanjaarden zich op dien weg uitstrekten, om te rusten, werd er uit de stad brood, vleesch, bier, wijn en andere levensmiddelen aangebragt en aan ieder hunner uitgereikt; terwijl hun bovendien nog eenigen leeftogt, tot voortzetting van hunne reis, werd medegegeven. De burgerij, die over dit verstandig gedrag der Regering zeer tevreden was, verzamelde zich in menigte op den stadswal, om dit tooneel te aanschouwen. Geen wonder dus, dat deze gebeurtenis in levendige herinnering bleef, en dat, hoe vele redenen men later ook had, om de Spanjaarden te haten, hun naam toch, tot den huidigen dag, eigen bleef aan den weg, op welken zij eens door de stad onthaald waren (1).

---

(1) Zie W. EEKHOFF, *Geschiedkundige Beschrijving van Leeuwarden*, D. I, bl. 265.

SPANJAARDSDIJK, in de wandeling meestal de SPANJERDIJK genoemd, dijk in het *Westerkwartier*, prov. *Groningen*, onder de gem. *Aduard*.

Deze dijk is 1.20 ell. boven het maaiveld verheven, en strekt zich, door het westelijke gedeelte van den Ham, van Jensemabosch onder *Oldenhove*, tot den Horn aan den Munnekedijk, nagenoeg ter lengte van 3 Nederlandsche mijlen, uit, komende uit het N. en N.W. en gaande zuidoost- en vervolgens zuidwaarts naar gezegden dijk, die naar het Aduarder-Zijldiep loopt, over welk diep hij zich verder oostwaarts van de nieuwe brug als rijweg uitstrekt.

SPANJAARDSDUIN (HET), duinen in *Delfland*, prov. *Zuid-Holland*, gem. *'s Gravezande-en-Zand-Ambacht*, O. van het Eerste Kapitteldduin, W. van het kaap Boersvlak.

SPANJAARDSGAT (HET NIEUWE-), ook wel enkel het NIEUWE-GAT genaamd, vaarwater ten N. van de Zuiderzee.

Het ligt benoorden het Marsdiep, met eene strekking in de Noordzee, langs de westzijde van Texel, tusschen eene zandplaat, genaamd Droog-Gors, kort voor het eiland en de Noorder-Haaks. Hier kan men met groote koopvaardijschepen uit en in, gelijk meest alle de schepen, naar het Noorden en Oosten moetende, vóór het Noordhollandsche-kanaal gegraven was, dit zeegat uitliepen.

SPANJAARDSGAT (HET OUDE-), voorm. vaarwater ten N. van de *Zuiderzee*, tusschen de Keizersplaat en de Noorder-Haaks.

Door dit gat bragt de Raadpensionaris JOHAN DE WIT, 's lands vloot, in den jare 1665 in zee, hoewel men tot dien tijd zich verzekerd hield, dat het volstrekt onmogelijk was, om met zware schepen door dit gat in zee te loopen. Door deze onderneming, die toen zeer wel gelukte, heeft dit gat sedert nog lang, in sommige kaarten van Holland, den naam van het JOHAN-DE-WITS-GAT, behouden, doch het is nu geheel verloopen en onbevaarbaar.

SPANJAARDSKREEK (DE), voorm. kreek in *Staats-Vlaanderen*, prov. *Zeeland*, met eenen noordelijken kronkelenden loop, uit het Hellegat, door de verdronken landen, naar de Hont vloeijende.

SPANJAARDSLAAN (DE), laan in *Kennemerland*, prov. *Noord-Holland*, Z. van Haarlem, aldus genoemd, omdat, in het beleg van Haarlem, in 1572 en 1573, een gedeelte van het Spaansche leger zich aldaar heeft opgehouden.

De SPANJAARDSLAAN loopt langs de zuidzijde van de Haarlemmerhout, waarvan zij een gedeelte uitmaakt. Zij prijkt met zware, statige eikenboomen, welke, om hunnen bijzonderen vorm, opmerking verdienen. De takken van sommigen dezer boomen zijn, wegens hunne oudheid, met ijzeren banden, ten einde te verhoeden, dat zij door stormwinden daarvan afwaaijen, aan elkander verbonden. In het jaar 1827, toen de Hout door den Heer J. D. ZOCHER geheel nieuw is aangelegd geworden en alle regte lanen verdwenen zijn, is deze laan, uit hoofde van hare oudheid, onaangeroerd gebleven.

SPANJAARDSPUTJE (HET), kleine kom in het eil. *Walcheren*, prov. *Zeeland*, nabij Brigdamme.

Deze kom, welke dikwijls met water gevuld is, is aldus genoemd naar een gevecht, dat aldaar, in het jaar 1574, tijdens het beleg van Middelburg, geleverd werd, en waarin een hoop Spanjaarden, door den Hopman JACOB SCOTTE, geslagen werd.

SPANJERDIJK, naam, welken men veelal in de wandeling geeft aan den SPANJAARDSDIJK, in het *Westerkwartier*, prov. *Groningen*. Zie SPANJAARDS-DIJK.

SPANJER-PEEDAM, waterschotting in het *Westerkwartier*, prov. *Groningen*, nabij [illegible]

SPANKAMP (DE), stuk hooiland, prov. *Friesland*, kw. *Westergoo*, griet. *Hennaarderadeel*. Zie [illegible].

SPANKEREN, d. op den *Veluwezoom*, prov. *Gelderland*, arr., kant. en 3 u. N. van *Arnhem*, gem. en 1 u. N. van *Rheede*.

Men telt er in de kom van het d., 44 h. en 360 inw. en met de daartoe behoorende buurs. Soeren 72 h. en 570 inw., die meest in den landbouw hun bestaan vinden.

De Herv., die er ruim 800 in getal zijn, behooren tot de gem. van *Spankeren-en-Dieren*, die hier eene kerk heeft, welke vóór de Reformatie eene parochiekerk was, aan den H. Petrus toegewijd. De pastorie, waaraan de last van eene Vrijdagsche Misse gehecht was, werd door den Kommandeur van Dieren begeven. In 1307 schonk Reinoud, Graaf van *Gelder*, deze kerk aan de orde van het Hospitaal van St. Jan van Jeruzalem. Bij den Bisschop de Monte staat op het jaar 1571 aangeteekend, dat er in en voor het gemelde jaar geen onderhoud der kerk was; en dat er ook geen Kerkmeesters waren; maar dat de Pastoor gehouden was, de kerk te onderhouden, en op eigen kosten voor het licht der kerk, en de verdere noodwendigheden te zorgen. » Het is eene kleine parochie zegt hij, die geen 40 Communikanten heeft, maar de kerk is de » oudste van de geheele Veluwe." Daar deze oude kerk te klein was, en door ongeschikte bouworde hoogst moeijelijk, om in te prediken, is zij in het jaar 1804 herbouwd en vergroot. Het is een langwerpig gebouw met eenen vierkanten toren, doch zonder orgel.

De R. K., van welke men er ongeveer 70 aantreft, worden tot de stat. van *Dieren* gerekend. — De dorpsschool wordt gemiddeld door een getal van 80 leerlingen bezocht.

Men heeft hier, behalve onderscheide aanzienlijke huizen, het oud adellijk goed de Geldersche-toren of het Huis-te-Spankeren.

SPANKEREN (HET HUIS-TE-), adell. huis op den *Veluwezoom*, prov. *Gelderland*. Zie Geldersche-Toren.

SPANKEREN-EN-DIEREN, kerk. gem., prov. *Gelderland*, ring van *Arnhem*, met eene kerk te *Spankeren*, terwijl er in 1846 eene tweede te *Dieren* is aanbesteed. Men telt er 1100 zielen, onder welke 560 Ledematen. De eerste, die in deze gem. het leeraarsambt heeft waargenomen, is geweest Leonardus Hertzbroek, die in het jaar 1598 herwaarts kwam, en in het jaar 1603 opgevolgd werd door Abraham Theodoreus Kroon. *Elkum* is tot aan 1733 hiermede vereenigd geweest, doch na het vertrek van Everhardus Kessler in 1733, eenen eigen Predikant gegeven. Het beroep geschiedt door den kerkeraad.

SPANNA, plaats, vermeld op het jaar 1003, als in het graafs. *Hamelande* gelegen. Men vermeent dat zij gezocht moet worden ter plaatse, waar later de havez. Spaanswerd, in het graafs. *Zutphen*, prov. *Gelderland*, gelegen heeft. Zie Spaanswerd.

SPANNUM, eigenlijk Spannum, en in het oud Friesch Spannahachim of Spanga, d., prov. *Friesland*, kw. *Westergoo*, griet. *Hennaarderadeel*, arr. en 3 u. N. N. W. van *Sneek*, kant. en 2½ u. N. O. van *Bolsward*.

Men telt er 30 h. en ruim 190 inw., die meest in de boerderij, de veeteelt en het bouwen van granen hun bestaan vinden.

De inw., die er op 11 na allen Herv. zijn, behooren tot de gem. van *Edens-en-Spannum*, die in dit d. eene kerk heeft. Deze was vóór de Reformatie eene parochiekerk, die honderd goudguld. (150 guld.) opbragt, en door den Abt van Lidlum werd begeven. Onderscheidene Monnikken van het gemelde klooster Lidlum hebben de pastorie van SPANNUM bediend. Onder anderen heeft hier, omtrent het jaar 1550, gestaan ISBRANDUS VAN HARDERWIJK, die naderhand zelf tot Abt van Lidlum gekozen is. Daar was ook een vikarisschap van 90 goudguld. (135 guld.). De Proost van St. Janskerk, had voor zijn deel acht schilden (11 guld. 20 cents). Deze kerk is een net gebouw, met eenen stompen toren, en voorzien van een keurig orgel.

De 5 Doopsgez., die er wonen, behooren tot de gem. van *Baard*. — De 5 R. K., die men er aantreft, worden tot de stat. van *Franeker* gerekend. — De dorpschool wordt gemiddeld door een getal van 35 leerlingen bezocht.

Niet ver van de kerk, in het Oosten, heeft men een boerenhuis met eenen goeden tuin, Monnikhuis genaamd. Bij de kerk, die rondom met boomen beplant is, treft men eene tamelijke buurt aan, van daar loopt noordwaarts aan eene vaart, met name de Langedam, en Zuidwaarts de Sassinga-rijd. In het Zuidwesten van het dorp ligt eenig laag land, de Spannumerterpen of Spankamp genaamd, zie het volgende art.

Oudtijds waren er onderscheidene staten of adellijke landhuizen, doch deze zijn nu geheel verdwenen en de plaatsen, waar zij eenmaal stonden, alleen aan de hooge wierden kenbaar.

SPANNUMERTERPEN of SPANKAMP, gedeelte laag land, prov. *Friesland*, kw. *Westergoo*, griet. *Hennaarderadeel*, 3 min. N. W. van *Spannum*. Er is hier weleer een bloedige slag geleverd tusschen de Vetkoopers en SIKKE SJAARDEMA.

SPANREYSE, erve, vermeld in 1188 als gelegen onder *Diepenheim*, prov. *Overijssel*.

SPANTJAK, berg in *Oost-Indië*, op het *Sundasche* eil. *Borneo*, resid. *Pontianak*.

SPAREN (HET), riv. in *Kennemerland*, prov. *Noord-Holland*. Zie SPAARNE (HET).

SPARJEBIRT of SPARRIEBIRT, geh., prov. *Friesland*, kw. *Zevenwouden*, griet. *Opsterland*, arr. en 4 u. O. N. O. van *Heerenveen*, kant. en 1½ u. Z. O. van *Beetsterzwaag*, 10 min. W. van het d. *Wynjeterp*; waartoe het behoort.

Hier is in het jaar 1834 een veel beloovend dennenbosch, van niet minder dan 20 bund., door een onbekend toeval in brand geraakt, en grootendeels vernield geworden, welke brand zoo hevig was, dat zelfs de grond, waarin nog vele overblijfsels van het hooge veen, hetwelk hem vroeger bedekte, waren overgebleven, mede vuur heeft gevat, en eenige weken na den brand, onder de bovenkorst, nog voortsmeulde, zoodat van tijd tot tijd half verbrande dennenboomen, door het uitbranden van den ondergrond, hun evenwigt verliezende, omver vielen, hetwelk een zonderling gezigt opleverde.

SPARKS-POLDER, pold. in *Staats-Vlaanderen*, prov. *Zeeland*, arr. *Goes*, kant. *Axel*, distr. *Hulst*, gedeeltelijk gem. *Axel*, gedeeltelijk gem. *Neuzen*; palende N. en O. aan den St. Anna-polder, Z. O. aan den Nieuw-Eglantier-polder, Z. aan den Koegors-polder, W. aan den Koegors-polder en den Polder-van-Oud-Zevenaar.

Deze polder, heeft eene kadastrale uitgestrektheid van 76 bund. 77 v. r. 35 v. ell.; te weten: onder *Neuzen* 40 bund. 32 v. r. 50 v. ell. en onder *Axel* 36 bund. 44 v. r. 85 v. ell.; en is schotbaar groot 67 bund. 72 v. r. 58 v. ell. Daarin staat ééne hofstede, benevens vier arbeiderswoningen, waarvan de hofstede en eene dezer woningen onder de gem. *Neuzen* staan. Het polderbestuur is vereenigd met den *Zuid-polder*, den *Kats-polder* en den *St. Anna-polder* en bestaat uit eenen Dijkgraaf, eenen Gezworene en eenen Ontvanger-Griffier, en hij watert door eenen duiker uit in den Koegors-polder en verder in het Kanaal-van-Neuzen.

SPARRENDAAL, buit. in het *Overkwartier* der prov. *Utrecht*, arr. en 3 u. Z. ten W. van *Amersfoort*, kant. en 2¼ u. N. W. van *Wijk-bij-Duurstede*, gem. en 5 min. N. W. van *Driebergen*.

Deze buit. beslaat eene oppervlakte van 17 bund. 8 v. r. 80 v. ell., en wordt thans in eigendom bezeten door de erven van Mevrouw de weduwe VAN OOSTHUYSEN, woonachtig op verschillende plaatsen.

SPARRENDAEL, buit. in de *Meijerij van 's Hertogenbosch*, kw. *Oisterwijk*, prov. *Noord-Braband*, *Tweede* distr., arr., kant. en 1½ u. Z. Z. W. van *'s Hertogenbosch*, gem. en ¾ u. Z. W. van *Vught*, nabij den straatweg van 's Hertogenbosch op Breda.

Dit buit. beslaat, met de daartoe behoorende gronden, eene oppervlakte van 109 bund. 6 v. r. 62 v. ell., en wordt thans in eigendom bezeten door Mejufvrouw de weduwe JOHAN VAN RIJCKEVORSSEL, woonachtig te 's Hertogenbosch.

SPARRENHEUVEL, buit. in het balj. van *Brederode*, prov. *Noord-Holland*, arr., kant. en 1 u. N. W. van *Haarlem*, gem. *Bloemendaal-Tetterode-Aalbertsberg-en-de-Vogelenzang*, 5 min. ten Z. van Bloemendaal, aan den weg van Overveen naar Bloemendaal.

Dit buit. beslaat eene oppervlakte van 14 bund. 60 v. r. 72 v. ell., en word thans in eigendom bezeten door de erven van den Heer W. H. BACKER, woonachtig te Amsterdam.

SPARRENHEUVEL, buit. in het *Overkwartier* der prov. *Utrecht*, arr. en 3 u. Z. W. van *Amersfoort*, kant. en 2¼ u. N. W. van *Wijk-bij-Duurstede*, gem. en 5 min. Z. O. van *Zeyst*.

Dit buit. beslaat, met de daartoe behoorende gronden, eene oppervlakte van 9 bund. 82 v. r. 20 v. ell., en wordt in eigendom bezeten door den Heer EVERARD CORNELIS SCHRÖDER, woonachtig te Zeyst.

SPARTELGAT (HET), vroeger eene steenen heul, prov. *Noord-Braband*, in de *Meijerij van 's Hertogenbosch*, kw. *Maasland*, in de *Zandstraat*, gem. *Berlicum-en-Middelrode*, later door eenen aarden dam vervangen, strekkende tot afsluiting van eenen waterloop, die weleer met het riviertje de Aa in gemeenschap stond.

SPARTELVAART (DE), water in *Delfland*, prov. *Zuid-Holland*, hetwelk uit de *West-Gaach* voorkomt en in eene W. rigting tot den Steendijksche-polder loopt, alwaar het zich in slootjes verdeelt en te niet loopt.

SPAUBEEK, gem. in het *Land-van-Valkenburg*, thans prov. *Limburg*, arr. *Maastricht*, kant. *Sittart* (5 k. d., 5 m. k., 2 s. d.); palende N. en O. aan de Geleen, die haar van de gem. Schinnen scheidt, Z. aan Nuth en Schimmert, W. aan Beek en Steyn.

Deze gem. bevat het d. Spaubeek, benevens de geh. Hoeve, Hobbelrade, Hegge, Oudekerk, Jans-Geleen en Webreg. Zij beslaat, volgens het kadaster, eene oppervlakte van 556 bund. 86 v. r. 30 v. ell., waaronder 541 bund. 80 v. r. belastbaar land. Men telt 137 h., bewoond door 143 huisgez., uitmakende eene bevolking van 700 inw., die meest in den landbouw en veeteelt hun bestaan vinden, als ook in het maken van appel-azijn.

Haar grondgebied wordt voor een klein gedeelte bespoeld door de Geleen, die eenen koren- en eenen oliemolen in beweging zet. Het is voor het grootste gedeelte bergachtig, bevattende vele bergen en heuvels, eenige met eene zachte, andere met eene steile helling, de grond is leem- en zandachtig en wordt zeer goed bebouwd; de voortbrengselen bestaan in tarwe, rogge, paardenboonen, haver, boekweit, gerst, klaver, koolzaad, vlas, aardappelen, erwten, wortelen, moeskruiden, peren en appelen, ook vindt men er schaarbosschen, boomgaarden, wei- en hooilanden. Van de tarwe en rogge, welke de voornaamste voortbrengselen zijn, wordt een groot deel uitgevoerd, ook wordt het beste rundvee naar België verzonden. De beste paarden gaan naar Pruissen en Frankrijk. De handel van appel-azijn, welke voorheen een goed bestaan opleverde, heeft sedert de scheiding van België veel geleden.

De inw., die allen R. K. zijn, onder welke ruim 550 Communikanten, maken eene par. uit, welke tot het vic. apost. van *Limburg*, dek. van *Sittart*, behoort, en door eenen Pastoor en eenen Kapellaan bediend wordt. — Men heeft in deze gem. eene school.

Het d. Spaubeek ligt 3 u. O. van Maastricht, 1½ u. van Sittard. Men telt er in de kom van het d. 47 h. en 230 inw.

De kerk, aan den H. Laurentius toegewijd, welke sedert onheugelijke tijden, ½ u. van het dorp, in de gehuchten, op den Noordelijken hoek der gemeente stond, was geheel bouwvallig en veel te klein voor de behoefte geworden, waarom zij, in het jaar 1837, is afgebroken en in het midden van het grondgebied en van den bebouwden kring der gemeente op het geh. de Hoeve verplaatst. Dit heerlijk, wel gelegen, nieuw kerkgebouw en toren is, door vrijwillige bijdragen der ingezetenen en subsidiën van het voormalig Belgisch gouvernement, gebouwd van tegelsteenen, naamschen en zandsteen en het dak van zink. De predikstoel en twee altaren uit het oude kerkgebouw, zijn in de nieuwe kerk overgebragt. Zoo mede is de eenige der drie klokken, die in den franschen tijd niet weggenomen is, in den nieuwen toren geplaatst.

SPECERIJ-EILANDEN, naam, welken men veelal geeft aan de Moluksche-eilanden. Zie dat woord.

SPECKEN-POLDER (DE), pold. in *Rijnland*, prov. *Zuid-Holland*. Zie Spekken-polder (De).

SPECKHOLTZERHEIDE, geh. in de heerl. *'sHertogenrade*, prov. *Limburg*, arr. en 5 u. O. van *Maastricht*, kant. en 1½ u. Z. O. van *Heerlen*, gem. en 42 min. Z. W. van *Kerkrade*; met 68 h. en 240 inw.

SPECKLAAN (DE), weg in *Rijnland*, prov. *Zuid-Holland*, gem. *Lisse*, in eene noordwestelijke rigting loopende van Lisse naar den Lytweg.

SPEELDER-BOSCH, bosch op de *Over-Veluwe*, prov. *Gelderland*. Zie Speulder-bosch.

SPEELHEUVEL, b. in de *Meijerij van 's Hertogenbosch*, kw. *Peelland*, prov. *Noord-Braband*, *Derde* distr., arr. en 4 u. Z. O. van *Eindhoven*, kant. en ½ u. Z. W. van *Asten*, gem. en ½ u. N. ten O. van *Someren*, alwaar de R. K. kerk staat; met 4 h. en 30 inw.

SPEELHUIS (HET), voorm. lusthuis van de Heeren van *Breda*, en de bar. van *Breda*, prov. *Noord-Braband*, *Vierde* distr., arr., kant. en ½ u. N. ten W. van *Breda*, gem. en ½ u. Z. W. ten W. van *Teteringen*, in den pold. *Belcrum*, tusschen de Mark en den grooten weg van Breda naar den Moerdijk.

Dit speelhuis was door Maurits, Prins van *Oranje*, in het jaar 1620, tot een jagt- en lusthuis gebouwd, en bestond uit een vrij groot achtkant steenen gebouw, dat zeer aangenaam, in een starreboschje, op eenen heuvel gelegen en van boven met eenen koepel gedekt was, op welks midden een torentje stond. Van binnen rustte het op 8 platte pilaren en was, de kelder medegerekend, vier verdiepingen hoog. In het jaar 1824 is dit gebouw afgebroken, maar de heuvel is nog een eigendom van het domein, even als de bijgelegene hofstede, die tevens eene herberg is, welke zomers veel door de inwoners van Breda bezocht wordt, als leverende in de prieeltjes, welke op den heuvel, waar vroeger het SPEELHUIS stond, aangelegd zijn, zeer genoegelijke zitplaatsen op. Vroeger had men bij deze herberg eene kolfbaan, doch deze is afgebroken en vervangen door een handboogschuttersdoel, van hetwelk, vooral in den zomer, veel gebruik wordt gemaakt. Dit goed beslaat, met de daartoe behoorende gronden, eene oppervlakte van 67 bund. 60 v. r. 60 v. ell.

SPEELHUIS-POLDERTJE (HET), pold. in de bar. van *Breda*, prov. *Noord-Braband*. Zie BELCRUM.

SPEELMANS-BAAI (DE), baai in *Oost-Indië*, aan de Zuidkust van *Nieuw-Guinea*.

SPEELMANS-PLAAT (DE), plaat in de *Ooster-Schelde*, prov. *Zeeland*, tusschen het eil. Tholen en het verdronken land van Zuid-Beveland. Zij valt droog en deelt den genoemden stroom in twee vaarwaters.

SPEELMANS-POLDER (DE), voorm. pold. in *Staats-Vlaanderen*, in *Hulster-ambacht*, prov. *Zeeland*, arr. *Goes*, kant. en distr. *Hulst*, gem. *Hontenisse*.

Deze pold. heeft gelegen vóór den Kruis-polder en den Meloo-polder, aangepaald hebbende tegen den polder van Namen, en denkelijk ter zelfder tijd met laatstgenoemden pold. geïnundeerd, in 1715. De plaats waar de Speelmans-polder heeft gelegen, is thans nog bij de visschers bekend onder den naam van het *Speelmansgat*.

SPEELWIJK, fort in *Oost-Indië*, op het *Sundasche* eil. *Java*, resid. *Bantam*, reg. en afd. *Serang*, distr. en onderdistr. *Bantam*, bij de stad Bantam.

Deze vesting had de Oostindische Compagnie voor zich laten bouwen, gedurende den oorlog tusschen Sultan AGOS, Koning van Bantam, en zijnen zoon, en werd toen SPEELWIJK genaamd, naar den toenmaligen Gouverneur van Indië, CORNELIS SPEELMAN. Het ligt slechts een half kwartier uur gaans van de plaats daar de rivier, welke aan de westzijde er digt langs henen stroomt, in zee valt. Het was een vierhoek en is op elken hoek met drie geheele en een half bastion versterkt, waarop acht en veertig stukken kanon van verschillend kaliber geplaatst konden worden. Aan de noord-, zuid- en westzijde lag eene natte gracht, die niet zeer breed of diep was en aan de westzijde met de rivier gemeenschap had. De wallen of muren waren van eene zware en harde soort van steen, ter hoogte van 4 of 4½ ell. opgehaald. Van binnen was het voorzien van onderscheidene gebouwen, die in het midden van het fort een open vierkant lieten, hetwelk met boomen beplant was, en tot woningen strekten voor een gedeelte van 's Compagnie's bedienden, waaronder dat van den Kommandeur uitmuntte; eene kamer daarvan werd tot eene kerk gebruikt, de andere gebouwen werden gebruikt tot kazernen voor de soldaten, pakhuizen enz. De poort was omtrent aan den rivierkant; hierbij lag eene valbrug, daar regt tegenover aan de andere zijde was eene vrij lange straat, waarin vroeger 's Compagnie's dienaren woonden, die in het fort geene plaats konden vinden, als ook eenige Chinezen.

Dit fort is, sedert het einde der achttiende eeuw, vervallen en wordt niet meer onderhouden.

SPEERENBERG, landg. op de *Middel-Veluwe*, prov. *Gelderland*, distr. *Veluwe*, arr. en 7 u. N. ten O. van *Arnhem*, kant. en 3 u. O. ten Z. van *Apeldoorn*, gem. *Voorst*, onder *Twello*.

SPEERNARI, naam, welken de Negers geven aan de verl. plant. Klein-Westphalenshoop, in *Nederlands-Guiana*, kol. *Suriname*. Zie Westphalenshoop (Klein-).

SPEERSTERHUIZEN, ook wel Speers, geh., prov. *Friesland*, kw. *Oostergoo*, griet. *Rauwerderhem*, arr. en 3½ u. Z. van *Leeuwarden*, kant. en 1½ u. Z. van *Rauwerd*, ½ u. W. van *Sybrandaburen*; met 7 h., en 80 inw.

SPEES (DE) of Speesen, geh. in de *Neder-Betuwe*, prov. *Gelderland*, distr. *Nijmegen*, arr., kant. en 3 u. N. W. van *Tiel*, gem. en ¼ u. N. O. van *Kesteren*, aan den Rijndijk.

Boven dit geh. steunt de linie van de Neder-Betuwe, zijnde eene verlenging der Grebbe-linie, tegen den Rijn, en wordt aldaar gedekt door een aarden fort met reduit.

SPEKBERG (DE), heuvel in *Oost-Indië*, op het *Ambonsche* eil. *Ceram*, op *Groot-Ceram*, lands. *Loehoe*. Op dezen heuvel zijn de Kimelaha's begraven.

SPEKBROEKERHOEK, geh. in *Zalland*, prov. *Overijssel*, arr. en 3¼ u. N. O. van *Deventer*, kant. en gem. *Raalte*.

SPEK-EN-BROKKEN, voorm. fort in *Staats-Vlaanderen*, in het *Vrije-van-Sluis*, prov. *Zeeland*, distr. *Sluis*, op den zuidelijken dijk van de *Brugsche-Vaart-polder*, tusschen de schansen Nieuveld en Catelina.

Het was een vierhoekige redout, behoorende tot de vele forten rond Oostburg, schijnt aangelegd geweest te zijn onder het bestuur van Prins Maurits, en werd op het laatst van 1672 door den Staat verkocht, om geslecht te worden. De plaats, waar het lag, thans gem. *Waterlandkerkje*, is nog genoeg kenbaar: zijnde eene vierkante lap gronds, ongeveer een bunder groot.

SPEKETERS-POLDER, pold. in *Geestmer-ambacht*, prov. *Noord-Holland*, arr. *Alkmaar*, kant. *Schagen*, gem. *Haringcarspel*; palende N. aan den Schager-waard, O. aan de Slootgert en den Waard-polder, Z. aan de Bleekmeer, W. aan de Weedmeer en Koetenburg.

SPEKKEN (HET HUIS-DER), voorm. adell. h. in *Rijnland*, prov. *Zuid-Holland*, 2¼ u. N. van *Leyden*, kant. en 2 u. N. O. van *Noordwijk*, gem. en 5 min. O. van *Lisse*.

Ter plaatse, waar het gestaan heeft, ziet men thans nog de boerderij. De daartoe behoord hebbende gronden, eene oppervlakte beslaande van 18 bund., worden in gemeenschap bezeten door de bewoneresse de weduwe S. van Reijten en de erven Wagner te Monnickendam en Haarlem.

SPEKKEN-POLDER (DE) of de Speckenpolder, pold. in *Rijnland*, prov. *Zuid-Holland*, arr. *'s Gravenhage*, kant. *Leyden*, gem. *Stompwijk-Wilsveen-Leydschendam-Zuidzijde-en-Tedingerbroek*; palende N. aan den Hof-polder, O. aan den Westeinder-polder, Z. aan den Kampens-polder en W. aan de Vliet.

SPEKLAND (HET), eil., prov. *Friesland*, in het *Sneeker-meer*, N. W. van Terhorne.

SPEKT, b. in de *Meijerij van 's Hertogenbosch*, kw. *Peelland*, *Derde* distr., arr. en 1¼ u. N. O. van *Eindhoven*, kant. en 1½ u. W. N. W. van *Helmond*, gem. *Nunen-Gerwen-en-Nederwetten*, 1½ u. N. N. W. van Nunen, 20 min. W. N. W. van *Gerwen*, waartoe het behoort.

SPEL (HOOG-), land in de *Meijerij van 's Hertogenbosch*, kw. *Oisterwijk*, prov. *Noord-Braband*, *Derde* distr., arr. en 3 u. W. ten N. van *Eindhoven*, kant. en 2½ u. W. ten Z. van *Oirschot*, ½ u. Z. ten W. van *Hilvarenbeek*. Op dit land staan 7 h., bewoond door 40 inw.

SPELDERMARKE (DE), uitgebreide marke op de *Over-Veluwe*, prov. *Gelderland*, distr. *Veluwe*, arr. en 4 u. N. van *Arnhem*, kant., gem. en 1 u. Z. van *Apeldoorn*, onder Beekbergen. Van deze marke, welke in het geheel eene oppervlakte beslaat van 2218 bund. 56 v. r. 38 v. ell., zijn, in 1844, 1150 bund. tot ontginning verkocht.

SPELDESTRAAT, geh. in het markgr. van *Bergen-op-Zoom*, prov. *Noord-Braband*, *Vierde* distr., arr. en 5½ u. W. ten Z. van *Breda*, kant. en 2 u. N. O. van *Bergen-op-Zoom*, gem. en ½ u. N. N. O. van *Wouw*; met 46 h. en 330 inw.

Dit geh. ontleent zijnen naam van twee rijwegen, de Groote-Speldestraat en de Kleine-Speldestraat genoemd, waaraan de boerderijen en huizen verspreid liggen.

SPELEMANNINC, erve, vermeld op het jaar 1188, als liggende in *Twenthe*, prov. *Overijssel*, onder *Haaksbergen*.

SPENCERSPUNT, kaap in *Oost-Indië*, aan de westkust van *Nieuw-Guinea*.

SPENEREWALD, oude naam van het d. SPAARNWOUDE, in het balj. van *Blois*, prov. *Noord-Holland*. Zie SPAARNWOUDE.

SPENGEN, voorm. afzonderlijke heerl. in het *Nederkwartier* der prov. *Utrecht*, arr. *Utrecht*, kant. *Maarssen*, gem. *Kockengen*; palende N. aan Oudhuizen, O. aan het Noordeinde-van-Portenge en aan Dinkelsgeregt, Z. aan Kockengen en Tekkop, W. aan Kamerik-Mijzijde.

Deze voorm. heerl., welke, sedert onheugelijke jaren, met de heerl. Kockengen vereenigd is, bevat het geh. Spengen en eenige verstrooid liggende h. Zij telt 30 h., bewoond door 37 huisgez., uitmakende eene bevolking van 175 inw., welke meest in den landbouw hun bestaan vinden.

De Herv., die er 110 in getal zijn, behooren tot de gem. van *Kockengen*. — De R. K., van welke men er 40 aantreft, worden tot de stat. van *Teckop* gerekend. — Men heeft in deze heerl. geen school, maar de kinderen genieten onderwijs te *Kockengen*.

Het geh. SPENGEN ligt 3 u. N. W. van Utrecht, 1½ u. W. van Maarssen, 10 min. N. W. van Kockengen.

SPENGEN, pold. in het *Nederkwartier* der prov. *Utrecht*, arr. *Utrecht*, kant. *Maarssen*, gem. *Kockengen*; palende N. aan Oudhuizen, O. aan het Noordeinde-van-Portenge en aan Dinkels-geregt, Z. aan Kockengen en Tekkop, W. aan Kamerik-Mijzijde.

Deze polder beslaat, volgens het kadaster, eene oppervlakte van 338 bund. 47 v. r. 40 v. ell.; telt 29 h., waaronder 16 boerderijen, en wordt door sluizen, op den Amstel, van het overtollige water ontlast. Het peil van dezen pold. is 1.60 ell. onder A. P.

SPERGIE-POLDER (DE), pold. in den *Biesbosch*, prov. *Noord-Braband*, *Vierde* distr., arr. *Breda*, gedeeltelijk kant. *Oosterhout*, gem. *Made-en-Drimmelen*, gedeeltelijk kant. *Zevenbergen*, gem. *Hooge-en-Lage-Zwaluwe*.

Van dezen pold., welke een gedeelte van den pold. *Spergie-polder-Ossekop-en-Varken* uitmaakt, is de grootte niet afzonderlijk bekend.

SPERGIE-POLDER-OSSEKOP-EN-VARKEN, pold. in den *Biesbosch*, prov. *Noord-Braband*, *Vierde* distr., gedeeltelijk kant. *Oosterhout*, gem. *Made-en-Drimmelen*, gedeeltelijk kant. *Zevenbergen*, gem. *Hooge-en-Lage-Zwaluwe*; palende N. aan het Vloedspui, O. aan de

Binnen-en-Buiten-Rib, Z. aan den Emelia-polder, W. aan de uitwatering van de Oude-Moeren.

Deze pold., welke in het jaar 1817 en 1818 bedijkt is, beslaat, volgens het kadaster, eene oppervlakte van 27 bund. 86 v. r. 60 v. ell., alles schotbaar land; als: onder de *Hooge-en-Lage-Zwaluwe*, 21 bund. 38 v. r. 30 v. ell.; onder *Made-en-Drimmelen*, 6 bund. 48 v. r. 30 v. ell. Hij wordt door twee houten duikers, ieder wijd 0,95 ell. en voorzien van eene klep en schuif op de Hooge-Zwaluwsche-haven en vervolgens op den Amer van het overtollige water ontlast. De hoogte van het zomerpeil is 0.35 ell. onder A. P., die der dijken 1.80 tot 2.00 ell. boven A. P. Het polderbestuur wordt waargenomen door den Ontvanger van het domein te *Hooge-en-Lage-Zwaluwe*. Met uitzondering van ruim 5 bund. behoort deze polder geheel aan het domein.

SPERMONDE-EILANDJES (DE), eil. in *Oost-Indië*, in de *Zee-van-Java*, Z. van de *Straat-van-Makasser*, aan de Westkust van het *Sundasche* eil. *Celebes*.

SPERNEREWALD, naam, onder welken het d. SPAARNEWOUDE in het balj. van *Blois*, prov. *Noord-Holland*, in een verdrag van het jaar 1063 voorkomt. Zie SPAARNEWOUDE.

SPERWERHOF, buitenpl. in *Gooiland*, prov. *Noord-Holland*, arr. en 5 u. Z. O. van *Amsterdam*, kant. en 1½ u. Z. van *Naarden*, gem. *'s Graveland*.

Deze buitenpl. beslaat, met de daartoe behoorende gronden, eene oppervlakte van 16 bund. 77 v. r. 90 v. ell., en wordt in eigendom bezeten door den Heer W. VAN WEEDE, woonachtig te 's Graveland.

SPEUL, geh. in de *Meijerij van 's Hertogenbosch*, kw. *Oisterwijk*, *Derde* distr., arr. en 5 u. W. ten N. van *Eindhoven*, kant. en 2¼ u. W. van *Oirschot*, 10 min. Z. van Hilvarenbeek; met 21 h. en 140 inw.

SPEULDE, SPEOLD, SPEULT, SPUL of SPOEL, buurs. op de *Over-Veluwe*, prov. *Gelderland*, distr. *Veluwe*, arr. en 6½ u. N. N. W. van *Arnhem*, kant. en 2½ u. Z. O. van *Harderwijk*, gem. *Ermelo*; met 10 h. en 50 inw.

SPEULDERBOSCH of SPEELDERBOSCH, bosch op de *Over-Veluwe*, prov. *Gelderland*, gem. *Ermelo*, in de buurs. *Speulde*, *Houtdorp* en *Drie*.

Het is een der voornaamste bosschen, van de geheele Veluwe. Het is ongemeen groot en het houtgewas is er van goeden trek. Ook wordt er veel wild en gevogelte gevonden, hetwelk in de jagttijd eene menigte jagers derwaarts lokt, die meestal met eene goede vangst terug keeren.

Dit bosch beslaat eene oppervlakte van 993 bund., en men heeft er meest eiken- en beukenhout.

SPEYK of SPIJK, hofstede in de *Meijerij van 's Hertogenbosch*, kw. *Oisterwijk*, prov. *Noord-Braband*, *Tweede* distr., arr. en 3 u. Z. Z. W. van *'s Hertogenbosch*, kant. en 1½ u. O. ten N. van *Tilburg*, gem. en 25 min. Z. O. van *Oisterwijk*, in het geh. de *Kleine-Heide*. Deze hofstede komt op sommige kaarten zelfs als een geh. voor.

SPIC, naam, onder welken het d. SPIJK in *Fivelgo*, prov. *Groningen*, in het jaar 1246 voorkomt. Zie SPIJK.

SPIEGEL (HET HUIS-TEN-), voorm. adell. h. in de stad *Utrecht*, aan de westzijde van de *Oude-Gracht*, op de *Hooge-Korenmarkt*.

SPIEGELENBURG, buit. in *Kennemerland*, prov. *Noord-Holland*, arr., kant. en ¾ u. Z. van *Haarlem*, gem. *Bloemendaal-Tetterode-Aalbertsberg-en-de-Vogelenzang*, 1 u. Z. van Bloemendaal, 1 u. N. van de *Vogelenzang*, waartoe het behoort.

De buitenplaats is gesloopt en de grond met die van Elswoud en Oosterduin vereeld.

SPIEGELNISSE-POLDER (DE) of de Kleine-polder, pold. in *Schieland*, prov. *Zuid-Holland*, arr. *Rotterdam*, kant. *Hillegersberg*, gem. *Hillegersberg-en-Rottebon*: palende W. en N. aan de Rotte, die hem van den pold. Blokland en den Berg-en-Broekpolder scheidt, N. O. aan den Bospolder, O. aan Achter-Rubroek, W. aan Voor-Rubroek.

SPIEGEL-POLDER, pold., voorheen behoord hebbende tot het *Nederkwartier* der prov. *Utrecht*, thans prov. *Noord-Holland*, arr. *Amsterdam*, kant. *Weesp*, gem. *Nederhorst-den-Berg*; palende N. aan den Hollandsche-polder, O. aan den Stichtsche-polder, Z. aan den Ankeveensche-vaart, W. aan de Vecht.

Deze polder beslaat, volgens het kadaster, eene oppervlakte van 276 bund. 55 v. r. 60 v. ell., waaronder 259 bund. 73 v. r. 77 v. ell. schotbaar land; telt 13 h., waaronder 2 boerderijen, en wordt door eenen molen, de Spiegelmolen genaamd, op de Vecht, van het overtollige water ontlast. Het land ligt 0.42 ell. onder A. P. Het polderbestuur bestaat uit twee Poldermeesters en eenen Secretaris.

SPIEGELRUST, voorm. buit. in *Gooiland*, prov. *Noord-Holland*, arr. en 5 u. Z. O. van *Amsterdam*, kant. en 1½ u. Z. van *Naarden*, gem. *'s Graveland*. Dit buit. is gesloopt.

SPIEK, lustpl. in het graafs. *Zutphen*, prov. *Gelderland*. Zie Speek.

SPIER, geh. in *Beiler-dingspil*, prov. *Drenthe*, arr. en 4 u. Z. ten W. van *Assen*, kant. en 2 u. N. ten W. van *Hoogeveen*, gem. en 1 u. Z. W. van *Beilen*; met 17 h. en 140 inw. — Men heeft er eene winter-bijschool, die ongeveer 20 leerlingen telt.

SPIERDIJK, d., gedeeltelijk in *Dregterland*, onder de *Veenhop*, gedeeltelijk in de *Vier-Noorder-koggen*, prov. *Noord-Holland*, arr., kant. en 2 u. W. ten N. van *Hoorn*, gedeeltelijk gem. *Berkhout-en-Baarsdorp*, gedeeltelijk gem. *Obdam*, gedeeltelijk gem. *Spanbroek*, 1 u. W. ten N. van Berkhout, 1 u. Z. O. van Obdam en ¼ u. Z. van Spanbroek. Men telt er 84 h. en 450 inw., als: 44 h. en 230 inw. onder *Berkhout-en-Baarsdorp*, 12 h. en 90 inw. onder *Obdam*, 28 h. en 130 inw. onder *Spanbroek*.

Hier staat, onder Spanbroek, de R. K. kerk van de stat. *Spierdijk-en-Zuidermeer*, welke aan den H. Gregorius is toegewijd. Deze kerk is een net houten gebouw, met eenen toren, en van een orgel voorzien. Ook hebben de R. K. er eene eigene begraafplaats. De pastorie en tuin zijn bij uitstek fraai.

Men heeft in dit d. eene school, welke gemiddeld door een getal van 130 leerlingen bezocht wordt, staande in de *Wogmeer*, gem. *Obdam*, en behoorende aan *Obdam*, *Berkhout* en *Spanbroek*.

SPIERDIJK-EN-ZUIDERMEER, R. K. statie, welke tot het aartspr. van *Holland-en-Zeeland*, dek. van *West-Friesland*, behoort, met eene kerk te Spierdijk.

Deze stat. wordt door eenen Pastoor bediend, men telt er 620 Communikanten.

SPIERDIJKER-BRAAK, polderwater in de *Vier-Noorder-koggen*, prov. *Noord-Holland*, gem. en ¼ u. O. van *Ursem*.

SPIERDIJKER-LANDEN (DE LAGE-AFGEKADE-), pold. in de *Vier-Noorder-koggen*, prov. *Noord-Holland*, arr. en kant. *Hoorn*, gedeeltelijk gem. *Spanbroek*, gedeeltelijk gem. *Wognum-en-Wadway*; palende N. aan Wadway en Spanbroek, O. aan Wognum en Berkhout, Z. aan Berkhout en Spierdijk, W. aan Spierdijk en Spanbroek.

Deze pold., die in het jaar 1819 bedijkt of liever afgekaad is, beslaat, volgens het kadaster, eene oppervlakte van 546 bund., alles schotbaar land, als 326 bund. onder *Spanbroek* en 220 bund. onder *Wognum-en-Wadway*; telt 18 h., waaronder 14 boerderijen. Het overtollige water wordt in den winter of in natte jaargetijden door twee molens, op het gemeene water der Vier-Noorder-koggen, uitgemalen. Het bestuur bestaat uit eenen Dijkgraaf en twee Gezworenen.

SPIERDIJKER-MEER (HET), voorm. meer in *Dregterland*, prov. *Noord-Holland*, dat in het jaar 1608 bedijkt is, en thans eenen polder uitmaakt, welke tot het arr. en kant. *Hoorn*, gedeeltelijk gem. *Berkhout-en-Baarsdorp*, gedeeltelijk gem. *Obdam*, gedeeltelijk gem. *Spanbroek*, behoort.

SPIERDIJKER-VAART (DE), water in de *Wester-Kogge*, prov. *Noord-Holland*, loopende van het Spierdijker-verlaat of de sluis af, den Bobeldijker-weg langs, tot aan den dam toe.

SPIERDIJKER-VERLAAT, sluis in de *Wester-Kogge*, prov. *Noord-Holland*, gem. en 1 u. W. van *Berkhout*, in de Spierdijker-vaart, dienende voor de gemeenschap met de stad Hoorn.

SPIERIE, naam, welken de Negers geven aan de koffijplant. Spirimesnoek, in *Nederlands-Guiana*, kol. *Suriname*. Zie Spirrinesnoek.

SPIERIEN, naam, welken de Negers geven aan de koffijplant. Guadeloupe, in *Nederlands-Guiana*, kol. *Suriname*. Zie Guadeloupe.

SPIERINGER-SLOOT (DE), water, prov. *Friesland*, op het eil. *Ameland*, dat door het zoogenaamde Schattepad naar het westelijk zeegat van Ameland loopt. Het draagt den naam naar de menigte spieringen, die in dat water worden gevangen.

SPIERINGHORN, geh. in *Kennemerland*, prov. *Noord-Holland*, arr. en kant. *Amsterdam*, gem. *Sloten-Sloterdijk-Osdorp-en-de-Vrije-Geer*, 1½ u. N. ten W. van Sloten, aan den Spaarndamsche-dijk; met 11 h. en ruim 80 inw.

In den nacht tusschen 26 en 27 Maart 1833 is aldaar eene boerenwoning geheel afgebrand, waarbij tien koeijen, een paard en eene pink zijn omgekomen.

SPIERINGHORNER-BINNEN-POLDER (DE), pold. in *Kennemerland*, prov. *Noord-Holland*, arr. en kant. *Amsterdam*, gem. *Sloten-Sloterdijk-Osdorp-en-de-Vrije-Geer*; palende N. aan den Spaarndamsche-dijk, O. aan de Kleine-Braak, Z. aan de Haarlemmer-vaart, die hem van den Osdorper-binnen-polder scheidt, W. aan de Groote-Braak.

Deze polder beslaat, volgens het kadaster, eene oppervlakte van 431 bund. 41 v. r. 38 v. ell., en wordt door eenen molen, op de Haarlemmer-vaart, van het overtollige water ontlast. Het hiervoor genoemde gehucht, met 11 h. is daarin gelegen. Het polderbestuur bestaat uit drie Leden.

SPIERINGHORNER-BUITEN-POLDER, pold. in *Kennemerland*, prov. *Noord-Holland*, arr. en kant. *Amsterdam*, gem. *Sloten-Sloterdijk-Osdorp-en-de-Vrije-Geer*; palende W., N. en O. aan het IJ, Z. aan den Spaarndamsche-dijk.

Deze pold. heeft slechts eene zomerkade, beslaat, volgens het kadaster, eene oppervlakte van 22 bund. 86 v. r. 10 v. ell. en heeft geen eigen bestuur.

SPIERINGMEER (HET), meer in *Kennemerland*, prov. *Noord-Holland*.

Het is de noordelijkste inham van het Haarlemmer-meer, en bijna geheel in de bedijking van dat meer begrepen.

In de vijftiende eeuw was dit meer nog onvereenigd met andere meren en in 1531 werd de oppervlakte gerekend op 850 morgen, doch de vele stormen en vloeden in de laatste helft der zestiende eeuw vernielden de landscheiding van de andere meren, zoodat men in 1600 dit meer met de andere drie meren, het Oude-meer, het Kager-meer en het Leydsche-meer vereenigd vindt.

SPIERINGPLAAT of Bloemplaat, met Donkerenhoek in de zelfde bedijking, pold. in den *Biesbosch*, prov. *Noord-Braband*, *Tweede* distr., arr. *'s Hertogenbosch*, kant. *Heusden*, gedeeltelijk gem. *Dussen-Munster-en-Muilkerk*, gedeeltelijk gem. *Werkendam*; palende N. en O. aan het Steurgat, Z. aan het Gaatje-van-de-Ruigt, W. aan het Achterste-Gat.

Deze pold. beslaat, volgens het kadaster, eene oppervlakte van 39 bund. 18 v. r. 80 v. ell., als onder *Werkendam*, volgens het kadaster, 7 v. r. 40 v. ell., en onder *Dussen-Munster-en-Muilkerk*, 39 bund. 19 v. r. 80 v. ell., waaronde 35 bund. 1 v. r. 80 v. ell. hooiland, 2 bund. 48 v. r. wilge bosch, 1 bund. 69 v. r. rietgors. Hij wordt door twee houten duikers aan de zuid- en westzijde des polders, wijd 0.82 en 0.65, beide met een drijfdeurtje en de laatste ook met eene schuif voorzien, op het Steurgat en op het Achterste-Gat, van het overtollige water ontlast. De hoogte van het zomerpeil is 0.50 ell., die der dijken 2.20 ell. en 2.25 ell., boven A. P. De polder wordt bestuurd door eenen Ontvanger van het Domein, als behoorende geheel aan het Domein. De kaden zijn in het jaar 1830 of daar omstreeks, 0.45 à 0.55 ell. verhoogd geworden. De pold. staat voor zoover hij onder Dussen ligt bekend, bij het kadaster, ten name van Sophia Jacoba en Margaretha Anna Cambier.

SPIERINGPLAAT (DE), plaat in den *Biesbosch*, prov. *Noord-Braband*, *Tweede* distr., arr. *'s Hertogenbosch*, kant. *Heusden*, gem. *Werkendam*; palende W. en N. aan de Groote-Hel of Westkil, O. aan het Gat van den Hardenhoek, Z. aan de Ruiterplaat.

SPIERINGSHOEK (HET HUIS-TE-), voorm. kast. in *Delfland*, prov. *Zuid-Holland*, arr. en 3 u. N. W. van *Rotterdam*, kant. en ¼ u. Z. W. van *Schiedam*, gem *Nieuwland-Kortland-en-'s Graveland*, aan de Poldervaart.

Dit kast. was het stamhuis van het adellijke geslacht van dien naam. Het werd, in het jaar 1426, door Willem Nagel, Baljuw van Zuid-Holland, die de zijde van Vrouw Jacoba hield, in brand gestoken, vermoedelijk om dat de toenmalige bezitter tot de andere partij behoorde. Sedert dien tijd was er dus niets meer dan eene boerenwoning van over, die in het midden der zestiende eeuw toebehoord heeft aan den Thesaurier-Generaal Mr. Vincent Cornelis van Cabauw, overleden te Brussel in 1550. In het begin der vorige eeuw werd aldaar echter weder een fraai heerenhuis gebouwd, hetwelk er nog staat en thans, met de daartoe behoorende gronden, eene oppervlakte beslaande van 24 bund. 76 v. r. 35 v. ell., het eigendom is van den Heer Hieronymus van der Burgh van Spieringshoek, woonachtig te 's Gravenhage.

SPIERINGSHOEK, koffijplant. in *Nederlands-Guiana*, kol. *Suriname*, aan de *Beneden-Commewijne*, ter linkerzijde in het afvaren; palende bovenwaarts aan de verl. plant. Thyronne, benedenwaarts aan de koffijplant. Vriendschaps-beleid en Ouderenzorg; 516 akk. groot; met 135 slaven. De Negers noemen haar Nepveu of Nive en Spieik.

SPIERINGSHOF, voorm. buit. in het *Land-tusschen-Maas-en-Waal*, prov. *Gelderland*, distr., arr. en 5½ u. W. van *Nijmegen*, kant. en 1½ u. Z. W. van *Druten*, gem. en in de kom van het d. *Dreumel*.

Ter plaatse, waar het gestaan heeft, ziet men thans de pastorie en kerk der R. K. gemeente. De daartoe behoorende gronden, beslaan eene oppervlakte van 69 v. r. 4 v. ell., en worden in eigendom bezeten door de R. K. gemeente te *Dreumel*.

SPIERINGSKLOOSTER, voorm. nonnenkloost. in *Delfland*, bij *Delft*. Zie Agnieskloostrr (St.).

SPIERINGSZORG, verl. koffijplant. in *Nederlands-Guiana*, kol. *Suriname*, aan de *Matappica-kreek*, ter regterzijde in het afvaren; palende bovenwaarts aan de katoenplant. Leidens-Hoop-en-Jacobs-Lust, benedenwaarts aan de verl. plant. Bij-Geluk, 635 akk. groot. De Negers noemen haar Valois.

SPIERNE, volgens sommigen de oude naam van de riv. het Spaarne, prov. *Noord-Holland*. Zie Spaarne (Het)

SPIERNERWOUD, voormalig bosch, ter plaatse, waar nu Spaarnwoude ligt.

Gansch niet onwaarschijnlijk is het, dat dit bosch, doormengd van rietspieren en dus geheeten, den naam aan het daar langs stroomend water het Spaarne gegeven heeft, of om omgekeerd het water aan het bosch, zoo men vinden kon, dat dit water vroeger het Spieren geheeten heeft.

SPIERVLIET, voorm. heerl. in het eil. *Zuid-Beveland*, waar thans het verdronken Zuid-Beveland is.

Deze heerl., welke slechts eene oppervlakte besloeg van 86 gem. 284 roeden (39 bund. 29 v. r. 10 v. ell.) is met den vloed van 1556 te gronde gegaan en later nimmer weder boven gekomen.

SPIESANT, voorm. eil., prov. *Zeeland*, hetwelk men vermeld vindt onder de goederen waarvan zekere aanzienlijke dochter Riedburgis afstand deed, en welke de erfenis van de H. Geertruid uitgemaakt hadden. Vermoedelijk moet men daar onder het voorm. eiland Stuvesande verstaan, dat later bij Zuid-Beveland aangedijkt is.

SPIJK, heerl., gedeeltelijk in het graafs. *Leerdam*, prov. *Zuid-Holland*, arr. en kant. *Gorinchem*, gedeeltelijk in den *Tielerwaard*, prov. *Gelderland*, arr. *Tiel*, kant. *Geldermalsen*; palende W. en N. aan de Linge, die haar van Arkel en Rietveld scheidt, O. en Z. aan de heerl. Vuren-en-Dalem.

Deze heerlijkheid is in twee deelen gescheiden, zijnde geheeten het Overeinde-van-Spijk, dat tot het graafs. *Leerdam* en bij gevolg tot het graafschap *Holland*, en het Nedereinde-van-Spijk, dat in den *Tielerwaard* ligt en dus onder *Gelderland* behoort.

De heerl. van het Nedereinde-van-Spijk is op den 24 April 1611 door Jonkheer Gerard van Renoy verkocht aan Jonkheer Cornelis van Aerssen, Griffier van de Hoogmogende Heeren Staten-Generaal der Vereenigde Nederlanden.

De heerl. van het Overeinde van Spijk is, den 17 October 1613, in zuivere gifte afgestaan en gegeven door Filips Willem, Prins *van Oranje Nassau*, als Graaf *van Leerdam*, aan gemelden Jonkheer Cornelis van Aerssen, Heer van het *Nedereinde van Spijk*. Sedert zijn deze beide heerl. vereenigd gebleven, wordende thans in eigendom bezeten door de erfgenamen van wijlen den Heer Baron Swerts de Landas, woonachtig op onderscheidene plaatsen.

Het wapen dezer heerl. bestaat uit een schild van sabel met twee gebretesseerde fascen van zilver.

SPIJK, gem., gedeeltelijk in den *Tielerwaard*, gedeeltelijk in het graafs. *Leerdam*, prov. *Zuid-Holland*, arr. en kant. *Gorinchem* (10 k. d.,

3 m. k., 4 s. d.), palende W. en N. aan de Linge, die haar van de gem. Arkel-en-Rietveld scheidt, O. en Z. aan Voren.

Deze gem. bevat het d. Spijk, benevens eenige verstrooid liggende huizen. Zij beslaat, volgens het kadaster eene oppervlakte van 130 bund. 80 v. r. 7 v. ell., waaronder 117 bund. 86 v. r. 71 v. ell. belastbaar land. Men telt er 72 h., bewoond door 84 huisgez., uitmakende eene bevolking van ruim 410 inw., die meest in den landbouw hun bestaan vinden. Ook heeft men er eene steenbakkerij en eenen korenmolen.

De inw., die er op één na allen Herv. zijn, onder welke 110 Ledematen, maken eene gem. uit welke tot de klass. van *Dordrecht*, ring van *Gorinchem*, behoort. De eerste, die in deze gem. het leeraarambt heeft waargenomen is geweest Hermannus Nachenius, die in het jaar 1614 herwaarts kwam, en in het jaar 1648 overleed. Het beroep is eene collatie van den Vrijheer.

De 2 R. K., die men er aantreft, behooren tot de stat. van *Gorinchem*.

Men heeft in deze gem. eene school.

Het d. Spijk ligt 1 u. N. O. van Gorinchem, aan den Zuider-Linge-dijk. Er is hier een pontveer over de Linge, het Groot-Spijksche-veer genoemd. Men telt er in de kom van het d. 50 h. en 280 inw.

De kerk, is een klein gebouw, welks toren met een dun spitsje versierd is. Men heeft in deze kerk geen orgel. Even als de Predikantswoning in diep verval zijnde, is zij in het jaar 1838 hersteld, waartoe uit het fonds der noodlijdende kerken 800 guld. verstrekt is.

Ook had men er vroeger een kasteel, het Huis-te-Spijk geheeten.

Den 29 Februarij 1784 steeg het water bijna 8 ell. hoog, tot op de kruin van den Schaardijk, waardoor eene wijde doorbraak ontstond.

Bij den watervloed van Januarij 1809 heeft dit d. aanmerkelijk geleden. Het water stond hier op de landen, ruim 6 ell. hoog en ging met zeer zwaar ijs vergezeld, waardoor eene groote verwoesting werd aangerigt. Behalve de schade aan vrucht- en andere boomen toegebragt, werden er vier huizen geheel en al weggespoeld, zoodat men de plaats, waar die gestaan hadden, naauwelijks meer vinden kan. Acht andere huizen bleven slechts voor een gedeelte op de gebindten hangen, terwijl de overige acht en veertig, waaruit het geheele dorp bestond, alle zwaar beschadigd en vele onbewoonbaar gemaakt werden. Voornamelijk moest dit worden toegeschreven aan de doorbraak bij Kedichem, tegen over dit dorp, waardoor het water uit de binnenlanden met groot geweld tegen de huizen aanstroomde, zoodat zelfs sommigen door het ingebrokene gat zijn weggedreven. Gelukkig verloor echter in dit dorp geen enkel mensch het leven en verdronk er slechts negen stuks vee, hetwelk men middellijk te danken had aan den bijstand en de menschlievendheid van hen wier woningen hooger gelegen waren.

Het wapen dezer gem. is het zelfde als dat van de heerl. Spijk.

SPIJK, d. in *Fivelgo*, prov. *Groningen*, arr., kant. en 2½ u. N. ten W. van *Appingedam*, gem. en ¼ u. N. W. van *Bierum*, aan den Ouden-Kemsdijk, op eene wierde, en rond om de kerkgracht gebouwd. Het is het derde dorp der Vierburen.

Men telt er in de kom van het d. 62 h. en 440 inw. en met de daartoe kerkelijk behoorende geh. Tweehuizen, Vierhuizen, Dekkershuizen, Oost-polder en omliggende boerderijen en h., te zamen 137 h. en 780 inw., die meest in den landbouw hun bestaan vinden. Van de boerderijen, waarvan eenige op terpen zijn gelegen, staan 24 buitendijks, 21 op den *Oost-polder* en 8 binnen den *Ouden-Bemsdijk*. Het achter dit dorp gelegen Kwelderland is in het jaar 1840 ingedijkt en voert den naam van Oost-polder (zie dat art.). Achter dezen polder worden vele en beste garnalen en eenige bot gevangen. De zoogenaamde Middeldijk, dat is die, gelegen tusschen de buitendijksche landen en den ingedijkten Oost-polder wordt, binnen de Tjarijt, door de buitendijksche landen van 't Zandt, Godlinze, Losdorp, Spijk en Bierum onderhouden, en de nieuwe zeedijk door het bestuur van den Oost-polder. De Bierumer- en Spijkstersluis is reeds sedert 1734 gedempt; thans loozen de buitendijksche landen het water door twee pompen, welke in den gezegden Middeldijk, waarop de Groote- en Kleine-Tjarijt, die deze landen doorsnijden, uitloopen, wordende vervolgens het water, langs den buitenberm van dien dijk, op den Oost-polder in een kanaal door eene duikersluis in den nieuwen in 1840 gelegden zeedijk, in *den Eems* ontlast.

In 1844 is van dit dorp door gezegde buitendijksche landen een nieuwe weg gelegd, zich uitstrekkende naar den hooiweg op de Meedstergreede en zoo naar Uithuizermeeden, waardoor de zoo gewenschte communicatie met laatstgemeld dorp en verder met Uithuizen is tot stand gekomen. Intusschen is het een afgelegen dorp, omgeven van smalle kleiwegen, welke bij den winter bijna niet door te komen zijn; terwijl er ook geen vaarwater is, waaraan men aldaar even als aan eene verbeterde waterleiding groote behoefte heeft.

De inw., die er op 11 na, allen Herv. zijn, onder welke 90 Ledematen, maken eene gem. uit, welke tot de klass. van *Appingedam*, ring van *Delfzijl*, behoort. De eerste, die hier het leeraarambt heeft waargenomen, is geweest Rudolphus Hesse, die voorheen Roomsch Priester was en, in het jaar 1595, hier als Hervormd Leeraar stond. Hij werd, in 1616, opgevolgd door Lefferdus Hartinck. Het primaire collatieregt staat hier thans bij de Kerkvoogden, Notabelen en Kerkeraad der Hervormden te Spijk, zijnde dit regt in 1846 door de gem. aangekocht. De kerk is in het jaar 1676 gesticht, in plaats van eene, welke eenige jaren vroeger, met eenige huizen, is afgebrand. De tegenwoordige kerk prijkt met een klein spits torentje, dat in het jaar 1711 gebouwd is; doch zij is van geen orgel voorzien. Er is eene groote pastorie, waarbij veel uitmuntend vruchtbare kleigrond behoort, echter heeft men aldaar ook, ten gevolge, van de ongunstige vlakke ligging, met hooge wende-akkers, veel verkleumde en pekrige knipklei.

De 9 Doopsgez., die men er aantreft, behooren tot de gem. van *Leermens*. — De 2 R. K., die er wonen, worden tot de stat. van *Appingedam* gerekend. — De dorpschool wordt gemiddeld door een getal van ruim 100 leerlingen bezocht.

Tusschen Losdorp en Spijk ligt eene plaats, behoorende tot laatstgemeld dorp, op welke een oude vermaarde burg gestaan heeft, waarop, vóór eenige jaren nog, een aantal familieportretten hingen. In de nabijheid heeft men eenen aardheuvel afgegraven, waarin men brokken van urnen en andere voorwerpen heeft gevonden. Nog ziet men ter zijde van het dorp de grachten en singels van eenen anderen burg. Een dier burgen behoorde lang aan de Ubbena's.

Menco schrijft, dat er in den watervloed van St. Lucas, in het jaar 1246, een groot schip, hetwelk die van Leeuwarden toebehoorde, tegen het strand bij Spijk is aangedreven en dat hij dit schip gekocht heeft.

In het jaar 1589, leed dit dorp grooten last van eenen strooptogt, welken het Staatsche volk in de Ommelanden deed.

In November 1813, werd het dorp Spijk door de Franschen, die Delfzijl bezet hadden, vreesselijk geplunderd; terwijl zij er voorwerpen van belangrijke waarde wegvoerden.

SPIJK, buurs. op de *Lijmers*, prov. *Gelderland*, distr. *Doesborgh-en-Zevenaar*, gem. *Herwen-en-Aardt*, ½ u. Z. van Herwen, ter plaatse waar de Rijn en de Waal van elkander scheiden; met 130 inw.

Deze buurs. komt onder den naam van Heatspic bij den Historieschrijver Regino op het jaar 885 voor. Het zoude ook de plaats zijn, waar de Veldheer der Noormannen, Godefrid, die Friesland toen met zeer wreede geweldenarijen drukte, den Gezanten van Karel *den Dikke* ging ontmoetten; en waar die zelfde Gezanten, het geheiligde regt misbruikende, hem dood staken, hetwelk bij Regino, op het gemelde jaar breeder staat vermeld.

SPIJK, hofstede in de *Meijerij van 's Hertogenbosch*, kw. *Oisterwijk*, prov. *Noord-Braband*. Zie Spete.

SPIJK, pold. in den *Tielerwaard*, prov. *Gelderland*. Zie Spijkscheveld (Het).

SPIJK of Spike, lustpl. in het graafs. *Zutphen*, prov. *Gelderland*, distr., arr., kant. en 55 min. Z. O. van *Zutphen*, gem. en 58 min. Z. O. van *Gorssel*, aan den straatweg van Zutphen op Deventer.

Deze lustpl. beslaat, met de daartoe behoorende gronden, eene oppervlakte van 7 bund. 26 v. r., en wordt in eigendom bezeten door den Heer E. J. Wolters, woonachtig te Zutphen.

SPIJK (HET), pold. in het *Land-van-Heusden*, prov. *Noord-Braband*, *Tweede* distr., arr. *'s Hertogenbosch*, kant. *Heusden*, gem. *Herpt-en-Bern*; palende W. en N. aan den Hooge-Maasdijk, O. aan de Maas, Z. aan het Heleind.

Deze polder beslaat, volgens het kadaster, eene oppervlakte van 6 bund. 33 v. r. 66 v. ell., en wordt door een houten duiker, wijd 0.20 ell., voorzien van eene schuif, op de rivier de Maas van het overtollige water ontlast. De hoogte van het zomerpeil is 1.70 ell. boven A. P., die der dijken 4.05 ell. boven A. P. Het polderbestuur bestaat uit de eigenaren.

SPIJK (HET HUIS TE), voorm. adell. h. in het graafs. *Leerdam*, arr., kant. en 1 u. N. O. van *Gorinchem*, gem. *Spijk*, aan de Linge.

Het was een oud slot, gebouwd door Jan II, Heer *van Arkel*, die in het jaar 1077 overleed.

Ter plaatse, waar het gestaan heeft, ziet men thans hout en water, omringd door eenen onbeplanten dijk, wordende deze oppervlakte, met twee stukken bouwgrond en de beplanting van een gedeelte van den Zuider-Lingedijk, thans in eigendom bezeten door de Heeren Gaijes, woonachtig te Leerdam.

SPIJK (HET HUIS-TE-), voorm. buit. in het balj. van *Brederode*, prov. *Noord-Holland*, arr. en 1 u. N. van *Haarlem*, kant. en 1 u. Z. van *Beverwijk*, gem. en ½ u. Z. van *Velsen*, in *Velserbroek*, aan het einde van den Hofgeesterweg, nabij het Wijkermeer.

Het huis lag op eenen verheven grond, omgeven door eene vrij breede gracht. Voor het voorpoortje las men Bene qui latuit, bene vixit, (d. i. Hij leeft met lust, die somtijds rust). Het zeskante torentje, op een vierhoekig grondstuk, bijkans te midden uit het doorgesneden dak opgehaald, en met eene sierlijke koepelkap, waarop een fraaije windwijzer oprees, gedekt, had deze hofstede alom bekend gemaakt onder de benaming van het Torentje. Het huis was gebouwd omstreeks 1060, vermoedelijk door eenen jongeren zoon, uit het geslacht der Heeren VAN SPIJK, in het graafs. Leerdam. Bij gebrek aan aanteekeningen weet men niet wie het aan de Regulieren van Heiloo geschonken heeft, die het naderhand benevens andere goederen hier omtrent gelegen, verkocht hebben. De oudste naam van dat huis, zoo verre die tot nog toe in zeer oude brieven en opdragten is voorgekomen, was ENGELGEEST, het geene laatstelijk bevestigd wordt, bij eenen opdragtbrief, gedagteekend 29 Januarij 1603, wanneer dit huis bezeten werd bij de Heeren HALEWIJN RAET, en de beiden uit voorname Hollandsche geslachten en van wie het overgegaan is aan den Heer NICOLAAS HULFT, in wiens familie, die men met regt onder de aanzienlijkste van Amsterdam mag tellen, het bijna honderd jaren verbleven is; zijnde het ook naar deze het HUIS TE HULFT genoemd geweest. In het begin der vorige eeuw was het in het bezit van Mr. JOAN VAN DER POL, Burgemeester van Amsterdam.

Dit h., is in het jaar 1834 gesloopt. De daartoe behoord hebbende gronden, eene oppervlakte beslaande, van 6 bund. 7 v. r. 20 v. ell., worden thans gebezigd tot eene tuinderij, toebehoorende aan P. VAN DEN NIEUWENHOF.

SPIJK (GROOTE-EN-KLEINE-), geh. op de *Over-Veluwe*, prov. *Gelderland*, distr. *Veluwe*, arr. en 6½ u. N. N. W. van *Arnhem*, kant. en 2¼ u. Z. O. van *Harderwijk*, gem. en ¾ u. W. ten N. van *Ermelo*. Het is een groot gedeelte der buurs. Horst.

SPIJK (HET NEDEREINDE-VAN-), dat gedeelte der heerl. *Spijk* hetwelk in den *Tielerwaard* ligt, en tot de prov. *Gelderland* behoort.

SPIJK (HET OVEREINDE-VAN-); dat gedeelte der heerl. *Spijk* hetwelk tot het graafs. *Leerdam*, prov. *Zuid-Holland*, behoort.

SPIJKDORP, geh. op het eil. *Texel*, prov. *Noord-Holland*, arr. en 11 u. N. van *Alkmaar*, kant. en 3 u. N. van *den Helder*, gem. *Texel*, ½ u. W. van het dorp *Oostereind*, waartoe het behoort; met 5 h. en 30 inw.

SPIJKENISSE, d. in het *Land-van-Putten*, prov. *Zuid-Holland*, arr., kant. en 3½ u. O. Z. O. van *Brielle*, gem. *Spijkenisse-en-Braband*.

Dit dorp is van zeer hoogen ouderdom. Het was in het jaar 1309 niet alleen bekend, maar toen reeds met geestelijke goederen beschonken. Men telt er 162 h. en 1160 inw., die meest in den landbouw en graanteelt hun bestaan vinden.

Het dorp bestaat uit eene dubbele rij aan elkander gebouwde huizen, van eene aanzienlijke lengte. Het heeft door eene haven gemeenschap met de Oude-Maas, waarover hier een pontveer is op Hoogvliet.

De inw., die er, op 11 na, allen Herv. zijn, maken, met de overige uit de burg. gem. Spijkenisse-en-Braband, eene gem. uit, welke tot de klass. van *Brielle*, ring van *Geervliet*, behoort. De eerste, die in deze gem. het leeraarambt heeft waargenomen, is geweest ALLARDUS THEODORI, die in het jaar 1574, ter leen van Monster herwaarts kwam, en in het jaar 1577 opgevolgd werd door THEODORUS ROBSTIUS. Het beroep geschiedt door den kerkeraad.

Vóór de Reformatie heeft hier eene parochiekerk gestaan, welke in het kapittel van Geervliet was ingelijfd en door den Deken van Geervliet werd begeven, waarvan een brief onder de papieren van dat kapittel gevonden werd. Aan deze parochiekerk was ook eene vikarij gesticht, waaraan bij erfenis 26 morgen (22 bund. 14 v. r. 7 v. ell.) lands, daar omstreeks gelegen, gemaakt waren. Dit land bragt den bezitter der vikarij, indien hij buiten de parochie woonde, jaarlijks drie gulden op. Of de tegenwoordige kerk de zelfde is, die er reeds vóór de Reformatie gestaan heeft, dan wel of zij later gesticht zij, is even min te bepalen, als aan wien zij vroeger was toegewijd. De tegenwoordige kerk is een oud, doch ruim en luchtig gebouw, hetwelk van buiten eenen fraaijen kapgevel heeft, doch geen orgel. De toren rijst van onderen af vierkant op, tot boven het kerkdak, heeft vervolgens eene vierkante stompe spits, en is van een uurwerk en twee klokken voorzien.

Vroeger had men hier ook eene Doopsgezinde gem., doch deze is te niet gegaan. De voorm. kerk dier gem. bestaat niet meer.

De 3 R. K., die men er aantreft, behooren tot de stat. van *Brielle*. — De 8 Isr., die er wonen, worden tot de ringsynagoge van *Heenvliet* gerekend. — De dorpschool, welke, even als de onderwijzerswoning, in 1845 gebouwd is, wordt gemiddeld door een getal van 125 leerlingen bezocht.

Uit eenige oude papieren en geschriften, van het jaar 1309, weet men, dat ook voorheen op dit dorp een Beggijnhof zoude hebben gestaan, dan hiervan zijn geene overblijfselen hoegenaamd meer te vinden.

SPIJKENISSE (NIEUWE-POLDER-VAN-), onbehuisde pold. in het *Land-van-Putten*, prov. *Zuid-Holland*, arr. en kant. *Brielle*, gem. *Spijkenisse-en-Braband*; palende N. O. aan de Buitengronden en de Bermsloot langs het Haartelsche-gat en de Oude-Maas, Z. W. aan Nieuw-Oostbroek en den Boreelspolder.

Deze pold., welke in het jaar 1806 bedijkt is, beslaat volgens het kadaster, eene oppervlakte van 32 bund. 94 v. r. 65 v. ell., waaronder 25 bund. 8 v. r. 33 v. ell. schotbaar land, en wordt door eene sluis op het Haartelsche-gat van het overtollige water ontlast. Deze pold. particulier eigendom zijnde, heeft geen bestuur en is tiendvrij.

SPIJKENISSE (POLDER-VAN-), pold. in het *Land-van-Putten*, prov. *Zuid-Holland*, arr. en kant. *Brielle*, gem. *Spijkenisse-en-Braband*; palende N. W. aan Nieuw-Markenburg, N. aan de bekade gorzen, N. O. aan Nieuw-Oostbroek, O. aan Oud-Oostbroek, Z. aan Braband, Z. W. aan Schiekamp, waarmede zij eene gemeene bedijking uitmaakt, W. aan den Geervlietsche-polder.

Deze pold., welke een gedeelte van de dijkaadje van *Spijkenisse-Braband-en-Schiekamp* uitmaakt, beslaat, volgens het kadaster, eene oppervlakte van 437 bund. 84 v. r. 97 v. ell., waaronder 434 bund. 45 v. r. 35 v. ell. schotbaar land; telt 15 h., waaronder 6 boerderijen, en wordt met eenen schepradwatermolen op den Vier-ambachten-boezem en vervolgens door eene groote sluis van dien boezem in de Oude-Maas, van het overtollige water ontlast. Het polderbestuur bestaat uit vier Leden en eenen Secretaris.

SPIJKENISSE-BRABAND-EN-SCHIEKAMP, dijkaadje in het *Land-van-Putten*, prov. *Zuid-Holland*, arr. en kant. *Brielle*, gem. *Spijkenisse-en-Braband*; palende N. aan Nieuw-Markenburg en de bekade gorzen, O. aan Nieuw-Oostbroek, Oud-Oostbroek en Oud-Hongerland, Z. aan den dijk van Bekelingen-Vriesland-en-Klein-Schuddebeurs, O. aan den Simonshavensche-polder, den Vier-ambachts-boezem en den Geervlietsche-polder.

Deze dijkaadje bevat de pold. van S p i j k e n i s s e, B r a b a n d en S c h i e k a m p, en beslaat, volgens het kadaster, eene oppervlakte van 820 bund.; telt 28 h., waaronder 8 boerderijen, en wordt door twee schepradwatermolens, van het overtollige water ontlast, door den eenen molen op den Vier-ambachtsboezem en door den anderen op het Spui. Het polderbestuur bestaat uit vier Leden en eenen Secretaris.

SPIJKENISSE-EN-BRABAND, gem. in het *Land-van-Putten*, prov. *Zuid-Holland*, arr. en kant. *Brielle* (17 k. d., 11 m. k., 7 s. d.); palende N. aan de Nieuwe-Maas, O. aan de Oude-Maas, Z. aan de gem. Hekelingen-en-Vriesland, W. aan Simonshaven-en-Schuddebeurs en aan Geervliet.

Deze gem. bestaat uit de pold. Spijkenisse, de Welplaat, de Jagersplaat, de Veertigmorgen of de Nieuwe-Welplaat, Oud-Oostbroek, Nieuw-Oostbroek met Boreels-poldertje, den Nieuwe-polder, Oud-Hongerland, Nieuw-Hongerland en Braband met Klein-Hekelingen.

Zij beslaat, volgens het kadaster, 1852 bund. 50 v. r. 66 v. ell., waaronder 1558 bund. 42 v. r. 36 v. ell. belastbaar land. Men telt er 175 h., bewoond door 226 huisgez., uitmakende eene bevolking van 1150 inw., die meest in den landbouw, veeteelt en vlasserij hun bestaan vinden.

De inw. die er, op 11 na, allen Herv. zijn, maken de gem. van Spijkenisse uit. — De 3 R. K., die men er aantreft, behooren tot de stat. van *Brielle*. — De 8 Israëlieten, die er wonen, worden tot de ringsynagoge van *Heenvliet* gerekend. — Men heeft in deze gem. eene school te Spijkenisse.

Deze gem. is eene heerl., die in het midden der vorige eeuw bezeten werd door den Heer Mr. Hendrik Braats. Daarna schijnt zij in het geslacht van Repelaer te zijn gekomen, althans in het laatst dier eeuw was zij een eigendom van Vrouwe Backers, wed. P. Repelaer, terwijl zij tot nu toe in dat geslacht gebleven is, zijnde thans Heer van Spijkenisse Jonkheer Mr. P. Repelaer van Spijkenisse, woonachtig te Dordrecht.

Deze gem. heeft herhaalde reizen, en bijzonder in 1582, veel door overstroomingen geleden.

SPIJKER, voorm. adell. h. in het *Land-van-Maas-en-Waal*, prov. *Gelderland*. Zie Pollenstein.

SPIJKER (DE), h. in den *Bommelerwaard*, prov. *Gelderland*, *Benedendistrikt*, arr. en 5¼ u. Z. van *Tiel*, kant. en 2 u. W. van *Zalt-Bommel*, gem. en in de kom van het d. *Brakel*, nabij de kerk, op eene hoogte, welke door eene gracht is omringd.

Het is gedeeltelijk zeer oud, met een dik torentje; beslaat met den singel eene oppervlakte van eenen halven bund., en wordt in eigendom bezeten door den Heer Wilhelmus van Dam van Brakel, die in de kamers en cellen eenige oudheden verzameld heeft. Na in 1318 van het kasteel en de heerlijkheid afgescheiden te zijn, kwam het met omliggende landerijen bij opvolging aan de geslachten van van Brakel, van Giessen, van 'Gent, Verbolt, van Minningen, Jeannetta van Everdingen en in 1837 aan den tegenwoordige eigenaar.

SPIJKER (DE), voorm. klein heerenhuis, thans eene boerderij, in het dingspil *Noordenveld*, prov. *Drenthe*, arr., adm., judic. kant. en 4 u. N. W. van *Assen*, gem. en midden in het d. *Roden*.

SPIJKER (DE ROODE-), voorm. havez. in het graafs. *Zutphen*, heerl. *Bredevoort*, prov. *Gelderland*, distr., arr. en 8 u. Z. O. van *Zutphen*, kant., gem. en ½ u. N. O. van *Aalten*, waarvan men thans de plaats, waar zij gestaan heeft, niet meer weet aan te wijzen.

SPIJKERBOOR, duinvallei in *Kennemerland*, prov. *Noord-Holland*, arr. en kant. *Alkmaar*, gem. *Schoorl-Groet-en-Kamp*, 20 min. Z. W. van *Schoorl*.

Deze vallei beslaat eene oppervlakte van ongeveer 1 bund. 50 v. r. Zij is aanmerkelijk verkleind door het overstuiven van zand. Men vindt er berken- en wilgenhout. De grond is er laag en waterachtig.

SPIJKERBOOR, geh. in *Oostermoerderdingspil*, prov. *Drenthe*, arr., judic. en adm. kant. en 3½ u. N. O. van *Assen*, gem. en 1½ u. N. O. van *Anloo*, ½ u. W. van *Annerveen*, waartoe het behoort, op de grenzen der prov. Groningen; met eenen korenmolen, 4 h. en ongeveer 30 inw.

Het Annerveensche-kanaal of diep begint bij de Spijkerboor en eindigt bij Barreveld, nabij welk huis het Stads-kanaal eenen aanvang neemt, dat schier de zelfde rigting heeft.

Er wordt hier nog al hout en kleisteenen aangevoerd, en tweemalen in het jaar in Mei en September varkenmarkt gehouden, op welke bijna geen ander vee wordt gezien.

SPIJKERBOOR, vaarwater in *Rijnland*, prov. *Zuid-Holland*, arr. *Leyden*, kant. *Woubrugge*, gem. *Alkemade*, dat, tusschen de Kaag en den Zevenhuizer-polder door, van de *Eimerpaal*, in de *Kerver* loopt.

SPIJKERBOOR (DE), breed water in het *Bergsche-veld*, prov. *Noord-Braband*, bij de vereeniging van het *Steurgat* met de *Oostkil* beginnende en zuidwaarts in den *Amer* uitloopende.

SPIJKERBOOR (HET), vroeger een watertje in de gem. *Jisp*, prov. *Noord-Holland*, gelegen bij het Kamerhop, dat gevormd werd door de vereeniging van de Starmeer-Ringsloot, die van het Zuiden en Westen kwam; van de Beemster-Ringsloot, die ten Oosten liep en de Ringsloot-van-den-Eilands-polder, die zich Noordwaarts uitstrekte.

Door de graving van het Groot-Noordhollandsch-kanaal is hierin eene aanmerkelijke verandering ontstaan, doch wordt het vereenigingspunt van het Groot-Noordhollandsch-kanaal met de Starnmeer-Ringsloot en de Ringsloot-van-den-Eilands-polder, nog met dien naam bestempeld.

SPIJKERBOOR (HET), voorm. boerenwoning in *Waterland*, prov. *Noord-Holland*, arr. en 4 u. Z. W. van *Hoorn*, kant. en 1½ u. W. van *Purmerende*, gem. en 1 u. N. W. van *Jisp*, op den noordelijken hoek van het Wormerveld, op welk gebouw de naam Spijkerboor met groote letters te lezen stond, doch hetwelk bij de graving van het Groot-Noordhollandsch-kanaal, in 1819 tot 1824, is weggebroken.

SPIJKERBOOR (HET), geh. in *Waterland*, prov. *Noord-Holland*, arr. en 4 u. Z. W. van *Hoorn*, kant. en 1½ u. W. van *Purmerende*, gem. en 1 u. N. W. van *Jisp*, aan den noordoostelijken hoek van het Starmeer, ter plaatse, waar de Knollendammer-vaart en het Spijkerboor zich met het Groot-Noordhollandsch-kanaal vereenigen. Men telt er thans 7 h., bewoond door 50 zielen.

Op dit punt is een viersprong van vaarten, leidende genoemd kanaal oostwaarts naar Purmerende en westwaarts naar Alkmaar; terwijl de overige vaarten noordwaarts naar de Rijp en zuidwaarts naar de Zaan voeren, hetwelk hier vrij wat levendigheid en beweging geeft. Ook zijn er een watermolen en, ten O. van den Knollendammervaart op den Kanaaldijk, een tolboom.

SPIJKERBOSCH, h. in *Zalland*, prov. *Overijssel*, arr., kant. en 2 u. N. van *Deventer*, gem. *Olst*.

SPIJKERHOFSTEDE, hofst. in het *Nederkwartier* der prov. *Utrecht*, arr. en 4 u. Z. van *Utrecht*, kant. en 1½ u. W. van *IJsselstein*, gem. *Vreeswijk*.

SPIJKERPLAAT (DE), plaat in de *Wester-Schelde*, N. van de Hoofdplaat.

SPIJKSCHE-DIJK (DE BENEDEN-), dijk op de *Lymers*, prov. *Gelderland*, in eene oostelijke rigting, van Spijk langs de Boven-Rijn naar

Stokman loopende. — Deze dijk is in 1745 gelegd en in 1784 door eenen inlaagdijk verbeterd.

SPIJKSCHE-POLDER (DE), pold. in het graafs. *Leerdam*, prov. *Zuid-Holland*. Zie SPIJKSCHE-VELD (HET).

SPIJKSCHE-ACHTERDIJK (DE), dijk in den *Tielerwaard*, gem. *Vuren-en-Dalem*, zich in eene oostelijke rigting van den Lingedijk tot den Spijksche-zeevang uitstrekkende.

SPIJKSCHE-VEER (HET GROOT-), pontveer tusschen het *Land-van-Arkel* en het graafs. *Leerdam*, prov. *Zuid-Holland*, gem. en W. van het d. *Spijk*, over de Linge, waar men van Rietveld op Spijk wordt overgezet. Dit veer behoort aan J. MUYLWIJK, die er woont. — Er staan daarbij 2 h. met 10 inw.

SPIJKSCHE-VEER (HET KLEIN-), voetveer tusschen het *Land-van-Arkel*, prov. *Zuid-Holland* en den *Tielerwaard*, prov. *Gelderland*, gem. en ¼ u. Z. van *Spijk*, waar men van Arkel op Klein-Spijk wordt overgezet, en aan dat gedeelte van den Zuider-Lingedijk, in welks nabijheid eene sluis, tot uitwatering van den pold. Spijk in het kanaal, gelegen is. Dit veer behoort aan de erfgenamen van den Baron SWEERTS DE LANDAS. Er staan daarbij 2 h., met 10 inw.

SPIJKSCHE-VELD (HET), onbehuisde pold. in den *Tielerwaard*, gedeeltelijk prov. *Gelderland*, arr. *Tiel*, kant. *Geldermalsen*, gem. *Vuren-en-Dalem*, gedeeltelijk prov. *Zuid-Holland*, arr. en kant. *Gorinchem*; palende W. en N. aan den Lingedijk, O. aan het Heukelumsche-broek, Z. aan Laag-Dalem.

Deze polder beslaat, volgens het kadaster, eene oppervlakte van 428 bund.; als: onder *Vuren-en-Dalem*, ruim 410 bund., en onder *Spijk*, 14 bund.

SPIJKSCHE-ZEEVANG (DE), dijk in den *Tielerwaard*, prov. *Gelderland*, gem. *Vuren-en-Dalem*, in eene noordelijke rigting tusschen het Spijksche veld en het Heukelumsche-broek door, loopende van den Spijksche-Achterdijk, naar den Linge-dijk.

SPIJK-SLENK, vaarwater in de *Noordzee*, ten Z. van het eil. *Texel*, tusschen de Zuiderhaaks- en de Keizersplaat; ten W. van het Marsdiep.

SPIJKSTER-SLUIS, voorm. sluis in *Fivelgo*, prov. *Groningen*, 10 min. N. O. van *Spijk*, gedempt in 1734.

SPIJKSTER-UITERDIJK, uitgestrekte pold. in *Fivelgo*, prov. *Groningen*, arr. en kant. *Appingedam*, gem. *Bierum*; palende N. W. aan het Losdorper-Uiterdijk, O. aan de Wadden, Z. O. aan het Bierumer-Uiterdijk, Z. W. aan den ouden Zeedijk.

Deze pold. watert door eene sluis op de Wadden uit; doch ten gevolge van eene gebrekkige waterlozing heeft dit vlakke land eene ongunstige ligging, hoewel dit, sedert de bedijking van den Oost-polder, aanmerkelijk verbeterd is. Men heeft er regtloopende kleiwegen.

SPIJTENBURG, voorm. slot, in de bar. van *Breda*, prov. *Noord-Braband*, arr. en 1½ u. N. O. van *Breda*, kant., en gem. *Oosterhout*.

Van dit slot wordt gezegd de stichter te zijn geweest JAN HENDRIK ADRIAAN HEYNOOMEN. Het is zeker dat hij het bezeten heeft en dat het vroeger gemeenlijk JAN OOMSSLOTJE genoemd werd. De stichter heeft het echter SPIJTENBURG geheeten, volgens overlevering omdat hij een rijk man zijnde, een der hier liggende slotjes wilde koopen, ten einde er in stilte zijne dagen te eindigen, hetgeen hem niet mogt gebeuren, waarom hij dit slot deed bouwen, hooger dan alle andere en het met het achterste daarnaar toe plaatste, tot spijt zijner geburen. Daarna is het gekocht door MATTHIJS VAN CLOOTWIJK, Rentmeester van *Oosterhout*, wiens weduwe het, den 10 Februarij 1626, verkocht heeft aan Jan Verhoeven Pietersszoon, waarna het bij versterf en deeling is gekomen aan het geslacht van Snellen, door welk het zuidoosterdeel, dat te voren eene open plaats was, is opgebouwd. Nadat de laatste eigenaar uit dat geslacht, Mevrouw de Gravin van Dam, geb. Snellen, in 1816 in hoogen ouderdom overleden was, is het verkocht en geslecht, zijnde het erf en tuinen bij het westwaarts gelegen slotje gevoegd.

SPIJTIE, naam, welken de Negers geven aan de koffijplant. Nijd-en-Spijt, in *Nederlands-Guiana*, kol. *Suriname*. Zie Nijd-en-Spijt.

SPIKKERSBEEK (DE), riviertje in *Twenthe*, prov. *Overijssel*, gem. *Weerselo*, dat in het geh. *Limselo* uit *Losser* komt, door Dulder loopt en zich bij het Loo in de *Molenbeek* werpt.

SPINHOVEN of Spinhoeven, pold. in de *Vijf-Heerenlanden*, prov. *Zuid-Holland*, arr. *Gorinchem*, kant. *Vianen*, gem. *Lekmond-Achthoven-en-Lakerveld*; palende N. aan den Lekdijk, O. aan de Nes, Z. aan de Lekmonder-wetering, W. aan Achthoven.

SPINHUISGRACHT, wijk in *Oost-Indië*, op het *Sundasche* eil. *Java*. Het is eene der vier en twintig wijken van de stad *Batavia*.

SPINOLASCHANS (DE), fort in de bar. van *Breda*, prov. *Noord-Braband*. Zie Groote-schans (De).

SPION (DE), voorm. batterij, behoord hebbende tot de oude *Hollandsche-waterlinie*. Thans ligt daar ter plaatse eene aarden redoute, met gemetseld verdedigbaar wachthuis, behoorende tot de *Linie-van-de-Vecht*, bij welke rivier deze sterkte op de Bloklaan gelegen is.

SPIRNEWALT en SPIRNEREWALT, oude namen van het d. Spaarnwoude, in het balj. van *Blois*, prov. *Noord-Holland*. Zie Spaarnwoude.

SPIRTWIJK, voorm. pold. in het eil. *Duiveland*, prov. *Zeeland*. Zie Spuitwijk.

SPIT (HET), moeras in de heide in de *Meijerij van 's Hertogenbosch*, kw. *Kempenland*, prov. *Noord-Braband*, ½ u. N. O. van *Valkenswaard*.

SPITAL ('T), voorm. kloost., prov. *Friesland*, kw. *Zevenwouden*, griet. *Gaasterland*. Zie Hospitaal.

SPITS (DE), pold. in den *Biesbosch*, prov. *Noord-Braband*, arr. *'s Hertogenbosch*, kant. *Heusden*, gem. *Dussen-Munster-en-Muilkerk*; palende N. aan de Kerkstraat en daarover de Hennip, O. aan de Loopgaauw, Z. aan de Nieuwe- of Westkil, W. aan het gaatje Bekaf.

Deze pold., welke in het jaar 1816 of 1817 bedijkt is, beslaat, volgens het kadaster, eene oppervlakte van 16 bund. 8 v. r., waaronder 12 bund. 23 v. r. 50 v. ell., hooiland en 4 bund. 14 v. r. 50 v. ell. rietgors, en wordt door twee houten duikers, wijd 0.57 en 0.58 ell., ieder voorzien met een drijfdeurtje, op de gaten Kerkstraat en Bekaf, van het overtollige water ontlast. De hoogte van het zomerpeil is 5 palm boven A. P., die der dijken is 2.00 ell. à 2.50 ell. boven A. P. Het bestuur berust bij het Domein, aan wie de polder behoort.

SPITSBERGEN, voorm. zeer nette boerenhofstede, in de *Beemster*, prov. *Noord-Holland*, arr. *Hoorn*, kant. *Purmerende*, gem. *Beemster*, aan de noordzijde van den Schermerhorner-weg, op 10 min. afstand van Schermerhorn, tegen over de nog aanwezige boerenhofstede *Groenland*.

Deze boerderij is in 1836 afgebroken, en het daarbij behoorend land, groot ruim 16 bund., aan eene andere boerenplaats getrokken. Zij lag nagenoeg in het middelpunt van den driehoek, welke door de drie steden Alkmaar, Hoorn en Purmerende gevormd wordt, van ieder van welke steden het ruim 2 u. gelegen was, namelijk O. Z. O. van Alkmaar, Z. W. van Hoorn en N. N. W. van Purmerende.

SPITSBERGEN, voorm. adell. h. in de *Meijerij van 's Hertogenbosch*, kw. *Maasland*, prov. *Noord-Braband*, *Eerste* distr., arr. en 4 u. N. O. van *'s Hertogenbosch*, kant., gem. en ½ u. N. ten O. van *Oss*.

Ter plaatse, waar dit adell. h. gestaan heeft, ziet men thans eene boerenwoning. De daartoe behoord hebbende gronden, beslaande eene oppervlakte van 3 bund. 26 v. r. 74 v. ell., worden in eigendom bezeten door den Heer Francis Bonaerts, woonachtig te *Oss*.

SPITSBERGEN, geh. in den voorm. regtstoel van *Sappemeer*, prov. *Groningen*, gedeeltelijk arr. en 3¼ u. O. Z. O. van *Groningen*, kant. en 1 u. O. van *Hoogezand*, gem. en ½ u. N. van *Sappemeer*; gedeeltelijk, arr. en 3¼ u. W. N. W. van *Winschoten*, kant., gem. en 1 u. W. van *Zuidbroek*; met 4 h. en 16 inw., als: 2 h. en 7 inw. onder *Sappemeer*, 2 h. en 9 inw. onder *Zuidbroek*.

SPITSBROEK, voorm. fort in *Staats-Vlaanderen*, in het *Vrije-van-Sluis*, prov. *Zeeland*, distr. *Sluis*, dat op kaarten, tijdens het twaalfjarig bestand gemaakt, op ongeveer 20 min. Z. O. van Aardenburg, aan de Eecloosche-watergang, gevonden wordt, en van de zelfde grootte schijnt geweest te zijn als de Olijpot ten N. W. Het had denkelijk zijn naam naar de hofstede en heerlijkheid van dien naam. Zie het volgende art.

SPITSBROEK, hofst. in *Staats-Vlaanderen*, in het *Vrije-van-Sluis*, prov. *Zeeland*, arr. *Middelburg*, kant. en distr. *Sluis*, gedeeltelijk gem. *St.-Kruis*, gedeeltelijk gem. *Eede*, omtrent 1 u. Z. O. van *Aardenburg*, ongeveer ½ u. Z. van *St. Kruis*, nagenoeg 1 u. N. O. van *Eede*; palende N. aan den Lange-weg, O. aan de Vleisch- (of Valeijes) kreek, Z. aan Doopers-dijk, W. aan den Groene-weg, groot 95 bund. 49 v. r. 27 v. ell. De Eecloosche-watergang loopt er door: de gebouwen, thans eene aanzienlijke boerderij, staan op *St. Kruis*. Van daar loopen N. en W. aanzienlijke lanen en Z. aan eenen kronkelenden landweg, met eene brug over gemelden watergang.

Oudtijds waren aan dit goed heerlijke regten verbonden; maar deze waren in 1794 reeds lang vervallen. De hofstede behoort thans in eigendom aan den Heer Johan Andries Blankert, te Sluis.

SPITSENBERG, of naar het geh., alwaar het gelegen heeft, ook wel de Zandberg genoemd, voorm. fort in *Staats-Vlaanderen*, prov. *Zeeland*, arr. *Goes*, kant. en distr. *Hulst*, gem. *Graauw-en-Langendam*, waarmede de verdedigings-linie van Hulster-Ambacht, welke zich van de vesting Hulst langs de Moerschans en het fort de Raap uitstrekte, gesloten werd.

Dit fort, ook wel eens onder den naam van de Groote-Raap voorkomende, lag aan den noordoostelijken hoek van den Polder-van-Langendam en aan de zuidelijke punt van den Willem-Hendriks-polder, juist tegen de Saftinger-schorren. Het was door eene gebastionneerde linie vereenigd met het fortje, genaamd het Boerenmagazijn (zie dat woord), alwaar eene geretrancheerde batterij was opgeworpen.

Nadat bij het beleg van Hulst, door de Franschen in 1747, in den nacht tusschen den 28 en 29 April, de Fransche Generaal Hertog de Broglio, de beide schansen de Groote- en de Kleine-Kijkuit ingenomen had, was de vijand in de gelegenheid om uit die schansen en uit de daar opgeworpen batterij het fort Spitsenberg, door den Luitenant-Kolonel De Rocq verdedigd, acht dagen achtereen, uit niet minder dan 26 stukken geschut, met de grootste hevigheid, te beschieten. Vier aanvallen werden wel door de bezetting telkens manhaftig afgeslagen; het regiment van den Kolonel THIBAUT kweet zich wel voorbeeldig, zoo als ook de Schotten onder BRAGG, maar eindelijk moest de dappere bezetting zich, bij gebrek aan leeftogt en krijgsvoorraad, den 10 Mei overgeven, waardoor de vijand nu geheel meester werd van de gezegde linie, welke de vesting Hulst moest verdedigen, zoodat dan ook die vesting, reeds den volgenden dag, schier zonder slag of stoot, door het lafhartig en verradelijk bestaan van den Bevelhebber, den Luitenant-Generaal DE LA ROCQUES, in 's vijands handen viel.

Sedert de bezetting van Staats-Vlaanderen, door de Franschen in 1794, is het fort SPITSENBERG, even als de overige aan die linie gelegen verdedigingswerken, van lieverlede vervallen en de daarin bestaan hebbende militaire gebouwen, na verloop van tijd, verkocht en gesloopt. Gedurende de Belgische onlusten is dit punt nog door militairen bezet geweest, ten einde tegen overrompeling des vijands, door de polders aan België palende, te waken. Van dit fort zijn nog overblijfselen der vrij hooge wallen en borstweringen en gedeelten der natte grachten aanwezig, zoodat de uiterlijke gedaante dezer sterkte duidelijk te onderkennen is. Van de overblijfselen van eene voormalige wacht is eene woning gebouwd in het fort, welke bewoond wordt door JOHANNES DE SMIT. Het terrein, welke het fort en de buitenwerken besloeg, maken de landerijen uit tot gezegd hoefje behoorende, te zamen eene uitgestrektheid hebbende van 5 bund. 86 v. r. 40 v. ell., in eigendom toebehoorende aan den Heer FREDERIK JAN FRANCIS VAN WAESBERGHE, woonachtig te Hulst.

SPITTAAL, voorm. kloost. te *Zutphen*, bij de *Binnen-Hospitaalspoort*, in de *Pellikaan-straat*.

Dit kloost. reeds in 1268 bekend, bevatte twaalf Nonnen, die aanvankelijk zich aan ziekenverpleging wijdden in het Hospitaal buiten de stad en het oude gasthuis, doch later den regel van de derde orde van St. Franciscus aannamen. Het bestond tot het begin van den Nederlandschen opstand tegen Spanje, en had tot laatste Kloostervoogdes Vrouwe GELBINA SCHIMMELPENNINCK, die in het jaar 1572 nog leefde. In het jaar 1607 waren nog eenige Nonnen in dit klooster aanwezig. Het maakt nu een gedeelte uit van het *Bornhof* en belende huizen, blijkens eene oude kaart bij SLICHTENHORST voorhanden.

SPITTELHOFF, groote hoeve in het balj. van *Grevenmacher*, grooth. *Luxemburg*, kw. en ruim 1 u. Z. W. van *Grevenmacher*, arr., kant. en 3 u. O. N. O. van *Luxemburg*, en 15 min. Z. O. van *Flaxweiler*, aan den oorsprong van den Ober-Donwennerbach. — In de nabijheid zijn eene menigte Romeinsche oudheden gevonden.

SPITZENBURG, voorm. state, prov. *Friesland*, kw. *Zevenwouden*, griet. *Haskerland*, arr., kant. en 1½ u. N. ten W. van *Heerenveen*, bij *Haskerdijken*, waartoe zij behoorde.

SPLEET (DE), vaarwater in de mond der *Maas*, tusschen de Westplaat en de Zeehondenplaat, uitloopende in de *Pit*. Het is niet breed en heeft ten minste 17 palm. diepte.

SPLEET (DE), vaarwater in den mond der *Hont* of *Wester-Schelde*, tusschen de Raan en de Schooneveldsche-bank ten N. en de Walvischstaart en het Rifzand ten Z. doorloopende.

Dit vaarwater is smal, doch loopt breed in zee uit, en houdt 50 tot 80 palm water.

SPLINTERENBURG, landg. in het *Overkwartier* der prov. *Utrecht*, arr., kant. en 3 u. W. van *Amersfoort*, gem. en 1½ u. N. van *de Bildt*.

Dit landg. wordt in eigendom bezeten door den Heer Mr. Frederik Lodewijk Herbert Jan Bosch van Drakestein, woonachtig te Amsterdam.

SPLITMAAR (HET), watertje in *Fivelgo*, prov. *Groningen*, gem. *Slochteren*, in eene zuidelijke rigting loopende van het Noorden naar het Zuidoosten in het Wolt-maar, en Zuid-zuidwest naar de Dijksloot; alle drie waterleidingen van het Oostwolder-zijlvest, onder Siddeburen, die zich ontlasten, door de Eelwerder-zijl, in de Fivel of het Damsterdiep.

SPOEL (HET), geh. in de *Vijf-Heerenlanden*, prov. *Zuid-Holland*, arr. en 4½ u. N. N. O. van *Gorinchem*, kant. en 1½ u. O. Z. O. van *Vianen*, gem. *Everdingen-en-Zijderveld*, ¼ u. O. ten Z. van *Everdingen*.

SPOELSCHE-SLUIS (DE), militaire inundatiesluis met eenen dijkpost, in de *Vijf-Heerenlanden*, prov. *Zuid-Holland*, gelegen in den *Zuider-Lekdijk*, ½ u. W. van Culenborg, ¼ u. O. Z. O. van het fort Everdingen, en behoorende tot de zoogenaamde *Linie-van-de-Vecht*.

In het jaar 1701 werd daar ter plaatse eene uitwateringsluis aangelegd, om de lage landen tusschen de Lek en de Linge van water te bevrijden, aangezien de Waal en de Merwede en ook bij gevolg de Linge, wegens het verzanden van den Rijn, bij Schenkenschans, altoos zeer hoog en vol water waren; waartoe aldaar de noodige watermolens geplaatst en eene wijde molenvliet gegraven werd. Toen later het Pannerdensche-kanaal gegraven is, veranderde deze toestand, de sluis werd gedempt, en men moest weder, even als te voren, deze landen door molens, nabij den Braadaal, op de Oude-Vliet uitmalen en zoo door den Horn op de laag gestelde Linge doen uitwateren.

In de jaren 1816 en 1817 is deze sluis weder hersteld, doch zij wordt nu in eenen tegengestelden zin gebezigd, om namelijk in oorlogstijd de landen tusschen Lek en Waal te inunderen. Reeds in 1796 lag hier eene dijkpost of batterij, welke thans veranderd en verbeterd is.

SPOELWIJK, pold. in *Rijnland*, prov. *Zuid-Holland*, arr. *Leyden*, kant. *Alphen*, gem. *Middelburg*; palende N. aan den Steekter-polder en den Zwammerdammer-polder, O. aan Wijk, Z. aan Reijerskoop, W. aan Rijnland.

SPOELWIJK, geh. in *Rijnland*, prov. *Zuid-Holland*, arr. en 4½ u. Z. O. van *Leyden*, kant. en 2 u. Z. ten O. van *Alphen*, gem. *Middelburg*.

SPOOLDE of Spoelde, buurs. in *Zalland*, prov. *Overijssel*, arr., kant. en ¾ u. W. van *Zwolle*, gem. *Zwollerkerspel*, 1½ u. N. W. van *Windesheim*; met 200 inw.

SPOOLDERBERG, berg of heuvel in *Zalland*, prov. *Overijssel*, in het geh. *Spoolde*, gem. *Zwollerkerspel*, tusschen de *Willemsvaart*, die half cirkelsgewijze om den berg heenloopt en den weg naar het *Katerveer* ruim ¼ u. Z. W. van Zwolle gelegen. — Men heeft van dezen, in 1829 met smaak beplanten en tot openbaren wandeling aangelegden, berg, een heerlijk uitsigt op de stad en de omstreken.

Deze berg of de daarnaast gelegene weide, die vroeger ook heuvelachtig plagt te wezen, maar van tijd tot tijd afgegraven en effen gemaakt is, dient tevens tot exercitieveld. Daarop wordt mede op Paasch Maandag een soort van kermis gevierd, bestaande in het schieten en werpen met eijeren en Oranjeappelen en andere kinder- of volksspelen en vermaaklijkheden, die bij goed weder eene groote menigte jonge en oude inwoners der stad en omstreken herwaarts lokt. In vroegere eeuwen werden de landdagen der Staten of Bestuurders van Overijssel op dezen berg gehouden, waar de bevolking, even als in naburige gewesten, hunne Staatsvergaderingen, in de open lucht hielden, welks leden, kortstondig en afdoende beraadslagende en sterk van gestel zijnde, geene prachtige en kostbare statenzalen behoefden. — Voor zoo ver men berigt vindt, hadden deze vergaderingen aldaar van het begin der veertiende tot in den aanvang der zestiende eeuw (1502) plaats; echter vergaderden de Staten daar niet uitsluitend maar ook elders. De Bisschoppen ontvingen er mede hunne huldiging, zoo als Floris van Wevelinkhoven, de vijftigste Bisschop, in 1378 en Hendrik van Beijeren, de acht en vijftigste Bisschop, nog in 1524.

SPOORDONK, geh. in de *Meijerij van 's Hertogenbosch*, kw. *Kempenland*, prov. *Noord-Braband*, *Derde* distr., arr. en 3½ u. N. W. van *Eindhoven*, kant., gem. en 1½ u. N. W. van *Oirschot*, aan de *Beerze*, met eenen koren- en olie-watermolen op die rivier. Men telt er 100 h. en ruim 830 inw. Ook is er eene school, welke gemiddeld door een getal van 80 leerlingen bezocht wordt. Vroeger stond er een kast., den Burg geheeten.

SPOORDONK, voorm. kast. in de *Meijerij van 's Hertogenbosch*, kw. *Kempenland*, prov. *Noord-Braband*. Zie Burg (Den).

SPORKSGIFT, koffijplant. in *Nederlands-Guiana*, kol. *Suriname*, aan de *Matappica-kreek*, ter linkerzijde in het afvaren; palende bovenwaarts aan de suikerplant. Lodewijksburg, benedenwaarts aan de Beneden-Commewijne; 500 akk. groot; met 134 slaven. De Negers noemen haar Makwie.

SPORKSGIFT (LAND-VAN), verl. kostgr. in *Nederlands-Guiana*, kol. *Suriname*, aan de *Beneden-Commewijne*, ter regterzijde in het afvaren; palende bovenwaarts aan de koffijplant. de Jonge-Bijenkorf, benedenwaarts aan den mond der Mattappica-kreek.

SPRANG, gem. in de *Langstraat*, prov. *Noord-Braband*, *Tweede* distr., arr. *'s Hertogenbosch*, kant. *Waalwijk* (9 k. d., 3 m. k., 9 s. d.); palende N. aan de gem. Besoijen, O. en Z. aan Loon-op-Zand, W. aan Vrijhoeven-Capelle, N. W. voor een klein gedeelte aan Capelle.

Zij bevat het d. Sprang en het geh. Sprangschevaart, en beslaat, volgens het kadaster, eene oppervlakte van 457 bund., waaronder 420 bund. 98 v. r. 67 v. ell. belastbaar land.

Men telt er 208 h., bewoond door 323 huisgez., uitmakende eene bevolking van ruim 1710 inw., die meest hun bestaan vinden in het maken van zoogenaamde Langestraatsche schoenen. Men heeft er ook 1 windkoren- en 1 ros-oliemolen.

De Herv., die er 1290 in getal zijn, onder welke 500 Ledematen, maken eene gem. uit, welke tot de klass. van *Heusden*, ring van *Greveldum-Capelle* behoort.

De eerste, die in deze gemeente het leeraarambt heeft waargenomen, nadat Sprang in 1613 van Besoijen was afgenomen, is geweest Cornelius Harzcopius, die in het jaar 1613 herwaarts kwam en in het jaar 1616 naar Breda vertrok. Het beroep geschiedt door den kerkeraad.

Men treft er 70 Christelijk Afgescheiden aan.

De 2 Evang. Luth., die er wonen, behooren tot de gem. van *'s Hertogenbosch*. — De R. K., die er 340 in getal zijn, behooren tot de par. van den *Kaatsheuvel*. — De 20 Isr., die er wonen, gaan te *Besoijen* of te *Waalwijk* hunne godsdienst waarnemen.

Men heeft in deze gem. eene school, welke gemiddeld door een getal van 130 leerlingen bezocht wordt.

Deze gem. is eene heerl., welke in het midden der vorige eeuw bezeten werd door Don MELCHIOR JOSEPHUS DE VILLEGAS, Baanderheer van *Pellenberg*, *Heeorst*, enz. Thans is zij het eigendom van den Heer K. VAN HOUWENINGEN, woonachtig te Gorinchem.

Het d. SPRANG ligt 4 u. W. ten Z. van 's Hertogenbosch, ½ u. Z. Z. W. van Waalwijk. Het is een groot in het geboomte liggende dorp, dat van het O. naar het W. ½ u. gaans zich uitstrekt, welke beide einde daarom het Oosteind en het Westeind genoemd worden. De provinciale straatweg van Tilburg naar Waalwijk doorsnijdt deze plaats. Men telt er 197 h. en ruim 1620 inw.

De Herv. kerk, is vrij ruim en heeft eenen toren van zwaar muurwerk, met eene vierkante, korte spits gedekt, welke toren in den Franschen tijd tot telegraaf gediend heeft. Aan den zuidwesthoek is deze toren van eene aanzienlijke hoeveelheid muurwerk beroofd van boven tot onder toe; het schijnt niet bekend te zijn wanneer of bij welke gelegenheid deze ramp ontstaan is, en vreemd kwam het ten alle tijde voor, dat aan de herstelling nooit de hand gelegd is geworden; oppervlakkig zou men zeggen dat de toren de herstelling van de bedoelde bres wel noodig heeft. In het jaar 1807 is overeenkomstig de begeerte van wijle Vrouwe JOHANNA VAN OLPHEN, door haren nagelaten echtgenoot en kinderen, den Heer F. VAN DE WERKEN; de Heeren C. VAN DE WERKEN en J. B. VAN DE WERKEN ZWAAN, benevens Mej. M. W. VAN DUSSELDORP, geb. VAN DE WERKEN, aan deze gemeente een kostbaar en fraai kerkorgel ten geschenk gegeven.

De dorpschool is in het jaar 1836 gesticht.

De kermis te SPRANG valt in den eersten Zondag na 17 September.

In het laatst van het jaar 1839 stond deze gem. onderscheidene malen ten prooi aan moedwillige brandstichting, onder anderen had dit plaats in den nacht tusschen 13 en 14 December van dat jaar, als wanneer daardoor twee huizen werden in de asch gelegd; nadat echter drie jongelingen, welke zich daaraan hadden schuldig gemaakt, te 's Hertogenbosch, wegens dit hun bedrijf ter dood veroordeeld waren, welke straf door Z. M. veranderd werd in geesseling en brandmerk, en 20 jaren tuchthuisstraf, heeft dit opgehouden.

Het wapen dezer gem. bestaat uit een veld van zilver, met drie kussens van keel (rood).

SPRANG (HET HUIS-TE-), voorm. tolhuis der Graven van *Aremberg*, in de heerl. *Hooge-en-Lage-Zwaluwe*, prov. *Noord-Braband*, *Vierde* distr., arr. en 3 u. N. van *Breda*, kant. en 2 u. N. O. van *Zevenbergen*, gem. *Hooge-en-Lage-Zwaluwe*, 1 u. W. N. W. van Hooge-Zwaluwe, op de Vliet.

Dit voorm. tolhuis is nu eene pachthoeve, de Blaauwe-sluis genaamd.

SPRANG (BINNEN-POLDER-VAN-), pold. in de *Langestraat*, prov. *Noord-Braband*, *Tweede* distr., arr. *'s Hertogenbosch*, kant. *Waalwijk*, gedeeltelijk gem. *Sprang* en voor een klein gedeelte ook gem. *Capelle*; palende N. aan den Kapitalen of Winterdijk en de Meer- of Merksloot gem. Besoijen, O. aan Sprangsloot en den Eikendijk, gemeente Besoijen en Loon-op-Zand, Z. aan den Loonschendijk tegen de gemeente Loon-op-Zand, W. aan de gemeente Vrijhoeven-Capelle.

Van dezen pold. is de tijd van bedijking onbekend, doch de Winterdijk in 1827 verhoogd en verzwaard. Hij beslaat, volgens het kadaster, eene oppervlakte van 424 bund. 71 v. r. 3 v. ell., waaronder nagenoeg 280 bund. schotbaar land, als: onder *Sprang*, volgens het kadaster, 421 bund. 98 v. r. 67 v. ell. en daaronder nagenoeg 280 bund. schotbaar land, onder *Capelle*, volgens het kadaster, 2 bund. 72 v. r. 36 v. ell. Men telt er 210 h., waaronder 87 boerderijen, als: onder *Sprang*, 208 h. en 86 boerderijen, onder *Capelle*, 2 h. en 1 boerderij. Hij wordt door eene steenen sluis op Sprangsloot, wijd in den dag 1.75 ell. en hoog 1.60 ell., voorzien van twee vloeddeuren, op de Sprangsloot en verder op het Oude-Maasje van het overtollige water ontlast. De hoogte van het zomerpeil is 0.30 ell. boven A. P., die der dijken 4.10 ell. Deze pold., waarin ook het dorp Sprang staat, ligt binnen den Ringdijk van de Langestraatsche Binnenpolders, en is in het noordelijk deel zeer laag en in het zuidelijke hoog gelegen. Hij ontvangt veel water van de gem. Loon-op-Zand, door laagten in den Loonschen dijk, hetwelk echter, tot groot nadeel van dezen polder, wederregtelijk schijnt plaats te hebben. — De sluis wordt door den polder, en de dijk door de onderscheidene dijkgeslaagden onderhouden. Het gedeelte van dezen pold. hetwelk onder de gem. *Capelle* behoort, en Kloppen-Ambacht genaamd wordt, ligt aan den Zeeof Winterdijk, tegen Sprang-sloot. Het polderbestuur bestond vroeger uit het gemeentebestuur van Sprang. Later is daarover een afzonderlijk polderbestuur aangesteld, bestaande uit eenen President, twee Leden en eenen Secretaris-Penningmeester.

SPRANG (HET OOSTEINDE VAN-), het oostelijke gedeelte van het d. Sprang, in de *Langestraat*, prov. *Noord-Braband*, *Tweede* distr., arr. en 4 u. W. van *'s Hertogenbosch*, kant. en ½ u. Z. Z. W. van *Waalwijk*.

SPRANG (HET WESTEINDE VAN-), het westelijke gedeelte van het d. Sprang, in de *Langestraat*, prov. *Noord-Braband*, *Tweede* distr., arr. en 4½ u. W. van *'s Hertogenbosch*, kant. en 40 min. Z. Z. W. van *Waalwijk*.

SPRANGSCHE-VAART, geh. in de *Langestraat*, prov. *Noord-Braband*, *Tweede* distr., arr. en 4 u. W. ten Z. van *'s Hertogenbosch*, kant. en ¾ u. Z. ten W. van *Waalwijk*, gem. en 5 min. Z. van *Sprang*; met 8 h. en ruim 40 inw. Vroeger liep de vaart van Sprang naar 's Hertogenbosch hierdoor.

SPRANG-SLOOT (DE) of de Sprangsche-sloot, water in de *Langestraat*, prov. *Noord-Braband*, in eene noordwestelijke rigting van de Meersloot naar de Gantel loopende en de grensscheiding tusschen de gem. Besoijen en Capelle uitmakende.

SPREEUWENBURG, voorm. slot in het markgr. van *Bergen-op-Zoom*, prov. *Noord-Braband*, *Vierde* distr., arr. en 6 u. W. ten Z. van *Breda*, kant. en 1¼ u. N. O. van *Bergen-op-Zoom*, gem. en ¾ u. N. W. van *Wouw*, in het geh. *Moerstraten*.

Ter plaatse waar het gestaan heeft ziet men thans eene bouwmanswoning. De daartoe behoord hebbende gronden, beslaande eene oppervlakte van 122 bund. 18 v. r. 22 v. ell. worden in eigendom bezeten door den Heer Augustinus Aegidius Bosschaerts, woonachtig te Antwerpen.

SPREEUWENBURG, buiten, in de *Meijerij van 's Hertogenbosch*, kw. *Maasland*, prov. *Noord-Braband*, *Tweede* distr., arr., kant. en ¾ u. O. ten N. van *'s Hertogenbosch*, gem. en ½ u. Z. ten O. van *Rosmalen*, in de nabijheid van den klinkerweg op Veghel.

Dit huis beslaat, met de daartoe behoorende gronden, eene oppervlakte van 1 bund. 83 v. ell., en wordt in eigendom bezeten door den Heer B. A. Holster, woonachtig te 's Hertogenbosch.

Het huis is een eenvoudig gebouw, voorzien van een hoekig torentje, met peervormige spits; daartoe behoort nog eene daarbij gelegen boerderij.

SPREEUWENBURG, voorm. buit. in de *Meijerij van 's Hertogenbosch*, kw. *Oisterwijk*, arr., kant. en ½ u. Z. van *'s Hertogenbosch*, gem. en 8 min. N. van *Vught*.

Dit buit. was oertijds het eigendom van den Heer WIEDEKELDER, Majoor der Huzaren, doch is reeds in het jaar 1810 afgebroken. Nu bestaat het uit platten grond en vindt men nog in de nabijheid eenen zeer grooten stal, met eene huizinge, welke eertijds tot melkhuis heeft gediend, uitkomende aan den straatweg, naast welk huis nog een zeer fraaije koepel staat, die met het huis toebehoort aan J. VERHEYDEN, en den stal met den platten grond aan de Wed. J. F. VERHEYDEN. Ook is deze koepel zeer fraai gelegen, als hebbende het uitzigt op Sionsburg en de vereeniging van den straatweg van 's Hertogenbosch op Eindhoven en Breda. — Het geheel is groot, 2 bund. 21 v. r. 60 v. ell., het melkhuis, thans heerenhuisje, met koepel en tuin, 13 v. r. 80 v. ell.

SPREEUWENDIJK (DE), dijk in *Kennemerland*, prov. *Noord-Holland*, gem. *Petten-en-Nolmerban*, in eene oostelijke rigting, loopende van de Pettemer-Zeewering naar den Zijperdijk en dienende om het water in de duinen af te sluiten. — Deze dijk werd aanbesteed in Julij 1691.

SPREEUWENSTEIN, voorm. kast. in het *Land-van-Overflakkee*, prov. *Zuid-Holland*, arr. en 4½ u. Z. van *Brielle*, kant. en 3 u. W. ten N. van *Sommelsdijk*, gem. *Ouddorp*.

Het was gesticht door den Heer van VOORNE tot een zomerverblijf, en stond op eene hoogte, die welligt in vroegere eeuwen tot eene schuilplaats heeft gediend om met vee de wassende vloeden te ontvlugten. In dit bergje vond men sekeren rooden steen, met welken sommige huizen in Ouddorp zijn opgehaald. Het draagt heden den naam van den BLAAUWENSTEEN, wijl aldaar, tot het jaar 1791, op eenen blaauwen steen de ban werd gehouden over burgerlijke en poldersaken. In het jaar 1752 zag men van dit oude slot nog de overblijfselen der grachten, benevens eene hoogte, dan dit alles is naderhand op last van den eigenaar, den Heer YVOY, geslecht, bij welke gelegenheid groote kamers en onderaardsche gangen zijn ontdekt, die waarschijnlijk, in tijden van oorlog, tot schuilplaatsen of ter ontvlugting gediend hebben.

Dit huis was eenigen tijd in het bezit van eenen tak van het aanzienlijk geslacht der BORSSELE, waarin het den 20 December 1515 gekomen was, door het huwelijk van WOLFERD VAN BORSSELE met Jonkvrouwe MARTINE VAN DER HOOGHE, dochter van JOOS VAN DER HOOGHE, Heer *van der Hooghe*, *Kleverskerke* en *Spreeuwenstein*, die hem dit huis ter leen aanbragt, naar hetwelk zich die tak VAN BORSSELE VAN SPREEUWENSTEIN noemde, doch in het laatst der zestiende eeuw werd het door ADOLF VAN BORSSELE verkocht aan ADOLF VAN BOURGONDIË, waarna die tak der BORSSELEN het bijvoegsel VAN SPREEUWENSTEIN weder heeft achtergelaten.

SPRIEL, h. in de *Over-Veluwe*, prov. *Gelderland*, distr. *Veluwe*, kw., arr. en 6½ u. ten N. N. W. van *Arnhem*, kant. *Harderwijk*, en 2 u. Z. O. van *Harderwijk*, gem. en ½ u. Z. O. van *Putten*, dat op sommige kaarten verkeerdelijk als een geh. voorkomt.

SPRIELDERBOSCH, bosch op de *Over-Veluwe*, prov. *Gelderland*, gem. *Putten*. — Het beslaat eene oppervlakte van 534 bund. 35 v. r. 46 v. ell., men vindt er meest eikenhout.

SPRIENS, geh., prov. *Friesland*, kw. *Oostergoo*, griet. *West-Dongeradeel*, arr. en 4 u. N. O. van *Leeuwarden*, kant. en 1½ u. Z. Z. O. van *Holwerd*, ½ u. W. N. W. van *Bornwerd*.

SPRIET-LAECK (DE), water in *Rijnland*, prov. *Zuid-Holland*, N. O. van Warmond, dat ten N. door de Warcker-Lee met het *Norre-meer* en ten O. onmiddellijk met het *Sweylant* in verbinding staat; terwijl ook de Lee daarin uitloopt.

SPRIKKENUST, voorm. buit. in *Fivelgo*, prov. *Groningen*, arr., kant. en 2 u. N. W. van *Appingedam*, gem. en ½ u. N. O. van *Loppersum*.

Ter plaatse, waar het gestaan heeft, ziet men thans eene boerderij, welke, met de daartoe behoorende gronden, eene oppervlakte beslaat van 30 bund. 8 v. r. 60 v. ell.

SPRINCKANGE, Fransche naam van het d. Sprinkingen, in het balj. van *Luxemburg*, grooth. *Luxemburg*. Zie Sprinkingen.

SPRINGBAAI, baai in *West-Indië*, in het eil. *Saba*, een der *Kleine-Antillen*, aan de Noordoostzijde van het eiland, alwaar eene bron van kokend water is.

SPRINGER (DE), uitgestrekte zandplaat, uitmakende het zuidwestelijke strand der gem. *Ouddorp*, eil. *Goedereede-en-Overflakkee*. Zij is zeer hoog en met lage tijen gedeeltelijk boven; grenst noordwaards aan de duinen en de *Springerdijk* of *Springdijk* (welke het vaste land beschermen tegen overstrooming); en wordt overigens door het *Springersdiep* en de *Noordzee* bespoeld.

SPRINGER (DE MIDDEL-), plaat in den *Biesbosch*, prov. *Zuid-Holland*, arr. en kant. *Dordrecht*, gem. *Dubbeldam*; palende N. aan het Lange-Damdiep, O. aan het Gat van de Puttensteek, Z. O. en Z. aan het Gat van den Middel-Elssteek, W. aan het Gat van den Zuider-Elssteek en aan den Zuidsteek.

SPRINGER (DE NOORD-), plaat in den *Biesbosch*, prov. *Zuid-Holland*, arr. en kant. *Dordrecht*, gem. *Dubbeldam*; palende N. aan het Springers-gat, O. aan den Zuidsteek, Z. O. aan het Kooigat, W. aan het Gat van de Kerkebuurt.

SPRINGERS (DE), zandplaten in de *Hont-* of *Wester-Schelde*, N. W. van Neuzen, prov. *Zeeland*, onderscheiden in de Hooge-Springer en de Lage-Springer.

SPRINGERSDIEP (HET), vaarwater, prov. *Zuid-Holland*, zijnde een gedeelte der *Grevelingen*, loopende tusschen de Springers en de wal van Goedereede ten N., en den Hompelvoet en de Paarde-Plaat, ten Z. door, en wordt hooger op den Hals genoemd. De diepte is ten 60 palmen.

SPRINGERS-GAT (HET), een der killen van den *Biesbosch*, prov. *Zuid-Holland*, uit het *Lange-Damdiep* uitkomende en in eene westelijke rigting tusschen de Buitengronden en den Noord-Springer, door minste in het *Gat van den Noorder Els* uitloopende.

SPRINKE (DE), naam van verschillende waterloopen in het eil. *Walcheren*, prov. *Zeeland*. Zoo als de Zoutelandsche Sprinke, de Oostkapelsche-Sprinke enz.

SPRINKINGEN, Sprinckingen of Springingen, in het Fransch Sprinckange, d. in het balj. van *Luxemburg*, regtsgeb. van *Kuntzig*, grooth. *Luxemburg*, arr. en 2½ u. W. Z. W. van *Luxemburg*, kant. en 1½ u. Z. ten W. van *Capellen*, gem. en ½ u. Z. W. van *Dippach*.

Men telt er 35 h., met ruim 200 inw. en heeft er eene R. K. kerk, waarvan de par. tot het vic. gen. van *Luxemburg* behoort, en door eenen Pastoor bediend wordt. Tot deze par. behoort tevens de kapel te Schouweiler.

SPRITWIJK, voorm. pold. in het eil. *Duiveland*, prov. *Zeeland*. Zie Spuitwijk.

SPROKKELBOSCH, b. in de *Meijerij van 's Hertogenbosch*, kw. *Maasland*, prov. *Noord-Braband*, *Tweede* distr., arr., kant. en 1½ u. N. O. van *'s Hertogenbosch*, gem. en ¾ u. N. O. ten O. van *Rosmalen*, een gedeelte van het geh. *Bruggen-Sprokkelbosch-en-Maliskamp*, uitmakende.

SPROKKELENBURG, geh. in het graafs. *Culenborg*, prov. *Gelderland*, *Benedendistrikt*, arr. en 4 u. N. W. van *Tiel*, kant., gem. en O. van *Culenborg*.

SPROKKELENBURG, geh. in de *Over-Betuwe*, prov. *Gelderland*, arr., distr. en ¾ u. N. van *Nijmegen*, kant. en 1¾ u. Z. van *Elst*, gem. en ¼ u. Z. van *Bemmel*; met 2 h. en 13 inw.

SPROKKELENBURG, h. op den *Zuid-Linge-dijk*, prov. *Zuid-Holland*, arr., kant., gem. en 10 min. N. O. van *Gorinchem*; met een veer voor voetgangers over de Linge. — Vroeger lag hier eene sluis. Zie het volgende art.

SPROKKELENBURGSCHE-SLUIS of TIELERWAARDSCHE-HULPSLUIS, voorm. sluis in den *Zuid-Linge-dijk*, prov. *Zuid-Holland*, 10 min. N. O. van Gorinchem.

Deze sluis is bij het graven van het Kanaal-van-Steenenhoek, in de jaren 1818 en 1819, gelegd, en diende ter ontlasting van het water in de Betuwe, ingeval van watervloed.

Bij den watervloed van 1820 is deze sluis, den 26 Januarij, gedeeltelijk weggespoeld, en, na herbouwd te zijn, is zij in 1846 geheel weggebroken en door eenen dijk vervangen.

SPRONG (DE), voorm. state, prov. *Friesland*, kw. *Westergoo*, griet. *Baarderadeel*, arr. en 2½ u. Z. W. van *Leeuwarden*, kant. en 2 u. N. W. van *Rauwerd*, 5 min. Z. W. van *Oosterlittens*, waartoe zij behoorde.

Ter plaatse, waar zij gestaan heeft, ziet men thans eene boereplaats. De daartoe behoord hebbende gronden, beslaande eene oppervlakte van 31 bund. 60 v. r., worden in eigendom bezeten door AUKJE BROERS SPRONGSMA, huisvrouw van J. G. HOFSTRA, aldaar woonachtig.

SPRONK (DE), ook wel, hoewel verkeerdelijk de SPRONG gespeld, geh. op de *Over-Veluwe*, prov. *Gelderland*, distr. *Veluwe*, kw., arr. en 11 u. N. van *Arnhem*, kant. en 1½ u. O. van *Elburg*, gem. en ¾ u. O. van *Oldebroek*; met 5 h. en 40 inw.

SPRUITENBOSCH, buit. in *Kennemerland*, prov. *Noord-Holland*, arr., kant. en ½ u. Z. van *Haarlem*, gem. en ¼ u. N. W. van *Heemstede*.

Dit buit. beslaat, met de daartoe behoorende gronden, eene oppervlakte van 29 v. r. 43 v. ell., en wordt in eigendom bezeten door den Heer A. D. WILLINK VAN BENNEBROEK, woonachtig te Amsterdam.

SPRUITENDONKSCHE-BEEK (DE), beek in het markgr. van *Bergen-op-Zoom*, prov. *Noord-Braband*.

Zij ontspringt uit de *Wouwsche-heide*, loopt noordwaarts aan en vereenigt zich, tusschen Wouw en Roosendaal, met de *Heinksche-beek*, alzoo de *Enge-beek* vormende.

SPRUITSTROOM (DE), water in de *Meijerij van 's Hertogenbosch*, kw. *Oisterwijk*, prov. *Noord-Braband*, gem. *Hilvarenbeek*, dat uit het *Groot-ven* voortkomende, met eene oost-noordoostelijke rigting, omtrent ½ u. N. O. van het vlek Hilvarenbeek, in de *Hilver* uitloopt.

SPRUNDEL, d. in de bar. van *Breda*, prov. *Noord-Braband*, arr. en 2½ u. W. Z. W. van *Breda*, kant. en 2 u. Z. O. van *Oudenbosch*, gem. *Rucphen-Vorenseinde-en-Sprundel*, ½ u. O. ten N. van Rucphen.

Men telt er in de kom van het d. 72 h. en 380 inw., en met de daartoe behoorende geh. het Oosteind, de Heikant, Munnikeheide, Vorenseinde en de Visschenberg, 222 h. en ruim 1200 inw., die meest hun bestaan vinden in den landbouw. Ook heeft men er eenen korenmolen en eene bierbrouwerij.

Het was vroeger eene heerl., die in 1387 door JOANNA, Hertogin van Braband, aan JAN VAN POLANEN, Heer van *de Leck en Breda*, in pandschap gegeven, en op die wijze aan het Land-van-Breda gehecht werd, behalve Vorenseinde, hetwelk tot het markgraafs. van Bergen-op-Zoom behoorde.

De inw., die alle R. K. zijn, maken eene par. uit, die door eenen Pastoor en eenen Kapellaan bediend wordt en eene eigen begraafplaats heeft. De kerk, aan den H. JOANNES *den Dooper* toegewijd, is in vroegere jaren afgebrand, doch, later weder opgebouwd zijnde, thans van het gebouw, met eenen fraaijen toren en van een orgel voorzien.

Vroeger bestond te SPRUNDEL ook eene Herv. gem., welke tot eersten Leeraar gehad heeft HERMANNUS HOORN, die er in 1648 kwam en in 1654 vertrok. In het jaar 1810, na het overlijden van den Predikant JOANNES JACOBUS MESTANUS, werd echter deze gem., uithoofde van het geringe getal zielen, met die van *Etten* vereenigd; thans is zij geheel uitgestorven.

De dorpschool wordt gemiddeld door een getal van 130 leerlingen bezocht.

De kermis valt in des Zondags voor Pinksteren.

In het jaar 1611 verkocht FILIPS WILLEM, Prins *van Oranje*, aan den ... in den Wildert, bij het dorp SPRUNDEL een blik of veen, genaamd de Ketel; en nog een ander blik, nevens de Gastmansweg bij den Klappenberg, met het regt, om die door des Heeren wegen en wateren af te mogen brengen, op voorwaarde, dat zulks na 30 jaren aan den Heer zoude wederkomen.

Voor het jaar 1810 behoorde SPRUNDEL tot de burg. gem. *Etten-en-Leur en 's Princenhage*, doch werd toen met *Rucphen* en *Vorenseinde* eene afzonderlijke gem.

SPRUNDELHEIM, voorm. kast. in de bar. van *Breda*, prov. *Noord-Braband*, arr. en 2½ u. W. Z. W. van *Breda*, kant. en 2 u. Z. Z. O. van *Oudenbosch*, gem. *Rucphen-Vorenseinde-en-Sprundel*, nabij Sprundel, aan het Moerwater.

Dit kasteel werd, den eersten van Zomermaand 992, door HILSONDIS, Gravin van *Strijen*, aan de abdij van Thoor ten geschenke gegeven. Sedert onheugelijke jaren is het niet meer in wezen, hoewel de grondvesten in het midden der vorige eeuw nog te zien waren, thans vindt men ter plaatse, waar het gestaan heeft, niets dan plantsoen.

SPRUNDELSCHE-AKKERS (DE), b. in de bar. van *Breda*, prov. *Noord-Braband*, arr. en 2½ u. W. Z. W. van *Breda*, kant. en 2 u. Z. Z. O. van *Oudenbosch*, gem. *Rucphen-Vorenseinde-en-Sprundel*, ½ u. N. van Sprundel, een gedeelte van het geh. *Vorenseinde* uitmakende; met 7 h. en ongeveer 40 inw.

SPRUNDELSCHE-HEIKEN, b. in de bar. van *Breda*, prov. *Noord-Braband*, arr. en 2¼ u. W. Z. W. van *Breda*, kant. en 1½ u. Z. Z. O. van *Oudenbosch*, gem. *Rucphen-Vorenseinde-en-Sprundel*, ¼ u. N. N. W. van Sprundel, tot de wijk *Sprundel* behoorende; met 7 h. en 40 inw.

Het is het gedeelte van het geh. het *Heiken*, dat onder het dorp Sprundel heeft behoord. Het is thans dat gedeelte van de nieuw opgerigte par. *St. Willibrord*, waarin de R. K. kerk staat.

SPRUYTENBURGH, buit. in het *Nederkwartier* der prov. *Utrecht*, arr. en 1½ u. N. W. van *Utrecht*, kant., gem. en 8 min. W. van *Maarssen*. Dit buit. wordt thans in eigendom bezeten door den Heer J. H. Vandenburg.

SPUI (HET), water in de stad Amsterdam, prov. *Noord-Holland*, loopende uit het Rokin door de Osjessluis in eene westelijke rigting, tot het bij de oude Luthersche kerk zich met het Singel vereenigt.

SPUI (HET) of de Beerendvaart, tak van de *Oude-Maas*, die een weinig beoosten het d. Oud-Beijerland die rivier verlaat, om, met eenen zuidwestelijken loop, eerst de bedijkte plaat de Beer, daarna het Land-van-Voorne en Putten van den Hoeksche-waard te scheiden en zich vervolgens in het *Haringvliet* te ontlasten. — Dit water is in de zestiende eeuw doorgegraven.

Over dit water zijn veren; als het Brakelsche voet-veer, tegenover Hekelingen, een pontveer bij Nieuw-Beijerland en een voetveer bij Goudswaard.

SPUI (HET), ook wel het Zoute-spui genoemd, geh. in *Staats-Vlaanderen*, in *Axeler-ambacht*, prov. *Zeeland*, arr. *Goes*, kant. *Axel*, distr. *Hulst*, gedeeltelijk gem. en ¾ u. N. W. van *Axel*, gedeeltelijk gem. en ½ u. Z. ten W. van *Zaamslag*.

Behalve een windkorenmolen, onder Axel, staan er in dit geh. 11 h., bewoond door 13 huisgez. en ongeveer 60 zielen, onder die gem., zoo mede een gelijk getal h., bewoond door 15 huisgez. en ongeveer 70 zielen, onder *Zaamslag*. Langs dit geh. loopt het oostelijk stroomkanaal tot afvoer van de Belgische wateren, ten welke einde onder den dijk hier twee kokers voor het doorlaten van het water zijn gelegd.

In de vorige eeuw moet in dit geh. eene spuisluis hebben gelegen, tot uitwatering van het Zoutewater uit Zaamslag, van waar dit geh. zijnen naam schijnt ontleend te hebben.

SPUI (HET) of de Breede-vaart, watertje in de heerl. *Geertruidenberg*, prov. *Noord-Braband*, dat bij Oud-Drimmelen zijnen oorsprong neemt, en noordoostwaarts aanloopende, zich bij Drimmelen in den *Amer* ontlast.

SPUI-DIJK (DE) of de Spuydijk, dijk in den *Hoeksche-waard*, balj. *Beijerland*, prov. *Zuid-Holland*.

Deze dijk maakt de noorder waterkeering van de bedijking van Nieuw-Beijerland uit, loopt van den Nieuw-Piershilsche-dijk tot aan den Zinkwegsche-dijk en dient om den Nieuw-Beijerlandsche-polder tegen het Spuiwater te beveiligen.

SPUI-KREEK (DE), of de Nieuw-Beijerlandsche-kreek, watertje in den *Hoeksche-waard*, balj. *Beijerland*, prov. *Zuid-Holland*, in den *Nieuw-Beijerlandsche-polder*.

Het komt uit de *Sloot-kreek*; loopt in eene westelijke rigting den Nieuw-Beijerlandsche-polder door, en vloeit voorts noordwaarts, tusschen de gem. Nieuw-Beijerland en Piershil door, tot dat zij zich bij het d. Nieuw-Beijerland, waar zij een haventje vormt, in het *Spui* ontlast.

SPUITWIJK, Spritwijk of Spiatwijk, voorm. pold. in het eil. *Duiveland*, prov. *Zeeland*, onder *Oosterland*, welke nog onder den laatsten naam bekend staat in de steenrolle van Zeeland Beoosten-Schelde, van het jaar 1692, als groot zijnde geweest 70 gemeten (reim 22 bund.) lands; hij is op Elfduizendmaagden-avond des jaars 1467 ingevloeid, en sedert nooit herdijkt.

SPUITWIJK (DE SLUIS-VAN-) of de Sluis-van-Sir-Jansland-aan-de-Staart, sluis in het eil. *Duiveland*, prov. *Zeeland*, onder en 10 min.

Z. W. van Sir-Jansland, waardoor de Polders-van-Oosterland en van Sir-Jansland op het Dijkwater van het overtollige water ontlast werden.

SPUITWIJK (HET VEER-OP-), voorm. veer in het eil. *Duiveland*, prov. *Zeeland*, in het noordwestelijke gedeelte van Duiveland, van waar men vroeger op Herkingen overvoer.

SPUIVELDEN (DE), velden in den *Hoeksche-waard*, prov. *Zuid-Holland*, arr. *Dordrecht*, kant. *Beijerland*, gem. *Heinenoord*. Zij maken een gedeelte uit van den *Zomerlandsche-polder*, en zijn gelegen, tegenover de Molen-kade en Negenboeren-gorzen, en boven het sluisje van Koomansland, mede tot dien polder behoorende.

SPULL, geh. op de *Over-Veluwe*, prov. *Gelderland*. Zie Spelle.

SPYK, geh., prov. *Friesland*, kw. *Westergoo*, griet. *Hennaarderadeel*, arr. en 2½ u. N. ten W. van *Sneek*, kant. en 2 u. N. O. van *Bolsward*, 5 u. O. van *Edens*, waartoe het behoort, aan de vaart van Leeuwarden naar Bolsward, waarover hier eene brug ligt, de Spyktille genaamd.

SPYKER (DE), voorm. stins, prov. *Friesland*, kw. *Westergoo*, griet. *Hemelumer-Oldephaert-en-Noordwolde*, arr. en 5 u. Z. W. van *Sneek*, kant. en 2 u. Z. Z. O. van *Hindeloopen*, ten Z. van Hemelum.

Zij werd, in 1442, door de Vetkoopers ingenomen, nadat zij het geheele dorp vernield en verbrand hadden. De Schieringers hernamen daarop den spijker en verdreven of versloegen de Vetkoopers, terwijl meer dan twee honderd gevangen genomen werden.

Ter plaatse, waar het gestaan heeft, ziet men er nog eenige sporen van.

SPYKER (DE), voorm. state, prov. *Friesland*, kw. *Oostergoo*, griet. *West-Dongeradeel*, arr. en 6 u. N. O. van *Leeuwarden*, kant. en 1½ u. O. van *Holwerd*, nabij Ternaard.

SPYKERBOOR, geh., prov. *Friesland*, kw. *Oostergoo*, griet. *Achtkarspelen*, arr. en 6 u. O. van *Leeuwarden*, kant. en 3 u. O. van *Bergum*, 1 u. O. van *Surhuizen*, op de grenzen van Groningen.

SPIJKERBOOR, benaming van een gedeelte der vaart *de Geeuw*, ten O. van Grouw, prov. *Friesland*, kw. *Oostergoo*, griet. *Idaarderadeel*.

SPYKERBOOR, benaming van een krommend gedeelte der Diepesloot, ten Z. van het d. *Akkrum*, prov. *Friesland*, kw. *Zevenwouden*, griet. *Utingeradeel*.

SPYKTILLE, brug, prov. *Friesland*, kw. *Westergoo*, griet. *Hennaarderadeel*, 5 min. O. van Edens, over de vaart van Bolsward op Leeuwarden.

SRAVAN, naam, welken de Negers geven aan de koffijplant. La Persévérance, in *Nederlands-Guiana*, kol. *Suriname*. Zie Persévérance (La).

SRIE-GONTJE (DE), riv. in *Oost-Indië*, op het *Sundasche* eil. *Balie-Kambang*.

SRIMAT, oude en waarschijnlijk de oorspronkelijke naam van het *Sundasche* eil. Sumatra, in *Oost-Indië*. Zie Sumatra.

SRINDING, d. in *Oost-Indië*, op het *Sundasche* eil. *Java*, resid. *Samarang*. — Aldaar woont een Pakhuismeester van het zout.

SRINGAT, distr. in *Oost-Indië*, op het *Sundasche* eil. *Java*, resid. en reg. *Kedirie*. — Dit distr., hetwelk nog op zich zelve staat, bevat hoogstbelangrijke oudheden.

SRINGAT, d. in *Oost-Indië*, op het *Sundasche* eil. *Java*, resid. en reg. *Kedirie*, distr. *Sringat*.

Omstreeks dit d. vindt men eene groote menigte raksas; maar bijzonder merkwaardig is er de Tjandi-Goday, die van gebakken steen, met groote kunst gebouwd is.

SROYO (DE), riv. in *Oost-Indië*, in het *Sundasche* eil. *Java*, resid. *Soerakarta*, in den *Bangawon* uitloopende.

Deze riv. is in den Oostmoeson bijna droog, doch levert in den regentijd eenen overvloed van water op. Zij is voor den landbouw zeer nuttig, maar voor vaartuigen ontoegankelijk.

SRYSORYE, d. in *Oost-Indië*, op het *Ambonsche* eil. *Honimoa*, een der *Uliassers*.

STAAI (DE) of DE STAAT, veerhuis in *Opper-Gelder*, prov. *Limburg*, gem. en 1½ u. van *Maasbree*, van waar men over de Maas op Venlo overzet.

STAAI (DE) of DE STAAT, veer in het *Land-van-Ravestein*, prov. *Noord-Braband*, over de Maas. — Het is een voetveer van Neerloon op Niftrik, waarvan het veerhuis buiten den dijk op den Uiterwaard staat.

STAAI (BEEKER-), veerhuis in het *Overambt* van het *Land-van-Cuyk*, prov. *Noord-Braband*, bij hetwelk een pontveer over de Maas, van Vierlingsbeek op Bergen, prov. Limburg.

STAAKENBERG, hoogte of duin op de *Over-Veluwe*, prov. *Gelderland*, gem. en 1 u. N. O. van *Ermelo*, onder de buurs. *Leuvenum*.

STAALBRINK, STAELBRINK of STALBRINK, plaats in *Zalland*, prov. *Overijssel*, gem. *Ambt Hardenbergh*, 1 u. Z. O. van de plattelandst. *Hardenbergh*, aan de grenzen van Hannover, waar den 17 Junij 1780 een gevecht voorviel tusschen de Staatschen onder HOHENLO en de Spanjaarden onder SCHENCK, waarin de eerste geheel geslagen werden en al hun geschut verloren.

STAALDUINEN (DE), pold. in *Delfland*, prov. *Zuid-Holland*, arr. *'s Gravenhage*, kant. *Naaldwijk*, gem. *'s Gravezande-en-Zand-Ambacht*; palende N. aan 's Gravezande-buiten, O. aan den Oranje-polder, Z. aan de Lange-Bonnen, W. aan den Nieuwlandsche-polder.

Deze pold. ontleent zijnen naam van belangrijke daarbij gelegen duinen, welke dien naam voeren.

STAALWIJK, buit. in *Eemland*, prov. *Utrecht*, arr., kant. en 2¼ u. W. van *Amersfoort*, gem. en 1 u. W. van *Soest*, aan den straatweg van Soestdijk naar de Bildt.

Dit buit. beslaat, met het daartoe behoorende wei- en bouwland, bosschen en heidevelden, mitsgaders drie daghuurderswoningen, eene oppervlakte van 44 bund., en wordt in eigendom bezeten, door den Heer J. A. STAAL, woonachtig te Soest.

STAALWIJK, voorm. buit. in *Rijnland*, prov. *Zuid-Holland*, arr., kant. en 5 min. Z. van *Leyden*, gem. en 1 u. N. van *Soeterwoude*, aan den weg van Leyden naar Schans-Lammen.

De gebouwen van dit buiten zijn gesloopt, en de gronden tot warmoessiersland gemaakt. Zij beslaan eene oppervlakte van 2 bund. 65 v. r. 92 v. ell., en worden in eigendom bezeten, door de wed. HENDRIK VAN DER HORN, woonachtig te Leyden.

STAART (DE) of DE STEERT, geh. op het eil. *Duiveland*, prov. *Zeeland*, distr., arr., kant. en 2 u. O. ten N. van *Zierikzee*, gem. *Oosterland-en-Sir-Jansland*, ½ u. N. W. van Oosterland.

STAART (DE), onbedijkt buitengors weiland in den *Hoeksche-waard*, in het balj. *Beijerland*, prov. *Zuid-Holland*, arr. *Dordrecht*, kant. en gem. *Oud-Beijerland*, palende W. en N. aan het Spui, O. aan den Bosschen-polder, Z. aan de Oostersche-Gorzen.

[illegible] Glad van het [illegible] Hy [illegible] door eene [illegible]

[illegible], eene [illegible]

STAD (DE OUDE-), pold. in het eil. *Goedereede-en-Overflakkee*, -rov. *Zuid-Holland*, arr. *Brielle*, kant. *Sommelsdijk*, gem. *Stad-aan-et-Haringvliet*, en voor een klein gedeelte gem. *Middelharnis*; palende . aan den Brienens-polder, N. O. aan de gorzen tegen het Haringvliet, ·. aan den pold. de Nieuwe-Stad, Z. aan de Nieuwe-Oostmoer, .. W. aan het Oudeland van Middelharnis, W. aan den Johannes-polder.

Deze pold., welke in het jaar 1527 bedijkt is, beslaat, volgens het .adaster, eene oppervlakte van 322 bund. 82 v. r. 58 v. ell., waaron-.er 258 bund. 47 v. r. 34 v. ell. schotbaar land, als: onder *Stad-aan-et-Haringvliet*, 258 bund. 47 v. r. 34 v. ell., waaronder 253 bund. .8 v. r. 48 v. ell. schotbaar land, onder *Middelharnis*, 64 bund. 35 v. r. 24 v. ell., waaronder 4 bund. 98 v. r. 89 v. ell. schotbaar land; telt 39 h., waaronder 5 boerderijen, gezamenlijk het dorp *Stad-aan-het-Haringvliet* uitmakende, en wordt door eene sluis, op het Haringvliet van het overtollige water ontlast. Het polderbestuur bestaat uit eenen Dijkgraaf, eenen Secretaris-Penningmeester en drie Gezworenen.

STAD-AAN-'T-HARINGVLIET, gem. op het eil. *Goedereede-en-Overflakkee*, prov. *Zuid-Holland*, arr. *Brielle*, kant. *Sommelsdijk* (15 k. d., 12 m. k., 6 s. d); palende N. en N. O. aan het Haringvliet, O. aan de gem. den Bommel, Z. en W. aan Middelharnis.

Deze gem. bestaat uit de grootste gedeelten van den polder de Oudestad en de Nieuwestad, benevens den geheelen Brienens-polder. Zij bevat het d. Stad-aan-het-Haringvliet, en beslaat, volgens het kadaster, eene oppervlakte van 603 bund. 92 v. r. 42 v. ell., waaronder 598 bund. 82 v. r. 47 v. ell., belastbaar land. Men telt er 101 h., bewoond door 190 huisges., uitmakende eene bevolking van 980 zielen, die allen in den landbouw hun bestaan vinden. Het land is tamelijk hoog en vruchtbaar, behalve de gewone landvruchten kweekt men hier ook: ajuin, aardakers en bovenal meekrap.

De Herv., die er 940 in getal zijn, onder welke 350 Ledematen, maken eene gem. uit, welke tot de klass. van *Brielle*, ring van *Sommelsdijk* behoort. — De eerste, die hier het leeraarambt heeft waargenomen, was Arnoldus Gillesz. Timmerman, die in het jaar 1586 herwaarts kwam, en in 1593 opgevolgd werd door Philippus Lowich. Onder de hier gestaan hebbende Predikanten verdient melding Sigibertus Havercamp van 1710—1720, in welk laatste jaar hij als Lector in de Grieksche taal naar de Hoogeschool te Leyden werd beroepen, waar hij naderhand Hoogleeraar in de geschiedenis, welsprekendheid en Grieksche taal werd en den 25 April 1742 overleed. Het beroep is eene collatie van den Ambachtsheer.

De 40 R. K., die men er aantreft, worden tot de stat. van *Middelharnis-en-Sommelsdijk* gerekend. — Men heeft in deze gem. eene school, welke gemiddeld door een getal van 90 leerlingen bezocht wordt.

In het jaar 1395 heeft Aleid, Vrouw *van Putten* enz., verkocht aan Jan van Heenvliet, haren neef, tot een eigen vrij goed, eene uitgors, gelegen in het land van Putten en geheeten *die Stat*. Deze gors werd in het jaar 1410, door Jan, Ridder, Heer *van Heenvliet en van der Capellen*, ten geschenke gegeven aan den Prior en het konvent van het reguliere klooster te Rugge, bij Brielle, voor hun eigen vrij goed, *puyrliken om Goids willen in rechter aelmissen ende om Salicheyt onser Zielen en alle onze ouders* enz. Het klooster van Rugge werd in dit bezit gehandhaafd door eenen bevestigingsbrief van Jacob, Heer *van Gaasbeek*, *Putten* enz., in het jaar 1420. Met vergunning van Keizer Maximiliaan werd deze gors in 1527 bedijkt, door Andries van [illegible], te dien tijde Baljuw van Brielle, welke haar gekocht had van het Begijnen klooster van Brugge. Uit het geslacht van [illegible] schijnt die heerl., voor of in het jaar 1668, gekomen te zijn in het geslacht van V[illegible]; in het begin der vorige eeuw in dat van [illegible], en in het jaar 1750 in dat van van B[illegible], waarbij het nu nog [illegible] wordt, zijnde nu nog Heer van Stad aan 't Haringvliet, de Heer [illegible] V[illegible], Baron van B[illegible] van de Groote Lindt, [illegible] en Stad aan 't Haringvliet, woonachtig te Amsterdam.

Het d. Stad aan 't Haringvliet ligt 4 u. Z. Z. O. van Brielle, 1½ u. O. ten Z. van Sommelsdijk. Men telt er 90 h. en ongeveer 700 inw.

Het d. is net gebouwd en aangenaam gelegen aan het Haringvliet. Men vindt hier eene haven met twee [illegible], welke vroeger werd be-[illegible] door [illegible], [illegible] met wijn en kastanjes, en [illegible] de [illegible] [illegible].

Het raadhuis dient tevens tot school en onderwijzerswoning. Het is een eenvoudig, doch net gebouw. — De Herv. kerk is een vrij [illegible] langwerpig vierkant gebouw, met een klein torentje, doch zonder orgel.

Bij de kaai staat een sterk vierkant gebouw, de Redoute genoemd, met onderscheidene schietgaten voor klein geweer. Vroeger diende het in oorlogstijd tot een wachthuis en werd door de burgers bewaakt. In het onderste gedeelte is de gevangenis.

Tot gemak der inwoners vaart van hier elken Zondag een beurtschip naar Rotterdam. — Men heeft er ook een distributiekantoor voor de brievenposterij.

De kermis valt in den dag na St. Jan.

Het wapen bestaat uit een veld van goud met twee fascen van keel.

STAD-AARDENBURG (OUDE-), streek lands, in *Staats-Vlaanderen*, in *Aardenburger-Ambacht*, prov. *Zeeland*, arr. *Middelburg*, kant. en distr. *Sluis*, gem. *Aardenburg*; palende N. aan de stad Aardenburg en den Izabelle-polder, O. aan den Izabelle-polder en Beooster-Eede, Z. aan laatstgenoemden polder, W. aan de Eeder-vaart, die het van den Praat-polder, een onderdeel van Bewester-Eede-benoorden, scheidt en ook aan de stad Aardenburg; terwijl zij die stad als eene halve maan insluit, en de buitenwijk daarvan uitmaakt.

De kadastrale grootte is, zonder den Eecloosche-watergang, 53 bund. 30 v. r. 70 v. ell., waaronder 50 bund. 86 v. r. 40 v. ell. belastbaar land. Men telt er 6 h., waaronder 2 boerderijen. Het land ontlast het overtollige water gedeeltelijk in Beooster-Eede, gedeeltelijk in den Izabelle-polder.

Deze grond wordt beheerd door het stedelijk bestuur van Aardenburg en behoorde oudtijds tot het bebouwde gedeelte dier stad. Daarin stond de prachtige Mariakerk, met marmeren pilaren, in de zevende eeuw door Eligius gesticht; op het einde der negende eeuw door de Noormannen verwoest; in het begin der tiende eeuw herbouwd; in de dertiende vernieuwd, hebbende een kapittel van 16 Kanunniken; in de zestiende eeuw zeer geschonden en in de zeventiende eeuw afgebroken. Ook vond men er, in de dertiende eeuw, op de Pestweide een gasthuis, aan den H. Johannes gewijd, het St. Janshuis genoemd (1); daar naast was een klooster, later het Beggijnhof, dat in 1499 veranderd

(1) Het latere St. Janshuis staat binnen de tegenwoordige stad, op den hoek der *Oude-Kerkstraat*.

werd in een klooster van Zusters van den derden regel van den H. Franciscus *de poenitentia*.

In 1324 werd de oude stad met eenen dubbelen wal omringd, en in 1385 werd de Zuidpoort door den Graaf nog versterkt tegen de aanvallen der Gentenaars. In 1580 besloot het Vrije, toen nog te Brugge, de stad Aardenburg en dus ook dit gedeelte te ontmantelen; doch Prins Maurits, den 12 Mei 1604, te Aardenburg gekomen, liet de wallen weder herstellen. Tegen het einde van het bestand, in 1620, begreep men evenwel, dat de vesting te uitgebreid was en werd de stad Aardenburg op hare tegenwoordige grootte versterkt, waardoor dit deel buiten de wallen viel. Den 5 Mei 1625 werd het bevel ontvangen, om de Mariakerk, waarvan nog een gedeelte door de Hervormden gebruikt werd, met hare beide torens en overig muurwerk, af te breken, vermits zij voor de nieuwe wallen gelegen was; terwijl, den 5 October van dat jaar, de Algemeene Staten de Regering der stad magtigden, om, gedurende vijf jaren, eene belasting op het bier te heffen tot het herstellen der vervallen, thans nog bestaande, St. Baafkerk, binnen de nieuwe vesting gelegen, tot vervanging der Mariakerk. Binnen den omtrek der oude stad waren toen twee forten gelegen, het eene genaamd Kijkuit, bij de, in den aanval van 1672 bekende, Smeedjesbrug, en het fort Grootendorst, aan de Eeder-vaart, die nog op eene kaart van 1674 gevonden worden. Van de oude wallen en de later daarin bestaan hebbende forten zijn de sporen en overblijfselen nog te zien. Van de straten, die de oude stad doorsneden hebben, kent men nog de Vleeschhouwersstraat, ook het Mauritsdreefje genoemd, de Bogerdstraat, de Akkerstraat en de Heerenweg; van de pleinen weet men alleen nog aan te wijzen de Paardenmarkt en het Mariakerkhof.

STADBROEK, geh., voorheen tot het bert. *Gulick* behoord hebbende, thans prov. *Limburg*, arr. en 4 u. N. N. O. van *Maastricht*, kant., gem. en 8 min. N. O. van *Sittard;* met 38 h. en 180 inw.

STAD-DER-BATAVIEREN, plaats, welke men bij Tacitus vermeld vindt, en volgens het meest algemeene gevoelen gelegen was, ter plaatse, waar nu Nijmegen gevonden wordt.

STAD-EN-LANDE, prov. van het voormalig gemeenebest der *Vereenigde Nederlanden*, welke nu Groningen heet. Zie Groningen.

STADHUIS, wijk in *Oost-Indië*, op het *Sundasche* eil. *Java*. Het is eene der vier en twintig wijken der stad *Batavia*.

STADLOHNSCHE-BEEK (DE), beek, welke bij Stadlohn in de Pruissische prov. *Rijnland* ontspringt, westwaarts loopende, bij Odink in de prov. *Gelderland* komt, en zich in de *Slink* ontlast.

STADSBOSCH (HET), dennenbosch op den *Veluwenzoom*, prov. *Gelderland*, gem. *Arnhem*, eene oppervlakte beslaande van 98 bund.

STADS-EN-GODSHUIS-POLDER (DE), pold. in *Amstelland*, prov. *Noord-Holland*, arr., kant. en gem. *Amsterdam;* palende N. aan het Tuinpad en het Kwakersdijkje, O. aan de stad Amsterdam, Z. aan de Overtoomsche-vaart, W. aan de Kostverloren-vaart.

Deze pold. wordt door eenen molen, op de Kostverloren-vaart, van het overtollige water ontlast. Het polderbestuur bestaat uit vijf Poldermeesters en eenen Secretaris, die tevens Penningmeester is.

STADS-HAMRIK (OOSTER-EN-WESTER-), waarvan het zuid- en westelijk gedeelte oudtijds heette Schwerderwolde, streek gronds, gedeeltelijk onder de stad en gedeeltelijk in het *Westerkwartier*, gedeeltelijk in *Hunsingo*, prov. *Groningen*.

Om zich een juist denkbeeld te vormen van deze beide Hamrikken, moet men zich verplaatsen in den tijd, toen de Hunse nog haren alouden loop had, en alzoo van het punt, waar zij thans in het Winschoter-diep komt, omstreeks de Roode-haan, tot aan Wierum, op zekeren afstand ten O. en N. om de stad Groningen heenvloeide: want deze Hamrikken, het Ooster geheel, en het Wester ten deele, hadden eene afwatering in de Hunse, die de oost- en noordelijke grenzen uitmaakte, en in welke ook de toen oostelijk van dien stroom gelegen Gooregter dorpen, Engelbert, Middelbert en Noorddijk, afstroomden. Toen echter de stad de Hunse haren ouden loop ontnam en langs de stadsmuren bragt, waarschijnlijk in het laatste gedeelte der veertiende of in de eerste jaren der vijftiende eeuw, geraakten, zoo wel de beide Hamrikken, als de genoemde dorpen hunne afwatering kwijt en moesten daarmede een goed heenkomen zoeken. Dit gaf aanleiding, dat Engelbert en Middelbert in 1370 in het zijlvest der Drie-Delfzijlen, Noorddijk in 1408 in het Winsumer-zijlvest, het Ooster-Stads-Hamrik in 1424 en het Wester-Stads-Hamrik in 1434 in het Scharmer-zijlvest der Drie-Delfzijlen werden ingelaten, alsmede, ten N. der stad, Selwerd en de Paddepoel in 1430, en het Wierumer-Hamrik in het Aduarder-zijlvest (1).

De Ooster- en Wester-Stads-Hamrikken zijn van eenen hoogen ouderdom en komen reeds in de vroegste charters van de stad Groningen en haren omtrek voor. Ieder Hamrik stond onder een eigen bestuur, wel, volgens een charter van 1386, onder Oldermans en Dijkregters, en die door de buren of ingelanden werden gekozen; naderhand onder Scheppers. Deze beide Scheppers werden, ieder in een Hamrik, door de buren (hebbende elke zes grazen ééne stem) tot in 1822, zoo wij meenen, zelve aangesteld, maar zijn sedert, op hunne voordragt, door den Koning benoemd. Het is moeijelijk uit de inlatingsbrieven op te maken, waar de scheiding tusschen de beide Hamrikken eertijds gelegen was, doch het komt ons, naar aanleiding van den brief van 1434, waarschijnlijk voor, dat de Aa, thans het Hoornsche-diep genaamd, oudtijds ten N. der stad bij het Kortingshuis, dat digt bij het klooster van Selwerd heeft gestaan, oostelijk langs liep, en daar omstreeks in de Hunse viel, uitmakende alzoo de Aa de natuurlijke scheiding tusschen de beide Hamrikken; gelijk de zelfde rivier de Aa, ten Z. der stad, er ook steeds de scheiding van is blijven uitmaken. In de inlatingsbrieven schijnt de Aa voor te komen onder den naam van Westerdiep en de Hunse onder dien van Oosterdiep. Uit dezen loop der Aa, ten N. der stad, schijnt te volgen, dat Selwerd en de Paddepoel, westelijk van dien loop gelegen, moesten uitwateren naar Aduarder-zijl en door de verlegging der Hunse, destijds door middel van eene grondpomp het water derwaarts moesten brengen. Ten aanzien van de inlating van het Wester-Stads-Hamrik naar de Drie-Delfzijlen, ontstaat er grootere zwarigheid, maar, hoe dit ook zij, zeker is het, dat oudtijds een gedeelte van dit Hamrik, onzeker dan welk gedeelte, misschien het land om Adorp gelegen, uitwaterde in de Hunse, en dat dit tot de inlating aanleiding gegeven heeft. Thans echter loopen de grenzen van het Wester-Stads-Hamrik aldus: ten N. der stad langs den dijk van het Reitdiep tot op een half uur van de stad, ter plaats, alwaar het zoogenaamde Zijlvester-Schut staat; ten Z. der stad, langs den Hoornsche-dijk, tot aan Paterwolde, waar het huis van den Heer

---

(1) Alle de hier genoemde inlatingsbrieven staan in de *Mon. Gron.* van Driessen, bl. 261-284.

Hoornebrakes staat; en ten W. van de stad tot aan het Molen-maar, dat van de tweede rondpaal tot aan de Vinkhuizen loopt, en tot aan den Legeweg. De uitwatering van het geheele Westen-Stads-Hamrik is thans in het Peizer-diep en het Aduarder-diep, en ontlast zich dus in het Aduarder-zijlvest, zonder dat er eenig water meer afstroomt naar de Drie-Delfzijlen.

De grenzen van het Oosten-Stads-Hamrik loopen buiten de Kraanpoort, langs den regteroever van het Reitdiep tot aan zeker schouwbaar kaadijkje ten N. van de stad, dat de scheiding uitmaakt tusschen de gemeente Groningen en Adorp; voorts langs dat dijkje en wijders langs de grenzen van Noorddijk tot Ooster-Hoogerbrug, van daar langs den ouden Hunsedijk tot het trekpad; verder langs de grenzen van het Helper-Hamrik naar het Hoornsche-diep, zoo echter, dat de landen tusschen de Meeuwert en het Hoornsche-diep, hoezeer oudtijds waarschijnlijk wel tot het Oosten-Stads-Hamrik hebbende behoord, geen schot betalen, omdat zij uitwateren in de stadsgracht en het Hoornsche-diep, en niet naar de Drie-Delfzijlen. Van dien aard zijn er ook gronden ten Z. van den Meeuwert, die geen schot betalen, omdat zij afwateren in het Winschoter-diep, misschien wel ten gevolge van den aanleg der nieuwe werken.

STADSKAMP, veld in het *Gooiland*, prov. *Noord-Holland*, 5 min. N. W. van *Naarden*.

Het behoorde vroeger aan de stad Naarden, doch is voor vele jaren publiek verkocht en thans particulier eigendom.

STADS-KANAAL (HET), kanaal in het *Oldambt* en *Westerwolde*, prov. *Groningen*.

De stads Regering besloot, in 1765, om een kanaal te laten graven, te beginnen omstreeks het verlaat van de Boven-Wildervank, in de nabijheid van Bareveld, dat op de grenzen van en in Drenthe is gelegen en wel in eene zuidoostelijke rigting, niet ver van en parallel met de Semslinie. Het doel was alleen, om het veen, dat nog onder de Wildervank en de Pekela lag, te vergraven en de landen te ontginnen, en misschien ook om aan de eigenaren der aangrenzende Drenthsche veenen van Gieten, Bonnen en Gasselte mede eene gelegenheid daartoe aan te bieden, en te leiden door de stads wateren naar de stad. In verband met Ter-Apel en den handel, langs dien weg, met Munsterland, schijnt het ons toe, dat de onderneming niet gestaan heeft, hoezeer het oog der vroegere stads Regering van Groningen gewoon was eenen schranderen blik in de toekomst te werpen, en het haar nimmer ontbrak aan die levenskracht, welke tot het uitvoeren van groote ondernemingen vereischt wordt. Men begon het kanaal in het jaar 1766 of 1767, staakte den verderen aanleg in 1800, maar hervatte dien weder in 1818, ten gevolge van een convenant van den 17 Mei 1817, aangegaan tusschen de stad Groningen en eenige Drenthsche markten van het Oostermoer en Zuidenveld, zijnde die van Eext, Gieten, Bonnen, Gasselter-Boerveen, Gasselter-Nijveen, Drouwen, Buinen, Exloo en Valthe, welke markten eene onafzienbare uitgestrektheid veenen aldaar hadden liggen, en dezen niet aan de sneè konden brengen, noch haren turf en goederen afvoeren, dan langs dit kanaal. Was het eerste plan om het kanaal te graven tot waar de Barkela-sloot op de Semslinie valt, zoo werd nu, met verlating van de rigting der Semslinie, op de graving veel verder voortgezet. Immers moeten er thans jaarlijks nu 75 oude roeden of ongeveer 31 Ned. roeden verder worden opgegraven, zoo dat, van de Boven-Wildervankster brug af gerekend, het kanaal nu reeds eene lengte heeft van ruim 1600 Ned. roeden of ongeveer drie uren gaans. Het loopt op en langs de grenzen der gemeenten Wildervank en Onstwedde, in eene regte lijn, tot omstreeks 1225 Ned. roeden, als wanneer het kanaal eene zuidwaartsche wending neemt, ter lengte van ongeveer 80 Ned. roeden, om zich dan weder naar het Zuidoosten te wenden en zijne oude rigting, welke naar Ter-Apel loopt, te hernemen.

Er liggen thans reeds vier verlaten of sluizen in het Stads-Kanaal. Het eerste verlaat, gebouwd in 1789, ligt in de vijfde 100 Ned. roeden; het tweede, in 1828 gemaakt, in de achtste 100 Ned. roeden, het derde, in 1819 aangelegd, in de elfde 100 Ned. roeden, en het vierde, dat van 1841 is, in de vijftiende 100 Ned. roeden. Het tweede verlaat werd gelegd op verlangen van de Drenthsche en Veenhuizer veengenooten, ten einde gemakkelijker en goedkooper hunne veenen te kunnen aanleggen.

Ieder der opgenoemde markten heeft éénen mond in het kanaal, behalve Gieten, dat twee monden heeft, gelijk ook Exloo en waarschijnlijk Valthe, er twee zullen bekomen. Dit alles is bij het convenant geregeld.» Uit dezen aanleg is reeds ontstaan een dorp, genaamd het Nieuwe-Stads-kanaal. Zie het volgende art.

De verhuringsconditiën der veenen in Sappemeer en Foxhol, van den 8 December 1628, zijn in alle stads veenkolonien, met kleine wijzigingen naar de plaatselijke omstandigheden, steeds gevolgd, ook in de verhuring der veenplaatsen, gelegen ten N. O. van het Nieuwe-kanaal, en loopende tot aan de Barkela-sloot, uitwijzende de voorwaarden daarvan, op den 16 Junij 1783, door den druk bekend gemaakt. Thans geeft de stad er eene groote menigte heemsteden, na eerst het dalland tot vruchtbaar land te hebben gemaakt, in altijddurende erfpacht uit, en wel op algemeene voorwaarden, gearresteerd den 27 November 1834 en gedrukt uitgegeven.

De geheele weg, tot aan de eerste zijdwending van het kanaal, is reeds met boomen beplant, en op elke 100 Ned. roeden is een blaauw hardsteenen paaltje, met het nummer der honderdtallen roeden, geplaatst.

Er vaart ook geregeld eene trekschuit van het Stads-Kanaal naar Groningen en terug, waarvan het reglement, van den 19 October 1835, is gedrukt. En thans (Sept. 1847) zijn de Besturen van Groningen en Borger, in Drenthe, voornemens eene trek- en pakschuit tusschen die beide plaatsen aan te leggen, wordende over het reglement en de vrachtlijst, beide reeds ontworpen, beraadslaagd.

Waarschijnlijk zal binnen kort ook een beurtschip tusschen Amsterdam en het Stadskanaal worden aangelegd.

STADSKANAAL (NIEUW-), veenkolonie in het *Oldambt* en *Westerwolde*, prov. *Groningen*, arr. *Winschoten*, gedeeltelijk kant. en 4½ u. Z. W. van *Winschoten*, gem. en 1¼ u. Z. W. van *Onstwedde*, gedeeltelijk kant. en 5¼ u. Z. van *Zuidbroek*, gem. en 1 u. Z. O. van de *Wildervank*.

Hoezeer met den aanleg dezer veenkolonie eerst in het laatst der vorige eeuw begonnen is, zoo bevat zij reeds 475 h. en 2850 zielen. In 1818 telde men er nog geen 600 en in 1828 omstreeks 1400 zielen.

De huizen doen zich eerst op 1 u. afstands van de Wildervank voor en strekken zich voorts 2 u. langs de vaart uit. De bodem is wel, maar niet zoo veel als andere veenkoloniën, doorsneden met wijken. De grond bestaat er meestal uit hoog veen. De afgegravene gronden of dallanden worden met stadsstraatvuilnis tot vruchtbaar bouw- en weiland bereid. Men houdt dit oord voor bijzonder gezond. De kolonie is zeer bezienswaardig. De inwoners vinden meest in de veenderij en den landbouw hun bestaan. Ook heeft men er 3 scheepstimmerwerven, 1 steenfabriek, 2 bierbrouwerijen, 1 aardappelen-moutwijnstokerij, 2 lijnbanen, 1 houtzaag- en rogmolen en 1 rog- en oliemolen.

De Herv., die er 2500 in getal zijn, onder welke 350 Ledematen, behoorden vroeger tot de gem. *Onstwedde* en *Wildervank*, maar maken, sedert het jaar 1830, eene afzonderlijke gem. uit, welke tot de klass. en ring van *Winschoten*, behoort. De eerste, die in deze gem. het leeraarambt heeft waargenomen, is geweest Jan Sonius Swaagman, die in het jaar 1831 herwaarts kwam, en er nog in dienst is. De kerk, zijnde een eenvoudig en net gebouw, zonder toren of orgel, is, even als de pastorij, met eene stads bijdrage van 4000 guld. gebouwd en werd den 31 October van dat jaar ingewijd door den Consulent Abraham Oosterzee, Predikant te Onstwedde, bij welke gelegenheid ook de eerste kerkeraad dezer nieuwe gemeente bevestigd werd. Op de school, bij de kerk, is de klok geplaats van Ter-Apel, gegoten in 1805, en vandaar overgebragt in 1816.

De Christelijke Afgescheidene gemeente, meest bestaande uit leden van de naburige Drentsche veenkoloniën, heeft in het jaar 1844 aldaar eene kerk en leeraarswoning gesticht.

De R. K., van welke men er 220 aantreft, behooren tot de stat. van *Pekela* en *Schaapsberg*.

Men heeft er drie scholen, waarvan de eene in 1816, door de stad Groningen; de tweede in 1842, door de gem. Onstwedde, met eene stads bijdrage van 1000 guld., en de derde in 1843, door de gem. Wildervank, met eene stads bijdrage van 400 guld., gesticht zijn. Deze scholen worden gezamenlijk gemiddeld door een getal van 400 leerlingen bezocht.

STADS-POLDER, pold. in *Noord-Beveland*, prov. *Zeeland*, arr. *Goes*, kant. en gem. *Kortgene*; palende N. O. aan den Oud-Kortgenepolder, O. aan den Adriaan-polder, Z. aan het haventje van Kortgene, Z. W. aan den Willem-Adriaan-polder, W. aan den West-polder.

Deze pold., welke in het jaar 1681 bedijkt is, beslaat, volgens het kadaster, eene oppervlakte van 44 bund. 54 v. r. 90 v. ell., alles schotbaar land; telt 5 h., zijnde alle boerderijen, en wordt door twee sluizen, in de haven van Kortgene, van het overtollige water ontlast. Het polderbestuur bestaat uit eenen Dijkgraaf, eenen Gezworene en eenen Penningmeester.

STADS-POLDER (DE), pold. in den *Biesbosch*, prov. *Zuid-Holland*. Zie Dordrecht (Stads-polder-van-).

STADSPOLDER (DE) of Groninger-polder, pold. in het *Oldambt*, prov. *Groningen*, arr. en kant. *Winschoten*, gem. *Beerta*; palende N. W., N. en N. O. aan de buitenlanden tegen den Dollart, O. aan het Wijmeerster-diep, dat dezen polder van Hannover scheidt, Z. W. aan den Kroon-polder.

Deze pold., welke in het jaar 1740 bedijkt is, beslaat, volgens het kadaster, eene oppervlakte van 427 bund. 77 v. r. 60 v. ell., waaronder 423 bund. 10 v. ell. schotbaar land; telt 10 h., waaronder 8 boerderijen, en wordt met eenen molen, door de Stadspolder-zijl, naar den Dollart van het overtollige water ontlast. De polder ligt gemiddeld op 0.44 ell. beneden volzee. Het polderbestuur bestaat uit

brug af
1600
de grei
lijn,
zuidw.
om z
ting.
Er
eerst
het
derd
vier
twe
huiz
vee
bel.
sch
ve

... ren nog kerkelijk onder Fin-

..., voor rekening der gem., een ... reen-polder, beide in ver- ... naar de Hannoversche grenzen. ... dezen polder door de Regering ... beloop der bedijkingskosten uit ... door voor eigene rekening ... naar Amsterdam en Rotterdam ... vindt men het naauwkeurigst ... het Groninger Beklemregt, D. II.

..., prov. *Zuid-Holland*, arr. en

...GEN-OP-ZOOM (HET), onbeheinde ...-Zoom, prov. *Noord-Braband*, arr. ...-Zoom; palende N. aan de haven van ... van Bergen-op-Zoom, Z. aan de ...schans.

... 1587 bedijkt is, beslaat, volgens het ... 6 bund. 19 v. r. 20 v. ell., waarvan ... schotbaar land; wordt door eenen ... uitwatertje voorzien, wijd in den dag ... haven van Bergen-op-Zoom, van het ... door middel van een sluisje geinun- ... uit de Zoute-gracht der vesting Bergen- ... wordt uitgeoefend door Burgemeester en ...Zoom.

... in het *Oldambt*, prov. *Groningen*, gem. ... dienende om den Stads-polder op den Dol- ... te ontlasten.

... de hoogte van den slagbalk is 2.40 ell.

... *West-Indië*, op het eil. *Curaçao*, W. van

... water in het *Nederkwartier* der prov. ... van de Vecht, westwaarts naar den

...STADTBREDIMUS, voorm. heerl. in het hert. ... tot het grooth. *Luxemburg* behoorende, ... het balj. van *Remich-en-Grevenmacher* ... het voorm. keurvorstendom *Trier* bepaald. ... in twee deelen gescheiden, waarvan ... tot het grooth. *Luxemburg* en dat op den ... prov. *Rijnland*, regeringsdistr. *Trier* gere-

... d. Stadtbredimus, niets dan enkele ... en was in vroegere eeuwen een leen van ... het Oostenrijksche bestuur over Luxemburg ... en 8 den. aangeslagen op elke 1000 flor. ... in het balj. van *Remich-en-Grevenmacher*, ... *Luxemburg*, arr. *Luxemburg*, kant. *Re-* ... palende N. aan de gem. Lenningen, O. aan ... W. aan Bons en Wald-bredimus.

Deze gem. bevat de d. Stadtbredimus en Greveldingen, benevens de geh. Bucherhoff en Huttermuhl. Men heeft er zeer goede gemeentewegen en 3 korenmolens, en telt er 220 h. en 1350 inw., die meest in den ooft- en wijnbouw hun bestaan vinden.

De inw., die alle R. K. zijn, maken eene par. uit, welke tot het vic. apost. van *Luxemburg*, dek. van *Remich*, behoort, en eene kerk te Stadtbredimus en eene kapel te Greveldingen heeft, waarvan de kerk door eenen Pastoor en de kapel door eenen eigen Kapellaan bediend wordt.

Het d. Stadtbredimus ligt 4 u. O. Z. O. van Luxemburg, ¼ u. N. van Remich, ruim 3½ u. Z. van Grevenmacher, aan de Moezel, ter plaatse, waar deze de Ausburg opneemt. Men telt er, in de kom van het d., 96 h. en 600 inw.

STAD-VAN-GERWEN, bij verkorting veelal enkel Stad of ook wel Staart genoemd, geh. in de *Meijerij van 's Hertogenbosch*, kw. *Peelland*, prov. *Noord-Braband*, *Derde* distr., arr. en 1½ u. N. N. O. van *Eindhoven*, gedeeltelijk kant. *Eindhoven*, gem. *Son-en-Breugel*, 40 min. O. van *Son*, ½ u. O. ten Z. van *Breugel*, waartoe dit deel gerekend wordt, gedeeltelijk kant. en 2 u. W. N. W. van *Helmond*, gem. *Nunen-Gerwen-en-Nederwetten*, ¼ u. N. N. W. van *Gerwen*, waartoe dit gedeelte behoort.

STAD-VAN-ORDUINEN (DE) en NIEUWE-STAD-BIJ-ORTDUINEN, namen, welke men wil dat de stad *'s Hertogenbosch*, prov. *Noord-Braband*, vroeger gevoerd heeft. Zie Hertogenbosch ('s).

STADWIJK, buit. op het eil. *Goedereede-en-Overflakkee*, prov. *Zuid-Holland*, arr. en 3 u. Z. Z. W. van *Brielle*, kant. en 2½ u. W. N. W. van *Sommelsdijk*, gem. *Goedereede*.

STADWIJK, buit. in *Rijnland*, prov. *Zuid-Holland*, arr., kant. en ½ u. O. van *Leyden*, 1 u. N. O. van het d. *Soeterwoude*.

Dit buit. beslaat eene oppervlakte van 4 bund. 46 v. r. 47 v ell., en wordt thans in eigendom bezeten door den Heer P. A. Borger, Predikant te Amerongen. Op dit buit. is den 27 Augustus 1846 overleden Godefridus Johannes Schacht, Theol. Doctor en rustend Predikant te Leyden.

STADWIJK, buit. in *Amstelland*, prov. *Noord-Holland*, arr., kant., gem. en 10 min. Z. van *Amsterdam*, aan den Amstel.

STADWIJK, buit. in *Schieland*, prov. *Zuid-Holland*, arr., kant. en 20 min. O. van *Rotterdam*, gem. en 5 min. N. O. van de kerk van *Kralingen*, aan de Kortekade.

Deze buit. beslaat eene oppervlakte van ongeveer 21 v. r., en wordt in eigendom bezeten en bewoond door den Heer Adrianus Bokkens.

STADWIJK, buit. in *Schieland*, prov. *Zuid-Holland*, arr., kant. en 10 min. N. O. van *Rotterdam*, gem. en 10 min. N. W. van de kerk van *Kralingen*, aan den Oudendijk.

Deze buit. beslaat eene oppervlakte van 2 bund. 87 v. r., en wordt in eigendom bezeten en bewoond door Mevr. de wed. R. Varkevisser.

STAELBRINK, plaats in *Zalland*, prov. *Overijssel*. Zie Staalbrink.

STAERUM, oude naam van de st. Stavoren, prov. *Friesland*, kw. *Westergoo*. Zie Stavoren.

STAET, geh. in het graafs. *Horne*, prov. *Limburg*. Zie Staats.

STAF-AHON, verl. houtgr. in *Nederlands-Guiana*, kol. *Suriname*, aan de *Boven-Saramacca*, ter regterzijde in het afvaren; palende bovenwaarts aan den kostgrond Izaäks-hoop, benedenwaarts aan den verl. houtgr. Emesborn; 1500 akk. groot.

STAF-ARONS, voorm. houtgr. in *Nederlands-Guiana*, kol. *Suriname*, aan de *Suriname*, ter linkerzijde in het afvaren; palende bovenwaarts aan den houtgr. Goede-Vrede en Co, benedenwaarts aan den verl. houtgr. Egypte, waarmede hij thans vereenigd is; vroeger D'ARPAS geheeten. De Negers noemen hem TOKKAKA.

STAF-ARONS, chir. etablissement in *Nederlands-Guiana*, kol. *Suriname*, aan de *Warappa-kreek*, ter linkerzijde in het afvaren; palende bovenwaarts aan de koffijplant. Kerkshoven, benedenwaarts aan de Matappica-kreek; 500 akk. groot; met 3 slaven. De Negers noemen haar POLAKKEN.

STAF-ARONS (KLEINE-), vroegere naam van den kostgr. VREDENLUST, in *Nederlands-Guiana*, kol. *Suriname*. Zie VREDENSLUST.

STAF-ARONS (PIKIEN-), naam, welken de Negers geven aan de katoenplant. ABIGABELLUST, in *Nederlands-Guiana*, kol. *Suriname*. Zie ABIGABELSLUST.

STAF-ARONS-EN-EGYPTE, houtg. in *Nederlands-Guiana*, kol. *Suriname*, aan de *Suriname*, ter linkerzijde in het afvaren; palende bovenwaarts aan den houtgr. Florentia, benedenwaarts aan den houtgr. de Goede-Vrede-en-Co.; met 5 slaven.

STAGHORST, b. in de *Meijerij van 's Hertogenbosch*, kw. *Oisterwijk*, prov. *Noord-Braband*. Zie HAAGHORST.

STAKENBEKE (DE), riviertje in *Twenthe*, prov. *Overijssel*, dat in *Berghuizen*, onder *Losser*, ontstaat, onder den straatweg van Hengelo naar Oldenzaal heen, in de gem. *Weerselo* loopt, en aldaar de GAMMELKERBEEK genoemd wordt.

STAKENBERG, heuvel op de *Over-Veluwe*, prov. *Gelderland*, gem. en 1 u. N. O. van *Ermelo*, in de buurs. *Leuvenum*, tusschen het Grootewater en het Huis-Leuvenum, in welke men onderscheidene urnen heeft opgedolven.

STALBRINK, plaats, in *Zalland*, prov. *Overijssel*. Zie STAALBRINK.

STALLINGWERR, oude naam van het lands. STELLINGWERF, prov. *Friesland*, kw. *Zevenwouden*. Zie STELLINGWERF.

STAMMER-DIJK (DE), dijkje in *Amstelland*, prov. *Noord-Holland*, gem. *Diemen-en-Diemerdam*, van de Vinkenbrug, in eene zuidoostelijke en oostelijke rigting, naar Weesp loopende. Het is de westelijke dijk van den *Stammer-polder*.

Dit dijkje dient om den Oude-Stammer-polder, den Oude-Kiekenpolder, den Oude-Gaasper-polder en den Lage-Wei-polder te beveiligen, en is mede de rijweg naar Weesp.

STAMMER-POLDER (DE OUDE-) of DE OUDE-STAMMERLANDSCHE-POLDER, pold. in *Amstelland*, prov. *Noord-Holland*, arr. *Amsterdam*, kant. *Weesp*, gem. *Diemen-en-Diemerdam*; palende N. aan den Muider-weg, O. aan den Oude-Sinnigveldsche-polder, Z. O. aan den Oude-Kiekenpolder, Z. W. aan de Weesper-vaart, W. aan de bebouwingen der Korte-Diem.

STAMPERS-GAT; ook wel STOUTERS-GAT genoemd, geh. in het markgr. van *Bergen-op-Zoom*, prov. *Noord-Braband*, *Vierde* distr., arr. en 4 u. W. ten N. van *Breda*, kant. en 1¼ u. N. W. ten W. van *Oudenbosch*, gem. *Oud-en-Nieuw-Gastel*, ¾ u. N. N. W. van *Oud-Gastel*.

Hier ter plaatse gaat de rijweg van Roosendaal naar de Klundert en Willemstad over de Dintel, door een pontveer, behoorende aan het Domein. Ook is hier een haventje op genoemde rivier.

STAMPERSHOEK-POLDER (DE), pold. in *Staats-Vlaanderen*, in het *Vrije-van-Sluis*, prov. *Zeeland*, distr. *Sluis*, arr. *Middelburg*, kant. en gem. *Oostburg;* palende N. aan den Groote-Henricus-polder, O. aan de oude vaart van Oostburg, die het van het Tweede deel van Prins-Willems-polder scheidt, Z. aan het geslechte fort Slikkenburg, W. aan den Groote-Henricus-polder.

Deze pold., welke in het jaar 1634 bedijkt is, beslaat, volgens het kadaster, eene oppervlakte van 39 bund. 5 v. r. 37 v. ell., waaronder echter ruim 6 bund., die verkeerdelijk ten titel van Stampershoek gesteld zijn, en welke eigenlijk tot het geslechte fort *Slikkenburg* behooren of een deel zijn der bijna gedempte grachten en contrescharps van den Hoogendijk van den Henricus-polder, die oudtijds eene borstwering had. De schotbare grootte is slechts 28 bund. 85 v. r. 71 v. ell. Men telt er 12 h., waaronder 1 boerderij, zijnde tevens het buitenverblijf van den Kantonregter Jacobus Risseeuw, en wordt door eene buis, op den Henricus-polder, van het overtollige water ontlast. Het polderbestuur bestaat uit eenen Beheerder.

Dit Stampershoek moet niet verward worden met **Stamperhoek**, dat in de geschiedenis van het beleg van Sluis, door Prins Maurits, van 1604, voorkomt; want dit lag naar den kant van Damme, in *West-Vlaanderen*, thans *België*.

STAMPROY, gem. in het vorst. *Thorn*, prov. *Limburg*, arr. *Roermond*, kant. *Weert* (9 k. d., 14 m. k., 4 s. d.); palende W. en N. aan de gem. Weert, N. O. en O. aan Ell en Hunsel, Z. O. aan de Belgische gem. Molen-Beersel, Z. W. aan de gem. Beek en Bocholt.

Deze gem. is verdeeld in vijf geh. of rothen, als: Torenroth of Dorproth, zijnde de kom der gem., Bergerroth, Brijvensroth, Hefferroth en Molenbroekroth. Zij beslaat, volgens het kadaster, eene oppervlakte van 1124 bund. 33 v. r. 65 v. ell.; telt 229 h., bewoond door 239 huisgez., uitmakende eene bevolking van 1280 inw., die meest in den landbouw hun bestaan vinden.

De inw., die allen R. K. zijn, onder welke 950 Communikanten, maken eene par. uit, welke tot het apost. vic. van *Limburg*, dek. van *Weert*, behoort, en door eenen Pastoor en eenen Kapellaan bediend wordt.

Er is in deze gem. eene school, welke somers gemiddeld door een getal van 70, 's winters door 130 leerlingen bezocht wordt.

Vóór de Fransche omwenteling behoorde deze gem. aan de Vorstin van Thorn, die de kerk voor het grootste gedeelte moest onderhouden.

Het dorp Stamproy ligt 4 u. W. ten Z. van Roermond, 1¼ u. Z. ten O. van Weert en zeer nabij de Belgische grenzen, zoo dat zelfs een gedeelte der daartoe behoord hebbende landen thans op Belgischen bodem ligt; zoo als het broek voor weiding der beesten, en Türven, met 2 huizen. Vóór den Franschen tijd schreef men den naam van dit d. altijd Straamproy, toen is de a er abusivelijk uitgelaten en nu schrijft men algemeen Stamproy. Men telt er, in de kom van het d., 68 h. en 380 inw.

De kerk, aan den H. Willibrordus toegewijd, is een half oud en in 1790, door de Vorstin van Thorn, half vernieuwd gebouw, met eenen hoogen spitsen toren en van een orgel voorzien.

De kermis valt in de maand October, Zondags vóór St. Lambertus.

Het wapen dezer gem. bestaat uit een beeld van den H. Willibrordus.

STANDAARBUITEN, gem. in het markgr. van *Bergen-op-Zoom*, prov. *Noord-Braband*, *Vierde* distr., arr. *Breda*, kant. *Zevenbergen*

(12 k. d., 17 m. k., 9 s. d.); palende N. en O. aan de gem. Klundert, Z. O. en Z. aan de Mark, die haar van Oudenbosch en Oud-en-Nieuw-Gastel scheidt, W. aan de Keen, waardoor zij van de gem. Fijnaart-en-Heyningen gescheiden wordt.

Deze gem. bestaat uit de pold.: het Oudeland-van-Standaarbuiten, het Nieuwland-van-Standaarbuiten of Mancia-Winter-polder, den Prins-Hendrik of Mancia-Zomerpolder, den Groote-Graaf-Frederiks-polder, den Kleine-Graaf-Frederiks-polder en den Maria-Anna-polder, benevens een gedeelte van de Keensche gorzen ten Zuiden van de Klundert, en bevat het d. Standaarbuiten, benevens de geh. de Kreek, Molendijk en Noordhoek. Men telt er 166 h., bewoond door 207 huisgez., uitmakende eene bevolking van ongeveer 1050 inw., die meest in den landbouw hun bestaan vinden; ook heeft men er 1 meestoof, 1 bierbrouwerij en 1 korenmolen.

De Herv., die er 80 in getal zijn, onder welke 45 Ledematen, maken eene gem. uit, welke tot de klass. van *Breda*, ring van *Willemstad*, behoort. De eerste, die in deze gem. het leeraarambt heeft waargenomen, is geweest Daniel Ketelaar, die in het jaar 1657 herwaarts kwam, en in het jaar 1649 naar Putten vertrok. Het beroep geschiedt door den kerkeraad.

De R. K., van welke men er 960 aantreft, onder welke 820 Communikanten, maken eene par. uit, welke tot het vic. apost. van *Breda*, dek. van *Bergen-op-Zoom*, behoort, en door eenen Pastoor bediend wordt.

Men heeft in deze gem. eene school.

Het d. Standaarbuiten, ook wel 't Zandbaarbuiten en Standdaarbuiten gespeld, ligt 3¼ u. W. ten N. van Breda, 1½ u. W. van Zevenbergen, aan de Mark, waarover hier een pontveer is, toebehoorende aan het Domein, in den rijweg van de Klundert op Oudenbosch gelegen. Ook heeft dit dorp eene haven op genoemde rivier.

De Herv. kerk, welke den 17 Junij 1810 is ingewijd, is een klein net gebouw, met eenen kleinen toren, doch zonder orgel. In het jaar 1838 werd door eenen ongenoemde aan deze kerk een fraai zilveren doopbekken geschonken.

De R. K. kerk, aan den H. Johannes *den Dooper* toegewijd, heeft eenen toren en is van een orgel voorzien. Ook hebben de R. K. hier eene eigen begraafplaats.

De kermis valt in den eersten Zondag in September.

STANDAARBUITEN (HET NIEUW-LAND-VAN-), onbehuisde pold. in het markgr. van *Bergen-op-Zoom*, prov. *Noord-Braband*. Zie Mancia-Winter-polder.

STANDAARBUITEN (HET OUDE-LAND-VAN-), pold. in het markgr. van *Bergen-op-Zoom*, prov. *Noord-Braband*, arr. *Breda*, kant. *Bergen-op-Zoom*, gem. *Standaarbuiten*; palende N. en O. aan den Bloemendaalsche-polder, Z. aan de voorgronden tegen de Mark en Prins-Hendrik-polder, W. aan Prins-Hendrik-polder en het Nieuwland van Standaarbuiten of Mancia-Winterpolder.

Deze pold., welke in het jaar 1521 bedijkt is, beslaat, volgens het kadaster, eene oppervlakte van 820 bund. 70 v. r. 37 v. ell., waaronder 818 bund. 61 v. r. 2 v. ell. schotbaar land. In 1791 heeft men, ten einde door den Prins-Hendrik-polder onmiddellijk op de Mark te kunnen uitwateren, aan het benedeneinde van dezen en van den onderhavigen polder de tegenwoordig aldaar nog bestaande steenen sluizen gelegd; als: die in den dijk van Prins-Hendrik-polder, aan de Barlaak, wijd 2.20 ell., en die in den dijk van het Oude-Land-van-Standaarbuiten, bij Hagens, wijd 2.07 ell., beide voorzien van eene drijfdeur, welke echter van weinig nut zijn, en vermoedelijk meer tot inlating van water bij nadeelige droogten dan wel tot uitwatering dienen. Even boven het dorp ligt in den dijk een inwaterend sluisje, voorzien van eene schuif, wijd 0.57 ell. en eindelijk liggen in den Markdijk, beoosten Standaarbuiten, nog twee oude, van tijd tot tijd buiten gebruik geraakte en daarna in 1756 en 1792 respectivelijk gedempte, sluizen

Door de verlamming van de Mark, werd men in 1738 reeds genoodzaakt eenen watermolen te bouwen, welke nog bestaat, en als benedenmolen werkzaam blijft. De toenemende verhooging van den waterstand, in gemelde rivier, deed in 1817 besluiten tot het plaatsen van eenen tweeden of boven-watermolen, welke ook thans nog in werking is, doch ter zijde van dezen is een kanaaltje gegraven, waarin een wachter, wijd 1.47 ell. en voorzien van eene drijfdeur, ligt, omdat bij lagen Markstand, wanneer het werken van den benedenmolen alleen voldoende is, het water zoude kunnen afloopen. De bovenmolen heeft 23½ ell. en de benedenmolen 25½ ell. vlugt, terwijl van de schepraden welke respectivelijk 5.70 en 5.40 ell. over het kruis groot zijn, de schoepen breed zijn 0.40 en 0.41 ell. Vóór het bouwen van den tweeden molen heeft men de uitwatering van dezen polder trachten te verbeteren, door aan den noorderhoek eene sluis te leggen, waardoor het water, volgens voorafgegane overeenkomst met de directie der polders onder de Klundert, langs die plaats zoude worden ontlast. In het jaar 1800 werd deze sluis gelegd en men betaalde jaarlijks 600 guld. voor doorwatering, doch vermits het peil van doorloozing ras bleek onvoldoende te wezen, moest men, hoewel dit middel aanzienlijke kosten veroorzaakt had, in 1818 daarvan reeds afzien en gemelde sluis buiten gebruik stellen. Thans wordt het water van dezen polder twee hoog opgemalen en door bovenmolen, welke digt aan de rivier de Mark staat, onmiddellijk in dien stroom overgebragt. Somtijds echter is de benedenmolen alleen voldoende, welke alsdan het water door eenen, ter zijde van den boven- of buitenmolen geplaatsten, houten wachter op de Mark afvoert. De hoogte van het zomerpeil is 0.40 ell. onder A. P., die van het maalpeil 1.55 ell. van den bovenmolen en 0.45 ell. van den benedenmolen. Het polderbestuur bestaat uit een Dijkgraaf, tevens Penningmeester en Boekhouder, en twee Gezworenen.

In dezen polder, aan de zuidzijde, ligt het dorp Standaarbuiten.

Aan het boveneinde des polders, tegen de rivier de Mark, ligt het in 1770 bekade poldertje Zandbergen, groot 9 bund. 24 v. r. 80 v. ell., mitsgaders de Groote en Kleine, groot 29 bund. 51 v. r., benevens de in 1780 bekade Plaat, groot 19 bund. 10 v. ell. en eindelijk bij het dorp de, in 1770 bekade, Molen-polder, groot 10 bund. 98 v. r. 6 v. ell.

In 1837 werd de weg van Standaarbuiten naar Zevenbergen, alsmede die naar de Klundert, over den dijk van dezen polder strekkende, aanmerkelijk verbreed en verbeterd.

STANDHAILE, voorm. d. of plaats in den *Groote-Zuidhollandsche-waard*, nabij en Z. O. van het oude Drimmelen, welke bij den St. Elizabethsvloed van 1421 ondergeloopen is, en waarschijnlijk gelegen heeft, waar men thans het geb. Standhaze ziet.

STANDHAZE, geh. in de heerl. *Drimmelen*, prov. *Noord-Braband*, *Vierde* distr., arr. en 3 u. N. ten O. van *Breda*, kant. en 1¼ u.

N. ten W. van *Oosterhout*, gem. *Made-en-Drimmelen*, ½ u. N. ten O. van *Made*, 20 min. O. van *Drimmelen*, waartoe het kerkelijk behoort; met 7 h. en ruim 40 inw.

STANDVASTIGHEID, verl. plant. in *Nederlands-Guiana*, kol. *Suriname*, aan de *Nickeri*, ter linkerzijde in het afvaren; palende bovenwaarts aan de verl. plant. Nieuwe-Aanleg, benedenwaarts aan de koffijplant. Nieuwe-Aanleg; 770 akk. groot.

STANDVASTIGHEID, verl. plant. in *Nederlands-Guiana*, kol. *Suriname*, aan de *Tapoeripa-kreek*, ter regterzijde in het afvaren, palende bovenwaarts aan onuitgegeven bosschen en zwampen, benedenwaarts aan de verl. plant. Klein Oaverwacht. De Negers noemen haar STANVASTI of WICKIBASI.

STANGENAN, ood d. in *Oost-Indië*, op het *Sundasche* eil. *Java*, resid. *Krawang*.

STANIA, voorm. state, prov. *Friesland*, kw. *Oostergoo*, griet. *Achtkarspelen*, arr. en 5 u. O. ten N. van *Leeuwarden*, kant. en 2½ u. O. N. O. van *Bergum*, O. van *Buitenpost*, waartoe zij behoorde.

STANIA, voorm. state, prov. *Friesland*, kw. *Oostergoo*, griet. *Ferwerderadeel*, arr. en 5¼ u. N. O. van *Leeuwarden*, kant. en 1½ u. Z. van *Holwerd*, ½ u. N. O. van *Reitsum*, waartoe zij behoorde.

In het jaar 1439 woonde aldaar TACO STANIA. — Ter plaatse, waar zij gestaan heeft, ziet men thans twee boerenhofsteden, welke, met de daartoe behoorende gronden, in eigendom bezeten worden de eene door den Heer AART PETRUS HENRICUS KUIPERS, te Leeuwarden, en de andere door Vrouwe ADRIANA BERNARDINA TAIP, te Ysbrechtum.

STANIA, buit., prov. *Friesland*, kw. *Oostergoo*, griet. *Tietjerksteradeel*, arr. en 2 u. N. O. van *Leeuwarden*, kant. en 2½ u. N. W. van *Bergum*, 5 min. N. O. van *Oenkerk*.

Deze state, gesticht door een lid van het sedert lang uitgestorven geslacht STANIA, was in de vorige eeuw in geheel vervallen staat, maar is toen door den Heer HANS HENDRIK VAN HARINXMA, Grietman van Oost-Dongeradeel, van nieuws af opgebouwd, en met zulke schoone tuinen en plantaadjen voorzien, dat men het toen voor de fraaiste buitenplaats in de grietenij hield. Voor ongeveer vijf en twintig jaren, toen zij REINSTRIM geheeten was, is deze plaats door den Heer L. P. ROOSMALEN op de Engelsche wijze zeer schoon aangelegd, op kosten van den toenmaligen bezitter den Heer Mr. J. H. VAN BOELENS.

Zij beslaat, met de daartoe behoorende gronden, eene oppervlakte van ongeveer 12 bund., en wordt in eigendom bezeten en bewoond door den Heer T. M. T. LOOXMA.

STANIA-BUREN, b., prov. *Friesland*, kw. *Oostergoo*, griet. *Ferwerderadeel*, arr. en 5½ u. N. O. van *Leeuwarden*, kant. en 1½ u. Z. van *Holwerd*, ½ u. N. O. van *Reitsum*, waaronder zij behoort.

STANIA-LAND, streek lands, prov. *Friesland*, kw. *Oostergoo*, griet. *Achtkarspelen*, 20 min. O. van en onder het behoor van het d. *Buitenpost*, alwaar de voorm. state van dien naam gestaan heeft.

STANVASTI, naam, welken de Negers geven aan de verl. plant. STANDVASTIGHEID, in *Nederlands-Guiana*, kol. *Suriname*. Zie STANDVASTIGHEID.

STAP, geh. in de souvereine heerl. *Gemert*, prov. *Noord-Braband*, *Derde* distr., arr. en 4 u. N. O. van *Eindhoven*; kant. en 2 u. N. van *Helmond*, gem. *Gemert*.

STAPEL, geh. in *Dieverderdingspil*, prov. *Drenthe*, arr. en 9¼ u. Z. W. van *Assen*, judic. en adm. kant. en 1½ u. O. ten Z. van

Meppel, gem. en ½ u. O. van *de Wijk*, aan de Reest; met 35 h. en ruim 200 inw. — Hier is eene winterbijschool met 15 leerlingen.

STAPELEN (HET-HUIS-VAN-), kast. in de *Meijerij van 's Hertogenbosch*, kw. *Oisterwijk*, prov. *Noord-Braband*. Zie BOXTEL (HUIS-TE-).

STAPELBROEK, voorm. heerenhuis, thans boerenerf, in het graafs. *Zutphen*, prov. *Gelderland*, distr., arr. en 3 u. Z. O. van *Zutphen*, kant. en 2¼ u. N. van *Doetinchem*, gem. *Hengelo*.

STAPELHOFF, uitgebreide pachthoeve in het balj. van *Echternach*, grooth. *Luxemburg*, kw. en 3 u. N. W. van *Grevenmacher*, 2 u. Z. O. van *Diekirch*, kant. en 1½ u. Z. W. van *Echternach*, gem. *Consdorf*.

STAPERT, voorm. state, prov. *Friesland*, kw. *Westergoo*, griet. *Hennaarderadeel*, arr. en 2 u. N. W. van *Sneek*, kant. en 1½ u. N. O. van *Bolsward*, 5 min. ten Z. W. van *Wommels*, waartoe zij behoorde.

Op deze state werd in het jaar 1515 geboren de geleerde CYPRIANUS STAPERT VOMELIUS. Zijnde die state destijds het eigendom van het aanzienlijke geslacht van dien naam.

Ter plaatse, waar het gestaan heeft, ziet men thans boerenhuizing. De daartoe behoord hebbende gronden, beslaande eene oppervlakte van 17 bund. 16 v. r. 90 v. ell., worden thans in eigendom bezeten, door den Heer M. O. VELLINGA, woonachtig te Wommels.

STAPERT, geh., prov. *Friesland*, kw. *Westergoo*, griet. *Wymbritseradeel*, arr., kant. en 1 u. W. N. W. van *Sneek*, 20 min. O. ten Z. van *Nyland*.

STAPHORST, gem. in *Zalland*, prov. *Overijssel*, arr. en kant. *Zwolle* (5 k. d., 13 m. k., 6 s. d.); palende N. aan de gem. Kolderveen, Nijeveen, Meppel en de Drentsche gem. de Wijk, waarvan zij door de Reest en het Meppeler-diep gescheiden wordt, O. aan de gem. Avereest, Z. aan Nieuw-Leusen, W. aan Zwollerkarspel en Zwartsluis.

Deze gem. bevat de d. Staphorst, Rouveen en IJhorst, benevens de daartoe behoorende buurs. en geh. Olde-Dingstede, Hamingen, Hesselingen, Punthorst, Rouveensche-Hulst, Over-Lankhorst, en Leijen, benevens de landhoeven de Munnikengast, Olde-Staphorst, de Weert en de Werkhorst. Zij beslaat, volgens het kadaster, eene oppervlakte van 13,816 bund. alles belastbaar land. Men telt er 680 h., bewoond door 745 huisgez., uitmakende eene bevolking van 4060 inw., die hun bestaan vinden in landbouw en veeteelt.

De oppervlakte van den grond is vrij gelijk, en meerendeels laag, zoodat, bij natte saisoenen, een groot gedeelte niet alleen des winters, maar ook des zomers, onder water komt, hetwelk de landlieden telkens noodzaakt, hun vee, uit gebrek aan weide en hooi, te verkoopen. De bouwlanden en tuinen worden goed bemest en goed bebouwd, de hooi- en weilanden worden meest aan de natuur overgelaten en leveren vrij goed voedsel voor het vee op. Een tweeëntwintigste gedeelte is met onregelmatig geplante en in 't wild opgeschoten boomen hakhout bezet; terwijl een vijfde deel woest liggende heidegrond bevat, die gedeeltelijk door sterke bemesting tot ontginning gebragt en verbeterd zou kunnen worden. Te IJhorst leveren deze heidevelden eenige veenboekweit op; overigens bestaan zij uit zandstuiven en moerassen, die voor geen ontginning vatbaar zijn. De voortbrengselen bestaan grootendeels in overvloed van weide en van hooi bij drooge jaargetijden; voorts in rogge, boekweit, aardappelen, een weinig gerst en haver. Te Hamingen legt men zich toe op de hennepteelt. Paarden,

ring van *Hasselt*, behoort. De eerste, die in deze gem. het leeraarambt heeft waargenomen, is geweest Antonius Smittius, die in het jaar 1596 herwaarts kwam, en in het jaar 1598 naar Zwartsluis vertrok. Het beroep geschiedt door den kerkeraad. Onder de hier gestaan hebbende Predikanten verdient melding Daniel Fraantzius, die er van 1705—1706 stond, en later Hoogleeraar te Groningen was.

Het dorp schijnt reeds in de middeneeuwen bestaan en eene kerk bezeten te hebben. Men vindt het reeds in 1217 vermeld. Immers, het is thans reeds de derde maal, dat kennelijk de kerk is verplaatst. Vroeger, doch zonder dat men kan bepalen wanneer, stond zij buiten in het hooiland, kort bij de vermakelijke landhoeve Olde-Staphorst. In het midden der vijftiende eeuw was zij reeds in het bosch verplaatst, zijnde deze, volgens eene geloofwaardige aanteekening in een oud kerkboek te vinden, gebouwd in 1436, zooals dit ook op een gedenksteen wordt uitgedrukt. Die kerk was aan den H. Nicolaas toegewijd. Vóór de Hervorming stond de begeving van het Priesterambt in deze kerk aan het kapittel van den H. Lebuinus te Deventer. De tegenwoordige kerk te Staphorst is een knap kruisgebouw, dat in 1752, toen de kerk in het bosch gesloopt werd, hier gebouwd en den 25 Junij van dat jaar ingewijd is. In de kerk worden gevonden vijf kerkkroonen, waarvan de grootste door de ingezetenen van de buitenkwartieren geschonken is. Bij den bouw der kerk werden de twee klokken in een koepeltje op het midden van de kerkkap gehangen. Dan de kap te zwak bevonden zijnde, werd in 1763 de toren gebouwd. In deze hangen nu de twee klokken, die van hoogen ouderdom zijn en op een van welke men leest: Gerhard Brandt *me fecit Anno* 1290. Deze klokken hebben, om haren helderen klank, eenige vermaardheid. De overlevering wil, dat die van Kampen, voor den ruil der groote klok, die een meesterstuk van fatsoen als anderzins moet zijn, zoo veel dubbeltjes wilden geven, als daarin konden geborgen worden.

De Christelijke Afgescheidenen, die er 80 in getal zijn, onder welke 30 Ledematen, maken eene gem. uit, welke in het jaar 1840 erkend is, en een net kerkje gesticht heeft, zonder toren of orgel. De eerste, die in deze gem. het leeraarambt heeft waargenomen, is geweest K. van Goor, die in het jaar 1840 herwaarts kwam en naar Friesland vertrokken is.

Het gemeentehuis, in 1811 gebouwd, staat oostelijk van de kerk. Daar worden de gemeentelijke archieven bewaard. Ook vindt men er eene verzameling van boeken, uitsluitend ten dienste der Schoolonderwijzers binnen de gemeente. Nog is bezienswaardig eene groote vlag, haar aanwezen te danken hebbende aan de onrustige dagen van 1787. Op het dak is een klokje, waarbij men voornemens is een slaguurwerk te plaatsen.

Men heeft in het d. twee scholen, als: eene dorpschool, die 200 leerlingen telt, en eene tweede school, die gemiddeld door een getal van 100 leerlingen bezocht wordt.

Drie jaarmarkten worden er gehouden, de eerste valt in den tweeden Dingsdag in April; deze is toenemende en het is niet vreemd, dat men daarop 800 a 900 stuks rundvee aantreft. De tweede wordt gehouden den eersten Dingsdag in Mei. De derde den tweeden Dingsdag in October. Deze beide laatsten bestaan meer in naam dan inderdaad. — Ook heeft men er een distributiekantoor van de Brievenposterij.

naren, geheel om niet, alleen met uitkeering van eene halve aam ...nsche wijn, en beding voor de erfgenamen van Staphorst, IJhorst ... Rouveen, van eene vrije doorvaart door die zijl, indien deze ...rtoe bekwaam werd gemaakt, van hunne goederen, turf uitgezon...d; voorts van vrije watergang en afleiding, gelijk zij voorheen ge... hadden, en als de sluis met schutting werd gemaakt, dat dan, ... kennis der vorige eigenaren, zekere peilingen zouden moeten wor...n beraamd, daar men de schutting naar doen zoude, opdat niemand ... groen of hooi binnen of buiten stouws mogt worden beschadigd. ...ze nieuwe eigenaren vormden zich tot eene maatschappij, toen en ... nog bekend onder den naam van Participanten van de groote Staphorster-Schutsluis, die, weinig tijds na den overdragt, octrooi van de ...ridderschap en steden verzochten en erlangden, tegen genot van zekere ...egten, onder voorwaarde, dat de oude sluis door eene van steen zoude ...moeten worden vervangen, wijder moest zijn en even als voorheen aan ...e Hasselter-Schouw onderworpen. Ook werd daarbij het peil bepaald ...met het sluisgeld. Sedert dien tijd heeft de nering en welvaart aan ...le nieuwe sluis zoodanig toegenomen, dat de plaats, waar vroeger ...niets dan eenige hutten stonden, nu een aanzienlijk vlek uitmaakt onder ...den naam van Nieuwe-sluis.

STAPHRUM, Friesche naam van de st. Stavoren, prov. *Friesland*, kw. *Westergoo*. Zie Stavoren.

STAR (NIEUWE-), suikerplant. in *Nederlands-Guiana*, kol. *Suriname*, aan de *Suriname*, ter linkerzijde in het afvaren; palende bovenwaarts aan de verl. plant. Welbedacht, benedenwaarts aan de verl. plant. Oranjestein; 940 akk. groot; met 133 slaven. Zij wordt met eenen watermolen bewerkt. Voorheen heette zij Stella-Nova.

STARCKENBURGS-HUIS, oud adell. h. prov. *Friesland*, te *Leeuwarden*. Zie Martena-huis.

STARGAST, vroegere naam van de plant. Nieuwzorg, in *Nederlands-Guiana*, kol. *Suriname*. Zie Zorg (Nieuw-).

STARINGBAAI, baai in *Oost-Indië*, in de *Straat-der-Molukken*, aan de Oostkust van het *Sundasche* eil. *Celebes*.

STARKENBORG, naam, welke op sommige kaarten weleens, naar den laatsten bewoner en eigenaar, bij den voorm. burg Borgwerd, in *Hunsingo*, prov. *Groningen*, vermeld staat. Zie Borgwerd.

STARKENBURG, voorm. burg in *Hunsingo*, prov. *Groningen*, arr. en 6 u. W. ten N. van *Appingedam*, kant. en 1½ u. W. ten N. van *Onderdendam*, gem. en ¼ u. W. van *Baflo*, 35 min. W. van Tinallinge.

Deze burg is in het laatst der voorgaande eeuw gesloopt. Ter plaatse, waar hij gestaan heeft, ziet men thans eene boerderij. De daartoe nog behoorende gronden beslaan eene oppervlakte van 16 bund 73 v. r. 70 v. ell., en worden in eigendom bezeten door den Heer Mr. Anthonius Beckeringh, Kantoorregter van het kant. Onderdendam.

STARKENBURG, kast. in het *Overkwartier* der prov. *Utrecht*. Zie Sterkenburg.

STARMEER (HET), het Starnmeer, het Sternmeer of het Sterrenmeer, voormalig meer, gedeeltelijk in *Kennemerland*, gedeeltelijk in het balj. der *Nieuwburgen*, prov. *Noord-Holland*.

Op klagte van de bestuurders van de Rijp aan de Staten over het gering inkomen hunner kerk, werd hun in 1632 octrooi verleend, tot het bedijken van het Starmeer, om dit in vier jaren tijds tot stand te brengen. Alzoo dit werk geen doorgang kreeg, werd het octrooi op aanzoek, in 1639 vernieuwd en kwam de bedijking in 1643 tot stand, wanneer in gemeld jaar de kaveling op het Raadhuis te Rijp plaats had, en de bedijking omtrent 690 morgen (587 bund. 58 v. r. 5 v. ell.) land telde. Te gelijker tijd werd ook het Kamerhop bedijkt en was in dit octrooi begrepen.

Het STARMEER maakt thans eenen pold. uit, behoorende gedeeltelijk tot het arr. *Alkmaar*, gem. *Akersloot*, gedeeltelijk tot het arr. *Hoorn*, kant. *Purmerend*, en daarin ten deele gem. *Graft*, ten deele gem. *Rijp*, ten deele gem. *Jisp*, ten deele gem. *Wormer*.

Deze droogmakerij grenst N. aan den Koger-polder, N. O. aan de gem. Graft, Z. O. aan Jisp en Wormer, Z. aan Wormerveer, W. aan Uitgeester-Oost-en-West-Woude. Zij beslaat, volgens het kadaster, eene oppervlakte van 460 bund., waarvan onder *Graft*, volgens het kadaster, 170 bund. 55 v. r. 80 v. ell., en onder *Wormer*, volgens het kadaster, 71 bund. 41 v. r. 82 v. ell., en daaronder 66 bund. 76 v. r. 20 v. ell. schotbaar land. Men telt er onder *Graft* 8 h., waaronder 6 boerderijen, en onder *Wormer*. 3 h., alle boerderijen.

Het wapen draagt eene ster en twee vogels, zijnde zoogenaamde sliksterns, welke zich in de poelen en moerassige gedeelten van Noord-Holland ophouden.

STAR-MEER (HET HEERENHUIS-VAN-HET-), h. in het baljuw. van de *Nieuwburgen*, prov. *Noord-Holland*, arr. en 4 u. Z. W. van *Hoorn*, kant. en 1½ u. W. van *Purmerende*, gem. en 1 u. N. W. van *Jisp*.

Het is een schoon vierkant gebouw, op den noordoostelijken hoek van het bedijkte *Star-meer*, bij het water, het Spijkerboor, en onder het geh. van dien naam gerekend; het is het eigendom van het meer en de vergaderplaats van het dijkscollegie en het polderbestuur; tevens dient dit gebouw tot eene herberg en is pleisterplaats der trekschuiten, die van Amsterdam en Purmerende, naar Alkmaar varen.

STARREBOSCH, bosch in de *Meijerij van 's Hertogenbosch*, kw. *Oisterwijk*, prov. *Noord-Braband*, arr. *Eindhoven*, kant. *Oirschot*, gem. *Hilvarenbeek*, in het geh. *Gorp*.

Het heeft eene uitgestrektheid van 6 bund. 52 v. r.; in het midden wordt eene schoone vischvijver gevonden, op welke alle de wandeldreven uitloopen.

STARREBROEK, geh. in *Rijnland*, prov. *Zuid-Holland*, arr. en 2½ u. N. N. W. van *Leyden*, kant. *Noordwijk*, gem. *Noordwijk-Binnen-en-Buiten-Langeveld-en-Offem*.

STARRENBURG, buit. in *Delfland*, prov. *Zuid-Holland*, arr. en ½ u. Z. O. van *'s Gravenhage*, kant. gem. en ½ u. Z. W. van *Voorburg*, nabij de Geestbrug.

Dit buit. beslaat, met de daartoe behoorende gronden, eene oppervlakte van 16 v. r. 15 v. ell., en wordt in eigendom bezeten door den Heer ANTOON MEIJER POLAK, woonachtig te 's Gravenhage.

STARRENBURG of STERRENBURG, voorm. slot in *Schieland*, prov. *Zuid-Holland*, arr. en ½ u. ten W. van *Rotterdam*, kant. en ½ u. ten O. van *Schiedam*, gem. *Overschie-en-Hoogeban*.

Dit slot is in het jaar 1316 gebouwd door den Heer HUGO VAN ESSELINGEN, uit wiens geslacht het door het huwelijk van eene erfdochter is overgegaan in het huis van WASSENAER-DUIVENVOORDE; terwijl een uit dat huis later naar dit huis den naam WASSENAER STARRENBURG aangenomen. Den 1 Mei 1409 droeg AREND VAN DUIVENVOORDE eigene hofstede STARRENBURG, gelegen nabij het slot van Spangen alle toebehooren en twintig morgen (17 bund. 3 v. r. 13 v. ell.)

aan den Graaf op, die het weder in erfelijk, zoo mannelijk als vrouwelijk, leen aan gezegden Heer AREND, en na diens dood aan zijnen zoon JAN enz. gaf, den 17 April 1414.

Den 4 December 1488 viel er in de nabijheid van dit slot een scherp gevecht voor, tusschen de Hoekschen, die Rotterdam bezet hadden, en de Schiedammers, waarin de laatste geslagen werden.

Ter plaatse, waar het gestaan heeft, ziet men thans eene tuinmanswoning, welke nog den naam van STARRENBURG heeft behouden en met daartoe behoorende gronden, beslaande eene oppervlakte van 8 bund. 11 v. r. 55 v. ell., in eigendom bezeten wordt door den Heer WILLEM LODEWIJK WOBBERT, Graaf VAN WASSENAER-STARRENBURG, woonachtig te Haarlem.

STARRENBURGER-POLDER, pold. in *Rijnland*, prov. *Zuid-Holland*, arr. en kant. *Leyden*, gem. *Voorschoten*.

Deze pold. beslaat, volgens het kadaster, eene oppervlakte van 47 bund., en wordt door eenen molen, van het overtollige water ontlast.

STARREVAARTS POLDER (DE GROOTE-), pold. in *Rijnland*, prov. *Zuid-Holland*, arr. *'s Gravenhage*, kant. *Voorburg*, gem. *Stompwijk-Wilsveen-Leydschendam-en-Tedingerbroek*.

STARREVAARTS-POLDER (DE KLEINE-), pold. in *Rijnland*, prov. *Zuid-Holland*, arr. *'s Gravenhage*, kant. *Voorburg*, gem. *Stompwijk-Wilsveen-Leydschendam-en-Tedingerbroek*.

START (DE), geh. in de heerl. *Loosdrecht*, voorheen prov. *Holland*, thans prov. *Utrecht*, arr. en 2½ u. N. ten W. van *Utrecht*, kant. en 1½ u. O. Z. O. van *Loenen*, gem. *Oude en-Nieuwe-Loosdrecht*, ½ u. N. van *Nieuwe-Loosdrecht* waartoe het behoort.

STARTENHUIZEN of STARTINGEHUIZEN, streek landerijen in *Hunsingo*, prov. *Groningen*, arr. en 3 u. N. W. van *Appingedam*, kant. en 2 u. N. O. van *Onderdendam*, gem. en 1 u. N. O. van *Kantens*, ½ u. Z. van *Eppenhuizen*, waartoe deze streek in het burgerlijke behoort, terwijl in het kerkelijke alleen het westelijke gedeelte tot dat dorp, en het overige tot Garsthuizen behoort; met 16 h. en 100 inw.

STARTERIJ, b., prov. *Drenthe*, arr., adm. en judic. kant. en gem. *Hoogeveen*, waarvan zij het noordelijke uiteinde is, zijnde van het middelpunt ½ u. verwijderd.

STARTHUIZER-MAAR, water in *Fivelgo* en *Hunsingo*, prov. *Groningen*. Zie HOOGEPANDSTER-MAAR.

STARTING, b. in *Kennemerland*, prov. *Noord-Holland*, arr., kant. en 2 u. Z. van *Alkmaar*, gem. *Akersloot*.

STATENDAM, ook wel de OOSTERHOUTSCHE-DAM genoemd, geh. in de heerl. *Geertruidenberg*, prov. *Noord-Braband*, arr. en 3 u. N. N. O. van *Breda*, kant. en 1 u. N. ten W. van *Oosterhout*, gem. en 20 min. Z. Z. W. van *Geertruidenberg*; met 3 h. en ruim 20 inw.

Dit geh. ontleent zijnen naam van eenen dam, waardoor de Donge, in 1746 of 1747, ten dienste der militaire inundatie, afgesloten werd. De scheepvaart bleef echter gaande door de toenmaals, even ten westen van den dam, aanwezige schutsluis, welke daarna buiten werking geraakt, en in 1825, met uitzondering van de fondering, geheel weggebroken is. De slagbalken van dit sas liggen 1.61 ell. en de vloer 1.90 ell. onder A. P. Het bovenvlak der rollaag ligt 2,662 ell. boven A. P. — Er is hier een voetveertje over de Donge.

STATENDAM (DE), dijk in het eil. *Goedereede-en-Overflakkee*, in eene zuidoostelijke rigting van ruim een uur gaans, regtstreeks van den *Groote-Zuiderpolder* tot den polder van *Kraaijenisse* loopende.

Dezen dam werd door de Staten van Holland in 1751 gelegd en daardoor de eilanden Goedereede en Overflakkee vereenigd (zie verder deze beide woorden). In 1765 werd hij verhoogd.

STATENDAM (POLDERTJE-TEN-OOSTEN-VAN-), pold. in de heerl. *Geertruidenberg*, prov. *Noord-Braband*, arr. *Breda*, kant. *Oosterhout*, gem. *Geertruidenberg;* palende N. en O. aan de Karthuizer-polder, Z. aan het Nieuwe-poldertje, W. aan de Donge en het punt van den Ouden-Statendam.

Deze pold., welke in het jaar 1835 bedijkt is, beslaat, volgens het kadaster, eene oppervlakte van 3 bund. 19 v. r. 90 v. ell. met de kaden, schotbaar land; en wordt door eenen duiker, wijd in den dag 0.25ell., voorzien van eene klep op de Donge van het overtollige water ontlast. De hoogte van het zomerpeil is 0.45 ell. boven A. P., die der dijken 1.70 ell. Het polderbestuur bestaat uit twee Poldermeesters, waarvan de oudste tevens Penningmeester is. Aan de westzijde van dit poldertje ligt de Statendam (zie het vorige art.), waarvan het zijnen naam ontleent.

STATENDIJK (DE), binnendijk, prov. *Friesland*, kw. *Zevenwouden*, griet. *Stellingwerf-Westeinde* en *Lemsterland*, loopende van Sterkenburg over Oude-Schoterzijl noordwestwaarts naar den Zeedijk in Lemsterland, in 1702 aangelegd.

STATENDIJK (DE), dijk, prov. *Friesland*, kw. *Oostergoo*, welke met de daarin liggende *Dockumer-Nieuwe-zijlen* (zie dat woord) in 1729, onder het beleid van den Mathematicus Willem Loré, op last der Staten, werd aangelegd, ter overdijking en afsluiting van het grootendeels verlande Dockumer-diep, dat eertijds met eenen breeden mond in de Lauwers-zee viel. Ter gedachtenis van het belangrijk werk is op dien dijk eene gedenknaald opgerigt.

STATENDIJK, dijk in *Staats-Vlaanderen*, in het *Vrije-van-Sluis*, prov. *Zeeland*, *Vierde* distr., welke het Tweede deel van Prins-Willems-polder en den Oranje-polder van den Maurits-polder scheidt. Het schijnt de zelfde dijk te zijn, die oudtijds de IJzewatering ten Z. beschermde, tegen het water, dat haar van de heerl. Waterland scheidde, naderhand zal hij hersteld zijn, om den opgewassen grond te beschermen, toen die onder den naam van Maurits-polder bedijkt werd en zijnen tegenwoordigen naam bekomen hebben.

STATEN-GEREGT of Uitenhams-gerect, voorm. heerl. in het *Nederkwartier*, der prov. *Utrecht*, arr. *Utrecht*, kant. *Maarssen*, gem. *Gerverskop*. Zie voorts op Gerverskop.

STATENHUIS (HET), h. te *Maastricht*, aan de noordzijde van de *Vrijthof* of de *Paradeplaats*.

Dit gebouw draagt dien naam, vermits het tot 1794 als hotel heeft gediend voor de Commissarissen-Deciseurs, welke jaarlijks uit het midden der Staten-Generaal, ter regeling der regeringsaangelegenheden werden afgezonden. — Het werd later voor de Regtbank van eersten aanleg gebezigd en is in 1828 aan Mevrouw de wed. van Halen, door de Provincie verkocht; thans is de Heer J. Bosch daarvan eigenaar.

STATEN-OUDEMAN, onder dezen naam komt voor het Nederlandsch deel van den Oudemans-polder-Beoosten-den-Kraakeel-polder, in *Staats-Vlaanderen*, in het *Vrije-van-Sluis*, prov. *Zeeland*. Zie Oudeman-polder.

STATENZIJL (DE) of Generaliteits-zijl, geh. in het *Oldambt*, prov. *Groningen*, arr., kant. en 1½ u. N. O. van *Winschoten*, gem. en 2 u. N. O. van *Beerta*, 2 u. N. O. van *Nieuw-Beerta*, waartoe het behoort; met 2 h. en 12 inw.

Dit geh. ontleent zijnen naam van eene aldaar liggende sluis, wijd 6.50 ell. De slagbalk ligt 3.15 ell. beneden volzee. Het bovenpeil, tot hetwelk de Zijlwaarder afstroomt, is 0.95 ell. beneden volzee. Het ploeginstrument heeft de wijdte der sluis en daarmede wordt tot aan de grenzen tusschen den aanwas en den slijkgrond geploegd.

De Statenzijl heeft eerst gelegen bij de Nieuwe-schans, alwaar zij in het jaar 1628 werd gebouwd, toen de zijl bij de Bellingewolderschans, door de gestadige aanslijking uit den Dollart, onbruikbaar was geworden. Doch dit werd naderhand, uit de zelfde oorzaak, ook het geval met de zijl of sluis bij de Nieuweschans, zoo dat men haar verlegde in 1706 naar de plaats, waar zij thans ligt. Deze Statenzijl, door welke de Westerwoldsche-Aa en een gedeelte van Wijmeer uitstroomt, is nu ook reeds weder door de steeds voortdurende aanslijking bijna geheel verlamd, zoodat zij wel een uur en meer verder naar den Dollart moet worden verlegd. Zij was voorheen ten laste der Generaliteit, sedert van het Rijk, hetwelk vóór eenige jaren reeds getracht heeft haar over te dragen aan de provincie, wier Staten echter geweigerd hebben dit bezwarend geschenk aan te nemen.

De dijk tusschen Staten-zijl en Reide is in de laatste jaren verhoogd; dit werk was in 1837 voltooid.

STATUM, voorm. b., prov. *Friesland*, kw. *Westergoo*, griet. *Wonseradeel*, arr. en 4 u. W. ten N. van *Sneek*, kant. en 2 u. W. van *Bolsward*, Z. van Makkum, welke door aanbouwing van eene rij huizen, zeer groot in aanzien is geworden, en eindelijk met Makkum vereenigd, waarvan zij thans nog een gedeelte uitmaakt.

STAURIA, oude naam van de stad Stavoren, prov. *Friesland*, kw. *Westergoo*. Zie Stavoren.

STAVENISSE, gem. op het eil. *Tholen*, prov. *Zeeland*, *Tweede* distr., arr. *Zierikzee*, kant. *Tholen* (2 k. d., 6 m. k., 2 s. d.); palende W. en N. aan het Keeten, O. aan de gem. St. Annaland en St. Maartensdijk, Z. aan de Ooster-Schelde.

Deze gem. bestaat uit de heerl. Stavenisse en Kempenshofstede, en bevat den Stavenisse-polder, den pold. Oud-Kemdenshofstede, den pold. Nieuw-Kempenshofstede, den Nieuwe-polder, den Zuidmoer-polder, den Margaretha-polder en den Nieuwe-Zuidmoer-polder. Zij beslaat, volgens het kadaster, eene oppervlakte van 1209 bund., waaronder 1189 bund. 98 v. r. 84 v. ell. belastbaar land. Men telt er 158 h., bewoond door 234 huisgez., uitmakende eene bevolking van ruim 1200 inw., die meest in den landbouw hun bestaan vinden. Ook heeft men er eene meestoof, eenen steenen wind-korenmolen en eene scheepstimmerwerf. Vroeger had men er ook eene bierbrouwerij.

De inw., die op 3 na allen Herv. zijn, maken eene gem. uit, welke tot de klass. van *Zierikzee*, ring van *Tholen*, behoort. De eerste, die in deze gem. het leeraarambt heeft waargenomen, is geweest David Anondeaulx, die in het jaar 1616 herwaarts kwam en in het jaar 1638 hier overleden is. Het beroep van den Predikant geschied door den kerkeraad in medestemming met den Ambachtsheer, uitmakenden met den kerkeraad een *collegium qualificatum*.

De 3 R. K., die er wonen, worden tot de stat. van *Tholen* gerekend. — Men heeft in deze gem. ééne school.

Ook bestaat er een departement der Maatschappij: *Tot Nut van 't Algemeen*, dat den 1 Junij 1841 opgerigt is en 16 Leden telt.

Het wapen bestaat uit een schild van zilver, met een hoofdstuk van keel.

STAVENISSE, heerl. op het eil. *Tholen*, prov. *Zeeland*, *Tweede* distr., arr. *Zierikzee*, kant. *Tholen*, gem. *Stavenisse*; palende N. O. aan de heerl. Kempenshofstede, O. aan de heerl. St. Maartensdijk, Z. aan de Dorstmansplaat, W. en N. aan het Keeten.

Deze heerl. bestaat uit den Stavenisse-polder, den Nieuwe-polder-van-Stavenisse, den Zuidmoer-polder, den Nieuwe-Zuidmoer-polder en den Margaretha-polder. Zij bevat het d. Stavenisse, benevens eenige verstrooid liggende huizen; beslaat, volgens het kadaster, eene oppervlakte van 835 bund. 35 v. r. 6 v. ell., waaronder 808 bund. 67 v. r. 99 v. ell. belastbaar land; telt 146 h., bewoond door 219 huisgez., uitmakende eene bevolking van 1190 inw., die meest in den landbouw hun bestaan vinden.

De inw., welke op 3 na, allen Herv. zijn, maken met die van de heerl. *Kempens-Hofstede* eene kerk. gem. uit. — Men heeft in deze heerl. eene school te Stavenisse, welke gemiddeld door een getal van 60 leerlingen bezocht wordt.

In de zeventiende eeuw was deze heerl. een eigendom van het geslacht van Tuyll van Serooskerke, later van de Graven van Flodorf-Wartensleben. Thans wordt zij in eigendom bezeten door den Heer Mr. Cornelis van der Lek de Clercq, Advokaat en Notaris te Zierikzee, die thans ook tevens Heer van Kempenshofstede is. In het midden der vorige eeuw werd zij verkocht aan drie onderscheidene Heeren namelijk den Heer de Clercq, Baljuw van Stavenisse, den Heer van der Lek, Secretaris van Stavenisse en den Heer Willem Bakkerpot, Prokureur te Zierikzee.

Het d. Stavenisse, ligt op den uitersten noordwestelijken uithoek van het eil. Tholen, 2 u. Z. O. ten Z. van Zierikzee, $3\frac{1}{2}$ u. N. W. van Tholen.

Het is eene niet groote, maar fraaije plaats, bestaande uit eene regte en breede dorpstraat, met boomen beplant, staande de overige huizen verspreid om de kerk. Men telt er in de kom van het d. 140 h. en ongeveer 1000 inw.

Men heeft er eene zeer bekwame haven, die ter lengte van omtrent een kwartier uurs regt uit, noordwest aan, in *het Keeten* uitloopt. Ook is er een overzetveer op Vianen in Duiveland. Op den Noorder-havendijk staat een lamplicht, zigtbaar op $1\frac{1}{2}$ mijl.

Aan het einde van voornoemde dorpstraat, staat de kerk, op welke men het jaartal 1672 leest, zijnde vermoedelijk het jaar van de stichting. Het is een niet groot gebouw, met eenen vierkanten toren, gedekt door een koepeldak, met peervormige spits. In deze kerk is geen orgel. Aan de oostzijde is het zeer fraaije wit marmeren praalgraf van Jonkheer Hieronymus van Tuyll van Serooskerke, in leven Heer van Stavenisse, overleden te Vere, den 22 April 1669; zijne wit marmeren geharnaste beeldtenis ligt uitgestrekt, met het hoofd op een zeer fraai kussen; — de bijsieraden zijn mede zeer schoon. In het jaar 17[illegible] zijn door Vrouwe Adriana Wadde, weduwe den Heer Zaliger V[illegible], aan de kerk alhier geschonken 2 zilveren bekers ten gebruike bij de bediening van het H. Avondmaal, en in 1712 2 zilveren bekers door Magdalena Hunnius, weduwe Joan Diest; — Wijders zijn gelegateerd ten behoeve opgemeld 5 zilveren schotels van verschillende grootten door Mejufvrouw Christina Kapelle, huisvrouw van den Heer Baljuw Anthonie de Clercq, overleden in het jaar 1747. In 1830 werd deze kerk in het bezit gesteld van een fraai zilveren doopbekken met deksel, aangekocht uit de opbrengst van vijf honderd gulden kapitaal, door twee harer leden, HUIBERT VAN ROSSUM en zijne echtgenoot JACOBINA EKELAND, tot dat einde gelegateerd.

Men heeft te STAVENISSE een distributiekantoor van de brievenposterij.

Vroeger heeft alhier een slot bestaan, het Slot-te-Stavenisse geheeten (Zie hier achter).

Het d. STAVENISSE is de geboorteplaats van den door zijne schriften bekenden BOUDEWIJN HENNIUS, geb. den 16 Februarij 1654, † 1 October 1719.

Het wapen dezer heerl. bestaat, even als dat der gem., uit een schild van zilver, met een hoofdstuk van keel (rood).

STAVENISSE (DIJKAADJE-VAN-), dijkaadje in het eil. *Tholen*, prov. *Zeeland*, *Tweede* distr., arr. *Zierikzee*, kant. *Tholen;* palende W. en N. aan het Keeten, N. O. aan Oud-Kempenshofstede, O. aan de Polders-van-St.-Maartensdijk, Z. aan den Nieuwe-polder annex Stavenisse en de Dorstmans-plaat.

Deze dijkaadje, welke in het jaar 1599 bedijkt is, bestaat uit den Oude-polder-van-Stavenisse, den Margaretha-polder, den pold. Nieuw-Kempenshofstede en den Zuidmoer-polder. Zij beslaat eene oppervlakte van 739 bund. 7 v. r. 10 v. ell., waaronder 685 bund. 55 v. r. 99 v. ell. schotbaar land; telt 47 h., waaronder 9 boerderijen, en wordt door eene sluis, in het Haven-kanaal uitwaterende, van het overtollige water ontlast. Het dijkbestuur bestaat uit eenen Dijkgraaf, eenen Gezworene en eenen Ontvanger-Griffier.

STAVENISSE (DE NIEUWE-POLDER-VAN-), pold. in het eil. *Tholen*, prov. *Zeeland*, *Tweede* distr., arr. *Zierikzee*, kant. *Tholen*, gem. *Stavenisse;* palende N. aan den Ouden-polder-van-Stavenisse, O. aan den Nieuwe-Zuidmoer-polder, Z. O. aan den Noord-polder, Z. en Z. W. aan de schorren tegen de Ooster-Schelde.

Deze pold., welke in het jaar 1731 bedijkt is, beslaat; volgens het kadaster, eene oppervlakte van 154 bund. 78 v. r. 56 v. ell., waaronder 122 bund. 78 v. r. 79 v. ell. schotbaar land; telt twee boerderijen en wordt door eene sluis, in de bedijking van den Stavenisse-polder, van het overtollige water ontlast. Het polderbestuur bestaat uit eenen Dijkgraaf, eenen Gezworene en eenen Ontvanger-Griffier.

STAVENISSE (DE OUDE-POLDER-VAN-), ook wel enkel de STAVENISSE-POLDER geheeten, pold. in het eil. *Tholen*, prov. *Zeeland*, *Tweede* distr., arr. *Zierikzee*, kant. *Tholen*, gem. *Stavenisse;* palende W. en N. aan het Keeten, N. O. aan de Haven-van-Stavenisse, die hem van den Margaretha-polder scheidt, O. aan den polder Zuidmoer, W. aan de Dorstmans-plaat, die hem van den Zuidmoer-polder scheidt, Z. aan den Nieuwe-polder-van-Stavenisse en aan de Dorstmans-plaat.

In het jaar 1391 werd het OUDE-LAND-VAN-STAVENISSE, door Hertog ALBRECHT VAN BEIJEREN uitgegeven, om bedijkt te worden, aan BAUDENSTEIN, Heer *van Herwijnen*, en aan hem vergund, aldaar Baljuw, Schout, Dijkgraaf en Gezworenen te zetten, volgens den uitgiftbrief daarvan nog voorhanden. Toen Hertog ALBRECHT dezen BAUDENSTEIN, Heer *van Herwijnen*, in het jaar 1396, van alle zijne landen en goederen ontzet en die den Graaf *van Zeeland* toegewezen had, verkocht hij aan Heer JAN VAN HEENVLIET, het land van STAVENISSE, hem onder anderen gunnende, dat alle de genen, die binnen STAVENISSE woonden of wonen zouden, voortaan tolvrij mogten varen en keren voorbij alle Graven tollen in Holland en Zeeland. Deze koop in het vervolg door 's Hertogs zoon WILLEM VAN BEIJEREN, Graaf *van Oostervant*, bevestigd zijnde, werd door hem, nu Graaf *van Henegouwen* geworden, in het jaar 1407, geoogden Heer JAN VAN HEENVLIET VAN KATTENDIJKE en zijnen nakomelingen toegestaan, *vrij te hebben en houden ten eeuwigen dage, die hooge en laage heerlijkheden, somentlijk alle den alingen Landen van Stavenisse, alsoo als 't gelegen is buiten en binnen dijks.* In het jaar 1509, zijn deze bedijkte landen door stroomen overweldigd en hebben een geruimen tijd als opene slijken gedreven, tot zij ten laatste in het jaar 1590, wederom werden bedijkt. Deze pold. was eertijds een eiland, dat door de bedijking van den Zuidmoer enz. met het overige gedeelte der dijkaadje vereenigd is. Op pag. 96 der Chronijk van REYGERSBERG leest men de volgende meldenswaardige regels, welke schijnen te doelen op den St. Catharijnenvloed in 1404:

Het eylandeken ofte polderken van Stavenisse (noe dat die sommige schryven) wordt seer gheminderl ende buyten ghedyckt, 't welcke doen soo groot was dattet bykans over Noordtbevelandt, ende aen 't Landt van Cats plach te streckene, ende over Duyvelandt.

De OUDE-POLDER-VAN-STAVENISSE beslaat, volgens het kadaster, eene oppervlakte van 496 bund. 52 v. r. 79 v. ell., waaronder 470 bund. schotbaar land; telt 24 h., waaronder 9 boerderijen, en wordt door eene sluis, uitwaterende in het Havenkanaal, van het overtollige water ontlast. Het polderbestuur bestaat uit eenen Dijkgraaf, eenen Gezworene en eenen Ontvanger-Griffier.

STAVENISSE (SLOT-VAN-), voorm. kast. op het eil. *Tholen*, prov. *Zeeland*, *Tweede* distr., arr. en 2 u. O. ten Z. van *Zierikzee*, kant. en 3½ u. N. W. van *Tholen*, gem. en 3 min. O. van *Stavenisse*.

Dit kasteel was in de zeventiende eeuw gesticht, door HIERONYMUS VAN TUYLL VAN SEROOSKERKE. Het was een oud kasteel, zeer regelmatig gebouwd en rondom in zijne wateren gelegen. Het is gesloopt en daarvan is thans niets meer aanwezig dan de steenen muur, welke rondom in het water staat en de grond waarop het gebouw gestaan heeft, afsluit, als mede twee steenenpalen van het hek op ieder van welke een Hercules-beeldje geplaatst is. De daartoe behoord hebbende gronden, beslaande eene oppervlakte van 21 v. r. 10 v. ell., worden in eigendom bezeten door den Heer Mr. CORNELIS VAN DER LEK DE CLERCQ, Advocaat te Zierikzee.

STAVERA, Lat. naam van de stad STAVOREN, prov. *Friesland*, kw. *Westergoo*. Zie STAVOREN.

STAVERDEN, meestal STAVEREN genoemd, buurs. op de *Over-Veluwe*, prov. *Gelderland*, distr. *Veluwe*, kw., arr. en 7½ u. N. W. van *Arnhem*, kant. en ¼ u. Z. O. van *Harderwijk*, gem. en ½ u. O. van *Ermelo*.

Deze buurs. zoude, naar men wil, de plaats zijn, waar vóór de invoering van het Christendom op de Veluwe, de godheid Stavo gediend werd. Oudtijds heette zij STEVEREN en komt onder dien naam voor in eenen giftbrief van 1046, gegeven door Keizer HENDRIK III, waarbij het ten dienste van de kerk van Utrecht wordt gevoegd bij het graafs. Ameland, om te zijn een nieuw gebied van Deventer, binnen zijne eigene palen besloten. Na de invoering van het Christendom verrees aldaar eene kapel. Den 6 Junij 1290 schonk de kapittelkerk te Zutphen aan REINALD, Graaf van *Gelre*, het leeneigendom van de helft der gruit aldaar in erfpacht. Aangezien om dien tijd op de Veluwe vele heidevelden tot bouwland aangelegd werden, had gemelde Graaf het plan gevormd, om bij zijne hofstede STAVERDEN eene stad te stichten, waartoe Koning RUDOLF hem den 18 Julij 1291 de vergunning verleende, alsmede om daarin dienstmannen, voogdmannen en allerlei soort van eigenlieden, uitgenomen die aan het Rijk hoorig waren, te ontvangen. Deze brief werd in 1295 door Adolf, Roomsch Koning, bevestigd. Reinald, Graaf van *Gelre*, schonk, den 15 December 1295, aan de kapel te Staverden, tot onderhoud van eenige Geestelijken, eenige inkomsten uit de gruit te Harderwijk. De gezegde Reinald verklaarde den 25 Maart 1298 Staverden wel tot eene stad (oppidum) en verleende daarbij eenige vrijheden aan hare ingezetenen, doch dit had geen gevolg en Staverden bleef eene hofstede. Den 25 September 1299 ontsloeg de Hertog van Braband, als Leenheer van de Veluwe, Staverden van allen leenband, onder afwachting der toestemming van den Bisschop van Utrecht, als Opperleenheer, en van den Keizer.

In 1307 gaf Reinald, Graaf van *Gelre*, aan de orde van het Hospitaal van St. Jan van Jeruzalem eene jaarrente uit den hof en den molen te Staverden van twintig pond (20 guld.), waarvoor de orde aldaar twee Priesters en eenen leekbroeder zoude onderhouden.

Nadat in 1311 de Veluwe door de Geldersche Graven regtstreeks van den Bisschop van Utrecht ter leen gehouden werd, trad Graaf Reinald, in 1326, aan het bestuur, en bij gelegenheid dat hij met de ridderlijke waardigheid bekleed geworden is, schijnt het, dat deze, voor het eerst, in het zegel een waaijer van paauwvederen heeft opgenomen, zoodanig als de Kruisvaarders dien als eene krijgsbuit uit het Oosten naar Europa hebben overgebragt; hij is van dien tijd af het helmteeken der Geldersche Vorsten gebleven. De waaijers van natuurlijke paauwvederen, welke bij tournooi en ridderspelen als helmversiersel aan het hoofdstel des paards moest dienen en welke het schildje met eenen leeuw met twee staarten omringden, werden in Staverden vervaardigd en aldaar geleverd, waartoe de bouwman op Staverden of wel de bezitters van dat goed, tot aan de dood van Hertog Arnold van Egmond, in 1473, bestendig witte paauwen heeft moeten onderhouden. — Men telt in deze buurs. thans 9 h. en 70 inw.

STAVERDEN of Staveren, voorm. kast. op de *Over-Veluwe*, prov. *Gelderland*, distr. *Veluwe*, kw., arr. en 7¾ u. N. W. van *Arnhem*, kant. en ¾ u. Z. O. van *Harderwijk*, gem. en ½ u. O. van *Ermelo*.

Het was een zeer deftig gebouw; men naderde het huis langs eene breede lange laan, met opgaand geboomte. Rondom zag men welige beplantingen en uitgestrekte boschaadje. Het huis zelf werd omringd van eenen wijden vijver of gracht. De toegang tot den voorhof was over eene steenen brug, die op drie bogen rustte, en vier groote en zes kleine pilaren had. Waarschijnlijk was dit huis reeds een gesticht van de dertiende eeuw.

In het jaar 1521, werd Staverden aan Hertog Karel opgedragen, en naderhand wederom ter leen ontvangen bij den *Erfvoogd tot Erkeleents* Hendrick die Groeff, om het te bezitten *vrij van aller kommer* en te verheergewaden met eene pluimstaart van twee witte paauwen.

Het behoorde later aan den Heer Baron van Haersolte, die het grootendeels heeft laten sloopen. De Heer Jan Rudolf Kemper heeft Staverden in 1835 van de erfgenamen van den Heer van Haersolte in het openbaar gekocht, daarop een modern huis gesticht en het goed aanmerkelijk laten verfraaijen.

Bij Staverden stroomt een loopend water, hetwelk zich uit de Leuvenumsche-velden in eene beek vergaderd, de Leuvenummer en lager de Hierderbeek genaamd, aan hetwelk men eenige papiermolens heeft aangelegd, waarin zeer goed schrijf- en ook ander papier gemaakt wordt.

STAVEREN, st., prov. *Friesland*, kw. *Westergoo*. Zie Stavoren.

STAVEREN, voorm. buit. in *Twenthe*, prov. *Overijssel*, arr., kant. en 2 u. W. van *Almelo*, gem. en 1½ u. Z. van *Wierden*, bij Enter.

STAVORDER-MEER (HET), voorm. meer, prov. *Friesland*, kw. *Westergoo*, griet. *Hemelumer-Oldephaert-en-Noordwolde*, O. van *Stavoren*.

Dit meer is van over lang bedijkt en drooggemaakt. Naardien de poelen en meren, omtrent Stavoren, door de ondiepten grootelijks ter belemmering der scheepvaart strekten, vond men goed die tot land te maken, en er eene bekwame doorvaart in te graven en te onderhouden. Het octrooi, hiertoe, den 19 Mei 1613, aan de stad Stavoren verleend, bepaalde, dat de landen, door uitmaling en bedijking bekomen, door haar als eigen en lastvrij land zouden gebruikt worden; doch aldra ontstond er eene menigte verschillen, waardoor die van Stavoren bewogen werden hun regt voor de eene helft over te dragen aan de Heeren Ernst van Harinxma, Johan van der Sande, Oek van Doyem en Gellius Jongestal, alle Raden in den Hove van Friesland; terwijl de tweede helft aan anderen werd overgedaan. Voor deze overdragt ontvingen die van Stavoren eene goede som gelds, ter goedmaking van hunne reeds bestede kosten; ook namen de nieuwe eigenaars aan, eene vaart te graven van Stavoren naar de Warnsersloot, op eene wijdte van 51 voet (16.95 ell.) en ter diepte van 4 voet (1.25 ell.), met eenen dijk aan den oever, om bij tegenwind tot een trekpad te kunnen dienen, gelijk ook eene vaart van Stavoren naar Scharl en voorts naar de Warnser-sloot, benevens nog eene andere vaart van Stavoren naar Molkwerum, wijd en diep als voren. Deze overdragt geschiedde den 30 Augustus 1620, en het Stavorder-meer werd, door het graven van de vaart naar de Warnser-sloot, in tweeën gedeeld, waardoor het eene deel den naam van Noorder-meer en het andere van Zuider-meer heeft verkregen. Zie de beide volgende artikelen.

STAVORDER-MEER (HET NOORDER-) of het Stavorsche-Noordermeer, pold., prov. *Friesland*, kw. *Westergoo*, arr. *Sneek*, kant. *Hindeloopen*, gedeeltelijk gem. *Stavoren*, gedeeltelijk griet. *Hemelumer-Oldephaert-en-Noordwolde*, onder *Molkwerum*; palende N. W. aan den Klokslag-van-Stavoren, N. en O. aan het behoor van Molkwerum, Z. aan de vaart naar Warns, die hem van het Zuider-Stavorder-meer scheidt, W. aan de stad Stavoren.

Deze pold., welke, ingevolge octrooi van 19 Mei 1613, na het jaar 1620 bedijkt is, beslaat, onder *Stavoren*, volgens het kadaster, 122 bund. 87 v. r. 96 v. ell., waaronder 115 bund. 24 v. r. 44 v. ell. schotbaar land; telt 6 h., zijnde alle boerderijen, van welke 1 onder *Stavoren*, en 5 onder *Molkwerum*. Hij wordt door eenen grooten achtkanten watermolen, van ruim 2.50 ell. vlugt, droog gehouden. Het polderbestuur bestaat uit Heemraden en eenen Penningmeester.

STAVORDER-MEER (HET ZUIDER-) of het Stavorsche-Zuidermeer, pold., prov. *Friesland*, kw. *Westergoo*, arr. *Sneek*, kant. *Hindeloopen*, gedeeltelijk gem. *Stavoren*, gedeeltelijk griet. *Hemelumer-Oldephaert-en-Noordwolde*, en daarin ten deele onder *Warns*, ten deele onder *Scharl*; palende N. aan de vaart naar Warns, die hem van het Noorder-Stavorder-meer scheidt, O. aan het behoor van Warns en aan het behoor van Scharl, Z. en W. aan den klokslag van Stavoren.

Deze pold., welke ingevolge octrooi van 19 Mei 1613, na het jaar 1620 bedijkt is, beslaat, volgens het kadaster, eene oppervlakte van 157 bund. 53 v. r. 66 v. ell., als: onder *Stavoren*, 118 bund. 31 v. r. 86 v. ell., waaronder 113 bund. 2 v. r. 87 v. ell. schotbaar land; onder *Hemelumer-Oldephaert-en-Noordwolde*, volgens het kadaster 38 bund. 21 v. r. 80 v. ell. Hij telt 3 h., alle boerderijen, van welke 2 onder *Stavoren*, en 1 onder *Hemelumer-Oldephaert-en-Noordwolde*.

Aangezien het ZUIDER-STAVORDER-MEER, wegens zijne diepte, veel moeijelijker viel droog te houden, dan het Noorder-Stavordermeer, plaatste men daarin twee groote achtkante watermolens, van ruim 2.50 ell. vlugt, doch een dezer molens naderhand afgebrand zijnde, was de andere niet in staat om alleen den polder droog te houden. Het bouwen van eenen nieuwen molen was dus van de grootste noodzakelijkheid, te meer, dewijl de nog overgeblevene molen ook reeds aanmerkelijk in verval was. De eigenaars ondertusschen, tegen de kosten opziende, droegen hun regt over aan den Heer BERNARDUS SCHOTANUS à STERINGA, Med. Dr., en deze vond eene nieuwe soort van watermolens uit, welke, ofschoon kleiner dan de vorige, als hebbende slechts 1.88 ell. vlugt, echter veel meer water dan die twee van ruim 2.50 ell. vlugt konde uitmalen. Inmiddels bemoeiden zich de Staten van Friesland ook met dit werk, want overwegende, hoe gevaarlijk, bij eene doorbraak van den zeedijk, ten Zuidoosten van Stavoren dit Zuidermeer zou kunnen zijn, indien het zeewater daar ingang kreeg, moedigden zij den voornoemden Heer aan, om het meer zwaar te bedijken en droog te malen, met belofte van vrijheid van lasten ten eeuwigen dage en eene jaarlijksche gifte van 100 gulden, zoo lang het meer werd droog gehouden. Ook beloofde men hem, dat, indien het meer, door inbreuk van den Zeedijk, onderliep, en hij het dan weder droog maakte, zulks met een jaarlijksch geschenk van 200 gulden zou worden erkend, zoo lang hij het meer droog zoude houden. Dit regt door evengemelde Staten, aan Dr. SCHOTANUS à STERINGA toegestaan, werd wederom door hem voor de helft overgedragen aan Jonkheer ERNST MOKKEMA VAN HARINXMA THOE SLOOTEN, Grietman van Baarderadeel en kleinzoon van bovengemelde ERNST VAN HARINXMA, om dit werk gezamenlijk uit te voeren, en bate en schade met elkander in gelijke deelen te genieten en te dragen.

STAVORDER-ZIJL (DE), sluis, prov. *Friesland*, kw. *Westergoo*, gem. en aan de stad *Stavoren*.

Deze sluis, welke breed is 7.65 ell., en diep 3.70 ell., ontvangt veel toevoer van water uit de omgelegene meren, terwijl zij ook door groote schepen kan gebruikt worden.

STAVOREN, gem., prov. *Friesland*, kw. *Westergoo*, arr. *Sneek*, kant. *Hindeloopen* (13 m. k., 7 s. d.); palende Z., W. en N. aan de Zuiderzee, O. aan de griet. Hemelumer-Oldephaert-en-Noordwolde.

Deze gem. bevat de st. Stavoren en den Klokslag-van-Stavoren. Zij beslaat, volgens het kadaster, eene oppervlakte van 373 bund. 23 v. r. 19 v. ell., waaronder 367 bund. 67 v. r. 23 v. ell. belastbaar land. Men telt er 112 h., bewoond door 112 huisgez., uitmakende eene bevolking van ongeveer 570 inw., die meest in de zeevaart een gering bestaan vinden. Ook treft men er van de vroeger hier gebloeid hebbende fabrijken en trafijken, van welke hier voor vijftig jaren nog 1 pottebakkerij, 3 zoutketen, 2 jeneverstokerijen, 2 brouwerijen, 2 mast- en blokmakerijen, 3 zeilmakerijen, en 4 scheepstimmerwerven aanwezig waren, nog slechts eene lijnbaan en eenen korenmolen aan.

De Hervormden, die er 470 in getal zijn, onder welke 110 Ledematen, maken eene gem. uit, welke tot de klass. van *Sneek*, ring van *Workum*, behoort, en vroeger door twee, doch thans door éénen Predikant bediend wordt. De eerste, die in deze gem. het leeraarambt heeft waargenomen, is geweest JOHANNES MEPPEL, die in het jaar 1582 hier was en in het jaar 1586 reeds was vertrokken. De eerste tweede Predikant, die in deze gem. gestaan heeft, is geweest THEODORUS NOORDAMMEGEN, die in het jaar 1667 herwaarts kwam en in het jaar 1681 overleed. Na het vertrek van den Predikant Johannes Henricus Regenbogen, hetwelk in het jaar 1797 plaats had, is Stavoren door slechts eenen Predikant bediend geworden. Onder de hier gestaan hebbende Predikanten verdienen bijzonder vermeld te worden Wilhelmus à Brakel, de schrijver van de *Redelijke Godsdienst*, die er in 1665 kwam en in 1670 naar Harlingen vertrok; Eelco Tinga van 1786—1791 hier in dienst, later Hoogleeraar te Groningen en aldaar overleden, en zijn opvolger Johannes Henricus Regenbogen van 1791—1797, die later Hoogleeraar te Franeker en te Leyden is geweest. De tweede Predikanten stonden hier meestijds aan het hoofd der Latijnsche school. Het beroep geschiedt door den kerkeraad.

De Doopsgezinden, van welke men er 90 aantreft, maken mede eene gem. uit, welke door een geordend Leeraar bediend wordt. — De 2 Evangelisch-Lutherschen, welke er wonen, behooren tot de gem. van *Workum*. — De Roomsch-Katholijken, die er 6 in getal zijn, worden tot de stat. van *Bakhuizen* gerekend.

Men heeft in deze gem. 2 scholen, welke gezamenlijk gemiddeld door een getal van 50 leerlingen bezocht worden.

De stad Stavoren of Staveren, in het Latijn Stavria, in het oud Friesch Stafhrum of Starrum, zoo als zij ook nog tegenwoordig bij het meeste landvolk heet, ligt 10 u. Z. W. van Leeuwarden, 6 u. Z. W. van Sneek, 2 u. Z. Z. W. van Hindeloopen, 52° 52′ 57″ N. B., 23° 1′ 51″ O. L. Men telt er binnen de muren 109 h. en 550 inw.

Omtrent den naamsoorsprong der stad is men in het onzekere. Sommigen meenen, dat Stavo haar stichter en naamgever zoude geweest zijn, anderen dat Stavrum, Steeraben, Sterum of Storum, is afgeleid van het woord Sturn, en willen, dat zij naar zekere oude volkplanting, Sturiis geheeten, wier oude woonplaats men nu in de Zuiderzee zoude moeten zoeken, dus genoemd zij. Zeker genoeg is het, dat deze oude volkplanting werkelijk bestaan heeft, doch dat de naam daarvan zoude zijn afgeleid, is twijfelachtig, omdat men in oude gedenkschriften van deze plaats, onder dien naam, bijna nergens gewag vindt gemaakt. Veiligst is het derhalve de zaak onbeslist te laten.

Stavoren is buiten twijfel de oudste en was weleer de grootste en vermogendste stad van Friesland. Wat haren oorsprong aangaat; volgens de oudste Kronijkschrijvers zou zij wel drie honderd jaren vóór Christus geboorte gebouwd zijn, doch hun verhaal is met zoo vele versierselen omzwachteld, dat men er volstrekt niet op kan vertrouwen. Dit is zeker, dat de Friesche Koningen hier hunnen zetel hebben gehad; dat Stavoren eene zeer magtige koopstad is geweest, en hare haven in oude tijden, eene der diepste en veiligste was, waardoor de ingezetenen gelegenheid hadden, om groote schatten te verzamelen, die, gelijk alomme, ook hier de bronaders waren van pracht en weelde, welke de oude schrijvers, bij vergrooting, zoodanig uitmeten, dat zij niet schroomen te vertellen, dat men te Stavoren de stoepen en drempels met goud en zilver besloeg, waarvan het spreekwoord kwam: *de verwende kinderen van* Stavoren.

Doch gelijk vele voorname koopsteden, door het opslijken harer vaarwaters, vervallen zijn, zoo trof ook Stavoren het zelfde lot, dewijl eene zandbank, het Vrouwenzand genaamd, allengs voor de haven opschoot en de nadering van zwaar geladen schepen belemmerde. Dit toeval, wordt door de Kronijkschrijvers toegeschreven aan de dartelheid van eene rijke weduwe. Deze kreeg een schip uit Dantzig te huis, hetwelk door haar was uitgezonden met uitdrukkelijk bevel, om eene vracht terug te brengen van de beste waren, die daar te laden vielen. Toen zij nu van den schipper vernam dat deze eene vracht van de beste tarwe aan bakboord had ingeladen, beval zij hem, die weder aan stuurboord in zee te werpen, hetgeen ook geschiedde, waarop, dus luidt de vertelling, eene groote droogte of zandbank ontstond, ter plaatse waar de tarwe in zee was geworpen. Tot een blijvend aandenken aan die dartele vrouw en aan het goddelijk ongenoegen over dit bedrijf, zouden nabij STAVOREN nog koornaren groeijen, hoewel zonder eenige vrucht, hebbende daarvan alleen slechts het uiterlijk voorkomen. — Het is niet onmogelijk, dat er zulk een geval in die tijden werkelijk gebeurd zij, doch wat deze koornaren aangaat, hieromtrent valt aan te merken, dat er niet ver ten Zuiden van STAVOREN eene plant groeit, welke uiterlijk veel gelijkt naar korenaren, doch deze wordt niet op het zoogenoemde Vrouwenzand, dat op eenigen afstand van de Friesche-wal in zee ligt en altoos onder water is, gevonden, maar wel op het bekende Roode-klif (zie dat woord). Ook is deze plant niets ander dan een zekere helm, hoedanig men in vele oorden van Holland en Zeeland aan de duinen aantreft, en welks ver voortkruipende wortel zeer dienstig is, om het duinzand bijeen te houden en het verstuiven te beletten. Doch hoe dit zij, het grootste gedeelte der stad, is voorzeker door de zee weggespoeld, en onder anderen het klooster van St. Odulfus, hetwelk in oude tijden zeer vermaard was, en waarvan, in het jaar 1664, toen SCHOTANUS zijne *Beschrijving van Friesland* in het licht gaf, bij laag water, nog overblijfselen bespeurd werden. Doch heden is de geheugenis hiervan geheel verloren, dewijl men bij laag water thans niets meer kan ontdekken, dan de weleer bekende kerkstraat; liggende de kerk ongeveer een kwartier uur gaans ten noordwesten der stad in zee, alwaar men, bij laag tij, met stil weder, nog de overblijfselen der muren en eenige zerken der oude grafsteden ontdekt, waarom, door de Regering, ter beveiliging der scheepvaart, des zomers aldaar eene ton wordt gelegd.

De magt van STAVOREN was weleer ongetwijfeld zeer aanzienlijk; doch of men op deze stad kan toepassen, hetgeen nog te Nijmegen gelezen wordt: *Huc usque regnum Stauriae* (tot hiertoe strekt het regt van STAVOREN uit) valt thans bezwaarlijk te bepalen.

Op den 2 December des jaars 1302, zou men, op het West van STAVOREN, twee zilveren penningen gevonden hebben, gemunt onder de regering van Koning RADBOUD, en in 1425 eenen gouden penning, waarop men aan den eenen kant las: *Adgillus Secundus Frisiorum Rex* (d. i. ADGILLUS II, Koning *der Friezen*, en aan den anderen: *Moneta aurea Civitatis Stauriensis* (d. i. gouden munt van de stad STAVOREN). Doch deze penningen worden, door de meesten, voor verdicht gehouden. SCHOTANUS drukt er zich ten sterksten over uit, en zegt: ik kan het nooit gelooven, dat er zulke penningen zijn geweest of zij moeten versierd zijn.

STAVOREN is eene der oudste Hanzesteden geweest, ja de derde in rang, zijnde hare voorregten, te Keulen, op den 1 October 1519, en laatst te Lubeck, op den 16 Maart 1603, nog vernieuwd. De groote reden van dit aanzien was de ijver en kunde der Stavorschen in de zeevaart en vooral hunne kloekmoedigheid, door, in die oude ruwe tijden, aan de andere Westersche volkeren een bewijs te geven, dat men door de Sond in de Oostzee varen kon. Hierdoor hebben zij ook het regt bekomen, dat zij aldaar vóór alle anderen vertold moesten worden; waardoor het wel eens gebeurd is, dat zij, hunne reis in de Oostzee volbragt hebbende, bij hunne terugkomst in de Sond, daar nog schepen vonden liggen, die er op de uitreize te gelijk met hun gekomen waren. Tot erkentenis van dit voorregt zonden zij jaarlijks een stuk Leydsch laken met het eerste schip naar de Sond, tot een geschenk aan den Koning van Denemarken. De Koningen van Denemarken hebben ook bovendien, van tijd tot tijd, vele voorregten aan die van STAVOREN verleend, van welke nog eenige overig zijn, als van Koning WALDEMAR, in 1326, en in 1363 op St. Mattheusdag. Op Pinksteren van het jaar 1478 werd hun door Koning CHRISTIAAN, wegens eenige opgeschoten penningen, vergund, dat zij maar een Henricusnobel tol zouden geven tot den dag der voldoening toe. Ook zonden die van STAVOREN een Gezantschap aan Koning CHRISTIAAN IV, in 1599, tot verdere bevestiging hunner voorregten. Geen mindere voorregten hebben de Koningen van Frankrijk weleer aan deze stad verleend, gelijk uit de daarvan overgebleven brieven kan blijken; zijnde de laatste dier brieven van KAREL IX, gedagteekend 1561; waarom ook, gedurende den bevigen oorlog tusschen dien Koning en Keizer KAREL V, toen geen Nederlander op Frankrijk varen mogt, sulks veilig en met groot voordeel door die van STAVOREN geschiedde. Er zijn ook nog privilegiebrieven voorhanden, welke de stad van den Zweedschen Koning JACOB, op den 3 Mei 1499 en op den 18 Junij 1525, ontvangen heeft.

Omtrent het jaar 1200 was STAVOREN nog in vollen bloei, wordende toen geregeerd volgens hare eigene wetten en privilegien, zoo als die in het oude Grandeboek te lezen zijn. Toen voerde de stad ook het regt van galg en zwaard, waarom ook zeker stuk buitendijks land, ten tijde van SCHOTANUS, tusschen STAVOREN en Scharl, nog de Galgefenne werd genaamd. In het jaar 1230 kon men met behulp van eenen polsstok, door het bosch Kreil, van STAVOREN naar Enkhuizen gaan, doch in 1400 was er reeds eene ruime vaart, tusschen die steden, uit de Noordzee naar de Zuiderzee. Het aanzien der stad nam middelerwijl aanmerkelijk af, in 1335 was STAVOREN evenwel nog magtig genoeg, om den oorlog te voeren tegen de steden Lubeck en Hamburg, hoewel het verschil ras werd bijgelegd door tusschenspraak der Regeringen van Gent, Brugge, IJperen, Dordrecht, Middelburg en Zierikzee; gelijk uit de brieven, in de stadskist berustende, kan blijken.

Toen Friesland onder de magt der Hollandsche Graven verviel, hadden deze, of hunne Stadhouders, hier hunnen vasten zetel. Daardoor verkreeg deze stad ook de bevestiging harer voorregten van Graaf FLORIS V, op den 1 April 1292, en eene nadere bevestiging van Graaf JAN, in 1299. De Grietslieden en Mederegters der oude buurt van Froonacker, welken naam men toen gaf aan de Vijf deelen in Westergoo, erkenden, in 1384, STAVOREN voor eene vrije stad, en gaven haar een vrijgeleide.

In volgende tijden, allengskens zeer vernederd zijnde, door watersnood, brand, overrompeling, pest en duurte, lag deze, weleer zoo vermaarde stad lang zonder vesten, en werd menigmaal een nest van roovers, van buiten, die haar bemagtigd hadden. In het jaar 1516 werd zij echter weder eenigzins bevestigd.

STAVOREN heeft thans eene langwerpig vierkante gedaante, van het Zuiden naar het Noorden vrij breed, doch van het Oosten naar het Westen smal. De stad ligt aan twee vaarwaters, het eene ten Zuiden en het andere ten Noorden, die beide uit de ringsloten der oude Stavorder-meren komen en door middel van onderscheiden wateren gemeenschap hebben met alle groote vaarwaters der provincie. Het zuidelijkste vaarwater, naar zijne ligging de Zuidervaart genaamd, liep weleer niet alleen door het zuidelijk gedeelte der stad, maar ook door de Zuiderztjl in zee, zoodat uit dit water voortkwam de Zuiderhaven, die nog bij SCHOTANUS in de afbeelding van STAVOREN gezien wordt, doch reeds voor vele jaren is overdijkt en dus gesloten. De Noordervaart loopt buiten de stad in de stadsgracht, en vormt dan verder de haven der stad. De haven heeft twee hoofden, het eene ten Noorden en het andere ten Zuiden. Het laatste loopt met eene kromme bogt om de plaats van het kasteel, die weleer tot een buitenwerk, thans alleen tot een zeedijk verstrekt. Deze dijk is kostbaar van onderhoud, dewijl de invallende vloeden uit het Noordwesten het wier dikwerf ondermijnen, en dus het hoofd meermalen in gevaar brengen.

In 1767 is de Noorderhaven geheel gesloten en de sluis meerendeels, na voorafgaande droogmaking, vernieuwd. Er ontstonden kort na dien tijd, geruchten, waarschijnlijk door kwaadwilligen verspreid, dat de sluis slecht gebouwd en met groot gevaar van het land, bij den eersten storm stond te bezwijken. Om deze reden werd de sluis door kundige lieden, op nieuw onderzocht en zoodanig bevonden, dat er niets op viel te zeggen. Ook hebben de zware stormen en watervloeden van 1775 en 1776 de deugd dezer sluis, die er niets door geleden heeft, nog nader bevestigd. Naast Harlingen is deze sluis de wijdste der zuidelijke uitwateringen, als zijnde 8.20 ell. wijd. Die van Wymbritseradeel, Hemelumer-Oldephaert en de stad STAVOREN, moeten onder hun drieën haar gezamenlijk onderhouden. Voorheen had deze haven het ongemak, dat hare beide hoofden bijkans zuidoost en noordwest liepen, waardoor de slag van het water, bij hevige winden, hier zeer aanmerkelijk was. In 1792 werd dit gebrek grootendeels hersteld, zoodat STAVOREN thans eene uitmuntende haven heeft, die voor geene der overige Friesche zeehavens, behoeft onder te doen, zijnde zij zoo groot en breed en van zulk eene gunstige ligging op den zuidwesthoek van Friesland aan de Zuiderzee, dat alleen de verhooging van buitengronden verhindert, dat zij niet meer door groote schepen kan bezocht worden. Aan de haven staat eene goede herberg, benevens het vernieuwde kustlicht. Aan het oosteinde der haven ligt eene dubbele klap- of valbrug, tot het doorlaten van koffen en smakken, waarover men op het Zuiderhoofd, als op een eiland komt en van daar ter stad ingaat door de voorm. Noorderpoort.

De stadswal bestond vroeger uit het oude blokhuis, den zeedijk en drie en een half bastion, met vier tusschenkomende gordijnen. Het oude blokhuis had men in het N.W., het bestond uit drie halve steenen katten, aan welke in het O. het gordijn, en in het Z. de zeedijk sloot. Door den wal liepen drie land- en twee waterpoorten, met name: de Noorderpoort ten N., de Koepoort ten O., de Zuiderpoort ten Z. en de Noorderpijp en de Zuiderpijp ten W. Deze waterpoorten lieten de voornoemde vaarten door in de stad; terwijl men door de Noorderpoort uit de stad reed naar Westergoo, door de Zuiderpoort naar Gaasterland, en door de Koepoort naar de naburige landerijen. Deze poorten zijn voorzien van valbruggen, doch alles is thans diep vervallen. Het middenste deel der stad, waarin de kerk en toren staan, ligt rondom in eene binnengracht, als een eiland, besloten, doch heeft gemeenschap met het overige der stad door middel van veertien bruggen, van welke twee bij SCHOTANUS voorkomen; onder den naam van de Blaauwe-brug en de Vrouwen-brug. Dit middengedeelte wordt meerendeels, aan de overzijde van de voornoemde insluitende gracht, omsingeld door de huizen aan dien kant des waters, zoodat deze stad, hoewel niet groot, echter ongemeen wel is aangelegd.

De burgerhuizen binnen Stavoren waren vroeger net en welbebouwd, doch sedert een aantal jaren zijn er vele afgebroken, ten gevolge der in het oog loopende verachtering van welvaart en handel. De scheepsbouw vooral bloeide hier, even als de daaraan verknochte fabrijken, zoowel lijnbanen, smederijen en zeilmakerijen. Een en ander gaf Stavoren een levendig aanzien, bevorderde den koophandel en deed de stad bloeijen. Thans is dit alles veranderd. Stavoren heeft heden een treurig aanzien. Men ziet er geheel geene boomen, maar tusschen golvende erven van met ruigte en gras bedekte puinhoopen, nog eenige bouwvallige huizen half gesloopt, muren met bonte tegelen en digt gespijkerde vensters. De smalle puinwegen, die derwaarts loopen, zijn met afbraak van Stavorens voormalige huizen overdekt. De overblijfsels van vloeren, pannen, met roet doortrokkene gevelsteenen, verglaasde esterlingen, alles toont de treurige slooping dier eertijds zoo vermaarde residentiestad van Stavo aan. Bij huur of koop worden de woningen voor zeer geringe prijzen afgestaan, het is overal stil, somber en levenloos, en de verarmde bewoners, schijnen in de verwlooze woningen, zonder nering of handteering moedeloos neder te zitten. Men wil, dat er voorheen en welligt nu nog oude gebouwen zouden zijn, wier voorgevels bijna een el dik zijn.

Het Stadhuis, aan de *Westelijke-Gracht*, staat in het midden der stad en is in 1775 geheel vernieuwd en daaraan eene fraaije raadkamer gebouwd. Deze is fraai geschilderd; links van de deur vindt men den *verkoop van* Esaus *eerstgeboorteregt*, en ter regterzijde Isaak, Jacob *zegenende in plaats van* Esau; links van den schoorsteen Salomo's *eerste regt* en regts Ahasuerus *en* Mordechaï. Tegenover de vensters Susanna *in het bad door twee grijsaards bespied* en Thamar *de Hoer*. In den schoorsteen is het portret van Willem V. In het plafond ziet men in het middelvak *het stads bestuur op eenen verheven setel geplaatst met den staf in de regterhand;* nevens de stedemaagd ligt een scheepsroer. De eendragt, aan hare voeten zittende, biedt haar een open granaatappel aan; nabij haar is de staatkunde, met twee aangezigten en een verrekijker; tegen haar over de rede, op wolken gedragen, met passer en vorm, en verder allerlei allegoriën. In de hoeken vindt men fresco-schilderingen, voorstellende *de Wijsheid*, *de Geregtigheid*, *de Wakkerheid* en *de Voorzigtigheid*, met allegoriën. Op het raadhuis wordt nog bewaard een met zilver beslagen gildehoorn, die 2½ flesch houdt en waarop staat: *Desen horen hebben doen maken de broeders van Sint Antonius gilde MCCCXCII.* Op de plaat is in zilver gedreven Petrus en Elias *van de raven gespijsd*. Het stadhus was vroeger een goed deftig gebouw, met een hoog bordes. Thans echter is het in verval. Toen men het oude Stadhuis afbrak, vond men in een der muren twee gouden penningen, welke elk eene halve pistool waardig waren.

Het Contributiehuis of de Vergaderplaats van het dijksbestuur Hemelumer-Oldephaert-en-Noordwolde, staat in de *Voorstraat*.

De Kerk der Hervormden, staat aan de *Westelijke-Gracht*. De Pastoor trok destijds 150 goudg. (225 guld.) en er was nog eene vikarij van 100 goudg. (150 guld.). Dit gebouw moet eerst in de zestiende eeuw gesticht zijn, want in 1531 moest de kerk, welke men toen te Stavoren had, worden afgebroken, omdat zij te digt bij het Blokhuis stond. Naar men wil zouden aan het tegenwoordige bedehuis balken en sparren en ander houtwerk gebezigd zijn, welk in het bosch van Kreil gewassen waren. Het is een net gebouw, met een zeer goed orgel en geregelde zitbanken. Ook vindt men nog in de kerk een zwart bord, waarop te lezen staat: *In 1555 Vrijdags nachts voor St. Marten gebleven twee zeelieden met hunne manschap en vijf kinders. — Heere bewaar de zeeman.* Men vindt er mede nog de baren van de gilden. De toren, welke afzonderlijk staat en tot een baken in zee verstrekt, is fraai gebouwd. In het jaar 1768 en 1769 zijn aan kerk en toren aanmerkelijke verbeteringen gedaan, en bij die gelegenheid eenige der gezegde balken uitgenomen, die nog geheel frisch en gaaf werden bevonden, waarom zij naderhand tot onderleggers der bruggen zijn gebruikt. Men vindt ook in eenige partikuliere huizen nog heden vele gelijksoortige balken.

De Kerk der Doopsgezinden is een klein, doch net gebouw, zonder toren of orgel.

Men heeft er eene Latijnsche school, wordende de post van Rector door den Hervormden Predikant waargenomen; doch bij gebrek aan leerlingen is zij thans gesloten.

Men had te Stavoren vroeger een mansklooster zijnde het St. Odulfusklooster op eene plaats welke later door de zee is weggespoeld. Zie Odulfusklooster (St.)

In het Noorden van Stavoren, stond weleer ook een Beggijnenklooster; doch dit klooster werd, in het jaar 1549, door eene Geldersche Beggijn in brand gestoken, omdat zij, door de Moeder van het klooster, volgens hare gedachten, onder eene al te strenge tucht gehouden werd. Dit klooster was schoon van aanleg en voorzien van eene fraaije kerk en lommerrijk geboomte, doch allengs verarmd, zoodat de Beggijnen den kost met weven moesten winnen. Hier stonden achttien weefgetouwen en een halve braspenning (ruim 3 cents) was het weefloon van elke slijting.

Stavoren is de geboortepl. van den Geleerde Nanno, die op het einde der negende eeuw leefde, de Leermeester van Radbod, den veertienden Bisschop van Utrecht geweest is, en eenige philosophische geschriften heeft nagelaten.

Van de Geschiedschrijvers: Cappidus, bijgenaamd Stauriensis, die omtrent het jaar 920 geleefd heeft; en Andreas Cornelius, die een *Kronyk van Friesland* geschreven heeft, † in 1589.

Van de Staatslieden: Jarig (Jarge) Coppes, die in de veertiende eeuw Burgemeester van Groningen is geweest en zich als Hoofd der Schieringers kennen deed, en Allart Pieter van Jongestal, die in 1652 Gezant aan het Hof van Engeland en in 1667 Gevolmagtigde tot den vredehandel te Breda was, geb. in 1615, † in 1676.

Uit Stavoren waren mede afkomstig de voorouders van den Kruidkundige Rembertus Dodonaeus, eigenlijk Rembert Dodoens of Doedes van Joenckema.

Stavoren heeft meer dan eens schade geleden door brand: als in het jaar 996, toen 329 huizen daardoor verteerd werden. In 1420 deed de brand eene veel grooter verwoesting, verslindende omtrent 500 huizen, zoodat het Zuider en Zuidooster deel der stad, ter oorzaak van de rieten daken, als in een oogenblik werd in asch gelegd, weshalve zij daarna binnen engere palen moest besloten worden.

Ook heeft deze stad niet weinig in de oorlogsrampen moeten deelen. Zoo werd zij, in het jaar 1079, door Dirk V, Graaf *van Holland*, belegerd en stond drie weken het geweld der belegeraren door; maar zag zich eindelijk genoodzaakt te bukken. Zij kreeg vergiffenis op voorwaarden,

De burgerhuizen binnen Stavoren waren vroege
doch sedert een aantal jaren zijn er vele afgebrok
het oog loopende verachtering van welvaart en h
vooral bloeide hier, even als de daaraan verkn
lijnbanen, smederijen en zeilmakerijen. Een r
levendig aanzien, bevorderde den koophandel
Thans is dit alles veranderd. Stavoren heef
zien. Men ziet er geheel geene boomen, maa
van met ruigte en gras bedekte puinhoope
huizen half gesloopt, muren met bonte t
vensters. De smalle puinwegen, die derwi
braak van Stavorens voormalige huizen ov
vloeren, pannen, met roet doortrokken
esterlingen, alles toont de treurige sloopir
residentiestad van Stavo aan. Bij huur
voor zeer geringe prijzen afgestaan, het
venloos, en de verarmde bewoners, schl
gen, zonder nering of handteering mo
wil, dat er voorheen en welligt nu no
wier voorgevels bijna een el dik zijn.

Het Stadhuis, aan de *Westelijk*
der stad en is in 1775 geheel vernieuw
kamer gebouwd. Deze is frani gesch
men den *verkoop van* Esaus *eerstgebo*
Jacob *zegenende in plaats van* Esau
zo's *eerste regt* en regts Ahasuerus
sters Susanna *in het bad door twee*
Hoer. In den schoorsteen is het po
fond ziet men in het middelvak h
zetel geplaatst met den staf in de
ligt een scheepsroer. De eendragt
haar een open granaatappel aan; na
aangezigten en een verrekijker; te
gedragen, met passer en vorm, en v
vindt men fresco-schilderingen, voo
heid, de Wakkerheid en *de Voorzig*
huis wordt nog bewaard een met zil
houdt en waarop staat: *Desen hor*
Sint Antonius gilde MCCCXCII
Petrus en Elias *van de raven g*
goed deftig gebouw, met een b
verval. Toen men het oude St
muren twee gouden penningen.
waren.

Het Contributiehuis of
bestuur Hemelumer-Oldep
Voorstraat.

De Kerk der Hervorm
De Pastoor trok destijds 150
vikarij van 100 goudg. (150
tiende eeuw gesticht zijn, wan
Stavoren had, worden afgeb
stond. Naar men wil zouden
sparren en ander houtwerk g

maar deed het volk bij benden op de Friezen, die ten deele in het riet verborgen lagen, aanvallen, en in het naastgelegen dorp branden en blaken. Terstond kwamen de Friezen uit hunne rietbosschen te voorschijn; terwijl, ter zelfder tijd, hunne spitsbroeders, die reeds de overwinning behaald hadden, zich bij hen voegden. Graaf WILLEM, niet wetende dat een deel van zijn leger geslagen was, viel terstond, met eene bende van vijf honderd man, zeer moedig op den vijand aan, doorstak met eigen hand een Friesch Edelman, en nam de pligten van eenen Veldheer zoo wel in acht, als hem, naar tijd en gelegenheid, mogelijk was. Maar omgeven en overvallen door de overmagt der vijanden, die, op het luiden der klokken, van alle kanten als bijen kwamen opzetten, werd hij eindelijk, met alle de manschappen, die hem vergezelden, verslagen. 's Graven lijk werd van de Friezen, ter weerwrake van den gesneuvelden Edelman, onthoofd: de andere benden, die vervolgens aan land kwamen, en ten strijde liepen, werden mede, ten grooten deele nedergehouwen en weinigen konden zich met de vlugt op de schepen bergen. De strijd duurde van zonnen opgang tot den laten avond. Men wil dat er achttien duizend, zoo Hollanders, Zeeuwen als Henegouwers, gesneuveld, of in het slijk en water versmoord zijn, onder welke twee honderd en veertig hooggeboren Staatspersonen en voorname Edelen geteld werden. Deze overwinning, waarvan men in Friesland de weergade nimmer beleefd had, viel voor den 25 September 1345. Die dag is, vele jaren daarna, als een plegtige feestdag gevierd: wordende de Friesche Lieve-vrouwendag genoemd, zonder twijfel, omdat men destijds, deze overwinning, aan de voorbidding der H. *Moedermaagd* toeschreef.

Hertog ALBRECHT VAN BEIJEREN was in zijne onderneming gelukkiger. Toen hij, in 1397, het Friesche leger aldaar sloeg, en STAVOREN, destijds van geringe sterkte, innam. Hij bouwde een blokhuis in het Noordwesten der stad, waarna hij zijn krijgsvolk van hier door geheel Friesland zond, en het gansche land, onder zekere voorwaarden, tot onderwerping bragt. Reeds vroeg in het voorjaar van 1400 werd de stad STAVOREN door de Vrijheidsgezinde Landzaten belegerd. WALRAVEN VAN BREDERODE, die destijds het bevel over de bezetting had, hield de belegeraars zoo lang op, dat Hertog ALBRECHT tijd had, om meer krijgsvolk over te zenden. Eerlang kwam ARNOLD VAN EGMOND, Heer *van IJsselstein*, met eenig volk aan: waarop de Friezen het beleg opbraken. De schans te Molkwerum was nog in hunne handen, en werd met eene sterke bezetting voorzien. Doch, eenigen tijd daarna, beproefde BREDERODE, aan het hoofd der bezetting van STAVOREN, eenen aanslag, om die vesting te verrassen. Hij bestormde de werken met groote dapperheid, waartegen de Friezen zich met geen minder kloekmoedigheid verweerden. De aanvallers verloren veel volk. BREDERODE, zwaar gewond, werd door de Friezen gevangen genomen, maar ontsnapte eerlang zijne wachters en kwam weder binnen STAVOREN bij zijn volk. De Friezen van Westergoo, vernomen hebbende dat er binnen STAVOREN slappe wacht gehouden werd, verrasten de stad, den 12 Maart 1414, en verjaagden de Hollandsche bezetting. Hertog WILLEM, Graaf *van Holland*, had altoos groote zorg voor het behoud dier stad gedragen, en er, van tijd tot tijd, wakkere Bevelhebbers gezonden. Daar hij echter thans vrij ernstig in de Utrechtsche onlusten en andere zwarigheden gewikkeld was, namen de Friezen die gelegenheid waar, om dat eenigste overschot der Hollandsche heerschappij in hun land te vernietigen. Ook liet de Staat van 's Graven zaken, hoe gevoelig hem dit verlies ook was, niet toe, om den Friezen zulks betaald te zetten.

Den 26 September 1420 rukten de Vetkoopers onverwacht bij nacht voor Stavoren, binnen welke stad zich de meeste Oostfriesche en Groninger ballingen, welke tot de Schieringers behoorden, nedergezet hadden. Zij geraakten in den donker over de vesten. Daar echter die van binnen de wapenen spoedig aangegord hadden, ontstond er een hardnekkig gevecht, waarin Coppen Jarics en sommige anderen sneuvelden. De overige ballingen en misnoegden, niet langer kunnende stand houden, gingen scheep en vlugtten naar Holland; sommigen namen de wijk naar Slooten.

In 1516, gedurende de Geldersche onlusten, werd de stad door den Bourgondischen Stadhouder Floris van Egmond, met behulp van honderd kleine schepen vol krijgsvolk, ingenomen, en, nadat zij weder in handen der Gelderschen gevallen was, in 1522, andermaal herwonnen en het blokhuis versterkt.

Tijdens de Spaansche onlusten en oorlogen heeft Stavoren ook veel geleden. Den 25 Augustus 1572 werd de stad door de onzen ingenomen, alzoo zij door de Spanjaarden slecht bezet was, doch den 6 September weder in handen der Spanjaarden gevallen zijnde leed zij veel overlast van het Walen-Regiment van Caspar Robles, dat eene verschrikkelijke plundering en moord onder de ingezetenen aanrigtte; terwijl een gedeelte der stad verbrand werd.

Stavoren weder in onze magt gekomen zijnde, liet Prins Willem I, in het jaar 1580, het kasteel afbreken, doch de trouwelooze Rennenberg, de stad voor den Spaanschen Koning herwonnen hebbende, deed het kasteel weder herstellen en de stad met Spaansch krijgsvolk bezetten. In 1581, hebben de uitgewekene en voor Spanje's tirannij vlugtende burgers van Stavoren, geholpen door een vaandel Staatsche soldaten onder Sonoy, de stad weder ingenomen en het kasteel gesloopt, sedert welken tijd de stad aan der Staten zijde is gebleven.

Bij den watervloed van Februarij 1825 werd Stavoren vreesselijk geteisterd. De meeste huizen leden veel en eenige spoelden tot op de grondslagen weg. Er sloegen verscheidene diepe gaten in de straten, langs welke turf, huisraad en gereedschappen in menigte rondspoelden. Het havenhoofd werd verschrikkelijk beschadigd, zoodat het naauwelijks te herkennen was. De zoutkeet stortte in, en het was niet dan met moeite, dat de boeren hun vee door het water naar het hooger gelegen Warns en Molkwerum heen dreven. Vele schapen verdronken, doch gelukkig kwamen hier geene menschen bij om.

Het wapen van Stavoren is een veld van goud, met drie fasces van keel en geplaatst op twee gekruisde bisschopstaven van goud.

De vlag is blaauw met twee gouden gekruisde bisschopstaven in het midden.

STAVOREN (KASTEEL-TE-), voorm. kast., prov. *Friesland*, kw. *Westergoo*, arr. en 5 u. Z. W. van *Sneek*, kant. en 1½ u. Z.W. ten Z. van *Hindeloopen*, in het N. W. der stad *Stavoren*.

Dit kast. was in het jaar 1522 gesticht, door den Stadhouder Georg Schenk, ter zelfder plaatse, waar Albrecht van Beijeren, in het jaar 1397, eene sterkte gebouwd had. Het had een torengewelf en ringmuren, en werd, na zeven en vijftig jaren gestaan te hebben, op den 12 Februarij 1580 afgebroken, maar kort daarna door den Graaf van Rennenberg weder herbouwd, doch in het volgende jaar door de uitgeweken burgers weder ingenomen en gesloopt.

STAVOREN (KLOKSLAG-VAN-), dat gedeelte van de gem. *Stavoren*, prov. *Friesland*, kw. *Westergoo*, arr. *Sneek*, kant. *Hindeloopen*, hetwelk buiten de stad Stavoren gelegen is. Het bevat het vaste land en gedeelten van den Noorder-polder en van den Zuider-polder.

STECKMUHL, geh. in de heerl. *Berburg*, grooth. *Luxemburg*, arr. en 4½ u. N. O. van *Luxemburg*, kant., kw. en ¾ u. N. ten W. van *Grevenmacher*, gem. *Manternach*.

STEDEHEM en **STEDEHEIM**, oude namen van het d. STEDUM, in *Fivelgo*, prov. *Groningen*. Zie STEDUM.

STEDEHOUDERS of STEHOUDERS, voorm. state, prov. *Friesland*, kw. *Westergoo*, griet. *Menaldumadeel*, arr. en 2½ u. W. van *Leeuwarden*, kant. en 1½ u. Z. Z. W. van *Berlikum*, ¼ u. Z. van *Schingen*, waartoe zij behoorde.

STEDEMA of STEDMA, voorm. state, prov. *Friesland*, kw. *Oostergoo*, griet. *Tietjerksteradeel*, arr. en 4 u. O. Z. O. van *Leeuwarden*, kant. en 1¼ O. Z. O. van *Bergum*, ½ u. Z. van *Oostermeer*.

De juiste plaats, waar zij gestaan heeft, weet men niet meer aan te wijzen.

STEDERAWALDA of STEDEWALDA, voorm. bosch in *Fivelgo*, prov. *Groningen*, niet ver van *Stedum*, waarvan het zijnen naam ontleende, ter plaatse, waar nog heden eene plek gronds den naam van STEERWOLDE draagt.

STEDUM, gem. in *Fivelgo*, prov. *Groningen*, arr. en kant. *Appingedam* (2 k. d., 7 m. k., 4 s. d.); palende N. aan de gem. Kantens, O. aan 't Zandt en Loppersum, Z. aan Ten-Boer, W. aan Middelstum en Kantens.

Deze gem. bevat de d. Stedum, Garsthuizen en Westeremden, benevens de daartoe behoorende geh. Dijkum, het Groote-Garsthuizer-Voorwerk, het Kleine-Garsthuizer-Voorwerk, de Har, Krangeweer, de Vennen, de Vierburen, het Voorwerk, de Weer en Lutje-Wijtwert. Zij beslaat, volgens het kadaster, eene oppervlakte van 2451 bund. 78 v. r. Men telt er 237 h., bewoond door 308 huisgez., uitmakende eene bevolking van 1650 inw., die meest in den landbouw en de veeteelt hun bestaan vinden. Ook heeft men er eenen pelmolen en eene weverij.

De grondsgesteldheid is niet overal geheel de zelfde. Aan de Oostzijde bestaat de bodem uit vette klei met zand vermengd; aan den Noord- en Zuidkant is de klei zwaarder en minder zandig. Ten Westen treft men eerst klei en daarna roodoorn aan. Even als elders op de hooge kleilanden, worden hier gebouwd tarwe, rogge, raapzaad, garst, haver, boonen, aardappels en andere vruchten. Onder Westeremden is de grond meestal zavelig en vruchtbaar.

De Herv., die er 1200 in getal zijn, onder welke 240 Ledematen, maken de drie gem. Stedum, Garsthuizen en Westeremden uit.

Sedert den 10 December 1843, bestaat hier ook een gem. van Christelijk Afgescheidenen.

De 5 Evang. Luth., die er wonen, behooren tot de gem. van die gezindte te *Groningen*. — De 20 Doopsgez., die men er telt, worden tot de gem. van *Uithuizen* gerekend. — De 10 Isr., die er wonen, hebben hier eene bijkerk, welke tot de ringsynagoge van *Appingedam* behoort.

Men heeft in deze gem. drie scholen; als: eene te Stedum, eene te Garsthuizen en eene te Westeremden.

gevoelig hem dit verlies ook was, niet toe, om den Friesen
taald te zetten.

Den 26 September 1420 rukten de Vetkoopers onver
voor STAVOREN, binnen welke stad zich de meeste Oost
ninger ballingen, welke tot de Schieringers behoord
hadden. Zij geraakten in den donker over de vest
die van binnen de wapenen spoedig aangegord hadde
hardnekkig gevecht, waarin COPPES JARIGS en somm
velden. De overige ballingen en misnoegden, ni
stand houden, gingen scheep en vlugtten naar
namen de wijk naar Slooten.

In 1516, gedurende de Geldersche onlusten,
Bourgondischen Stadhouder FLORIS VAN EGMOND,
derd kleine schepen vol krijgsvolk, ingenome
in handen der Gelderschen gevallen was, in
nen en het blokhuis versterkt.

Tijdens de Spaansche onlusten en oorlog
geleden. Den 25 Augustus 1572 werd de
nomen, alzoo zij door de Spanjaarden
6 September weder in handen der Spa
zij veel overlast van het Walen-Regiment
verschrikkelijke plundering en moord o … er-maar.
terwijl een gedeelte der stad verbrand … erspel uit.

STAVOREN weder in onze magt gekor … eep lands, en
in het jaar 1580, het kasteel afbrek … g gediend. Op
… de stad voor den Spaanschen Kor … den Delleweg naar het
kasteel weder herstellen en de stad m … t baksteenen, vele
1581, hebben de uitgewekene en v … hoofden en beenderen van
gers van STAVOREN, geholpen door … aamte en een puntige degen.
SONOY, de stad weder ingenomer … een slot gestaan, waarvan de
ken tijd de stad aan der Staten … od zitten.

Bij den watervloed van Feb … n getal zijn, onder welke
geteisterd. De meeste huizen … uit, welke tot de klass. van
grondslagen weg. Er sloegen … hoort.
lange welke turf, huisraad e … ders met eenige andere gewesten
den. Het havenhoofd werd ve … wilden aangaan, is daartoe, benevens
welijks te herkennen was. … EGBERT CLANT VAN STEDUM. Niet lang
met moeite, dat de boere … huis te STEDUM, door een Hervormd
gelegen Warns en Molkwe … zich zelven en het volk met de gezin-
doch gelukkig kwamen b … in 1580 door den afval des Graven van
Het wapen van STAVOR … spoedig na de reductie der stad Gro-
keel en geplaatst op twe … Hervormde godsdienst hier ook gegrond-
De vlag is blaauw m … dat vóór 1666 een geh. van STEDUM was,
midden. … en de eerste Predikant, die aldaar het

STAVOREN (KAST … LIBERIUS, die in 1600 naar Zuid-
Westergoo, arr. en … kant RICHARDUS MARTINUS in 1664 overleden
van *Hindeloopen*, i … van elkander gescheiden en STEDUM
Dit kast. was in … ken Predikant ARNOLDUS WARENDORP, die
GEORGE SCHENK, te … tweede Predikant was, herwaarts beroe-
jaar 1597, eene … overleed. Het beroep is eene collatie van
ringmuren, en w … Na de sloping van dat huis is het, door
den 12 Februari … komen en nu in bezit van de gemeente, die
VAN RENNENBERG … voor drie certificaten Nederl. werkelijke
uitgeweken bur … 1000 guld., rentende 2½ pct. De kerk,

STE.

N (KLOKSLAG-VAN-), dat gedeelte van de gem. ... Friesland, kw. Westergoo, arr. Sneek, kant. Hindeloopen ... de stad Stavoren gelegen is. Het draagt het naam ... van den Noorder-polder en van den Zuider ...

in de heerl. Berbury, groeth. Luxemburg, Luxemburg, kant., kw. en 2 u. N. ten W. ... Vantermond. ...

...SUM, oude namen van het d. Stedum, in ... Steden.

...as, voorm. state, prov. Friesland, ... arr. en 2 1/2 u. W. van Leeuwarden ... Berlikum, 1 u. Z. van Stiens ...

prov. Friesland, kw. Oostergoo, O. Z. O. van Leeuwarden ... van Oudemirdum ... weet men niet meer ...

...ch in Fivelgo, provinc... ...n naam ontleende ... ...aam van Stedum ...

...n kant. Ap... de gem. Lo... W. ten Mid...

Vester... roste... verk... ...gst ... het ...

...aan den H. Nicolaas was ... versierd met een ... van Adriaan ...n dezen ...beeld, ... kunstig ...dt aldus:

...norum Ma... ...i in Nitter... ...ovintiae depu... ...er annos magno ...n Ordinum Gene... ...gati, ad perpetuae ... Monasterii Westpha... ...s exuvias, postquam ... condidit filius Johannes ... Stedum, Ringenum, Uit... ..., Tenbuir, etc. etc. ad ...putatus: idque eo loco, ubi ... cineres nobilissimi avi Eilconis ..., inter foederati Belgii amphic... ...ae Deputatos Ordines, dum vive... ...pari nobilissimorum natalium splen... ...dum, Domino in Nittersum, qui ... magna eorundem nomine Ultrajec... ...m, signavit, atrox Bellona hanc sedem ... suorum posteritati, in novissimum diem ... extruxit optimo parenti hoc monumentum. ...Christi MDCLXXII.

...enis van eenen man, uit een beroemd ge... ...end door eene lange reeks van edele voorva... ...n Stedum, Heer van Nittersum, om zijne uit... ...n meermalen benoemd onder de grootmagtige ... provincie, waarin hij geboren was, en om zijne ... gedurende negen jaren, namens die provincie, tot ... en Staat, tot de hooge vergadering der Algemeene ... Vereenigde Nederlanden afgezonden; ter bewerking van ...den vrede tusschen de Spanjaarden en de Vereenigde ...naar Munster, in Westphalen, afgevaardigd; wiens dier..., nadat hij zes en zestig jaren geleefd had, zijn zoon ...ant van Stedum, Heer van Nittersum, Stedum, Ringe... ...ierda, Heer van Loppersum, Eestrum, Ten Boer enz., enz., ...gde ter vergadering der Staten van de Vereenigde Neder... ...in dit tempelkoor eerbiedig begraven heeft; en dat wel terzelfder ...waar, onder eene lange reeks van voorouders, ook de asch rust ...jnen edelen grootvader, Eilco Clant van Stedum, Heer van ...rsum, in leven een der werkzaamsten van de Staten-Generaal der ...enigde Nederlanden, een der uitmuntendsten onder de Gedeputeerde ...ten dezer provincie. Aan zijnen overgrootvader, die geacht mag ...orden van een even schitterende afkomst te zijn, Egbert Clant van ...tedum, Heer van Nittersum, een man van gezag onder de voornaamste ...mmelanders, die eenmaal in hunnen naam de luisterlijke Unie van ...trecht geteekend heeft, heeft de woeste Bellona deze rustplaats be...ijd, welke hij, die dit gedenkstuk voor zijnen besten vader heeft

Vroeger maakte STEDUM, met de beide andere dorpen, éénen Regtstoel uit. Het redgeregt, voormaals omloopende in onderscheidene beurten, is naderhand vereenigd en berustende geweest bij den bezitter van het huis NITTERSUM aldaar. In het jaar 1762 is deze heerl., uit de nalatenschap van den Heer KANTER, gekocht voor 75,000 guld. door den Heer Mr. J. H. GERLACIUS, Raadsheer in den Raad van Braband, doch is in het jaar 1796, gelijk alle heerlijke regten, vervallen.

Het d. STEDUM, oudtijds STEDERREM of STEDERREIN, te lande in de wandeling veelal STEEN, ligt 3 u. W. van Appingedam. Het is een groot, oud en aanzienlijk dorp, dat zelf op twee wierden ligt, en men telt er nog zes anderen, waaronder echter die van Lutje-Wijtwerd de aanmerkelijkste is. Zij zijn doorgaans 2, 3 of 3 ell. 9 palm. en boven het maaiveld verheven.

De grond van STEDUM levert onderscheidene bewijzen op van den veranderden waterstaat. Zoo als de oude beddingen langs den Delleweg. Bij de Weer dragen eenige landerijen nog den naam van uiterdijken. Oudtijds behoorden STEDUM en *de Weerde*, althans sedert 1300, onder de Winsumer-sluis, zoo dat hier een binnendijk of eene waterkeering tegen Westeremden en Garsthuizen, als onder eene andere sluis begrepen zijnde, noodzakelijk was. Eene andere plaats draagt den naam van Schippershuizen. Men heeft er het oude Maarsvliet, benevens het Hil-maar en het Stedumer-maar. De Delleweg maakt bijna eene der grenslijnen van het kerspel uit.

De Gildekamp, in de Weer, is een smalle streep lands, en heeft vermoedelijk oudtijds tot eene bijzondere bestemming gediend. Op Bargenheem, aan de Drie-Borgenlaan, welke van den Delleweg naar het Stedumer-maar loopt, zijn wagenvrachten met baksteenen, vele dufsteenen, brokken van oude pannen, kogels, hoofden en beenderen van menschen, alsmede eene doodkist, een geraamte en een puntige degen daarnevens gevonden. Hier heeft weleer een slot gestaan, waarvan de grondslagen nog gedeeltelijk in den grond zitten.

De Herv., die hier ongeveer 670 in getal zijn, onder welke ruim 100 Ledematen, maken eene gem. uit, welke tot de klass. van *Appingedam*, ring van *Loppersum*, behoort.

In 1579, wanneer de Ommelanders met eenige andere gewesten der Nederlanden de Unie van Utrecht wilden aangaan, is daartoe, benevens EYSE JARGES, ook afgevaardigd EGBERT CLANT VAN STEDUM. Niet lang daarna heeft die Heer, op zijn huis te STEDUM, door een Hervormd Predikant laten prediken, om zich selven en het volk met de gezuiverde leer te stichten. Dit is in 1580 door den afval des Graven van RENNENBERG wel verhinderd, doch spoedig na de reductie der stad Groningen, of sedert 1594, is de Hervormde godsdienst hier ook gegrondvest. Destijds was Lellens, dat vóór 1666 een geh. van STEDUM was, kerkelijk met STEDUM vereenigd, en de eerste Predikant, die aldaar het leeraarambt waarnam, was ALBERTUS LIMBURGUS, die in 1600 naar Zuidhorn vertrok. Nadat de Predikant RICHARDUS MARTINUS in 1664 overleden was, werden Lellens en STEDUM van elkander gescheiden en STEDUM bekwam tot eersten afsonderlijken Predikant ARNOLDUS WARENDORP, die in 1666 van Delfzijl, waar hij tweede Predikant was, herwaarts beroepen werd en in 1689 alhier overleed. Het beroep is eene collatie van het huis Nittersum geweest. Na de sloping van dat huis is het, door verkoop, in andere handen gekomen en nu in bezit van de gemeente, die het in 1846 aangekocht heeft voor drie certificaten Nederl. werkelijke schuld, groot ieder nominaal 1000 guld., rentende 2½ pct. De kerk, in 1296 gebouwd, welke vóór de Reformatie aan den H. Nicolaas was toegewijd, is een deftig en wel onderhouden gebouw, versierd met een fraai orgel, en op het koor met de prachtige graftombe van Adriaan Clant van Stedum, Heer van Nittersum, een der Afgevaardigden van dezen Staat op den vredehandel te Munster. Die Heer wordt aldaar, afgebeeld, gekleed in eenen tabbaard, in eene liggende gestalte, alles kunstig uitgewerkt in wit marmer. Het geschrift boven de tombe luidt aldus:

Perenni memoriae viri, illustri prosapia, longoque nobilissimorum Majorum sanguine insignis, Adriani Clant a Stedum, Domini in Nittersum, ob eximias animi dotes inter praepotentes patriae provintiae deputatos saepius electi, ejusdemque Provintiae nomine 9 per annos magno suo merito, majori reipublicae commodo ad celsissimum Ordinum General. foederatae Belgicae potentissimum consessum delegati, ad perpetuae pacis foedera Hispanos inter Belgasque foederatos Monasterii Westphalorum auspicato facta Legati; cujus charissimas exuvias, postquam vixisset annos 66, hoc templi adyto reverenter condidit filius Johannes Clant *a Stedum, Dominus in Nittersum, Stedum, Ringenum, Uitwierda, Toparcha in Loppersum, Eestrum, Tenbuir, etc. etc. ad concilium Ordinum foederatae Belgicae Deputatus: idque eo loco, ubi inter longam atavorum seriem quiescunt cineres nobilissimi avi* Eilconis Clant *a Stedum, Domini in Nittersum, inter foederati Belgii amphictiones potentissimi, hujusque Provintiae Deputatos Ordines, dum viveret, excellentissimi. Proavo autem, pari nobilissimorum natalium splendore censendo,* Egberto Clant *a Stedum, Domino in Nittersum, qui Omlandiae procerum quondam pars magna eorundem nomine Ultrajectinam unionem, cedro dignissimum, signavit, atrox Bellona hanc sedem invidit, quam olim sibi, seraeque suorum posteritati, in novissimum diem sequestram fore, vovet idem, qui extruxit optimo parenti hoc monumentum.*

Anno Christi MDCLXXII.

(d. i. Ter eeuwige gedachtenis van eenen man, uit een beroemd geslacht gesproten, uitstekend door eene lange reeks van edele voorvaderen, Adriaan Clant van Stedum, Heer van *Nittersum*, om zijne uitstekende bekwaamheden meermalen benoemd onder de grootmagtige Afgevaardigden der provincie, waarin hij geboren was, en om zijne groote verdiensten, gedurende negen jaren, namens die provincie, tot grooter heil van den Staat, tot de hooge vergadering der Algemeene Staten van de Vereenigde Nederlanden afgezonden; ter bewerking van den eeuwigdurenden vrede tusschen de Spanjaarden en de Vereenigde Nederlanders, naar Munster, in Westphalen, afgevaardigd; wiens dierbaar overschot, nadat hij zes en zestig jaren geleefd had, zijn zoon Johannes Clant van Stedum, Heer van *Nittersum, Stedum, Ringenum, Uitwierda*, Heer van *Loppersum, Eestrum, Ten Boer enz., enz.*, Afgevaardigde ter vergadering der Staten van de Vereenigde Nederlanden, in dit tempelkoor eerbiedig begraven heeft; en dat wel terzelfder plaatse, waar, onder eene lange reeks van voorouders, ook de asch rust van zijnen edelen grootvader, Eilco Clant van Stedum, Heer van *Nittersum*, in leven een der werkzaamsten van de Staten-Generaal der Vereenigde Nederlanden, een der uitmuntendsten onder de Gedeputeerde Staten dezer provincie. Aan zijnen overgrootvader, die geacht mag worden van een even schitterende afkomst te zijn, Egbert Clant van Stedum, Heer van *Nittersum*, een man van gezag onder de voornaamste Ommelanders, die eenmaal in hunnen naam de luisterlijke Unie van Utrecht geteekend heeft, heeft de woeste Bellona deze rustplaats benijd, welke hij, die dit gedenkstuk voor zijnen besten vader heeft opgerigt, hoopt, dat voor hem en zijn late nageslacht tot op den jongsten dag mag bewaard blijven. In het jaar 1672 na Christus geboorte.) De familie heeft nog eenen aanzienlijken grafkelder, met eenen zerk van geelen steen, waarop een krijgsman staat met de punt van het zwaard naar beneden. Op een tasch of zak, aan zijne zijde hangende, draagt bij zijn wapen, waarvan men den dubbelen adelaar nog kan zien. Op de zerk leest men:

In het jaer uns Hern 1471 up Sunt Martensdag starff Andolff Nittersum / Hofling te Stem / God het de zele.

Er ligt ook nog een oude zerk in de kerk, waarop staat: *Requiescat in pace*, en daaronder een groote kelk, waarin een bal ligt; het omschrift is:

Anno Dni. millesio quigētesio duodecio die jobis vicesia sex mēsis augusti obijt un. alt. doct. dir mgr Ludolph de Dammōe pastor. fundator p̄bende Sti Nicolai i Stedū.

(d. i. In het jaar onzes Heeren vijftien honderd twaalf op Donderdag den zes en twintigsten Augustus overleed de geleerde heer Meester Ludolf, Pastoor van Appingedam, de Stichter van St. Nicolaas prebende te Stedum.)

De toren van Stedum is zeer opmerkelijk, en draagt vele teekenen, dat de tegenwoordige om eenen ouderen, die van binnen nog duidelijk te zien is, is heen gebouwd. Hij heeft geen spits, maar, als vele torens van het oude Friesland, een huisdak. In dien vrij hoogen stompen toren, met dubbel omkleedsel, hangt eene klok, waarop staat, naar onze lezing:

Anno. dm. M.CCC. cāpa. incancionis. scs. drbdis. fusa sum.

hetgeen beteekent, naar onze opvatting: » In het jaar des Heeren 1300 » ben ik klok van Duivelbanning ten dienste der Heilige geloovigen gegoten." Anderen lezen er uit:

Anno. d m M.CCC campa in usum Sionis sit drbdis fusa sum.

en vertalen het: » In het jaar der Maagd-Maria M.CCC ben ik klok » ten gebruike van het heilige Sion voor de Druiden gegoten." Er hangt nog eene andere, welke misschien tot de alleroudsten geteld mag worden; zij heeft geenerlei opschrift. Op de torenklok, die in 1817 is omgegoten, stond:

Anno MCCCLXXXII: Te. colo. Virgo. pia. per te loco (loquor). Virgo. Maria.

(d. i. In het jaar 1382: U vereer ik, vroome Maagd; door u spreek ik, Maagd Maria.)

De kerk der Afgescheidenen heeft noch toren, noch orgel.

De dorpschool wordt gemiddeld door een getal van 80 leerlingen bezocht.

De oude burgen aan de Drie-Borgenlaan, de Burgwal, de Weer en anderen zijn reeds vroeger, en Nittersum is in 1819 verdwenen.

In de nabijheid van dit dorp lag voorheen een groot bosch, dat naar deze plaats het Stedumerwald of Stedewold genoemd was.

De naamlooze schrijver, die het vervolg op Menco gemaakt heeft, schrijvende over het jaar 1284, maar niet 1290, gelijk bij Menso Alting staat, spreekt met lof van eenen Eppo Bolsenoma van Stedum. Het was een vroom en deugdzaam man, die met meer andere even vroome lieden eenen Elbo, en de bedriegerijen van eenen Deken Albartus, tegenstond en den Abt van Werum begunstigde.

De genoemde Adriaan Clant en Johan Rufelaar, welke laatste in 1618 afgevaardigde Ouderling was ter synode te Dordrecht, en destijds op den genoemden Burgwal woonde, zijn hier in gezegend aandenken gebleven.

Het wapen dezer gem. bestaat uit een geharnast Ridder, in eene staande houding en met een zwaard in zijne regterhand boven het hoofd; de schede hangt aan zijne heup. Men wil het afleiden van Eppo Nittersen, een ijverig Schieringer, die Hayo Wiarda van Westeremden, een sterke Vetkoopersgezinde, versloeg.

STEDUMER-MAAR (HET), water in *Fivelgo*, prov. *Groningen*, dat, van Stedum afkomende, met eene zuidelijke strekking, eerst in het *Wijtwerder-maar* en dan, nabij Oostdijkshorn, in het Damster-diep valt, en waarin een verlaat ligt. Het staat onder het Winsumer- en Schaaphalster-zijlvest.

Over dit maar is veel twist geweest, waarvan nog onder de charters bekend zijn: een van 1456 over de waterpending van den Wolddijk en Doetil in het gemelde maar; een van 1540 over eene nieuwe pending op dat maar; een doem van 1529 tusschen Stedum en Westerwijtwert, over het graven van het Deelster-maar; een doem van 1521 tusschen Stedum en Huizing over het zelfde. Er bestaat ook nog een oud Klaauw-register der heerden, waarop de Zijlrigters-eeden vallen onder de schepperij van Stedum. Het maar loopt van Lellens naar Stedum.

STEDUMERWALD of Stedenwold, voorm. bosch in *Fivelgo*, prov. *Groningen*, gem. en 15 min. N. van *Stedum*. — De plaats, waar het geweest is, heeft nog den naam van Stuïawold behouden.

STEEG, voorm. adell. h. in *Opper-Gelder*, in het *Land-van-Kessel*, prov. *Limburg*, arr. en 6 u. N. van *Roermond*, kant. en 1½ u. O. Z. O. van *Horst*, gem. en ¼ u. W. van *Grubbenvorst*.

Dit huis is gesloopt. De daartoe behoord hebbende gronden, werden in eigendom bezeten door den Heer Louis Wolters, Bankier te Venlo.

STEEG (DE), naam, welken men gemeenlijk geeft aan de buurs. *Middagtersteeg*, op den *Veluwenzoom*, prov. *Gelderland*. Zie Middagtersteeg.

STEEG (DE ACHTERSTE-), geh. in *Opper-Gelder*, prov. *Limburg*, distr., arr. en 5 u. N. van *Roermond*, kant. en 1 u. Z. van *Horst*, gem. en ¼ u. Z. W. van *Sevenum*; met 30 h. en 210 inw.

STEEG (RHEDER-), buurs. op den *Veluwenzoom*, prov. *Gelderland*. Zie Rhedersteeg.

STEEG (VOORSTE-), geh. in *Opper-Gelder*, prov. *Limburg*, distr., arr. en 5 u. N. van *Roermond*, kant. en 1 u. Z. van *Horst*, gem. en 10 min. Z. W. van *Sevenum*; met 36 h. en 250 inw.

STEEGINGA, ook wel Steeginga of Stiesga gespeld, voorm. state, prov. *Friesland*, kw. *Zevenwouden*, griet. *Stellingwerf-Oosteinde*, arr. en 6 u. O. van *Heerenveen*, kant. en 2½ u. O. ten N. van *Oldeberkoop*, 5 min. W. van *Oosterwolde*, waartoe het behoorde.

STEEGMANS-BOSCH, boschje, prov. *Friesland*, kw. *Oostergoo*, griet. *Achtkarspelen*, ¼ u. W. van *Buitenpost*.

STEEK (HET GAT-VAN-DEN-BENEDEN-NIEUWEN-), kil in den *Biesbosch*, prov. *Noord-Braband*, gem. *Made-en-Drimmelen*, uit het *Gat-van-Kampen* voortkomende en, met eene zuidelijke en vervolgens zuidwestelijke rigting, tusschen de Honderd Dertig en de Elftplaat ter eenre en de Vischplaat ter andere zijde door, in *den Amer* uitloopende.

STEEKERK, voorm. d. in *Staats-Vlaanderen*, prov. *Zeeland*, dat bij den watervloed van 22 Januarij 1440 door het water verzwolgen is en nimmer weder is bovengekomen en moet gelegen hebben, daar nu de Braakman is.

STEEKJE (HET GAT-VAN-HET-), kil in den *Biesbosch*, prov. *Noord-Braband*. Zie VLOEIJEN (HET GAT-VAN-).

STEEKRI, naam, welken de Negers geven aan de suikerplant. JOHANNA-CATHARINA, in *Nederlands-Guiana*. Zie JOHANNA-CATHARINA.

STEEKT, buurt in *Rijnland*, prov. *Zuid-Holland*, arr. *'s Gravenhage*, kant. *Alphen*, gem. *Alphen-en-Rietveld*.

Zij is een der vijf wijken van de gem. *Alphen-en-Rietveld* en strekt zich van de Gouwsche-sluis tot bij Zwammerdam, langs den Hooge-Rijndijk, uit.

STEEKTER-POLDER of STEEKT-POLDER, ook STECKTER-POLDER, pold. in *Rijnland*, prov. *Zuid-Holland*, arr. *Leyden*, kant. *Alphen*, gem. *Alphen-en-Rietveld*; palende N. aan den Rijn, O. aan den Dampolder, Z. aan Rijneveld, W. aan de Gouwe.

In dezen polder moet een Romeinsch gebouw gestaan hebben, welks muren wel eenen geheelen morgen gronds besloegen, en dat onder den naam van Burg-te-Alphen bekend is. Men meent, dat het het ALBAMANA of ALBANIANA der oude reiskaarten zoude geweest zijn. Zie hieromtrent voorts het art. ALPHEN, in het Lat. ALPHENUM.

De STEEKTER-POLDER beslaat, volgens het kadaster, eene oppervlakte van 663 bund. en wordt door eenen molen en eene sluis op den Rijn van het overtollige water ontlast.

STEEKTER-POLLER (DE KORT-), pold. in *Rijnland*, prov. *Zuid-Holland*, Zie KORTSTEEKER-POLDER.

STEELAND, voorm. heerl. in *Staats-Vlaanderen*, prov. *Zeeland*, in *Axeler-Ambacht*, wier Edelen, als het ware, het opperbewind in het ambacht bezaten en daarmede eens den strijd tegen Doornik volhielden.

Deze heerl. werd den 22 Januarij 1440 overstroomd, en bleef tot in 1598 drijven, wanneer zij onder den naam van den ZEVENAAR-POLDER, herdijkt werd. Zie dat woord.

STEELANDS-POLDER, van ouds CLAES-VAN-STEELANTS POLDER, alzoo genoemd naar den bedijker, onbehuisde pold. in het eil. *Tholen*, prov. *Zeeland*, *Tweede* distr., arr. *Zierikzee*, gem. *Scherpenisse*; palende N. aan den Polder-van-Oud-Poortvliet, O. aan den Polder-van-Nieuw-Strijen, Z. en W. tegen de Ooster-Schelde.

Deze polder beslaat, volgens het kadaster, eene oppervlakte van 25 bund. 50 v. r., waaronder 15 bund. 31 v. r. 83 v. ell. schotbaar land, en wordt door een valsluisje, langs den polder Nieuw-Strijen, op de Ooster-Schelde, van het overtollige water ontlast. Het polderbestuur bestaat uit dat van Poortvliet, waarbij het volgens contract dijkgeschot betaald.

STEELHOVEN, b. in de heerl. *Strijen*, prov. *Noord-Braband*, arr. en 2 u. N. N. O. van *Breda*, kant., gem. en 1 u. N. N. W. van *Oosterhout*, een gedeelte van het geb. Steelhoven-en-Brieltgens uitmakende, ¼ u. N. N. O. van den Hout; met 10 h. en 70 inw.

Reeds vóór den vloed van 1421 was deze plaats bekend en toen STEELLOE genoemd. Zij vloeide bij dien vloed onder. Later lag hier een fort, zijnde niet te genaken dan langs den Steelhovensche-dijk. Dit fort was van zoo veel gewigt, dat MAURITS, Prins van *Oranje*, toen hij, in 1593, Geertruidenberg wilde belegeren, van oordeel was niets tegen de vesting te kunnen ondernemen, zoo hij het niet bemagtigde vóór dat de vijand eenige poging tot ontzet deed. Met zijne gewone voortvarendheid en beleid in het doorzetten van den arbeid, welke door den aanhoudenden regen grootelijks vermeerderd werd, naderde hij van twee zijden met loopgraven den dijk, tusschen de stad en het fort, hetwelk, toen de dijk vermeesterd was, van de vesting afgesneden zijnde, zich den 5 April overgaf.

Toen in het jaar 1794 de Franschen Geertruidenberg wilden belegeren, maakten zij zich ook eerst meester van deze sterkte.

Thans is dit nog eene verdedigbare stelling, behoorende tot de Noordbrabandsche waterlinie en bestaande uit een hoornwerk, op den toegang van den Hout naar Geertruidenberg en twee posten ter wederszijden van den Steelhovensche-dijk alles in vervallen staat.

STEELHOVEN-EN-BRIELTGENS, geh. in de heerl. *Strijen*, prov. *Noord-Braband*, arr. en 2 u. N. N. O. van *Breda*, kant., gem. en 1 u. N. N. W. van *Oosterhout*, ½ u. N. N. O. van den *Hout*, waartoe het kerkelijk behoort, aan den weg van den Hout op Geertruidenberg.

Het bestaat uit de b. Steelhoven en Brieltgens, en telt 13 h. en 80 inw.

De hooge, boven den vloed van 18 November 1421 verheven, grond, komende van den Hout, schijnt tusschen de Made en dit geh. tot aan Geertruidenberg geloopen te hebben, doch door den gezegden vloed op dat punt te zijn weggeslagen, hetgeen van Oudenhoven schijnt te bevestigen met deze woorden: » Voor den voorsz. inbreuck hadden de » dorpen daer ontrent gelegen eenen vryen heerwegh, om binnen de » voorsz. Stede (Geertruidenberg) met haer Wagens ende Paerden ter » Merkt te komen, welcken heerwegh door den voorsz. Inbreuck, » soo gebroken ende wegh gespoelt is, dat hij gantsch ten onbruyck » geworden is, ende moest men hier met schuytjens varen, daer men » te voren met Wagens en paerden konde ryden enz. Tot gerief van » de Inwoonders ende Vremdelingen, om bequamelyck te voet ende » met Wagens ende paerden uyt ende in de stad te konnen komen, » hebben die van St. Geertruydenberge eenen Kadedyck ende Voetwegh » gemaeckt, gelegen tusschen de stede ende Steenloo (Steelhoven) enz. (1)."

STEELHOVENSCHE-DIJK of Steelhoofsche-dijk, dijk in de heerl. *Made*, prov. *Noord-Braband*, in eene zuidelijke rigting, langs de Donge, van Geertruidenberg naar Steelhoven loopende. Deze dijk dient om het water van de Donge uit den Emelia-polder te weeren.

STEELHOVENS-VAARTJE (HET), water in de heerl. *Strijen*, prov. *Noord-Braband*, gem. *Oosterhout*, dat, met eene noordoostelijke rigting, van Steelhoven naar de Donge loopt.

STEEN (DE), plaat in den *Biesbosch*, prov. *Noord-Braband*. Zie Cloosterscat (Steen-van-).

STEEN (DE), voorm. kast. in *Eemland*, prov. *Utrecht*, arr., kant. en 2 u. Z. ten O. van *Amersfoort*, gem. *Woudenberg*.

Dit kast. is in het jaar 1353 verwoest. De plaats, waar het gestaan heeft, wordt nog de Steen genoemd.

STEEN (DE HANGENDE-), Batoe-Ganting, klip in *Oost-Indië*, aan de kust van het *Moluksche* eil. *Amboina*, schiereil. *Leytimor*.

Zij is overhellende en deels uitgehold, met stalactiten, afhangende tuinen en struikgewas versierd, welke op de lager gelegen kommen dreigen neder te storten. Ook boven den Hangende-Steen, zoo wel als

(1) J. van Oudenhovens, *Out-Hollandt*, nu *Zuyt-Holland*, bl. 119 en 130

[illegible] water van de eene in de andere [illegible]. [illegible] blijven, [illegible] vaak [illegible] wagen, [illegible] 15 el. diep [illegible], en [illegible], het Mannen-gat en het Vrouwen-gat genoemd, [illegible] in de [illegible] te werpen, omdat zij de [illegible] water [illegible] heeft.

STEEN-[illegible], [illegible], in Oost-Indië, op het Sumbasche eil. Ambon, [illegible]. — Het is een der [illegible], welke de [illegible] vormen.

STEENBAKKER, stuk land met eene hoeve, in de heerl. van [illegible], prov. Noord-Braband, Vierde distr., arr., kant. en ¾ u. W. van [illegible], gem. en ¾ u. Z. van *'sPrinsenhage*, 10 min. Z. Z. O. van de [illegible], waartoe het kerkelijk behoort, een gedeelte van het geh. [illegible] uitmakende, [illegible] het op sommige kanten [illegible] als [illegible].

STEENBANK, droogten, liggende als een drempel voor den Ramspot. Zij worden onderscheiden in de Noorder-Steenplaat en de Zuider-Steenplaat. Eerstgenoemde is het droogst en heeft bij gewoon laag water 37 palm; terwijl de tweede slechts nog 58 palm water heeft.

STEENBANK (DE), droogte in *Oost-Indië*, in de *Zee-van-Java*, aan de kust van *Rembang*.

STEENBEEK, buit., in *Over-Betuwe*, prov. *Gelderland*, distr., arr. en 2 u. Z. W. van *Nijmegen*, kant. en 2 u. W. ten Z. van *Elst*, gem. en 1 u. W. van *Valburg*, nabij *Setten*, waartoe het behoort.

Dit buit. beslaat met boomgaard, bosch, tuin, vijvers en loopende waters eene oppervlakte van 3 bund. 30 v. r.

STEENBERGEN, voorm. heerl., voorheen een domein van het huis van ORANJE-NASSAU, prov. *Noord-Braband*, in het Noordelijk gedeelte van het markgr. *Bergen-op-Zoom*.

Deze heerl. was van het W. naar O. omtrent drie uren gaans lang, en van het N. naar het Z. één uur breed. Zij grensde ten N. aan het Volkerak en de Vliet, die haar van het eiland Overflakkee en de heerl. Prinselandt afscheidden, ten O. aan het Land van Gastel en de baronnie van Breda, ten Z. aan het overige gedeelte van het markgr. van Bergen-op-Zoom en ten W. aan de heerl. Vossemeer.

Deze heerl. had het zelfde grondgebied als de tegenwoordige gem. *Steenbergen-en-Kruisland*. Zie dat art. Zij maakte oudtijds een gedeelte van het graafs. *Strijen* uit, en werd, na de verdeeling van dat graafs., in gemeenschap bezeten door de Heeren van Breda en Bergen-op-Zoom, die haar naderhand onderling verdeelden, bij welke gelegenheid den Baron van Breda de stad STEENBERGEN, benevens de polders Kruisland, Cromwiel en het Westland, ten deel viel. Naderhand werd de heerl. STEENBERGEN, als een gedeelte der nalatenschap van WILLEM III, Koning van *Engeland*, in de verdeeling dier goederen tusschen den Koning van Pruissen en JAN WILLEM FRISO, Prins van *Oranje*, ten jare 1732, dezen laatsten aanbedeeld en is eindelijk als een deel van het markgr. Bergen-op-Zoom beschouwd geworden.

Het wapen dezer heerl. was een veld van goud, met drie St. Andrieskruisen van keel, geplaatst twee en een, boven drie bergtoppen van sinopel, welke uit den onderkant te voorschijn komen.

STEENBERGEN, plattelandst. in de heerl. *Steenbergen*, prov. *Noord-Braband*, *Vierde* distr., arr. en 7 u. W. van *Breda*, kant. en 2½ u. N.

ten O. van *Bergen-op-Zoom*, gem. *Steenbergen-en-Kruisland*, 51° 35′ 17″ N. B., 21° 59′ 12″ O. L., een groot ½ u. ten Z. van de Roosendaalsche- of Steenbergsche-vliet, waarmede zij gemeenschap heeft, door eene bekwame haven met een verlaat, ook dienende om het overtollige water der ommelanden dezer stad daarop te ontlasten. De stadsgrachten en een door de stad loopend water, zijn in verband met deze haven.

Volgens sommigen zoude zij haren oorsprong te danken hebben aan een tolhuis dat hier, in het jaar 603, op het kanaal, gegraven van Strienmonde af tot Strienham, door zekeren Strenius, Landvoogd van dit gewest, zoude gebouwd zijn. Het was in de veertiende eeuw eene koopstad, vanwaar men sterken handel op Engeland en Denemarken dreef. Het plaatsje was toen veel grooter dan thans. Een zware brand, welke, in 1355, haar genoegzaam geheel vernielde, heeft veroorzaakt, dat zij, weder herbouwd wordende, binnen eenen engeren ringmuur besloten werd. Men zegt (hoewel dit niet zeer waarschijnlijk is), dat de hedendaagsche stad, naauwlijks het tiende gedeelte harer vorige groote zou hebben. Zoo lang die stad slechts met een enkelen muur omringd was, kon zij niet dan geringen tegenstand bieden: gelijk zij, tweemaal, eerst door den Hertog van Parma, in 1583 en daarna door Prins Maurits, in 1590, zonder veel moeite, verwonnen werd. Men was toen in de verbeelding, dat de gelegenheid van haren grond niet toeliet, om naar de gewone wijze versterkt te kunnen worden. Dan terwijl de Spaansche oorlog nog duurde, namelijk in 1629, is zij eerst met eenen aarden wal versterkt geworden, naar de latere vestingbouwkunde. Zij is van eenen cirkelvormigen omtrek, en had zes bolwerken, eene breede diepe hoofdgracht en geene andere buitenwerken dan kleine ravelijnen in den bedekten weg en eene voorgracht, op den hoogen grond, ten O., lag nog een kroonwerk, gedekt door twee contregardes. Van dit alles is niets meer aanwezig, dan gedeelten der hoofdgracht, doch de gedaante is nog zigtbaar. Door dit een en ander, mogt Steenbergen, onder de vestingen van aangelegenheid voor den Staat gerekend worden, en is nu nog eene te verdedigen stelling in de Noordbrabandsche linie van inundatiën, tot dekking der sluizen, waardoor het omliggend terrein kan geïnundeerd worden, waartoe ook de daartoe behoorende Leurschans dient. Zie dat woord.

De stad heeft thans een vierde uur gaans in haren omtrek en is eene stille opene plaats, die bij het inkomen, van de zijde van Bergen-op-Zoom, een aanzienlijk voorkomen heeft, door de ruime vrij regte Kaai- of Damstraat, verder op de Kerkstraat genoemd, welke haar in de geheele lengte doorloopt en met fraaije huizen bezet is. De daaraan evenwijdig loopende Vleeschhouwersstraat, Visschersstraat en Beerestraat, benevens de haar doorkruisende Blaauwpoort- of Gasthuisstraat, maken grootendeels het overige gedeelte der stad uit. Zij is verdeeld in vier wijken en had vroeger twee poorten: de eene, de Waterpoort of Kaaipoort genoemd, was in het Westen en had haren uitgang naar de Vliet; de andere, ten Oosten, werd de Oostpoort geheeten of ook de Kruispoort; zoo veel gezegd, als de Kruislandschepoort: dewijl daardoor de weg gaat naar het dorp Kruisland. Van deze poorten is niets meer te bespeuren, zoodat er thans slechts twee opene uitgangen zijn, op den rijweg van Bergen-op-Zoom naar Willemstad. Buitendien is er nog eene opene uitgang ten Noorden en een klein poortje ten Zuiden om naar de omliggende bouw- en weilanden te gaan.

Men telt binnen STEENBERGEN 322 h. en ongeveer 1900 inw., die meest in den landbouw hun bestaan vinden, en eenen steenen- en eenen houten windkorenmolen hebben.

Het voorm. Stadhuis, op de *Markt*, was een gebouw van eene zonderlinge gedaante en had vroeger gediend als tolhuis tot in- en uitklaring der koopvaardijschepen. Het is in het jaar 1826 afgebroken. Het tegenwoordige stadhuis staat in de *Kaaistraat* en is een net vierkant gebouw, welks frontstuk rust op vier zuilen, van de Corinthische bouworde. Het prijkt met een rond koepeltorentje.

STEENBERGEN bevat de volgende militaire gebouwen: een Arsenaal, zijnde een groot hecht gebouw, in 1768 aangelegd; een klein Kruidmagazijn en een Wachthuis, thans bij den conducteur der artillerie als woning in gebruik.

Men heeft te STEENBERGEN ook een Kantoor voor de Brievenposterij in de *Kaaistraat* en eene Bank van Leening.

De Hervormden, die er 550 in getal zijn, onder welke 260 Ledematen, maken, met die van het d. de Heen en omliggende landen, eene gem. uit, welke tot de klass. van *Breda*, ring van *Bergen-op-Zoom*, behoort. Zij werd vroeger door twee Predikanten bediend, thans echter slechts door eenen. De eerste, die in deze gemeente het leeraarambt heeft waargenomen, is geweest DAVID CORNET, die in het jaar 1597 herwaarts kwam, en in het jaar 1620 gestorven of vertrokken is. De eerste tweede Predikant was WILLEM NAGEL, die in het jaar 1689 herwaarts kwam, en in het jaar 1709 overleed. Na den dood van den Predikant JACOBUS PYLL VAN VELSEN, in 1728, is er geen tweede Leeraar meer beroepen. Het beroep geschiedt door den kerkeraad. De Kerk, in de *Kerkstraat*, welke voor de Reformatie aan den H. SERVATIUS was toegewijd en destijds een kapittel van vijf Kanonniken had, was een groot en ruim gebouw, met eenen spitsen toren en van een orgel voorzien. In deze kerk moet, volgens GRAMAIJE, de menschenvriend begraven zijn, die op eenen der kruistogten naar het Heilige land, de boekweit uit de Levant naar Nederland heeft overgebragt. Deze kerk is in 1834 door eene geheel nieuwe, op de zelfde plaats, vervangen. Het is een fraai langwerpig gebouw; de voorgevel bestaat uit een frontstuk, rustende op vier zuilen van de Corinthische bouworde, waarboven een vierkante toren uitrijst, voorzien van eene sierlijke spits zijnde eene open koepel, met pyramidale naald. Zij heeft een orgel en is aan de Noordzijde met een fraai ijzeren hekwerk en overigens met een steenen muur omrigd, waar binnen het kerkhof ligt.

De Roomsch-Katholijken, die hier 1570 in getal zijn, onder welke 1050 Communikanten, maken met die uit de wijken Welberg, Westland en Oudland eene par. uit, welke tot het vic. apost. van *Breda*, dek. van *Bergen-op-Zoom*, behoort; door eenen Pastoor en twee Kapelaans bediend wordt en ongeveer 3500 zielen, onder welke 2350 Communikanten, telt. De kerk, aan de *markt*, aan den H. GUMMARUS toegewijd, is in het jaar 1830 nieuw gebouwd, ter vervanging van de hier vroeger in de *Vleeschhouwersstraat* gestaan hebbende schuurkerk. De tegenwoordige kerk is een langwerpig gebouw met eenen voorgevel bestaande uit een frontstuk, ondersteund door 4 zuilen van de Corinthische bouworde en met het woord DEO in gouden letters. De kerk is voorzien van een orgel en een rond koepeltje.

Men heeft er eene Stads Burgerschool, zijnde tevens eene Kostschool voor jonge Heeren, welke gemiddeld door een getal van 90 leerlingen bezocht wordt. — De kermis valt in den eersten October.

STEENBERGEN is de geboortepl. van de Nederduitsche Dichteres DIDERICA AMALIA SCHUMAN, geb. VERBOOTEN, geb. 6 Februarij 1788, † 16 April 1841.

STEENBERGEN leed nu en dan vijandelijke aanvallen, vooral gedurende de Spaansche beroerten, en wisselde daardoor, ettelijke malen, van eigenaar. In den jare 1577 viel zij den Staatschen Veldheer, van CHAMPAGNIE, in handen, na dat hij er de Hoogduitsche bezetting had uitgedreven. In 1583 trok de Hertog VAN PARMA met zijn leger naar Roosendaal om den Maarschalk BIRON slag te leveren. De Maarschalk, zijne aankomst vernemende, brak op, met het leger, en week, over STEENBERGEN naar Bergen op Zoom. PARMA zette hem achterna, en achterhaalde, tusschen STEENBERGEN en Halteren, zijne achterhoede, die zich, wel twee uren lang, dapper weerde, tot dat BIRON, met de overige benden, haar bijspringen kon. Toen werd de strijd eerst regt hevig. De Maarschalk, van het paard gevallen, brak zijn been, en zoude gesneuveld zijn, zoo BARCHON, met de benden des Prinsen van Oranje, en anderen hem niet waren komen ontzetten. Het gevecht, dat op den 17 Junij voorviel, duurde tot tien ure des avonds, met omtrent even groot verlies, namelijk van vier honderd man, aan beide zijden. PARMA en de Staatschen trokken beide des anderen daags af.

In het zelfde jaar verzekerden zich de Spanjaarden, door verrassing van het stadje. Een aantal soldaten, van de bezetting van Breda, zich in boerengewaad gestoken hebbende, geraakte er onder die vermomming binnen, en persten den stedelingen een aanzienlijk rantsoengeld af. Zeven jaren daarna werd er Prins MAURITS meester van, en bleef voorts STEENBERGEN in de magt der Staatschen, tot in het jaar 1622, wanneer het, na een kort beleg, aan LOUIS DE VELASCO bij verdrag overging. Op nieuw kwam de stad in de magt der Staten, in het jaar 1629, en is sedert daarin gebleven.

Bij den inval der Franschen in ons Vaderland, in 1795, trad de Generaal Majoor SCHMID, die in STEENBERGEN bevel voerde, den 26 Januarij, met den Generaal LE MAIRE, op ontvangen aanschrijven van hun Hoog Mogenden, in onderhandeling. Hij gaf die vesting, op eisch van den Franschen Commissaris over, den eed afleggende, dat de krijgsbezetting, voor de uitwisseling, niet tegen de Franschen zou dienen.

Den 11 December 1813 werd STEENBERGEN door de Franschen met stillen trom verlaten.

STEENBERGEN, geh. in *Dieverder-dingspil*, prov. *Drenthe*, arr. en 7½ u. Z. van *Assen*, judic. en adm. kant. en 1 u. Z. W. van *Hoogeveen*, gem. *Zuidwolde*, 10 min. ten N. van *Kerkenbosch*; het middenpunt der gem. met 20 h. en 130 inw. — In het najaar van 1838 is de marke van STEENBERGEN vrijwillig verdeeld.

STEENBERGEN, onbehuisde streek lands, prov. *Friesland*, kw. *Oostergoo*, griet. *Smallingerland*, arr. *Heerenveen*, kant. *Beetsterzwaag*, onder *Boornbergum*.

STEENBERGEN, geh. in het dingspil *Noordenveld*, prov. *Drenthe*, arr., adm. en judic. kant, en 3¼ u. N. N. W. van *Assen*, gem. en ½ u. Z. W. van *Roden*; met 14 h. en 90 inw.

STEENBERGEN (AANWAS-VAN-), pold. in de heerl. *Steenbergen*, prov. *Noord-Braband*. Zie AANWAS.

STEENBERGEN (DIJKAADJE-VAN-), dijkaadje in de heerl. *Steenbergen*, prov. *Noord-Braband*, arr. *Breda*, kant. *Bergen-op-Zoom*, gem. *Steenbergen-en-Kruisland*; palende N. aan *Nieuw-Gastel*, O. aan *Dinteloord-en-Prinseland*, Z. aan *Nieuw-Vossemeer*, W. aan *Wouw*.

Deze dijkaadje bevat de polders Kruisland, het Oudeland en de beide Cromwielen, Oost- en West-Graaf-Hendriks-polder, het Westland, St. Omkommers-polder en Heensche-polder. Zij beslaat, volgens het kadaster, eene oppervlakte van 5464 bund. 7 v. r. 66 v. ell., waaronder 5304 bund. 42 v. r. 53 v. ell. schotbaar land. Zij wordt op de Vliet van het overtollige water ontlast, en staat onder het bestuur van vier polderbesturen.

STEENBERGEN (DE NIEUWE- en DE OUDE-HEIDE-VAN-), twee pold. in de heerl. *Steenbergen*, prov. *Noord-Braband*. Zie Heide (Nieuwe-) en Heide (Oude-).

STEENBERGEN (HET OUDELAND-VAN-), pold. in de heerl. *Steenbergen*, prov. *Noord-Braband*, *Vierde* distr., arr. *Breda*, kant. *Bergen-op-Zoom*, gem. *Steenbergen-en-Kruisland*; palende N. aan de stad Steenbergen, O. aan Nieuw-Cromwiel en Oud-Cromwiel, Z. aan het Oude-Lands-laag, W. aan het Verdronken-Westland, Verdronken-Aanwas en de zoogenaamde Linie.

Deze pold. welke, volgens van Goor, in het jaar 1376, doch, volgens het algemeen gevoelen, in het jaar 1367 bedijkt is, beslaat, volgens het kadaster, eene oppervlakte van 853 bund. 1 v. r. 42 v. ell. met de dijken, waaronder 729 bund. 80 v. r. 10 v. ell. schotbaar land, en wordt door twee steenen heulen, genaamd het Kruisriool, onder de Wouwsche-beek nabij het landg. Padmos, wijd 0.94 en 0.63, hoog 1.08 en 0.60 respectivelijk, en een dergelijk onder de zelfde beek gelegen, nabij de gesupprimeerde vestingwerken van Steenbergen, door de twee eerste heulen in Nieuw-Cromwiel en door de andere in Oud-Cromwiel, vervolgens in Kruisland en daarna op den Vliet, van het overtollige water ontlast. De hoogte van het zomerpeil is 1.15 ell. beneden A. P. Het polderbestuur bestaat uit eenen Dijkgraaf, vijf Gezworenen en eenen Secretaris-Penningmeester.

Tusschen de Noordzijde van dezen polder en de gesupprimeerde vestingwerken van Steenbergen, vindt men de zoogenaamde Stads-Melenvesten, groot 15 bund. 2 v. r., welke aan geene polder- of dijklasten onderhevig zijn. Aan den zuidwestkant vindt men, tegen de zoogenaamde linie, den Oudelandsche-zeedijk, welke in 1745 nog is hersteld geworden.

Langs de Oostzijde, over de geheele lengte van dezen polder, loopt eene vaart langs den Boomdijk.

In het gedeelte van dezen polder, genaamd de Krabben, wordt thans geveend; de moer zit ter diepte van 1.20 tot 1.50 ell.

STEENBERGEN (HET OUDE-LANDSLAAG-VAN-), pold. in de heerl. *Steenbergen*, prov. *Noord-Braband*, *Vierde* distr., arr. *Breda*, kant. *Bergen-op-Zoom*, gem. *Steenbergen-en-Kruisland*; palende N. aan het verdronken Westland, O. aan het Oudeland, Z. aan het Haltersche-Laag, W. aan den weg van Steenbergen naar Bergen-op-Zoom.

Deze polder beslaat, volgens het kadaster, eene oppervlakte van 184 bund. 18 v. r. 80 v. ell., waaronder 163 bund. 10 v. r. schotbaar land, en wordt door eene brug over de linie, bij den Witten Buiter, wijd 2.61 ell., hoog 1.88 ell., met het water van de linie van het Haltersche-Laag, door het verdronken Westland enz. op de Steenbergsche-haven en de Vliet van het overtollige water ontlast. De hoogte van het zomerpeil is 7 palm. onder A. P. Hij wordt door de Ingelanden zelven beheerd.

In dezen pold., waaronder ook de Dassenberg begrepen is, wordt veel gemoerd; het veen wordt tot drie ellen en dieper uitgebaggerd.

STEENBERGEN (VERDRONKEN-AANWAS-VAN-), pold. in de heerl. *Steenbergen*, prov. *Noord-Braband*. Zie Aanwas (Verdronken-).

STEENBERGEN (HET VERDRONKEN-WESTLAND-VAN-), pold. in de heerl. *Steenbergen*, prov. *Noord-Braband*, *Vierde* distr., arr. *Breda*, kant. *Bergen-op-Zoom*, gem. *Steenbergen-en-Kruisland*; palende N. aan den Verdronken Aanwas, O. en Z. aan den weg van Steenbergen naar Bergen-op-Zoom, W. aan het Westland.

Deze pold., welke in het jaar 1367 of 1376 bedijkt is, doch in 1420 afgescheiden van het Westland, beslaat, volgens het kadaster, eene oppervlakte van 82 bund. 28 v. r. 9 v. ell. met de kaden, waaronder 77 bund. 13 v. r. 85 v. ell. schotbaar land, en wordt door eene houten brug in de Olmendreef, wijd 2.98 en hoog 2.20 ell., in den Verdronken Aanwas en vervolgens op de haven van Steenbergen en verder op de Vliet, van het overtollige water ontlast. De hoogte van het zomerpeil is 0.70 ell. beneden A. P. Het polderbestuur bestaat uit eenen Dijkgraaf, twee Gezworenen, eenen Secretaris en eenen Penningmeester.

Door dezen pold. stroomt ook het water van de zoogenaamde inundatielinie, van Bergen-op-Zoom af naar de Steenbergsche-haven, tot formering van welke, in 1616, de inundatie-kade is gelegd, welke dit gedeelte thans van het overige Westland afscheidt.

STEENBERGEN (HET WESTLAND-VAN-), pold. in de heerl. *Steenbergen*, prov. *Noord-Braband*, *Vierde* distr., arr. *Breda*, kant. *Bergen-op-Zoom*, gem. *Steenbergen-en-Kruisland*; palende N. aan den Aanwas, O. aan het Verdronken Westland, Z. aan het Hoog-van-Halsteren, W. aan Oud-Glimes en den Omkommer-polder.

Deze pold., welke, volgens van Goor, in 1367 en volgens Kitslaar in 1376 en andermaal in 1420 bedijkt is, beslaat, volgens het kadaster, eene oppervlakte van 706 bund. 43 v. r. 97 v. ell. met de dijken, waaronder 705 bund. 31 v. r. 53 v. ell. schotbaar land, en heeft eene steenen sluis aan den Noordoosthoek des polders, voorzien van een paar puntdeuren, wijd 2.30 ell., hoog 1.73 ell., in 1829 vernieuwd en verbeterd, als wanneer ½ u. meer westwaarts in den zelfden dijk, tegen den St. Omkommer-polder, eene sluis is gelegd, wijd 2 ell., mede voorzien van een paar puntdeuren, in de St. Omkommer- en Aanwas-polders. Hij wordt, met het water van dezen en van de West-Graaf-Hendriks- en Oude-Heije-polders, op de haven van Steenbergen en verder in de Vliet, van het overtollige water ontlast. De hoogte van het zomerpeil is 1 ell. beneden A. P. Het polderbestuur bestaat uit eenen Dijkgraaf, twee Gezworenen, eenen Secretaris en eenen Penningmeester

STEENBERGEN-EN-KRUISLAND, gem. in de heerl. *Steenbergen*, prov. *Noord-Braband*, *Vierde* distr., arr. *Breda*, kant. *Bergen-op-Zoom* (13 k. d., 18 m. k., 7 s. d.); palende N. W. aan het Krammer, N. aan de Roosendaalsche- of Steenbergsche-vliet, die haar van de gem. Dinteloord-en-Prinseland scheidt, O. aan Oud-Gastel-en-Nieuw-Gastel, Z. O. aan Roosendaal en-Nispen, Z. aan Wouw en Halsteren, W. aan Nieuw-Vossemeer en St. Philipsland; waarvan zij door het Slaak gescheiden is.

Deze gem. bestaat uit de volgende pold.: het Oudelands-laag, het Westland, het Verdronken-Westland, den Aanwas, den Verdronken-Aanwas, den Oude-Heije, den Nieuwe-Heije, den West-Graaf-Hendriks-polder, den Oost-Graaf-Hendriks-polder, den Oude-Vliet-polder, den Nieuwe-Vliet-polder, de Noord-Heen, den Triangel-polder, den Grooten-Bots-polder, den Kleinen-Bots-polder, den Kruislandsche polder, Oud-Cromwiel, Nieuw-Cromwiel, de bekade en onbekade gorzen tegen de Roosendaalsche-vliet, benevens gedeelten van den Heensche-polder en de gorzen en slikken van Beukelenberg. Zij bevat de plattelandstad Steenbergen, het d. Kruisland, de geh. de Heen, Blaauwe-sluis, den Overval, Notendaal, Coevering, Welberg en gedeelten van de geh. Heensche-molen en de Kladt. Zij telt 902 h., bewoond door 1051 huisgez., uitmakende eene bevolking van ruim 6000 inw., die meest in den landbouw hun bestaan vinden. Men heeft er 4 korenmolens, 3 bierbrouwerijen, 1 mouterij, 2 grutterijen, 1 leerlooijerij, 4 meestoven en 1 lijmstokerij.

De Herv., die er ongeveer 490 in getal zijn, maken de beide gem. *Steenbergen* en *Kruisland* uit, welke in deze gem. ieder eene kerk hebben.

De R. K., van welke men er ruim 5500 aantreft, maken de beide par. *Steenbergen* en *Kruisland* uit, en hebben mede voor ieder dier par. eene kerk in deze burg. gem.

De 7 Isr., die men er aantreft, worden tot de ringsynagoge van *Bergen-op-Zoom* gerekend.

Het wapen van deze gem. is het zelfde als dat van de voorm. heerl. Steenbergen.

STEENBERGERDIEP (HET), naam, welken men wel eens aan dat gedeelte van het PEIZER-, lager ADUARDERDIEP, geeft, hetwelk, tusschen *Steenbergen*, prov. *Drenthe*, en *Langelo* door, naar Peize loopt. Zie ADUARDERDIEP.

STEENBERGER-MEER (HET) of HET STEENBERGER-MEER, meertje in het dingspil *Noordenveld*, prov. *Drenthe*, gem. en ½ u. Z. van *Roden*, bij het geh. Steenbergen.

STEENBERGI, naam, welken de Negers geven aan de verl. plant. ALDERAT, in *Nederlands-Guiana*, kol. *Suriname*. Zie ALDERAT.

STEENBERGSCHE-LINIE (DE) of HET BERGSCHE-WATER, waterloop, welke uit de *Melanen*, in het *Halstersche-laag*, haren oorsprong neemt en van daar, in eene noordelijke rigting, door het Oudelandslaag, het Verdronken-Westland en den Verdronken-Aanwas loopt, om zich ten W., bij Steenbergen, door eene sluis, in de haven dier stad te ontlasten. De naam van linie ontleent zij daarvan, dat zij de linie van inundatie daarstelt, tusschen Steenbergen en het fort de Rover, bij welk fort zij zich vereenigt met de aaneengeschakelde linie van veldwerken, welke vroeger zich van dat fort tot aan de vesting Bergen-op-Zoom uitstrekte, doch thans bij het fort Moermont eindigt. Zie verder de forten MOERMONT, PINSSEN en DE ROVER.

STEENBERGSCHE-SAS (HET), schut- en uitwateringssluis in de heerl. *Steenbergen*, prov. *Noord-Braband*. Zie SAS-VAN-STEENBERGEN.

STEENBERGSCHE-VLIET (DE), water in de heerl. *Steenbergen*, prov. *Noord-Braband*, zijnde dat gedeelte van de *Roosendaalsche-vliet*, dat van het Roosendaalsche-sas, in eene westelijke en daarna noordwestelijke rigting, door het Steenbergsche-sas, in het *Volkerak* uitloopt.

STEENDAM, geh. in *Fivelgo*, prov. *Groningen*, arr. en 6 u. O. van *Groningen*, kant. en 3 u. N. O. van *Hoogezand*, gem. en 1½ u. N.O. van *Slochteren*, ¾ u. N. N. W. van Siddeburen, nabij het Schildmeer; met 6 h. en 30 inw.

STEENDEREN, gem. in het graafs. *Zutphen*, heerl. *Bronkhorst*, prov. *Gelderland*, distr. en arr. *Zutphen*, kant. *Doesborgh* (3 k. d., 14 m. k., 3 s. d.), palende N. W. aan den IJssel, N. aan de gem. Warnsveld, O. aan Hengelo, Z. aan Hummelo.

Deze gem. is groot in omtrek 56,045 ellen, waarvan 14,999 ell. langs den IJssel liggen. Zij bevat het d. Steenderen, het plattelandst. Bronkhorst, benevens de buurs. Baak, Bakerweerd, Covik, Emmer, Lampstraat, Luur, Olborgen, Raa en Toldijk.

Zij beslaat, volgens het kadaster, eene oppervlakte van 4995 bund. 42 v. r. 65 v. ell., waaronder 4814 bund. 7 v. r. 94 v. ell. belastbaar land. Men telt er 448 h., bewoond door 560 huisgez., uitmakende eene bevolking van ongeveer 3100 inw., die meest hun bestaan vinden in landbouw en veefokkerij, zijnde er langs den IJssel allerbeste weilanden, waarop jaarlijks eenige honderden beesten worden vetgeweid; terwijl op de bouwlanden, veel tarwe wordt geteeld. Ook heeft men er drie steenovens, waarin jaarlijks ongeveer drie millioenen steenen worden gebakken en aan vele handen werk verschaft wordt. Vroeger had men hier nog eene linnenbleekerij, die in de eerste helft der vorige eeuw nog al vrij aanzienlijk was, alsmede werd er voorheen veel wortelenzaad geteeld, dat met duizende ponden jaarlijks naar Braband werd gezonden.

De Herv., die er ruim 1620 in getal zijn, onder welke 800 Ledematen, maken de gem. van *Steenderen-en-Bronkhorst* uit.

De Evang. Luth., van welke men er 15 aantreft, worden tot de gem. van *Doesbrogh* gerekend.

De R. K., van welke men er 1150 telt, maken gedeeltelijk de stat: van *Baak* uit, en worden gedeeltelijk tot de stat. van *Olburgen-en-Drempt* gerekend.

De enkele Isr., die er woont, behoort tot de ringsynagoge te *Brummen*.

Men heeft in deze gem. vier scholen, als: ééne te Steenderen, ééne te Bronkhorst, ééne te Baak en ééne in Den Toldijk, welke gezamenlijk gemiddeld een getal van 300 leerlingen uitmaakt.

Het d. Steenderen, oudtijds Stiener of Stener, ligt 2 u. Z. van Zutphen, 1¼ u. N. O. van Doesborgh, aan den IJssel, zeer aangenaam in het geboomte gelegen. Men telt er in de kom van het d. 53 h. en 300 inw.

De Herv. kerk was vóór de Reformatie aan den H. Remigius toegewijd. De Proost van Betlehem had het regt om den Pastoor te benoemen en begaf de pastorij aan eenen van zijne onderhoorige Reguliere Kannunikken, met den last van 's Maandags en Vrijdags eene mis te lezen. Daar waren drie vikarijen tot gerief van de pastorij gesticht. Van die van O. L. Vrouw was de Bedienaar gehouden Woensdags en Vrijdags de Goddelijke dienst te doen, en altijd op zijn eigen kosten licht te onderhouden. Deze vikarij werd door den Graaf van Bronkhorst vergeven. Van de vikarij van S. Radbodus, werd de bedienaar door den Proost van Betlehem verkoren en hij moest Donderdags en Zaturdags de offerande des altaars opdragen. Die van de H. Catharina, verpligtte haren bedienaar om Dingsdags en Zaturdags de heilige altaargeheimenissen te verrigten en stond ter begeving van de Brazenbroeke.

Voorts was er nog eene kerkdienst van St. Anna, wiens bedienaar gehouden was eens om de tweede week mis te lezen, en door de kerkmeesters aangesteld werd. Het orgel had ook eenige vaste inkomsten. Men gist dat de kerk van Steenderen ten tijde van St. Willibrord in de zeventiende eeuw, gebouwd is, althans aan het midden of schip der kerk is zeer veel duifsteen. Het kooreind is van later bouworde en is in 1440 gebouwd, blijkens eenen ronden steen, die, vóór den brand van 1782, waarbij de toren afbrandde en ook de kerk zwaar beschadigd werd, boven in het gewelf was gemetseld, doch nu aan het zuidoosten in den muur is geplaatst, met dit opschrift:

M
CCCC
XLI

De toren is eerst in 1783 gebouwd, waartoe de materiale door den landlieden, zonder onderscheid van godsdienstige gezindheid, kosteloos aangehaald zijn. Vóór het afbranden was hij ongeveer 6.5 ell. en is thans 4.7 ell. hoog. In 1836 is hij van eenen bliksemafleider voorzien. De kerk is in het jaar 1744 aanmerkelijk hernieuwd en verfraaid, zoodat zij thans eene der schoonste kerken voor landgemeenten in ons Vaderland is. Het tegenwoordige fraaije orgel was reeds in het jaar 1807 in de kerk geplaatst, zijnde bekostigd door de liefdegiften van de gemeente.

De dorpschool wordt gemiddeld door een getal van 80 leerlingen bezocht.

De kermis valt in in de maand September.

Den 27 April 1769, des middags te één ure, ontstond er te STEENDEREN een zware brand, die zoo schielijk de overhand nam, dat alle huizen aan de oostzijde der kerk, zijnde 20 in getal, in minder dan 1½ uur tijds in de asch werden gelegd. Daardoor werden 28 huisgezinnen in de uiterste ellende gedompeld, een man en eene vrouw kwamen, door het invallen van het dak van hun huis, om het leven.

In 1774 was er eene zware pestziekte onder het rundvee, zoodat van ongeveer 2000 runderen er meer dan 1700 stierven.

Den 12 Maart 1782, 's namiddags ten 4 ure, sloeg een bliksemstraal in den toren, even onder den pijnappel, waardoor deze, alsmede de kerk, voor zoo verre zij brandbaar was, het schoolhuis, de Armenwoning en nog drie andere huizen in de asch zijn gelegd. De hevigheid der vlam, aangedreven door eenen sterken noordwesten wind, en de hoogte van den toren, maakten het onmogelijk den brand te blusschen.

Ten gevolge van eene doorbraak in den Rijndijk te Bislich, boven Wezel, werd de geheele gemeente, in het begin van Maart 1784, overstroomd, zoodat er in het dorp zelf maar 4 of 5 huizen van het water bevrijd bleven, en de kerk vol paarden en rundvee stond. Bij deze ramp zijn elf stuks vee, doch geene menschen verdronken.

Toen het in Februarij 1799 weder zeer hoog water was, viel de vorst in, waardoor de ellende in de buurten zeer groot was, want, doordien het ijs niet overal dragen kon en te sterk was, om er met aken door te breken, waren er menschen, die in acht dagen, op zolders of steigers gezet, geen brood konden bekomen, hetgeen hun eerst, met eene slede over het ijs, met levensgevaar, daarna bij open water met aken is toegebragt.

Bij den storm van 9 November 1800, woeijen in dit dorp 5 huizen geheel om, terwijl aan de andere, even als aan de kerk en pastorie, groote schade werd toegebragt.

In Januarij 1809 was het zeer hoog water, vergezeld met zwaren ijsgang en hevigen stormwind, op den 31 dier maand, waardoor 5 à 6 huizen gedeeltelijk en 2 à 3 geheel weggedreven en zeer vele zwaar beschadigd zijn.

In Augustus 1816 had men zeer hoog zomerwater, waardoor het koren voornamelijk aan den IJsselkant meerendeels vernield werd.

Den 14 Julij 1832 had er een verschrikkelijke hagelslag plaats, vergezeld van donder en bliksem, waardoor al het te veld staande koren en tuinvruchten geheel vernield werden; ook werden daardoor eene menigte glazen verbrijzeld, vele vogels, onder anderen een ooijevaar op zijn nest, doodgehageld; voornamelijk de zuidzijde dezer gemeente de buurtschappen Olborgen, Raa, Luur, Toldijk en het dorp zelf hebben dezen slag getroffen, de hagelsteenen waren ter grootte van een duiveneі en sommige stukken ijs ter grootte van een hoenderei.

Den 12 Januarij 1838 is er in het dorp Steenderen eene brand ontstaan, waardoor twee huizen en eene zaadberg afgebrand en vier stuks vee omgekomen zijn.

Het wapen dezer gem. bestaat uit eén schild van zilver, van onderen met keisteenen in natuurlijke kleur.

STEENDEREN-EN-BRONKHORST, kerk. gem., prov. *Gelderland*, klass. van *Zutphen*, ring van *Doesborgh*.

Men heeft er een kerk, te Steenderen. Van die te Bronkhorst, is in 1842 een school gemaakt en er wordt dus geen kerkelijke dienst te Bronkhorst meer gedaan. Men telt er 1630 zielen, onder welke 800 Ledematen. De eerste die in deze gemeente het leeraarambt heeft waargenomen, is geweest Johannes Weste, die in het jaar 1595 herwaarts kwam en in het jaar 1598 naar Brummen vertrok. Het beroep geschiedt door den kerkeraad.

STEENDIEP (HET), vaarwater in de mond der *Hont*, op de hoogte van *Westkapelle*.

STEENDIJK, eigenlijk Heyndijk, dijk in het *Land-van-Voorne*, gem. *Oost-Voorne*, van Zeeburg aan de duinen, bezuiden Kruiningers, naar het Steenen baken en van daar bewesten Nieuw- en Oud-Kleiburg en den Meeuwenoordsche-polder, tot aan de stad Brielle loopende.

STEENDIJK, geh. in *Rolder-dingspil*, prov. *Drenthe*, arr., adm. en judic. kant., gem. en 10 min. O. van *Assen*; met 11 h. en 60 inw.

STEENDIJK-POLDER, pold. in *Delfland*, prov. *Zuid-Holland*. Zie Steendijksche-polder.

STEENE, naam, welken de landlieden meestal geven aan het d. St. Jansteen, in *Staats-Vlaanderen*, prov. *Zeeland*. Zie Jansteen (St.).

STEENE (DE), voorm. water in *Staats-Vlaanderen*, prov. *Zeeland*, dat omtrent Baarzande en Breskens schijnt geloopen te hebben en waarvan de Steene-polder zijnen naam ontleend heeft.

STEENE (BEOOSTEN-), het oostelijke gedeelte van de heerl. *Noordgouwe*, op het eil. *Schouwen*, prov. *Zeeland*. Zie Noordgouwe.

STEENE (BEWESTEN-), het westelijk gedeelte van de heerl. *Noordgouwe*, op het eil. *Schouwen*, prov. *Zeeland*. Zie Noordgouwe.

STEENE-GRACHT (DE), vaart in *Vollenhove*, prov. *Overijssel*, loopende uit het *Giethoornsche-meer*, in eene noordoostelijke rigting naar het Zuidveen.

STEENENBAKEN, oude vervallene steenen toren, gebouwd ten dienste der zeevarenden, op de noordelijke kust van het eil. *Voorne*, ¼ u. N. O. van het d. *Oostvoorne*. Daarbij is eene kustbatterij in vervallen staat, behoorende tot de linie tusschen Brielle en Hellevoetsluis.

STEENENBERG, vroegere naam van den houtgrond de Goede-Verwachting-Co in *Nederlands-Guiana*, kol. *Suriname*. Zie Goede-Verwachting-Co (De).

STEENENBURG, voorm. kast. in de *Meijerij van 's Hertogenbosch*. Zie Dauren (Huis-te-).

STEENENDAM, geh. op het eil. *Zuid-Beveland*, prov. *Zeeland*, arr. en 2½ u. Z. W. van *Goes*, kant. en 1½ u. Z. ten W. van *Heinkenszand*, gem. *Driewege-en-Coudorpe*.

STEENENDIJK, dijk in *Delfland*, prov. *Zuid-Holland*, gem. *Maasland*, welke, bezuiden den Dijks-polder, in eene zuidoostelijke strekking, van de Spartelvaart naar Maassluis loopt. Het is een verlenging van den *Nieuwen-Maasdijk*.

STEENENDIJKSCHE-POLDER (DE), pold. in *Delfland*, prov. *Zuid-Holland*, arr. *'s Gravenhage*, kant. *Vlaardingen*, gem. *Maasland*; palende N. aan het Leijeland, O. aan den Dijk-polder, Z. aan den Noord-Nieuwlandsche-polder, W. aan het Steengors. — In deze pold. staan twee boerderijen.

STEENENHEUL, geh. in het *Land-van-Altena*, prov. *Noord-Braband*, *Tweede* distr., arr. en 5½ u. N. W. van *'s Hertogenbosch*, kant. en 2¼ u. N. W. van *Heusden*, gedeeltelijk gem. en ¼ u. Z. W. van *Giessen*, gedeeltelijk gem. *Emmikhoven-en-Waardhuizen*, ¼ u. O. N. O. van Emmikhoven, ¼ O. van Waardhuizen; met 6 h. en 40 inw., als: 3 h. en 20 inw. onder *Giessen* en 3 h. en 20 inw. onder *Emmikhoven-en-Waardhuizen*.

Dit geh. heeft dien naam naar eene heul in de weg van Giessen naar Waardhuizen over den *Alm*.

STEENENHOEK, in vroegere eeuwen SCHUIJENHOEK, uitspringende hoek van den Merwedijk, ten Z. van den *Alblasserwaard*, prov. *Zuid-Holland*, halfweg Giessendam en Hardinxveld. Hij wordt ook wel door de bewoners der omstreken TURKIJE genoemd.

STEENENHOEK (HET KANAAL-VAN-), kanaal in het *Land-van-Arkel-beneden-de-Zouwe* en den *Alblasserwaard*, prov. *Zuid-Holland*.

Dit kanaal, volgens oude dijk- en waterbrieven, reeds in vroegere eeuwen ontworpen, werd in 1818 gegraven, ter verlenging van de Linge, en dient om deze rivier en de Zederik af te leiden, en daardoor de landen tusschen den Neder-Rijn en de Waal, van Pannerden tot den Lingedijk in hunne waterlozing behulpzaam te zijn.

Het loopt uit de grachten van Gorinchem westwaarts naar Steenenhoek, ½ u. W. van Neder-Hardinxveld, waar het door sluizen in de Merwede uitloopt; het is 1½ uur lang, heeft een paar groote uitwaterende sluizen en drie groote kanaalduikers, benevens drie bruggen en andere werken, en is een gedenkstuk der nieuwere waterbouwkunde.

Het is en blijft nuttig voor de uitwatering der landen en voor de scheepvaart, en ondervindt veel last van de gedurige verzakking der dijken. De dijkskruin ligt 4.84 el boven A. P.

Het wordt beheerd door een afzonderlijk Hoogheemraadschap bestaande uit eenen Dijkgraaf, vier Heemraden, eenen Secretaris en Penningmeester en eenen Adjunct-Secretaris en Penningmeester.

STEENENHUISJE (GAT-VAN-HET-), kil in den *Biesbosch*, prov. *Noord-Braband*, gem. *Werkendam*.

Zij komt uit *Snap-in-de-kast*, loopt, in eene zuidelijke rigting tusschen de Kievits-waard en de Kievitswei-waard ter eenre en de Middelste-Kievitswaard ter andere zijde door, en loopt in het *Boomgat*, het *Kooigat* en het *Gat-van-de-Zalm* uit.

STEENENKAMER (DE), voorm. kasteeltje in de *Over-Betuwe*, prov. *Gelderland*, distr., arr. en 2 u. W. ten N. van *Nijmegen*, kant. en 2 u. Z. W. van *Elst*, gem. en 1½ u. Z. van *Valburg*, niet ver van *Hervelt*; waartoe het behoorde.

STEENENKAMER (DE), hoog steenen gebouw in *Dregterland*, prov. *Noord-Holland*, arr., kant. en 1 u. O. van *Hoorn*, in het noorden van het d. *Schellinkhout*.

Het is een oud gebouw, hetwelk dikke muren en een grooten gewelfden kelder heeft. Hoewel men de oorsprong van dit gebouw niet regt weet, schijnt het toch een soort van sterkte geweest te zijn, door de oude Drechter West-Vriezen, tegen de Kennemers en Waterlanders aangelegd.

Het beslaat, met de daartoe behoorende grond, eene oppervlakte van 60 v. r., en wordt thans in eigendom bezeten, door CORNELIS SCHAGEN, woonachtig te Schellinkhout.

STEENENKAMER (DE), voorm. kast. in de *Meijerij van 's Hertogenbosch*, kw. *Maasland*, prov. *Noord-Braband*, *Tweede* distr., arr., kant. en ½ u. O. N. O. van *'s Hertogenbosch*, gem. en ½ u. Z. ten W. van *Rosmalen*.

Ter plaatse, waar het gestaan heeft, ziet men thans eene kleine boerenwoning tevens tapperij.

STEENENKAMER (DE), voorm. kast. in het *Overkwartier*, der prov. *Utrecht*. Zie REMMERSTEIN.

STEENENKAMER (DE), voorm. kast. op de *Neder-Veluwe*, prov. *Gelderland*, distr. *Veluwe*, arr. en 7 u. N. van *Arnhem*, kant. en 2 u. van *Harderwijk*, gem. en ½ u. N. W. van *Putten*.

Ter plaatse, waar het gestaan heeft, ziet men thans eene boerenwoning.

STEENENKAMER (DE), b. op de *Neder-Veluwe*, prov. *Gelderland*, distr. *Veluwe*, arr. en 7 u. N. W. van *Arnhem*, kant. en 2 u. N. van *Harderwijk*, gem. en ½ u. N. W. van *Putten*, een gedeelte van de buurs. *Hoef* uitmakende; met 4 h. en 40 inw.

STEENENKAMER (DE), voorm. kast. in *Zalland*, prov. *Overijssel*, arr. en 8½ u. Z. van *Zwolle*, kant., en gem. *Deventer*, aan de overzijde van den IJssel.

De grond, waar het gestaan had, werd in het jaar 1724, door de Regering van Deventer, in erfpacht uitgegeven, en door de pachters tot hoven aangelegd.

STEENENKAMER (DE), bekend uitspanningsoord in den *Zwijndrechtsche-waard*, prov. *Zuid-Holland*, arr., kant. en ½ u. Z. W. van *Dordrecht*, gem. en ½ u. O. van *Meerdervoort*, aan de Maas, zeer aangenaam gelegen en daarom veel door de stedelingen uit Dordrecht bezocht. Het is een eenvoudig doch ruim gebouw, door lommerrijk geboomte omgeven.

STEENENKAMER (DE GROOTE-), herberg op de *Neder-Veluwe*, prov. *Gelderland*, distr. *Veluwe*, arr. en 7 u. N. W. van *Arnhem*, kant. en 2 u. N. van *Harderwijk*, gem. en ½ u. N. W. van *Putten*.

STEENENKRUIS (HET), geh. op het eil. *Tholen*, prov. *Zeeland*, distr., arr. en 5 u. Z. W. van *Zierikzee*, kant., gem. en ½ u. N. W. van *Tholen*; met 3 h. en ruim 20 inw.

STEENENKRUIS, (van *kroes*, *kroos*, *cruse* [1]), voorm. leen in *Staats-Vlaanderen*, in het *Vrije van Sluis*, prov. *Zeeland*, distr. *Sluis*, in *Baarzande*, nu gem. *Groede*, zijnde de Steenenpolder.

STEENENMUUR, pold. in den *Biesbosch*, prov. *Noord-Braband*. Zie DOOIMANS-WAARD (NIEUWE-).

STEENENMUUR (BEKAAD-EILANDJE-IN-HET-GAT-VAN-), pold. in den *Biesbosch*, prov. *Noord-Braband*, *Tweede* distr., arr. *'s Hertogenbosch*, kant. *Heusden*, gem. *Werkendam*; rondom in het Gat-van-Steenenmuur gelegen.

Dit poldertje beslaat, volgens het kadaster, eene oppervlakte van 1 bund. 50 v. r., behoort aan het Rijk, onder administratie van den

(1) Zie DRESSELHUIS, *aloude gesteldheid van Zeeland*, b'. 51.

Waterstaat, en wordt op het Gat-van-Steenenmuur van het overtollige water ontlast.

STEENENMUUR (HET GAT-VAN-), kil in den *Biesbosch*, prov. *Noord-Braband*, gem. *Dussen-Munster-en-Muilkerk* en *Werkendam*; uit de *Bevert* voortkomende en eerst in eene westelijke rigting tusschen de Steenenmuur ter eenre en de Dooimanswaard en Eijerwaard ter andere zijde en voorts, in eene zuidelijke strekking tusschen den Steenenmuur en den Nieuwe-Steenenmuur ter eenre en de Vogelenzang ter andere zijde door, in het *Gat-van-de-Noorderklip* uitloopende. Deze kil wordt ook wel DE BEVERT genoemd.

STEENENMUUR (DE NIEUWE-), pold. in den *Biesbosch*, prov. *Noord-Braband*, *Tweede* distr., arr. *'s Hertogenbosch*, kant. *Heusden*, gedeeltelijk gem. *Werkendam*, gedeeltelijk gem. *Dussen-Munster-en-Muilkerk*; palende N. aan den Steenenmuur, O. aan het Achterstegat, Z. aan het Gat-van-de-Noorderklip, W. aan den Bevert.

Deze pold., welke in het jaar 1838 omkaad is, beslaat, volgens het kadaster, eene oppervlakte van omtrent 18 bund. Hij wordt door eene houten sluis, wijd 0.63 ell., met drijfdeur en schuif, op den Bevert, van het overtollige water ontlast. Het zomerpeil is ongeveer 0.85 ell., de hoogte der kade 2.50 ell. boven A. P. Hij staat onder het bestuur van den eigenaar.

STEENEN-MUURTJE (HET), voorm. fort in het voorm. hert. *Gulick*, thans prov. *Limburg*, ten W. en digt bij de st. *Sittard*, vroeger tot de versterking van dit stadje gediend hebbende.

STEENEN-POLDER, pold. in *Staats-Vlaanderen*, prov. *Zeeland*, arr. *Middelburg*, kant. *Oostburg*, distr. *Sluis*, gem. *Groede*; palende N. W. aan den Schallegalle-polder, N. aan Oud-Breskens, N. O. aan den Parasijs-polder en den Rode-polder, O. aan den Noordwesthoek van Groot-Baarzande, ook Buzen-polder genoemd, Z. aan den Zuidwesthoek van Groot-Baarzande, Z. W. aan den Heeren-polder. De groote weg van Breskens naar Oostburg enz. loopt er aan de oostzijde langs.

Deze pold. is zeer oud; in het accoord van den Abt van St. Baaf te Gent met het kapittel van Doornik van 1350—1357, komt hij voor onder den naam van ST. JANS VAN DEN STEENE-POLDER. In de Spaansche oorlogen gevloeid zijnde, werd hij in de bedijking van Baarzande van 1609—1616 begrepen. Hij beslaat, volgens het kadaster, eene oppervlakte van 80 bund. 91 v. r. 62 v. ell., waaronder 79 bund. 20 v. r. 32 v. ell. schotbaar land; telt 5 h., waaronder 1 boerderij. Hij is thans een onderdeel van Groot-Baarzande, heeft daarmede gemeene uitwatering en geen afzonderlijk bestuur. Als leen was hij bekend onder den naam van het STEENENKRUIS.

STEENENPUNT, hofstede in het eil. *Zuid-Beveland*, prov. *Zeeland*, arr., distr. en 2¼ u. Z. ten O. van *Goes*, kant. en 2 u. Z. van *Heinkenszand*, gem. *Baarland* en *Bakendorp*, nabij *Bakendorp*, waaronder zij behoort.

STEENENVELD, (HET GROOTE- en HET KLEINE-), twee duinvalleijen in *Kennemerland*, prov. *Noord-Holland*. Zie STEENVELD (HET GROOTE-) en STEENVELD (HET KLEINE-).

STEENEVELD, voorm. buit. in *Rijnland*, prov. *Zuid-Holland*, arr. en ¼ u. O. van *Leyden*, gem. en ¼ u. N. W. van *Leyderdorp*, aan de Zijl. — De plaats, waar het gestaan heeft, ziet men thans warmoeziersland.

STEENEWALLE, een achterleen van *Burch-Gravestein*, in *Staats-Vlaanderen*, in het *Vrije-van-Sluis*, in het *Land-van-Kadzand*, prov. *Zeeland*, distr. *Sluis*. Zie GRAVESTEIN (BURCH-).

STEENEZWAAN, binnenwater in het eil. *Duiveland*, prov. *Zeeland*, dat even benoorden het d. Nieuwerkerk ontstaat, van daar eerst in eene westelijke, vervolgens in eene noordwestelijke en eindelijk weder in eene westelijke rigting den pold. van de Vierbannen-van-Duiveland doorloopt en tegen den dijk, die den polder Bettewaarde van de Vier-bannen-van-Duiveland scheidt, uitloopt.

Oorspronkelijk was het een der kreken, waardoor de gorzen en schorren, uit welke het eil. Duiveland is opgewassen, werden van een gescheiden. Bij de bedijking van Bothland, in de dertiende eeuw, werd dit water afgedamd. Thans heeft het meerendeels eene geringe diepte. Er wordt paling in gevangen.

STEENFORT, perceelen akkerland in de *Meijerij van 's Hertogenbosch*, gem. *Oostel-Westel-en-Middel-Beers*, ½ u. N. van *Oostel-Beers*, waartoe zij behooren, aan de Groote-Beersc. Zij komen weleens verkeerdelijk als een geh. voor.

STEENGA of STEENGE, voorm. state, prov. *Friesland*, kw. *Zevenwouden*, griet. *Stellingwerf-Oosteinde*. Zie STEEGINGA.

STEENGORS (HET), bekade en onbekade gorzen in *Delfland*, prov. *Zuid-Holland*, arr. *Rotterdam*, kant. *Vlaardingen*, gem. *Maasland*; palende N. aan Legeland, O. aan den Steenendijksche-polder, Z. aan den Noord-Nieuwlandsche-polder, W. aan het Scheurdiep en den Oranje-polder.

STEENHARST of STEENHAARST, b., prov. *Friesland*, kw. *Oostergoo*, griet. *Kollumerland-en-Nieuw-Kruisland*, arr. en 5½ u. O. ten N. van *Leeuwarden*, kant. en 3 u. Z. O. van *Dockum*, ½ u. Z. O. van *Augsbuur*, waartoe zij behoort.

STEENHARSTER-TILLE, brug, prov. *Friesland*, kw. *Oostergoo*, griet. *Kollumerland-en-Nieuw-Kruisland*, ½ u. Z. van *Augsbuur*, over de trekvaart van Dockum naar Stroobos.

STEENHOF, buit. in *Delfland*, prov. *Zuid-Holland*, arr. en 2 u. Z. Z. W. van *'s Gravenhage*, kant. en 1 u. N. W. van *Naaldwijk*, gem. *Monster*.

STEENHOVEN, volgens de Zeeuwsche uitspraak STEENOVE, en daarom soms geschreven STEENOVEN, geh. in *Staats-Vlaanderen*, in het *Vrije-van-Sluis*, prov. *Zeeland*, arr. en 4½ u. Z. van *Middelburg*, kant. en ¾ u. O. van *Oostburg*, gem. en ½ u. Z. van *Schoondijke*; met 14 h. en ruim 190 inw. Het is eene straat van 10 huizen, die aan elkander gebouwd zijn en daartegen over 4, met tuintjes omringd; doch alle vervallen en armoedig.

Het is een overblijfsel van het oude Elmare in de vijftiende eeuw verdronken, bij hetwelk een klooster en ridderkasteel (Steenenhof) gestaan heeft van welk laatste het zijnen naam ontleent.

Ten jare 939 schonk Graaf AARNOUT zekere, op de hoogte van dit gehucht gelegene, schorre, aan de abdij van St. Pieter te Gent, tot een schapendrift.

STEENHOVEN, buit. op het eil. *Walcheren*, prov. *Zeeland*, distr., arr. en 20 min. Z. W. van *Middelburg*, kant. en 1 u. N. van *Vlissingen*, gem. en 20 min. O. ten N. van *Koudekerke*.

Dit goed, waarvan het huis vroeger met eenen toren prijkte, moet reeds zeer oud zijn, want in het jaar 1595 werd het reeds verkocht door Jonkheer VAN DER LAAN aan F. HERMANNES.

Het beslaat thans eene oppervlakte van 14 bund. 7 v. r. 8 v. ell., en wordt in eigendom bezeten en bewoond door den Heer PICHÉ.

STEENHOVEN, geh. in het *Land-van-Strijen*, prov. *Noord-Brabant*. Zie STEENOVEN.

STEENHUIS (HET), voorm. h. in *Fivelgo*, prov. *Groningen*, arr., kant. en ruim 1 u. N. van *Appingedam*, gem. en ongeveer 1 u. Z. van *Bierum*, nabij *Krewerd*, waartoe het behoorde, hoewel men de juiste plaats, waar het gestaan heeft, niet meer weet aan te wijzen.

STEENHUIS of STEENHUIZEN, voorm. kast. in *Delfland*, prov. *Zuid-Holland*, arr. en 2 u. W. van *Rotterdam*, kant. en ongeveer ½ u. N. van *Vlaardingen*, gem. *Vlaardinger-Ambacht-en-Babberspolder*, aan den Kethelweg.

Dit oud adellijk gebouw was reeds in het jaar 1316 aanwezig, het werd toen door WILLEM III, Graaf *van Holland*, bij eenen giftbrief in date *onser Vrouwen daghe in Merte* (25 Maart) 1316, *aan zijnen Klerk* (Secretaris) WILLEM VAN BRAWODE, *die men hiet van Engheland, om sijner getrouwe diensten* geschonken en bestond destijds *in dat Stienhuys mid XXVII morghen Landts, ende riet buten dike, ende die meente in 't Nuweland die daartoe hoirt*, *ende* WOUTERS VAN LOESDUNEN *was in 't ambacht van Vlaerdinghen geleghen opstreckende van den weck* (Kethelweg) *en oplopende an die Vlaerdinghe* (het water de Vlaarding) *wilc huys ende land voorghenoemt, verboirt was, bi* WOUTER OUTSIER *ende* JAN *kinder ende erfgenamen das voirnoems* WOUTERS VAN LOESDUNEN." Deze omschrijving kan men nog zeer wel nagaan. Zij bevat toch het land, liggende in de *Holiërhoeksche-polder*, tusschen den Kethelweg en het water de Vlaarding, en *Riet butendike*, welk laatste, naar alle waarschijnlijkheid was het Rietveld, dat destijds zal gevonden zijn buiten den hier kort bij gelegen hebbende en nog bekend zijnde Oudendijk, waar buiten het thans ook nog genoemden Nieuwland, toen aangewassen land, griend of riet gelegen was, te meer, daar, bij eenen lateren brief van *Saturdags voor Palmen* (3 April) van het zelfde jaar 1316, het bovengemeld *Riet butendike*, genaamd wordt *Rietveld binnendike*, en dat men dan daardoor verstaat het Rietveld, hetwelk ofschoon buiten den Oudendijk gelegen, en alzoo wel als buiten land beschouwd kunnende worden, echter toen reeds ingedijkt en in het Nieuwland gelegen was. Een bouwval van dit gebouw, de blijken van hooge oudheid dragende, was nog tot in 1801 aanwezig, wanneer de toenmalige eigenaar van de daarbij staande bouwmanswoning, de Heer BASTIAAN COOL, dien heeft doen slopen, zoo als ook sedert dien tijd de bouwmanswoning is afgebroken en niets daarvan of van het oude STEENHUIS overgebleven, zijnde de grond meestal met het omliggende land vereenigd en door verkoop en ruiling in onderscheidene handen overgegaan. Buiten de opgaaf van het aanzijn van dit huis in 1316, zijn van de lotgevallen of verdere eigenaren niets bekend; het schijnt nimmer leenroerig, en welligt in de Hoeksche en Kabeljaauwsche tijden geheel verwoest, en sedert slechts eene bouwhoeve geworden te zijn. Thans is er niets meer van over dan eene laan, met het ijzeren sluithek, op welks steenen hangpalen men leest: STEENHUIZE. Deze grond behoort aan Vrouwe NIEVERVAART, voormaals weduwe van den Heer PIETER DE HEERE VAN HOLIJ, thans van den Heer WILLEM HENDRIK DEROX.

Het wapen van dit huis bestaat in twee gouden vogelpooten, elk met een zilveren vleugel op een gouden veld.

STEENHUIS (HET), voorm. stins, prov. *Friesland*, kw. *Zevenwouden*, griet. *Haskerland*, arr., kant. en 1¼ u. N. W. van *Heerenveen*, bij *Haskerdijken*, waartoe zij behoorde. — Zij is in 1422 vernietigd.

STEENKERK, voorm. klooster, prov. *Friesland*, kw. *Zevenwouden*. griet. *Aengwirden*. Zie MARIËNBOSCH.

STEENKREEK (DE), water op het voorm. eil. *Goedereede*, prov. *Zuid-Holland*, gem. en Z. O. van *Ouddorp*.

STEENKREEK (DE), voorm. kreek in *Noord-Beveland*, prov. *Zeeland*, welke ten W. van Kortgene in de *Zuidvliet* uitliep. Zij ontstond uit den *Fredericus-polder* en liep zuidwaarts door de gronden van het verdronken *Kortgene*.

STEENLOO, oude naam van de b. Steelhoven, in het *Land-van-Strijen*, prov. *Noord-Braband*. Zie Steelhoven.

STEENOVEN of Steenhoven, geh. in het *Land-van-Strijen*, prov. *Noord-Braband*, *Vierde* distr., arr. en 1¾ u. O. N. O. van *Breda*, kant., gem. en 1 u. Z. O. van *Oosterhout*.

STEENOVEN, naam, onder welken het geh. Steenhoven, in *Staats-Vlaanderen*, prov. *Zeeland*, soms voorkomt. Zie Steenhoven.

STEENOVENS (DE), geh. in het *Land-van-Vianen*, prov. *Zuid-Holland*, arr. en 4 u. N. van *Gorinchem*, kant., gem. en ¼ u. W. van *Vianen*, aan de Lek, waarover hier een voetveer is, het Steenovensch-veer genaamd; met 19 h. en 90 inw.

STEENPAAL, b. in het markgr. van *Bergen-op-Zoom*, prov. *Noord-Braband*, *Vierde* distr., arr. en 5 u. Z. W. van *Breda*, kant. en 3 u. Z. Z. W. van *Oudenbosch*, gem. *Rucphen-Vorenseinde-en-Sprundel*, 1¼ u. Z. W. van *Rucphen*, ¾ u. O. van *Nispen*, waartoe het kerkelijk behoort; met 4 h. en 30 inw. — Het maakt een gedeelte van het geh. of de wijk *de Langendijk* uit.

STEEN-PAD (HET) of de Varkens-gang, b. in *Amstelland*, prov. *Noord-Holland*, arr., kant., gem. en W. van *Amsterdam*.

STEENPLAAT, st. in *Oost-Indië*, op het *Moluksche* eil. *Gilolo*, op de *Westkust*; 1° 20′ N. B., 145° 7′ O. L.

STEENPLAAT (DE), plaat in de *Zuiderzee*, aan de kust van *Friesland*, W. van Workum.

STEENPLAATS (DE), buurtje in den *Hoeksche-waard*, prov. *Zuid-Holland*, arr. en 2¾ u. Z. W. van *Dordrecht*, kant. en 1¼ u. Z. van *'s Gravendeel*, gem. en ½ u. van *Strijen*; met 16 h. en 90 inw. — Dit geh. ontleent zijnen naam van eene steenplaats, welke aldaar vroeger geweest, doch in de vorige eeuw te niet gegaan is.

STEENPOEL, meertje, prov. *Friesland*, kw. *Zevenwouden*, griet. *Stellingwerf-Oosteinde*, 20 min. O. N. O. van *Donkerbroek*, liggende rondom in het Heideveld, zonder slooten die er op uitloopen.

STEENRE, oude naam van het d. Steenderen, in het graafs. *Zutphen*, prov. *Gelderland*. Zie Steenderen.

STEENS, d., prov. *Friesland*, kw. *Oostergoo*, griet. *Leeuwarderadeel*. Zie Stiens.

STEENSCHEN-DIJK (DE), dijk in *Staats-Vlaanderen*, in *Hulster-Ambacht*, prov. *Zeeland*, regt uit de Gentsche-poort der stad Hulst, in eene zuidelijke rigting, langs den pold. Clinge, naar den Ferdinandus-polder loopende.

STEENSEDE, oude naam van het d. Stiens, prov. *Friesland*, kw. *Oostergoo*, griet. *Leeuwarderadeel*. Zie Stiens.

STEENSEL of Steenzel, d. in de *Meijerij van 's Hertogenbosch*, kw. *Kempenland*, prov. *Noord-Braband*, arr., kant. en 2 u. Z. W. van *Eindhoven*, gem. *Duizel-en-Steensel*, ¾ u. O. N. O. van Duizel, nabij de Gender.

Het is een arm plaatsje. In 1688 werd het door de Franschen geplunderd en geheel vernield. Sedert is het altijd in eenen kwijnenden staat gebleven; zelfs zijn onderscheidene inwoners na dien tijd genoodzaakt geworden het te verlaten, waardoor het vierde gedeelte der

[illegible]

STEENSEL-EN-KNEGSEL, [illegible] prov. *Noord-Braband*, [illegible]

[illegible] Steensel en [illegible] te Knegsel [illegible] Communikanten.

[illegible] te *Steensel* en [illegible] te *Knegsel* of [illegible], die in 1614 en [illegible], die in 1677, Steensel bedienden ook te Knegsel [illegible], durven wij niet bevestigen. Zeker gaat het echter dit, [illegible], die in 1711 Steensel en Knegsel bediende, [illegible] niet meer van elkander gescheiden zijn.

STEENSTERP, oude naam van het d. [illegible], prov. *Friesland*, kw. *Oostergoo*, griet. *Leeuwarderadeel*. Zie [illegible].

STEENSTRAAT, geh. in het *Nederkwartier* der prov. *Utrecht*, arr. en $1\frac{1}{2}$ u. N. van *Utrecht*, kant. en 2 u. O. N. O. van *Amersfoort*; gem. *[illegible]*.

STEENTJE, plaats in de *Zuiderzee*, op de kust van *Overijssel*, 1. van *Vollenhove*, aan den uitboek van de Voorst.

Het is eene lange smalle streep en bestaat uit eene digte laag van middelbare groote keisteenen, welke men nog den 30 October 1839 bij eenen hevig aanhoudenden oostenwind, bespeurd heeft.

STEEN-TIL, brug in *Hunsingo*, prov. *Groningen*, in de *Oudedijksterweg*, over het *Pieterbuurster-maar*, $\frac{1}{2}$ u. ten N. van *Eenrum*, en tot het *Winsumer-en-Schaphalster-zijlvest* behoorende.

STEEN-VAN-KLOOSTEROORD, onbehuisde pold. in den *Biesbosch*, prov. *Noord-Braband*. Zie Kloosteroort (Steen-van-).

STEEN-VAN-ONRUST (DE), klip in *Oost-Indië*, in de *Zee-van-Java*. Zie Onrust (De Steen-van-).

STEENVELD (HET GROOTE-) of het Groote-Steeneveld, duinvallei in *Kennemerland*, prov. *Noord-Holland*, arr. en kant. *Haarlem*, gem. en Z. O. van *Zandvoort*.

Zij beslaat eene oppervlakte van ongeveer 80 bund. en is tegenwoordig het renperk voor de harddraverijen, welke jaarlijks onder Zandvoort plaats hebben.

STEENVELD (HET KLEINE-) of het Kleine-Steeneveld, duinvallei in *Kennemerland*, prov. *Noord-Holland*, arr. en kant. *Haarlem*, gem. en Z. Z. O. van *Zandvoort*.

Zij beslaat eene oppervlakte van 40 bund. Hiervan is een gedeelte ingedijkt voor paardenwei, otschoon er geen ontginning heeft plaats gehad.

STEENVLEDDERS (DE), streek laag groenland in *Beilerdingspil*, prov. *Drenthe*, gem. *Westerbork*, bij het geh. *Elp*. In dit groenland vond men nog voor weinige jaren een pad van veldsteenen, hetwelk, volgens overlevering, in vroegere tijden zoude gediend hebben, om gemeenschap daar te stellen tusschen een oud kasteel en eene kerk, welke op de *Elper-esch* zoude gestaan hebben, en van waar eenige akkers in dien esch nog den naam van Kerk-kampen zouden dragen.

STEENVLIET of Steenvliedt, voorm. d. en heerl. in het verdronken *Zuid-Beveland*, prov. *Zeeland*, aan de Ooster-Schelde, ten N. van het Marollegat, ten Z. van Creecke. Het is door den grooten vloed van 1530 overstroomd geworden en sedert nooit weder bovengekomen.

STEENVOORDE, buit. in *Delfland*, prov. *Zuid-Holland*, arr. en ¾ u. Z. van *'s Gravenhage*, kant. en 1 u. Z. W. van *Voorburg*, gem. en ¼ u. Z. W. van *Rijswijk*, aan den zandweg op Wateringen.

STEENVOORT, in de gewone uitspraak Stevert, Steevert, Stiffert of Stewert genoemd, geh. in de *Meijerij van 's Hertogenbosch*, kw. *Kempenland*, prov. *Noord-Braband*, arr., kant. en 2 u. Z. W. van *Eindhoven*, gem. *Duizel-en-Steensel*, ¼ u. Z. O. van *Steensel*, waartoe het behoort; met 7 h. en ruim 40 inw. en eenen korenmolen op de Run, alhier onder de benaming van Aa bekend, de Steenvoortsche-molen genoemd.

STEENVOORT, plaats op de *Neder-Veluwe*, prov. *Gelderland*, distr. *Veluwe*, kw., arr. en 7½ u. N. W. van *Arnhem*, kant. en ½ u. Z. O. van *Harderwijk*, gem. en ¼ u. O. van *Ermelo*.

Men meent, dat dit de plaats zou zijn, waar men de benoodigde steenen gebakken heeft, tot den eersten opbouw van den Ouden-Hof of het kasteel te Staverden.

STEENWAARD (DE), bekade uiterwaard aan de *Lek*, tegenover Culenborg; palende N. aan den Lekdijk Bovendams en overigens aan genoemde rivier, waarop zij door eene sluis uitwatert. Langs de oostzijde loopt de veerdam naar het Culenborgsche-veer.

STEENWEG (DE), geh. in de bar. van *Breda*, prov. *Noord-Braband*, *Vierde* distr., arr., kant. en ½ u. Z. W. van *Breda*, gem. en 10 min. O. van *'s Princenhage*, zich gedeeltelijk uitstrekkende langs den straatweg van dit d. naar Breda; met 60 h. en 300 inw.

Gedeeltelijk op het grondgebied van dit geh. en gedeeltelijk op *Buurstede-heidje* stond voorheen de abdij Zuilen (zie dat woord).

STEENWEG (DE), b. in *Kennemerland*, prov. *Noord-Holland*, arr., kant., gem. en O. van *Alkmaar*, van welke stad het eene voorstad uitmaakt; loopende van het Zeggelis of de Bedijkte Schermer, tot waar de Noorderstraat eindigt, langs de noordzijde van het kanaal naar de stad.

STEENWEG (DE), b. in *West-Friesland*, prov. *Noord-Holland*, arr., kant., gem. en N. O. van *Hoorn*, van welke het eene fraaije en nette voorstad, buiten de Koepoort, uitmaakt, alvorens men aan den eigenlijken straatweg van Enkhuizen komt.

STEENWETERING (DE), waterloop of riviertje in *Zalland*, prov. *Overijssel*, dat in *Dalmsholte*, onder en omtrent ½ u. Z. van Dalfsen, ontstaat, West loopt en ruim een uur boven Zwolle, bij de Linthorster-brug, in de *Nieuwe-wetering* valt.

STEENWETERING (DE), waterlossing in *Zalland*, prov. *Overijssel*, beginnende in *Broekhuizen*, omtrent ½ u. N. W. van Dalfsen, op de grenzen van Zwollerkerspel, tusschen welke gemeente zij noordelijk loopende de limiet uitmaakt. Vervolgens tusschen laatstgenoemde gemeente en Nieuw-Leusen tot aan de Dedemsvaart, alwaar zij westwaarts naar het *Zwartewater* loopt, en zich ½ uur boven Hasselt, door de Streukeler-zijl, in dat water ontlast.

STEENWIJK, kant., prov. *Overijssel*, arr. *Zwolle*; palende N. aan het Friesche kant. Oldeberkoop, O. aan het Drentsche kant. Meppel, Z. en W. aan het kant. Vollenhove.

Dit kant. bevat de vier gem.: Steenwijk, Steenwijkerwolde, Giethoorn en Oldemark; beslaat eene oppervlakte, volgens het kadaster, van 19,465 bund., waaronder 19,314 bund. 34 v. r. 85 v. ell. belastbaar land; telt 2208 h., bewoond wordende door 2500 huisgez., uitmakende eene bevolking van 11,500 inw., die zich veel op handel, landbouw en de veenderij toeleggen; terwijl er ook eene menigte keijen of veldsteenen worden opgedolven.

STEENWIJK, gem. in *Vollenhove*, prov. *Overijssel*, arr. *Zwolle*, kant. *Steenwijk*, (6 k. d., 14 m. k., 6 s. d.), van alle zijden door de gem. Steenwijkerwolde omgeven.

Deze gem. bevat de plattelandst. Steenwijk, benevens gedeelten van de buurt Zuidveen en 't Verlaat, beslaat, volgens het kadaster, eene oppervlakte van 869 bund. Men telt er 622 h., bewoond wordende door 651 huisgez., uitmakende eene bevolking van 3390 inw.

De Hervormden, die er 2850 in getal zijn, maken met die uit de buurs. Zuidveen, 't Verlaat, Onna en Callenkote, welke tot de burg. gem. *Steenwijkerwolde* behooren, eene kerk. gem. uit, die tot de klass. van *Kampen*, ring van *Vollenhove*, behoort, door twee Predikanten bediend wordt en 3730 zielen, onder welke 1520 Ledematen, telt. De eerste, die in deze gem. het leeraarambt heeft waargenomen, is geweest Wilhelmus Lanius, die in het jaar 1580 herwaarts kwam, en in het jaar 1582 naar IJsselmuiden vertrok, toen de stad door de Spanjaarden was ingenomen. De eerste tweede Predikant is geweest Johannes Stroemelius, die in het jaar 1605 herwaarts kwam, en in het jaar 1645 overleed. Onder de hier gestaan hebbende Predikanten verdienen melding Johannes Bogerman, die in het 1593 naar Appingedam vertrok en later als Predikant te Leeuwarden, Voorzitter was van het Nationale Synode te Dordrecht, en ook een der medearbeiders aan de Staten overzetting des Bijbels geweest is, en Petrus Hofstede, die hier van 1743 tot 1745 gestaan heeft en als Professor honnorarius te Rotterdam overleed.

De Doopsgezinden, die er 50 in getal zijn, behooren tot de gem. van *Zuidveen*. — De Roomsch-Katholijken, van welke men er 200 aantreft, worden tot de stat. van *Steenwijkerwolde-en Steenwijk* gerekend. — De Israëlieten, die er omstreeks 200 in getal zijn, maken eene ringsynagoge uit, welke tot het synagogaal ressort van *Zwolle* behoort, en waarin de dienst door eenen Voorlezer verrigt wordt.

De plattelandst. STEENWIJK, in het Lat. STENOVICUM, ligt 6 u. N. ten O. van Zwolle, 3 u. N. O. van Vollenhove, aan den straatweg van Meppel op Leeuwarden.

Aan de zuid- en oostzijde der stad liggen uitgestrekte, vruchtbare bouwlanden; aan de noord- en westzijde goede weilanden, waaronder nagenoeg 250 bunders meenten. — Het riviertje de Aa, dat uit Drenthe komt, stroomt de stad ten Noorden voorbij, en verdeelt zich westelijk van haar in twee deelen, waarvan het eene zuidwaarts loopt en het andere in de buurs. Verlaat, in het Steenwijkerdiep valt. — Dit diep, omstreeks het midden der zeventiende eeuw gegraven, brengt de stad in gemeenschap met de Zuiderzee — De straatweg van Zwolle naar Leeuwarden, loopt door de stad.

STEENWIJK is niet groot van omvang, maar geregeld gebouwd; — de minste straten komen uit op de vierkante, ruime, zeer fraaije Markt. De huizen hebben over het algemeen een goed aanzien, en eenige gebouwen, waaronder het Stadshuis en de meeste scholen, verdienen opmerking wegens hunne netheid. — De hooge wallen, die vroeger de stad geheel omgaven, zijn thans, op eenige plaatsen, in aangename wandelingen herschapen, van welke meest verheven punten men de schoonste gezigten heeft op Steenwijkerwold.

Men vindt hier 6, waaronder 2 zeer belangrijke, leerlooijerijen, 1 blooterij, 1 lijmkokerij, eenige weverijen en bezemmakerijen, 1 run-, 2 houtzaag-, 1 olij, 1 vol- en 2 korenmolens. De handel in granen, turf en hakhout is niet onbeduidend. — Veldsteenen, groote en kleine, worden jaarlijks bij duizende van lasten van hier vervoerd, de eerste ten dienste der zeeweringen, de laatste, na vooraf stuk geslagen te zijn, om ze bij het aanleggen van kunstwegen te bezigen. — Het opdelven, vervoeren en stuk slaan van deze steenen, waarvan de grond hier en onder Steenwijkerwold eene verbazende rijkdom bevat, brengt der stad vele voordeelen aan, waarvan dit niet het minste is, dat de arbeidende klasse, door het een en andere wordt in staat gesteld, om ook des winters een goed dagloon te verdienen. — Landbouw en veehouderij verschaffen voorts aan vele ingezetenen een goed bestaan, en de tuinbouw, waarvoor de bouwgronden geschikt zijn, wordt jaarlijks van meer beteekenis.

Bijzonder levendig zijn hier de jaar- en weekmarkten, daarop worden niet zelden van 1000 tot 1200 stuks runderen geteld.

Bij de Gasthuispoort stond eertijds binnen de stad een blokhuis of kasteel, het Kasteel-van-Steenwijk geheeten. Zie dat woord hieronder. Men heeft er ook een Distributiekantoor voor de brievenposterij, in de *Woldstraat.*

De Hervormden bezitten hier twee kerken. De Grootekerk, die vóór de Reformatie aan den H. CLEMENT toegewijd was, had in 1237, of, zoo als anderen beweren, in 1262, van HENRICUS VAN VIANDEN, den acht en dertigsten Bisschop van Utrecht, tot vermeerdering van haren luister een kapittel van zeven Kanunniken verkregen. JOHAN VAN ARKEL, de zeven en veertigste Bisschop, die er nog twee kanunniksdijen bijvoegde, gaf den Kanunniken verlof, indien zij Vollenhove verkozen boven STEENWIJK, om het kapittel in de eerstgemelde stad te plaatsen. Het ambt van Pastoor was aan deze kerk gehecht, staande de pastorij, zoo wel als de kanunniksdijen, ter benoeming van den Heer van Overijssel. Er waren destijds wel tien vikarijen in deze kerk gesticht. Zij werd door de Conventualen van Ruinen, in 1206, van THEODORICUS VAN AAR, den twee en dertigsten Bisschop van Utrecht, voor de kerk van Beilen verruild. Tot aan het jaar 1205 bleef de kerk te STEENWIJK

[illegible]

De Burgerlijke Begraafplaats is [illegible] de stad.

Men heeft te Steenwijk ook een Departement der Maatschappij Tot Nut van 't Algemeen, dat [illegible] 38 [illegible] eene [illegible]boek heeft. Ook zijn er eene Spaarbank en eene Bank van Leening. In het jaar 1845 is hier eene inrigting tot stand gekomen, toen eenig in ons Vaderland, een [illegible] genootschap namelijk meer bepaald voor den geringen man. [illegible] 200 leden, die elken Zaturdag een boekje ontvangen, dat door eenen bode bezorgd en weder afgehaald wordt. Als contributie betaalt men, gedurende zeven maanden in het jaar slechts een cent per week. Men kan op een jaarlijks overschot rekenen van 30 guld. dat tot kapitaal gebragt en in de hier bestaande spaarbank wordt uitgezet.

Men treft hier de volgende scholen aan: eene Fransche school voor Jongens en eene voor Meisjes, twee Stads Burgerscholen, eene Armenschool en twee Bewaarscholen.

Steenwijk is de geboorteplaats van den Godgeleerde Cornelius Schultingius, † 10 April 1637, als Regent van St. Laurens Collegie te Keulen en Kanunnik van de St. Andrieskerk aldaar, vele geleerde schriften nalatende.

Van den Regtsgeleerde Petrus Schultingius, een broeder van den voorgaande, die Hoogleeraar in beide regten en omstreeks 30 jaren Pensionaris te Keulen was.

Van den Aardrijkskundige: BERNARDUS PALUDANUS (BERNARD TEN BROEKE), geb. 27 October 1550, † 3 April 1633, en

Van den Schilder: HENDRIK VAN STEENWIJK, † in 1603.

In het jaar 1232 speelde STEENWIJK reeds eene rol in de geschiedenis der Drentsche onlusten en verkreeg niet lang daarna van HENDRIK VAN VIANDEN, den acht en dertigsten Bisschop van Utrecht, een Monnikenklooster. Toen de Zwollenaars, die zich onder bescherming van den Hertog VAN GELDER gesteld en zich het overige deel der provincie tot vijand gemaakt hadden, met hulp der Gelderschen, in 1522, eenen aanslag tegen STEENWIJK ondernamen, om zich meester te maken van de levensmiddelen, welke men daar in voorraad had, vonden zij er eenen heftigen tegenstand. De inwoners, slechts door 300 soldaten en eenige boeren versterkt, wapenden zich, doch lieten den vijand de grachten doorwaden en de stad naderen om hem des te beter te kunnen treffen. Hierdoor werden de belegeraars zoo gehavend, dat slechts een klein gedeelte in den treurigsten toestand te Zwolle terugkeerde. Daar was men echter op wraak bedacht en vond maar al te spoedig gelegenheid om die te bevredigen. Eenigen tijd later toch was de bezetting van STEENWIJK tot op slechts 50 man verminderd, weshalve de Raad dezer stad aanzoek deed om versterking te erlangen. De bode, die dit aanzoek overbragt, werd door de Gelderschen opgeligt en te Zwolle gevangen gezet. Van hier zond men nu eenen gewaanden bisschoppelijken dienaar, die den Steenwijkers de gevraagde versterking toezeide. Zeer spoedig werd hij gevolgd door OTTO VAN SCHEERPENZEEL, met 300 Gelderschen, aan wien het, hoewel zij even voor hunne aankomst ontdekt werden, niet moeijelijk viel de stad binnen te trekken. Nu werd de vroegere teleurstelling dubbel gewroken; de Gelderschen staken de stad in brand, die geheel vernield werd, zoodat de vijandelijke bezetting hutten voor haar verblijf moest opslaan.

Zeer merkwaardig was de belegering van het jaar 1580. Deze werd ondernomen door GEORGE DE LALAING, Graaf *van Rennenberg*, destijds Spaansch Stadhouder van Friesland, in eenen tijd, dat de stad, noch van Gouverneur, noch van genoegzame bezetting, noch van andere noodwendigheden, voorzien was. Over het krijgsvolk daar binnen uit vier vendelen, zamen sterk 600 man, bestaande, voerde de ervaren Kapitein JOHAN VAN DEN CORPUT voornamelijk, het gebied. Den 18 October werd de stad door 6000 voetknechten en 1200 ruiters berend; weinig tijds was de belegering voortgezet, of de stad werd, door de vijandelijke gloeijende kogels in brand geschoten, waardoor, 20 huizen, benevens eenige schuren vol hooi, stroo en turf, het twaalfde deel der stad uitmakende, vernield werden. Daarna werd deze onderneming, van 's vijands zijde, meermalen beproefd; die echter, door goede voorzorg, telkens werd verijdeld. Dit beleg duurde tot den 22 Februarij des volgenden jaars 1581; wanneer de stad door het Staten-krijgsvolk, onder het beleid van den Veldoverste JOHN NORRITS, daarin geholpen door SONOY, die, met eenige schepen met voetvolk en allerlei krijgsgereedschap, uit Noord-Holland te Blokzijl aanlandde, gelukkig ontzet werd. Gedurende dit beleg vond VAN DEN CORPUT de telegraaf uit, en gaf daarmede, hoe onvolledig ook, berigt uit de belegerde stad (1).

---

(1) Men zie daaromtrent nader onze *Geschiedkundige Beschrijving van Breda*, bl. 262 en de daar aangehaalde Schrijvers.

Gelukkiger dan Rennenberg slaagde, in het volgende jaar, Verdugo of liever diens Overste Luitenant Tassis, in eenen aanslag op Steenwijk. Zeker landman, uit misnoegen op de Staatschen of uit eene andere oorzaak, had zich bij Verdugo laten aandienen, en, onder verpanding van zijn hoofd, hem de belofte gedaan, Steenwijk in zijne magt te zullen leveren. Verdugo beval de volvoering van het stuk den Overste Tassis aan. Deze liet zich, met eenige Hoplieden en 600 of 800 knechten en twee kornetten paarden, op eenen tijd als de bezetting van Steenwijk op eenen strooptogt uit was, 's nachts voor den 17 September 1582, door den gemelden boer tot bij de Oostpoort geleiden. Hier was de gracht waadbaar, alzoo men, bij het uitdiepen daarvan, verzuimd had den grond genoeg om te spitten. De soldaten gingen tot hun middel door het water en bragten de ladders over; die geregt hebbende, beklommen zij de vest, eer de wacht er iets van vernam. Eene vrouw, die hen het eerst gewaar werd, riep de wachten toe, dat men den trommel moest roeren, alzoo men den vijand binnen had. De wachters vatten het geweer, doch, bemerkende, dat het te laat was, sloten zij het stadhuis tot negen ure, wanneer zij het overgaven, met beding van vrijen uitgang. Vele andere soldaten hadden de vlugt genomen. De stad werd geplunderd, de burgerij op zwaar rantsoen gesteld en der Staten volk, destijds in Steenwijk liggende, jammerlijk vermoord.

Tot in het jaar 1592 bleef nu Steenwijk in de magt der Spanjaarden, die het, in dien tusschentijd, aan de landzijde aanmerkelijk versterkten. Op het einde der maand Mei van gezegd jaar ondernam Prins Maurits, met een leger, sterk tusschen de 8000 en 9000 man, eenen aanslag op de stad. De bezetting bestond uit 1000 voetknechten en 60 ruiters. Maurits zelf en Graaf Willem Lodewijk van Nassau, Stadhouder van Friesland en Groningen, woonden het beleg bij. In het maken van de loopgraven werden de belegeraars dikwijls verijdeld door de uitvallen der belegerden, welke, ondanks het geweldig en aanhoudend schieten van buiten, naar geene voorslagen tot een verdrag wilden hooren, zelfs niet nadat de Staatschen den buitensten wal reeds vermeesterd en de gracht gedempt hadden. Hun moed wakkerde nog meer, sinds de aankomst van drie honderd man, hun door Verdugo toegezonden. Intusschen zette Maurits, uit vrees voor ontzet, het beleg ijverig voort, en deed, in den aanvang van Julij, onder de bolwerken twee mijnen springen, die echter weinig schade deden. Meer leed de stad van het geweldig vuren, hetwelk daarop volgde, waarbij onderscheiden Bevelhebbers der bezetting sneuvelden. Van binnen bleef men daartegen niets schuldig. Van de kogels, welke men ginds en herwaarts zond, vloog er Prins Maurits een door de linkerwang. De Stadvoogd, intusschen de hoop op ontzet verloren gevende, gaf eindelijk de stad, op den 5 Julij, over; vervolgens van de zware schade, gedurende het beleg bekomen, hersteld, werd zij aanmerkelijk versterkt.

Bijna was Steenwijk, in het jaar 1597, weder in der Spanjaarden magt gevallen, door eenen welberaden aanslag. De Spaansche garnizoenen van Overijssel en daaromtrent, ongeveer 800 man sterk, deden, onder het beleid van Richard van der Sande, Herman van Ens en Malagaibba, met den Luitenant van den Graaf van Styrum, den 26 Maart, 's morgens vóór het aanbreken van den dag, eenen hevigen aanval op die stad, kropen door de palissaden, die eenigzins gebroken waren en beklommen de wallen, terwijl een groot deel van hun volk, aan de zijde van het moeras, aan de noordzijde der stad geraakte. Ook aan de zuidzijde werd een groot alarm aangerigt; maar die van binnen stelden terstond alles in de weer, om de stad te verdedigen en die opgeklommen waren werden door de schildwachten ontdekt en afgeslagen. Nadat de vijand was afgetrokken vond men maar zes dooden. Er waren nogthans twee Luitenants gesneuveld onder welke de Luitenant van den Graaf van Styrum. Ook schijnt het, dat de Spanjaarden wel zeventien wagens met dooden en gekwetsten weggevoerd hadden.

Nog eens werd Steenwijk den Staat ontweldigd, in het jaar 1672, door de Munsterschen, welke daarvan meester bleven tot in de maand October des volgenden jaars, wanneer zij, na het vertrek der Franschen uit de Vereenigde Gewesten, te rade werden, nevens andere plaatsen, ook deze stad te ontruimen.

Na dien tijd, heeft ze geen uitwendig vijandelijk geweld behoeven uit te staan, zelfs zijn ook de vestingwerken sedert verwaarloosd, en ten eenemaal vervallen. Dan, door inwendige beroerten, is die stad meermalen geteisterd geworden: voornamelijk, in de jaren 1747 en 1748. Deze werden verwekt ter gelegenheid der verkiezing van eenen Predikant, alsmede door de drift van sommige ingezetenen, om van de Regering rekening der stads inkomsten af te vorderen, ten einde eenige misbruiken, die, zoo in het Politiek als Finantie wezen, waren ingeslopen, hersteld te mogen zien. De zaak kwam tot dat uiterste, dat sommigen, door de Regering in de gevangenis geworpen, en tot zware straffen en onder dezen een ten galge verwezen werden. Dan door de voorzigtige bestiering van den Erfstadhouder, Willem IV, werden, ingevolge een Reglement van 12 November 1749, die misbruiken niet alleen hersteld, maar ook, den 28 Julij 1750, door twee Leden uit Gecommitteerde Staten der Provincie, in naam van den Prins, de geheele Regering veranderd, en voorts bij publikatie, den 1 Augustus van dat zelfde jaar, alle de dekreten, en sententiën, der vorige afgegane Regering, tegen gemelde personen gewezen, te niet gedaan; zonder dat, uit al het voorgevallene, voortaan iets, ten nadeele of verwijt van die personen, hunne vrouwen, kinderen of familiën, mogt getrokken worden, waardoor de rust hersteld werd.

Bij de watervloeden van 1775 en 1776 stond het land rondom Steenwijk voor het grootste gedeelte ondergevloeid. Vooral was dit het geval in het laatste jaar, toen het water nog ongeveer 1 el hooger liep dan in 1775. Men schatte het getal menschen, dat destijds derwaarts kwam vluchten, op ongeveer 800 en het vee op meer dan 700 stuks.

Op den middag van den 4 Februarij 1825, omstreeks 1 uur, bragten eenige vlugtelingen de ontzettende tijding in deze stad aan, dat de zeedijken waren doorgebroken, en weldra zag men deze mare ongelukkig bevestigd, daar hier het water tot zulk eene verbazende hoogte wies, dat men in minder dan twee uren tijds geen land of weg meer herkennen konde. De schepen en schuiten lagen in de stadsgracht, die den zelfden middag te drie ure reeds opgevuld was met aangespoeld hout, turf, huisraad, vee, tenten en daken van huizen. In woningen die vrij hoog lagen, spoelde het water de ramen binnen en des nachts ten 12 ure had het eenen bijna 1.8 ell. hoogeren stand bekomen, dan die der beruchte watervloeden van 1775 en 1776. Ofschoon nu de stad zelve niet zoo veel door het water leed, zoo verkeerde men aanvankelijk in de grootste vrees en ongerustheid, uithoofde dat de woedende zee met al hare kracht op de stad aanzette. Liep het nu in de stad wel af, des te grooter waren de schaden, in de lage omgelegene landen veroorzaakt en des te gevoeliger de rampen aan de ongelukkige ingezetenen berokkend; terwijl Steenwijks inwoners van de alleraandoenlijkste tooneelen van menschelijke ellende getuigen waren.

De ziekte welke in 1826 geheerscht heeft, heeft deze plaats en omstreken mede bezocht.

Het wapen dezer gem. bestaat uit een doorsneden veld van zilver en azuur, met een anker van sabel over het geheel.

STEENWIJK, buit. in de *Meijerij van 's Hertogenbosch*, kw. *Oisterwijk*, prov. *Noord-Braband*, *Tweede* distr., arr. en 1 u. Z. ten W. van *'s Hertogenbosch*, kant. en 1¼ u. N. ten W. van *Boxtel*, gem. en ½ u. Z. ten O. van *Vught*, aan den straatweg naar *Eindhoven*.

Dit buit. beslaat, met de daartoe behoorende gronden, eene oppervlakte van 27 bund. 64 v. r. 47 v. ell., en wordt thans in eigendom bezeten door den Heer Arnoldus Suys, woonachtig te 's Hertogenbosch.

In het jaar 1789 werd op eene weide, behoorende tot deze buit., een gouden penning gevonden, aan goud waardig ruim zes gulden, liggende maar weinig diep onder den grond en zeer gaaf; de penning was van Tetricus, een der dertig tirannen onder Keizer Gallienus, hebbende van het jaar 268 tot 274 en dus omtrent zes jaren den Keizerlijken naam gevoerd; het opschrift was zeer duidelijk leesbaar en luidde op de hoofd- of voorzijde: Imp(erator) Tetricus P(ius) F(elix) Aug(ustus) (d. i. de Keizer Tetricus, vroom, gelukkig, doorluchtig); op de rug- of tegenzijde: P(ontifex) M(aximus) Tr(ibunitiae) P(otestatis) II (Secundum) Co(n) S(ul) P(ater) P(atriae) (d. i. Opperpriester, bekleed met de magt van tribuun, voor de tweede maal Consul, vader des vaderlands).

STEENWIJK, gedeelte van de heerl. *Kudelstaart*, in *Kennemerland*, prov. *Noord-Holland*, arr. *Amsterdam*, kant. *Nieuwer-Amstel*, gem. *Aalsmeer-en-Kudelstaart*.

STEENWIJK (KASTEEL-TE-), voorm. kasteel in *Vollenhove*, prov. *Overijssel*, arr. en 7½ u. N. van *Zwolle*, 3 u. N. O. van *Vollenhove*, in de stad *Steenwijk*.

Dit kasteel was, in het jaar 1523, door Georg Schenk gesticht, doch werd daarna, toen Overijssel, in 1527, onder het gebied van Karel V kwam, weder omvergeworpen; hoewel de grachten nog lang daarna zijn te zien geweest.

STEENWIJKER-AA (DE), riv., prov. *Drenthe*, in *Overijssel*. Zie Aa-(Steenwijker).

STEENWIJKER-DIEP (HET) of het Nieuwe-diep, water, prov. *Overijssel*. Het is dat gedeelte van de *Steenwijker-Aa*, hetwelk, in eene westelijke rigting, van Steenwijk, door de gem. *Steenwijkerwolde*, naar Blokzijl loopt, en voor de scheepvaart bekwaam gemaakt is. In 1846 zijn er 1385 vaartuigen doorgevaren.

STEENWIJKERMOER, geh. in het dingspel *Zuidenveld*, prov. *Overijssel*. Zie Steenwijksmoer.

STEENWIJKERVAART (DE), vaart, voorheen in *Kennemerland*, thans prov. *Noord-Holland*, in eene noordwestelijke rigting uit de Drecht, bij Vrouwenakker, naar den Legmeerdijk loopende.

STEENWIJKERVELD, gedeelte van de heerl. *Kudelstaart*, in *Kennemerland*, prov. *Noord-Holland*, arr. *Amsterdam*, kant. *Nieuwer-Amstel*, gem. *Aalsmeer-en-Kudelstaart*.

STEENWIJKERWOLDE, gem. in *Vollenhove*, prov. *Overijssel*, arr. *Zwolle*, kant. *Steenwijk* (6 k. d., 14 m. k., 6 s. d.); palende N. W. en N. aan de gem. Oldemarkt en aan de Friesche griet. Stellingwerf-Oosteinde, N. O. aan de Drenthsche gem. Vledder en Havelte, Z. O.

aan de Drenthsche gem. Nijeveen, Z. aan de gem. Wanneperveen en Giethoorn, W. aan Ambt-Vollenhove en Blankenham, terwijl de gem. Steenwijk geheel door deze gem. omgeven wordt.

Deze gem. bevat het d. Steenwijkerwolde, en de geh. Zuidveen, Onna, Callenkote, IJsveen, Tuk, Oosterhoek, Molenbroek, Scherwolde, Muggebeet, 't Nederland, Willemsoord en een klein gedeelte der Vrije-kolonie. Zij beslaat, volgens het kadaster, eene oppervlakte van 9944 bund.

Men telt er 875 h., bewoond door 906 huisgez., uitmakende eene bevolking van ongeveer 4660 inw., van welke velen goede verdiensten genieten door het opdelven en kortslaan van keijen of veldsteenen, welke in de omstreken bij menigte gevonden worden, en waaruit ook een vrij belangrijke tak van handel voortspruit. Meer dan 4000 lasten werden alleen in 1835 van daar vervoerd. Onder deze steenen worden eenige aangetroffen van eene verbazende grootte; zoo werd er op de Woudberg, volgens het verslag van Gedeputeerde Staten van Overijssel, een gevonden van ruim 20,000 pond. zwaarte. Voorts wordt er in den bodem, die gedeeltelijk heuvelachtig is, krijt, vuursteenen, ook wel agaat en oer aangetroffen.

De Herv., die er ongeveer 3900 in getal zijn, maken gedeeltelijk de gem. *Steenwijkerwolde* uit en worden gedeeltelijk tot de gem. *Steenwijk* gerekend. — De R. K., van welke men er 640 aantreft, behooren tot de stat. van *Steenwijkerwolde-en-Steenwijk*. — De Isr., die er ruim 120 in getal zijn, worden tot de ringsynagoge van *Steenwijk* gerekend.

Men heeft in deze gem. 7 scholen, als: eene te Steenwijkerwolde, eene te Callenkote, eene te Muggebeet, eene in 't Nederland, eene te Onna, eene te IJsveen en eene te Zuidveen.

Het d. Steenwijkerwolde of Steenwijkerwoud, ligt 7½ u. N. ten W. van Zwolle, 1 u. W. van Steenwijk.

Men wil dat hier eertijds een groot en uitgestrekt woud was, zeer geschikt voor de jagt, van welk woud of wold, men den tegenwoordigen naamsoorsprong meent af te leiden. De rijzende of heuvelachtige grond, geeft op vele plaatsen aan deze gemeente een schilderachtig voorkomen en van de hoogten vooral van den Woudberg of Hiddingerberg heeft men heerlijke gezigten over de stad Steenwijk en lagere omstreken.

De Herv., die er wonen, maken met die van de geh. IJsveen, Tuk, Oosterhoek, Molenbroek, Scherwolde en Muggebeet eene gem. uit, welke 2000 zielen en onder deze 630 Ledematen telt en tot de klass. van *Kampen*, ring van *Vollenhove*, behoort; terwijl de Predikant tevens de dienst te Willemsoord en in de Vrije kolonie der Maatschappij van Weldadigheid verrigt. Steenwijkerwolde heeft tot eersten Predikant gehad Jan Hendriks, die er in 1581 in dienst en toen lid der Synode was, doch de juiste tijd van zijne komst en vertrek is onbekend. De kerk, welke vóór de Reformatie haren Pastoor van het kapittel van Steenwijk kreeg, was op den naam van den H. Apostel Andreas ingewijd. Zij had drie vikarijen; van die van het H. Kruis was de bedienaar wekelijks tot het lezen van twee missen gehouden. De Bedienaar van die van O. L. Vrouw, was insgelijks verpligt om tweemaal ter week de goddelijke dienst te doen. Van die van den H. Dionysius, stond de Bedienaar ter benoeming van den Pastoor en de buren, en deze was met drie wekelijksche missen belast. Thans heeft deze kerk eenen toren en is van een orgel voorzien.

De R. K. kerk, aan den H. Andreas toegewijd, in het jaar 1830 gesticht, is een net gebouw, met eenen koepeltoren, doch zonder orgel.

Dit dorp heeft tijdens het beleg van Steenwijk in 1580 en 1581 zeer veel van het Spaansche krijgsvolk geleden.

Bij den watervloed van 1825 heeft deze gem. mede veel geleden, vooral in de zuidelijke en westelijke streken, in de polders, was de nood bijzonder groot. Achtentwintig menschen kwamen aldaar door den vloed om. De meer oostelijke en noordelijke deelen, welke in het eerst door den Steendijk voor de overstrooming beveiligd werden, deelden, ofschoon minder dan de andere, evenwel mede in hare schrikkelijke gevolgen. De meeste lanen van het buitengoed den Bult, aan den Heer van der Hoop toebehoorende, en in Eesveen, aan de grenzen van Drenthe gelegen, stonden 0.57 à 113 ell. onder water. De meer oostwaarts gelegene erven waren allen geinundeerd, zoo dat de bewoners met hun vee moesten vlugten, en er nog eenige schapen in de stallen verdronken. In het geheel waren in deze gem. 34 menschen, 657 runderen, 6 paarden, 240 schapen en 3 varkens omgekomen, terwijl 13 korven met bijen en 95 gebouwen weggespoeld en 217 huizen onbewoonbaar waren geworden.

Ook deze gem. leed veel door de ziekte van 1826.

STEENWIJKERWOLDE-EN-STEENWIJK, R. K. statie in het aartspr. van *Zalland-en-Drenthe-en-Groningen*.

Men heeft er eene kerk te Steenwijkerwolde, alsmede een eigen begraafplaats en telt er 930 zielen, onder welke 620 Communikanten; wordende deze stat. door eenen Pastoor en eenen Kapellaan bediend.

STEENWIJKSMOER of Steenwijkermoer, geh. in het dingspil *Zuidenveld*, prov. *Drenthe*, arr. en 9¼ u. Z. Z. O. van *Assen*, jud. kant. en 3 u. Z. O. van *Hoogeveen*, adm. kant. en 1½ u. Z. van *Dalen*, gem. en ¼ u. W. van *Koevorden*; met 35 h. en 250 inw.

Het is eene toenemende plaats, waar men vlijtig turf baggert, aardappelen verbouwt, boekweit zaait, rogge teelt en runderen opfokt. Meermalen lijden de bewoners grooten overlast van het water.

STEENZEL, d. in de *Meijerij van 's Hertogenbosch*, kw. *Kempenland*, prov. *Noord-Braband*. Zie Steensel.

STEERENBERG of Sterenberg, buit. in *Westerwolde*, prov. *Groningen*, arr., kant. en 3 u. Z. Z. O. van *Winschoten*, gem. en 10 min. O. van *Onstwedde*.

STEERHEM, oude naam van de stad Stavoren, prov. *Friesland*, kw. *Westergoo*. Zie Stavoren.

STEERWOLDE, Stierwolde of Stuurwolde, geh. in *Fivelgo*, prov. *Groningen*, arr., kant. en 3 u. Z. W. van *Appingedam*, gem. en ½ u. W. van *Ten-Boer*, ½ u. Z. W. van *Thesinge*, waartoe het kerkelijk behoort; met 2 h. en ruim 20 inw.

STEEVERT, naam, welken men in de wandeling veelal geeft aan het geh. Steenvoort, in de *Meijerij van 's Hertogenbosch*, kw. *Kempenland*, prov. *Noord-Braband*. Zie Steenvoort.

STEEVLIET, buit. in *Eemland*, prov. *Utrecht*, arr., kant. en 2¼ u. N. W. van *Amersfoort*, gem. en ½ u. W. van *Baarn*.

Dit buit., waarmede sedert eenige jaren het buit. *Langerkeef* vereenigd is, beslaat, met de daartoe behoorende gronden, eene oppervlakte van 59 bund. 9 v. r. 25 v. ell., en wordt in eigendom bezeten door den Heer Mr. H. A. Laan, woonachtig te Baarn.

STEGEN, geh. in de *Meijerij van 's Hertogenbosch*, kw. *Peelland*, prov. *Noord-Braband*, *Derde* distr., arr. en 3 u. O. ten Z. van *Eindhoven*, kant., gem. en ½ u. N. O. van *Asten*; met 28 h. en 200 inw.

STEGEN of STEIGEN, d. in de heerl. *Felts*, grooth. *Luxemburg*, kw., arr., kant. en ¾ u. Z. van *Diekirch*, gem. en ¾ u. W. van *Brensdorff*. Men telt er 26 h. en 190 inw., die allen R. K. zijn en maken eene par. uit, welke tot het apost. vic. van *Luxemburg*, dek. van *Diekirch*, behoort, en door eenen Pastoor bediend wordt.

STEGENBERCH, voorm. adell. h. in de stad *Utrecht*, in de *Lakensnijderstraat*, thans *Koorstraat*. — Het bestond reeds in het jaar 1319.

STEGEREN of STEEGEREN, buurs. en marke in *Zalland*, prov. *Overijssel*, arr. en 5¼ u. Z. O. van *Deventer*, kant. en 1 u. O. van *Ommen*, gem. *Ambt-Ommen*, 1 u. N. van Ham, aan den regter oever van de Vecht, grenzende aan het ambt Hardenbergh; met 20 h. en 140 inw. Men heeft er eene school, welke gemiddeld door een getal van 35 leerlingen bezocht wordt.

De marke van STEGEREN, tusschen welke en de naburige marken meer dan eens verschil gerezen is over de grensscheiding, komt in eenen brief des Graven VAN BENTHEIM, van het jaar 1328, voor.

STEGGERDA of STEGGERDEN, oudtijds ook wel STEGGAARDEN geschreven, d., prov. *Friesland*, kw. *Zevenwouden*, griet. *Stellingwerf-Westeinde*, arr. en 3¼ u. Z. O. ten Z. van *Heerenveen*, kant. en 2¼ u. Z. W. van *Oldeberkoop*.

Men telt er in de kom van het d. 22 h. en 140 inw. en met de daartoe behoorende b. Steggerderburen en Overburen, 122 h. en 830 inw., die meest in den landbouw hun bestaan vinden. Men heeft er ten Zuiden goede bouwlanden en ten Noorden naar de Linde goede bouw- en weilanden, en vervolgens, nabij gemelden stroom, hooilanden. Vroeger werd hier ook veel turf gegraven, doch sinds het vergraven der veenen is deze bron van welvaart der dorpelingen aanmerkelijk opgedroogd.

De Herv., die er 590 in getal zijn, behooren tot de gem. *Steggerda-en-Finkega*, welke hier eene kerk heeft, die een weinig ten N. vrij eenzaam staat. Deze kerk is een goed onderhouden gebouw, zonder toren of orgel.

De R. K., die er 240 in getal zijn, maken, met die van de dorpen Breuil, Noordwolde, Finkega, Peperga en Blesdijk eene stat. uit, welke tot het aartspr. van *Friesland* behoort; ruim 490 Communikanten, telt; door eenen Pastoor en twee Kapellanen bediend wordt, en eene eigen begraafplaats heeft. De kerk, aan den H. FREDERICUS toegewijd en in het jaar 1842 geheel herbouwd, is een nieuw gebouw, met eenen spitsen toren doch zonder orgel.

De dorpschool wordt gemiddeld door 85 leerlingen bezocht.

De jaarmarkten vallen in den laatsten Donderdag in April en den derden Donderdag in Augustus.

STEGGERDA-EN-FINKEGA, kerk. gem., prov. *Friesland*, klass. van *Heerenveen*, ring van *Wolvega*.

Men heeft in deze gem. twee kerken, als: ééne te Steggerda en ééne te Finkega, en telt er 1290 zielen, onder welke 300 Ledematen. De eerste, die, na de scheiding van Noordwolde-en-Beuil, in deze gem. het leeraarambt heeft waargenomen, is geweest FREDERICUS REDDINGIUS, die in het jaar 1727 herwaarts kwam, en in het jaar 1777 door ouderdom het emeritaat verzocht en verkreeg en naar Sneek vertrok.

STEGGERDERBUREN, b., prov. *Friesland*, kw. *Zevenwouden*, griet. *Stellingwerf-Westeinde*, arr. en 4 u. Z. ten O. van *Heerenveen*, kant. en 2¼ u. Z. W. van *Oldeberkoop*, 5 min. W. van *Steggerda*, aan de Steggerder-sloot, zeer vermakelijk in het geboomte gelegen; met 22 h. en 140 inw.

STEGGERDER-SLOOT (DE), water, prov. *Friesland*, kw. *Zevenwouden*, griet. *Stellingwerf-Westeinde*, in eene zuidelijke strekking uit de *Linde*, langs Steggerderburen naar de kolonie der Maatschappij van Weldadigheid loopende.

Deze sloot is gegraven tot afvoer van turf, doch dewijl hier geen turf van eenig belang meer gegraven wordt, is zij ook niet meer bevaarbaar.

STEGGINGA, voorm. state, prov. *Friesland*, kw. *Zevenwouden*, griet. *Stellingwerf-Oosteinde*. Zie STEGENGA.

STEHOUDERS, voorm. state, prov. *Friesland*, kw. *Westergoo*, griet. *Menaldumadeel*. Zie STEDEHOUDER.

STEIGEN, d. in de heerl. *Feltz*, prov. *Luxemburg*. Zie STEGEN.

STEIGEREN, buurs. en marke in *Zalland*, prov. *Overijssel*. Zie STEGEREN.

STEILEBANK, zandbank in de *Zuiderzee*, ten O. van het eil. *Texel*, waarvan het door de Pan gescheiden is. Het is de zuidelijken hoek van de Waard en wordt bespoeld door den Texelstroom.

STEILENHOEK, kaap in *Oost-Indië*, in de *Indische-Zee*, op de Zuidkust van het eil. *Tjindano*, een der kleine *Sunda-eilanden*.

STEIMERBACH (DE), beek in het balj. van *Luxemburg*, groeth. *Luxemburg*, in de gem. *Garnich*.

STEIN, gem. in het balj. van *Gouda*, prov. *Zuid-Holland*, arr. *Rotterdam*, kant. *Gouda* (6 k. d., 16 m. k., 3 s. d., 1 afd.); palende N. aan de gem. Sluipwijk en Oukoop, O. aan Groot-en-Klein-Hekendorp, Z. aan den IJssel, die haar van Haastrecht scheidt, W. aan Gouda en Broek c. a.

Deze gem. bevat de heerl. Stein, Willens en een gedeelte van Vrijhoef-en-Kalverenbroek. Zij beslaat, volgens het kadaster, eene oppervlakte van 1105 bund. 12 v. r. 79 v. ell., waaronder 1102 bund. 11 v. r. 49 v. ell. belastbaar land; telt 58 h., bewoond door 65 huisgez., uitmakende eene bevolking van 390 inw., die meest in den landbouw hun bestaan vinden.

De Herv., die er 190 in getal zijn, behooren tot de gem. van *Haastrecht*. — De R. K., van welke men er 200 aantreft, parochiëren te *Gouda* en te *Haastrecht*. — Men heeft in deze gem. geen school maar de kinderen genieten onderwijs te *Gouda*, te *Sluipwijk*, te *Haastrecht* en te *Hekendorp*.

STEIN, meestal het LAND-VAN-STEIN geheeten, heerl. in het balj. van *Gouda*, prov. *Zuid-Holland*, arr. *Rotterdam*, kant. *Gouda*, gem. *Stein*; palende N. aan Vrijhoef-en-Kalverenbroek, Nieuwenbroek en Tevekop, de Korte-Roggebroek en Oukoop, O. aan Negen-Viertel, Z. aan den IJssel, W. aan de heerl. Willens.

Deze heerl. bestaat uit den pold. Stein en bevat noch d. noch geh., maar 28 verstrooid liggende h., langs den IJsseldijk, bewoond door 30 huisgez., uitmakende eene bevolking van 200 inw., die meest in den landbouw hun bestaan vinden.

Het blijkt uit oude brieven, dat deze heerl., in het jaar 1130, aan den Bisschop van Utrecht toebehoord heeft. Hij schonk ze in dat jaar aan de kerk van Oud-Munster te Utrecht, met bevestiging van den Paus. Van deze kerk ontving Heer JAN VAN HEERGOUWEN, broeder van WILLEM *den Goede*, Graaf van *Holland*, dit land, gelijk men wil, ten leengoed. Wij vinden reden om te denken, dat deze gifte niet geschied is als een leen, maar, gelijk naderhand aan de stad Gouda, als in erfpacht. Immers het is zeker, dat het in later tijd als een Hollandsch leen voor de Staten van Holland en West-Friesland verheven is. Door dezen JAN VAN HERSCOUWEN, of liever door zijne dochter, die met LODEWIJK DE CHASTILLON, Graaf van *Blois*, trouwde, kwam de heerl. even als Schoonhoven en Gouda aan het laatst gemelde geslacht. JAN VAN BLOIS, maakte, bij zijnen uitersten wil, het LAND-VAN-STEIN aan zijnen bastaard JAN VAN TASSLONG. Deze gaf de heerlijkheid over aan een zijner zonen, mede JAN geheeten, die Kanunnik in het kapittel van Oud-Munster te Utrecht was. Door dezen JAN VAN TASSLONG werd, in het jaar 1438, de heerlijkheid van STEIN, benevens alle hare hooge en lage regten, met bewilliging van het kapittel, in erfpacht aan de *Stede van der Goude* verkocht voor 2800 Rijnsche guldens (3920 guld.), doch de heerlijkheid verviel weder aan het kapittel, dewijl *die van der Goude* de voorwaarde gebroken hadden en de thijns verkort, hetwelk hun, bij nader aankoop nog 1000 Rijnsche guldens (1400 guld.) kostten, waarvan de brieven gedagteekend zijn den 19 Januarij des jaars 1480 of 1481; welk verschil, ten aanzien van het jaargetal wij achten te ontstaan, om dat het eerstgemelde jaar volgens den loop of stijl van den Hove geschreven staat. Thans is deze heerl. nog een eigendom van de stad Gouda.

In het LAND-VAN-STEIN stond oudtijds het Reguliere klooster Emmaus, waarin DESIDERIUS ERASMUS, door het vleijen en dreigen zijner vrienden bewogen, het geestelijk gewaad aannam. Dit klooster brandde in het jaar 1549 tot den grond toe af, en is naderhand in eene hofstede veranderd, welke nog onder den naam van het Klooster bekend is.

Het wapen dezer heerl. bestaat uit een veld van zilver, met 7 losanges (schuine ruiten) van keel, geplaatst vier en drie en onderling elkander aanrakende.

STEIN, gem. in het *Land-van-Valkenburg*, prov. *Limburg*, distr., arr. *Maastricht*, kant. *Meerssen* (4 k. d., 6 m. k., 2 s. d.), palende N. aan de gem. Urmond, O. aan Sittard en Beek, Z. aan Beek, W. aan de Maas.

Deze gem. bevat het d. Stein, benevens de geh. Kleine-Meersch, Veldschuur en Maasbampt. Men telt er 226 h., bewoond door 315 huisgez., uitmakende eene bevolking van 1460 inw., die meest in den landbouw hun bestaan vinden.

De inw., die er op 12 na, allen R. K. zijn, onder welke 1050 Communikanten, maken eene par. uit, welke tot het vic. apost. van *Limburg*, dek. van *Meerssen*, behoort en door eenen Pastoor en eenen Kapellaan bediend wordt.

Men heeft in deze gem. éénе school, welke gemiddeld door 80 leerlingen bezocht wordt.

Het d. STEIN of STEYN ligt 3 u. N. ten O. van Maastricht, 2 u. N. van Meerssen, aan het beekje de Orm, door vruchtbare akkerlanden omgeven. Men telt er in de kom van het d. 206 huisgez. en 1240 inw.

De kerk, aan den H. MARTINUS toegewijd, is een oud gebouw, met eenen hoogen toren en van een orgel voorzien.

Men heeft in dit d. een kasteel, het Kasteel-van-Stein genoemd. Zie het volgende art.

Te STEIN is weleer eene munt geslagen.

De kermis valt in op den tweeden Zondag na Pinksteren en op het feest der kerkinwijding in November.

STEIN (HET KASTEEL-VAN-), kast. in het *Land-van-Valkenburg*, prov. *Limburg*, distr., arr. en 3 u. N. ten O. van *Maastricht*, kant. en 2 u. N. van *Meerssen*, gem. en in de kom van het dorp *Stein*.

Dit kast. wordt in eigendom bezeten door Mevr. DE JAER, woonachtig te Luik.

STEIN (POLDER-VAN-), pold. in de heerl. *Stein*, prov. *Zuid-Holland*, arr. *Rotterdam*, kant. *Gouda*, gem. *Stein*, palende N. aan Sluipwijk en Oukoop, O. aan de Wilrik, Z. aan den IJssel, W. aan Willis.

Deze polder beslaat, volgens het kadaster, eene oppervlakte van 582 bund. 34 v. r. 69 v. ell., alles schotbaar land; telt 27 h., waaronder 23 boerenhofsteden. Het land wordt door twee molens, op den IJssel, droog gehouden. Het polderbestuur bestaat uit eenen Schout, drie Poldermeesters en eenen Secretaris.

STEINBORN, geh. in de heerl. *Heffingen*, grooth. *Luxemburg*, kw., arr. en 4 u. N. N. O. van *Luxemburg*, kant. en 2 u. O. N. O. van *Mersch*, gem. *Heffingen*; met 7 h. en 50 inw.

STEIN-BRUCKEN, in het Fr. PONT-PIERRE, d. in de landmeijerij van *Bettemburg*, balj. van *Luxemburg*, kw., arr. en 2½ u. Z. W. van *Luxemburg*, kant. en 1 u. N. O. van *Esch-aan-de-Alzette*, gem. en ¾ u. O. van *Monnerich*, in het door de Messe bespoelde dal.

Er zijn 46 h. en 170 inw., die allen R. K. zijn, en eene par. uitmaken, welke tot het vic. apost. van *Luxemburg*, dek. van *Bettemburg*, behoort, en door eenen Pastoor bediend wordt.

STEINESCH, geh. in het balj. van *Diekirch*, grooth. *Luxemburg*, kw., arr., kant. en 1 u. O. van *Diekirch*, gem. *Bettendorf*; met 7 h. en 80 inw.

STEINFORT, voorm. kant. in het tegenwoordig grooth. en de Belgische prov. *Luxemburg*.

Het werd opgerigt bij de wet van den 14 Fructidor, jaar III der Fransche republiek, en maakte toen het drie en twintigste kanton van het *Departement der Wouden* uit. Het bevatte Steinfort, Dahlem, Holtzem, Mamer, Hivingen, Kahler, Bettingen, Hagen, Koerich, Goetzingen, Goeblingen, Olm, Dondelingen, Kehlen, Nospelt, Roodt, Siebenbornen, Sterpenich en onderhoorigheden.

Dit kant. is later vernietigd en de hoofdplaats bij het kant. Arlon gevoegd. In 1839, bij de terugkeer van het grooth. Luxemburg onder het gezag van den Koning der Nederlanden, scheen er hoop te zijn, dat dit kanton zou hersteld worden. Doch eindelijk heeft men de voorkeur gegeven aan Capellen, en is dit geh. de hoofdplaats geworden der meeste gem., die vroeger tot de kant. Arlon en Messancy behoord hadden, waarbij verder ook andere gem. van de kant. Luxemburg en Bettemburg zijn gevoegd.

In 1847 hebben eenige aanzienlijken uit dit nieuwe kant. Capellen, bij de Luxemburgsche Staten, pogingen aangewend, om het d. Mamer tot hoofdplaats van dit kanton te erlangen, doch, om gegronde redenen, zonder goed gevolg.

STEINFORT, gem. in de heerl. *Elter*, grooth. *Luxemburg*, voorm. kw. *Arlon*, arr. *Luxemburg*, kant. *Capellen*; palende N. aan de gem. Hobscheid, O. aan Koerich en Mamer, Z. aan Garnich, W. aan België.

Deze gem. bevat de d. Steinfort en Hagen, benevens het geh. Grasserhoff. Zij telt 110 h., met 670 inw., die zich meest op den landbouw toeleggen; men heeft er ook eenige kalkovens en twee korenmolens. De inw., die allen R. K. zijn, maken de par. van Steinfort uit, welke eene kerk te Steinfort en eene kapel te Hagen heeft.

Het d. Steinfort ligt 3½ u. W. van Luxemburg, 1½ u. O. ten Z. van Arlon, zeer nabij de Belgische grenzen. Men telt er in de kom van het d. 44 h. en 280 inw..

De inw. maken eene par. uit, welke tot het apost. vic. van *Luxemburg*, dek. van *Koerich*, behoort en door eenen Pastoor bediend wordt.

STEINHEIM, d. in de heerl. *Rosport*, grooth. *Luxemburg*, kw. en 3½ u. N. van *Grevenmacher*, arr. en 5 u. O. Z. O. van *Diekirch*, kant. en 1 u. O. van *Echternach*, gem. en ¼ u. W van *Rosport*, aan de Sure. Men telt er 28 h. en 200 inw.

De inw., die allen R. K. zijn, behooren tot de par. van *Rosport*, maar hebben eene eigene kapel, die door eenen afzonderlijken Kapellaan bediend wordt. Deze kapel, die aan St. Nicolaas is toegewijd, was vroeger een filiaalkerk van die van Echternach.

Steinheim, aan den voet van den hoogen Rosporter-berg gelegen, heeft zeer goede steengroeven, die voortreffelijken bouwsteen opleveren. Men meent dat de Romeinen deze steengroeven reeds gekend en bewerkt hebben.

In eene oorkonde van de zevende eeuw wordt deze plaats onder den naam van Staneheim vermeld.

STEINSEL, gem. in de heerl. *Heisdorff*, grooth. *Luxemburg*, kw., arr. en kant. *Luxemburg*; palende N. aan de gem. Mersch en Lorentzweiler, O. aan Nieder-Anven, Z. aan Eich, W. aan Keblen.

Deze gem. bevat de dorpen Steinsel, Heisdorff en Walterdingen, de gehuchten Bereldingen, Helmsingen, Mullendorff, Kalscheuer en Rodenhoff, benevens de groote hoeven: Bridel en Altenhoff, en telt 270 h. en 2100 inw., die meest in den landbouw hun bestaan vinden. De oogst bedraagt gemiddeld 1600 zak tarwe, 1100 zak mastelnin, 1000 zak rogge, 800 zak haver, 200 zak gerst, 5000 zak aardappelen. De veestapel beloopt 250 paarden, 400 runderen en 300 varkens. Er zijn ook onderscheidene koren-, olie- en gipsmolens.

De inw. zijn allen R. K. en maken eene par. uit, welke tot het apost. vic. en dek. van *Luxemburg* behoort en eene kerk te Steinsel en eene kapel te Heisdorff, eene te Hunsdorf en eene te Walferdingen heeft, welke gezamenlijk door eenen Pastoor en drie Kapellaans bediend worden.

Het d. Steinsel ligt 1½ u. N. van Luxemburg, 1½ u. Z. van Mersch, zeer bekoorlijk aan de Alzette. Men telt er in de kom van het d. 140 h. en 670 inw. De kerk is een zeer fraai gebouw, met een hoogen spitsen toren. Er zijn twee schoolgebouwen, een voor jongens en een voor meisjes.

STEKKELDAM, dam in *Staats-Vlaanderen*, prov. *Zeeland*. Zij werd in de vorige eeuw in het oude vaarwater *de Linie* gelegd en strekte zich van de Oostpunt van Van-der-Bekespolder, naar het Eerste-gedeelte van Prins-Willemspolder uit.

STEKRI, naam, welken de Negers geven aan de suikerpl. Johanna Catharina in *Nederlands-Guiana*, kol. *Suriname*. Zie Johanna-Catharina.

STEKTER-POLDER (DE), pold. in *Rijnland*, prov. *Zuid-Holland*. Zie Streekter-polder.

STELLEGORS, voorm. gors, prov. *Zuid-Holland*, tusschen de voorm. eil. Goedereede en Overflakkee.

Het was te Goedereede in de verponding aangeslagen. De Herder welke op een vlugtheuvel woonde, behoorde zoo in het criminele als civile onder Goedereede; de gaarder van den Grafelijken tol, en de strandvonder van Goedereede, hadden hunne commissiën tot aan het gool van den Hals. Het is in het jaar 1780 gedeeltelijk in den Eendragtpolder binnen gedijkt, en ligt thans nog voor een gedeelte in de gorzen ten Z. van den Eendragt-polder aan de Bieningen.

STELLEKENSWAARD, uiterwaard in het *Land-van-Maas-en-Waal*, distr. en arr. *Nijmegen*, kant. en gem. *Driel*.

STELLENDAM, gem. op het eil. *Goedereede-en-Overflakkee*, prov. *Zuid-Holland*, arr. *Brielle*, kant. *Sommelsdijk* (14 k. d., 12 m. k., 7 s. d.); palende N. aan het Haringvliet, O. aan de gem. Sommelsdijk, Z. O. aan Onwaard-Oud-en-Nieuw-Kraaijer-polder-en-Kraaijenisse en aan Rozenisse, Z. aan de gorzen tegen de Bieningen, W. aan Goedereede.

De plaats, waar thans deze gem. gevonden wordt, bestond vroeger uit gorzen en slikken, tusschen de voorm. eilanden Goedereede en Overflakkee gelegen.

In het jaar 1751 werd van wege het gemeene land van Holland een dam gelegd, welke de eilanden Goedereede en Overflakkee aan elkander hechtte. Door dezen dam ontstonden aan de noordoostzijde eenige aanwassen, welke, op den 23 April 1765, door de Staten van Holland aan bijzondere personen zijn overgegeven, om die, binnen den tijd van 36 jaren, onder zekere voorwaarden, te bedijken. Te gelijker tijd werden die landen, onder den naam van Stellendam, tot eene ambachtsheerlijkheid verheven. Nog in dat zelfde jaar werd de dam verhoogd, en in 1769 werd de Adriana-polder ingedijkt; doch deze vloeide in dat zelfde jaar en werd herdijkt in het volgende. Deze polder ontleent zijnen naam van de echtgenoot van den toenmaligen Ambachtsheer Mr. Isaac Cau. In het jaar 1780 is de Eendragtpolder ingedijkt, dus genoemd wegens de eendragt, welke er onder de deelhebbers heerschte. Door deze bedijking werden nu de beide eilanden volkomen aan elkander gehecht. Eindelijk zijn in 1805 de laatste aanwassen bedijkt, zijnde de Hals-polder en de Scharrezee-polder, genaamd naar de twee oude rivieren, die door de gorzen liepen. Die vier polders, namelijk de Adriana-polder, de Eendragt-polder, de Hals-polder en de Scharrezee-polder, maken thans de gem. Stellendam uit.

Deze gem. bevat het d. Stellendam, benevens eenige verstrooid liggende h. en beslaat volgens het kadaster, eene oppervlakte van 1530 bund. 34 v. r. 50 v. ell., waaronder 1517 bund. 24 v. r. 27 v. ell. belastbaar land.

Men telt er 110 h., bewoond door 149 huisgez., uitmakende eene bevolking van ruim 700 zielen. De inw. dezer gem. generen zich met den landbouw. Velen zijn vreemdelingen, welke na de bedijking zich aldaar hebben neder gezet, anderen zijn eilanders of uit naburige plaatsen van Overflakkee afkomstige lieden, die allen in taal, zeden en gewoonten van elkander verschilden, doch door den tijd aan elkander omgang gewoon geraakt zijn en nu onderling in rust en vrede leven.

De grond, aan de zee ontwoekerd, is zeer vruchtbaar en brengt voort: meekrap, tarwe, garst, erwten, rogge, haver, boonen, vlas, koolzaad en aardappelen; tevens vindt men hier zeer geschikte weiden. Ook heeft men er eene meestoof. En er is in 1821 eenen korenmolen gebouwd.

De inw., die er, op 16 na, allen Herv. zijn, onder welke ruim 110 Ledematen, maken eene gem. uit, welke eerst sedert het jaar 1830 bestaat, en tot de klass. van *Brielle*, ring van *Sommelsdijk*, behoort. De eerste, die hier het leeraarambt heeft waargenomen, is geweest

JEAN MOISE LE COULTRE, die in 1820 herwaarts kwam en in 1826 naar Blokzijl vertrok. Het beroep is eene collatie van den Ambachtsheer.

De 16 R. K., die er wonen, behooren tot de stat. van *Middelharnis-en-Sommelsdijk*. — Men heeft in deze gem. ééne school, in het dorp Stellendam, welke gemiddeld door 60 leerlingen bezocht wordt.

De heerl. STELLENDAM is sedert haar bestaan altijd in het geslacht van CAU gebleven, zijnde thans een eigendom van den Heer FRANK DIEDERIK CAU, woonachtig te Voorschoten.

Het d. STELLENDAM ligt 3 u. Z. W. van Brielle, 2 u. W. N. W. van Sommelsdijk, ½ u. O. Z. O. van Goedereede, in den Eendragt-polder. Het ontleent zijnen naam van de Stelle-gors en den dam, die in het jaar 1751 door deze gors gelegd is, waarop de bedijking is gevolgd van den Eendragt-polder. Het begin van dit dorp kan men rekenen van het jaar 1782, toen het eerste steenen huis aldaar gebouwd is door den Heer IMAN CAU, hetwelk dient tot regtkamer en dorpsherberg. Van toen af is de bebouwing met huizen steeds toegenomen tot het jaar 1820. Thans telt men er, in de kom van het d., 88 h. en 560 inw.

Reeds vroeg had dit dorp zijn eigen burgerlijk bestuur, maar kerkelijk behoorde het onder *Goedereede*. De ingezetenen van de Protestantsche godsdienst waren alzoo verpligt te Goedereede ter kerk te gaan, hetgeen velen, vooral oude lieden, menigmaal moesten nalaten, zoo om het wintersaisoen, slechte wegen, als andere beletselen. Op eene allezins voldoende wijze echter, zijn zij van dit bezwaar ontheven door de nakomelingen van den Heer Mr. IMAN CAU en zijne overleden echtgenoot Vrouwe ADRIANA AGATHA VAN BUEREN, welke, in de jaren 1819 en 1820, eene zeer nette kerk en pastorie, uit een door hen daartoe daargesteld fonds, hebben doen stichten. Boven den ingang der kerk is het volgende opschrift in hardsteen uitgehouwen:

D. O. M.
S.

Op uitdrukkelijke begeerte van wijlen den Wel Edel Geboren Heer Mr. IMAN CAU *en deszelfs vóóroverledene Echtgenoote Vrouwe* ADRIANA AGATHA VAN BUEREN, *in leven Ambachtsheer en Vrouwe van Stellendam, is, ter dankbare erkentenis van het welgelukken van het bedijken dezer polders, alhier ter plaatse, waar voorheen de zee stroomde, door derzelver descendenten, ter eere Gods en ten dienste der Hervormde gemeente van Stellendam, gesticht dit kerkgebouw, waarvan de eerste steen is gelegd den* 20 *Mei* 1819, *door Mr.* J. J. CAU, *Ambachtsheer van Stellendam.*

Dit kerkgebouw is den 2 Julij 1820 op eene plegtige wijze aan de dienst van God toegewijd. Deze kerk is een net gebouw met eenen houten toren, doch zonder orgel. Het benoodigde tot het vieren van het H. Avondmaal werd aan de gemeente ten geschenke gegeven, als: door de voornoemde afstammelingen van den Ambachtsheer Mr. IMAN CAU en Vrouwe ADRIANA AGATHA VAN BUEREN, twee zilveren bekers; door den Heer DAVID GOEKOOP, Schout en Secretaris van STELLENDAM, en diens echtgenoot CORNELIA VAN DEN THOORN, een groote zilveren schotel; door Mejufvrouw SOPHIA DOPPER, weduwe van den Heer CORNELIS GOEKOOP, en door den Heer GERARDUS JACOBUS GOEKOOP, Penningmeester van STELLENDAM, twee kleinere zilveren schotels; door den Heer CORNELIS KIEVIT, Heemraad, het tafelgoed. Naderhand werd door de gemeente zelve eene zilveren kan en een doopbekken aangekocht. In den beginne werd hier school gehouden in eene houten loods, doch deze werd later door eene kamer en eindelijk in 1823 door een nieuw schoolgebouw vervangen.

Het wapen der gem. STELLENDAM is een veld van azuur, met eene zwaan van zilver, gebekt van keel, zwemmende op eene zee, gegolfd van zes stukken van zilver en sinopel.

STELLENDIJK, voorm. buit., thans eene boerderij, in *Delfland*, prov. *Zuid-Holland*, arr. en 4½ u. Z. van *'s Gravenhage*, kant. en ¼ u. W. van *Naaldwijk*, gem. *'s Gravezande-en-Zand-ambacht*.

STELLENDIJK of STELLEDIJK, dijk op het eil. *Zuid-Beveland*, prov. *Zeeland*, welke ten Noorden langs de Stelle-polders in de gem. *Nisse* en *Baarland-en-Bakendorp* loopt.

STELLE-POLDER, pold. op het eil. *Zuid-Beveland*, prov. *Zeeland*, arr. *Goes*, kant. en gem. *Heinkenszand*; palende N. aan den Oude-Nieuwland-polder, O. aan den Noord-Sak-polder, Z. aan den Noordland-polder, W. aan den Oude-Craijert-polder.

STELLE-POLDER (DE BAARLAND-), pold. op het eil. *Zuid-Beveland*, prov. *Zeeland*, arr. *Goes*, kant. *Heinkenszand*, gem. *Baarland-en-Bakendorp*; palende N. aan den Kruiningen-polder en den Hugo-polder, O. aan den Nieuw-Baarland-polder, Z. O. aan den Quitskost-polder, Z. aan den Molen-polder, W. aan den Sak-polder en den Nisse-Stelle-polder.

STELLE-POLDER (DE HOLLE-) en DE NISSE-STELLE-POLDER, twee pold. op het eil. *Zuid-Beveland*, prov. *Zeeland*. Zie HOLLE-STELLE-POLDER en NISSE-STELLE-POLDER.

STELLINGWERF, oudtijds STALLINGWERF, voorm. lands., prov. *Friesland*.

Het was gelegen waarschijnlijk in dat gedeelte van Friesland, hetwelk in overoude tijden het gewijde woud van de Godin BADUHENNA besloeg, en uithoofde van de heiligheid der plaats onbewoond was. KAREL *de Groote*, Friesland overheerd hebbende, deed op nieuw de afgodendienst aldaar uitroeijen en het Christen-geloof, hetgeen zij eerst omhelsd, doch naderhand verzaakt hadden, weder invoeren. Dit bekeeringswerk ging echter niet gemakkelijk toe. Waar overtuiging te kort schoot, werden zwaarden en vervolgingen te baat genomen. Het is zeer ligt te begrijpen, tot welk eene hoogte, door dusdanige handelwijze, de ongelukkige Friesche natie, die te geener tijde zeer buigzaam was, verbitterd of ter nedergeslagen werd; velen hunner trachtten die onmenschelijke vervolgingen te ontvlugten en zochten schuilplaatsen in de onbewoonde bosschen. Een gedeelte van de vlugtelingen weken in het bosch van BADUHENNA, bouwden hier woonsteden en maakten zich akkers, ten einde middelen van bestaan te vinden; zij bleven de voorouderlijke godsdienst aankleven en het was eerst ten tijde van LODEWIJK *den Vrome*, dat zij tot het Christelijk geloof gebragt werden.

Deze natie schijnt genoegzaam op zich zelven bestaan en met de overige Friezen weinig gemeens gehad te hebben, ten minste het blijkt niet, dat zij immer in hunne onlusten, die zij, gedurende meer dan drie eeuwen, met de Utrechtsche Bisschoppen gehad hebben, door de overige Friezen zijn bijgestaan geworden; hetwelk dan ook voor hen dit noodlottig gevolg had, dat zij eindelijk voor de Bisschoppelijke magt hebben moeten onderdoen.

Zij bewoonden die streken, welke nu de grietenijen Stellingwerf-Westeinde, Stellingwerf-Oosteinde en Schoterland beslaan, benevens Steenwijkerwold, Giethoorn, Vollenhove, de Kuinre, Paaslo en IJsselham, in welk laatstgenoemd distrikt, de Stellingwervers hunne hooilanden bezaten. De zes laatste distrikten zijn echter naderhand, zoo door oorlogen, als door overeenkomst, aan Overijssel overgegaan.

STELLINGWERF en Schoterwerf of Schoterland behielden hunne vrijheid, hoewel, om die te behouden, tusschen hen en den Utrechtschen Bisschop, groote veldslagen geleverd zijn, en de zoogenoemde Friesche Broek, gelegen in het Westen van STELLINGWERF door genoemden Bisschop daarvan is afgenomen.

De ingezetenen van STELLINGWERF hadden oudtijds een bijzonder bestuur: de drie Stellingen genaamd, hetwelk elk jaar veranderde en bij werving verviel op die plaatsen, welke daartoe bij voorkeur geregtigd waren. Deze regeringsvorm heeft stand gehouden tot op de komst van den Hertog van Saxen, welke STELLINGWERF in eene grietenij hervormde. Vervolgens is het onder de Bourgondische overheersching in twee grietenijen verdeeld, en het eene Oosteinde het andere Westeinde genoemd, en toen ook bij de Zevenwouden gevoegd.

Het wapen der beide grietenijen draagt nog bewijzen van vorige vereeniging.

STELLINGWERF-OOSTEINDE, griet., prov. *Friesland*, kw. *Zevenwouden*, arr. *Heerenveen*, kant. *Oldeberkoop* (3 k. d., 10 m. k., 6 s. d.); palende N. W. aan de griet. Schoterland, N. aan Opsterland, O. aan de prov. Drenthe, Z. aan de prov. Drenthe en Overijssel, W. aan Stellingwerf-Westeinde.

Om de grensscheiding tusschen deze griet. en de prov. Drenthe te bepalen en dus eenige geschillen, die somtijds voorvielen, te voorkomen, begon men in 1733 eene nieuwe sloot of greppel te graven, en in 1737 was die geheel gereed.

Deze griet., welke van het W. naar het O. 5 u. lang en van het N. naar het Z. 4 u. breed is, bevat de volgende acht dorpen: Oldeberkoop, alwaar het grietenijhuis staat, Nijeberkoop, Makkinga, Elsloo, Appelscha, Donkerbroek, Haule en Oosterwolde. Zij beslaat, volgens het kadaster, eene oppervlakte van 22,521 bund. 30 v. r. 55 v. ell., waaronder 22,383 bund. 64 v. r. 82 v. ell. belastbaar land. Men telt er 955 h., bewoond door 965 huisgez., uitmakende eene bevolking van ruim 5600 inw., die meest in landbouw en veeteelt hun bestaan vinden. Ook heeft men er ééne looijerij en vier korenmolens.

Deze griet. bevat veelal eenen hoogen zandigen grond, die hier en daar, veelal nabij de dorpen, tot wei- en bouwlanden aangelegd, elders met geboomte beplant zijn, welk plantsoen, zoowel als de landerijen, de bezitters goede winsten oplevert. In het zuidoostelijke gedeelte der grietenij vindt men eene harde zandige heide, met zandduinen, die, ofschoon niet zeer hoog, nogthans bij het landvolk al dikwijls de Appelscher Zandbergen genaamd worden, naar het dorp, waartoe zij behooren.

Wegens gebrek aan water vindt men hier weinig riviervisch, doch daarentegen heeft men er overvloed van allerlei gevogelte en wild.

De Herv., die er 5550 in getal zijn, onder welke 750 Ledematen, maken de vijf volgende gem. uit: Oldeberkoop-en-Nijeberkoop, Makkinga-Elsloo-en-Langedijk, Oosterwolde-en-Fochtelo, Appelscha en Donkerbroek-en-Haule, die 8 kerken hebben, welke door 5 Predikanten en eenen Adjunct bediend worden.

De 2 Evang. Luth., die er wonen, behooren tot de gem. van *Leeuwarden*. — De 11 Doopsgez., die men er aantreft, worden tot de gem. van *Gorredijk* gerekend. — De R. K., die er 40 in getal zijn, behooren tot de stat. van *Wolvega*. — De 8 Isr., die er gevonden worden, worden tot de ringsynagoge van *Gorredijk* gerekend.

Er zijn 10 scholen, als: eene te Oldeberkoop, eene te Nijeberkoop, eene te Makkinga, eene te Elsloo, eene te Langedijk, eene te Oosterwolde, eene te Fochtelo, eene te Appelscha, eene te Donkerbroek en eene te Haule, welke gezamenlijk gemiddeld door ruim 970 leerlingen bezocht worden.

In deze griet. vindt men zeer weinig water, uitgezonderd de Kuinder, die hier in de hooge veenen haren oorsprong neemt, met drie onderscheiden hoofdtakken. Nog ontspruit uit deze griet. de Linde, bij Tronde, eene buurt van Elsloo, met een klein beginsel, hetwelk doorgaans droog is.

De rijwegen zijn in deze griet. zeer menigvuldig, hetwelk eenigzins dient om het gebrek aan vaarten te vergoeden. De noordelijkste hoofdweg komt van Hornsterzwaag uit Schoterland en loopt, over Donkerbroek en Haule, naar Drenthe. De beide middelste komen uit Stellingwerf-Westeinde, van Ter-Idzerd en Nije-Holtpade, loopende bijna evenwijdig, de eene op Oudeberkoop, Nijeberkoop en Makkinga en de andere op Oosterwolde. De zuidelijkste komt eindelijk uit die zelfde grietenij en loopt naar Elsloo en Appelscha. Voorts loopt er nog een rijdweg, zuidwaarts van Donkerbroek, naar Makkinga en een andere, wat oostelijker, uit den voornoemden Hoofdrijweg, naar Oosterwolde, welke wegen, na eene menigte van kronkelende zijtakken uitgegeven te hebben, met drie daarvan regt zuidwaarts aan in Drenthe loopen.

Het wapen van Stellingwerf-Oosteinde bestaat in een veld van azuur (blaauw), met eenen gouden viervoetigen griffioen, met klaauwen en uitgestrekte vleugelen, de pijlstaart omhoog, de regter achterpoot houdt eenen zwarten cirkel met gouden rand, waarin weder twee driehoeken van goud. De griffioen ter linkerzijde gekeerd.

STELLINGWERF-WESTEINDE, griet., prov. *Friesland*, kw. *Zevenwouden*, arr. *Heerenveen*, kant. *Oldeberkoop* (3 k. d., 10 m. k., 6 s. d.); palende N. W. en N. aan Schoterland, N. O. en O. aan Stellingwerf-Oosteinde, Z. aan de prov. Overijssel, en W. aan Lemsterland.

Deze griet. is van het W. naar het O. 6 u. lang, en van het N. naar het Z. 3 u. breed.

De Linde, te Tronde onder Elsloo, in Stellingwerf-Oosteinde haar begin nemende, loopt door deze grietenij en verdeelt haar in twee deelen. Het kleinste en zuidelijkste deel bevat de dorpen: Beuil, Noordwolde, Finkega, Steggerda, Peperga en Blesdijk. Deze voeren den naam van Stroomkant. De andere noordelijke dorpen, aan gene zijde van de Linde liggende, zijn: Wolvega, alwaar het grietenijhuis staat, Nijeholtpade, Oudeholtpade, Oudetryne, Spanga, Scherpenseel, Munnikeburen, Oudelemmer en Ter-Idserd. Deze laatsten zijn tusschen genoemden stroom en het Tjonger besloten.

De griet. Stellingwerf-Westeinde beslaat, volgens het kadaster, eene oppervlakte van 22,699 bund. 71 v. r. 21 v. ell., waaronder 22,401 bund. 40 v. r. 79 v. ell. belastbaar land. Men telt er 1579 h., bewoond door 1713 huisgez., uitmakende eene bevolking van 9650 inw., die meest in den landbouw hun bestaan vinden. Ook heeft men er 2 scheepstimmerwerven, 1 looijerij, 1 kalkoven en 4 korenmolens.

Het westelijke gedeelte bestaat ten grooten deele in lage wei- en hooilanden, meestal van eenen veenigen aard, vooral in het Noorden der voorname dorpen tot aan Oost-Stellingwerf; doch verder zuidwaards vindt men vele hooge zandige landen, en aan de Linde wederom vele lage wei- en hooilanden, waarvan sommige, naast aan de Linde gelegen, zeer goede turf uitleveren. Ook ziet men in den omtrek der dorpen, de westelijke en noordwestelijke uitgezonderd, vele boschaadjen, die, even als in *Opsterland* en *Oost-Stellingwerf*, rijkelijk met allerlei wild en gevogelte voorzien zijn.

De Herv., die hier ruim 8520 uitmaken, onder welke 2500 Ledematen, maken de volgende zeven gem. uit: Wolvega-Sonnega-Nije-Lemmer-en-Nijeholtwolde, Oude-Lemmer-en-Oudetryne, Scherpenzeel-Spanga-Munnekeburen-en-Nijetryne, Oudeholtpade-Nijeholtpade-Ter-Idzerd-en-Oudeholtwolde, Noordwolde-en-Beuil, Steggerda-en-Finkega en Peperga-en-Blesdijke, die 15 kerken hebben, welke door 7 Predikanten bediend worden.

De Doopgez., van welke men er 80 aantreft, behooren tot de gemeente van de *Gorredijk*.

De R. K., die men er 1050 telt, onder welke 700 Communikanten, maken de stat. van Steggerda en Oudeholtpade uit, die er ieder eene kerk hebben, en in welke de dienst door twee Pastoors verrigt wordt.

Men heeft in deze griet. 12 scholen, als: ééne te Wolvega, ééne te Oude-Lemmer, ééne te Scherpenzeel, ééne te Oudeholtpade, ééne te Noordwolde, ééne te Steggerda, ééne te Peperga, ééne te Oudetryne, ééne te Nije-Lemmer, ééne te Slykenburg, ééne te Nyeholtpade en ééne te Beuil, welke twee laatsten slechts winterscholen zijn. Alle deze scholen worden gezamenlijk gemiddeld door 1010 leerlingen bezocht.

Behalve het Tjonger, die langs de grenzen vloeit, tot aan Slykenburg, heeft men in deze grietenij de Linde. Tusschen het Tjonger en de Linde loopt ook nog een watertje de Scheen genaamd. Ook hebben de meeste westelijke dorpen hunne vaarten uit het Tjonger, dat, door middel van het Tjeuke-Meer, gemeenschap hebben met de wateren van Doniawarstal enz. en tevens tot wijken voor de turfgraverijen dienen. De voornaamste van deze vaarten is de Heloma-vaart, welke de grietenij van het Zuiden naar het Noorden snijdt en de Linde met de *Tjonger* verbindt en druk bevaren wordt, zijnde een doortogt tusschen Friesland en Overijssel. Dergelijke vaarten loopen er ook van Finkega en Noordwolde naar de Drentsche grenzen in de hooge veenen, vooral naar de wijk van de Vierde-Parten, en deze hebben gemeenschap met de Linde, door middel van de Noordwolder en Steggerder-slooten. Door deze grietenij loopt de gewone straatweg der provincie Friesland naar Overijssel en Gelderland, van de Schoterbrug door Oudeholtwolde, Nijeholtwolde, Wolvega en de buurte Blesse op de kolonie Willemsoord en verder op Steenwijk. Desgelijks kan men uit Aengwirden en Opsterland door Schoterland, over Oldeberkoop en Noordwolde en ook over Beuil, rijden naar Drenthe. Voorts loopen de zoogenaamde boven- en buitenwegen van Oldeberkoop westwaarts door deze grietenij tot aan Scherpenzeel en Spanga; terwijl er door het zuidwestelijke deel der grietenij een rijweg loopt, genoegzaam evenwijdig met den vorigen, van Beuil naar Blesdijke en verder naar de Oldemarkt in Overijssel.

Bij den watervloed van Februarij 1825 had Stellingwerf-Westeinde veel te lijden. In den nacht van den 3 en 4 Februarij stortte de zee, die zich door den bijkans geheel vernielden dijk van Overijssel, bij

Blankenham eenen weg had gebaand, met woest geweld, over de lage landen, op de Friesche kusten aan, en overstroomde het geh. Slykenburg. Daarna sloeg zij in den Vrijdag morgen, toen hare golven de Linde met kracht waren opgedreven, tot aan de kruin des Lindedijks, bij het zelfde dorp eene doorbraak van meer dan 120 ell. Nu deed de vloed in korten tijd de Linde zoodanig zwellen, door den toevoer uit Overijssel, dat hij, eer de middag daar was, langs de geheele lengte, ter hoogte van eene halve el, met breede golven daarover, in het westelijk deel dezer grietenij, nederrolde; terwijl op den zelfden tijd ook het oostelijk gedeelte werd overstroomd, welke stroom weder met den eersten toevloed naar de lagere noordelijke landen afvloeide, en deze van twee zijden onder water zette. Ondertusschen werd door alle de doorbraken in Lemsterland het water van dien kant ook heftig voortgestuwd, en, daar de vloeden zich met elkander vereenigden, zwol het tot eene zoodanige hoogte, dat vóór den avond bijna twee derde der grietenij, en binnen vier en twintig uren al het land, een klein gedeelte uitgezonderd, tot eene hoogte van ruim twee el onder het zeewater was bedolven, menschen en vee, huizen en gebouwen, dijk en dam, en al wat vloed en overstrooming keeren wilde, in de vernielende vaart en voortgang medeslepende. Negen menschen lieten het leven in den vloed, honderden werden beroofd van alle hunne bezittingen en velen hunner van alle middelen van bestaan. Vier honderd huizen en woningen waren vernield of zwaar beschadigd, 20,354 roeden turf weggespoeld en ruim twee millioenen ponden hooi bedorven. Bijna veertien honderd stuks rundvee, drie honderd acht en vijftig schapen, paarden en varkens zijn door den vloed omgekomen.

Het wapen is het zelfde als dat van Stellingwerf-Oosteinde, uitgenomen dat de griffroen hier regts staat.

STELP (DE), hofstede, prov. *Friesland*, kw. *Westergoo*, griet. *Baarderadeel*, arr. en 3 u. W. Z. W. van *Leeuwarden*, kant. en 3 u. N. W. van *Rauwerd*, 20 min. W. N. W. van *Winsum*, waartoe zij behoort.

STELTERWEG, oude weg in *Fivelgo*, prov. *Groningen*, in eene zuidoostelijke rigting van Godlinze naar het Holwerder-klooster loopende.

STENHUISHEERD, plaats in *Hunsingo*, prov. *Groningen*, arr. en 3½ u. W. van *Appingedam*, kant. en 3 u. N. O. van *Onderdendam*, gem. en ¼ u. N. van *Uithuizermeeden-Buitendijks*.

Weleer stond hier een burg, waarvan de overlevering zegt, dat zeker Heer, die in eene kapel te Holwinde (thans onder Rottum) te kerk ging, den Priester, die geene tweede vroegmis noch wilde noch mogt doen, had gedood, en dat hij bij zijne terugkomst terstond met burg en al verzonken was. Sedert dien tijd ziet het volk hier des nachts een paar juffers spoken (1). Ter plaatse, waar deze burg gestaan heeft, ziet men thans eene boerderij. De daartoe behoord hebbende gronden, beslaande eene oppervlakte van 17 bund. 70 v. r. 90 v. ell., worden in eigendom bezeten door den Heer Geert R. Lugertsema, woonachtig te Uithuizermeeden.

STENISWAARD, buit. in het *Overkwartier* der prov. *Utrecht*, arr. en 4 u. Z. ten W. van *Amersfoort*, kant. en ¾ u. N. W. van *Wijk-bij-Duurstede*, gem. *Cothen*. Thans in eigendom bezeten en bewoond wordende door den Heer W. J. van Beek Calkoen.

STENOVICUM, Lat. naam van de st. Steenwijk, in *Vollenhoven*, prov. *Overijssel*. Zie Steenwijk.

---

(1) Zie *Groninger Volks-Almanak voor het jaar* 1842, bl. 188.

STEPELO of STEPELE, geh. in *Twenthe*, prov. *Overijssel*, arr. en 5 u. Z. ten O. van *Almelo*, kant. en ½ u. Z. W. van *Enschedé*, gem. *Haaksbergen*. — De marke van dit geh. is in het jaar 1845 verdeeld geworden.

STEPHANOVERDA, Lat. naam van de vest. STEVENSWEERD in *Opper-Gelder*, prov. *Limburg*. Zie STEVENSWEERD.

STEPHANSBERG of STEPHANUSBERG, d. in de heerl. *Trintingen*, grooth. *Luxemburg*. Zie TRINTINGEN.

STERBACH (DE), beek in het grooth. *Luxemburg*. — Zij ontspringt in de vijvers van den *Schenerhoff*, loopt langs Canach, Lenningen en Ehnen en werpt zich bij laatstgemeld dorp in de *Moezel*.

STERENBERG, buit. in *Westerwolde*, prov. *Groningen*. Zie STERRENBERG.

STERKENBURG, gem. in het *Overkwartier* der prov. *Utrecht*, arr. *Amersfoort*, kant. *Wijk-bij-Duurstede* (1 k. d., 8 m. k., 4 s. d.); palende N. aan de gem. Doorn, O. aan Over-en-Neder-Langbroek, Z. aan Cothen en Werkhoven, W. aan Werkhoven en Driebergen.

Deze gem. bevat de heerl. Sterkenburg en Hardenbroek. Men telt er 32 huizen, bewoond door 41 huisgezinnen, uitmakende eene bevolking van 260 inw., die meest in den landbouw hun bestaan vinden.

De Herv., die er 210 in getal zijn, behooren tot de gem. van *Neder-Langbroek*. — De R. K., van welke men er 50 aantreft, worden tot de stat. van *Cothen* gerekend. — Men heeft in deze gem. geen school, maar de kinderen genieten onderwijs te *Neder-Langbroek*.

STERKENBURG, voorm. afzonderlijke heerl. in het *Overkwartier* van *Utrecht*, arr. *Amersfoort*, kant. *Wijk-bij-Duurstede*, gem. *Sterkenburg*; palende N. aan de heerl. Doorn, O. aan Hardenbroek, Z. aan Werkhoven, W. aan de heerl. Zeyst-en-Driebergen.

Deze heerl. is sedert eenige jaren, behoudens het regt van den Heer, met de heerl. *Hardenbroek* vereenigd. Zij bevat de b. Sterkenburg, benevens eenige verstrooid liggende huizen.

Deze heerl. werd op het laatst der vorige eeuw in eigendom bezeten door Mr. JAN ANDRÉ VAN WESTREENEN, Heer *van Lauwenrecht*, Kanunnik van St. Marie, en Geëligeerden Raad in het eerste Lid der Staten van de prov. Utrecht. Thans is zij in het bezit van den Heer P. A. HINLOOPEN VAN STERKENBURG.

De b. STERKENBURG ligt 4 u. Z. ten W. van Amersfoort, 1½ u. N. W. van Wijk-bij-Duurstede.

De kermis valt in op Dingsdag, veertien dagen na Utrechtsche kermis.

Het wapen van STERKENBURG bestaat uit acht golvende fascen, afwisselend van goud en keel, beladen met zestien besantynen van zilver, geplaatst vijf, vier, drie en vier, op die van keel.

STERKENBURG, adell. h. in het *Overkwartier* der prov. *Utrecht*, arr. en 4 u. Z. ten W. van *Amersfoort*, kant. en 1½ u. N. N. W. van *Wijk bij-Duurstede*, gem. *Sterkenburg*.

In het jaar 1402 werd ERNST VAN STERKENBURG met dit huis beleend. Kort daarna ging het, door huwelijk, over in het geslacht van IJSENDOORN, waaraan het behoorde, toen het, in den jare 1536, voor eene ridderhofstad verklaard werd. MAGTELD VAN IJSENDOORN, getrouwd met REINIER VAN ASSWIJN, de beleening, in het jaar 1565, ontvangen hebbende, droeg dit Riddergoed op aan haren zoon ANTONIJ VAN ASSWIJN die deswege, in het jaar 1618, in de ridderschap der provincie Utrecht beschreven werd, en in het jaar 1645 overleed. In het jaar 1669,

[illegible]

STERKENBURG, [illegible], prov. *Friesland*, kw. *Oostergo*, griet. *Ferwerderadeel*, arr. en 4 u. N. N. O. van *Leeuwarden*, kant. en 1 u. Z. W. van *Holwerd*, ½ u. O. N. O. van *Blija*.

Ter plaatse, waar zij gestaan heeft, ziet men een stuk bouwland, beslaande eene oppervlakte van 74 v. r. 30 v. ell., in eigendom bezeten door Vrouwe [illegible], echtgenoot van den Heer [illegible], Rijks-Ontvanger te [illegible].

STERKE-VARKENS (HET), naam, welken onze soldaten gaven aan eene gedachte vijandelijke sterkte op het *Sundasche* eil. *Sumatra*, in de *Padangsche-Bovenlanden*.

Den 2 Julij 1837 begonnen de Nederlanders deze sterkte aan te vallen. Twee dagen gevechts met het klein geweer hadden echter de sterkte niet in handen der onzen gebragt; doch van den tweeden dag werd gebruik gemaakt om eene mijn aan te leggen, die in den morgen van den 4 met het beste gevolg sprong, waardoor onderscheidene vijanden onder het puin begraven en andere levend gevangen genomen werden. De versterking werd onmiddellijk bestormd en ingenomen.

STERKSEL, heerl. in *Peelland*, prov. *Noord-Braband*, *Derde* distr., arr. *Eindhoven*, kant. *Asten*, gem. *Soerendonk-Sterksel-en-Gastel*; palende N. W. aan de bar. van Heeze-en-Leende, terwijl zij N. met eene punt aan de paal Hoenderboom tegen de heerl. Mierlo en Lierop stoot, O. aan de vrijheid van Someren, Z. aan de heerl. Maarheeze, Z. W. aan de Sterksel-Aa, die haar van de bar. van Kranendonk en van Heeze-en-Leende scheidt.

Deze heerl. behoorde vroeger tot de gem. Maarheeze, maar is in het jaar 1814 bij de gem. *Soerendonk* gevoegd. Bij de kadastrale opmeting der gronden in 1831 is Sterksel, omdat het niet aan de gem. *Soerendonk* grensde, onder de gem. *Maarheeze* gemeten, hoewel het altijd administratief tot *Soerendonk* is blijven behooren, zoo als het ook in het jaar 1841, ten gevolge besluit van 9 November van dat jaar weder kadastraal bij Soerendonk-en-Gastel gevoegd is. Zij bevat de geh. Sterksel en Braak, benevens twee verstrooid liggende woningen. Zij beslaat, volgens het kadaster, eene oppervlakte van 1639 bund. 52 v. r. 7 v. ell., waaronder 81 bund. 30 v. r. 80 v. ell. belastbaar land. Men telt er 11 h., bewoond door 11 huisgez., uitmakende eene bevolking van 90 inw., die meest in den landbouw hun bestaan vinden. Men heeft er eenen dorren, zandigen grond, die met rogge, haver, lijve en een weinig boekweit bezaaid wordt.

De inw., die er allen R. K. zijn, behooren tot de par. van *Maarheeze*, welke hier vroeger ook eene kapel had. — Men heeft in deze heerl. eene school, welke door de ingezetenen onderhouden wordt.

De Heer van Heeze, Herbert, gaf in het jaar 1220 deze heerl., als een vrij eigen goed, geen leen onderworpen, aan de abdij van Everbode, in het kwartier van Leuven, in Braband, gelegen. Hendrik I, Hertog *van Braband*, nam de bezitting dier abdij, bij brieven van 1220, in zijne bescherming, hetwelk door Jan II, Hertog *van Braband*, in 1298, omtrent deze en andere bezittingen dier abdij, werd vernieuwd. Ofschoon de Heer van Heeze geen regtsgebied (jurisdictie) aan die abdij over Sterksel had gegeven, heeft zich deze echter van tijd tot tijd daarin gevestigd, waarover wel eens verschil is ontstaan, zoo als ook tusschen de Bedezetters van Sterksel en die van Heeze, in 1552, welk verschil weder in 1680 vernieuwd werd.

Thans wordt deze heerl. in eigendom bezeten door den Heer Francis Poppen, woonachtig te Sterksel.

Het geh. Sterksel ligt 3 u. Z. O. van Eindhoven, 2½ u. Z. W. van Asten, 1½ u. N. N. O. van Soerendonk, ½ u. N. van Maarheeze, nabij de Sterksel-Aa, midden in de heide.

De kapel, welke hier vroeger stond en aan den H. Catharina was toegewijd, is afgebroken, zoodat er nog maar eenige bouwvallige muurbrokken van over zijn.

In de nabijheid van dit geh. stond vroeger een bosch van zware eikenboomen. De wegen in en om deze plaats zijn buitengemeen zandig. Zonderling is het voor den vreemdeling hier de schoorsteenen in het midden der woonvertrekken te vinden, zoo dat men zich aan alle kanten rondom het vuur scharen kan. Zoo wel des zomers als des winters ligt een groote overvloed van heideplaggen rondom den haard, niet te branden, maar te zeulen. Men wil, dat de verzeulde heide op den akker meer kracht heeft. Zonder deze haardasch was het onmogelijk zoo veel land vruchtbaar te houden, als de heiboeren onder den ploeg hebben. Over dat vuur hangt, het grootste gedeelte van den dag, de sopketel voor het vee, welks inhoud meer door broeijing dan door koken gaar wordt.

De kermis valt in den laatsten Zondag van Augustus.

STERKSEL-AA (DE), riv. in *Noord-Braband*. Zie Aa (Sterksel-).

STERMEER (HET), bedijking in het balj. van de *Nieuwburgen*, prov. *Noord-Holland*. Zie Starmeer (Het).

STERRE (DE), voorm. adell. h. in de stad *Utrecht*, op de *Oude-Gracht*, bij de Ganzemarkt.

STERREMEER (HET), pold. in *Kennemerland*, prov. *Noord-Holland*. Zie Starnmeer.

STERRENBERG (DE), buit. op den *Veluwenzoom*, prov. *Gelderland*, arr., kant, gem. en ½ u. van *Arnhem*.

Nog in het midden der zeventiende eeuw, vertoonde deze plaats niets dan dorre heidevelden; in dezen tijd echter werden hier omstreeks, door verschillende personen, onderscheiden kleine stukken lands aangemaakt, waarvan er, in de jaren 1671, 1672 en 1679, eenigen door koop, het eigendom werden van den Heer Willem Muys, Burgemeester van Wageningen en Stads-Rentmeester van Arnhem. Hij was de zelfde, die in April 1674, toen de Franschen deze laatste stad ontruimden na haar bijna twee jaren lang in bezit gehad te hebben, onder meer anderen, als gijzelaar door hen werd medegevoerd, omdat de zeer aanmerkelijke somme gelds, welke zij voor de bevrijding van brand en plundering geëischt hadden, hun niet dadelijk kon toegeteld worden. Behalve deze opoffering, bewees hij aan Arnhem nog andere uitmuntende diensten, daar hij den staat der stedelijke geldmiddelen aanmerkelijk verbeterde en zelfs aan de stad aanzienlijke sommen gelds voorschoot, waardoor de Regering hem, ten blijke harer erkentelijkheid, in het jaar 1684, dertig morgen (17 bund. 54 v. r.) heetveld, aan het te voren door hem aangekochte land grenzende, in eigendom overgaf, en alzoo gelegenheid verschafte, om een aanzienlijk landgoed daar te stellen, hetwelk langen tijd, naar hem, den naam van Muizenberg gedragen heeft, maar sedert nog aanmerkelijk vergroot, meer bebouwd en verfraaid is geworden, in het bijzonder door den laatstvoorgaanden bezitter, den Heer G. Umbgrove, die er ook voor eenige jaren een fraai modern heerenhuis heeft doen bouwen. Op eene oppervlakte van ruim honderd morgen bevat deze plaats thans eene uitmuntende verscheidenheid van schoone dreven, waar de wandelaar beurtelings, onder zwaar geboomte, het verkwikkelijkste lommer, of op verschillende hoogten het ruimste uitzigt over den geheelen behoorlijken omtrek geniet (1).

Deze buit. beslaat, met de daartoe behoorende gronden, eene oppervlakte van 90 bund. 61 v. r. 38 v. ell., en wordt in eigendom bezeten door den Heer W. Pohl, woonachtig te Arnhem.

STERRENBOSCH (HET), bosch in het *Gooregt*, prov. *Groningen*, arr., kant. en gem. *Groningen*, buiten de *Heerenpoort* dier stad.

STERRENBOSCH (HET), vlakte in de prov. *Utrecht*, even buiten Utrecht, aan de westzijde.

Dit plein werd, na de staking van de voorgenomen uitlegging der stad onder den Burgemeester Hendrik Moreelsen in 1664, met boomen beplant en tot wandelplaats voor de ingezeten bestemd; deze beplanting, in den vorm eener ster op het middelpunt uitloopende, gaf den naam aan deze vlakte. Thans is het eene Exercitieplaats voor de schutterij en het garnizoen.

STERRENBROEK, duinvallei, prov. *Zuid-Holland*, gem. *Noordwijk-Binnen-en-Buiten-Langeveld-en-Offem*.

STERRENBURG, ook Sterrenburg, soms Stoutenburg genaamd, voorm. bolwerk te *Utrecht*, aan de westzijde van de Tolsteegpoort.

Het was van zware steenen gebouwd; van hecht bekluisde wulfsels voorzien; werd aangelegd tusschen 1552–1554 en prijkte met het hemelteeken, waarnaar het zijnen naam droeg. Het is in het jaar 1845 afgebroken.

---

(1) Wij meenden bij de beschrijving van dit buitengoed geen beteren gids te kunnen volgen, dan J. A. Nijhoff in zijne *Wandelingen een gedeelte van Gelderland*, bl. 71 en 72.

STERRENBURG, voorm. adell. h. in *Schieland*, prov. *Zuid-Holland*. Zie STARRENBURG.

STERRE-SCHANS, fort in het *Rijk-van-Nijmegen*, prov. *Gelderland*, behoorende tot de vesting *Nijmegen*, op 780 ell. Z. O. ten O. van daar, op den linker vleugel van het versterkte kamp, en aan de afhelling van den Hunnenberg, zoodat het wel 40 ell. boven den vlakken grond ligt.

Het is eene achtkantige, in 1817 gebouwde, Sterreschans, voorzien van escarpmuren en hebbende 4 kazematten in elken inspringenden hoek, welke 32 kazematten ruim 250 man kunnen bevatten. Daarin staat slechts één gebouw, zijnde een bomvrij, kruisvormig en van schietgaten voorzien reduit, bevattende een buskruid-magazijn, bergplaats voor levensmiddelen, bakovens, regenbak, 8 schietgaten voor kanon, enz.

Het is omgeven door eene gracht en bedekten weg, heeft eenen ingang, benevens eene caponnière, geleidende naar eene 200 ell. oostwaarts gelegen hebbende batterij.

STERRESCHANS, voorm. fort in de heerl. *Mijnden*, prov. *Utrecht*, arr. en 2½ u. N. N. O. van *Utrecht*, kant. en ½ u. Z. van *Loenen*, gem. *de Oude-en-Nieuwe-Loosdrecht*.

Deze schans werd in het jaar 1672 aangelegd, en is sedert in eene vermakelijke buitenplaats hervormd, welke in het laatst der vorige eeuw aan den Heer DAVID RUTGERS in eigendom toebehoorde. Van deze buit. is nu eigenaar de Heer A. PATTS VAN TROOSTWIJK.

STERUM, oude naam van de st. STAVOREN, prov. *Friesland*, kw. *Westergoo*. Zie STAVOREN.

STERWIJK, plaats, vermeld in eenen giftbrief van DIRK V, Graaf van *Holland*, van het jaar 1083, als gelegen niet ver van Bosbuizen en Assendelft, bij gevolg in *Kennemerland*, prov. *Noord-Holland*, men weet echter niet meer, welke plaats men daardoor verstaan moet, sommigen denken, dat men er het niet ver van Assendelft gelegen Oosterwijk voor houden moet. Anderen meenen, dat er een dorpje van dien naam nabij het Starmeer gelegen heeft.

STETISWERTH, oude naam van het d. STITSWERD in *Hunsingo*, prov. *Groningen*. Zie STITSWERD.

STEURGAT (HET), kil in den *Biesbosch*, prov. *Noord-Braband*, welke onder *Werkendam*, uit het *Oude-Wiel*, zijnen oorsprong neemt; in eene zuidelijke rigting eerst die gem., vervolgens het westelijke punt van de gem. *Dussen-Munster-en-Muilkerk* doorloopt en eindelijk in de gem. *Made-en-Drimmelen*, door onderscheidene monden, in den *Amer* uitloopt.

Deze kil is breed 312.96 ell. diep ongeveer 2.732 ell. en heefteene stroom-snelheid van ongeveer 0.5855 ell. per seconde.

STEVENSBERG, in het Fr. MONT-ETIENNE, d. in de heerl. *Trintingen*, grooth. *Luxemburg*. Zie TRINTINGEN.

STEVENHOFJES-POLDER (DE), pold. in *Rijnland*, prov. *Zuid-Holland*, gedeeltelijk arr. en kant. *'s Gravenhage*, gem. *Wassenaar-en-Zuidwijk*, gedeeltelijk arr. en kant. *Leyden*, gem. *Voorschoten*; palende N. W. aan den Ommedijksche-polder, N. O. aan den Oude-Rijn, Z. O. aan den Noordhoflandsche en den Papewegsche-polder en Z. W. aan den Zoidwijksche-polder.

Deze pold., welke in het jaar 1634 bedijkt is, beslaat, volgens het kadaster, eene oppervlakte van 142 bund., als: onder *Wassenaar-en-Zuidwijk*, volgens het kadaster, 65 bund. 31 v. r. 94 v. ell., onder *Voorschoten*, volgens het kadaster, ruim 76 bund. Het peil is 0.98 ell. onder A. P.

STEVENSSLUIS, geh. op het voorm. eil. *Duiveland*, prov. *Zeeland*, arr., kant. en 1¼ u. N. O. van *Zierikzee*, gem. *Nieuwerkerke-Kapelle-en-Botland*, ¾ u. N. van Nieuwerkerke.

STEVENSSLUIS, zeesluis in het voorm. eil. *Duiveland*, prov. *Zeeland*, in den pold. *de Vierbannen-van-Duiveland*, ¾ u. N. van Nieuwerkerke, waardoor deze zich, in het Dijkwater, van het overtollige water ontlast.

STEVENSWEERT, in het Lat. INSULA ST. STEPHANI, eil. in de *Maas*, in *Opper-Gelder*, prov. *Limburg*, distr., arr. en kant. *Roermond*.

Dit eil. is 1 u. lang, doch slechts ¼ u. breed; bevat de gem. Stevensweert en Ohe-en-Laak; telt 280 h., bewoond door 299 huisgez., uitmakende eene bevolking van ruim 1600 inw., die meest in den landbouw hun bestaan vinden. Tot visschen en jagen is er mede zeer goede gelegenheid. Het wild inzonderheid is er zoo menigvuldig, dat bijaldien er niet telkens gejaagd werd, de ingezetenen aan hunne koornvelden schade lijden zouden.

De inw., die er op 40 na allen R. K. zijn, onder welke 1170 Communikanten, maken eene par. uit, welke tot het vic. apost. van *Limburg*, dek. van *Roermonde*, behoort, en, behalve eene kerk te Stevensweert, twee kapellen heeft, eene te Ohe en eene te Laak, beide aan de H. ANNA toegewijd; terwijl de geheele par. door eenen Pastoor en eenen Kapellaan bediend wordt.

De Herv., die er 40 in getal zijn, maken, met die uit eenige omliggende burgel. gem., eene gem. uit, welke tot de klass. van *Maastricht*, ring van *Venlo*, behoort en 70 zielen, onder welke 45 Ledematen, telt. De eerste, die in deze gem. het leeraarambt heeft waargenomen, is geweest JACOBUS HERSBROEK, die in het jaar 1702 herwaarts kwam, en in het jaar 1734 emeritus werd. Het beroep is eene koninklijke collatie.

Men heeft op dit eil. twee scholen, ééne te Stevensweert en ééne te Laak, welke gezamenlijk gemiddeld door 170 leerlingen bezocht worden.

Ter oorzake van de vruchtbare landouwe, is dit eiland al vroeg met onderscheidene boerenwoningen bezet, die door den tijd een geheel dorp hebbende uitgemaakt, hetwelk, van den Patroon of Beschermheilige, aan wien de kerk, bij hare eerste stichting, werd toegewijd, (zijnde de eerste bloedgetuige STEPHANUS) den naam van ST. STEVENSWEERT heeft aangenomen. Daarna is dit eiland eene hooge heerlijkheid geworden, welke ook wel enkel WEERDE genoemd werd. De eerste, dien wij als Heer dezer heerl. vermeld vinden, is geweest JAN VAN PETERSHEIM, die in 1395 huwde met ALEIDIS, dochter van ARNOLD, Graaf VAN HORNE. In 1477 was Heer van WEERDE, HENDRIK VAN MEER. Graaf WILLEM VAN DEN BERGH, die in 1513 gestorven is, had, tien jaren vroeger, deze heerlijkheid aan zijn huis gebragt, door zijn huwelijk, met ANNA VAN BOXMEER, Erfdochter van *Boxmeer*, STEVENSWEERT, *Harpe*, *Spalbeek* enz. van wie zij gevallen is, op zijn zoon OSWALD, van desen op WILLEM II, en, eindelijk, op den zoo zeer beruchten Graaf HENDRIK VAN DEN BERGH, zusters zoon van WILLEM I Prins van *Oranje*, die ook, zoo lang hij de zijde des Konings van Spanje hield, te STEVENSWEERT op een oud slot, dat daar weleer gestaan heeft, maar dat naderhand in een kruidmazijn veranderd is, zijn verblijf en zijne hofhouding had; als hij, in 1632, van de Spaansche tot der Staten zijde overgegaan was, begon hij, binnen deze zijne heerlijkheid, die gedurende den Spaanschen oorlog, als neutraal gerekend werd, de Reformatie eeniger mate te begunstigen; want, in zeker gedrukt advijs, door de Staten der Spaansche provinciën tegen hem uitgegeven, wordt hem ten laste gelegd: dat hij binnen Stevensweert, *Geuse Predikanten hadde ingevoerd om hunne vergiftige leere, onder het volk te stroijen, en, om sijne beiden susters, in de armen van Predikanten, welke hij self besteld had, aldaar de geest gegeven hadden enz.* Als daarna, den 13 Maart 1634, de Hooge Raad van Mechelen, tegen Graaf Hendrik van den Bergh, vonnis uitsprak, over de voorgewende misdaad van verraad, werden daarin alle zijne op den Spaanschen bodem liggende goederen, waaronder ook de heerlijkheid Stevensweert, verbeurd verklaard en daarmede begiftigd zijn onechte zoon Herman, die de Spaansche zijde hield, en door den Koning van Spanje genaturaliseerd was. Deze overleed den 25 December 1683. Daarna is de heerl. Stevensweert gekomen, aan het grafelijk huis van Styrum, door het huwelijk van Maria Bernardina kleindochter van Frederik van den Bergh, met Herman van Styrum, Graaf *van Limburg-en-Bronkhorst*, in welk huis zij bleef tot den 9 November 1719, toen zij, bij koopverdrag, overging aan den Graaf van Hompesch, Generaal der Kavallerie en Gouverneur van 's Hertogenbosch, na wiens overlijden zij, door erfregt, gevallen is op zijnen neef, den Heer Sigismond Vincent Lodewijk Gustaaf, Graaf van Heiden Hompesch, Landdrost van Twenthe enz.; die op het kasteel Walbrug, niet verre van het Zuiderpunt des eilands, dikwerf den zomertijd doorbragt.

Het wapen dezer heerl. bestond in eenen Leeuw.

STEVENSWEERT, gem. in *Opper-Gelder*, prov. *Limburg*, distr., arr. en kant. *Roermond* (8 k. d., 8 m. k., 2 s. d.); palende N. aan de gem. Maasbracht, O. aan Echt, van welke beide gem. zij door de Oude-Maas gescheiden is, Z. aan Ohe-en-Laak, W. aan de Nieuwe-Maas.

Deze gem. bevat de voorm. sterkte, thans het d., Stevensweert, benevens het geh. het Eiland. Zij beslaat, volgens het kadaster, eene oppervlakte van 613 bund. 67 v. r. 85 v. ell., waaronder 542 bund. 89 v. r. 15 v. ell. belastbaar land. Men telt er 186 h., bewoond door 205 huisgez., uitmakende eene bevolking van ruim 1060 inw., die meest hun bestaan vinden in den landbouw.

De inw., die er op ongeveer 40 na allen R. K. zijn, behooren tot de par. van *Stevensweert*.

De Herv., die er ongeveer 40 in getal zijn, worden tot de gem. van *Stevensweert* gerekend.

Men heeft in deze gem. eene school te Stevensweert, welke gemiddeld door een getal van 100 leerlingen bezocht wordt.

Het d. Stevensweert, Stevensweerdt of Stevenswaard, in het Lat. Stephanoverda, ligt 7 u. N. van Maastricht, 2½ u. Z. W. van Roermond, op een eiland, dat door de verdeeling der Maas gevormd wordt.

In het jaar 1633 had de Markgraaf van Aytona, die na den dood der Infante Clara Isabella Eugenia en gedurende de afwezigheid van den Kardinaal Infant, het bewind, als Gouverneur in de Nederlanden waarnam, dit dorp aan den westelijken arm der Maas, die de hoofdstroom is, versterkt, met eenen wal van zeven bastions. Drie daarvan hadden haar uitsigt op de Maas en waren van eene wijde en diepe gracht en een bekwame konterscharp voorzien. Ook deed hij, aan de andere zijde der Maas, een bruggenhoofd aanleggen. Tot meerder dekking dezer sterkte legde hij drie kleine veldwerken; de eene, Contelmo genoemd, op den boven-, de andere op den benedenhoek des eilands, en de derde aan den oostelijken arm der Maas, die, vermits die rivier oertijds langs deze zijde haren voornamen loop plagt te nemen, de Oude-Maas genoemd wordt. Het groote oogmerk met het aanleggen dezer sterkte was, om Maastricht, door Prins Frederik Hendrik het jaar te voren ingenomen, af te snijden en alle gemeenschap langs de Maas, tusschen deze stad en de twee andere, in het zelfde jaar veroverde steden Roermond en Venlo, te stremmen; welk oogmerk, in zeker opzigt, daardoor ook dadelijk bereikt werd.

Dewijl de Staten, sedert het verlies van Venlo en Roermonde, in het jaar 1637, de sterkte Stevensweert niet hadden kunnen vermeesteren, moest zij, krachtens het vredesverdrag van Munster, in 1648, onder de magt des Konings van Spanje blijven tot in 1702, als wanneer de oorlog wegens de Spaansche troonsopvolging een aanvang nam. Toen werd zij, na een kort beleg van 3 dagen, door den Generaal Schulz, of (zoo als sommige geschiedschrijvers willen) door den Graaf de Noyelles, uit het leger der bondgenooten daarop afgezonden, tot de overgave gedwongen, en de Fransche krijgsbezetting van vier honderd man, den 3 October naar Namen begeleid. Deze belegering van 1702 is de eenige, welke deze vesting immer ondergaan heeft. Zij is, na dien tijd, in 1715, ingevolge het achttiende artikel van het barrière-tractaat, voor altoos, in vollen eigendom, aan de Algemeene Staten afgestaan. Bij dien afstand werd, in het gemeld tractaat, van 's Keizers zijde, te gelijk zoo veel gronds vergund, als noodig zijn zou om de vestingwerken, over de Maas, ten Westen uit te breiden, en te gelijk beloofd, dat de Keizer nooit zou doen aanleggen, noch gedogen dat door een ander aangelegd werden eenige fortificatiën, op den afstand van eene halve mijl van deze vesting.

Na dien tijd is Stevensweert met een goed garnizoen, voor het minst van een half, ook wel van een geheel regement Infanterie, bezet geweest, hetwelk somtijds uit Venlo, maar doorgaans uit Maastricht, derwaarts gedetacheerd werd. Later is die schans aanmerkelijk van gedaante veranderd, sedert een der armen, in welke de Maas zich boven Stevensweert verdeelt, en wel de regterarm, de Oude-Maas genoemd, ondieper begon te worden, doordien genoegzaam al het water der rivier langs de linkerzijde vloeide, zoo dat men vermeende, dat daardoor de voornaamste sterkte daarvan benomen was; uit welken hoofde men de vestingwerken heeft laten vervallen, de beide poorten afgebroken, en de grachten, ter plaatse daar de bruggen lagen, toegedamd. Men telt er binnen de oude wallen 109 h. en 625 inw. Van de militaire gebouwen bestaat nog alleen het zoogenaamde Kommandeurshuis, thans de woning van een partikulier.

Vroeger stond hier een groot en sterk kasteel, met zeven torens versterkt. Het lag in 1755 reeds in bouwval; de overblijfselen dienden destijds tot magazijn.

Ook werden hier weleer drie zilveren en drie koperen munten geslagen.

De R. K. kerk, aan den H. Stephanus toegewijd, is een kruisgebouw, met eenen toren en van een orgel voorzien.

De kerk der Hervormden is in het jaar 1819 gebouwd, waartoe de Koning, Mevrouw de Baronnesse van Riedesel, geb. Gravin van Hompesch, en de gemeente hebben bijgedragen. Deze kerk heeft eenen toren en een orgel, zijnde dit laatste in het jaar 1826 door Mevrouw de Baronnesse van Riedesel aan deze gemeente geschonken.

De kermis valt in Zondag na St. Remacla, in September.

Het wapen is het zelfde als dat van de heerl. Stevensweert.

STEVERE, hofstede in *Overijssel*, bij Rijssen, vermeld in 1046, als te leggen in dat gedeelte van het district *Isloa*, dat door Keizer

HENDRIK aan BERNOLDUS, den twintigsten Bisschop van Utrecht, geschonken werd.

STEVEREN, oude naam van de buurs. *Staverden*, op de *Over-Veluwe*, prov. *Gelderland*. Zie STAVERDEN.

STEVEREWOLD, voorm. bosch, op de *Veluwe*, prov. *Gelderland*, waarin men wil, dat de God STAVO, oudtijds zonde zijn aangebeden.

In den giftbrief van Keizer OTTO III, van het jaar 996, komt het reeds voor. Ook Keizer KONRAAD, in 1040, schonk het regt der munt, tol en ander gebied, dat deze in Deventer had, met een groot gedeelte der Veluwe aan de Utrechtsche kerk. In het jaar 1046 echter, zonderde Keizer HENDRIK III, op de Veluwe, eene landstreek af, en voegde die bij het graafschap Ameland of Hameland, om te zijn: *een nieuw gebied van Deventer binnen zijne eigene palen gesloten en van het Utrechtsche gebied afgescheiden, met bijvoeging van het bosch genaamd* STEVEREWOLD, *waardoor men oostwaarts aan over den IJssel moest gaan naar Deventer en Oulst.* In den giftbrief van LOTHARIUS II, van 1134, wordt nogmaals van het STEVEREWOLD gewaagd, waarin, onder anderen, ten behoeve van het adellijke vrouwenklooster te Elten, het regt wordt afgestaan, om alleen herten, hinden en reeën te mogen jagen, in de vier bosschen, Quatuor Foreste van Steverewold, over Wiebeij, Mulo en Subert, en ook vliegend wild tot in andere bosschen te mogen vervolgen.

STEVERT en STEWERT, namen, welke men in de wandeling veelal geeft, aan het geh. STEENVOORT, in de *Meijerij van 's Hertogenbosch*, kw. *Kempenland*, prov. *Noord-Braband*. Zie STEENVOORT.

STEVERT (DE), riv. in de *Meijerij van 's Hertogenbosch*, kw. *Kempenland*, prov. *Noord-Braband*, welke in het geh. *Weebosch*, onder *Bergeyk* ontstaat, in eene noordelijke rigting, de gem. *Riethoven* doorstroomt en zich bij het geh. Steenvoort in de *Run* ontlast.

STEYL, d. in *Opper-Gelder*, prov. *Limburg*, distr., arr. en 3¼ u. N. N. O van *Roermond*, kant. en 1½ u. Z. Z. W. van *Venlo*, gem. en ½ u. Z. Z. W. van *Tegelen*, aan de Maas, waarover hier een pontveer is op Baerlo. Men telt er 54 h. en 280 inw., die meest in den handel in granen, zaden, steenkolen, kalk, koloniale waren, tabak en wijn hun bestaan vinden, ook heeft men er 2 brouwerijen, 3 pannen-, 4 potten- en 3 tabaksfabrijken.

Dit dorpje is zeer aangenaam gelegen en welvarende, als zijnde eene voorname legplaats der schepen, welke bovengenoemde goederen hier lossen, om die verder per as naar Duitschland te vervoeren, waartoe een bekwame rijweg derwaarts is aangelegd.

De inw., die allen R. K. zijn, behooren tot de par. van *Tegelen*, welke hier eene kapel heeft, aan den H. SEBASTIANUS toegewijd, zijnde een klein oud gebouw, met een klein kloktorentje, doch zonder orgel. Deze kapel wordt bediend door eenen Kapellaan en eenen ouden gepensioneerden Geestelijke, die echter geen tractement geniet.

Er is hier eene dorpschool, welke gemiddeld door een getal van 20 leerlingen bezocht wordt. — De kermis valt in den 20 Januarij.

STEYN, d. in het *Land-van-Valkenburg*, prov. *Limburg*. Zie STEIN.

STICHT (HET), naam, onder welken men thans veelal de prov. UTRECHT verstaat. Het is eene verkorting van het STICHT-VAN-UTRECHT, waartoe echter eigenlijk zoowel de prov. Overijssel of het Oversticht als Utrecht of het Neder-sticht behoort.

STICHTRUST, landg. in het *Nederkwartier* der prov. *Utrecht*, arr. en 6 u. N. ten W. van *Utrecht*, kant. en 2 u. N. W. van *Loenen*, gem. *Abcoude-Proostdij-en-Aasdom*, ½ u. W. van Abcoude.

STICHTSCHE-KADE (DE), voetpad in het *Nederkwartier* der prov. *Utrecht*. Zie Kees Jan-Tonen-kade.

STICHTSCHE-POLDER (DE), pold. in het *Nederkwartier* der prov. *Utrecht*, arr. *Utrecht*, kant. en gem. *Loenen*; palende N. aan den Hollandsche-polder, O. aan de Vecht, Z. aan de Nieuwe-Watering, W. aan den Kromme-Angstel.

Deze pold. beslaat, volgens het kadaster, eene oppervlakte van 217 bund. 83 v. r., waaronder 213 bund. 40 v. r. 30 v. ell. schotbaar land; telt 9 h., waaronder 4 boerderijen en wordt door 1 molen, op de Vecht, van het overtollige water ontlast. Het polderbestuur bestaat uit drie Leden.

STICHTS-VEENENDAAL, d. in het *Overkwartier* der prov. *Utrecht*. Zie Veenendaal.

STIEM, geh., prov. *Friesland*, kw. *Oostergoo*, griet. *Oost-Dongeradeel*, arr. en 7 u. N. O. van *Leeuwarden*, kant. en 2½ u. N. O. ten O. van *Dockum*, ½ u. Z. Z. O. van *Anjum*.

STIENRE, oude naam van het d. Steenderen, in het graafs. *Zutphen*, prov. *Gelderland*. Zie Steenderen.

STIENS, kerk. ring, prov. *Friesland*, klass. van *Leeuwarden*.

Deze ring bestaat uit de volgende dertien gemeenten: St. Anna-parochie, Beetgum, Berlikum, Britsum, Finkum-en-Hijum, Hallum, Jelsum, Kornjum, Marum-en-Nykerk, Menaldum, Stiens, Vrouwe-Parochie en Wier. Men heeft er 15 kerken, waarin dienst gedaan wordt door dertien Predikanten, en telt er 14,000 zielen onder welke 2000 Ledematen.

STIENS of Steens, van ouds ook Steenserd genaamd, in het oud Friesch Stenes, d., prov. *Friesland*, kw. *Oostergoo*, griet. *Leeuwarderadeel*, arr., kant. en 1¼ u. N. van *Leeuwarden*.

Stiens is het aanzienlijkste dorp van Leeuwarderadeel. Men heeft er eene groote binnenbuurt langs de vaart en den hoofdweg en een aantal schoone boerenplaatsen, tusschen uitmuntende bouw- en weilanden, welke zich oostwaarts uitstrekken tot de Ee en het Wynzer-Tichelwerk, dat met zijne buurt daartoe behoort.

Men telt er 250 h. en 1780 inw., die meest in den landbouw hun bestaan vinden en voornamelijk aardappelen, haver, boonen, vlas, garst en koolzaad aankweeken. Ook heeft men er eene steenbakkerij.

De inw., die er, op 40 na, allen Herv. zijn, maken eene gem. uit, tot de klass. van *Leeuwarden*, ring van *Stiens*, behoort. De eerste, die welke in deze gem. het leeraarambt heeft waargenomen, is geweest Regnerus Falco, die in het jaar 1580 herwaarts kwam, en in 1583 naar Kubaard vertrok. De kerk, welke voor de Reformatie aan den H. Vitus was toegewijd, is een ruim en net gebouw, met eenen breeden stompen toren, en van een nieuw orgel voorzien. Het kerkhof is door eenen beplanten singel omgeven.

De Doopsgez. hadden hier vroeger eene gem., welke tusschen 1580 en 1600 ontstaan is en in 1726 niet meer bestond; die er thans nog wonen, worden tot de gem. van *Leeuwarden* gerekend. — De Evang. Luth., die er zijn, behooren tot de gem van *Leeuwarden*. — De R. K., die er wonen, parochieren te *Leeuwarden*. — Behalve de dorpschool heeft men er nog eene bewaarschool voor kleine kinderen. — Men heeft er mede een nieuw gebouwd Armhuis.

Achter de kerk lag vroeger de plaats Hajema, naderhand en denkelijk reeds voor twee honderd jaren bezeten door het geslacht van Buamania. Voorts lagen onder anderen nog onder dit d. Juckema-state,

Unia, Rinia en Petterhuister-state. Van deze en de andere aanzienlijke staten, welke men hier vroeger aantrof, zijn nog eenige in de gedaante van aanzienlijke boerderijen aanwezig. Tijdens de verdeeldheden tusschen landen en steden, werden hier wel eens landsdagen gehouden ter bevordering der algemeene belangen.

STIENZER-NIEUWLAND, streek lands, prov. *Friesland*, kw. *Oostergoo*, griet. *Leeuwarderadeel*, W. van en onder het behoor van het dorp *Stiens*.

STIENZER-OUDLAND, streek lands, prov. *Friesland*, kw. *Oostergoo*, griet. *Leeuwarderadeel*, O. van en onder het behoor van het d. *Stiens*.

STIENZER-VAART (DE) of DE STIENZER-MEER, water, prov. *Friesland*, kw. *Oostergoo*, griet. *Leeuwarderadeel*, dat een begin neemt aan het d. Stiens en eerst eene zuidelijke rigting aanneemt; voorts in eene oostelijke rigting langs Britsum vloeit en aan den Geldersche-Hoek in de trekvaart van Leeuwarden op Dockum uitloopt.

STIENSER-WYDEMEER, voorm. meer, thans bedijkt, prov. *Friesland*, kw. *Oostergoo*, griet. *Leeuwarderadeel*, arr. en kant. *Leeuwarden*; palende N. aan Finkumer-vaart, ten N. O. van Stiens.

STIENSTRA, voorm. state, prov. *Friesland*, kw. *Oostergoo*, griet. *Oost-Dongeradeel* en *West-Dongeradeel*. Zie STINSTRA.

STIEROP (DE), bij verkorting gemeenlijk de STIERP geheeten, water in *Kennemerland*, prov. *Noord-Holland*, dat in eene oostelijke rigting uit het Alkmaardermeer naar de Starmeer-vaart loopt. Het maakt aldaar de grensscheiding tusschen Akersloot en Uitgeest uit.

STIEROP (DE), bij verkorting gemeenlijk STIERP geheeten, buurt in *Kennemerland*, prov. *Noord-Holland*, arr., kant. en 3¼ u. Z. ten O. van *Alkmaar*, gem. en 1½ u. Z. O. van *Akersloot*, aan het water van den zelfden naam.

STIERSHOEK, streek lands in *Staats-Vlaanderen*, in het *Vrije-van-Sluis*, prov. *Zeeland*, arr. *Middelburg*, kant. *Oostburg*, distr. *Sluis*, gem. *Sluis*. Het is een onderdeel van den pold. *Bewesten-Eeden-bezuiden-den-St.-Pietersdijk*, en wel het meest noordelijk gedeelte daarvan. Er staan daarin 18 woningen, waaronder 2 boerderijen.

STIERSHOOFD, geh. in *Rijnland*, prov. *Zuid-Holland*, arr. en 2¾ u. O. Z. O. van *'s Gravenhage*, kant. en 2 u. O. Z. O. van *Voorburg*, gem. en 20 min. Z. W. van *Soetermeer*; met 3 h. en 20 inw.

STIERS-KREEK, water in *Staats-Vlaanderen*, in het *Vrije-van-Sluis*, prov. *Zeeland*, distr. *Sluis*, loopende door den Stiershoek van den pold. Bewesten-Eeden-bezuiden-den-St.-Pietersdijk, zeer kronkelend, ter lengte van 1 u., van achter de Elderschans, bij Aardenburg, in eene noordwestelijke rigting, tot aan het Lapschuursche-gat.

In de Belgische onlusten van 1830 en later werd daarvan veel partij getrokken tot verdediging van het district.

STIERWOLDE, geh. in *Fivelgo*, prov. *Groningen*. Zie STEERWOLDE.

STIFFERT, naam, welke men in de wandeling weleens geeft aan het geh. STEENVOORT, in de *Meijerij van 's Hertogenbosch*, kw. *Kempenland*, prov. *Noord-Braband*. Zie STEENVOORT.

STIJNENGRACHT of STEENEN-GRACHT, vaart in *Vollenhove*, prov. *Overijssel*, die van het O. naar het W. de gem. Gietboorn doorloopt. Zij begint in de Hoofdvaart of Dwarsgracht en loopt uit in het Giethoornsche-meer (1).

---

(1) Door dit art. vervalt het abusief gestelde art. STEENE-GRACHT.

STIKPOLDER (DE), vermeld in den *Tegenwoordigen staat van alle volken*, deel XII, bl. 473, als een voorm. pold. in *Staats-Vlaanderen*, in het *Vrije-van-Sluis*, prov. *Zeeland*, distr. *Sluis*, welke bij den watervloed van 27 Januarij 1682 geheel onder liep, daar de dijken voor de kracht des waters bezweken. Men kent evenwel thans., zelfs bij overlevering, geen polder van dien naam. Misschien was het de toenmalige benaming van den Kleinen-Henricus-polder, den Van-der-Linges-polder of van eenen anderen daaromtrent liggenden polder.

STIL-DIEP (HET), water in het *Westerkwartier*, prov. *Groningen*, gem. *Zuidhorn*, loopende in eene noordelijke rigting van de Noordhornerga, ten W. voorbij het Noordhornertolhuis naar het Ipegat aan den straatweg tusschen Noordhorn en Niezijl, alwaar men aan de zuidzijde van den weg eene aanzienlijke kolk, binnen de weggespoelde sluis ziet.

STILGENOEGEN, buit. in *Delfland*, prov. *Zuid-Holland*, arr. en 1½ u. Z. W. van *'s Gravenhage*, kant. en gem. *Delft*.

STILLEVEN, voorm. landh., prov. *Friesland*, kw. *Oostergoo*, griet. *Tietjerksteradeel*, arr. en 2 u. N. O. van *Leeuwarden*, kant. en 1 u. N. W. van *Bergum*, 5 min. van *Ryperkerk*, waartoe het behoorde.

Die landh. is voor eenige jaren bij percelen verkocht en aan onderscheidene eigenaren overgegaan.

STINGSLOOT (DE), water in *Rijnland*, prov. *Zuid-Holland*, gem. *Rijpwetering*.

Het is eene verlenging van de *Vaarsloot*, welke een begin neemt aan de Zuidzijdervaart en westwaarts, bij de Stroomsloot, in het *Achter-gat* loopt.

STINKEVUIL (HET), water in *Waterland*, prov. *Noord-Holland*, met eene oostelijke rigting, loopende van het bedijkte Purmermeer naar den Nieuwedam, gelegen bij Monnickendam, van welke het door de landsluis gescheiden is.

STINKGAT (HET), voorm. water of kreek, prov. *Zeeland*, tusschen de slikken, N. van *Vrijbergen*, in 1843 binnen gedijkt in den Hillaren-polder.

STINKSLOOT (DE), water, in *Rijnland*, prov. *Zuid-Holland*, op de grens der gem. *Oegstgeest-en-Poelgeest* en *Leyderdorp*, loopende uit de trekvaart van Leyden naar Haarlem, oostwaarts naar de Zijl.

STINKWEG (DE), weg in *Fivelgo*, prov. *Groningen*, bij Meedhuizen.

STINS, hofstede in de vrije heerl. *Schagen*, prov. *Noord-Holland*, arr. en 4 u. N. ten O. van *Alkmaar*, kant. en 1 u. O. van *Schagen*, gem. *Barsingerhorn-Kolhorn-en-Haringhuizen*, ¼ u. Z. van *Barsingerhorn*.

Deze hofstede beslaat, met de daartoe behoorende gronden, eene oppervlakte van 27 bund. 40 v. ell. en wordt in eigendom bezeten en bewoond door den Heer J. Maat.

STINS-TE-VOORST, voorm. slot in *Zalland*, prov. *Overijssel*. Zie Voorst.

STINSTRA of Stienstra, voorm. state, prov. *Friesland*, kw. *Oostergoo*, griet. *Oost-Dongeradeel*, arr. en 4½ u. N. O. van *Leeuwarden*, kant. en ½ u. N. O. van *Dockum*, 20 min. O. van *Aalsum*, waartoe zij behoorde. — Ter plaatse, waar zij gestaan heeft ziet men thans eene hoeve.

STINSTRA of Stienstra, voorm. state, prov. *Friesland*, kw. *Oostergoo*, griet. *West-Dongeradeel*, arr. en 5 u. N. O. van *Leeuwarden*, kant. en 1 u. Z. O. van *Holwerd*, 2 min. N. W. van *Foudgum*, waartoe zij behoorde.

Op deze state woonde in 1417 SASBOUT STINSTRA, die in dat jaar trouwde met UILCKE SJEXMA van WAAXENS. — Ter plaatse, waar zij gestaan heeft, ziet men thans eene boerenplaats.

STIPDONK, geh. in de *Meijerij van 's Hertogenbosch*, kw. *Peelland*, prov. *Noord-Braband, Derde* distr., arr. en 2¼ u. O. van *Eindhoven*, kant. en 1½ u. N. W. van *Asten*, gem. en ½ u. ten N. van *Lierop*, aan de Zuid-Willemsvaart, bij sluis No. 9; met 8 h. en 40 inw. Men heeft er ook eenen korenmolen op de Aa.

In dit geh. en in Heersel bezat de abdij van Postel reeds in 1300 belangrijke goederen. Zie daaromtrent voorts het art. HEERSEL.

STIPHOUT, gem. in de *Meijerij van 's Hertogenbosch*, kw. *Peelland*, prov. *Noord Braband, Derde* distr., arr. *Eindhoven*, kant. *Helmond* (7 k. d., 29 m. k., 4 s. d.); palende N. W. aan de gem. Lieshout, N. O. aan Aarle-en-Rixtel, O. aan Helmond, Z. aan Mierlo, W. aan Nunen-Gerwen-en-Nederwetten.

Deze gem. bevat het d. Stiphout, benevens de geh. Geeneind en Gasthuis, en beslaat, volgens het kadaster, eene oppervlakte van 1089 bund. 29 v. r. 51 v. ell. Men telt er 98 h., bewoond door 99 huisgez., uitmakende eene bevolking van 580 zielen, wier voornaamste bestaanmiddel de landbouw is. Men vindt hier eenige welvarende landbouwers, maar ook zeer arme wevers. Er zijn geene fabrijken of trafijken, alleen een windkorenmolen. De granen, die hier verbouwd worden, zijn: rogge, boekweit en een weinig haver.

De inw., die er, op 2 na, allen R. K. zijn, onder welke ruim 410 Communikanten, maken eene stat. uit, welke tot het apost. vic. gen. van *'s Hertogenbosch*, dek. van *Helmond*, behoort en door eenen Pastoor bediend wordt. — De Herv., die er wonen, behooren tot de gem. *Nunen-Mierlo-Gerwen-en-Wetten*. — Men heeft in deze gem. eene school, welke gemiddeld door 40 leerlingen bezocht wordt.

Deze gem. is eene heerl., welke bij brieven van 5 November 1392 is verpand geworden, te zamen met de cijnsen en heerl. van *Aarle*, *Beek* en *Rixtel*. De eerste Heer van STIPHOUT, dien wij vermeld vinden, leefde in het laatst der vijftiende eeuw. Deze was JOHAN OUDAERT, Heer van *Creveld, Rixtel, Aarle, Beek* en STIPHOUT, die Raad van Hertog FILIPS, van Keizer MAXIMILIAAN en van Vrouwe MARIA VAN BOURGONDIË, geweest is. Hij was gehuwd aan Vrouwe CATHARINA DE BLONDE, die slechts acht dagen na hem overleed, en, even als hij, in de kerk van ST. GUDULA te Brussel begraven ligt. Toen deze heerl., in het jaar 1643, door Don FRANCISCUS DE MELLO, Marquis DE LA TOR DE LAGUNA, krachtens op hem door den Koning van Spanje verstrekte volmagt, gegeven te Madrid, den 30 Januarij 1642, na bekomen toestemming der Staten van Braband, erfelijk overgedragen werd aan Jonkheer JAN BAPTISTE VAN ELEN, Heer van *Grasborre*, Raad en Rekenmeester van zijner Majesteits-Rekenkamer van Braband, werd *Croy* met STIPHOUT vereenigd. De Staten-Generaal der Vereenigde Nederlanden, als zich te dier tijd in het bezit van 's Hertogenbosch bevindende, beweerden echter dat de oppermagt over de Meijerij hun toekwam, en gelastten dienvolgens, den Advocaat-Fiscaal, zich in hunnen naam tegen de regtmatigheid van dien verkoop, te verzetten; doch de nieuwe eigenaar van *Croy* en STIPHOUT, een minnelijk vergelijk boven een proces verkiezende, sloot eene overeenkomst met de Gemagtigden van de Algemeene Staten, welke, bij resolutie van 29 Junij 1646, door gemelde Staten werd goedgekeurd. Reeds in dit zelfde jaar, ging deze heerlijkheid nogtans in andere handen over, daar op den 31 Julij 1646, Jonkheer EVERAERT van Boschhuysen, die in 1654 nog in die hoedanigheid voorkomt, bij koop eigenaar daarvan werd. In het jaar 1670 vinden wij als Heer van *Croy* en Stiphout vermeld Jonkheer Philips, Baron van Leefdael, Heer van *Eeten en Meeuwen*. In 1707 was deze heerl. nog in dit geslacht, doch ging bij overlijden van Johan Philips, Baron van Leefdael, Heer van *Waalwijk en Beek*, die in dit zelfde jaar stierf, over op Johan Cass-neau, Marquis van *Assche*, Baron van *Velp*, Erf-standaarddrager van Braband, als in huwelijk hebbende Cornelia, Barones van Leefdael. Deze verkocht, den 15 September 1717, deze heerl. aan Gerrit Willem, Baron van Gaeve, Kolonel van een regiment infanterie in dienst van den Bisschop van Munster, en zijne huisvrouw M. N. Barones van Coudenhoven, die haar nalieten aan hunne dochter Marie Agnes, gehuwd met Carel Adolf, Baron de Locques. In 1732 verkocht deze echter de heerl. *Croy* en Stiphout aan Mr. Lucas Dekker, die haar weder, den 13 Mei 1737, opdroeg aan Mr. Willem Dekker, Heer van *Usem*, te Gouda woonachtig, van wien zij, drie jaren later, overging op Jonkheer Melchior Joost, Baron van Sommeren van Vrijsen. Deze, den 16 Mei overlijdende, had, bij uitersten wil, deze heerl. vermaakt aan zijne weduwe Aletta Wilhelmina Tulleken, douairière van Sommeren van Vrijsen, welke haar, den 7 November 1763, weder verkocht aan Willem Augustus Sirtema, Baron van Grovestins, een Friesch Edelman. Door verkoop ging vervolgens, den 26 Junij 1772, de heerl. weder over aan Jan Anthony van der Brugghen, Majoor in het kavallerie-regiment Oranje-Friesland, wiens broeder, Jonkheer Johan Carel Gideon van der Brugghen, haar, den 15 April 1778, in koop ontving en na wiens dood de heerl. bezeten werd door zijne weduwe Vrouwe Margaretha Geertruida Falck, douairière van der Brugghen. Uit dat huwelijk zijn twee kinderen geboren, Jonkvrouwe Jeanne Caroline Constance Wilhelmine en Jonkheer George Tammo Theodorus Adrianus van der Brugghen, gepensioneerd Luitenant-Kolonel der Infanterie, welke laatste thans Heer van *Croy* en Stiphout is.

Het d. Stiphout ligt 2½ u. N. O. van Eindhoven, ¾ u. N. W. ten W. van Helmond, aan de Mierle, in een houtrijk oord.

Het ontleent zijnen naam van een bosch, waarin of waarbij het gelegen was. Grammaye verstaat er door het bosch van Stippo, hetgeen in de twaalfde eeuw een mansnaam was. Maar *stippen* beteekent bij Kiliaan het zelfde als *omheinen*, *met palen afsluiten*, en daarvan *stiptuin*. Stiphout is dus een *omheind* of *afgesloten bosch*.

Dit Stiphout moet reeds in 1341 eene bevolkte plaats geweest zijn. In eenen brief, gegeven door Hertog Jan I, daags na St. Jakobsdag (den 26 Julij) 1292, waarbij de bepaling der grensscheiding van Mierlo bevestigd wordt, wordt onder 's Hertogs getrouwe mannen genoemd zekere Daniel van Stiphout.

De parochiekerk van Stiphout, welke, ten N. van het dorp, eenzaam in de akkers staat, is oudtijds ingewijd onder aanroeping van den H. Trudo, die in de zevende eeuw, in het bisdom van Tongeren, door uitnemende deugden en krachtige geloofsverkondiging zoude geblinkt hebben. Het is een net gebouw, dat met eenen spitsen toren prijkt, doch van geen orgel voorzien is. Na de Reformatie aan de Herv. gekomen zijnde, is zij in het begin dezer eeuw aan de R. K. teruggegeven. In het jaar 1341 geraakte de toren door den bliksem in brand, en niemand durfde, uit hoofde van het gevaar, iets uit de kerk halen. Een Leek, Johannes Belovs, zou, met verlof van den pastoor, in de kerk gegaan en er onbeschadigd de hostiën of gewijde ouwels uitgehaald hebben. Dit geval werd daarna afgebeeld aan den zolder van het hooge koor dier kerk, zoo als ook verhaald wordt, door A. WICHMANS, R. K. Pastoor te Mierlo, in 1632, er bijvoegende, dat deze afteekening nog te zien was in zijnen tijd, en dat men er toen nog de hostiën bewaarde. Deze hostiën zouden wonderwerken verrigt en booze geesten uitgedreven hebben. Hierdoor was STIPHOUT zeer vermaard, en het gerucht hiervan werd overal verspreid. Aan dit voorval heeft men het misschien te danken, dat nog zelfs in den tegenwoordigen tijd; op zekeren dag van het jaar, eene bedevaart te STIPHOUT wordt gehouden, welke van de inwoners der naburige dorpen vlijtig bezocht wordt. Zij draagt den naam van Stiphouts-Bedevaart.

Het Raadhuis, dat in het jaar 1768, te gelijk met de school en onderwijzerswoning gebouwd werd, is een klein en geen fraai gebouw.

Men heeft in dit d. ook het oude Gothische kast. van Croy. Zie dat woord.

In het jaar 1512 werd dit d. door de Gelderschen aan kolen gelegd, terwijl zij de kerk in brand staken, om dat vele inwoners op den toren gevlugt waren.

Het wapen dezer gem. bestaat uit een gedeeld schild, hebbende het wapen van het adellijke geslacht LEEFDAEL ter regter en een wapen met vier leeuwen, waarschijnlijk dat van Braband en Limburg, ter linker zijde, met het omschrift: SACRUM CONVIVUM 1701 (d. i. het heilig Gastmaal 1701). Men weet niet wat deze woorden moeten aanduiden.

STIPHOUT (KASTEEL-VAN-), kast. in de *Meijerij van 's Hertogenbosch*, kw. *Peelland*, prov. *Noord-Braband*. Zie CROY.

STIRTLAND, boeve, prov. *Friesland*, kw. *Oostergoo*, griet. *Ferwerderadeel*, arr. en 2 u. N. N. O. van *Leeuwarden*, kant. en 2 u. Z. W. van *Holwerd*, ¼ u. Z. W. van *Wanswerd*, ½ u. Z. O. van *Hallum*, waartoe zij behoort.

STIRTLANDS-MEER (HET), voorm. water of meertje, prov. *Friesland*, kw. *Oostergoo*, griet. *Ferwerderadeel*, W. van Stirtland. — Het is sedert jaren droog en thans greidland.

STITSWERD, oudtijds STITWERTE, STEDEWERD of STETISWERTE genaamd, d., in *Hunsingo*, prov. *Groningen*, arr. en 4 u. W. N. W. van *Appingedam*, kant. en ½ u. N. O. van *Onderdendam*, gem. en ½ u. W. van *Kantens*, op eene aanzienlijke wierde.

Het is een klein, maar oud dorp, welks huizen zeer verward door een staan, om een bogtige kleiweg, de Knolweg genaamd, die noordoostwaarts naar de Eelwerderdam loopt. Men vindt het reeds in de kronijken op het jaar 1224 vermeld, maar het was voorheen van veel meer uitgebreidheid dan thans. De inw. vinden meest in den landbouw hun bestaan. Nabij het dorp bestaat de bodem uit zware kleigrond, doch verder af uit roodoorn, die op vele plaatsen reeds ter diepte van een palm wordt gevonden. In de beste landen heeft men witte klei, die wat minder zavelachtig is.

De Herv., die er 190 in getal zijn, onder welke ongeveer 30 Ledematen, maken eene gem. uit, welke tot de klass. en ring van *Middelstum* behoort. Deze gem. was vroeger met *Menkeweer* vereenigd, welke combinatie tot eersten Leeraar had GERARDUS HIDDINGA, voorheen R. K. Priester, die hier in 1595 kwam en in het volgende jaar, om gegeven ergernis, in zijne dienst geschorst werd. Later, weder van zijne schorsing ontslagen overleed hij hier in 1634. Na den dood van zijnen opvolger EGBERTUS LAMBERTI WORLERUS, die er in 1634 kwam en in [illegible] [illegible], werd Stitswerd, bij een staatsbesluit van *Menkeweer* [illegible] en bekwam tot eersten afzonderlijken Leeraar, in [illegible], [illegible] Hoogs, die in 1655 naar Adorp-en-Harssens vertrok. Het beroep is eene collatie van Jonkheer Alberda van [illegible], te *Uithuizen*.

De kerk, welke vóór de Reformatie aan den H. Gengulphus was toegewijd, is een vervallen gebouw, op eenen heuvel, ten Oosten van den rijweg, met eenen kleinen spitsen toren. De torenklok, ter eere van den H. Gengulphus, teekent 1439, vierde maand. In den oostelijken gevel der kerk ziet men verschillende nissen, waaruit de beelden, ten tijde der kerkhervorming, weggenomen zijn.

De Christelijke Afgescheidenen, die men er aantreft, behooren tot de gem. van *Kantens*. — De R. K., die er wonen, worden tot de stat. van *Uithuizen* gerekend.

Op het jaar 1234 was hier eene woning voor Monniken, **Suidwenda** genaamd. Zie dat woord.

Men heeft er eene school.

Bij den watervloed van het jaar 1717 verdronken onder dit dorp 17 paarden, 38 runderen en ongeveer 70 schapen.

STITSWERDER-MAAR (HET), water in *Hunsingo*, prov. *Groningen*, dat ten N. van het d. Stitswerd eenen aanvang neemt en in eene westelijke strekking naar de *Delf* loopt, waarin het zich ontlast.

STITTENS, h., prov. *Friesland*, kw. *Westergoo*, griet. *Hennaarderadeel*. Zie Stittens.

STITWERD, oude naam van het d. Stitswerd in *Hunsingo*, prov. *Groningen*. Zie Stitswerd.

STOBBEN (DE), geh. in *Westerwolde*, prov. *Groningen*, arr., kant. en 4 u. Z. W. van *Winschoten*, gem. en ½ u. Z. O. van *Vlagtwedde*, ten N. aan den rijweg naar Bourtange; met 2 h. en 18 inw.

STOBBERAK, water, prov. *Friesland*, op de grenzen van de griet. *Wymbritseradeel* en *Doniawarstal*, Z. van Uitwellingerga.

STOCKDAMMER-WETERING (DE), water in *Rijnland*, prov. *Zuid-Holland*, gem. *Oegstgeest-en-Poelgeest*, uit de *Mare* in eene zuidwestelijke rigting naar de *Poelwetering* loopende.

STOCKUM, buurs. in *Twenthe*, prov. *Overijssel*. Zie Stokkum.

STOCKEM, d. in de heerl. *Clerff*, grooth. *Luxemburg*, arr. en 5½ u. N. W. van *Diekirch*, kant. en 1 u. W. N. W. van *Clerff*, gem. en ruim ½ u. Z. ten W. van *Asselborn*. Men telt er 11 h. met 70 inw.

De inw., die allen R. K. zijn, hebben er eene kapel, welke tot de par. van *Asselborn* behoort en door eenen eigen Kapellaan bediend wordt.

STOCKHEIM, geh. in het *Land-van-Valkenburg*, prov. *Limburg*, arr. en 3½ u. O. van *Maastricht*, kant. en ½ u. N. van *Gulpen*, gem. en 10 min. N. W. van *Wijlre*; met 25 h. en 110 inw.

Bij dit gehucht sloeg de Kolonel Jakob van Wassenaer, Heer van Obdam, later als Luitenant Admiraal beroemd geworden, in 1632, aan het hoofd van honderd man te paard, drie compagnien Spanjaarden en maakte 25 man gevangen.

STOCSTERHUYS of Stokstershuis, voorm. d. in het *Oldambt*, prov. *Groningen*, tusschen de Aa en de Tjamme, dat, bij den watervloed van het jaar 1277, in den Dollart vergaan is.

STOEKROE, naam, welken de Negers geven aan de verl. plant. Anna's-rust-en-Haast-u-langzaam, in *Nederlands-Guiana*, kol. *Suriname*. Zie Anna's-rust-en-Haast-u-langzaam.

STOEPEN (DE), veer in *Hunsingo*, prov. *Groningen*, arr. en 7 u. [illegible] van *Appingedam*, kant. en 3 u. W. van *Onderdendam*, gem.

en 1 u. Z. O. van *Leens*, en ¼ u. Z. W. van *Warfhuizen*, waartoe het behoort. Bij dit veer staat een huis, bewoond door twee huisgez.

Dit veerhuis voor voetgangers, die hier met eene roeiboot over de Hunse gezet worden, is reeds het derde in deze eeuw. Het eerste stond op de Oude-Kadijk, welke dijk, in 1818 nader langs den regteroever van de Hunse of het Reitdiep gelegd zijnde, den oude heeft vervangen en waarop in 1819 het nieuwe veerhuis gebouwd werd; dan bij de hooge vloed van 4 Feb. 1825, liep de Stoepen-polder vol water en het veerhuis spoelde weg, waarna het door het tegenwoordige vervangen is.

Blijkens een oud volkslied bestond dit veer reeds in 1672, toen de Munsterschen, onder Bisschop Barend van Galen, hier vruchteloos trachten over te komen.

STOEPEN-POLDER, polder op de regteroever der Hunse, in *Hunsingo*, prov. *Groningen*, arr. *Appingedam*, kant. *Onderdendam*, gem. *Leens*, palende N. aan de Provinciale rivierdijk, O. aan de Kwelderlanden van Barnjegat, Z. aan de Slijkoever van het Reitdiep, W. aan de Zuurdijkster-polder.

Deze pold., die in 1818 vergroot is, beslaat eene oppervlakte van 46 bund. 68 v. r. 60 v. ell., en behoort gedeeltelijk onder *Warfhuizen*, gedeeltelijk onder *Zuurdijk*, daarin staat een huis, de Stoepen genaamd. Zij heeft eene eigene uitwatering door eenen houten pomp, liggende even ten W. van evengenoemd veerhuis en herberg, door welke het overtollige water in het Reitdiep afstroomt. De polder, met het veerhuis, is een particulier eigendom van de erven van den landbouwer Hendricus Jannes Warendorp Tobaenga, te Zuurdijk.

STOETWEGEN, amb. heerl., in het *Overkwartier* der prov. *Utrecht*, arr. *Amersfoort*, kant. *Wijk-bij-Duurstede*, gem. *Zeyst*; palende N. aan de heerl. Cattenbroek, O. aan Zeyst-en-Driebergen, Z. aan den Rijn, W. aan Bunnik-en-Vechten.

Deze heerl. bevat het geh. Stoetwegen, tellende ongeveer 80 inw., die meest hun bestaan vinden in den landbouw.

De Herv., die er wonen, behooren tot de gem. van *Zeyst*. — De R. K., van welke men er aantreft, worden tot de stat. van *Zeyst* gerekend. — Men heeft in deze heerl. geen school, maar de kinderen genieten onderwijs te Zeyst.

Deze amb. heerl. was vroeger leenroerig aan het Sticht van Utrecht. In het jaar 1741 werd er Vrouwe Margareta van Suchtelen, huisvrouw van den Heer Mr. Henrik Assuerus Wttewaal en, den 6 September 1760, hun zoon, de Heer Ferdinand Wttewaal, mede beleend, in welk geslacht het tot nu toe verbleven is, zijnde tegenwoordig Heer van Stoetwegen de Heer Wttewaal van Stoetwegen, woonachtig te Utrecht.

Het geh. Stoetwegen ligt 3 u. Z. W. van Amersfoort, 2½ u. W. N. W. van Wijk-bij-Duurstede, 10 min. Z. van Zeyst. Daartoe behooren de buitengoederen Schoonoord en Rijnwijk. Vroeger had men er ook nog het buitengoed Wulpenhorst.

STOETWEGENSCHE-DIJK, dijk in het *Overkwartier* der prov. *Utrecht*, gem. *Zeyst*, in eene westelijke rigting langs de heerl. Stoetwegen, van de Odijkersteeg naar Kattenbroek loopende.

STOEVELAAR (HET) of het Stoivelaar, havez. in *Twenthe*, prov. *Overijssel*, arr. en 3¼ u. O. van *Deventer*, kant. en 1¼ u. W. van *Goor*, gem. en ½ u. O. van *Markelo*.

Het is een eenvoudig, onderwetsch gebouw, dat met de daartoe behoorende gronden, thans eene oppervlakte beslaat van 109 bund.

65 v. r. 55 v. ell., en thans in eigendom bezeten en bewoond wordt door de erven B. H. VAN DER WIJK.

STOEVEZAND of STEVEZAND, rei duinen op de *Over-Veluwe*, prov. *Gelderland*, gem. en 1 u. N. O. van *Ermelo*, in de buurs. *Leuvenum*, nabij het zoogenaamde Groote-Water.

STOGGER, geh. in *Opper-Gelder*, prov. *Limburg*, arr. en 5¼ u. N. ten W. van *Roermonde*, kant. en 3 u. Z. van *Horst*, gem. en 7 min. W. N. W. van *Helden*; met 17 h. en ruim 100 inw.

STOKDORP, voorm. d. in het *Noordoosten* der prov. *Groningen*, ten Westen der Ee en Tjamme, hetwelk in het jaar 1277 door den Dollart verslonden is.

STOKHASSELT, geh. in de *Meijerij van 's Hertogenbosch*, kw. *Oisterwijk*, arr. en 4 u. Z. W. van *'s Hertogenbosch*, kant., gem. en ½ u. N. ten W. van *Tilburg*; met 99 h. en 480 inw.

STOKHOEK, b. in de *Meijerij van 's Hertogenbosch*, kw. *Oisterwijk*, arr. en 1 u. Z. O. van *'s Hertogenbosch*, kant. en 1½ u. N. N. O. van *Boxtel*, gem. en ½ u. N. ten O. van *St. Michiels-Gestel*.

STOKKELAARSBRUG, op eene oude kaart van het jaar 1575 ook STOFFELAARSBRUG genoemd, brug op de grenzen der prov. *Noord-Holland* en *Utrecht*, over de Oude-Waver, 1 u. Z. O. van Oudekerk, ½ u. W. ten Z. van Abcoude.

STOKKELEN, geh. in de *Meijerij van 's Hertogenbosch*, kw. *Kempenland*, prov. *Noord-Braband*, *Derde* distr., arr., kant. en 3 u. Z. W. van *Eindhoven*, gem. en ½ u. Z. van *Eersel*, aan de Run en aan den weg van Eersel naar Bergeyk.

STOKKUM, buurs. in het graafs. *den Bergh*, prov. *Gelderland*, distr. arr. en 6½ u. Z. van *Zutphen*, kant. en 2 u. Z. W. van *Terborgh*, gem. *Bergh*, ½ u. Z. W. van 's Heerenberg; met 55 h. en 380 inw., die kerkelijk tot *Zeddam* behooren.

STOKKUM, STOKKEM of STOCKUM, buurs. in *Twenthe*, prov. *Overijssel*, arr. en 6 u. Z. O. van *Deventer*, kant. en 1 u. Z. W. van *Goor*, gem. en ½ u. Z. Z. O. van *Markelo*; met 123 h. en 740 inw. Ook heeft men er eene school, welke gemiddeld door een getal van 100 leerlingen bezocht wordt. In 1188 wordt gewag gemaakt van eene hofstede van dien naam aldaar

STOKKUMMERBROEK, STOKKEMMERBROEK of STOCKUMMERBROEK, groengrond in *Twenthe*, prov. *Overijssel*, op de grenzen der prov. Gelderland, gem. en Z. van *Markelo*, eene oppervlakte beslaande van 770 bund. 40 v. r. 52 ell.

STOKKUMERVLIER, STOKKEMMERVLIER of STOCKUMMERVLIER, ook wel HOLLENBERGER-VLIER genoemd, veengrond in *Twenthe*, prov. *Overijssel*, tusschen Markelo, Goor en Diepenheim, eene oppervlakte beslaande van 246 bund. 17 v. r. 40 v. ell.

STOKMAN, h. op de *Lijmers*, prov. *Gelderland*, arr. en 4 u. Z. O. van *Arnhem*, kant. en 2 u. Z. van *Zevenaar*, gem. *Herwen-en-Aerdt*, O. van Herwen, aan de uiterste grenzen, tegen de Pruissische prov. Rijnland.

STOKROE, naam, welken de Negers geven aan de koffijplantadje STOLKERTSVLIJT en BUYSLUST, in *Nederlands-Guianea*, kol. *Suriname*. Zie STOLKERTSVLIJT-EN-BUYSLUST.

STOKSTERHORN, nu meer bekend onder den naam van OOSTWIJK, geh. met een gedeelte binnenland in het *Oldambt*, prov. *Groningen*, arr., kant. en 2 u. N. ten O. van *Winschoten*, gem. en 75 min. N. O. van *Beerta*; met 50 h. en 250 inw.

RHUIS, voorm. d. in het *Oldambt*, prov. *Groningen*. Zie ...

...SWATERING, water in het graafs. *Culemborg*, prov. *Gel*... ...loopende van den Diefdijk bij het Huis-van-Vianen in eene ...rigting naar de Rietveldsche-watering, langs dit water strekt ...kvisweg in de zelfde rigting uit.

...WIER, voorm. state, prov. *Friesland*, kw. *Oostergoo*, griet. ...*tradeel*, arr. en 3 u. Z. O. van *Leeuwarden*, kant. en 1 u. van *Bergum*, niet ver van Garyp, waarvan men de plaats, ... gestaan heeft niet meer weet aan te wijzen.

...LK, naam, welken de landlieden meestal geven aan het d. Stol... ...n den *Crimpenrewaard*, prov. *Zuid-Holland*. Zie Stolwijk.

STOLKERTSIJVER, verl. plant. in *Nederlands-Guiana*, kol. *Suri*... aan de *Boven-Commewijne*, ter regterzijde in het afvaren; pa... bovenwaarts aan het verlaten Land-van-Potribo, benedenwaarts ... verl. plant. Courcabo; 1000 akk. groot.

...OLKERTSIJVER (LAND-VAN-), verl. houtgr. in *Nederlands-Gui*... kol. *Suriname*, aan de *Boven-Commewijne*, ter linkerzijde in het ...n; palende bovenwaarts aan de verl. plant. Wrieddijk, beneden... aan de verpl. plant. Vierkinderen.

STOLKERTSVLIJT, voorm. plant. in *Nederlands-Guiana*, kol. *Su*...*ame*, aan de *Orleanakreek*, ter linkerzijde in het afvaren; palende ...enwaarts aan de plant. Buyslust, waarmede zij later tot ééne plant. ...reenigd is, benedenwaarts aan het verl. Land-van-Thyrone.

STOLKERTSVLIJT-EN-BUYSLUST, verl. plant. in *Nederlands-Guiana*, kol. *Suriname*, aan de *Orleanakreek*, ter linkerzijde in het afvaren; palende bovenwaarts aan de verl. plant. Vrieshoop, benedenwaarts aan het Land-van-Thyrone; 608½ akk. groot. De Negers noemen haar Stokroe.

STOLKROE, naam, welken de Negers geven aan de koffijplantaadje Hecht-en-Sterk, in *Nederlands-Guiana*, kol. *Suriname*. Zie Hecht-en-Sterk.

STOLKWIJK, koffijplant. in *Nederlands-Guiana*, kol. *Suriname*, aan de *Motkreek*, ter linkerzijde in het afvaren; palende bovenwaarts aan de verl. plant. Toevlugt, benedenwaarts aan de koffijplant. Buys-en-Vlijt; 300 akk. groot, met 84 slaven. De Negers noemen haar Stokkroe.

STOLLAERSDIJK, voorm. gors, prov. *Zuid-Holland*, dat, in het jaar 1439 omdijkt zijnde, thans een gedeelte van den *Oude-Koorndijksche-polder* uitmaakt.

STOLP (DE GROOTE-), hofstede in *Amstelland*, prov. *Noord-Holland*, arr. en 1½ u. O. ten Z. van *Amsterdam*, kant. en 2 u. N. W. van *Weesp*, gem. *Diemen-en-Diemerdam*, nabij Diemerbrug.

STOLPEN (DE), geh. in *de Zijpe*, prov. *Noord-Holland*, arr. en 4½ u. N. ten O. van *Alkmaar*, kant. en 1 u. N. W van *Schagen*, gem. *Zijpe*, ½ u. N. W. van Schagerbrug, nabij het Noordhollandsche-kanaal; met 12 h. en 80 inw.

STOLTERIJ, geh. in *Fivelgo*, prov. *Groningen*, arr., kant. en 1 u. O. van *Appingedam*, gem. en 5 min. Z. van *Delfzijl*, bij *Farmsum*, waartoe het behoort.

STOLTERIJ, h. in het *Klei-Oldambt*, prov. *Groningen*, arr. en 3½ u. N. N. W. van *Winschoten*, kant. en 3 u. N. van *Zuidbroek*, gem. en 2 u. Z. W. van *Termunten*, 10 min. Z. W. van *Wagenborgen*, waartoe het behoort.

STOLTZEMBURG, voorm. heerl. in het grooth. *Luxemburg*, arr. *Diekirch*, kant. *Clerff*; palende N. en N. O. aan de Our, O. aan het graafs. Vianden, Z. en Z. W. aan de heerl. Brandenburg, W. aan het balj. van Diekirch.

Deze heerl. bevatte niets dan het d. Stoltzemburg en het geh. Putscheid, en daarin 60 h. met 390 inw. Zij is sinds eeuwen in het geslacht der VAN DER HEYDEN geweest. Zij was onder het Oostenrijksch gesteld op 10 sch. 11 den. van elke 1000 flor., die het Luxemburgerland opbragt.

STOLTZEMBURG of STOLZEMBURG, d. in de heerl. *Stolzemburg*, grooth. *Luxemburg*, arr. en 3 u. N. van *Diekirch*, kant. en 4 u. Z. O. van *Clerff*, gem. en ¼ u. O. ten N. van *Putscheid*, aan de Our, die er den Maasbach opneemt. Men telt er 50 h. met 320 inw.

De bevolking vindt meest hun bestaan in den landbouw. Ook heeft men er eene kopermijn, welke vroeger ontgind is, doch niet aan de kosten der uitgraving schijnt voldaan te hebben, daar zij sedert het jaar 1772 verlaten is.

In 1749 hadden de bewoners van STOLZEMBURG opgemerkt, dat de beek Klan of Klang, van Putscheid komende en bij onweders door bergwater verbreed, korrels van geelachtig metaal met zich voerde. Welhaast geloofde men de mijn zelf ontdekt te hebben, en het volk, dat zoo gaarne aan goud gelooft, bestempelde de belangwekkende hoogte met den naam van Goldknop of Goldberg. De Baron VAN DER HEYDEN, toenmalige Heer van STOLZEMBURG, vroeg concessie, maar deed den arbeid staken, toen hij, in plaats van goud, koper vond.

In 1764 werd eene nieuwe vergunning toegestaan aan zekeren Heer THILMAN STEYER van Trier, waarmede zich, in het volgende jaar, de Heer ANTHONIE PESCATORE van Luxemburg verbond. Den 22 December 1768 verkreeg de Heer ANTHONIE PESCATORE de concessie voor zijne persoonlijke rekening, maar ook hij zette de werken niet lang voort. Zij werden in 1772 gestaakt. Na hem, in 1798 en 1801, hebben nog onderscheidene personen pogingen gedaan om concessionnarissen te worden, doch steeds vruchteloos. In laatstgenoemd jaar en later in 1813 deed het Fransche gouvernement echter, door zijne ingenieurs, de mijn te STOLZEMBURG onderzoeken. Zij werd van groot belang bevonden, maar men achtte het, voor het goed slagen van het werk, noodzakelijk, ten einde niet met het water te kampen te hebben, de mijn op twee plaatsen van afwateringskanalen te voorzien, het eene naar de zijde van de Our, het andere naar de zijde van de Blees. In 1822 bood de kompagnieschap, bekend onder den naam van *Société du grand duché de Luxembourg*, Koning WILLEM I een verzoekschrift aan, om de mijn te mogen ontginnen, maar met de omwenteling van 1830 eindigde ook deze proeve. In den aanvang des jaars 1847 is bij het gouvernement andermaal aanvrage gedaan, om de mijn te exploiteeren. Die aanvrage is geschied door den Heer A. PESCATORE, den zoon van den concessionnaris van 1765 tot 1772. Mogt deze nieuwe poging met een gunstig gevolg worden bekroond, dan zou dit zeer weldadige gevolgen voor STOLZEMBURG kunnen hebben, welk dorp reeds driemaal, gedurende een tijdperk van vijf en twintig jaren, is in de asch gelegd. Zie verder het art. GOLDBERG (DE).

De inw., die allen R. K. zijn, maken eene par. uit, welke tot het vic. apost. van *Luxemburg*, dek. van *Vianden*, behoort, en door eenen Pastoor bediend wordt.

STOLWIJK, gem. in den *Crimpenerwaard*, prov. *Zuid-Holland*, arr. *Rotterdam*, kant. *Schoonhoven* (9 k. d., 17 m. k., 3 s. d., 1 afd.); palende N. aan Haastrecht-en-de-Vlist, O. aan Haastrecht-en-de-Vlist en Bergambacht, Z. aan Bergambacht en Zuidbroek, W. aan Berkenwoude-en-Achterbroek en Gouderak.

Zij bevat den Bovenkerksche-polder, den Lang-Schoonouwensche-polder, den Kort-Schoonouwensche-polder, den Koolwijksche-polder, den Benedenkerksche-polder, den pold. Beneden-Heul, den pold. Klein-Stolwijk, den Beijersche-polder en den Hoflandsche-polder, en daarin het d. Stolwijk, de geh. Beijersche, Koolwijk, Benedenheul en Schoonouwen, benevens eenige verstrooid liggende huizen, en beslaat, volgens het kadaster, eene oppervlakte van 2589 bund. 90 v. r. 2 v. ell., waaronder 2588 bund. 90 v. r. 38 v. ell. belastbaar land. Men telt er 231 h., bewoond door 275 huisgez., uitmakende eene bevolking van ongeveer 1520 inw.

Van Stolwijk ontleent de, in deze streken vervaardigd wordende, zoetemelksche kaas, den naam van Stolksche kaas, waarvan hier, vóór dat deze gem. in 1751 en 1760 door de hooge watervloeden geteisterd werd, eene bloeijende weekmarkt was. Deze is echter sedert naar Gouda verplaatst, alwaar zij nog, onder den naam van Stolksche kaasmarkt, bestaat. Thans nog is de bereiding dier kaas het voorname middel van bestaan der inwoners, van welke velen op de hier liggende fraaije boerderijen een aangenaam verblijf vinden. Men heeft er bovendien eene leerlooijerij, eene touwslagerij en eenen korenmolen.

De Herv., die er 1400 in getal zijn, onder welke 400 Ledematen, maken eene gem. uit, welke tot de klass. van *Gouda*, ring van *Schoonhoven*, behoort. De eerste, die in deze gem. het leeraarambt heeft waargenomen, is geweest Gerardus Jacobi Douwe, die in het jaar 1574 herwaarts kwam, en in het jaar 1575 naar Boskoop vertrok van waar hij ook herwaarts was gekomen. Het beroep geschiedt door den kerkeraad.

De R. K., van welke men er 40 aantreft, worden tot de stat. van *Haastrecht* gerekend. — Men heeft in deze gem. ééne school.

Deze gem. heeft van oude tijden af gedeeltelijk behoord aan de Heeren van Arkel en gedeeltelijk aan de Graven van Blois, als Heeren van Schoonhoven en Gouda, doch na de verbeurdverklaring der goederen van Arkel en het sterven der Heeren van Blois, is Stolwijk bij de grafelijke domeinen gevoegd, en de heerlijkheid bij openbare verkoop, op den 10 Augustus 1730, door Cornelis den Gorde, voor eene som van 12,200 gulden, voor rekening der Ingelanden verkregen, welke daarvan nog bezitters zijn. Zij stellen bij meerderheid van stemmen eenen sterfheer aan: ook hebben alle, die eenig eigen land in dit ambacht bezitten, het regt tot de verkiezing van den Secretaris, ofschoon zij er niet woonachtig zijn.

Het d. Stolwijk, bij verbastering veelal Stolkwijk en bij verkorting meestal Stolk geheeten, ligt 4½ u. O. N. O. van Rotterdam, 1¼ u. N. W. van Schoonhoven, 1¾ u. Z. W. van Gouda. Het is vrij groot.

Op den 24 Maart 1270 vergunde Jan van Blois, Heer van *Schoonhoven en Gouda*, aan die van Stolwijk het maken van eenen watergang, die beginnen zou op Gouderak en van Achterbroek, met zoo veel vlieten als zij noodig oordeelden, strekkende door den Tiendweg regt op, door den IJsseldijk ter halver IJssel toe, met zoo vele sluizen als men noodig zoude achten, wordende al verder vergund, eenen put

uwelijks ontwaarde, dat men in de nabijheid van zijne legerstede ige spijzen bereidde, of halfsluimerende eischte hij die, at smakelijk rvan en sliep weder voort, zonder wakker te worden. Het einde ; dat men hem en de zijnen aan hun lot overliet.

Stolwijk is door de hooge watervloeden van 1751 en 1760 jammer- geteisterd geworden, zoo dat de landerijen meer dan een jaar lang der water hebben gestaan. Na dien tijd heeft het zijnen ouden ster wel weder bekomen; hoewel het vóór de gezegde rampen veel krijker is geweest dan heden, dewijl vele ingezetenen, daardoor eschrikt, zich naar elders hebben begeven, om niet weder aan gelijke onheilen te zijn blootgesteld.

In den nacht tusschen 7 en 8 September 1837 heeft te Stolwijk eene weldige brand gewoed, waardoor, een groot gedeelte van het dorp de asch werd gelegd. De herbouwing van dat gedeelte heeft echter het dorp veel in aanzien en fraaiheid doen winnen.

Het wapen bestaat uit een veld van sinopel met drie kazen van zilver.

STOLWIJK (KLEIN-), pold. in den *Crimpenrewaard*, prov. *Zuid-Holland*, arr. *Rotterdam*, kant. *Schoonhoven*, gem. *Stolwijk*; palende . W. aan Achterbroek, N. O. aan den Beijersche polder, Z. O. aan en pold. Benedenheul, Z. W. aan den Berkwoudsche-polder.

Deze pold., welke eene oppervlakte beslaat van 1940 bund. en wordt oor vier molens en twee sluizen van het overtollige water ontlast.

STOLWIJKSCHE-BOEZEM, waterboezem aan het einde van de *Stolwijksche-vliet* of *Goudsche-vliet*, tegen over de stad Gouda, waardoor Stolwijk zijn overtollig water door de Stolwijksche-sluis afzet.

Deze boezem, hoewel in de gem. *Haastrecht* liggende, behoort echter tot de gem. *Stolwijk*, zijnde 1 u. N. W. van het d. gelegen.

STOLWIJKSCHE-DIJK (DE) of de Stolwijksche-weg, dijk in den *Crimpenrewaard*, prov. *Zuid-Holland*, welke zich in eene noordwestelijke strekking langs den Polder-van-Stolwijk en het Veerstalblok uitstrekt tot aan den IJsseldijk bij de Stolwijksche-sluis. — Deze dijk dient tevens tot weg van Stolwijk naar Gouda.

STOLWIJKSCHE-SLUIS (DE), sluis in den *Crimpenrewaard*, prov. *Zuid-Holland*, waardoor de Stolwijksche-boezem zich in den IJssel ontlast.

STOLWIJKSCHE-VLIET (DE), de Stolwijker-vaart of Goudsche-vliet, water in den *Crimpenrewaard*, prov. *Zuid-Holland*, dat bij Stolwijk zijnen oorsprog neemt en, in eene noordwestelijke strekking, naar de *Stolwijksche-boezem* loopt, waarin het zich ontlast.

STOLWIJKSCHE-WEG (DE), dijk in den *Crimpenrewaard*, prov. *Zuid-Holland*. Zie Stolwijksche-dijk (De).

STOM-MEER, voorm. meer in *Rijnland*, prov. *Noord-Holland*, dat in het jaar 1650 bedijkt is en thans eenen pold. uitmaakt, arr. *Amsterdam*, kant. *Nieuwer-Amstel*, gem. *Aalsmeer-en-Kudelstraat*; palende N. W. aan het Oosteinde en het dorp Aalsmeer, N. O. aan de Oosteinder-Poel, Z. O. aan het bedijkte Horn-meer, Z. W. aan den Heereweg.

Deze pold., welke in het jaar 1650 bedijkt is, beslaat, volgens het kadaster, eene oppervlakte van 167 bund. 60 v. r. 30 v. ell., waaronder 153 bund. 28 v. r. 18 v. ell. schotbaar land; telt 2 h., beide boerderijen, behoorende de overige landen meest aan boeren of veehouders, op het dorp en den Uiterweg wonende. Het Stom-meer wordt door eenen molen van het overtollige water ontlast. Het polderbestuur bestaat uit eenen Secretaris en vier Poldermeesters, waarvan jaarlijks twee aftreden.

[illegible]

[illegible] Steenwijk [illegible]

[illegible] Tertaarij. [illegible]

[illegible] — De [illegible]

[illegible] bestaand uit een veld van [illegible] een hert [illegible], drinkende uit [illegible] vat [illegible] van eene kraan uit eene [illegible] alles [illegible], achter het hert een boom van sinopel.

STOMPWIJK (DROOGGEMAAKTE-GROOTE-POLDER-VAN-), pold. in *Rijnland*, prov. *Zuid-Holland*, arr. *'s Gravenhage*, kant. *Voorburg*, gem. *Stompwijk-Wilsveen-Leydschendam-Zuidzijde-en-Tedingerbroek*; palende N. aan den Meeslouwen-polder, den Huiszitten-polder en den Westeindsche-polder, O. aan den Groote-Blankaart en den Kleine-Blankaart en den Meer-polder, Z. O. aan den Nieuwe-Drooggemaakte-polder-van-Soetermeer, Z. aan den Driemans-polder, Z. W. aan den Tedingerbroeksche-polder, W. aan den Starrevaartsche-polder en den Damhouders-polder. — Zij wordt door 9 watermolens op verschillende togten of slooten drooggemalen. Langs de west en noordzijde liggen de zuidelijke huizen en de kerk van Stompwijk aan den Stompwijkerweg.

STOMPWIJKER-WATERING (DE), water in *Rijnland*, prov. *Zuid-Holland*, dat in de nabijheid van Soeterwoude een begin nemende in eene zuidwestelijke rigting langs den Stompwijkerweg naar den Leydschendam loopt en zich daar in *de Vliet* ontlast.

STOMPWIJKERWEG (DE), naam, waaronder het d. Stompwijk, in *Rijnland*, prov. *Zuid-Holland* ook voorkomt, zijnde den rijweg, loopende van den Leydschendam in eene N. O. strekking naar Soeterwoude en waaraan de huizen van eerstgenoemd dorp over eene lengte van een uur gaans, ter weerszijden verspreid liggen; ook staat de R. K. kerk er aan.

STOMPWIJK-WILSVEEN-LEYDSCHENDAM-ZUIDZIJDE-EN-TEDINGERBROEK, gem. in *Rijnland*, prov. *Zuid-Holland*, arr. *'sGravenhage*, kant. *Voorburg* (8 k. d., 27 m. k., 1 s. d.); palende N. aan de gem. Voorschoten en Soeterwoude, O. aan Benthuizen en Soetermeer, Z. aan Nootdorp, Hoogeveen en Nieuweveen.

Deze gem. bestaat uit de voorm. afzonderl. heerl. Stompwijk, Wilsveen en Tedingerbroek en bevat de volgende pold: Tedingerbroek, den Groote-Drooggemaakte-polder, den Starrevaartsche-polder, den Damhouders-polder, den Meeslouwen-polder, den Huiszitten-polder, den Rietpolder, den Spek-polder, den Groote-Blankert, den Kleine-Blankert en een gedeelte van den Westeindsche-polder, den Geer-polder, den Meer-polder en den Driemans-polder. Zij beslaat, volgens het kadaster, eene oppervlakte van 3196 bund. 14 v. r. 52 v. ell., waaronder 3169 bund. 99 v. r. 14 v. ell. belastbaar land. Men telt er 423 h., bewoond door 443 huisgez., uitmakende eene bevolking van 2300 inw., die meest in den landbouw en graanteelt hun bestaan vinden.

De Herv., die er 540 in getal zijn, maken de gem. van *Leydschendam-en-Wilsveen* uit. — De R. K., van welke men er 1730 aantreft, maken de stat. van *Stompwijk* uit. — Men heeft in deze gem. drie scholen, als: eene te Stompwijk, eene te Wilsveen en eene aan den Leydschendam.

Deze gem. is eene heerl. van de stad Leyden, waarvan de Regering de betrekking van Ambachtsheer uitoefent.

Het wapen dezer gem. is het zelfde als dat van de heerl. Stompwijk.

STON, naam, welken de Negers geven aan den verl. houtgrond Garcias-Kamp, in *Nederlands-Guiana*, kol. *Suriname*. Zie Garcias-Kamp.

STOOF (DE), geh. in het markgr. van *Bergen-op-Zoom*, prov. *Noord-Braband*, *Vierde* distr., arr. en 3 u. W. ten N. van *Breda*, kant. en 40 min. W. N. W. van *Ouden-Bosch*, gem. *Oud-en-Nieuw-Gastel*, 20 min. N. O. van Oud-Gastel.

Dit geh. is van ouds de BAYLAKE-STOOF genoemd, naar eene daarstaande meetstoef.

STOOF-POLDER (DE), wijk of sectie van de *Watering-van-Lamswaarde*, in *Staats-Vlaanderen*, in *Hulster-Ambacht*, prov. *Zeeland*, arr. *Goes*, kant. en distr. *Hulst*, gem. *Hontenisse*.

Men rekent de kadastrale grootte op 110 bund. 3 v. r. 94 v. ell. en daarin staan 3 hofsteden en 8 andere woningen. Zie voorts LAMSWAARDE (WATERING-VAN-).

STOOF-POLDER (DE), onbehuisde pold. in het voorm. eil. *Duiveland*, prov. *Zeeland*, arr. en kant. *Zierikzee*, gem. *Bruinisse*; palende N. aan het vaarwater de Grevelingen, O. aan of langs het vaarwater het Zijpe; Z. aan het geh. Zijpe W. aan den Polder-van-Bruinisse.

Deze pold., welke zijnen naam ontleent van de meestoof van Bruinisse, die er nabij staat, is in het jaar 1621 voor de eerste maal bedijkt, ter grootte van 74 gemeten 73 roeden. Thans is hij groot, volgens het kadaster 26 bund. 9 v. r. 60 v. ell., waaronder 24 bund. 97 v. r. 80 v. ell. schotbaar land. Hij ontlast zich van het overtollige water door eenen duiker in de Bruinisse-polder. Op den oostdijk van dezen pold. staan 2 lamplichten, 450 ell. van elkander, het zuidelijkste is het hoogst; zij zijn op 1 en 1½ mijl zigtbaar. Deze beide lichten in een houdende, dienen om van het Krammer in het Zijpe te komen. Het polderbestuur wordt door dat van Bruinisse uitgeoefend.

STOOKHORST, voorm. adell. h. in het graafs. *Zutphen*, prov. *Gelderland*, kw., distr., arr. en 4½ u. O. van *Zutphen*, kant. en ½ u. W. van *Doetinchem*, gem. *Ambt-Doetinchem*, in de buurs. *Dichteren*.

Thans is het eene wel ingerigte boerenplaats, welke met de daartoe behoorende gronden eene oppervlakte beslaat van 66 bund. 10 v. r. 90 v. ell., en in eigendom bezeten en bewoond wordt door den Heer DERK JAN JALINK.

STOOP (HET HUIS-TE-) of STOOPENBURG, voorm. adell. h. in *Rijnland*, prov. *Zuid-Holland*, arr. en 1 u. Z. O. van *Leyden*, kant. en 1½ u. W. van *Alphen*, gem. en ½ u. N. van *Hazerswoude*.

Het heeft zijnen naam van STOOP of STOOPENBURG, naar dengene die het heeft doen bouwen. Het had zeer dikke muren en uit het dak rees een vierkant steenen torentje op, met eene spitse kap, die met leijen gedekt was. Dit huis is voor vele jaren gesloopt. Thans ziet men er niets meer dan eene geringe boerenwoning, welke met de daartoe behoorende gronden, eene oppervlakte beslaat van 8 bund., en in eigendom bezeten wordt door den Heer ARIE RETHAARD, woonachtig te Hazerswoude.

STOOPE-POLDER (DE), pold. in den *Hoeksche-waard*, prov. *Zuid-Holland*, arr. *Dordrecht*, kant. *'s Gravendeel*, gem. *Strijen*; palende N. O. aan den Oude-Gorzen-polder, Z. O. en Z. W. aan den Oudendijk, W. aan den Oud-Bevervoortsche-polder.

STOOTSHORN, geh. in het *Oldambt*, prov. *Groningen*, arr. en 3 u. N. W. van *Winschoten*, kant. en 1½ u. N. van *Zuidbroek*, gem. en 20 min. W. van *Noordbroek*; met 42 h. en 225 inw.

STOPBERGEN, voorm. buit. in *Gooiland*, prov. *Noord-Holland*, arr. en 5 u. Z. O. van *Amsterdam*, kant. en 1½ u. Z. van *Naarden*, gem. *'s Graveland*. — Deze buit. is thans vereenigd met de buit. *Hilverbeek*.

STOPELHOFF, groote hoeve in het balj. van *Arlon*, meijerij van *Warnach*, grooth. *Luxemburg*, kw., arr. en 6 u. Z. W. van *Diekirch*, kant. en ½ u. W. van *Redingen*, gem. *Ell*.

STOPELHOFF of Stoppelhof, uitgebreide pachthoeve in het balj. van *Echternach*, grooth. *Luxemburg*, kw. en 3 u. N. N. O. van *Grevenmacher*, arr. en 4 u. Z. O. van *Diekirch*, kant. en 1½ u. Z. W. van *Echternach*, gem. *Consdorff*. Zij heeft thans 4 bewoners.

STOPPELAARSBRUG (DE), brug op de grenzen der prov. *Noord-Holland* en *Utrecht*. Zie Stokkelaars-brug.

STOPPELDIJK, gem. in *Staats-Vlaanderen*, in *Hulster-ambacht*, prov. *Zeeland*, arr. *Goes*, kant. en distr. *Hulst* (5 k. d., 12 m. k., 5 s. d.); palende N. aan de gem. Hengstdijk, O. aan de gem. Hontenisse, Z. aan St. Jansteen, W. aan Boschkapelle.

Deze gem. bevat het d. Paulus-polder, het geh. Rapenburg, de b. Campen, Luntershoek, de Magaret en den Patrijzenhoek, de pold. Groot-Cambron, Klein-Cambron, den Havik-polder en den Sir-Paulus-polder, een gedeelte van den pold. Stoppeldijk en van Hulster-Nieuwland en een klein deel van dien van Riet- en Wulfsdijk. Zij beslaat eene kadastrale oppervlakte van 2041 bund. 37 v. r. 92 v. ell., waaronder 2012 bund. 3 v. r. 89 v. ell. belastbaar land; telt 273 h., bewoond door 300 huisgez., uitmakende eene bevolking van ruim 1500 zielen, die meest in den landbouw en in het graven of steken van den zoogenaamden derrieturf hun bestaan vinden. Voorts zijn in deze gemeente eene meestoof en twee koren windmolens.

De inw., die op 23 na, allen R. K. zijn, maken eene par. uit, behoorende tot het vic. gen. van *Breda*, dek. van *Hulst*, en bediend wordende door eenen Pastoor. Men telt er nagenoeg 1000 Communikanten.

De 23 Herv., behooren tot kerk. gem. van *Hontenisse*. Tot op het laatst van 1796, bestond er alhier eene Herv. gemeente, welke, gecombineerd met die van *Hengstdijk*, door éénen Predikant bediend werd. De laatste Predikant was Antonius Wilhelmus Koocken, die van 1784 hier stond en in 1796 naar de gemeente Hoek is vertrokken. De Herv. leer moet hier reeds in de zestiende eeuw zijn verkondigd, althans wij vinden dat zekere Proponent Hermanus Strange, door de klassis van Hulst, tot eersten Predikant te Hengstdijk is beroepen, den 3 Februarij 1579, en in dienst is gebleven tot 1583 (1), als wanneer door de verraderlijke overgave van Hulst en het ambacht, aan Parma, de verkondiging der Hervormde leer, weder is moeten worden gestaakt. Wij hebben niet kunnen opsporen, wanneer deze gem. andermaal tot stand is gekomen, nadat deze streken op nieuw onder het gezag der Algemeene Staten terug gebragt waren, noch wie daarbij de eerste Leeraar is geweest; echter vinden wij, op het jaar 1653, Melchior Clock, als Predikant van Hengstdijk c. a. vermeld.

De R. K. kerk op het dorp Paulus-polder, (zijnde het eenigste kerkgebouw in deze burgel. gem.), is aan den H. Gerulphus toegewijd. Het is een oud gebouw, van een orgel voorzien, door den destijds aldaar dienstdoende Pastoor, in 1817, ten geschenke gegeven. Deze kerk, na de Reformatie, door de Herv. gebruikt geworden zijnde, is in 1799 aan de R. K. terug gegeven.

De dorpschool wordt in den zomer door een gemiddeld getal van 45 en in den winter door 75 leerlingen bezocht.

Van het onder deze gemeente gelegen geh. en veer van Campen, alwaar gelegenheid bestaat, om over het Hellegat te worden overgezet, vaart eene marktschuit op Dordrecht en Rotterdam.

---

(1) Ypey te Water, *Kort verhaal der Reformatie in Zeeland*, in de 16 eeuw, bl. 198.

Het wapen dezer gemeente is gefasceerd in drie deelen, het bovenste van goud, het middelste van sinopel, het onderste gegolfd van zilver. Op het eerste vier schoven in natuurlijke kleur; op het tweede twee evengelijke schoven en op het derde een gegolfde fasce van sinopel.

STOPPELDIJK (POLDER-VAN-), pold. in *Staats-Vlaanderen*, gedeeltelijk in *Hulster-ambacht* en gedeeltelijk in *Axeler-ambacht*, prov. *Zeeland*, arr. *Goes*, kant. en distr. *Hulst*, gedeeltelijk gem. *Stoppeldijk*, gedeeltelijk gem. *Boschkapelle*; palende N. aan den pold. Rummersdijk en Klein-Hengstdijk, O. aan den pold. Groot-Hengstdijk, Paulus-polder en den Haven-polder, Z. aan den pold. Groot-Cambron, den pold. Klein-Cambron en een gedeelte van den, in 1845, uit de schorren van het Hellegat, nieuw bedijkten Catharina-polder, W. aan het Hellegat.

Deze pold. heeft eene kadastrale uitgestrektheid van 1293 bund. 7 v. r. 47 v. ell., waarvan onder de gem. *Stoppeldijk* 611 bund. 47 v. r. 7 v. ell. en onder *Boschkapelle* 681 bund. 60 v. r. 40 v. ell. Hij is schotbaar groot 784 bund. 8 v. r. 36 v. ell. Daarin ligt het d. Boschkapelle, de geb. Campen, Luntershoek, Rapenburg en het Stoppeldijksche-veer; voorts staan daarin eene meestoof en twee korenmolens, waarvan een tevens watermolen, om bij hoogen waterstand de laag gelegene weilanden van het water te ontlasten en in de gewone waterleiding van den polder te brengen, en eindelijk 22 hofsteden en 132 bijzondere woningen, waarvan 9 hofsteden en 17 woningen onder *Stoppeldijk* en de overige onder *Boschkapelle* zijn gelegen.

Op den 16 Mei 1643 is door de Staten-Generaal dezer landen, octrooi verleend » aan Benedictus van Munster, Proost van St. Willi» brordus, benevens aan Adriaan, Alexander, Hendrik en Gerard van » Munster, om te mogen bedijken de landerijen, schorren, slikken en » blikken, genaamd Stoppeldijk, bij hen bezeten uit krachte van erfe» nis, koop en admodiatie, voor zoo ver die gelegen zijn in het ambacht » van Axel, onder anderen, met het regt van vrije jagt, vogelarij, vis» scherij, behoudens dat onder deksel van deze vrijheden, niets gedaan, » noch geattenteerd worde, ten nadeele van den Staat en onder expresse » conditie, dat over deze dijkaadje op de eilanden, frontieren en stroomen » dezer landen, geenerlei excursien met chaloupen, wagens of anderzins » gedaan of gevangenen opgebragt worden, op poene van te verliezen » de vruchten van dezen octrooie." Zijnde door de Staten ten zelfden dage, gelijk octrooi verleend voor het onder Hulster-ambacht gelegen gedeelte, met deze bijvoeging, » dat op deze bedijking geen forten of » andere fortificatiewerken mogen worden gelegd." Deze octrooijen (1) zijn nader bevestigd en geamplieerd op den 6 Januarij 1644, in overeenstemming met het octrooi door den Koning van Spanje verleend, voor de landen behoorende tot zijn gebied. De indijking is begonnen in 1644 en voltooid in 1645.

Het polderbestuur is toevertrouwd aan eenen Dijkgraaf, twee Gezworenen en eenen Ontvanger-Griffier en de polder watert door de sluizen van Campen op het Hellegat uit.

STOPPELDIJKSCHE-VEER (HET), geh. in *Staats-Vlaanderen*, prov. *Zeeland*, arr. en 6½ u. Z. O. van *Goes*, kant., distr. en 2 u. N. W. van *Hulst*, gem. en 20 min. Z. van *Boschkapelle*; met 7 h., bewoond door 8 huisgez., uitmakende eene bevolking van 40 zielen.

---

(1) Men vindt die in het groot plakkaatboek, D. I, bl. 1978 en D. II, bl. 1964.

Er bestond hier vroeger een veer om over het Hellegat te worden overgezet op het, daar tegen over liggend, Zaamslagsche-veer; zelfs voer van dáár eene marktschuit op Rotterdam, doch sedert, in 1845, uit de Schorren van het Hellegat, de Nieuwe-Catharina-polder is ingedijkt, is daardoor dat veer geheel te niet gegaan.

STOPPELHOFF, uitgebreide pachthoeve in het balj. van *Echternach*, grooth. *Luxemburg*. Zie STOPELHOFF.

STORK (DE), geh. in *Fivelgo*, prov. *Groningen*, arr., kant. en 2 u. W. ten N. van *Appingedam*, gem. en ½ u. Z. O. van *Loppersum*, ¾ u. N. van Garrelsweer, ¾ u. N. W. van Wirdum, waartoe het behoort, ten N. van het Damsterdiep; met 2 h. en 13 inw.

STORKEDIJK (DE), dijk in de *Schagerkogge*, prov. *Noord-Holland*, gem. *Schagen-en-Burghorn*, welke in eene westelijke strekking tusschen de Kaag en Schagen-Zuidzijde, van Tjallewal naar den Tolker of Zijdwinddijk loopt.

STORKROE, naam, welken de Negers geven aan de koffijplant. STOLKWIJK en aan de verl. plant. STOLKERTSVLIJT, in *Nederlands-Guiana*, kol. *Suriname*. Zie STOLKERTSVLIJT en STOLKWIJK.

STORMERDIJK of STORMDIJK, buit. in het *Nederkwartier*, prov. *Utrecht*, arr. en 1 u. Z. ten W. van *Utrecht*, kant. en 1 u. O. N. O. van *IJsselstein*, gem. en 10 min. O. van *Jutphaas*.

Dit buit., door het geslacht der VAN RIJNS, zoo men meent, gesticht, werd in het jaar 1610 een eigendom van Jonkheer ALBERT PROBIS. In de laatste helft der vorige eeuw was het vervallen en in handen van den Heer WILLEM HENDRIK Baron VAN UTENHOVEN, doch bewoond door huislieden, zijnde er toen alleen een oude spijker of woonhuis van overig. In 1809 werd het door den tegenwoordigen eigenaar, den Heer WILLEM HENDRIK PHILIBERT Baron VAN UTENHOVEN, weder opgebouwd en is thans eene aanzienlijke buitenplaats, welke, met de daartoe behoorende gronden, eene oppervlakte beslaat van 73 bund. 35 v. r. 22 v. ell.

STORMEZAND, pold. in het eil. *Zuid-Beveland*, prov. *Zeeland*. Zie STORMEZAND.

STORMPOLDER, gem. aan den *Crimpenrewaard*, prov. *Zuid-Holland*, arr. *Rotterdam*, kant. *Schoonhoven* (9 k. d., 17 m. k., 3 s. d., 1 afd.); palende N. W. aan den IJssel, N. O. aan de Sliksloot, die haar van de gem. Crimpen-op-den-IJssel en Crimpen-aan-den-Lek scheidt, Z. en Z. W. aan de Merwede.

Deze gem. maakt dus een eiland uit, en bevat eenen polder, insgelijks de Stormpolder geheeten, benevens de daartegen aanliggende slikken. Zij bevat noch d., noch geh., maar alleen eenige verstrooid liggende h.; beslaat eene oppervlakte van 153 bund. 26 v. r. 60 v. ell., waaronder 113 bund. 64 v. r. 99 v. ell. belastbaar land. Men telt er 40 h., bewoond door 49 huisgez., uitmakende eene bevolking van 230 inw., van welke eenigen hun bestaan vinden in den landbouw en anderen in de vischvangst. Men heeft er ook eene steenbakkerij, drie scheepstimmerwerven en een veer op den Crimpenrewaard

Sommigen willen, dat dit eiland vroeger aan den Crimpenrewaard is vastgehecht geweest, en dat het door watervloeden en overstroomingen daarvan is afgescheiden. Hiervan bestaan evenwel geene bewijzen. Veel waarschijnlijker is het, dat er in oude tijden eene zandplaat in den breeden mond van den IJssel is ontstaan, welke den oorsprong aan dit eiland gegeven heeft.

De inw., die er, op 14 na, allen Herv. zijn, behooren tot de gem. van *Ouderkerk-Crimpen-op-den-IJssel-en-Stormpolder*. — De 14 R. K., die er wonen, worden tot de stat. van *Haastrecht* gerekend. — Men heeft in deze gem. geen school, maar de kinderen genieten onderwijs te *Ouderkerk-op-den-IJssel.*

Deze gem. is eene heerl., welke een achterleen was van den huize VAN DE LEK. Langen tijd is zij bezeten geweest door het adellijk geslacht VAN KRALINGEN, waarvan het in vroeger tijden ook veeltijds KRALINGER-POLDER is genaamd geweest. Den 21 Mei 1564, bij de scheiding der vaderlijke goederen, tusschen de broeders WILLEM en OSTSIER VAN KRALINGEN, is onder anderen aan WILLEM ten deel gevallen alle eigenlijke renten en erven in het ambacht van den polder, die STORMPOLDER genaamd wordt; belovende OSTSIER zijnen broeder behulpsaam te zullen zijn bij den Heer VAN DE LEK om hem met het ambacht van den STORMPOLDER en zijn toebehooren te willen verlijden. Naderhand en wel den 21 Augustus 1592 is door den Heer VAN DE LEK, bij afstand van JAN ROO VAN UTRECHT, Heer *van den Tempel,* STORMPOLDER, als een onversterfelijk leen, verleend aan WILLEM VAN OLDENBARNEVELD, zoon van 's Lands Advocaat JOHAN VAN OLDENBARNEVELD. Toen, bij het crimineel vonnis, tegen dezen gewezen, alle zijne goederen verbeurd verklaard werden, beweerde de Procureur-Generaal, dat onder de verbeurd verklaarde goederen ook den STORMPOLDER was begrepen, doch dit door den Heer VAN DE LEK, als Leenheer, tegengesproken zijnde, is bij sententie van den hove, dato 1 Julij 1631, verklaard: dat de STORMPOLDER, met de landen, tienden, visscherij en geregtigheden, daartoe behoorende, aan den Heer VAN DE LEK, als Leenheer vervallen was en vrij aan hem toebehoorde. Sedert is deze heerl. tot heden bezeten door de Graven en Gravinnen van NASSAU LA LECQ.

Het wapen bestaat uit een veld van silver, met drie halve manen en eene S en pointe, alles van sabel.

STORM-POLDER, pold. aan den *Crimpenrewaard,* prov. *Zuid-Holland,* arr. *Rotterdam,* kant. *Schoonhoven,* gem. *Stormpolder;* palende N. aan de slikken tegen den IJssel, N. O. aan de Sliksloot, die hem van den pold. Crimpen-op-den-IJssel en Crimpen-aan-de-Lek scheidt, Z. en W. aan de slikken tegen de Merwede.

STORM-POLDER (DE), onbehuisde pold. in het eil. *Zuid-Beveland,* prov. *Zeeland,* distr. en arr. *Goes,* kant. *Heinkenszand,* gem. *Oudelande;* palende N. aan den Nieuw-Oversande-polder, O. aan den Oudelandsche-polder, Z. O. aan de heerl. Oudelande, Z. aan den Noord-polder, W. aan den Kamer-polder.

Deze pold. beslaat, volgens het kadaster, eene oppervlakte van 6 bund., alles schotbaar land, en wordt door eene sluis, op de Schelde, van het overtollige water ontlast. Hij staat onder het bestuur van den Breede-polder-van-Baarland, bestaande uit eenen Dijkgraaf, drie Gezworenen en eenen Penningmeester.

STORMWIELTJE (HET), kolk binnendijks in den *Oude Prinselandsche-polder,* heerl. *Prinseland,* prov. *Noord-Braband,* aan de noordzijde, tusschen de aansluiting van den Willems-polder en het Stampersgat, veroorzaakt door eene dijkbreuk, welke in 1709 aldaar plaats had.

STORMZAND of STORMEZAND, onbehuisde pold. in het eil. *Zuid-Beveland,* prov. *Zeeland,* distr., arr. en kant. *Goes,* gem. *Wemeldinge;* palende W., N. en N. O. aan de slikken tegen de Ooster-Schelde, Z. O., Z. en Z. W. aan de Breede-watering-bewesten-Yersecke.

Deze pold. is het overschot van de heerl. STORMESANDT (zie dat woord), welke bij de watervloeden van 1530 of 1532 verdronk. In het jaar 1594 werden wel weder 244 gem. (112 bund.) van deze heerl. herdijkt, doch deze werden van nieuws in het jaar 1682 overstroomd, zoodat er nog naauwelijks 30 gemeten (15 bund.) van overig bleven.

Thans beslaat deze polder, volgens het kadaster, eene oppervlakte van 11 bund. 61 v. r. 40 v. ell. schotbaar land. Er staat daarin slechts één huis. Het polderbestuur bestaat uit dat der Breede-watering.

STORTEMELK of Oud-Stortemelk, vaarwater ten N. van Vlieland, in de Noordzee.

Dit zeegat, hetwelk eerst in het jaar 1749 en op nieuw in 1845 betond werd, loopt, in eene westelijke rigting, tusschen de noordelijke kust van Vlieland en de plaat de Scholrug. Het is het beste en gemakkelijkste der vaarwaters tusschen Vlieland en Terschelling.

STORTEMELK (HET NOORDER-), de Slenk of het Tweede-zeegat, vaarwater ten N. van de *Zuiderzee*, tusschen Vlieland en Terschelling.

Het ligt beoosten Stortemelk, loopt tusschen het Oud-Stortemelk en de Hollepoort door. Het is een lang verlaat en vereischt kundige Loodsen, voornamelijk in het waarnemen der watergetijden, alzoo de schepen hier anders gevaar loopen van door den stroom, die met de voorvloeden dwars over het gat valt, tegen de banken gezet te worden.

STORTUM, b. op het eil. *Terschelling*, prov. *Noord-Holland*, arr. en 20 u. N. van *Hoorn*, kant. en 15 u. N. van *Medemblik*, gem. en 20 min. W. Z. W. van *Midsland*, ½ u. O. ten N. van *Wester-Schelling*; met 2 h. en 10 inw. — Het is een gedeelte van het geh. *Kleine-buren*.

STOUGJESDIJK (DE), dijk in den *Hoeksche-waard*, prov. *Zuid-Holland*, loopende van den Oud-Kromstrijensche-dijk, in het d. Klaaswaal, noordwaarts naar den Oud-Beijerlandsche-dijk. Over dezen dijk loopt den kunstweg van Numansdorp naar Goidschalksoord en Oud-Beijerland.

STOUTENBURG, gem. in *Eemland*, prov. *Utrecht*, arr. en kant. *Amersfoort* (6 k. d., 7 m. k., 3 s. d.); palende N. aan de Geldersche gem. Hoevelaken, O. aan de Geldersche gem. Barneveld, Z. aan de gem. Leusden, W. aan Amersfoort.

Deze gem. bevat eenige verstrooid liggende h., uitmakende het geh. Stoutenburg. Zij beslaat, volgens het kadaster, eene oppervlakte van 1396 bund., en telt 117 h., bewoond door 129 huisgez., uitmakende eene bevolking van 660 inw., die meest in den landbouw hun bestaan vinden.

De R. K., die er 560 in getal zijn, behooren tot de stat. van *Amersfoort*, welke ook hier eene kerk heeft. — De Herv., van welke men er 100 aantreft, worden tot de gem. van *Leusden* gerekend.

Deze gem. is eene heerl., waarmede in het jaar 1754 de Heer Jan François van Lielaar, door de Staten is beleend. Zij verkreeg, in het jaar 1639, het schepenregt, in de plaats van het buurregt. Thans wordt zij in eigendom bezeten door den Heer Anthony Luden, woonachtig te Amsterdam.

Het geh. Stoutenburg ligt 1 u. O. van Amersfoort, 1½ u. N. O. van Leusden.

In dit geh. ligt de kommanderij van 's Heeren-Loo, welke tegenwoordig uit drie boerenerven, Groot-Vinkelaar, Klein-Vinkelaar en de Zwarte-Goor genoemd, bestaat. Ook is er eene school.

Vroeger stond hier mede het oud adell. kast., thans buiten, Stoutenburg. Zie het volgende art.

STOUTENBURG, voorm. kast. in *Eemland*, prov. *Utrecht*, arr., kant. en 1 u. O. van *Amersfoort*, gem. en in het geh. *Stoutenburg*.

Ter plaatse, waar dit kast. gestaan heeft, ziet men thans een vierkant gebouw, op eenen hoogen heuvel, rondom in het geboomte en omvangen van eene ruime gracht. Het oude slot werd in het jaar 1252 gesticht door Wouter, Heer *van Amersfoort*, en zeven jaren later door hem opgedragen aan Hendrik van Vianden, den acht en dertigsten Bisschop van Utrecht, van wien hij het naderhand wederom ter leen ontving, doch als een open slot van het Sticht, welke hij nimmer voor den Bisschop sluiten mogt. Gijsbert van Stoutenburg verkocht het huis, met al zijn regt daar op, in het jaar 1315, aan Guido van Avesnes, den twee en veertigsten Bisschop; welke verkoop, in het jaar 1328, door den Ridder Everard van Stoutenburg, bevestigd werd. De Bisschop schijnt het slot aanmerkelijk versterkt, of misschien op nieuw herbouwd te hebben. Hij verpandde het naderhand aan Heer Arnold van IJsselstein, van welken Jan van Arkel, de zeven en veertigste Bisschop, het, in het jaar 1343, loste, en er eenen kastelein op zette, die het, in zijnen naam, bewaren zou. Na den overgang van het huis in eigendom aan den Bisschop, hebben de Heeren van Stoutenburg zich niet meer, ten minsten zoo dikwijls niet, daarnaar doen noemen, maar naar eene andere heerlijkheid, Weede geheeten, waarvan de gemelde Everard ook Heer was geweest. Als de heerlijkheid van Stoutenburg, door koop, gekomen was aan 's Lands Advokaat Joan van Oldenbarneveld, en hij, in den jare 1615, de beleening bij de Staten van Utrecht verzocht, beweerde *hij*, dat die goederen van zijne voorouders aan de Bisschoppen waren gekomen, waarom dan ook de beleening aan hem vergund werd. Zijne nazaten hebben naderhand den naam van Stoutenburg gevoerd. Onder anderen was zijn jongste zoon Willem van Oldenbarneveld, die eenen aanslag tegen het leven van Maurits, Prins *van Oranje*, gesmeed heeft, Heer van Stoutenburg. Thans is het eene buitenplaats.

STOUTENBURG, voorm. state, prov. *Friesland*, kw. *Zevenwouden*, griet. *Utingeradeel*, arr., kant. en 2½ u. N. van *Heerenveen*, ½ u. O. N. O. van *Oldeboorn*, waartoe zij behoort, in het geb. *Oosterboorn*.

STOUTENBURG, voorm. bolwerk der stad *Utrecht*. Zie Sterrenburg.

STOUTE-POLDER (DE), volgens sommigen de eigenlijke naam van den Zoute-polder, in *Staats-Vlaanderen*, in het *Vrije-van-Sluis*, prov. *Zeeland*. Zie Zoute-polder (De).

STOUTE-POLDER (BETTE-), voorm. pold. in *Staats-Vlaanderen*, in het *Vrije-van-Sluis*, prov. *Zeeland*, distr. *Sluis*, gem. *Schoondijke*, in het Z. O. van *Baarzande*, voorkomende op kaarten van de veertiende eeuw. Hij paalde N. aan den Quadentijd-polder en den Jan-jaques-polder, O. aan den Slijssebrons-polder; de overige belendingen kunnen niet opgegeven worden, zijnde de plaats, waar hij lag, thans *Nieuwerhaven*, gem. *Schoondijke*. De pold. is dus in den mond van dat water, dat door de vloeden der veertiende en vijftiende eeuw ontstond, weggezonken, en ofschoon nu misschien weder land, toch niet met den ouden naam herdijkt.

STOUTERSGAT, geh. in het markgr. van *Bergen-op-Zoom*, prov. *Noord-Braband*. Zie Stampersgat.

STOUWDIJK (DE), dijk in *Zalland*, prov. *Overijssel*, Z. van Mastenbroek.

STOUWE, b. in *Zalland*, prov. *Overijssel*, arr. en 3½ u. N. van *Zwolle*, kant. en 2 u. Z. W. van *Vollenhove*, gem. en ½ u. N. O. van *Zwartsluis*; met 6 h. en 30 inw. — Het is het noordelijkste gedeelte van het geh. Stouwe-en-Baarlo.

STOUWE (DE), sloot of gracht in *Vollenhove*, prov. *Overijssel*, gem. *Giethoorn*, uitmakende een gedeelte van de grensscheiding tegen Steenwijkerwolde en Wanneperveen.

STOUWE (DE), dijk of kade in *Zalland*, prov. *Overijssel*, onder Stapborst, tusschen Zwartsluis en Meppel, aan de Zuidzijde van het Meppelerdiep.

STOUWE-EN-BAARLO, geh. in *Zalland*, prov. *Overijssel*, arr. en 3¼ u. N. van *Zwolle*, kant. en 2 u. Z. W. van *Vollenhove*, gem. en ½ u. N. O. van *Zwartsluis*; met 20 h. en 95 inw. — Het bestaat uit de b. Stouwe en Baarlo.

STRAASKERKE, naam, welken de landlieden veelal geven aan de dorpen *Serooskerke*, op de eil. *Walcheren* en *Schouwen*, prov. *Zeeland*. Zie SEROOSKERKE.

STRAAT (DE), b. in de *Meijerij van 's Hertogenbosch*, kw. *Oisterwijk*, prov. *Noord-Braband*, *Derde* distr., arr. en 5 u. W. van *Eindhoven*, kant. en 3 u. Z. W. van *Oirschot*, gem. *Hooge-en-Lage-Mierde-en-Hulsel*; met 17 h. en 110 inw. Dit geh. maakt de kom van het d. *Lage-Mierde* uit. Men heeft er eene school, eene kerk en toren.

STRAAT (DE), b. in de *Meijerij van 's Hertogenbosch*, kw. *Oisterwijk*, prov. *Noord-Braband*, arr. en 4 u. W. van *Eindhoven*, kant. en 3 u. Z. W. van *Oirschot*, gem. *Hooge-en-Lage-Mierde-en-Hulsel*; met 18 h. en 110 inw. Dit gehucht maakt de kom van het dorp *Hulsel* uit. Men heeft er eene school, eene kerk en toren.

STRAAT (DE), b. in de *Meijerij van 's Hertogenbosch*, kw. *Peelland*, prov. *Noord Braband*, *Eerste* distr., arr. en 5 u. ten O. Z. O. van *'s Hertogenbosch*, kant. en 1 u. O. ten Z. van *Veghel*, gem. *Erp*; met 24 h. en 260 inw. — Deze b. maakt met de b. *Brug*, de kom der gem. *Erp* uit.

STRAAT (DE), geh. in het *Land-van-Ravestein*, prov. *Noord-Braband*, arr. en 5 u. O. van *'s Hertogenbosch*, kant. en 1¼ u. W. Z. W. van *Grave*, gem. en 10 min. W. Z. W. van *Reek*, aan den weg naar Schayk; met 20 h. en 140 inw.

STRAAT (DE), wijk van de gem. *Uden*, in het *Land-van-Ravestein*, prov. *Noord-Braband*, *Eerste* distr., arr. en 5¼ u. O. ten Z. van *'s Hertogenbosch*, kant. en 1¼ u. N. O. van *Veghel*, de kom van het d. *Uden* uitmakende. Men telt er 392 h. en 1740 inw. en heeft er eene school met 200 leerlingen; behalve eene Latijnsche en Fransche school en eene kostschool voor Jongejufvrouwen.

STRAAT (DE), plaats in de *Zuiderzee*, waar men nog sporen van duifsteen zoude vinden. Zie NOORDKOOG.

STRAAT (DE GROOTE-OUDE en DE KLEINE-OUDE-), pold. in de *Langestraat*, prov. *Noord-Braband*. Zie OUDESTRAAT (DE GROOTE-) en OUDESTRAAT (DE KLEINE-).

STRAAT (OP-DE-), geh. in het *Land-van-Valkenburg*, prov. *Limburg*, distr., arr. en 3½ u. N. O. van *Maastricht*, kant. en 1 u. N. W. van *Heerlen*, gem. en ¼ u. N. W. van *Voerendaal*; met 16 h. en 100 inw.

STRAATHEIM, d. in de *Meijerij van 's Hertogenbosch*, kw. *Kempenland*, prov. *Noord-Braband*. Zie STRATUM.

STRAATJE, geh. in het graafs. *Horne*, prov. *Limburg*, arr. en 3 u. N. van *Roermond*, kant. en 3 u. Z. van *Horst*, gem. en 14 min. W. Z. W. van *Helden*; met 24 h. en 120 inw.

STRAATJE (HET EERSTE-), b. in de *Meijerij van 's Hertogenbosch*, kw. *Oisterwijk*, prov. *Noord-Braband*, *Eerste* distr., arr. en 4 u. Z. W. van *'s Hertogenbosch*, kant. en 1½ u. Z. W. van *Waalwijk*,

[illegible]

STRABROEK, volgens verkeerdelijk [illegible] gespeld, b. gemeente [illegible], van het d. Heeze in de Meijerij van 's Hertogenbosch, kw. Peelland, arr. en 3 u. Z. Z. O. van Eindhoven, kant. en 3½ u. W. Z. W. van Asten; met 30 h. en 250 inw. — Het werd aldus genoemd om dat vroeger aldaar de [illegible] was.

STRAETEN, b. in het Land-van-Valkenburg, prov. Limburg. Zie STRATEN.

STRAKRAMBE, eil. in Oost-Indië, in de Zee-van-Java, N. van het [illegible] van Java, tot de resid. Djapara behoorende, bij Karimon.

STRAMPROY, vroegere naam van het d. STRAMPROI in het vorst. Thorn, prov. Limburg. Zie STRAMPROI.

STRANDBERG, oude naam van de stad GEERTRUIDENBERG, in de heerl. Geertruidenberg, prov. Noord-Braband. Zie GEERTRUIDENBERG.

STRASSEN, d. in het balj. van *Luxemburg*, grooth. *Luxemburg*, kw., arr., kant. en ¼ u. W. van *Luxemburg*, gem. en 20 min. N. O. van *Bertringen*, aan den weg van Arlon op Luxemburg.

Het is een zeer groot en levendig dorp, waar veel doortogt is. Men telt er 177 h. en 1230 inw., allen R. K., die eene par. uitmaken, welke tot het vic. apost. van *Luxemburg*, dek. van *St. Michiel* te *Luxemburg*, behoort, en door eenen Pastoor bediend wordt.

Den 5 Maart 1815 had, bij eenen uitval der Oostenrijksche bezetting van Luxemburg, hier eene schermutseling tusschen deze en de Franschen plaats, bij welke ontmoeting van beide zijden ettelijken sneuvelden.

STRASSENWARTERHAUS, alleenstaand h. in het balj. van *Diekirch*, grooth. *Luxemburg*, kw., arr. en kant. *Diekirch*, gem. *Feulen*.

STRATEN of STRATHEM, geh. in de *Meijerij van 's Hertogenbosch*, kw. *Kempenland*, prov. *Noord-Braband*, *Derde* distr., arr. en 3 u. N. W. van *Eindhoven*, kant., gem. en ½ u. O. ten N. van *Oirschot*; met 109 h. en ruim 520 inw.

Men heeft in dit geh. eene school, welke gemiddeld door 80 leerlingen bezocht wordt. Bij dit geh. is een korenmolen.

STRATEN, STRATHEN of STRAATEN, b. in het *Land-van-Valkenburg*, prov. *Limburg*, distr., arr. en 3 u. N. O. van *Maastricht*, kant. en 1½ u. Z. O. van *Heerlen*, gem. en 20 min. Z. W. van *Nuth*, een gedeelte van het geh. *Straten-en-Hel* uitmakende.

STRATEN-EN-HEL, geh. in het *Land-van-Valkenburg*, prov. *Limburg*, distr., arr. en 3 u. N. O. van *Maastricht*, kant. en 1½ u. N. W. van *Heerlen*, gem. en 20 min. Z. W. van *Nuth*; met 33 h. en 170 inw. — Het bevat de buurtjes Straten en Hel.

In dit geh. ontsprigt een beekje, genaamd de Peltsbeek, door hetwelk een graanmolen, digt bij de kom der gem. Nuth gedreven wordt, en dat zich ten O. *de Geleen* uitstort

In het begin van het jaar 1820, is in dit geh. door zekeren MATTHIJS EYSEN, op twee plaatsen gegraven om eene koolmijn te openen, doch ter diepte van ruim 30 ell. gekomen, moest hij door het menigvuldige water en wegens gebrek aan middelen ophouden.

STRATERIS, geh. in het graafs. *Horne*, prov. *Limburg*, arr. en 4 u. W. ten N. van *Roermond*, kant. en 1 u. N. N. O. van *Weert*, gem. en 10 min. N. W. van *Nederweert*; met 33 h. en 170 inw.

STRATHEM, d. in de *Meijerij van 's Hertogenbosch*, kw. *Kempenland*. Zie STRATUM.

STRATHEM, geh. in de *Meijerij van 's Hertogenbosch*, kw. *Kempenland*, prov. *Noord-Braband*. Zie STRATEN.

STRATUM, gem. in de *Meijerij van 's Hertogenbosch*, kw. *Kempenland*, prov. *Noord-Braband*, *Derde* distr., arr. en kant. *Eindhoven* (5 k. d., 25 m. k., 5 s. d.); palende N. en N. O. aan de gem. Tongelre, O. aan de gem. Zes-Gehuchten, Z. aan Aalst, W. aan de Tongreep en den Dommel, die haar van Aalst en Gestel scheiden, N. W. aan Eindhoven en voor een zeer klein gedeelte aan Woensel-en-Eckart.

Deze gem. bevat het dorp Stratum, benevens eenige verstrooid liggende huizen; beslaat, volgens het kadaster, eene oppervlakte van 805 bund. 9 v. r. 61 v. ell., waaronder 775 bund. 95 v. r. 96 v. ell. belastbaar land. Men telt er 202 h., bewoond door 254 huisgez., uitmakende eene bevolking van 1320 inw., die meest in den landbouw hun bestaan vinden. Men heeft er 2 bierbrouwerijen, 1 lakenfabrijk, 1 wol- en katoenfabrijk, 1 ruw garendroogerij, 2 verwerijen, 1 windkoren-, 1 roskoren-, 1 vol- en 2 ros-kalander-molens.

De grond is hier zandig, doch op sommige plaatsen goed en vruchtbaar. De voortbrengselen zijn rogge, haver, boekweit, aardappelen en keuken-groenten.

De R. K., die er 1260 in getal zijn, onder welke 820 Communikanten, maken eene par. uit, welke tot het apost. vic. gen. van *'s Hertogenbosch*, dek. van *Eindhoven*, behoort, en door eenen Pastoor en eenen Kapellaan bediend wordt. Het kapittel van Eindhoven had eertijds het regt van de Pastoors dezer parochie te benoemen.

De Herv., van welke men er 25 telt, behooren tot de gem. van *Eindhoven-Stratum-Strijp-Woensel-en-Tongelre.*

De 35 Isr., die er wonen, behooren tot de ringsynagoge van *Eindhoven.*

Men heeft in deze gem. eene school, te Stratum, welke gemiddeld door een getal van 160 leerlingen bezocht wordt.

Stratum maakt met *Gestel* en *Strijp* eene heerl. uit. Zie daaromtrent voorts op Gestel.

Het d. Stratum, Straathem of Straathem, door de Meijerijenaars gewoonlijk Strottum genoemd, ligt ten Z. O. van Eindhoven, bijna tegen die stad aan, van welke het door den Dommel gescheiden is. Men telt er in de kom van het d., welke stadswijze aan den straatweg van Eindhoven naar Valkenswaard gebouwd is, 150 h. en 980 inw.

De oude parochiekerk van Stratum, die den H. Martelaar Georgius als Patroon viert, en sedert de Reformatie bij de Hervormden in gebruik was, werd in het jaar 1796 weder aan de R. K. teruggegeven. In 1816 werd zij door inbraak en diefstal van veel zilverwerk en versierselen beroofd. Deze kerk ligt ten Oosten buiten het dorp; zij was vroeger klein en van weinig belang, doch is in het jaar 1847 aanmerkelijk vergroot en verbeterd. De toren staat ten Westen van de kerk en is naauwelijks zoo hoog als deze. Men heeft in de kerk een orgel.

Verder oostwaarts ligt eene zeer fraaije heerenhuizing of buitenplaats de Burg genoemd. Zie het volgende art.

Stratum heeft naar alle waarschijnlijkheid, ofschoon men er niets van vindt aangeteekend, rijkelijk in de rampen van vorige oorlogen gedeeld, en vooral bij de belegeringen van Eindhoven geleden.

De kermis valt in den laatsten Zondag in September.

Het wapen dezer gem. bestaat uit St. Joris te paard.

STRATUM (DE BURG-TE-), buit. in de *Meijerij van 's Hertogenbosch*, kw. *Kempenland*, prov. *Noord-Braband*, *Derde* distr., arr., kant. en ½ u. Z. O. van *Eindhoven*, gem. en 10 min. O. ten N. van *Stratum*.

Deze buit. beslaat, met de daartoe behoorende gronden, eene oppervlakte van 48 bund. 88 v. r. 80 v. ell., en wordt in eigendom bezeten en bewoond door Mevrouw de weduwe H. van Beek.

STREEFKERK, gem. in den *Alblasserwaard*, prov. *Zuid-Holland*, arr. *Gorinchem*, kant. *Sliedrecht* (10 k. d., 8 m. k., 5 s. d.); palende N. aan de Lek, O. aan de gem. Groot-Ammers, Z. aan de gem. Brandwijk-en-Gijbeland en Bleskensgraaf, W. aan Nieuw-Lekkerland.

Deze gem. bestaat uit den Polder-van-Streefkerk den Polder-van-Langebroek en den Polder-van-Kortenbroek, en daarin het d. Streefkerk, benevens eenige verstrooid liggende huizen. Zij beslaat eene oppervlakte van 1663 bund. 1 v. r. 6 v. ell., waaronder 1657 bund. 71 v. r. 59 v. ell. belastbaar land. Men telt er 204 h., bewoond wordende door 252 huisgez., uitmakende eene bevolking van

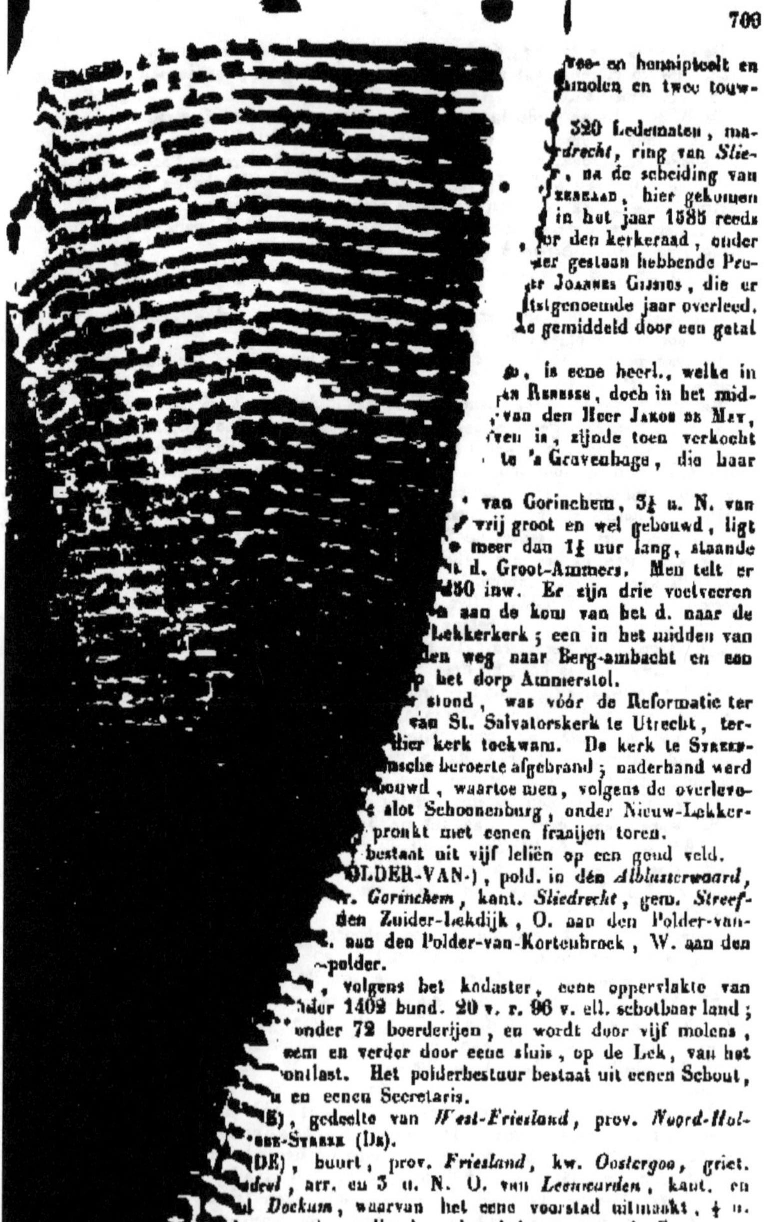

vee- en hennipteelt en
molen en twee touw-

320 Ledematen, ma-
drecht, ring van Slie-
, na de scheiding van
, hier gekomen
in het jaar 1585 reeds
r den kerkeraad, onder
er gestaan hebbende Pre-
Joannes Gijsius, die er
laatstgenoemde jaar overleed.
gemiddeld door een getal

, is eene heerl., welke in
Renesse, doch in het mid-
van den Heer Jakob de Mey,
is, zijnde toen verkocht
te 's Gravenhage, die haar

van Gorinchem, 3½ u. N. van
vrij groot en wel gebouwd, ligt
meer dan 1½ uur lang, staande
d. Groot-Ammers. Men telt er
50 inw. Er zijn drie voetveeren
aan de kom van het d. naar de
Lekkerkerk; een in het midden van
den weg naar Berg-ambacht en een
het dorp Ammerstol.
stond, was vóór de Reformatie ter
van St. Salvatorskerk te Utrecht, ter-
dier kerk toekwam. De kerk te Streef-
sche beroerte afgebrand; naderhand werd
bouwd, waartoe men, volgens de overleve-
slot Schoonenburg, onder Nieuw-Lekker-
pronkt met eenen fraaijen toren.
bestaat uit vijf leliën op een goud veld.
OLDER-VAN-), pold. in den Alblasserwaard,
Gorinchem, kant. Sliedrecht, gem. Streef-
den Zuider-Lekdijk, O. aan den Polder-van-
aan den Polder-van-Kortenbroek, W. aan den
-polder.
, volgens het kadaster, eene oppervlakte van
der 1402 bund. 20 v. r. 96 v. ell. schotbaar land;
onder 72 boerderijen, en wordt door vijf molens,
em en verder door eene sluis, op de Lek, van het
ontlast. Het polderbestuur bestaat uit eenen Schout,
en eenen Secretaris.
B), gedeelte van West-Friesland, prov. Noord-Hol-
-Streek (De).
DE), buurt, prov. Friesland, kw. Oostergoo, griet.
deel, arr. en 3 u. N. O. van Leeuwarden, kant. en
Dockum, waarvan het eene voorstad uitmaakt, ¼ u.
, onder welk dorp het behoort, aan de Ee.

STREEK (DE), buurs. in *Hunsingo*, prov. *Groningen*, arr. en 4 u. N. W. van *Appingedam*, kant. en 2 u. N. N. O. van *Onderdendam*, gem. en ¼ u. O. van *Uskwert*, zijnde een streek van groote en vruchtbare boerderijen, met uitmuntende uiterdijks- en polderlanden aan de zeer welvarende bewoners toebehoorende.

Deze rij strekt zich ten Z. van den ouden zeedijk en ten N. van den rijweg van Uskwert naar Uithuizen uit.

STREEK (DE), rij van vorname en schoone boerderijen in *Hunsingo*, prov. *Groningen*, arr. en 6 u. W. ten N. van *Appingedam*, kant. en 2 u. W. N. W. van *Onderdendam*, gem. en ¼ u. N. W. van *Eenrum*.

Eertijds stonden hier, aan den noorderoever van het Aagt, drie heerlijkheden thans boerderijen; als: den Oever, Eratama en Bierum. Men telt er 6 h. en ruim 50 inw.

STREENHARST, b., prov. *Friesland*, kw. *Oostergoo*, griet. *Kollumerland-en-Nieuw-Kruisland*. Zie STEENHARST.

STREENMONDE en STREMOND, namen, onder welke het voorm. d. *Strijenmonde*, in den *Groote-Zuidhollandsche-waard*, prov. *Zuid-Holland*, wel eens voorkomt. Zie STRIJENMONDE.

STREIJEN (HET HUIS-VAN-DE-VROUW-VAN-), oud adell. h. in *Delfland*, prov. *Zuid-Holland*; te *'s Gravenhage*. Zie HELMOND (HET HUIS-VAN-DE-VROUW-VAN-).

STRELA-NOVA, naam, welken de Negers geven aan de suikerpl. NIEUWE-STAR, in *Nederlandsch-Guiana*, kol. *Suriname*. Zie STAR (NIEUWE-).

STRENA, oude naam van de voorm. riv. de STREEME, in het graafs. *Holland*. Zie STREEME (DE).

STRENG (DE), water op de *Over-Veluwe*, prov. *Gelderland*, hetwelk, bij Hattem, uit de vereeniging van de Grift, de Evergunne en de Middel-Wetering ontstaat en voorbij die stad in den *IJssel* uitloopt.

Deze STRENG met de Grift, in het jaar 1829, tot een bevaarbaar kanaal naar Apeldoorn gemaakt zijnde, draagt thans de benaming van het Apeldoornsche-kanaal en staat onder het beheer en toezigt van 's Rijks Waterstaat.

STRENG'AT, distr. in *Oost-Indië*, op het *Sundasche* eil. *Java*, in het oostelijke gedeelte, met vele zeer belangrijke bouwvallen van oude gebouwen.

STRENGBEEK (DE), water in *Kennemerland*, prov. *Noord-Holland*, gem. *Heemskerk*.

Het is dat gedeelte van de beek, voormaals genaamd de *Heem*, hetwelk uit de Voorwegs- in de Groote-Kerkbeek loopt.

STREPENLAND, pold. in de heerl. *Zevenbergen*, prov. *Noord-Braband*. Zie MOERDIJK (DE OUDE-).

STREUKEL, ook STREUKELEN en STROEKELEN genaamd, buurs. in *Zalland*, prov. *Overijssel*, arr. en 1½ u. N. van *Zwolle*, gem. *Zwollerkerspel*; met ruim 150 inw.

Deze buurs. werd door den watervloed van Februarij 1825 zeer geteisterd, terwijl vier menschen bij dien ramp het leven verloren.

STREUKELER-ZIJL (DE), sluis in *Zalland*, prov. *Overijssel*, gem. *Zwollerkerspel*, in den Gennerdijk.

STREUYTEN (DE NIEUWE-), DE NIEUWE-STREUYTEN, DE NIEUWE-STRUITEN, ook OOST-STREUYTEN genaamd, pold. in het *Land-van-Voorne*, prov. *Zuid-Holland*, arr. en kant. *Brielle*, gem. *Oude-en-Nieuwe-Streuyten*; palende N. aan den Nieuw-Hellevoetsche-polder, O. aan den Nieuwenhoornsche-polder, Z. aan de gorzen tegen het Haringvliet, W. aan de Oude-Streuyten.

Deze pold. beslaat, volgens het kadaster, eene oppervlakte van 53 bund. 96 v. r. 94 v. ell., alles schotbaar land; bevat het oude hospitaal der Marine, thans in drie partikuliere woningen afgedeeld; terwijl er buitendien nog één huis in staat. Hij wordt door ééne sluis op het kanaal van Voorne, van het overtollige water ontlast. Het polderbestuur bestaat uit drie Leden en eenen Polderschout.

STREUYTEN (DE OUDE-), de Oude-Streuyten of de Oude-Struiten ook wel West-Streuyten genaamd, pold. in het *Land-van-Voorne* prov. *Zuid-Holland*, arr. en kant. *Brielle*, gem. *Oude-en-Nieuwe Streuyten*; palende N. aan den Nieuw-Hellevoetsche-polder, O. aan de Nieuwe-Streuyten, Z. aan de gorzen tegen het Haringvliet, W. aan de vesting Hellevoetsluis.

Deze pold., die, in het jaar 1475, door Hertog Karel van Bourgondië ter bedijking is uitgegeven, beslaat, volgens het kadaster, eene oppervlakte van 40 bund. 89 v. r. 88 v. ell., alles schotbaar land; telt 9 h., waaronder 4 boerderijen, en wordt door de zelfde sluis als de Nieuwe-Streuyten op het kanaal van Voorne, van het overtollige water ontlast. Het polderbestuur is het zelfde als dat van de Nieuwe-Strueyten.

STREUYTEN (OUDE-EN-NIEUWE-), gem. in het *Land-van-Voorne*, prov. *Zuid-Holland*, arr. en kant. *Brielle* (14 k. d., 4. m. k., 7 s. d.); palende N. aan Nieuw-Hellevoet-en-de-Quack, O. aan Nieuwenhoorn-en-Nieuwe-Goote en voor een zeer klein gedeelte aan Oudenhoorn, Z. aan het Haringvliet, W. aan de gem. Hellevoetsluis.

Deze gem. bestaat uit de pold. de Oude-Streuyten, de Nieuwe-Streuyten, de bekade en onbekade gorzen en een zeer klein gedeelte van den Nieuw-Hellevoetsche-polder; bevat noch d. noch geh., alleen eenige verspreid staande h., en beslaat, volgens het kadaster, eene oppervlakte van 173 bund. 23 v. r. 77 v. ell., waaronder 171 bund. 41 v. r. 77 v. ell. belastbaar land. Men telt er 19 h., bewoond door 38 huisgez., uitmakende eene bevolking van 190 inw., die meest in den landbouw hun bestaan vinden.

De inw., die er, op 3 na, allen Herv. zijn, behooren tot de gem. van *Nieuw-Hellevoet*. — De 3 R. K., die er wonen, worden tot de stat. van *Hellevoetsluis* gerekend. — Men heeft in deze gem. geen school, maar de kinderen genieten onderwijs te *Hellevoetsluis*.

Het Voornsche-kanaal doorsnijdt deze gemeente.

Deze gem. is eene heerl., welke in het midden der vorige eeuw in eigendom bezeten werd door den Heer Izaäk Mees. In het jaar 1780 werd zij echter aangekocht door den Heer Rochus Sandifort te Brielle; thans is de Heer Hubertus Cornelis Hoijer, woonachtig te Middelburg, Heer *van* de Oude-en-Nieuwe-Streuyten.

Het wapen dezer heerl. is een veld van azuur, met eenen struisvogel in natuurlijke kleur, staande op een grond van sinopel.

STREUYTENSCHE-DIJK (DE), geh. in *Zuid-Holland*, arr., kant. en 2 u. Z. van *Brielle*, gem. *Nieuwenhoorn-en-Nieuwe-Goote*, ruim ½ u. Z. ten O. van Nieuwenhoorn; bestaande uit eenige huizen, langs den dijk van dien naam.

STREUYTENSCHE-DIJK (DE) of Struitensche-dijk, dijk in het *Land-van-Voorne*, op de grens der gem. *Nieuwenhoorn* en *Oud-en-Nieuw-Streuyten*, loopende van den Voornsche-kanaaldijk bij de eerste vlotbrug, alwaar hij voor een gedeelte geslecht is, in eene zuidoostelijke strekking tot aan den zeedijk.

STREVELSHOEK, heerl. in den *Zwijndrechtsche-waard*, prov. *Zuid-Holland*, arr. en kant. *Dordrecht*, gem. *Rijsoord-en-Strevelshoek* (12 k. d., 6 m. k., 5 s. d.); palende W. en N. aan de Waal, die haar van Barendrecht en Ridderkerk scheidt, O. aan Rijsoord en Z. aan Heerjansdam.

Deze heerl. bevat 5 verstrooid liggende huizen, waaronder 4 boerderijen, te zamen uitmakende het geh. Strevelshoek. Zij beslaat, volgens het kadaster, eene oppervlakte van 145 bund. 94 v. r. 64 v. ell., alles schotbaar land. De 5 h. zijn bewoond door 8 huisgez., uitmakende eene bevolking van 40 inw., die meest in den landbouw, veeteelt en vlasserij hun bestaan vinden.

De inw., die er allen Herv. zijn, behooren tot de gem. van *Rijsoord-en-Strevelshoek*. — Men heeft in deze gem. geen school, maar de kinderen genieten onderwijs te *Rijsoord*.

Deze heerl. was in het midden der vorige eeuw het eigendom van den Heer Adriaan Reepmaker, in wiens geslacht zij tot nu toe verbleven is, wordende thans bezeten door den Heer Mr. Jacob Christiaan Reepmaker, woonachtig te Rotterdam.

Het geh. Strevelshoek, ligt 1¼ u. N. W. van Dordrecht, 10 min. W. N. W. van Rijsoord, langs de Waal.

Het wapen dezer heerl. is gevierendeeld; het eerste en vierde is dat van Rijsoord, zijnde van sabel, met drie rijstakken van zilver, en het tweede en derde is dat van Beveren, zijnde van keel met eene fasce van zilver, beladen met een bever van sabel, gekroond van goud.

STRIA, oude naam van het voorm. graafs. Strijen, dat een gedeelte van de tegenwoordige prov. *Zuid-Holland* en *Noord-Braband* besloeg. Zie Strijen.

STRIELHAGERBEEK (DE), water in het voorm. hert. *Gulick*, thans prov. *Limburg*, dat in de *Geleen* uitloopt.

STRIEN, voorm. d. in den *Zuid-Hollandsche-waard*, dat bij den watervloed van 18 November 1421 ondergevloeid, doch later weder bedijkt is, en thans Strijen heet, welk dorp door de landlieden ook thans nog veelal Strien genoemd wordt. Zie Strijen.

STRIEN, naam, welken de inw. geven aan het geh. Strijenham, op het eil *Tholen*, prov. *Zeeland*. Zie Strijenham.

STRIENE (DE), de Strijne of de Strione, voorm. riv., welke een gedeelte van *Noord-Braband*, *Zuid-Holland* en *Zeeland* bespoelde.

Zij ontsprong in het broek bij Oosterhout en liep, op eenigen afstand, ten Zuiden van de Maas, door of langs het oude graafschap Strijen. Volgens van Leeuwen pleeg zij Braband van Holland te scheiden. Volgens Oudenhoven zoude het tegenwoordige riviertje de Donge of Dongena de Striene geweest zijn, wier loop echter van 's Gravenmoer benedenwaarts, sedert door de groote overstroomingen der dertiende en volgende eeuwen geheel veranderd is. In vroegere tijden werd zij ook de Unstrit en Strena genoemd en schijnt omstreeks het dorp Strien of Strijen een tak gehad te hebben, die, onder den naam van Cromme-Striene, zich met de Oude Maas vereenigde. De voornaamste afloop der Striene was langs Steenbergen, vervolgens door het land van Tholen. Ten Oosten van Nieuw-Vossemeer stroomende, bespoelde zij de kusten van Noord-Braband; ging daarna achter Tholen om, en vereenigde zich tusschen Poortvliet en Schakerloo met de Schelde. Op dit punt werd zij, in het begin der zestiende eeuw, afgedamd in den Strijen-polder, te Strijenham.

Tot aan het jaar 1300 werd de Striene veel bevaren en was zij een der voornaamste binnenstroomen tusschen Holland en Braband, op welke de tol van Strienmonde gelegd was. Na de afdamming der Oude

Maas, in het begin der zestiende eeuw, hield deze gemeenschap op, doch, de geweldige overstroomingen, tusschen 1280 en 1290, hadden ook andere kanalen gevormd, van welke zich de scheepvaart sedert met voordeel bediende.

STRIENE (DE CROMME-), voorm. riv. of tak der *Striene*, welke bij het voorm. dorp *Strien*, uit deze rivier in eenen kronkelenden loop naar de Oude-Maas vloeide, zijnde deze loop nog eenigzins na te gaan, in den *Hoeksche-waard*, naar de polders van dien naam.

·STRIENHAM, verdronken plaats in den vloed van het jaar 1421. In 603 is reeds eén kanaal gegraven tusschen deze plaats en Strienmonde tot aan de Schelde, met eenen tol te Steenbergen, misschien lag zij wel ter plaatse, waar nu STRIJENHAM ligt. Zie dat woord.

STRIENMONDE, voorm. d. in den *Zuid-Hollandsche-waard*, dat bij den watervloed van 18 November 1421 ondergevloeid en sedert niet weder boven gekomen is. — Het lag vermoedelijk ten Westen van Strien. Er was aldaar eene tol op de Striene.

STRIENMONDER-GORS (HET), voorm. gors, in de zestiende eeuw met andere gorzen, platen en eilandjes ingedijkt, en thans een gedeelte van den *Hoeksche-waard*, prov. *Zuid-Holland*, uitmakende, en wel het middelste gedeelte omtrent Klaaswaal, zoo als vermoedelijk is na te gaan.

STRIEP (DE), bosch in de *Meijerij van 's Hertogenbosch*, kw. *Oisterwijk*, gem. *Udenhout*. — Het beslaat eene oppervlakte van 1 bund. 25 v. r. 10 v. ell.

STRIJBEEK, geh. in de bar. van *Breda*, prov. *Noord-Braband*, *Vierde* distr., arr. en 2½ u. Z. ten O. van *Breda*, kant. en 2 u. Z. van *Ginneken*, gem. *Ginneken-en-Bavel*, ½ u. Z. O. van Galder, aan de grenzen van Noord-Braband, tegen België, waarvan het door de Strijbeeksche-beek gescheiden wordt.

De weg van Hoogstraten op Breda, die over dit gehucht loopt, zet het nog al eenige levendigheid bij.

Men telt er 21 h. en 120 inw. Ook heeft men er eene kapel aan den H. HUBERTUS toegewijd, waarin door den Kapellaan van Ulvenhout wordt dienst gedaan.

STRIJBEEKSCHE-BEEK (DE), beek, prov. *Noord-Braband*.

Zij ontstaat uit de *Chaamsche-heide*, loopt W. naar de Belgische grenzen, ten Z. W. van Chaam, van welk punt zij die blijft volgen, langs Grazen en Strijbeek, tot in de *Mark*.

STRIJBOSCH, geh. in de souvereine heerl. van *Gemert*, prov. *Noord-Braband*, *Derde* distr., arr. en 4 u. N. O. van *Eindhoven*, kant. en 2 u. N. van *Helmond*, gem. *Gemert*.

STRIJDERSGAT (HET), voorm. breed water in *Staats-Vlaanderen*, prov. *Zeeland*, dat ten O. van het Land-van-Kadzand vloeide, waarin ten Z. het Zuidzand werd opgeworpen en dat zijnen naam ten Noorden aan den Strijdersgat-polder heeft nagelaten. Zie het volgende art.

STRIJDERSGAT-POLDER, pold. in *Staats-Vlaanderen*, in het *Land-van-Kadzand*, prov. *Zeeland*, arr. *Middelburg*, kant. en distr. *Sluis*, gem. *Kadzand*; palende N. W. aan den Polder-van-Tienhonderd, N. O. aan den St. Jans-polder, O. aan den Antwerpen-polder, Z. O. en Z. aan de Watering-van-Zuidzande, Z. W. aan den Polder-van-Vierhonderd-bezuiden.

Deze pold., in de wandeling meest de KNOKKERT genoemd, ofschoon de Knokkert slechts een onderdeel des polders is, is in het jaar 1506 bedijkt, en wordt verdeeld in 15 beginnen of onderafdeelingen, die, zoo als bij meer polders van deze watering, eigen namen hebben, namelijk: de Buizenbier, liggende in den hoek aan den St. Janspolder en Tienhonderd; den Platteel-polder; den Knokkaart of Knokkert; Willem-Florijns-hoek; den Zuid-polder; Vrouw-Geleyns-hoek; den Heeren-polder; den Krullen-polder; den Zuid-Knokkaart; den Leije-polder; den Korte-Geldzak-polder; den Roessel- of Roesselaar-polder; den Klinkaart-polder; den Fijmelaars-polder en de Dobbelare. Alle deze soogenoemde polders hebben wij niet noodig gevonden afzonderlijk te beschrijven en zullen ook niet in volgende deelen voorkomen. De polder beslaat, volgens het kadaster, eene oppervlakte van 229 bund. 62 v. r. 40 v. ell., waaronder 204 bund. 52 v. r. 15 v. ell. schotbaar land; telt 19 h., waaronder 5 groote en 3 kleine boerderijen. Het overtollige water ontlast zich door eene groote buis in den Vierhonderd-bezuiden en voorts door de afwaterings-kanalen der Watering-van-Kadzand, van welke hij een deel is, en heeft alzoo geen eigen polderbestuur.

Deze pold. ligt vooral in het midden zeer laag, en staat des winters of bij natte jaren op vele plaatsen onder water: waarom men soms tot wegruiming daarvan wel eens van eenen kleinen watermolen gebruik gemaakt heeft. Opmerking verdient, dat de afdeelingen Heeren-polder, Krullen-polder en Roessel-polder slechts door eenen dijk gescheiden zijn, van evenseensgenoemde onderafdeelingen van den *Vierhonderd-bezuiden*, hetgeen zoude doen vermoeden, dat er in overoude tijden werkelijk polders van dien naam bestaan hebben, die door hooge vloeden ondergeloopen zijn en hunne dijken door de zee verloren hebben, of welke, bij latere herdijking, niet meer noodig zijnde, geslecht zijn geworden.

STRIJDHAGEN, adell. h. in de *Over-Betuwe*, prov. *Gelderland*, kw., distr., arr. en 1½ u. N. N. O. van *Nijmegen*, kant. en 1¼ u. Z. Z. W. van *Elst*, gem. en ¼ u. O. van *Bemmel*.

Dit adell. h. beslaat, met de daartoe behoorende gronden, eene oppervlakte van 5 bund. 69 v. r. 40 v. ell., en wordt in eigendom bezeten, door den Heer Blaauw, woonachtig te Arnhem.

STRIJDLAND (HET), streek lands in het *Nederkwartier*, der prov. *Utrecht*, gem. *Utrecht*, tot de ridderhofstad het Huis te Voorn behoorende.

Het heeft vermoedelijk zijnen naam ontleend, aan de menigvuldige geschillen, welke aldaar in kleine schermutselingen, met de wapenen zijn beslecht geworden. — Ook heeft men in dit veld, bij opdelving eenige wapens uit den ouden tijd gevonden.

STRIJDWAARD (DE), voorm. uiterwaard aan den *Zandwijkschedijk*, in de *Neder-Betuwe*, prov. *Gelderland*, arr., kant., gem. en O. van *Tiel*, aan de Waal.

Deze uiterwaard heeft gelegen ter plaatse, waar thans ligt de dijk, loopende van den havendijk der stad Tiel bovenwaarts tot aan het veerhuis; zijnde deze dijk, welke vroeger meer binnenwaarts, en waarschijnlijk langs het Zandwijksche kerkhof liep, aldaar in 1591 gelegd, tot beveiliging der stad, toen Parma de schans Knodsenburg, tegenover Nijmegen, belegerde.

Op dezen uiterwaard werd den 25 Maart 1361 een slag geleverd tusschen Reinald en Eduard, Graven van *Gelder*; in welke Eduard de overwinning behaalde en Reinald, benevens onderscheidene edellieden, gevangen genomen werd.

STRIJEN, voorm. graafs., hetwelk een gedeelte van de tegenwoordige prov. *Zuid-Holland*, en een gedeelte van *Noord-Braband* besloeg.

Het bevatte, behalve het later dus genoemde Land-van-Strijen, het Land-van-Zevenbergen, Geertruidenberg, en vele andere plaatsen, thans onder *Holland* gelegen, de geheele bar. van Breda, het markgr. van Bergen-op-Zoom en eenige, nu onder water liggende, landen. Het graafs. Strijen werd, gelijk vele andere Nederlandsche leenen, van ouds als een vrij land bezeten, zonder dat de Graaf van eenig ander Vorst afhankelijk was.

De eerste, dien wij vermeld vinden als dit graafs., hoewel niet onder dien titel, te hebben bezeten, was Geertruida, de jongste dochter van Pepijn van Landen, Grootmeester van het paleis van Clotarius, Koning van *Frankrijk* en zijne vrouw Ita, meer bekend onder den naam van de H. Geertruida, doordien Paus Honorius III, haar in het jaar 1220 onder het getal der Heiligen geplaatst heeft. Deze werd in het jaar 651 Vrouw van het Land-van-Strijen, en liet het, bij haar overlijden, in het jaar 660, na aan haren neef Witger, eenen zoon van hare zuster Amelberga, die met zekeren Graaf Walbert getrouwd was. Deze Witger staat bekend als de eerste Graaf van Strijen, doch door wien en op wat wijze dat land tot een graafschap is opgerigt, vindt men bij geene schrijvers vermeld. Hij had ten huwelijk Ismenia, dochter van Fudulfus, Landvoogd *van Oost-Frankrijk*, en liet bij haar na eenen zoon, mede genaamd Witger, die, omtrent het jaar 700 overleden zijnde, opgevolgd werd door zijnen zoon Witger III. Diens zoon Walbert, na zijns vaders dood Graaf van Strijen, was gehuwd met Cunegunde, dochter van Dirk, Graaf *van Cleve* en in *Teisterbant*, en stierf in het jaar 759, nalatende eenen zoon, genaamd Witbert; welke mede in het jaar 820 gestorven zijnde, opgevolgd werd door Elbert, in wiens tijd de burg te Breda door de Noormannen gebouwd werd. Deze Elbert was getrouwd met Hildegaard, dochter van Boudewijn, Graaf *van Altena*, en won bij haar Witger IV, die hem in het graafs. Strijen opvolgde, en omstreeks het jaar 888 op den oever van de Schelde eenen burg bij de stad Bergen-op-Zoom bouwde. Men houdt voor zeker, dat hij Breda, waar toen niet dan weinige visschers woonden, tot eene stad heeft verheven, en die met wallen omgeven. Hij is mede met de andere Graven van dien oord, aan het hoofd hunner onderhoorige benden, verschenen te Vlaardingen, de hoofdzetel van het graafschap van dien naam, om aldaar Zwentibold, Koning *van Lotharingen*, te ontvangen, en hem, omtrent het jaar 894, bij te staan tegen Keizer Karel, *den Eenvoudige*, die met zijn leger reeds tot bij Nijmegen was doorgedrongen; van welken Zwentibold, hij met den vollen eigendom van onderscheidene koninklijke goederen in dien oord beschonken werd, welke sedert, door zijne kleindochter Hilsondis, aan het door haar gesticht klooster van Thorn gegeven zijn. Hij werd, na zijn overlijden, opgevolgd door zijnen zoon Witger V, die tot zijne gemalin nam Ermengard, zuster van Berenger, Graaf *van Namen*, bij welke hij alleen twee dochters verwekte, Hilsondis en Reinilde. Hilsondis werd, na haar vaders afsterven, omtrent 950, Gravin van Strijen, en trouwde met Ansfrid, Graaf *in Teisterbant* en *van Hoei*, in regte lijn afstammende van Wittekind, Hertog *der Saxers*. Nadat Ansfrid en Hilsondis te zamen een reeks van jaren in liefde en eendragt doorgebragt en eene dochter, met name Benedicta, verwekt hadden, kwamen zij met onderlinge toestemming overeen, om de wereld te verlaten, en zich geheel en al aan de dienst van God en zijne kerk toe te

[illegible]

[illegible] Groot-Cromstrijen en Numans-polder. Zij bevat het dorp [illegible] en de buurt. Hoekhoek, benevens vele kleine en hooge [illegible] de dijken van onderscheidene polders verspreid liggende boerderijen en arbeiderswoningen; beslaat eene oppervlakte van 5483 bund. 28 v. r. 36 v. ell., waaronder 4823 bund. 86 v. r. 95 v. ell. belastbaar land, als: 2250 bund. bouwland en 2260 bund. weiland, en is alzoo de grootste gemeente uit Zuid-Holland in productive landerijen. Men telt er 445 h., waaronder 63 boerderijen, te zamen bewoond wordende door 606 huisgez., uitmakende eene bevolking van ruim 2800 inw., die hun bestaan vinden in den landbouw, de veeteelt en de vlasserij. Men teelt hier voornamelijk koolzaad, tarwe, rogge, vlas en aardappelen, benevens haver, boonen, garst en spelt en weinige meekrap en erwten, en heeft er twee meestoven, twee windkorenmolens, waarvan een buiten gebruik, en een rosmolen. Voor eenige jaren had men er ook twee leerlooijerijen, die thans niet meer bestaan.

De Herv., die er 2780 in getal zijn, maken, met die van de burgerlijke gem. Strijensche-sas, eene gem. uit, welke tot de klass. van *Dordrecht*, ring van *Oud-Beijerland*, behoort, en ruim 3000 zielen telt, onder welke 800 Ledematen. De eerste, die in deze gem. het leeraarambt heeft waargenomen, is geweest Jan Anthonisz., die in het jaar 1575 hier in dienst was, doch dat zelfde jaar opgevolgd werd door Henricus Hermanus Corsveld, die in het jaar 1582 naar Heenvliet vertrok. Het beroep geschiedt door den kerkeraad onder ap- en improbatie van het gemeentebestuur.

De 10 R. K., die er wonen, behooren tot de stat. van *Oud-Beijerland*. — De 30 Isr., die men er aantreft, worden tot de ringsynagoge van *Oud-Beijerland* gerekend.

Men heeft in deze gem. twee scholen, als: eene in de kom van het dorp en eene in de b. Mookhoek, welke gezamenlijk gemiddeld door 250 leerlingen bezocht worden; terwijl de laatste mede voor de buurs. Schenkeldijk en Wagt, onder 's Gravendeel, dient.

Deze gem. is eene heerl., welke in eigendom bezeten wordt door de erven Johannes Adrianus Stoop, te Dordrecht.

Het d. Strijen ligt 2½ u. Z. van Dordrecht, 1½ u. Z. van 's Gravendeel, en is gebouwd grootendeels langs den dijk, van ouds genaamd Keizersdijk, welke volgens overlevering, ten tijde van Karel *den Groote*, een gedeelte van de groote Heerweg uit Frankrijk naar en door deze landen moet hebben uitgemaakt, blijkende onder anderen daaruit, dat alle huizen en erven daar langs gelegen vrij zijn van erfpachten, waaraan bijna alle de andere gebouwen onderworpen zijn. Dezen dijk vormt de straten, genaamd Molenstraat en Kerkstraat, terwijl de aansluitende dijk van het Oudeland-van-Strijen de Boompjesstraat genaamd wordt. Verder heeft men nog de aansluitende straten of buurten: het Spui, Achter de Oude Haven, de Nieuwestraat en het Buitenste-End; tusschen het Spui en de Molestraat is de haven van Strijen, loopende ruim ¾ u. gaans tusschen de Strijensche-polder en Nieuw-Bonaventura tot aan het Strijensche-sas, alwaar zij door een kapitale schutsluis, met ophaalbrug voorzien, in het Hollandsdiep uitloopt. Deze haven dient voor de vaart op en van het d. Strijen, en tevens tot uitwatering voor onderscheidene daarneven en achtergelegen polders.

Sommigen willen, dat de benaming Strijen afstamt van den geweldigen strijd, omtrent het jaar 630 voorgevallen, tusschen de Koningen van Frankrijk, Dagobert en Clotarius (vader en zoon) tegen Beroald, Hertog *van Friesland*, en dat het dorp zeer oud is, aangezien dien bloedigen veldslag reeds in het jaar 630, en derhalve reeds vóór twaalf eeuwen, is voorgevallen. Het is evenwel meer waarschijnlijk, dat de rivier de Striene den naam aan het geheele graafschap en ook aan deze gem. gegeven heeft. Het eigenlijke jaar der stichting is echter onbekend. Vóór den geduchten vloed van 1421 lag het aan den vasten wal, toen is het echter geheel ondergevloeid en in dien staat volle vijftien jaren blijven liggen; doch daarna is het weder bedijkt. Men telt er in de kom van het d. 204 h. en 1180 inw.

De kerk, welke waarschijnlijk van het midden der veertiende eeuw dagteekend, en nabij de plaats waar vroeger een kapel, in den jare 654, door de H. GEERTRUIDA zoude gesticht zijn, is een kruisgebouw, dat zoo men verzekerd, te voren wel eens zoo breed geweest is als nu, dewijl er toen in plaats van een, zoo als er nu is, van boven wel twee verwulfsels waren, deze verandering schijnt in 1511 te zijn voorgevallen, volgens een steen met dit jaartal voorzien en in de muur der kerk gemetseld. Evenwel is zij van binnen nog groot en ruim; zij had vroeger vele fraai beschilderde glazen, waarop regerings-, heemraads- en dijkgraafswapenen stonden, die thans door geheele nieuwe groote glazen, in ijzeren ramen gevat, vervangen zijn. Verder is deze kerk versierd met eenen goeden predikstoel, een doophuis en eene groote regeringsbank, die alle zeer net betimmerd zijn; eene nieuwe consistoriekamer is aan de kerk aangebouwd en, in het jaar 1839, is door de ijverige pogingen van den Burgemeester JACOBUS MARINUS STOOP, als President, geholpen door eene Commissie uit de Predikant PETRUS LAMBERTUS JACOBS en verdere aanzienlijke Leden der gemeente, daarin een zeer groot en fraai zestien voets orgel gesticht, waartoe de gelden door hun en verdere leden der gemeente, benevens de voormelde eigenaren der ambachtsheerlijkheid, geheel vrijwillig zijn bijeengebragt, zoo als een groot bord op het oxaal van het orgel vermeldt. Deze kerk pronkt van buiten met eenen toren, welke in het jaar 1783, met en benevens de kerk, aanmerkelijk verbeterd is. De toren, die naar den eenen kant overhelde, werd alstoen weder regt gezet en met nieuwe leijen gedekt. Hij heeft een uurwijzer en twee klokken, waarvan de eene in 1775, onder het luiden, geborsten is; daarna is zij weder een weinig hersteld, doch heeft een slecht geluid behouden. De oude consistorie is als zoodanig geheel vervallen en wordt alleen nog tot uitgang gebruikt. Het geheel is, hoewel nog blijken dragende van de oude stichting, zeer fraai en goed onderhouden. De nagelatene kinderen van den schoolonderwijzer HERMANUS VAN DUIN, die ruim veertig jaren alhier zijn post loffelijk heeft waargenomen, hebben aan deze gemeente een fraai zilver doopbekken, als dankbare gedachtenis, vereerd, met dit opschrift: *Ter gedachtenis aan den Onderwijzer der Jeugd*, H. VAN DUIN, *door zijne nagelatene kinderen aan de gemeente van Strijen vereerd, voor achting en vriendschap aan hunnen dierbaren afgestorvenen bewezen.* De pastorie, tegenover de kerk, is een zeer goed gebouw, met eenen tuin daar achter, terwijl eene aan de Nieuwe straat gelegene vruchtbare boomgaard, mede daaraan toebehoort.

De dorpschool, welke gemiddeld door 150 leerlingen bezocht wordt, is achter de kerk, en in het jaar 1684 gebouwd, hoewel later en voornamelijk in de laatste tijden aanmerkelijk vergroot en verbeterd, het tusschen gelegen oude kerkhof, is gedeeltelijk met vruchtboomen beplant en grootendeels tot speelplaats voor de schooljeugd ingerigt.

De nieuwe begraafplaats in deze gemeente, ligt buiten, doch zeer nabij het dorp, en is zonder twijfel een der fraaiste begraafplaatsen ten plattelande, het is geheel van een ruim water en boomgewas omringd en met een hek, van de daarvoor liggende tot wandelplaats ingerigte plantaadje, afgesloten.

Men vindt er tweederlei armen, namelijk de algemeenen of Heilige Geest-armen en de Diakonie-armen, de eerste wordt onderhouden uit de subsidien van de gemeente, en de laatste uit hunne eigene fondsen en uit de collecten. De weeskinderen worden bij de in- en opgezetenen der plaats besteed.

Het Dorpshuis is een oud gebouw, van voren met een breed bordes met trappen, waarop ter wederzijden twee zittende leeuwen, ieder het wapen van het dorp vasthoudende, voorzien, van binnen bevat het een ruim voorportaal en bodeskamertje en eene ruime en net ingerigte raadzaal, onder het bordes en voorportaal is een ruim verwulf, voortijds gediend hebbende tot Waag, onder het dorpshuis is eene Gevangenis, bestaande uit een voorportaal, een groot en twee kleine vertrekken, allen rondom met drie duims eiken planken betimmerd en van zware dubbelde deuren voorzien, het grootste van die vertrekken, dient thans nog tot Kantonnale gevangenis, de overige zijn buiten gebruikt; op de zolder van het dorphuis, is nog aanwezig, het rad, hetwelk tot radbraken gediend heeft, de oude ijzers tot brandmerken, de geeselpaal en diergelijke, benevens nog eenige, hoewel zeer geschondene, overblijfselen van eene pijnstoel, allen gedenkteekenen van vorige eeuwen, toen op dit dorp, als hoofdplaats van het baljuwschap van Strijen, het halsregt uitgevoerd werd.

Men heeft er ook een departement der Maatschappij: *Tot Nut van 't Algemeen*, hetwelk den 30 April 1823 is opgerigt en 30 leden telt.

De kermis valt in den tweede Maandag in September.

In het jaar 1759 werd dit dorp grootendeels in de asch gelegd. Deze brand nam eenen aanvang op Dingsdag den 22 Mei, 's morgens ten half negen ure, in het huis van eenen timmerman, dat drie huizen van den toenmaligen Schout en Secretaris af stond, door welk ongeluk ook vele papieren van de secretarie verbrand zijn. Volgens de beste berigten daaromtrent, zou de brand ontstaan zijn door eene vrouw, die, terwijl zij pek smolt en het vuur met krullen en ligte brandstoffen aanstookte, heen ging en zich met andere zaken bezig hield; toen zij weder naar haar pek smelten kwam zien, vond zij dat de vlam er reeds meester van was; de daarbij liggende ligte brandstoffen en het geheele huis vlogen weldra in den brand; ongeloofelijk schielijk had de vlam de overhand, en de sterke noordelijke en noordwestenwinden, maakten, dat hij wel tot acht of tien huizen te gelijk oversloeg. Eén uur slechts na de uitbarsting van den brand stonden reeds alle de huizen in lichtelaaije vlammen, en het was naauwelijks elf ure, of genoegzaam alle de gemelde huizen, ruim honderd in getal, waren reeds geheel door de vlammen verteerd, en het schoone dorp als in eenen puinhoop veranderd: de brand was zoo geweldig, dat zelfs de sluisdeuren tot op het water toe afbrandden.

In het jaar 1775, toen er op onderscheidene plaatsen polders onderliepen en dijken doorbraken, geraakten hier ook weder twee kleine polders onder water, zijnde de Oude-Klem en de Nieuwe-Klem, dat echter schielijk weder verholpen werd. — Het wapen dezer gem. is het zelfde als dat van het voorm. graafs. Strijen.

STRIJEN (HET HUIS-TE-), voorm. kast. in het *Land-van-Strijen*, prov. *Noord-Braband*, arr. en 2¼ u. N. O. van *Breda*, kant., gem. en 20 min. N. van *Oosterhout*.

Dit kast., ook wel de Burgt-van-Oosterhout of het Kasteel-van-Oosterhout genaamd, is gesticht door Willem, Heer *van Strijen*, een jaar na den slag van Woeringen, dus in het jaar 1289. Het was gebouwd van steenen van de grootste soort, dik 0.702 ell., lang 0.274 ell. en breed 0.13 ell. Het schijnt een zeer sterk gebouw geweest te zijn, met muren en torens hoog opgebouwd, zijnde de muren 1.47 ell. dik, de toren 12.55 breed. Het gebouw was omsingeld met wallen en grachten en voerde den titel van hooge heerlijkheid. Onderscheidene goederen onder Dongen, Dorst, Ulvenhout, Wernhout, Steelhoven, Oosterhout en Zundert waren er aan onderhoorig. De heerlijkheid is in het geslacht der Heeren van STRIJEN gebleven tot in het jaar 1324, wanneer GUIDO VAN VLAANDEREN, Heer *van Rijckenborg*, als in huwelijk hebbende BEATRIX, Vrouw *van Putten en Strijen*, haar in erfpacht gaf aan Heer WILLEM VAN DUVENVOORDE, wiens zoon, insgelijks WILLEM genaamd, deze heerlijkheid, met die van Oosterhout, naliet aan JAN VAN POLANEN, Heer *van de Leck* en *Breda*, waarna het in de bar. van Breda ingelijfd is en steeds daarin gebleven. Gezegde WILLEM VAN DUVENVOORDE, had bij dat huis eene schoone diergaarde aangelegd, welke ongeveer 1900 ellen lang en rondom met staketsels omheind was. Later is dit park echter geheel en al vervallen, en nu vindt men in de plaats daarvan een bosch, dat van tijd tot tijd vergroot en verbeterd zijnde, thans eene zeer aangename wandeling voor de inwoners oplevert. In de Hoeksche en Kabeljaauwsche onlusten, moet dit kasteel belegerd en ingenomen zijn geweest. Volgens de overlevering zoude de Heer, die het destijds bewoonde, ziende dat hij het niet konde uithouden, de kettingen der bruggen met beddelakens hebben laten bekleeden, de bruggen met dekens belegd en zijne paarden de hoeven met vilt bewonden hebben en zoo, met zijn huisgezin en de kostbaarste voorwerpen, in het holste van den nacht, zonder dat zulks door de belegeraars werd opgemerkt, ontkomen zijn, waarop het slot uitgeroofd en verbrand is. Den 3 Maart 1710 en den 20 April 1711, zijn eenige steenen van de bouwvallen verkocht, waarna de fundamenten van tijd tot tijd zijn uitgegraven; waar dit wegens de hechtheid, niet doenlijk was, heeft men ze laten springen en verkocht, om 's lands vestingen tot grondslagen tegen het water te gebruiken. De Regering van Oosterhout vreezende, dat dit gedenkstuk der oudheid geheel weggevoerd zoude worden, aangezien er in 1714 nog slechts gedeelten van twee hooge torens overbleven, welke ook met afbraak bedreigd werden, verzocht den 27 Junij van dat jaar, aan den Domeinraad, die torens te mogen behouden, waarop besloten werd, dat de grootste, waarvan nog een hoek of twee zijmuren aanwezig waren, zoude blijven staan, maar de kleinste afgebroken worden. Dit gedeelte van den gezegden grooten toren ziet men ook nog heden als een bouwval, boven het hooge geboomte uitsteken. Het bosch, waarin het staat, en dat men onderscheidt in het Slotbosch, het Ruiselbosch, het Scholverenbosch en het Schapenbosch, behoort thans nog aan het Domein. Volgens eene algemeene overlevering hebben de Heeren, die dit slot bewoonden, op den eersten Paaschdag, alle de kinderen, die hun kwamen begroeten, op dit slot op paascheijeren onthaald, hetgeen ten gevolge had, dat de inwoners van Oosterhout en daaromtrent des namiddags derwaarts wandelden, om dit kinderfeest te aanschouwen, waarvan de gewoonte, om op den tweeden Paaschdag naar de vaart, nabij het Slotbosch, te wandelen, en aldaar paascheijeren te eten, tot heden nog in gebruik is gebleven.

De grensscheiding van het graafschap Holland en het hertogdom Braband moet voorheen door dit kasteel geloopen hebben, want, blijkens de verklaring deswege geregtelijk afgelegd, las de Kapellaan in

Holland mis, terwijl WILLEM VAN DUVENVOORDE, Heer van dezen burg, die in Braband hoorde. Daar er dikwijls oneenigheden over de grenzen tusschen Holland en Braband gerezen waren, heeft men in het midden der dertiende eeuw, in het bijwezen van eene groote schaar nieuwsgierigen, op de grenslijn der beide landen, een groot vuur aangelegd, daarop eenen vetten os gebraden, en al de aanwezigen met het vleesch onthaald, hopende, dat deze plegtigheid nimmer uit het geheugen gaan zou, en men dus steeds de ware grenzen zou kunnen wedervinden.

STRIJEN (HET LAND-VAN-) of de STRIJENSCHE-WAARD, voorm. balj., prov. *Zuid-Holland*; palende N. aan het balj. van Zuid-Holland, O. aan de Dordsche-kil, Z. aan het Hollandsdiep, W. aan de Beijerlanden.

Het bevat dat gedeelte van het voorm. graafs. *Strijen*, hetwelk, na de scheiding, die daarvan in het begin der dertiende eeuw plaats had, den naam van STRIJEN behield en den titel van heerl. aannam. Van de volgreeks der Heeren, die deze heerl. bezeten hebben, weet men weinig met zekerheid. Nadat de heerl. door huwelijk in het huis VAN PUTTEN gekomen was, is het door den dood van Heer JAKOB VAN GAASBEEK, Heer *van Putten en Strijen*, die zonder kinderen overleed, aan de grafelijkheid van Holland vervallen en een afzonderlijk baljuwschap gebleven.

De stad Dordrecht beweerde wel in vroegere tijden, dat het aan het baljuwschap van Zuid-Holland onderhoorig was, maar het geding hierover gevoerd, viel tegen haren eisch uit. De LANDEN-VAN-STRIJEN hebben eertijds wel in de gemeene bedijking van den *Grooten-Waard* gelegen, doch zij hadden hun bijzonder dijkregt en dijkschouw, tot in het jaar 1393; wanneer ZWEDER VAN GAASBEEK, Heer *van Putten* en STRIJEN, de dijkschouw overgaf aan Dijkgraaf en Gezworenen van den Grooten-Waard, ter gelegenheid van eene dijkbreuk, van den Lande-van-Heusden en anderen, welke ALBRECHT VAN BEIJEREN beloofde te herstellen. Het is onzeker, wanneer de landen, die na den grooten watervloed weder zijn opgekomen, op nieuw bedijkt zijn, hoewel men weet, dat Heer JAKOB VAN GAASBEEK, op St. Gregoriusdag van 1436, de bedijking van den Polder-van-den-Ouden-Lande-van-Strijen, aan de ingelanden, die daarin geëerfd zouden zijn, vergund heeft; doch hij behield aan zich, om, als Heer, ten eeuwigen dage Dijkgraaf te zullen zijn of eenen goeden man in zijne plaats aan te stellen, alsmede het regt der aanstelling van zeven Heemraden, om met de Dijkgraven dit land te zamen te regeren. In het zelfde jaar heeft de Heer VAN GAASBEEK, om deze bedijking te bevorderen, ook de landen van de onwilligen overgenomen en daarvoor renten verleid. Onder het baljuwschap van Strijen behoorden Strijen, Cillaartshoek, St. Antonie-polder, Westmaas, Groep, Cromstrijen (waarin de d. Klaaswaal en Buitensluis of Numansdorp), 's Gravendeel en Leer-ambacht, en besloeg alzoo het grondgebied der tegenwoordige gem. Numansdorp, 's Gravendeel-en-Leer-ambacht, Klaaswaal, Strijen, Strijensche-sas, Westmaas-en-Groep, benevens een gedeelte van de gem. Maasdam; eene oppervlakte beslaande, volgens het kadaster, van 15,554 bund. 53 v. r. 55 v. ell., waaronder 13,741 bund. 97 v. r. 2 v. ell. belastbaar land. Men telt er 1532 h., bewoond door 2098 huisgez., uitmakende eene bevolking van ruim 12,000 inw., die meest hun bestaan vinden in den landbouw, de vlasserij en den meekrapteelt.

De Hervormden, die er ongeveer 11,700 in getal zijn, onder welke 4000 Ledematen, maken de zeven volgende gemeenten uit:

St. Anthonie-polder, Cillaartshoek, 'sGravendeel, Klaaswaal, Numansdorp, gezegd de Buitensluis, Strijen en Westmaas, welke zeven kerken hebben, waarin door even zoovele Predikanten dienst gedaan wordt.

De 100 Christelijke Afgescheidene, die er wonen, maken de gem. van *Numansdorp* uit. — Het 10tal Evangelisch Lutherschen, dat men er aantreft, wordt tot de gem. van *Dordrecht* gerekend. — De R. K., die er 120 in getal zijn, parochiëren te *Oud-Beijerland*. — De Isr., van welke men er 100 aantreft, behooren tot de ringsynagoge te *Oud-Beijerland*.

STRIJEN (CROM-), heerl. in den *Hoeksche-waard*, prov. *Zuid-Holland*. Zie Cromstrijen.

STRIJEN (NIEUW-), heerl. op het eil. *Tholen*, prov. *Zeeland*, distr. en arr. *Zierikzee*, kant. *Tholen*, gem. *Poortvliet-en-Nieuw-Strijen*; palende W. en N. aan de heerl. Poortvliet, O. aan de jurisdictie van Tholen en de heerl. Schakerloo, Z. aan de Ooster-Schelde, Z. W. aan den Steelands-polder.

Deze heerl. bestaat uit den Nieuw-Strijen-polder, bevat het geh. Strijenham, benevens twee hofsteden of boerderijen, en beslaat, volgens het kadaster, eene oppervlakte van 74 bund. 67 v. r. 86 v. ell., waaronder 65 bund. 18 v. r. 4 v. ell. belastbaar land. Men telt er 19 h., bewoond door 25 huisgez., uitmakende eene bevolking van ruim 120 inw., die meest in den landbouw en het dijkwerk hun bestaan vinden.

De inw., die er allen Herv. zijn, behooren tot de gem. *Poortvliet*. — Men heeft in deze heerl. geen school, maar de kinderen genieten onderwijs te Poortvliet.

Het schorre dezer heerl. is eerst tot een leen uitgegeven, te bedijken bij Willem, Graaf van *Holland* en *Zeeland*, in het jaar 1307, aan Heer Boudijn van Yerseke, Ridder, en zijne nakomelingen. Deze heerlijkheid heeft voormaals toebehoord aan Mevrouw Cornelia van Strijen, volgens brieven van den 31 December 1641. Vervolgens is daarvan bezitgeworden de Heer Jacob Winkelman, Ordinaris Gecommitteerde Raad ter vergadering van Zeeland ens. Zij behoorde in het laatst der vorige eeuw aan den Heer Martinus Bollaart. De eigendommen, tot de heerl. behoorende, zijn verkocht; alleen de titel van Ambachtsheer is in het bezit van den Heer Barst van Kempen, thans in Oost-Indië.

Het wapen van Nieuw-Strijen bestaat uit een veld van zilver, met eenen ham van sabel.

STRIJEN (HET OUDELAND-VAN-) of de Oudelandsche-polder, pold. in het *Land-van-Strijen*, prov. *Zuid-Holland*, arr. *Dordrecht*, kant. *'s Gravendeel*, gem. *Strijen*; palende N. aan den Munnikenlandsche-polder, N. O. aan den St. Anthonie-polder, O. aan den Oud-Bonaventura-polder en den Nieuw-Bonaventura-polder, Z. aan het Land-van-Esch, Z. W. aan den Oude-Klem, W. aan den Nieuw-Cromstrijensche-polder en den Westmaas-Nieuwlandsche-polder.

Deze polder beslaat, volgens het kadaster, eene oppervlakte van 1508 bund., en wordt door zes molens en twee sluizen van het overtollige water ontlast. Het dijksbestuur bestaat uit eenen Dijkgraaf, zes Heemraden, eenen Secretaris en eenen Penningmeester.

STRIJENHAM, eigenlijk Nieuw-Strijen, bij de inwoners enkel Strijen genaamd, geh. op het eil. *Tholen*, prov. *Zeeland*, distr., arr. en 4½ u. Z. O. van *Zierikzee*, kant. en 1 u. W. ten Z. van *Tholen*, gem. en ¼ u. Z. ten O. van *Poortvliet*; met 19 h., waaronder twee boerderijen, zijnde de overige meest geringe arbeidershuisjes. Men telt er ongeveer 120 inw.

Het d. Poortvliet had hier voorheen zijne uitwatering door eene bekwame sluiskil in de Ooster-Schelde; welke sluiskil door Filips, Koning *van Spanje*, als Graaf *van Holland* en *Zeeland*, den inwoners van Poortvliet, in den jare 1562 gegund werd, tot eene scheepvaart, om den vervoer van hunne goederen gemakkelijk te maken. Thans zijn hier ter plaatse de sluis, waardoor de Polder-van-Oud-Poortvliet op de Schelde uitwatert; daartoe ligt ten N. W. van dit geh. eene steenen sluis, gebouwd in 1832, in den dijk aldaar. Door deze sluis komen de Poortvlietsche watergangen, binnen den Nieuw-Strijensche-polder, te zamen, en stroomen door een breed kanaal, zijnde de voorm. kil of kreek, waarop zich ook de Steelands-polder door een sluisje ontlast, midden door dit gehucht, naar de in 1832 vernieuwde steenen zeesluis en verder in de Schelde, alwaar het een haventje vormt, dat eenige bedrijvigheid doet ontstaan.

Er ligt in dit geh. eene steenen brug, over genoemde uitwatering, aan den rijweg op Poortvliet, welke in 1837 vergroot is.

STRIJENMONDE, voorm. d. in den *Groote-Zuidhollandsche-waard*, Zie Strijenmonde.

STRIJEN-POLDER (NIEUW-), pold. in het eil. *Tholen*, prov. *Zeeland*, arr. en distr. *Zierikzee*, kant. *Tholen*, gem. *Poortvliet*; palende N. O. aan den Polder-van-Oud-Poortvliet, O. aan den Oud-Strijen-polder en den Polder-van-Schakerlo, Z. aan de schorren tegen de Ooster-Schelde, Z. W. aan den Steelands-polder.

Deze pold., welke in het jaar 1310 is ingedijkt, beslaat, volgens het kadaster, eene oppervlakte van 74 bund. 67 v. r. 86 v. ell., waaronder 63 bund. 18 v. r. 4 v. ell. schotbaar land; telt 19 h., waaronder 2 boerderijen, en wordt door eene sluis, op de Ooster-Schelde, van het overtollige water ontlast. Hij staat onder het polderbestuur van Poortvliet.

STRIJEN-POLDER (OUD-), pold. in het eil. *Tholen*, prov. *Zeeland*, distr. en arr. *Zierikzee*, kant. en gem. *Tholen*; palende N. aan den Polder-van-Vijftienhonderd-gemeten, O. en Z. aan den Polder-van-Schakerlo, W. aan den Nieuw-Strijen-polder en den Polder-van-Oud-Poortvliet.

Deze pold., welke in het jaar 1310 bedijkt is, beslaat, volgens het kadaster, eene oppervlakte van 62 bund. 64 v. r. 3 v. ell., waaronder 59 bund. 51 v. r. 23 v. ell. schotbaar land, en wordt door eene heul, in den pold. de Vijftienhonderd-gemeten, van het overtollige water ontlast. Er staat daarin eene hoeve. Het polderbestuur bestaat uit eenen Dijkgraaf, vier Gezworenen en eenen Penningmeester.

STRIJENSCHE-DIJK (DE), dijk in het *Land-van-Strijen*, prov. *Zuid-Holland*, loopende van het Strijensche-sas noordoostwaarts tot aan Meeuwenoord, van waar hij verder de Boomdijk genoemd wordt.

STRIJENSCHE-HAVEN (DE), water in het *Land-van-Strijen*, prov. *Zuid-Holland*.

Het heeft een uur lengte en loopt van het d. Strijen in eenen zuidoostelijken kronkelenden loop, door het Strijensche-sas, in het Hollandsdiep, waarvan het door eene sluis afgesloten is. Op deze voormalige kreek wateren de daaraan grenzende en achter gelegene polderlanden uit.

STRIJENSCHE-POLDER (DE), pold. in het *Land-van-Strijen*, prov. *Zuid-Holland*, arr. *Dordrecht*, kant. *'s Gravendeel*, gedeeltelijk gem. *Strijen*, gedeeltelijk gem. *Strijensche-sas*, gedeeltelijk gem. *'s Gravendeel-en-Leerambacht*; palende N. W. aan den Kooilandsche-polder en den Trekdamsche-polder, N. O. aan den Kil-polder, O. aan Beversoord,

Meeuwenoord, den Oud-Beversoordsche-polder en den Maria-polder, Z. aan het Hollands-diep, W. aan den pold. het Land-van-Esch.

Deze pold., welke in het jaar 1647 bedijkt is, beslaat, volgens het kadaster, eene oppervlakte van 440 bund. 44 v. r. 73 v. ell., alles schotbaar land; als: onder *Strijen*, 342 bund. 75 v. r. 48 v. ell.; onder het *Strijensche-sas*, 15 bund. 27 v. r. 85 v. ell., en onder *'s Gravendeel-en-Leerambacht*, 82 bund. 41 v. r. 40 v. ell. Men telt er 8 boerderijen; als: 3 onder *Strijen*, 3 onder *Strijensche-sas* en 2 onder *'s Gravendeel-en-Leerambacht*. Hij wordt door vier sluisen, op de haven van Strijen, en eene in den zeedijk, op het Hollands-diep, van het overtollige water ontlast. Het polderbestuur bestaat uit eenen Dijkgraaf, vier Heemraden en eenen Secretaris, die tevens Penningmeester is.

STRIJENSCHE-SAS, gem. in het *Land-van-Strijen*, prov. *Zuid-Holland*, arr. *Dordrecht*, kant. *'s Gravendeel* (14 k. d., 4 m. k., 3 s. d.); palende W., N. en O. aan de gem. Strijen, Z. aan het Hollandsch-diep.

Deze gem., welke vroeger tot de gem. van *Nieuwaart* of *de Klundert* behoorde, en door de inbraak van den Zuidhollandsche-waard, in 1421, daarvan is afgescheiden, bestaat uit een gedeelte van den Strijensche-polder en van het Buitenland-van-het-Land-van-Esch, en bevat daarin het d. Strijensche-sas. Zij beslaat, volgens het kadaster, eene oppervlakte van 220 bund. 7 v. r. 54 v. ell., waaronder 38 bund. 28 v. r. 9 v. ell. belastbaar land. Men telt er 42 h., bewoond door 54 huisgez., uitmakende eene bevolking van ruim 270 inw., meest arbeiders.

De inw., die er, op 13 na, allen Herv. zijn, behooren tot de gem. van *Strijen*. — De 13 R. K., die men er aantreft, worden tot de stat. van *Oud-Beijerland* gerekend. — Men heeft er eene school, welke gemiddeld door een getal van 60 leerlingen besocht wordt.

Het dorp STRIJENSCHE-SAS ligt 2½ u. Z. Z. W. van Dordrecht, 1½ u. Z. Z. W. van 's Gravendeel, aan het Hollands-diep.

Het was vroeger eene zeer levendige plaats, doordien van daar op de Moerdijk de voorname overzetplaats was voor de reisigers van Holland naar Braband en terug; maar sedert dit veer, in het jaar 1820, van Strijensas naar Willemsdorp verlegd is, heeft het STRIJENSCHE-SAS veel van zijne levendigheid verloren, ofschoon hier nog een schuitenveer op de Moerdijk en op de Roodevaart bestaat.

Het dorp ontleent zijnen naam van eene sas of sluis, welke aldaar in den zeedijk van den Strijensche-polder ligt, en waardoor de Strijensche-haven zich ontlast. Deze sluis wordt door negen Gemagtigden, uit alle bijzondere polders van Strijen, bestuurd en door de Ingelanden onderhouden. Op den westelijken havendijk is een lantaarnlicht opstand.

Deze plaats heeft in de geschiedenis eene treurige vermaardheid verkregen door het verdrinken van den dapperen JOAN WILLEM FRISO, Prins *van Oranje* en Stadhouder *van Friesland en Groningen*, op den 18 Julij 1711 (1).

Men heeft er in het laatst der vorige eeuw eenige kustbatterijen aangelegd, welke later vervallen zijn.

De kermis valt in den tweeden Pinksterdag.

STRIJENSCHE-SAS (UITWATERENDE-POLDERS-DOOR-HET-), dijkaadje in het *Land-van-Strijen*, prov. *Zuid-Holland*, arr. *Dordrecht*,

(1) Men zie daarover nader hier voor ons art. MOERDIJK.

kant. *'s Gravendeel;* gedeeltelijk gem. *Strijen,* gedeeltelijk gem. *Strijensche-sas;* palende N. aan den Munnikenlandsche-polder, den St. Anthonie-polder en de polders onder Puttershoek en de Mijl, O. aan de Polders-onder-'s Gravendeel, Z. aan de schorren tegen het Hollands-diep, W. aan de polders onder Numansdorp en Klaaswaal.

Deze dijkaadje bestaat uit den pold. Nieuw-Bonaventura, het Oudeland-van-Strijen, het Land-van-Esch, den Strijensche-polder, Oud-Bonaventura, den Kooilandsche-polder, den Zuid-Kavelsche-polder en den Noord-Kavelsche-polder.

Er bestaat over deze dijkaadje een collegie van negen Gemagtigden uit deze polders, als: van Nieuw-Bonaventura drie leden; van het Oudeland-van-Strijen twee, van het Land-van-Esch, den Strijensche-polder, Oud-Bonaventura en den Kooilandsche-polder ieder een lid. Tot deze administratie behoort de uitwateringsluis te Strijen-sas, met het daarbij behoorende gedeelte der Haven-van-Strijen.

STRIJENSCHE-WAARD (DE), voorm. balj., prov. *Zuid-Holland.* Zie STRIJEN (HET LAND-VAN-).

STRIJEN-VAART (DE), voorm. kreek in het *Oudeland-van-Strijen,* prov. *Zuid-Holland,* zich uitstrekkende tot aan dat van Esch, alwaar het in twee takken verdeeld werd, welke beiden hare wateren ontlastten in de Wijvekeen, dat gedeelte van het Hollands-diep tusschen Strijensche-sas en den Moerdijk. Thans maakt de oostelijke tak de Strijensche-haven uit. Zie dat woord.

STRIJNE (DE), voorm. riv., welke een gedeelte van *Noord-Braband, Zuid-Holland* en *Zeeland* bespoelde. Zie STRIENE (DE).

STRIJP, gem. in de *Meijerij van 's Hertogenbosch,* kw. *Kempenland,* prov. *Noord-Braband, Derde* distr., arr. en kant. *Eindhoven,* (5 k. d., 25 m. k., 8 s. d.); palende N. aan de gem. Woensel-en-Eckart, O. aan Eindhoven, Z. O. aan Gestel en Blaarthem, Z. en W. aan Zeelst.

Deze gem. bevat het d. Strijp, benevens de geh. en b. Heuvel, Schouwbroek, Welschap, Hurk, Sliffert, Schoot en Ven. Zij beslaat, volgens het kadaster, eene oppervlakte van 939 bund. 56 v. r. 92 v. ell., waaronder 904 bund. 75 v. r. 76 v. ell. belastbaar land; telt 132 h., bewoond door 213 huisgez., uitmakende eene bevolking van 1040 inw., die meest door den landbouw bestaan; men vindt er echter geen groote maar kleine boeren en vele wevers en spinners. Er is hier eene wol- of katoenfabrijk en eene verwerij.

De grond is er wel zandig maar tamelijk goed. Rogge, haver, boekweit en keukengroenten zijn er de voortbrengselen van.

De inw., die op 8 na alle R. K. zijn, onder welke 810 Communikanten, maken eene par. uit, welke tot het apost. vic. gen. van *'s Hertogenbosch,* dek. van *Eindhoven,* behoort, en door eenen Pastoor bediend wordt.

De 8 Herv., die er wonen, worden tot de gem. van *Eindhoven-Stratum-Strijp-Woensel-en-Tongelre* gerekend. — Men heeft in deze gem. eene school.

Deze gem. is met *Gestel* en *Stratum,* in het jaar 1569, aan WILLEM I, Prins *van Oranje,* verpand. Zie deswege voorts het art. GESTEL.

In 1303 schonk JAN II, Hertog *van Braband,* de gemeentegronden aan de inwoners.

Het dorp Strijp ligt ongeveer 6 u. Z. Z. O. van 's Hertogenbosch, 20 min. W. N. W. van Eindhoven, en telt in de kom van het dorp alleen de kerk en enkele huizen, staande de meeste huizen in de daartoe behoorende buurten, alwaar zij aan onderscheidene kleine wegen verspreid liggen, waarom dit dorp wel eens het Moerwrauw der Heiden genoemd wordt, dáár het voor den vreemdeling moeijelijk is de regte weg of uitgang te vinden.

Dat Strijp oulings, volgens sommigen, Strijtern zou genoemd zijn, wegens een gevecht, dat hier met de Noormannen zou zijn voorgevallen, is van allen grond ontbloot.

Vóór de Reformatie behoorde de benoeming tot de pastorij van Strijp aan het kapittel van Cortesheim, in het land van Luik. Na den vrede van Munster, tot nog in het begin dezer eeuw, hadden de Katholijken alhier, onder eenen Pastoor, twee ellendige schuurkerkjes, het eene aan *den Heuvel* en het andere aan *het Ven* gelegen. Deze zijn, omstreeks het begin dezer eeuw, wederom vervangen door de oude parochiekerk, aan de H. Trudo toegewijd. Deze kerk, die in het dorp ligt, is tamelijk groot, heeft een klein torentje op het midden, en is van een orgel voorzien.

Bij Strijp loopen drie kleine watervlieten, de Gender, die Strijp en *Gestel* van elkanderen scheidt, de Rundgraaf, die tusschen *Zeelst* en Strijp henen loopt en de Windgraaf, die *Woensel* van Strijp scheidt. — Men heeft onder dit d. aangename wandelingen.

STRIJP, geh. in de *Meijerij van 's Hertogenbosch*, kw. *Peelland*, prov. *Noord-Braband*, *Derde* distr., arr. en 3 u. N. O. van *Eindhoven*, kant. en ½ u. N. N. W. van *Helmond*, gem. *Aarle-Rixtel*, ½ u. Z. W. van Aarle; met 4 h. en ruim 20 inw.

STRIJP of Leender-Strijp, geb. in de *Meijerij van 's Hertogenbosch*, kw. *Peelland*, prov. *Noord-Braband*. Zie Leenderstrijp.

STRIJPE, geh. in het *Land-van-Voorne*, prov. *Zuid-Holland*, arr. en 1 u. W. Z. W. van *Brielle*, gem. en ½ u. N. N. O. van *Rockanje*.

Dit geh. bestaat uit de 20 h., welke in de *Strijpe-polder* staan. Men telt er 150 inw.

STRIJPE (ACHTER-), gedeelte gronds in het *Land-van-Voorne*, prov. *Zuid-Holland*, arr. en kant. *Brielle*, gem. *Rockanje*, het noordelijkste gedeelte van den *Strijpe-polder* uitmakende. — Het beslaat eene oppervlakte van 109 bund. 69 v. r. 75 v. ell.

STRIJPEN (DE GEMEENE-), pold. in de bar. van *Breda*, prov. *Noord-Braband*, *Vierde* distr., arr. *Breda*, kant. *Ginneken*, gem. *'s Princenhage*.

Van deze pold., welke een gedeelte uitmaakt van den pold. *Hal-en-Strijpen*, kan de oppervlakte niet afzonderlijk worden opgegeven. Men zie omtrent de uitwatering en het bestuur het art. Hal-en-Strijpen.

STRIJPE-POLDER (DE), meestal enkel Strijpe genoemd, pold. in het *Land-van-Voorne*, prov. *Zuid-Holland*, arr. en kant. *Brielle*, gem. *Rockanje*; palende N. aan Lodderland, O. aan den Rugge-polder, Z. O. aan den Natersche-polder, Z. voor een zeer klein gedeelte aan den pold. Pancrasgors en voorts aan Nieuw-Rockanje en Oud-Rockanje, W. aan Stuifakker.

Deze polder beslaat, volgens het kadaster, eene oppervlakte van 518 bund. 9 v. r. 14 v. ell., waaronder 325 bund. 50 v. r. 41 v. ell. schotbaar land; telt 20 h., waaronder 6 boerderijen, en wordt door eene sluis, op de Maas, van het overtollige water ontlast. Het polderbestuur bestaat uit eenen Polderschout, vijf Leden en eenen Secretaris.

STRIJPHEULE, geh. op het eil. *Schouwen*, prov. *Zeeland*, arr. en 3 u. W. ten Z. van *Zierikzee*, kant. en 3½ u. Z. W. van *Brouwershaven*, gem. N. O. van *Haamstede*.

STRIJPSCHE-AA (DE) of DE STRIJPER-AA, watertje in de *Meijerij van 's Hertogenbosch*, kw. *Peelland*, prov. *Noord-Braband*. Zie SOES (DE).

STRIJPSCHE-DIJK (DE), dijk in het *Land-van-Voorne*, prov. *Zuid-Holland*, gem. *Rockanje*, loopende bezuiden de Strijpe-polder, in eene oostelijke rigting, van den Molendijk tot aan den Hoogendijk.

Op dezen dijk ligt eene batterij in vervallen staat, behoorende tot de linie tusschen Brielle en Hellevoetsluis.

STRIONE (DE), voorm. riv., welke een gedeelte van *Noord-Braband*, *Zuid-Holland* en *Zeeland* bespoelde. Zie STRIJEN (DE).

STRIPIE-POLDER, voorm. pold. in *Hulster-ambacht*, prov. *Zeeland*, bij den Stoppeldijk-polder, welke vermeld wordt in een stuk van het jaar 1396, waarin MARGARETHA, Gravin *van Vlaanderen*, naauwkeurig aanwijst de landen en schorren door Gravin JOHANNA aan de abdij van Cambron afgestaan. Vermoedelijk is hij in den Stoppeldijk-polder ingedijkt.

STRIPS (TER-), voorm. plaats in *Staats-Vlaanderen*, in *Oostburger-Ambacht*, prov. *Zeeland*, denkelijk OOSTENDE, op het eil. *Wulpen*. Zie dat woord.

STRITHEM, volgens sommigen de oude naam van het d. STRIJP, in de *Meijerij van 's Hertogenbosch*, kw. *Kempenland*, prov. *Noord-Braband*. Zie STRIJP.

STROE, oudtijds STROOT of STROEE, d. op het eil. *Wieringen*, prov. *Noord-Holland*, arr. en 10½ u. N. O. van *Alkmaar*, kant. en 2 u. O. Z. O. van *den Helder*, gem. *Wieringen*, aan het oosterstrand van het eiland, ½ u. N. O. van Hypolitushoef. Het was eertijds een zeer groot dorp. Thans telt men er in de kom 12 h. en 60 inw., en met de daartoe behoorende gehuchten en buurten Noorder-Stroe, Buurtwei, Noorderburgn en Smerp, 39 h. en ongeveer 200 inw., die meest in het visschen van zeewier hun bestaan vinden.

De Herv., die er 60 in getal zijn, behooren tot de gem. *Oosterland-Stroe-en-den-Oever*, welke hier een kerkje heeft, dat vóór de Reformatie aan den H. WILLIBRORDUS was toegewijd. Deze kerk stond destijds ter begeving van de Graven van Holland en ter bevestiging van den Aartsdiaken der Utrechtsche domkerk. De inkomsten der pastorij waren zeer gering en konden jaarlijks niet meer dan vijftien gulden opbrengen. In deze kerk, aan het altaar der *H. Maagd* was eene vikarij gesticht, staande insgelijks ter begeving van de Graven en ter bevestiging van den voormelden Aartsdiaken. De vikarij was belast met vier missèn ter week, en kon den Vikaris, indien hij zijn verblijf daar hield, omtrent vijftien gulden in het jaar opbrengen. Deze kerk is een klein gebouw, met eenen toren, doch zonder orgel. Zij staat op eenen aanzienlijken heuvel, van waar men een rijk land- en zeegezigt heeft. Boven de deur is een varken in opwerk of zoogenaamd basrelief van bentheimersteen uitgehouwen. Tot op den huidigen dag wordt deze kerk, welke van duifsteen is opgetrokken, de Heidensche kapel genoemd. In de kerk liggen zeer merkwaardige grafsteenen; een met alle de versierselen eens Bisschops, zoo staf als mijter, doch zonder naam; een met eenen vreemden geslachtboom. Alles verkondigt eenen hoogen ouderdom.

De Doopsgez., welke men er aantreft, behooren tot de gem. van *Hypolitushoef-en-Stroe*. — De R. K., die er wonen, worden tot de stat. van *Wieringen* gerekend.

STROE of Stroo, buurs. op de *Neder-Veluwe*, prov. *Gelderland*, distr. *Veluwe*, arr. en 6 u. N. W. van *Arnhem*, kant. en 3 u. O. van *Nijkerk*, gem. en 2 u. N. O. van *Barneveld*, 1 u. O. van *Garderen*, waartoe het kerkelijk behoort; met 26 h. en 120 inw.

STROE (NOORDER-), geb. op het eil. *Wieringen*, prov. *Noord-Holland*, arr. en 10½ u. N. O. van *Alkmaar*, kant. en 2 u. O. Z. O. van *den Helder*, gem. *Wieringen*, ¼ u. N. O. van Hypolitusboef, W. van *Stroe*, waartoe het kerkelijk behoort; met 5 h. en 30 inw.

STROESCHE-ZAND (HET), zandige heigrond op de *Veluwe*, prov. *Gelderland*, gem. *Barneveld*, 15 min. W. van de buurs. *Stroe*, eene oppervlakte beslaande van 46 bund. 7 v. r. 9 v. ell.

STROET, geh. in *Geestmer-ambacht*, prov. *Noord-Holland*, arr. en 3 u. N. van *Alkmaar*, kant. en 1 u. Z. W. van *Schagen*, gem. *St.-Maarten-Eenigenburg-en-Valkoog*, niet ver van *St. Maarten*; met 13 h. en 70 inw.

STROKKELEN, buurs. in *Zalland*, prov. *Overijssel*. Zie Strekkel.

STROMBERG (ST. PIETERS-ABDIJ-IN-), naam, welken men ook wel gaf aan de abdij van Heysterbach, voorm. kloost. van Cistercienser-Monniken, prov. *Zuid-Holland*, omtrent ½ u. Z. O. van *Dordrecht*, omdat zij tot moederkerk had eene abdij van den zelfden naam op den St. Pietersberg of Stromberg, een van de zeven bergen tegenover de stad Bonn, aan den Rijn.

STROOBOS, geh. in het *Oldambt*, prov. *Groningen*, arr., kant. en 1 u. Z. ten W. van *Winschoten*, gem. en ½ u. N. O. van de *Oude-Pekela*, aan de Pekel-Aa.

STROOBOS (HET FRIESCHE-), geh., prov. *Friesland*, kw. *Oostergoo*, griet. *Achtkarspelen*, arr. en 6½ u. O. ten N. van *Leeuwarden*, kant. en 3½ u. O. N. O. van *Bergum*, ½ u. O. Z. O. van *Gerkesklooster*, waartoe het behoort, ter plaatse, waar de Lauwers, door de trekvaart van Dockum naar Groningen doorsneden wordt; met 36 h. en 200 inw.

Men vindt hier, aan de meerendeels digtgespoelde grensrivier de Lauwers, vette klei. Er is veel doorvaart naar Groningen, terwijl ook de veer- en pakschuiten hier aanleggen. Dit geh. is sedert eenige jaren aanmerkelijk aangebouwd. Men heeft er reeds twee blaauwverwerijen, eene grutterij, eene scheepstimmerwerf, en eenen wind-pelmolen; de kleinhandel in boter is er niet onbelangrijk. In het jaar 1846 is hier eene Christelijk Afgescheidene gem. erkend, welke tot dus verre geen Leeraar heeft. De kerk, die bij het verlaat of de schutsluis staat, is een klein gebouw, zonder toren of orgel.

STROOBOS (DE GRONINGER-), geh. in het *Westerkwartier*, prov. *Groningen*, arr. en 5 u. W. ten N. van *Groningen*, kant. en 3 u. W. van *Zuidhorn*, gem. en 1½ u. N. W. van *Grootegast*, 1 u. N. ten W. van *Doezum*, waartoe het behoort; met 31 h. en 170 inw.

Het is van de Friesche Stroobos, waaraan het paalt, slechts door een hek gescheiden. Er is zelfs eene herberg, die half op Friesch, half op Groninger grondgebied staat, zoodat men in Friesland de voordeur inkomt en in Groningen de achterdeur weder uitgaat.

STROOBUURT (DE), b. in den bedijkte *Schermer*, prov. *Noord-Holland*, arr., kant. en 2½ u. W. van *Hoorn*, gem. en ½ u. Z. W. van *Ursum*, ½ u. Z. van Rustenburg, aan den Rustenburger-weg; bestaande uit 3 boerderijen met 14 inw.

Bij de bedijking van de Schermeer, in 1631, werden hier door werklieden stroohutten opgeslagen, die later door deze boerderijen zijn vervangen, van daar ontleent deze b. zijnen naam.

STROODORP (HET), geh. in het markgr. van *Bergen-op-Zoom*, prov. *Noord-Braband*. Zie ZEVENHUIZEN.

STROODORP (HET) of HET STROOIJEDORP, geh. op het eil. *Noord-Beveland*, prov. *Zeeland*, arr. en 2½ u. N. W. ten W. van *Goes*, kant. en 1 u. W. van *Kortgene*, gem. *Wissekerke-Geersdijk-'s Gravenhoek-en-Kampens-Nieuwland*, ¼ u. Z. Z. W. van Wissekerke, aan den weg van Kortgene naar het Kamperlandsche-veer. Dit geh. van 8 h. is ontstaan bij het indijken van den Soelekerke-polder. Men telt er 50 inw.

STROODORP (HET) of HET STROOIJEDORP, geh. in de heerl. *Zevenbergen*, prov. *Noord-Braband*, *Vierde* distr., arr. en 2½ u. N. N. W. van *Breda*, kant., gem. en 1½ u. N. O. van *Zevenbergen*, ½ u. N. O. van den Zevenbergsche-hoek, aan den weg naar Lage-Zwaluwe.

STROODORPE-POLDER (DE) of DE MOLENPOLDER, pold. in het eil. *Zuid-Beveland*, prov. *Zeeland*, arr., kant. en distr. *Goes*, gem. *Krabbendijke-en-Nieuwlande*; palende N. aan het Verdronken land van Zuid-Beveland, O. aan het Verdronken land van Zuid-Beveland en aan den Reigersbergsche-polder, Z. aan den Maire-polder, W. aan den Oost-polder-van-Krabbendijke.

Deze pold., welke in het jaar 1808 bedijkt is, beslaat, volgens het kadaster, eene oppervlakte van 43 bund. 98 v. r. 50 v. ell.; bevat één h., en wordt door ééne sluis, op den Oost-polder, van het overtollige water ontlast. Het polderbestuur bestaat uit eenen Beheerder.

De naam van dezen polder is ontstaan door de strooije hutten van de arbeiders ter bedijking van den Reigersbergsche-polder, in 1773.

Op den Westdijk van dezen polder staat de houten windkorenmolen van Krabbendijke.

STROOHUIS, geh. in *Twenthe*, prov. *Overijssel*, arr. en 5 u. O. van *Almelo*, kant. en 2 u. Z. O. van *Ootmarsum*, gem. *Denekamp*.

STROOIJEDORP (HET), twee geh., een op het eil. *Noord-Beveland*, prov. *Zeeland*, een in de heerl. *Zevenbergen*, prov. *Noord-Braband*. Zie STROODORP.

STROOIJEDORP (HET), b. in de heerl. *Huisduinen-en-den-Helder*, prov. *Noord-Holland*. Zie NIEUWSTAD (DE).

STROOIJEWAARD (DE), pold. in den *Biesbosch*, prov. *Noord-Braband*. Zie KOOI (OUDE-).

STROOM (DE GROOTE-), riv. in de *Meijerij van 's Hertogenbosch*, kw. *Kempenland*, prov. *Noord-Braband*. Zie BEERZE (DE).

STROOMENHOEK of WIERINXWAL, pold. in den *Biesbosch*, prov. *Noord-Braband*, *Tweede* distr., arr. *'s Hertogenbosch*, kant. *Heusden*, gem. *Werkendam*; palende N. en W. aan de Bruinekil, O. aan de Reesloot of Sloot van Wierinxwal, Z. aan den Bruinhoeksche waard of Hoogen-polder.

Deze pold., welke in het jaar 1827 vergroot is, beslaat volgens het kadaster, eene oppervlakte van 9 bund. 7 v. r. 80 v. ell., en wordt door eenen houten duiker aan de Zuidzijde, wijd 0.52 ell. en voorzien van eene klep, op de Bruinekil, van het overtollige water ontlast. Het zomerpeil is 4 palm. boven A. P., de hoogte der dijken 2 ell. à 2 ell. 1 palm. Hij staat onder het bestuur van den eigenaar.

STROOMENHOEK (NIEUW-), onbehuisde pold. in den *Biesbosch*, prov. *Noord-Braband*, *Tweede* distr., arr. *'s Hertogenbosch*, kant. *Heusden*, gem. *Werkendam*; palende N. aan het Heimansgaatje, O. aan den Prikpolder, Z. aan Stroomenhoek of Wieringswal, W. aan de Bruinekil.

Deze pold., omkaad in het jaar 1835, is groot 3 bund. 41 v. r. 40 v. ell. Hij watert uit op het Steurgat. Het zomerpeil is 3 palm. boven A. P., de hoogte der dijken 1 ell. 9 palm. boven A. P. Hij staat onder het bestuur van den eigenaar.

STROOMKANT (DE), naam, welken men geeft aan dat gedeelte van de griet. *Stellingwerf-Westeinde*, prov. *Friesland*, kw. *Zevenwouden*, hetwelk aan de zuidzijde van de Linde ligt en de dorpen Beil, Noordwolde, Finkega, Steggerda, Peperga en Blesdijk bevat. Men telt er 764 h., bewoond door 835 huisgez., uitmakende eene bevolking van 4760 inw., die meest hun bestaan vinden in de landbouw. Onder deze bevolking zijn begrepen ruim 650 kolonisten behoorende tot de Maatschappij van Weldadigheid.

STROOMKLIP of Stroomrots, rotsig eilandje in *Oost-Indië*, in de *Straat-Sunda*, 5° 51' Z. B., 125° 61' O. L. — Dit eilandje is onbewoond.

STROOMSLOOT (DE), water, prov. *Friesland*, kw. *Westergo*, griet. *Barradeel*, loopende van Oosterbierum, uit de *Oosterbierumervaart*, zuidwaarts naar den Slagtedijk.

STROOMSLOOT (DE), water in *Rijnland*, prov. *Zuid-Holland*, loopende op de grens der gem. *Warmond* en *Leyderdorp* ten W. en *Alkemade* ten O., uit de *Stingsloot*, zuidwaarts tot aan de *Leiskat*, van waar zij verder de Hoddijkssloot heet.

STROOMSLOOT (DE), water in *Rijnland*, prov. *Zuid-Holland*, gem. *Alkemade*, in eene eerst zuidelijke en vervolgens zuidwestelijke rigting, uit de *Vennemeer* naar de *Does* en *Zijl* loopende.

STROOWAARD (DE OUDE-), pold. in den *Biesbosch*, prov. *Noord-Braband*. Zie Kooi (Oude-).

STROYK, voorm. schors in de *Schelde*, prov. *Zeeland*, tot welks bedijking Frank van Borsselen in 1369 verlof bekwam, en thans de Noordpolder van St. Maartensdijk is. Zie Maartensdijk (De Noord-polder-van-St.-).

STRUCHT, gem. in het graafs. *Valkenburg*, prov. *Limburg*, distr. en arr. *Maastricht*, kant. *Gulpen* (6 k. d., 7 m. k., 1 s. d.); palende N. aan de Geul, die haar afsnijdt van de gem. Schin-op-Geul, O. en Z. aan Wijlre, W. aan de gem. Oud-Valkenburg.

Deze gem. bevat het geh. Strucht, benevens eenige verstrooid liggende h., beslaat eene oppervlakte van 303 bund. 34 v. r. 30 v. ell., waaronder 296 bund. 47 v. r. 20 v. ell. belastbaar land; telt 60 h., bewoond door 60 huisgez., uitmakende eene bevolking 290 inw., die meest in den landbouw hun bestaan vinden.

De inw., die allen R. K. zijn, behooren tot de par. van *Schin-op-Geul*. — Men heeft in deze gem. geen school, maar de kinderen genieten onderwijs te *Schin-op-Geul*.

Het d. Strucht ligt 2¼ u. O. van Maastricht, 1 u. W. van Gulpen, N. O. van en zoo digt aan Schin-op-Geul, dat het daarmede slechts eene plaats schijnt uit te maken, aan de Geul. Men telt er, in de kom van het d., 50 h. en 230 inw.

STRUIKBERG, ook wel eens Struisberg, geh. in *Dieverderdingspil*, prov. *Drenthe*, arr. en 8 u. Z. ten W. van *Assen*, jud. en adm. kant. en 2 u. O. ten N. van *Meppel*, gem. en 1 u N. O. van *de Wijk*; met 3 h. en 20 inw.

STRUIKBERGEN (DE) of Struikbergen, heuvelrij op de *Over-Veluwe*, prov. *Gelderland*, gem. *Ermelo*, in de heide tusschen Ermelo en Harderwijk.

STRUIKWAARD (DE), pold. in het *Land-van-Altena*, prov. *Noord-Braband*, *Tweede* distr., arr. *'s Hertogenbosch*, kant. *Heusden*, gedeeltelijk gem. *Giessen*, gedeeltelijk gem. *Op-en-Neder-Andel*. — Deze pold. is een gedeelte van den *Struikwaard-en-de-Worp*.

STRUIKWAARD-EN-DE-WORP (DE), pold. in het *Land-van-Altena*, prov. *Noord-Braband*, *Tweede* distr., arr. *'s Hertogenbosch*, kant. *Heusden*, gedeeltelijk gem. *Giessen*, gedeeltelijk gem. *Op-en-Neder-Andel*; palende N. aan de voorgronden tegen de afgedamde Kil van de Maas, O. aan de Buitengronden tegen de Maas in de nabijheid van de Rib te Andel, Z. aan den Rivierdijk, W. aan den Manhuiswaard.

Deze pold. beslaat, volgens het kadaster, eene oppervlakte van 83 bund. 86 v. r. 21 v. ell., als: onder *Giessen*, 55 bund. 57 v. r. 21 v. ell. en onder *Op-en-Neder-Andel*, 28 bund. 29 v. r. Hij heeft twee sluisjes, als: eene steenen sluis aan de westzijde, nabij den rivierdijk, wijd 0,88 ell., voorzien van eene drijfdeur en schuif, en een houten sluisje, mede aan de westzijde, nabij de Maas, wijd 0,41 ell., voorzien met eene schuif aan de buiten- en eene klep aan de binnenzijde, en wordt door eerstgemeld sluisje op de Kil en verder op de Maas, en door het laatstgenoemde onmiddellijk op gemelde rivier, van het overtollige water ontlast. Aan de oostzijde is een houten duiker gelegen, wijd 0.40 ell., voorzien van eene schuif, waardoor hij, des vereischt, bij droog weder en lagen stand der Maas, van versch water voorzien wordt. Het zomerpeil is 1.15 ell. boven A. P., de hoogte der dijken 3.30 ell. tot 3.60 ell. In den grondslag van dezen polder bestaat een aanzienlijk verschil, zoodat het laagste land in de nabijheid van den rivierdijk 1.30 ell. en binnen de noordelijke kade 3 ellen en meer, boven A. P. gelegen is. Hij staat onder het bestuur van de Eigenaren.

De kil of zuiderarm van de Maas, aan de noordzijde van dezen polder gelegen, is aan het benedeneinde, ten gevolge van een besluit van de Commissie van Superintendentie over den Waterstaat, van den 13 December 1805 no. 44, in 1806, door den Heer J. F. Lemmans met een dwarsdam afgesloten geworden, waardoor diens buitengrond, genaamd de Graaflijkheidsplaat aan den Struikwaard werd aangesloten.

Aan de zuidzijde van dezen polder boven het dorp Giessen, vindt men den zoogenaamden Wielwaard. Op deze gronden, buiten den rivierdijk gelegen, staat het kerkje van Giessen.

STRUISBERGEN, geb. in de heerl. *Ruinen*, prov. *Drenthe*. Zie Struisberg.

STRUISWIJK, landg. in *Oost-Indië*, op het *Sundasche* eil. *Java*, resid. *Batavia*, in de *Bataviasche-Ommelanden*.

Dit landg. is aangelegd door den Raad van Indië, David Joan Smith en was eenmaal het verblijf van den Gouverneur-Generaal Wiese.

STRUITEN (DE NIEUWE-) en DE OUDE-STRUITEN, twee pold. in het *Land-van-Voorne*, prov. *Zuid-Holland*. Zie Streeuten (De Nieuwe-) en Streeuten (De Oude-).

STRUKBERGEN (DE), heuvelrij op de *Over-Veluwe*, prov. *Gelderland*. Zie Struckbergen (De).

STRUMBERG, berg, deels in het balj. van *Luxemburg*, grooth. *Luxemburg*, deels in het dep. van *de Moezel*, kon. *Frankrijk*, tusschen de d. Schengen (Luxemburg) en Bas-Kontz (Frankrijk).

Op den kruin van dezen berg, die zich tot eene aanzienlijke hoogte verheft., vindt men keijen, in vorm en grootte gelijk aan die, welke in het bed der Moezel aanwezig zijn. Aan den voet van dezen berg is eene bron, welker water mineraaldeelen bevat.

De inwoners van Basse-Konts hebben de gewoonte op den avond voor St. Jan, van den top des Strumbergs, een met stroo omwoeld wiel, na dit stroo in brand gestoken te hebben, te laten rollen in het bed van de Moezel (1).

STRYPE (DE), smalle streep lands, prov. *Friesland*, kw. *Oostergoo*, griet. *Tietjerksteradeel*, nabij *Bergum*.

STUDENTENPAD (HET), geh. in *Rijnland*, prov. *Zuid-Holland*, arr., kant. en ten Z. van *Leyden*, gem. en ½ u. N. ten W. van *Soeterwoude*, beginnende aan de Naakte-sluis, buiten de Koepoort der stad Leyden, en loopende eerst langs de Vliet, tot aan de Woutenbrug en vervolgens van daar langs de Haagsche en Delfsche trekvaart naar de Witte-poort; met 21 h. en 50 inw.

Langs dit geh. gaat een der meest bezochte wandelingen uit de omstreken van Leyden.

STUËRWOLD, plaats in *Fivelgo*, prov. *Groningen*, ½ u. N. van Stedum, waar vroeger het Stedumerwald gestaan heeft.

STUIFAKKER, pold., in het *Land-van-Voorne*, prov. *Zuid-Holland*, arr. en kant. *Brielle*, gem. *Rockange*; palende W. en N. aan de zeeduinen, O. aan den Strijpe-polder, Z. aan Oud-Rockange.

Deze polder beslaat, volgens het kadaster, eene oppervlakte van 264 bund. 65 v. r. 27 v. ell., waaronder 228 bund. 74 v. r. 80 v. ell. schotbaar land, telt 55 h., waaronder 4 boerderijen, en wordt door eene sluis, op de Maas, te Brielle, van het overtollige water ontlast. Het polderbestuur bestaat uit eenen Schout, vijf Leden en eenen Secretaris.

STUIF-POLDER (DE) ook de Bokke-polder genoemd, pold. in het eil. *Goedereede-en-Overflakkee*, prov. *Zuid-Holland*, arr. *Brielle*, kant. *Sommelsdijk*, gem. *Goedereede*; palende N. en O. aan de zeeduinen, Z. aan den Rooklaasplaat-polder, W. aan den pold. den Oude-Oostdijk. Deze pold. is in het jaar 1803 bedijkt.

STUIFZAND, geh., in de heerl. *Ruinen*, prov. *Drenthe*, arr. en 5½ u. Z. van *Assen*, jud. en adm. kant. en 1½ u. N. O. van *Hoogeveen*, gem. en 1½ u. O. van *Ruinen*; met 10 h. en 60 inw.

Ook heeft men er, voor dit en het naburige geh. Zwarte-Schaap, eene school, welke gemiddeld door een getal van 50 leerlingen bezocht wordt. Den 21 Januarij 1840 is dit schoolgebouw door eenen fellen windvlaag omgeslagen, juist toen de onderwijzer bezig was zijne leerlingen te onderwijzen, en zulks met dit droevig gevolg, dat een leerling, zijnde een jongen van 11 jaren, hierdoor het leven verloor, en de overige aanwezigen, benevens de onderwijzer, ofschoon niet gevaarlijk, gewond werden.

STUIVELAAR, voorm. havez. in *Twenthe*, prov. *Overijssel*. Zie Stoevelaar.

STUIVER (DE) of Laatste-Stuiver, b. in *Staats-Vlaanderen*, prov. *Zeeland*, arr. en 8 u. Z. van *Goes*, kant. en 2½ u. Z. W. van *Axel*, distr. en ruim 4 u. Z. W. van *Hulst*, gem. en 20 min. Z. van *Sas-van-Gent*, aan den westelijken oever van het Kanaal-van-Neuzen op de Belgische grenzen.

Deze b. ligt voor het grootste gedeelte onder de Belgische gem. *Zelzaete*, en voor een klein gedeelte onder de gem. *Sas-van-Gent*, staande

(1) Zie *Mémoires de la Société Royale des antiquaires de France*, Tom. V, pag. 379 à 393. — *Mém. de la Société des Sciences, Lettres et Arts de Metz*. 1834, p. 62.

er op Nederlandsch grondgebied slechts 3 huizen, bewoond door 27 zielen.

Ingevolge art. 5 van het, den 5 November 1842, met België gesloten verdrag, maakt het midden van bovengenoemd kanaal de grens uit, van het voormalig fort St. Antoon, aan den oostelijken kanaaloever af, tot tegen over het Nederlandsch tolkantoor in het gehucht de Stuiver, ofschoon hier eigenlijk nimmer een zoodanig kantoor heeft bestaan. Op deze beide punten zijn dan ook de ijzeren limietpalen of grensteekenen, de scheiding aanwijzende tusschen het Nederlandsch en Belgisch territoir, geplaatst.

Gedurende de Belgische onlusten, als wanneer het laden en lossen van goederen, waarvan de oogluikende uitvoer naar Belgie, mogt plaats hebben, binnen Sas-van-Gent verboden was, kwamen de Nederlandsche schepen tot tegen de limietscheiding, tusschen de beide landen aan de b. DE STUIVER, alwaar zij hunne ladingen in Belgische schepen oversloegen. Deze overladingen geschiedden in tegenwoordigheid van Ambtenaren der in- en uitgaande regten van beide rijken, die er elk een wachthuis hadden, waarin zij bestendig wacht hielden. Waarschijnlijk is het op ons grondgebied destijds bestaand hebbende wachthuis, dat thans is afgebroken, in het meergemeld traktaat, tolkantoor genoemd.

STUIVEZAND, geh. in de bar. van *Breda*, prov. *Noord-Braband*, *Vierde* distr., arr. en 2 u. N. ten O. van *Breda*, kant., gem. en 1½ u. N. W. ten W. van *Oosterhout*, juist nabij het punt, alwaar de vier gem.: Oosterhout, Made-en-Drimmelen, Terheyden en Hoogeen-Lage-Zwaluwe elkander regthoekig aanraken.

STUIVEZAND, geh. in de bar. van *Breda*, prov. *Noord-Braband*, *Vierde* distr., arr. en 2½ u. Z. Z. W. van *Breda*, kant. en 2½ u. Z. W. van *Ginneken*, gem. *Zundert-en-Wernhout*, ½ u. N. N. O. van Groot-Zundert, aan den straatweg van Breda op Antwerpen; met 22 h. en ruim 130 inw.

STUKVAARDER-MAAR (HET), water in het *Oldambt*, prov. *Groningen*. Zie WAGENBORGER-MAAR (HET).

STURIERS, in het Lat. STURII, oude bewoners dezer landen.

Zij hadden van voren tot grenspalen de Noordzee, van achteren en aan beide zijden waren zij besloten door rivieren, namelijk de Sala of IJsselstroom, die, eer Drusus den Rhijn daarin bragt, zich bij het eiland Texel ontlastte, en de Vliestroom. Verder waren zij omringd van het Meer, hetwelk tusschen het eiland Flevo en het verdere strand der Friezen lag, als ook door den zelfden Vliestroom, wederom smaller geworden zijnde: zoodat het voornoemde eiland binnen die palen begrepen was. Het grootste gedeelte van hun land is derhalven heden tot zee geworden: het overige begrijpt in zich niet meer dan ééne grietenij, genaamd Hemelumer-Oldephaert, met twee kleine steden, Stavoren en Hindeloopen.

STURMERDIJK, voorm. adell. h. in het *Nederkwartier* der prov. *Utrecht*. Zie STORMERDIJK.

STURMZANDT of STURMEZANDT, voorm. amb. op het eil. *Zuid-Beveland*, prov. *Zeeland*, N. van *Wemeldinge*. Het was volgens SMALLEGANGE groot 527 gemeten 299 roed. 6 voet. (228 bund. 60 v. r. 23 v. ell.) en daarvan schijnt met den vloed van 5 November 1530 te zijn ondergeloopen 519 gemeten (ongeveer 240 bund.), terwijl weder herdijkt zijn 244 gemeten of 103 bund. Deze zijn echter weder zoo ver met de zee gemeen gemaakt, dat in het jaar 1753 van dit ambacht niet meer overig was dan een klein poldertje. Zie STORMZAND.

Het schijnt dat dit ambacht geen ouder oorsprong heeft, dan van het jaar 1390, toen Hertog Albrecht van Beijeren, het schor, den 14 April verkocht aan zijnen neef » Heere Heynric van Borssele, Heere » *van der Vere*, en *van Zandenburch*, en de Heere Janne van Cruninghen » onsen getrouwen Ridder en Vrouwe Aliden van der Vere, Vrouwe van » *Cruningchen*, dat Scor dat gheleghen is voer Wemelinghe, dat ghehetea » is Heer Stormszand, te danken tot enen Corenlande na horen orbaer » ende tot horen wille." Voorts gaf hij daaraan vrijdom van schot voor zeven jaren; het regt om daarin eenen Schout, Schepenen eenen Dijkgraaf te stellen, boeten te mogen opleggen tot drie ponden toe; Ambachtsregt, Ambachtsgevolge, tienden, vogelarijen, visscherijen, veeren en excijnsen; dit Land te mogen wateren en wegen uitwaart en inwaart; zoo dit ambacht overstorf of verbeurd werd, zoude de naaste magen het mogen lossen naar zijne waarde, zoo ook de tienden naar de regten van den Lande, indien het inbrak zoude het mogen herdijkt worden, zonder daartoe verlof aan te vragen; het mogt van den Graaf als een regt Zeeuwsch Leen gehouden en verheven worden; daarvan moest jaarlijks aan den Rentmeester Bewester-Schelde zoo vele renten betaald worden, als Claas Hervinck van Reymerswale daarop hadde. De voormelde Heer van Vere zoude de helft in dit ambacht besitten, terwijl de wederhelft kwam aan Heer Jan van Kruiningen en diens echtgenoote Aleid van der Vere.

Nergens blijkt, of daar een dorp heeft gestaan, noch wat lotgevallen het buiten de watervloeden heeft gehad. Ten tijde, toen Smallegange zijn *Kronijk* schreef, had dit Ambacht onderscheidene deelgenooten, te weten, Vrouwe Amelia van Dona, Gravin van Lippe, had daarin 269 gem. 224 roed. 9 voet (123 bund. 37 v. r. 14 v. ell.); Jonkheer Johan Hieronimus Huyssen, Heer in *Vossemeer*, 21 gem. 181 roed. 2 v. 6 duim (9 bund. 73 v. r. 70 v. ell.); vrouwe Elisabeth van der Nisse, 10 gem. 40 roed. 7 voet 3 duim (4 bund. 65 v. r. 37 v. ell.); Jonkheer Isaak de Perponcher Zedlnitzky, Heer van *Ellewoutsdijk*, 86 gem. 124 roed. 10 voet (39 bund. 52 v. r. 70 v. ell.); Heer Jacob Graaf van Groesbeek, Ridder, 85 gem. 225 roed. (39 bund. 37 v. r. 29 v. ell.); Jonkheer Leopoldus de Ryffelaere, wegens zijne moeder Vrouwe Cornelia van Ossewaarde 42 gem. 262 roeden 6 voet (19 bund. 30 v. r. 77 v. ell.).

Het wapen van dit ambacht bestond in een veld van zilver, met twee golvende fasces van azuur, vergezeld in het midden van een vijfbladerige bloem van keel.

STURNAHEM, naam, welke voorkomt in eenen brief van Keizer Otto II, als van eene plaats onder het regtsgebied van Geertruidenberg gelegen, alzoo er evenwel daaromtrent geen plaats met eenen dergelijken naam voorkomt, is zij waarschijnlijk door de wateren van den Biesbosch verzwolgen.

STUURMAN, b. in *Zalland*, prov. *Overijssel*, arr. en 2¼ u. W. van *Zwolle*, kant. en 1½ u. ten Z. O. van *Kampen*, gem. *Wilsum*.

STUURWOLDE, geh. in *Fivelgo*, prov. *Groningen*. Zie Steerwolde.

STUVEZAND, rei duinen, op de *Over-Veluwe*, prov. *Gelderland*. Zie Storvezand.

STUVESANDE of Stuivezand, voorm. eil. ten Z. van *Zuid-Beveland*, prov. *Zeeland*, dat door het verwijden van de Honte en hooger vloeden van het overige Zuid-Beveland kan afgescheurd wezen, gelijk het, met het stoppen van den Dierick, in later tijd, daar weder [illegible] is geweest, en eindelijk geheel in het diep geraakt.

Wanneer dit dorp en het naburig dorp Everingen voor dezen, door den watervloed en het doorbreken der dijken, niet genoeg konden opbrengen, heeft Georgius van Egmond, de zestigste Bisschop van Utrecht, beide die parochie-kerken vereenigd; en aan eenen zielbezorger, te weten: Willem Jacobszoon, te besturen gegeven.

STUWSLOOT (DE), waterleiding, prov. *Overijssel*, gem. *Vriezenveen*. Zij begint noordwaarts aan de grenzen van *Hellendoorn*, neemt het water der veenen en togtslooten op en ontlast zich zuid-westwaards onder Wierden in het kanaal naar de *Regge*.

STUYVENES, hofstede in het *Overkwartier* der prov. *Utrecht*, arr. en 6 u. Z. O. van *Amersfoort*, kant., gem. en ¼ u. N. van *Rhenen*, in de b. Achterberg.

STYLSMA, voorm. state, prov. *Friesland*, kw. *Oostergoo*, griet. *Dantumadeel*, arr. en 2½ u. N. O. van *Leeuwarden*, kant. en 2 u. W. Z. W. van *Dockum*, Z. W. van het d. *Birdaard*, waartoe het behoorde.

SUACH, oude spelling van het d. Zwaag, in *Dregterland*, prov. *Noord-Holland*. Zie Zwaag.

SUAMEER of Su-meer, ook wel Sudera-meer en eigenlijk Zuid-meer, in het oud Friesch Suwa-meer gespeld, d., prov. *Friesland*, kw. *Oostergoo*, griet. *Tietjerksteradeel*, arr. en 3 u. O. Z. O. van *Leeuwarden*, kant. en ¼ u. Z. van *Bergum*, aan den rijweg naar Dragten en Oostermeer.

Dit d. is eene nette plaats, welke weinig verschilt van Garyp, ten opzigte van de ligging der landerijen en plantaadjen, en sluit ook, op eene gelijksoortige wijze, tegen Smallingerland met een zandig heideveld. Bij de kerk is slechts eene kleine buurt; doch onder dit dorp behooren onderscheiden andere buurtjes, met name, de Meershuizen, de Rest, de Landsburen, de Harste en de Heidhuizen, met nog eenige huizen, bekend bij den naam van Molenbuurt. De Tiekesloot of Takesloot scheidt dit dorp in het Oosten van Oostermeer.

Het ontleent zijnen naam van de ligging in betrekking tot het Bergumer-meer, waarvan het ten Zuiden gelegen is. Men telt er met de overige buurtjes te zamen 400 inw. — De Herv., die er wonen, hebben, sedert de Reformatie, eene kerkelijke gem. met Garyp en Eernewoude uitgemaakt, doch toen er in 1642 over de beroeping van eenen Predikant twist ontstond, werd zij door de Staten der provincie, na veel over en weder schrijven, voorloopig bij Oostermeer en Eestrum gevoegd, doch vijf jaren later weder met de vorige gemeenten vereenigd, waarbij zij tot nu toe gebleven is, terwijl de pastorij altijd te Garyp, als het voornaamste der drie dorpen, heeft gestaan. De kerk, aan de zuidzijde van den rijweg, is een net gebouw, met eenen kleinen spitsen toren, doch zonder orgel.

SUAMEERDER-HEIDE (DE), eigenlijk de Zuidermeerder heide, heideveld, prov. *Friesland*, kw. *Oostergoo*, griet. *Tietjerksteradeel*, 10 min. Z. van *Suameer*, W. van de *Harste*.

In het jaar 1672 lag op dit heideveld het leger van den Nederlandschen Staat verschanst; eenige overblijfselen en den naam des velds, dat het Leger genoemd wordt, bewaren het aandenken van deze gebeurtenis.

SUAMEERDER-MEER (DE), eigenlijk het Zuidermeerder-meer, meer, prov. *Friesland*, kw. *Oostergoo*, griet. *Tietjerksteradeel*, dat ten W. met het Noordermeerder-meer en ten O. door het Zuidergat met het Bergumer-meer in verbinding staat.

SUANGI (POELO-), eil. in *Oost-Indië*, in den *Moluksche-Archipel*, tot de *Banda-eilanden* behoorende, 4° 6° Z. B., 148° 6' O. L.

SUAWOUDE of SUWOUDE, in het oud Friesch SUWALD of SUWOLD, eigenlijk ZUIDWOUDE, d., prov. *Friesland*, kw. *Oostergoo*, griet. *Tietjerksteradeel*, arr. en 2 u. O. Z. O. van *Leeuwarden*, kant. en 1½ u. W. Z. W. van *Bergum*.

Dit afgezonderd en in laag waterachtig land gelegen dorp ligt niet onvermakelijk op eene hoogte; ten Zuiden en Noorden heeft men bouwlanden, en de huizen staan in het geboomte, alwaar vele heidebezemen gemaakt en naar elders verzonden worden. In het Westen loopt dit dorp uit tot aan het Langdeel, en bevat daar het buurtje de Oude-Mieden, alwaar veel vogelkooijen gevonden worden. In de nabuurschap heeft men ook eenige meertjes, van welke het Louwsmeer wel het voornaamste is. Onder dit dorp behooren ook de herbergen Rustenburg en Altenburg, staande op den wal van het Langdeel. Uit de landen, aan den Oostkant en de Wijde Ee gelegen, wordt veel turf gegraven.

Men telt in dit dorp, met het daartoe behoorend buurtje *Oude Mieden*, 200 inw.

De Herv., die er wonen, behooren tot de gem. *Suawoude-en-Tietjerk*. In de kerk, welke eenen stompen toren heeft, doch geen orgel, vindt men eenige geschilderde glazen en een paar zerken met opschriften.

SUAWOUDE-EN-TIETJERK, kerk. gem., prov. *Friesland*, klass. van *Leeuwarden*, ring van *Bergum*; met twee kerken en 610 zielen, onder welke 80 Ledematen. De eerste, die in deze gem. het leeraarambt heeft waargenomen, is geweest NICOLAUS MARTINI, die in het jaar 1600 hier stond, doch in het jaar 1605 niet meer. ANNE IJPEY, als Hoogleeraar te Groningen overleden en beroemd door zijne godgeleerde, geschied-, taal- en oudheidkundige werken, is hier Predikant geweest van 1789—1790.

SUBENHARA, oude naam van het vlek ZEVENAAR op de *Lijmers*, prov. *Gelderland*, in 1049 daaronder voorkomende. Zie ZEVENAAR.

SUCOHT, vroegere naam van de verl. plant. LA CONSTANCE-EN-NIEUW-HAZARD, in *Nederlands-Guiana*, kol. *Suriname*. Zie CONSTANCE-en HAZARD (NIEUW-).

SUDERA-MEER, naam, welken men wel eens geeft aan het dorp SUAMEER, prov. *Friesland*, kw. *Oostergoo*, griet. *Tietjerksteradeel*. Zie SUAMEER.

SUEDERINC, erve vermeld in 1188, als gelegen onder *Haaksbergen*, in *Twenthe*, prov. *Overijssel*, waarschijnlijk ZUIDER-ESK. Zie ZUIDER-ESK.

SUESTRA, oude naam van de RODEBEEK, prov. *Limburg*. Zie RODEBEEK.

SUETA, oude naam van de ridderh. ZWIETEN, in *Rijnland*, prov. *Zuid-Holland*. Zie ZWIETEN.

SUETERWOUDE, oude naam van het d. SOETERWOUDE, in *Rijnland*, prov. *Zuid-Holland*. Zie SOETERWOUDE.

SUEVEN, SUEVI, Duitsche Natie, daar JULIUS CESAR, TACITUS, en andere Romeinsche Schrijvers veel van gewagen. Onderscheidene Schrijvers, MIRAEUS, EYNDIUS en anderen willen er Zeeuwen van maken. Anderen verstaan door de SUEVI de Noord-Cimbrische volkeren, waaruit de Engelschen gesproten zouden zijn, in welker bezit de landstreken van Jutland, Holstein enz. lagen. Wederom anderen houden de SUEVI voor de Zwaben.

Het is zeer waarschijnlijk, dat een deel van de SUEVEN de eilanden, bij de monden van de Maas gelegen, die wij Zeeuwsche noemen, ingenomen, en naar hunnen naam genoemd hebben, zoo dat zij, na verloop van tijd, door eene geringe verwisseling van letters, voor Suewsche Zeeuwsche genoemd zijn (1).

Dit gevoelen wordt niet weinig daardoor bevestigd, dat de SUEVEN als palende aan Vlaanderen beschreven worden; want zoo lezen wij, dat de H. ELIGIUS, Bisschop van Noijon, die bijna het eerst van allen het zaad des Evangeliums in deze streken gestrooid heeft, zich niet alleen met alle vlijt heeft toegelegd, om de Veromanduers en de Doornikers, als naast palende aan zijn Bisdom, en in Vlaanderen de Gentenaars en Kortrijkers, maar ook de dwalende SUEVEN in de gronden van de Christelijke godsdienst te onderwijzen (2), waaruit men billijk mag besluiten, dat de SUEVEN in dien tijd daar omstreeks, en niet verre van de Gentenaars, zullen gewoond hebben.

SUEVEN-KAMP of het HEIDENSCHE-KAMP, ook wel het KATTENLEGER genoemd, streek lands op de *Over-Veluwe*, prov. *Gelderland*, gem. *Ermelo*, aan de grens van Leuvenum en de Putter-delle. Het is eene uitgestrekte vierkante vlakte, met eene sloot en eenen aarden wal van 1.25 ell. omringd, van omtrent 300 ell. aan iedere zijde lang, in welks binnenruimte nog sporen van kookgaten, teutgaten enz. zigtbaar zijn (geheel overeenkomstig met zoodanige in Drenthe aanwezig), afkomstig van de SUEVEN of KATTEN, welke 55—53 vóór J. C. deze streek zouden bewoond hebben.

SUEYLANDT, water in *Rijnland*, prov. *Zuid-Holland*. Zie ZWEILAND.

SUFFENSTRA (GROOT-), voorm. state, prov. *Friesland*, kw. *Oostergoo*, griet. *Idaarderadeel*, arr. en 2½ u. Z. van *Leeuwarden*, kant. en ½ u. O. ten N. van *Rauwerd*, 20 min. N. O. van *Friens*, waartoe zij behoorde.

Ter plaatse, waar zij gestaan heeft, ziet men thans eene boerenwoning. De daartoe behoord hebbende gronden, beslaande eene oppervlakte van 44 bund. 9 v. r., worden thans in eigendom bezeten door Mevrouw J. W. SCHELTINGA, wed. J. A. LOOTSMA, woonachtig te Roordahuizum.

SUFFENSTRA (KLEIN-), voorm. state, prov. *Friesland*, kw. *Oostergoo*, griet. *Idaarderadeel*, arr. en 2¼ u. Z. van *Leeuwarden*, kant. en ½ u. O. ten N. van *Rauwerd*, ½ u. N. O. van *Friens*, waartoe zij behoorde.

Ter plaatse, waar zij gestaan heeft, ziet men thans eene boerenwoning. De daartoe behoord hebbende gronden, beslaande eene oppervlakte van 22 bund. 4 v. r., worden thans in eigendom bezeten door KLAAS en SJOUKE SIPSMA, woonachtig te Grouw.

SUGION, d. in *Oost-Indië*, op het *Sundasche* eil. *Java*, resid. *Soerabaya*.

SUHPAYANG, stad in *Oost Indië*, op het *Sundasche* eil. *Sumatra*, rijk *Menang-Kabau*, met goudmijnen.

SUIDEREG, oud Friesche naam van het d. SURIG, prov. *Friesland*, kw. *Westergoo*, griet. *Wonseradeel*. Zie SURIG.

SUIDWENDA, boerderij in *Hunsingo*, prov. *Groningen*, arr. en 5 u. W. N. W. van *Appingedam*, kant. en 3 u. N. O. van *Onderdendam*,

---

(1) Zie MATTH, *de Nobilitate*, pag. 181.

(2) Vita S. Eligii, L. II, C. 28.

gem. en 1 u. W. van *Kantens*, ½ u. Z. van *Stitswerd*, waartoe zij behoort.

Aldaar stond in het jaar 1234 een klooster van Monniken, mede Suidwerda en ook wel St. Anna, genoemd, waarover de Abt van Bottum het bestuur had; doch de Geestelijken waren reeds lang vóór de Reductie van 1594 verplaatst, onzeker waarheen.

De platte grond is een regelmatig vierkant, en nog gedeeltelijk van eene gracht omringd; het overige van de gracht is meest gedempt en tot land gebragt. Zoo veel men kan nagaan, stond het klooster Oost en West en was van eenen kleinen omvang; het kerkhof lag denkelijk aan de Zuidzijde kort bij het gebouw, waarin, bij nader onderzoek, vermoedelijk nog wel doodkisten, hetzij van zerk of van steen, met doodsbeenderen zullen worden gevonden. Het geheel beslaat meer dan drie bunders oppervlakte. Midden in het gedachte gebouw zal de put geweest zijn, die nog aanwezig is, en welke, bij eene ongewone diepte, smakelijk water oplevert.

Het eenige geschrift, dat men hier nog vindt, is een oud jaartal in romeinsche karakters MDXLIIII, op eene blaauwe zerk, welke tot drempel van het boerenhuis dient.

Uit dit klooster heeft, zoo als de Wierumer kronijkschrijver op het jaar 1224 verhaalt, de Abt van Bottum een Monnik doen halen en als godslasteraar, voor zijn leven lang, in eene onderaardsche spelonk laten opsluiten, omdat deze Monnik het volk van de Priesters en Monniken, die het volk tot de kruistogten en het opschieten van penningen daartoe aanmoedigden, afkeerig had gemaakt, hen waarschuwende en de onheilen voor oogen stellende, die hun stonden over te komen.

SUIFTERBAND, bosch, vermeld in het jaar 796, als liggende in het graafs. *Hamelande*.

SUIK of Suyck, verbasterde naam, welken men in lateren tijd aan het adell. h. Zuidwijk, in *Rijnland*, prov. *Zuid-Holland* gegeven heeft. Zie Zuidwijk.

SUIKERBERG, voorm. schans in *Zalland*, prov. *Overijssel*, niet ver van de Diezerpoort der stad Zwolle.

Zij was opgebouwd, in het jaar 1588, van de steenen van het voorm. Agnieten-klooster en is later weder geslecht.

SUIKERBERG, voorm. schans in de heerl. *Niervaart*, prov. *Noord-Braband*, aan de zuidzijde van de Keen, tegenover de Klundert, tot dekking van welke gewezen vesting zij diende. — Ter plaatse, waar zij gelegen heeft, ziet men thans weiland.

SUIKERBROOD, berg in *Oost-Indië*, op het *Sundasche* eil. *Sumatra*. Zie Gorrong-Berko.

SUIKERBROOD (HET), voorm. verschansing, in het markgr. van *Bergen-op-Zoom*, prov. *Noord-Braband*, 1½ u. N. N. W. van *Bergen-op-Zoom*, in den *Eendragts-polder*, aan het westelijk uiteinde van den Kladtsche-dijk, welke zij bestreek. Daarvan zijn bijna geene sporen meer zigtbaar.

SUIKERBROODJE (HET), klip in *Oost-Indië*, in den *Archipel-van-St.-Lazarus*. Zie Tau.

SUIKERHUIS (HET), buit. in het *Nederkwartier* der prov. *Utrecht*, arr., kant. en gem. *Utrecht*.

Dit buit. is thans ingerigt tot eene tigchelbakkerij, welke aldaar uitgeoefend en in eigendom bezeten wordt door de Heeren Royaards en *Comp.*

SUIKERPLAATJE (HET), plaat in de *Wester-Schelde*, prov. *Zeeland*, N. van Neuzen, Z. van Ellewoutsdijk.

SUIKERRIET, hofstede in *Amstelland*, arr. en 1½ u. O. Z. O. van *Amsterdam*, kant. en 1 u. N. W. van *Weesp*, gem. *Diemen-en-Diemerdam*, onder *Over-Diemen*.

Deze hofstede beslaat, met de daartoe behoorende gronden, eene oppervlakte van 17 bund. 5 v. r. 30 v. ell.

SUIRDIJK, d. in *Hunsingo*, prov. *Groningen*. Zie ZOERDIJK.

SUIRBEECK, voorm. havez. in *Vollenhoven*, prov. *Overijssel*, arr. en 4½ u. N. N. W. van *Zwolle*, kant., gem. en ½ u. Z. O. van *Vollenhove*.

SUIS (HET HUIS-VAN-), voorm. adell. h. te *'s Gravenhage*, op den *Kneuterdijk*, zich uitstrekkende tot in het *Noordeinde*.

Dit huis ontleende zijnen naam van Mr. CORNELIS SUIS, Heer *van Rijswijk*, President van den Hove van Holland, die het in het jaar 1570 bewoonde. Deze Heer was in zijnen tijd een man van grooten bedrijve, en werd door Keizer KAREL en Koning FILIPS II, in onderscheidene gewigtige zaken gebruikt. De eerste verhief hem, den 4 Julij 1543, van extra ordinaris tot ordinaris Raad in den Hove van Holland, en de laatstgemelde bij brieve, gedagteekend te Gent, den 9 Augustus 1559, tot President van Holland. Hij was de R. K. godsdienst zoo zeer toegedaan, dat hij uit dien hoofde, in het begin der onlusten, nu en dan eenigen aanstoot moest lijden; want het was van hem, dat men in het jaar 1566, ten tijde van de bekende beeldstorming, arbeidslieden en ook loon afvorderde om de beelden, altaren en andere dergelijke kerksieraden in de St. Jacobskerk, te 's Gravenhage, te verbreken. Hij moest ook nog in het zelfde jaar met goede oogen aanzien, dat vele Delfsche schutters in vol harnas, met ten minste twintig wagens te 's Gravenhage, regt voor zijn huis kwamen; alwaar die wagens, terwijl de schutters er op bleven zitten, in eenen kring werden geplaatst, zoodat de Predikant PETER GABRIEL in het midden, als in een voor hem afgesloten en wel bezet retranchement veilig staan konde, met eene groote menigte van toehoorders nevens hem, van alle kanten door geharnaste Delvenaren omsingeld en beschut. In dezer voegen werd er gezongen en gepredikt, en zulks ten aanhoore van den President, die de Predikanten onlangs door zware bedreigingen had zoeken vrees aan te jagen, en nu, in zijn huis zijnde, dit werk, voor zijne deur moest aanschouwen. Hij was ook in groot aanzien bij Vrouwe MARIA, Gouvernante der Nederlanden, na wier wenken en welbehagen hij de meeste zaken hier te lande, zoo veel in hem was, trachtte te leiden. Zijne volstandige aankleving aan het Spaansche Hof, deed hem in het onrustige jaar 1572 met de meeste Raden de vlugt naar Utrecht nemen, waar hij, tot na de Pacificatie van Gent in 1776 moet gebleven zijn. Hierom werd hij niet alleen van de dienst verlaten, maar Prins WILLEM I besloot, zijn huis en eenige andere huizen der gevlugten te doen omver halen en afbreken, en had te dien einde, in het jaar 1573, reeds commissie verleend op Mr. DIRK VAN BRONCKHORST, Raad ordinaris in den Hove. Om dit voor te komen besloten de Regeerders en Suppoosten van den Hove en de burgers van 's Gravenhage aan den Hove Provinciaal eene Remonstrantie over te geven, met ernstige bede, dat Heeren Raden, door hunne tusschenspraak, bij den Prins, wilden te weeg brengen, dat de reeds gegevene commissie niet ter uitvoering mogt worden gelegd, uit aanmerking, dat door het afbreken dier huizen, niet alleen 's Gravenhage zeer ontsierd, maar ook den goede en welmeenende ingezetenen, en wel inzonderheid de Godshuizen, aanmerkelijke schade en nadeel toegebragt zouden werden. Dit had ten gevolge dat het afbreken geen voortgang had.

Van dit huis is in 1650, of daaromtrent, eigenaar geworden Mr. Jacob Cats, terzelfder tijd Raad en Pensionaris der stad Dordrecht, die het, in den jare 1653, weder verkocht aan den Heer van Meerman, van wien het in 1658 gekomen is aan Jacob Baron van Wassenaer, Heer van *Obdam*, enz. 's Lands Admiraal. Eindelijk is dit huis in de eerste helft der vorige eeuw, met het daarnaast staande huis van Oisterwijk, afgebroken en op de beide gronden het zoo prachtige Huis van Wassenaer gebouwd (zie dat woord).

SUISGORZEN (DE), gorzen tegen het eiland *Goedereede-en-Overflakkee*, prov. *Zuid-Holland*. Zie Suyspoldersche-gorzen (De).

SUIXSUMBURG, voorm. burg in de prov. *Groningen*, arr., kant. en 2 u. N.W. van *Appingedam*, gem. en 1 u. Z.Z.W. van *'t Zandt*, bij *Zeerijp*, waartoe hij behoorde.

SUKADANA of Succadana, rijk in *Oost-Indie*, op de zuidwestkust van het *Sundasche* eil. *Borneo*, aan de rivier van dien naam en bewesten de Kotariengan, strekkende zich tot aan de Lawa uit. Ten Zuiden grenst het aan de Zee van Java, en ten Westen aan de Straat van Carimata.

Dit rijk, dat door eenen Sultan geregeerd wordt, strekt zich ver in de binnenlanden uit, die nog zeer weinig bekend zijn; het is op verre na zoo magtig niet als Banjermasing en de Vorst wordt in de binnenlanden naauwelijks erkend. Het land levert veel diamanten en kamfer op, waaruit de Vorst aanzienlijke inkomsten geniet. De grond is er zeer vruchtbaar, doch weinig bebouwd.

Men heeft er de kapen Flat of vlakke punt, Sambhar of Sambahar en Brij, en de riv. de Suckadana, met eenige kleinere. De Nederlanders hebben hier een fort.

Westwaarts van Sukadana liggen onderscheidene onderhoorige eilanden, als: Lajak, Karaimata en Soeroetoe.

SUKADANA, st. in *Oost-Indië*, op het *Sundasche* eil. *Borneo*, rijk *Sukadana*, 10° 30′ Z. B., waarvan het de hoofdstad, even als de zetel van den Vorst en van eenen Nederlandschen Gezaghebber is.

Het was eenmaal de beroemdste stad van Borneo en zoo als de naam aanduidt een aardsch paradijs, doch werd in 1786 toen Radja-Ali, een hevigen vijand der Nederlanders, die uit Riouw gevlugt was, aldaar Sultan was, door de onzen ingenomen en vernield. Sedert dien tijd heeft Sukadana nimmer weder zijn vorig aanzien berkregen. De stad ligt aan eene groote baai, aan den ingang van de Sukadana en heeft eene goede haven. Javanen en Maleijers drijven handel op de plaats, alwaar een levendige handel in opium bestaat, alsmede in diamanten, stofgoud, tin, peper, beste kamfer, benjoin, drakenbloed en rottingen; al hetwelk de zeer vruchtbare omstreken opleveren, waar men mede een aantal heerlijke vruchtboomen aantreft.

SUKADANA, berg in *Oost-Indië*, op het *Sundasche* eil. *Borneo*, op de Westkust, rijk *Sukadana*.

SUKADANA (DE), riv. in *Oost-Indië*, op het *Sundasche* eil. *Borneo*, welke met eene zuidwestelijke rigting in de Zee-van-Carimata uitloopt. — Zij is voor prauwen, vijftig uren landwaarts in, bevaarbaar.

SUKADANA (BAAI-VAN), baai in *Oost-Indië*, in de *Zee-van-Carimata*, aan de Westkust van het *Sundasche* eil. *Borneo*.

In deze baai, waarin de Mattan zich ontlast, liggen, nabij de kust, de eilandjes Johanna-Elizabeth, de Man, Dibbets, de Jager, d'Anethan, van Hogendorp, van de Poll en du-Bas-de-Ghisignies.

SULTE-MEER (HET), meer in het dingspil *Noordenveld*, prov. *Drenthe*, op de grenzen van de prov. *Groningen*. Zie Leekster-meer (Het).

SUMADANG, Soemedang of Soemadang, reg. in *Oost-Indië*, op het *Sundasche* eil. *Java*, resid. *Preanger-Regentschappen*; palende N. aan de bezittingen van particulieren in de res. Krawang, O. aan de ads. resid. Cheribon, Z. aan de reg. Limbangan en Soekapoera, W. aan Bandong.

Het is verdeeld in twee en twintig distrikten; als: Tanjoongsarie, Depok, Tjibeurum, Tjisegel, Melandoong, Tjoenniang, Derma-Wangie, Tjikadoe, Darma-Radja, Pawiang, Melambong, Tjawie, Radja-Pollo, Indiehieang, Passiek-Malaija, Senga-Parna, Passier-Panjang, Djanalla, Kawassan, Tjikoemboelan, Tjidjoelang en Manala, beslaande gezamenlijk eene oppervlakte van 2452 vierkante palen, met eene bevolking, volgens de laatste telling, van 102,582 hoofden.

Het is een binnenland, door verscheidene vulkanen bezet, met eene zachte, bekoorlijke luchtgesteldheid, te vreden en eenvoudige inwoners en schoone vrouwen. Hierdoor loopt de groote weg van Batavia over Buitenzorg.

SUMADANG, Soemedang of Soemadang, d. in *Oost-Indië*, op het *Sundasche* eil. *Java*, resid. *Preanger-Regentschappen*, reg. *Sumadang*, 155 palen O. van Batavia, 212 palen van Samarang, aan den grooten postweg, zeer fraai in een dal tusschen bebouwde heuvelen gelegen. Het is een groot dorp, de hoofdplaats van het regentschap en het gewone nachtverblijf voor de reizigers langs den postweg.

Deze hoofdplaats, met alle de omliggende dorpen, doet zich verrukkend aan het oog voor, en de hooge verwachting, welke dit gezigt doet geboren worden, wordt niet te leur gesteld, wanneer men het zeer nette, en naar de Javaansche wijze met smaak aangelegde dorp binnen komt.

Om de Zuid verheffen zich, digt achter het d., eenige heuvelen, van vrij aanzienlijke hoogte, waarop vele buffels grazen, en hier en daar tipars (drooge rijstvelden) en ratjangtuinen zijn aangelegd; een en ander draagt niet weinig bij, om deze landgezigten, zoo door bevallige ligging als rijke stoffaadje, te verfraaijen.

SUMAGOE (DE), riv. in *Oost-Indië*, op het *Sundasche* eil. *Java*, resid. *Kadoe*. — Uit deze riv. loopt eene waterleiding naar het d. Toeban.

SUMANAP of Soemanap, kon. in *Oost-Indië*, op het *Sundasche* eil. *Madura*, de oostelijke helft van dat eil. beslaande.

De Sultan heeft zijnen zetel in de hoofdplaats Sumanap. Onder zijn gebied behooren ook de eilanden: Pondie, Giljoen, Sapoeda, Rahas, Pandjangang, Tondok, de Vier-Gebroeders, Urk, Kangelang of Kangehang, en de nabij de Oostkust van Kangelang gelegene eilandjes, als ook de noordwaarts gelegene kleine Kalkoens-eilanden; voorts Poeteran of Talangs, Gillie-Lawater, Gillie-Gouting, Gillie-Radja, Gillie-Juigang of Gillie-Ang, de Lalaribor-groep en Bandigan of het Bokken-eiland.

De gronden van Soemanap zijn over het geheel zeer schraal, zoodat de padi of djagong van Java, aldaar tot zaad gebruikt wordende, veelal niet slagen wil. Gelijk in de meeste aan zee gelegene streken, is ook de visscherij een voornaam middel van bestaan voor de inwoners; het regt daartoe is te Soemanap en te Pamakassan verpacht en levert eene aanzienlijke som gelds op. De verdere bedrijven en handwerken, waarin de ingezetenen hun bestaan vinden, zijn het bereiden van klapperolie, dat een aantal handen werk verschaft, het batekken of verwen van kleedjes en doeken, het linnenweven en garenspinnen, het toebereiden van areng-suiker, het maken van rotting-matten, manden enz., het uitgraven en houwen van metselsteen, het maken van inlandsche kleedjes, touwwerk enz.

Sumanap op zich zelf heeft 152,762 inw., onder welke 2,200 Chinezen, 270 Arabieren en 2,000 Maleijers gerekend zijn. Het getal der Europeanen bedraagt in het rijk van Sumanap 290. De inboorlingen rekent men als krijgslieden met meer moed begaafd, dan die van Java; de vrouwen zijn over het algemeen bevalliger en schooner, en met meer zwier opgetooid.

Dit rijk werd in 1761 nog door den Tommongong Tirta-Nagara geregeerd, die van eenen Kiay afkomstig, en door zijn huwelijk met de dochter van een Sumanapsch Hoofd of familie, Poelang-Jiwa, tot het regentschap is gekomen. De tegenwoordige Vorst is in 1827 tot Sultan van Sumanap verheven.

Ook in Sumanap is de landbouw, hoewel minder verwaarloosd, dan in de overige gewesten van het eiland, nog voor veel uitbreiding en verbetering vatbaar. Dit is grootendeels aan de dorheid van den grond en aan het gebrek aan water toe te schrijven, hoewel de Sultan onderscheiden waterleidingen aangelegd en zijn gebied in alle opzigten aanmerkelijk verfraaid heeft. Zijne inkomsten zijn veel geringer dan die van den Sultan van Madura, die eenen schat van geld van het product der vogelnest-klippen trekt. Het gebied van den Sultan van Sumanap is veel kariger met deze rijke bron van inkomsten bedeeld.

De voortbrengselen bestemd tot voedsel bepalen zich meest tot djagong. De invoer van rijst in het Sumanapsche is belangrijk, en dat rijk kan volgens berigten slechts drie maanden de bevolking voeden. Klapper-, katjang- en djarak-olie zijn mede voortbrengselen van Sumanap, en de uitvoer van olie heeft over de 800 koyangs bedragen. De meeste handel bestaat in olie, huiden, tamarinde, Javaansche lijnwaden, kleedjes, zijde, in 1830, 4789 korgjes inlandsche lijnwaden uitgevoerd. Te Kobong-Dadap wordt veel zout gemaakt. Honderd vaartuigen zijn in 1830 van onderscheidene havens buiten Java aangekomen en honderd een en twintig uitgeklaard naar Ambon, Bengkoelen, Bangka, Makassar, Palembang, Riouw, Sukadana, Timor, Ternate, de Zuenrivier enz., enz.

De Sultan heeft eenige stoeterijen, als, onder anderen, eene te Seemor-Pagong, 15 palen van den kraton, waar de oorsprong van de rivier Seroko is; buiten de paarden, die van daar komen, zijn er geen die van waarde zijn.

In dit rijk is meer welvaart, dan in de andere deelen van het eiland, dewijl landbouw, nijverheid en handel veel meer door den Vorst worden aangemoedigd.

Daar de inwoners liefhebbers van rundvee zijn, maken zij daar een zeer veel werk van, en men vindt er uitmuntende beesten, vooral onder de stieren, die veel tot vechten gebruikt worden. Men geeft den uitvoer van koeijen op, in 1830, 1878 stuks te hebben bedragen, en de binnenlandsche consumptie op 6000 stuks, terwijl de uitvoer van huiden bij de 4000 stuks bedragen heeft.

In dit rijk vindt men ook belangrijke oudheden. Te Pajong zijn eenige overblijfselen van eenen Hindoeschen tempel, en men heeft er een beeld van Sieva en een van Boeddo gevonden. Onder de vorstelijke graven munt vooral uit het mausoleum, door den eersten Sultan van Sumanap voor zijnen vader, den Panumbahan NATA GOESOEMA, op eenen heuvel gesticht. Het is van galerijen omringd, uit welker midden een koepel rijst, die veel overeenkomst heeft met de Moorsche bouworde; midden onder den koepel is het graf, geheel gedekt met inlandsch albast.

Ten gevolge van eenen buitengewonen regen, die van den avond van den 22 April 1836 tot des middags van den volgenden dag had voortgeduurd, is aldaar eene geweldige overstrooming veroorzaakt, waarbij 22 personen, mitsgaders 50 koebeesten, alsmede eenige paarden en schapen verdronken; 83 Javaansche huizen, 22 praauwen, 19 bruggen en 6 rijstschuren weggespoeld of vernield zijn, terwijl eindelijk eene uitgestrekte streek land is ingezakt.

SUMANAP of SOEMANAP, st. in *Oost-Indië*, op het *Sundasche* eil. *Madura*, aan de Maringan.

Het is eene aanzienlijke en welvarende stad, bestaande uit eene rij huizen, onder welke zeer goede steenen gebouwen, nevens elkander, waar bijna in het midden het residentiehuis staat. Men heeft er een kraton of paleis, waarvan de zalen prachtig en met smaak versierd zijn, eene kerk en eene school. De stad heeft eene Chinesche, Javaansche en Arabische wijk of buurt. Het Nederlandsche fort, in 1783 gebouwd, ligt op eenen heuvel nabij de stad; voorheen was er een fort aan den mond der Maringin. Deze rivier is van weinig belang, doch wordt druk door praauwen bevaren, en de reede vertoont veel levendigheid door de vaart op Bengkoelen, Riouw, Makassar, Ternate, Timor, Nieuw-Holland enz. Het eiland Poeteran ligt voor de baai, en is gedeeltelijk door eene straat van de kust gescheiden.

Ten Oosten van SUMANAP is het gedenkteeken, door den Resident VAN BRONKHORST opgerigt ter eere van PFEFFERKORN en WEISSING, die, aan boord van een handelsvaartuig in Straat Banka, door 40 roovers praauwen aangevallen werden, en, zich niet meer kunnende verdedigen, de roovers aan boord lieten komen, en toen het schip in de lucht lieten vliegen, waardoor nog eenige praauwen mede te gronde gingen.

De handel te SUMANAP bepaalt zich hoofdzakelijk tot het binnenland. Artikelen van invoer zijn: rijst, padi, djaging, kapas, was, rotting, ijzer, fijn wit linnen, tabak, gambier, grof porselein, aardewerk, benevens eenige voorwerpen van weelde. Er is uitvoer van runderen, dinding en huiden, van tamerinde, eigen geweven en geverwde kleedjes, en vooral van klapper-, katjang- en djarak-olie.

SUMANAP of SOEMANAP, fort in *Oost-Indië*, op het *Sundasche* eil. *Madura*, rijk *Sumanap*, op eene hoogte, één paal van de hoofdplaats.

Men heeft van hier een fraai gezigt op de omliggende landstreek, de hoofdplaats, de eilanden en de zee, met de voorbij zeilende schepen en vaartuigen. Dit fort werd in het jaar 1783 gebouwd, en schijnt in een zeer goeden staat en wel onderhouden te zijn.

Nabij het fort is eene grot, in welke men door eene kleine opening naar beneden gaat, en waarin men alsdan eene getraliede deur vindt, met welke de toegang tot de holen der vogelnestjes gesloten is. In deze holen ontspringt water, dat in zee uitloopt.

SUMATRA of SOEMATRA, eil. in *Oost-Indië*, tot de *Sunda-eilanden* behoorende bij de inlanders INDALAS of POELOE-POERITJOE, ook wel POELOE-BENAPI of VULKAAN-EILAND genoemd.

Het ligt Z. W. van de vaste kust van Indië, W. van Borneo, N. W. van Java, en wordt ten N. bespoeld door de Straat-van-Malakka, ten N. O. door de Straat-van-Bangka, ten O. door de Zee-van-Java, ten Z. O. door de Straat-van-Sunda, ten Z. en W. door de Indische-zee en ten N. W. door de Golf-van-Bengalen, en ligt tusschen 5° 20′ en 5° 32′ Z. B. en 112° 81′ en 123° 51′ O. L. Het strekt zich uit van het Noordwesten, waar het genoegzaam in een punt eindigt, naar het Zuidoosten, waar het ook geringe breedte heeft; het is nagenoeg 300 mijlen lang en op het breedst 67 mijlen, wanneer men, van Indrapoera en van Kawoer, eene lijn dwars over het eiland trekt. Het bevat ongeveer 10,600 vierkante mijlen.

De gedaante is een langwerpig zeer ongelijkvormig vlak, dat onderscheidene groote, vooruitstekende punten en kapen heeft, die vele baaijen vormen. De voornaamste hoeken, punten en kapen zijn aan de Westkust: Vlakke-hoek of Hoek-van-Blimbing, Klip-Pingang, Hoek-Bander, Manna, Poeloe-punt of Buffels-kaap, Hoek-van-Indrapoera, Kaap-Massang, Lalloe of Laboean-Laloe, Karakara, Batoe-Mamoe, Batoe-Barroe of Batoe-Boeroe-hoek, Kaap-Sitoe of Singkel, Soeloe, Monkier, Felix of Oedjong-Sarrie, Boboang en Rosa. Aan de Noordkust, beginnende met de noordwestpunt: Koningshoofd of Kaap-Atsjeen, Kaap-Pedro, Batoe-Patie, Pedir-kaap, Meerdoe-punt, Hoek-Radja, Passangan-punt, de Rotsige-Diamants-punt of Tandjong-Perlak en de Noordoost-hoek. Aan de Oostkust: Punt-Praauw-Hila, Kwalla-Langsa, Langkat-Toewa, Saboenga-Boenga, Matie, Bangsie, Bantan, Djatie, Baroe of Barroe, Basa, Bon, Batoe-Karang en in Straat-Bangka, de Vierde-punt, de Derde-punt, de Tweede-punt, de Eerste-punt en Lucipara-punt. Aan de Zuidkust: de Varkenshoek, de Hoek-van-Radja-Bassa, Tandjong-Tekoes, Tandjong-Tjina of de Chineesche-hoek.

De Zuidwestkust van SUMATRA is, tot nabij de ruime zee, steil en bergachtig, en aan de onstuimige golven blootgesteld, terwijl ook eene menigte klippen de scheepvaart hier gevaarlijk maken, of althans in den scheepsvoogd groote omzigtigheid vereischen. Intusschen wordt het gebrek aan havens weder vergoed door de schier ontelbare rotsen en eilandjes, met welke die minder vriendelijke Westkust gedeeltelijk omzoomd is, en die een aantal veilige ankerplaatsen opleveren. De Westkust van SUMATRA is ook beter van zoet water voorzien en over het algemeen veel vruchtbaarder dan de Zuidkust van Java, vooral noordwaarts van Padang, van ouds tot heden onze voornaamste bezitting aan deze kust. De bodem der Westkust van SUMATRA bestaat in het algemeen uit harde, roode klei, met eene dunne laag zwarte aarde bedekt. Daar, waar nog geene bevolking den grond betreden heeft, levert hij een voortdurend groen, gras, rijs en timmerhout op. Het zuidelijker gedeelte tot aan kaap Indrapoera bestaat echter schier geheel uit rotsgebergte met ondoordringbare wouden bedekt en uit lage moerassige dalen, welke door die rotsen omringd zijn. Van den voet der bergen tot aan de Westkust wordt de lage grond door moerassen gescheiden, die, zich in allerlei bogten wendende, hun overtollig water in de zee of in de kommen, die gewoonlijk in de nabijheid van groote rivieren worden aangetroffen, ontlasten. Deze moerassen omringen eene menigte eilandjes en schiereilandjes, die somtijds vlak, doch in het algemeen steil zijn; eenigen hebben eene gemakkelijke helling, maar anderen eenen loodregten stand van honderd voet. Het is een zeer vreemd, maar tevens hoogst aangenaam schouwspel, van eene hoogte de menigte vlakten, eilanden, waterplassen en steilten te zien; dikwerf hebben de afzonderlijke heuvelen en waterkommen het voorkomen van een amphiteater, en bij het schakeersel van een immer vernieuwd groen, wordt de aandacht van den beschouwer tot bewondering gestemd.

De Oostkust van Sumatra is in hare zamenstelling ten eenemale van de Westkust onderscheiden. Het geheele kustland is vlak en met ondoordringbare wouden bedekt, met rhizoporen, palmen, vijgeboomen, kalmoes en lianen of soortgelijke slingerplanten doormengd, en tot een geheel verbonden. De grond zelf is er moerassig en in den regentijd of ook bij hoogen vloed grootendeels overstroomd. Deze moerassige woudwoestijn is slechts karig bewoond; kleine dorpen liggen hier en daar langs de rivieren, omringd door digt ineengegroeide bosschen; maar vooral toont het land eene verbazende vruchtbaarheid. Groote rivieren doorsnijden het en zijn de eenige wegen langs de geheele kust. Alleen aan de oevers wonen de inlanders, die de moerassen en wouden aan apen, neushorens, alligators, tijgers en ander woest gedierte overlaten. Deze rivieren zijn te gelijkertijd de handelskanalen, welke het binnenland en de kust met de zee verbinden; want ofschoon zij allen aan hunne mondingen meer of min met slijk verstopt zijn, kunnen toch de meeste door groote schepen ver bevaren worden.

Wanneer men de bestanddeelen, waaruit de gebergten van Sumatra zamengesteld zijn, nagaat, en daarbij de rigting dier gebergten in aanmerking neemt, is men geneigd te gelooven, dat zij met die op Java samenhangen, en zoo verder, door de Sundasche eilanden heen, voortloopen tot op het eiland Timor, waar die keten, naar het schijnt, ophoudt, of althans gebroken wordt. In het noorden van Sumatra eindigt de schakel in het Koningshoofd, om de Brassi-Eilandjes als verbinding met de Nicobarische-Eilanden te gebruiken, en vervolgens in de Andaman-Eilanden voort te loopen, om welligt in het gebergte van het Malabaarsche schiereiland zich aan het vaste land van Azië te hechten. In de geheele lengte is Sumatra van bergen, gebergten en bergruggen doorsneden, die veelal kort aan de westkust naderen, doch ver van de oostkust verwijderd zijn. Men treft onderscheidene bergvlakten aan van 440 en 470 ell., ja zelfs enkele tot 950 ell. en meer boven de zee verheven. De binnen- en bovenlanden, alsmede de bergen, zijn voor het overige nog niet genoegzaam bekend of onderzocht. De berg Sago, ook wel verkeerdelijk Kasoemba genoemd, is slechts 1900 ell. hoog; de Ophir of Passaman, een vuurberg, heeft de hoogte van 2920 ell.; de Merapi, mede een vuurberg, 2900 ell.; doch het is zigtbaar, dat de eigenlijke top is ingestort, zoodat die berg welligt 3800 ell. hoog geweest is; de Sengalang is thans hooger dan de Merapi. De Boekit-Raba heeft in November 1833, door eene geweldige uitbarsting in de omliggende landschappen groote schade aangerigt en vele menschen van het leven beroofd. De vuurberg Dempo, meer zuidelijk, ligt in een woest landschap, te midden van ontoegankelijke bergkloven en bosschen. Onder de vulkanen telt men nog den Goenong-api, op het midden des eilands onder de linie, wiens lava weleer in de rigting van Priamang gezien is, doch geene schade heeft kunnen te weeg brengen, dan alleen het verbranden der nabij gelegene onbewoonde wouden. In de nabijheid van Bengkoelen, aan de westkust, is een vuurberg, die bijna nimmer rookt, doch wiens rook slechts in den morgenstond zigtbaar is, en zelden hoog opstijgt. De krater van dezen berg is, uithoofde der omliggende zware wouden, van verre niet zigtbaar, zoo dat de uitbarstingen niet belangrijk geweest zijn.

Dikwerf hebben er aardbevingen op SUMATRA plaats, maar zelden wordt, terwijl zij woeden, eenige verandering in de vuurbergen waargenomen, slechts enkele malen roken zij bij die gelegenheid in eenen sterkeren graad, en werpen, volgens getuigenis van inlanders, bijna nimmer vlammen uit. In 1770 werd er in het distrikt Manna, aan de Westkust op 4° 30′ Z. B., eene zware aardbeving gevoeld, waarbij een dorp verwoest werd, onderscheidene menschen omkwamen, en de grond ter lengte van een vierde mijl, ter breedte van twee en ter diepte van vier vademen openscheurde. Eene soort van jodenlijm vloeide uit den krater, en gedurende eenen geruimen tijd na de uitbarsting, zag men dat het aardrijk inkromp en zich weder uitzette. Onderscheidene heuvelen in de binnenlanden hadden doortogt verleend aan de uitgeworpen stoffen, en gedurende drie weken was de Manna-rivier zoo troebel, dat de inlanders zich daarin niet konden baden. Terzelfder tijd werd in de nabijheid van de monding der nabij zijnde rivier de Padang-Goetjie, benuiden de Manna-rivier, een uitgestrekt plein gevormd, waar vroeger slechts een smal strand bestond. Er werd eene zoo groote hoeveelheid aarde van de hoogte afgevoerd, dat het residentiehuis, hetwelk op eenen heuvel stond, door de aanaarding 5 ell. lager scheen te staan dan voor deze gebeurtenis. Volgens gemaakte opmerkingen zouden de aardbevingen dikwerf, na plotselinge veranderingen van het weder en voornamelijk na zware hitte, op SUMATRA voorvallen. Zij worden voorafgegaan door een rommelend geluid, als van veraf zijnde donder. Huisdieren en tamme vogels, gevoelig voor die buitengewone beweging, schijnen daarbij zeer ontroerd; de laatsten schreeuwen even als of er roofvogels naderen. Huizen op eenen lagen zandigen grond lijden het minst, en die op heuvelen staan het meest door de schokken, en naarmate de afstand verder van het punt der beweging verwijderd is, des te grooter is de schudding. De schepen, welke op de ree ankeren, worden, zelfs op eenige mijlen afstand van de kust, bij die schuddingen, hevig geslingerd. Behalve het nieuwe land, dat door bovengemelde aardbevingen ontstaat, brengt de zee bij trapsgewijze daling in sommige gedeelten de zelfde uitwerking te weeg. Het slijk, dat de rivieren afvoeren, wordt lang de kusten door den vloed en den stroom der zee teruggedreven en de hierdoor ontstane zandbanken worden in korten tijd in vast en vruchtbaarland hervormd. Zoo werd, volgens de overlevering der inlanders de stad Palembang oorspronkelijk aan zee, niet ver van den uitloop der Moessie, aangelegd, ofschoon thans de mond dier rivier 14 mijlen van de stad verwijderd is. Menig voorbeeld van dien aard, hoezeer niet bijzonder in het oog loopende, is, door nog in leven zijnde personen, op SUMATRA opgemerkt. Het schijnt dat de uithoek, Poeloe-punt genaamd, door zoodanige afvoer, het gevolg eener aardbeving zijn kan, of door aanspoeling uit zee is gevormd. Volgens eene nog niet zeer oude overlevering onder de Inlanders, zou dat punt vroeger een eiland geweest zijn, waarvan het den naam van Poeloe (eiland) behouden heeft, en het meer binnenwaartsche gedeelte allengs daarmede vereenigd zijn. Vele omstandigheden versterken dat gevoelen, en toonen de waarschijnlijkheid aan, dat het geen oorspronkelijk stuk van het vaste land geweest is. Alle de moerassen en poelen, die binnen het strand liggen, zijn bevonden lager te zijn dan de oppervlakte der zee bij hoog water, en de zandbank alleen komt de overstrooming voor. De kust is niet alleen geheel zonder heuvelen, maar heeft naauwelijks eene zigtbare helling. Benoorden Padang is een plein, dat in vroegere tijden klaarblijkelijk eene baai geweest is; daar men thans op twee honderd ellen van den oever de sporen van een afhellend strand nog opmerkt. Vreemd is het dat op andere punten de zee baar gebied uitbreidt, door het land op sommige plaatsen allengskens te doen afnemen. In de nabijheid der rivier Indra Poero, op 2° N. B., en bij Ipoe, op 3° 12′ Z. B., is de afneming van den oever zigtbaar, hetgeen voornamelijk aan het gemis van eilanden in de nabijheid wordt toegeschreven, waardoor verder noordwaarts de hevigheid der zee getemperd wordt. Omtrent de eilanden, die aan de Westkust van Sumatra, in de zelfde rigting van dat eiland, liggen en waarop men de zelfde voortbrengselen en den zelfden grond als op Sumatra aantreft, vermoedt men, dat zij van dat eiland zijn afgespoeld, daar men, in de nabijheid der kusten, onderscheidene kleine groepen van eilanden aantreft, die door den aanslag der zee meer en meer verbrokkeld worden. Vermoedelijk hebben die, welke thans op eenen aanzienlijken afstand van de kust worden aangetroffen, vroeger met het vaste land vereenigd, landtongen en baaijen gevormd, die gedurende den loop van vele eeuwen, door het gestadige geweld van den oceaan, van lieverlede van gedaante zijn veranderd.

In de binnenlanden van Sumatra zijn tusschen de heuvelen onderscheidene meren, wier ligging, uitgestrektheid en rigting echter weinig bekend zijn. De voornaamsten zijn: Sinkara, 6590 ell. lang en 3680 ell. breed; Danau en het Meer-bij-Pasaman, allen nabij de linie; het Meer-in-de-Lampongs, aan den Zuidoosthoek, waaruit de Rivier-van-Toelang-Bawang haren oorsprong neemt; het Meer-van-Korintji, bij de vallei van dien naam; het meer Danau-Pau, op twee graden bezuiden de linie, dat een prachtig gezigt oplevert, zijnde door hooge, steile bergen omringd, die met wouden bedekt zijn, voorts zijn er nog onderscheidene kleine meren.

Dit bergachtige eiland heeft ook rivieren en spranken; doch daar het gebergte niet verre van de Westkust verwijderd is, zoo vindt men onder de rivieren, welke ter Westkust in zee stroomen, weinige die eene aanmerkelijke lengte, diepte of breedte verkrijgen; ook zijn de meeste door eene baar of bank voor de zeevaart gesloten. De voornaamste rivieren op Sumatra zijn: de Toelang-Boewang, de Palembang, de Djambi, de Indragiri, de Siakh en de Kakan. De minder belangrijke rivieren aan de Oostkust van Sumatra zijn: de Danor, de Kampar, de Soengej-Mesdjid, de Dahan, de Koeboe, de Kwala, de Soengej-Bila, de Ledong, de Asahan, de Batoe-Bhara, de Ajer-hitam, de Deli, de Boeloe-Tjina, de Langkat, de Tamiang, de Djolo en de Kamareeng. Aan de Noordkust zijn eenige onbelangrijke spruitjes. Aan de Westkust zijn de belangrijkste rivieren van het Zuiden naar het Noorden: de Padang-Goetjie, de Bengkoelen, de Kataun, de Moko-Moko, de Indrapoera, de Taboejong en de Singkel. Behalve deze zijn er nog meer dan zeventig riviertjes aan de zelfde kust, doch zij zijn niet belangrijk genoeg, om er de namen van te kennen.

Er zijn op Sumatra, alwaar zoo vele bronnen zijn, onderscheidene watervallen. Eene merkwaardige stort zich van de noordzijde des bergs Poegong neder. Het eiland Manselaar, liggende nabij en beschermende de baai van Tapponolie levert ook het gezigt van eenen fraaijen waterval op, die men uit zee zien kan.

Daar Sumatra in het midden door de evenachtslijn doorsneden wordt, is de lucht er wel heet, doch geenszins in dien graad, als zulks naar den aard van de ligging zou vermoed worden. Des morgens, bij het opkomen der zon, staat de thermometer op 70°. Aan de stranden is de hitte het hevigst en de lucht het drukkendst. In hoogere streken is de dampkring veel koeler, zoo dat de bergbewoner dikwerf des morgens vuur moet aanmaken. In de nabijheid van zandige vlakten of in bergpassen kan daarentegen de hitte onverdragelijk zijn; doch over het algemeen wordt het klimaat van Sumatra als koel beschouwd, hetwelk aan het overvloedige in het plantenrijk, dat de zonnestralen tot zich trekt, aan den kleiachtigen grond en aan de frissche uit zee komende winden wordt toegeschreven. De Westkust wordt voor minder gezond gehouden dan de Oostkust. IJs, hagel of sneeuw schijnt op het eiland onbekend te zijn. Eene soort van ijsel moet echter door de bevolking op de hoogste streken in de Lampongs zijn waargenomen. Op de hooge heuvelen rust des morgens een dikke nevel, die eerst eenige uren na zonsopgang geheel optrekt.

De noordwestelijke moesson volgt op de Westkust van Sumatra de rigting van het eiland, die van het N. W. tot het Z. O. loopt, en de zuidoost-passaat waait aldaar veel zuidelijker. De winden zijn, wanneer de zon de linie nadert, zeer veranderlijk, en blijven in geen vaste streek, voor dat zij eenige graden daarvan verwijderd is. De moessons vallen gewoonlijk eerst in Mei of November, in plaats van in Maart of September, in. De zeewinden, die des morgens te tien ure aanvangen, schijnen in den beginne verkoelend, hetwelk na het stijgen der warmtestof, die op het aardrijk rust, door den in beweging gebragten zwaarderen, kouderen luchtstroom veroorzaakt wordt; terwijl de zeewind, zelfs na zonsondergang, zeer heet kan zijn, doch spoedig door den landwind vervangen wordt. Indien de wind op zee den volgenden dag zal veranderen, kan zulks reeds den vorigen avond aan het geluid der branding gehoord worden. Des nachts vormt de luchtstroom van het gebergte den verfrisschenden landwind. Op en in de nabijheid van Sumatra worden dikwerf waterhoozen waargenomen, die de zelfde gedaante en werking hebben als elders. Onweders zijn op dit eiland zeer alledaagsch, en vooral in den Noordwest moesson zijn de uitbarstingen van donder en bliksem zeer hevig; dikwerf staat de lucht als in vuur, en wordt het aardrijk door den donder beroerd als bij eene ligte aardbeving. In den Zuidoost moesson houdt de bliksem langer aan, doch in mindere hevigheid, terwijl de donder zelden hoorbaar is; schaars worden er onheilen door het onweder veroorzaakt.

De voortbrengselen van dit eiland zijn zeer menigvuldig. Uit het delfstoffelijk rijk heeft men er goud (menigvuldig), koper, tin, ijzer, steenkolen, aardolie (naphtha), zwavel, zeepaarde, zoutaarde, verfaarde, salpeter, minerale wateren, verfstoffen, versteeningen, koralen enz. De, door het gouvernement van Batavia, tot het onderzoeken der weinig gekende streken van Sumatra bezoldigde natuurkenners, hebben in de laatste jaren, behalve eenige goudmijnen in de Boven-Landen-van-Padang en diamantgroeven in het distrikt Doeloe-[illegible]elo, groote klompen zilverhoudend erts in het distrikt Rauw, [illegible]banken bij Singkel en Baros, en rijke tin- en steenkolenmijnen in de distrikten Bengkoelen en Tapanolie ontdekt.

Uit het plantenrijk: kamfer, benzoin, cassia (grove of wilde kaneel), sapan, kalambach of lakier (welriekend hout), koffij, heesters, plan[illegible], peper, gambier, waarvan de terra japonica (verdikt sa[illegible] dat bij de betel gebruikt wordt), de potma of patma rafflesia, eene woekerplant, drakenbloed, stoklak en andere gommen. In de groote bosschen, tusschen Weioerang en Palembang, worden eene ontzaggelijke menigte zijdewormen aangetroffen.

Uit het dierenrijk: olifanten, neushoorns of rhinocerossen, met een en met twee hoorns, tijgers, rivierpaarden, tapirs (olifants-zwijn), steenbokken, luiaards, stinkbokken, bekende en onbekende katten- of tijgersoorten, zeer kleine herten of reebokjes, apen, miereneters, muizen en ratten; koewans of fazanten van SUMATRA, argussen, met eenen staart van 3 ell. lang, junovogels of Lampongsche paauwen, zeer schuw en niet tam te maken; cazuarissen, rhinoceros- of neushoornvogels, ooijevaars, velerlei vleermuizen en onder deze de kalong; zaagvisschen, kitang, welke voor zeer lekker wordt gehouden; zeer groote aliekruiken; ook riviervisch, waaronder de soemma, eene zalmsoort. In de laatste jaren heeft men, in de zuidelijke Lampongs, ook plaatsen ontdekt, waar veel eetbare vogelnestjes gevonden worden.

De bevolking van SUMATRA wordt in het algemeen in vier groote stammen onderscheiden, namelijk: de Batakhs, de Maleijers, de Redjangs en de Lampongs, doch elk dezer hoofdstammen is in vele kleinere verdeeld. Bovendien zijn er drie wilde volkstammen bekend, onder den naam van Orang-Koeloe, Orang-Goegoe en Orang-Aboeng. In het algemeen worden de inwoners niet zeer voordeelig afgescheist: luiheid is eene der geringste hunner ondeugden; zij zijn verraderlijk, diefachtig en moordzuchtig, en zelfs zijn de Batahks niet afkeerig van het eten van menschenvleesch. Men kan hun echter geen schranderheid ontzeggen; zij zijn vooral zeer bedreven in het vervaardigen van allerlei wapentuig, het mengen van metalen, het weven van onderscheidene stoffen, het bouwen van vaartuigen en het kunstig bewerken van hout en ivoor. De strandbewoners zijn hier een geheel ander volk, dan de eigenlijke inboorlingen of binnenlandsche bevolking. Op de kusten namelijk hebben zich allerlei vreemde natiën, Chinezen, Arabieren, Boeginezen, Maleijers, Armeniërs enz. nedergezet, om handel te drijven. Velen zijn herwaarts geweken, om de onderdrukking van hun eigen land, onder het despotisch bestuur hunner Vorsten, te ontwijken, en in dit geval zijn de Siamezen geweest, die zich langs de kusten van SUMATRA met der woon gevestigd hebben.

De landbouw is in slechte handen, van daar dat SUMATRA naar evenredigheid van zijne uitgestrektheid, weinig voordeelen aanbrengt; de handel is uitsluitend in handen der Nederlanders, Engelschen, Chinezen en die van Coromandel; onder de bewoners der kusten en der omliggende eilanden vindt men nog eene menigte zeerovers. Zij zijn bijna allen, ofschoon nog zeer gebrekkig, belijders van den Islam; doch sedert den aanvang dezer eeuw, heeft de sekte der Padries, welke voorgeven de leer van MOHAMMED van hare gebreken te willen zuiveren en de bewoners der binnenlanden door wapenen tot de omhelzing hunner leerstellingen pogen te dwingen, eenigen opgang gemaakt. Vele stammen zijn nog geheel Heidensch; het Christendom is tot hiertoe nog niet met vrucht gepredikt geworden.

De meeste staten, welke niet aan het Nederlandsche gezag onderworpen zijn, worden bestuurd door Vorsten, welke zich den titel van Sultan geven en willekeurig heerschen. Gewoonlijk hebben zij een aantal kleinere Vorsten of Hoofden der stammen onder zich, die menigmaal den Sultans de wet voorschrijven. Eenige staten worden door Dorpshoofden bestuurd, hetgeen vooral in het gebied der Nederlanders plaats heeft.

De bevolking wordt op 7,000,000 zielen gerekend.

De inboorlingen van SUMATRA verdeelen hun eiland in drie hoofdgewesten, te weten: het land van Batakh of het Noordelijke gedeelte, bevattende het koningrijk Atjieh en onderhoorigheden; het Middengedeelte of het land van Menangkabau en aangrenzende landstreken, en het Zuidergedeelte Ballamari of ook Kampang genoemd, hetwelk het Palembangsche rijk Bengkoelen en de Lampongs bevat. De Europeanen verdeelen het gewoonlijk in: 1) de onafhankelijke staten: Atsjeen, Siak, Kampar en Jambi of Djambi; 2) de staten, welken een eigen bestuur hebben, doch onder Nederlandsche bescherming staan: Indragirie en Kwantan; 3) de landen, welke regtstreeks door Nederlandsche Ambtenaren bestuurd worden, zijnde het Gouvernement van Sumatra's-Westkust.

De onderworpen landen staan onder het gezag van eenen Gouverneur, die aan den Gouverneur-Generaal van Neêrlands-Indië ondergeschikt is en wiens gebied zich van Straat-Sunda langs de oostkust tot op de hoogte der Linga-eilanden en langs de Westkust tot Singkel uitstrekt; in de onderscheidene gewesten is een Resident, Adsistent-Resident of Gezaghebber met het opperste gezag bekleed.

Bengkoelen en het omliggende land werd vroeger door Engeland bezeten, doch werden, bij het traktaat van 17 Maart 1824, tegen Malakka, Singapoera en de Nederlandsche kantoren op de vaste kust van Indië, aan de onzen afgestaan; terwijl de Engelschen beloofden, dat zij geene kantoren oprigten of traktaten sluiten zouden met de inlandsche Vorsten, Opperhoofden of Staten van SUMATRA.

Toen in het begin van 1831, op SUMATRA's Westkust, deels de Padangsche-Bovenlanden, met schier geheel het regentschap Priaman, in handen van de, door de Padries tot opstand gebragte, Sumatranen waren, wist onze krijgsmagt door moed en beleid te bewerken, dat, in het laatst van 1832, niet slechts al het vroeger door ons verlorene, maar zelfs veel meer grondgebied onder de heerschappij van het Nederlandsch Gouvernement werd terug gebragt en daaraan den eed van getrouwheid deed. Den 12 Januarij 1833 brak het bloedgierig verraad der Bonjollers uit, waardoor zoo velen der onzen omkwamen, en dit was het teeken tot den daarop volgenden opstand van bijna geheel de Padangsche-Bovenlanden. De Toewanko-Iman van Bonjol maakte van de kom, waarin Bonjol is gelegen, door natuur en kunst geholpen, eene versterking, welke de Padries voor onneembaar hielden. De destijds mislukte togt tegen dezen versterkten post, daar de Nederlanders van drie zijden aangevallen werden door den woesten vijand, die door bekwame Opperhoofden werd aangevoerd, en waarbij het volvoeren van den aftogt de glorierijkste overwinning in verdienste nog overtrof, moet en zal onvergetelijk blijven. Het duurde echter tot in het midden van Augustus 1837, voor dat de stoutmoedige heldhaftigheid, de volhardende opoffering en de onverdroten ijver der Nederlanders, met de schoonste zege bekroond werden en Bonjol den toenmaligen Luitenant-Kolonel MICHIELS in handen viel. De Toewanko-Iman MALIEN BASSA, de ziel van den opstand, ontsnapte echter, maar kwam, weinige weken daarna, tot onvoorwaardelijke onderwerping.

Men had gedurende dien opstand ondervonden, dat de Engelsche invloed, van Singapore uitgaande, zich meer en meer over SUMATRA uitbreidde. Daar de voornaamste rivieren allen hare uitwatering in zee op de Oostkust en haren oorsprong op het bergvlak, de Padangsche

Bovenlanden genoemd, hebben, is het langs die rivieren gemakkelijk naar de markten te komen, welke binnenslands, op verschillende plaatsen, aan de vereeniging van twee of meer rivieren gevonden worden. Derwaarts kwamen van Singapore geweren en buskruid, opium, Britsche katoenen en ijzerwaren. Die goederen werden, zonder betaling van regten, door het land verspreid, en daartegen konden de voortbrengselen te Palembang, Padang, Ayer-Bangies enz., onder Nederlandsche vlag aangebragt, onmogelijk markten. Die Engelsche invloed was noodlottig voor de bevolking; want door den ruimen invoer van opium werd de zedelijke en ligchamelijke kracht van den Sumatraan ontzenuwd en bij geheel verdierlijkt, terwijl door den invoer van buskruid en wapenen, vergezeld van de verderfelijkste inblazingen, onrust, moord en opstand aangewakkerd en gevoed werden. De Generaal VAN DEN BOSCH oordeelde wijselijk, dat, zou aan de ontwikkeling en beschaving van SUMATRA met vrucht de hand worden geslagen, aan den verderfelijken Britschen invloed paal en perk moest worden gesteld. Met Siak en Djambi waren voorheen verdragen gesloten, en weinige jaren te voren had de Vorst van Siak verzocht, om op nieuw aan de rivier Tabong een Nederlandsch fort te zien oprigten, om de zeeroovers en de Engelschen in ontzag te houden. De Vorst van Indragirie droeg uit eigen vrije beweging, bij verdrag van 27 September 1838, de souvereiniteit over zijn rijk aan Nederland op en werd aangenomen als cijnsbaar Sultan van Indragirie. Van dien tijd af begonnen de Nederlanders, aan of niet verre van de mondingen der voorname rivieren van de Oostkust, forten te bouwen of de bestaande te herstellen, en na de vermeestering van Sinkel of Singkel, op de Westkust, in Mei 1840, werd het plan gevormd, om eene breede heerbaan van daar naar de Oostkust aan te leggen, ten einde aan den zoom van de Straat-van-Malakka het oog te kunnen houden op de ondernemingen van Singapore en Poeloe-Pinang, tegen de kust van SUMATRA.

SUMATRA'S-WESTKUST, gouv. in *Oost-Indië*, op het *Sundasche* eil. *Sumatra*.

Dit gouv. bestaat uit alle de landen, langs de Westkust-van-Sumatra, van Baros tot Indrapoera, en, in de Bovenlanden, van de Batakhsche tot de Korintjie-distrikten. Het bevat: de adsistent-residentie Padang, de residentiën Padangsche-Bovenlanden en Ayer-Bangies, de adsistent-residentie Bengkoelen, de residentie Palembang en de Lampongsche-distrikten. Over dit gouvernement is een civiele en militaire Gouverneur aangesteld.

SUMBA, eil. in *Oost-Indië*. Zie SANDELHOUT-EILAND.

SUMBAWA of SOEMBAWA, eil. in *Oost-Indië*, tot de *Kleine-Sunda-eilanden* behoorende en zich van 7° 5′ tot 8° 6′ Z. B., en van 133° 61′ tot 136° 47′ O. L. uitstrekkende.

Het ligt ten Z. van de Straat-van-Makassar, ten O. van Lombok en ten W. van Komodo. Het wordt ten N. bespoeld door de Zee-van-Java, ten O. door de Straat-Sapi, ten Z. door de Indische-zee, ten W. door de Straat-Allas. De oppervlakte wordt op 370 geographische mijlen berekend.

Het eiland kan in twee deelen, voor zoo ver de gedaante betreft, gesplitst worden. Het westelijkste gedeelte heeft de gedaante van eenen scherpen hoek, en het oostelijke gedeelte heeft onderscheidene armen, die onregelmatige vormen met bogten vertoonen.

De bodem van SUMBAWA is buitengewoon vulkanisch en op sommige plaatsen vruchtbaar, wordende door rivieren en beken doorsneden.

Buiten herten en zwijnen treft men er geen groot wild gedierte aan. Rundvee, geiten en gevogelte zijn er aanwezig, doch niet altijd in voldoende voorraad. Men treft er twee rassen van paarden aan, dat van Tamboro en dat van Bima. Het laatste is het fraaiste dat in den Indischen Archipel wordt aangefokt en veel wordt uitgevoerd. De veulens zijn sterk, regelmatig en fraai, en op het eerste gezigt schijnen zij eenigzins op de Arabische te gelijken. Bij nader onderzoek echter, blijkt het dat zij niet die eigenschap bezitten, welke men volbloed noemt, en alleen bij het Arabische en het daarvan afstammende Engelsch ras gevonden wordt. De ledematen hebben wel die eigenschap maar het verschil bestaat in de huid, welke dik en grof is, ook is de vorm en de uitdrukking van het hoofd anders, ofschoon het er veel op gelijkt. De zeeën leveren in den omtrek veel visch op; vogelnesten worden er aan de kusten en bijen in de wouden gevonden.

Sappanhout, katjang en rijst zijn de voornaamste voortbrengselen in het plantenrijk, dat overigens vele tropische gewassen oplevert.

In het delfstoffenrijk vindt men, in het koningrijk Dompo op Sumbawa, goudstof; op Bima, zwavel en salpeter, en aan de kusten van Papekat paarlen.

De bewoners van Sumbawa behooren tot den Maleischen volkstam en worden naar de koningrijken genoemd, waartoe zij behooren. De bevolking, die in ligchaamsbouw met die van de Maleijers overeenkomt, heeft een woester voorkomen dan de Javanen en Balinezen. Het karakter van de bewoners van Sumbawa is niet lofwaardig; in het algemeen zijn zij diefachtig, sluw, lui en lafhartig, met uitzondering van de Tamborezen, die zich door dapperheid onderscheiden.

De bergen en heuvelen van dit eiland hebben zulk eene vreemde gedaante, dat ieder, die ze eens gezien heeft, ze altijd kan erkennen, eene zeer gelukkige omstandigheid voor Europesche schepen die naar China bestemd zijn en door eene der Straten ten Oosten van Java, naar de Chinesche zee willen, vermits zij hierdoor met zekerheid hun bestek kunnen verbeteren. Het Nederlandsch gouvernement heeft in het oostelijke gedeelte van dit eiland nog een kantoor, namelijk te Bima, waar een Resident zijn verblijf houdt. Hij is ondergeschikt aan den Gouverneur van Makasser.

Er zijn zes staten of rijken, wier Vorsten meestal den titel van Radja voeren, en hunne onderwerping aan het Nederlandsch bewind erkennen. Langs de Noordkust heeft men de rijken Sumbawa en Tomboro, wier bevolking voor de dapperste van dit eiland wordt gehouden, alsmede Bima en voor het overige de staten Dompo, Sangar en Papekat, alle van minder belang dan de drie eersten.

De Vorsten op Sumbawa regeren zeer willekeurig; hunne onderdanen zijn niet veel meer dan slaven, die hen blindelings moeten gehoorzamen. Want, ofschoon zij voorgeven Mohhammedanen te zijn en volgens de wetten of voorschriften van den Koran te handelen, wijken zij er verre van af; zij knevelen hunne onderdanen en nemen van de voortbrengselen des lands naar hun goedvinden.

Het eiland Sumbawa heeft in het jaar 1815, eene treurige vermaardheid verkregen door eene vulkanische uitbarsting, welke in de eerste dagen van April van dat jaar plaats had, en waarvan het verschrikkelijk geweld en de vernielende kracht welligt nimmer op den geheelen aardbodem door een soortgelijk natuurverschijnsel geëvenaard zijn geworden, namelijk de onvergetelijke uitbarsting van den Goenong-Tambora op dat eiland. Deze uitbarsting schokte den aardbodem op eene zoo geweldige wijze, dat zij niet slechts noordwaarts op Borneo en Celebes, maar ook noordoostelijk in de Molukken en noordwestelijk op Sumatra, gevolgelijk in eenen omtrek van meer dan duizend geographische mijlen van den vulkaan zelven, werd waargenomen. Op alle deze eilanden werd de uitbarsting bespeurd door herhaalde trillende bewegingen van den grond, zoo wel als door den verschrikkelijken weerklank van het onderaardsch gedruisch en gekraak. Op Java, dat ruim honderd mijlen van dezen berg verwijderd is, scheen de verwoesting geheel nabij te zijn. Op den middag was de hemel door wolken van asch en zand verduisterd, en de zon was met eenen dampkring omgeven, welks tastbare duisternis hare gloeijende stralen geheel krachteloos maakte, stortregens van dikke asch bedekten onderscheidene duimen hoog de huizen, velden en wegen. Deze stikdonkere nacht, op het midden van den dag, werd nog akeliger door het nu en dan uitbulderend gedruisch, hetwelk het losbranden van het zwaarste geschut of het ratelen van een hevigen donderslag verdoofd zoude hebben. Dit diep dreunend geluid had zoo veel gelijkenis met het gebulder des kanons, dat vele Zee-Officieren niet anders dachten dan dat er zeeroovers, die in deze streken dikwijls omzwerven, op de kust geland waren, zoodat zij werkelijk met hunne vaartuigen in zee staken om de aangevallene schepen in vrijheid te stellen. Aan den anderen kant verkondigden sommige dweepzieke Priesters aan het bijgeloovig volk de terugkomst aan van den Profeet en van hunne verlossing van de heerschappij der ongeloovigen; van dezen schrikkelijken ramp, aldus even schandelijk en laaghartig misbruik makende als in 1755 de losgebrokene gevangenen en sommigen uit het gepeupel van Lissabon, toen die stad door eene insgelijks vreesselijke aardbeving verwoest werd. De verstandigsten onder de Javanen waren van meening, dat welligt een der grootste vulkanen van Java uitgebarsten was, want dat de stortregens van asch, die het oostelijke gedeelte van Java bedekte, derwaarts uit het eiland SUMBAWA, uit eenen berg, die meer dan honderd mijlen van daar verwijderd was, konden overkomen, dit zou geen sterveling zich als mogelijk voorgesteld hebben. In de meer onmiddellijke nabijheid van den vuurberg waren dan ook de verwoestingen, door dit ontzettend natuurverschijnsel aangerigt, boven alle verbeelding groot. De ingewanden der aarde braakten op Sumbawa niets dan vernieling; de zee voegde hare verwoestingen daarbij, want eene waterberoering sleepte menschen en huizen in de grondelooze kolken. Zelfs op het eiland Lombok kwamen vele menschen om, of doordien zij onder de heete asch begraven werden of door gebrek en ellende, daar de gloeijende aschregen alles verschroeid had. Allertreurigst zag het er dus op het eiland Sumbawa uit. In het eigenlijke district van Tambora bleven van 12,000 zielen slechts eenige weinige over. De groeikracht was daarbij als vernietigd. Hongersnood en velerlei kwalen ontvolkten het eiland en zelfs vijftien jaar later had zich het plantenrijk, anders zoo welig in de keerkringslanden, in het rijk Tambora, van die vernieling nog niet hersteld.

De aardbeving, welke, in 1836, de noordkust van SUMBAWA op nieuws met de bangste verwachting vervulde, was echter minder zwaar. De schokken begonnen des voormiddags van den 28 November; duurden onderscheidene dagen met meer of minder hevigheid voort, en hielden eerst den 5 December geheel op. Reeds op den eersten dag waren onderscheidene huizen in elkander gestort, en andere dreigden hunne bewoners onder het puin te bedelven. Het zeehoofd was zwaar beschadigd en de muren van het fort bekwamen scheuren, toen des avonds de schokken weder geweldig toenamen, en door de duisternis de angst en verschrikking des te grooter werden. De zee begon plotseling te zieden en te bruisen; zij brak het land in en dreef alle op strand staande vaartuigen voor zich heen, om die vervolgens met boomen en alles, wat voor haar geweld bezweken was, in de diepte even plotseling te doen verdwijnen.

SUMBAWA of SOEMBAWA, vorst. in *Oost-Indië*, op het eil. *Sumbawa*, een der *Kleine-Sunda-eilanden*.

Het strekt zich thans langs de Westkust van Straat-Allas uit, en heeft nog onderscheiden Loenmannen, van welke de Radja van Dompo de aanzienlijkste is; het was evenwel eertijds magtiger, en bevatte ook het eiland Lombok. Door de Baliërs is Lombok van SOEMBAWA afgescheiden. De hoeveelheid Sapanhout, vroeger door den Radja aan de Oostindische Maatschappij geleverd, is in het laatste gedeelte der achttiende eeuw aanmerkelijk verminderd.

Het staat onder eenen Vorst, die den titel van Mangkoeboemi voert. De onderdeelen van dit rijk worden door Prinsen geregeerd, die elkander vijandig zijn, waardoor eene verdeeldheid bestaat, die uit een staatkundig oogpunt beschouwd, voor het gouvernement voordeelig is. Dit rijk heeft in 1815 veel door de uitbarsting van den Tamboro geleden.

SUMBAWA of SOEMBAWA, st. in *Oost-Indië*, op het eil. *Sumbawa*, rijk *Sumbawa*, de hoofdplaats van dit rijk en het verblijf van den Radja.

Deze stad ligt ten Zuidoosten van eene diepe en ruime baai, welke voor de noorde- en noordwestewinden open ligt. De Wadjorezen drijven hier veel handel en bewonen eene afzonderlijke wijk. Deze wijd uitgestrekte stad is door eenen zwaren muur omringd.

Bij de uitbarsting van den Tamboro, in 1815, heeft deze stad zeer veel geleden; hare, destijds schier geheel verdelgde bevolking, is langzamerhand weder toegenomen. De arme bevolking heeft veel van de zeeroovers te lijden, tegen welken nu en dan kruistogten ondernomen worden.

SUMBEWARO, d. in *Oost-Indië*, op het *Sundasche* eil. *Java*, resid. *Passaroewang*, ads. res. *Banjoewangi*, 740 palen O. van Batavia, 42 palen W. van Banjoewangi.

SUMBRONGBAAI, baai in *Oost-Indië*, op het *Sundasche* eil. *Java*, resid. *Madion*, lands. *Panaraga*.

SU-MEER, d., prov. *Friesland*, kw. *Oostergoo*, griet. *Tietjerksteradeel*. Zie SUAMEER.

SUMEDANG, reg. en d. in *Oost-Indië*, op het *Sundasche* eil. *Java*. Zie SOEMADANG.

SUMMEREN, d. in de *Meijerij van 's Hertogenbosch*, kw. *Peelland*, prov. *Noord-Braband*. Zie SOMEREN.

SUMORLANGA, vlek in *Oost-Indië*, op het *Sundasche* eil. *Sumatra*, kon. *Atjieh*, 15 mijlen O. van Pedir; met eene niet zeer veilige reede.

De omtrek levert eene groote menigte rijst op, mitsgaders een weinig was en peper. — De reede wordt dikwijls door kleine vaartuigen bezocht, die er zich van levensmiddelen komen voorzien.

SUMORNÉ, d. in *Oost-Indië*, op het *Sundasche* eil. *Java*, resid. *Samarang*, distr. *Grogol*.

SUNDA (STRAAT-), zeeëngte in de *Indische-zee*, tusschen Java en Sumatra.

Zij is aan de eene zijde ruim 25 en aan de andere zijde 30 mijlen breed. In den mond ligt het Prinsen-eiland, hetwelk twee doorgangen vaneen scheidt, waarvan die aan den kant van Java meestal gebruikt wordt door schepen, die bij den zuidoost-passaat door de straat moeten, daar de andere weg of het Groote-kanaal vele moeijelijkheden oplevert. In het naauwste gedeelte van de straat ligt het Moddereiland, hetwelk overal door eenen sterken stroom omringd wordt. Verder zijn de voornaamste eilanden in de straat Krakatau en Pocloe-Babi. De overige zijn van weinig belang of klippen. Aan de zijde van Java ligt Anjer, eene opene reede, alwaar de terugzeilende schepen zich veelal van goed water voorzien. Naar deze straat noemt men Java en de eilandenreeks ten O. daarvan, de Sundasche eilanden, en de zee tusschen deze laatste, Nieuw-Guinea, de Moluksche eilanden en Celebes en Borneo, ook wel de Sundasche-zee.

SUNDA, naam, welken de inboorlingen geven aan dat gedeelte van het eil. *Java*, in *Oost-Indië*, hetwelk ten W. van de Losari ligt, en thans Westelijk-Java uitmaakt. Zie Java (Westelijk).

SUNDA, naam, welken de Portugezen veeltijds gaven aan het voorm. kon. Jakatra, in *Oost-Indië*, op het *Sundasche* eil. *Java*. Zie Jakatra.

SUNDA-EILANDEN (DE) of de Oostersche-Archipel, groep eil. in *Oost-Indië*, in de straat van *Sunda*, en ten O. daarvan gelegen.

Deze eilanden worden in de Groote-Sunda-eilanden en de Kleine-Sunda-eilanden verdeeld en bestaan uit Sumatra, Borneo, Celebes, Java, Bangka, Bali, Lombok, Sumbawa, Floris, Tjiendan of Sumba, Sabrao, Solor, Lomblem, Ombay, en de groep van Timor. Zie voorts de bijzondere art.

SUNDA-EILANDEN (DE GROOTE-), onder dezen naam verstaat men de eilanden Sumatra, Borneo, Celebes, Java en Bangka met Billeton.

SUNDA-EILANDEN (DE KLEINE-), onder dezen naam verstaat men de eilanden in den Sundasche-Archipel, welke ten O. van Java gelegen zijn; als: Bali, Lombok, Sumbawa, Flores, Tjiendan of Sumba, Sabrao, Solor, Lomblem, Ombay en den groep van Timor.

SUNDA-KALAPPA, naam, onder welken de stad Jakatra, in *Oost-Indië*, op het *Sundasche* eil. *Java*, vroeger bekend was. Zie Jakatra.

SUNDANG-BLIETE en SUNDANG-KLINGLIE, twee distr. op het *Sundasche* eil. *Sumatra*, resid. *Sumatra's Oostkust*, adz. res. *Palembang*.

SUNDASCHE-ZEE, zee in *Oost-Indië*. Zie Java (Zee-van-).

SUNICIERS, oude volkstam, welke, naar men algemeen gelooft, het tegenwoordige hertogdom *Limburg* bewoond hebben.

SUNNEMERE, oude naam van het d. Zonnemaire, op het eil. *Schouwen*, prov. *Zeeland*. Zie Zonnemaire.

SUPPERBERG of Sipperberg, eigenlijk Sibberberg, berg in het *Land-van-Valkenburg*, prov. *Limburg*, gem. en ½ u. W. van *Oud-Valkenburg*.

Deze berg levert, even als den St. Pietersberg, bij Maastricht, groeven van mergel op. De hier uitgegraven steenen zijn witter en vaster dan die van den St. Pieter en hebben om die reden, bij het bouwen, dan ook verre de voorkeur. In dezen berg zijn mede verbazend uitgestrekte onderaardsche gangen, hoewel niet zoo talrijk als in den St. Pietersberg.

SURE (DE), riv. in het grooth. *Luxemburg*.

Deze riv., die in het Fr. Soure, in het Lat. Sura en in het Duitsch Saur of Sauer wordt genaamd, ontspringt in het bosch van Wase, ten noordwesten van het dorp Vaux-lez-Rosieres, in Belgie; bereikt de grenzen des grooth. bij Martelingen en dringt het op de hoogte van Tintingen binnen, bespoelende er, behalve de vlekken Esch en Ettelbruck, ook de steden Diekirch en Echternach. Zij neemt er de Wiltz, de Alzette, de Erenz, de Our en de Zwarte-Erenz op.

Van den mond der Our tot aan den mond der Sure, in de Moezel bij Wasserbillig, vormt deze rivier de grenscheiding tusschen Luxemburg en Pruissen.

De rivier, die ongeveer 21 uren lang is, wordt bevaarbaar bij Diekirch, doch alleen bij matigen waterstand, op vele plaatsen kan men hier, zelfs beneden dit punt, des zomers doorwaden. Sommige plaatsen zijn zeer diep, inzonderheid de dusgenoemde: Klick, bij Wallendorf, bij den Halstein, bij Dillingen, bij den Laufenwerth, omstreeks Bollendorf, in den Kohlbur, boven Minnheim, de Bornerwag en vooral im Wuhl of im Wiehl bij Mörstroff. De gewone breedte bedraagt te Echternach 46—50 en bij Wasserbillig 64—68 ned. ell.

Door een, tusschen Keizer KAREL V en JOHANNES, Keurvorst van *Trier*, geslotene overeenkomst, van 1 Junij 1548, werd bepaald, dat de Sure, met hare beide oevers, zoo lang onder het opzigt der Hertogen van Luxemburg zou staan, tot Trier het tegendeel *in petitorio* zou bewezen hebben.

Ten gevolge eener verordening van Keizer JOZEF II, van 20 December 1783, hebben de Luxemburgsche Staten eene commissie benoemd, om deze rivier zoo ver mogelijk bevaarbaar te maken, doch dit voornemen werd te kostbaar bevonden en niet uitgevoerd. WILLEM I, Koning *der Nederlanden*, heeft dit ontwerp in 1825 insgelijk ter hand genomen, doch dit is almede blijven steken (Zie het MAAS-EN-MOEZELKANAAL.)

In 1847 zijn van wege de steden Echternach en Diekirch en eenige gem. bij het gouvernement pogingen aangewend, om het bed der Sure te verbeteren, doch ook toen is men voor de kosten teruggedeinsd.

De visschen, die men in de Sure aantreft, zijn snoeken, karpers, palingen, forellen, zeelten en zalmen. Ook zijn er otters en kreeften.

SURENDONK, d., in de *Meijerij van 's Hertogenbosch*, kw. *Peelland*, prov. *Noord-Braband*. Zie SOERENDONK.

SURHUIS, d., prov. *Friesland*, kw. *Oostergoo*, griet. *Achtkarspelen*. Zie SURHUIZUM.

SURHUISTERVEEN, eigenlijk ZUIDERHUISTERVEEN, d., prov. *Friesland*, kw. *Oostergoo*, griet. *Achtkarspelen*, arr. en 6 u. O. ten Z. van *Leeuwarden*, kant. en 2½ u. O. Z. O. van *Bergum*.

Dit d., hetwelk omstreeks het jaar 1600 door Doopsgezinden werd ontgonnen en aangelegd, bestaat uit eene groote menigte huizen, die allen langs de Oude-Veenster-vaart, op eene vermakelijke, ruime en lommerrijke plaats gebouwd zijn.

Het is oorspronkelijk eene veenkolonie, door de vergraving van de veenlanden ten zuidwesten van Surhuizum ontstaan, wier verschillende vaarten en wijken, waaraan de huizen gebouwd zijn, door een veenkanaal, de Nieuwe-Vaart, met het Kolonelsdiep gemeenschap hebben. Bij deze aanwinnende buurt is, omstreeks 1686, eene Hervormde kerk gebouwd. Sedert is zij een afzonderlijk dorp geworden, dat in zijne kom 154 h. en 920 inw. en met de daartoe behoorende b. Kortwolde 210 h. en 1280 inw. telt, welke meest in den landbouw en veeteelt hun bestaan vinden; terwijl men er eenen grutmolen en twee smederijen heeft.

De Herv., die er 1070 in getal zijn, onder welke 30 Ledematen, maken eene gem. uit, welke tot de klass. van *Dockum*, ring van *Kollum*, behoort. De eerste, die in deze gemeente het leeraarambt heeft waargenomen, is geweest JOHANNES MELCHIOR BOLHOLT, die in het jaar 1688 herwaarts kwam, en in 1707 emeritus werd. De kerk, welke in het jaar 1686 gesticht en in 1687 voltooid is, is een langwerpig vierkant gebouw, met eenen kleinen toren, doch zonder orgel.

De Doopsgez., van welke men er 210 aantreft, maken, met de overigen dier gezindte, de griet. Achtkarspelen bewonende, eene gem. uit, welke 230 zielen telt, onder welke 70 Ledematen. De kerk is een langwerpig vierkant gebouw, zonder toren of orgel. In het begin der zeventiende eeuw moet er reeds eene Doopsgezinde gemeente te Surhuisterveen bestaan hebben: want de tweede kerk of vermaning werd gebouwd in 1635, omdat de eerste te oud of te klein werd. Ook is het tegenwoordige doopboek begonnen in 1730, omdat, zoo als er in aangeteekend staat, het vorige te oud werd. Op het kerkhof te Surhuizum ligt een grafsteen, waarop gebeiteld staat: 1643 *den* 13 *November is overleden de eerw. en godzalige* Gabbe Paulus, *Bedienaar bij de Waterlandsche Doopsgezinde gemeente te* Surhuisterveen, *oud* 72 *jaren.* Naast dezen steen is een andere van zijne vrouw, die het volgend jaar in even hoogen ouderdom overleed. Zij schijnen, volgens de opschriften dezer steenen, menschen van aanzien geweest te zijn, en de jaren van den Leeraar pleiten wel voor den vroegen oorsprong der gemeente. De kerk is een net langwerpig gebouw, zonder toren of orgel.

In het begin der achttiende eeuw waren er een tijd lang te Surhuisterveen 30 huisgezinnen van uit Wurtemberg herwaarts gevlugte Doopsgezinden, die hunne godsdienstoefening hielden in een bijzonder huis, tegenover de Doopsgezinde pastorij. Zij bedienden den Doop bij onderdompeling. Overigens leefden zij zeer matig en ingetogen. Zij bragten hier de eerste aardappelen. Nog is de plek gronds bekend, waar die eerste aardappelen werden verbouwd. Na eenige jaren hier vertoefd te hebben, zijn zij vertrokken naar Pensilvanië in Amerika.

De dorpschool wordt gemiddeld door een getal van 120 leerlingen bezocht. — De kermis valt in den derden Dingsdag in Mei en den derden Woensdag in October.

SURHUISTERVEEN (DE VAART-VAN-) of de Surhuisterveenstervaart, ook wel de Nieuwe-vaart, water, prov. *Friesland*, kw. *Oostergoo*, griet. *Achtkarspelen*, dat in eene noordelijke rigting van Surhuisterveen naar het *Kolonelsdiep* loopt.

SURHUIZUM, Zuiderhuizen, Suderhusen of Sauerhusen, ook Surhuis geschreven, d., prov. *Friesland*, kw. *Oostergoo*, griet. *Achtkarspelen*, arr. en 6 u. O. van *Leeuwarden*, kant. en 3 u. O. van *Bergum*, te midden van koren- en boekweitlanden, welke zich zeer ver uitstrekken, terwijl de huizen meest langs beplante wegen gebouwd zijn. Men telt er met de b. Ophuis 115 h. en 730 inw., die meest in den landbouw en de veeteelt hun bestaan vinden. Ook heeft men er eenen rogmolen en twee smederijen.

In het oostelijk gedeelte des dorps liggen de meeste weilanden, welke, met de daar achterliggende mied- of hooilanden, tot aan de Groninger grenzen doorloopen.

De inw., die er op 5 na, allen Herv. zijn, behooren tot de gem. van *Augustinusga-en-Surhuizum*, welke ook hier eene kerk heeft, met eenen hoogen spitsen toren, geheel van steen gebouwd, doch zonder orgel.

De 5 Doopsgez., welke hier wonen, behooren tot de gem. van *Surhuisterveen.* — De dorpschool wordt gemiddeld door een getal van 0 leerlingen bezocht.

In den nacht van 1 September 1835, ontstond in dit dorp plotseling op twee plaatsen te gelijk brand. Hij nam zoo hevig toe, dat de twee woningen in vlammen stonden, eer men den brand ontdekte en de noodige hulp toebrengen kon, dat door het gebrek aan water bovendien nog uiterst moeijelijk was. De meeste zorg bepaalde zich bij de belendende woonhuizen, tusschen de twee brandende in gelegen, welke groot gevaar liepen van mede te worden aangetast, doch door den ijver der ingezetenen gelukkig behouden bleven.

SURIG, Surich of Surnek, in het oud Friesch Suiderze, d., prov. *Friesland*, kw. *Westergoo*, griet. *Wonseradeel*, arr. en 4½ u. N. W. van *Sneek*, kant. en 2½ u. N. W. van *Bolsward*, aan de Zuiderzee, in eenen hoek van den zeedijk, waarvan het dan ook zijnen naam, zijnde eene verkorting van Zuider-se, d. i. Zuiderhoek, ontleend heeft.

Het is klein, tellende slechts 26 h. en ongeveer 150 inw., die meest in den landbouw en veeteelt hun bestaan vinden.

De Herv., die er 120 in getal zijn, behooren tot de gem. van *Pingjum-en-Surig*. Er bestaat hier geen kerk meer, zijnde die, welke er vroeger stond, in de vorige eeuw weggebroken; terwijl men den toren, die vrij zwaar is, heeft laten staan, omdat hij tot eene baak voor zeevarenden dient.

De dorpschool wordt gemiddeld door een getal van 25 leerlingen bezocht.

Bewesten dit dorp loopt de zeedijk, regtstreeks zeewaarts uit, ruim genoeg naar het Westen, doch neemt daarop terstond eene korte wending naar het Zuidoosten. De dijk is hier niet zeer zwaar en de gedaante en ligging veroorzaken, dat hier een sterke stroom loopt; om deze reden was men beducht, dat die dijk te eeniger tijd bezwijken mogt, waardoor een groot deel der provincie zoude overstroomen; ten einde zulk eene ramp voor te komen, werd men te rade, om, in navolging van andere oorden, er eenen slaperdijk achter te leggen, welk werk in 1733 ook met veel overleg is bewerkstelligd. Zie verder het art. Suriger-Slaperdijk.

Bij den watervloed van Februarij 1825 werden de landen van dit dorp allen met zout of ziltig water overdekt.

SURIGER-OORD, uitspringende hoek lands, prov. *Friesland*, kw. *Westergoo*, bewesten het d. Surig.

SURIGER-SLAPERDIJK, dijk, prov. *Friesland*, kw. *Westergoo*, griet. *Wonseradeel*, welke den uitspringenden driehoek lands, Surigeroord genoemd, afsluit, de regte strekking van den dijk aldaar vereenigt en tevens bij doorbraak tot zeedijk dient.

Deze dijk is in het jaar 1733, volgens het ontwerp en onder het toezigt van den ervaren waterbouwkundige Willem Loré, gelegd. Hij loopt met eene langzame glooijing wederzijds af, hebbende in zijnen aanleg de breedte van ruim 87 ell., de kruin is 6.50 breed en 4 ell. hoog, en heeft derhalve ter wederzijden eene schuinte van ongeveer 12 ell.; dat zich ongemeen vlak en bijna als een terp of heuvel vertoont. De binnenvoet is 13 ell., en daar langs loopt eene gracht van 12,50 ell. wijd. Dit aanzienlijk werk is aanbesteed voor 69,225 gulden en was in zijn geheel 2506 ell lang.

SURINAME, kol. in het noordelijkste gedeelte van *Zuid-Amerika*, in of liever uitmakende *Nederlands-Guiana*.

Deze kolonie grenst ten N. aan den Atlantischen-Oceaan, ten O. aan de riv. Marowijne (door de Franschen Maronie genoemd), welke rivier haar van Caijenne afscheidt, ten Z. verliest zij zich in ontoegangbare bosschen, wildernissen, en moerassen, terwijl zij ten W. door de Corantijn, die haar van Britsch-Guiana of de Berbice scheidt, bepaald wordt;

welke beide grensrivieren 55 à 57 uren van elkander verwijderd zijn. Vroeger strekten zich de grenzen van de kolonie SURINAME, volgens eene kaart van den landmeter ABRAHAM MAAS, ten Oosten van de Sinamari (nu tot Cayenne behoorende), ten Westen van de monden der Berbice, en zoo zuidwaarts langs de Kauze binnenlands uit. De Atlantische Oceaan bepaalde, even als nu nog, de westelijke grenzen. Deze in het noordelijk gedeelte van Zuid-Amerika gelegene volkplanting bepaalt zich tusschen 4° 50′ en 5° 50′ N. B., en tusschen 36° 9′ en 39° 69′ W. L.

Zij ontving haren naam van de riv. de Suriname, en is de belangrijkste van alle onze bezittingen in West-Indië en die het meeste voordeel aan ons Vaderland oplevert. De oppervlakte dezer kolonie laat zich niet gemakkelijk bepalen, doordien zij zich ten Zuiden in onbegrensde bosschen verliest.

De kolonie SURINAME is in twee hoofdafdeelingen verdeeld, als: de Oude-Kolonie en de Nieuwe-Kolonie. De oude kolonie bepaalt zich tusschen de Marowijne en de Coppename en de nieuwe kolonie tot de landen tusschen de Coppename en de Corantijn- gelegen; welk laatste gedeelte weder in een Opper-Nickerie en een Neder-Nickerie distrikt verdeeld is.

Met regt kan Suriname een schoone tuin genoemd worden, door Nederlanders met vlijt aangelegd en bebouwd. Deze groote tuin op de zee en de wildernissen veroverd, is met eene groote hoeveelheid rivieren en kreken doorsneden. De zes voornaamste rivieren zijn: de Suriname, de Commewijne, de Corantijn, de Coppename, de Saramacca en de Nickerie. Daarin storten zich de kreken: de Perica, de Motkreek, de Mattapica, de Warappa, de Commotuana, de Orleana, de Para, de Pauluskreek en Motkreek uit. Langs deze wateren worden ook alle producten en benoodigheden (behalven voor Opper-Nickeri en de zeekust van Neder-Nickeri) vervoerd; terwijl de communicatie-wegen te lande zich slechts tusschen eenige plantaadjen bepalen, aangezien de vroeger bestaan hebbende wegen (met uitzondering van die der Nickeri-distrikten, het cordon, den Pararaceweg aan Para, het Pad van Wanica, den weg van Kwatte en eenige anderen) niet meer onderhouden worden; zoodat de nog bestaande wegen geene doorloopende gemeenschap hebben: vooreerst door de natuurlijke bosschen, ten tweede door den vervallen staat en de opgeslagene kappewierie's, en eindelijk door de veelheid van rivieren en kreken, over welke geene bruggen liggen, noch veerponten gehouden worden.

Het beneden-gedeelte der kolonie is geheel en al effen, laag land, hetwelk beneden den dagelijkschen vloed ligt; het meer zuidelijke land is langzaam rijzende, en bestaat uit vroeger geschapene gronden. Het lage gedeelte is door de zee aangespoeld en is thans weder langs de geheele uitgestrektheid der kust sterk afspoelende.

De gronden dezer kolonie zijn ongemeen vruchtbaar, vooral langs den zeekant; terwijl de geheele oppervlakte (voor zoo ver de gronden niet bebouwd zijn) met bosschen van verschillend houtgewas naar den onderscheiden aard van den grond begroeid zijn. Aan de zeekust vindt men zware lagen van ongemeen vette kleigronden, in welke men enkele zand- en schelpbanken (hier ritsen geheeten) aantreft. De kust is bezet met banken van modder en geel welzand, meerendeels af-, echter op zeer weinige plaatsen een weinig aanspoelende, zoodat de kolonie hier aan den noord- of zeekant nog zwampachtiger, lager en moerassiger is, dan de noordkust van Java.

Overal ziet men eene groote verscheidenheid van edelaardige plantgewassen. De hooge houtgronden leveren de edelste houtsoorten, kruiden en planten op; alle aardvruchten groeijen in de drooge zandgronden ongemeen welig; het duister woud is voor den jager onuitputbaar aan wild, en de wateren krioelen van de fijnste vischsoorten. Ook de lage landen aan de monden der rivieren zijn rijk aan wild voor de jagt en aan zwamp- en zeevisschen; terwijl de plantengroei op die onuitputbare gronden nog verre die der dieren overtreft. In de bovenlanden vindt men groote verscheidenheid van mijnstoffen; welke echter tot nog toe zeer weinig onderzocht zijn geworden.

De natuur heeft Suriname in alles als met eene verkwistende hand gezegend. Hare breede bevaarbare rivieren leveren de veiligste legplaatsen voor de schepen op, en maken het vervoeren van alle voortbrengselen min moeijelijk. De oevers zijn uit hunnen aard met de edelsoortigste vruchtboomen, geneeskrachtige kruiden en voedzame aardvruchten begroeid. Zij brengt boomen voort, welke eten en drinken, schaduw en kleeding, en dus voedsel en dekking te gelijk geven. Hier heeft de mensch slechts den tijd van twee uren om te visschen, en twee bossen banannen, in eene geheele week, noodig om te leven; terwijl men voor den overvloed van den visch het zout gemakkelijk kan inruilen. De bos banannen kost, wanneer men die van de Plantaadje-Negers koopt, slechts 8 cents. Geene koude wintervlagen van sneeuw en hagel dringen hier de schamele hut in. Eene papaljemat is genoeg voor een volkomen bed, aangezien men geene dekking behoeft, daar geene gure nachten het ongedekte ligchaam doen verkleumen.

Suriname tusschen 4° 30′ en 5° 30′ N. B., heeft een warm en vochtig klimaat; welk klimaat echter niet dan bij de kentering van de saizoenen als ongezond kan worden beschouwd. Velen houden Suriname zelfs voor gezonder, dan de Westindische eilanden, alhoewel het daar meer droog en steeds koel door de zeewinden is; en waarlijk, men heeft voorbeelden van zeer hoog bejaarde menschen in de kolonie Suriname. De vochtigheid van het klimaat, vooral aan den oever en den uitstroom der rivier, waar het land laag is, doet alle staal en ijzer hier niet dan met veel moeite buiten roest houden, welke vochtigheid men tevens ten duidelijkste aan de snaarinstrumenten ontwaart. Verder van zee is het land hooger en gezonder. Naar gedane waarnemingen, rekent men jaar in jaar uit, dat de gemiddelde hitte op den middag 90½° naar de schaal van Fahrenheit is, zijnde 95° de hoogste en 86° de laagste van de waarnemingen op het heetste van den dag. De gemiddelde drukking van den dampkring is 29 duim. De massa van het in 1826 gevallene water, was 2491 lijnen (dat is 17 voeten, 3 duimen, 7 lijnen) en dat der verdamping 359½ lijnen, of bijna 3 voeten Rijnlandsch. De hygrometer teekent, behalve in de maanden Augustus en September (het ongezondste tijdvak) altijd een of meer graden vocht; het hoogste standpunt van droogte, dat men gewoonlijk in voorzegde maanden vindt, is 15 à 16 graden. Des morgens tusschen drie en vijf ure kan het in Suriname vrij koud zijn, echter staat de thermometer nimmer onder 66° Fahrenheit. Men verdeelt in Guiana de saizoenen (gelijk op Java de mousons) in eenen grooten en eenen kleinen droogen-, en in eenen grooten en eenen kleinen regentijd. Echter wordt door oude geloofwaardige kolonisten eenparig getuigt, dat de regens thans veelvuldiger en minder geregeld naar de saizoenen vallen, dan voor dertig à veertig jaren; vooral wordt het jaar 1809, als ongemeen regenachtig beschreven. De groote regentijd begint half April en eindigt half Augustus; in het midden van Augustus begint de groote droogen tijd, die tot aan den kleinen regentijd voortduurt, dat is met half December; deze kleine regentijd eindigt half Februarij, wanneer die door den alsdan invallenden kleinen droogen tijd, welke half April eindigt, afgewisseld wordt. De verwisseling der saizoenen, zoo van den regen in den droogen, als van den droogen in den regentijd, wordt gemeenlijk door zware donderbuijen aangekondigd; terwijl men buiten de kenteringen weinig onweder heeft. De groote droogе tijd is drukkend heet, waartegen de kleine regentijd koel en aangenaam is; de omwisseling van den grooten regen in den grooten droogen tijd, of wel de maand Augustus, is door onbestendigheid van stekende zonnehitte tusschen koele regens de ongezondste; dit tijdvak van de jaren 1823 en 1828, wordt in Suriname met huivering herdacht. In den droogen tijd is de lucht niet of zeer weinig bewolkt, zoodat alsdan een altijd hooge, heldere hemel het krachtige zonnelicht met verzengende stralen op de uitgedroogde heete aarde nederlaat; terwijl de sterke lichtstralen op blinkende schulpritsen, of savanes van wit zand, bijna geheel onverdragelijk zijn. Men heeft in Suriname zelden andere, dan oostelijke en noordelijke winden, die echter altijd, vooral in den regentijd, flaauw zijn; bij regenachtig weder is de wind meerendeels zuidoost en zuidelijk; terwijl men de meeste regens in de achtermiddaguren, veelal tegen het vallen van den avond, heeft. In den droogen tijd is de wind meestal noordoostelijk, en neemt alsdan tevens in kracht toe tegen de kentering van den grooten regentijd. In den grooten regentijd heerschen veelal afwisselende winden, zoo uit het Zuiden als uit het Zuidwesten. Met het opkomen van den vloed heeft men in den droogen tijd gemeenlijk eenen frisschen en noordelijken zeewind; terwijl de vloed, in den regentijd, de regenbuijen met zich voert.

Aardbevingen heeft men in de kolonie Suriname zeer zelden gevoeld, en zware orkanen en overstroomingen zijn er slechts bij naam bekend. Den 21 Augustus 1763 hield men in Suriname, na eene doorgestane aardbeving, eenen algemeenen dank- en biddag. Den 21, 24 en 27 October 1766, alsmede den 22 December 1784, moeten hier weder eenige meerdere en mindere schokken van aardbevingen gevoeld zijn, zonder echter eenige schade te veroorzaken. Ook vindt men gewaagd van eene aardbeving tusschen den 25 en 26 Mei 1785. Dan, wat de aardbevingen aanbelangt, deze zijn minder schadelijk voor Suriname, dan wel voor landen, waar de huizen van steen gebouwd zijn; hier zijn de huizen van hecht en sterk hout getimmerd, zoodat zij nog al eenige schokken verdragen kunnen. Dit ontwaart men het best, wanneer men, in geval van brand, genoodzaakt is de belendende huizen om ver te halen, hetgeen niet dan met de meeste krachtsinspanning geschieden kan.

Men heeft hier, even als in Europa, den langsten dag op den 21—23 Junij, komende de zon alsdan des morgens ten 5 ure 47 minuten op en gaande des avonds ten 6 ure 13 minuten onder; zijnde de langste dag dus 26 minuten meer dan 12 uren. Op den 21 December, den kortsten dag, gaat de zon ten 6 ure 7 minuten op en des avonds ten 5 ure 53 minuten onder; zijnde dus een dag van 14 minuten minder dan 12 uren, makende tusschen den langsten en den kortsten dag een verschil van 40 minuten. Wanneer de maan nieuw of vol is, heeft men te Suriname te 6 ure hoog en gewoonlijk 6 uren later laag water; echter maakt dit bij veelvuldige regens wel eens een weinig verschil, daar alsdan de eb vroeger invalt en tevens langer aanhoudt. Men heeft hier vier dagen voor en vier of vijf dagen na nieuwe of volle maan springtij, echter zijn de vloeden, na nieuwe of volle maan, sterker, dan die van den voorspring; men heeft dus niet meer dan ½ van eene maans maand dood tij, in welk laatste geval het water wel 3 voeten minder hoog vloeit, dan met springvloeden.

Op de hoogere steenachtige gedeelten, aan de bovenrivieren en kreken der kolonie, vindt men houtgronden, welke uitmuntend timmer- en meubelhout opleveren, voor welk laatste zich in 1847 te Zwolle eene hout-handelmaatschappij gevestigd heeft, terwijl de aldaar gehoudene veilingen de beste uitkomsten belooven. Hieronder muntten het bolletrie-, ceder-, purperhart-, bruinhart-, geelhart-, kopie-, konatappi-, parer-hout, Boschkers en Negro-wantem (d. i. zwart-altijd) bijzonder uit.

Men heeft er onderscheiden koffij-, suiker- en katoenplantaadjen, die, aan de oevers der rivieren of kreken gelegen, elk een klein dorp schijnen te zijn. De bewoners deser plantaadjen, moeten over het algemeen lang naar hunne brieven wachten, indien zij geen gelastigde te Paramaribo hebben, om ze af te halen, daar zij alsdan lang op het postkantoor blijven liggen. Zij, wier plantaadjen aan den mond der rivieren liggen, krijgen door het gedurig tijstoppen, doorgaans meer bezoek dan hun aangenaam is en dit jaagt hun tevens op groote kosten. Hoe dieper men de plantaadjen inkomt hoe kleiachtiger de landen worden, en achter deze zijn meestal groote bosschen, van welke men vroeger van tijd tot tijd een stuk afnam, en tot land maakte, dat zeer veel arbeid kostte, daar men er somtijds boomen vindt, die 4 à 5 voet in doorsnede hebben; voorts heeft men stukken land, die dienen om Turksche tarwe te bouwen, als ook kweekerijen van jonge koffijboomen, die van de oude gesteld en aldaar geplant en aangekweekt worden. Zulk een boom moet drie jaren oud zijn, voor men er goede vruchten van trekken kan.

In het jaar 1842 bedroeg het getal der in bewerking zijnde plantaadjen 383. Hieronder waren 106 suikerplantaadjen, waarvan 46 van stoomwerktuigen waren voorzien. Op de overige plantaadjen werden de suikermolens door water of door muilezels in beweging gebragt. Voorts waren er 129 koffij-, 80 katoen-, 2 cacao- en 1 indigoplantaadjen. De overigen waren kleine kost- en kweekgronden, die geene producten voor den uitvoer leveren.

De uitvoer van de kolonie Suriname bestond in het jaar 1833 in de navolgende producten: 13,257,540 Ned. ponden suiker; 1,033,845 pond. heele koffij; 163,796 pond. gebrokene koffij; 513,927 pond. schoone katoen; 36,213 pond. vuile katoen; 11,466 pond. cacao; 1835 pond. indigo en 75 gallons (1) rum.

Behalve deze voortbrengselen, welke uitsluitend naar de Nederlanden, in 66 scheepsladingen, zijn uitgevoerd, is er nog door 36 Noordamerikaansche schepen naar de Vereenigde Staten uitgevoerd 739,195 gallons malassie. Dit zoude eene globale waarde hebben, naar deze prijzen:

suiker à 12 cents het pond.	f	1,600,908
koffij à 35 » gemiddeld het pond.	-	426,175
katoen à 25 » » » »	-	132,855
cacao à 10 » » » »	-	1,846
indigo à 2½ guld. » » »	-	4,787
rum.	-	25
malassie à 12 cents » » »	-	88,707
voor te laag gestelde marktprijzen oranjeschillen enz. .	-	45,725
	-	2,300,000

(1) Eene gallon is een kan vijf maatjes vier en een halve vingerhoed Nederlandsch.

Ook in de kolonie SURINAME is de consumtie dram en malassie zeer aanzienlijk. Eene plantaadje van 200 koppen slaven deelt maandelijks uit: 48 gallons malassie en 50 gallons dram, dat is over 40,000 plantaadjeslaven 9,600 gallons malassie en 10,000 galons dram iedere maand. Op de suikerplantaadjen rekent men de man-negers op ééne gallon dram per maand; op koffij- en katoenplantaadjen half zoo veel. De vrouwen hebben op alle plantaadjen eene gallon malassie per maand.

De groenten, die hier gevonden worden, zijn: snij- en prinsessenboonen, doperwten, salade, vele soorten van kool, soepgroenten, radijs, aspersies en voorts meest alle soorten van groenten, die men in Nederland heeft, uitgenomen tuinboonen en bloemkool; ook willen de aardappelen niet goed voortkomen. Als de landeigene voortbrengselen heeft men er de casave, de patatoes, die men bij gebrek van aardappelen gebruikt, en de banannen, welke hier mede voor een groot deel in de levensbehoeften der inwoners voorzien, die er zich op verschillende wijzen van bedienen. Deze vrucht wordt, nog onrijp zijnde, gekookt en geroosterd en in plaats van brood gebruikt of als soep gekookt, met gezouten vleesch en spek er bij, welk laatste alhier banannenblaf genoemd wordt. Men maakt er ook koek van, even als podding, tom-tom geheeten. Wanneer deze vrucht rijp is, wordt zij raauw gegeten en ook gebakken, en heeft dan in smaak veel van aardappelen; doch, op welke wijze ook klaar gemaakt, is zij altijd smakelijk en voor de inwoners der kolonie eene onontbeerlijke behoefte geworden. De maïs of Turksche tarwe groeit hier mede in overvloed. De voornaamste vruchten zijn: de chinaasappelen, zoete en zure oranjeappelen, citroenen, limmetjes, sukade, pompelmoezen, gidions-appelen, mangos, sapatiljes, advocaten, pommes de rose, pommes de cithere, watermeloenen, kanteloepen, zuurzakken, papaaijers, mamy's-granaatappelen, roode en witte druiven, tamarinde, gasjaries, ananassen, marcusades, casjou, roode geribde kersen, kokosnoten, bakovens, de Oostindische amandel, de broodvrucht van Otaheite enz.

Het vleesch, hetwelk men gebruikt, is runder-, schapen- en varkensvleesch, doch het eerstgemelde is niet meer dan middelmatig; de beide andere soorten zijn over het algemeen beter. Men vindt er ook hertenvleesch, doch dit is zoo algemeen niet. Wijders heeft men verschillende soorten van gevogelte en visch, waaronder zeer goede zijn. Van de bovengemelde eetwaren wordt alle ochtenden, op daartoe bestemde plaatsen, markt gehouden.

Onder de lastigste insekten in deze kolonie zijn de karpatluizen, die men veel in het zand vindt. Zij zijn klein en plaatsen zich tusschen vel en vleesch. Zij verwekken eene ondragelijke jeukte en wanneer men zich krabt, veroorzaken zij veelal ontsteking. Nog lastiger echter zijn de sika's die zich in de voeten en meestal bij de teenen plaatsen, waar zij hunne eijeren leggen, die er dan zeer voorzigtig met eene naald uitgehaald worden, want als het nest breekt is dit zeer gevaarlijk. Ten einde de gevolgen der steken van deze en andere insekten voor te komen is men genoodzaakt, na eene wandeling, zich met zure oranjes te wrijven. In de bosschen huisvest wild gedierte, voornamelijk tijgers en slangen; de eerstgemelden komen 's nachts weleens de plantaadjen bezoeken.

De kolonie SURINAME is bevolkt met Blanken, Kleurlingen, Indianen, Boschnegers en Slaven. Volgens de jongste globale opgaaf bestaat de bevolking der kolonie SURINAME thans uit 56,000 zielen, onder welke 2500 blanken (1250 Christenen en 1250 Israëliten) 7000 kleurlingen (onder welke 4000 vrijen) en 46,500 negers (onder welke 1100 vrijen en 45,400 slaven).

De Blanken zijn er van alle Europesche natiën en verschillende godsdienstige gezindheden zamengesteld; kinderen van eenen blanken vader en eene blanke moeder in de kolonie geboren, worden blanke Creolen (inboorlingen) genaamd, doch deze zijn er weinig in aanzien; de meeste Blanken van rang zijn geboren Europeanen; de helft zijn Joden, en nog geen vierdegedeelte der Blanken zijn Nederlanders.

De levenswijze van eenen blanke is meestal op de volgende wijze ingerigt: met den dag, dat is ten zes ure, staat hij op; na zich gekleed te hebben, begeeft hij zich in de galerij van zijn huis, om de versche lucht te genieten, en gebruikt aldaar, onder het lezen der courant, een kop thee of koffij. Tegen half zeven ure gaat hij uit, om eene wandeling en bezigheden buiten 's huis te doen tot negen ure, waarna men zich op het kantoor begeeft tot op den middag, zijnde het nu tijd het ontbijt te nemen, hetwelk gewoonlijk uit koud vleesch of gebakken visch, met wat banannen en een glas bier of wijn, bestaat, waarna men tot twee ure een weinig in eenen hangmat gaat uitrusten. Alsdan worden de werkzaamheden hervat tot 4½ uur en tevens thee gedronken, hierna het toilet gemaakt en tegen 5 uren het middagmaal gebruikt; na afloop daarvan doet men eene wandeling, gaat thee drinken bij den een of anderen van zijne kennissen, en brengt het overige van den avond in eene der societeiten door. Tegen 11 ure gaat iedereen huiswaarts en na de klok van middernacht zijn er weinige menschen in de kolonie meer op de been, en diegeen, welke zich alsdan op straat bevindt, loopt gevaar, zoo hij geene vaste woonplaats heeft, den nacht in de open lucht te moeten doorbrengen, daar men geene goede logementen aantreft. Over het algemeen heerscht alhier in de zamenleving veel verdeeldheid en voornamelijk onder het gering getal blanke vrouwen, daar bij velen een kwalijk gepaste kieschheid plaats heeft, in hare wijze van verkeeren met elkander; zoo zullen bij voorbeeld de vrouwen der eerste ambtenaren niet omgaan met die, welker mannen geringere posten bekleeden, ja zelfs niet met koopmans- of plantersvrouwen, alles is naar rato, hetgeen de verkeering in eenige huizen zeer lastig en onaangenaam maakt. Als eene voorname oorzaak hiervan moet men beschouwen, dat die Heeren, welke ongetrouwd zijn, in plaats van eene vrouw in wettig huwelijk te nemen, naar de wijze des lands trouwen, hetwelk bestaat in eene huishoudster te nemen, en dan met zoodanige vrouw te leven even als of zij werkelijk getrouwd waren, hetgeen hen vrij wat goedkooper uitkomt, dan het huwelijk met eene blanke vrouw. Deze huishoudsters zijn gewoonlijk meisjes van de kleur of Negerinnen, welke dan algemeen miesjes genoemd worden, onder deze vindt men zeer schoone en aanvallige vrouwen, zij zijn zeer getrouw aan den man, met wien zij leven, en dienen hem op zijne wenken, ja zelfs op eene slaafsche wijze. Een hunner grootste genoegens bestaat in het zorgen voor de netheid en reinheid van kleeding en linnengoed van hunnen Heer, en in de verdere zorg voor zijn toilet, met dit een en ander weten zij ook eenen blanken sterk aan zich te boeijen. Wat haren eigen persoon aangaat, zijn zij uitermate zindelijk op haar ligchaam en houden veel van opschik en eene fraaije kleeding, waarvoor zij dikwijls meer geld dan de blanke vrouwen dorven uitgeven. Zij zijn van eenen jaloerschen aard, doch luiheid is haar hoofdgebrek. Het dansen beminnen zij bovenmate. Er zijn onderscheidene onder deze vrouwen, die nog al eenig vermogen bezitten, van hetwelk zij ook een zeer goed gebruik weten te maken. De kinderen, die bij zoodanige manier van leven verwekt worden, kan men naar goeddunken aannemen of niet; meestal blijven zij tot last der moeders. Zoo men ze aanneemt, laat men hen gewoonlijk, indien het jongens zijn, een ambacht leeren, waardoor zij dan in staat gesteld worden eene broodwinning te hebben. Een meisje volgt veelal het voetspoor harer moeder, die haar dan, zoodra zij den genoegzamen ouderdom bereikt heeft, wederom aan eenen blanke tot huishoudster geeft, waarvoor de moeder dan eene belooning bekomt. Ook gebeurt het wel, dat de vader die kinderen naar een der Europesche gewesten zendt, om eene goede opvoeding te genieten, waarna zij aldaar vervolgens met eene goede huwelijksgift trouwen. Vele dezer vrouwen zijn Lidmaat eener Christelijke gemeente; terwijl de Predikanten er veel werk van maken, om haar hiertoe over te halen. De kinderen worden bij hunne geboorte gedoopt en tot een der gemeenten opgeleid.

De kleurlingen maken een tusschenras van Blanken en Negers uit, welke kleur, bij verdere gemeenschap met Blanken, eenen zachten overgang maakt.

De verschillende geslachten der kleurlingen ontstaan door de volgende vermengingen, als:

Kaboegers uit de zamenleving van eenen Mulat en eene Negerin.
Mulatten » » » » » Blanke » » Negerin.
Mesties » » » » » Blanke » » Mulattin.
Casties » » » » » Blanke » » Mesties.
Poesties » » » » » Blanke » » Casties.

Tusschen deze laatste en eenen Blanke is zeer weinig onderscheid. De meeste ambachtslieden vindt men onder de kleurlingen, die zeer goede werklieden zijn. De trotschheid is hun aangeboren, doch zij zijn genoodzaakt zich daarin te matigen, daar zij te veel van de blanken afhankelijk zijn en de laatstgemelden hen altijd op eenen zekeren afstand houden. De zucht tot schitteren en tot weelde is bij diegenen, welke vermogen bezitten, overdreven, voornamelijk bij het vrouwelijk geslacht, waar pracht in kleeding eene aangeborene behoefte schijnt te zijn.

De Indianen zijn de oorspronkelijke, of liever vroegere inboorlingen der kolonie en zijn in verschillende stammen verdeeld, van welke de Arrawakken (zie dat woord) en de Caraiben de voornaamste zijn en tevens de eenige, welke in eene onmiddellijke betrekking tot de oude kolonie Suriname staan. Aan de Corantijn en de Maratakka woont een derde stam, Warrau's geheeten (zie dat woord), welke tak meer met het onderdistrikt Nickerie in betrekking staat.

De oorspronkelijke Indianen of roode Caraïben, zijn hier algemeen bekend onder den naam van Bokken, en houden hun verblijf op onderscheidene plaatsen der kolonie, als: aan de Marowijne, de Saramacca, de Para-kreek en aan meer andere oorden. Zij mogen niet in de stad Paramaribo wonen, maar er slechts van tijd tot tijd komen, ten einde hunne goederen te verkoopen of tegen andere in te ruilen, wordende hun dan voor dien tijd eene loots tot woning aangewezen en hun van wege het Gouvernement bakkeljaauw en dram uitgereikt. Wanneer zij in de stad komen, doen zij zulks met onderscheidene huisgezinnen te gelijk. Zij reizen in eene lange kano, waarin wel tien à twaalf personen kunnen zitten, wordende de koopwaren in het midden daarvan geborgen. Zoodra zij aan wal komen hangen zij hunne hangmatten op in de loots, waarna de mannen dan volstrekt niets anders doen dan wat door de straten loopen, jagen, hunne goederen verkoopen en van tijd tot tijd den noodigen sterken drank nuttigen, terwijl de vrouwen en kinderen hen dan naloopen. Wanneer zij in hunne woning zijn, liggen de mannen meestal in de hangmat, waarbij eene aarden kruik met water staat, welke de vrouw en kinderen altoos vol water moeten houden, want alsdan laten zij zich door de vrouwen bedienen, die hun het eten en wat zij verder noodig hebben, brengen; zelfs gaat hunne luiheid somtijds zoo ver, dat zij zich het eten in den mond laten steken, terwijl zij den tijd slijten met belagchelijke gebaren te maken, ten einde de omstanders stof tot lagchen te geven. De kleur dezer menschen is een geheel eigenaardig rood of eene koperkleur. Zij hebben dik en pikzwart haar, hetwelk de vrouwen zeer lang laten groeijen en de mannen en kinderen kort afsnijden. Velen versieren hun ligchaam door er verschillende figuren op te laten prikken of tatouëren, anderen door zich te bestrijken met eene verw, welke uit roucou (orleans, orillane), met olie vermengd, wordt bereid, waardoor zij zoo hoogrood worden als een gekookte kreeft, en voornamelijk zorgen zij het haar daarmede geheel rood te maken. Zij gaan meestal geheel naakt, hebbende slechts een lapje om hunne heupen geslagen, dat bij de vrouwen netjes gewerkt of van katoen en koralen gebreid is, zijnde dit hun voornaamste sieraad. Voorts zijn laatstgemelden om de enkels en boven de kuiten met eenen band sterk geregen, waardoor de kuit tusschen beiden uitsteekt en daardoor tot eene onnatuurlijke grootte en hardheid zwelt, hetgeen nog meer in het oog loopt, dewijl zij de kuiten rood schilderen; dit wordt op den ouderdom van zeven tot acht jaren begonnen, van welken tijd af zij altijd dit sieraad blijven dragen, waardoor het been veelal de gedaante verkrijgt van eenen gedraaiden stoelspoot. Ongemakken veroorzaakt deze gewoonte hen echter niet. Bovendien steken zij in de ooren eene groote kurk, welke rood geverwd zijnde, veel naar een stuk raauw vleesch gelijkt, en het gelaat allerafzigtelijkst maakt; andere steken ook wel in de kin even beneden de onderlip twee of drie spelden of naalden, welke in eene schuinsche rigting gestoken zijnde, een zeer vreemde vertooning maken; door behulp der tong weten zij ze zeer behendig er uit te halen en wederom in te steken, ook dragen eenige door het middenschot van den neus een van zilver gemaakt versiersel. Niet minder zonderling in onze oogen is de geheele gedaante dezer menschen, want daar zij de kinderen bij hunne geboorte het achterhoofd, door middel van twee plankjes, eenigzins plat drukken, bekomen zij eenen platten hoofdschedel, het gezigt is meestal rond of eivormig, met eenen spitsen neus, grooten mond en meestal kleine oogen, het zwarte haar maakt dit gezigt nog vreemder. Zij hebben voorts, en voornamelijk de vrouwen, breede platte ruggen, met groote heupen, dat hun, wanneer men ze van achteren ziet, eene gedaante geeft, als of zij minder met billen bedeeld zijn, hunne voeten staan meestal binnenwaarts, zoodat zij met een woord lompe schepselen schijnen. De vrouwen dragen hare kinderen in van katoen of zeilgras vervaardigde netten, die zij op de wijze van een draagband om de schouderen doen. Voorts heerscht bij hen de bijna onbegrijpelijke gewoonte, dat als de vrouwen bevallen, zij, zoodra het kind ter wereld is, wederom aan den arbeid gaan, terwijl intusschen de man eenige dagen in de mat liggen blijft, om zich, even als eene kraamvrouw bij ons door de pas verloste vrouw, zorgvuldig te laten oppassen en bedienen.

Deze Indianen dragen verschillende namen naar de landstreek, ie zij bewonen; zij worden door een hunner als Opperhoofd geregeerd, an wien zij ook eerbied en onderdanigheid bewijzen; onder elkander :ven zij zeer verdraagzaam, onafhankelijkheid is hun doel, moed, tot olle koenheid toe, ontbreekt hun niet, en wraakzucht jegens hunne ijanden is, gelijk bij de meeste wilde volkeren, een der hoofdtrek-en van hun karakter; van sterken drank zijn zij groote liefhebbers n deze maakt velen hunner, wanneer zij er wat overvloedig van ge-ruikt hebben, kwaadaardig en gevaarlijk, zelfs voor hunne vrienden. lunne onbezorgde en onbeschaafde levenswijs doet hen in hunne dom-ieid alles wegnemen, wat hen aanstaat, maar zij laten zulks toch erst aan den eigenaar zien. Ofschoon de veelwijverij bij hun in ge-ruik is, zijn zij op hunne vrouwen zeer jaloersch, en wanneer een ndiaan zijne vrouw op overspel betrapt, slaat hij haar, zonder verderen orm van proces, met een abatou dood. Echter is het, in hunne oogen, iet met de eerbaarheid strijdig, dat zij, zoo als wel eens gebeurt, ene hunner vrouwen, ten teeken van genegenheid of vriendschap aan enen blanke aanbieden; bijaldien hij deze aanbieding weigert, wordt ulks door hen zeer euvel opgenomen. Hunne voornaamste bezigheid s de jagt en de visscherij, ook vervaardigen zij zeer fraaije van tee-ien gevlochten manden of korven tot berging van kleederen, in Su-inane bekend onder den naam van pegaals en baskieten; voorts brei-en zij katoenen hangmatten, maken halssnoeren van vischgraten en neer andere aardigheden.

Hunne wapens bestaan uit bogen en pijlen en een abatou. Hunne ijlen zijn van verschillende soorten, onder welke er zijn, die zij in waar vergift doopen, om er zich tegen hunne vijanden van te be-lienen. De abatou is eene soort van knods, welke gemaakt wordt an letterhout, dat zeer hard is, en de lengte heeft van 5 of 6 palm, le dikte van 4 duim en de breedte van 8 duim, even voorbij het midden s de dikte echter slechts 3 duim, op dit dunste gedeelte wordt hij vast ehouden. Met deze beide wapenen weten zij zeer behendig om te gaan, n zijn altijd zoo naauwkeurig in het treffen, dat een pijl zelden zijn loel mist en een wel aangebragte slag met den abatou voldoende is, m iemand te dooden. De mannen dragen allen een zeer groot mes, lat zij in eenen gordel steken, die hen om het lijf zit.

De godsdienst van dit volk heeft twee voorname waarheden, het ge-oof in een opperst wezen en de verwachting van een' toekomstigen staat, en grondslag. Zij vreezen ook voor een kwaad wezen, dat zij Maboya noemen en gelooven, gelijk alle onbeschaafde volken, aan tooverij en andere bijgeloovigheden.

Bij ziekte gebruiken zij zeer weinig geneesmiddelen; doch nuttigen alsdan bijna geen voedsel en laten zich het geheele ligchaam wrijven; indien zij de ziekte gevaarlijk achten, komt er een geneesheer of pries-er bij hen, met een instrument, bestaande uit eene ronde kalabas, waarin eenige steentjes zijn en waarin een stokje gestoken is, van boven net vederen voorzien, hiermede gaan zij bij den sieken zitten en ram-nelen onophoudelijk, ten einde op deze wijze de ziekte weg te jagen.

Buiten deze Indianen heeft men in de kolonie voor eene andere soort van menschen dikmaals meer te vreezen, namelijk voor de Marons of Boschnegers. Dit volk is zeer magtig en bestaat alleen uit Negers, op verschillende tijden van plantaadjen weggeloopen. Het zijn of geboren Afrikanen of Creolen, welke laatste in de kolonie Suriname van eenen Neger-vader en eene Neger-moeder geboren zijn. Menigmalen zijn de Blanken genoodzaakt geweest met hen oorlog te voeren, doch daar het hun nooit heeft kunnen gelukken hen geheel en al ten onder te brengen, hebben zij er vrede mede gemaakt en keeren hun jaarlijks geschenken uit, ten einde zij zich stil en rustig blijven houden; zij wonen in de bosschen aan de rivieren de Marowijne en de Saramacca, waar militaire posten zijn, om steeds een wakend oog op hen te houden.

De hoofdverdeeling der slaven bestaat in Negers en Kleurlingen. De Negers verdeelt men weder in twee soorten, als: Zoutwater-Negers, die van buiten over zee aangevoerd worden, van welke er, daar de toevoer van slaven ophoudt, over weinige jaren geene meer zijn zullen, en Creolen-Negers, die in de kolonie geboren zijn. Ook verdeelt men ze in plantaadje-slaven en fort-slaven, tusschen welke altijd eenige verdeeldheid bestaat; de eersten loopen naakt, zijn minder beschaafd en ontwikkeld, doch doen veel nuttiger werk. De fortslaven zijn slimmer, geslepener en schikken zich, vooral de jonge Negerinnen, die zeer behaaglijk zijn, veel meer op. Van alle slaven zijn de kleurling-slaven het ongelukkigste; deze door Blanken en Zwarten als een tusschenras beschouwde wezens, worden van beide kanten veracht en verstooten. In voeding en kleeding heeft een Kleurling het niets beter dan een Negerslaaf; hij is zwakker en siekelijker, en toch vordert men even veel en even zwaar werk van hem, terwijl de snerpende zweep hem op de dunne huid gevoeliger treft dan een Neger, en ofschoon onder de Negers werkende, zal hij zijn vertrouwen nimmer deelachtig worden. Daardien de sterfte onder de slaven grooter is dan de voortteeling, zoo rekent men eene jaarlijksche vermindering vau drie ten honderd.

De Negers zijn over het algemeen zeer ongevoelig, onvatbaar voor indrukken van het schoone en goede, doch ook onverschillig en gelaten bij rampen en tegenspoeden. Hebben zij echter eene genoegzame hoeveelheid drank genuttigd, dan begint hun geest meer levendig te worden. Zij zijn niet zeer bevreesd voor den dood, misschien denken zij, toch weinig bij zulk ern leven in voortdurende slavernij te kunnen verliezen. Het valt niet te ontkennen, dat de slaven nog wel eens aan eene wreedaardige behandeling van hunnen meester bloot staan, doch dit heeft op verre na niet zoo veelvuldig meer plaats dan vroeger, waartoe, behalven het belang, dat de eigenaars zelve bij eene betere behandeling hunner slaven hebben, niet weinig bijdragen, de vervolgingen van wege het Geregtshof, waaraan zij zich, om die mishandelingen, bloot stellen.

Onder de Negers zijn er velen, die tot de Christelijke godsdienst overgehaald zijn door de Hernhutsche Broeders, welke hier veel nut stichten.

In het jaar 1829 is te 's Gravenhage opgerigt eene *Maatschappij ter bevordering van het godsdienstig onderwijs onder de slaven en verdere Heidensche bevolking in de kolonie Suriname.* Deze maatschappij stelt zich voor, om de Heidensche bevolking in de gemelde kolonie tot het Christendom te brengen, en heeft het onderwijs geheel en uitsluitend opgedragen aan de Zendelingen der Moravische Broeders. Daar nu in de kolonie de slaven hunne plantaadjen niet mogen verlaten en de reis derwaarts slechts langs de rivieren met tentbooten kan geschieden, zoo vloeide daaruit noodwendig voort, dat de hulp, aan de Zendelingen te verleenen, zeer groote kosten vorderde. Ofschoon vervolgens de treurige toestand van ons Vaderland niet veel hoop gaf, dat de aanvankelijke ruime toetreding van vele leden zou voortduren, zoo was echter de Maatschappij in staat, om aan de Moravische Broeders, in 1832, eene tentboot te schenken en in het volgende jaar eene tweede daarbij te

oogen, van welke beide de jaarlijksche terugkeerende kosten voor de oeinegers de aanzienlijke som van 2920 gulden bedragen. Het was te begrijpen, dat alstoen de Zendelingen gemakkelijk den toegang konden bekomen tot vele plantaadjen, zoo dat zij thans reeds op zeventig onderwijs geven. In het jaar 1834, toen de meer gunstige toestand van ons Vaderland uitzigt gaf op ruimere deelneming van onze landgenooten, heeft de Maatschappij in Suriname eene plantaadje gekocht ten behoeve der Zendelingen, en in het jaar 1836 is eene derde tentboot ter hunner beschikking gesteld. De Zendelingen der Moravische Broeders zijn bijzonder, welligt meer dan eenige andere, geschikt om deze ruwe Heidenen te onderwijzen, zonder bij hen eene overmatige drift tot vrijheid op te wekken of aanleiding te geven tot eenige losbandigheid, daar de Broeders, integendeel, hunne kweekelingen tot goede bruikbare menschen vormen en daardoor van meer waarde voor hunne meesters maken dan zij vroeger waren. Uit dien hoofde ook maakt de Regering der kolonie geen zwarigheid hun de behulpzame hand te bieden, en heeft zij niet alleen het onderwijs der gouvernementsslaven en vrijnegers aan hunne zorg toevertrouwd, maar ook ten hunnen gebruike afgestaan de woningen op eene tweede plantaadje. Thans smeken de wilde Boschnegers, om van zulke voortreffelijke Zendelingen den weg der zaligheid te leeren. Zoo hebben de Saramacca-boschnegers, in het jaar 1840 een woonhuis gebouwd, om eene zendeling met zijne vrouw te huisvesten, hetwelk door dezen in December van dat jaar betrokken werd. In het distrikt Nickerie verlangt bijna de geheele Heidensche bevolking naar hun onderwijs, terwijl de Europeanen, door de ondervinding voorgelicht, zulks met al hun vermogen bevorderen. De kerk in het opperdistrikt Nickerie, welke zendelingspost Salem heet, is den 4 April 1841 ingewijd. Jaarlijks vermeerderen dan ook de noodzakelijke onkosten, om dit gewigtige werk in stand te houden, en tot nu toe was het Hoofdbestuur in staat daarin te voorzien. Ofschoon toch de gewone jaarlijksche contributie slechts twee gulden en vijftig cent bedraagt, benevens de toelage van eenige leden, die zich tot eene hoogere bijdrage verbonden hebben, alsmede de giften van Zijne Majesteit den Koning, zoo is het te 's Gravenhage gevestigde Hoofdbestuur reeds in staat geweest, om in acht jaren tijds naar Paramaribo over te zenden de aanzienlijke som van negen en twintig duizend acht honderd en tien gulden. In het jaar 1840 zijn te Paramaribo 102 volwassen Negers en 53 Negerkinderen gedoopt. Ook werd de school te Paramaribo druk bezocht, bij het examen op den tweeden Kersdag 1840 waren er 400 kinderen tegewoordig.

Suriname is, gelijk men algemeen voor waar aanneemt, door den beroemden Spanjaard Alonzo de Ojeda, den reis- en togtgenoot van Americus Vespucius, in het jaar 1499 ontdekt. Hij schijnt er zich echter niet gevestigd of eene volkplanting achtergelaten te hebben. Althans de oudste berigten over het ontstaan dezer kolonie gaan niet ver boven de twee honderd jaren. Volgens Hartsink, schijnt een Engelsch Kapitein met name Marechal, omtrent het jaar 1630, aan het bovenste gedeelte der Suriname en wel in den omtrek der Para-kreek, zich nedergezet te hebben; dit vermoeden verkrijgt daardoor eenige waarschijnlijkheid, omdat nu nog in die streken de sporen der oudste verlatene plantaadjen of bebouwd geweest zijnde landerijen gevonden worden; misschien heeft ook de Marchals-kreek hiervan haren naam ontleend. Hoe dit ook zij, het schijnt echter niet, dat deze kolonisten lang in hunne bezittingen gebleven zijn, omdat deze zich in het jaar 1640 in handen der Franschen bevonden. — Nadat ook deze of gestorven, of van de Indianen vermoord of hunne plantaadjen verlaten hadden, landde aldaar, in het jaar 1650, Lord FRANCIS WILLOUGHBY-PARHAM of PARAM aan; deze werd door de inboorlingen wel ontvangen en stichtte, met hunne bewilliging, eene volkplanting, zoodat deze Engelschman als de eigenlijke grondlegger en stichter der kolonie te beschouwen is; ook is zijn naam in de landpunt: Brams-punt, hetwelk waarschijnlijk vroeger Parham-point genaamd is geworden, zoo ook in de eerste lettergrepen van den naam der stad Paramaribo, bewaard gebleven. Vier jaren daarna vonden twee Franschen, de Heeren BRASLIONE en DUPLESSIS, die door de invallen der wilden uit hunnen kolonie gedreven waren, eene mijl opwaarts van den mond der SURINAME, een fort, en, nog eene mijl hooger, de woningen der Engelschen, door wien zij gastvrij ontvangen werden. Aangaande dit een en ander zijn echter geene echte bescheiden voorhanden; deze beginnen eerst met den Vrijbrief van KAREL II, Koning van *Engeland*, gedagteekend op den 2 Junij 1662; uit kracht van welken bij de kolonie SURINAME aan genoemden Lord PARHAM in eigendom gaf.

In het jaar 1664 kwamen de uit Cayenne verdreven Israëliten naar SURINAME, werwaarts zij uit Brazilië, waaruit men hen insgelijks verjaagd had, bij geheele scharen heen vlugten, en deze kolonie als een Nieuw-Jeruzalem beschouwden. Uit de overblijfsels van het dorp der Portugeesche Joden, op de zoogenaamde J o d e n - S a v a n n a, aan de rivier de SURINAME, ongeveer 6 of 8 uren opwaarts van de stad, en uit hunnen aldaar staanden tempel, alsmede uit de privilegiën, welke zij zich van tijd tot tijd wisten te verschaffen, kan men besluiten, dat zij in die vroegere tijden der kolonie, zoowel in aantal als vermogen, eene aanmerkelijke gemeente moeten hebben uitgemaakt. Hetzij nu, dat velen hunner in meer rustige tijden het land weder verlaten hebben, of dat het hun aldaar niet zoo goed als weleer in het beloofde land, en hedendaags in Duitschland, gelukken wilde, zij zijn aanmerkelijk ineengesmolten en hebben hun voormalig overwigt in de kolonie verloren. De eerste beplantingen in SURINAME bestonden in tabak en suiker; ook werd er hout vervoerd.

In Maart 1667 werd de kolonie door den Bevelhebber van een Zeeuwsch eskader, ABRAHAM KRIJNSZOON, den Engelschen ontnomen. Hij liet er 120 man en 20 stukken geschut op het versterkte fort, met zes maanden proviand, onder bevel van Kapitein RAM, achter, en bij den vrede van Breda (31 Julij 1667) werd SURINAME den Staten-Generaal overgelaten; doch reeds, den 18 October van dat zelfde jaar, kwamen aldaar 1200 Engelschen van Jamaika, onder bevel van JOHN HARMANS, die van den gesloten vrede niets wist of niets weten wilde. Zij heroverden de kolonie en hielden er verschrikkelijk huis; meer dan vijf honderd kolonisten zagen hunne woningen, suikermolens enz. door hunne eigene landgenooten vernielen. Lord PARHAM, toenmaals Gouverneur van Barbados, wreekte zich over het verlies zijner kolonie, dewijl hij door bedreigingen eene grootte menigte Surinaamsche kolonisten wist te bewegen, om met have en goed naar Jamaïca te trekken; waardoor de bebouwing van dat eiland, ten koste van SURINAME, vermeerderd werd. Eindelijk, in het jaar 1668, kwam SURINAME weder in het bezit van de Republiek der Vereenigde Nederlanden, die in den persoon van den Heer PHILIPPUS JULIUS LICHTENBERG, haren eersten Gouverneur derwaarts zond.

In het jaar 1683 lieten de Staten-Generaal deze kolonie over aan de toenmalige Hollandsche Westindische Compagnie, welke kort daarna goed vond, om het twee derde gedeelte daarvan af te staan, en wel een derde aan de stad Amsterdam en een derde aan Cornelis van Aerssen, Heer van *Sommelsdijk*, die zich verbond, om als Gouverneur derwaarts te gaan. Na den dood van den Heer van Sommelsdijk (hij werd den 19 Julij 1688 door oproerige soldaten vermoord), viel zijn aandeel weder aan de W. I. Compagnie.

Tijdens het bestuur van zijnen opvolger de Gouverneur van Scharphuizen werd de kolonie in Mei 1689 door de Franschen Admiraal Ducasse met eene sterke vloot aangetast. De Gouverneur nam echter zulke doeltreffende maatregelen, dat de vijand onverrigter zake moest aftrekken.

De oorlog waarin het Gemeenebest met Frankrijk, in het jaar 1712, gewikkeld was, kwam Suriname duur te staan, hetwelk in dat jaar veroverd werd door den Franschen Admiraal Jaques Cassard, die er eene brandschatting van 750,000 guldens oplegde, terwijl het buitendien zeer veel schade te lijden had.

In dezen tijd en reeds iets vroeger, begonnen de weggeloopen Negers (Boschnegers), door vijandelijke invallen in de plantaadjen, het vermoorden der blanken, het wegvoeren der slaven en van het vee, ook wel door het verbranden der gebouwen, de kolonie overlast aan te doen en hare veiligheid te bedreigen. Verscheidene min of meer gelukkige krijgstogten werden tegen hen ondernomen. Doch niettegenstaande hun getal aanmerkelijk was toegenomen, hield men echter, zoo als uit echte bescheiden blijkt, een garnizoen van 300 man voor toereikende, om de kolonie tegen binnen- en buitenlandsche vijanden te verdedigen.

Het ontstaan der Boschnegers, die geesel der kolonie, dagteekent van de vroegste tijden, waarin reeds Negers in de bosschen entloopen waren en daar een wild en roofachtig leven leidden. Zoowel de inval van Cassard, die veel verwarring op de plantaadjen aangerigt had, als ook de toenmalige onmenschelijke behandeling de slaven aangedaan, en voornamelijk door het geweldadig verplaatsen van hen van de eene plantaadje op de andere, hetgeen in latere tijden verboden is geworden, vermeerderde het aantal wegloopers en verhief hen eindelijk tot eene magt, welke de kolonie aan het grootste gevaar blootstelde.

In den jaren 1761 en 1762 werden er met de verschillende stammen der Boschnegers, nadat men lang en vruchteloos met hen geworsteld had, vredes verdragen gesloten. Van toen af tot 1770, had men tamelijk rust van hen, doch omtrent laatstgemelden tijd braken er nieuwe vijandelijkheden uit, waarvan de gevolgen zoo vreeselijk en voor het bestaan der kolonie zoo dreigend werden, dat men naar Europa om spoedige hulp moest schrijven, die dan ook, in 1772, onder het bevel van den Kolonel Fourgeaud aankwam. Deze oorlog duurde met groote verbittering tot in 1777, toen het eindelijk gelukte hen zoodanig in het naauw te brengen, dat zij zich tot eenen duurzamen vrede genegen toonden, die, ofschoon er van tijd tot tijd onaangenaamheden met hen zijn voorgevallen, doch sedert eigenlijk niet meer gestoord is.

In 1799 werd, ten gevolge van den oorlog tusschen Nederland en Engeland, de kolonie door de Engelschen weggenomen, na den vrede van Amiens, in 1802, weder terug gegeven; doch kort na het uitbreken van de vijandelijkheden andermaal door hen bezet, en tot op den 27 Februarij 1816 behouden, wanneer de toenmalige Gouverneur, de Luitenant-Generaal van Pabbus, Suriname voor den Koning der Nederlanden weder in bezit nam.

Van tijd tot tijd zijn er middelen aangewend, om den landbouw in de kolonie te bevorderen. Zoo werden in het jaar 1721 door eenen zilversmid, met name HANSBACH, de eerste koffijplanten naar SURINAME, en wel in eenen tuin van Paramaribo, overgebragt en vervolgens verder verspreid.

In het jaar 1733 werd de eerste cacao en in 1735 de eerste boomwol naar Holland overgebragt. In deze tijden werden ook de eerste proeven genomen van den indigo, die echter, om welke redenen weet men niet regt, weldra werden opgegeven.

Bij de steeds toenemende uitbreiding der koffij-, cacao-, boomwol- en suikerplantaadjen, had men den tabak, welken Virginië nu reeds goedkooper leverde, beginnen te planten.

Toen ter tijd werden vele steenbakkerijen, zoowel bij de stad als op de plantaadjen, opgerigt; de zoogenaamde Steenbakkersgracht, eene met eene gracht doorsneden straat in Paramaribo, draagt daarvan nog haren naam. Deze zijn sedert lang verdwenen op eenige na, die zich op de plantaadjen hebben staande gehouden; zij kunnen echter in tijd van oorlog alleen van nut zijn, omdat, uithoofde van de traagheid der Negers, het arbeidsloon zeer hoog zijnde, men deze materialen veel goedkooper uit Holland bekomen kan.

In het jaar 1742 werd er in SURINAME een genootschap opgerigt, ter nasporing van voorwerpen uit het delfstoffelijk rijk, zoo als edele metalen, edele gesteenten, enz.; aan welke de Staten-Generaal een octrooi verleenden. Men liet mijnwerkers uit Duitschland komen, en men maakte aan den berg Victoria, nabij de plantaadje Berg-en-Dal, eene opening in den grond, waarvan de overblijfsels nog heden te zien zijn; maar door een ongeluk, waarbij veertig menschen het leven verloren, bleef deze onderneming in den steek, en is sedert niet meer opgevat geworden.

Ook werd er in het jaar 1747 eene proef met eene kolonisatie van Pfalzer- en Zwitzersche boeren genomen, welke de Regering op eigene kosten liet komen, hen met vee- en akkergereedschap voorzag en hun landerijen, bij de bronnen van de Para-rivier, in de nabijheid van het zoogenaamde Oranjepad, ter bebouwing aanwees; doch het is insgelijks slecht uitgevallen, en men heeft er daarna niets meer van vernomen.

De kolonie was zeer in verval en was bij vermindering van werkende handen met eene groote verscheidenheid van hoog bezoldigde ambtenaren bezwaard; men trachtte vervolgens den vervallen toestand der kolonie door vermeerdering en veredeling van producten op te beuren en ook de zoogenaamde vrijlieden tot het beoefenen der landbouw en veeteelt aan te moedigen, en het gelukte den Heer M. D. TEENSTRA toen Rijksambtenaar voor de kultures, om onder bescherming en medewerking van de koloniale Regeringsleden, tot dat einde, op den 16 Mei 1829, te *Paramaribo* op te rigten een Surinaamsch Landbouwkundig Genootschap, onder de zinspreuk *Prodesse Conamur*. Als eenen ijverigen voorstander van de emancipatie der slaven en eene kolonisatie van Europeanen, had hij vele veroordeelen en gehechtheid aan het oude te bestrijden, zoo dat hij zich hier door een groot aantal vijanden verwierf, echter werd hij in het laatste plan bijzonder gerugggesteund door den werkzamen en verlichten President bij het Geregtshof te Suriname, nu wijlen Mr. A. F. LAMMENS. Hierdoor werd dan ook den eersten stoot gegeven om de regering te bewegen om met de voorgestelde kolonisatie eene proef te nemen.

Drie Hervormde Predikanten de Heeren J. H. Betting, te Beest, . van den Brandhoff Ez., te Elst bij Amerongen, en diens zwager). Coupijn, te Wilnis († 1845 in de kol. Suriname), werden, bij Z. M. esluit van 25 Januarij 1843, aan het hoofd der kolonisatie gesteld.)s. Betting vertrok in Mei 1843 met eenige Geldersche landbouwers, wam den 21 Junij te Paramaribo aan, en bepaalde vervolgens, in vereenstemming met den Gouverneur-Generaal B. J. Elias, de plaats an kolonisatie op de post Groningen, aan de Saramacca, en op de aar tegenover liggende plantaadje Voorzorg. Op den 14 October 1845 ertrok het eerste vijftal huisgezinnen van Paramaribo derwaarts.

Twee jaren later volgden de beide andere Predikanten met een dergtal huisgezinnen, waaronder ook een Geneesheer en een Schoolonerwijzer. Echter waren er tusschen de Heeren Elias en Betting reeds otsingen ontstaan, hetwelk voor de kolonisten treurige gevolgen had. lias het bestuur moede geworden verzocht en verkreeg, bij Koninkjk besluit van 21 April 1845, zijn eervol ontslag. Ook Betting, oor zoo vele onaangenaamheden en tegenwerkingen vermoeid, keerde aar het Vaderland terug, daar de planters en andere ingezetenen, ie de kolonisatie heimelijk tegenwerkten, het land, zelfs in publieke agbladen als geheel ongeschikt voor de kolonisatie deden voorkomen. ı de redevoering door den Minister van Kolonien, in de zitting van e Kamer der Staten-Generaal, op den 5 Augustus 1847 gehouden, indt men, dat in het midden van 1845 een getal van 354 personen nannen, vrouwen en kinderen) naar de Saramacca vertrokken zijn (1). et is van algemeene bekendheid, dat, toen zij aanlandden in Suriame, de voorbereidende werkzaamheden, die, vele maanden te voren, pgegeven waren als nagenoeg voleindigd, dit op verre na niet waren. ene hevige ziekte barstte onder de kolonisten uit; zij sleepte 189 huner ten grave. Op den 1 Januarij 1847 bleven er nog 172 over. Men ond in dat jaar 18 kolonisten, om redenen van verschillenden aard, aar het Vaderland terug. In 1846 werden zij beter gehuisvest en de p post Groningen nieuw gebouwde Hervormde kerk werd op den 18 Noember van dat jaar ingewijd. De sterfgevallen in 1846 waren slechts in getal, zegt de Minister, en bevestigt de oorzaken der verschrikelijke sterfte des vorigen jaars; echter is het ook waarheid, dat de erfte in de kolonie, in 1845, algemeen grooter was dan in andere ren. In dat jaar toch overleden te Paramaribo, met de krijgs- en elieden, 418 personen, als: in de eerste drie maanden 81, in de veede weder 81, in de derde 144 en in de laatste 112. Wenschejk ware het echter, dat men er voor zorgde, om de landverhuizers iet in Mei te doen vertrekken, daar zij alsdan op een zeer ongunstig jdstip, als volbloedige Europeanen in de kolonie komen; de vreemdengen acclimateren beter, wanneer zij na October aankomen. De Heer an den Brandhoff, die thans aan het hoofd der kolonisatie staat, heeft iet alleen tegen de allerongunstigste omstandigheden, zoo even door ons enoemd, moeten strijden, maar ondervindt nog bij voortduring vele eheime tegenwerkingen, waardoor bij sommige kolonisten onwil en noedeloosheid ontstaat; doch met eenen ijzeren wil en bedaard overg, komt hij alles te boven, en begint ook van sommige ingezetenen er oude kolonie medewerking te ondervinden, en in Nederland nemen e aanzoeken, om naar de Saramacca te verhuizen, van dag tot dag e. De berigten, die men voor weinige dagen van daar ontvangen

(1) Zie Staats-Courant van 18 Augustus 1847.

heeft, luiden zeer gunstig. De kolonisten worden niet meer uit het magazijn gevoed en hebben overvloed van vruchten, meer dan genoeg om hen voor een jaar te voeden. Het magazijn heeft dan ook in het begin van Julij opgehouden; de zwaarste arbeid, tot zelfs het boschvellen, geschiedt zonder eenig nadeel voor de gezondheid; sommige kolonisten hebben reeds kapitaaltjes van twee à drie honderd gulden overgehouden.

De eerste Gouverneur over deze kolonie, die wij vermeld vinden, was:

Francis Willoughby van Parham, regerende van 1650—1667, opgevolgd door Maurits de Rama, die den 26 Februarij 1667 aldaar aankwam en de Engelschen hielp verdrijven, doch in het volgende jaar door den Engelschen Kapitein John Herman als gevangene naar Barbados gevoerd werd.

Na hem zijn er de volgende Gouverneurs geweest:

Philippus Julius Lichtenberg, 1668—1678, † in April 1678, te Paramaribo.

Johan Heinsius, 1678—1680, † in April 1680, te Paramaribo.

Laurens Verboom *ad interim*, 1680—1684, † 28 Julij 1688 aan de hem door oproerige soldaten toegebragte wonden.

Cornelis van Aerssen van Sommelsdijk, 1684—1688, † 19 Julij 1688, door oproerige soldaten, in de Tamarinde-laan, bij het fort Zeelandia, vermoord.

Abraham van Vredenburg *ad interim*, 1688—1689.

Jan van Scharphuizen, 1689—1696, op zijn verzoek ontslagen den 14 Mei 1696.

Mr. Paulus van der Veen, 14 Mei 1696—20 October 1706, toen hij op zijn verzoek eervol ontslagen werd.

Willem de Goijer of de Gruyter, 1706 tot April 1707 toen hij overleed.

Mr. Jan de Goijer, 15 Junij 1707—12 Januarij 1716, toen hij overleed.

Jan Mahony, 22 Januarij 1716, die reeds in 1717 overleed.

Jan Coutier, 2 Maart 1718—in September 1721, toen hij aldaar overleed.

Hendrik Temminck, 1 Oct. 1721, die in 1728 overleed.

Mr. Karel Emilius de Cheusses, 26 Julij 1728, † in 1734.

J. F. C. de Vries, *ad interim*, 1734.

Jacob Alexander Hendrik de Cheusses, 9 Julij 1734, † in Februarij 1735.

Jan Ray, 6 Julij 1735, † in 1737.

Gerard van den Scheppen, 11 September 1737, die den 1 November 1741 ontslagen werd.

Mr. Johan Jacob Mauritius, 7 Februarij 1742, den 23 April 1751 ontslagen.

Baron van Spörcke, 23 April 1751, † 7 September 1752.

Wigbold Crommelin *ad interim*, 1752—1754.

Pieter Albert van der Meer, 6 Maart 1754, † in Augustus 1756.

Wigbold Crommelin, 2 Maart 1757, den 27 October 1769 op zijn verzoek ontslagen.

Jan Nepveu, 27 October 1769, † 27 Februarij 1779.

Bernard Texier, 1 Maart 1779, † 25 September 1782.

W. J. Beeldsnijder Matroos, 1783—1784, *ad interim*.

Mr. Jan Gerhard Wichers, 16 Maart 1785, eervol ontslagen den 15 Junij 1790.

Jurriaan François Friderici, 15 Junij 1790, onder wiens bestuur, den 12 Augustus 1799, de kolonie in handen der Engelschen viel. Bij de teruggave der kolonie, in 1802, werd Friderici gesuspendeerd. Hij overleed te Paramaribo, den 11 October 1812.

P. Berranger, 12 December 1803—1804, toen de kolonie, op 28 April, weder door de Engelsche genomen werd. Onder hun bestuur waren er de vijf volgende Gouverneurs.

Charles Green, 9 Mei 1804—16 April 1805.

W. C. Hughes, 16 April 1805, † 27 September 1808.

John Wardlau, Luitenant Gouverneur-Generaal *ad interim*, 30 September 1808, eervol ontslagen 12 Mei 1809.

Charles Bentinck, 12 Mei 1809, † 8 November 1811.

Pinson Bonham, 9 November 1811, die de kolonie den 27 Februarij 1816 overgaf aan den Nederlandschen Gouverneur Willem Benjamin van Panhuis, die reeds den 18 Julij van dat zelfde jaar overleed.

Cornelis Reinhardt Vaillant, *ad interim*, 25 Julij 1816—1822, hij vertrok in Maart 1829 naar Nederland.

Abraham de Veer, 26 Maart 1822, zijnde den 10 Mei 1828 eervol ontslagen, † 1836.

Paulus Roelof Cantz'laar, de eerste Gouverneur-Generaal van Nederlands Westindische bezittingen. Hij aanvaarde die betrekking uit handen van den Kommissaris-Generaal Johannes van den Bosch, welke Kommissaris den 20 Mei 1828 in de kolonie kwam, den 1 Augustus daaraanvolgende vertrok en den 28 Januarij 1844 te 's Hage overleed; Cantz'laar † den 15 December 1831 te Paramaribo.

Mr. Evert Ludolph Baron van Heeckeren, 15 December 1831 *ad interim*, 5 Mei 1832 *effectief*, † 15 Junij 1839 te Curaçao, op zijne verlofreis naar het Vaderland.

J. C. Rijk, 15 Julij 1839—1842.

B. J. Elias, 11 November 1842, ontslagen den 16 Julij 1845.

R. F. von Raders, sedert 13 October 1845, zijnde weder de eerste Gouverneur van Suriname alleen.

Het wapen der kol. Suriname bestaat uit een driemastschip in volle zeilen, met het omschrift *Justitia Pietas Fides* (d. i. regtvaardigheid, godsvrucht, trouw).

SURINAME (DE), ook genaamd Sewrano, Sarename, Saranane en Serrane, riv. in *Nederlands-Guiana*, kol. *Suriname*, welke waarschijnlijk op het hooge gebergte ontspringt, ofschoon men den waren oorsprong nog niet gevonden heeft.

Zij is genoegzaam regt van loop en nabij haren mond met de Commewijne en de Cottica vereenigd, van welke laatste de strekking genoegzaam evenwijdig aan de kust is; terwijl de Commewijne het middenvak tusschen de Cottica en de Suriname bewatert. De drie rivieren worden aan haren zamenloop door het fort Amsterdam en lager door twee andere forten gedekt; zooals de Suriname hooger op door het fort Zeelandia. Zij hebben aan zich bijkans alle de plantaadjen der Nederlandsche kolonie, welke men naar de voornaamste riv. gemeenlijk Suriname heet.

De ingang der Suriname is zeer moeijelijk te onderscheiden, en men zou dien gemakkelijk kunnen voorbij zeilen, indien men niet zeer naauwkeurig te werk gaat. Aan den Oostkant ligt de batterij en seinpost Bramspunt (zie dat woord). Zij is tot aan de Joden-Savanna voor de grootste koopvaardijschepen bevaarbaar. Heeft aan hare monding eene breedte van ¾ mijl. De diepte is bij eb 5 à 6 ell. en bij vloed ongeveer 2 ell. daar boven. Bij het opvaren der rivier komt men, na een half uur langs de bosschen gezeild te hebben, aan eene groote suikerplantaadje, de Resolutie genaamd, die voor eene der grootste en fraaiste der kolonie gehouden wordt en aan de oostzijde gelegen is; voorts aan de redoute Leyden, ten Noorden van de

Commewijne gelegen. Aan de zuidzijde heeft men hier het fort Amsterdam, en van daar tot aan de stad Paramaribo zijn ter wederzijde der rivier bij afwisseling plantaadjen, die zeer aangename gezigten opleveren. Op de hoogte van de Savanna, 25 mijlen van haren mond, wordt het water zoet, en vijf mijlen hooger op, aan den Blaauwen-berg, wordt de afkomende stroom zoo sterk, dat men er met moeite tegen op kan komen; hierbij gevoegd het gevaarlijke der vaart, door de menigvuldige ondiepten, die er zich opdoen, is dit de oorzaak, dat er tot nog toe geene ondernemers geweest zijn, om haren oorsprong op te sporen.

De voornaamste daarop uitloopende kreken zijn, op den linkeroever de Para, met hare zijtakken, en hooger de rivier op de Maarschalkskreek, en op den regteroever de Pauluskreek en de Sarakreek.

SURINAME (DE BOVEN-), div. in *Nederlands-Guiana*, kol. *Suriname;* palende N. aan de divisie Thorarica, O. aan de Beneden-Commewijne en de Cottica, Z. aan bosschen en savanes, W. aan Saramacca.

Zij begint benedenwaarts links in het opvaren van de Suriname met de plant. Nieuwe-Rust, thans behoorende tot de plant. Toledo, bevattende de Joden-Savane en verder de bovenwaarts gelegene houtgronden tot en met de boschgronden van Berg-en-Dal. Aan de overzijde der rivier Suriname begint deze divisie met den post Victoria, bevat de gronden aan de Maarschalks-kreek in zich, eindigt met de koffijplant. Liefdenshoek, en bevat alzoo de koffijplant. Liefdenshoek, de suikerplant. Descanso, l'Espérance, Nahamoe, la Simplicité en Toledo-en-Nieuwrust, benevens de houtgr. Aucka, Ayo, Berg-en-Dal, la Diligence, Florentia, de Goede-Vreede-en-Co, Moederzorg, Morea, Overbrug, la Providence, Quamabo, Rama, Remoncour, Retiro, Sara's-lust, Staf-Arons, Surinamombo-en-Palmeneribo, Victoria, Weltevreden en Worsteling-Jacobs; terwijl mede de militaire posten Victoria en Gelderland in deze divisie begrepen zijn.

SURINAMOMBO, voorm. houtgr. in *Nederlands-Guiana*, kol. *Suriname*, aan de *Suriname*, ter regterzijde in het afvaren; palende bovenwaarts aan den verl. houtgr. Mahanaïm, benedenwaarts aan den voorm. houtgr. Palmeneribo, die nu, daarmede vereenigd, den houtgr. Surinamombo-en-Palmeneribo uitmaakt. Surinamombo alleen was groot 3439 akk.

SURINAMOMBO (LAND-VAN-), verl. houtgr. in *Nederlands-Guiana*, kol. *Suriname*, aan de *Suriname*, ter linkerzijde in het afvaren; palende bovenwaarts aan de houtgr. Ayo, benedenwaarts aan de verl. plant. Namrik; 965 akk. groot.

SURINAMOMBO-EN-PALMENERIBO, houtgr. in *Nederlands-Guiana*, kol. *Suriname*, aan de *Suriname*, ter regterzijde in het afvaren; palende bovenwaarts aan den verl. houtgr. Mahanaim, benedenwaarts aan den verl. houtgr. Bamby; 7079 akk. groot; met 4 slaven.

SURINAUS (DE), kreek in *Nederlands-Guiana*, kol. *Suriname*, welke met drie adertjes uit de bosschen en savanes tusschen den militairepost Frederiks-dorp en de Joden-savanne voorkomt, in eene noordelijke rigting het Boubieland, doorloopt, bij de koffijplant. Nieuw-Weergevonden, eenen kronkelenden westelijken loop aanneemt en zich bij de suikerplant. St. Barbara, in de *Paulus-kreek*, ontlast.

SURINGE, d., prov. *Friesland*, kw. *Westergoo*, griet. *Wonseradeel*. Zie Sonig.

land,

Eno,
lorp
Zie

n

N.W.
grenzen.
scheidt en
en van dit
v. ell.
van Luxem-
, welke door

ana, kol. Suri-

. behoord hebbende,
ittard, distr. Roer-
an Echt, O. aan de
ad en Born, W. aan

en, het d. Dieteren,
, Heide en Feurth; be-
te van 1741 bund. 25 v. r.
. 90 v. ell., en telt 248 h.,
ne bevolking van 1840 inw.,
inden. Ook heeft men er vier

zijn, onder welke 1300 Commu-
usteren en Dieteren uit.
ren tot de gem. van *Stevensweert.*
, worden tot de hoofd-synagoge van

cholen, als: éene te Susteren en
menlijk gemiddeld door een getal van

igt 6 u. N. ten O. van Maastricht, 2 u.
aatweg van Maastricht op Roermond, welke
ne breede dorpstraat of kom vormt, waaraan
nzienlijke, huizen gebouwd zijn. De Rode-
ts.

le plaats zijn, aangezien men geboekt vindt,
n zijne vrouw Electradis, den 2 Maart 714,
t het goed Susteren begiftigden, om er eene
ere van St. Salvator. In 1400 werd het door
lm, verkocht aan den Hertog van Gelder. Het
d met wallen, muren en grachten omgeven, en
van de Rodebeek, die er doorstroomt en oudtijds
1276 behoorde het tot Gelderland, want toen gaf
van Gelre, de stad Susteren met alle hare aanhang-
tot een huwelijksgoed aan Walrave van Valkenburg,
ne zuster Filippe.
n het stadje zelf 122 h. en 1190 inw., en met die van
hoven, Gebroek en Heide 165 h. en 1350 inw.

De inw., die op 15 na, alle R. K. zijn, maken eene par. uit, welke tot het apost. vic. van *Limburg*, dek. van *Sittard*, behoort en door eenen Pastoor en eenen Kapellaan bediend wordt. De kerk, in de *Kerkstraat*, aan de H. Amelberga toegewijd, is het eenige overblijfsel van de oude abdij; het is een groot en fraai gebouw, met drie torentjes en van een orgel voorzien.

Het Stadhuis, aan de *Markt* gelegen, is een vrij goed ingerigt gebouw, met een torentje. In het zelfde gebouw zijn tevens de onderwijzerswoning, het schoollokaal, de kazerne, de gevangenis en een paardenstal.

De Stadsschool wordt gemiddeld door een getal van 80 leerlingen bezocht.

De kermis valt in na het octaaf van Allerheiligen; de jaarmarkten den 17 Maart, 1 Mei, 28 October en 25 November.

De geschiedenis vermeldt dat dit stadje eenmaal het verblijf was van Zwentibold, bastaardzoon van Arnold, Koning van *Germanië*, door toedoen van zijnen vader in 894 op den Rijksdag te Worms, tot Koning van Lotharingen verkoren, nam hij al spoedig een zoo willekeurige wijze van regeren aan, en voegde hierbij zulk een wangedrag, dat hem de Rijkskroon ontnomen werd. Hij poogde deze wel door de wapenen te heroveren, doch sneuvelde in 900, in een gevecht nabij de Maas; hij werd, benevens zijne beide dochters Amelberga en Cecilia, op wier beider armen hij zielloos van het slagveld gedragen werd, in de abdij te Susteren begraven. Deze abdij wordt gezegd gesticht te zijn, door Bisschop Willibrord; twee dochters van Vorst Zwentibold waren daarin abdissen. Men vermeent dat laatstgemelde zich voor zijne verkiezing tot Koning in het nabnrige Bos ophield.

Het wapen dezer gem. bestaat uit een veld van keel, met twee vrouwebeelden van sabel, verbeeldende twee gezusters, houdende beide in de linkerhand eenen vogel en in de regterhand de eene eene rozenkrans en de tweede eenen palmtak.

SUSTRA, oude naam van de Rosbeek, in het voorm. hert. *Gulick*, prov. *Limburg*. Zie Rosbeek (De).

SUTBURGDIJK (DE), bedijking in het eil. *Walcheren*, prov. *Zeeland*. Zie Souburgdijk (De).

SUTHERDIKE, naam, welken de opvolger van Menco, op het jaar 1287, geeft aan een dorp van de Marnsters, gelegen aan den dijk, die weleer lag voor den binnensten inham van de Manarmanische haven, en die, omdat zij den zuidkant van Hunsingo besloot, de Zuiderdijk genoemd werd. Hedendaags ligt de dijk wat verder van den zuidkant af, maar draagt nog den zelfden naam. Het aan dezen dijk, na rijweg, gelegene dorp, wordt thans Zuurdijk genaamd. Zie dat woord.

SUTHERDIKE (DE), voorm. dijk in *Hunsingo*, prov. *Groningen*, welke weleer lag voor den binnensten inham van de Manarmanische-haven. Hij strekte zich van Barnjegaten westwaarts tot aan de Panser en het Uitland uit, thans in de gem. Leens en Ulrum.

Men ziet hier tegenwoordig eene rij heuvelen, ten Z. digt langs den rijweg, waarvan sommigen met boerderijen behuisd zijn.

Deze dijk was in den verschrikkelijken watervloed van 1286 verwoest en lag in 1287 nog open en ongemaakt, even als de dijk bij Uskwert, zoodat de lage landen bij Garmerwolde en Woltersum in November van dat jaar wederom geheel onder water liepen.

SUTHEREN of Sutheslen, plaats, welke men vermeld vindt ten tijde van Dirk II, Graaf *van Holland*, dat is vóór het einde der tiende eeuw, en waarmede, volgens sommigen, de stad HAARLEM in *Kennemerland*, prov. *Noord-Holland*, zoude bedoeld worden.

SUTHERHUSUM, plaats, van welke gewag wordt gemaakt bij EMO, op het jaar 1224, en waaronder verstaan wordt het tegenwoordige dorp SURHUIZUM, prov. *Friesland*, kw. *Oostergoo*, griet. *Achtkarspelen*. Zie SURHUIZUM.

SUTTEM, geh. in het *Westerkwartier*, prov. *Groningen*, arr. en 3¼ u. N. W. van *Groningen*, kant. en 1½ u. N. van *Zuidhorn*, gem. *Oldehove*.

SUTTUM, landhoeve in het *Westerkwartier*, prov. *Groningen*, arr. en 3 u. N. N. W. van *Groningen*, kant. en 2 u. N. N. O. van *Zuidhorn*, gem. en 25 min. Z. Z. W. van *Ezinge*.

Deze landhoeve beslaat, met de daartoe behoorende gronden, eene oppervlakte van 42 bund. 19 v. r. 80 v. ell., en wordt thans in eigendom bezeten en door twee onderscheidene landgebruikers bewoond.

SUWALD, oud Friesche naam van het d. SUAWOUDE, prov. *Friesland*, kw. *Oostergoo*, griet. *Tietjerksteradeel*. Zie SUAWOUDE.

SUWA-MEER, oud Friesche naam van het d. SUAMEER, prov. *Friesland*, kw. *Oostergoo*, griet. *Tietjerksteradeel*. Zie SUAMEER.

SUWENSERA, oude naam van het d. SWEINS, prov. *Friesland*, kw. *Westergoo*, griet. *Franekeradeel*. Zie SWEINS.

SUWOUDE of SUWOLD, d., prov. *Friesland*, kw. *Oostergoo*, griet. *Tietjerksteradeel*. Zie SUAWOUDE.

SUYCK, voorm. heerenhuis in *Rijnland*, prov. *Zuid-Holland*. Zie ZUIDWIJK.

SUYDERAS, havez. in het graafs. *Zutphen*, prov. *Gelderland*. Zie ZUIDERAS.

SUYRDING, volgens sommigen de oude naam van het d. EVERDINGEN, in het graafs. *Culemborg*, prov. *Gelderland*. Zie EVERDINGEN.

SUYS, oude naam van het d. SOEST, in *Eemland*, prov. *Utrecht*. Zie SOEST.

SUYS-POLDER of SUISEN-POLDER, pold. in het eil. *Goedereede-en-Overflakkee*, prov. *Zuid-Holland*, arr. *Brielle*, kant. *Sommelsdijk*, gem. *Oude-Tonge*; palende N. aan het d. Oude-Tonge en den Molenpolder, O. aan den Haven-van-Oude-Tonge, Z. en W. aan de Suyspoldersche-gorzen.

De SUYSPOLDER, dus genaamd naar het bekende geslacht van SUYS, van hetwelk sommigen ambachtsheeren van Grijsoord geweest zijn, moet bedijkt zijn na 1533; want toen was de daar binnen liggende Molenpolder reeds bedijkt, maar ook moet zulks plaats hebben gehad vóór 1682, want den 26 Januarij is deze polder ondergevloeid. Bij den hoogen vloed, in 1825, vloeide deze polder in, doch werd het zelfde jaar weder herdijkt, bij welke gelegenheid eene kostbare hardsteenen sluis werd gebouwd. Hij beslaat, volgens het kadaster, eene oppervlakte van 66 bund. 82 v. r. 25 v. ell., waaronder 65 bund. 83 v. r. 42 v. ell. schotbaar land. Vroeger stond in deze pold. eene boerderij, doch door het ondervloeijen van 1825 is deze gesloopt. Aan den dijk van dezen pold. staat eene arbeiderswoning. De pold. wordt in eene sluis op de haven van Oude-Tonge van het overtollige water ontlast. Het polderbestuur bestaat uit eenen Dijkgraaf, twee Gezworenen, eenen Penningmeester en Secretaris.

SUYSPOLDERSCHE-GORZEN (DE), gorzen tegen het eiland *Goedereede-en-Overflakkee*, prov. *Zuid-Holland*, arr. *Brielle*, kant. *Sommelsdijk*, gem. *Oude-Tonge*; palende W. en N. aan den Suys-polder, O. aan de Haven van Oude-Tonge, Z. aan het Krammer, W. aan de Zuiderlandsche gorzen. Zij beslaan eene oppervlakte van 22 bund. 59 v. r. 20 v. ell.

SUYTVENDE, oude naam, voorkomende in een zeer oud Overijsselsch handschrift, waaronder de ZUIDVEENE moet verstaan worden.

SUZANNA-POLDER (DE), pold. in het eil. *Tholen*, prov. *Zeeland*, arr. *Zierikzee*, kant. *Tholen*, gem. *St. Annaland*; palende N. W. en N. aan de schorren tegen het Mastgat, O. aan de schorren tegen de Krabbe-kreek, Z. O. aan de haven van St. Annaland, Z. aan den Polder-van-St.-Annaland, Z. W. aan den Polder-van-Bredevliet en aan den Polder-van-Annevosdijk.

Deze pold., den 20 September 1668, door FILIPS VAN DOUBLET en PIETER ADRIAANSSEN DIJKLAND, ter bedijking uitgegeven, tegen eene jaarlijksche erfpacht van 2 guld. 25 cents het gemet, werd bedijkt in het jaar 1670.

SUZANNA-POLDER of DE NIEUWE-POLDER, pold. in het eil. *Schouwen*, prov. *Zeeland*, distr. en arr. *Zierikzee*, kant. *Brouwershaven*, gem. *Noordgouwe*.

SUZANNA'S-DAL, suikerplant. in *Nederlands-Guiana*, kol. *Suriname*, aan de *Suriname*, ter regterzijde in het afvaren; palende bovenwaarts aan het verl. Land-van-Clevia, benedenwaarts aan de suikerplant. Voorburg; 508 akk. groot; met 143 slaven. De molen wordt met stoom gedreven. De Negers noemen deze plant. MOMBERSI.

SUZANNA'S-DAL (LAND-VAN-), verl. kostgr. in *Nederlands-Guiana*, kol. *Suriname*, aan de *Suriname*, ter linkerzijde in het afvaren; palende bovenwaarts aan de koffijplant. de Morgenstond, benedenwaarts aan de plant. Geijersvlijt-en-Johanneshoop; 300 akk. groot.

SUZANNA'S-INLAGE, onbehuisd inlaagpoldertje in het eil. *Schouwen*, prov. *Zeeland*, arr., kant. en gem. *Zierikzee*; palende N. aan den Polder-van-Schouwen, Z. O. aan Kitsers-inlage, waarmede zij ééne bedijking uitmaakt, Z. W. en W. aan de Ooster-Schelde.

Het beslaat eene oppervlakte van 16 bund. 16 v. r. 80 v. ell. onbruikbaar veld, waar alleen paling gevangen en zeevogeleijeren geraapt worden. Het ontlast het overtollige water door eenen koker onder den Slaperdijk in den pold. Schouwen.

SVETA, plaats, welke men vermeld vindt in den blaffert van de goederen der kerk van Utrecht en in het zeer beruchte handvest van Graaf DIRK V, van het jaar 1083. MELIS STOKE noemt het ZWEETEN, naar waarheid ZOTEEN. Of de regte benaming is SOETEN, en dat daarvan met een Latijnsche uitgang gemaakt is SOETA, en of dit woord Zuid beteekent dan of het eene gegraven landscheiding wil zeggen, gelijk in het Friesch Swette, Suette, willen wij hier niet beslissen. De plaats is vermoedelijk de zelfde als de voorm. ridderhofst. ZWIETEN, in *Rijnland*, prov. *Zuid-Holland*. Zie dat woord.

SWAAG, voorm. d. in het Noordoosten der prov. *Groningen*. Zie SWART.

SWAAGZIJL (DE OUDE-), sluis in het *Oldambt*, prov. *Groningen*, O. van Nieuw-Scheemda.

SWAANSBURG, voorm. buit. in *de Purmer*, prov. *Noord-Holland*, arr. en 3¼ u. Z. W. van *Hoorn*, kant. en ¾ u. W. van *Edam*, gem. *Edam-en-Vollendam*, aan den Oosterweg.

Ter plaatse, waar deze buit. gestaan heeft, ziet men thans eene boerderij, welke, met de daartoe behoorende gronden, eene oppervlakte beslaande van 10 bund., in eigendom bezeten en bewoond wordt door den Landman S. DE JONG.

SWAANWERD, geh., prov. *Friesland*, kw. *Westergoo*, griet. *Baarderadeel*, arr. en 3 u. Z. W. van *Leeuwarden*, kant. en 1¼ u. W. N. W. van *Rauwerd*, 10 min. W. ten Z. van *Wieuwerd*, waartoe het behoort; met 3 h. en 20 inw.

SWAANWERDER-MEER (HET), ook het Wieuwerder-meer genoemd, voorm. meertje, prov. *Friesland*, kw. *Westergoo*, griet. *Baarderadeel*, ½ u. W. ten Z. van Wieuwerd.

- Het was eene verwijding van de *Trekvaart-van-Franeker-op-Sneek* en stond door de Oosterwierumer-vaart en de Bozumér-vaart met de *Trekvaart-van-Sneek-op-Leeuwarden* in verbinding. Dit meertje, hetwelk zeer vischrijk was, is in 1834 drooggemaakt.

SWAARD of Zwaard, b., prov. *Friesland*, kw. *Oostergoo*, griet. *Leeuwarderadeel*, arr., kant. en 2 u. N. van *Leeuwarden*, ¼ u. O. Z. O. van *Finkum*, waartoe het behoort.

SWAARDEBUREN, geh., prov. *Friesland*, kw. *Westergoo*, griet. *Barradeel*, arr. en 3½ u. W. N.W. van *Leeuwarden*, kant. en 2½ u. N. O. van *Harlingen*, ¼ u. O. N. O. van *Tjummarum*, waartoe het behoort.

SWADENBURCH en SWADENBURGER-DAM, oude namen van het d. Zwammerdam, in *Rijnland*, prov. *Zuid-Holland*.

SWADI, kaap in *Oost-Indië*, in de *Zee-van-Java*, aan de Noordkust van het eil. *Java*, resid. *Tagal*.

SWADI (DE), riv. in *Oost-Indië*, op het *Sundasche* eil. *Java*, welke met eene noordelijke rigting in de *Zee-van-Java* uitloopt.

SWAENSBURCH, voorm. kast., prov. *Noord-Holland*, arr. en 4 u. Z. van *Hoorn*, kant. en 1 u. N. van *Edam*, gem. en in de stad *Monnickendam*, aan de noordzijde der stad.

Dit kast. is, in het jaar 1273, afgebroken. Ter plaatse, waar het gestaan heeft, ziet men thans den weg naar Edam en den Zeedijk.

SWALINGE (DE), voorm. water, prov. *Zeeland*, dat later in Walcheren is binnengedijkt.

SWALM (DE), riv. in de prov. *Limburg*.

Zij ontstaat ten N. van Erkelens in de Pruissische prov. Rijnland; stroomt, met eenen zeer kronkelenden loop, langs Neder-Kruchten en Bruggen en bespoelt, na binnen dit hertogdom gedrongen te zijn, het lieve dorpje Swalmen, werpende zich tegenover Neer in de Maas.

SWALMEN, gem. in *Opper-Gelder*, prov. *Limburg*, arr. en kant. *Roermonde*, (19 k. d., 12 m. k., 3 s. d.); palende N. aan Besel, O. aan de Pruissische prov. Rijnland, Z. aan de gem. Maasniel, W. aan de Maas, die haar van de gem. Buggenum scheidt.

Deze gem. bevat de d. Swalmen en Asselt, benevens de geh. Weiler, Heyde en Boukoul. Zij beslaat, volgens het kadaster, eene oppervlakte van 2201 bund. 6 v. r. 30 v. ell., waaronder 2072 bund. 40 v. r. belastbaar land; bevat 292 h., bewoond door 308 huisgez., uitmakende eene bevolking van ruim 1560 inw., die meest in den landbouw hun bestaan vinden.

De inw., die er op 2 na R. K. zijn, onder welke 1150 Communikanten, maken de par. van Swalmen uit, welke tot het apost. vic. van *Limburg*, dek. van *Roermond*, behoort, en eene kerk te Swalmen en eene bijkerk te Asselt heeft, wordende de kerk door eenen Pastoor en eenen Kapellaan en de bijkerk door eenen Rector bediend. — De 2 Herv. die er wonen, behooren tot de gem. van *Roermond*. — Men heeft in deze gem. eene school, te Swalmen, welke gemiddeld door 100 leerlingen bezocht wordt.

Het d. Swalmen ligt 1 u. N. van Roermond, zeer schilderachtig, aan den straatweg van daar naar Venlo en aan de Swalm, over welke, bij dit dorp, eene zeer fraaije brug gelegd is, op welks midden men ziet het beeld van den H. Nepomuk, Aartsbisschop van Praag, die voor den Patroon der bruggen gehouden wordt. Het is een der schoonste en fraaiste dorpen dezer landstreek, behoorende, als heerlijkheid, aan het grafelijk huis van Hornsbroek. Men telt er, in de kom van het d., 146 h. en 770 inw.

De kerk, aan den H. Lambertus toegewijd, is een schoon gebouw, met eenen fraaijen hoogen toren en van een orgel voorzien. — Men heeft er ook een kast., Hellenraad geheeten.

De kermis valt in des Zondags na St. Jan Baptiste in Junij, en des Zondags na St. Lambert in September.

Het wapen bestaat uit eene S.

SWANBURGERPOLDER (DE), pold. in *Rijnland*, prov. *Zuid-Holland*. Zie Zwanenburger-polder (De).

SWANENBROEK, weide in het graafs. *Zutphen*, heerl. *Bredevoort*, prov. *Gelderland*, kw., distr. en arr. *Zutphen*, kant. en gem. *Aalten*, ten Z. W. van het stadje *Bredevoort*.

Er lag hier vroeger eene schans, welke tot de verdedigingswerken van dat stadje behoorde, maar reeds sedert het midden der vorige eeuw vervallen is, zoo dat men thans naauwelijks zien kan, waar het gelegen heeft.

SWANENBURG, voorm. burg in het *Westerkwartier*, prov. *Groningen*, arr. en 4 u. Z. W. van *Groningen*, kant. en 2½ u. Z. ten W. van *Zuidhorn*, gem. en 20 min. O. van *Marum*, ¼ u. W. van *Nuis*, waartoe hij behoorde.

Ter plaatse, waar hij gestaan heeft, ziet men thans eene herberg. De daartoe behoord hebbende gronden, eene oppervlakte beslaande van 4 bund. 40 v. r., worden in eigendom bezeten door den Heer G. Wiers woonachtig aldaar.

SWANENDAAL, dat gedeelte van het buitenland van *Asperen*, prov. *Zuid-Holland*, arr. *Gorinchem*, kant. *Vianen*, hetwelk over de Linge, tegen over de stad heen, strekt.

SWANEPOLLE, geh., prov. *Friesland*, kw. *Westergoo*, griet. *Menaldumadeel*, arr. en 1¼ u. W. ten Z. van *Leeuwarden*, kant. en 1¼ u. Z. O. van *Berlikum*, ¼ u. N. ten W. van *Blessum*, waartoe het behoort; met 2 h. en 5 inw.

SWANESDRECHT, voorm. plaats, prov. *Zuid-Holland*, bij Gouda, aan de Gouwe, dat men vermeld vindt als grenspaal van het regtsgebied, dat Andreas van Cuyk, den vijf en twintigste Bisschop van Utrecht, in 1139, over die landstreek heeft toegestaan aan de kerk van St. Salvator te Utrecht.

Men weet niet na te gaan, welke tegenwoordige plaats daarmede bedoeld wordt.

SWANVELT, voorm. kloost. in het balj. van de *Nieuwburgen*, prov. *Noord-Holland*. Zie Karmelieter-klooster.

SWANGI, eil. in *Oost-Indië*, in den *Moluksche-Archipel*, het westelijkste der *Banda-eilanden*, 4° 6′ Z. B., 126° 20′ O. L.

SWANGGY of Sitang, ook wel Wona geheeten, eil. in *Oost-Indië*, in den *Moluksche-Archipel*, resid. *Amboina*, W. van Manipa.

SWANK, d. in *Oost-Indië*, op het *Ambonsche* eil. *Ceram*. Zie Sawoko.

SWANLAESCHE-POLDER (DE), pold. in *Schieland*, prov. *Zuid-Holland*. Zie Eendragts-polder (De).

SWANLAESCHE-SLOOT (DE), voorm. water in *Schieland*, prov. *Zuid-Holland*, dat uit de voorm. Zuidplas, in eene zuidwestelijke rigting door den Swanlaesche-polder liep en zich met de *Oude-Lee* vereenigde, om de Rotte te vormen.

SWART of SWAAG, voorm. d. in het Noordoosten der prov. *Groningen*, ten Westen der Ee en Tjamme, hetwelk in 1277 door den Dollart verslonden is.

SWARTBROEK, geh. in *Opper-Gelder*, in het graafs. *Horne*, prov. *Limburg*, distr., arr. en 4 u. W. van *Roermond*, kant., gem. en 1 u. Z. O van *Weert*; met 53 h. en 301 inw.

Er staat hier eene kapel, aan den H. CORNELIUS toegewijd, die tot de par. van *Weert* behoort. De Vikaris, die haar bedient, woont in het gehucht en heeft een tot de kerk behoorende fraai gebouw in gebruik. Ook heeft men er eene bijzondere school, die gemiddeld door 45 leerlingen bezocht wordt.

SWAUKO, oud d. in *Oost-Indië*, resid. *Ambon*, op de Zuidkust van het *Ambonsche* eil. *Ceram*. — In het begin der vorige eeuw telde het 172 zielen, 55 weerbare mannen en 15 dati's.

SWEIKHUIZEN, d. in het *Land-van-Valkenburg*, prov. *Limburg*. Zie SWIJCKHUIZEN.

SWEINS of ZWEINS, d., prov. *Friesland*, kw. *Westergoo*, griet. *Franekeradeel*, arr. en 2¼ u. W. van *Leeuwarden*, kant. en 2¼ u. O. ten N. van *Harlingen*, digt aan de trekvaart van Franeker op Leeuwarden, over welke hier eene brug ligt, Kingma-tille genaamd, waarbij eene tot dit d. behoorende buurt van dien naam.

Bij de kerk staan slechts 4 h., bewoond door 20 zielen, doch, met de aanzienlijke b., die naar de brug Kingma-tille of Keimpe-tille heet, telt men er 37 h. en 280 inw., die meest in den landbouw hun bestaan vinden; ook heeft men er eene steenbakkerij.

Van 1795—1825 is de bevolking van SWEINS met niet minder dan 75 zielen vermeerderd, welke aanzienlijke aanwinst het gevolg is van de edele pogingen van wijlen den Heer EDZARD MARIUS VAN BEYMA, die in 1825 op Kingma-state overleed. Die Heer verschafte niet slechts aan vele arbeiders werk en brood, maar deed te SWEINS bovendien vele handwerken beoefenen, die men anders in kleine dorpen zelden aantreft, waardoor, met de welvaart, ook de bevolking van dit dorp aanmerkelijk aanwies.

De inw., die er allen Herv. zijn, behooren tot de gem. van *Peins-en-Sweins*, welke hier eene kerk heeft. Daar de oude kerk en toren bouwvallig was, is, in de plaats daarvan, de tegenwoordige kerk, met een spits torentje midden er op, gebouwd, welke den 5 October 1782 werd ingewijd. In deze kerk is een fraai orgel, met een handklavier en aanhangend pedaal met 13 stemmen. Het is jammer, dat dit orgel, waarin kunst en sieraad zich oorspronkelijk vereenigden, door de vochtigheid en bedomptheid der kerk, zoodanig bedorven is, dat het eene aanmerkelijke herstelling behoeft. Allerminst zou men zulk eene vochtigheid verwachten in eene kerk, die op eenen zoo hoogen grond gebouwd is. Oudtijds behoorde de gemeente van SWEINS onder den dekenstoel van Franeker, en had eenen Pastoor, die honderd goudgulden (150 guld.) trok. Aan den Proost van St. Jan te Utrecht moest SWEINS jaarlijks acht schilden (18 guld.) betalen. De klok, die reeds lang vóór het jaar 1500 gegoten is, heet Regina; of dit ter eere van zekere Heilige zij en of deze Heilige Vrouw of Maagd weleer voor de Patrones van SWEINS gehouden werd, is niet met zekerheid te bepalen.

Na de Reformatie is Sweins eene combinatie van *Peins* geworden, en door de Leeraars van dat naburige dorp bediend. Hier wordt om den tweeden Zondag eenmaal gepredikt en ook om de andere maal het Heilig Avondmaal bediend.

Men heeft hier eene goede school en uitnemende onderwijzerswoning. De school wordt gemiddeld door een getal van 40 leerlingen bezocht.

Oudtijds lagen hier de staten Rinnerda, Groot-Herema en Kinjum, welke laatstgenoemde state, men wil, dat galg en rad voerde. De eerstgemelde is van overlang verdwenen en de tweede voor weinige jaren afgebroken; doch de state Kingma (oudtijds Kinjum), is thans het grootste sieraad van dit dorp.

SWENE, oude benaming, onder welke het Zwin, in *Staats-Vlaanderen*, voorkomt. Zie Zwin (Het).

SWETERWOUDE, oude naam van het d. Soeterwoude, in *Rijnland*, prov. *Zuid-Holland*. Zie Soeterwoude.

SWETTE (DE), landrug, prov. *Friesland*, grootendeels de scheiding uitmakende tusschen de kwart. *Oostergoo* en *Westergoo*.

Hij neemt een begin aan den ouden zeedijk, op den Zuidoosthoek van de griet. het Bildt en loopt zuidwaarts tot ongeveer 753 ell. ten westen van Leeuwarden, bij Schenkenschans, alwaar de trekvaart van Sneek op Leeuwarden in die der laatstgemelde stad op Franeker valt; loopende de Swette van daar, als een trekpad langs de Sneeker-vaart, tot nabij de grenzen van Rauwerderhem en Wymbritseradeel, nevens Deersum Benoorden de Dille loopt daarvan een tak onder den naam van Oude-Kleine-Swette, naar den rijweg van Sneek op Leeuwarden.

SWETTE-HORNE, b., prov. *Friesland*, kw. *Westergoo*, griet. *Menaldumadeel*, arr. en 20 min. W. van *Leeuwarden*, kant. en 2½ u. Z. O. van *Berlikum*, ½ u. O. van *Marsum*, waartoe zij behoort, nabij Schenkenschans; met 2 h. en 10 inw.

SWEYKHUIZEN, d. in het *Land-van-Valkenburg*, prov. *Limburg*. Zie Swyckhuysen.

SWEYLAND (HET), water in *Rijnland*, prov. *Zuid-Holland*. Zie Zweeland.

SWICHEM, Swyghem, Suechem of Zwichum, d., prov. *Friesland*, kw. *Oostergoo*, griet. *Leeuwarderadeel*, arr., kant. en 1½ u. Z. Z. O. van *Leeuwarden*, niet ver van het thans droog gemalen Warregastermeer. Men telt er 15 h. en ruim 100 inw., die meest in den landbouw hun bestaan vinden.

De Herv., die er 70 in getal zijn, behooren tot de gem. van *Goutum-en-Swichem*, welke hier eene kerk heeft, die eenen stompen toren heeft, doch van geen orgel voorzien is. In den zomer wordt om den derden Zondag des namiddags te Swichem gepredikt, en in den winter alleen om de zes weken des morgens.

De 18 Doopsgez., die er wonen, behooren tot de gem. te *Leeuwarden*. — De R. K., die er 25 in getal zijn, worden tot de stat. van *Warrega* gerekend. — Men heeft in dit d. geen school, maar de kinderen genieten onderwijs te *Goutum*.

Viglius van Ayta van Swichem, die op het kasteel Barrahuis, aan den straatweg onder Wirdum geboren was, was Heer dezer plaats en begever van de pastorie; ook heeft hij er gesticht eene aanzienlijke heerenhuizinge, met diepe grachten omringd, welke naderhand lang door zijn geslacht bewoond doch thans in eene boerenplaats veranderd is. Er bestaat nog in dit dorp een vervallen gesticht, door hem tot verpleging van oude vrouwen bestemd, dat den naam draagt van Ayta-Godshuis, en waarin nog de overblijfselen van een huiskapel en altaarsieraden gevonden worden.

SWIER of Zwier, geh. in het *Land-van-Valkenburg*, prov. *Limburg*, arr. en 3 u. N. O. van *Maastricht*, kant. en 1¼ u. N. W. van *Heerlen*, gem. en 13 min. Z. O. van *Wijnantsraede*; met 38 h. en 170 inw.

SWIJCKHUYSEN of Sweyckhuizen, d. in het *Land-van-Valkenburg*, prov. *Limburg*, arr. en 4 u. N. O. van *Maastricht*, kant. en 1½ u. Z. van *Sittard*, gem. en ½ u. N. W. van *Schinnen*; met 56 h. en 270 inw.

De inw., die er allen R. K. zijn, onder welke 180 Communikanten, maken eene par. uit, welke tot het apost. vic. van *Limburg*, dek. van *Schinnen*, behoort en door eenen Pastoor bediend wordt.

De kerk was vroeger eene kapel van de par. *Schinnen*, maar is later tot eene parochiekerk verheven. Het is een fraai gebouw, aan de H. Maria toegewijd, met eenen toren en van een orgel voorzien. De R. K. hebben hier eene eigen begraafplaats. — Men heeft er eene school.

SWIJN, oude benaming van het Zwin, in *Staats-Vlaanderen*, prov. *Zeeland*. Zie Zwin (Het).

SWICHTELER, geh. in *Beilerdingspil*, prov. *Drenthe*. Zie Zwiggelte.

SWIJNSMEER (HET), voorm. meer in *Kennemerland*, prov. *Noord-Holland*, dat, in het jaar 1567 bedijkt zijnde, thans eenen pold. uitmaakt, welke tot het arr., kant. en gem. *Alkmaar* behoort.

SWIN (DE), water, prov. *Friesland*, kw. *Oostergoo*, griet. *Idaarderadeel*, oudtijds een noordelijke zijtak van de Grouw, die voorbij Teerns, onder Roordahuizum, in de Middelzee viel.

SWIN (HET), meertje, prov. *Friesland*, kw. *Westergoo*, griet. *Hemelumer-Oldephaert-en-Noordwolde*, op de grenzen van Gaasterland, 10 min. O. van Nijega, hetwelk ten N. met de *Wybe-poel*, ten Z. met de *Hichte-poel* in verbinding staat; terwijl het vroeger ook ten N. O. door de Rhijn met de *Fokke-sloot* gemeenschap had.

SWIN (HET), voorm. kerkhof in *Noord-Holland*, dat nog op de kaarten van Guicciardin van 1539 en van Ortelius voorkomt, doch later door de Zuiderzee verzwolgen is.

Het moet gelegen hebben tusschen Wieringen en den Wieringerwaard, ruim 1500 ellen van den Noorddijk. Althans in 1772 werd aldaar door eenen Oestervisscher een aanmerkelijk groot kerkhof ontdekt en door den geleerde Paludanus nader onderzocht. De kisten daarop gevonden, allen van eikenhout gemaakt, met zwaluwstaarten zonder spijkers in een verbonden, gingen de gewone wijdte en lengte niet te boven.

SWINE, oude benaming van het Zwin, in *Staats-Vlaanderen*, prov. *Zeeland*. Zie Zwin (Het).

SWINGMA, voorm. state, prov. *Friesland*, kw. *Westergoo*, griet. *Barradeel*, arr. en 5 u. W. van *Leeuwarden*, kant. en ¾ u. N. N. O. van *Harlingen*, ¼ u. N. W. van *Wynaldum*, waartoe zij behoorde.

SWINUM, voorm. kast., dat door gifte, in het jaar 805, aan de kerk van Utrecht gekomen is, en, naar men vermoedt, bij *Niftrik*, gem. *Wychem*, moet gestaan hebben.

SWOLGEN, d. in *Opper-Gelder*, prov. *Limburg*, arr. en 7½ u. N. van *Roermond*, kant. en 1½ u. N. van *Horst*, gem. *Meerlo*.

Men telt er 58 h. en ruim 320 inw., en met het kerkelijk daartoe behoorende dorpje Tienray 68 h. en ruim 370 inw., die meest in landbouw en veeteelt hun bestaan vinden.

De inw., die allen R. K. zijn, onder welde 270 Communikanten, maken eene par. uit, welke tot het vic. apost. van *Limburg*, dek. van *Venray*, behoort en door eenen Pastoor en eenen Kapellaan bediend wordt. Men heeft in deze par. eene kerk te Swolgen en eene kapel te Tienray. De kerk aan den H. Lambertus toegewijd is van toren en orgel voorzien. De kapel is aan *Onze Lieve Vrouw* toegeheiligd.

SWYGHEM, d., prov. *Friesland*, kw. *Oostergoo*, griet. *Leeuwarderadeel*. Zie Swichum.

SWYNS, geh., prov. *Friesland*, kw. *Westergoo*, griet. *Hennaarderadeel*, arr. en 2 u. N. N. W. van *Sneek*, kant. en 1½ u. N. O. van *Bolsward*, 5 min. Z. O. van *Wommels*, waartoe het behoort; met 3 h. en 20 inw.

SWYNSERHUIS, voorm. state, prov. *Friesland*, kw. *Oostergoo*, griet. *Leeuwarderadeel*, arr., kant. en 1 u. N. van *Leeuwarden*, ½ u. O. N. O. van *Britsum*, waartoe zij behoorde.

SYARDA, voorm. staten, prov. *Friesland*. Zie Sjaarda en Sjaardama.

SYBRANDABUREN of Sibrandaburen, d., prov. *Friesland*, kw. *Oostergoo*, griet. *Rauwerderhem*, arr. en 3½ u. Z. Z. W. van *Leeuwarden*, kant. en 1 u. Z. W. van *Rauwerd*, door lage landen omgeven, een weinig ten Z. van de Oude-Sneeker-vaart, uit welke naar dit dorp eene vaart loopt, terwijl eene andere Zuidoost aanschiet naar de Sybrandabuurster-zijl en het Sneeker-meer.

Men telt er in de kom van het d. 14 h. en 160 inw., en met een gedeelte van het geh. de Speersterhuizen 29 h. en ruim 170 inw., die meest in landbouw en veeteelt hun bestaan vinden.

De inw., die er op 32 na allen Herv. zijn, behooren tot de gem. van *Sybrandaburen-en-Terzool*, welke hier eene kerk heeft, die vóór de Reformatie aan den H. Maarten was toegewijd; zij had weleer eenen stompen kloktoren, doch in later tijd heeft men een spitsje op de kerk gezet. Deze kerk heeft geen orgel.

De 18 Doopsgez., die er wonen, behooren tot de gem. van *Akkrum*.— De 24 Afgescheidenen, die er zijn, worden tot de gem. van *Scharnegoutum* gerekend. — De dorpsschool wordt gemiddeld door 25 leerlingen bezocht.

Eertijds was hier Aesgama-stins, welke, in 1465, door Aesa Donia ingenomen en eenigen tijd bezeten werd, tot dat hij door tegenspoed genoodzaakt was haar te verlaten.

SYBRANDABUREN-EN-TERZOOL, kerk. gem., prov. *Friesland*, klass. en ring van *Sneek*.

Men heeft er twee kerken, ééne te Sybrandaburen en ééne te Terzool, en telt er ruim 400 zielen, onder welke 120 Ledematen. De eerste, die in deze gem. het leeraarambt heeft waargenomen, is geweest Rike Aukes, die er in 1614 kwam en in 1615 van zijn ambt schijnt ontzet te zijn, althans hij had in dat jaar tot opvolger Fokke Reneri, die in 1641 emeritus werd.

SYBRANDABUURSTER-VAART (DE), vaart, prov. *Friesland*, kw. *Oostergoo*, griet. *Rauwerderhem*, loopende van het d. Sybrandaburen, in eene zuidoostelijke rigting, door de Sybrandabuurster-zijl, naar het Sneekermeer.

SYBRANDABUURSTER-ZIJL (DE), sluis, prov. *Friesland*, kw. *Oostergoo*, griet. *Rauwerderhem*, ½ u. Z. O. van *Sybrandaburen*, in den *Groen-* of *Hemdijk*, dienende tot uitwatering van de Sybrandabuurstervaart in het Sneekermeer.

SYBRANDAHUIS of SIBRANDAHUIS, ook SYBRANDAHUIZEN geschreven, in het oud-Friesch SIBBENHOWS, d., prov. *Friesland*, kw. *Oostergoo*, griet. *Dantumadeel*, arr. en 5¼ u. N. O. van *Leeuwarden*, kant. en 1 u. W. Z. W. van *Dockum*, nabij de Ee.

Men telt er 28 h. en 180 inw., die meest in den landbouw hun bestaan vinden. De lage landerijen, die zich verre in het Oosten naar Dockum en zelfs over de Ee, onder den naam van de Keegen, uitstrekken, bestaan uit wei- en hooilanden. Dit dorp heeft geen vaart, maar alleen eenen rijweg, die omtrent 1130 ell. lang is, en Oost aan naar eenige huizen in het land loopt, die hier onder behooren.

De inw., die er, op een na, allen Herv. zijn, behooren tot de gem. *Rinsumageest-en-Sybrandahuis*, welke hier eene kerk heeft, zijnde een oud vierkant steenen gebouw, zonder toren of orgel. — De enkele Doopsgez., die er woont, wordt tot de gem. van *Damwoude* gerekend. — Men heeft in dit d. geen school, maar de kinderen genien onderwijs te *Rinsumageest*.

Vroeger stond hier het oude huis Sterkenburg, waarvan alleen de wier overig is.

SYBRANDAHUIS of SIBRANDAHUIS, geb., prov. *Friesland*, kw. *Oostergoo*, griet. *Oost-Dongeradeel*, arr. en 4 u. N. O. van *Leeuwarden*, kant. en ½ u. N. O. van *Dockum*, ¼ u. O. van *Aalsum*, waartoe het behoort. — Vroeger lag hier de stat. Stinstra.

SYBRANDAHUIZEN, d., prov. *Friesland*, kw. *Oostergoo*, griet. *Dantumadeel*. Zie SYBRANDAHUIS.

SYDSINGAWIER, voorm. plaats, prov. *Friesland*, kw. *Westergoo*, griet. *Wymbritseradeel*, waar later het klooster Groendijk gestaan heeft. Zie dat woord.

SYDSWERT of SYSWERD, b., prov. *Friesland*, kw. *Westergoo*, griet. *Wonseradeel*, arr. en 2¼ u. N. W. van *Sneek*, kant. en ½ u. N. van *Bolsward*, 10 min. N. W. van *Hichtum*.

SYEWIER, boeve, prov. *Friesland*, kw. *Oostergoo*, in *Dantumadeel*. Zie SIJEWIER.

SYGERSWOLDE, d., prov. *Friesland*, kw. *Opsterland*. Zie SIGERSWOLDE.

SYKEN, d. in *Oost-Indië*, op het *Sundasche* eil. *Java*, resid. *Rembang*, reg. *Blora*.

SYLLOO, oude naam van SELWERD, eene voorm. landstreek ten N. van de stad *Groningen*. Zie SELWERD.

SYNS, geb., prov. *Friesland*, kw. *Westergoo*, griet. *Wonseradeel*, arr. en 2 u. W. N. W. van *Sneek*, kant., gem. en ½ u. O. van *Bolsward*.

SYNSERBUREN, b., prov. *Friesland*, kw. *Westergoo*, griet. *Idaarderadeel*. Zie TSIINZERABUREN.

SYONS, b., prov. *Friesland*, kw. *Westergoo*, griet. *Hennaarderadeel*. Zie SIJONS.

SYPEN, meertje, prov. *Friesland*, kw. *Zevenwouden*, griet. *Doniawarstal*, 5 min. Z. van *Broek*, dat N. door de Broekster-kerkvaart met de *Zylroede*, en Z. met de *Ooster-Sypen* in verbinding staat.

SYPEN (DE OOSTER-), meertje, prov. *Friesland*, kw. *Zevenwouden*, griet. *Doniawarstal*, ¾ u. Z. Z. W. van *Broek*, dat N. met de *Sypen* en met de *Wester-Sypen* in verbinding staat.

SYPEN (DE TEROELSTER-), meer, prov. *Friesland*, kw. *Zevenwouden*, griet. *Doniawarstal*, 15 min. O. van *Teroele*, dat N. W.

met de *Wester-Sypen*, W. door de Nieuwe-sloot met het *Koëvorder-meer* en Z. met het *Klein-Idskermeer* in verbinding staat.

SYPEN (DE WESTER-), twee ineen loopende meertjes, prov. *Friesland*, kw. *Zevenwouden*, griet. *Doniawarstal*, ½ u. Z. O. van *Langweer*.

SYPENS, geh., prov. *Friesland*, kw. *Westergoo*, griet. *Hennaarderadeel*. Zie SIPPENS.

SYREN, d. in het balj. van *Luxemburg*, landmeijerij van *Sandweiler*, grootb. *Luxemburg*, kw., arr., kant. en 2 u. Z. O. van *Luxemburg*, gem. en ¼ u. N. O. van *Weiler-zum-Thurm*. Men telt er 55 h. en 330 inw., die meest in den landbouw hun bestaan vinden.

De inw., die alle R. K. zijn, maken eene par. uit, welke tot het apost., vic. van *Luxemburg*, dek. van *Bettemburg*, behoort en door eenen Pastoor bediend wordt.

SYREN (DE), groote beek in het *Duitsche kwartier* van het grooth. *Luxemburg*, welke een begin neemt te *Syren*, en met eene noordelijke en noordoostelijke rigting, bij Merteret, in de *Moezel* uitloopt.

De SYREN is vaak bijna geheel droog, doch bij zwaren regen neemt zij spoedig toe en wordt niet zelden gevaarlijk. Hare lengte bedraagt bijna zes uren.

SYREN (OBER-), geh. in het balj. van *Luxemburg*, landmeijerij van *Schuttringen*, kw., arr., kant. en 2½ u. O. ten N. van *Luxemburg*, gem. en 25 min. N. N. O. van *Schuttringen*, aan de Syren; met 20 h. en bijna 200 inw.

SYSWERD, b., prov. *Friesland*, kw. *Westergoo*, griet. *Wonseradeel*. Zie SIJSWERD.

SYTEBUREN, SYTJEBUREN of SIDDEBUREN, geh., prov. *Friesland*, kw. *Oostergoo*, griet. *Idaarderadeel*, arr. en 3 u. Z. Z. O. van *Leeuwarden*, kant. en 1¾ u. O. van *Rauwerd*, ¾ u. O. ten N. van *Grouw*, waartoe het behoort, aan de Wyde-Ee

SYTGEMA of SYTHIEMA, voorm. state, prov. *Friesland*, kw. *Zevenwouden*, griet. *Haskerland*. Zie SYTJEMA.

SYTHUIZEN, b., prov. *Friesland*, kw. *Zevenwouden*, griet. *Haskerland*, arr., kant. en 1½ u. N. N. W. van *Heerenveen*, ½ u. N. ten W. van *Haskerdijken*, waartoe zij behoort.

SYTJEBUREN, geh., prov. *Friesland*, kw. *Oostergoo*, griet. *Idaarderadeel*. Zie SYTEBUREN.

SYTJEMA, SYTGEMA of SYTHIEMA, voorm. state, prov. *Friesland*, kw. *Oostergoo*, griet. *Ferwerderadeel*, arr. en 2½ u. N. ten O. van *Leeuwarden*, kant. en 2½ u. Z. W. van *Holwerd*, 10 min. O. van *Hallum*, waartoe het behoorde.

Op deze state woonde in het jaar 1307 OENE SYTJEMA, Grietman van Ferwerderadeel, en in het midden der vorige eeuw is zij bezeten geweest door MENNO BURMANIA VAN TJAARDA; doch zij is op het laatst dier eeuw afgebroken.

Ter plaatse, waar zij gestaan heeft, ziet men thans tuin en boomgaard, beslaande eene oppervlakte van 1 bund. 85 v. r. 88 v. ell., wordende in eigendom bezeten door JAN TITZES BOSCH, woonachtig te Hallum.

SYTINGA, voorm. state, prov. *Friesland*, kw. *Westergoo*, griet. *Wymbritseradeel*, arr., kant. en 1½ u. W. van *Sneek*, 10 min. Z. *Abbega*, waartoe zij behoorde, aan de Wymers.

SYTZAMA of SYTSMA, voorm. state, prov. *Friesland*, kw. *Oostergoo*, griet. *Ferwerderadeel*, arr. en 4 u. N. N. O. van *Leeuwarden*, kant. en ¾ u. Z. ten W. van *Holwerd*, ½ u. Z. O. van *Blija*, waartoe zij behoorde.

SYTZAMA of SYTSMA, voorm. state, prov. *Friesland*, kw. *Westergoo*, griet. *Barradeel*, arr. en 3½ u. W. N. W. van *Leeuwarden*, kant. en 2½ u. N. O. van *Harlingen*, 5 min. N. O. van *Tjummarum*, waartoe zij behoorde.

Ter plaatse, waar zij gestaan heeft, is thans een stuk weiland, beslaande eene oppervlakte van 1 bund. 93 v. r. 50 v. ell., wordende in eigendom bezeten door JORRIT HARTMANS, woonachtig te Wierum.

SYTZAMA of SYTSMA, voorm. state, prov. *Friesland*, kw. *Westergoo*, griet. *Hemelumer-Oldephaert-en-Noordwolde*, arr. en 5½ u. Z. W. van *Sneek*, kant. en 2 u. Z. van *Hindeloopen*, niet ver van de kerk van *Warns*, tegen het Noordoosten, op het einde van de terp, waar de kerk op staat.

In het begin van September 1494 hebben DOUWE en OTTE VAN GALAMA, met alle hunne vrienden en partijlieden van de zijde der Vetkoopers, het vaste huis of de stins van JELMER VAN SYTZAMA te Warns, belegerd, welke JELMER VAN SYTZAMA, die zich toen te Sneek bij BOCKO VAN HARINXMA bevond, dit naauwelijks vernomen had, of hij verzocht aanstonds, uit kracht van verbindtenis en bondgenootschap van den gemelden BOCKO VAN HARINXMA, benevens de stad Sneek en andere met hem verbondene Schieringer heerschappen, onder anderen LOUW VAN BONNINGA (zijn schoonvader) en WYBE JARICHS, hulp en bijstand om zijn belegerd huis te ontzetten. Zij trokken alle daarop, met hunne bijeengebragte magt en manschap, benevens JELMER VAN SYTZAMA, naar Gaasterland, behalve BOCKO VAN HARINXMA, die op zijn nieuw gebouwd blokhuis te Hemelum bleef, om den uitslag van dezen optogt af te wachten. JELMER VAN SYTZAMA, komende omtrent ter plaatse, daar die van GALAMA zich gelegerd hadden, maakte zich, met zijn volk, aanstonds slagvaardig, en zulks met te minder vrees, daar hij, met zijne hulpbenden, veel magtiger en sterker dan het volk van GALAMA was. De slag, die op den 6 of (zoo als SCHOTANUS schrijft) den 13 September des voorschreven jaars plaats had, viel echter, tegen alle verwachting, ongelukkig voor de Schieringers uit, naardien zij door de Vetkoopers-partij van GALAMA niet alleen geslagen en op de vlugt gedreven werden, maar ook LOUW VAN BONNINGA, met vele andere Schieringer heerschappen in het gevecht sneuvelden. JELMER VAN SYTZAMA, heldhaftig met zijn volk strijdende, werd zwaar gekwetst en met vele Schieringers gevangen genomen. Zijne huisvrouw, AT VAN BONNINGA, dochter van LOUW VAN BONNINGA en HYLK VAN HARINXMA, eene vrouw van kloekmoedigen inborst, gedurende het beleg zich op het huis bevindende, verdedigde het zeer dapper, ontzag geen gevaar, en wilde zich noch door den dood van haren vader, noch door het wonden en gevangen nemen van haren man, tot eene lafhartige overgave laten bewegen. Nadat nu BOCKO VAN HARINXMA met veel leedwezen de nederlaag zijner vrienden en bondgenooten had vernomen, begaf hij zich van Hemelum naar Harich, op het huis van MINNE VAN HILLAMA, een der gezworen Schieringers. Middelerwijl werd door onderhandeling van Priesters en andere goede mannen een verdrag getroffen, bestaande in de volgende artikelen: » dat men de gevangenen ter wederzijden loslaten » en op vrije voeten stellen zou, en dat de stins van JELMER VAN SYTZAMA » aan die van GALAMA overgegeven en ingeruimd zou worden"; ten gevolge van deze artikelen, is het voorschreven huis daarop tot den grond toe afgebroken en geslecht (1).

Ter plaatse, waar het gestaan heeft, ziet men tegenwoordig nog de hooge wallen, benevens de gracht, die er om heen geloopen heeft, welke plaats nu nog bij de inwoners te Warns het Bolwerk wordt genaamd. Aan den zuidkant van de plaats, waar dit huis heeft gestaan, loopt het voetpad van Warns naar Hemelum.

Tot deze stins hebben eertijds behoord zekere landerijen, die de gemelde JELMER VAN SYTZAMA van zijnen oudsten broeder, PIER VAN SYTZAMA, Heer *toe Sytzama-state tot Arum*, voor eene vaste som gelds had gekocht.

SYTZAMA of SYTSMA, voorm. state, prov. *Friesland*, kw. *Westergoo*, griet. *Wonseradeel*, arr. en 5½ u. N. W. van *Sneek*, kant. en 1½ u. N. ten W. van *Bolsward*, even ten N. O. van *Arum*, waartoe zij behoorde.

SYTZAMA of SYTSMA, voorm. state, prov. *Friesland*, kw. *Westergoo*, griet. *Wonseradeel*, arr. en 4 u. N. W. van *Sneek*, kant. en bijna 2 u. N. N. W. van *Bolsward*, ½ u. Z. O. van *Kimswerd*, waartoe zij behoorde.

SZUERHUSEN, d., prov. *Friesland*, kw. *Oostergoo*, griet. *Achtkarspelen*. Zie SURHUIZUM.

---

(1) De belegering van dit huis, onder deze omstandigheden, heeft den Heer Mr. A. VAN HALMAEL Jr. aanleiding gegeven tot het vervaardigen van zijn voortreffelijke Treurspel getiteld *De Bouwinga*, Leeuw. 1832.

BIJVOEGSELS EN VERBETERINGEN

OP HET

TIENDE DEEL.

Bl. 2, reg. 6, *staat:* Esinge, *lees:* Oldehove-en-Niehove
» 2, in de noot, *staat:* in den voorleden zomer *lees:* in den zomer van 1846

Bl. 3, reg. 24, *staat:* dekomene *lees:* bekomene
» 4, » 7, » noordelijke » zuidelijke
» 4, » 8, » Ferwerd, » Feerwerd,
» 5, » 2 *van onderen, staat:* stijl *lees:* steil
» 8, » 17, *staat:* doskies. *lees:* doksies.
» 10, » 24, » hooge, » hoog gelegene,
» 10, » 29, » Zuidlandsche-polder, *lees:* Zuiderlandsche-polder,

Bl. 51. *Het art.* SANDVOORDE *aldus te lezen:*

SANDVOORDE, voorm. moerassige streek in het *Westerkwartier*, prov. *Groningen*, gem. en ½ u. N. ten W. van *Midwolde*. Deze streek is thans in weiland veranderd.

Bl. 58, reg. 15—19, *staat:* De regtstoel—*Sappemeer.* lees: De regtstoel had zijnen oorsprong te danken aan het vergraven der hooge veenen, sedert het begin der zeventiende eeuw, en bevatte toen de tegenwoordige groote kerkdorpen, het Hoogezand, Windemeer-en-Lula en het eigenlijke Sappemeer.

Bl. 58, reg 29 en 30, staat: *Ambtman—Sappemeer.* lees: *Ambtman* van het gerigt van Selwert en Regter van Sappemeer cum annexis en later *Drost van de Jurisdictie van het Goregt en Sappemeer.*

Bl. 80. *Het art.* SAUHLEAN *aldus te lezen:*

SAUNLEAN, naam, welken men in de wandeling geeft aan het h. SONDERLAND, prov. *Friesland*, kw. *Westergoo*, griet. *Hennaarderadeel.* Zie SONDERLAND.

Bl. 89, reg. 25 en 26, *staat:* Deze gem. — Palemberg. *lees:* Deze gem. bevat het d. Scheidt, benevens de geh. Lichtenberg en Palemberg en het kast. Schaesberg.

Bl. 89 *moeten de regels* 19—15, *van onderen, en reg.* 12, *van onderen, wegvallen.*

Bl. 102, reg. 21, *staat:* Ruimerswaal *lees:* Reimerswaal
» 105, » 7 en 6, *van onderen, staat:* Het wapen — keel. *lees:* Het wapen dezer ridderhofstad bestaat uit een veld, verdeeld in zes horizontale deelen (fasces) van zilver en keel.

Bl. 109, reg. 14, *staat:* stat. *lees:* par.
» 116, » 16, *van onderen, staat:* O. *lees:* W.
» 116, » 12, » » » N. O. *lees:* N.

Bl. 117, reg. 11, *staat:* SCHARNEHUIZUM, *lees:* SCHARNEHUIZEN,

Bl. 118, bovenste reg., *staat:* SCHARTERBRUG, *lees:* SCHARSTERBRUG,

Bl. 118, reg. 26, *staat:* in den landbouw. *lees:* in het kaasmaken.

» 122, bovenste reg., *staat:* SCHATSENBURG, *lees:* SCHATZENBURG,

Bl. 122, reg. 2, *staat:* Z. *lees:* Z. O.

» 122, » 5, » QUESTIUS. *lees:* QUAESTIUS.

» 122. *Het art.* SCHATSENBURG, buit., prov. *Friesland*, *aldus te lezen:*

SCHATSENBURG, voorm. buit., prov. *Friesland*, kw. *Westergoo*, griet. *Barradeel*, onder *Pietersbierum*. Zie HOTTINGA.

Bl. 125, reg. 10, *van onderen*, *staat:* SCHEENE, *lees:* SCHEEN,

» 126, » 17, » » JAN JOCOB DE BRUYN PRINSE, *lees:* JAN JACOB DE BRUYN PRINCE,

Bl. 127. *Het art.* SCHEIDT *aldus te lezen:*

SCHEIDT, d. in het *Land-van-Valkenburg*, prov. *Limburg*, arr. en 5 u. O. N. O. van *Maastricht*, kant. en ¼ u. O. N. O. van *Heerlen*, gem. en 20 min. O. van het kasteel *Schaesberg*. Men telt er 140 h. en 710 inw.

De kerk, welke tot de par. van *Schaesberg* behoort, en aan de H. H. PETRUS en PAULUS toegewijd is, is een steenen gebouw, met eenen spitsen toren en van een orgel voorzien.

De dorpschool wordt gemiddeld door een getal van 70 leerlingen bezocht.

De kermis wordt in de maanden Junij en December gehouden.

Bl. 128, reg. 8 en 9, *staat:* in het dijkkanaal *lees:* oostwaarts

» 137, » 32, *staat:* De R. K., die — gerekend. *lees:* De R. K., die men er aantreft, parochiëren op *Ameland.*

Bl. 139, reg. 32, staat: *Blokker.* lees: *Wester-Blokker.*

» 140, » 15, *van onderen*, *staat:* Merwede, *lees:* Banne van Gorinchem,

Bl. 140, reg. 12, *van onderen*, *staat:* Kwakernaatsche-polder, *lees:* Kwakernaaksche-polder,

Bl. 141, reg. 12, *staat:* VINKENSTEIN *lees:* FINKENSTEIN

» 142, reg. 32, » O. *lees:* W.

145, » 7, » O. » N. O.

» 145. » 8, » Z. W. *lees:* Z. O.

» 145, » 17, » Mej. *lees:* Mevr.

» 147, » 23, » *Alkmaar* lees: *Akersloot*

» 150, » 5, » fraai geschilderde glazen *lees:* nog gedeeltelijk met geschilderde glazen

Bl. 150, reg. 11, *staat:* eenige *lees:* acht

» 150. *De drie onderste regels aldus te lezen:*

De ingezetenen vinden voornamelijk hun bestaan in den kleinhandel, het kaasmaken en het vetweiden, en de behoeftige klassen in het hennipspinnen voor de rolreederij.

Bl. 156, reg. 31, *staat:* Scheene *lees:* Scheen

» 157, » 28, » Ick — nogh. *lees:*

Ick heb geleeft en lebe nogh.

» 165, reg. 9, *van onderen*, *staat:* marmeren beelden *lees:* beelden

» 167. *Het art.* SCHEYNG-WATERING *aldus te lezen:*

SCHENK-WATERING (DE), water in *Rijnland*, prov. *Zuid-Holland*, dat bij de landscheiding tusschen Rijnland en Delfland ontstaat, en in eene zuidwestelijke rigting, door de gem. Wassenaar-en-Zuidwijk, naar 's Gravenhage loopt; terwijl het zich, ten W. van die stad, in de *Vaart* ontlast.

Bl. 169, reg. 15, *van onderen, moeten de woorden* en is gelegen *wegvallen.*

Bl. 170, » 1 en 2 *te lezen:*

De b. Aan den Kleiweg ligt ½ u. N. W. van Rotterdam en ½ u. Z. W. van Hillegersberg.

Bl. 170. *Achter regel* 8 *in te voegen:*

De Drooggemaakte-Polder-van-Schiebroek paalt N. W. aan den Zuidpolder-van-Berkel, N. O. aan den Boterdorpsche-polder, O. aan de Honderd-en-tien-morgen en den Berg- en Broek-polder, Z. aan den Berg-polder, W. aan den Zestienhovensche-polder.

Bl. 209, *bovenaan, staat:* San. *moet zijn:* Sch.

» 210, reg. 8, *staat:* 8 stat. *lees:* 9 stat.

» 210, » 9, » 4 Kapellaans *lees:* 11 Kapellaans

» 216, » 3 en 4 *aldus te lezen:*

Dit meertje, in 1835 drooggemaakt zijnde, is thans weiland, hetwelk tot het arr. *Sneek*, kant. *Bolsward*, behoort, en volgens het kadaster eene oppervlakte beslaat van 12 bund. 90 v. r., welke door eenen molen van het overtollige water ontlast worden.

Bl. 218, reg. 24, *staat:* 270 Ledematen, *lees:* meer dan 300 Ledematen,

Bl. 218, reg. 34, *staat:* sedert eenige jaren *lees:* sedert 1825

» 219, » 1 en 2, *staat:* Dit werkhuis — timmeren. *lees:* Dit werkhuis heeft het bestuur van het eiland, in het jaar 1842, te dien einde op zijne kosten laten timmeren.

Bl. 220, reg. 5—10, *staat:* De dijken — te zwak bevonden. *lees:* De dijken van dit eiland zijn, in het jaar 1825, even als zoo vele anderen te zwak bevonden, en sedert niet weder hersteld.

Bl. 222, reg. 21 en 22 *staat:* N. aan de heerl. Rodenrijs en den Tempel, — Ackersdijk *lees:* N. aan Ackersdijk, O. aan Rodenrijs en den Tempel, Z. aan Overschie, W. aan Kethel.

Bl. 222, reg. 18—20 *van onderen*, *staat:* O. aan — aan de Schie: *lees:* O. aan den Berkelsche-polder, Z. aan den Drooggemaakte-polder van Schieveen, W. aan de Schie,

Bl. 222, reg. 26, *staat:* Schieland *lees:* Schieveen

» 222, » 9, *van onderen*, *staat:* O. aan Berkel, *lees:* O. aan den Zuidpolder-van-Berkel,

Bl. 229, reg. 13 en 14, staat: *Sappemeer* lees: *Kleine-meer*

» 233, » 12 *van onderen, staat:* b. *lees:* geh.

» 233, » 10 » » » Z. W. *lees:* Z. O.

» 233, *achter het art.* SCHINKELDIJK *bij te voegen:*

Het geh. Schinkeldijk ligt 1 u. Z. Z. W. van 's Gravendeel, aan den dijk van dien naam, welke den Trekdamsche-polder van den Noord-Kavelsche-polder scheidt.

Bl. 234, reg. 13 en 12 *van onderen*, *staat:* Het d. Schinnen — aan de Geleen. *lees:* Het d. Schinnen, vroeger Geersoeren-Schin, ligt 4 u. W. van Maastricht, 1½ u. N. van Sittard, aan de Geleen.

Bl. 247, reg. 15—13 *van onderen*, *staat:* N. W. aan Beukelsdijk — de Maas. *lees:* N. aan Beukelsdijk, O. aan Oost-en-West-Blommersdijk, Z. aan de Maas, Z. W. aan Delfshaven.

Bl. 248, reg. 28 en 29, *staat:* N. W. aan den pold. Beukelsdijk — de Maas. *lees:* N. aan den pold. Beukelsdijk, O. aan den pold. West-Blommersdijk, Z. aan de Maas, W. aan de stad Delfshaven.

Bl. 274, reg. 8, *staat:* Leerbroek. *lees:* Heikop-en-Boeikop.

» 275, » 12 en 11 *van onderen, staat:* gebrittesseerde en gecontrabrittesseerde fasces *lees:* gebretesseerde fasces

Bl. 276, reg. 17, *staat:* 4 h. en 20 inw. *lees:* 5 h. en 24 inw.

» 278, » 32 en 33, *staat:* zes en dertig *lees:* zeventien

» 281, moeten reg. 11 en 12 *van onderen*, vervallen.

» 282, moeten reg. 4—6 *vervallen*.

» 283, reg. 14 *van onderen*, staat: *Velsen* lees: *Schooten*

» 286, » 27—30. *Het art.* SCHOT (HET), *aldus te lezen:*

SCHOT (HET), ook Ossasscнот genoemd, gêh. in *Westerwolde*, prov. *Groningen*, arr. en 8 u. Z. van *Winschoten*, kant. en 7½ u. Z. ten O. van *Pekela*, gem. en 4 u. Z. van *Vlagtwedde*, 20 min. Z. Z. O. van *Ter-Apel*, waartoe het behoort; met 4 h. en 30 inw.

Bl. 286, reg. 12 *van onderen, staat:* het geh. Schotdeuren, *lees:* Schotdeuren,

Bl. 286, reg. 8 *van onderen, staat:* noordoostelijke, *lees:* zuidwestelijke

Bl. 291, reg. 31 en 32, staat: *Broek-in-Waterland-Zuiderwoude-en-Uitdam*, lees: *Landsmeer-en-Watergang*, ½ u. O. van Landsmeer, 10 min. Z. van *Watergang*, waartoe zij behoort.

Bl. 304, reg. 13 *van onderen, staat:* loost men *lees:* las men vroeger

Bl. 307, reg. 14, *staat:* 3 u. *lees:* 2 u.

» 316, » 6 en 7, *staat:* W. aan de gem. Crimpen-aan-de-Lek. *lees:* W. aan den pold. van Crimpen-aan-de-Lek.

Bl. 316, *moet het art.* SCHUYLENBURGSCHE-VEEN *vervallen.*

» 324. *Het art.* SEERIJPER-POLDER *aldus te lezen:*

SEERIJPER-POLDER (DE) of de Sirippen-polder, dus noemt men op het eil. *Terschelling*, prov. *Noord-Holland*, arr. *Hoorn*, kant. *Medemblik*, gem. *Terschelling*, de perceelen lands, liggende nabij het geh. Seerijp; het is echter geen afzonderlijke polder en ook niet door dijken van het overige land der omliggende gehuchten afgescheiden.

Bl. 328, *moet het art.* SELDERT (HEER-) *vervallen en de art.* SELDERT (NEDER-) en SELDERT (OVER-) *aldus gelezen worden:*

SELDERT (NEDER-), pold. in *Eemland*, prov. *Utrecht*, arr. en kant. *Amersfoort*, gem. *Hoogland*; palende N. aan de Haar, O. aan den Bunschotensche-straatweg, Z. aan Over-Seldert, W. aan Eemland.

Deze polder beslaat, volgens het kadaster, eene oppervlakte van 319 bund. 74 v. r. 95 v. ell.; telt 6 h., alle boerderijen, en wordt door eene sluis, op de Eem, van het overtollige water ontlast. Het polderbestuur bestaat uit vier Heemraden en eenen Penningmeester tevens Polder-Secretaris.

SELDERT (OVER-), pold. in *Eemland*, prov. *Utrecht*, arr. en kant. *Amersfoort*, gem. *Hoogland*; palende N. aan Neder-Seldert, O. aan den Bunschotensche-straatweg, Z. aan Keulhorst, W. aan de Slaag.

Deze pold., welke alleen ten Z. bedijkt is, beslaat, volgens het kadaster, eene oppervlakte van 101 bund. 49 v. r. 22 v. ell.; telt ééne boerderij, en wordt door eene sluis, op de Eem, van het overtollige water ontlast. Het polderbestuur bestaat uit twee Heemraden en eenen Penningmeester, tevens Secretaris.

Bl. 330, *moet het art.* SELLEGORS *vervallen.*

» 364. *Het art.* SJALLEMA *aldus te lezen:*

SJALLEMA, buit. in het *Westerkwartier*, prov. *Groningen*. Zie Noordwijk;

www.ingramcontent.com/pod-product-compliance
Lightning Source LLC
LaVergne TN
LVHW050150060326
832904LV00003B/97

* 9 7 8 1 0 2 1 1 4 9 5 8 9 *